上海古籍出版社

上海圖書館 編 陳建華 王鶴鳴 主編

中國家譜資料選編

漳州移民卷 上

牟元珪 整理

國家清史編纂委員會·文獻叢刊

圖書在版編目(CIP)數據

中國家譜資料選編．漳州移民卷／上海圖書館編；林嘉書整理．—上海：上海古籍出版社，2013．11
（國家清史編纂委員會文獻叢刊）
ISBN 978－7－5325－7096－6

Ⅰ．①中⋯ Ⅱ．①上⋯ ②林⋯ Ⅲ．①家譜—史料—中國—古代②移民—史料—漳州市—古代 Ⅳ．①K820．9②D691．2

中國版本圖書館 CIP 數據核字(2013)第 245429 號

國家清史編纂委員會・文獻叢刊

中國家譜資料選編・漳州移民卷

（全二册）

上海圖書館　編

林嘉書　整理

上海世紀出版股份有限公司
上　海　古　籍　出　版　社　出版

（上海瑞金二路 272 號　郵政編碼 200020）

（1）網址：www. guji. com. cn

（2）E－mail：guji1@ guji. com. cn

（3）易文網網址：www. ewen. cc

上海世紀出版股份有限公司發行中心發行經銷

上海中華商務聯合印刷有限公司印刷

開本 787×1092　1/16　印張 69．75　插頁 10　字數 1，741，000

2013 年 11 月第 1 版　2013 年 11 月第 1 次印刷

ISBN 978－7－5325－7096－6

K・1816　定價：366．00 元

如發生質量問題，讀者可向工廠調換

總　序

中國家譜源遠流長。它起源於先秦，經過漫長的發展，至清代達到了鼎盛，在安徽、浙江、江蘇、湖南等地，幾乎村村修譜、姓姓有譜。這一最具有平民基礎的歷史文獻，其數量之多、影響之廣，爲其他史籍所不能比擬，與正史、方志構成了中華民族歷史學大廈的三大支柱。

家譜，又稱族譜、宗譜、家乘、家牒、世譜等，是記載同宗共祖血親羣體世系、人物、規章和事蹟等情況的歷史書籍。它的價值，歷來爲史家所認同。清人章學誠説："夫家有譜，州縣有志，國有史，其義一也。"①將譜牒與正史、方志相提並論。梁啟超的論述則更爲具體，認爲族姓之譜"實重要史料之一。例如欲考族制組織法，欲考各時代各地方婚姻平均年齡、平均壽數，欲考父母兩系遺傳，欲考男女産生比例，欲考出生率與死亡率比較——等等無數問題，恐除族譜家譜外，更無他途可以得資料"②。近代，潘光旦、羅香林等學者付之實踐，在研究、利用家譜資料上多有建樹。

家譜的價值之所以得到史家的肯定，實取決於它的資料本身。自宋代歐陽修、蘇洵修譜以來，私修家譜取代了官修譜成爲家譜的主流。在修譜方式、記載對象、纂修體例等方面，私修譜發生了一系列的變化，並進而促使家譜資料形成了有别於其他史書的一些特點。

一、内容的獨特性。中國家譜除少數統宗譜、聯宗譜外，極大部分是一宗一族的家譜。這些以記載宗族歷史爲主體的史書，發展到明清時已成爲宗族的"百科全書"，所記内容範圍非常寬廣，有序跋、凡例、修譜名目、宗族源流、祖先畫像、恩榮録、族規家訓、祠堂、墳墓、世系、傳記、仕宦録以及藝文、族産、行輩、五服圖、領譜字號等。因所記對象與他書不同，其中很多内容爲家譜所獨有，或者少載於其他史書。如宗族源流、祖先畫像、族規家訓、祠堂、墳墓、世系、族産、行輩等資料，都具有鮮明的家譜文獻特徵。同樣，傳記、藝文等資料，除少量的名人傳記和名人作品採輯於正史、方志、别集等外，大多係家譜原作，可補他書之缺。以藝文爲例，收入家譜的藝文，其作者多爲名不見經傳者。與正史等所載的騷人墨客或中舉有功名者相比，他們没有什麽社會地位，更無名望，其作品的内容或爲當地的民俗風情，或爲與宗族有關的事務等，反映了一種帶有地域性的宗族文化，並且這些作品多僅載於家譜，不見於其他文獻。

二、資料的原始性。"信以傳信，疑以傳疑"是家譜的傳統纂修原則。在私修家譜興盛時期，除非有不得已的原因，這一原則一直爲纂修者所秉承，引導着纂修者制定體例、記録事實。宗族纂修家譜，素材主要取自於歷年宗族内部積累的舊資料以及新出的資料，或者採自其他史書中有關本族的記載。宗族内部的舊資料包括前代世系、族規家法、舊譜序、舊凡例、舊有契約、詩文、人物傳記等。新出的資料除了兩次修譜之間新生、已亡族人的記録外，還有新譜序、新墓圖、新契約等。以往，續修家譜最常用的方法是在老譜之上增加新内容，很少對舊譜資料

---

① 章學誠：《章氏遺書》卷十四《爲張吉甫司馬撰大名縣志序》。

② 梁啟超：《中國近三百年學術史》第十五章《清代學者整理舊學之總成績》。

予以深入的考證,也不加甄别擇取,而是一仍其舊。即使有些資料的真實性存有疑問,也不會隨便删改。"傳信傳疑"的原則使家譜的纂修更傾向於資料的"堆積",纂修者多數情況下不用重新撰寫,只需專注於对以前的各種資料的編輯,大量的没有經過任何修改的資料因此得到了保存。可以説,家譜中的這些未被纂修者改動的資料,還保持了它的原样,實際上具有原始檔案的性質。比如明清家譜,宗族爲避免日後財産歸屬的糾紛以及保護族産免遭他人侵佔,按原文刻入了不少各時期的契約文書,以作憑證。家法族規也是如此,依文刻入,不妄加修改。

三、記載的連貫性。宗族修譜最主要的内容是世系圖録,随着本族人口的不断繁衍,修譜若干年後將会續修,一般定爲二三十年大修一次,把前次修譜後新出生的族人和已去世的族人卒年、葬地等資料補入。假如某宗族長年不修譜,將被視爲不孝子孫。中國的族譜正是在這樣一種續修模式下,内容得以連綿不斷地擴增。家譜的續修不僅擴充了世系圖録,而且使新出現的其他一些有關本族的原始資料得以及時地增入,充實了家譜内容,保證了宗族資料的完整以及宗族歷史記載的延續。在各類内容中,譜序、凡例、族産等資料,往往是舊有和新出的一同刊載,連續性最爲顯著。比如王逢泰等修的《[江西婺源]太原雙杉王氏宗譜》(1924年孝睦堂木活字本)和倪易書等修的《[浙江金華]龍門倪氏族譜》(清光緒五年刻本),都録有歷次修譜的凡例數篇。尤其是譜序,一譜同載多篇者常見,十餘篇乃至二十餘篇也不足爲奇。中國有續修方志的習慣,但續修的頻率之高、同類内容的連載之多,都無法與家譜相比。資料的連續性,使同類記載相集,或者一事多記,無疑有助於人们更爲清晰地瞭解被記對象的發展演變之過程。

但是,家譜文獻的缺陷也是非常明顯的。宋代以後,宗族熱衷於修譜,目的是想通過家譜來維繫和强固宗族羣體。這一特定的宗旨給家譜纂修體例帶來了缺陷,即出現了家譜的兩大弊端——揚善隱惡和攀附顯貴。纂修者認爲,祖先的劣跡或不良一面應該略而不書,爲尊者親者諱,而對能夠光大門庭的人物和事蹟則須大書特書,甚至不吝溢美之詞。家譜纂修者還常常不顧史實,追奉古代同姓的名儒大臣爲自己的祖先,如朱氏皆奉朱熹爲始祖,包氏則以包拯爲先祖。到了清代,此風愈演愈烈,幾成常態。此外,不少纂修者粗知文墨,缺乏應有的文史知識,家譜中的人物地名、官爵稱謂、源流遷徙等内容,與史籍比勘,錯誤之處屢屢可見。例如敍述姓氏起源,往往參照同姓的他人族譜,互相抄襲,不加考證,訛誤脱謬,不一而足。正因爲有這些缺陷,家譜資料是否屬於信史,遭到了部分學者的懷疑。清黄宗羲認爲"天下之書最不可信者有二",其一即爲"氏族之譜"①。儘管如此,家譜資料整體的史料價值卻不容否定。就是黄宗羲也没有全盤抹殺家譜的價值,稱始遷祖之下爲可紀之世,②又稱"家傳足補史氏之闕文"③。對家譜文獻的缺陷所造成的不良後果應分而論之,所謂的"揚善隱惡",關鍵在於隱惡,它違背了中國史家主張的秉筆直書的原則,致使宗族的部分歷史因人爲的因素而缺載;而"攀附顯貴"的爲害則較爲嚴重,它不是單純的缺載問題,而是僞造世系,冒認祖先,屬無中生有的虚構。明清時,很多纂修者對此就不以爲然,爲真實地記録歷史,將本族的最早先祖定爲始遷之祖,不再追溯無法證實的遠祖世系。

毫無疑問,家譜是一個寶庫。然而長期以來,由於受到種種的制約,對它的整理研究,基本還停留在初始階段,已遠遠落後於其他學科。對家譜資料加以系統整理,並將它刊印出版,公之於衆,對繁榮學術文化,推動社會學、經濟學、歷史學、譜牒學等的深入研究,都有積極的意

---

① 黄宗羲:《南雷文定三集》卷一《淮安戴氏家譜序》。
② 黄宗羲:《南雷文定四集》卷一《唐氏家譜序》。
③ 黄宗羲:《南雷文定三集》卷一《錢退山詩文序》。

義。《中國家譜資料選編》正是爲滿足這一文化需求而編纂,以期通過系統的選輯與整理,向學界提供一部具有較高利用價值的家譜原始資料集。

那麼如何對家譜資料進行輯録呢?

中國家譜的内容非常豐富,對於宗族的人和事,幾乎是無所不包。本編是資料選集,顯然不可能囊括所有的家譜内容,因此必須有所輯有所棄。所輯所棄需要一個標準,這個標準應當建立在資料的價值之上。家譜記載的主體是宗族歷史,衡量它的史料價值,縱向要看能否反映宗族興盛衰落之過程,横向要看宗族的各項事務是否得到應有的揭示,同時還要充分考慮資料的獨特性。進而言之,凡是有關宗族歷史的資料以及譜學本身的資料,而這些資料又爲其他文獻所不載,可補他書之闕,具有較高的史料價值,皆在我們選輯的範圍之中。反之,那些可信度較差的或史料價值不高的資料,則不予選輯。比如家譜中的先祖畫像,多係族人依照自己的想像繪成,與先祖的實際面貌相差甚遠。這些畫像,對於宗族或可起到緬懷先人的作用,但不能當作史料利用。實際上,明清時期一些修譜者就拒絶將祖先的畫像刊入譜中,認爲胡亂繪畫先祖肖像實是對祖宗的不敬。又如"修譜名目"、"領譜字號"等,它記録的只是修譜者和領譜者的姓名,與宗族史無關。凡此種種,皆無可取之處,未加採輯。需要指出,"世系圖録"雖然史料價值極高,但不作處理無法直接利用,只能捨棄。本編所輯録的家譜資料,按其内容分爲十一卷,依次爲凡例卷、序跋卷、傳記卷、詩文卷、家規族約卷、禮儀風俗卷、經濟卷、家族源流卷、教育卷、圖録卷、漳州移民卷。各卷的内容,又根據資料的實際情況,有多有少,成卷規模不求劃一。

中國家譜浩如煙海,現今究竟存有多少,很難有一個準確的數字。主要原因是中國家譜出自於民,也藏之於民,大量散藏於民間的家譜,其數量無從得知。公共藏書機構所藏之譜,因不會進入流通領域,藏量相對穩定。經初步統計,目前國内外公藏機構藏有中國家譜四萬餘種。其中宋元版的家譜不超過十種,明代有三百餘種,而所存極大部分皆爲清代、民國時期的家譜。這些家譜中,各地所修的數量相差也甚爲懸殊,浙江、江蘇、湖南、安徽等省纂修的家譜最多,邊遠地區和當時經濟文化相對落後的地區所修之譜則較少,個别省份更是寥寥無幾。以《中國家譜綜合目録》收入的家譜爲例,該書共收録 1949 年前的中國族譜 14719 種,而其中浙江家譜 3521 種,江蘇家譜 2151 種,湖南家譜 1549 種,安徽家譜 1236 種,分别佔總數的 23.92%、14.61%、10.52%、8.4%,四地的家譜之和佔總數的 57.45%,而遼寧、廣西、雲南、陝西、天津、甘肅、北京、吉林、海南、黑龍江、寧夏、内蒙古、香港、澳門等地區族譜藏量之和僅佔總數的 2.38%。此外,各個姓氏的家譜數量也相差很大。如李、王、張、陳等大姓家譜,其數量是稀少姓氏的數十倍至數百倍不等。因此,存世家譜的這些狀況,必然會直接影響到資料的選輯,並反映在被輯資料中。比如由於現存的明代家譜稀少,故而選輯的資料只能以清代、民國的爲主;同樣,從地域、姓氏來看,修譜較多地區和大姓的家譜,被輯資料的絶對數量自然也就較多。雖然我們在選輯時作了適度調整,在資料價值相等的前提下,優先輯録明代等現存數量較少的家譜,但只是盡力而已,因爲這種不平衡是不可避免的。

至於所輯家譜的來源,現存的中國家譜數量,決定了"地毯式"的普選方式是不可取的,選輯資料只能局限於可控的範圍内,並有所側重。具體來説,本編是以上海圖書館的藏譜作爲基礎,然後再重點選輯國家圖書館、湖南圖書館、北京大學圖書館、美國猶他家譜學會和日本東京大學東洋文化研究所等單位所藏之譜。另外,還有針對性地擇取了廣東中山圖書館、陝西省圖書館、甘肅省圖書館、雲南省圖書館、四川省圖書館等單位的具有地方特色的家譜,以補缺漏。

本項目於 2001 年正式啟動,三年後獲國家清史編纂委員會立項。項目告竣,我們有太多的感謝。復旦大學歷史系楊立强教授，立項伊始，就參與了本編框架以及選輯條例的擬訂。然而痛心的是，楊先生未能見到本書的出版就因病辭世。安徽省社會科學院歷史研究所朱玉龍研究員，自始至終參加了本編資料的初選工作，他扎實的功底、嚴謹的治學方法以及孜孜不倦的精神，給人留下了深刻的印象。國家圖書館孫學雷、北京大學圖書館張玉範、湖南圖書館尋霖、廣東中山圖書館李玲等人，對本項目的熱心支持也令人難以忘懷。在此，我們要向所有爲本項目提供幫助的人士，表達深深的謝意。最後，特別要向上海圖書館王鶴鳴研究員致以敬意，從項目的策劃到落實指導，無不凝聚了他的心血，厥功至偉。

本編編纂歷時十年，儘管我們努力爲之，但還是留有不少的遺憾。譬如，鑒於家譜數量巨大，選編者無力查閱所有的家譜，肯定會遺漏不少的珍貴資料。再者學力有限，錯誤疏漏，在所難免。我們真誠地希望廣大讀者不吝指正，同時也希望讀者能從本編中獲得所需的資料，這對我們來説是最大的欣慰，也是我們的編輯初衷。

陳建華

2011 年 5 月

總　　則

1. 本編所選資料皆採自家譜，凡刊載於其他文獻中的相關資料不予採輯。

2. 本編資料除《漳州移民卷》外大都輯自 1949 年前編纂的家譜，新修譜中成文於 1949 年之前的資料，酌情收入。

3. 本編按類彙輯，分爲十一卷。每卷正文前刊有總序、分卷專序以及凡例、目録。

4. 本編收入的資料皆加新式標點。原有標點者，一般不予改動，有明顯錯誤的徑改，不作標識。

5. 本編資料以原文照録爲原則。內有殘缺、脱落之字，以"□"符號代替。由於各種原因無法辨識之處，用"■"表示。

6. 文中明顯錯字，錯字加圓括號，後再用方括號標出正字。如有衍字，則加圓括號。行文中有明顯脱字，則增補之，并加方括號。

7. 避諱字一般不作改動。

8. 原譜以簡體字排印者，一律改排繁體字。

9. 原文較長而未分段者，編者可據內容適當分段。

10. 所輯篇章或無標題，編者據文擬加。

11. 每篇資料於篇末標注其出處。資料出處包含纂修者、譜名、版本三項內容。

12. 各卷資料編次方法由編者按內容酌定，以便於查閲爲主旨，不强求統一。

13. 各卷視情編製分卷索引，附於卷末。

序

漳州在福建省南部，閩南即指漳州。唐設郡，亞熱帶氣候。漳州面向東海，有七百多公里海岸綫。自宋代開始，漳州人便出海去臺灣，明清時代漳州向國外和臺灣移民數多於留住漳州原鄉者。至二十世紀末，國外及臺灣等地漳州移民後裔超過兩千萬，是漳州原鄉人口的四倍多。其中臺灣地區祖籍漳州人口約爲千萬。

漳州與臺灣一水之隔，二者有極密切的地緣血緣關係。

六千年前的遠古時代，臺灣海峽還没出現之前，漳州與臺灣屬於同一生物圈，那時這裏的人類是同一生活圈。後來因喜馬拉雅山及臺灣玉山等高山的造山運動、地震等地殼變化，以及地球氣候的冰期週期所造成的海平面變化，原屬同一區的漳州與臺灣之間，即大陸與臺灣之間，開始出現海峽。這是一個十分漫長的過程，歷經幾千年，由開始出現淺灘、陸橋、湖泊、沼澤，繼爲淺海，臺灣與大陸之間出現了一道海峽，但這道海峽最深處不到百米，淺處僅十米，是一道淺淺的海峽，所以，幾千年來，海峽兩岸人們往來不斷。早在秦漢時期，就有大陸人渡海到臺灣的記載。宋以後海峽兩岸往來漸多。由於中國大陸農業開發與人口增多，到明末大陸全境宜墾宜居之地大多已開發，因而明末開始出現就近向臺灣島和東南亞自然移民的高潮。而向臺灣和東南亞移民最多的，就是閩南的漳州、泉州兩府及粵東潮州府。

據統計，臺灣人口的大約百分之四十祖籍在漳州。明清時代，漳州向臺灣移民開基祖，總數以數十萬計。記録這種移民的，就是姓氏族譜。

已經現世并得以收集的漳州與臺灣及國外姓氏家族族譜，漳州一地係 1950 年以前之版本，約有 800 部。而臺灣及國外的祖籍漳州姓氏族譜，清代之前古譜極少，民國之後印刷版則有 6000 部以上。

本書使用資料，以漳州譜爲主，臺灣及國外譜爲輔，年代截止於 2005 年。

外遷姓氏家族追根溯源尋找上站祖宗居住地與族源，總是要查對血緣直系父、祖、高祖輩生卒墓葬等一應人生記録。有些臺灣姓氏家族，開臺祖到臺灣之後，用閩南方言土語土字，將開臺祖、祖地祖宗之名字口傳或以文字的譜牒祖牌等記録成了異體同音字，但是，外遷祖、開臺祖遷臺時據祖譜抄去的祖先名輩世系一應記録是不變的。所以，移民開臺祖記録中，其父祖上輩血緣直系祖先資料極其重要。本書在輯録整理原始譜牒時，儘可能將譜載外遷祖、開臺祖的前輩資料録入，但是由於各姓氏家族譜牒厚薄詳略懸殊，有些關於外遷祖、開臺祖記録極其詳細，有些則極簡略，由此而使本書所輯録之外遷祖、開臺祖資料也有詳略迥異之客觀反差。

閩南方言與中原古語一樣，也有一字多音、一音多字特點，所以，往往同家族的同一部族譜中關於同一人事的文字可能不同。外遷祖、遷臺祖本人到臺灣使用一個名字，其記名卻是很複雜的一件事，也就是說，同一個人，在兩種記録中被用了不同名字。這不僅是方言與異體字問題，更有古人用名的習俗問題。古人生而有小名，滿月時按照家族排行排輩序，在新丁告上即在添丁簿上安正名、族名。入私塾或入官府學堂有泮名、學名；社交文函往來有表名字號與雅稱。科舉應試用譜名正名，避諱則改名。入仕爲官有官名，死後有謚號。臺灣居民尋根認祖時，使用其大陸祖先的哪一個名字，這是不一定的事，所以，在輯資料時，相關人名，有記録的，本書不嫌繁多，均不缺省地予以録入。

在臺灣譜牒中，常見家族世系注明祖籍漳州府某縣某里某鄉某堡某村社，可是世系表上所記臺灣所奉一世祖，是否就是開臺祖，也是不定之事，因爲常有臺灣家族將開臺祖之父、祖甚至高祖奉爲臺灣新房系之一世。一些則遷到臺灣後仍然以漳州祖地昭穆輩序排名，以漳州祖地開基一世爲一世，臺灣子孫幾世幾代就是漳州原世系昭穆之延續。這種仍然與祖地兄弟宗支合譜之情況，是血濃於水的真實體現。但是，當臺灣譜上自稱祖地在漳州而未注明哪代誰人遷臺灣時，遷臺祖是誰不能確定，這類譜牒很寶貴但本書也無法録入，只好一概舍棄。

臺灣譜中，世系由漳州祖地一世或其後若干世算起，有完整系譜系傳吊線，但未注明誰人遷臺者，本書也不予輯録。

一些臺灣譜記述遷臺祖時，係其臺灣開房祖之第一世或第二世遷臺，或第一世第二世同時遷臺，或第二世遷臺而奉其大陸祖地過世之父爲臺灣一世太始祖，凡此類並未明注，但譜傳系傳中有説明第二世之資料者，雖未注其是否遷臺祖，本書亦予以輯録。

臺灣譜以第一人稱記録的譜系或表格，去第一人稱爲第三人稱，去表格只録文字。

個别姓氏家族由漳州遷臺灣之後，並未編譜，卻以從漳州祖地分靈去臺灣的神祇建廟爲家族核心，並且編印以家族爲核心的祭祀公業資料，凡此以神源載記姓氏家族根源而記録確鑿者，本書予以輯録。

但凡譜牒世系吊線譜中注明移居國外及臺灣者，其原竪式改爲横式。表示世系隸屬層次連接關係的上下聯機，改用表示血屬關係的子、孫、曾孫等文字，或注明直系前加世次，以便與系傳、譜傳等以敍述方式記録的系傳、譜傳、序敍等移民臺灣記録資料體例統一。

爲便於歸類，不致混淆系譜樹之一房派流别，在輯録移民國外及臺灣開基祖資料時，凡確實有多頁譜同隸某堂號房派支系祖祠下之記録，將此前置於該移民國外及臺灣開基祖名字之上，以使譜系脈流明白。

閩南漳州姓氏舊譜，絶大多數爲毛筆墨書稿本，體例格式極其混雜，敍述記事多採用方言俗語，很多譜牒無譜名、無封頁，也常無編者名字及編譜時間，凡此，儘可能以紙質文本所記録的世代的年代等去判定大致年代，標上譜名。

金門縣歷來屬福建省。遷居金門之家族大多又遷播於臺灣、澎湖，所以，本書在輯録資料時，將遷金門開基祖資料一併輯録。

漳州府舊屬南靖、平和、詔安、漳浦、龍溪、東山、雲霄、長泰八縣及府治所在地漳州。後由龍巖割華安一縣歸漳州，由龍溪、海澄兩縣合併成龍海，由漳浦所轄地劃出詔安縣，又由詔安縣劃分出東山縣，縣及鄉鎮隸屬變化極大，導致古今地名複雜多變，古代里、都、堡、鄉、村、社之地名及其行政隸屬，與後來之地名及行政隸屬不可混同。現在漳州政區隸屬及地名與臺灣族譜記載不相同，職是此故。

明萬曆之後的漳州地方志，對政區變更及地名變化，常付缺如。如詔安秀篆曾隸屬於廣東潮州府，明代歸屬於漳州府；平和縣的九峰鎮一帶，明初隸屬潮州府大埔縣弦歌都；南靖縣天嶺山西北的書洋、梅林以及奎洋小部分，明初隸屬汀州上杭縣，等等。凡此政區地名資料，涉及外遷祖、遷臺祖而須録入者，本書亦按原樣録入。

林嘉書

凡　例

一、本書輯録 2005 年之前福建漳州與臺灣、香港及境外譜牒未曾被輯録出版的資料。主要爲 1950 年之前的手寫或雕刻本譜牒。

二、本書所輯資料，内容均爲直接具證漳州移民史之人事者，即爲資料實録。

三、凡 2005 年之前漳州與臺灣及境外譜牒，包括家、族、世、支、房、宗、統、總譜或家乘世系表等名目之譜牒，涉及移民經濟文化、民俗信仰各項交流之資料，均在輯録之例。

四、本書所録譜牒資料，在文後另起一段依式著明下述諸項：責任者、譜籍、譜名、版本及版本類型等項。加大括號[　]者，系編者所加之譜籍名稱。

五、本書最大量内容爲散在漳州及境外譜牒中的漳州向外移民開基祖的記録。爲保持資料完整，從譜牒中摘録資料時，以原文原句不增删式摘録，保持原文字體，包括鄉土異體字和俗字，即在輯録時不作更改。原文脱漏缺失處以□表示。

六、因淵源譜系脈絡承傳至關重要，姓氏家族尋根認祖對譜時，總是上溯父祖直系與房支堂號至入閩祖，故在輯録開基祖人名資料時，儘可能依照譜載，完整録入移民開基祖本人及其父祖和子裔直系之資料，以提高本書之人文學術與實用工具價值。

七、某些姓氏家族的漳州譜與臺灣譜均有移民開臺祖記録，但關於遷臺祖的名諱行狀、遷臺期間以及同族遷臺人數多寡等實情記録相差極大。緣此，均以漳州譜在前，臺灣譜在後，輯録於同一類目之中，方便參檢使用。

八、本書輯録各姓氏資料，以 2005 年之前臺灣百大姓序次排列先後。同一姓氏譜牒資料，以漳州市的縣市區歸類，以遷臺灣人數多的縣區在前。在同一縣區的同一姓氏譜之中，以遷臺開基祖人數或相關資料記録多者在前。同一姓氏家族不同版本譜牒資料，以版本年代早的輯録在前。漳州與臺灣兩地同一姓氏家族不同支系的譜牒資料，以漳州的在前，臺灣的在後。

九、不少家譜在世系圖表的垂絲圖上注明遷臺灣，而一些垂絲圖只在起端注明開房開派祖是幾世幾代，其下不一一作標注，必須依序計算幾代，故直録世系表及垂絲圖時，若要不缺房派世代，則需從頭照録，佔用篇幅。所以，凡世表垂絲圖上的遷臺或境外開基祖人名，均改爲横式敍述文字記録格式，將垂絲線的表示方式以子、孫、曾孫等文字代替，使體例與系傳、世表類移民資料統一，便於閲讀使用。

十、譜牒中不同條目關於同一個外遷祖記録，依序歸爲一條輯録或依序輯録。

十一、所有政區、人名、地名、事物等均不在條文下作注。

十二、一些資料彌足珍貴，爲便於閲讀使用，當同一人名下既有遷臺記録，又兼遷臺原因敍述及其交流記事一類資料，則視情分别輯入不同章節的相應條目中。

十三、金門縣歷來屬福建省，1949 年之後由臺灣當局管轄。古代遷金門姓氏家族，大多又再向澎湖、臺灣遷移發展，所以，本書將向金門移民記録一併輯録。

十四、古代習慣，人生而有小名，滿月按姓氏輩份排序而有新丁告上的正名，上學入泮有學名，對外交遊有表、字、號雅稱，做官入仕有官名，科舉考試填試卷亦可在譜牒昭穆名字之外另取榜名，死後有謚號。漳州與臺灣兩地譜牒，對祖先名字記録詳略差别甚大，有些只有一個名字且不知是輩字還是表號。因名字在血緣系譜查核時極其關鍵，本書在輯録譜記時，盡可能將開基臺灣人名不遺漏完整録入，因此，也造成了本書所輯不同姓氏譜開基臺灣人名記録詳略反差巨大的情況。

十五、原記生卒年，干支紀年可能與朝代年號數不符。如記爲"生於乾隆三十一年乙酉"者，乾隆三十一年爲丙戌，乾隆三十年才是乙酉。因古人記干支年號爲常見，而記某朝幾年者非普遍，故爾，類此年代爲一年之差者，以其原記録之干支年號相對應之公元年數爲準，即將"乾隆三十一年乙酉"，改爲"乾隆三十年乙酉"。若年代數與年號干支差錯較大者，則相關年號年代句不予輯録。

十六、本書所輯資料，大都無標題。或有標題，但係全篇之題，無法轉爲所輯録句段資料之標題。或有標題而缺限制條件語。如"林氏輩序"、"本族昭穆"、"十一世祖行傳"之類。因輯録資料要分門别類，並必須串成篇章以成書卷，所輯資料須擬標題以結集。所以，本書目録及内文之標題，除極少數之外，均爲編者所加。

十七、一些譜文所記移民地點，係古舊小地名，或爲非行政區的自然聚落地名，如陳有文編輯《[漳州]潁川陳氏族譜集成》清光緒二十九年石蘭堂石印本，記該族之天成裔孫分於上坑，此上坑爲金門縣上坑，爲保留原資料面目，凡此不作注解，讀者引用時可自知。

十八、一些譜録有其譜成之前家族外遷各派系的完整記録，其中部分涉及遷臺灣與遷境外，如篇幅不大，則全段予以輯録，以提高資料價值。如《[漳州]潁川陳氏族譜集成》關於家族各派分遷記録便是此例。

十九、一些譜記之生卒記録，不知生卒年，或知年分不知月日時，故見諸"卒於康熙年"、"卒於康熙八年月日時"、"卒年月日時"之不確定格式，因此類記録事實上仍有關於先人逝世之正常與非命死一類資訊，故此類之卒年記録，不删節而仍照原文録入。

二十、漳州與臺灣姓氏譜最多見的是個人撰定稿，且見大量流水記録新丁簿式，以及由抄録祖墓碑或户口簿而成的簡單形式的譜記，所以行文中常見到先説某人生幾子，其後則見多一子或少一子，此類情況多非錯誤，一般多一子是增加了過繼來的一子，少一子是因一子已過繼出去了，有變化未記録，故見前後不一。類此，摘録時不予更動。

二十一、在一些條目中，未説明人物身份。因爲家庭重組人口變動之後，一些私譜中所録男性人口組成並非均爲血親，而記録者又未説明，故至身份不明，摘録時未删此記録，以使記録敘事完整。

二十二、民國以前的紀年用漢字，民國紀年用阿拉伯數字。

二十三、歸國華僑與僑生與海外有特殊聯繫，譜牒中有歸僑、僑生記録，仍在收録之例。

二十四、漳州向海外移民，與向臺灣移民一樣，具有姓氏家族以及村社的集團性。一些姓氏家族，如南靖書洋張氏、簡氏，龍海許氏等，曾大量向海外移民。好些僑村大部分人口在海外，祖地故鄉人口比在海外的少。這些姓氏家族的譜牒記載移居海外資料可能極厚重，與只有個别人遷移海外的成强烈對比。

二十五、移民海外第三代或第二代子裔，是華僑華人史的續篇、中外關係發展的重要力量，他們的父輩總是將其數據傳回老家祖地載入譜牒，以示歸根識源。所以譜牒有移民海外第二代第三代記録，是本書欲録之重要内容。

二十六、有些譜本，既有遷到國之實際地名如吧城，也有泛地名如番邦、南洋。一些極偏外國地名則屬今已不用之舊地名，讀者自鑒之。

目　録

總序 …… 陳建華 1
總則 …… 1
序 …… 林嘉書 1
凡例 …… 1

一、譜牒記載漳州遷臺開基祖名字 …… 1
（一）陳　氏
穎川陳氏徙臺名録 …… 1
平和蘆溪陳氏徙臺祖記録 …… 2
平和大溪陳氏昭公派徙臺記録二則 …… 3
南院陳氏徙臺祖名録 …… 3
南靖五經寮陳氏徙臺開基祖名録 …… 3
穎川陳氏分佈徙臺録 …… 4
漳州俊美陳氏徙臺祖名録 …… 4
嘉義陳氏開基祖記録 …… 5
鑒湖陳氏徙臺灣開基祖名録 …… 5
平和大溪陳氏讚緒房徙臺祖名録 …… 6
平和大溪店前陳氏徙臺祖記録一則 …… 6
平和磐石陳氏徙臺祖名録 …… 6
武平陳氏徙臺開基記録一則 …… 7
漳浦陳氏徙臺祖名録 …… 7
鑒湖陳氏十五世遷臺始祖計衷世系齒録 …… 7
（二）林　氏
東山康美林氏徙臺灣開基世系名録 …… 9
華安汰内林氏徙居臺灣名録 …… 12
南靖金山半徑林氏徙臺祖名録 …… 13
南靖金山獅公厝林氏徙臺祖記録一則 …… 13
南靖金山新村林氏徙臺祖名録 …… 13
南靖梧宅洞内泰昌堂弘士系林氏徙臺祖名字世系 …… 14
南靖梧宅萬安林氏徙臺祖名録 …… 18
平和林氏伯川系徙臺記録二則 …… 19
平和龍峯林氏徙臺灣開基祖名録 …… 19

平和龍頭林氏徙臺灣開基祖名録 …… 19
平和龍頭林氏徙臺祖名録 …… 20
平和龍頭林氏徙臺開基祖名字世系 …… 21
雲霄龍坑林氏徙臺灣開基祖名録 …… 25
漳浦烏石林氏徙臺開基祖世系名録 …… 25
漳州環溪林氏徙臺祖名録 …… 27
詔安林氏五常系徙臺一則 …… 28
詔安南陂林氏遷臺灣開基祖名録 …… 28
漳州林氏明清兩代渡臺祖臺灣譜記 …… 28
臺灣譜載林氏遷臺祖名録 …… 31
漳州林氏渡臺祖臺灣譜記 …… 36
(三)黄　氏
黄氏奥杳派下南靖支派渡臺祖名録 …… 39
南靖黄氏奥杳派徙臺祖名録 …… 40
南靖黄氏黄公派下徙臺祖名録 …… 40
南靖和溪禄斗黄氏徙臺祖名録 …… 43
南靖和溪月水黄氏徙臺祖一則 …… 45
南靖湖山黄氏徙臺録 …… 45
南靖六斗黄氏覩敦系徙臺記録二則 …… 45
南靖六斗黄氏坑兜徙臺祖名録 …… 46
南靖熱水黄氏徙臺祖名録 …… 46
南靖上版寮黄氏譜載徙臺祖名録 …… 46
南靖上版寮黄氏徙臺記録一則 …… 47
南靖書洋黄氏奥杳系徙臺灣開基祖名事 …… 47
南靖月水黄氏徙臺祖記録一則 …… 48
龍海長洲黄氏徙臺祖名録 …… 49
平和黄氏南二高陽樓系徙臺灣記録 …… 49
平和黄氏南二系徙臺祖名録 …… 49
漳邑黄氏渡臺祖世系衍録 …… 51
詔安焕塘黄氏徙臺祖名録 …… 53
臺灣譜載南靖上版寮黄氏徙臺祖名録 …… 53
臺灣黄氏大族譜漳泉徙臺祖記録 …… 54
(四)張　氏
南靖德遠堂張氏徙臺灣世系譜録 …… 55
南靖德遠堂張氏徙臺祖名録 …… 56
南靖梅林貝嶺張氏徙臺祖名録 …… 56
南靖石橋張氏徙臺祖世系名録 …… 56
平和馬堂張氏徙臺祖名録 …… 62
平和小溪張氏鐵崖系徙臺開基祖名録 …… 63

嘉義張氏譜載清河堂張氏徙臺開基祖名録 …… 63
雲霄西林張氏徙臺祖名録 …… 64
南靖貝嶺張氏渡臺祖一則 …… 65
(五)李　氏
南靖李氏孝梓系徙臺祖名録 …… 65
南靖埔頂李氏徙臺祖名録 …… 65
南靖書洋下阪李氏徙臺祖名録 …… 66
南靖梧宅李氏徙臺灣開基世系 …… 67
南靖下版寮李氏徙臺開基祖名録 …… 68
南靖油坑李氏徙臺祖記録一則 …… 69
平和埔美李氏徙臺祖記録二則 …… 69
漳浦綏安李氏徙臺祖名録 …… 69
漳州福河李氏徙臺祖名録 …… 69
詔安青龍山李氏鼎嶽系徙臺祖名録 …… 69
詔安青龍山李氏徙臺祖名録 …… 70
詔安青龍山李氏仲信系徙臺開基祖名録 …… 70
詔安秀篆大坪頭李氏徙臺祖名録 …… 71
詔安秀篆李氏紹衣堂系徙臺記録一則 …… 71
李氏臺灣譜徙臺祖記録 …… 71
(六)王　氏
南靖後街王氏徙臺祖名録 …… 72
南靖上寨王氏徙臺祖世系名録 …… 73
漳州埔美王氏徙臺祖名録 …… 74
(七)吴　氏
南靖璧溪吴氏徙臺祖名事 …… 74
南靖梧宅吴氏徙臺祖名録 …… 75
南靖湧口吴氏徙臺録一則 …… 76
平和後時吴氏徙臺灣開基名録 …… 76
平和後嗣吴氏往臺灣名録 …… 77
平和後嗣吴氏徙臺開基祖名字世系 …… 79
平和後嗣吴氏徙臺祖名録 …… 81
平和壶嗣吴氏徙臺開基祖名字世系 …… 82
平和壶嗣吴氏徙臺祖名録 …… 83
平和九峯出水蓮花吴氏徙臺一則 …… 83
平和九峯吴氏遷臺祖卒葬記録 …… 83
平和九峯永思堂吴氏徙臺祖名録 …… 84
雲霄西林吴氏徙臺祖名録 …… 84
平和馬目吴氏徙臺祖記録一則 …… 84
平和永思堂吴氏在臺支系生卒録 …… 84

漳州西洋坪吴氏徙臺祖名録 …… 85
(八)劉　氏
南靖村雅劉氏徙臺開基祖臺灣譜記 …… 85
南靖板頭彭城劉氏徙臺開基世系名録 …… 87
南靖金山劉氏徙臺祖名録 …… 90
南靖金山新村劉氏徙臺祖名録 …… 90
南靖珊圖劉氏徙臺祖名録 …… 90
劉氏各支系徙臺開基祖名字世系匯録 …… 90
(九)蔡　氏
龍溪護吉社蔡氏徙臺祖名録 …… 92
(十)楊　氏
平和义路杨氏渡臺祖世系名事 …… 92
平和義路楊氏徙臺開基世系名録 …… 96
漳州楊氏松澗系徙臺祖名録 …… 97
詔安楊氏徙臺祖名字世系 …… 97
詔安樟朗楊氏徙臺祖記録一則 …… 98
宜蘭福成楊氏世系名録 …… 98
宜蘭福成楊氏開臺祖世系名録 …… 98
(十一)許　氏
龍海鴻漸許氏徙臺祖名録 …… 100
南靖許氏徙臺祖記録一則 …… 100
雲霄世阪許氏徙臺祖名録 …… 100
漳州圭海許氏徙臺祖名録 …… 100
漳州許氏徙臺祖名録 …… 101
詔安南詔許氏徙臺開基祖名字世系 …… 102
(十二)鄭　氏
東山祥瑞堂鄭氏徙臺開基祖名録 …… 104
龍海郡山鄭氏徙臺祖名録 …… 104
南靖船場十八家鄭氏遷臺祖名録 …… 104
平和鄭氏虎臣系徙臺開基記録一則 …… 106
詔安蟳寮鄭氏徙臺祖名録 …… 106
(十三)郭　氏
華安岱山郭氏天民房系徙臺開基祖名録 …… 106
華安岱山郭氏天民房系徙臺祖世系名録 …… 114
華安岱山郭氏元崇系徙臺開基祖名録 …… 120
華安昇平岱山郭氏天民公房系開臺祖名録 …… 120
龍海流傳郭氏徙臺開基祖名字世系 …… 125
南靖郭氏崇飽系渡臺世系録 …… 126
南靖郭氏崇飽系徙臺祖名録 …… 128

漳州郭氏以德派徙臺開基祖名録…… 128
臺灣譜載漳州郭氏徙臺祖名録…… 129
(十四)洪　氏
龍海鴻團洪氏徙臺祖名録…… 136
龍海鴻團内社洪氏徙臺祖名録…… 137
(十五)邱　氏
南靖雙峯邱氏達天系徙臺一則…… 137
南靖雙峯邱氏徙臺開基祖名録…… 137
南靖下雙峯邱氏徙居臺灣世系人名録…… 138
(十六)曾　氏
龍海曾氏均德系徙臺祖名録…… 139
南靖高港曾氏徙臺開基祖名録…… 139
南靖高港曾氏徙臺開基祖名字世系…… 140
南靖豪山崇本堂曾氏徙臺開基祖名録…… 142
平和武城曾氏徙臺祖世系名録…… 143
平和洋文田曾氏徙臺祖名録…… 144
平和雍睦堂曾氏徙臺開基祖名録…… 145
平和曾氏端峯五房徙臺祖名録…… 145
平和曾氏易齋系徙臺祖一則…… 146
(十七)廖　氏
詔安廖氏渡臺開基祖名録…… 146
詔安廖氏渡臺開基祖名事…… 151
詔安廖氏徙臺開基祖名字世系…… 152
(十八)賴　氏
南靖葛竹賴氏君坦系徙臺開基祖名録…… 160
南靖葛竹賴氏君坦系徙臺祖名録…… 161
南靖葛竹賴氏六十二郎系徙臺開基祖名字世系…… 161
南靖葛竹賴氏徙臺開基祖記録…… 162
南靖葛竹賴氏徙臺祖名録…… 166
南靖南坑賴氏徙臺祖名録…… 166
南靖榕樹坑賴氏徙臺祖名録…… 166
南靖梧宅官山賴氏徙臺開基祖名字世系…… 167
南靖梧宅賴氏徙臺祖名字世系…… 168
南靖梧宅羅山賴氏徙臺開基祖名字世系…… 172
平和國强賴氏徙臺祖名字世系…… 178
平和心田賴氏卜隆系徙臺祖名字世系…… 179
平和心田賴氏徙臺開基祖名録…… 180
漳郡賴氏渡臺開基祖臺灣譜録…… 182
(十九)徐　氏

南靖和溪廣仁堂徐氏徙臺記録一則…… 189
南靖高才徐氏正公系徙臺開基祖名録…… 190
南靖大坪林徐氏徙臺祖名字世系…… 190
(二十)葉　氏
平和大溪葉氏壽長系徙臺祖名録…… 191
平和蘆溪葉氏徙臺祖名録…… 191
平和蘆溪葉氏永房系徙臺開基祖名録…… 191
(二十一)蘇　氏
南靖梅林磜頭蘇氏徙臺祖記録一則…… 193
(二十二)莊　氏
龍溪瑪洲莊氏往臺記録一則…… 193
南靖龜山莊氏徙臺祖名録…… 193
南靖龜洋莊氏亨陽系徙臺祖名録…… 197
南靖奎洋後坪莊氏徙臺祖名録…… 197
南靖上洋安瀾堂莊氏徙臺祖名録…… 198
南靖上洋莊氏端惠系徙臺祖一則…… 198
南靖梧宅莊氏徙臺祖名録…… 198
平和巖嶺莊氏徙臺祖名字世系…… 198
平和莊氏樹配系徙臺祖名録…… 199
漳州錦繡莊氏克余派下徙臺祖一則…… 199
漳州錦繡莊氏徙臺祖一則…… 199
漳州錦鏽莊氏徙臺録…… 200
(二十三)江　氏
平和大溪江氏文英系徙臺名録…… 200
平和大溪江氏徙臺灣開基祖世系名録…… 200
平和大溪江寨江氏全福系徙臺祖名録…… 204
平和大溪江寨江氏徙臺祖名録…… 204
平和江氏遷臺灣開基祖臺灣譜名録…… 205
平和江寨濟陽堂江氏渡臺灣開基名録…… 205
平和江寨江氏徙臺開基祖名録…… 206
臺灣濟陽江氏開臺祖名録…… 207
(二十四)吕　氏
龍溪杏林吕氏徙臺開基祖記録…… 208
南靖書洋吕厝吕氏渡臺開基祖世系名録…… 213
詔安秀篆河美吕氏徙臺開基祖名字世系…… 217
詔安秀篆河美吕氏徙臺灣開基祖名録…… 218
詔安玉龍坑吕氏徙臺祖名録…… 221
詔安秀篆河美吕氏徙臺祖記録一則…… 221
漳州吕氏徙臺祖名録…… 221

(二十五)何　氏
南靖金山何氏徙臺祖名録…… 225
南靖金山水美何氏徙臺祖名字世系…… 225
詔安何氏徙臺祖名録…… 226
漳州何氏徙臺祖名字世系…… 226
(二十六)羅　氏
平和呈奇嶺羅氏徙臺祖名録…… 243
(二十七)高　氏
海澄卿山高氏徙臺祖名録…… 244
平和大溪赤坑高氏徙臺祖名録…… 244
(二十八)蕭　氏
南靖金山蕭氏順德堂系徙臺祖名録…… 245
南靖上湧蕭氏徙臺祖名録…… 245
南靖下湧四美堂蕭氏徙臺祖名録…… 246
南靖湧川蕭氏徙臺開基名字世系…… 247
南靖湧山蕭氏四美堂次房徙臺祖名録…… 251
南靖湧山蕭氏徙臺祖名録…… 251
南靖永豐里九甲蕭氏徙臺祖名録…… 253
湧山蕭氏徙臺開基祖臺灣譜記…… 255
南靖蕭氏書山系車田祠派下徙臺支系分布録…… 256
南靖書山蕭氏徙臺開基祖名録…… 256
南靖書洋内坑蕭氏徙臺祖名録…… 259
南靖書洋蕭氏侃毅系徙臺祖名録…… 259
南靖書洋蕭氏士鼎系徙臺祖名録…… 260
南靖書洋蕭氏士忠系徙臺祖名字世系…… 260
詔安十二都湧山蕭氏徙臺祖記録一則…… 261
漳龍蕭氏徙臺祖世系名録…… 261
(二十九)潘　氏
筍江潘氏徙臺灣名録…… 266
臺灣譜載潘氏渡臺開基祖名録…… 266
(三十)朱　氏
東山宅山朱氏徙臺祖名録…… 267
龍海鎮海朱氏徙臺祖名録…… 272
平和九峯朱氏徙臺祖名録…… 272
平和朱氏徙臺名録…… 273
平和朱氏徙臺灣名録…… 273
平和朱氏徙臺祖名録…… 274
(三十一)簡　氏
南靖長教范陽郡簡氏徙臺祖名録…… 276

南靖長教簡氏惟原系徙臺祖名録…… 276
南靖長教簡氏徙臺開基祖名字世系…… 277
南靖長教簡氏遜賓系徙臺祖名録…… 280
南靖長窖簡氏各房移臺灣世系表…… 280
南靖楓林簡氏天佑系徙臺祖名録…… 281
南靖楓林簡氏徙臺開基祖名字世系…… 281
南靖長教簡氏徙臺開基祖名録…… 282
南靖長教簡氏徙臺祖名事…… 284
(三十二)游　氏
閩游二三郎系徙臺祖名録…… 288
詔安王游氏徙臺祖名録…… 289
詔安秀篆游氏徙臺開基祖世系名事…… 289
詔安游氏樂山念四系徙臺開基祖名字世系…… 291
臺灣游氏開基祖支派世系…… 299
(三十三)沈　氏
南靖竹溪沈氏天庇系徙臺録…… 310
武安錦山沈氏徙臺祖名録…… 311
南靖竹溪沈氏徙臺祖名録…… 311
(三十四)趙　氏
華安銀塘趙氏徙臺祖名録…… 313
(三十五)盧　氏
南靖范陽盧氏通保系徙臺祖名字世系…… 316
漳州盧氏通保系徙臺名録…… 317
(三十六)顔　氏
漳州青礁顔氏徙臺祖名録…… 320
(三十七)孫　氏
漳州孫氏徙臺祖名録…… 320
(三十八)魏　氏
南靖光裕堂魏氏徙臺祖名録…… 320
南靖梅林光裕堂魏氏徙臺祖名録…… 323
南靖梅林光裕堂魏氏徙臺祖名字世系…… 326
南靖梅林鉅鹿堂魏氏徙臺祖名字世系…… 329
南靖梅林魏氏徙臺祖名字世系…… 332
漳州鉅鹿魏氏遷臺灣開基祖名録…… 333
(三十九)范　氏
臺灣譜載范氏徙臺開基記録二則…… 346
(四十)方　氏
雲陽方氏徙臺記録一則…… 346
(四十一)丁　氏

龍海白石丁氏徙臺祖名録…… 346
(四十二)蔣　氏
龍海福全蔣氏徙臺祖名録…… 347
(四十三)藍　氏
漳浦種玉堂藍氏徙臺祖名録…… 347
(四十四)石　氏
南靖梧宅石氏徙臺祖名録…… 348
桃園石氏開基名録…… 348
(四十五)董　氏
南靖磜頭董氏福元祠系徙臺記録一則…… 348
南靖磜頭董氏徙臺祖名録…… 349
(四十六)程　氏
詔安程氏徙臺祖一則…… 350
(四十七)連　氏
長泰連氏徙臺祖名字世系事録…… 350
長泰上党連氏徙臺開基祖名録…… 350
長泰上党連氏徙臺開基祖名字世系…… 351
(四十八)姜　氏
臺灣姜氏世良系世系名録…… 351
(四十九)鄒　氏
華安鄒氏徙臺開基祖及在臺世系名録…… 352
(五十)韓　氏
天寶韓氏遷臺灣開基祖名録…… 375
(五十一)阮　氏
南靖阮氏徙臺祖名録…… 375
漳州阮氏徙臺祖名字世系…… 376
(五十二)童　氏
華安高車童氏徙臺祖名録…… 378
(五十三)饒　氏
平和大溪饒氏徙臺祖録…… 378
(五十四)張廖氏
詔安官陂張廖氏徙臺祖名録…… 378
(五十五)張廖簡氏
漳州張廖簡氏徙臺祖名録…… 379

二、漳臺同宗姓氏序敘紀略…… 380
(一)陳　氏
陳氏得姓敘略…… 380
平和高坑陳氏徙臺開基紀…… 380

漳浦與宜蘭鑒湖堂來歷…… 380
漳州儒林陳氏淵源略…… 381
(二)林　氏
林氏元成公系開臺序…… 381
林巽公遷臺派下修譜序…… 382
臺灣居民多祖籍閩粵…… 384
臺灣林氏宗人漳浦尋根祭祖紀…… 384
(三)黄　氏
奥杳黄氏族譜序…… 385
大陸移民遷臺拓殖源流…… 385
福佬人與客家人…… 386
江夏黄氏播遷臺灣考…… 387
江夏黄氏播遷臺灣總説…… 388
臺灣奥杳派黄氏渊源譜序…… 388
臺灣黄氏奥杳派南靖祭祖事録…… 389
臺灣黄氏奥杳系南靖尋根祭祖紀敘…… 389
臺灣嘉義打貓東堡黄氏家譜續序…… 390
臺灣嘉義内厝黄氏家譜序…… 391
臺灣紫雲黄氏源流系記…… 392
五百年前是一家…… 392
祖先是從唐山來的…… 395
數典不可以忘祖…… 398
(四)張　氏
板橋張氏渡臺祖傳説…… 399
平和馬堂張氏與徙臺宗親往來紀事…… 399
臺灣張氏文通公派祖籍紀敘…… 400
臺灣張氏淵源譜系敘略…… 401
(五)李　氏
李氏族譜源流總序…… 401
(六)王　氏
清代閩臺共修王氏譜事…… 402
臺湾瑯嶠王氏開基族譜敘…… 402
臺灣王氏團公系族譜世系…… 403
重脩巖嶺遷臺王姓族譜敘…… 403
(七)吴　氏
臺灣永思堂吴氏淵源敘序…… 404
(八)劉　氏
劉氏先代入臺灣墾居紀事…… 405
(九)楊　氏

宜蘭福成楊氏家族紀事 …… 406
宜蘭福成楊氏世系大事記 …… 415
(十)許　氏
草屯溪洲许氏渊源叙略 …… 415
圭海許氏不屈鄭氏記 …… 416
(十一)郭　氏
郭氏崇飽公派在臺續修族譜序歌 …… 416
在臺初修族譜序 …… 416
在南靖續修族譜序 …… 417
華安岱山郭氏天民房系與徙臺子裔嗣續香火記録一則 …… 417
(十二)賴　氏
松陽郡賴氏總系廿七房歷代族譜淵源詳敘 …… 418
臺灣賴氏修譜辭 …… 420
臺灣賴姓重修族譜跋 …… 420
臺灣蘭陽賴氏淵源家譜略 …… 421
臺中賴氏北屯四安派修譜序 …… 421
臺中賴氏五美派淵源譜系略記 …… 422
臺中山蓮賴氏續修族譜序 …… 423
(十三)徐　氏
徐士擔開臺創業記 …… 423
(十四)江　氏
平和大溪江氏明末清初閩臺戰亂紀略 …… 424
平和大溪鄉尋根記 …… 425
平和江寨江氏渡臺祖房系考 …… 426
由鄭而江隨母再醮他姓改宗記 …… 427
臺灣江氏淵源叙 …… 427
(十五)何　氏
臺中何厝何氏祭祖先祭他姓緣由 …… 429
(十六)羅　氏
嘉義斗六門都司武翼都尉羅師陞軍功履歷官文 …… 429
(十七)蕭　氏
斗山萧氏渊源族譜序 …… 430
閩臺蕭氏書山支系淵源 …… 431
南靖書洋蕭氏同治乙丑長髮之亂往臺録 …… 432
書山蕭氏十二世志君公來臺序 …… 432
漳臺蕭氏元富系深垇祠興廢記 …… 433
(十八)簡　氏
閩臺簡張姓緣故 …… 433
南靖長教簡氏徙臺創業略記 …… 433

臺灣簡氏淵源譜系……434
臺灣簡氏源流敘……435
(十九)游　氏
南靖游坑游水誤杀兄嫂逃臺記……438
王姓過繼傳游姓之緣由……439
游氏五十一公東昇系淵源敘録……439
(二十)魏　氏
魏雨順返祖地雜記……440
(二十一)薛　氏
高雄薛氏渡海尋根謁祖日記……441
高雄薛氏世系淵源敘序碑記……445
(二十二)石　氏
桃園石氏南靖尋根祭祖録……446
(二十三)張廖氏
詔安官陂廖烈美徙臺灣開基記……447
閩臺張廖氏淵源譜序敘略十則……447
閩臺張廖姓緣故……452
(二十四)張廖簡氏
张廖姓生廖死张之由来……453
張廖簡修家譜序……454

三、行狀傳略……455
(一)陳　氏
陳夢雷……455
陳夢林……455
陳永華……456
(二)林　氏
林　鳳……457
林　葵……458
林　亮……458
林朝棟……459
林朝英……461
林成祖……462
林光玉……463
林吕韜……463
林平侯……463
林文察……467
林獻堂……471
林幼春……473

林祖密……474
林荣茂……476
林爽文……476
漳浦浯江烏石林氏明清科舉士宦人物録……477
(三)黄　氏
黄飛鳳……479
黄世傑……479
(四)張　氏
張　丙……479
開臺始祖張趨公史記……481
(五)李　氏
李萬居……481
李火德……483
李火德略传……483
(六)王　氏
王宏仁……484
(七)吴　氏
吴秉忠……485
(八)劉　氏
劉茂本……486
(九)楊　氏
杨　章……486
楊開春……488
楊士芳……489
楊義中……490
楊騰霄……491
(十)許　氏
許　鵬……491
許　元……491
許良彬……492
許　獬……494
許　雲……495
許憲爵……496
許方度……496
許鳳翔……497
許律斌……497
(十一)郭　氏
郭光昊……497
郭來榮……497

郭秀山…… 498
郭兆麟…… 498
郭文山…… 499
(十二)曾　氏
曾捷步…… 499
曾明德…… 500
曾氏九和雍睦堂臺灣人才録…… 500
南靖高港曾氏在臺子裔考取功名録…… 501
(十三)廖　氏
廖朝孔…… 501
廖國程…… 502
(十四)賴　氏
賴日貴…… 502
平和心田賴氏功名前程徙臺録…… 503
(十五)徐　氏
徐維煌…… 503
(十六)葉　氏
平和蘆溪葉氏永房系徙臺子裔游庠録…… 503
(十七)江　氏
江呈輝…… 504
(十八)何　氏
何　義…… 504
何子愚…… 506
(十九)高　氏
高松庵…… 507
(二十)朱　氏
朱瑞麟…… 507
(二十一)簡　氏
簡汝重…… 507
簡瑞時…… 507
南靖長教簡氏徙臺支系功名録…… 508
南靖長教簡氏在臺功名前程録…… 508
(二十二)施　氏
施觀濤…… 508
(二十三)戴　氏
戴　參…… 509
戴書紳…… 509
(二十四)藍　氏
藍　理…… 509

藍廷珍…… 511
藍鼎元…… 513
藍元枚…… 516
(二十五)涂　氏
涂孝臣…… 516
(二十六)韓　氏
韓　治…… 518
韓克昌…… 518
(二十七)王游氏
王游廷院…… 518
王游肇所…… 518

四、各姓歸葬録…… 520
平和蘆溪陳氏徙臺祖歸葬録…… 520
南靖梧宅洞内泰昌堂林氏徙臺祖歸葬記…… 520
黄氏奥杳系南靖支派從臺灣歸葬録…… 520
南靖六斗黄氏徙臺祖歸葬記録一則…… 521
臺灣黄氏奥杳派歸葬唐山祖地與祭産録記…… 521
南靖石橋張氏徙臺祖歸葬記…… 523
南靖梧宅李氏徙臺支系昭穆歸唐入譜一則…… 523
南靖上寨王氏遷臺房系祭祖祭産權契及題銀録…… 523
南靖上寨王氏祠臺灣宗親祖牌及題銀録…… 525
宜蘭福成楊氏唐山祖墓録記…… 525
平和義路楊氏徙臺祖歸葬唐山記…… 526
漳州西洋坪吴氏徙臺祖歸葬一則…… 526
南靖板頭劉氏徙臺支系歸葬記…… 526
南靖十八家鄭氏徙臺祖歸葬記…… 526
華安岱山郭氏天民房系徙臺祖歸葬唐山記録一則…… 527
華安岱山郭氏徙臺祖歸葬一則…… 527
南靖雙峯邱氏徙臺祖歸葬記…… 527
南靖高港曾氏徙臺祖歸葬一則…… 527
平和武城曾氏徙臺祖檢骨歸葬唐山記…… 528
詔安廖氏徙臺子裔歸葬唐山記…… 528
南靖葛竹賴氏君坦系徙臺祖歸葬一則…… 528
南靖葛竹賴氏六十二郎系徙臺祖歸葬一則…… 528
南靖葛竹賴氏徙臺祖歸葬一則…… 528
南靖梧宅賴氏徙臺祖歸葬記…… 528
臺北賴氏泰重公派下十七世祖妣盧氏墓誌…… 529
平和大溪葉氏壽長系徙臺祖歸葬録…… 529

平和蘆溪石鼓樓葉氏徙臺祖歸葬録…… 529
平和蘆溪葉氏徙臺祖歸葬記…… 529
平和蘆溪葉氏永房系徙臺祖歸葬録…… 530
南靖龜洋莊氏王政系徙臺祖歸葬記…… 530
平和大溪江氏由臺灣歸葬記録一則…… 530
龍溪杏林吕氏徙臺灣支系歸葬記録一則…… 530
南靖書洋吕厝吕氏徙臺祖歸葬祖山記…… 531
南靖金山何氏徙臺祖歸葬記…… 531
南靖水美何氏徙臺祖歸葬録…… 531
南靖湧川蕭氏徙臺祖歸葬記…… 532
南靖上湧蕭氏徙臺祖歸葬記…… 532
南靖湧山蕭氏徙臺祖歸葬記…… 532
南靖永豐里九甲蕭氏徙臺祖歸葬記…… 532
南靖書洋内坑蕭氏徙臺祖歸葬録…… 533
南靖書洋内坑蕭氏徙臺祖歸葬唐山記…… 533
南靖書山蕭氏徙臺祖洗骨歸葬記…… 533
南靖長教簡氏徙臺子裔歸葬唐山記…… 534
南靖長教范陽簡氏徙臺祖歸葬記…… 534
南靖長教簡氏徙臺祖歸葬唐山記…… 534
宜蘭游氏歸葬詔安祖山記録…… 535
南靖光裕堂魏氏徙臺祖歸葬記…… 537
南靖梅林光裕堂魏氏徙臺祖歸葬祖山記…… 537
南靖梅林魏氏徙臺祖歸葬記…… 537
南靖梅林魏氏徙臺支系歸葬祖山記…… 538
臺北桃園石氏歸祀唐山梧宅彰美堂靈牌録…… 538

五、同根共祖淵源敘録…… 541
(一)陳　氏
陳氏伯宣裔由汀州遷漳潮泉州分布概略…… 541
陳氏入居大芹山白葉記…… 542
陳氏尹夫人系分布汀漳各府略記…… 542
閩臺潁川陳氏渊源徙布録…… 544
南陳鑒湖陳氏世系…… 545
南靖五經寮陳氏尹氏夫人系譜志…… 545
平和陳氏肇徵系來由…… 548
平和侯卿陳氏汀州譜系敘略…… 548
平和盧溪陳氏淵源…… 549
漳州天寶埔里陳氏上世淵源…… 550
詔安白葉陳氏淵源略…… 551

(二)林　氏

長樂林氏渊源…… 551
東山康美林氏寧化文德七郎世系…… 551
東山康美林氏寧化文德支系略…… 552
林巽公渡臺派下世系…… 552
龍海浯江林氏世次分居略…… 552
南靖金山新村林氏汀州文德九郎派系淵源敘…… 552
南靖麟埜林氏源流序…… 553
寧化林文德七郎系開基漳州及詔安簡譜…… 554
平和林氏伯川系寧化譜系略敘…… 554
平和龍頭林氏源流世系敘略…… 554
浯江林氏淵源…… 555
詔安南陂林氏寧化石壁譜系敘…… 557

(三)黄　氏

華安良村黄氏淵源…… 558
南靖禄斗黄氏汀杭淵源敘録…… 558
南靖田寮坑黄氏世系…… 559
平和安厚黄氏南二系淵源略…… 560
平和霞苑黄氏淵源敘録…… 561
平和霄嶺黄氏南三系淵源略…… 561
漳浦詒安堡黄氏出源及趙氏皇族借姓黄氏事録…… 562
詔安煥塘黄氏淵源略…… 562
臺灣黄氏淵源族譜序…… 562
新竹竹北黄氏源流族譜序…… 563

(四)張　氏

南靖奎坑張氏上杭化孫系敘序…… 563
南靖梅壟張氏源流…… 563
平和小溪張氏淵源敘…… 563
平和張氏鐵崖公派敘序…… 565
張化孫第十三子次孫騰旭開基南靖石橋序…… 565
臺灣板橋張氏世系源流…… 565

(五)李　氏

李氏平和孝梓系淵源…… 566
詔安秀篆李氏淵源略…… 567
詔安秀篆李氏源流…… 567

(六)王　氏

南靖上寨王氏源流敘…… 567
漳州王氏源流…… 568

(七)吴　氏

南靖璧溪吴氏淵源…… 569
平和後嗣吴氏户籍源由敘略…… 569
平和後嗣吴氏開基世系敘録…… 570
平和後嗣吴氏開基淵源録…… 570
平和九峯永思堂吴氏寧化淵源敘略…… 571
臺灣永思堂吴氏平和世系略…… 571
(八)劉　氏
劉氏閩粤臺世系源來分布敘…… 571
劉氏入閩世系淵源敘…… 573
南靖春雅劉氏前代述略…… 574
南靖春雅劉氏源流世系敘略…… 576
南靖村雅欽榮公本派譜説…… 577
南靖金山新村劉氏世系淵源譜記…… 577
汀漳潮劉氏淵源分佈…… 579
閩粤贛臺劉氏淵源枝派系略…… 579
(九)楊　氏
海澄英埭楊氏淵源略…… 583
弘農楊氏得姓源流…… 583
平和楊氏汀州寧化淵源敘略…… 585
平和楊氏源流敘録…… 586
清漳霞山楊氏延平源流敘序…… 586
雲霄弘農楊氏家譜志…… 587
雲霄弘農楊氏淵源略…… 587
宜蘭福成楊氏浦邑列祖世譜…… 588
(十)許　氏
閩臺許氏肇源…… 588
閩粤臺許氏世系淵源枝蔓敘録…… 588
南詔許氏淵源敘…… 590
漳南許氏始祖許陶公列祖世系…… 591
漳州圭海許氏開基行實録…… 592
(十一)郭　氏
汾陽郭氏入閩徙臺記…… 592
華安岱山郭氏系譜敘略…… 593
閩臺郭氏崇飽系源流敘…… 593
臺灣宜蘭郭氏活公系源流志略…… 594
(十二)洪　氏
龍海洪氏世源…… 595
漳州洪氏淵源及分布…… 595
(十三)邱　氏

南靖大雙坑邱氏淵源户役略…… 597
(十四)曾　氏
南靖高港曾氏天水堂系汀州上杭淵源説…… 598
南靖高港曾氏淵源略…… 598
南靖豪山曾氏出自汀州上杭略記…… 599
平和上湖曾氏汀州寧化淵源敘略…… 599
平和雍睦堂曾氏始祖汀州上杭譜系…… 600
(十五)廖　氏
廖氏閩粤贛臺各派世系分布録…… 600
廖 氏 源 流 考…… 603
廖 姓 源 流 …… 605
廖姓族譜源流序敘…… 605
臺灣廖氏譜載舊序三篇…… 606
(十六)賴　氏
賴羅傅三姓聯宗叙略…… 608
賴氏寧化極公支系漳州府分支…… 609
南靖葛竹賴氏派系略…… 610
南靖梧宅羅山賴氏淵源敘略…… 610
平和心田賴氏來由卜居敘略…… 611
上杭古田田心賴氏得一系遷播録…… 613
松陽郡賴氏總系二十七房歷代淵源序…… 614
松陽賴氏七十二房考略…… 616
心田賴氏遷徙支派與擇居敘略…… 616
漳泉潮惠心田賴氏汀州上杭田心出源…… 618
臺中山蓮賴氏渊源譜序…… 619
(十七)徐　氏
南靖和溪高才徐氏淵源略…… 620
(十八)周　氏
平和霞山周氏淵源…… 620
(十九)葉　氏
海峽兩岸葉氏淵源敘略…… 621
(二十)莊　氏
南靖龜山莊家一派歷代祖考妣事寔…… 622
南靖龜洋莊家世代居處貫籍異同記…… 622
南靖奎洋莊氏開基祖入贅朱氏記…… 623
南靖奎洋莊氏開山恩祖朱公序…… 623
南靖奎洋莊氏三郎公出處行實…… 624
漳州錦繡莊氏淵源譜序…… 625
莊氏肇源派衍七律古風吟…… 625

(二十一)江　氏
江氏汀州永定高頭淵源傳派略敘…… 625
江氏淵源與臺灣江氏本源…… 626
江氏肇姓傳流派衍臺灣詳敘…… 628
平和江寨江氏淵源録…… 631
入閩江氏世系傳録…… 632
汀漳泉臺江氏淵源敘…… 637
臺灣江氏淵脈追遠敘…… 637
臺灣江氏淵源沿革…… 639
閩粵臺江氏淵源追遠小敘…… 642
(二十二)吕　氏
閩臺吕大一派吕氏淵源…… 644
南靖書洋吕厝吕氏源流…… 646
汀州寧化石壁吕氏明季卜築詔安秀篆録…… 646
詔安吕氏宋乾樂城古堡開户録…… 647
(二十三)何　氏
臺北何氏淵源敘…… 647
漳浦雲霄詔安東山四縣何氏祖系…… 648
漳泉何氏源流紀略…… 648
漳州何氏分莊分派記…… 649
(二十四)羅　氏
平和呈奇嶺羅氏淵源…… 650
平和呈奇嶺羅氏開基祖敘略…… 650
(二十五)高　氏
海澄高氏淵源略…… 650
闽漳高氏世系源流纪略…… 650
平和大溪高氏出源…… 651
(二十六)蕭　氏
斗山蕭氏之汀杭傳衍…… 651
南靖永豐里九甲蕭氏淵源序敘…… 652
漳州湧山蕭氏源流序敘…… 654
臺灣車田祠蕭氏世系分布圖…… 657
(二十七)潘　氏
漳浦潘姓由來與户役…… 657
臺灣潘氏世系考…… 658
臺灣潘氏淵源敘略…… 659
臺灣滎陽潘氏世系渊源…… 659
(二十八)朱　氏
平和福塘朱氏汀州上杭祖籍略記…… 660

平和朱氏百十三郎淵源户籍蒸嘗略志…………………………………………………… 660
平和朱氏源流……………………………………………………………………………………… 661
朱氏朱熹婺源茶院世譜序……………………………………………………………………… 662
(二十九)簡　氏
閩臺簡氏源流世系敍略…………………………………………………………………………… 662
南靖長教簡氏淵源風水録……………………………………………………………………… 664
南靖長窖簡氏開基祖敍略……………………………………………………………………… 665
南靖長窖簡氏世系分布略……………………………………………………………………… 665
南靖簡氏淵源譜系敍……………………………………………………………………………… 666
(三十)鍾　氏
海澄冠山鍾氏源流敍録…………………………………………………………………………… 668
閩漳鍾氏淵源敍…………………………………………………………………………………… 669
(三十一)游　氏
廣平游氏源流……………………………………………………………………………………… 670
閩系游氏徙布與東昇房紀略…………………………………………………………………… 670
南靖和溪游氏淵源略……………………………………………………………………………… 673
秀篆埔坪王游氏淵源……………………………………………………………………………… 673
詔安樂山念四系游氏淵源世系敍録…………………………………………………………… 674
詔安秀篆王游氏源流……………………………………………………………………………… 675
詔安游氏樂山念四系淵源譜系………………………………………………………………… 676
臺中王游氏之由來………………………………………………………………………………… 677
(三十二)沈　氏
龍海浮宫沈氏明季開基立籍户役敍略………………………………………………………… 677
(三十三)趙　氏
宋皇趙氏族裔開基漳州銀塘序敍……………………………………………………………… 678
宋趙皇族遺裔易姓埋名事略…………………………………………………………………… 679
(三十四)盧　氏
盧氏南遷入汀漳泉世系敍録…………………………………………………………………… 679
盧氏汀杭三六承事苗裔播遷題名録…………………………………………………………… 680
閩南盧氏淵源敍録………………………………………………………………………………… 681
南靖范陽盧氏淵源述略…………………………………………………………………………… 682
南靖盧氏淵源略…………………………………………………………………………………… 682
(三十五)魏　氏
南靖梅林魏氏出源及傳布縣社………………………………………………………………… 683
南靖梅林魏氏出源略……………………………………………………………………………… 683
(三十六)宋　氏
漳州芹霞宋氏源流本支記………………………………………………………………………… 684
(三十七)方　氏
雲霄方氏佛養系譜志……………………………………………………………………………… 685

（三十八）丁　氏
漳州白石丁氏淵源拓基事略…… 685
（三十九）蔣　氏
華安大地蔣氏來由敘略…… 686
華安大地蔣氏譜略…… 686
華安大地蔣氏淵源略…… 686
龍海福全蔣氏宗譜世系序略…… 687
漳邑蔣氏淵源…… 687
（四十）藍　氏
漳浦赤嶺藍氏世系淵源…… 689
（四十一）石　氏
南靖石氏遷葬重修八世祖田氏墓誌…… 690
（四十二）連　氏
長泰江都連氏上世淵源略…… 690
長泰江都連氏淵源譜系敘略…… 690
臺南馬兵營連氏世系…… 691
連 姓 淵 源…… 692
連氏遷閩經過…… 692
（四十三）姜　氏
臺灣姜氏淵源略…… 693
（四十四）鄒　氏
華安鄒氏淵源族譜敘略…… 693
鄒氏應龍系繁衍播遷録…… 694
（四十五）韓　氏
漳州天寶韓氏淵源略…… 696
（四十六）王游氏
詔安秀篆王游氏來由…… 696
（四十七）張廖氏
闽臺張廖源流…… 697
閩臺張廖姓淵源譜序敘…… 697
臺灣張廖氏清武派來由及生廖死張典故…… 697
張廖姓生廖死張由來…… 699
詔安官陂張廖氏來由…… 699
（四十八）張簡氏
闽臺張簡源流…… 700

六、從臺灣返遷漳州…… 702
平和蘆溪陳氏徙臺返遷記録一則…… 702
南靖下峯北斗堂林氏徙臺祖返遷記…… 702

平和黃氏南二系徙臺祖返遷録…… 702
南靖德遠堂張氏由臺灣返遷録…… 703
南靖石橋張氏徙臺支系從臺灣返遷録…… 703
南靖下版寮李氏徙臺系返遷記録一則…… 703
南靖璧溪吴氏徙臺致富返遷録一則…… 703
臺灣永思堂吴氏返遷唐地敘録…… 704
南靖板頭劉氏徙臺祖返遷一則…… 705
宜蘭福成楊氏返遷唐地一則…… 705
詔安南詔許氏徙臺系返遷録…… 705
華安岱山郭氏天民房系徙臺祖返遷記録一則…… 705
漳州郭氏以德派徙臺子裔回遷祖居一則…… 705
南靖高港曾氏徙臺祖返遷記録一則…… 705
南靖高港曾氏徙臺支系返遷一則…… 706
平和上湖曾氏徙臺支系子裔返遷歸葬記…… 706
平和曾氏易齋系徙臺祖返遷記…… 706
平和曾氏易齋系徙臺祖歸葬記…… 707
臺灣廖氏元子公系返歸大陸名録…… 707
南靖和溪高才徐氏開臺祖返遷記…… 707
南靖書山蕭氏徙臺祖返遷記…… 708
東山鴻關朱氏由臺灣返遷記…… 708
龍海鎮海朱氏徙臺祖返遷回唐記…… 709
南靖长教简氏徙臺子裔返遷回唐纪事…… 709
南靖長教簡氏徙臺子裔返遷唐山紀…… 709
南靖長教簡氏徙臺祖返遷回唐一則…… 710
詔安游氏在台支系返遷唐山記録…… 710
南靖梅林魏氏鉅鹿堂系徙臺子裔返遷回唐記…… 710
南靖梅林魏氏徙臺支系返遷記…… 711
詔安官陂張廖氏渡臺支系返遷回唐一則…… 712
詔安官陂張廖氏徙臺祖返遷記録一則…… 712

七、兩地共用昭穆…… 713
(一)陳　氏
雲霄山美陳氏昭穆…… 713
漳浦臺灣鑑湖陳氏共用昭穆…… 713
(二)林　氏
林長清派下龍德樓系昭穆…… 713
浯江林氏烏石輩序…… 714
詔安南陂林氏明遠系昭穆…… 714
詔安南陂林氏昭穆…… 714

林氏昭穆集成…………715
臺灣林氏元成系昭穆…………716
(三)黄　氏
黄氏認祖八句詩…………716
龍海古埜黄氏昭穆…………717
秀篆焕塘黄氏世系輩序…………717
漳州湘橋黄氏昭穆…………717
閩臺黄氏昭穆撮録…………717
閩臺黄氏平和小嶺大更黄房昭穆…………719
(四)張　氏
南靖貝嶺張氏昭穆…………719
清河堂張氏昭穆…………719
张氏化孫系四十代昭穆字輩…………720
(五)李　氏
李氏青龍山仲信公派下輩序…………720
詔安大坪頭李氏昭穆…………720
李氏昭穆匯録…………721
(六)王　氏
南靖後街王氏昭穆排名序次…………722
漳州上苑王氏歷代昭穆稱名序次…………723
(七)吴　氏
平和九峯永思堂吴氏昭穆…………723
臺灣永思堂吴氏昭穆…………723
(八)劉　氏
劉氏堂號彭城之由來…………723
彰化社頭芳山堂劉氏昭穆…………724
劉氏昭穆輯録…………724
(九)楊　氏
龍海英埭楊氏昭穆…………726
漳州楊氏松澗系昭穆…………726
宜蘭楊鈐直系楊氏昭穆…………726
宜蘭福成楊氏昭穆…………727
(十)許　氏
澎湖山水許氏昭穆…………727
許氏昭穆選録…………727
(十一)鄭　氏
南靖鄭氏德山公派下昭穆輩序…………729
(十二)郭　氏
華安昇平郭氏昭穆…………729

閩臺郭氏崇飽公派昭穆續修紀…… 731
閩臺郭氏郡望堂號記…… 731
臺灣郭氏漳州岱山系昭穆…… 731
臺灣漳州郭氏以德派昭穆…… 732
（十三）曾　氏
南靖高港曾氏昭穆…… 732
平和上湖曾氏輩文…… 733
曾氏易齋派昭穆…… 733
（十四）廖　氏
廖氏武威太原清河三郡堂號…… 733
詔安廖氏渡臺十二世序魁公派昭穆…… 734
（十五）賴　氏
賴氏郡望堂號源流…… 736
賴氏堂號名稱由來…… 737
南靖葛竹賴氏燈號字輩昭穆詩…… 737
南靖葛竹賴氏昭穆…… 737
（十六）莊　氏
南靖奎洋下峯莊氏編字韻…… 739
南靖奎洋莊氏編字韻…… 739
南靖奎洋莊氏昭穆字韻…… 739
莊氏夏公西潘昭穆歌…… 740
（十七）江　氏
閩臺濟陽江氏昭穆…… 740
閩臺江氏昭穆匯録…… 741
（十八）吕　氏
南靖書洋吕氏輩序字倫…… 742
詔安玉龍坑吕氏昭穆…… 742
吕氏廷玉系昭穆…… 742
閩臺吕氏競茂系昭穆…… 742
閩臺吕氏祖謙公派昭穆…… 743
（十九）何　氏
南靖金山廬江何氏輩詩…… 743
（二十）蕭　氏
書山蕭氏昭穆…… 743
漳龍蕭氏昭穆…… 744
蕭氏湧山四美堂昭穆…… 744
臺灣蕭氏各支派昭穆輩序…… 745
閩臺蕭氏斗山衍派昭穆…… 746
福建臺灣蕭氏書山系昭穆…… 746

(二十一)潘　氏
(二十二)游　氏
詔安秀篆樂山系游氏昭穆…… 747
詔安秀篆龍潭樓游氏昭穆…… 747
臺中游氏昭穆…… 748
(二十三)趙　氏
趙宋皇族三派昭穆字號…… 748
(二十四)顏　氏
漳州青礁顏氏昭穆…… 748
(二十五)范　氏
臺灣子乾派范氏昭穆…… 749
(二十六)薛　氏
臺灣高雄薛家村薛氏昭穆…… 749
(二十七)蔣　氏
華安大地蔣氏昭穆…… 749
華安魚招蔣氏字代流傳…… 750
龍海福全蔣氏昭穆…… 750
(二十八)石　氏
梧宅石氏昭穆…… 750
桃園石氏昭穆…… 751
(二十九)連　氏
長泰江都連氏命名表字圖…… 751
(三十)湯　氏
漳州湯氏昭穆…… 752
(三十一)姜　氏
新竹姜氏昭穆…… 752
(三十二)鄒　氏
華安鄒氏昭穆世序…… 753
(三十三)張廖氏
詔安官陂玉田樓張廖系昭穆…… 753
閩臺張廖氏清武堂號之由來…… 754
臺灣張廖氏七欠之由來…… 754
(三十四)張廖簡氏
張廖簡氏昭穆…… 755

八、祖祠與祭祖…… 757
(一)陳　氏
漳浦與宜蘭陳氏鑒湖堂…… 757
(二)林　氏

臺灣林氏巽公派下認親謁祖記…… 757
漳浦林氏大林祖祠…… 758
漳浦林氏運頭宗祖祠…… 759
乌石林氏海雲家廟…… 759
烏石宗祠續記…… 761
南投林氏篤祖系祝文…… 762
(三)黄　氏
南靖樂土黄氏萬善堂寺産支出規例單…… 763
平和霞苑黄氏大宗入主牌股份及科甲特權…… 763
(四)張　氏
馬堂張氏村落宗居老屋録…… 764
南投張琯溪祭祀公業記…… 764
石橋張氏徙臺支系祖居産業録…… 765
(五)王　氏
南靖上寨王氏遷臺灣房系祭祖祭産權契及題銀録…… 766
南靖上寨王氏神主及臺灣宗親題銀録…… 767
(六)劉　氏
劉氏導璋公述始祖信卿公開創揚康敘…… 768
臺灣各地劉氏祖祠録…… 768
臺中東勢鎮敦睦堂劉氏祖祠沿革…… 769
桃園楊梅鎮延楹公派天禄閣祖堂沿革…… 769
新竹新埔鎮劉家祠沿革…… 769
新竹芎林傳老公祖祠沿革…… 770
彰化社頭芳山堂劉氏祖祠沿革…… 770
(七)許　氏
金門官里許氏宗祠…… 771
金門珠浦許氏宗祠…… 772
金門安岐許氏家廟…… 773
金門後湖許氏宗祠…… 774
金門後沙許氏家廟…… 776
金門後沙許氏五房家廟…… 777
金門珠浦許氏家廟…… 778
龍海大徑許氏家廟…… 782
龍海鴻漸許氏宗祠…… 783
龍海南苑許氏宗祠…… 784
龍海沙壇許氏家廟…… 785
澎湖果葉許氏家廟…… 787
澎湖湖東許氏東厝宗祠…… 788
澎湖山水許氏家廟…… 789

澎湖鎖港許氏宗祠…… 790
澎湖許家村許氏家廟…… 791
臺北縣金山許姓祖祠…… 792
臺北新莊式生許式祖祠…… 793
許氏港濱祖廟前後興脩總記…… 794
詔安許氏宗祠綸恩堂…… 794
詔安漳南許氏始祖廟…… 795
(八)邱　氏
南靖雙峯邱氏徙臺子裔回唐謁祖及祭田録…… 796
(九)曾　氏
漳州曾氏徙彰化族裔請建宗祠文…… 796
(十)江　氏
臺灣濟陽江氏寄銀回唐重修祖墳録…… 797
臺灣江九合慶陽祭祀公業起源及章程…… 798
臺灣江氏平和大溪鄉尋根記…… 799
臺灣江氏慶陽堂之更迭…… 800
(十一)賴　氏
南靖葛竹賴氏科甲竪旗掛匾録…… 801
南靖葛竹賴氏徙臺支系祖籍祀田記…… 801
南靖羅山賴氏徙臺子裔回唐訪祖録…… 802
(十二)吕　氏
吕氏芳園祠臺灣宗親捐資碑…… 802
吕氏居臺子孫返鄉祭祖探親紀念碑…… 802
吕祖夏珍公渡臺傳下返鄉祭祖紀念碑…… 803
南靖吕氏芳園祠重建風水臺灣宗親題銀紀事…… 804
桃園吕傳勝吕錫松等敬祖文疏…… 804
桃園吕傳勝爲拜祖事致宗親函…… 805
桃園吕傳勝在龍潭樓芳園祠祭祖儀式上的演講詞…… 805
桃園吕傳勝致大陸宗親函…… 806
桃園吕進芳等敬祖文疏…… 807
(十三)蕭　氏
臺灣斗山蕭氏祭祖日期…… 807
臺灣蕭氏書山祠奮公傳下春秋祭日…… 807
臺灣蕭氏孝子釘的故事…… 808
萧氏書山肇基始祖奮公傳下所屬祠堂…… 809
彰化社頭湧山蕭氏公廳奉祀之神位牌…… 810
(十四)潘　氏
漳州潘氏大宗祠簡章及龕位價銀…… 811
(十五)朱　氏

東山宅山朱氏徙外邑子裔爲祖祠重修出資記 …… 812
(十六)游　氏
東昇游氏祠墓坐向出水風水形制 …… 812
欒山系游氏祭祖權利與祭祀會股份 …… 813
清嘉慶臺灣蘭陽游氏集會股建祠立雪堂及祭規 …… 813
秀篆游氏龍潭祠風水敘録 …… 813
宜蘭游氏東興堂廟志 …… 814
(十七)魏　氏
臺灣土城鉅鹿堂魏氏祭祖典禮祝文 …… 816
臺灣魏雨順等人祭祖祭品單 …… 817
(十八)張廖氏
臺灣張廖氏祖祠沿革因由志記八篇 …… 817
雲林西螺張廖姓祠堂 …… 821

九、家族規約 …… 823
(一)族　規
陳　氏 …… 823
南靖五經寮陳氏家規 …… 823
漳浦陳氏祖訓 …… 825
林　氏 …… 825
華安汰内林氏族規五律句則 …… 825
浯江林氏堂識聖諭 …… 825
漳浦烏石林氏大宗家規 …… 826
黄　氏 …… 827
南靖書洋田寮坑黄氏祖訓規條 …… 827
平和黄氏南二系宗中十詠 …… 828
張　氏 …… 828
閩粤贛臺張氏化孫系家規十條 …… 828
李　氏 …… 829
隴西李氏家規 …… 829
臺灣李氏家訓三十一則 …… 831
王　氏 …… 832
漳州太原王氏家訓 …… 832
祭祖讀祝唱禮立向方位規則 …… 833
柏廬朱先生家訓 …… 833
閩臺王氏族規十二條 …… 834
清代閩臺共修王氏譜事 …… 834
吴　氏 …… 835
平和壺嗣吴氏報本堂家訓 …… 835

詔安梅州吴氏家範…… 835
楊　氏…… 836
平和弘農楊氏家訓…… 836
臺灣宜蘭楊氏過房契書三則…… 837
許　氏…… 838
漳南許氏宗廟條約…… 838
漳南許氏族規儀節條款…… 839
漳南許氏祖廟條約…… 840
漳州圭海許氏族規…… 841
漳州圭海許氏祖廟規約序…… 841
詔安南詔許氏宗廟條約…… 844
郭　氏…… 845
華安岱山郭氏祖訓十二則…… 845
華安郭氏大宗四訓…… 846
賴　氏…… 846
心田賴氏族規條款…… 846
江　氏…… 848
江氏金豐祖訓…… 848
何　氏…… 848
浦江鄭義門家訓…… 848
漳泉何氏家禮…… 849
漳泉何氏家訓…… 854
漳泉何氏通族習慣法則公例…… 856
蕭　氏…… 858
閩臺書山蕭氏家規…… 858
閩臺蕭氏書山派家訓…… 862
潘　氏…… 863
潘氏渡臺開基一世祖遺囑家訓…… 863
簡　氏…… 864
臺灣簡氏族規示訓八條…… 864
臺灣簡氏七月半不祭祖之誓言…… 864
鍾　氏…… 865
漳州松洲鍾氏汀州流傳祖訓十二款…… 865
游　氏…… 866
閩游二三郎系游氏家訓…… 866
趙　氏…… 867
漳浦趙家堡趙氏皇族家範…… 867
趙氏皇族行爲不檢禁入譜牒記…… 870
蔣　氏…… 870

華安大地蔣氏獎學條規…… 870
華安大地蔣氏族規家訓…… 870
龍海蔣氏婢生子之繼統權規條…… 871
鄒　氏…… 871
華安鄒氏祖訓戒條款…… 871
童　氏…… 873
華安童氏濟安樓會盟立約序…… 873
華安童氏祖山禁約…… 874
张廖氏…… 874
閩臺張廖氏七嵌箴規祖訓録…… 874
詔安張廖氏明季開基及家族承傳實録…… 875
(二)獎學條規
閩臺黄氏英公派下獎學規例…… 877
南靖書洋吕氏獎學敬老尊官條規…… 877
閩粤漳潮吕氏東萊公派下獎學規…… 878
書山蕭氏唐臺一體獎學族規…… 878
南靖梅林簡氏獎學書田録…… 879
東興堂游氏添丁獎學規…… 880
詔安官陂張廖氏獎學條規…… 880

十、對聯選録…… 881
詔安樂篆念四派游氏祖祠對聯…… 881
福建龍海大徑許氏家廟楹聯…… 881
金門金城鎮許氏宗祠高陽堂祖廳楹聯…… 882
閩粤臺許氏墓祠廟堂聯對…… 882
十二孝典故圖説…… 887
臺北陽明山南靖塋域郭氏祖墳汾陽對聯…… 889
臺灣許氏祠堂對聯…… 889
宜蘭楊氏進士第等楹聯録…… 901

十一、雜　録…… 903
明末清初漳州境内清鄭戰事與經社景況…… 903
南靖長教簡氏徙臺子裔回唐祭祖竪旗記…… 903
南靖長教簡氏徙臺祖清末寄函銀回唐祭祖墓事略…… 903
南靖長窖簡氏開基一世德潤入贅張家及祭張氏祖事録…… 904
南靖高港曾氏林爽文天地會鄭成功亂事紀略…… 904
南靖豪山曾氏天地會及林爽文臺灣起事記録…… 905
南靖梅林魏氏徙臺祖父子信函…… 905
南靖書洋蕭氏深垢祠興廢記…… 906

南靖蕭氏清末民初家國大事記…… 906
沈葆楨奏建延平郡王祠摺…… 906

十二、漳州向國外移民開基祖名録…… 908
（一）陳　氏
潁川陳氏徙外邦録…… 908
平和蘆溪陳氏徙南洋記録二則…… 908
天寶陳氏過番記録一則…… 908
唐榮陳氏源流世系…… 908
南靖五經寮陳氏往巴記録一則…… 909
漳州俊美陳氏在番二則…… 909
臺灣鑒湖陳氏徙印尼記録…… 909
宜蘭鑑湖陳氏徙居萬隆一則…… 909
漳浦陳氏過南洋一則…… 910
（二）林　氏
東山康美林氏遷外國開基祖名録…… 910
唐榮林氏源流…… 913
詔安南陂林氏遷外邦開基祖名録…… 913
詔安林氏五常系往南洋一則…… 914
華安汰内林氏徙居外國名録…… 914
漳州環溪林氏往吧記録一則…… 914
雲霄龍坑林氏遷外國開基祖名録…… 914
漳浦烏石林氏徙外邦名録…… 914
南靖梧宅洞内泰昌堂弘士系林氏徙外邦名録…… 915
平和龍頭林氏徙外邦名録…… 915
平和龍頭林氏徙新加坡一則…… 915
漳州康山林氏出洋録…… 915
（三）黄　氏
南靖湖山黄氏往吧録…… 916
平和黄氏南二系往吧番録…… 916
龍海長洲黄氏徙外邦録…… 916
華安良村黄氏徙外邦名録…… 917
（四）張　氏
南靖德遠堂張氏僑居外國世系譜録…… 917
南靖德遠堂張氏徙外邦名録…… 958
南靖德遠堂張氏徙外邦名録…… 959
南靖石橋張氏徙外邦世系名録…… 960
南靖石橋張氏徙外邦開基祖世系名録…… 961
平和馬堂張氏徙外國開基名録…… 965

雲霄西林張氏徙外邦録…… 965
(五)連　氏
長泰上党連氏往吧記録二則…… 966
長泰上党連氏徙外邦名録…… 966
長泰連氏徙外邦二則…… 966
長泰連氏徙吕宋三則…… 966
(六)李　氏
詔安秀篆大坪頭李氏往番邦記録…… 967
詔安青龍山李氏徙番邦名録…… 967
漳州福河李氏徙外邦録…… 967
東山李氏徙外邦記録三則…… 968
(七)王　氏
南靖上寨王氏徙外邦記録二則…… 968
漳州上苑王氏徙外邦記録…… 968
漳州埔美王氏徙外邦録…… 969
(八)吴　氏
平和後嗣司吴氏往番録一則…… 969
平和後嗣吴氏往番歿卒記録二則…… 969
平和壺嗣吴氏徙居外邦名録…… 969
南靖湧口吴氏徙外邦録…… 971
南靖璧溪吴氏徙外邦記録二則…… 971
漳州西洋坪吴氏徙外邦名録…… 971
平和後時吴氏過番録…… 971
(九)梁　氏
唐荣吴江梁氏家譜世系…… 972
(十)劉　氏
南靖珊圖劉氏往番録一則…… 973
南靖金山劉氏往番邦録一則…… 973
(十一)蔡　氏
龍溪護吉社蔡氏徙外邦開基祖名事…… 974
唐榮中山蔡氏世系圖序…… 975
唐榮蔡氏家譜序…… 976
(十二)楊　氏
雲霄弘農楊氏徙異邦録…… 978
平和義路楊氏徙外邦名録…… 979
平和義路楊氏徙外邦録…… 979
(十三)許　氏
漳州圭海許氏徙外邦録…… 980
龍海鴻漸許氏徙外邦名録…… 981

詔安南詔許氏徙外國開基祖名字世系…… 981
雲霄世阪許氏徙外邦名録…… 987
龍海高陽許氏遷外國記録…… 987
(十四)鄭　氏
東山祥瑞堂鄭氏徙外國開基祖名録…… 988
龍海鄱山鄭氏徙外邦名録…… 989
平和鄭氏虎臣系徙外邦開基祖名録…… 989
(十五)郭　氏
華安岱山郭氏元崇系往暹記録一則…… 989
龍海流傳郭氏徙外邦名録…… 989
漳州郭氏以德派徙番邦記録一則…… 990
華安岱山郭氏天民房系徙外邦開基祖名録…… 990
華安岱山郭氏天民房系徙外邦開基名録…… 990
華安岱山郭氏天民房系徙外邦開基祖名録…… 991
臺北郭氏崇飽系向外國遷居録…… 991
(十六)邱　氏
南靖雙峯邱氏徙南洋記録…… 992
南靖雙峯邱氏去番一則…… 993
南靖雙峯邱氏向外國遷基祖名録…… 993
(十七)曾　氏
南靖高港曾氏徙外邦名録…… 993
南靖豪山崇本堂曾氏徙南洋記録一則…… 993
南靖高港曾氏徙外邦開基祖名録…… 994
龍海曾氏均德系徙外邦開基祖名録…… 994
平和古林曾氏過洋邦一則…… 996
平和曾氏傳泳房徙外邦名録…… 997
平和曾氏易齋系徙外邦名録…… 997
平和武城曾氏徙外邦名録…… 997
平和武城曾氏徙外邦録…… 998
平和曾氏易齋系由外邦返遷記…… 998
平和洋文田曾氏徙外邦録…… 999
平和古林曾氏過洋邦一則…… 999
平和曾氏傳泳房系徙吧記録…… 999
(十八)賴　氏
南靖梧宅羅山賴氏徙外邦開基祖名録 …… 1000
平和心田賴氏徙外邦名録 …… 1000
平和國强賴氏徙外邦開基祖名録 …… 1000
南靖梧宅賴氏徙外邦名録 …… 1001
南靖葛竹賴氏出洋過番名録 …… 1001

(十九)周　氏
唐榮周氏家譜世系 …… 1002
平和霞山周氏徙外邦一則 …… 1002
(二十)莊　氏
南靖龜洋莊氏王政系徙外邦録 …… 1003
南靖龜洋莊氏徙外邦名録 …… 1004
南靖梧宅莊氏徙南洋一則 …… 1004
南靖奎洋後坪莊氏徙外邦世系名録 …… 1004
平和巖嶺莊氏出洋録 …… 1004
漳州錦繡莊氏古山系徙吧番録 …… 1005
漳州錦繡莊氏徙外邦名録 …… 1005
漳州錦繡莊氏徙外邦名録 …… 1005
龍溪瑪洲莊氏向外國移民録 …… 1005
華安岱山莊氏公望二房徙外國一則 …… 1006
(二十一)吕　氏
詔安秀篆河美吕氏往吧開基祖名録 …… 1006
南靖書洋吕氏徙外邦開基祖名録 …… 1006
南靖書洋吕氏徙外邦名録 …… 1007
南靖書洋吕氏徙吕宋記録一則 …… 1007
龍溪杏林吕氏遷外國開基名録 …… 1007
(二十二)何　氏
漳州何氏往吧記録 …… 1008
(二十三)高　氏
漳州磜都高氏徙外邦名録 …… 1011
平和大溪赤坑高氏徙外邦一則 …… 1011
龍海海澄高氏徙外邦記録 …… 1011
海澄卿山高氏徙外邦名録 …… 1011
(二十四)蕭　氏
南靖書洋蕭氏士鼎系徙外邦名録 …… 1012
南靖湧川蕭氏徙外邦一則 …… 1012
南靖上湧蕭氏徙外邦記録 …… 1012
南靖永豐里九甲蕭氏徙外邦名録 …… 1012
南靖湧山蕭氏徙番記録 …… 1013
南靖書洋蕭氏侃毅系徙外邦一則 …… 1013
南靖書山車田蕭氏徙外邦名録 …… 1013
漳龍蕭氏徙外邦開基祖名録 …… 1013
南靖金山順德堂蕭氏往番二則 …… 1014
臺灣車田蕭氏日據時從徵歿及居日美人名 …… 1015
臺灣梅軒派蕭氏日據時從徵歿及居日本名録 …… 1015

(二十五)藍　氏
漳浦種玉堂藍氏徙外邦名録 …… 1016
(二十六)湯　氏
漳州中山湯氏徙外邦一則 …… 1017
(二十七)沈　氏
詔安沈氏西沈系徙安南記録 …… 1017
武安沈氏徙外邦名録 …… 1018
平和吴興沈氏徙外邦記録 …… 1018
詔安沈氏徙安南記録 …… 1018
(二十八)朱　氏
龍海鎮海朱氏徙外邦開基祖名録 …… 1019
東山宅山朱氏徙星開基名録 …… 1020
平和朱氏徙外邦名録 …… 1021
平和朱氏向外國遷徙名録 …… 1021
(二十九)簡　氏
南靖長教簡氏徙外邦開基祖名録 …… 1022
南靖長教簡氏徙外邦開基祖名録 …… 1022
南靖長教簡氏徙外邦開基祖名字世系紀事 …… 1023
南靖長教簡氏遜賓系徙外邦開基祖名録 …… 1025
南靖長教簡氏惟原系徙外邦名録 …… 1025
南靖簡氏二世貴信明永樂和番及招魂歸葬記 …… 1025
(三十)游　氏
詔安龍潭樓王游氏清末往安南一則 …… 1026
詔安游氏樂山念四系徙外邦開基祖名録 …… 1026
閩游二三郎系徙外邦名録 …… 1026
(三十一)施　氏
龍溪施氏世澤堂系徙外邦名録 …… 1027
(三十二)趙　氏
華安銀塘趙氏徙外邦名録 …… 1027
(三十三)孫　氏
琉球唐榮孫氏家譜世系序 …… 1029
(三十四)魏　氏
琉球唐榮魏氏家譜世系序 …… 1030
南靖梅林光裕堂魏氏徙外邦開基名録 …… 1030
南靖梅林魏氏徙外邦開基祖返遷一則 …… 1030
漳州鉅鹿魏氏向境外遷居名録 …… 1030
(三十五)戴　氏
天寶墨溪戴氏徙外邦一則 …… 1035
(三十六)蔣　氏

華安大地蔣氏徙外邦開基祖名字世系 …… 1035
華安大地蔣氏徙外域録 …… 1036
華安義昭蔣氏徙外邦祖名録 …… 1037
(三十七)董　氏
南靖磜頭董氏福元祠系徙吧一則 …… 1038
南靖磜頭董氏徙吧録 …… 1038
(三十八)程　氏
唐榮程氏家譜淵源序 …… 1038
(三十九)金　氏
琉球金氏淵源譜序 …… 1039
(四十)阮　氏
琉球阮氏淵源譜序 …… 1039
(四十一)紅　氏
琉球紅氏淵源譜序 …… 1040
(四十二)毛　氏
琉球毛氏淵源譜序 …… 1041
(四十三)童　氏
華安高車童氏徙外邦録 …… 1042
(四十四)洪　氏
龍海鴻團洪氏徙外邦名録 …… 1042
(四十五)饒　氏 1043
平和大溪饒氏遷外國一則 …… 1043
(四十六)蘇　氏 1043
南靖梅林磜頭蘇氏旅緬人名録 …… 1043
(四十七)潘　氏 1043
漳州筍江潘氏徙外邦名録 …… 1043
(四十八)江　氏 1043
平和大溪江氏徙南洋一則 …… 1044
(四十九)韓　氏 1044
天寶韓氏往外國遷徙名録 …… 1044
(五十)盧　氏 1044
漳州盧氏通保系徙外邑名録 …… 1044

十三、漳州向國外移民開基祖序敘紀事 …… 1046
南洋華僑出資重修黄氏族譜記 …… 1046
南靖德遠堂張氏族譜序 …… 1047
南靖德遠堂張氏徙外邦開基祖系傳 …… 1048
華僑張順良與南靖曲江市場 …… 1049
南靖上寨王氏僑産代管契 …… 1050

唐榮鄭氏家譜源流敘略 …… 1051
唐榮曾氏家譜世系淵源略 …… 1052
南靖書洋吕氏出南洋經商致富回唐造土樓紀事 …… 1052
泰國許氏大宗祠 …… 1053
平和曾氏古林茂松房徙外邦一則 …… 1055
東山宅山朱氏徙外邦子裔爲祖祠重修出資名録 …… 1055
南靖磜頭蘇氏旅緬抄譜敘 …… 1055
棉蘭江夏公族譜序 …… 1056

十四、漳州向國外移民開基祖返還歸葬記録 …… 1057
南靖德遠堂張氏從國外返還名録 …… 1057
南靖德遠堂張氏由南洋返還録 …… 1059
南靖德遠堂張氏由外邦歸葬一則 …… 1059
南靖德遠堂張氏由外國返還録 …… 1059
南靖石橋張氏由外國返還歸葬録 …… 1060
平和上湖曾氏徙外邦開基祖返還歸葬記 …… 1060
南靖奎洋莊春苑出洋與回唐經歷紀 …… 1061
南靖書洋吕氏往來吧城歸根記 …… 1062
南靖書洋内坑蕭氏徙外邦子裔返還回梓記 …… 1062
東山鴻關朱氏徙外邦開基祖返還回唐記 …… 1063
南靖長教簡氏徙吧子裔返唐卒葬記 …… 1063
南洋華僑引魂歸唐山祖祠 …… 1063
南洋華僑簡氏歸葬唐山 …… 1063
南洋巫蠱術鋼頭害命與華僑銀牌歸葬 …… 1064

一、譜牒記載漳州遷臺開基祖名字

(一)陳　氏

潁川陳氏徙臺名録

良能，鋭子，東厝分後坑派，分族金門、東埔、浯陽、浯江。

二十三世天成，文顯子，仲昌孫，俊卿派，分驛路、上下峯、金門、上坑、下店。

三十三世聯滿，基相子，兆平孫，岑長派，娶林氏，出居臺灣。

三十二世本派長房、二六柱、向西派兆顯。次子基禄，生子聯添，娶許氏，傳下往臺灣。祖卒於康熙年五月廿六日酉時，妣卒於康熙年正月初四日。孫慶璋往臺灣卒，七月初八日忌辰。

岑頭郭厝六柱派慶舉，祖考卒於乾隆癸丑五十八年九月廿六日亥時，穴在前郭貓穴墓前，坐壬向丙兼子午，分金辛亥辛巳。娶林氏。妣卒於嘉慶丁丑二十二年四月十五日子時，穴在貓穴墓口，坐癸向丁兼丑未，分金庚子庚午。生六子：際仁、際令、際三、際賜、際藕、際積。際仁娶李氏，葬港口。生運奉、運市，全往臺淡水。際令出居淡水。際三卒六月初二日酉時，葬在港口田墘，娶張氏痛娘，妣卒於四月十四日午時，葬在淡水和尚洲。生運月、運素、運都、運銅、運潔。運月生光、基、良，生孫隆、藤兄弟，在淡水開族。

侯，從子，來孫，官山邦霽系，往臺。

鎮，綸長子，官山邦霽系，往臺。

超，拔子，官山邦霽系，往臺。

益，富四子之三，好孫，官山何厝派，往臺。

二十一世中，均民子，逢珍孫，官山派何厝系，往臺。

二十三世取，富觀子，儼孫，下厝派湖厝三房長，往臺。

由、嚴，昌閥子，嘉諭孫，何厝派，往臺。

二十三世東、西，壬子，宗孫孫，何厝派端支系，往臺。

二十世孔，討三子之末，何厝派，往臺。

二十世惠，望習子，何厝派，往臺。子年。孫宜、信、是、端、恭。

二十一世樹、桃、機，俰子，何厝派，往臺。

注、羨，乞子，奴孫，冀來系，崙頭派，往臺。

二十三世南、葛，旺子，院孫，一華系，崙頭派，往臺。

二十三世錠，理子，進孫，崙頭派，往臺。

二十三世降，宋子，泰孫，崙頭派，往臺。

二十一世子寬，允庇子，三孫，内官派，往臺。

二十世等，令子，内官派，往臺。

宣，與子，候孫，内官派，往臺。

求、海、坐，常子，候孫，内官派，往臺。

二十世帝，國子，内官派，往臺。

祖、尊，永子，内官派，往臺。

林，進子，己孫，後溪派，子國往臺。

高，助子，己孫，後溪派，往臺。

二十世造，亥子，固孫，於冕系，後溪派，往臺。

二十一世答，初子，元禄孫，後溪派，往臺。

二十世訓，元禄子，後溪派，妣汪氏，子前、愬，往臺。

二十世宰，元禄子，後溪派，在臺卒，子文、州。

西，漳四子之三，鶴郎孫，後溪派，往臺。

綴，崇三子之長，鶴郎孫，後溪派，往臺。

二十三世登，綸子，温孫，公楫系，後溪派，往臺。

勇子貞、任，俱往臺。

仁子羨，義子往臺。

二十一世科，字公柄，琳子，官孫，往臺。

二十一世密，字公森，甫子，官孫，往臺。

二十三世果，閣子，福孫，卻支系，往臺。

二十世勝，紫子，自芬孫，内官本社派，子梧、來、追。孫梅、雙、芸、累、好，俱往臺。

二十一世練，錢子，柔孫，内官本社派，往臺。

二十世天世，裕孫，愛子，往臺。

二十世鼇，應子，合孫，内官本社派，往臺卒。

光耀派啓順子式海，行一，江海系承祀，娶臺北溪洲底三角埔仔李氏。

式玉，行二，神玉出繼啓長，娶同安謝氏。

光耀派啓銀子式傅，傅宗系承祀，娶淡水滬尾樹林口周氏。

光耀派伯才子啓店，行一，承祀，娶臺北淡水披仔頭許氏質娘。啓汀，行二，娶淡水滬尾張氏意娘，生子二：式玉樹、式金枝。妣張氏生於咸豐庚申年八月十二日午時，卒於光緒戊子年正月二十七日亥時，葬在崙頭後土名泥山，坐西向東。

（陳有文編輯《[福建漳州]潁川陳氏族譜集成》 清光緒二十九年石蘭堂石印本）

平和蘆溪陳氏徙臺祖記録

坦素公派下第二世大住，十二世儒生琴長子，娶氏生二子，出、榮，榮過房於談，公讀書名不就，往臺灣，亦卒於臺灣，無歸葬焉。後出、榮俱往臺灣。談，琴次子，以兄之子榮爲嗣，往臺灣南路水坑居住。密，琴四子，生於乾隆年間，亦往臺灣冷水坑住。絨，既長子，居臺灣冷水坑，生二子：訓、等。訓生四子，等生三子。妲，既次子，在臺灣冷水坑居住，娶氏生四子：大中、大錠、大振、四爺。後大中生二子，大錠生三子，大振生四子，四爺生五子。派下頗多。森，既三子，居冷水坑，娶氏生二子：馬上、象，馬上生二子。泥，居冷水坑，娶氏生二子：馬調、逵，馬調生一子。

（陳騰奎首修《[福建平和]蘆溪陳氏族譜》 清嘉慶稿本 1954 年重修增補鈔本）

平和大溪陳氏昭公派徙臺記録二則

大五房八世諒公,娶楊氏,生四子:扳、熱、爍、炮。在臺灣。

五房二八世鑽公,邑生員,娶廖氏生三子:鈕、銚、烹。過臺灣。

（《[福建平和]大溪宜古田陳氏三世昭公派下家譜》 1990 年鈔本）

南院陳氏徙臺祖名録

店前派二十七世熙分金門烈嶼。

店前派三十四世慶璋分臺灣。

店前派三十五世際廷、際珪分臺灣。

店前派三十五世際令分淡水。

店前派三十六世運坎分臺灣。

店前派三十六世運接分臺灣。

店前派三十六世運房、運所分臺灣。

店前派三十六世運潔分淡水。

店前派三十六運奉、運市分淡水。

店前派三十六世運都、運素、運銅分淡水。

（陳禎祥編纂《[福建漳州]南院陳氏族譜》 1916 年新加坡檳城鍛羅申鴻文印社石印本）

南靖五經寮陳氏徙臺開基祖名録

九世啓續,妻蘇氏生子懿、子美、日雅、日黍,兄弟俱往臺。

十二世永宣,嘉慶丁卯年往臺,卒葬上湯墓林尾,劉連表親代殯。

守華,妻王氏生振誠、振珣、振珈、振績,又妻高氏生振起、振綱、振祥、振足,兄弟俱入川。振祥妻鄭氏生觀賽、觀愛,往臺。公妣合葬門前高氏□□田眉,王氏葬上凹水堄頭大山内。

邦敬,妻簡氏生四子,俱往臺。

邦顯,妻簡氏生六子,俱往臺。公葬黄竹畲羊角扇,楊氏葬洋路路竹林内,宋葬吊堄崎水路下,葬大崎尾,附接生媽墳脚右手。

邦譽,妻吴氏生有福、有禄,俱往臺。公葬礦空角,妣葬烏石坎頭。

邦政,妻許氏生其雅,子孫俱往臺。公妣合葬塘邊山仔。

九世有隆,妻黄氏、劉氏,生石蔭、石養,俱往臺。

九世有福,妻張氏生阿願、阿斗、阿佐,斗、願往臺,失嗣,妣葬門前坑仔,公葬片仔路下。

九世有禄,往臺。

儀鳳,妻林氏生成邸、成誇、成君、阿扶、五滿。阿扶往臺,五滿葬湖洋頭,後移葬和尚墩。

（陳廷文編修《[福建南靖]五經寮思源祠陳氏族譜》 清同治三修稿本）

潁川陳氏分佈徙臺録

店前派廿五世分權口草仔市市頭。

廿五世輝分永春赤塗崎。

廿六世保增分權口西亭。

廿六世才分石碼。

廿六世覽分禾山後塘。

廿七世斌分禾山馬隴。

廿七世廉分竹坑下茂。

廿七熙分金門烈嶼。

廿七世瑪分禾山坑圍。

廿八世啓分禾山陳塘。

廿八世晃分禾山塘邊。

三十世岃分潮州居末匝期。

三十世熙禮分同安城外。

三十世熙寶分同安溪邊。

卅一世兆盛分同安溪邊。

卅二世基琦分潮州。

卅二世基元分龍溪仙殿。

卅四世慶璋分臺灣。

卅五世際廷、際圭分臺灣。

卅五世際令分淡水。

卅六世運坎分臺灣。

卅六世運接分臺灣。

卅六世運房、運昇分臺灣。

卅六世運潔分淡水。

卅六世運奉、運市分淡水。

卅六世運都、運素、運銅分淡水。

（陳禎祥補訂《［福建潁川］陳氏開漳族譜》 1916年新聲藝術社刻本）

漳州俊美陳氏徙臺祖名録

十三世善出居臺灣，又回居海門。

十四世聖、清二人定居臺灣過坑。

十四世長仔從霞遼社開居臺灣，又回居海門，屬俊美十三世，聖王卅七世，潁川四十九世，舜一百廿九世。

十七世功成，子深湧定居臺灣。

四房十二世馬五，在東都。

長房十三世傳仔，在臺灣。

四房十三世招，在東都。

四房十三世姐媽，在東都。

（陳雨盛編纂《［福建漳州］俊美陳氏族譜》 1993年鉛印本）

嘉義陳氏開基祖記録

第十四世孔月，生於康熙己酉年七月十一日辰時，媽余氏，臺灣開基媽，享壽八十九歲，生於乾隆壬戌年九月十四日辰時，卒於道光庚寅年五月二十一日卯時，傳下二子，長子名赫，次子名玉居。余媽是臺灣開基媽，帶次子玉居與媳凃氏遷臺之女傑，可惜缺乏渡臺之苦心記事。

第十五世玉居，諡名玉寶，臺灣開基第二世，生於乾隆壬辰年十二月二十二日寅時，卒於道光壬午年十月初三丑時，享壽五十一歲。媽凃氏金娘，生於乾隆乙巳年八月六日午時。媽凃氏娘卒於道光丁未年十月六日卯時，享壽六十三歲。玉居公葬於大坪近鞍。凃氏金娘葬於大坪山，後拾骸與余媽合葬於大坪（現在太平村）圓山墓園。傳下四子，長子文秀，次子文曲，三子新長，四子新扶。玉居公凃氏金娘是隨母余氏三人一起來臺灣開闢天下之勇士，定居臺南府諸羅山打貓東頂保梅仔坑字大坪，即現在之嘉義縣梅山鄉太平村。

第十六世文秀字有文，臺灣開基三世，玉居公之長子，於西曆1809年七歲時隨父渡臺定居於大坪（現在改地名太平村）。生於嘉慶壬戌年十一月二十六日辰時，卒於道光戊戌年六月初六寅時，享壽三十七歲。妣江氏，生下三女，因無傳男兒，由胞弟二子過房，於咸豐五年五月十三日拾骸再葬於湖底後。

第十六世新長，臺灣開基第三世，玉居公之三子，在臺出生。生於嘉慶癸酉年四月二十三日未時。

（《［臺灣嘉義］陳氏族譜》 1988年臺灣鉛印本）

鑒湖陳氏徙臺灣開基祖名録

六世祖奐，禎公長子，諱奐，字朝煥一寫朝美，號古愚，成化戊子科舉人。乙未年進士，任貴州佈政使司右參議，秩滿進階朝議大夫。弘治御賜褆寶，建坊於綏安鎮院前街，碑字進士坊，四脚上下俱用柴料，甲子年二月二十七日卒。宜人林氏，生於正統丁巳二年年九月十五日，卒於成化己丑年六月二十六日。繼妣顔氏，生於正統丙寅年九月二十三日。公生有七男四女。男謨、謙、謹、納、論、訓、七。

七世祖訓，奐公六子，庶出，墓在後獅溪田上一崙山，坐南向北，後裔遷居臺灣甲子蘭大坑罟。生一子景。

詡，炳公長子，諡徑松，以庠生捐壽官，生男茸峯。九世孫金光移居廣東海豐。

諶，炳公次子，諡鈍肅，妣黄氏，又妣李氏，合葬在西潘院林裏，生一男春山。十世孫邦仲，居臺灣北路急水溪。

訒，炳公三子，字養我，鄉飲大賓，妣蘇氏，又妣李氏，合葬在粉東坑上穴，號金龜山，坐壬向丙。生三男，長房、次房、振我。十九世孫威輩建仁居臺北市。

十一世邦桂，號紹芳，生於順治乙未年五月四日，卒於雍正甲寅年十二月二十四日。妣林氏烏石人，九月十九日忌，合葬我山坪王家莊社口烏林埔，坐寅向申。裔住徑口，遷海南、臺灣。

十三世志端，謚肅侯，生於康熙乙未年九月八日，卒於乾隆辛丑年四月五日。妣林氏烏石人，生於康熙乙未年十月七日，卒於乾隆己巳年二月二十一日，合葬在大坑，坐巳向亥。清乾隆年間分居石門姜厝，道光丙申年被楊姓趕散，全社俱燒。後歸嗣散居徑口、樓角、臺灣、海南，俗稱走火燒。

十三世遷臺始祖汝璿，生子計，孫敬。

二十世靈輩，居宜蘭縣冬山鄉，曾二度前往大坑祖廟謁祖。

來燕，逢時子，得意孫，鑒湖二十二世有輩大坑後許人，居臺北市雙園街六〇巷六〇弄十四之二號三樓。黄埔軍校十七期畢業，陸軍上校退役。協助兩岸宗親尋根認祖，犧牲奉獻，厥功甚偉。

禁田，鑒湖二十二世有輩，祖籍大坑後許，居臺灣宜蘭縣頭城鎮，曾任教頭城國小。

（《[福建臺灣]鑒湖陳氏源流》 1993 年鉛印本）

平和大溪陳氏讚緒房徙臺祖名録

十世敏藝，留乾孫，二世敦仁派下，往臺。

十世順元，毅質孫，二世敦仁派下，往臺。

十世醇篤，生子香、旗、圖、選，四房俱遷臺灣。

十世武烈，樹德堂二世祖讚緒派下，六世仁齋支系，派下遷居雲霄、臺灣等地。

八世純樸，樹德堂讚緒派六世正直公房系，生子正剛、爽、樸直，往臺灣。

（陳文章等編《[福建平和]大溪店前陳氏讚緒房譜》 1990 年稿本）

平和大溪店前陳氏徙臺祖記録一則

八世郭俊，字君彦，號前質，配曾慈德。生萬曆戊申年五月初四日亥時，卒康熙庚戌年十月十七日酉時。妣氏生萬曆庚戌年二月十九日子時，卒康熙癸未年八月二十四日未時。生四子，長義傑，次鼎前配曾氏，三純孝，四貞直。鼎前公來臺祖，祖籍福建省漳州府平和縣大溪店前石陂下，生男素厚配江純惠，傳毓生、純和、文字三房。

（《[臺灣嘉義]潁川鼎前陳公徙臺支系族譜》 1995 年臺灣鉛印本）

平和磐石陳氏徙臺祖名録

和倉房十六世纘，胤普次子，往臺。

和倉房十七世讀、猜，説子，胤普孫，往臺灣。

和倉房十五世敖，生子教、書、國、鶴、言、哲。教、書、言往臺灣。

和倉房十六世遠，貞四子，往臺灣。子弄，孫吉。

和倉房十七世訓，叟三子，貞孫，往臺居。

和倉房十九世友，唱子，蹄孫，貞派下，往臺灣。

（佚名《[福建平和]侯卿磐石石繩陳氏族譜》 清光緒稿本）

武平陳氏徙臺開基記録一則

十三世登甲次子上通公，妣劉氏，往臺灣北路。

（陳志實編纂《[福建武平]陳氏聯族宗譜》 1946 年刻本）

漳浦陳氏徙臺祖名録

二世萬成，號十七官，明司吏，後裔分衍臺灣。

緝廣公三房，二十世木秋，其哲四子之長，歡喜孫，然甫長房系，往臺灣。

西觀祖三房子少明長房系，十七世順川，意四子之三，去臺灣。

黄世傑後園系。高祖諱世傑，行四，由行伍陞臺灣鎮左營千總，乾隆間征平臺陣亡，奉旨賞給雲騎尉。

（《[福建漳浦]陳氏聯合族譜》 2000 年印本）

鑒湖陳氏十五世遷臺始祖計衷世系齒録

十五世計衷，汝立三子，生三男，十九世孫添財居臺灣省宜蘭縣冬山鄉大興。

汝釁，志獻三子，七世祖論居大坑軋内黄山頭祠堂邊。十六世團遷徙宜蘭縣羅東鎮北成，後裔定輩火鏈、有丈、文煜等仍聚族於斯。有丈曾任職宜蘭縣政府教育局督學。火鏈公職退休，從商兼農，熱心宗務，一九九一年夏與文煜、文隆前往漳浦大坑祖祠尋根謁祖。

十六世團，桂長子，遷居羅東始祖，又名秉正。乾隆年間由苗栗縣遷居宜蘭羅東鎮，生於乾隆丙戌年九月九日巳時，卒於道光己酉年九月十一日。妣潘氏扶娘，生於乾隆辛卯年十二月二十四日，卒於道光己酉年二月十八日，合葬鹿埔公墓，坐南向北，於 1991 年仲夏重修。

十七世宜畉、宜籃，十六世霜榮子，計徐孫，清道光丁未年(1847)兄弟遷往臺灣宜蘭縣三塊厝，今壯圍鄉永鎮村。第十九世威輩樹善、第二十世靈輩蒼發、明田、東和爲本派後裔。樹善曾擔任永鎮廟主任委員，爲鄉内士紳。東和經營海産及冷凍工廠，曾經與文隆二度組團前往大坑祖祠謁祖。

十七世宜藍，霜榮次子，道光丁未年與兄宜畉遷居宜蘭縣三塊厝莊今壯圍鄉永鎮村，生二男，乞市、石蛋。

十七世宜輩長壽，據大坑族譜内載有宣壽，沿上至第七訓公時，譜内載明本派往臺灣甲子蘭大坑罟。

遷臺始祖陳儼，計潤長子，墓在宜蘭縣蘇澳鎮功勞埔存仁里。生子清江、長壽、宣壽。十九世威輩炎成宗親曾任蘇澳鎮義消副中隊長，並專營養殖業，熱心宗務，爲鑒湖陳氏蘇澳鎮聯絡人。

本系世居宜蘭縣蘇澳鎮大坑罟，遷臺始祖有十七世君子、兩地、蛀鼻。君子生子順朝、順周。二十一世金德宗親，臺灣大學環工研究所畢業，歷任宜蘭政府環保局長，曾任第二屆國民大會代表。

十五世遷臺始祖陳公，生子迦、復。

本派裔原居宜蘭縣蘇澳鎮嶺脚今港邊里，遷臺二世祖敬復遷徙三星鄉墾殖，落脚於今大洲村，再遷大義村建三合院大厝，現仍俱全，並有族人澄璜等居住於此。澄璜任教職四十餘載而退休，餘暇專司修譜兼農。遷臺始祖墓塋在蘇澳鎮嶺脚，該地建蘇澳榮民醫院時遭受破壞，墓蹟無存，致沿上世系人名尚缺。

二十一世定輩裔孫定南，臺灣大學法律系畢業，歷任宜蘭縣第九、第十屆民選縣長達八年，任内表現優異，建樹良多，曾榮膺全臺縣長考評第一名。後任立法委員。

遷臺始祖新晚乾隆壬子生，祖籍福建省漳浦縣過溪山崙及鞍仔頭山園墘。生子明水，孫金泉，曾孫炳開、坤臣，遷臺第五代錫湖居宜蘭縣五結鄉季水，尊祖父金泉公，日季曾在宜蘭市經營六合行米商即宜蘭新泰豐米商前身。錫湖宗親日本早稻田大學畢業，曾在宜蘭縣羅東鎮經營幼獅大飯店，事業範圍包括石礦業、養殖業，是一位成功的企業家。

十五世計淑，遷臺苗栗縣竹南鎮中港陳氏和宜蘭市擺厘莊今進士里陳氏之世系，按竹南陳氏遷臺始祖計勃公與宜蘭市擺厘陳氏遷臺祖計淑公系同時遷臺，並同時在竹南中港落脚。計淑公墓塋在苗栗縣造橋鄉朝陽村山麓。

十五世遷臺始祖計勃公，汝淮子，志梧孫。生子敬暖，孫宣浮、宣梓、宣允、宣藝。直系孫宣浮後裔有多房仍居住在渡臺起家地苗栗竹南鎮中港，港乾里堀仔頭内，如定輩陳春水一族等。

計淑公裔孫徙遷到宜蘭市擺厘今進士里，十七世宣梓公率子合建鑒湖堂宗祠及登瀛書院於族中。

遷臺一世計淑，生子敬潘、敬得、敬行出行、敬長才良。敬潘生宣弓，敬得生宣石、宣桃，敬行生宣梓。

計淑公爲鑒湖堂十五世遷臺始祖，排行爲計字輩。生於大清雍正二年甲辰，月、日不詳。逝於何年不詳，忌辰爲八月二十四日。享年得壽不詳。

德配楊氏夫人楊太君之生年、月、日及逝於何年、享年幾歲均不詳。楊太君忌辰爲三月三日。

日據昭和三年戊辰重修祖墳，開臺始祖計淑公與楊太君均葬於苗栗造橋鄉淡文湖計淑公之初墾地。今墓塋在焉，並有族親居住於此，每年清明佳日，我計淑公派下裔孫，闔族扶老攜幼，均前往祭拜。

相傳計淑公墓塋臥虎地俗稱虎穴，祭拜時禁點香燭與燃放鞭炮等，以免驚動臥虎。

敬行公爲計淑公三子，鑒湖十六世遷臺二世祖，排行爲敬字輩。生於大清乾隆丁亥年十月二十六日。逝於大清道光壬寅年五月六日未時。享壽七十六歲，因公誕生於來臺船中，故又名出行，用以紀念。

德配盧氏夫人閨名卻娘。盧夫人生於清乾隆己亥年二月三十日巳時。逝於清道光癸巳二月十三日子時。享五十五歲。

道光三年敬暖公、敬行公昆仲避漳泉械鬥率宣浮、宣梓等來噶瑪蘭宜蘭拓殖，初墾員山鄉金巴里古至鴨母寮，是時宣浮二十二歲，宣梓十九歲。宜蘭時有水患及土匪反亂又官府謀政不良，於是宣浮約四十歲時再遷回竹南中港。

敬行公與盧夫人之墓塋在宜蘭員山鄉中城仔，與子梓聲公、子媳林氏結娘、林氏粉娘、簡氏純娘合葬一墓，我族人尊爲六靈坵。

（《[福建臺灣]鑒湖陳氏源流》 1993年鉛印本）

(二)林　氏

東山康美林氏徙臺灣開基世系名録

大祖二世系十七世開火,石崽長子,在臺,子立生、立光、立文在臺。

大祖二世系十九世秉瑜,立明子,在臺。

大祖二世次房十八世惜榮,金培子,在臺,子國華、建華在臺。

大祖二世次房十七世茂仔,烏點子,在臺。

大祖二世次房下里西十八世坤虎,木同長子,在臺,子建輝、建聰在臺。

大祖二世次房十八世坤福,木興三子之次,在臺,子建發、建章、建忠。

大祖二世次房十八世曾榮,茂興長子,在臺,子文池、文成在臺。

大祖二世次房十八世石禄,建成六子之五,在臺,子啓元、啓明在臺。

大祖二世次房十八世吉能,大目次子,在臺,子志芳、志良在臺。

大祖三房十八世春花,長子天茂在臺。

大祖三房十九世和順,長壽次子,在臺,子光龍、光興在臺。

大祖三房十七世成發,他四子之次,在臺。

大祖三房十七世天文,阿春子,在臺,子貴良在臺。

大祖三房十七世盛籃,聯登次子,在臺,子源仲在臺。

大祖三房十六世坤福,石孝次子,在臺,子夢龍、夢瑞在臺。

大祖三房十五世月平,水德三子之次,在叻,子阿□在臺,孫釋鑫、慶明在臺。

大祖三房十三世照,字希拱,子五:成喜、成滿在臺,佛賜在叻,成茂、成水在叻。成喜孫瑞玉在臺。

大祖二世四房十三世星,黔五子,在臺。

大祖四房樸直系十七世保清,水龍四子,往臺灣。

大祖四房樸直系十八世大頭,湖仔長子,在臺灣。

大祖四房十七世坤榮、坤清,亞戇子,去臺。坤榮子正策、正傑在臺。正傑子向前。坤清子正文、正元、正仁在臺。

大祖四房十六世亞會,水上子,亞戇弟,在臺。子鳳倫。孫三。

大祖四房十七世進步,保春子,往臺。

大祖四房十七世進聰,保順子,往臺。

大祖四房十九世秀美、於文,龍山長、三子,往臺。

大祖四房十八世松茂、松堅,進修子,往臺。

大祖四房十八世文傑,進聰次子,往臺。

質勤派康美十四世猛,詹子,在叻。子藏,孫以嗳,曾孫阿縣在叻,玄孫老生出嗣在臺灣。

質勤派康美十九世珍文,經全次子,在臺。

質勤康美十八世朝順,珠桂三子,在臺。子慧明、慧德、慧倫在臺。

質勤派康美十九世成全,港五子之四,在臺。

十二世裕,祚子,興福孫,後寮曾孫,往臺灣。

太祖二世三房十二世角,繩子;十二世睿,武子,十世傳孫,在臺。
大祖二世三房十二世抱,結子,傳孫,在臺。
大祖二世三房十二世堯、池、結,命子,補孫,五世彦佩派下,在臺。
大祖二世三房十三世乾、裕,慶子,在臺。
大祖二世三房十八世金生,春德四之三,在臺。
大祖二世三房十二世恭、寬,肇福子,國章孫,八世日火享派下,在臺。
大祖二世三房十三世源、沛,員子,在臺。
大祖二世三房十三世耀,宗四子之末,在臺。
大祖二世三房十三世棟,趙三子之長,在臺。
大祖二世三房十三世彩、廉,錦雲子,在臺。
邦基大房系十九世來貴,珠三子之長,在臺,子明德、明傑在臺。
邦基大房系十八世喜慶,春丹子,在臺。
邦基大房系十三世克,世棟長子,在臺。子茶、挽、首、昇、潛、爻。
邦基大房系十八世康候,有添五子之四,在臺。
邦基大房系十四世訓,孝三子之次,往臺灣。
質勤派康美十八世海南,金寶四子之三,在臺。子文添、文成。
十三世然,往臺灣。
二十世木興子三:建東在臺,建德在臺,建賢。
十八世永金、永義、狗尼,永義子順在臺,狗尼子生在臺。
十九世明花,子貞文在臺。
廿一世東郎在臺。
二十世來春,子蚶虎在臺。
十九世元坤及子大舜在臺。
十九世成樹,錫發次子,在臺。
二十世治,水榮子,添來孫,在臺。
十九世阿全,在臺,子三:平順、慶明、永福。慶明、永福在臺。
二十世成梅,忠二子之次,在臺,子志浩在臺。
十八世順金,成珠子,在臺。
忠簡公四房邦禎派十一世策,子曹、騰俱在臺。
十三世瑶,茅三子之末,在臺。
十二世荇,帛四子之末,在臺。
九世邦禎派下十八世戇嘴,在臺。
十九世展文,家順三子之長,在臺。
十九世佛寶,秀謬四子之次,在臺。
十七世石發,永和三子之次,在臺,子建聲在臺。
忠簡七房九世邦珧次派十二世藝,梢三子之長,在臺。
忠簡七房邦珧次派十八世亦成,桂梅二子之長,在臺。
忠簡七房邦珧次派十八世海成,桂章二子之長,在臺。
十世尖石四派十三世田,雍六子之三,在臺。

十世尖石四派十六世金生、麗水、益深，跳之孫，俱往澎湖。

尖石四派十八世福清、吉發，江祥子，在臺。

尖石四派十八世清池、福池，榮和五子之三、四，在臺。

尖石四派十八世木樹，在臺，子明義、明俊、明智在臺。

尖石四派十八世天保，文風子，在臺。

周士堂大房十三世田，雍子，在臺。

周士堂大房十八世昌祿，怡平二子之長，在臺。

周士堂長房十九世成發，南山子，在臺。

周士堂長房十九世連藕，國安子，在臺。

周士堂長房十九世文玉，友土三子之長，在臺。

周士堂次房十八世銅鐘，佛琛長子，在臺。

周士堂二房十八世福海在叻，長子松英在臺，三子松堅在叻。松英子維賢、維信在臺。

周士堂次房十八世芳文，招順子，在臺，子惠洲、惠卿亦在臺。

周士堂次房十八世福祿，順安子，在臺，子志文在臺。

周士堂次房十五世振興，艾生次子，在臺。

周士堂次房十六世水錦，樹倫子，住澎湖，子春怡、春發亦住澎湖。

周士堂三房十八世火來在臺；明祿在臺，其子禮國、禮珍、禮勳亦在臺。

周士党三房十七世文孝，長子明安住厦門，次子明星、三子明芳在臺。

周士堂三房十八世明加在臺，次子達熙在臺。

周士堂五房十八世添木，榮春次子，在臺，子建華、建忠在臺。

周士堂五房十八世添順，金珠子，在臺，子國光、國成、國輝在臺。

周士堂六房十七世順通，木全次子，在臺。

周士堂六房十八世桂丁，德茂三子之末，在臺。

周士堂六房十八世五保，肯發四子，在臺。

周士堂六房十九世文波，祖培四子之長，在臺。

周士堂六房十九世杞民，和水長子，在臺，子添英、添盛、添忠、添武、添聰俱在臺。

五美堂三房十八世細節，青傳次子，在臺。

五美堂三房十九世珠成，阿寬三子之次，在臺，子惠民在臺。

五美堂三房十九世毓盛，財生四子之次，在臺，子國信、國雄在臺。

五美堂三房十八世鴻福，炳坤子，在臺。

五美堂三房十八世鴻福、鴻逵在臺。

五美堂三房十七世寶炎、寶琛，永喜二、三子，在臺。永喜長子寶盛長子鎮江在臺。

五美堂三房十七世五士，子慶玉、慶文、慶良在臺。

五美堂三房十八世江真，金鐘子，在臺。

五美堂三房十八世蘇峯，榮光三子之末，在臺。

五美堂三房十七世富利在臺，子順立、順强、順宏在臺。

五美堂四房十八世烏陛，亞擔子，在臺。

五美堂四房十八世舜恭在臺，子明哲、明達在臺。

五美堂四房十七世丁淵，文韜五子之末，在臺。

五美堂四房十八世玉龍、玉麟，丁榮二、三子，在臺。

五美堂四房十八世添保，丁聰子，在臺，子永昌在臺。

五美堂四房十七世長火，明月子，在臺。子才義、才忠。

五美堂四房十七世海田，維成次子，在臺，子福海在臺。

五美堂四房十九世耀文，天池四子之長，在臺，子進昌、進來在臺。

五美堂四房十七世吉榮，清松次子，在臺。

（《[福建東山]康美林氏族譜》 1990 年稿本）

華安汰内林氏徙居臺灣名録

十一世光第，妣童氏，黄田人，生康熙癸巳年五月十七子時，卒乾隆戊午年四月初七午時。男國助。葬臺灣臺中門前山坤艮。

十一世光博，妣陳氏，生康熙壬午年十月十六日未時，卒乾隆乙未年十二月十八丑時。男國緯、國陳。葬臺中門口林尖甲庚。

十一世國般，往臺，生卒時辰均不詳，生男文雄，松次子繼。葬臺中。

十二世國機，諱禾丕，字恒之。生雍正戊申年九月初四酉時，卒乾隆辛丑年五月初九午時。妣趙氏大坑人，生雍正己酉年七月十三巳時，卒嘉慶丙辰年正月初四寅時。生四男：文焰、文熺、文鐘、文筆。葬臺灣南仔坑竹塔成圳山墓仔坪乙辛。

十二世國助，往臺，生卒於吉時。

十二世國宗，往臺，生卒於吉時。

十二世國伴，往臺，生卒於吉時。

十二世國緯，往臺，生卒於吉時。

十二世國陳，往臺，生卒於吉時。

十二世國寸，往臺。生卒於吉時。

十三世文官，往臺，生卒於吉時。

十三世文附，字文燭，生雍正癸丑年十月初十巳時，卒乾隆甲戌年五月初二巳時。往臺。葬臺中。

十三世文濟，字剛材，生康熙戊戌年四月初六亥時，卒乾隆癸酉年十月十八卯時。妣宋氏，芹霞人，生康熙吉年，卒乾隆丁未年五月初六未時。生男文學。葬臺灣水岡赤塗掘岐子午。

十三世文聘，往臺，葬臺中。

十三世文焰，諱張，字欲進，生乾隆戊辰年八月初九巳時，卒乾隆辛卯年六月二十一亥時。往臺，葬臺中。

十四世秉鐵，往臺，生卒於吉時，葬臺中。

十四世秉賜，字天福，生乾隆丙申年五月十六巳時，卒嘉慶乙丑年六月初七申時。妣蔡氏和良，庫阪人，生乾隆乙未年十一月十一日巳時，卒道光乙未年六月廿一未時。生男兆磷、兆頓、兆捋、兆草。葬臺灣水沙連牛角湖，巳亥，丙壬，辛亥，辛巳分金。

十七世宜遝，生卒失記，往貓厘。

（林秉編纂《[福建華安]沙建汰内林氏族譜》 清光緒八年六修鈔本）

南靖金山半徑林氏徙臺祖名録

十一世祠雍、亦宣、榮捷三兄弟，逐明子，祥伯孫，志敏長房七世崇耀派下，同遷臺灣。

十一世等加，位偶子，祥伯孫，志敏長房七世崇耀派下，往臺灣。

十二世李、綸、勇、管、昏、研、逃七兄弟，光璧子，藏珠孫，志敏次房七世崇厚派下，同遷臺灣。

十二世日照、垣、曇三兄弟，永鴻子，藏珠孫，志敏次房七世崇厚派下，同遷臺灣。

十二世潛、蒲、敕三兄弟，浴雩子，子成孫，志敏次房七世崇厚派下，同往臺灣。

十二世懷、鶴兄弟，緑河子，偉淑孫。沓，五飨子，偉淑孫。惴，爵禄子，偉淑孫。堂兄弟四人均爲志敏次房七世崇厚派下，均遷臺灣。

十二世泰、開、道三兄弟，遂良子，宗恩孫，志敏次房七世崇厚派下，同遷臺灣。

十一世奕山，宗恩子，我友孫，崇厚派下。生子天、存、送、管。管守祖，餘三兄弟同遷臺灣。

十二世瑞山，乾隆己卯年六月渡臺在海防港沉船。

十五世子卿，豔光子，乃智孫，業修曾孫，卒葬在東都。

十四世士峯，紹旦子，該仲孫，乾隆間渡臺居葛瑪蘭。

(《[福建南靖]金山半徑林氏族譜》 清光緒五年稿本)

南靖金山獅公厝林氏徙臺祖記録一則

十一世，獅公厝開基第三世長，承玉第四子，臺保孫，敬齋曾孫，於康雍間遷臺灣。

(《[福建南靖]金山獅公厝林氏家譜》 清光緒稿本)

南靖金山新村林氏徙臺祖名録

十一世奬，位偶四子，往都卒，妣蕭氏，續娶李氏。

十一世祠雍，乳名誦，遂明長子，往都，妣劉氏。

十一世亦宣，乳名講，遂明次子，往都。

十一世英捷，乳名愷，遂明三子，往都，妣吴氏，子長陳。

十一世光璧，乳名輝，宗珠長子，妣謝氏，生七子：李、綸、勇、管、昏、研、逃。

十一世永鴻，乳名賴，宗珠次子，妣廖氏，生三子，日照、垣、曇，往都。

十一世浴雩，乳名乾，子成三子，妣黄氏，生三子：潛、蒲、勳，往都。

十一世王飨，偉淑長子，續子名沓，俱往都。

十一世紹和，乳名丛，偉淑次子。妣留氏，子三：沓續繼王飨爲子，懷、鶴俱往都。

十一世爵禄，乳名位，偉淑三子，俱往都，妣劉氏生一子名惴。

十一世遂良，乳名善，宗恩長子，妣劉氏，生三子：泰、開、道，俱往都。

十一世奕山，乳名變，宗恩四子，妣張氏，生四子：存、天、送、管，往都。

十二世瑞山，乳名岐，君禎四子，生於康熙戊寅年五月廿六日寅時，卒於乾隆己卯年潤六月十三日寅時，墳葬神主在公内塘，沉在臺灣海防外港，無屍可尋，招魂。妣吴氏生六子：文、壇、情、慶、雍、□，生於康熙甲申年八月廿四日寅時，卒於乾隆辛巳年九月廿日申時，葬在横坑鞍。

十三世恩拔，乳名陛，瑞山長子，生於雍正癸卯年七月廿四日巳時，卒於乾隆乙卯年五月十一日，往臺灣水牛厝，墳在橫坑黍仔坑。妣劉氏子二：章、陰，生於雍正壬子年正月初八日巳時。

十四世六玗，乳名士鋒，紹旦六子，生乾隆年十一月三十日巳時，往臺璃瑪蘭。

十五世子卿，乳名丁丑，諡文成，豔光次子，生乾隆壬子年十月廿七日戌時，卒道光壬辰年二月初二日卯時，墳在東都。

（《[福建南靖]金山新村半徑林氏族譜》 1989年續修稿本）

南靖梧宅洞内泰昌堂弘士系林氏徙臺祖名字世系

九世士俊，乳名六，生於明萬曆四十六年丁巳二月十六日子時，卒於康熙二十八年己巳六月二十日寅時，享壽七十三歲，葬在漳州城西門外和尚墓坐未向丑，鄭成功時任職總兵鎮守山霞關。妣蔣氏、王氏，生六男二女，長女益配羅畬尾賴蒲宮往臺灣。

十世廷願，乳名願，士績次子，娶妻氏名不詳，生男名定，往臺灣中路橫洋仔居住。

十世罔爵，乳名炯，士聘四子，娶賴氏名蘭，生三男一女，漢、戎、趙、節娘。長男漢往臺灣。爵生於明崇禎七年甲戌。

十世廷文，乳名文，士奇長子，娶氏不詳，生一男名外，往臺灣。

十世廷綱，乳名綱，士文次子，子全派，繼男孫吾蕃往臺灣，生下二男，分别爲十世廷伯、廷綱兄弟二房頭之嗣。

十世廷詔，乳名敕，字澤普，士章次子，娶氏名失記，生一男二女。男名榮祖往番故，長女茂盛，次女有明。廷詔生於康熙十五年丙辰六月二十七日寅時，卒於康熙六十年辛丑八月十八日未時，享壽四十六歲，葬在臺灣大武郡山豬堀。其妣後改醮莊家。

十一世元勇，乳名勇，字仲武，娶陳氏名貴，生一男名保在臺灣。元勇爲廷香嗣子，國亮派下。

十一世元萱，乳名萱，字瑞馨，廷傑長子，國亮派。娶陳氏名諒，生三男一女，觃、省、膽。膽率眷往臺灣。萱生於康熙二年癸卯七月初三日吉時，卒於雍正七年己酉七月十三日，享壽六十七歲，葬在梧宅萬安土名柳仔侖。陳氏妣生於康熙五年丙午六月二十三日吉時，卒於乾隆元年丙辰十月二十七日，享壽七十一歲，葬在畬坑土名桃仔樹。

十一世元惠，乳名惠，字雅懷，廷傑次子，國亮派。娶諶氏名待，生二男三女，長男泮率眷往臺灣，次男名准出嗣。惠生於康熙七年戊申四月十六日亥時，卒於康熙辛卯年，葬在臺灣府諸羅縣他里霧保火燒崙，坐艮向坤兼寅申。

十一世元爵，乳名爵，字列五，廷傑三子，國亮派。娶謝氏生三男一女。女名靖娘配李馬官在臺灣。

十一世元雄，乳名賽，字進使，廷炳子，娶陳氏名有，生二男二女。長男賜。次男密，率眷往臺灣。元雄生於康熙十三年甲寅九月二十九日子時，卒於乾隆十年乙丑六月初七日未時，享壽七十二歲，葬在銀場尾坐辛向乙。陳氏妣生於康熙二十七年戊辰三月二十六日申時，卒於乾隆四十年乙未六月十一日辰時，享壽八十八歲，葬在上湧頭東田内，坐癸向丁兼丑未，至乾隆五十二年改葬萬安土名鞍後壇。

十一世元冉,乳名冉,字伯玉,罔茂子,國順派。娶謝氏生四男三女,長男名長,次振,三瑱,四廉。振與瑱率眷在臺灣。冉生於順治十八年辛丑七月,卒於康熙五十二年癸巳五月二十一日午時,享壽五十三歲,葬在長窖總白沙土名精石侖坐南向北。妣氏卒葬與冉同穴。

十一世元椿,乳名怗,字茂千,罔映子,娶氏名成,生一男一女。男名沃,同眷在臺灣。女名擁娘配龜洋莊氏。

十一世元選,乳名選,字拔士,廷禄子,娶莊氏名厭,生二男一女,祖、義、月娘。選生於康熙二年癸卯,卒於雍正七年己酉七月二十一日巳時,享壽六十七歲,葬在臺中。妣莊氏生於康熙十七年戊午九月初三日巳時,卒於乾隆十七年壬申四月十一日巳時,享壽七十五歲,葬在萬安内高墩。

十一世元焰,乳名焰,字光遠,罔正子,士寬派。娶石氏名秀,生四男一女,潭、超、營、琛、親娘。焰生於康熙十年辛亥十月二十五日戌時,卒於乾隆七年壬戌十一月十一日午時,享壽七十二歲,葬在臺灣彰化縣水沙連東埔崙大坪頂,坐庚向甲兼申寅。妣石氏生於康熙十三年甲寅二月二十七日戌時,卒於雍正十三年乙卯十二月初九日未時,享壽六十二歲,葬在洋坑甲陳者坑土名佛仔公内侖仔,坐甲向庚兼寅申。

十一世日曜,乳名沛,字又季,罔隆次子,娶蔡氏名學,生三男,聖、艮、頓。日曜生於康熙十二年癸丑四月二十三日辰時,卒於乾隆三年戊午五月初五日,享壽六十七歲,葬在臺灣上北勢莊大崘埔,坐南向北。妣蔡氏生於康熙三十年辛未五月初四日巳時,卒於乾隆二十九年甲申八月二十八日寅時,享壽七十四歲,葬在臺灣上北勢大崘埔,坐南向北。

十一世日泰,乳名君,字朝元,罔隆五子,娶高氏諱求,生四男一女,迓、茶、井、墜、兑娘。長、次子早夭。日泰生於康熙二十七年戊辰九月二十六日未時,卒於乾隆五年庚申正月初七日,享壽五十有三歲,葬在臺中。

十一世元稱,乳名譽,字達稱,罔烹三子,子元派。娶余氏名實,生四男,旺、霓、嬰、勃。勃往臺北勢莊居住。元稱生於康熙十一年壬子正月初三日辰時,卒於乾隆三年戊午正月二十七日午時,享壽六十七歲,葬在臺灣府諸羅縣斗六門保。妣余氏生於康熙二十七年戊辰八月二十五日巳時,卒於乾隆四十八年六月二十三日未時,享壽九十六歲,葬在大梯頭埔尾,坐癸向丁兼丑未。

十一世元珂,乳名楚,字浴生,罔祥長子,娶郭氏名傳,生二男一女,水、渡、帛娘。渡臺在北勢莊。元珂生於康熙六年丁未四月初八日丑時,卒於康熙五十三年甲午七月二十日寅時,葬在老虎頭土名茭蘼墩,坐癸向丁,妣氏卒葬葫坑松柏瑚内,坐亥向巳。

十一世元珍,乳名璧,字藍玉,罔祥次子。娶石氏名論,生一男一女。男名泰,在臺灣上淡水居住。女綵娘嫁埔坪阮創官在臺灣居住。元珍生於康熙十二年癸丑十二月初十日未時,卒於乾隆十三年戊辰三月初二日子時,享壽七十六歲,葬在臺灣上淡水内港艋舺渡頭店後舊社寮,坐東向西。

十一世元瑶,乳名語,字子言,罔祥四子。娶吴氏名綢,生四男三女,豁、雍、蒞、顯、説娘、勉娘、專娘。元瑶生於康熙二十一年壬戌八月十五日戌時,卒於乾隆三年戊午正月二十三日未時,享壽五十七歲,葬在臺灣上淡水内港艋舺渡頭大牛欄,坐北向南。妣吴氏生於康熙二十七年戊辰九月十八日丑時,卒於乾隆元年丙辰三月十四日酉時,享壽四十九歲,葬在葫蘆坑祖妣墳外。

十一世元機,乳名紀,字握樞,廷錫子,子元派。娶吴氏名呈,生三男三女,印、育、交、節、復、井。三子交遷臺灣。

十一世元樸，乳名讀，字以忠，廷錫次子，子元派。娶王氏名壇，生二男二女，長曲，次厚。曲率眷在臺灣。元樸生於康熙九年庚戌二月二十二日寅時，卒於雍正四年丙午四月二十四日巳時，葬在半畬横路下，坐丙向壬。

十一世元標，乳名洽，字以百，廷錫三子，子元派。娶洪氏生四男一女，化、養、鮑、踏、喜娘。元標生於康熙十二年癸丑十月十九日丑時，卒於乾隆十四年己巳四月初六日寅時，享壽七十七歲，葬在臺灣北路北勢莊。

十一世元智，廷魯子，子佑派。嗣男元和次子府率眷在臺灣。

十一世元和，郛名穆，娶黄氏生子二男二女。長男名同，率眷往臺灣。次男府出嗣元智亦往臺。元和，廷道子，子佑派，生年不詳，卒於康熙二十六年丁卯七月二十八日，葬在梧宅萬安土名葫坑，坐東向西。

十一世元興，乳名伯，字聯祥，廷仲長子。娶許氏名順生三男，送、朝、翰。朝率眷在臺灣。元興生於明崇禎十四年辛巳七月十七日未時，卒於康熙三十一年壬申二月十二日丑時，享壽五十六歲，葬在船場北鮨名麻竹田面，坐西向卯。許氏妣生年失記，卒於康熙五十八年己亥四月，葬在臺灣府諸羅縣他里霧保北勢莊大崙埔，坐南向北。

十一世元選，乳名球，字維標，廷寬長子，子齊派。娶徐氏名佳，生五男，挺、連、保、王、明。元選生於康熙七年二月十九日酉時，卒於乾隆庚申年七月二十八日寅時，享壽七十三歲，葬在臺灣縣牛欄，坐辛向乙，至乾隆二十四年遷葬在諸羅縣東門外土名山仔頂，坐東向西。妣徐氏卒葬不詳。

十一世元樓，乳名樓，字玉和，廷寬次子，子齊派。娶莊氏名緞、鄧氏名秀。嗣子王買、有。有在臺早喪。元樓生於康熙十六年丁巳二月二十七日亥時，卒於乾隆戊辰年六月二十八日卯時，享壽七十歲，葬在諸羅縣北門外義塚山仔頂。

十一世元秀，乳名仁，字啓四，廷典長子，子齊派。娶李氏名歷生二男，長招率眷在臺居住，次存弗嗣。元秀生於順治十八年辛丑四月二十八日卯時，卒於康熙辛卯九月初十戌時，葬在梧宅陳者坑土名蜈蚣仔侖，坐丙向壬。妣李氏亦卒葬蜈蚣侖。

十一世元振，乳名党，字宣玉，廷典七子，娶妣王氏名敬，生二男，長閏，次課，俱同眷在臺灣。元振生於康熙二十四年乙丑九月十五日辰時，卒於乾隆丙子三月二十六日未時，享壽七十二歲，葬在臺灣北勢莊殿仔林前洋侖仔頂承天瑚，坐庚向甲兼申寅。

十一世元鳳，乳名錦，字君彩，廷添子，子齊派，娶曾氏名迅，生二男，天義，天珍。元鳳生於康熙丁丑年五月初四辰時，卒於乾隆元年丙辰十月初五日未時，享壽四十歲，葬在臺灣府彰化縣水磨坑，坐巽向乾兼巳亥。妣氏葬不詳。

十一世元隆，乳名壽，字汝明，廷添次子，娶葉氏名東，生五男二女，自東，自西，自南，自北，登科。長女快嫁東螺斗六甲鄒光喜，次女比嫁深坑仔管士厝黄光維。全家在臺。

十二世乳名欸，元會（在臺）子，子元派，娶石氏，生子在臺。

十一世元宣，子乳名晲，字君錫，均在臺灣。又子世美，乳名省，字問三，娶陳氏，子乳名膽，字心雄，娶吴氏，均在臺灣。

十二世元惠長子乳名泮，字永譽，娶易氏，往臺灣。

十二世世坤，乳名厚，字性寬，元雄嗣子，娶沈氏名騫，生三男一女，率眷往臺灣。

十二世世瑞，乳名麟，字聖珍，元引次子，國亮派。娶盧氏名質，生三男一女，調，奕，不，順娘。世瑞生於康熙四十三年甲申十月十八日,卒於乾隆辛酉年六月初九日申時,葬在官山社土名木舊仔畲荒田角,坐西向東。妣盧氏生於康熙四十五年丙戌正月十三日寅時,卒於乾隆四十二年丁酉二月二十二日未時,享壽七十二歲,葬在臺邦大北勢。

十一世元定,往臺灣中路橫洋仔居住。

十二世乳名恰,字君拔,娶蕭氏名生,生四男一女,深、淺、汆、伍、文娘。在臺居住。

十二世世亮,乳名長,字子欽,元冉長子,娶謝氏名福,養男名從。世亮生於康熙二十五年丙寅十一月初八日亥時,卒於乾隆二十一年丙子十一月初九日子時,享壽七十一歲。往臺甲子蘭二城居住。

十二世世俊,乳名筆,字子傑,元成長子。娶楊氏名秀,生六男二女,信、曠、別、稱、突、猜、興娘、忭娘。世俊生於康熙五十三年甲午十二月十三日子時,卒於乾隆丁未十月十四日寅時,享壽七十四歲,葬在萬安高墩,坐甲向庚。妣楊秀生於雍正十年壬子三月十三日辰時,卒於嘉慶丙寅年十月二十七日,享壽七十五歲,葬在臺灣噶瑪蘭乾溪口,坐巽向乾。

十二世世苞,乳名竹,字茂淇,元進次子,國順派。娶莊氏名華,生二男,健、嬌。嬌往臺灣。

十二世世懿,乳名覔,字天端,元稱次子,娶劉氏名改,生二男二女,謔、體、鐵娘、才娘。懿生於康熙五十四年乙未二月十四日巳時,卒於乾隆十五年庚午七月初三日辰時,享壽三十六歲,葬在臺灣北勢大侖埔。妣劉氏卒葬在胡坑嶺。

十二世世豪,乳名勃,字乃興,元稱四子,娶李氏名騰,生子不詳。豪生雍正二年甲辰二月十二日未時,卒於乾隆四十八年癸卯十月,葬在臺灣府諸羅縣斗六門保大北勢莊大侖埔土名蛇舌仔。

十二世乳名柔,字聖崇,元進長子,國表派。娶謝氏名隨,生女二,微娘、罔娘。罔娘在臺灣配李外官。

十二世乳名曲,字次其,元樸長子,國表派。娶蕭氏名罔。遷臺灣。

十二世世眼,乳名眼,元外次子,子興派。遷臺灣。

十二世世引,乳名引,元外四子,子興派。遷臺灣。

十二世世晚,乳名晚,元外六子,遷臺灣。

十二世世快,乳名快,元生長子,子興派,娶妣姓氏失記,生一子名忱,在臺灣。

十二世世卿,乳名卿,元生次子,娶妣姓名失記,生二男,長棟、次開,均在臺灣。卿生於康熙十二年癸丑正月初八日卯時,卒於康熙六十年辛丑五月十八日寅時,葬在洞內門口瑚,坐巳向亥。

十四世道明,乳名萍,字瑞浮,娶莊氏名畏,生四男一女,沃、暢、友、淮、琴。嘉慶三年搬家眷往臺灣甲子蘭居住。道明生於乾隆七年壬戌七月二十三日巳時,卒於嘉慶十三年戊辰四月二十日丑時,享壽六十七歲,葬在臺灣東勢柯仔林,坐未向丑。至道光六年丙戌歲被水衝毀墳墓,道光戊子年備銀牌(充作靈骨)葬在乾溪塚地,坐庚向甲兼卯酉,庚申庚寅分金。妣莊畏生於乾隆十二年丁卯四月二十六子時,卒於嘉慶四年己未三月十九日巳時,葬在臺灣芝巴里大侖莊厝後,坐庚甲兼酉卯,庚申庚寅分金。

十四世明敏,乳名麗,字子色,克凝長子,娶莊氏生男名光鮡,搬家眷往臺灣。明敏生於乾隆辛未年六月十九日酉時,卒於嘉慶十四年己巳七月二十八日,享壽五十八歲,葬在臺灣。

十四世明欽,乳名錐,字志勤,克凝三子。娶妣李罕,諶喜(繼),莊膾(再)。生三男二女,牆、露、海、滿、逆娘、雪娘。露往臺灣。

十五世峻秀，乳名沃，字停雲，明道子，娶陳氏名泗，生三男一女，在臺灣。峻秀生於乾隆三十四年己丑正月初一丑時，卒於嘉慶二十四年己卯閏四月二十四日未時，享壽五十一歲，葬在臺灣。妣陳氏生於乾隆乙未年四月二十日，卒於道光十六年丙申三月二十五日丑時，享壽六十二歲。

十五世峻育，乳名鮡，字汝成，明敏子，娶張氏名春，生三男二女，長居，次辦，三出嗣，長女典娘，次女配臺灣簡氏。全家在臺。

十五世峻霧，乳名露，字玉盤，明欽次子，娶莊氏名愛，生男名凱。全家在臺。

十五世峻恭，乳名岑，字梁甫，明德長子，娶莊氏名月，生一男三女。男名和尚，於咸豐乙卯年往臺，至咸豐庚申年十月二十三日申時不幸在臺逝世。在臺明道派下收埋銀六餘元，寄信來知。

十六世德閏，乳名閏，在臺灣。德閏生於嘉慶二年丁巳三月二十二日，卒於嘉慶戊午年六月初四日，幼卒。

十六世德昭，乳名穆，字序昭，峻秀次子，娶蔡氏名豔，生男名光能，在臺灣。昭生於嘉慶辛酉正月二十五日卯時，卒於光緒元年，享壽七十五歲。

十六世德正，乳名曲，字致成，峻秀三子，娶諶氏名端，生一男名萬龍在臺灣。

十六世德分，乳名辦，字理時，峻和嗣子，娶劉儉、陳斟，生男名良裔在臺灣。

（《[福建南靖]吴宅鼎寮洞内社林氏泰昌堂西河弘士祖派下私譜》
清光緒二十年抄本）

南靖梧宅萬安林氏徙臺祖名録

文愈長子，七世諱君愛，名敬，字坤陽，公媽吴氏生下七子，長男初往臺，次男參往臺，三男秋早亡，四男旺往臺，五男晚往臺，六男禄往臺，七男美。公生卒不知，葬在梧宅土名萬安土樓埔東宅，坐丙向壬。媽葬在吴宅土名神山甲流潭崙，坐庚向甲分金。

廷材三子，十一世諱元辨，名勳，字名受田，媽鄭氏無生男女，嗣男長男赫系是半徑同宗，次男添系是元昊公之第四子是也。公生於雍正八年庚戌三月九日戌時，後來往臺，不知其詳，媽生卒不知年壽年月。

廷材四子，十一世諱元道，名德，字名克明，媽張氏生下三子，長男忖，次男奢，三男酣。公生於雍正十三年乙卯六月七日酉時，卒乾隆年六月十三日寅時，後來往臺不知如何，媽生卒不知年壽年月。

元旻次子十二世諱世毬，名獅，字名燿金，娶媽李氏名刊娘，生二子，長男機，次男來，往臺灣。公生乾隆廿七年壬午十月十六日亥時，媽生乾隆廿九年甲申吉月吉日吉時，公媽本葬俱亦不知。

元道長子，十二世諱世推，名忖，字名若揆，娶媽劉氏名順娘生四子在臺，長男天，次男創，三男期，四男碧。公生乾隆卅年乙酉六月十四日戌時，卒葬不知，媽生乾隆卅八年癸巳，生月年壽卒葬各亦不知。

元道次子，十二世諱世禮，名奢，字名遜言，在臺，娶媽莊氏名蛙娘生三子，長男俊，次男精，三男定，公媽生年卒葬各亦不知。

元道三子，十二世諱世酒，名酣，字名汝暢，在臺，娶媽吴氏名小娘，生一子名南，公媽生年卒葬俱不知。

（《[福建南靖]梧宅西河林氏萬安族譜》 1926 年稿本）

平和林氏伯川系徙臺記録二則

標會，肇三子，謚質樸，生康熙丙午年八月十八日酉時，卒康熙丁酉年十一月初七亥時，葬臺灣諸羅山坐癸向丁。

茂成，朝之子，字聿觀，生乾隆己亥年正月初四子時，卒道光己丑年八月二十戌時，壽五十一，葬臺灣。

（林和尚鈔録《[福建平和]林氏伯川系族譜》 清光緒三十一年稿本）

平和龍峯林氏徙臺灣開基祖名録

天椽，標俊長子，名禄字錫，生康熙甲寅年十二月十五日午時，卒乾隆甲子年六月廿一日吉時，葬東都。原配高氏名私娘，生康熙庚午年六月二十日未時，卒乾隆癸巳年八月十七巳時，葬南山湖洋面，坐申向寅。一男松梅。

映，乃標狀次子，謚樸素，生雍正癸卯年八月二十六日卯時，卒乾隆丁亥年七月十七日巳時，葬臺灣。

世欲，乃永會子，謚謙遜，生雍正庚戌年二月初一日戌時，卒乾隆戊申年七月，卒臺灣。原配張氏，謚慈懿，卒於某年九月廿九日酉時，甲午年改葬新寨嶺，坐西向東。男遠、塔、捷，一女適山口何，一適某地。

茂改，世武子，卒道光己丑年七月二十四日巳時，和坎魯往臺。

（林是衛修訂《[福建平和]龍峯林氏族譜》 1962 年三修稿本）

平和龍頭林氏徙臺灣開基祖名録

八世五，文奎子，君懷孫，渡臺。

九世文平，日弘子，生子顔、標。顔子亮居臺淡水，萼絶，章全家往臺，季絶，雅全家往臺，長全家往臺，執往臺。柱子烈往臺，體往臺淡水，毅往臺，飲絶，燕往臺。

六世甫，子傾陽、東陽、偉陽，俱往臺。

六世瑗，子統、裕、山，俱往臺。

九世先，奇五子，彬孫，黄山湖房，往臺。

十一世升、和，佑五子之長、三，文範孫，往臺。

十世興，益信三子之次，三極孫，往臺。

十一世葉，山湖五子之長，往臺。

十四世搗，燕子，勉孫，往臺。

十四世西，含五子之末，瞻孫，往臺。

十二世暫，東門房東長子，往臺。

十一世院，統五子之末，勤孫，下厝房日濟曾孫，往臺淡水。

九世賀，九之第三房，子轉、障、積往臺。轉子液、波、士。積子鶴、鳳、鞅。

十世暢，良子，九孫，全家往臺，子講、陂、聖、賢、奇。

十世全，良子，九孫，全家往臺，子眷、隊。

十世大陳，上子，九孫，全家往臺，子麟、寛、蒲、温、修。

十二世漢、廣，涉五六子，往臺。

十四世默，平子，惠孫，涉四房系，往臺。

十七世行，麻子，多孫，往臺。

十三世閩，必子，貔孫，黄山湖房，往臺。子趨、澤往臺。

十六世金盛，冰忠子，栓孫，黄山湖房，五寨前嶺大園系，往臺。

十七世火炭，正文子，協仔孫，黄山湖房，五寨前嶺大園系，往臺。

十二世策、乾、佐，雍子，孔公派下，往臺灣開族。

十六世榮年，執子，謙孫，肯派下孫公房系，回厦門後往臺灣開族。

十二世抄，從子，奏孫，策公派下，往臺。

十二世栽，湴子，策公派下，往臺。

十三世井，俊子，通孫，策公派下，往臺。

十二世佈、雨、雪，霸四子之二三四，速孫，下厝房日濟派下，往臺灣。

十二世生、参，懷子，速孫，下厝房日濟派下，往臺灣。

十四世三，排子，啓孫，下厝房日濟派下，往臺灣。

十五世添、房，冬來子，樹孫，日濟派下速支系，往臺灣。

十四世乞、檨、富，淪子，套孫，業四房系，下厝房日濟派下，往臺灣。

十二世悻，錦子，業孫，往臺灣。

十二世答、掃、厲，江子，業孫，下厝房日濟派下，往臺灣。

十一世涉，趙公派下，子六。長柑生汎、衆、多、麻、行，俱往臺。次舉生穰，鎮等俱往臺。三惠，守祖。四喬，生平默，全家往臺。五漢及六廣往臺。

十六世律，十三世趙公派下，汝子，蔚孫，黄山湖房，往臺。

十二世五，呈鳳子，頂厝房系，往臺灣。

十四世三房，刺脚子，塘墩孫，頂厝房系，往臺灣。

十一世映，標狀次子，諡樸素，卒於乾隆丁亥年，葬在臺灣。

十四世日、坎、和、魯，世武子，永會孫，往臺。

十三世涉，子潺、浸、張，往臺。

十三世教，繼子扳往臺。

十三世六房，湯厝埔仔房，貞考六子，往臺。

十四世八、九，居第八九子，貞考孫，往臺。

十五世振玉，水子，天爵孫，往臺。

（《[福建平和]龍頭林氏宗譜》 1991年鉛印本）

平和龍頭林氏徙臺祖名録

六世君懷，子彬，號文奎，生子日弘號碧南。碧南生五子，文齊、文國、文平、文治、文閏。

文平子二。長顔，生子七。亮，居臺灣淡水。蕁，絶。章，全家往臺。季，絶。雅，全家往臺。長，全家往臺。執，往臺。次標，子五，烈、體、毅、飲、燕。飲絶，餘俱往臺。體住淡水。

八世九，子四。長上生子大陳，全家往臺。大陳生五子，麟、寬、蒲、温、脩。次良，生六子，全、富、仁、暢，傑、晚。全，全家往臺，生二子，善、隊。富，生三子，弼、海、炎。仁，生五子，脱、和、輪、朕、表。暢，全家往臺，生五子，講、陂、聖、賢、奇。傑，全家往臺，生一子添。晚，往臺。三賀，生三子，積，往臺，生三子，鶴、鳳、鞅。轉，往臺，生三子，滚、波、士。四榜。

十世統，子院，往臺淡水。

十一世黄山湖房涉，生六子，柑、舉、惠、喬、漢、廣。柑，子汎、衆、多、麻、行，俱往臺。舉，子穰、鎮等俱往臺。惠，子蟄，孫韞。喬，子平、默全家往臺。漢，往臺。廣，往臺。

八世五，子先、奇俱往臺。

（《[福建平和]龍頭林氏宗譜》 1991 年稿本）

平和龍頭林氏徙臺開基祖名字世系

八世五、生子二。配陳氏，生萬曆壬辰年，父子俱往臺灣開族。

九世大坑房良，配邱氏，生子六。長子全，生子二，善，隊。四子暢，生子五，講、陂、聖、傑、晚。往臺開族。

十世顔，配羅氏，生子七。其次子生子三，七子生子三，皆往臺開族。

下厝房十世大陳，配廖氏，生子五，全家往臺開族。

下厝房十世仁，配郭氏，生子五，全家往臺淡水開基。

七世君任。往臺灣開基。

八世五，配陳氏，生子二。往臺灣開基。

九世良，配邱氏，生子六。往臺灣開基。

十世標，配賴氏，生子五。往臺灣開基。

十世建晚，配張氏，生二子。往臺灣開基。

十一世章，配賴氏，生子二濫。往臺灣開基。

十一世雅，配羅氏，生五子，秦、宜、嶽、棟、楚。往臺灣開基。

十一世長，配董氏，生二子。往臺灣開基。

十一世烈，號顯周，配方氏，生六子，朗、然、解、爲、踞、蹄。往臺灣開基。

十一世霸，號企桓，配何氏，生子五，三佈，四雨。葬羅婆洞，坐東向西。往臺灣開基。

十一世錦，配陳氏，生三子，答、掃、勵。往臺灣開基。

十一世璽，配張氏，生三子。往臺灣開基。

十一世甫，配羅氏，生三子，長兜，次三，三政。往臺灣開基。

十一世秉，配張氏，生一子穰。往臺灣開基。

十一世晉，生子四。往臺灣開基。

十一世榠。往臺灣開基。

十二世享，配張氏，生四子。四謀，往臺灣開基。

十二世粒，配羅氏，生子二。次子陶，往臺灣開基。

十二世最，配張氏，生子四，拱、故、醮、瞻。往臺灣開基。

十二世騫，配何氏，養子一沛。往臺灣開基。

十二世煽，配何氏，生子一其。往臺灣開基。

十二世追，配張氏，生子一琛。往臺灣開基。

十二世琬，配羅氏，生子一。往臺灣開基。

十二世央，生子四。捆，聳，柔往臺灣開基。

十二世憲，配廖氏，生子二。宵往臺灣開基。

十二世通，配江氏，生子四。長迎，次尾往臺灣開基。

十二世震，生子六。六監，生子一名菩往臺灣開基。

十二世賓，配張氏，生子二。長魁，次慈。往臺灣開基。

十二世培，邑庠生，學名毓秀，配何氏，生子二。長隨，次騧。往臺灣開基。

十二世蜀，配賴氏，生子二，恭、毅。往臺灣開基。

十二世竹，配賴氏，生子三。次嵩往臺灣開基。

十二世耀，養一子彦往臺灣開基。

十二世笑，生一子榮。往臺灣開基。

十二世佐，生子三，長鑿，次臭，三天送。往臺灣開基。

十二世盛，生子六，長欽，次興，三損，四科，五霜，六威。往臺灣開基。

十二世哲，配張氏，生子五，鐺、它、露、頓、雲。往臺灣開基。

十二世智，配賴氏，生子五，提、攜、棉、吞、星。往臺灣開基。

十二世勇，配劉氏，生子七，捧、舋、硯、白、暢、意、典。往臺灣開基。

十二世强，配曹氏，生子三，梗、延、日。往臺灣開基。

十二世健，字仲明，配賴氏，壽五十四，生子二，磊、磜。往臺灣開基。

十二世柑，配陳氏，壽六十七歲，葬虎仔墓，夫妻合葬。生子五，汛、衆、多、麻、行。往臺灣開基。

十二世舉，字雲翔，壽四十四歲。配吴氏，生子三，穰、鎮、等。往臺灣開基。

十二世惠，配張氏，生子三，夏、平、全。往臺灣開基。

十二世漢，配楊氏，生子五，研、敬、典、波、暴。往臺灣開基。

十二世廣，配賴氏，生子四，澤、塔、顧、轉。往臺灣開基。

十二世雪，配賴氏，生子三，流、面、串。往臺灣開基。

十二世君，配張氏，生子三，噴、對、講。往臺灣開基。

十三世抄，生子四，尊、卜、所、灘。往臺灣開基。

十三世井，生子三，傍、委、蠟。往臺灣開基。

十三世爵，配氏，生子三，珍、讀、拜。往臺灣開基。

十三世隨，生子二，謙、熱。往臺灣開基。

十三世騧，生子二，樫、長。往臺灣開基。

十三世繩，生子六，分、厘、兩、萍、伍、浮。往臺灣開基。

十三世適，葬花人仔湖。配何氏，生子四，連、濃、淡、浪。往臺灣開基。

十三世嵩，生子二。狀往臺灣開基。

十三世輕，配廖氏，生子二，華、輝。往臺灣開基。

十三世沉，配吴氏，生子四。嚇，蒲兮，煖往臺灣開基。

十三世靄,配張氏,繼娶吴氏,往臺灣開基。

十三世印,無娶養子梗,父子往臺灣開基。

十三世同,桃姱,添往臺灣開基。

十三世貝,生子四。繼娶與子及孫往臺灣開基。

十三世掌,配張氏,生子四,漲、軌、揣、腰。往臺灣開基。

十三世沙,配何氏,生子二,建、孽。往臺灣開基。

十三世角,配方氏,生子四,花、樣、超、班。往臺灣開基。

十三世尾,配吴氏,生子四,冬、秋、朝、延。往臺灣開基。

十三世閩,配高氏,生子二,趨、齊,往臺灣開基。

十三世蔽,配郭氏,生子二,七、雪。往臺灣開基。

十三世柳,無娶。往臺灣開基。

十三世磊,弟之子子蝶過房爲嗣。往臺灣開基。

十三世夏,配賴氏,生子四,默、椎、萬、千。往臺灣開基。

十三世排,配何氏,生子二,娘、三,往臺灣開基。

十三世藐。無娶,養子助。往臺灣開基。

十三世淪,配賴氏,生子四,助、乞、樣、富。往臺灣開基。

十三世侖,生子三,棕、坑、金。往臺灣開基。

十四世遷往臺灣省甲子蘭,有才,無娶,養子滾。往臺灣開基。

十四世嶶,生子三,元、醬、祖。往臺灣開基。

十四世蚤,養子葉。往臺灣開基。

十四世坑,配張氏,生子二,繼娶生子一。往臺灣開基。

十四世灑,生子看。往臺灣開基。

十四世混,配吴氏,生子三。往臺灣開基。

十四世泮水,配楊氏,生子四,德意、乞食、梗、惡。往臺灣開基。

十四世買,壽六十四。生子三。往臺灣開基。

十四世同,配廖氏,生子三,成、他、士。往臺灣開基。

十四世有應,配張氏,生子仰。繼娶生子二,扶、條壯。往臺灣開基。

十四世虹,配何氏,生子二,選、爲。往臺灣開基。

十四世養,配方氏,生子三,力、擯、蛋。往臺灣開基。

十四世和,配何氏,生子五,允、待、杯、岦、膽。往臺灣開基。

十四世侖,無娶,養子待。往臺灣開基。

十四世蔚,配張氏,生子三。往臺灣開基。

十四世儒,配賴氏,生子一。往臺灣開基。

十四世默,配賴氏,生子葵。往臺灣開基。

十五世流水,配張氏,生子四,橊、清、批、華。往臺灣開基。

十五世襯,生子二,報德、邁。往臺灣開基。

十五世掃,配廖氏,生子鍋。

十五世宣,配張氏,生子六,熱、詠、加、汗、格、鵠。往臺灣開基。

十五世飄,生子三。春、斗往臺灣開基。

十五世他，配張氏，生子三。蹇、歪往臺灣開基。

十五世訪。往臺灣開基。

十五世岌，往臺灣開基。

十五世爲，配許氏，生子檑。往臺灣開基。

十五世汝，配賴氏，生子二。往臺灣開基。

十五世律。往臺灣開基。

十四世妣廖氏璧娘，生於嘉慶丙辰年五月初七日酉時，卒於同治十一年壬申三月二十八日辰時。合葬花籠湖，申寅兼坤艮。生子三。長鸞，次高昇，三蜜。往臺灣開基。

十五世蜜，字在山，生於道光戊子年九月十八日戌時，葬鴨母山頂，酉卯兼辛乙。配豐山吴氏環娘，生於道光戊子年正月十二日酉時。葬虎基墓脚，癸丁兼丑未。生子五。長尋，次驢，三祟，四睹，五水泡，往臺灣開基。

十六世睹，生卒不明，葬花籠湖壬子兼丁癸。配桶坑陳氏，生卒不明，葬地孝竹湖。生子三。長水晶，次烏土，三金令。往臺灣開基。

十六世驢，無娶。生卒不明。葬後壁溝湖，壬丙兼子午。養子二，長草蟲，次水晶。往臺灣開基。

十七世水晶，生於 1881 年，卒於 1932 年，壽五十二歲。葬考竹湖，丑未兼癸丁。配大徑黄氏均娘，生於 1887 年，卒於 1961 年。壽七十一歲。葬巖後山頂四份山嶺頭，甲庚兼卯酉。生子六。長坤土往新加坡，次坤厚，三坤奇幼亡，四坤林、五再振，六木森出嗣。

十七世烏土早故，生卒不明，葬後寮山東，未丑兼丁癸。養一子木森往臺灣開基。

十七世金令，往新加坡。生卒不明，養子一，孫椎叢往臺灣開基。

十八世坤土，往星加坡。坤厚，坤廳幼亡生卒不明。坤林早故，養子椎叢。

十八世再振，生於 1920 年 1 月，卒於 1960 年 4 月 29 日，葬將軍坳，坐東北向西南，壽四十一歲。配葉氏片娘，生於 1926 年，生子二。長椎叢出嗣，次鐘山。生女三，長嬌，次翠英，三玉。往臺灣開基。

黄山湖房十二世必，子閩往臺。孫趨、澤俱往臺灣開基。

黄山湖房五寨前嶺大園十六世金盛，往臺灣開基。

黄山湖房五寨前嶺大園十七世火炭，往臺灣開基。

黄山湖房十四世默，往臺灣開基。

黄山湖房十二世漢、廣，往臺灣開基。

黄山湖房十七世行，往臺灣開基。

策公派下十一世奏，子二，從、填，往臺灣開基。

策公派下十二世俊，子井往臺灣開基。

策公派下十二世栽，往臺灣開基。

孔公派下十一世雍，子三，策、乾、佐。往臺灣開族。

孔公派下十六世榮年，回厦門，又往臺灣開族。

下厝房日濟公派下，日齊生二子。長禄，生二子，長速，次業。次勤，生二子，長統，次湛往臺灣開基。

下厝房日濟公派下十四世三，往臺灣開基。

下厝房日濟公派下十四世冬來，子二，添、房。往臺灣開基。

下厝房日濟公派下十二世霸,子三,佈、雨、雪。往臺灣開基。

下厝房日濟公派下十一世江,錦。江子三,答、掃、厲。錦子悻。俱往臺灣開基。

下厝房日濟公派下十四世淪,子三,乞、檨、富,往臺灣開基。

伯順派十世信,子興往臺灣。

伯順派十一世葉,往臺灣。

伯順派十一世佑,子五。長昇往臺,次報,三和往臺,四秀,五旭。

東門房十二世暫,往臺。

東門房十四世西,往臺。

仔銀房十四世摑,往臺。

(《[福建平和]龍頭林氏宗譜》 1991年稿本)

雲霄龍坑林氏徙臺灣開基祖名録

五世位,妣盧氏、張氏。子六,長龍强,派臺灣。

七世龍富次子,開派臺灣。

八世龍孟之孫,移居臺灣。

十二世龍昌裔孫雅,移居臺灣北部檳榔林。雅字言禮,生於康熙二十二年癸亥二月初一日亥時,卒於乾隆二年丁巳八月十二日未時,葬臺灣。

十二世劇名剛直,子孟名,移往臺灣南投縣,後分住竹山鎮雲林里下樓街。十六世水連住南投縣竹山鎮。

十三世龍昌裔孫松渡臺經商。

十六世龍昌裔孫二人移居臺灣。其一西國於臺灣頂縣置家,生四子。西國生於嘉慶十三年戊辰(1809)二月二十八日酉時。卒葬臺灣。

十八世柳過臺灣,胞弟良圖、侄福汝住小陂。

二十世柴雷1949年隨軍渡臺,居嘉義縣,1990年回鄉省祖。

(《[福建雲霄]龍坑林氏世系考略》 1991年稿本)

漳浦烏石林氏徙臺開基祖世系名録

頂厝房二十二世坤同,過臺灣。

新厝美大房二十三世其露,過臺灣。

下占四房二十一世合順,一九四九年入臺居高雄,其子漢良、榮宗。榮宗有二子,俊亮、俊宇。玉坤,一九四九年入臺灣居高雄,子天賜。

烏石宗南平八世,大房世系十五世日字輩良,居臺中龍井鄉青龍,其子三會生三子,得意,天河,天賀。

烏石南平八世大房寅,字敦甫,號木軒,普玄公長子,行一。生於明宣宗宣德九年甲寅三月初三日酉時,卒於明憲宗成化十二年丙申九月十五日亥時,壽四十三,葬在前溪湖内。配曾氏,葬在石牛尾。再娶藍氏,生於正統四年己未十二月十二日戌時,卒於正德六年辛未八月三十日。諡慈中,葬在林尾嵌寶山,生三子。

長子秉,字廷執,號恪庵,衍居南埔園等。

次子隆,字廷昌,號柏庵,衍居潭仔頭、南北大學、六鼇、城關、漳州等。隆公第六子儒,號東川,衍居打山、山鄭、後攏、石牛尾等。

三子良,字廷奇,號勁庵,衍居東埭、下東埭、過田、赤土過田下尾、臺中等。

臺灣臺中青龍公派下,於 1998 年組團一行十八人,以林貽穀爲團長,回浦歸宗拜祖。二十三世孫林瑶棋,臺中縣大雅鄉真生醫院院長,1989 年出資美金四千元存入銀行,取利息作爲烏石林氏賢學子弟獎學金,鼓舞學業優秀,並於 1992 年捐資美金壹萬伍仟元,支持創建烏石天后宫,爲烏石公益旅遊事業作出奉獻。1999 年四月受漳州市政府頒發銀質獎章、榮譽獎牌及證書。

打山社爲平派二十三世成才,居臺灣。其子維正、維亮。

打山社爲平派二十三世泉水,居臺灣。

打山社爲平派二十三世德輝,一九四五年入臺,教授,女林曉梅碩士。

打山社爲平派二十三世德水,工程師、輪機長,1948 年入臺。

二十三世炳坤,1949 年入臺。

烏石八世南平震公派下後埔邊系,二十三世忠瑞,1949 年 5 月從戎入臺,子玉李。

山兜社二十三世合春,妻曾玉女,1949 年從戎入臺,在臺灣高雄市左營區翠峯路。子永龍,碩士。次永信,機械鑄造碩士。三建忠。

寅仲派邱厝社二十三世拱照,1949 年從戎入臺。子四:長成有之子勝利、文瑞。次碧亮,碩士。三碧章,大學生,居高雄燕巢鄉深水村。四碧堂,大學生。

二十一世水福,1949 年入臺,子壽通、志勇。

深水坑橋頭墟進士一新派下二十二世統緒,少校軍醫,1949 年從戎入臺,住高雄大樹鄉。子三,長振輝,臺北技術學院畢業。次振明。三惠娟,臺北文化大學。

錦江東平系十五世位掔,遷臺。

二十二世東平三房樓派彎厝長安,在臺灣。

二十二世東平三房樓派杉行長金,在臺灣。

二十三世必顯,1949 年入臺,住高雄大樹鄉。子志國、志偉。

林同毅,深水坑,1949 年入臺,少校軍官。

林統緒,深水坑,1949 年入臺,少校軍醫。

林必顯,深水坑,1949 年入臺,上尉軍官,少校官餉。

林浦生,打山人,居臺灣,臺灣中興大學畢業,留美碩士,父俊賢。

林翊生,打山人,居臺灣,臺灣臺北師大畢業,父俊賢。

林德水,打山人,居臺灣,大學畢業,父永元。

林德輝,打山人,居臺灣,中興大學畢業,父元芳。

林曉梅,打山人,居臺灣,臺東師範大學畢業,父德輝。

林克明,打山人,居臺灣,博士,父德水。

烏石林氏後裔於 1946 至 1948 年衍居臺灣名録

二十三世,林俊賢,打山人,入臺就學,居嘉義市,子二:浦生、翊生。

二十三世,林德輝,打山人,居臺中,女曉梅。

二十三世,林成才,打山人,居臺灣嘉義市,子二:維正、維亮。

二十三世，林泉水，打山人，居臺中，子志宏。

二十三世，林德水，打山人，居臺北市，子二：克明、達人。女沁宜。

苑上居城闕二十二世，林競峯，居臺灣，子賢坤，賢文。

1949 年隨梁峯部隊入臺名録

二十二世，林同毅，深水坑人，時任連長，1952 年病故。

二十二世，林統緒，深水坑人，髮妻張燕鳳，居高雄縣大樹鄉，子二：振輝、振明。女惠娟。

二十三世，林必顯，深水坑人，髮妻王金魚，子二：志國、志偉。女海燕，居高雄縣大雅鄉。

二十三世，林榮才，深水坑人，居高雄市。

二十三世，林合春，深水坑人，髮妻曾玉女，居高雄市，子三：永龍、永信、建忠。

二十三世，林拱照，深水坑人，居高雄市燕巢鄉，子四：成有、碧亮、碧章、碧堂。

二十三世，林元全，深水坑人，居高雄。

二十一世，林水福，下東埯社人，居臺北板橋市，子二：壽通、志勇。

二十一世，林來成，下東埯社人，子海順。

二十三世，林丁卯，下東埯社人，已故。

二十三世，林炳坤，後埔邊社人，居鳳山市，子二：協成、傑民。

二十二世，林又問，後埔邊社人，居高雄縣，子烏番。

二十三世，林銀太，後埔邊社人，居高雄縣。

二十二世，林烏佛，東埭社人，子英烈。

二十三世，林紹輝，芹山社人，又名如篤，居臺北阪橋市，子立山。

二十一世，林玉坤，埔尾寨人，居高雄縣，子天賜。

二十一世，林合順，埔尾寨人，居高雄縣，子漢良、榮宗。

二十二世，林添益、林吉昌。打山社人，

二十三世，林忠瑞，下草社人，居高雄市，女林理。

（《[漳浦浯江]烏石林氏族譜》 1995 年稿本）

漳州環溪林氏徙臺祖名録

十世世陣，往臺，生卒於吉時。

十世世月，往臺，生卒於吉時。

十一世光免，生卒於吉時，往臺。

十一世光尺，生卒於吉時，往臺。

十二世國郭，生康熙乙未年五月二十四丑時，卒乾隆庚申年六月二十九戌時。妣某氏，男文盛，展次子過繼。葬臺灣。

十二世國寡，生康熙辛丑年六月二十一丑時，卒乾隆壬午年八月二十三辰時。男文送。葬臺灣。妣氏別過。

十二世國宗，生卒於吉時，妣某氏，生男漢貴、漢楊，往臺。

十二世國觀，生卒於吉時，往臺。

十二世國雪，往臺，生卒於吉時。

十三世漢貴,往臺,生卒於吉時。

十三世漢陽,生卒於吉時,往臺。

十三世文水,往臺,生卒於吉時。

(《[福建漳州]環溪林氏族譜》　清光緒稿本)

詔安林氏五常系徙臺一則

二十三世洪貞,子三:祖揚承繼、祖波、祖貴,波、貴均往臺灣。

(林永茂編纂《[福建詔安]林氏開詔族譜五常衍派世系》　1984年稿本)

詔安南陂林氏遷臺灣開基祖名録

十一世克敬,招珪長子,移臺灣,裔孫住鳳山縣半片里番梨屋莊。

十一世克鼎,招琮四子,字調弦,娶鍾氏生二男:啓嗣、啓全,移臺,裔孫住西螺佈京崙莊石壁屋。

十四世勳抱、勳將、勳成,大穆次、三、四子,往臺灣嘉義縣大目根堡白杞寮埔子。長子勳謙守祖。

十四世養謙,大穆次子,字極光,娶游氏生三男:抱、將、成。公生康熙丁亥年八月初九巳時,卒乾隆戊辰年八月初六午時,四十二歲因往臺卒,四都公子店西陳坐東遊媽外家,姪永祀。媽生康熙丁亥年正月十二巳時,卒乾隆辛未年十一月廿三丑时,四十五歲,後裔孫往臺灣嘉義縣大目堡白杞寮内,埔子新學堂派是也。

十三世天總,名豁子,往臺。

十二世文轉,東七子,字悦千,娶江氏生男進、紹、坦、到、順。公生康熙癸未年十二月廿六辰時,卒乾隆辛未年正月廿四卯時,葬西山樓畲窩,坐北向南。江氏生康熙丁亥年十月廿八辰時,卒乾隆辛未年正月廿三戌時,與公合葬。坦、到往臺,卒白杞寮。

十六世德力,世效次子。長子譽頭,往暹羅亡;次子訔營,往臺;三子東湖,往番;四子訔井,往番;五子青山。

(林景山編纂《[福建詔安]霞葛南陂林氏以來一脈族譜》　1925年九修稿本)

漳州林氏明清兩代渡臺祖臺灣譜記

祖公名	祖　籍	開墾地區
林　四	漳州府漳浦縣	澎湖白沙
超　公	漳州府漳浦縣	南投竹山后移南投市
林雲從	漳州府漳浦縣東巷墟仔墘	嘉義大林後移臺南市
振　公	漳州府漳浦縣田墘路下鄉田墘	南投名間
謀　公	漳州府漳浦縣	
大鵬公	漳州府漳浦縣西門外攀龍社	臺中市
興　公	漳州府漳浦烏石林移居金門山后尾坑	臺中龍井

國耀公	漳州府漳浦縣麥園埔溪仔墘	雲林鬥南
林　昇	漳州府漳浦縣	彰化埤頭
天生公	漳州府漳浦縣	南投草屯
成祖公	漳州府漳浦縣西門外攀龍社兵營頂	臺中大甲後移臺北板橋
林篤實	漳州府漳浦縣	嘉義竹崎
三進公	漳州府漳浦縣	南投市
煥　公	漳州府漳浦縣烏石林遷居天鵝	彰化社頭
林　道	漳州府漳浦縣烏石林	彰化社頭
林　鎮	漳州府漳浦縣	彰化社頭
林　源	漳州府漳浦縣	彰化社頭
林　教	漳州府漳浦縣	彰化社頭
純樸公	漳州府漳浦縣西門外攀龍社	臺中潭子
林景宣	漳州府漳浦縣西河鎮搭掘烏石鄉	臺中潭子
英豪公	漳州府漳浦縣西門外攀龍社後埔湳仔	臺中大甲後移臺北板橋
英豪公	漳州府漳浦縣西埔墟蠔石遷居	苗栗通宵
由　公	漳州府漳浦縣	臺中市
積慶公	漳州府漳浦縣西門外攀龍社	臺中市
使　公	漳州府漳浦縣西門外攀龍社	臺中北屯
同翁公	漳州府漳浦縣	南投集集
長　公	漳州府漳浦縣西門外攀龍社	臺中潭子
正直公	漳州府漳浦縣	宜蘭五結
純直公	漳州府漳浦縣廟燕社	宜蘭員山
林　秀	漳州府漳浦縣	宜蘭冬山
甘露公	漳州府漳浦縣	雲林斗六後移南投魚池
仲義公	漳州府漳浦縣烏石社	南投鹿谷
水　公	漳州府漳浦縣	宜蘭礁溪
桂花公	漳州府漳浦縣	南投市
亮　公	漳州府漳浦縣	臺中太平
醇善公	漳州府漳浦縣	彰化鹿港
林宣治	漳州府南靖縣	南投草屯
林繼懷	漳州府南靖縣	南投草屯
長清公	漳州府南靖縣龍門里象山社	南投草屯
長清公	漳州府南靖縣龍門里象山社	南投草屯
長清公	漳州府南靖縣	南投草屯
長清公	漳州府南靖縣龍門里象山社	南投草屯
長清公	漳州府南靖縣龍門里象山社	南投草屯
長清公	漳州府南靖縣龍門里象山社	南投草屯
長清公	漳州府南靖縣	南投草屯
長清公	漳州府南靖縣	南投草屯

長清公	漳州府南靖縣	南投草屯
應世公	漳州府南靖縣永豐里吴宅總洋坑高安社	臺中市西屯區
忠　公	漳州府南靖縣溪頭莊	桃園市
林世獻	漳州府南靖縣	板橋市
林　招	漳州府南靖縣	南投竹山鹿谷分傳水里
志孝公	漳州府南靖縣南坪社風霜	南投竹山
志孝公	漳州府南靖縣南坪社風霜	南投鹿谷
志孝公	漳州府南靖縣南坪社風霜	南投鹿谷
茂戒公	漳州府南靖縣金山甌坑崙仔尾	南投竹山
林醉樹	漳州府南靖縣	桃園大園
達陽公	漳州府南靖縣	南投鹿谷
林寬老	漳州府平和縣	嘉義六脚至南投竹山
林　一	漳州府平和縣	嘉義太保
寬殼公	漳州府平和縣	南投竹山
必錦公	漳州府平和縣	南投竹山
滿　公	漳州府平和縣庵後墟下田社	雲林斗六
應　公	漳州府平和縣	南投竹山
德純公	漳州府平和縣	南投竹山
瑞芸公	漳州府平和縣	臺中大里
固　公	漳州府平和縣	臺中市東區
宏齊公	漳州府平和縣白葉鄉大湖社金城樓	彰化永靖
敦成公	漳州府平和縣白葉鄉金城樓	彰化永靖
彩　公	漳州府平和縣下埔小溪社	南投竹山
劇　公	漳州府平和雲霄小埤堡宜古社隆興城	南投竹山
元明公	漳州府平和縣五寨照新社里湖仔内	臺中市東區
林　江	漳州府平和縣	臺中大里至霧峯
受豚公	漳州府平和縣	臺中大里至霧峯
灶　公	漳州府平和縣文王墟普仔大社三落厝	臺中大里
林　簪	漳州府平和縣	臺中市東區後移南區
林　石	漳州府平和縣	臺中大里後移霧峯
先仲公	漳州府平和縣白葉鄉大湖社金城樓	彰化永靖
敦樸公	漳州府平和縣紅厝廍柴頭井下	南投竹山
歷　公	漳州府平和縣小溪下浦社	南投竹山
廣真公	漳州府平和縣下浦小溪	南投竹山
超　公	漳州府平和縣小溪堡巖管社新樓後厝	南投竹山
麻　公	漳州府平和縣温焦社	南投竹山
拱　公	漳州府平和縣管溪堡南山社	南投鹿谷
灶　公	漳州府平和縣文王墟普仔大社三落厝	南投鹿谷
五姐公	漳州府平和縣	南投市

上秧公	漳州府平和縣	臺中市
溪山公	漳州府平和縣	臺中市
尾　公	漳州府平和縣	臺中市
林　榜	漳州府平和縣	臺北中和
直　公	漳州府平和縣龍頭鄉	彰化員林
監　公	漳州府平和縣	彰化員林
暹　公	漳州府平和縣	臺中市

（《[臺灣]林氏大宗譜》 1984 年臺北鉛印本）

臺灣譜載林氏遷臺祖名録

祖公名	明清二代渡海來臺林氏宗親祖籍	開墾地區
林　四	福建省漳州府漳浦縣	澎湖白沙
超　公	福建省漳州府漳浦縣	南投竹山後移南投市
雲從公	福建省漳州府漳浦縣東巷墟仔	嘉義大林後移臺南市南區
振　公	福建省漳州府漳浦縣田路下鄉田	南投名間
謀　公	福建省漳州府漳浦縣	
大鵬公	福建省漳州府漳浦縣西門外攀龍社	臺中市
興　公	福建省漳州府漳浦縣烏石林移居金門山後尾坑	臺中龍井
國　耀	福建省漳州府漳浦縣麥園埔溪仔	雲林斗南
林　昇	福建省漳州府漳浦縣	彰化埤头
天生公	福建省漳州府漳浦縣	南投草屯
成祖公	福建省漳州府漳浦縣西門外攀龍社兵營頂	臺中大甲、臺北板橋臺
林篤實	福建省漳州府漳浦縣	嘉義竹崎
三進公	福建省漳州府漳浦縣	南投市
焕　公	福建省漳州府漳浦縣烏石林邊居天鵝	彰化社頭
林　道	福建省漳州府漳浦縣烏石林	彰化社頭
林　鎮	福建省漳州府漳浦縣烏石林	彰化社頭
林　源	福建省漳州府漳浦縣烏石林	彰化社頭
林　教	福建省漳州府漳浦縣烏石林	彰化社頭
純樸公	福建省漳州府漳浦縣烏石林西門外攀龍社	臺中潭子
林景宣	福建省漳州府漳浦縣烏石林西河鎮搭掘烏石鄉	臺中潭子
英豪公	福建漳州漳浦烏石林西門外攀龍後埔仔西埔墟	臺北板橋苗栗通宵
由　公	福建省漳州府漳浦縣	臺中市
積慶公	福建省漳州府漳浦縣西門外攀龍社	臺中市
使　公	福建省漳州府漳浦縣	臺中市北屯
同翁公	福建省漳州府漳浦縣	南投集集
長　公	福建省漳州府漳浦縣西門外攀龍社	臺中潭子
正直公	福建省漳州府漳浦縣	宜蘭五結

純真公	福建省漳州府漳浦縣廟燕社	宜蘭員山
林　秀	福建省漳州府漳浦縣	宜蘭冬山
甘露公	福建省漳州府漳浦縣	雲林斗六後移南投魚池
仲義公	福建省漳州府漳浦縣烏石社	南投鹿谷
水　公	福建省漳州府漳浦縣	宜蘭礁溪
桂花公	福建省漳州府漳浦縣	南投市
亮　公	福建省漳州府漳浦縣	臺中太平
醇善公	福建省漳州府漳浦縣	彰化鹿港
泉　公	福建省漳州府漳浦縣烏石社	南投名間
忠孝公	福建省漳州府漳浦縣攀龍社	臺中市
正直公	福建省漳州府漳浦縣攀龍社	臺北市
質樸公	漳浦烏石社烏石村後移詔安二都金雞堡鴨地鄉	彰化市後至臺北中和
元友公	福建省漳州府詔安縣三都林家巷	雲林斗六
樸素公	福建省漳州府詔安縣二十九都德港鄉	雲林刺桐
都　公	福建省漳州府詔安縣四都大吴崎侯厝山仔頂	臺中潭子
善　公	福建省漳州府詔安縣五都坑底城樓外	彰化員林
四十三郎	福建省漳州府詔安縣堆善二都南坡樓	臺北中和分傳板橋
原隆公	福建省漳州府詔安縣	臺中大雅
原隆公	福建省漳州府詔安縣	臺中大雅
原隆公	福建省漳州府詔安縣	臺中大雅
維高公	福建省漳州府詔安縣五都地南鄉里	臺中潭子
原隆公	福建省漳州府詔安縣	臺中潭子
樸直公	福建省漳州府詔安縣牛籠鄉	臺中潭子
遷仔公	福建省漳州府詔安縣	南投草屯
林雙美	福建省漳州府詔安縣五都地南鄉	臺中豐原潭子
克明公	福建省漳州府詔安縣	雲林斗六
天漢公	福建省漳州府詔安縣	臺中豐原
四十三郎公	福建省漳州府詔安縣二都南陂樓林婆社	臺北中和
摘　娘	福建省漳州府詔安縣三都林家巷	雲林斗六
正莊公	福建省漳州府詔安縣	南投草屯
各弘公	福建省漳州府南靖縣德黄總山根兜社	南投竹山
希遜公	南靖永豐里吴宅總洋坑甲萬安社營頂莊	宜蘭礁溪
希遜公	南靖永豐里吴宅總洋坑甲萬安社營頂莊	宜蘭礁溪
希遜公	南靖永豐里吴宅總洋坑甲萬安社營頂	宜蘭
希遜公	南靖永豐里吴宅總洋坑甲萬安社營頂	宜蘭
應朝公	南靖永豐里吴宅總洋坑甲萬安社營頂	南投縣
希遜公	南靖永豐里吴宅總洋坑甲萬安社營頂	板橋市
林宣治	福建省漳州府南靖縣	南投草屯
林繼懷	福建省漳州府南靖縣	南投草屯

長清公	福建省漳州府南靖縣龍門里象山社	南投草屯
長清公	福建省漳州府南靖縣龍門里象山社	南投草屯
長清公	福建省漳州府南靖縣龍門里象山社	南投草屯
長清公	福建省漳州府南靖縣龍門里象山社	南投草屯
長清公	福建省漳州府南靖縣龍門里象山社	南投草屯
長清公	福建省漳州府南靖縣龍門里象山社	南投草屯
長清公	福建省漳州府南靖縣龍門里象山社	南投草屯
長清公	福建省漳州府南靖縣龍門里象山社	南投草屯
長清公	福建省漳州府南靖縣龍門里象山社	南投草屯
應世公	福建省漳州府南靖縣永豐里吴宅總洋坑高安社	臺中市西屯區
忠　公	福建省漳州府南靖縣溪頭莊	桃園市
林世獻	福建省漳州府南靖縣	板橋市
林　招	福建省漳州府南靖縣	南投竹山鹿谷
志孝公	福建省漳州府南靖縣南坪社風霜	南投竹山
志孝公	福建省漳州府南靖縣南坪社風霜	南投鹿谷
志孝公	福建省漳州府南靖縣南坪社風霜	南投鹿谷
茂戒公	福建省漳州府南靖縣金山甌坑侖仔尾	南投竹山
林醉樹	福建省漳州府南靖縣	桃園大園
達陽公	福建省漳州府南靖縣	南投鹿谷
林寬老	福建省漳州府平和縣	嘉義六脚至南投竹山
林　一	福建省漳州府平和縣	嘉義太保
寬穀公	福建省漳州府平和縣	南投竹山
必錦公	福建省漳州府平和縣	南投竹山
滿　公	福建省漳州府平和縣奄後墟下田社	雲林斗六
應　公	福建省漳州府平和縣	南投竹山
德純公	福建省漳州府平和縣	南投竹山
瑞芸公	福建省漳州府平和縣	臺中大里
固　公	福建省漳州府平和縣	臺中市東區
宏齊公	福建省漳州府平和縣白葉鄉大湖社金城樓	彰化永靖
敦成公	福建省漳州府平和縣白葉鄉金城樓	彰化永靖
彩　公	福建省漳州府平和縣下埔小溪社	南投竹山
劇　公	平和縣雲霄二府小埤堡宜古社隆興城	南投竹山
元明公	福建省漳州府平和縣五寨照新社里湖仔内	臺中市東區
林　江	福建省漳州府平和縣	臺中大里至霧峯
受豚公	福建省漳州府平和縣	臺中大里至霧峯
灶　公	福建省漳州府平和縣文王墟普仔大社三落厝	臺中大里
林　簪	福建省漳州府平和縣	臺中市
林　石	福建省漳州府平和縣	霧峯
先仲公	福建省漳州府平和縣白葉鄉大湖社金城樓	彰化永靖

敦樸公	福建省漳州府平和縣紅厝埕柴頭井下	南投竹山
歷　公	福建省漳州府平和縣小溪下浦社	南投竹山
廣真公	福建省漳州府平和縣下浦小溪	南投竹山
超　公	福建省漳州府平和縣小溪堡巖管社新樓後厝	南投竹山
麻　公	福建省漳州府平和縣温焦社	南投竹山
拱　公	福建省漳州府平和縣管溪堡南山社	南投鹿谷
灶　公	福建省漳州府平和縣文王墟普仔大社三落厝	南投鹿谷
五姐公	福建省漳州府平和縣	南投市
上秧公	福建省漳州府平和縣	臺中市
溪山公	福建省漳州府平和縣	臺中市
尾　公	福建省漳州府平和縣	臺中市
林　榜	福建省漳州府平和縣	臺北中和
直　公	福建省漳州府平和縣龍頭鄉	彰化員林
監　公	福建省漳州府平和縣	彰化員林
暹　公	福建省漳州府平和縣	臺中市
千三郎公	福建省漳州府平和縣	臺中市
正直公	福建省漳州府平和縣坡仔墟	臺中市
德超公	福建省漳州府平和縣五寨墟三教堡埔坪社	臺中市
聖　公	福建省漳州府平和縣洪竹坑洪厝埔	臺中大里
林　伯	福建省漳州府平和縣	臺北中和
林最乃	福建省漳州府平和縣	臺北中和
詠　公	福建省漳州府平和縣龍鳳頭水車祥	臺北市内湖
文雅公	福建省漳州府平和縣	南投竹山
杞容公	福建省漳州府平和縣紅坑社買賣錫墟	南投竹山
篤信公	福建省漳州府平和縣小埤堡宜教社龍興城	南投竹山
敦厚公	福建省漳州府平和縣	臺中市
在現公	福建省漳州府平和縣	南投水里
玉琨公	福建省漳州府平和縣	臺中市
千三郎公	福建省漳州府平和縣板子墟銅壺厝社下尾樓	臺中市
阿謨公	福建省漳州府平和縣南勢鄉	臺中市
水　公	福建省漳州府平和縣	宜蘭頭城羅東
同　公	福建省漳州府平和縣後市	宜蘭頭城羅東
朝淇公	福建省漳州府平和縣	宜蘭頭城羅東
林　漢	福建省漳州府平和縣	雲林斗六
河水公	福建省漳州府平和縣小埤堡後埤仔	
利　公	福建省漳州府平和縣海紅	臺中烏日
枝　公	福建省漳州府平和縣石頭街	臺中豐原
永結公	福建省漳州府平和縣	臺中市
福原公	福建省漳州府平和縣	臺中市

錦順公	福建省漳州府平和縣	臺中霧峯
士角公	福建省漳州府平和縣	花蓮市
岱葬公	福建省漳州府平和縣	
敦厚公	福建省漳州府平和縣	南投鹿谷
擔寶公	福建省漳州府平和縣	雲林斗六
火春公	福建省漳州府平和縣	南投草屯
著　公	福建省漳州府平和縣	南投市
老國公	福建省漳州府平和縣	
林　鳳	福建省漳州府龍溪縣	臺南六甲
天來公	福建省漳州府石壁社後坑仔	南投魚池
婉容公	福建省漳州府平和縣	南投草屯
林志竹	福建省漳州府平和縣	臺北樹林
林志添	福建省漳州府平和縣	臺北樹林
林志間	福建省漳州府平和縣	臺北樹林
妹　公	福建省漳州府平和縣	桃園縣
林士知	福建省漳州府平和縣	板橋市
戚　公	平和縣許茂州鳳林社廿八都下厝埕	板橋市
曲　公	漳州府平和縣桃源堡廿一都添內山	南投竹山
林　樸	福建省漳州府平和縣	彰化
慶寅公	漳州府平和縣白石堡廿九都吉上社	臺北新莊
光道公	漳州府龍溪縣白石堡廿九都埔尾社橋頭	臺東
舉養公	福建省漳州府龍溪縣	高雄市左營區
德瑞公	福建省漳州府龍溪縣興代祖	南投鹿谷
新枝公	福建省漳州府龍溪縣	宜蘭頭城
煥山公	福建省漳州府龍溪縣	宜蘭五結
張仔公	福建省漳州府龍溪縣	宜蘭五結
君弘公	福建省漳州府龍溪縣廿九都金桐社	板橋市
林　厚	福建省漳州府海澄縣	澎湖白沙
林　榜	福建省漳州府海澄縣	臺南市
林良德	福建省漳州府海澄縣	南投竹山
肇基公	福建省漳州府海澄縣	南投市
安然公	福建省漳州府長泰縣	南投市
國成公	福建省漳州府長泰縣	南投市
溪　公	福建省漳州府長泰縣	花蓮玉里
贊　公	福建省漳州府	花蓮市
柒　公	福建省漳州府	高雄市
準　公	福建省漳州府	臺中
捷忠公	福建省漳州府	南投市

（《[臺灣]林氏大宗譜》 1984 年臺北鉛印本）

漳州林氏渡臺祖臺灣譜記

九牧六房藴公衍派，百世文德支系九郎派下第一一八世承尊，公願子，王孫，會曾孫，渡臺。

九牧六房藴公衍派一一七世等，普生長子，遷長孫，思繹曾孫，華瀛派，生子求公、進長，渡臺。普生次子豁，生子卿、忽、談。忽渡臺。

九牧六房藴公衍派一一六世適，王晗子，渡臺。

九牧六房藴公衍派一一六世綢，祐子，邦達孫，華仁曾孫，生子觀會、觀論、觀尊、觀路。漳州府南靖縣龍門里象山社，渡臺草屯鎮月眉厝。

九牧六房藴公衍派一一五世國訮，世崀子，生子宗力。宗力子文孫、文坑、文潭、文鬱。文潭由漳州府南靖縣金山甌坑崙仔尾渡臺竹山鎮大坑，生子焕、朝起。

九牧九房蔵公衍派九十四世夜，日焆次子，掇魁孫，甲萬曾孫，生子成祖，渡臺板橋。

九牧九房蔵公衍派，平和開基八十四世子墓支系，九十七世石，名江子，可相孫，奇昂曾孫。生子遜、水、瀨、棣、大、陸。瀨渡臺灣臺中霧峯。

十二世純直，祖籍福建省漳州府漳浦縣廟燕社，渡臺宜蘭圓山鄉，傳灶、象吉、牛三大房。

十二世秀俊，例勅授儒，成祖、茂春、恭敏。福建省漳州府漳浦縣西門外攀龍社兵營頂，子華公派下，渡臺板橋鎮林跳房系。

十四世橘，福建省漳州府漳浦縣西門外攀龍社後埔滴仔，乾隆五十五年渡臺，初居大甲大安港雙寮，後移居臺北板橋鎮汴頭竹園仔。

十三世大鵬，福建省漳州府漳浦縣西門外攀龍社，妣陳氏。渡臺。

十三世萬福，使子，渡臺。子交傳埤、圳、苑、攀桂四房。

十五世長，福建省漳州府漳浦縣西門外攀龍社，渡臺潭子鄉。

十三世純樸，福建省漳州府漳浦縣西門外攀龍社，生子志聰、敦信。志聰渡臺潭子鄉。

十六世瑞麟，楨祥，福建省漳州府漳浦縣西門外攀龍社，渡臺。

渡臺臺中市一世忠孝，福建省漳州府漳浦縣西門外攀龍社。

十四世振，福建省漳州府漳浦縣田墘路下鄉，移臺南投鎮施厝坪竹圍仔。

十二世文俊，福建省漳州府漳浦縣烏石社後廳，渡臺南投鹿谷鄉。生子聰平。

十三世仲義，漳州府漳浦縣烏石社，渡臺南投鹿谷鄉。生子接旺，孫五房。

漳浦縣烏石社興，移居金門山尾後坑。生子協、捷、良。協返大陸，捷往臺南部。

十二世來臺祖焕、道、鎮、源、教，漳州府漳浦縣烏石遷居天鵝，再移居關帝坊，渡臺初居彰化縣大武郡東堡潮興社許令坑口。焕生子策。策傳新析、好、媽、興、月、平。

漳州府漳浦縣麥園埔溪仔墘卯君讚、覲龍、毅信，國耀三子，渡臺斗南鎮靖興里，傳以仁、元勳、元盛、元春、清允、清芳六房。

渡臺祖八世協倫，五世秀嬌曾孫。原居漳州府漳浦縣西埔墟蠔石林。秀嬌遷居惠州府陸豐縣地瓜寮戹仔。

渡臺一世扶公，漳州府漳浦縣二十三都福興保洪厝莊，渡臺南投鎮林鳳房系。

十一世超，明士，生於明崇禎庚辰年十二月二十五日，子進、質、義。生於康熙丙辰年六月二十八日，渡臺南投鎮。

十四世由，漳浦縣渡臺臺中。子番。孫連、全、緑、壬。

十四世正直，漳州府漳浦縣，渡臺。子大德，孫連，曾孫亮。

渡臺一世正直，漳州府漳浦縣，子漢，孫雲、來有。宜蘭礁溪五結鄉正直公房系。

十三世天生，漳州府漳浦縣，渡臺，子純厚、剛直。草屯鎮林溪房系。

十五世亮，漳州府漳浦縣傳臺中縣太平鄉。子添福。孫火生、廣生。

十四世秀，順成，子謚郭厚，漳州府漳浦縣渡臺宜蘭冬山鄉廣興村。

二世來臺祖生，質樸子，生子惠、旋、戴、滿。旋、滿與生公渡臺。由漳州府漳浦縣移詔安縣二都金雞堡鴨池鄉，再移臺灣省臺北縣中和鄉。

十二世心果公，宗彪子，光抱孫，一處曾孫，嶺尾派，漳州府詔安縣二都南坡樓四十三郎原隆公支系，渡臺桃園縣大溪鎮，傳心果公派七大房系。

十二世心貨，宗裕三子，光抱孫，漳州府詔安縣南坡樓原隆公派下，與子期銠、樸直，子妣黃温柔，渡臺臺北縣中和鄉二十八張。期銠公子汝田、汝捷。

十一民廷棆，志瀚子，德彩孫，士貴曾孫，一科房，漳州府詔安縣二都小篆田祖厝原隆公派下，渡臺。子推煉、推戴、官傳、推燬、推熯、推炭。

十一世廷柄，志洪子，德輝孫，士雅曾孫，一科房，漳州府詔安縣二都小篆田里厝原隆公派下，渡臺。子推灼、推燮、推炫。

十一世都，漳州府詔安縣四都大吴崎侯厝山仔頂，渡臺臺中縣潭子鄉。子元傳兵郎、嫣乞兩大房。

十三世善，漳州府詔安縣五都坑底城樓外，渡臺，由梧棲港登陸，員林鎮東山支系。

十三世維高，漳州府詔安縣五都地南鄉里，渡臺。

一世樸素，漳州府詔安縣廿九都德港鄉，渡臺雲林縣莿桐鄉。子峨，居長。

十三世樸直，漳州府詔安縣牛籠鄉，渡臺潭子鄉。子篤信。孫其中、寬宏、寬裕。

一世天漢，漳州府詔安縣，渡臺臺中豐原鎮。子應昌。孫套、大頭、萬枝、拔才、幼。

十六世克明，漳州府詔安縣，渡臺雲林斗六。子誠蔔。孫得禄、壽、敷玉。

十四世公願，王長子，會長孫，思喜曾孫，華瀛長派，漳州府南靖縣龍門里象山社，渡臺草屯鎮月眉厝。

十三世普生，遷子，思繹孫，華瀛曾孫，漳州府南靖縣龍門里象山社。生子籌、豁，均遷臺草屯鎮月眉厝。

十四世志，華瀛派四房思賢曾孫，渡臺草鎮月眉厝。子白、洞。

十四世墀，華瀛派四房思賢曾孫，適次子，渡臺草屯鎮月眉厝。子龞、繆、柘、築、兑。

十世廷柯，士法三子，國完孫，君愛曾孫，孔舉派下。漳州府南靖縣永豐里吴宅總洋坑甲萬安社營頂莊人氏，渡臺臺北五分埔。

十一世元旻，廷才子，士法孫，國完曾孫，孔舉派下。漳州府南靖縣永豐里吴宅總洋坑甲萬安社營頂莊，渡臺宜蘭淇武蘭。

十一世元察，廷聰子，士法孫，漳州府南靖縣永豐里吴宅總洋坑甲萬安社營頂莊，渡臺臺北板橋埤墘。

十四世應世，漳州府南靖縣永豐里吴宅總洋坑甲萬安社營頂莊，遷臺臺中西屯區水堀頭。

十四世聯德，篤信子，瑞鳳孫，志孝公二房，漳州府南靖縣南坪社風霜下林派，渡臺南投縣鹿谷鄉。

十四世愁，喜子，瑞麟孫，志孝公三房，漳州府南靖縣永豐里吴宅總洋坑甲萬安社營頂莊，渡臺南投縣鹿谷鄉。

十二世國榮，各弘子，漳州府南靖縣德黄總山根兜社，渡臺南投鹿谷鄉。子士元、士傑。

十四世達陽，漳州府南靖縣，渡臺南投縣鹿谷鄉。子長海。孫永和、有義。

十九世崇謙，盛儀子。漳州府平和縣阪仔墟銅壺頂厝社下尾樓清寧里文伯鄉千三郎公派，渡臺臺中林榮洲房下。

十八世英毅，厚子，正直孫，漳州府平和縣阪仔墟，渡臺臺中林丁山房系。

十四世元明，漳州府平和縣五寨墟新社里湖仔内，渡臺臺中十甲里。子日茂。

十五世德超，繼業子，偉傑孫，十世榮壽派下，漳州府平和縣五寨墟三教堡埔坪社，渡臺臺中。

十二世灶，歎子，漳州府平和縣文王墟普仔大社三落厝，渡臺南投縣鹿谷鄉。

十五世阿謨，漳州府平和縣南勢鄉，渡臺臺中阿謨公系。

十六世廣真，漳州府平和縣下埔小溪，渡臺南投竹山鎮中山崙。子光情。孫蔣生、兆啓。

十五世彩，漳州府平和縣下埔小溪社，渡臺南投竹山彩公系。

十二世歷，漳州府平和縣小溪社，渡臺南投竹山藤湖。

十二世直，子芳遠，漳州府平和縣龍頭鄉，渡臺員林東山里。

十二世劇，子孟，漳州府平和縣雲霄二府小埤堡宜古社隆興城，渡臺南投縣竹山鎮桂林里，後分竹山鎮雲林里下横街。

十五世聖，漳州府平和縣洪竹坑洪厝埔，渡臺臺中大里鄉。子和。孫牛、子張、深塘三房。

二世伯朋，拱子，漳州府平和縣管溪堡南山社，渡臺南投鹿谷鄉。子媽意。孫三顯、海流。

十六世水連，漳州府平和縣小埤堡宜教社龍興城，渡臺南投縣竹山鎮。

十四世篤信，漳州府平和縣，渡臺。傳有在、阿開、安然、自在四房。

十六世利，漳州府平和縣海紅，渡臺臺中烏日鄉。子正生、捷生。

十四世枝，漳州府平和縣石頭街，渡臺臺中豐源。子莱莖、老秋。

十四世敦樸，子教樸，漳州府平和縣紅厝廊柴頭井下，渡臺南投竹山。

四世良清，清老子，管安孫，杞容曾孫，漳州府平和縣紅坑社買賣墟，渡臺南投縣竹山。

十一世敦成，妣陳氏，漳州府平和縣白葉鄉金城樓，渡臺永靖鄉五福村。

十四世先仲，漳州府平和縣白葉鄉大湖社金城樓，渡臺彰化縣永靖鄉。

一世同，漳州府平和縣，渡臺宜蘭縣頭城。子慶成、振立、振成三房。

十二世烈，子財、井、詠、武、泉。詠由漳州府平和縣龍鳳頭水車祥移居臺北府淡水縣芝蘭一堡里族館灣仔粉寮莊，子科、及、義、慶四房。

十三世瑞芸，子元德、元章、元輝、元惠、元進、元國。漳州府平和縣，渡臺臺中縣大里鄉。

一世錦順，漳州府平和縣，渡臺臺中縣霧峯鄉。子以義、以德、以文、以明、以正、以和、以火、以賢。

一世土角，漳州府平和縣，渡臺宜蘭埔城地。子阿添、阿發、阿春。

十三世五姐，漳州府平和縣，渡臺南投鎮。子允。孫食、宗。

十六世岱莽，漳州府平和縣，渡臺。子日月、大粒星、風颱、回南、好天。

十八世德禄，進安子，敦厚孫。漳州府平和縣，渡臺臺中。子梟堂、陣、宏基。

十五世溪山，漳州府平和縣，渡臺臺中縣。子清江、親慶、三級。

十五世受豚，漳州府平和縣，渡臺臺中縣霧峯鄉。

十五世尾，杭子，漳州府平和縣，渡臺臺中，子榜、秀、彩、鑾。

十四世擔賓，漳州府平和縣，渡臺雲林縣斗六鎮保莊里。子文錢。孫富、倉廩、引、萬選、有頭。

一世監，漳州府平和縣，渡臺彰化縣員林鎮。子蟯，傳至六世派九房。

一世文雅，漳州府平和縣，渡臺南投竹山鎮。子榮芳、賀觀、南山。

十一世水，漳州府平和縣，渡臺宜蘭縣員山鄉。

十二世固，漳州府平和縣，渡臺臺中縣。子傳盛、傳茂、傳旺。

一世賴琪，妣張氏，漳州府平和縣，渡臺羅東五結。子營官。孫永、則行。

十三世天來，高子，漳州府龍溪縣石壁社後坑仔，渡臺南投草屯月眉厝，後分魚池。子德寬、允。南投林洋港房系。

十四世應寅，漳州府龍溪縣白石堡廿九都吉上社，渡臺臺北。子該然皆然、安然平侯、如然平泰。安然傳國棟飲記、國仁水記、國華本記、國英思記、國芳源記，咸成林本源號稱於世。

一世光道，漳州府龍溪縣白石堡廿九都埔尾社橋頭鄰，渡臺臺東。

十七世君弘，漳州府龍溪縣廿九都金桐社，渡臺臺北縣板橋。子一求、一敏、一慎、一申、一敦。

一世友文，漳州府龍溪縣桃園保二十五都添内山前社，渡臺南投縣竹山鎮。子太陽。孫中庸、中和、文厚。

一世德瑞，漳州府龍溪縣興化祖，渡臺南投鹿谷鄉。子秋厚。

十二世戚，子士盒，漳州府龍溪縣許茂州鳳林社廿八都下厝埕，渡臺臺北板橋。孫文宗、武宗、三奇。

十三世婉蓉，漳州府龍溪縣，渡臺南投縣草屯镇。子世榮、世傑、世茂、世芳。

一世樸，漳州府龍溪縣，渡臺臺中縣龍井鄉竹坑，三世移居彰化。子正賢。孫登泉、登科。

二世新枝，漳州府龍溪縣，渡臺宜蘭縣頭城。子榮樹、榮燦、榮祥。

一世焰山，漳州府龍溪縣，渡臺宜蘭五結鄉一百甲。子振傳、振發、振田、水連、水旺、火龍。

一世張仔，子羅妣張氏。孫祐妣吴氏，漳州府龍溪縣，渡臺宜蘭縣五結鄉協和村青仔宅，子韮菜、阿誦、存、阿照。

一世柒，漳州府渡臺高雄。子水、永。

一世溪，漳州府渡臺花蓮玉里。子文和、文福。

一世讃，漳州府渡臺宜蘭公館仔。子朝樹。孫連全、連坤、連財。

一世公妹，漳州府龍溪縣馬口社，祖墳在馬口社河仔邊沙仔園龜仔墓，坐申向寅分金。妹公、合公二兄弟，於乾隆年間渡臺灣府淡水廳八里分保坑子外社，1920 年改爲新竹州桃園郡蘆竹莊坑子外字草子崎廿二號。子德光、成光。

（《[臺灣]林氏大宗譜》 1984 年稿本）

（三）黄　氏

黄氏奥杳派下南靖支派渡臺祖名録

第十世祖榮川公，號世綱，娶陳大娘。公葬在樓仔埆。妣葬在背頭湖竹頭下。生五子，長聯銑,次聯釬,三聯銓,四聯鉅,五聯錦移居江西省龍泉縣順政鄉衙前。

第十一世祖聯鉅公,葬在竹磜,妣葬在雉雞坪。生三子,長啓昭,次啓功,三啓催。

第十二世祖啓昭公,娶楊閃娘。公葬在白花洋,乾隆丁丑年十二月改葬。妣葬在坪坑頭水路下。生四子,長孟奮,次孟興,三孟誇,四孟佐。

第十三世祖孟誇公,娶蔡坤娘,自原籍東渡臺灣,定居臺中南屯蔴糍埔,開拓荒地,創業置家,建立祠堂,爲臺灣之始祖公。生於康熙甲午年十一月初一日巳時,卒於乾隆乙未年十月十八日酉時。妣生於乾隆二年卒不詳,合葬在蔴糍埔大魚池埔,坐東北向西南,香火均有回唐。收養一子,生一子。

長子富生,號元盈,系孟奮公次子,與孟誇公過房收養。

十一世祖聯鉅公,葬在竹寮。妣葬在雉雞坪。生下三子,長啓昭,次啓功,三啓催。

十二世祖啓昭公,葬在白花洋,癸山丁向,丙子丙午分金。於乾隆丁丑年再改葬。妣楊閃娘,葬在坪坑頭水路下,丁山癸向,丙子丙午分金。生下四子,長孟奮,次孟興,三孟誇,四孟佐。

十三世祖孟誇公,生於康熙甲午年十一月二日,卒於乾隆乙未年十一月十八日酉時,葬在楓樹部埔,於戊戌年二月廿三日移葬在大魚池埔,祖媽合葬,坐東向西,丁酉丁卯分金。明治戊午年改坐艮向坤兼寅甲,辛卯辛丑分金,妣合葬同穴。蔡氏坤娘生於乾隆二年吉日吉時,卒忘記。公媽二位香火於嘉慶戊辰年二月初五日回唐。有二男。長雷生,號元盈。次男興,孟誇公过房,名速生,號元貴。

十四世祖元貴公,生於乾隆庚辰年十一月十三日未時,享壽五十九岁,卒於嘉慶己卯五月十三日戌時,葬在更寮部田中。娶簡氏,生於乾隆庚辰年十二月廿七日申時,二十二岁,卒於壬寅年二月初四日午時,葬在三塊厝牛埔。生下二子。長諡乾貞,次名石興元盈公過房。元貴公再娶阮氏,生於癸未年十一月廿四日午時,享壽八十五歲。

(《[臺灣]黄氏家譜》 1985年稿本)

南靖黄氏奥杳派徙臺祖名録

文,原煜五子之五,往臺灣。

練嗣孫、訪子涉,往臺灣。

朕,武四子之次,往臺灣。

返,治三子之長,往臺灣。

(黄金柱編《[福建臺灣]黄氏奥杳派族譜》 1992年稿本)

南靖黄氏黄公派下徙臺祖名録

十一世志勉派,名永鳥,與子昌義、昌天、昌興俱遷臺灣。

十二世志宏派,名永略,遷臺灣。

十二世崇二派,永文、永日兄弟,遷臺灣。於乾隆元年遷臺灣北淡水海山堡,後遷居桃園八德一帶。

十世奇泉派,名承細,遷臺灣灣諸羅縣六斗厝。

十三世志弘派,名昌金,遷臺灣。

十三世崇顯派，名降生，遷臺灣。

十四世崇顯派，名金星、在佑、天嶽，遷臺灣。

十四世崇顯派，名乃聰，遷臺灣。

十四世崇顯派，名盛鶴、盛詩、盛州，遷臺灣。

十四世崇顯派，名盛吞。遷臺灣。

十四世崇顯派，名盛啓、盛友與盛餐、盛開，四兄弟俱遷臺灣。

十四世崇顯派，名盛和，遷臺灣。

十四世崇顯派，名盛轉、盛輪與盛金，三兄弟俱遷臺灣。

十五世崇顯派，名德革、德朝與德接、德錦、德壂，五兄弟俱遷臺灣。

十四世應春派，名盛海，遷臺灣。

十四世應春派，名盛已、盛翻，遷臺灣。

十四世應春派，名盛新、盛戴與盛閡、盛玉，四兄弟俱遷臺灣。

十三世應陽派，名昌勤，遷臺灣。

十三世應陽派，名昌坤，遷臺灣。

十三世應陽派，名昌氫，遷臺灣。

十三世應陽派，名昌氰，遷臺灣。

十三世應陽派，名昌庚，遷臺灣。

十三世應陽派，名昌羅，遷臺灣。

十三世應陽派，名昌燕，遷臺灣。

十三世應陽派，名昌田，遷臺灣。

十四世應陽派，名盛籍、盛林、盛款、盛池、盛淩，五兄弟俱遷臺灣。

十四世應陽派，名續興，與父昌要遷臺灣。

十四世應陽派，名瑞珍，與父昌駒遷臺灣。

十四世應陽派，名盛德，與父昌潭遷臺灣。

十四世應陽派，名學宗，與父昌實遷臺灣。

十四世應陽派，名盛及，與父昌霸遷臺灣。

十四世應陽派，名盛宗，與父昌顯遷臺灣。

十四世應陽派，名盛福，與父昌傑遷臺灣。

十四世應陽派，名盛位、長使、大使，與父昌納遷臺灣。

十四世應陽派，名州耽、州儒，與父昌簾遷臺灣。

十四世應陽派，名盛清、盛湖、盛郎，與父昌膽遷臺灣。

十四世應陽派，名公旺、公庇，與父昌賜遷臺灣。

十四世應陽派，名奇俠、填使、友使、公談、道使，與父觀寧遷臺灣。

十四世應陽派，名盛覺，與父昌塤遷臺灣。

十四世應陽派，名盛及、議生，與父昌祥遷臺灣。

十四世應陽派，名盛祠，與父昌忝遷臺灣。

十四世應陽派，名盛科，與父昌宗遷臺灣。

十四世應文派，名盛濤、穀山、岐山、淨山，與父宜阮遷臺灣。

十四世應文派，名秀山，與父昌圓遷臺灣。

十四世應文派,名盛才,遷臺灣。
十四世應文派,名盛硯、盛汴、盛三,遷臺灣。
十三世應仁派,名昌培,與子盛牌、盛浪、盛安、盛秀俱遷臺灣。
十三世應仁派,名昌賡,與子遷臺灣。
十四世應仁派,名粹郎,與二子遷臺灣。
十四世應仁派,名盛耽、盛棒,與子德快遷臺灣。
十四世應仁派,名盛綬,與三子遷臺灣。
十一世奇尊派,名國活,遷臺灣。
十一世奇尊派,名國略,遷臺灣。
十二世奇尊派,名永通、永訓,遷臺灣。
十二世奇尊派,名永讓、永應、永斌、永宕、永達,五兄弟俱遷臺灣。
十二世奇尊派,名永比,遷臺灣。
十二世奇尊派,名永盈、永轉,遷臺灣。
十二世奇尊派,名永傀、永大、永隙,三兄弟俱遷臺灣。
十二世奇尊派,名永亞,遷臺灣。
十二世奇尊派,名永來、永透,遷臺灣。
十二世奇尊派,名永謙、永錠,遷臺灣。
十二世奇尊派,名永權,遷臺灣。
十二世奇尊派,名永壘、永橾、永具、永儀,俱遷臺灣。
十二世奇尊派,名永睍、永士,遷臺灣。
十一世奇尊派,名國命,遷臺灣。
十一世奇尊派,名國英,遷臺灣。
十二世奇尊派,名永貫、永水,遷臺灣。
十二世奇尊派,名永福,遷臺灣。
十三世奇尊派昌雁、昌叟、昌協,三兄弟俱遷臺灣。
十三世奇尊派,名昌禾、昌露,遷臺灣。
十三世奇尊派,名昌唐、昌火,遷臺灣。
十二世奇尊派,名永鎮,遷臺灣。
十二世奇尊派,名正養,遷臺灣。
十一世奇泉派,名國變,遷臺灣。
十二世奇泉派,名永行、永圭、永雄,三兄弟俱遷臺灣。
十五世奇泉派,名德情,於烹及燃燈長子,三人俱遷臺灣。
十五世奇泉派,名爐燔、五福,遷臺灣。
十五世奇泉派,名德兆,遷臺灣。
十五世奇泉派,名堂上,遷臺灣。
十八世奇尊派,福星樓名士熙,住高雄市新興區信守街四十號。

(黄士江主編《[福建臺灣]黄氏英公傳下族譜》 1994 年臺灣鉛印本)

南靖和溪禄斗黄氏徙臺祖名録

十一世永烏,國世子,三世志勉派,妣氏不詳,子三,昌權、昌天、昌興,往臺灣。

十二世永略,國再子,承長孫,應陰曾孫,三世志弘派。往臺。子名昌金。

十二世永鮨、永圭、永雄、永時,日進子,承養孫。臺灣住。派下昌字輩兄弟四房頭:昌克、昌藏、昌迭、楝養、降生、昌聳、昌步、昌闕、昌護、昌戴、昌雍、昌黨。

十世承細,應魁子,可梁孫,奇泉派。遷臺灣。子名國現、國佳,孫永服,曾孫昌陣、昌正。遷臺後易名樸捷,骨骸葬在臺灣諸羅縣六斗厝,妣曾氏。

十二世永和、永敏,國標子,承遲孫,七世奇泉派。遷臺灣。

十一世國變,承遲次子,應春孫,奇泉派下,遷臺灣。子永縣,孫昌學。

十二世永進、永訓,國賓子,承高孫,七世奇尊長房派,俱遷臺。永訓子:昌長、昌均、昌講。

十二世永讓、永應、永斌、永巖、永連五兄弟,國養子,承高孫,奇尊長房派,俱遷臺灣。永讓子二:昌篇、昌欺。永斌子四:昌穆、昌皇、昌各、昌舉。

十一世國命,承高子,應壽孫,奇尊長房派,遷臺灣。子永克、永厭、永含。孫州林,永克子。昌龍、昌備、昌惠,永厭子。

十一世國英,承慈次子,應瑞孫,奇尊長房派,遷臺灣。子名州攀。

十二世永䀹、永士,國宗子,奇尊長房派,俱遷臺灣。永䀹子名丹成,永士子名昌待、昌坤。

十二世永貫、永水,奇尊長房派,俱遷臺灣。永貫子天降、昌氰。永水子昌庚、昌羅、昌親、昌馗。

十二世永福,奇尊長房派,應陽曾孫。遷臺灣。子昌燕、昌魚。

十三世昌雁、昌叟、昌協兄弟,永燦子,國宦孫,奇尊長房派,俱遷臺灣。

十三世昌禾、昌露,永振子,國願孫,奇尊長房派,俱遷臺灣。

十三世永鎮,國佑子,承富孫,奇尊長房派,遷臺灣。子昌唇、昌節、昌紗。

十二世正養,國禄子,承富孫,奇尊長房派,遷臺灣。

十二世永比,奇尊長房派,遷臺。子光思、昌財、昌合。

十二世永盈、永轉,奇尊長房派,俱遷臺。

十一世國活,承可子,奇尊長房派,遷臺灣。子永燕、永鶯。永燕子昌椿。永鶯子昌篤、昌愷、昌全。

十二世永傀、永大、永鷺,王傳子,承浩孫。奇尊次房派,往臺灣。永傀子長使亦往臺。

十二世永亞,國默子,承拱孫,奇尊次房派,往臺灣。子名昌影。

十二世永來、永透,國通子,承拱孫,奇尊次房派,俱往臺灣。永來子觀生。

十二世永慊、永錠,國突子,承豫孫,奇尊次房派,俱往臺灣。

十二世永權,國旦子,承豫孫,奇尊次房派,往臺灣。

十二世永壘,國欽子,承序孫,奇尊次房派,往臺灣。子昌朝。

十一世國略,承豫子,應毅孫,奇尊次房派,往臺灣。

十二世永檀、永縣、水義,進瑞子,承序孫,奇尊次房派,俱往臺灣。永檀子昌冬。永義子昌竹。

十三世昌金及子池生,志弘派,往臺灣。

十四世金星、天石、天嶽,昌藏子,崇顯派。金星子德府、德城,孫長明、長聖。天嶽子德梓,孫長替。俱往臺灣居住。

十四世乃聰，昌迭子，崇顯派，往臺居住。

十五世德革、德朝、德接、德綿、德懇，秀畔子，昌克孫，崇顯派，往臺灣居住。德綿子明哲、明標、明隆、明慶、明暖。德懇子起瑞、起達。

十三世降生，子元享、逞宗，崇顯派，在臺灣住。

十四世盛鶴、盛詩、盛注，昌聳子，崇顯派，往臺灣居住。盛詩子德春。盛注子德解、德俊、德彦。

十四世盛占、盛寢、盛州，昌步子，崇昌派。在臺灣住。盛占子孔照。盛寢子孔雀、泗溝、坤烈。

十四世盛呑，昌護子，遷臺灣。

十四世盛啓、盛友、盛察、盛開，昌雍子，崇昌派，遷臺灣居住。盛啓子當響。盛友子天永、登科、德海、兑澤。盛察子德燦。

十四世盛和，昌黨子，崇顯派，遷臺灣居住。

十四世盛轉、盛輪、盛全，昌篇子，應壽派，遷臺灣。

十四世盛海，昌欺子，應壽派，遷臺灣。

十四世盛杞、盛翻、盛，昌穆子，應壽派，三兄弟俱遷臺灣。

十四世盛新、盛戴、盛閣、盛玉，昌龍子，應壽派，遷臺灣居住。

十三世昌勤，子盛蒂，應壽派，遷臺灣。

十三世昌唐，子盛春、盛珩，應陽派，遷臺灣。

十三世昌火，子金色，應陽派，遷臺灣。

十三世昌坤，子盛應，孫光彩，應陽派，遷臺灣。

十三世昌氰，子昂生，應陽派，遷臺灣。

十三世昌庚，子盛貢、子由、盛，應陽派，遷臺灣。

十三世昌羅，子明妝、明存，應陽派，遷臺灣。

十三世昌燕，子盛誦、盛錦，應陽派，遷臺灣。

十三世昌田，子盛栽，孫光燦，應陽派，遷臺灣。

十四世盛藉、盛林、盛款、盛地、盛浚，昌葛子，應陽派，俱遷臺灣。

十四世續興，及其父昌要，應陽派，遷臺灣。

十四世瑞珍，及其父昌駒，應陽派，遷臺灣。

十四世眉卒、馬蕃，及其父昌韻，應陽派，遷臺灣。

十四成盛德，及其父昌潭，應陽派，遷臺灣。

十四世學宗，及其父昌寵，應陽派，遷臺灣。

十四世盛，及其父昌霜，應陽派，遷臺灣。

十四世盛宗，及其父昌顯，應陽派，遷臺灣。

十四世盛福，及父倡傑，應陽派，遷臺灣。

十四世盛位、長使、義使及父昌納，應陽派，遷臺灣。

十四世州耽、州儒，及父昌廉，應陽派，遷臺灣。

十四世盛清、盛湖、盛朗、盛□、盛□五兄弟，及父昌膽，應陽派，俱在臺灣。

十四世公旺、公庇，及父昌賜，應陽派，遷臺灣。公旺子武生。公庇子捷文、遠生。

十四世奇使、填使、友使、公琰、英使、道使六兄弟，及父觀寧，應陽派，俱遷臺灣。

十四世盛覺，及父昌損，子兩生、乃生、翰生，應文派，俱在臺灣。

十四世盛，及父昌祥，子釵生，應文派，遷臺灣。

十四世盛祠，及父昌喬，應文派，遷臺灣。

十四世盛科，及父昌宗，應文派，遷臺灣。

十四世盛濤、岐山、淨山、穀山，及其父昌悦，應文派，俱在臺灣。

十四世嵩山、霍山、傑山、焕山，及父昌宣，應文派，俱在臺灣。

十四秀山，及父昌園，應文派，在臺灣。

十四世盛才，應文派，遷臺灣。

十四世盛硯、盛汴，應文派，遷臺灣。

十四世盛三兄弟，昌�子，應元派，遷臺灣。

十三世賽及子盛，應仁次房派，遷臺灣。

十四世粹郎，昌弘子，應仁次房派，攜兩子遷臺灣。

十四世盛耽，及子德快，盛棒及其三個兒子，昌嶽子孫，應仁次房派，俱往臺灣。

十四世盛綬，及三個兒子，昌裔子孫，應仁次房派，俱遷臺灣。

十三世昌培，子盛牌、盛浪、盛安、盛透，應仁次房派，遷臺灣。

十五世德情、於烹，燃燈之長子、三子，昌錫孫，瑞南次五房派下紅火營坑兜派，俱往臺灣。

十五世燉燔、五福，長流之第四子、五子，昌錫孫，瑞南次五房派下紅火營坑兜派，俱往臺灣。

十五世德兆，瑞南次五房派下紅火營坑兜派，往臺灣。

十五世堂上，瑞南次五房派下紅火營坑兜派，往臺灣。

十五世德敞，瑞南次五房派下紅火營坑兜派，往臺灣。

（黄堂編纂《［福建南靖］和溪禄斗黄氏族譜》 清乾隆五十八年二修稿本）

南靖和溪月水黄氏徙臺祖一則

十三世廷槐公，生於康熙壬午年正月廿七日酉時，去臺灣無回。

（《［福建南靖］和溪月水黄氏族譜》 清光緒二十二年稿本）

南靖湖山黄氏徙臺録

十五世燦，飛鳳公第四子，生不知年月日，往臺不回。

十七世殿，字振明，號汝耀，愈桓四子，生於乾隆七年壬戌正月十七日午時，往臺無回。

（黄湍水編纂《［福建南靖］湖山黄氏族譜》 1914年五修稿本）

南靖六斗黄氏覯敦系徙臺記録二則

十四代顯考敏烈黄公，妣戴娘謝氏，往臺。

十四代顯考恒凜黄公，生下一子名青松往臺。

（《［福建南靖］六斗黄氏十五世覯敦家譜》 1912年稿本）

南靖六斗黄氏坑兜徙臺祖名録

昌錫公長子，十四代祖考燃燈黄公，字呈輝，妣吕氏孺人，生四男，長德情往臺；次德拐，字素直，男過房俊元；三男於烹，往臺灣；四男石塔。

昌錫公次子十四代祖考長流黄公，妣盧氏孺人。長男俊元，名玉處，監生；次玉芬；三三寧往外，男添水；四燉燔往臺。

十五代顯考德兆黄公往臺。

十五代顯考堂上黄公往臺。

十五代顯考德敞黄公往臺。

燃燈長子十五代德情往臺灣。

燃燈三子十五代於烹黄公往臺灣。

長流五子十五代五福往臺灣黄公。

（《[福建南靖]和溪六斗黄氏坑兜公家譜》 1926年稿本）

南靖熱水黄氏徙臺祖名録

十四世君仁六男廷槐公，生於康熙壬午年正月廿七日酉時，去臺灣無回。

鵬公次子十三代祖考昌繼，字可敏，妣名屏姐鄭氏，在臺灣。

瑞公三子十三代祖考昌廉，字可清，妣名審姐，在臺灣。

十三代祖考昌膽，字可興，在臺灣。

（黄霞溪編纂《[福建南靖]熱水黄氏族譜》 清乾隆二十二年二修稿本）

南靖上版寮黄氏譜載徙臺祖名録

八世祖士深公即雙山公，謚二十五郎，葬在門畬窠燈盞掛壁形，妣邱一娘葬在寨頸路下坐寅向申，生五子，長守成，次守良，三守亮，四守爵，五守昇。長子守成公即前峯公萬二郎，妻劉一娘生六子一女。次子守良公葬在坪坑凹走馬攀鞍，生一子名世瑶，其妻嫁出，世瑶公葬在新寨後燕子抱樑，無嗣。三子守亮公葬在大窠崎頂路下，妻蕭三娘葬在蒼下窠，後妻陳三娘葬下盤長，生四子，長榮岐，次榮新，三榮昌，四榮彩。四子守爵公萬五郎，妻張四娘，後妻王氏，夫妻移去臺灣。五子守昇公萬六郎，葬在上圳下蛇形，其妻嫁出，無嗣。

九世祖守成公即前峯公，號萬二郎，葬在下湯火燒寮三寶壇田背，坐辛向乙，妣劉一娘葬在下版寮犂劈凹路背，坐申向寅，庚甲分金。生六子一女，長名世宗，次名世蘭，三世統，四世綱，五世紀，六世泰，女名二姑婆。二姑婆葬在坪凹路後，坐坤向艮。長子世宗公即榮周公大一郎，妻陳氏、汪氏。次子世蘭公即榮餘公，葬在横路後，生六子。三子世統公即榮充公，生一子。四子世綱公即榮川公，葬在樓子墒田中央，妻陳氏鄧氏葬在背頭湖，生五子，子孫移去臺灣。五子世紀公葬在背頭湖茶頭下，無嗣。

臺灣宗族地址，臺灣臺中州大屯郡南屯莊南屯麻糍埔。

（《[福建南靖]書洋上版寮田寮坑黄氏族譜》 清光緒稿本）

南靖上版寮黄氏徙臺記録一則

十三世祖可標公葬在上畬坐東向西,妣戴氏葬在大科,坐西向東。生三子,元上、元始、元祖,三兄弟俱移臺灣。

(黄佛輝鈔録《[福建南靖]書洋上版寮黄氏族譜》 1982 年稿本)

南靖書洋黄氏奥杳系徙臺灣開基祖名事

第十世祖榮川公,號世綱,字大四郎,娶陳大娘,公葬在樓仔角,坐申向寅,庚申分金,妣葬在背頭湖茶樹下,坐坤向艮,辛未辛丑分金。生下五子,長聯銑,次聯釪,三聯銓,四聯鉅,五聯錦。

長聯銑公葬在大窠竹林内,坐申向寅,庚寅庚申分金。次聯釪公,葬在嵻仔崎,坐丙向壬,辛亥辛巳分金。三聯銓公葬在上大窠路下,坐庚向申,妣盧新娘葬在磨石崠,坐寅向申,丙寅丙申分金,生一子啓功公,葬在燈盞掛壁田背火燒路下内墳,妣王孺人葬在長傳。四聯鉅公,五聯錦公,移江西省龍泉縣。

第十一世祖聯鉅公,娶范機娘,公葬在竹磜,丑未兼癸丁,妣葬在雉雞坪,癸山丁向,丙子丙午分金。生三子,長啓昭,次啓銓,三啓催。

次啓銓公,妣遊滿娘,合葬在竹磜。又妣邱寧娘,乾隆二十四年歲次己卯二月十三日,移葬白花洋田隔,坐子向午兼癸丁,丙子丙午分金。

三啓催公,生於大清康熙二十一年歲次壬戌十月二十六日子時,幼時隨父兄在漳郡南靖縣版寮鄉,爲人處事循規蹈矩,孝親敬長,里人異之,稍長克勤克儉,即懷廣向道之志,奈所遇多拂意不得遂伸。既冠有室,配以劉氏,無罪無儀,惟殷勤以佐理,人所稱爲賢内助者,不是過也。由是而生二子,長孟懷,次孟安,保抱提攜,辛勤撫養,如是者十有餘歲,猶不得遂其生平所懷之志也。迨雍正年間,聞臺灣彰化縣之土地肥沃,易於耕種,乃與兄長相商渡臺之計。兄長曰著弟先往,余不過於數年亦將與子孫相偕前往。於是催辭别,啓昭、啓銓二兄先於眷渡臺,初往諸羅縣治大埔村莊,而劉氏復生子孟傑之里,父母逝世於内地已有年矣。繼徙彰化縣治貓霧棟堡九張犁莊,極力從事耕種,頗有餘資,遂於犁頭店現在南屯溝東北田心仔莊,置有田宅,而移居焉。自時厥後或憐恤寡,其樂於濟急,固非徒爲豪舉,臨終時,囑其子曰:爾等宜安分守紀,各勤其力,切勿逸生謡,至於内地祖宗尤須顧念,《詩》曰維桑與梓,必恭必敬。卒於乾隆六年歲次辛酉八月初五日未時,享年六十歲,葬在九張犁莊田洋中,墳位坐癸向丁,有碑爲記。妣劉氏生於康熙年間,凡家中何有何亡,無不辛勤以佐理,生子孝順。遇舅姑釵甘脂之奉,即與夫相商典衣質被以供仰事,及懷等稍長,教以義方,不爲姑息,所以後來三子克佐厥父,還有田産於臺地,而自己享壽至八十有歲,當乾隆年月日刻,以疾終,葬在田心莊,墳位乙向辛,有碑爲記。

第十二世祖啓昭公,又名啓,娶楊閃娘。公葬在白花洋,癸山向丙,丙子丙午分金。乾隆二十二年歲次丁丑十二月改葬,妣葬在坪坑頭水路下,坐丁向癸,丙午丙子分金,乾隆二十四年歲次己卯正月十四日吉時更葬,生四子,長孟奮,次孟興,三孟誇,四孟佐。

第十三世祖孟誇公,娶蔡坤娘,公生於康熙五十三年歲次甲午十一月初一日巳時,卒於乾隆四十年歲次乙未十一月十八日酉時,香火於嘉慶十三年歲次戊辰二月五日回唐,葬在楓樹脚埔，嘉慶二十三年歲次戊寅二月二十二日移葬在麻糍埔。妣生於乾隆二年歲次丁巳，卒日期不詳，嘉慶二十三年歲次戊寅二月二十二日合葬在麻糍埔大魚池埔，坐東北向西南。大正七年歲次戊午改葬，坐艮向坤兼寅申，辛丑辛未分金。妣香火亦回唐。公妣七十八年十一月十一日，因大魚池埔列入都市計畫，遷葬春社里番社脚埔，坐辛向乙兼酉卯，用丁酉丁卯分金。養一子，生一子，長富生號元盈，系孟奮公次子，與孟誇公過房，收養次子連生，號元貴。

第十四世祖元貴公，字連生，娶妣簡氏、阮氏。公生於乾隆二十五年歲次庚辰十一月十三日未時，卒於嘉慶二十四年歲次己卯，東渡臺灣，定居置家，建立祠堂，居麻糍埔二八八番地，建報本堂，再於嘉慶十五年歲次庚午八月向江振恭購入土地遺留子孫耕作，公妣合葬在麻糍埔，坐北向南。長子壹，號立本，字志治，謚乾貞，娶謝氏，公生於乾隆四十三年歲次戊戌十二月十七日卯時，卒於道光十八年歲次戊戌十一月初二日申時，享壽六十歲，葬在麻糍埔大魚池埔，咸豐十年三月改葬原位，坐丙向壬兼巳亥，丙子丙午分金。妣生於乾隆四十六年歲次辛丑五月初一巳時，生三男，長先進，次再榮，三三傑。

三子清雲，字立龍，號志仁，娶江氏均娘，葬在大魚池埔，生下三子。長煌廷，字在朝，與六雍公過房；次瓊瑶，字在遠；三阿紅，字在新。

四子理攀，字立德，號志恭，娶賴氏均葬在大魚池埔，生下七子：長經華，字在修；次阿結，字在信；三萬杏，字在仲；四萬憶，字在任；六萬嵩；七萬學。

五子乃光，字立輔，號志金，娶張氏，均葬在大魚池埔。

榮川公黄孟固公管理人，在光緒三年歲次丁丑二月十六日，派朝瑞、烏秋、朝清等叔侄，回唐祭祖宗及收田租，又同年三月二十五日再會面，結帳返臺，並立帳簿爲憑。

光緒八年歲次壬午八月與長兄朝明、次兄朝棟分鬮。光緒三十四年歲次戊申間老江公充爲元貴公業管理人，至拆除公廳報本堂重建計畫，惟光緒三十四年歲次戊申八月二十一日别逝，未將重建費用移交下任管理人，公選爲管理人。爲紀念第十二世祖啓功公之子孟固公，由第十世祖榮川公之派下，長聯鐵，次聯鈃，三聯鉅等後代孟奮、孟興、孟誇、孟懷、孟安、孟傑等，遂將孟固公得先祖聯鉅之遺産，設置黄孟固祭祀公業，並向元貴公租用土地，建立祠堂豐緒堂，道光十三年歲次癸巳冬，派若亮、國棟叔侄回唐祭祖及收田租。

長子朝明公，字義烈，娶賴氏罕娘，公生於道光二十二年歲次壬寅三月初十日亥時，卒於光緒十七年歲次辛卯七月十四日午時，葬在鄉梓，前輩仍樂道此事。歷任南屯産業組合理事、監事，農事小組理事、監理、黄姓安瀾媽祖會理事、祭祀公黄榮川公黄孟固公黄元貴公王爺公會管理人。在1949年間，臺灣省政府主席陳誠爲使人民均富起見，實行平均地權，徵收業主土地分發佃農，實施三七五減租，業主能如期辦理只能保留三甲地，公能如期辦理，三七五減租仍保土地，保存祭祀公業之遺産，留於後代子孫，衆姓無辦理保留手續者，頗多失去了保留土地之權利，深獲族人欽佩。

（黄金柱編《[福建臺灣]黄氏奥杳派族譜》 1992年修稿本）

南靖月水黄氏徙臺祖記録一則

十三世君仁，兆啓與徐氏子，卜江與童氏孫，愛山曾孫，九世竹溪派下。生於康熙元年壬寅正月初十日卯時，卒於雍正九年辛亥十二月二十六日寅時，葬在熱水庵坪下，龜形，坐庚向甲兼申寅。妣吴氏，生於康熙四年乙巳九月十二日卯時，卒於乾隆四年己未九月初三日申時，生六男二女。六男廷槐，生於康熙壬午年正月二十七日酉時，去臺灣無回。

（《[福建南靖]月水黄氏家譜》 清乾隆五十年稿本）

龍海長洲黄氏徙臺祖名録

二房勸公派下八世鵬，子聖、清，俱出居臺灣過坑仔。

九世焜，子嶠、峘、岱、岫、岐。次峘，彰化生員。

九世焜、煌、煒、烈、炘五兄弟，俱有功名。焜明經，煌諸羅生員，煒臺府學生員，烈臺府學生員，監生。

（《[福建龍海]長洲黄氏族譜》 清嘉慶稿本）

平和黄氏南二高陽樓系徙臺灣記録

福建省漳州府平和縣大梗社高陽樓號，父乙未年農曆十月初三死亡，母丙申年農曆九月初九死亡。福建十六世，長黄質，妻福建十六世黄陳氏孝。二弟黄足，三弟黄儒並未來臺灣。

長子黄焕生，焕生之長子黄陵海。次子黄阿藤，今住頭圍白石脚。

長子黄乞食頭，次子黄烏番，三子黄紅面，四子黄永。乞食頭之子黄何和紅面之子黄何永，今住頭圍。

福建臺灣十七世，長黄質，妻黄陳氏孝，長子黄猛，次子黄威。

（黄大鼻編《[臺灣臺北州]羅東郡三里莊月眉黄氏家譜》 1981年稿本）

平和黄氏南二系徙臺祖名録

賜順，字錫從，世忠公之三子也，生於天啓壬戌年，卒於康熙辛酉年，壽六十歲，謚剛信，葬在洋尾下，坐乾向巽。妣林氏生二男，長元暉諱文，次元明諱武。妣謚勤淑，生崇禎庚辰年，卒於雍正五年丁未，壽八十八歲，至乾隆元年興長、元暉合葬在後湖山坐乙，後曾孫兜遷往回臺灣。

致結派下，圭公號緝瑞，生康熙戊辰年，卒於戊戌年，行年三十一歲，往臺灣柳仔林，男意專生。

魏字子，華三子也，娶林氏生二男，長甲、次溪母子俱往臺灣。

淩士諱柄，謚寬和，子賓次子也，娶吴氏生三男，長燦，次範，三徹，兄弟俱往臺置家。公生於康熙三十二年癸酉六月初二午時，卒乾隆七年壬戌十月三十未時，壽五十歲。妣吴氏名低娘，謚慈惠，生康熙三十七年戊寅五月初五午時，卒於雍正丁未年四月廿四日戌時，壽四十歲，葬在大坡隔仔，公葬路下頭田。

淩顯公諱固，使賜公次子，元統所生也，娶何氏生六男，長疊，次秉，三巖，四彭，五劉，六環。素性純良，劉往臺灣，公葬寨仔山田面，坐癸向丁。

淩將公諱就，元總次子也，娶陳氏名端娘，謚慈順，生三男，長公賜順之長子，文公所生也，生康熙己未年，往在番邦，過繼子梯兜往臺。

命公字淩然，文公所生次子也，生於丙戌，卒於辛巳，葬在臺灣，妻劉氏嫁出，男念、郭往臺。

元士諱超,國垣三子也,娶方氏生男殿,育一男碧往臺灣成家,一女或娘嫁坡兜鍾家。

十四世憐玉諱壁,國垣三子,元士公之子也,娶氏生男長緑,次顯,俱在臺灣置家。

致亮派下蒼侯公,諱納,維高公五子也,生於乾隆己未,聘陳氏未娶,往臺灣而卒,乾隆乙酉八月廿五日身故,遷回葬在柿仔脚,坐壬向丙,過繼子陳片,文苑所生。

文瓊公諱狀,維衆公次子,生雍正年,卒於乾隆,葬在百前嶺,坐乾向巽,妣氏生一男,繼娶林氏生一男邱,母子俱往臺灣,女子嫁羅家。

職侯公諱品,淩岸公次子也,維彰公所生長子也,生乾隆十二年丁卯,卒臺灣,被賊所殺,娶陳氏生男長儔,次俄。

西山諱柏,考侯公之子也,嘉慶十一年丙寅七月率同妻渡臺,娶妣陳氏拾娘,生四男,長油,次渺,三螺,四際,一女嫁後嗣。

續山諱緣,登民公之子也,生乾隆,嘉慶十一年丙寅七月同妻子渡臺,娶陳氏隹娘生男長彪,次迦,三呵。

維衆公派下繞山,諱擁,文闕之子也,壽五十歲,娶吴氏生一男歡,亦天諱赫文闕公次子也,十餘歲往臺。

含山諱橡,文瓊長子也,生乾隆,卒嘉慶癸亥,娶朱氏生四男,長旺,次賜,三題,四霓。

賜諱邱,文瓊次子也,乾隆四十六年辛丑,母子相隨往臺。

維盛派下潭山公,諱流,兀侯公次子也,生乾隆,己丑年往臺灣。

結山公,諱納,兀侯公三子也,生乾隆癸未年,卒於嘉慶辛未年七月廿九日,葬在臺噶蝺蘭,妣蔡氏,生二男,長澄,次金。

十六世淩洲派下八房維高系采釗,諱鈔,列山次子也,妣陳氏名樓娘,生男奚,次璉,三麻,四有,五粬,六包,俱搬家往臺灣居往。

采,諱伊生,貞侯公次子解山之子也,維盛公派下。采斐諱楓,驥侯公長子,祈山所生次子也,生乾隆丙申七月初五日卯時,妣張氏名精娘生五男,長沔,次漾,三淡,四濕,五鈔,生乾隆庚子年七月廿二日丑時。搬家往臺灣。

采巽公,諱爆娘,祈山公次子也,生乾隆己酉十月初六日寅時,往臺灣。妣陳氏諱共娘,生乾隆甲寅年二月初三巳時,卒於道光年六月初十日,葬在洋尾下。生三男,長杏壇,次文學,三學詩過繼四房軍公爲孫,一女娥娘嫁洋尾何家。

采承公,諱丕烈,驥侯公次子環山公過繼子也,生乾隆辛卯年十二月十九日申時,壽四十四歲,卒嘉慶十九年甲戌四月初七卯時,葬在臺,一生被妻江党娘辱駡推迫,無奈往臺而亡。妣陳氏諱彩娘,謚勤順,生乾隆癸巳十月十四日巳時,卒乾隆癸丑年十二月初三日辰時,葬在洋尾下,坐申向寅兼坤艮,壽二十一歲,生二男,三頌字克雅,次文數月而亡。繼娶江氏名党娘,生乾隆己丑年十月十七日辰時,生一男水洊,母子俱不孝,不順鄰親,不聽家姑姑言,任徒爲非,母子操刀殺祖父,逆法難容,此是傾家之人也,余難言明。

采菘諱臨,驥侯公之三子,分山公過繼長子也,性純厚樸實,生乾隆五十二年丁未九月初十日卯時,卒同治三年甲子四月十七日未時,自壯往臺,葬在臺灣過子水深。

維邁派下金聲,諱磽,青山之六子也,生於嘉慶十年乙丑六月初一日午時,行年三十九歲,癸卯科進臺灣府學,庠生名綸,卒於道光二十四年甲辰五月廿四戌時,葬在臺,妣葉氏諱重娘,男斗過繼來杯。

采賢諱詣,逢侯公之次子,桂山所生長子也,生於乾隆五十一年丙午六月十七日酉時,壽五十六歲，葬在臺灣。娶林氏名瀁娘，生於乾隆五十五年庚戌十二月廿九日巳時，生男長敦，次旋，三扁，四炒。

采實諱諶，桂山之次子也，生乾隆五十五年庚戌五月初四日卯時，卒於道光年十年七月十七日未時，享四十一歲，葬在洋尾下。娶里氏名愛娘，生於嘉慶四年己未六月初三日，生男長霜、次春花，母子俱往臺灣。

暢敘諱謁，桂山三子也，生乾隆五十八年癸丑七月初七申時，娶林氏，生二男，長隨，次失記，往臺灣。

惜侯派下克慈，諱忍，謚名紙義，汝山公長子，采載所生長子也，生嘉慶廿二年丁丑十月初五日寅時，卒於光緒二十四年戊戌十月廿八日辰時，享壽有八十二歲。娶廖氏名萱娘，謚慈敏，生於道光壬午十二月三十日辰時，卒於九月廿三日午時。生四男，長水橋；次火煅；三初，出嗣；四水性，未娶而卒，年有二十餘歲。繼娶林氏名現娘，謚慈糟，生於道光壬午十二月三十日辰時，卒於光緒乙未年閏五月廿七日午时，壽有七十四歲。

克字輩，諱掌，汝山公長子，采載所生次子也，生於嘉慶廿四年己卯十一月初二日寅時，自壯往臺，置家立業，迨光緒十七年回唐，與母親觀面，語言請修族譜，誠建業成家之人，卒於光緒十八年十月廿八日亥時，神主名明正，娶妣林氏名勸娘。

克字輩，諱澐從，聰山公長子采嘉所生三子也，生道光廿一年辛丑七月初二日辰時，壯年往臺，爲商致室。

（黄國棟編纂《［福建平和］安厚大徑黄氏南二公系族譜》 清同治稿本）

漳邑黄氏渡臺祖世系衍録

詔安秀河公世系。十二世有千公，五房公。配孺人江氏挽娘，二孺人游氏娘。

十三世秀河公，與五叔父有千公渡臺，入墾内港擺接堡大安寮莊。公生於乾隆戊戌年，忌辰十月初一日。配孺人詹氏大娘，生於乙卯年，忌辰八月初四日，俱葬大安寮土地公山。生五子。長昌窮，次昌滯，三昌倜，四昌極，五昌治。

十四世昌窽公，秀河公之長子。早歿，妣再出嫁，承嗣子重橙。

十四世昌滯公，秀河公次子。配妣江氏埤娘。生二子，重樸、重樹。

十四世昌倜公，秀河公三子。配妣江氏娘。生三子，重楝、重枝、重材。

十四世昌極公，秀河公四子。諱德彰。生於戊子年十月初十日亥時，卒於甲辰年七月廿九日丑時，享壽七十有七。原配游氏娘。繼娶羅氏娘，生於乾隆辛丑年十一月廿四日辰時，卒於道光乙未年七月十四日巳時，俱無出。續配吕氏娘，生於乾隆甲寅年五月十一日丑時，卒於道光乙未年七月十四日巳時。生八子，長重陽，次重櫻，三重椿，四重橙出嗣昌窽公爲嗣子，五重柚，六重桁，七重機，八重禮。

南靖考傳公系

十三世考傳公，生辰欠詳，傳子元嶽、元臺。

十四世元臺公，生於乾隆庚辰年七月十四戌時。配妣邱氏娘，生於乾隆辛卯年十月廿一日子時，公妣卒年不知，俱葬兔子坑。

十五世文金公，生於嘉慶丙寅年九月十一亥時。配妣游氏跳娘，生於嘉慶乙丑年六月一日辰時。公妣卒年失録,俱葬兔子坑莊。

十五世文生公,生於嘉慶庚午年十月初五寅時,卒年不知,配妣邱氏阿娘,生於道光庚寅年卒於光緒癸未年十月十日酉時。

南靖爕熙公系

來臺祖爕熙公,攜子亨泰公來臺墾荒,奉先祖山光公之香火同來。祖先之族譜,因清朝時代祖厝失火,以致無從查考。爰由爕熙公爲一世祖。

一世爕熙公,生於康熙甲申年十月十二日辰時,卒於乾隆癸巳年七月十二日申時。娶李氏快娘,生二子,亨泰、亨發。李媽生於雍正戊申年九月十八日,卒於嘉慶己巳年八月十九。

二世亨泰公,生於乾隆癸未年十一月十六日,卒於道光庚寅年四月十四日。娶陳氏好娘,生於乾隆癸未年十一月十四日寅時,卒於道光甲辰年二月七日卯時。生六子,金牆、有進、明寅、有舜、寬裕、金權。

二世亨發未娶,卒於乾隆乙未年八月八日辰時。

詔安位南公系

十世位南公,卒於乾隆五十二丁未年三月廿二日。葬於公厝山良英波,坐丁向丑分金。配妣謚勤惠吕氏三娘,卒於乾隆卅四年己丑十一月初三日,葬大尖下,坐東向西分金。生四子,長俊英,次俊宜,三俊華,四俊龍。

詔安元六公系

十七世興成公,諱水應。生於嘉慶壬戌年十月廿七日巳時,卒於光緒丁丑年十一月廿七日。娶妣來娘,生於嘉慶乙丑年五月廿七日巳時,卒於光緒己卯年三月初七日。生四子,長仁華,次仁益,三仁利,四仁貴。

平和黄辟公世系

十五世辟公,指標公之次子,吾房之唐山祖,生卒失記,舊譜失,難以考詳。祖妣黄媽朱氏,生子延。

十六世延公,辟公之子。生乾隆癸酉年八月初五日丑時,卒嘉慶壬申年十一月十三日丑時,享壽六十歲。英年時由祖籍福建省漳州府平和縣大坪鄉小嶺堡大更黄社,渡海來臺,建基於諸羅縣大目根堡内埔仔舊社,墾耕立業,並建昇平山堂,皈依朝奉,系吾房之渡臺始祖。祖妣黄媽賴氏,生於乾隆乙酉年正月廿八日亥時,卒於道光丙午年十月十一日午時,享壽八十有二歲。生二子,長子元隆,次子光恩。

十七世元隆公,延公之長子。生乾隆癸卯年四月十一日酉時,卒道光丙午年五月廿二日,享六十四壽。祖妣黄媽林氏,生嘉慶丙寅年十一月十七日寅時,卒光緒丁亥年三月初六日,享八十二壽。高祖父與高祖媽時常失和,高祖媽性强,高祖父發誓吾房子孫不可與林姓相親。生子天生。

(《[臺灣]黄氏大族譜》 1982 年臺灣鉛印本)

詔安焕塘黄氏徙臺祖名録

二世祖考黄三十四公，葬羅屋坪山，坐丙向壬兼午子針，癸巳癸亥分金，皮坐張宿十一度，正祖妣江氏十五娘，初與公附葬，次妣賴氏十七娘，葬寨頂背坐南向北。共生三子，長子派下在臺。

三世祖考黄三公，行二，葬在楊屋嶺田面坐戌向辰，祖妣田氏三娘附葬。次妣張氏大娘，葬洋坑口坐丙向壬，生三子，黄三十公，妣簡氏三娘居路下楊梅堂，生二子。四子黄三十一公，妣巫氏娘失傳。五子黄三十二公，妣鍾氏念四娘居伯公前，生三子分三屋。五子黄三十三公，妣江氏大娘，居南洞派下，在臺。七子黄三十四公，妣江十五娘、賴十七娘，居塘尾祖宇，生二子。八子黄三十五公，妣林氏二娘，居陂下坪，生二子。九子黄三十六公，妣朱氏六娘居柑樹下蕉頭，生三子。

雙，諱三登，字奇觀，黄八公，鎮公第四子，生康熙年，妣郭氏大娘，饒平西埔公之女，生於康熙年，嗣一子奕知，卒在臺，失傳。

六，諱三都，字盛京，黄十七公，鎮公第六子，卒在臺。妣游氏晚娘，磐石遊盛庵公之女，葬詔安良峯山，生二子，奕朋卒在縣，奕特在臺。女二，長名陰配乙里壯官，次名添配石下遊何官。

四房十一世祖國學生金春，諱三春，字盛東，黄十五公，系渚公出嗣介甫公之子，生康熙己未年，卒康熙庚子年十月初六日，葬坑子里，坐西向東。妣游氏大娘，龍潭遊公女，生康熙年。繼妣邱大娘，西山壩邱公女，生於康熙年，卒於雍正丁未年三月初一日時，生四子，奕瑳失傳，奕壬搬眷往臺，奕堅，奕榮失傳。女二，長配北坑吕禮官，次配饒平金場。

三，諱三讓，字遜其，黄十四公，受謙公第三子，生康熙戊午年九月廿日午時，卒於乾隆丙子年九月廿八日午時，葬在塘尾山坐東向西。妣陳氏娘，生康熙戊午年九月廿九日午時，卒於乾隆丙子年九月二十八日午時，葬在深窠口，坐乙向辛兼卯酉分金。生七子，俱在臺:奕陞，奕賜，奕猷失嗣，奕主，奕材，奕致，奕格失傳。女二，長名紹配饒平，次名巧配饒平。

十三世祖長，諱褒善，黄大公，生於乾隆癸卯年，卒於十二月二十日吉時，葬在塘尾山大廡里凹子墩唇，子孫徙居在臺。

十三世祖三，諱世抄，號宗壹，黄三公，生於乾隆年，卒於嘉慶年，妣游氏三娘，生於乾隆，卒於嘉慶年，生七子全家俱在臺。

（《[福建詔安]秀篆焕塘黄氏族譜》　清咸豐稿本）

臺灣譜載南靖上版寮黄氏徙臺祖名録

八世祖士深公即雙山公，謚二十五郎，葬在門畬窠，燈盞掛壁形坐午向西，妣邱一娘葬在寨頸路下，坐寅向申。生五子，長守成，次守良，三守亮，四守爵，五守昇。四子守爵公萬五郎，妻張四娘，後妻王氏。夫妻移去臺灣。

九世祖守成公即前峯公，號萬二郎，葬在下湯火燒寮三寶壇田背，坐辛向乙，妣劉一娘葬在下版寮犂劈凹路背，坐申向寅庚甲分金。生六子一女，長名世宗，次名世蘭，三世統，四世綱，五世紀，六世泰，女名二姑婆。二姑婆葬在坪坑凹路後，坐坤向艮。

四子世綱公即榮川葬在樓子墒田中央，妻陳氏鄧氏葬在背頭湖，生五子，子孫移去臺灣。

臺灣宗族地址，臺灣臺中州大屯郡南屯莊南屯麻糍埔。

（《[福建南靖]永豐里上版寮黄氏族譜》　清光緒稿本　臺灣南屯抄本）

臺灣黄氏大族譜漳泉徙臺祖記録

第一一九世延，辟子，指標孫，天助曾孫，士友派下，漳州府南靖縣埔西，渡臺嘉義縣。

三十四世渡臺祖則斗，妣陳怎，泉州府安溪縣歸善鄉長泰里岸水三落厝鎮撫始祖北園公系。子金雀，妣李美。孫興才、興貴、興禮、圳生、冬鳳五房。

三十四世爲周，開基八代，妣葉硯。生子奕陽、飲食、斌。奕陽妣鄭乖，泉州府安溪縣歸善鄉長泰里岸水三落厝鎮撫始祖北園公系，渡臺。生子松樹，妣蔡菊。孫種生、洪而、種明三房。

三十四世如意，妣陳氏，竹禮子，二十九世光侃派下。泉州府安溪縣歸善鄉長泰里岸水三落厝鎮撫始祖北園公系，渡臺。生子奕東、奕西。孫祖沛、祖成、祖慶、祖田四房。

一世黄羅，生於道光庚子年六月十二日吉時，卒於1923年十月廿四日寅時，泉州府安溪縣參内鄉長泰里板土樓内，移居臺灣臺北坪林粗屈灣潭。妣周鴦，生於道光戊申年六月十九日吉時，卒於光緒癸巳年四月八日吉時。生子黄金、黄固。

九世鼎一，妣黄氏，子位南妣吕氏，瑞周與沈氏子，新庚與劉氏孫。漳州府詔安縣二都秀篆埔坪，移居臺灣臺北土城坪頂脚。位南傳俊英、俊宜、俊華、俊能四房。

一世子禮，妣傳受。二世孝友，妣龔桃、宋佑。三世先厚，妣林月。泉州府安溪縣參内鄉長泰里岸水，移居臺灣大科崁三角湧馬祖田。

十三世秀河生於康熙丙申年十月初一日。妣詹氏，生於雍正乙卯年八月初四日。漳州府詔安縣二都秀篆埔坪堡東坑社人氏，與五叔父有千公渡臺北土城大安寮。生子昌竅、昌滯、昌倜、昌極、昌治五大房。

十一世德榮，妣邱氏，元六子。漳州府詔安縣二都秀篆楊梅堂路下，移居臺灣臺北土城員林仔莊。生子盛周，妣游氏晲。孫旭巨、旭攀、時聰、象熙。

十一世黄川，生於乾隆八年癸亥七月廿四日亥時，卒於乾隆卌九年甲午六月廿三日辰時。配室余氏换娘，忌辰三月十三日。漳州府平和縣小溪鄉，移居臺灣桃園大溪三層後徙臺北金山。子根喜，妣林氏清。孫新嬰、新慶、新冬、新登、添福。

一世體陽，妣曾甚。子慎鐘，妣朱寬。漳州府平和縣霄三府溪口社，渡臺樸子内厝。慎鐘、金鐘，生子建静、建長、建澤、建准、建銓、建歲、建玉、建復八房。

一世黄屘，妣高媛。漳州府平和縣埔姜林，移居臺灣臺北金山國姓村。生子再生、黄科、黄才、黄水、昧五房。

渡臺祖金木，妣洪换。漳州府平和縣，移居臺北金山阿里旁。子德亨，妣蔡甚。孫洪忠、賢明、啓郎。

一世黄喜，妣送娘。漳州府平和縣人氏，移居臺灣嘉義樸子。子黄典，妣林换、侯桃。孫水明，妣侯氏；黄炎，妣林有；雨水，妣辛金。

一世黄敬，妣詹氏。漳州府黄氏紫雲系人氏，移居臺灣嘉義樸子。子金益，妣侯銀鶴；安平，妣莊謹、戴銀。

十五世呇，妣陳勸，静初與蔡玉子，追孫，琴曾孫。漳州府平和縣太坪本樓西歌，移居臺灣桃園縣大園鄉。生子智、致妣游氏、能、寧妣張快。

十二世天送，謚篤直，妣張秀。黄寶，篤善子，漳州府平和縣冬至鄉小嶺，移居臺灣臺北金山黄寶公傳下，子宗貴。郭厚，妣顔滿。宗拱妣程蕉。

十四世元臺，生於乾隆庚辰年七月十四日戌時，妣邱氏，生於乾隆辛卯年十月廿一子時。

考傳子。漳州府南靖縣板寮社田螺坑，移居臺灣桃園龜山兔仔坑。子文金妣遊跳、文生。

十四世掌妹，漳州府南靖縣高倉社，移居臺灣桃園新莊仔。子明，妣邱屘。孫振生，妣吴良倫。傳十七世月清、月寶、港三房。

一世變熙，妣李快。漳州府南靖縣筆仔社大廟後，移居臺灣臺北内湖。子亨泰，妣陳好、享發。

十四世宥豔，生於乾隆甲戌年十月廿五日未時，卒於乾隆丁未年九月廿九日。子(名失記)生於乾隆辛卯年七月初二日，卒於嘉慶己卯年五月初三日。妣謝氏。漳州府南靖縣高倉社大路脚，移居臺灣桃園廬竹牛灶子。傳十六世仁成、仁路、仁義三大房。

十六世延，生於乾隆癸酉年八月初五日丑時，卒於嘉慶壬申年十一月十三日丑時。妣賴氏，生於乾隆乙酉年正月廿八日亥時，卒於道光丙午年十月十一日午時。辟與賴氏子。漳州府平和縣大坪鄉小嶺堡大更黄人，移居臺灣諸羅縣大目根堡内埔仔舊社，嘉義竹崎鄉昇平村。子元隆，妣林氏；光恩，妣色娘。

(《[臺灣]黄氏大族譜》 1982年臺灣鉛印本)

(四)張 氏

南靖德遠堂張氏徙臺灣世系譜録

十九代祖金禄，系勝福公之子，早年徵兵往臺灣，妣亞菊。

十九代祖開源，文厚公長子。遷居臺灣。

十九代祖開章，系文厚公次子，妣林氏，生子四房，長青松，次青霖，三青淵，四正楷。公遷居臺灣，四子正楷過房開順公立嗣。

十九代祖開順，系文厚公三子，有一子，正楷。遷居臺灣。

十九代祖明星，系壽才公長子，妣陳銘惠，生子建凡。公臺灣師大教育系畢業，配英文系畢業。居臺中市。

十九代祖明暉，系壽才公三子，妣玉瑩，生一女張靖。公大學工程系畢業。居臺北市。

十九代祖存大，系崇禮公長子，妣林櫻花。生一子維周。長女國瑩，次女國珊，三女國玲，四女國瑜。居臺灣高雄。

十九代祖瑞坤，系勝煌公長子。生一子舜大，長女螢螢，次女珍珍。居臺灣高雄任教。

十九代祖琅星，系榮守公長子，妣范堅雲。生於臺灣。

十九代祖裕星，系榮守公次子，妣王一平。美國加洲大學碩士、博士，生於臺灣。

十九代祖承俊，系慶煌公長子，妣袁含英，生子二房，長國雄，次國威。居臺灣。

十九代祖承敦，系慶熙公之子。居臺灣。

十九代祖松祚，系萬齡長子，妣葉彩菊、吴彩玉。生七男五女：長子光興，次子明興，三子遠興，四子大興，五子延興，六子年興，七子益興；長女清美，次女清好，三女清榮，四女清華，五女清生。生於1919年，曾任塔下小學教師，三八年僑居仰光，四一年伴同父親回國，四七年再度出國僑居仰光。創設光大茶行、金鹿茶行、雙鹿膠廠、新聯成公司、金虎餅店等。在緬清河堂曾任副秘書、副財政、名譽理事長等職。古稀之年曾到上海、北京、澳門、臺灣、泰國、新加坡、日本、美國、加拿大等地遊覽。八九年後居往臺北。熱愛鄉梓，六三年在塔下昆仲合作興建浚源樓二十一間。對祖家春祭、修譜、獎學金等公益事業均有贊助。爲人勤儉、誠實，任事負責，得人好評。

十九代祖容發，妣劉金發。生一男文權，一女惠英。佛育公之七子文權過房立嗣。居臺灣苗栗縣後龍鎮南龍里二五一號。

十九代祖啓旺，系賜金次子，緬甸仰光大學海洋生物系畢業。遷居臺灣。

二十代祖青松，系開章長子。遷居臺灣。

二十代祖青霖，系開章次子。遷居臺灣。

二十代祖青淵，號細穀清，系開章三子。生 1915 年 4 月 22 日。住日本神户市中央區北野町。先祖離鄉二百多年，不遠千里曾三次攜眷尋根謁祖，为德遠堂多次誠心捐資。

十三代祖秀彬，遷居臺灣省臺北。

二十代祖正楷，系開順之子，系開章四子過房立嗣，定居臺灣。

二十代祖國雄，系承俊長子。旅居臺灣。

二十代祖國威，系承俊公次子。旅居臺灣。

（《[福建南靖]塔下德遠堂張氏族譜》 1990 年二修鉛印本）

南靖德遠堂張氏徙臺祖名録

十二世祖錫瑶，妣蕭孺人。生一房秀容。系裕堂之第四子，葬於禄屎崎，妣葬於下片馬齊窠。生下六房。兩房往臺灣，三房往四川。

十四世祖爾焕，妣賴孺人。生一房新瑞。系希玉之第五子，壯年往臺灣經商，妣葬於下園。

（張温清總編《[福建南靖]塔下張氏族譜》 1949 年香港灣仔永泰祥印刷公司鉛印本）

南靖梅林貝嶺張氏徙臺祖名録

五世啓源往臺灣。

百孫，系祐賢公長子，往臺灣故。

原鐘，字明靈，系兆宫四子，往東都，於道光年六月十五日故在臺灣。

石生字明玉，號辟和，系兆河長子，生於嘉慶十三年戊辰正月吉日亥時生，卒於同治三年四月十九日申刻，葬在九肩嶺脚外一崎大路下伯公山。妣魏氏，系黄竹煙魏啓秀公女，生於嘉慶，没於同治四年乙丑八月日時。生二男，長名啓潭，次名啓麟往臺灣身故。

十六世啓源，諱秉連，系水波子，生於道光三年癸未，往臺灣娶妻，生子同治四年乙丑七月回梓，十二月後往臺灣身故。

（張南珍編纂《[福建南靖]梅壟貝嶺張氏族譜》 清光緒十一年稿本）

南靖石橋張氏徙臺祖世系名録

十六世丑全、祈全、艮全，成祖子，光恩孫，法盛派下，往臺灣。

十六世光衛，清秀子，士柏孫，大高溪法良系法嵩派下，遷臺灣上港。

十五世壽、綱、光彩，士榜子，任孫，大高溪法嵩派下，母子均往臺灣。

十四世天槐遷臺灣。

二十世天注，文忠三子之次，朝岺孫，鳳棟派下，往臺灣。

十四世往臺灣北路。

十五世往臺灣北路。

二十一世郭田，遷臺灣開基。原配蘇氏生三子，長標進，次良進，三文進。又娶洪氏生四子，四洋進，五成進，六朝進，七福進。

十世三房文標傳下子孫，大多數遷居臺灣。清宣統間，在石橋村尚有一家五人，後因世亂先後病死四人。1931年只有該房十七代張郭芬一人，爲了生活，不得已渡海往臺灣找尋親人，自後文標派下裔孫全都在臺灣定居，石橋村已無文標派下裔孫居住。

十一世新俊，葬苦竹北坑，妣葬北坑，各一穴。傳下五大房，除榮選外，餘四房全往臺灣開基。

二十世榮選，葬斜背坑，妣葬石擺洋，生二子，長子先，次子往臺灣。

十四世源忠，葬葛藤坪，妣簡氏，傳下五大房全往臺灣開基。

十六世連貴，葬在鍋仔崠，妣葬埋火籠，生二子，鴻榮、松榮。又妣生東榮。十七世東榮往臺灣，歿於臺灣。

十五世日映，字智春，遷臺灣臺南縣白河鎮客莊内，傳下五子，長海生字志河，次水生字光漢，三基灶字光遠，四配字光明，五保全字光彩。

十一世標玉，諱鳴瑛，謚文格，生於萬曆四十四年丙辰歲七月十五日，壽終康熙十二年癸丑歲十二月二十七日辰時，葬於馬蹄背畬角。妣黄招娘，生於丙辰年九月十九日，卒於甲戌年五月，因生男佛蔭患月内瘋而亡，享陽十九歲，葬在巖兜下村水尾涼傘崎，坐乙向辛。又妣榮姑，謚慈肅蘇孺人，生於天啓元年辛酉歲閏二月初九日辰時，壽終於康熙四十七年戊子歲正月二十三日辰時，享年八十八歲，葬於永定金豐里下古東磜下洋，坐艮向坤。傳下五房，長徽，次井生，三彩公，四鋪公，五若滿。

十二世徽，生於明崇禎十四年辛巳歲八月十四日丑時，卒於康熙乙卯年閏六月二十六日戌時，享陽三十五歲，葬在梅子壩坐巳向亥，遷葬水尾下大山，道光癸巳年又移轉梅子壩復葬。妣簡孺人葬下船場，乾隆己酉年遷葬本處大坑，生一男名集。

十三世集，字啓周，生乾隆四十八年癸卯歲三月十五日，往臺灣謀生。妣蘇孺人，生於康熙癸卯年九月初五日酉時，終於乾隆甲戌年十一月初一日卯時。生下四男三女，長芹，次莊，三憶，四銓。

十四世名芹，妣莊孺人，共葬本處梅子壩。生男志楝。

十四世莊，諱河，字乃敬，葬本處溪背，妣簡孺人。往臺灣，生七男，長燈早亡，次阿巖，三阿協，四阿録，五阿都，六公施，七神施。

十四世祖名書公，諱奕海，字乃日，妣吕孺人，生下六男，長阿淮少亡，次阿維，三名欣，四名巨早亡，五觀椿，六雙蔭。

十四世銓，諱奕漢，字冕，往臺灣謀生。妣陳孺人，生一男字志榮，往臺灣亡故。

十五世欣，字志舒，諱仰椿，甲申年亡於臺灣，妣江氏生一子阿凱。

十五世觀椿，亡於臺灣。

十三世威，諱基貴，妣簡孺人，生三男，長粵，次雲，三鳴痊。

十四世粤字奕彩,生三男,長健早亡,次燃,三晉移居臺灣。

十五世觀應,妣李氏,移居臺灣。

十五世益光,往臺灣,亡於臺灣。

十四世攀,字乃慶,少疇長子,諡純樸,在臺亡。妣江孺人在臺生五男,長阿倖,次阿珩,三阿亨,四阿窗,五阿挺。

十四世鎮,諱奕鴻,生於康熙乙未年十月初十日辰時,終於乾隆甲午年八月二十六日丑時,享壽六十歲,葬在矮崎窠。妣莊孺人,生雍正壬子年二月二十六日辰時,終於嘉慶甲戌年二月二十一日丑時,亨壽八旬加五,葬在青潭背。生七男,長挺,次孟,三佚名,四金,五銀,六天吉,七滿。十五世挺往臺灣。

十一世金,字志麗,卒葬河坡腹横路,妣賴氏生二子,長觀店,次觀配,母子往臺灣居住。

十四世士傑,字衵芳,往臺亡。妣簡氏,生一男臺藍,往臺灣。

十三世楊,妣余氏,生二男,長子帳亡於臺灣。次子慰,生二子移居臺灣。

十三世憲,字少猷,在臺北,妣劉氏生二子,長長德,次福思移居建寧。

十三世禹滿,字少全,諱基萬,在臺灣亡故。妣蕭孺人生二男,長石敬,次石福,移居臺灣。

十四世鎰,字乃綱,諱奕鏗,在臺亡。

十四世觀永,字通芳,諱奕遠,妣曾氏生二子,長崠,次鈴,移居臺灣。

十三世潔,字少洪,諱基藻,生於康熙乙卯年八月二十一日未時,終於乾隆庚午年八月二十日,享壽七旬加六歲,原葬本處庵前,乾隆甲寅年移葬在赤水田眉。妣魏孺人,生於康熙乙卯年二月初六日未時,終於乾隆庚午歲,享七旬加六,葬本處青潭背。生四男,長提,次坦,三公計,四肯秀。

十四世提,字日芳,妣蘇氏孺人,卒葬庵前,生二男,長淡,次嚴,遷臺灣。

十四世相,字助芳,生二男,長佚名,次陵三,移居臺灣。

十四世楚,妣吴氏,生三男,俱移居臺灣。

十四世鼎發,繼男勝,往臺亡。

十四世堅使,諱奕棟,字元溪,諡營豐,生於乾隆三十八年癸巳。妣慈懷簡孺人,生二男,長崧,次學光。

十五世崧,諱仰林,字志林,妣吕氏,生二男一女,長茶,次寛,移臺灣。

十五世學光,諱仰泮,字志,妣莊氏,搬家去臺灣。

富積系九世仰全,葬在大路背黄土墘,妣蕭氏,子孫遷臺灣開基。

十三世子行,往臺灣開基。

十三世秀宗,諡英津,葬大路背背頭,妣簡氏葬在山塘伯公墩,傳下四大房俱往臺灣。

大路背村世昌樓圓寨祥南樓四角樓年盛公派下裔孫全遷臺灣。

九世仰全派下十世卒葬大路背墘,妣蕭氏,子孫遷臺灣開基。

十七世三房福攀,傳子順才,遷臺灣開基。

十八世續遜,妣簡氏,公卒葬在半坑,妣葬黄墘,傳三子,潮水、慶德、義德。

十九世潮水,妣簡氏,又妣蕭氏,傳子富榮往臺灣開基。

十四世魁禧,號無揚,妣簡老孺人同葬於庵仔坑崠,生四子,長初元,次義元又名宜俊,三旺元,四英元又名超俊往臺灣。

十八世興德傳賜茂。

十九世賜茂，妣林氏，生二子，長邦恒往臺灣，次邦賢。

十一世士經，妣章氏，傳四子，紹武、聯武、偉武、縉武。

十二世紹武，妣簡孺人傳四子，馨遠、聯、香、部，兄弟遷居臺灣。

十二世聯武，妣簡氏傳四子，長玉，次緣，三宗源，四振山，移居臺灣。

二十一世煌蔭，妻黄玉如，生二子，長星海，次星塔。煌蔭又名煌英，旅緬甸，後移居臺北内湖區。

十一世榮壁，諱士第，原葬凹下尾，坐乾向巽。妣唐孺人，葬凹下坪坐西向東，生三男。又妣范孺人生二男，葬竹塔塘子窠。守縉、守清、守奕、守吉、守考。

十一世榮遷，諱士籍，葬塔下水尾横擔崎虎形，妣蕭氏葬竹塔横路背美女照鏡形，生四男，昆珍、抱珍、載珍、旌珍。

十一世榮端，諱士篤，葬竹塔背頭塘。妣江氏，葬本村下山子。又妣王氏，葬大屐塚背，後裔遷臺灣。

十一世榮玉，諱法禄，葬本村福壇崎，坐北向南，妣吕、李二氏，生下七男，後裔遷臺灣。

十二世守縉，葬橄頭，後裔遷臺灣。

十二世守清，葬龍角排，後裔遷臺灣。

十二世守吉，葬凹下江屋樓背，後裔遷臺灣。

十二世守考，葬下角山，後裔遷臺。

十二世守奕，諱延珍，葬本村李子窠，妣陳氏葬湖洋子。生六男，愷揚、選揚、奮揚、成揚、振揚、應揚。

十二世昆珍，葬佛子寮圳面，妣邱氏葬芋頭畬。又妣賴氏葬下角山。生三男遷往臺灣。

十二世抱珍，葬大屐路背，裔孫往臺灣。

十二世載珍，葬石子崎路下，後裔遷臺灣。

十三世愷揚，諱幼英，葬勢仰山。妣游氏葬仰山崠。生三男，性騰妣劉氏，子從妣魏氏，性安妣陳氏，俱遷臺地。

十三世選揚，諱幼才，妣魏氏，合葬山豬窠，坐南向北。生五男，子翼妣簡氏江氏，子煌妣曾氏，子炬妣江氏，子賢妣李氏、曾氏，子禹妣韓氏，俱遷臺灣。

十三世成揚，諱幼能，葬大片岌，妣陳氏葬大屋茅大墓坪。生四男，子龍妣唐氏，子禮妣洪氏，子華妣韓氏，子質，俱遷臺灣。

十三世應揚，諱幼穎，葬李和村。妣魏氏生五男，子常妣簡氏，子順，子連，子正妣玨氏，春保妣江氏，俱遷臺灣。

十三世振揚，諱幼仰，謚昭德，葬大屋茅醉翁倒椅，乙山辛向。妣蘇氏葬季子窠，坐東向西。生三男，亞雄移居四川，子廷，子相妣何氏遷臺灣。

十三世幼達，葬烏石窠崎，妣氏葬烏石窠崎，生一子子秀。

十三世幼逵，與妣蕭氏合葬塔下水尾横擔崎，後裔遷臺地。

十四世參將，號石泰，諱志勇，遷臺地。

十五世瑛玉，諱以乾，號正直，葬本村龍角排河坑圳面，坐東向西。妣簡氏葬禾坪，坐乾向巽，附葬幼子欽新。生四男，益新，介新，鳳鳴，欽新幼亡。

十五世貴玉，葬大塘坑，坐南向北。妣吴氏葬馬鞍山背，坐西向東。生四男，達德、達健、達讓、達恭。

十五世全玉，葬山豬窠，坐東向西，妣李氏葬在鍋子崠。生六男，遷居臺灣。

十五世瓊玉，葬馬鞍山背，坐西向東。妣蘇氏葬於鍋子崠。生二男，遷臺灣。

十五世琬玉，葬烏石窠頭，坐西向東。妣黄氏葬塘子窠，坐西向東。又妣陳氏葬烏石窠，坐西向東。生一子漢新，遷居臺灣。

十五世蔥玉，葬烏石窠，後裔遷臺。

十六世益新，字達孟，諱質樸，葬竹塔齊湖坑，後遷葬劣石窠，坐艮向坤兼丑未。妣簡氏，裔孫遷臺。

十六世介新，遷臺地。

十六世鳳鳴，與妣陳氏遷臺灣。

十六世達健，遷臺地。

十六世達讓，遷臺地。

十一世二房榮祚，諱坑，永貴樓十世仁吾次子。卒葬河坑仰天崠白水磜，坐西向東，乾隆丙子年遷大擔山葬。妣魏氏葬河坑大履路面山，坐北向南，生二子，長嘉俊，次嘉儒。

十二世嘉俊，卒葬河坑凹下，與嘉儒共葬，妣江氏葬河坑大塘坑，坐東向西，傳四子，長淳聘，次淳伯，三淳智，四淳偉，俱遷臺灣。

十三世淳智，往臺灣嘉義縣北路下加冬保大排竹莊，後裔背其骨骸帶回河坑，葬於大塘，坐東向西，妣李氏葬河坑寨背圳面。傳子四，長元泰、次纘泰均在臺，三旺泰、四生泰回河坑祖地。

十四世旺泰，葬河坑大塘，坐東向西，妣范氏葬河坑寨背下圳面，坐東向西，傳二子，長萬輝，次接輝。

十四世生泰，葬河坑大塘坑，妣曾氏葬河坑大履路面山，坐北向南，傳子楊輝。

十三世倫唯，與妣劉氏合葬於盧背嶺背，生二男，長春即萬壽葬山仔下，次茄移居臺灣。

十三世良唯，移居西蜀，妣江氏生二男，長永貴移居臺灣。次永興又稱子貴移居西蜀。

溪竹壩二房世法公派下十一世士優，生於明朝甲寅年八月廿二日寅時，享年四旬，葬於平溪半壁掛粉盞，坐艮向坤，四十八年後壬戌年改更。妣氏生於明丁巳年九月初二，終於清甲午年十月初三日，享年三旬加八，葬大窠長圳頭，五十八年後改更(戊午二月初八日)，生三子，長懋珍，次憲珍，三德珍。

十二世懋珍，生於明崇禎丙子年九月十八日，終於清康熙壬寅年八月初五日，享壽八旬加七，葬牛背嶺田中，坐乙向辛。妣陳氏生於明崇禎十二年己卯七月初七日，終於清康熙十九年庚申三月廿一日，享年四旬加二，葬祖屋背黄土窠，坐甲向庚。又妣黄氏生於清順治三年丙戌七月初九日，終於清康熙十四年乙卯八月初十日，年三十歲，葬律屎窠，坐巽向乾。二位孺人傳五子，長心華，次維華往四川，三廣華往臺灣，四泰華下落不明，五順華出嗣德珍公爲子。

十二世憲珍，葬迎山崠下仙霞取水形，妣余氏傳六子，長廷華、次荆華均往四川，三永華，四維華入嗣子，五寵華往臺灣，六陛相。

十二世德珍，生明崇禎甲申年十月初三日，葬本社桃仔樹窠，坐西向卯，兼用辛巳辛卯分金。妣余氏，生於清順治十七年庚子十二月初二日，終葬本社百足窠，坐坤向艮。傳四子，長順華嗣子，次達華，三欽華，四貴華，均往臺灣。

十三世志達，字兼斯，諡樸直，遷臺灣定居嘉義大排竹。生於康熙四十三年甲申歲正月初八日酉時，卒於乾隆四十六年辛丑歲正月廿二日未時，葬於臺灣，墓在楓樹脚上穴，與妣慈淑郭老孺人合葬。郭孺人生康熙五十二年癸巳十二月初一日,卒於乾隆四十六年辛丑岁十月廿日申時,享壽六旬。生六男,長贊能,次贊善,三贊先,四贊美,五禄滿,六六滿。

十四世讚美,從嘉義大排竹移居臺中大屯郡西屯莊上石碑南子,妣簡點娘生四子,振禹、振鳳、振鼎、振牙。

十四世贊能,與弟讚美移居臺中大屯郡西屯莊上石牌湳下。

十五世祖振鳳入嗣士昧、德富。

十五世振禹,與弟振牙遷大雅莊西員寶,妣何曲娘傳五子,長連仁,次連賜,三連三,四士禄,五士齊。

十五世振鼎傳下安娘女。

十五世振牙,與振禹遷大雅莊西員,傳福全、萬歡、來岐又名鳳儀、萬壽、萬生。

二世二房石全派下十一世士仁,卒葬十二排梨仔嶺,妣朱老孺人葬平鴻山田角,生三子,長一賢,次文貴,三永盛道光十年遷臺灣。

十四世文球,字民若,與妣魏氏共穴葬在南乾頭,坐酉向卯分金。生二子,長海,次湖,俱往臺灣。

高溪八世祖二房崇華派下十二世維道,葬在溪坪雙溪口,坐壬向丙分金。妣鄭滿娘葬在老虎崎。生子一珍,字席光,遷居臺灣。

十三世審,葬於崎壁下,妣生二子,長旺往臺灣,次添出繼以道公爲子。

十三世以政,字必聞,生於康熙二年癸卯四月十八日酉時,葬上嶺路背坐南向北,妣葉氏養一子,生三子:俊賓,俊長無傳,俊盈隨母往臺。

十三世一化,原葬蕉塔,後移葬南竹坪雙叉路下,妣李氏生三子,長光永,次光月,三光恩,與母同往臺灣。

十三世一倍,法盛三子,生於康熙十五年丙辰九月初二日子時,妣莊氏,生四子,光暢、光送、光進、光長。父子全家俱往臺灣斗六後莊住。

十四世光暢,生二子,觀從、觀聖。承一子觀望往臺。

十四世光送,生於清雍正七年己酉十一月初九日亥時,卒於乾隆五十五年庚戌十月初九未時,享壽六十二歲。妣方氏,卒於嘉慶六年辛酉二月初八寅時,享壽六十九歲,往臺灣斗六後莊。生五子,長銀,次牌,三岱,四得,五觀望。

十四世士柏,諱招,字貴,生於清康熙三十五年丙子十二月初五日酉時,卒於乾隆二十九年。妣魏三姑,生於清康熙三十九年庚辰八月十九日丑時,卒於乾隆甲申二十九年,祖妣合葬於茶頭下。生一子石秀,養子清秀、雲秀。女嫁臺灣江月行爲妻。

十四世士林,諱雙,生康熙壬午四十一年,往臺灣。

十五世諱勘,往臺灣後莊。

十五世諱良,往臺灣。

十五世諱聖,葬在臺灣大甲頂莊仔尾,坐南向北,妣李氏葬在六甲中莊後,坐東向西。繼一孫馬德。

十五世諱院,光永次子,葬臺灣貓霧崠社後大坑内,妣氏生一子承喜。

十五世陳生,遇林爽文之亂,不知所之,繼一子丑全。

十五世壽,往臺灣。

十世諱綱,往臺灣。

十五世諱光彩,往臺灣。

十五世清秀,妣氏生子光衍、光靈,全家遷往臺灣上港。

十五世諱雲秀,往臺灣上港。

十七世諱見,生子三省,往臺灣。

十七世諱唾,往臺灣,妣何氏生一子添房。

十七世諱白,往臺灣,妣何氏生三子。

十三世二房國應派下十四世長房天機,葬在赤坑禾茅坪,坐艮向坤。妣廖氏,生三子,隨長子期和往臺灣,次子期禄無傳,三子期名。

上湯村及洞内派下龍源石橋張姓八世永裕長子,遷上湯洞内開基,卒葬於石橋大柯人形,坐壬向丙兼丁巳分金。妣魏氏葬於臺灣佳草芳汶水坑頭青山尾狗形,生四子,長、三、四子都去臺灣,次子法范守居上湯。

十六世三,字正連,在臺灣。

十六世閣,字正統,在臺灣。

十四世越標,名清,往臺灣。妣鄭氏,生三子,長番,次潭,三海。

十四世華,字有輝,諱越朋,妣沈氏,生二子,長富,次寬往臺灣。

十三世五房子金,名忽,妣陳氏,生二子,長明往臺灣,次老字士成。

(《[福建南靖]石橋開基張念三郎公派下族譜》 1994年鉛印本)

平和馬堂張氏徙臺祖名録

十一世文雅,大經子,廷顯孫,六世成祖系,徙臺灣祖。玉腰娘,子順直、仁維。

十四世露,德皇子,統孫,九世顯祚系,往臺灣。

十五世連,伯予子,汀孫,士騏派下,渡臺灣祖。子物、養、仁、悦惟。

十世文雅,大經子,廷顯孫,臺灣省溪仔尾開基祖。子順直、仁維、寶懷。順直傳五房。

十二世墩成,玉仁子,弘恩公支系,怡孫。渡臺灣。子鴻毅傳樸直、信良二大房。

十四世忠義,海子,世富孫,弘恩公支系,渡臺灣開基傳元、慶德二大房。

十五世宗乾,壽子,弘恩公支系,渡臺灣開基,子五。

十三世四靜,先源子,鴻文孫,弘尊支系,渡臺灣,傳士煌、士複二房。

十二世傑,鴻章子,弘尊支系,妣董氏,去臺灣開基。子兼、潔、六、尚。

十四世宗寅,純直子,雈孫,士碩系,弘齡派下,與父渡臺灣大雅開基,子集福、壬子、清火。

十三世康,助子,士碩孫,弘齡支系,妣羅氏。渡臺灣開基,子損、益。

十三世抄,士福派下,宜坑下樓,生員,去臺灣,子鈍、鐃。

十八世琅仔,士福公下樓派。子老野、鐵鑽、柴交、漢水、天佑、四川。老野守祖,天佑出嗣,餘俱去臺灣。

馬大二房李厝嶺湖珩房系十一世郡,士添子,毓泰孫,五世宗玉系,妣遊英。於乾隆元年渡臺。子連。孫邦旺、伯造、伯結、新傳。

二十世財發,連熬子,當兵去臺灣。

二十世茂杞,往臺灣,子老田入嗣。

二十世水泉,金元三子之末,戀傳孫,往臺灣。

二十世漳浦，四房朝陽支系，紅麟子，丙孫，當兵去臺灣。

二十世一區，四房朝陽支系，烏結子，當兵去臺灣。

十七世佛添，勇仔長子，弘仁派碗窯下樓系，當兵去臺灣。

十三世果行、涉，志光與陳氏子，世良孫，尚新長房永正系仙石赤土派下，渡臺灣開基。果行妣吴秀，子二。涉妣洪氏，子四。派衍臺中。

十七世全通，舊樓房尖山系，往臺灣。

十三世廷延，元會子，世選孫，永城三房陞孝系，遷徙臺灣。

十八世金水，和尚子，趙養孫，永城三房陞孝系，去臺灣。

十世宗璜，士俊子，馬四次房大路坪房系，遷臺灣基隆。

十一世潮，宗在子，仁俊孫，馬四次房大路坪房系，遷臺灣基隆。

（《[福建平和]馬堂張氏族譜》 1996年鉛印本）

平和小溪張氏鐵崖系徙臺開基祖名録

十三世黄氏媽謚徽柔，生於清康熙元年壬寅八月十日，卒於清乾隆十五年庚午十月一日，葬在哈仔田。

十四世良德公，諱永璉，字斯石，生子三人，長、次在大陸失考，三廷罕生於清康熙三十八年己卯八月十二日，卒於清乾隆二十二年丁丑六月十五日，享年五十九歲。渡臺始祖，約在清乾隆初年從福建平和縣琯溪東渡海峽來臺灣，葬在張贊興公之墓園。

李氏媽謚慈儉，閨名立，生於清康熙四十八年己丑三月廿二日，卒於清乾隆四十二年丁酉九月廿九日，享年六十九歲，葬在張讚興公之墓園。

（張襄玉編《[臺灣南投]平和里福建平和小溪鐵崖公派下張氏族譜》 1980年稿本）

嘉義張氏譜載清河堂張氏徙臺開基祖名録

一二九代崇德，即立六世祖，妣藍氏，河坑世英堂祀南靖開基始祖念三郎，是六世崇寶、崇德、崇政公共建築。生五子。

一三〇代顯凰，即立七世祖，字七滿，葬本村蕭坑坐寅向申，妣藍氏，葬於龍潭頭，坐寅向申，生一子秉英。

一三〇代顯麟，派下自十三世志和渡臺至十八世宗海字嬰，其子茂林，現住蔴園頭。

一三四代士魯，没於廣東。生一子長伯，葬在永盛樓背山九世祖墳右角，妣吕氏，葬於本處石仔崎，生一男名田孫，康熙年間在臺灣大排竹没世，未審子孫如何。

一三六代志達，即立十三世祖，字兼斯，謚樸直，康熙四十三年甲申正月初八日酉時生，乾隆四十六年辛丑正月廿二日未時卒，墓西屯莊湳仔上穴與妣合葬。妣郭氏康熙五十二年癸巳十二月初一日生，乾隆四十六年辛丑十月二十日時卒，享壽六旬，與公同穴。生六子。

一三九代仁在，即立十世祖，卒於乾隆二十四年己卯，葬本村高排灣金星面，妣吴氏勤持細娘，生四子，長達朝，歲進士；次達京，功加守府千總岸里四社總通事；四達標，恩進士；三達富，出嗣。

小一郎公系祖籍，福建省漳州府永靖縣金砂鄉塔下。

十三世阿穮,位遠子,渡臺學春承祖,妣陳盡。子江漢、得富、光月、立光、光月渡臺。

十三世阿瑋,位遠五子之三子,渡臺。

十四世五經,字贊書、至明,妣陳氏、邱氏,乾隆五十七年壬子閏四月來臺;東易,字贊雍、至南,妣陳伴,開臺祖。

管溪派小一郎公派十四世來臺祖永璉公系,祖籍福建省漳州府平和縣管溪鎮。

十四世來臺祖永鏈子遷罕,孫端明。

小一郎公派十四世來臺祖,永歸公系,祖籍福建省漳州府平和縣管溪鎮。

十四世來臺祖永歸,字林及,生子海、聖。

文通公派下宗寅公系,祖籍福建省漳州府平和縣馬堂山鐵窠□。

十五世宗寅,大雅開基祖。

希雁公系,祖籍福建省漳州府。十二世希雁,妣林氏、黄氏。

四公系,祖籍福建省漳州府平和縣六都雲霄鎮和美埔社。

阜公系,祖籍福建省漳州府詔安縣。

創公系來臺祖,祖籍福建省漳州府龍溪縣。

十二世創,子天球。

十四世純真公,諱指,自嘉慶十五年庚午間,率其妻同五子一次婦别祖鄉,由厦門港搭船渡臺,至臺北基隆港上陸,暫住甲子蘭,觀其風俗人情非可久居之所,隨欲别尋勝地住居,意欲南下,至樹榴班莊尋親戚,沿途行至貓霧捒東下堡水堀頭莊,有一二已親族勸住該處,亦是我族聚居之所,可以安居也,於是隨擇水堀頭莊土名田仔安居,耕農爲業焉。公生乾隆二十七年壬午十月廿一日寅時,卒道光十三年癸巳五月廿九日寅時,享壽七十二歲,葬在田仔西片青埔仔,坐辛向乙兼酉卯,用丁酉分金,至同治癸酉十二年十二月初十丁酉日巳時修外方,至光緒戊寅年九月十四日巳時啓攢,改葬在山頂仔後,坐辛向乙兼酉卯,用丁酉分金。妣林氏謚勤淑諱茶娘,生乾隆二十八年癸未五月十七日辰時,卒道光廿四年甲辰八月十三日戌時,享壽八十二歲,葬在田仔後牛路南片園中,坐酉向卯兼庚甲,用丁酉分金,至丁巳年九月初四甲午日巳時,公妣合葬在林厝莊圳西片墓地,坐辛向乙兼酉卯三分,用丁酉分金。

(張明樹主編《[臺灣嘉義]張氏大宗譜》 1978年臺中鉛印本)

雲霄西林張氏徙臺祖名録

十一世珍偉,以子士良貴,贈寧波知府。子具錦,號成軒。具錦生子思孔、思魯、思熙、思源。思源生萬、伴、光軾。伴往臺灣。

八世顯讓,士愷子,生子全德、全爵。全德生良樸、良敏,良明。良明生世玉、倫玉、乾玉、懷玉、崇玉、次仔。崇玉子十二世景顯、景章,派臺灣。

二十一世闇,振隆房,青官長子。生子桃、曹、錐。錐子平滿、平樹、平溪、平金。平滿長子榮順。榮順子二十五世龍泉、龍秋往臺。平滿次子榮泰。榮泰子二十五世振福、振壽往臺。平金子合和、合成、桂地。桂地往臺。

二十一世堆,振隆房,青官次子,生子進。進子水溪、雙才。水溪子旺松、旺庚、旺國。旺松往臺。

十三世能斌,號十一爺,文星四子,孝豐公三房系。生子建、聘、琬。琬子寵、蔭、辰、真、雍、縶。辰子十六世天奇、天授往臺。

十三世戴焜，號十八爺，文星七子，孝豐公三房系。生子四、七、十。十子品誦。品誦生商、井、誥、厚生。商、井出祖臺灣。

（《[福建雲霄]西林張氏世系考》 1986年稿本）

南靖貝嶺張氏渡臺祖一則

十六世啓麟，諱秉瑞，系石明次子，往臺身故。

（張南珍編纂《[福建南靖]梅壟貝嶺張氏族譜》 清光緒十一年稿本）

（五）李　氏

南靖李氏孝梓系徙臺祖名録

十一世法瞧、法禄往臺灣。

十三世先登，往臺灣。

十三世參，諱日彩，字福章，往臺灣。

十三世靜，諱日仁，字安章，傳子吴勤，女惜娘，嘉慶乙丑年往臺灣住。

十三世黄高、斯玉派下子孫大都往臺。

（《[福建南靖]李氏孝梓系家譜》 1918年稿本）

南靖埔頂李氏徙臺祖名録

三房十世純儀，行四，生於康熙三十一年十二月十一日未時，名總，諱明瓚，字輝玉，葬在臺灣他里霧，卒於雍正十二年甲寅八月二十二日辰時，葬上北勢莊大侖，墓坐西向東。妣慈勤蘭氏，生於康熙庚辰年七月初一日寅時，卒於康熙戊戌年八月十四日酉時，葬在埔頭覓尾，坐巽向乾。男明球。

十二世西，號振庚，生於乾隆八年癸亥十二月吉日未時，卒於嘉慶三年五月初七日巳時，在臺灣辭世。妣鄭氏貞儉，生於乾隆壬戌年四月二十日未時，卒於嘉慶辛酉年五月二十六日未時，葬在張坑口隔仔尾坐南向北。

十二世寬樸，往臺灣。妣劉氏。

十三世營，字永勝，行二，往臺灣。傳四子，長曰，次任水，三臺，四艮。

十三世江，字伯川，行四。戊午年往臺灣。妣沈氏，男宰於、章平。

十三世寬裕，妣辜氏。遷臺灣。

十三世克鋁，生於乾隆丁亥年三月初三日卯時，行次，名焦，字拔山，往臺灣。妣賴氏生於乾隆辛卯年七月二十五日未時，名眠娘，生男名黨，亦往臺。

十四世天賜，生於乾隆三十七年壬辰四月十六日寅時，卒於嘉慶九年，葬在上湧赤皮，坐酉向卯，辛酉辛卯分金。妣張氏，生子名和，字應中，招賴遜河往臺灣。

十四世火巧，道光二十五年乙巳往臺灣。妣賴氏名娘，生於嘉慶五年庚申六月初五申時，卒於道光十八年戊戌十一月十一日子時，葬在姑山盂。

十五世忠實，妣陳氏、余氏。遷臺灣。

十五世智善，妣劉氏。往臺灣。

十四世益，字有加，嘉慶八年往臺灣。妣莊氏，生二子，合、槐。

十四世剛直，妣劉氏，遷臺灣。

（《［福建南靖］埔頂李氏家譜》 清宣統稿本）

南靖書洋下阪李氏徙臺祖名録

十八世廷紳，下阪九世，日橋子，百四郎孫，娶王氏，移臺灣。

十八世廷緒，下阪九世，日橋子，百四郎孫，娶劉氏，移臺灣。

十八世廷柱，下阪九世，日高子，大恩孫，萬四郎曾孫，娶林氏，子移臺灣。

十八世廷標，下阪九世，日高子，大恩孫，萬四郎曾孫，娶廖孫，子移臺灣。

十八世潤彩，下阪九世，娶劉氏生子四，舉家移臺灣。

十八世潤發，下阪九世，娶余氏，生子一，嗣子一，俱移臺灣。

十八世潤俊，下阪九世，娶黄氏，子三，俱移臺灣。

十八世潤廉，下阪九世，娶詹氏，子一，俱移臺灣。

十八世潤達，下阪九世，娶劉氏，子六，俱移臺灣。

十九世成歡，下阪十世，生子阿祖、阿本、倫，俱移臺灣。

十九世成賜，下阪十世，娶翁氏生子六，阿保、阿業、阿禄、阿明、阿南、六喜，俱移臺灣。

十九世宜彬，下阪十世，娶劉氏生子五。三子阿陽娶張氏，生來應、火養。四子阿武生子來生。俱去臺灣。

十九世成參，下阪十世，娶賴氏生子四。四子進彩娶張氏，生四子，光元、門元、召元、松壽。移臺灣。

十九世成章，下阪十世，移臺灣，卒葬梨頭店惠來莊前左畔田心，癸山丁向。妣劉氏滿娘，葬長山尖鋒寨。生子三。

十九世成璿，下阪十世，娶賴氏，嗣子一，在臺灣。

十九世阿卞，下阪十世，阿丁，移臺灣。

十九世成倉，下阪十世，娶陳氏，生子五，俱去臺。

十九世阿甲，下阪十世，生子四，俱去臺。

十九世開馮，下阪十世，子一去臺。

十九世六斗，下阪十世，娶林氏子七，俱去臺灣。

十九世觀料，下阪十世，子四，俱移臺灣。

十九世雲昌，下阪十世，子三，俱移臺灣。

十九世阿添，下阪十世，移居臺灣。

十九世阿進，下阪十世，移居臺灣。

十九世成維，下阪十世，字開嶽，娶黄氏，生子八，俱移臺灣淡水。

二十世阿棟，下阪十一世，娶張氏，子二，登涼、登三，俱移臺灣。

二十世可章、可立、可純、可蘭、可嶽五兄弟，下阪十一世，開泰之子，全家移臺灣。

二十世下阪十一世，仲贊與妻陳氏移臺灣。生子三，觀福、觀興、觀禄。觀福娶吴氏，生子開元、信元、貴元。觀興娶陳氏，生子阿白王。觀禄娶陳氏，子三，阿連、石水、開榮。俱居臺灣。

二十世時贊，下阪十一世，娶游氏，子阿寶。寶娶賴氏，生子石振。振娶劉氏。俱移臺灣。

二十世壬滿，下阪十一世，與其子阿塊、觀喜及孫新貴（阿塊子）、阿二，俱移臺灣。

二十世蘭二郎，下阪十一世，移臺灣，葬臺灣北勢莊。妣賴氏名招娘，葬長山老鴉飛更葬横擔崎。

二十世碧贊，下阪十一世，號興龍，娶江氏生子六，從子臺灣，卒葬道船路。

二十世立莊，下阪十一世，娶劉氏，子一雙喜，去臺灣。

二十世石鑒，下阪十一世，嗣子金龍娶江氏、黄氏，遷臺灣。

二十一世福妹，下阪十二世，移臺灣，娶黄氏葬長山塘腹坑。

二十一世芳進，下阪十二世，娶江氏子五，移臺灣。

二十一世福榮，下阪十二世，娶江氏移臺灣。

二十一世福九，福龍，下阪十二世，移臺灣。

二十一世立化，下阪十二世，娶莊氏移臺灣。

二十一世立清，娶氏生子八，俱移臺灣。

二十一世龍彩，下阪十二世，嗣子鼎喜，娶劉氏，子二，移臺灣。

二十二世奕信，下阪十三世，在臺灣林爽文起義身亡。妣江氏，嗣子一。

二十二世奕茂，下阪十三世，還臺灣，林爽文起義身亡。娶黄氏，子二。

二十二世士洪，下阪十三世，乾隆丁丑年七月十六日移臺灣。

（《［福建南靖］書洋下阪李氏族譜》 清雍正甲辰年稿本）

南靖梧宅李氏徙臺灣開基世系

十世祖考純直李公，生於康熙十二年癸丑十月廿六日酉時，卒於乾隆六年辛酉三月十九日未時，葬在臺内港擺接四十張内埔。祖妣慈勤陳氏李媽，名借，生於順治五年戊子八月初六辰時，卒於康熙四十五年丙戌七月廿七日丑時。生男明敏、明浩、明盈。又良瑚子名裔。

十二世祖考名西，號振庚，生於乾隆八年癸亥十二日未時，在臺卒於嘉慶三年戊午五月初七日巳時。妣貞儉鄭氏李媽，生於乾隆七年壬戌四月廿十日未時，卒於嘉慶六年辛酉五月廿六日未時，葬在張坑口隔仔尾，坐南向北。

十二世祖考寬樸公，妣劉氏李媽，在臺園寄來。

十三世祖名營，字永勝，往臺，生四子，長曰，次任水，三臺，四良。

十三世名江，字伯川，戊午年往臺，男宰於章平名鷂，妣沈氏。

十三世克銘，生於乾隆三十二年丁亥三月初三日卯時，名焦，字撥山，往臺。妣賴氏生於乾隆三十六年辛卯七月廿五日未時，名眼娘，男党。

十四世考天賜李公，生於乾隆三十七年壬辰四月十六日寅時，葬在上湧赤皮，卒於嘉慶九年甲子三十日巳時，坐酉向卯。妣張氏招賴遜河往臺，生子名和，字應中。

十四世行三，出嗣子，名益，字有加，嘉慶八年癸亥徙臺，妣莊氏，生二子，名合、名槐。

十四世考剛直公，妣劉氏嫣，在臺灣。

十四世考道光廿五年乙巳往臺。妣賴氏名娘，生於嘉慶五年庚申六月初五申時，卒於道光十八年戊戌十一月十一日子時，葬在姑山盂。

十四世考名党李公，往臺。

十五世祖考忠實公，妣陳氏、余氏，在臺灣。

（《[福建南靖]梧宅洋坑李氏族譜》 清嘉慶八年稿本）

南靖下版寮李氏徙臺開基祖名録

日高娶范氏，長子廷柱娶林氏生子移臺灣，次子廷標娶廖氏生子移臺灣。

十八世開泰娶余氏，子五，長觀名可章，次可立娶汪氏移臺灣。

十九世可蘭移臺灣。

十九世可嶽移臺灣。

十九世時贊娶游氏，生一子移臺灣。

十九世壬滿，娶氏生二子移臺灣。

蘭二郎葬臺灣北勢莊，娶賴招娘葬長山老鴉飛，更葬横擔崎。子福妹，移臺灣，娶黄氏，葬長山，生二子，子士洪生於乾隆二十二年丁丑七月十六日，移臺灣。福宗娶汪氏，子移臺灣。福九，移臺灣。福龍，移臺灣。

潤俊娶黄氏，生子移臺灣。

潤廉娶詹氏，生子移臺灣。

潤達，娶劉氏，子移臺灣。

碧贊號興龍，卒葬道船路，娶江氏，生六子，從子臺灣。

二十世立清娶曾氏，生八子移臺灣。

二十世立莊娶劉氏，生子雙喜移臺灣。

石監嗣生一子，於臺灣死。

龍彩嗣子一臺灣死。鼎喜，本立伸長子，娶劉氏，生二子。

十八世成歡，娶氏生三子，移臺灣。十九世阿祖、阿本、三倫。

十八世成錫，娶翁氏，生六子。阿保去臺灣，阿葉去臺灣，阿禄去臺灣，阿朋去臺灣。

十九世阿南，去臺灣。六喜，去臺灣。

十九世阿陽，娶張氏，生二子，去臺灣。來應、火養。

十九世阿武，娶氏，生一子在臺灣。來生。

十九世進彩，娶張氏副氏生四子，光元、門元、立元、松壽。從子臺灣。

十七世潤魁，奇九長子，成旋娶賴氏嗣子一去臺灣。

十七世潤彩，奇新長子，子三：阿天移臺灣，阿丁移臺灣，阿惠移四川金堂。

阿倉，子五移臺灣。

阿甲，娶張氏，生四子，在臺灣。

開馮，娶氏生一子在臺灣。

六斗，娶林氏子七，在臺灣。

遷竭，奇萬長子，娶氏生四子：雲昌娶氏生三子去臺灣；觀料娶氏生四子移臺灣；阿添去臺灣;阿進去臺灣。

十八世成維,娶黄氏,子八,移臺灣淡水。

(《[福建南靖]下版寮李氏族譜》 清雍正甲辰稿本)

南靖油坑李氏徙臺祖記録一則

十五世汝丹,生三子,長乳名金式,次乳名天玉,三乳名水奇,長、三往臺灣。

(《[福建南靖]油坑社李氏福壽全禄家譜》 清光緒稿本)

平和埔美李氏徙臺祖記録二則

十八世老輝,過臺灣,要去他處認親,對於雞籠山起水,公在草鞋墩三角仔街,坐址在十八張犁,後代開店豆油行,號勝興。

十八世祖妣出祖過臺灣,乳名老粽、老莊。正妣傳下五子,四人過臺灣。大房名魁,次房名想,三房名葉,四名豹,五房出嗣。

(李乾元纂修《[福建平和]龍洋埔美李氏家譜》 1945年稿本)

漳浦綏安李氏徙臺祖名録

十六世國民,長流子,承乞孫,十一世咸寧派。居臺灣。生子欣宇、欣純、欣正、欣玲。

十六世清漢,長流子,承乞孫,十一世咸寧派。生子洪河、洪睦、天宗、天昌、天坤。洪河居臺灣,子君强。

(《[福建漳浦]綏安李氏族譜》 1994年鉛印本)

漳州福河李氏徙臺祖名録

二十九都元真,諱三惜,國彰公三子也。生於崇禎五年壬申,少壯好勇,精於武藝,志在從戍,至康熙年隨萬七爺外江未回。

廿九都元潭,諱恩,國彰公四子也,爲人好勇,從戍海上,在臺灣藩前任事,時營中絶糧,上人未發,軍士擁亂,自縊而死。

二十一世威,貴五子之次,商於臺。

(《[福建漳州]福河李氏族譜》 乾隆四修稿本 1995年李阿山補注本)

詔安青龍山李氏鼎嶽系徙臺祖名録

九世文鳳、象明,翼臣子,耿南派下,子孫去臺灣。

十世盛,煇子,臺臣與游氏孫,次房耿南派下,去臺灣亡故。

十世君賓,字青厚,電昇與涂氏子,臺臣孫,耿南派下。妣江氏。去臺南港,派宜蘭。

十二世文川,十一世南洞玉朋派下,子孫去臺,墳在葉崎嶺。

十七世克希，榮昌與游氏四子之三，廣厚派下。妣郭氏，子永祥、永信、永偉。往臺灣。

（《[福建詔安]秀篆青龍山李氏鼎嶽派下耿南公世系表》 1993年鈔本）

詔安青龍山李氏徙臺祖名録

十三世祖諱榮元，字九一李晚公，妣邱氏晚娘生四子，長名文容，次名文漢，三名文會，四名帝華。後妣曾氏娘生三子，五文海，六灶哲，七思誠。長女温對在小溪中央樓吕德揚爲妻，有傳。次女但織對河尾下塘項上樓吕官爲妻，往臺。三女名齊姐對官坡馬坑樓廖元分爲妻，有傳。

公生乾隆五十四年己酉四月十五日辰時，卒於咸豐十年庚申八月十八日。妣生乾隆五十七年壬子七月初三日申時，後妣曾氏娘生乾隆十一年丙寅三月六日巳時，卒咸豐二年壬子四月廿七日酉時。

（《[福建詔安]青龍山李氏源流》 1990年鈔本）

詔安青龍山李氏仲信系徙臺開基祖名録

十世悻，字悦興，佐與吕氏子，繯字衷素與沈氏孫，五世觀富派下，在臺灣無娶故。

十一世唯、磬，琴字暢坤與黄氏子，元字拔光與游氏孫，績曾孫，五世觀富派下，在臺無娶故。

十世向，騔與詹氏四子之末；盞，騔與詹氏四子之長，績與黄氏孫，五世觀富派下，在臺無娶故。

十一世頂，軸四子之末，粒與江氏孫，五世觀富派下，在臺無娶故。

十一世性，憛字詞彰與林氏三子之末，婶孫，五世觀富派下，在臺無娶故。

十一世欽，誇字詞謙與邱氏子，婶與吕氏孫，五世觀富派下，在臺無娶故。

十一世鋭，字旭榮；舉，字正榮；施，字象瑞；壕與游氏子，糟與游氏孫，八世紘派下，俱在臺灣故。

十一世深，字海如，塾與邱氏子，糟與游氏孫，八世紘派下，在臺灣故。

十一世松，字子寬，坦與吕氏子，熻字昌文與邱氏孫，八世紘派下，在臺灣故。

十三世詣，水潤子，靖孫，五世觀富派下，去臺灣，妻改嫁。

十二世院，武資與游氏子，五世觀富派下，在臺灣故。

十三世朝枝，字國榮，立興與鄒氏子，子整孫，五世觀富派下，在臺灣娶陳氏。

十四世雲峯、雲山，士朝字道行與吴氏子，淬孫，五世觀富派下，在臺灣立家，原下港溸崙定居，人丁昌盛。

十五世廷燎，字之光，玉麟字徵祥與曾氏子，帝舜孫，五世觀富派下，在臺灣故。

十二世臭，字見貹，鬧字恬之與邱氏子，五世觀富派下，妣葉氏，去臺灣故，妻改嫁。

十二世接生，字景林，趣字象之與元氏子。妣張氏，移臺灣。生子：必聞、必花、必貞、必榮。必榮妣邱、廖氏，子玉滄、玉申。玉滄在臺灣生。

十二世源，字大川，抄字茂廷與邱氏子，五世觀富派下，妻嫁，公去臺灣。

十二世萃，字信忠、集英，刷字茂昭與黄氏子，妣黄氏子三：哲常入嗣移臺灣；哲餐字弘吉，妣張氏移臺灣;金幼亡。哲餐與張氏子三,玉明守祖,玉蘊在臺灣生,玉華在臺灣生。玉明子四:開源、永成、永全、永清。

十三世木,稍字良枝二子之長,茂遒孫,五世觀富派下,在臺灣無娶故。

十三世圖書,字君則,應求與黄氏子,弼孫,五世觀富派下,妣吕氏,入嗣後移臺灣。生一子。

十二世幸,秭字茂源與邱氏子,字友在,在臺灣故。

十二世蹻,琛字抱瓊與游氏二子之長,五世觀富派下,去臺灣故。

十六世昆酒,留根與林氏二子之次子,在臺灣娶劉月梅。昆瀉,留根與林氏長子,妣劉耐氏,子五:謀光、謀唄、謀中、謀峯、謀榮。峯、榮在臺灣住。

(李德昌整修《[福建詔安]青龍山李氏仲信派下世系表仰南六世至二十世》 1992年鈔本)

詔安秀篆大坪頭李氏徙臺祖名録

七世伯祖李若瓚公,謚鳳所,庠生,合葬在嶺下溪深坑,坐北向南。妣林氏,葬在塘腹里。生一子,後裔移臺灣成族。

十世叔祖諱世巷,字爵楚李九公,妣游氏娘,後裔往臺灣昌盛。

十三世叔祖乳名永茂,號衍徵李六公,生於乾隆四十九年甲辰十二月十一日寅時,妣吕氏大娘生於嘉慶元年丙辰正月念七日戌時,享壽三十歲,終於道光五年(1825)乙酉七月廿二日卯時,葬在寮坑,生一子觀印字茂敬,又生二女,長女名分,次女娘枝,公一應而往臺灣。

(《[福建詔安]秀篆大坪頭李氏家譜》 清光緒三十四年稿本)

詔安秀篆李氏紹衣堂系徙臺記録一則

十三世祖乳名娘順,字永福,號壽徵大公,謚信實,生於乾隆三十二年丁亥七月念八酉時,壽年五十五歲,終於道光元年辛巳九月念二日未時,出處臺灣。妣吕氏大娘,生於乾隆三十七年壬辰二月十三卯時,終於道光二十九年己酉十二月初八酉時,闔家往臺灣。生下十男:長茂漢,次茂全,三茂晝,四茂陞,五茂和,六茂輝,七茂化,八茂壙,九茂迪,十茂彦。四、八男二兄弟出嗣過繼於二伯名徵公爲嗣。

(李慎潛編纂《[福建詔安]秀篆李氏紹衣堂族譜》 清道光十四年稿本)

李氏臺灣譜徙臺祖記録

九世祖士吉公,字成美,原字士時,生於清康熙元年壬寅四月吉時,卒於清康熙五十八年己亥五月十四日申時,享壽五十八,葬嶺角塘,坐巽向乾兼辰戌,坐軫十二度。妣羅大娘,生於清康熙十九年庚申十月十二日酉時,卒於清康熙五十八年己亥四月初一日未時,享壽四十,葬石坡坳檀樹窠口,坐庚向甲兼酉卯,坐昂十度向心一度。生三子,長子益略,次子益仲號次益,三子益林號茂材。立有一子名元德,後裔居臺北板橋。

九世祖士衡公,文卿六子,字定榮,號十公,與侄益敕渡海來臺灣,卒於清康熙廿六年丁卯。

十六世羨侯公，名韻，伯合公長子，娶張氏緞，生子裕、異、偏、相。公生於雍正四年丙午八月廿八日，公來臺登陸於南部，北遷至八里創基立業。卒於乾隆五十九年甲寅八月初五日，葬後鎮宫邊，坐庚向甲兼酉卯。婆生於雍正七年己酉七月十三日，卒於乾隆三年戊午六月初八日申時，葬墓仔下。

十七世公前，名裕，羨侯長子，娶陳氏生子孚，繼娶謝氏生子興。生於乾隆十六年辛未八月十九日，卒於嘉慶十八年癸酉八月初三日，葬彰化船頭埔。陳氏生於雍正十年壬子九月二十九日，卒於乾隆四十八年癸卯四月初十日，葬天馬山杜宅崙南北。謝氏生於乾隆三十年乙酉六月十六日，卒於道光五年丁未二月，葬淡水八里坌挖仔内，北南向。

十七世公常公，名異，羨侯公次子，娶王氏生子題。公生於乾隆二十一年丙子十一月十四日卯時，卒於嘉慶二十四年己卯四月初八日巳時，葬觀音山大份坑，巳亥向。婆生於乾隆三十二年丁亥十二月十一日卯時，卒於道光十九年己亥七月十三日午時，葬八里坌牛路頭，南北向。

十七世公金公，名偏，羨侯公三子，娶林氏，生子聽、孚，孚出嗣。公生於乾隆二十七年壬午三月十八日巳時，卒於道光六年丙戌八月十三日巳時，葬八里坌牛稠埔，南北向。婆生於乾隆二十九年甲申五月初三日亥時，卒於道光十六年丙申十二月初一日巳時，葬淡水戴厝，南北對合坤艮兼未丑。

十七世公宰，名相，羨侯公四子，娶氏生子補。公生於乾隆三十一年丙戌七月居船長埔卒。

（《［臺灣］李氏大宗譜》 1976 年鉛印本）

（六）王　氏

南靖後街王氏徙臺祖名録

四世太佾生喬，喬生蘭，蘭失二代生思宇，思宇生以能，以能生榮邦。榮邦生元美，元美生和、睦、用兄弟三人。榮邦次弟榮山往臺。三弟榮生愧施，愧施生四男，名晧、咏、鉗、創。四弟榮玉生四男，名穹、緣、祥、祚。穹生泰、亞二人，弟緣生贊。三弟祥生二男，長名森，次名琳。四弟祚。

六世祖玉池公，諱蘭秀，謚雅逸，生於嘉靖廿九年庚戌六月十九日申時，卒於天啓七年丁卯一月初二日，至崇禎四年辛未二月廿七日卯時葬在南靖縣上埔尾，亥巳兼乾巽。媽饒氏，諱代妲，謚莊淑，生於嘉靖廿九年庚戌十一月十六日丑時，卒於天啓七年丁卯三月初十日丑時，至崇禎三年庚午十月初一日丑時葬在高才大阪窠，乙辛向。長男乾元，字泳溪，葬在下隔仔雞母岫，坐南向北。生男祚郎公，又生二男，長乃穆，次乃如。穆娶妻林氏生男長中嗣，次中胤。中嗣字在續，娶妻陳氏，生男長鵲，次機，俱遷居臺灣。中胤字紹箕，娶妻游氏，生男長蔭，次煥，三禧，四好。煥、禧無傳，蔭、好遷居臺灣。乃如生男四，長崔，次趙，三管，四振。崔字節巖，娶妻林氏，生四男，長燦，次聰，三舜，四厝。燦又生男普聰，厝遷居南京。舜往臺彎無傳。趙字天水，生男長報，次國興。三弟管字邁弦，四弟振，同遷居烏西界外地名鍾陳褰仔。

八世祖祈諧，諱士濟，謚方正，生萬曆二十八年庚子，卒於龍武甲申年，媽尤氏，謚淵睦，生於萬曆二十八年庚子，生男乃賴，字乃在，娶妻童氏，生男長瀚字侯興，次露字朝珠遷居臺灣，三霜字朝玉無傳。

八世祖芹思，諱士泮，謚端雅，生於崇禎七年甲辰正月十七日午時，卒於康熙三十三年甲戌八月初四日丑時，葬在東溪阪，坐寅向申，媽林氏、吴氏。林氏諱連姐，生於己酉年五月初六日戌時，卒於己巳年三月初十日卯時，葬在動石窠，坐南向北。長男乃喜，次男乃悦。三男乃啓，生子獲，字信任，孫正瞪後遷居臺灣上港。

九世祖啓，媽氏生子汝獲。汝獲長子正，次子葵，同遷居臺灣。

高峯生六子，長曰宗熙，字恂吾，張氏生，世系詳載大譜内；次曰宗魯，字聳巖，傳下子孫遷居臺灣，詳載大譜内；三曰宗顔，字桂巖；四曰宗顯，字耀宇，傳下子亦遷居臺灣；五曰宗願，字替宇，遷居浙江省温州府平洋縣峨阜保，第聞子孫亦昌盛；六曰宗須，字振宇，開背壟房五子俱俞氏生。

九世祖城璧，諱陳連，鄉飲大賓，謚允中，生於順治十年癸巳五月廿三日戌時，葬在跳狗乾，坐東向西，卒於雍正二年甲辰五月廿二日亥時，享年七十二歲，掘起至乾隆三十七年壬辰三月廿八日葬在北坑大塘尾，癸丁兼子午。妣游氏，諱治姐，謚淑慎，生於順治十一年甲午十二月初一日酉時，葬在小姐地金星，坐巳向亥兼丙壬，辛巳辛亥分金，卒於雍正七年己酉二月十七日卯時，享壽七十五歲。長男應毓，字梅士，遷居四川新都府新店居住，娶婦林氏，分二弟之第六男爲子。次男應容，字在寬，娶婦陳氏生六男，一女名鸞嫁在下屈盂李家。三男拔，字傑士，前娶婦生一男，後娶康氏生四男，遷居在四川新都府新店仔居住。四男應壽，字永耀，娶婦林氏生八男，一女名西嫁在阪頭游家。五男應洽，字文水，娶婦鄭氏，生三男，一女名珍嫁在山頭劉家。六男應晬，字清和，娶婦林氏，生二男，遷居在臺灣居住，長男必汶，次男必康。媽林氏葬在蔣山凹田頭，坐東向西。

十一世祖啓祥，諱文鐘，謚敏恪，三房二五房五宗勉長，生於康熙六十一年壬寅六月廿三日未時，卒於乾隆三十八年癸巳八月初三日申時，享五十二壽。媽劉氏，諱姐，謚淑靜，生於雍正八年庚戌八月廿四日丑時，卒於嘉慶十一年丙寅六月初十戌時，享七十九壽。長男湛，字澤周。次男元潮，字聖時，生於乾隆十五年庚午十二月廿七日申時。三男元跳，字躍龍，生於乾隆十九年甲戌九月二十日丑時。聖時、耀龍兄弟同遷居臺灣。

十一世祖三房三，三房二，爾熾系三少豪，諱文雄，謚侃彰，生於雍正十年壬子五月十三日巳時，至於乾隆三十九年甲午遷居臺灣，卒於乾隆四十三年戊戌閏六月廿四日酉時，年登四十七歲。男元嗣，字振宗，以亦溪公分來爲繼。

十二世祖文衡，諱元銓，謚雅素，生於乾隆十四年己巳九月十七日亥時，至乾隆五十七年壬子月往臺灣，至道光十八年戊戌三月十九日卯時同立石牌配祀。前媽氏幼年而亡，葬在西坑洋嶺頭，後换骸科寄在窠頭。後媽温氏，諱换姐，謚惠愛，生於乾隆廿一年丙子十月廿四日卯時，卒於道光二年壬午十一月初二日酉時，享六十七壽，棺柩葬在堀水嶺，後遷换骸科，至道光十八年戊戌三月十九日卯時，葬在長科壁，坐卯向酉兼甲庚三分丁卯丁酉分金。後媽傳長男光長，字品儒；次男光廉，字品光。女子雕娘，嫁在坪上舟家後蕉張家，住在溪尾泉州人。

（王材編纂《[福建南靖]後溪寨王氏族譜》 清光緒甲午二修稿本）

南靖上寨王氏徙臺祖世系名録

德章公之子顯十六世祖仰政，乳名光財王公，本身大學生，往東無回家.妣李老孺人葬在寨仔墩脚大圳下八房公田中，生子秀坤。

三滿頂一公四子長子顯十二世祖成生，往於東都，未知之。

十二世坦公，配林氏孺人，生一男經，因於父故亡母嫁，經後往東都。

元露之三房，三男公滿，號名頂一公，娶妻揚氏孺人，生下有四男，長男成生，次男服，三男三季，四房亦幼故亡矣，但於頂一公亡後，妻揚氏再嫁，長房成往東都，無回家，未知之也。

八世祖有舜公之次男顯九世祖士盛公，娶妻某氏孺人，生下四男，長男元都，次男元羡，三男元孝，四元順。士盛公之長子十世祖元都公，娶妻王氏，生一男名真公，俱故亡。次子元羡公生下之男俱故亡矣。三男元孝公娶妻張氏孺人，生男天佑，往東都亡矣。四男元順公夫妻欲嗣，故亡之矣。

十一世首續公之長子紀，顯十二世伯祖紀，號錦初公，元配妻簡氏孺人，生下一男十三世名掌富，號曰永濟公，娶妣余氏孺人生下三男一女，長名石生，次石寧，三定子，此第三男往東都亡矣。石生之妻並生男亡嗣矣。

十世祖長振廷號秉圭公，次男振堂號秉基，三男振宇，四男振宙號心彩公。顯十世祖秉圭公，妻羅氏，生下一男一女，十一世井保。秉圭公續娶妻氏生下一男一女。十一世共二大房，井保、萬，批明之矣。振廷公之長男井保，號維周，娶妻趙氏孺人，生下四男一女，長房養，次使，三回，四房錦。批於第三、四房回錦兄弟往東都亡矣。

（王蔚然編纂《[福建南靖]長窖總上寨王氏族譜》 清光緒三十三年稿本）

漳州埔美王氏徙臺祖名録

十世猷，系甲公之子，稽甲公即秉爵公也，秉爵公是九世，猷公是十世也，往臺灣居住。

十一世恒，系信長子也，往臺灣居住。

十一世步，系信次子也，往臺灣居住。

駒，系熟三子，陳氏出也，生男凴、止。公生康熙五十四年乙未三月二十日，卒乾隆六年辛酉十月十九日，葬在寨前園，坐亥向巳兼乾巽。配詹氏，繼黄秀。和與王接紹支外出往臺灣。

十二世隴，系宣公次子，鄭氏出也。長男純，早亡。次男夜，往臺灣。

（《[福建漳州]埔美王氏族譜》 清咸豐稿本）

（七）吴　氏

南靖壁溪吴氏徙臺祖名事

九世顯祖考諱國，號珀琥，字亦都，系超之子，業儒，配妣楊氏，生二子，長俊、次儼，其長子俊往臺。

十世顯祖考諱蝌，系得生祖之五子，往臺。

九世顯祖考諱典，系建之三子，往臺灣故。

十世顯祖考諱維，系鵬鳳祖之次子，搬家眷往臺灣住。

十世顯祖考諱惜，系莊直祖之五子，墳在金壁寨内舊嶺坪，配妣盧氏，生一女適吾宅社賴石官爲妻，後搬家往臺灣，常有寄銀來掃墳。

十世顯祖考諱賽，謚純仁，系莊直祖之六子，生於順治十七年庚子十二月十二日，卒於康熙己丑年六月二十一日，墳在寨頭獅公墘，坐乾向巽。配妣黄氏，謚端淑，生於康熙八年己酉十月二十六日，卒於康熙乙未年十一月二十七日，墳在石峻上二嶺頭中畲，坐丁向癸分金，生四子，長松，次久，三管，四團。

十二世顯祖考國學生諱旃，字瑞玉，官章秉忠，謚莊慤，系篤雅祖之四子，生於雍正癸丑年十二月初五日未時，卒於嘉慶壬申年十二月十八日戌時，享壽八十歲。配妣何氏，謚劉娘，系未完婚而故，忌辰三月初三日。繼配翁氏，謚端慎，系臺灣人氏，忌辰九月初七日，無出。側室林氏，謚鞠育，忌辰七月初八日，生二子。側室王氏，謚愷肅，忌辰七月十四日，生三子，立胞兄廳之四子爲長子，共六子：長水，次五桂，三六秀，四崇仁，五自强，六俊賢，略録於此以足五房頭之數。

後學懷德堂坐乾向巽兼戌辰，丙辰分金。

莊慤祖支派十二世祖考諱旃，字瑞玉，官章秉忠，謚莊慤，系篤雅祖之四子，純方祖之孫，例授國學生，貤贈文林郎。生於清雍正癸丑年十二月初五日未時，卒於嘉慶壬申年十二月十八日戌時，享壽八十歲，先葬在溪仔尾，至光緒廿五年己亥遷葬在南坪埔郭家祖祠左邊大路下。公才高志大，雅量堪欽，壯年往臺灣而圖大業，以繪畫見長，業翁家以女子喜配，加以財寶鉅萬奉送，及回梓自置懷德堂，財産甚多，田税有一萬三千餘石，且子孫衆多，人文鵲起，財丁貴俱全。我族中如公之厚福者希矣。配妣何氏，閨名劉娘，以名爲謚，生於乾隆年間，卒於乾隆年間，忌辰三月初三日，系未完婚而故，墳在浮山大路上，坐子向午，號黴殼金。繼配翁氏，謚端慎，系臺灣人氏，閨名妙娘，生於乾隆己巳年九月初五亥時，卒於嘉慶丙子年九月初七日申時，享壽六十有八歲，無出，與公合葬在南坪埔郭家祖祠左邊大路下。側室林氏，閨名梅姐，謚鞠育，生於乾隆庚辰年二月初二日，卒於道光癸巳年七月初八日巳時，享壽七十四歲，生二子，現未葬，骸骨寄在厝前溪仔棚。側室王氏，閨名蘭姐，謚愷肅，生於乾隆戊戌年正月十三日，卒於道光丁酉年七月十四日戌時，享壽五十有八歲，生三子，墳在山尾庵右邊，坐午向子分金。立胞兄廳之四子爲長子，共六子：長水瀨，次五桂，三六秀，四崇仁，五自强，六俊賢。

十六世顯考諱印盤，謚有盤，系憲章祖之長子，往臺故，配氏改節，養一子名宿映。

（吴豐年編纂《[福建南靖]金山壁溪吴氏族譜》 清光緒三十四年二修稿本）

南靖梧宅吴氏徙臺祖名録

五世子美公，名華，乃宗澤公之第三子。東邨祠堂地乃公樂施。生於成化十五年己亥八月十八日丑時，卒於嘉靖七年戊子。葬在東銅盤石鼓上，綽號虎形。娶妣黄氏，生於成化庚子年五月初十申時，葬在簕竹坑施道後，坐甲向庚上穴。子二，長萬瑞，次萬濟往臺。

十二世世俊，文佑長子。生五子，趙、審、欺、充、政。欺子愛往臺。充子暨往臺。政子不、水。不一子往臺。水二子俱往臺。

十六世順，光鉛子，撰孫，襲曾孫，八世一淮長房派下，往臺。

十七世罷，水對子，胤孫，十三世襲公第四房派下，往臺。

（吴添益增修《[福建南靖]梧宅吴氏族譜》 清道光三年稿本）

南靖湧口吴氏徙臺録一則

十三世祖守仁公,乳名妹,字志道,系純樸公之三子也。生乾隆九年甲子三月初八日辰時,卒於乾隆六十年乙卯七月初二日卯時,高壽五十二歲,葬在九寶曲社内土名大墓堀,坐乙向辛兼辰戌,辛卯辛酉分金。妻乳名准娘,謚端靜諶氏,生於乾隆十九年甲戌二月廿九日戌時,卒於道光十八年戊戌三月廿九日丑時,高壽八十五歲。生子三人:長名壇往臺灣不回。次名硯,三名清溪。

(吴撥賢鈔録《[福建南靖]湧口吴氏橋仔頭派家譜》 1937年稿本)

平和後時吴氏徙臺灣開基名録

珠,子行子,擇可孫,以儲曾孫。過臺灣,子吴鳳。

文乾分派葉,渡臺。

文乾分派外,在臺生三子。

文乾分派車,在臺死,無子。

文乾分派龍,弁子,在臺。

伯擎,名扯,號克奮,與子梯俱過臺。梯字步雲,號廷珍,子淹、恬、鎮。

十六世帕,子假,渡臺。

十六世橼,子休被臺人刺死。

十六世離,號廷章,民子,往臺灣。子面浪、漣漪、照曜、五福、淇泉。

鍛、確,敬子,過臺卒。

甫,字衛民。子綴,過臺。

達,子浮,過臺。

質,字君樸,孫李次子研,過臺。

中,子東字位震,過臺卒。

會,孫瀨子鈔,往臺灣。

牒五子之四詑,過臺卒。

德智孫浩,字博士四子之次提,字百從,過臺卒。

楓,子盆,過臺早卒。

灶,往臺卒。

永保,子貼,往臺死。

永昌,子因才,往臺卒。

十六世鬱,週三子之末,顔孫,蔡曾孫,文福派下,過臺灣。

十六世泉,石四子之次,政孫,文示派下,喜曾孫,過臺卒。

十五世料,景三子之次,文雅派下,過臺灣。

十六世坪,文美派下,在臺卒。

十六世石、前,政子,涓孫,往臺灣卒。

十七世湍,在臺爲李大條軍師,被官取斬。

十七世内,在臺生三子,尾子出賣葬身。

十七世居，在臺卒。

十八世抱，在臺卒，生一子。

檬之派休，妬姦被臺人刺死。

達之派浮，往臺灣頂縣。

瀨之派鈔，子瑞智，孫天生，往臺灣本基湖。

俊之派灶，往臺卒。

璉之派兩泉、世，俱過臺。

（《［福建平和］後時吳氏子安派族譜》 清乾隆五十一年稿本 光緒補録鈔本）

平和後嗣吳氏往臺灣名録

長房長六代至十代，十一代至十五代。

第六代祖秉玉，遜英公之子也。娶張氏，生第七代世智，習道術納其繼妾之婦林氏，生第八代德綏。綏生第九代崇玉。玉生第十代萬。萬生十一代理、完、藍、美兄弟四人。理生十二代迪、粉、曹等，往臺。藍無子。完與美未審尚有子也，往在外方否。此宗子房之派也，其中止者皆汰之，派下不具圖。

十一代胤，生十二代飲用。用嗣黃金坑房梅之子水生。水生生日高斜等往臺。大貢生十一代萬璣、萬珂，皆石橋頭房分派也。惟照舊譜載之，未及詳考清晰。

十代學聖，子三，邦進、邦蔡、邦滿。邦滿往臺邦寧。

士殿生十代新官。士龍生十代公臺。士衮生十代學聖、學賢。士極生十代公子。士標生十代公孫。時光生八代孟勳。孟勳生九代士齊。士齊生十代五茂、公慰，即予所葬在黃金坑內，坐西向東。妣羅氏葬糕仔白蚣蜈地。公恕即纘所，往臺分派下水掘頭竹仔脚是也。公惠即三所，生十一代邦禎。邦禎生十二代段。段生十三代蟾。蟾生十四代勤候、探止。

十三代雄，子孰往臺。

十四代沄，子露、交、和、春。交往臺。

十四代蹄，子抄、練，皆往臺。

十四世莪公，子五，起、喃、請、禄、盡，往臺。

十四代霽，子四，修止、朕往臺，靈止、省止。

十四代倦，子專往臺。

十四代壽，子謙、侯、注，往臺。

十四代坊，子三，非、朗、森，往臺。

十五代燦，子往臺。

十七代蔽，湁長子，往臺卒。

十五代豹，子四。十六代燥、蔭、鐘往臺，衍往臺。鐘子白枝。衍子叔夷、子路。

標娶江氏，嗣胞弟山之子神宗。信娶洪氏，生十七代曰標、山、陳、娶、傳。山娶莊氏，生十八代神宗。陳娶鍾氏。自泉公至此俱往臺。

第十四代畝公，葬在高墘。姓黃氏，葬在黽山埔厝外。嗣第五兄中之第四子波。波公娶陳氏，生五子。續，繼嗣下房，全家往臺。灸、浸、慍、亂。

十六代馬賜，往臺。

十四代市，子五，泉公、篇公、肯公、坡公、純公，俱在臺。泉公子言、桑、壬、信，俱在臺。純公子干、成、居、質。

十四代依公，子四。火公，子一，木。旺公，子三，丁、卯、帕。象公往臺。食公往臺。

十四代杌公，子五。柯公往臺，凜公往臺，宗公，錯公，力公。宗公子六，衷、曉、庢、饌、南、龍。衷守祖，餘俱在臺。衷子有報、火土。饌子懷惠。

十五代闖，子農、誦、沃。誦往臺。

十四代礤公，子五，次局在臺。

十三代哲，子玉、丕，兄弟往臺。

第八代孟赫公，時甫公之次子也，葬在坑内大堋湖洋面，坐庚向甲。妣葛氏，葬葛藤岕，坐亥向巳，妾黄氏，葬葛藤岕，坐坤向艮。葛氏生士殿、士龍。黄氏生士衮。

第九代士龍公，葬在牛洞，坐南向北。妣方氏，生十代公臺，葬在桐子堋崠，一名兔仔望月，坐北向南。公臺生十一代邦從、邦楷、邦逞、邦琯。

第十一代邦琯公，葬在東都。妣温氏，葬在板仔面。生十二代長陣，次排。陣謚朝傑，妣温氏，葬在烏石鼓，坐東向西，生十三代長厲，次分，三條。厲公葬在烏石鼓，坐東向西，妣張氏。

第十二代排公，謚端厚，葬在走馬抛鞍，坐南向北。妣張氏，葬在墓林。生十三代長用，次桊。用公謚儲才，妣張氏，生十四代長墜，次揖，三勸，四糴，五卜，六淑椏。

第十代代勸公，生十五代譜、巖、壯、生，兄弟俱往臺。

十四代劇公，子霜，在臺。

十三代用公，子六，墜公、揖公、歡公、糴公、卜公、淑椏。歡、淑椏往臺。歡子讚、巖、壯生。淑椏子福生。長房墜子四，次子焰老之子桂文往臺。

十三代回，子三。驕、燕往臺，飲。燕子買、三天往臺。

迓，子五。層，欽，表，理，張往臺。

以禮生十代璉可、二可、三可。以聘生十代籃生往東海窖。以邁生十代整可。

九代以聘，子籃生，往東都窖。

曁生十五代得老，往臺。

審生十五代，往臺。

登生十五代録，往臺。

萬生十四代堯、興、改、叚，俱往臺。

嵩高生十二代尹齊，尹夷。尹齊生十三代稅。稅生十四代倌、儐。倌生十五代坎。坎生十五代周、勞、靴、減。尹夷生十三代稌、秣。稌生十四代應秋往臺。秣生十四代瑜、瑞、育。儐生十五代定、初、挑。定生十六代權明。霍高生十二代乃公、尹嫣。尹公生十三代偃。偃生十四代傳宗。傳宗生十五代夜、留、道、習。尹嫣生十三代邁、暹、遥。邁生十四代泰。俱往臺。

石鼓長房之長仍，生十四代坎、臺、禄。坎生十五代操、楚、臺，往臺。

第十一代科、奎、甲、第、垂、録諱榜，皆奕山公之子也。科公行居長，生十二代敦、敬。敦生十三代煜、煒、炳。煜生十四代永。永生苗。煒生十四代明、妙。明生十五代改。妙生十五代探往臺。炳生十四代茂。茂生十五代喜、願、賽。敬生十三代焰。焰生將。將生和、抱、阮、扶。此五房居長。

十四代飲，子五，慎、壇、乃、罷、晝。晝搬家往臺。

模生十四代聰、廠。聰生十五代頗、恬、奢、貌。廠嗣胞兄聰之子幼。幼往臺。

振郡，庠生，字以誠，諱耀，附妾抱子澡，生十五代初往臺。待、陳、然往臺。沙出家。粉往臺。

十五代嫣生、和、波、淑、勤。嫣生生十六代節往臺，用，爽。爽生十七代再。和生十六代柱往臺，俊，斗，池，辣。俊生十七代福、梯。斗生十七代聯、芳、池、辣。波生十六代壘、鑒、甦成，往臺。

十四代陽。陽生十五代在、嫖。在娶何氏，生十六代火成往臺。嫖娶楊氏，生十六代富春。

十四代德藻，子六。初往臺，待，陳，然，沙出家，粉往臺。

峯山派十六代輕、蕃，俱往臺。

峯山派十七代橼，往臺。

狀，生十七代商，往臺。

十四代深，子三。善往臺，子尚。碧，子表。枕往臺，子籃。

廷喜生十三代材、越、猛、莊。材生十四代灶。灶生十五代愛的。越生十四代聖。猛生十四代□□□，兄弟往臺。莊生十四代鐘、胤，各有生子。

十四代解往臺，敢往臺。

永慶薦公，生十一代景、早。早生十二代仙、秦、彦。仙公生十三代瀾、眼、勸。瀾公生十四代片、山止、樹好。樹生十五代求、焕，往臺。

永珍公生十一代元祈。元祈生十二代顯。顯生十三代納，運票，盆，位。納生十四代□□往臺。票生十四代檻往臺。

學生嗣兄之子萬興，生十八代牀、烑。牀生□□□，俱往臺。又嗣一子雲，生十八代際彼，復起庠生，煎，煮。

永嗣生九思，九忍，三，四，五，兄弟五人。十三代固，及十三代宗、掌、義，俱往臺。

（吴德潤纂修《[福建平和]後嗣吴氏族譜》 清乾隆二十三年稿本）

平和後嗣吴氏徙臺開基祖名字世系

長房長第六代祖秉玉，遜英公之子也，娶張氏，生第七代世智，習道術，納其繼妾之婦林氏，生第八代德綏。綏生第九代崇玉，玉生第十代萬。萬生十一代理、完、藍、美兄弟四人。理生十二代迪、粉、曹等，往臺。藍無子，完與美未審尚有子也，往在外方否。此宗子房之派也，其止者皆汰之，派下不具圖。

生生十一代胤，胤生十二代飲用，飲用嗣黄金坑房梅之子水生，水生生日、高、斜等，往臺。大貢生十一代萬璣、萬珂，此皆石橋頭房之分派也。惟照舊譜戴之，未及詳考。

第六代祖秉璿、秉澪、秉信，皆遜和公之子也。秉璿娶賴氏，生第七代時幾、時欽，時幾生第八代德崇，德崇生第九代宗榮、宗蓄。宗榮生第十代天敏、天英、天佑。宗蓄生十代阿如。時欽生第八代德建、德明。德建生第九代宗嶽、宗許。宗嶽生十代夢斗、夢奎、夢魁、夢麟。宗許生十代夢鯉、夢鯨、夢鯤、德。

時光生八代孟勳。孟勳生九代士齊。士齊生十代五茂，公慰即予所，葬在黄金坑内，坐西向東。妣羅氏，葬糕仔白蚣蜈地。公恕即續所，往臺，分派下水掘頭竹仔脚是也。公惠即三所，生十一代邦楨。邦楨生十二代段。段生十三代蟾。蟾生十四勤、候、探、止。

十四世孰，雄子，朝彰孫，邦彦曾孫，往臺。

十五世抄、練，蹄子，默孫，朝彰曾孫，往臺。

十五世交，沄四子之三，默孫，往臺。

十四世莪，子五，三請、五盡往臺。

十五世非、森，坊三子之長、末，揔孫，往臺。

十五世注，壽三子，揔孫，往臺。

十五世專，倦子，合侊孫，往臺。

十五世朕，霽四子之次，往臺。

十七世蔽，淊長子，錐老孫，往臺卒。

十六世鍾、衍，豹三、四子，斐孫，往臺。

長泉，次篇，三肯，四坡，五純兄弟，泉公娶妣曹氏，葬在走馬抛鞍，生十六代言、桑、壬、信、丹字彩山。言嗣第四信之第六子傳，傳娶蔡氏。桑嗣四弟信之第五子嬰，嬰娶賴氏。壬嗣四弟信之弟二子標，標娶江氏，嗣胞弟山之子神宗。信娶洪氏生十七代日、標、山、陳、娶、傳，山娶莊氏生十八代神宗，陳娶鍾氏。俱往臺。

第十四代畝公，葬在高崁，妣黄氏葬在黽山埔厝外，嗣第五兄中之第四子波。波公娶陳氏生十六代續，繼下房全家往臺。炙、浸、愠、亂、讓、丑、换。續娶賴氏生十七代注、扶、三，在臺出嗣石鼓派火爲子。

十六世馬賜，灘三子之次，往臺。子吼、喊，喊亦往臺。

十五世泉、篇、肯、坡，市子，葛孫，往臺。泉子言、桑、壬、信俱往臺。信生六子。

十五世宗，杌子，生子六，衷、曉、庠、饌、南、龍。長子衷守祖，餘均往臺。

十五世柯、凜，杌長次子，往臺。

第八代孟赫公，時甫公之次子也，葬在坑内大堋湖洋面，坐庚向甲。妣葛氏，葬葛藤荇，坐亥向巳。妾黄氏，葬葛藤荇，坐坤向艮。葛氏生士殿、士龍。黄氏生士兗。第九代士龍公葬在牛洞，坐南向北，妣方氏，生十代公臺，葬在桐子堋東，一名兔仔望月，坐北向南。公臺生十一代邦從、邦楷、邦逞、邦琯。第十一代邦琯公，葬在東都，妣温氏，葬在板仔面，生十二代陣、排。

十四世依，椿子，子四，火、旺、象、食，象、食往臺。旺長子丁往臺。

誦，闖三子之次，訓孫，往臺。

局，礤五子之次，往臺。

玉，敏四子之末，炳孫，往臺。

十四世玉、丕，哲子，朝鳳孫，邦謨曾孫，往臺。

第十四代勸公，生十五代讚、巖、壯、生，兄弟俱往臺。糴公生十五代瓊、興、水有，卜公生十五代水連，淑樫生十五代福星。

十五世霜，劇子，分孫，朝傑曾孫，往臺。

十四世淑樫，用子，端厚孫，往臺。

十四世歡，用子，端厚孫，往臺。

十六世桂文，焰老子，墜孫，往臺。

十四世燕，回三子之次，往臺，子買、三天亦往臺。

十四世張，迓五子，朝仰孫，往臺。

十世籃生，以聘子，榮泰孫，俊傑系，往東都窖。

稌生十四代應秋往臺。

十五世得老,端子,往臺。

十五世録,登子,往臺。

十六世火成,往臺。

十四世臺,仍三子之次,公祐孫,往臺。

十五世探,妙子,煒孫,十世奕山系,往臺。

十五世改,明子,煒孫,往臺。

十三世飲,興三子,子慎、壇、乃、罷、晝,搬家往臺。

十三世善、枕,深子,躍孫,往臺。

猛生十四代兄弟往臺。

敢,冢子,廷瑞孫,往臺。

解,帶次子,廷瑞孫,往臺。

十五世焕,樹子,闊孫,仙曾孫,往臺。

永珍公生十一代元祈,元祈生十二代顯,顯生十三代納、運、票、盆、位,納生十四代往臺。票生十四代檻往臺,盆生十四代鈍,位生十四代恪。

十代長永嗣,次永兆,三永麥,四永祥。永嗣生九思、九忍等兄弟五人,今十三代固及十三代宗、掌、義往臺,未知是其派否。

十五世幼,廠子,模孫,十世奕山系,往臺。

十五世粉,德藻子,往臺。

十七世橡,菊子,暖孫,往臺。

十六世輕、審,暖子,往臺。

十六世節,往臺。

十六世柱,往臺。

(吴德潤纂修《[福建平和]後嗣吴氏族譜》 清乾隆二十三年稿本)

平和後嗣吴氏徙臺祖名録

珠,子行子,擇可孫,以儲曾孫,過臺灣。子吴鳳。

文乾公分派造,生子葉,渡臺。登,字詣堂,生子外,在臺生三子。追,字慕遠,生子車,在臺死無子。

文乾公分派伯擎,名扯,號克奮,在臺卒。生子梯,字步雲,號廷珍。梯生子淹、恬、鎖。

文乾公分派弁,生子龍,在臺。

文乾公分派帕,生三子:飯、假渡臺,純。

文乾公分派民,字汝秀,號克峻,生子離,號廷章,往臺灣。離生五子,長面浪,次漣漪,三照曜,四五福,五淇泉。

橡,叟第四子過房,字等松,號廷貴,生子休被臺人刺死。

文乾公分派敬,字衷士,生四子,長子鍜過臺卒,次子確過臺卒,三子熠,四子掉。

文乾公分派甫,字衛民,生子綴過臺。

文乾公分派達,字以通。生三子,長活,次浮過臺,三恩。

文乾公分派李,長子菩,次子研過臺。

文乾公分派中，字遠求，長子磜，次東字位震過臺卒。

文乾公分派瀨，字揚波，子鈔往臺灣。

文乾公分派浩，字博士，子提字百從，過臺卒。

文乾公分派牒，字文顯，子詑過臺卒。

文乾公分派楓，字翹山，長子盆過臺早亡，次子藻。

文乾公分派俊，子灶往臺卒。

（《［福建平和］後嗣吴氏族譜》　清乾隆五十一年稿本）

平和壺嗣吴氏徙臺開基祖名字世系

金坑房國韜派下十三世重涉、重浚，往臺灣。

金坑房國武直系十三世重洽、重浩，往臺灣。

十二世家銘，國略長子，往臺灣。

山侑房遜華派下十世公恕，士用子，孟洛孫，往臺灣。

山侑房德祉支系十六世松，往臺灣。

祐公支系十七世辟，克勤子，肥孫，往臺灣。

葛公支系十五世灘，吉五子之四，下代往臺灣。

山侑房葛公支系十六世信、壬、桑、言，泉子，幣孫，葛曾孫，移徙臺灣。

石鼓長房奕山派欽遠系二十一世清江，玉牆子，占鼇孫，往臺灣。子永福、孫炳餘等。

石鼓長房奕山次派欽遠系十五世波，振坤子，往臺灣。

石鼓長房奕山次派欽遠系十五世暖，振文子，往臺灣。

石鼓長房奕山次派欽遠系十六世德、顯，潭子，移徙臺灣。

石鼓長房奕山支派欽遠系十六世塘、約、佑、致，鳫子，移徙臺灣。

石鼓長房螺坑派彩達支系二十一世世滿，石靠三子之長，聲孫。在臺灣。

石鼓次房之次彌香支系新田派十一世登高，應綽四子之次，明爲孫，八世彌香曾孫，往臺灣。

石鼓次房次派彌香支系新田派二十一世福長，濟徹四子之次，往臺灣。

石鼓次房次派彌香支系新田房十九世水淺，賓子，燦孫，往臺灣。

石鼓次房次派彌香支系新田房十八世都、聰明，浮子，達孫，質曾孫，往臺灣。

石鼓次房次派國英支系二十世經常，木生二子之長，在臺灣。

石鼓次房次派國英支系十九世蛤，水壽七子之長，高升孫，往臺灣。

石鼓次房永托支系岸坑派十六世朝，飄子，伯孫，往臺灣。

石鼓次房之五彌譽系許坑房十一世九法、九效，永祥六子之長次，明欽孫，彌譽曾孫，往臺灣。

石鼓次房彌譽支系許坑房十七世繼能，移居臺灣。

石鼓次房巽南支系許坑派十七世象形，敦厚三子之末，往臺灣。

石鼓次房爽公支系許坑派二十二世耿忠，在河子，決汝孫，往臺灣。

石鼓次房巽南支系許坑派十六世以，誠二子之長，自孫，司瑩曾孫，往臺灣。

石鼓次房許坑派下十九世紅貓、紅狗，周宇三子之長、次子，敦樸孫，十五世厚樸派下，往臺灣。

石鼓次房許坑派下二十世樹乳,龍溪三子之末,化同孫,十五世練傳下,往臺灣。

石鼓次房許坑派下十四世喜,兔子,移居臺灣。

石鼓次房許坑派下十五世德福,移居臺灣。

(《[福建平和]壺嗣吴氏族譜》 1982 年三修稿本)

平和壺嗣吴氏徙臺祖名録

帖,永保子,往臺死。

因才,永昌子,往臺卒。

文福派欝,接子,桐孫,過臺灣。

箴,管子,根次子過房,過臺灣。

泉,石子,文示派下,過臺卒。

料,景三子之末,過臺灣。

聽,恭子,神孫,文熾派下,在臺卒。

十六世坪,在臺卒。子九。

十六世石、前,政四子之長、次,涓孫,文美派下,在臺卒。

十七世湍,三安三子之次,在臺爲李大條軍師,被官取斬。

石鼓次房派下追之系十八世抱,在臺卒。生一子。

石鼓次房派下追之系系十七世居,在臺卒。

石鼓次房派下追之系十七世内,在臺生三子,尾子出賣葬身。

十七世嚴,過臺卒。

十七世帕之派假,過臺。

十七世居,在臺卒。

檬之派休,妬姦被臺人刺死。

達之派浮,往臺灣頂縣。子聰明。

瀨之派鈔,往臺灣本基湖。子瑞智,孫天生。

俊之派灶,往臺卒。

璉之派兩泉、世,俱過臺。

(《[福建平和]壺嗣吴氏族譜》 1982 年三修稿本)

平和九峯出水蓮花吴氏徙臺一則

第十五世祖謚元波吴公四郎,葬在臺灣。

(《[福建平和]九峯出水蓮花吴氏族譜》 1948 年稿本)

平和九峯吴氏遷臺祖卒葬記録

七世顯祖考謚纘裕,吴公四大郎,享壽六十八歲,名禄。生於康熙五十七年戊戌八月初二日戌時,卒於乾隆五十一年丙午五月十五日申時,葬在臺灣頂淡水土名秀郎尖山脚,坐坤向艮兼未丑分金。孝子貴、章、會、心、錫、滿、才祀奉。

七世祖妣謚德慈曾氏孺人,享壽七十三歲。生於乾隆六年辛酉十二月十二日酉時,卒於嘉慶十八年癸酉九月廿一日戌時。葬在臺灣上淡水安坑莊赤涂嶺。孝子貴、章、會、心、錫、滿、才同祀奉。

(吴應奎編修《[福建平和]九峯吴氏永思堂族譜》 清咸豐稿本)

平和九峯永思堂吴氏徙臺祖名録

七世顯祖考謚纘裕,吴公四大郎,享壽六十八歲,名録,生於康熙五十七年戊戌八月初二日戌時,卒於乾隆五十一年丙午五月十五日申時,葬在臺灣頂淡水土名秀郎尖山脚,坐坤向艮兼未丑分金。孝子:貴、章、會、心、錫、滿、才,同祀奉。

七世祖妣謚德慈曾氏孺人,享壽七十三歲,生於乾隆六年辛酉十二月十二日酉時,卒於嘉慶十八年癸酉九月廿一日戌時,葬在臺灣上淡水安坑莊赤塗嶺。孝子:貴、章、會、心、錫、滿、才同祀奉。

(吴應奎編修《[福建平和]九峯吴氏永思堂族譜》 清咸豐稿本)

雲霄西林吴氏徙臺祖名録

十三世齊,生子佈、馮、素。佈往臺灣住居。

旭新,生子佘往臺灣烏頭。

俊四子之長子抱,臺灣府彰化縣學武生。

(吴大經鈔本《[福建雲霄]西林吴氏族譜》 清嘉慶二十年稿本)

平和馬目吴氏徙臺祖記録一則

十五世元波,行四,信義四子,漳州府平和縣琯溪馬目長潭社,出往臺灣。生於嘉慶己巳年四月十六日酉時,卒於道光二十五年八月十六日未時,享壽三十七歲,葬在臺灣。過房男長壩、長燥。

(《[福建平和]馬目吴氏世系表》 1995年稿本)

平和永思堂吴氏在臺支系生卒録

第七世顯祖妣謚淑慎,吴媽曾氏,享壽四十一歲,生於康熙癸巳年六月廿六日未時,卒於乾隆癸酉年正月十六日巳時。葬於三世祖妣田氏墳内。生子詳前。

第七世顯祖考諱廷實吴公二郎,享壽五十六歲,生於康熙四十六年丁亥十月初八日,卒於乾隆廿六年辛巳三月初十日辰時。葬於淡水永豐莊尖山脚糞箕湖。

祖厝在大坪林永豐莊拾四張鄉永思堂,又厝在芝蘭一堡東勢石角莊楊家右邊隔壁頂厝,正身三間,坐午向子分金,分房字號天、地、山、川、日、月、星。

第七世顯祖考諡讚裕，諱廷録吴公四郎，享壽六十八歲。生於康熙五十八年己亥八月初二日戌時，卒於乾隆五十一年丙午五月十五日申時。金移葬於觀音山獅子頭，後移葬於永思堂大墓内。生子長文心，次文會，三文錫，四文章，五文滿，六文貴，七文才。

第七世顯祖妣諡德慈，閨名妹娘吴媽曾氏，享壽七十三歲。生於乾隆六年辛酉十二月十二日酉時，卒於嘉慶十八年癸酉九月廿一日戌時，金移葬於石角仔永思堂大墓内。

第九世顯祖妣諡堅，閨名娘吴媽曾氏，享壽五十一歲。生於乾隆四十七年壬寅九月十二日子時，卒於道光十二年壬辰六月吉日辰時。葬於上淡水内港擺接保尖山脚梘頭山，坐戌向辰兼乾巽，分金庚戌庚辰。

（《[臺灣]吴氏永思堂重建十周年紀念志》 1971年稿本）

漳州西洋坪吴氏徙臺祖名録

十一世三，諱以牛，公娶妣氏生二男派、自。派生二子，長諱火，次斟。斟無娶，做兵往臺灣而亡臺。火公生一子名悪，無娶妻而卒，後無傳。

十二世三伯公，乳名永直，公卒於咸豐年間十一月初三日吉時，葬在西門外土名山前面石蛇尾田上，坐東向西。配妣氏諱官，卒於咸豐年四月初一日吉時，葬在西門外山前塚土名石碑後坑邊上左畔，坐寅向申，神碑立在前甲公大所内。生下二子，長尚公往臺灣當兵，後無歸故土，次怨未娶而亡，葬在何處不詳，神碑立在公大所。

（吴清章編纂《[福建漳州]西洋坪吴氏族譜》 1920年稿本）

（八）劉　氏

南靖村雅劉氏徙臺開基祖臺灣譜記

八世孟三郎，九世永貴，十世欽榮。十一世羣。

十一世祖，定譜二十世祖，臺灣開基始祖羣公，生男長吾英，諱宗炯，名羣，諡温恭，系廷桂名維公之長子也。娶和邑琯溪高磜楊氏，生一子一女，桃娘適曹來官。

公原居於唐山村雅嶺頭下李，自於乾隆十二年丁卯四月間，父母兄弟妻子一齊至臺灣北路内港而居焉。

公賦性敦樸，剛直良善，沉默守義，品行端方，睦族憐里，備孝友弟，躬耕色養，勤謹治家，營立産業以遺子孫，嚴肅訓誨，亦是義方之士也。又得楊氏内助之美，稟性和柔，端方守義，克勤克儉，孝順翁姑，相夫教子，廣行濟急，此真是良善好逑匹也。

公生於雍正五年丁未九月初一日巳時，享壽八十四歲，卒於嘉慶十三年戊辰五月十七日未時，葬在水碓窠尾，後改葬在永貴祖蒸祀宅内，坐西向東。

妣楊氏儉娘，諡義德，生於雍正五年丁未八月初二日巳時，壽享九十三歲，卒於嘉慶廿四年己卯九月十九日卯時，葬在八里坌保州仔内牛屎坑。

玖世祖，定譜拾捌世祖鞏公，生男長觀妹，次維老。

鞏公諱一光，名陳鞏，字武侯，諡純昭，系承錫名團公之長子也。娶北溪黄氏。生二子二女。長女適新田蕭，次女適山城許。公生於康熙十五年丙辰五月二十日未時，年四十五歲，卒於康熙五十九年庚子九月初十日午時，葬大潮，後火化改葬嶺頭大岐圳上里。妣黄氏益娘，謚良厚，生於康熙十六年丁巳正月初八日午時，壽享九十一歲，卒於乾隆三十二年丁亥六月三十日吉時，葬在臺灣北路上淡水内港八里坌保西雲巖脚田面上里，坐乾向巽，號曰太金蓋小金地形。

按其此地乃是祖妣黄氏之德，亦乃系後代子孫之福也。妣黄氏初居在唐山村雅，後與兒維老孫等一齊遷移臺灣上淡水外港，後移入内港擺接住居。妣黄氏在擺接壽終，初居維公未有立業，暫葬他人之地，他人聞知不許，必得遷移，維公求其暫安周年之外切切遷還汝，伊亦不許，亦不容以潔月。維公計起無奈，乘夜遷棺來葬在西雲巖脚，時開控掘下數尺，兩邊左右上下俱皆石板，但中有一穴如棺位大，將棺以下而埋之，言其石棺槨也。因其迫勒而得福，亦是彼蒼者之助。

十世祖，定譜十九世祖觀妹公，生男天識。公諱廷楠，名觀妹，系一洸名鞏公之長子也。娶山城黄氏，未育而故，乃立茅埔房大山尾大禎之子過繼傳後，名天識。公生於康熙四十一年壬午五月初九日巳時，年十八歲，卒於康熙五十八年己亥五月十七日申時，葬大湖崎流里，後火化遷葬春雅嶺頭石壁下裹。妣黄氏瑱娘，夫故改嫁埔子林。

按其此房觀妹公早故，乃立茅埔房大山尾大禎之子名天識以來付妹公過繼傳嗣。又按天識公成長婚娶之後，原在唐村雅，遷移過臺灣下縣虎尾寮番仔路麻園住居，經商立業成家。自時天識公生下一子茂雲，長成婚娶，生子之後，乃天識公卒.後茂雲公又遷移上頂淡外港桃仔園住居，家業毁敗。茂雲公生下有一子名番年，至三十餘而卒。至道光十六年丙申，但維有茂雲自己獨立孤苦，而且喪妻失子，中無胞兄弟，下無子孫相繼，言其此房稀微之少矣。至此道光十七年茂雲卒。

維老公，生男長羣，次敬，三蹇。公諱廷桂，名維，字聯芳，謚必政，系一洸名鞏公次子也，娶上湯黄氏益娘，生一子名羣，一女適張窖簡。黄氏不幸早喪，又繼娶洪氏秦娘，隨來一女以付羣爲室。洪氏生二子，名敬，名蹇，一女奉娘適浮山韓瑞官。

按公生而豪邁，賦性敦樸，恭謹備至，孝親友弟，里族悉加。公以諫其母親曰，恩義以村雅之地雖可立業成家，慮其後來族大而地狹，恐不足以爲子孫久遠。公與母計，乃囑伊堂兄弟曰，汝居故土，以奉先祠，以省墳墓，示不忘本也。至天順間卜遷移於臺灣下縣而居焉。後又移上淡水外港居住。而後又再移入内港擺接莊居住。隨而耕農創業，動以詩禮，恭謹事親，訓誨兒孫，習彰之俗，彬彬乎其盛矣。娶上湯黄氏益娘爲室，生有一子，諱羣。黄氏不幸早喪，隨繼娶山城墩仔頭洪氏，明性寬和，孝事翁姑，相夫教子，勤儉治家，夙夜不懈，堪稱善匹。生有二子，曰敬，曰蹇，昆仲俱齊美，振興家門。

公生於康熙四十六年丁亥九月廿九日酉時，壽享八十二歲，卒於乾隆五十三年戊申十二月十九日辰時，葬後改葬在桃仔園内壢仔坎仔頂埔，坐丁向癸，用丙午丙子分金。妣黄氏益娘，謚規敏，生於康熙四十七年戊子八月廿九日未時，年二十七歲，卒於雍正十二年甲寅十一月十九日未時，葬在唐村雅大鞍，後火化改葬壟仔路面裹。

繼妣洪氏秦娘，謚柔順，生於康熙四十七年戊子六月十二日吉時，壽享九十三歲，卒於嘉慶五年庚申九月十八日卯時，葬在臺灣頂淡水，後改葬八里坌觀音山老遷坑田寮外田面上，坐巽向乾，用丙辰分金。

敬公長男長光藍，次祈福，三天，四牡丹，五惠，六陣歲，七集成，八家齊。公諱宗煌，名敬，號任賢，謚貞勤。系廷桂名維公之次子也。娶海澄歐氏，生捌子三女。允娘適柯德元，次女有娘適林宗英，三女全娘適鄭顧官。

按公行純樸，處世和協，智以撥物，才以應事。居家則備孝友弟，自幼至老秉性循直，耕農守正，訓誨兒孫。迨其營立家業，瑞昌盛之矣。又得歐氏淑慎，存性和於妯娌，治家咸宜相夫教子，夙夜不懈，真女中之英者也。

公生於乾隆元年丙辰九月十四日酉時，享壽六十七歲，卒於嘉慶七年壬戌二月十五日寅時，葬在新莊山脚，後改葬在外港桃仔園坎仔脚埔頂。

妣歐氏德娘，謚怡慎，生於乾隆十六年辛未七月十七日丑時，享壽八十歲，卒於道光十年八月十五日寅時，葬在石牌仔港臺墘武六份田中，坐東向西。

（《［臺灣桃園］南靖村雅欽榮派下劉氏族譜》 清同治稿本）

南靖板頭彭城劉氏徙臺開基世系名録

板頭房貳房長十二世元坎，長男繩祖付元震爲過繼，次絺，三絡，四繡，五紗，俱往眷在臺大武郡。公諱元坎，乳名芬，系板頭房時潛名君潛之次子也，娶莊氏生五子。女名絨娘，適黽洋莊麟，生官靖邑庠生。

大新公，長男颴，次沛妖，三躍妖。公諱大新，乳名栽，字鼎芝，系板頭房時現公名現之長子也，娶簡氏，生三子，一女名通娘適雙坑邱進一官。公生於康熙十五年丙辰十一月初四辰時，葬在臺梅仔坑，坐西向東。

大受公業儒，長男三長，次廉往臺舊社，三遠，四辟，五朗。公諱大受，乳名培，字以虚，謚穆清，系時現公名現之三子也，娶蕭氏生五子。公生於康熙廿八年己巳八月初十日丑時，享壽五十八歲，卒於乾隆十一年丙寅十一月廿三日午時，葬在施洋田地蓟坑大路下田中央，坐乾向巽。

十三世往臺北路，諱振高，乳名嵩，系初晨之養長子也，娶唐氏。

十三世板頭房貳房長道字輩繩，君潛公派下，男名朱衣早故，次名啓往臺淡水。諱道乳名繩，系元震公之立繼子也，娶張氏生二子。繩葬在梅仔坑，坐南向北，氏葬在火燒崎坪尾，坐南向北。

繡，長男有，次獎，三美，四檀，俱往臺板橋頭。諱道精，乳名絺，系元坎名芬之長子也，娶李氏生四子。

絡，長男汪洋，次琛，三燦俱往臺板橋頭。諱道表，乳名俗，字次成，系元坎名芬之次子也，娶簡氏生三子。

絺，長男萊，次桃，俱往臺。諱道彩，乳名繡，字聨文，系元坎名芬之三子也，娶鄭氏生二子。

紗，長男嚴，次扶，三位，四篇，五王奉，俱往臺板橋頭。諱道□，乳名紗，系元坎名芬之四子也，娶涂氏生五子。

颴，君現公派下，長男天緣，次葵光，俱往臺。諱道綿，乳名颴，字亦初，葬臺，系大新公名栽之長子也，娶張氏滿娘無生，養二子。

道明公，諱道明，乳名智，字覺士，系大任公名江之長子也，娶邱氏，生一子名振宇往臺。公生於康熙四十八己丑，卒於乾隆四十八年己丑，妣邱氏生於康熙己丑年。

道德公，乳名幸，諱道德，字心耕，系大任公名江之次子也，娶張氏生二子，養一子，長男抹，次煅，三養的，俱往臺灣淡水。公生於康熙癸巳年，卒於乾隆。妣張氏敬娘。

道情公，乳名性，諱道情，字宗文，系大士公名江之三子也，娶何氏生四子，長名神求，次佛賞，三佛庇，四神昌，俱往臺灣淡水。公生於康熙庚子年，卒於乾隆。妣何氏金娘，生於雍正壬子年。

道彩公，長男董，次天過繼。公乳名焕，諱道彩，字友文，系大任公名江之四子也，初娶黄氏生一子，續娶張氏生二女，養一子，長女名僭適施洋龍潭邊蕭大學淵源官，次女佳娘適河港曾杳官。公生於雍正甲辰年，卒於乾隆。妣張氏柔娘生於雍正壬子年十二月三十日巳時。

道忠公，長男衮，次珍，三嫖，四塔，俱與父往臺舊社。公乳名廉，諱道忠，字清士，系大受公名培之次子也，娶蕭氏生四子。公生於康熙乙未年，壽六十歲，卒於乾隆甲申年，葬在臺灣。妣蕭氏錦娘，生於雍正甲辰年，卒於乾隆癸巳年，葬在臺灣。

道察，繼男溢往臺灣身故。乳名按，諱道察，字士昭，系大成公名官之次子也，娶張氏，續娶葉氏倪娘，無生，隨一子爲劉後。生於康熙庚子年，卒於乾隆，葬在白烏坑，坐西向東。張氏卒於乾隆。葉氏倪娘葬在大洞嶺邊，坐北向南。

昂往臺灣，系脩長子，諱道，字魁梧，生於雍正甲辰年，娶簡氏。

仰往臺灣，系脩次子，諱道，字景山，生於乾隆年。

篕往臺灣，系脩三子，諱道玉，生於乾隆。

算往臺灣，系尊賢長子，諱道起，字善推，生於乾隆。娶蕭氏，生一女名外娘，適雙坑邱。

文謨往臺灣，系時毅公派下，系菊長子，諱道顯，生於雍正甲辰年，卒於乾隆，娶氏生於乾隆。生二子，長遠遊，次玩速。

武烈，往臺，系菊次子，諱道，生於雍正，娶馮氏。

睿，系蒲長子，諱道，字省深，生於雍正庚戌年，娶莊氏動娘，生一子，後夫故改適，一子名元亨從繼父往臺，一女名稚娘適龜洋。

硯往臺灣，系稱長子，生於乾隆癸未年。

天才，系會長子，諱道香，生於乾隆癸未年，搬眷往臺淡水，娶馮氏。

國，諱道京，系鞍之四子也，娶張氏生一女適赤州蕭抱姻家。長男、次搬眷往臺湳仔莊。生於乾隆丁酉年十一月。張氏生於乾隆。

啓，移臺，諱尚光，系繩之次子也，娶張氏生四子，長琿，次況，三登，四接與三寵過繼爲孫。生於雍正乙巳年八月廿二日辰時，張氏蔭娘生於雍正甲寅年。

有，往臺灣，諱尚，系絺之長子也，娶邱氏生一子。邱氏夫故改適。

五美，往臺灣，諱尚，系絺之三子也，娶張氏生一子一女，子名建。生於乾隆戊辰年。張氏生於乾隆。

檀，往臺灣，諱尚，系絺之四養子也，生於乾隆壬申年。

汪洋，往臺灣，諱尚，系綌之長子也，娶賴氏生一子。生於雍正戊申年。

琛，庠生，往臺灣，諱尚珪，字獻廷，乾隆戊寅進臺灣府學，系綌之次子也。娶楊氏生三子，長壤，次際，三熊。生於雍正辛亥年，楊氏娘生於乾隆。

燦，往臺灣，諱尚，系綌之三子也。生於乾隆丁巳年。娶氏生子，生於乾隆丁巳年。

萊，往臺灣，諱尚，系繡之長子也，未娶而故。生於乾隆壬戌年。

桃，往臺灣，諱尚，系繡之次子也，娶氏生一子名郡。生於乾隆乙丑年。

嚴，往臺灣，諱尚，系紗之長子也，娶施氏生三子。生於乾隆戊午年。施氏甚娘生於戊午年。

扶,往臺灣,諱尚,系紗之次子也,娶葉氏生一子名媽for。生於乾隆庚申年。葉氏夫故改適。

三位,往臺灣,諱尚,系紗之三子也,未娶而故。生於乾隆甲戌年。

四篇,往臺灣,諱尚,系紗之四子也,生於乾隆甲戌年。

琫,往臺灣,諱尚,系紗之五子也,未娶而故。生於乾隆丙子年。

斐,往臺灣,諱尚,系寵之養子也,未娶而故,生於乾隆乙丑年,以尚光名啓之四子名接爲過繼。

天緣,往臺灣,君現公派下,諱尚,系颴之長養子也,娶莊氏生一子。生乾隆。

葵光,往臺灣,諱尚,系颴之次子也,生於乾隆。

振宇,往臺灣,諱尚,系智之長子也,娶邱氏。生於雍正。

抹,往臺灣,諱尚,系幸之長子也,娶簡氏。生於乾隆。

煅,往臺,諱尚,系幸之次養子也,生於乾隆,未娶而故。

神求,往臺,諱尚璋,系性之長子也,生於乾隆。

佛賞,往臺灣,諱尚,系性之次子也,生於乾隆。

佛庇,往臺灣,系性子三子也,生於乾隆。

昌神,往臺灣,諱尚,系性之四子也,生於乾隆。

劇,往臺灣,諱尚康,系道悠名長子也,娶王氏生子長碌。生於乾隆,卒於乾隆甲辰年,在臺身故,王氏巧娘生於乾隆。

擇,諱尚慎,系道悠名長之次子也,生於乾隆,卒於乾隆丙午年,在臺身故。

衮,往臺灣,諱尚彩,系道忠名廉之長子也,娶莊氏生一子名光環往臺,一女名免娘。生於乾隆。莊氏生於乾隆。

珍,往臺灣,諱尚珠,系道忠名廉之次子也,娶張氏生二子,一女名雅娘。生於乾隆。

嫖,往臺灣,諱尚豔,系道忠公名廉之三子也,娶陳氏,生一子名旺,一女名隨。生於乾隆。

塔,往臺灣,諱尚,系道忠公名廉之四子也,生於乾隆。

尚懸,乳名謚,諱尚懸,系隨續娶而來過繼子也,未娶而臺亡。生於乾隆。

鳳,往臺灣,諱尚友,系德長子,娶張氏抱娘。生於乾隆丙戌年正月初二酉時。張氏抱娘生於乾隆。

英,往臺灣,諱尚忠,系美長子。生於乾隆乙酉年。

荒,諱尚亨,系睿之子,娶氏往臺。生於乾隆。

初魁公派下貳房長貳房湍,往臺,諱尚洄,字瀠波,系侃次子,娶張氏招娘,生於乾隆辛巳年。張氏招娘生於乾隆乙酉年。

温,諱尚,系粹次子出繼臺灣湳仔莊元時公爲孫。

十五世國字輩貳房長長,時潛公派下。玶,系啓長子;放,系啓次子;登,系啓三子;接,系啓四子付寵爲孫;硬,系獎長子;改,系獎次子;免,系獎三子;我,系獎四子;壤,系琛長子;際,系琛次子;熊,系琛三子;郡,系桃長子;水元,系嚴長子;椿,系嚴次子付篇過房;媽for,系扶長子,俱往臺湾。

五黄,諱家墻,系國梓名棪之長子也,生於嘉慶壬申年十二月初三日午時,後往臺灣。

進步,系國梓名棪之次子也,後往臺灣。

(劉尚安編纂《[福建南靖]施洋板頭彭城劉氏族譜》 清道光稿本)

南靖金山劉氏徙臺祖名録

第十一世恭敏公，乃侃毅公長子，葬在上泮徑寨後與蝌形連近，派下在臺邦嘉義縣梅仔坑莊等處居住，又彰化縣貓霧㨗頭前厝莊居住。生下五子：長綿存，次國珍，三崇葬在徑狗崙崑埤仔頭路上，四顯葬在半徑下樓崙田上。

十三世國珍公，乃景華祖次子，生下一子名梧生公，公生下四子，長名沛，次浡，三語，四汴。考語公遷臺彰化縣北門口新莊仔居住，生下三子，長名固，次堅，三溪。

（《[福建南靖]金山劉氏族譜》 清宣統三年稿本）

南靖金山新村劉氏徙臺祖名録

十一世恭敏公，乃侃毅公長子，葬在上泮徑寨後與蝌形連近，派下在臺邦嘉義縣梅仔坑莊等處居住，又彰化縣貓霧㨗頭前厝莊居住。生下五子，長綿存，次國珍，三崇葬在徑狗崙崑埤仔頭路上，四顯葬在半徑下樓崙田上。

十三世國珍公，乃景華祖次子，生下一子名梧生公，公生下四子，長名沛，次浡，三語，四汴。考語公遷臺彰化縣北門口新莊仔居住，生下三子，長名固，次堅，三溪。

十四世輔卿公，名使，乃綿存祖第三子，葬在寨後，妣吴氏生下一子名順生，一字名規，渡臺。繼妣高氏葬在下泮徑河硿後坐西向東。生下一子名欣。

（《[福建南靖]金山新村彭城劉氏族譜》 清道光七年三修 清宣統三年稿本）

南靖珊圖劉氏徙臺祖名録

十一世恭敏公，乃侃毅公長子，乳名應龍，葬在上半徑寨後與蝌形連，派下在臺邦嘉義縣梅仔坑莊等處居住，又彰化縣貓霧㨗縣前厝莊居住。

十三世國珍公，乃景華公次子，生一子名梧生公，生四子，長沛，次浡，三語，四汴。語公遷臺彰化縣北門口新莊仔居住，生三子，長固，次堅，三溪。

十四世輔卿，乳名使，乃綿存公第三子，字輔卿，葬在寨後，妣吴氏生一子名順，一子名規渡臺。繼妣高氏，葬在下半徑河硿後坐西向東，生一子名欣。

十八世開陽公，乃文篇公次子，乳名然，妣鄭氏，生下二子，長乳名金榜往臺灣，次乳名金擁。

十八世惴郎公，乃克明公之子，字名慎各，諱士貴，妣鄭氏，生四子，長北振，次乳名火城，三乳名水存，四乳名四在。火城往臺。

（《[福建南靖]和溪珊圖劉氏均保系族譜》 清光緒稿本）

劉氏各支系徙臺開基祖名字世系匯録

得姓一五〇世南靖十五世文魁，移臺灣，後裔新莊市劉達郎、後里鄉劉明義等。

南靖學箕派下，二十世，總一五九世秉高，渡臺。子九，羨真、羨莊、羨霞、羨宇、羨字、羨蘭、羨成、羨宙、羨思。羨霞行三，移臺灣，後裔彰化市劉阿聰、沙鹿鎮劉金標等。

南靖芳山千八郎公本派，一五九世士江，渡臺。子一六〇世十四世道情。移臺灣，後裔蘆竹鄉劉文榮、桃園市劉遠芳等。

南靖芳山千八郎公本派十二世一符，渡臺。子三，元齊、元時、元璧。

南靖村雅欽榮公本派，一五九世木延，渡臺。

南靖村雅欽榮公本派，一五九世貫。子玉生、舜生。移臺灣，後裔大園鄉劉金城、樹林鎮劉進興等。

南靖村雅欽榮公本派，十世鍛，移臺灣，後裔臺北縣石門鄉長劉國烈等。

南靖村雅欽榮公本派，總一五九世房九世賽，移臺灣，後裔蘆竹鄉劉進安、龜山鄉劉明儀等。

士誥公支派來臺祖，祖籍福建省漳州府南靖縣村雅社。總一六二世房十二世儀忠，妣余氏，清朝中葉來臺龜山鄉山福村。

來臺祖道法，士誥支派，總一六二世，房十二世。妣張氏。子水湧、水浩。

其諒公來臺祖支派，祖籍福建省漳州府南靖縣村雅社。其諒，行三，妣吴順娘。房九世，生於康熙四年乙巳二月二日，卒於康熙四十四年乙酉十二月。媽吴氏順娘，生於康熙十年辛亥十二月二十二日，卒於康熙四十九年庚寅七月二七日。

大任公來臺支派，祖籍福建省漳州府南靖縣板頭鄉施洋社。總一五九世房十二世大任，妣邱氏快。子道情妣何氏錦。孫神來妣林氏焕、張氏幼。

十一世祖時現公，字賓王，諡坦率。妣慈惠鄭氏。生下四男，長子十一歲，次子士江，三子士培，四子士官。

十二世祖大任公，名士江，字次淮，諡溢樸，時現公之次子。妣邱氏快。公生於康熙二十五年八月十一日，卒於乾隆十八年十一月十八日。妣生於康熙二十九年，卒於雍正戊申年十月二十一日。生下四男，長子智，次子道，三子姓，三子焕。公由原籍福建省漳州府南靖縣板頭鄉施洋社移松山内湖開基。

十三世祖道公，大任公之次子，妣何氏錦。生男來神。公生於康熙庚子年十月二十二日，卒於乾隆庚寅年十月十六日。妣生於雍正庚戌年五月十八日，卒於乾隆庚戌年八月十五日。

九世祖漢禎公，宗禮公之子，妣吴氏。生下一男一女，長子源高。公生於順治辛巳年八月十三日亥時，卒於乾隆庚申年五月二十六日亥時，享壽九十歲，諡義直。葬在諸羅縣嘉義縣，後於同治二年十月六日未時重修牌，壬山丙向兼亥午分金，墓在粟仔園長崎。妣生於康熙己酉年二月六日申時，卒於乾隆庚午年十月二十六日亥時，享壽八十二歲。

十世祖源高公，漢禎公之子，妣鍾氏。生下四男二女，長子益達，次子益道，三子益睦。源高公生於康熙乙卯年九月十日卯時，卒於乾隆己巳年六月二十五日午時，享年五十一歲，諡侃睦，葬在廣福莊西尾山脚下，戍山辰向兼辛乙三分丙戌分金在大坡面。妣生於康熙庚辰年十一月二日丑時，卒於乾隆乙酉年十二月十六日午時，享壽六十六歲，諡從惠，葬在廣福莊西尾山大陂尾，辛山乙向兼酉一線。

十世祖源高公，自諸羅移居淡水霄里廣福莊今八德鄉廣福村。

貫公來臺祖支派，祖籍福建省漳州府南靖縣版寮鄉村雅社。一六〇世貫，妣張氏，清雍正年間在樹林鎮猪仔寮開基。

三槐公來臺祖支派，祖籍福建省漳州府南靖縣版寮鄉。三槐，妣何氏娘。子源美、源衍、源俊、源春。

羨霞公來臺祖支派，祖籍福建省漳州府南靖縣版寮鄉。總一六〇世房十三世羨霞，子以禮，妣陳滋淑。孫來官，妣陳氏棗。

文公來臺祖支派，祖籍福建省漳州府南靖縣圭竹里林占堡村雅社嶺頭寮前大厝南坑總。

老觀公來臺祖支派，祖籍福建省漳州府漳浦縣東門外第六都劉舫社。八世老觀，妣李氏嫌。子盛祖，妣黄氏涓。孫光喜，妣羅氏腰。

色公來臺祖支派，祖籍福建省漳州府漳浦縣東門外第六都劉舫社。總一六〇世房十四世色，妣王氏，清乾隆中葉移居臺灣。子代，妣鄭氏勤、秀。

士丕公來臺祖支派，祖籍福建省漳州府漳浦縣浮滴橋登顔社。

芳場公來臺祖支派，原籍福建省泉州府安溪縣彭萊鄉良善里，移居來臺，在臺灣臺北府淡水縣滬尾居住，再移居石門街定居。芳場公，字堯疆，號廷修，生於嘉慶辛未年八月二十一子時。妣蔡氏慶娘，生於嘉慶己卯年五月十九日辰時。十三世芳場，妣蔡氏。子羅鐘，妣陳借娘、肇邊。孫維銘、筋降。

一六〇代十世祖貫公，生於康熙甲戌年三月二日午時，卒於乾隆二十二年五月十五日未時，壽享七十歲。妣張氏廉娘，生於康熙己卯年九月十四日辰時，卒於乾隆戊戌年七月二十一日巳時，壽享八十一歲。生二子一女。長男玉生，次男舜生，長女耘娘。公乾隆十八年癸酉往臺灣新莊，址改樹林㺧仔寮。

（《［臺灣］劉氏宗譜》 1986年鉛印本）

（九）蔡　氏

龍溪護吉社蔡氏徙臺祖名録

十五世諱廷棟，字英特，系玉山公次子，配人胡氏，公生萬曆四十三年乙卯二月三十日寅時，卒康熙十四年乙卯七月初二日酉時，壽六十一，葬好坑，坐癸向丁。妣生崇禎三年庚午十一月十六日寅時。子四：光熙、光燾、光煒、光焌。熙往臺死，燾殤。

十六世祖諱光煒，乳名楚，系廷棟公三子，配人康氏。公生順治十八年辛丑十一月十七日，妣生康熙十二年癸丑九月十三日寅時。子二：士振、士業。煒長兄光熙往臺死，三弟光燾殤。

十七世諱士陞，乳名燦，系光鳳公之子，配人田璞會氏。公生康熙二十七年戊辰五月初一日，卒雍正年四月廿三日。妣生康熙二十九年庚午七月初七日，生一子名汝，三女乳名招生，往臺灣。

（《［福建龍海］霞漳溪邑護吉社蔡氏族譜》 清光緒二十七年稿本）

（十）楊　氏

平和义路杨氏渡臺祖世系名事

臺北市士林區開基祖國策公，祖籍福建省平和縣舊縣城楊厝坪即九峯鎮城西村福坪自然村。國策公遷臺後回故鄉，偕兄弟四人重修祖墳。其母於乾隆十九年甲戌九月二十日戌時遷葬於九峯下坑庵子頂。墓碑上款乾隆十九年，中爲皇清顯祖楊媽羅氏勤惠之墓，下款陽世國將、國策、國領、國瑞立。在臺十九世恭明文星，幼時隨祖叔敦成公，經常回祖籍參加祖祠堂食公，赴上元、清明、端午、六六新禾、中元、下元祭祖，後從原籍抄録家譜存臺。

國策公返遷在祖籍三代先祖，八十五世十代祖，寅五公之子一淑公，字朝梁，號毓宰，謚均直。生於明萬曆四十四年丙辰三月十九日巳時，卒於清康熙十四年乙卯四月二十五日丑時，享壽六十。康熙四十三甲申葬在官寮穿碇磜，坐東向西。乾隆十四年己巳六月十八日酉時，遷葬九和山白葉塘，坐丁向癸兼子午三分分金。妣朱大娘，生於明天啓三年癸未十一月十八日戌時，卒於清康熙三十六年丁丑七月十七日卯時，享壽七十五。葬在坪牆斷塘子，坐西向東。生三男：長廷淡，次、三失。

八十五世十一代祖，一淑公長子廷淡公，楊大郎，諱嵩，號峻宜。生於明崇禎十四年辛巳八月十七日巳時，卒於清康熙五十七年戊戌正月二日辰時，享壽七十八。葬在上大峯崩蓬頭連珠嶺，坐丑向未分金。妣黄大娘，謚温愛，生於明崇禎十七年甲申九月九日未時，卒於清康熙六十一年壬寅四月一日未時，享壽七十九歲。葬在必發巢，坐申向寅。乾隆十年乙丑遷葬在下坑石陂上，坐丁向癸分金。生三男：長其取，次其錫，三其法。

八十五世十二代祖，廷淡公長子純直，楊大郎，其取公，號勝千。生於清康熙九年庚戌三月十二日寅時，卒於乾隆二年丁巳七月六日午時，享壽六十八。葬在上大峯崩蓬頭連珠嶺，坐癸向丁。妣羅大娘，謚勤惠，生於康熙十六年丁巳二月十四日卯時，卒於康熙五十一年壬辰十一月廿三日戌時，享壽三十六，葬在翠薇嶺，乾隆十九年甲戌九月二十日戌時遷葬在下坑庵子頂，坐辛向乙兼酉三分。生三男：長子國將，次子國棟，三子國帥。續妣潘氏二娘，謚慈睦，生於康熙廿四年乙丑十一月廿三日巳時，卒於乾隆十四年己巳三月十三日亥時，享壽六十五，葬在北眩下，坐壬向丙。乙亥年三月重修，兼子午，用辛亥辛巳分金。生三男：四男國策移居臺灣，五男國嶺，六男國瑞。

國策公在臺灣世系譜

八十五世十三代祖，其取公第四子國策公，諱剛直，號君略。生於康熙五十三年甲午五月五日午時，卒於乾隆三十三年戊子十二月二十六日辰時，享壽五十五。妣謝氏二娘，謚勤儉，生康熙六十年辛丑四月八日酉時，卒於乾隆三十年乙酉三月十八日丑時，享壽四十五。生一男家炳。

公於乾隆十五年庚午歲，年三十七歲，偕妻離鄉渡洋到臺灣，開基創業於淡水廳芝蘭堡雙溪莊水碇仔頭水源地，即臺北市士林區雙溪段外雙溪小段二九〇地號。

八十五世十四代祖，國策公之子家炳公，號時亮，謚敦素。生於乾隆十八年癸酉十二月二十七日酉時，卒於嘉慶十六年辛未三月一日未時，享年五十九歲。妣邱氏，閨名李娘，謚慈順，生於乾隆四十七年壬寅十二月十三日辰時，卒於道光九年己丑二月十八日未時。生四男：長麗水，次坤山，三士元，四火旺。

八十五世十五代祖，家炳公長子麗水公，謚信烈。生於嘉慶三年戊午，年甫十三歲喪父，秉承遺囑掌管家業，撫育幼弟三人，在與人爭訟，獨負家務，苦心孤詣，積勞成疾而卒。卒於道光十年庚寅四月二十日，享年三十三。妣曾氏，謚懿良，生於嘉慶五年庚申，卒於道光十二年壬辰，享年三十三歲，生一子名永宗十四亡，立族親子永菜爲養子。

八十五世十六祖，麗水公養子永菜公，號振盛。生於道光八年戊子，卒於光緒十四年戊子十二月二十六日，享壽六十六。妣陳氏，諱杏娘，生於咸豐六年丙辰，卒於光緒十四年戊子九月廿三日，享年三十三。生三男二女：長子友善，次子友信，三子友國出嗣郭氏人。

家倫公母子在臺灣士林六代譜

八十五世十三代祖顯祖楊媽林氏，傳七子，國策公還鄉修墳後攜往臺。

八十五世十四代祖，楊媽林氏第四子家倫公四房，妣劉氏慈勤。生三子：長士木，次士純，三士現。第五子家翁公五房，妣林氏阿蘭。第六媳阿卿六房，張氏。第七子家涉公七房。

八十五世十五代祖傳三房：

家倫公長子士木公。生於乾隆乙亥年十一月二十四日未時，卒於道光辛巳年八月二十五日巳時，享壽六十七。

家倫公次子士純公。生於乾隆己卯年九月九日卯時。卒於嘉慶丁丑年四月二日辰時，享壽五十九。

家倫公第三子士現公。生於乾隆乙酉年正月八日酉時，卒於道光辛卯年十月廿九日未時，享壽六十七。妣李氏大娘，生於乾隆庚子年十一月七日子時，卒於嘉慶戊午五月七日辰時，享年五十九。續妣李氏阿昭，生於乾隆辛丑年正月十四日丑時，卒於道光丁酉年七月十四日辰時，享年五十七，生一男名永東，乳名永傳。

八十五世十六代祖，士現公之子永東公，乳名永傳。生於嘉慶十年乙丑五月十五日未時，卒於同治戊辰十月二十一日巳時，享壽六十四。妣李氏，諱順，生於嘉慶十五年庚午十月五日戌時，卒於同治九年庚午閏十月八日巳時，享壽六十一，生一男名敦倉，乳名敦山。

八十五世十七代祖敦倉公，乳名敦山，永東公之子。生於道光十三年癸巳八月二十六日丑時，卒於光緒二十九年癸卯九月二十一日亥時，享壽七十一。妣廖氏，諱蜂娘，生於道光二十三年癸卯七月十四日卯時，卒於1919年己未閏七月二十六日亥時，享壽七十七。生五男：長有來，次有良，三有水，四有盛，五有旺。

八十五世十八代祖傳五祖：

敦倉公長子有來公，乳名烏番，生於同治元年壬戌五月四日戌時，卒於1918年戊午四月三十日巳時，享年五十七。妣江氏，諱幼娘，生於同治四年乙丑正月十七日辰時，卒於1952年壬辰十月二十八日未時，享壽八十八，生二男：長恭進，次恭彬二歲亡。

郭倉公次子有良公，乳名老古。生於同治五年丙寅十月十四日辰時，卒於光緒十八年壬辰閏六月二十九日申時，享年二十八。妣諶氏，查某。生於同治六年丁卯九月十三日午時，卒於1925年乙丑閏四月二十四日午時，享年五十九。生二子：長恭添，次恭目。

敦倉公第三子有水公，乳名阿丕。生於同治十一年壬申五月二十一日酉時，卒於1950年庚寅二月四日未時，享壽七十九。妣張氏，諱員，生於同治十二年癸酉八月八日辰時，卒於1936年丙子四月七日酉時，享壽六十四。生六男：長恭通，次恭得，三恭房，四恭焰，五恭潮，六恭耀。

敦倉公第四子有盛公，諡存心。生於同治十三年甲戌九月五日午時，卒於光緒十七年辛卯八月二十日戌時，享年十八。由恭目、恭通、恭凱、恭潮等四人承香祠。

敦倉公第五子有旺公。生於光緒二年丙子九月十一日寅時，卒於1944年甲申二月十八日辰時，享壽六十九。妣張氏，諱阿謹，生於光緒十一年乙酉三月十九日巳時，卒於1954年甲午十二月二十一日戌時,享壽七十。生六男:長恭凱,次恭廷,三恭衡,四恭煌,五恭承,六恭靈。

臺灣省彰化縣埔心鄉新館村原舊館開基始祖賢來公,原籍福建省漳州市平和縣小溪鄉高磜村和尚林古和尚庵。是楊氏八十五世高磜開基始祖耕野公裔孫、第四世祖震軒公第六子衍派七世祖肖墩公之三子八世祖心韜公,諱志武之次子。九世祖純樸公,諱士對,生三子:長賢來,次賢良,三賢膽。於清朝康熙年間,在長子賢來公到臺後,返回故鄉,又偕父與兄弟仨赴臺定居新館村,開墾荒窪濕地,創建基業。嗣後其父士對公回歸仙逝於故鄉,留臺仨子傳衍裔孫。自始祖距今將近三百年,現在臺長房賢來公衍派裔孫,共有一百多户,將近六百人。1995 年其第九代孫楊鴻遊回高磜村尋根謁祖。

新館賢來公支派世系譜

八十五世八代祖平和縣小溪鄉高磜村肖墩公第三子心韜公,諱志武。生於明朝萬曆四十四年丙辰八月初六日辰時,卒於清朝康熙五年丙午七月十六日酉時,享壽五十一。葬於和尚林田上,坐甲向庚兼寅申分金。祖妣陳氏,諱慈勤,出生失志,卒於吉年九月二十一日,葬在大陸祖地。生二男,長士敬,次士對。

八十五世九代祖,志武公次子純樸公,諱士對。生於清朝順治五年己丑四月十九日寅時,卒於清朝康熙四十七年戊子十一月二十八日午時,享壽五十九歲。葬在唐山興化塘。配妣陳氏,諱慈淑,生於清朝順治十六年己亥十月十六日辰時,卒於清朝乾隆六年辛酉十月十六日未時,享壽八十一。妣從祖地洗骨遷葬臺灣許厝寮,坐乙向辛。生三子:長賢來,次賢讓,三賢膽。

八十五世十代祖在臺始祖純樸公長子樸信公,諱賢來,字賢左。生於清朝康熙十九年庚申九月初四日未時,卒於日本大正八年己未八月初六日。洗骨移葬臺灣許厝寮,坐癸向丁兼子午,用丙子丙午分金。配妣江氏,諱庇惠,字尾娘,生於清朝康熙三十六年丁丑九月十四日,卒於清朝乾隆五十一年丙午十二月二十八日酉時。葬在許厝寮,坐巽向乾,享壽九十。又妣李氏,諱勤儉,字瑞娘,生於清朝康熙三十八年己卯七月十九日午時,卒於日本大正八年己未八月十二日,享年四十六。洗骨葬在許厝寮,坐丙向壬兼午子三分,用辛巳辛亥分金。生五子:長朝維,次朝旺,三朝發,四朝城,五朝興。

賢來公來臺,初期住社頭許厝寮,後定居埔心鄉舊館,擇一片低濕地,名水菜籠。然後父士對、兄弟賢讓、賢膽到臺,共同開墾。經他父子含辛茹苦勤儉創業,爲子孫留下良田幾十畝地。

八十五世十一代祖,賢來公第五子朝興公,諱積厚,生於清乾隆八年癸亥六月十五日亥時,卒於清朝乾隆五十二年丁未六月十五日未時,享年四十五。配妣林氏,諱慈德,字緞娘,生於清朝乾隆十一年丙寅十一月十八日戌時,卒於清朝嘉慶十二年丁卯二月八日子時,享壽六十二。生六子:長俊,次克振,三克乞,四克清,五克聽,六克成。

八十五世十二代世祖,朝興公第六子克成公,諱順行。生於清乾隆四十六年辛丑十二月十九日亥時,卒於清咸豐元年辛亥六月二十日酉時,享年七十一。配妣曹氏,諱謙益,字露娘,生於清乾隆五十六年辛亥十月初四日戌時,卒於清道光八年戊子七月初九日丑時,享年三十七。生四子,長文宗,次文養,三、四失。

(《[福建平和]義路楊氏宗譜》 1995 年鉛印本)

平和義路楊氏徙臺開基世系名録

後厝九世祖維叔公，侃毅第三子，諱維淑，名淑。妣氏養一子名檜，往臺灣。順治六年己丑年嫁姐坑評叔公從臺灣回來稱，檜在臺灣塔樓投在楊法叔家中，已娶妻了。法叔系翠薇人。

公妣出祖臺灣，故生卒俱無可考。

十一世祖耕山公，巖陽公第四子，諱舜，字耕山。生於清康熙五十四年乙未八月初十日巳時，乾隆十年乙丑攜三子往臺灣，卒於乾隆四十一年丙申十一月初五日巳時，壽六十二。葬於臺灣頂勝腈莊東勢尾崁頭，坐北向南。妣葉氏，謚勤淑，諱姜娘。生於清雍正十三年乙卯四月初四日辰時，卒於嘉慶二年丁巳正月十四日辰時，壽六十三。與次子世守義路，葬於板林内，坐壬向丙兼子午分金。生四子：長名印，次名岸，三名撻，四名校。

十二世祖端毅公，耕山公長子，諱印，字元益，謚端毅。生於清乾隆二十六年辛巳，卒於嘉慶二十一年丙子十一月初二日，壽五十六，葬於臺灣頂勝腈莊後車路頂，坐西向東。

妣温氏，謚惠儉，諱妙娠。生於清乾隆三十七年壬辰九月初六日辰時，卒於嘉慶二十三年戊寅八月二十一日酉時，壽四十七。葬於臺灣學田後土名交椅配，坐坤向艮兼丑未。生二子：長名英俊，字聯科；次名雙清，字聯植。

十三世祖賢士公，端毅公次子，諱雙清，字聯植，謚賢士。生於清嘉慶十六年辛未十一月十六日寅時，卒於道光二十七年丁未七月十六未時，年三十七。葬於臺灣七星山。

妣林氏，諱柔嘉。生於清嘉慶十七年壬申七月二十五酉時，卒於道光二十七年丁未，年三十六。葬於七星山。生三子：長名總覽，次名享哲，三名儒貴。

十四世祖仁祥公，賢士公長子。諱總覽，字長博，謚仁祥。生於清道光十一年辛卯十月二十三日子時，卒於光緒十一年乙酉十二月二十日亥時，壽五十五。葬於臺灣七星山，坐癸向丁兼子午。

妣陳氏，諱恒貞，閨名香娘，生於清道光十四年甲午，卒於同治九年庚午六月十四日午時，年三十七。葬於七星山。生四子：長維翰，次維斌，三維欣，四維然。女一，名勤。

繼妣陳氏，諱克儉，閨名員娘。生於清道光二十二年壬寅九月十二日丑時，卒於光緒十二年丙戌壽四十五。葬於七星山，坐艮坤兼丑未。

十四世祖新大厝慕春公，創業公長子。建房在考湖塘角，因地基爭執，被對方放火燒毀，本身葬於火海，墓地不明。四個弟弟向官府申訴，傾家蕩産。爲謀生計，均外出至臺灣。公生四子：長名挖；次名巷，早卒；三、四不明。

慕春長子十五世挖，清道光年間秀才，族長。

十八世祖新大厝志成公，原名玉免，字志成。生於清光緒十七年辛卯五月初六日卯時，卒於一九四九年己丑四月十五日巳時，壽五十九。葬於馬坑湖左侖山頭，坐卯向酉兼甲庚，丁卯丁酉分金，水出庚。

妣林氏蒜娘，諱金蘭。生於清光緒二十八年壬寅十一月十三日辰時，卒於一九七六年丙辰二月十二日巳時，壽七十五。葬於馬坑湖中侖山頭，坐寅向申兼艮坤，丙寅丙申分金，水出未。生四子：長文輝，次榮昌號作仁定居臺灣，三榮旗，四榮洲早卒。

楊厝坪九世寅五，振林子，興貴孫，八十五世寧化石壁德潤念三公派下，徙臺灣士林外雙溪淡水廳芝蘭堡雙溪莊水硿仔頭水源地。至十二世與其兄弟於乾隆二年丁巳九月十一日，將渡臺曾祖妣骨骸從臺歸葬唐山平和翦子背竹中頭，與曾祖合葬。寅五續妣曾氏生一子士奇，由臺返回平和祖地楊厝坪居住。平和楊氏大宗祠有寅五神主。

楊厝坪系十二世其，應子，子晨孫，往臺灣。

楊厝坪系十一世我貼，早子，國助孫，世圖房，念三派下，往東都。

楊厝坪系十一世汀，黨子，國琛孫，寧化石壁八十五世德潤念三派下，往東都。

（楊大來主編《［福建平和］義路楊氏宗譜》 1995 年鉛印本）

漳州楊氏松澗系徙臺祖名録

本支侃素公分派

侃素，行居第二，上有伯兄，今已忘其名字。伯兄生三子。長曰愛，頗有貲財。次曰賜。三曰昧。賜與昧俱失傳，愛生子曰添，添生一子一女而早喪，妻改節，女適錢家。本支神主原奉祀伯祖字，後因添早喪，女適錢家，神主一盡遷錢家後乃失之，吾家遠處靖地不之知也。添子名國，往臺灣，今耳聞其生有二子，在臺開張鞋鋪，亦未知確實。

侃素下有季弟，今亦忘其名字，廷用廷相二名未知誰屬也。當時在厦門行伍中，侃素之父，今萬松關内外覆船五葉崙中百時媽之夫，今亦不録其名字，最鍾愛少子，時往視之，不意中途海怪爲災，風波驟起，俗曰起泥濤，舟覆人溺，時八月廿五日也，其年號已失記，同時數百船數千人水厄之大者也，遂失其屍，大都葬海魚之腹中矣，嗚呼痛哉。季弟生二子，曰近，曰地失傳。近生子曰月，住嶽口觀音亭，煮糖果爲生。月生一子曰佛賜，甚伶俐，不幸短命死矣。與侃素同出分爲三房者，蓋四世而絶云，傷哉。

養成八子之長芳住金門，子窮工殤。

九世考鵬，字喜仁，表字叔奮，於康熙十三年甲寅漢軍功自臺灣入閩粤設立科場，補浦邑弟子員，及康熙二十五年丙寅復補本邑弟子員，與三房十世考夢簡公同案。

（楊殿光編纂《［福建漳州］楊氏松澗系五大房系譜》 清嘉慶二十一年稿本）

詔安楊氏徙臺祖名字世系

十一世祖鈔公，謚德惠，乳名欎，妣鄭氏輕娘，生四男三女。長子晏，次子麟，三子鳳，四子雀。公生於公元一七〇七年康熙四十六年丁亥七月二十日卯時，卒於一七八八年乾隆五十三年戊申九月二十八日午時，享壽八十二歲。

妣鄭氏，謚慈慎，乳名輕娘，生於公元一七一三年康熙五十二年癸巳三月三日辰時，卒於一七九七年嘉慶二年丁巳七月二日申時，享壽八十五歲。

鈔祖現神主内即題攀字，原同父母兄弟居住福建省詔安縣北門外官橋頭，至公元 1759 年乾隆二十四年，同祖妣並四子移居臺灣府北路中港街香山内，後又移居後龍底南勢坑。現祖考妣二墳墓在焉。公元 1873 年同治十二年癸酉九月，士芳公在後龍底祖墳前建立石旗杆，遷回二城小金面。

十二世祖晏公，德惠公長男，生於公元 1734 年雍正十二年甲寅七月十二日未時，卒於公元 1810 年嘉慶十五年庚午八月十一日巳時，享壽七十七歲，墳墓在宜蘭蛃仔埤。1984 年十二月十三日改葬在二城小金面。妣生卒年欠載，無神主，只有墳墓在後龍底鈔公墓右畔。

十二世祖麟公及鳳公，德惠公次男及三男，二兄弟出外無歸，不知亡在何處。

十二世祖雀公，諡正賢，德惠公四男，妣張氏銀娘。生三男，長子長敏，次子長垣，三子長有。公生於公元1754年乾隆十九年甲戌正月十二日子時，卒於1835年道光十五年乙未五月十八日辰時，享壽八十二歲，原葬鹿埔，1923年癸亥二月改葬在坡口大崎頂。妣張氏諡娘勤，生於公元1760年乾隆二十五年庚辰正月二十六日卯時，卒於1832年道光十二年壬辰六月十八日申時，享壽七十三歲，原葬鹿埔，1923年癸亥二月改葬在大陂麻竹坑。祖妣於1984年十二月十三日改葬在二城小金面。祖考原自後龍南勢坑於公元1802年嘉慶七年壬戌同妣並三子移宜蘭，先住湯字圍及三結仔街，後移居浮洲至清水溝。

（楊栢村等彙編《[臺灣宜蘭]楊彭德惠直系祖譜彙集》 1999年稿本）

詔安樟朗楊氏徙臺祖記録一則

十二世光保，楊亮於長子，三世楊文廣傳下，1279年帝昺被元兵圍，光保與兄光國、光復分別突圍。光復隱匿漳州府城錢塘巷八角井。光國受傷逃匿漳浦佛曇鄉。光保渡海經厦門先上金門，繼之入臺灣。

（《[福建詔安]樟朗楊氏族譜》 1993年稿本）

宜蘭福成楊氏世系名録

永顏房：出渡臺祖三生公後，由二、三房兼祧。

子郎房：出三生公次子，其裔分居頭城鎮，兼祧永顏房，傳廣達房。

德禄房：三生公第三子德禄之後，初居頂福成，再衍三大房，定居下福成，兼祧永顏公，號曰楊乾記。

福成三房仁義房：明字輩成仁，德禄公長子。族衍於下福成。

福成三房禮智房：德禄公次子，明字輩成仁之後，族衍於下福成。

福成三房忠信房：德禄公季子，明字輩金連之後，再衍日月星辰四大房，分居福成、頭城二地，號曰楊福成，習稱樓仔厝楊氏。

（唐羽纂修《[臺灣宜蘭]蘭陽福成楊氏族譜》 臺北華崗印刷廠1983年鉛印本）

宜蘭福成楊氏開臺祖世系名録

浦邑列祖世譜

原籍福建省漳州府漳浦縣第十七都佛潭浮南橋林地社。

漳浯開基祖諱允臧，諡亮節，錢塘人氏，逢宸公之子。士宋度宗，恭宗時官至福州觀察使益王府提舉。生於宋淳祐五年乙巳。卒年失紀。夫人林氏。子三：佛細世昌，佛成世耀，佛曇世隆。事詳家傳。墓在祖厝後一堆灰墓，未丑兼坤艮。祖妣林氏太孺人，亮節公之德配，生平失紀。

世字行長房浯州祖世字輩，字佛細，諱世昌，亮節公之長子，定居浯州官澳鄉，生平失抄。夫人李氏，子八，淑源、淑仲、淑季，餘不詳。祖妣諱李氏太孺人，世昌公之妻。

次房亮節公之次子，隨父兄定居浯州官澳鄉，生平失抄。夫人林氏，生四子，淑晨、淑安、淑懷、淑俊。

祖妣林氏太孺人，世耀公之妻。

三房金浦肇基祖，世字輩，字佛曇，諱世隆。

亮節公季子，定居漳浦佛潭橋，生平失抄。夫人陳氏，子四：大成、大振、大秀、大詔。

祖妣陳氏太孺人，世隆公之妻，生平失抄。

齊字行，玄祖考，齊字輩楊公，漳州府漳浦縣十七都佛潭橋林地社人氏。宗漳浯開基祖觀察公十五世裔，尊爲本宗渡臺玄祖，生平事蹟在漳浦原籍，後渡臺子孫雖曾託人專程返回浦邑抄寫，唯抄記失詳。譜載卒於農曆七月二十七日，時失紀，以是日爲升道日。墓在漳浦祖籍。祖妣楊媽例授太孺人，生平失抄，卒於農曆三月二十五日。墓在漳浦祖籍。

聖字行，肇祖考聖字輩楊公，玄祖之子。漳州府漳浦縣十七都佛潭橋林地社人氏。尊爲本宗渡臺肇祖，生平事蹟在原籍失抄，後渡臺子孫託人專程返回浦邑抄寫，唯抄記失詳。譜載獲知，肇祖卒於農曆十二月十七日，因以是日爲升道日。墓在漳浦祖籍。祖妣楊媽例授太孺人，生平事蹟失抄，譜載卒於農曆三月八日。墓在漳浦祖籍。

廣字行，太祖考廣字輩，諱三生，肇祖之子，漳州府漳浦縣十七都佛潭橋林地社人氏。生於乾隆四十七年壬寅農曆二月廿九日巳時。嘉慶末年，率祖妣藍氏太孺人及子五名渡海來臺，後裔子孫尊之爲本宗渡臺太祖。卒於道光十六年丙申農曆七月初四日申時，壽五十五。育子五，永顏、子郎、竹爐，又次出養頂福成劉家，季出養福隆外嶐楊家。墓在頭城金面。事詳家傳。

祖妣諱雅娘藍氏，例授太孺人，三生公德配，原籍漳浦縣人氏，生於乾隆五十一年丙午農曆五月二十四日辰時。嘉慶末年隨太祖攜子渡臺定居。卒於道光十九年己亥農曆十二月初一日亥時。享壽五十四。墓在頭城頂埔。

淵字行，繼房伯祖考諱永顏，長房，三生公之長子。漳浦縣十七都佛潭橋林地社人氏。生年失紀。及冠時，隨父渡臺，入墾噶瑪蘭廳頂福成墾耕，壯年病發，猝逝於雞舍中，時辰失詳。忌辰爲農曆十月十日。公未娶，由二房子郎、三房竹爐子孫兼祧奉祀。墓在頭埔，附於祖墳。

次房傳廣達房高祖考諱子郎，廣三公之次子。原籍漳浦縣十七都佛潭橋林地社人氏。十七歲時，隨父移居臺灣北路噶瑪蘭廳頭圍堡。生於嘉慶九年甲子農曆九月初七日子時。娶妻林氏甚娘。卒於咸豐六年丙辰農曆六月十七日丑時，壽五十三。子番。祖妣謚甚娘林氏，例授孺人，子郎公之德配。生於嘉慶，卒於道光二十二年壬寅農曆五月二十三日丑時。

三房楊乾記，福成本宗高祖考諱竹爐，謚德禄，廣三公之三子。原籍漳浦縣十七都佛潭橋林地社人氏。齠齡時，隨父兄移居臺灣北路噶瑪蘭廳頭圍堡頂福成。生於嘉慶十九年甲戌農曆正月十九日午時，卒於光緒七年辛巳農曆九月初二日子時，享壽六十八。事詳家傳。妻陳氏，育子三：成仁、來成、金連。墓在頭城頂埔祖墳。祖妣諱糧，謚閨娘陳氏，例授太孺人，德禄公之妻。生於嘉慶十五年庚午農曆四月二十一日酉時，卒於同治三年甲子農曆十二月初五日子時，享壽五十五，墓附葬於頂埔祖塋。

（唐羽纂修《[臺灣宜蘭]蘭陽福成楊氏族譜》 臺北華崗印刷廠 1983 年鉛印本）

(十一)許　氏

龍海鴻漸許氏徙臺祖名録

政寬,元習之次子,生於乾隆五十九年甲寅八月十日申時,卒於嘉慶二十五年庚辰六月九日巳時。在臺灣。

長欽,政遲之三子,諱步春,在臺灣亡。

元爥,符樞之三子,諱國珍,號元爥,外出在臺灣亡。

(《[福建龍海]鴻漸許氏十八世許淵家譜》 清末稿本)

南靖許氏徙臺祖記録一則

十三世朝櫟,來臺始祖,傳至四世分奮揚、奮烈、奮謨三大房。祖籍漳州府南靖縣石龜溪。

(許錫專編《[臺灣南投]草屯鎮溪洲許姓家譜》 1986年臺灣鉛印本)

雲霄世阪許氏徙臺祖名録

十一世福公生二子一女。長諱棟,生三子:長課,生一子臣;次諧,生四子,長牛,次閩,三圖往臺灣,四宅。

十一世才,生子水篁、顔,俱搬家往臺灣。

十一世龍,生四子,長本妖,次充,三點,四點,俱往臺灣。

十一世諱元,我華公第三子也,公大僕有,嘗穿木屐挑米二石過木橋。甲寅被曾尾賊掠去,斬手指寄來家,並食斷腸草不死。我壽公自備銀一百兩銀託人放回。又我壽公一女在繈褓之中被賊掠去,幼不能行,被賊殺死於塗頂頭路,哀哉。元公與嫡副妣生死日月俱忘記。嫡妣生四男:長蕤生二子,原定生二子,霍往番,順生一子盛汀,不娶止;次駒生一子;三維生二子,開止,次所過繼一子喲三逐往臺灣不返;四黨,生一子止。

十三世諱丙,字武謀,士麒公次子也。生五男一女,長名察,往臺灣亡,生子杉,生三子。

(《[福建雲霄]世阪許氏族譜》 清光緒二修 1980年鈔本)

漳州圭海許氏徙臺祖名録

七世廷義,葬墓林邊東向,次子韜諒往臺灣南路,子孫現存。

十三世長雲,字旦復,號茂鍾,名學,誥授榮禄大夫,欽賜祭葬崇祀忠臣廟,安平鎮副總兵。妣鄭太君,誥贈一品夫人,合葬漳浦縣大坑白頭山癸向。子方曾、方度、三元、方廣。方度字越斐,名冰,功加都司任臺灣鎮右管左廳,子時行、時爽、時來、時正。

長廷,住東都臺灣中路新園尾。

長□,往臺灣中路新園尾。

文郡,子長承。派下往臺灣。

十一世一鴻，子士信、士牛。牛子元、升。信、牛均往臺灣中路寶大東新園尾。

十二世汝洪，子學在、學朝、學順。朝生三子，俱居臺灣。

十世一美，子啓茂、啓盛、啓秀。啓茂出祖居南安，啓盛往臺灣。

十五世美江派長盛，子恭、信、敏、惠，俱往臺灣蓮池頭。

十五世長要，宋子，往臺灣。

十五世長傅，豸子，往臺灣。

（許朝瑛、許文焕編纂《［福建漳州］圭海許氏世譜》 清雍正八年刻本）

漳州許氏徙臺祖名録

全公，謚勤修，系雪之次子。山邊祖分衍石榴阪緝公世系雪公房，徐翔二十三世，高陽九十七世。妣余氏，生一子名賢後，東渡臺灣府。

喜公，保安十四世，徐翔十七世，高陽九十一世，後厝祖，維公之次子，文波孫。子丕公，於清朝乾隆三年(1738)戊午渡海臺灣，墾殖於臺北内湖區，爲入臺始祖。其子孫後入宜蘭縣。已傳至二十三世，在臺灣傳十世，有五百餘人。

魏公，校公長子，完公從弟，文淵孫，過東都。

和尚公，又名忠信，系家公長子，格公之孫，繼公之曾孫，保安十八世，徐翔二十七世，高陽一百零一世。道光末年同鄉親一同渡海往臺灣噶瑪蘭開基，娶李氏緞娘，咸豐二年在臺生長子柳，隔年又生次子阿章。李氏妣於咸豐五年去世。續妣石氏，於咸豐七年生三子阿杲，後來入贅林家，二年後林氏病殁，又入贅羅家，均有傳子。

廣子公，字保寧，號陵山，系大材四子，徐翔察公系，馬坪田源四世，高陽八十三世。習道業，東渡臺灣。

魏，保安十四世，徐翔二十三世，高陽九十七世。校二子之次，康熙中過東都。

生木，徐翔二十四世，高陽一百零一世，石榴山邊登燦系大房。其三子之次什，字孫，過臺灣。

開興，徐翔二十八世，高陽一百零二世。石榴山邊徐翔登燦系，羅厝樓鐸房，過臺灣。

賢俊，徐翔二十五世，高陽九十九世。石榴山邊徐翔登燦系，石榴阪房，遷居臺灣。

水泉，徐翔二十八世，高陽一百零二世，石榴山邊徐翔登燦系，寨内房，詩軒長子，居臺灣。

金遠，徐翔二十八世，高陽一百零二世。石榴山邊徐翔登燦系，寨内房，遷臺灣。

武伯，徐翔二十八世，高陽一百零二世。石榴山邊徐翔登燦系，寨内房，遷臺灣。

德方，徐翔二十九世，高陽一百零三世。石榴山邊徐翔登燦系，後壁房，喜生三子之次，遷臺灣。

振鵬，馬坪十五世，高陽一百零五世。南浦馬坪後坑系湛官公世系，元鏘派下，景致子，往臺灣。

四穀，三米兄弟，馬坪十八世，高陽九十七世，南浦馬坪錦田祖景立公系，過臺灣。

順亨，馬坪二十五世，高陽一百零四世，南浦馬坪錦園公克昭系，居臺灣。

文孫，學孕二子之次，汝良孫。圭海十四世，高陽九十六世，前亭文山圭海祖派，韜裕公恒南公系。生三子，承建、承智、承睿，俱移居臺灣。

韜諒，廷義子。圭海七世，高陽八十九世，前亭文山圭海祖廷基廷義廷禎系，子孫往臺灣。

文郡，學覺子，汝新孫，圭海十四世，高陽九十七世，前亭文山派下，居臺灣。

學朝，汝洪三子之次，啓禎孫，圭海十三世，高陽九十五世，大相系。生三子，俱居臺灣。

啓盛，美三子之次，大福孫。圭海十一世，高陽九十三世，前亭文山圭海派春秀公善德公系，善德派下，遷居臺灣。

清輝，徐翔二十世，高陽一百零四世，赤湖徐翔貢公系，進成子，居臺灣。

紅，四簡子，貫孫，保安十八世，徐翔二十七世，高陽一百零一世，赤湖保安徐翔明卿公系，遷居東都。子天才、春、桂、受。

（《［福建漳州］許氏族譜匯纂》　清宣統元年稿本）

詔安南詔許氏徙臺開基祖名字世系

士寶公衍派明德堂一〇二代二十四世舜清，酒乳孫，居臺灣。

士寶公衍派明德堂一〇二代十九世親藍派下二十三世若俊，振武長子，清添孫，居臺灣。

士寶衍派明德堂派下二十三世鴻池，居臺灣，長子乃琦居加拿大，次子乃璋居臺灣。

士寶衍派明德堂派下一〇五代廿二世長房池之子君全、君宇、君平、君光，俱居臺灣。

士寶衍派怡怡堂派下一〇七代二十四世水才，字金柱，嗣偉子，滋德孫，紅坑系，居臺灣。

士寶衍派創垂堂次房玉瑞派下一〇六代二十三世景禹、景慶，耀權五子之三、五子，居臺灣。

士寶衍派創垂堂次房玉瑞派下一〇六代二十三世景昭，字崇明，耀樞子，居臺灣。

士寶衍派創垂堂長房玉容派下一〇六代二十四世達文，應祥長子，來溪孫，居臺灣。

士英衍派内鳳村仁壽堂系第一〇四代二十世紅妹，度仔長子，居臺灣。

士英衍派内鳳村仁壽堂系一〇四代二十一世金安，九仔子，居新加坡，其長兄金生之子賢傑居臺灣。

士英衍派内鳳村狗蝦祖懷德堂一〇三代二十世茂生，祖澤子，居臺灣。

穀盛衍派渡頭房大厝内十六世淑慎派下一〇五代廿二世永言，子克敏、克紹，均居臺灣。

尚端衍派許寮村九十五代十二世戴，東寅次房，生三子，長士應，次士德，三大有，兄弟相繼往臺灣開發臺南七股鄉、和港西臺潭村、佳里建南及宜蘭莊園三星村。

尚端衍派許寮村一〇三代二十世肇順、英和兄弟，十世伯鵬系。肇順居泰國，英和居臺灣。

尚端衍派許寮村九十七代十四世尚端衍派許寮次房潤，子五。長房派下第一〇七代二十四世雲發，約林三子之次，居臺灣。長房長派一〇五代二十二世茂己，東埔子，居泰國。長房長開次派第一百代十七世恩，號長添，儀次子，居泰國。長房次派九十九代十六世盛直系即一〇五代二十二世錦州、良川兄弟，居泰國。

尚端衍派許寮村九十七代十四世潤三房蔭，字朝棟，謚剛直，生五子，其孫在乾隆時有許賞，道光時有許速，並墾臺東、雞籠金包里、臺中竹仔脚。

尚端衍派許寮村九十七代十四世潤四房結，字朝樑，謚弘遠，生六子。五子銅生七子：抒、鳩居臺灣，齊居臺灣，娘界、連春居臺灣，合順、陳坤居臺灣。

尚端衍派溪東上營一百代十七世崇德三房大江派下清年之子丕光，一〇六代廿三世，居臺灣。

尚端衍派圓林下寨英敏四子九十八代十五世，佚名，居臺灣。

尚端衍派龜山長房洪威派下，順美之子周武，一〇三代二十世，號錦波，居臺灣。

尚端衍派龜山長房洪威派下，一〇三代二十世啓甲子繼寬、繼端，居臺灣。

尚端衍派壽官祠坤純長房景星四子之長崇恩，一〇六代廿三世，居臺灣。

尚端衍派壽官祠三房元波子，一〇六代廿三世錫彬，居臺灣，有三子，長藝輝，次藝權，三藝光。

海德衍派深橋九十六代十三世燕翼堂長房寶林，子三，長興泰其長子建福居臺灣，次六春其長子和發居臺灣，三六五其長子雙福居臺灣。

海德飛燕衍派西喬四子之長，一〇五代廿二世乙經，居臺灣。

海德飛燕衍派西喬四子之長，一〇五代廿二世四派清亮五子之長多福，居臺灣。

海福飛鳳衍派西喬五子之長，一〇四代廿一世宗保，居臺灣。

海福飛鳳衍派新安六子之三，九十八代十五世乳名九，居臺灣。

海福飛鳳衍派新春埔一〇五代廿二世芋之子職明，居臺灣。

海福飛鳳衍派新春埔佛足一〇三代二十世乃昭，居臺灣。

海福飛鳳衍派新春埔春來之子天明，一〇四代廿一世，居臺灣。

海福飛鳳衍派新春埔一〇四代二十一世君九之子應松，居臺灣。

海福飛鳳衍派新春埔一〇四代二十一世兩明、兩順，德榮次、三子，居臺灣。

海福飛鳳衍派新春埔一〇四代二十一世炳林，居臺灣。

海福飛鳳衍派新春埔一〇四代二十一世兆鳳之子厚道，居臺灣。

海福飛鳳衍派一〇〇代十七世瑞派下一〇二代十九世志强，又名銀魚，普生長子，居臺灣。

海福飛鳳衍派茨徑一〇四代二十一世後鏡，居臺灣。

海福飛鳳衍派茨徑一〇四代二十一世香水，又名德榮，居臺灣。

海福飛鳳衍派茨徑一〇四代二十一世烏番，居臺灣。

海福飛鳳衍派茨徑一〇五代二十二世碩枝，居臺灣。

海福飛鳳衍派光緒堂，一百代十八世炳耀，清選魁，系瑞光次子，一〇五代二十二世瑶勳，居臺灣。

海福飛鳳衍派瞻依堂，一〇〇代十七世學派下清溪之子，一〇六代廿三世汝明，居臺灣。

海福飛鳳衍派承志堂，九十六代十三世茂字子季，號睦正派下，永二子一〇二代十九世佚名，於清咸豐同治間遷居臺灣。

海福飛鳳衍派承志堂，九十八代十五世孝派下，一〇三代二十世鏡波子以仁，居臺灣。

海福飛鳳衍派繼述堂，第一百代十七世景輝派下，鏡池三子之次士超，第一〇五代二十二世，居臺灣。

海福飛鳳衍派繼述堂，第一百代十七世景輝派下，一〇四代二十一世偉煌，居新加坡，子維潮第一〇五代二十二世居臺灣。

海福飛鳳衍派繼述堂，第一百代十七世景輝派下，渭濱子第一〇五代二十二世維新，居臺灣。

海福飛鳳衍派繼述堂，九十九代十六世元仲派下，第一〇五代二十二世啓同，楚卿三子，居臺灣。

海福飛鳳衍派繼述堂，九十九代十六世元仲派下，第一〇四代二十一世鏡清，居泰國，其長子第一〇五代二十二世崇孔，居臺灣。第一〇五代二十二世列偉，鏡清三子，居泰國。

海福飛鳳衍派繼述堂，九十九代十六世，起甲長房長派添福長次子，一〇五代二十二世輝煌、錦東，居臺灣。

海福飛鳳衍派繼述堂，九十九代十六世起甲三房派下，糊仔子茂章、茂才，居臺灣。

海福飛鳳衍派繼述堂，九十八代十五世禹嘉派下，永元子一〇四代二十一世狄生，居臺灣。

海福飛鳳衍派繼述堂，一〇〇代十七世邦七房派下，一〇四代二十一世培源，居臺灣，子欽成、欽明、佚名，居臺灣。

海福飛鳳衍派繼述堂，一〇〇代十七世大謨派下，一〇二代十九世紗帽山祖次房文水，字兆慶，號淡如，子六。三壬池，字乃銘，居新加坡。壬池子五，次榮春居臺灣，三榮西，四榮宗，五榮壽居馬來西亞。文水四房壬江，字乃鏞，居馬來西亞。

海福飛鳳衍派繼述堂，一〇〇代十七世大謨三房，一〇二代十九世雙圈長房興長子繼祖之子，一〇五代二十二世添福，居新加坡。興次子繼池子子發，字秀常，居臺灣。子發子越雲居臺灣。

海福飛鳳衍派繼述堂，一〇〇代十七世大謨三房繼宗子，一〇五代二十二世泉福，居臺灣。

士英衍派外鳳村一〇三代二十世祖澤生子茂生，居臺灣。

（《[福建漳州]南詔許氏家譜》 1995 年鉛印本）

（十二）鄭　氏

東山祥瑞堂鄭氏徙臺開基祖名録

八世四房珪卿衍派長房考崇文德臣，生於光緒戊子年正月二十六日丑時，卒於 1946 年正月二十七日子時，葬桶盤棒真珠左山側又名大沃埔。生三子二女，長定勲，次定俊早卒葬臺灣，三定潦，長女名真適陳家，次女雪適何家。

（鄭伯俊等編纂《[福建東山]祥瑞堂鄭氏族譜》 清末稿本）

龍海鄱山鄭氏徙臺祖名録

十四世昤，砱三子之次，茶孫，炓曾孫，往臺灣無回。

九世仲槐，三子之末應期，字誠本，遷臺，子楚、推、訪。

（《[福建龍海]鄱山鄭氏族譜》 1933 年稿本）

南靖船場十八家鄭氏遷臺祖名録

十八世永茂，十五世鄭妙士派下，逢泰長子，媽張氏。乾隆壬戌歲往臺灣。子二，長世暨，次世德。世暨子應漲、應嘉。應漲嘉慶間往臺灣。世德子應流、應逃、應勒、應周、應咸、應湖，乾隆壬戌年俱搬往臺灣。

十八世永華，逢泰次子，往高樹門。子世忠、世惠、世榮。世榮子應沛、應悦、應移、應期，往東都。世惠一支往高樹門，子四。世忠子應讚、應定、應起，乾隆十一年俱往東都。

十八世永和，逢泰三子，傳世處，往臺灣。

十八世永寧，逢泰四子，往臺灣。一派柿仔脚，子三，世還、世覽、世瑞。還瑞往臺灣。還子應天、應長、應澤、應隆。

十八世永茂，字秀蒼，謚剛直，出生於順治九年戊戌八月初二日辰時，系逢泰長子。一派俱搬眷臺灣府，康熙五十一年卒，葬高羅坑。妻張氏，壬戌年往都，未知葬處。生世暨、世德。

十八世永華，字實賓，謚維，逢泰次子。一派俱往高樹門烏石。妻張氏葬水下脚，改葬高樹門頂垵，坐西向東。後妻馬氏康熙廿年辛酉生，乾隆元年丙辰卒，葬十八家下尖，坐北向南。生三男，世忠、世惠、世榮。二女，觀娘、哲娘。

十八世永和，字萬成，謚圭合。生於康熙九年庚戌二月初二日寅時，逢泰四子。康熙五十九年庚子卒，葬十八家覆鍋金後長埒角田面，坐東向西。一派俱往臺灣府。

十八世張闊娘，永和之妻，葬十八家祖厝門口，坐東向西。生一男世處，分派臺灣府居住。

十八世永寧，字文求，謚諧。生於康熙十一年壬子，逢泰五子。卒於臺灣，不知葬處。

十九世世德，字聿修，號蔭，永茂次子。妻張侃娘，生六男，名流、兆、敕、周、咸、湖。時乾隆七年壬戌修搬眷往東都，一支分派臺灣府居住。

十九世世忠，永華長子。妻馬繁娘，生三男，長應贇名詠，次應足名旦，三應起名扶。時乾隆四十一年丙申俱搬眷往都。

十九世世惠，永惠次子。妻張約娘，生四男，長應秀名若，次應中名中往東都，三應運名時，四應祥名萬。

十九世世榮，永華三子。妻毛求娘，生四男，長沛往東都，次悦往東都，三夥，四期。

十九世世周，號栗，永達次子。妻張强娘，生三男，長應酌名晏，次應嫩名添，三應鐘。一支搬眷往東都。

十九世世玉，號圭名紫。永達四子。妻陳翠娘，生三男，長應鑾名蔽，次應智名獲，三應蘭名馨。馨妻生連進，進子金源名蔽，一派俱往東都。

十九世世覽，永寧次子。卒於東都。

廿一世昌河，字妝湖，號江。出生於乾隆二十四年己卯十一月廿五卯時，應麟三子。嘉慶年間卒於東都。

廿一世蔡厭娘，昌河之妻。嘉慶年間卒，葬老厝崙公王后豹仔田面。生三男，長承賢名聘，次名宗，三名滔。二女未知何名。

廿一世昌宸，字汝庚，名衛。應麟四子。卒於東都，未知葬處。

廿一世妣張迓娘，昌宸之妻。嫁出，生一子阿河，亦往都。

廿二世承維，字秀官，謚醬。生於乾隆四十四年己亥十一月十五日午時，昌榮次子。道光元年辛巳年卒於東都。時道光十六年丙申男唷往臺灣帶骨骸回家，葬十八家大旗崙，坐乙向辛兼卯酉，丁卯丁酉分金。

廿二世妣余杏娘，生於乾隆四十六年辛酉閏五月十八日午時，承維之妻。卒於咸豐年間。生四男，兆珪名唷，汶三歲夭，瑜名梗，璧名睿。

（鄭兆鏞編纂《［福建南靖］船場十八家鄭氏族譜》 清道光十年稿本）

平和鄭氏虎臣系徙臺開基記録一則

十一世次房顯祖考諱連，號邦彦，謚剛直，公生於康熙丁巳年七月二十日辰時，嗣往臺灣，卒於何時無考。葬在石仔瀨水堀園坐南向北。

（鄭惠培編纂《[福建平和]鄭氏虎臣十世興容系族譜》 1935 年稿本）

詔安蟳寮鄭氏徙臺祖名録

大宗祠派下其榮公四房祖碧榮，到臺灣德三縣埔里街，後改爲南投縣埔里鎮。墓址在埔里塘邊。其開枝子孫有出祖到臺灣基隆市。

三房祖尊仁，墓址在埔里山蛇穴。其開枝子孫大多村内。

三房祖尾房十二世公，出祖到臺灣雞籠山即今基隆市，後裔曾寄款回蟳寮祭祖。

（《[福建詔安]蟳寮鄭氏族譜》 1994 年稿本）

（十三）郭　氏

華安岱山郭氏天民房系徙臺開基祖名録

十三世祖振齵公，諱振，和恭公四子。生於康熙二十年辛酉九月二十二日酉時，卒於乾隆十四年己巳正月初七日子時，壽六十九，葬下大官祠崙尾，坐丙向壬兼巳亥。妣登安鄒氏勸娘，生於康熙三十五年丙子八月十九日戌時，卒於乾隆三十五年庚寅正月初一戌時，謚順齊，葬仲學公瑚。生三子，長狀，往臺亡，止；次鞍；三眈，止。女婉娘，適西坑蔡家。

十六世祖雲傑公，陸長子，生於乾隆十年乙丑四月二十三日午時，往臺，卒於嘉慶二十一年丙子十二月十五日吉時，葬臺。妣内陵鄒氏美娘，生於乾隆三十六年辛卯十二月二十四日酉時，卒於乾隆五十四年己酉正月二十四日辰時，謚慈榮，寄五嶽墓林坑。次妣莊氏鶯娘，生於乾隆十七年壬申五月十四日吉時，卒於乾隆五十九年甲寅吉月二十六日辰時，謚淑賴，葬梅仔坑石厝堋坐南向北，生三子：長地，次檜出嗣伴公，三胡出嗣著往臺，四殤。

十七世龍胡，著公次子，生於乾隆四十八年癸卯，往臺。

十四世祖光亭公，蒲公長嗣子，生於康熙五十五年丙申二月二十七日寅時，卒於乾隆四十二年丁酉五月初十日巳時，葬本山磜尾硔，坐辰向戌兼巽乾。妣鳳翔陳氏巧娘，生於雍正六年戊申十月初二日寅時，卒於乾隆四十八年癸卯七月二十七日戌時，謚寛敏，葬本山大畬，坐巽向乾兼辰戌。生四子：長飽，次煖，三菴，四煖止。女笑娘適登安鄒家。十五世祖宗飽公，亭公長子，生於乾隆十三年戊辰二月十九日申時，往臺，卒葬在臺。妣林氏漸娘，生於乾隆二十七年壬午十月初八日戌時，卒於乾隆五十二年丁未八月二十三日未時，葬仲學公坳，坐壬向丙兼子午。生子溯，往臺止。

十五世祖宗煖公，亭公次子，生於乾隆十七年壬申十月初三日巳時，卒於嘉慶十一年丙寅八月廿四日巳時，葬磁窑尾，坐庚向甲兼酉卯，妣塔崙鄒氏旭娘，生於乾隆三十年乙酉五月二十六日寅時，卒於嘉慶二十年乙亥五月十三日午時，葬本社稻埕仔，坐丁向癸兼午子。生五子：長串，殤；次初，出嗣崙仔尾帶；三祝，卒葬在交東坑尾窑埔，坐南向北，止；四帕，往臺，止；五拾。

十五世祖宗菴公，亭公三子，生於乾隆二十三年戊寅正月二十四日卯時，往臺，有嗣孫名海者往臺生二子。

十五世祖宗斟公，内公長子，生於乾隆八年癸亥七月十八日亥時，卒於乾隆五十二年丁未十月二十日丑時，謚醇熙，葬墘仔尾與妣合葬在左邊，坐未向丑兼丁癸。妣内溪蘇氏宛娘，生於乾隆八年癸亥十一月二十九日辰時，卒於乾隆三十七年壬辰四月初七日卯時，謚貞儉，葬本社四房祠堂右邊田中央，坐南向北。繼妣塔崙連氏益娘，生於乾隆十四年己巳三月初六日子時，卒於乾隆五十年乙巳十月二十一日未時，葬在獅形祖墓左邊。生三子：長賤，次央，蘇氏出，俱往臺；三掀，連氏出。

十六世祖雲賤公，斟公長子，生於乾隆二十七年壬午八月十九日亥時，往臺。配妣登安鄒氏遜娘，生於乾隆二十九年甲申六月初四月日午時，卒於乾隆五十七年壬子四月初十日酉時，葬失記，生一女名合娘。

十六世祖雲央公，斟公次子，生於乾隆三十一年丙戌九月初二日亥時，往臺。妣正達社鄧氏願娘，别適，生子美，住東溪。

十六世祖雲檻公，江公三子，生於乾隆三十九年甲午五月初九日巳時，往臺。

十六世祖雲跨公，崖公長嗣子，生於乾隆三十八年癸巳六月初六日辰時，卒於道光四年甲申十一月初四日寅時，葬杉仔崎魚塘堋崙，坐乾向巽兼亥巳，配上章陳氏笑娘，生四子，長謔往臺，次觸亡止，三供出嗣堂叔居，四忠出嗣母舅陳家。女二，東娘適虹橋鄒家，吻娘適繇治鄒家。十七世龍謔，跨公長子，往臺。

十五世祖宗段公，内公四庶子，生於乾隆二十一年丙子閏九月初九日卯時，卒於嘉慶二十三年戊寅十二月十一日酉時，謚恭淑。妣小坑鄒氏嬌娘，生於乾隆二十四年己卯九月二十五日午時，卒於嘉慶元年丙辰六月初八日酉時，謚恭儉，葬杉仔崎後壟仔，坐辛向乙兼戌辰。嗣子揲，往臺。

十六世祖雲揲公，段公嗣子，生於乾隆五十二年丁未年十二月三十日酉時，卒於嘉慶廿二年丁丑六月二十二日未時，謚雲英，葬臺。配招陂陳氏勸娘，生於乾隆五十一年丙午四月二十二日吉時，生三子：長夜，次輻，三奢出嗣堂兄㕟。

天民公三房長，十三世祖振强公，帝公之子，生於康熙三十五年丙子十二月二十七日戌時，往臺，卒葬在臺止。

十二世祖志恩公，充公次子，生於康熙十年辛亥十二月初四日巳時，卒於乾隆十四年己巳正月二十七日酉時，葬本山騎馬岐，坐東北向西南。妣陳州莊氏鑾娘，生於康熙三十年辛未十一月二十一日午時，卒於乾隆四十一年丙申二月十九日辰時，葬本山照鏡屏坐東向西。生三子，長爺，次乖，三鼉往臺。

天民公三房長，十四世祖光謗公，爺公長子，生於乾隆九年甲子十二月二十四日寅時，配山溪尾鄒蒜娘，夫亡别適黄洋。生二子，長蠔，次弄説，往臺。

十五世祖宗蠔公，謗公長子，生於乾隆四十五年庚子十月初四日卯時，宗弄公謗公次子往臺。

十三世祖振鼉公，恩公三子，生於雍正十二年甲寅五月二十五日午時，往臺。妣安溪連兜尾王氏笨娘，生於乾隆十一年丙寅七月初七日申時，卒於乾隆四十三年戊戌十一月十九日亥時，葬本山墓坑，坐南向北。生子五：長約往臺，次漂殤，三哮往臺，四册往臺，五讀殤。

十四世祖光約公，鬣公長子，生於乾隆三十年乙酉十一月十五日午時，隨父往臺。

光漂公，鬣公次子，生乾隆三十年乙酉吉月日時，卒於乾隆四十年乙未十二月二十八日巳時，葬大路上，坐南向北。

光哮公，鬣公三子，生乾隆三十年乙酉五月十二日吉時，隨父往臺。

光册公，鬣公四子，生於乾隆三十九年甲午十二月二十二日吉時，隨父往臺。

光讀公，鬣公五子，生於乾隆四十二年丁酉九月二十六日吉時，餘失記，殤。

十四世祖光訓公，爵長子，生於康熙三十年辛未四月初五日酉時，卒於乾隆二十三年戊寅正月二十一日寅時，謚質善，葬吴家阪楓泥坳，坐西向東。妣溪尾鄒帶娘，生於康熙四十四年乙酉六月十九日辰時，訓公卒後從子往臺。生三子，長契，次安，三佳，俱往臺灣。

十五世祖宗佈公，周旋公嗣子，生於乾隆三十年乙酉正月二十五日吉時，往臺。

十五世祖宗漸公，弁公長子，生康熙六十年辛丑九月十五日寅時，卒於乾隆五十四年己酉十月十一日巳時，葬洞仔田崙格仔，坐癸向丁兼丑未。妣官古林氏瑞娘，生於雍正十年壬子正月初四日卯時，卒於乾隆四十八年癸卯六月十五日子時，葬騎馬岐崙，坐巽向乾兼辰戌。生五子：長客，次躂止，三迦出嗣弟明，四晲出嗣弟點往臺，五粗。

十六世祖雲客公，漸公長子，生於乾隆二十二年丁丑五月十五日午時，往臺。

十五世祖宗點公，弁公三子，生於雍正十一年癸丑四月二十六日戌時，卒於乾隆四十四年己亥吉月日時，往臺，葬臺。妣漳城曾氏時娘，生乾隆十年乙丑五月二十七日酉時，隨夫往臺，嗣子晲往臺。

十四世祖光巍公，躍公次子，生於康熙二十五年丙寅二月初八日酉時，卒於乾隆十二年丁卯吉月日時，往臺，葬臺。妣黄洋陳氏清娘，生於康熙四十一年壬午六月初十日辰時，卒於乾隆元年丙辰十二月二十三日丑時，葬本社後坑，坐戌向辰。生二子：長玖，次臏殤止。女潤娘適下阪李家。

十五世祖宗玖公，巍公長子，生於雍正十二年甲寅二月初九日巳時，往臺。

十五世祖宗柴公，晃公三子，生於乾隆十五年庚午七月二十五日卯時，卒於乾隆四十二年丁酉吉月日時，往臺，葬臺。嗣子凍並主父陳。

十五世祖宗榜公，晃公五子，生於乾隆二十二年丁丑八月初四日亥時，卒於道光十六年丙申正月二十七日子時，葬後坑坳，坐辛向乙兼酉卯。妣龢治鄒氏險娘，生於乾隆二十八年癸未十二月初三日卯時，生三子：長那、次蹈俱往臺，三篋。女慎娘適龢治鄒家。

十六世雲那公，榜公長子，往臺。

十六世雲蹈公，榜公次子，往臺。

十五世祖宗律，晃公六子，生於乾隆二十四年己卯八月十三日酉時，往臺。

十四世光改公，選公次子，生於康熙四十九年庚寅吉月日時，往臺。妣張氏生於康熙六十一年壬寅十月十九日吉時，卒葬失記。生子二：王德，殤；植，子宗傳。

十五世祖宗傳公，改公之子，生於乾隆十五年庚午吉月日時，往臺。

十三世祖振讓公，首公次子，生於康熙三年甲辰正月二十日酉時，卒失記。植子倖往臺。

十四世祖光倖公，讓公植子，往臺。妣氏失記，生二子，長得龍，次宗義出嗣伴。

十四世祖光伴公，弼公之子，生於康熙，餘失記，往臺。妣内溪蘇氏，生失記，卒於乾隆六年辛酉二月二十九日吉時，葬本山上坪嶺埔，坐東向西。生二子：長包，次雹，俱止。嗣子宗義往臺。十五世祖宗義公，伴公三子，往臺。

天民公三房長，十三世振灶公，生公務公之子，生於康熙，餘失記。妣吴清蔡氏扶娘，失記，生四子，長梓出嗣尹家，次弦，三奉俱往臺，四訂出嗣。十四世祖光弦公，灶生公次子，往臺。光奉，灶生公三子，往臺。

十三世祖振武公，聘公之子，生於康熙六年丁未五月十九日午時，卒於乾隆十二年丁卯五月初七日未時，諡嵩峯，葬北溪寨阪保簡頭山，坐亥向巳兼壬丙。妣陳氏斐娘，生於康熙十四年乙卯九月二十一日辰時，卒於康熙三十九年庚辰四月二十一日午時，諡慈儉，葬潭口菴後山，坐子向午兼壬丙。繼妣吴氏戀娘，生於康熙二十六年丁卯七月二十四日寅時，卒於康熙六十年辛丑九月二十一日未時，諡淑惠，葬北溪寨阪獅頭崩含邊園，坐丑向未兼癸丁。生子五：長祖，次質，三振往臺，四興止，五旋出嗣。

十六世雲宜，兩公次子，生於乾隆五十二年丁未九月二十九日酉時，往臺。

十四世祖光振公，武公三子，往臺。

十四世祖光介公，坡公之子，生於康熙三十一年壬申九月初八日辰時，餘失記。妣氏失記。養子利貞，生子陽，俱往臺。

十五世祖利貞，介公長子，往臺。宗陽公，介公次子，往臺。

天民公三房長，十四世祖光斐公，諱光進，惠公次子，生於康熙三十七年戊寅六月二十六日未時，卒於乾隆九年甲子七月二十二日酉時，葬梆仔畬，坐寅向申。妣大坑趙氏璉娘，别適。生四子：長慶、次安、三宅俱往臺，四陳出嗣。宗安公，斐公次子，生於雍正五年丁未閏九月二十六日辰時，往臺。宗宅公，斐公三子，生於乾隆元年丙辰正月初九日申時，往臺。

十四世祖光華公，惠公三子，生於康熙五十二年癸巳正月初八日寅時，卒於乾隆十一年丙寅四月十四日未時，往臺亡止。

天民公三房二，十二世祖志密公，質公次子，諱志言，生於順治五年戊子四月二十九日巳時，卒於康熙四十六年丁亥五月二十六日巳時，壽五十九。妣石美陳氏巧娘，生於順治十八年辛丑十月初三日子時，卒於乾隆元年丙辰十二月十二日寅時，諡純直，壽七十六，與公並長媳三柩合葬下坑社土名柿仔嶺中崙寨脚，坐酉向卯。生二子：長海，次江往臺。女三，欣娘適登安鄒家，緞娘適福山陳家，幼娘適官古。

十六世祖雲挾公，鯀公之子，並主徹公祀，生於乾隆，往臺。

天民公三房二，十六世雲挾公，徹公嗣，並主父鯀公祀，生於乾隆，往臺。

十三世祖振江公，密公次子，生於康熙四十年辛巳九月十四日寅時，挈眷往臺。妣阮氏往臺。

十四世祖光令公，部公次子，生於乾隆九年甲子五月初三日丑時，往臺。妣内溪蘇氏片娘，生於乾隆十九年甲戌九月十四日酉時，卒於乾隆五十二年丁未十月十七日卯時，葬林世坑蛇形後，坐丁向癸兼未丑。生子名，往臺，嗣子武並主澧。

十五世祖宗名公，令公長子，往臺。

十四世祖光奥公，衍公之子，生於乾隆四年己未十月初五日丑時，往臺。

十三世祖振條公，老公嗣子，生於康熙四十七年戊子，往臺。

十七世祖龍相公，朱公長子，往臺卒，嗣子傑並主研。

十七世龍敦，摠公長子，生於嘉慶二十二年丁丑十月初二日申時，往臺。

天民公三房二，十四世祖光水公，暉公長子，生康熙四十四年乙酉八月十五日午時，卒於乾隆二十一年丙子八月二十四日午時，諡勤正，往臺亡。妣漳城王氏合娘，生於康熙四十八年己丑十二月三十日巳時，卒於雍正八年庚戌九月十九日辰時，葬大坳内，坐乙向辛兼卯酉。次妣漳城劉氏罔娘，生於康熙五十九年庚子三月十六日戌時，卒於乾隆三十九年甲午九月初七日戌時，謚節勸，葬大官祠風吹隔坪，坐乾向巽兼戌辰。生子泉往臺。女三，蒼娘適山溪尾鄒家，寄娘適内溪蘇家，沄娘適内溪蘇家。

十五世祖宗泉公，水公之子，生於乾隆三年戊午四月二十二日未時，名在牌。

十四世祖光抗公，暉公三子，生於康熙五十一年壬辰六月十六日午時，卒於乾隆三十年乙酉三月初五日未時，謚敦怡，葬本山鳳吹隔，坐南向北。配漳城吴氏玉娘，生於康熙五十二年癸巳十二月初三日辰時，從子往臺，卒於乾隆三十六年辛卯四月十六日丑時，謚敦怡。吴氏葬水尾宫崙後，坐卯向酉。生四子：長蜂，次妹出嗣吝，三劣，四復。

十五世宗蜂，抗公長子，生於乾隆十一年丙寅七月二十七日寅時，往臺，妣氏往臺，生子欽，嗣子詋。十六世雲欽蜂公長子往臺。

十六世雲詋，蜂公次子，往臺。

十五世宗劣，抗公三子，生於乾隆十七年壬申三月十六日寅時，往臺。嗣子從。十六世雲從，劣公嗣子，往臺。

十五世宗復，抗公四子，生於乾隆二十一年丙子二月二十日寅時，往臺。妣氏生四子，長左，次門出嗣妹，三官，四開。

十六世雲左，復公長子，往臺。

十六世雲官，復公三子，往臺。

十六世雲開，復公四子，往臺。

十五世宗妹公，吝公之子，生於乾隆十四年己巳三月二十三日丑時，往臺。嗣子二，長門，次研。

十六世雲門，妹公長子，往臺。

十六世祖雲研公，妹公次子，生於嘉慶六年辛酉六月初九日未時，卒於道光十四年甲午八月二十一寅時，謚永和，葬臺。配登安鄒氏彛娘，生於嘉慶八年癸亥十月二十五日卯時，嗣子蕤並主尚，女眼娘適溪尾鄒家。

天民公三房二，十五世祖宗桃公，諱宗灼，字文華，湯公次子。狀貌魁奇，淹通經史，扶弱抑强，乾隆年間遭蓮花房佑服毒誣賴，問徒防口驛，幸天垂佑，歸里後寄蹤東瀛，臨終誡孫和曰，休管閒事虧陰騭，惟以讀書保厥家。生於乾隆元年丙辰八月十二日戌時，卒於嘉慶二十二年丁丑十一月初十日丑時，謚子之，壽八十二，葬臺嘉義南門外火燒莊口蘇家大坵園，坐西向東。妣溪尾鄒氏淡娘，生於乾隆五年庚申八月初十日巳時，卒於乾隆五十四年己酉二月十八日寅時，謚寬惠，壽五十，葬本山溪尾庵内，坐未向丑兼丁癸。嗣子烹，生子照、炒，女友娘適永豐陳家。繼妣漳城顔氏允娘，生於乾隆十一年丙寅十月初四日午時，卒於嘉慶十年乙丑十一月十九日巳時，謚勤淑，壽六十，葬本山横路上，坐艮向坤。生子恩。在臺再配熊氏，生子三：賜、周、龍。

十六世祖雲照公，諱雲普，字萬里，桃公次子。公和睦鄉里，募積公賞，接父書遂動省親之念，挈二子往東瀛養親終老。每課子和曰，余無别業傳家，惟以一經授爾，爾宜奮勉。生於乾隆二十九年甲申九月二十二日午時，卒於道光元年辛巳五月十五日巳時，謚位中，葬臺嘉義城外山仔頂店對面江厝宅脚，坐東南向西北，有石碑爲記。妣楊氏金娘，生於乾隆三十七年壬辰七月初八日午時，卒於嘉十六年辛未十月初五日戌時，諱淑明，葬永豐風門隔下閹豬坑頭，坐巽向乾兼巳亥，有碑爲記。生子二：長命往臺，次和並主炒。女受娘適永豐陳家。

十七世龍命，字封建，照公長子，生於乾隆五十八年癸丑十一月二十五日午時。配臺嘉義城内黄氏端娘。

十七世龍和，諱敬民，字時雍，照公次子，並主炒公祀。生於嘉慶十年乙丑十月十二日戌時，業儒。

十六世祖雲恩公，桃公四子，生於乾隆五十七年壬子四月二十九日巳時。卒於道光三年癸未三月日時，葬嘉義城外。配臺三界埔施氏草娘，生子南。

十七世龍南，恩公之子，往臺。

十六世雲賜，桃公五子，生於嘉慶十三年戊辰八月十九日巳時，往臺。

十六世雲周，桃公六子，生於嘉慶十八年癸酉十月初九日辰時，往臺。

十六世雲龍，桃公七子，生於嘉慶二十二年丁丑二月初四日卯時，往臺。

十七世龍慶，嬌公長子，生於嘉慶六年辛酉十月初三日寅時。往臺，在臺卒。

十六世祖雲横公，橼公五子，生於乾隆五十六年辛亥七月二十三日寅時，往臺卒。

十五世祖宗柄公，諱權，字秉中，活公次子，生於雍正十三年乙卯六月十三日巳時，卒於乾隆三十六年辛卯五月二十九日，謚循達，葬臺鳳山縣阿猴新莊。配陳氏紗娘，夫死别適，生二子：長畬，次炎。

天民公三房二，十三世祖振探公，諱振郎，富公次子，生於康熙二十年辛酉七月初二日午時，卒於乾隆二十八年癸未三月十六日辰時，謚毅直，遷葬照鏡屏，坐卯向酉。妣蔡氏回娘，生於康熙二十八年己巳二月二十五日寅時，卒於康熙五十五年丙申十月二十日申時，謚慈愛，葬本社墓前，坐辰向戌兼乙辛。生三女；放娘適巖下黄家，説娘適溪尾鄒家，儉娘適陳家。續妣張氏和娘，生於康熙三十六年丁丑九月三十日子時，卒於乾隆九年甲子八月十三日午時，謚温淑，葬犁壁嶺，坐辰向戌兼巽乾。生五子：長歲往臺，次强主王妣祀，三旋，四僚出嗣超，五脱。女二：抽娘適苦竹林蔡家，佈娘適登安鄒家。三妣吴氏禾娘，生於康熙四十一年壬午七月二十九日辰時，卒於乾隆二十一年丙子三月十八日亥時，謚順勸，葬失記。

十四世祖光歲公，探公長子，生於康熙五十七年戊戌四月初二日午時，卒於乾隆五十一年丙午三月十三日巳時，葬臺淡水芝吧裏莊塔。妣隆徑林氏爵娘，生於康熙五十七年戊戌二月十六日子時，卒於乾隆三十六年辛卯十二月初五日巳時，葬臺雙坑口塔仔山，坐坤向艮兼未丑，生四子，長輦，次庚往臺，三雲，四丑往臺。女二：點娘適山溪尾鄒家，偕娘適後隔王家。

十五世祖宗庚公，歲公次子，生於乾隆十六年辛未正月初一日午時，往臺。宗丑公，歲公四子，生於乾隆十二年丁丑十月二十七日午時，往臺。

十四世祖光旋公，探公三子，生於雍正元年癸卯十二月二十二日寅時，卒於乾隆四十八年癸卯七月初九日子時，葬杜東仔，坐乙向辛兼辰戌。妣南阪黄氏銀娘，生於雍正十一年癸丑八月三十日亥時，卒於乾隆六十年乙卯八月初十日寅時，葬後壟仔，坐辛向乙兼酉卯。生子長壬，次卯早亡，嗣子雄生子稗往臺。

天民公三房二，十五世祖宗稗公，旋公四子，往臺。

十四世祖光薦，允公之子，生於雍正七年己酉九月十九日寅時，往臺。

天民公三房二，十四世祖光管公，位公長子，生於雍正六年戊申三月十五日戌時，卒於乾隆二十五年庚辰十二月初五日未時，葬雙坑崙，坐東向西。配官古林氏求娘，别適，生子芋説往臺。

十五世祖宗芋公，管公之子，生於乾隆二十五年庚辰八月十二日申時。配溪脚張氏厭娘，生於乾隆二十一年丙子十月二十六日酉時，随夫往臺。生二子，長性，次南嗣占爲孫，女恨娘適何家。

十六世雲性，芋長子，生於乾隆五十七年壬子五月十九日巳時，往臺。配平和朱氏每娘生於嘉慶五年庚申三月十九日亥時，往臺。生四子，長江水，次陳盟，三景全出嗣南，四賜志，俱往臺。

十七世龍江，水性公長子，生於嘉慶二十二年丁丑七月二十九日戌時，配臺平和黄氏筍娘，生於道光四年甲申五月初七日寅時。

十七世龍賜，志性公四子，生於道光十年庚寅十二月十二日辰時，配臺海澄朱氏菓娘，生於道光十四年甲午十月初十日巳時。

十四世祖光占公，位公次子，生於雍正十一年癸丑十月十三日卯時，卒於乾隆三十三年戊子十月二十九日巳時，葬本山苦林坳。妣官古林氏喜娘，别適，嗣孫南往臺。

十六世雲南，占公嗣孫，生於乾隆五十九年甲寅十月十五日午時。配臺永定江氏進娘，生於嘉慶十四年己巳三月初五日丑時，嗣子景全，植子景成，俱往臺。

十四世祖光底公，坎公長子，生於康熙五十五年丙申，往臺，卒葬臺。

十四世祖光篇公，坎公三子，生於康熙六十年辛丑十一月初五日酉時，往臺，卒葬失記。妣宋氏旺娘，夫死别適。

十四世祖光甲公，傑公長子，生於康熙六十一年壬寅十月初九日未時，往臺。妣田邊倒馬李氏旁娘，生於乾隆二年丁巳九月十二日未時，卒於乾隆三十五年庚寅五月二十日午時，葬七埒仔崙，坐東向西。植子潭生，子坪、浮、露，俱與父往臺。

天民公三房二，十四世祖光禹公，昂公之子，生於康熙五十五年三月初一日未時，往臺，卒於乾隆四十年乙未七月初二日午時，葬臺大溪墘槺榔林後潭上舊厝地，坐甲向庚兼寅申。妣登安鄒氏漸娘，生於雍正元年癸卯二月初三日寅時，卒於乾隆二十九年甲申三月二十七日酉時，葬本山豪空落嶺脚，坐乙向辛兼卯酉。生子六：長邦，次郡，三鄧出嗣堂弟水，四鄉説，五節，六禦，俱往臺。

十五世祖宗邦公，諱宗仁，禹公長子，生於乾隆三年戊午六月二十四日申時，往臺，卒於乾隆五十九年甲寅七月初十日申時，葬臺芝吧里尖山後，坐西向東。妣廣東王氏伴娘，生於乾隆三十二年丁亥六月十八日午時，卒於嘉慶九年甲子九月初二日申時，與公合葬。生二子，長九，次雪，俱殤失記。嗣子萬循。

十六世雲萬循，邦公嗣子，生於嘉慶八年癸亥十一月二十三日吉時，配臺王氏典娘，生於嘉慶二十年乙亥五月二十八日辰時，一女鬣娘。

十五世祖宗郡公，諱宗義，禹公次子，生於乾隆七年壬戌九月初六日戌時，卒於嘉慶十六年辛未八月初四日酉時，謚寛樸，葬臺鎮平莊塚埔，墳坐壬向丙兼子午。妣廣東黄氏金娘，生於乾隆二十二年丁丑十一月二十六日吉時，卒於嘉慶七年壬戌十二月初一日酉時，謚勤順，葬臺芝吧里尖山頂坡上，坐東向西。生二子，長佳，次讓。女三，揥娘適臺連家，罔娘適臺吴家，媚娘適臺潘家。次妣詔安黄氏唐娘，生乾隆二十八年癸未十一月廿六日午時。

十六世雲佳公，號碧山，郡公長子，生於乾隆四十八年癸卯四月二十八日丑時。配詔安林氏春娘，生於乾隆四十八年癸卯二月初八日子時。生三子，長水，次松茂，三懷。又女六，催娘適臺林家，杏娘適臺王家，曲娘適臺鄭家，志娘適臺李家，員娘適臺簡家，束娘。

十七世祖龍水公，佳公長子，生於嘉慶十二年丁卯五月二十四日巳時，卒於道光十二年壬辰閏九月十七日亥時，謚寛雅，葬臺鎮平莊塚埔坐西向東。配平和林氏謹娘，生於嘉慶十三年戊辰十月十四日申時。生子昌。

十八世際昌,水公之子,生於道光八年戊子正月二十日亥時。

十七世松茂,大名長青,字友竹,號篠園,佳公次子。生於嘉慶十九年甲戌八月二十八日子時,道光十六年丙申科試年二十三歲,蒙臺澎道院周公諱凱取進臺灣府學第十四名郡庠生。

配臺林氏吟娘,生於嘉慶二十二年丁丑九月二十九日酉時,生子廷瓚、廷秀。

十八世廷瓚,茂公長子,生於道光十五年乙未七月初三日午時。

十八世廷秀,茂公次子,生於道光十六年丙申十月二十七日丑時。

十七世祖龍懷公,佳公三子,生於嘉慶二十一年丙子十二月初七日未時,卒於道光四年甲申三月十六日巳時,葬臺鎮平莊塚埔,坐北向南。

十六世雲讓,郡公次子,生於乾隆五十一年丙午十月廿三日寅時,妣詔安浮南橋楊氏乙娘,生於乾隆五十三年戊申九月二十五日丑時,卒於道光十一年辛卯十月二十六日卯時,葬臺鎮平莊塚埔大衆廟頂,坐北向南。生七子,長燕,次用,三昭雙生,四全雙生,五升,六現雙生,七遠雙生。次妣永定吴氏瑞娘,生於嘉慶四年己未四月十七日亥時。

十五世祖宗鄉,諱宗智,禹公四子,生於乾隆十三年戊辰九月初五日子時,卒於乾隆四十五年庚子,葬臺大溪墘後面潭埤面,坐東向西。嗣子邁。

十六世祖雲邁公,鄉公嗣子,生於嘉慶四年己未三月初七日未時,卒於嘉慶十一年丙寅三月十二日酉時,葬臺尖仔塚埔,不記穴。嗣子福。

十七世龍福,邁公之子,生於道光四年甲申九月二十八日戌時,配南靖吴氏梅娘,生於道光八年戊子十月初十日卯時。

十五世祖宗節公,諱宗信,禹公五子,生於乾隆二十二年丁丑二月十九日戌時,卒於嘉慶廿五年庚辰十一月初九日未時,葬臺垄仔莊厝前,坐南向北。妣廣東黄氏幼娘,生於乾隆三十年乙酉吉月日時,卒於乾隆五十年乙巳四月十八日吉時,與夫合葬。次妣南靖賴氏施娘,生於乾隆三十四年己丑吉月日時,卒於嘉慶十三年戊辰九月初一日亥時,葬臺垄仔莊後,坐南向北。生四子,長接,次萬德,三萬循出嗣兄邦,四萬信。

十六世雲接,節公長子,生失記,卒於嘉慶二十四年己卯三月初八日吉時,葬臺垄仔莊後,坐東向西。配氏夫亡别適。生子名永,配平和林氏。

十五世祖宗禦公,諱宗實,禹公六子,生於乾隆二十五年庚辰正月初三日寅時,卒於道光十年庚寅十二月廿一日酉時,謚宗德,葬臺鎮平莊土圍後,坐西向東。妣廣東姜氏衷娘,生於乾隆三十七年壬辰十一月十九日午時。生四子,長源,次豔,三邁出嗣鄉,四艾。一女桂娘。

十六世祖雲源公,禦公長子,生於乾隆五十五年庚戌八月初六日寅時,卒於道光十六年丙申十二月十三日寅時,葬臺鎮平莊新圍前田中,坐西向東。配漳浦王氏初娘,生於乾隆五十五年庚戌十月二十一日辰時。生四子,長正歷,次正芳,三孝,四賓。又女五,粉娘適臺林家,勸娘適臺林家,教娘適臺蔡家,愛娘適臺鄭家,丹娘。

十七世龍歷,源公長子,生於嘉慶十二年丁卯十一月二十六日戌時,配詔安游氏勉娘,生於嘉慶十四年己巳十月二十日巳時。生三子,長建漳,次長順,三溪。一女姿娘,適詔安遊家。

十八世建漳,歷公長子,生於道光七年丁亥十二月初七日辰時。

十六世雲豔,禦公次子,生於乾隆五十八年癸丑九月初三日巳時,配平和吴氏每娘,生嘉慶二年丁已六月初十日卯時,生三子,長智,次福出嗣邁,三川。又六女,甘娘適臺林家,綢娘適臺張家,足娘適臺徐家,定娘,在娘適臺游家,盡娘。

十七世龍智，豔公長子，生於道光元年辛巳九月二十九日戌時，配平和林氏參娘，生於道光三年癸未六月二十一日申時。

十七世龍川，豔公三子，生於道光七年丁亥九月十三日未時，配龍溪邱氏陣娘，生於道光八年戊子正月初五日卯時。

十六世雲艾，字名世，禦公四子，生於嘉慶九年甲子九月二十六日亥時。配詔安游氏九娘，生於嘉慶十年乙丑十月初一日子時，植子盛。又二女，腰娘適臺吕家。

天民公三房二，十五世宗郯公，諱宗禮，水公嗣子，生於乾隆十一年丙寅閏三月二十四日戌時，往臺，卒臺南港仔，葬失記。配臺陳氏姿娘，夫死别適鄭省官，約生子須以一人還嗣，植子長流無考。

十七世松茂，大名長青，字友竹，號篠園，佳公次子，生於嘉慶十九年甲戌八月二十八日子時，道光十六年丙申科試年二十三，蒙臺澎道院周公諱凱取進臺灣府學第十四名郡庠生。配臺林氏吟娘，生於嘉慶二十二年丁丑九月二十九日酉時，生子長廷瓚、次廷琇。

十八世廷瓚，茂公長子，生於道光十五年乙未七月初三日午時。

十八世廷秀，茂公次子，生於道光十六年丙申十月二十七日丑時。

（《[福建華安]昇平岱山郭氏天民公房系族譜》 清光緒三十四年稿本）

華安岱山郭氏天民房系徙臺祖世系名録

十七世祖龍昔公，音公長子，生於乾隆三十六年辛卯十二月十六日未時，卒於嘉慶十五年庚午七月初七日未時，葬臺。嗣子識。

十六世祖雲樽公，繫公長子，登國子監。生於乾隆六年辛酉五月十七日辰時，卒葬在臺。妣永口吴氏好娘，生於乾隆六年辛酉六月二十五日辰時，隨夫往臺。生四子，長遒，次錯，三最，四易。又二女，開娘適西門武生康淩雲，信娘適湧口吴家。

十八世際義，遒公長子，往臺。原名序改名肇基，家計殷實，生子二，長名如淵往臺。

十八世際虹，遒公次子，往臺。

天民公三房三，十七世祖太學生龍錯公，樽公次子，生於乾隆二十七年壬午七月十九日卯時，往臺。

十七世祖龍最公，諱元興，樽公三子，生於乾隆三十年乙酉八月十六日午時，卒於乾隆五十八年癸丑八月初七日戌時，葬深田崙長埒尾，坐壬向丙兼子午。妣登安鄒氏頌娘，生於乾隆三十年乙酉六月二十六日酉時，卒於嘉慶五年庚申二月十七日酉時，謚恭節，葬下大官祠，坐辰向戌兼巽乾。生子知殤，嗣子訓往臺。

十八世際訓，最公次子，往臺。

十七世龍易，龍樽公四子，生於乾隆三十二年丁亥九月初七日戌時，往臺。

天民公三房三，十七世祖龍尚公，渾公長子，生於乾隆三十年乙酉四月二十五日申時，卒於乾隆四十年乙未十月二十五日寅時，葬大土山，坐北向南。妣氏生子君實往臺。

十七世龍搧，渾公三子，往臺。

十五世祖宗輯公，諱宗椵，昊公四子，以易經登國子監。生於雍正元年癸卯七月二十一日子時，卒於乾隆四十二年丁酉十月初一日戌時，葬臺八里坌山，坐丁向癸兼未丑。妣大德吕氏奏娘，生於雍正四年丙午七月初三日申時，卒於乾隆四十三年戊戌三月十七日巳時，葬臺淡水南港仔山，坐庚向甲兼申寅。植子德昌，嗣子標生子秀山，兄弟俱往臺。

十六世祖雲德昌，緝公長子，以詩經登太學生，生於乾隆十年乙丑四月初三日寅時，卒葬在臺。配莊氏腰娘，生於乾隆十八年癸酉八月初八日申時，卒於乾隆五十四年己酉九月初二日戌時，生子壬申。

十七世龍壬申，德昌公之子，生於乾隆四十七年壬寅八月初八日酉時。

十六世祖雲標公，緝公次子，以詩經登國學生。生於乾隆十六年辛未七月十九日子時，卒於乾隆三十八年癸巳八月初六日戌時，葬臺。妣鄭氏益娘，生於乾隆十五年庚午三月二十九日寅時，往臺。生子長政，次圖，三水嗣子，四慶。

十七世龍政，標公長子，往臺灣，恩授縣右堂，妣楊氏良娘。

十六世雲種，素公長子，生於乾隆十八年癸酉七月初八日午時，卒於乾隆五十三年戊申正月初三日戌時，葬大畬芒山埒田中央。妣磜頭童氏銓娘，生於乾隆十七年壬申十月初五日寅時，卒於嘉慶四年己未七月二十六日丑時，葬大畬堋，坐巽向乾。生子三，長灼然止，次翁，三注，俱往臺。

緝公派下俱往臺灣。

十七世龍翁，種公次子，挈家往臺。妣磜頭童氏朝娘，往臺。生子節，往臺。

十七世龍注，種公三子，往臺。

十七世祖龍藩公，諱栅俟，稼公長子，生於乾隆四十五年庚子四月十二日戌時，卒於嘉慶十七年壬申七月二十日亥時，葬臺芝吧里舊館角崙仔，坐東向西。妣莊氏別適。女陳娘適長安鄒家。

十六世祖雲秫公，素公三子，挈家往臺。妣潭頭張氏蜜娘。生子維嶽、瀠洄，俱往臺，三池出嗣耙。

十七世龍嶽公，秫公長子，往臺。龍瀠洄，秫公次子，往臺。

十六世祖雲耙公，諱雲峯，素公四子，生於乾隆三十年乙酉二月廿一日辰時，卒於嘉慶十二年丁卯八月十七日巳時，葬臺。妣登安鄒氏甚娘，生於乾隆三十年乙酉二月二十日子時，卒於道光二年壬午十月二十九日亥時，謚慎德，葬狗函坑，坐庚向甲兼酉卯。嗣子二，長池，次箭止。

十七世祖龍池公，耙公長嗣子，往臺。

十六世祖雲稽公，素公五子，生於乾隆三十二年丁亥五月十四日巳時，往臺。妣玉蘭黄氏聘娘，生於乾隆三十五年庚寅正月初一日午時，卒於道光元年辛巳正月初五日卯時，葬中平嶺新路上，坐南向北，謚勤德。生二子，長竹，次國，俱隨父往臺，女緞娘適登安鄒。

十七世祖龍竹公，稽公長子，往臺。

十七世龍國公，稽公次子，往臺。

十七世祖龍湖公，馨公長嗣子，往臺。

十五世祖宗訂公，昊公爲繼舜安遺三公宗祀，生於雍正九年辛亥吉月日時，往臺。妣氏生子萃。十六世祖雲萃公，訂公之子，往臺。

十四世祖光杞公，團公之子，生於康熙五十年辛卯九月二十五日巳時，往臺。妣臺林氏經娘，嗣子窓，女一。

十五世祖宗窓公，杞公嗣子，生於隆十九年甲戌九月十七日戌時，往臺。配臺董氏轉娘，生於乾隆二十七年壬午五月十七日丑時。

十三世祖振廣公，諱振，宗聘公次子，生於康熙九年庚戌六月十四日辰時，卒於乾隆十八年癸酉四月二十五日酉時,謚君豪,葬本山柰仔畲田中,坐東向西。妣南門外下莊鄭氏蘭娘,生於康熙三十八年己卯十月初十日戌時,卒於乾隆十六年辛未閏五月初九日丑時,謚勤順,葬本山松栢岐,坐東向西。生子三,長表,次釁出嗣答,三京往臺亡。女卯娘適羅溪黃家。

十四世光釁公,答公嗣子,生於雍正元年癸卯二月初七日丑時,往臺。配臺鄭氏宜娘,生於乾隆十一年丙寅四月十七日酉時。生子王拖往臺。

十五世祖宗光公,表公三子,生於乾隆二十四年己卯四月十二日午時,往臺。

十五世祖宗敦公,諱宗和,草公長子。生於康熙五十二年癸巳十二月十七日卯時,卒於乾隆四十六年辛丑正月二十六日未時。葬柰仔畲,坐艮向坤兼丑未。妣地園黃氏軟娘,生於康熙五十五年丙申八月初八日卯時,卒於乾隆四十四年己亥七月二十一日丑時。葬嶺頭亭,獅形,坐寅向申兼甲庚。嗣子彪下繼,生子次虎,三狼,四箭,俱往臺。

十六世祖雲彪公,敦公長子,生於乾隆四十年乙未二月初四日子時,往臺。妣登安鄒氏森娘,生於乾隆十一年丙寅十二月十三日巳時,卒於乾隆四十四年己亥二月二十八日子時,謚貞慎,葬後坑坳,坐亥向巳兼乾巽。生三子,長語,次舍,俱往臺。三圭出嗣渾。

十七世龍語,彪公長子,生乾隆三十年乙酉六月二十五日戌時,往臺。龍舍彪公次子,往臺。

十六世祖雲虎公,敦公次子,生於乾隆八年癸亥二月二十二日子時,往臺。妣盧簪娘,生於乾隆十一年丙寅十一月吉日時。生子捷,往臺。

天民公三房三,十六世祖雲狼公,敦公三子,生於乾隆十六年辛未正月二十九日子時,往臺。

十六世祖雲箭公,敦公四子,生於乾隆二十一年丙子正月十一日戌時,往臺。

天民公三房三,十五世祖宗鳳公,諱宗鳴,字岐山,椿公之子,生於康熙五十五年丙申二月初七日寅時,往臺。妣漳城程氏此娘,生於雍正八年庚戌十一月十七日丑時,卒於乾隆二十四年己卯十二月十一日巳時,謚貞烈,葬本山茶園,坐午向子兼丁癸。生子二,長准,次泥。

十六世祖雲准公,鳳公長子,生於乾隆十三年戊辰三月十三日申時,往臺。雲泥公,鳳公次子,生於乾隆十五年庚午十一月初五日申時,往臺。

天民公三房三,十三世祖振球公,諱振篤,映公長子,生於康熙二十年辛酉十二月十一日子時,卒於乾隆十年乙丑二月十六日未時,葬本山深隔後,坐向失記。妣林氏好娘,生於康熙三十五年丙子十月二十三日卯時,隨子往臺。生子,長旺,次良與母移往臺灣,女一。

十四世祖光鐘公,璜公之子,生於康熙年間,卒於乾隆年間,往臺,亡止。

十四世祖光作,登公之子,生於康熙三十六年丁丑六月廿七日辰時,往臺。妣氏植子振與父往臺。

十四世祖光乾公,諱光陽,利公次子,生於康熙四十九年庚寅吉月日時,卒於乾隆十八年癸酉十月二十二日酉時,謚純誠,葬本山上礤仔,坐艮向坤兼寅申。妣厦門楊氏月娘,生於康熙五十七年戊戌八月初一日吉時,卒於乾隆十八年癸酉十一月初六日午時,謚柔順,與公合葬。生子强,女二,足娘適高車林家,泥娘適吴阪楊家。

十五世祖宗强公,乾公之子,往臺,生於乾隆。妣高車游氏徵娘,往臺。生子長。

十六世祖雲長公,强公長子,往臺。

天民公三房三,十四世祖光替公,愈公長子,生於康熙年間,卒於乾隆年間,往臺。

十四世祖光銀公,每公次子,往臺。

十四世祖光興公，貢公長子，往臺，生於康熙。

十六世祖雲春公，執公長子，生於乾隆六年辛酉十月二十三日寅時，往臺。妣南阪黄氏脚娘，生於乾隆十一年丙寅十二月初六日辰時，卒葬失記，女燃娘適緜治鄒家。次妣城東下橋顔氏兼娘，餘失記。生二子，長椮，次失名，俱往臺。

十六世祖雲傳公，諱雲受，字紹宗，執公次子，生於乾隆九年甲子七月二十日午時，餘失記。妣大坑趙氏雪娘，生於乾隆十一年丙寅五月十三日丑時。生子長蚶，次蟯，三蟶，四蚱，五蜻，六螟，俱往臺。

十七世祖龍蚶公，傳公長子，生於乾隆二十九年甲申十一月十九日寅時。

十六世祖雲魯公，執公三子，生於乾隆十八年癸酉四月十六日寅時，往臺。妣高宅陳氏觀娘往臺。子替往臺。

十六世祖雲稍公，胡公長子，生於乾隆二十一年丙子八月初四日寅時，往臺。

十七世祖龍旁公，斷公長子，生於乾隆五十八年癸丑七月二十一月寅時，往臺，於道光元年辛巳七月十二日吉時，卒葬臺甲子蘭瀨仔尾，坐東向西。嗣子恩。

天民公三房三，十六世祖雲正公，嶺公四子，生於乾隆四十四年己亥二月二十四日寅時，卒於嘉慶二十五年庚辰十月十二日吉時，葬臺頂淡水澗仔歷後埔。嗣子縱。

十六世祖雲標公，便公長子，生於乾隆四十一年丙申五月二十八日申時，往臺。嗣子仍，並主族。

十六世雲娥，燦公嗣子，生於乾隆四十七年壬寅，往臺。配汰内陳氏晝娘。

十六世祖雲晏公，諱雲晚，字温和，克公長子，生於乾隆二十八年癸未九月初八日午時，卒於道光四年甲申十月十七日辰時，葬風吹羅帶堋底，坐卯向酉兼乙辛。妣登安鄒氏悦娘，生於乾隆二十八年癸未八月十七日子時，卒於嘉慶二十一年丙子九月十五日戌時，葬風吹羅帶邊，坐寅向申兼甲庚。生二子，長禊，次裘，俱往臺。

天民公三房三，十五世祖宗情公，諱實，字性之，一字存仁，本公次子。生於雍正十三年乙卯正月十七日子時，卒於乾隆五十八年癸丑六月二十三日酉時，葬後堋内崙頂，坐卯向酉兼甲庚。妣緜治鄒家巧娘，生於乾隆八年癸亥六月二十八日未時，卒於乾隆四十三年戊戌閏六月初一日卯時，謚貞柔，葬大土頂崙鞍，坐寅向申兼艮坤。次妣徐氏標娘，生於乾隆五年庚申七月初六日午時，卒於乾隆五十九年甲寅八月二十一日巳時，葬苦竹畬倒樹崙坪，坐甲向庚兼卯酉。側室柯氏甚娘，生於乾隆十五年庚午正月十五日辰時，卒於乾隆五十年乙巳吉時，葬龍湫窟寨仔崙，坐丙向壬兼巳亥。嗣子坑下繼往臺，生子莶柯氏出。

十五世祖宗狀公，諱宗形，號體仁，本公三子，生於乾隆六年辛酉三月初三日卯時，卒於乾隆五十七年壬子六月初五日丑時，葬溪尾下寨仔簎與蘇家交界崙，坐東向西。妣登安鄒氏義娘，生於乾隆十二年丁卯三月初八日申時，卒於嘉慶十九年甲戌十一月初一日巳時，謚和順，葬寨仔簎後，坐乙向辛兼卯酉。生三子，長井，次日，三崎往臺。女月娘。

天民公三房三，十六世祖雲井公，諱雲卿，狀公長子，生於乾隆三十二年丁亥閏七月二十日卯時，卒於嘉慶二十四年己卯七月十六午時，往臺亡，葬上淡水中歷草宅柑宅。妣趙氏拼檨娘，生於隆三十二年丁亥七月十一日午時，卒於乾隆五十三年戊申十一月十二日戌時，謚純淑，葬寨仔崙後，坐乙向辛兼卯酉。次妣吴氏璘娘，生於乾隆二十九年甲申吉月日時，卒於乾隆五十七年壬子正月初七日未時，謚勤敏，葬林世坑蛇形崙，坐巳向亥兼巽乾。生二子，長質趙氏出，次訓歐氏出。

十七世龍質，井公長子，生於乾隆五十三年戊申十月初八日卯時。妣臺楊氏自娘，生於乾隆六十年乙卯十月二十五日卯時，卒於道光九年己丑八月初一日丑時，葬苦竹畲，坐壬向丙兼亥巳。生子三，長榮出嗣旭，次丈出嗣貨，三赤出嗣訓。女二，米娘適歸德鄒家，忍娘適大坳鄒家。

十六世祖雲姓公，玩公長子，生於乾隆三十四年己丑正月初一日午時，卒於乾隆五十三年戊申九月十四日酉時，謚雲盛，葬石碓嶺楊梅崙，坐東向西。妣氏別適。生子貨，往臺。

天民公三房三，十五世祖宗商公，諱宗諒，統公嗣孫，生於雍正八年庚戌十二月初八日卯時，卒於乾隆五十四年己酉五月十五日辰時，謚宗殷，葬下嶺頭亭田仔坳頭，坐丙向壬兼巳亥。妣汰内陳氏詰娘，生於乾隆十年乙丑八月二十四日亥時，卒於嘉慶八年癸亥七月初四日辰時，葬下嶺頭亭，坐辰向戌兼乙辛。生二子，長惹，次晲往臺。

十六世雲晲，商公次子，往臺。

天民公三房三，十五世祖宗鞏公，諱宗仲，字有桂，涑公次子，生於乾隆九年甲子十月初二日辰時，往臺。

十六世雲配，諱雲合，褒公四子，生於乾隆五十五年庚戌九月廿三日吉時，往臺。

天民公三房三，十七世龍拎，標公長子，生於乾隆六十年乙卯二月十三日辰時，往臺。配龍山蔡氏軟娘，生於嘉慶九年甲子十月二十四日卯時。生子故。

十五世祖宗洸公，簿公五子，生於乾隆三十四年己丑三月初四日亥時，往臺，卒葬臺，諱宗諒，字碧澤。

十五世祖宗潤公，諱宗澤，聽公長子，生於乾隆八年癸亥七月十八日辰時，往臺，卒葬臺。妣林氏外娘，竹塔人，生於乾隆六年辛酉十月十五日戌時，卒於乾隆四十一年丙申十一月初九日寅時，葬芒山崙，坐未向丑兼丁癸。次妣賴氏，生卒葬在臺，生二子，長僻早亡，次淨往臺。

十六世祖雲惉公，諱雲水，瀓公次子，生於乾隆四十六年辛丑九月二十三日丑時，往臺，卒於道光十二年壬辰十一月初四日丑時，葬臺。嗣子就，並主風漏惉。

十五世祖宗浪公，諱宗波，聽公三子，生於乾隆十二年丁卯十一月二十三日亥時，往臺。

十五世祖宗洵公，諱宗轟，聽公五子，生於乾隆二十年乙亥五月十五日巳時，往臺。

十五世祖宗沛公，諱宗霖，聽公六子，生於乾隆二十七年壬午五月二十六日未時，往臺。

天民公三房三，十六世圖公，諱仁意，漗公次子，生於乾隆四十六年辛丑九月二十日申時。往臺卒，葬臺。

十五世祖宗滤，諱宗忽，字心柯，潑公次子，生於乾隆十九年甲戌正月二十七日酉時，卒於乾隆三十七年壬辰七月二十二日未時，葬蚋燭後脚，坐東向西。嗣子奉，往臺。

十五世祖宗滬公，諱宗奇，字巧心，潑公三子，生於乾隆廿一年丙子九月初五日未時，卒於道光八年戊子十二月二十六日子時，妣汰内陳氏更娘，生於乾隆三十一年丙戌四月初八日未時，卒於嘉慶二十四年己卯八月十八日午時，謚愛德，葬本山杉畲坳口，坐丙向壬兼午子。生四子，長信，次摒，三戀往臺，四唉。

十六世雲戀公，滬公三子，生於乾隆五十九年甲寅十月，往臺。

十五世祖宗澳公，諱宗悸，潑公五子，生於乾隆三十一年丙戌四月二十六日亥時，往臺，卒葬臺。妣登安鄒氏瑣娘別適。生子信出嗣文圃，嗣子炒並主父懣。

十五世祖宗湆公，柒公五子，生於乾隆三十六年辛卯吉月日時，卒於乾隆六十年乙卯八月二十四日亥時，卒臺，葬臺。嗣子牙並主父汭。

十四世祖光品公，諱光詣，協公五子，生於雍正五年丁未十月二十六日未時，卒於乾隆三十六年辛卯三月初五日吉時，葬東塘五葉脚與堯公比連内畬，坐艮向坤兼丑未。妣登安鄒氏夏娘，生於乾隆五年庚申十月十七日卯時，卒於乾隆四十一年丙申十二月二十九日巳時，葬東貝後隔右邊，坐向失記。生三子：長澗，次潒，三清，俱往臺。女畚娘適崎脚陳家。

天民公三房三，十五世祖宗清公，品公三子，生於乾隆三十一年丙戌八月二十日戌時，卒於乾隆四十七年壬寅五月吉日時，卒葬在臺。

十四世祖光茅公，羣公次子，生於雍正十一年癸丑二月二十四日辰時，卒於乾隆三十年乙酉三月二十日卯時，葬本山王公内。妣西坑蔡氏推娘别適。生子搬，往臺。十五世宗搬，茅公之子，生於乾隆二十七年壬午，妣氏往臺，生子呼，往臺。

十三世祖振掬公，諱振嶽，諧公長子，生於康熙二十六年丁卯十一月二十三日酉時，往臺，卒葬臺。公在臺創建北路大溪墘樣梆林，新莊立户郭振嶽，家道殷富。妣許氏進娘生於康熙，往臺。生四子，長意往臺，次在殤，三梓往臺，四失名殤。

十四世祖光意公，諱光龍，掬公長子。次妣氏生子媽傳、元彰出嗣梓，女棗娘。側室聘娘往臺，生子盛祖出嗣在，女巧娘。

十四世祖光在公，掬公次子，殤失記，嗣子盛祖。

十五世宗盛，在公嗣子，往臺。

十四世祖光梓公，掬公三子，往臺。嗣子元彰。

十五世宗元，彰梓公嗣子，往臺。

十六世祖雲差公，諱雲燚，邑公次子，生於乾隆三十八年癸巳十一月十六日亥時，卒於嘉慶十二年丁卯三月二十三日申時，葬杉畲堋，坐丑向未兼癸丁。妣長安鄒氏招娘，生於乾隆三十六年辛卯十月初二日吉時，卒於道光九年己丑十月初六日卯時，謚慈愛，葬本山犁壁嶺堋，坐丁向癸兼午子。生二子，長郭，次迎説往臺。女二，富娘適長安鄒家，伴娘適溪尾鄒家。

十七世龍迎，差公次子，生於嘉慶三年戊午九月二十六日吉時，往臺。嗣子傳早亡。

天民公三房三，十五世宗蕙，前公三子，生於乾隆二十一年丙子九月十一日戌時，往臺。妣蘇氏隨夫攜子往臺。生二子，長詐，次鱗，俱往臺。

十五世祖宗想公，前公四子，生於乾隆三十年乙酉二月十二日申時，往臺。妣登安鄒氏栽娘，生於乾隆三十一年丙戌五月初五日辰時，卒於乾隆六十年乙卯十一月十三日戌時，葬崎畲坑，坐巽向乾。女泥娘適中寨楊家，嗣孫冗，並主父膴。

十四世祖光場公，諱光文，誇次嗣子，生於乾隆二年丁巳閏九月二十九戌時，卒於乾隆五十三年戊申九月十九日未時，葬林世坑堋。妣上章鄭氏又娘，生於乾隆十年乙丑正月初八日寅時，卒於道光八年戊子二月二十八日戌時，葬竈殼侖崩堋，坐東向西。生三子，長偏止，次坎往臺卒，三坎殤止。

十四世祖光蔓公，諱光隆，川公長子，生於雍正十三年乙卯十一月二十六日亥時，卒於嘉慶十七年壬申八月十一日辰時，壽七十八，葬犁壁嶺七埒仔，坐東向西。妣溪尾鄒氏民娘，生於乾隆五年庚申九月十九日申時，卒於嘉慶二十五年庚辰五月二十八日戌時，謚仁惠，壽八十一，葬本山稻埕仔，坐卯向酉兼甲庚。生子五，長壤，次埔，三綱，四杓往臺卒，五汰早亡葬在後堋埒。

天民公三房三，十五世祖宗壤公，諱宗榮，蔓公長子，生於乾隆二十三年戊寅十一月十九日酉時，卒於嘉慶九年甲子十二月十一日辰時，卒在臺，葬臺。妣山溪尾鄒氏插娘，生於乾隆二十二年丁丑十一月二十一日子時，卒於乾隆五十三年戊申十月十七日巳時，葬食水井，坐申向寅兼坤艮。生子二，長面，次簪，俱往臺。女松娘適大德吕家。十六世祖雲面公，壤公長子，生卒失記，往臺，葬臺檳榔林大溪墘坡寮。十六世雲簪，壤公次子，往臺。

十五世祖宗埔公，諱宗儀，蔓公次子，生於乾隆三十年乙酉十月初五日子時，卒於嘉慶元年丙辰六月初六日子時，葬圳内厝後，坐子向午兼壬丙。妣内溪蘇氏用娘，别適五嶽鄒家。生二子，長玉，次颾往臺。

十六世雲玉，埔公長子，生於乾隆五十三年戊申十二月二十四日子時。

十六世雲颾，埔公次子，生於乾隆五十八年癸丑七月二十四日戌時，往臺。

十五世宗杓，蔓公四子，往臺，卒葬在臺。

十六世祖飘公，鞘公長嗣子，生於嘉慶五年庚申二月二十日戌時，往臺，卒於道光十六年丙申十月十一日吉時，葬臺。

十五世宗找，隊公長子，生於乾隆三十三年戊子五月十三日戌時，往臺。妣山溪尾鄒氏慎娘，生於乾隆三十八年癸巳七月十四日吉時，卒於道光元年辛巳十月初三日辰時，謚淑慈，葬九埒仔，坐巳向亥兼丙壬。生三子，長才並主送，次簣並主習，三笪出嗣巖下，俱往臺。

十六世雲才，找公長子，並主送公祀，生於嘉慶三年戊午，餘失記，往臺止。配汰内陳氏合娘，十六歲亡，生卒失記，葬本山茶仔林，坐北向南。

天民公三房三，十六世雲簣，習公嗣子，並主生父找公祀，生於嘉慶十二年丁卯十二月二十六日寅時，往臺。

（《[福建華安]昇平岱山郭氏天民公房系族譜》 清光緒三十四年稿本）

華安岱山郭氏元崇系徙臺開基祖名録

宗楦、宗認、宗圖、宗著，光佃子，俱往臺。

光霜、光露、光篇、光籠，振滿子，志光孫，俱往臺。

龍明，雲著次子，宗陵孫，往臺。

（郭用之編纂《[福建華安]岱山郭氏六世元崇系族譜》 清道光十八年三修稿本）

華安昇平岱山郭氏天民公房系開臺祖名録

十五世祖宗秕公，權公之子，往臺，嗣子碗。

十四世祖光椢公，涇公三子，生於乾隆元年丙辰十二月初二日辰時，諱純質，往澎湖。配苧園車氏换娘，生於乾隆十五年庚午十月初四日亥時。

十四世祖光沉公，諱光緒，汎公之子，生於乾隆二十七年壬午五月初四日巳時，往臺。

天民公三房二，十四世祖光盤公，汎公次子，生乾隆三十二年丁亥八月二十五日辰時，往臺。

十二世祖志鎬公，諱志遠，字又京，育公三子，生於康熙十二年癸丑四月二十四日丑時，卒於康熙五十年辛卯八月十四日酉時，謚文靜，葬仙姑庵山，坐丙向壬兼午子。妣黄祖饒氏端娘，生於康熙二十年辛酉七月十六日寅時，卒於乾隆十三年戊辰九月十七日子時，謚靜莊，葬東貝口鼓仔坧外，坐寅向申。生二子，長淡往臺卒止，次治。

十四世祖光椐公，治公次子，生於乾隆十二年丁卯十月初三日酉時，往臺，卒葬在臺。配磜頭童氏拾娘，别適長嶺康家。生子跡殤，嗣子琲。

天民公三房二，十四世光梨公，治公三子，生於乾隆十四年己巳十月初八日寅時，往臺。

十六世雲貫，踐公之子，並主昌公祀，爲僧往臺。

天民公三房二，十四世光唐，練公五子，生於乾隆三十一年丙戌三月十三日吉時，往臺。配氏養娘，生於乾隆三十九年甲午十一月二十三日酉時，卒於乾隆五十九年甲寅五月二十八日午時，謚慈淑，葬本山東貝，坐申向寅兼坤艮。次配氏占娘，生於乾隆八年癸亥九月二十六日酉時，卒於嘉慶八年癸亥九月二十八日巳時，謚勤慈，葬本山騎馬崙，坐坤向艮兼未丑。生二子，長灑，次寄，俱往臺。

十五世宗灑，塘長子，生於嘉慶元年丙辰九月十二日卯時，配臺王氏好娘，生於嘉慶六年辛酉五月二十日吉時。生子林秀往臺。又女未娘。

十六世雲林秀，灑公之子，生於嘉慶二十三年戊寅四月二十二日午時，配臺林氏幼娘，生於道光二年壬午十二月二十五日巳時。

十五世祖宗寄公，塘公次子，生於嘉慶八年癸亥吉月吉日時，往臺，卒葬臺，後接臺信來云，生癸亥閏二月十六日午時，卒於十二年壬辰十月十九日辰時，葬臺中壢街後，坐西向東。

天民公三房二，十四世祖光試公，棍公三子，生於乾隆十九年甲戌八月初六日酉時，往臺。

天民公三房二，十五世祖宗揤，誦公之子，生於嘉慶四年己未八月初八日辰時，往臺。植子送來。

十三世祖振樟，諱振芳，葵公四子，生於乾隆三年戊午九月二十七日未時，卒於乾隆五十八年癸丑四月初七日未時，葬臺。配鄒氏蟳娘，生於乾隆十年乙丑十一月十三日戌時，卒於道光十年庚寅十二月初十日亥時，謚仁惠，葬本山籠仔到當，坐酉向卯兼辛乙。生二子，長别，次降。

十四世祖光迫不及待筭公，諱光緒，雍公次子，生於乾隆二十一年丙子正月二十日未時，卒於嘉慶十四年己巳七月二十一日酉時，葬大宗祠墓堋頭，坐辛向乙兼戌辰。妣山溪尾鄒氏山娘，生於乾隆二十六年辛巳十二月初六日寅時，卒於道光三年癸未十一月初八日亥時，葬橋頭内路上，坐癸向丁兼子午外兼丑未。生子廚，嗣子廂往臺。女柿娘適内溪蘇家。

十五世祖宗沄公，策公六子，生於嘉慶二年丁巳六月二十九日戌時，往臺，於道光十二年壬辰卒葬臺。

十五世宗鞭公，塔公之子，生於嘉慶十年乙丑六月二十日未時，往臺亡，嗣子稞，並主讓。

十五世祖宗決公，山公長子，生於乾隆九年甲子七月初四日寅時，往臺，嗣子他往臺。

天民公三房貳，十五世祖宗銃公，山公次子，生於乾隆十二年丁卯二月十八日未時，卒於道光九年己丑五月十八日辰時，葬大堋底，坐子向午兼丙壬，妣長安鄒氏旱娘，生於乾隆十九年甲戌十月初一日卯時，卒五月二十五日時，謚淑直，葬函竹坪下横路，坐子向午兼癸丁。生四子，長仰，次他出嗣決，三娶往臺，四盞。又女春娘，適長安鄒家。

十六世雲娶，銃公三子，生於乾隆五十二年丁未九月二十九日吉時，往臺。

十四世祖光元公，董公長子，生於雍正元年癸卯九月十五日子時，卒於乾隆十一年丙寅閏三月初六日卯時，葬苦林堋，坐巽向乾兼辰戌。妣登安鄒氏迓娘，生雍正二年甲辰正月初一日午時，卒於乾隆十六年辛未閏五月十三日戌時，葬葫蘆坵田頭，坐甲向庚兼寅申。生子冀，往臺。

十六世雲我，瓊公之子，生於嘉慶十年乙丑八月十三日吉時，往臺。嗣子長宜生子，次琶，三咟。女便娘適長安鄒家。十七世龍宜，墘公長子，往臺。

十四世祖光珪，字用賓，茂公次子，生於康熙五十一年壬辰十月二十八日未時，卒於乾隆九年甲子三月初五日午時，謚光國，往臺亡。配浯滄蔣氏蕘娘，生於康熙五十二年癸巳九月二十六日戌時，卒於嘉慶六年辛酉正月十三日辰時，謚慈順，葬王公内，坐壬向丙兼子午，生子扳龍止，嗣子贊成止。女二，淡娘適北坑陳家，節娘適溪尾鄒家。

天民公三房二，十三世祖振藹公，字吉，士崇公次子，生於康熙三十八年己卯十二月二十一日午時，往臺，卒於乾隆三十六年辛卯十月初四日巳時，葬臺芝吧里過溪崙尾。妣緜治鄒氏雕娘，生於康熙三十八年己卯十二月二十一日午時，卒於乾隆五十六年辛亥五月三十日戌時，葬西姑庵坐北向南。生三子，長甘往臺，次泮，三都往臺。又女參娘，適下阪李家。

十四世祖光甘公，藹公長子，生於康熙五十九年庚子正月十二日申時，卒葬在臺。謚順儉二十四年己卯八月二十日戌時，葬王公内坑口，坐子向午兼癸丁。次妣竹仔坪李氏賢娘，生於雍正五年丁未三月十七日，往臺。嗣子嶽，生子叫，俱往臺。女賣娘，適南山坪鄒家。

十五世祖宗嶽公，甘公長子，生於乾隆二十年乙亥八月初一日巳時，往臺。宗叫公，甘公次子，生於乾隆二十七年壬午十一月二十七日巳時，往臺，植子驛。

十五世祖宗驛公，泮公之子，生於乾隆二十二年丁丑九月二十一日亥時，往臺。

十四世祖光都公，藹公三子，生於雍正六年戌申三月十七日巳時，往臺。嗣子塔生子嘐，檢，加出嗣兄籃。女伴娘適小坑。十一世宗塔，奢公長子，往臺卒。

天民公三房二，十五世宗華公，璲公次子，生於乾隆二十六年辛巳十一月初五日巳時，卒於嘉慶六年辛酉九月十六日吉時，葬臺。配登安鄒氏粉娘，生於乾隆三十五年庚寅三月二十七日辰時，夫卒，别招生子歸郭名廣。

十五世祖宗昀公，珙公嗣子，生於乾隆三十八年癸巳六月初六日吉時，卒於嘉慶二年丁巳四月二十六日酉時，在臺亡。嗣子酌並主生父截。

天民公三房二，十四世祖光琰公，軸公三子，生於雍正十年壬子正月初三日戌時，卒於乾隆四十七年壬寅八月二十八日辰時，葬料尾山西洋口崙，坐艮向坤兼寅申。嗣子河，往臺。

十四世祖光琠公，轍公次子，生於康熙六十年辛丑三月初九日戌時，往臺亡。

天民公三房二，十四世祖光玉公，軍公長子，生於康熙五十五年丙申九月十六日戌時，卒於乾隆五十三年戊申九月十七日戌時，葬料尾崙頭，坐乾向巽兼戌辰。妣南市張氏佑娘，生於雍正四年丙午五月二十日巳時，從子勇往臺，生二子，長勇，次皮出嗣玭。女三，配娘適緜治鄒家，寸娘適庭安鄒家，報娘適溪尾鄒家。

十五世祖宗勇公，玉公長子，生於乾隆十九年甲戌四月二十二日巳時，往臺。配山溪尾鄒氏插娘，隨夫往臺。生二子，長琶，次不，俱往臺。

十四世祖光珩公，軍公次子，生於康熙五十八年己亥十一月初三日子時，卒於乾隆十一年丙寅八月二十五日吉時，葬臺，嗣孫且並主父摘。

十五世宗皮，玭公嗣子，往臺。

十五世祖宗開公，瑗公長子，生於乾隆十三年戊辰閏七月初四日酉時，往臺。妣東門王氏省娘，生於乾隆二十年乙亥七月二十四日辰時，卒於道光十三年癸巳九月二十二日子時，葬仙姑庵，坐南向北。生子堈。

十五世宗後，玗公次子，生於乾隆三十八年癸巳二月初一日巳時，卒於嘉慶八年癸亥五月初一日吉時，謚克明，卒吧，葬吧。妣鄒氏慊娘，生於乾隆四十一年丙申九月十三日巳時，生子渭。

十四世祖光柏公，載公五子，生於乾隆二十二年丁丑，往臺。

天民公三房二，十四世祖光肱公，諱光周，較公長子，生於乾隆十三年戊辰六月初七日未時，卒於乾隆十年乙丑十二月二十九日酉時，在臺亡。妣繇治鄒氏森娘，生於嘉慶十六年辛未四月初六日寅時，卒於道光十二年壬辰八月十三日未時，葬杉堋坑頭，坐辛向乙兼酉卯。

十四世祖光寄公，較公三子，生於乾隆二十九年甲申正月二十六申時，往臺。

十四世光銓，輳公長子，生於雍正六年戊申七月初三日午時，往臺。配東墩吴氏曷娘，生於雍正五年丁未八月十四日酉時，隨夫往臺。植子送、思，生子厥。女吝娘適繇治鄒家。十五世宗送，銓公長子，生於乾隆十八年癸酉九月二十四日巳時，往臺。

十五世宗思，銓公次子，生於乾隆三十年乙酉十一月初四日未時，往臺。嗣子菊。十六世雲菊，思公嗣子，往臺。

十五世宗厥，銓三子，往臺。

十五世宗富，鈺嗣子，往臺。

十三世祖振連公，侃公三子，生於康熙五十年辛卯三月十二日寅時，卒於乾隆五年庚申三月二十一日寅時，在臺亡。妣鄒氏錸娘别適汰内，嗣子鋅。

十四世祖光豹公，近公長子，生於乾隆八年癸亥六月十八日巳時，往臺。

十四世祖光格公，近公次子，生於乾隆二十年乙亥四月二十日巳時，往臺。

十五世祖宗濟公，鞭公之子，生於乾隆三十一年丙戌六月初四日丑時，往臺。

十四世祖光伏公，味公之子，生於乾隆十七年壬申十二月初二日吉時，往臺。

十三世祖振萊公，芳公四子，生於康熙五十五年丙申二月二十九日寅時，卒於乾隆三十六年辛卯四月初九日辰時，謚振遠，葬失記。妣張氏華娘，生於雍正十年壬子五月二十二日巳時，卒於乾隆三十七年壬辰七月二十二日午時，謚慈淑，葬失記。生子二，長潮，次名失記，俱往臺。

十四世祖光潮公，萊公長子，往臺。

十三世祖振順公，芳公六子，生於雍正四年丙午七月初九日吉時，餘失記。妣失記。生子二，長、次名皆失記，往臺。

十三世祖振實公，芳公七子，生於雍正八年庚戌九月十六日酉時，往臺。

十三世祖振局公，忠公嗣子，生於康熙六十年辛丑七月十一日未時，往臺。

十四世祖光松公，畋公長子，生於康熙四十五年丙戌六月二十七日申時，往臺，卒於乾隆四十七年壬寅七月二十二日巳時，葬臺大尖頂，坐西向東。妣陳氏善娘，生於康熙四十六年丁亥十一月初一日卯時，卒於乾隆三十六年辛卯四月初四巳時，謚懿德，葬李仔□土地公邊，坐癸向丁兼子午。生三子：長勑早亡，次雷，三杵，俱往臺。

十七世龍三，訪公三子，生於道光五年乙酉二月二十一日未時，往臺。

十四世祖噲公，廟公之子，生於乾隆三年戊午十一月十二日寅時，往臺。

十四世祖光羅公，徐公嗣子，生於乾隆九年甲子六月初九日辰時，往臺。妣陳大坪吕氏鳳娘，生於乾隆十五年庚午五月初七日未時，隨夫往臺。嗣孫沓並主漂，襟湯。

天民公三房二，十五世宗些，佛公之子，生於乾隆二十三年戊寅九月二十八日，往臺。

十五世祖宗漂公，拜公長子，往臺，亡失記。嗣子沓並主湯，襟羅。

十四世光紺，茹公次子，生於乾隆二十六年辛巳三月十五日酉時，往臺。

十四世光鍛公，諱光漢，怙公三子，生於乾隆二年丁巳六月二十三日辰時，往臺。

十五世祖宗撚公，博公長子，生於乾隆二十五年庚辰十一月十七日巳時，往臺，子孫繁衍。

十四世祖光熙公，疊公三子，生於乾隆十二年丁卯九月十五日寅時，卒葬在臺。嗣子兼。

十六世祖雲草公，阮公次子，生於乾隆四十九年甲辰，往臺。

十六世雲毶，阮公三子，生於乾隆五十四年己酉九月二十九日戌時。配山溪尾鄒氏榮娘，生於乾隆五十七年壬子十月初一日午時。生四子，長杭，次棕，三楓，四柏殤。女二，朝娘適五嶽鄒家，閃娘適緜治鄒家。配金門某氏難娘，生於乾隆五十六年辛亥吉月日時，生二子，長曰，次不。女用娘適溪尾鄒家。

天民公三房二，十五世祖宗匏公，滔公三子，生於乾隆三十九年甲午四月二十八日吉時，往臺，卒於道光二年壬午十一月初十日吉時，葬臺。妣山溪尾鄒氏轉娘，生於乾隆四十二年丁酉八月二十七日酉時，卒於嘉慶二十二年丁丑十二月二十日辰時，謚勤敏，葬麻竹埘深隔後隔，坐巳向亥兼巽乾。植子夅，女月娘適高車童家。

天民公三房二，十四世祖光治公，縣公三子，生於乾隆十一年丙寅七月二十六日亥時，往臺。原配鄒氏佳娘，生卒失記，葬龍里隔田上，坐丁向癸兼未丑。次配王氏砧娘，生於乾隆十四年己巳六月初五日丑時，隨夫往臺。生二子，長文，次國，俱往臺。

十四世祖光閏公，翰公長子，生於乾隆十四年己巳十二月二十五日戌時，卒葬在臺。妣山溪尾鄒氏娘，生於乾隆十九年甲戌七月二十七日巳時，卒於道光十三年癸巳八月初八日吉時，謚和順，葬杉畬埘，坐癸向丁兼丑未。生子鈿，並主溵。

十四世光梁，翰公三子，生於乾隆二十三年戊寅九月二十七未時，往臺。

十四世光籁，翰公四子，生於乾隆二十五年庚辰十二月初六日丑時，往臺。

十六世祖雲興公，栽公長子，生於乾隆元年丙辰十二月十九日寅時，卒葬在臺。妣西坑蔡氏嘴娘，生於乾隆元年丙辰五月二十六日寅時，卒於乾隆四十二年丁酉五月十五日未時，謚柔順，葬本山食水井水隔坪，坐未向丑兼坤艮。生子夢龍。次妣氏生於乾隆十三年戊辰十月初十日吉時，卒於道光五年乙酉四月十一日酉時，葬嶺頭亭邊食水井上，坐癸向丁兼丑未。女訂娘適下阪李家。

十七世龍貫，哲公次子，生乾隆四十七年壬寅十二月二十四日戌時，往臺，卒葬在臺。妣下章吴氏月娘，夫亡别適思塘鄭家，生子漂，在臺娶婦生子。

十六世祖雲番公，兜公次子，生乾隆三十九年甲午五月二十二日辰時，卒於嘉慶五年庚申七月十四日吉時，卒葬在臺。

十四世祖光談公，諱光論，諾公三子，生於康熙四十八年己丑十月初十日丑時，卒於乾隆二十三年戊寅六月十九日午時，謚謹樸，葬本山魚塘埘頭，坐戌向辰兼辛乙。妣内溪蘇氏冷娘，生於康熙五十二年癸巳八月十九日辰時，卒於乾隆十七年壬申五月十五日未時，葬本山長崘頭，坐巽向乾兼巳亥。生子五，長松，次輕，三願，四鍬，五可，俱往臺。又二女，采娘適官古林家，閏娘適長安鄒家。

十世祖期汪公，諱期憲，字允隆，號浩宇，棟公長子，生於隆慶六年壬申十二月十八日丑時，卒葬失記。妣王氏因數遷居失記。生三子，長武使，止；次老使，止；三魁生，孫名遺，移住海外金門，今孫子衆多。

天民公三房三，十七世龍磺，梓公長子，生於乾隆九年甲子三月十七日戌時，卒葬在臺。妣趙氏此娘，生於乾隆十二年丁卯正月初九日卯時，卒於乾隆六十年乙卯八月二十九日未時，葬太高埘横路下，坐北向南，謚恭慎。生三子，長治，次珀，三帕，俱往臺。

十八世際治，磺公長子，生於乾隆三十二年丁亥十一月二十五日酉時。際珀公，磺公次子，往臺。際帕公,礒公三子,往臺。

十九世雨汎,巷公長子,生於嘉慶二年丁巳八月十五日子時,往臺。

十八世際勅,代公三子,往臺。

天民公三房三,十八世際惠,沙公之子,生於乾隆五十四年己酉正月,往臺。配漳城陳氏勤娘,隨夫往臺,孫子衆多。女二,良娘適内溪蘇家,次未娘。

天民公三房三,十八世際件,譽公三子,生於嘉慶三年戊午七月十二日寅時,往臺。

(《[福建華安]昇平岱山郭氏天民公房系族譜》 清光緒三十四年稿本)

龍海流傳郭氏徙臺開基祖名字世系

文暢公五世孫分支,龍公,字英德,諱振戰,興公次子,渡臺。

椂公,諱繼志,振戰公第四子,生於康熙己酉年七月二十四卯時,卒於乾隆戊寅年八月三十日丑時,葬在芝蘭一堡牛踏稿船仔頭店仔後山。娶黄氏閨名守娘,生於雍正甲寅年正月初八日,卒於乾隆戊申年七月十一日午時,生子三,長梧生,次東寧,三純。

東寧公,諱有才,謚剛直,繼志公次子。生於乾隆癸巳年四月十二日,卒於道光戊子年八月初二日,葬在芝山巖山北門右邊佛祖廟後,坐丁向癸。娶謝氏閨名僭娘,謚懿德,生於乾隆丁酉年五月三十日丑時,卒於咸豐元年三月十一日,葬在淇裏岸崙仔岳父潘在竹圍後山,坐艮向坤兼丑未。

啓標公,諱開然,生於道光十五年乙未十月二十一日子時,卒於光緒二十一年乙未三月十七日酉時,享壽六十有一齡,葬在芝山巖麓土名石馬之附近,至丁巳年十二月初一日乃改葬於芝蘭二堡礦溪莊也。公好學崇儒,孝友成性,謙恭待人,其於親族之間尤和睦也。然治家甚嚴,是以當公之世一家三十餘人無一間言而甚和睦者,公之教也。於是族中賴之,鄉里稱焉。然時不肖男邦光年少,雖未悉知其詳,而其音容則常在耳目間,且吾慈母於訓誨子孫之時,則曰,此汝父之遺教也,爾曹其勉之。或有不善者則曰,此當汝父之所戒者,慎勿爲之。此亦可以知其大概矣。生子四女三:長子曰拔萃,次子拔茹,長女曰愛,乃元配吴氏閨名悦娘所出也。謹聞吴母出自農家,治家以儉樸,訓子有義方,中年而卒,悲夫。吴母生於道光壬寅年正月初九日午時,卒於光緒乙亥年十月十五日午時,葬在芝蘭一堡林口莊。當吴母之卒也,父考中饋乏人,乃續娶陳氏閨名好娘,我本生母也,生於咸豐元年辛亥八月十九日丑時,卒於大正二年癸丑五月十二日戌時,享壽六十有三齡,六月十八日葬在芝蘭二堡礦溪莊,生三男邦彦,四男邦光即不肖也,二女月裏,三女罔,而長女適何家,次女適王家也。當吾母之入吾家也,拔萃、拔茹兩兄皆尚幼,而吾母愛護之,不啻若自己出,而兩兄之事吾母也亦甚孝順,視同生母。且吾母雖出自良家,而自相吾父也,則親操臼井,不嫌其勞苦。及吾父之没也,乃親自訓教子孫以爲樂,不憚其煩,而常曰,汝父雖不能積産以富汝,其積德以遺汝尤足多矣,汝等能繼汝父之志,守汝父之戒,則將來必大昌厥後也可知。且吾母之治家,惟握其大綱保誨子孫而已,每慮子孫不如人,擇善教者,每令以師禮事之。至於家計瑣屑,則毫不與及,悉委之長兄拔萃經理,其知大體也如是。今也亡之,予等又何賴焉。故當其卒也,親族爲之涕淚,鄉里爲之痛惜,姻誼爲之致哀。當時公弔之舉來會者三百餘人,及其葬也,至千有餘人之多,其生榮死哀,閫範亦流芳千古。

(佚名《[福建龍海]流傳郭氏族譜》 清末鈔本)

南靖郭氏崇飽系渡臺世系録

渡臺開基南靖十二世漳州祖樸，南靖十三世渡臺始祖崇飽。

南靖十四世渡臺二世稟、牌、鎗、錫格、梅。

南靖十五世渡臺三世其泰。

南靖十五世渡臺三世子猷，子八，忠信、士天、再盛、文海、五早亡、文耀、榮宗、文求。

南靖十五世渡臺三世琪元，子乞來、進來。

崇飽公，南靖十三世，渡臺開基始祖。又名食夫，行一，樸公之子。生於康熙廿九年庚午八月十四日酉時。原居福建省漳州府南靖縣湧口保廟兜社埤仔墘厝，於雍正五年丁未即先父樸公逝世翌年，喪事一切辦完，當時崇飽公年齡三十八歲時，奉先父神主，並帶夫人兒子渡海來臺，築居於臺灣府淡水廳芝蘭一堡内湖洲仔，即今之臺北市内湖區西湖三小段六二五地號及六二六地號之處，目前已變成市街，而門牌號爲臺北市内湖路一段四二巷六二弄八〇至八八號地段，租園開墾，刻苦創基，傳下我族。卒於乾隆卅二年丁亥十一月廿五日午時，享壽七十八歲。夫人原姓失記，諱伏，生於康熙卅九年庚辰十月十五日寅時，隨夫任勞任苦，撫育五子，卒於乾隆四十三年戊戌七月十四日丑時，享壽七十九歲。墓均在内湖區新坡尾，即原以郭章龍等三人登記所有之墓地，因無人補報，目前已被收歸爲國有財産之内湖段新坡尾小段八三三地號墓地六毛地積之處，俗稱七星落地，於錫格公原墓址，重修建造之綜合墳墓，坐乾向巽兼戌辰，丙戌丙辰分金，水口出乙。生五子，長子稟，次子牌，三子鎗，四子錫格，五子梅早亡。另義子劍，謚東埔，系代勞之長工，因無嗣而收留者。

稟公，南靖十四世，渡臺二世，或寫爲篦，崇飽公之長子。生卒因無神主失記。隨父徙居臺灣，始終爲開墾創業奮鬥，惟無娶親畢生。墓亦不詳。

牌公，南靖十四世，渡臺二世，或寫爲排，崇飽公之次子。生於康熙六十一年壬寅十月十七日寅時，六歲隨父渡臺，開基創業有力。卒於乾隆五十年乙巳一月廿四日吉時，享壽六十四歲。墓在内湖區新坡尾，俗名金面山后，土墓無立碑。夫人林氏，諱娥，謚慈儉，生於雍正二年甲辰四月八日吉時，卒於嘉慶七年壬戌一月十四日卯時，享壽七十九歲。墓在内湖區新坡尾，俗名金面山后，土墓無立碑。生一子名其泰。

鎗公，南靖十四世，渡臺二世，崇飽公之三子。生卒因無神主失記。隨父艱苦創基，惟無娶親逝世，由頂三房之第三房太平公過房傳嗣。十月十四日忌日之南靖第十四世過房祖，墓在内湖區新坡尾七星落地七星佳城之内。

錫格公，南靖十四世，渡臺二世，或寫爲式戟，崇飽公之四子。生於雍正十三年乙卯一月廿四日未時。自功隨父兄力耕，至三十四歲時才結婚，婚後更勤更儉，竟能購得田園自耕，建妥房屋安居，奠定郭家基礎。卒於嘉慶三年戊午十二月廿八日辰時，享壽六十四歲。夫人林氏，諱寅，生於乾隆十六年辛未八月十二日吉時，卒於嘉慶五年庚申六月十八日申時，享壽五十歲。墓均在内湖區新坡尾七星落地七星佳城之内。生三子，長子子猷，次子琪元，三子太平，稱爲頂三房，是爲吾族之三小宗。

梅公，南靖十四世，渡臺二世，崇飽公之五子。早亡，生卒因無神主失記，墓亦不詳。

劍伯，或寫爲見伯，謚東埔，崇飽公之代勞長工，因無嗣由頂三房之第三房太平公奉祀，稱呼爲劍伯同居公。生於雍正五年丁未六月八日申時，卒於乾隆十年乙丑十一月十二日申時，享壽十九歲，墓不詳。

其泰公，南靖十五世，渡臺三世，牌公之子。生於乾隆卅三年戊子，月日時不詳，卒於道光十三年癸巳十二月十一日吉時，享壽六十六歲。墓在内湖區洲子俗名田中央，土墓無立碑。夫人原姓失記，諱春，生於乾隆卅六年辛卯八月五日午時，卒於乾隆五十二年丁未八月二日卯時，享壽十七歲。墓不詳。無子，由頂三房之第二房琪元公次子進來過繼爲嗣。

子猷公，南靖十五世，渡臺三世，或寫爲子由，錫格公之長子。生於乾隆卅四年己丑四月十二日未時，幫父耕農，勤儉治家，堪爲世範，是大房之開基祖宗，卒於道光廿六年丙午四月十八日午時，享壽七十八歲。墓在内湖區洲子俗名溝槽子，坐艮向坤兼丑未，丁丑丁未分金，土墓石碑。夫人田氏，諱招，生於乾隆卅七年壬辰一月九日寅時，卒於道光廿五年乙巳十一月四日申時，享壽七十四歲。墓在内湖區洲子俗名溝槽子，坐巽向乾，土墓無立碑。生八子，長子忠信又名再興，次子士天，三子再盛，四子文海，五子早亡無記録，六子文耀，七子榮宗，八子文求。

琪元公，南靖十五世，渡臺三世，或寫爲其元，錫格公之次子。生於乾隆四十四年己亥八月十五日吉時，於頂三房分房時，由洲子分居於大牛稠，即今之内湖區内湖路三段四三一號之處開墾山園，是第二房之開基祖宗。卒於道光廿二年壬寅十月廿二日吉時，享壽六十四歲，墓在内湖區新坡尾俗名大牛稠，即在大牛稠厝後右邊，土墓無立碑。夫人周氏，諱腰，謚勤淑，生於乾隆四十三年戊戌三月八日子時，卒於道光廿二年壬寅三月二日辰時，享壽六十五歲。墓在内湖區新坡尾俗名大牛稠，即在大牛稠厝對面山，土墓立石碑。生四子，長子乞來，次子進來，三子雲，四子四桂又名獅頭。

太平公，南靖十五世，渡臺三世，號德勝，錫格公之三子。生於乾隆五十二年丁未五月十二日寅時，於頂三房分房時，由洲子分居於下番仔坡田心仔，即今之内湖區紫陽里十四鄰文德路九十巷二五號之處，耕農輾穀，克勤克儉，與妻子舉家合作勤奮，理業有道，竟能購置田園百餘公頃，山林數十公頃，興建家園數處，如分給長子之菁仔脚厝，次子之白鷺鷥厝，三子之下店仔厝，四子之頂番仔坡厝，五子之下番仔坡厝等。有士林街店舖基地八間份，奠定了五大房基礎，是第三房之偉大開基祖。卒於咸豐九年己未七月六日寅時，在菁仔脚厝即今之内湖區麗山街二六九巷一號之處，爲腦溢血而腦中風卒，享壽七十三歲。葬於内湖區新坡尾七星落地七星佳城之右下方，即郭國荃宗長所有内湖段新坡尾小段八三二地號林地中之一部份捐獻爲墓地所興建之德勝公墳墓，坐乾向巽兼亥巳，庚戌庚辰分金。元配吴氏，諱伴，謚慈儉，生於乾隆五十六年辛亥三月十三日寅時，勤儉相夫，内外兼理，奠定家基，積勞致病於道光六年丙戌六月十一日辰時逝世，享壽三十六歲。繼室黄氏，諱卻，謚慈恭，生於嘉慶五年庚申九月二十七日午時，賢淑教子，建成家業，卒於咸豐十一年辛酉十月一日亥時，享壽六十二歲。前後兩夫人之墓，均在内湖區新坡尾七星落地七星佳城之内。有五子。元配生長子文炎，次子文爐。繼室生三子文烈又名輝，四子文茂，五子文鴻又名六。

忠信公，南靖十六世，渡臺四世，又名再興，子猷公之長子。生於乾隆五十五年庚戌十一月廿九日申時，卒於同治六年丁卯十一月十一日辰時，享壽七十八歲。墓不詳。夫人原姓失記，諱嬌，生於嘉慶七年壬戌五月十八日丑時，卒於光緒六年庚辰三月廿九日寅時，享壽七十九歲。墓不詳。

（郭詩連編修《［臺灣臺北］崇飽公派郭氏族譜》 1962 年鉛印本）

南靖郭氏崇飽系徙臺祖名録

十一世日盛，生子志天、志淇、志士、志信、志成。志天、志士、志成渡臺。志士統典遷宜蘭。

十二世樸，生子崇飽。崇飽生於康熙二十九年庚午，卒於乾隆三十二年丁亥，於雍正丁未年渡臺内湖。

十三世顗，生子瑶、珍、杭、便、珪、瑠。瑶，太學生，渡臺彰化，傳子恬。恬生子江漢、江潤。漢居内湖，潤居士林。珍渡臺松山。瑠，字錫瑠，渡臺松山。

十三世顔，生子館。館子迪遷臺灣士林北投。

十三世頗，生子猗、佩、錫、倍、輪。佩渡臺基隆。輪渡臺内湖。

十五世粤，士階派，林子，壽孫，志尚曾孫，渡臺。

十五世咸，士階派，羣子，成孫，志民曾孫，渡臺。

十五世逢三，士階派，蔡安子，若孫，志民曾孫，渡臺。

十五世平章，士階派，蔡宛子，若孫，志民曾孫，渡臺。

十五世友生，士階派，六宰子，若孫，志民曾孫，渡臺。

十五世立，士階派，節子，愠孫，志民曾孫，渡臺。

十五世其鐵、其歷，士階派，莊子，庇孫，志全曾孫，渡臺。

十七世芳，科子，次孫，水曾孫，士階派下，渡臺基隆。

（《[福建南靖]郭氏家譜》 1984年稿本）

漳州郭氏以德派徙臺開基祖名録

十二世志天，日盛子，往臺。

十二世志成，往臺。

十六世芳，科三子之長，補派下。同治壬戌渡臺基隆。

十六世江潤，字文潤，恬二子之次，渡臺。子慶興、慶旺。

十六世江漢，字文淑，恬二子之長，渡臺。子慶輩瑞、璋、瑾、璿、環、琪、琗七人。慶環子華贊，孫國木回故居漳州抄族譜。

十四世珍，渡臺。子麗，孫勍，曾孫宗、陰、願。

十五世迪，渡臺士林北投。

十四世錫倍，頗子，渡臺基隆。

十五世粤，林子，壽孫，往臺。

十四世輪，渡臺内湖。子前、拜。

十五世咸，羣子，成孫，往臺。

十五世逢三，蔡安子，若孫，往臺。

十五世立，節五子之三，愠孫，往臺。

十五世友生，六宰子，往臺，卒雞籠。

十五世平章，蔡苑子，往臺。

十五世其鐵、其歷，莊四子之次、末，庇孫，往臺。

（《[福建漳州]郭氏族譜以德派》 清光緒三修鈔本　臺灣鉛字重印本）

臺灣譜載漳州郭氏徙臺祖名録

福建省漳州龍溪渡臺樸齊公派下十四世渡臺祖樸齊公,諱昊,字光天,考授州司馬,渡臺。生於康熙庚申年閏八月一日丑時,卒於乾隆己巳年九月八日午時。妣鄒氏,生於康熙己巳年十二月卅日酉時,卒於乾隆甲申年八月八日未時。庶妣高氏,生於康熙辛未年正月十八日亥時,卒於乾隆年間。又王氏,生於康熙己卯年五月十四日未時,卒於雍正三年十月。

十五世緝公,諱宗椵,捐充監生,行四。生於雍正癸卯年七月廿一日子時,卒於乾隆丙申年十月初一日戌時,葬在八里坌土街後觀音山,坐丁向癸。妣吕氏,乳名奏天,行二,生於雍正丙午年七月三日申時,卒於乾隆丁酉年三月十七日巳時,葬在南港仔四份内,坐西向東,外坐向南。

十六世秀山公,諱雲秀,義首有功,出士雲霄管臺灣鎮標中軍,乾隆六十年陣亡,欽賜子孫世襲雲業,祀昭忠祠。生於乾隆廿九年二月十六日巳時,卒於乾隆六十年四月十四日未時。葬在大崙山。

郭文慶家族世系。原籍派系系樸厚公派下,昭穆十九世。原籍福建漳州府龍溪縣劉瑞堡流傳社,自十三世祖樸厚公於乾隆五年遷臺開基,傳至文慶爲十九世。先父有土公,承祖先遺業,居住士林洲美,務農爲業。

十三世祖樸厚公,生年失記,卒於乾隆四十六年辛丑。

十四世祖國英公,生年失記,卒於乾隆五十六年辛亥。

高祖考北擇公,生乾隆四十一年,卒道光十五年。

曾祖考興旺公,諱泰山,生嘉慶二十五年,卒光緒十二年。

祖考順能公,諱安邦,生咸豐五年,卒於光緒二十六年。

祖妣黄柳娘,生咸豐六年,卒 1942 年,生二男五女。

先考有土公,生光緒十年甲申十月十六日,卒 1971 年辛亥十月十六日,壽八八。

先妣江定娘,生光緒十一年乙酉五月二日,卒 1973 年癸丑一月九日,壽八九。

妻林黄母,生 1912 年。

子肇盈、肇邦、肇光、肇基、肇立。

媳林秀華、簡喜美、郭麗瓊、陳美惠、劉美英。

女惠美,惠熙適袁。

孫子毅、子斌、子偉、子强、子良、子巨。

孫女佩陽、佩汾、佩宜、佩玫、佩瑜、佩君。

兄嘉謀。

侄阿彬、仁賢。

郭天賜家族世系。原籍福建省漳州府雲霄縣上坑村。

1921 年十二月二十八日,出生於福建雲霄縣上坑村埔埕大松脚。耕讀世家,六齡啓蒙,頗聰敏,領悟與記憶力均過羣童,甚得人緣。以弱冠時,參加福建省華安訓練班,後以罹變亂,於 1946 年十一月二十五日,由上海返福建雲霄縣,在東坑村搭乘澎湖漁船來臺。1947 年二月二十八日在嘉義市煙酒公賣局第六酒廠任職,後轉任交通界服務。昔祖父在原籍縣政府謀職,伯父及家父均以務農爲業。1956 年,與彰化王黄諒女士結婚,有女兒二人。曾祖父以上失記。

世系:

祖父聖公,生卒欠詳。

祖母林氏,生卒欠詳。

父吉成公,生卒不詳,卒1924年。

母張桂,生卒不詳,陷大陸。

伯父四吉公,生年不詳。

伯母張氏,生年及卒年不詳,陷大陸。

妻王黄諒,生1922年十二月四日。

長女鈴鴻,生1959年九月十九日,大專畢業,任公職。

次女美鴻,生1964年二月四日,任職商。

大姐玉蘭,生年不詳,適林。

大哥永芳,生1913年,陷大陸。

大嫂黄氏,生年不詳,陷大陸。

二哥天福,生1918年,陷大陸。

二嫂方氏,生年不詳,陷大陸。

郭天壁家族世系。臺灣省員警學校第十八期畢業,臺灣省臺南縣人,祖籍福建漳州府龍溪縣廿九都,清康熙年間隨鄭氏來臺,遷居臺南縣西港鄉大塭寮,歷代從事耕農。

祖考文公,生卒年月日欠詳。

祖妣阿梱,生於清同治九年庚午九月卅日,卒於光緒丁酉年七月四日未時。

父朝根,生民前十五年八月十九日。

母黄荷,生民前十五年丁酉十二月六日,卒於1937年乙亥八月十五日。

繼母劉西,生民前二年十一月二日。

妻張玉惠,生1929年二月八日。

長女翠雯,生1954年十二月十日。

次女雪峯,生1961年五月廿七日。

長男鵬程,生1971年四月十四日。

郭先容家族世系:原籍福建省漳州龍溪縣昇平保岱山社。原籍派系文達公派。來臺先祖昊公,文達公派十四世,字光天,别號樸齊,福建漳州人,清康熙年間授州司馬,於雍正三年來臺墾殖臺北、桃園一帶,後在大園定居,清廷賜鐵印號曰大業户。傳至余,已歷九世,皆定居桃園大園鄉圳股頭,今國際機場西北方,世代以務農爲業。

十四世開基祖考昊公,字光天,别號樸齊,光字輩,曾授州司馬。生於康熙十九年庚申閏八月二日丑時,卒於乾隆十四年己巳九月八日午時。祖妣鄒氏、高氏、王氏,生卒年月日失記。

十五世祖考宗椵公,宗字輩。生於雍正元年癸卯七月卅一日子時,卒於乾隆四十一年丙申十月一日戌時。祖妣吕氏,生雍正丙午年,卒乾隆丁酉年。

十六世祖考雲昌公,雲字輩。生乾隆己丑年四月三日寅時,卒嘉慶吉年五月十五日未時。祖妣莊氏,生乾隆癸酉年(1753),卒乾隆己酉年。

十七世祖龍甲公,龍字輩。生乾隆壬寅年八月十一日,卒於道光丁亥年八月廿八日酉時。祖妣簡氏,生乾隆壬寅年,卒道光己酉年。

十八世高祖考際受公,際字輩。生嘉慶庚辰年六月二十日未時,卒咸豐乙卯年八月廿四日寅時。高祖妣楊氏,生嘉慶乙丑年,卒道光己亥年。

十九世曾祖考雨路公,雨字輩。生道光丙戌年元月十三日辰時,卒光緒戊子年三月十日戌時。曾祖妣曾氏,生道光丙申年,卒光緒庚寅年。

二十世祖考福春公,時字輩。生咸豐戊午年二月二十日,卒年失記。祖妣戴氏,生咸豐庚申年,卒於光緒丙午年。

二十一世先考法心公,承字輩。生光緒癸巳年,卒年失記。先妣楊氏,生光緒己亥年,卒年失記。

妻游氏,生 1944 年。

長子俊傑,啓字輩。

次子俊棟,啓字輩。

郭呂金家族世系。原籍福建省漳州府龍溪縣,二十世。

十五世祖慈義公,約在二百年前,由福建省漳州府龍溪縣來臺,定居宜蘭縣壯圍鄉。八十年前,遷居礁溪鄉。

十六世高祖考文觀公,生嘉慶庚申年七月十日,卒光緒丙子年四月十九日。高祖妣淑奚林氏,生嘉慶壬申年十月十四日,卒光緒癸巳年五月十六日。

十七世曾祖考阿全公,生道光甲午年九月九日,卒同治癸酉年五月十四日。曾祖妣蕉涼李氏,生道光戊戌年四月十六日,卒於光緒甲辰年六月十九日。

十八世祖考清涼松公,生道光辛丑年四月六日,卒於同治丁卯年五月十日。

十九世先父阿溝公,生光緒丁酉年九月十一日,卒 1966 年三月二日。

母阿秀呂氏,生光緒二十七年十月十六日。

妻林美花,生 1929 年十月十六日。

郭明峯家族世系。原籍福建省漳州府龍溪縣廿八都劉瑞堡。原籍派系十二使公派。昭穆十九世。出生於臺灣省臺北市。

十四世太高祖考福生公,生乾隆十四年九月七日,卒於嘉慶十一年六月二十三日。太高祖妣錢氏栟娘,生乾隆十九年七月十六日,卒嘉慶七年八月十六日。

十五世高祖考雙全公,生卒年月日不詳。

高祖妣陳氏,生卒年月日不詳。

郭明裕家族世系。

原籍派系文達公派,昭穆廿一世,承字輩。

祖籍福建漳州府龍溪縣二十五都昇平堡上坪岱山社大山脚。由十三世祖振駒公於康熙年間遷臺。

十三世振駒公,生康熙甲寅年正月廿八日,卒於乾隆二十六年八月廿五日。

十四世光禹公,生康熙五十五年三月一日,卒於乾隆四十年七月二日。

十五世宗鄉公,生乾隆戊辰年九月五日,卒於乾隆四十五年庚子。

十五世宗節公,生乾隆廿二年丁丑二月十九日,卒不詳。

十五世宗義公,生乾隆廿五年庚辰正月三日,卒道光十年庚寅十二月廿一日。

十六世雲豔公,生乾隆五十八年癸丑九月三日,卒咸豐七年丁巳十二月初七日。

十七世高祖考龍川公,生道光七年丁亥九月十三日,卒不詳。

十八世曾祖考際段公,生道光廿六年丙午八月卅日,卒於同治捌年己巳六月八日。

十九世祖考雨傳公,生光緒六年庚辰十一月廿日,卒大正壬戌年十一月廿一日。

廿世父親名時珍，字火生，生 1916 年十一月廿三日。

郭金山家族世系。原籍福建省漳州府金浦縣。

先世原住福建省漳州金浦縣南門外之杜任堡埔仔社。遷臺後，先住於臺中州大甲郡龍井莊字竹坑一〇一番地。先父成家後，居住於臺中市明治町七丁目四番地，再遷臺中市西區公館里十二鄰一九〇號。

高祖考海公，生於嘉慶丁巳年六月十七日，卒於道光丁未年三月十七日。

高祖妣張秋，生嘉慶辛酉年十月十七日，卒於同治丁卯年十一月十三日。

曾祖考進芝公，生於道光癸未年四月廿八日，卒於同治甲戌年元月初六日。

曾祖妣趙腰，生於道光丁亥年五月廿三日，卒於明治乙巳年十月廿三日。

郭金成家族世系。

原籍福建省漳州府龍溪縣錦湖鄉石尾堡寮西社二十九都。

原籍派系開基祖由怉公派下，昭穆十世。

明永曆五年，先祖懔公及怉公兄弟，由原籍福建省漳州府龍溪縣錦湖鄉石尾堡寮西社二十九都來臺開基。迨曾祖焕爲公，字元輔，謚宣哲，考武生受職衛守府，例授昭信校尉，武舉官章。生於雍正癸卯年五月二十日。擇配祖媽王氏名謙，生敦化、敦修、敦佐。庶媽朱氏珠玉，生敦僑、敦儀、敦倫、敦俠、敦仰。郭金成乃敦僑公後代子孫，由開基祖算起爲第十世。

郭金拋，原籍福建省漳州府南靖縣。原籍派系勤敏公派，昭穆廿一世，禮字輩。祖籍福建省漳州府南靖縣湧口堡廟兜社黄宅厝，爲勤敏公支派第二十一世禮字輩裔孫。

郭金龍，原籍福建省漳州府南靖縣。原籍派系南靖以德公派支系，昭穆二十一世。祖籍福建省漳州府南靖縣湧口堡廟兜社黄宅厝，由第十四世祖勤敏公遷臺，十五世其享公，十六世江聆公，傳至今第二十二世，已經二百多年，世代務農於臺北山鄉，子孫繁衍，尚稱純樸安康。

郭來榮，原籍福建省漳州府龍溪縣廿十五都岱山社人氏。原籍派系文達公派，昭穆二十四世。清朝雍正六年，福建省漳州府人郭光天，接獲福建總督諭准，派遣鄉勇一〇六人開向臺灣北部，由許厝港登陸拓墾，在此地開闢一廣大面積之田園，每開闢一處，就給予鄉黨親族耕種，同時定莊名定居，並在其間建立市肆，作爲集散場，命名爲大坵園。日本佔據臺灣時期，改稱大園，今仍沿用作爲鄉名。雍正末年，郭光天設立後館莊，由子郭宗嘏轄管，並蒙前清皇帝欽賜下馬牌，距今已有二百餘年之歷史。

郭芳春，原籍福建省漳州府龍溪縣錦湖。祖先由福建省漳州府龍溪縣錦湖來臺捕魚。住高雄縣茄萣保定村一段六七二號。

郭阿龍，原籍福建省漳州府平和縣雞啼更庵廟社，何時遷臺不詳，世代以農爲業。臺北縣萬里鄉瑪煉路五十四巷十三號。

郭建民，臺灣臺南。原籍福建省漳州府龍溪縣錦湖社荔枝林郭厝埔開祖地。原籍派系子儀公六子暖公派十二使公派下。祖籍河南省固始縣，先祖移徙福建省漳州府龍溪縣錦湖社二十九都，清初隨鄭成功來臺，世居臺南縣西港鄉永樂村，俗稱大塭寮，屬官寮祖。披荆斬棘，以拓平原，世以耕讀傳家，鄉望素著。

郭俊宏，原籍福建省漳州府龍溪縣錦湖社荔枝林郭厝埔開祖地。原籍派系十二使公派下。祖籍河南固始縣，後徙福建省漳州府龍溪縣錦湖社廿九都，清康熙年間隨鄭氏來臺，原居南縣沿海一帶，經一場水災之後旋遷居西港鄉永樂村大塭寮。

郭勁麟，原籍福建省龍溪縣。世居於臺南縣西港鄉大塭寮。於二十多年前遷居於臺南市現址。據説,三百年前,高曾祖自福建漳州龍溪縣來臺,遷徙源流不詳,只知道是三房祖由埔頂遷至曾文溪舊寮地定居,後再搬至臺南市裕農路二八八巷一九六弄三十號。

郭振生家族世系。原籍福建省漳州府龍溪縣。原籍派系昇平文達公派,昭穆第二十世。祖籍漳州府龍溪縣大山脚糞箕湖,約清乾隆四十年間,十四世祖率第三子宗杉公等,渡海來臺,設籍桃園,世代務農維生。

十四世祖考光釁公,生於雍正元年癸卯二月初七日,卒於乾隆五十二年丁未十月初七日。

十四世祖妣鄭氏宜娘,生於乾隆十一年丙寅四月十七日酉時,卒於嘉慶十七年壬申七月十七日巳時。

十五世祖考宗杉公,光釁公三子,生於乾隆三十五年庚寅十二月十六日酉時,卒於嘉慶十七年壬申四月初一日巳時。

十五世祖妣王氏腰娘,生於乾隆三十九年甲午十一月十六日酉時,卒於咸豐五年乙卯九月初四日酉時。

郭時禮家族世系。原籍福建省龍溪縣二十五都昇平堡上埤岱山社大山脚,原籍派系文達公派相同昭穆序,昭穆二十世時字輩。

始祖考活公,生乾隆五十七年,宗字輩。

始祖妣陳猜娘,忌辰舊曆九月二十日。

高祖考有諒公,生舊曆八月二十六日,卒於十月初五日。

高祖妣羅蘭娘,生 1817 年舊曆八月一日,卒 1888 年一月二十一日。

曾祖考龍葉公,生 1836 年舊曆六月二日,卒於 1915 年五月十五日。

曾祖妣張媚娘,卒 1894 年舊曆三月十六日。

祖考茂祥公,生 1883 年舊曆一月十四日,卒 1917 年五月。

祖妣遊阿邁,生 1885 年舊曆十月二十五日,卒 1961 年九月一日。

先考雨霖公,生 1903 年舊曆十月六日,卒 1943 年八月十日。

先妣張粉娘,生 1902 年舊曆十月二十九日,卒 1950 年八月初四日。

郭國荃,原籍福建省漳州府南靖縣湧口堡廟兜社。原籍派系以德公派系,昭穆南靖十九世,渡臺七世。十三世祖崇飽公渡臺,定居内湖。

南靖十三世,渡臺一世崇飽公,生於康熙二十九年庚午八月十四日,卒於乾隆三十二年丁亥十一月二十五日,雍正五年三十八歲時,奉父神主帶妻攜子渡海來臺,定居於臺灣府淡水廳芝蘭一堡内湖洲子,租園開墾,刻苦創基,傳下我族。生五子,稟、牌、鎗、錫格、梅。

渡臺二世錫格公,崇飽公四子,生於雍正十三年乙卯一月廿四日,卒於嘉慶三年戊午十二月二十八日。克勤克儉,竟能購得田園自耕。生三子,子猷、琪元、太平。

渡臺三世太平公,錫格公三子,謚德勝,生於乾隆五十二年丁未五月十二日,卒於咸豐九年己未七月六日。勤儉奮鬥,耕農輾穀,一代之間,購置地産數百甲,奠定了五大房之基礎。生五子,文炎、文爐、文烈、文茂、文鴻。

渡臺四世文茂公,太平公四子。生於道光十五年乙未一月二十日,卒於光緒二十三年丁酉四月二十五日。巡撫劉銘傳建造臺北城時,慨捐一千五百兩銀。生三子,章祥、章龍、章彬。

渡臺五世章龍公,文茂公次子。生於同治三年一月廿四日,卒於 1924 年甲子三月十四日。生四子,華滾、華河、華讓、華志。

渡臺六世華讓公,章龍公三子。生於光緒十四年戊子十月十六日,卒於 1951 年辛卯一月廿九日。一生爲公盡瘁,内湖莊之領導者,對内湖發展有貢獻,曾任内湖莊長,内湖信用組合長。生二子,國夫、國荃。

郭國義,原籍福建省漳州府南靖縣湧口堡廟兜社埤仔墘厝。原籍派系崇飽公派,昭穆渡臺七世。

於雍正三年崇飽公渡臺,在内湖以耕農定居。初抵臺開愬荒地,開基創業,嗣經太平、文炎二祖,克勤克儉,厚意待人,其一輩中竟能購田園、山林等多達一百餘甲,奠定内湖本族五大房之穩固基礎。

高祖考文烈公,又名文輝,聰穎過人,身體强壯,於基隆地區金包里自謀發展,添置家産店房多達九十九間。祖考榮東公,又名章川,於内湖港墘創辦私塾,爲鄉梓學子教漢學,亦經營煤礦,誠實待人,商務蒸蒸日上,添購家産甚多。

郭國慶,臺北市内湖莊港墘村一三四番地。原籍派系崇飽公派,昭穆八世國字輩。

原籍福建省漳州府南靖縣。渡臺始祖崇飽公,生康熙二十九年庚午八月十四日,卒乾隆三十二年丁亥十一月廿五日。

二世祖錫格公,生雍正十三年乙卯二月廿四日,卒於嘉慶三年戊午十二月廿八日。

郭國銓,原籍福建省龍溪縣十八都。公元1895年,祖父和公,諱登科,初來臺南府,胼手胝足,創設和發行,經營陶器。嗣又設傳益行經營木材,和美船頭行經營南北雜貨,俱以信義立業,無往不利。父松橋公,號茂如,繼承祖武,擴展和美行,結營南北雜貨,業績益彰,漸成南臺巨擘。育子女十二,男七女五,皆完成高等教育,克紹箕裘。

郭添財,原籍福建省漳州龍溪縣,遷臺住臺北士林街州尾三百三十一番地。高祖以前均以務農爲業。祖父德宗公,始由原籍遷臺北州基隆郡瑞芳金瓜石,開採金礦。二次大戰末,被疏散至臺中縣沙鹿鎮,光復後又遷回臺北市開雜貨店。

曾祖考振盛公,生道光己酉年八月二十一日寅時,卒於大正庚申年四月二日申時。

曾祖妣林氏,生嘉慶辛未年六月二十二日午時,卒咸豐辛亥年八月一日戌時。

郭進成,原籍福建省漳州府龍溪縣。原籍派系錦湖派十二使公。

祖先原住福建省漳州府龍溪縣石碼堡。

高祖考三元公,生乾隆四十七年壬寅九月二十七日,卒於道光十二年壬辰三月三日戌時。

高祖妣陳番娘,生乾隆五十一年丙午七月十二日,卒於嘉慶庚辰十月三日未時。

郭進財,原籍福建省漳州府龍溪縣二十八都劉瑞堡流傳社。

先祖自福建渡海來臺,即定居士林區洲美里,直至先祖父義春公,始遷至石牌。

高祖考浦宙公,生道光丙申年,卒光緒甲午年九月十六日。

高祖妣余氏時娘,生道光己亥年九月十八日,卒同治甲戌年十月二十二日。

郭進財,原籍福建省漳州府長泰縣幹仔廟社坡壩,來臺一世祖。考邊,考生卒年月日不詳。祖妣張氏,生卒年月日不詳。二世祖考桂公,生乾隆二十九年十一月十二日辰時,卒道光十八年元月二十三日巳時。祖妣張氏,生乾隆三十年元月二日巳時,卒咸豐元年十一月二十二日戌時。

郭明鑪,原籍福建省漳州府南靖縣。十四世祖距今約二百年前,由福建省漳州府南靖縣馬坑鄉遷徙來臺。生有五子,長子往臺中、彰化一帶謀生;次子往臺北士林區;三子住金山鄉舊郭仔;四子遷何處不詳;五子諱宏謔,居住萬里鄉下萬里加投四番地,俗稱郭港仔是也。開運公,爲前清秀才。

郭瑞明，祖籍福建省漳州府長泰縣之磨石灣鄉，出生於臺灣省臺南縣東山鄉水雲水村。

郭萬金，昭穆二十一世。祖籍福建省漳州府龍溪縣大山社，不知何時何人遷來臺北縣萬里鄉翡翠灣居住。

十三世王氏端娘，生於康熙三十五年十月十三日，卒於乾隆四十九年閏三月二十日。

十四世純樸公，生康熙五十三年十一月十一日，卒於乾隆三十五年七月十九日。

十四世徐氏快娘，生雍正七年十一月十日，卒乾隆二十九年四月二十三日。

十四世友期公，生雍正七年八月二十六日，卒乾隆三十年八月十九日。

十四世李腰娘，生雍正八年十月初四日，卒乾隆三十二年十二月五日。

郭誠忠，原籍福建省漳州府。先祖自福建來臺後，住桃園大園鄉，祖父時清公，於 1941 年遷居臺北縣汐止鎮大同路二七二號。

郭詩榮家族世系。原籍福建省漳州府南靖縣湧口堡廟兜社人氏。原籍派系崇飽公支派，昭穆二十世。自太平公遷臺後，即爲在臺開基始祖。

開基祖太平公，生乾隆五十二年農曆五月十二日，卒咸豐九年農曆七月六日。

高祖考文烈公，生卒欠詳。有二兄，文炎、文爐。二弟，文茂、文鴻。

曾祖考榮東公，生卒欠詳，有兄諱章華。

祖考閏毛公，生民前二十一年一月九日，卒於 1972 年四月二十九日。

祖妣謝紅桃，生民前二十五年六月二日，卒於 1974 年八月一日。

郭慶雲，原籍福建省漳州府龍溪縣錦湖社第二十四堡。祖先由福建省遷居來臺，最早在臺南縣將軍鄉苓子寮居住，後因謀生關系，又遷居臺南縣學甲鎮紅茄萣定居。

郭慶燦家族世系。原籍福建省漳州府龍溪縣二十五都昇平堡上坪岱山社大山脚人氏。原籍派系文達公支派，昭穆十九世。

十三世振蔡公，生於康熙二十九年庚午二月二十七日子時，卒於乾隆庚申十月初六未時。妣蘇氏，生三子，光童、光綢、光硝。

十四世光硝公，生乾隆戊午年正月十七卯時，卒道光辛卯十一月二十九日。妣杞氏令，生於乾隆丙寅年三月初五日，卒道光甲申年七月二十七日，生二子，宗賦、宗定。

十五世宗賦公，生於乾隆己丑年十二月十七日，卒道光丁酉九月十五日未時。妣黄氏，生於乾隆辛丑年五月初五日，卒於道光戊寅年五月十六日未時，過嗣子雲篇。

十六世雲篇公，生於嘉慶戊寅年八月二十五日戌時，卒於道光己酉年九月十日，享年三十二歲。妣許氏伴娘，生於嘉慶丙子年，卒乙丑年。繼妣陳氏罔娘，生於嘉慶二十五年庚辰三月十一日，卒於光緒二十八年壬寅七月二十四未時。

十七世龍信公，生於道光二十四年甲辰八月十五日酉時，卒於大正四年乙卯正月十日辰時，享年七十二歲。妣林氏環，生於咸豐二年壬子六月十七日酉時，卒於大正十三年甲子六月初二酉時。

十八世際火公，生於光緒十七年辛卯正月十五日亥時，卒於昭和十年乙亥七月初九日午時。妣陳氏查某，生於光緒二十七年辛丑五月二十六日巳時，生四子，雨盛、雨卿、慶燦、振富。

郭麗山，原籍福建省漳州府南靖縣。昭穆二十世。祖先原系山西省汾陽縣人，因謀生關系，遷移到福建省漳州府南靖縣，嗣又於清康熙年間由十三世祖統典公率高祖來到臺灣宜蘭市開墾土地。

十三世祖考統典公,生康熙四十一年十月七日,卒乾隆六年六月十六日。祖妣吴氏,生卒年月日不詳。

十四世祖考秉正公,生乾隆丁巳年二月二日,卒乾隆乙卯年一月七日。祖妣吴氏,謚慈儉,生乾隆庚申年一月二十七日,卒嘉慶丙寅年九月一日。

十五世祖考樸厚公,生乾隆丙午年七月十三日,卒乾隆乙卯三月十九日。祖妣何氏,謚柔順,生乾隆丁未年八月二十三日,卒咸豐辛亥年六月十二日。

郭鐘祺,原籍福建漳州府龍溪縣錦湖鄉石尾堡寮西社二十九都。原籍派系子儀後代,昭穆鎔公十二使祖,開臺十一世。子儀公第六子暖公第四子鎔公,諱淑翁,別號十二使祖,爲福建開基祖,直到世員公,錦湖開基祖。再傳到由恀公,始由漳州渡海來臺。由恀公別號仰賜,小名卯生,生明萬曆二十二年十月十八日,卒明崇禎十六年九月二十一日。

二世祖孔昭公,小名潛,號顯機,謚純德。生清順治丁亥年十一月十六日,卒康熙戊戌年花月十八日。

三世祖紹周公,小名尚,字志林,謚愷仁,生康熙辛酉年正月十九日,卒乾隆辛未年八月十九日。

四世祖焕爲公,小名汝翼,字元輔,謚宣哲,號弼巖,科武生,受職守府,例援昭信校尉,生雍正癸卯年五月二十日,卒乾隆丁酉年六月二十三日。

五世祖郭儀公,官章廷鳳,字君來,生乾隆庚辰年十二月二十日,卒於乾隆壬子年閏四月十三日。

(《[臺灣]環球郭氏宗譜》第二輯 1987年臺北先鋒印刷公司版)

(十四)洪　氏

龍海鴻團洪氏徙臺祖名録

隆,長之子,駝孫,遜曾孫,思貴派下,在臺灣。

突子四,採、練、約、緝。練往臺灣,子二。

緝往臺灣,子六,衣、錦、回、鄉、寬、限。

約往臺灣,子一名賓。

賓,宸訓子,往臺灣。

聰,其榜子,往臺灣。

添,壽子,往臺灣。

雍,韜子,往臺灣。

天賜,保子,管孫,往臺灣。

賓,生之子,天之孫,往臺灣。

儒,條子,揚孫,往臺灣。

德,諱其溪字起萬,子聖祐,往臺灣。

允,往臺灣。

萬賜,往臺灣,子二。

萬,子惠,往臺灣。

(洪師海等編纂《[福建龍海]鴻團社洪氏族譜》 清光緒十三年稿本)

龍海鴻團内社洪氏徙臺祖名録

二十世利咀,柳溪公長房遠建派寧安社長房派下,往臺灣。

十四世蛟,名耀報;江,名耀招,三房恪立房留耕系淳正珍宇派下,往臺灣。

十七世蟳,媽喜,公明長次子,三房恪立次房留耕系,兄弟往臺朱羅山縣未回唐。

十六世芳苓,文會子。鴻團社三房恪立派下次房留耕系質軒初昇系,往臺。

(《[福建龍海]石碼内社鴻團志》 2003 年版)

(十五)邱　氏

南靖雙峯邱氏達天系徙臺一則

開雙峯十二世祖達天公之子十五世乳名妙,字全美,諱開榜,生於乾隆壬午年,卒於嘉慶戊寅年,享壽五十七歲,葬在山墘内窩崎,後移黄田頭。媽鄭氏乳名宅,謚菊慎,生於乾隆丙申年,卒於道光丁亥年,葬在大墘蝦仔,後遷馬鞍路脚内大垢田角葬。生四男,日照、月彩、三田、四必。日照往臺灣。

(邱鵬補訂《[福建南靖]書洋雙峯河南郡邱氏族譜》 1935 年邱子琦鈔書)

南靖雙峯邱氏徙臺開基祖名録

十二世考乳名梅,號又春,妣賴氏,生四男,長顯,次配,三佛,四郡。配往臺灣鳳山縣經商,因打死張益犯罪,律應候絞,遇皇恩大赦天下後特問流徒柳州,妻子同往焉。

十三世考乳名堂,號耀文,妣生一子名霍葬在深窠仔。耀文公有兩胞姪曰士宋、士珍,往臺。

十二世祖考乳名邦,號甸彩,謚長鐖,期捷公之次男也。原命生於康熙已卯年十二月廿四日未時,迨至癸亥年七月初二日,年當四十五歲,往臺灣彰化縣南靖厝駐足爲商,不幸卒於乾隆庚午年十月二十九日卯時去世,享壽五旬加二,至辛未年三月廿四日啓發閡文訃報至,廿七日延請道士安座引魂開通冥路作法事,後祖骸系是施洋龍口房叔攜歸,葬在上蕉坑福墩行路外,坐南。我遷祖骸归梓,世世子孫有可登拜掃,其恩義大矣,尤予之追修譜牒,昭穆不至渺茫,源本有可詳明耳。妣簡氏慈儀,四代大母,原命生康熙三十七年十二月廿九日辰時,卒乾隆壬寅年三月廿八日未時,以疾終於内寢,享壽八旬加五。初葬蔴竹遷葬根竹往和尚墩,坐壬向丙用室宿一度末二度。生五男,長名檀,次名藍,三名剡,四名取,五名益。

十三世叔考乳名剡,號耀爵,諱大官。妣王氏,生三男,長騫,次默,三章。耀官公之家眷妻孥搬臺灣桃仔園下節住居。

十四世伯考乳名陣,號皆士,諱登烈,大材公之長男也。葬在嶺仔後,坐南。生乾隆丁丑八月十二日辰時。妣陳氏生乾隆己卯十月十五日未時,後母子搬家眷往臺甲子瀾。生四男,長江流,次醮,三充耳,四斐然。

十五世考乳名江流,諱漢濯,號有源,童生,謚明哲,皆士之長男也,斯爲當時究史研經之文人,淹能特達之雅士,奈何青衣未獲,三生不幸矣,葬在坪面窠虎仔前脚,坐東。妣賴氏錦娘謚綿儉,後遷葬徑口福壇後田中,生一子名初,往臺無回,女舊娘嫁长教。

十五世考乳名斐然,號漢章,諱有文,妣葉氏,生二子,家眷往臺。

十五世考乳名五禄,諱有位,號漢冠,即於平公之第五子也。原生嘉慶丁卯年十月十二日,往臺灣十餘年無歸。妣葉氏無生育,嫁出。

(《[福建南靖]下雙峯邱氏族譜》 1929年稿本)

南靖下雙峯邱氏徙居臺灣世系人名録

十二世考乳名梅,號又春,妣賴氏。生四男,長名顯,次名配,三名佛,四名郡。配往臺灣鳳山縣經商,因打死張益犯罪,律應候絞,幸遇皇恩大赦天下,後特問流柳州,妻子同往焉。

十三世考乳名堂,號耀文。生一子名霍,葬在深窠仔。且耀文公有兩胞姪曰士榮、士珍,往臺。

十二世考乳名邦,號甸彩,謚長畿公,即期捷公之次男也。原命生於康熙己卯年十二月廿四日,未迢至癸亥年七月初二日,年當四十五歲,往臺灣海山頭彰化縣南靖厝駐足爲商,不幸卒於乾隆庚午年十二月五日卯時去世,享壽五旬加二歲。至辛未年三月廿四日啓發閡文訃報至,廿七日延請道士安座引魂,開通冥路,作懺一會法事完滿,及後祖骸系是施洋龍口房叔擕歸,葬在上蕉坑福壇墩行路外,坐南。論爲我遷祖骸歸梓,得世世子孫有可登墳拜掃,其恩義大矣,尤予之追修譜牒昭穆不至渺茫,源本有可詳明焉耳。

妣簡氏,謚慈儀,四代大母。原命生於康熙三十七年戊寅十二月廿九日辰時,卒乾隆壬寅年三月廿八日未時,以疾終於内寢,享壽八旬加五岁,初葬蔴畬,後遷葬根竹往和尚墩,坐壬向丙兼亥巳,丁亥丁巳分金□室宿一度,末二度初金水線絡全矣。

生五男,長名檀,次名藍,三名剡,四名取,五名益。

十三世叔考,乳名剡,號耀爵,諱大官。妣王氏,生三男,長騫,次默,三章。章生一子名歷老,此耀官公之家眷妻孥搬往臺灣桃仔園下節住居。

十四世伯考,乳名陣,號皆士,諱登烈,謚猷侃,即大材公之長男也。葬在嶺仔後朋,坐南。生乾隆丁丑八月十二日辰時。

妣陳氏生乾隆己卯十月十五未時,後母子搬家眷往臺灣甲子蘭。

生四男,長江流,次醮,三充耳,四斐然。

十五世考亂名江流,號有源,諱漢濯,童生名殷、因輪,謚明哲。乃皆士之長男也。斯爲當時究史研經之文人,淹通特達之雅士,何奈青衣未獲,三生不幸矣,葬在坪面窠虎仔前脚,坐東。

妣賴氏錦娘,謚綿儉,後遷葬徑口福壇後田中。生一子名厥初,往臺灣無回,女奪娘嫁張教。

十五世考乳名斐然,號漢章,諱有文,妣葉氏,生二子,家眷往臺。

十五世叔考乳名五禄,諱有位,號漢冠,即於平公之弟,妻葉氏無生育嫁出。原生嘉慶丁卯年十月十二日戌時,後往臺灣十餘年無歸。

(《[福建南靖]下雙峯邱氏族譜》 1929年稿本)

(十六)曾　氏

龍海曾氏均德系徙臺祖名録

二十世自夏,名思敬,子建鎰名勝勤,子五,長水鏡,出往臺灣。

二十世灯英,沈粒長子,厚踐孫,秋應曾孫,出臺灣。

十六世鳴鳳長子大池,往臺灣。

二十世清祈,皆再四子之次,往臺灣。

(《[福建龍海]厚境曾氏均德派下族譜》 1985年稿本)

南靖高港曾氏徙臺開基祖名録

曾緒,廷椿次子,華陽之孫,葬在上寮仔寮竹溪山上。妻盧氏,葬在柁年欕。生二子,長名元死臺灣,次名行,生一女。

曾帝,晚之子,仰華之孫,娶妻在臺灣。

曾乃,宏之四子,廷椿之孫,往臺灣。生五子,長名宋,次名敬,三名練,四名東,五名讀。

曾明捷,連之次子,廷機之孫,乳名和,葬在上厝崁,生於康熙己巳年,卒於乾隆戊子年十二月十六日,壽八十歲。生四子,長名朝,次名福,三名近,四名吾日,俱往臺灣上港。

曾奇,帶之次子,廷機之孫。妻葉氏,生六子,長名載,次名瑶,三名愈,四名統,五名房,六名團,子俱往臺灣鹽水港大排竹。

曾華,路生四子,茂章之孫,葬在潮仔垵。妻鄭氏,生二子,長名根,次名滚,俱往臺灣。鄭氏往臺灣,生一女名綴。

曾貴,玄之長子,景維之孫,妻賴氏,生三子,長名道,次名堯,三名戀。搬眷臺灣。

曾卦,愴之長子,路永之孫。往臺灣又回唐。妻沈氏,往臺灣。生五子:長名子,次名甚,三名撰,四名飲,五名壁,俱往臺灣。

曾明,藝之長子,宏之孫,往臺灣。妻宋氏,生一子名景,早亡。

曾軒,藝之次子,宏之孫,往臺灣。

曾慊,藝之三子,宏之孫,慊兄弟家眷往臺灣。妻王氏,生二子,長名敏,次名富。

曾起詣,明珍四子,志遠之孫,往臺灣居住。妻張氏,生二子,長名隆,次名攀。

曾起隆,明捷次子,連之孫,乳名福,字介爾,生於雍正癸丑年,搬眷往臺。妻黄氏,生二子,長名啓,次名聘。二女,長名然嫁江家,次名蒲嫁劉家。

曾團,奇之六子,帶之孫,兄弟六人往臺灣鹽水港大排竹。

曾吾日,明捷四子,連之孫,乳名吾日,生於乾隆隆辛酉年,乾隆三十五年搬眷往臺灣。妻賴氏,生二子,長名羨,次名騰,一女名得,嫁劉家。

曾泉,蔭之長子,帶之孫,往臺灣無傳。妻葉氏,生二女。

曾近,明捷三子,連之孫,乾隆三十三年搬眷往臺灣。妻賴氏,生一女名針,嫁楊家。

十四世曾孟,貌之長子,明珍之孫,字時吉,往臺。

曾聳,簽之長子,明珍之孫,往臺灣居内轆。妻劉氏。

曾光照，明琚之孫，起予之子，嘉慶己未往臺灣上港。妻馮氏。

曾時輝，行簡六子，明球之孫，乳名振，字獻登。生於乾隆甲申年正月十四日辰時，卒於道光甲申三月初六日寅時。寄葬在龜蛇潭墩田眉。妻劉氏往臺灣。生子，長名初作，次名夏火，三名水瀨。

曾時英，行修次子，明球之孫，乳名鋭，字行璣，捐納樂生。生於乾隆甲子年五月二十日辰時，卒於乾隆戊申年四月十五日申時。妻張氏秀娘，生於乾隆癸亥年五月十七日亥時，卒於乾隆己亥年七月廿三日未時，葬在圳仔頭埆横路仔面。再娶吴氏聳娘。生子，長名映往廣西，次名撓，三名昑往臺灣早亡，四名恪往廣西，五名律往廣西，一女名窕嫁小山城陳家。

曾時俊，行修三子，明球之孫，乳名雍，字雁鳴。妻張氏佑娘。生子長名碩阜曰陵，次名最字孔忱俱往廣西，三名揉往臺灣，四名檨。一女名茂嫁書洋蕭家。

長房曾玉璋，時昇長子，行簡之孫，乳名袴。生於乾隆甲申年，卒於嘉慶十九年六月初十日酉時。妻張氏良娘生於乾隆。生四子，長名湛，次名光務搬眷往臺灣，三名三埒，四名晚。生二女，長嫁張家名簪，次嫁劉家名粧。

曾玉蘭，時元次子，行簡之孫，名竹，往臺灣。

曾玉瑞，時輝長子，行簡之孫，乳名作，字紀東。妻沈氏，搬眷往臺灣上港。長子名果，次名歡，三名教，四名未詳。

曾玉琉，時俊三子，行修之孫，名楺。往臺灣娶妻。

曾天壹，時良長子，行修之孫，往臺灣娶妻。

曾梁，時良三子，行修之孫，往臺灣。

曾玉宇，時昌三子，行寬之孫，名賞，生於乾隆癸丑年，往臺灣上港。

曾玉沽，時光次子，行可之孫，名毓，字秀英，往臺灣。

曾玉珍，時奇三子，行可之孫，名删，帶家眷往臺灣。

曾玉交，時成三子，行可之孫，名般，往臺灣。

曾玉碧，時成之子，行可之孫，名瘵，往臺灣。

曾大本，玉璋之子，時昇之孫，乳名光務，字專力。道光年間搬家移居臺灣内轆社居住。妻張氏名近，生二子，長名在，次名鷥。

曾大受，玉璜之子，時元之孫，乳名倫，往臺灣。

曾教，玉瑞之子，時輝之孫，名教。玉瑞父子俱往臺灣上港三結街雞籠頭居住。

次房六全家往臺灣。

曾大廉，玉積長子，時貞之孫，生於壬午年十月十八日卯時，己未往臺灣。

（《[福建南靖]高港曾氏天水堂族譜》 清光緒四修稿本）

南靖高港曾氏徙臺開基祖名字世系

叔祖諱大祐七十四郎，字次松，卒葬菁荐，生丙寅十月十一日巳時，卒己卯十月卅日，妣塋未詳。生三子，長明啓，次明睿，三明標。後嗣聞有在臺灣者。妣賴氏謚惠坤，妣生丙寅十月初八午時，卒辛巳四月廿六日。

十一世祖太胤高七十三郎，名世，字能一，仙命庚戌，生五子，長容字心寬無嗣，次且字聖周，三吟字孺英往臺，四杜早亡，五山字等嵩無嗣。妣太賴氏梓娘，仙命辛巳。

十二世祖太登鼇五十四郎,名唱,仙命辛卯,胤錫之子。妣太賴氏順娘,生五子,長陳,次則往臺,三孝,四仁,五改。

十三世公繼侯四十五郎,名牙,字巨卿,葬芹山,謚誠樸。妣蕭氏好娘謚勤淑。暢之次子,生五子,長賜字麟,次舜,三桃在臺亡,四營字至雄,五衙字淇右。葬上村仔,至乾隆十二年丁卯四月初六日,共挈眷往臺。

十三世公繼宣六十一郎,名智,字哲人,院之四子。妣楊氏,生六子,長謔早亡,次然往臺,三標往吧,四巽,五淡,六意往臺。

十二世符赤祖長子茂億公,生五子開列。祖太詩表七十四郎,名表,謚質樸,字重山,仙命庚寅。妣太賴氏添娘,仙命壬寅,生二子,長名接字瑞奇,次名比字瑞居往臺亡。葬石鼓潭上,坐丙向壬。

十二世符赤祖次子胤享公生三子開列。祖太百會,名朋,在平和縣亡,祖太百曉名附,往臺亡。

祖太百春,名進,仙命丙寅,妣太改適豐頭阪,生一子名孫,往臺無嗣。

十二世符赤祖第三子胤弘公,生二子開列。祖太詩升六十一郎,名異,字文明,仙命丙午。妣太胡氏信娘,生三子,長坦在東,次皆字曰賢在臺亡,三節美逢。

祖太詩伯名卓,字上字,仙命乙卯。妣太葉氏章娘,生二子,長益,次驕,俱往臺。

十三世祖太石比,字瑞居,往臺亡。

祖太迎爵,名欃,生康熙辛未,至乾隆辛卯從子往臺卒。妣太李氏坦娘,生六子,長琛字獻其,次璉早亡,三琳字宗君,四瑤往温州,五玼字非柳,六璞字非石。妣葬潮仔。

十四世公必禄,名慶,字列萃,謚剛偉,在臺卒,妣陳氏改適。嗣一子名幸,字慊懷,諱維歡,葬洞仔坑。

十四世公必爽,名話,字百經,欣之長子,名要,無考往臺。妣李氏險娘。欣之次子生五子,長士,次商,三搭,四炒,五閣。

詩審派下十五世公維卿,名石迓,字曰恭,葬牛屎嶺。妣張氏,命己巳,葬山圪仔嶺頂。潑之次子,生二子,長觀袓諱廷傑,次石狹諱廷居,俱往臺。

詩審派下十五世公維伯,名蔚,字秀林,泱之子。妣陳氏香娘,生二子,長上吉,次潘良。上吉諱廷安,字太元,一字師貞,生二子,長金梭,次金角。潘良諱廷美,生二子,文峯、文佃。公葬崩塘坑,妣葬頂溪坪。

詩審派下十五世公必申,名壬,字列甲,謚達材,伴之長子,生六子。妣葉氏波娘,謚貞柔,生雍正戊申,卒乾隆壬申。繼妣江氏妹娘,在臺卒。葉生一子名貪,字酌可,諱維廉。葉葬竹内公王後,午子兼丁癸。江生五子,長廉火,次泮水,三艮崙,四金梯,五六思早亡。五人俱往臺。

詩審派下十五世公維廉,名貪,字酌可,謚方怡,命己巳,壬之長子。妣葉氏改適,生二子,長新爨字燎煬,次名堠字片成諱廷。順妣李氏,男水變,挈眷往臺。

詩審派下十五世公維漢,名曉,字心靈,命壬申,泉之長子。妣賴氏改適後又回家,生三子,長瓣宅往臺,次觀題字芳名出繼胞弟埒,三三嗅往臺。

詩興派下十四世公名珂,字鳴玉,波之長子,挈眷往臺。珂伯婆葬在屈潭仔崠頂,坐南向北。

詩興派下十四世公名珮,字鳴鏘,波之三子,挈眷往臺。生一子名有,往臺亡。

詩興派下公必從,名曠,字心遠,命丁卯,淹之四子。妣改適黄氏。生二子,長水殿諱維禮,次清泉字軍罕往臺亡,不知所終。公葬大溪阪長潭尾。

詩興公派下十五世開列,公名金昆,字諱無考,瑜之子。妣黄氏改適,生一子名新撥,往臺亡無嗣,公葬白畲過橋尾田螺崠仔。

詩興派下十五世公維輅,名六色,命乙巳,極之六子,嗣一子伯托,俱往臺。

詩興派下十五世公廷嗜,名咬生,命丙戌,葬青尾坵大後坎。泵之九子。生二子,長騵字文龍出繼胞兄,往臺,次曰瓜。

詩興派下十五世公廷駿,名肅騤,字向日,命甲子,壽四十。妣葉氏盛娘命辛卯。生一子采櫱,命戊子。嗣一子五訏。父母子俱往臺,至同治十年辛未葉氏盛娘自己回家。

十三世茂億第五子生六子開列。公迎魁,名菊,字香九,葬寨後林頭。妣賴氏准娘,從子往臺。生二子,長貫字天申,次順宗,二人俱往臺。

詩明言彬派下十四世公必灼,名替,字隱夫,茅之四子,妣葉氏,生四子,長俏往臺,次卻,三武出繼胞兄森,四掌肱諱維運。

詩明言彬派下十四世公必信,名真,字天樸,命壬子,蒼之長子。妣沈氏命壬子,生六子,長敢字升階諱維,次繞字會旋諱維邦,三瑶早亡字勝蘭諱維山,四賽諱維琚,五侯往臺字維珠,六聘諱維珍往臺。

公名丕,字文承,妣劉氏。蒼之次子,挈眷往臺。生一女嫁板寮。

詩明言彬派下十四世公維琚,名賽,字勝蘭,命戊子,真之四子。妣張氏,命甲午,生六子,長晏,次萬,三杙字樹基出繼天澤,四石土出繼胞弟侯,五瓶,六豹往臺出繼胞弟聘。

詩明言彬派下十四世公維珠,名侯,真之五子,命辛卯,往臺。妣氏出,嗣二子,長石土,次潘葛早亡。

詩明言彬派下十四世公維修,名聘,命癸巳,真之六子,往臺。

止敬公派下子孫開列,公胤梓八十三郎,名隹,字舉上,馨予三子。妣李氏蕉娘往臺,生五子,長清往臺,次士,三果,四永,五返。

止敬派下,公如壁,名淡,約之子,妣葉氏巧娘許坑人,生二子,榜字標,桔字子成,俱往臺亡。

喬仁三房我敬派下,公國瑜,五十九郎,名貴,諱天球,活源三子。妣葉氏勸娘,生三子,長邱字性居,次款字長洽,俱往臺。三慊,葬竹坑口。

喬仁三房我敬派下,公其助七十六郎,名祉,諱天祐,汝泗次子,妣卓氏質娘,生四子,長送字文振,次祖福字全伍,三路長字捷懷,四郡字等憲往臺。

喬仁三房我敬派下,公文鋟,名印,字次璽,祥之三子。妣張氏選娘,生一子運和往臺。

(曾康生鈔録《[福建南靖]高港曾氏家譜》 1931年稿本)

南靖豪山崇本堂曾氏徙臺開基祖名録

八世叔祖七十四郎公,葬菁荇尾,公諱大祐,字次松,生三子,長明啓,次明霽,三明標,聞後嗣在臺灣者尚有尾。妣賴氏惠坤。

十四世祖太迎,爵名欓,生於康熙辛未正月初一日,至乾隆辛卯從子往臺卒。妣太李氏坦娘,生六子:長琛字獻其,次璉早亡,三琜字宗居,四璒,五玭,六璞。公往臺卒。

祖太迎華,名欣,字向榮,謚敦質,生於康熙甲申十一月初九日戌時,卒於乾隆辛巳年十一月十八日巳時，葬土名下林仔，妣生仙命乙酉，葬土名内坑底石竹畲。繼妣生於康熙丙申年十一月十九日丑時，卒於嘉慶庚午年十月廿一日子時，享壽九十五歲，葬洋竹仔路上，坐辰向戌。生三子，長必雅名要往臺，次必爽乳名話謚有經，三必昌乳名抛字子提謚宏逸公。

十四世詩審第五子欣，生三子，祖太必雅，名要，往臺無考。

道光二十一年辛丑和中進泮，時年三十，黄文宗歲考彰化學第三名，卒年四十二。

同治十三年甲戌豐進泮年歲考彰化學名。

光緒五年己卯，長清回家謁祖，進彰化武庠生第一名。

（《[福建南靖]三團豪山崇本堂曾氏族譜》 清光緒稿本）

平和武城曾氏徙臺祖世系名録

七十一世紀暉，錮次子，名德暉，字伯昭，號靜軒，例貢生，傳錮房系。葬窠尾。配羅氏，繼娶詹氏子四，三娶氏子二。生子六囝，性、情、貌、字、寬、恭。三子貌，名廣貌、從貌，號真直，配朱氏，生子六囝，厚、博、安石、穩、含萬、悦天。安石、含萬没蕃。穩没臺。

七十二世廣深，紀章五子，名肇深，字紹亙，庠生，傳錮房系。配葉氏。繼娶林氏，生子三囝，内、旭、玩。玩名成玩，没在番。

七十一世紀章，名德章，字伯明，號容齋。配林氏，子六。繼娶葉氏，子三。生子九，椒、梅、棬、樑、深、培、材、勉、增。勉名思勉，没在番邦。

七十一世紀嘉，錮長子，傳錮房系。名德嘉，號純一。撫子二囝，胖、體。胖名廣胖、玉胖，配朱氏，生子二囝，流、奇，流往番。體名廣體，又名體心，字紹安，號温和，配朱氏，生子五囝，學球外出，學芳没，學閣往番，學保夭，五仲没。

七十一世紀厥，錮三子，傳錮房系，名震淵，號匡直，國學生。配朱氏，生子三囝，昇、平、忠。平名廣平、平心，字仁正，在臺歿，配朱氏，生子一囝逢賞。

六十四世聞琯，五七子，宗乾房系，名管，號聚泉，字得潛。生於嘉靖甲辰年七月初三日卯時，卒於萬曆丙戌年十一月初六日寅時，葬霞大峯田背角墩後山頂飛天蜈蚣穴，未山丑向。配葉氏生於嘉靖丁未年八月十三日，卒於天啓丁卯年七月十四日，葬雍坑陳後石鼓坪觀音大座，酉山卯向。生子四囝，教、常、化、政。教，名貞教、司教，號紫崖，思獎孝友善士，配許氏，出祖臺灣。

六十九世毓綽，縱四子，貞恒房系，名士綽，配氏姓名失記，生子四囝，源、針、盛、鐵。鐵，名金鐵、傳鐵，往臺灣。

七十三世昭武，麗三子，傳希房系，原名祖武。生於道光辛巳年二月二十日申時，卒於同治壬申年三月二十八日卯時，葬巷仔龠内瓦窯崗。撫子四囝，蝦、春、鷟、讓。蝦往外。鷟名憲鷟，原名家鷟，生於咸豐丙辰年八月十一日，卒於光緒癸巳年十一月二十五日，葬臺灣。

七十一世紀淦，全三子，傳全房系。移居臺灣。

七十一世紀中，裕長子，傳裕房系。名傳中，字朝魁，號篤實。生於雍正壬子年九月二十九日辰時，卒於乾隆庚戌年三月二十六辰時，葬大田徑。配陳氏，生於乾隆丙辰年七月二十四日子時，卒於嘉慶甲戌年十一月二十五日子時，葬大水坑，坤山艮向兼申寅。子廣汭，名範汭，字源徑，號達剛，生於乾隆壬午年十二月七日寅時，没葬臺灣。

七十三世昭藻，案長子，傳素房系。字采繢，號敦祥。生於嘉慶辛酉年九月十二日亥時，卒於咸豐庚申年六月二十三日申時，葬龍寮鞍大坳，癸丁兼丑未。配黄氏生於嘉慶甲戌年十一月十四日酉時，卒於光緒辛卯年九月初七日戌時。生子六囝，豹、彪、代、拋、記、奚。拋名憲拋，往臺灣，生没無考。

七十四世憲來，昭次子，傳素房系。字光遠。生於道光癸卯年五月二十五日午時，卒於光緒壬寅年六月初四日巳時，葬馬尾山脚圳頂。配林氏，生於道光癸卯年七月十七日卯時，卒於宣統己酉年正月十一日未時，葬山前大楓脚。生子二囝，訟、察。察名慶察，配林氏，往臺灣。

七十三世昭坎，潭三子，號敦坎。生於嘉慶丙子年，咸豐年間往臺灣，嗣孫訟。

七十一世紀對，漯次子，傳漯房系。字榮對，配楊氏，生一子囝板。板，名廣板，往臺灣府。

七十三昭瑞，善長子，傳鐧房系，名瑞麒，榜名維靈，字拔陞。光緒己卯科舉人，配朱氏，再娶林氏無出，生子三囝，濤、棟、瀾。瀾名憲瀾，在臺没，配廖氏生子一囝。

七十二世廣棧，勝次子，傳鈒房系。字紹紅，號忠烈。配游氏，生子四囝，惠、畏、佑、我。惠名昭惠，號寬和，没在臺。

七十四世憲環，昭構子，傳實房系。原名肯構，字美堂，名聯芳，職員。生於嘉慶庚辰年十二月二十八日丑時，卒於光緒庚辰年十一月二十日未時，葬雙溪子大崠嶺窩。配黄氏，生於嘉慶庚辰年十一月十一日申時，卒於光緒丙子年十月初一日卯時，葬在第村厝後，坐艮兼寅，生子三囝，環、莊、進。環名憲環，原名賜環，又名建昌，字盛侯，生於道光甲辰年十月十九日丑時，卒於光緒壬寅年十一月二十八日寅時，生子五囝，文、禮、壽、讓，慶。禮名慶禮，原名怡禮，生於光緒乙亥年十月十九日丑時，卒於光緒甲午年九月十四日辰時，葬臺灣淡水港。

七十一世紀唱，傳思房系，原名首唱，官名離耀，字殿臚，號桂軒，稟膳生，例授文林郎，道光丙戌科史宗師歲試取進和學第七名。生於乾隆甲辰八月十三日戌時，卒於咸豐己未年正月十七日戌時。配楊氏孺人，生於乾隆丁未年六月二十四日午時，卒於道光戊子年十月二十三日戌時，子二。繼娶葉氏，生於乾隆癸丑年七月二十八日申時，卒於光緒辛巳年三月十四日卯時，壽八十九歲，生子二囝，昌、養。女一。

昌名廣昌，諱克昌，榜名熾，字起東，號壽山，府廩膳生，道光己亥科吴宗師取進漳州府學第二十名，咸豐壬子科正副主考毓檢黄兆麟取中第七十名舉人，任臺灣嘉義正堂教諭，兼掌登雲閣山長。生於嘉慶庚午年七月十七日亥時，卒於咸豐戊午年七月初一日寅時。配楊氏孺人，生於嘉慶丁丑年七月初一日申時，卒於光緒丁未年十月十二日午時，壽九十一歲。

七十四世憲棟，獻三子，傳崗房系，名大棟，往臺灣。

七十二世廣滋，紀臚次子，傳崗房系。榜名滋乳、滋林，字懷潤，號樹堂，又號培園，邑廩生，道光乙未恩科福建舉人，大挑教諭，授臺灣府彰化縣教諭。生於乾隆戊申年三月十三日戌時，卒於道光乙巳年七月初七日酉時。配張氏生於乾隆丁未年五月十二日，卒於嘉慶己卯年七月初七日卯時，葬闊洋。繼娶游氏，生於乾隆，卒於道光，葬深寮龍龜湖。三娶林氏，生於嘉慶壬申年二月十二日午時，卒於光緒癸未年五月初三日辰時，葬獅子巖脚。生子五囝，泰、蓏、籛、固、歲。生女二，長適黄，次適朱。

（曾天爵等纂修《[福建平和]武城曾氏重修族譜》
1925年湖南寧鄉曾氏南宗通譜總局福建平和支局刻本）

平和洋文田曾氏徙臺祖名録

六十八世興統，丹長子，洋文田安貞房系，字子垂，謚純猷，行十郎。生於康熙壬子年八月十四日亥時,卒於康熙丁酉年七月初五日午時。配林氏大娘。繼娶賴氏二娘,諡惠愛,生於康熙甲子年正月十五日巳時,卒於乾隆乙亥年八月初二日酉時。生子輪、義、尾。義往臺灣。

六十八世興表,陳次子,洋文田安貞房系,字子坊,諡篤正,行二十郎。生於康熙辛酉年十二月十一日酉時,卒於雍正己酉年十二月十一日酉時,葬塗坑往藍,辛乙兼酉卯向。配朱氏二娘,諡慈儉,生於康熙戊辰年五月初八日丑時,卒於乾隆壬戌年十月二十六日午時,葬上寮獅頭形,申寅兼坤艮向。生子三囝,暖、煊、樓。煊往臺灣。

六十九世毓槐,諷長子,洋文田貞錦房系,諱元槐,字引三,行三十三郎。生於康熙丁酉年八月初二日未時,配氏卒葬不詳,生子一囝妥。傳妥名尚要。全家移居臺灣。

七十二世廣欣,紀貢三子,洋文田傳海房系,名立欣,生於康熙丙子年五月初六日巳時,往臺灣。

(曾天爵等纂修《[福建平和]洋文田曾氏族譜》 1925年刻本)

平和雍睦堂曾氏徙臺開基祖名録

五房愷直公,諱明炡,諡愷直。娶游氏,諡勤淑。繼娶黄氏無育。生四子,長天敬未娶而卒,次天袴娶羅氏,三天登娶游氏,四天仰往臺灣而卒。公生康熙乙酉年三月廿一日午時,卒於乾隆年正月十三日。妣游氏太生於康熙丙戌年六月初七日亥時,與公合葬北坑,坐辛向乙。

紹武公,諱曰鄭,諡成美。娶秀篆游氏,諡恭儉。生三子,長正元,官名捷步,臺灣北協右營大甲守備,賞戴藍翎,娶林氏少室臺灣李氏;次印魁,娶礤下朱氏;三有爵。公誥贈武德騎尉,生嘉慶癸亥年正月初八日卯時,卒於光緒丁亥年四月十一日卯時,享壽八十五歲。妣游氏太誥贈宜人,生於嘉慶十三年戊辰十一月十五日巳時,卒於同治九年庚午六月初二日戌時,至光緒三年丁丑葬在新洋。

(《[福建平和]雍睦堂曾氏家譜》 清光緒稿本)

平和曾氏端峯五房徙臺祖名録

平和開基端峯祖傳下五房十二世愷直公,生康熙乙酉年三月二十一日午時,卒於乾隆年正月十三日。妣游氏太生於雍正丙午年六月初七日亥時,與公合葬北坑,坐辛向乙。生子長天敬未娶而卒,次天㨢娶羅氏,三天登娶游氏,四天仰。繼娶黄氏無育。天仰往臺灣而卒。

平和開基端峯傳下六房十五世紹武公,諱曰鄭,諡成美,娶秀篆游氏諡恭儉。公誥贈武德騎尉,生於嘉慶癸亥年正月初八日卯時,卒於光緒丁亥年四月十一日卯時,享壽八十五歲。妣游氏太誥贈宜人,生於嘉慶十三年戊辰十一月十五日巳時,卒於同治九年庚午六月初二日戌時,至光緒三年丁丑葬在新注。生子長正元,次印魁娶礤下朱氏,三月爵。正元官名捷步,字登雲,臺灣北協右營協千總,署大甲守備,賞戴花翎,娶正室長樂下村林氏,少室臺灣李氏。正元公生於道光八年戊子正月十二日酉時,卒於光緒六年庚辰二月十八日卯時,葬臺灣嘉義縣,妣林氏諡慈慎誥贈宜人,生於道光壬辰年七月初九日,卒於同治十年辛未八月初一日子時,享壽四十歲。副妣李氏。正元公傳昭亮、昭茅二子。

(《[福建平和]曾氏族譜》 清光緒稿本)

平和曾氏易齋系徙臺祖一則

十六世祖文山公,明德公長子也,諱文掌,字文山,謚博和,光緒辛卯年十月十七日子時出生於臺南,卒於1959年農曆五月二十六日子時,享壽六十九歲。元配王氏玉珠,1905年乙巳農曆十一月十五日辰時生於泰國普吉,卒於1972年壬子農曆十一月初二日巳時。公媽合葬於霞坑四角樓後半山腰吉穴,坐辛向乙大字分金。公童年由臺灣回閩,十八歲父故,二十歲往南洋謀生旅居泰國普吉府嶙啷。1937年夏與妻王氏全家回國定居。有三男二女,長子昭財十二歲在泰病亡,次子昭丁二十歲移居臺北,三子昭貴,女素月居長婚後移居臺灣,小女素香居平和城關。

(《[福建平和]曾氏易齋派族譜》 1982年鈔本)

(十七)廖 氏

詔安廖氏渡臺開基祖名録

開漳始祖張虎公世系

一世虎,妣陳氏。二世真瑞,妣趙氏。三世宗來,妣錢氏。四世大美,妣陳氏。五世明山妣林氏,明海妣朱氏,明立,明仁,明德。六世天正,妣林氏蔡氏。七世再輝,張廖始祖。

一世祖開漳始祖張虎公,字伯紀,原籍河南省開封府祥符縣,與胞兄龍公二人從陳元光將軍平閩有功,封威武協應上將軍。龍公帶兵回河南開封府祥符縣祖家居住,虎公與陳將軍鎮守漳州路南關居住開族,由此子孫分派各府州縣居住建族。公葬在漳州府飛鳳山鎮上江邊,坐北向南。置有水田一段,坐址試劍石前,受種十二石。又一段坐址南山下至白頭山爲界。妣陳氏,生五子,真瑞、真端、真明、真德、真福。

二世祖雲霄始祖張真瑞公,乳名論,字元甫,宋開慶己未進士,咸淳二年爲參議大夫之職。在朝十餘年後回家在西林建大宗祠。卒於大德三年,享壽七十一歲。妣趙氏誥封宜人,合葬於畲狗山,生男舉,字宗來。

三世祖張舉公,字宗來,生於景炎丙子年,享壽八十二歲。妣錢氏,合葬畲狗山。生一男賢,字大美,即雲霄西林始祖也。

四世祖張賢公,字大美,生於大德己亥年,享壽四十九歲。妣陳氏,生五子,明山、明海、明立、明仁、明德。

五世祖張明海公,字子溢,生於延祐庚申年,妣朱氏,合葬畲狗山。生五男,天然字得安,天正字得仁,天佑字得義,天儀字得禮,臨壽字得智。

六世祖天正公,字得仁,生於庚辰年。葬於西林畲狗山。妣林氏、蔡氏。林氏葬於莆美,穴名蜘蛛結網地。共生四男,玉字再興;福字志德;願仔字再輝,分派詔安縣二都官陂,爲廖三九郎公家中進贅;舉字興林。

詔安日享派下十四世盈漢、盈寧,紹安六子之長子及五子,渡臺。

日享派下十五世牽,嚴之子,渡臺南化北寮。

詔安十三世榜,子六,罩渡臺,聰,住,拙,爵,足,俱渡臺崙背港尾。

詔安十三世世周，上穀六子之次，渡臺。

詔安十三世明案，德思子，渡臺。

詔安十四世件，君拔子，渡臺。

詔安十五世意，秀君子，渡臺。

詔安十五世直，好六子之次，渡臺。

詔安十四世士兄，永齒子，渡臺。

詔安十三世永嘉，坤子，渡臺。

詔安十三世永配。子成帝、抱、淡、名、進生。渡臺。

詔安十四世元桃，永蒼四子之三，渡臺。

詔安十四世元表、朝正兄弟，永相子，渡臺。

詔安十四世庇、魁，曲子，渡臺。

詔安十四世櫝、翰，淺之長、五子，渡臺。

詔安十四世聚、金助、士富、士略四兄弟，永占子，渡臺。

詔安十三世縣、正兄弟，分子，渡臺。

詔安十七世温恭，字勃，國歲子，渡臺西屯。

詔安十七世旦，顯銘三子，渡臺。

詔安十八世金算，啓明四子之長，渡臺西螺。

詔安十三世發，文華次子，渡臺。

詔安十四世瓆，鬪子，渡臺。

詔安十三世廷添，朝鐵五子，渡臺西螺吴厝。

詔安十三世廷墜，朝鉟子，渡臺西螺。

詔安十四世國敏，廷黿長子，字榮捷，渡臺西螺。

詔安十四世國英，官生三子，渡臺豐原。

詔安十三世養生、廷庚，朝参子，渡臺。

詔安十三世廷悠、廷炒，朝系二、三子，渡臺西屯。

詔安十三世隱中，朝擴子，渡臺。

詔安十三世廷鬧，朝出子，渡臺。

詔安十三世廷在、廷當，朝襄四子之長、次，渡臺。

詔安十二世朝顯，字昇九。子天和、廷片、廷喝、泉生、廷爾。廷片子二，神送，國言渡臺。廷喝、廷爾渡臺。

詔安十三世廷錯，子捷三子之長，渡臺。

詔安十三世廷餐，朝弄子，渡臺。

詔安十四世純樸，名炮，妣陳氏、林氏，渡臺。子世先、世慶。

詔安渡臺十四世剛直公派，十四世剛直，子世永，孫文檀，曾孫查畝，移居嘉義縣竹崎鄉昇平村。

詔安渡臺十三世門公派，十三世渡臺祖公立，子四，薦、欽、陞、純厚。

詔安渡臺十四世烈美公派，十六世麟真公派。十四世渡臺祖烈美，字元猛，謚義德，妣游菜順、盧良。子八，世直、世娥、世喜、世康、世孝、世祭、世勝、世祭。

渡臺十四世文靛公派，十四世渡臺祖文靛，子三，成、世禮、世筆。

十五世達顯，永祖次子，妣江氏，子七，聖呈，妣江氏；聖結，妣黄氏；聖影，妣蔡氏；聖紅，妣蔡氏；聖結，妣林潤儀；聖清，妣游氏；聖姓，妣詹氏。十六世次房聖結留守詔安，餘俱渡臺西屯下莊，傳爲六大房。

詔安渡臺十五世平公派，十五世渡臺祖平，妣羅氏，子四，番婆，義信，九，敷妣高氏。

詔安渡臺十四世毋公派，十四世渡臺祖毋，妣賴品，子萬壽妣詹金，孫火旺妣曾黍，曾孫枝文、枝分。

詔安渡臺十六世子緞公派，渡臺祖子緞，妣李淑訓、林氏，子四，瑞英、湖瓘、瑚南、瑚滔。

詔安渡臺十四世國敏公派，渡臺祖國敏，妣謝氏，子二，士班妣蘇氏，士占。國敏公渡臺於二崙湳仔。

詔安渡臺十三世天調公派，渡臺祖天調，妣陳牽，子五，士敬，士繖，士眼妣邱氏，士鳳，士照。

詔安渡臺十六世子總公派，渡臺祖子總，妣黄淑貞，子湖王妣楊規順。孫三，金察妣林氏、孫氏，金樣妣本堃芳，金恒妣鍾信。

詔安渡臺十四世晞陽公派，渡臺祖晞陽，妣黄清水，子二，熙賢，上賢妣鍾容。

詔安渡臺十三世順義公派，十二世樸厚，妣江賢德。子十三世順義，妣陳慈和。孫連春，連茂妣林慈良。

詔安渡臺十三世敦直公派，渡臺祖敦直，妣吴氏，子純良妣沈氏，廷清。

詔安渡臺十五世裕賢公派，裕賢，妣林氏。子文泥，妣謝瑞惠。孫四，才汶、才潤、才佑、才澤。

詔安渡臺十三世廷送公派，渡臺祖廷送，妣黄氏，子三，國相，國寬妣劉卯，國猛。

詔安渡臺十六世阿七公派，阿七，妣田戊，子阿載，孫阿亮妣謝雪。

詔安渡臺十一世爲見公派，爲見，妣林勤。子四，朝鄉，朝黨，朝科妣温順，朝壽。

詔安渡臺十四世義直公派，義直，子世壽。孫四，良善、文炤、文鮮、文印。

詔安十二世朝著公派，朝著，子四，廷生，廷紅，廷俊妣李氏，廷法。

詔安十三世廷雅，妣李氏，朝箽子，渡臺西螺湳仔。子五，神聰，神扶，國明妣李氏，國達，國通。

詔安圍殿媽派十一世爲字輩宗路，子六，朝綴、朝雅、朝傅、朝騫、朝訓、朝烈，六兄弟俱渡臺西螺。

詔安渡臺侃厚公派，祖籍福建省漳州府詔安縣二都官陂，移居臺灣省嘉義縣竹崎鄉昇平村。渡臺一世侃厚，子朝生。

詔安渡臺十三世質義公派，渡臺祖質義，妣曾懿順，子二，剛義妣李氏，敦厚妣林氏。

詔安渡臺十二世敦厚公派，渡臺祖敦厚，子阿嶽。

詔安渡臺十三世廷霈公派，渡臺祖廷霈，妣許順，子六，國魁、國載、國東、國西、國南、國北。廷霈公渡臺二崙田尾。

詔安十三世廷蒼，渡臺南投。朝經與黄氏子。

詔安十五世時仰，子士書，渡臺。

詔安十三世朝蕩，子廷營，渡臺南投。

詔安十五世時依，子士參，渡臺。

詔安十五世士楫，子天顯，渡臺。

詔安十五世時戒，子士賓，渡臺。

詔安十三世朝柱，妣江氏，子廷葉，渡臺西屯。

詔安十四世廷第，子水娘、時沐，居住貓霧毬揀圳寮。

詔安十三世朝椿，生五子，廷錦，廷主，廷服，廷四，廷興渡臺新店。

詔安渡臺十四世時緑公派，渡臺祖時緑，妣黄慈仁，子三，士力、士生、士氣。

詔安渡臺十二世朝近公派，渡臺祖朝近，子三，廷玩妣江氏，廷軸妣江氏，廷諾妣林貞靜。朝近公渡臺生三子後回詔安。

詔安十二世朝孔，字尊聖，妣林氏，渡臺二崙西屯開基。子三，廷鎬、廷鏂、廷鈺。廷鎬字紹岐，國學生，妣李氏，子五，時湛、時光、時楚、時壽、時曹。

詔安廷鏂，子時帕、時康、時徐、時淺、時深、時駘。

詔安廷鈺，子時烈、時煦、時休。

詔安渡臺十二世朝問公派，渡臺祖朝問，妣羅氏，子二，廷緒妣邱氏，廷鬱。

詔安渡臺十四世時挑公派，渡臺祖時挑，渡臺二崙，子三，士愛、士振、士英。

詔安渡臺十三世廷碧公派，渡臺祖廷碧，妣蔡端慈。子時串，妣李慈蕭、王順德。孫八，士芬妣賴德謙，士祝妣黄氏、李氏，士否，士僂妣李氏，士魚，士滄，士裘，士秀。

詔安渡臺十五世士曾公派，渡臺祖士曾，妣林氏。子二，良敦妣黄靜，次子名不詳。

詔安渡臺十二世朝晚公派，渡臺祖朝晚，妣徐氏。子三，廷審妣游順德，廷檀妣蘇氏，廷隱。

詔安渡臺十三世廷繁公派，渡臺祖廷繁，子五，時佛、時德、時愛、時錫、時金。

詔安渡臺十四世時吉公派，渡臺祖時吉。子士益，孫天泉、天木。

詔安渡臺十三世貽卿公派，渡臺祖貽卿，妣羅氏，子五，遜清妣吴氏，遜洲妣胡氏，遜湊，遜濟妣黄氏，遜湧妣胡氏。

詔安渡臺十二世朝廳公派，渡臺祖朝廳，妣游氏、官氏、陳氏。子五，廷福，廷天妣游氏，廷貝，廷浙，廷添妣黄氏。

詔安厚福道烈公派渡臺十三世耀宗，渡臺西屯，妣江氏，子四，潤清妣蔡氏，順清，言清妣徐氏，玉清妣徐氏。

詔安渡臺十三世達成公派，十三世達成，渡臺西屯。妣謝氏，子三，世課妣蔡氏，世淼，世混妣蔡氏。

詔安渡臺十三世耀遠公派，十三世耀遠，渡臺西屯。妣江氏，子四，朝莊，朝狄，朝樹，朝臨妣林氏、王氏。

詔安渡臺十二世達惠公派，十二世達惠，渡臺西屯。子世伻。

詔安渡臺十二世永泉公派，十二世永泉，渡臺西屯。妣黄氏，子二，世蚊，世敏妣王氏、游氏。

詔安渡臺十二世拈老公派，十二世拈老，渡臺西屯。妣李氏，子四，士抄妣蔡氏，士豐妣李真，士柳，士柳。

詔安渡臺十二世温和公派，十二世温和，渡臺二崙惠來厝。妣郭氏，子六，天慶，天諍妣周氏，天益，天體妣李氏，天孽，天揭妣李氏。

詔安渡臺十三世天海公派，十三世天海，渡臺臺北土城冷水坑。妣王氏，子永達、永青、永瞻、永春。

詔安渡臺十二世崇祺公派，十二世崇祺，渡臺西屯。妣莊氏，子二，天雍妣劉氏，天格。

詔安渡臺十二世崇琴公派，十二世崇琴，渡臺西屯。妣陳温淑，子二，天佳妣郭慈儉，天明。

詔安渡臺十二世崇問公派，十二世崇問，渡臺西屯。妣郭慈儉，子三，成祖妣郭氏，成壹妣蕭氏、高氏，天上。

詔安渡臺十四世有孝公派，渡臺祖有孝，妣林氏。子榮福，妣李氏。孫十，榮苟，華宗，華居，榮養，華水，華坎，華都妣李氏，華忍，富闊，華同。

詔安渡臺十二世有敏媽派，十二世有敏媽，帶子媳來臺開基，渡臺二崙三塊厝。有敏子天才，妣林純儉。孫大妣陳氏，斗。

詔安渡臺十三世蔥公派，渡臺祖蔥，子文秀妣張免。

詔安渡臺十一世宦仁公派，十一世宦仁，渡臺西屯。妣田氏，子三，升洲妣田氏，升堅，烈臣妣黄氏。

詔安永寧十一世日惠公派下，十四世勤直，渡臺。

詔安渡臺十五世望照公派，十五世望照，渡臺西屯。妣蔡慈善，子四，上德妣汪淑儉，上比，上烹，上粒。孫十，剛烈、士微、士發、士來、番王、士天、士送、士欽、士溪、五美。

詔安渡臺十五世承提公派，十五世承提，渡臺祖。妣田榇，子四，理秀妣林實，臨福妣魏番婆，金元妣何氏，石頭妣朱氏。

詔安平寨坎下天興派下十二世時總，正宇與賴氏子，渡臺。

詔安平寨坎下天興派下十一世可尊，妣莊氏，子時琦、時筆、時守、時鎮。時筆、時守渡臺。

詔安平寨坎下天興派下十二世時飽，友善三子之次，渡臺。

詔安十二世時賢、時丹、時聆，軍實與鄧氏子，三兄弟俱渡臺。

詔安十二世時敏，和侃與尖氏五子之長，字崇功，渡臺。

詔安十二世時遠，蓄疑與謝氏四子之末，字希夏，渡臺。

詔安十二世時務，及三與游氏三子之次，渡臺。

詔安十一世性存，字可操，妣蔡氏，子七，時曲、時梭、時思、時鞭、時撈、時桃、時聽。時思、時鞭、時桃渡臺。

詔安十二世時唐，名都，廣生與鍾氏四子之長，渡臺。

詔安十二世時仲，益榮與林官氏六子之五，字崇威，渡臺。

詔安十二世成嘉，字德操，可駿與江氏子，妣王氏，渡臺。

詔安十二世寅生，可暢與蔡氏二子之長，渡臺。

詔安十二世時榜，帝賜與黄氏二子之次，渡臺。

詔安十二世時糯，訊昭與謝氏五子之次，渡臺。

詔安渡臺十二世時鱗公派，十二世時鱗，渡臺西屯。妣潘氏。子世廣，妣邱阿貴、陳阿粉。孙四，大蓋妣沈氏，大勝妣江氏、陳氏，大添妣何氏，大福妣劉氏。

詔安渡臺十二世時應公派，時應，渡臺西屯。妣陳氏，子四，世籌妣陳氏，世悚妣江氏，世藿妣戴氏，世兑妣王氏。

詔安渡臺十二世時等公派，渡臺西屯。時等，渡臺祖。子三，世焰、世慎、世燕。

詔安渡臺十一世永嘗公派，十一世永嘗，渡臺祖。子榮饒。

詔安渡臺十一世義信公派，十一世義信，渡臺祖。妣鐘勤慈。子二，忠烈妣林良惠，孝烈。

詔安渡臺十三世文添公派，十三世文添，渡臺西屯。妣王有，子二，火妣蔡韮，篤實妣沈懿。

詔安渡臺十二世剛直公派，十三世剛直，渡臺西屯。妣鍾氏。子全溪，妣管氏。

詔安渡臺十三世成功公派，十三世成功，渡臺西螺埔薑崙。妣賴氏，子三，喜之妣高氏，拔琦妣盧氏、李氏，拔西妣劉氏、陳氏、吴氏。

詔安九世而嫡，子二，明羽、明習。而嫡公渡臺臺中清水後遷西螺小茄苳。

詔安鄭坑理尊派下十二世時北，可才八子之四，渡臺。

詔安鄭坑理尊派下十二世時周，可转六子之五，渡臺。

詔安鄭坑理尊派下十二世時口，育我三子之末，渡臺。

詔安渡臺十一世衷敬公派，十一世衷敬，渡臺西屯。妣蔡氏，子二，德善妣黄氏，寬湬妣朱氏。

詔安十二世序魁，渡臺臺北土城冷水坑。妣江氏，子二，國坦妣陳氏，國浪妣賴氏。

詔安渡臺宗佑公派，一世宗佑，妣黄氏。子團樸，妣李氏。宗佑公渡臺嘉義縣竹崎鄉昇平村。

（《[臺灣雲林]廖氏大宗譜》 1979年鉛印本）

詔安廖氏渡臺開基祖名事

十四世世崇公，謚飫直，宗盛公之四子。生於康熙三十年歲次辛未，卒於乾隆二十五年歲次庚辰，享壽七十歲。公壯年有志遠圖，率四子渡臺，闢荒淡北石觀音，今之桃園縣觀音鄉，創建田連阡陌。其志不餒，再墾荒中港，迨至垂暮之年竟歿此地，卜葬於此迄今甲子三周矣。雖道光庚子年重修，歷年既久，有失觀瞻，於1936年再度重修，墳塋堅固堂皇。公創置産業甚廣，至今傳有近十代，子孫蕃衍，數近萬人，並安輩序，以示尊宗敬祖，功績莫大焉。妣張氏，生四子，長國詳，次國禎，三國茂，四國旺。兄弟四人在石觀音塘背莊建造祠宇、周圍樹木及祖塔等，立蒸嘗，四房輪流祭祀。

十五世國祥公，世崇公之長子。生六子，長清泰，次新泰，三俊泰，四巧泰，五雅泰，六潤泰。

十五世國禎公，世崇公之次子，謚義直，生於乾隆六年歲次辛酉三月初三日酉時，卒於嘉慶十四年歲次己巳三月四日子時，享壽六十九歲，葬於新埔肚下南片莊頭，丁山癸向，坐南向北。妣顔氏，生於乾隆七年歲次壬戌八月八日辰時，卒於嘉慶十一年歲次丙寅十二月十二日寅時，享壽六十五歲，葬於下横坑半坑，未山兼坤，坐南向北，老蔗廍面背。生一子自泰。

十五世國茂公，世崇公之三子。生三子，長芳泰，次蔭泰，三蘭泰。

十五世國旺公，謚端毅，世崇公之四子。生於乾隆十二年歲次丁卯四月廿二日酉時，卒於道光二年歲次壬午二月廿二日辰時，享壽七十六歲。妣姜氏，謚純儉，生於乾隆卅二年丁亥六月十七日未時，卒於道光十八年歲次戊戌七月廿三日巳時，享壽七十二歲。生二子，長菊泰，次葵泰。

十五世鵬翼公，謚純睦，時尚公之六子。公渡臺於竹塹大溪墘開基。妣黄氏、謝氏。公生於康熙丁酉年，卒於嘉慶四年己未十一月十八日子時。黄妣葬於原鄉。謝妣葬於楊梅壢薯糧崗。二妣無養，立七弟之二子梅鳳爲嗣子，改名梅裔。

十六世宏慶公，羽茂公之長子。傳一子，即十七世拔軒公，系渡臺開基始祖。

十六世宏玉公，羽儀公之三子。立四弟之次子拔等爲嗣子。

十六世宏盛公，羽儀公之四子。妣邱氏，生三子，長拔行，次拔等出嗣三兄爲子，三拔穀。

十七世拔行公，宏盛公之長子，妣游氏、劉氏。生五子，長淑文，次淑武，三淑泰，四淑進，五淑來。

十八世淑武公，拔行公之次子。渡臺桃園縣新屋鄉始祖，葬於新屋鄉後湖。妣張氏，葬於楊梅鎮豐野里。生五子，長明聰，次明醮，三明算，四明九，五明光。

十四世元俊公，諡敏雄，勳嶽公之次子。生於雍正甲辰年九月二日丑時，卒於乾隆庚子年九月八日卯時，享壽五十七歲，葬於沙壢坪蟾蜍地，坐東向西，甲山庚向。妣郭氏，諡淑助，生於雍正壬子年八月十二日巳時，卒於嘉慶乙亥年六月十三日辰時，享壽八十四歲，葬於新社鄉大湳。妣於乾隆五十四年歲次己酉，攜六子，長關治，次衍桂，三衍玉，四衍延，五衍萬，六衍發，來臺，迄今裔孫蕃昌，皆郭妣之德澤所流貽於後人者也，尊爲來臺始祖。

（《[臺灣雲林]廖氏大宗譜》 1979年鉛印本）

詔安廖氏徙臺開基祖名字世系

十一世文竹公，字賡葉，邦垣公六子。妣吴氏大娘，生六子，長士潺，字聞林；次士綽，字可餘；三士傳，字孔授；四士乾，字育萬；五士謀，字思忠，渡臺；六士詣，字品立。

十一世宗路公，爲心瞞公遺腹子也，因不得已在外祖家中生，俗例謂居宅給人生産者，地理靈氣恐被産兒所得，乃以笨蓆作産室於外庭，即所傳之圍殿媽派也。宗路公傳六子，俱移臺。長朝綴，次朝雅，三朝博字性慧，四朝騫，五朝訓，六朝烈字順剛。六公皆肇基西螺廣興爲開基之祖。

宗路公束髮時，外祖家爲祝獨佔鰲頭之例，殺雞爲膳，宗路公食雞頭時，齧頭誤滲頭汁，汙及袍掛，袍掛系借穿者，物主出言侮辱，黄祖妣發誓子孫不許食雞。宗福公夫婦代爲解誓曰，男可不食雞頭，女則無拘也。

一説系大位公往佃人處收租，佃人以雞爲膳，大位公齧雞時，誤將雞汁汙衣，以致浣衣，發生不雅，大位公誓言不食雞頭，故老六房子孫不食雞頭耳。二説各有千秋，實際上雖無關族譜切要，但對前述實是有關體統，不可再有覆轍之警惕爲勸。

十一世爲優公，諱燻之，號松卿，心賁公長子。公妣生卒失記，生一子朝康，派下移臺蕃衍熾昌。

十一世爲見公，字達朝，心寧公四子。妣林氏，生四子，長朝鄉，次朝黨，三朝科，四朝壽。公生於康熙甲寅年十月十日寅時，卒於雍正丁未年五月十七日子時，享壽五十四歲。妣林氏，生於康熙辛亥年七月十六午時，卒於七月十六日未時。公由祖籍官陂移臺，爲西螺湳仔開基始祖。

十二世朝鐵公，爲睿公次子。妣名諡失記。生五子，長廷祈，次廷席，三廷汎，四廷探出嗣，五廷添渡臺西螺吴厝。

十二世朝鍏公，爲緒公次子。妣名諡失記。生二子，長廷墜移臺西螺，次廷黿字水生移臺西螺。

十二世朝著公，爲團公次子。妣名諡失記。生四子，長廷生，次廷紅，三廷俊曾孫十五世士登移臺西螺，四廷法。

十三世紹安公，諱定，進士，欽榮公三子。妣名諡失記。生六子，長活字盈漢，次天字盈蒼，三美字盈克，四康字盈九，五經字盈寧移臺，六治字盈民。公建祠鳳山樓。

十三世明案公，諱察。妣名諡不詳。生二子，長神助，次泰山。公自祖籍官陂遷臺，卜居臺中西屯八張犁，農商兼謀，建基立業。公妣俱葬在臺中西屯港尾仔埔。

十三世起鳳公，諱葊，德尊公八子。妣曾氏、游氏、陳氏。共生六男，長維字立綱，次敲字秀金移臺，三栖，四帶，五轄，六泠。

十三世問公，德文公長子。妣羅氏，生二子，長永祖字創先，次永茂字秀從。公生於康熙壬午年十二月初九日寅時，卒於康熙壬寅年三月廿一日申時，享壽二十一歲。羅妣生於康熙壬午年閏六月初五日辰時，卒於乾隆丙申年九月初九日戌時，享壽七十五歲。長子創先公傳三子，長勸，次瀼，三丕字達顯，自原籍官陂渡臺，爲臺中西屯下莊子開基始祖。

十三世永相公，謚純樸，欽公長子。公妣生卒失記。生一子元表。元表公由祖籍官陂遷臺，系西螺下湳仔肇基始祖。

十三世永蒼公，欽公三子。公妣生卒失記。生四子，長甜，次元梅，三元桃，四元李又名元筆。元桃公自祖籍官陂移臺定居西螺。

十三世鳳公，字苞九，俣公五子。妣名謚失記。生四子，長傳，次昧，三糝，四母。母公自原籍移臺，建基於臺中西屯。

十三世純南公，諱强，能公長子。妣名謚失記。生四子，長旭字晞陽，次居字都陽，三炎字咸陽，四錦字對陽，次子都陽公傳四男，長念字思賢，次灑字持賢，三饒字裕賢，渡臺西螺，四迓字敬賢。

十三世厚軒公，諱敦，能公四子。妣名謚失記。生四子，長烈滚，次烈惡移潮州，三烈蹟移潮州，四猛字烈美。烈美公由祖籍官陂移臺，建基臺中西屯，爲大漁池派始祖。

十三世馨香公，諱樂，疊公長子。生一子好，派下移臺。

十三世官生公，朝層公長子。公妣生卒不詳。生二子，長國瞻，次國英。次子國英公自祖籍官陂移臺，爲臺中豐原翁子社開基祖。

十三世廷森公，字正達，朝仰公四子。妣名謚失記。生一子國濱，字豔芝。公由原籍官陂遷臺，爲臺中豐原肇基始祖。

十三世廷悠公，朝系公次子。妣名謚失記。生三子，長國琴，次國來，三廷炒。公自祖籍官陂渡臺，建基於臺中西屯。

十四世望公，字嚴之，成林公次子。公妣生卒失記。生一子牽。牽公由原籍官陂渡臺，爲臺南南化北寮肇基始祖。

十四世盈漢公，諱活，號天送，謚質樸，紹安公長子。生於乾隆十年乙丑歲十二月二十日未時，卒於嘉慶十二年丁卯歲十一月初五日酉時，享壽六十二歲。公幼而聰穎，好學成性，年甫十一即勤讀詩書，通經曉典，知義達禮。至廿五歲時家道没落，公困境不屈，堅忍以養志。迨廿八歲時，昆仲六人各奔前程，公邀四弟盈寧字英靈，時年廿歲，毅然渡臺，先在七崁各地勘察居處，終擇居佈嶼堡田尾莊，即今雲林縣二崙鄉田尾村。兄弟暫築草茅棲身，初受雇於地主，嗣後贌耕土地，開荒闢地，夙夜匪懈，克苦耐勞，終晋富農。公爲人忠厚，品德俊慧，温恭禮讓，樂善好施，深爲鄉黨欽敬讚頌。娶妣蔡氏生寶，誕育三男，長世雄，次世耿，三世三。三昆仲皆有父風，友愛甚篤，和協勤耕，廣置良田三十餘甲，就中建地四甲餘，乃建造新厦。及三昆仲長成授室，至是兒孫滿眼，遂分居爲三房頭，亦曰三口灶也。

十四世盈篇公，諱寫，紹遠公四子。妣名謚失記。生五子，長拔潛字水龍，次拔渡字從原，三拔最字金殿，四拔千字鼎萬，五拔交字鼎蔣。長子拔潛公自原籍官陂遷臺，建基於西螺。

十四世盛周公，諱都，上穀公次子。妣名謚失記。生二子，長取，次巧。公由祖籍官陂渡臺，爲崙背港開基始祖。

十五世世質公，次郎公三子。妣名謚失記。生三子，長子緞，次子總，三子綱。次子總諱子宗公，由祖籍官陂移臺，爲二崙惠來厝肇基始祖。

十五世燦明公，諱蘭，聖度公三子。妣名謚失記。生四子，長國敷，次國歲，三國殷，四從川。次子國歲公傳一子曰勃，渡臺，建基臺中南屯。

十五世日進公，協之公長子。妣名謚失記。生一子仁德，字水映。水映公妣陳氏，生二子，長秋紅，次玉田。秋紅公，諱輝煌，於十八歲頃，自原籍官陂石馬樓渡臺，肇基西螺爲玉山房始祖。

十一世國亮公，字希明，謚剛烈，上拔公五子。生於崇禎辛巳年六月二十日丑時，卒於康熙丁巳年正月廿九日午時，享壽三十七歲。公乃潛德幽光人也，孝友見稱於宗黨，信讓廣譽於鄉邦，美資特達，智勇超羣。躋三旬志切經世，時適鄭藩作亂，羣雄蜂起，里社士庶立公爲鄉長，出其捍禦之，以能遏猖獗之勢，輿情歡，人人歸附，由是利澤施於人，名聲昭於時。嗣後膺任協鎮，克盡厥職，上報國恩，下協民望，倘假數年，自能與諸兄共奉偉績，名標竹帛也。妣林氏晚娘，謚慈肅，生於順治乙酉年閏六月廿七日亥時，卒於雍正四年丙午二月十九日卯時，享壽八十二歲。乾隆丁卯年孟冬，將公妣合葬於大坪畲員墩山，坐亥向巳兼壬丙分金。生一子朝宏。

十二世朝孔公，字尊聖，謚英義，國蕙公長子。生於康熙戊午年正月廿一日亥時，卒於乾隆丙辰年五月十七日巳時，享壽五十九歲，葬在湖洋樓，坐癸向丁。公自祖籍官陂渡臺，爲雲林二崙及臺中西屯肇基始祖。妣林氏晚娘，生於康熙戊午年四月三十日亥時，卒於乾隆庚申年四月初十日酉時，享壽六十三歲，葬在營墩頭，坐丙向壬。生三男，長廷鎬，次廷鏌，三廷鈺。

十二世朝晚公，謚貞樸，國霸公五子。公自原籍官陂移臺，建基桃園大溪遂家焉。生三男，長廷審，次廷檀，三廷隱。

十二世朝廳公，國强公長子。公自祖籍官陂遷臺，爲西螺肇基始祖。生五男，長廷福，次廷天，三廷貝，四廷浙，五廷添。

十三世廷蒼公，字浪川，朝經公五子。生於康熙丁亥年，卒於乾隆壬寅年五月廿四日辰時，享壽七十六歲，葬在臺灣南投堡包尾横山落地虎形。妣江氏，生於康熙甲午年十一月廿八日卯時，卒於乾隆甲辰年十一月十四日戌時，享壽七十一歲，葬在臺灣南投堡龍田樓角。生男長時臘，次神送。

十三世廷緒公，朝問公長子。生於康熙癸巳年九月初一日，卒於乾隆己丑年六月十九日，享壽五十七歲。公壯年由原籍官陂渡臺，系西屯及西螺建基始祖。妣江氏、邱氏、吕氏。共生六男，長時秘，次時洛，三康生，四時震，五時駕，六時漳。

十三世廷苗公，諱成韶，字貽卿。妣羅氏，生五子，長時涒，次時沛字遜舟，三時洧，四時泄，五時洴。公生於康熙乙未年十月十一日午時，卒於乾隆庚戌年十月二日酉時，享壽七十六歲。羅妣生於康熙丙申年八月六日午時，卒於九月廿二日。公自原籍官陂渡臺，爲桃園大溪開基始祖。

十三世廷葉公，朝柱公四子。公隨長兄廷苗公渡臺，擇居西屯建基遂家焉。生四男，長時辰，次時逐，三時支，四時敦。

十三世廷興公，朝椿公五子。公由原籍官陂白誉堡崩洪下移臺新店三城開基始祖。生四男，長時府，次時縣，三時廟，四時位。

七世良儒公，道順公之次子。公之派下移居西螺肇基，因舊譜紛失，未能詳載。生四子，長子壽進，次子壽英，三子壽邦，四子壽春。

九世達吾公，玉溪公之三子。派下移居南投龍眼林。

十一世讚考公，會朋公之次子。生卒妣未詳。生四子，長子達成，渡臺在西屯肇基；次子達振；三子達仙；四子達惠，渡臺在西屯肇基。

十二世拈公，宧乃公之次子，即渡臺西屯上湳仔始祖。建福成堂。生於康熙壬辰年九月十一日子時，卒於乾隆丙戌年八月廿日，享壽五十五歲，葬在西屯莊湳仔墩仔下。妣李氏成娘，生於雍正甲寅年七月八日子時，卒於嘉慶乙亥年二月十七日午時，享壽八十二歲，葬在西大墩莊東。生三子二女，長子士抄號漢拔，次子士豐號漢振，三子士柳號漢拱。

十二世崇洞公，謚温和，宧添公之長子。渡臺在西螺二崙開基。生卒妣未詳。生六子，長子天慶，次子天評，三子天益無傳，四子天體，五子天孽，六子天揭。

十二世烈臣公，諱永廷，宧仁公之三子。生卒妣謚不詳。同兩兄三人渡臺於西大墩開基。

十三世耀宗公，謚敦直，文山公之長子。生於雍正甲辰年九月十八日寅時，卒於嘉慶丁巳年三月廿二日午時，享壽七十三歲，葬在涺東堡圓寶莊田中，坐癸向丁兼丑未，庚子庚午分金。妣江氏晚娘，生於雍正己酉年六月廿四日寅時，卒於乾隆戊子年八月廿四日辰時，移葬在唐山尾金柄畬祠堂背，同十一世祖媽合葬，坐申向寅兼坤艮。生四子，長子閏清，次子順清，三子言清，四子玉清。公於乾隆年間渡臺於西大墩開基。

十三世耀遠公，諱世芳，文山公之次子。渡臺於西大墩開基。生於乾隆丁巳年三月十三日戌時，卒於嘉慶辛未年四月五日申時，享壽七十五歲。妣江氏，生於乾隆庚申年十一月九日巳時，卒於嘉慶己卯年六月初六日巳時，享壽八十歲，公妣合葬在西屯石牌埔，二次大戰時建機場始遷葬在臺中市半平厝埔。生四子，長子朝莊，次子朝狄，三子朝樹，四子朝臨號量清。

十三世天海公，號盈潮，崇列公之四子。生於康熙辛巳年十二月十六日亥時，卒於乾隆乙亥年十月廿四日酉時，享壽五十四歲，葬在清水坑，坐坤向艮兼申寅，辛丑辛未分金。公由原籍遷居臺北縣土城鄉冷水坑清水村開基，廣置水田，盛昌數代，俗稱田螺祖。妣王氏大娘，生於康熙丙申年一月十三日亥時，卒於乾隆辛丑年八月廿七日戌時，享壽六十九歲，葬在柑林陂田中，坐午向子兼丙壬，辛巳辛亥分金。生四子，長永達號幼孝，次永青號幼林，三永瞻號幼望，四永春號幼彭。

十四世永達公，天海公之長子。生於雍正甲寅年十一月廿一日寅時，卒於嘉慶甲子年一月四日酉時，享壽九十歲，葬在員山仔望寮下，坐卯向酉兼甲寅，丁卯丁酉分金。妣羅氏，生於乾隆庚申年十一月八日卯時，卒於嘉慶癸亥年六月八日申時，享壽六十三歲，葬在員山仔背，坐甲庚兼卯酉，庚寅庚辛分金。生七子，長子榮耀，次子榮熾，三子榮焕，四子榮烊，五子榮揀，六子榮煨，七子榮焨。

十一世長興公，諱可暢，而聞公三子。妣蔡氏，生二子，長寅生，次海生。公生於康熙甲戌年十月十四日辰時，卒於乾隆戊子年十月初十日午時，享壽七十五歲，葬在臺灣貓霧社社背，穴名猛虎跳牆形。妣蔡氏，生於康熙癸巳年十月初八日亥時，卒於乾隆丁未年十一月廿六日巳時，享壽七十五歲。時逢林爽文倡亂，蔡妣與孫同行途中遇賊，乃欲避亂，不幸媽孫盡遭被殺，嗟傷哉，慘哉。

十二世時飽公，友善公次子。公自原籍官陂渡臺，建基臺中西屯。生三子，長世租，次世桃出嗣，三世裁。

十二世時鱗公，字錦泳，謚錦韻，雲奇公五子。妣潘氏，生一子世廣字振祥。公生於乾隆丁巳年十二月廿八日子時，卒於乾隆戊申年四月初八日丑時，享壽五十二歲。公自祖籍官陂移臺，肇基臺中西屯爲渡臺始祖。妣潘氏，生於乾隆辛巳年正月初二日辰時，卒於嘉慶乙亥年十月初六日辰時，享壽五十五歲，謚勤繼。

十二世時筆公，可尊公次子。公與弟時守公由原籍官陂移臺，建基臺中西屯，生一子世送字君惠。

十二世時守公，可尊公三子。公偕兄時筆公由原籍官陂遷臺，肇基臺中西屯。嗣一子長世桃。生二子，次世漢，三石生。

十二世時賢公，軍實公長子。公自祖籍官陂買棹渡臺，建基於臺中西屯，生一子世呈。

十二世時丹公，字瓊魁，軍實公次子。公自原籍官陂遷臺，建基於臺中西屯。生四子，長世理字崇仁，次世蕫字篤仁，三世義字依仁，四世信字寬仁。

十二世時應公，字廷對，襟正公長子。妣陳氏，生四子，長世篝，次世悚，三世藿，四世兑。公生於乾隆戊辰年五月初五日寅時，卒於嘉慶乙亥年十二月十一日卯時，享壽六十八歲，葬在臺灣牛埔莊土名第五張田尾大堀墘，坐壬向丙兼亥巳，丁亥丁巳分金。妣生於乾隆己巳年十二月十六日亥時，卒於嘉慶丁丑年八月初八日亥時，享壽六十九歲，葬在臺灣西屯頂石牌莊土名莿仔頭埔，坐子向午兼壬丙，丙子丙午分金。

十二世時務公，及三公次子。公攜子自原籍官陂遷臺，肇基於臺中豐原。生二子，長世漢，次世堯。

十二世時遠公，字希寬，蓄疑公長子。生不詳，卒於九月初九日。公自祖籍官陂渡臺，建基於臺中豐原。妣名謚不詳。生二子，長世勤字嵩山，次世軟。妣卒於三月初七日。

十二世時仲公，益榮公五子。生卒妣不詳。生一子世豆字看和。公自原籍官陂渡臺。

十二世時唐公，名都，廣生公長子。生於康熙戊戌年二月十九日辰時，卒於乾隆戊申年九月廿一日亥時，享壽七十二歲，葬在臺灣臺中潭子鄉田山關聖帝君廟北，號曰刀石坑仔口，坐乾向巽單籌戊戌戊辰分金。公由原籍官陂遷臺，肇基臺中馬岡厝，廣置良田，子孫熾昌。妣温氏，生於雍正癸卯年九月十二日巳時，卒於乾隆丙戌年正月初二日卯時，享壽四十四歲。生三子，長世來，次世月，三世彬。

十二世寅生公，長興公長子。妣陳氏，生三子，長永按，次永權，三永職。公生於雍正甲寅年六月十二日亥時，卒於乾隆甲辰年正月廿八日丑時，享壽五十一歲，葬在臺灣臺中西屯土地公脚田中央，坐甲向庚。妣生於乾隆丁卯年十一月廿五日丑時，卒於乾隆戊申年九月十九日未時，享壽四十二歲，葬在臺灣臺中水堀頭下三座厝大肚山半山，坐壬向丙。

十二世式章公，諱世范，時敏公三子。妣陳氏，生七子，長廷庵，次廷嬌，三廷剪字惠吾，四廷贊出嗣永章，五廷論，六廷精，七廷弄。公生於康熙己丑年六月廿一日午時，卒於乾隆癸卯年十一月初九日午時，享壽七十五歲，葬在老屋下園。妣陳氏生於康熙壬寅年十一月初四日戌時，卒於嘉慶癸亥年九月廿八日寅時，享壽八十二歲。公自和尚塘始遷移來官陂。

十四世廷庵公，字惠承，世範公長子。妣陳氏，生四子，長有池，次有衣，三有德，四有朋。長、四兩房渡臺。公生於乾隆六年辛酉正月十六日午時，卒於嘉慶庚申年二月十九日未時，享壽六十歲。妣陳氏，生於乾隆十五年庚午九月十四日午時，卒於道光十九年己亥十月三十日戌時，享壽九十歲。

十五世有池公，字學海，廷庵公長子。妣陳氏，生二子，長進安，次進扶。生於乾隆壬辰年九月廿六日子時，卒於道光三十年七月十六日巳時，享壽七十九歲。妣陳氏，生於乾隆四十五年庚子二月廿一日寅時,卒於道光廿八年戊申十二月十六日亥時,享壽六十九歲。公由原籍官陂渡臺,爲豐原開基祖。

十五世有朋公,廷庵公四子。公隨兄有池公自祖籍官陂移臺,建居新店三城爲始祖,生一子進寶。

十一世永嘗公,恩達公次子。公自原籍官陂移臺,生一子天饒。

十一世衷敬公,仁達公之次子,字可意。公系來臺始祖。妣蔡氏。公妣生卒失記。生二子,長德善,次寬溹。

十二世時周公,字肇誥,可轉公五子。公由祖籍官陂移臺,爲雲林崙背開基始祖。生六子,長元賜,次聲豪,三元斌,四永佑,五涓文,六純良。

十二世時甑公,育我公次子。公自原籍官陂渡臺,系臺中西屯開基始祖。生三子,長大德,次二龍,三概烈。

十二世德善公,字秀混,衷敬公之長子。生於乾隆丙辰年,卒於乾隆戊申年九月十一日,享壽五十三歲。妣黄氏,生於乾隆己巳年,卒於乾隆戊申年六月廿五日,享壽四十歲。葬於臺中縣太平鄉光隆村車籠埔冬瓜山。生二子,長文輝,次文格。

十二世北公,字拱辰,才公之四子。系來臺西螺二崙鄉竹圍子開基始祖,生於康熙丁酉年九月十日巳時,卒於乾隆丁酉年四月廿四日午時,享壽六十一歲,葬於崙背鄉羅厝。妣蔡氏繡娘,生於康熙丁酉年十月十日辰時,卒於嘉慶丁巳年正月七日辰時,享壽八十一歲。葬於二崙莊新莊子字大北園竹圍子竹頭子東。生五子,長朝旭,次朝董字良義,三朝來,四朝坪無傳各房共祀,五朝啓。

九世卓雲公,振鸞公之子,葬於田心坑背面。妣陳大娘,與公合葬。生二子,長子嫡,次不詳。嫡公遷移臺島,擇居西螺,派下均住西螺小茄苳、埔董崙,人丁旺盛。

十世子嫡公,卓雲公之長子。公葬於老虎窠蓮塘面。生二子,長明羽,次不詳。

十一世明羽公,子嫡公長子。生一子應,號道承。公妣生卒不詳。

十二世應公,明羽公之子。生於康熙卅九年歲次庚辰三月初三日寅時,卒於乾隆四十八年歲次癸卯二月二日戌時,享壽八十四歲,葬於小茄苳崙子頭埔,坐癸丁兼丑未。妣二月初九日忌辰,生一子曰利乾。

十三世利乾公,諱時,應公之子。生於雍正庚戌年十一月九日子時,卒於乾隆壬年九月十九日酉時,享壽六十三歲,葬於小茄苳南埔,坐乙辛兼卯酉分金。妣莊大娘,生於乾隆丙寅年,卒於乾隆癸未年三月十二日未時,與公合葬,生二女。繼妣陳氏,生於乾隆乙丑年十二月廿六日未時,卒於道光丙戌年五月廿九日辰時,享壽八十二歲,葬於小茄苳南埔,坐巽向乾兼亥巳分金。生三子,長文果字廷鋭,次文傳字廷習,三文貴字廷顯。

十五世達顯公,號丕。渡臺祖生於乾隆乙亥年十一月廿一日戌時,卒於道光己丑年五月初九日午時,享壽七十五歲。妣江氏慈德,生於乾隆丁丑年二月十一日酉時,卒於道光丙申年八月十七日亥時,享壽八十歲。生七男,聖呈、聖程、聖影、聖紅、聖結、聖清、聖姓。

渡臺十四世晞陽公,字熙陽,生於康熙乙未年十一月十九日酉時,卒於乾隆己酉年五月十六日巳時,享壽七十五歲。妣黄氏清水,生於乾隆壬戌年五月十八日寅時,卒於嘉慶壬申年九月月廿四日酉時,享壽七十一歲。生二男,熙賢、上賢。

十五世熙賢公,生於乾隆丁亥年正月初四日午時,卒於乾隆癸丑年三月初八日申時,享壽廿六歲。生男文直。

十三世質義公，朝騫公之子。生於乾隆辛酉年五月十八日戌時，卒於嘉慶癸酉年十二月初四日，享壽七十三歲，渡臺西螺二崙開基。妣曾氏謚順，生於乾隆戊午年二月廿八日未時，卒於嘉慶己巳年十月十六日巳時，享壽七十二歲。生二男，剛義、敦厚。

十四世敦厚公，生於乾隆己丑年八月十七日丑時，卒於道光庚戌年五月十四日未時，享壽八十二歲。妣林氏，生於乾隆庚子年十月初九日亥時，卒於道光丁亥年四月廿九日巳時，享壽四十八歲。生三男，士修，佚名，金章。

渡臺十三世廷霑公，生於康熙辛丑年九月廿三日午時，卒於乾隆丁未年十一月廿一日午時，享壽六十七歲。妣許氏順娘，生於乾隆庚申年八月十六日午時，卒於道光甲申年正月廿五日辰時，享壽八十五歲。生六男，國魁、國載、國東、國西、國南、國北。

渡臺十二世朝綽公派下

十一世爲美公，字國團。生於康熙丁未年正月十九日丑時，卒於康熙辛卯年十二月初三日子時，享壽四十五歲。妣詹氏，生男朝綽。

十二世朝綽公，又名朝著。生於康熙庚辰年七月廿三日酉時，卒於乾隆乙未年八月廿七日申時，享壽七十六歲。妣石氏，生於康熙辛丑年九月十五日申時，卒於乾隆辛丑年六月初一日未時，享壽六十一歲。生四男，廷生、廷紅、廷俊、廷法。

十三世廷俊公，生於乾隆戊辰年七月十六日丑時，卒於道光癸未年七月廿三日丑時，享壽七十七歲。妣李氏，生於乾隆丁丑年八月十三日酉時，卒於道光戊戌年二月十五日巳時，享壽八十二歲，生男國服。

渡臺十三世廷雅公，字廷興。生於乾隆丙寅年六月十六日巳時，卒於嘉慶辛未年二月初五日亥時，享壽六十六歲。妣李氏，生於乾隆乙丑年五月初九日子時，卒於乾隆壬寅年十一月初七日未時，享壽卌八歲。次妣李氏，二月廿八日忌辰，生五男。神聰，神扶，國明，國達，國通。

渡中十一世爲見公公，號達朝。生於康熙甲寅年十月初十日寅時，雍正乙巳年，時五十二歲，自福建省漳州府詔安縣二都官陂溪口渡臺西螺二崙湳仔建基立業。卒於雍正丁未年五月十七日子時，享壽五十四歲。妣林氏勤娘，生於康熙辛亥年七月十六日午時，七月十六日未時忌辰，1943年三月初八日卯時進金，坐壬丙兼子午，丙子丙午分金。生四男，朝鄉，朝黨，朝科，朝壽留大陸。

十二世朝科公，謚義直，號甲第。生於康熙丁亥年，卒於二月初五日。妣温氏順娘，生於康熙癸未年，卒於乾隆戊申年九月初二日，享壽八十六歲，1943年初五日卯時進金，坐壬丙兼子午，丙子丙午分金。生六男，廷叩、廷祖、廷哲、廷還、廷處、廷興。

十三世廷叩公，生於乾隆乙亥年，七月十六日忌辰，國廳公承嗣。

十三世廷祖公，生於乾隆己巳年，八月十九日忌辰，國房公承嗣。

十三世廷哲公，號昌盛。生於乾隆癸酉年六月廿六日辰時，卒於道光壬辰年五月廿四日酉時。公自祖籍渡臺，買三歲女孩養成十八歲結爲夫妻，自己備工看牛渡日。後生七子，振興家業。妣王氏純良，生於乾隆甲午年十一月廿一日卯時，卒於道光丁亥年二月初九日未時，享壽五四歲。生七男，國權、國廳、國房、國豔、國盧、國守、國緘。1943年三月初八日卯時進金。公與妣合葬，坐壬丙兼亥巳，辛亥辛巳分金，同年三月初五日進金。

十三世耀宗公，謚敦直。生於雍正甲辰年九月十八日寅時，卒於嘉慶丁巳年三月廿二日午時，享壽七十三歲，葬在揀東堡圓寶莊田中，坐癸向丁兼丑未，庚子庚午分金。妣江氏晚娘，生於雍正己酉年六月廿四日寅時，卒於乾隆戊子年八月廿四日辰時，移葬在唐山尾金柄畲祠堂背,同十一世祖媽合葬,坐申卯向寅兼坤艮。生四男,潤清、順清、言清、玉清。公於乾隆年間渡臺於西大墩開基。

十四世潤清公,名朝潔,謚剛毅。生於乾隆癸酉年九月廿六日酉時,卒於道光丁亥年正月初五日亥時,享壽七十五歲,葬在臺灣彰邑貓霧捒上堡員寶莊園仔内田中央。妣蔡氏,謚温柔,生於乾隆己丑年十一月十六日寅時,卒於道光辛巳年四月廿九日亥時,享壽五十三歲,葬在臺灣彰邑貓霧上堡牛埔仔莊屋後背田中央,穴坐艮向坤兼寅申,丁丑丁未分金。生六男,恩惠、恩星、恩賜、恩選、恩實、恩嘉。

十四世順清公,名朝使,謚運泰。生於乾隆丙午年十月廿二日亥時,享壽廿八歲,墓在七張犁牛埔頭,嗣男恩賜。

十四世言清公,名朝辨。生於乾隆癸未年七月廿七日辰時,卒於嘉慶己卯年八月十九日未時,享壽五十七歲,墓在員寶莊店仔埔。妣徐氏,謚閨儀,生於乾隆壬寅年八月廿七日未時,卒於咸豐九年七月十四日午時,享壽七十八歲,葬在貓霧上堡七張犁牛埔,坐乾向巽兼亥巳,庚戌庚辰分金。生八男,恩佑、恩益、恩愛、恩旺、恩敦、恩湧、恩遷、恩海。

十四世玉清公,名朝白。生於乾隆丙戌年六月二十日戌時,卒於嘉慶乙丑年三月十六日辰時,享壽四十歲,葬在臺灣彰邑貓霧捒上堡七張犁埔西片,穴坐亥向巳兼乾巽分金。妣徐氏,謚良德,生於乙巳年五月廿五日巳時,卒於嘉慶戊辰年七月初一日未時,享壽三十四歲,葬在彰邑貓霧捒上堡七張犁埔西片。生二男,恩續、恩具。

十二世崇祺公,字聖居,忠信公之子,來臺西大墩開墾建基立業之祖。妣莊氏,生二男,長天雍,次天格。

公自己所有財産,因同治年間西屯莊外十二莊被族親廖有富兄弟非爲亂作,詎控張鎮臺,後來張鎮臺移營會虜,十二莊之善良之家屋一暨焚失,每户家神牌亦已紛失。

十三世天雍公,字周徹,崇祺公之長子。生於乾隆壬戌年五月初十日未時,卒於乾隆戊申年七月初三日,享壽四十七歲。妣劉氏,生於乾隆丁卯年九月初八日吉時,卒於乾隆甲辰年十月廿五日卯時,享壽三十八歲。生三男,長有高,次有象,三有將。

十四世有象公,天雍公之次子。生於乾隆辛卯年九月二十一日戌時,卒於道光戊戌年二月三十日未時,享壽六十九歲。妣黄氏,生於乾隆辛卯年九月二十六日,卒於道光三十年庚戌九月十五日未時,享壽四十九歲。生二子,長福山,次壽山。

渡臺十二世有敏媽,生於康熙癸酉年七月廿四日,卒於乾隆戊申年三月十三日,享壽九十六歲。生男天才。

十三世天才公,生於康熙戊子年十二月十五日丑時,卒於乾隆丁丑年八月十二日申時,享壽七十歲。妣林氏純儉,生於康熙丙申年又三月二十日申時,卒於乾隆丙子年又九月廿二日戌時,享壽四十一歲。生二男,大、斗。

十四世大公,生於乾隆壬戌年九月初九日丑時,卒於乾隆壬寅年十二月初六日午時,享壽四十一歲。妣陳氏,生於乾隆乙亥年八月一日午時,卒於嘉慶庚辰年四月初四日未時,享壽六十六歲,生男安裕。

十一世衷敬公,字可意,自福建省漳州府詔安縣二都官陂崁下渡臺西大墩建基立業。卒於三月廿二日。妣蔡氏,十月廿七日忌辰,生二男,德善、寬溎。

十二世時轔公,字錦泳,渡臺祖。生於乾隆丁巳年十二月廿八日子時,享壽五十二歲,卒於乾隆戊申年四月初八日丑時。妣潘氏錦韻,謚勤繼,生於乾隆辛巳年正月初二日辰時,享壽五十五歲，卒於嘉慶乙亥年十月初六日辰時，葬在卓蘭下埔尾半山，坐癸向丁兼子午，丙子丙午分金。生男世廣，字振祥。

十三世世廣公，字振祥，謚義直，號稱四哲堂。生於乾隆辛丑年五月初五日巳時，享壽七十二歲，卒於咸豐壬子年二月十五日丑時。妣邱氏阿畏，謚淑靜，生於乾隆乙卯年正月二十日辰時，享壽四十五歲，卒於道光己亥年九月廿四日申時。次妣陳氏阿粉，謚淑德，生於嘉慶己未年八月初六日寅時，享壽五十二歲，卒於道光庚戌年七月十一日寅時。生四男，大蓋、大勝、大添、大福。

十三世文添公，生於乾隆甲子年十月二十日亥時，自福建省漳州府詔安縣二都官陂崁下天與房渡臺，於西屯八張犁開墾拓耕，卒於嘉慶乙亥年正月初四日子時，享壽七十二歲。妣王氏有娘，生於乾隆己丑年八月初八日寅時，卒於道光戊子年十月十六日子時，享壽六十歲。生二男，火、篤實。

十四世火公，字啓。生於乾隆乙卯年八月初十日亥時，卒於道光庚寅年九月初九日巳時，享壽三十六歲。妣蔡氏菲娘，生於嘉慶辛酉年正月十五日辰時，卒於道光己酉年九月廿九日酉時，享壽四十九歲。生四男，登發、登望、登連、心婦。心婦字順良，生於道光丙午年閏五月初五日未時，卒於同治壬戌年十月初三日巳時，享壽十七歲。

十四世篤實公，生於嘉慶己未年，卒於咸豐戊午年，享壽七十歲。妣沈氏懿娘，生於嘉慶辛酉年，卒於同治戊辰年，享壽六十八歲。生二子，知武、福慝。

渡臺十二世時應公派下

十二世時應公，字廷對，渡臺祖，襟正公之長男，生於乾隆戊辰年五月初五日寅時，卒於嘉慶乙亥年十二月十一日卯時，享壽六十八歲。妣陳氏，生於乾隆己巳年十二月十六日亥時，卒於嘉慶丁丑年八月初八日亥時。生四男，世籌、世悚、世藿、世兑。

十三世世籌公，時應公長子。生於乾隆癸巳年，月日未詳。妣陳氏，生卒未詳。生三男，大縣、大晚、大番。

十三世世悚公，時應公次子。生於乾隆丁酉年二月五日，卒於咸豐辛酉年正月四日，享壽八十五歲。妣江氏，生於乾隆辛丑年九月初八日，卒於同治癸亥年九月十五日，享壽八十三歲。生六男，大真、大往、大會、大位、大順、大宗。公自置田二段，坐址西大墩與後中莊，年小租四百二十石，作六大房均分。

十在世世藿公，時應公三子，生於乾隆甲辰年三月廿五日吉時，卒於嘉慶戊寅年七月十一日，享壽三十五歲。妣戴氏，生於乾隆丙午年十二月十日，卒於道光庚戌年九月初九日，享壽六十五。

（《[臺灣雲林]廖氏大宗譜》 1979年鉛印本）

（十八）賴　氏

南靖葛竹賴氏君坦系徙臺開基祖名録

十三世世美公，諱輔，捷科公長子，生於康熙庚午年九月初五日酉時，卒於甲午年十二月初十日未時，與世傑公合葬横岐尾。時未有室，後以世哲公次子得爵諱任爲嗣，遂出祖臺灣鹿陶莊。

世哲公，字智賓，諱鑒，捷科公次子，生於康熙丙子年八月廿四日戌時，卒於乾隆癸未年十一月初三日巳時，公在臺灣壽世，葬鹿陶莊柑仔塢。妣林氏懿順，生於康熙壬午年六月十八日丑時，卒於乾隆辛卯年十二月十六日戌時，葬本鄉大塘上。生二子，長士玉居祖住，次得出嗣於世美公。

世賢公，諱孝，生於康熙庚辰年二月二十日酉時，卒於乾隆壬辰年八月廿四日午時，出祖在臺灣。妣李氏玉娘，生五子，長諱遊，次諱遠，三諱子，四諱孫，五諱路，俱居臺灣鹿陶莊。

世豪公，諱培，字惠敬，生於康熙乙酉年十月初五日卯時，卒於乾隆甲午年二月初三日亥時，在臺灣壽世。

世能公，諱儲，生於康熙己丑五月廿九日午時，卒於乾隆甲辰年三月廿七日酉時，葬李仔坑。時未有室，後繼嗣一子諱恒茂往臺灣。

時能公，諱石龍，往臺灣。

時彥公，諱彥，往臺灣。

世部公，諱部，出祖臺灣阿里港。

世白公，諱白，往臺灣。

世敬公，諱表，往臺灣。

（《[福建南靖]葛竹賴氏朝英系十二世君坦家譜》 清嘉慶稿本）

南靖葛竹賴氏君坦系徙臺祖名録

十三代祖公世哲公，諱鑒，字智賓，謚如庠。在臺灣壽世，六十八歲，葬臺灣鹿陶莊。

十四世代祖公振芳，乳名桂，字册五，謚純毅，生乾隆乙丑年三月十五日。有六子，長名昆，次名徧，三名攀，四名央，五名汰，六名坎。俱往臺灣。在室壽世合葬在横崎大。

十四代祖公士標，諱榜，在臺壽世。未有室，振芳公五子繼嗣名汰，妻沈氏，生一子名百年，生一女子。至道光十六年，俱往臺在鴨籠頭跳石。

（《[福建南靖]南坑葛竹賴氏家譜》 十二世君坦派　清末鈔本）

南靖葛竹賴氏六十二郎系徙臺開基祖名字世系

十三世世美公，諱輔，捷科公長子。生於康熙庚午年九月初五日酉時，卒於甲午年十二月初十日未時，與世傑公合葬横岐尾。時未有室，後以世哲次子得爵諱士爲嗣，遂出祖臺灣鹿陶莊。

世哲公，字智賓，諱鑒捷，科公次子。生於康熙丙子年八月廿四日戌時，卒於乾隆癸未年十一月初三日巳時。公在臺灣壽世，葬鹿陶莊柑仔塢。妣林氏懿順，生於康熙壬午年六月十八日丑時，卒於乾隆辛卯年十二月十六日戌時，葬本鄉大塘上。生二子，長士玉居祖住，次得爵出嗣於世美公。

世賢公，諱孝。生於康熙庚辰年二月二十日酉時，卒於乾隆壬辰年八月廿四日午時，出祖在臺灣。妣李氏玉娘，生五子，長諱遊，次諱遠，三諱子，四諱孫，五諱路，俱居臺灣鹿陶莊。

世豪公，諱培，字惠敬。生於康熙乙酉年十月初五日卯時，卒於乾隆甲午年二月初三日亥時,在臺灣壽世。妣陳氏慈淑,生於康熙丁酉年十月初七日卯時,卒於乾隆丁酉年十一月十九日巳時,葬水井厝頭後,坐東向西,用辛卯辛酉分金。生三子,長士標,次振芳,三振興。

世能公,諱儲,生於康熙己丑年五月廿九日午時,卒於乾隆甲辰年三月廿七日酉時,葬李仔坑。時未有室,後繼嗣一子諱茂往臺灣。

十二世時龍公,諱石龍,往臺灣。

十二世時彦,諱彦,往臺灣。

十二世部公,諱部,出祖臺灣阿里港。妣李氏,生四子,長名潤,次名哲,三名趂,四名兼,又另有第四子出嗣於舅氏。

世白公,諱白,往臺灣。

世敬公,諱表,往臺灣。

(《[福建南靖]葛竹賴氏六十二郎族譜》 清乾隆稿本)

南靖葛竹賴氏徙臺開基祖記録

俊子,十三世旺,名萬生,出祖臺灣。

十三世旺,名萬生,任臺灣淡水千總。

十三世鳳儀,字高生,臺灣庠生。

大嶺頭蒲時治建成房,十三世子圍,德達長子,往臺灣。

十二世文貴,輝倉三子,往臺灣。

十三世財,名項之子,往臺灣。

十五世名等,圖之子,往臺灣。

十八世容仔,水沙長子,往臺灣。

大樓第八房十六世新餘,豆油長子,出祖臺灣鹿陶莊。

大樓第八房十六世新泰,豆油次子,出祖臺灣鹿陶莊。

十二世顯考捷科,葬在雙過龍蜘蛛結網。妣沈氏孔娘,葬在庵橋頭。生六子,世美、世哲、世賢、世傑、世豪、世能。

十三世顯考世美,與四弟世傑合葬在横崎尾。生於康熙庚午年九月初五日酉時,卒於康熙甲午年十二月初十日未時。無有室,世哲公次子諱任宇爲繼嗣。

十三世顯考世哲,生於康熙丙子年,卒於乾隆癸未年十一月,葬在臺灣鹿陀莊柑仔湖。妣林氏懿順,生於康熙壬午年六月十八日,卒於乾隆辛卯年十二月,葬在大塘上。傳子長士玉,次諱任宇給世美。

十三世顯考世賢,生於康熙庚辰年二月廿日,卒於乾隆壬辰年,葬在臺灣。妣李氏玉娘,傳五子,諱由、諱遠、諱子、諱孫、諱路。

十三世顯考世傑生於康熙壬午年,卒於康熙壬寅年與世美合葬。

十三世顯考世豪,惠敬七十郎,葬在臺灣。妣陳氏慈淑,葬在下隔厝後。生子三,士標、振芳、振興。

十三世顯考世能,生於康熙乙丑年,卒於乾隆甲辰年,葬在李仔坑。傳子恒茂。

十四世顯考士玉,生於雍正戊申年,卒於乾隆乙丑年。妣林氏儉德,生於乾隆丁巳年,卒於乾隆癸丑年。

十四世顯考振興，生於乾隆壬辰年，卒於乾隆癸丑年。葬在井仔洋，坐乙向辛。妣曾氏勤貞，葬在做延後。

十四世顯考振芳，生於乾隆乙丑年三月十五日。傳六子，長昆，次偏，三攀，四央，五汰，六生。

十四世顯考士標，在臺壽世，未有室，振芳公五子繼嗣名汰。汰妣沈氏，生一子名百年，生一女子，至道光十六年俱往臺在鴨籠頭跳石。

十世沖斗公，勵峯公四子，葬在下田坑田上。妣不詳。生二子，長朝棟出祖不詳，次士達。

沖斗公經歷科舉三官，居大坪山脚火燒厝大厝地，後建葛竹小學。據傳家千貫，武藝高强，皇上勑令圍剿臺灣，途至漳州經鷹婆石，遇飛走虎賊王堵住，即飛至鷹婆石頂，約五層樓高，沖斗也飛至鷹婆石相對比武，賊王用手摇潲聲，沖斗公認爲他是高强義士，收之同征。後因被上官發現，冒告沖斗公通賊罪，下令將沖斗搜家，將三官厝焚毁一空。據相傳移遷早已出祖，出祖廣西。

十一世考黎陽公，葬在大湖嶺。妣李氏文淑，又黄氏名恭惠。生八子，長子天才在葛竹陶陽樓，次子天相在中村陶陽樓，三子天經過臺灣，四子天壬在中村陶陽樓，五子天富去臺灣，六子天弼中村陶陽樓，七子天德去臺灣，八子天輝去臺灣。

十二世天經，去臺北縣新莊市新埔開基祖。

十二世顯考天輔公，黎陽公之五子，臺北板橋溪州底開基祖。妣鄭氏偉娘，生三子，雲龍、雲鵬、雲振。

十二世顯考天經公，黎陽公之三子，臺北板橋新埔開基祖。妣劉氏柔懿，生五子，德雅、德政、德聰、德惠、德浮。

十二世顯考天德公，黎陽公之七子，臺灣南路開基。

十二世顯考天輝公，黎陽公之八子，臺灣北路開基。

十三世顯考德聰公，又名雪琪，葬臺北新埔。妣黄氏兹，菩又名芬娘，葬臺北潭底獅頭山。生五子。日輝，日聲，日志，日煜，日增。

十三世顯考德惠公，葬臺北擺接山。

十三世顯考德浮公，葬臺北擺接山。妣余氏惜娘，葬臺北擺接山。生五子，紹討、振、玉珂、玉音、玉贇。

十三世顯考德雅公，妣徐稼禾，生子日新。

十三世顯考德政公，葬臺北擺接山。妣楊氏慈敏，生四子，日用、起鳳、慶、窑。

十四世顯考日新公，妣陳賤娘。生四子，吉水、吉祥、吉昌、吉登。

十四世顯考日用公，葬臺北擺接山。妣楊好娘，葬臺北擺接山。生五子，連、禮、本心、邦、土石。

十四世顯考起鳳公，葬臺北擺接山。妣簡卻娘，葬臺北擺接山。生二子，悦來、泰水。

十四世顯考慶，葬臺北擺接山，過房子悦來。

十四世顯考日輝，又名唐。妣吴淑貞，又名甘娘。生二子，吉慶、光恩。

十四世顯考日聲公，妣王旺娘。生二子，吉金、吉才。

十四世顯考日志公，過房吉合。

十四世顯考日煜公，葬在臺北擺接山。妣徐美娘，葬在臺北擺接山，生五子，吉多、吉熙、吉定、吉賢、吉鬱。

十四世顯考日增公,葬在臺北。妣邱氏儉娘。生四子,吉合、吉從、吉煌、吉邦。

十四世顯考玉珂,葬在臺北。妣簡勤慈催娘,生二子,岐山、白山。

十四世顯考水壽,生於道光五年乙酉,卒於癸巳年,九歲而卒,葬春美洋溪邊。接續子長新霍,次水搜往臺灣。

八世看牛山房士轉,往臺灣。

九世國萃,往臺灣。

九世國悦,往臺灣。

九世國成,妣陈氏。往臺灣。

九世國祥,妣杨氏。往臺灣。

九世國佐,妣陈氏。往臺灣。

九世國詢,往臺灣。

九世國頌,妣柳氏。往臺灣。

八世士窕,往臺灣。

九世國烈,往臺灣。

八世士炳,往臺灣茄冬。

十世廷朝,往臺灣。

九世國溥,子迢、淵、川、質、殘、對。妣林氏。往臺灣。

九世國助,往臺灣。

九世國馨,往臺灣。

九世國豔,往臺灣。

九世國頌,妣黄氏。往臺灣。

九世國傑,妣谋氏。往臺灣。

九世國政,妣李氏。往臺灣。

九世國省,往臺灣北投。

九世國甚,往臺灣。

九世國耐,往臺灣。

九世國虎,往臺灣。

九世國鍔,往臺灣斗六。妣林氏。

九世國乾,移臺灣。妣莊氏。

九世國斷,移臺灣。

九世國幸子廷甲,移臺灣。

九世國勑,移臺灣。

九世國爽,士维长子。往臺灣。

九世國坎,士维次子。往臺灣。

九世國艮,士维三子。往臺灣。

九世國訪,子廷光、廷造。妣姚氏。往臺灣。

九世國讀,往臺灣。

九世國相,子廷欣、廷化、廷應,妣黄氏。往臺灣。

九世國佐,子廷就。妣王氏。往臺灣。

九世國定,子廷疑,妣石氏。往臺灣。

九世國珠,妣周氏。往臺灣。

九世國暹,妣郑氏。往臺灣。

八世國讀,往臺灣。

八世士傑,往臺灣。

八世士訓,往臺灣。

八世士添,往臺灣。

九世國傅,往臺灣。

九世國凜,往臺灣。

九世國尊,士松與陳氏長子。往臺灣。

九世國琴,士松與陳氏次子。往臺灣。

九世國翩,士松與陳氏三子。往臺灣。

七世宗璡,妣蕭氏。子士容無娶。嗣國劍,妣石氏,臺中長春堂。生子廷覺、廷晨、廷隊、廷富、廷禄、廷顔。

士謽,妣盧氏。子國葦,妣陳氏,往臺灣。國衍,妣林氏,生子廷朗、廷寨。國琬,妣吴氏,往臺灣,生子廷新、廷靄。

九世國贊,往臺灣。

十世廷右,往臺灣。

九世國旺,往臺灣基隆。

九世國祥,往臺灣。

九世國廣,往臺灣番仔莊。

九世國畏,妣李氏,生子廷老,住淡水。

九世國海,往臺灣。

九世國慶,妣李氏。往臺灣。

九世國士,妣石氏。妣石氏生子廷早,往臺灣打貓土庫。

九世國裕,妣王氏。往臺番。

九世國學,妣蔡氏,生子廷達、廷暹、廷抱、廷貴,俱往臺灣。

九世國桀,妣葉氏,生子廷聖、廷元、廷茂,俱往臺灣。

九世國弁,妣石氏,生子廷抱、廷匏、廷猛,俱往臺灣。

八世士焰,妣陳氏,生子國助。妣林氏,生國勇、國堯、國察。四子俱往臺灣。

八世士香,妣林氏。生子國滾,往臺灣。國報,無嗣。國猜,往臺灣。

八世士郁,妣林氏。生子國唇,往臺灣番仔莊。國表,往臺灣番仔莊。

七世宗仁,妣莊氏。生子士業,往臺灣孝思堂。士統,住咬溜吧。

八世士侯,妣石氏。生子國蔡、國黨、國備,俱往臺灣。

八世宗仰,生子士侃。侃妣徐氏,生子國郭,士才,士答,士顯早亡。俱往臺灣。

(《[福建南靖]葛竹賴氏族譜》 葛竹賴氏族譜編纂委員會編纂 1999年稿本)

南靖葛竹賴氏徙臺祖名録

十三世世美，諱輔，捷科長子，生於康熙庚午年九月初五日酉時，卒於甲午年十二月初十日未時，與世傑合葬横岐尾，時未有室，後以世哲次子以胞侄爲嗣，得爵諱任爲嗣，遂出祖臺灣鹿陶莊。

十三世世哲，字智賓，諱鑒，捷科次子，生於康熙丙子年八月十二日戌時，卒於乾隆癸未十一月初三日巳時，在臺灣辭世，葬在鹿陶莊柑仔塢。妣林氏懿順，生於康熙壬午年六月十八日丑時，卒於乾隆辛卯年十二月十六日戌時，葬在本鄉大塘上。生二子，長士玉居祖宅，次得爵出嗣於世美。

十三世世賢，諱孝，生於康熙庚辰年二月二十日酉時，卒於乾隆壬辰年八月二十四日午時，出祖在臺灣。妣李氏玉娘生五子，長諱遊，次諱遠，三諱子，四諱孫，五諱路，俱居臺灣鹿陶莊。

十三世世豪，諱培，字惠敬，生於康熙乙酉年十月初五日卯時，卒於乾隆甲午年二月初三日亥時，在臺灣辭世。妣陳氏慈淑，生於康熙丁酉年十月初七日卯時，卒於乾隆丁酉年十一月十九日巳時，葬在水井頭厝後，坐東向西，用辛卯辛酉分金。生三子，長士標，次振芳，三振興。

十三世世能，諱儲，生於康熙己丑年五月二十九日午時，卒於乾隆甲辰年三月二十七日酉時，在臺灣去世，後迎骸歸葬本鄉土名兔仔望月，以振芳第五子廷紹爲嗣。

十二世時龍，諱石龍，往臺灣。

十二世時彦，諱彦，往臺灣。

十三世世部，諱部，出祖臺灣阿里港。妣李氏生四子，長潤，次哲，三�，四兼。

十三世世白，諱白，往臺灣。

十三世世敬，諱表，往臺灣。

（《[福建南靖]葛竹賴氏族譜》　清光緒稿本）

南靖南坑賴氏徙臺祖名録

十二世文貴，名賀，輝倉三子，往臺灣。

十二世錫爵，名項，輝泗次子，妣鄭氏，生一子名財，往臺灣。

十四世謚圖，經誠子，生子二，長等往東都，次旁生居南坑仔。

（《[福建南靖]南坑賴氏家譜》　清宣統二年稿本）

南靖榕樹坑賴氏徙臺祖名録

七世丁貴，諱曉，士魁與劉氏次子，德英之孫，三世次房廷祥派，乾隆七年徙臺灣彰化縣北投新莊居住。丁貴娶張氏，生子應祥、應招。應祥曾回唐山老家，後復往臺，在臺娶林氏，立應招弟之孫嫁宗爲嗣。嫁宗娶張氏生新勝。應招娶張氏，生三子，腆、會、交。腆娶林氏，生三子，聖、嫁宗、結。聖娶詹氏，生二子（十一世），光順、馬連。結娶林氏，生一子名平。會娶何氏，生三子，萍、清、房。交娶謝氏，生二子，章、景。

八世應宣，名達，榮與鄭氏、曾氏養子，徙臺灣。

八世應璇，名忽，字君略，榮與鄭氏、曾氏嗣子，娶洪氏，養子續，遷臺灣。

八世應仲、應淨，丁春與張氏子，俱往臺。

九世盾郎，應翰與沈氏次子，往臺灣。

九世有忠，名臣，字元欽，應義與劉氏次子，徙臺灣，娶劉氏，生朝漯。

九世有心，諱脾，遷臺灣，娶黄氏，生朝瑨。

九世有才，諱膽，字元傑，徙臺灣，娶郭氏，生朝吟。

九世健，應照與陳氏嗣子，丁禹孫，往臺灣。

九世遠，應月與黄氏長子，往臺灣。

九世泗，應有與黄氏次子，往臺灣。

九世有勳，字皆三，娶鄒氏，生二子，棋、瑞，俱徙臺灣。

九世有居，名巷，字元深，娶陳氏，生四子，金、樟、戟、妙，俱往臺灣。

九世有耀，名風，字遠儀，娶鄭氏，生二子，高、故，徙臺灣。

九世有仁，名淡，字元文，娶張氏，生子政，徙臺灣。

賴代，妣蘇氏梅，梧宅榕樹坑賴氏十一世，嘉慶丁丑年五月二十四日生，同治庚午年十月十日卒，十六歲時遷臺，定居宜蘭貢寮鄉山上洞穴。

（《[福建南靖]榕樹坑賴氏族譜》 清嘉慶二十一年稿本 光緒重抄）

南靖梧宅官山賴氏徙臺開基祖名字世系

富，諱成，字拔珠，娶李氏、藍氏。生應才、應瀚。才無後。考瀚諱海，字君宗，娶石氏，生有星。星諱天，字元渾，娶沈氏，生得水、盾郎。水無嗣，盾往臺。

貴，諱曉，乾隆七年壬戌徙臺灣省彰化縣北投新莊居住，娶張氏，生應祥、應招。祥諱益，返唐山，老復臺，娶林氏立嫁宗爲嗣孫。嫁宗娶張氏生新騰。

招，諱灶，娶張氏，生三子，腆、會、交。腆娶林氏，生二子，聖、嫁宗。結聖，娶詹氏，生二子，光順、馬連。結娶林氏，生子平會，娶何氏，生三子，萍、清、房。交娶謝氏，生二子，章、景。

榮，諱陽，娶曾氏鄭氏，養子應瑄，嗣子應璿。瑄名達徙臺灣。璿名忽，字君略，娶洪氏，養子續徙臺灣。

八世應義，諱翁，字君叟，妣劉氏，生三子，有琳、有忠、有信。有琳諱紅，字元青，娶李氏，生二子，朝老、朝觀。有忠名臣，字元欽，徙臺灣，娶劉氏，生朝漯。有信名卞，字元協，娶鄭氏，生四子，朝奎、朝陽、朝京、朝瑞。

八世應德，名及，字君侯，行四，娶張氏，生有恭、有謙、有心、有才。有恭名接，字元輿，娶林氏，生四子，朝博、朝誠、朝占、朝佐。有謙諱虛，字元明，娶尤氏，生二子，朝序、朝碧。有心諱脾，娶黄氏，生朝瑨，徙臺灣。有才諱膽，字元傑，徙臺灣，娶郭氏，生子朝吟。

七世丁禹公，行二，娶李氏，生三子，應照、應月、應養。八世應照，娶陳氏，嗣子名健，往臺灣。應月娶黄氏，生三子，長遠，次泗，三健，俱往臺灣。應養娶沈氏，生子瑱，瑱號有玉，字元珥，娶林氏，生朝雅、朝錦，雅名佈早卒。錦名綴，娶蕭氏，生子名天送，隨母嫁出。有泗娶歐氏，生三子，奇、三、真。

七世丁春公，行三，娶張氏，生二子，應仲、應淨，徙福寧，後又徙臺灣。娶張氏，養子朝壁。

七世丁道公，行三，字拔千，謚遜敏，娶王氏，生二子，長應珠，次應源。八世應珠，諱主，字君賓，謚質善，娶張氏，生六子，有勳、有在、有論、有飛、有政、有德。有勳字皆三，娶鄒氏，生二子，長棋，次瑞徙臺。有論名談，字元良，娶潘氏，生二子，朝恩、朝偕。有飛名能，字元才，娶莊氏，生三子，朝暢、朝潤、朝朗。有政名任，字元成，娶張氏，生一子朝卓。有德名庭，字居全，娶黄氏，生三子，朝旭、朝海、朝進。

八世應源，行二，諱玉，字君遠，謚寬信，娶劉氏，生五子，有居、有耀、有仁、有文、有孚。有居名巷，字元深，娶陳氏，生四子，金、樟、戰、妙，俱徙臺灣。

有耀名鳳，字元儀，娶鄭氏，生二子，高、故，徙臺灣。

有仁名淡，字元文，娶張氏，生爲政，徙臺灣。

有文名滿，字元盤，娶沈氏，生三子，朝川、朝浮、朝儀。有孚名味，字若有，娶蕭氏，生朝揮。

（《[福建南靖]吴宅官山潁川郡賴氏族譜》 1927年稿本）

南靖梧宅賴氏徙臺祖名字世系

第四世十一郎，妣劉氏名妙清，生五子，明貴、明和、明昌、明盛、明高。次房明和爲梧宅羅山尾與舊厝後之私祖，三房明昌爲梧宅大畲房私祖，四房明盛乃湖洋房之私祖，今盡遷居於臺灣諸羅也。惟長子明貴不可考。

長房看牛山派第六世應楝，娶謝氏，生二子，長友；次悮，生二子，次名亂，亂養一子名成，往臺灣。

長房看牛山派第六世應英，娶廖氏，生五子，賢、文、三、四、敏。賢娶周氏生二子，長彩、次迎。彩生三子，儼、夢、探。文生二子，錫、鋭。三生三子，端、兼、寃。四宗世生一子祥。惟敏絶嗣。盡遷居臺灣。

長房看牛山派第六世應副，娶黄氏，生三子，衷貫、烏嶼、潔。潔無傳。惟母欠生一子名聯峙，聯峙生一子名澤。聯與澤之後，俱遷臺灣加冬楓仔林。

次房之長大園派溪沙房第六世應千，娶劉氏生三子，喬、參、顔。參明末爲兵死於永定。喬死於海兵之手。顔生三子，蘇、炳、泉。蘇生二子俱夭。泉走交嵧巴，炳遷臺灣加冬。

看牛山房第七世應英四子宗世，娶氏生一子祥。祥立老二宗文長子錫之子名偶頭者承嗣，今往臺灣。

第七世應祥次子宗暢，娶柳氏生一子名積，今往臺灣。

第七世義金派應彬長子宗色，名進，字玉彩，娶蕭氏生一子名翰。翰生二子，龍、虎，遷居臺灣加冬。進續娶李氏生一子魁，亦遷臺。

第七世就模長子宗仁，名孫，字克爲，娶鄭氏生五子，旋、保、朗、達、末。保早亡，餘俱遷臺灣加冬。達在家生三子名水深、爵深與末過房住加冬，乾隆甲戌年捐貢生，有子五人，長、二武庠生。

第七世應科三子宗焕，名儒，字待珍，娶吕氏生一子名維，字伯元，娶廖氏生三子，爽、坎、艮，俱遷臺灣。

第七世應榜長子宗翰，名武，字潛義，娶柯氏生二子，弼、璧。弼字斌任，娶鄭氏生六子，暢、柔、訪、讀、堋、富，盡遷臺灣。時弼卒厦門，後亦遷葬臺灣。讀出嗣其叔宗章，亦遷臺。

第七世應榜三子宗新，名德，字秉文，娶黄氏生三子，歲、淇、營。淇無後。歲字燕文，娶李氏生二子，寶、珠，俱遷臺灣。營字朝恩，娶鄭氏無出，螟蛉子暹亦往臺灣。

第七世應榜四子宗福，名賜，字賜伍，娶陳氏生六子，紀、傑、訓、愛、佛、添。訓往交嵧巴，餘五兄弟俱往臺灣。

第七世應春長子宗瑚，名喜，字迎瑞，娶張氏生四子，晟、照、陽、陟。晟娶林氏生二子，萍、抱。蒲字廷儀，遷臺灣上加冬，娶劉氏生七子，許捷、許欽、三頃、四均、五修、六藝、七定。身捐太學，其長子、四子亦太學生，六子進諸羅學武生，又至乾隆甲戌年修之子派旺與藝之子推詳同進諸羅學武生。照、陽二子俱往臺灣。陟無傳。

第七世應春次子宗璉，名正，字會中，娶蕭氏生四子，松、默、雅、齊。松、雅、齊之後俱往臺灣。

第七世應輝次子宗迴，名猛，字膺略，娶洪氏生二子，雙、從。從生四子，二、三、四子絶嗣，長子吴生後裔往臺灣。

第七世應德次子名仁，娶莊氏生三子，創、業、統。次業往臺灣，三統往交嚁巴。

第七世應誥之子宗仰，名路生，娶莊氏生四子，興、才、答、顯。顯早亡，餘俱往臺灣。

看牛山房第八世宗文次子士鼐，名鋭，字鼎及，娶闕氏生五子，叟、並、前、立、飲。並早亡，前出嗣，餘俱往臺灣崙仔尾。

看牛山房第八世宗三子次子士品，名兼，字子貞，娶廖氏生五子，掌、法、萬、千、頌。俱在諸羅。

第八世宗衷之子聯，娶陳氏生二子，慶、賓（早亡）。慶字宜生，娶張氏生四子，藝、珠、到、尾。俱遷臺灣。

第八世烏峙之長子澤，字世恩，娶謝氏生四子，雄（早亡）、烈、龍、鳳，俱往臺灣。

第八世宗舜之四子字鼎章，娶巫氏生二子，信、助，遷臺灣。

第八世宗旺之長子晏，字經遠，娶林氏生一子沛早亡，養子戴，往臺灣。晏生於明天啓七年丁卯。

第八世宗旺之三子士華，名佑，無娶，立一嗣子國順名願。士華生於崇禎十年十一月十三日，卒於康熙三十九年十月初四日，葬在臺灣。

第八世宗旺之五子名使，娶楊氏生二子，全、石，往臺灣。

第八世宗寬之長子名享，字藏錦，娶廖氏生二子，甚、耐，俱往臺灣。

第八世宗色之長子士屏，名翰，字維宣，生於清順治十二年十月十九日，娶氏生二子，龍、虎，往臺灣加冬。

第八世宗仁之長子士香，名旋，字繼芳，生於明崇禎乙酉八月二十日午時，卒於清康熙己未四月二十一日未時，娶張氏生子乾，往臺灣。

第八世宗仁之三子士魁，名朗，字調梅，娶石氏生三子，斷、憤、勅，往臺灣。

第八世宗仁之五子士烈，名末，無娶，字替勳，立嗣子深，往臺灣。

第八世宗福之長子士隆，名紀，字盛於，娶蕭氏生二子，傅、扶，俱往臺灣。

第八世宗瑚之次子士望，名照，字雲若，娶周氏生三子，芽（早亡）、及、凜，往臺灣。

第八世宗瑚之三子士玉，名陽，字君璞，娶謝氏無出。螟蛉子偏，住加冬。

第八世宗璉之長子士松，字茂柏，娶陳氏生三子，尊、琴、翩，俱往臺灣。

第八世宗璉之三子士譽，名雅，字子所，娶盧氏生三子，疊、學、僚，往臺灣。

第八世宗璉之四子士奇，名齊，字子宣，娶楊氏生七子，澧、淮、溪、參、魯、料、貌，往臺灣。

第八世守迴之次子士馨，名從，字慕於，娶葉氏生四子，吴生、盛（早亡）、填（早亡）、贊，往臺灣。

第八世宗泰之次子士典，名陰，字寵及，娶蔣氏生二子，長王往臺，次樣留家。

第八世宗惠之次子名胤，字爾祚，娶張氏生二子，長乞往臺，次有留家。

第八世宗益之子名和，字景春，娶黄氏無出，螟蛉子弁，往臺。

第八世宗國之長子士補，名仲山，娶林氏生子二，柴、高，俱往臺灣。

第八世宗在之次子熠，字赫元，娶陳氏生四子，助、勇、堯、察，俱往臺灣。

第八世宗在之三子香，字馥遠，娶林氏生子滚，往臺灣。

第八世宗聖之長子士略，名語，娶石氏生四子，報、猜、路、寵，俱往臺灣。

第八世宗聖之四子士興，名彧，字子西，娶劉氏生六子，辨、唇、範、朝、甌、遷表。遷居臺灣番仔莊。

第九世看牛山房士彩長子國尊，生於清順治九年，名儼，字伯顯，娶柯氏生子四，韜、焕、笑、監，俱往臺灣。

第九世士鼎長子名萃，字拔臣，娶張氏生一子車，往臺灣。

第九世士鼎次子名悦，字我中，娶邱氏生二子，統、輝，往臺灣。

第九世士昌次子國卿，名夏，字亮臣，生於清順治十八年，娶洪氏，生子朝往臺灣。

第九世士登次子國淵，名注，字汝源，娶謝氏生三子，封、熟、沙。淵葬臺灣大埔林厝地。

第九世士登三子國溥，名及，字君德，娶林氏生六子，迨、淵、川、質、踐、對，居臺灣上加冬北投草鞋墩。

第九世士然次子馨，娶莊氏，螟蛉子天送、顯敬，往臺灣。

第九世士然三子國志，名豔，字耿輝，生子道，不育，螟蛉子凱往臺灣。

第九世士然四子頌，字烈文，娶黄氏生子二，誇、博。誇遷臺灣。

第九世士然五子國傑，名捷，字聯豪，娶諶氏往臺，生一子惠。

第九世士然七子國政，名格，字朝元，娶李氏生四子，洽、文、在、周，俱在臺灣。

第九世士榮次子國浚，名升，字遂興，娶蕭氏生四子，長雁往臺。

第九世士華之子國順，名願，字德和，娶石氏生三子，考、經、宦，在臺。願生於康熙十八年己未十二月初三日戌時，卒於雍正十一年癸丑十月初八日戌時，歸葬梧宅。

第九世士新之子養，字育賢，娶劉氏生四子，賀、權、鼎、品，在臺灣上加冬。

第十世士聖嗣子省，字約欺，娶蕭氏生子恩，遷北投。

第九世士敏長子國淇，名鍔，字右泉，娶林氏生子牛、番，往臺灣斗六門。

第九世士禦子國燦，名趙，字輝遠，娶劉氏生子約，號足博，字我文早亡，嗣子系廷輝第四子憐，遷臺灣。

第九世士譽子國瓚，名迭，字藏玉，娶陳氏生子敞，遷臺灣。

第九世士錦子國演，名造，字耀武，娶李氏，生子仰、蹶、卑、時，在臺灣。

第九世士錦次子國渭，名鋪，字尚賓，娶簡氏，生子燕郎、魁、科、焕，在臺灣嘉義縣上交冬莊。

第九世士祖次子國鼎，名管，字彝仲，娶黄氏生子廷彩、廷左，甲戌遷臺。

第九世士典長子朝爵，往臺灣。朝爵名王，生於康熙丁巳，卒於雍正乙卯四月初六日，葬在臺灣諸羅打貓堡路墘。

第九世士典次子國養，名純質，又名樣，字啓供，生於康熙己未九月二十七日申時，卒於乾隆戊寅十二月二十九日寅時，娶魏氏，生子卻、遂。卻娶馮氏，生五子，厲、其、倉、鑿、伯，俱往臺灣。遂娶劉氏，生三子，兆、贍、法，往臺灣甲子蘭。

第九世士毅長子敬忠，名攀，字敬躋，娶黄氏生三子，灌廷明，丁用，財。灌娶嚴氏生三子，接、閣、溪，俱往臺。

第九世士毅次子廣，字德寬，往臺灣，娶蕭氏生六子，巷、浪、炎、軒、淮、芳，往臺灣番仔莊。

第九世士毅四子國畏，名厚，字子樸，娶李氏生三子，鬱、銅、著，往臺灣淡水。

第九世士孔次子國慶，名老，字紹興，娶李氏生二子，松早亡，令在臺。

第九世士胤長子國佑，名乞，字志遠。乞往臺住嘉義番仔莊，娶王氏生三子，力、竟、套。

第九世士胤次子國士，名有，字剩餘，娶石氏生三子，順、辭、棗。妣勤桑，生於康熙四十八年己丑十一月三十寅時，卒於乾隆二十年乙亥五月初一日未時，葬在臺灣府朱羅打貓保土名塗庫山，坐東南向西北。

第九世士淑長子國梓，名勤德，又名換，字遠謀，娶張氏生子弱後。後娶羅氏生三子，從、慶、懼，從子在臺灣甲子蘭。

第九世士淑次子國棋，名潭，字在水，娶黄氏生五子，養、泮、潛、袓、楚，往臺灣番仔莊。

第九世士美長子國學，名遜恭，又名固，字子堅，生於康熙乙未三月初九日未時，卒於乾隆乙未年十月十四日寅時，娶蔡氏生四子，研、掉、帕、磔，俱往臺。研生子濟連，住甲子蘭。

第九世士淑四子國漳，名侃素，又名晉，字亦其，娶吴氏生二子，聖、玉，住甲子蘭。

第九世士佳子國鎮，名水盛，字德新，娶李氏生五子，詩、愈、算、從、推，遷臺灣加冬。

第九世士茂嗣子國聲，名紂，字振玉，娶莊氏生子四，井、闕、火、卑，住臺灣淡水甲子蘭。

第九世士補次子名高，娶陳氏生二子，桂、明，往臺灣。

第九世士和子國朱，名弁，字子玉，娶石氏生三子，抱、匏、猛，往臺灣。

第九世士忠次子國錂，名練，字子達，娶李氏生七子，准、得、集、遠、昆、性、溪。李氏名勤慈，生於雍正辛亥年十一月二十四日寅時，卒於乾隆丁酉年九月二十六日午時，葬在臺灣。

第九世士習長子國純，名春，字君意，娶謝氏生五子，彦、道、賢、掃、劣，兄弟俱遷臺番仔莊。

第九世士香子名滾，字君興，娶洪氏生子廉，往臺。

第九世士語生四子，俱往臺灣。

第九世士或生子六人，同往臺灣番仔莊。

第九世士侯生三子，湖洋仔房，往臺灣。

第十世國瑑之子廷雲，名澐，字宜清，娶簡氏生子不詳。廷雲生於乾隆甲子四月二十七日寅時，卒於乾隆庚子四月十六日巳時，葬在臺灣。

第十世國乾子名存，字維德，往臺灣。

第十世國鳳六子廷熺，名標，字少名，娶吴氏名换生二子，榮、旭，往臺。

第十世國渭長子廷達，名燕郎，字瓊之，娶廖氏生六子，天富、天煌、天麟、天鳳、天鳩、天賞，在臺灣上加冬莊。乙卯科有一秀才官名開禧回唐看祖墳、立税交公祭祀。

第十世國田長子廷譜，名鉗，字淮此，娶氏生子二，天茂、天爵。廷譜生於雍正二年九月十三日巳時，卒於乾隆乙亥九月十一日巳時，葬在諸羅縣打貓保番仔莊。

第十世國茂次子灣，三子返，往臺灣。

第十世國换長子廷銀，名寬和，又名從，字又隨，娶石氏生子抄，往臺灣。廷銀生於乾隆壬戌八月二十六日辰時，卒於乾隆丁未，在臺灣何處身故不詳。

第十世國榮子廷元，名廟，往臺灣。

第十世國聲生四子，井、闕、火、卑，俱往臺灣。

第十世國成長子廷獻，名琛，字瑞珍，娶氏無出，嗣子天興。廷獻生於乾隆丁巳正月二十八日辰時，卒於乾隆己丑四月初四日，壽三十三歲，葬在臺灣彰化縣上淡水二十八張莊。

第十世國俊長子廷榮，名剛直，又名沓，子天東。國俊生於雍正戊申四月初五午時，卒於乾隆己卯七月十三亥時，壽三十二歲，葬諸羅縣他里霧保蔑麻莊向南。

（《[福建南靖]梧宅賴氏族譜》　清抄本）

南靖梧宅羅山賴氏徙臺開基祖名字世系

第四代十一郎公五子明高公，媽陳氏生三子，曰義芳、義春、義華。公與媽名玉妃生卒失記，葬向亦失。閱十一郎公五子，惟二、三、四可喜，而長與末亦獨，悲夫。蓋二子明和，羅山尾與舊厝後之私祖也。三子明昌，即今大畬房之私祖也。四子明盛，乃湖洋房之私祖，今盡遷居於臺灣諸羅也。

又記長房看牛山派，第六代應楝公，娶謝氏，生二子，曰友，曰岚。公葬向生卒俱失記。友字信予，生一女，老而無傳；岚生二子，曰轉，曰亂，今莫考矣。次子亂亦無傳。或曰岚養子名成，今往臺灣。

應英公，娶廖氏，生五子，曰賢，曰文，曰三，曰四，曰敏嗣。公生卒失記，葬在本社水尾。公生五子。賢娶周氏，生二子，曰彩，曰迎；彩生三子，曰儼，曰夢，曰探；文生二子，曰錫，曰鋭；三生三子，曰端，曰兼，曰窕；四生一子曰祥；惟敏絶嗣。今盡遷居臺灣。

應副公，娶黄氏，生三子，曰衷貫，曰烏峙，曰潔。潔無傳。惟貫生一子曰聯峙。聯峙生一子曰澤。今聯與澤之後，俱遷臺灣加冬楓仔林矣。

又記次房之長大園派溪沙房，第六代應千公，系義毓公子，娶劉氏，生三子，曰喬，曰參，曰顔。參少有力而放恣，因明末爲兵，已死於永定縣。喬在溪沙，因癸巳之亂亦死於海兵之手。而獨顔存焉。顔生三子，曰蘇，曰炳，曰泉。泉走咬𠺕吧。蘇生二子，俱妖。獨炳寓臺灣加冬，無娶，有些少家資付族侄廩娶妻生子，以接後嗣。籲，次房之長，是亦微矣。夫今大園之厝香爐木主俱覆壓爲墟，不亦傷哉。延至嘉慶丁丑十一郎公派下孫等，念伯祖九郎公媽暨派下考妣失祀，爰是刻石定界立神道碑，每歲春祭以受永享。

第七代應英三子宗三公，字仰明，娶氏生三子，曰端早亡，曰兼，曰窕往臺灣。

第七代應英四子宗世公，娶氏生一子曰祥，祥立錫之子名偶以承宗祀，今往臺灣。

第七代應祥次子宗暢公，娶柳氏，生一子曰積，今往臺灣。公生於萬曆四十一年，卒於順治六年八月廿三日。越於康熙三十四年十二月廿七，葬在社内下埔蛇仔形，坐亥向巳。

第七代義全公派應彬公長子宗色，名進，字玉彩，娶蕭氏，生一子曰翰。翰生二子，曰龍，曰虎，遷居臺灣加冬。公續娶李氏，生一子曰魁，魁亦遷於臺灣。公生於崇禎二年己巳十一月初三日，卒於康熙二十四年乙丑八月十二日。媽蕭氏生於崇禎八年乙亥九月廿五日，卒於康熙三年甲辰正月廿六日，夫婦合葬在社内高橋糞箕堋，坐乾向巽。李氏媽生於崇禎二年己巳六月初八日，卒於康熙五十年，享壽八十三。

第七代應模公長子宗仁，名孫，字克爲，娶鄭氏，生五子，曰旋，曰保，曰朗，曰達，曰末。保早亡，餘俱遷臺灣。惟達在家生三子，名水深，爵深，與末過房住加冬，乾隆甲戌年捐貢生，有子五人，長二武庠生。公生於萬曆三十六年戊申十二月廿二日，卒於康熙三十三年甲戌三月初七日，享壽八十七歲。本年八月十八日葬在冷水坑仔林外，坐酉向卯。媽生於萬曆四十年壬子二月廿八日，卒於康熙三年甲辰十一月十五日，享年五十三歲，葬在社内打鐵鋪。

第七代應科公三子宗焕，名儒，字待珍，娶吕氏，生一子曰維。公葬在清溪大崙尾，今崩壞，風水無存。媽葬在營坪田中央。維字伯元，娶廖氏，生三子，曰爽，曰坎，曰艮，今俱遷於臺灣矣。

第七代應榜公長子宗翰，名武，字纘文，娶柯氏，生二子，曰弼，曰璧早亡。公生卒失記，葬在營坪尾田脚，坐壬向丙。乾隆己卯年三月，孫瑚回，未修方立石。公生於大明壬戌五月十二日時。柯氏妣葬在南光營本社白樓前。弼字斌任，娶鄭氏，生六子，曰暢，曰柔，曰訪，曰讀，曰瑚，曰富。讀出嗣，餘盡遷臺灣。時弼卒厦門，今亦遷葬臺灣林仔縣，媽鄭氏葬南公營。

第七代應榜公次子章，字紹文，娶石氏，生三子，曰興，曰忍，曰待。公生於崇禎二年十月初一日申時，卒於康熙甲子年二月十七辰時，葬本社内片壇頭。媽生於崇禎六年癸酉正月十八子時，卒於康熙七年戊申八月十九己時，葬在火園田上，坐酉向東。惜乎長次男俱無嗣，獨待立斌任第四子名讀爲嗣，今亦遷臺灣。

第七代應榜公三子宗新，名德，字秉文，娶黄氏，生三子，曰歲，曰淇，曰營。公生於崇禎癸酉十月二十戌時，卒於康熙庚辰十月十三己時。妣生於崇禎戊寅五月十四亥時，卒於康熙甲申四月十二未時。公生三子，惟淇無後。歲字燕文，娶李氏，生二子，曰寶，曰珠，今俱遷臺灣。營字朝恩，娶鄭氏無出，螟蛉一子暹，今亦往臺灣。

第七代應榜公四子福，名賜，字錫伍，娶陳氏，生六子，曰紀，曰傑，曰訓，曰愛，曰佛，曰添。訓往咬瑠吧，餘具往臺灣。公生於崇禎十年丁丑五月二十日，卒葬在下湧嶺頭路上。妣生於崇禎十一年戊寅八月初七日未時，卒於康熙十七年戊午三月初八日午時，葬在梧宅暗坑。

第七代應春公長子宗瑚，名喜，字迎瑞，娶張氏，生四子，曰晟，曰照，曰陽，曰陟。公葬在尖山後横路上。妣葬在崎嶺後。晟娶林氏，生二子，名蒲，名抱。蒲字廷儀，遷居臺灣上加冬，娶劉氏，生七子，曰許捷，曰許欽，曰三頃，曰四均，曰五修，曰六藝，曰七定。身捐太學，其長子與四子亦太學，第六子進諸羅學武生，又至乾隆甲戌年，五修之子派旺與六藝之子推詳同進諸羅學武生。照、陽二子俱往臺灣。陟無傳矣。

第七代應春公次子宗璉公，名正，字會中，娶蕭氏，生四子，曰松，曰默，曰雅，曰齊。公生於天啓六年丙寅六月初二日，卒於康熙十三年甲寅二月廿一日，葬冷水坑大坪侖頭或記頂洞後，坐坤向艮。媽生於崇禎二年己巳六月廿三日，卒於康熙四十六年丁亥四月廿七日，至於雍正二年甲辰十一月廿四日葬在老頭壇上，坐坤向艮。默無娶，養一子曰前松，雅齊之後，俱往臺灣。

第七代應輝公次子宗迥，名猛，字膺略，娶洪氏生二子，曰雙，曰從。公生於崇禎九年丙子十一月十八日戌時，卒於康熙四十五年丙戌正月，葬大坑石頭墩，坐巽向乾。妣生於崇禎十一年正月十七日，卒於康熙五十二癸巳年二月廿三日，葬老虎頭壇上。

從士生四子，惟長子吴生有後往臺灣，餘三子俱絶嗣矣。

第七代應德公次子宗名仁，娶莊氏，生三子，曰創，曰業往臺灣，曰統往咬瑠吧。

湖洋仔房，第七代應誥公之子宗仰，名路生，娶莊氏，生四子，曰興，曰才，曰答，曰顯。顯早亡，餘俱往臺灣。

第八代宗三之次子士品，名兼，字子貞，娶廖氏，生五子，曰掌，曰法，曰萬，曰千，曰頌，俱在諸羅。公葬在磜仔内。

第八代宗三之子名窕，往臺灣。

第八代宗衷貫之一子名祥，往臺灣。

第八代宗衷貫之一子聯，娶陳氏，生二子，曰慶，曰賓早亡。慶字宜生，娶張氏，生四子，曰藝，曰珠，曰到，曰尾，俱遷臺灣。

第八代宗烏峙之長子名澤，字世恩，娶謝氏，生四子，曰雄早亡，曰列往臺灣，曰龍、曰鳳，俱往臺灣。

第八代宗舜之四子名曰，字鼎章，娶巫氏，生二子，曰信，曰助，今遷臺灣。

第八代宗旺之長子，義壽派，名晏，字經遠，娶林氏，生一子曰沛早亡，後養一子曰戴，往臺灣。公生於天啓七年丁卯。

第八代宗旺之三子士華，名佑，無娶，立一嗣子曰願，字國順。公生於崇禎十年丁丑十一月十三日，卒於康熙三十九年庚辰十月初四日，葬在臺灣。

第八代宗旺之五子名使，娶楊氏，生二子，曰全，曰石，往臺灣。公生於順治二年乙酉。

第八代宗寬之長子名享，字藏錦，娶廖氏，生二子，曰甚，曰耐，俱往臺灣。公生於順治五年戊子十二月廿二日寅時，卒於康熙三十四年乙亥五月十三未時。

第八代宗色之長子，應彬派下士屏，名翰，字維宣，娶氏生二子，曰龍，曰虎，往臺灣加冬。公生於順治十三年丙申十月十九日。

第八代宗仁之長子士香，名旋，字繼芳，娶張氏，生一子曰乾往臺灣。氏生於順治乙酉八月二十午時，卒於康熙乙未四月廿一日未時。

第八代宗仁之三子士魁，名朗，字調梅，娶石氏，生三子，曰斷，曰悻，曰勑，往臺灣。公生於崇禎十四年十二月二十日子時，卒於康熙四十七年三月廿三日辰時。

第八代宗仁五子士烈，名末，無娶，字替勳，立一嗣子曰深，往臺灣。

第八代宗武之長子名弼，字斌任，娶鄭氏，生六子，曰暢，曰柔，曰訪，曰讀，曰胡，曰富，俱往臺灣。

第八代宗新之長子名歲，字燕及，娶李氏，生二子，曰賨，曰珠往臺灣。

第八代宗新之三子名營，字朝恩，娶鄭氏，螟蛉一子曰暹，往臺灣。

第八代宗福長子士隆，名紀，字盛於，娶蕭氏，生二子，曰傳，曰扶，俱往臺灣。公生於康熙己酉八月初一日辰時，卒於康熙己丑四月十四日。

第八代宗瑚次子士望，名照，字雲若，娶周氏，生三子，曰芽早故，曰及，曰凜，往臺灣。

第八代宗瑚三子士玉，名陽，字君璞，娶謝氏，螟蛉一子曰偏，住加冬。

第八代宗璉長子士松，字茂柏，娶陳氏，生三子，曰尊，曰琴，曰翩，俱往臺灣。公生於順治八年辛巳十二月廿六日巳時，卒於康熙五十二年癸巳四月初十日未時，壽六十三歲。

第八代宗璉公三子士譽，名雅，字子所，娶廬氏，生三子，曰疊，曰學，曰僚，往臺灣。公生於順治十七年正月初二日，卒於雍正五年丁未四月十六日，壽六十八歲。

第八代宗璉公四子士奇，名齊，字子宣，娶楊氏，生七子，曰泮，曰淮，曰溪，曰參，曰魯，曰料，曰貌，往臺灣。

第八代宗迴次子士聲，名從，字慕於，娶葉氏，生四子，曰昊生，曰感早亡，曰瑱早亡，曰贊往臺灣。公生於康熙丁未八月初八寅時，卒於康熙年十一月廿日。

第八代宗泰之次子，應寄之長士典，名蔭，字寵及，娶蔣氏，生二子，曰王往臺，曰様。公謚敦信，生於崇禎七年甲戌十月廿五，卒於康熙五十六年丁酉七月廿九日，葬波高崙蛇形，坐庚向甲。妣賢淑生卒於康熙。

第八代宗惠之次子名胤，字爾祚，娶張氏，生二子，曰乞往臺，曰有。公生於崇禎十五年壬午九月十八日，卒於康熙四十二年癸未五月二十日已時，謚侃直。妣名案謚慈慎，生於康熙八年己酉八月十八，卒於康熙三十八年己卯九月廿九日，壽三十一歲。

第八代宗益之子，應龍之次名和，字景春，娶黄氏無出，螟蛉一子曰弁，往臺灣。公生於康熙癸卯年十一月初二日未時，卒於康熙戊子年二月十八日辰時，葬臺灣朱羅縣北路大埔林。媽葬在埔頭。

第八代宗國之長子，應龍之三士補，名仲山，娶林氏，生子曰柴，曰高，往臺灣。

第八代宗在之次子名焰，字赫元，娶陳氏，生四子，曰助，曰勇，曰堯，曰察，俱往臺灣。公謚質樸，生於順治庚子四月廿五日申時，卒於康熙丁酉七月初一日辰時，葬坑内堋，坐東向西。

第八代宗在三子名香，字馥遠，娶林氏，生一子曰滚，往臺灣。公生於康熙癸卯二月廿三日午時，卒於康熙乙酉八月十二日戌時。香學習道教往咬瑠吧，林氏不能守節。

第八代宗聖長子，應鸞之三士略，名語，娶石氏，生四子，曰報，曰猜，曰路，曰寵，俱往臺灣。

第八代宗聖四子士興，名或，字子西，娶劉氏，生六子，曰辦，曰唇，曰範，曰朝，曰歐，曰表，遷居臺灣番子莊。

第九代看牛山房士彩之長子，今俱往臺灣。國尊，名嚴，字伯顯，娶柯氏生四子，曰韶，曰焕，曰笑，曰監。公生於順治九年壬辰。

第九代士鼎之長子國，名萃，字拔臣，娶張氏，生一子曰車，往臺灣。

第九代士鼎之次子名悦，字我中，娶邱氏，生二子，曰統，曰輝，往臺。

第九代士昌之次子國卿，名夏，字亮臣，娶洪氏，生一子曰朝，往臺灣。公生於順治十八年。

第九代士登之三子國溥，名及，字君德，娶林氏，生六子，曰迢，曰淵，曰川，曰質，曰踐，曰對。居臺灣上加冬北投草鞋墩。

第九代士然五子名居，長子無傳，生於康熙三年甲辰。

名馨，然次子也，娶莊氏，往臺灣，螟蛉二子，曰天送，曰顯敬。

國志，名豔，字耿輝，然三子也，生一子曰道不育，螟蛉一子曰凱，往臺。

頌，字烈文，然四子也，娶黄氏，生二子，名誇遷臺，曰博。

國傑，名捷，字聯豪，然五子也，娶諶氏往臺，生一子曰惠。

第九代士然之七子國政，名格，字朝元，娶李氏，生四子，曰洽，曰文，曰在，曰周，俱在臺。

第九代士華之子國順，名願，字德和，娶石氏，生三子，曰考，曰經，曰宦。願在臺身故。生於康熙十八年己未十二月初三日戌時，卒於雍正十一年癸丑十月初八日戌時，葬在老虎頭琉璃磜，亥巳兼壬丙分金，今葬本社内佳香，坐亥向巳。氏葬本社内禾珠畬，坐亥向巳兼壬丙，壽九十六歲，生於康熙三十年辛未八月廿三日。

第九代士新之子名養，字育賢，娶劉氏，生四子，曰賀，曰權，曰鼎，曰品，住上加冬。

第九代士聖之嗣子名省，字約欺，娶蕭氏，生子曰恩遷北投。

國淇名鍔，字右泉，娶林氏，生二子，曰牛，曰番往臺斗六門。

第九代士禦三子國燦，名趙，字輝遠，娶劉氏，生一子曰約，號廷博，字我文，早亡，立一嗣子名玲後遷居臺灣，系廷輝公第四子。公葬清水圪厝後崙向東，氏改嫁。

第九代士晟長子，應春公派下國式，太學生，名蒲，字廷儀，娶劉氏，生七子，曰捷太學生，曰欽，曰頃，曰均太學生，曰修，曰藝武庠生，曰定。六藝雍正九年辛亥進臺灣府諸羅縣武庠生員。

第九代士錦之子在臺國演，名造，字耀武，娶李氏，生子曰仰，曰蹶，曰卑，曰時。

第九代士錦次子，在臺交冬莊加義縣國謂，名鋪，字尚賓，娶簡氏，子曰燕郎，曰魁，曰科，曰煥。

第九代士祖次子國鼎，剛直，名管，字彝仲，娶黄氏，生二子，曰廷彩，曰左，甲戌遷臺。公生於康熙庚戌十月初二日巳時，卒於乾隆癸酉十一月初三丑時，葬荒塘，坐未向丑。

第九代士典之長次子往臺。朝爵，名王，生康熙丁巳，卒雍正乙卯四月初六，葬在臺灣諸羅打貓保路墘。

國養，名樣，字啓供，娶魏氏，生二子，曰御，曰遂。公生康熙己未九月廿九申時，卒於乾隆戊寅十二月廿九日寅時，葬産狗畲，坐乾向巽。媽素勤名容，生康熙廿七年五月廿日子時，卒乾隆卅七正月廿二日亥時，葬黄竹坳，坐庚向甲。御娶馮氏，生五子，曰厲，曰其，曰倉，曰鑿，曰伯，俱往臺。遂娶劉氏，生三子，曰兆，曰贍，曰法，往臺甲子蘭。

第九代士毅長子名攀，字敬躋，娶黄氏，生三子，曰灌，曰丁，曰躩。公生康熙廿七年戊辰十月初一辰時，卒乾隆四十年乙未十月初六日未時。妣淑和，名欣，生康熙辛巳三月十九日子時，卒乾隆四十年乙未十二月初一日巳時，葬崎坑埔。灌娶嚴氏，生三子，曰接，曰閣，曰溪，俱往臺。丁配黄氏，生二子，曰萬，曰丙，往江西。

第九代士毅次子名廣，字德寬，往臺，娶蕭氏，生六子，曰巷，曰浪，曰炎，曰軒，曰灘，曰芳，住番仔莊。

第九代士毅四子國畏，名厚，字子樸，娶李氏，生三子，曰鬱，曰銅，曰著，往臺淡水。

第九代士孔次子國慶，名老，字紹興，娶李氏，生二子，曰松早亡，曰令在臺。

第九代士胤長次子國佑，名乞，字志遠，娶王氏，生三子，曰力，曰竟，曰套，乞往臺嘉義番仔莊。國士名有，字剩餘，娶石氏，生三子，曰順，曰辭，曰棗。公生康熙三十五年丙子五月初二辰時，卒於乾隆三十六辛卯正月二十日未時，葬門口溪荒塘口，坐艮向坤。妣勤柔，生康熙四十八年己丑十一月三十寅時，卒乾隆二十年乙亥五月初一日未時，葬臺灣府朱羅打貓保土名塗庫山，坐東南向西北。

國淇，名潭，字在水，娶黄氏，生五子，曰養，曰洋，曰讃，曰祖，曰楚，往臺灣番仔莊。

第九代士淑四子國漳，名晉，字亦其，娶吴氏，生二子，曰聖，曰玉，往臺甲子蘭。公生於雍正己酉九月初四亥時，卒於嘉慶庚申十月十三子時。媽貞慈名靜，生於乾隆丁巳二月十八日午時，卒於道光癸未十月初九日卯時，壽八十七歲。

國學遜恭，名固，字子堅，娶蔡氏，生四子，曰研，曰掉，曰帕，曰礫，俱往臺。研生子濟連往甲子蘭。公生於康熙乙未三月初九日未時，卒於乾隆乙未十月十四日寅時，葬高崙尾，坐乾向巽。

第九代士佳之子國鎮，名水盛，字德新，娶李氏，生五子，曰詩，曰愈，曰算，曰從，曰推，遷臺加冬。

第九代士茂嗣子國聲，名紂，字振玉，娶莊氏，生四子，曰井，曰闕，曰火，曰卑，往臺淡水甲子蘭。

第九代士和之子國朱，名弁，字子玉，娶石氏，生三子，曰抱，曰匏，曰猛，往臺灣。

第九代士補次子名高，娶陳氏，生二子，曰桂，曰明，往臺灣。

第九代士忠次子國錂，名練，字子達，先娶李氏，生七子，曰准，曰得，曰集，曰遠，曰昆，曰性，曰溪。後娶魏氏，生一子曰秋。公生康熙戊戌年七月廿九日巳時，卒於乾隆庚戌年九月十三日巳時，壽七十三歲，葬在洞仔洋，坐丁向癸。妣李氏勤慈，生於雍正辛亥年十一月廿四日寅時，卒於乾隆丁酉年九月廿六日午時，葬臺灣。

第九代士香子名滾，字君興，娶洪氏生子曰廉，往臺。

第九代士語，一、二、三、四子俱往臺。

第九代士或長子、二子、三子同往番仔莊。辨字位明，娶李氏，生子名喜。國名唇，字遠士，娶李氏，生子名輪。

第九代士侯一、二、三子，湖洋仔房，往臺灣。

第十代國琭三子廷雲，名沄，字宜清，娶簡氏。生於乾隆甲子四月廿七寅時，卒乾隆庚子四月十六巳時，葬臺灣。氏生乾隆甲子九月十三巳時，卒乾隆四十三年戊戌十月廿八未時，葬桐子林。

第十代國乾之子往臺邦。

第十代國鳳六子廷熺，名標，字少名，娶吴氏，生二子，曰榮，曰旭，往臺。公生雍正八年庚戌十一月廿八辰時，卒乾隆五十三年戊申二月廿七日丑時，壽五十九歲。越於嘉慶三年戊午葬在清溪田尾，坐戌向辰兼辛乙，丙戌丙辰分金。妣名换，生於乾隆五年庚申二月廿七日寅時，卒於嘉慶六年辛酉五月廿六戌時，壽六十二歲，越於嘉慶廿五年庚辰六月初七丑時，葬在嶺頭尾，坐壬丙兼亥巳，丁亥丁巳分金。

第十代國渭長子，在臺上加冬莊，乙卯科有一秀才位本，字立德，官名開禧，回唐看視祖墳，立税交公祭祀。

廷達，名燕郎，字瓊元，娶廖氏，生六子，曰天富，曰天煌，曰天麟，曰天鳳，曰天鳩，曰天賞。

第十代國泱次子廷森，名懺，字在經，娶氏生一子曰貌。公因賭博喪志，妻嫁子出嗣。

第十代國儀長子廷鬱，名卻，字曰收，娶馮氏，生五子，曰厲，曰其，曰倉，曰鑿，曰伯，俱往臺。公生康熙壬辰十一月十六日亥時，卒於乾隆癸巳三月初八申時，壽六十二，行一，葬後壁堋，坐癸向丁。

第十代國儀次子廷玉，名遂，字若端，娶劉氏，生三子，曰兆，曰贍，曰法，往甲子蘭。

第十代國攀長子廷明，名灌，字子京，娶嚴氏，生三子，曰接，曰閣，曰溪，俱往臺。公生康熙丙申五月廿二酉時，卒乾隆辛巳十一月初二卯時，葬諸羅縣打貓番仔莊埔向南。

第十代國田長子廷讃，名鉗，字維此，娶氏生二子，曰天茂，曰天爵。生雍正年九月十三巳時，卒乾隆乙亥九月十一日巳時，葬諸羅縣打貓保番仔莊。

廷銀，名從，字又隨，娶石氏，生子曰抄，往臺。公生於乾隆壬戌八月廿六辰時，卒乾隆丁未，在臺不知何處身故。妣勤慈名錦，生乾隆戊辰九月十六巳時，卒乾隆癸卯二月初一日申時，壽三十六歲，葬茅坪向巽。

第十代國漳次子廷瑞，名玉，往臺。

第十代國學長子廷達，名研，字幼思，娶李氏，生二子，曰濟，曰連，俱往臺。生乾隆癸亥六月十二未時，卒嘉慶甲子七月十三丑時。

第十代國學次三四子廷暹，名掉，往臺。廷抱名帕，往臺。廷貴名礫往臺。

第十代國榮子，廷元名廟，往臺。

第十代國聲一二三四子，俱往臺。

第十代國成長子廷獻，名琛，字瑞珍，娶氏出，立嗣子曰宗。公生於乾隆丁巳正月廿八辰時，卒乾隆己丑四月初四日，行一，壽三十三歲，葬彰化縣上淡水廿八張莊。

第十代國俊長子廷榮，名水舊，娶氏生子名天東。公生雍正戊申四月初五午時，卒乾隆己卯七月十三亥時，壽三十二歲，葬諸羅縣他里霧保蔑麻莊向南。

（《[福建南靖]梧宅羅山賴氏族譜》 清光緒三修稿本）

平和國强賴氏徙臺祖名字世系

文通四房次派六世存仁公，明之派，住在臺灣府彰化縣港尾或在東螺。

八世司直，萬深長子，順禮孫，往臺灣改號清渠。

十三世圭程，乳名脾，子糖。糖子二：潑、拔，俱同祖母往臺。圭程公婆汪氏，同二孫往臺灣，林爽文作亂，泉州人乘機殺之，蓋素不敬其夫之報也。糖妻吴氏先歿，母欲往臺灣不肯偕往，將賣産銀兩暗藏坐食，至銀盡而爲丐，跌傷而死，素行怨父母、棄妻子，因記之爲後人鑒。

新塘二房長派，十三世圭和，諱容，長在公長子。公爲人正直友愛，與莪士公同業合爨，至兄弟妯娌發皆皤然毫無一言相競，家中財穀出入皆經公手，並無私蓄分毫。妣泮地張氏諱慎，生三子，長乃疆，次仰，三早亡於臺灣。

新塘二房長派，十三世乳名侯，長城公次子。子四，次儺往臺灣。

新塘三房長派，十三世乳名答，長貴公次子，往臺灣。子五，長抄，次棕林爽文亂後遭疫疾卒，三廳出繼與邊公爲嗣，四他，五嬌遭疫疾卒。

新塘三房長派，十三世圭宗公，諱邊長生公四子，無娶，以答公之子廳爲繼。生於康熙四十五年丙戌二月十四日卯時，卒於乾隆三十九年甲午七月十一日申時，葬在甜竹鯉魚坵面，坐戌向辰兼辛乙。

十四世廳，圭宗公子，攜妻渡臺邦以就食，蓋賭之誤也。子二，長海，次朗。妻古爽洋曾氏。

十二世長貴公，諱便，號恩榮，謚篤成，卒於康熙，葬甜竹水井仔卯向。子長寬絶，次答。妣潘氏，諱修，生於康熙九年庚戌八月廿二日未時，卒於雍正五年丁未九月十九日子時，葬在甜竹水井仔，坐巳向亥。十三世答公同五子到臺灣，與妣氏皆卒臺地。

十三世莪士公，諱彦，字學職，長在公次子。狀貌端嚴，賦性仁厚，篤行力學，口不出傲言，身不履邪行，未嘗疾言遽色，人多敬畏。教生徒規矩嚴肅，中更有詢詢善誘之道，雖設教於富厚之家，處之節儉如常。公生於康熙戊寅七月二十日寅時。於乾隆三年，蒙學院周科試入平和學第七名。卒於乾隆四十三年戊戌八月十一日辰時，壽八十一歲，葬在白葉金星樓前寨仔敦，坐癸向丁兼丑未。生四子，長文昭諱丕，次文燦，三繼序諱徹繼與圭和公，四繼光諱堅往臺灣。

十四世繼明公，諱乾，號元象，圭鳳公長子。性剛勇，雖極强悍遇之不少遜焉。好賭傾家，後與先君同渡臺灣，乾隆辛丑妻子相率從於臺，家資亦漸饒足矣。

十四世繼光公，諱堅，號振吴，莪士公四子。少時讀四書，白文未盡而止，壯欲讀書，莪士公爲之逐句詳解，輒通，能代書柬往來。至於曆理、五行、七政之書，一觀未解，清晨細究即皆洞見無遺。天性孝友，受謗不辯，受侮不報，立心大高，交接不疑，屢受欺詐，或原其情，或長歎一聲而已。斯承薄業，因此而耗，至乾隆辛丑歲挈眷渡臺，兑同往，途中海上辛苦備嘗云。卒於嘉慶乙亥年四月十八日。

仰公，圭和公次子也。妻張氏，生一子名天臺。因賭耗業，不能自給，復占兄業亦隨冰散，乃率妻子女及老母往臺就食，乃疆公不忍老母以耄，妣莊氏泣留之，母曰，我親生之子不肖奪汝産，汝有妻子之累，無一隴之植以庇爲生，我必與他偕往爲是。至海中，妻張氏及女相繼而亡，母張到臺未幾亦卒，林爽文亂後，瘟氣，己身亦卒。子天臺在焉。

十五世敬資，字友兑，乳名麗澤，文昭公長子也。粗識詩書，生性倔强，放浪形骸，不宜於俗，年二十往臺舌耕，二十三從四叔父繼光習堪輿，二十五歲回家，時乾隆丙午四月，仍舊舌耕供母。至嘉慶壬戌則專以堪輿遊走。復四年於兹矣，兀兀窮年，僅給芻米。少暇手不釋卷，怡情泉石以度光陰。總之傲骨不變，絶無卑污俯首於世也，若謂樂天知命者，何敢竊比也。生於乾隆廿七年壬午四月廿三日丑時。

十四世文昭公，諱丕，字曜，莪士公長子。天性簡默自重，少而英敏過人，厭聞時務，絶口不言貧。長而諭訓誨，尤忌公門出入及勢利往來。生於雍正三年乙巳八月十一日卯時，蒙學院汪歲試入平和學第十五名，蒙學院紀取超等第二，補廪膳生，於乾隆戊戌歲往臺灣，迨庚子五月初九日辰時卒於彰化員林仔張君蘭仲館中。時年五十六。卒時繼輝公先君堂弟兑堂叔及諸生徒皆侍側，獨蘭仲猶摟抱先君未忍釋手焉。嗚呼，先君卒時，兑年十九，隔在滄溟不得親嘗其藥，送其終，罔極之恩毫芒未報，如此□痛。

新塘三房次房派下，十三世圭和公，乳名容，子三，長繼序，次仰卒於臺灣，子一天臺，三妖亡於臺灣。

圭裎公，婆汪氏不敬其夫，及公卒之後，子糠惰其身體，重於口食，視父母如仇敵，將祖業蕩費將半。汪氏將所存者變賣渡臺，獨二孫偕往。糠獨藏賣業餘三十餘員坐食而盡，爲丐跌傷而死。汪氏婆於臺灣遭林爽文之亂，泉人乘機殺之，只有二孫流落而已。

十四世繼輝公，諱爻，號晝一，圭鳳公第三子，幼習儒業，細行不拘，後以家貧子幼偕妻子就食臺地，不數年而充裕焉。嘉慶戊寅科試取進彰化學第十二名。生子長克類，次克壯，三弼，四鋒鋭。妣何氏。

（《[福建平和]國强賴氏族譜》 清同治稿本）

平和心田賴氏卜隆系徙臺祖名字世系

振瑞公之長男，十五世祖考諱雲從，謚純道賴公，生於康熙六十年辛丑七月廿三日巳時，卒於嘉慶元年丙辰十一月廿四日辰時，享壽七十六歲，葬在三份埔田，坐壬向丙，其地坐癸向丁。生五男，長天水，次天仙出嗣於富公，三天河，四天露，五公天在。

祖妣閨謂娘，謚端淑黄氏，生於乾隆八年癸亥七月廿九日辰時，卒於嘉慶十六年辛未五月十八日巳時，葬在軍功寮半山糞箕湖，坐乙向辛兼卯酉分金，享壽六十九歲。

明師有言，葬此吉穴半壁掛燈形，後派下子孫必有富貴興旺也。雲從公原籍漳州府平和縣武碧保清寧里石繩社心田鄉，移居於赤嶺溪邊城，遊往過臺灣臺中揀東下堡三份埔莊，建立祠堂，坐癸向丁兼子午分金。生下五男，標號稱爲五美公。設祭祀田，每年五美公派下子孫輪流春秋享祭云。

振瑞公之四男，十五世祖考諱富賴公，生於雍正十二年甲寅十月十二日戌時，卒於乾隆廿五年庚辰十月廿七日巳時，葬在内新莊東門外塚仔埔柑仔井，坐東向西，享壽二七歲。嗣男天仙，雲從公之男。

雲從公之長子，十六世祖考諱天水，字長清，謚勤德賴公，生於乾隆廿六年辛巳五月十八日戌時，卒於道光六年丙戌六月廿六日辰時，享壽六十六歲。生二男，長石生，次玉羣。

祖妣閨謹娘，謚善儉林氏。生於乾隆廿七年壬午又五月廿八日丑時，卒於嘉慶廿五年庚辰五月廿五日未時，享壽五十八歲。

雲從公之三男，十六世祖諱天河，諡存德賴公，生於乾隆四十四年己亥七月初十日未時，卒於嘉慶廿四年己卯七月十八日戌時，享壽四十一歲。葬在北屯莊賴厝廍埔西北勢俗名鵝酒桶，坐午向子兼丙壬，庚午庚子分金。

祖妣閨勤娘，諡恭遠劉氏。生於乾隆五十年乙巳四月廿三日巳時，卒於道光七年丁亥七月廿六日巳時，享壽四十三歲，葬在大甲溪北石壁坑莊頭半山，坐癸向丁。

副祖妣闺色娘，谥恭讓林氏。生四男，长庆椅，次庆江，三庆参，四庆墙。

雲從公之四男，十六世祖考諱天露，諡厚德賴公。生於乾隆四十七年壬寅九月廿三日寅時，卒於道光八年戊子八月初六日午時，享壽四十七歲。葬在楓樹脚莊甲二仔，坐癸向丁兼子午，丙子丙午分金。

祖妣閨順娘，諡守惠黄氏。生於乾隆五十六年辛亥十月廿四日寅時，卒於光緒二年丙子十二月廿四日巳時，葬在三份埔尾張田内，坐北向南。享壽八十六歲。生三男：長添賜，次添樹，三添山。

雲從公之五男，十六世祖考諱天在，諡慈善賴公。生於乾隆五十一年丙午十一月十五日亥時，卒於嘉慶廿五年庚辰九月十五日卯時，葬在揀東下保陳平莊田内，享壽三十五歲。生二男，長分聲，次日貴。

祖妣闺俭娘，谥敬慎廖氏。生於乾隆五十五年庚戌十一月廿一日寅时，卒於同治二年癸亥九月廿七日午时，葬在下乾沟仔庄田内。享寿七十四岁。

天水公之長男，十七世祖考諱石生，字秀峯，諡敦厚賴公。生於乾隆四十八年癸卯七月初十日卯時，卒於道光十七年丁酉八月初六日辰時，享壽五十五歲。葬在外新莊石墩下茶亭會田。生三男，長光奢，次光智，三光義。

祖妣閨批娘，諡端莊林氏。生於乾隆五十六年辛亥三月廿五日子時，卒於道光三十年庚戌十一月初四日戌時，葬在外新莊石墩頂坐東北向西南，享壽六十歲。

天仙公之三男，十七世祖考諱隆，諡性善賴公。生於嘉慶七年壬戌十月廿六日巳時，卒於咸豐二年壬子三月十九日辰時，享壽五十一歲。葬在北屯莊軍功山麓員墩仔頂家塋合葬。生六男，長德傳，次德生，三德幸，四德得，五德敬，六德現。

祖妣閨金娘，諡慈勤何氏。生於嘉慶十二年丁卯十一月十五日未時，卒於咸豐十一年辛酉六月廿四日亥時，享壽五十五歲，葬在北屯莊軍功麓員墩仔頂家塋合葬。

（賴長榮編纂《［臺灣］重修五美派心田卜隆系賴氏家譜》 1931年稿本）

平和心田賴氏徙臺開基祖名録

十二世松子圭玷，遷居臺灣。弟圭紀、圭馮。

十二世長生之子圭榮，子如賓遷居臺灣；圭富子滄浪遷居咬瑠吧；圭宗生子廳遷居臺灣。

十二世長俊之子濕、栽、圭、裎。裎妻汪氏偕二孫遷居臺灣。

十二世長貴之子寬、答。答遷居臺灣。

十三世圭和之子繼序、仰。仰遷居臺灣。

十三世學職之子文昭遷居臺灣。文燦，繼光遷居臺灣。

十三世圭鳳之子繼明遷居臺灣。繼火，繼輝遷居臺灣。

十世元德之子惠遷居臺灣。就，錠遷居臺灣。守，厚，雍。

十四世振瑞之子雲從遷居臺灣。福，蔭，富，養。

十五世棍之子明感，明善遷居臺灣，明耀遷居臺灣，明博遷居臺灣。

十二世朝協之子日明遷居臺灣，日端子世奇遷居臺灣。

十四世純厚之子振淵、敦正，俱遷居臺灣。

十三世日墨之子鳳、深，俱遷居臺灣。

十二世震照之子維勳，鹽，維桓子談遷居臺灣，維德，鄰。

十三世斯察之子集成遷居臺灣。

十二世日彩之子奮芳、奮武。奮芳之子義勇，義勇之子綿遷居臺灣。奮芳之子友信，友信子天命遷居臺灣。奮武子翰遷居臺灣。

十一世源之子業興遷居臺灣。

十三世開直之子立進，立選，立達，立昭，立道遷居臺灣。

十二世贊元之子雷遷居臺灣。

十七世疇遷居臺灣。

十一世承德之子朝陽，拔廷，君變遷居臺灣。

十一世承敬之子士榮遷居臺灣。

十二世結之子帝遷居臺灣。

十二世福富妻楊氏從子遷居臺灣。

十二世國林之子振旺遷居臺灣。

十五世抄之子國寶遷居臺灣。

司直之子清渠公派下遷居臺灣，爲清渠公派。

十二世松公之子圭玷公，號月將，謚剛直，遷居臺灣。

十三世圭鳳長子繼明，諱乾，號元象，於清乾隆四十六年遷居臺灣。

十四世圭鳳三子繼輝公，諱爻，號樸園，幼習儒，家貧子幼，偕妻何氏遷居臺灣，於清嘉慶戊寅科試録取彰化學第十二名。子克類、克壯、弼、鋒鋭。

十五世振瑞長子雲從公，生於清康熙六十年，卒於嘉慶元年。媽黄氏，生於清乾隆八年，卒於嘉慶十六年。雲從遷居臺灣五美堂。子天水、天仙、天河、天露、天在。

十五世偏公之子棍公，號越廣，生於清雍正七年，卒於清乾隆五十三年，葬在東坑東邊柿子埔，坐乙向辛。媽生於清雍正八年，卒於清乾隆五十三年。棍長子明感和第三子明智留在阪仔東坑馬江守家業祖祠，次子明善、四子明耀、五子明博遷居臺灣。

十五世敬資，名麗澤，字友兑，生於清乾隆二十七年，粗識書詩，二十歲往臺灣舌耕，二十三歲從四叔繼光習堪輿，二十五歲回故里舌耕，清嘉慶壬戌年起專事堪輿並編寫《景春公譜》一册。子翻陽。

六世克俟次子德興，遷居雲霄下河龍透村，其後代居龍透村，一部分遷居雲霄縣城。德興生四子，第四子遷居臺灣。

一源四子業興，遷居臺灣。

十二世承德三子君變，名天，清雍正五年全家遷居臺灣，天公派。子泳、載、捷。

十二世承敬之子士榮，名秦，遷居臺灣。承敬公名完，故稱完公派。子志義。

十二世元協次子福富，字重實，諱應時，生於清康熙十年，卒清乾隆十二年，葬在芒山，坐未向丑。媽楊氏謚瑞嚴，從子玩生、利生遷居臺灣，吴溪派。

十三世朝協長子日明,諡樸質,生於清康熙四年,卒於清乾隆八年。媽邱氏,生於清康熙十五年,卒於清乾隆十六年。日明遷居臺灣,朝協公派。子正剛。

十三世朝録三子日墨,號國客,諡純樸,生於清康熙十年,卒於清康熙六十一年,葬在尖石祖厝後大路頂石乞内,坐巽向乾。媽林氏,生於清康熙二十七年,卒於清乾隆二十七年。林氏於清雍正時,攜鳳、深兩子遷居臺灣。子鳳、深。

十三世斯察,其後代在臺灣,誠篤公派。子集成。

十四世日端三子世奇,諡樸直,生於清康熙四十八年,卒於清乾隆十三年。媽吕氏生於清雍正二年,卒於清乾隆五十三年。公遷居臺灣。

十四世寬德之子純厚公。子振淵遷居臺灣,振淵公派。子敦正遷居臺灣,敦正公派。

十四世日墨長子鳳公,諡德厚,生於清康熙四十六年,卒於清乾隆十七年。媽李氏,生於清雍正元年,卒於清乾隆五十三年。公遷居臺灣臺中賴厝部,七協派。子等、瀚、海、園、火、灶、糖。

十四世日墨次子深,諡質直。媽吴氏。公遷居臺灣,三和房。子海、鈇、浸。

十四世維桓之子淡公,字亦言,諡剛正,生於清雍正四年,卒於清嘉慶十五年。媽張氏,生於清乾隆十二年,卒於清道光十一年。淡公於乾隆時渡臺,居北屯,事農,克苦耕營,頗有積蓄,時年已四十,娶張氏年僅十八,生五子,避林爽文之亂,棄家園,伏他鄉,一時衣食不足,不得已將五子質於他人,迨亂平返梓,欲贖回幼子,已不知去向,故將現存四子號四安,四安派。子最、粒、郡、必。

十四世開直五子立道,諱胤,字天得,生於清乾隆十四年,卒於清嘉慶五年。媽周氏,生於清乾隆十六年,卒於清道光七年。公遷居臺灣臺北北投區,立道公派。

十四世及遠五子贊元,諱樸,生於清康熙六十一年,卒於清乾隆五十八年,葬在塘下畬三房公肩處。媽黄氏,生於清康熙六十一年,卒於清乾隆二十七年。子雷全家遷居臺灣,注,揖。

十四世奮芳三子義勇。子綿遷居臺灣。

十四世奮芳六子友信,子天命遷居臺灣。

十四世奮武次子賈,子箴遷居臺灣。

十四世奮武三子翰,全家遷居臺灣。子金成、讓舉、虎。

十六世抄公之子國寶,遷居臺灣,景賢公派。

(《[福建平和]心田賴氏淵源志》 1994 年鉛印本)

漳郡賴氏渡臺開基祖臺灣譜録

山蓮派,祖籍福建省漳州府平和縣山蓮鄉松柏林。三十七世友文,朝英系寧化公二六系文興子。山蓮始祖德茂、德全。

山蓮十三世生行派下,祖籍福建省漳州府平和縣新安里龍頭甲九寶坑。渡臺祖生行公,字志聰,生於順治癸巳年三月十五日,卒於康熙辛丑年十一月二十八日。妣郭氏。子樸直。孫長隆、傳泉、潭俊、埤、員五房。

山蓮三合支派,渡臺祖山蓮十三世戊。子望、賜、省三房。

抽公派下,祖籍福建省漳州府平和縣心田大埕。渡臺祖心田十四世抽公。子華、厚樸。

山蓮蛇仔崙六合支派,祖籍福建省漳州府平和縣新安里山蓮鄉松柏林。六合始祖十三世己,名文記,傳六大房。

才公派下,祖籍福建省漳州府平和縣。才公,子玉樹、蕃薯二房。

全公派下,祖籍福建省漳州府平和縣心田。渡臺祖心田十六世全,居桃園。子菊。孫清系、清治二房。

山蓮十四世徹公派下,祖籍福建省漳州府平和縣山佈堡新安里山蓮社松柏林。十四世徹,謚剛直。子雨、夏、酷、龍、厚。

山蓮系任芳公支派,祖籍福建省漳州府平和縣山佈堡松柏林。山蓮十一世任芳,子貴,孫發、旺。

士勇公派,祖籍福建省漳州府南靖縣吴宅社。吴宅八世友從,子士轉、士亂。士亂移臺灣。

吴宅十世國慶,士聯長子。子藝、珠、到、尾,俱移臺灣。

吴宅九世宛,士字輩,宗三三子之末,義興派下,移居臺灣。

吴宅十一世車,國萃子,士迎孫,義興派下,移居臺灣。

吴宅十一世朝,國卿子,士昌孫,義壽派下,移居臺灣。

吴宅十世信,士日子,宗舜孫,義壽派下,移居臺灣。

吴宅十一世誇,國頌子,士然孫,應魁系,義壽派下,移居臺灣。

吴宅十世國捷,士然八子之六,移居臺灣。

吴宅十世國深,士烈子,宗仁孫,義全派下,移居臺灣。

吴宅十世勅,士魁三子之末,宗仁孫,義全派下,移居臺灣。

吴宅十世國乾,士香子,宗仁孫,移居臺灣。

吴宅十世泮,士奇四子之長,宗璉孫,應春系,移居臺灣。

吴宅十一世敞,國瓚子,士譽孫,應春系,移居臺灣。

吴宅九世士松,宗璉子,應春孫,妣陳氏。子尊、琴、翩,俱移臺灣。

吴宅十世澟、及,士望子,宗瑚孫,義全派下,移居臺灣。

吴宅八世宗福,應榜子,義全派下。妣陳氏。子士龍、傑、訓、愛、佛、添。愛、添移居臺灣。士龍子傳、扶移居臺灣。

吴宅十世信,士日子,宗舜孫,應魁曾孫,義壽系,移居臺灣。

吴宅十世暹,營子,宗德孫,義全派下,移居臺灣。

吴宅十世珠,歲與李氏子,宗德孫,義全派下,移居臺灣。

吴宅十世讀,待子,宗章孫,應榜系,移居臺灣。

吴宅九世士弼,宗武子,應榜孫,義全派下。妣鄭氏。子暢、柔、讀、訪、胡、富,俱移居臺灣。讀出嗣待。

吴宅九世維,字伯元,宗焕子,應科孫。妣廖氏。子爽、坎、艮,俱移臺灣。

吴宅十世國偶,士祥子,宗世孫,應英系,義興派下,移居臺灣。

吴宅十世吴生,士聲子,宗迥孫,義全派下,移居臺灣。

吴宅十世貌,士奇子,宗璉孫,義全派下,移居臺灣。

吴宅十世乞,士胤二子之長,宗惠孫,義顯派下,移居臺灣。

吴宅十世高,士補子,宗國孫,義顯派下。妣許氏。子桂、明、燕、慶,俱移居臺灣。

吴宅十世柴,士補長子,宗國孫,義顯派下,移居臺灣。

吴宅十一世猛,國井三子之末,士和孫,應龍系,移居臺灣。

吴宅十一世卑，國星四子之末，士茂孫，應龍系，移居臺灣。

吴宅十世遊，士美子，宗再孫。妣葉氏。子祭、廟、茶，祭移居臺灣。

吴宅十世固，士美子，宗再孫。妣蔡氏。子研、悼、怕、磼。磼移居臺灣。

吴宅十一世玉，晉次子，士淑孫，應鳳支系，移居臺灣。

吴宅十世潭，士淑與張氏四子之次，宗再孫，義顯派下，移居臺灣。

吴宅九世士語，宗聖子，應鑾孫，義禎派下。妣石氏。子報、請、路、寵，均移居臺灣。

吴宅十世衮，香子，宗在孫，義禎派下，移居臺灣。

吴宅九世創，宗地子，應德孫，義禎派下，移居臺灣。

吴宅八世宗路，應誥子，義爵孫。妣莊氏。子士侃、才、答、顯，均移居臺灣。

吴宅九世士興，字或，宗聖子，應鑾孫。妣劉氏。子辨、唇，均移居臺灣。

南靖派下丁榮公支派，祖籍福建省漳州府南靖縣吴宅社榕樹坑。居埔里。

南靖派吴宅房天來公派下，祖籍福建省漳州府南靖縣吴宅社永豐里。

南靖派國鳳公支派，祖籍福建省漳州府南靖縣永豐里吴宅社羅山尾下清水坑。

吴宅十世國鳳，渡臺灣始祖。子秀樸、廷猛、廷權、廷志。

南靖派榮政公支派，祖籍福建省漳州府南靖縣。十一世榮政，子士瓊，孫錦生、炳生。

南靖派國帶公支派，祖籍福建省漳州府南靖縣永豐里吴宅社羅山尾下清水坑。

吴宅十世國帶，子廷茂、廷聰、廷段、廷哲、廷炮。

南靖派桃國仁壽公支系，祖籍福建省漳州府南靖縣。仁壽，子樂山，孫邦畿、邦達、邦政、邦治、邦明。

南靖派國濬公支派，祖籍福建省漳州府南靖縣永豐里吴宅社羅山尾下清水坑。吴宅十世國濬公。子老立、廷惠、廷開、廷彦。

南靖派國聳公支派，祖籍福建省漳州府南靖縣永豐里吴宅社羅山尾下清水坑。吴宅十世國聳，子廷宣，孫天恩、天量、天魁、天重四房。

南靖派國嵩公支派，祖籍福建省漳州府南靖縣永豐里吴宅社羅山尾下清水坑。吴宅十世國嵩。子廷品、廷球、廷琇、廷麟。

南靖派桃園阿米公支派，祖籍福建省漳州府南靖縣。渡臺灣開基祖阿米，子叁亨。

南靖派臺北田公支派，祖籍福建省漳州市南靖縣。渡臺灣開基祖田公，子紅龜，名起鳳。孫思成、思勤、思全。

南靖派國永公支派，祖籍福建省漳州府南靖縣永豐里吴宅社羅山尾下清水坑。吴宅十世國永，子郢、廷章、孟、琚、聘、法、弄、麟。

南靖派國料公支派，祖籍福建省漳州府南靖永豐里吴宅社。吴宅十世國料。子廷辨、廷珀。

南靖派國龍公支派，祖籍福建省漳州府南靖縣永豐里吴宅社羅山尾下清水坑。渡臺灣開基祖吴宅十世國龍公。子琛、穹、華。琛傳天清、天堯、天港三房系。

南靖派國式公支派，祖籍福建省漳州府南靖縣永豐里吴宅社。吴宅十世國式公。子許捷、許欽、項、均、修、藝、定。

南靖派國鋑公支派，祖籍福建省漳州府南靖縣永豐里吴宅社。吴宅十世國鋑公，字子建，渡臺灣開基始祖。妣李氏、魏氏。子廷秀字准妣吴氏，廷思字德妣沈氏，廷魁字集妣李氏，廷寬，廷英，廷祥，廷順字溪妣許氏，廷春字秋妣江氏。

南靖派國抱公支派，祖籍福建省漳州府南靖縣永豐里吴宅社。吴宅十世國抱，子通生，孫遺茂，曾孫開明，玄孫啓來，四代單傳，至十五世蓮字輩發爲三房。啓來子蓮貫、正品、正珍。

南靖派國釗公支派，祖籍福建省漳州府南靖縣。由寧化雍公算起至國字十三世，由士勇公算起國字爲十世國釗，字前，號朝選，渡臺灣開基祖。子廷覺、廷但、廷隊、廷福、廷禄、廷言。廷覺傳天渺、天奚、天埒、天國、天協、天盾六房。

南靖派臺北縣士林鎮查某公支派，祖籍福建省漳州府南靖縣永豐里羊角坑羅山尾打鐵埔。南靖十六世查某公，子連、牆、木。

南靖派廷右公支派，渡臺灣開基祖南靖十一世廷右。子長房，天賓，天三，天四，天五。

南靖派國參公支派，南靖十世國參。子廷硪、廷務。

南靖派安公支派。祖籍福建省漳州府南靖縣，渡臺灣開基祖安。子炎，孫天福、天林、天良、天德、天啓。

南靖派國海公支派，祖籍福建省漳州府南靖縣永豐里吴宅社。吴宅十世國海。子廷棒、廷磷、廷溦、廷魋、廷訖。

南靖派臺北板橋江水公支派，祖籍福建省漳州府南靖縣湖東坑桂竹里村雅社。渡臺灣開基祖江水。子神助。孫雨霖、阿文、螺承簡姓。

南靖派國演公支派，祖籍福建省漳州府南靖縣永豐里吴宅社。渡臺灣南投始祖國演，由寧化雍公算起十三世，由士勇公算起國字輩十世，字造，妣李氏。子廷熾字仰妣石氏，廷育，廷水字質樸妣蔡氏。

南靖派國浩公支派，祖籍福建省漳州府南靖縣松樹下。十一世國浩，子先進，孫赤牛，曾孫炎輝、炎德、清波、金樹、漢松。

南靖派國渭公支派，祖籍福建省漳州府南靖縣永豐縣吴宅社。吴宅十世國渭。子廷燕、廷魁、廷科、廷焕。

南靖派國純公支派，祖籍福建省漳州府南靖縣永豐里吴宅社，吴宅十世國純。子廷彦、廷道、廷賢、廷掃、廷劣。

南靖派臺北市孟五郎公支派，祖籍福建省漳州府南靖縣馬蹄背。

渡臺灣開基祖十一世純樸，字承斌。子目標。孫剛毅。曾孫慶儉傳江山、忠山兩房。

南靖派日衆公支派，孟五郎公傳裔，祖籍福建省漳州府南靖縣永豐里橋頭莊馬蹄背。渡臺灣開基祖日衆，馬蹄背十一世。子士仁、士義、士禮、士智、士信。

臺北雙溪鄉茂琳公派，祖籍福建省漳州府南靖縣烏銅坑。渡臺灣開基祖十二世茂琳，字顔淵。子天成、春財、春進、月生。

南靖派臺北樹林他使公支派，祖籍福建省漳州府南靖縣桂竹里湖東坑村雅社。村雅九世他使，字總舉。子晚先字振傑。孫二龍字天英，樊桂承黄姓。二龍生國清、國泰、國麟、國寧、國順、國用。

南靖派北投換公支派，祖籍福建省漳州府南靖縣桂竹里湖東坑村雅社。村雅十五世换。子振賢、振宗。振宗子權生、知壬、三進、水長、水連。

南靖派樹林維則公支派，祖籍福建省漳州府南靖縣桂竹里湖東坑村雅社。村雅十世維則。子宗匡。孫士遠名崔，士登名華，均渡臺灣開基。

南靖派天桂公支派，祖籍福建省漳州府南靖縣永豐里羅山尾打鐵埔。

南靖派振耀公支派，祖籍福建省漳州府南靖且烏銅坑貴德里。烏銅坑十二世振耀，渡臺灣開基祖。子德原，日輝字士旺。日輝生潭、哖、傳。

南靖派臺中明政公支派，祖籍福建省漳州府南靖縣營頂社吴地統羅師尾。十四世明政。子便，孫清順、裕德、秉政。清順傳文進、文獻。

文旺公派，祖籍福建省漳州府南靖縣楓樹崗五柳下。渡臺灣開基一世文旺，子德賢字子亮。孫永昌、永福、永斌。

臺北卜年公派，祖籍福建省漳州府南靖縣。渡臺灣開基祖十七世卜年，子永再、永敬、秋錦、秋訓。秋錦子金圳。圳子雅修、雅徵。

臺北士林河紋公派下，祖籍福建省漳州府平和縣新安里。十四世河紋，子集成。孫海廷，傳有容、德利。

臺北板橋新埔里，土城十二世重公復公派下，六十二郎傳裔，祖籍福建省漳州府平和縣蘆溪葛竹社中村陶陽樓。

渡臺灣開基祖天經，名重，由福建省漳州府平和縣蘆溪葛竹社陶陽樓中村徙居臺北板橋。賜子，鑑寰孫，九郎派，六十二郎派下。

渡臺灣開基祖敏正，名復，由福建省漳州府平和縣蘆溪葛竹社陶陽樓中村徙居臺北板橋。賜子，鑑寰孫，九郎派，六十二郎派下。子雲龍、雲鵬、雲振。

渡臺灣開基軍功始祖十三世盛貪，祖籍福建省漳州府平和縣葛竹大嶺脚新座樓。子艮、鄉、梅、柳、欽。

心田恭公派，祖籍福建省漳州府平和縣心田葛竹下河。

葛竹派烘爐公派下，祖籍福建省漳州府平和縣葛竹鄉後山埔治寺竹霸樓金交厝。葛竹十六世烘爐，子南海、盛、三、四、五、振、萬生。

孝用公支派，祖籍福建省漳州府平和縣深田里行埔山脚寨頂五宫。深田里十四世孝用，子傳曹，孫士來。士來傳水冷、二、三、四、伍、屘、基忠七房，共七子。

桃園榕公派下，祖籍福建省漳州府平和縣深田葛竹社。深田十二世榕，子瀨。孫士進傳再亨、再義、登貴、登波。

昆榮公派下，祖籍福建省漳州府平和縣葛竹社。十二世昆榮，子忠正，孫敦篤。曾孫灶壽傳春富、春愛、春池三房。

臺北金山義直公派下，祖籍福建省漳州府平和縣葛竹鄉南坑社。十四世義直，子敦篤。孫敬信傳春合、春代。

臺北板橋菘公派，祖籍福建省漳州府平和縣蘆溪葛竹社陶陽樓。十四世菘公，子厚樸，孫碩元。曾孫瑞祥傳樹、三才。

彰化朱品公派下，祖籍福建省漳州府龍溪縣。

北投心田十四世士圓公支派，祖籍福建省漳州府平和縣新安里庵後新城。十世士圓，子大茂，孫信稀、正節。

心田景春公派，祖籍福建省漳州府平和縣心田鄉。

心田十二世奕公派下，祖籍福建省漳州府平和縣心田東坑内關車脚。十二世奕，子賜，孫萬傳春元、春湖。

心田派清渠公支派，祖籍平和心田。九世清渠公，子、孫、曾、玄四代名失記。十四世謝榮，生子坎元、明路、文禁、文派、文茂。

心田樸園公支派，祖籍福建省漳州府平和縣心田鄉。

臺中心田馬江公支派，祖籍福建省漳州府平和縣心田馬江房。

五美派，祖籍福建省漳州府平和縣心田鄉赤嶺。心田十五世雲從，振瑞子，良裔孫，儲浩公支系，渡臺灣開基祖。子天水、天仙、天河、天露、天在。

桃園藤公派，祖籍福建省漳州府平和縣深田赤崁社。

景春公派惠公支派，祖籍福建省漳州府平和縣心田。心田十一世惠，子是名嶼，輩名廷山，妣簡氏，傳全、富兩大房。

心田十一世錠，來臺灣開基始祖。子賞、養、海、將、眼。海生哲、懷、三變、四、五倫、六壬六子。

心田現公支派，祖籍福建省漳州府平和縣心田鄉。心田十八世現，字德現。子開生、明、大水。

心田潭公派，祖籍福建省漳州府平和縣深田山脚田仔底。十二世潭，渡臺灣臺北縣五股鄉。子鹿、流、水、瀨。

臺中心田峻山公派下，祖籍福建省漳州府平和縣心田赤嶺。渡臺灣開基祖心田十三世峻山。子東威、東瑞。

心田景禄公派，祖籍福建省漳州府平和縣心田鄉。

誠篤公支派，祖籍福建省漳州府平和縣清寧里武佰鄉佰倍堡古爽洋石龜社尖石樓。十一世誠篤，子樞傳斯壘、斯溧、斯察。

十四世間傳公派，祖籍福建省漳州府平和縣。十四世間傳，子石決，孫侃傳正直、福全。

敦厚公派立道公支派，祖籍福建省漳州府平和縣心田里阪頂社。心田十四世立道，名胤，渡臺灣石牌開基始祖，開直子，汝鎰孫，敦厚曾孫。傳子士濕、士堅、士釁、士安。

員林心田敬良公派，祖籍福建省漳州府平和縣心田鄉。十五世敬良。子秉正、淳讓、篤實、篤恭。

心田天公支派，祖籍福建省漳州府平和縣清寧里武佰鄉佰倍堡尖石樓。十二世天，字君變，渡臺灣開基始祖。子帝、詠、捷。詠傳極、舉、孔、上四子。

九德公支派，祖籍福建省漳州府平和縣心田。渡臺灣開基祖心田十三世振旺，名興，國林子，華山孫。子僚名純德，友名大謙，浮名端正，提名秉文，添名良德，苑名恭直，露，碧水名永裕，穆，共九子。

心田敦腐公支派，祖籍福建省漳州府平和縣心田。十五世敦腐，子見。孫深池，傳安、平兩房。

心田朝協公支派，祖籍福建省漳州府平和縣武佰鄉佰倍堡古爽洋石龜社尖石樓。渡臺灣開基始祖十三世日明，諡質樸，朝協子，勤樸孫。妣邱氏。子正剛，傳山、永兩房。

臺中振淵公支派，祖籍福建省漳州府平和縣武佰鄉佰倍堡尖石樓。十五世振淵。子窕、窗、倍、圓、媽基。

欉公派，祖籍福建省漳州府平和縣佰倍堡武佰鄉高坑龍潭角深潭底赤嶺厝。十四世欉，子讚。孫勤禮傳得枝、呆、文進、仁源四子。

心田敦正公派，祖籍福建省漳州府平和縣清寧里佰倍堡尖石樓。十五世敦正，純厚子，寬德孫，勤樸公支系。

南投純德公支系，祖籍福建省漳州府。十二世純德，子言碧，至十六世秋江傳三房。

臺中心田賴厝廍七協派，祖籍福建省漳州府平和縣清寧里武佰鄉佰倍堡古爽洋石龜社尖石樓。

心田邱厝仔三和派，祖籍福建省漳州府平和縣清寧里武佰鄉佰倍堡古爽洋石龜社尖石樓。

心田榜公派，祖籍福建省漳州府平和縣山脚鄉後溪樓。十四世榜，子傳棕。孫景、水、春、恣嬰、連發。

景賢公派，祖籍福建省漳州府平和縣言鄉堡鳳埔社。

臺北孔嚴公派，祖籍福建省漳州府。十二世孔嚴。子孟鄰、孟杏、孟寸、孟珠、孟亮、孟心、孟岸。

心田文豔公派，祖籍福建省漳州府平和縣心田顔輕堡虎耳社樓内。遷臺灣開基始祖十三世文豔，妣李氏。子廷貴號阿長，廷球，廷華。

心田琢公派，祖籍福建省漳州府平和縣清寧里武佰鄉佰倍堡大墘高坑頂瑶坶尾社。渡臺灣開基始祖十三世琢，謚純樸。子沉、溪、滿。

心田新公派，祖籍福建省漳州府平和縣清寧里武佰鄉虎耳社。渡臺灣開基始祖十二世新，名信友，恭誠子。傳丹、焰、田三房。

員林心田新行公派，祖籍福建省漳州府平和縣心田。十四世新行。傳子高烈、臨捷。

心田行第公派，祖籍福建省漳州府平和縣清寧里武佰鄉佰倍堡碧嶺社。十三世行第，妣周氏。子松州傳浴沂、源泉、樂委三房。

心田大和房藝公派，祖籍福建省漳州府平和縣清寧里武佰鄉佰倍堡古爽洋尖石樓。渡臺灣開基始祖十四世藝，子期、張。期傳就、鑽、倫三房。

平和紹奕公派俊公支派，祖籍福建省漳州府平和縣清寧里佰倍堡大墘高坑頂瑶坶尾社。渡臺灣開基始祖十四世俊，名誇，妣簡氏。子普妣李氏。孫大桓妣甘氏，傳老引、和、長芳、扁、心婦由江姓入，共五房。

北投君山公派，祖籍福建省漳州府平和縣新安里平和社五坑甲員田東埤。十二世君山，子文哲。孫連池、琳、世琰、世柱、進貴。

臺北、桃園檀公派，祖籍福建省漳州府平和縣。渡臺灣開基始祖十二世檀。子阿鹽、士池。士池傳少郎、甘郎、基郎、經郎。

南投竹山心田瀨公派下，祖籍福建省漳州府平和縣深田祖石埤脚石坎厝。渡臺灣開基始祖十六世瀨。子民、榴。

南投竹山心田科公派下，祖籍福建省漳州府平和縣深田大行田心崙下田厝社。十三世科，謚純篤，子愷德，孫英才、琳。

南投竹山心田樸直公派下，祖籍福建省漳州府平和縣心田。十三世樸直，子進録。至十六世頂傳紅蟳、公利。

南投竹山淑公派下，祖籍福建省漳州府平和縣心田社東坑内闢車脚。十一世淑。子成、雲、石。

心田梗公派下，祖籍福建省漳州府平和縣心田。十五世梗，謚信篤，子流生。孫五瑣、六峯。

心田十四世廷梅，渡臺灣開基始祖。子財生。孫爲政，傳德風、達義、阿如。

壬亭公派下，祖籍福建省漳州府平和縣深田堡白橋脚。渡臺灣開基始祖十六世壬亭，子連生、金。金子撾。撾傳日色、日宗、日珠、德木、盆。

臺中心田擴公派下，祖籍福建省漳州府平和縣。渡臺灣開基始祖十四世擴，謚樸厚。子仰岱謚篤信。孫烏、長水。

埔里景禄公派士榮公支派，祖籍福建省漳州府平和縣。十二世士榮，子乾元、良智。

心田薦公派，祖籍福建省漳州府平和縣心田鄉。十五世薦。子馬家、馬親、馬藤。

板橋正直公派，祖籍福建省漳州府平和縣。

雲林古坑訊儀公派，祖籍福建省漳州府平和縣庵後墟。十一世訊儀公，子永茂。孫十三世燉樸，渡臺灣開基始祖，傳髖、糧膳、盟傑。

挺公派下，祖籍福建省漳州府平和縣心田，渡臺灣開基始祖十四世挺。子瑞，傳天福、天口、天位、天明、天佑、天口、天仙、天顯八子。

桃園心田志公派，祖籍福建省漳州府平和縣深田埔里社。渡臺灣開基始祖十一世宛，志子。傳子喚哲、喚連、喚金、喚英、喚錠。

宗寵公派下，祖籍福建省漳州府平和縣庵後社。七世宗寵，子大才，孫良旭、良爵。

雲林阿疾公派下，祖籍福建省漳州府詔安縣二都楓樹坪。十四世渡臺灣開基始祖阿疾，子萬生、天禄。

臺北光印公派下，祖籍福建省漳州府平和縣葛竹麻竹坑。十五世光印，子進福。至十八世金水傳清元、文貴兩房。

五結鄉柔公派下，祖籍福建省漳州府詔安縣三角里。柔，世系失記。傳子石養、查某、左生。

南投讚公派下，祖籍福建省漳州府詔安縣。十五世讚，子對。至十八世淡宗，傳偏、高松、晉卿、鴻儀四子。

五結鄉華寬公派下，祖籍福建省漳州府詔安縣二都。十世華寬，子義直。傳至十五世傳福，有子阿片、阿房、阿菜、阿惡、阿生。

宜蘭蘇澳首道公派下，祖籍福建省漳州府詔安縣二都。首道，傳子山豬、貓燦、振隆、阿發、阿明、振周。

南靖派渡臺灣開基始祖十二世天乞，子開養，孫文番，傳心婦、運寶、運貴、運成。

臺北文振公派下，祖籍福建省漳州府平和縣心田里寨籠脚石仔。文振，子國旺，次房佚名，國榮，國川，五房佚名，國智，國奚，國定。

基隆天成公派下，祖籍福建省漳州府平和縣南門外石壁社。十七世天成，子水生、江龍。

美港村子明公派下，祖籍福建省漳州府平和縣心田。十三世子明，子壽惠。孫英、信烈、三藝。

（《[臺灣]賴氏大族譜》 1968年稿本）

（十九）徐　氏

南靖和溪廣仁堂徐氏徙臺記録一則

七世高峯，公雲軒公次子。生六子，長曰宗熙，字恂吾，張媽生；次曰宗魯，字聳巖，遷居臺灣；三曰宗顔，字桂巖；四曰宗顯，字耀宇，遷居臺灣；五曰宗願，字賛宇，遷居浙江；六曰宗須，字振宇,開背郎房。

(《[福建南靖]和溪高才廣仁堂徐氏六世雲軒系譜》 清光緒七年稿本)

南靖高才徐氏正公系徙臺開基祖名録

四世祖正公,名國恕,字正公,謚樸願,乃盡伍公之次子,生於大明崇禎五年壬寅十二月十五日亥時,卒於清康熙三十八年己卯五月初七日申時,享壽六十八歲,至康熙四十四年乙酉閏四月廿七日卯時,葬在龍溪縣二十五都地界迎富社百家洋蘇坑口,坐未向丑分金。公生四子:長曰廷鑒,次曰廷程字明侯,三曰廷業搬家去臺灣居住,四曰廷從字周侯。

十三世維煌公,名儒極,字維煌,諱日章,謚孝義,從臺灣還回。勤慤白手起家,堆積數萬金,身捐國學,至乾隆三十五年加捐貢生。公生於雍正元年癸卯六月十八日寅時,卒於嘉慶四年己未八月初四日巳時,享壽七十有七歲,至嘉慶十三年戊辰十一月十一日申時,葬在半嶺長旗坪書館上,坐酉向卯兼辛乙分金。公生七子二女,長曰必輝,次曰祖生,三曰輔成即我十四世祖也,四曰性郎,五曰雙喜,六曰六偃,七曰七漢。長女名真娘,配漳浦界外地名山兜社林家女婿名仰官,外孫名登科。次女名保娘,配和溪森古樓格鄭家,女婿名花,外孫名大。

十三世祖妣簡氏,名罔娘,謚順懿,生於雍正十三年乙卯九月初八日亥時,卒於嘉慶十七年壬申五月廿一日酉時,享壽七十有八歲,棺樞藏在半嶺學内,至同治二年七房鳩集相擇仙嶺社小地名窠内佩言公田中,坐癸向丁兼丑未,用庚子庚午分金,葬於十一月十三日未時安葬。庶媽名月孜,謚年日時俱失傳,葬在半嶺學外。

(《[福建南靖]和溪高才徐氏十世正公派家譜》 清光緒二十一年稿本)

南靖大坪林徐氏徙臺祖名字世系

十三世祖兄弟二人與一女,原籍福建省漳州府南靖縣大坪林溪尾社鴨母穴,於康熙五十三年甲午離鄉渡臺,由臺南安平港登陸,初居彰化往草屯中間地名快官。十三世祖葬在草屯,公墓以石頭做墓碑,名不詳,故無從查考。生子充,雍正壬子年由快官遷居桃園市埔仔公坡脚,雍正乙卯年再移桃園中南字一一七番地大瓦厝,今桃園市民生路一六五巷二號地點,肇基迄今。

十二世温和公,祖籍南靖縣大坪林北門口溪尾社,生於崇禎八年六月十四巳時,卒於康熙四十一年四月十一日丑時,享壽六十八歲。娶妻名氏不詳。生一男名秀,諱徙恭,生於康熙二十四年三月八日未時,卒於乾隆三十二年十月十四日酉時,娶潘徽(士),生於康熙二十七年十月二十一日丑時,卒於康熙五十九年八月十七日辰時。再娶陳淡,生於康熙二十九年十月二日寅時,卒於乾隆三十七年九月十七日戌時,生二男,長溧,次彦。

十五世再料公,諱敦睦,原籍南靖縣大坪北門口新縣社人氏,渡臺桃園縣蘆竹鄉坑口村肇基。生於清嘉慶二十年,卒於光緒二十二年,葬在蘆竹鄉坑子外段山脚小段一四八番之四,享壽八十二歲。娶翁氏分,諱慈善,生於嘉慶二十五年,卒於宣統元年,享壽八十八歲。生有九男,士恩、士富、士華、士添、士圳、士館、士港、士祥、叁英,傳爲九大房。

十六世海公,祖籍南靖縣大坪山,渡臺桃園縣桃園市。生子朝金、朝和、朝貴。朝金生源泉、源港。朝和生清餘、清慶、清居、清福、清禄、清全。

十三世文鬖,忠厚之子,原居南靖縣大坪林溪尾社,渡臺肇基,生子家福、相、同榮、信義、四磷、順,傳爲五大房。

十五世撾,原居南靖縣大坪林溪尾社,渡臺桃園。生子永成、仲、在、東山、五桂,傳爲五大房。

十四世光傑,原居南靖縣北門口新縣社,渡臺桃園肇基。生子德勝、德意、德喜、德裕。

(《[臺灣]徐氏大族譜》 1986 年稿本)

(二十)葉　氏

平和大溪葉氏壽長系徙臺祖名録

臺灣一派,乃義夫公二子,伯雲之子,時直三子文老。二十世内有名夏者,生子曰富欽,挈眷居臺灣。

臺灣府過溝莊一族,乃正壽公三子均禮公支裔也。十一世象武,純勉公之六子,諱拱,字廷樞,别名朝斌。生二子,長曰都,次曰市,名元球,字日中,十三歲渡臺,未及弱冠。時監生李奇琛見愛其材,以其女妻之。至三十歲入諸羅邑庠生。生子四,三子名羨欣,字榮山,乾隆戊申科試入嘉義學第四名。生二子,俱居過溝莊。

神主入在大宗。濟成國學生,諱珠林,字生輝,號光美,勤和公之次子也,壽六十六歲。娶妣謹篤曾氏生六子,長、次、三名佚,四開珍,五開國,六出嗣繼爲胞弟康義公爲晚子。公生於乾隆辛亥年九月十五日午時,後往臺灣爲醫生,又娶妻生子,子孫蕃衍。卒於咸豐丙辰年五月初六日子時,至今骨骸未歸,葬在臺灣。妣生於乾隆癸丑年八月十六日子時,卒於同治四年乙丑七月十九日午時,葬在嶺背灰壙。

(葉應全編纂《[福建平和]大溪鴻溪西莊壽長派葉氏族譜》 清光緒二十四年稿本)

平和蘆溪葉氏徙臺祖名録

臺灣一派,乃義夫公二子,伯雲之子,時直三子文老。二十世内有名夏者,生子曰富欽,挈眷居臺灣。

臺灣府過溝莊一族,乃正壽公三子均禮公支裔也。十一世象武,純勉公之六子,諱拱,字廷樞,别名朝斌,生二子,長曰都,次曰市名元球字日中,十三歲渡臺,未及弱冠。時監生李奇琛見愛其材,以其女妻之。至三十歲入諸羅邑庠生。生四子,三子名羨欣,字榮山,乾隆戊申科試入嘉義學第四名。羨欣生二子,俱居過溝莊。

(葉嘉禄編纂《[福建平和]蘆溪葉氏族譜》 光緒十四年稿本)

平和蘆溪葉氏永房系徙臺開基祖名録

十二世士俊,名强,字弱仲,尊公之次子,乾隆七年没臺灣三叉河。

十二世和厚葉大郎,生於康熙年,諱新喜,字特臣,别名朝傑,乃登元公之子也。本象武公生,行四,出而嗣之。婆貞烈陳二娘,東槐人。公葬在本山頂名宿雉。婆葬在後盂。繼婆葬在本地名下曹。婆助勤游氏三娘，秀峯人，生四子，嫡生長名普，次名若出亡在外，繼生棗、爽，後之二者俱亡在臺。

石賴、嚴、策、趑，以上四者雄之子也，俱往臺灣，在三叉河亡。

十三世賛成，往臺，雲選兼公長子。

媚公，往臺住過溝莊，雲選兼公次子。配氏生三子：降、光胤、如。

質厚公一郎，名吉生早亡，居伯貴公長子，過嗣的。妻出小坪廬，一子言往臺。元興公，往臺住過溝莊，名順興，生四子，橋、棟、白、四郎。

海，往臺，居伯貴公之子。

榮，往臺。居伯貴公之子。

都，往臺。廷樞拱公長子。配氏生子一名危。

十三世棗，往臺。特臣喜公之子繼出。配氏生七子，後存其一名林成。

十三世爽，往臺。特臣喜公之子繼出，生一子名謬。

寨崎二房十四代石寬，字滔若，臺之長子，配曾氏，生四子，進、樸、期得、山妹。

十四世茂，臺之次子，配氏生一子乙福。

十四世墜，臺之三子，配温氏，生一子筌。

十四世東，字亦宏，臺之四子，往臺住草蔴厝，發有家財數萬金。配賴氏，生三子，飲、醉、顯。

十四世笨，字君佐，臺之五子。

十四世院，往臺。炳之長子，配氏生一子名大磚。

川，往臺，炳之次子，配氏生一子名詮。

十四世意，石恩次子出嗣於棟，配邱氏，生四子，娶往臺，概夭，請，灘早亡。

十四世三，石恩三子，配氏生四子，天賜夭，爐在臺亡，流夭，復乏嗣。

十四世攘，功之五子，配氏往臺。生一子。

十四世應貴，往臺。

十四世觀計，往臺亡，陳富長子。

十四世國，淵之次子，配張氏，生二子，源往臺，浸嗣於圓亦乏。

十四世昇，淵之四子，配邱氏，生一子嶽往臺。

十四世士賓，杭之次子，住在縣東門，配陳氏，生五子，亮，森夭，春，禹夭，丕充伍往臺亡，妻奔。

十四世承祖，往臺，玖之子也。

寨崎四本房十四代郎，由之長子。緑水，由之次子。盆，由之三子。研，由之四子。上四人俱往臺。研配氏在臺娶，後亦出，生一子名掛。

寨崎四本房十四世和義二郎，名勵，一字文高，水長公次子。婆閨善邱氏，生三子，江，灶日臺亡，將是往臺亡。

寨崎四本房十四世和智三郎，名達郎，一字文顯，水長公三子。婆柔慈陳氏，生二子，萬，池往臺亡。

寨崎四本房十四世和諒大郎，名陣，一字文璧，蔽公長子。婆静愛蔡氏，生四子，笑，端，充，刷往臺亡。

寨崎四本房十四世盛，蔽公次子，往臺，在竹頭崎娶妻，後亦亡。

十四世三奇,市公三子。四美,市公四子。降,媚公之子。光胤,媚公次子。如,媚公三子。橋乏,順興之子。楝,順興次子。白,順興三子。四郡,順興四子。危,都公之子。林成,棗公之子。上十一名俱在臺灣。

永四房十五代灶日,往臺亡,勵之次子。

永四房十五代將是,往臺亡,勵之三子。

永四房十五代有刷,往臺亡,陣之四子。

瀰,往臺過溝莊,狀之長子。配氏在臺生子。

有稱,往臺。狀之次子。

沘,在臺亡。狀之三子。

(葉獻其纂修《[福建平和]蘆溪葉氏永房源流譜系》 清道光八年稿本)

(二十一)蘇 氏

南靖梅林磜頭蘇氏徙臺祖記録一則

十六世讓德公太,葬在陳屋碑陂潭竹。妣魏婆太,葬在禾倉窠。妣游婆太,葬在下蒲山。妣鄧婆太,葬在瓦窑坪,即福林山路面。

三位婆共生下八子。其中一、二、五、七、八五房之中有一房移居臺灣。

(蘇庚盛編纂《[福建南靖]梅林磜頭蘇氏族譜》 1942年稿本)

(二十二)莊 氏

龍溪瑪洲莊氏往臺記録一則

汝善第四支派下,漢卿傳下四世志熙系爲桃,日靖子,子穀孫,三泉曾孫,廷貫房,往臺灣。

(《[福建漳郡]龍溪瑪洲莊氏世譜》 清光緒稿本)

南靖龜山莊氏徙臺祖名録

十世期珪、期珠、期琛兄弟,望備子,伯煜孫,五世敬忠派下,明萬曆中移居臺灣。

十世應標,望震子,伯果孫,五世敬忠派下,移居臺灣。

九世道明、道魁兄弟,國成子,世胤孫,五世敬斌派下,明嘉靖間移居臺灣。

九世道蘊,國輝子,世胤孫,五世敬斌派下,明嘉靖間移居臺灣。

十四世汝鎔,汝嘉兄弟,良玉子,十世義遜玄孫,遷臺灣。

十四世泰成、泰玄,毅正子,敬齋孫,十世一新派下,遷臺灣。

十五世胤,廷立子,兆端孫,十世期懷派下,遷東都。

十五世上,廷才子,兆勤孫,十世期懷派下,遷東都。

十五世紹本,廷玉子,兆慶孫,十世期懷派下,遷東都。

十四世帶,兆勤子,運禮孫,期懷玄孫,遷東都。

十三世灶佑,運禮子,日智孫,期懷曾孫,遷東都。

十五世朝煌、朝炳兄弟,元進子,芳韓孫,十世期科派下,遷臺灣桃簡堡。

十五世朝盂、朝爽兄弟,元學子,芳助孫,十世期科派下,遷臺灣北路八里坌堡。

十二世應章、應文、應誠、應賢兄弟,王任子,期科孫,遷臺灣。

十七世文樓,永連子,朝惠孫,十世朝魁派下,嘉慶二十三年往臺彰化、南投學醫,後在臺西螺堡行醫。

十五世朝裕,世偉子,芳章孫,十世期魁派下,遷臺灣淡水縣三紹堡大坪林。

十四世世達,芳章子,應元孫,王政曾孫,斯魁玄孫,雍正元年同妻沈氏,子朝港、朝荼、朝學遷臺灣八里坌堡長道坑,後移和尚洲。

十七世紀雄,明真子,朝榮孫,十世期魁派下,移居臺灣。

十六世明贊,朝堅子,世顯孫,十世期魁派下,移居臺灣。

十五世朝綿、朝宜、朝殷、朝信,世亨子,芳英孫,十世期魁派下,遷臺灣。朝信於清雍乾間攜子明親、明厚、明真全家遷臺灣宜蘭縣。

十五世寬直、克信兄弟,世弼子,芳龍孫,十世期魁派下,遷臺灣南投。

十四世世鋭,生子朝輝、朝鳳、南浦。朝輝孫伯敬遷臺灣南投。朝鳳孫靖和攜子文定遷臺灣彰化東門。南浦曾孫鴻瑞、鴻場遷臺灣。

十七世復旦,金鎮子,朝貞孫,十世期魁派下,移居臺灣。

十七世錦江,鳳苞子,朝英孫,世拔曾孫,十世期魁派下,移居臺灣。

十五世揚烈子文富、文南、文獻兄弟,期魁派下,均渡臺。

十三世文顯,應盛子,十世期策曾孫,其孫輩亞業、開業兄弟,遷臺灣草屯鎮。

十四世元臣,志偉子,則烘孫,十世應文派下,攜子三人全家遷臺灣。

十五世簷、對、出兄弟,肥之子,創之孫,十世應文派下,遷臺灣。

十五世操、月、丁兄弟,象之子,創之孫,十世應文派下,遷臺灣。

十六世文彬、令、彭兄弟,我老子,品之孫,十世應文派下,遷臺灣。

十六世護、書兄弟,淇象子,香之孫,十世應文派下,移居臺灣。

十四世蜂,綽之子,則煒孫,應文玄孫。生子文選、文兩、文套、文尚。長、次兩子遷徐州,三、四兩子遷臺灣。

十五世文央,雪之子,尾之孫,十世應文派下,移居臺灣。

十四世可錢,志烷子,則煜孫,應文玄孫,生子蒞、聖,兄弟移居臺灣。

十四世叔度,志璽子,則著孫,應文玄孫。生子吴殿、吴甫、光杖,兄弟三人遷臺灣。

十三世志基,則著子,子材孫,應文曾孫。生子貞、貫、伴、克、伍,五兄弟渡臺開基。

十三世志冀,則晃子,子材孫,應文曾孫,生子扁、洞。扁之子金唇,洞之子泳、自、旦,四兄弟均移居臺灣。

十四世可錟,志爽子,則朋孫,應文玄孫,生子光恒、光咸、光圖,三兄弟渡臺定居。

十七世天眼,首茅子,光予孫,十世應文派下,移居臺灣。

十六世心俊,勿恤子,吴英孫,十世應文派下,移居臺灣。

十四世曦驅,志堯子,則熏孫,十世應文派下,生子乾、簡,遷臺灣。

十五世魁，鴻盤子，志録孫，十世應文派下，生子鈕、檜，兄弟遷臺灣。

十五世尚澄，元轉子，志録孫，十世應文派下，生子楝、松，兄弟遷臺灣。

十六世松巖，文海子，達德孫，十世應文派下，移居臺灣。

十七世騰蛟，彭老子，文河孫，十世應文派下，遷居臺灣西螺街。

十六世崇祥，文清子，達德孫，十世應文派下，移居臺灣。

十五世觀，仲舉子，志衮孫，十世應文派下，移居臺灣。

十三世志鵬，則忽子，子植孫，應文曾孫。生子可鎔、可録、亦兼、美士、柳。可鎔子光佐，可録孫珠美、亦兼、美士。柳叔侄五人移居臺灣。

十六世芳楷，文江子，可釗孫，十世應文派下，移居臺灣。

十六世芳梁，文河子，可釗孫，十世應文派下，移居臺灣。

十六世芳極，文河子，可釗孫，十世應文派下，生子康、美，兄弟渡臺。

十三世日炳，則甘子，子植孫，應文曾孫。生子可鈺、可鉉、可釬、可鋭、可鋮，兄弟五人同移居臺灣。

十四世可砯，志均子，則甘孫，應文玄孫，生子論、次、有，三兄弟渡臺。

十四世可鏞，志均子，則甘孫，子植曾孫，生子汝代、汝光，兄弟渡臺。

十四世可鎓，志均子，則甘孫，子植曾孫，應文玄孫，生子文恬、文浦，兄弟渡臺。

十四世可鉞，志均子，則甘孫。生子種、國、威、郎，四兄弟同移居臺灣。

十四世可錢，志均子，則甘孫，生子寸、䃰、騰，三兄弟同移臺灣。

十二世房伯，子楨子，應武孫，其曾孫渡臺。

十一世子檜，應釗子，生子則熵、則有、則興。則熵、則有於明永樂間渡臺。則興生子日佑。日佑子伯徹、雙能、南經三兄弟亦同渡臺開基。

十四世師章，本之子，則興孫，十世應釗派下，生子種、灘，兄弟遷臺灣。

十四世友居，本之子，則興孫，應釗玄孫。生子士、院、昌、旺，四兄弟遷臺灣。

十三世新，則興子，子檜孫，應釗曾孫，移居臺灣。

十三世保，則興子，子檜孫，稱居臺灣。

十一世子槐，應釗三子，於明萬曆間移居臺灣。

十二世宣直，子樸子，應宣孫，生子志坡、志寺，兄弟移居臺灣。

十五世廷規，之銓子，志浚孫，十世應考派，移居臺灣。

十五世本、通、素、齊四兄弟，之鎮子，志浚孫，十世應考派下，遷臺灣。

十五世東、南、西三兄弟，藏巧子，志浚孫，十世應考派下，遷臺灣。

十七世仰中，濟文子，秉惠孫，十世應考派下，移居臺灣。

十八世青萍、結六兄弟，穀辰子，步青孫，十世應考派下，移居臺灣。

十五世少言，清雅子，志延孫，十世應考派下，移居臺灣。

十五世時快、時澤兄弟，志奎孫，應考派下，遷居臺灣水新街。

十六世天瑞，時璋子，德迎孫，十世應考派下，移居臺灣。

十五世孝、禮、倫三兄弟，佰祖子，志壐孫，應考派下，移居臺灣。

十九世伯綽，十世應考派下，移臺灣。

十五世允钵，純和子，志坤孫，十世應考派下，移居臺灣。

十五世坦人，恂靜子，志赫孫，應考派下，移臺灣。

十八世慕德、伯禮、甘棠兄弟，恭樸曾孫，應考派下，渡臺後居南投、連沙連堡垓埕。

十四世綿飈、邁千兄弟，志赫子，則景孫，子模曾孫，應考玄孫，移居臺灣。

十四世鋪、重、棒兄弟，正子，則赫孫，應考玄孫，移居臺灣。

十四世烹，志録子，則輝孫，應考玄孫，移居臺灣。

十三世志坦，則爵子，子楷孫，應考曾孫。生子之銖、敦謹、樸直、聯衛。之銖子善、東。敦謹子可人、潤、海、乃恩。樸直子吳松、德新。聯衛子恭直。堂兄弟九人同渡臺灣。

十五世允洙、允泮兄弟，質果子，温讓孫，應考派，遷臺。

十五世銀、錢、火三兄弟，迭君子，惇恪孫，應考派下，移居臺灣。

十四世元鍠，志鏞子，則文孫，應考玄孫，移臺灣。

十四民德昭、燦、秉中、選四兄弟，志起子，則文孫，子格曾孫，應考玄孫，移居臺灣。

十三世志壕，則文子，子格孫，全家移居臺灣。

十三世志烱，則朱子，子格孫，全家遷居臺灣。

十四世元鉥，敦敬子，樸懿孫，應考玄孫，移臺灣。

十五世光譽、象生、獅生、層生、榜生五兄弟，帝生子，侃定孫，應考派下，移臺灣。

十二世則炓，子根子，應考孫，其子名不詳移居臺灣。

十二世則秋，子根子，應考孫，其子孫移居江西與臺灣。

十三世志埴、吴猛兄弟，則炮子，子根孫，應考曾孫，移居臺灣。

十三世志厚，則燮子，子根孫，應考曾孫，移居臺灣。

十五世海、萬兄弟，以日子，志堆孫，應考派下，移居臺灣。

十五世文尺，水保子，志堆孫，應考派下，乾隆四十五年遷臺灣彰化縣水沙連堡寮田中央經商。

十五世宣、牽、躍三兄弟，少欽子，秉毅孫，應考派下，移居臺灣。

十五世照、膽、達三兄弟，日新子，秉毅孫，應考派下，移居臺灣。

十四世光應，才毅子，則烊孫，子根曾孫，應考派下，移居臺灣。

十四世南光，恭毅子，則炎孫，應考玄孫，乾隆乙卯年在臺灣立軍功授雷州海防分府職。

十四世元求、蕭懷、元首三兄弟，志墳子，則炎孫，應考派下，渡臺灣。

十四世賓赤，志坊子，則炎孫，應考派下，遷臺灣嘉義縣打貓街。

十四世亨通、潤水兄弟，潛孚子，則炎孫，遷臺灣嘉義縣打貓街。

十六世端友、汝提兄弟，忠慈子，朝彩孫，十世應全派下，移居臺灣。

十六世强高，仲珠子，共綸孫，十世應嚴派下，移居臺灣。

十三世元微、京達、益之三兄弟，樸勤子，子機孫，應嚴曾孫，移居臺灣。

十六世大松，承洲子，芳欽孫，十世應全派下，攜四個兒子全家遷居臺灣。

十三世芳重，應椿子，寶職孫，應綬曾孫，生子世彌、世松，兄弟遷臺灣彰化縣二林垓埕。世松子近清、溪清，亦隨父遷臺。

十四世世援，志茅子，應選孫，十世繼讓派下，乾隆初遷居臺灣淡水八里坌堡，後居加納堡。

十四世曉月，墳生子，則燃孫，應德派下，遷臺灣。

十五世跳、面兄弟，登攀子，玉生孫，十世學曾派下，移居臺灣。

十六世國俱，承汭子，景文孫，十世應全派下，移居臺灣。

十七世丹霞、廷琮，子上子，承洙孫，十世應全派下，移居臺灣。

十六世盛典，承富子，鍾文孫，十世就全派下，移居臺灣。

十六世金河，承翰子，鍾文孫，十世應全派下，移居臺灣。

二十世振耀、贊助兄弟，錦文子，孟邦孫，應全派下，移居臺灣。

十八世仰武、三晨、福建三兄弟，廷俊子，德輝孫，應全派下，移居臺灣。

十四世尚鉍、尚鏘兄弟，志揧子，則炷孫，應全派下，移居臺灣。

十六世天配、天略、信思、五祥四兄弟，純直子，必登孫，十世應全派下，移居臺灣。

十四世恂、瑞、弗、廉四兄弟，德千子，穎士孫，十世學孟玄孫，移居臺灣。

十四世魁藏、英斌兄弟，旭麟子，廷映孫，十世以材派下，移居臺灣。

十四世早，旭乞子，機之孫，十世以材派下，六世本勤派，移居臺灣。

十四世松耀，旭秀子，英之孫，十世以材派下，移居臺灣。

十七世丈鋒，元白，可鍔孫，上峯正古堂派下，移居臺灣。

十五世世源、世汀兄弟，元白子，上峯正古堂派下，移居臺灣。

十五世相任、相穆、聖獨、碧儀，派下志迪渡臺。苦竹科第九世大明派下。

十三世君和，子則周，名全，諱端五，奎洋三世陽平派下，乾隆初渡臺彰化縣二林堡垓抬，娶妻王滿娘。生子宋生、對生、詩生、壬生、世濟、世魚。

十三世芳元，子右石，諱元鎮。奎洋三世陽平派下。元鎮子大通，乾隆初遷臺灣，居南投縣竹山社寮。

十三世石頭，子世早，諱崖山，傳子朝新之子春喜，朝寮之孫承春，於乾隆間渡臺，初居八里坌堡，後遷桃簡堡南坎。奎洋三世陽平派下。

十四世揚，子乾取，名暢，諱勝歡，乾隆乙亥年攜妻余氏渡臺，初居淡水八里坌堡林口橫科，後遷桃簡堡南坎。生七子，明立、明政、明祥、明直、明雲、明欲、明善。奎洋三世陽平派下。

（莊聯經增修《[福建南靖]龜山莊氏族譜》　清咸豐八年九修稿本　光緒增補本）

南靖龜洋莊氏亨陽系徙臺祖名録

夢華，諱錫齡，在臺灣。子存養，妣氏名敬官。

十八世敘九公，諱錫疇，玉度公第二子，過房廷堅公爲子，後在臺灣辭世。錫疇公生於嘉慶十三年戊辰八月十二日寅時，卒於道光十五年乙未四月廿七日辰時，年二十八歲。

（《[福建南靖]龜洋莊氏十四世亨陽系家譜》　清光緒十一年稿本）

南靖奎洋後坪莊氏徙臺祖名録

半天，名鶴，綿榮子，乘雲孫，橼林派下，往臺灣。

十九世仰光公，行一，乳名必明，書名升錞，乃國先公之長子也。自庚寅年往臺鸞無歸，娶妻劉氏，乳名澤官，生子二人，長曰廣川，次曰廣魁。

（莊贊元編纂《[福建南靖]奎洋後坪莊氏家譜》　清宣統三年稿本）

南靖上洋安瀾堂莊氏徙臺祖名録

十八世夢華公，乳名錫齡，字夢華，生於嘉慶三年戊午十二月廿九日丑時，卒於道光二十五年乙巳八月十八日，享年四十八歲，在臺灣辭世。

十八世大鎮公，乳名大鎮，生於嘉慶七年壬戌正月十六日卯時，往臺灣未歸。

十八世敍九公，乳名錫疇，字敍九，生於嘉慶十三年戊辰八月十二日寅時，卒於道光十五年乙未四月廿七日辰時，往臺灣辭世，享年二十八歲。

（《[福建南靖]龜洋上洋莊氏安瀾堂家譜》 1921年稿本）

南靖上洋莊氏端惠系徙臺祖一則

聚精堂系端惠派下十九世顯考克敏莊公，乳名振雷，卒在臺灣。

（莊慶衽編《[福建南靖]上洋莊氏家譜尺牘通册》 1945年稿本）

南靖梧宅莊氏徙臺祖名録

十四世早，旭乞子，廷機孫，心亮系，往臺。

十四民藏，旭賢子，廷映孫，心亮系，往臺。

十四世英、斌，旭麟子，廷映孫，心亮系，往臺。

十四世攀，旭永子，廷英孫，往臺。

（莊澄三編纂《[福建南靖]梧宅桃園莊氏圖譜》 清光緒甲午稿本）

平和巖嶺莊氏徙臺祖名字世系

十五世藏，旭賢子，映孫，心亮系，渡臺。

十五世松應、松遠、松躍、松華、松富，旭秀子，晚孫，心亮系，俱渡臺。

十五世早，旭乞子，貴孫，心亮系，渡臺。

十四世拳，旭永子，晚孫，渡臺。

十二世沐湄，元相子，三奇與周氏孫，遷臺灣。

十三世開漳，子純玉，彦嘗子，敬肅孫，九世侃樸系，妣陳氏，渡臺開基。子懷義字濱宜。

十三世開漳公，字元漳，乃彦雲公長子，卒於正月初九日，葬在考塘下，坐西向東。妣林氏，謚清儉，生於乾隆朝初，出身名門大家，謹具婦德，能文通武，不幸遭公早逝，祖妣柏舟永執，誓爲夫扶孤，與開二公守成家業，叔嫂母子相依爲命。一日盜夥夥至，祖妣機警鎮定應變，以計誘匪上樓，終於智誅匪首，然開二公竟因此變而致殘廢。事後祖妣爲恐匪徒復來尋仇，毅然舉家由霞寨赤塗崎移臺，肇基於臺中北屯地方，其後五子成人，從斯開族。祖妣卒於六月十二日，葬在臺中北屯二份埔公墓，坐北向南。開二公終老無娶，卒謚仁德，五大房子孫永祀。

十四世純玉公，諱殿，乃開漳公長子，生於乾隆壬辰卅七年三月初七日亥時，卒於嘉慶甲戌十九年七月二十四丑時，壽四十三歲，葬在臺中北屯二份埔，坐辰向戌兼乾巽，丙辰丙戌分金。妣陳氏占娘，乾隆己亥四十四年生，終於嘉慶甲戌十九年八月初六日未時，公妣合葬，生二子，長興臺,次傅枝。

十六世得是公,諱是,乃傳枝長子,妣黄氏孺人,生三子,長阿求,次心匏,三阿石,派下俱居臺中北屯。

十六世友文公,字阿文,乃傳枝公次子,生於道光癸卯二十三年正月初八日未時,卒於宣統己酉元年六月初十日巳時。壽六十七歲。妣潘氏阿罔,道光乙未十五年正月十六日辰時生,終於光緒戊申卅四年三月廿一日巳時,壽七十四歲。公自臺中北屯移住南投埔里水蛙窟建基。嗣一女玉蓬,長孫榮華,傳莊姓。

十六世得標公,字阿標,乃傳枝公三子,生於道光乙巳廿五年,妣賴氏勤娘,生五子,長阿木,次大墨,三阿屋,四阿木,五阿呆。得標公於光緒十五年隨兄友文移居埔里,公妣葬於打澗,其次子大墨復遷往臺中市居住,有孫五人,金連、金泉、金川、金牟、秋成是也。

十六世得忠公,字阿忠,乃傳枝公四子,妣林氏仁娘,生五子,長阿叫,次大肚,三阿溪,四阿漏,五阿吴,二及四房無繼,餘均遷往臺中霧峯,子孫蕃盛。

十八世啓有,遷厦門水仙宫,後渡臺。

十四世天雷,六房開子,子遷澎湖島。

十五世焯,真若子,荆獻孫,九世誠齊派,出祖金門小旦島。

十五世麟,石中子,荆獻孫,出祖金門大旦島。

九世誠齊派下十三世啓貞,子五,天球、天壤出祖澎湖島,天榜守祖,天蘇、天冷出祖澎湖島。

(莊錦順編纂《[福建平和]巖嶺莊氏族譜》 1995年鉛印本)

平和莊氏樹配系徙臺祖名録

十三世樹配,妣林氏,祖馨子。漳州府平和縣五寨鄉三窖保廣坑在新樓社,遷臺灣八里坌堡。傳泳寬、敬老、寬順三房。

十七世義水,妣黄氏,心陽與蘇氏子,曾孫汪求由漳州府平和縣五寨鄉遷臺灣梧棲。

十九世可曲,由漳州平和縣五寨鄉遷臺灣臺中梧棲。

(莊展鵬編《[臺灣]平和渡臺莊氏樹配派下世系表》 1988年稿本)

漳州錦繡莊氏克余派下徙臺祖一則

克余公派下爲檻,往臺灣。

(《[福建漳州]錦繡莊氏世譜》 1992年稿本)

漳州錦繡莊氏徙臺祖一則

於穀,子日靖,孫爲桃往臺灣。

(《[福建漳州]錦繡莊氏公望系世譜》 1992年稿本)

漳州錦鏞莊氏徙臺録

汝善四房派下爲桃,往臺灣。

(《[福建漳州]錦鏞莊氏古山派下世譜》 1992年稿本)

(二十三)江 氏

平和大溪江氏文英系徙臺名録

六世祖恩榮公,妣曾大娘,生二子,長子鴻禧傳大房,次子錫禧傳本派。公葬在鴨母墩,坐午向子兼丙壬,丙午丙子分金,妣葬在蝌蠳掛壁。

七世祖錫禧公,妣朱氏,子毓明傳臺灣,子梅峯傳本派。公葬在水吼木星,妣葬在五子坑龍須屈。

(《[福建平和]大溪江氏二世文英系譜》 清光緒稿本)

平和大溪江氏徙臺灣開基祖世系名録

六世祖考沖瀾長子源淵公,妣邱氏二娘。公婆合葬在馬溪。生子藩朱、傳,俱往臺。

八世祖考權政之子諱生江十一公,妣鄒氏晚娘。公婆合葬在赤嶺蝴蜞塘,坐乙向辛。傳臺灣。

九世祖考若新之子爵塘公,妣周氏五娘。公婆合葬在後溪田,因名爵塘埔。生二子,闞創、榮樓。傳臺灣。

九世祖考純恪江千一公,妣高氏一娘、林氏二娘。公婆合葬在東山廟角灰墳。傳臺灣。

十四世祖考特久次子耿江二公,字耿,妣吴氏大娘。生一子龍卒臺。

十五世祖考弼任長子花美江大公,名豔,妣賴氏孺人。公葬在後溪田屋場,婆葬在石梯嶺脚磜下。生二子,潛謚剛直去臺,雄謚純直去臺。

十七世祖考捷魁次子瑞麟江三公,名天送,妣勤順陳氏孺人。公生於康熙己亥年,卒於乾隆辛亥年,壽七十七歲。婆生於雍正甲辰年,卒於嘉慶乙丑年,壽八十二歲。公葬在梅石溪,坐丁向癸分金。生四子,配、槻、篤、健。健往臺亡。

十七世祖考平山長子耿昭江大公,名存,妣黄氏孺人。公生於雍正己酉年,卒於嘉慶戊午年,壽七十歲。公婆寄員岩項。生八子,侃,拜,厭,道往臺,抑往臺,歇,或,陣。

十八世祖考瑞麟長子乃緣江大公,名配,妣德惠賴氏孺人。公生於乾隆乙丑年,卒於道光壬午年,壽七十一歲。婆生於乾隆己卯年,卒於嘉慶庚辰年,壽五十二歲。生四子,茂竹、修禊、繼宗、夏賞。修禊孫臺及後裔往臺。

十八世祖考賞清長子諱皇江大公,名皇。生二子,斗、芸。兩兄弟連父母全家往臺。

十五世祖考端良長子水,謚君淡江大公,妣慈順吴氏。公生於康熙庚寅年,卒於乾隆辛丑年八月廿二日,壽七十二歲。婆生於康熙甲午年,卒於某年三月廿八日。公葬在坑口神造坡面,坐癸兼丑,庚子分金,婆葬在東山廟蝦地背,坐午兼丁。生四子,悦往臺立業,濃、坑失傳,針失傳。

十六世祖考君淡長子悦江大公，往臺立業。

十六世祖考君淡次子濃，謚殿清江二公，妣吴氏。生於乾隆辛酉年正月初十日寅時，卒於道光甲申年二月十八日巳時，壽八十四歲。婆生於乾隆辛未年四月廿七日卯時，卒於道光丁亥年十一月廿八日辰時，壽七十八歲。公葬在王公山，坐酉向卯。婆葬在大坑頂圳面灰墳。生五子，通失傳，涓，質，變，火虎往臺。

十七世祖考濃五子火虎，謚廷裕江五公，往臺立業，取一子班爲嗣。

十六世祖考君達三子金靈，謚殿敏江三公，妣陳氏，生四子，廷招，廷快去臺，廷樂，廷餘。

十七世祖考金靈次子廷快江二公，去臺立業。

十四世祖考琅次子鏗，號韻餘公，妣李氏大娘，吴氏二娘，陳氏三娘。生四男，養一男。天擎壽餘公之四男，天浚，天磊，天淼，天斗。公捐太學，臺灣開莊，自置有萬餘金。

十一世祖考寧長子應宿，妣高氏，公生於嘉靖庚申年十一月十六日戌時，卒於順治乙酉年閏六月廿一日酉時，壽八十六歲。婆生於嘉靖乙丑年十一月初七日丑時，卒於崇禎庚辰年二月十八日戌時，壽七十六歲。生四男。文集，文勝去臺，文兼開基東西坑，文崔去臺。

十二世祖考應宿三子文兼，號壹嶽公，妣鍾氏。公婆合葬東西坑石人坑，坐壬向丙兼亥巳。公生於萬曆乙未年二月十九日戌時，卒於順治乙酉年三月初六日未時，壽五十一歲。婆生於萬曆甲辰年二月初九日亥時，卒於康熙己酉年八月廿七日未時，壽六十六歲。生三男，士鼇去臺，士義，士尾去臺。

十四世祖考士惠次子悦，號華章江千二公，貤贈奉直大夫道炳，妣誥貤贈太宜人壯儉林氏晚娘。公生於康熙丙午年十二月十四日巳時，卒於乾隆丙寅年二月初四日巳時，壽八十一歲。婆生於康熙丙辰年十一月廿二日亥時，卒於乾隆庚寅年四月初九日戌時，壽九十五歲。公原葬員墩頂，道光廿一年遷葬東西坑口舊穴，咸豐丙辰再遷相子斜初葬唐後，婆原葬趺脚磜，後遷庵角頭，號金澗透銀曹，坐丙壬兼乙亥，分金丁巳丁亥坐翌宿四度。生八男。坦，號義東。巽號巽玉，在臺灣致富十餘萬，捐太學生。倉，號聲王。湘，號子澄，在臺灣開莊致富幾十萬，捐貢生名漢清，建造洛陽樓，乾隆壬辰，貤贈奉直大夫。省，號慎之，在家養母。烈，號懋功。排，號漢之。湊，號成之。

十五世祖考道炳之子源號撥先公，繼一男富，上壩人，父子往臺。

十五世祖考道曉次子暢號茂生公，妣曾氏，生四男，烹、碱、貴、轉。父子俱往臺。

十五世祖考道炳次子巽，謚德良，太學生，號巽玉江萬二公，妣勤儉陳氏二娘，又妣王氏。公生於康熙丙子年十一月十一日子時，卒於乾隆辛巳年八月初十日午時，壽六十六歲。婆生於康熙丁丑年十二月初七日寅時，卒於乾隆。公葬在下徑嶺頭，坐寅辰兼辰坤挨度。生五男。謀，鼎，第名山公三男出繼入臺灣彰化縣庠生名標三，石朝天公男出繼，登上壩過繼在臺灣起家百萬。陳氏生二男，王氏養三男。

十五世祖考道清之子斗號基斗公，妣葉氏。生二男，營，輔去臺。

十六世祖考致匯長子上珍號仲銘公，妣羅氏。生一男維，去臺。

十八世祖考畹蘭公長子輔，號汝弼，江千大公，往臺亡。妣懿德曾氏大娘。公生於乾隆癸丑年六月十八日亥時，卒於道光丙午年七月廿一日未時，壽五十四歲。婆生於嘉慶丙辰年五月初一日辰時，卒於光緒己卯年二月十八日戌時，壽八十四歲。婆葬在桔子崠中心崗，坐子午兼癸丁分金。生六男。汪，濫，劫，淳往臺亡，美，禮。

十八世祖考畹蘭公三子汲，號清源，江千晚公，往臺亡。妣恭張氏五娘。公生於嘉慶戊寅年十月廿七日酉時，卒於道光某年七月廿七日酉時。婆生於嘉慶戊寅年十一月廿五日未時，卒於光緒戊戌。

十五世祖考道炳四子貢生湘，號子澄公，諱漢清，妣黄氏，副妣黄氏、蔣氏。公生於康熙辛巳年二月廿九日申時，在臺灣起家有十餘萬。有七男。黄氏生一男柯。立繼二男，願報、大德，廷禎出繼。副妣黄氏生二男，爲政、三槐。蔣氏生二男，晉明、益光。

十七世祖考柯六子連興，妣陳氏。全家在臺。生一男宿。

十九世祖考坪次子皆芹，謚壽德江大公，妣廖氏。公生於道光辛卯年四月十九日丑時，卒於光緒乙巳年十二月廿日子時，壽七十五歲。婆生於道光癸已年二月廿八日子時，卒於光緒庚子年十二月廿四日亥時，壽六十八歲。生七男。龍萬，國美，炳煒，上善，山清，椿出嗣南勝，牆往臺。

二十世祖考壽德七子謚七牆江晚郎，往臺。公生於同治壬申年十二月廿三日寅時。

十三世祖考純良長子林伯，謚順性江大公，妣順閔葉氏二娘。公生於順治乙未年十二月廿日子時，卒於雍正丁未年四月十二日酉時，壽七十三歲。婆生於康熙丁未年二月十六日未時，卒於雍正癸丑年七月初七日酉時，壽六十七歲。公葬在芹山壙，坐壬向丙兼亥三分。婆葬在黄沙坑，坐坤向艮。生四男。蓋、穀、坑、生。全家去臺。

十四世祖考成厚公次子昇，號雲澄，謚覺直江二公。妣必儉陳氏大娘。公生於康熙甲戌年十二月初十日卯時，卒於乾隆庚辰年六月廿四日巳時，壽六十七歲。婆生於康熙戊寅年八月十二日亥時，卒於乾隆甲辰年正月廿六日申時，壽八十七歲。公葬在赤竹坪，坐庚向申，庚寅庚申分金，右邊一穴。婆葬在赤竹坪牛汶屈崗崠土堆，坐戌向辰兼乾分金。生五男。富如早亡，遷去臺，習去臺，志，權。

十四世祖考成厚公四子車，謚强直江四郎。妣先娶某氏，後娶石氏孺人。公生於康熙癸未年十月初八日，卒於雍正戊申年五月廿二日，壽二十六歲。先娶氏生二男早亡。石氏生二男去臺同亡。

十三世祖考龍之子朋，謚篤直江公，妣張氏大娘。公生於康熙甲辰年五月初五日戌時，卒於雍正丁未年二月十三日卯時，壽五十八歲。公葬在雷打石窠尾。生三男。黨，承威過繼，蘊往臺亡。

十五世祖考党次子士靈。妣廖氏。生一男煒往臺。

十六世祖考佛長子鄭江大公，往臺而亡。公生於乾隆戊子年十二月三十日寅時。

十六世祖考佛次子放江二公，在臺而亡。公生於乾隆壬辰年十二月十二日寅時。

十六世祖考簡雅四子道，號義達江三公，妣慈勤李氏二娘。公生於乾隆丁卯年七月十七日子時，卒於道光丁亥年正月初九日酉時，壽八十一歲。婆生於乾隆辛未年八月初九日辰時，卒於道光庚寅年五月十七日己時，壽八十歲。生四男。九筐，區去臺，泉，義直。

十七世祖考守達公四子魁，號名標，謚位標江晚公，妣慈善吴氏大娘。公生於嘉慶庚申年八月十八日辰時，卒於道光緒丁丑年八月廿二日辰時，壽七十八歲。婆生於嘉慶辛未年閏三月初二日辰時，卒於光緒乙酉年九月廿三日申時，壽七十五歲。公葬在坑頭岩，坐北向南。婆葬在方城仔，坐乾向巽兼亥巳。生四男。辛卯去臺，甘甜，水源，水洚。

十八世祖考位標長子辛卯，公生於道光壬辰年六月廿一日巳時。咸豐辛亥年，時二十歲去臺。

十三世祖考都公長子林,諡順性江大公,妣順閔葉氏二娘,孺人。公生於順治乙未年十二月二十日子時,卒於雍正丁未年四月十二日酉時,壽七十三歲。婆生於康熙丁未年二月十六日未時,卒於雍正癸丑年七月初七日酉時,壽六十七歲。公遷葬在温溪塘,坐丙向壬兼巳亥三分,用丁巳丁亥外午子。婆葬在黄沙坑,坐乾向艮金斗。生四男,蓋、穀、坑、生。全家去臺。

九世祖考惟昆次子世達,號松澗公,妣林氏。公葬在庵坑田里,婆葬在山仔下。生一男結去臺。

十四世祖考熊四子層,妣氏生五男,矗出繼忝,楓,覞,辟,矗,俱去臺,卒於臺。

十四世祖考灼長子簪公,妣氏生六男,草,横,志去臺,榜,杖去臺,嬌出繼穿。

十五世祖考簽次子當,號愧玉公,妣張氏。生三男,錭,備,象往臺卒於臺。

十七世祖考甘長子榮渥,號澤榮,妣朱氏。生三男,大饒,大烜出繼略,大寅去臺。公葬在茶子岩敦陸公田面。

十七世祖考甘次子榮迪號吉甫公,妣陳氏。生三男:旺去臺,成,章。

十七世祖考蔭次子棲號集芳公,妣廖氏。往臺卒於臺。生一男奪二。

十五世祖考鏗五子天斗,號指南公,妣李氏。捐太學,卒於臺。生二男,淳、九。

十六世祖考天森長子饌,號席珍公。妣何氏。生一男芹山。俱往臺。

十六世祖考天森次子拔,號翠徵公,卒於臺。妣廖氏。生二男,英、華。俱往臺。

十六世祖考天森三子秀,號和俊公,妣陳氏。生二男,川往臺,拱。

十六世祖考天斗次子九,妣楊氏,卒於臺。生二男,玉、湖。俱往臺。

十七世祖考饌之子芹山,號泮林公,妣吴氏。生五男,連水、連周、連牌、連珠、連五。俱往臺。

十五世祖考喇四子檜,號友松公,妣曾氏。生二男,長臺往臺,次億。

十五世祖考喇五子櫃,號孝和公,妣吴氏。生六男。兜往臺卒於臺,吕,語,架,亨,合。

十六世祖考柸次子鏧,號皇聲公,妣曾氏。生二男,珍往臺灣,爵。

十六世祖考軒四子榮,號覃封,妣陳氏,再適是臺灣人。生一男衍。

十六世祖考龐長子耿,號兆明,妣陳氏。公卒於嘉慶壬申年(1812)。生七男,昴往臺,是,冕往臺,星,濟爾卒於臺,周郎出繼位臣,秉良出繼益光。

十六世祖考溱之子現,妣陳氏。生二男,泉養全家在臺,零出繼大德。

十七世祖考彩長子泮,號彦遊公,妣廖氏。生二男,漲,次往臺灣。

十五世祖考奇茂之子追,號永先,妣陳氏。生三男,禮移臺灣,海,淮移臺灣。

十六世祖考旗長子騰,號羽飛公,妣廖氏。公生於康熙丁丑年十一月十八日午時,卒於乾隆戊申年三月廿三日戌時,壽九十二歲。婆生於康熙辛巳年正月廿六日申時,卒於乾隆壬子年六月十三日申時,壽九十二歲。生五男,樹,幸,笛,盧往臺灣卒於臺灣,帕。

十六世祖考旗次子則,號維範公,妣廖氏。生七男,陣,傳往臺卒於臺灣,賞,雅,良,立,維。

十七世祖考則長子陣,號羣伍,妣曾氏。立繼一男喜,往臺灣卒於臺灣。

十一世祖考七郎長子心明,生二男,詔、阿,俱去臺灣。

十三世祖考元叔三子除,諡純直江三公,生於康熙戊申年,卒於雍正丁未年七月十四日辰時,壽六十歲。生一男:察往臺灣。

十三世祖考一鯉五子員,字達方,諡寬厚江晚公,妣羅氏。生於康熙庚申年九月廿二日申時,卒於雍正丙午年八月十八日辰時,壽四十七歲。生四男,濟、寢、衆、盛。達方公死後,全家往臺灣,住在諸莊羅竹子下尾屋。

十四世祖考除之子察,妣高氏。生二男俱去臺灣。

十四世祖考廷三子把,妣黄氏。生四男:佚名,巒,湘,定去臺灣。

十世祖考嚴恪三子四峯江公,妣勤慎丘氏。公婆合葬在上洋子。生三男,佚名,邦佐,擎去臺灣。

十一世祖考玉墩次子二叔,妣葉氏。生一男德淵,於康熙三十六年,同阿想一起去臺灣。

十二世祖考雞公叔次子性順,生一男想,去臺灣做皮匠。

十三世祖考明公之子井興,謚醇安江大公,妣順慈陳氏大娘孺人。公寄在烏石背,婆葬在温溪塘興湖公右邊。生四男,覺伯,諷伯去臺灣,月伯,輝叔。

十四世祖考井興長子覺,謚儀容江大公,妣陳氏。生一男傑,去臺灣。

十四世祖考井興三子月江三郎,妣張氏。公葬在員岕巷田面。生三男,欣去臺灣,艾去臺灣,動過繼輝。

十四世祖考井興四子輝江四郎,去臺灣。立繼一男動。

(《[福建平和]大溪鴻江族譜》 鴻溪江氏族譜編委會據舊譜增補編纂 1997年印本)

平和大溪江寨江氏全福系徙臺祖名録

君澤公次男,十四世祖誥贈奉直大夫道炳,號華章,江千二公,生康熙五年丙午十二月十四巳時,卒於乾隆丙寅二月初四巳時,原葬員敦項,道光廿一年遷葬東西坑口舊穴,咸豐丙辰再遷相子畬初葬唐浚。妣誥贈太宜人莊儉林氏晚娘生八男,生康熙十五年丙辰十一月廿二亥時,卒於乾隆卅五年庚寅四月初九戌時,原葬趺脚嵧,後遷葬庵角夾號金澗透銀曹,坐丙壬兼巳亥,分金丁巳丁亥,坐翌宿四度。長男坦,號義東公。次璞,號巽玉公,在臺致富十餘萬,捐太學生。三瑲,號聲玉公。

華章公次男,十五世祖太學生璞,號巽玉公,江萬二公,生康熙卅五年丙子十一月十一子時,卒乾隆廿六年辛巳八月初十午時,壽六十六,葬下徑嶺夾,坐寅申兼艮坤挨度。妣勤儉陳氏二娘,生五男。生康熙卅六年丁丑十二月初七寅時,卒乾隆。又妣王氏。子五:長謀;次鼎,承父業,乾隆丁亥捐監生,號九榮;三第,名山公三男,出繼入臺灣彰化縣,庠生,名標三。

畹蘭長男,十八世祖式輔,號汝弼,江千大公,生乾隆癸丑年六月十八亥時,往臺灣,亡卒道光丙午年七月廿一未時,壽五十四歲。妣謚懿德曾氏大娘,生五男,又生一男,生嘉慶丙辰五月初一辰時,卒光緒己卯二月十八戌時,壽八十四歲,葬桔子崠中心崗,坐子午兼癸丁分金,内池水放丁外放丙,廖衍焕改葬。子長汪號浩然,次濫號昌淇,三劫號文烈,四淳往臺亡,五五美號遵德,六六禮號遵周。

畹蘭公三男,十八世祖汲,號清源,江千晚公,往臺亡。生嘉慶戊寅十月廿七酉時,卒道光七月廿七酉時。妣謚温恭,張氏五娘,生二男,生嘉慶戊寅十一月廿五未時,卒於光緒戊戌五月十三子時。子長篷,次鳳尾號獻瑞。

(《[福建平和]大溪江寨江氏大長七世全福系譜》 清光緒稿本)

平和大溪江寨江氏徙臺祖名録

十五世湘,號子澄公,臺灣開莊致富幾十萬,捐貢生,名漢清,造淮陽樓私祖,乾隆壬辰貤贈奉直大夫。

十五世祖太學生璞號巽玉公，江萬二公，諡德良，生康熙卅五年丙子十一月十一子時，卒乾隆廿六年辛巳八月初十午時，壽六十六，葬下徑嶺夾，坐寅申兼艮坤挨度。妣勤儉陳氏二娘，生五男，生康熙卅六年丁丑十二月初七寅時，卒乾隆。又妣王氏。男長謀。次鼎，承父業，乾隆丁亥捐監生，號九榮。三第，名山公三男出繼，入臺灣彰化縣庠生，名標三。四石朝天公男出繼。五登，上壩過繼。

十三世祖考義直江大公，乳名廷，字子在，諡義直。生於康熙壬寅年五月廿四日丑時，卒於雍正壬子年十二月初一日申時，葬在半山大窠裏。生六男。長男實，娶高氏，生三男，長男名寬，二男名罕，三男名秀，一女嫁平和曾家，癸酉年全家往臺。次男水，無娶，續一孫名接，娶陳氏。三男把，娶黄氏，生四男，長男口，次男名戀，三男名湘，四男名定，一女嫁范家，丁丑年往臺。四男名敦，娶陳氏，生下三男一女。五男膽，娶高氏，生下四男。六男貝，先娶朱氏，無生，後繼娶。十三世祖妣貞惠林氏晚娘。

十五世祖考乳名士靈，子羣公之次子，往臺。妣廖氏，生下一男名燁。

十六世祖考江大公，乳名鄭，是亦尊公之長子。生於乾隆戊子年十二月三十日寅時，往臺而亡。

（《[福建平和]大溪江寨江氏族譜》　1924 年稿本）

平和江氏遷臺灣開基祖臺灣譜名録

江寨十六世濳、雄兄弟，於清乾隆初由平和遷臺，卜住彰化縣燕霧下堡東山鎮興莊。

江寨十四世士印、士呑、士根兄弟，於乾隆中渡臺，建基桃園縣大溪鎮仁和宫廟前。

平和二萬四公，字洪啓，生男紉肇，派下十三世東興，妣劉氏、魏氏，於乾隆九年甲子歲春，攜五男並三孫移臺灣，擇居彰化縣燕霧堡三塊厝莊開族。

十四世調，偕侄欣、艾、勳及星四子，於乾隆二十二年丁丑歲春舉家從平和遷臺灣。

十四世創父子，由平和遷臺灣淡水擺接莊。

十五世朝雪，諡瑞玉，於乾隆四十五年庚子，挈眷渡海來臺，卜居於臺中北屯區七張犁。

（江廷遠編《[臺灣]江氏大族譜》　新遠東出版社　1982 年版）

平和江寨濟陽堂江氏渡臺灣開基名録

十二世九合，在躍公長男，名琠，次男名軌，三男应科，四男名弼，五男名幹，晚男名輯。

十三世祖琠，娶鍾氏生三男。長名料，次名興，三名旺。旺遷臺灣。

十三世祖軌，諡東興，娶劉氏生五男一女。長名講，次名曉，三名札，四名調，五名親。後東興公帶五子三孫全家遷臺灣員林。

十三世祖應科，娶曾氏生二男，長名只，次名餘。渡臺。

十三世祖弼，又名包，娶葉氏生一女，康熙年間渡臺早亡，先葬於嘉義縣水上鄉江竹仔脚。後來江鈕公與達方公次子寢、三子衆渡臺，認江包公墳爲父，正式入嗣。1943 年遷葬員林鎮樟空江九合公山宅。

十三世祖諫，娶曾氏生四男一女，往潮州堪輿無回。

十三世祖輯，娶廖氏生二男一女，全家渡臺。

西墅公爲人謹厚，篤信好學，衍書香一脈，設館教育，逮曾孫有斐廿四歲進泮，而太婆范氏內助，克勤克儉守祖業而光大之。厥後玄孫南金、捷科等，皆其所陶鎔積蔭者，又有善繼。逮戢五公、在躍公、崑良公三人，克遵祖訓，敬承祖業。一時衆房叔侄不念先人之拮据艱難，而快目前之奢華歡樂，相效賭飲，凡田園、池塘、屋宇、地基，附近榕林者，故意送外姓，作價加倍，而戢五公三叔侄，無不倍價承之，無此三人，則榕林一塊之土，皆屬異族矣。書此以爲後人念之，戒之，各宜勉之！

嘗思有天地然後有萬物，有萬物然後有男女，有男女然後有夫婦，有夫婦然後有父子。是則人由此而生，而祖由此而始焉。

我濟陽堂迄今二十餘代，麟趾呈祥，螽斯衍慶，生其終者，未嘗不思其先也。然而葉茂者根自深矣，流長者源自遠矣。世遠年湮，不明根蒂，欲追其始而何自，不歷源頭，欲思其先而罔據。爰是謹將先人修遺譜緒，而自六世二房端毅公第三男派下，再分立族簿，以貽後知，庶尊卑無躐等之譏，倫序有次第不紊云爾。

十三世祖考乳名包江公，妣葉氏孺人。

十四世祖考乳名鈕江公，謚篤實，生於雍正癸卯年六月十五日，辰時呈祥，卒於喜慶甲子年九月二十日午時登仙，葬在三塊厝後竹仔坑口，坐巽向乾兼辰戌，辛卯辛酉分金。

祖妣閨名勸娘，謚勤善陳氏。生於乾隆己未年十月十七日，戌時獻瑞，卒於嘉慶戊午年十二月初七日卯時仙壽，葬在頂樟空自己山宅，坐乙向辛兼辰戌。

（《[臺灣]濟陽江氏族譜》 1964年鉛印本）

平和江寨江氏徙臺開基祖名録

乳名龍生一男十三世祖考篤直江公，乳名朋，字篤直。生於康熙甲辰年五月初五戌時，卒於雍正丁未年二月十三日卯時，葬在雷打石窠尾。生三子，長黨；次承威過房；三蘊往臺而亡，娶妻陳氏生一男。妣張氏大娘。

十三世祖考義直江大公，乳名廷，字子在，謚義直。生於康熙壬寅年五月廿四日丑時，卒於雍正壬子年十二月初一日申時，葬在半山大窠裏。生六男：長男實，娶高氏，生三男，長寬，次罕，三秀，一女嫁平和曾家，癸酉年全家往臺；次水無娶，續一孫名接，娶陳氏；三把，娶黄氏，生四男，長男名佚，次男戀，三男湘，四男定，一女嫁范家，丁丑年往臺；四男名敦，娶陳氏，生下三男一女；五男膽，娶高氏，生下四男；六男貝，先娶朱氏，無生，後繼娶。十三世祖妣貞惠林氏晚娘。

十三世祖考達方江晚公，乳名員，字達方，謚寬厚。生於康熙庚申年九月廿二日申時，卒於雍正丙午八月十八日辰時。生四子，長濟娶陳氏有後，陳氏後嫁張家，至二子在臺，長子名系，二子名異早亡；次男寢，三男盛，四男衆，在臺中早亡。達方公死後，全家往臺，住莊諸羅竹子下尾屋居住。

十三世妣勤惠黄氏三娘，謚勤惠。生於康熙辛未年十一月初九日寅時，卒於雍正九年九月十九日巳時。壬申年改葬半山嶺五行田面。

大房十三世祖考侍卿江大公，乳名雪，字侍卿。葬在井子邊口横路上地穴。生二子二女。長男名青，字秀明，娶陳氏。次男名巧，娶高氏，在臺。女京娘、豔娘。十三世祖妣羅氏，生於康熙。

三房十三世祖考純直江三公，生於康熙戊申年，卒於雍正五年丁未七月十四日辰時，葬在坑頭岩角面。生一子名察，娶高氏，今往臺，有後，生二子。長子男坑生，次子名笓，其生母聖楝而死矣。十三世祖妣鍾氏二娘。

十三世祖考江二、三公同葬在石挾長崗。其二三郎繼一子名山，又生一子名度，在臺亡焉，世業付山兄用盡。分下一子名淑，與度兄爲後，之山兄身故，吴氏無生，二人共一子承接奉祀。

十五世祖考乳名士靈，是子羣公之次子，往臺。生卒不詳。生下一男名烽。十五世祖妣廖氏。

十六世祖考江大公，乳名鄭，是亦尊公之長子。生於乾隆戊子年十二月三十日寅時，往臺而亡。

十六世祖考江二公，乳名放，是亦尊公之次子。生於乾隆壬辰年十二月十二日寅時，在臺而亡。

顯祖考玉閏江十一郎，妣慈慎曾氏大娘。傳土名雞公老，娶張氏，生二男，長田，名阿弟，字性和，娶葉氏，生一子名許；次男阿二，字性順，娶張氏，生一子名想。阿弟今在小溪山羊耕田，阿二今三十六年往臺灣皮匠。

顯祖考江二郎，男之深，娶廖氏，生一女嫁大徑。繼房一男名阿明，康熙三十六年去臺灣生理。

崑良公，金龍公長子，請鄉賓本縣主道光賜牌額"古君子風"四字。生長子遊船，號向東，娶卓埯陳氏，生一女嫁馬堂有後。又生二男。今康熙甲戌年冬合葬大坑里員墩上。長男諱則漢，號崑良，娶縣前徐氏，生下四男。長世泰生下四男。長環，號雲璋，娶游氏，生五男，長旺，次瀚，三容，四閏，五活；三女姓娘，儉娘，姜娘。則漢生二女，戀娘嫁何地，壬娘嫁秀篆，俱有後。娶游氏生二女，一女嫁朱家，一女嫁葉家。次男玲，號雲珪，娶范氏生三子。滔往臺。

（《[福建平和]大溪江寨江氏族譜》 1920年稿本）

臺灣濟陽江氏開臺祖名録

十八世耿公，妣吴氏，生一子龍，卒臺。

十九世華美公，字豔，妣賴氏，生二子，長潛，次雄。公葬在後溪田屋場。臺灣住家。妣葬在石梯嶺脚嵧下。

溢漸公，字石，妣陳氏，生二子，長德，次國，往臺灣住家。

瑱公，妣陳氏，生一男宅，在臺灣。合葬在石梯嶺尖山上合石。

十六世祖純真公，妣温淑曾氏。公名在躍，出外命卜堪輿無回，葬去竹坪石墳脚，康熙二年(1663)遷起寄金原位，後道光元年安葬，乾巽兼戌辰，丙戌丙辰分金。生六子，長勤篤、次東興、三男、四男、六男往臺灣，五男往潮州堪輿，俱不知何傳。

廿三世祖考曾廣公，文庠，往臺灣娶妻生子。

廿四世祖考官章捷元，字聯其，文庠，享壽六十一歲。妣劉氏，享壽八十二歲。生五男一女，長德言，次德滋，三德本，四德輝，五德新，長女娥出嫁黄家。公於道光三十年庚戌二月九日戌時生，明治四十四年七月二十二日下午未時終，於明治四十四年七月二十四日下後酉時葬在燕霧下堡三塊厝莊，坐癸向丁兼子午，庚子庚午分金。劉氏道光二十八年戊申八月五日巳時生。

廿一世祖考由興公，妣張氏生一子和德，由汀州府永定縣金豐里高頭鄉南山下，遷來臺北縣淡水區三芝鄉新莊村開基，安葬新莊村田心仔。由彬公，由贊公，由貴公，由寬公，由泉公。

（《［臺灣］濟陽江氏族譜》 1964年鉛印本）

（二十四）吕　氏

龍溪杏林吕氏徙臺開基祖記録

四房以用長派開坤系，十世德老，祖忍四子之末，惟煖孫，移居臺灣。

長房祖椿次派德瞧系，十二世文興，本培子。生四子。章彬，章掌，章助往臺灣，章浩往臺灣。章助子而宋。章浩子而成。

長房柚長派德燔系。十二世文愈，本滿子。移居臺灣。生子章估。

長房和元派協夏系，十四世而串，章奶子，文海孫。往臺灣。子經仁，而汗三子入繼。

長房和元派協夏系，十三世章察，文敏子。生子而立、而適、而墨。立止，適、墨遷臺灣。

長房和元派協夏系，十四世而榜，逢源子。子五，經沉、經雙、經清、經烙、經行。烙、行往臺灣。烙子世縹，經雙次子入繼。

長房和元派協夏系，十二世文求，子章杭、章簪，俱遷臺灣。

長房應聲三派德三系，十五世經浮、經褱，而楠四子之三、四，章頓孫，往臺灣。

長房檜三派德焰系，十四世而檜，章唐二子之次，往臺灣。子經宗，而蓋次子入繼。

長房檜三派德焰系，十四世而榴、而千、而舖，章比七子之長、次、三，俱往臺灣。

長房栢長派德煉系，十三世章品，文狀三子之長，本啓孫。往臺灣。子而慶。

長房栢長派德煉系，十三世章朝，文全子，本腰孫。移居臺灣。生子而路、而孰、而套、而□、而□。

長房栢長派德煉系，十三世章妙，文結子，本腰孫。移居臺灣。子而火、而□。

長房榴長派德潛系，十三世章經，文鏘二子之長，移居臺灣。

長房榴長派德潛系，十四世而龐，章祥二子之次，移居臺灣。

長房榴長派德潛系，十三世章藩，文國子。生子而連、而品、而紹、而合、而吟、而習、而述。紹、合、習移居臺灣。

長房榴長派德潛系，十四世而芳，章清四子之次，文國孫。移居臺灣。

長房榴長派德潛系，十四世而隴，章歷子，文國孫。移居臺灣。

長房榴長派德潛系，十五世經熙，而賓六子之三，世游孫。移居臺灣。

長房榴長派德潛系，十三世章疊，文潤子，移居臺灣。

長房榴長派德潛系，十四世而江，章育四子之三，移居臺灣。

長房榴長派德潛系，十三世章就，文潤子。生子而濕、而篤、而嘉、而隔。濕、篤往臺灣。

長房榴長派德潛系，十四世而領，章冉子，章騫四子入繼，移居臺灣。

長房榴三派德穌系，十二世文麟，本蔡子，往臺灣。子章異。

長房思庵長派，十五世經總，而槐子，章漏孫，移居臺灣。

長房思庵長派，十六世世通，經寬子，而棐孫。卒於臺灣。

長房思庵長派，十六世世苞，文焕八子之三，雲柱孫。移居臺灣。

長房思庵長派，十五世經通，而雄子，章術孫。移居臺灣。

長房思庵長派，十一世運昌，子文應、文顯。文應子章蕫往臺灣。

元芳次派子燾系，十六世世殿，乞養，經崇子，而選孫。移居臺灣。

元芳次派子燾系，十四系而東，章信子，文璿孫，移居臺灣。子經瑶。

元芳次派子燾系，十四世而馬，章渥七子之四，嶽孫。移居臺灣。

元芳次派子燾系，十四世而應，章輓四子之長。而虎，章輓四子之末。俱移居臺灣。

元芳次派子燾派，十三世章泱，嶽子，移居臺灣。子而賜、而再、而致、而韃。賜、致移居臺灣。

元芳次派子燾系，十三世章注，倬子。生子而心、而合、而平、而解。合、解移居臺灣。

横派德爚系，十四世而儒，章佳三子之末，文跳孫，本銓曾孫。移居臺灣。

次房興長派德炤系，十四世而舊，章政子，文鉉孫，本坤系。移居臺灣。子經貫、經城。

次房興長派德炤系，十五世經儉，而然二子之長，章快孫，文録系。移居臺灣。

次房興長派德炤系，十五世經歐，而安子，而然次子入繼，章聽孫，文録系。移居臺灣。

次房梃長派德静系，十四世而典，章科二子之長，文質孫，本孫系。移居臺灣。

次房梃長派德静系，十四世而拳，章甲二子之長，文質孫，本孫系。移居臺灣。

次房衍長派德誥系，十四世而入，章統四子之三，文贊孫，本福系。移居臺灣。

次房衍長派德誥系，十五世經通，而無子，章鄹孫。移居臺灣。

次房模次派德然系，十三世章署，文陣子，本臺孫。移居臺灣。子而請，孫經提，乞養。

次房模三派德傑系，十四世而頗，章縹子，章郡次子入繼，文益孫，本及系。移居臺灣。

次房模四派德燾系，十四世而棟，章紹子，章略四子入繼，文東孫，本賴系。移居臺灣。

次房模四派德燾系，十四世而葵，章萼五子之三，文緘孫，本賴系。移居臺灣。子經漳移居臺灣。

次房模四派德燾系，十四世而咸，章翩子，文緘孫，本賴系。移居臺灣。子三，經捎、經廚、經卑。

次房模五派德烋系，十三世章典，文馮四子之次，本湛孫。生五子，而欽、而權、而韡、而彭、而言，俱往臺灣。

次房模五派德烋系，十三世章浩，文馮四子之三，本湛孫。生二子，而通、而同，俱移居臺灣。

次房模五派德烋系，十三世章選，文歷子，本湛孫。生子六，而藉、而他、而彼、而飽、而飲、而卦。而藉守祖，餘俱移居臺灣。而彼子經在，而藉次子入繼。

次房模五派德烋系，十三世章合，文歷子，本湛孫。生子四，而戰、而行、而直、而律，俱移居臺灣。

次房模五派德烋系，十二世文政，本湛子。子三，章柯、章復、章塔，俱移居臺灣。

次房模五派德烋系，十四世而杉，章栗三子之末，文盛孫。移居臺灣。

次房紹塘長派德孫系，十四世而闕，章燕子，文欽孫，本孟系。卒於臺灣。子經潘、經魯。

次房紹塘長派德孫系，十四世而郊、而郁，章溱五子之三、五，文柱孫。移居臺灣。

次房紹塘長派德孫系，十四世而標，章統四子之長，王臣孫，本季系。卒於臺灣。

次房紹塘次派德二系，十四世而暢，章追四子之長，文天孫，本姐系。移居臺灣。

次房紹塘次派德二系，十三世章吟，文天二子之次，本姐孫。移居臺灣。

次房紹塘次派德二系，十四世而左，章添子，文平孫，本姐系。移居臺灣。

次房紹塘三派德三系，十四世而達、而歐，章夜五子之次、末，文月孫，本愛系。移居臺灣。

次房紹塘三派德三系，十四世而段、而意、而梢，章藕五子之長、四、末，文月孫，本愛系。俱移居臺灣。而段子三，經練、經讒、經最。而梢子經董，止。

次房紹塘三派德三系，十四世而步，章房子，文月孫，本愛系。移居臺灣。子經現、經相、經習。

次房紹塘三派德三系，十五世經君，而暢子，章定孫。移居臺灣。

次房紹塘三派德三系，十四世而誰，章定二子之次，文錦孫，本愛系。移居臺灣。

次房紹塘三派德三系，十四世而沉，章喜二子之次，文象孫。移居臺灣。

次房紹塘三派德三系，十四世而竹，章虐二子之長，文象孫。移居臺灣。

次房紹塘三派德三系，十四世而陳、而逞，章面四子之長、末，文帥孫。移居臺灣。而陳子經辦，而逞子經禹。

次房紹塘三派德三系，十四世而賜，章苔子，文帥孫。移居臺灣。

次房紹塘三派德三系，十四世而焰、而灼，章烈子，文建孫。移居臺灣。

次房聯塘派德賜系，十四世而放，章茂三子之末，文協孫，本艮系。移居臺灣。

次房聯塘派德賜系，十四世而抱，章字三子之末，文對孫。移居臺灣。

次房聯塘派德賜系，十三世章楚，文對子，本艮孫。生子四，而晝、而表、而洪、而騫，俱移居臺灣。

次房聯塘派德賜系，十三世章王，文對子。移居臺灣。

次房聯塘派德賜系，十四世而泉，章釵四子之末，文執孫。移居臺灣。子經卑，寄食而企。

次房聯塘派德賜系，十四世而銅，章萬四子之長，文松孫，本坤系。移居臺灣。

次房聯塘派德賜系，十三世章億，文松四子之三，本坤孫。移居臺灣。

次房聯塘派德賜系，十五世經溉，而滸子，章寅孫，文尋系，隨來子。移居臺灣。

次房聯塘派德賜系，十三世章窕，文尋子，本坤孫。移居臺灣。子而藻流出無蹤。

次房聯塘派德賜系，十三世章六，文阮子，本貢孫。移居臺灣。

次房聯塘派德賜系，十三世章連，文由子，本貢孫。移居臺灣。

泗塘長派君晦系，十四世而佈，天泮四子之次，文陶孫。移居臺灣。

泗塘長派君晦系，十四世而拔，章脩五子之末，文銓孫。移居臺灣。

泗塘長派君晦系，十四世而述，章盆五子之長，文吾孫。移居臺灣。

泗塘三派子煇系，十三世章權，文柏子，本昂孫。移居臺灣。

泗塘四派德景系，十四世而梗，章昧子，文座孫，本民系。移居臺灣。

泗塘四派德景系，十三世章倆，文或子，本民孫。移居臺灣。

泗塘四派德景系，十三世章就，文厚子，本瑞孫。移居臺灣。

榔次派德熠系，十四世而雷，章衛子，文長孫，本惠系。移居臺灣。子經宋，隨來子。

榔次派德熠系，十四世而益，章備子，四房章本次子入繼，文長孫，本惠系。移居臺灣。子經松，乞養。

榔次派德熠系，十四世而舊，章傳子，文蒲孫。本惠系。移居臺灣。子經府。

梛次派德熠系，十四世而遁，章勇子，文蒲孫。移居臺灣。

梛次派德熠系，十四世而螺、而約，章榮三子之次、末，文鎰孫，本和系。移居臺灣。

極長派德黨系，十五世經體，而阜子，章近孫，本縣系。移居臺灣。

極次派德祐系，十四世而程，章灸子，文陞孫，本招系。移居臺灣。子四。經汰、經沙、經鎮、經沄系移臺灣後所生。

根長派德熟系，十三世章誥，文道三子之次，本澤孫。卒於臺。

根長派德熟系，十三世章田，文享子，本澤孫。往臺灣。生子而榜、而儉，俱移居臺灣。

根長派德熟系，十三世章寬，文享子，本澤孫。移居臺灣。生子而苞。

根長派德熟系，十三世章淑，文享子，本澤孫。往臺灣苟取而歸，斃於獄。

根長派德熟系，十三世章水，文享子，本澤孫。移居臺灣。生子而枯，而成章寬四子入繼。

根長派德熟系，十三世章康，章八，文享八子之七八，本澤孫。移居臺灣。

根長派德熟系，十三世章朝、章朕，文忍子，本勸孫。朝及朕子而感移居臺灣。

根長派德熟系，十四世而忸，而鑽，章淋七子之次四，文巍孫，本勸系。移居臺灣。

根長派德熟系，十二世文穆，本勸四子之末。生二子。長章狀，移居臺灣，子而恨、而藍、而□。次章眼，移居臺灣，子而井。

根長派德熟系，十三世章臏、章排、章奚，文詞子，本相系。臏、排移居臺灣。排子而燥，章奚次子入繼。

根長派德熟系，十四世而宗，章韜二子之次，文讀孫，本相系。往臺灣。出繼章强。

根長派德熟系，十四世而廟，章溪子，文讀孫，本相系。移居臺灣。

根長派德熟系，十四世而湑，章弱子，文讀孫。移居臺灣。雙胞同胎弟而瀨。

根長派德熟系，十四世而竹，章纂六子之長，文讀孫。不孝傷母，逃往臺灣。

根長派德熟系，十三世章强，文仲子，本相孫，文讀三子入繼。卒於臺灣。子而宗，章韜次子入繼，移居臺灣。

根次派德再系，十四世而鐵、而包、而綱，章暈子，文亞孫，本尚系。包、綱移居臺灣。

根次派德再系，十三世章禹，文儼子，本尚孫。移居臺灣，子而甲、而鳳、而吉、而訝、而凰。

根三派德細系，十四世而誠，章麟子，文孫，本雅系。初隨母居官古，後移居臺灣。

根三派德細系，十四世而豹，章澎子，文職孫，本雅系。不顧父母，夫婦殀死臺灣。

根三派德細系，十三世章萃，文章子，本雅孫。移居臺灣。

根三派德細系，十三世章運，文可子，本雅孫。移居臺灣。子而待，章澎次子入繼。

根三派德細系，十三世章轉，文陸四子之三，本雅孫。移居臺灣。

根四派德泗系，十四世而魋，章限子，文禄孫，本填系。移居臺灣。子二。

根四派德泗系，十四世而裏、而謨，章限四子之次、末，文禄孫，本填系。移居臺灣。而謨系帶來子。

根四派德泗系，十三世章冬，文禄四子之次，本填孫。移居臺灣。子六，而翁、而陟、而船、而培、而倦、而埕。

根四派德泗系，十四世而井，章厲四子之次，文禄孫，本填系。移居臺灣。

森長派德燮系，十二世文評，本綏子。移居臺灣。子章香、章有。

森次派德煌系，十三世章學，章春，文朝四子之次末，本饌孫。移居臺灣。

六長派德純系，十三世章賢，文宗子，本璧孫。移居臺灣。

寧派德轉系，十三世章聰、章爚，文鳳子，本纘孫。移居臺灣。

四房檀三派德晃系，十五世經松，而有子，章柳孫，本陳系。移居臺灣。

四房檀三派德晃系，十四世而受，章次子，文國孫，本陳系。移居臺灣。子二，經事乞養，經賓。

四房檀三派德晃系，十四世而套，章好子，章永次子入繼，文任孫，本陳系。移居臺灣。子經山、經水。

四房檀三派德晃系，十四世而張、而習，章永四子之三、四，文任孫，本陳系。移居臺灣。而張子經矧。而習子經斟、經□。

四房檀三派德晃系，十三世章塲、章鎮，文任五子之四、五，本陳孫。移居臺灣。塲子沃。鎮子而紳，孫經塹。

四房五派德臺系，十四世而員，移居臺灣。子經張、經犯、經貢。

四房熊派德厚系，十四世而六，章回七子之六，文起孫，本姐系。移居臺灣。

四房緯次派德二系，十四世而維，章累子，文錠孫，本忠系。移居臺灣。

四房緯次派德二系，十四世而鳳、而賞兄弟，章現子，文秀孫，本忠系。移居臺灣。

四房緯次派德二系，十三世章繆，文秀二子之次，本忠孫。移居臺灣。

四房緯三派德三系，十四世而音，章前四子之長，文恬孫，本生系。移居臺灣。

四房緯三派德三系，十三世章族，文嵩子，本生孫。文恬三子入繼，原名琴，移居臺灣。

四房緯四派德四系，十三世章根，文學子，本爵孫。子而閩、而□，俱移居臺灣。

四房純四派德賢系，十三世章自，文月子，本柔孫。移居臺灣。

四房純三派德夢系，十二世文碩，本旗四子之三。移居臺灣。子三，章奥、章鞍、章□。

三派純四派德宣系，十三世章欲，文普四子之次，本起孫。移居臺灣。

三派續派德佈系，十三世章書、章找，文潘四子之三、四，本注孫。移居臺灣。

四房僯次派德參系，十三世章庇，文趙二子之次，本哲孫。移居臺灣。

四房恒派德喜系，十三世章象，文河子，本鐘孫。移居臺灣。

四派勳長派德建系，十二世文各，本再子。移居臺灣。子章琫。孫而眷、而泗、而聳。

四派勳長派德建系，十三世章澤，文訪子，本禮孫。移居臺灣。

勳四派德妹系，十三世章紋，文魁二子之次，本田孫。移居臺灣。

四房質次派德孟系，十二世文科，本陣子。移居臺灣。子三，章老、章生、章保。老、生移居臺灣。

四房質次派德孟系，十三世章審，文及二子之長，本陣孫。移居臺灣。

四房質次派德孟系，十三世章央，文順子，本緞孫。移居臺灣。乞養。子而瀨。

四房質三派德次系，十三世章珠，文鎔二子之次，本淑孫。移居臺灣。

四房質三派德次系，十四世而水，章孫五子之三，文備孫。移居臺灣。

四房德次派德地系，十二世文寧，本衛子。移居臺灣。子五，章聘、章旺、章學、章經、章輅。

珠次派德參系，十三世章球，文董子，本略孫。移居臺灣大武壟。

（吕鐵鉞編纂《[福建龍溪]杏林吕氏族譜》 清道光辛卯稿本）

南靖書洋呂厝呂氏渡臺開基祖世系名録

建山長房心省派下十一世德承公，乃等榮公之長子，原命壬辰年六月初二日辰時生，卒於康熙庚子年十月廿五日未時辭世，葬在庵仔山大路上，坐寅向申兼艮坤，丙寅丙申分金。

德承公媽姓氏生卒年月日無可考，葬在堀後山仔杉林上。生一子名賢土，號雞母，娶二妻，往臺灣中港，聞生有三子。

建山長房心省派下十一世德富公，乃等榮公之次子，原命丙申年七月十七日子時生，享壽六十五歲，卒於康熙五十九年庚子九月十二日子時辭世，葬在梅仔坑十分窠韓家墳下，坐辛向乙。

德富公媽姓氏生卒無可考，葬在後溪壩，共二墳，一墳是姑娘葬處，不知何墳是德富公之妻。生子名吴，字良周，讀書名光，往臺灣無娶而卒。

建山長房心省派下十一世德傅公，字信初，生命無可考，卒於雍正庚戌年十二月廿八日未時辭世，葬在芽藤坑路上。前妻不知其姓氏生卒年月，葬車頭坪水路上。後妻姓氏生命忘記，卒於庚戌年五月十三日未時，亦葬在車頭坪路上，上下毗連。生二男一女，長攀桂往臺灣上港，次輕早故，一女嫁内坑蕭答官，生一女即故。

建山次房心萬派下九世心萬公夫婦，於龍口庵前撞著賊夥被害。時妻氏方懷抱進叔公在手，賊遇曰斬草必除根，氏應曰有的何用殺，於是遂舍而去。後氏改嫁於本鄉曹家，今曹海等即其子孫。往臺矣，生卒忘記，葬在庵仔山嶺向下上車洋，坐北向南。生一子名進。

建山次房心萬派下十世和昭，諱進，生於順治庚寅年十一月十九日卯時，享壽六十六歲，卒於康熙五十四年乙未十二月十八日亥時，葬在凹鴨母坑頭，坐坤向艮。媽王氏，生於壬寅年八月初一日寅時，享壽四十九歲，卒於康熙庚寅年九月初五日寅時，康熙丙申年十二月初八日重興再葬於蕉坑水尾，坐丑向未。生二子二女。長德佑。次庭，娶船場邱廳謝氏，無生，後夫妻搬眷往臺。女長名唐姑，先嫁蕉坑邱家，後嫁龍口許光官。次勉姑先嫁下蕭家，後嫁石橋張妹官，往臺。

心純長房等任派下十一世宜生，諱慈，等任公長子，生卒忘記，葬在銅盤後公王内岐名流顯坑，坐未向丑。生一子名棠，字子封；一女名昭娘，嫁於板寮劉諱南，早故無生，姑丈往臺。

心純長房等任派下十三世志貞，諱亮，字志賢，讀書名志貞，生於康熙四十年辛巳二月十七日辰時。妣曾氏，諱曲娘，生於康熙五十三年甲午十二月初九日寅時，享壽四十五歲，卒於乾隆二十三年戊寅正月廿三日吉時，葬在荇菜窠茶林内岐，乾隆卅五年庚寅二月，訂修自臺回家，三月間收骨入金，遷葬在員墩鞍路下，坐乾向巽兼戌辰分金。生二男，長曰謀字訂修，次曰聽字聽修。庚申生父臺中物故，母在家至庚辰搬眷往臺大武郡。訂修螟蛉一子凶斷，聽修又染嘔血之病，至庚寅又凶，蕭氏改嫁。嗚呼，胡天不佑，而使吾兄弟之流離失所若此哉。訂修在家時，生一女自幼抱養於龜坑張生來，搬眷入川。

宜經次房派下十二世孔，字亦章，謚篤拙，宜經三子。生於康熙二十二年癸亥十二月初十日未時，享壽七十一歲，卒於乾隆十八年癸酉十月十七日寅時，乾隆卅五年庚寅十二月大寒啓攢，棺入水，收骸入金罄，回在學間安下，辛卯年二月清明日遷葬在園仔後，坐北向南。生五男，長曰誠字鳳儀，次曰助字德儀，三曰國字羽儀，四曰邦字萬儀，五曰誥字養儀往臺未娶。女聖姑嫁於蕭官，往臺守節板橋，當時百日内葬在吊鐘嶺杉鞍曰虎形。按我公生女八胎不得有兒，在溪口本族螟蛉爲子。後曾氏隨二子往臺就誠叔。

孔叔公妣曾氏諱轉娘，謚慈淑，生於康熙卅二年癸酉十月十六日辰時，享壽七十二歲，卒於乾隆卅年乙酉三月卯時，葬在什份窠頭，坐西向東。

宜經次房孔派下十三世鳳儀，諱誠，生卒失記，在臺身故。生二子，長名正丙辰生，次辛卯生亦故，皆在臺。

宜經次房孔派下十三世德儀，諱助，與母曾氏往臺，在臺大武郡湳仔山脚。

宜經次房孔派下十一世道隆，諱清，讀書名道隆，葬在暗坑店地黍仔園上。乾隆年間侄旭等收骸更葬。生四子，長曰嘉字燕賓，次曰迎，三曰扶，四曰客未譜時已卒在臺中，妣張氏乾隆二年丁巳搬眷往臺中，近九旬卒。葬走豬埔下莊厝前中央。

宜經次房孔派下十一世道盛，等坤次子，諱朝，讀書名道盛，葬在梅仔坑什份窠尾，妣張氏葬在梅仔坑寨外岐。尚有子名勝早故，葬在寨内岐。生四子。長曰培，夫婦不知何時在走豬卒，生子娶卒。次曰孟，三曰達，四曰樓。以上生卒年月日時不知其詳，挈家往臺東日久，各人帶去無可推尋，祇存其概而已。後考臺東寄有一單曰，文正謚純德，生於康熙甲寅年三月廿四日亥時，享壽七十六歲。

宜經次房孔派下十一世道修，諱井，讀書名道修，生卒不知何時，在臺中大武郡舊社，葬亦在臺中。妣簡氏生於康熙十九年庚申十月初三日巳時，享壽五十六歲，卒於乾隆二年丁巳十二月初一日未時，葬在梅仔坑宜經公三房手尾茶林中，至乾隆卅餘年收骸復葬原穴。生八子。長曰樸，字劍賓。次曰素，無娶，往臺中卒。三曰葷，無娶，往臺中卒。四曰堅，無娶，往臺中卒。五曰香，娶妻卒，生子亦卒，往臺中依侄而食。六曰馥，字馥賓。七曰表，臺中娶妻生三子二女而故，孀守節。八曰卦，甲辰生，往五更寮鋸板被杉打折手臂而死，找回葬在燈心洋大路上，坐東向西，配界外楊氏，死後娶來，六月廿日往暗坑曝穀跌橋下溺水而死。女名來姑，嫁於蕭春官殀折，生子怨亦卒，守寡。

宜經次房孔派下十二世馨賓，諱馥，字馨，讀書名盛。生於康熙丁酉年三月初五日寅時，享壽四十五歲，卒於乾隆廿六年辛巳六月廿六日巳時。葬在梅仔坑簡氏媽墳下。先娶妻無生，後娶初生一子幼殀折，後生一子名漂，庚辰生。又生一女名柑娘，丙子生，嫁簡家。井叔自甲辰年間往臺，三十餘年亦常回家，後娶妻簡氏，辛苦養子而長，力擔尤勞，至弟長大，或散游或亡，一生辛苦已死並無些兒享福，且兄弟八人亦無一個克自拔振。嗚呼，豈我家地理不修，抑亦時命耳。

宜經次房孔派下十二世介士，諱義，讀書名鳴高，生於康熙戊戌年正月廿八日亥時，享壽六十三歲，卒於乾隆十五年庚午六月十八日子時。葬在燈心洋籬仔嶺頭墩路下，坐西向東。庚寅年三奇回來啓攢將骸復葬原穴。生四子。長曰顔字汝英，無娶臺中卒。次曰斐，字汝盛，無娶在臺中卒。三曰奇，字汝庸，無娶在臺卒。四曰觀，早故，葬在庵仔頭，坐艮向坤，辛丑辛未分金，康熙四十一年壬午十月廿二日卯時火化，廿五日寅時進葬在原穴，至乾隆甲申年九月廿一日酉時更葬壙面砌石立碑。

宜經次房孔派下十一世敬儀諱標，字喬升，讀書名敬儀，生於順治己亥年二月初九日午時，享壽六十七歲，卒於雍正五年十一月二十七日巳時，至乾隆二年丁巳歲季秋月，卜葬在龜坑桂竹畬，坐丙向壬兼巳亥，分金。生四男二女，長曰回，字睿士，諱夏珍，渡臺；次曰元；三曰隆；四曰新喜；長女曰長姑，嫁於長教簡忠官；次女曰秀姑，嫁上坪蕭縣官。敬儀妣蕭氏，諱興娘，謚勤淑，生於康熙戊申年五月初五日亥時，享壽五十一歲，卒於康熙戊戌年九月廿日辰時，康熙壬寅年八月廿四日卜葬在東山嶺柏公凹仔，坐庚向甲用丙申丙寅分金。

宜經次房孔派下十一世端儀，諱友，等玉次子，卒臺中。妣張氏同兒搬眷往臺。生三子，長曰笑，戊寅生，娶妻無生；次曰輝，無娶而卒；三曰潛，字迄士，無娶而卒。張氏與三兒生卒年月日時俱在海東，事亦難稽哉。

宜經次房孔派下十一世朝儀，諱養，字育升，等玉三子，生於康熙戊申年正月三十日巳時，享壽七十五歲，卒於乾隆壬戌年十一月廿三日戌時，葬崎溪松樹坑，坐北向南。生五男，長曰綽字裕士，次曰誦字達士，三曰百字達面往臺身故，四曰京字普士，五曰石字閔士。女綢姑配蕭賈官。裕士妻吴氏，卒葬在後壁坑山塘，次子名靜，七八歲時咽喉痛早故。達士妻陳氏，生三子，長曰天，次曰宏，戊寅年染疾病，天、宏相繼而亡，其弟細三歲先夭，宏臨門池中而殁。生一女幼抱，抱養書洋坪簡家，後因女婿染病未合巹，改嫁於馬蹄背。

宜經次房孔派下十一世朝都，諱都，生平讀書，因染痰火，卒於臺中，妻改嫁於板寮，生一子名光陽，往臺娶妻生子，往内港居住。女解姑嫁蕭禎官，姑亦搬眷往臺。

贊興次房等居派下十一世慎儀，諱衍，字昭陞，讀書名慎儀，生於順治庚子年八月廿五日辰時，卒於乾隆三年戊午九月十五日未時，葬白葉溪壟鉤坑，後遷在燈心洋蕭完窠頭。生四子，長曰壁字碩珍，次曰舜字碩仁，三曰營字碩圭贅於船場謝家，四曰猛字碩陽搬眷往臺。女長蔭姑嫁於長教簡家，次圍姑嫁於赤州蕭家同子往臺。又生一女名失傳嫁船場謝家。慎儀妣邱氏，生於康熙三年甲辰五月初一日酉時，卒於乾隆戊辰年六月初三日申時，葬在板頭洋鑄鼎舊厝地，乾隆乙酉年起棺更葬。

贊興次房等居派下十二世碩仁，慎儀次子，諱舜，字碩仁，生於康熙丁卯年，乾隆戊辰年間同子搬家往臺，卒於臺中。妣劉氏諱讓娘，雍正年間卒，葬在燈心洋，生一子名王。妣郭氏生三子在南港，女謹姑嫁簡家，往臺内港。

贊興次房等居派下十二世碩圭，慎儀三子，諱營，字碩圭，生於康熙癸酉年，乾隆初同妻張氏、子玩强搬往臺，住紅尾溪。余於甲申年夏往臺，碩圭猶存，不知何年而卒。碩圭長子名玩强，字爭觀，癸卯生，未娶，與母同住紅尾社。

贊興三房漢慶派十世漢慶，贊興三子，葬在洋山棟。妣氏亦葬在洋山棟上下毗連兩穴。生一子名爲，往臺身故，爲生子名享，父子俱在臺中。

贊興四房曰正派下十一世金生，諱水，字金生，中年往臺。妣蕭氏同外家搬眷往臺南港居住，粒積成家，置田卅餘甲。金生卒葬在大武郡紅尾社厝後，妣蕭氏卒葬在大武郡山大坪頂。生一子乳名神佑，字達卿，乾隆乙丑年進取彰化縣學武庠，榜名吕大灝，赴丁丑、庚午兩科鄉闈，後因父母雙凶殯葬費用，又兼年終屢值饑荒，家少減，不得已而罷鄉科。大灝生五子，長曰聽，次曰堯，俱娶媳生子，女配卓乃潭許家。達卿弱冠即已入泮，祖夫婦垂老方生一子，憐愛特甚，又值家業饒裕，非所謂膏粱子弟者耶。然叔祖矢志懸弧，不以庸碌自安，凡臺東宗族有事引爲己任，是亦豪傑之人。厥後大小公業俱爲所廢，前後一若兩人，此非甘心變節，貧寒累人不免殆公，遭時不遇使然。余懼後以公爲口實，故略收大概以剖别焉。

贊興五房振沛派下十世漢祖，字振沛，生卒失記，葬大山寨高寨坪下杉中，坐北向南。生三子，長曰乾，次曰遠，三曰賓往臺無娶卒於海東。遠生子名待溪，娶媳生子承賓，公遺留銀在南港，做些傢夥，子未長大而叔即已物故，妣養子無嫁，亦在臺娶媳生子住南港。

十一世敬儀長房夏珍派十二世夏珍，諱回，字睿士，謚夏珍，生於康熙廿八年己巳十月十四日巳時，享壽五十七歲，卒於乾隆十年乙丑正月十九日未時。在臺辭世，凶葬在下港。乾隆甲申年收骸帶到上港，葬在臺八里岔堡龜崙嶺塔寮坑山，墳向龜崙觀音廟坐艮兼寅。至嘉慶十三年五月遷葬在原處頂坪，坐寅兼甲，用丙寅丙申分金。生五子，長光修，次光德，三光哲，四光遠，五觀水。

夏珍先娶媽李氏無生，生於康熙乙酉年十一月廿日申時，享年四十二歲，卒於乾隆十一年丙寅八月初八日戌時，葬在洋角窠，坐酉向卯兼庚申分金。再娶媽陳氏謚柔順，生於康熙癸未年十月十五日戌時，享壽七十七歲，卒於乾隆四十四年己亥十月十四日卯時，隨即進葬在後壁嶺頭，坐未兼丁。嘉慶十年乙丑十二月初三日，收骸入金，遷葬在後壁山寮仔地上半山，與曾氏媽合葬，坐癸向丁兼丑未，用庚午庚子分金。

夏珍公又娶媽許氏，諱絨娘謚慈惠，生於康熙庚寅年十一月廿六日卯時，享壽五十七歲，卒於乾隆丙戌年十二月十三日卯時，葬在臺東上港八芝蘭保裹族莊五分内山寮，乾隆卅六年辛卯冬收骸入金，遷葬在裹族莊柴寮十四份山邊自己界内，坐艮向坤。嘉慶十三年戊辰正月再葬原穴。夏珍長房光修，諱慎字思可，讀書名光修，在臺東辭世。次房睦邦，三房光哲，四房睦基，五房觀水。

夏珍次房睦邦派下十三世睦邦，諱和，字光德，號思貴，謚睦邦，生於雍正壬子年三月十八日午時，享壽五十三歲，卒於乾隆四十九年甲辰閏三月初四日，至乾隆五十九年十一月收骸遷葬在臺東内港拜爵保藤寮坑口田墘崙仔，坐巳向亥兼巽三分，丁巳丁丑分金。生一子名萬，號明千。妣葉氏，謚勤淑，乾隆己巳年生，享壽三十九歲而卒。

潤宇五房穎資派下九世穎資，乳名衛，字源正，生於崇禎九年丙子正月初六日申時，享年三十四歲，卒於康熙八年己酉十一月廿七日卯時，葬在後壁坑虎仔蹄。至公元一九九一年間，由臺灣桃園廷玉公派下嗣孫代表吕傳勝、副代表吕錫松組團出資修墓，公媽合葬。妣賴氏享壽六十一歲，生二子，長名嚴字惟良號玄策，次名勇字智良號玄哲。

潤宇五房穎資派下十世惟良，穎資長子，享壽六十八歲。妣蕭氏，享壽八十五歲，生七子一女，長震字廷昌，次兑字廷思，三澤字廷男，四蘭字廷賞與胞弟過房改名曰應，五坎字廷鐃，六壬字廷玉渡臺祖，七庇字廷秀。女孝嫁五更寮陳禄。

潤宇五房穎資派下十世如淮，妣邱氏生四子一女，長寅生字朝奏號景初，次報字朝武號景瑶，三現字朝尊號景在，四猜字朝文號景會。女子名勸，配與高頭江年，十七歲未嫁而死，葬在堀潭山上。猜生三子，長長，次月，三沾。沾生一女英，嫁石橋張松，搬眷往臺灣。

潤宇五房穎資派下十世如湖，字玄遠，妣汪氏諱宣娘，生三子一女，長女位嫁高頭江石養官，長子降，次子禎，三子剔。如湖原命壬子年七月廿八日巳時，享年四十九歲，卒於康熙庚子年十一月二十日，在臺灣府隙仔失船溺水死。妣汪氏原命乙丑年四月十二日巳時，年三十五歲，終於康熙庚子年八月廿三日，死於母家半天塘，葬在公王后。

潤宇五房穎資派下十世如河，原命乙卯年二月初十日亥時生，享壽五十八歲，卒於雍正十年壬子八月廿五日未時，廿六日葬在後壁坑田垠仔垳，坐東向西兼庚丁酉卯分金，十月初一修土，初十日追薦。至乾隆廿一年丙子十月初六日午時，遷葬在屈潭路上，寅申兼艮坤分金。妣簡氏原命丁卯年十一月二十日午時，生六子一女，長暢，妻李氏生子彭、格、鯅；次歲；三及；四積；五享；六榜。女益娘嫁與梅林魏光官。暢原命乙酉年五月廿日丑時生，卒於乾隆廿一年，壽五十二，在臺灣大武郡湳仔莊故，正月廿八日辭世。暢妣氏李氏原命丙申八月初八日午時生。歲原命庚寅年潤七月二十日寅時生，年二十二歲卒於雍正辛亥年十月初五日，葬在梅仔坑路上，坐南向北，壬子年十月初十日還庫。及生於壬辰年十一月廿四日戌時。積生生乙未年十二月十五日辰時。享生於己亥年十月十八日丑時。榜生於丙午年四月初一日酉時。

潤宇五房穎資派下十世如璋，原命己未年八月初二日未時生，葬在龍口洋下墳仔有立石碑，派下子孫往臺灣，早年有寄銀修割墳墓。如璋公妣李氏原命丙子年四月廿九日辰生。生七子，長欣，原命壬辰年七月初五日午時，生陶、尊，陶生子舉、柔，尊生子井、健、玉樹、金杯；次興，原命甲午年八月廿日戌時，生子琛、滔、田、水池，琛生子罕、茹，滔生子碧水、橋水，田生子秀、福、慶，水池生耀宗；三理，原命丙申年九月廿三日寅時，生子仲、炎，仲生雄，炎生速；四質，原命戊戌年七月十一日巳時，生削、敦、左，削生大、次，左取炎次子强過房；五願，原命甲辰年十月十二日亥時，卒於乙卯年六月十四日未時，葬在後壁坑，坐南向北，願生六子，雅、丁、富、候、德、典，雅子竹、丁、生、進、祖，富生子蘭，候生和、次、浩；六來，原命庚戌年正月廿一日寅時，生躍、連春、連俊，躍生傳、春生、俊生、德生、鱗祥；七冬，原命癸丑年十一月十六日寅時。

潤宇五房穎資派下十二世國治，號勝飛，無娶，往臺灣無回。

潤宇五房穎資派下十三世本端，妣邱氏，生四子一女，長崑，字秉正，號懷瑞；次泮，字秉旺，號懷芹；三邊，字秉策，號懷正；四巽，字秉奇，號懷同。女聖嫁與田治簡屘官，後往臺灣。

（吕傳勝主編《［福建南靖］書洋田中吕厝龍潭樓吕氏族譜》 1996年鉛印）

詔安秀篆河美吕氏徙臺開基祖名字世系

九世諱學，號志道，生於康熙二十六年丁卯，住東都。妻涂氏，繼妻邱氏，生二男一女，長男伯會，次男伯千，一女香奇配牛頭夾溪熊妹官。

九世一適公，生於康熙五十年辛卯七月念七日卯時，壽二十九歲，未娶，在東都被賊殺而亡。

十世諱黜，號文者，生於康熙三十一年壬申三月十四日未時，壽七十一歲，謚剛義，卒於乾隆壬午年閏五月初二日。妻李氏晚娘，諱正奇，生於康熙三十三年甲戌十二月十八日戌時，生四男一女，長男仲馨號盛名出家，次男仲旁號之立在都中完娶，三男仲協號盛朝，四男仲欽在都中娶妻，女涓奇配龍潭遊衍官。

兆嘉公二子十世諱桔，號翠生，生於康熙五十年辛卯八月初一日丑時，卒在都中，於乾隆庚子年二月初一日辰時，壽七十歲。妻廖氏四娘，諱續奇，生於康熙六十年辛丑三月初二日辰時，壽七十七歲，卒於二日廿八日亥時。生三男一女，長仲猛，次仲鍋，三仲銃，一女居奇配陳坑遊横官。

美生公長子十世諱伯敬，號弼處。生於康熙十四年乙卯九月十一日丑時，東都亡，妻黄氏出嫁。生二男，長仲宰東都而亡，次仲誚號諭之。

步昇公長子十世諱伯成，號孰功。生於順治十六年己亥正月念四日午時，卒於三月念一日。妻游氏出嫁。生三男，長仲清，次仲松都中亡，三仲祖東都亡，女秀奇配李家。

任玉公之子，十世字學純，生於康熙七年戊申五月十五日未時，壽七十。妣李氏二娘，諱妹奇，生於康熙十年辛亥四月初一日亥時，壽五十八歲，卒於乾隆六年辛酉十二月。生五男二女，長仲士號廷選，次仲亮在東都住，三仲轉號貫一，四仲財號德生，五仲實號玉善，女元奇配高坵李家，次女奪奇配石下游。

調乾公之子，十一世仲鉛，生於康熙四十九年庚寅十二月初十日子時，在都娶。

調乾公三子，十一世仲錫，生於康熙五十二年癸巳五月十五日丑時，壽二十九歲，卒於乾隆六年七月十二日酉時，系在都被人殺而亡。妻李氏出嫁，生一女善奇配石下游抄官。

孔武公長子十一世仲熠，號電明。生於雍正五年丁未六月念四日寅時，卒都中。妻廖氏大娘，諱轉奇，生於雍正七年己酉六月念七日丑時。

聖臺二子吕九公，十一世仲包，號君盛。生於康熙六十年辛丑三月初四月午時，在都而卒，壽三十六歲，卒於乾隆二十一年丙子十二月十二日未時，葬在上㽕，坐乾向巽。妻李氏諱賽奇，生於康熙六十年辛丑閏六月十八日卯時，壽五十五歲，在都而卒於乾隆四十年乙未十月初三日戌時。生四男，長元選幼亡，次元從號放能，三元險號安寧，四男元抑。女孺奇，配大坪李栗官。

永充公長子十一世仲蹟，生於乾隆乙丑年二月十一日申時，在都而亡，無傳。

茂士公二子十一世仲燈，號光明，生於乾隆乙丑年，在都中而亡，卒於六月廿日。妻周氏，在都中娶，無傳，卒三月初七日。

必者公之子十一世仲拔，生於乾隆丁卯年九月初一日子時，在都而亡，無傳。

（《[福建詔安]秀篆河美吕氏族譜》 清嘉慶稿本）

詔安秀篆河美吕氏徙臺灣開基祖名録

次房十五世而舊，章政次子，文鉉孫，移居臺灣。

二房十五世經歐，而安子，而然次子入繼，章聽孫，往臺。

二房十五世經儉，而然長子，章快孫，往臺。

二房十四世而典，章科長子，文質孫，往臺。

二房十四世而拳，章用長子，文質孫，往臺。

二房十五世經通，而元子，章鄹孫，往臺。

二房十四世而入，往臺。

模次派德然系十二世章略，移居臺灣。

次房模三派德傑系十四世而頗，章縹子，文益孫，往臺。

次派模三德傑系十四世而棟，章紹子，文東孫，章略四子入繼，移居臺灣。子經志、經高、經衫。

次房模三派德傑系十四世而咸，章翩子，文緘孫，移居臺灣。子經捎、經廚、經卑。

次房模三派德傑系十三世章萼，子五。三子而葵往臺，其子經漳往臺。

次房模五派十四世而欽、而權、而韡、而彭、而言，章典子，文馮孫，本湛曾孫，俱往臺灣。

次房模五派十四世而戰、而行、而直、而律，章合子，俱往臺灣。

次房模五派十四世而他、而彼、而飽、而飲、而卦，章選子，文歷孫，俱往臺灣。

次房模五派十四世而通，章浩子，往臺。

紹塘長派德孫系十四世而闕，章燕子，文欽孫，卒於臺。子經潘、經魯。

紹塘長派德孫系十三世章柯、章復、章塔，文政子，俱往臺。

紹塘長派德孫系十四世而杉，章栗三子之末，文盛孫，往臺。

紹塘長派德孫系十四世而郊、而郁，章溱子，文柱孫，往臺。

紹塘長派德孫系十四世而標，章統四子之長，王臣孫，卒於臺。

紹塘次派德二系十四世而左，章添子，文平孫，本姐曾孫，往臺。

紹塘次派德二系十三世章吟，文天子，本姐孫，往臺灣。

紹塘次派德二系十四世而暢，章追子，文天孫，本姐曾孫，往臺。

紹塘次派德二系十四世而叚，章藕子，卒於臺。

紹塘次派德二系十四世而達、而歐，章房子，往臺。

紹塘次派德二系十四世而步，章房長子，移居臺灣。

紹塘次派德二系十四世而意、而梢，章定子，往臺。

紹塘次派德二系十五世經君，而暢二子之長，章定孫，文錦曾孫，往臺。

紹塘次派德二系十四世而陳、而逞，章面長次子，文帥孫，往臺。而陳子經辦，而逞子經禹。

紹塘次派德二系而竹，章虐長子，文象孫，往臺。

紹塘次派德二系十四世而誰，往臺。

紹塘次派十四世而沉，章喜子，文象孫，往臺。

紹塘次派德二系十四世而賜，章苔子，文帥孫，初隨母居山坪，後往臺。

紹塘次派德二系十四世而焰、而灼，章烈五子之長、次子，文建孫，往臺。

四房聯塘德賜派十四世而放，章茂三子之末，文協孫，本艮曾孫，往臺。

四房聯塘德賜派十三世章王，往臺。

四房聯塘德賜派十四世而晝、而表、而洪、而騫，章楚子，往臺。

四房聯塘德賜派十四世而抱，章黃次子，文傑孫，往臺。

四房聯塘德賜派十四世而泉，往臺，子經卑寄食而企。

四房聯塘德賜派十四世而銅，章萬四子之長，文松孫，往臺。

四房聯塘德賜派十三世章億，文松四子之三，本坤孫，往臺。

四房聯塘德賜派十五世經溉，而湁子，章寅孫，文尋曾孫，隨來子往臺。

四房聯塘德賜派十三世章窕，文尋子，往臺，子而藻外流。

四房聯塘德賜派十三世章卞，文阮子，本貢孫，往臺。

四房聯塘德賜派十三世章連，文由子，本貢孫，往臺。

四房聯塘德賜派十四世而佈，往臺。子經宮、經全。

四房聯塘德賜派十四世而拔，章修五子之五，往臺。子經酧。

次房泗塘三派子輝系十三世章權，文柏子，本昂孫，往臺。

次房榔長派十三世章漂，文郭長子，本兼孫，往臺。

次房榔長派十三世章倆，文或三子之次，往臺。子而守、而泮。

次房榔長派十四世而梗，章味子，文座孫，本民曾孫，往臺。

三房榔次派德熠系十四世而遁，章勇子，文蒲孫，往臺。

三房榔次派德熠系十四世而舊，間傳子，文蒲孫，往臺。子經府。

三房榔次派德熠系十四世而益，章備子，文長孫，四房章本子入繼，往臺。子經松。

三房榔次派德熠系十四世而雷，章衛長子，文長孫，往臺。子經宋。

三房榔次派德熠系十三世章就，文厚子，往臺。

榔三派德炫系十四世而螺、而約，章榮三子之二、三，文鎰孫，往臺。

極次派德佑系十四世而程，章炙三子之長，文陞孫，移居臺灣。子經汰、經沙、經鎮、經沄。沄移臺後所生。

四房根長派德熟系十三世章寬、章田，文享子，移居臺灣。章寬子而苞。章田子而榜、而儉在臺。

四房根長派德熟系十三世章誥，文道三子之次，卒於臺。

四房根長派德熟系十三世章朝，文忍子，本勸孫，往臺。

四房根長派德熟系十三世章淑、章水、章康、章八，文巍子，俱往臺。漳水子而佑、而成。章淑往臺苟取而歸，斃於獄。

四房根長派德熟系十三世章淋，子四，而孟、而忸往臺；而蹇往臺，子經斐，父卒於臺，依堂叔而堅；而鑽往臺。

四房根長派德熟系十三世章朕，子而感往臺。

四房根長派德熟系十三世章狀、章眼，文穆子，往臺。章狀子而恨、而藍、而□。章眼子而井。

四房根長派德熟系十三世章排，文詞子，往臺。子而燥。

四房根長派德熟系十三世章臏，文詞子，往臺。

四房根長派德熟系十四世而廟，章溪子，文讀孫，往臺。

四房根長派德熟系十四世而宗，章韜子，出繼章强，往臺。

四房根長派德熟系十四世章弱子，往臺。

四房根長派德熟系十四世而竹，章篡子，不孝傷母，逃往臺灣。

四房根長派德熟系十三世章强，文仲子，文讀三子入繼，卒於臺。子而宗，章韜次子入繼，往臺。

根次派德再系十三世章禹，文儼子，移居臺灣。

根次派德再系十四世而包、而綱，章暈子，文亞孫，往臺。

根三派德細系十三世章麟，文子，本雅孫，不念嗣續出妻屏子，子而誠初隨母居官古，後往臺灣。

根三派德細系十四世而豹，章澎子，文職孫，不顧父母，夫婦殀死臺灣，子經金初寄食章狀，後寄食而苞。

根三派德細系十三世章萃，文章子，往臺。

根三派德細系十三世章運，文可子，往臺。

次房根三派德細系十三世章轉，文陸子，往臺。

次房根四派德泗系十四世而魋，章限子，文禄孫，本填系，移居臺灣。子二。

次房根四派德泗系十三世章冬，移居臺灣。

次房根四派德泗系十四世而裹、而謨，往臺灣。

次房根四派德泗系十四世而井，章厲子，往臺。

次房森長派德燮系十三世章香，文評子，本綏孫，移居臺灣。子而石。

次房六長派十三世章賢，文宗子，本璧孫，往臺。

次房六長派十三世章聰、章睿，文鳳子，往臺。

四房檀三派德晃系十五世經松，而有子，章柳孫，往臺。

四房檀三派德晃系十三世章埸、章鎮，移居臺灣。埸子而沃。鎮子而紳，孫經塹。

四房檀三派德晃系十四世而張、而習，章永子，文任孫，移居臺灣。

四房檀三派德晃系十四世而套，章好子，文任孫，移居臺灣，章永次子入繼。

四房檀三派德晃系十四世而受，章次子，移居臺灣。子經事、經賓。

四房城次派十四世而員，移居臺灣。

四房城次派十四世而六，移居臺灣。

四房綽三派德三系十四世而音,章前子,文恬孫,往臺。

四房綽次派德二系十二世文秀,子章繆往臺,子章現次子而賞、而鳳俱往臺灣。

四房綽次派德二系十四世而維,章累子,文錠孫,往臺。

純次派德賢系十三世章自,文月子,本柔孫,往臺。

四房綽四派德四系十四世而閩及弟而□,章根子,文學孫,與弟俱往臺。

四房純四德宣系十三世章欲,文普四子之次,往臺。

四房純二德夢系十二世文碩,本旗子,移居臺灣。子章奥、章鞍、章□。

三派續德佈系十三世章書、章越,文潘子,本注孫,往臺。

三派續德佈系十三世章象,文河子,往臺。

四房四派勳長派德建系十三世章澤,文訪子,本禮孫,往臺。

四房四派勳長派德建系十二世文各,本再子,往臺。子章琫,孫而眷、而泗、而聳。

四房三勳四派德妹系十三世章培,文福子,本漢孫,往臺。子而聳,章琫三子入繼。

四房三派十三世章紋,文魁子,本田孫,往臺。

四房質次派德孟系十三世章審,文及二子之長,本陣孫,往臺。

四房質次派德孟系十二世文科,本陣子,往臺,子章老、章生往臺,子章保。

四房三質三派德次系十三世章珠,文鎔子,本淑孫,往臺。

四房三質三派德次系十四世而水,章蓀子,往臺。

四房三德地系十二世文寧,本衛子,移居臺灣。子章聘、章旺、章學等。

四房三德地系十三世章球,文董子,本略孫,居臺灣大武壟。

長房四派雲柱派文煥系世苞,往臺,子永禄。

(《[福建詔安]秀篆河美吕氏譜系圖》 清光緒稿本)

詔安玉龍坑吕氏徙臺祖名録

五世祖公吕二公,號龍田,葬在赤田坑,坐亥向巳兼乾巽。生於庚戌十月初一日辰時,行年七十七歲,卒於丙寅年六月初四戌時,崇禎辛未年二月附葬在湖里。五世祖妣黄三娘附葬在湖里。生四男,傳二房。長映吾公,二房翼吾公,其裔孫在臺俱昌盛。繼祖妣田氏二娘,葬在牛角崗尾,坐亥向巳。

(《[福建詔安]玉龍坑吕氏族譜》 1927年稿本)

詔安秀篆河美吕氏徙臺祖記録一則

十一世君總公,茂猷與廖晚娘四子之三,妣李氏。生二子,長男號耀芝,妣游氏,生四子,大子玉燕公、二子玉秀公渡臺灣;次男號耀華,妣陳氏,生四子,大子祖美公、二子祖振公渡臺灣。

(吕井新編《[福建詔安]秀篆河美吕氏三房十六公家譜》 1995年鉛印本)

漳州吕氏徙臺祖名録

謍唇房卅一公派,第四世祖法强公,號碩德,行占吕三公,生於辛酉年八月十三日戌時,卒於丁未年五月十八日寅時，享壽四十七歲，葬在横畬嶺石角，兼甲三分，辛丑辛未分金。祖妣邱氏二十三娘，生於庚申年十二月二十五日，卒於庚寅年五月十二日，合葬在横畬嶺。生下四子，長子法興公生下一子在惠州，次子法真公生下一子渡臺，三子法行公生一子在唐，四子法敬公生一子渡臺。

第十世祖呂捷公，號瑞元，謚義真，生於康熙庚寅年十二月廿一日丑時，卒於乾隆乙卯年六月十一日子時，享壽八十六歲。祖妣李氏大娘，謚勤慎，生於康熙壬辰年三月初五日辰時，卒於乾隆乙酉年十月十五日辰時，享壽五十四歲，合葬在桃園龜山莊山頂共同墓地田螺墓左邊。生下五子。長名乾，次名禮宗，三名廷宗，四名朝宗，五名發定。

第十世祖呂添公，號有萬，妣李氏晚娘，生下二子，長子名舜無嗣，次子名見。

第十世祖最字公，號廣萬，生於康熙己亥年七月十二日申時，卒於乾隆庚午年，三十一歲別世，葬在馬鳥社葫蘆墩。無傳。

第十世祖如璋公，乳名泰，號玄聰，穎睿公之七男，生於康熙己未年八月初二日未時，卒於乾隆己未年十月廿六日卯時，享壽六十一歲，葬於龍口白頭乾元永公風水上手砂。妣李氏復娘，生於康熙丙子年四月廿九日辰時，卒於乾隆壬辰年五月望日未時，享壽七十七歲，葬於臺灣武東堡湳雅在五支山金雞歸蛋，坐甲向庚兼卯酉，用庚申。生六子，長欣字景招號明，次興，三理，四質，五來，六多。

十一世祖道修公，諱井，等坤公之三男，遷渡臺中大武郡舊社。媽簡氏，生於康熙壬戌年十月三日巳時，卒於乾隆丁巳年十二月初一日未時，享壽五十六歲，葬在梅仔坑。生下八子，長樸字欽賓，次素，三葷，四堅，五香，六馥賓，七表，八封。

十一世祖端儀公，諱友，等玉公之次子，遷渡臺灣。媽張氏，傳三子，長笑，次輝，三潛字迄士。

十一世祖朝都公，等玉公之四子，生平讀書，因病身故臺中，娶妻改嫁於板寮，生一子光賜。

十二世祖夏珍公，諱回，字睿士，謚夏珍，敬儀公之子，生於康熙廿八年歲次己巳十月十四日巳時，卒於乾隆十年乙丑歲正月十九日未時，享壽五十七歲，在臺辭世，葬在下港。乾隆甲申年收骸帶到上港，葬於八里份保龜崙嶺搭寮坑山，墳向龜崙山觀音廟，坐艮兼寅。至嘉慶十三年五月遷葬在原處頂坪，坐寅兼甲，用丙寅丙申分金。傳五子。長子光修，諱慎，字思可，在臺東辭世，無嗣。次子光德。三子光哲。四子光遠。五子觀水無娶而卒。夏珍公妣李氏陳氏許氏。李氏媽生於康熙乙酉年十一月廿日申時，卒於乾隆十一年丙寅歲八月初八日戌時，享壽四十二歲，葬在洋角窩，坐酉向卯兼庚甲分金。李媽無生育。陳氏媽謚柔順，生於康熙癸未年十月十五日戌時，卒於乾隆四十四年己亥歲十月十四日卯時，享壽七十七歲，葬於後壁嶺頭，坐未兼丁，至嘉慶十年乙丑十二月初三日收骸入金，遷葬在後壁山寮仔地上半山，坐癸向丁兼丑未，用庚午庚子分金。許氏媽諱絨娘謚慈惠，生於康熙庚寅年十月廿六日卯時，卒於乾隆丙戌年十二月十三日卯時，享壽五十七歲，葬在臺東上港八芝蘭保裹族莊五分内山寮，至乾隆三十六年辛卯冬收骸入金，遷葬在裹族紫寮十四分山邊自己界内，坐艮向坤，嘉慶十三年戊辰正月再葬原穴。

十三世祖睦邦公，諱和，字光德，號思貴，謚睦邦，夏珍公之次子。生於雍正壬子年三月十八日午時，卒於乾隆四十九年甲辰潤三月初四日，享壽五十三歲，乾隆五十九年甲寅十一月收骸，遷葬在臺北内港拜爵保藤寮坑口田墘崙仔，坐巳向亥兼巽三分，丁巳丁丑分金。媽葉氏謚勤淑，生於乾隆己巳年，壽卅九歲，生一子萬，號明千。

十三世祖光哲公，諱郎，字思哲，夏珍公之三男，陳媽所生。生於乾隆三年戊午七月十六日巳時，卒於嘉慶十二年丁卯十一月十日辰時，享壽七十歲，葬在洋角窩岐頂。媽曾氏禾娘，生於乾隆十一年丙寅八月十日午時，卒於乾隆五十三年戊申五月十五日申時，享壽四十三歲，葬在壁山寮仔地上半山，與夏珍公妣陳氏合葬。傳四子，長岌，次廷，三恭，四碩。

十三世祖睦基公，諱進生，字思義，儒名光遠，夏珍公之四子，生於乾隆五年庚申九月十四日卯時，卒於乾隆五十八年癸丑七月十九日午時，享壽五十四歲，葬臺東拜爵保員山仔莊，後再葬觀音山平頂，至嘉慶十四年遷葬在龜崙嶺，坐北向南，至乙酉年十二月廿日巳時，葬在内壢水尾莊呂萬田中，坐丙向壬兼巳亥，丁巳丁亥分金，後再遷葬八里份保大坪碑，坐西向東。媽江氏諱恩娘謚慶盛，生於乾隆乙丑年十月八日寅時，卒嘉慶廿年乙亥六月九日酉時，享壽七十一歲，葬在内厝福興莊坐南向北，至道光丙戌年二月廿八日清明遷起收骸入金，寄在内壢水尾莊公坡崙後，遷葬八里份保大坪頂新塚内，竪碑坐東向西。傳五子，長子啓東，次子新海，三子静，四子軸，五子綢。

詔安玉龍房念八公派十一世祖蕃總公，號朝會，謚懿德，原命生於康熙五十八年己亥五月初八日巳時，享壽八十歲，卒於嘉慶四年己未九月初四日戌時别世。自十九歲移居來臺灣外港桃澗保下茄苳溪後莊仔，乾隆四十四年建置新興莊祠堂，坐艮向坤兼丑丁丑未分金。嘉慶九年甲子春葬在桃澗堡茄苳溪後莊仔自己埔界，甲山庚向。妣黄氏二娘謚淑恭，原命生於雍正十三年乙卯九月廿四日申時，享壽五十九歲，卒於乾隆五十八年癸丑八月十七日未時别世，道光甲申年六月葬在自己埔界山塍近祖墓南一百餘步，同甲山庚向。生下二子，長名衍燦，次名衍倍。

十二世祖衍燦公，謚善質，原命生於乾隆壬午年八月廿一日戌時，享壽五十六歲，卒於嘉慶廿二年丁丑十一月廿三日丑時别世。道光三年癸未葬在茄苳溪後莊仔莊樹子溝塍自己埔界，甲山庚向。妣巫許二娘謚温良，原命生於乾隆三十年乙酉四月初六日酉時，享壽七十五歲，卒於道光十九年己亥六月十六日未時别世，同治三年甲子冬葬在樹仔下溝塍自己埔界，甲山庚向，衍燦在左，巫許二娘在右近二十餘步。批明巫許二娘光緒廿六年即明治卅三年庚子歲，移葬在社後坑大坵田簡順山，坐庚兼酉，用壬申分金，潤八月初十日巳時進穴。生下三男，長名元生，次名慶生，三名鼎生。

十二世祖衍倍公，號文清，謚剛毅。原命生於乾隆卅五年庚寅九月廿七日巳時，享壽六十五歲，卒於道光十四年甲午五月初九日巳時别世，葬在八股坡塍自己埔界，艮山坤向。妣王氏娘謚勤良，原命生於乾隆卅八年癸巳七月廿八日戌時，享壽五十歲，卒於道光二年壬午十二月卅日申時别世，生下一男名坤恩。

玉龍房盛爵公派第十世祖盛爵公，號四十三公，字印熠號盛爵，唐山題四十三公，生於雍正甲辰年十二月廿二日子時生，享壽六十一歲，卒於乾隆甲辰年五月十一日子時歸仙，葬在龜崙土名番仔窩坑尾。妣游氏二娘，名福，謚勤德，生於乾隆戊午年五月廿六日酉時生，享壽八十五歲，卒於道光壬午年十二月廿四日午時歸仙，衣裳十一層。傳下雙男一女，長名赤號興焕，次名似號佛寶，三名價號娘又，雙名伸號觀進，女名才。

玉龍房節公派第十世祖節公，字端之，系渡臺祖，三月廿二日忌辰，妣朱氏十一月廿五日忌辰。生下二子，長子疊公，次子影公字刑昭。

十一世疊公，生於乾隆廿八年五月廿七日丑時，卒於乾隆四十八年三月廿九日未時，享壽廿一歲，承嗣子娘送。

十一世祖影公，字刑昭，生於乾隆卅三年十一月二日丑時，卒於道光十六年八月九日辰時，享壽七十四歲。妣賴氏,生於乾隆四十年十一月六日丑時,卒於咸豐七年十月五日丑時,享壽七十九歲。生下四子,長娘送出嗣疊公爲子,次源惠,三祖盛,四長水。

廷玉公派下,祖籍福建省漳州府南靖永豐里書洋社。十一世廷玉,字創垂,妣余氏、蔡氏,子輝碧,孫剛茂,曾孫篤信。

渡臺祖十一世朝選,妣杜氏,生子祖生、齊、廣生、悦春。

北田達川房志生公渡臺派下,祖籍福建省漳州府詔安縣二都秀篆北坑黄祠堡堀前。

渡臺祖十二世志生,文選子,生子韻和蕃騰、譽和蕃樂、蕃讓。孫繼大、衍芳。

渡臺祖十二世漢生,妣邱氏,子蕃綱乃黨、蕃東乃西。

北田房祥歲公派下,祖籍福建省漳州府詔安縣二都秀篆黄祠堡北坑角。

渡臺祖十二世祥歲壽徵,妣游氏,子五。

北田春揚公渡臺派下,祖籍福建省漳州府詔安縣二都秀篆黄祠堡北坑瑶堀前人氏。

渡臺祖十世春揚,字成創,妣張氏,公系金吉與黄氏子。

剛正公派下,祖籍福建省漳州府詔安縣二都秀篆古坪堡田雞石。

一世剛正,妣黄氏。二世念二,妣沈氏。三世五公,妣林氏。四世九公,妣張氏霍氏。至五世傳二大房。

渡臺祖十二世祥墜,字群友,妣詹氏,仰榮公與謝氏子。傳十三世蕃時映日、蕃鬱、蕃獻。

剛正房志廣公渡臺派下,祖籍福建省漳州府詔安縣二都秀篆阿尾閣下溪,祖祠宅坐庚向甲兼酉卯分田雞石。

渡臺祖十一世志廣,妣游氏,生子祥法、祥力、祥好。

剛正房發進公渡臺派下,祖籍福建省漳州府詔安縣二都秀篆田雞石。

渡臺祖十四世衍珍,字步瑶,妣彭氏,日快子。生子觀、潮芳、繼成、繼通、潮平、潮胄。

剛正房華寬公派下,祖籍福建省漳州府詔安縣二都秀篆田雞石。

渡臺祖十四世衍柱祥種,蕃活三子之次子,祥種孫。

渡臺祖十二世祥草,字時芳,妣張氏,發印子。生蕃心、蕃簸、觀助、蕃源。

渡臺祖十一世發合,字廣會。妣黄氏、胡氏。子祥康、祥慨、祥治、祥熙。

渡臺祖十一世發到,字君會。妣江氏。生子祥寢、祥坪。

渡臺祖十一世發忠,字瑞禄,妣何氏,生子祥查。

渡臺祖十二世祥查,發忠子,字茂生,妣劉氏、江氏。生子蕃仁、蕃然。三房。

鎮海公渡臺派下,祖籍福建省漳州府詔安縣二都秀篆田雞石。

渡臺祖十二世鎮海,字質樸,妣尤氏,生子元光、元仁、元義。

剛正房祥省公渡臺派下,祖籍福建省漳州府詔安縣二都秀篆田雞石。

渡臺祖十二世祥省,發俊子,字選京。妣劉氏陳氏。生子蕃换、蕃傳、吕鳳。

渡臺祖十二世祥炮,發俊子,字開遠,妣陳氏唐氏,子光騰、光姬、光邦。

渡臺祖第九世盛爵,字熠,宗田子。妣游氏。子赤、似價、伸。

渡臺祖第九世盛世,字繼,廣察子,妣游氏,生子竿、卒。

渡臺祖九世德達,字驛,配珍子,妣黄氏。子文生、原生、孟生、瑞之。十世瑞之,位元祖,妣朱氏,渡臺。

渡臺祖十一世祥諗,字性良、悦賢。妣李氏游氏。子蕃欽、蕃俸、蕃依、蕃爛、蕃族。

玉龍房朝會公渡臺派下,祖籍福建省漳州府詔安縣二都秀篆埔坪堡玉龍坑。

渡臺祖十一世朝會，字蕃總。妣黄氏。子文光，孫元生、慶生等。

晉唇房派下瑞元公渡臺，祖籍福建省漳州府詔安縣二都秀篆河尾堡塘墘樓。

渡臺祖十世瑞元，紹基子，字義直。妣李氏。生子輔宇、禮宗、廷宗、朝宗、發定。

晉唇房發契公渡臺派下，祖籍福建省漳州府詔安縣二都秀篆河尾堡。

渡臺祖十一世發契，妣黄氏，子祥青等。

中樓房貝生公渡臺派下，祖籍福建省漳州府詔安縣二都秀篆中樓閣下。

渡臺祖十世貝生，妣李善。子衍涯、衍邊、衍演、衍泮、衍澤。

玉龍房吕越君用公渡臺派下，祖籍福建省漳州府詔安縣二都秀篆玉龍坑。

渡臺祖十世吕越，字君用，子吕都、吕降。

（《[閩粤臺]吕姓大宗譜》 1976年臺灣鉛印本）

（二十五）何　氏

南靖金山何氏徙臺祖名録

九世祖謚英振何公，諱助，字毓周，乃功怡公之次子。生於大明崇禎四年辛未十一月廿六日申時，卒於大清康熙五年丙午二月初十日辰時，葬在壁溪社土名後山崎港仔，坐午向子庚午庚子分金。生二子，長志遂，次謚純亮公。究之純亮公之子名廷琵，分居臺灣，後有何飽爺黄山後祖祠謝一龕。祖妣吴氏，謚勤節何媽，諱省，生於大明崇禎十一年戊寅六月三十日戌時，卒於大清康熙四十七年二月初十日亥時，葬在墟頭山土名消坑隔，坐乙向辛兼戌辰。

十一世祖諱向，號廷元，乃純正公之長子。生於康熙三十年辛未十月初四日寅時，卒於乾隆三十一年丙戌正月十三日亥時，與妣合葬。生三子，長瑞矯，次瑞琳，三瑞梓。三房瑞過臺灣。祖妣廖氏，謚閏静何媽，諱諶，生於康熙四十六年丁亥二月廿七日卯時，卒於乾隆三十七年壬辰九月初九日卯時，考妣合葬在五爵仔嶺頂，坐巽向乾兼巳亥，庚辰庚戌分金。

（《[福建南靖]金山荆美何氏族谱》 民国稿本）

南靖金山水美何氏徙臺祖名字世系

功怡公之次子，九世祖謚英振何公，諱助，字毓周，生於大明崇禎四年辛未十一月廿六日申時，卒於大清康熙五年丙午二月初十日辰時，葬在壁溪社土名後山崎港仔口，坐午向子，庚午庚子分金。生二子，長志遂，次純亮。

純亮公之子名廷琵，分居臺灣，後有何飽爺到黄山後祖祠謝一龕。

祖妣吴氏，謚勤節何媽，諱省。生於大明崇禎十一年戊寅六月三十日戌時，卒於大清康熙四十七年戊子二月初十日亥時，葬在墟頭山土名消坑隔，坐乙向辛兼戌辰，棺木辛卯辛酉分金，庚水過堂出乾口，正合辛入乾宫，百步莊火局，墓向絶流。

純正公之長子十一世祖謚協誠何公，諱祖，號廷元。生於康熙三十年辛未十月初四日寅時，卒於乾隆三十一年丙戌正月十三日亥時，與妣合葬。生三子，長瑞矯，次瑞琳，三瑞梓。三房瑞梓過臺灣。

祖妣廖氏，謚閨靜何媽，諱諶。生於康熙四十六年丁亥二月廿七日卯時，卒於乾隆三十七年壬辰九月初九日卯時。考妣合葬在五鬱仔嶺頂，坐巽向乾兼巳亥，庚辰庚戌分金，骸罐。

協誠公之次子，十二世祖謚俊德何公，諱冷，字瑞琳。生於乾隆三年戊午二月廿七日卯時，因過臺灣探親房，時乾隆廿八年十月廿日時卒葬在臺灣，後遣人取回骨骸，同祖妣合葬在後溪，骨罐。

祖妣吴氏，謚淑順何媽，諱疊，生於乾隆十年乙丑五月廿六日卯時，卒於嘉慶十年六月十九日未時，與考合葬在後溪社路上溪尾林頭長訓上内向，坐壬向丙兼子午三分，辛亥辛巳分金，外向坐子向午兼癸丁三分，庚子庚午分金，骸罐。

十五世諱心輝，謚勤直，乃湛樂公之長子。生長子則武，次子則澱，女名月娘。生於道光二十年庚子五月初四日申時，過臺灣無音信，至壬辰年吉月吉日招魂。妣吴氏，諱連，謚貞儉，生於道光廿九年己酉正月初二日酉時。

（《［福建南靖］金山水美何氏族譜》 1917年稿本）

詔安何氏徙臺祖名録

十二世文惠，招舜與曾氏子。祖籍漳州府詔安縣靜和鄉橋頭山，渡臺臺中何厝。傳天生、天象、天豹、天坑四房。

十三世子清，妣張慈勤。漳州府詔安縣五都靖和社，渡臺臺中何厝。子若謙、純厚、素、依使、嫣言。

（《［臺灣］何氏族譜》 1986年稿本）

漳州何氏徙臺祖名字世系

金钩長派妙，字彬然，鄉飲，配林氏，生子君、民、保、寬、西、郎往臺，信，觀生。生於康熙甲辰年十一月初八日卯時，卒乾隆年十二月十二日卯時。氏生康熙壬子年六月初十日酉時，卒雍正十二年十一月十五日寅時，葬關光坑新田荐。

金钩長派郎，配李氏生子暢，李氏葬臺灣。

種德長房文，配江氏，生子業，考卒臺灣。氏生康熙丁卯年九月初五日卯時，卒康熙乙酉年正月十六日戌時，葬謝坑仔岕，坐癸向丁。

種德長房養，配賴氏，生子井，色，豹往臺，謬，露。考生順治己亥年十月二十日未時，卒乾隆丙辰年十一月二十日子時，葬石壁，坐卯向酉。妣生康熙辛亥年十月廿八日申時，卒乾隆丙辰年三月廿五日戌時，葬磜尾，坐亥向巳。

井配吴氏，生子曾，珀往臺，鴈，鷂。卒乾隆壬戌年十二月初三日，葬梘頭寨脚。

金钩長派種德長房孕，配王氏，生子連，貴往臺。生康熙辛亥年，卒雍正庚戌年十月十七日亥時，氏葬臺灣。

連配莊氏，生子江、丁、載，俱往臺。生康熙丁丑年，卒乾隆癸酉年七月吉日。

金钩長派種德長房罕，配黄氏，生子蔽。生康熙壬辰年，卒乾隆甲戌年九月初三日申時，葬臺灣。

種德長房鍛，配張氏，生子衍。續配羅氏，生康熙己卯年，卒乾隆年，葬臺灣。

種德長房抱，字如懒，欽行子，配蔡氏。生子巽，衆，蔡往臺，完往臺，在往臺。考生順治丙戌年正月十三日辰時，卒康熙戊戌年八月初三日寅時。妣生順治丁酉年八月初七日酉時，卒乾隆丙寅年七月十五日，葬廖厝，坐癸向丁。

金钩長派種德長房巽，配林氏，生子琚往臺，文往臺，武往臺。生康熙癸丑年，葬大崙牛路頂圳頂。琚配游氏，生子際，際配葉氏；文配葉氏，生子蒲、創、葉；武配羅氏，生子樹。

種德長房聆五子，考生康熙己酉年八月初四日亥時，卒雍正丁未年四月廿一日丑時，葬宫仔鞍，妣葬臺。

種德長房穰，早世以胞弟捷子茂繼嗣，茂卒臺灣。

種德長房招，配吴氏，生子勃往臺，繁往臺，溪。生康熙丙午年十二月廿一日巳時，葬臺灣。

種德長房泉，字初洪，配諶氏，生子盛往臺，在。考生崇禎己亥年二月初七日卯時，卒康熙己丑年十一月初四日戌時，葬尖尾山，坐丙向壬。妣生崇禎辛巳年十月廿八日辰時，卒康熙辛卯年二月廿九日丑時，葬尖尾山後，坐巳向亥。盛配吴氏，生子衷、鍛。

金钩次派在，配朱氏，生子長，漂，併，好，初怡配出，子對往臺，榮。

種德長房廷桐，配袁氏，生子會。生康熙戊申年八月初六日辰時，卒乾隆辛酉年，葬臺灣。氏生康熙辛未年四月初二日午時。卒康熙乙未年十二月初三日寅時，葬金雞園塘面，坐酉向卯。

金钩次派起鵬，攀次子，配陸氏，生子志輔生三子俱往臺，志彬。考生萬曆甲辰年七月初七日酉時，卒康熙丁巳年正月廿六日辰時，葬庵兜。妣生萬曆己酉年十一月十六日亥時，卒康熙丁巳年九月廿三日寅時，葬梧桐湖塘面。

金钩次派志彬，配賴氏，生子宛，鎮，藝，添，閣往臺。考生順治己丑年十二月廿三日子時，卒康熙壬辰年二月十六日亥時，葬庵兜埔，坐未向丑，附葬梧桐湖陸氏墳。妣生順治乙未年十一月廿八日申時，卒康熙己亥年吉月初十日未時，葬石井鞍。

種德長房願，配賴氏，生子協，文，猜往臺，藏往臺。考生康熙癸未年六月十七日巳時，卒雍正丁未年十月初三日辰時。妣生順治庚子年七月初七日巳時，卒康熙丁酉年正月廿四日午時，葬白花洋田頭窠，坐丙向壬。考葬白花洋後塘湖，坐酉向卯。

種德長房榮，配曾氏，生子爭、達，俱往臺。

金钩次派品，配氏生子變、强。考葬臺灣港尾埔。妣葬白花洋井尾岕錦堂公墓右邊，坐酉向卯。

種德長房金，配賴氏，生子榜往臺。考葬馬鋪石壁内，坐丙向壬。榜無娶，繼嗣振虎二房疊子。

種德長房令，配董氏，生子炎往臺，敏，軟，成。繼娶關氏，生子趲、樓往臺。生康熙甲寅年八月十七日丑時，卒乾隆壬戌年三月廿八日亥時，橋頭賴厝窠，坐坤向艮。董氏生康熙辛酉年十月初五申時，卒康熙戊戌年十一月吉日巳時，葬丙園下，坐丁向癸。關氏生康熙己巳年三月初四巳時，卒乾隆癸亥年十二月初七日，葬墓林岕，坐乾向巽。

種德長房提，配盧氏，生子廚未嗣，賞往臺，追，龍。生康熙戊申年五月初五日寅時，卒雍正甲辰年六月初七日未時。生五子。

金钩次派通，配張氏，生子業往臺，景往臺，拱。生康熙庚戌年正月初十日辰時，卒雍正己酉年十月十二日辰時，葬下山瓦塘。

金钩次派赫，配吴氏，生子戴，綿往臺。

種德長房歆,配陸氏,生子吟往臺。生康熙甲辰七月十九日午時,卒雍正丁未年二月十一日申時,葬芳春。氏生康熙丁未年二月初八日丑時,卒雍正辛亥年十一月十七日丑時,葬嶺頭,坐壬向丙。吟配王氏,生子余、庚、才、洋、烈,俱往臺,葬臺灣。

金鈎次派丕,配黄氏,生子斗、雲、謹、灘。丕葬石鼓畲仔園,氏卒臺灣。雲配葉氏生子佛、口往臺。

種德長房帆,往臺。卒葬芳春,氏葬涼傘湖。

種德長房得,配羅氏,生子衍、良、惠、石,俱往臺灣。生康熙己丑年六月廿一日午時,卒乾隆己巳年五月初一日巳時,葬樣樹坪長嶺山歇困三坵田面,坐丙向壬。

種德長房金,配朱氏,生子宣往臺,厲往臺,侯出嗣堂弟,景往臺。

種德長房埸,配出子起往臺。杏配林氏。鼾配鄭氏,生子相。藍出嗣堂弟結。鞀往臺。

種德長房余,配洪氏,生子兑往臺。

種德長房欺,配林氏,生子捷,柄,贊,觀,瞻,擢往臺。

種德長房洽,配曾氏,生子賤往臺,潮往臺,溪。生康熙庚戌年三月廿六日寅時,卒雍正丁未年五月廿七酉時,葬内寮五坵仔,坐壬向丙。氏生康熙壬申年八月廿三日巳時,卒乾隆癸亥年正月廿七日酉時,葬内寮羅鑾仔,坐丁向癸。

種德長房澤,配黄氏,生子超、注、正、春、步、歡,俱移居在臺灣。

佐,字啓淑,日贍五子,配氏生子湴,利,藝,雄,邁,種往臺。考生順治庚寅年八月二十日寅時,卒雍正癸卯年七月初一日酉時,葬樓下新田扛岕,坐北向南。妣生順治癸巳年十一月十一日酉時,卒雍正甲辰年四月十六日酉時,葬内寮火路岕。

利,配吴氏,生子色、祖、龍、默、長,俱移居臺灣。生康熙甲寅年正月廿一日酉時,卒康熙戊戌年閏八月初八日未時,葬山後塘,坐坤向艮。

種德長房右,配張氏,繼娶葉氏,生子等在臺。張氏葬内寮李仔磜,坐北向南。

修,配壬氏,生子宣,勃,楚在臺。

金鈎次派承,有儀長子,配李氏,生子纂,密,僭,羨往臺,藹往臺,納出嗣胞弟李。考生天啓乙丑年五月廿六日未時,卒康熙戊子年正月初七日丑時,葬新塘湖,坐庚向甲。妣生崇禎甲申年閏八月十三日亥時,卒康熙辛亥年十月初二日卯時,葬磜頭雞籠山,坐壬向丙。

種德長房羨,配梁氏,生子蚊。繼嗣琬,本房突子,往臺。琬配曾氏。藹配羅氏,生子泌往臺。

種德長房納,配曾氏,生子圭,突往臺,抹往臺。繼娶廖氏生子找、偏。

興,有儀四子,配羅氏,生子烈,表,奕,通,緣往臺。考葬磜頭尾頂仔坵頭,坐北向南。妣葬牛場,坐東向西。

烈配氏生子暖,鐵往臺。公葬白石。

種德長房武,配張氏,生子頂出嗣胞弟,艾,地,彪,俱往臺灣。

生,配賴氏,生子草,隆往臺,磜出嗣超弟,賽,偶往臺。氏生康熙甲戌年正月初十日午時,卒雍正壬子年四月十五日寅時,葬巖頭大片科,坐庚向甲。

種德長房步,字朝陛,應長子,配朱氏,生子立,康,摇出嗣,美,尋,服往臺,主往臺。

種德長房康,配林氏,生子贊、擇、寛、朝、紂、議、決。贊配林氏生子往臺。生順治壬辰年十一月十五日戌時,卒康熙辛卯年七月初二日申時,葬赤溪銀孔,坐未向丑。氏生康熙癸卯年五月廿九日巳時,卒雍正辛亥年七月十六日辰時,葬蜈蚣堋,坐癸向丁。

種德長房昭，應公三子，配李氏，生子永，把，淺出嗣。永配黄氏生子鄒，鄒配氏，往臺。

種德長房東，配許氏，以堂兄武子添繼嗣，往臺。

種德長房敦，協南長子，配黄氏，生子痛，棲往臺。

聊，配陳氏，生子逮往臺。

種德長房肸，配江氏，生子别往臺，硔㤊出嗣，川往臺。

種德長房暴，配氏生子高，往臺。

種德長房江，以胞兄肸子㤊繼嗣，往臺。

話，配氏生子泠往臺。

種德長房耀，配張氏，生子舵、華，繼娶陳氏生子陣往臺。

種德長房交，配賴氏，生子熕，嘽，𤞑，秋，揖出嗣堂弟炙，伴往臺。

種德長房孟，明次子，配出子炙往臺。考生康熙辛亥年七月初二日巳時，卒康熙己亥年十二月十七日丑時，葬下田尾，坐北向南。

種德長房情，字遜英，明三子，配董氏，生子騶、臏、唁。考生康熙甲寅年九月廿四日卯時，卒康熙丁亥年九月初十日辰時，葬磜頭橼門，坐癸向丁。妣生康熙丙辰年四月初一日吉時，卒雍正辛亥年，葬臺灣。

種德長房金钩次派臏，配吴氏，生子敞、凱三名俱往臺。

種德長房金钩次派兑，字志芳，明四子，以虹二房道子暨繼嗣往臺。

金钩三派莫，配方氏，生子水往臺。

金钩三派福，配陳氏，生子連往臺。生康熙丙辰年八月初九日辰時，卒雍正壬子年正月十八日巳時，葬嶺頭坑頭岺，坐南向北。

金钩三派快，起龍次子，配方氏，生子沛往臺。

金钩三派理，配賴氏，生子朗，得，澢，在往臺。生康熙丙午年正月初十日辰時，卒康熙辛丑年九月十二日未時，葬打死狗田上，坐癸向丁。氏生康熙甲子年三月十五日寅時，卒雍正甲寅年七月廿二日寅時，葬彭水茶仔缸厝地，坐東向西。

金钩三派惠，配楊氏，生子乞、繼。生康熙乙未年八月初九日寅時，卒乾隆庚午年八月初十日午時，葬臺灣。乞配林氏。

金钩三派楝，配賴氏，生子碩，來，賀，周往臺，迓葬臺，雍往吧。生康熙癸亥年十一月十七日未時，卒乾隆乙丑年二月初九日酉時，未葬。妣生康熙壬申年七月廿八日卯時，卒乾隆甲子年正月三十日酉時，葬湖洋樓後崙坪，坐北向南。

金钩三派聳，配陳氏，生子尊、節、迎，俱在臺。

金钩三派葉，配黄氏，生子忖、作在臺。生康熙甲子年正月十一日卯時，卒乾隆壬戌年三月十五日丑時，葬蛤仔口崙，坐乾向巽。氏生康熙乙亥年八月十二日未時，卒乾隆癸酉年八月十六日申時，葬員墩，坐癸向丁。

種德長房世澤次派雀，往臺。

種德長房世澤次派遂，歷子，往臺。

種德長房世澤次派拱，並子，往臺。

種德長房世澤次派蟄，井七子之長，往臺。

種德次房世金次派蒲，孔六子之長，往臺。

種德次房世金次派源，趙子，臣孫，往臺。

種德次房世禄道完派補，嵩子，烏孫，往臺，子文、金、越。

種德次房世禄道完派灶，伯子，明德孫，往臺。

種德次房一禄次派陣子，往臺，子潮、猛。

種德次房世禄派蹇，教五子之三，往臺。

種德次房世禄三派崇，評次子，子三，長解往臺，子郎、昂、偏；次偕，子五；三飽往臺。

種德次房世禄二派騶，往臺。子詣、忖、善、考。

温四房國恩長派助，邦治子，子三，長典生子深往臺。次黨。三志往臺。

種德次房世禄三派璧，軟三子之長，往臺。

種德次房世禄三派步，黇子，往臺。

種德次房世全長派志英，子三，長要子苗往臺，生子枕。次認。三石成生子鸞往臺。

温四房國恩次派帶，能三子之末，往臺。

温四房國恩次派樌，鎮次子，往臺。

温四房國容次派兑，宋子，應賜孫，往臺。

温四房國容次派臏，往臺。

種德次房世澤三派陣，就子，往臺。

種德次房世澤三派鞭，補子，往臺。

温五房良策，統公子，子四，長往臺，次往臺，三景迎往臺，四景達。

温五房國道，子四，統公、次、統履、四。次往臺，四往臺，統履三房次貴隆五子之長顔及三堯往臺。

温五房次，往臺。

温五房俊、潭，龍二、三子，統萬孫，往臺。

温五房國道統公派曾，景達五子之次，往臺。

温五房國達統履派漢、大，智子，世孫，往臺。

温五房國達統履派丁，蔡三子之末，往臺。

整，必得長子，配李氏，生子錠往臺。

稟，必得次子，配劉氏，生子體往臺。

種德世昌長派秩，是子，往臺。

種德昌公永派體，稟子，往臺。子月、愛。

温樸五房國道三派膾，往臺。

温樸五房國道三派井，往臺。

温樸五房國道三派教，往臺。

温樸五房國任長派國、達、更，往臺。

種德四房世榮次派琴，逵四子之末，往臺。

兩子長，往臺，子水。

南璨，子厭，厭二子之長鏜往臺。

阮孫崇子鶚往臺，系往臺。夫子絅容。鶚子店、紂。

練，子默四子之次項，往臺。

汲，四子之末推，往臺。

用，子穆子張，往臺。

蘭、呈，貨子，往臺。貨子强，强子邊、閣均往臺。

捷，子養三子之末招賓，往臺。

永，子突子蕤往臺。

夢祜，子兼三子之次勃，往臺。

舊，子映子送未繼，隊往臺。

疊，子歎子扶，往臺。

粲，子天子招、趙往臺。

邁，子巍三子之次妙，往臺。

國達公統萬派深，子秋子燕，往臺。

國達公統萬派裹往臺，俊往臺，潭往臺。

補，子煆往臺。生四子，好、不、恭、敬。

國達公統億派綽、五、六，往臺。

士貴子漢、元，均往臺。

世豪公質直派朝，子檀，檀子耀、縹均往臺。

種德五房世豪公質直派朝，四子之次造往臺，子三，長、行、琛。講，子待往臺。

種德五房公質直派傳，怙子，往臺，子老、嵷。

世英公端林派養孫，越子霸，往臺。

世英公端樸派忒，美二子之長，明孫，往臺。

陶，典二子之次，琯孫，往臺。

世英公端樸派趙、鎬往臺。

聖，天寵子，往臺，子振、心。

世英公端樸派協、鎮、鋮，旺子，俱往臺。

世英公端樸派追，搶長子，旺孫，往臺。

四孫，鄰子颸，往臺，子汞繼嗣。

辛孫，總子猜，往臺。

辛孫，旁子用往臺，莫往臺，捲往臺。

種德五房世英次派認、舉，往臺。

屋孫，柔子擔，往臺，子調、市。

種德五房世英次派桂，森子，往臺。

種德五房世英次派整，卒球留巴。子强、鄒、芽俱往臺灣。

種德五房世英次派華，生九子，朕、講、曹、藝、回、庵、院、騶、逸。曹、回往臺。

種德五房世英三派鑒、墜、謨，笑子，往臺。

種德五房世英三派馮，信子，時色孫，往臺。

種德五房世英三派悻，子疊、亭、抱、監。抱、監往臺。

種德五房世英三派霓，胤次子，往臺。

種德五房世英三派顯、圓，往臺。

種德五房世英三派應，銘子，長子允往臺。次子車子三，長溪，次現，三讀往臺。

種德五房世英三派遠，二之子，往臺。

坦，次子隆往臺。

報，子春九子之次呈，往臺。

陣，字擇士，耀斌長子，配羅氏，生子瑱往臺，欽，琫出嗣胞弟尚往臺，溪。

瑱，配黄氏，生子潮、猛。黄氏生康熙癸未年十一月初七日戌時，卒乾隆癸酉年十一月廿五日，葬諸羅縣打貓保港尾埔。

琫，配羅氏，繼嗣灘胞弟溪子。生康熙癸酉年十一月十九日，卒乾隆甲戌年五月三十日寅時，葬斗六門大竹圍。

嵩，烏長子，配陳氏，生子補往臺。補配林氏生子文、全、越。

明德，烏次子，配吴氏，生子伯、合、赫。伯配陳氏生子灶，往臺灣淡水。灶配賴氏，生子肖、習、養。

教，配張氏，生六子，相、詩、蹇往臺，雀葬臺灣，末、炎往臺。公生康熙戊申年二月十五日巳時，卒雍正乙巳年九月初四日午時，葬陳軍塘大岧，坐癸向丁。氏生康熙辛亥年九月十一日辰時，卒雍正甲辰年八月廿八日酉時，葬尾蝶墓，坐東向西。

相，配張氏，生子窕。生康熙庚午年十二月初六日巳時，卒乾隆壬戌年八月二十日戌時，葬臺灣。

雀，未娶，以胞兄詩子濟繼嗣，葬臺灣。

炎，配出子竊，葬臺灣。

斌，字調予，愷直次子，配羅氏，生子招往臺。考生順治甲申年九月廿七日丑時，卒康熙戊戌年四月十七日申時，葬七高山下大坑邊，坐乙向辛。妣生崇禎癸巳年六月十五日寅時，卒康熙乙亥年九月十二日酉時，葬馬舖大堋，坐亥向巳。

衍，字明，愷直三子，配氏生子蒲，志，院。衍卒後蒲兄弟俱往臺。生順治甲午年九月十四日午時，卒康熙壬午年六月廿三日子時，葬尖石仔，坐巽向乾。

眼，配林氏，生子陳。繼娶賴氏，生子浸、晏、省、泳。生康熙戊辰年九月初十日戌時，卒乾隆辛未年十二月初二日午時，葬臺灣斗六門。林氏生康熙癸酉年五月初六日辰時，卒康熙壬辰年五月廿五日寅時，葬茶仔堋，坐甲向庚。

疊，配曾氏，生子良，嘮，依，梅，振出嗣虎長房金葬臺灣。

嚴，配黄氏，生子宇，鶴，浪出嗣虎四房語。生康熙己卯年正月十八日戌時，卒乾隆癸亥年正月十八日，葬臺灣。

詔，配黄氏，生子福生，提出嗣房兄徵。生康熙戊申年十二月十六日亥時，卒康熙戊寅年十二月十六日吉時，葬臺灣。氏生康熙戊午年正月十七日巳時，卒康熙己亥十月廿七日辰時，葬水井湖岧，坐南向北。

業，字亮彩，三尚長子，配張氏，生子求，添，買，瑶，暴，歡，長往臺。

崇，字峻嶽，評子，配羅氏，生子解往臺，僭，飽往臺，騆往臺，認。考生順治辛丑年七月十四日辰時，卒康熙庚子年七月二十日丑時，葬面前山，坐巳向巽。

飽，配林氏，生子屬、緩、嗔、麽、計。生康熙壬午年，卒乾隆癸酉年五月，葬臺灣。氏生康熙年，卒乾隆癸酉年，葬臺灣。

蓺，配陳氏，生子擯，巷往臺，練。

擯，配黄氏，生子醮、反。擯葬臺灣。氏生康熙甲午年九月初二日卯時，卒乾隆癸亥年七月初四日酉時，葬山園尾，坐壬向丙。

厭，配黄氏，生子惆往臺，剪。黄氏生康熙己巳年八月初七日酉時，卒乾隆甲戌年閏五月十二日酉時。

等,詡次子,配賴氏,繼嗣命胞兄蔭子,葬臺灣。命,配賴氏生子參。

要,心榮長子,配賴氏,生子苗往臺,石,成。

石,配出子鸞往臺。生康熙丙子年九月十九日亥時,卒雍正甲寅年十一月廿七日子時。鸞配張氏。

昇,配高氏,生子娘。娘配氏生子閤、租,兄弟俱卒臺灣。

倪,配蔡氏,生子握、剎、來、標。標往臺。生康熙癸未年二月二十日辰時,卒乾隆甲戌年六月廿一日寅時。

培,配林氏,生子壘,英卒臺灣未嗣,簮。生康熙戊辰年十一月廿五日午時,卒雍正癸丑年九月初六日申時,葬包依仔林,坐丙向壬。

就,配翁氏,生子陣往臺。生康熙壬申十一月廿八巳時,卒雍正庚戌年二月初七日亥時。氏生康熙庚辰年二月十四日辰時,卒雍正丁未年五月十六日辰時,葬茅水岺,坐北向南。

補,配出,子鞭往臺。生康熙丁巳年正月十一日辰時,卒康熙乙酉年六月十八日酉時,葬雲霄望高山脚新塚,坐北向南。

坪,配許氏,生子賢往臺。生康熙辛巳年九月廿五日子時,卒乾隆癸亥年九月十二日申時,葬面前山,坐西向東。

前,臣次子,配出,子彌、路、宰、好,俱卒臺灣,葬少詹嶺席草塘面,坐西向東。

趙,臣四子,配龔氏,生子源往臺。考生康熙辛酉年八月十八日寅時,卒康熙己亥年七月廿三日酉時,葬馬舖大垅,坐癸向丁。

總,辛長子,配黄氏,生子變,猜往臺。考生順治丙戌年九月廿四日辰時,卒康熙丁酉年十二月十九日未時,葬富坑墩仔,坐癸向丁。妣生順治九年七月十九日未時,卒康熙甲戌年七月十八日申時,葬昌墩,坐庚向甲。

旁,辛四子,配賴氏,生子武,用往臺,莫往臺,捲往臺。考生康熙壬寅年八月十六日辰時,卒雍正丁未年閏三月初一日子時,葬頂厝後壁,坐北向南。妣生康熙乙丑年九月廿八日酉時,卒雍正丁未年五月初三日酉時,葬畲仔,坐坤向艮。

蹇,配出,子昇。生康熙丁卯年七月初六日子時,卒乾隆丁巳年五月廿四日辰時,葬臺灣。

迎,字榮祖衷達四子,配賴氏,生子盧,森,齊在吧卒,整在吧卒,抄往臺,點。考生崇禎辛丑年十二月初五日亥時,卒雍正癸卯年十月十三日午時,葬烏石坑貓薯垅,坐癸向丁。妣生崇禎辛巳年十二月初八日寅時,卒康熙庚寅年七月十二日未時,葬烏石坑苦竹尾,坐乾向巽。

森,字興,茂迎次子,配黄氏,生子桂往臺,梅,柳,傑,力。考生康熙戊申年八月十四日酉時,卒乾隆丙寅年十一月初一日戌時,葬烏石坑蕉坑岺,坐子向午。妣生康熙辛酉年六月二十日未時,卒乾隆戊辰年五月十九日午時,葬烏石坑甘棠面,坐甲向庚。

整,迎四子,配張氏,生子强、鄒、芽,俱往臺。

曹,配張氏,生子堅,往臺。

笑,啓子,配羅氏,生子茅,諶往臺,謨往臺,墜往臺,鑿往臺。考生康熙乙巳年十一月十八日巳時,卒雍正甲辰年十月初四日卯時,葬坑頭校椅,坐東向西。妣生康熙癸丑年十一月十六日巳時,卒乾隆甲戌年三月初三日巳時。茅配羅氏生子暖,暖配曾氏。諶配張氏生子宙,早出嗣胞弟謨。謨配氏以胞兄子早繼嗣。

悻,字景仁,三長子,配張氏,生子疊,亭,抱,監往臺。考生順治辛丑年十二月初二日亥時,卒康熙庚子年九月廿一日亥時，葬林棵壟山，坐北向南。妣生康熙甲辰年八月初二日巳時，卒康熙己亥年正月二十日巳時，葬趙家城眠牛山，坐北向南。

閣，三三子，配賴氏，生子呑，包，泉往臺。考生康熙甲辰年十一月十九日亥時，卒康熙己丑年九月十四日未時，葬芳春尾，坐庚向甲。妣生康熙丙辰年十一月廿八日亥時，卒乾隆乙丑年正月廿三日丑時，附葬芳春。

泉，配朱氏，生子順。順往臺。

陳，養長子，配莊氏，生子源出祖，准，園往臺，顯往臺。考生康熙丙申年八月十五日寅時，卒雍正甲辰年七月廿四日辰時，葬湖西燈火澳安角社西南哮石下，坐壬向丙。妣生康熙丙午年七月初七日午時，卒乾隆庚申年七月十二酉時，葬湖西安角後蒲田上，坐甲向庚。

應，銘子，配羅氏，生子允往臺，車，現往臺，讀往臺。考生康熙癸卯年五月初五日卯時，卒康熙癸巳年四月十五日午時，葬小尖内洞湖，坐艮向坤。妣生康熙己未五月十九日卯時，卒康熙辛丑年十一月十二日未時，葬白巖虎松柏坳，坐北向南。

胤，配陳氏，生子柳、霓往臺。

坦，侃樸次子，配出，子興，隆往臺。興配氏生子哲、鄒、印、玉食。隆配陳氏生子群、茂宗、耑德、佛生、稱瑞。

春，配鄭氏，生子吟，呈往臺。生康熙戊申年八月二十日丑時，卒雍正辛亥年十月初八日午時，葬坑頭新田扛，坐乙向辛。氏生康熙辛酉年九月廿九日未時，卒康熙庚寅年六月廿三日酉時，合葬新田扛。

二，嬰公次子，配氏生子遠，往臺。

海，敬六子，配氏生子興、蒼、仁、重。甲戌年四月十五日渡臺卒。

朝，字對墀，志進長子，配李氏，生子檀、造、從、岌。考生順治甲申年十一月十三日午時，卒康熙庚子年十月十二日申時，葬磜頭徑山豬窩，坐甲向庚。妣生順治甲午年十月廿七日辰時，卒雍正丁未年十二月三十日未時，葬豬母畲坑，坐甲向庚。

檀，配葉氏，生子耀往臺，縹往臺。生康熙丁巳年十月十三日酉時，卒雍正丁未年九月十二日未時，葬芽角，坐丙向壬。

造，配出，子長、行、琛，俱往臺。

傳，配氏生子老、嵌往臺。

伯，配李氏，生子習往臺。生康熙己巳年十二月初八日亥時，卒雍正辛亥年十一月初三日酉時，葬油車畲，坐癸向丁。

瑄，起子，配氏生子建初、會、典。典配林氏生子悦、陶，往臺灣。悦配出，子帶。

天寵，名爭，興三子，配賴氏，生子鬱，來，郡，道，聖往臺，郎，臺，選。

偉，配黄氏，生子日，往臺。

添，配陳氏，生子萬往臺，億，存往臺，崇往臺。生崇禎壬申年六月初十日午時，卒康熙己巳年十月十八日酉時，葬禁坑，坐北向南。氏生崇禎乙亥年十一月十五日辰時，卒康熙庚寅十一月二十日戌時，葬岩仔尾，坐癸向丁。萬配賴氏生子能，侯，洪出嗣胞弟崇。

存，配氏生子聖、耀。二房出嗣虎。生康熙丙辰年，葬臺灣。崇早卒，繼嗣洪胞兄萬子。

武，配張氏，生子勸，陣，玄往臺，前出嗣房兄懷。

忠，配氏生子返、近，俱往臺灣。

炎，未娶卒，繼嗣香胞弟杌子。生康熙乙丑年，葬臺灣。

錦山公,應禄公長子,配吕氏,生子舜、明往臺。公生嘉靖己酉年九月十三日亥時,氏生卒日時闕,葬鬱仔嶺。

衷,配出,子中,往臺。生康熙戊辰年三月廿一日寅時,考葬臺灣燕霧堡。

霍,篤公子,配許氏,生子王往臺,哲往臺,聘,棋。考生崇禎庚午年六月廿八日亥時,卒康熙甲戌年十二月初八日未時,葬南草坪,坐丙向壬。妣生天啓壬戌年七月初五日,卒康熙丁卯年七月廿五日,葬五斗岕,坐庚向甲。

訓,配出,繼嗣祖本房援子,葬臺灣。

哲,霍次子,配蔡氏,生子藹、此。繼嗣鞭本房灶子。考葬臺灣,妣葬客寮桃仔坑,坐北向南。

先聲長派道清公,先聲公長子,配李氏。自公以下世代失考,有十一世孫相住居臺灣,又有十二世孫獻朝兄弟住居西林,其累代墳墓坐址白巖虎、山後塘、水仔尾、磜頭徑等處。

道静公,先聲公次子。自公以下世代無所考,有十一世孫用移居臺灣,墳墓坐址大員墩、橡仔、坳圳面、磜頭、白巖虎等處。

茂,配賴氏,生子明、誥、成、任、用。考葬臺灣。

地,最次子,配陳氏,生子昭,耕,廷往臺,載往臺。考葬徑嶺坐北向南。妣葬磜角墩仔頂,坐東向西。

春,最四子,配吴氏,生子舜,陟,滿往臺,賞。

唱建平公子,配氏生子探往臺,協往臺,殿往臺,道。探,唱長子,配氏生子裕。協,唱次子,配生子琴、棋、雲、風。殿,唱三子,配氏生子静、佛。道,唱四子,配氏生子僞。

海,示長子,配吴氏生子荖、央、苞。考葬臺灣牛稠山。妣葬磜頭徑,坐西向東。

省,示三子,配氏生子喜、雲。考葬臺灣。

東,示四子,配鄭氏生子暖。繼娶朱氏。考葬臺灣。鄭氏葬篤仔尾,坐南向北。朱氏葬徑嶺,坐北向南。

廣,示五子,配李氏,生子幼、粗。考葬臺灣。

齊,字廷芳,真子,配黄氏,生子端,嚴,疊往臺,追往臺,員往臺。考生順治辛丑年十月初九日辰時,卒乾隆戊午年二月十一日午時,葬烏石坑,坐丑向未。妣生康熙丁未年十一月十八日卯時,卒康熙壬午九月廿八日申時,葬烏石坑,坐癸向丁。

朝,謂公次子,配江氏,生子箴,飲,蟾出嗣堂兄仁,闊往臺。考生順治丙戌年十二月初七日丑時,卒康熙癸酉年八月廿六日卯時,葬大湖内,坐艮向坤。妣生崇禎甲申年六月十三日酉時,卒康熙癸亥年十一月十四日戌時,葬馬鞍山,坐北向南。

飲,字受和,朝次子,配江氏,生子吟。考生康熙壬子年十月廿四日戌時,卒康熙庚寅年七月十二日亥時,葬臺灣荷苞嶼。妣生康熙庚午年正月廿八日未時,卒雍正庚戌年二月廿六日戌時,葬半嶺九埒,坐南向北。

唱,字鴻宣,煙公次子,配蔡氏,生子佈往臺,濟往臺,葵往臺,培往臺,認。考生崇禎甲午年十一月十二日寅時,卒康熙丁丑年十二月初五日午時,葬雞髻嶺,坐乾向巽。妣生崇禎辛巳年七月廿七日酉時,卒康熙癸未年九月十六日午時。

生,未娶卒,繼嗣福堂英子。生康熙己巳年二月十二日子時,卒乾隆戊辰年正月初六日午時,葬臺灣。

助,邦治子,配林氏,生子典,黨,志往臺。考卒葬臺灣。氏生康熙壬子年七月初八辰時,卒康熙辛丑年八月廿五日戌時，葬酒鐘坑，坐東向西。

典，配出，子深往臺。生康熙癸酉年四月廿四日未時，卒雍正辛亥年四月初二日未時，葬大西庵酒鐘坑，坐東向西。

衆，諱樂成，字繁生，配鄭氏，生子溪往臺，當卒咊嚠吧，柴往臺，國。生順治庚子年五月廿八日酉時，卒康熙辛丑年十二月初六卯時，葬楊尾五葉林觀音獨坐，坐丙向壬。氏生康熙丁卯年四月廿五日卯時，卒雍正丁未年八月十二日未時，葬揚尾水尾山，坐丙向壬。

禮遜，章隆三子，配氏生子現，杏往臺，根往臺。考生順治庚寅年五月初二日亥時，卒雍正甲辰年十二月三十日酉時。

有，字應隆，鳳四子，配黄氏，生子徐，沛，能往臺，伊。考生康熙丙午年十月初九日良時，卒雍正丙午年十月初四日辰時。妣生康熙己酉年五月初五日卯時，卒乾隆癸酉年四月三十日酉時，葬員峯芒仔崩，坐東向西。

總，字繼考，遜次子，配王氏，生子葛，潘，渾，色往臺。考生順治壬辰二月十九日亥時，卒雍正戊申年十月十九日未時。妣生順治丁酉年三月廿七日巳時，卒乾隆丙辰年七月十五日酉時。

楯，配出，繼嗣早，虹二房笑子。生康熙乙酉年閏四月廿六日辰時，卒乾隆辛酉年三月廿九日申時，葬臺灣。

齊，繼嗣衛虹二房夢子。生康熙甲申年九月十九日巳時，卒乾隆癸酉年三月十三日戌時，葬臺灣。

鎮，盛四子，配生子純德，檻往臺。考生康熙庚申年十月十五日辰時，卒雍正丁未三月初二日申時，葬大坪水嶺仔鞍，坐東向西。

宋，字似攀，應賜長子，配吴氏，生子兑往臺，厥，萬生，臏往臺，整。考生康熙丙午年十月初九日寅時，卒雍正戊申年十一月十九日巳時。妣生康熙癸丑年八月二十日申時，卒乾隆癸亥年十二月廿一日酉時，葬員峯牛運潭，坐卯向酉。

愴，武長子，配張氏，生子明，東。考生崇禎癸酉年十一月初八日寅時，卒康熙乙巳七月初七日未時，葬大坪畬，坐庚向甲。妣生崇禎甲戌年三月廿五日巳時，卒康熙丁酉年十二月十四日戌時，葬大路坪，坐北向南。

明，配出，生子粲往臺。生順治戊戌年，卒康熙甲午年四月初一日戌時，葬李公坑，坐卯向酉。

滿，對甫公四子，配歐氏，生子睿、智。考生天啓癸未年八月初八日，卒康熙年，葬大坪畬，坐酉向卯。妣葬處失考。睿配出，子賢能往臺。

凡，配張氏，生子養，繼娶李氏生子叢，盾出嗣胞弟琴，朋，説。生康熙庚辰年，卒乾隆癸酉年四月廿八日吉時，葬臺灣。張氏葬坪水鵝公頸。

琴，以胞兄凡子盾爲後。生康熙乙酉年八月廿四日巳時，卒乾隆癸酉年十月十三日午時，葬臺灣。

醮，配張氏，生子蕘往臺，伴，自，别。蕘配柳氏。

共，配林氏，生子顯、可。生康熙庚申年七月十七日卯時，卒乾隆丙辰年七月初五日巳時，葬臺灣青埔泥窟，坐申向寅。顯配孫氏，生子媽與。可配顧氏，生子媽葵。

生，新三子，配黄氏，生子孔往臺，儉，慎，彪，天。考生康熙乙巳年十一月初四日亥時，卒乾隆辛酉年五月十三日申時，葬牛洞樹堋，坐乾向巽。

二，字若鑒，邦基公長子，配江氏，側室陳氏，生子保，楝，瓊往臺，乾。考生天啓癸未年六月初四日酉時,卒康熙壬午年十一月初二日午時,葬客寮茶仔岩,坐巽向乾。妣生天啓壬戌年二月十七日申時,卒康熙癸未年六月初六日午時,葬客寮桂竹坑,坐癸向丁。

保,字國昇,二長子,配鄭氏,生子現往臺。考生康熙己酉年二月廿一日酉時,卒康熙壬辰年七月十三日巳時,葬在臺。妣生康熙甲寅年五月初五日辰時,卒康熙戊戌年七月十七日未時,葬河倉苦塘仔,坐東向西。

楝,字景標,二次子,配魏氏,生子吟往臺,欣往臺,回。

瓊,字尚琚,二三子,配吴氏,生子育,袐出嗣房弟張,玷。考葬臺灣。育無娶,以堂兄欣子成爲後,葬臺灣。

夏,字旭昭,三長子,配吴氏,生子信,赤,談往臺,篤。考生順治戊戌年四月十七日卯時,卒康熙癸巳年十月廿五日巳時,葬石芹蜈蜞洞,坐巽向乾。妣生順治庚子年六月二十日午時,卒乾隆癸亥年閏四月十三日卯時,葬石芹鞍仔坑,坐巽向乾。

談,配徐氏,生子秦,笨,省出嗣房弟訖,州出嗣房弟在,葬臺灣。

才,字德修,三三子,配賴氏,生子尊往臺,推。考生康熙壬子年正月十四日戌時,卒雍正丙午年十月初七日丑時。妣生康熙甲寅年正月初二日戌時,卒乾隆壬申年七月十六日午時,葬客寮新厝坰,坐庚向甲。

富,字壁如,三四子,配羅氏,生子解往臺,編,未,儉。考生康熙丁巳年十一月廿七日卯時,卒康熙庚寅年六月初三日卯時。葬客寮車梘墓,坐甲向庚。妣生康熙壬戌年十一月廿二日酉時,卒雍正甲辰年六月初一日午時,葬客寮後塘,坐甲向庚。

理,字德彰,四長子,配張氏,生子伯,待,祥,剡,瑶往臺,陶,綽,匹,庚往臺。考生康熙乙巳年七月廿七日未時,卒雍正丁未年四月初六日未時,葬員墩山,坐午向子。妣生康熙己酉年四月十一日丑時,卒雍正丁未年五月初八日酉時,葬福禄坑,坐辛向乙。

待,早世以胞兄伯子湧爲後,往臺。生康熙壬申年四月二十日寅時,卒康熙庚寅年三月初一日申時,葬員墩鞍,坐甲向庚。

剡,配方氏,生子魁往臺,黜,循,劍,好。生康熙丙子年二月廿一日未時,卒乾隆壬申年五月初二日申時,葬富坑後坑尾,坐寅向申。

壯,配朱氏,生子翻往臺卒,謬,浮。生康熙丁未年閏四月廿五日酉時,卒康熙壬寅正月廿一日子時,葬大坰,坐癸向丁。翻配出,子焚,利,求出嗣胞弟浮,葬臺灣。

漢,配羅氏,以堂弟定子轉爲嗣,往臺。轉配黄氏。

石,配羅氏,生子茅、露、蚌,俱往臺。蚌配柳氏生子梁、詩。

漾,配出,子進、步。生康熙己卯年八月初五日辰時,卒乾隆丁卯年八月初五日申時,葬臺灣。進配黄氏。

士興,名是,貞樸次子,配陳氏,生子堯早卒,朝往臺。考生崇禎癸未年八月初六日午時,卒康熙乙丑年四月初八日未時。妣生順治戊子年九月二十日申時,卒康熙戊戌年七月十五日未時。

猛,配楊氏,生子冬。考葬臺灣。

良策公,統公長子,配魏氏,生子長、次往臺,景迎往臺,景達。公生萬曆丙戌四月十三日辰時,卒康熙壬寅年十月十九日午時,葬柿仔坑。妣生萬曆丁亥年十二月廿五日辰時,卒順治壬辰年六月初七日卯時,葬翁寮,坐庚向甲。

景達公,良策公四子,配楊氏,生子税,曾往臺,良,務往臺,賚。公生崇禎庚午年二月二十日巳時,卒康熙丁亥年七月十五日子時,葬虎空。妣生崇禎乙亥年四月初六日巳時,卒康熙辛卯年十一月廿二日午時,葬龍船嶺,坐癸向丁。

蔡,世公長子,配張氏,生子塔,邦,丁往臺。

智,世公三子,配氏生子漢往臺,大往臺。

貴隆公,統履公次子,配柳氏,生子顔往臺,眼,堯往臺,約,總。公生萬曆甲辰年十二月初三日亥時,卒康熙丙午年八月廿六日亥時,葬關公坑,坐東向西。妣生萬曆壬子年七月十五日辰時,卒康熙丁丑年正月十八日未時,葬磜頭下村,坐壬向丙。

伯,配莊氏,生子晏、胥、讓、黨。考生康熙戊寅年二月十九日辰時,雍正壬子年三月廿八日巳時,葬臺灣。妣生康熙癸未年六月十三日辰時,卒乾隆壬申年三月十五日辰時,葬乞仔後,坐卯向酉。

元德公,貴魁公子,配氏生子能,銜,習,四出祖,教往臺。公生天啓元年二月初六日辰時,卒康熙戊辰年五月廿六日申時,葬後壁牛脚村,坐西向東。妣生天啓丙寅年十一月初一日巳時,卒康熙丙寅年六月廿二日申時。

能,元德公長子,配林氏,生子求,慶,盆,膾往臺,賚。考生崇禎壬午年八月初八日寅時,卒康熙丙申年三月初八日未時,葬九使府,坐艮向坤。妣生順治丙申年十一月十一日辰時,卒雍正辛亥年十月初一日戌時,葬石芹杉坳,坐庚向甲。

體,府長子,配羅氏,生子貢,鑒往臺,剡,國往臺,達往臺,更往臺。考生崇禎乙亥年八月初九日申時,卒康熙己卯年十二月廿二日未時,葬草仔坪,坐丁向癸。妣生順治丙戌年正月十九日辰時,卒康熙戊子年六月十九日辰時,葬茶仔坳,坐辰向戌。

德周,配魏氏,繼嗣千堂兄將子,繼嗣老虹二房定子。千,配周氏,生子往臺。老,配賴氏,生子往臺。

政,配氏生子木往臺。

忠,配氏繼嗣石堂兄養子往臺。

刊,配林氏,生子歆往臺,超,軟,匏。生康熙癸丑年六月十三日寅時,卒乾隆辛酉年十二月廿二日申時,葬番邦。氏生康熙丙寅年四月初三日卯時,卒雍正戊申年十二月廿四日午時,葬山坑仔田中央坳,坐甲向庚。

仰,配黄氏,生子掉、讒、才。生康熙庚申年十一月初九日辰時,卒雍正丁未年四月十九日申時,葬球留吧木加嶼。掉配張氏生子戰,農出嗣,水,雪。讒,無娶,以掉子農繼嗣卒在臺。才配陳氏生子謹。

隊,配出,以胞弟抽子興爲後。生康熙己巳年,卒八月十二日,葬在臺。

樵,配羅氏,生子挪,禁,祭出嗣。生康熙己卯年十二月二十日子時,卒乾隆己巳年七月二十日酉時,葬在臺。

齊,字志鳳,景澤次子,配張氏,生子貌、馮。馮未娶,以兄子爲嗣,葬在臺。

象,字志及,景澤九子,配賴氏,生子旋、孽、哲、徐、倫。考生康熙癸酉年十二月廿九日戌時,卒乾隆壬申年八月初三日辰時,渡臺失水。旋配黄氏。

長,字志禎,景澤十子,配林氏,生子水往臺。考生康熙戊寅年三月廿七日午時,卒乾隆年,葬臺灣。

彭,字其鋭,景沛三子,配張氏,生子敢、多、三、笨。生康熙辛巳年三月十四日申時,卒乾隆戊午年七月初九日未時,葬臺灣水沙蓮。

崇，字志高，阮長子，配曾氏，生子鷴往臺，系往臺，夫，客。妣生康熙丁未年六月初三日子時，卒雍正丙午年十二月十六日亥時，葬羅山坑尾，坐壬向丙。考生康熙丁未年七月十六日辰時，卒雍正辛亥年十月初五日午時，葬蛤仔佃，坐壬向丙。

培，阮次子，配范氏，生子局，題往臺。

泮，字志時，阮三子，配陳氏，生子律在臺，趨。考生康熙甲寅年八月廿一日寅時，卒乾隆戊辰年四月廿六日未時，葬厝後，坐艮向坤。妣生康熙庚申年二月初九日寅時，卒乾隆丁巳年八月初五日申時，葬老姊坡，坐寅向申。

頓，阮四子，生子海山，峯石，呈在臺。

汲，阮七子，配陳氏，生子謗，闖，暴，推在臺。

純，字志星，赤四子，配吴氏，生子啈，陛，標往臺。

國任次派亨，公字統會，國任公次子，配李氏，生子巖路，次往臺，猴攢出祖廣東，槐，輯。公生嘉靖壬辰年六月廿六日未時，卒萬曆辛卯年六月廿八日未時，葬大塘下，坐申向寅。妣生嘉靖辛卯年七月廿七日未時，卒天命庚申正月初一日辰時，葬新塘甜竹林，坐坤向艮。

萍，未娶，生康熙辛卯年四月十二日丑時，卒乾隆乙丑年九月初八日午時，葬在臺，未嗣。

七世祖公統會公次子，配氏生子移往臺灣。

貨，字春槐，景翰次子，配陳氏，生子强，蘭往臺灣，繳。考生崇禎庚辰年八月十三日巳時，卒康熙庚寅年七月初一日寅時。氏生順治甲午年七月廿九日寅時，卒雍正癸卯年十月初一日申時，合葬翁寮嶺，坐丑向未。

强，配曾氏，生子邊往臺。續娶廖氏生子閣往臺。生康熙甲寅年三月二十日卯時，卒乾隆丁巳年五月初一日巳時，葬軍田坳，坐南向北。氏生康熙庚午年四月十六日寅時，卒康熙丁酉年二月廿四日未時，葬軍田坳，坐子向午。

勃，兼次子，未娶以胞弟心子樗繼嗣，往臺。

族，夢餤公長子，配蔡氏，生子詞，廉，鞍，快在臺，梗在臺。

奏，字致膚，國柱長子，配吴氏，生子典，戎渡臺。考生康熙甲辰年十二月廿五日子時，卒康熙癸巳年九月初四日戌時。妣生康熙戊申年二月初十日丑時，卒雍正甲辰年正月廿九日未時，葬會衆墩，坐庚向甲。

仍，陳公長子，配氏生子侍、楚、厭、額，俱往臺灣。

映，字宗榮，舊長子，配郭氏，生子送未嗣，隊往臺。生雍正丁未年八月十五日亥時，卒乾隆辛未年六月初六日戌時，葬馬舖梨脚，坐乙向辛。

歎，疊長子，配出，以本房巍子扶繼嗣，往臺。生康熙壬戌年七月十一日辰時，卒雍正己酉年十月二十八日酉時，葬磜頭頂村，坐未向丑。

天，粲長子，配張氏，生子招，趙往臺。

解，字以我，厚長子，配出，子摘往臺，義出嗣本房湖。考生康熙辛酉年正月初八日午時，卒康熙己亥年十二月初四日酉時，葬會衆墩，坐丙向壬。

巍，邁子，配吴氏，生子放，妙往臺，扶出嗣往臺。考生康熙己巳年十二月廿八日寅時，卒雍正己酉年十二月廿一日酉時，葬大壟坑尾，坐酉向卯。

統萬公，國達公長子，配張氏，生子龍，鳳出祖在臺。公生嘉靖癸未年十月十四日丑時，卒萬曆乙酉年五月十五日午時，葬下楼羅投尾。妣生嘉靖己丑年十二月廿三日寅時，卒萬曆壬寅年二月廿八日寅時，葬嶺頭礽。

龍公，統萬公長子，配許氏，生子深，俊往臺，潭往臺。公生萬曆甲戌年正月初三日未時，卒崇禎癸酉年四月初三日酉時，葬下樓埔頭埕。妣生萬曆辛巳年四月廿六日丑時，卒順治戊子年七月廿二日未時，葬橋仔頭瓦窑岩。

深公，龍公長子，配林氏，生子秋，裏往臺，松往臺，林，午往臺。公生天啓乙丑年八月初四日丑時，卒順治己丑年八月初四日未時，葬下樓深壟，坐東向西。妣生天啓丁卯年三月廿三日丑時，卒順治丙戌年六月初四日午時，葬軍田堋。

秋，深公長子，配吴氏，生子燕在臺，皇出祖，添，極。公生正德丙寅年四月初六日辰時，卒崇禎戊辰年七月初十日巳時。妣生隆慶己巳年二月十八日卯時，卒崇禎辛未年九月廿三日午時。考妣合葬白花洋，坐庚向甲。

新公，任阿公子，配吴氏，生子妹，綽往臺，振往臺，茂，五往臺，六往臺。公生萬曆庚子年四月十五日辰時，卒康熙乙巳年六月初二日午時，葬磜頭豬公山，坐癸向丁。妣生萬曆丁未年三月十五日戌時，卒順治乙未年十一月十二日巳時，葬鬼仔嶺，坐乙向辛。

逸，配曾氏，生子萬、濫、清。生康熙丁丑年八月廿一日未時，卒乾隆戊辰年十月廿三日子時，葬臺灣。

准，配羅氏，繼嗣連楊，尾藥子，聘林氏。

補，字學，孔妹次子，配林氏，生子訓，煆往臺，譖，斂，雍，臺，蟄。考生順治戊戌年六月十二日巳時，卒雍正辛亥年十二月十六日酉時，葬火燒埔，坐坤向艮。

妙，字彬然，鄉飲，配林氏，生子君，民，保，寬，西，賽，郎往臺，信，觀生。生康熙甲辰年十一月初八日卯時，卒乾隆辛未年十二月十二日卯時。氏生康熙壬子年六月初十日酉時，卒雍正十二年十一月十五日寅時，葬闞元坑新田岩。

民，配林氏，生子訖、坡、芻、紂。卒葬臺灣。

保，配張氏，生子體、摇。卒葬臺灣。

郎，配李氏，生子暢，李氏葬臺灣。

井，配吴氏，生子曾，傅，珀往臺，鴈，鷂。卒乾隆壬戌年十二月初三日，葬梘頭寨脚。珀配吴氏，生子先。

罕，配黄氏，生子蔽。生康熙壬辰年，卒乾隆甲戌年九月初三日申時，葬臺灣。

鍛，配張氏，生子衍。續配羅氏。生康熙己卯年，卒乾隆年，葬臺灣。

欽行，字茂泗，積公次子，配出，生子抱。考生萬曆丙午年，卒順治丙戌年，葬棗仔岩頭石壁下，坐辛向乙。

抱，字如懒，欽行子，配蔡氏，生子巽，衆，蔡往臺，完往臺，在往臺。考生順治丙戌年正月十三日辰時，卒康熙戊戌年八月初三寅時。妣生順治丁酉年八月初七日酉時，卒乾隆丙寅年七月十五日，葬廖厝坪，坐癸向丁。

巽，配林氏，生子琚往臺，文往臺，武往臺。生康熙癸丑年，葬大崙牛路頂圳頂。琚配游氏，生子際。

盼，五子，配氏生子曾往臺，尼往臺，兼。考生康熙己酉年八月初四日亥時，卒雍正丁未年四月廿一日丑時，葬宫仔鞍。妣葬臺。

穰，早世以胞弟捷子茂繼嗣。茂卒臺灣，葬九氤氲，坐東向西。生康熙丙戌年四月二十日吉時，卒乾隆己卯年正月初二日亥時，葬大番塚。氏生康熙丁亥年十月初四日酉時，卒乾隆癸亥年九月十八日午時。

招，配吴氏，生子勃往臺，繁往臺，溪。生康熙丙午年十二月廿一日巳時。

衆，字初洪，配諶氏，生子盛往臺，在。考生崇禎己卯年二月初七日卯時，卒康熙己丑年十一月初四日戌時，葬尖尾山，坐丙向壬。妣生崇禎辛巳年十月廿八日辰時，卒康熙辛卯年二月廿九日丑時，葬尖尾山後，坐巳向亥。

名，闕公子，配魏氏，生子初怡。考生萬曆戊子年九月十七日辰時，卒順治辛巳年九月三十日卯時，葬後壁嶺，坐東向西。妣生萬曆辛丑年七月初八日卯時，卒順治甲午年九月三十日卯時，葬寮仔坪。初怡配出，子對往臺。

悲，以胞弟南子汀繼嗣，往臺。

起鵬，攀次子，配陸氏，生子志輔，生三子，俱往臺。

願，配賴氏，生子協，文，猜往臺，藏往臺。考生崇禎癸未年六月十七日巳時，卒雍正丁未年十月初三日辰時。妣生順治庚子年七月初七日巳時，卒康熙丁酉年正月廿四日午時，葬白花洋田頭窠，坐丙向壬。考葬白花洋後塘堋，坐酉向卯。

榮，配曾氏，生子爭往臺，達往臺。考葬蜈蜞堋尾坐亥向巳。妣葬馬舖石壁内大路下，坐巳向亥。

令，配董氏，生子炎往臺，敏，軟，成。繼娶關氏生子趲，樓往臺。生康熙甲寅年八月十七日丑時，卒乾隆壬戌年三月廿八日亥時，葬橋頭賴厝窠，坐坤向艮。董氏生康熙辛酉年十月初五日申時，卒康熙戊戌年十一月初九日巳時，葬丙園下，坐丁向癸。關氏生康熙己巳年五月初四巳時，卒乾隆癸亥年十二月初七日，葬墓林岢，坐乾向巽。

赫，配吴氏，生子戴，綿往臺。

匀，配出，子泊葬臺灣。

飲，配陸氏，生子吟往臺，湍。生康熙甲辰年七月十九日午時，卒雍正丁未年二月十一日申時。氏生康熙丁未年二月初八日丑時，卒雍正辛亥年十一月廿七日丑時，葬嶺頭，坐壬向丙。

吟，配王氏，生子汆、才、洋、烈，俱往臺。葬臺灣。

湍，配林氏，生子騰，滿出嗣虎二房，酒，爽。

每，積五子，配曾氏，生子含，飲出嗣胞兄，丕，帆往臺。公葬芳春，氏葬涼傘堋。

餘，配洪氏，生子兑往臺。

丕，配黄氏，生子斗、雲、謹、灘。丕葬石鼓後畬仔園。氏葬臺灣。雲配葉氏，生子佛，管往臺。

得，配羅氏，生子衍、良、惠、石，俱往臺灣。生康熙己丑年六月廿一日午時，卒乾隆己巳年五月初一日巳時，葬樣樹坪長嶺山三坵田面，坐丙向壬。

金，配氏生子宣往臺，厲往臺，侯出嗣堂弟景往臺。

埸，配出，子起往臺。

鼾，配鄭氏，生子相，景，蓝出嗣堂弟結，鞀往臺。

柄，配王氏，往臺。

觀，配林氏，往臺。

洽，配曾氏，生子賤往臺，潮往臺，溪。生康熙庚戌年三月廿六日寅時，卒雍正丁未年五月廿七酉時，葬内寮五坵仔岢，坐壬向丙。氏生康熙壬申年八月廿三日巳時，卒乾隆癸亥年正月廿七日酉時，葬内寮羅鑾仔，坐丁向癸。

啓融，日贍四子，配張氏，生子渡、湛、澤、溥，往臺。考生順治戊子年四月初六日丑時，卒乾隆庚申年四月十六日丑時，妣生順治癸巳年七月十六日子時，卒雍正己酉年十二月初六日酉時。

澤，配黄氏，生子超、注、正春、步、歡，俱移居往臺灣。

佐，字啓淑，日贍五子，配黄氏，生子涖，利，藝，雄，邁，種往臺。考生順治庚寅年八月二十日寅時，卒雍正癸卯年七月初一日酉時，葬樓下新田扛岦，坐北向南。妣生順治癸巳年十一月十一日酉時，卒雍正甲辰年四月十六日酉時，葬内寮火路岦，坐辛向乙。

利，配吴氏，生子色、祖、龍、默、長，俱移居臺灣。

右，配張氏，繼娶葉氏生子等，往臺。

修，配壬氏，生子宣，勃，楚在臺。

種，配陳氏，生子練，綽，葬臺灣。

其瑞公，一黨公四子，配張氏，生子長往臺，毓進，三往臺，育洪。公生嘉靖辛丑年四月廿一日丑時，卒萬曆辛亥年十月初一日丑時，葬東坑，坐寅向申。妣生嘉靖庚戌年正月廿三日酉時，卒萬曆癸丑年十一月三十日戌時，葬下樓水尾宫前，坐丁向癸。

承，有儀長子，配李氏，生子纂，密，僭未嗣，羨往臺，藹往臺，納出嗣胞弟李。考生天啓乙丑年五月廿六日未時，卒康熙戊子年正月初七日丑時，葬新塘坳，坐庚向甲。妣生崇禎甲戌年閏八月十三日亥時，卒康熙辛亥年十月初二日卯時，葬磜頭雞籠山，坐壬向丙。

羨，配梁氏，生子蚊未嗣，繼嗣琬本房突子往臺。

藹，配羅氏，生子泌往臺。

納，配曾氏，生子圭，突往臺，抹往臺。繼娶廖氏生子找、偏。

興，有儀四子，配羅氏，生子烈、表、奕、通、緣往臺。考葬磜頭尾頂仔埖頭，坐北向南。妣葬牛場，坐東向西。烈配氏生子暖、鐵往臺。

仰，配林氏，生子焚、塔、浪、昂、限。

塔，卒在臺，以胞兄焚子箱繼嗣。

武，配張氏，生子頂出嗣胞弟超，艾，地，曹，彪，俱往臺灣。

生，配賴氏，生子草，隆往臺，磜出嗣超弟，賽，偶往臺。氏生康熙甲戌年正月初十日午時，卒雍正壬子年四月十五日寅時，葬巖頭大片科，坐庚向甲。

步，字朝陛，應長子，配朱氏，生子立，康，摇出嗣，美，尋，服往臺，主往臺。

贊，配林氏，生子擇往臺。

永，配黄氏，生子鄒，鄒配氏往臺。

護，爵次子，配朱氏，生子國，德出嗣美揚房等，東。東配許氏，以堂兄武子添繼嗣往臺。

敦，協長子，配黄氏，生子痛，棲往臺。考生康熙丙戌年十月十五日午時，卒雍正丁未年四月十四日申時，妣葬臺石佛鞍天埖面，坐北向南。

聊，配陳氏，生子逮往臺。

肸，配江氏，生子别往臺，恀出嗣，川往臺。生康熙甲戌年，卒乾隆年。

暴，配氏生子高往臺。生康熙庚辰年，卒乾隆辛未年。

江，以胞兄子恀繼嗣，往臺。

話配氏生子泠往臺。

耀，配張氏，生子靛，華。繼娶陳氏，生子陣往臺。張氏生康熙戊寅年，葬老鴉坑口，坐北向南。

交，配賴氏，生子熕，嘽，猎，秋，揖出嗣堂弟炙，伴往臺。

孟，明次子，配出，子炙往臺。考生康熙辛亥年七月初二巳時，卒康熙己亥年十二月十七日丑時，葬下田尾，坐北向南。

莫，配方氏，生子水，往臺。

才，配曾氏，生子是，往臺。

福，配陳氏，生子連，往臺。生康熙丙辰年八月初九日辰時，卒雍正壬子年正月十八日巳時，葬嶺頭坑岕，坐南向北。氏生康熙壬申年七月初八日辰時，卒雍正己酉年十月十一日未時，葬茶仔岕，坐南向北。

快，起龍次子，配方氏，生子沛，往臺。

理，配賴氏，生子朗，得，澢，在往臺。生康熙丙午正月初十日辰時，卒康熙辛丑年九月十二日未時，葬打死狗田上，坐癸向丁。氏生康熙甲子年三月十五日寅時，卒雍正甲寅年七月十二日寅時，葬彭水茶仔缸厝地，坐東向西。

惠，配楊氏，生子乞、繼。生康熙乙未年八月初九日寅時，卒乾隆庚午年八月初十日午時，葬臺灣。乞配林氏。

楝，配賴氏，生子碽，來，賀，周往臺，迓葬臺，雍往吧。生康熙癸亥年十一月十七日未時，卒乾隆乙丑年二月初九日酉時，未葬。妣生康熙壬申年七月廿八日卯時，卒乾隆甲子年正月三十日酉時，葬湖洋樓後崙坪，坐北向南。

聳，配陳氏，生子尊、節、迎，俱在臺。

葉，配黄氏，生子忖，作在臺。生康熙甲子年正月十一日卯時，卒乾隆壬戌年三月十五日丑時，葬蛤仔口崙，坐乾向巽。氏生康熙乙亥年八月十二日未時，卒乾隆癸酉年八月十六日申時，葬員墩，坐癸向丁。

僑，以胞弟錦子大繼嗣。生康熙丁卯十二月初九日丑時，卒乾隆丁卯年七月廿一日申時，葬臺灣，坐北向南。

（何子祥編纂《[福建漳州]漳泉何氏族譜》
清乾隆二十年刻本　1928年平和琯溪華英書社工藝石印部翻印）

（二十六）羅　氏

平和呈奇嶺羅氏徙臺祖名録

三世祖考佑明公，官受御前指揮，娶妣相女邱氏，生五子，長樂安遷居大産溪口，次樂莊遷居楓朗黄砂，三樂全往臺灣，四樂耕本村居住，五樂自早喪。

十五世孫文英，嘉慶十七年進臺灣嘉義學，二房大派。

十五世孫玉，嘉慶進臺灣嘉義學，二房大派。

十五世孫尚，嘉慶年進臺灣嘉義學，二房大派。

十五世孫捷三，道光戊戌年進臺灣嘉義武學，乳名聯，二房大派。

十一世孫敦，康熙年臺灣把總。

十五世孫長庚，咸豐年臺灣千總。

十二世存，肇從之子。漢，肇管長子，娶余氏往臺灣。武，肇管次子，娶吴氏生子三，騰、熟、柳。

十六世秋，往臺灣無立主，娶林氏，謚慈勤，諱頌娘，生於乾隆庚寅年五月廿一日戌時，卒於嘉慶己未年六月二十日辰時，葬在麻竹頭占石脚，坐寅向申，庚寅庚申分金。

（羅紋編纂《［福建平和］呈奇嶺羅氏家譜》 1934年稿本）

（二十七）高　氏

海澄卿山高氏徙臺祖名録

光前，謚光輝，文山之長子也。娶林氏無出。光前生於乾隆丙子年九月初八日未時，卒於乾隆庚戌年十月十九日未時，葬於臺地，無稽。

廷龍，乳名龍泉，圭玉之子也。娶吴氏無出。廷龍生於乾隆辛巳年六月十九日子時，卒於嘉慶庚申年正月十四日酉時，葬於臺地。

（《［福建龍海］海澄卿山高氏族譜》 清宣統刻本）

平和大溪赤坑高氏徙臺祖名録

十三世莊，伊堂次子，我端孫，往臺。

十三世礪、石，伊滿子，我端孫，往臺。

十三世帕、陸，松五子之第三、五子，法孫，移臺灣。

十四世寨，浪子，丁孫，建勳曾孫，往臺。

十四世處，佳子，約孫，往臺。

十三世月，立子，進孫，移臺灣。

十三世包，維子，士桂孫，移臺。

來，愛三子之長子，寬和孫，移臺，生二子不識名。

順，寬和三子之次，往臺。

十五世君，諱居上；文，諱居一，曹子，俱往臺。

十四世規、處往臺。

十五世群、連，乘子，往臺。

十五世出、悦、安，秋四子之長、三、又子，往臺。

十六世享，稱五子之又子，秋孫，往臺。子立興，孫娘陰。

十四世榮，移臺灣，子昭相隨父移臺灣。

十五世不，怎二子之次，往臺。

十四世都，往臺，子斗。

十二世立，乃進公之次子也，娶氏生子一月往臺，妻後嫁出。生於辛卯年二月十六日亥時，卒於甲午年八月廿八日子時，葬在茶子岕。

十三世陸，諱飛鶴，友金公之六子也，娶葉氏，生一子名猜往臺。

十三世帕，友金公四子也，娶妻江氏，過繼一子名順往臺灣。

十三世礪，伊滿公之長子也，娶張氏生二子，名承宗、芋生，往臺。

十三世石，伊滿公之次子也，往臺，娶妻吴氏，生子不識名。

十三世士，交公之子也，過繼一子名收，往臺。

十四世寬信，諱秋，號秩如，乃耀東公之三子也，娶羅氏，生子乾出往臺，稱，悦往臺。公生於康熙庚辰年十一月三十日丑時，卒於乾隆甲辰年閏三月初一日戌時，壽八十五歲，葬大路埔瓜地窠。妣謚莊儉，生於康熙辛巳年十月廿九午時，卒於乾隆己丑年六月十九丑時，葬山墩裹窩裹穴，坐乾向巽。

十六世諱游，積善公之四子也，往臺而亡。男帥過繼，乃是水長公之子也。

十六世祖諱享，乃廷賓公之四子也，往臺而亡。生於乾隆壬寅年六月初三日酉時，卒於嘉慶戊辰年三月廿八日未時，壽二十七，生子立興。

（《[福建平和]大溪赤坑高氏族譜》 清嘉慶編修 咸豐補録本）

（二十八）蕭 氏

南靖金山蕭氏順德堂系徙臺祖名録

長房十一世漲公，養一子名元庚。公生於乾隆十七年壬申正月十六日戊時，卒於乾隆五十三年戊申七月十二日吉時，往臺邦而亡，其葬處失究。

十一世世胄公，繼一子元明。公名栭，字拔英，生於乾隆二十一年丙子九月廿五日酉時，卒於乾隆四十七年壬寅四月廿八日吉時，往臺邦而亡。

（蕭迎祥編修《[福建南靖]金山上湧蕭氏順德堂家譜》 清光緒八年稿本）

南靖上湧蕭氏徙臺祖名録

六房長林六代伯鉦，李孺人，生五子，長名肇夭，次名整夭，三名補，四名回，五名服。又一女配在地許家，後配緣嶺楊家。竹堂三房往臺灣，公名細，字尚韜，謚敦毅，生於萬曆四十五年丁巳五月十二日卯時，卒於康熙四年乙巳十二月十四日酉時，葬在上湧五斗種崙，坐西。妣名尾官，謚慈恭，生於萬曆四十七年己未十一月初四日巳時，卒於康熙七年戊申正月廿六日未時，葬在上湧徑尾後坑崙，坐坤向艮。

十二代元順公，楊孺人，生二子，長諱茂，次諱摑。又生一女配埔尾盧家。公諱彪，字德威，又字北流，又號順德，謚元順，生於嘉慶十二年丁卯七月廿七日辰時，卒於道光三十年庚戌二月十二日未時，先葬在臺圓，後收起骨骸渡海轉回上湧，葬在土坑庵仔崙，坐亥向巳兼壬丙，丁亥分金。妣楊氏諱報官，生於乙亥年六月廿四日丑時，至 1931 年夏曆十二月廿一戊子日庚申時葬在上湧。

（蕭鐘鴻編纂《[福建南靖]上湧蕭氏世系 清光緒二十八年稿本）

南靖下湧四美堂蕭氏徙臺祖名録

六房廷深派下七世蕭璵一家，遷臺灣朱羅山北社尾。

三房廷吉派下七世樂洪、樂澄兄弟，繼科與盧氏子，時義與林氏孫，天祥與黄氏曾孫，往臺灣。

三房廷吉派下七世士科，繼榮與聶氏子，時建孫，天扶曾孫，往臺灣。

三房廷吉派下七世樂溥、樂瑜、樂掌兄弟，繼鏗與謝氏子，時恩與謝氏孫，仲美曾孫，往臺灣。

三房廷吉派下七世樂玄，吴才與林氏子，時茂與黄氏孫，仲遊曾孫，往臺灣。

三房廷吉派下七世吴智，伯果與吴氏子，時清與鄭氏孫，仲顯曾孫，往臺灣。

三房廷吉派下七世樂溶、樂濡兄弟，伯裕與鄭氏子，時明與劉氏孫，仲顯曾孫，往臺灣。

三房廷吉派上八世國檬、國慨、國楫兄弟，樂濬子，繼賢與林氏孫，時端與莊氏曾孫，往臺灣。

三房廷吉派下八世國標、國和、國穗兄弟，樂濩子，繼賢與林氏孫，時端與莊氏曾孫，往臺灣。

三房廷吉派下八世國榛、國梁兄弟，樂瀼子，繼逵與劉氏孫，時端與莊氏曾孫，往臺灣。

三房廷吉派下八世國棟、國樵兄弟，樂滋子，繼俊孫，時端與莊氏曾孫，昌美堂支系，往臺灣。

三房廷吉派下八世國冉、國宋、國晉、國在兄弟，樂濂子，繼俊孫，時端與莊氏曾孫，昌美堂支系，派下在臺灣。

三房廷吉派下昌美堂支系十世汝城、汝璋、汝江，當埠兄弟，邦熞子，國楞孫，樂溢曾孫，派下在臺灣。

三房廷吉派昌堂支系十世汝埔、汝瀼兄弟，邦焯子，國楞孫，樂溢曾孫，往臺灣。

三房廷吉派昌美堂支系十世汝帕，邦煅子，國楞孫，樂溢曾孫，往臺灣北社尾。

三房廷吉派昌美堂支系十世汝爽、汝墧兄弟，邦炵子，國楞孫，樂溢曾孫，往臺灣。

三房廷吉派昌堂支系十世汝寛，邦煖子，國楞孫，樂溢曾孫，往臺灣。

三房廷吉派昌美堂支系十世汝堵，邦炬子，國楞孫，往臺灣。

三房世美堂支系十一世世彰，汝璞子，邦燦孫，國楞曾孫，給其胞叔汝滴爲嗣子，往臺灣。

三房世美堂支系十一世世雍，汝輝子，邦檺孫，國楞曾孫，娶白氏，往臺灣。

三房世美堂支系十一世世練、世総、世鉗、世澢、世根、世豪六兄弟，汝堆子，邦檺孫，國楞曾孫，除五、六兩兄弟外，餘四兄弟俱往臺灣。

三房世美堂支系十一世世獻，汝埈子，邦炬孫，國楞曾孫，往臺灣。

三房昌美堂支系十一世世珍，汝崁子，邦炳孫，國墩曾孫，往臺灣。

三房昌美堂支系十三世源足，代植子，世珍孫，汝崁曾孫，派下在臺灣。

三房昌美堂支系十三世源庯、源亨、源和、源源四兄弟，代輝子，世寶孫，汝崁曾孫，由其媽帶往臺灣北投。

三房昌美堂派下十一世麟昌，汝坤子，邦炯孫，國墩曾孫，生一子二女去臺灣。

四房廷旭派下八世國嬪、國轉、國獮、國龍隆四兄弟，士謙與陳氏子，應振與林氏孫，時畿與賴氏曾孫，往臺灣。

四房廷旭派下八世國勇、國審兄弟，士衷與吴氏子，應坤與黄氏孫，時畿與賴氏曾孫，往臺灣。

四房廷旭派下八世國鼎，士瓚子，應坤與黄氏孫，時畿與賴氏曾孫，往臺灣。

四房廷旭派下八世國現、國珍、國叟、國姜四兄弟，士興與陳氏子，應鵬與劉氏孫，時畿與賴氏曾孫，往臺灣。

四房廷旭派下八世國壁、國旁、國晨、國鮑、國燕、國派、國集、國氣、國總九兄弟，士蔡與郭氏子，應鵬與鄭氏孫，時畿與賴氏曾孫，俱往臺灣。

四房廷旭派下八世國行，士子子，應耀與黄氏孫，時畿曾孫，往臺灣。

四房廷旭派下八世國朱、國迢、國鄉、國樣四兄弟，士意與莊氏子，應選與辜氏孫，時潤與馮氏曾孫，俱往臺灣。

四房廷旭派下八世國豁、國耽，士趙與林氏子，應武與林氏孫，時潤與馮氏曾孫，往臺灣。

四房廷旭派下八世國倫，志斌與諶氏子，應極與許氏孫，時聘與楊氏曾孫，積善堂支系，子孫往臺灣。

四房廷旭派下十三世榮捷，水井子，世流與林氏孫。汝升，進與沈氏曾孫，邦煜玄孫，往臺灣。

四房廷旭派下十一世世根、世法兄弟，汝灶鼎成與廖氏子，邦煜正直與吴氏孫，國異與吴氏曾孫，往臺灣。

四房廷旭下十二世元磜、元科兄弟，世木與林氏子，汝灶與賴氏孫，往臺灣。

四房廷旭派下十四世臣，勝官與許氏子，元漢與林氏孫，世鉦與林氏曾孫，順德堂支系，往臺灣。

四房廷旭派下十四世友明，勝成與吴氏子，元紳孫，世植曾孫，順德堂支系，往臺灣。

四房廷旭派下十六世啓祥，昌來與沈氏子，必助孫，勝讓與莊氏曾孫，順德堂支系，往臺灣。

（《[福建南靖]金山下湧蕭氏四美堂族譜》 1910年鈔本）

南靖湧川蕭氏徙臺開基名字世系

第六代六房伯鐨公，廖孺人，生二子，長名璨，次名璵。公諱伯鐨，名十字，謚渾直，生於崇禎元年戊辰正月十八日子時，卒於康熙四年乙巳三月廿二日未時，享壽三十八歲。廖孺人改嫁金山羅僅阪陳家，後又嫁和溪尤家，後至康熙二十年辛酉璨遷居江西省吉安府萬安縣五東社居住，至廿八年己巳弟璵亦居江西省，與兄弟同居。至丙子年冬璵並妻子搬眷歸故里。至丁丑年璨並妻子又遷於臨江府新俞縣，同伊岳翁陳公居住。至癸未年正月身故。璵在上湧艱苦不勝，至壬午冬搬眷往臺灣朱羅山北社尾居住。

第七代二房象溪四士瀚公廖孺人，生六子，長名立，次名水，三名嶽，四名泉，五名員，六名秩，均往臺灣。公諱士瀚，名招官，字翼真，生於崇禎八年乙亥十二月初五辰時，卒於康熙庚辰八月十二日申時，葬在臺灣二橋莊。

第八代二房士漣公三子名積，字君善，往臺灣。

第八代二房士淪公長子名聘，娶妻易氏，生三子，長子名竟，次子名秦，三子名帥。公諱國幾，名聘，字時卿，生於順治四年三月初五日丑時，卒於康熙戊戌年二月初七日，葬在臺灣諸羅牛稠溪墘後寮仔，坐辰向戌。易氏名盛謚勤順，生於順治丁酉六月十五日申時，卒於康熙己巳年十二月廿五日巳時,葬在上湧赤皮海仔坑,坐辛向乙。

第八代二房士淪公次子名參,娶妻吴氏,生三子一女。長子名想在臺灣身故。次子名曉。三名大有出嗣。

第八代二房士淪三子名攀,娶妻盧氏,生一子名從,又生三女。長女名藹配金山吴家。次女名俗配都美盧。三女名飛配上坪謝家。公諱國,名攀,字桂士,生於康熙四年乙巳十一月廿四寅時,卒葬在臺灣北社尾厝前,坐北向南。盧氏名桔,生於康熙二十年五月廿二日寅時。

第八代二房士淪公四子名嫣,娶妻吴氏,生三子一女。長子名抱在臺灣没。次子名話早故。三子名捷。女子名碧配水潮湯坑張家。

第八代貳房士泮公長子名拱,娶妻鄭氏,生二子二女。長子名提是過繼。次子名援是親生。長女名錦配賴家。次女名嬌配葉家。公諱國昭,名拱,字光彩,卒葬在臺灣牛稠溪墘。

第八代二房士泮公四子名弁,娶妻易氏,生二子一女。長子名任。次子名帝瞎眼。女子配盧家名東。公諱國,名弁,卒葬在臺灣諸羅山北社尾。易氏名讓官,生於康熙三十七年戊寅十一月廿七寅時,卒於康熙六十一年壬寅十二月廿四日卯時,葬在上泥坑翁厝。

第八代二房象溪長士汪公次子名儼,娶妻氏生二子二女。長子名乞。次子名和。長女名洛配馬鞍林家。次女名教配臺灣張家。公諱國,名儼,生卒未詳,葬在臺灣北社尾墩仔厝前,坐東。婆葬在上永上赤皮客仔厝崙,坐北向南。

第八代二房象溪長士汪公三子名雅,娶周氏,生三子三女。長子名奮。次子名五。三子名六。公諱國俊,名雅,字子言,謚湧村。長女名免配陳家,次女名恁配陳家,三女名准配吕家,俱在臺灣。公卒於雍正十一年三月十六日丑時,葬臺灣諸羅山北社尾南勢埔,坐卯向酉。周氏名獎,卒與公合葬在南勢埔。

第八代二房象溪長士汪公四子名錦,往臺灣,被水淹没。

第八代二房象溪長士滐公長子名養,娶王氏,生二子一女。長子名周。次子名窕。女子配鱉坑吴家。公諱國,名養,卒葬在臺灣北勢莊埔里。王氏生於康熙庚申年五月十二日寅時,卒於康熙辛卯七月初十,葬在寨湖松柏崙,坐癸向丁。

第八代二房象溪長士滐公次子名權,娶劉氏,生一子男名放。公諱國,名權,生於順治十八年辛丑十一月初十日午時,卒於康熙五十五年九月廿日寅時,葬在臺灣薑母寮墩,坐西向東,至乾隆廿三年收骸要歸被帶人失落。劉氏改嫁坑内羅家。

第八代二房象溪長士滐公三子名偉,娶李氏,生三子。長子名雍。次子名要。三子名綿夭。長女艮配山長劉家。次女名慕配公祠廖家。公諱國,名偉,字於溱,謚質直,生於康熙乙巳三月初七日戌時,卒於康熙五十六年丁酉十月廿一日申時,葬在上湧赤皮牛墓,後遷葬寨仔脚李地。李氏名淡官,生於康甲子年,死葬未詳。

第九代二房國首公四子名眼,娶妻王氏,生二子。長子名咸往臺灣。次子名饌夭。公諱邦照,字子瞻,生於康熙丙辰四月廿二日酉時,卒雍正癸卯三月廿三日,葬在上湧翁厝。王氏改嫁。

第九代二房國通公長子名聖,乏嗣。

第九代二房國通公次子名滔,娶祁氏,生一子名猜往臺完。公諱邦,名滔,字文猷,謚秉怡。祁氏名未詳。

第九代二房國通三子名宣,未娶而亡,過繼一子名工往臺灣。公諱邦,名石宣。

第九代二房國良公長子名漢耀,娶妻林氏,生三子。長名根往臺完。次名遷。三名嚴。公諱邦,名漢耀,林氏改適。

第九代二房國榜公次子名禄,娶陳氏,生三子。長名問與兄爲子。次名厲。三名喬往臺灣。又生一女名掇配合溪謝家。公諱邦,名禄,字耀加,謚怡樸,生於康熙己未九月廿二日,卒於乾隆元年丙辰九月初六日申時,葬在上永大山埔内湖。陳氏名漸,生於康熙己巳年。

第九代二房國榜公三子名示,娶鄭氏,生四子。長子名菊,次子名縣,三子名孝,四子名柳,均往臺灣。又生一女名斐配晉江楊家。公諱邦育,名示,字耀賢,生於康熙廿五年丙寅十二月初八午時。鄭氏名誥官,謚淑慎,生於康熙廿九年三月初六寅時,卒於乾隆己巳八月十六日申時,葬在上臺灣諸羅山茶寮,坐東向西,享壽六十一歲。

第九代二房國榜公四子名寔,娶妻林氏,生四子。長子名逞,次子名生,三子名躭,四子名帶。女子名厭配和溪黄家。公諱邦,名寔,謚素樸,生於康熙四十六年丁亥,卒於乾隆丁卯九月,葬在臺完諸羅山姜母寮厝前,坐巽向乾。林氏名尋官,生於康熙五十一年壬辰三月初一日。

第九代二房國克公長子名明,娶陳氏,生二子,長淵,次准。繼妻王氏生一子往臺灣。公諱邦,名明,字哲夫。陳氏名願官,謚勤良,生於康熙三十五年丙子六月十八日,卒於康熙五十六年丁酉四月廿六日巳時,葬在上湧大山埔。繼娶王氏名搶官,其餘未詳。

第九代二房國秮公,養子名添,娶妻黄氏,生二子。長子名按,次子名院。又生二女,長女名省,次女名彦。俱往臺灣。公諱邦,名添。黄氏名官。

第九代二房國朋公,一子名爹,娶王氏,生二子三女。長子名思,次子名仲。王氏名官。

第九代二房國整公五子名志,字子成,諱邦。遷居臺灣。

第九代二房國幾公次子名秦,未娶而亡,後繼嗣一子名喬,遷居臺灣。

第九代二房國畿公三子名帥,娶吴氏,生三子,長名滿,次名我,三名聊。又生二女,長名伴,次名鳳。公諱邦業,名帥,字騰千,遷居臺灣。吴氏名質官。

第九代二房國樞公長子名賞,未娶而亡,在臺灣。

第九代二房國樞公次子名曉,娶張氏,生三子,長子名饌,次子名振,三子名典。又生一女名引配江家,遷居臺灣。公諱邦,名曉。張氏名在官。

第九代二房國彬公長子名抱,未娶而亡,在臺灣。

第九代二房國彬公三子名捷,娶妻盧氏,生一子名乘六,與長爲兄爲子,嗣子名堅英,養子名牙生。公諱邦焕,名捷,字衷敏,生於康熙己丑年八月初一日寅時。遷居臺灣。

第九代二房國照公嗣子名提,娶林氏,生二子,長名茂,次名搬,俱往臺灣。公諱邦,名提。

第九代二房國照次子名拔,娶林氏,生三子。遷居臺灣北社尾。

第九代二房國弁公長子名任,次子名帝,俱遷居臺灣府諸羅縣北社尾。

第九代二房國標公長子名範,娶盧氏,生五子,長名和,次名同,三名熙,四名連,五名照。又生二女,長女名巖配尹溪西坑謝家,次女名丙配吴宅李家。公諱邦耀,名範,字伯雅,生於康熙丁丑年閏三月十六日。盧氏名絨官,生於康熙庚辰年,遷居臺灣北社尾。

第九代二房國儼公長子名乞,娶蔡氏,生三子,長名永,次名衷,三名預,俱遷居臺灣北社尾。

第九代二房國儼次子名和,娶妻名石氏,生二子,長名潭,次名恬。又一女,遷居臺灣北社尾。

第九代二房國俊公長子名奮,娶妻柯氏,生四子五女。長子名連,次子名川,三子名祧,四子名吉,長女名碧配鄭家,次女配霍家,三女配李家。遷居臺灣北社尾。公諱泰來,名奮,字騰遠。柯氏名悉官。

第九代公諱邦，名道，字雲修，生於康熙庚申年九月十九日未時，生二子二女，長子名董，次子名戴，長女配船場沈家，次女配船場謝家。林氏名治官，生於康熙乙亥年十二月初二日午時，遷居臺灣諸羅山北社尾。

第九代二房國灶公長子名感，娶妻賴氏，生一子名求生。公諱邦炎，名感，字德熏，謚純樸，生於康熙二十七年戊辰二月廿一日未時，卒於康熙四十九年庚寅五月十三日巳時，葬在上湧牛塭堀園埔上，坐申向寅。賴氏名快官，後搬眷往臺灣諸羅山北社尾居住。

第九代二房邦照長子名咸，在臺元。

第九代二房邦滔養子名猜，往臺元。

第九代二房邦石，宣公繼嗣，名工，往臺元。

第九代二房邦石，獎長子，名堯，往臺元。

第九代二房漢耀長子名根，往臺元。

第九代二房漢耀次子名石邊，往臺元。

第九代二房邦炳嗣子名問，往臺元。

第九代二房邦禄公一子名厲，往臺元。

第十代二房邦豸次子名仲，往臺元。

第十代二房邦育長子名菊，往臺元。

第十代二房邦育次子名縣，往臺元。

第十代二房邦育三子名學，往臺元。

第十代二房邦育四子名柳，往臺元。

第十代二房邦覺次子名鋭，往臺元。

第十代二房邦業長子名滿，往臺元。

第十代二房邦業次子名我，居臺元。

第十代二房邦業三子名聊，在臺元。

第十代二房邦業四子名伴，往臺元。

第十代二房邦業五子名鳳，往臺元。

第十代二房邦曉長子名饌，往臺元。

第十代二房邦曉次子名振，往臺元。

第十代二房邦曉三子名典，往臺元。

第十代二房天衛六子名藹，娶妻謝氏，養一子名振宗。公諱汝殿，名藹，字元吉，生於雍正二年甲辰八月初三日酉時，卒乾隆十一年正月初二日，潛往臺灣諸羅縣笨港生理，至乾隆十四年九月染病身故葬在北社尾。謝氏改嫁。

第八代二房士瀾長子名良，娶妻池氏，養一子名漢耀。公諱國，名良，謚敦素，生於順治五年戊子六月廿八日酉時，卒於康熙三十一年壬申八月十四巳時，葬在臺灣北路諸羅山柴頭港麻園寮崙，坐乙向辛。池氏改嫁。

第八代二房士瀾公次子名生，娶妻黄氏，生一子名得，歿在臺灣斗六門。公諱國，名生，生於順治丙申年八月廿五日巳時，卒於康熙四十六年十月十五日午時，葬在上湧大壇内，坐癸向丁。黄氏改嫁。

第八代二房士湙養一子名對，娶廖氏生四子，長名炳，次名禄，三名未，四名冥。公諱國，名對,卒於乾隆五年十二月十六日辰時,葬在臺灣諸羅山打貓保橋上莊。廖氏名懿,謚慈良,生於順治十四年丁酉十一月十四寅時,卒於康熙戊戌年正月十六日寅時。

(蕭勝明重修《[福建南靖]漳靖邑永豐里吴宅總湧川蕭氏世系總記》清同治十二年二修稿本)

南靖湧山蕭氏四美堂次房徙臺祖名録

四美堂次房十世汝咸,邦炤子,國首孫,士滾曾孫,往臺灣。

四美堂次房十世汝厲、汝喬兄弟,邦禄子,國榜孫,士深曾孫,在臺灣。

四美堂次房十世汝柳、汝孝、汝縣、汝菊四兄弟,邦示子,國榜孫,士深曾孫,往臺灣。

四美堂次房十世汝彦、汝省、汝院、汝按四兄弟,邦添子,國楷孫,士澤曾孫,往臺灣。

四美堂次房十世汝仲、汝恩兄弟,邦豸子,國朋孫,士連曾孫,往臺灣。

四美堂次房九世邦志,國整子,士漣孫,派下在臺灣。

世美堂次房八世國積,士漣子,伯文孫,時忠曾孫,派下往臺灣。

四美堂次房十世汝喬,邦泰子,國聘孫,士淪曾孫,往臺灣。

四美堂次房十世汝聊、汝我、汝滿、汝凰四兄弟,邦業子,國聘孫,士淪曾孫,往臺灣。

四美堂次房十世汝振、汝饌兄弟,邦曉子,國樞孫,士汝曾孫,往臺灣。

四美堂次房十世汝嘗,邦想子,國樞孫,士淪曾孫,往臺灣。

四美堂次房九世邦抱,國彬子,士淪孫,伯文曾孫,派下往臺灣。

四美堂次房十世牙生、堅英、乘六三兄弟,邦捷子,國彬孫,士淪曾孫,往臺灣。

四美堂次房十世汝搬、汝茂,邦提子,國拱孫,士泮曾孫,伯文派,往臺灣。

四美堂九世邦撥,國拱子,士泮孫,伯文普孫,派下往臺灣。

四美堂次房九世邦在、邦帝,國弁子,士泮孫,伯文曾孫,派下往臺灣。

四美堂次房十世汝連、汝熙、汝同、汝和,邦耀子,國標孫,士淵曾孫,往臺灣。

四美堂次房十世汝衷、汝永兄弟,邦乞子,國儼孫,士汪曾孫,伯蒼派,往臺灣。

四美堂次房十世汝恬、汝潭兄弟,邦和子,國儼孫,士汪曾孫,伯蒼派,往臺灣。

四美堂次房十世汝吉、汝祧、汝川、汝連四兄弟,邦奮子,國俊孫,士汪曾孫,往臺灣。

四美堂次房八世國泉、國員兄弟,士澥子,伯安孫,時謹派下,裔孫在臺灣。

(《[臺灣]漳州府祥湧蕭氏孟容公派下四美堂次房世系統圖》 1991年稿本)

南靖湧山蕭氏徙臺祖名録

次房五代時畿公,賴孺人,生四子,長應振,次應坤,三應鵬,四應耀。皆居臺灣。

六房長四五代時秀公,謝孺人,生五子,長伯錡,次伯鏛名雍,三伯鉅名太,四伯錬,五伯鏡名張過房。此五公子孫均在臺灣。公名六,字北源,生於萬曆五年丁丑四月三十巳時,卒於崇禎十三年庚辰七月廿八寅時,葬上永。妣生萬曆十二年甲申十一月初一,卒於崇禎十一年戊寅八月初八巳時,葬上湧。

六世國中,生四子,長琢,次油,三路,四秦。秦守祖,餘盡遷東都。

六代伯鏰公,廖孺人,生二子,長名璨,次名璵。公名十,溢渾直,生於崇禎元年戊辰正月十八日子時，卒於康熙四年乙巳三月廿二日未時，壽三十八。此公系兄弟十八，此列在第十，遂名爲十。葬在境頭田中央。廖氏改嫁金山羅漢阪陳家，後又嫁和溪尤家。後至康熙二十年辛酉璨遷於江西省吉安府萬安縣五東社居住，至廿八年己巳其弟璵亦遷於江西省與兄同居。至丙子年冬璵並妻子搬歸故里，至丁丑年璨並妻子又遷於臨江府新喻縣同伊岳父陳翁居住。至癸未年身故，璵在上永艱苦不勝，至壬午年冬搬眷往臺灣朱羅山北社尾居住。

八代國良公，池孺人養一子名漢耀。公諱國良，謚敦素，生於順治五年戊子六月廿八日酉時，卒於康熙三十一年壬申八月十四日巳時，葬在臺灣北路朱羅山柴頭港麻園寮侖，坐乙向辛。妣池氏後改嫁。

二房八代公諱國榜，名對，字顯標，卒於乾隆五年庚申十二月十六日辰時，葬在臺灣朱羅打貓保頭橋莊，坐巽向乾。妣名懿，謚慈良，生於順治十四年丁酉十一月十四日寅時，卒於康熙戊戌年正月十六日寅時。

八代國積公，孺人，遷居臺灣。公名積，字君善。

二房八代國聘公，易孺人，生三子：長名覺，次名秦，三名帥。公諱國幾，名聘，字時卿，生於順治四年庚寅三月初五丑時，卒於康熙戊戌年二月初七，葬在臺灣朱羅山牛稠溪干後寮仔，坐辰向戌。易氏名勤順，生於順治丁酉年六月十五日申時，卒於康熙己巳年十二月廿五日巳時，葬上永赤皮海仔坑落坑蛇形，坐辛向乙。

八代國参公，吴孺人，生三子：長名想在臺灣故，次名曉，三名大有出嗣。又一女配金山南坪埔馬家。公諱國樞，名参，字興仲，謚素怡，生於順治丁酉年九月廿三日卯時，卒於康熙甲午年五月十八日申時，葬在貴竹坳蕉園頭，坐巽向乾兼巳亥。妣名梓官，謚勤範，生於康熙十三年甲寅九月十九亥時，卒於康熙四十九年庚寅九月初一日丑時，葬在上湧壟挨壟崙頂，坐乙向辛。

八代國攀公，盧孺人，生一子名從老。又三女，長名藹配金山吴家，次名俗配都美盧家，三名飛配上坪謝家。公名攀，字桂士，生於康熙四年乙巳十一月廿四日寅時，卒於乾隆年，葬在臺灣北社尾厝前，坐北向南。妣名桔官，生於康熙二十年辛酉五月廿二日寅時。

八代國媽公，吴孺人，生三子，長名抱臺灣没，次名話早夭，三名捷。又一女名碧，配水潮湯坑張家。公諱國彬，名媽，字君甥，謚遜質，生於康熙八年己酉八月初一日子時，卒於康熙四十八年己丑六月廿七日未時，葬在上永沙仔坑，坐丁向癸。吴氏改嫁林家後又歸前子。

八代國拱公，鄭孺人，生子長名提過枝，次名援是親生。又二女，長名錦配賴家，次名嬌配葉家。公諱國照，名拱，字光彩，卒葬在臺灣牛稠溪干。

八代國雅公，周孺人，生三子：長名奮，次名五，三名六。又三女，長名免配臺灣陳家，次女恁配臺灣陳家，三女名准配臺灣吕家。公諱國俊，名雅，字子言，謚湧村，卒於雍正十一年三月十六丑時，壽七十二，葬在臺朱羅山北社尾南勢埔。妣名獎官，與公合葬。

八代國答公，卓孺人，生三子，長名武使，次名言功，三名賢功。公諱國，名答，往臺灣。卓氏不可考。

八代國椒公，黄孺人，生四子，長邦鑾，次邦端，三邦炯，四邦炳。後代子孫居臺灣。公諱國，名椿，字挺拔，生於崇禎八年乙亥九月廿六日丑時，卒於康熙五十六年丁酉七月十五日午時，壽八十三，葬下永長隴中侖，坐癸向丁。妣名巧娘，生於四月二十三日巳時。

三房八代國榜公，林孺人，生八子，長邦炬遷居臺灣無回，次邦熇遷居臺灣無回，三邦暖遷居臺灣，四邦烗遷居臺灣無回，五邦焯遷居臺灣，六邦燦，七邦燎，八邦煙。二女，長配黄坑林家，次配下永胡家。公諱國梣，生於順治二年乙酉十二月初八日申時，卒於康熙三十九庚辰二月十九巳時，壽五十六，葬在下永，坐丙向壬。妣名亞娘，生於順治九年壬辰十月初七日寅時，卒於康熙五十八年己亥十月十五日子時，壽六十八，葬下永和康侖，坐艮向坤。

六房八代國中公，盧孺人，生四子，長邦琢，次邦遊，三邦路，四邦奏。長、次、三三公遷居臺灣。繼娶林孺人。公名訂，字國中，謚信衷，生於順治十四年丁酉三月初二日戌時，卒於康熙二十二年癸亥五月廿七日戌時，葬在上永社内古名曰官田侖今曰樓仔洋坵朋後坎山邊，坐甲向庚。盧氏名巽官，謚淑慎，生於康熙二年癸卯六月十五日酉時，卒於康熙己巳年五月十八日戌時，葬在上永上赤皮大圳上穴號蛇肚，坐癸向丁。林氏瑞官，生於康熙六年丁未四月十六日巳時，卒於雍正七年己酉八月十三日辰時，葬在上永社頭客仔厝赤公尖石頭脚田墳向上永社，坐北向南分金。

陸房十一代世其公，住東都。公名其，字又平。

十一代世自公，住東都，公名自，字銘。

（《[福建南靖]金山湧山蕭氏族譜七世伯焊派》
清光緒二十八年蕭鐘鴻稿本　1936年蕭難清鈔本）

南靖永豐里九甲蕭氏徙臺祖名録

五代時畿公，賴孺人，生四子，長應振，次應坤，三應鵬，四應耀，皆居臺灣。

六房長四五代時秀公，謝孺人，生五子，長伯錡，次伯鐺名雍，三伯鉅名信，四伯鏈名太，五伯鏡名張過房，此五公之子孫後皆遷居臺灣。公名六，字北源，生於萬曆五年丁丑四月三十巳時，卒於崇禎十三年庚辰七月廿八寅時，葬上永。妣生萬曆十二年甲申年十一月初一，卒於崇禎十一年戊寅八月初八巳時，葬上湧。

六房壹，壹壹，六代伯釬公，柯孺人，生二子，長名士躍，次名士祥。繼娶吴孺人，生子名贊國。吴氏又生二女，長配梧宅林家，次配金山陳家。贊國生四子，長琢往東都，次油住東都，三路住東都，四奏子遜元。

四房七代士衷公，吴孺人，生二子，長名審，次名勇。公名衷，字秉忠。士衷公之裔孫後皆遷居臺灣。

八代國良公，池孺人，養一子名漢耀。公名國良，謚敦素，生於順治五年戊子六月廿八日酉時，卒於康熙三十一年壬申八月十四日巳時，葬在臺灣北路朱羅山柴頭港麻園寮侖，坐乙向辛。妣池氏後改嫁。

八代國生公，黄孺人，生一子名德，没在臺灣斗六門。公名國生，謚敦和，生於順治丙申八月廿五日巳時，卒於康熙四十六年十月十五日午時，葬在上永大壇内，坐癸向丁。黄氏改嫁。

二房公諱國榜，名對，字顯標，卒於乾隆五年庚申十二月十六日辰時，葬在臺灣朱羅打猫保頭橋莊，坐巽向乾。妣名懿，謚慈良，生於順治十四年丁酉十月十四日寅時，卒於康熙戊戌年正月十六日。

八代國積公，遷居臺灣。公名積，字君善。

二房八代國聘公，易孺人，生三子，長名覺，次名秦，三名帥。公諱國幾，名聘，字時卿，生於順治七年庚寅三月初五丑時，卒於康熙戊戌年二月初七日，葬在臺灣朱羅山牛稠溪干後寮仔，坐辰向戌。易氏名盛官，謚勤順，生於順治丁酉年六月十五日申時，卒於康熙己巳年十二月廿五日巳時,葬上湧赤皮海仔坑落坑蛇形,坐辛向乙。

八代國參,吴孺人,生三子,長名想在臺灣身故,次名曉,三名大有出嗣。又一女配金山南坪埔馬家。公諱國樞,名參,字興仲,謚素怡,生於順治丁酉年九月廿三日卯時,卒於康熙甲午年五月十八日,葬在貴竹坳蕉園頭,坐巽向乾兼巳亥。妣名梓官,謚勤範,生於康熙十三年甲寅九月十九亥時,卒於康熙四十九年庚寅九月初一日丑時,葬在上湧後壟挨壟崙頂,坐乙向辛。

八代國攀公,盧孺人,生一子名從老。又三女,長名藹配金山吴家,次名俗配都美盧家,三名飛配上坪謝家。公名攀,字桂士,生於康熙二十年辛酉五月廿二日寅時。

八代國弁公,易孺人,生二子,長名任,次名帝瞎目。又生一女配盧家。公諱國,名弁,卒葬在臺灣朱羅山北社尾。妣名讓官,謚慈範,生於康熙三十七年戊寅十一月廿七日酉時,卒於康熙六十一年壬寅十二月廿四日卯時,葬土坑翁厝。

八代國雅公,周孺人,生三子,長名奮,次名五,三名六。又三女,長名免配臺灣陳家,次名恁配臺灣陳家,三名准配臺灣吕家。公諱國俊,名雅,字子言,謚湧村,卒於雍正十一年三月十六丑時,壽七十二,葬在臺朱羅山北社尾南勢埔,坐卯向酉兼甲庚。妣名獎,與公合葬。

八代國沓公,卓孺人,生三子,長名武使,次名言切,三名賢功。公諱國,名沓,往臺灣。卓氏不可考。

八代國員公孺人,居臺灣。

八代國秩公孺人,居臺灣。

三房八代標官公孺人,居臺灣。

八代楫官公孺人,居臺灣。

三房八代橡官公孺人,居臺灣。

八代穗官公孺人,居臺灣。

八代和官公孺人,居臺灣。

八代梁官公孺人,居臺灣。

八代榛官公孺人,居臺灣。

八代格官公孺人,居臺灣。

八代樵官公孺人,居臺灣。

八代楝官公孺人,居臺灣。

八代國檄公,黄孺人,生四子,長邦鑾,次邦端,三邦炯,四邦炳。後代子孫居臺灣。公諱國檄,名椿,字挺拔,生於崇禎八年乙亥九月廿六日丑時,卒於康熙五十六年丁酉七月十五日午時,壽八十三,葬下永隴中崙,坐癸向丁。妣名巧娘生於四月二十三日巳時。

三房八代國梈公,林孺人,生八子,長邦炬遷居臺灣無回,次邦熇遷居臺灣無回,三邦煖遷居臺灣,四邦烗遷居臺灣無回,五邦焯遷居臺灣,六邦燦,七邦燎,八邦煙。

八代國在公孺人,居臺灣。

八代國宋公孺人,居臺灣。

八代國冉公孺人,居臺灣。

八代國審公、國勇公二公居臺灣。

八代國倫公孺人,子孫居臺灣。

六房八代國中公,盧孺人,生四子,長邦琢,次邦遊,三邦路,四邦奏。長、次、三公遷居臺灣。繼娶林孺人。公名訂,字國中,謚信衷,生於順治十四年丁酉三月初二日戌時,卒於康熙二十二年癸亥五月廿七日戌時，葬在上永社内古名曰官田俞今曰樓仔洋坵朋後坎山邊，坐甲向庚。盧氏名異官，謚淑慎，生於康熙二年癸卯六月十五日酉時，卒於康熙己巳年五月十八日戌時，葬在上永上赤皮大圳上穴號蛇肚，坐癸向丁。林氏瑞官，生於康熙六年丁未四月十六日巳時，卒於雍正七年己酉八月十三日辰時，葬在上永社頭客仔厝赤公尖石頭脚田下墳向上永社，坐北向南。

紀松山長房伯焊公支派，九代邦琢公，□孺人，住東都。

九代邦遊公，孺人，住東都。

九代邦路公，孺人，住東都。

十一代世其公，孺人，住東都。公名其，字又平。

十一代世自公，孺人，住東都，公名自，字銘。

（蕭耀清編纂《[福建南靖]永豐里習五二圖發九甲蕭氏族譜》 1935年三修稿本）

湧山蕭氏徙臺開基祖臺灣譜記

六世伯規次房派下十世汝根、汝邊、汝嚴，邦耀與林氏子，國良孫，往臺灣。

六世伯規四房派下十世汝彦、汝省、汝院、汝按，邦添與董氏子，國階孫，往臺灣。

六世伯規長房長派十世汝咸，邦眼與王氏二子之長，往臺灣。

六世伯規長房三派十世汝工，邦宣嗣男，國通孫，往臺灣。

六世伯規長房三派十世汝猜，邦滔子，國通孫，往臺灣。

六世伯文次房長派九世邦帥，字騰千，國聘與易氏子，配吴氏，往臺灣北社尾。

六世伯文次房次派九世邦想，名賞，國樞與吴氏子，往臺灣。

六世伯文長房長派十世汝仲、汝恩，邦象與王氏子，國朋孫，往臺灣。

六世伯文長房次派九世邦志，國整五子之五，字子成，往臺灣。

六世伯文三房長派九世邦拔，國照與鄭氏次子，生三子，往臺灣北社尾。

六世伯文三房四派九世邦任、邦帝，國昇與易氏子，往臺灣。

六世伯文四房長派十世汝和、汝同、汝熙、汝連、汝照，邦耀與盧氏子，國標孫，往臺灣。

六世伯蒼長房士汪四子國錦，往臺灣，被水淹死。

六世伯安次房長九世邦炎，國灶子，子汝求，名求生，往臺灣灣北社尾。次房次邦烜，子汝寅，名寅生，往臺灣北社尾。

六世伯安次房國灶長子邦炎，名感，字德重，謚順樸，配賴快。長子汝求名球，配盧順。徙臺灣。

六世伯安次房國灶次子邦烜，名天，謚敦友，配包賜，徙臺灣。

六世繼逵，時端次子，子樂讓，孫國榛、國樑，俱往臺灣。

六世繼科，時義長男，配盧氏，子樂洪、樂澄，後裔往臺灣。

六世繼賢，字承侯，配林氏。子樂濬、樂獲，孫國檬、國概、國楫、國和、國德。後裔俱往臺灣。

六世繼俊次派，十世汝建，名炭，字位極，謚良睦，邦炳與郭氏子，國槨孫，往臺灣。

六世繼俊次派次房十一世世鉗，汝堆與林氏六子之次，邦熇孫，往臺灣。

六世繼俊次派次房開三十一世世雍，汝輝子，邦熇孫，往臺灣。

六世繼俊派下十世汝寬，邦暖子；汝僑、汝堜，邦炵與林氏子；汝讓、汝堉，邦焯與沈氏子。俱往臺灣。

六世繼俊派下十世汝墑，邦燦與林氏次子，往臺灣。

六世繼俊次房十世汝堭，邦熞與沈氏四子之三，往臺灣。

六世繼俊次房開七十世汝德，名庇，字天祈，邦燎與陳氏子，妣陳氏，往臺灣灣草鞋墩。

六世繼俊三房次派十世汝帕，邦烿子，國南孫，往臺灣。

六世繼俊三房樂濂，名習，字聲燕，諡端毅。配郭氏，生四子，八世國在、國晉、國宋、國冉，往臺灣。

六世繼俊四男樂濃，往臺灣。

六世繼榮長子士科，時建孫，往臺灣。

六世伯果子吴智，時清孫，往臺灣。

六世伯裕子樂溶、樂濡，時明孫，往臺灣。

六世繼熞與謝氏子樂溥、樂瑜、樂掌，時恩孫，往臺灣。

六世吴才與林氏三子之末樂玄，名滿，字文玄，時茂孫，往臺灣。

十一世麟昌，汝坤子，邦炵孫，國梛三房派下，往臺灣。

十二世代植，名文果，八世國梛派下，嗣男源祝名是，配白員。往臺灣。

（《[福建]臺灣湧山蕭氏族譜》 1992年臺灣鉛印本）

南靖蕭氏書山系車田祠派下徙臺支系分布録

書山派下車田祠

三房永貴公過安溪。四房永仁公另築車田祠奉祀外，長房、次房、五房等子孫輪流在書山祠祭祖。

八世必轉，徙臺分佈彰化縣社頭鄉。

八世必嚴，徙臺分佈彰化縣社頭鄉。

八世必捷，徙臺分佈彰化縣社頭鄉。

八世必讚，徙臺分佈彰化縣社頭鄉。

八世必江，徙臺分佈苗栗縣頭份鎮。

八世必添，徙臺分佈苗栗縣苑里鎮。

八世必球，徙臺分佈苗栗縣後龍鎮。

（林添福編纂《[臺灣]書山分支車田蕭氏族譜》 1982年臺北鉛印版）

南靖書山蕭氏徙臺開基祖名録

十一世我祖顯考諱輝學公，名講，字明經，諡敦樸，生於康熙辛巳年五月初十日巳時，卒於乾隆三十六年辛卯九月十八日未時，享壽七旬加一，葬在公王前洋，坐丁向癸分金。夫公原居在石跳頭峻德樓内，承祖父住居樓六椆，福德會貳份，後往臺經營物業富有，再娶盧氏、蔡氏，至回家遷居在横路頭。祖媽陳氏，閨名發，生於康熙辛丑年十二月初十日亥時，卒於乾隆丙子年十一月廿五日午時，葬在龍口楊柳坑口田洋，坐丑向未，庚午庚子分金，坐牛宿一二度。迄

1917年八月二十日辰時興工重修，廿四日謝土。祖媽盧氏葬在臺灣。祖媽蔡氏葬在臺灣。

十二世我祖顯考諱志厚公，名築城，生於乾隆乙亥年二月廿十日，卒於嘉慶十二年丁卯七月十六日，至十八日葬在赤州霸頭。

十三世媽王氏名綴，享壽七十七歲，傳下一大房。一房大學公，名學，諱大庠，字應書，葬在臺灣丙人莊。媽曾氏葬在禾倉窠路上，坐坤向艮兼未丑，辛未辛丑分金。傳下二大房，一房光漲公，名湧，字獻源，媽簡氏，生下二大房；二房光嶽公，名進樂，媽氏生下三大房。

光漲公葬在臺灣丙人莊。媽簡氏，謚純淑，生於庚辰年，卒於丁卯年八月廿六日未時，葬在人猴坑田墘下，坐乾向巽兼巳亥，壬戌壬辰分金。傳下二大房，一房名天欲，二房名吴咸字慶中，生於咸豐己未年十一月十五日午時。

十三世我祖顯考諱正耀公，字思達，生於乾隆年二月十二日辰時，卒於六月初五日，葬在臺灣彰化大武郡土名卑斗莊胡底山中，坐乙向辛。

四代祖媽簡氏，生於乾隆庚子年十月初四日，卒於咸豐四年甲寅七月初三日，葬在三脚灶墩，享壽七旬加五，坐乾向巽兼辰戌，壬辰壬戌分金，至光緒辛巳年十二月重修竪牌打灰墳。傳下二大房。

十四世我祖顯考諱大魁公，名鶱，字占魁，生於乾隆辛亥年十月十八日酉時，卒於道光十年八月十七日，葬在臺灣彰化縣大武郡土名湳雅莊山頂草尾嶺，坐向不詳。

四代祖媽吴氏，閨名團，謚慈徽，太孺人，生於乾隆辛亥年，卒於同治丙寅年九月初七日辰時，藏棺拾年未有地可葬，孫慶熙坐卧不安，時日尋地點，在石水大坵田脚，遂即迎棺安葬，坐坤向艮兼申寅，辛未辛丑分金，時在丙子年四月初三日興工打灰墳，至光緒壬辰年起贊，重修棺柩如新，仍舊分金安葬，打石墳。斯墳也，前後向劉家求田累次，熙爲祖媽之墳用出不少心機，亦用出不少銀項，真豪傑也。傳下三大房：

長房州同，諱光祥，公名啓禎，字肇興，媽簡氏、莊氏。

二房太學，諱光獻公，名享，字獻珍，媽陳氏、李氏、劉氏。

三房太學，諱光化公，名變，字守常，媽魏氏。

二房光獻公付與大川公爲子，大魁公房頭仍作三大房，當日祖媽吴氏之遺言，是故財産物業作三大房均分。

十四世我祖顯考諱大川公，名義，字秉忠，生於嘉慶丁巳年十二月十六日辰時，卒於道光甲午年六月十六日寅時，時葬在臺灣彰化縣大武郡良吉莊塚埔，坐午向子兼丁癸，與光獻公墳相近。祖媽簡氏，名壹，謚柔順，生於嘉慶庚申年十一月初七日午時，卒葬在長籠徑，至丙子年十二月十六日卯時，遷葬在膠塘，坐壬向丙兼亥巳，打灰墳。光緒丁亥年起贊入土。至壬辰年三月初二日辰移葬在後林峯脚，坐艮向坤兼丑未一分，坐斗宿七度縫針癸丑，未分金。至已亥年起贊重修，祖骨骸紅色，遂即安葬打石墳。迄1914年甲寅八月十六日，遷葬在長寵徑，坐丙向壬兼巳亥，丁巳丁亥分金，坐翼宿五四度。此因慶熙公盡心體會，此地切宜坐寅向申兼艮坤，與祖媽僫命不合，不得已，葬李氏祖媽方合此地。傳下一大房，一房太學諱光獻公，名享，字獻珍，媽陳氏、李氏、劉氏。

十五世顯考諱州同，光祥公，名啓禎，字肇興，妣簡氏、莊氏。傳下六大房。一房昌業公，名族璣，媽曾氏，螟蛉子名文軒。二房昌惠公，名陳澤，字惠培，媽簡氏、魏氏、謝氏，在臺螟蛉一子名陳宗，娶氏生一女名算，螟蛉一子名吾省，娶張氏，生二子，長通淇，次通已。武生三房昌公名欲達，字理庭，官章純通，媽張氏。以下三房在臺：四房昌公名順卿。五房昌公名有福，媽廖氏。

例貢生六房昌才公，名烈英，字偉千，官章鴻儀，媽張氏，生一女謹娘，螟蛉二子，炳文、炳來，俱幼亡，又螟蛉一孫名水娶簡氏。

光祥公生於嘉慶甲戌年九月初七日，卒於同治辛未年六月初九日亥時，葬在臺灣大武郡南雅莊大圳脚，後移葬在石頭公莊山，坐東向西，享壽五旬加八。夫公自九歲與父渡臺，爲家資清淡難以度日，少年奮志，遂興致富之心，不幸大魁公早卒，指教無人，又能草創其基，爰是回家娶簡氏，生下一子名陳澤，後復往臺，竭力經營，始成富有。不幸簡氏三十餘歲登僊，及同知著譽，遂即回家豎旗謁祖，再娶莊氏，生下一子名烈英，餘四子皆在臺螟蛉。惟長子旋璣自幼取回，餘在臺居住。夫公創業誠可謂始破天荒，何則？我禄昇公派下至輝學公曰苟合矣，未幾而合者復開，苟完難望，敢苟美乎。幸公獨奮然興焉，始欲移居在順興樓住居，爲路上學堂買未成，轉思自置之心，遂築紫南樓居住。一人奮志，兩地貽謀，雖不敢自謂苟美，而臺地建置小租四伍千，大租一二千，唐地百餘石，亦可謂苟美矣。賢哉公也，子子孫孫宜服膺而弗失。

媽簡氏，名妹，謚儉淑，生於嘉慶丙子年三月初六日未時，卒於九月初八日戌時，葬燈心洋，坐未向丑兼坤艮。後移葬在東盤，坐向不詳。

媽莊氏，名寸，謚慎睦，生於嘉慶戊寅年九月十二日酉時，卒於光緒乙酉年正月廿八日子時，葬在莿仔坑，享壽六十八歲。後洗骨寄在燈心洋，適庚子清明日彈往觀之，開罐一視，蟻土半罐，命言回取布袋擔回洗淨，尋擇長南徑大崩寄之數年，不知被何人取去，四處尋搜不得，予之孝心反致伯祖妣骸罐不在，於心何安。再俟數年，若久不出，必用艮牌安葬此地，予心乃安。至 1926 年十月初八日用銀牌與簡氏合葬在東盤，坐辛向乙兼戌辰，辛卯辛酉分金，水放丙。

顯考太學生諱光獻公，名享，字獻珍，媽陳氏、李氏、劉氏，傳下五大房。一例貢生昌浩，名瑞然，字慶熙，官章呈輝，媽莊氏、姚氏，傳四大房。二庠生諱昌沂，名瑞池，字春塘，官章鳳年，媽張氏，傳下三大房。三諱昌基，名瑞德，幼亡。四諱昌雲，名瑞騰，媽張氏。五昌盛，名瑞發，媽邱氏。分居之後，劉氏再螟蛉一子名瑞進，未娶妻而亡。

光獻公生於嘉慶戊寅年十二月初八日酉時，卒於光緒三年丁丑七月廿十日辰時，享壽六十歲，是年十二月初四日葬在臺灣彰化縣大武郡武東堡良吉莊，坐癸向丁分金。夫公自幼耕作，竭力勞苦，觀長兄往臺致富，遂生去農就商之心，時在三十餘歲。李氏僅生下瑞，然渡臺爲商，始從長兄，後則自創其業，經營頗裕，爰娶陳氏，生下瑞池、瑞德、瑞騰。至是家財益足，建造大室一座，連店二三椆。斯時也，兄謂苟美，公亦苟完。不幸陳氏登僊，再娶劉氏，螟蛉二子，瑞發、瑞進。公由勤成家，名登國學，良有以也。媽李氏，名帆，謚慎淑，生於道光乙酉年二月廿七日寅時，卒於光緒癸未年三月十一日卯時，享壽五十九歲，葬在長籠徑，坐丙向壬兼巳亥正針，丁巳丁亥分金。迄 1914 年正月間洗骨，二月初一日遷葬在後林峯角，坐寅向申兼艮坤，丙寅丙申分金，坐箕宿一二度，外用箕宿六度。媽陳氏，名緞，卒葬在臺大武郡社頭有應公前田中，坐乾向巽兼亥巳。媽劉氏，名愛，生於癸巳年，卒於光緒壬午年十一月初一日，葬臺灣在舊社洋大圳下。

顯考太學生諱光化公，名變，字守常，媽魏氏，傳下三大房。一房昌吉，名永惠，字元心，媽簡氏。昌吉生於咸豐癸丑年八月十九日午時，卒於 1918 年六月，生下文東。二房太學昌承，名五錫，字元恩，媽魏氏，在臺死亡，生下文教。三房昌福，名永錫，字元封，媽簡氏，未成婚公亡，媽出。

光化公生道光壬午年九月十一日，卒於光緒乙亥年二月初七日丑時，葬在梨頭水，坐申向寅，後移葬在東山嶺半天宵，坐甲向庚分金。夫公自幼耕作理家，二兄往臺，獨在家經營，建置田園，築成樓宇。有是兄，亦有是弟。古人云難兄難弟，其斯三公之謂歟。媽魏氏，名騫，生於道光丁亥年十一月十一日亥時，卒於光緒丁酉年十二月初四日戌時，享壽七十一歲，葬在梨頭水，坐坤向艮分金，至1928年遷葬在大窠田墘，坐庚向甲。

呈輝公，妣莊氏、姚氏。莊氏傳下四大房。夫呈輝公自幼讀書，有志未逮，及壯習武又未能寸進，竭力經營家業，唐臺承創，兩地貽謀，迄年至知命，名登進士。斯時名利兩立，可以安身，然而公之志不然，進一境更有一境。其爲人也，氣概軒昂，必欲承先代之巨業。性情方正，又欲後人之宏規。無何，至乙未歲七月間，日本侵臺，丁酉三月間挈眷回家。在唐之家聲更振，上有祖墳逐處重修，下有子孫每人示訓，承先啓後，無有能出其右。何則？溯我一派最能破天荒者，莫如光祥祖。有光祥祖爲之前，其美固彰；若無呈輝公爲之後，其盛誰傳？憶公自回梓以後，創業垂統各有可觀，其餘之産業不論，即鋤經堂，自壬寅桂月建築，癸卯告峻，迨癸丑瓜月塗油，經久不壞，老成作事，無處不周。甲寅端月李氏祖妣洗骨，花月朔日安葬，建築石墳，峻工尚未謝土，及梅月初四日染病不過腰痛，至蒲月十八小水秘廿三日戌時終於正寢。嗚呼痛哉，我父之功德，何以報之？凡我子孫，切宜服膺勿失矣。

興音，乳論琴，字舜彈，庠生，官章仰高，生於同治戊辰年十一月十六日辰時，至光緒三十年甲辰年六月歲考，蒙宗師秦綬章取進南靖縣學第拾名。

在臺娶張氏，閨名血，生於光緒丁亥年三月十三日寅時。又娶莊氏，閨名虔，生於光緒丁丑年二月初二日辰時，卒於1932年壬申歲七月廿二日辰時，葬大洞粟稨墩橄欖坵外墩，坐艮向坤兼寅申，辛丑辛未分金。

興音，乳名論琴，字舜彈，官章仰高，娶莊氏、李氏、張氏。莊氏傳下八大房。一田寮，字家友，生於光緒壬辰年，卒於丁未年，至1930年庚午十二月初八日出葬，洗骨初九申時，更葬在長頭窠，坐坤向艮兼申寅，辛未辛丑分金，水放甲。二汝純，字家源。三芳樹，字家立，生於丙申年卒於丁未年，至1930年十二月初八日洗骨，初九日申時與家友合葬。四監田，字家圭。五五美，字家政，生於丙午年，殤於壬子年，葬在莿仔坑。以上李氏生下男五。女一名碧。六再福，字家安，在臺螟蛉貴謙。七重禄，字家爵，在臺張氏生下。八贊壽，字家疇，子貴仁，莊氏生下。

（蕭仰高編纂《［福建南靖］書山蕭氏族譜》 清光緒三十二年稿本 1949年重抄本）

南靖書洋内坑蕭氏徙臺祖名録

崇寶堂派下九世祖諱朝願公，乳貴生。

崇寶堂派下九世祖媽鄭氏，移居臺灣，孫支蕃昌。

崇寶堂派下祖朝理公，乳名茂光。

崇寶堂派下祖媽黄氏，亦移在臺灣。舊譜不志，但聞先世遺傳少獲，果然來世有人向臺灣。

十二世叔祖志美公，乳名文彬，字各紹，往臺灣辭世。

（蕭仰書鈔《［福建南靖］書洋内坑蕭氏蘭陵族譜》 崇寶堂1980年稿本）

南靖書洋蕭氏侃毅系徙臺祖名録

十七世長房瑞臨公，乳名天紫，生於嘉慶十六年辛未歲，因同治四年乙丑歲二月十四日早長髮匪到至鄉中擾境爲營，至四月十一日移營，逃避下高車山林，被匪擄拿去無回，不知辭世何方。媽劉氏，生於嘉慶二十四年己卯，不幸於同治乙丑年九月因擾亂日食饑餓身故，葬在心恒公崎左朋窠邊。生下六男，長石泉，次清從，三清江，四清楊出嗣，五清國，六清茶。

次房天欲公，前日往臺無回家。三房花公。四房天城公，生於道光十年庚寅歲，不幸卒於同治丁卯年，葬在心恒公崎左朋窠仔邊。媽氏生於道光十四年甲午，不幸於同治年故，葬在心恒公崎右朋路仔脚。生下一男名濤，殤於乙丑年，擾亂後，日食饑餓，誤采毒菇充饑食死。五房天尾公，前日往臺無回家。

（《[福建南靖]書洋蕭氏十世侃毅系族譜》　清宣統稿本）

南靖書洋蕭氏士鼎系徙臺祖名録

十三世正繁公，名森，字茂林，生於乾隆年二月十四日未時，卒於道光年正寢，其墳葬在臺灣趙雲莊大坑口樟樹仔脚，坐寅向申兼丙寅丙申分金，合葬林氏媽。曾氏媽祖閨名瑟，過繼一房藝樹，生於光緒九年癸未二月二十五日戌時，青春十九歲卒於寢疾終，出外在英屬加留日理南靖帝廟内，葬者不知。

三房昌益，名淵添，生於同治九年庚午年正月十四日辰時受生，亨年五十歲，卒於1918年四月十八日戌時，葬在臺灣。

（《[福建南靖]書洋蕭氏六世士鼎系族譜》　清光緒稿本）

南靖書洋蕭氏士忠系徙臺祖名字世系

大伯祖國詩公往臺未詳是也。葬在東山嶺雙把杉。媽張氏，葬在本樓後墩仔頂坪路脚。曾、簡氏葬在正灼風水右邊。

十一世祖諱輝珩公，原命生康熙五十五年丙申六月初九日未時，卒於乾隆壬寅年五月廿五日酉時，葬在臺灣南投郡草屯莊北投保中莊仔，坐向不詳。媽曾氏孺人，原命生於壬子年十一月二十日未時，終原葬在老厝後，起後寄龕幾十餘年，至1918年戊午三月初五日，迎金進葬在東嶺樣樹殼大坵田後坎，坐甲向庚兼卯酉分金。傳下四大房：長志登賴氏，次志丹陳氏，三志魁莊氏，四志清莊氏。

五叔祖輝弼公，原命生於辛亥年十月廿三日亥時。媽陳氏，原命生於甲子年四月十五日巳時，往臺傳下三子，長志海原命生於丁亥年十二月十九日午時，次志騫原命生於辛卯年正月十六日午時，三志廳原命生於甲午年八月十八日丑時。

六叔祖輝俊公，往臺灣臺中州員林郡社頭坡斗居住。媽氏名金英，傳下七大房：文魁、志隱、志登、志琛、志千、志義、文輝。

十二世大伯祖志登公，原命生於乾隆十四年己巳六月十六日卯時，卒葬在臺灣南投郡草屯莊北投保中莊仔，墳乃輝珩祖比連，坐向不詳分金。

媽賴氏孺人，大振生子，光狗傳下昌勸，光加傳下昌貫，光祈傳下昌田派下金水、保禄、阿福。大伯社志登生正祥、正。正生大。大生下光。光生下昌苦衷痞，昌基，昌痞。昌基兄弟居住南投郡草屯莊北投番地。昌田居往臺中州員林郡田中莊大新保番地一二九。昌田生三子，興水、興禄、興福。

十二世三叔祖志魁公，原命生於乾隆二十一年丙子十一月十六日戌時，葬在臺灣。媽莊氏孺人，閨名娘，原命生於庚辰正月廿六日午時，葬在岐山樓後土名東畲，墳坐甲向庚。傳下三大房，正旺，正秀，正居名陳居。

十三世顯考諱正耀公，乳玉英，字懷文，乃志清公第二子，原生於乾隆六十年乙卯十月廿四日辰時，享壽六十四歲，卒於咸豐丁巳年八月，終葬在臺灣。媽李氏孺人，閨名此娘，原命生於嘉慶己未年十月十七日丑時，享壽五十五歲，卒於咸豐壬子年正月廿五日未時登仙，葬在虎仔崎尾，坐壬向丙兼亥巳分金。至宣統元年己酉十一月十四日，轉身骸骨收入金鑽，擇於十二月初九甲申日辰時三刻進葬將此舊分金。傳下二大房，大新、大宜。

（《［福建南靖］書洋蕭氏六世士忠系族譜》 1906 年稿本）

詔安十二都湧山蕭氏徙臺祖記録一則

三世興，名梧，諱特達，與慈成母子湧山傳詔安開基祖，文壁諱趙與柔順孫。生子世盛、元盛，由漳州府詔安縣北門外十二都遷臺。世盛妣許氏，子敏俊妣何氏。元盛謚慎傳，子長江、剛直妣慈淑。

（《［福建臺灣］斗山蕭氏族譜》 1990 年臺灣鉛印本）

漳龍蕭氏徙臺祖世系名録

滿泰公傳下長房顯宗公支派世系

八世萬碩公，徙臺灣。

十二世士盛，徙臺灣。

十二世士隆，徙臺灣。

十二世士朝，徙臺灣。

十二世士孝，徙臺灣。

十二世士植，徙臺灣。

十二世士奕，徙臺灣。

十二世士信，徙臺灣。

十二世士明，徙臺灣。

十二世儀凰公，徙臺灣。

十二世士瑶公，徙臺灣。

十二世儀文公，徙臺灣。

十二世儀武公，徙臺灣。

十二世儀清公，徙臺灣。

十二世儀善公，徙臺灣。

鐘山滿泰公傳下二房下二顯隆公派下良弼公支派世系，十二世士麟徙臺灣，士財徙臺灣，士鼇徙臺灣，士車徙臺灣。

滿泰公傳下三房顯榮公支派世系

十一世道行，徙臺灣。

十一世日瓊，徙臺灣。

十一世日坐,徙臺灣。
十一世日學,徙臺灣。
十一世日居,徙臺灣。
十一世友錫,徙臺灣。
十世俊南、俊龍,徙臺灣。
十一世大成,徙臺灣。
滿泰公傳下三房路生公支派世系
十一世元圭公,徙臺灣。
十三世禹玉公,徙臺灣。
十三世禹東公,徙臺灣。
十四世德儀公,徙臺灣。
十四世德馨公,徙臺灣。
十四世德潤公,徙臺灣。
十三世禹糞公,妣張氏、劉氏,徙臺灣。
十三世禹錫公,妣高氏,徙臺灣。
十四世德昇公,徙臺灣。
十五世序彩,徙臺灣。
十五世青松,徙臺灣。
十五世聰,徙臺灣。
十五世高冠,徙臺灣。
十五世執圭,徙臺灣。
十五世新榮,徙臺灣。
十五世序業,徙臺灣。
十五世序動,徙臺灣。
十五世序經,徙臺灣。
十六世彜芳,徙臺灣。
滿泰公傳下四房顯盛公支派世系
十二世國綢,徙臺灣。
十二世國源,徙臺灣。
十二世國興,徙臺灣。
十二世國創,徙臺灣。
十二世國錦,徙臺灣。
十二世國頤,徙臺灣。
十二世國養,徙臺灣。
十二世國良,徙臺灣。
滿泰傳下二房顯隆下二支派系,十三世文字輩文力,徙臺灣。
十二世士鄰、士才、士鼇、士車、士漢、士昆、士哲、士盈、士宰,俱徙臺灣。
長房永崇公支派
十一世輝番,徙臺灣。

十一世輝富,徙臺灣。

十一世輝利,徙臺灣。

十一世輝英,徙臺灣。

十一世輝鳳,徙臺灣。

十一世輝興,徙臺灣。

十一世輝進,徙臺灣。

十一世輝振,徙臺灣。

十一世輝相,徙臺灣。

十一世輝敬,徙臺灣。

十一世輝彩,徙臺灣。

十一世輝道,徙臺灣。

十一世輝俊,徙臺灣。

十一世輝地,徙臺灣。

十一世輝賓,徙臺灣。

十一世輝顯,徙臺灣。

十一世輝傑,徙臺灣。

十一世輝遠,徙臺灣。

十二世志和,徙臺灣。

十二世志登,徙臺灣。

十七世保禄,又名興禄,居住員林郡田中央莊。阿福,又名興福,住大新保番地一二九號。阿塘兩兄弟居住南投郡,傳三子,草屯莊北投番地三五號。

十二世志海,徙臺灣。

十二世志鶱,徙臺灣。

十二世志療,徙臺灣。

十二世志魁,徙臺灣。

十二世志隱,徙臺灣。

十二世志登,徙臺灣。

十二世志琛,徙臺灣。

十二世志千,徙臺灣。

十二世文義,徙臺灣。

十二世文輝,徙臺灣。

十二世志權,徙臺灣。

次房永富公支派六世鼎公傳系

十一世輝巩,徙臺灣。

十二世志達,徙臺灣。

十二世志聰,徙臺灣。

十二世志聖,徙臺灣。

十二世志通,徙臺灣。

十二世志昂,徙臺灣。

十二世志仁,徙臺灣。
十一世輝侯,徙臺灣。
十一世輝弟,徙臺灣。
十一世輝蘇,徙臺灣。
十一世輝振,徙臺灣。
十二世志相,徙臺灣。
十二世志善,徙臺灣。
十一世輝朝,徙臺灣,媽張氏。
十一世輝邦,徙臺灣,字純穆,媽簡氏。
十一世輝鄒,徙臺灣,媽劉氏。
十一世輝千,徙臺灣。
十一世輝珍,徙臺灣。
十一世輝才,徙臺灣。
十一世輝美,徙臺灣。
十二世志懋,徙臺灣。
十二世志魏,徙臺灣。
十二世志持,徙臺灣。
十二世志旦,徙臺灣。
十二世志遠,徙臺灣。
十世庭綱,徙臺灣。
十一世輝珊,徙臺灣。
十一世輝爵,徙臺灣。
十一世輝美,徙臺灣。
十一世輝焕,徙臺灣。
十一世輝屏,徙臺灣。
十一世輝錫,徙臺灣。
十一世輝釵,徙臺灣。
十一世輝翰,徙臺灣。
十一世輝響,徙臺灣。
十一世輝乾,徙臺灣。
十一世輝振,徙臺灣。
十一世輝象,徙臺灣。
九世禄會,徙臺灣,名成仁,字道伯,媽汪氏、林氏。傳四子。
十一世輝奔,徙臺灣。
十一世輝皆,徙臺灣。
十一世輝安,徙臺灣。
十一世輝佐,徙臺灣。
十一世輝厚,徙臺灣。
十一世輝學,徙臺灣。

十一世輝富,徙臺灣。
十三世正義公,徙臺灣,妣莊氏、魏氏。
十五世光鏡公,徙臺灣。
十五世光華公,徙臺灣。
十八世委悌,徙臺灣。
十四世其順,嘉慶徙臺灣頂港三朝嶺坑仔穴。
十六世天欲,徙臺灣。
十六世天尾,徙臺灣。
十五世光聖公,妣張氏。徙臺灣。
十六世昌德公,遷臺灣。
十六世昌添公,妣簡氏,徙臺灣。
十三世志奢公,徙臺灣。
十三世志積公,徙臺灣,媽李氏。
德義公派下禄友公系
十二世輝乾公,妣劉氏,徙臺灣。
十二世志南公,妣曾氏,徙臺灣。
十四世大朝公,徙臺灣,妣張氏。
十四世大長公,徙臺灣。
十四世大路公,徙臺灣。
十四世大吉公,字火吉,徙臺灣。
十四世大元公,妣蘇氏,徙臺灣。
十三世志昌公,妣簡氏,徙臺灣。
十五世光亨公,字肇禎,妣簡氏,徙臺灣。
十九世靖中,字任權,妻林日喜,徙臺灣。
十六世昌時公,徙臺灣。
伯海團圍系,七世道美,徙臺灣。
伯海團圍系,八世世靜公,徙臺灣,妣王氏。
伯海團圍系,九世朝住公,妣張氏,徙臺灣。
伯海團圍系,十一世輝宗公,妣江氏,徙臺灣。
道佳系,九世朝宰公,徙臺灣。
世玉海系,九世朝願公,徙臺灣,妣鄭氏。
十二世志美公,徙臺灣,妣陳氏。
三世伯海第五子:
九世朝陽,徙臺灣,妣簡氏。
十世庭述,徙臺灣。
十世庭賀,徙臺灣。
十一世輝盛,徙臺灣。
十三世三秋、四進,徙臺灣。
十一世輝劍公,徙臺灣,妣張玉娘。

十一世巽,徙臺灣。

十一世擇,徙臺灣,妣劉氏。

十二世麗水,徙臺灣,妣張氏。

十二世贊緒,徙臺灣。

十二世成德,徙臺灣。

十二世三繼,徙臺灣。

十二世添生,徙臺灣。

十二世石迎,徙臺灣。

十二世三從,徙臺灣。

九世必添,徙臺灣。

九世必巖,徙臺灣。

九世必捷,徙臺灣,妣劉氏。

九世必贊,徙臺灣。

(《[福建漳州]河南衍派漳龍蕭氏族譜》 1999 年鉛印本)

(二十九)潘　氏

筍江潘氏徙臺灣名録

十三世,字日樓,康熙四十年辛巳補臺灣郡庠生。習易。

有成,曾任浙江臺州都司,與兄傑,南澳千總,偕往臺灣彰化定居。芳源,字乃傳,咸豐丙辰臺郡嘉義庠生,己未副貢生。漳泉族譜記載移居臺灣,南安潘確茶遷臺桃園蘆竹,潘承家兩兒子傑和有成遷臺彰化,安溪十八世潘郎入臺,潘振武子孫遷臺。同安潘建罩遷臺。泉州潘恩賜遷臺灣内埔。

(《[福建漳州]南州筍江潘氏族譜》 1992 年稿本)

臺灣譜載潘氏渡臺開基祖名録

第二十二世奎伯公,妣劉氏。生兩子。長松賢,次庶賢。支派臺灣即新埔始祖也。

第二十三世庶賢公,妣楊氏,生一女。母女早死。又妣陳氏,生三子。長廷興,名來興,即新埔炳鄉派下之祖也。次榮光,名來福,即新埔成元成鑑等派下之祖也。三榮輝,名來旺,即石頭坑派下祖也。

公由嘉應州渡臺,先住中壢南勢,被楊喜招爲婿。時楊氏僅生一女,母女兩人皆早亡。後楊姓家人相繼斷亡,僅存妻弟一人,所存田産房屋等皆被其典當一空。時公無奈,即離開南勢,邀一位朋友同到新埔合股營生,就此漸漸起居,成功創業。後來公所攜款復往南勢贖回楊家所典當的田産房,重新修建公祠等。本將該財産要交完楊姓執管,因楊家親派絶祠無後,故該財産的所有權是潘壽賢名義。以後因管理不能妥善,故將該一切財産托與附近一位楊姓人管理,及燒香點火等,每年僅收數石稻穀,作爲紀念而已。迄今仍是楊姓保管耕作也。吾潘姓在日據時是成鑑管理。公墳墓葬在關西鄉三墩子,陳氏葬在石頭坑椽坡面,皆三大房轉流祭掃也。

(《[臺灣]潘氏族譜》 1967年鉛印本)

(三十)朱　氏

東山宅山朱氏徙臺祖名録

八世信妲,新山後村人,明萬曆年間舉家遷臺灣定居。

九世民益,新山後村人,明萬曆年間到臺灣定居。

十世堯,海山人,隨鄭成功入臺灣,任水師提督。

十一世振,新山後村人,臺灣貢生。

十世瑞麟,新山後村人,臺灣太學生。

十二世鉅,新山後村人,瑞麟之子,臺灣太學生。

十二世可益,新山後村人,康熙二十二年入墾新竹。

十五世應成,新山後村人,嘉慶年間入墾宜蘭。

十五世連成,新山後村人,嘉慶年間入墾竹南。

十五世熟,新山後村人,嘉慶年間入墾交力坪。

十三世龍觀,新山後村人,康熙年間入墾臺中。

十四世進昇,新山後村人,乾隆年間入墾大雅。

十三世成,新山後村人,乾隆年間入墾大雅。

十五世應旺,新山後村人,乾隆年間入墾大雅。

九世文興,舊山後村人,隨鄭成功入臺灣,任前營參事。

十一世龍,舊山後村人,隨鄭成功入臺灣。

九世義,舊山後村人,隨鄭成功入臺灣。

十五世火盛,舊山後村人,乾隆年間入墾臺灣中壢。

十四世兆明,宅里村人,乾隆年間入墾臺灣中壢彰化。

十五世順來,宅里村人,乾隆年間入墾臺灣中壢。

天壽、天海兄弟,海山人,祖籍山後,雍正年間入墾臺灣雲林。

廷秀偕侄天玖、天旬、天先,海山人,祖籍山後,乾隆年間入墾臺灣嘉義。

世學,海山人,祖籍山後,嘉慶年間入墾臺灣宜蘭。

十九世舜芬,新山後村人,一九四五年到臺灣謀職,往臺北北投區西安街。妻李素英,已故。在臺妾接林汕頭,子吉定,子吉安。

十九世銘三,新山後村人,往臺北。在臺親屬,妻林秋菊,子文華、林蔚、林擇,女林菱文、惠菱。祖家親屬妹琳賽香。

十八世希曾,新山後村人,住北紹興南街。在臺親屬,妻曹玉英,女友玲、友玫、友琪。大陸親屬,弟亞興、亞烘,侄雙英。

十九世廷昌,新山後村人,住高雄縣烏松鄉大華村。妻潘月華。子孟夫、季夫,女仲玲。大陸親屬,侄沛然。

十八世惠民，又名勸乞、添春。新山後村人，往臺北。妻林勤温。子平、敏、信。女青。孫永恩。外孫女楊碧涵。大陸親屬烏金。

新山後村去臺灣定居者

十八世永川，又名江發，往臺東縣東河鄉泰源村。妻鄧秀蓮，生一子二女。大陸親屬，嫂黄瓊珠。

十九世禎祥，又名和發，住花蓮縣風林鎮，妻林阿美。子永龍。女惠淑。大陸親屬，妹兩角。

二十世乙芳，又名世芳、世元，往臺北玉成街。妻黄省。子聿新、聿嘉、崇信。大陸親屬，兄生仔，弟振昌。

十九世師魯，又名鎮坤，往臺北士林區忠誠路。妻許翠英。在大陸親屬坤祥、坤發、坤保等。

十九世建發，又名光發，往臺中縣清水鎮大街路。妻張梅。子幸陽、正陽、正龍。女俐君。大陸親屬財丁。

十九世廷光，又名濟金，往臺北四維路。妻孫湘濱。子沛夫又名章然，友夫。女惠貞、惠美。大陸親屬子沛然又名可夫。

十八世勇鐘，又名希明，住嘉義國安街。子鎮國。孫友清、友明。大陸親屬，妻林菊花，子啓潔，女美發。

十九世和賢，又名倉嘴，往臺北縣五股鄉四維路。父潮，母許梅花。妻林如香。子文榮。女素容。大陸親屬，嫂涂南香。

林如香，又名林白埕，和賢之妻。1953年去臺灣定居。

潮，和賢之父，1953年去臺定居。

許梅龍，和賢之母，1953年去臺定居。

二十世太元，1953年偕子耀武到臺定居。妻萬岱，養女巧嬌。

耀武，1953年與父去臺定居。妻盧秀碧。子東貴。媳淑惠。女桂□、桂英、桂芬。往臺灣南市精忠三村。大陸親屬，子友忠。

十八世啓富，又名希鵬，住高雄市本館里昌裕街。妻林和琴。子建民、建生。女素珍、素玉、春霞。大陸親屬，嬸菊花，嫂美春。

十九世立成，往臺北縣中和市國光街。妻吴玉潤。子悟生、傳宗、雲峯、傳德。大陸親屬，妻陳亞嬌，子映佳。

二十世榮標，又名錦茂，住嘉義縣民雄鄉。妻林金英。子文昌。女薏儒、威陵。大陸親屬，侄義順。

十九世瑞通，又名林樹桐，住花蓮縣民華路。妻亞秀。子志敏。女輝君、輝敏。大陸親屬，弟福義。

十八世清茂，往臺北市吴興街。妻林桂美。子源忠。女愛華、秀華、靜華、愛玲等多人。大陸親屬，堂弟興結。

十九世培英，又名福貴，往臺北市延平路。妻林玉麗。子旭仲、旭華。女惠彬、惜潔、惜華，祖家親屬侄吉生、生茂。

十九世秋珠，又名國耀，往臺北。在臺親屬，妻蘇明珠，子啓彰、毅涼。祖家親屬，侄縣擔、昌和。

十九世守文,又名悉,往臺北市五股鄉。子德祥、德佑。祖家親屬,兄壽福。

十九世希賢,又名恭成,往臺北市樹林鎮文化街。妻林姬美。子祖祺、立維,女祖敏。祖家親屬,吉宗、亞火。

十九世廷舉,又名平嚇,往臺北縣新莊市中正路。祖家親屬,弟金木。

何裕英,海揚之妹,1953 年到臺灣定居。在臺灣丈夫何南俞。祖家親屬,弟坤桂。

十九世海揚,又名清波,住雲林縣刺桐鄉和平路。妻林舜招,1953 年到臺灣定居。子勝東、福東。女勝惠。祖家親屬,弟坤桂、桂溪。

瑞成,又名英琪。住金門,後往臺北市。妻林素來,1981 年到臺灣定居。子秉義,往臺北木新路,妻余堯芬,子仲謀,女柔若。祖家親屬,堂弟沛然。

琪英,瑞成之弟。往臺北。有家屬。

亞謙,瑞成養女,有成家。

輝帆,祖籍新山後村,往臺北經商。在臺親屬,子維希、維新,女亞貞、麗貞、麗臻。祖家親屬,子維康,榮宗,榮國,武國,定吉出嗣夢海爲子。

陳阿桃,輝帆之妻。1987 年到臺灣定居。

維希,又名西疇,往臺北市松山路。有二子一女。

維新,又名西國、燦,住雲林縣二侖鄉港後村。妻梅秀珍。子文正、文立。女結平。

麗貞,輝帆之女,1953 年到臺灣定居。丈夫曾榮文,臺北市南京東路。子曾建華碩士,曾慶華碩士,曾育華,曾耀華大學生。女曾淑華在美國經商。

麗臻,輝帆之女,1953 年去臺灣定居。

亞貞,輝帆之女,1953 年去臺灣定居,往臺北市北投區西安街,有成家。

福貴,往臺北縣新店市安康路。妻邱亞琴。有子女數人。祖家親屬,甲里、榮芳。

士興,往臺北。有成家。在臺灣親屬,子書明、書肅、書强、書漢。女素香、素雲。祖家親屬,弟旺仔。

友金,又名青牛。住新竹市東大路。妻玉金。子建忠。女幼香、幼鳳、幼女,養女林茶香。祖家親屬,侄遵仁。

玉金,友金之妻,1953 年到臺灣定居。

建忠,友金之子,1953 年到臺灣定居。

林茶香,友金養女,1953 年到臺灣定居。丈夫耀西。

幼香,友金之女,1953 年到臺灣定居,已建立家庭。

幼風,友金之女,1953 年到臺灣定居,已建立家庭。

遠東,又名耀西,往臺南市立德一路。妻林茶香。母林錦鳳。有子女數人。

祖訓,耀西之父,1953 年去臺灣定居。

林彩雲,瑞成之妹,1953 年到臺灣定居。有成家。

五桂,又名亞五,往臺南縣學甲鎮東寮。有成家。祖家親屬,兄鴻慈,弟亞爾、細爾。

加玉,又名亞排,往臺北市中華路。妻徐秋。女子數人。祖家親屬,嫂林風蘭,弟秀龍。

欽文,又名生計。往臺南縣學甲鎮中正路。妻葉金票,子文忠,女蕙真。祖家親屬,亞立、周國。

仰周,又名從三、四都,住雲林縣西螺鎮民生路。妻許淑儀。長子俊哲。媳劉玉芳。次子俊夫,在永豐公司任職。女惠如,婿郭勝恩。祖家親屬,女亞珠,婿其澤,兄鴻慈,弟阿汝、細汝。

春發，又名老春。往臺北市青年路。妻林金英，女亞妹。祖家親屬，兄進發，弟秀龍。

再發，又名進添，往臺南縣學甲鎮濟生路。妻李寶彩，女秀玲、麗馨、秀雯。祖家親屬，妻徐愛珠，女裕女，妹曾嬌英。

松甫，又名江發。住花蓮新城鄉嘉里村。妻許靜枝，子玲翔，女玲娟、玲如。祖家親屬，侄宗發、宗喜。

捷陞，又名慶發。住宜蘭縣羅東鎮體育路。妻黄文惠，子冠榮、良璋。女幼君。祖家親屬，侄才龍。

金川，往臺南，有成家。在臺子俊吉。祖家親屬，侄順定。

泗水，往臺北榮民之家。祖家親屬，妻林秀桃。

乞仔，住高雄榮民之家。祖家親屬，弟田順、田火。

保貴，又名光仁，住花蓮。祖家親屬，子成福。

香仔，往臺北。祖家親屬，嫂林亞樓。

泗建，往臺北。祖家親屬，妻林月蘭。

四元，往臺中榮民之家。祖家親屬，嫂張來妹。

金德，住花蓮。祖家親屬，妻林碧蘭。

全成，往臺北。祖家親屬，美珠。

溪福，又名士仔，住高雄榮民之家。祖家親屬，子永清、烏記。

士莪，往臺北榮民之家。祖家親屬，兆成。

瓊文，又名縣婆，住高雄縣大樹鄉。祖家親屬，妻林梅菊。

文仔，往臺北榮民之家。祖家親屬，侄亞興、亞亮，侄媳亞墟。

瑞果，又名亞勒，往臺南。祖家親屬，女香珠。

榮玉，往臺北。祖家親屬，順定。

天鴻，住金門。祖家親屬，子瑞光、瑞亮。

永興，往臺南榮民之家。祖家親屬，嫂蓮英，侄平順。

進魁，又名兆文，往臺北榮民之家。祖家親屬，兄生仔。

明裕，往臺北。

聯芳，往臺南榮之家。祖家親屬，兄烏肚。

鶴年，又名剥殼，住高雄縣彌陀鄉南寮路。祖家親屬，弟松年、金大。

慶臨，往臺北。祖家親屬，子福堯。

傑仔，住高雄。祖家親屬，堂兄受溪。

阿元，又名描紅居臺灣。

天盛，又名際唐，住臺南市國安街。祖家親屬，弟媳林泊霞，侄德明。

載揚，又名天發，天盛之弟。往臺北。祖家親屬，子德明。

達康，又名細棵，往臺南市立德路。祖家親屬，子順定，弟汝康，弟媳孫南山。

啓仁，往臺北。祖家親屬，妻林幼蓮，弟啓華。

溪安，又名泗榮、玉長，住臺北縣貢寮鄉福隆村。祖家親屬，妻林桂貞。

照明，往臺北。祖家親屬，子永欽、永貞。

士傑，往臺北榮民之家。祖家親屬，弟婦李淑真。

文里，往臺南。祖家親屬，妻林冬花。

金添,往臺北。祖家親屬,弟再添。

烏奎,往臺北。祖家親屬,兄田川。

明順,往臺中。祖家親屬,兄明添。

公望,往臺北後轉居越南。祖家親屬,弟定吉。

誠盛,又名慶臨,福花,住高雄市中正一路。在臺妻林素仔,子維章,女純燕。祖家親屬,妻美花,子合興。

清福,又名來福,住高雄縣大寮貿易四村貿商路。妻鐘金慰,子程勝、勝忠,女美華。祖家親屬阿輪。

加玉,往臺北南港。妻黄章仔。子清皇、清文。女翠娥。祖家親屬,女裕雲,女婿葉啓榮。

玉和,住臺北縣新莊市中平路。在臺親屬,子細鐘。祖家親屬,妻林桃香。

永福,住臺東縣臺東市建興路。妻李亞珠。祖家親屬,林風蘭。

榮坤,又名來桂,住基隆市中正區。妻鄭錦枝。子建山。祖家親屬,妻張蘇鳳。

木坤,又名洗佛仔,住臺北縣貢寮鄉福隆村。有妻室,女梅芳。祖家親屬,侄耀輝。

亞添,住高雄,有妻及子女。祖家親屬義發,養女張美玉。

阿才,住桃園,有妻,子福順。祖家親屬,堂弟阿忠。

成文,住花蓮壽芳鄉。祖家親屬,妻佘賽嬌,子聯昇。

福金,又名永成、亞妹,住高雄縣燕巢鄉。祖家親屬,妻林巧妹。

春金,住屏東。祖家親屬,妻林賽鳳。

喜茂,住高雄二港榮民之家。祖家親屬,妻林來英。

下脚,住桃園。祖家親屬,妻孫秋燕。

烏奎,又名興發,住臺中縣太平鄉英花公園。祖家親屬,妻陳南香,子三來。

鴻圖,又名天才,住臺北。祖家親屬,弟一貴。

蘭吉,又名紀周,住臺北市南港區興華路。有妻室,三男一女。祖家親屬金城。

順木,住新竹市建光二路,有妻室,四男三女。祖家親屬,弟順風。

順國,往臺北縣新店市德政鄉。有妻室,子女數人。祖家親屬,順風。

順興,又名永吉,住桃園縣平鎮鄉新榮路。有妻室,五個女兒。祖家親屬,順風。

任坤,又名坤仔,住雲林縣梅裹鄉中村瑞農路。妻蔡估,有三男一女。祖家親屬,弟添吉、添才。

阿鼎,往臺北縣鸚哥鎮。妻林蘭仔,有三男二女。

躍來,又名右仔,住桃園縣中壢市龍東路。妻楊謙,有四女。祖家親屬,妻阿快。

細廣,又名亞廣,住基隆和平島。有妻,二男一女。祖家親屬,弟媳寶金。

得利,住高雄鳳山市中華街。妻鄭網市。子福中、順孝。女桂紅、桂枝。祖家親屬,堂叔巧金。

阿謙,又名受謙,受禄,少校退役,往臺北市。有妻室,一男一女。祖家親屬,壽安。

乾順,住苗粟縣復龍鎮大山里光山鄉。妻龔貴疇,二男三女。祖家親屬,弟乾明。

成保,又名阿春,往臺北市東園區萬大路。妻謝亞雪,有一男二女。祖家親屬,妻鳳蓮,子亞祥。

佛桂,又名福貴,住高雄市鼓山區河邊街。妻張桂花,有三男。祖家親屬,侄何平。

庭順,又名瑪保,往臺南縣玉井鄉田村,經營醫院。妻張惜玉,子益俊,女品倫。祖家親屬來香。

阿添,往臺南。妻鄭月英,子建琳。祖家親屬大鼻。

秀通,又名縣婆,住嘉義市短竹里大埤脚。妻張金珠,二男二女。祖家親屬,子亞突。

良才,又名吾縣。住臺北市南港區。父茂榮。母孫秀蘭。妻林開芳。子昌明、偉明。又二女。

孫秀蘭,又名孫林,良才之母。

貴全,往臺北,設計工程師。有妻室,子女數人。祖家親屬,嫂錦茶、錦鳳。

武保,又名忩,住臺北。祖家親屬燦毛、細九。

燈尾,往臺南。祖家親屬丁稱。

加和,往臺中。祖家親屬,妻賽月,媳蘭囝。

紅番,住宜蘭縣五結鄉成興村。祖家親屬紅記。

將文,又名火木,住高雄縣旗山鎮榮民之家。祖家親屬春木。

將平,又名木金,與火木兄弟住在一起,在臺灣。祖家親屬春木。

桂興,住桃園榮民之家。祖家親屬,妻林仔。

紅福,住金門。

賊仔,住金門。祖家親屬元順。

成添,又名欽榮,住花蓮。祖家親屬朋良。

桂寬,住金門。

汝各,往臺中。

乾順,又名文生,往臺南市安南區長和街,又住臺南市北園街。祖家親屬,弟乾明。

(《[福建東山]宅山朱氏志譜》 1995年鉛印本)

龍海鎮海朱氏徙臺祖名録

科第祖次房二十世信齋

名劄,享壽八十歲,卒於癸巳年七月初一日,葬在石冠。娶妣白雪石氏,卒於十月十三日,葬在石冠坐東北向西南。生三子,長名井,次名潮,三名水芋早亡。又二女,長棕娘配東山邊高毛官,次娘配藍姓移居臺灣。

耆平祖次房,十五世祖敦肅,諱明,卒於陸月初三日,葬在圍裏,坐北向南。妣勤樸劉氏,卒於九月初八日,葬在石雞山,坐東向西,生一子名爵。又二女,長容娘配後寶曾補,次寅娘配小鹨蔡三爺。側室阿惜生二子,名莿,名封。又一次女寶娘配郊邊陳隆官,從往臺灣。繼妣勤張氏,漳州人,無生養,神主勤順。

十六世祖諱韓,妣黄坑人李氏,移居臺灣。

(朱陳鵬編纂《[福建龍海]鎮海朱氏族譜》 清光緒十六年稿本)

平和九峯朱氏徙臺祖名録

十三世綢,字胤祚,謚英雅,往臺灣嘉義縣,卒葬在嘉義縣。子罷謚直義,號有我,妣貞静林氏,葬在九和嶺。

十六世福星、雷火，泌四子之三、四，立孫，十二世添公三派，往東都。

十三世士濯、士濟、士續兄弟，濟、續移臺灣。濯子芸番、權伐。

十五世加、海，生子，胡孫，尚富曾孫，移居臺灣。

十五世淵，敏四子之三，胡孫，移居臺灣。

十七世勳，日熈四子之次，東都把摠，後陞千總。

鑑唐，往臺灣。

（《[福建平和]九峯朱氏族譜》 清光緒稿本）

平和朱氏徙臺名録

十四世綢，字胤祚，謚英雅。往臺灣嘉義縣，卒葬在嘉義。子罷，謚道義，字有我。雁謚信義，字友英。

十六世雷火，往東都。

十六世福星，往東都。

十四世士濟，移臺灣。士續移臺灣。

奕其子秀鐵、秀銜、秀點，三兄弟在咸豐丁巳年移臺灣。

敏三子淵，移臺灣。生子海、加二兄弟俱移臺灣。

十六世日爔，子四，次子勳往東都把總，後陞千總。有子起先、井。

十九世鑑唐，往臺灣。子洗濯。孫世雄，世艾出嗣。

（《[福建平和]朱氏族譜》 1999 年印本）

平和朱氏徙臺灣名録

六十三郎公，遷嘉應州。祖妣夏氏十二娘生二子。長成堡，生三子，洲、海、瑾。

瑾遷興寧竹絲湖。子孫又遷興寧徐田、焦嶺松源、豐順高橋鎮、大埔黃蘭。後裔來蘭、來龍，遷居臺灣。次有玉，遷徙廣東三饒今饒平縣潮洋窠，今興寧縣竹絲湖會衆嶺，子孫又遷程鄉今梅縣龍牙隆文鎮、高蘇今梅縣蘇田、廣西岑溪。

孟綱公派下二十一世子經公，遷徙臺灣定居，繁衍生息。

仲華公，遷紫竹坑定居，後裔又遷徙廣東潮州定居，繁衍生息。派下十八世露公堂兄弟四人，遷臺灣定居，繁衍生息。有一公與妣回居里，子孫居臺灣，繁衍生息。

世義公派下，二十世馬武公遷東都定居，繁衍生息。

孟重公派下，十九世監公、唐公，遷往臺灣定居。

孟廣公派下，二十世錫、鴻公，遷徙臺灣定居，繁衍生息。

明聰公派下，十五世閔淵、加、海公，遷徙臺灣定居，繁衍生息。

孟俊公派下，十三世印公，遷臺灣定居，繁衍生息。

十四世仁沅、續公，遷移臺灣定居，繁衍生息。

朱貴公，遷臺灣新竹定居，繁衍生息。

1945 年抗日戰爭勝利後，遷移臺灣定居的後裔有：大溪、午天、午潮、化山、仁平、峯吟、漢炎、尚堯、選堂、鴻士、啓木、天輝、國英、文普、振金、志和、萬元、養才、桂秋、飲燦、虎郎、永周、永樹、金鸞、金龍、河丁、錫坑、燧藩、念松、全體、耀東、樓圍、江漢、春蒲、江漢。

十五世祖上坪世系七世祖懷参公,遷臺灣定居,繁衍生息。

十六世祖上坪世系八世祖大翊公,傳三子,遷臺灣定居,繁衍生息。

十七世祖上坪世系九世祖紹宗公,遷臺灣定居,繁衍生息。

十八世祖上坪世系十世祖黨公,遷徙臺灣定居,繁衍生息。國正公,遷臺灣定居,繁衍生息。元達公,遷臺灣定居,繁衍生息。

十九世祖上坪世系十一世祖朝頌、朝念公,遷臺灣定居,繁衍生息。朝富公,遷臺灣定居,繁衍生息。朗公,遷臺灣定居,繁衍生息。角公,遷臺灣定居,繁衍生息。

十九世祖上坪世系十一世祖國清公之子,遷往臺灣定居,繁衍生息。

十九世祖上坪世系十一世祖鼎公,遷臺灣定居,繁衍生息。

二十世祖上坪世系十二世祖車公,遷臺灣定居,繁衍生息。騡公遷臺灣定居,繁衍生息。

二十世祖上坪世系十二世祖本恭公,遷臺灣定居,繁衍生息。

二十世祖上坪世系十二世祖立公,遷臺灣定居,繁衍生息。

二十世祖上坪世系十二世祖於輝公三子,遷往臺灣定居,繁衍生息。

二十世祖上坪世系十二世祖錫嚴公,遷臺灣定居,繁衍生息。

二十世祖上坪世系十二世祖品公,遷臺灣定居,繁衍生息。

二十世祖上坪世系十二世祖鎮公,遷臺灣定居,繁衍生息。

二十一世祖上坪世系十三世祖傳公,遷臺灣定居,繁衍生息。

二十一世祖上坪世系十三世祖天粒公,遷臺灣定居,繁衍生息。

二十一世祖上坪世系十三世祖金簡公,遷臺灣定居,繁衍生息。

二十二世祖上坪世系十四世祖厚義公,遷臺灣定居,繁衍生息。

二十二世祖上坪世系十四世祖欽公,遷臺灣定居,繁衍生息。

二十二世祖上坪世系十四世祖田公,遷臺灣定居,繁衍生息。

二十三世祖上坪世系十五世祖賓公,遷臺灣定居,繁衍生息。

二十三世祖上坪世系十五世祖示公次子,遷臺灣定居,繁衍生息。

二十四世祖上坪世系十六世祖色水公,遷臺灣定居,繁衍生息。

(《[福建平和]朱氏族譜》 1999年印本)

平和朱氏徙臺祖名録

考亭二十五世,南街二十一世子經,應令子,春林孫,遜候系,遷臺灣。

考亭二十三世,南街十九世應三,烈鼎子,遷臺灣。

考亭二十六世,南街二十二世永樹,盈周子,惠靈系,遷臺灣。

考亭二十八世,南街二十四世芳明、芳南兄弟,金燦子,秋注孫,宗海系,移臺灣。

考亭二十六世,南街二十二世樹錦、文曲兄弟,慶傑三子之長、次,十五世乃英派下,俱移臺灣。

考亭十九世,南街十五世燗文,登第子,鴻室孫,孟淵系,遷臺員林。

考亭十九世,南街十五世廷佐,登第子,子二,遷臺牛稠溪。

考亭十九世,南街十五世廷英,登第子,孟淵系。子宗、林福、天琓、天珣。遷臺牛稠溪。

考亭二十世，南街十六世子奉，又名天麟，正益子，登雲孫，孟淵系，遷臺灣。

考亭十九世，南街十五世秀，登相三子之長，鴻俊孫，孟淵系，遷臺牛稠溪。

考亭十八世，南街十四世昭，興子，九鵬孫，仲明系，遷臺灣。

考亭二十一世，南街十七世應鑫，稚垂五子之次，篤信孫，元標系，遷臺灣。

考亭二十六世，南街二十二世周基，衷子，遷臺灣。

考亭二十五世，南街十一世和，獅五子之末，鉗孫，遷臺灣。

考亭二十四世，南街二十世龍水，克族長子，唱孫，遷臺灣。

考亭二十六世，南街二十二世啓賢，家蒲子，遷臺灣。

考亭二十一世，南街十七世泰山，嶠子，德孫，士深系，遷臺灣。

考亭二十三世，南街十九世監塘，科聯次子，遷臺灣。

考亭二十七世，南街二十三世建一、建京兄弟，尚忠子，世尊孫，向系，遷臺灣。

考亭二十八世，南街二十四世士泓、冠璋兄弟，文晉子，錫坑孫，麟章系，遷臺灣。

考亭二十八世，南街二十四世瑋中、鼎中兄弟，文亮子，錫坑孫，麟章系，遷臺灣。

考亭二十五世，南街二十一世錫鴻，良慎子，朝殿孫，南街大房三系，遷臺灣。

考亭二十七世，南街二十三世仁平、仁鎮、仁豐、仁瑞兄弟，全體子，堯孫，德順系，俱移臺灣。

考亭二十二世，南街十九世金竹，徐待子，南街大房三系，遷臺灣。

考亭二十五世，南街二十一世建中、建福兄弟，文裕子，廣東孫，遷臺灣。

考亭二十二世，南街十九世遠遊，茂雲子，仁瑞系，遷臺灣。

考亭二十二世，南街十八世爽快、振茂兄弟，南街次房大，移居臺灣。

考亭二十五世，南街二十一世午天、午潮兄弟，文材子，遷萬孫，南街次房大，遷臺灣。

考亭二十世，南街十六世秀飽、秀銜、秀點兄弟，式采七子之五、六、七，遷臺灣。

考亭十九世，南街十五世淵，敏四子之末，胡孫，遷臺灣。

考亭十九世，南街十五世，南街次房二明聰系加、海、參兄弟，生子，胡孫，俱移臺灣。

考亭十七世，南街十三世印，旺子，懋權孫，士瓊派下，遷臺灣，軍職千總。

考亭十八世，南街十四世士舞、士續，鳳翥子，木鼎孫，孟俊系，移居臺灣。

考亭二十四世，南街二十世鴻士，木火子，連葉孫，遷臺灣。

考亭二十八世，南街二十四世永琦、永輝，智明子，漢炎孫，肇修系，遷臺灣。

考亭十九世，上坪十一世，上坪三房子璋系早受，旭初子，華昆孫，發貴系，遷臺灣。

考亭二十世，上坪十二世，上坪三房子璋系歷，千子，盛文孫，崇保派下，遷臺灣。

考亭十九世，上坪十一世，上坪三房子璋系角，盛文五子之末，華昆孫，崇保派下，遷臺灣。

考亭二十世，上坪十二世佳，又名恩美，蘊子，文啓孫，福壽派下，遷臺灣。

考亭二十世，上坪十二世恩南，名扇，子本號，遷臺灣。

考亭二十一世，上坪十三世，上坪三房子璋系認，好子，和孫，觀仁派下，遷臺灣。

考亭二十世，上坪十二世，上坪三房子璋系周，翻子；石生，平子，俱聖孫，愛廷派下，俱遷臺灣。

考亭二十世，上坪十二世疊、遠兄弟，求子，授孫，愛廷系，俱遷臺灣。

考亭十九世，上坪十一世黨，授子，端予孫，福壽派下，遷臺灣。

考亭十九世，上坪十一世日開，福子，敬予孫，福壽派下，遷臺灣。

考亭二十世,上坪十二世寬,戴子,阜孫,福壽派下,遷臺灣。

考亭十九世,上坪十一世朝富,維漢子,榮心孫,上坪四房子珊系,守麟派下,遷臺灣。

考亭二十世,上坪十二世,上坪四房子珊派下日浩,朝曉子,國羨孫,守麟派下,遷臺灣。

考亭二十世,上坪十二世,上坪四房子珊派下本恭,朝寵子,遷臺灣。

考亭二十一世,上坪十三世騄、奢,壘三子之長、三,朝殿孫,上坪四房子珊系,遷臺灣。

考亭十九世,上坪十一世,上坪四房子珊系尚彬,欽惠子,心明孫,觀明派下,遷臺灣。

考亭二十六世,上坪十八世,上坪四房子珊系勤菌,聖亮子,遷臺灣。

考亭二十五世,上坪十七世,上坪四房子珊系荷丁,心協子,天問孫,錫角派下,遷臺灣。

考亭二十六世,上坪十八世,上坪四房子珊系永洲,柑税子,心協孫,陳水派下,遷臺灣。

考亭二十六世,上坪十八世,上坪四房子珊系爲仙,金龍子,心策孫,錫角派下,遷臺灣。

考亭二十六世,上坪十八世生國,金鑾子,上坪四房子珊系,遷臺灣。

考亭二十七世,上坪十九世,上坪四房子珊系虎郎,火皮子,賜春孫,延齡派下,遷臺灣。

考亭二十四世,上坪十六世鏡,榕樹子,遷臺灣。

考亭十八世,龍田十五世德隆,士琚子,元案孫,錦吾派下,遷臺灣。

(《[福建平和]朱氏族譜》 1999年印本)

(三十一)簡　氏

南靖長教范陽郡簡氏徙臺祖名録

十二世文法公,系從賜公之孫也。妣謝氏,生二子,長啓明,次光輝。文法公生長於長教,少年赴臺灣彰化縣北投保,自置一莊,名曰溝仔墘,俗呼其地曰阿發莊,在此創業,子孫蕃衍。其地勢形似七星墜地,遂卒葬於斯。

十四世捷於公,名享,業儒。妣陳氏,生四子,長汝盆,次汝輔,三汝瞻,四汝重。公乃文法公之孫也,繼承先業居於溝仔墘莊。公天性敏悟,文墨過人,度量寬宏,厚待斯文,以義方而教子,夫妻同享大年,我族赴臺灣者皆稱其德。後其四子皆成父志。

(簡庭編纂《[福建南靖]長教范陽郡簡氏世代族譜》 清同治十二年二修稿本)

南靖長教簡氏惟原系徙臺祖名録

十世衷一公,妣王氏,生三子,長冠六,次坤六,三府六,均遷臺灣。

十世其政公,妣郭氏,生二子,長於聖,次子聖,均遷臺灣。

十世宗一公,妣蕭氏,生一子名曰養,字宜在。宜在公生九子,其餘派衍人繁,難以悉載,遷臺灣。

七世長伯祖廷茂公,住居興寧樓。遷臺灣開基,居在嘉義縣大林鎮内林里。

七世伯祖乳名央,字山梓,謚質樸,號次松,妣張老孺人。遷臺灣。

顯十五世祖乳名陳舉,字大輅,號祖殷,謚朝年。生於乾隆六年辛酉八月初七日寅時生,終於嘉慶廿五年庚辰歲六月初二日巳時,享壽八十歲。因本年縣府考名,朝年將此名取以爲謚,於道光元年辛巳五月初十日合火東山祠。生四子，長曉生，次殿生，三潛生往臺灣，四沐林。

三叔祖乳名潛星，字旭明，號啓飛，妣莊氏，葬在面前山。公出外臺灣桃仔園，生一子乳名當今，在臺灣有傳無傳並不知資訊。

二叔祖乳名惠仲，字有僑，號朝綱。公生於嘉慶甲子年正月十二日辰時生，娶妣蕭氏，後外出往臺灣南投，有傳無傳並不知信息。

（簡上浣編纂《[福建南靖]長教簡氏四世惟原系譜》 清光緒八年稿本）

南靖長教簡氏徙臺開基祖名字世系

貴智公長房派，宗鑒公十二世諱花，進臺灣諸羅學，乾隆癸酉科。

七房四惟全公之八世簡簿公長派，十二世曠，移臺灣大埔林。

七房四惟全公之八簡簿公長派，十二世克，乳名委，往臺灣。

宗宜二房派十一世士瓊，字聚奎，乳名力星，妣邱氏，癸亥生。四子，長克乳名田，次克乳名疇，三克念字汝恩，四克裕字汝廉妣邱氏。全家移居臺灣大埔林。

七房四惟全公之十二世克稱公，傳十六世贊君，乳名維民，字廷臣丁丑生，移居臺灣甲子瀾。

六世長房伯祖宗璘公，妣鄭氏。宗璘即上鋸公，葬在大宗祠後。祖妣鄭氏，葬在梅林楊角坑，形似飛天凰。伯祖子孫俱出籍，其墳墓系宗瑛公派下子孫祭祀。廷芳公葬在梅林伯公座禾埕頭。廷芳媽鄭氏葬在山塘。宗璘生二子，長廷芳妣鄭氏，次舒妣董氏，生二子，榮養、滿子，移居福州五虎山脚。廷芳生三子，繼文、繼武、繼振。繼文生一子名二九。繼武生四子，長大妹，次壽子，三英子，四滿子。繼振妣陳氏，生三子，長盾，次車，三東。廷芳公後裔移臺灣。

廣慰公派嗣孫，移居於臺灣府鳳山道爺莊居住，咸豐戊午年，有十六世孫乳名宗，字翌國，諱朝海，進鳳山學第四名回來謁祖。

巨勳公四房穎生公派，移居於臺灣府鳳山縣赤坎居住。有十四世孫諱魁，乾隆辛卯科中式第三名武舉人，回來旗匾謁祖。魁公之胞侄諱騰，道光壬午科中式二十名武舉，回來旗匾謁相。同治壬申年，有諱振已，諱成，寄巨勳公真容壹件並英銀、名片回來。同治癸酉科，有鳳山學張簡華晉鄉試。

九世二房伯祖諱文爵，字達南，妣蕭氏。生二子，長國端，次國珠早故。

十世國端公，字翌正，妣張氏。生五子。公葬在池坑橋仔頭地曰龜形。張氏葬在校溪竹山下。聞得伯叔子孫居於臺灣府鳳山縣之道爺莊，嗣孫十四世名釁公傳下子孫蕃盛，十五世志仁公兄弟進鳳山學。

十世國智公，妣魏氏，乳名注，字若，生二子一女。長子班公，往臺灣早故。次子潤公妣氏無育，無嗣。

十世超公，字頂六，諱國甲，妣李氏。生三子，長開，次閔，三闐。頂六公葬在竹仔窠白沙嶺邊。三子俱往臺，在唐無娶無嗣。頂六公平生正直無私，總理七世祖敦樸公業數項毫不染，然不克昌後，惜哉。

斗南公長房派，十一世益亨公，諱天霖，名丹。妣張氏，生三子，長覺公，字伯偉，諱可程，妣王氏，生五子，長章往臺灣，次突往臺灣，三八，四宣往臺灣，五卿住臺灣，一女嫁蘆溪社葉盤官；次林公，字叔典，諱可經，妣黃氏，生五子，長聳，次國，三攝，四聊，五鎖；三滿公，字汝清，諱可第，妣張氏，生四子，長瑞，次琅，三琊、四□。

十一世雪樹公，諱天霖，妣莊氏葬中心崎。生五子，長拱公，字廷人，諱可位，妣張氏，生一子名觀答；次極公，字兩儀，諱可禄，妣謝氏，生二子，長頂，次陣，全家移臺灣；三昭公，字實夫，諱可名，妣王氏，又李氏，生三子，全家移臺灣。

十三世友楨公，名幹，發狂走至梅林自刎死，後繼一子名光接，移臺灣。

十三世友春公，妣王氏名夏。生二子。長名朝。次名中公，無娶，立繼亂公爲子，繼侄名阿三，生四子，長蟬早故，次美往臺灣，三英早故，四采早故。

十三世又爵公，名引，全家移臺灣。

斗南長房派，十四世福民公，名蔭，諱敏質。妣莊氏，生四子。長群賢。次步，字惟一公，妣盧氏，繼一子光碟，生一子天恩，移臺灣。三種公，字原有，諱元嘉，妣莊氏，生五子，長卿，次士，三蘭，四淇水，五番琴，俱移臺灣。

淡之公第一房，生員，十三世司元公，名塚，進臺灣諸羅學生員，遂居於臺灣諸羅縣，乾隆戊申年改嘉義縣。

斗南公長房派，十一世一鳳公，妣張氏，全家移臺灣。生四子，長宗妹公，字聖宏，諱國柱，乾隆間由諸羅孝生應例貢系恩貢生，回謁祖再往臺灣失船，惜哉。次雍公。三迎公。四妥生公。

斗南長房派，十三世一蛟公，名裴，字九騰，妣王氏，全家移臺灣。生三子，長元援公，次元火公，三元部公。

斗南長房派，十三世一鶴公，名褒，字九皋，妣張氏，全家移臺灣。生一子，名佻公，字啓昇。

斗南長房派，十三世一中公，名衷，字九庸，妣莊氏。全家移臺灣。生五子，長元正公，次元傑公嗣大兄爲子，三佚名，四名此公，五遷公字聖居嘉義學生員。

十三世芳遠公，名荷，字友蘭，全家移臺灣。生三子，長更新公，次契公，三倦公。

十三世聲遠公，名琴，字友瑟，妣謝氏，全家移臺灣。生二子，長帝新公，次享公早故。

十三世珍遠公，妣莊氏，全家移臺灣。生一子，名觀生公早故。又繼一子名承房公。

十三世鴻唱公，字名遠，妣莊氏，全家移臺灣。生一子名買早故，繼一子名佚。

十三世鴻吟公，字詩遠，妣邱氏，全家移臺灣。繼親侄爲子，名投生公，系九騰公生。

十三世鴻哂公，字笑遠，全家移臺灣。生二子。

十三世鴻喹公，在臺灣早故，妣改嫁。

十二世友晉公，名秦，妣張氏，移臺灣。

十三世友滕公，名薛，妣李氏，移臺灣。

十三世夫水公妣潘氏，生二子：長德輝公，次□□公。四仁水公，未嗣故，立胞姪爲子名振番，移臺灣南投柴頭井，子孫蕃盛。五殘公。六源水公，妣劉氏生一子永茂公，妣氏生五子：海、河、祥、□、連。

十三世秉遠公，名存，妣王氏、蔣氏。生四子：長名雷公，妣沈氏，繼一子名萬興公。次名雯公，妣蔣氏，移臺灣，繼一子名佛賜公。三名霨公，妣楊氏，移臺灣，生五子，長藻彩，次春魁，三三斗，四觀棚，五長教。四霞公，妣張氏，移臺灣，生三子，長光淵，次秀椿，三金生無嗣。

斗南公長房派，十三世哂遠公，妣許氏。生一子名自公，妣魏氏，全家移臺灣，生二子，長寶桂，次南篆。

十三世乾公，妣劉氏，全家移臺灣，生六子，長看公，次灑公，三華公，四周公，五添公，六佚名。

十三世少明公，名蔽，妣林氏，全家往臺灣，生四子。

斗南公長房派，十三世又炳公，名永，妣謝氏。生六子，長特任公，妣氏生三子，長廷蝴公名蝶，生一子東陽往臺灣。次留侯公，名淹，繼胞姪名忠，往臺灣。三泥公，妣氏生二子，長忠出嗣作姪，次性往臺灣。

十三世名章公，往臺灣。

十三世名突公，字少雍，妣莊氏。往臺灣。生二子。長鎮公，字安民，妣氏生四子，長沾公，字亦仰，妣曾氏，次演公；三位公；四保公；次字企宗，妣莊氏、許氏，生二子，長光慈妣莊氏，次光壽妣羅氏，移高州。

十三世名宣公，往臺灣。

十三世名卿公，往臺灣。

十五世光寡公，妣葉氏。生五子，長斐然，次秋陽，三蘊玉，四漯水，五名庭。全家往臺灣。

十三世鎖公，往臺灣。子門公，妣張氏，生四子。長合興，妣林氏生三子，長帆、次宕、三香。次長興。三前興。四馬章。次曾民公，妣張氏，生八子，長長仁，次登山，三春山往臺灣，四萬山往臺灣，五德水妣蕭氏，六芳山，七佚名，八名八妣林氏生子鐘詠、濟。

十三世名瑞公，往臺灣。生四子，面、輝、雙亨、雙喜。

十三世球遠公，名琅，往臺灣。生一子名溪。

十三世名竹公，往臺灣。生三子，長名回，次名慎，三餘生。

十三世觀答公，妣李氏。生一子懷珍公，名聘，妣氏生二子，長名扶公，次良水公，俱往臺灣。

十三世名頂公，全家移臺灣。

十三世名陣公，全家移臺灣。

十三世佚名公，全家移臺灣。

十三世佚名公，全家移臺灣。

十二世敦人公，名箭，葬長圳尾下嶺頭，妣沈氏。生四子，長湧公，次尊公，三昂公往臺灣，四英公往臺灣。

十一世曰詢公，字周侯，妣王氏，生一子新，號汝蟠，即文龍公，字雲騰，善寫山水人物，妣沈氏，生四子，長淵，次柳，三典，四終移家臺灣。

十四世脱公，諱士振，子郭生公，妣氏生二子，長天津，次光彩。俱往臺灣。

斗南公四房派，十四世新妹公，妣氏生一子名花，移居臺灣。

十三世悦公，字怡遠，妣莊氏，又妣莊氏。生七子，長顒公，次碩公，三嶺公，四顔公，五頩公，六鵠公往臺灣，七滿公往臺灣。

十五世吴善公，字亦歡，妣莊氏。生六子，六子綢使公少年往臺灣南投，遂家焉。

十五世金川公，字亦深，妣陳氏。生三子。長兆綏。次兆興。三子兆茂公，妣氏生一子名和尚，咸豐七年往臺灣。

十五世金烏公，生員，字亦昭，諱日昇，謚良德，妣張氏。生一子名江漢，往臺灣。後繼胞侄爲子，名黄姜，娶王氏，生一子名祝。亦昭公嘉慶二年丁巳陳學政科試取進府學二十五名，後往臺故，骸骨回家，葬大壯頂。

十二世廷相公，乳名祈，字汝梅，諱廷相，妣楊氏。生三子。長容三公名温，妣陳氏，生六子：長權公移居廉州，次然公移居臺灣，三三益公移居廉州，四暹治公移居廉州，五圭公無嗣，六兑公。次流公出嗣作侄。三信遠公，名孚，妣氏生六子：長兑公，次光讓公早故，三光謀公往臺灣，四光詣公往臺灣，五光認公，六光諳公往臺灣。

十二世廷楫公，乳名鄒，字汝濟。妣莊氏，生五子。長儲公，字章遠，妣氏生六子，長壽興無嗣，次壽雙出嗣，三壽全出嗣，四月公往臺灣置家，五優公往臺灣置家，六午公無嗣。

十五世光寡公，妣葉氏，生五子，長斐然，次秋陽，三藴玉，四漯水，五名庭。全家往臺灣。

十二世望之，名宅，諱可法，沛亨七子之長，妣王氏，康熙年間進臺灣學學生，在臺灣早故。

十四世鐘遠，名就，妣張氏。生六子。長投，次畢，三選，四詣，五萬，六律移臺灣。

十四世敬遠，名嚴，妣魏氏。生一子名準，妣蘇氏，子信郎，移居臺灣。

十五世曹生，淨民與曾氏五子之次，妣劉氏，生一子名青池。移居臺灣。

十五世光寡公，妣葉氏，生五子，長斐然，次秋陽，三藴玉，四漯水，五名庭。全家往臺灣。

十二世望之，名宅，諱可法，沛亨七子之長，妣王氏，康熙年間進臺灣學學生，在臺灣早故。

十四世鐘遠，名就，妣張氏。生六子，長投，次畢，三選，四詣，五萬，六律移臺灣。

十四世敬遠，名嚴，妣魏氏。生一子名准，妣蘇氏，子信郎，移居臺灣。

十五世曹生，淨民與曾氏五子之次，妣劉氏，生一子名青池。移居臺灣。

（簡庭編纂《［福建南靖］長教范陽郡簡氏世代族譜》　清同治十二年二修稿本）

南靖長教簡氏遜賓系徙臺祖名録

十一世叔祖名宣，諱天華，字哲侯。妣吕氏改嫁。生二子，亨、朗，俱往臺灣。公葬在走馬坵路上。

十二世叔祖名喜，諱期貞，字宜賡，謚國熙，鄉賓，四代大父。妣莊氏，生八子，衷、院、盾、杭、誨、外、琴、音。又二女。六人往臺灣。

十四世叔祖名律，妣吕氏。十四世叔祖名籃，無傳。十五世國政，往臺灣，國老無傳。

（《［福建南靖］書洋楓林簡氏十二世遜賓派系譜》　清光緒四修稿本）

南靖長窖簡氏各房移臺灣世系表

一世德潤，妣劉氏生三子，妣盧氏生五子。

一房貴甫無嗣。

二房貴玄，妣盧氏、江氏，生三子，長宗仁，次宗義，三宗禮，後代移居臺灣中部立祖堂。

三房貴禎，妣王氏，移廣東梅州，後散居潮陽、海陽、番禺等地。

四房貴仁，妣盧氏、陳氏，生一子宗麟，居所待考。

五房貴義，妣黄氏，生三子，長宜傑，次宜觀，三宜琛，後代移臺灣。

六房貴禮，妣生三子，長宗豐，次宗表，三宗蔭，後代亦有移臺灣。

七房貴智，妣王氏、陳氏，生四子，長崇鑑，次崇欽，三崇琚，四崇瓊。後代稱臺灣最多。崇鑑妣王氏、黄氏、吕氏。崇欽妣蕭氏。崇琚無嗣。崇瓊妣載氏。

崇鑑傳七子，惟益無傳，惟榮妣鄭氏，惟淵妣謝氏傳一子，惟信無傳，惟盛妣鄭氏，惟聰妣黄氏，惟厚妣陳氏、温氏。

八房貴信，妣林氏，生一子璿，後代亦有移臺灣居住。

惟淵傳一子崇信，妣黄氏、李氏，傳二子，萬寧、萬通。

萬通妣邱氏、張氏，傳四子，世鑾妣蕭氏，世尊妣邱氏，世珊，世珠妣莊氏。

世鑾傳三子，月池妣莊氏、劉氏。小池，平川妣魏氏、翁氏。

月池傳二子，仰軒妣陳氏，傳五子。

（《[臺灣]簡氏族譜》 1989年稿本）

南靖楓林簡氏天佑系徙臺祖名録

十二世長希周公，妣蕭氏，合葬在雙坤墓後窠。生一子曰餤往臺灣。

十二世希上公，乳名魁，妣林氏。往臺灣，生一子威往臺灣。

十二世希炳，乳名彪，妣曾氏往臺灣。生二子，進、造。

十二世希然，乳名秋，往臺灣。

十二世希簾公，乳名坦，往臺灣。

十二世希陽公，乳名鑒，妣蕭氏，往臺灣。生三子，異、添、奕。

十四世遂，付興叔祖更申公派祖叔公爲孫，往臺灣下港大哮山脚。

（簡醇編纂《[福建南靖]書洋楓林簡氏六世天佑系譜》 清道光五年稿本）

南靖楓林簡氏徙臺開基祖名字世系

長教大宗祠始祖簡德潤，傳貴甫、貴玄、貞禎、貴仁、貴義、貴禮、貴智、貴信八大房。二世貴信開基書洋楓林村，爲楓林祠一世祖。

十二世享、朗，宣子，錫冤孫，五世宗甫派下，兄弟移居臺灣。

十四世萍、視，實子，帝孫，五世宗甫派下，兄弟移居臺灣。

十五世國政，巷子，降孫，十世麟振派下，往臺灣。

九世宏仁，士儀子，鷹孫，五世宗甫派下，移居臺灣尖山盂八連溪。

十一世更申，朝禎子，翼萬孫，五世宗甫派下。生子諄、暖、笑、四。四祖往臺灣。

十一世自申，朝禎長子，翼萬孫，五世宗甫派下，生子希簾、希明、希然、希炳、希上、希周。希簾往臺灣，希然往臺灣。希炳生子造、進，兄弟往臺灣。希上子威往臺灣。希周子日峽往臺灣。

希明生子永泰、永豪、永祥、永彰。十四世永祥子遂，往臺灣下港大哮山。

十二世伯芳，耀東長子，朝道孫，五世宗甫派下，往臺灣。

十二世伯廉，耀東子，朝道孫。生子元桂、元肅、元派、永玉。永玉嗣孫往臺灣。

十一世明煃，朝道子，翼彩孫，本代兄弟有往臺灣名字不詳。

十二世子忠，其宗子，朝寵孫，七世鷹派下，生二子往臺灣。

十二世崇誠，謝子，起孫，五世宗文派下。生子楓、通、輝遠，移居臺灣。

十一世倫，字士奇、攸敘、南宫，鳳鳴子，書孫，五世宗文派下。生子十二世伴郎、汝陪。孫誶，雍正戊申年往臺灣上港。孫渫，乾隆丁巳年往臺灣。孫劍，乾隆辛酉年往臺灣。孫夜，乾隆甲子年往臺灣。孫濫、監，乾隆丁卯年往臺灣。孫萍，乾隆癸酉年往臺灣。孫普(尾孫)留在家。

十二世觀旺字汝隆、君盛，倫子，鳳鳴孫，五世宗文派下，移居臺灣。生子鄉、疆、躁。鄉乾隆辛酉去臺灣。疆乾隆甲子去臺灣。躁乾隆戊辰去臺灣。

十四世丕火，可大子，亘齡孫，五世宗文派下，移居臺灣。

十六世瑞丁，連超子，捷三孫，十世朝欽派，五世宗文派下，咸豐二年往臺灣宜蘭三朝大沽贊緒堂。

九世廷璜，長承三子，鵠孫，五世宗文派下。長子移江西。次鑁居臺灣。三子斐用，生綏、奕、甸來、雕、微。奕移居臺灣。四子孟，跟四個子移臺灣。

十一世陶，福經子，廷珊孫，五世宗文派下。長子老，名希安，生子十三世，木蔭、汝嘉俱移臺灣。次子曉，名景曙，跟子往臺灣。

十三世湖，字克相、遂五，烈中子，致先孫，五世宗文派下，生子翰、杳、忍、泮。忍生子生、石寶，俱往臺灣。泮移居臺灣。

十二世創，名肇開，綢子，諧坤孫，五世宗文派，天賜次房七世鵠派下。生子二，長友堂，帶子富鳳，十四世，移居臺灣。次東，字敬脩，帶子送、嵩移居臺灣。

十二世雁，可遠子，日乾孫，五世宗文長房七世次派。生子昂、潭、便、育、晏、蒲、碩。便，光明，子往臺灣。蒲，大行，懷素，往臺灣。

十三世天陰，丹階子，可功孫，五世宗文長房七世次派。生子十四世棚、梯、幸。俱移居臺灣。

十一世董，都仁子，書孫，五世宗文長房七世長派。生子潘、翁、悻。翁子十三世蔡、被。被往臺灣。悻往臺灣。

十二世龍祈，達化子，都仁孫，五世宗文長房七世長派。生子剡、秉元、廷薦、搴、秉萋、棲鳳、麗生、秉秀、勤修、漯汝、朝海、蕭河。剡子覽、陶俱往臺灣。搴子羆、澤俱往臺灣。麗生與子巖彭雍正戊申年移居臺灣。

十三世模，非池子，五世宗文長房七世長派。生子鉏、羅、瓊、蔣、藁、舅、承。蔣，乾隆戊子年往臺灣。藁，乾隆癸未年往臺灣。舅，乾隆壬辰年往臺灣。

六世天爵，五世宗文次派，生子法鷴、法鸛、法鵑、法鴛、法鷺、法鳯、法鵝。七世法鷴移居臺灣，子仁、禮。法鸛子義移居臺灣。

九世哀藻，武廷子，建溪孫，五世宗仁長房派下。生子藏玉、辟元。藏玉移臺灣。辟元子正中、景良。正中子國彥、國枝、國楝、國材、國彬、國華。國彥子元賓，孫友車、友衆。友衆及子如藏，十五世，移居臺灣。景良子國器、國萬、國璋，十二世，俱移居臺灣。

十一世法貞，志亮子，法長孫，五世宗文次房天保派下。生子君達、君義、君禮、君智、君信、君聰、君華七房。二、三、四、五、六子，移居臺灣。君華長子士拔移居臺灣。君華次子士巖傳下第十七世榮福、榮斌，振安子，俱移居臺灣。

（簡金泰輯録《[福建南靖]書洋楓林祠簡氏八房各支派世系圖》 1992 年稿本）

南靖長教簡氏徙臺開基祖名録

十五世乳名四飯公，往臺灣船卒。妣莊氏，名甘，從子往臺灣。生三子，長新比，葬下嶺；貳新劍，兄弟移臺灣頂港排仔園雞籠頭；三新妙，生一子；四新魏，往臺灣早故；五子新容，壽六十九歲，生一子名土生，辛丑年戊寅生。

十五世儒士乳名蜜圈，字定元公，妣莊氏。生二子，長憑眺，次名林，均往臺灣。

十六世乳名敬己公，謚德恭。妣李氏名回，生一子名維巧，幼故，又繼胞侄爲子名應秋，乙丑年長髮拏去無回，娶莊氏改嫁，生一子名地輿。

十六世乳名觀己公，儒士，字厥成，謚德隆。公生於嘉慶五年庚申二月廿三日午時，卒於道光三十年庚戌十二月。妣莊氏，名悦，生七子。長登塘，少年往臺灣置家，乙亥生。次登彦，已丑年生，娶莊氏，夫妻皆早故。三登替，娶邱氏生一子名石盛。

十六世乳名鳴亞公，諱瑋琦，公生於乾隆壬子年，壽五十一歲，即葬於火背山中心崎。妣鍾氏，生於嘉慶戊午年，壽六十八歲，即葬屏山樓後。生五子，長子得，丙子生，少年往臺灣，妻改嫁，生二子，學詩無娶，正詩；次得寸，甲申生，無娶繼胞侄爲子，名學實，娶莊氏，生二子，長幼故，次有萬；三子得露，庚寅生，娶林氏，繼二子，平周、學井。

十四世乳名鑠，字遠聞，諱鳴鶴，謚宜直公。妣張氏，名豔，未婚早故。又妣曾氏名習，謚温和。生四子，長元中儒士，次元勳字建業，三光蔚儒士，四光黎儒士。遠聞公生於乾隆乙丑年，壽六十二歲，卒嘉慶丙寅年葬於涍瀨打石墳。張氏生於乾隆。曾氏生於乾隆十五年庚午。元中公辛卯九月十七日酉時生，妻陳氏夫故改嫁。元勳癸巳五月廿二日午時生，妻劉氏，生一子名慶捷。光蔚公丙申正月廿七日寅時生。光黎公壬寅正月十九日辰時生。元中公兄弟四人先後全家移居於高州居住，後搬回，復全家移居於臺灣。

十四世乳名題，字品章，諱作佳，先字瑞岐，謚寬清公。妣劉氏，名郁謚惠勤。生四子，長芳田，次渥水，三恒涯，四無虧。品章公生於乾隆丁卯年，嘉慶庚申恩科捐太學生，後往臺灣，卒葬在臺灣，劉氏生於乾隆丙寅年，壽七十三歲，即葬於大山嶺。

十五世乳名渥水，公少年往臺灣立業。繼胞侄爲子名頡英，妣蘇氏。

十五世乳名恒涯公，儒士，少年往臺灣立業，妣李氏。

十五世乳名繼唐公，諱際虞，字紹隆，謚忍毅。妣謚慈安王氏。繼一子名恭公，諱國經，妣江氏名我，謚徽淑，生二子，石恩、石亦，皆早故。繼唐公生於乾隆壬寅年，即葬於虎背山打石窠頭。妣王氏生於乾隆年。

十六世乳名恭公，生於嘉慶年，咸豐元年往臺灣無回，恭姆江氏生於嘉慶甲辰年。

十五世乳名玉律公，儒士，乙巳生，壽五十二歲，卒葬在臺灣。妣謝氏丙午年生，壽三十九歲，即葬火背山。生一子，名基，早故，妻子幼故，無嗣。

十六世乳名兆摧公，謚英敏。妣張氏名求，癸亥生，壽六十三。生四子，長跨灶，少年往臺灣；次跨孟，少年故；三跨餘，少年故；四跨福，出嗣作侄，亦少年故。

十六世乳名承禰公，妻改嫁。生一子名鐘漢，少年往臺灣，妻在家改嫁。公諱調回，謚純德。

十六世乳名鎮寧公，早故。妻改嫁。生一子名娶栢，字萬鎰，娶莊氏名令，丁亥生。公字安宅，諱永賴，生於道光癸未年，二十九歲卒，葬中心崎。

十六世乳名大恢公，諱振成，生嘉慶年，少年往臺灣，在南北投地方立業，繼一子名承添。

十六世乳名秀明公，諱邦彦，乙丑生，往臺灣故。妣莊氏名快，繼胞侄爲子，名桂蕋，招贅於南靖，生子俱早故。蕋生於咸豐年。

十六世乳名秀蘭公，妣李氏。繼堂侄爲子，名桂林，生於道光癸巳年，咸豐九年往臺灣無回。秀蘭公字清香，諱邦輔，謚敦厚，生於嘉慶戊辰年，終於同治乙丑，壽五十八歲，即葬於山脚大路上。李氏名讓，謚惠淑，系池坑尾明經進士李翰文公之胞侄女，生於嘉慶年，終於同治四年乙丑，即葬於山脚大路上。

十六世乳名石鍊，戊子年隨父往臺灣。

十五世乳名華國公，字宗文，諱朝典，謚彬德。妣莊氏名研，生一子名啓泉，戊寅生，少年往臺灣上港桃仔園。

十五世乳名端儒公，諱士楷。妣吴氏，生三子，長啓東，次有成，三岐山。端儒公少年往臺灣上港桃仔園立業置家。

十五世乳名二雅公，字墜源，諱士俊，少年往臺灣，卒葬在臺灣。妣陳氏名妙，生一子名太庚。二雅公生於乾隆年。二雅公元配陳氏，生於乾隆年，即葬於白花洋，形似風吹羅帶。

十五世乳名聳光公，生於乾隆年。聳光公兄弟三人皆往臺灣。

十五世乳名金聲公，生於乾隆年。少年往臺灣頂港桃仔園。

十五世乳名俊達公，生於乾隆年，與兄弟往臺灣桃仔園立業置家傳嗣。

十五世乳名靈冠公，諱明通，謚正直，少年往臺灣，無傳早故，生嘉慶七年壬戌，壽十九歲。

十六世乳名三聽公，諱際盛，生於嘉慶丁卯年，少年往臺灣頂港桃仔園街立業置家，生三子，同治四年乙丑，招募民兵征伐生番，占其地方，地名祈來，深入番界，被生番復兵圍住，全軍覆歿，時長子、次子跟隨於左右，可憐父子三人皆歿於軍兮。存其妻及第三子、長孫，一家三人居於桃仔園街。

十六世乳名四瑛公，生於嘉慶己巳年，少年往臺灣。

十六世乳名振盛公，生於道光年，少年往臺灣頂港桃仔園。

十四世乳名小山，字奠南，謚純樸公，妣黄氏。生八子，長神庥，次神禧，三神道，四神榜，五神英，六神壽，七神禄，八神祚。奠南公生於乾隆年，即葬於虎背山打石窠頭。祖妣黄氏於道光十六年，與八子移家於臺灣大埔林地方居住。祖妣終於咸豐初年，於咸豐五年次子神禧有回家省墓，至次年復往臺灣，時年近五旬矣。

十四世乳名嵩山，字對川，謚柔直公，妣莊氏名後，系奎洋人。生二子，長昭明娶氏，夫妻早故；次欽明，娶魏氏，夫妻早故。叔祖嵩山移家於臺灣府彰化縣南投街居住。叔祖父子三人，及兩媳婦早故，二子亦無傳。祖妣莊氏單身在臺灣，舉目無親，慘不勝言，後依莊家内侄度活過日而已。

十五世乳名四瀆公，妣吴氏。生二子。長石義戊寅年生，往臺灣。次石室出嗣。

十五世乳名敦睦公，少年往臺灣，壽六十餘歲，妣蘇氏，在家生二子，長耀祖乙酉年生，同治四年長髮拏去無回；次耀德辛卯年生，廿歲卒。

十五世乳名心輝公，字坤源，少年往臺灣故。妣林氏名銀，系倒林頭人，壽六十餘歲，系同治四年葬，即葬山脚大路上。生一子名儼若，早故無傳。

十五世乳名龍飛公，少年往臺灣故，咸豐五年骸骨回家，不知葬何處。妣李氏系蕉塔人，壬戌生，生一子名訓若，癸未同治四年長髮拏去無回，一女嫁奎洋溪坎頭。

（簡庭編纂《[福建南靖]長教范陽郡簡氏世代族譜》 清同治十二年二修稿本）

南靖長教簡氏徙臺祖名事

十世士璉，名惠，號子教，氏生一子在臺灣。

十世從法，一紓與魏氏六子，往臺灣卒。

十一世士寧，名安，號乃吉，氏生二子，日禮，日伍在臺灣。

十一世士哲，名來，字子招，妣蘇氏，生二子往臺灣。

一表與王氏五子之第四子，十世從兄，名郎，號敬先，往臺灣北路。

十六世仲義，字廷宜，往臺灣上港。

十世伯保公，妣曾氏，生六子，長宗翰，次宗隆，三宗旺，四宗國，五宗禄，六宗雍。公乃文儉公之子也，公生長窖，年甫十八，遂往臺灣鳳山縣，入籍鳳山里籬仔内莊，迨歲四十，闔莊爲家長，壽享八十有八終。

十一世祖士瓊公，妣邱氏，生四子兩女，長田，次疇，三維，四綽。公諱士瓊，謚法瓊，乳名五星，字聚奎，乃法康公第五子也。全家搬去臺灣並無回唐。公生於康熙廿一年壬戌。媽邱氏生於康熙廿二年癸亥正月初一日，壽享九十二歲，終於乾隆甲午年二月十四日辰時，歸世於臺灣大埔林。

十一世乳名二創，乃法凱公之長子也，公妣氏生兩子，長陰往臺灣。

十一世乳名七寶公，乃法凱公之第六子也，妣江氏，生四子，長光生，次曠，三觀添，四光耀出嗣璞石洋絶。

十一世士進公，乃法凱公之第七子也，葬於長窖小村嶺崁，坐北朝南。迨至己卯年，曠回唐啓攢重修。妣江氏與其子俱移去臺灣北路大埔尾居住，終世於臺灣。

十二世委公，乃士玉公之第五子也，往臺灣，無娶，生於康熙乙酉年。

十二世克勤公，妣陳氏，生七子，長佩往臺灣，次柳往臺灣，三烺，四造過繼五叔，五松，六通往臺灣，七滿。公乃士璋公之次子也，乳名袞，字得功，書名克勤，生於康熙庚辰年九月廿二日申時，壽享六十五歲，卒於乾隆二十九年甲申三月十七日戌時歸世。妣陳氏，生於康熙甲申年二月初九日亥時，壽享七十八歲，卒於乾隆四十六年辛丑十月十九日午時。歸世時有痢疾，不敢開吊，迨是年十一月廿一日開吊出葬，越次日丑時，公媽並其七男合火歸宗潭頭祠。其公媽骸合葬於潭頭坑社後楊厝窠中心崎尾，坐戌向辰兼辛乙，丙戌丙辰分金。其墓圖並誌於榮聰公圖内，至嘉慶戊寅年，夫婦啓攢始用金礶合葬原墳。

十二世克長公，繼胞侄四造爲子，换名承富。公乃士璋公之第五子也，乳名襄，字汝勤，幼年往臺灣無娶。

十二世世傑公派維成公，妣吴氏，生三子，長先進，次光石，三光傳。公乃宗隆公之子也，乳名萬成，字維成，夫婦住居臺灣鳳山縣鳳山里籬仔内莊。

十二世乳名曠公，配氏生一子乳名陣宗。公乃七寶公之次子也，公同其母江氏移往臺灣北路大埔尾肇基。迨至乾隆己卯年公回唐更修墳墓，告竣仍往大埔尾。

十二世乳名蔭公，二創公之長子，也往臺灣。

十二世廟遠公，元配張氏無生，續配馮氏生四子，長、次、三名失記，四滿堂。公乃克稱公之第三子也，乳名宗蔭，往臺灣下港梅仔坑續娶馮氏，肇基傳世，今公與馮氏合葬於臺灣梅仔坑山。往梅仔坑章程，由鹿港起，山至大埔尾又至崎頭，有十里，至梅仔坑社。時於道光年間，有胞伯石進，字瑞玉，遊台大埔尾教讀，曾到梅仔坑社訪親，有明月伯、明潔叔，系滿堂叔祖之子。查明伯潔叔作山種茶爲活。又舜卿公派有名國順，住居崎頭社前，經觀玉叔祖往臺灣相會，其年歲與玉叔祖符共輩，諒系十六代。由斯謹誌，贊衷重修。

祖妣張氏，葬於潭頭坑社後竹倭山，坐北向南，逐年系章兹公派代祭。

十三世乳名佩公，幼年往臺灣娶妻。公乃克勤公之長子也。

十三世乳名椪公,幼年往臺灣娶妻。

十三世乳名通公,往臺灣。乃克勤公之第六子也。

十三世世璜公之伯舉公四房派,乳名篇,書名良旺,妣張氏,生三子,長輝霖,次輝潛往臺灣,三燦飲。

十三世乳名映,書名良彩,妣詹氏,生四子,長鐘雲,次鐘聞,三鐘裏,四萬一。公乃克寬之第三子也,全家搬去臺灣大埔尾。

十三世世璜公之伯舉公三房派良煥,乳名光明,字彰遠,乃德寬公之長子也,生於乾隆乙丑年九月廿日辰時,陽年五十三歲,卒於嘉慶丁巳年七月十六日酉時同其母張氏及其祖母張氏三礶合葬於寨仔路上。生一子乳名四秀,往臺灣。

十三世字文友公,乳名添,妣黄氏。公乃啓彬公之第五子也,查其神牌,因其子請去臺灣桃仔園社。妣黄氏,諱暹者,謚柔順,行長,生於康熙甲午年七月初一日辰時,卒於乾隆丙午年十月廿八日辰時,葬於眠牛山路下,坐寅兼甲,庚寅庚申分金。

十三世世傑公之英偉公派乳名旺公,乃景全公之孫也,往臺灣南路。

世瑄公之法承公派,十三世登極公,乳名觀賜,字必昇,乃俊基公之次子也。公於甲戌年與登榜公兄弟合葬小村大湖洋。妣張氏,生三子,長南星,次渾,三講繼滿叔,俱往臺灣。

十三世登榜公,乳名淑,字必鼇,乃俊基公之長子也,葬於小村大湖洋。妣江氏,葬於石壁嶺寨仔背坑墩仔。生二子,長日程,次輝,俱往臺灣。

十四世乳名滿堂公,行四,妣氏生子明月、明潔,住居臺灣下港大埔尾梅仔坑社。公乃廟遠公之第四子也,據瑞玉回唐稱及,滿堂叔在臺灣曾有過其胞伯良祐公爲子。

際泰公長房三派,十四世乳名觀成公,乃良趾公之長子也,往臺灣。

際泰公長房三派,十四世乳名阿員公,乃良趾公之次子也,往臺灣。

際泰公次房長派,十四世乳名克祥公,乃良相公之子也,隨父往臺灣無回。

際泰公次房長派,十四世乳名月公,乃四滿公之長子也,少年往臺灣。

際泰公長房三派,十四世乳名觀成公,乃良趾公之長子也,往臺灣。

際泰公長房三派,十四世乳名阿員公,乃良趾公之次子也,往臺灣。

際泰公次房長派,十四世乳名克祥公,乃良相公之子也,隨父臺灣無回。

十四世如琴公,妣劉氏,生五子,長新浦,次新芳往臺灣,三柔佛巴魯,四捷報出嗣半山坑,五子新金。又生一女配魏姓。公乃良拱公之三子也,乳名合,字和兹,生於乾隆乙未年,往臺灣行地理無回。妣劉氏,閨名罔市,乃下阪寮社人之女也,葬於小村雷打石,山形白貓兒相見。

璜公之伯舉公四房派,十四世乳名輝霖,書名如霆,乃良旺公之長子也,十四歲而卒,葬於寨仔背伯公頂,繼接元爲子。

十四世乳名輝潛,書名如,乃良旺公次子也。配江氏,生五子,長接元出嗣輝霖,次開梅,三開印,四竹苞,五西鶚。全家搬去臺灣。

十四世乳名鄉經,配魏氏,生三子,長華巖,次秋榜,三永錫繼與三乾爲子。公乃良來公之次子也,全家搬往臺灣。

十四世乳名鐘雲,配張氏,生一男長喜,一女靜娘。公乃良彩公之長子也,往臺灣,配張氏葬於潭頭坑寨仔背路上。

十四世乳名鐘聞,乃良彩公之次子也,往臺灣。

十四世乳名萬一,公乃良彩公之第四子也,往臺灣。

十四世鐘裏,公乃良彩公之第三子也,往臺灣娶妻。

十四世茂林,字茂兹,乃良直公之長子也,繼與旦老爲子也。生於乾隆丙午年九月初七日子時,往臺灣甲子瀾。

十四世生奇公,乃良直公之次子也。生於乾隆甲寅年四月初五日丑時,壯年往臺灣。

十五世鄉賓永步公,妣蘇氏,生兩子,長遵蓬,次蓮月。在臺灣再生第三男卒,又生一女配蕭家。公乳名三進,字瑞萬,諱永步,乃如成公之第三子也。公同妻子四人於道光辛卯年搬往臺灣上港甲子瀾三結街小東門建基。公生於嘉慶三年戊午十一月初四日寅時,壽享七十一歲,卒於同治七年戊辰閏四月十二日申時,歸世於甲子瀾三結街小東門。於同治十年二月,胞侄貢生贊平請署南靖縣主董鐘驥舉報鄉飲大賓,准給八品,頂戴榮身,並獎匾額"齒德兼優"四字。公葬甲子瀾北門外土名大坡山,坐東。妣蘇氏,閨名喜周,謚柔順,乃永定南溪蘇翁之女也,生於嘉慶癸亥年六月初一日未時,陽年四十二歲,卒於道光廿四年甲辰十二月廿八卯時,歸世甲子瀾三結街小東門。

十五世儒士永從公,配張氏,生兩子,長會國,次華田繼與永山公爲嗣。又生一女英娘配梅林蕉坑。永從生於嘉慶丙寅年九月廿五日申時,卒於道光年。公之不幸於雙親故後,家事清淡,遂教讀於臺灣大埔林。配張氏,塔下大壩人也,生於嘉慶庚午年六月廿二日午時,卒於光緒年。

十五世永公,乃如東公之第五子也,乳名秋飲,少年往臺灣三朝。

際泰公三房長派,十五世乳名明月,往臺灣下港大埔尾之梅仔坑社。明月乃廟遠公之孫,滿堂之子也。

十五世乳名明潔,往臺灣下港大埔尾之梅仔坑社。明潔乃廟遠公之孫,滿堂公之子也。

十五世瑞峯公,配蘇氏,生一子接意。公乃大政公之次子也,乳名石煙,字瑞峯,生於嘉慶辛未年二月十八日戌時,壯年往臺灣。

十五世三驅公,繼胞侄好報爲雙承子。公乃光華公之第三子也,壯年往臺灣三朝,因入山被番所害而死,葬於臺灣。

十五世新芳公,乃如琴公之次子也,往臺灣。

十五世瑞丁公,際泰公六房長派,伯康公之士玖公派,公乃惠慈公之長子也,乳名新丙,字瑞丁,書名永南。生於乾隆乙卯年,壯年往臺灣三朝大沽含。迨至咸豐壬子年回梓,數年後仍復往臺灣,卒。

十五世石旺公,乃通才公之第四子也,往臺灣終世,繼胞侄鑾波爲雙承子。

十五世石溪公,乃通常公之次子也,往臺灣上港三朝大沽含,娶妻吕氏,生一子一女。

十五世廉華公,配高氏,繼胞侄爲雙承子乳名卑。公乃泄侯公之第六子也,乳名榮,生於乾隆辛卯年三月初六日卯時,卒於道光庚子年七月廿二日,歸世於臺灣。配高氏,閨名乃娘,謚慈惠,生於乾隆甲午年十月初一日辰時,卒於道光十五年八日初七日寅時。

十五世五品銜成春,配陳氏,生四子。長乳名禾尚,同治己巳科入鳳山學,如衡,乳名南山,號玉堂。次乳佛球。成春公乃宦超公之子也,乳名光道,官章成春,在臺灣鳳山埤城内大老衙口,開張德成號店舖,於同治壬申年三月廿八日,曾寄信一封,祖名一紙,銀貳員,交沛春、由斯收發,克火叔於癸酉年二月十七日致祭宗珣公妣蕭氏、盧氏及文儉公媽墓。

伯舉公四房派,十五世接元,乃如霪公繼胞侄爲子也,往臺灣。

十五世開梅，乃輝潛公之次子也，往臺灣。

十五世開印，乃輝潛公之第三子也，往臺灣。

十五世竹苞，乃輝潛公之四子也，往臺灣。

十五世西鶚，乃輝潛公之五子也，往臺灣。

十五世接能，乃鄉郎公也長子也，往臺灣。

十五世華嶽，乃鄉經公之長子也，往臺灣。

十五世秋榜，乃鄉經公之次子也，往臺灣。

十五世永錫，乃三乾公之胞侄爲子也，往臺灣。

十六世維民，書名贊君公，字廷臣，乃永光公之次子也。生於嘉慶丁丑年十二月初一日巳時，卒於道光己酉年二月十二日巳時，陽年三十三歲，因二十二歲往臺灣甲子瀾三結街營生，至終無回。

十六世乳名蓮蓬，配黄氏，生二子，長必貴，次榮遲。蓮蓬乃鄉賓永步公之長子也，書名贊迎，字廷，生於道光丙戌年十一月初四日未時，卒於光緒八年八月二十一日時。公六歲往臺灣甲子蘭，至五十三歲，系戊寅年三月回長窖，至五月再往臺灣。配黄氏，閨名蕉官，生於道光丁酉年三月二十四日巳時。

十六世乳名蓮月，書名贊輝，字廷，乃鄉賓永步公之次子也。生於道光庚寅年正月十日辰時，二十歲時搬眷往臺灣甲子瀾。

十六世乳名吉昌，乃新忠公之子也，生長於臺灣南投。

十六世光連，乃永奇公之長子也，往臺灣不知如何，長石水四歲。

十六世乳名江山，住居臺灣上港三朝下雙溪貢仔寮莊。妣氏生二子，長水理，次謀。

十六世乳名知，居往臺灣上港大埔含月眉厝。

（《[福建南靖]長教簡氏世系族譜》 清光緒三修稿本）

（三十二）游　氏

閩游二三郎系徙臺祖名録

二三郎系五六郎南靖游坑系，十五世游水公，渡臺灣。生子方彰、方登、方東。

二三郎系樂山派五七郎詔安秀篆世系，六世三六郎，遷臺灣。

二三郎系樂山派五七郎詔安秀篆世系，十世九十郎，遷臺灣。妣黄氏。

二三郎系樂山派下，五七郎南靖和溪世系，二十三世宗景，門涼子；宗綿，門含子，俱程探孫，往臺灣。

二三郎系，樂山派下五七郎南靖仙嶺世系，十八世子章，遷徙臺灣，妣吴氏。子可遷徙臺灣，妣林黄氏。

樂山派下五七郎南靖霞峯世系，十六世士紀，遷臺灣。

二三郎系五七郎南靖霞峯世系，十九世恂德，妣葉氏，廿世長子純良遷臺灣。

二三郎系五七郎南靖霞峯世系，良泰三子，十九世遷臺灣。

二三郎系，五七郎南靖霞峯臺灣世系，遷臺灣開基祖廿世純良，妣葉氏，遷臺灣歸宗，子正柔。

二三郎系，五七郎南靖霞峯臺灣世系，十九世恂德，子接公，遷臺灣開基祖，妣吴氏，遷臺灣歸宗。子南生、光此，孫玉傳。

二三郎系，五七郎廣東揭陽屯埔世系，十世劉穩，李載四子之三，茂定孫，遷臺灣。

（《[福建]閩游二三郎系大族譜》 1999年鉛印本）

詔安王游氏徙臺祖名録

十二世祖國九公，諱國錫，字德純。國九公生於乾隆九年甲子十一月十九日酉時，享壽六十七歲，卒於嘉慶十五年庚午十二月初九日子時。妣河尾寨吕鋮公之女，諱虔娘，謚温儉，生於乾隆十年乙丑四月初七日申時，享壽四十五歲，卒於乾隆五十四年己酉六月初二日未時。産下五男一女，酒娘七歲跌落塘浸死，長男諱典渚，次男典漾十七歲故，三男典瀾，四男諱典漂，五男諱典澆過繼給胞弟爲嗣。

乾隆五十五年庚戌同長男典渚，三男典瀾，四男典漂，父子居往臺灣大侖仔莊居住，至嘉慶九年冬移居胡盧墩豐原，耕廖家之田。又至嘉慶十六年冬，移居郭家之田潭子莊校栗林。

國九公至道光四年葬在潭仔唇盧竹湳，即臺灣臺中州豐原郡潭子莊字聚興，穴坐辛向乙兼戌辰，地盤辛酉辛卯分金，龍從壬子乾亥，又轉辛酉落壬子出脈，辛戌進氣，入穴癸丑艮寅甲卯，水過堂乙辰，水來迸大口，水出丁歸坤而去。祖妣葬在塘山。

（游國禮編纂《[臺灣臺中]游氏族譜》 1976年鉛印本）

詔安秀篆游氏徙臺開基祖世系名事

十世學託，字紫懸，生戊辰五月初四。妣李氏娘生二男，俱往臺灣。

九世諱一團，字以成，生順治丙申年。妣林氏生二男，俱往臺灣。長學模字永和，妣吕氏生二男居臺灣。次學札，字雁音，妣李氏生四男居臺灣。

八世諱廷録，字爵先，游三十二公，妣李氏生二男，長一春，次一魯。

九世諱一春，字聚奎，妣氏生四男俱往臺灣。長學昇字輪秀，妣邱氏生三男，長士威字明尚；妣李氏生四男居臺灣。

士爐，字禦雲，妣吕氏。居臺灣。

學共，字有行，妣李氏，生三男，俱往臺灣。

九世諱一魯，妣詹氏娘，生二男，長學藹，字挹可，妣黄氏，生四男俱居臺灣。長士鎮字員邦，妣黄氏，生四男居臺灣。次士忒，字偉之，生丙申二月初十日子時，妣沈氏，生二男，世刷、世魏，居臺灣。

士休，字友容，妣廖氏，生戊戌十月初三日戌時，生一男世搞。

士儼，生丙午正月初三日子時，妣張氏，生三男，世成、賢德、龍生，俱往臺灣。

士追，字奠常，妣李氏，生三男俱居臺灣。世行、世奈、世拜。

士倍，字兼常，妣林氏，生男居臺灣。

士透，胤宗，妣李氏，生三男俱往臺灣。

學枏，字榮交，妣曾氏，生五男俱往臺灣。長士秤，次士充，三士無，四士請，五士積。

學梗，妣温氏，生三男，俱往臺灣。長士飲，次士闖，三士壯。

學棲，號孔行，生一男士悄居臺灣。

學梃，字輔朝，妣黄氏，生五男。士凹、士著、士兜、士吡、士吒，俱往臺灣。

學桶，字德和，早故。生一男士敵，字義尚，妣廖氏，生男潭輝居臺灣。

學曦，字韶和，妣劉氏，生男士捷居臺灣。

士昭，德音，監名朝撰，妣邱氏，生四男。長公勝，往臺灣。次石聳。三成武。四陳生，妣吕氏生三男，龍興、德養、龍英，俱渡臺灣。

文叁，字亦彩，氏生三男，長貫往臺灣，次執生元嗣，三阿門往臺灣。

次道與董妣六子闔，字重基，妣黄氏，生三男去東都。

文問早故，繼一男承基往臺灣。

文鏡，字燦明，妣黄氏，生五男，長娘興，次觀進往臺灣，三觀權，四觀河，五永禄夭。

文帥，字元統，妣李氏，生三男，躍生、躍榮、躍昇。躍生、躍榮往臺灣。

文晚，字捷生，妣吕氏，男祖燕往臺灣。

十世朋，祖盤次子，往臺灣住脚追。生子忍、示、英、雄、漢。

學柷，字伯音，生康熙辛酉正月十七日。妣吕氏，生五男。長士比，字居萬，妣黄氏，生七男。次士攝。三士赫，往臺灣被生番所害。四士德夭。五士惠夭。

士臘，字象明，生康熙戊辰正月初七日，妣黄氏，生五男。長世長，字福衍，妣李氏。次世俱，字公衍。三世隘，字和衍，渡臺灣。四世雄。五世利。

世曾，字更華，妣吕氏。生四子。長德人，字而生，妣吕氏。次學德利氏生。三德象。四德和渡臺灣。

士混，字殿輝，妣李氏，生三男，世兑，世額，世胄出繼渡臺灣。

士卜，字廣居，早故。繼兄之男世面遷臺灣。

士蕤，字德斐，妣黄氏，生四男，世茶、世墩、世埝、世垗。居臺灣。

世均，字振基，妣吕氏，生三男，德錯、德吕、德沙。往臺灣。

士熼，字象天，妣李生五男。生康熙己卯正月十九，往臺灣。

世墀，字仰丹，妣陳氏，生四男，德饒、德鏾、德鑼、德□，俱往臺灣。

學楫統彦，犯先儒之疾，妣李氏，生二男。長士燦生六子。次士慶往臺灣。

世垛生三男，德濟往臺灣。

士埲，妣李氏，生男世邪，往臺灣。

士灼，字昭伯，生康熙己巳十月廿七日卯時，妣廖氏，生二男：世垊、世埲。

學棣渡臺祖。字光庭，四十八公，妣李、劉氏。生四男，士烰、士煠、士熨往臺灣，士烼。

士烕，字和巨，生康熙四十一年壬午十月廿二日，正六月戊申援例入監生，諱文碩，卒乾隆。妣曾氏，生五男。世社，字建侯，妣廖氏。世叟，字德侯，妣江氏。世文，字量侯，妣李氏。世陡，字尊侯，妣黄氏。滿生，字益侯。

士灶，字司夏，妣詹氏，生五男，世在早故，世院在臺灣被土番刺，世説，世化住四都林墘，世記往臺灣。

九世諱，字一洮卒在臺灣。妣江氏，生三子。

士袾，生康熙戊辰四月十三日亥時，卒雍丁未六月初四。妣胡氏，生五男。世鳥在臺灣，世春，世列，世抱，世□。

士將,渡臺灣祖,字就日,妣李氏,生四男,次世婟渡臺灣。

(《[福建詔安]秀篆游氏家譜彙纂》 清嘉慶稿本)

詔安游氏樂山念四系徙臺開基祖名字世系

二世祖三六公,父念四公、母杜氏二娘之次男,原分居厚積黄姐坑樓子下房,子孫在臺灣諸羅荷苞蓮。

十一世應佖,字儀之公,妣占氏,生應概,往臺灣。

十一世應佐、應習,均在臺。

十世祖文兼,葬在瓦窯坪。妣邱氏,生五子,應舉,應朝,應第,應選,應芳往臺灣。

十世祖文忠,字汗貞,妣李氏,生五子,東轅、東定、東夷、東全、東都,俱往臺灣。

十一世應發,字先聲公,葬在坑子背。妣羅氏,生五子,東壬、東里、東魯、東山、東徵,俱往臺灣。

十一世應榮,字選南公,妣李氏,生五子,東河、東徵、東井、東連、東首。

十二世東壬,字林青公,在臺。東夷,字仲居公,妣廖氏,在臺灣。

十三世東道,子昇送,昇各字悦素往臺灣。

十一世應周、應清、應元,移湖廣。

振廷公派下長房雪香公派下移居臺灣。

十二世東魯,字濟青公,妣李氏,生昇堂、昇履、昇表,均在臺灣。

十二世東里,字色青公,在臺灣。

十二世東山,字聖居公,妣黄氏,生昇皇、昇强、昇將、昇平,在臺灣。

十二世東徵,字仰居,妣江氏,生昇棟、昇榻在臺灣。

十二世東家,妣吕氏,生昇福、昇鈞、昇鍊、昇詳、昇到、昇鉋,均在臺灣。

十二世東轅,妣江氏,生昇權、昇飛、昇列、昇龍、昇超,均在臺灣。

十二世東河,妣羅氏,生昇立、昇門、昇榜,在臺灣。

十三世昇將,妣李氏,生厚仁、厚俠、厚儀、厚耽在臺灣。

十三世昇皇,妣李氏,生厚園、厚謝在臺灣。

十三世昇强,妣黄氏,生厚襲、厚論、厚誇、厚講、厚討,在臺灣。

十三世昇平,妣羅氏、陳氏,生厚悦、厚賢、厚稍、厚壽,在臺灣。

十四世厚恒,字柔青公,往臺灣。妣張氏,生世災、夢松、夢達、文旋、士仁、方中、華嶽。

十四世厚懷,柔壽祖公雙子,妣黄氏。生世根,盛林往臺灣,世彩。

十五世盛林,妣吕氏,生纘芳、纘英、纘青、纘蒽在臺灣。

十二世成綿,字歷傳,行大公,妣氏娘生二子,宗忍、宗雞,俱往臺灣。

十三世宗憂,成居公之子,字可士,行大公,妣黄氏娘生三子,厚東、厚南、厚西。闔家在臺灣下港攏塘。

十四世厚遞,字盛迭,行二公,原命丁巳年九月廿五日丑時,卒於甲戌年八月十三日,壽七十八歲,乾隆庚子年闔家往臺灣。

十五世世倩,字美賢,行五公,原命壬寅年五月初一丑時,卒於戊午年十一月十七日丑時,立一子恩照衍宗,丙午往臺灣。

十七世文各，瑞庭公三子。妻氏生一子往臺灣。

十四世厚枚，餙彩公次子，字炯生，往臺灣。

十四世厚些，餙彩公三子，字余生，往臺灣。

十四世厚推，宗鶴公之次子，字元德，往臺灣。

十四世厚桂，仲提公子，字元良，往臺灣。

十三世宗半豐，居一公之子，字盈彩，妣賴氏，繼妣李氏，生厚儕，闔家往臺灣。

十三世宗寧，居一公之子，字盈邦，妣張氏，生厚談，闔家往臺灣。

十三世宗甚，遂衷公之子，字謹行，妣沈氏，立厚立爲子，往臺灣。

十七世文仁，號成恩，仰慶之次子，往臺灣。

十一世祚享，號君儀，盈倉公長子。妣李氏，生三子，成甲、成壬、成辛。此房派下均往臺灣。

十二世成挾，號仲儒，公錫公長子。妣李氏，生三子，宗衍、宗牆、宗最。此房均往臺灣。

十三世宗陣，上日公長子，妣黄氏，生二子，厚尖、厚陽。比房均往臺灣。

十三世宗雍，號性寬，宗孩號欽和，宗諾號應良。此三房均往臺灣。

十三世宗勸，哲儒公之長子。往臺灣。

十三世宗西，號朝東，哲儒公次子。妣江氏，生二子，厚聚、厚衍。均往臺灣。

十三世宗驗，號效徽，旋周公長子。妣李氏，生四子，一、二、三子早亡，四子選元往臺灣。

十四世厚楓，宗忠公晚子，字杞朋，妣黄氏，生祖茂、祖奉，闔家往臺灣。

十五世世溺，號美音，妻詹氏，生娘牽，往臺灣。

十三世宗因，純亦公二子，字谷文，葬在屋頭寨宫子背。妻黄氏，生厚松、厚舉，往臺灣。

十四世厚桂，端士公，長子抱蟾在臺灣，桁走在臺灣，妻吕氏生在臺灣。

十四世端士公三子字順行公，氏生在臺灣。

十四世厚突，端士公晚子，號良發，妻劉氏，生來、興。

十四世端士厚桁在臺母親黄氏，將骨骸帶回祖家，葬在屋頭寨。

十三世章慕，號辰來，恩公次子。妣吕氏，生厚津亡，厚吕往臺灣，厚經往洋。

十四世厚孫，號繼武，胤伯公之子。妣洪氏，生世立、世甫、世事、世奇、世泰，俱往臺灣。

十四世厚弦，號揮五，漢中長子，夫婦合葬在爐坑，生子多在臺灣。

十五世世篚，字廟尊公，非紫公三子。全家往臺。妣林氏，生守暖，守抄溺亡，守敲過繼給胞弟。公媽骨骸在臺灣，共念八月廿六日忌辰。

十六世守煖，廟尊公長子，住在臺中。妣黄氏，生土牛，成杖過繼給文可。

十六世祖守潭，笛清公晚子，字德敷公，往臺灣。

十八世兆衡，字遇昌，運週四子，妣占氏回嫁家，又娶林氏。往臺灣。

十八世盛錦，帝樣公長子，生於光緒乙巳三月十四日辰時，往臺灣。

十八世於山，帝樣公三子，往臺灣。妻曾氏，生於乙未三月卅日。

十七世興應，陶章公長子，宇聞可，妻黄氏，往臺灣。

十八世金龍，帝樣公晚子，1960 年往星州，二子樣禧、祥後往後灣。

十六世金生，遜修公長子，字玉友公，往臺灣。

十六世守貫，自華公長子，生一子明。全家往臺灣。

十六世金勑，奇發公之子，往臺灣。

十六世守碩，竹涣公四子，妻李氏，生娘愛、娘己，全家往臺灣。

十七世娘愛，守碩公長子，妣氏往臺灣。

十七世娘己，守碩公次子，妣氏往臺灣。

十六世公受，夢發長子，往臺灣。

十六世公佑，夢發次子，往臺灣。

十五世元辰，彩綾公五子，妻氏生子守攬。全家往臺灣。

十五世元富，彩綾公七子，妣黄氏，生雲廷。全家往臺灣。

十四世組，文起長子靖朝，英年入泮，諱對揚，築樓厝，或遇不平事盡力解脱，果敢直前，殊少狂躁。妻詹氏，生子世滇，世港，龍興往臺灣置業。娶妾吴氏生臺興、再興。

十七世焕居，槐公長子，全家往臺灣。

十六世祥發，宗海公長子，字愈昌公，往臺灣。

十五世龍興，靖朝公三子，字雲從公，龍興往臺灣身故，子亡妻出，往臺灣。

十五世臺興，靖朝公四子，妻賴氏。

十四世絵，文起公次子，字服朝，邑庠生，諱聯魁，少年考試甚顯，縣府常列五名内。妻吕氏，生世淡，世泮在臺灣，世洸在臺灣。

十六世守椿，恒田公長子，往臺灣。

十五世福生、禄生兄弟，往臺灣。

十五世法爵，朝公長子，妻朱氏，在臺灣。

十四世緍，子元公長子，字聚和公，妻吕氏，生水濟，世碧亡，竹興在臺灣。

十五世竹興聚和公次子，在臺灣。

十五世天得，繼和公子，在臺灣。

十四世厚繼，聲玉公之子，在臺灣。

十五世榜，直也公次子，往臺灣。

十四世緯，子授公三子，往臺灣。

十五世憑，名繒公次子。往臺灣。

十四世緌，文重公晚子，字彩公，妻李氏，生世城，闔家往臺灣。

十四世厚錦，思雲公次子，往臺灣。

十三世宗玉三子，往臺灣。

十三世宗杖，思三公次子，往臺灣。

十三世宗屯，思三公三子，往臺灣。

十二世成旺，荆玉公長子，字世興，往臺灣亡。

十五世筐，受天公次子，字永才公，妻張氏，生守考出外姓，守禾十一月初四忌辰。繼娶妻挈家往臺灣。

十七世慶瑞，莞華公長子，往臺灣。

十五世竺，受天公五子，字鎮西，妻賴氏，挈家往臺灣。立守悦次子繼群爲孫，又立水檥爲孫。

十七世繼群，竺公孫子，妻張氏，挈家往臺灣。妻韁公派。

十六世守德，賓公之子，往臺灣。

十六世魂興，素公次子，妻黄氏，挈家往臺灣。

十六世守生，素公三子，往臺灣。

十六世永化，秀昇公之子，往臺灣。

十五世添，奠州公晚子，往臺灣。

十五世尚，㥣州之子，往臺灣。先妻黄氏未過門亡，後骨骸帶回葬在湖洋子。

十六世守詫，竹文次子，往臺灣。

十八世禎翁，淩霄公之子，往臺灣。

十六世蘭芳，遂亨公之子，往臺灣。

十六世松茂，遂亨公三子，晚子往臺灣。

十七世石麟，應運公長子，無娶，立繼發長子名爲子，往臺灣。

十七世預發，仲麟，即發，應運公之子。次子郎發往臺灣，長子預發往臺灣。

十六世守諏，孔傳公次子，往臺灣。

十六世世略，孔傳公三子，早亡，立胞兄繼發爲嗣，合往臺灣。

十六世守誥，鐘豹公長子，字綏榮，妣李氏，生先開、三順、三賢、五魁，闔家往臺灣。

十六世守郁，九成公長子，字燦章，妣李氏，生兆洛、兆沅、兆林、兆池、兆河、兆沆。沆立漢公長子三合爲嗣，共合往臺灣。

十七世兆漢，翼章公長子，妣詹氏，生三合、三任，闔家往臺灣。

十六世榮標，得病痢，紹祖公次子，妣黄氏出嫁兆堇往臺灣。

十六世榮容，紹祖三子，國學生，諱含章，妣吕氏，生三子，兆堆往臺灣。

十六世榮龍，紹祖之子，立胞兄容之之子爲子應父往臺灣。

十六世榮封，紹祖之子，往臺灣。

十六世榮永，紹祖之子，往臺灣亡。

十七世兆汀，寵章公長子，往臺灣。

十七世收液，寵章公次子，往臺灣。

十六世祖益竹，秀公三子，字聖言，妣郭氏，闔家往臺灣。

十四世厚緩，樹來公四子，字敬也，國學生，諱家修。妣李氏臺灣亡。妾陳氏臺灣亡，生世笠、世除、豪運、豪英。

十六世守恢往臺灣。直文之子。

十五世笪，敬也公次子，字錦文，妣李氏，闔家往臺灣。

十五世豪漢，敬也公晚子，妣張氏，往臺灣。

十六世祖堪竹，芳公晚子，妣吕氏，生三子，往臺灣。

十六世祖鎮竹，實公長子，妣李氏，生永魁、永錫，俱往臺灣。

十六世守煙，水蔭公長子，闔家往臺灣。

十六世守變，水蔭公次子，闔家往臺灣。

十七世兆上，選送公之子，往臺灣。

十五世公贈，纘列公次子，字某玉，妣曾氏，戊午往臺灣。

十五世公碧，纘列公晚子，字俊玉，妣邱氏，繼廖氏。往臺灣。

十五世公珍，裕列公大子，字品玉，妣黄氏，生石啓往臺。繼詹氏，生真然往臺灣，金才，金生。

十五世公琳，裕列公次子，字勝玉，妣張氏，往臺灣。

十三世宗查，育生晚子，妣葉氏，生厚琴葬山田子裹，厚涉亡，原宫亡，厚吕。厚吕字協律，生世根往臺灣。

二十世祥進公次子文上往臺灣。

十二世待贈，諱成訓，字授聖公，紫玉公長子。妣李氏，生一子宗協。繼妣林氏，生六子，宗慥，宗博，宗衍，天獲，宗懷，宗轉渡臺灣。

十三世諱宗悒，守侯公晚子，往臺灣，後裔不詳。

十五世世比、世華、世坤、世龍、世虎等五兄弟往臺灣，後裔不詳。

十六世玉烈，字相宜，業廷公次子，生於乾隆辛卯年四月初十寅時。妣汪氏，生於丙午年八月廿五日巳時。生四子，兆度己巳生，兆頭壬申生，兆友甲戌生，兆盛丁丑生，兄弟俱往臺灣。

十四世原壓，字宅也，仁齋公五子。妣鄭氏。生觀英，妻范氏。生觀助，妻李氏晚娘。生觀吉。闔家往臺灣。

十五世世涯，尚用公次子，生祖潤往臺灣。

十四世厚瞌，字尚敬，生世易往臺灣。

十四世厚懿，字尚儒，子謀公晚子。妣黄氏，生世雪、世奕、世情，俱往臺灣。

十四世厚雍，字榮和，位東公長子。妣李氏。往臺灣。

十四世厚莊，字正宜，位東公次子。妣黄氏。生世孟，往臺灣。

十四世厚沖，位東公雙子。厚具，位東公晚子。俱往臺灣。

十五世世熠，應從公次子。妣張氏，生守廣、祖德，往臺灣。

十五世世派，熹也公長子。妣賴氏，生守品、守珍、守興、守壘，往臺灣。

十五世世貫，熹也公次子。妣黄氏，生榮興、守達、守證，往臺灣。

十五世世賈，熹也公三子。妣劉氏，生祖光、守聯、守卿、成祖，往臺灣。

十五世世七，熹也公四子。妣江氏，生文魁、守迪、守信，往臺灣。

十五世世瑞，熹也公晚子。妣簡氏。往臺灣。

十五世文鳳，歉若公晚子，字瑞鳴。妣李氏，生壽光。繼妣邱氏，生守光、守三。守三過繼給守祥爲子。守光妣邱氏，生福生。俱往臺灣。

十五世觀葵，字朝陽，滔也公長子。妣張氏，生天送、守纘。闔家往臺灣。

十七世水廉，恒才公三子。妻李氏，生水潭，往臺灣亡。十八世水潭妻氏出。

十五世注養，維精公之子，往臺灣亡。

十三世宗悦，仲史公長子，字喜中。妻陳氏，生厚桃，喜中往臺灣亡，妻出嫁，六月初四忌辰。

十四世厚廓，遂中公次子，字鳳城，往臺灣。

十四世厚枕，子青公長子，往臺中豐原。

十五世世笆，浪春公長子，字品松，三月廿三忌辰。妻吕氏，十一月十六日忌辰。生派俱往臺灣。

十五世世撻，浪春公晚子，立胞兄名揚次子守縫爲嗣，往臺灣。祖墳葬在彎坑裹。

十四世厚緝，戒士公長子，字續也，妻曾氏。子世運往臺灣，世韜。

十四世厚權，詳士公長子。妻曾氏，生世叩往臺灣。

十四世厚東，遂中公長子，字日昇，往臺灣。

十四世厚優，樂中公次子，字約之，謚謹義，大晚公，生於丙辰，卒於辛酉正月十五忌辰。妣劉氏大娘,生於辛未,卒於乙丑年十月初十忌辰。生世運往臺灣,世福,世生往臺灣,過繼胞弟厚客爲男。公保立木興爲男。

十四世厚仲,子封公長子,字子約,生於癸卯五月廿一日未時。妻李氏,立見千兄三子明尊爲嗣。往臺灣,李氏嫁。

十五世祖厚全公之子居光,生於丁亥。妻曾氏生於辛未。生楊枝生於辛未,如蘭生於癸酉。闔家往臺灣。立塘下房向兄次子名娘興爲長男,生癸亥。

十二世宗武,勵行次子,字濟文,妻江氏。生厚錦無傳,厚忍,厚敲,往臺灣。

十三世宗儁,最邦公次子,字智士,妻陳氏。生厚折亡。厚排往臺灣。厚等溺水亡,葬在太平宫背田面。

十三世宗愫,最邦公三子,字實中公,妻黄氏。生厚助,字益吾,往臺灣,妻張氏無育,立堂兄禦臣公五子世偕爲子。

十三世宗惰,最邦公四子,字惠中公,妻杜氏,生厚讓、厚沅、厚程、厚超、厚尾,五兄弟俱往臺灣。

十五世世倍,禦臣公長子,字衆加,行位大一公,八月二十六忌辰,葬在廖湖塘屋面前崗,坐辛向乙兼酉卯分金。妣謚節儉李氏大娘,二月十六忌辰,寄在凹下。生守樜亡,守限往臺灣,守啫亡。

十五世世偕,禦臣公五子,繼觀生爲子,往臺灣。

十七世考諱東山,聲齊公之子,字相直,又名日本,十二月十七日忌辰。妣謚慈儉黄氏二娘,生於道光壬午四月初三酉時,卒於同治九年庚午三月初四午時,享壽四十九歲。生二子,長戊坤,次木森生於丁巳七月廿一日未時,俱往臺灣。公媽合葬在大斜裏,光緒壬寅年正月廿四辰時興工,五月廿卯時進葬。吉穴坐卯向酉兼甲庚,丁卯丁酉分金。妣用旁一度,初内藏小數辛卯辛酉分金,木火同明格局,水路合流歸庚,胎向胎流,分金主山人石下族叔達興造。1919年二月十九日卯時興工重修。

十七世東扶,得春公次子,字日輝,行位大二公,生於道光丁亥十二月初六辰時。妻黄氏未過門,再娶邱氏,俱往臺灣。

十五世世倩,懷之公長子,妻張氏。往臺灣。

十九世祥恣,字登海,生於丙辰五月十二辰時,於一九四九年同繼妻水清往臺灣。先妻張氏生男文天及家眷住官坡墟居住。

十五世祖世筏,擇賢公長子,字聖舟,妻詹氏。生子陳成早亡。往臺亡,妻出嫁,立胞弟世億次子順土爲男。

十五世世億,擇賢公四子,字聖度,行位十八,妻邱氏,闔家往臺,被番所殺。

十一世祖一淵,字玉泉,用其公次子。妣林氏,生成昴、成昴、成暹,父子五人俱往臺灣。

十三世宗熙,字文炳,輝如公長子。妣江氏,生厚暖、厚西俱往臺灣,厚檳亡。

十三世祖理公次子宗宜,生於戊辰年三月初八辰時,往臺灣罷夢埔,卒於戊子年八月十六日。妣吕氏,卒於七月廿六日。生厚巖,天龍過繼宗容,文學,媽祈。

十四世原贊,字助成,總六公之子。妣李氏,生慶發。往臺灣住罷夢埔。

十四世祖宗博,心翼公次子,字濟約。妣氏生厚用、厚觀、龍義。俱往臺灣瑀馬蘭茅埔城住。

十五世青,盛彩公長子,字濟丹,道光丁亥年與勝璧、運周、度玉修築完文興樓,戊子年往臺灣親人題銀元建祖祠。妣李氏，生於乾隆戊戌四月廿二日子時，卒於嘉慶庚辰九月十七巳時。道光辛丑秋月重修，葬在磜頭水口甲坑，坐亥向巳兼乾巽，用丁亥丁巳分金。生華順，生於嘉慶辛酉年六月初二日子時。

十三世祖宗服，道隨公三子，在臺灣。

十三世祖宗保，道隨公晚子，在臺灣。

十四世祖厚協，俊大公三子，字濟衷，往臺灣，妣羅氏。

十二世祖成邇，伯瑗公次子，字道隨。妣李氏，生子宗倉、宗珍、宗服，在臺灣，宗保在臺灣。

十六民祖綿繹，世瑞公長子，生於癸亥，往臺灣住大哮山脚。

十二世祖成運，擎一公長子，字開文。妣廖氏，生宗峯，宗畲亡，宗岷，宗粲，宗伍過繼胞弟通文爲子，宗六往臺灣。

十三世祖宗辰，綬若公長子，字拱山。妣羅氏，生子厚經，厚三往臺灣亡。

十三世祖宗我，宗器公三子，字鳳山，以胞弟美山次子厚齊爲子。往臺灣亡。

十四世祖灶護，宗粲公之子，往臺灣。

十三世祖宗晚，綬若公晚子，字崚山。妣廖氏，生厚玩在臺灣被番殺，厚沛。

十四世祖厚沛，宗晚次子，以番婆爲妻。

十三世祖宗崿，揖鄰公三子，往臺灣。

十三世祖宗玷，裕之公之子，字榮瑞。妣葉氏，生厚廷、厚湛、厚精、厚旺、厚生。厚生無娶，被番子殺。

十二世祖成選，亦參公五子，字道成。妣黄氏，生宗寮。繼妣陳氏，生宗班、宗璧、宗山、宗餐、宗六，俱往臺灣。

十三世祖宗漩，遠臣公長子，妣張氏，生國興，往臺灣。

十三世祖宗覺，勉士公之子，字哲先。妣沈氏，生雲龍、雲霞。挈家往臺灣。

十四世祖雲龍，哲先公長子，字彩蒸. 妣盧氏，生娘德、娘最。挈眷往臺灣。

十三世宗標，於巷公五子，字友俊，往臺灣。妣邱氏生厚槐。

十四世國躍，榮先公長子，往臺灣。妣陳氏，生鹿金過繼盛章爲兒。

十四世厚枕，號樂公，生於甲辰年八月初五日辰時祥生，卒於丁未年五月廿七日申時。妣林氏，生於庚午年十二月初五日寅時，卒於戊寅年三月廿五日吉時。生五子。長潤生，次春元，三三妹，四春亨，五五德。闔家往臺灣。

十三世諱宗淥，字達淇公。生於乙丑年，卒於庚子年七月初一日卯時。妣林氏晚娘，生於癸卯年，卒於戊申年六月廿二日吉時。生五子。長厚梢，次厚槎，三厚梯，四厚桂往臺灣，五厚杞。

十四世厚桂，字乘秋公，往臺灣。妣李氏，往臺灣。生二子，長世東，次留養。

十五世諱世東，字維昇公，往臺灣，妣謝氏，生於嘉慶乙亥年九月廿二卯時，卒於道光庚寅年七月初七日未時。

十五世諱留養，號維瑞公，往臺灣。

十四世祖厚選，號廷欽，妣吴氏，往臺灣。

十五世世參，號名順，往臺灣。

十三世宗擎，號俊侯，妣黄氏，生厚武、厚錚、厚宏。挈家往臺灣。

十四世厚義，號志遠，妣黄氏，生世柳、世金，俱往臺灣。

十四世厚黄,號位中,裕佳公二子,妣佈氏,往臺灣。

十四世厚萬,號進千,裕佳公四子,在臺灣。

十五世世本,號達才,公庭公次子,妣黄氏,往臺中。

十五世世榦,號特才,公庭公三子。妣黄氏,生一子付汶紫房虜勇爲嗣,後生二子,在臺中。

十五世世荆,號良才,公庭公四子,往臺中。

十四世厚典,號籍傳,定京公三子,妣黄氏,生世臺,號際嵩,往臺灣。

十四世厚琛,號國賓,敬鄉公自生二子,妣許氏生一子過繼應瑞。挈家往臺灣。

十三世宗茂,號盛其,妣李氏,生宗轟號映雲,往臺灣。

十四世厚遁,號開先,兄弟俱往臺灣爲家。

十四世厚法,號聖先,妣黄氏,生世送,往臺灣成家。

十五世世送,號禮文,妣蘇氏,生成祖,得水,守佳,守蔣往臺灣成家。

十四世厚侵,殿士公四子,妣氏生世恩番婆,往臺灣。

十四世厚啓,號仲先,妣張氏,文堂弟授先子世傳爲嗣,往臺灣。

十三世宗桐,號鳳棲,妣黄氏,生厚水,在臺灣。

十五世世勇,號有略,妣史氏,生顯送,挈家往臺灣。

十四世厚賓,號隆客,妣氏生世芳、世集,在臺灣。

十四世厚欽,號帝錫。妣氏生世求、世善、世創。俱往臺灣。

十五世世衍,號流遠。妣黄氏,生守團,守消在臺中,守辣繼發里公德爲嗣。

十四世厚元,逢春公四子。妣氏生陳興、陳素、陳耀。闔家在臺中。

十四世厚器,號用村,商玉公三子,立適武之子繼昌爲嗣,往臺灣。

十三世宗弄,號永壁,妣江氏,生厚抄,往臺灣。

十四世厚先,號進一,妣曾氏出,生世壇往臺灣,世山。

十三世宗柔,號子華,達也公次子。妣江氏。生厚臘,厚圖,厚派,厚滾過繼三弟。挈眷往臺灣。

十五世世寮,妻氏生三子。全家在臺灣娶妻生子。

十四世厚依,子華公次子,妣林氏,生世灶、世欽。在臺灣。

十四世厚圖,子華公四子,妣羅氏,立世聖爲嗣。在臺灣。

十五世世聖,妻氏生守相,在臺灣。

十五世喜昭,謙益公八子,在臺中。

十四世厚乙,號統萬,妻陳氏,生世探,在臺灣成家。

十三世宗淡,號濟濃,達也公五子,妻李氏。生厚博、厚楚、厚文、厚貊,俱往臺灣。

十五世世偉,妻鄭氏,生名守,在臺灣。

十四世厚文,號列章,濟濃公三子,妻占氏。在臺灣。

十四世厚貊,號遜夏,濟濃公四子,在臺灣。

十五世世鋭,號宜賽,妻黄氏,生守西、守兆。往臺灣。

十四世厚坦,號秀山,俊明公次子,妻李氏,生世鈕往臺中,世鐸。

十五世世煙,號宜宗,妻吕氏,生守口,往臺灣。

十五世世爵,立車嶺房一子爲嗣,往臺灣。

十五世世開,號於天,惠宗公長子,妻李氏,生守疲,往臺灣。

十四世厚桃，號杏崇，啓周公四子，妣李氏，生觀佑，往臺灣。

十四世厚岱，號效崇，妻黄氏，生世敏往臺灣，世贈。

十四世厚儉，次周公二子，妻江氏，生世琴、世水、世玉，往臺灣。

十四世厚旁，號則崇，次周公三子，妻江氏，生世京、世集、世晏，俱往臺灣。

十四世厚嶷，號象威，次周公四子，妻黄氏，生世船，往臺灣。

十二世成彭，號續聖，欽素公三子，妣羅氏，生宗迎、宗照、宗亮，往臺灣。

十三世宗辛，號仁周，妣江氏，生厚牙、厚吞，往臺灣。

十三世宗便，號在新，往臺灣。

十三世宗齊，號在東，妣氏立厚扇爲嗣，往臺灣。

十四世厚禮，號義行，希文公三子，在臺灣娶妻生子。

（《[福建詔安]樂山念四派游氏族譜》 1989 年稿本）

臺灣游氏開基祖支派世系

念四公本派，祖籍福建省漳州府詔安縣二都秀篆。念四，妣曾氏、杜氏。子三六，子孫來臺諸羅山開基。

東興堂聖居公派十四世厚俠公支派，祖籍福建省漳州府詔安縣二都秀篆。

東興堂聖居公派十四世厚悦公支派，祖籍福建省漳州府詔安縣二都秀篆。道政即厚悦，妣張氏。子進捷，妣楊氏、陳氏、鄭氏。進火，妣黄氏。進卯，妣黄氏。進派，妣黄氏、邱氏。進助。

東興堂聖居公派十四世厚賢公支派，祖籍福建省漳州府詔安縣二都秀篆。十四世厚賢，子十五世進坭，妣李氏，十六世養媳黄氏。

東興堂聖居公派十四世厚稍公支派，祖籍福建省漳州府詔安縣二都秀篆。十四世厚稍妣李氏，子進坭，進欺妣張氏、石氏，進乞。孫福全妣邱氏，福來。

東興堂聖居公派十四世厚壽公支派，祖籍福建省漳州府詔安縣二都秀篆。十四世厚壽妣吕氏。子進璿妣余氏，進喜妣廖氏，進採妣張氏。

東興堂仰居公派十四世厚藏公支派，祖籍福建省漳州府詔安縣二都秀篆。十四世厚藏，子世日妣賴氏。孫守忠、守任、土旺。

東興堂仲居公派十四世厚雅公支派，祖籍福建省漳州府詔安縣二都秀篆。十四世厚雅妣黄氏。子隆純妣張氏，進泰。

東興堂仲居公派十四世厚庵公支派，祖籍福建省漳州府詔安縣二都秀篆。十四世厚庵，子進泉妣林氏。孫佛銅、天生、功安、水來、火成、致祥。

東興堂姚居公派十四世厚雉公支派，祖籍福建省漳州府詔安縣二都秀篆。十四世厚雉妣吕氏。子壬助妣李氏、張氏。孫守印、蟾桂、木桂、守都、潛龍。

東興堂姚居公派十四世厚恒公支派，祖籍福建省漳州府詔安縣二都秀篆。十四世厚恒妣張氏。子望達，文旋妣劉氏，士仁。

東興堂姚居公派十四世厚懷公支派，祖籍福建省漳州府詔安縣二都秀篆。厚懷妣黄氏。子盛林妣吕氏、林氏，世根，世彩妣黄氏。

東興堂姚居公派十四世厚静公支派，祖籍福建省漳州府詔安縣二都秀篆。十四世厚静，子夢松妣劉氏，世根妣詹氏。

東興堂姚居公派十四世厚恍公支派，祖籍福建省漳州府詔安縣二都秀篆。十四世厚恍妣李氏、朱氏。子族興妣張氏、郭氏，祖錫妣李氏，世奕，世葉，世枝妣張氏。

東興堂姚居公派十四世厚曉公支派，祖籍福建省漳州府詔安縣二都秀篆。十四厚曉妣李氏。子世圭妣黄氏，良旺。

東興堂姚居公派十四世厚泰公支派，祖籍福建省漳州府詔安縣二都秀篆。十四世厚泰妣吕氏。子灶賜、世比、世健、世謀。

東興堂姚居公派十四世厚勳公支派，祖籍福建省漳州府詔安縣二都秀篆。十四世厚勳妣李氏。子世宗、世大、世命。

東興堂姚居公派十四世厚杏公支派，祖籍福建省漳州府詔安縣二都秀篆。十四世厚杏妣黄氏。子世長妣詹氏，世章妣吕氏。

東興堂姚居公派十四世厚奉公支派，祖籍福建省漳州府詔安縣二都秀篆。十四厚奉，子世大。孫營宫、合宫。

東興堂姚居公派十四世厚吞公支派，祖籍福建省漳州府詔安縣二都秀篆。厚吞妣李氏。子世雙妣陳氏，世卦妣吕氏，世臘妣黄氏，裕經妣黄氏，葉榮。

東興堂姚居公派十四世厚品公支派，祖籍福建省漳州府詔安縣二都秀篆。十四世厚品妣黄氏。子良扶妣李氏。孫榮泉、榮華。

東興堂姚居公派十四世厚昌公支派，祖籍福建省漳州府詔安縣二都秀篆。十四世厚昌妣吕氏。子進來妣黄氏，迎來，傳來妣吕氏。

東興堂孔居公派十四世厚必公支派，祖籍福建省漳州府詔安縣二都秀篆。十四世厚必，子進瑞，孫永盛。

東興堂孔居公派十四世厚生公支派，祖籍福建省漳州府詔安縣二都秀篆。十四世厚生妣張氏。子進推妣吕氏，進瑞。

東興堂孔居公派十四世厚習公支派，祖籍福建省漳州府詔安縣二都秀篆。十四世厚習。子永佃。

東興堂次軒公派十四世厚徒公支派，祖籍福建省漳州府詔安縣二都秀篆。十四世厚徒，妣楊氏，子進登，孫永慎。

東興堂次軒公派十四世厚揖公支派，祖籍福建省漳州府詔安縣二都秀篆。十四世厚揖，妣邱氏。子進厚，妣黄氏。孫永順、永周、永碧、永淡、永慎、永鏡、永箱。

東興堂次軒公派十四世厚勇公支派，祖籍福建省漳州府詔安縣二都秀篆。十四厚勇妣莊氏。子世益妣李氏，世乙。

東興堂次軒公派十四世厚綱公支派，祖籍福建省漳州府詔安縣二都秀篆。厚綱妣趙氏、鄭氏。子進儒妣簡氏、林氏，葉榮妣范氏、黄氏。

東興堂次軒公派十四世厚接公支派，祖籍福建省漳州府詔安縣二都秀篆。十四世厚接妣李氏。子進潭，進鰻妣李氏，進溝妣黄氏。

東興堂次軒公派十四世厚極公支派，祖籍福建省漳州府詔安縣二都秀篆。十四世厚極妣余氏、朱氏。子火土妣張氏，進樹，進楨妣黄氏、羅氏、林氏，火様妣簡氏，進密妣林氏，火成妣吴氏，進生妣陳氏，進豐妣林氏，火金妣何氏。

東興堂百周公派十四世厚安公支派，祖籍福建省漳州府詔安縣二都秀篆。十四世厚安妣黃氏。子世讚、世熙。

東興堂百周公派十四世厚罕公支派，祖籍福建省漳州府詔安縣二都秀篆。十四世厚罕妣郭氏。子世讓妣劉氏。孫茂枝、新枝、永和、水吽。

東興堂捷居公派十四世厚起公支派，祖籍福建省漳州府詔安縣二都秀篆。十四世厚起妣高氏。子凝露，凝霜妣何氏，大雪。

東興堂捷居公派十四世厚旦公支派，祖籍福建省漳州府詔安縣二都秀篆。十四世厚旦，子凝露妣劉氏、謝氏，進殿妣蔡氏、鄭氏。

東興堂捷居公派十四世厚裕公支派，祖籍福建省漳州府詔安縣二都秀篆。十四世厚裕妣李氏。子進灶，進契妣何氏，進芳妣林氏。

東興堂捷居公派十四世厚爐公支派，祖籍福建省漳州府詔安縣二都秀篆。十四世厚爐妣張氏。子大雪，進美妣沈氏。

東興堂捷居公派十四世厚番公支派，祖籍福建省漳州府詔安縣二都秀篆。十四世厚番妣黃氏。子進深妣黃氏，進淺，炎生妣賴氏，進賢妣賴氏。

東興堂捷居公派十四世厚機公支派，祖籍福建省漳州府詔安縣二都秀篆。十四世厚機妣賴氏。子進殿、進美、進林、進岸。

東興堂右昭公派十四世厚炳公支派，祖籍福建省漳州府詔安縣二都秀篆。十四世厚炳妣林氏。子世甫妣劉氏，世傑，世先妣陳氏，世瑞妣謝氏，世羅。

東興堂右昭公派十四世厚熹公支派，祖籍福建省漳州府詔安縣二都秀篆。十四世厚熹妣傅氏、李氏。子世壐，世瓊妣鄭氏、謝氏，世安，世湖。

東興堂友昭公派十四世厚傑公支派，祖籍福建省漳州府詔安縣二都秀篆。十四世厚傑妣胡氏，子世圭妣林氏，世堵妣林氏。

東興堂友昭公派十四世厚鳳公支派，祖籍福建省漳州府詔安縣二都秀篆。十四世厚鳳，子觀星、世倉。

東興堂友昭公派十四世厚奇公支派，祖籍福建省漳州府詔安縣二都秀篆。十四世厚奇。子世旺妣楊氏、朱氏，世雄妣吴氏，世煌妣許氏，世田妣李氏，世接妣林氏。

東興堂友昭公派十四世厚桂公支派，祖籍福建省漳州府詔安縣二都秀篆。十四世厚桂妣張氏、謝氏。子世倉，世科，世來妣黃氏。

東興堂友昭公派十四世厚雁公支派，祖籍福建省漳州府詔安縣二都秀篆。十四世厚雁妣吕氏。子世科。孫守謝、守枝。

東興堂友昭公派十四世厚篪公支派，祖籍福建省漳州府詔安縣二都秀篆。十四世厚篪妣蕭氏。子世水妣劉氏。孫守陰、守還。

東興堂友昭公派十四世厚賜公支派，祖籍福建省漳州府詔安縣二都秀篆。十四世厚賜妣李氏。子世豐妣余氏、張氏、徐氏，世宜妣劉氏。

東興堂友昭公派十四世厚鵠公支派，祖籍福建省漳州府詔安縣二都秀篆。十四世厚鵠妣楊氏。子世纘妣李氏，世振妣邱氏，世邦妣李氏，斯鳳世城妣徐氏，世庭妣李氏。

東興堂友昭公派十四世厚效公支派，祖籍福建省漳州府詔安縣二都秀篆。十四世厚效妣邱氏。子世養妣胡氏，世川妣劉氏，世溪妣林氏，世禦妣賴氏。

東興堂友昭公派十四世厚熊公支派，祖籍福建省漳州府詔安縣二都秀篆。厚熊妣黃氏。子世鐘妣邱氏，世和妣陳氏，天生，世金妣劉氏，世華妣林氏滿生。

東興堂友昭公派十四世厚鴻公支派,祖籍福建省漳州府詔安縣二都秀篆。厚鴻妣楊氏。子世杏妣張氏,福全妣盧氏。

東興堂友昭公派十四世厚羆公支派,祖籍福建省漳州府詔安縣二都秀篆。十四世厚羆妣吴氏。子世嗣妣陳氏,世焕。

東興堂友昭公派十四世厚浪公支派,祖籍福建省漳州府詔安縣二都秀篆。十四世厚浪妣簡氏、林氏。子世掌妣林氏,世能。

東興堂友松公派十四世厚承公支派,祖籍福建省漳州府詔安縣二都秀篆。十四世厚承妣簡氏。子世釵妣吕氏。孫守豔。

東興堂友朋公派十四世天賜公支派,十四世天賜妣張氏。子世幫妣巫氏,世傳妣陳氏。

東興堂友松公派十四世觀迎公支派,十四世觀迎妣張氏。子世享,世變,世容妣邱氏,世會妣賴氏,世壯。

東興堂友松公派十四世厚蔭公支派,十四世厚蔭妣吴氏。子昌發妣詹氏,世求,世安妣朱氏,其德妣邱氏、陳氏,知諫妣張氏。

東興堂友松公派十四世厚令公支派,十四世厚令,子世求妣李氏。孫榮山、水金、竹合、石山、火山。

東興堂東嶽公派十四世厚蘭公支派,十四世厚蘭妣趙氏。子進番妣廖氏,進和妣陳氏。

東興堂十四世厚闊公支派,十四世厚闊妣林氏。子進福妣林氏。孫永順。

東興堂配樹公派十四世厚柑公支派,十四世厚柑妣黄氏。子石生妣廖氏。孫朝宗。

東興堂東石公派十四世厚振公支派,十四世厚振妣陳氏。子進春,立,進生妣楊氏。

東興堂東石公派十四世厚井公支派,十四世厚井妣廖氏。子得隨妣邱氏,水火妣黄氏。

日公派,祖籍福建省漳州府詔安縣二都秀篆發里坑。四世日,妣賴氏。子二十,二七,二五,二四,珠,朱成妣江氏。朱成子承、晚、脱。

十三世宗賜公派,祖籍詔安秀篆。十三世渡臺祖元和,字雅道,名宗賜,妣李氏。子厚讚,厚辨,厚濟妣魏氏,厚權妣曾氏,厚濫妣何氏,厚穀。

理壽公派,祖籍詔安秀篆。四世理壽妣朱氏。子宗成,家成,良保妣朱氏,子成。

九世玉崑公派,祖籍詔安秀篆。十一世渡臺祖賓仁,名進想,妣曾氏。子成達妣黄氏,成送,成門,成廷,成漸妣沈氏。

十一世渡臺祖純仁,名進忍,妣江氏。子成徙妣朱氏,成看妣江氏,成迎妣江氏,成薦,成雄,成育妣吕氏。

十一世渡臺祖德仁,名進榮,妣黄氏。子成悦妣鄭氏。

十二世純良公派,祖籍福建省漳州府南靖縣龜洋鄉霞峯。十二世純良妣葉氏。子正柔妣莊氏,愠德。

十二世接公派下,祖籍福建省漳州府南靖縣龜洋鄉霞峯。接妣吴氏。子光此妣林氏,南生妣周氏。

十三世鎮武公派下,祖籍福建省漳州府詔安縣二都秀篆埔坪堡文興樓。鎮武,字聖樂,名厚枕,妣林氏。子世燈,世焕妣林氏,世熵,世傑,世恷。

十三世秀夫公派,詔安秀篆渡臺祖,秀夫妣施氏。子勤實。孫阿蓮、阿奢、番婆。

十三世光祥公派,詔安秀篆渡臺祖,光祥妣李氏。子鳴鳳妣林氏,鳴梯。

六世文光公派,祖籍福建省漳州府詔安縣二都秀篆埔坪堡磐石樓。文光,子世民、世卿、世隆。

十一世渡臺祖亮寬，名士恨，妣沈氏，祖籍福建省漳州府詔安縣二都秀篆埔坪。子世盛妣吕氏，世乳妣羅氏，公恩妣詹氏。

十二世世且公派，祖籍漳州府詔安縣二都秀篆。渡臺祖世且，子潭來，孫新繼，曾孫朝南、垂發、王賓。

十一世祖士鎮公派，祖籍漳州府詔安縣二都秀篆。來臺祖士鎮妣黄氏，子世侔妣詹氏，世際妣江氏、林氏，世緯。

十一世士追支派，祖籍漳州府詔安縣二都秀篆。來臺祖奠常，名士追，妣李氏。子利椿妣陳氏，利滯妣邱氏，利郡妣李氏。

十一世士倍公支派，祖籍漳州府詔安縣二都秀篆。來臺祖入嗣兼常名士倍，妣林氏。子大川名源遠，利洪妣李氏、張氏。

十二世娘助公派，祖籍福建省漳州府詔安縣二都秀篆黄祠堡盛衍堂。十二世作彼，子渡臺祖信直名娘助，孫德乾、德接。德乾子永溪。德接子阿潭。

十五世阿山公派，祖籍漳州府詔安縣二都秀篆。阿山妣蔡氏。子印德妣簡氏，烏皮，阿嬰，阿妹。

十世學樸公派，祖籍福建省漳州府詔安縣二都秀篆埔坪龍潭。學樸妣李氏。子渡臺祖德音，名士昭，妣邱氏；士晴妣曾氏。孫渡臺祖光勝妣李氏，石聳，繩武，世裔妣廖氏，世的。光勝子娘欽孫入嗣坤習。

十一世士熔公派，祖籍福建省漳州府詔安縣二都秀篆埔坪。渡臺祖華都名道熔、士熔，妣江氏。子文磚、文兑、文境、文師、文晚。

十一世士臘公派，祖籍福建省漳州府詔安縣二都秀篆埔坪。渡臺祖象明，名士臘，妣黄氏。子世長妣李氏，世俱，世隘妣黄氏，世雄，世縫，世哮。

十二世和居公派，祖籍福建省漳州府詔安縣二都秀篆龍潭北坑步清樓。渡臺祖浪值，名和居，妣林氏。子君弼妣張氏傳下五子，觀速妣黄氏，魏書妣李氏。

十一世志篤公派，祖籍福建省漳州府詔安縣二都秀篆。朝椐妣詹氏，子渡臺祖志篤妣劉氏。孫聖訓、聖躋、聖文、聖玶、聖仙、聖詩。

十五世阿杉公派，祖籍福建省漳州府詔安縣二都秀篆。阿杉，子阿漢，孫阿發、阿生、阿旺、阿水、阿木、春連。

十一世渡臺祖象天，字維爆名士爆，妣李氏，祖籍漳州府詔安縣二都秀篆。子昃三，謚純直，名世墒，妣李氏；世壟；世塭。

十一世士灼公支派，祖籍福建省漳州府詔安縣二都秀篆埔坪堡磜下村。渡臺祖朝伯，名士灼，妣張氏。子士輓、世叄。

十二世世叟公派，祖籍福建省漳州府詔安縣二都秀篆。渡臺祖恭厚字德侯，名世叟，妣黄氏。子德拈妣張氏，德抓，德捧妣方氏，德核。

十二世世撑公支派，祖籍福建省漳州府詔安縣二都秀篆。渡臺祖世撑，子文恭，孙永萬，曾孫然發、然結、然胤、然進、然利。

十三世德智公支派，祖籍福建省漳州府詔安縣二都秀篆埔坪磜下村。渡臺祖明白，名德智，妣賴氏。子永外妣陳氏，娘啓，永灩妣張氏。

十三世文徹公派，祖籍福建省漳州府詔安縣二都秀篆埔坪龍潭。渡臺祖剛直，名文徹，妣沈氏。子永隆妣陳氏、林氏，永彩，永蒼，永日，永基。

十一世觀養公派，祖籍福建省漳州府詔安縣二都秀篆。渡臺祖學楧，妣洪氏。子觀興，觀養妣張氏。

九世亘昭公派，祖籍福建省漳州府詔安縣二都秀篆埔坪堡。亘昭，子子雅妣沈氏，懋龍，郁茂妣黄氏。

渡臺祖心正，妣陳氏。祖籍詔安縣二都秀篆。子國河妣黄氏，國球，國柏，國珖妣黄氏，國瑞妣黄氏。

十世弘山公派，祖籍福建省漳州府詔安縣二都秀篆。弘山，妣黄氏。生子維立、維闢、維哇、維葉、維嵩。維葉子渡臺祖番生名國歡，妣徐氏，子進登妣林氏，進旺妣劉氏、朱氏、蕭氏。

十世文豪公派，祖籍福建省漳州府詔安縣二都秀篆。渡臺祖士賢，名文豪，妣李氏。子維培妣黄氏，維雪，維寸妣黄氏，維曹妣陳氏。

十二世連串公派，祖籍福建省漳州府詔安縣二都秀篆坪石樓。渡臺祖連串，妣林氏。子勇妣鍾氏，賢。

十世文寧公派，祖籍福建省漳州府詔安縣二都秀篆埔坪。渡臺祖文拾，字靜賢，名文寧，妣吕氏。子維遇，維坎妣曾氏，維聯妣邱氏，維淺，維總，維撑。

十一世瑞慶公派，祖籍福建省漳州府詔安縣二都秀篆。渡臺祖瑞慶，妣廖氏。子得泉妣劉氏。孫玉連妣顔氏、廖氏。曾孫乾，呆妣廖氏。

十世文陳公派，祖籍福建省漳州府詔安縣二都秀篆埔坪。文陳妣邱氏、趙氏。子渡臺祖聘章，名維來，妣林氏。孫國大、國細、國歡、國駕、國春。

十一世維井公派，祖籍福建省漳州府詔安縣二都秀篆埔坪。九世仁任，名志娘，妣邱氏。子文珀妣李氏，文釵妣李氏，文酢妣林氏、張氏，文都妣黄氏。文酢子渡臺祖維井、維癭、維燫、維象。文都子維慶、維招、維邁、維躋。維井子國漄、國清、國帖、國教。

十二世甫田公派，祖籍福建省漳州府詔安縣二都秀篆。渡臺祖甫田，妣詹氏。子隍魁妣詹氏，昇魁。昇魁子義直妣劉氏。孫明何、佛泉、三桃。

十五世旺公派，祖籍福建省漳州府詔安縣二都秀篆。世旺妣黄氏。子玉。孫福來、源、慶春、慶龍。

十世萍海公派，祖籍福建省漳州府詔安縣二都秀篆。渡臺祖萍海，妣賴氏。子濟攬、君用、維華。

十一世維新公派，祖籍福建省漳州府詔安縣二都秀篆。維新妣黄氏，子國基妣陳氏。孫典儀妣黄氏。曾孫民發妣陳氏。

十二世國錫公支派，祖籍福建省漳州府詔安縣二都秀篆埔坪。來臺祖謚德純，名國錫，妣吕氏。子典渚妣李氏，典淺，典闊妣蔡氏，典漂，典浪，典堯。

十三世典堯公支派，祖籍福建省漳州府詔安縣二都秀篆埔坪。來臺祖典堯，子民朝、民英、民琳、民佑、民庭、民元、民蘭。

十一世維敦公派，祖籍福建省漳州府詔安縣二都秀篆。渡臺祖維敦，妣江氏、吕氏。子國琳妣黄氏。孫典鳳妣徐氏。

十世文部公支派，祖籍福建省漳州府詔安縣二都秀篆埔坪。渡臺祖晏揚，名文部，妣楊氏。子維坦，維松妣施氏。

十四世民超公派，祖籍福建省漳州府詔安縣二都秀篆埔坪。民超，子其賢、其周、其存、其德、其科。

十二世群仰公派，祖籍福建省漳州府詔安縣二都秀篆埔坪堡平石樓。渡臺祖鄉賓群仰，妣李氏。子臺潤妣李氏，臺創，臺春妣文氏、林氏，臺仁，臺登。

十一世維文公派，祖籍福建省漳州府詔安縣二都秀篆埔坪磐石樓。渡臺祖維文，妣林氏。子國鳳，妣華氏。孫乾三、天伍、火豔、新生。

十一世維插公派，祖籍福建省漳州府詔安縣二都秀篆埔坪磐石樓。渡臺祖維插，妣黄氏。子國耳妣邱氏、廖氏，國戇，國梅妣廖氏。

十三世耀美公派，祖籍福建省漳州府詔安縣二都秀篆。渡臺祖耀美，名宗炒，妣張氏。子厚踏，厚益妣邱氏。

十七世福元公派，祖籍福建省漳州府詔安縣二都秀篆。福元妣黄氏。子新發妣邱氏，阿呆，古妣劉氏，金目，新傳。

十二世隣公派，祖籍福建省漳州府南靖縣龜洋鄉。麟公名世隣，妣王氏。子牙妣徐氏。孫宗杭妣楊氏，宗安。

十三世宗表公派下，祖籍福建省漳州府詔安縣二都秀篆。成訓，子渡臺祖宗表，妣張氏。孫剛正妣吕氏，義正妣詹氏。

十世學檦公派下，祖籍福建省漳州府詔安縣二都秀篆。學檦，妣黄氏。子士熚、士點。

十世榮交公派，祖籍福建省漳州府詔安縣二都秀篆。渡臺祖榮郊，又名榮交，妣曾氏、江氏。子作稱、作仲、作請、作孟、作鲫。

十一世士烋公派，祖籍漳州府詔安縣二都秀篆。十一世渡臺祖叔巨，名士烋，妣李氏。子世邪妣謝氏。孫安然、德郡、德法、四公。

十一世祖籍漳州府詔安縣二都秀篆。十一世渡臺祖厚懷名華都、士焓，妣江氏。子文磚、文兑、文鏡、文師、文晚。

十三世文青、文集公派下，祖籍福建省漳州府詔安縣二都秀篆。詹氏攜子渡臺。子文青妣李氏，文集妣黄氏。文青子石養，妣簡氏，孫和源、和恭、和發。文集子金生，妣何氏，孫銘枝、仁厚、彩。

十世文極公派，祖籍福建省漳州府詔安縣二都秀篆埔坪堡。渡臺祖文極妣黄氏。子維林妣曾氏。孫來成、來發、國宇、國省。

十世文侑公派，祖籍福建省漳州府詔安縣二都秀篆。文侑妣江氏。子維枇妣黄氏、林氏，維誥妣黄氏。

十二世潭養公派，祖籍福建省漳州府詔安縣二都秀篆黄祠保盛衍堂。潭養妣吕氏。子德攀妣邱氏，德潤妣鄭氏，德歡妣林氏，德褒妣盧氏，德稱。

十世上才公派下，祖籍福建省漳州府詔安縣二都秀篆龍潭。上才妣吕氏。子士傾妣邱氏。孫忠直妣詹氏，質義妣戴氏。

十一世士焓公支派，祖籍福建省漳州府詔安縣二都秀篆龍潭黄祠堡。渡臺祖厚懷，又名道裕、華都、士焓，妣江氏。子文磚妣黄氏，文兑，文境，文師，文晚。

十一世士灼公支派，祖籍福建省漳州府詔安縣二都秀篆埔坪堡磜下村。渡臺祖朝伯名士灼，妣張氏。子士輓，世参妣林氏。

九世志娘公派，祖籍福建省漳州府詔安縣二都秀篆。渡臺祖義正，又名列章、維井。子國滗妣胡氏，國清，國貼妣廖氏，國教妣邱氏。

十六世盛彩公支派，祖籍福建省汀州府永定縣金豐里大溪甲南山坊。來臺祖盛彩妣李氏。子拱壽妣沈氏，技壽妣黄氏。

十六世守慶公派，祖籍福建省漳州府詔安縣二都秀篆。守慶子忠仁、忠義。

渡臺祖添旺公派，祖籍漳州府詔安縣二都秀篆。添旺妣黄氏。子坦妣羅氏。孫雲、爽、港。

十四世厚配公支派，祖籍福建省漳州府詔安縣二都秀篆埔坪堡發里坑。渡臺祖熙也名厚配妣李氏。子世派妣賴氏，世貫，世彪，世伍，世買。

十一世祖應重，字先賢公，漢超公之長男，卒於臺灣，無後裔可稽。

十一世祖應優公，漢超公之三男，來臺灣北部不詳何處。

十二世祖東壬，字林青公，先聲公之長男，生於康熙壬子(1672)年，來臺爲我族東渡之嚆矢，至己丑年七月廿五日逝世，享壽三十八歲，葬在臺南鳳山邑地名牛相斗。娶妣黄氏單生一女，嗣子烈光。

十二世祖東都，字帝居公，先聲公之七男，渡臺子孫住正音厝。

十二世祖東家，字孔居公，先聲公之九男，生於康熙癸酉年，卒於己亥年十月初九日，遺骸寄在東昇樓大園仔面前，有清明會，每年分米一升。祖妣吕氏孺人，忌辰七月十七日，改葬在冬山莊鹿埔，坐東向西。生六子，昇福字亦德，昇約字亦淵，昇鍊字藥金，昇到字奕成，昇祥字亦慶，昇袍字亦誥。

十二世祖東轅，字次軒公，先聲公之十男，生於康熙乙亥年十月十四日，生平賦性質直，疎財仗義，恤貧窮勢力，中年渡臺，寄蹟於外甥黄世環總兵官邸，在臺終於正寢，卒於乾隆壬午年十一月初八日，享壽六十八歲。至乾隆戊子年改葬在南投萬丹山，坐乙向辛，丁酉丁卯分金，地形獻瑞靈龜，系公生前自擇之地。

祖妣江氏孺人，生於乙酉年二月廿六日亥時，卒於乾隆壬戌年八月廿三日，至乾隆癸巳年改葬在桃園龜崙坑尾，坐癸向丁，丙子丙午分金。生六子，昇魁幼亡，昇權字烈然，昇輝字烈光，昇龍字烈田，昇力幼亡，昇超字烈北。

十二世祖東明，字友昭公，修職郎，先俊公之長男。生於康熙己卯年九月十一日，卒於乾隆癸卯年十月初九日申時，享壽八十五歲，葬在臺北擺接堡南勢角田中穴，坐壬向丙兼巳亥分金。

祖妣葉氏孺人，生於康熙丁亥年正月廿八日辰時，卒於乾隆癸巳年八月廿三日，享壽六十七歲，葬在臺北滬尾水碓仔莊炮臺山穴，坐壬向丙，丁亥丁巳分金。生六子，昇席字德珍，昇祖字德傳，昇木字德秀，昇文字德章，昇斗字德器，昇元字德魁。

十二世祖東巖公，先觀公之三男。遺骸寄鐨在淡水南勢角後。立胞弟配樹公之子昇添兼奉香祀。

十二世祖東嶽公，先觀公之四男。每十二月初三日忌辰，骸在淡水南勢角。

十三世祖昇約，字亦淵公，孔居公之次男。忌辰九月廿二日，葬在宜蘭埔仔莊，坐午兼丁，庚午分金，與妣合葬一穴。祖妣林氏孺人，生卒不詳，與公合葬。無生子，立公之胞弟亦成公之子厚秀爲嗣子。

十三世祖昇祥，字亦慶公，孔居公之四男，卒於嘉慶戊辰年六月廿九日。祖妣林氏孺人，生於乾隆辛未年八月廿八日丑時，卒於道光戊戌年十一月十九日，葬在宜蘭東員山頂，坐南向北。無生子，立公之胞兄亦成公之子厚習字道隆爲嗣子。

十三世祖昇袍，字亦誥公，孔居公之五男。每十一月十四日忌辰，墳在桃園南崁灰瑶坑，坐東向西。無娶，今嗣歸胞兄亦成公派下子孫。

十三世祖昇權，字烈然公，次軒公之長男。生於雍正庚戌年十月一日酉時，卒於嘉慶丙寅年七月六日，享壽七十七歲，至道光丁亥年改葬在桃園南崁陳屋坑，坐癸向丁兼子午三分，丙子丙午分金。祖妣黄氏孺人，每五月十日忌辰，墳在桃園南崁奶奶崎，坐午兼丁。繼妣鄭氏孺人，生於乾隆庚申十月九日辰時，卒於乾隆庚戌年八月七日，葬在桃園南崁番仔寮走馬翻埣，坐申兼坤，丙申丙寅分金。生二子，厚愈、厚昌，均早亡，立公之從兄亦蘭公之子厚徒字道興及胞弟烈北公之子厚揖字道照爲嗣子。

十三世祖昇龍，字烈田公，次軒公之次男。生於乾隆辛酉年二月初九日酉時，卒乾隆己酉年九月廿七日丑時，享壽四十九歲，葬在桃園南崁番仔寮。

祖妣莊氏孺人，生於乾隆庚午年五月廿六日午時，卒於嘉慶己未年。

十三世祖昇滿，字亦謙公，捷居公之四男。生於乾隆辛未年二月廿四日酉時，卒於道光癸未年十一月十二日巳時，葬在彰化二林下堡犁頭厝埔中尖，坐甲向庚兼卯酉分金。

祖妣陳氏孺人，生於乾隆癸未年十月十六日子時，卒於嘉慶丁丑年六月廿四日酉時，享壽五十五歲，葬在彰化二林犁頭厝四角埔，坐子向午兼癸丁，庚子庚午分金。生四子，厚敬字行簡，厚爈字成金，厚樸字樸信，厚機字興驤。

十三世祖昇文，字德章公，友昭公之四男。生於乾隆癸亥年九月廿一日辰時，卒於乾隆戊申年三月初一日辰時，於光緒丙申年丁酉月壬申日巳時，與妣合葬在南勢角，坐庚向甲，壬申庚申分金。

祖妣張氏孺人，生於乾隆甲戌年五月二日午時，卒於嘉慶壬戌年二月廿五日巳時，無生子，立公之胞兄德珍公之子厚賜字繼述及胞弟德器公之子厚鵠字振翰爲嗣子。

十三世祖昇城公，士居公之哲嗣。來臺，無娶亡，後立堂兄亦蘭之子厚猛字道强爲嗣子。

十四世祖厚悦公，字道政，國治公長子。生於乾隆辛巳年九月廿七日巳時，卒於道光壬午年七月廿四日寅時，享六十二壽，原葬宜蘭，至光緒辛丑年十一月，曾孫光碧遷葬桃園廳桃澗堡南崁大坪頂番仔寮，地形飛雅，癸山兼子，丙子籌度，系公自辟之土宇，故子孫榮貴也。

妣張氏，生於乾隆癸未年十月四日，卒於嘉慶戊寅年十月十三日申時，享五十六壽，葬在宜蘭紅水溝堡茅埔圍下内湖山，坐庚向甲兼申寅，内用縫針壬寅壬申，外用正針内丙申丙寅宿坐畢八度。生長子進捷，次進火，三進卯，四進派，五進助。

十五世進捷公，字聯登，厚悦公長子。生於乾隆辛亥年十二月初五辰時，卒於同治五年丙寅十月十三日酉時，葬在宜蘭紅水溝堡太和莊十三份破鍋湖坑，用丁未丁丑分金，卜叶其吉，慶無不宜。

妣楊氏，生於嘉慶己未年二月十五日未時，卒於嘉慶甲戌年正月十九日，葬在蘭東紅水溝堡員山頂，坐南向北丁癸兼，庚子庚午分金，享壽十六歲。

繼妣陳氏，生於乾隆乙卯年十二月六日辰時。生一女。卒於嘉慶戊寅年二月十五日，享壽二十四歲，葬在十三份土地公山，坐甲向庚兼寅申，丙寅丙申分金。

繼妣鄭氏，生於嘉慶癸亥年二月十九日卯時，卒於咸豐四年甲寅五月九日寅時，享五十二壽，同治壬戌年改葬宜蘭西勢大湖螺仔埤尖山頂，坐庚向甲兼酉卯，庚申分金。螟長子明機，次子永枝，三子永亮幼亡，四子永元，五子永泉，六子隆福，七子正虎出嗣。

十六世守忠公，字事賢，世日公長子，生於嘉慶庚申年，卒時不詳。妣黄氏，生於嘉慶戊寅年，螟長子文現，生次子灶新。

十七世文現公，字瑞彬，守忠公長子，生於道光甲辰年，於光緒丁亥年攜眷渡臺於淡水南勢角暗坑三園莊。卒時不詳。妣吕氏，生於道光丙午年，卒時不詳，生一子禎煉。

十四世祖厚恒公，字道常，壽祖公三子，生於乾隆辛未年四月十六日子時，卒於嘉慶庚辰年七月廿四日。

妣張氏，生於乾隆丙戌年二月四日，卒於嘉慶庚午年八月四日，葬在竹番窠口，坐亥向巳兼壬丙三分。生長子望達，次子文旋，三子士仁，四子方中，五子華嶽，夢松出嗣厚靜公爲嗣，世炎幼亡。

十五世望達公，字順輝，厚恒公長子。生於乾隆壬子年四月三日午時，渡臺，卒於道光甲申年十二月十四日。無娶，立清輝公之子榮德爲嗣。

十五世士仁公，字元輝，厚恒公三子。生於嘉慶己未年五月十一日丑時，卒於同治丙寅年十一月廿一日辰時。無娶，立清輝公之子淡水爲嗣。墓葬蘇澳出水山，坐卯向酉兼申寅，丁卯丁酉分金。

十五世方中公，字端輝，厚恒公四子。生於嘉慶壬戌年，卒於咸豐丙辰年十月二日巳時，墓葬蘇澳出水山，坐卯向酉兼甲庚，丁卯丁酉分金，無娶，立榮德公之子藩秀爲嗣孫。

十五世華嶽公，字光輝，厚恒公五子。生於嘉慶丙寅年四月四日寅時，卒於道光癸巳年七月三日酉時，葬在十三份獅頭山，坐巳兼巽，縫針乙巳分金，立清輝公之子榮土爲嗣。

十四世祖厚靜公，字道凝，壽祖公四子。生於乾隆丙子年九月八日申時，未娶而卒於乾隆辛丑年七月十七日，享壽二十六歲，葬在寨頂樓面，立道常公之子夢松及道因公之子世根爲嗣子。

十五世夢松公，字清輝，厚靜公長嗣子，生於乾隆丙午年十一月八日申時，卒於道光丙午七月四日，享壽六十一歲，葬在蘭西大陂面，坐辰向戌兼乙辛，戊辰戊戌分金。

妣劉氏生於嘉慶壬戌年正月廿五巳時，卒於光緒乙酉年九月廿五酉時，享壽八十四歲，葬在蘭東四結塚，坐坤向艮。生四子，唯榮維傳祀，榮德、榮土、淡水均出嗣。

十四世祖厚恍公，字道亮，豹才公長子。生於乾隆辛巳年，卒於道光丙戌年七月三日。娶二妣。李氏無生而亡，忌辰十二月廿五日。繼妣朱氏，生於乾隆甲申年，卒於道光壬辰年四月十三日。生長子族興，次祖錫，三世奕早亡，世葉出嗣道謙公爲子，四世枝。

十五世世枝公，字拔榮，厚恍公四子。生於嘉慶壬戌年八月二日辰時，生二子，後渡臺卒於蘭東，忌辰五月廿七日。

妣張氏，生於嘉慶丁丑年正月廿三申時，生子朝湖，朝海無傳。

十四世祖厚曉公，字道諭，豹才公次子。生於乾隆丁亥年，卒於道光庚寅年五月五日，葬在蘭東阿裹史埔仔塚，坐南向北。妣李氏，生於乾隆庚寅年，卒於嘉慶癸酉年十二月八日。生二子，長子世圭，次子良旺。

十六世木奇公，字達才，世健公之子。生於道光戊戌年五月廿九日辰時，卒於光緒乙未年三月廿三日，葬在擺接柴埕山。

妣劉氏，生於道光戊申年，因臨娩而卒於同治乙丑年七月廿四日。繼妣陳氏，生於咸豐丁巳年，卒於宣統庚戌年，生徐田傳兩姓。

十四世祖厚必公，亦德公嗣子。生於乾隆庚子年，忌辰七月九日，無娶，立道添公之子進瑞爲嗣，進瑞兼承厚秀公之嗣。

十五世進瑞公，字維徽，厚必公嗣子，生於嘉慶丙寅十二月十一日未時，卒於同治癸酉七月十八日酉時，葬在宜蘭紅水溝堡鹿埔鳳梨宅。無娶，立維來公之子永盛爲嗣。

十四世祖厚生公，字道添，亦成公長子。生於乾隆丁亥年五月十八日巳時，卒於道光癸巳年十二月十六日申時，葬在宜蘭東勢員山頂，坐巽向乾兼巳亥三分，庚辰庚戌分金。妣張氏，生於乾隆丙申三月十三日寅時，卒於道光癸巳年十月廿四日申時，葬宜蘭東勢十三份獅頭，山坐東向西。生二子，長子進推；次子進瑞出嗣厚必公之子，並承厚秀公之嗣。

十四世祖厚習公，字道隆，亦慶公嗣子。生於乾隆壬辰年三月廿三日，卒於嘉慶癸酉年三月三日亥時，遺墳在蘭東鹿埔塚地。無娶，立進推公之子永佃爲嗣孫。

十四世祖厚揖公，字道照，烈然公次嗣子。生於乾隆庚子年九月七日午時，卒於嘉慶癸亥年四月廿八日，享年廿三歲，道光戊申年九月十六改葬在宜蘭東勢馬賽後湖山，坐乙辛兼卯酉三分，丁卯丁酉分金。

妣邱氏生於乾隆癸亥年，生一子進厚，因寡再醮。

十五世進厚公，字維惇，厚揖公之子。生於嘉慶辛酉年正月七日酉時，卒於咸豐己未年五月十四酉時，享壽五十九歲，同治七年八月十六葬在宜蘭東勢太和莊十三份山，坐庚向甲兼申寅，丙申分金。

妣黄氏，生於嘉慶戊辰年八月廿二辰時，卒於光緒甲午年正月七日午時，享壽八十七歲正，五代相見，終於内寢，出殯於蘭東隘丁山地形貓兒洗面。生長子永順，次永周，三永碧，四永淡。永慎出嗣維炬公爲子，永鏡出嗣維清公爲子，五子永箱。

十六世永順公，字子和，進厚公長子。生於道光甲申年十二月廿八辰時，卒於光緒戊寅年十二月九日卯時，葬在紅水溝堡鹿埔塚福神廟邊。妣楊氏，生於道光己丑年十月十九子時，卒於一九一一年十月。生長子安歷，安志出嗣子爲子，次安鈕。

十五世世益公，字時學，厚勇公長子。生於乾隆壬寅年十月六日酉時，卒於道光辛卯年九月六日申時，葬在員山。

妣李氏，生於嘉慶丙辰年四月廿二寅時，卒於同治壬申年四月廿七日。生長子永吉，次永徒，三永德，四永聖，五永美。

十四世祖考監生諱厚綱公，字道維，烈田公之次子。生於乾隆己亥年七月廿六戌時，卒於咸豐九年己未九月初二巳時，享壽八十有一歲，現改葬宜蘭蘇澳隘丁山路面，坐寅向申兼艮坤，庚寅庚申分金。

妣鄭氏，生於嘉慶己未年正月初七巳時，卒於咸豐間四月十四。唯生一女，螟蛉子進儒，並立堂弟道茂公之子葉榮爲嗣子。

十五世進儒公，字維文，厚綱公之長子。生於嘉慶丁丑年二月初九卯時，卒於光緒乙亥年十月廿九，壽五十九，葬内湖山。

十四世祖厚接公，字道宗，烈北公次子。生於乾隆甲寅年十一月廿三卯時，卒於咸豐癸丑年七月初一日。

妣余氏生於嘉慶己未年四月十八日，卒於道光辛丑年正月初九。生三子，長進潭出嗣，次進鰻，三進溝。

十五世進鰻公，厚接公之子。生於嘉慶庚辰年十一月廿九日辰時，卒於同治癸亥年正月初三日，年四十四歲，葬在宜蘭蘇澳隘丁崁蛇仔崙，坐未向丑。妣李氏，生於嘉慶庚辰年五月二十丑時，卒於光緒丙申年六月廿九巳時，享壽七十七歲。生十子，永扇，永柔，永戴，永恭出嗣，永修出嗣，永建幼亡，永懷，永定，永陣，永商。

十四世祖監生諱厚極，字道儀，烈北公三子。生於嘉慶甲子年八月初四未時，卒於光緒丁丑年五月十六日午時，壽七十四歲，葬在紅水溝堡獅頭山。

妣余氏生於嘉慶癸酉年，卒於道光丙午年正月初七，年三十四歲。生四子，長火土，次進樹出嗣，三進禎，四火樣。

繼妣朱氏生於道光乙酉年八月初八辰時，卒於光緒丙申年七月廿五戌時，壽七十二歲。生子進密、火成、進生、進豐、火金。

十四世祖厚安公，字道寧，昇錬公長子。生卒不詳。娶妣生二子，一嗣從弟振翰公爲子，卒於臺灣，現遺骸寄在蘭東員山仔頂。妣黄氏，生卒不詳，生子長世熙，次世讚出嗣，渡臺寡醮。

十五世祖世熙公，厚安公之子。生於乾隆己酉年，卒於道光丁未年十月初五，遺骸現寄蘭東鹿埔頂。因生前無娶，乃胞弟恒質公之永車爲嗣，原有建置東興堂祠内蒸嘗會漢日公、文欽公、昇筲公各一名，歸付嗣子派下承領，永奉東全公派下香祀。

十四祖厚番公，昇滿公之三子。生於乾隆辛亥年十二月二十子時，卒於同治壬申年七月十五巳時。光緒庚子年改葬彰化燕務下堡南平莊，坐申向寅兼庚申三分，坐庚申向庚寅分金。壽八十二歲。

妣黄氏，生於嘉慶丁卯年九月十五辰時，卒於同治辛未年七月廿一未時，葬在彰化燕務下堡南平莊洋，坐乾向巽兼亥巳，分金。生子進深、進淺、炎生、進賢。

十四世祖厚傑公，字繼賢，德傳公長子。生於乾隆庚辰年，卒時不詳。妣胡氏，生於乾隆辛巳年七月，生長子世圭，次子世堵。卒時不詳，墓葬臺北暗坑莊頭城角，坐壬向丙兼子午，丙子丙午分金。

十四世祖厚雁公，字繼字，德傳公六子。生於乾隆丙午年十一月五日，卒於道光壬寅年二月九日戌時。妣吕氏，生於乾隆庚戌年四月廿四日酉時，卒於道光丁酉年四月四日亥時，葬在南勢角埤寮崗大埤，立厚桂公之子世科爲嗣。

十四世祖厚枕公，字聖樂，鎮武公之長子。生於雍正甲辰年八月五日辰時，卒於乾隆丁未年五月二十七日，享六十四壽。

祖妣林氏，生於乾隆庚午年十二月五日寅時，卒於嘉慶戊寅年三月二十五日，享六十九壽。育有五男，長世燈，次世焕，三世熗，四世爍，五世烋。

十五世祖世燈公，厚枕公之長子，生卒不詳。

十五世祖世焕公，字春元，厚枕公之次子。生於乾隆己丑年十月十七日子時，卒於道光乙巳年四月二十二日，享七十七壽。吉穴葬豐原鎮觀音山頂。

祖妣林氏，諱恭儉，生於乾隆戊戌年十月十七日辰時，卒於道光庚戌年十二月十六日午時，享七十三壽，吉穴葬豐原鎮觀音山頂。育有二男，長立成，次清潭。

（《[臺灣]游氏大族譜》 1970 年鉛印本）

（三十三）沈　氏

南靖竹溪沈氏天庇系徙臺録

二世文科公，字員潭，乃萬全祖之次子。配妣賴氏，名一娘，謚婉慈，女家梧宅人。生四子四女。女不知嫁於何姓。子長養我祖，次宏，三志維，四洙。

公生於大明嘉靖十五年丙申八月二十日午時，卒於大明天萬曆四十四年丙辰十二月十二日酉時，享壽八十有一歲。原葬在龍山下寨大笨墘，至大清順治五年戊子起插，附葬在本社内東方木星下墓後闞氏妣塘右雙葬，逐年清明節祭歸。公又續妻盧氏、劉氏。盧氏葬在古葛潭。劉氏葬在土地崙仔尾田面。

汪氏妣生於大明萬曆三十七年己酉六月二十日酉時，卒於大清康熙十六年丁巳八月初十日午時，享壽六十九歲，葬在内隴崙右邊田面上，坐丑向未。至道光二年壬午修譜時，録往臺灣，諧舍父子是其派。四世天育公，乃圭田公六子，名入，生卒謚莫考，配妣謝氏，生三子，長宋歷，次宗憲，三宗田。公生於萬曆三十四年丙午，月日時莫考，葬在上隴崙坪湖西，坐巽向。至乾隆壬子年被潘家盜買起插，各房衆等不願，與之角抗，爲之贖回，仍將天育公骸礶葬其原穴，費由圭田頂下支。謝氏妣生卒謚皆無從查考。

四世天相公，乃圭田公七子，配妣孫氏，生二子，長宗尚，次宗教。孫肇興。後子與孫挈眷往臺灣。公生於大明萬曆三十七年己酉，月日時莫考，卒於大清順治十三年丙申，月日時莫考，享壽四十八歲，葬礤頂仙人騎鶴又名喜鵲啣枝，坐巳向亥，外用坐丙向壬。高氏妣，生於大明萬曆十五年丁亥九月初九卯時，卒於大清康熙十一年壬子十一月廿二日子時，享壽八十有六歲，至康熙十三年甲寅十一月十九辰時，葬於卓坑社内土名掘尺木，坐乙向辛。

四世天庇公，乃圭田公次子，生卒謚莫考。妻張氏後嫁出。生一子名元，字鳴初。元妻黄氏生一子名昇，字天賜。元與子昇挈眷往臺灣。

（沈世蔭重鈔《［福建南靖］竹溪沈氏族譜》 清宣統稿本）

武安錦山沈氏徙臺祖名録

下沈派十五世盆，堯子，忍孫。往臺灣。子五。

下沈派十五世頡，字元祥，妣陳氏，琯子，玉孫。往臺灣。子四。

廍内派十五世橋，趙子，洽孫，志箴三房系。往臺灣。

浯滄派十五世窩，唱子，罕孫。往臺灣。

山后派十四世丁，做兵丁往臺灣。

門前派十一世文登，名完，字鼎士，妣董氏，葬在山坪天寶内。子應瑞名璞，字伯祥，卒於臺灣，妣余氏，葬在金峯。

庵尾派十四世銀，往臺灣。

石埕派十四世天鏜，魁嵩子，名孟，卒於臺灣。

大厝平派十四世伍，卒於臺灣。妣陳氏。子井、管。

廍内派山尾寨十五世評，舜子，興孫。卒於臺灣。妣洪氏。子乾。

下沈派十四世靖，光與吕氏子，志長孫，卒於臺。妣鄭氏。子顯、武。顯子筆、山。

（《［福建長泰］武安錦山沈氏族譜》 清咸豐二修稿本）

南靖竹溪沈氏徙臺祖名録

四世天眷，長房圭田派，於清宣宗道光二年往臺灣。臺灣旨舍父子是其派下。

四世天庇，長房圭田派，生卒莫考，妻張氏，生一子名元，字鴻初。元娶妻黄氏，生子名昇

（六世）字天賜，元與子昇攜眷俱往臺灣。

四世天相，長房圭田派，生於明萬曆三十七年。配妣孫氏，生於萬曆四十四年，生兩子，長宗尚，次宗孝，一孫名肇興，子與孫攜眷往臺灣。

六世肇謀，長房圭田派，名謀，妣潘氏，生七子，第七子國樵往臺灣。

六世肇傳，長房圭田派，名言，妣蕭氏，生四子，長子朝請和三子朝駿往臺灣。

六世肇正，長房圭田派，名職，妣陳氏，生四子，四子國賢往臺灣。

六世肇現，長房圭田派，名現，妣林氏生一子詒郎，往臺灣。

六世肇鞭，長房圭田派，名鞭，配妣車氏生一子名國契，往臺灣。

六世肇質，字右許，長房圭田派，生於清康熙九年五月初七日。妣陳氏名擁娘，生於康熙二十二年六月初三日。生四子，第四子國賢往臺灣。

六世肇祉，名斂，字若招，長房圭田派，生於康熙三年七月初九日卯時。妣楊氏，生於康熙十二年八月初二日巳時。生四子，第四子國贊往臺灣。

七世國格，諡博知，長房圭田派，生於康熙三十六年，妣蔣氏生四子，偕妻及長子一倩和四子一舒往臺灣。

七世國桐，諡寶夫，長房圭田派，生於清康熙三十九年十一月二十一日亥時，妣余氏，嗣子名一緑及其母余氏往臺灣，居於嘉義縣下佳冬堡碑仔頭莊。

七世國益，諡國愛，長房圭田派，生於康熙三十七年七月二十日戌時。繼妣李氏諡慎烈，生於康熙二十一年七月十三日，生一子名一賜往臺灣。

七世國享，字元福，長房圭田派，諡敦侃，生於康熙三十八年八月二十二日未時。配妣林氏名禳娘，生於康熙三十四年四月十四日巳時，生三子，長一芬、次一味往臺灣。

七世國書，名讀，字國縱，長房圭田派，生於康熙三十三年十月十四日酉時。妣李氏信娘，生於康熙四十五年一月一日卯時。生五子，第五子一朱往臺。

七世國倜，諡皆，韜六，生於康熙三十九年八月二十四日酉時。妣莫考。生兩子，長一徐往臺灣住九張犁，在臺生兩子，長名生，次名仁。一徐弟一濕亦往臺灣。

八世一宅，名天良，字君德，號乾伯，諡純正，長房圭田派，生於康熙三十五年十二月初一日亥時。妣王氏，生二子，長維送，次登魁，兄弟俱往臺灣。

八世一銀，諡温弘，長房圭田派，生於康熙五十二年四月二十日酉時，嗣子名維坵，父子俱往臺灣。一銀卒於乾隆十九年七月一日午時，葬在臺灣大牛欄珊埤莊侖仔右。

八世一禾，字遂標，諡質樸，長房圭田派，生於康熙四十五年七月十三日酉時。妣鄭氏名團娘，繼妣吴氏名寬娘。生二子，長維慶，次維奪，俱往臺灣。

八世一周，字國尚，諡天輝，長房圭田派，生於康熙三十九年二月十三未時。配妣吴氏名截娘，諡仁慈，生於康熙三十八年九月二十日亥時，生三子，長子綷眼往臺灣。

八世一樓，字嶽陽，諡素直，長房圭田派，生於康熙四十七年九月十六日亥時。配妣吴氏，生子名維蘇，往臺灣。

八世一流，名天秋，諡長青，長房圭田派，生於康熙五十年一月二十六日戌時。配妣吴氏生二子。次子維森往臺灣。

八世一雁，字天鴻，諡永惠。長房圭田派，生於雍正二年十二月二十五日寅時。妣潘氏名悦娘，生於雍正九年正月初二日午時，生四子，第四子維序往臺灣。

八世一鈒，字天喜，諡仲容，長房圭田派，生於乾隆元年十一月初十日寅時。妣陳氏名淑娘,生於乾隆十六年三月十四日丑時,生一子名維宰往臺灣。

十一世志滿,官名德成,長房圭田派,生於嘉慶十二年四月二十四日戌時,妣吴氏名富娘,生二子,長應泉,次應奈,往臺灣。道光二十六年正月回家,至十月復回臺灣,卒於咸豐三年五月。

六世肇弼,次房賓梧派,妻賴氏,生二子,長名桃,字國桃,往臺灣。

四世天朋,名祥,謚明亨,三房起憹派,生於明萬曆二十二年七月十五日子時。妣林氏生於清順治十八年。生四子,第四子宗添,娶王氏生二子。宗添往臺灣。

四世天寵,名猿,字懷山,三房起憹派,生天明萬曆三十五年二月初二日亥時。妣蔡氏,生於明萬曆四十三年三月二十一日,生二子,長宗龍,次宗對。宗龍字從雲,名寧,娶黄氏,生四子,與次子淡及四子邦往臺灣。宗對,字伸祥,名對,娶謝氏生四子,長肇北,次肇番,三肇利,四肇符,全家往臺灣。

五世宗養,三房起憹派,妻謝氏生子名克文。克文娶蘇氏生子名國齊。全家往臺灣。

五世宗梓,三房起憹派,娶蘆氏生二子,長名漲,次名前。漲又名肇漲,往臺灣。前又名肇前,娶林氏生一子名考,字國考,父子俱往臺灣。

六世有升,名平,三房起憹派,娶氏不詳,一子名天表,往臺灣。

六世景暄,名煖,三房起憹派,娶莊氏生二子。次子名營,字國營,往臺灣。

六世肇湧,名水,三房起憹派,妣鄭氏生三子,長名點,往臺灣。

五世仲詹,名巖,四房杏濱派,監生。妻黄氏生三子。長子肇釵,名釵,娶徐氏生四子,長帶,次茅,三熟,四宗文。挈眷俱往臺灣。

五世廣源,名道,四房杏濱派,娶黄氏生四子,長跳,次灝,三菊,四瑱。跳娶黄氏生二子,長天寵,次右珆。灝娶徐氏生二子,次名位。瑱娶吴氏生一子名富。俱往臺灣。

五世時春,名陽,四房杏濱派,妣氏陳,繼妣莊氏。生五子。第五子名砳,娶吴氏生三子,第三子釵隨父砳往臺灣。

六世偃,四房杏濱派,妣蘆氏生三子。第三子名玪,娶莊氏生五子,往臺灣。

六世博,四房杏濱派,妣林氏生二子,次子鞍往臺灣。

六世彭,四房杏濱派,妣鄭氏生一子名甫,往臺灣。

六世亞,四房杏濱派,妣陳氏,生二子,長巍往臺灣。

六世藝,四世杏濱派,妣余氏,生二子,長翕往臺灣。

六世叢,四房杏濱派,名大義,妣林氏生六子,次子脾及五子肯往臺灣。

六世士表,名川,四房杏濱派,妣莊氏生七子,長艮,次降,三項,四賜,五典,六順,七佚名。一至六房六兄弟俱往臺灣。

(《[福建南靖]竹溪沈氏族譜》 清道光稿本)

(三十四)趙　氏

華安銀塘趙氏徙臺祖名録

上章舜傳派伯牣、伯品卜居,今多分散,孟高、孟照、由厚等遷馬岐,孟萃在臺灣,孟位兄弟在吧，皆各一所在，生有子，惟與六、與完、孟煖諸派留於此。

朝祥派希騫，卜居土名官鼓，其子逢時，有宜裕爲之長子往臺灣，宜高爲子少子隨母適長嶺陳家。

長埤派自脩，悦文派孟尋長子由葉卜居今回，其弟由蒲在臺灣。

朝統，國重派伯潤玄孫孟景，今孫宜俊往臺灣。

孟允，乳名，與龍長子，娶氏生三子，名俱失莫考，現往臺灣下淡水。

孟榮派，由准，乳名，孟榮之子，娶林氏，生宜團、宜田、宜園、宜鸞，現往臺灣。

孟揮，與果三子，娶氏生由天，搬眷往臺灣鳥樹林。

與柞派，孟寬，與柞之子，娶氏生三子，俱往臺灣鳥樹林。

與緝，子孟珠、孟蘇、孟招、孟集，俱往臺灣。

與安子孟從，在臺灣。

由□，孟縣子，與昇孫，生在臺灣。

由等、由章，孟房子，與昇孫，俱在臺灣。

順曛，宜麟四子之次，往臺灣。

宜弫，由籥子，孟琡孫，在臺灣。

與格，子孟快、孟壁。壁乳名膳，臺灣庠生。

孟瑾，乳名堂，子三。長由嬌卒於夷。次由佑。三由祉在臺灣，子宜悉。

與次孫，孟僭子，子由團、由奏、由悻、由慚四人俱往臺灣。

孟信孫，由掌子宜異，往臺灣。

孟田孫，由瓊子宜團，往臺灣。

由陳，子五，次宜聞在臺灣。

由尋在臺灣。

與月孫，孟陳子由進，在臺灣。

孟學子由記，孟哲三子入繼，由探往臺灣。

孟妙孫，由馬子宜對，乞養，往臺灣，子順茅。

朝統公派，碧徐長房公二派，與興孫，孟景三子之三由曆，臺灣武生。

孟安孫，由琴子宜苞，在臺灣。

孟滿往臺灣。

文熺孫，孟隆子由惠，往臺灣。

由問子宜現、宜各。現往臺灣，子順立。

宜投，子順大，順陳往臺灣卒，順閏。

孟政孫，由斐子宜宙，往臺灣，宜江往臺灣，宜寄出繼雲溪派由尚。

朝祥派，碧徐四房分兩派，孟友孫，由葉子宜碧、宜裕往臺灣，宜高隨母出長嶺陳家。

與廷孫，孟暖子由應止，由得出繼文慧派孟惠，由衛在臺灣。

孟海、孟溪、孟圳、孟依、孟煥，俱在臺灣。

與陳孫，孟蔡子武熙，往臺灣卒止。

孟卯子由麟，往臺灣，孫宜高由掇次子入繼。

孟輔往臺。子由學，由溪止，由瓦，由汶，俱往臺灣。

孟巽子由雪止，由冬止，由此往臺灣。

孟盛子由應、由程、由亞、由溝，父子挈家往臺灣。

孟習往臺灣。子二。

與飽子孟板、孟練，在臺灣。

與本，在臺灣，生二子。

宜志五子之四順覺，往臺灣。

由殿孫，宜弟子順象乞養往臺灣，順扶。

與胤子孟强在臺灣，孟文在巴。

孟揆子由袁，往臺灣。

由合五子之四宜暈，往臺灣。

孟焞孫，由藉子宜秀，往臺灣卒。

由珊子宜致，往臺灣。

由秉挈家往臺灣。

與樸孫，孟暴三子之次由溪，往臺灣止。

由芳，孟學派孟萬次子繼，往臺灣。子宜述、宜憲。

孟煊長子由添，子宜録，宜偶出繼由海，宜此，宜澤出繼宗進房由韜。父子往臺灣。

孟煊次子由願，往臺灣。

由圭子宜賞，子五，順褒、順暹、順柳、順桃、順梅，柳、桃、梅三人往臺灣。順褒子德紂、德簡、德願、德開。順暹子德麗。

孟兩，長子由陣乞養，子宜熊。次子由長往臺灣。

孟佳孫，由泰四子之次宜講，往臺灣。

與石孫，孟法二子之長由任往臺灣。

孟元四子之次由虔，往臺灣。

與義，子五，孟榮往福州當兵，孟華出繼與正，孟富往臺灣，孟文往臺灣，孟君止。

與祖五子之次孟周，往臺灣止。

孟武孫，由葉子宜巖，往臺灣。

孟武四子之四由天，往臺灣。

由猛，子宜進卒於臺灣，宜彪招夫張送所生。

與賓，子孟麟往臺灣。

與報三子之三孟本，往臺灣。

孟續五子之五由省，往臺灣。

與魁往臺。子四，孟遠、孟陣、孟位、孟汝。

子鑛，子孟位，子由家，往臺。次子孟党往臺，生二子，由高、由□。

（趙紫綬、趙鯤飛編纂《［福建華安］銀塘趙氏族譜》 清乾隆壬午年七修稿本）

(三十五)盧 氏

南靖范陽盧氏通保系徙臺祖名字世系

十三世盧閑公,夏公之長子,號友從,諱必進,生於康熙五十五年丙申,往臺不知如何。

十三世盧葵公,維梅公之長子,號友芳,諱必智,生於康熙四十五年丙戌八月初三日丑時,享壽五十歲,卒於乾隆二十年乙亥十一月廿六日丑時,葬在南軍坳内舜聳公墳上左邊,坐癸向丁。生二男。長名翁號興宗。次名輔住居臺灣。妣張氏,名頌娘,謚慈儉,生於康熙四十六年丁亥十月十九日酉時,享壽五十一歲,卒於乾隆廿二年丁丑二月廿八日申時,葬在南軍坳舜聳公墳上右邊,坐子向午兼癸丁,用庚子庚午分金。輔住居臺灣在三豹莊十里,孫牝,曾孫名秀,次名耀,三名特,四名登,五名瑞。

十三盧寬公,維乾公之長子,號友衆,諱必信,生於清康熙五十五年丙申九月十九日亥時,卒於葬在盧橋頭大橋尾膠東脚,後遷葬在蒲公墳下。娶妣氏養一男名舜,同母往東,不知去向。寬公養一婦簡氏名蕉,招與水賢公之子潭爲妻,生兩男,長接續寬公後嗣。

十四世盧庶公,藝公之長子,字繼,號興,生於乾隆,卒葬在下寨墩吊梘嶺,坐西向東。娶妣蕭氏,名恃娘,卒葬在苦竹窠田上,坐西向東,坐申向寅兼庚三分。生三男,長名兩,次名午先,三名姜,俱往臺灣,繼光來公接嗣。

十四世盧來公,藝公之次子,字繼厚,號興遠,生於乾隆十四年己巳八月初九日申時,享壽七十二歲,卒於道光元年辛巳七月十五日戌時,葬在出水仔路上,至道光廿五年乙巳遷葬在苦竹窠田上,與伯藩祖媽三位共葬,坐申向寅兼庚三分,庚申庚寅分金,水放乙宫,上杭縣古田里張作書先生做。娶妣簡氏,名甘娘,生於乾隆廿八年甲申十二月十二日亥時。生一女名青娘。二男。長名木,壽廿八歲卒。次名壘。養一男名妝,往臺故。甘妣卒於道光廿年庚子四月二十日酉時辭世,葬在南軍坳山塘仔嶺上横路後坎。

十四世盧漳公,立陳公之長子字繼號興。娶妣氏名巡娘,生於至嘉慶三年,並公往臺。生二男,長名私,次名萬春。私公享壽四十九歲,卒葬南軍坳底田角路上,坐東向西。萬春壽十九歲,傷哉,卒葬在私公左邊咫尺之地。

十五世盧慶公,繼生公之長子,字德安,號嘉微,生於乾隆乙巳年二月廿三日亥時,卒於道光廿五年乙巳四月初八日辰時别世,享壽六十一歲,葬在頂凹外路上右邊樹林邊。娶妣張氏,名爵娘,生於乾隆乙巳年七月廿四日酉時。生四男,長名碧,次名章往臺,三名茅傷哉,四名檻過繼外家。至道光年與夫往觀音宅忝仔坪居住。道光廿四年四月搬回本里,卒於咸豐十年三月十二日未時辭世,葬在歐口外路上,坐西向東。

十五世盧玩公,竹公之次子,字德觀,生於嘉慶乙丑年五月十二日寅時,三十歲出外,與妻同往臺灣。娶妣簡氏,名曰娘,生於嘉慶癸酉年八月十五日戌時生,至道光廿年庚子五月間與夫俱往臺灣,居住三貂圭母嶺。

十六世盧黜,貴公之四子,生於嘉慶乙亥年十二月廿九日午時,往臺不知去向。

十六世盧漿公,慶公之次子,字振文,生於嘉慶丁卯年十一月初九酉時,往臺不知。卒於道光廿乙年辛丑,壽三十六歲,在臺故。

十五世盧賓公,翁公之長子,生於乾隆二十七年壬午十月廿三日酉時生,陽年壽四十八歲,卒於嘉慶十四年己巳二月廿四日辰時别世，葬在三貂琉球湾，坐乾向巽兼戌辰，丙戌丙辰分金。娶妣莊氏，名玉娘，生於乾隆三十六年辛卯七月三十日申時生，陽年享壽四十三歲，卒於嘉慶十八年癸酉九月十三日辰時别世，葬在雞母嶺莊自己田中央，坐壬向丙兼亥巳，丁亥丁巳分金。生五男，長文秀，次文耀，三文待，四文登，五文端。

十六世盧耀公，賓公之次子，字日昇，生於嘉慶二年丁己四月初一日辰時生，陽年廿五歲，卒於道光元年辛巳五月廿四日寅時辭世，葬在自己田上。五房文端長男千盛，傳與過繼，娶婦廖氏。

十六世盧文秀公，賓公之長子，生於乾隆五十七年壬子三月初五日辰時生。娶妣林氏，生於嘉慶九年甲子九月十七日丑時瑞生。男萬成，生於道光五年乙酉二月初九日巳時生，媳婦蕭氏，生於道光八年戊子十月初五日辰時。孫媳張氏，生於道光廿五年乙巳十一月初三日卯時。

十六世盧文待公，賓公之三子，生於嘉慶四年己未十二月初六日子時生。

（盧位俊鈔録《[福建南靖]范陽盧氏通保系族譜》 清道光十三年三修稿本）

漳州盧氏通保系徙臺名録

中資，子仁榮、仁盈，俱往臺灣。

長房廷輔祖派下維陸，往臺灣。

十世猛，泰如公之三子。生於萬曆己亥年，後往臺灣而亡。隨母住船場。

十二世敏學，法欽公之三子，名泮，字位弘。葬於本里温漿塘尾，土名石壁仔水路上，坐東向西。過繼於胞叔法鉉爲嗣，娶妣莊氏，葬于南軍坳。生四男。長名紛，移居臺灣南路上交東居住；次名博，三名梅，四名吾。

十三世文成，敏學公之長子，名婚。移居臺灣南路上交東居住。娶妣魏氏，生一男，隨父臺灣上交東居住，長男名順。

十三世文化，敏儒公之次子，名士。葬于石門厝後壁，坐南向北。娶妣莊氏，葬於後埔路上，坐北向南。生二男一女。長名亞，號孟元，移居臺灣居住。次男名高，臺灣幼亡。長女料娘，嫁井邊簡福爲妻。

十三世成鳳，法潤公之次子，名積，號雲蒼，謚賢達。生於康熙十五年丙辰四月初二日戊時，卒於康熙六十年辛丑九月十四日巳時，享壽四十六歲，葬於赤坑樓仔面前坳頭，土名磜下林邊過崎，坐丁向癸兼午子，丙午丙子分金。娶妣龜洋下樓莊家之女，名膽娘，謚慈義，生於康熙十六年丁巳十二月初六日巳時，卒於乾隆廿一年丁丑二月廿六日巳時，享壽八十二歲，葬在磜下林頭崎頂，坐南向北。生六男。長男名扶，字忠義。次男名國，娶妻往臺灣而亡。三男名尊，字忠盛，號孟獻。四男名臣，字忠信，號孟輔。五男名帝生。六男拜，字志恭，號孟禮，過繼於三弟成輝爲次子。

十三世成虎，法潤公之六子，名六，號雲耦。生於康熙五十六年丁酉十一月十六日未時，卒於乾隆五十二年丁未二月廿五日未時辭世，享壽七十一歲，葬於雷公營頭，坐南向北兼午子，庚午庚子分金。娶厦門港林氏名京娘，生於雍正七年己酉十月初十日酉時。生七男。長窨俊，字志豪，號孟傑。次名健，字志乾，號孟良。三名友，字志信。四名宅，字志謀。五名永，字志在。六名結。七名楦，往臺灣。

十三世振祖，敏來公之長子，名仰，號拔山。生於康熙十五年丙辰八月初三日卯時，卒於乾隆十七年壬申八月十二日亥時，享壽七十七歲，葬於後坑塘仔上，坐東向西。娶妣簡氏，名秀娘，生於康熙三十年辛未閏七月廿二日申時，享壽四十二歲，卒於雍正十年壬子九月三十日寅時，後於乾隆年遷葬後坑石壁仔田上。生四男。長名飽，字志安。次名壯弗嗣。三名東，臺灣被番殺死。四名廳，字志督。

十三世星輝，贊育公之長子，名嵩。生於康熙廿一年壬戌八月廿八日申時，享壽五十四歲，卒於雍正十三年乙卯十月三十日卯時，葬於大坪埔路上。娶妣科氏，名親娘，卒於臺灣。生四男一女。長名江，號孟泉。次名田。三名胡。四名旭。長女名命娘，嫁桑坑邱汀爲妻。

十三世文弼，敏成公之三子，名語。生於康熙己酉年二月二十日子時，享壽五十四歲，卒於康熙六十一年壬寅十二月廿三日巳時，化火於雍正癸丑年十二月十三日，葬於長埒路下，坐西向東兼辛乙分金。娶妣龜洋塘後莊氏名插娘，生於康熙廿八年己巳十月十四日丑時，卒於乾隆廿八年癸未七月初三日申時辭世，葬於本里後坑頭，坐北向南。生三男一女。長男名旦，號孟吉，在臺灣弗嗣。次男名歲，字望春，號孟年。三男名項，字望鼇，號孟楚。長女曲娘，嫁雷藤坑王比官爲妻。

明峯公派下十三世籃，路公之長子，生辰莫考，卒於臺灣，弗嗣無傳。

十四世朝貴，文圓公之長子，名焰。生於康熙十八年己未二月初七日辰時，卒於乾隆元年丙辰五月廿八日酉時，享壽五十七歲，葬本里凹仔後田頭，坐南向北。娶妣龜洋莊氏，名推娘，生於康熙三十八年己卯十一月十五日午時，享壽五十三歲，卒於乾隆六年辛未七月十八日戌時，葬在本里後坑田頭，坐北向南。生一男一女。長名僯，字世瑞，號遜麒，娶妻移居臺灣北路學官莊居住。長女悉娘，嫁龜洋塘後莊梅官爲妻。

十四世朝華，文因公之長子，名灼。生於康熙二十一年壬戌八月廿一日未時，卒於雍正十二年甲寅十二月三十日酉時，葬於後營仔路下，坐東向西。娶妣龜洋塘後莊乃官之次女，名好娘。生於康熙三十四年乙亥九月初三日午時，卒於臺灣，吊項而亡。生五男一女。長男名茂，號興林，至三十歲亡。次男名豁，號遜用，移居臺灣，字世達。三名千，號遜百，字世榮。四男名添，字世登，號遜增，娶温氏往臺灣無後。五名老，字世處，號遜安。長女勸娘，嫁長窖簡饒爲妻。

十四世朝英，文因公之次子，名熾，號孟嘉。生於康熙廿八年己巳十一月二十日酉時，卒於乾隆十九年甲戌十二月廿五日酉時，享壽六十六歲，葬於煩坪，坐坤向艮，辛未辛丑分金，後於乾隆三十三年戊子二月十八日丙子日申時葬於長圳頭蘇麻坪，坐坤向艮兼申寅，辛未辛丑分金。於乾隆三十六年辛卯二月廿五日丙申丑時遷葬本鄉後坑田中央，坐壬向丙兼亥三分，丁亥丁巳分金。於道光三年癸未十二月初二日丙申時再賡做，坐壬向丙兼亥巳，丁亥丁巳分金，外坐丙向壬兼子午，辛亥辛巳分金。娶妣下寮陳歷官之長女，名陀娘。生於康熙四十二年癸未十月初六日戌時，卒於乾隆三十八年癸巳正月十七日戌時，享壽七十一歲，葬于石門堋，坐丁向癸兼未丑，庚午庚子分金。生六男一女。長男名齊，字世法，號遜賢。次名成，字世美，號遜人。三名合，字世開，號遜睦。四名足，字世輝，號遜食。五名請，去臺灣，二十歲亡，不得歸葬。六名謹，字世玉，號遜庸。長女衷娘，嫁施洋山下蕭偕官爲妻。

十四世國，成鳳公之次子。生於康熙四十四年乙酉二月吉日時，卒於臺員。娶妻葉氏，改嫁臺員，無後。長女意娘，嫁上洋畲内官爲妻。

十四世忠信，成鳳公之四子，名臣，號孟輔。生於康熙年，移居臺員居住。

十四世心全，移居臺灣上港，成麒公之次子，名貴，號孟趙。生於康熙五十四年乙未正月廿一日巳時，娶妣海澄葉氏全娘，生於康熙五十九年庚子五月廿九日卯時。有三男四女。長男名忠，字世信，號遜專。次男名武，字世文。三男名此。長女説娘，嫁苦竹窠莊火官爲妻。次女名沛娘，嫁施洋坪。三女名佲娘，嫁洞内張禮官爲妻。

十四世望賢，文泗公之長子，名孝，號孟三。生於康熙五十二年癸巳九月初一日巳時，乾隆廿六年辛巳移居臺灣上港居住。娶妣港尾洪氏名鄴娘，生於康熙六十一年壬寅九月廿五日丑時。生四男二女。長男名舜，字德讓，號遜傳。次男名道，字德聖，號遜德。三男名森，字世儼，號遜林，過繼於堂弟歲爲嗣。四男名天，字德明，移居臺灣。長女錬娘，嫁船場大福張。次女緞娘，嫁龜洋壟頭莊。

十四世旦，文弼公之長子。生於康熙五十年辛卯正月初一日申時，卒於臺灣無後。

十四世朝宗，鳳棲公之長子，名會，號孟際，生於康熙三十六年丁丑八月十七日巳時，卒於臺灣，被水漂流不得歸葬。娶陳氏。生一男四女，長男名根，隨母嫁火燒寮，傳嗣，父同居。長女招娘龍磜頭簡盖老爲妻。

十四世昶，鳳友公之次子，號孟倫。生於康熙年，卒於臺灣。

十四世廣，鳳友公之三子。生於康熙年，卒於臺灣無傳。

十四世孟元，文化公之長子，名亞。生於康熙戊子年，娶妣韓氏，卒於臺灣無傳。

十四世王信，文達公之長子。卒於乾隆癸酉年，葬於龜洋。娶妣陳氏，生一男一女。長男名問龜洋居住，於乾隆卅八年癸巳五月搬往臺灣住居。

十四世孟泉，星輝公之長子，名江。生於康熙甲午年，卒於乾隆，葬於木屐寮崎仔。娶李氏，生於康熙癸巳年。生三男一女。長名仲，移居臺灣。次名船。三名肖，過繼于胞弟甲爲後，母子臺灣居住。長女遠娘嫁龜洋余午官爲妻。

十四世甲，星輝公之次子。生於康熙庚子年，卒於臺灣。立長兄弟三男肖過繼爲後。

十四世孟川，移居臺灣，星輝公之三子，名湖。生於雍正三年乙巳。娶妣李氏名藝娘，生於雍正十三年乙卯。

十四世順，文成公之長子。隨父文成移居臺灣南路上交東居住。娶妣賴氏。

十五世世瑞，朝貴公之長子，名麟，號遜麒。生於雍正三年乙巳十一月初八日申時，搬眷移居臺灣。娶下嶺李新官之女，名曰娘，生於雍正十年壬子四月廿九日辰時。生一女川娘嫁下嶺簡。

十四世遜玉，朝偕公之長子，名石。生於雍正十一年癸丑九月十八日丑時，移臺灣居住。娶妣石氏名琴娘，生於乾隆元丙辰年三月十八日寅時。生男名談。

十五世世，朝華公之次子，名豁，號遜用。生於康熙五十六年丁酉十一月廿六日戌時，卒於乾隆。移居臺灣學官莊而亡。娶厦門黄氏敬娘。過繼男名來。

十五世世恭，朝英公之五子，名請。生於雍正十三年乙卯十一月初八日酉時，陽年十八歲，卒於乾隆十七年壬申十月十五日。卒於臺灣，不得歸家。

十五世世玉，朝英公之士子，名謹，號遜庸。生於乾隆十年乙丑十二月十二日卯時辭世，享壽四十八歲，十三日丁丑申時，葬於磜下坑頭，坐丁向癸兼未三分，庚午庚子分金。於嘉慶三年戊午三月十九日搬往臺灣孝官居住。娶簡氏名勸娘，生於乾隆二十年乙亥十二月廿一日亥時。家眷母子，戊午年三月廿九日往臺灣學田居住。生三男。長男名經，字維。次男名臺，字維臣。三男名吾生。一女名慶娘。

（盧如兼纂修《［福建漳州］盧氏通保系族譜》 清同治十二年五修稿本）

(三十六)顏　氏

漳州青礁顏氏徙臺祖名録

華軫,字建圖,號宿成。生四子,曰潤、曰仲、曰驥、曰恕。潤生廷由。仲生奎,奎派居長樂。恕生四子,曰儀,曰儼,曰侃,曰清。清字廷朗,號温良,派居田寮,後皆散處遐居,有遷於臺灣鯽仔潭者。

嘉禎,字桂高,號竹石,派居東山。明末國初蕃衍最盛,科甲踵起,今皆散處,派有分於福州及臺灣者。

(顏天性纂修《[福建漳州]青礁顏氏族譜》　清光緒庚辰二修稿本)

(三十七)孫　氏

漳州孫氏徙臺祖名録

一世水,生於乾隆辛酉年,卒不詳。福建省漳州府龍溪縣東門外東廓宫人氏,於乾隆年間徙臺灣臺南麻豆居住。子光全、光來、光達、光仁、光樹、光大。

一世定宗,水官與黄氏子。原居漳州府龍溪縣東門外離城二里余柯園社,至定宗公移居龍溪縣東門外離城五十里二十九都新岱社,於乾隆年間徙臺灣臺南定居。子溪泉配黄氏,壬癸配許氏,三才,四福,五祥配趙氏又詹氏。

一世細番,配吴氏,生於道光廿九年己酉十月十日卯時,卒於1927年丁卯一月二十三日申時,享壽七十九歲。妣吴氏生於三月三十日,卒於十月十五日。漳州府大加納保人氏,於光緒己卯年渡臺灣臺北。

一世渡臺祖端敏,漳州府龍溪縣人氏,於乾隆年間徙臺灣彰化,後遷臺中縣大肚之王田居住。子媽盛,孫屘寶。

渡臺始祖呆,漳州府平和縣人氏,乾隆年間徙臺灣臺中頂橋仔莊開基建業。子加走配李氏。孫如璧配謝氏,麟配林氏。

(《[閩粤臺]孫氏族譜》　1971年臺灣鉛印本)

(三十八)魏　氏

南靖光裕堂魏氏徙臺祖名録

長房十六世汝從公,乳名阿周,謚兆玉,移居臺灣。妣張氏過房二子,友枝、友湖。

肆房十六世汝和公,乳名阿怡,謚兆高。妣劉氏生三子,友順、友爐、友福。遷臺灣。

五房十六世汝全公,乳名阿足,謚兆盈。妣蕭氏生六子,友盛、友枝、友河、友萍、友童、友交。遷臺灣。

捌房十六世汝士公,乳名八敏,謚登龍。妣劉氏、石氏。生四子,友鳳、友杜、友炎、友懷。遷臺灣。

玖房十六世汝疇公,乳名春生,謚兆圃。妣蕭氏生三子,友華、友道、友炎。遷臺灣。

十六世伯祖汝從公,乳名阿周,謚兆玉。妣張氏。過房二子,友枝、友湖。公乃秀宜公之長子,生於乾隆三十九年甲午二月廿九日申時,卒於咸豐八年戊午十月初四日甲時,享壽八旬加五歲,葬在臺灣員林街東山王傅宅内,坐東。妣生於乾隆丁酉年十一月初十日酉時,卒於嘉慶年,葬在九龍埔。

十六世伯祖汝衡公,國學生,乳名權,諱登賢,妣張氏,繼一子友令。公乃秀宜公三子,生於乾隆四十六年辛丑九月初九寅時,卒於咸豐九年十月廿四日戌時,享壽七旬加九歲,葬在臺灣員林街東山大邱園内。妣乃臺灣張氏之女,生於乾隆庚戌年八月廿五日戌時,卒於咸豐八年正月十三日申時,享壽六旬加九歲,葬在臺灣員林街東山大邱園内。

十六世伯祖汝和公,乳名怡,謚兆高,妣劉氏,生三子,友順、友盧、友福。公乃秀宜公之四子,生於乾隆四十九年甲辰十一月十二日亥時,卒于同治四年乙丑十月廿二日寅時,享壽八旬加二歲。妣乃臺灣劉氏之女,生於嘉慶丁巳年十二月初四日酉時,卒於道光戊子年二月廿五日寅時,享壽七旬,葬在臺灣員林湳仔莊鳥埔。

十六世伯祖汝全公,乳名足,謚兆盈。妣蕭氏,生六子,友童、友枝、友河、友盛、友芹、友交。公乃秀宜公之五子,生於乾隆丙午年十月初五日亥時,卒于咸豐辛酉年六月三十日戌時,享壽七旬加六,葬在臺灣稅興街目義莊埔頭。妣乃臺灣蕭氏之女,生於乾隆乙卯年閏九月十八日未時,卒於道光乙巳年四月初二日子時,享壽五旬,葬在臺灣員林街黄厝莊。

十六世伯祖汝士公,乳名敏,國學生,諱登龍。妣劉氏、石氏。生三子,友鳳、友枝、友炎。公乃秀宜公之八子,生於乾隆壬子年十月十八日亥時,卒於道光庚戌年六月三十日寅時,享壽五十九歲,葬在臺灣員林街杉橋田中。妣石氏,生於嘉慶十年乙丑八月二十日丑時,卒於咸豐戊午年正月初七日未時,葬在臺灣員林街東山紅塗坪。

十六世伯祖汝疇公,乳名春生,謚兆圃。妣蕭氏,生三子,友華、友道、友炎。公乃秀宜公之九子,生於嘉慶丁巳年十二月二十日己時,卒於道光庚寅年八月廿八日寅時,享年三十四歲,葬在臺灣員林街東山。妣生於嘉慶八年癸亥閏二月廿三日卯時,卒於道光廿一年辛丑二月初六日酉時,享年三十九歲,葬在碑仔頭。

十七世伯祖,乳名友旺,字常美,謚安興,妣簡氏,生二子,文標、文壇。公乃汝贈公之長子,生於嘉慶丁丑年二月初十日丑時,卒於同治十一年癸酉,享壽五十七歲,十一月十七日辭世,葬在臺灣東山鯉魚山。妣生於道光元年辛巳七月十七日酉時,因長髮擾亂,母子攜出家。

十七世伯祖,乳名友令,字常紀,謚安德。妣賴氏,生一子文範。公乃阿權公之子,秀宜公之孫。生於嘉慶廿四年己卯七月廿九日辰時,卒於同治四年乙丑七月初三日辰時,享年四旬又七歲,葬在員林街東山。妣賴氏名笑,生於道光二年壬午又三月十五日午時,卒於咸豐十年十二月初五日未時,享年四十歲,葬在員林街東山。

十七世伯祖,乳名友順,字常培,謚安良。妣陳氏,生四子,文傅、文亮、文殊、文印,公乃阿怡公之長子,秀宜公之孫。生於嘉慶廿四年己卯十月廿五日丑時。妣陳氏名敬乃,陳公之女,生於道光四年甲申十月初三日卯時。

十七世伯祖,乳名友爐,字常山,謚安泰。妣陳氏,生二子,文抱、文瑑。公乃阿怡公之二子，秀宜公之孫，生於道光元年辛巳七月十九日寅時。妣乃臺灣員林内陳公之女，生於道光二年壬午十月十三日。

十七世伯祖，乳名友福，字常禧，謚安禄。妣賴氏。公乃阿怡公之三子，秀宜公之孫，生於道光四年甲申四月十三日卯時。妣乃臺灣賴公之女，生於道光壬辰年十月廿三日寅時。

十七世伯祖，乳名友盛，字常興，謚安茂。妣石氏、簡氏。生一女桔娘，一子文波。公乃阿足公之長子，秀宜公之孫。生於嘉慶丙子年十月初十日申時，卒於道光廿四年甲辰正月初八日亥時，享年廿九歲，葬在臺灣員林街黄厝莊與先母墓旁共葬。妣石氏，生於嘉慶廿二年丁丑十月廿三日丑時，卒於道光十八年，享年廿二歲，繼妣簡氏嫁出。

十七世伯祖，乳名友河，字常晏，謚安傑。妣李氏，生一子文章。公乃阿足公之三子，秀宜公之孫。生於嘉慶庚辰年九月十五日辰時，卒於道光廿三年八月廿三日，享年廿四歲，葬在臺灣員林街莊埔頭。妣名亟，生於嘉慶庚辰，嫁出。

十七世伯祖，乳名友萍，字常瀠，謚安錦。妣賴氏，生三子，文露、文□、文□。公乃阿足公之五子，秀宜公之孫。生於道光丙戌年九月三十日丑時。妣名淑，乃臺灣員林東山莊賴公之女，生於道光戊子年三月廿六日丑時。

十七世伯祖，乳名友童，字常本。妣江氏，繼一子文奎。公乃阿足公之四子，秀宜公之孫。生於道光甲申年八月十日丑時。妣名朔，乃員林街東山莊江公之女，生於道光十九年丙戌正月廿一日巳時，享年四十九歲，卒於同治十三年甲戌十一月初一日申時。

十七世伯祖，乳名友昌，字常吉，謚安盛。妣陳氏，生四子，文煜、文㷂、文煉、文郡。公乃七勇公之二子，秀宜公之孫。生於道光三年癸未十月廿三日寅時。妣乃贈，乃臺灣彰化縣員林街陳公之女，生於道光辛卯十一月十三日午時，卒於同治三年丁卯十月廿二日寅時，葬在車路口横圳岸埔。

十七伯祖，乳名友鳳，字常昇，謚安儀。妣游氏，生四子，文瑞、文合、文教、文摯。公乃阿八公之長子，秀宜公之孫。生於道光元年辛己二月初一日未時，卒於咸豐三年癸丑三月。妣名税，乃臺灣大崙莊游公之女，生於道光壬午年二月初五日丑時。

十七世伯祖，乳名友杜，字常達，謚安邦。妣林氏，繼一子文合。公乃阿八公之二子，生於道光癸未年八月廿六日寅時，卒於咸豐己未年三月初七日巳時，享年三十七歲，葬在員林街牛埔頭。妣名番婆，乃臺灣林球公之女，生於道光癸未年四月十二日午時。

十七世伯祖，乳名友佳，字常敬，謚安善。妣徐氏，生二子，文炳、文金。公乃汝恂公之長子。生於道光壬午年十月十三日寅時，卒於同治乙丑年五月初五日酉時，享年四十四歲，葬在臺灣員林街東勢山埔。妣生子道光丙戌年十月十九日戌時，卒于同治乙丑年閏五月十三未時，享年四十歲，葬在臺灣員林街東勢埔。

十七世祖，乳名友成，字常厚，謚安性，無娶，繼一子文經。公乃汝恂公之三子，生於道光癸巳年七月十七日酉時，卒于咸豐癸丑年十二月廿三日亥時，葬在臺灣員林街東山紅塗坪。

十八世伯考，乳名文露，字仁雲，謚定悟。妣蕭氏，生一子，德月。公乃友萍公之子，過房友枝公之三子。生於咸豐戊午年元月初一日丑時，卒於光緒四年戊寅十一月十一日辰時，葬在東勢埔。妣蕭氏名法，生於咸豐己未年八月廿六日申時。

（《[福建南靖]梅林北壟光裕堂魏氏族譜》　清光緒壬寅稿本）

南靖梅林光裕堂魏氏徙臺祖名録

十四世作基，諱成鉅，妣廖氏，移臺灣。

十四世協仁，字德甫，諱成里，妣蕭氏，生一子名榮宗，移居臺灣。

十四世文香英，字宜豪，諱成佩，妣莊氏乃奎洋人女，生一子開元，在臺灣。

十四世嶽全，字邦泰，希湛五子，生於乾隆十七年十二月二十四日，妣氏不詳，移臺灣，在臺辭世。

十四世蒿，字仰峯，諱成嶽，希諶三子，生於乾隆八年四月初七日巳時，妣莊氏，移臺灣。

十四世忱，字邦奎，諱成陽，希諶長子，生於雍正十一年十一月二十八日酉時，卒於乾隆三十四年五月十九日酉時。妣林氏，生子二，長石錫，次阿馨，攜二子移臺灣。

十四世帝保，字邦基，諱成彩，希苞之長子，生於雍正六年八月初五日巳時，卒於乾隆四十一年元月二十五日戌時，在臺辭世。妣吕氏，生三子，福振、福根、福權，在臺灣。

十四世阿加，字光爵，諱成嵩，希蓑三子，生於乾隆二年十二月二十三日酉時，妣簡氏，又妣唐氏，生子三，移臺灣。

十四世永嶽，諱成貴，希統二子，妣張氏生子四，發孫、發妹、發聲、石明，移臺灣馬稠後。永嶽乾隆四十八年八月初十日亥時在臺辭世。

十五世鳳秀，字秀公，錦璋長子，生於乾隆三十四年十一月十九日辰時，在臺灣府。

十五世豪來，諱盛，永坤次子，往臺灣。

十五世觀瀟，諱盛，國銓長子，希階之孫，生於乾隆二十三年六月十七日卯時，妣鄭氏，移臺灣。

十五世雨財，永坤長子，希榮孫，往臺灣府。

十五世觀浩，諱盛，國銓次子，生於乾隆二十九年正月二十一日未時，往臺灣。

十五世東日，字盛，諱秀升，國瑞子希階孫，稱居臺灣。

十五世觀德，諱盛，字秀公，光獻長子，生於乾隆九年九月十三日酉時，往臺灣。

十五世開元，字秀公，文英長子，生於乾隆三十四年十一月十一日辰時。妣鄭氏，生一子名沈，移臺灣。

十五世觀尊，字秀公，邦佐長子，希萃孫，乾隆三十一年十一月二十五日未時生，乾隆五十三年八月十二日亥時在臺大甲莊辭世。妣莊氏。

十五世就陰，諱盛進，字秀公，德芳長子，希璋孫，生於乾隆三十三年十一月十八日巳時，卒於嘉慶十三年九月初四日子時，在嘉義縣大埔莊歸世。妣王氏，生子三，光悦、嫣喜、錫孫。

十五世良陰，字秀公，諱盛善，德芳次子，生於乾隆三十八年，妣廖氏、王氏，移臺灣。

十五世瑞陰，字秀公，德芳三子，生於乾隆四十一年正月初九日午時，繼子登清，移居臺灣嘉義大埔莊。

十五世能安，德川長子，希瑶孫，生於乾隆五十九年九月初二日午時，移居臺灣，别世在員林街，葬在竹篾店大路墘。

十五世榮宗，字秀耀，諱盛元，德甫長子，希球孫，生於乾隆五十五年十二月二十一日子時，道光二十八十月初二日申時在臺辭世，葬在滴仔老鳥埔，坐東。妣蕭氏名款娘，生一子名江湖。

十六世阿周，字汝從，諱兆玉，秀宜長子，永超孫，生於乾隆三十九年二月二十九日申時，移臺灣，卒於咸豐八年十月初四日申時，葬在員林郡員林街東山傅宅内，坐東。妣張氏。繼子友枝、友湖。

十六世國學生登賢，乳名阿權，字汝衡，秀宜三子，生於乾隆四十六年九月初九日寅時，移臺灣，卒於咸豐九年十月二十四日戌時，葬在員林街東山大坵園内。二兄繼子友令，妣張氏名睦娘，臺灣張公之女，生於乾隆五十五年，卒於咸豐八年，葬在員林東山大坵園内。

十六世阿怡，字汝和，諱兆高，妣劉氏生子三，友順、友盧、友福。生一女玉珠嫁臺灣陳家。妣劉氏，臺灣劉公之女。阿怡乃秀直四子，生於乾隆四十九年，卒於同治四年，壽八十二歲。

十六世阿足，字汝全，諱兆盈，秀宜五子，生於乾隆五十一年，卒於咸豐十一年，壽七十六，葬税興街目義莊埔頭。妣蕭氏，臺灣蕭公之女，葬員林街黄厝莊合水兄山宅。生子六，友盛、友枝、友童、友萍、友河、友交。

十六世國學生八敏，字汝士，諱登龍，秀宜八子，生於乾隆五十七年，卒於道光三十年，葬在員林郡杉橋田中。妣劉氏、石氏。劉氏生子三，友鳳、友杜、友炎。繼子友懷。

十六世春生，字汝疇，諱兆圃，秀宜九子，生於嘉慶二年十二月二十日巳時，卒於道光十年八月二十八日寅時，葬在員林街東山。妣蕭氏謚宏性，生於嘉慶八年，卒於道光二十一年，葬在碑仔頭。生子三，友華、友道、友炎。

十六世國學鄉党，字汝恂，諱登雲，秀宜十子，生於嘉慶己未年十二月初五日亥時，卒於咸豐丙辰年正月二十八日未時，葬在臺灣員林郡東山紅塗坪。妣江氏、盧氏。生子四，友佳、友洪、友成、友懷。

十六世充間，字汝式，諱兆里，必達次子，永慧孫，生於乾隆四十五年庚子二月初七日。妣謝氏生子三，啞子、宜春、良泮。妣杜氏卒葬員林郡東山紅塗坪，生子接長。

十六世阿水，天選次子，國鐘孫，往臺灣。

十六世添寧，字汝活，諱兆進，召老次子，君弼孫，生於乾隆三年戊午八月二十八日申時，卒於乾隆四十年乙未八月初八日卯時，葬在員林街東勢埔。妣楊氏名水娣，生於乾隆四年，卒於道光九年，葬在員林街瓦礶厝牛埔。

十六世中巳，又名五銓，四寶子出嗣觀通之次子，生於道光二十六年。妣賴氏，在臺灣生於咸豐七年，生一子榮興。

十六世嘉應，字汝公，諱兆，秀忠之子，生於嘉慶六年，往臺灣辭世，妣簡氏。

十六世光永，字汝惶，諱兆奎，爽陰長子，生於嘉慶庚午年四月二十七日辰時，卒於道光乙未年，葬在臺灣。妣氏不詳，生一子名接成。

十六世嘉孫，觀曲長子，往臺灣辭世。

十六世炎孫，觀曲次子，往臺灣辭世。

十六世江湖，字汝錦，諱兆清，榮宗子，生於道光七年丁亥四月十三日未時，卒於同治五年丙寅十月二十三日未時，在員林街睦宜莊埔辭世。妣氏名雁娘。

十七世友枝，字常蓮，諱安然，生於嘉慶二十三年，卒於咸豐十年，葬在員林街三塊厝埔。妣邱氏名順乃，生於道光二年，卒於咸豐十年，葬在員林街牛埔頭。無育，抱繼子文振、文政、文露三個爲嗣。

十七世友旺，字常美，諱安興，阿柳長子，秀宜孫，生於嘉慶二十二年二月初十日丑時，卒於同治十一年十一月十七日辰時，葬在員林東山鯉魚山左畔。妣簡氏生子二，文標、文壇。

十七世友令，字常德，諱常紀，阿權子，秀宜孫，同治四年七月初三日申時四十七歲卒於員林，葬在員林東山。妣賴氏名笑乃，葬員林東山。生一子名文範。

十七世友爐，字常山，諱安泰，阿怡二子，秀宜孫，生於道光元年七月十九日寅時。妣陳氏乃臺灣員林內灣陳家之女，生於道光二年十月十三日，生子二，文抱、文耕。

十七世友福，字常禧，諱安禄，阿怡三子，秀宜孫，生於道光四年四月十三日卯時。妣賴氏，臺灣賴家之女，生於道光十二年十月二十三日寅時。

十七世友盛，字常興、諱安茂，阿足長子，秀宜孫，生於嘉慶二十一年十月初十日申時，卒於道光二十四年正月初八日辰時，葬在員林街黄厝莊先母墓旁。妣石氏，葬在員林，生一女名橘嫁張家。妣簡氏生一子名文波幼亡。

十七世友童，字常本，諱安國，阿足四子，秀宜孫，生於道光四年八月初十日丑時。妣江氏名朔，臺灣員林東山莊江公之女，同治十三年十一月初八日申時四十九歲，卒葬東山莊竹巷口，坐東。

十七世友豪，字常晏，諱安傑，阿足三子，秀宜孫，生於嘉慶二十五年九月十五日申時，卒於道光二十三年八月二十三日，葬在員林街牛埔頭。妣李氏名丞，生於嘉慶二十五年十一月十一日酉時，生一子名文章。

十七世友萍，字常渫，諱安錦，阿足五子，秀宜孫，生於道光二十六年九月三十日酉時，卒於光緒四年九月二十六酉時，葬在員林街東勢埔。妣賴氏名椒，臺灣員林街大莊賴公之女，生子三，長文露，次、三子名無記不詳。

十七世友交，字常友，諱安易，阿足六子，生於道光八年九月二十八日辰時，卒於道光二十八年正月初九日申時，葬在員林街黄厝莊，與生母同葬。

十七世友水，字常潤，諱安瀾，阿柳四子，生於道光五年四月十三日辰時，卒於咸豐四年七月十一日午時，葬在員林東山紅塗坪。

十七世友溪，字常恭，諱安智，七勇長子，秀宜孫，生於嘉慶二十四年十一月初六日申時，卒於同治八年十一月初三日，葬在員林郡車路口横圳岸埔，坐西。無娶，過繼二弟子文賢爲嗣。

十七世友昌，字常吉，諱安盛，七勇次子，秀宜孫，生於道光三年十月二十三日寅時。妣陳氏名贈，彰化縣燕霧保員林街沙仔侖三塊厝陳公之女，同治六年十月二十二日寅時三十六歲卒於員林街，葬在横圳岸埔。生五子，文煜、文煉、文熝、文賢。續妣邱氏及梅氏，生二女。

十七世友麟，字常異，諱安麟，七勇三子，生於道光六年七月初三日午時，卒於同治九年五月初一日午時，葬在員林街車路口横圳岸埔，坐西。妣江氏。

十七世友鳳，字常升，諱安儀，阿八長子，秀宜孫，生於道光元年二月初一日未時，卒於咸豐三年三月初二日寅時，葬在員林街東山鯉魚墓。妣游氏名税，臺灣員林大侖莊遊公之女，生於道光二年二月初五丑時，生子四，文瑞、文合、文森、文馨。

十七世友杜，字常達，諱安邦，阿八次子，生於道光三年八月二十六日寅時，卒於咸豐九年六月初七日巳時，葬在員林街牛埔頭。妣林氏名番婆，員林球公女。

十七世友華，字常雅，諱安禮，阿柳子，秀宜孫，生於道光元年十一月初五日戊時。妣曹氏名睢，臺灣曹公之女，生於道光二年十二月十五日酉時，生子三，文榜、文慶、文政。文榜幼亡。

十七世友道，字常修，諱安信，阿九次子，秀宜孫，生於道光庚寅年四月二十七日午時。妣嚴氏臺灣嚴公之女，生子三，文球、文奎、文選。

十七世友佳，字常敏，諱安善，生於道光二年十月十三日寅時，卒於同治四年五月初五日酉時，葬在員林東勢埔。妣徐氏名娘，臺灣徐公之女，生子二，文炳、文金。

十七世友成，字常厚，諱安性，鄉黨子，生於道光十三年七月十七日酉時，卒於咸豐三年十二月二十三日亥時，葬在員林街東山紅塗坪。

十七世良泮，諱安宮，阿對子，必達孫，生於嘉慶二十年，卒於道光二十五年，在臺辭世。妣江氏，抱子來傳。

十七世接，光馴子，移居臺灣內山菻集街。

十八世和尚，字仁雲，諱安悟，友萍子，生於咸豐元年元月元日丑時，卒於光緒四年十一月二十一日申時，葬在員林東勢埔。妣蕭氏名法，生一子名文願。

十八世文露，字仁，諱定，生於咸豐元年八月二十二日午時，卒於光緒四年，葬在員林東勢埔。

十八世雙生文爊、文煉，友昌次子，生於咸豐三年八月初八日酉時，不幸四歲辭世，葬在臺灣員林東勢埔。

十八世和基，字榮山，妣劉氏，生子四，德修、德進、德木、德發。和基光緒十八年過臺灣員林街，一九三五年十一月卒葬在員林三塊厝山脚。妣劉氏，臺灣劉家之女。

十九世德修，生於光緒二十六年正月十七日子時，妣張氏名玉，與德修同齡，臺灣員林郡社頭莊南雅張秋長女，抱子許家長子火星。

十九世德進，生於宣統元年三月初三日巳時，妣賴氏名瑞柳，員林郡大村莊蓮花池賴忠義之養女，生父黄姓。

十四世瞻誠，妣蘇氏、謝氏，生五子，上宛、捷宛、鳳宛、配宛、福宛。捷宛往臺灣。

十五世道會，乳名融苑，瞻聖三子，妣林氏，生子二，立棟、立玉，往臺灣。

十五世聘園，乳名杪儒，妣簡氏，生子五，炳元、焕元、灶元、瑞川、熾元，往臺灣。

十五世三元，往臺灣。

十六世四紅，上宛四子，往臺灣胡爐墩溝仔墘。

十六世周利，全標五子，瞻嶺孫，往臺灣。全標乳名想宛，妣高氏，生子八。

（《［福建南靖］梅林北龍光裕堂魏氏族譜》 清末稿本）

南靖梅林光裕堂魏氏徙臺祖名字世系

十六世汝從公移居臺灣。乳名阿周，謚兆玉。妣張氏，過房二子。

十七世友枝，字安然，謚常重，妣邱氏，過房三子，居臺灣。友湖，字安清，謚常欽，無育。友枝子十八世文振、文政。

肆房十六世汝和公居臺灣。乳名阿怡，謚兆高。妣劉氏，生三子，十七世友順、友爐、友福。

伍房十六世汝全公，乳名阿足，謚兆盈，居臺灣。妣蕭氏，生六子，十七世友盛、成枝、成河、友萍、友童、友交。

捌房十六世汝士公，居臺灣。乳名八敏，諱登龍。妣劉氏、石氏，生四子，十七世友鳳，友杜，友炎，友懷無娶。

玖房十六世汝疇公，居臺灣。乳名春生，溢兆圃。妣蕭氏，生三子，十七世友華、友道、友炎。

十六世伯祖汝從公，乳名阿周，謚兆玉。妣張氏，過房二子，友枝、友湖。公乃秀宜公之長子，生於乾隆三十九年甲午二月廿九日申時，卒於咸豐八年戊午十月初四日申時，享壽八旬加五歲，葬在臺灣員林街東山王傳宅內，坐東。妣生於乾隆下酉年十一月初十日酉時，卒於嘉慶年，葬在九龍埔。

十六世伯祖汝衡公，國學生，乳名權。妣張氏，繼一子友令。公乃秀宜公之三子，生於乾隆四十六年辛丑九月初九寅時，卒於咸豐九年十月廿四日戌時，享壽七旬加九歲，葬在臺灣員林街東山大印園内。妣乃臺灣張家之女，生於乾隆庚戌年八月廿五日戌時，卒於咸豐八年正月十三日申時，享壽六旬加九歲，葬在臺灣員林街東山大印園内。

十六世伯祖汝和公，乳名怡，謚兆高。妣劉氏，生三子，友順、友盧、友福。公乃秀宜公之四子，生於乾隆四十九年甲辰十一月十二日亥時，卒於同治四年乙丑十月廿二日寅時，享壽八旬加二歲。妣乃臺灣劉公之女，生於嘉慶丁巳年十二月初四日酉時，卒於道光戊子年二月廿五日寅時，享壽七旬，葬在臺灣員林湳仔莊鳥埔。

十六伯祖汝全公，乳名足，謚兆盈。妣蕭氏，生六子，友童、友盛、友枝、友萍、友河、友交。公乃秀宜公之五子，生於乾隆丙午十月初五日亥時，卒於咸豐辛酉年六月三十日戌時，享壽七旬加六，葬在臺灣稅興街。妣乃臺灣蕭公之女，生於乾隆乙卯年閏九月十八日未時，卒於道光乙巳年四月初二日子時，享壽五旬，葬在臺灣員林街。

十六世伯祖汝士公，乳名敏，國學生，諱登龍。妣劉氏、石氏，生三子，友鳳、友杜、友炎。公乃秀宜公之八子，生於乾隆壬子年十月十八日亥時，卒於道光庚戌年六月三十日寅時，享壽五十九歲，葬在臺灣員林街杉橋田中。妣劉氏，生於嘉慶元年丙辰八月初三日寅時，卒於道光己亥年七月初十日酉時，享年四十四歲，葬在臺灣員林街杉橋田中。妣石氏，生於嘉慶十年乙丑八月二十日丑時，卒於咸豐戊午正月初七日未時，葬在臺灣員林街東山紅塗坪。

十六世伯祖汝疇公，乳名春生，謚兆圃。妣蕭氏，生三子，友華、友道、友炎。公乃秀宜公之九子，生於嘉慶丁巳年十二月二十日巳時，卒於道光庚寅年八月廿八日寅時，享年三十四歲，葬在臺灣員林街東山。妣生於嘉慶八年癸亥閏二月廿三日卯時，卒於道光廿一年辛丑二月初六日酉時，享年三十九歲。

十六世祖汝恂公，國學生，諱登雲，乳名鄉黨。妣江氏、盧氏，生四子，友佳、友成、友洪、友懷。公乃秀宜公之子，生於嘉慶己未年十二月初五日亥時，卒於咸豐丙辰年正月廿八日未時，享壽五十有八歲，在臺灣員林仔街辭世，至光緒年文經、文全兄弟方取骨骸回家，葬在傍坑壩方畲頂，坐坤向艮兼申寅，辛丑分金。光緒丙午年十二月十一日午時葬。妣江氏，生於嘉慶辛酉年十月十七日戌時，卒於道光丁亥年五月初五日吉時，享年二十七歲，葬在九龍埔，坐乾向巽兼亥巳分金。妣盧氏，生於嘉慶辛酉年，卒於同治乙丑年，享壽六十五歲，葬在長潭下孝仔，坐卯向酉。

十七世伯祖乳名友枝，字常蓮，謚安然，妣邱氏。抱一子文振，繼一子文政，繼一子文露。公汝全公之次子過爲汝從公之長子，生於嘉慶戊寅年四月十三日寅時，卒於咸豐十年庚申五月十五日巳時，享年四十三歲，葬在臺灣員林街三塊厝埔。妣生於道光壬午年十月廿三日辰時，卒於咸豐庚申年五月初五日，享年三十九歲，葬在臺灣員林街牛埔頭。

十七世伯祖乳名友旺，字常美，謚安興。妣簡氏，生二子，文標、文壇。公乃汝贈公之長子，生於嘉慶丁丑年二月初十日丑時，卒於同治十一年癸酉，享壽五十七歲，十一月十七日辭世，葬在臺灣東山鯉魚山。妣生於道光元年辛巳七月十七日酉時，因長髮擾亂母攜出嫁。

十七世伯祖乳名友令，字常紀，謚安德。妣賴氏，生一子文範。公乃阿權公之子，秀宜公之孫，生於嘉慶廿四年己卯七月廿九日辰時，卒於同治四年乙丑七月廿三日辰時，享年四旬又七歲，葬在員林街東山。妣賴氏，名笑，生於道光二年壬午又三月十五日午時，卒於咸豐二年十二月廿五日未時,享年四十歲,葬在員林街東山。

十七世伯祖乳名友順,字常培,謚安良。妣陳氏,生四子,文傳、文亮、文珠、文印。公乃阿怡公之長子,秀宜公之孫,生於嘉慶己卯十月廿五日丑時。妣陳氏,名敬,乃陳公之女,生於道光四年甲申十月廿三日卯時。

十七世伯祖乳名友爐,字常山,謚安泰。妣陳氏,生二子,文抱、文□。公乃阿怡公二子,秀宜公之孫,生於道光元年辛巳七月十九日寅時,妣乃臺灣員林陳公之女,生於道光二年壬午十月十三日。

十七世伯祖乳名友福,字常禧,謚安溪。妣賴氏。公乃秀宜公之孫,生於道光四年甲申四月十三日卯時,妣生於道光壬辰年十月廿三日寅時。

十七世伯祖乳名友盛,字常興,謚安茂。妣石氏、簡氏。石氏生一女桔娘。簡氏生一子文波。公乃阿足公之長子,秀宜公之孫,生於嘉慶丙子年十月廿十日申時,卒於道光廿四年甲辰正月廿八日亥時,享年廿九歲,葬在臺灣員林街黃厝莊先母墓旁。妣石氏,生於嘉慶廿二年丁丑十月廿三日丑時,卒於道光十八年,享年廿二歲,繼妣簡氏嫁出。

十七世伯祖乳名友河,字常晏,謚安傑。妣李氏,生一子文章。公乃阿足公之三子,秀宜公之孫,生於嘉慶庚辰年九月十五日辰時,辛於道光廿三年八月廿三日,享年廿四歲,葬在臺灣員林。妣名丞,生於嘉慶,庚辰嫁出。

十七世伯祖乳名友萍,字常溁,謚安錦。妣賴氏,生三子,文露,文□,文□。公乃阿足公之五子,秀宜公之孫,生於道光年九月三十日丑時。妣名淑,乃臺灣員林東大莊賴公之女,生於道光戊子年三月廿六日丑時。

十七世伯祖乳名友童,字常本。妣江氏,繼一子文奎。公乃阿足公之四子,秀宜公之孫,生於道光甲申年八月初十日丑時。妣名朔,乃員林街東山江公之女,生於道光六年丙戌正月廿一日巳時,享年四十九歲,辛於同治十三年甲戌十一月初八日申時。

十七世伯祖乳名友昌,字常吉,謚安盛。妣陳氏,生四子,文煜、文煉、文熫、文郡。公乃七勇公之二子,秀宜公之孫,生於道光三年癸未十月廿三日寅時。妣名贈,乃臺灣彰化縣員林街陳公之女,生於道光辛卯年十一月十三日午時,卒於同治六年丁卯十月廿二日寅時,葬在車路口橫圳峯埔。

十七世伯祖乳名友鳳,字常昇,謚安儀。妣游氏,生四子,文瑞、文□、文合、文□。公乃阿八公之長子,秀宜公孫,生於道光元年辛巳二月,卒於咸豐三年癸丑,享年三十三歲,葬在東山。妣名稅,乃臺灣大崙游公之女,生於道光壬午年二月廿五日丑時。

十七世伯祖乳名友杜,字常達,謚安邦。妣林氏,繼一子文合。公乃阿八公之二子,生於道光癸未年八月廿六日寅時,卒於咸豐己未年三月廿七日巳時,享年三十七歲,葬在員林街牛埔頭。妣名番婆,乃臺灣林琛公之女,生於道光癸未年四月十二日午時。

十七世伯祖乳名友佳,字常敬,謚安善。妣徐氏,生二子,文炳、文金。公乃汝恂公之長子,生於道光壬午年十月十三日寅時,卒於同治乙丑年五月初五日酉時,享年四十四歲,葬在臺灣員林街山埔。妣生於道光丙戌年十月十九日戌時,卒於同治乙丑年閏五月十三未時,享年四十歲,葬在臺灣員林街。

十七世祖乳名友成,字常厚,謚安性。無娶,繼一子文經。公乃汝恂公之三子,生於道光癸巳年七月十七日酉時,卒於咸豐癸丑年十二月廿三日亥時,葬在臺灣員林街東山紅塗坪。

十八世伯考乳名文露,字仁雲,謚定悟。妣蕭氏,生一子德月。生於咸豐戊午年三月初一日丑時,卒於光緒四年,葬在東勢埔。妣蕭氏,名法,生於咸豐己未年八月廿六日申時。

(《[福建南靖]梅林北壟光裕堂魏氏族譜》 清光緒壬寅稿本)

南靖梅林鉅鹿堂魏氏徙臺祖名字世系

十五世恂攀公,生於雍正十年壬子七月三十日巳時建生,終於嘉慶十二年丁卯,葬在本處中心壩蕉頭窠半嶺,不利,至道光癸未遷葬下窠嶺,石牌記大墩丙壬,辛巳辛亥分金。女名福姑,過龍潭盧潘如爲妻。派下嗣孫用,現在臺有嗣孫名深淵。

又祖妣簡氏生一男鶴林公,生於雍正十年壬子十二月廿一日寅時,葬在本處糞箕窠嶺邊,坐乙向酉。又祖妣蘇氏,生二男一女。妣生於乾隆四年己未九月十一日申時,終於嘉慶十七年壬申九月十七日酉時。祖妣葬在石牌與攀公合葬,丙山壬向。

十六世祖鶴林公,生於乾隆丁丑年九月廿三日辰時,往臺灣居住,香火歸祠,抱三弟清源公次男爲嗣。祖妣王氏妣生於乾隆己卯年九月十三日子時,葬在九龍埔,與鶴林公合葬。

十六世祖長林公,生於乾隆三十二年丁亥七月廿八日卯時,往臺灣亡。祖妣莊氏,乳名英,生於乾隆三十八年癸巳八月廿五日丑時,葬在九龍埔。抱三弟清源公三男松生爲嗣。

十五世祖興攀公,乳名納川。祖妣張氏孺人。生二男,長鼎林,次斗養往臺亡。

十七世水湧公,諱文波,生於嘉慶三年戊午二月十六日巳時,終於臺灣彰化縣北投社歸世。妣莊氏,生於嘉慶六年辛酉十二月十四日巳時,卒於道光癸巳年八月初十日。又洪氏,生二男。長振順。次佑順,即新發之子,名長安,大埔林住。一女判娘,適古竹蘇苑籃爲媳。

十七世祖雙沛公,乃朴林公之子,諱文益,生於嘉慶庚申年二月廿一日寅時,終在臺灣乙巳年二月廿五日身故。祖妣莊氏孺人,生於嘉慶丁卯年正月十五日辰時。

十七世祖雙泰公,諱文安,生於嘉慶十三年戊辰五月初九日午時,終於同治七年戊辰二月廿六日巳時,前葬鹿港北塚,後移轉梅林下車田眉,坐庚向甲。妣生於嘉慶辛未年八月廿九日申時,終於咸豐六年丙辰九月廿三日酉時,葬在鍋仔棟。祖妣蕭氏,生一女嫁長教。妣八月十二日酉時移徙下車與公合葬。

十八世祖朝順公,生於道光廿年庚子六月十三日寅時,卒於咸豐九年己未七月廿八日,在臺灣西螺别世,葬在西螺塚埔。妣莊氏改嫁,生於壬寅年九月五日,墳墓不知何處,後至1925年乙丑,製造銀牌合風順、六順、八順四位同穴。

十八世祖增順公,過房與雙泰公爲嗣。祖生於道光辛丑年十月廿九日寅時,卒於同治辛未年九月初一日辰時,葬在臺灣,至光緒甲申年六月廿四日,同父骸回梓里,葬在下車與父親合葬,後1925年三人合葬。生一男名柳章,因長毛反亂,走不知去向。乙丑公移徙雙太公壙旁與增順和順肇華三人合葬。

十八世逢順公,妣蕭氏。其墓尋無,製造銀牌,合在朝順、六順、八順四位同穴葬。公生於道光甲辰年二月初四日寅時,卒於同治四年乙丑六月十三日戌時,葬在九龍埔。妣卒於同治四年乙丑八月尾,葬在大嶺路邊。

十八世雨順,字作雲,與雙泰公過繼,生道光己酉年十一月初二日寅時。妣賴氏孺人,乳名美娘,生四男,長炳東,次炳南,三炳良,四炳泰。又二女,長名教,次名敬。又妣江氏孺人,乳名緣,生於咸豐元年辛亥十二月初十日寅時。

十八世雨順,妣賴氏孺人,生於咸豐六年丙辰四月十六日酉時,卒於光緒廿八年壬寅六月廿九日申時。又妣江氏,生於咸豐元年十二月初十日寅時。

十八世祖義順公,字作禮,生於咸豐三年癸丑二月十七日丑時,卒於1916年丙辰九月初四日未時仙遊。妣梁氏。生三男,長炳輝,次炳標,三炳光。妣生於咸豐乙卯十月十六日寅時,卒於光緒廿一年乙未正月初十日亥時。

十八世祖六順,生於咸豐五年乙卯十一月十二日辰時,卒於光緒廿二年丙申,不知墓在何處,後至1925年雨順由臺灣回梓製造銀牌,合朝順、鳳順、八順四位同穴葬。妣簡氏幼亡。

十八世祖七順公,即和順,妣鄭氏,生於咸豐八年戊午二月初八日寅時,卒於光緒丙申十月廿三日卯時,滿壽,葬在大嶺邊,至1925年乙丑八月十二日啓纘,移徙本處下車與雙太公墓墳旁,與增順公、和順公並肇華三人合葬,本日酉時進葬。

十八世祖八順,生於咸豐十一年辛酉四月十三日卯時,卒於同治四年乙丑七月初五日酉時,但其墓墳不知何處,後至1925年乙丑,雨順由臺灣回梓製造銀牌,同合朝順、風順、六順共四位同合葬。

十七世松生公,諱奮柏,生於道光二年壬午十一月十六日亥時,卒於光緒乙酉年六月廿日,葬在臺灣鹿港。妣鄭氏,生一男深淵。又三女,阿美、阿寶、阿正。

十七世潮錦公,生於道光十二年壬辰五月十三日寅時,卒於臺灣,葬員林東勢牛埔。

十八世桃順公,生於道光三十年三月廿八日申時。

十八世柔順公,即新發,臺灣大埔林居住。生於咸豐二年壬子十一月十二日午時,卒於光緒乙巳年六月廿一日辰時。妣陳氏生一男,生於咸豐庚申年九月廿七日午時。

十九世明楊公,乃振順之長男,臺灣北投,後徙竹林居住。生於咸豐乙卯年,妣洪氏生三女。長招。次九,卒於壬寅三月初四日午時,葬在臺灣竹林。三滿,在臺灣竹林,嫁彰化郡暨官莊。

十九世明枝公,字長安,生於光緒庚子年六月廿八日酉時。乃柔順之長男,在臺灣大埔林打貓東下保中林莊警百二番地。

十九世教娘,乃雨順之長女。至光緒乙未年搬回梓里,後嫁下奎洋下樓厝莊崇枝爲兒媳,女婿莊同茂。生於光緒戊寅年正月廿九日未時,卒於中華1921年五月十七日申時。

十九世炳東,字耀明,乃雨順之長男。生於光緒己卯年八月廿八日申時,卒於光緒辛丑年正月廿六日寅時,葬在臺灣員林東勢塚埔,後啓攢葬在虎智山。妣黄氏,生一男名肇華。黄氏後招贅莊金貴,生二男。雅娘由臺至乙未回梓里。

十九世黄雅娘後招贅。黄氏雅臺灣生長,伊家原名黄科,生於光緒庚辰年二月廿五日辰時,光緒丙午年三月十八日登門莊金貴,乙己年三月十八日進贅。金貴生於同治戊辰年十一月初三日寅時。

十九世炳南,字耀箕,乃雨順之次男,亦與增順相傳。生於光緒七年辛巳閏七月十五日巳時。妣蕭氏名甜,生於光緒八年壬午八月廿五日卯時。又妣巖氏巡,生於臺灣,光緒癸巳年十月廿一日。

十九世炳良,字錦德,雨順之三男,日後子孫要傳大伯朝順。生於光緒十年甲申四月廿一日亥時。妣劉氏,臺灣生長,伊家弟劉安,侄劉洲,生於光緒八年壬午十二月初三日吉時。娶妾周氏。

十九世炳恭,乃雨順之第四男,妣游氏草,生三男二女。長國華,生於光緒十六年庚寅十二月初一日酉時。次慶華,卒於大正庚申年十一月十三日未時。三德華,生於光緒壬辰年三月十二日亥時。長女玉梅,次女玉桃。

十八世添順公,乃桂林公之孫,際祥公之子,生於咸豐五年乙卯正月初十日,卒於臺灣員林街,時光緒十三年丁亥七月初一日,葬在黄厝莊,後啓攢葬在出水虎地山。

十八世深淵,乃松生公之子,在臺灣鹿港。

二十世肇華,即大財,乃炳東之長男,生於光緒己亥年六月廿七日申時,卒於國民癸亥年五月初三日未時葬在大嶺,至1925年乙丑八月十二日啓讃,移徙下車田眉雙太公墳旁,與增順、和順公三人合葬。

二十世魏氏杏,乃炳南之長女,在臺灣居住,生於光緒辛丑年十二月十二日丑時,招贅黄馬石。生不詳。

二十世國華,乃炳恭之長男,過臺灣與炳東爲嗣,生於1915年正月十三日亥時。

二十世慶華,乃炳恭次男,過房炳良爲長男,生於1916年大正丙辰年十一月初六日寅時。批明在臺灣,1924年甲子,家慶、家國代筆,立過房字一幅,在臺交炳良親收。

二十世德華,乃炳恭之三男,生於1919年己未三月初三日未時。

二十世玉梅,乃炳恭之長女,生於庚戌年十一月廿八日卯時。

二十世玉桃,乃炳恭之次女,自幼彌月外在番仔侖黄再交抱養女,生於壬子年五月初九日戌時。

二十世魏氏鑾,乃炳良之長女,員林街黄海之女抱來養女,丙辰新曆一月廿八日入户,生於壬子年七月廿一日酉時。

二十世生華,字榮喬,乃炳輝之長男,至正十二年癸亥九月廿日搬回梓里。生於乙卯年七月初八日辰時。妻簡氏文娘,生於辛酉年七月十一日子時。

二十世掌華,即日華,乃炳南之次男,螟蛉子之,本居地萬年二八六番地,生於庚申年十二月廿五日午時。

二十一世根棉,即均綿,乃炳南之孫,生於大正十年四月廿五日寅時。

二十一世張樹,乃明楊之孫,乃長女招張柳生下所傳,生於光緒戊申年六月廿一日子時。

十九世敬娘,又名綴,乃雨順之次女阿慶,生於光緒甲午七月初五日申時,嫁金坑莊啓芳爲妻。子名榮恒。

十九世炳恭,身亡子幼,游氏草至癸亥十月十三日無奈招員林郡泉州寮胡水坑一四一番地黄再,三十五歲,己丑年十一月初二日亥時生,在臺灣招入合户。至大正1924年甲子八月初一日,在臺灣分户,黄再同游氏草並國華,慶華,德華,玉梅二房的眠床被椅頭棹物件移徙泉州寮黄再前本居地。游氏草至大正十三年八月初一日搬出,至朝水坑第三保十八番地居住。

二十世中華,前名明允,乃炳良之長男,螟蛉,生於己未三月廿日卯時。

二十世高華,乃炳良次男,在高低生長,1924年甲子十月十五日寅時生。

十二世菊娘,乃炳輝之女,1924年甲子八月十六日酉時瑞生,甲子十二月十九嫁河坑溪竹壩親家張阿雙。

十七世祖雙泰公,諱文安,生於嘉慶十三年戊辰五月初九日午時,終於同治七年戊辰二月廿六日巳時,葬在臺灣鹿港北塚。至光緒十年甲申六月廿四日,在臺灣男孫雨順到墳啓讃,交付吕朝帶回梓里本處下車田眉安葬,坐庚向甲分金,妣蕭孺人合葬。

十七世妣蕭孺人,乳名爵娘,生於嘉慶十六年辛未八月廿九日申時,終於咸豐六年丙辰九月廿三日酉時,葬在本處□仔棟,至1925年乙丑雨順到墳啓讃移回至下車與雙泰公合葬,坐庚向甲兼酉卯三分，庚申庚寅分金。

十八世增順公，生於道光廿一年辛丑十月廿九日寅時，卒於同治十年辛未年九月初一日辰時，葬在臺灣北投，弟雨順到墳啓讃，光緒十年甲申六月廿四日，交付吕朝帶回梓里，到本處下車與雙泰公墓墳旁葬，坐庚向甲分金。妣蘇孺人，因同治四年乙丑長髮反亂身亡，不知風水墓墳在何處。

十八世和順公，即七順，生於咸豐八年戊午二月初八日寅時，卒於光緒廿二年丙申十月廿三日卯時，葬在大嶺，至1925年乙丑八月十二日，雨順到墳啓讃，移徙到下車雙泰公墳傍，與增順公肇結及孫合葬，坐庚向甲分金。

二十世肇華，生於光緒二十五年己亥六月廿七日申時，卒於1913年癸丑五月初三日未時，葬在大嶺。至1925年乙丑八月十二日，雨順到墳啓讃，回到下車雙泰公墳旁，並與增順公、七順公墓墳三位合葬，坐庚向甲分金。

再批雨順之第四男炳恭别世之後，游氏草再招贅在臺灣臺中州員林郡員林街湖水坑泉州寮一四一番地黄再。生於光緒十五年己丑十一月初二日亥時，憑媒阿蕉面約，1923年癸亥十月十三日進贅登堂，備來聘禮辦酒銀三拾元。至1924年甲子八月初一日，在臺分户，自游氏草之房内蚊帳被、眠床椅頭、棹櫃衣服、祖庫並什物，交黄再，游氏草帶去與他借用，撫養國華兄弟長大成人，將所借物件一盡歸魏家國華、慶華、德華兄弟收。

（魏雨順編《[福建南靖]梅林魏氏鉅鹿堂族譜》 1937年鈔本）

南靖梅林魏氏徙臺祖名字世系

十五世興攀，乳名納川，妣張氏，生子鼎林、斗養，往臺灣。

十六世長林，生於乾隆三十二年七月二十八日卯時，往臺灣亡。妣莊氏名英。

十七世水湧，諱文波，生於嘉慶三年戌午二月十六日巳時，在臺灣彰化縣北投社歸世。妣莊氏，又妣洪氏。洪氏生二男，長振順，次佑順，大埔林住，生一女名判娘。

十七世雙沛，諱文益，生於嘉慶五年二月二十一寅時，卒於道光二十五年二月二十五日，終在臺。

十七世裕旺，生於嘉慶二十一年二月初一午時。妣邱氏，生於道光四年九月初二日戊時。生一女名亦洽，在臺灣大埔林居住。

十七世松生，諱奮柏，生於道光二年十一月十六日亥時，卒於光緒乙酉年六月二十日。葬在臺灣鹿港。妣鄭氏，生一男深淵，又三女，名阿美、阿寶、阿正。

十七世潮錦，生於道光十二年五月十三日寅時，卒於臺灣，葬在員林東勢牛埔。

十八世朝順，生於道光二十年六月十三日寅時，卒於咸豐九年七月二十八日，在臺灣西螺别世，葬在西螺塚埔。妣莊氏。

十八世柔順，生於咸豐二年十一月十二日午時，在臺灣大埔林居住，妣陳氏生一男。

十八世添順，生於咸豐五年乙卯正月初十日，卒於光緒十三年丁亥七月初一日。在員林街歸世，葬在黄厝莊後。

十八世深淵，在臺灣鹿港。

十八世雨順，字作雲，生於道光己酉年十一月初二日寅時。妣賴氏乳名美娘，生四男二女，炳東，炳南，炳良，炳恭，長女名教，次女名敢。又妣江氏乳名緑。全家往臺灣員林郡員林街。

十九世明楊，生於咸豐五年，往臺灣北投，後徙竹林。生於咸豐五年，卒於光緒二十八(1902)年三月初四日午時，葬在臺灣竹林。妣洪氏，生三女：招、九、滿。

十九世明枝，字長安，生於光緒二十八年六月二十八日酉時，在臺灣大埔林打貓東下堡中林莊警百零二番地。

十九世炳東，字耀明，生於光緒五年八月二十八日申時，卒於光緒二十七年正月二十六日寅時，葬在員林東勢塚埔。妣黄氏生一男肇華。炳東死後黄氏雅娘招贅莊金貴，光緒三十一年三月十八日進贅。黄氏雅娘又名黄科，生於光緒六年。

十九世炳南，生於光緒七年七月十五日巳時。妣蕭氏名甜，生於光緒八年八月二十五日卯時，終於 1926 年四月初四日未時，在臺辭世。又妣嚴氏，名巡，生於光緒十九年十月二十一日。

十九世炳良，字錦德，生於光緒七年。妣劉氏名州，臺灣生長，生於光緒八年十二月三日。

十九世敬娘，又名緞，光緒二十年七月五日生於臺灣員林街。

十九世炳恭，生於光緒己丑年十一月初二日亥時。妣游氏草，生三男，長國華，次慶華，三德華。又生二女，玉梅、玉桃。國華在臺過繼炳東爲嗣。玉桃臺灣杏仔侖張再交抱爲養女。炳恭死後，游氏草因子幼，至癸亥十月十三日招臺中州員林郡泉州寮湖水坑一四一番地黄再入合户，至 1924 甲子八月初一日，黄再同游氏草並國華、慶華、玉梅及房内眠床被椅頭桌凳物體移泉州寮黄再前本居地，與阿蕉女婿黄墩厝同居寄留。游氏草至大正十三年八月初一日同黄再搬出到湖水坑第三堡三十八番地居住。

二十世魏氏杏，生於光緒二十七年十二月十二日丑時，在臺灣居住，招贅黄馬石。

二十世掌華，又名日華，生於咸豐十年，居臺灣萬年二八六番地。

二十世寶華，在臺灣。

二十一世根綿，1914 年生於臺灣員林。

二十一世張樹，明揚之孫，生於 1908 年，明揚長女在臺招張柳生所傳。

（魏雨順編《[福建南靖]梅林魏氏家譜》 1937 年稿本）

漳州鉅鹿魏氏遷臺灣開基祖名録

十七世芳師，元飛公派下，移居臺灣。

十五世隆興，聯飛公派下，移居臺灣，已傳至二十二代。

十七世松峯，聯飛公派下，移居臺灣，已傳至二十二代。

十九世德欽，雄飛公派下，由印尼遷臺灣。

十九世德芳，雄飛公派下，由印尼移居臺灣。

十九世德龍，雄飛公派下，由印尼移居臺灣。

十九世清元，雄飛公派下，由印尼排華後遷臺灣。

十九世桐霞，雄飛公派下，由印尼移居臺灣。

十九世欽忠，雄飛公派下，由印尼移居臺灣。

十四世騰誠，十三世仲綸、季綸公派下，移居臺灣。

十五世上苑，十三世仲綸、季綸公派下，移居臺灣。

十五世垸苑，十三世仲綸、季綸公派下，移居臺灣。

十五世風苑，十三世仲綸、季綸公派下，移居臺灣。

十五世配苑，十三世仲綸、季綸公派下，移居臺灣。
十五世福苑，十三世仲綸、季綸公派下，移居臺灣。
十五世聘園，十三世仲綸、季綸公派下，移居臺灣。
十六世炳元，十三世仲綸、季綸公派下，移居臺灣。
十六世煥元，十三世仲綸、季綸公派下，移居臺灣。
十六世灶元，十三世仲綸、季綸公派下，移居臺灣。
十六世端川，十三世仲綸、季綸公派下，移居臺灣。
十六世識元，十三世仲綸、季綸公派下，移居臺灣。
十五世盛月，臺北萬策公派下，移居臺灣土城。
十五世盛德，臺北萬策公派下，移居臺灣土城。
十五世盛葉，臺北萬策公派下，移居臺灣土城。
十五世盛緑，臺北萬策公派下，移居臺灣土城。
十五世盛汞，臺北萬策公派下，移居臺灣土城。
十六世雙周，臺北萬策公派下，移居臺灣土城。
十六世雙鳳，臺北萬策公派下，移居臺灣土城。
十六世雙紅，臺北萬策公派下，移居臺灣土城。
十六世雙潭，臺北萬策公派下，移居臺灣土城。
十六世雙賽，臺北萬策公派下，移居臺灣土城。
十六世雙寶，臺北萬策公派下，移居臺灣土城。
十六世雙順，臺北萬策公派下，移居臺灣土城。
十六世雙科，臺北萬策公派下，移居臺灣土城。
十七世仁輝，臺北萬策公派下，移居臺灣土城。
十七世仁過，臺北萬策公派下，移居臺灣土城。
十七世陳瓦，臺北萬策公派下，移居臺灣土城。
十八世義煌，臺北萬策公派下，移居臺灣土城。
十八世義地，臺北萬策公派下，移居臺灣土城。
十八世義車，臺北萬策公派下，移居臺灣土城。
十八世義草，臺北萬策公派下，移居臺灣土城。
十八世義松，臺北萬策公派下，移居臺灣土城。
十八世義常，臺北萬策公派下，移居臺灣土城。
十八世進春，臺北萬策公派下，移居臺灣土城。
十八世義木，臺北萬策公派下，移居臺灣土城。
十八世義海，臺北萬策公派下，移居臺灣土城。
十八世魏清，臺北萬策公派下，移居臺灣土城。
十七世仁裕，臺北萬策公派下，移居臺灣土城。
十七世仁相，臺北萬策公派下，移居臺灣土城。
十七世仁坑，臺北萬策公派下，移居臺灣土城。
十七世仁儉，臺北萬策公派下，移居臺灣土城。
十七世仁詩，臺北萬策公派下，移居臺灣土城。

十七世仁呆,臺北萬策公派下,移居臺灣土城。
十七世仁寬,臺北萬策公派下,移居臺灣土城。
十八世義深,臺北萬策公派下,移居臺灣土城。
十八世義柱,臺北萬策公派下,移居臺灣土城。
十八世義欽,臺北萬策公派下,移居臺灣土城。
十八世義容,臺北萬策公派下,移居臺灣土城。
十八世義塗,臺北萬策公派下,移居臺灣土城。
十八世義松,臺北萬策公派下,移居臺灣土城。
十九世禮樹,臺北萬策公派下,移居臺灣土城。
十九世禮,臺北萬策公派下,移居臺灣土城。
十九世茶,臺北萬策公派下,移居臺灣土城。
十九世禮村,臺北萬策公派下,移居臺灣土城。
十九世禮旺,臺北萬策公派下,移居臺灣土城。
十九世禮安,臺北萬策公派下,移居臺灣土城。
十九世木水,臺北萬策公派下,移居臺灣土城。
十九世禮容,臺北萬策公派下,移居臺灣土城。
十九世永隆,臺北萬策公派下,移居臺灣土城。
十九世明鱗,臺北萬策公派下,移居臺灣土城。
十九世梧桐,臺北萬策公派下,移居臺灣土城。
十九世禮境,臺北萬策公派下,移居臺灣土城。
十九世金土,臺北萬策公派下,移居臺灣土城。
十九世維墩,臺北萬策公派下,移居臺灣土城。
十九世禮壽,臺北萬策公派下,移居臺灣土城。
十九世天送,臺北萬策公派下,移居臺灣土城。
十九世荊椿,臺北萬策公派下,移居臺灣土城。
十九世禮杞,臺北萬策公派下,移居臺灣土城。
十九世禮順,臺北萬策公派下,移居臺灣土城。
十九世禮忠,臺北萬策公派下,移居臺灣土城。
十九世禮旺,臺北萬策公派下,移居臺灣土城。
十九世禮國,臺北萬策公派下,移居臺灣土城。
十九世禮欽,臺北萬策公派下,移居臺灣土城。
十九世嘉成,臺北萬策公派下,移居臺灣土城。
十九世嘉川,臺北萬策公派下,移居臺灣土城。
十九世嘉明,臺北萬策公派下,移居臺灣土城。
二十世雙,臺北萬策公派下,移居臺灣土城。
二十一世盛明,臺北萬策公派下,移居臺灣土城。
二十二世智祥,臺北萬策公派下,移居臺灣土城。
二十一世劉雅惠,臺北萬策公派下,移居臺灣土城。
二十二世耀昇,北萬策公派下,移居臺灣土城。

二十一世曾美球,臺北萬策公派下,移居臺灣土城。
二十二世佳仁,臺北萬策公派下,移居臺灣土城。
二十二世孝謙,臺北萬策公派下,移居臺灣土城。
二十三世立翊,臺北萬策公派下,移居臺灣土城。
二十二世佳俊,臺北萬策公派下,移居臺灣土城。
二十一世榮懋,臺北萬策公派下,移居臺灣土城。
二十二世偉能,臺北萬策公派下,移居臺灣土城。
二十二世浩能,臺北萬策公派下,移居臺灣土城。
二十一世阿順,臺北萬策公派下,移居臺灣土城。
二十二世本林,臺北萬策公派下,移居臺灣土城。
十九世茶,臺北萬策公派下,移居臺灣土城。
二十世智言,臺北萬策公派下,移居臺灣土城。
二十一世豐柑,臺北萬策公派下,移居臺灣土城。
二十一世豐財,臺北萬策公派下,移居臺灣土城。
二十世忠通,臺北萬策公派下,移居臺灣土城。
二十一世再發,臺北萬策公派下,移居臺灣土城。
二十一世弘城,臺北萬策公派下,移居臺灣土城。
二十世智成,臺北萬策公派下,移居臺灣土城。
二十一世毓仁,臺北萬策公派下,移居臺灣土城。
二十一世志偉,臺北萬策公派下,移居臺灣土城。
二十世加吾,臺北萬策公派下,移居臺灣土城。
二十一世君豪,臺北萬策公派下,移居臺灣土城。
二十世宗民,臺北萬策公派下,移居臺灣土城。
十九世禮村,臺北萬策公派下,移居臺灣土城。
二十世智育,臺北萬策公派下,移居臺灣土城。
二十世智富,臺北萬策公派下,移居臺灣土城。
二十世必遠,臺北萬策公派下,移居臺灣土城。
二十一世大鈞,臺北萬策公派下,移居臺灣土城。
二十世蔡彩雲,臺北萬策公派下,移居臺灣土城。
二十一世華光,臺北萬策公派下,移居臺灣土城。
二十二世毓鮮,臺北萬策公派下,移居臺灣土城。
二十一世統光,臺北萬策公派下,移居臺灣土城。
二十世智萬,臺北萬策公派下,移居臺灣土城。
二十一世信彬,臺北萬策公派下,移居臺灣土城。
二十二世良宇,臺北萬策公派下,移居臺灣土城。
二十世紅綢,臺北萬策公派下,移居臺灣土城。
二十一世文贊,臺北萬策公派下,移居臺灣土城。
二十一世文生,臺北萬策公派下,移居臺灣土城。
二十一世信正,臺北萬策公派下,移居臺灣土城。

二十一世信宗,臺北萬策公派下,移居臺灣土城。
二十世阿斗,鉅臺北萬策公派下,移居臺灣土城。
十九世雷月遠,臺北萬策公派下,移居臺灣土城。
二十世靜秋,臺北萬策公派下,移居臺灣土城。
十八世進春,臺北萬策公派下,移居臺灣土城。
十九世禮容,臺北萬策公派下,移居臺灣土城。
二十世琦璋,臺北萬策公派下,移居臺灣土城。
二十世智培,臺北萬策公派下,移居臺灣土城。
二十一世誠,臺北萬策公派下,移居臺灣土城。
二十二世世明,臺北萬策公派下,移居臺灣土城。
二十二世世昌,臺北萬策公派下,移居臺灣土城。
二十一世文鑫,臺北萬策公派下,移居臺灣土城。
二十世智源,臺北萬策公派下,移居臺灣土城。
二十一世振鈺,臺北萬策公派下,移居臺灣土城。
二十世智發,臺北萬策公派下,移居臺灣土城。
二十一世瑞智,臺北萬策公派下,移居臺灣土城。
二十世張春菊,臺北萬策公派下,移居臺灣土城。
二十世金泉,臺北萬策公派下,移居臺灣土城。
二十一世乾州,臺北萬策公派下,移居臺灣土城。
二十二世群哲,臺北萬策公派下,移居臺灣土城。
二十世紫林,臺北萬策公派下,移居臺灣土城。
二十一世安聲,臺北萬策公派下,移居臺灣土城。
二十世智能,臺北萬策公派下,移居臺灣土城。
二十一世樟安,臺北萬策公派下,移居臺灣土城。
二十二世溪億,臺北萬策公派下,移居臺灣土城。
二十一世文傑,臺北萬策公派下,移居臺灣土城。
二十一世博文,臺北萬策公派下,移居臺灣土城。
二十世贊烈,臺北萬策公派下,移居臺灣土城。
二十一世信雄,臺北萬策公派下,移居臺灣土城。
二十一世顯堂,臺北萬策公派下,移居臺灣土城。
二十世森澤,臺北萬策公派下,移居臺灣土城。
二十世賢德,臺北萬策公派下,移居臺灣土城。
二十一世甫翰,臺北萬策公派下,移居臺灣土城。
十九世金土,臺北萬策公派下,移居臺灣土城。
二十世安助,臺北萬策公派下,移居臺灣土城。
二十一世堅基,臺北萬策公派下,移居臺灣土城。
二十二世鏜動,臺北萬策公派下,移居臺灣土城。
二十一世進添,臺北萬策公派下,移居臺灣土城。
二十世安益,臺北萬策公派下,移居臺灣土城。

二十世鴻鈞，臺北萬策公派下，移居臺灣土城。

十九世維墩，臺北萬策公派下，移居臺灣土城。

二十一世騰興，臺北萬策公派下，移居臺灣土城。

二十世宗勝，臺北萬策公派下，移居臺灣土城。

二十世宗民，臺北萬策公派下，移居臺灣土城。

二十一世煌霖，臺北萬策公派下，移居臺灣土城。

二十世宗强，臺北萬策公派下，移居臺灣土城。

二十一世啓帆，臺北萬策公派下，移居臺灣土城。

二十世宗德，臺北萬策公派下，移居臺灣土城。

二十一世沂軒，臺北萬策公派下，移居臺灣土城。

十九世林貴美，臺北萬策公派下，移居臺灣土城。

二十世智明，臺北萬策公派下，移居臺灣土城。

二十一世培傑，臺北萬策公派下，移居臺灣土城。

二十一世正傑，臺北萬策公派下，移居臺灣土城。

二十世智勇，臺北萬策公派下，移居臺灣土城。

二十世顔祥，臺北萬策公派下，移居臺灣土城。

二十一世信豐，臺北萬策公派下，移居臺灣土城。

二十二世宏霖，臺北萬策公派下，移居臺灣土城。

二十一世信昌，臺北萬策公派下，移居臺灣土城。

二十一世信郎，臺北萬策公派下，移居臺灣土城。

二十一世信裕，臺北萬策公派下，移居臺灣土城。

二十世廖月園，臺北萬策公派下，移居臺灣土城。

二十一世騰志，臺北萬策公派下，移居臺灣土城。

二十一世騰智，臺北萬策公派下，移居臺灣土城。

二十一世騰平，臺北萬策公派下，移居臺灣土城。

二十一世騰楚，臺北萬策公派下，移居臺灣土城。

二十世麗娟，臺北萬策公派下，移居臺灣土城。

二十世文信，臺北萬策公派下，移居臺灣土城。

二十世文太，臺北萬策公派下，移居臺灣土城。

二十世星州，臺北萬策公派下，移居臺灣土城。

二十世宏交，臺北萬策公派下，移居臺灣土城。

二十世銘賢，臺北萬策公派下，移居臺灣土城。

二十世銘寬，臺北萬策公派下，移居臺灣土城。

二十世志瑜，臺北萬策公派下，移居臺灣土城。

二十世志散，臺北萬策公派下，移居臺灣土城。

二十世良任，臺北萬策公派下，移居臺灣土城。

二十世勤軒，臺北萬策公派下，移居臺灣土城。

十二世少行，少行公派下，移居臺灣。

十三世信明，少行公派下，移居臺灣。

十四世烈枯，少行公派下，移居臺灣。
十四世翠估，少行公派下，移居臺灣。
十四世朝宗，少行公派下，移居臺灣。
十五世寅中，少行公派下，移居臺灣。
十五世達中，少行公派下，移居臺灣。
十五世大植，少行公派下，移居臺灣。
十五世茂中，少行公派下，移居臺灣。
十六世建照，少行公派下，移居臺灣。
十六世建玉，少行公派下，移居臺灣。
十六世喜生，少行公派下，移居臺灣。
十七世順安，少行公派下，移居臺灣。
十七世順秀，少行公派下，移居臺灣。
十七世春安，少行公派下，移居臺灣。
十七世瑞安，少行公派下，移居臺灣。
十七世其安，少行公派下，移居臺灣。
十七世其財，少行公派下，移居臺灣。
十七世賜國，少行公派下，移居臺灣。
十七世賜賓，少行公派下，移居臺灣。
十七世賜傳，少行公派下，移居臺灣。
十七世賜添，少行公派下，移居臺灣。
十七世賜在，少行公派下，移居臺灣。
十七世賜石，少行公派下，移居臺灣。
十七世賜尾，少行公派下，移居臺灣。
十八世長啓，少行公派下，移居臺灣。
十八世珞瑪，少行公派下，移居臺灣。
十八世長水，少行公派下，移居臺灣。
十八世順木，少行公派下，移居臺灣。
十八世順標，少行公派下，移居臺灣。
十八世阿清，少行公派下，移居臺灣。
十八世枝萬，少行公派下，移居臺灣。
十八世阿貞，少行公派下，移居臺灣。
十八世金火，少行公派下，移居臺灣。
十八世茂榮，少行公派下，移居臺灣。
十八世贊生，少行公派下，移居臺灣。
十八世錦泉，少行公派下，移居臺灣。
十八世金龍，少行公派下，移居臺灣。
十八世木貴，少行公派下，移居臺灣。
十八世順和，少行公派下，移居臺灣。
十八世順發，少行公派下，移居臺灣。

十八世順福，少行公派下，移居臺灣。
十八世順基，少行公派下，移居臺灣。
十八世順立，少行公派下，移居臺灣。
十八世阿相，少行公派下，移居臺灣。
十八世阿景，少行公派下，移居臺灣。
十八世烏横，少行公派下，移居臺灣。
十九世石條，少行公派下，移居臺灣。
十九世石炭，少行公派下，移居臺灣。
十九世石海，少行公派下，移居臺灣。
十九世石龍，少行公派下，移居臺灣。
十九世登賢，少行公派下，移居臺灣。
十九世粗枝，少行公派下，移居臺灣。
十九世連成，少行公派下，移居臺灣。
十九世阿明，少行公派下，移居臺灣。
十九世金得，少行公派下，移居臺灣。
十九世阿仙，少行公派下，移居臺灣。
十九世阿海，少行公派下，移居臺灣。
十九世石定，少行公派下，移居臺灣。
十九世阿木，少行公派下，移居臺灣。
十九世石鬆，少行公派下，移居臺灣。
十九世石來，少行公派下，移居臺灣。
十九世定坤，少行公派下，移居臺灣。
十九世阿長，少行公派下，移居臺灣。
十九世永盛，少行公派下，移居臺灣。
十九世有色，少行公派下，移居臺灣。
十九世有義，少行公派下，移居臺灣。
十九世有智，少行公派下，移居臺灣。
十九世有訓，少行公派下，移居臺灣。
十九世有光，少行公派下，移居臺灣。
十九世有全，少行公派下，移居臺灣。
十九世有周，少行公派下，移居臺灣。
十九世福溪，少行公派下，移居臺灣。
十九世有順，少行公派下，移居臺灣。
十九世開旺，少行公派下，移居臺灣。
十九世有財，少行公派下，移居臺灣。
十九世有千，少行公派下，移居臺灣。
十九世有房，少行公派下，移居臺灣。
十九世有長，少行公派下，移居臺灣。
十九世有章，少行公派下，移居臺灣。

十九世有亮，少行公派下，移居臺灣。
十九世有華，少行公派下，移居臺灣。
十九世水通，少行公派下，移居臺灣。
十九世水盛，少行公派下，移居臺灣。
十九世有令，少行公派下，移居臺灣。
十九世有勇，少行公派下，移居臺灣。
十九世慶同，少行公派下，移居臺灣。
十九世慶富，少行公派下，移居臺灣。
十九世慶芳，少行公派下，移居臺灣。
十九世阿達，少行公派下，移居臺灣。
十九世阿親，少行公派下，移居臺灣。
十九世聰奇，少行公派下，移居臺灣。
十九世聰明，少行公派下，移居臺灣。
十九世聰聲，少行公派下，移居臺灣。
十九世阿深，少行公派下，移居臺灣。
十九世聰文，少行公派下，移居臺灣。
十九世聰雲，少行公派下，移居臺灣。
十九世錦蟬，少行公派下，移居臺灣。
十九世阿來，少行公派下，移居臺灣。
十九世阿牛，少行公派下，移居臺灣。
十九世春來，少行公派下，移居臺灣。
二十世阿鳳，少行公派下，移居臺灣。
二十世清維，少行公派下，移居臺灣。
二十世清福，少行公派下，移居臺灣。
二十世清發，少行公派下，移居臺灣。
二十世清河，少行公派下，移居臺灣。
二十世清貴，少行公派下，移居臺灣。
二十世清榮，少行公派下，移居臺灣。
二十世清乾，少行公派下，移居臺灣。
二十世清俊，少行公派下，移居臺灣。
二十世清連，少行公派下，移居臺灣。
二十世清德，少行公派下，移居臺灣。
二十世清志，少行公派下，移居臺灣。
二十世清助，少行公派下，移居臺灣。
二十世清民，少行公派下，移居臺灣。
二十世清雄，少行公派下，移居臺灣。
二十世石溪，少行公派下，移居臺灣。
二十世金生，少行公派下，移居臺灣。
二十世來旺，少行公派下，移居臺灣。

二十世來忠，少行公派下，移居臺灣。
二十世萬枝，少行公派下，移居臺灣。
二十世河朝，少行公派下，移居臺灣。
二十世文通，少行公派下，移居臺灣。
二十世阿銀，少行公派下，移居臺灣。
二十世秋峯，少行公派下，移居臺灣。
二十世進登，少行公派下，移居臺灣。
二十世阿輝，少行公派下，移居臺灣。
二十世阿春，少行公派下，移居臺灣。
二十世文慶，少行公派下，移居臺灣。
二十世阿庚，少行公派下，移居臺灣。
二十世文魚，少行公派下，移居臺灣。
二十世文樹，少行公派下，移居臺灣。
二十世文根，少行公派下，移居臺灣。
二十世文善，少行公派下，移居臺灣。
二十世文進，少行公派下，移居臺灣。
二十世文利，少行公派下，移居臺灣。
二十世文從，少行公派下，移居臺灣。
二十世進明，少行公派下，移居臺灣。
二十世進益，少行公派下，移居臺灣。
二十世朝祥，少行公派下，移居臺灣。
二十世永私，少行公派下，移居臺灣。
二十世秋麟，少行公派下，移居臺灣。
二十世秋榮，少行公派下，移居臺灣。
二十世炳勳，少行公派下，移居臺灣。
二十世火成，少行公派下，移居臺灣。
二十世阿坡，少行公派下，移居臺灣。
二十世水流，少行公派下，移居臺灣。
二十世文瑞，少行公派下，移居臺灣。
二十世桂林，少行公派下，移居臺灣。
二十世正有，少行公派下，移居臺灣。
二十世萬枝，少行公派下，移居臺灣。
二十世巖松，少行公派下，移居臺灣。
二十世巖宗，少行公派下，移居臺灣。
二十世昆銘，少行公派下，移居臺灣。
二十世昆國，少行公派下，移居臺灣。
二十世昆旗，少行公派下，移居臺灣。
二十世庚甲，少行公派下，移居臺灣。
二十世明鎮，少行公派下，移居臺灣。

二十世明鼎,少行公派下,移居臺灣。
二十世文聰,少行公派下,移居臺灣。
二十世輝南,少行公派下,移居臺灣。
二十世清賀,少行公派下,移居臺灣。
二十世聖容,少行公派下,移居臺灣。
二十世聖發,少行公派下,移居臺灣。
二十世聖和,少行公派下,移居臺灣。
二十世聖濱,少行公派下,移居臺灣。
二十世清奇,少行公派下,移居臺灣。
二十世清喜,少行公派下,移居臺灣。
二十世清添,少行公派下,移居臺灣。
二十世明志,少行公派下,移居臺灣。
二十世明德,少行公派下,移居臺灣。
二十世明私,少行公派下,移居臺灣。
二十世夜同,少行公派下,移居臺灣。
二十世夜順,少行公派下,移居臺灣。
二十世德水,少行公派下,移居臺灣。
二十世德枝,少行公派下,移居臺灣。
二十世德萬,少行公派下,移居臺灣。
二十世金安,少行公派下,移居臺灣。
二十世阿寶,少行公派下,移居臺灣。
二十世昌盛,少行公派下,移居臺灣。
二十世阿雄,少行公派下,移居臺灣。
二十世昌萬,少行公派下,移居臺灣。
二十世清富,少行公派下,移居臺灣。
二十世千秋,少行公派下,移居臺灣。
二十世炳煌,少行公派下,移居臺灣。
二十世金源,少行公派下,移居臺灣。
二十世幼,少行公派下,移居臺灣。
二十世秀才,少行公派下,移居臺灣。
二十一世仁聰,少行公派下,移居臺灣。
二十一世仁琦,少行公派下,移居臺灣。
二十一世仁智,少行公派下,移居臺灣。
二十一世慶長,少行公派下,移居臺灣。
二十一世慶深,少行公派下,移居臺灣。
二十一世慶昌,少行公派下,移居臺灣。
二十一世慶城,少行公派下,移居臺灣。
二十一世慶祥,少行公派下,移居臺灣。
二十一世慶裕,少行公派下,移居臺灣。

二十一世慶益,少行公派下,移居臺灣。
二十一世慶鵬,少行公派下,移居臺灣。
二十一世慶賢,少行公派下,移居臺灣。
二十一世慶利,少行公派下,移居臺灣。
二十一世慶璋,少行公派下,移居臺灣。
二十一世文福,少行公派下,移居臺灣。
二十一世文壽,少行公派下,移居臺灣。
二十一世文絡,少行公派下,移居臺灣。
二十一世玉鳳,少行公派下,移居臺灣。
二十一世文坤,少行公派下,移居臺灣。
二十一世文龍,少行公派下,移居臺灣。
二十一世文魁,少行公派下,移居臺灣。
二十一世文私,少行公派下,移居臺灣。
二十一世聰文,少行公派下,移居臺灣。
二十一世聰鏞,少行公派下,移居臺灣。
二十一世聰浪,少行公派下,移居臺灣。
二十一世清結,少行公派下,移居臺灣。
二十一世清錦,少行公派下,移居臺灣。
二十一世清松,少行公派下,移居臺灣。
二十一世清雄,少行公派下,移居臺灣。
二十一世清川,少行公派下,移居臺灣。
二十一世清華,少行公派下,移居臺灣。
二十一世清煌,少行公派下,移居臺灣。
二十一世永鼎,少行公派下,移居臺灣。
二十一世進基,少行公派下,移居臺灣。
二十一世文東,少行公派下,移居臺灣。
二十一世文鴻,少行公派下,移居臺灣。
二十一世文成,少行公派下,移居臺灣。
二十一世進園,少行公派下,移居臺灣。
二十一世志龍,少行公派下,移居臺灣。
二十一世吉川,少行公派下,移居臺灣。
二十一世吉龍,少行公派下,移居臺灣。
二十一世吉池,少行公派下,移居臺灣。
二十一世智仁,少行公派下,移居臺灣。
二十一世智銘,少行公派下,移居臺灣。
二十一世吉隆,少行公派下,移居臺灣。
二十一世宏昌,少行公派下,移居臺灣。
二十一世永吉,少行公派下,移居臺灣。
二十一世訓連,少行公派下,移居臺灣。

二十一世楝良,少行公派下,移居臺灣。
二十一世世容,少行公派下,移居臺灣。
二十一世世傑,少行公派下,移居臺灣。
二十一世世彬,少行公派下,移居臺灣。
二十一世國峯,少行公派下,移居臺灣。
二十一世朝欽,少行公派下,移居臺灣。
二十一世金杏,少行公派下,移居臺灣。
二十一世萬德,少行公派下,移居臺灣。
二十一世光渙,少行公派下,移居臺灣。
二十一世光文,少行公派下,移居臺灣。
二十一世清海,少行公派下,移居臺灣。
二十一世清男,少行公派下,移居臺灣。
二十一世清山,少行公派下,移居臺灣。
二十一世志安,少行公派下,移居臺灣。
二十一世建榮,少行公派下,移居臺灣。
二十一世嘉宏,少行公派下,移居臺灣。
二十一世嘉政,少行公派下,移居臺灣。
二十一世嘉慶,少行公派下,移居臺灣。
二十一世阿陽,少行公派下,移居臺灣。
二十一世阿金,少行公派下,移居臺灣。
二十一世光輝,少行公派下,移居臺灣。
二十一世明耀,少行公派下,移居臺灣。
二十一世清智,少行公派下,移居臺灣。
二十一世新全,少行公派下,移居臺灣。
十七世任建,雄飛公派下,移居臺灣。
十九世儉正,下黄儉正公派下,移居臺灣。
二十世尚瑩,下黄儉正公派下,移居臺灣。
二十一世由堂,下黄儉正公派下,移居臺灣。
二十二世和德,下黄儉正公派下,移居臺灣。
二十三世應州,下黄儉正公派下,移居臺灣。
二十三世應交,下黄儉正公派下,移居臺灣。
二十三世應充,下黄儉正公派下,移居臺灣。
二十三世應行,下黄儉正公派下,移居臺灣。

(《[福建漳州]鉅鹿魏氏族譜》 2003 年印本)

(三十九)范　氏

臺灣譜載范氏徙臺開基記録二則

十四世祖萬晉公,字永貞,生於康熙乙丑年三月十二日申時,卒於乾隆己巳年五月初十日巳時,享壽七十五歲,葬在臺灣府淡水廳擺接保牛埔山,坐東向西。傳三房,長榮通,次榮選,三榮進。妣鄒孺人,生於康熙戊辰年七月初二日卯時,卒於乾隆辛丑年八月初九日戌時,享壽九十四。

十五世考榮進公,生於雍正乙巳年八月二十八日亥時,卒於乾隆戊子年正月二十三日亥時,享壽四十四歲,葬在觀音山牛稠窠,坐庚向甲兼申寅,丙申丙寅分金。傳二房,長登元字起拔,次登輝字起鳳。妣林孺人,閨名蔭娘,生於雍正十三年乙卯十一月初八日辰時,卒於道光六年丙戌二月廿四日辰時,享壽九十二歲。

(《[臺灣淡水]范氏族譜》　1986年鈔本)

(四十)方　氏

雲陽方氏徙臺記録一則

九世有賢公,周炎公次子。娶黄氏,生二子,長奇守,次奇逢生一子名朝相,移居臺灣。公四月十五日忌辰。公妣合葬在雞母堆。爲甘棠脚之祖。

(《[福建漳州]雲陽方氏族譜》　1992年四修稿本)

(四十一)丁　氏

龍海白石丁氏徙臺祖名録

崑之子名寅,字秀彩,生康熙戊申年四月十四日丑時。子五,薦,盈外出臺灣,華,勤外出,儉。

田之次子名盈,外出臺灣。

讓之三子名懷,生乾隆戊午年五月初五日寅時,卒乾隆辛丑年八月十六日辰時,葬臺灣。娶江氏改適。生一子名安。

探之子名天,往臺灣。

薦之次子名邦,外出臺灣。

(丁仰高編纂《[福建漳州]白石丁氏世譜》　清嘉慶丁巳年稿本)

(四十二)蔣　氏

龍海福全蔣氏徙臺祖名録

隆,長之子,駝孫,遜曾孫,思貴派下,在臺灣。

突子四,採、練、約、緝。練往臺灣,子二。

緝往臺灣。子六,衣、錦、回、鄉、寬、限。

約往臺灣,子一名賓。

賓,宸訓子,往臺灣。

聰,其榜子,往臺灣。

添,壽子,往臺灣。

雍,韜子,往臺灣。

天賜,保子,管孫,往臺灣。

賓,生之子,天之孫,往臺灣。

儒,條子,揚孫,往臺灣。

德,諱其溪,字起萬,子聖祐往臺灣。

允,往臺灣。

萬賜,往臺灣。

惠,萬子,往臺灣。

(《[福建龍海]福全蔣氏宗譜》　清光緒稿本)

(四十三)藍　氏

漳浦種玉堂藍氏徙臺祖名録

二十一世振枝,子在金門。

二十一世柳興,往臺灣。

二十一世三興,柳興往臺灣,子其齊、其生。其齊子任瑞。齊生子任德、任水。

二十二世文德,往臺灣,子四,處民、健民、智民、智和。

二十一世麟仔,居臺灣。

(《[福建漳浦]石椅種玉堂藍氏族譜》　1991 年鉛印本)

(四十四)石　氏

南靖梧宅石氏徙臺祖名録

九世固隆,十世士輝,士卿於乾隆五年往臺灣,開基於臺北。

十世祖妣,士光之妻葉氏柔娘,攜子文耀往臺謀生,開基於臺北。

十世士□,祖妣慈直林氏石媽開基於桃園縣。

十一世文輝,往臺灣開基。

十二世必信,往臺灣開基。

十四世高納,高祥往臺灣開基。

(石世玉主編《[福建南靖]梧宅石氏族譜》 1995年稿本)

桃園石氏開基名録

鶯遷梧宅始祖玉全公,於洪武年間,開基住在南靖縣永豐里梧宅社掘仔居住。媽先卒,葬在長塔,姓名莫考。玉全公卒葬在寅領坪,至崇禎六年癸酉十一月十四日卯時,再庚葬在原處,坐艮向坤。

始祖玉全公以來,寓居漳州府南靖縣永豐里梧宅社掘仔長居住,八世祖考諱有致公,妣王氏。

九世祖考諱國瑞公,此二世在靖邑居住之祖妣考,系同四月廿九日忌辰。

十世祖考諱士卿,號汝相,謚謹篤公,生於康熙三十七年戊寅十月初一日辰時,卒於乾隆三十七年壬辰八月廿六未時,葬在大安寮石厝科。祖妣初一日酉時建生,卒乾隆五十八年癸丑十二月廿五日辰時,葬在深坵莊,後移大安寮石厝科合葬。夫妻先漳州府南靖縣永豐里梧宅社掘仔長居住,因乾隆五年庚申來臺灣府,後移居淡水擺接堡深坵莊,開墾成田立業,祖厝一座,則現在之臺北縣深丘里中山路一段九十七巷一號。生四男,長男文近,次男文槍,三男文偉,四男文固。

(《[臺灣桃園]石氏春秋源流篇》 1991年稿本)

(四十五)董　氏

南靖磜頭董氏福元祠系徙臺記録一則

十三世周舍,字璠球,葬大路下。妣盧氏,葬竹葉窠。生五男,月華,日華去臺灣,斗華,生華,立養付翠荆立嗣。

(《[福建南靖]梅林磜頭董氏福元祠家譜》 1912年稿本)

南靖磜頭董氏徙臺祖名録

十六世雙進公,字蘭華,號榮書,葬碗瑶坑背。妻黄氏嫁出,生鳳蘭往臺灣。

十五世門龍公,字又山,往臺灣。妻賴氏,葬磜甲山。生二男,魁官、仲官。魁官公葬在磜甲山。

長房二,一熙公,字伯田。妻王氏,生四男,善、磬、佳、如,移臺灣。

十一世德弘公,葬樟楠樹窠。妻氏葬月留。生二男,魁、殷思。

十一世照公,字聯祚,葬長圳。妻吕氏,葬北坑大路下。生四男,喜去臺,天水,清水,殷歷去臺。

長房二,十世一窮公,法八郎,字伯錦,葬牛牯凸。妻劉氏,葬老遊坑窠頂。妾張氏,葬漢坑崎子。生二男,聯惠,聯攀去臺。

長房二,十二世長福公,葬後龍山。妻簡氏,葬漢坑崎子圳下奂。滿公字天才,號殷選,葬漢坑崎子,妻馬氏葬背頭山頂,生四男,文彩去臺,文林,文舉,福貴。

十三世文林公,葬茶樹頭。妻林氏,葬山背。生四男,阿養去臺,石禄,三臺,四斗福去臺。

長房二,十三世文舉公,葬崩背山。妻王氏,葬横山崗。生三男,去臺。

長房二,十五世接群公,字孟秀。妻蘇氏。生四男,清蘭、清福二子付北兆立嗣。北兆公,字孟群,妻張氏。

十六世清蘭公,妻林氏,嗣男應禮。

十二世三奇公,字殷俊,葬官竹洋竹塘。妻闕氏,葬漢坑貓檀。生二男,阿君、丙壽。

十三世阿君公,字文拔,葬山凹墩。妻賴氏,同葬。生二男,招慶、阿遠。

十四世招慶公,字元禄,去臺。妻林氏葬荒崁頭。生二男,寬秀、連秀。

十四世阿遠公,字元章,去臺。妻蘇氏,生二男,和秀、攀秀。

長房二,十三世丙壽公,字文玉,號選華,去臺。妻鄭氏,葬佘甲窠。生四男,起妹,發振,起魯去臺,蘭曾。

長房二,十五世春秀公,字輝玄,往臺故。

長房二,十四世起曾公,去臺。

長房二,十四世蘭曾公,字元貴,去臺。妻陳氏,生男東秀、來秀。

長房二,十二世心白公,葬山牛子路下,妻盧氏同葬。生一男壽養,字予陞,升去臺。

長房二,十二世朋公,字開富。妻謝氏嫁出。生男壬妹。

觀保公,妻氏生二男,石旺,三連去臺生一男。

長房二,十五世寅妹公,去臺。

長房三開二房,十世振關公葬魯子潭崎。生一男三義,移居臺灣。

十世逢春公。生男石遠,妻魏氏,生三男,林,保去臺灣,蔭。

十二世蘭仲公,妻黄氏,生一男石元往臺灣。

十二世林蔭公,葬山牛凹。妻江氏,葬石墩。生三男,日才,阿貴去臺灣,日可。

五房長十二世永映公,字日壽,葬大嶺。妻鄔氏,葬禾坪角。生五男,長文慶,次文廣,三阿松往臺灣,四文禮,五文大。

五房長十四世接妹,往臺灣。

五房長十一世高彝,字瑞九,往臺灣。

十四世曰天公，十世弘派下，妻氏生一男秀鳳，往臺灣。

十四世曰梧公，十世弘派下，妻氏生一男觀停往臺灣。

十二世瓦公，珍派下，字希亮，葬壩心。妻魏氏，生五男，長貴福，次進禄，三阿己，四阿四，五元秀，往臺灣。

十三世球章，字壽應，十世法馨派下，妻陳氏，往臺灣。

十三世瑞章，字增榮，往臺灣。妻江氏。

十五世標俊，往臺灣。

十一世邦佐公，往臺灣。妻氏生男名科玖。

十二世士湖、士淵，同葬上凹角，立門長生。阿夏往臺灣。

十二世荀龍，往臺灣。

（董英華纂修《[福建南靖]梅林磜頭董氏族譜》 1950年稿本）

（四十六）程　氏

詔安程氏徙臺祖一則

文惠公來漳浦官迪功郎，子孫爰居此地。至渠爵公帶二子再移詔安後門山以居之，吾族由後門山由來臺灣浦心。四房祖是在後門山，其叔公孫來臺。

（《[臺灣雲林]程氏族譜》 1980年稿本）

（四十七）連　氏

長泰連氏徙臺祖名字世系事録

八世繩房道派，操，字伯克，鼎之公四子。生崇禎戊寅年十月吉日未時，康熙丙子年八月十七日午時卒於臺灣，壽五十九，葬臺之岡山埔，坐卯向西。娶劉氏，生一子曰熊。女二，長適林元灼户，次適葛尾梁惟德户基公。

（《[福建長泰]上党連氏江都族譜》生齒志之一，全宗一至八世生齒　清宣統稿本）

長泰上党連氏徙臺開基祖名録

十一世而，子五，長班，次樵出繼綽，三檬，四冒，五拙往臺灣。

十世坊廷表，子五，長鏨，次銅，三鎰，四鐵，五天賜往臺灣。

九世爍君棲公，長子軌廷軾，往臺灣。

九世燃君欽公，生四子，四子回往臺灣卒。

九世遷君，子三，次巖往臺灣卒。巖生子榮祖、廷明往臺灣。四子四歲同兄往臺灣。

（《[福建長泰]上党連氏江都族譜》世系一，全宗一至十一世　清宣統稿本）

長泰上党連氏徙臺開基祖名字世系

九世振房明公派，完奏，直公三子，出繼胞叔奏松公。生崇貞戊寅年十二月廿二日午時。娶妻被出。康熙丁酉年十一月卒於臺灣鳳山縣大罔山，遂葬其地罔山埔。養男銓流出，無後。

九世振房明公派，午奏，魁公次子。生崇貞庚午年，往臺灣死。

九世振房明公派，陳天公次子。生康熙丁未年十一月初四日巳時，辛亥年八月卒於臺灣，壽六十五，葬鳳山縣。

九世振房仲公派，尚奏立公長子生天啓乙丑年戊子年往吕宋死。

九世房仲公派，亨奏，春公子。生崇貞辛巳年正月，康熙壬午年卒於臺灣，壽六十二。娶李氏生二子，長傳，次讀賣去，女一適内方王梁公。

九世繩房子公派，固，字君貞，伯止公長子。生康熙癸卯年，戊寅年五月廿六日酉時卒於臺灣，葬罔山埔。未娶。

九世繩房道公派，炫，伯史公次子。生順治丙申年三月廿五日酉時，康熙辛巳年九月廿五日卒於臺灣鳳縣罔山埔。

九世繩房道公派，熊，字君威，伯充公子。生康熙戊午年三月十九日丑時，康熙辛卯年五月廿二日卒於臺灣，附葬父伯充公墓側。

九世繩房道公派，部，字若册，伯槼公六子。生康熙辛未年二月六日酉時，乾隆癸亥年九月十二日卯時卒於臺灣，壽五十三。娶張氏，生二子，曰獻，曰禄。

九世繩房道公派，富，伯槼公三子。生康熙庚申年四月廿四日酉時，雍正辛亥年八月卒於臺灣，葬諸羅縣某處，壽五十一，娶虞氏，無子。

（《[福建長泰]上党連氏江都族譜》 清宣統稿本）

（四十八）姜　氏

臺灣姜氏世良系世系名録

十一世士賢，妣劉氏。子世欽，居香港。次朝忠，居新竹峨眉中興村。四子朝璋居峨眉中興村。

十世九輝，妣姚氏。子如潛、君禄、德秀、登文，孫十三。如潛居新竹竹東圓山里。

十一世文元，妣石氏。子殿耀、殿明、殿友、殿春、殿山五房。居臺中大里鄉西湖村。

十一世文迎，妣林氏。子廷鳳、廷友。居桃園新屋頭洲村。

十一世文能，妣江氏。子殿富、殿開、殿揚、殿宣。居桃園新屋大欄村。

十一世文質，妣張氏。子殿高、殿發、殿章、殿爵。居桃園新屋姜範。

十一世文周，妣賴氏吴氏。子殿坤、殿喜、殿禄、殿興。居桃園觀音大潭。

十一世昇亮，同贊子，妣温氏。子廷居、廷禄、廷達。居新竹新埔文山里。

十一世文欽，興芝子，妣陳氏、楊氏。子殿益、殿卿、殿國、殿拔。居桃園新屋東明村。

十一世毓珍，妣洪氏。子義長子，徙臺灣嘉義中埔鄉中崙村，子克全、克斌、克贊。

十世俊賢，妣張氏許氏。徙臺灣。子公成、公喜、昇乾、昇友、昇錦，裔居桃園南投。

（姜仁通編《[臺灣]姜氏世良派下系統表》 1989年自定稿）

（四十九）鄒　氏

華安鄒氏徙臺開基祖及在臺世系名録

子吕公三子澤，順隆公二十五世，字澤瑞，妣黄氏，在臺灣。
澤瑞子綿，順隆公二十六世，妣黄氏，生子四，在臺灣。
綿公長子尚，順隆公二十七世，妣何氏，生子三，在臺灣。
綿公次子禄，順隆公二十七世，在臺灣。
綿公三子亨，順隆公二十七世，在臺灣。
綿公嗣子神扶，在臺灣。
綿公四子技，順隆公二十七世，妣顔氏，生五男，在臺灣。
尚公長子山觀，順隆公二十八世，在臺灣。
尚公嗣孫元煌，順隆公二十八世，在臺灣。
尚公次子天送，順隆公二十八世，妣倪氏，生三子，在臺灣。
尚公三子益三，順隆公二十八世，在臺灣。
禄亨公嗣子神扶，順隆公二十八世，妣謝氏，生一子，在臺灣。
枝公長子建月，順隆公二十八世，妣林氏，生四子，在臺灣。
枝公三子建雲，順隆公二十八世，妣吴莊林氏，生一子，在臺灣。
枝公四子賜美，順隆公二十八世，妣陳氏，生三子，在臺灣。
枝公五子留永，順隆公二十八世，妣許氏，生四子，在臺灣。
天送長子心婦，順隆公二十九世，在臺灣。
天送嗣子木生，在臺灣。
神扶一子玉，順隆公二十九世，妣楊氏，生三子，在臺灣。
建月長子連富，順隆公二十九世，妣楊氏，生四子，在臺灣。
建月次子連賜，順隆公二十九世，妣楊氏，生一子，在臺灣。
建月三子連財，順隆公二十九世，妣曾氏，生一子，在臺灣。
建月四子連蕊，順隆公二十九世，妣王氏，生四子，在臺灣。
建雲一子連水，順隆公二十九世，妣吴氏，生二子，在臺灣。
賜美嗣子連春，順隆公二十九世，妣林氏，生二子，在臺灣。
賜美嗣子連蕊，順隆公二十九世，在臺灣。
賜美嗣子連子，順隆公二十九世，在臺灣。
留永長子連春，順隆公二十九世，在臺灣。
留永次子連旺，順隆公二十九世，在臺灣。
留永三子連興，順隆公二十九世，在臺灣。
留永四子木火，順隆公二十九世，妣許氏、林氏，生四子，在臺灣。
山觀嗣孫元煌，順隆公三十世，妣李氏，生五子，在臺灣。
心婦嗣子木生，順隆公三十世，妣黄氏，生二子，臺灣。
明公次子雙龍，順隆公三十世，妣吴氏，生一女，在臺灣。

明公四女細妹,順隆公三十世,在臺灣。
益三嗣子騫,順隆公三十世,在臺灣。
玉公長子番,順隆公三十世,妣李氏,生一子,在臺灣。
玉公次子保,順隆公三十世,妣詹氏,生三子,在臺灣。
玉公三子仲義,順隆公三十世,妣吴氏,在臺灣。
連富長子南山,順隆公三十世,妣倪氏,生二子,在臺灣。
連富次子同海,順隆公三十世,生三子,在臺灣。
連富三子大炭,順隆公三十世,生一子,在臺灣。
連富四子惡牛,順隆公三十世,在臺灣。
連賜一子添樹,順隆公三十世,妣錢氏,在臺灣。
連財嗣子南山,順隆公三十世,在臺灣。
連蕊長子萬來,順隆公三十世,妣王氏,生一子,在臺灣。
連蕊次子丙丁,順隆公三十世,生一子,在臺灣。
連水長子金盛,順隆公三十世,生一子,在臺灣。
連水次子來壽,順隆公三十世,妣林氏,生二子,在臺灣。
連水嗣女陳線,順隆公三十世,生一子,在臺灣。
連春長子清秀,順隆公三十世,妣梁氏,生一子,在臺灣。
連春次子清標,順隆公三十世,生四子,在臺灣。
木火長子金生,順隆公三十世,在臺灣。
木火次子炳煌,順隆公三十世,妣吕氏,生三子,在臺灣。
木火三子坤林,順隆公三十世,妣劉氏,生五子六女,在臺灣。
木火四子鑒增,順隆公三十世,妣林氏,生四子,在臺灣。
木火五子忿堅,順隆公三十世,在臺灣。
木火六子營基,順隆公三十世,在臺灣。
木火七子潮陽,順隆公三十世,在臺灣。
木火八子銓欽,順隆公三十世,在臺灣。
木火九子江漢,順隆公三十世,在臺灣。
木火養子玉成,順隆公三十世,在臺灣。
木火妾長子澄淵,順隆公三十世,在臺灣。
木火妾次子源彬,順隆公三十世,妣謝氏,在臺灣。
木火妾三子五朝,順隆公三十世,在臺灣。
木火妾四子漳沛,順隆公三十世,在臺灣。
元煌長子忠和,順隆公三十一世,妣江氏,生二子三女,在臺灣。
元煌次子忠武,順隆公三十一世,妣張氏,生四女,在臺灣。
元煌三子忠富,順隆公三十一世,在臺灣。
元煌四子忠智,順隆公三十一世,在臺灣。
元煌五子文星,順隆公三十一世,在臺灣。
細妹長女藤妹,順隆公三十一世,生四子二女,在臺灣。
木生長子忠信,順隆公三十一世,在臺灣。

木生次子富昌,順隆公三十一世,在臺灣。
木生長女桂妹,順隆公三十一世,生五子一女,在臺灣。
木生嗣子楨國,順隆公三十一世,生二子一女,在臺灣。
番公一子進豐,順隆公三十一世,生一子,在臺灣。
保公長子進,順隆公三十一世,生二子,在臺灣。
保公次子元成,順隆公三十一世,在臺灣。
保公三子萬生,順隆公三十一世,妣吴氏,生四子,在臺灣。
仲義長女查某,順隆公三十一世,生一子,在臺灣。
南山長子匡盛,順隆公三十一世,在臺灣。
南山次子阿福,順隆公三十一世,妣邱氏,生二子,在臺灣。
同海長子阿補,順隆公三十一世,在臺灣。
同海次子警辛,順隆公三十一世,妣何氏,生四子,在臺灣。
同海三子金萬成,順隆公三十一世,在臺灣。
火炭嗣子匡盛,順隆公三十一世,在臺灣。
添樹長子進法,順隆公三十一世,在臺灣。
萬來一子連昭,順隆公三十一世,生三子,在臺灣。
金盛嗣子林貴,順隆公三十一世,在臺灣。
來壽長子福合,順隆公三十一世,妣曾氏,生四子二女,在臺灣。
來壽次子金山,順隆公三十一世,在臺灣。
陳線一子林貴,順隆公三十一世,妣楊氏,生三子,在臺灣。
清秀一子文榮,順隆公三十一世,在臺灣。
炳煌長子炎東,順隆公三十一世,在臺灣。
炳煌次子憲忠,順隆公三十一世,妣劉氏,在臺灣。
炳煌養子協霖,順隆公三十一世,妣黄氏,生二子一女,在臺灣。
坤林長子温和,順隆公三十一世,在臺灣。
坤林次子克信,順隆公三十一世,在臺灣。
坤林三子克忠,順隆公三十一世,在臺灣。
坤林四子克儀,順隆公三十一世,在臺灣。
坤林五子克强,順隆公三十一世,在臺灣。
鑒增長子瑞堂,順隆公三十一世,妣劉氏,在臺灣。
鑒增次子明耀,順隆公三十一世,妣侯氏,在臺灣。
鑒增三子明星,順隆公三十一世,妣楊氏,在臺灣。
鑒增四子明照,順隆公三十一世,妣李氏,在臺灣。
忠和長子榮泉,順隆公三十二世,在臺灣。
忠和次子榮財,順隆公三十二世,在臺灣。
忠武長女淑娟,順隆公三十二世,在臺灣。
忠武次子淑卿,順隆公三十二世,在臺灣。
忠武三女淑玲,順隆公三十二世,在臺灣。
忠武四女淑華,順隆公三十二世,在臺灣。

藤妹長子金來，順隆公三十二世，在臺灣。
藤妹次子文榮，順隆公三十二世，在臺灣。
藤妹三子德城，順隆公三十二世，在臺灣。
藤妹四子文輝，順隆公三十二世，在臺灣。
桂妹長子有吉，順隆公三十二世，在臺灣。
桂妹次子文仁，順隆公三十二世，在臺灣。
桂妹三子文合，順隆公三十二世，在臺灣。
桂妹四子文治，順隆公三十二世，在臺灣。
楨國長子易昌，順隆公三十二世，在臺灣。
楨國次子易倫，順隆公三十二世，在臺灣。
進豐一子阿扁，順隆公三十二世，生一子，在臺灣。
進公長子萬枝，順隆公三十二世，妣陳氏，生三女，在臺灣。
進公次子金福，順隆公三十二世，生二女，在臺灣。
萬生長子進義，順隆公三十二世，在臺灣。
萬生次子進益，順隆公三十二世，在臺灣。
萬生三子榮坤，順隆公三十二世，在臺灣。
萬生四子瑞寶，順隆公三十二世，在臺灣。
查某一子金萬，順隆公三十二世，妣劉氏，生一子五女，在臺灣。
阿福長子秀雄，順隆公三十二世，妣方氏，生三子，在臺灣。
阿福次子澄枝，順隆公三十二世，在臺灣。
騫公嗣孫文合，順隆公三十二世，在臺灣。
警辛長子慶祥，順隆公三十二世，在臺灣。
警辛次子世昌，順隆公三十二世，在臺灣。
警辛三子世義，順隆公三十二世，在臺灣。
警辛四子世文，順隆公三十二世，在臺灣。
金萬成長子秋金，順隆公三十二世，在臺灣。
金萬成次子秋正，順隆公三十二世，在臺灣。
金萬成三子秋來，順隆公三十二世，在臺灣。
連招長子富欽，順隆公三十二世，在臺灣。
連招次子富順，順隆公三十二世，在臺灣。
連招三子富山，順隆公三十二世，在臺灣。
福合長子有田，順隆公三十二世，在臺灣。
福合次子有棋，順隆公三十二世，在臺灣。
福合三子榮文，順隆公三十二世，在臺灣。
福合四子乾坤，順隆公三十二世，在臺灣。
林貴長子慶旺，順隆公三十二世，在臺灣。
林貴次子慶麟，順隆公三十二世，在臺灣。
林貴三子登富，順隆公三十二世，在臺灣。
文榮一子忠棋，順隆公三十二世，在臺灣。

協霖長子鴻福,順隆公三十二世,在臺灣。
協霖次子鴻國,順隆公三十二世,在臺灣。
瑞堂長子傳皓,順隆公三十二世,在臺灣。
瑞堂次子棣泳,順隆公三十二世,在臺灣。
明耀一子守仁,順隆公三十二世,在臺灣。
阿偏一子金男,順隆公三十三世,妣陳氏,生二子,在臺灣。
金萬一子昌宏,順隆公三十三世,在臺灣。
秀雄長子旭源,順隆公三十三世,在臺灣。
秀雄次子火全,順隆公三十三世,在臺灣。
秀雄三子順良,順隆公三十三世,在臺灣。
金男長子秋風,順隆公三十四世,在臺灣。
金男次子學良,順隆公三十四世,在臺灣。
雞養公子贍,妣陳氏,生二子,在臺灣。
贍公長子樑,妣廖氏,生二子,在臺灣。
贍公次子忠信,妣陳氏,生二子,在臺灣。
忠信次子鴻典,妣郭氏,生二子一女,在臺灣。
鴻典次子天助,妣林氏,生二子二女,在臺灣。
鴻典三子天才,妣李氏,生四子,在臺灣。
天助長子金印,妣邱氏,生三子四女,在臺灣。
天助四子克明,妣陳氏,生三子五女,在臺灣。
天才三子壬癸,妣何氏,生三子,在臺灣。
金印長子茂松,妣林氏,生六子一女,在臺灣。
金印三子茂秋,妣楊氏,生三子一女,在臺灣。
克明長子旗安,生一子,在臺灣。
克明次子枝然,在臺灣。
克明三子枝和,妣王氏,生二子一女,在臺灣。
壬癸次子窗楷,妣高氏,生一女,臺灣。
壬癸四子窗昱,在臺灣。
壬癸五子窗欣,在臺灣。
壬癸六子竹苞,在臺灣。
茂松長子志中,在臺灣。
茂松次子志奮,在臺灣。
茂松三子志仁,在臺灣。
茂秋長子㟧陽,在臺灣。
枝和長子政儒,在臺灣。
枝和次子政均,在臺灣。
窗楷長女琬琳,在臺灣。
國,順隆公二十六世,妣蕭氏,生一子,在臺灣。
國公子承輔,順隆公二十七世,妣李氏,生六子,在臺灣。

承輔長子應琚，順隆公二十八世，生二子，在臺灣。
承輔次子應廟，順隆公二十八世，妣簡氏，生二子，在臺灣。
承輔三子應施，順隆公二十八世，妣賴氏、陳氏，生四子，在臺灣。
承輔四子應琨，順隆公二十八世，妣方氏、吴氏，生五子，在臺灣。
承輔五子承尊，順隆公二十八世，妣劉氏，生三子，在臺灣。
承輔六子林觀，順隆公二十八世，妣曾氏，生一子，在臺灣。
應琚長子榜，順隆公二十九世，生四子，在臺灣。
應琚次子江，順隆公二十九世，生一子，在臺灣。
應廟長子現緒，順隆公二十九世，生二子，在臺灣。
應廟次子現强，順隆公二十九世，生二子，在臺灣。
應施長子茂，順隆公二十九世，生一子，在臺灣。
應施次子茂已，順隆公二十九世，生二子，在臺灣。
應施三子茂榮，順隆公二十九世，妣賴氏，生六子，在臺灣。
應施四子茂申，順隆公二十九世，在臺灣。
應琨長子登魁，順隆公二十九世，妣魏氏，生一子，在臺灣。
應琨次子登陽，順隆公二十九世，妣劉氏，生一子，在臺灣。
應琨三子登選，順隆公二十九世，妣曾氏，生二子，在臺灣。
應琨四子登正，順隆公二十九世，在臺灣。
應琨五子登喜，順隆公二十九世，妣臧氏，生三子，在臺灣。
承尊長子南莊，順隆公二十九世，在臺灣。
承尊次子南交，順隆公二十九世，妣鄭氏，在臺灣。
承尊三子南聖，順隆公二十九世，妣宗氏，生二子，在臺灣。
林觀子有觀，順隆公二十九世，妣簡氏，生一子，在臺灣。
林觀子標公，順隆公二十九世，生四子，在臺灣。
標公次子德，順隆公三十世，生一子，在臺灣。
標公三子三，順隆公三十世，生三子，在臺灣。
標公四子美，順隆公三十世，生二子，在臺灣。
江公子桂，順隆公三十世，生一子，在臺灣。
現緒次子助，順隆公三十世，妣張氏，生三子，在臺灣。
現强長子真，順隆公三十世，生一子，在臺灣。
現强次子美歷，順隆公三十世，生二子，在臺灣。
茂公子雷，順隆公三十世，生一子，在臺灣。
茂已長子坪，順隆公三十世，生一子，在臺灣。
茂已次子斗，順隆公三十世，生一子，在臺灣。
茂榮長子果然，順隆公三十世，生一子，在臺灣。
茂榮次子崇，順隆公三十世，生三子，在臺灣。
茂榮三子能，順隆公三十世，妣江氏，生三子，在臺灣。
茂榮四子獅，順隆公三十世，生一子，在臺灣。
茂榮五子萬會，順隆公三十世，生一子，在臺灣。

登魁子天進，順隆公三十世，生一子，在臺灣。

登陽子天祥，順隆公三十世，生一子，在臺灣。

登選次子九仔，順隆公三十世，妣肅氏，生三子，在臺灣。

登選次子嵌，順隆公三十世，妣李氏，生二子，在臺灣。

登喜三子維，順隆公三十世，妣蕭氏，生二子，在臺灣。

南聖長子永義，順隆公三十世，在臺灣。

南聖次子永安，順隆公三十世，妣廖氏，生二子，在臺灣。

有觀子文安，順隆公三十世，妣鄭氏，生二子，在臺灣。

有觀子德公，順隆公三十世，在臺灣。

德公子純，順隆公三十一世，生二子，在臺灣。

三公子發，順隆公三十一世，生一子，在臺灣。

三公三子其前，順隆公三十一世，生一子，在臺灣。

美公長子捷，順隆公三十一世，生二子，在臺灣。

美公次子合，順隆公三十一世，生一子，在臺灣。

桂公子忠義，順隆公三十一世，生一子，在臺灣。

助公次子長啓，順隆公三十一世，生五子，在臺灣。

助公三子長壽，順隆公三十一世，妣盧氏，生四子，在臺灣。

真公子番薯，順隆公三十一世，生一子，在臺灣。

美歷長子讚，順隆公三十一世，生一子，在臺灣。

美歷次子哮，順隆公三十一世，生一子，在臺灣。

雷公子老針，順隆公三十一世，生三子，在臺灣。

坪公子王界，順隆公三十一世，生一子，在臺灣。

斗公子天德，順隆公三十一世，生二子，在臺灣。

果然子金在，順隆公三十一世，生三子，在臺灣。

崇公長子春，順隆公三十一世，生一子，在臺灣。

能公長子金盛，順隆公三十一世，生三子，在臺灣。

能公次子金嶽，順隆公三十一世，妣洪氏，生二子，在臺灣。

能公三子金擇，順隆公三十一世，生四子，在臺灣。

獅公子寬水，順隆公三十一世，生一子，在臺灣。

萬會子南如，順隆公三十一世，生二子，在臺灣。

天進子清歲，順隆公三十一世，妣林氏，在臺灣。

天祥子彩，順隆公三十一世，妣洪氏，生一子，在臺灣。

九仔長子益，順隆公三十一世，妣林氏，生一子，在臺灣。

九仔次子英，順隆公三十一世，妣連氏，生一子，在臺灣。

嵌公長子滾，順隆公三十一世，妣張氏，生五女，在臺灣。

維公次子羌，順隆公三十一世，妣蕭氏，生四子，在臺灣。

永安長子池，順隆公三十一世，生三子，在臺灣。

永安次子義，順隆公三十一世，在臺灣。

文安長子黑龍，順隆公三十一世，妣紀氏，在臺灣。

文安次子清泉,順隆公三十一世,妣曾氏,生一子,在臺灣。

純公長子錦泰,順隆公三十二世,在臺灣。

純公次子毛,順隆公三十二世,在臺灣。

其前子海,順隆公三十二世,生二子,在臺灣。

捷公長子樂軒,順隆公三十二世,生二子,在臺灣。

捷公次子樂淺,順隆公三十二世,生六子,在臺灣。

合公子元,順隆公三十二世,生一子,在臺灣。

忠義子允佳,順隆公三十二世,生一子,在臺灣。

長啓長子文,順隆公三十二世,生二子,在臺灣。

長啓次子和,順隆公三十二世,生一子,在臺灣。

長啓三子飛,順隆公三十二世,生三子,在臺灣。

長啓四子武,順隆公三十二世,生二子,在臺灣。

長壽長子連,順隆公三十二世,妣黄氏,生一女,在臺灣。

長壽三子目,順隆公三十二世,妣張氏,生四子,在臺灣。

長壽四子皮,順隆公三十二世,妣陳氏,生一女,在臺灣。

番薯子面,順隆公三十二世,生一子,在臺灣。

讚公子田,順隆公三十二世,生一子,在臺灣。

哮公子託,順隆公三十二世,生二子,在臺灣。

老針次子番,順隆公三十二世,生一子,在臺灣。

王界子富,順隆公三十二世,生三子,在臺灣。

天德長子大頭,順隆公三十二世,生一子,在臺灣。

天德次子樹,順隆公三十二世,生一子,在臺灣。

金在次子豆油,順隆公三十二世,生一子,在臺灣。

金在次子和尚,順隆公三十二世,生二子,在臺灣。

金盛長子喜,順隆公三十二世,生五子,在臺灣。

金盛次子清江,順隆公三十二世,在臺灣。

金盛三子清興,順隆公三十二世,生一子,在臺灣。

金嶽長子鳳,順隆公三十二世,妣黄氏,生四子,在臺灣。

金嶽次子張,順隆公三十二世,妣林氏,生二子,在臺灣。

金擇長子水養,順隆公三十二世,生一女,在臺灣。

金擇三子新枝,順隆公三十二世,生一子,在臺灣。

金擇四子新塗,順隆公三十二世,生一子,在臺灣。

寬永子留,順隆公三十二世,生一子,在臺灣。

南如次子佳生,順隆公三十二世,生三子,在臺灣。

清歲養女劉有,順隆公三十二世,生三子,在臺灣。

杉公子大呆,順隆公三十二世,妣許氏,生二子,在臺灣。

英公子無牙,順隆公三十二世,妣王氏,生四子,在臺灣。

滾公長女烏毛,順隆公三十二世,生四子,在臺灣。

滾公次女登,順隆公三十二世,在臺灣。

滾公三女夏,順隆公三十二世,在臺灣。
滾公四女珠,順隆公三十二世,在臺灣。
滾公五女棕,順隆公三十二世,在臺灣。
羌公長子存,順隆公三十二世,妣江氏,在臺灣。
羌公四子樹煌,順隆公三十二世,妣廖氏,生三子三女,在臺灣。
池公長子文章,順隆公三十二世,妣林氏,生一子,在臺灣。
池公次子文宛,順隆公三十二世,在臺灣。
池公三子文炎,順隆公三十二世,在臺灣。
清泉子炎水,順隆公三十二世,妣廖氏,生一子,在臺灣。
毛公子降,順隆公三十三世,生一子,在臺灣。
海公嗣子順,順隆公三十三世,生二子,在臺灣。
樂軒長子玉,順隆公三十三世,生一子,在臺灣。
樂軒次子鵬,順隆公三十三世,生三子,在臺灣。
樂軒四子牽,順隆公三十三世,生三子,在臺灣。
樂軒五子炎,順隆公三十三世,生四子,在臺灣。
樂成子桂,順隆公三十三世,生一子,在臺灣。
元公三子安鎮,順隆公三十三世,生一子,在臺灣。
允佳嗣子傑,順隆公三十三世,生一子,在臺灣。
允佳嗣子衾,順隆公三十三世,生一子,在臺灣。
文公嗣子安灶,順隆公三十三世,生一子,在臺灣。
和公長子福枝,順隆公三十三世,在臺灣。
和公次子福山,順隆公三十三世,妣張氏,生三子,在臺灣。
飛公長子安然,順隆公三十三世,妣曾氏,生二子,在臺灣。
飛公嗣子德坤,順隆公三十三世,妣朱氏,生二子,在臺灣。
目公長子榮純,順隆公三十三世,妣葵氏,生五子,在臺灣。
目公三子榮宗,順隆公三十三世,妣王氏,生一子,在臺灣。
目公四子綿鴻,順隆公三十三世,妣蕭氏,生二子,在臺灣。
面公子梗,順隆公三十三世,生一子,在臺灣。
田公子叢,順隆公三十三世,生一子,在臺灣。
吒公長子羅漢,順隆公三十三世,妣陳氏,生二子,在臺灣。
吒公次子永昌,順隆公三十三世,妣張氏,生二子,在臺灣。
番公子標,順隆公三十三世,生一子,在臺灣。
富公長子萬,順隆公三十三世,生一女,在臺灣。
富公次子溪,順隆公三十三世,生二子,在臺灣。
富公三子來,順隆公三十三世,在臺灣。
大頭子大鼻,順隆公三十三世,生一子,在臺灣。
樹公子石山,順隆公三十三世,在臺灣。
豆油子周希,順隆公三十三世,生五子,在臺灣。
和尚次子朝曹,順隆公三十三世,生四子,在臺灣。

喜公次子汝漢，順隆公三十三世，生二子，在臺灣。
喜公三子汝淮，順隆公三十三世，生二子，在臺灣。
喜公四子汝坤，順隆公三十三世，生六子，在臺灣。
喜公五子汝謙，順隆公三十三世，生三子，在臺灣。
清興子汝通，順隆公三十三世，生二子，在臺灣。
鳳公長子芳林，順隆公三十三世，妣黄氏，生三子，在臺灣。
鳳公次子芳川，順隆公三十三世，妣林氏，生三子，在臺灣。
鳳公三子芳波，順隆公三十三世，妣張氏，生二子，在臺灣。
鳳公四子芳芬，順隆公三十三世，生四子，在臺灣。
張公長子芳龍，順隆公三十三世，生三子，在臺灣。
張公次子芳炳，順隆公三十三世，妣曾氏，生二子，在臺灣。
水養女數，順隆公三十三世，生四子，在臺灣。
新枝子芳柱，順隆公三十三世，生一子，在臺灣。
新塗子金城，順隆公三十三世，生一子，在臺灣。
留公子庚申，順隆公三十三世，生二子，在臺灣。
佳生長子水秀，順隆公三十三世，生二子，在臺灣。
佳生次子大松，順隆公三十三世，生二子，在臺灣。
佳生三子添福，順隆公三十三世，在臺灣。
劉有長子臨，順隆公三十三世，妣林氏，生五子，在臺灣。
大呆養子丙寅，順隆公三十三世，妣謝氏，生二子，在臺灣。
無牙次子日生，順隆公三十三世，妣李氏，生六子，在臺灣。
無牙四子日水，順隆公三十三世，妣洪氏，生三子，在臺灣。
烏毛次子柳森，順隆公三十三世，妣藍氏，生三子，在臺灣。
登娘次子枝清，順隆公三十三世，妣蕭氏，生三子，在臺灣。
夏娘長子行，順隆公三十三世，生一子，在臺灣。
存公子清祈，順隆公三十三世，妣吴氏，生二子，在臺灣。
樹煌長子清塔，順隆公三十三世，妣林氏，生一子一女，在臺灣。
樹煌三子清安，順隆公三十三世，妣陳氏，在臺灣。
文章子永南，順隆公三十三世，妣李氏，生三子，在臺灣。
炎水子北埤，順隆公三十三世，妣李氏，生二子五女，在臺灣。
降公子明傳，順隆公三十四世，生三子，在臺灣。
順公次子萬入，順隆公三十四世，生三子，在臺灣。
鵬公嗣子萬錐，順隆公三十四世，生一子，在臺灣。
鵬公嗣子萬炭，順隆公三十四世，生一子，在臺灣。
鵬公嗣子萬淵，順隆公三十四世，生一子，在臺灣。
牽公長子萬火，順隆公三十四世，生一子，在臺灣。
牽公次子萬出，順隆公三十四世，生四子，在臺灣。
炎公長子萬魚，順隆公三十四世，生五子，在臺灣。
炎公次子萬岸，順隆公三十四世，生二子，在臺灣。

炎公四子萬全,順隆公三十四世,生二子,在臺灣。
桂公子有土,順隆公三十四世,生二子,在臺灣。
安鎮子萬才,順隆公三十四世,生四子,在臺灣。
傑公子木生,順隆公三十四世,生四子,在臺灣。
衾公子萬池,順隆公三十四世,生一子,在臺灣。
安灶嗣子明進,順隆公三十四世,妣吕氏,生一子,在臺灣。
福山長子錦川,順隆公三十四世,妣廖氏,在臺灣。
福山次子錦勝,順隆公三十四世,妣吴氏,在臺灣。
福山三子錦舜,順隆公三十四世,妣王氏,在臺灣。
安然長子俊傑,順隆公三十四世,妣吴氏,生二子,在臺灣。
德坤長子燕卿,順隆公三十四世,生一子,在臺灣。
榮純長子浙源,順隆公三十四世,妣石氏,生三子,在臺灣。
榮純次子浙爵,順隆公三十四世,妣王氏,生一女,在臺灣。
榮純三子明爐,順隆公三十四世,妣徐氏,生二子,在臺灣。
榮純五子明良,順隆公三十四世,妣曾氏,生三子,在臺灣。
榮宗子浙烈,順隆公三十四世,妣賴氏,生二子,在臺灣。
錦鴻次子秋火,順隆公三十四世,在臺灣。
梗公子明東,順隆公三十四世,生六子,在臺灣。
叢公子騫,順隆公三十四世,妣李氏,生三子,在臺灣。
羅漢長子松柏,順隆公三十四世,妣張氏,生五子,在臺灣。
羅漢次子松生,順隆公三十四世,在臺灣。
永昌長子來旺,順隆公三十四世,妣陳氏,生三子,在臺灣。
永昌次子串池,順隆公三十四世,生二子,在臺灣。
標公子大風,順隆公三十四世,在臺灣。
萬公女圓,順隆公三十四世,在臺灣。
溪公長子紹源,順隆公三十四世,在臺灣。
溪公次子紹德,順隆公三十四世,在臺灣。
溪公三子紹連,順隆公三十四世,在臺灣。
大鼻子有才,順隆公三十四世,在臺灣。
石山長子銘元,順隆公三十四世,生一子,在臺灣。
石山次子銘法,順隆公三十四世,生一子,在臺灣。
石山三子銘潭,順隆公三十四世,生一子,在臺灣。
石山四子銘昌,順隆公三十四世,在臺灣。
周希長子明德,順隆公三十四世,在臺灣。
周希次子明智,順隆公三十四世,在臺灣。
周希三子明傳,順隆公三十四世,在臺灣。
周希四子明仁,順隆公三十四世,在臺灣。
周希五子明信,順隆公三十四世,在臺灣。
朝曹長子政信,順隆公三十四世,生一子,在臺灣。

朝曹次子政治,順隆公三十四世,生一子,在臺灣。
朝曹四子政浩,順隆公三十四世,在臺灣。
汝漢養子聰鎮,順隆公三十四世,生一子,在臺灣。
汝淮長子達德,順隆公三十四世,在臺灣。
汝淮次子達宜,順隆公三十四世,在臺灣。
汝坤次子達修,順隆公三十四世,在臺灣。
汝坤三子達京,順隆公三十四世,在臺灣。
汝坤四子達民,順隆公三十四世,在臺灣。
汝坤五子達忠,順隆公三十四世,在臺灣。
汝坤六子達庸,順隆公三十四世,在臺灣。
汝謙長子國梁,順隆公三十四世,生二子,在臺灣。
汝謙次子國材,順隆公三十四世,在臺灣。
汝謙三子國治,順隆公三十四世,在臺灣。
汝通長子定歷,順隆公三十四世,在臺灣。
汝通次子定合,順隆公三十四世,在臺灣。
芳林長子文彬,順隆公三十四世,生三子,在臺灣。
芳林次子文獻,順隆公三十四世,生三子,在臺灣。
芳林三子文振,順隆公三十四世,生二子,在臺灣。
芳川長子文曲,順隆公三十四世,妣曾氏,生四子二女,在臺灣。
芳川四子文裁,順隆公三十四世,妣蔡氏,生一子一女,在臺灣。
芳川五子文昌,順隆公三十四世,生一子,在臺灣。
芳波長子文平,順隆公三十四世,妣賴氏,生二子,在臺灣。
芳波次子文旦,順隆公三十四世,生二子,在臺灣。
芳芬長子文明,順隆公三十四世,生三子,在臺灣。
芳芬次子魏徵,順隆公三十四世,生二子,在臺灣。
芳芬三子文正,順隆公三十四世,生一子,在臺灣。
芳芬四子文察,順隆公三十四世,在臺灣。
芳龍長子代雄,順隆公三十四世,在臺灣。
芳龍次子代嘉,順隆公三十四世,在臺灣。
芳龍三子武雄,順隆公三十四世,在臺灣。
芳炳長子代欽,順隆公三十四世,妣許氏,生一子四女,在臺灣。
數娘次子春帆,順隆公三十四世,生二子,在臺灣。
芳柱子慶來,順隆公三十四世,生三子,在臺灣。
金城子錦文,順隆公三十四世,生一子,在臺灣。
庚申長子秋桐,順隆公三十四世,在臺灣。
庚申次子秋賢,順隆公三十四世,在臺灣。
水秀次子景山,順隆公三十四世,在臺灣。
大松長子振田,順隆公三十四世,在臺灣。
大松次子振益,順隆公三十四世,在臺灣。

臨公長子祈清,順隆公三十四世,妣白氏,在臺灣。
臨公次子樹苡,順隆公三十四世,妣王氏,在臺灣。
臨公三子樹陽,順隆公三十四世,妣曾氏,生六子,在臺灣。
臨公四子樹振,順隆公三十四世,妣洪氏,生一子一女,在臺灣。
臨公五子樹涂,順隆公三十四世,生四子,在臺灣。
丙寅子大潭,順隆公三十四世,妣陳氏,生二子,在臺灣。
日生次子信郎,順隆公三十四世,妣劉氏,生二子,在臺灣。
日生三子信堂,順隆公三十四世,妣蘇氏,生一子,在臺灣。
日生四子宰儼,順隆公三十四世,妣陳氏,在臺灣。
日生五子宰忠,順隆公三十四世,妣曾氏,在臺灣。
日生六子明成,順隆公三十四世,在臺灣。
日水長子信南,順隆公三十四世,妣陳氏,生二子,在臺灣。
日水次子明憲,順隆公三十四世,在臺灣。
日水三子明勳,順隆公三十四世,在臺灣。
柳森長子坤鎮,順隆公三十四世,妣林氏,生一子一女,在臺灣。
柳森次子坤來,順隆公三十四世,妣曾氏,生三子,在臺灣。
枝清長子錐,順隆公三十四世,妣吴氏,生四子,在臺灣。
枝清次子賜鏞,順隆公三十四世,妣張氏,生三子,在臺灣。
行公嗣子坤榮,順隆公三十四世,妣王氏,生五女,在臺灣。
清祈長子宗明,順隆公三十四世,在臺灣。
清祈次子宗德,順隆公三十四世,在臺灣。
清塔長子佳霖,順隆公三十四世,在臺灣。
永南長子裕興,順隆公三十四世,妣陳氏,生一子,在臺灣。
永南次子裕斌,順隆公三十四世,妣林氏,生一子二女,在臺灣。
永南三子裕醫,順隆公三十四世,妣藏氏,生一子一女,在臺灣。
北埤長子成堆,順隆公三十四世,在臺灣。
北埤次子嶽明,順隆公三十四世,在臺灣。
明傅長子源記,順隆公三十五世,在臺灣。
明傅次子子健,順隆公三十五世,在臺灣。
明傅三次子成,順隆公三十五世,在臺灣。
萬入長子通賢,順隆公三十五世,在臺灣。
萬入次子通良,順隆公三十五世,在臺灣。
萬入三子賢論,順隆公三十五世,在臺灣。
萬炭子秋國,順隆公三十五世,在臺灣。
萬淵子耀源,順隆公三十五世,在臺灣。
萬火子金智,順隆公三十五世,在臺灣。
萬出長子金城,順隆公三十五世,在臺灣。
萬出次子金河,順隆公三十五世,在臺灣。
萬出三子金進,順隆公三十五世,在臺灣。

萬出四子金松,順隆公三十五世,在臺灣。
萬魚長子耀東,順隆公三十五世,在臺灣。
萬魚次子耀南,順隆公三十五世,在臺灣。
萬魚三子耀輝,順隆公三十五世,在臺灣。
萬魚四子耀澄,順隆公三十五世,在臺灣。
萬魚五子耀松,順隆公三十五世,在臺灣。
萬岸長子文樟,順隆公三十五世,在臺灣。
萬岸次子文照,順隆公三十五世,在臺灣。
萬全長子謂詳,順隆公三十五世,在臺灣。
萬全次子謂論,順隆公三十五世,在臺灣。
有土長子水羅,順隆公三十五世,在臺灣。
有土次子清木,順隆公三十五世,在臺灣。
萬方長子水木,順隆公三十五世,在臺灣。
萬方次子木强,順隆公三十五世,在臺灣。
萬方三子木騰,順隆公三十五世,在臺灣。
萬方四子木松,順隆公三十五世,在臺灣。
木生長子博一,順隆公三十五世,在臺灣。
木生次子武周,順隆公三十五世,在臺灣。
木生三子武亮,順隆公三十五世,在臺灣。
木生四子武彦,順隆公三十五世,在臺灣。
萬池子孝一,順隆公三十五世,在臺灣。
明進子旭隆,順隆公三十五世,在臺灣。
錦川長子慶齡,順隆公三十五世,在臺灣。
錦川次子奇齡,順隆公三十五世,在臺灣。
錦川三子聖芬,順隆公三十五世,在臺灣。
俊傑長子國彬,順隆公三十五世,在臺灣。
俊傑次子博華,順隆公三十五世,在臺灣。
浙源長子政蒼,順隆公三十五世,在臺灣。
浙源次子政晉,順隆公三十五世,在臺灣。
浙源三子政勳,順隆公三十五世,在臺灣。
明爐長子政吉,順隆公三十五世,在臺灣。
明爐次子政雄,順隆公三十五世,在臺灣。
明良長子政民,順隆公三十五世,在臺灣。
明良次子政穆,順隆公三十五世,在臺灣。
明良三子政志,順隆公三十五世,在臺灣。
浙烈長子仁淵,順隆公三十五世,在臺灣。
浙烈次子世任,順隆公三十五世,在臺灣。
明東次子藤村,順隆公三十五世,生一子,在臺灣。
明東三子茂松,順隆公三十五世,生二子,在臺灣。

明東四子界源，順隆公三十五世，生二子，在臺灣。
明東五子慶重，順隆公三十五世，在臺灣。
明東六子慶正，順隆公三十五世，在臺灣。
騫公長子清華，順隆公三十五世，妣潘氏，生二子，在臺灣。
騫公次子清濱，順隆公三十五世，妣洪氏，在臺灣。
騫公三子清水，順隆公三十五世，妣周氏，生一子，在臺灣。
松柏長子火練，順隆公三十五世，妣林氏，生二子，在臺灣。
松柏次子金虎，順隆公三十五世，妣梁氏，生一子，在臺灣。
松柏三子金雄，順隆公三十五世，妣陳氏，生一子，在臺灣。
松柏四子沛吉，順隆公三十五世，在臺灣。
松柏五子慶詳，順隆公三十五世，在臺灣。
來旺長子進明，順隆公三十五世，妣邱氏，生一子，在臺灣。
來旺次子進國，順隆公三十五世，妣白氏，生一子，在臺灣。
來旺三子進慶，順隆公三十五世，在臺灣。
串池次子孟周，順隆公三十五世，在臺灣。
銘元長子錫鎮，順隆公三十五世，在臺灣。
銘法長子英政，順隆公三十五世，在臺灣。
銘潭長子政雄，順隆公三十五世，在臺灣。
政信長子嶽奇，順隆公三十五世，在臺灣。
政洽長子睿喜，順隆公三十五世，在臺灣。
聰鎮長子爲宗，順隆公三十五世，在臺灣。
國梁長子明傑，順隆公三十五世，在臺灣。
國梁次子明峯，順隆公三十五世，在臺灣。
文彬次子賢仁，順隆公三十五世，在臺灣。
文彬三子賢信，順隆公三十五世，在臺灣。
文獻長子賢忠，順隆公三十五世，在臺灣。
文獻次子賢梁，順隆公三十五世，在臺灣。
文獻三子賢俊，順隆公三十五世，在臺灣。
文振長子賢國，順隆公三十五世，在臺灣。
文振次子賢民，順隆公三十五世，在臺灣。
文曲長子武鑾，順隆公三十五世，在臺灣。
文曲次子武道，順隆公三十五世，在臺灣。
文曲三子武助，順隆公三十五世，在臺灣。
文曲四子武傑，順隆公三十五世，在臺灣。
文栽長子世忠，順隆公三十五世，在臺灣。
文昌長子致寬，順隆公三十五世，在臺灣。
文平長子政諭，順隆公三十五世，在臺灣。
文平次子政樺，順隆公三十五世，在臺灣。
文旦長子佳穎，順隆公三十五世，在臺灣。

文旦次子佳力,順隆公三十五世,在臺灣。
文明長子武擴,順隆公三十五世,在臺灣。
文明次子武權,順隆公三十五世,在臺灣。
文明三子武烈,順隆公三十五世,在臺灣。
魏徵長子武勇,順隆公三十五世,在臺灣。
魏徵次子武志,順隆公三十五世,在臺灣。
文正養子武輝,順隆公三十五世,在臺灣。
代欽長子尚仰,順隆公三十五世,在臺灣。
三郎長子耀光,順隆公三十五世,在臺灣。
春帆長子武郎,順隆公三十五世,在臺灣。
春帆次子武劍,順隆公三十五世,在臺灣。
慶來長子東瀛,順隆公三十五世,在臺灣。
慶來次子東河,順隆公三十五世,在臺灣。
錦文長子志偉,順隆公三十五世,在臺灣。
祈清長子坤成,順隆公三十五世,妣王氏,生三子,在臺灣。
祈清次子坤明,順隆公三十五世,妣吕氏,生一子,在臺灣。
祈清三子孝興,順隆公三十五世,妣陳氏,生一子,在臺灣。
樹苡長子炳勳,順隆公三十五世,妣李氏,生一子,在臺灣。
樹苡次子松楓,順隆公三十五世,妣賴氏,生一子,在臺灣。
樹苡三子松彬,順隆公三十五世,妣陳氏,生一子,在臺灣。
樹陽長子坤華,順隆公三十五世,妣張氏,生一子三女,在臺灣。
樹陽次子戴多,順隆公三十五世,妣楊氏,生二子,在臺灣。
樹陽五子盂貢,順隆公三十五世,在臺灣。
樹陽六子碩文,順隆公三十五世,在臺灣。
樹振長子哲如,順隆公三十五世,在臺灣。
祈塗嗣子坤明,順隆公三十五世,在臺灣。
祈塗嗣子松楓,順隆公三十五世,在臺灣。
祈塗嗣子戴多,順隆公三十五世,在臺灣。
祈塗嗣子松彬,順隆公三十五世,在臺灣。
大潭長子協易,順隆公三十五世,在臺灣。
大潭次子宗奇,順隆公三十五世,在臺灣。
信郎長子鴻彰,順隆公三十五世,在臺灣。
信郎次子振協,順隆公三十五世,在臺灣。
信堂長子一興,順隆公三十五世,在臺灣。
信南長子一賢,順隆公三十五世,在臺灣。
信南次子一德,順隆公三十五世,在臺灣。
坤來長子如軒,順隆公三十五世,妣徐氏,生一子,在臺灣。
坤來次子松科,順隆公三十五世,妣王氏,生一子,在臺灣。
坤來三子文棋,順隆公三十五世,在臺灣。

錐長子志順,順隆公三十五世,在臺灣。
錐次子文權,順隆公三十五世,在臺灣。
錐三子富仁,順隆公三十五世,在臺灣。
錐四子通政,順隆公三十五世,在臺灣。
錫鏞長子宏麟,順隆公三十五世,在臺灣。
錫鏞次子文全,順隆公三十五世,在臺灣。
錫鏞三子文嘉,順隆公三十五世,在臺灣。
裕興長子仁國,順隆公三十五世,在臺灣。
裕斌長子仁閔,順隆公三十五世,在臺灣。
裕醫長子仁偉,順隆公三十五世,在臺灣。
藤村嗣子保諭,順隆公三十六世,在臺灣。
茂松長子承淵,順隆公三十六世,在臺灣。
茂松次子保諭,順隆公三十六世,在臺灣。
界源長子承棋,順隆公三十六世,在臺灣。
界源次子吉隆,順隆公三十六世,在臺灣。
清華長子柏榕,順隆公三十六世,在臺灣。
清華次子嘉慶,順隆公三十六世,在臺灣。
清水長子秉誠,順隆公三十六世,在臺灣。
火練長子明宏,順隆公三十六世,在臺灣。
火練次子志偉,順隆公三十六世,在臺灣。
金虎長子政峯,順隆公三十六世,在臺灣。
金雄長子琮隆,順隆公三十六世,在臺灣。
進明長子金璋,順隆公三十六世,在臺灣。
進國長子金憲,順隆公三十六世,在臺灣。
坤成長子騏煜,順隆公三十六世,在臺灣。
坤成次子文槐,順隆公三十六世,在臺灣。
坤成三子育朋,順隆公三十六世,在臺灣。
坤朋長子宜錚,順隆公三十六世,在臺灣。
孝興長子文驥,順隆公三十六世,在臺灣。
炳勳長子士吉,順隆公三十六世,在臺灣。
松楓長子柏庭,順隆公三十六世,在臺灣。
松彬長子嘉偉,順隆公三十六世,在臺灣。
坤華長子尚峻,順隆公三十六世,在臺灣。
戴多長子政家,順隆公三十六世,在臺灣。
戴多次子弼騫,順隆公三十六世,在臺灣。
如軒長子瑞耀,順隆公三十六世,在臺灣。
松科長子志豪,順隆公三十六世,在臺灣。
柏榕長子尚哲,順隆公三十六世,在臺灣。
阿勝,順隆公二十六世,生二子,在臺灣。

阿勝長子清課，順隆公二十七世，妣李氏，生一子，在臺灣。
阿勝次子客軒，順隆公二十七世，生一子，在臺灣。
清課子土槍，順隆公二十八世，妣受娘，生一子，在臺灣。
客軒子匯順，順隆公二十八世，生一子，在臺灣。
土槍子詰，順隆公二十九世，妣廖氏，生一子，在臺灣。
匯順子世裕，順隆公二十九世，生一子，在臺灣。
詰公子連桂，順隆公三十世，妣康氏，生一子，在臺灣。
世裕子集義，順隆公三十世，生五子，在臺灣。
連桂子火盛，順隆公三十一世，妣李氏，生三子，在臺灣。
集義長子石頭，順隆公三十一世，生二子，在臺灣。
集義次子旺，順隆公三十一世，在臺灣。
集義三子合，順隆公三十一世，生二子，在臺灣。
集義四子阿返，順隆公三十一世，妣李氏，生三子，在臺灣。
火盛長子老屋，順隆公三十二世，妣藤娘，生二子，在臺灣。
火盛次子旺爐，順隆公三十二世，妣簡氏，生二子，在臺灣。
火盛長子金水，順隆公三十二世，生三子，在臺灣。
石頭長子永勇，順隆公三十二世，生一子，在臺灣。
石頭次子永隆，順隆公三十二世，生二子，在臺灣。
合長子弗，順隆公三十二世，生一子，在臺灣。
合次子成，順隆公三十二世，在臺灣。
番長子允長，順隆公三十二世，生三子，在臺灣。
番次子千，順隆公三十二世，生一子，在臺灣。
阿返長子盛，順隆公三十二世，妣董氏，生三子，在臺灣。
阿返次子塗，順隆公三十二世，妣游氏，生二子，在臺灣。
阿返三子阿茂，順隆公三十二世，妣黄氏，生一子，在臺灣。
老屋長子禄松，順隆公三十三世，生三子，在臺灣。
老屋次子正德，順隆公三十三世，生二子，在臺灣。
旺爐長子添仔，順隆公三十三世，妣張氏，生二子，在臺灣。
金水長子老嬰，順隆公三十三世，妣林氏，生五子，在臺灣。
金水次子食乳，順隆公三十三世，妣楊氏，生二子，在臺灣。
金水三子阿呆，順隆公三十三世，生三子，在臺灣。
永勇子鴻擇，順隆公三十三世，生二子，在臺灣。
永隆長子贊新，順隆公三十三世，生二子，在臺灣。
永隆次子贊是，順隆公三十三世，生二子，在臺灣。
弗子阿祥，順隆公三十三世，生四子，在臺灣。
允長長子火焰，順隆公三十三世，生二子，在臺灣。
允長三子樹叢，順隆公三十三世，在臺灣。
千子阿土，順隆公三十三世，生二子，在臺灣。
盛長子阿和，順隆公三十三世，妣簡氏，生五子，在臺灣。

盛次子清松,順隆公三十三世,生二子,在臺灣。

盛三子阿火,順隆公三十三世,在臺灣。

塗長子英芬,順隆公三十三世,妣游氏,生二子六女,在臺灣。

塗次子春芳,順隆公三十三世,在臺灣。

阿茂長子連春,順隆公三十三世,妣劉氏,生一子,在臺灣。

禄松長子承坡,順隆公三十四世,在臺灣。

禄松次子承結,順隆公三十四世,在臺灣。

禄松三子文雄,順隆公三十四世,在臺灣。

正德長子來成,順隆公三十四世,在臺灣。

正德次子來福,順隆公三十四世,在臺灣。

添仔長子樹叢,順隆公三十四世,妣吴氏,生二子一女,在臺灣。

添仔次子榮宗,順隆公三十四世,在臺灣。

老嬰次子振義,順隆公三十四世,妣李氏,生一子,在臺灣。

老嬰次子阿標,順隆公三十三世,在臺灣。

老嬰三子阿瑞,順隆公三十四世,在臺灣。

老嬰四子朝圳,順隆公三十四世,在臺灣。

老嬰五子送來,順隆公三十四世,在臺灣。

食乳長子榮周,順隆公三十四世,在臺灣。

食乳次子萬來,順隆公三十四世,妣陳氏,生一子三女,在臺灣。

阿呆長子榮成,順隆公三十四世,在臺灣。

阿呆次子榮琳,順隆公三十四世,妣鄭氏,生二子三女,在臺灣。

阿呆三子榮華,順隆公三十四世,在臺灣。

鴻擇長子旺樅,順隆公三十四世,在臺灣。

鴻擇次子木火,順隆公三十四世,在臺灣。

贊新長子黄鶯,順隆公三十四世,在臺灣。

贊新次子阿省,順隆公三十四世,在臺灣。

贊是長子宏裕,順隆公三十四世,在臺灣。

贊是次子旺全,順隆公三十四世,在臺灣。

阿樣長子阿塗,順隆公三十四世,在臺灣。

阿祥次子謂松,順隆公三十四世,在臺灣。

阿祥三子炯坤,順隆公三十四世,在臺灣。

阿祥四子炯俊,順隆公三十四世,在臺灣。

火焰長子阿甲,順隆公三十四世,在臺灣。

火焰次子阿兩,順隆公三十四世,在臺灣。

阿土長子石銅,順隆公三十四世,在臺灣。

阿土次子振坤,順隆公三十四世,在臺灣。

阿和長子丁龍,順隆公三十四世,在臺灣。

阿和次子枝才,順隆公三十四世,妣林氏,生二子,在臺灣。

阿和三子木土,順隆公一十四世,在臺灣。

阿和四子阿本,順隆公三十四世,在臺灣。
阿和五子阿泉,順隆公三十四世,妣黄氏,生三子,在臺灣。
清松長子德旺,順隆公三十四世,在臺灣。
清松次子德金,順隆公三十四世,在臺灣。
英芳長子清松,順隆公三十四世,妣簡氏,生三子五女,在臺灣。
英芳次子阿火,順隆公三十四世,在臺灣。
連春子金槍,順隆公三十五世,妣謝氏,生二子一女,在臺灣。
樹叢長子忠賢,順隆公三十五世,妣江氏、高氏,生三子一女,在臺灣。
樹叢次子忠雄,順隆公三十五世,居美國。
樹叢女素蓮,順隆公三十五世,生一子,居美國。
振義子坤巖,順隆公三十五世,妣游氏,生二子一女,在臺灣。
萬來次子嵐山,順隆公三十五世,在臺灣。
榮琳長子振輝,順隆公三十五世,妣吴氏,生一子二女,在臺灣。
榮琳次子振耀,順隆公三十五世,妣張氏,生一子,在臺灣。
枝才長子玉枝,順隆公三十五世,生一子,在臺灣。
枝才次子阿温,順隆公三十五世,妣林氏,生二子,在臺灣。
阿泉長子阿灶,順隆公三十五世,妣林氏,生五子六女,在臺灣。
阿泉次子坤榮,順隆公三十五世,妣黄氏、林氏,生五子十女,在臺灣。
清松長子正博,順隆公三十五世,在臺灣。
清松次子德旺,順隆公三十五世,妣鄭氏,生三女,在臺灣。
清松三子德金,順隆公三十五世,妣顔氏,生一子一女,在臺灣。
金槍長子朝松,順隆公三十五世,妣徐氏,生一子,在臺灣。
金槍次子朝明,順隆公三十五世,在臺灣。
忠賢長子裕陽,順隆公三十六世,在臺灣。
忠賢次子裕群,順隆公三十六世,在臺灣。
忠賢三子裕佑,順隆公三十六世,在臺灣。
坤巖長子松甫,順隆公三十六世,在臺灣。
坤巖次子睿,順隆公三十六世,在臺灣。
振輝長子易軒,順隆公三十六世,在臺灣。
振耀長子青穎,順隆公三十六世,在臺灣。
玉枝養子楷樂,順隆公三十六世,在臺灣。
阿温次子光前,順隆公三十六世,在臺灣。
阿灶長子哲夫,順隆公三十六世,妣邱氏,生二子三女,在臺灣。
阿灶次子正義,順隆公三十六世,妣賴氏,生二子一女,在臺灣。
阿灶三子金男,順隆公三十六世,妣游氏,生二子一女,在臺灣。
阿灶四子錦順,順隆公三十六世,妣林氏,生二女,在臺灣。
阿灶五子錦田,順隆公三十六世,在臺灣。
坤榮長子初男,順隆公三十六世,妣吴氏,生二子一女,在臺灣。
坤榮次子錦山,順隆公三十六世,在臺灣。

坤榮四子錦樹，順隆公三下六世，在臺灣。

水生長子棟樑，順隆公三十六世，在臺灣。

德金長子志偉，在臺灣。

朝松長子志明，在臺灣。

哲夫次子志昌，在臺灣。

正義長子志銘，在臺灣。

正義次子志忠，在臺灣。

金男長子志亮，在臺灣。

金男次子志彬，在臺灣。

初男長子華名，在臺灣。

初男次子佳達，在臺灣。

錦山長子揚倫，在臺灣。

錦山次子揚民，在臺灣。

天福，順隆公二十七世，妣陳氏，生一子，在臺灣。

天福子淮水，順隆公二十八世，妣陳氏，生三子，在臺灣。

淮水三子昌生，順隆公二十九世，妣楊氏，生四子二女，在臺灣。

昌生長子治淵，順隆公三十世，妣李氏，在臺灣。

昌生次子治源，妣陳氏，在臺灣。

昌生三子治平，在臺灣。

昌生四子治中，在臺灣。

金榜長子智安，在臺灣。

大鵲，順隆公二十六世，妣陳氏，生五子，在臺灣。

大鵲長子有丈，順隆公二十七世，妣林氏、張氏，生七子一女，在臺灣。

大鵲次子有石，順隆公二十七世，生八子，在臺灣。

大鵲三子有志，順隆公二十七世，在臺灣。

大鵲四子有明，順隆公二十七世，妣李氏，生四子，在臺灣。

大鵲五子水缸，順隆公二十七世，妣林氏，生三子，在臺灣。

有明長子文謙，順隆公二十八世，妣高氏，生三子二女。北平朝陽大學法學士、任主任，臺灣省政府委員，國大代表。在臺灣。

有明次子木權，順隆公二十八世，妣楊氏，生五子，在臺灣。

有明三子穆德，順隆公二十八世，妣連氏，生一子四女，在臺灣。

有明四子木琨，順隆公二十八世，妣洪氏，生一子二女，在臺灣。

文謙長子永寧，順隆公二十九世，妣周氏，生一子，在臺灣。

文謙次子憲光，順隆公二十九世，妣洪氏，生一子一女，在臺灣。

文謙三子新生，順隆公二十九世，妣許氏、郭氏，生一女，在臺灣。

穆德長子心仁，順隆公二十九世，在臺灣。

永寧長子宇平，順隆公三十世，在臺灣。

憲光長子承宏，順隆公三十世，在臺灣。

新生長女宇玲，順隆公三十世，在臺灣。

匯江，順隆公二十八世，妣郭氏，生二子，在臺灣。

江匯長子秋水，順隆公二十九世，妣張氏，生二子、一女，在臺灣。

秋水長子易達，順隆公三十世，在臺灣。

秋水次子佳達，在臺灣。

成公，順隆公二十七世，妣陳氏，生四子，在臺灣。

成公子紅土，順隆公二十八世，妣黄氏，生一子九女，在臺灣。

紅土子志强，順隆公二十九世，妣阿惠，生二女，在臺灣。

紅土崇山，順隆公三十世，妣陳氏，生一子，在臺灣。

崇山子水成，順隆公三十一世，妣楊氏，生二子二女，在臺灣。

水成長子至文，順隆公三十二世，妣曾氏，生二子，在臺灣。

水成次子至宏，順隆公三十二世，妣簡氏，生一子，在臺灣。

至文長子以德，順隆公三十三世，在臺灣。

至文次子以傑，順隆公三十三世，在臺灣。

至宏子秉修，順隆公三十三世，在臺灣。

煎匙子春水，順隆公三十一世，生一子，在臺灣。

春水子亞福，順隆公三十二世，生一子，在臺灣。

亞福子，順隆公三十三世，在臺灣。

啓脱，順隆公三十世，妣黄氏，生二子二女，在臺灣。

啓脱長子江水，順隆公三十一世，妣闞氏，生二子，在臺灣。

啓脱次子文忠，順隆公三十一世，妣陳氏，生三子，一九四七年去臺灣，原名炎土。

文忠長子，順隆公三十二世，在臺灣。

文忠次子光輝，在臺灣。

文忠三子文正，在臺灣。

唇子長，順隆公二十九世，妣李氏，生五子，在臺灣。

長長子曹，順隆公三十世，妣張氏，生三子。清光緒十年甲申遷臺北。

長次子爐，順隆公三十世，生三子，在臺灣。

長四子鈕，順隆公三十世，生二子，在臺灣。

長五子生，順隆公三十世，在臺灣。

曹長子牆，順隆公三十一世，妣陳氏，生二子，在臺灣。

曹次子錫塗，順隆公三十一世，妣李氏，生五子，在臺灣。

曹三子燕喜，順隆公三十一世，妣陳氏，生三子，在臺灣。

鈕長子清草，順隆公三十一世，在臺灣。

鈕次子呈烹，順隆公三十一世，在臺灣。

牆長子源居，順隆公三十二世，妣潘氏，生五子，在臺灣。

牆次子丙，順隆公三十二世，在臺灣。

錫塗長子欽能，順隆公三十二世，妣林氏，生三子，在臺灣。

錫塗次子爐延，順隆公三十二世，妣邱氏，生一子，在臺灣。

錫塗三子騰嶽，順隆公三十二世，妣鄭氏，生六子，在臺灣。

錫塗四子居，順隆公三十二世，妣蔡氏，生一子，在臺灣。

錫塗五子旺，順隆公三十二世，妣陳氏，生一子，在臺灣。

燕喜長子杉木，順隆公三十二世，在臺灣。

燕喜次子圭山，順隆公三十二世，妣薛氏，生二子，在臺灣。

燕喜三子文政，順隆公三十二世，妣陳氏，生二子，在臺灣。

源居長子正雄，順隆公三十三世，在臺灣。

源居次子勝雄，順隆公三十三世，在臺灣。

源居三子勇雄，順隆公三十三世，在臺灣。

源居四子正義，順隆公三十三世，在臺灣。

源居五子坤海，順隆公三十三世，在臺灣。

欽能長子信盛，順隆公三十三世，妣胡氏，生三子二女，在臺灣。

欽能次子信勝，順隆公三十三世，在臺灣。

欽能三子信興，順隆公三十三世，在臺灣。

爐延子再明，順隆公三十三世，在臺灣。

騰嶽長子來福，順隆公三十三世，生一子，在臺灣。

騰嶽次子來壽，順隆公三十三世，在臺灣。

騰嶽三子來得，順隆公三十三世，在臺灣。

騰嶽四子來興，順隆公三十三世，在臺灣。

騰嶽五子來鑫，順隆公三十三世，在臺灣。

騰嶽六子德昌，順隆公三十三世，在臺灣。

居子志明，順隆公三十三世，在臺灣。

旺子天德，順隆公三十三世，在臺灣。

圭山長子泛寧，順隆公三十三世，在臺灣。

圭山次子泛宣，順隆公三十三世，在臺灣。

子政長子添益，順隆公三十三世，在臺灣。

子政次子振明，順隆公三十三世，在臺灣。

正雄子柏林，順隆公三十四世，在臺灣。

信盛長子永志，順隆公三十四世，在臺灣。

信盛次子永義，順隆公三十四世，在臺灣。

信盛三子永裕，順隆公三十四世，在臺灣。

元壽，順隆公二十八世，妣吴氏，生一子，在臺灣。

元壽長子益音，順隆公二十九世，妣倪氏，生四子。一九四五年抗戰勝利後到臺灣。居臺北縣瑞芳鎮光復里十鄰柴寮路六號。

益音四子順吉，順隆公三十世，妣倪氏，生二子一女，在臺灣。

順吉長子翔志，順隆公三十世，在臺灣。

順吉次子志强，順隆公三十世，在臺灣。

（《[福建華安]鄒氏族譜》 1994 年稿本）

(五十)韓　氏

天寶韓氏遷臺灣開基祖名録

次房均海系見山維梅派,十世祖考和,名域,諱允彦,從参公之子也。娶陳氏,生四子,穆、深、闊、遠。往臺灣。

次房均海系十世尚從,鵬子,娶陳氏,傳子陳公,往臺灣。

次房均海系十三世奮系,元信,鞏之子,往臺灣,娶陳氏,生二子,評,抱平。

次房均海系十三世奮系。可雍子光,亮,霜,雪,勸,俱結子,往臺灣。招郎,馬之子,往臺灣娶氏生子。

次房均海系十二世偃系見山盼。萬盛娶林氏生子複三白,俱關子,俱往臺灣。

次房均海系見山盼十三世要偃系。鼎僉之子娶余氏生末,孕閩之子娶高氏生子往臺灣。

次房均海系見山穆十二世民全系。攀龍,諱附魁,侯勤長子,娶林氏,往臺灣。

次房均海系見山文相十二世俗持系。築占長子娶陳氏,生二子,旺、記。敎占次子娶黄氏生初。灋,斷長子,娶楊氏生部。説,諱奕雪,字益三,號友德,國學生,儒林郎。移居臺灣。

弘安支系,十一世創,生早慶,往臺灣。

(《[福建漳州]天寶韓氏族譜》 1925年手寫墨書稿本)

(五十一)阮　氏

南靖阮氏徙臺祖名録

流水公系,遷臺定居臺北市。遷臺一世祖流水,二世添壽。三世茂林娶劉尾,生達卿、達輝、達源,傳爲三大房。

剛毅公系,遷臺後定居點有古坑等地。遷臺一世祖剛毅,南靖縣林埤莊白連社横坑人。從二世至八世名諱不詳。九世有士庭,其下一弟幼亡名失記,連根、老藤四兄弟和堂兄弟貓冬等,從此該系開始發繁興盛。

登標公系,遷臺後主要聚居點有宜蘭礁溪等處。遷臺所奉一世祖登標,南靖縣下永社粗坑口阮氏第十世,乃由第十一世文鎗、房宇兩兄弟由南靖老家奉其靈牌渡臺開基,故開臺祖實爲文鎗、房宇兄弟。房宇與妣黄氏遷臺後生士董。士董娶陳�,生孔生、孔靖。

波公系,遷臺初居斗六柴里再移臺南後壁鄉菁寮。開臺祖一世名失記,開臺二世波公,三世連帶生瓊、繼、井。開臺一世忌日八月初七日。二世波公生於乾隆丙辰年四月十九日,卒於嘉慶辛未三月七日。三世連帶公,生於乾隆戊寅九月二日,卒於道光丙午十二月三日。

文鎗公系,遷臺主要定居點宜蘭礁溪、南投等。開臺祖文鎗,字君迎,乳名貞,南靖縣下永社粗坑口阮氏第十三世,娶莊氏生子士沛、郎。士沛乳名欽,娶嚴氏生子永泉、協、陸國。郎娶莊氏生子補。永泉娶嚴氏生篤仁、篤蜜、篤轉、篤連、篤强。協與陸國隨兄嫂遷臺灣,協分居宜蘭礁溪,陸國分居南投。陸國(十五世)娶張綴,生文。文傳騫。騫傳阿明、明和、阿木、阿芳、阿德、新發，自成一系。陸國名國，生於乾隆乙未年九月二十四日卯時，卒於道光辛卯年九月十五日卯時，妣張氏緞嗎生於乾隆丁丑年十一月初四日，卒於嘉慶己卯年十一月二十七日戌時。

新港客莊系，開臺一世獻，南靖祖地地名及其世次不詳，娶林春，生子進益、進慶、進添。

開臺一世牆，南靖祖地地名及其世次不詳，生子士葛娶蔣語，傳榮昌、羅通。

茂盛公系，開臺一世茂盛，南靖祖地地點及世次不詳，娶張萬生侃信、准、科。

酒別公系，開臺一世酒別，遷臺後主要居地太平鄉頭汴村等，南靖祖地地名及其世次不詳。娶林金生九。九娶江留生萬。萬娶林玉蘭生衡鑒、衡松。

順永公系，南靖祖地名址不詳。開臺一世順永娶楊靜生開發。開發娶李金榮生壽齡、壽祺、壽璋，子孫居臺中等地。

國公系，開臺一世國，南靖祖地地名及其世次不詳，裔孫在臺定居點有新港等。娶林氏生子劉、有。劉娶何錢生漢旺故。有娶江發生梓、貢、位、孟宗。

會彝公系，開臺一世祖會彝，爲南靖阮氏十五世，南靖祖地名址不詳。娶魏朱生玉堂及二、三子。會彝生於乾隆丙申年八月十三日卯時，卒於道光甲申年五月二十五日巳時。妣魏朱生於乾隆戊申年三月三日巳時，卒於道光丁酉年九月初一日戌時。

（《[臺灣]阮氏大族譜》 1977年鉛印本）

漳州阮氏徙臺祖名字世系

一世流水，子添壽，孫茂林。漳州府南靖縣遷臺北，傳流水公系。四世達卿、達輝、達源三房。

一世剛毅石引，漳州府南靖縣林埤莊白蓮社横坑，渡臺大坑。九世傳士庭、連根、老滕、貓冬四房。

十一世文鎗、房宇妣黄氏，漳州府南靖縣下永社粗坑口，奉十世祖登標祖牌，渡臺宜蘭礁溪。

渡臺一世名失記，忌辰八月初七日。二世波，生於乾隆丙辰年四月十九日，卒於嘉慶辛未年三月七日。三世連帶，生於乾隆戊寅年九月二日，卒於道光丙午年十二月三日。祖籍漳州府南靖縣糖坑社，移臺灣斗六柴里，再移後壁鄉菁寮。

十三世文鎗，乳名貞，字君迎，妣莊氏。漳州府南靖縣下永社粗坑口，渡臺永和。子土沛、郎。三世分居宜蘭礁溪、南投。

渡臺二世仁，子知高，漳州府漳浦縣，渡臺屏東縣佳冬鄉。孫茂昆、順祥。

渡臺一世天德，子名未詳，漳州府漳浦縣渡臺鳳山。三世傳通、芋頭兩大房。

十五世陸園，生於乾隆乙未年九月廿四日卯時，卒於道光辛卯年九月十五日卯時。妣張緞。子文妣張氏。孫騫妣陳英。漳州府南靖縣，渡臺埔里。四世（十八世）傳阿明、明和、阿木、阿芳、阿德、新發六大房。

渡臺祖獻，妣林春。漳州府南靖縣渡臺新港客莊。子進益、進慶、進添。

渡臺一世茂盛，妣張萬。漳州府南靖縣渡臺臺北。子侃信、准、科。

渡臺一世酒别，妣林金。子九妣江留。孫萬妣玉蘭。漳州府南靖縣，渡臺太平鄉頭汴村。

渡臺一世順水，妣楊靜，子開發妣李金菜。漳州府南靖縣，渡臺臺中。傳第三世壽齡、壽祺、壽璋三房。

渡臺祖國，妣林卻世。漳州府南靖縣，渡臺新港。子長劉妣何錢，次有妣江發。

十五世會犇，生於乾隆丙申年八月十三日卯時，卒於道光甲申年五月廿五日巳時。妣魏朱，生於乾隆戊申年三月三日巳時，卒於道光丁酉年九月初一日戌時。漳州府南靖縣渡臺臺中南屯。子三。二、三子未詳。長玉堂阿富妣黄雪，傳三世十七世阿妹、純良兩房。

渡臺一世水，妣賴好。漳州府平和縣渡臺南投。子榮、番。

十三世精日，妣魏氏。子龍習仁妣蘇氏、賴氏。漳州府平和縣，渡臺霧峯。傳十五世乾貴、連貴、維貴。

渡臺一世爐，久與張茶花子，生年不詳，卒於一九一九年一月十三日。妣張貼，生於一八六三年一月二日，卒於一九二二年十二月三十一日。漳州府平和縣，渡臺霧峯。二世波妣陳綢，尊年妣潘妹、增川、增鏗。增年子柏洋在大陸。增川、增鏗在大陸。

一世添丁，子良港。漳州府漳浦縣，渡臺屏東縣竹田鄉。傳三世清油、有義、埔占三房。

一世章河，妣吴彩，漳州府漳浦縣，渡臺北港。子督妣吴數。孫正妣李娥。曾孫出妣張瞈，徐玉女。五世傳萬村、明兩房。

一世竹浦，妣吴鳳。漳州府漳浦縣，渡臺蘇澳。子阿原妣黄昧。孫孟麟、孟濱。

一世榜，生於康熙己未年二月十八日，卒於乾隆丁巳年五月十三日。漳州府龍溪縣，渡臺臺北。子名失記。子妣李順。孫儀。傳四世慕，陣，海三房。

十七世福，生於嘉慶己未年七月十六日巳時，卒於道光戊申年七月初七日未時。妣賴秋，生於嘉慶癸亥年十一月初八日辰時，卒於道光丁未年七月二十七日辰時。漳州府詔安縣，渡臺大里。子蔭、春義、元安。

十四世苗，嚴，妣黄氏。漳州府詔安縣蘇澳角鄉，渡臺水裏港塗葛堀，後分貓羅堡霧峯吴厝莊。生子十五世發、朋、養、義、文五房。

渡臺二世養，妣趙織。漳州府漳浦縣，渡臺臺東縣大武鄉。子春池、春和。

渡臺一世清，妣吴瓜。漳州府漳浦縣，渡臺臺東大武。子明來妣栟、王先桃。傳三世連發、謝鹿、金順三房。

渡臺一世掌，漳州府漳浦縣，渡臺屏東縣佳冬鄉。長子烏安，妣黄尾。次子安南，妣陳龍眼。

渡臺一世凰，妣陳謹。漳州府漳浦縣，渡臺屏東板寮鄉。子海明、海瑞、海益、海金、海珍五房。

一世目，生於乾隆丙辰年二月廿四日酉時，卒於嘉慶辛未年十月廿八日卯時。妣許氏，生於乾隆辛未年十一月十三日酉時，卒於道光丁亥年八月廿八日巳時。漳州府海澄縣，遷臺屏東縣新園鄉烏龍。子添生、福生、滿生。

來臺一世信，生於康熙乙酉年，卒於乾隆丁亥年。棟與陳祐子，謙與許氏孫。漳州府漳浦縣白石堡下魏鄉，雍正七年渡臺屏東林邊鄉竹林村。傳興、惠、桐、連四房。

四世扶元，妣顔巧。漳州府漳浦縣白石堡下魏鄉，渡臺屏東。子心忠、通連。

（阮國慶主編《[臺灣]阮氏大宗譜》 1977 年臺灣鉛印本）

（五十二）童　氏

華安高車童氏徙臺祖名録

三十世立三公三子諱名瑄公，謚獻虞，生於康熙三十三年五月初六日丑時，卒於乾隆十六年五月二十一日未時，壽五十八歲。遷臺灣，骨骸葬臺灣。妣陳氏，謚慈慎，生於康熙三十二年十月初六日，卒於乾隆四年。次妣林氏，謚慈淑，生於康熙辛酉年四月十八日，卒於乾隆乙酉年六月廿九日。三妣何氏，謚貞順，生於康熙五十一年，卒於乾隆十七年六月初六日。

二十九世即元理公次子諱名迪，謚仲悔，全家遷臺灣。

三十六世孫敢公，子三，長弼，次稱，三像。並敢公之妻李氏合崔三子媳四孫，共十一人俱往臺灣。

二十九世名迪，偕妻陳氏，遷居臺灣。

三十六世名爲政，遷臺灣。有二子，時在清朝末年，民國初年尚有往來。

（《[福建華安]高車慎德堂童氏宗譜略志》　1990年稿本）

（五十三）饒　氏

平和大溪饒氏徙臺祖録

五世祖有驗瑞坤十二公，辛卯生。妣黄氏，黄屋壩人，續男蓋，往都死。女闊。

十二世祖謚大成饒大公，諱名爾，妣廖氏改嫁，過大灣不知下落。

（《[福建平和]大溪饒氏家譜》　清光緒三十二年稿本　後人補注本）

（五十四）張廖氏

詔安官陂張廖氏徙臺祖名録

大佐公派下玉泉公派十三世雕公，生男二，縣公字益州娶游氏，正公，兄弟移臺。

大佐公派下玉泉公派十三世斌公，男聰、朗、巷、儼。聰早卒無出，繼男縫公。朗公娶楊氏，移臺，生男杉、針。

大佐公派下玉泉公派十三世濺公，字資深，生康熙乙未年九月十七日酉時，卒乾隆辛卯年四月二十日卯時。娶吴氏。有男槓、内、梛、交、翰。翰公無娶移臺，繼一男名交。交公移臺。

大佐公派下玉泉公派十三世曲公，字致之，娶涂氏，生雍正乙巳年三月初九日申時，卒乾隆丙子年七月二十九日戌時。生二男，魁、庇。庇公移臺。

大佐公派下玉泉公派十三世樸公，男二，泚、發。發公在臺。

大佐公派下玉泉公派十四世闇公，字静之，妣游氏，移臺，生男瓆公。

念圭公派下十四世旁公，男六人，罩、聰、經、拙、爵、足。兄弟往臺。

念圭公派下十四世甕公，男五人，砌妻出，鳳雛，開，帥，精。鳳雛公移臺。

念圭公派下十四抄公，男四人，釵、傑、峭、緣。傑公字文數，移臺。

念圭公派下十四世專公，男五人，讒、略、交、帕、陳。兄弟五人俱移臺。

念圭公派下十四世奔公，男六人，文殿、攢、月、炮、撈、摩。文殿公、炮公渡臺。

念圭公派下十五世敲公，字秀金，妣高氏，生男意，移臺。

大佐公派下玉泉公第三支十四世永占公，男四人，聚、金助、略、永齒。兄弟四人及永齒公男兄公移臺。

大佐公派下玉泉公第三支十四世永配公，男六人，成、抱、淡、各、進生、首。進生公父子移臺。

大佐公派下玉泉公第三支十四世永相公，男滘，父子移臺。妣沈氏，生男把、朝、哲、定。

大佐公派下玉泉公第三支十四世永萼公，生男閏、炎、濃。炎公移臺。

大佐公派下玉泉公第三支十四世永蒼公，生男甜、梅、桃、李。父子移臺。

大佐公派下玉泉公第三支十六世世森公，生男時深、時爽、時挨、時斕、時豁、時銓、時餘。時銓公字葉金，生嘉慶辛未年三月初二日未時，移臺。

（《［福建詔安］官陂張廖氏族譜》 清末稿本 1980年重鈔本）

（五十五）張廖簡氏

漳州張廖簡氏徙臺祖名録

十四世國貴，廷陣子，朝沛孫，二世真瑞系，移臺灣。

十二世朝綴，二世真瑞系，移臺灣。子廷崧、廷群、廷榜、廷題、廷名。

十三世廷潤，朝出子，爲鎮孫，移臺灣。

十三世隱中，朝橫子，爲鎮孫，移臺灣。

十三世廷在、廷當，朝襄長次子，移臺灣。

十四世神送、國言，廷片子，朝顯孫，移臺灣。

十四世廷喝、泉生、廷兩，喝、兩移臺灣，泉生子國成移臺灣。

十三世廷錯，子捷長子，移臺灣。

十三世廷律、廷我，朝玩五子之四、五子，移臺灣。

十四世時書，廷覽子，朝題孫，國全曾孫，移臺灣。

（《［臺灣］張廖簡氏族譜》 臺灣新遠東出版社 1959年出版）

二、漳臺同宗姓氏序敘紀略

(一)陳　氏

陳氏得姓敘略

陳國出奔易姓序

三世孫蒲奔衛,衛欲滅蒲,大夫曰攻蒲爲不可,後改爲胡氏。舜生於姚墟,因以氏。驪胡公滿五世孫亦爲姚氏五世孫莊伯轅,世爲陳大夫,孫濤塗意欲將祖字爲姓,後去車爲袁。濤塗十二世孫公子完字敬仲奔齊,齊桓公使爲工正,後改姓爲齊田氏。至十世孫田和纂齊,列爲諸侯國,爲田氏所有。齊宣王使小子通字季達爲平原郡陸卿,因以陸氏,即陸終故地。齊宣王使陳子元食菜於孫,因以氏爲孫氏,有二派,一派孫叔敖,一派陳子元。昔日孫武子、江東孫策,此陳子元之派下。余在家奔波數十年,至乙巳年來南洋遊數十州府未嘗見之,至檳城見之,此我家譜也,余攜永春、江州、廣東、厦門四處族譜,日夜參閲考訂,自己丑至乙卯,雖補足言未足,余恐後人不知,故急爲之序。

1916年丙辰季夏之月,南岐裔孫祥拜録。

(陳禎祥編纂《[福建漳州]南院陳氏族譜》 1916年新加坡檳城鍛羅申鴻文印社石印本)

平和高坑陳氏徙臺開基紀

三十四世盡,生子鞍,福建省漳州府平和縣國强鄉高坑侯卿磘,渡臺一世祖。生子權、梗、昶、管、鐘五大房。昶,號五常,生子就、杖、胤、潭、白、傳五常三世五大房。

慎終追遠,無忘祖德,此乃吾國尊宗崇祖之美德,亦吾黄帝子孫綿衍無疆、而爲世界文明古國之所賴也。吾五常派下系開漳聖王後裔,於前清乾隆年間由福建平和縣侯卿下磘遷移來臺,定居臺中茄投龍井,披荆斬棘,孜孜經營,族人秉祖訓開發建設,始有今日之盛也。

(《[臺灣]陳五常世系表》 1989年稿本)

漳浦與宜蘭鑒湖堂來歷

鑒湖爲地名,位處福建省漳州市漳浦縣又名金浦縣佛曇鎮大坑地内,鑒湖離縣城有四十多公里,濱海不遠,湖面周圍約有三里,水清如鏡,故名。爲敬懷梓里,故以鑒湖爲堂號。

宜蘭市擺厘陳氏宗祠鑒湖堂,爲鑒湖十六世陳敬行公一宗一派直系之宗祠,初爲茅草建築,清光緒十八年重建爲二進四廂紅牆大厝,八大房有百口同居於此,當時稱陳老師大厝。大厝因受天災及第二次世界大戰空襲,破壞不堪,族人爲追念祖先建立之家業,由二十世裔孫,監察委員,陸軍中將嵐峯率族人組織陳家鑒湖堂復興宗親會,於1961年重修正廳鑒湖堂,用以祭祀上祖。堂内恭奉陳姓肇姓顯始祖胡公滿、潁川顯始祖實公、南院顯始祖忠順王、代卿鑒湖顯始祖瑪玭、遷臺顯始祖計淑及敬行公衍派八大房公媽之神位。

擺厘系珍珠滿力莊,土名擺厘。户籍資料載:臺北州宜蘭郡員山莊珍珠滿力字擺厘。

(《[福建臺灣]鑒湖陳氏源流》 1993年鉛印本)

漳州儒林陳氏淵源略

族譜之修何爲哉,蓋以紀一祖相傳之子孫昭穆,大宗、小宗,繼族之統,緒論支派也。凡人之同姓,本於一宗,子孫之繁衍,均出一祖。然世代有自邇而漸遠,人情有自親而寖疏。其間賦命不齊,有賢否、榮枯、壽夭如彼其異等,或徙居分貫,雖同一源也而流益遠,雖同一本也而支益分,至久而世次不相知,名分不相識,並祖宗亦莫知其爲誰矣。雖有賢子孫欲尊祖敬宗者,亦將何所考據而知其爲吾族之某人也耶。此人之族所以貴有譜以紀之也。

粵稽我祖忠順王諱邕,自唐起入閩,擇居漳州驛路,至二十一世孫德秀公擇居是地,號曰儒林,屬今南靖縣居仁里。源流奕葉數百餘載,傳世詩書代有名人,並又以有知其實,興木本水源之思,動孝敬哀矜之念,寓勸懲之意,厚親睦之風,皆由以譜矣。若或罔修厥德,棄悖禮義,忽慢名分,岐視祖宗,以惡淩善,以富吞貧,而瓦礫斯譜,則非吾祖宗所生之子孫也,非地下吾祖先之所望也,亦非吾伯緑陰修譜之意也。

時萬曆貳拾貳年拾世孫繪薰沭敬書

雍正七年南岐拾伍世裔孫朝棟薰沭敬録

乾隆肆拾貳年南岐拾陸世裔孫文焕薰沭頓首敬録

宣統元年己酉南岐三十二世裔孫禎祥叩首拜録

南岐十九世裔孫八士敬校對而録之於後,時因募捐趙蓋南院忠公祠,至檳城與禎祥相值,取閲族譜,然後知吾祖福山公之傳其派若斯之盛也,慰甚幸甚。第弔祭之期,子孫未嘗一至,故逼處於許姓大族而仇未之報也。凡葬在芙山覆鼎金墳多被許姓毁滅,山段亦被佔多云云。

(陳禎祥編纂《[福建漳州]南院陳氏族譜》 1916年新加坡檳城鍛羅申鴻文印社石印本)

(二)林 氏

林氏元成公系開臺序

尋源覓根,乃中國人之本性,也是我中華文化的一大特色,時值廿世紀結束前夕,儘管社會文明日益昌盛、科技發展一日千里,但吾人心中仍舊牽系戀舊的感懷尋根之熱潮。每個人都知道時間易逝,它即看不見也摸不到的,可是總得有方法來掌握住。人的生命有長有短,但只要把住時間也就能掌握生命,掌握生命的歷程就須要有譜牒的記載,根源才不會有所遺失。

開臺始祖元成公,於清乾隆年間隻身由福建省泉州府同安縣仁德里十二都田嶼溪堡崎圳鄉中厝角渡臺,先至臺北雙連埤今之臺北市雙連市場附近養鴨維生,數年後養鴨事業發展十分興旺。當時思念唐山胞弟，返回唐山探望胞弟，商量來臺經營養鴨事業，返到家鄉始得知胞弟身染重病，元成公在家照顧胞弟以醫生之術，胞弟不久不幸别世。元成公處理後事後，將父母骨骸及妻室粉娘陳氏負帶再渡來臺，到臺灣之後發現雙連埤的養鴨寮已遭番人佔據。當時元成公無可奈何狀況之下，他遷另謀發展之計，遂遷至五股坑内河溝開墾山林，耕種務農爲業，至今已歷二百有餘載。當時河溝一片荒野，經元成公暨祖媽粉娘努力奮鬥，專心開墾經營，始得奠定基礎。祖媽粉娘陳氏傳下四大房，長喜，次賀，三旦，四恭。數傳之後子孫蕃衍，人才輩出，分散各地，而五股、泰山、新莊、三重等地爲根居之地，甚至遠者遷居於桃園、臺中，或臺北市等地，而士農工商發展家業。由於未曾編纂族譜，在親族中親親之系路逢而陌生，甚至輩份混淆不清，際此爲求族親之聯繫及情感，暨感念先祖來臺拓荒的艱難，弘揚祖德，慎終追遠之義，由族中賢達倡議成立開臺始祖林姓元成公族親聯誼會，在諸賢達群策群力共謀之下，於 1987 年四月間假於五股鄉興珍社區活動中心正式成立，並由各地區族親中選出委員，並推選主任委員、副主任委員及總幹事共同策劃會務進展。由聯誼會決議每年各地區輪流舉辦會員大會及聚餐事誼，届時歡迎族親老幼踴躍參加，互相聯繫。

1987 年十月間經委員會議決議，將開臺始祖元成公暨祖媽粉娘陳氏之神位晉主至全國林姓宗廟内奉祀。

（《［臺灣］林姓元成公徙臺派下族譜》 1988 年臺北鉛印本）

林巽公遷臺派下修譜序

尋根覓根，乃是中國人應有本性，也是我中華文化一大特色，儘管社會文明日益興盛，科技發展一日千里，但在我們心中仍舊感懷尋根之熱潮。

每個人都有父母所生，更有祖先傳來的子孫，母親懷胎十月産下我們小生命，又把我們辛辛苦苦撫養成人，在這二十年長久歲月歷程中，父母親所流出汗水不知有多少呢，不用再提大家皆知道的事實。

父母養育之恩由此可知，每個人必然好好去珍惜飲水思源、慎終追遠之義。俗語説：萬事孝爲先，不孝父母敬神何用，兄弟不睦交友何益的大道理。

追溯我始祖巽公生於前清乾隆年間，由祖籍地福建省漳州府平和縣小埤堡王都阪仔社遷臺，至今歷貳佰餘載，上下相傳亦有十代，子孫人才輩出，無論士農工商遍佈於全省各地，從事各種行業，他們爲國家效勞，爲社會服務，尤能爲家鄉及我族爭光榮，實值得我們感到欣慰並引以爲榮。

惟我中華民族本爲源遠流長古有道德之世族，重視慎終追遠，具有數典不忘祖之美德與精神，因而我族亦不例外，對於敦親睦族，精誠團結互助，以及敬宗尊祖之精神表現無遺，在我族中均建有宗祠，並分春秋二季祭拜祖先。

我們始祖林巽公遷臺之初，攜有妻室黄氏金娘、長子林套公及四弟林苗公等數位，先至南投之林杞埔，今南投縣竹山鎮，找族親從事開墾耕種謀求發展。經與族親商洽之後，發現林杞埔之土地業已開墾至盡，林巽公既妻子及其弟林苗公在無可奈何狀況之下，只有另覓棲身之處。當時交通阻塞，全憑徒步涉水越山過嶺逐漸南行，邊找適合開墾之地，倍極艱辛，想見當時所受之苦楚與折磨以及堅毅不拔之精神。皇天不負苦心人，最後終於在現今嘉義縣中埔鄉同仁村之柚仔宅及三界埔交界處土名稱爲“外寮仔”定居開墾，有三甲餘地山坡地，當時之外寮仔雖屬一片荒野，經其兄弟努力奮鬥經營，篳路藍縷，得以略具規模，生活漸漸有所改善。

在安居樂業中，林巽公另謀發展之計，邊墾邊覓平野，終於在三界埔田中央一一〇號購買一甲餘土地，在此地上建築三間平房分居耕種，即現今之公廳所在地。祖媽金娘傳下長子林套公，媽娥娘曾氏續傳下五大房，長房傳祖字玉秀，次房太平字盛治，三房尾字廷壽，四房試字登魁，五房鳥番字佳謨不幸於十九歲時逝世，兄弟間協力務農，家業因而欣欣向榮，遂使三界埔田中央之林家聞名於世。

四房登魁之三子清論公高中清朝秀才，衆多門生中有傑出之林啓東公，住嘉義東門文昌街，曾任清朝官部爺，派下子孫持有田園數拾甲者多達數拾餘人，其中三房林天來公於六歲時喪父，所遺土地不過一甲餘，母子相依爲命，勤儉持家，兢兢業業不遺餘力，在積年累月努力增產以擴張至百餘甲土地，轟動嘉義市東南地區，令人尊敬不已。日據時代連續擔任莊社之保正達四十餘載，對於社會貢獻良多，桑梓服務爲人所稱頌。三房林修連任二屆水上鄉鄉長，擔任鄉農會總幹事、嘉義縣議會議員等職。二房林棕公曆任中埔鄉鄉長及鄉農會長等，遺留給吾田中央林姓一族之光榮。

在農業社會時期之三界埔田中央林家確實聞名於一時，由於 1945 年臺灣光復，吾政府遷臺後，實施三七五減租及耕者有其田政策，土地紛紛被放領。在缺少耕地情況之下，子孫紛紛離鄉背井，遷居他鄉另謀發展，遂遍及全省各地，從事各行各業，爲自己事業而忙碌，族親間聯繫期會日稀，甚至彼此相逢如同陌生，論及輩份亦混淆不清。有鑒於此，爲發揮族親之情及聯繫，追念先祖來臺拓荒之艱巨，弘揚祖德，慎終追遠之義，遂發起修譜。

1989 年春，召集族中耆宿俊彦研擬進行修譜工作，並推出各房委員及會務人員共十人：長房林金水，次房林茂霖、林嘉田、林嘉三，三房林紹訓、林紹勇、林炤輝、林季緒，四房林永鬱、林登元、林肇嘉、林文雅等爲委員，林瑞瓊爲幹事，林炤輝任會計，庶務由林德榮擔任，共策修譜工作，並推舉林紹訓爲主任委員，聘請專家林添福宗親展開修譜工作。有關修譜費用估計新臺幣三拾萬元，均由族親捐助，其芳名及金額另列於捐款録。並感謝各房委員之辛勞，及全體族親鼎力協助，得以完成修譜盛譽。林瑞瓊宗長致力於修譜，熱誠搜集資料，令人感動，排除一切困難，不斷與祖籍地之宗親聯繫。承蒙祖籍地現年七十三歲之族親林大福宗長等提供寶貴資料，又於 1989 年五月廿六日前往祖籍地拜訪，受到祖籍地各位宗長熱情招待，深情雅意，均所感佩。1989 年五月間，紹訓偕數位族親同往竹山鎮訪問並請教林庶煌宗長及林錫禄宗長，獲益匪淺，謹致十二萬分之感謝。

願吾三界埔田中央林姓世族，代代子孫更加發奮圖强，永久繼承祖先聲譽發揚光大，並善加保存族譜作爲傳家至寶。

本譜付梓難免有遺漏或不整之處，祈請見諒。願望族中俊彦繼續發揮敬祖尊宗之精神，繼續研究加以修補大全，讓我們的根源萬古留芳，歷傳億萬年，是爲序。

開臺始祖林巽公派下族親聯誼會主任委員八世林紹訓敬撰。

（《[臺灣]林巽公徙臺派下族譜》 1990 年臺灣鉛印本）

臺灣居民多祖籍閩粵

林氏大宗譜序

連横著《臺灣通史》載:臺灣之人,中國之人也,而又閩粵之族也。蓋臺灣世居住民,大多來自閩南與粵東,亦有少數自浙江、江西等其他各省移徙而來,若再溯其遠祖則皆來自中原——中華民族發祥地之黄河流域。

臺灣世居住民,世世銘刻其祖籍於神主或墓碑之上,以示懷念故土,例如:同安、安溪、晉江、惠安、南安、龍溪、詔安、平和、漳浦、南靖、海豐、饒平、惠來、鎮平等等;同時又銘刻其郡望於正廳門上或書於正廳桶燈上,以示不忘其遠祖來自中原,例如:陳氏之潁川、林氏之西河、黄氏之江夏、張氏之清河、李氏之隴西、王氏之太原、吴氏之延陵、劉氏之彭城等等。如上之習俗皆蘊蓄强烈愛國思想,實屬難能可貴。

有道是陳林半天下,臺灣地區林姓人口幾占總人口十份之一,從而由來其於國家、民族貢獻之大,亦最爲突出。近者全國林姓宗廟歷數載而纂成《林氏大宗譜》,俾使全體宗親飲水思源,孝思不匱,慎終追遠,發揚祖德,以求加强敦親睦族,洵可喜也。唯稽考無由之處尚多,尚待今後繼續編輯以求完璧,此乃我林氏宗親共同之責任也,是爲序。

林衡道謹序。

(《林氏大宗譜》 1984 年臺北鉛印本)

臺灣林氏宗人漳浦尋根祭祖紀

林瑞國認祖歸宗及獻資公益

林瑞國,家居臺灣彰化市香山里彰南路二段五百九十巷六十六號,是南投市長春關系企業董事長。其祖母囑咐:我林姓是福建省金浦東關外林,在幾百年前遷居而來,有機會一定回鄉認祖。他秉承祖母夙志,乘臺海關系和解,於一九八九年始,帶領妻子、弟弟、女婿多次在大陸尋根認祖,歷經周折,直至一九九一年冬,輾轉於霞浦、泉州、晉江,直尋至漳浦東門外林姓集中地烏石,確認烏石是彰化林的祖先出生地。他心情豪爽,滿懷激情地在烏石大廳始祖安公的神位前祈禱、保佑臺族裔孫安康昌盛。自此後慷慨解囊爲家鄉的社會公益、旅游教育事業作出貢獻。

他於一九九二年至一九九三年捐人民幣一百二十萬元,建烏石天后宫後殿及創建天后宫中殿。一九九三年元月三日,林瑞國在烏石天后宫後殿主持烏石媽祖進宫儀式,參加民衆達十萬人之多。一九九四年,又捐資人民幣一百五十五萬元創建漳浦縣長春中學,博得省、市、縣各級政府的讚揚。

爲密切宗親關系,於一九九五年農曆八月三十日,率南投二十四莊的林氏代表五十多位,置宴席隆重祭拜烏石始祖林安等列祖宗,認祖歸宗,慰藉先祖英靈。

林瑶棋爲烏石天后宫及教育事業獻資

林瑶棋,是烏石南平八世大房寅公房系,東埭社十四世祖興公的第三子良公傳衍臺灣臺中縣龍井鄉青龍公派下,是烏石林氏二十三世孫。就讀日本醫學,獲博士學位,任臺中縣大雅鄉真生醫院院長,臺灣各姓淵源研究學會會長。

一九八七年輾轉大陸尋根問祖，獲悉良公出自烏石之後，一九八八年，他叔公林貽穀爲團長一行十八人，回浦尋根謁祖、筵祭貞義媽，並將烏石恭奉數百年的黑面媽祖千年金身刊登於世界報端，引起轟動。一九八九年出資美金四千元存入銀行，獲取利息作爲烏石林氏賢學子弟獎學金。一九九二年農曆四月廿二日爲天后宫動土奠基並兩次捐資美金一萬伍千元，爲烏石天后宫順利落成作出貢獻，一九九九年受漳州市政府頒發銀質獎章、榮譽獎牌及證書。是烏石老年協會名譽會長。

（《[漳浦浯江]烏石林氏族譜》 1995年稿本）

（三）黄　氏

奥杳黄氏族譜序

黄氏之聚族於南靖也久矣，支分派别，不可勝數。然到臺地置家創業，則自我顯考孟誇公始，而後子侄在臺者，相繼而娶，或自原鄉挈眷東渡。數十年來，丁口漸繁，親疏不一，遠近各殊，其於原籍遠祖一脈源流，或不甚詳。蓋臺郡生長者，鮮有回籍，即一二回籍者，亦不能詳悉共喻。余懼其久而茫然也，於是特將原籍所傳舊譜，自初祖至南靖版寮始祖以上，依舊譜所載世次以存其概，間有缺略可疑者稍爲辨説。唯小五公以後確鑿可據，更爲詳載，庶乎歷久而宗支不紊，得以别親疏而篤恩義也。嗚呼，惟桑與梓必恭敬止，木本水源之念，人孰無之。余今此舉雖非敢故逞臆説，以自取戾於先人，而於遠來後生輩或有補焉，安在生長臺郡不猶然南靖之系屬哉。此以爲序。

大清咸豐元年孟夏之月謹識。

（黄金柱編《[福建臺灣]黄氏奥杳派族譜》 1992年稿本）

大陸移民遷臺拓殖源流

明鄭之據臺也，置承天府於臺南，實施屯田，寓兵於農，以保長久。然其開發所及，局於南部。其彰化以北一帶荒蕪，爲先住民高山族所居。及康熙二十二年滿清克復臺灣，官民内遷，人去業荒。雖政府對臺不甚重視，採取消極政策，但人民以臺灣爲膏腴饒土，謀生較易，頗爲積極拓殖。至康熙四十九年閩族始與先住民族通和，墾殖臺北平原，自此閩族接踵渡來，墾田報賦。在此時期人民渡臺，其船隻須在厦門臺灣各查驗人貨相符，並不許攜帶家眷，只准隻身前去，其用意以臺灣隔海孤立，防範無賴奸徒潛入，使在臺之民有所戀念顧慮之故也。如施琅以惠潮之地數爲海盜淵藪而積習未忘，嚴禁不許渡臺者以是故也。及雍正元年始置淡水廳，廳治設於竹塹，爲防範民變，未雨綢繆外禍也。是時准臺灣居民攜眷入臺，至於乾隆初年或禁或准，偷渡者日多，冤死者尤甚。乾隆二十五年福建巡撫吴士功有“題准臺民搬眷過臺疏”一文論及甚詳，附之於後以作參考。從此以觀，北部臺灣之大事開發，可在乾隆初年矣。是時渡臺者或向墾首給墾土地，或自行拓殖新地。惟拓殖新地，與高山族比較接近，最富冒險，構怨殊多，引起民蕃不睦。彼等爲復仇，乘夜或視我寡彼衆時常出草，殺民取首以供祭其祖先，悲劇百出，致墾殖者日出則成群而作，日入則退息於墾民村落，以避其鋒，其艱鉅經營難以言喻，由是促進同鄉同姓敦睦。俟開闢就緒，兇蕃之害漸稀，則有異省如閩、粵，異府如漳、泉，異縣如同安、安溪之分類械鬥，甚至異姓之鬥爭，由小事而牽連數千人，層起不絶。爲政者及文人先覺，飛檄諭之未見成效。如是益增同姓之結合，遂自乾隆末年至道光初年，或以信仰相同組織神明會，或以其源委同流組織祖公會，各購置祀租，歷年定期祭祀，糾集於一堂，用伸愛敬。如遇與外鄉或外姓鬥爭，則不惜公産，傾産以應。隨械鬥紛爭之激烈，愈益團結堅固矣。

臺民渡臺動機，雖俱以臺灣膏腴饒土，謀生較易，俗語説臺灣錢淹脚目爲主要原因。但其内在原因不出下列幾點。

1. 在内地唐山生計困苦。或因强弱分明，其弱房不能適存於族中者。

2. 干犯公法亡命者。

3. 干犯族法，或族中不睦避其鋒者。

4. 慕在臺親朋戚友者。

初渡臺民，其非熟識者，必須帶有家譜或祖先牌位骨骸以赴，以便辨别真僞。惟鬥爭漸息，趨於安定，同鄉同姓觀念逐漸消失，其帶有族譜者，因相傳子孫賢愚不齊，或以廢紙處理，或不甚重視不加寶藏，致各家族譜因之銷失矣。其唯一可作稽考之祖先牌位，或因年久罹於水火，或因子孫改换失其固有面目。迨日據時提倡所謂皇民化，禁止奉祀舊式祖牌，强制普遍改换新式，致不識者將原有祖牌一爐於火，致昭穆莫稽者，以之爲甚。雖過去各族，或三十年，或五十年修譜一次，而難稽者加多矣。余深所以汲汲乎從事修譜者，以其愈久而愈失其真，恐久而難稽也。

（《[臺灣]黄氏大族譜》 1982年臺灣鉛印本）

福佬人與客家人

三百多年來，祖籍福建的河洛人和來自廣東的客家人，在臺灣披荆斬棘，鑿井闢田，終於把一片荒地化爲海上樂土。

臺灣有山皆開，無地不墾，是擺在每一個人眼前的事實。然而，可曾有人想到過，現在臺灣能够有這一片美景，是由過去多少閩粵移民的血汗和生命换來的？

隨便舉幾個例子，便不難想見當初大陸移民開拓臺灣，曾經流下多少的血汗，犧牲掉多少的生命。

——當時往來大陸與臺灣之間，都是用帆船，船小浪大，不幸遇到暴風狂雨，便船隻翻覆，沉没海底，不知有多少的閩粵移民因而葬身魚腹。

——開發之初，各地的山胞仍然慓悍，閩粵移民生活在他們當中，每每因睚眥小故，便慘遭殺戮，田園被毁，廬舍被焚的，更不勝數。

——大陸移民初到時，臺灣各地依舊瘴氣薰蒸，病疫時作，不慎罹病，根本無處就醫，因而死於非命的，爲數更多。

——由於大陸與臺灣的水土有别，大陸移民不能適應臺灣的水土而喪失生命的，也不在少數。

此外，暴斃於天災人禍的，根據各縣市地方志的記載，人數更是不少。大陸移民的血汗和生命經營成了今天臺灣這片安樂土，緬懷先民創業維艱，這一代的子孫如果硬要指稱臺灣跟大陸没有任何血緣和地緣關系，可就真是數典忘宗，天人共棄了。

當年大陸移民的唐山過臺灣，大多是從福建的厦門和廣東的海澄、碣石出港，渡過波浪洶湧的臺灣海峽，然後在臺南、鹿港、八里等地登陸上岸，開始他們偉大的拓殖事業。不過，後來清廷管制出入，一心響往臺灣的閩粤移民，便千方百計從南部的東港、高雄，中部的北港，北部的中港，或東部的烏石港，偷渡入臺。現在研究臺灣的開發史，上述各地，就等於是當年臺灣與大陸間的交通孔道，無疑特别具有紀念意義。

（《[臺灣]黄氏大族譜》 1982年臺灣鉛印本）

江夏黄氏播遷臺灣考

我們江夏黄氏爲嬴姓，出於陸終。黄是中國人一種最爲尊貴之顔色，自唐代以來，只聖人與九五之尊的皇帝才能穿著黄色衣服，作爲黄姓子孫也是光榮而輝煌。我們黄氏歷史悠久，四千五百年以前，華夏的黄帝孫顓頊生稱，稱生老童，老童生重黎及吴回兩子，吴回生陸終。

黄姓出自開宗太祖江夏陸終之後，受封於黄，後爲楚所滅，因以爲氏，今河南省光州定城西十二里地方，還遺存黄國城址。黄國既爲楚所並，子孫散於四方。

臺灣的移住民族，除高山族外，其次則爲漢民族。但漢人究竟何時何代播遷臺灣，史無可稽。根據古代文獻所載，在宋朝末期，臺澎地方就有漢人遺蹟。那時候，宋屢遭遼夏來犯，繼被金人入侵，宋室南遷，閩浙人口因而大增，沿海島嶼成爲新興開拓地域，而泉州亦變爲通商要港。那時泉州府晉江縣管轄臺澎，臺灣當時雖没有移民記録，但就清初在笨港發現的宋錢及宋硐推論之，則宋時確有漢人播遷。那麽，我們江夏黄氏，那時候是不是有人渡來開拓，這個很值得研究考證。

迨元代中西交通暢達，東海、南海航運頻繁。元朝至正十八年，澎湖正式置巡檢司，隸屬泉州同安，則臺灣入我版圖之始。而且這時候，澎湖已有居民兩百户。至大德元年，人口已達一千六百餘人，每年曾有商船數十艘與泉州貿易，元史稱澎湖爲泉州的外府。

元至正年間，汪大淵遠遊南洋各國後，曾著有《島夷志略》一書，里面記載澎湖："島分三十有六，巨細相間，坡隴相望，乃有七澳居其間，各得其名，自泉州順風二晝夜可至，有草有木，土瘠不宜禾稻，泉人結茅爲屋居之，氣候暖，風俗樸野，人多眉壽，男女穿長布衫，繫以土布，煮海水爲鹽，釀秫爲酒，采魚蝦螺蛤以佐食，爇牛糞以爨，魚骨爲油，地産胡麻緑豆，山羊之孳生，以樂其利，地隸泉州晉江縣。至正年間立巡檢司，以周歲額辦鹽課，統步鈔一十錠二十五兩，别無科差。"

可是，對臺灣的開發，在明代始有大規模的推行，以私人的力量爲主。嗣後始逐漸由政府加以開拓。至於大批移民，在荷蘭據臺末期，臺灣本島已有漢人二三萬户之多，人口約計十萬左右，其祖籍大部分是屬於福建閩南和廣東客家。在這一段時期，我們江夏黄姓有没有參加移民？因没有資料可以考據，不敢斷定，但追隨鄭成功反清復明，撤退渡臺的我們江夏黄姓子孫，其數當不在他姓之下。嗣欲向海外謀出路求發展陸續來臺者，由閩粤兩省播遷的黄姓，也算不少，就艋舺而言，黄、吴、林三大姓人數最多，勢力也最强，這是確確實實，人所共知。

（《[臺灣]黄氏大族譜》 黄氏宗親修譜委員會編纂 1982年臺灣鉛印本）

江夏黄氏播遷臺灣總説

我們江夏黄氏爲嬴姓，出於陸終。黄是中國人一種最爲尊貴之顔色，自唐代以來，只聖人與九五之尊的皇帝才能穿著黄色衣服，作爲黄姓子孫也是光榮而輝煌。我們黄氏歷史悠久，四千五百年以前，華夏的黄帝孫顓頊生稱，稱生老童，老童生重黎及吴回兩子，吴回生陸終。

黄姓出自開宗太祖江夏陸終之後，受封於黄，後爲楚所滅，因以爲氏，今河南省光州定城西十二里地方，還遺存黄國城址。黄國既爲楚所並，子孫散於四方。

臺灣的移住民族，除高山族外，其次則爲漢民族。但漢人究竟何時何代播遷臺灣？史無可稽，根據古代文獻所載，在宋朝末期，臺澎地方就有漢人遺蹟，那時候，宋屢遭遼夏來犯，繼被金人入侵，宋室南遷，閩浙人口因而大增，沿海島嶼成爲新興開拓地域，而泉州亦變爲通商要港，那時泉州府晉江縣管轄臺澎，臺灣當時雖没有移民記録，但就清初在笨港即今之雲林縣北港，發現的宋錢及宋硐推論之，則宋時確有漢人播遷，那麽，我們江夏黄氏，那時侯是不是有人渡來開拓，這個很值得研究考證，不過，他們就算是開臺的鼻祖。

迨元代中西交通暢達，東海、南海航運頻繁，元朝至正十八年，澎湖正式置巡檢司，隸屬泉州同安，則臺灣入我版圖之始。而且這時候，澎湖已有居民兩佰户，至大德元年，人口已達一千六百餘人，每年曾有商船數十艘與泉州貿易，元史稱澎湖爲泉州的外府。

元至正年間，汪大淵遠遊南洋各國後，曾著有《島夷志略》一書，裏面記載："島分三十有六我，巨細相間，坡隴相望。乃有七澳居其間，各得其名，自泉州順風二晝夜可至。有草有木，土瘠不宜禾稻，泉人結茅爲屋居之，氣候暖，風俗樸野，人多眉壽，男女穿長布衫，系以土布，煮海水爲鹽，釀秫爲酒，魚蝦螺蛤以佐食，熱牛糞以爨，魚骨爲油，地産胡麻緑豆，山羊之孳生，以樂其利。地隸泉州晉江縣。至正年間立巡檢司，以周歲額辦鹽課，統鈔鈔一十錠二十五兩，别無科差。"據上載記録，以推測當時已有漢人定居發達地區的蹟象了。

可是，對臺灣的開發，在明代始有大規模的推行。以私人的力量爲主，嗣後始逐漸由政府加以開拓。至於大批移民，在荷蘭據臺末期(1644)，臺灣本島已有漢人二三萬户之多，人口約計十萬左右，其祖籍大部份是屬於福建閩南和廣東客家。在這一段時期，我們江夏黄姓有没有參加移民？因没有資料可以考據，不敢斷定，但追隨鄭成功反清復明，撤退渡臺的我們江夏黄姓子孫，其數當不在他姓之下，嗣欲向海外謀出路求發展陸續來臺者，由閩粵兩省播遷的黄姓，也算不甚少，就艋舺萬華而言，黄、吴、林三大姓人數最多，勢力也最强，這是確確實實，人所共知。

（《[臺灣]黄氏大族譜》 1982年臺灣鉛印本）

臺灣奥杳派黄氏淵源譜序

黄氏之聚族於奥杳也久矣，支分派别不可勝數。然臺地置家則自我顯考只仁公始，而後子侄在臺者相繼而聚，或自原鄉挈眷東渡，數十年來丁口漸繁，親疎不二，遠近各殊，其於原籍遠祖一脈源流或不甚詳。蓋臺郡生長者，鮮有回籍，即一二回籍者，亦不能詳悉共喻。余懼其久而茫然也，於是特將原籍所傳舊譜，自初祖至奥杳始祖以上，依舊譜所載世次以存其概，間有缺略可疑者，稍爲辨説。唯小五公以後確鑿可據更爲詳載，庶乎歷久而宗支不紊，得以别親疏而篤恩義也。

嗚呼，惟桑與梓，必恭敬止。水源木本之念，人孰無之。余今此舉，雖非敢故逞臆説以自取戾於先人，而於遠來後生輩或有補焉，安在生長臺郡不猶然奥杳之繫屬哉。是爲序。

大清乾隆五十六年孟春之吉裔孫鳳章謹識。

（《[臺灣]黄氏大族譜》 1982 年臺灣鉛印本）

臺灣黄氏奥杳派南靖祭祖事録

孟興公後裔，十九世德松、釵金、麗水、頂峯，孟安公後裔二十一世百潭，元貴公後裔二十世祈源、二十一世敏安、伯照等九員，搭乘飛機，由香港、廣州，十四日上午由廣州抵達廈門，並事先請上版寮田寮坑二十世進連、二十一世楊火引導搭乘汽車前往祖籍，從廈門一一〇公里到南靖，由南靖六〇公里到上版寮田寮坑，所費時間六小時。抵達故鄉入口處，奉祈歷史悠久之土地公，大家拈香參拜，並趕往懷遠堂祖祠，祠内奉祈開基祖百三郎至十四世祖，包括在臺之祖先榮川公、聯鐵公、聯釬公、聯銓公、聯鉅公、聯錦公，至第十三世孟誇公、第十四世元貴公、元盈公均列在神位上。依族譜記載，香火回唐尚符合。請祖籍宗親代爲辦理豬羊牲禮粿品，並回籍人員懸掛紅聯彩帶，並沿路派國小學生歡迎，舉行隆重祭祖儀式。到下午六時始得祭祖完成。晚上假附近國小教室聚餐，所需費用均由在臺捐款者，金柱壹萬元，振聲壹萬元，金龍壹萬元，祈源貳萬伍仟元，百潭壹萬元，登洲六仟元，德聰三仟元，碧桃三仟元，元貴公壹萬元，榮川公壹萬元，孟固公壹萬元。祭祖經費豬二五〇斤一隻，羊四十六元一隻，雞鴨牲禮粿品以前在臺祖先祭祖代辦晚宴，招待宗親十二桌，並補助國小教室一仟元美金，送學生三百元美金，並由臺購置煙香禮物等，剩餘款做第二年之費用。祭祖完畢後，轉杭州、湖州、無錫、蘇州、上海、北京、桂林、廣州、香港，新曆六、農曆五月二十七日，回抵臺灣。

自從光緒三年歲次丁丑年春月起至 1992 年五月，歷經一一六年，在此期間未與祖籍接觸，在此機會率領在臺子孫前往祭祖，完成歷代祖先所交付之重大任務，辦理完成。

（《[福建臺灣]黄氏奥杳派族譜》 1992 年稿本）

臺灣黄氏奥杳系南靖尋根祭祖紀敘

祖源祖業與尋根祭祖敘録　　黄金柱敬撰

公元一九九二年歲次壬申新曆六月、農曆五月十四日，黄元貴公後裔二十世金柱，率領二十世祈源、二十一世敏安、伯照，孟興公後裔十九世德松、釵金、麗水、頂峯，孟安公後裔二十一世石潭共九員，由上版田寮坑二十世進連、二十一世楊火抵達廈門引導，前往祖籍懷遠堂祭祖參拜。

我黄氏出自江夏郡，而後第一百二世祖峭公爲大宋祥符狀元，娶三妻，官氏、吴氏、鄭氏，各生七子共二十一子，即後世子孫所謂之三妻生二十一子，各妻只留一子侍奉，遂命其餘十八子分散四處，汀漳郡即峭公第十一子寧公徙居寧化石壁，竊謂峭公身居狀元，何遂命衆子分散？似非人情。

大抵舊譜多有遺略，兹費可考，姑存而闕之可也。唯自寧公以下，世次稍近，尤爲可據。至第一百十世梗全公生三子，長十郎，次十一郎徙居象牙，三十六郎徙居永定縣金豐里奥杳鄉浮山中村。十六郎公妣梁氏生五子，長念一郎徙居廣東大埔縣戀州郡，次念次郎仍居奥杳，三念三郎徙居潮州海陽縣，四念四郎徙居本留湯田，五念五郎徙居漳州南靖版寮。

我奥杳念二郎即囤章公，妣廖氏，生三子，念六郎徙居漷州大埔縣戀州郡，次念七郎徙居漳州詔安縣官坡，三念八郎仍居原鄉，即奥杳之始祖小五公，立黄氏奥杳派也。

小五公開基後，第四世黄希公生子名百三郎，移居漳州府南靖縣版寮鄉田螺坑開基，建立祠堂，即南靖基始祖。至第十四世祖元貴公，自原籍東渡來臺，徙居臺中犁頭店，置家創業，並在麻糍埔原基地建立報本堂，並及母蔡坤娘之骨骸遷奉厝於大魚池埔，在嘉慶戊辰十三年二月五日將父孟誇公之香火回唐。坤娘之香火也回唐，日期不詳，自此則有墳墓確鑿。

第十五世祖蒼海公，號志惇，在道光五年歲次乙酉三月參加天上聖母黄姓安孏季媽祖會乙份，傳後世爲祭天上聖母之聖誕。

第十六世祖江山公，在咸豐十一年歲次辛酉九月一日，爲紀念第十二世祖啓功之子無後嗣孟固公，由第十世祖榮川公之派下長聯鐵、次聯釬、三聯鉅等後代以及孟奮、孟興、孟誇、孟懷、孟安、孟傑等，遂將孟固公得自先祖聯鉅之遺産，設置黄孟固祭祀公業，並向元貴公租用土地，建立祠堂豐緒堂。道光癸巳年冬，派若亮、罔棟叔侄回唐祭祖，及收田租。

第十七世祖朝良公，在明治四十一年歲次戊申間，任老江公爲元貴公祭祀公業管理人，並拆除公廳報本堂重建計畫，惟明治四十一年歲次戊申、民前四年八月二十一日别逝，未將重建費用轉下任管理人，公選爲管理人後，到處奔波借款，以二年内重建祖祠報本堂，順利達成建祠之任務。

第十九世祖石德公，任元貴公、孟固公、榮川公之祭祀公業管理人。在 1949 年間，臺灣省政府主席陳誠，爲使人民均富，提創三七五減租，實行平均地權，徵收祭祀公業之土地，分給佃農，只限保留四甲地爲主，公爲確保祭祀公業土地留於後代子孫，得能如期辦理保存手續保留祖業，無辦理保留手續者，失去權利者頗多，深獲族親之讚揚欽佩及尊敬。

總之我族黄氏由寧化石壁，漸次繁衍以及奥杳、南靖而及來臺，余懼其久而茫然，因此特將所傳之舊譜世系自祖至奥杳始祖以上，依世系次轉載以存其概，間有缺略可疑者當是難免。

唯奥杳開基祖小五公以後確鑿可據，更爲詳載，庶乎歷久而宗支不紊，得以别親疏而篤恩義也。嗚呼！惟桑與梓，必恭敬止，木本水源之念，人孰無之。余今此舉雖非敢故逞臆説以自取戾於先人，而於遠來後生輩或有補焉，安在生長臺省不猶然南靖之屬哉。此以爲序。

後裔二十世孫金柱敬識。中華歲次己巳季夏之月。

（黄金柱編《［福建臺灣］黄氏奥杳派族譜》 1992 年稿本）

臺灣嘉義打貓東堡黄氏家譜續序

竊維萬物本乎天，人本乎祖。稽載吾祖念楚公，乃湖廣江夏人也，自大元武宗之際，任漳州别駕，卒於官。嗣傳汝生公，隨任在漳，因時亂不能旋籍，遂卜居龍溪縣，鎮外之南，文山前拾壹都鄭黄高保碧江社别號北溪頭社。該社原分孝弟兩房，我居孝房之次也，以爲原祖之始，歷代相傳支分派别於大清之初。長祖播遷南靖縣山城墟縣壇之處貿易營生，傳及郡祖於雍正間將長祖郡祖、吉叔祖二代香祀，暨移臺灣府嘉義縣打貓東保肇居耕生，派流今有七世，其子孫培植頗得豐厚也。奈源本譜記久遠遺忘也，稽尋未覺來歷，惟賴先靈赫祐，幸族弟大彰於道光甲辰歲旋歸梓里，爰録族譜帶臨嘉邑，及丁未秋洪成弟往山城交易，邂逅稽訪祖號生卒籍貫不謬，率同弟兄到處聚會，托録族譜，已知根源。其通族子孫衆多難以悉載，僅就一脈録而序之，乘便續序家譜情由，俾後子孫知爲長祖所自出，就長祖遠而追之知爲北溪頭社所自來，則族派昭穆始不混焉。蓋由念楚公積德餘慶以致本支百世子孫昌熾，則水源木本之澤孔長也。惟願孫子積善，根深葉茂，源遠流長，當思報本繼志述事，克振宗祧，則吾祖在天之靈庶可稍慰也已。

族弟太學生大彰敬録。咸豐貳年歲次壬子孟冬十五世裔孫永茂書。

（《[臺灣]黄氏大族譜》 1982年臺灣鉛印本）

臺灣嘉義内厝黄氏家譜序

夫族之有譜，猶水之有源，木之有本。欲水之深者，必開其源。欲木之茂者，必實其根。人子之欲其族之旺者，則必修其譜。故譜者，所以尊祖宗，親鄉黨，辨嫡庶，明賢愚，千載而下，窮遠昭彰，枝葉明著者，咸恃乎此。溯我族乃宋少保峭公之裔，雖有會祖八句詩爲傳，奈因年代久遠，變亂紛乘，加之人禍天災，轉遷流徙，乃致列祖列宗昭穆失敘。午夜捫心，誠吾輩之大罪而又欲哭無淚者。再四思維，吾族譜牒若不及時纂修，吾輩固已負遺祖棄宗之鉅過，而百年之後，自身亦勢必爲子孫湮滅於荒煙蔓草間也。

興歎之餘，乃垂詢耆宿，遍搜資料。所幸天從人願，獲悉渡臺始祖孌公諱齡諡弘毅，生於福建漳州府漳浦縣杜潯高山，繼移居平和縣霄三府火田堡和瑞堂溪口社，配妻張氏，於康熙年間旅居臺灣，旋至嘉義廳大糠榔西堡樸仔脚内厝莊開基。雍正乙巳年生子名岱，字文起。

岱公天性聰穎，長厚無倫，故建樹至鉅。配妻蔡氏，傳五子。泮水、百揆、秉獺、篚篕是也。逮至岱公之堂弟興公至臺，傳二子合爲七大房。爲紀念岱公篳路藍縷以啓山林之功業，乃歲時設爲祭祀，每年忌日由七大房依次主持，世稱七房公者即此。

吾房秉獺公别名淵長，配妻吴氏，諡慈淑，獨創基業，置産數百頃。傳下五子。協仁、協義、協海、協力、協心。即目前吾輩每年由五房輪流依次主持祭祀之五房公是也。

夫天地之经，倫常至上。而人子之道，旨歸念宗。故朱伯盧云，祖宗雖遠，祭祀不可不誠。實宇宙間家訓至語。竊粗俗凡庸，然忝爲人子，追思先祖創業維艱之德，瞻望後輩弘揚蹈勵之期，誠風雨未敢或忘。故書爲之志，倘能藉以彰吾族敦親睦族、尊祖敬宗之志，啓子孫入孝出悌、和鄉悦族美風，則又斯云之過望者也。

癸卯年渡臺第九世裔孫俊豪謹織。

續修族譜序

檗黄吾宗也。有宋年間，我大祖太乙公，分自光州固始，服官於閩，後免官居晉之仁和里，即今之檗谷也。再傳之裔有三。長居後坑石龜，祖塋在焉，今復徙居於本都之湖頭鄉。次則本宗檗谷。三則司教南漳，别籍於漳之龍溪觀音山北溪頭。數傳之後來往不通，而其初無不本於我太祖之所自出者也。至檗谷本宗實出鶴臯公之遺，派别其支，實分長二，中間族姓繁浩，簪纓世出，迄今多歷年所，雖賢否不齊，而士農工商，服疇食德，丕承先祖之遺訓焉。惟是分居散處不乏其人，遠越滄海，近徙鄰村。居福興者有人，處晉惠者有人。東海之濱，處臺灣者有人。地隔人分，累世之下，演系莫稽，安在不以塗人相視。有心者，曷能以已已。

先世次石公，夙深垂訓，獨於此修明譜諜，爲諄諄致意者，誠以子孫而忘其祖宗，實如青蓮之詩所云"人生無根蒂，飄如陌上塵"，寧忍出此乎。溯癸亥續修之後，歷今七十有三載，雖世远年湮，而譜諜具在，家乘猶存。凡夫宗志十二以及序議記載、綱紀條規，我先人克敦於始，無不焕然,可奉以爲法。歲乙亥,族中練達老成,僉爲議舉,率循舊章,歷世次,聯支葉,使子孫克繩其祖武祖德,垂裕於後昆,親疎明而昭穆位,百世之下,知千萬人之身即出自一人之身也,未必非吾宗之不補云。誠如是也,葛藟可歌,瓜瓞永詠,又何慮祖宗百年不克享其宗祊者乎。雲慚譾陋,不能操修其事,而閱斯譜之告成,若網在綱,有條不紊。竊願數十年後,有志賢孫子踵而行之,以迪前人光,則幸甚。是爲序。

嘉慶乙亥年,十六世孫際雲頓跋。

(《[臺灣]黄氏大族譜》 1982年臺灣鉛印本)

臺灣紫雲黄氏源流系記

黄氏系緒先出於陸終之後,封於黄,即在戈陽縣之間,今黄州其故國也。紫雲先祖舜夫公,先爲河南光州固始縣人,其時燈號通寫江夏。傳道隆公爲開閩始祖。道隆公爲東郡會稽市令,晚年棄官入閩,初居仙遊大尖山、小尖山之陽,後遷黄田。道隆公傳四子,守寬、守恭、守昭、守謙。始祖守恭公,諱杉,字國材,唐官於泉,所居之宅時有紫雲蓋地,唐垂拱二年,舍宅爲寺。時有聖僧求化其宅爲寺,朝來暮往殷勤日久,公曰"欲求若許?"僧曰求一袈裟位,遂即允之。僧乃以袈裟竪於竿末,雲影點地,宅地剩無餘尺。公曰"爾毋乃欲盡吾地耶?"戲之曰:"待桑樹蓮花,我將宅地盡施之。"越數日,桑樹皆生蓮花矣。公以桑樹有開白蓮花之瑞,許之,舍宅爲寺,寺號曰白蓮,後改爲開元寺,而常有紫雲蓋頂,又稱爲紫雲寺。

守恭公生有經、紀、綱、綸四子,聖僧指點擇地四安分居。垂拱二年,仙化白驢四隻,袈裟四周,鑼鈸四塊,四子遂各分居。長經公分居南安縣吕洋,次紀公分居惠安縣錦田,三綱公分居安溪縣參山嶺下,四綸公分居同安縣金柄。四子分居四安,子孫蕃衍鼎盛,科第連捷,萬葉競秀。泉城四安家廟,東西寶塔,千古昭然,同與天地悠久矣。

世皆稱盛族未有不溯其源者也。溯源而支派分别,脈絡明焉。此人懷乎祖之由,而族譜所以有序也。有序而不序,則莫知祖所自來也。故古之能序譜者,莫我先人若也。先人德裕才優,無慊於文用,能輯纂族譜,以範圍我,使於古之昭穆井然不紊,信善哉。承先人之後者,有世懋、世芳其人焉,博古而通今,稽典而考籍,皆於功名乎是而不以族譜爲念。惜也,而今安在哉。迄今而求,其能承先人志者,伊何人哉,惟余獨愧其不足耳。其餘若士、芳盛輝等,是皆能余所之能也,不必欲人以記之,以其餘之可以承先人後者也。余亦自問於心,退處自居於書室,而記族人已正之名,而因以正之。使正者益正,亦即古先人已定之分派宗支。有接者益定,即爲有散居異地臺邦,亦名愚繼美公,倣乎歐蘇二公譜式以著世,編書圖以定尊卑,而親疎之分以别。作譜録以明世系,而始終之實以詳。立凡例以知榮辱,設規條以示勸懲。令子孫知吾修譜意,當思所以尊祖敬宗而睦族屬也。又何至其初爲一人之身,終於途人哉。因序其端以貽後賢。後賢其幸續吾譜意,而纂修之無遺哉。

歲康熙八年己酉孟冬穀旦,十四世裔孫璧宿頓首拜撰。

(《[臺灣]黄氏大族譜》 1982年臺灣鉛印本)

五百年前是一家

姓,每一個人都有。而中國人由於歷史的傳統和文化背景,尤其具有行不改名、坐不改姓的本色。

一、以姓爲榮爲傲

對於姓與名，中國人顯然偏重於姓。許多人對於自己原來的名字或許會感到不滿意，而以立號取字的方式來彌補，所以一生之中可以有好幾個名字，既有字，又有號，還會有別名、别號。對於冠在名字上的姓，則未有人表示過不滿意，每一個人都理所當然地以自己的姓爲榮爲傲，當然也絶没有人會不肖到想把父母所賦予的姓改掉。如果有人改名换姓，則必然有其不得已的苦衷。

在中國，姓往往代表著一個人的血統，祖先的榮譽，乃至社會地位。這種現象的形成，是有其歷史淵源的。據數千年來的民間傳説，漢族的祖先黄帝共有二十五個兒子，其中有功德者十四人，這十四個人都被黄帝胙之土而命之氏，他們的後裔就世代沿那些氏爲姓，這就是中國姓氏的由來。

中國人一向以黄帝的後裔自居，尤其後來四方的夷狄陸續入侵並定居，我們的老祖先爲了有别於那些新來的蠻夷之族，就更加珍惜自己的姓氏，以身爲黄胤而榮了。中國人特别重視自己的姓氏，不難從這種以優越感爲出發點的心理因素找到答案。

於是，許多在外國人眼中看來何必太認真的現象，就在中國社會中屢見不鮮，如果有人輕率到對别人的姓氏表示絲毫輕蔑或侮辱，譬如譏諷姓秦的人是秦檜的後代，或辱駡某的祖先是一代奸雄曹操等等，那麽後果一定很嚴重，即使是販夫走卒，也必然會爲這樣的奇恥大辱而憤怒怨恨，寢食難安，甚至怒髮衝冠地當場動起武來。私生子在社會上之所以遭人蔑視，想來也正是這個道理。

二、古代姓氏有别

中國人的姓氏，有源有本，就大家所引以自豪的五千年傳統文化一樣，真是説來話長。根據明代大學者顧炎武在《日知録》上的説法。古代中國人的姓與氏，是有分别的，不能混爲一談。這一點，重視姓氏的中國人，實在不可不知。

據《日知録》記載："言姓者，本於五帝，見於春秋者，得二十有二……自戰國以下之人，以氏爲姓，而五帝以來之姓亡矣。"由此可知，中國人是先有了姓，再有氏的，後來氏逐漸取代了姓，古代社會也就普遍以氏族來表示一個有名望的家族，但現在姓卻又化了氏。

姓的産生既然在氏之前，姓的制度又是怎樣來的呢？根據大家所熟知的民間傳説，五帝時代的中國民族，還不太講究人倫關系，男女結婚血族相混，所以伏羲氏爲了端正男女關系，就建立了姓的制度。顧名思義，姓字是由女與生兩個字所組成，古代姓的制度顯然是以女子爲中心的。

三、端正男女關系

换句話説，當時的子女是從母姓，而不似今日之從父姓。子女之從父姓，則是遠古遊牧的母系社會型態結束，以男子爲中心的農業社會興起以後的事。這也正是由姓而氏的發展過程。

從以上的分析，可以獲得這樣的結論：我國在三代以前，姓與氏是有分别的，而其機能亦不相同。姓是所以統系百世以别婚姻，氏則是所以别子孫所由自，以貴功德。因此，男子稱氏，女子稱姓，貴者有氏，賤者有姓無氏。

戰國時代，正是我國的農業社會逐漸定型的一段時期，父系社會取代了過去的母系社會，許多人都以自己擁有的封建地名爲氏，於是氏族抬頭，變成了整個社會的特權階級，氏族的子孫，當然要以自己的氏自傲自豪，爲以後的中國人開創重視姓氏的風采。後來，秦滅六國統一天下，採取中央集權制度，封建制度煙消雲散，上述姓與氏涇渭分明的制度，由於失去其以封建爲依歸的立足點，也就自然而然逐步消失。

至於把姓與氏兩個字混爲一談，據《日知録》上説，是從太史公司馬遷開始。在《史記》一書中，太史公曾提到齊國姓姜、秦國姓嬴、周文王姓姬等，不再嚴格的區分姓和氏。

從春秋時代的這些姓氏，我們還可以發現一項有趣的雷同，那就是這些姓多有一個女字在其中，十足是當時的母系社會明顯的説明。

上面曾經提到，古代的中國人，並非每一個人都有氏的姓，只有身爲黄帝後裔的貴人，才能有這份榮譽。而在《史記》上曾提及的那些姓之中，據説以周文王的姬姓最爲尊榮，連姓姬的女子也貴於衆國之女，所以後來就把這個字用來形容婦人的美貌。光是從這一點看，中華文字與文化的巧妙，就遠非其他民族所能及。

現在，姓氏雖然已經不分，但是二者的機能，仍然在中國人的現實生活中發生相當密切的關系，同姓的人仍然彼此認爲是同一個宗族，而在情感上産生微妙的連繫，許多人互相稱呼起“本家”來，不但語氣流露著無比的親熱，心里也會感到彼此間的距離要比别人來得近。

宗與族兩個字，也是十分有講究的。宗就是祖，也就是稱自己所源出的祖先，所以同姓的人又叫做同宗。族，則是一個姓氏的旁支别屬，雖然宗支不同，但其世代子孫們仍然有聯屬關系。古時姓可呼爲氏，氏不可呼爲姓。姓别婚姻，有同姓、異姓、庶姓的分别。氏同姓不同，婚姻可通。姓同氏不同，婚姻不可通。這因爲姓以分宗，氏以類族，氏可變而姓不可變。《爾雅・釋親》説，父党爲宗族，所以同宗族的不能成婚姻。至於異姓稱族，由於異姓聯宗，如漳州蘇、周、連的三姓聯宗，菲律賓陳、姚、虞、胡、田的五姓合組有嬀汭堂，這聯宗組堂的異姓，雖成一族，但卻非古制。

中國人之重視和講究自己的姓氏，還有另一種歷史淵源，求忠臣於孝子之門，是中國人所熟知的道理，更是古代君主所信守的一個用人原則。

古代，特别是唐朝以前科舉制度尚未實施之時，如魏晉的九品中正，一概由地方上推薦。而地方推薦的最重要依據就是一個人的家世，而當時的豪族與寒門壁壘分明，絲毫逾越不得，結果“下品無世族，上品無寒門”，出身的好壞越來越重要，家庭的觀念日益濃厚，而社會上也就普遍地對自己的姓氏格外重視了。

後來，科舉制度興起，過去嚴格的世族觀念雖然被打破，鶉衣百結的寒士也可以一登金榜，身價百倍，然而傳統的重視家世的觀念依然盛行如故，科第也有科第世家，如宋代的韓琦、吕蒙正，皆三世爲相，韓家和吕家的子孫，也就比别人更受尊重，在仕途上更加方便了。

家世的重要性若此，作爲家族標志的姓氏之緊要不言可喻。

不過中國人之重視自己的姓氏，經過了幾千年的發展，卻演變成一種幾乎自然的情感，已經没有先前那種利害關系的因素在内。一直到今天，一個人如果在異鄉遇到同姓的人，不管彼此的關系多遠，都會顯得格外親熱，流露著最真摯自然的感情。

五百年前是一家，像這樣的情感維繫，豈不是中華民族這個大家族的中心維繫力量。姓氏，儘管處於人情日趨冷淡的工業社會，又豈能完全予以忽視。

四、族譜推定血統

就這樣根據推斷,中國人已經很難從自己的姓氏推定原來的血統。然而,黄帝的子孫乃是中華民族的骨幹,已是數千年來不爭的事實。中國人又最崇拜祖先,族譜之修,無代不有。

中國人的姓氏究竟有多少?這是一個饒富趣味的問題。說起來驚人,中國人的姓竟然多達六千三百六十三個,而且每一個姓都有出處,有來源,而不是隨隨便便謅出來的。

在六千三百多個姓之中,單姓有三千七百三十個,複姓兩個字的有兩千四百九十八個,三個字的有一百廿七個,四個字的有六個,五個字的有兩個。當然,在這些令人眼花繚亂的六千多個姓里面,絶大多數都是難得一見的稀姓,平時常見的,也不過是宋代百家姓上所列的那些而已。四千六百多年前的黄帝建立姓氏制度時,總共只有十四個姓,現在,居然增加到六千多個,真是洋洋大觀。

令人遺憾的是,現代的中國人又有幾人能解姓氏奥妙,有多少人清楚自己的出處。這個問題能够正確作答的,説得上是鳳毛麟角,只知其然而不知其所以然的人,恐怕要占絶大多數。不堪回首話當年,面對著古人苦心經營的姓氏學,大家的心里能不感到疚愧悵然?

這一點,在全國上下熱烈推行文化復興運動的今天,真是一個相當大的遺憾。道理很明顯,中國人一向是講求慎終追遠的傳統美德的,如果連與生俱來的姓也只知其然而不知其所以然,則與那些隨便觸景生情就給自己取個姓的外國人,又有何異?

(《[臺灣]黄氏大族譜》 1982年臺灣鉛印本)

祖先是從唐山來的

這句話,長時以來在臺灣民間父告子、子傳孫,一代叮嚀一代,一直到今天,從來没有一個人會忘記。自己的根,是深埋在臺灣海峽的彼岸,那一片五千年來綿延不絶孕育著炎黄子孫的芬芳泥土中。

唐山,也有人寫作長山,在本省人的意識中,並不是一個專屬的固定地名,而是泛指地勢多山的福建和廣東。實際上,把閩粤兩地稱爲唐山,不但臺灣如此,分散在南洋各地的華僑社會,也莫不如此。理由很明顯,大家都是唐山人的後裔,來處相同,日常所用的語彙,當然也不會有兩樣。

或許是由於地理上的一水相隔,也可能是由於光復前跟大陸本土的接觸不够多,過去生長在臺灣的人,對中國大陸的地理概念是相當模糊的。所以,在絶大多數人的心目中,閩粤兩地是唐山,大陸上的其餘任何地方也都是唐山。從大陸渡海來臺灣的人,便不問籍貫,統統都是唐山人。

本省人一向以唐山人的子孫自居,光復以後來臺灣的大陸人士,也全被認爲是唐山人,則事實在眼前:大家彼此間木同本、水同源,只有早到和晚來的區别,没有其他任何的不同。

有人以爲,過去臺灣民間把外省人稱爲阿山,是具有不敬的含義在内。其實不然,懂得閩南語的人應該都知道,無論是在閩南,或是在臺灣,一般人總喜歡以"阿"開頭的口語,作爲對人的親暱稱呼,像阿福、阿花……等等。以前,大家叫荷蘭人爲紅毛,叫法國人爲西仔,更輕蔑地把日本人叫四脚仔。光復以後卻把來自唐山的同胞稱呼爲阿山,這種稱謂,實在只有親熱的感情萬分。光復以後來臺的唐山人,把比他們先來、已經在臺灣落藉的唐山人稱爲本省人或臺灣人,又何嘗會有絲毫的弦外之意?實際上,就跟河北人、山東人、上海人、廣東人……等稱謂一樣,所謂本省人或臺灣人,僅是用以表示籍貫的不同罷了。

最近有少數人,在暗中故意强調所謂本省人與外省人的分别,甚至拿阿山之類的稱謂來挑撥離間大家的感情,居心險惡,實在不能不提高警覺。

同樣來自唐山,同爲中華民族的炎黄子孫,除了民間的世代口口相傳,在處處都講求證據的今天,我們還能不能提出具體的證物來?

答案是肯定的。證據不僅有,而且在臺灣島上遍地皆是。隨便舉幾個例子:

——臺灣人的姓氏,名字的排行,乃至家族世代相襲的堂號和郡望,無一不是大陸各地的延續,臺灣有的,大陸必定會有。

——臺灣各地的開發,是三百多年來大陸移民流血流汗的成果,從各地的地名以及建設,臺灣與大陸的地緣關系清晰可見。

——臺灣的方言,源自兩千年前中國大陸的秦漢時期,近年來有人細心研究,相互印證,已經證明無訛。

——臺灣民間的風俗習慣,幾乎全都是閩粵各地的翻版,只要稍微用心觀察,不計其數的證據,就會隨時隨地源源出現在自己的眼前。

樹若無根,必趨枯萎。人若不知自己的根在何處呢?且看看近年來風靡全球的《根》這本書。一個長在美國的黑人,都能鍥而不舍,抽絲剥繭地在甚至連文字都没有的非洲蠻荒找到自己的根,具有五千年傳統文化的炎黄子孫,如果仍然對自己的根一無所悉,豈不羞煞,愧煞!

生長在臺灣島上的炎黄子孫,要想尋找自己在唐山老家的根,毫無疑問,上述的姓名、堂號、郡望以及地名、方言、風俗習慣等,也都應該是最具體、最可靠的綫索。

本族譜撰寫,承臺灣省文獻會、國史館、臺北市文獻會、中華民國宗族譜系學會、臺灣省各姓歷史淵源發展學會、各姓宗親會提供資料。由祖籍與譜系中尋根。

要尋找自己的根,必須先瞭解當年大陸移民"唐山過臺灣"的情形。

唐山過臺灣,是本省民間父老經常掛在嘴邊的一句話,茶餘飯後跟子孫們閒話家常,談起自己的祖先來臺開基的故事,總不忘拿這句話來打開話匣子。

本省人的祖先,都是從唐山渡海而來的,這已是一個不爭的事實。所謂的唐山,指的也主要是閩粵兩地。可是,這兩個省份的範圍那麽大,本省人的老家究竟是在這個區域的哪些地方?

根據臺灣省文獻會所提供的資料,本省人的祖籍,主要不外前清時期福建省的泉州、漳州、汀州、福州、永春、龍巖、興化等州府,以及廣東省的嘉應、惠州、潮州等州府。這十個舊府屬之下,又可以細分爲下列諸縣:

泉州——今晉江、南安、惠安、安溪、同安五縣。

漳州——今龍海、漳浦、南靖、長泰、平和、詔安、海澄七縣。

汀州——今長汀、寧化、上杭、武平、清流、連城、歸化、永定八縣。

福州——今閩縣、侯官、古田、屏南、閩清、長樂、連江、羅源、永福、福清十縣。

永春——今永春、德化、大田三縣。

龍巖——今龍巖、漳平、寧洋三縣。

興化——今蒲田、仙遊二縣。

嘉應——今梅縣、興寧、長樂、平遠、鎮平五縣。

惠州——今歸善、博羅、長寧、永安、海豐、陸豐、龍川、河源、和平九縣。

潮州——今潮安、豐順、潮陽、揭陽、饒平、惠來、大埔、澄海、普寧九縣。

上面這份資料,可以說便是本省人尋根的第一條線索。如何爲自己找到這條線索?很簡單,目前絶大多數的人家都仍然供奉有歷代祖先的牌位,牌位的上方,大多工工整整横書著兩個大字,這兩個大字,通常便是祖籍的地名。除了極少數的例外,一般人根據這個地名,便可以把自己的根追溯到當年來臺開基始祖在唐山的老家。

也許有一部分人家,由於宗教信仰的改變等因素,不再供奉祖先的牌位。要是這樣,也有簡單的方法可想,那就是不妨跑一趟祖先的墓地,看看墓碑上方横鐫的是哪兩個字。這個方法必定十拿九穩,因爲,中國人素來具有落葉歸根的傳統觀念,儘管不能歸葬故里,也必定不會忘記叮嚀子孫在自己的長眠處,標明一身的來處。

找到了尋根的第一條線索,有的人很可能還會遇到這樣一個難題:書寫在祖宗牌位上和墓碑上的祖籍地名,怎麼在閩粤兩地的舊地圖上找不到!

這就是中國人的風雅傳統使然了。中國人由來已久的習慣,一個人出生之後,除了父母長輩所賜給的名字,往往還要取上若干個字和號,以表示自己的風雅。對人是如此,對地也不例外,所以,許多地名也每每都有另外的美稱,像福建同安的美稱是銀同,晉江的美稱是温陵,金門的美稱是浯州等,例子很多。祖宗牌位上和墓碑上的祖籍地名跟實際的地名對不起來,十有八九便是由於這個緣故。

關於臺灣民間慣用的大陸祖籍美稱,根據臺灣省各姓歷史發展研究學會採訪組所提供的資料,常見的大致有下列各種:

泉州方面:晉江——温陵,南安——南邑,安溪——分山,金門——汕州,同安——銀同。

漳州方面:漳浦——浦邑,南靖——靖邑,詔安——詔邑,海澄——澄邑。

廣東方面:鎮平——茶陽,海豐——海邑,陸豐——陸邑,大埔——埔邑。

這份資料當然還不够完全,有待今後繼續收集。臺灣民間採用祖籍的美稱,也是相當考究的,在上述各種美稱中,有許多是以"邑"來表示,便是由於其祖先曾做過官的緣故。换言之,凡是祖先歷代都是布衣的,便不够資格以邑來美稱祖籍。

連十分細微的一個祖籍地名,都有這麼大的學問在内,可見博大精深的中華傳統文化,早已隨著大陸先民的踪蹟所至,在臺灣的泥土里根深蒂固。

中華民族源遠流長,像這樣僅僅把自己的根追溯到來臺開基始祖在唐山的祖籍,顯然是絶對不够的。實際上,每一個人也確還可以從福建或廣東的祖籍,把自己的來處,一步步追溯到中原地區的民族發源地。只是,這份進一步的尋根工作,就更複雜困難得多,必須靠每一個家族世代相襲的姓氏、堂號和郡望,更必須有完整的譜牒作依據。

很令人惋惜的是,目前有關姓氏、堂號和郡望的文獻,還勉强可以收集得到,至於各家族的譜牒資料便相當缺乏了。這種現象,並非意味著臺灣先民不重視自己的源流,而完全是日本軍閥的術心使然。日本據臺時期,爲了消滅臺灣民衆的强烈民族意識,曾經千方百計在全省各地搜羅焚毁中國人的譜牒,企圖以這種手段來斬斷臺灣老百姓的根,讓大家忘記自己是中華民族的炎黄子孫。結果,他們的詭計未曾完全得逞,卻害得現在大家的尋根工作困難重重,真是罪孽深重。

日本軍閥當年在臺灣各地大事搜羅譜牒,目的雖説是要把中國人追本溯源的依據焚毁殆盡,但實際上,在日本統治者當中,也有少數幾個識貨的人,這些人運用職權,把没收來的族譜,一批批偷偷運回到日本本土，作爲他們研究中華民族的具體資料。

目前，日本各學術機構所收藏的中國族譜，總數已經將近兩千部。根據日本學者多賀秋五郎的統計，其中以東洋文庫收藏得最多，共計八百一十一部。其餘國會圖書館有四百四十部，東京大學東洋文化研究所有兩百三十六部，東京教育大學東洋史學研究室有六部，京都大學人文科學研究所有四部，内閣文庫有三部，静嘉堂文庫、慶大中國文學研究室、近代中國研究委員會各有一部。這些中國人的譜牒，雖非全部搜自臺灣，但無可否認，其中有很多便是當年日本軍閥在臺灣的搜集成果。

除了日本，美國的哥倫比亞大學東亞圖書館和哈佛大學燕京學社漢和圖書館，也分别收藏有一千部左右的中國譜牒。這些古籍，無疑更是遍佈天南地北的炎黄子孫，在中國大陸尋根所必不可少的憑藉。近年，美國的譜系學會又透過史丹福大學的學術研究機構，在臺灣積極進行譜牒複印工作，據説頗有所獲，可見得他們是如何重視中國人民的這份文化資産。

回過頭來看看臺灣的情形，目前各學術及文獻機構所收藏的譜牒，恐怕還湊不足一百之數。民間的收藏，雖然仍然不在少數，但收藏者大多視爲傳家至寶，不肯輕易示人，有關單位也一直缺乏一種鼓勵把譜牒公開的有效辦法。所以，對中國人的譜系的研究工作，儘管正在國外進行得熱熱鬧鬧，臺灣島上，反而是一片沉寂。

這份尋根工作的嚴重缺憾，如何設法補救，毫無疑問是眼前的當務之急。過去我國的宗法社會是培養人情的暖室，大家庭特多，構成宗法社會，富於親情和人情。現在我國逐漸演變成工商業社會，尋根追遠日益忽略，親情人情日益淡薄，精神幸福日益減少，這種情勢不利人生，有害人世，要及時糾正挽救才好。

（《[臺灣]黄氏大族譜》 1982年臺灣鉛印本）

數典不可以忘祖

中華民族是個源遠流長的民族，因而中華民族的姓氏源流也就顯得非常繁富。兼之中國自古以來就是禮儀之邦，不論賢或不肖，無不重視自己姓氏之所由來。這種慎終追始的認真態度，在西洋是很少見的。西洋人只有所謂貴族才講究譜系，一般平民則無所謂。尤其建國較晚的美國，民族龐雜，血緣紊亂，除黑白人種的普遍對立外，老百姓對於自己的祖先，究竟是約翰牛或山姆叔，似乎並不計較。因此數典忘祖在中國是句罵人的刻毒話，如予勉强譯成英語，也不過是 He counts the records but he has forgotten his ancestors. 稀鬆平常，既不嚴重，也一點没有刻毒味。

中國人的重視姓氏源流，幾乎到了執拗的地步。望族大姓固不必説，即使是罕姓小民，在顛沛播遷中，也無不帶著自己的族譜，一代一代的記載下來。歷史上，就曾有過不少感人的護譜事件。例如三百年前，明亡後，閩南的鄭成功與張世傑擁福王繼續抗戰，誓死不降。清廷原想剿滅閩南的鄭張兩族以爲懲罰，消息傳到閩南，鄭張兩姓就動員人手，把族譜分抄許多副本，交給少壯族人攜出逃難。後因清廷接受降臣洪承疇的建議，對閩南採取安撫政策，這兩姓族才免於死難。又近如臺灣地區的同胞，先世多從閩粤兩地遷來墾殖，儘管當時篳路藍縷，生存時受要協，加之日本統治五十年，極力要消滅漢族文化，但後經各縣文獻會調查結果，其中除極少數外，幾乎都保存有族譜，並有專人管理，記載從不中斷。

重視譜系，是中華民族最優美的傳統之一。每一族譜，對於自己族姓的源流，祖先光榮的事蹟，都有扼要的記述。儘管祖先的光榮並不就是子孫的光榮，但多少總是一種警惕與鼓勵的規範。而這種規範作用，從個人的修身進德，以至於造福社會、報效國家，都是一種無形而巨大的推動力。例如宋朝，岳飛受了奸相秦檜陷害之後，有很長一段時期，中原的岳姓少女誓不嫁給秦姓，理由是不做奸佞後代的媳婦。

在積極的意義上，國父曾論及家族與國族的不可分。敦親睦族本來就是中國人共有的美德，而發揚這種精神，莫如對宗親關系的尊重，對姓氏發生親切感，人人愛其所親而敬其所尊，如謂尊祖敬宗，敬宗則睦族，不僅止於親親之義而已。

（《[臺灣]黄氏大族譜》 1982 年臺灣鉛印本）

（四）張　氏

板橋張氏渡臺祖傳説

備祖坐船來臺，傳言攜有古錢二枚，交與船家把玩，不慎丢落大海，船家未與刁難渡資。在淡水上岸，查看觀音山景象，與故鄉鞍山或天馬山相似，因此就在山麓八里坌堡田心仔落脚定居。初蓋草茅爲屋，並曾撿食蕃薯皮，無錢買肉，燉菜頭過年。其開荒墾田，披荆斬棘，可謂千辛萬苦。至今族耆每憶及備祖辛勞，感恩之情溢於言表，潸然淚下者有之。備祖背駝，此乃渡臺主因。而族人常有龜祖之謂，雖有不妥，但説者心存敬重，深寓追思之情。後世應謹記我祖闢臺艱辛，無忘勤儉持家，以繼承遺風，永世效尤。

（《[臺灣臺北]八里坌張氏板橋族譜》 1990 年印本）

平和馬堂張氏與徙臺宗親往來紀事

爲圖謀生計，我們先祖不但遷居大陸各地，而且越洋渡海到祖國臺灣，進住印尼、菲律賓、泰國等地，甚至旅居歐美，遍播寰球。馬四大路坪房九世祖士發公三位兄弟，都過海峽到臺灣雞籠山拓墾。由於艱苦創業，勤榮致富，建築樓房，在樓門上，他們用“大路坪房”題名，立牌掛匾，炫宗耀祖，成爲當地一大望族。他們與祖地宗親，情誼厚，關系好，相互往來。十三世礤頭房的祖公也先後到雞籠山、糞箕湖等地定居，六十一年前祖地宗親還至糞箕湖探望在臺親人。一九三八年秋，馬四房在臺裔孫張大睦祖公，親自返回家鄉省親，後移居日本，成爲鉅富。七十年代間，大睦公侄兒景林，曾三次親臨平和小溪，要尋找馬堂長簷竇路祖祠，因歷史緣故未能如願。景林留下通訊處：日本東京中央華僑常務理理會，住址：日本大阪安田株式會社餐館辦公樓。馬三房第十一世祖世吉、世選兄弟遷居臺灣雞籠山刺竹城。在日本統治時期，他們仕途亨通，原定於一九四八年要返祖地榮宗堂祖祠前，竪旗振威。因抗日戰爭爆發，就耽擱了此事，之後也失去聯繫了。馬三房去臺的還有十四世利川公、義直公，乾隆年間進住雲林縣，後遷居臺中縣大雅鄉。十一世玉棕公住南投縣。第十五世宗乾公往臺中縣。第十四世四静公住南投縣。第十三世果行公遷徙雲林縣。第十五世宗寅公往臺中縣。十一世郡公河田房乾隆元年居南投，光齡居雲林縣。住雲林縣潮公、層公遷居基隆市。十二世火公，爲則之子，往臺中市，系乾亮公後代。吉生公支系第十世蔭公住高雄縣。青山房第十五世火連公住桃園縣，後分居宜蘭縣。第十五世清標公往臺中市。十三世樸信公、亨公居臺中縣大雅横山。十五世大連公居淡水縣,後居宜蘭縣。十四世騰公居臺中縣。十四世指公居臺中縣。還有的往臺北市、臺南市、新竹縣等。又如十九世孫乾亨又名鳳玉、利貞又名春秋,世居印尼日裏丁宜市,鳳大公在此創辦合成商行任總經理。

(《[福建平和]馬堂張氏族譜》 1996年鉛印本)

臺灣張氏文通公派祖籍紀敘

吾家始遷祖,傳言系汀州府寧化縣石碧村人,總平和南靖之張皆其所自也。我一派不知何年何代遷居上杭縣溪南里龍門上村,祖石碧村祠堂對馬堂山,山後有始祖墓,原名馬塘,後吾家改今之馬堂,因之相傳,始自元朝初,茫無可考。至萬曆君己亥年間,晚叔勳在遺簡中撿得舊紙閱之,乃知先世傳下祖圖,伯叔祖先,其位置及住宅、墳墓坐向,記注明白,云在明朝洪武君二十七年離祖,與黄册符,無亦祖宗之精靈示現乎。

始祖文通,初定居馬堂山鐵藜窠,二世長房通寶公螟蛉,其住居在堡内西門右金角,其孫支後入盧溪范籍,今其屋尚稱范屋云。二世次房祖福保公出住青山,以近田莊,便耕種也,世居此地,今居此地,今立爲大宗祠子。二世三房祖阿三公,住井下架屋安居,遂爲子孫定址,今爲大宗二房。二世四房祖吉生公,本居馬堂地宅,原未有城堡,農民雜居。至張華公充捕盜,呈稱馬堂系清寧、新安出入咽喉地,宜築城保守,南靖縣令差主簿來此督建,其在成、弘之間乎。南靖之分新清二里爲平和縣,則在正德君四年間,王文成呈請而建者也。城内南門之中,三世祖阿八公、斌權公,宣德早年建屋二區,各三座,今有上屋下屋之稱,總爲大宗第三房堡内之定居者,皆三房支孫也。初建年月,今無可考,上屋拆而再造,乃嘉靖戊子年十二月戊申日丙辰時,宅坐寅向申,至今計一百零七年。下屋在年月總計一百六十年,一再造馬堂,其餘榖樹下范屋、長簷屋、北門老屋、嶺背曾屋、籃屋,背頭先時刱建祖屋,私屋各因住人姓氏、物象以名之。

城内側狹,年年生齒日繁,即多饒裕,欲開擴尺寸不能也,各就田莊托處燥高。祖張大郎、四郎以祖居狹隘,遂移東嶺下,遂以長六房孫就田散處耕住。惟贈君東軒公在馬堂祖屋生中憲公,公所誕降之辰,月夜太乙峯倒影至其門,及後仙逝之年,鄉人聞峯山隱隱若雷聲者三晝夜,信爲峯嶽降神者歟。公十七歲進弟子員,贈君盧山谷,孤陋廢學,隆慶庚子歲,移居雲霄鎮西門,祖先香火甫入門而不肖燥生,後架造一廳一樓以居。壬午中憲公登賢書,甲申歲移遷郡城居塔口,丙戌成進士,壬辰歲燥進府庠,己亥歲熑弟、焰弟俱進龍溪庠,遷徙靡定。乙巳歲始卜居城南西橋街,先建祖祠及居室,計四區。甲子歲應熊同侄腆又進龍溪庠。天啓三年,始以張珩名入十一都十五圖當差,此又居龍溪之始也。

馬堂新造屋在祖屋三間四座,腦後圍牆護屋仍分慷弟居守之,燥歲時祭掃收護,來住祖屋如舊焉。其有遷吴坑石鼓溪峯山下等處村落,不能悉載其數,然歲時伏臘斗酒歡洽,生男孫遇上元,則就老屋張燈慶賞,婚嫁慶弔皆至老屋。惟移住福省連江,潮之普寧、揭陽,潮之海豐、惠來、歸善,有一二載往來者,有十餘載足蹟不到者。一再傳以來,各處之馬堂張,猶今之馬堂背與龍門上村石碧也。第向時人文未開,紀載缺失,今則有宗譜,相收續譜,又謄注某人遷居某處,子孫世次詳明,此誰貽之猗歟。

中憲辟天荒以垂緒,振祖澤以開來,今之與斯文者,可不繹思乎。此紀述宗居之意也。曜之燥曰,山川地宅,龍脈之關於人也大哉,發祖特達雄偉,坐下生氣完固,則興發綿長。若龍脈殘傷,衰敗立見,不復能振作矣,何可以殘傷爲細故而忽之。

馬堂祖居,自大瓊山奔至鷹嘴峯,五星排列,居馬堂之北。周雲照指爲五星聚講,講畢分投而去,其下必有賢人。水來逆朝三堂,開泰水城,包絡如帶,水口龜蛇捍住,自龍坡至虎頭徑門户五關,禦屏峯鎮立在十里之外,清流瀠洄,翰苑之水也。曾心見謂獅子峯作少祖,中抽一脈,辭樓下殿,奔伏至白石崠,另抽一支至米穀崠,瓊石結兩獅子,夾脈至馬堂,翻身逆結一金星如毬,左右龍虎如帶,指爲三獅戲毬,大獅峯壁立其北,依眼顧子,金水相生,煉之以火,故雷聲擊北門,爲科第之兆也。此兩先生精於堪輿者,然火猶日术家之言也,凡諸親朋之廣識者,俱云各省鄉村住埸,罕有此結作也。林鶴胎宗伯到此,嘖嘖歎,毋傷殘,可以千百年不拔。二百年來人各取便。龍頭路砌埒,落龍頓束處,明宇叔築小屋三間,沖射祖居,左右兩腮通氣處,各架屋以塞之,三十餘年雖知傷龍,因循苟安,龍頸内外開廁所傷實多,祖屋後腦自萃岐架造開掘,後愈傷癒掘,有明知而明爲之者,可歎也。

大宗祠後破碎之甚,爍近捐銀與泰齊叔倡議開貼拆卸工費,咸五兄弟與泰齊叔俱欣然如議,衆叔侄爲祖宗子孫計長久者,議欲填培祖屋後腦,蚤決其事,並如蒼扶乾之欲填者,盡舉行之,則子姓之繁衍,必有興者。中有一二阻事之人,更立一説曰,此處陰翳難結子,更移花木向陽栽,欣欣然自謂得計也,不知祖宗根脈之地,譬人胎母凜寒薄,别加補養,雖榮不壽,爲是言者,非徒不仁,抑不智甚矣。嗟夫,一宗之事,人各有心,衆口群沸,欲出一言以培根植脈,不以爲迂,亦以爲閑管,笑駡而非議之,苟自私利假公行營私,笑駡可也。若至公無私,予深望後來常有此閑管之人,爲吾宗之福也。

(張明樹主編《[臺灣嘉義]張氏大宗譜》 1978年臺中鉛印本)

臺灣張氏淵源譜系敘略

清河世系,黄帝軒轅氏之子少昊,青陽氏第五子揮公,生而智慧,具有天性之技能,偶仰望天河,觀狐狸星瓘璨耀彩墜地,乃摹擬其形而創造長弓統矢,因適武備之用,敘任爲弓正,蒙黄帝賜姓,始得稱爲姓張,尊弓長,合併爲張字之意,此之由也。該弓矢教人射擊遠方最速度之效力,因此弓矢傳播天下數千年爲武器之用,傳至現在銃器之原由此來矣。而清河系揮公受封邑,遂於家焉。自大始祖張揮公,至漢張良公,字子房,第八十代,另創一世。自大始祖張揮公至唐張九齡公,號曲江,一〇八代,稱爲二十九世。自大始祖揮公至宋張化孫公,第一二三代,稱爲四十三世。自大始祖張揮公至清河張俊先公,渡臺開基,第一四一代,粤另創此代系十八世矣。

(張明樹主編《[臺灣嘉義]張氏大宗譜》 1978年臺中鉛印本)

(五)李　氏

李氏族譜源流總序

嘗思物本乎天,人本乎祖。余生也晚,其於上祖淵源,無由追尋,幾歎墜緒茫茫矣。幸到臺中噶瑪蘭,適有永邑、湖坑、油坑三處族譜,余乃借而合參之,彼此互異,詳略相因,日夜參校,溯源窮流，支分派别。而油坑一譜，尤爲至親，乃知上祖世脈相傳延於一線，若是之遠且久也。

蓋我祖李忠定公，爲宋朝丞相，繼生孟公，三傳珠公，珠公家在隴西，官位都督，因宋元之際干戈未定，乃避亂移居，由隴西遷來汀州，住寧化石壁村，娶吴氏，生五子，以金、木、水、火、土爲號，兄弟俱多遺裔。而我祖火德公，又值宋元兵亂，乃偕其正室伍氏，由寧化移上杭縣豐朗鄉，年六十三，有女無子。爰娶陳氏爲側室，六年連生三子。公富而好施，故其後昌。至三世慶三郎公，又由杭邑豐朗移永邑溪西坎下住，及四世三五郎公又由莒溪移湖山開基，而以慶三郎爲湖坑始祖。迨乎八世孝梓公，又移南勝鄭坑，生四子，時因内洋李志甫作亂，兄弟恐其波累，又各逃居一方，次子誠公移小溪侯山，三子誼公移海澄漸山，四子諭公移同安山邊，而我詮公是長，乃將孝梓公同妣謝氏二香火，送回湖坑祖祠奉祀，又移南靖油坑。起程時，發一願曰：擬定擔索斷處，即爲地理。直至南靖狹龍窠斷焉，遂居之。以其水猶湖坑，故更號曰油坑，則詮公實油坑之始祖，而我李伯十三公，乃詮公之第三子仲信公也，其爲青龍山之始祖，確可據。余歷覽三譜互而考之，因總而敘之以爲衆裔孫鑒。

道光十四年歲次甲午孟冬朔旦，二十一代嗣孫貢生慎潛松亭識。

（李慎潛編纂《［福建詔安］秀篆李氏紹衣堂族譜》 清道光十四年稿本）

（六）王　氏

清代閩臺共修王氏譜事

重修開閩王氏族譜敘

余纂修全閩子姓，迄今六載，夙夜匪懈，集録列房本支世系，三上三山查閩書省志，搜羅各府舊譜，遡其本始，稽其末流，考其昭穆，察其宗派，既定正宗，類成部帙，殆上以稍慰先人，下以嗣傳奕世，使將來有大興吾譜者，而世系不至疏失。又於此本年三月内，幸逢順風，在厦開舟，一夜直抵東寧，歷徧一府三縣，奔驰五月，深入不毛之地，共録人丁三千餘。雖跋山帆海，侵越險阻，是所願也，觀斯集者，或庶乎悠然共生孝敬之心焉。

（王材編纂《［福建南靖］後溪寨王氏族譜》 清光緒甲午二修稿本）

臺湾瑯嶠王氏開基族譜敘

余太祖居住於南靖縣二房派内分出，以下所傳不知幾代，亦不識名諱。民露原籍漳州府漳浦縣人氏，家住城内城隍廟邊，坐向遺失，但記得厝後透巷，有高炭，並無分業，其厝亦無典掛他人等情。露因被宗親謀害，即棄家業附交房親掌管，露即前往雲霄街生理，又遇長毛反賊打破城池逃生。迨至光緒二年丙子五月，露帶妻子渡臺，建基立業於恒春興文里車城莊，藥鋪生理。如此遺言後代，今者長房長番九，誠恐後世久而忘卻來歷，謹此抄録在册，以備日後子孫若有發達之日，欲省親探祖方知其詳，爲此登明永遠爲詔。今將恒春開基諱民露傳下子孫略録於左。

恒春祖三世祖諱民露，妻二位，元配氏謚遺，卻産男二，長鳴鳳，次焕章。繼婚張氏名益娘，産男一曰明月，光緒廿三年丁酉各分業清楚。今我長房嚴父鳴鳳前清車城總理，勅賜六品花翎，隨軍軍醫，母吴氏名芋娘，産七男，長曰番九，次曰番知，三曰番洋，四曰讓國，五曰淇水，六曰清鴻,七曰梓檢,世母毛皆惟産女子而已。二房焕章生二男,長曰海瑞,次曰進發,各已分居恒春四重溪車城各地。

(《[福建臺灣]太原衍派王姓大族譜》 1981年臺灣鉛印本)

臺灣王氏團公系族譜世系

蓋聞家之有乘,猶國之有史也。國無史則無以知治亂之源,家無乘又何以考昭穆之序。顧文言之曰家乘,而質言之曰族譜,族之有譜由來尚矣。考我王氏,自唐僖宗時,黄巢爲亂,我審知公兄弟,由河南光州固始縣移兵入閩,爲觀察使,繼爲閩王。故世稱開閩第一。傳子延翰、延稟、延翰、延鈞、延曦、延政,稱帝者二,稱王者四。至南唐始歸命。自後,歷晉、漢、周、宋、元、明六朝近千載,源遠流長,支分派别,散處各方,遠難稽考。

迨我太祖團公,世居漳州府漳浦縣二十三都浮南橋林内社,順治年間隻身渡海,卜居臺陽建基立業,是爲臺灣開基之祖。當渡臺之初始也,留鴻爪於大穆降莊、王公廟堡,繼而擇地於三十六崙之山窩,營建茅廬,生聚而居焉。厥後子孫番衍,或分支於頭坑子莊今廢,或箨竹坪,或菰拔林,或王公廟堡,或創業於大穆降莊,橋頭角,即今新化鎮清水里。屈指我太祖東渡以來二百餘年,瓜綿瓞衍,已十一世於兹矣。子孫衆多,相見多罔識,且或有犯祖諱而不知避者,是皆由於無族譜之可稽也。於此而不及時修輯,不特祖籍之譜系不詳,即在臺之系統奚正?德有感及此,欲就原籍追而溯之,上以接萬世一系之傳,下以貽子孫久遠之念,雖經年累月,有志未逮,欲仍置而不修,又恐歲遠年湮,子孫無從述祖,有失追遠之心,爰是謹就臺灣另一編一小譜,以爲後代考證之資,亦竊取删《書》斷自唐虞,删《詩》始於《周》、《召》之意也。若夫潤色鴻業,以光先緒,是又在後世孝子慈孫踵而續修之可也。是爲序。

大正十三年甲子孟春之月,七世孫文德謹識。

(《[福建臺灣]太原衍派王姓大族譜》 1981年臺灣鉛印本)

重脩巖嶺還臺王姓族譜敘

蓋聞家國無二理,國有史,讀史者考世系,得知其興衰。家有譜,閲譜者溯委源,自明其支派。粤稽遠祖,受姓之初,始於周靈王太子子喬公。歷傳三十八世,至審邽公,謚武肅王,即唐誥封光禄大夫,晉封開國伯,而爲開閩之始祖也。至宋,我祖宣教公由武榮而入清溪,擇長泰里唐蘇鄉居焉。迨九世祖助教公,復遷於巖嶺下萬鍾園。傳至仙童公,生二子,長曰政公,次曰信公。信公者,傳下西泉公,即我長派、次派之廿世祖也。至廿四世君禮公,傳下長派之五房,君敬公即傳下我次派之八房也。我二派皆居臺灣臺北,拜爵之溪洲等各莊焉。聚族而居,生齒浩繁,迨道光壬午歲,伯壽翁回唐脩譜。至同治乙丑歲,我先父光裕,會同大琛、大端、光會、光錫等,而譜又續修焉。至光緒乙亥歲,大端、光會等回唐創建祖宇。及辛巳歲,文河、大河、光富、大祥等回唐祖宇重脩,祀租添買。至辛卯歲,予赴秋闈於榕省,同文河、大祥、名聚等,回唐建設道場,超拔祖先,並買祀交托宗親輪流祭祀。迨至光緒乙未歲,臺灣改隸,音信莫往莫來,竊恐祠堂年湮,飄揺風雨,至戊申歲,爰命胞侄名嘉及名璋、大祥等回唐巡視,幸祠宇祖墳依然如故,予心甚慰焉。

回憶我先父續脩譜牒以來,一轉瞬間,又經四十餘年矣。夙夜追思我先父既續脩於前,我輩可不重脩於後乎。爰告族人大祥、大獻、名霞、高埤、光滋、光岸、名造、名璋等，一同參議，予命次男名受參訂譜稿，欲聘請繕書，奈未得其人。越至年餘庚戌之春，胞侄名許設教館在家之南，大猷等囑其繕書，彼即悉心詳審謄録靡遺，迨季秋而譜竣焉。

已修者，録無遺；未修者，重再造；名分昭，宗功報，擇吉日，行祭告，少長臨，親疎到，別尊卑，稱名號，人紀敦，序倫好。一時蹌蹌濟濟，肅肅雍雍，群昭群穆，仰祖德於千秋，有則有倫，貽孫謀於萬古，此水源木本之思，未始非尊祖敬宗之至意也。予也敢竭鄙誠，不辭固陋，爰據事特書已耳。惟願我同宗共族，子子孫孫，親親長長，繼起相承勿替，引之以迪前人先也，是爲序。

明治上章閹茂之歲仲冬穀旦。並附七言律一則：

故家巖嶺渡東瀛，派衍支分譜告成。木本水源厪致意，宗功祖德系深情。吾親昔日重編緝，我輩今朝切景行。寄語族中諸後進，相承勿替望脩明。

次房次派二十九孫庠生雨生作霖拜撰。

王家譜序：

審知公生四子，長延翰，次延均生二男繼韜、繼恭，三延義生一子繼闓，四延政生繼成、秉禎。秉禎生五子：長管禮，至榮端公住南安翁山廿七都；次管朋，至祖祐公住永春祖錫公住晉江；三管斌，至祖從公住移居安溪；四管友，至祖柱公移居南安巖頭；五管智，至祖賜公移居安溪龍涓招卿。

（《[福建臺灣]太原衍派王姓大族譜》 1981年臺灣鉛印本）

（七）吴 氏

臺灣永思堂吴氏淵源敘序

吾宗溯源當以泰伯爲一世祖，泰伯公爲周太王之長子，知太王欲傳位於三子季歷，託名采藥，遂與次弟仲雍公奔荆蠻，斷髮文身，示不可用。及太王卒，相偕歸國赴喪，哭門不入，荆蠻義之，從者千餘家，自號勾吴。《論語·泰伯》篇，孔子述泰伯公盛德曰：泰伯，其可謂至德也已矣！三以天下讓，民無得而稱焉。泰伯公之後封爲吴伯，由是開國，厥後子孫以國爲姓，蕃衍渤海之濱，散處於齊魯楚鄭諸國。傳至春秋之世，季札公辭不受位，封爲延陵，克讓相繼，著望上國，世稱延陵季子，宣聖十字題碑，流芳千古。吾宗先祖以讓德爲本，傳諸後世，三千年來，裔冑秉承祖訓，克紹箕裘，世澤綿延，族繁海内外，豈偶然哉。惟永思堂原建在廣東省潮州府饒平寨半徑梅樹下，吾姓宛然巨族，明季紛亂，土寇余秉仁攻寨，拒戰匝月，值祖宗忌辰，群飲失守，闔族罹難，幸有逃生，復聚於斯，迄今相傳忌辰不祭，余姓不婚者也。

欲溯永思堂本源，但知永思堂爲逸觀公所居，公生二子，長爲正直公，明末入福建漳郡平和，遂爲開拓之祖，歷代式微，稱爲一世祖，至六世祖樸厚公生五子，長廷升在和邑，餘皆渡臺；次廷實爲生蕃所殺；三廷意往嘉彰諸處未知絶續；五廷在無娶；唯我廷録公住淡水廳拳山保大坪林十四張莊，開闢土地，娶曾氏娘生七子一女，建屋號永思堂，嗣族繁枝分。

（《[臺灣]吴氏永思堂重建十周年紀念志》 1971年稿本）

（八）劉　氏

劉氏先代入臺灣墾居紀事

德友公，諡樸直，一五九代，開七公起廿三世，大牌上十五世。祖系榮育公開臺祖大郎公之長子之次子，遷臺後再移居新竹縣關西鎮太平里大旱坑開基，家業擴展興隆。妣陳氏，生三子，廷章、開榮、廷錫。

廷章公，諡綱毅，一六〇代，廿四世，大牌上十六世。祖爲德友公之長子，性質弘毅豪氣，做水果等買賣起家，鴻業大展，家財拥有數千租土地，位在大旱坑、水坑、石岡子、三洽水、芎林等，可稱村下屈指之財富家，名揚外境，在大旱坑建有堂皇奂美之大瓦屋，妻妾三人。邱氏諡純儉，生國賢、國昌、國生。葉氏、潘氏，生國香，帶入國珍。

開榮公，諡綱厚，一六〇代，廿四世，大牌上十六世。祖爲德友公之次子，性温和，妣爲范氏。生觀龍，國才，國木嗣廷錫、竹生等，住大旱坑大瓦屋。

廷錫公，諡綱睦，一六〇代，廿四世，大牌上十六世。祖爲德友公之三子，生於道光己丑年十月二十三日酉時，壽年七十五歲，性質勤克苦，節儉成家。妣蔡氏名長妹，生於道光丙申年九月三十日午時，卒於 1927 年三月二十二日申時，壽年八十三歲。生一子漢水，女三人，住大旱坑大瓦屋左邊正身横屋。

阿准公，祖亦爲劉姓，由大陸渡臺謀生，因在臺無親屬寄宿，廷章公家里有錢款寄借關系，嗣後得病别世，無人繼承。

承豪，原籍廣東大埔縣，乾隆中葉度臺，閲歷兩年，回原籍，奉親攜眷，舉家東來，居竹城之南。父儒俊，初授徒於周家。次遷上下圓山。承豪志在拓殖，與二弟往墾九芎林，該地當時爲山胞所居，開墾中時起激鬥，困難殊多。有子三人，曰里益，曰伯益，曰請益，皆勇敢。招同佃户十餘人，晝夜辛勤，冒險邁進。適有從紅毛港遷來之墾户姜勝智，互相協助，墾務進展甚速。旋得官任爲隘首，設置公館。該地多九芎林莊。三兄弟之婦，皆巾幗須眉。一日，山胞乘三兄弟不在，大舉來襲，包圍公館，妯娌三人奮勇與抗，被圍三日，堅守保壘，毫無懼色。後三兄弟從竹城討救來援，圍始得解。事聞淡水廳，三兄弟皆授職義勇，並給有文憑，今尚珍藏劉家。承毫卒於乾隆五十五年，享壽六十七歲，後人稱開墾九芎林始祖。三子承父訓，與姜勝智並肩完成墾務，均爲開闢九芎林有功勞者。子孫藩衍，代有賢能。如貢生劉如楝，日本初來，即被任保甲局長，連任六年，頗有建樹。又進臺南府學秀才劉仁壽，及劉仁超、劉仁速等皆其後裔也。仁壽進學後，設塾關西，遂家焉。日據後，不問世情，以教讀終其身。仁超、仁速均見重於日人，或任區長，或授佩紳章，對地方有所貢獻。

（《[臺灣]劉氏宗譜》 1986 年鉛印本）

(九)楊　氏

宜蘭福成楊氏家族紀事

余猶在繈褓中時,由於楊福成之經營進入巔峯,且建立大批樓房,糧號與釀酒廠皆須人手主持,先府君亦自舉家遷至頭圍南門,參預糧號之主持。至1916年祖母盧太夫人仙逝,明年金連公息隱怡養天年時,因大伯火傳已於較早亡故,就由府君承嗣家督,代金連公操掌家務。之後,又遷至大溪,親自主持酒廠釀造工作。

酒廠之業務,在六七十年代時已進入鼎盛。但原本應屬興盛之家,卻由於三叔之好冒險,以及不以經營正常買賣爲滿足,而開始營期米買賣,其實則爲商業性之投機賭博行爲。並且爲人過於善良、豪放,任從店中夥計帳房等肆意主持買賣,連銷各地之放賬,獨酒之部份即達數萬元,無法如期收回,以致周轉漸趨拮据,事業隨之轉趨下坡。

1920年庚申。是年余七歲,進入頭圍公學校念書。但只念完上學期,府君即由於工作過勞,於農曆九月間以四十五歲之壯年,遽然捐館。從此余一家之生計即由先慈李氏太夫人獨立撐持,並且不如從前之寬裕。

十一年(1922)壬戌,日爲大正十一年,是年三月,日督府爲加强榨取臺灣之經濟,宣佈酒類專賣法,實行收禁全臺之酒廠,禁止民間釀酒。大溪酒廠遂爲日督府以搭配公債方式,估價收禁。酒廠歇業以後,三叔原本可專心致力於糧號之經營,卻因一再從事期米之投機,種下後日破産之禍因。至是金連公因預感來日將臨之失敗,於次年八月,令三叔主持派下四大房之分灶,以日月星辰四字爲各房之鬮分字,平均分與若干之田地與房産,以便各自發展。至此,余家月字房就衹存先慈李氏太夫人與大兄塘波、二兄塘池與余四人而已,余大姊烏毛,已於較早時出養武營吴氏爲女,養父爲前大溪酒廠之釀酒師,是府君之好友。

分爨以後,楊福成之最不幸事,爲三叔之後樓倉庫由於夥計之疏忽,遭遇一次大火,損失貽盡,是爲人禍。惟更不幸者,即頭城港於十三年八月間,由於一場連日之豪雨,山洪爆發,屋倒人亡,使港灣在一夜之間全部爲泥沙淤塞,港中所有船隻皆動彈不得。頭城港遂成歷史名詞,頭圍街之商業亦俱没落,是爲天災。但余家之遭遇,非止於此,蓋金連公十四年三月間仙逝,三叔則由於災後一蹶不振,亦於六月間積鬱以歿,時年只有四十五歲。故後由於孤兒寡婦,未諳善後之處理,被一名爲楊浮海之同業,以債權人身分向法院提請處分三叔之債務,遂被處以禁治産業。但三叔楊阿歹之名,至今尚爲蘭陽、三貂、基隆一帶之人提起,被認爲是一位不可多得之創業人才,並且以交游慷慨與善良之長者馳譽。只是其後裔子孫,卻是人丁單薄,亦十分令人感歎。

余所受之教育,初爲全部日式之教育。而長兄塘波在十一年間,日人收禁釀酒業時,即因不滿日人此種剥奪榨取之殖民統治,以及時常聽到金連公一輩伯祖提起祖先是來自唐山之事,意在説明福成楊氏是堂堂正正之炎黄子孫。長兄受自家傳教育之薰陶,遂於是年秋天,獨自内渡上海,進入醫學院攻讀。當年,凡是學醫或學其他專科學問者,都前往日本,但余家之人,欲選擇祖國所在,此點亦説明。楊登鼇在光緒十年法艦犯臺之役,輸財籌餉,參與劉銘傳防守臺灣有功,賞戴翎花六品銜。父鳳儀,習舉子業,屢試不售,遂設帳授徙,割臺後,初任漢文教學,後爲學務委員,至慶濤之世,數世稱素封。長兄之婚姻自亦十分美滿,長兄在故鄉完婚後,因不甘屈居日人治下伸其所學,則攜新婚之妻再渡上海,準備於祖國所在開業行醫。但初期因資金短缺,於是余將經營自行車行所獲之利,儲蓄起來,陸續匯往上海充爲長兄購置醫療器材之需。此一儲蓄,以當時之幣值計算,仍十足能幫助長兄一臂之力,唯既爲手足兄弟,致力相助,實亦出於昆仲之友愛,爲理所當然。

二十三年甲戌,日爲昭和九年,年二十一歲。是年之秋十一月,余與妻蔡氏夫人成婚。蔡氏名杏,本姓戴氏。1915 年九月二十日生於頂埔莊戴家。戴氏爲當地之大族,始祖衍公,亦爲漳浦縣人氏,於嘉慶年間渡臺墾耕,有子三,長居桃園,次居頭圍頂埔,季居平原近海之大窟。頭圍祖某公則爲杏之高祖考,曾祖考諱德録,生三子,爲火生、水生、木生。火生則嶽祖考,亦生三子,爲央、祈、樹。樹公即杏之生父,而余泰岳也。岳母卓氏諱梅娘,爲頭圍打馬煙外祖卓公清來之女公子。及笄,於歸於樹公,今岳母卓太夫人之外家,尚有同胞兄弟曰樹、曰火順之後,仍聚居其地從事漁業。不幸者就是岳母卓氏,於 1913 年歸戴家,至四年秋,生下余妻杏之後,旋於六年元月間猝逝。時杏尚不足三歲。戴家世爲篤農,後來曾出任宜蘭縣長之林才添先生,爲余求學時代之老師,但其母系亦出戴家,可見此家族之母教,甚足稱道。

岳父遽遭喪妻之痛,且爲農家子弟,其無法撫養繈褓中之杏,慨可想見。乃於岳母仙逝後四個月,將杏出養與地名大坑罟之蔡家爲女。

頭圍堡在清代爲著名之港口,已如前述。因之,蔡家則世爲船户,曾祖紅獅爲船舵工,祖矮爲造船匠。杏養母名春,爲矮之長女,自是杏冠以養家之姓氏,其實系出戴氏,且余之與林才添先生在輩份上,更屬同輩,宜以兄弟稱。此在舊社會亦屬十分平常之事。

妻之幼年,可云較余慘澹,戴家岳父,其後復爲續弦,並生下六男六女,皆尊余妻爲大姊。余與杏之婚姻,系由媒人促成,媒人則爲杏之舅父,當時適在德勝自行車行從余習工藝。余成家之初,則奉先慈李氏太夫人生活,杏亦十分孝順,晨夕奉侍先慈,倆夫妻亦相敬如賓。婚後之次年,生下長女雪卿。又二年,生下次女鈴子。時府君之後,除長兄旅居上海之外,二兄亦擁有子女,一家似再次萌芽,興盛起來。

二十五年丙子,日爲昭和十一年,年二十三歲。時長兄在上海經營眼科醫院,已稍有成就。但二兄卻時運多舛,除長子鴻模年已七歲外,所生子女,先後俱殤,至是年元月,二嫂洪氏亦以病猝逝,折翼之後,二兄欲期振作,於夏間内渡,依長兄於滬上謀發展。

二十六年丁丑,日爲昭和十二年,年二十四歲。是年七月,中日開戰。二兄在開戰以後,返回臺灣。但臺灣已進入戰時狀態,日督府當局爲配合彼等軍國主義之侵略中國,對於臺胞之統治更加處處提防,意欲杜絶臺籍人之祖國思想。同時,日人爲謀備戰,一切物資均用於軍事方面,致民生物資,日趨缺乏。由此臺灣之經濟轉爲蕭條,民間之購買力雖强,而物資卻一再短缺,經商甚難發展。余目睹日人之侵略野心志在併吞中國,内心至爲悲憤,而漸萌另謀發展之志,只是未敢過於積極行動,以防日警耳目而已。

長兄在中日開戰以後,由於希望將所營眼科醫院擴充兼及美容醫學,須再求研究較深之醫術,取道臺灣,然後遠渡日本求深造。豈知渡日時似已引起日警之注意,故迨及學成將欲回臺時,因渠系來自中國且爲臺籍人,遂爲日警拘捕,誣以爲中國之間諜企圖來日活動之嫌疑,繫於獄中。日警曾對長兄施以種種酷刑,進行迫供,以致傷痕累累。消息由長兄之岳父蔡慶濤氏傳到頭圍,先慈獲此消息,憂心忡忡。之後,除親家慶濤到處奔走,高潮營救以外,先慈亦命二兄再渡上海,透過關系,進行設法。如此經多重之關系,由滬上之日領事與日憲兵隊出具證明,説明長兄爲良民,且爲醫生,致電到日,始得獲釋。長兄回臺之後,復轉滬上。余目睹長兄之遭遇，目眥盡裂，更加認識日統治者之處心積慮，處其治下欲求發展是談何容易。至是下定決心，步出海外。

二十七年戊寅，日爲昭和十三年，年二十五歲。先慈内渡上海，長兄、二兄迎之，居於老靶子路租界。之後余亦從之，瞭解滬上情況。上海雖屬陷區，但有租界存在，工商繁榮，尚有可爲。長兄雖居於老靶子路，醫院卻在南京路哈同大樓，另外又與同鄉投資經營其他事業，大嫂已育二子二女。之後長兄並爲余割除砂眼，余則遄返臺灣準備。

二十八年己卯，日爲昭和十四年，年二十六歲。是年八月間，余將德勝自行車行結束，摒擋一切，攜妻兒内渡上海，先行將家眷安置在長兄住處，在此算是府君獅公一系子孫，合族團聚。抵上海之最初三個月，是學習語言。當時余身上所有因自行車之部份賬項無法收回，就衹存二百元。欲從商，則資本短缺。遂初在長兄與好友林梅坡者在租界外南市合秋經營之翻砂廠爲管理，梅坡亦爲臺籍人，早年來到上海，交游甚廣。余任翻砂廠之管理，並非久遠之計。時滬上米糧十分缺乏，而價看好。於是向長兄借一小筆資金，往鄉下買米，運回滬上販賣。售完除還長兄之資金以外，尚盈餘若干。其後則藉此盈餘與身上之二百元爲資本，在南市收買廢鐵，營小本買賣。唯營廢鐵只爲過渡之計，迨及稍獲利益以後，餘積資金，次於浙江路蘇州河邊開設大成五金號，專營五金類買賣。戰火下之上海，時之日軍雖然霸道，幸而商業依然未受破壞，故經營五金買賣，亦頗順利。況且住家是在租界之内，亦自減少後顧之憂，堂上又可奉侍先慈以盡人子之義務，在此環境之下，經營數年，資金屢增，且增加不少見識。

三十四年乙酉，日爲昭和二十年，年三十二歲。是年八月十五日，我國歷經八年之長期抗戰，日人終於向盟國宣佈投降，至是余獲知臺灣將重歸於中華民國而歡喜雀躍，更念及故鄉親人，且度知戰後之臺灣物資定必十分缺乏，欲解除此項物資之困境，最捷近之方法爲開闢臺灣與大陸之貿易。開闢貿易之事遂成爲余之心願。但終戰初期，海上航線尚未開闢，余雖急欲回臺會故鄉之親友以及瞭解彼等之所需，到處奔跑，亦無方法可尋。有之，即只有自僱船隻，冒險出海一途而已。迨及十二月，眼看年關將届，仍無法了卻心願而至於坐立不安。遂毅然與幾位同樣急欲返臺省親之朋友，合租一艘六十噸之帆船，匆匆將五金行結束，移其資金買入南北貨裝船，率妻杏與諸子女，長男信雄，三男忠雄，長女雪卿，三女幸子，四女和子等，闔家八口，隨船返回臺灣。時妻剛於農曆十一月間産下三男忠雄，彌月乍過而已，體力尚未恢復，其餘信雄四歲，義雄二歲，雪卿十歲，幸子七歲，和子五歲，皆須父母照顧。妻除手抱繈褓中之忠雄外，並須照顧每一位孩子，上船與航海中之餘須顧飲食安全諸問題，責任最重，亦最爲辛苦。余卻爲一親故土之芳香，以及創業心之迫切，未顧及妻之任重，至今仍覺歉疚。蓋此次之次舉家返臺，是計畫於故鄉定居以及在基隆市經營臺滬貿易，是以全軍投入。時至今日將滿四十年，余回顧當年之全軍投入，實毋異以舉家之身家生命爲賭注。終戰初期，海上匪盜甚爲猖獗，出海之帆船，時聞遭遇盜劫者，設或不幸，時所乘帆船亦於航行途中遇上海難或遭盜劫，至於全船沉没，亦就無今日之信大，更無余在此作此七十自述。夜闌人静，憶及舊事，時覺當年之過於冒險，至於不寒而慄。

然而該次之敢於如此身冒險，實起於日本投降，祖國勝利，臺灣重見天日，是給余最大之鼓舞，以及對於鄉土之一份懷念所引起之執著，歸心似箭，未及考慮風險之事，且妻亦深明大義，而未對余提絲毫相反之意見，爲余直覺妻這賢淑處。幸而天無絶人之路，上託神明之庇佑，先代之遺澤，於離開黄埔灘後，一路順風，歷經四夜五晝於十二月下旬安抵基隆。

當時我方之接收工作伊始，海關之關務尚未走上軌道，非但無關卡驗關之設，亦乏檢疫諸項安全之設施，是船自滬上裝戴之麥粉、金針、大豆、豆餅、豬油、什菜等貨均獲免税過關。貨品上陸以後，由於地方歷經多年之戰火，物資缺乏，臺胞長久處於困苦之生活，對於食物需求十分迫切，且時際年關，余所運回南北貨，均得迅速脱手，而獲得豐富之利潤。

三十五年丙戌，是年余已三十三歲。當年據臺爲統治者之日人，經我政府之安排，已漸次遣送返回其日本本土。同時，原本操於日本人手中之臺灣經濟，亦已漸次由吾國人士所取代。但工礦業部份，由於日人五十年之統治期間，重要之企業殆由日人投資或主持，其資本、技術及經營，三者多來自日本，爲日本人所掌握，就臺籍人資本中之翹楚而論，只有一二家之金煤礦而已，但主持者雖爲臺人，卻仍得受日人之左右，臺籍人之企業，皆偏重於從商一途。經商稍有成就，始能論及加入生産之系列。在臺灣光復此一良好之創業契機，以余所持之能力，自亦從商一項是爲開闢事業最爲捷近之途徑。審時度勢，遂將所擁有之全部資金，擇於基隆市孝二路開設信大貿易行，專營臺灣、上海間之海上貿易，由臺灣輸出雜貨、特産、紅糖，由上海輸入臺灣普遍缺乏之脚踏車零件，進行雙邊貿易。時余採取信大二字爲行號，是有特殊之意義存在。蓋在早年初入社會時，先慈勤儉爲守則訓示余昆仲。後來，余在頭圍經營自行車行時，除去守此原則以外，在積年之經驗中，漸體會到勤儉以外，尚須遵守信字，始可長久立足於社會，建立良好之人際關系。故當年替顧客做自行車或農機之修理服務時，余一旦答應，務必在答應之期間内完成交貨。由此推及財物之來往，亦莫不以信取信。並時以人無信，無有立，以爲自勉，至是以信爲大之義，取之用爲行號。信大貿易行開業以後，余自亦頻來往於滬上與基隆之間，凡諸買賣，皆親自進行，並自滬奉先慈回臺居於基隆。

其後，並在故鄉頭城與老友吕營陳合夥開設萬豐碾米廠，以每年所分得之盈餘利益，購買白米捐獻充作冬令救濟，至今不斷。此項捐獻，且曾獲得臺灣省政府之褒獎。

三十七年戊子，年三十五歲。是年秋，由於國内發生變亂，大陸之局勢一日比一日喫緊，進入三十八年以後，太原、西安、武漢等地，相繼失陷。五月二十五日，上海淪陷，國軍撤出轉往舟山。長兄一家，自此失去連絡，信大貿易行專營之臺滬貿易，亦爲之斷絶。在此戰亂之間，臺灣之經濟亦受戰爭之影響，物價之波動，一日數變，爲經商最困難之時期。所幸是年之六月間，臺灣銀行廢除舊臺幣，發行新臺幣，以及當局實行各項經濟措施，穩定物價成功，余乃傾盡全部之資金，以金圓券四十八億，折合新臺幣十二萬元，購買臺北市衡陽路一〇六號連接寶慶路三十九號之四層建築房屋一棟，並將基隆之信大貿易行遷移至此，繼續經營。唯改變經營物件，以對日本方面之貿易爲主。

自從臺灣光復以後，初因戰時之破壞，省内之生産衰退尚未恢復，海運方面亦未暢通，是以三十八年爲止，所謂對外貿易，均以與大陸各港埠爲主。但自政府播遷臺灣以後，一因大陸市場阻絶，二因省内特産須先覓出路，因之，自是年六月十五日臺灣實行幣制改革之同時，則由主管當局頒佈一所謂臺灣單行管理進出口貿易法規，由中央銀行授權臺銀直接經營國際匯兑業務。三十九年一月間，且爲統籌臺灣經濟政策，政府成立臺灣區生産事業管理委員會之機構，下設産業、金融小組，主司外匯管理事宜而簡稱爲生管會。至九月間。又與聯軍佔領下之日本，訂定臺日貿易協定，後更名爲中日貿易協定，設有記帳專户，俾使提高中日雙方貿易之數額。如此，對外貿易既進入另一境界，余自亦把握此一良好機會，以過去經商多年之經驗，從新開拓貿易對象，進而爲把握有利之貿易機會，以及瞭解臺日市場之需求，參加政府舉辦之商業考察團，前往日本實地考察三星期，作爲今後之參考。當時參加此考察團之工商界人士有二十餘名，其中有吴火獅兄、許顯堂兄諸君子。

戰敗四年後之日本，前受戰火嚴重之破壞，工商業均處於重建階段，物資十分缺乏，而亟望與臺灣恢復貿易，進口所需，銷售産品。之後信大貿易行榮獲首開貿易後之信用狀，開往日本以便進口脚踏車零件。出口方面，在余考察返臺以後，亦進行開拓，中日之間進行多年之大筆買賣，如此歷五年之經營，臺灣之其他同行亦受到相當之刺激，相繼成立之貿易商，由數十家屢增至數千家，同業間之競爭自亦至爲激烈。但余在此五年之經營中，因屢與日之工商界接觸，並進口在本省佔有相當市場之脚踏車零件與成車時，腦際曾掠奪過如一日來源中斷，或零件皆能自製此項憂慮與期望之念頭。至四十二年間，念頭變成一種理想，至是漸萌棄商從事生産，甚至另開闢其他更足資貢獻於國家社會之生産行業等，不時浮現於腦裏，使余之事業轉入另一境界。

四十三年甲午，是年余已四十一歲。古人云：四十而不惑。是余已進入不惑之年。於家庭方面，已有長男信雄，次男義雄，三男忠雄，四男德雄，以及雪卿、鈴子、銀幸、美珠、美華，幼紋等六女。妻杏内司家教，亦能使余無後顧之憂。至是遂擇於板橋埔墘設立工廠，名爲信大工業公司，引進日本技術，聘日籍技師佐山輝明駐廠指導，製造自行車鋼絲、脚踏等件爲主要之目標産品，以提供國内自行車製造業者所需求之數量，節省外匯之耗費，爲當時之希望。當然，余從商時之進口自行車零件，以及棄商從事生産，又事自行車零件之生産，其淵源亦來自初出社會時，從事自行車之修理，具濃厚之技術關連。甚至臺灣也能製造日本、歐美那種名牌之自行車，風行世界，更爲余雛型之構想。

其次，另辟其他生産行業之計畫方面，亦於是年獲得實現。此一行業，有多少是來自曾居基隆之地緣關系，以及家鄉宜蘭平原之地處瀕海，看到汪洋無際之太平洋，耳濡目染，深知海洋有無窮之資源，而臺灣四面環海，正待吾人開發，遂擇定從事漁業。況且，初在四十年間，臺灣動力漁船之數字，由於政府對於漁業之提倡，近海漁業在船隻方面數字大量增加，而據云達到日據時代全盛期，與 1940 年之數字幾乎相等。至於遠洋漁業，則尚在恢復之階段，前途之潛力巨大。如能引進來自日本之漁船以及新式之技術，將更臻發展，且可爲業界培養漁業人才，刺激改進漁業作業，亦爲一種貢獻社會之舉。由此，漁業於余而言，雖非在行，且冒風險之事，但審度時之情勢，所獲之結論，認爲只要具備勤業之精神、優良之設備、上乘之技術、勞資之密切諸項配合，雖爲坐山之非在行船東，仍可爲經營之事業。至於人言此爲冒險之舉，余則認爲，只要脚踏實地，並假我以三個月時間，外行也變成内行。乃在基隆和平島開設信大漁業公司，旗下之漁船，則經過慎重之考慮與選擇，結匯五萬美元，訂造日本三重縣宇治山田市大湊西井造船所設計噸位爲一百噸、動力爲三百馬力之雙拖漁船，初定造一對二艘，命名“海興一號”與“海興二號”。在造船之過程中，余爲學習與監工計，親自居駐於該造船廠達二個月之久，監督至造船完成。動力方面，選擇新瀉製造性能特佳之新型柴油引擎，漁撈人員則聘雇日籍船長春木、輪機長山田東等八名爲船員。船隻下水後，余親率春木船長等分乘二船航返基隆港。此二船之設備與構造在當年之臺灣漁業界而論，堪稱爲最新穎，對於促進臺灣近海漁業之意義方面，曾發生重大之鼓舞作用。

四十四年乙未，年四十二歲。信大漁業公司在余堅强之意志以及不屈之毅力經營之下，付出余四十年代豐沛之精神與體力，天未破曉即穿上工作服，長統膠鞋，在漁船碼頭上迎接滿載而歸之漁獲船，向以生命爲代價、親冒海上風險捕魚歸來之船長以下全體船員表達懇切之關心與慰勞之意，然後親自指揮卸魚工作。董事長、船長、輪機長、各級船員打成一片，水乳交融，合作無懈。牙祭日宴請船員時，則與彼等舉杯共飲，絶無主從界線、勞資之劃分，打成一片，提高士氣。如此,余所付出者果獲其成,先後十六年之經營,從最初之一對雙拖漁船開始,增至擁有雙拖漁船五對十艘以及鮪魚船壹百五十噸級一艘,共達十一艘之船隊。其實際已從事於遠洋之領域,除開發我國漁業資源以裕民生以外,所培養之船長、輪機長,各級優秀漁業人才亦達數百名,是爲余付出之生命熱情換回之最高代價。並且由於全年漁獲量之居首位,亦獲得當局之獎勵與表彰,是至高之榮譽。

其次,在四十四年間,由於鄉土之關系而與當時任臺灣省政府委員之鄉長盧纘祥先生等六人,每人投資六十萬元,共同發起組織中國水泥公司。盧氏字史雲,爲故鄉頭城之望族。四十年當選宜蘭縣第一任民選縣長,四十三年任滿受命出任省府委員。宜蘭縣境内較南之山地,是富於石灰石之蘊藏地帶,纘祥先生籌備開設之水泥公司,廠址在南聖湖,礦區即在南聖湖十三公里之太白山。無奈因外來資金未能及時集齊,且纘祥先生以政務多忙,拖延未得著手建廠。

四十五年丙申,年四十三歲。信大工業方面,自創建以來,已歷三年,運營尚稱順利。但漁業方面,在是年曾遇頗大之挫折。因爲二月間雙拖船海興十二號在基隆外海失事沉没,人員由搭配之十一號救起而倖免傷亡以外,損失數百萬之財物,與公司上下人員莫大之打擊。其後復遭財務上運營之困難,余爲闖渡難關而至身心交疲。

四十六年丁酉,年四十四歲。前年所受之打擊,迨及是年春間,尚未恢復。乙未年與纘祥先生投資之中國水泥公司,拖及農曆四月間,卻因先生以積勞成疾,遽逝於臺北旅次。至此,水泥之事遂亦告沉而公司解散,爲自海興十二號沉没以後,再受之二次打擊。但不幸之事仍接踵而至,農曆五月間,先慈李氏太夫人棄養,享年八十有一。先慈已至耄期之年,唯其一生,勤儉持家,含辛茹苦,撫育余昆仲成人,長兄仍陷身大陸,平時雖有二兄與余承歡膝下,以及妻在左右奉承,然余未報養育之大恩,而遽棄養,其爲子女者能不哀毁涕泣?事業挫折,老母亡故,爲余嚴受創痛之歲。幸而先慈往日之訓示,刻骨銘心,是余爲整體信大公司安危,仍未氣餒,再次站起而渡過難關,甚至自忖要是能有分毫貢獻於社會,亦不辜負先慈養育之大恩,是爲當時余所能引以自勉者。

四十七年戊戌,年四十五歲。是年以後,信大漁業公司在全體員工合作撐持之下,終於再度蓬勃發展。

五十三年甲辰,年五十一歲。是年,余之事業又有重大之轉變。蓋如前述,余於乙未年以六發起人之一投資組織之中國水泥,其後因纘祥先生之逝而事告沉,公司解散。但太白山礦區仍爲盧氏之家屬擁有,而爲貨惡其棄於地也、不必藏於已之觀念,盧家有意將此礦區出讓與人,以便開發,使地盡其利,物盡其用。當然,承受礦區者如爲同邑人,其爲地方發展之遠長計,則更爲理想之對象,於是余以前曾受知於纘祥先生而同列六發起人之一,次以念及纘祥先生之愛鄉愛土,生前屢爲余云:以生爲宜蘭人,而未能以宜蘭縣之地下礦藏爲宜蘭縣建立一水泥廠而十分遺憾。遂爲發展故鄉之産業,並完成盧氏未竟之志,此雙重因素之交激,頂讓太白山礦區,進行開採石灰石與籌備建立水泥廠。

關於太白山礦區,其山之高,雖不過海拔一千二百公尺,位在武荖坑西溪之上游,距南聖湖約十三公里,但交通阻塞,出入祇有羊腸鳥道,曲徑幽回,崎嶇難行,沿途須涉二十四重溪流。從前,故鄉之人曾有利用農閒期,挑米進入其地淘洗溪流中之砂金者,雖間略有收穫,卻因運送糧食之無法解決,至於無利可圖。可見此間交通之不便,遑論開採。惟余既認爲人生不冒風險,豈能享其成果。余年雖五十一,但精力飽滿,該做之事,尚未做完,人生五十,爲知命之年,父母賦與寶貴之生命,余豈能不察當盡之道義與責任。至認爲太白山礦區之開發與水泥廠之建立，事在人爲，非不可爲，於是信大石礦水泥公司在是年創立。草創時代，以大理石、石灰石之開採，以及持之製造水泥爲主要業務。總公司設於臺北市寶慶路三十九號，水泥廠設於蘇澳鎮下宜蘭線鐵路南聖湖站附近，距太白山之石礦場約十三公里。但建廠之計畫雖較容易，土地之獲得即頗費周章。蓋預定建廠之南聖湖土地，本在盧氏時代已向地主買妥，並向佃農付出補償。數年後，土地之利用價值升高，佃户反悔，拒不交出，乃再付出加一倍之價錢，始獲得佃農之同意，辦理過户，所費尤爲不貲。之後，乃進行建立水泥廠工作。

五十四年乙巳，年五十二歲。太白山礦區，由於礦藏豐富，石灰石之品質亦佳，碳酸鈣含量最高達百分之九十九點二以上，開採並無困難。但搬運礦石下山，卻困難重重。最初，是用人工開闢簡陋之産業道路，行駛卡車，運輸礦石。唯中途須涉重重之溪流，枯水期尚可溪底鋪石，勉强駛過，雨水期濁流滚滚，只好望流興歎。況且在當年尚無開山機、堆土機等重機器，一切均靠人工，經營之困難亦就可見。

五十五年丙午，年五十三歲。信大石礦之經營已進入第三年，水泥廠尚未建立，采出礦石只有靠賣石頭維持一途而已，由此收支始終無法平衡而出現大量之赤字。赤字之原因，最基本是在於礦石運輸系統之無法走上軌道，蓋卡車在崎嶇之産業道路上行走，十三公里須費時一小時，來回則二小時。而一旦進入下雨天，河流氾濫，即工作全部停頓，況且單靠采賣石頭，並非一貫從事技術性之生産事業，亦非余之初衷。是余堅强之意志並未爲一時之困境而屈服，所謂人定勝天，余認爲終必征服此項困境。同時信大工業公司方面，自前年起爲市場之需要，經增置廠内設備，開闢自行車脚踏之生産，而獲得國内自行車製造業者之信賴與採用，亦稍增余對於事業之信心。因之，於是年投資百餘萬元，向電力公司申請延伸線路至太白山礦場，準備改善運輸問題。蓋余因曾往日本考察，目睹彼邦礦山之在深山者，均利用架空索道，翻山越嶺，淩空取代地面之運輸系統。余遂亦決心以裝設架空索道解決運輸之問題，而運輸問題一旦解決，則採石工作亦須同時進行規模之開採。遂於是年秋，攜同信大工業之廠長李文淵赴日，一爲與日本安全索道會社接洽架設索道之問題，二爲參觀日人之石灰石礦場，希望以他山之石作爲借鏡。余一行與安全索道會社洽商告一段落之後，經該社之營業課長蒲田修先生熱心介紹，獲得日本賽璐特會之允許參觀礦場。遂同李廠長前往位處新瀉縣下地名親不知地方，拜訪該社之採礦課長小林克二先生。所謂親不知，正如其名，其礦場位處日本海邊緣之一交通極爲不便之絶嶺頂上，亦爲一名勝之地。余等一行是搭乘纜車上山，嶺上驟冷，已爲零下二度，淩空下俯，令人驚心動魄。抵達後，小林先生聞知余等系來自臺灣，且爲專程參觀礦場而來，一見如故。參觀現場以外，雙方詳談約二小時。余將經營太白山礦場之情形與地理形勢詳爲説明，小林先生更爲感動，復介紹該社之營業部長伊藤先生會面，伊藤部長表示可代爲設計開採之技術方式，遂進一步談論設計條件，最後決定以美元七千元爲設計費，該社乃推派小林先生來臺，實地勘查太白山礦區採礦地點，以便進行主持技術設計與配合架空索道之裝設。礦場之事，終於獲得技術性之突破。

五十六年丁未，年五十四歲。是年余由日返臺，之後即於太白山礦場與南聖湖水泥廠之間，安裝第一套架空索道，工程由日本安全索道會社承建，索道長六點六公里，采單線複式，但距離過長，乃在中途另建一接力機房。如此，在索道完成以後，則完全取代卡車之運輸工作。索道之礦車每臺載重爲七百五十公斤，除六級以上風速之外，每日二十四小時均可不斷運轉，索道所經之山頭，矗立高聳之支柱鐵塔三十一座，礦車在空中來往川流不息，非但爲開採石灰石之空中運輸先河，此一索道長度、水準高度、高低落差，皆占國内架空索道裝設史上之冠，運轉中之情景，蔚成壯觀之畫面，越發增長余對此一事業之經營興趣與信心。同年，小林先生設計之開採工程亦告完成，信大水泥遂進入另一階段。

五十七年戊申，年五十五歲。余經營工業與漁業，已進入第十六年，工業方面，自五十四年間增設設施與生産以後，已頗登軌道。漁業方面則時現難題。此種難題，一爲余體力之漸感不支，而無法一仍以往之清晨天未破曉，即出現漁船碼頭，躬身參與工作。至於諸子，尚在求學，余不願妨其學業，接余工作。次爲事故之遠慮，在已往十五年當中，除前述海興十二號之沉没以外，其後又有海興廿二號在新竹南寮外海觸礁，人員由搭配之海興廿一號救起而幸無失落，但此種海難事件，一次之損失，即達數百萬元，致造成公司財務之拮据。三爲社會型態之改變，生活水準提高，百業繁興，人力之需求迫切，以致從事漁業之船員不易募得。如此，常使船上人員之不足，無法如以往之及時出海或趕上漁季。同年，太白山礦場之礦石運輸已走上軌道，水泥廠工程則因多年以來廢石殘餘之細碎材料，堆積如山，須急覓出路。由此，余爲加速水泥廠之建設以解決積存之材料，持之製成水泥，信大漁業方面乃考慮將之割愛，並采行漸進之方式，輔導員工轉業，或隨船轉至其他公司工作。然而親自建立之事業，一旦欲將之歇業，心雖依依不舍，亦出於不得已之舉也。

五十八年己酉，年五十六歲。是年春，余將漁業結束。持其財力於南聖湖廠址安設第一座水泥窑。同時，爲配合水泥窑之設施，在太白山礦場進行設施第一套石灰石採掘一貫作業之竪坑工程計畫。工程之設計者則爲日籍之小林先生。小林先生自從丙午年余訪之於親不知地方之日，即由一見如故而結爲知交，並關心余之礦場，代表賽璐特會社爲余設計現場之採礦工程。至是年，復無條件幫余設計太白山坑場之竪坑工程，以改善以往之傳統露天採掘作業。此項設計，費時費錢，而工程之浩大與困難，更出預料之外。然一旦建設完成，則非但減少採石成本，增加產量，爲我國啓開石灰石開採之新里程，亦爲事業長遠之計，一舉數得，意義深遠。

五十九年庚戌，年五十七歲。是年春，首座水泥窑完成試車，開始生産。所産水泥，命名爲信大牌水泥，品質達到國際標準，承經濟部中央標準使用正字標記，並經同部檢驗局國産商品品質管制考核列爲甲等。第一年之年産量爲五萬噸，産品上市以後，迅速獲得用户之採用。

六十年辛亥，年五十八歲。是年五月，太白山礦場之竪坑工程，經年餘之設計，終於付諸興建。工程進行中，曾遭遇重重之艱難，幸賴全體同仁之奮力不懈，一一克服。

六十一年壬子，年五十九歲。是年水泥廠添建水泥磨一臺，使年産量增至預定之十萬噸。至此，原先殘存之廢石，均經運用，化爲水泥而達到物盡其用，使公司之收支達到均衡。

六十二年癸丑，年六十歲。是年復爲配合整體計畫，進行第二套架空索道之裝設，工程仍由日本安全索道會社設計而工事則由信大自力完成。至此，礦石之運輸系統已不虞缺乏。但竪坑之工程，因工事龐大，仍在趕工興建。

六十三年甲寅，年六十一歲。本年十一月，費時歷三年又六個月之竪坑工程，竣工完成。此竪坑之内容爲，竪坑總高一三〇公尺，直徑五公尺，垂直而下爲二次爆破礦石用之小炸室、軋碎室，高達十一公尺，深入石灰巖之山腹中。其次，此一漏斗型之竪坑，復與運送碎石之隧道連接，隧道長四百二十公尺，壁牆均以鋼筋混凝土人工加强，由露天礦場用重機器開採出來之原礦石，初由卡車裝載行駛約十至二十公尺，即爲竪坑之漏斗，卡車可後退將礦石傾入，礦石即四十五度而下，進入竪坑之地下部份過篩，較粗者入小炸室，進行二次炸碎，過篩者進入軋碎室，軋碎後漏入隧道口，由自動運輸皮帶，經隧道送至位處竪坑入口處設於山壁上之架空索道站，裝入礦車，輸送至水泥廠。此種採礦、選礦、運輸系統一貫連成，無虞風雨，均可工作，亦爲國内之首創。

六十四年乙卯至六十八年己未。此五年當中,由石油之被用爲武器,舉世之經濟嚴受影響,至於萎縮。國内之情形,亦受重大之波及,經濟蕭條,但余即認爲萎縮只爲一時之現象,所謂物極必反,萎縮過後,則爲茁壯之開始。在此期間中,除勉爲支持以外,仍不斷在計畫水泥廠之擴建工程。另在信大工業方面,亦擴建廠房八百坪,向日本購置自動化高速衝床及鋼絲製造設備乙套,求産量之增加,其後增設七十五噸與一百五十噸之自動壓力機加入生産。

六十九年庚申,年六十七歲。是年爲增加生産計,擴建水泥廠工程,安裝第二座水泥窑,竣工以後,全廠之年産量最高可達六十萬噸。並且將公司更名爲信大水泥公司,分别在宜蘭、桃園二地設立營業所。

七十一年壬戌,年六十九歲。是年,信大水泥爲積極拓展内外銷業務,並以優秀品質服務各界,於基隆市之七堵設立水泥加工儲運廠。並分派諸子信雄、義雄、忠雄、智雄、仁雄等,各參與基層之工作。其中除義雄與德雄主持勤大建設投資公司以外,餘俱分配於水泥與工業部份,參與實質工作。

七十二年癸亥,年七十歲。古人有云:人生七十古來稀。惟今人則云:人生七十方開始。然無論古人之説或今人之論,人生於世上,須服務於人群,須盡一己所能,貢獻於國家與社會,創造未來繼起之生命,是余自幼則奉先慈當年之訓示一勤天下無難事以爲右銘,亦爲之家訓,其間果亦由此右銘而克服層層之難題。如今日之信大公司,因系一小型企業,在各方面均未達於理想,以便對國家、對社會盡更多之義務。但余既爲克勤創業,亦無超人之智慧或能力,單靠一片勤業之熱情與至誠之信念,受政府之輔導、社會之愛護、朋友之照顧,至有微末之成就,亦足證余所奉右銘之正確。

當年,余投身經營太白山礦區建立水泥廠時,余亦自持此一信念而已。數年前,當代耆宿環球水泥公司董事長吴三連先生,一日曾言及一段往事,此往事之内容是有關環球公司在當年爲尋覓礦區時,由吴三連先生偕吴尊賢先生結伴進入太白山礦區之事。

太白山礦區交通之險,位處之偏僻,誠如吴三連先生與吴尊賢先生二位之論,令人望而卻步。而余持之一片愚誠與信心加以克服。回顧余七十年之歷程,又何嘗不如此礦區之崎嶇险峻哉!余亦以愚誠與信心爲之克服。

但余並不以此認爲已盡一己之義務。國家尚處於肇建中興之奮鬥階段,社會則經濟猶待吾人致力復甦,余應參與之應盡義務尚多。是余對於公司之同仁,亦以踏實勤勉,負責任,守時守信,守規律。維持現狀,即是落伍,以廠爲家,增産報國,爲之互勉與共同之守則。

至於家庭,余以年少失怙,而在母愛滋養下長大,稍長,即專心於創業,在艱難中建立基礎,是以家庭與事業觀念,俱皆沈厚。由此自二十一歲時與妻杏建立家庭以來,匆匆將近五十年。妻朝夕侍余,意見未嘗相違拗,見解亦未嘗相歧異。其間妻獨自主持家務、教養諸子女,諸子女相處亦皆和睦,各勤於學業,使余無後顧之憂,今日事業之得小成,實皆賢淑之妻杏所内助。然妻雖相夫教子而備嘗辛苦,其平居卻率性寬厚,待人從寬,自奉儉薄。夫妻相處,情比金石之堅,敦厚無比,亦爲余倆所持共同之信守。

誠然,人生七十方開始,即余猶在學步而已,是作回顧,亦云身省。

塘海。癸亥年孟秋,於陽明山海杏山莊。

(唐羽纂修《[臺灣宜蘭]蘭陽福成楊氏族譜》 臺北華崗印刷廠1983年鉛印本)

宜蘭福成楊氏世系大事記

一二八二年壬午元世祖至元十九年，是年十二月，殺故宋丞相信國公文天祥，本宗漳浯開基祖亮節，由厦渡浯州定居。

一八二〇年庚辰二十五年，是年頭圍縣丞朱懋移建縣丞署於烏石港之南。八月，大風雨，田園多陷没。是年前後，三生公由漳浦原籍攜眷渡臺，定居頭圍堡。

一八三六年丙申道光十六年夏七月四日，渡臺祖考三生公卒，年五十四，冬十二月初一日，明字輩長房成仁公生。

一八三九年己亥十九年夏五月廿一日，仁義房成仁媽林太孺人生。冬二月初一日，渡臺祖媽藍太孺人卒。是年詔禁全國軍民吸食鴉片。

一九三三年癸酉二十二年，忠信房塘坡公是年畢業於醫學院，由滬返臺。

一九三八年戊寅二十七年，忠信房阿獅媽李氏與諸子内渡上海。

一九三九年己卯二十八年，忠信房塘海公，是年營大成五金號於滬市之浙江路。

一九四五年乙酉三十四年，是年八月，日本投降。十月廿五日，臺灣光復。十二月，塘海公自滬返臺。

一九四六年丙戌三十五年四月十七日，信大貿易行開業。是年九月九日，改頭圍莊爲頭城鄉。

一九四九年己丑三十八年，因上海淪陷，海上貿易難繼，信大貿易行遷於臺北市衡陽路，改營對日貿易。

（唐羽纂修《[臺灣宜蘭]蘭陽福成楊氏族譜》 臺北華崗印刷廠 1983 年鉛印本）

（十）許　氏

草屯溪洲许氏渊源叙略

草屯溪洲許氏崇德堂紀要。閩南祖世居南靖縣石龜溪，總堂號爲高陽，分支派後堂號爲汝南。第十三世祖朝梁公，約於乾隆甲子年與其他同鄉姓氏結伴渡海來臺，入墾於昔時之臺南府嘉義縣大埔林中坑梅坑，即現在之嘉義縣大林鎮中坑里。今中坑尚有靖興里、南靖厝、石龜橋等地，橋名與南靖故居地名相同，系入墾先祖紀念祖籍之故也。中坑位於與梅山鄉毗鄰之山麓，地僻且貧脊，第十五世祖鳳淵長美公乃決意遷地爲良，幾經選擇後，終於決定草屯貓羅溪北側臺地溪洲爲久居之地，不久鳩工興建土木造四合院住宅，坐北朝南，三落廂房，結構堂堂，頗爲壯觀，並命名爲崇德堂，其正廳奉祀列祖列宗，廂房即供各房住用。

草屯鎮於一九八五年計有二二六個姓氏，計八萬伍仟玖佰壹拾貳人，按其人口多寡各姓排行名次爲:李，林，洪，簡，陳，張，黄，吴，許，廖。許氏名列第九位。而祖籍南靖的溪洲許氏有三佰貳拾六人。

（許錫專編《[臺灣草屯鎮]溪洲許氏家譜》 1986 年稿本）

圭海許氏不屈鄭氏記

纘元公，字樊甫，幼名廷檜，號温肅。少而知學，淹通經史，雖未廁膠庠，而每試恒前列。平居整躬飭行，動履無所苟。當海氛寇澄，嘗以非罪被擄於鄭成功，幽囚彌月，每夜靜仰天自訴，鄭知其屈，遂義釋公。兵燹之後，繼以賦重，族人苦無以應，公獨身擔，受累不避重楚，族人感之。後以高年碩德，應邑侯王公賓筵之舉。著有《詩藝》、《莪青集》藏之。卒年七十有二，以次子之璜公誥贈脩職郎。配郭氏。

以粲公，諱貴，字英生，行三。生明崇禎丙子年，迨歲辛丑，播遷之令下，兵荒轉徙，遂輟舉子業，從仲氏於田，竭力以供菽水，得二人歡。至甲辰饑疫薦至，父母既淪，公哀毁骨立，感動鄉閭。伯兄釁世未嗣，公爲立繼存祀，推食授衣不啻己出。仲兄亡，善事仲嫂，力撫遺孤，家庭之内無閒言。時海寇肆掠莪野居民，公率衆禦里門，捍衛鄉族，人胥德之。及見江河日下，水陸寇熾，遂講求兵法以圖剿。以溪西之敗，戮力進戰，死於敵。

（許朝瑛　許文焕編纂《［福建漳州］圭海許氏世譜》　清雍正八年刻本）

（十一）郭　氏

郭氏崇飽公派在臺續修族譜序歌

久湮族譜再編修，共識淵源一脈同。細溯先人明舊系，勉知後裔啓新猷。左昭右穆綱常在，遠祖近宗德業周。孝悌相承傳萬世，敦親睦族澤長流。南靖牒源未盡明，尋根祖籍探詳情。兵災譜失難憑考，寇亂祠荒待志賡。輩派族人同意續，字名宗長共研行。誠期世系能銜接，啓後承先慶大成。欣開族譜續修編，倫理親情現眼前。激勵子孫齊貢獻，溝通賢哲共鑽研。興隆科技邦家利，鵬攀鴻圖世局遷。四海五洲謀發展，毋忘根脈永牽連。譜志親人蹟遍球，平生聚晤實難謀。血緣世系經重輯，宗族淵源悉遠悠。尊長幼卑能識輩，孫支房派可和流。精誠團結汾陽後，繼往開來永不休。

1984年甲子春，南靖二十世渡臺八世孫詩連謹識。

在臺初修族譜序

人人愛護其子，先將其姓冠於子名之上，繼而盡力栽培，最後盡其財産遺留之，是人之天性。在婚姻制度存在之現代社會，有父子關系之一般家庭，無論國籍如何，此天性不能泯滅。因此爲人子女，敬慕雙親，思念祖宗，不願隨便棄姓，是人之至情。人欲知其姓氏來源，與其祖宗世系史蹟，並欲使子孫明瞭，代代傳下之，是人性至情之發露，是家需家譜之緣故。

查我郭姓，發祥於山西太原。公元前一一二二年周武王即位時，封其季叔虢叔爲西虢，虢或曰郭，從此以後，虢叔後裔，以郭爲氏，逐年旺盛，蕃衍於天下。

我祖宗系統，源於唐玄宗時之名將汾陽郡王子儀公派下。因此堂號爲汾陽，隨各朝政治社會之演變，逐次南遷或外移。於明洪武九年，以德公辭謝漳州衛右所軍百户職，由原居漳州府長泰縣方城里横洋社，土名大路口寓所，遷入漳州府南靖縣湧口保廟兜社埤仔墘厝，屯田業種，爲我南靖始祖。歷十三世三百五十一年，至崇飽公於雍正五年，渡臺築居於臺灣府淡水廳芝蘭一堡内湖洲仔，租園開基，立業耕農，爲渡臺始祖，傳下我族。

我宗族現行昭穆序韻爲文章華國，詩禮傳家，系南靖十六世祖文斗公於嘉慶十二年續修譜時所訂定，以南靖十六世爲始，繼續延用至今者。

郭姓始祖虢叔，受姓迄今三〇八四年。汾陽祖子儀公，逝世迄今一一八一年。南靖一世祖以德公，開基迄今五八六年。渡臺始祖崇飽公，遷臺迄今二三五年。此期間之世系與史蹟，因我祖渡臺時未攜族譜，現在僅彙集資料，輯録渡臺以後之家譜一册，以供同譜之人參考，如有疏漏之處，還請見諒，並賜教予以增删，使本家譜益臻完善，尤爲感盼！本家譜之調查，多蒙木水宗兄大力協助，並志謝忱。

1962 年壬寅初夏，南靖二十世渡臺八世孫詩連謹識。

在南靖續修族譜序

嘗思水有源，木有本，則人必有祖也。尊祖自當敬宗，敬宗乃可睦族，則譜牒所必設也。故厥初生民，上而溯之天則同親，前而推之古則同祖。第往往再傳以降，或數世而至於無服，又數十世而漸於途人，其同聚處者無論已，若更多播遷轉徙，遞次悠遥，將寖疏之後，遂無從辨其昭穆，又何由聯其情誼。不有以考核而輯脩之，豈可稱致水源木本之肫思，而殫敬宗睦族之至意也。

吾家發源汾陽支派，原籍漳州長泰縣，洪武九年遷入南靖湧口廟兜居住，至隆慶四年庚午秋，長房屏山公即七世旦公特念世遠難詳，始出脩譜。自開基湧口藝庵公即一世以德公爲一族之始祖，位下傳至九世，詳敘成書於前，長房四雍山公即長房偉公之四子傳下七世璉公序後，各有箴規傳代，至此世久年深，不有續是譜者。斗即十六世文斗公父國學生元忠即十五世其損公族舉族正，生前特念續脩，未遂棄世，斗不忍忘其志，慮恐世邈難詳，齒繁靡稽，方將原譜録之於前。但宗盛譜合，難以紀極，乃將祖分派而來，生歿葬址詳敘，而附之後，以待有文學者修志行傳，統成合譜，水源木本，亦曰篤不忘矣。

嘉慶十二年丁卯桂月穀旦，南靖十六世孫文斗頓首拜謹識。

《南靖續修族譜序》及《南靖創編族譜序》，均録自同一南靖開基祖以德公後裔而不同渡臺始祖之文淑公江漢公派族譜，於光緒初年前往南靖祖厝原譜抄回來者。

（郭詩連編修《[臺灣臺北]崇飽公派郭氏族譜》 1962 年鉛印本）

華安岱山郭氏天民房系與徙臺子裔嗣續香火記録一則

十三世祖振抱公，遺公之子，生卒葬失記，按舜公遺公傳至十三世止，其侄孫昊公置祀田四十石，爲立族人之子與次室高氏撫養名，訂以主三公宗祀，命生子分繼三支於東瀛，各兄弟業中撥出銀項，付訂夫婦衣食之資，三公及寬抱二公魂得有依，而祭祀永遠者，昊公父子之力也。

（《[福建華安]昇平岱山郭氏天民公房系族譜》 清光緒三十四年稿本）

(十二)賴　氏

松陽郡賴氏總系廿七房歷代族譜淵源詳敘

謹按賴氏始祖,總出於潁川郡也,後至東晉興寧四年間,因兵亂移居活州豐寧桴原,宦遊虔州,因見松陽山水清秀,遂卜居焉。傳於後代,累世簪纓,玄孫遇公,奏請松陽以爲郡,其後賴氏復以松陽爲號。古之虔州,改爲贛州郡屬虔化。古有松陽五岡也,今安遠,寧都同派。五子石改爲石城城上里之秋溪,分徙廣昌巖前。古有江左,改爲福建省汀州府古路上杭縣,古田賴氏族原同此派,舟徙勝運里,則今同陽湖,寧化縣,武平縣,清流縣,明溪縣,遇縣則止,遇湖則止,遇坪則止,遇溪則止,遇城則止,遇郡則止,凡賴氏所居之地,開列於後也。

賴氏之譜,出於軒遠二十九世玄孫文王第十九子,名叔穎,武王之弟也,周武王封弟穎於賴地,屬潁川郡,以賴爲國名,後之子孫以賴爲姓,以潁川爲號,則三代以來,其爲名世世久矣,皎然超然,天下咸知賴姓之爲名族也。自秦迄漢,裂而復合,合而復涣,其間四散而不可盡紀也。傳至唐太宗,奏下譜牒,退新門,進舊族,左膏粱,右寒微,合壹佰玫拾三姓,三仟陸佰壹家,而賴氏亦與首稱大姓焉。自賴國叔穎公以下,生子惠公,惠公生子宣公,宣公生子厲公,厲公生子平公,平公生子桓公,桓公生子敏公,敏公生子襄公,襄公生子成公,成公生子沖公,沖公生子章公,章公生子穆公,穆公生子文公,文公生子添公,添公爲楚靈王所滅。傳十餘世,至漢先公,輔佐西漢,平帝二年,官任交趾太守,陞大司馬,生芝公,士漢,建始二年,官任紫金銀青光禄大夫,上柱國爵,贈太子少保,生子好古公,屢召不士,願從布衣上殿奏事,封爲秉公隱士,生子珠公,士漢,桓帝二年以功封開國王公,因忠諫君,貶汝州刺史,桓帝八年復召回朝,仍封開國公,加一爵,詔勅還鄉,潁川之達尊也。珠公生子妙通公,舉孝廉有功,初封秘書郎,官拜崇政殿大學士,嘉義大夫,贈太子太師,生子忠郎公,官任廣東道監察御史。妙通公生子真公,真公生子評一郎、評二郎。評一公生子深公,士東晉,太祖元年官任貴州知府,陞管軍御史,生子重一郎公、重二郎公。重一郎公生子功行公、志行公。功行公生子忠誠公,士東晉,興寧元年,官任浙江觀察使,復任廣東提刑觀察使,督理學校副使,祖居活州豐寧人也,時居松陽,生子莊公字士端,厚公字士謹。莊公生子遇公,字臣慶,官任江東知府,自始祖賴國之君,十四代居潁川。再傳十餘世至先公,先公又傳一十五世至玄孫遇公,上本奏請所居松陽而爲郡也,蒙晉帝聖恩准奏,御筆親書松陽郡三字傳與子,永世爲郡,萬古存留不朽也。先公生子匡公,字廷輔,晉安帝十四年,官拜武英殿大學士,贈相國,爵位至太師,父子食潁川一郡之俸。匡公生子碩公,字仲芳,晉末也亂,不士,遷居赤竹,再徙虔州,即今寧都,後歸松陽,生三子,長鬱公字文華,次徽公字文獻,三燦公字文明。

鬱公生子定字大用,官任潭州轉運使,遂移居潭州。徽公仍居松陽,生子辰公。

燦公生七子。長昭公字宣著,移居於石嶺,即今會同武村,連州是也。次得公字宣賢。三明公字宣光,徙居水西,即今撫州宜黄縣、樂安縣是也。四廣公字宣儀,移居桴原,即今安縣、龍南縣。五思公字宣繹,居五子石,即今石城縣禮上里秋溪,分居建昌西川巖前。六球公字宣行,居赤竹湖田橋,即今信豐縣、瑞金縣。七彥公字宣傑,元和二年官楊州通判,遂移居楊州。又得公生三子。標公士唐,僖宗乾符元年官錦衣衛將軍,始自公陽移居福建汀州府古路上杭縣古田,生子一宦公,世襲將軍。一宦公生子嵩郎公。嵩郎公生子晃公。晃公生子昉公。昉公生子僎郎公。僎郎公生子太郎公。太郎公生子得一郎公。得一郎公生子小標公。小標公生子四郎公。皆世襲將軍。四郎公生子五郎公。五郎公時五代分裂，至宋興太祖即位，思唐朝賴標公之勳業，仍召四郎公世襲將軍。五郎公生九子，六郎公、七郎公、八郎公、九郎公、十郎公、十一郎公、十二郎公、十三郎公、十四郎。而五郎公長子六郎公生二子，長虞觀公，大觀三年，任浙江桐盧縣知縣。次朝美公，因元之亂，五郎公忠宋，不助元朝，故元朝即位，削去將軍職而無襲將軍，反以爲軍籍矣。大定三年，朝美公移居勝運里同陽湖也。

又録得公次子極公，自唐時移居寧化縣會同里石牛村，生子二宦公。二宦公生子岌公。岌公生子九宦公，諱時，士唐，爲翰林學士。九宦公生子顯公，士唐爲直殿將軍，生子四郎。四郎公生子五郎公。五郎公生子十三郎公。十三郎公生子三一郎公、慶一郎公。三一郎公生子四八郎公。四八郎公生子衍恭公，宋紹興八年戊辰科中第七名會魁，進士，初任四川成都知府，治民有功，元裕二年，陞部尚書，生子志仁公官任汀州府知府。志仁公生子十八郎公。而十三郎公次子慶一郎公生子璉公，士宋爲經歷官。慶一郎公生子昇公。昇公士宋爲教諭官。昇生子榮公，宋元豐壬子癸丑科聯捷榜眼，因忠諫君，死於國難，賴氏名宦，文武皆忠焉。榮公生子二四郎公。二四郎公生三子。長誠郎公遷徙建昌府廣川縣四川巖前。次十五郎公居於汀州府。三十郎公居汀州府寧化縣石壁村，生子寧鄉公，寧鄉公生子萬七郎公，萬七郎公生子四三郎公。四三郎公生子長念一公遷徙福建平和縣、詔安縣各處立業。次子念四郎公，妣吴氏十三娘，生三子。長壽遠念一公，移居平和縣大溪鄉小板。次壽春念二公，遷居於下坪。三壽亭念三公，世居寧化縣石壁村守祖業。壽遠念一公嫡妣李氏三娘，庶妣陳氏大娘，生四子。長風公百一郎遷居詔安縣林婆社下河鄉，三雪公百三郎移居廣東潮府饒平縣牛皮社虎頭崗，四月公百四郎遷居詔安縣湯頭鄉。而雪公百三郎妣詹氏，生四子。長文雅大一公，次質雅大二郎公，隨父來廣東省饒平縣鎮居虎頭崗，追謚曰肇基始祖，其第三子第四子，同母詹氏，在平縣安厚鄉等處立業，子孫繁衍，不能盡述矣。

後世賴氏之譜系實出於潁川發脈，不可忘也。故世家舊族，莫不有譜，溯流窮源，而分别支派，世世要書祖名諱字號，生卒何年月日，葬某山，娶某氏，生幾子，遷居何處，或隱或顯，孰爲孝弟忠信，孰爲禮義廉潔，志譜相傳，世著不遠，可望而知。而居住遷移，猶必詳悉載明。賴氏發脈，子孫繁衍，散佈而居者不一耳。

致芮郎公居贛縣。三郎公松陽縣。達郎公、八郎公居贛州府安遠縣浮原。通郎公居贛州府石城縣禮上里秋溪。誠郎公居建昌府廣昌縣四川里巖前。一郎公、四郎公俱居贛州府瑞金縣。二郎公、五郎公、九郎公俱居贛州府會昌縣。三郎公居汀州府武平縣。六郎公、七郎公、十一郎公、十二郎公、十三郎公、十四郎公俱居虔州府。十五郎公、十六郎公俱居汀州府寧化縣石壁村。十七郎公、十八郎公居虔州府寧都縣。三郎公生三子，移居河南省，因派流遠，不可稽也。溯自周漢晉唐宋元而來，賴氏之家譜亦頗殘缺，至大明永樂，有賴公乙未科進士，官國子監司業，告歸修譜，傳與後代，以見前後俱皆元勳名宦，奕世繁衍，鵲起蟬聯，苟能由祖以追始祖，知其一脈相傳，則源遠流長，昭穆不紊，而敦守睦族之心自悠然不能已矣。爲人後者，可不仰思先人之勳名而求所以繼述之哉，可不顧瞻先人之基業而求所以匹休之哉。是爲序。

賜進士出身前吏部觀政廣西道署按察使司莆田後唐里門生方鼎頓首拜撰。

（《[臺灣]賴氏大族譜》 1968 年稿本）

臺灣賴氏修譜辭

夷考我賴氏，系出軒轅二十世玄孫，周文王第十九子名叔穎，武王弟也。武王封弟叔穎於賴地，先爲河南潁川郡，即今許州，賴爲國名，子孫因即以賴爲姓，潁川爲號。自秦迄漢，分而復合，合而復泛，浸成避地散居之勢。傳至唐太宗准奏下譜牒，整理氏族，得一百十三姓，三千六百一十户，而我賴姓興焉。後世子孫遂以叔穎公爲一世祖。計傳十四世添公爲楚靈王所滅，遷賴國於鄢，即今湖北襄陽府宜城縣。至廿七世光公移居浙江省處州府松陽縣，及二十九世遇公以文學馳名於世，攝江東知府，陞至副使，授中憲大夫，兼理屯田，卓著成績，奏請以所居松陽爲府郡，蒙晉帝御書松陽郡三字以賜之。自是我賴姓復以松陽爲號。洎三十三世燦公生七子，長名昭公，次德公，三明公，四度公，五思公，六球公，七彦公，其中德、明二公仍居松陽，餘均遷江西。德公有三子，長名標公，次極公，三樞公，始入福建，先後散佈於汀州寧化、上杭、永定、古田、延平、南靖、詔安、平和諸邑。至四十九世顯益、顯吉二公，又分居於廣東程鄉、大埔、饒平、揭陽等縣。五十世延顯公原居詔安縣官陂鄉，生有五子，長名卜隆，次卜英，三卜芳，四卜茂，五卜羅。長子卜隆公幼有大志，弱冠即奉鍾氏自詔安徙居平和縣心田鄉，開居立業，遂爲心田第一世祖，相傳至今已有裔孫六萬五千餘人。次子卜英公及五子卜羅公仍留居詔安原籍，各有裔孫二萬餘人。三子卜芳公移居平和葛竹鄉，四子卜茂公則遷平和安厚鄉，亦分别創業，有籍籍名，因各爲其地一世祖，皆有子孫一萬餘人，稱邑中望族，其裔孫中之渡臺者，以平和心田鄉爲最多，葛竹、安厚次之，大埔、揭陽、饒平又次之，詔安汀屬各地數亦不少。誠以心田地勢平垣，水陸交通均甚便，因而來臺子孫亦較衆。而遠渡於南洋屬新加坡、馬來亞郡島及印尼、菲律賓、泰緬等地之子孫，則以四十九世顯益、顯吉二公之宗派爲夥。

考我先世，系出軒轅，得天獨厚，子孫悉秉忠勇，敦親睦族之遺訓爲職志，是以祖德遠被，世澤悠長，傳衍至廣，幾遍東南亞各屬。我子溯本尋源，何可數典忘祖，應如何報德宗功，繼往開來，端在我賴姓後昆之共同努力。努力之道，非先團結宗親不功。因此宗親會之組織亦遂應運而生，宗親會之組織旨在發揚祖德宗功，然揚祖德宗功事至繁，非有文字之記載，不足以留傳久遠，於是族譜之製作自爲當前之要務。此次編纂賴氏大族譜，自叔穎始祖以迄於今，垂三千餘年。如此悠久之歷史，自不能無所記載，族譜之設，即所以追記往日事蹟，使後世子孫得悉列祖列宗在各朝代爲國家民族英勇奮鬥之史實，俾知所景仰，起而效之。惟因歷時已久，迭遭世變，所得譜牒參差不齊，非加整理不足以統一，於是爰有修譜之舉。此次重修族譜，雖不敢謂無遺漏，然已盡力所能及，多方搜求，大致尚稱滿意。謹就編纂情形，書其梗概，仍望族中長者補其遺漏，庶無憾矣。

一九六八年五月一日，賴國民敬辭。

（《[臺灣]賴氏大族譜》 1968年稿本）

臺灣賴姓重修族譜跋

蓋聞國有史書，則緒統偕事功並著。家有譜牒，而昭穆與世系俱明。每見世有數典忘祖者，惟知鑽營名利之場，而於祖宗傳系全不惜意。噫，是亦不思之甚也，曷不觀夫山上之木乎，其枝葉非不茂盛也，苟拔其本則枯萎矣。又不觀夫河中之水乎，其支流非不洋溢也，苟塞其源則涸竭矣。夫木與水既不可無本源，而人類自不可無祖宗也明矣。爲人子孫者，苟能體察此意,則修譜之事在所不緩者也。試觀古來名門大家,如唐之郭汾陽,宋之範文正公,皆致力於祖先。始則建立宗廟,繼則創置祀田,終則纂修族譜,以爲後人模範,故能流芳百世,播美千秋。

竊思我中部賴姓巨族也,其先人多徙自祖籍漳州平和縣心田鄉,於前清乾、嘉間陸續渡臺,各營生業,士農工賈無所不備。由是爰居爰處,生齒日繁,卒成巨族,迄今在臺中市内外居住者,屈指不計其數,富庶甲於中部,皆由祖德宗功之留貽使然也。

曾記四十餘年前,族内日貴及逢恩字錫三者,念及木本水源之義,興起尊祖敬宗之心,誠恐代遠年湮,無從搜索,爰議遂以錫三乃親往祖籍心田祖祠,抄録列祖列宗之舊譜,並歷朝名公巨卿所撰之序文,編次成帙,回臺更將親族各户逐一調查,分别昭穆,辨明輩行順序,列入譜中,以便稽考。噫,日貴、錫三先哲之功可謂偉矣。然譜牒雖已集成,惜未付梓,而日貴、錫三仙逝,以致遷延至今,幸有現在族内長榮欲繼其志,唱首招集族内有志,乃將四十餘年來族中出生丁男重加編入其中,先後譜序,盡付剞劂。待出版時,按户數各頒一部,以便族人細閲,使俱知世系來歷,何者爲昭,何者爲穆,何者爲親,何者爲疎,開卷一覽明如指掌,庶幾長幼有序,尊卑有别,如此諸位有志者之功更偉矣。余本歷劫儒,空餘秃管,謬承雅囑,校正序文,謹抒數言,爰爲之頌曰:

潁川秀骨,祖澤綿長。宜其子孫,永世熾昌。傳家詩禮,華國文章。

一九三一年辛未黄鐘之月,臺中王竹修敬跋。

(賴長榮編纂《[臺灣]重修五美派心田卜隆系賴氏家譜》 1931年稿本)

臺灣蘭陽賴氏淵源家譜略

初修賴氏家譜,竊思吾族祖先十二世祖潭公於康熙中葉自大陸福建移居臺島,初居淡水五股觀音山,後遷蘭陽,至今二百餘載,子孫繁衍數百散居各地,年深月湮互相失去聯繫,以致親疏莫辨,誠遺憾也。煌等深鑒及此,復承族長咐囑,始志於重修吾系譜,惟因邇未嘗有任何記載,故其中重要事略至今遂無從查考,僅憑各房奉祀祖先之神位及散在各地之祖墳爲根據,歷代口傳爲資料編輯之,當不敢謂斷其有正確者。蓋家之有譜,猶國之有史也,其所爲昭信紀實,無論居故土遠方存之,即千秋百世皆有所考據,而識其本源焉。然則所以生水木之思者在是,所以篤宗親之誼者莫不是也。今日者,余謹而修之,尤望後世繼而續之,庶幾子子孫孫至於萬年同瓜瓞而常綿。

一九六六年丙午春月,十八世裔孫耀煌謹序。

(《[臺灣]賴氏大族譜》 1968年稿本)

臺中賴氏北屯四安派修譜序

昔孟子云,人有恆言,皆曰天下國家,而不知家國同體,名雖殊而理則一也。夫國必有史乘,則千百年之傳統可一覽而洞悉。家有族譜,則萬世之昭穆亦可一覽而無遺。吾人生斯濁世,苟欲爲孝子仁人,舍此别無可立身之地位,終貽數典忘祖之譏評,如之何其可也。慨自歐風東漸以來,世道日非,人心不古,間有身處富貴榮華之場,席豐履厚,每視生身父母如陌路,同氣兄弟如仇讎,夫何有若祖若宗之觀念乎。竊思漢族人民自軒轅流傳至今,數千年文化美風,一變而夏胥淪於夷矣。有心人言及此,不禁撫膺而長太息也。夫木必有本,而枝葉始盛。水必有源,而支流乃遠。誠能推廣木本水源之義,興起尊宗敬祖之心,方不愧爲人後嗣。如宋時蘇老泉、范仲庵二鉅公之行事,真堪赫奕於一時,垂範於萬世。何哉?一則創造族譜,亭亭垂訓。一則建置宗産傳世世相承。後人仰慕高風,頂祝馨香而不置也。

玆有北屯賴家四安派下第十八世賴子科等,思及乃宗,自十四世祖賴談公於前清乾隆時代由心田祖籍渡臺,從梧棲港上陸,擇居賴厝廍,專事農業,未幾移居三十張犁,即今之北屯中心地點,刻苦經營十餘年,頗有積蓄。乃娶張氏腰爲室,是時談公年已四十,張氏僅十八歲,内助賢淑,不亞孟光,夫倡婦隨,創置田宅,爰居爰處,連生五子。無何,大里不逞之徒林爽文倡亂,盜賊蜂起,貓羅揀東二堡良民皆不得安堵,談公爲避亂計,暫棄家園,携妻挈子,伏處他鄉。因一時衣食不給,不得已將第五子質於他人,得身價以救鎧寒之苦。迨事平地方安靜回梓,措備金錢,欲贖其幼子,已不知去向,故將現存四子號爲四安。長子最安,次子粒安,三子郡安,四子必安。此四安宗派之所由來也。自四安以後,生齒日繁,至今計算,除女子嫁出不算外,尚有三百餘口之多,子科等因恐年湮代遠,尊卑失序,輩數不明,親疎莫辨,故決意修譜。自丙子春發起,先向員林大村莊宗人查明舊譜,後從北屯四安派下逐户稽查人口,分别輩數,列入譜中,至斯方見完備。將付梨棗剞劂,印成若干部,凡四安派下各户均得一册,以便查閲,便知祖宗傳統之世系,何者爲尊,何者爲卑,何者爲親,何者爲疎,如此記載,一目瞭然,且生子命名,不致有犯先人名諱。若然則子科等此舉,上可以對祖宗,下可以啓後嗣,其功德豈淺鮮哉。

譜既成,請序於余,余與賴家情關桑梓,誼屬賓東,未便以不文辭,因撰數行,以當譜序云爾。

一九三七年丁丑暮春草於臺中養拙居,七十二叟王行修謹撰。

(《[臺灣]賴氏大族譜》 1968年稿本)

臺中賴氏五美派淵源譜系略記

追溯吾族,始於軒轅二十九世玄孫周文王第十九子叔穎公,封賴國,厥後即以賴爲姓氏。至今已歷數千年矣。而後嗣蕃昌,支分派别,源遠流長,幸先輩修譜以記之,雖殊鄉異井,亦知同氣連枝。水木尚有本源,爲人後者,自當敬其宗而尊其祖也。

惟自前清康、乾之世,吾曾祖雲從公由漳州平和縣心田鄉遷居來臺,慘經澹營,辛勤創業,爲臺島開基之祖。娶妣黄氏,生子五男,長天水,次天仙,三天河,四天露,五天在。吾祖天在公,年方壯盛而竟不禄,其時伯父分聲公尚幼,日貴公生方四月,即遭此大故,而祖妣廖氏孺人水蘗監其心,松筠勵其節,解放天足,勤事女工,晝荻和丸,含辛茹苦,既撫且教。吾父日貴公長大成立,確守賢祖母之訓,故深知本源之義,尊敬祖宗,遣族人錫三,梯山航海,耑返心田祖鄉,抄録舊譜回臺,俾先代祖宗之德澤昭垂於海島,又將來臺雲從公派下五房之後嗣,逐一修編集,各派家譜對照考察,籍知心田派下皆以卜隆公爲壹世祖。惟我景春公派下家譜以卜隆公爲貳世祖,今特修正爲壹世祖。是故我景春公派下前所記載家譜,及神主墓碑之輩數,要提昇壹世與各派家譜方有相同,俾倫常不紊,昭穆有序,尊卑有别,親其所親而長其所長,敦宗睦族,千百世而常榮。而今余年已逾古稀又貳,回想先父之志,何敢忘之。故竭盡心力,復爲纂修刊版流傳,以竟吾父未竟之志。而開卷閲之,須知先代之功德,由然生尊敬之心。吾後人之善繼善述,可告無忝於祖宗也已。

一九三一年辛未桐月，十八世裔孫長榮謹識。

（賴長榮編纂《［臺灣］重修五美派心田卜隆系賴氏家譜》 1931年稿本）

臺中山蓮賴氏續修族譜序

余當修族譜之時，客見之而笑。余曰，客所笑何事。客曰，自大清光緒乙未年以前，歷科取士，世之讀書有志功名者，學而不厭，自光緒乙未年以後，全臺盡歸日本帝國，考試之事悉廢，世之紳士及儒士或變爲商賈，或變農工，或變爲日本書吏，雞鳴而起，孳孳爲利者，指不勝屈，今先生不思變途以求富，而惟殷殷於教讀，老不知悔，與人爲善之心雖誠，將何以利其身？況先生家非裕，現今日本明治己亥歲四月終，米價昂貴，龍銀臺圓七錢二分，糴米道斗壹斗壹升半。大清同治六年丁卯歲十二月終，佛銀壹圓七錢，糴晚米道斗壹石零四升，其貴賤大小相同如是，縱不改業，亦當兼營别藝以圖利，爲一家衣食之計，並垂裕於後昆，奈何教讀獨兼修族譜，切切焉序尊卑、正名分，毋乃急非所急，不達於時務，如子路云，子之迂也，奚其正。余喟然嘆曰，此非君子之言，齊東野人之語也，坐，我明語子，夫木有本、水有源，人當報本追遠，不可忘背義，昔歐陽修、胡詮、文天祥、方鼎諸名卿鉅公方以修族譜爲大義所關，欣然爲賴氏序族譜文，子意以修譜爲迂而笑，何其背謬乃爾乎。客悟爲問曰，士誠小人也，請退勿復敢見矣。余復從事於譜牒。余嘗輟筆之暇，廻思余生平氣質虛弱，身多疾病，終鮮兄弟，命途多舛。父諱滿美公，志願高大，好學不倦，惜秋桂未攀，而玉樓遽賦。母陳氏諱梅娘，慈惠貞正，聞於鄉黨，而愛子之心倍至，罔極之深思，余常抱未報之恨。次子元旺，於癸巳科，臺中道考避進，愈嘆時運之未亨。余今老矣，思無建功於當世，亦當修譜於將來。前年與二三同宗父老子弟輩論續修族譜事，衆皆悦之，余遂毅然以爲己任，不辭勞瘁，不憚考稽，必欲續修而成之。

夫我山蓮賴氏族譜，自大清乾隆四十二年丁酉歲我伯祖水公及亮公朕公諸人增修，至今日本明治己亥歲，壹佰貳拾年，曠日遲久，不續修之，則早易淆，親疏難明，何枝何派，有紛然而莫辨，並不知我從而何來，余爲是亟續修之，自戊公、己公傳下，十五世歷敘至廿世、廿一世止，凡老夫赤子，咸登志於譜，以昭示於來兹。

昔范仲淹云，自我祖親之下皆一脈之子孫也，披閲之下，敦本睦族之心生，親親敬長之情起，自當奮發有爲，大富貴於世，以榮宗耀祖，光前裕後，無愧於子孫者，則此一譜也，未必無小補爾云。

歲次己亥春穀旦，臺灣臺中縣麻園頭莊裔孫出類，字拔英，號冠卿，書於貓霧棟東堡二份埔張家塾。

（《［臺灣］賴氏大族譜》 1968年稿本）

（十三）徐　氏

徐士撾開臺創業記

我們的祖籍是福建省南靖大坪林溪尾社，來臺祖是徐家第十五世撾公徐士撾。

撾公幼年喪父，母親再醮林家，公隨母長於林家。撾公少年時，與一群小朋友遊戲，人皆姓林，獨其姓徐，故常爲人岐視，與人口角，是時往往遭人辱駡“你是繼兒子”，即油瓶之意，搗公才由母親處探知身世。

搗公十六年那年的清明節，與母同往祭掃父墳，是夜不歸，睡於父親墓前，夜半因寒冷而起，聞東方有“咚、咚”之水聲，以爲此乃父親指示“汝當往東方求發展”之意。當時人人皆稱“臺灣好東部”，公便與人乘船來到臺灣。搗公乘坐帆船至滬尾，今之淡水，沿淡水河向東南大嵙崁即今之大溪前進，到達埔頂找著工作，在當地李家做長工。搗公身材高大，觀其遺骨，約六尺高，力氣過人，性情温純而勤勉，李家遂以長女順娘妻之。順娘弟妹年少，就以“嫁出招入”方式成親。居李家六載乃獨立生計。嶽父贈公些許資本，用以經營豆腐店，李家原經營茶園兼豆腐店。

祖公祖媽夫婦感情燕好，治家勤儉，漸漸有了積蓄，因欲建置家業，乃以六百銀元在中路買了二十餘甲田地及茶園。目前中路徐家所擁有的田園住宅，大抵都是搗公夫婦勤儉所致，此即徐家子孫發達繁榮的基礎。

當初搗公買定中路土地以後，賣主房親有人抗告淡水縣知事，謂祖公所買地地産權不清，欲收回該地。縣老爺將原告與被告，用雙人枷扣鎖一起，押入監牢，不聞聲問。兩人同鎖於一雙人枷中，卻以背相向。過了一星期以後，因枷重，二人不堪其苦，才面對面取得諒解，原告撤回告訴，被告再增原告十二元，雙方和解，縣老爺便將他們釋放了事。

十七世祖明南公，於光緒二十年恩科府試取中舉人，長子登邦收回被原賣主所霸耕之部份土地即介之土地公埔，作爲祭祀公業。

祖公祖媽勤儉異常，據云制豆腐所用之原料大豆，是大陸運來的，帆船由滬尾入港，經過艋舺萬華至新莊，若遇雨季溪水足時，小船才可駛入大嵙崁，所以豆價在艋舺、新莊較便宜，祖公便到新莊買大豆，其後由此家業漸興。

（《[臺灣桃園]徐氏族譜》 1986年稿本）

（十四）江　氏

平和大溪江氏明末清初閩臺戰亂紀略

崇禎十七年，逢鼎革之秋，大清代運年號順治，明朝福王衆臣扶來南京正位，未及兩載，被大清豫王擄去北上，乃系弘光帝也。次年唐王自河南來，又扶福州省，正號爲隆武。丙戌年開鄉試科場，吾叔南金中式舉人，當朝安南伯鄭芝龍專權，其子鄭森賜國姓名成功，未幾大清貝勒王追下，隆武走在延平被殺，而芝龍亦就撫去北，其國姓不肯歸順，倚海猖獗，義復明，圍困漳州一年，禁死府城士民四十餘萬。後來金固山統大兵來解圍，市尚食人肉。漳泉地方迄無寧日，沿鄉徵米徵餉，重斂酷騙，吾家支持不敷，棄寨而逃。至順治癸巳年冬入漳州平和等縣，聞清兵將至，即將府城牆推倒，城内房屋盡拆平地。至丙申年七月廿四日，小嶺公爺獻海澄，始復清，起民夫築城，解馬料等項，吾户公田賣去過半矣。時清朝滿兵雲集屯樸府城，海澄漳浦數十萬，至康熙二年吾户輪當現年解海澄食耗，漳浦協濟，其雜項不可枚數，每月以百計鋍，系加三秤，借銀加一利。六月之中，費用壹千壹百有餘兩，公田俱已盡賣，當者破家傾散，每官丁開銀三十兩，每民米一斗派銀三兩伍錢，吾家屢屢多難，或移廣，或流亡，難以盡計焉。

十世以上，因亂離而失族譜，其詳不可得而聞也，今時推其略而已，謹將十世以下所耳聞目睹者，或移廣，或移外鄉，及在本族者，逐一詳問訂記，以遺後人之觀鑒云。

榕林寨甲寅年七月初九日辰時起工動土許符。後康熙甲寅年福州耿王作反復明，而國姓子鄭錦起義，應之有漳泉汀邵之地，後因爭興化敗陣，而清兵長驅下漳，其孫鄭克爽被姚部院用銀撒其手足，在臺灣已因調施提督搗其巢穴，始就撫去北，而海氛遂熄，民始得安焉。時鄭錦入漳州，分海澄公之屍，其子編舍投古井死，亦被鈎起分屍，後封忠勇王。

（《[福建平和]大溪江寨江氏族譜》 1920 年稿本）

平和大溪鄉尋根記

彰化縣員林鎮三條里江九合公派下人，爲重新編修族譜，並追查舊族譜失考十至十二世三代的真相，於公元一九九〇年六月廿五日至廿九日，由公業理事長二十一世江榮基、會計二十世江蓮耦、顧問二十一世江世凱三人遠赴福建省平和縣大溪鄉江寨村榕林的祖居尋根。

根據 1949 年編印江九合公家譜的記載，祖居在福建省平和縣仁安里大溪社榕林樓，但經過了二百餘年的離亂阻隔，目前在臺族親從未有人踏入的祖居，景況如何，僅能從老族譜及先人傳述中去揣測而略知端睨，但事實真相卻不敢肯定。如今由於廿五日至廿九日的尋根之行，能親眼目睹祖居風貌，償卻平生宿願，特將所見所聞報告族親。

由員林到福建平和大溪的祖居，最好的路線，是由桃園中正機場搭機經香港轉厦門，然後由厦門乘車七十六公里到漳州市，再走六十二公里到達平和縣城小溪鎮，再經過五十六公里路途就到達祖居大溪鄉，江寨榕林距鄉政府僅一公里，因此厦門到祖居的總里程一九五公里，目前我們祖居的地名叫平和縣大溪鄉江寨村榕林。

大溪鄉位於平和縣西南部，東達安厚鄉，西接九峯鄉，北鄰國强鄉，南界雲霄、詔安二縣，方圓一三九平方公里。主要河流大溪，源於大芹山麓，國府時期稱大溪鎮，中共佔領後叫大溪鄉，一九五八年改爲大溪公社迄今。公社所在地在大溪墟，海拔一六〇公尺，早爲平和三大市鎮之一，是閩粵兩省七縣集市貿易所在地。全社有兩百零壹個自然村，廿三個大隊，兩百拾柒個生產隊，十五個專業隊辦場，人口約四萬人，七千三百户。

大溪鄉是個農村地區，農業經營還很落伍，雖有電氣設施，但家庭中卻很少家電用品。田間工作仍流行着水牛、黄牛耕田的時代，一年收穫三次，兩次水稻，一次小麥。山坡地種植茶業，油茶、荔枝、龍眼、鳳梨、煙葉等。每年農産總值僅四百六十萬元人民幣，等於臺幣兩千多萬元。目前該鄉有中學兩所，小學三十八所，學生七千三百四十人。電影院一所，衛生院一所，十九個醫療站。

在江寨有座興建於三百多年前的濟陽堂祖祠，立了五根旗旌，先祖亦曾高中文進士和武進士，祠堂内也曾風風光光的掛滿匾額，如今祠堂内空無一物，僅留下兩具小型機器，讓返鄉的遊子倍感心酸。如今想要恢復景觀，據江寨族親們估計，大約需要五萬元人民幣，相當於二十五萬元新臺幣，經臺灣江九合公業理事長江榮基當場同意撥款修復，以慰祖先在天之靈。

祖墳幸運地未遭破壞，想當年祖先們爲求得好的風水地理來福蔭子孫，而把祖墳分散各處，如今才免遭毀墳之禍。在靈通山下徑獅子嘴，有我一世祖肇元公祖墳一座，此山的山形地勢恰似一隻伏獅，有名的唐朝開漳聖王陳元光的先父亦葬於此，當然它是一個好的地理所在。六世祖端毅公祖墳是石墳，墓碑上雕刻字蹟還清晰可見。七世祖默庵公是大石墳，惟墓碑上並未刻字。八世祖西墅公祖墳是灰墳,也没有留下字蹟,其他祖墳仍有待江寨族親去尋訪。

江寨榕林的族親,大部份流出外地謀求發展,目前留在江寨榕林固守家園的僅三十户,一百七十多個人。其他外出的有當教授、醫生或高官都有,但大陸的國民所得普遍偏低,一名鄉長每月收入僅新臺幣一千元左右,因此生活並不好過,能够求個温飽已經很好了,何況從事農耕的族親們。其實目前大陸由於國民所得偏低,購買力薄弱,以致經商或當公務員的收入也都不好,倒是耕田的較容易謀求温飽。在大溪流傳着"店前靠市場,莊上靠公場,江寨靠田洋"的話來形容各姓氏從事的行業。在大溪分三大姓,店前姓陳,莊上姓葉,江寨姓江。江家有田産,因此大部份經營農業,陳姓人家大部份經商,而葉家則當公務員較多,因此江家人從前應該是有財産的階級。

大溪豆干聞名全臺灣,而祖居福建平和大溪的豆干卻擁有"桂林山水甲天下,大溪豆干冠四海"的雅號,據家鄉人説,大溪豆干是用靈通山所流出的仙水做成的,因此顏色鮮,質地美,又軟又韌又嫩,越吃越有味,有人以靈通仙水浸泡豆腐三天,豆腐也不會變黄。目前臺灣桃園的大溪鎮也有江姓的濟陽堂,他們是講客家話的客族村落,他們的祖先也是從福建平和大溪遷徙而來,而我們福建平和大溪的江寨也是客家村落,因此我們的祖先是客家人,相信目前臺灣大溪所馳名的豆干,其製造技術也是從祖居流傳過來的。

在祖居大溪境内有一處列名江南十大名山之一的靈通山風景區,海拔一千二百八十二公尺,崖壁峭立,峯巒疊翠,雄偉壯觀。明朝大學士黄道周、相國林釬、大理寺正卿陳新野、太常寺正卿陳天定等名人曾就讀於此。唐開漳聖王陳元光之父葬於此,我一世祖肇元公的陵寢亦於此。此山風景有七峯十寺十八景,常招徠無數遊客,在峯巒澗之間生産了石耳、返魂草等名貴藥材,自生不絶的山茶是餽贈親友的珍品,希望返鄉探親的族親,不要忘記這一行程,且不要忘了帶山茶回來。

總之,祖居因地靈而人傑,離鄉出外謀生的族親立足於僑居地蓬勃發展,緬懷祖先餘澤之餘,更應兢兢業業,爲子孫開創幸福的樂土,藉以光宗耀祖。

二十一世江世凱撰稿。

(《[臺灣]濟陽江氏族譜》 1964年鉛印本)

平和江寨江氏渡臺祖房系考

員林鎮三條里江九合公之十三世祖江包公,於康熙末年偕族親共三人同時渡臺,落脚於嘉義縣水上鄉江竹子脚,從事墾荒耕田的工作,不幸數十日便客死異鄉,兩位同伴渡臺的族親,便將江包公安葬於江竹子脚。嗣後這兩位族親渡海返回大陸祖居之時,突然風浪大作,因此這兩位族親便要求江包公在天之靈保佑他們兩人安全返鄉,同時許下諾言説,如果能安全返鄉,願送一子給江包公承續香火,之後果然風平浪靜安抵家門。數年後這兩位族親再度來臺時,依諾言帶來了一位江家八歲兒童,正式入嗣認墓爲父,即十四世江鈕公。由於江鈕公來臺時年仅八歲,與嗣父江包公素未謀面,致族譜失考三代,讓子孫耿耿於懷。

江鈕公養子十五世耀雲公曾於道光庚寅年耀雲公五十八歲時,返回祖居尋根。無奈當時僅尋獲零零散散的隻紙片牘,是屬於二房三坎的資料,在不齊全的資料中,雖有蛛絲馬蹟可資佐證,惟不敢遽下斷語,其中最嚴重的是没有任何水上鄉江竹仔脚渡臺祖先的資料,是屬於二房北派資料,但耀雲公卻肯定了鎮興里東興公是我們親房的説法,至今江九合公派下人仍然沿襲祖先的交代來稱呼東興公的派下人，而對純直公、純樸公的派下人較爲疏遠。

一九九○年六月廿五日至廿九日，江九合公理事長二十一世江榮基、會計二十世江蓮耦、顧問二十一世江世凱三人遠赴福建平和大溪的祖居尋根，找到一本僅存的手抄本族譜，在這本族譜中找到了最重要的一段，就是江包公、江鈕公渡臺落脚於嘉義縣水上鄉江竹仔的記載："十三世祖考達方江晚公，乳名員，字達方，諡寬厚，生於康熙庚申年卒於雍正丙午年，生四子，長子濟娶陳氏有後，陳氏後嫁張家，至二子在臺，長子名系，二子名異，次子早亡，次男寢，四男衆，四男盛在臺中早亡。達方公死後全家往臺，住莊諸羅竹子脚尾屋居住。"

由這段記載中，我們瞭解達方公生前便有子弟來臺，達方公死後才會全家遷臺。而江鈕公生於雍正癸卯年，達方公於一七二六年死亡，這時候江鈕公四歲，因此江鈕公八歲渡臺是與十四世達方公之次子寢、三子衆一起渡臺來認江包公之墓爲父，在輩份與渡臺日期及地點完全符合。目前水上鄉江竹仔脚仍然分爲"頂公""下公"，應是達方公之次子及三子之後代。

至於十三世江包公之渡臺，應該是跟達方公的兒子屬侄子輩一起渡臺，因此才有與族親三人渡臺的説法。來臺數十日便客死異鄉，由於不是親生的同胞兄弟，才有找江鈕公認墓爲父的做法。而江鈕公三十歲時到員林來投奔鎮興莊東興公，並以親房叔侄稱呼，根據 1979 年編纂的江氏大族譜記載："在躍公長子碘，次子東興，三子應科，四子弼，五子諫，六子輯。長子碘之三子遷臺灣。次子東興攜五子三孫全家遷臺灣員林。三子應科，四子弼，六子輯遷臺灣，五子諫往潮州堪輿無回。"而江九合公族譜也記載著："在躍公長男名碘生三男。次男軌娶劉氏生五男一女。三男名應科，娶曾氏，生二男，名只、餘。四男名弼，娶葉氏，生一女。五男名幹，娶曾氏，生四男一女。晚男輯，娶廖氏，生二男一女。"由於東興公生於一六七○年，卒於一七○四年，其四弟弼又僅生一女，且江鈕公到卅歲時又來投奔，因此足資認定僅生一女的弼是江包公，尤以在年齡、渡臺時間均足以佐證。因此族譜失考的三代已經考證完成，即第九世祖純雅公，青峯公之二兒。第十世祖漳宇公，萬曆年間進泮。十一世祖捷公，十二世祖在躍公，十三世祖包公，十四世祖江鈕公。

（《[臺灣]濟陽江氏族譜》 1964 年鉛印本）

由鄭而江隨母再醮他姓改宗記

族譜歷史江鄭事由。

事由鄭耀雲養父江鈕。鄭耀雲生父鄭葛娶勤善陳氏，生三男一女，長男鄭代，次男鄭正雲，晚男鄭耀雲。鄭葛本居地龍溪縣，移轉臺灣東螺西保新莊仔開懇土地，耕營四十餘天，不幸短期登仙焉。是時晚有兒孩不能供給，其母甚然難苦，母子多憂，故以嫁江鈕爲妻，當時子亦從之，但其晚兒鄭耀雲以於江鈕爲子，而後再生兩男，一爲江文彩，一爲河漢也。又耀雲兩兄並其姊從序於江鈕，非爲熱心努力不怠，當其長成之時亦與置妻之而後生子，即歸東螺西堡新莊仔居住，其後亦已農事成家。

（《[臺灣]濟陽江氏族譜》 1964 年鉛印本）

臺灣江氏淵源叙

古志江氏爲伯益之後，有功於國，封於江，以地爲姓。後爲楚所滅，其子孫蕃衍於濟淮二水之間，故其郡音雖有濟陽淮陽之别，實則濟與淮通，初無二致。唐時江氏入閩，其屬濟陽郡者，大抵由江西入汀州，至今閩西汀屬各縣多系濟陽郡者，爲太師益國公萬里之後。初居厦島禾山，本派在閩者，以海澄之港尾鄉爲巨族，人丁數萬。其餘則散居福州及閩南各縣。德化江姓僅有兩鄉，一居水口鄉祥光村，宋代移居該地，其支派分居於惠之霞江及永泰之月洲洋頭，又由月洲分居閩清。一居德化碧霞鄉之内洋村，及毗連之石梯嶺村。祥光碧霞等鄉之江姓，皆屬淮陽郡，自永曆以降，代有渡臺，日以繁衍。

臺灣淮陽江氏本源：

蓋聞自古伯益佐禹平天下之水土，大舜封功賜姓嬴氏，歷夏商皆列侯位。及周平王東遷之後，命以西岐之地，謂之嬴秦。至秦穆公有子四十人，國以富强。昭公併吞八荒，大封同姓於列國，普一子在内。傳昭皇爲帝，棄宗親，慶封建爲郡縣。始皇之子二世滅國，漢家初興，其先分封者，皆爲編户民人，各因地制姓，黄氏、趙氏、徐氏、秦氏、鄭氏、終黎氏、將梁氏、脩魚氏，皆與江氏同源。我祖居於江淮之間、淮水之南，及後有居於濟水之南，曰濟陽，故淮陽、濟陽皆江氏之郡名。淮濟之處，人丁繁盛，即分於延平、建寧、汀州居者。我祖系汀州寧化縣石壁鄉開基，分於潮洲，有立祖祠。又分於大埔縣立祖祠，又分於永定縣金豐里苦竹溪居者，宋朝又分於詔安二都霞葛，地名下塗居者，至元朝泰定年間遇災，只存叔侄二人開基。我始祖啓昌公，在姎夫家中養成長大，居在霞葛井邊樓内，我祖系叔輩，至今立祠於井邊。而黄姎夫，一派之恩人，我祖傳下之裔孫，亦特一祠祀之，其名曰念恩堂。

臺灣濟陽江氏本源：

江姓系伯益之孫，封於江，因以爲姓。封地在汝南安陽故城蔡州新息縣西。自漢至六朝，人文蔚起，於是有渤陽、淮陽、濟陽之分。自南興者爲渤陽，自北興爲濟陽，閩南一派以濟陽稱者居多。越唐，始開七閩，胡越混一之際，或亦自東北而至止於嶺南焉。溯寧化縣鄞江未開之先，原屬豫章贛州府管轄，至宋方開汀州，遂號八閩。宋南渡後有大柱國丞相益國公，文忠萬里公殉節，其後裔因避元逃難於寧化石壁村。及元季鍾英始祖八郎公，妣張孺人、劉孺人，傳二世祖十二郎公，妣劉孺人、錢孺人。三世祖十八郎公、妣邱孺人，擇居於上杭縣勝運里綿村居住，迨明時，衍派於永定縣金豐里大溪鄉寨下居住。祖百四郎公、妣邱六孺人，傳百五郎公、妣馬四孺人，傳百七郎公、妣戴孺人，傳下七房，繁衍於閩粵。而百八郎公、妣周孺人，遂遷居於金豐高頭鄉，至成化十六年詔開永邑，江添萬公承恩鼎籍，傳至八世祖成海公、妣林八孺人，乃衍派爲高嶺頭五大房。臺灣員林江氏子孫同治年間曾回高頭謁祖。

自第四世祖百八郎公開基永定縣高頭鄉半徑甲東山大路下，吾族來臺開基祖是第十九世祖蒼蕃公，於雍正十年間，蒼蕃公與長子任康、次子任莊、三子任榮四人從福建永定縣遠渡重洋赴居臺灣。先從淡水登陸，在此居住有數年之久，以雨傘及朝絲煙爲業，謀財有方，數年後成家立業，置恆産。此時公看在一府二鹿三艋舺（府是臺南，鹿即是現在鹿港，艋舺即是現在萬華）地方繁華，商賈雲集，各貨集散於此，交通利便，父子三人圖謀發展，相商此後又二次遷居至萬華，繼續製造雨傘及朝絲煙。自此生意日益繁榮，再回永定，接其家眷一同來臺共聚。嗣後買土地開墾而致富，再向板橋擺接堡土城地方即現在藤寮坑買土地，擇居此地，建大公厝爲永居，專以開墾土地，終有百餘甲。自此以後，父子同心協力，雇人從事開墾，完成建基大業。次子任莊公，天資聰敏，科舉進士，贈大政大夫，回臺後以茶爲業，並遠與英國貿易獲鉅富。此時蒼蕃公已去逝，因而分家。任康公在外藤寮坑圓山建大公厝，即現在三房公厝。任榮公回歸故鄉不再來臺。任莊公從事貿易，獲利鉅富，後卜居擺接堡板橋後埔建置祖祠福成堂。此時兩房子孫極盛,名聞内外。任康公財産已增至數千石租土地。任莊公財産所買之土地更超萬石租之多,可稱邑内。第十七世江浣槐公傳下,計有五房,其子孫來臺發達亦不少。而我祖友泮公所傳下之子孫,其發展之世況並不易。子觀兆房二十世祖任康公,號安定公,前妻不來臺灣,而後娶王氏傳長子觀非,子因乏於謀財之道,皆賴祖業遺産生活,自此以後漸漸世道衰微,無出顯達之士,子孫多賴以農或住異地謀生。幸至第二十五世輩,輩出紳商,有名遠近,致富成家立業亦頗不少。

(《[臺灣]濟陽江氏族譜》 1964年鉛印本)

(十五)何 氏

臺中何厝何氏祭祖先祭他姓緣由

渡臺祖十二世文惠公,於前清乾隆中葉,自祖居福建省漳州府詔安縣静和鄉橋頭山,攜姑母之養女高氏搭船來臺,船行海中突然遇到暴風,波濤洶湧危在旦夕,時老船主知因,當即宣衆:船中有誰犯祖先劫數,必須祈求上蒼及告慰某家神主後終能化危爲安,否則船覆海中。時文惠公旋即自告奮勇上香禱千告,許願船隻若平安靠岸,又創業有成,願與高氏結成連理奉祀高家先祖香煙,片刻風平浪静,順利靠岸。文惠公後來在臺中何厝與衆族親聚居,互勉互勵,篳路藍縷,披荆斬棘,開基創業,並與高氏結爲夫妻。因此文惠公之子孫年節祭祀拜公媽之時,必須在廳中首先呼請姑婆、丈公高姓唐山祖先及何家祖公祖媽大家一齊來享用等語。欣逢族譜問世,略述供後進爲參考。

何壬癸口述,何金賜整理。

(何春木編纂《[漳州臺灣]詔安系何氏族譜》 1986年鉛印本)

(十六)羅 氏

嘉義斗六門都司武翼都尉羅師陞軍功履歷官文

咸豐十年在江西投效飛虎軍營。是年十月隨同克復江西安遠縣城。蒙廣東巡撫部院耆嘗給六品功牌。

同治元年隨同赴浙援勦。二年内隨同克復湯溪、余杭各州廳縣城池,截殺龍游竄匪,克復金華、義烏等縣。蒙閩浙總督部堂左彙案請契,於三年十一月内閣奉上諭准以把總儘先補用,並賞戴藍翎。

是年由浙入閩。四年隨同克復漳州、龍巖、永定、南靖、平和、漳浦、雲霄、詔安各府,攻破賊壘,全閩肅清。蒙閩浙總督部堂左彙案請獎。於五年十月内閣奉上諭准以守備儘先補用。四年先後隨同克復廣東鎮平縣、嘉應州各城池,殲徐全股,一律肅清。於五年内遣撤軍勇,當隨順昌營吴副將回閩,蒙派帶勇巡防。本年十月隨赴建寧,復蒙派令帶勇紮卡防守。六年二月接奉行知克復鎮平、嘉應,各城池一律肅清。蒙閩浙總督部堂左彙案請獎。奉上諭准以都司儘先補用,竝加遊擊銜。

本年六月由建寧差竣回籍。於同治十三年二月内蒙閩浙總督部堂李考收標候補,是年三月蒙閩浙總督部堂李録考年課,挑取二等。至八月内奉兵部覆准註册收標,隨奉委管帶全福右營後哨正哨,添練洋鎗隊。於光緒元年蒙閩浙總督部堂李檄委署理雲霄營都司。六月十八日到營接印,至光緒三年卸署務回閩,原蒙委管帶全福右哨洋鎗隊,是月蒙閩浙總督部堂何大閱馬全步射,蒙賞袍料。於五年二月蒙派駐紮南臺邊防。於七年六月蒙閩總督部堂何檄委署理臺灣嘉義營斗六門都司。於七月初三日到營署事。至九年十二月卸署。於十年五月内蒙閩浙總督部堂何,署福建陸路提督軍門孫會摺具奏,請補漳州城守營都司,於光緒十年六月内奉旨,兵部議奏欽此隨蒙兵部核議,請准其補授具奏。奉旨"依。欽此",轉行欽遵在案。於十年十二月内蒙閩浙總督部堂楊考准給咨,承領北上。於十一年三月内抵京報到,四月初三蒙兵部堂考,十五日經欽派大臣驗放,請旨照例准其補授。於十六日覆奏奉旨:依議,欽此。二十日蒙兵部頒給劄付,限票批回承領出京。於是年五月内抵省投繳。蒙閩浙總督部堂楊檄飭前赴漳州城守營都司。於六月十五日由省稟辭,廿五日抵漳,至廿八日到營接印任事。於十二年十一月内蒙閩浙總督部堂楊大閱考驗馬步,中靶四矢,蒙賞荷包,叩領在案。須至履歷者。

(《[福建清流]裏田豫章羅氏族譜》 1941年八修刻本)

(十七)蕭　氏

斗山蕭氏渊源族譜序

蓋聞國有史,家有齊,身有修,族有譜。倘家不齊,則制度舛錯。身不修,則私欲日長。譜不立,則世系難稽。爰是謹將歷代世系,訂爲一卷,以傳將來,後之子孫雖分居異地,世代縱有遠近之殊,而本支原無彼此之别。感慨系之,無不興其尊祖敬宗之心,而爲敬愛於百世之間也哉。

始祖自河南郡居住,繼自江西時中公,生三子,長積玉,次積金,三積竇。積金欽賜進士,及遷於廣東省潮州府揭陽縣。積竇公守居東門外。我祖積玉公,移居南靖縣永豐里書洋總三團社吉州保。四房衍派流芳,今移居臺灣府彰化縣大武郡東保滴雅石頭公莊居住。我本房斗山堂派下,應居四房,子孫昌盛,世代衍慶,人文蔚起,科甲聯登,思宗念祖,感何如之。當思木有本,水有源。木有固其本,則枝自茂。水有開其源,斯流必長。人無祖宗,焉能克昌。

厥我祖自諱滿泰公,自河南移居書洋肇基,子姓兒孫支繁衍派。迨至中清,長毛匪逆倡亂靡常,庶民塗炭,以致家譜被其焚盡。及至亂後回家,詢諸父老,始知某公某媽葬在何處,以致生死之年月日未得深悉其詳,爲人子孫誰不痛心而感歎之。然治亂系自天命,亦無可如何也。兹將肇基以後歷代相傳,詳記於後,以爲子子孫孫永遠承繼,勿忘祖德流芳,孫支千秋不朽。是以爲序。

光緒二十八年穀旦立。

臺灣斗山蕭氏重修族譜序

吾族自立譜以來,屢經修訂增益,至今已近臻境,使吾之後裔均能被吾列祖列宗之德澤,飲水思源,得而祭祀之。1933年,余承族親推舉,得任祭祀公業蕭滿泰管理人。時斗山祠奉祀滿太祖,年久失修,恐有傾壞之虞,爰投巨資改建,成爲現今宏偉之宗祠,並制定敬老、尊賢、獎學等措施,籍以光耀祖德,敦親睦族之功,歲歲叔侄同堂,典祭祖宗,追慕思源,啓發後昆。邇來族中人才輩起,爲國柱石者良多,實吾族之幸矣。惟在臺宗親多數來自福建漳、泉兩州及廣東潮州,雖有閩南、客家之分,然皆自認蘭陵世家之後也。余嘗汎歷島内各地,宗人素不相識,仍倍受歡迎,親親之情表露無遺。然談及輩序、祖宗支派,或渡臺情形時,知者鮮矣。深感來日宗人蕃衍愈多,分佈愈廣,若無族譜考稽,恐祖宗輩系紊亂不清,余深感重修族譜之切要。

1965年,適貴州宗親首倡修譜之議,深得余意,欣然應之,爲搜集資料,偕同編纂人員,挨户採訪族親,或核查家譜,鄉里族人亦群起響應。遂於五十五年秋蕭氏族譜於焉完成。奈族人衆多,散居各地,致資料遺漏或闕誤者,勢所難免。圳根宗親鑒及於此,不惜提供銀款再行重修族譜,補其遺漏,使之完整,各房派系祖宗淵派脈絡貫通,實爲宗族之寶鑒也。族譜厥成,樂見付梓,謹書數言爲序。

1977年孟冬斗山十五世裔孫樹只敬撰。

(《[臺灣河南]蘭陵蕭氏族譜》 1981年稿本)

閩臺蕭氏書山支系淵源

溯蕭氏之由來,殷微子之始,封漢酇侯之苗裔也。我肇基書山,遠紹一線殷宗,近開百代雲礽,積功累仁,延今三百有餘歲矣。子孫椒聊蕃衍,佈處於東西南北者,振振繩繩,其麗不億焉。夫公卿多出蕭門,古志之矣,何獨書山一派猶未見人文之霞蔚也。邇來家尚詩書,户聞誦聲,子孫輩頗多肄業,而赤旗既竪於泮水,緣之耀於紅裙羅等與。思覓珊瑚者,設鐵綱於海底,希甘露者,樹金莖於雲中。爰是僉議,自今以往,凡我子姓兄弟,有能榮遊泮水者,公助其入學禮銀壹拾員。非前後異施,蓋業日增,而慶賞宜益焉。至秀才遇鄉試,在臺者貼其州費銀拾員,在唐者有入閣院場亦公助銀五大員。非唐臺之異,乃遠近之不同也。能高掇鄉科,名登虎榜者,助其報禮銀貳佰員。欲上京會試,每科向公領出京費銀陸拾員。倘能金榜標名、瓊林宴會者,祖宗賴其顯耀,而門閭爲之改觀,祭祖費用外,公租許其私收一年。俟其出仕,憑其力量買充公田,爲後來褒德賞賢之資,由是激家而勵族,豈非青莪棫樸之風,而吾家作人之化哉。是爲序。

乾隆癸未年陽月穀旦,書山十四代雲孫秉敬撰。

河南省府江南省,有蕭氏族譜序。枝葉淩雲,本其根之固。江南分派,源其流之長。故枝蕃思其本,水遠思其源。是以不志其所自出也,而宗支豈不返其先祖乎。譜也者,合先後而俱載者也。我祖自河南,繼自江西吉安府廬陵縣,有余世載舊譜,不能悉記。余今誠即河南、江西之有譜者録之,未譜者述之,則血脈相通之,諸此已没世而不忘。今於福建省漳州府龍溪縣東門外接官亭肇基始祖諱時中公,媽杜氏,生下二大房,長瑞麟中舉人,次瑞鳳産嗣居廬陵縣。時中公原系江西廬陵縣人籍,年十七歲,忝中大明永樂郡辛卯科狀元及第,二旬奉旨督學福建省,主考至漳州府,風俗淳美,衣冠整齊,物類還備,遂生創置之心。再娶祖媽楊氏太夫人,生下三大房。長積玉,媽黄氏。次積金,媽蔡氏。三積實,媽沈氏。積金欽賜進士,出任廣東潮州揭揚縣。積實公守居東門外。我祖積玉公,移居南靖縣鄭店住,傳四大房,長崇星,次崇顯,三崇靈,四崇侯公移居書洋内坑。我祖崇星，媽唐氏、白氏。唐氏祖媽生一子名恭公，祖媽黄氏，生下三大房，移居書洋石班灘，子孫散居永定節灘、上下湧、佳草芳皆是。白氏祖媽生一子名奮公，媽林氏，移居高港，厝與曾家對换得來，我書山祠，曾家祖祠，因曾家之祖住在山下近大路，行人往來打擾，無時休息，欲避無方，我奮公祖媽林氏與曾家同庚，一日來訪，遂與我祖相商對换，我祖欣然，遂與對换，即來山下開基，奮公遂開書洋肇基之始焉。奮公祖墳去安溪西門外，媽林氏葬在大雙坑村頭村塘崎，坐坤向艮兼寅申，辛未分金，號曰美女照鏡。奮公傳下五大房，長永崇，次永富，三永貴，四永仁，五永志。

永崇，媽廖氏。永富，媽陳氏。永志，媽李氏。三大房皆奉祀書山祠。永貴，媽馮氏，過安溪，未詳。永仁，媽吕氏，過長泰，另立祖祠，車田祠奉祀。

（《[臺灣書山]分支車田蕭氏族譜》 1982年綫裝本）

南靖書洋蕭氏同治乙丑長髮之亂往臺録

同治乙丑年二月十四日，長髮賊至，慈徽吴氏祖媽，率諸子孫避亂，先逃在長籠徑竹林頂，被賊一逐，走至苦坑仔迄蕉坑匏靴潭柿仔鞍大坪頂觀音宅，卒至溪尾守常公與三賢同往臺。至四月十一日，長髮賊退，四月十六日回家，一家齊全，皆無所傷。休哉，祖媽之福所蔭也。

（蕭仰高編纂《[福建南靖]書山蕭氏族譜》 清光緒三十二年稿本 1949年重抄本）

書山蕭氏十二世志君公來臺序

族譜之設，以俾子孫知其爲有本有源，所定昭穆也。顧鄉里之人，或有傳數世之後，遂不知其本源者有之，或有口傳以紊其昭穆者亦有之，此皆無譜可稽，歷久而忘之也。既忘之後，雖有孝子賢孫，欲溯本源而序昭穆，已不可復得矣，又烏乎可有。蕭氏由來，自叔大心封蕭，以邑爲姓，固亦明德之後也，綿歷奕禩，漢梁唐宋之間，代有名臣，亦豈能俱舉。惟我奮公祖開基書洋，後嗣蕃衍，建祠以祀，傳至十一世輝宜公，生三子，居於赤州。我志君公居次也，時因失怙，家亦清淡，有志於四方，不得已别慈母，離兄弟，舍故鄉而遠遊於東土，乾隆癸巳年渡臺焉。聞我志君公前居嘉邑，旋言歸志，乾隆癸卯年聚首，以序天倫之歡，後移彰化縣，肯構肯堂，是壬子年也。公有志在臺陽，著意創業，以爲裕後之計，遂家於斯也。公終醫業焉，本業因有恆而精燕翼、重詔謀之美，俯仰無愧，伊可懷也，持家實堪法也。惜之幼不克識焉。惟有族譜之傳，乃其字畫不苟，倫次井然，足見吾祖善體仁愛之心，而本源之念重也。第是親疎不明，遠近難同，皆筆於譜，而支分派衍之際，其大略至我祖之血脈所流通者，可閲此而云詳矣。坤少閲而忽之，此復乃知爲傳家之寶也，但藏之永久，不能無敝，幸其所載名次猶存，恐其久而泯矣，故再訂一本而楮墨更新焉。庶本源可從此而得，昭穆可從此而序，人之昧昧也。後之閲是譜者尚當珍重，子子孫孫勿替引之。是爲序。

道光癸巳年臘月日，書山十四世裔孫大坤撰。

（《[福建臺灣]書山蕭氏族譜》 1990年臺灣鉛印本）

漳臺蕭氏元富系深坵祠興廢記

八世元富，建下坪大路下深坵祖祠，巽山乾向，丙辰丙戌分金，至同治乙丑年二月十四日，長髮匪擾境，將祠拆壞一空，至四月初十日移營，諸叔侄或被殺，或被擄，或餓死，三者僅存其一。於是同公僉舉吉祥、欽崇、思誠三人往臺，將舊丁社鳩集英銀乙千餘員以爲架築之資。至丙寅二月興工，六月廿四日入火完竣，費用太繁。至光緒戊寅年十一月初四日發表，初九日安龍，建做醮，慶成戲三旦夕。

（《[福建南靖]書洋蕭氏十世侃毅系族譜》 清宣統稿本）

（十八）簡　氏

閩臺簡張姓緣故

簡德潤公係開華公之第四子，乃會益公第九世孫也。由永定縣太平里洪源村分支至南靖縣永豐里梅林村，設教書館。公敏性温厚，學才淵博，教衆數年。時遇一位地理師，名曾巡先生，字戊廷，投宿書館，感公厚待，指獻吉地，公回洪源負請一平士公之骨骸卜葬該地，即梅林牛欄下厝背，坐癸向丁。地理師口稱，形如走馬攀鞍踏登之穴。其時鄰社長窖，義祖張進興公之子少故，家産頗富，媳婦劉氏孝行，不允他適，欲從翁故，張公感其孝順，願招賢才之士以成其志，素聞我祖德潤公寬弘大度，遂求入贅。至明洪武四年在長窖入籍姓張，爲永豐里九甲里長。至洪武九年，抽充興化府平海衛禧千户軍一名。公生性愛祖重源，尊理知義，常思我系簡氏血統傳來，難忍絶簡隨張，意欲簡張均傳，但二妣不從而論。最後三人會同焚香告天，結論願以張簡共祀相傳，在長窖建立張簡祠宇，自德潤公再稱爲第一世。其後子孫分支散居各地，由簡德潤之脈自立清簡，張進興之脈亦自立清張。因高雄鳳山數户及本省宗親少部份姓張簡，乃是長窖來源矣。

（《[臺灣]簡氏族譜》 1989年臺北鉛印本）

南靖長教簡氏徙臺創業略記

十二世文法公，妣謝氏。生二子，長啓明，次光輝。系從賜公之孫也。按文法公生長長教，少年赴臺彰化縣北投保，自置一莊，名曰溝仔墘，俗呼其地曰阿發莊，在此創業，子孫蕃盛。其地勢形似七星墜。卒葬於斯。

十四世捷於公，名享，業儒，妣陳氏。生四子，長汝盆，次汝輔，三汝瞻，四汝重。公系文法公之孫也，繼承先業，居於溝仔墘。公天性敏悟，文墨過人，度量寬宏，厚待斯文，以義方而教子。夫妻同大年。我族斯文者赴臺灣，皆賴其德。後其四子皆成父志。

（简庭编纂《[福建南靖]长教范阳郡简氏世代族谱》 清同治十二年二修稿本）

臺灣簡氏淵源譜系

我華胄雄立宇宙，文化一脈，歷五千年，阜物蕃生，甲於世界。其可大可久，系於互助精神，而互助精神則原於大一統與重家族之民族習性。大一統斯能融漢滿蒙回藏苗夷，爲偉大中華民族。重家族，斯能推親親而至於仁民愛物，廣聯宗之誼而爲愛國之心。外國立國個人，其結合於物欲之激發。我國立國於家族，其結合恒出於人性自然，此所以我國獨能歷五千年而彌盛也。

我簡姓於明齊道公，與我自贛徙湘之長沙始遷祖永福公同年代。自永福公長子大鼇公敘爲長沙第一脈，至立兄弟爲第十六派，蓋爲雍公六十世孫，與臺灣家榮壽老考證，自雍公至其身蓋五十七世，若相合矣。立頻年於役軍中，馳騖無寧日，隨身書籍時復遺散，獨所鈔長沙家譜諸序及嫡房世系事略，尚爲碩果之存。適榮老修纂臺灣譜録，邀吾家入譜，因稟承伯父及慈親嘉許，商獲昆季同意，檢同篋之卷，編序長沙世系，調製吾鄉地圖，欣然以呈榮老。

嗣孫立謹撰，1963年癸卯孟秋。

世異時移，族系之傳易失。流離遷徙，源本之思難忘。我簡姓始於周代，因謚爲氏。《逸周書》云：壹德不懈曰簡，平易不疵曰簡。謚簡之意，昭昭明甚。史載簡氏原本祖居河南洛陽，東周大夫洛陽簡師父於襄王遇難時，赴晉求援，卒解王危。後經周末戰亂及秦代遷民，乃東遷黄河下遊，散居山東、河北一帶。漢初山東東平簡卿以經學享譽天下，漢末涿郡簡雍因置其地曰簡州。

雍十世孫淳，生於南北朝，潔身避難，隱居弗仕，有“明良每相遇，我生何不辰”之詩以明志。淳傳樸，樸四世孫熙，值唐憲宗劉避之亂，簡州被兵，熙顧語家人曰亂邦不可居，遂徙沱江右岸成地。及至熙孫轍，亂平始復居故址。轍孫晟，任後蜀簡州記室。晟子憲，子慶遠，雍十九世孫，出川舉南唐進士，官袁州憲。夫人生二子，長國鳴，次國齊。本欲回川返籍，遇李順陷成都，阻兵不得歸，乃是定居江西，後代子孫孳育於新喻、臨江、宜春等府縣，而江西諸簡胥由此分。國鳴傳世昌，世昌傳念七，念七傳魯仲，魯仲傳會益，爲雍二十五世孫。

會益生於北宋徽宗政和元年，時值金兵南侵，天下大亂，兩湖盜賊蜂起，民不聊生，會益由江西臨江府石壁里遊學福建寧化，教授生徒。南宋孝宗乾道二年，再詣汀州府上杭藍路口。會益夫人鄭氏生三子，長驅，次驥，三驟。驥、驟移廣東。驅傳致德，卜居永定太平里洪源村坪隔口，始置祠堂，爲洪源開基，以會益爲一世祖。致德傳永同，永同傳宣，宣傳宇遠，宇遠傳長源，長源傳開華，是爲八世。洪源祖考妣八代詩云：“臨江肇筆簡氏通，會益驅傳致德同。宣宇長華猶踽踽，此爲洪源八代宗。”“欲知洪源上祖妣，一鄭二林三姓李。四揭五劉六張白，七世林吕八陳氏。”開華夫人陳氏，生六子，長公甫，次德甫，三智甫，四德潤，五明甫，六郎甫，爲雍三十三世孫。

德潤字居敬，生於元順帝元統元年，值元末政治腐敗，群雄並起，至正十八年，陳友諒與陳友定戰於汀州，德潤自永定避徙漳州南靖，設教館於永豐梅壟阪，適鄰社長窖殷户張進興生嗣夭故，媳劉氏孝行純篤，張公感其懿德，欲招贅聰明才智之士以偶劉氏，素聞德潤稟性温厚，學問淵博，遂於明洪武四年，招其入贅張門。

德潤嫡配劉氏生三子。長貴甫無嗣。次貴賢傳宗鄰、宗玉、宗滿。三貴禎性剛毅，與德潤忤，移廣東潮州。繼娶盧氏生五子，四貴仁傳宗麟。五貴義傳宜傑、宜琛。六貴禮傳宗豐、宗表、宗蔭。七貴智傳宗鑑、宗欽、宗琚、宗瓊。八貴信，文武英烈，明永樂十五年爲陶安參政，保全三郡，擢南京户部主事，傳璿。

德潤傳及四世，衆裔孫在長窖建宗祠，爲長窖開基，以德潤爲一世祖。而張簡興同一脈，所傳而兼兩姓之宗者，皆由此也。

長窖簡姓傳及十一、十二世時，值明末滿清入關。南明隆武二年，清俘唐王於汀州，鄭成功舉兵漳厦，簡姓群起響應，共襄反清復明大業，並於永曆十五年從鄭成功東征，大批渡臺。康熙二十二年，清定臺灣，重開海禁後，長窖簡姓十三、十四世陸續遷臺，先後族居臺北、瑞芳、板橋、樹林、宜蘭、五結、桃園、大溪、臺中、南投、草屯、大林、梅山、鳳山、大寮、萬丹、屏東等地，歷代皆能秉承祖訓，勤儉耕讀。其較著者大林簡跋，乾隆甲子舉人。草屯簡化成，咸豐己未舉人。南投簡瑞斌，光緒乙酉武舉。光緒二十一年，清廷因甲午戰敗，竟將臺灣割讓給日本，簡姓激於先人抗異族統治之民族正氣，北有簡大獅、簡玉和，南有簡義，號召宗人，高舉抗日大旗，屢予日軍嚴重打擊，其可歌可泣之英勇事蹟，永留青史。及今臺灣光復以來，由於政治修明，教育普及，社會安定，經濟發達，簡姓人才輩出，無論從政、治學、經商、備農諸方面，更見創獲，已臻康裕之境。

慎終追遠，敦親睦族，爲我中華文化之精髓。渡臺簡姓有鑒於此，是於建屋門楣各立堂號，曰范陽堂，以示不忘南遷發源地。並每於族居之所建立宗祠，光輝祖德，而使族人知所瞻依。如大林追來廟，建於乾隆六年。臺中南屯溯源堂，築於乾隆年間。南投惠宗祠，造於道光年間。鳳山追遠堂，置於咸豐元年。雙溪追遠堂，成於光緒二十二年。二結纘緒堂，立於 1935 年。兹值簡氏族譜出版前夕，爰志本末，用示弗諼，庶幾世世代代，綿綿翼翼，不忘所自，而知所繩繼也。

嗣孫南靖系二十一世笙簧拜撰。1989 年 3 月。

（《［臺灣］簡氏族譜》 1989 年稿本）

臺灣簡氏源流敘

簡氏的開族始祖，是春秋時的周大夫簡師甫，即是東周襄王十六年，魯僖二十四年，西元前六三年冬，周襄王被母弟之寵子帶謀害，襄王患難避居鄭國時，簡師甫臨危受命，赴晉國求援，於是乎晉侯出兵勤王，翌年四月助襄王殺帶於隰城復國，卒解王危。因爲救駕襄王復國之勳功卓著，即被記載於《左傳》上。而師甫本來與周朝的帝王周文王同爲姓姬，《史記》云：黄帝的裔孫，名叫帝嚳之元妃，生棄，號稱後稷，姓姬氏，堯時封於邵地即今陝西武功縣，周人的得姓姬氏由此而來。

簡師甫爲東周大夫，其系在東周畿内，其後經周末亂及秦代遷民，簡氏族人逐漸遷徙至黄河下遊，散居山東、河北一帶。至西漢武帝時，山東東平人簡卿以經學享譽天下。其傳經源流始於伏生，伏生授歐陽生，歐陽生授倪寬，倪寬授簡卿，簡卿授夏侯勝。至漢末涿郡簡雍，佐劉備定蜀地，封昭德將軍《三國志・蜀書》云，簡雍，字憲和，涿郡人，與劉備舊識，劉備至荆州，雍爲從事中郎，劉備入益州，劉璋見雍甚愛之。劉備圍成都，派雍往説劉璋，璋與雍同車出降。後劉備稱蜀漢昭烈帝，拜雍爲昭德將軍。

漢末天下大亂，人心思避，簡雍既爲宗人俊傑，故凡雍所至，皆有宗人從之，簡氏宗族遂隨雍由涿郡南遷，族居於四川牛靴賴之西南，其後子孫繁盛，數十里無異姓。至隋代，其地置名簡州，即今四川省簡陽縣。

雍十世孫淳，生於南北朝，潔身避亂，隱居弗士，有詩曰："明良每相遇，我生何不辰。"其志可知。淳傳樸，樸四世孫熙，時值唐憲宗劉辟之亂，簡州被兵，熙顧語家人曰，亂邦不可居，可以去矣。遂徙居沱江右岸成地。及至唐昭宗大順二年，王建爲西川節度使，留心政事，川局遂定。熙孫轍，十七世，始復居故址。轍子晟，出任後蜀簡州記室。晟子憲，字慶遠，出川舉南唐進士，官袁州慶遠，夫人黄氏，生二子，長國鳴，次國齊號母音，於宋太宗淳化三年(992)爲袁州助教。是時天下已定，兄弟二人本欲回川返籍，遇李順陷成都，阻兵不得歸，遂定居江西。後代子孫孳育於新喻、臨江、宜春等府縣，而江西諸簡胥由此分。國鳴傳世昌，世昌傳念七，念七傳模，模傳魯仲，魯仲傳會益，爲雍二十五世孫。

簡一山於後梁避寇入粤，哲嗣文會登南漢進士魁首，賜狀元及弟，南海盛系於焉肇始。歷代人才輩出，如宋代簡正理，字西碧，江西新喻人，以薦授御史臺，歷永興、新野、桃源三縣令，時譽翕然。簡修，清江人，宋徽宗政和二年授坊州，官至從事郎。明代簡迪，字居易，江西萍鄉北隅人，洪武初年以明經舉充儒學訓導，太守朱守仁以迪學行獨高，薦升袁州府教授，至京試吏部優等，除監察御史，遇事敢言，甫一載，以疾致仕。自號鄉溪老人，著《傳巖類稿》。簡道齊，江西新喻人，明景帝三年進士，爲簡雍四十四世孫。簡佐，字臣心，新喻人，少有神童之目，年十三，冠多士，明武宗正德六年辛未進士，官至太僕卿，以建言左遷長吏。簡霄，字騰芳，新喻人，正德九年進士，授石首令，歷官大理丞，平反有聲，嘉靖年間擢僉都御史，巡撫河南，進南京副都提督操江，升兵部右侍郎，奉命護慈孝獻皇后南附顯陵，嘉靖十八年告老返鄉，著《蓉溪集》。簡繼芳，字慶源，萍鄉人，少負俊才，年十三與童子試，邑令、太守楊自治見而奇之，稱爲崑山片玉，補諸生。明神宗萬曆進士，官云南按察司副使，所至稱廉謹。以老告歸，著《葛學堂集》十卷。簡搴，原名元嘉，字申公，繼芳孫，文武全才，崇禎間貢以朝，著《竹簡集》。簡懋爵，新喻人，萬曆鄉薦，累官惠州知府。簡欽文，字其敬，新喻人，明光宗天啓進士，授泉州推官，擢吏部，時魏璫用事，欽文守正不阿，内艱服闋，補選郎，未赴卒。

四川簡氏，自慶遠宦遊袁州，國鳴兄弟定居江西，迄南宋初年，已歷百餘年，子孫漸盛。時值南宋高宗建炎二年，金兵南侵，天下大亂，兩湖盜賊蜂起，民不聊生，江西部分宗人爲避禍而他遷。有簡會益者，系國鳴六世孫，自江西省臨江府清江縣石壁里遊學福建寧化，教授生徒，南宋孝宗乾道二年再詣汀州府上杭縣藍路口居住。

會益生於北宋徽宗政和五年，夫人鄭氏，生三子，長驅，次驥，三驟。驥、驟移廣東。驅傳致德，卜居永定太平里洪源村坪隔口，遂置祠堂，爲洪源開基，以會益爲一世祖。致德傳永同，永同傳宣，宣傳宇遠，宇遠傳長源，長源傳開華，是爲八世。洪源祖考妣八代詩云："臨江肇筆簡氏通，會益驅傳致德同。宣宇長華猶踽踽，此爲洪源八代宗。""欲知洪源上祖妣，一鄧二林三姓李。四揭五劉六張白，七世林吕八陳氏。"開華夫人陳氏，生六子，長公甫，次德甫，三智甫，四德潤，五明甫，六郎甫，爲雍之三十三世孫，即會益第九世孫也。

德潤字居敬，生於元順帝元統元年。適值元末，政治腐敗，群龍並起，至正十八年陳友諒與陳友定戰於汀州，德潤爲避兵禍，自永定洪源村南徙漳州府南靖，設教書館於永豐里梅壟阪。教衆數年，時遇地理師曾巡，投宿書館，德潤誠情接待，曾巡感其厚待，指授吉地，即梅壟牛欄下厝背，形如走馬攀鞍踏登之穴。德潤得此吉穴，即回洪源奉請曾祖骨骸卜葬該地。適鄰社長窖殷户張進興生嗣夭故，媳婦劉氏孝行純篤，張公感其懿德，願招贅賢才之士以成其志，素聞德潤稟性温厚，學問淵博，遂於明洪武四年如其入贅張門。是張賴簡而光其前，簡繼張而裕其後。

德潤入贅張門後，出任永豐里九甲里長，至洪武九年抽充興化府平海衛禧千户軍，防備倭寇侵擾。德潤嫡配劉氏生三子，長貴甫，次貴玄，三貴禎。繼娶盧氏生五子，四貴仁，五貴義，六貴禮，七貴智，八貴信。兄弟八人在長窖承籍，張簡興同一脈，所傳而兼兩姓之宗者，由此而來。

德潤傳及四世，衆裔孫在長窖建立宗祠，爲長窖之開基，以德潤爲一世祖。二世長子貴甫無嗣。三子貴禎，性剛毅，與德潤抗忤，移居廣東省潮州潮陽縣古梅州楓溪村，其後代散居潮陽、海陽、番禺等地，明永樂年間，有三世孫回漳州尋宗，因南勝明以後改爲南靖縣，且昔時兼姓張簡，致迷去處，只寄玳瑁梳乙片，並詩一首曰：

江波源派向東流，尋來未卜是何秋。

其在紛紛南驛路，寄身寂寂古梅州。

一封音信煩君達，片紙家書爲我酬。

本欲歸堂謁我祖，歸來未卜是何秋。

其在海陽者，有簡廷輝字雲拱，明天啓四年甲子科舉人，絶蹟公門，事雙親至孝，翌年九月回長窖宗祠祭祖。另有簡厥修、厥良兄弟，爲清嘉慶年間舉人。居番禺者，有簡榮，清乾隆三十六年辛卯科舉人，任建德知縣。另簡源，乾隆三十九年甲午欽賜翰林。

二世次子貴玄，傳三子，長宗仁，次宗義，三宗禮，其後代之十、十一世孫，一部份移居臺灣中部。

二世四子貴仁，傳一子宗麟。二世五子貴義，傳三子，長宜傑，次宜觀，三宜琛。

二世六子貴禮，傳三子，長宗豐，次宗表，三宗蔭。二世七子貴智，生四子，長崇鑑，次崇欽，三崇琚，四崇瓊，其後代之十一、二世孫亦移臺灣，散居中南北部各地最多。

二世八子貴信，文武英烈，明成祖永樂十五年爲陶安參政，保全三郡，擢南京户部主事，奉旨和番無回，今鳳山簡錦堂中壢簡貴榮宗親等藏有貴像。貴信傳一子名璿，其後代十至十二世孫亦有遷來臺灣各地居住。

德潤爲長窖開基稱一世祖，子孫繁盛，分支散居各地，由簡德潤之脈自立清簡，張進興之脈亦自立清張。因高雄鳳山及本省少部分宗親姓張簡者，乃是長窖來源，亦系我姓血統。

長窖簡姓傳及十一、二世時，值明末鄭成功舉兵漳、厦，簡姓群起響應，共襄復明大業，並於永曆十五年，從鄭成功東征，大批渡臺。其中一部所知者，有十一世輔、文宣、子聖、宜在、文子、毓、乾侯、十二世良校、燃吉等多人。康熙二十二年清定臺灣，重開海禁後，長窖簡姓十三、十四世陸續來臺，先後族居於臺灣中南北部各地，歷代皆能秉承祖訓，勤儉勤讀。其較著者大林簡跋，乾隆甲子舉人。草屯簡化成，咸豐己未舉人。南投簡瑞斌，光緒乙酉武舉人。光緒二十一年清廷因甲午戰敗，竟將臺灣割讓給日本，我簡氏激於先人反抗異族統治之民族正氣，北有簡大獅、簡玉和，南有簡義等，號召宗人高舉抗日義旗，屢予日軍嚴重打擊，其可歌可泣之英勇事蹟，永留青史。

光復以還，從大陸播遷臺灣宗人中，其中有脈絡可尋者，如由湖南渡臺簡氏，部份係長沙系後代。明武宗正德年間，贛南先有盜賊作亂，繼有朱宸濠叛明，江西部份簡氏宗人爲避亂而他遷。有簡永福率部份宗人徙湖南長沙，開長沙系。明代有簡大綱，事母至孝，母卒，孺慕號泣，築室墓旁，捐置義塚一區，邑人名其地爲簡家坪。簡徐芳，字在雍，湘鄉人，崇禎年間主持濂溪書院。簡而廉，字維芳，邵陽人，通五經，尤邃於宋五子之學，得之心而致之行，屢舉孝行，年五十五歲貢任慈利訓導，著《孝經解》。而廉子文灝、文瀚、文灝俱以理學名，孫班於清康熙己酉湖南鄉試第一。清代簡敬臨，咸豐年間平洪楊亂有功，累官衢州鎮總兵，記名提督，同治八年於甘肅金積堡壯烈殉國，謚勇節。左宗棠爲之立傳，頌爲邦家之光，亦一族之光。敬臨四世孫簡立，字元衡，累官陸軍中將，由湖南遷臺，現任淡江大學管理科學研究所所長。

另由粵東遷臺者，大部份係南海黎湧系。五系後梁時，涿郡被契丹之犯，簡一山率部份宗人踰山涉水，南遷避亂於粵東，命子文會定居南海黎湧，遂開南海黎湧系，以簡一山爲始遷祖。文會於南漢乾亨二年以進士廷試第一，賜狀元及弟，累官尚書右丞，以直諫故，謫禎州刺史，盡心民事，卒於官，所居鄉號魁崗堡，其處有簡狀元井。宋有簡克己，南海人，少師事張栻，講性理之學，世人稱簡先生。明有簡祖英，字世英，東莞人，學文淵博，有才略，徵赴京，授建平知縣，以母老辭歸。清末民初簡朝亮，字竹居，順德簡岸人，自幼蓄志讀書，從朱九江遊，學成，棄科舉而致力經史之學，以著書講學爲職志，爲一代粵東大儒，著有《詩評》、《讀書草堂明詩》四卷、《讀書草堂集》十卷、《尚書集注述疏》二十卷、《論語集注鄭注補正疏》十卷、《孝經集注述疏》二十五卷、《禮記子思子言鄭注補正》四卷、《毛詩説習傳》一卷、《朱九江講學記》一卷、編次《朱九江集》十卷。竹居晚年努力於家族事，順德簡岸簡氏家譜及簡氏大同譜，即其數年精力編修而成。粵東簡氏來臺者甚少，大部份均居於香港。來臺族人，經長期間孳生茂育，今已列爲三十五大姓之一。又德潤公三胞兄智甫公，永定直系裔孫亦有入臺者。

慎終追遠，敦親睦族，爲我中華文化之精髓。渡臺簡姓有鑒於此，早於建屋門楣各立堂號，曰范陽堂，以示不忘南遷發源地，並每於族居之所建立宗祠，光輝祖德，而使族人知所瞻依。如大林追來廟建於乾隆六年，臺灣中南屯溯源堂築於乾隆年間，南投惠宗祠造於道光年間，鳳山追遠堂置於咸豐元年，雙溪追遠堂成於光緒三十二年，二結纘緒堂立於 1935 年，大溪日盛公堂成於道光年間，板橋承德祠立於 1988 年。此外尚有草屯教山堂、樹林祭祀公業、彰化永定直系始遷祖立號垂裕堂等未遑悉録。

我簡氏起源於東周簡師甫，而地號由范陽，四川，江西，南靖，臺灣。至於世系，始祖師甫公至雍公止，之間約八百餘年未接，是爲春秋戰國，秦代遷民，三國兵亂，宗族流離異地，族譜失修，使後代修譜者未能盡載其詳所致。惟雍公以下至今，雖内中少數祖名不詳，但有續接，則雍公迄今約有五十九世至六十世。追溯始祖至雍公之間有八五七年，平均每世以三十歲計算，約二十八世，加起來予測，自始祖師甫公迄今總共約八十七、八世左右，迄一九八九年止，已歷二六二五年之悠久歷史，爲吾宗源遠流長之氏族也。若由南靖一世祖德潤出生年起，至今亦有六五七年，約二十二世有餘。

（《［臺灣］簡氏族譜》 1989 年稿本）

（十九）游　氏

南靖游坑游水誤杀兄嫂逃臺記

吾渡臺祖游水公，原居福建省漳州府南靖游坑鄉。兄弟二人，公行居次，遷臺距今二百八十年，當清康熙朝末。緣唐山原鄉每年中秋節皆舉行武術打擂臺比賽，冠軍者爲教練，訓練地方子弟爲鄉勇之後保衛家鄉。游水公曾得冠軍，兄嫂劉家堡鄰堡人氏，她擅長飛踢腿，頗有名氣，因對先祖即游水功夫深感好奇，乃伺機真實以平息心中疑慮。時屆過年前夕，先祖於廚房中磨刀，預備過年宰豬祭祖之用，適巧兄嫂洗好衣服經過廚房，她以爲時機試探游水功底的機會難得，以其飛踢腿攻向先祖背後，先祖以爲遭人暗算，反手抓住雙腿用力撕開，兄嫂大叫一聲，下體裂開流血不止。先祖的父母應聲趕出，問詳事由，才知因嫂爲試先祖功夫而闖大禍，時至過年淩晨，兄嫂逝世，先祖父母恐事態嚴重，囑咐急速收拾細軟，於當日下午令先祖搭帆船離鄉避難至鹿港。到達後，舉目無親，暫居於彰化和美詔安厝。先祖於是對天發誓，"吾系游家子孫後代，不得娶劉家堡之女"云耳。

（《[臺灣靖城]游坑游氏家譜》 1984年稿本）

王姓過繼傳游姓之緣由

吾祖王念八公，原爲游姓第七十七公，遠祖公諱信忠公之僱用掌家也，即游姓第七十七公遠祖公，是吾祖王念八公之主人也。於明朝永樂年間，吾祖王念八公，自汀州寧化縣祖居遷來詔安縣二都秀篆埔坪游家任職。游姓第七十七公遠祖公爲人慷慨，待吾祖王念八公如親人，吾祖王念八公亦尊仰遠祖公如親長，相處融洽。那因游家運氣不佳，遇當時之瘟疫，全家大小相繼卒亡，無一倖免，遂告全族滅絶，無人繼承香煙，吾祖王念八公憶及遠祖公在世時之惠，將其獨生子益過繼傳游姓，姓入游籍也。

（游國禮編纂《[臺灣臺中]游氏族譜》 1967年鉛印本）

游氏五十一公東昇系淵源敘録

古之興也，宗廟之中，左昭右穆，子孫亦以爲序，群昭群穆，不失其倫，猗與休哉，何風之隆也。無何傳及後世，往往支分派衍之際，絲序混淆，昭穆莫辨，隨行雁行亦失其次。何也？蓋或錯於前而無所據，或闕於後而罔由稽，比及愈傳愈遠，遂不免有親者疏、疏者親而懵然罔覺者。此無他，族譜之不修也。

遐稽我游氏，自周宣王封弟友於鄭，是爲桓公。至穆公子偃，字子游，遂以游爲氏。再傳諱吉公相鄭，諱騰公爲周卿士，後益繁衍。至漢則御史大夫諱尋公，隴西太守諱楚公，司隸校尉諱顥公，北魏則太子少傅諱雅公，尚書諱明根公，僕射文貞公諱肇，與夫平章公、行公、元公，其懿行美蹟具載史策。至唐時五丈公諱匹，自北而南，是爲入閩之祖，嗣是諫官諱略公，道學諱秦公，南豐令諱茂宏公，皆聞譽昭昭者也。及宋文肅公兄弟出，而游氏愈盛焉。公諱酢，字定夫，號豸山，與兄弟醇公、酌公俱以文行知名，程夫子見之京師，謂其姿可適道，後與龜山先生從之游，學成告歸，程夫子目而送之曰："吾道南矣。"此閩中理學所由倡，而海邦鄒魯所由名也。而得預理學之傳者，前則諱烈公、諱應祥公，後則諱晉光公、諱默齊公在焉。至若登聞鼓院諱仲鴻公，於朱子去位，與陳傅良輩交章挽留，其惓惓於大賢何如。理宗朝累官丞相兼樞密使諱侶公，尚書諱簡言公，俱能秉政五朝。以及諱師雄公、諱翁明公、諱汶公，皆以名宦顯於當時，傳於後世。雖此特舉其一斑以具概耳。自周以來，歷漢唐宋，數千年間，承承繼繼，代有聞人，洵乎理學之隆，官階之盛，焜耀青史，此固累朝之光，實亦吾廣平之榮也。夫自咸林一倡，支分派衍，幾遍寰區，科第名臣在所多有，舉不勝舉，述不殫述。其世系里居籍隸他省者，亦難詳悉，若夫福興、泉漳、延建、汀邵、龍永、江廣等處，皆衍自南而爲五丈公一派，則無疑焉。

雖然自唐以來，已千有餘歲，其上祖系序，亦遠而難追，近考我一世祖二三郎公，由江西移來寧化，由寧化而入汀。至二世四一郎公，生九子，其第七子五七郎公，徙居月流者，實生我太祖樂山公者也。至樂山公生三子，長居大溪，次居秀峯，三居秀篆，即今西洋始祖念四公是矣。而念四公生四子，長子五十一公，即今開我東昇者也。我東昇原分居崩田，至八世振廷公生三子，長中軍雪卿公，次副將鼎公，三大賓仁千公，始創東昇樓爲祖祠。矢公兄弟或以武功顯，或以才名彰，固藉甚當時。而其孝德之純，善行之敦，則尤有爲人所難能者，以故傳至十世驃騎將軍漢閏公、庠生漢日公、監生文瑞公、十一世舉人先聲公、監生先達公等，皆能以孝傳家，繩其祖武，迄今子孫之昌熾綿綿延延，無非我祖積德累功致之也。

第本地所居有限而出祖居多，或移臺灣，或移潮惠，或居京都，或住省城，到處人丁，莫不蕃衍，無乃土窄之故，抑亦風水使然，與夫生齒日繁，遷移不一，苟非有譜存，焉能無世遠年湮而頓忘所自乎。故譜之作於遷析之初者，誠爲重，而修於蕃昌之後者，尤爲要也。蓋家之有譜，猶國之有史也，其所爲昭信紀實，無論居故土，住遠方，存之即千秋百世皆得有所考據而識其本源焉。然則所以生水木之思者在，是所以篤宗親之誼者在，是即所以辨昭穆、序倫理以追隆古之休風者莫不在是也。今日者，余謹而修之，尤望後人繼而續之，庶幾子子孫孫至於萬年勿替引之云爾。

道光十三年歲次癸巳夏穀旦，秀篆十五代裔孫庠生向榮謹序並修。

維我東昇譜系，自我先太君子修明以來，幾八十年於兹矣。當我先嚴在日，嘗聞重修之議，未獲舉行，竟爾賫志而逝。自是而後，更無啓及者矣。迨數十年來，宗族侵熾，支派侵多，苟不纂輯增編，第恐年湮代遠，文獻久愈難徵，爰是不揣固陋，依舊譜而重修，並付梓以剞劂，俾垂久遠，敢曰重光，祗承先志，聊伸追遠之義。尤願後人恪循繼序之倫，庶幾簡牒昭昭，偕史篇而並著雲礽，繼繼同瓜而常綿。

宣統元年歲次己酉孟秋穀旦，秀篆十七世裔孫時中謹序重修。

（《[臺灣]游氏大族譜》 1970年鉛印本）

（二十）魏　氏

魏雨順返祖地雜記

甲子九月初六日吾在臺起程，至九月十六日到家梅林。聞及炳良在高低與蘇公傑合夥生理華興公司字型號。至九月二十五日，吾付局官帶去信一封，内並毓賢侄信合在内。

批明1924年甲子九月初七日，由臺灣臺中洲員林郡員林街員林二一六番地隆美號内，與錫銘同伴起程，由臺北基隆搭輪出發，由厦門上陸。至九月初十日到漳州新橋頭福州館宿夜。至九月十一日，吾與壽生、石添同伴上山城，錫銘自己再回往厦歸臺。吾同壽生、石添至山城逢雨天，至十四日由上湯住宿。至十五日到家安住。錫銘至於甲子年九月二十一日在漳州自己回返臺灣。至乙丑年正月二十九夜，同賴氏赤及肇福侄同錫銘三人搬回，至二月初二日到漳州近新橋鄰税店暫宿，後再税漳州下沙頂下街門牌第十八號三人在此居住。至乙丑二月二十九日，在漳州由厦門搭輪再往臺，至三月初三日到臺員林，至三月終再返漳州，至四月初六返梅林。至四月十二日，同品明叔二人同伴往漳州，並賴氏赤及肇福及品明到厦門搭輪船回臺。至乙丑十月間同賴氏赤二人回梓，至十一月初七日同賴氏赤二人再回漳州東門外官圖巷口今改新地名陸安路三約第八十三號門牌内居住。至丙寅正月初七日，錫銘自己回梅林，至正月十五日再回漳州，至二月初七日回梅林，至二月十九日再回漳州。至丙寅年八月二十二日來信云，在漳州新橋頭亮工路第二十二號。八月初八日開張鋸英醫院與衩恒通合夥連財生理。

（魏雨順編《［福建南靖］梅林魏氏族譜》 1937 稿本）

（二十一）薛　氏

高雄薛氏渡海尋根謁祖日記

慎終追遠，懷念祖德，是我國傳統文化的特色。薛氏在臺開基祖一世玉進公，自三百餘年前從福建省漳州府長泰縣渡海來臺，定居高雄縣茄萣鄉，相傳至今四十代，枝葉茂盛，子孫連綿，歷代人才輩出，創業有成。清財爲要尋根懷祖，即與族人商議於 1988 年二月二十八日，偕宗親長輩薛順安先生前往大陸，由高雄取道香港，轉往福建省漳州市長泰縣山重村玉進公故居謁祖探親，希望有吾族珍貴資料帶回。

三月一日，農曆正月十四日，星期二，陰、雨。

我與順安叔是昨日到達香港，由何麗貞小姐安排住在中環文咸西街九一十號文景大厦泉興旅遊公司的金泉閣。早上七點時，即與何小姐到香港移民局排隊辦理出境手續。香港政府規定，要出境者需親自到移民局辦理，至九時許方辦當。我們再到中共外交部駐香港辦事處辦理往大陸的旅遊證，由於回大陸探親的人很多，由何小姐代勞排隊辦理，手續雖然簡便，可是人很多，也費了一個鐘頭才辦好。之後又到中環中國旅行社訂明天往厦門的飛機票，等一切手續辦妥已近中午十二時了，我們與何小姐約定明日上午九時在啓德機場會齊，乘機往厦門。

三月二日，農曆正月十五日。星期三，陰、雨。

今天是元宵節。在異鄉香港過節，我感覺較没有臺灣年節的温暖氣氛。

一早整理好行李，就與順安叔搭車前往啓德機場，與何壽春先生、其太太及何小姐會合。待何小姐將機位簽好，大家陸續辦理過關。至十一點二十分，聽到機場“往厦門的旅客請到候機室”之廣播，我們再入候機室，休息片刻即搭上中共民航機，十二時三十分起飛，空中小姐通知旅客綁上安全帶，隨後我們就在飛機上享用空中小姐送來的餐點。經歷一小時的飛行，於下午一時三十五分抵達厦門高崎機場。當時氣温很低，只有攝氏十度左右，下機後通過中共海關人員之行李檢查，及辦理過關核對有關證件等手續，將行李領出，步出機場，已是下午二點之時。

厦門高崎的機場很小，且髒亂不堪，環境比不上我們臺灣好。在接客群中有位茄萣鄉親曾榮霖先生來接我們。我與順安叔乘曾先生的車往漳州，何壽春先生與其太太另坐一輛計程車跟在後面。厦門機場到漳州華僑大厦，計程車資需人民幣八十元。

我們到達漳州市華僑大厦時，氣候很冷，還下著雨。在大厦服務人員的安排下，我們安頓好行李，及查證確定三月七日返香港的飛機票，這時華僑大厦的許經理也親自來接待，並表示歡迎。鄉親楊愛玲女士及林先生、陳正統先生都來了。愛玲一見我淚流滿面，無法開口，場面感人。我們稍作休息，就到林先生家吃飯。在用餐時，不時被問起臺灣家鄉的事。藉此我説明這次到大陸，最主要的事是到長泰縣山重鄉認祖歸宗。林先生他們聽了很感動，都説很難得，有我們這樣不忘祖的子孫，千里迢迢到大陸認祖，真是了不起的事。我道這可是我們中國數千年的傳統美德也。

今天正是正月十五日元宵節，大陸有不少應景的慶祝活動。吃過晚飯後，林先生等人邀我們去觀賞元宵節同樂晚會。到達會場，躋身於人群中，深深感受異地節慶的氣氛。後經林先生向會場觀衆介紹我們是臺灣來的同胞，一時受到熱烈的鼓掌歡迎，並安排我們坐在前座，有專人送茶、送柑仔給我們吃，對我們非常的禮遇。

漳州市各界慶祝元宵節的同樂晚會，是在市内一所公會堂舉行，表演節目很精彩。有歌唱、舞蹈、相聲、南管、魔術等節目。雖然下著大雨，但整個公會堂人擠得滿滿的，我們參觀約有一個多小時，外面的雨也停了，林先生再邀我們去觀賞元宵花燈比賽大會。此會場是設在漳州市公園内，各色各樣的花燈數以萬計，其中也有電動人物花燈，件件手工精緻，設計巧妙，精彩奪目，配上公園裏的奇花樹木，更爲出色，參觀民衆人山人海，紅男綠女一波又一波的觀賞，十足表現大陸在進步，追著時代潮流的變化，也表現了與資本主義的同化。我們流覽一周後，就在人群中離開花燈會場，漫步在漳州市區。晚上回華僑大厦時，忙著安排明天要到長泰縣山重的認祖行程，並煩請曾先生準備交通工具車輛，及陪同我們去的人員等，一切準備就緒，即洗澡休息。

三月三日，農曆正月十六日。星期四，雨天。

今天很冷，大約只有攝氏十三度左右。我們六點就起床梳洗。不久曾榮霖先生、陳正統先生及楊愛玲女士，相繼至華僑大厦，大家一起在大厦餐廳用餐後，八時許乘坐旅行車前往長泰縣，一路觀賞大陸春天的風光景色。到達長泰縣政府，由陳正統先生引見拜會了謝縣長及有關單位人員。我向縣長説明這次來長泰的用意，縣長表示十分歡迎，並派員引導我們驅車前往山重。途經陳巷鄉公所，我們亦下車拜訪鄉長，並説明要到山重村薛家認祖。鄉長也是很高興，歡迎我們的到來，也派員跟我們到山重村。沿途欣賞湖山水色，有人工湖活盤水庫，該水庫内養有江東鱸魚。據説該魚不論如何烹皆美味可口。十時三十分，我們抵達山重村，由村長薛勘斗率族人前來歡迎。在族人的擁簇下我們進入村辦公室休息，數分鐘後薛村長及宗親長輩等人，陪同我們到薛氏家廟正式認祖歸宗。此事可云薛氏叁佰餘年來的一椿盛事，肯定玉進公之裔宗與山重村薛氏之命脈相連。我與順安叔燒香拜祭祖先，並由當地族人長孝陪祭。雖然天氣很冷，還下著雨，可是彼此見面都熱情寒喧，熱絡的氣氛令大夥感到很温馨。當場我拿出人民幣四千元，擬捐作家廟費用，也可説是見面禮。後來經山重族人建議，應改爲贈送有紀念性之物，如匾額及燭臺等較有意義。我接受宗親們的建議，將此項任務煩請陳正統先生代爲辦理。

薛氏家廟是一座明代古式大瓦厝的建築物，年代相當陳舊，里面掛有文魁、貢元等匾額數面，可見祖先們在宋明清朝代有任過官宦。我們在家廟祭拜完祖先後，再經窄巷到朝迪公祠玉進公故居祭拜，發現廳堂壁上有一張用紅紙寫的祖先薛朝迪公、嗣子薛玉進及薛氏昭穆等字樣，我認爲很珍貴，將它拍攝下來作爲日後有用之參考。此時有一位族人拿出一本手抄簡略之薛氏族譜，我見了視之珍品，徵其同意後，交由陳正統先生攜回漳州市影印，作爲重修譜之參考。等祭祖完畢，時間已將近中午，村長薛勘斗與族人在山重村人民公會堂設午餐招待我們。雖然長泰縣政府也爲我們準備午餐，但在族人的盛邀下，我們參加宗親的聚餐，這也是很難得的機會。在餐會中互相敬酒及談祖先已往的事蹟，發覺原來在山重也是有一處地名叫茄萣，所以玉進公來臺落足地也叫茄萣。餐後我們就回長泰縣政府，沿途觀賞山重村的遠景，有地靈人傑之感,活盤水庫襯托其間,緑翠山峯,我們下車攝影留念。到達長泰縣政府,大約是下午一時左右,謝縣長在會客廳接見我們,並爲我們作簡報,介紹長泰縣近年來的發展,各項建設及農業生産情形概要,同時贈送我們每人一本長泰畫報。

縣長首先致詞説歡迎我們回大陸認祖,代表山重村薛氏宗親向我們表示歡迎。

縣長説長泰縣是一個山明水秀,物産豐富,民俗淳樸的地方,具有冬無嚴寒,夏無酷暑,雨量充沛,土壤肥沃等得天獨厚之發展農業的最好條件。本縣有六多之稱,就是:果多,蔗多,糧多,林多,茶多,豬多等六多。更有名聞全國的蘆柑,曾獲得全國第一名優良品種的水果獎,爲長泰贏得水果之鄉之美名。縣長同時請我們品嘗蘆柑,其美味確實不亞臺灣的椪柑。

縣長説長泰是在一千零三十二年前建縣,當時就是以長久安泰之美好願望來命名,現在配合大陸各項經建政策,均已逐漸實現。

簡報後,縣長與我在蘆柑獎狀下攝影留念。大家寒喧問暖,閒話家常一陣後,就離開縣政府,回漳州市程中,順途到武安鎮楊愛玲女士娘家去拜訪楊老夫人。其夫楊玉坤老先生,是我們茄萣同鄉人,曾是位鄉内名醫,已故。自踏出故鄉整整六十年,未與家人聯繫過。看到楊家門前懸掛"養生醫院"四字和其茄萣院名相同。楊老夫人見我們抵達,得知我們是她已故先生在臺之同鄉人,興奮落淚,念夫思親之情言溢於表,很熱情招待我們,同時要求何先生爲她們全家人攝影,以攜回臺灣轉交給楊老先生之長子楊廷煌先生。

回到漳州市區,已是下午四時許,大家走了一天都很累,在華僑大厦稍爲休息,我就準備安排明後天要到福州市及湄州媽祖廟遊覽之事,然後請陳正統先生、楊愛玲女士及曾榮霖先生等人一起到餐廳吃晚飯,並談論今天到山重祭拜薛氏家廟祖先心得,同時請陳正統先生務必搜集有關地方文獻,並詳細查證,以便攜回臺灣作爲重修族譜之參考,也煩請他代辦匾與灼臺等,就此結束一天行程。

三月四日,農曆正月十七日。星期五,雨、陰。

這次到長泰縣山重認祖歸宗,承蒙陳正統先生、楊愛玲女士及曾榮霖先生等人協助,得以順利完成,在此我深深致十二萬分謝意。認祖之事目前告一段落,以後的工作是我回臺灣重修族譜,及日後本人再回大陸造訪實地查證,使薛氏族譜順利完稿付梓。

今天是要到福建省會福州市去遊覽,曾榮霖先生很早就爲我們租了一部中國旅行社的六人座遊覽車。早上在楊愛玲女士的邀請下,我們到她家去用餐。我們四個人分乘兩輛大型的三輪車,該型三輪車很小,坐上兩個人感覺不大舒服。因爲漳州市舊街路很狹窄,同時計程車也少,只能以這種型的三輪車代步。沿途我們觀看漳州市的舊城市部落,通往楊愛玲家的街道兩旁聳立著三百年的古老建設,狹小的街路鋪著石頭,路面不平。楊愛玲家是住在一條更小的巷子内,三輪車無法進入,我們只好在巷口下車步行,天還下著雨,巷子内積水難行。她住在一座四層樓公寓式建築物之三樓,二房一廳,一個廚房,格局很小,她丈夫宋先生是莆田縣人,爲一司法官,其收入於大陸可云上層階級者,家裏有一女兒。

吃過早餐後,我們向宋先生道謝,愛玲也陪我們回到華僑大厦。此時陳正統先生、曾榮霖先生已到大厦樓下等我們,各人上樓將行李拿到樓下裝車,以便離開漳州市。八時許,我們的車由漳州市華僑大厦出發,陳正統先生、楊愛玲女士及華僑大厦許經理送我們上車,我向他們揮手道別,並感謝他們在這些日子的協助,使山重認祖之事能順利完成。雖然大家相處時間很短,有别情依依之感。

車子一路北上,經過同安縣馬巷鎮及南安縣水頭莊。大約中午十二點,我們通過泉州市的新大橋，這座橋很寬，有四線道，青斗石刻的獅子並列兩邊，每只獅子坐姿不一，手工細緻，質材美觀，很值得欣賞。十二點多抵達泉州市華僑大厦。泉州市這個地方與臺灣鹿港、三峽等地風貌相似，我們下車用餐，順便訂下明晚要住的房間，稍爲休息一下繼續坐車向北。通過晉江縣與惠安縣交界的洛陽橋，我們下車觀賞古蔡端所建造的洛陽橋。這座橋在抗日時曾被破環，橋頭有石厝。該橋有五華里，八十三個橋墩，潮水漲時到橋面，退潮時可見河底，橋頭南邊有一尊七尺高的石將軍，聽説該尊石將軍姓萬，官職爲提督，旁邊並有好幾塊石碑，橋的北面有龜蛇二廟，我們都將它攝影留念。這座蔡端建造的老洛陽橋橋墩有損壞，車子不能進入，只可行人通過，因此另造一水泥新橋取代它，爲一南北交通要道。我們的車子通過這座新的洛陽橋，經莆田縣涵江，於下午四時許到達福州市。因爲時間尚早，我建議到福州名勝鼓山寺遊覽，車子進入山門，隨著彎曲的山路爬行，青山緑翠，雲海巖石，景色甚佳，車子在山頂寺門口停下，大家步行入内參觀。雖到寺廟正殿尚有一段路程，但遠遠就聽到木魚鐘聲，於是我們健步往前走，到了鼓山寺圓通寶殿。我們參拜佛祖，觀賞古代的建物，其中大雄寶殿内觀最爲宏偉。至六時天色漸黑，我們才下山到福州市區，住宿於臺灣大飯店。

三月五日，農曆正月十八日。星期六。雨天。

早上七時整裝出發，雨不停地下，我們先到名聞閩省的福州西湖觀賞春天湖景。由於時間尚早，遊客稀少，只有幾個孩童和老年人在那裏戲遊散步，雖然没有浙江西湖的美景，涼亭曲橋點綴其間，時在寒季湖中没有摇船遊客，我們因時間有限不能暢遊，只有走馬看花遊覽的上車趕路。

車子南下向莆田縣轉進湄州島，沿途欣賞風景。由於司機駛錯了路，十一時許才到湄州島對岸。曾榮霖先生對此地非常熟識，由他去雇一艘機航船，因天氣不好風浪很大，上船後船身不停地摇動，海水向船上潑過來，經過二十五分的航行，抵達湄州島，我們下船後坐車到媽祖廟，下車時正好有一列迎媽祖的要到媽祖來進香，我們得有機會觀看大陸的迎神賽會。這時媽祖廟的董事前來迎接我們，引導參觀媽祖林默娘昇天地點，然後又參觀媽祖廟，經該廟執事介紹説明媽祖神的來由，我們誠心的参拜、許願，而後被帶領至董事會辦事處休息，由林董事長親自接待，我們也各自添油香錢捐獻。下午一時許董事會設宴招待我們用餐，臨走時，林董事長贈送我們每人一面海峽女神媽祖昇天一千周年紀念旗，在贈旗時大家攝影留念，二時我們乘原機航船回對岸。

回泉州市途中，參觀了莆田縣廣化寺，該寺建築年代很久，分前後兩殿，兩邊建有廂房，並有古塔曲橋，香亭樓閣，花草樹木，占地很廣。而後我們上車繼續南下，再通過洛陽橋，五時許到達泉州市。我們到開元寺遊覽，該寺是皇宫式建築，有獻臺丹池，建築宏偉，兩廂供奉十八羅漢神像，入寺門有四尊丈餘高的四大金剛，旁植有奇花異草，古樹參天。寺的兩邊有馳名中外的東西塔，均以巨石雕刻佛像排列構成，工程浩大，我並在東塔前攝影留念。今晚夜宿泉州市華僑大厦。

三月六日，農曆正月十九日。星期日。陰天。

今天的時間較充裕，早上八時許才啓程出發，不到九時就到石獅鎮，該鎮有小香港之稱，我們到達時間尚早，商店還未開門經營，街道上行人也少，没有什麽值得遊覽，車子只好繼續往今天的預定行程厦門市出發。

我們沿途觀賞泉州市南門外的風景，此地的房屋都是用石頭砌造而成，堅固耐用，美觀大方。十時許到達集美鎮，這地方是南洋橡膠大王陳嘉庚先生故居。這裏的建築物較現代化，有集美中學、海洋學院等,我們下車步行參觀一條儘是賣衣服飾品的小街,也有幾家海産餐廳,海邊有一處鼇園,陳嘉庚先生的墓園。鼇園内兩邊牆壁是用青斗石雕刻的人物風景,左邊是雕刻古代的人物,右邊是刻中共革命的現代歷史人物,每幅圖案都很精緻生動。據當地人説該墓園地是填海建造的。今天是星期日,遊客很多,其中也有軍人攜眷前來參觀,我們也在這裏攝影留念。

十一時二十分由集美鎮出發,到達厦門市將近中午十二時。我們先到厦門華橋大廈安排晚上住的房間,每人將行李安置好,即由曾榮霖先生引導至一家臺灣人開的餐廳吃午餐。該餐廳的菜很適合我們的口味,生意佳,客人滿座。飯後我們去參觀厦門大學。嗣後車子又前往南普陀寺參觀,這裏是南中國的佛教聖地之一,宫殿建築宏偉,大雄寶殿供奉三世尊神像,後殿供奉觀世音菩薩,前往參拜的人很多,香火鼎盛。參觀完南普陀寺後,司機再將我們載到往鼓浪嶼的渡輪碼頭,這是我們所雇傭三天遊覽車的最後一站,也是司機最後一次爲我們服務。

我們乘渡輪到鼓浪嶼,觀賞厦門港内的海景。渡輪靠岸後,因天色快黑,我們加快脚步往前走,遇到好的景色就攝影留念。我們先到淑莊花園遊覽,然後再上日光巖,日光巖是厦門島區的最高點,登高俯瞰,厦門市街樓房景色盡收眼底,山上有鄭成功巨型石雕像,巍峨壯觀,在此可以看到對面的小金門,我們就在日光巖攝影留念。之後我們又到鄭成功紀念館參觀。

我們在鼓浪嶼乘渡輪過海返回厦門,到華僑大厦已經快六點鐘了,大家稍爲休息一下就到餐廳吃晚飯,飯後我回房整理行李,並將没用完的人民幣留給何先生用,明天我和順安叔就要回香港轉臺灣,何先生及其太太要繼續往泉州市他老家探親。我們就此結束在大陸五天的認祖探親旅遊。

此次大陸認祖歸宗之行獲益匪淺,除了攜回許多珍貴資料有助於薛氏族譜的完稿付梓,更發覺大陸處處充滿可愛、可親之人,在此衷心感謝茄萣鄉親曾榮霖先生及大陸鄉親陳正統先生及楊愛玲女士,於忙碌的工作外仍撥冗協助,使認祖歸宗之事順利完成,多年心願終於得償。個人才疏學淺,僅以簡易文字對此行大陸遊作一敍述,希望有助於日後茄萣宗親們造訪大陸長泰縣山重謁祖探親之旅,盼藉此勉勵薛氏族裔能追源溯本,瞭解前人開疆辟土的艱辛,續前人的努力,繼往開來,敦鄰睦族,使宗功永錫,祖德長昭,光大吾族,使之臻於理想境界。

(《[臺灣高雄]薛家村》 1988年稿本)

高雄薛氏世系淵源敘序碑記

自古宗祠之立,旨在敦本追源,緬懷祖澤,爲人之常情所系,此系人而有人文文化之所立基者也。

嘗考文獻,吾族薛氏發源於黄帝二十五子任姓裔孫奚仲,居薛。歷夏、殷、周,又有出自虞舜之嬀姓孟嘗君封於薛。不論傳自任姓系,或孟嘗君系,薛姓之顯現當爲周之末期,以迄當世,歷二千余年,所從來遠矣。

然而薛姓姓源,文獻紛陳,但奚仲與孟嘗君卻是兩千多年前天下薛氏家族共奉之始祖,且爲留名青史之大人物。先後發祥於山東而逐漸衍於中原各地,諸如河東、新蔡、沛國等。

迄至唐朝總章元年河東光州開閩始祖薛使公武惠,由薦薛而官於福建之武安,從此顯明世系,綿延不斷,其間碩彦英豪輩出,建功立業、護國匡時者,不勝枚舉。

迨至清順治十一年,世居長泰山重之吾開臺始祖玉進公,渡海來臺,時爲鄭成功據臺前七年,披荆斬棘,締創宏業。茄茥裔孫,瓜瓞綿綿,達十四代,歷三百多年於兹。

緣以吾族敬桑梓而重家風,崇道德而遵禮教,是以祭祀蒸嘗,春秋不輟,彝倫攸敘,無時或忘也。其所以敦親睦族、光前裕後者,有由然矣。

邇來海峽兩岸相通,族賢秉承先德,踐俎豆之儀,循孝悌之旨,遂有修譜認宗之議,提倡組織財團法人薛氏宗祠文教基金會之善舉。若夫建宗祠以托慎追之思,祀祖先以寄繼述之志,踵武履繩,承祧錫祚,此則族裔之同懷共抱,而相率爲之砥礪倡儀者也。

觀乎堂構之興也,所賴諸宗親之群策群力,共赴壯圖,卒成基業。雖策劃營造賴乎匠師,而精神之維繫實緣乎祖德。

河東世澤,五雋家聲,光耀昭穆之威儀,追頌玉進公之肝膽。居仁由義,詩禮傳家,龍翔鳳翥。鬱鬱乎桂馥蘭薰,泱泱乎功業磐固,漪歟盛哉。襲玉進公之餘烈兮,弘子産之遺緒。法陶朱以經營兮,效猗頓而稱富。奏絃歌以消囂塵兮,泛輕舟而遨乎海峽。

時維一九八八年十二月二十六日,欣逢晉祠慶典,喜見列祖列宗昇龕,臺疆肇基,共此廊廡。春礿秋嘗,正其儀注。禮序樂和,笙歌韶舞。五洲族裔,滿堂歡呼。識萬派一源,悟同歸於殊途。期世澤之綿長,願族譽之丕著。咨爾後昆,菁菁學子,自强不息,毋墮其志。和沐祖澤於斯土,共創懋業於海宇。

清財等受命修譜建祠,樂蒇其事,爰述始末,用志刻石,謹識斯文,以策來兹。

(《[臺灣高雄]薛家村》 1988年稿本)

(二十二)石　氏

桃園石氏南靖尋根祭祖録

一九九〇年五月十四日,以華倉領隊組成謁祖團首次回祖地梧宅謁祖。謁祖團二十四人,其中臺北市五人,桃園縣十九人。有華倉、阿漢、清來、甜妹、邱碧、玉爲、晃照、聖禄、朝政、朝彬、朝瑛、朝聰、朝瑞、素園、秀貞、朝周、勝義、雪華、永源、石淡、順卿、萬順、華嬌、傳枝。

一九九二年八月八日,農曆七月初十日,臺灣石氏宗親第二次謁祖團共二十四人,其中臺北市十二人,桃園縣十二人。有華倉、耕州、清來、天棋、美玉、桂子、劉治、玉燕、朝枝、萬鐘、黄祝、連通、朝鐘、朝增、年子、春代、美英。勝義、傳枝、明傳、良雄、來好、佩玉、惠玲等參加南靖梧宅祠堂整建落成慶典。

一九九〇年四月二十日,臺北市石添萬,帶女兒雪娥爲尋根溯源,由厦門到梧宅謁祖。

一九九一年一月二十日,華倉、福忠、勝義回祖地梧宅商定整建祠堂之事,制訂整建計畫。

一九九一年三月十八日,勝義、玉爲、萬鐘、福忠回祖地梧宅確定祠堂整建動工計畫。

一九九一年九月八,玉爲、勝義、福忠專程回祖地梧宅察看祠堂整建進程。

一九九二年三月十日,華倉、勝義、福忠、萬鐘專程回祖地梧宅察看祠堂整建掃尾工作。

一九九三年三月五日,旅居日本的桃園素喜,從日本回祖地梧宅謁祖。

一九九三年五月五日,勝義、萬鐘、福忠、朝枝回祖地梧宅謁祖,贈送銅香爐一個。

一九九三年十月十六日,華倉偕子玉爲回祖地梧宅商定彰美堂序石碑重刻之事。

一九九三年十一月三十日,勝義、朝枝、福忠、萬鐘回祖地梧宅謁祖。

一九九四年三月六日，素喜，世昌由臺灣回祖地梧宅謁祖。

一九九四年四月十五日，素喜之子志强由臺灣回祖地梧宅謁祖。

一九九四年六月八日，勝義由臺灣來漳州又到梧宅謁祖。

一九九四年十一月十三日，勝義、朝枝、福忠由臺灣到祖地梧宅謁祖。

（石世玉主編《[福建南靖]梧宅石氏族譜》 1995年稿本）

（二十三）張廖氏

詔安官陂廖烈美徙臺灣開基記

十四世祖大魚池烈美公，諱猛，字烈美，系六世祖日享公派下敦公之第四子也。公生於大清乾隆卅四年己丑四月十九日亥時，終於道光廿四年甲辰四月二十日辰時，享壽七十六歲。娶盧、游二妣，共育七子。長曰世直，次曰世娥，三曰世喜，四曰世康，五曰世孝，六曰世祭，七曰世勝。公妣合葬在臺中西屯大魚池池前。

公生而穎異，體魄魁梧，髫齡受書，通經曉典，知義達禮，有志四方，遂於嘉慶年間由原籍福建省漳州府詔安縣二都官陂移臺，定居彰化縣楝東堡西大墩，今之臺中市西屯區，闢地墾荒，廣置福田，創建大魚池，子孫蕃衍甚衆焉。

（《[臺灣雲林]廖氏大宗譜》 1979年鉛印本）

閩臺張廖氏淵源譜序敘略十則

臺北廖氏續修家譜淵源序略

夫家有譜，猶國之有史也。國無史不得知其治亂興衰，家無譜不得考其籍貫系統。故木有本兮，而水有源，爲人豈可不知其本源，數典而忘祖耶？溯我廖姓之有家譜，自明代第二十二世象山公始，至萬曆四十四年丙辰冬重修，現存在舊譜抄本，上面題曰清溪象苑廖氏東林派私譜，清道光壬寅年冬月造。

考清溪即今之福建省安溪縣，地名新溪鄉象苑里，我廖姓東林籍居於此者，則自十七世士寬公始。兹據舊譜記載及新搜集之資料，得知我廖姓自唐末第一世相傳迄今，已歷三十六世，瓜瓞綿綿，派衍支分，而臺北一派，自二十八日石公從安溪遷臺以來，所傳子孫至今約有三百二十八，均住居於臺北，無不安居而樂業也。更考我世系，最先籍貫爲河南固始，其後隨開閩王王審知入閩，而家於福建之將樂。第二世儼公自將樂分一部而遷於安溪，乾隆三十年頃由安溪而遷臺。此我族先後籍貫之變遷，固可考而知矣。然自有譜以來，歷年久遠，而後世子孫蕃衍，繼繼繩繩，爲尊祖敬宗，以防遺漏，是舊譜須加編纂整理，應有續修之必要。詢之族親皆以爲然，並囑修德主編。義不容辭，兹擬分爲前後兩篇。前篇自第一世至第二十七世，我廖姓家族之在大陸者，照舊譜編印。後篇依舊體式記載而編訂之。最感激者，我叔祖啓堆暨伯父紫竹二公，爲發揚敬祖睦宗精神，對於續修家譜不辭年高，東奔西走，貢獻極大，謹述片言以表謝意。但兹事體大，所望我宗親共同努力，承先啓後，追念象山公修譜之遺志，發揚而光大之。凡舊譜有誤漏者，而加以補正，俾免闕如而臻完善，斯則修德所抱之志願也，是爲序。

一九五五年歲次乙未，臺北瓊公派下第三十四世孫廖修德拜修。

清武張廖族譜序

譜系之録，原爲追思先人之懿訓，而我族歷三代以來，迄漢唐宋衍分各方不勝夥焉。溯自羅光公夜夢神人手執長弓，因姓爲張，則考上祖之録，有爲王者，師從赤松子遊，亦居白水郡，流傳子孫於天下，維桑與梓，必恭敬止，詎可忽哉。維是龍虎兄弟俱封指揮，一而回河南，一而爲開漳之始祖，支派繁衍，昌隆難以盡述，此其大彰明較著者也。總之，木有本兮水有源，孰非清河之流派焉。

兹念繼述之功德，張與廖合族衍派，願仔公其人傳之友來公，年躋弱冠，其行述載在於前，厥後子孫來臺居住各處，但西大墩聚族於斯者，四時八節宜有慶焉。乃天與公之流派鳩集而爲煙祀，族中欲得清白實難，其人當時亦有公頃數千被開無徵，後僅存數百金，乃分析與廖華棟、廖大勝及廖大護，並我父廖大會，慨然再執掌生效。月累日積，分作三處，遂成各百各千之租，豈非幸哉。不然，前番之數千幾乎沉没，蓋族中事務等項，尚有老成人常聞其略。想我曾祖渡臺，凡有百餘載。余也見族内練達之人，有集腋成裘，積累既多，無愧於他姓，乃大費經營建築祠堂，增光輪奂，以壯大觀，立祀天與公，廖建三，廖國治，廖登渭此數人也。余是以不憚煩而費此苦心抄録譜系，以備後世之觀閲，而知上祖之血脈也，是爲序。

十五世裔孫有南頓首拜書，一九二二年歲次壬戌季春

張廖族譜序

天下之人種，古今之百姓，自黄帝賜姓以來，雖分宗别派各以類從，而肇啓淵源，俱莫不皦然而可考者矣。觀夫木有本，水有源，天然之理也。《周詩》云，煙祀至誠，本支百世。《大學》曰，敬其所尊，愛其所親，固人情之孝道也。是以古聖賢道重綱常，首創禴祀蒸嘗之典，無非欲後世知所以追遠溯源，歷考世系，敦宗睦族不忘本也，重人倫也，豈不美哉。

憶我張廖一派，揆厥由來，始於廖三九郎公之女，喜締贅於張願仔公爲作館甥，既而獨生一男，繼承雙祧，代稱張廖，若言姓氏雖系兩家，論其血統實爲一脈，蓋張公廖媽之由良有以也。幸而積厚流光，天錫純嘏，於是衍派蕃滋，喜螽斯之蟄蟄，子孫昌盛，似瓜瓞之綿綿。迨乎十一二世祖，壯志東航臺陽，亦覺實繁有徒耳。其初也，皆散處於臺中、西屯、南投、西螺、板橋諸地，謀業營生，久遂家焉。況乎建基立業，派分廣遠，不特生長於斯、聚族於斯已也。然各房派下均有建設祖廟祠堂，公名堂號秩然有則，斯亦足以保俎豆馨香萬古常新之美。如今將見熙熙穰穰，各成巨族，謂之垂裕後昆者，不亦宜乎。今有南，有心人也，特念世代久遠，子孫衆多，竊恐忘其祖先歷代之蹟，失其長幼秩序之倫，意欲倣古人定昭穆親疎之道，使後人共知報本窮源於靡既耳。爰是苦志精圖，旁搜遠引，編輯一族譜付諸剞厥，刷成良本，序次井然，列明世代系統，以彰有條不紊，紛而可考，或能繼長增高，貽千秋萬代而親親之，豈非祖德積善衍慶之徵也耶。而今而後各亦纘緒鴻圖，詒謀燕翼，子孫保之，悠久無疆，共守先訓，毋遺孝思，則克昌厥後，長發其祥，是所同厚幸焉。亭屬宗親，有感斯情，不揣譾陋無文，竊掇俚語，以爲志慶之序。

臺中大雅馬岡厝宗裔孫張春亭拜序，一九二二年歲次壬戌春。

張廖族譜系統序

蓋聞國有史書，則緒統偕事功並著。家有譜牒，而昭穆與世系俱名。每見世有數典忘祖

者，惟知鑽營名利場，而祖宗傳系全不措意，噫，亦不思之甚也。不觀夫山上之木爾，其枝葉非不茂盛也，苟折其本則枯萎矣。又不觀夫河中之水，準其支流限不洋溢也，苟塞其源，則涸竭矣。夫木與水既不可無本源，而人類自不可無祖宗明矣。爲人子孫者，苟能體察此意，則修譜之事在所不容緩也。試觀古來名門大家，如唐郭汾陽、宋范文正，皆致力於祖先，始則建立宗廟，繼則創置祀田，終則纂修族譜，以爲後人模範，故能流芳百世，播美千秋。

竊思我臺灣張廖一派，揆厥由來，始於廖三九郎公之女，喜贅於張願仔公爲作館甥，既而獨生一男，繼承雙祧，代稱張廖。若言姓氏雖系兩家，論其血統實爲一脈，蓋張公廖媽之由良有以也。其先人多從祖籍漳州府詔安縣二都官坡鄉社，自前清雍正年間陸續渡臺，亦覺實繁有徒耳。其初也，皆散處於西螺三條圳，臺中西屯，南投海山之板橋，文山之安坑，宜蘭之四結羅東諸地，謀業營生，久遂家焉。況乎建基立業，派分廣遠，不特生長於斯、聚族於斯已也。然各房派下均有建設祖廟祠堂，公名堂號秩然有則，斯亦足以保俎豆馨香萬古常新之美。如今將見熙熙穰穰，各成巨族，謂之垂裕後昆者，不亦宜乎。誠恐代遠年煙，竊恐忘其祖先歷代之蹟，失其長幼秩序之倫，意欲傚古人定昭穆親疎之道，使後人共知報本，爰是苦志精圖，旁搜遠引，編輯一族譜，刷成良本，序次井然，列明世代系統，以彰有條不紊，紛如可考，或能繼長增高，貽千秋萬代，而今而後各亦贊緒鴻圖，詒謀燕翼，子孫保之，共守先訓，是以不憚煩而費此苦心，抄録譜系，以備後世之觀閱，而知上祖之血脈也。是爲序。

一九三三年八月一日，十五世孫張廖有南、十八世耳孫張廖錫恩拜撰。

張廖族譜序

竊考人生天地之間，居於三光之下，必有父生母養之功，乾坤之德，難量厚功。《大學》曰，敬其所尊，愛其所親，固人情之孝道也。子曰，孝悌爲人之本。是故我國政治，以孝爲八德之首。我漢族自黄帝以來，道重綱常。爲人之本者，修其身，齊其家，並盡忠於國家社會。夫我張廖姓氏，自願仔公遺裔分支派别，散處多方，人數難以計算，且對來臺始祖時唐公，相傳至今已有二百十五年，派下現計達有四千餘人，但多未明瞭來由也。是以衆族渴望編修統譜，幸有宗兄繼金，數理精蕴，受族親衆多委託修譜之任，自 1939 年清明節起，隨即遍訪各房派下，調查來歷，一一詳細記載，至 1955 年乙未仲秋，宗兄遍訪十四位官長名士，將譜鑑查事實，則讚題句句褒美，意義深長。此仍可稱榮顯族光之目的，至於重陽後五日，宗譜一切完成，費計十七年又六個月之功用，無限之精神。今閲斯譜，條條有道，世次明瞭，其中格言，使後人之發奮，各盡其務，爲耕爲讀，爲忠爲孝，克勤克儉之精神，此仍能成大業乎。惟望吾宗人，獲此譜者，必珍如明珠也信矣。爰綴數語，以謝宗兄之功，並志吾喜云耳，是爲序。

1955 年歲次乙未重陽後五日，十八世裔孫繼水謹敘。

官坡張廖族譜序

譜者普也，以時修輯普及後世者也。其爲書也，遠近悉備，可以順相生之理，知存亡之故，盡人事之情，達孝敬之道，而示身之所自出也，其譜豈可忽乎。然而譜之作亦非易易也。自殷以前諸侯尚不可得而譜，迨殷以後自天子以至於庶人，始可得而譜之，故世家大族各刊家譜垂示後裔，然亦不過詳其世系而已，未有譜學名家。至希鏡祖弼之廣集百氏譜記，專心習學，晉太元中朝廷給弼之令史書史，撰定繕寫藏於秘閣。希鏡繼承父祖之志，三世傳學凡十八州士，族譜合帙七百餘卷，考究精悉，累如貫珠，是謂當世之傑作也。

噫，譜之爲書豈易言哉，惟能紀其世系及其事實，使後世有所依歸已耳。如吾族張氏之譜，首紀其考妣之世系，次則生終、葬處及生之子女，終則載其行實，其意則猶是也。至若重編之譜，考妣書例變成提綱揭要，重宗祀而取夫爲妻綱之義，蓋亦欲俾吾族子孫易於披閱而查訪耳。其所以必紀之者何？紀其世而明尊卑之位，則己身之分定，及其系而知身所自出，則長幼之序見。生而志之，終而載之，葬而書之，可追思祖先之終始，而孝敬之心生焉。然亦必詳載其婚娶者何也？婚娶之道乃人倫之大始，自太昊制嫁娶以儷皮爲禮，正姓氏，通媒妁，所以重其本也。在《易》之《序卦》傳曰，有天地然後有萬物，有萬物然後有男女，有男女然後有夫婦，有夫婦然後有父子，有父子然後有君臣，有君臣然後有上下，有上下然後禮義有所錯，是則婚娶之道豈不至矣大矣。此譜中之所以不能不詳載者也。夫譜之詳載如此，其珍重不言可知矣，而人類自不可無祖宗明矣。爲人子孫者苟能體察此意，則修譜之事在所不容緩者也。試觀古來名門大家，如唐之郭子儀、宋之范文正、蘇老泉，此三公皆致力於祖先，始則建立宗廟，繼則創置祀田，終則纂修族譜，以爲後人模範，故能流芳百世，播美千秋。

竊思我臺灣張廖一派，揆厥由來，始於廖三九郎公之女，喜贅於張願仔公爲作館甥，既而獨生一男，繼承雙祧，代稱張廖。若言姓氏雖系兩家，論其血統實爲一脈，蓋張公廖媽之由良有以也。其先人從祖籍漳州府詔安縣二都官陂社，自康熙雍正年間陸續渡臺，亦覺實繁有徒耳。其初也，皆散處於西螺、三條圳、臺中西屯、南投、豐原、西員寶、大溪街、板橋、新店、安坑、羅東、四結、宜蘭諸地，謀業營生，久遂家焉。況乎建基立業，派分廣遠，不特生長於斯，聚族於斯已也。然各房派下均有建設祖廟祀堂，公名堂號秩然有則，各成巨族，謂之垂裕後昆者，不亦宜乎。

今登珪君有心人也，費盡許多苦心，遠考近稽，遂得序列昭穆之詳，辨別世系之確，源源本本，有條不紊，他日吾宗子孫有披族譜而覽者曰，我祖我宗系出於此，我諸伯諸叔系於彼，條分縷析，昭然若揭，其有益於木本水源、闡揚先世者，厥功匪淺矣，豈世之數典亡祖者所可同日語哉。吾族親登珪先生尊崇聖教，有心世道，余重其人品，今此譜系告成，上可以發揚祖德，下可佑啓後人，其流澤孔長，篤愛周親於無窮也。是爲序。

1937 年二月朔日，十五世裔孫耀箕有南拜撰。

官坡張廖族譜序

登珪不肖，忝承先人之基緒，自少而壯，壯而老，不克表揚前烈，撫心自問，慚悚交併。顧祖廟祀田之重務，既由父兄輩措置完善矣，而家譜未修，豈非吾輩之責耶。兹得族中有南先生之慫恿幫理，以修我官陂一族之譜，溯系窮源，至張虎公以上，則以年湮代久不能不付諸闕疑，故斷自張虎公爲開漳遠祖也。遞至六世張願仔公入贅官陂，爲廖三九郎公佳婿，而單舉一子爲友來公，當時以兩家禋祀爲並重，遂遵行一子雙祧兩姓之典，以迄於今是爲張廖合宗，爲我官陂發祥之源，乃以張願仔公爲官陂始祖也。據實書之，以昭來兹，藉以喚起木本水源觀念，尊祖敬宗之思，庶幾孝悌之道、禮讓之風可復振歟。若夫追念先人創業之艱難，爲子孫之宜堅守，是則是傚，以恢宏先緒而光前烈者，是所深望於我後人也。

一九三七年歲次丁丑，十六世裔孫登珪敬撰。

官陂張廖姓重修譜序

元子公裔孫所建宗祠或祠堂，包括族譜沿革等悉從祖訓而來。祖訓以上述任務融化於祭祀之心法，而爲敦親睦族之宗旨，與諸各姓相互媲美，蔚成全國禮教之盛，實爲鄰國民間之所未有也。

近七十年來,雖有宗親重回祖籍謄録祖訓、族譜,均屬私房派譜,而公譜源流尚付闕如,實爲舉國上下宗親之所周知,無可諱言。

蓋廖之與張,張之與简,稱爲一脈相承。然而元子公之裔孫,獨稱張廖者,張公廖嫣存没兩姓,一嗣雙祧之别開一族也。

傳統六百星霜,裔孫何止數十餘萬。族中生活風俗習慣、喪喜等事,非但他姓之未能瞭解,即如張廖宗親中之自家行事,亦多知其然而不知其所以然者比比皆是。此無他,公私族譜失修,祖訓無人闡述。

1959 年張廖簡氏族譜之編輯也,統攝六百年之宗派。以元子公起爲言,發掘三姓一宗之血脈,意義無不盡善,任務亦稱圓融。然在整帙之先,既受篇帙所限,無已暫割所愛,而惟世系是望,詎知出版之後,不無掛十漏一之憾。

西螺、二崙、崙背、西崙宗親正擬重修世系之圖,發掘藏譜之珍,時當崇遠堂張廖宗祠沿革詳志付梓之前,詎知臺中宗親早鑑及此,洵謂與西崙不謀而合,而臺中竟爾捷足倡組機構,推行編輯廖姓大族譜,是任務使全省宗親稱慶,而西崙爲廖姓發祥之地,豈不更形雀躍而騰歡者耶。

噫! 内省不疚,古之名言也。由是將欲自編而公諸同編,是亦亡羊補牢之一决策。今也此大族譜行將付梓,爰不揣固陋,聊述衷心所念,以對臺中膺任編務宗親暨諸族長略表敬意焉,敢謂爲序耶。

一九六六年六月,雲林縣元子公張廖姓宗親會理事長、財團法人、廖元子公育英會董事長十七世廖東義敬識。

臺灣張廖氏重修譜序

太空時代立在物欲横流當中,且處於東西思想動盪之時,如提起講道德説仁義,定被笑爲非科學而落伍,或者被指爲開了倒車,且人人現實,個個多忙,而爲編輯族譜任務,不得不訪問市鎮奔走鄉村,徵求家譜,蒐集資料,實際上費了寶貴時間及使用精神,竟然换回傻瓜、討厭等之榮譽,雖其中有不少人士瞭解編務,爲祖先傳接族譜表示歡迎,然而必須經過一次或者數次説明,方得换取贊成代價。事實勝於雄辯,既有如是代價,不顧一切才能成就任務。

然而思想動盪,科學是否萬能,編譜是否傻瓜,而人類期望和平相處,科學始能存在,思想方告安定,庶幾科學有益人類,成爲科學致用精神,諒諸宗親必能洞悉無遺,若此則此次編務定不唐捐。

蓋一般所謂族譜者,莫不具有傳統美德。大體上,必以聖賢之言爲言、之教爲教。唯我張廖則由體驗之言而言、之教而教。此諸大姓所載祖訓,大多美不勝收,非若我張廖直截了當衹言七嵌而已。詎知簡單之下,竟是天真爛漫。夫體驗言教之事之理不飾詞,不杜撰,出乎本心,應乎實境,言之所出,誠之所至,如不分嫡庶爲諸大姓之罕見外,張廖得正祠位,成就一嗣雙祧,並遷籍修譜天下一家者,以避單張濫稱世系,如有譜爲憑者悉爲宗族,無譜者内宗親而外鄉黨,序齒而不序世也。單張之姓如是,單廖何獨不然。然張廖之外,尚有廖張也。張廖者,生存廖姓,逝後歸張。廖張者,生而張姓,逝後還廖。此以譜爲憑,各有内傳載於譜書。此外尚有廖姓寄養於張而姓張,寄養於簡而姓簡,更有簡姓入贅於張姓寡媳婦爲婿養子而姓張者,傳爲張簡。更進言之,廖有從顔繆而來,有由召伯廖之名而以廖爲姓者,悉皆張廖簡骨肉之親,顔繆則爲廖之宗族。就中以元子公之張廖族譜,七嵌,最爲明確者非過言也。

若夫牛犬知恩救主，廖祖妣呼佃人即至，各有良知出自本性。竹籃之樂，猶八臺之譽，洵謂老萊娛親，傳爲佳話。而兒孫繞膝庶境晚甘之望，固爲人之常情，至若老祖妣欣慕與孩童之孫同樂，惟天可表而已。蓋夫樹欲靜而風不息，子欲報而親不存，以是竹籃於喪葬而盛神主者，雖兆於廖祠之進主，並且勗勉將來之孝思。設非雲霄賜譜，西林贈轎八臺轎，焉能補報恩於過去，遺教孝思於將來。自成一族，張之玉成，所以崇遠宗祠及繼述祠堂，乃遵守張氏之遺教，以興我族之子孫。故祭祀而闡述七嵌，若能虛心坦懷並以設身處地，而表達祖先衷心之意，更以世系之譜指陳木本水源，使聽者感動心情，定能使不肖者潛移默化，則敦親睦族大可奏功。尤其各姓倣傚而行，定可爲人類和平救藥，非但世界成爲太空時代之樂園，並能享受科學之實益於天下，此至誠格天，尤勝飛機炸彈者也。

玆族譜行將付梓，爰不揣固陋，謹述管見如斯，敬向各處宗親族長聊表敬意，並對中市族譜編輯委員鳴謝云爾。

一九六六年六月，十九世廖大漢合掌敬識。

官陂張廖重修族譜序

蓋聞國有史記，家有譜牒。史記可考歷代之政績事蹟，譜牒可考各派之世系源流。人生斯世，豈可忘源，身體髮膚無一不受自父母，故爲人子者當知報本不外以孝爲先。孝者立身之本，處世之道。夫欲行孝道，當行修譜，以明昭穆而知世系，即尊卑有序，親疏有別，萬代井然，有條不紊。因之編修族譜之舉豈可不爲乎。

竊思中華民族出自炎帝，經八代之後榆罔爲帝，因不務政業，而由黃帝取代天下，迄今將近五千年悠久歷史，中華民族姓氏淵源深遠，爲全球一枝獨秀，此乃國人一大榮譽也。人人皆有珍視姓氏傳統美德，姓氏既然重要，家世亦不可忽視。闡明家世必由族譜而知，重修族譜之舉，意義在於此矣。

吾族出自元末明初張願仔公，字再輝，進贅於廖三九郎家爲東床，至今六百餘載，子孫昌盛，瓜瓞綿綿。迨十一二世，族人壯志東航臺陽，散居西螺、二崙、崙背、三條圳、臺中西屯、豐原、大溪、板橋、新店、暗坑、宜蘭、四結、羅東等地，拓墾耕耘，謀業營生，建基立業，派分廣遠，至今亦二百餘載。然各房派下，多有建設祠堂祖廟，建置祭祀公業，秩然有則，斯亦足保萬古常新之美。現各地派下子孫衆多，爲恐忘源，失其長幼親疏之倫，非重修族譜不可。本宗親會早鑑及此，於 1959 年組織族譜編輯委員會，經兩次纂修，亦未盡善，遺漏者爲數不少，紛向本會要求重修者日增，因此去年春祭時，經代表大會決議，進行重修工作，並重新改選編輯委員，而編纂事宜委由西屯天與公派下德福宗親爲主編，負責編纂，另派幹員分赴全臺各地搜集有關資料，配合各地宗親賢達共襄盛舉。今編修工作大功告成，即將付梓，成爲一大族譜，供給各地宗親，爲敦親睦族，承先啓後，進而發揚吾族，光宗耀祖。余略述數言，以表孝思。並祈族人團結一致，興家興國，以報先祖於萬一。余願與吾族同仁共勉，是爲序。

一九七九年歲次己未六月，雲林縣元子公張廖姓宗親會理事長廖興鐘謹識。

（《［臺灣雲林］廖氏大宗譜》 1979 年鉛印本）

閩臺張廖姓緣故

先祖張原仔公，字俊秀，爲人忠厚，原籍雲霄西林和尚塘，元季從軍至漳州府詔安縣三都官坡,離軍營宿於早寨廖三元郎之閑舍。廖公家産頗富,單生一女,願招贅張原仔爲夫婦,將該産業與張原仔掌管,視其親生子一樣。張原仔待父母亦如親父母同樣。張原仔自入贅廖家之後,改爲廖姓,生下子女均是姓廖。廖三元公感其難忍,恐後張原仔背廖歸張,遂以議條與立案則,雖在世姓廖,死後神主姓名歸張,可表張廖兩姓均傳矣。因稱活廖死張緣故此之由也。

(《[臺灣]簡氏族譜》 1989年臺北鉛印本)

(二十四)張廖簡氏

张廖姓生廖死张之由来

七嵌之興祠堂

第一嵌:生廖死張故曰張廖

概説"生存姓廖",户籍、兵籍、財産名號、生辰、結婚。"逝世姓張",神主、墓誌、祭祀鬼神。

詳述所謂張公、廖媽者也。張公者,元子公姓張,乃張天正公第三子,原諱願仔,字再輝。廖媽者,廖祖妣,姓廖,乃廖三九郎公獨生女。

廖三九郎公,諱廖化,公年以白米三百石貢獻朝廷,封員外郎賜九品銜,乃稱三九郎,德配邱七娘,單生一女,淑德賢慧,事親至孝,助理家務,執掌文房,父母愛如掌上明珠,因而擇婿苛求,故雖長成,猶閨中待字焉。廖族以公無子,願以子爲公爲子者,不知公因愛女,不忍父女分離,意存如有英俊且願出嗣者,招贅爲婿,故欲以子爲公爲子者,公不答。

元子公張姓,乃宋開漳州陳將軍之參將,有功擢升中軍,張伯紀諱虎公第七代孫也。父張天正公生四子,第三即願仔公字再輝,生於民國前五八四年九月丁丑日未時。順帝時方國珍起事,白蓮教韓山童、劉福通乘勢倡亂,被宰相脱脱所破,韓山童死,劉福通立韓山童之子韓林兒爲宋帝,由是各處英雄割據,天下大亂。元子公避居官陂,教讀館於三九郎公別墅。公時常過從,見元子公英雄姿義氣,吐談風雅,敬而慕之。相處漸久,知其爲人不苟,乃托人試談婚事,雙方互爲理解,乃舉奠雁贅爲東床,而兼養子,即改願仔公爲元子公。公事雙親,猶生身父母;翁視東床,猶如己出。翁婿相得,莫可言喻,盡將家産付婿執掌,婿亦處事維謹,一家圓融,樂莫大焉。間雖遭不肖之徒,恒以含沙射影相累,幸公出身清白,獲證無恙。

大明洪武八年歲次乙卯,八月初一日卯時,友來公誕生,時元子公既四十八歲矣。友來公天資穎悟,束髮時讀書知禮,進退真有乃父之風。未冠之時有犯國法之不容赦者,匿人逃逸無蹤,株連廖姓雞犬不寧,時凡少壯者受累不少,勢將誣及友來公矣。元子公當衆曰,若人株連無辜,而且誣及吾兒,長此以往,子孫殆矣。即以廖姓身份,負廖族之全責,往官申辯,爲不食牛犬知恩無類而成二嵌伏筆,迨官事清白幾有數年回家時,因年已老,更以官事磋磨精神,途中患病,勢甚垂危,乃親筆作書遺囑友來公曰:父受汝外祖父母知遇之恩報,汝當代父效,子孫生當姓廖,户籍、兵籍財産名號、生辰、結婚等屬之,以光母族於前;死歸姓張,神主、墓志、祭祀鬼神等屬之,以裕子孫於後。骸柩運回安葬,以慰汝母祖之心。書畢而卒,壽六十五歲,洪武二十五年歲次壬申正月十一日也。

(《[臺灣]張廖簡氏族譜》 臺灣新遠東出版社1959年出版)

張廖簡修家譜序

國之治亂興衰，非史無由紀其實。家之源流支派，有譜乃能核其真。是家譜之攸關，真等於國史，不有人焉爲之編圖輯紀，將使子姓振振茫然不知祖宗之所自出，既淆昭穆之倫，且以秦越相視，甚非敦宗睦族之意也。家譜之修，奚容以少緩。溯我張氏，肇自清河伯紀公，始入漳郡，元甫公卜居雲霄，由來尚矣。

若我張廖，雖肇始於廖三九郎之獨具隻眼，亦即我元子公之傳統正確。故自雲霄賜譜，知天下猶一家；八臺贈燈，照古今如一日。是即一祠雙祧，始創而有徵也。遺訓七條，沉痛而言，守曰七嵌，無文而有爲，不言而可作，敦厚俚化，實由至誠也。業佃均等，剷除階級，開明而民主也。人畜知恩，有教無類，平等一視同仁也。祖先有此偉大民族精神，洵謂與天地同休，是皆黄帝之靈，孔子向爲教之焉。

十七世廖大漢合十敬識。

（《[臺灣]張廖簡氏族譜》　臺灣新遠東出版社 1959 年出版）

三、行狀傳略

(一)陳　氏

陳夢雷

培公曾孫先聲,乳名夢雷,字偉聞,乾隆癸酉科舉人,甲戌名通進士。初授建寧縣儒學教諭,調臺灣鳳山縣儒學教諭,陞浙江汾水縣知縣,庚寅同考試官。卒乾隆癸巳年六月十八日,葬在老翁坑内。子明翰,庠生,乳名明,字乃孚。孫金章,乳名宣,臺灣嘉義縣庠生,後補廩於臺灣。

(陳騰奎首修《[福建平和]蘆溪陳氏族譜》　清嘉慶稿本　1954年重修增補鈔本)

陳夢林

陳夢林,字少林。漳浦諸生,多從名士大夫遊,馳驅楚越滇黔間,戎馬江湖,俯視一世。康熙五十年,諸羅知縣周鐘瑄初修邑志,聘任筆政。志成,稱善本焉。當是時,清人初得臺灣,不事經理,文恬武嬉,偷安旦夕,夢林憂之,乃著論曰:天下有宏遠深切之謀,流俗或以爲難而不肯爲,或以爲迂而不必爲,其始爲之甚易而不爲,其後乃以爲不可不爲而爲之,勞費已什百千萬矣。明初漳、潮間有南澳,泉屬有澎湖,而時皆遷其民而墟之,且塞南澳之口,使舟不得入,慮島嶼險遠,勞師而匱餉也。及嘉靖間倭人入澳,澳人復通巨寇,吴光、許朝光、曾一本先後踞之,兩省疲敝,乃設副總兵以守之,至今巍然一巨鎮矣。澎湖亦爲林道乾、曾一本、林鳳之巢穴,萬曆二十年,倭有擾雞籠、淡水之耗,當事以澎湖密邇,不宜坐失,乃設遊擊以戍之,至今巍然重鎮矣。向使設險拒守,則南澳不疲閩粤之師,澎湖不爲蛇豕之窟,倭不得深入,寇不得竊踞,漳、泉諸郡未必罹禍之酷如往昔所云也!今半線至淡水,水泉沃衍,諸港四達,猶玉之在璞也。流移開墾,舟楫往來,亦既知其爲玉也已。而雞籠爲全臺北門之鎖鑰,淡水爲雞籠以南之咽喉,大甲後壟竹塹皆有險可據。乃狃於目前之便安,不規久遠之計,爲之增置縣邑防守,使山海之險弛而無備,將必俟亡羊而始補牢乎,則南澳澎湖之往事可睹矣!閩浙總督覺羅滿保聞其才,延入幕府。及朱一貴之役,南澳鎮總兵藍廷珍奉命出師,滿保命參戎幄,與鼎元日夜籌劃,不辭勞瘁。中宵聞警,擁盾作書,頃刻千言。其所襄助不亞鼎元。事平歸里,雍正元年,復遊臺灣,數月乃去。著《臺灣後遊草》,鼎元敘之,後卒於家。

(《[臺灣嘉義]潁川鼎前陳氏徙臺支系族譜》　1995年臺灣鉛印本)

陳永華

陳永華,字復甫,福建同安人,地後隸漳州。文鼎以孝諭殉國難,永華方舞象,試冠軍,已補弟子員。聞喪歸,即棄儒生業,究心天下事。當是時,招討大將軍鄭成功開府思明,謀恢復,延攬天下士。兵部侍郎王忠孝薦之。成功接見,與談時事,終日不倦。大喜曰:復甫今之卧龍也。授參軍,待以賓禮。永華爲人淵沖靜穆,語訥訥如不能出。而指論大局,慷慨雄談,悉中肯要。遇事果斷,有識力。定計決疑,不爲群議所動。與人交,務盡誠,平居燕處,無惰容。布衣蔬飯,澹如也。永曆十二年,成功議北征。諸將或言不可,永華獨排之。成功悦。命留思明,輔世子。嘗語經曰:陳先生當世名士,吾遺以佐汝,汝其師事之。十五年,克臺灣,授諮議參軍。經立,軍國大事必諮問焉。十八年八月,晉勇衛。親歷南北各社,相度地勢。既歸,頒屯田之制。分諸鎮開墾,插竹爲籬,斬茅爲屋,以藝五穀。土田初辟,一歲三熟,戍守之兵衣食豐足。又於農隙以講武事,故人皆有勇知方,先公而後私。東寧初建,制度簡陋。永華築圍柵,起衙署,教匠燒瓦,伐木造廬舍,以奠民居。分都中爲東安、西定、寧南、鎮北四坊,坊置簽首,理庶事。制鄙爲三十四里,里有社,社置鄉長。十户爲牌,牌有首。十牌爲甲,甲有首。十甲爲保,保有長。理户籍之事,勸家桑,禁淫賭,詰盜賊,於是地無遊民。番地漸拓,田疇日啟,其高燥者,教民植蔗,制糖之利,販運國外。歲得數十萬金。當是時,閩粤逐利之氓輻輳而至,歲率數萬人。成功立法嚴,永華以寬持之,險阻集,物土方,臺灣之人以是大治。十二月,請建聖廟,立學校。經從之,擇地寧南坊,二十年春正月成,經行釋菜之禮。三月,爲學校,以葉亨爲國子助教。聘中土之儒,以教秀士,各社皆設小學,教之養之,臺灣文學始日進。永華既教民造士,歲又大熟,比户殷富。猶恐不足國用,請經令一旅駐思明,與邊將交糴,彼往此來,以博貿易之利,而臺灣物價大平。二十八年春,耿精忠據福建,請會師,經以克塽爲監國,命永華爲東寧總制使。克塽,永華婿也,事無大小,皆聽之。永華爲政儒雅,轉粟餽餉,軍無缺乏,及經歸後,頗事偷息,而馮錫范、劉國軒忌之。三十四年春三月,請解兵,經不聽,既而許之,以所部歸國軒。永華見經無西志,諸將又燕安相處,鬱鬱不樂,一日齋沐,入室拜禮,顧以身代民命。或曰:君秉國鈞,民之望也。已復歎曰:鄭氏之祚不永矣!越數日逝。經臨其喪,謚文正,贈資政大夫正治上卿。臺人聞之,莫不痛哭,馳吊於家。初經知永華貧,以海舶遺之,商賈就此貿易,歲可得數千金,不受。而自募民辟田,歲收穀數千石。比獲,遍遺親舊之困者。計其所存,僅供歲食而已。妻洪水小字端舍,賦質幽閒,善屬文。晨興,與沐畢,夫婦衣冠斂衽揖而後語。一家之内,熙皥如也。合葬於天興州赤山堡大潭山。清人得臺後,歸葬同安。子夢緯、夢球居臺蕃衍,至今爲邑望族。

連横曰:漢相諸葛武侯,抱王佐之才,逢世季之亂,君臣比德,建宅蜀都,以保存漢祚,弈世稱之。永華器識功業與武侯等,而不能輔英主以光復明室,徬徨於絶海之上,天也。然而開物成務,禮仁長人,至今猶受其賜,澤深哉。

(《[臺灣嘉義]潁川鼎前陳氏徙臺支系族譜》 1995 年臺灣鉛印本)

(二)林　氏

林　鳳

烏山頭水庫有以林鳳命名的林鳳營。烏山頭水庫又稱珊瑚潭,是今日臺灣南部有名的風景區之一,慕名去遊覽的遊客日益增多。烏山頭水庫有好幾條路可以通達,由南北上,可以從臺南市搭乘公車直達;由北南下則可以從新營市拐進。不管南上、北下的公路,都會從林鳳營經過。林鳳營是入烏山頭的必經之地,鐵公路都設有站牌,由此再經六甲鄉,烏山頭風光明媚的風景區就頷首歡迎遊客的到來。

臺灣的溪流多短而急促,由東向西奔流入海,因而廣建水庫攔蓄,供發電及灌溉之用。水庫集水域多在山區,兩峯拱抱,一泓如帶,青山緑水,風景如畫,總吸引很多遊人的脚步與眼光。烏山頭水庫是嘉南大圳的水源,它的建造目的完全是爲了灌溉。

臺灣的大水庫有曾文水庫、德基水庫、石門水庫、霧社水庫。小水庫則有苗栗縣的明德水庫,新竹縣的大埔水庫,高雄縣的阿公店水庫……等等,不勝一一列舉。每一個水庫都有山色湖光之美,但其中景色最佳的,首推烏山頭水庫。

何以烏山頭水庫美景冠蓋其他水庫?因爲烏山頭四周並無高山,但層巒環繞,森林茂密,林相俊美,水量豐沛,波平如鏡,泛舟其上,常有"山窮水盡疑無路,柳暗花明又一村"之感。烏山頭的景色固是迷人,但遊客們來去間路過林鳳營,是否知曉開發林鳳營的始祖是誰?他就是明鄭開發臺灣時的名將林鳳。

林鳳是福建省漳州府龍溪人,爲明延平郡王鄭成功的部將,明永曆十五年追隨鄭成功擊敗荷蘭,收復臺灣。同年,就奉令率部屬到曾文溪之北屯田,開闢所謂營盤田,這就是現在林鳳營之地。林鳳營一帶廣漠無際的蔗園,根根甘蔗比人還高,間有稻田夾雜其間,形成新鮮的熱帶風光,這得源自當年林鳳率部胼手胝足開發的功勞。

鄭成功收復臺灣後,清朝的福建總督李率泰曾約同荷蘭人攻打臺灣。永曆十九年,荷蘭人據占雞籠,也就是現在的基隆。鄭經命勇衛黄安率水陸諸軍討伐荷人,就以林鳳爲先鋒,林鳳臨陣向前,勇敢驅退荷蘭人,只可惜鳳也在戰役中陣亡,鄭經非常嘉許他的功勳。

林鳳的墓在日據時代被夷爲平地,光復後,有一農夫耕田時,偶然發現一塊墓志銘,經過歷史家鑒定,確認是林鳳的墓志銘。可歎功如林鳳,身後遭遇竟如是蕭瑟。林鳳的墓志銘現在珍存於臺北市國立歷史博物館内,已算僥倖。

什麼叫墓志銘?古人造墓時,往往於棺木下土之前,先在棺木入土的底層或是棺木的後方,放置一塊記載死者身世與事蹟的石板,就叫墓志銘。古人墓中埋有墓志銘的很多,幾乎已習以爲常,它的作用何在呢?因爲古時的天災人禍較多,住民常被迫遷徙避難,年代一經久遠,子孫無法識認祖先墳墓的正確位置,如果有墓志銘,墓經掘開就可以確認是誰的墳墓。可以説,墓志銘是供後人辨認墓中所葬何人用的,現代人常誤解這道理。

先父林熊祥公,字文訪,是臺灣第一書家,生前有很多人向先父求揮毫墓志銘。但每有人把墓志銘放置在墓外當裝飾品供人觀看,這樣一來,可説已失掉古人作墓志銘以供後人辨認的意義與作用了。

荷據時期,荷蘭人宣佈把臺灣的土地都歸荷蘭國王所有,稱爲"王田"。鄭氏收復臺灣後,反荷蘭的王田改作官田。本來,在王田耕作的中國人,都受荷蘭人的鞭策與監視,地位宛如農奴,但改成官田以後,種田人的地位升爲佃農,農民只要按期繳一定的租穀就行了,是以原本在王田耕作的農民對鄭成功的感戴,可想而知。此外,鄭氏也鼓勵開闢私田,不過開闢私田需要先準備耕牛、農具,並建造田寮供農民居住,因此只有鄭氏宗族和文武百官才有經濟能力招攬流民來開墾土地。但不管怎麽説,鄭氏的官田制與私田制,都比荷蘭的王田制度好,確已大大提高農作物的生産力。

荷蘭人於一六二四年佔據臺灣時,當時在臺灣的大陸移民約有二萬人,到了一六六一年鄭成功復臺灣時,在臺灣的大陸移民人口約已增加到了十萬人。鄭成功部隊首批登陸的即有二萬五千人,第二批、第三批軍隊接著上岸,隨後金門、厦門撤守的部隊也陸續抵達,軍人數目大概也和原有移民的數相近了。

鄭成功來臺灣帶來了三千多艘船,對海外貿易經營得法,養兵固然有能力,但爲長久之計,採用陳永華的建議,實行屯田駐兵政策,把土地分發給軍隊,要他們自行墾地,足食足兵,不再發餉給部隊,這些田就稱營盤田,林鳳營也就是林鳳將軍率部開墾的營盤田。

像這樣的營盤田散佈在哪里呢?我們光看臺灣的地名也大概可以知曉。譬如現在的高雄市有左營,臺南縣有上營、中營、下營,還有查畝營,日據時將查畝營分爲新營與柳營。我們可以説,臺南與高雄兩地地名有營者,就是鄭氏部隊當年屯田駐兵之地。臺南縣鄉下很多地名稱爲左協、右協、中協、前班、後班、左鎮……等,這些協、班、鎮的地名,也都是當年屯田駐兵之地營盤田的所在地。

有的營盤田用部隊作地名,更是一看就知。譬如高雄縣仁武鄉是因當年仁武部隊駐防之地。高雄縣阿蓮鄉角秀村是因角秀部隊駐守。高雄縣燕巢鄉歷來稱爲援剿,因當年鄭成功的援剿部隊防守,日據時仍沿用這個地名,臺灣光復後卻被無知徒改名燕巢。

臺灣歸清領域後,清廷很大方,把很多官田給現耕人作自耕地,也有若干官田被清軍的軍官圈起來作爲私有的官莊。營盤田的現耕人變成自耕農,私田部份則分别歸地主或佃農。1953年施行耕者有其田,徵收大地主土地放領給農民,臺南縣没有受到什麽影響,就是因爲臺南縣本來就是自耕農占多數的緣故。

(《林氏大宗譜》 1984年臺北鉛印本)

林　葵

林葵,福建漳浦人,康熙二十三年任臺灣水師協標中營副將,二十五年赴部另補。

(《林氏大宗譜》 1984年臺北鉛印本)

林　亮

林亮,字漢候,福建漳浦人,康熙六十年守備澎湖,朱一貴之亂,全臺鼎沸,逃者日至,僉欲撤歸厦門,再謀恢復,亮力排衆議,守待援兵,卒隨施世驃建立大功,雍正元年以臺灣鎮總兵移鎮浙江定海。

(《林氏大宗譜》 1984年臺北鉛印本)

林朝棟

臺灣開拓之初,地廣人稀,爲了防範番人的侵犯,不分漳、泉、客,大陸移民大家和睦相處。人口稠密以後,番人有的被同化,有的退居山中,爲了爭水利灌溉,就發生村落之間的械鬥。

在臺灣北部,如新竹以北之地,分類械鬥是以祖籍觀念爲對内團結、對外鬥爭的準則,才演變成閩粵械鬥、漳泉械鬥,乃至縣與縣之間,如同安與安溪移民之間的械鬥。

但是,臺灣中部與南部的情況就不同了。濁水溪以南就變成姓與姓之間的械鬥,用臺灣方言來説,北部人稱爲“拼”,南部人稱爲“輋”。如雲林縣北港鎮有過“吴蔡輋”。當時的有心人都深以爲憂,地方上的人士曾多方勸阻,官府甚至於勒碑嚴禁,但都無法收效。中部位處地理中央,正好是混合型,“拼”、“輋”都有,在這樣的情況之下,霧峯的林家與當時草鞋墩洪家結下了不解世仇。草鞋墩就是現在的南投縣草屯鎮。洪姓雖無高官鉅富,但人多勢衆,雙方力量約在伯仲之間,誰都不敢招惹誰,有時倒也相安無事。

林文察臨戰陣亡,死後哀榮,林家由他弟弟林文明當家。位高權重的林文察一死,無異給草屯洪姓挑釁良機,千方百計想打垮林家。他們買通彰化知縣,出其不意猝擊林文明。

有天,彰化知縣發貼請林文明喫中飯,宴設縣署,林文明不疑有他,準時赴宴,一進縣署,林文明看到公堂裏縣官高坐堂上,刑具、班頭一旁侍候,心中一楞,因爲這哪是邀宴,分明是升堂問案的架勢。果然,縣官面色一整,問起話來了。縣官説,有事相問,特别請你來,你且先坐。在大陸上,只要是中舉人以上的人,被詢問案時可不必下跪,林文明雖然非舉人出身,但官宦豪富之家出身,比照此禮,立即有人端椅讓坐,等待縣官問話。

林文明心中七上八下,不知如何是好,但既然身陷虎穴,也由不得他,剛剛坐下椅座,就有衙門當差端茶上來,林文明雙手接過來,説時遲,那時快,奉茶的當差已從衣袖中迅速抽出一把明晃晃的短劍,卜嗤一聲刺入林文明的腹内,變生肘腋,林文明防也未防,就這樣被刺死。

當林文明突遭刺殺時,手上的茶杯也自指邊滑落,摔得粉碎。茶杯落地聲剛響起,衙門大門被當差關上,林文明帶去的跟班近衛都被逮捕,只有留在門外的一名跟班,發覺事態有變,慌慌張張地奔回霧峯報訊。

這名跟班氣喘如牛跑回林家報告林文明被殺的噩訊。驚聞噩耗的林家勇衛近三千人,怒不可遏,憤氣沖天,紛紛準備槍械,準備圍攻彰化縣城。這時林文察、林文明的母親,也就是林家的太夫人出來了,她斥喝家勇不得輕舉妄動。她説,彰化縣城分明有預謀,也就是希望林家造反,如果這時去圍攻彰化縣城,正好中他們的計,一定會被趁機消滅,現在一定要忍耐,忍氣吞聲,林家有錢,可以向北京打官司,討回公道。

林家勇衛遵從太夫人的指示,把一口氣硬咽下來,改武鬥爲文鬥,官司果真打赢了,知縣及洪家主謀都受了嚴重的懲處。林家太夫人臨危不亂,洞悉對方用心,終使林家避開一場可能遭受的大災害,可謂是深謀遠慮的女傑。

林朝棟是林文察的長子,他在這樣的環境長大,所以練武非常用心與勤奮。有天練武時,不慎傷了一隻眼睛,從此終其一生只眼,人稱“目仔少爺”,現今臺中霧峯還有人僅知“目仔少爺”,而不知林朝棟就是這位“目仔少爺”,他的子孫輩就有如此。林朝棟戮力軍務,戰績卓著,當了中軍統領,也有人稱他爲“目仔統領”。

清光緒九年,清廷屬國安南在法國人的策動之下發生政變,因此引發了中法戰爭。翌年,法軍攻打基隆,劉銘傳當時負責臺灣軍務,他曾與太平天國作戰,立下功名,早就敦請英國人在基隆的獅球嶺上築有砲臺,法軍來犯,獅球嶺砲臺的砲火不留情的予以痛擊,使法軍陷於苦戰。劉銘傳與林朝棟兩人在獅球嶺砲臺上督師迎戰,指揮砲擊二個多月,法國人不能染一指。

法國人試過獅球嶺砲火威力後,不敢從基隆正面登陸。法國人企圖從大沙灣登陸,此地即現在基隆市中正路公車處附近。但大沙灣海邊的山坵上,有一座姚瑩在鴉片戰爭中爲防範英人登陸所建的砲臺,這座砲臺純粹是中國式的傳統砲臺,用的是所謂的郎機砲,日本人稱爲火繩砲,是一種很古老的砲。但是這座砲臺居高臨下,位置奇佳,法軍死傷慘重,只得愴惶逃回船上,躊躇很久以後,才繞道從仙洞登陸,獅球嶺砲臺亦因而淪落,劉銘傳退守臺北,林朝棟則一度回霧峯。

法軍控制了基隆以後,逐步向臺北推進,以前從基隆通臺北的路,都從月眉山到暖暖,或沿基隆河走陸路或搭船到臺北,法國人也是循這條路線推進。清廷雖然派軍在沿路設防抵抗,但法軍以精良的武器進逼,清軍節節敗退。法軍陷暖暖,接著進佔八堵,攻勢才稍被抑制,但臺北府城岌岌可危。

當時閩南話稱法國人爲"西仔","西仔"進逼臺北府城的消息,很快傳到臺北,驚聞"西仔反",府城内人心惶惶,紛紛走避,有些人甚至舉家遷到鄉下,只有劉銘傳從容的坐鎮城内部署防務。

這時,林朝棟從霧峯帶來的新鋭勇二千人已經開抵臺北,並迅速投入戰場,利用夜晚在五堵展開遊擊戰,連連傳捷。

在法國人的心目中,臺灣當時還是烏煙瘴氣、蠻荒炎熱的未開發之地。他們在登陸作戰後即因水土不服,頻頻病倒,氣息奄奄。反觀林朝棟帶來的鋭勇,雖也是風塵僕僕,但早已習慣燠熱的天氣。再加上法國海軍在熱帶地區作戰,身穿著白衣,連綁腿也是白顔色,這在夜間變成很好的攻擊目標,兼以林勇熟習地形,出没無常,殺得法軍狼鋇不堪地逃回基隆的兵艦上。

法軍失利,轉而進攻金包里,也就是現在臺北縣的金山鄉,因無所獲,轉而攻打淡水。淡水之役,艋舺當地的江湖人物"友仔",組織義勇軍前往迎戰,這些倉卒組織的雜牌軍,把艋舺祖師師廟的清水祖師神像抬上轎子,開往前線作戰。指揮這支雜牌軍的首領,穿著戲臺上武將的衣服,口中高喊"祖師助陣"口號殺向法軍。也許是真有神助,也許是法軍兵疲心怯,這支雜牌軍居然所向披靡,大敗法軍。這座神像就是所謂"落鼻祖師"。據説,每有天災人禍發生時,神像的鼻子會自動掉下來,等天災人禍過去時,這座神像的鼻子會自動再黏回去。當然,"西仔反"時,"落鼻祖師"的鼻子是掉下來的,這是民間傳説,姑且録之。

再度受挫的法軍,潛逃海上,轉而進攻澎湖媽宫,就是現在的馬公鎮。法軍一連敗北,惱羞成怒,所以一登陸馬公,立即縱火燒掉海邊的觀音亭,這座古刹深受澎湖居民崇敬,法軍此一暴行,使澎湖居民非常憤慨。過不了幾天,法軍司令官孤拔提督,突然染患惡疾暴斃,馬公人民至今盛傳,這是佛祖對他焚毁觀音亭的懲罰。孤拔的墓就在觀音亭的海邊,但現在已移至市區的邊緣。

當時的清廷非常腐敗。中法戰爭中,儘管劉銘傳的功勞很大,幾近於劉永福,林朝棟也是居功厥偉,但清廷論功行賞時,卻聽信讒言,要追究劉銘傳失守基隆的過失,林朝棟因此而徒勞無功。好在左宗棠等力辯劉銘傳退守臺北的權宜戰略,清廷才没再度究辦。

法軍侵犯臺灣北部時,南部是由劉璈駐守,因他與劉銘傳屬於不同派系,感情不睦,是以清軍退守臺北府城,情勢危急時,劉氏仍然坐不出兵助援。劉銘傳單憑北部軍隊攻打侵襲的法軍,勝得相當艱辛,卻又差一點兒被陷害,清廷如此腐敗,不久,國父倡議國民革命,很快獲得民心的回應與支持。

林朝棟在中法戰役後雖未被論功行賞,但他的英勇事蹟,仍爲臺灣父老所樂道,視爲第一大英雄。

清光緒二十一年,根據馬關條約將臺澎割予日本,日本大軍想登陸臺灣,當時的臺灣士民以事倭爲恥,義不事倭,推舉臺灣巡撫唐崧爲首,成立抗日政權,大家有錢出錢,有力出力,蔚成龐大的抗日聲勢。誰知幾位抗日政權的首腦紛紛席捲公款内渡,出賣了臺灣百姓,臺灣士民迫不得已,自動籌組義勇軍,揭竿起義,在各地展開抗日行動。

當時,全臺的正式軍隊主要的有劉永福死守臺南,林朝棟則高呼誓死抗日。但抗日義勇軍倉卒成軍,不僅欠缺訓練,武器彈藥亦難與日軍相比,相繼被日軍吞噬,眼見大勢已去,林朝棟不得不揮淚舉家内渡,從此他雙足不再踏上臺灣的土地。清廷體念他的忠貞精神,還派他到江蘇海州任官。

林朝棟死後,他的夫人及子女們才返回臺灣。這位夫人就是林家的賈母,是那位權勢極高又結派的老祖母。

林朝棟不計較名利,中法戰爭中對國家盡忠,乙未抗日時更力主死守臺灣,這樣的精神很使臺灣百姓感動,所以臺灣全島淪陷後,民間還盛傳一首民謠:"日本憲兵若出門,紅的帽仔手拿刀,第一盡忠林朝棟,第一怕死林本源",可見民衆對他的評價相當高。因爲板橋林本源當時的主人林維源,很快就舉家内渡,匿居厦門鼓浪嶼的公共租界,才被譏爲"第一怕死"。

(《林氏大宗譜》 1984年臺北鉛印本)

林朝英

林朝英,字伯彦,祖籍漳州府,對臺南府城的地方貢獻很大。嘉慶初年,他提議修建縣學文廟,並自費萬金,親自監督,廟成之後,地方官府奉請朝廷下旨嘉獎,建祠坊,賜"重道崇文"之匾表揚他。

林清之變時,黨徒之中有與林朝英來往密切之人,書信往返中,曾隱約提到不滿情緒或暗示要謀反起事,林朝英認爲不可,曾經寫信痛陳利害,要他們迅速終止,友人不聽,果然舉事失敗。後來官府追緝反動黨人,發現林朝英力勸林清之徒不可謀反的書信,朝廷非常嘉許,曾下令召見他,但林朝英稱病,堅持不上京師。

林朝英工筆墨畫,作品瀟灑出塵,有靈秀氣,書法也很奇秀,並擅於雕刻,竹頭木塊,經過他巧手雕琢,没有不成美觀圖案與形態的。他家中建有一座小亭,題爲"一峯",亭額的字大若盈尺,也是筆力勁秀的佳作。光緒十二年,這塊匾被盜,聽説是被淮軍所竊,地方人士至今感到惋惜。

當年朝廷爲表揚林朝英而建的重道崇文石坊,日據時爲了拓寬馬路,已被移到臺南市中山公園的池畔。本來古蹟應存在於原位置才有古蹟價值,這樣的移轉是不能鼓勵的,但從公園的立場來看,因有這牌坊立在池畔才增添了公園的幽雅景色。

臺南市的中山公園,清代時稱爲燕子磯,本來的風光很好,古木參天,有樹有水,風景秀麗。明末清初,燕子磯的池塘南畔,有一座黄檗寺,那是從福建省福州府福清縣分來的。黄檗宗是禪宗裏教理很高深的宗派,日本京都郊外的宇治黄檗寺也稱爲日本有數的名刹之一。可惜,當時來臺的初民都喜歡通俗佛教,對高深的佛理與佛法鮮有人修習,所以這座寺後來終於荒廢,現在片甲不留,非常可惜。

中山公園裏的燕子磯,還有一點必須説明,那就是此地曾爲臺南府城的乞丐寮。以往乞丐有自治自衛組織,也有頭目乞丐頭,像臺北市大龍峒保安宫的後面就是乞丐寮,耆宿常談論及此。官府要管理乞丐得透過乞丐頭來管理,是以頭目相當有權威,而且乞丐討回的錢還得有一部份的錢獻給他。

林朝英熱心公益,是當時的地方聞人。後來他一家人曾經内渡,以後子孫還有人回到臺灣,今天臺南市仍有他的後人。臺南市開拓三百年,不知出了多少士紳,但像林朝英這樣内渡後仍然聲名不墜,也是少有的事。這是因爲他的姓名與清末抗法英雄林朝棟只差一個字,所以,林朝英能以平淡的一介士紳,沾了林朝棟的光,迄今享盛名。人生際遇甚多偶然,自古説無巧不成書,可能就是這個道理吧!

(《林氏大宗譜》 1984年臺北鉛印本)

林成祖

林成祖是福建省漳州府漳浦人,家中世代務農,他年少時就懷有遠大志向。當時淡水廳剛剛開發,待墾的土地一大片,林成祖有心參與開墾的行列,卻苦於欠資金,朋友們知道他的志向後,籌措了數百兩資金給他,林成祖滿懷信心,於清雍正時渡海來臺灣。

林成祖初到臺灣時,住在臺中縣大甲鎮,承租番田耕種。當地土壤肥沃,農作物一年兩熟,加上他能刻苦耐勞,家産年年增加。於是他開鑿大甲圳,引水灌溉農田,每年收到租穀一萬石,開拓土地也愈來愈多。但那時大甲是泉州人的居住區,泉人排濟漳人,林成祖不得不離開大甲,另找新天地。林成祖落脚的新天地就是擺接,也就是今臺北縣板橋市。

清雍正時,林成祖著手開墾擺接、興直二堡,興直堡就是今臺北縣新莊市。他將這些土地租與佃户,每甲地徵租穀八石,但常爲天旱所苦,林成祖又開鑿大安圳,接引内山的水源灌溉田地。這條大安圳寬二丈四尺,長十餘里,工程不小,尤其河圳穿越旱溪,還埋設水管於河床下,雖然常遇洪水爲患,沖毁河圳,但林成祖不畏艱辛,連年修復,耗了十餘萬兩黄金,才將大安圳修成。大安圳灌溉田地千余甲,每年的租穀歲收有萬余石。隨後他又開鑿永豐圳,也是穿山導流,圳成後也有數百甲田地蒙受灌溉之利。大安圳就是現在臺北縣土城鄉到三峽鎮公路旁的水圳,日據時日人曾加以改良,而且在圳的兩旁種植樹梅檀樹,非常美觀,日本人也很重視。現因都市發展,路兩旁的雜亂工廠及廉價樓房,已把風景美觀完全破壞。

那時候,今臺北縣中和市、永和市一帶的南勢角、中坑,常有土番出没,佃家膽戰心驚,林成祖奏請淡防廳核准後,自備軍餉糧食,設隘寮守望,區域東起秀朗溪,西至擺接溪,南達擺突突,北及武勝灣,早晚派人巡防,番人爲害才稍加遏止。這些地方包括現在的永和市、中和市、板橋市及新莊市和土城鄉的一部份。光復之初,到當時中和鄉的石壁湖圓通寺的後山,還可以看到當時防番設施的隘勇線,礎石疊疊,現在已看不見了。很多人寫臺灣歷史,把老地名照抄,常令讀者莫明所以,是以談臺灣歷史,清代地名之後一定要加現代地名,才能使讀者一目了然。

設寮守望巡防時,林成祖墾殖的田地分别稱新莊、新埔、後埔、板寮、大佳臘,每年收租穀十數萬石。當年的新埔、後埔都在今板橋市,板寮即今中和市市治所在,大佳臘又作大咖蚋,即指今天臺北市中心區,後來不用這名字,佳臘兩字即丢給今北市雙園區,所以雙園區的土名叫咖蚋仔。地名更易,有時是純粹的更改,有的卻把老地名翻版沿用到别的地方,這是地理學常見的一種模式。譬如，臺灣本來叫小琉球，歸清以後不用這地名，卻又把小琉球的名稱縮影到屏東縣海外的一個小島上。

林爽文之亂，有人説是在此之前的天地會之亂，彰化縣、淡水廳的很多林姓居民受到株連，林成祖也被逮捕到京城詢問。林成祖的次子林海門一向有文才，攜帶很多錢財入京探尋門路救助父親。當時漳浦的蔡新是太子太傅，正被重用。林海門以鄉人之禮求見，蔡新對他的孝心非常嘉許，留他在家中住下，還把女兒嫁給他，也因此林成祖幸免遇害。當時的清廷相當腐敗，林家花了很多錢財疏通，也間接保住了林成祖的性命，只是林海門隨後不久就溺水而死。

林成祖回到家園之後，已經年老，但他每日仍然忙於督促農事，與佃户同甘共苦，並有計劃地墾辟荒地，親友勸他不要太勞累，但臺灣人民一向刻苦耐勞成性，他還是埋頭苦幹至死，先民的刻苦精神，至今還令人肅然起敬。

林成祖能開墾這麽多土地，當然是靠漳州同鄉們的合作。明清時代，閩粵兩省移民離鄉背井到人地生疏的海外墾荒，完全是靠同鄉們的互助合作，才能立得住脚，幸運的人也才能進一步發蹟起來。所謂互助合作有三種組織，一是宗親組織，二是同鄉組織，三是同業組織。社會學家把中國人這三種組織稱爲血緣社會、地緣社會與業緣社會。他們更認爲中國人很了不起，其實這種互助精神就是我們的道統精神。

林成祖七十二歲時逝世，二百多年來，他的子孫在板橋一向受人尊敬，曾任臺北縣長的林豐正，就是他的後代。林家故宅離板橋火車站不遠，前幾年才改建。

（《林氏大宗譜》 1984年臺北鉛印本）

林光玉

林光玉，又名光宇，福建平和人，乾隆三十一年丙子武舉人，以本協左營遊擊署理臺灣水師協標中營副將，迄五十一年十二月在任。

（《林氏大宗譜》 1984年臺北鉛印本）

林吕韜

林吕韜，福建詔安人，乾隆二十六年三月以本標左營遊擊署澎湖水師協標左營副將，同年升任廣東大鵬參將。

（《林氏大宗譜》 1984年臺北鉛印本）

林平侯

在臺灣幾乎没有人不知道林本源這個家族。林本源並不是一個人的名字，可以説等於是店號，就像屏東縣的李仲義、臺北市的李合春等都是。板橋林家花園十幾年前已由族人捐給臺北縣政府，從1982年起著手整修已荒廢的近五千坪花園，相信總有恢復舊觀的一天。只可惜，亭臺樓閣雖可恢復舊時光彩，但花園内幾株比山還高的古榕樹，卻已無法追尋昔日的雄姿倩影。當年從觀音山上眺望臺北盆地，一泓如帶的淡水河畔，可見一座蒽茂的小山，那並不是山，而是林家花園裏的幾株古榕樹。

林本源既非個人的名號,要知悉林本源大産業的由來與板橋林家花園的締建雅事,當然要知曉林本源的始祖林平侯這個人。

林平侯名安邦,號石潭,平日以字行。他的祖籍是福建省漳州府龍溪縣。他跟隨父親林應寅遷居來臺,原居住於淡水廳的新莊,就是現在臺北縣的新莊市,設帳授徒。那時林平侯才十六歲,爲了節省父親的開銷,在米商鄭谷的家中幫傭。因爲他純樸、謹慎又肯吃苦耐勞,鄭谷對他非常信任。過了數年,林平侯省吃儉用已儲蓄了數百兩,鄭穀又主動送他一千兩,要他自己立門户開店。林平侯嫻熟書算,又諳生意門道,很快就賺了大錢。等到鄭穀年老要歸家鄉時,林平侯連本帶利要送還鄭穀當年贈金之恩,鄭穀堅持不接受。林平侯没有辦法,就在芎蕉脚莊的地方買田地,以每年的歲收租息送給鄭穀。

以後,林平侯與竹塹的林紹賢合辦全臺鹽務,竹塹就是今新竹市。他又買帆船連貨物,到華南、華北一帶做生意,很快就有資産數十萬。四十歲時,林平侯納粟捐官爲同知,分發廣西,没多久又調桂林同知,因他有才幹,很得上司的重視。嘉慶十九年,大學士蔣攸銛督師兩廣,有人嫉妒林平侯,暗中揑報他的短處,一直等到林平侯謁見了蔣攸銛後,指陳政事都能切中肯要,很得蔣攸銛的嘉許,林平侯卻没多久後就稱病請辭回家,不再當官了。

林平侯與林紹賢因合辦全臺鹽務而致富,但林平侯比林紹賢更高一籌,因他買船直接與南北洋做生意。所謂南洋是華南沿海,北洋是天津、牛莊一帶。牛莊就是現在的營口。

清時,官吏出身有科班與捐官之分。科班當然是指科舉取士制度下而進階的人事制度,捐官則是納穀、納粟或捐銀而謀得官職。但捐官又分二種,一種是純粹捐個名義,獲得官階而已,另一種則是拿到派令後真正走馬上任的。林平侯想脚踏實地做事,不以博取虚懸官名爲已足,所以他才爭取同知職位。只不過林平侯儉樸出身,篤實踐履苦幹而致富,與官場逢迎虚浮的風尚惡習扞格不合,這也是他後來辭官返鄉的原因。當時階級觀念濃厚,有錢的人如果没有一官半職相襯,難以擺脱市儈氣息,在鄉里也没有地位,因此他數年的士宦生涯,也是勉强爲之的。

當時,淡北閩粤械鬥、漳泉械鬥遍地蔓延,因爲林平侯有錢又望重鄉里,所以常出面排解械鬥糾紛。康熙年間,林平侯居住的新莊是淡北的最大港口,但乾隆年間淡水河一場大水,使新莊淤積,不能停靠大船,新莊頓形没落,艋舺很快竄起取代新莊的地位。林平侯是漳州人,與泉州人相處本有芥蒂,再加上新莊舟旅不便,地位形勢没落,林平侯決定搬遷至大嵙崁,也就是現在的桃園縣大溪鎮。

爲什麽要選大嵙崁呢?因爲乾隆時陸上交通危險。原因有三,一、有些地方生番出没無常,二、有些地方土匪爲患,三、漳泉械鬪,漳人走過泉人住區,泉人會動手搶貨物,反之亦是如此。而遷居大嵙崁後,可以經由水路通達,没有這些危險。

那時大陸來的船先停八里坌,而後到艋舺,再溯大嵙崁溪,也就是現在的大漢溪,到達終點大嵙崁。大嵙崁不但舟旅暢通,交通安全,而且是漢番交界之處,山地物資容易取得,未開墾之地又多,具備甚多優厚條件,是以林平侯選上這塊地方遷居,由此可見林平侯眼光與魄力之一斑。

林平侯在大嵙崁建築很大的房舍居住。現今桃園縣大溪鎮大溪國中全部及其對面體育場的全部,都是當年年林家住宅的範圍,林家且自己建築城牆作城門出入,規模之大可想而。林家雖遷至大嵙崁,但新莊的房屋當時仍然保留,就是今公路局新莊站後面一帶。新莊的邸宅現在已不留片甲。光緒二十一年,日本人侵臺,大嵙崁的林宅因抗日義勇軍據守,巨宅深院經過戰火洗禮,只殘留城門,後來慢慢傾潰,光復初期還留有石牆,都是以臺灣出産的安山巖砌成的，但最近連這些斷垣殘牆都已不再見得到了。

林平侯除了包鹽，行船販貨之外，還有大租户的開墾，與林紹賢並稱爲當時的大租户，成爲臺灣的鉅富。林平侯致富以後，就分一半回故居龍溪縣買地，並且立祠堂，稱爲林氏宗廟永澤堂。南洋群島的華僑一發蹟都移部份資金回祖籍置産建屋，這就是爲什麽厦門、金門、鼓浪嶼有這麽多洋房的緣故。爲什麽會如此呢？一是懷念故鄉，重視祖先墳墓之地；二是明末清初以來，移民到海外發展心中仍怕當地土番爲患，或是殖民地統治者政策的改弦更張，不得不預留後路。不但如此，林平侯的父親林應寅也是運棺回龍溪安葬的，在臺做墓是以後的事。以前中國人過海到臺灣乃至其他地方，有錢人都運棺回祖籍，没有錢的才檢骨或先建臨時墳墓，等待將來有機會時送回祖籍建造正式的墳墓。在祖籍福建、廣東，本來没有檢骨的風俗，後來受了風水迷信的影響，在臺灣才普遍化。檢骨之事，雖然迷信與浪費，但最初的出發點，卻是愛鄉愛國心理的顯現。

林平侯對地方建設的貢獻很多。以前的有錢人都想做好事，著眼在於積善，冀使後代子孫得到報應，福祚綿延，這與現今世界上很多鉅富成立財團法人，美名爲社會福利事業，事實上是合法的漏税，實不可同日而語。

清嘉慶元年，漳州人吴沙核准入璸瑪蘭開墾，就是今天的宜蘭縣地區，很多人聞風而前往，但卻苦無一條好的道路，只能忍受舟旅之累，搭船前往。林平侯捐資興築三貂嶺路，如此，新莊、艋舺到璸瑪蘭之間才算暢通。此外，林平侯也仿效范仲淹，置良田數百甲設置義倉，當時交通不便，一旦發生饑荒，無法接濟，饑民易生暴動，是以范仲淹設置義倉，這在古時是非常合理的方法。林平侯對文教也很熱心，他曾在淡水廳捐學租，爲書院提供膏火，也就是現在的獎學金。當時的竹塹城文廟需錢修葺，林平侯毫不吝惜的出資修繕，府城海東書院荒廢，他也出錢補修。

林平侯享壽很高，道光十二年，嘉義張丙之亂時他仍健在，官兵戰亂，他曾助餉二萬兩，因此加道銜。他有兒子五人，長子國棟早逝，依次爲國仁、國華、國英、國芳，其中國華與國芳是實胤。林平侯白手起家，在世時收租穀四十萬石，分財産時，立五記號，分别爲飲、水、本、思、源，其中實胤的國華與國芳爲本記與源記，合稱爲林本源，這就是林本源的由來。

林平侯的墓本來在新莊，後來因漳泉械鬥發生，後人怕泉人會來毁墓，所以移轉到今桃園縣大溪鎮叫二層的地方，乘車赴慈湖時，在公路右側可以見得到。

舉臺聞名的板橋林本源邸宅與花園，並不是林平侯建的。創業的人泰半節儉，奢侈的大多數是後代，板橋林家也是如此。

所謂板橋林家花園應分三落舊大厝、五落新大厝與花園三大部份，總面積一萬三千七百七十一坪，比霧峯林家還大一點，是清代臺灣最大的邸宅。

這麽大的邸宅，當然不是朝夕之間可以蓋成。三落舊大厝是清咸豐三年間，因淡北地方漳泉械鬥鬧得太不像話，再鬧下去勢必兩敗俱傷，甚至於漳州人要吃虧，今板橋、士林的漳州人就請林家從大嵙崁遷出，壓壓泉州人的鋭氣，是以才有三落舊大厝的建造。三落舊厝的左邊是弼益館，這在道光年間已有，原來是林家收租的租館，普通講三落舊大厝也包括了弼益館。

二次大戰之後，美國來華調查中國的豪紳成爲流行。十餘年前，美國堪薩斯州大學來調查板橋林家後認爲，林家數代只有二個兄弟，這是林家的幸運，也是林家産業能够賡續綿延的原因。爲什麽説林家歷代只有兄弟二人？因爲弟弟若無子，哥哥可以以次子過房給他，如國華、國芳二人同代，皆爲實胤，國華有維讓、維源二子，而國芳無子，國華就以維源過繼給國芳。中國人一向多妻多子，大産業傳到第二代手裏就完了。板橋林家數代每每只有兄弟二人，所以説林家幸運，才能保存若大産業較爲長久。國芳夫人另外抱養螟蛉子維德，林本源三房頭就由此産生。林本源是本記、源記合成的，自此後，財産關系不得不重新分過，才成爲六記號，即飲記，益記，訓眉記，祖椿記，松柏記，彭鶴嵩記，所謂林本源三房頭六記號就是這樣成立的。

板橋三落舊大厝是林平侯之子國華、國芳時做的，五落新大厝與白花廳於光緒十四年落成。有人認爲，這是國華之子維讓建造的，事實上，開工時維讓仍在世，但落成時維讓已去世，可説是在林維源手中完成的。

林家花園落成光緒十九年，但光緒二十一年臺灣淪陷，林家舉家内渡到鼓浪嶼住了一、二十年才回來。當馬關條約簽訂時，限定臺灣住民一年以内要決定國籍，但雙方代表李鴻章與伊藤博文有口頭約定，以板橋林家要特别優待，允許林家不受一年内決定國籍的限制，可以隨時回臺灣。住在鼓浪嶼的林家決定要先後返臺時，得先剪除髮辮，照例要全家大哭，傭人忠心耿耿，連丫頭、老媽子都陪著大哭了一整夜還不甘休，這證明臺灣老百姓在任何環境之下都是心懷祖國。

板橋林家花園的花園部份，號稱佔地五千坪，後來整修時，重新測量，實際上不到五千坪，但比起新竹鄭家、霧峯林家的花園都還大得多。建造這座花園據傳花了五十萬兩。清光緒年間，建築臺北府城只花了二十萬兩，林家花園足足花了二倍半的錢，花費之鉅令人咋舌。但看花園材料的粗劣，可能被中飽私囊的錢很多，這是大户人家大興土木時難以避免的事。

板橋林家花園與大陸的花園根本不能比，爲什么呢？中國的花園以花木泉石爲構成的主要要素。這座花園位處鬧市，當初建築花園時，還特别貼錢請當地的商家搬遷，而選中這地方的理由是因爲地勢高亢，夏季可以免除淹水之苦，但地勢高是高了，花園建築完成後，裏面的池塘卻不容易引進來水，池塘無水，窘相即生，這是缺點之一。林家花園的花都是亞熱帶的花，與大陸花園的牡丹、芍藥遠不能比，此其二。中國花園傳統的樹應是松樹、柳樹這些，但林家花園只有榕樹，所以也不及格，此其三。而大陸有名氣的花園，假山所用的奇巖怪石都是江蘇太湖撈起的所謂太湖石，而林家花園的假山卻是磚塊砌成外敷水泥而已，與大陸花園集天下名石而成，真有天壤之别，而且很像拍電影用的佈景山水。林家花園的木泉石如是，造價卻又偏高，怎能與大陸的名園相比？宋詩裏“梨花院落溶溶月，柳絮池塘淡淡風”這樣的景色，在這裏是找不到的。

古時，富人家中都設有帳房，難保有不肖帳房揩主人的油，再加上富豪也不知大陸的名園構造，建築佈局與建材如何，也會被施工的匠師所矇騙，當然無法做出像樣的花園。板橋林家花園我只欣賞那幾株被雷殛斃的大榕樹而已。大陸名園曲徑通幽，都是以精選的白色鵝卵石鋪成的，而這座花園卻是以紅磚排成，根本不符合傳統花園的風格。

最要緊的，中國花園定要在園中某處築起很高的白牆，白牆屋頂上鋪瓦片，這白牆有何用處？相當於歐洲戲臺上的地平線(Horizon)作用。早上，朝陽初起，把竹姿、樹影全都映照在白牆上，無形中構成無數圖案。夕陽西照時，余暉又從西邊把樹影映到另一方向的牆上，微風一來，竹樹摇幌，牆上的樹影也隨這婆娑起舞。中國花園一定在某一角落有這樣的白牆，板橋林家卻又付之闕如，我是林家後裔，這是我的自我批判，並不是對現在的整修計劃撥冷水，請整修當局見諒。

花這么多的金錢去建造花園，像林平侯這樣的創業者是不會做這樣傻事的。像大溪二層林平侯的墓，雖然佔地很廣，墓的本身卻與一般百姓一樣小，由此可見創業者都很勤儉。到了林家家勢開始傾頽時,墓卻越建造越大,如今臺北縣土城鄉冷水坑的林家墓群,大多數都比他們的始祖林平侯的墓大十倍,這是否可以作爲有錢人家的借鏡?我們應該要從林平侯學習的,是他的勤儉、踏實、富有創業與冒險的精神以及熱心公益的善心。

現在林家花園的五落新大厝,白花廳已賣掉,改建廉價的民房,花園則正在整修中,弼益館早已夷爲平地,林家計畫在弼益館舊址建博物館。剩下來三落舊大厝可能被指定爲三級古蹟,不過屋裏的地面都改成浴室、廁所用的白瓷磚,所有的門窗油漆都用現代漆,而且也全不管舊的底色如何,屋頂且增添很多塑膠牡丹之類的裝飾,如果政府正式指定時,必須附帶條件把這些改造附添的新材料拆除以及復原,這可敦請名建築家漢寶德教授負責。

三落舊大厝林家準備將來做家廟之用。看三落舊大厝,總感覺臺灣民房不能和大陸的比。原因何在?臺灣民房一到門廳就裝滿很多金壁輝煌的雕飾,不管是木頭、磚柱都如此,而其人物造形卻完全取材自三國演義、水滸傳、西遊記,與一般殿宇實在没什麽兩樣,因爲臺灣在此之前没有什麽好房屋,請師傅建造房屋無從找典範。臺灣俗諺説:困床戲臺頂,大厝媽祖間,造成民房與廟宇頗多類似之處。大陸上士大夫謹守孔孟之教,絶不來這些戲臺上的場面,因以前演戲、看戲都視爲下賤之事。所以這大厝如要當古蹟保存,一定要説明這是常民文化,這座房子並不是士大夫的住宅,否則定會引起外賓或後代人的誤會。

(《林氏大宗譜》 1984年臺北鉛印本)

林文察

林文察,字密卿,祖籍福建省漳州府平和縣,來臺始祖住在彰化縣大里杙,即現在臺中縣大里鄉。清乾隆五十一年,林爽文倡亂,林家先人曾經勸阻,但林爽文不從,終於揭竿起義,其先人等因而受牽連,遭致無辜之災,財産充公,後來經家人的活動,案情明白,才算了事。

明代以後,官府土地登記册是使用魚鱗册,並未實際測量,往往只劃一塊一塊的半圓形,注明爲何人之土地、多少面積。整頁翻起來看,很像魚鱗,稱爲魚鱗册。因爲没有實地丈量,很多人常以多報少,隱田很多,意在逃税。

林文察的先人雖然財産被充公,但在這種情況之下,還有很多田地,在大里杙仍是一方之雄。後來林家有一支派到彰化縣阿罩霧莊去發展。阿罩霧就是臺中縣霧峯鄉,這地名是劉銘傳改的,並非是日本人改的。林文察的父親林定邦有俠義之風,不但是鄉甲之首,而且鄰里以爲重。逐漸地,到了林文察時發蹟起來。

當時有一稱爲林和尚的人,擄人錢財,爲惡鄉里。有一次擄了林定邦的族人並要脅勒索重金,林定邦特别請人去疏解,林和尚非但不聽,還把疏解的人拘禁了。林定邦帶著最小的兒子林文明前往理論,雙方吵了起來,林和尚及其黨徒持槍械包圍林家父子,林定邦突圍,卻中彈而死,林文明也受重傷被擒。

林文察當年只有十九歲,聽到這個噩耗,放聲大哭,想要去找林和尚拼命,但又擔心弟弟被害,忍痛含冤,央請地方父老出面調解,還他父親屍體,並告到彰化知縣那裏去。知縣收了林和尚的賄款,拒不受理。林文察難忍喪父又無處伸冤之痛,對天發誓此仇不報,誓不爲人。他去找林和尚報仇,伺機突擊成功,綁著林和尚到他父親墓前,剖開心肝,告祭他父親在天亡魂,並哭著説:殺父之仇已報了,我不可連累家人。逕自往彰化縣自首。

清咸豐四年,小刀會黨侵犯淡北,即現在的臺北地方,破雞籠城,也就是現在的基隆市。當時，北路協副將曾玉明認爲林文察不失爲一個勇士，保釋他出獄，並要他招募鄉勇隨隊出徵，立下戰功。後來捐銀助餉，分發福建補用。林文察驍勇善戰，參加平定建寧、汀州之亂，皆有戰功，逐步晉升至總兵。

而後太平天國進逼福建西北，林文察與弟林文明進駐龍泉，先克遂昌，杜絶太平軍進入福建之路，又攻松陽，五戰皆捷，與友軍會合攻打處州。林文察所率領的臺籍鄉勇，都是鄉里子弟，樸訥堅武，生死相處，感情異常融洽，處州一戰，奮力攻城，先破門而入，林文察因功而加提督銜。清同治二年，又晉任福建陸路提督。

也就在那時，戴潮春作亂起事，破彰化、圍嘉義，甚至進窺淡水廳城，全臺爲之震動。林文察奉命回臺參與平亂。他先率兵攻打斗六門，即今雲林縣斗六市，削弱戴潮春兵力。他又佯言援助彰化，把部隊開拔，誘使斗六門叛軍開門追擊，趁機攻進城門，拿下斗六門。戴潮春知道大勢已去，想要竄逃山中，後來被誘捕，因語多不遜，兵備道丁日健一怒之下，當場處死他。

林文察因功官拜署福建陸路提督，並且得到樟腦專賣特權，林家因此成爲鉅富。世居於臺灣之人，有清一代官做得最大的就是嘉義縣太保鄉的太子少保王得禄，其次就是林文察，所以臺灣父老談起這二人，無不嘖嘖稱羨。

同治二年，閩浙總督左宗棠以福建軍務危急，林文察奉調内渡。當時全臺之亂尚未悉平，林文察駐軍於家，詔命他内渡，他未成行。丁日健彈劾他縱兵騷擾，朝廷命左宗棠查辦，當時福建巡撫徐宗幹極力爲林文察疏解，説他赴調延緩啓程，實在是因夏秋之交多颱風，海峽難渡之故。

而後林文察内渡，僅率領臺籍鄉勇五百人，也有一説他領兵三千人。同治二年十一月先到漳州，十二月移防萬松關。

太平軍到任何地方就把整個村莊燒掉，脅迫民衆去充軍，所以太平軍像滚雪球一樣，愈來愈多，一眼望去不知有幾萬人或十幾萬人。林文察以數千人和太平軍作戰，根本不可能，他雖然奮勇督戰，卻因寡不敵衆，彈盡援絶而被殺害。也有人説，太平軍仰慕林文察之名，盡力勸降，不順從，因此被用棉被裹身縱火燒死。

左宗棠、徐宗幹對林文察的臨陣奮勇都一致稱許，先後爲他疏解，終獲賜祭葬，追贈太子少保銜，謚剛愍，清廷准建專祠於漳州萬松關和臺灣的東大墩兩地。東大墩即今天的臺中市，祠址在今臺中市中山公園旁的合作大樓敬華大飯店附近。

林文察的墓在臺中縣霧峯鄉的萬斗六，現在改稱爲萬豐的公路東邊山坵上，巨墓面前立有石人石馬石筆，非常壯觀，當然這只是衣冠塚而已，並没有屍首。可惜幾年前他的子孫把這墓地賣掉了，在山坡地蓋起了廉價的住宅。當地縣政府民政局文獻課對這古墓非常重視，但古墓被毁於一夜，縣政府發現時已經來不及了，一代英雄的巨墓如此遭損，令人深引以爲憾。

要追念林文察其人，最好到霧峯林宅參觀。林家巨宅分作頂厝、下厝，還有好幾間古厝，其中有些因日據時期娶了日本女子，有好些改建成新屋，但頂厝、下厝的雄偉景觀並未被破壞。頂厝、下厝是以地形來分的，頂厝地形高，下厝地形低。如果以長幼之序來分的話，下厝才算長房，頂厝是二房，其他的古厝還有其他房頭族人居住。

大凡霧峯林家巨大房屋，都是同治以後林家發蹟才興建起來的。下厝是三間排四落起的巨大房屋，三間排是三間大屋連在一起，稱爲三間排。每一房屋有三個四合院稱爲四落起。假如在大陸上，門廳不能算爲一進，有三個三合院的才算三落起。在臺灣，落就是進，落是福建土話。

三間排裏最右邊的一間宫保第現還完整保留,其他的差不多已倒坍,完整的已不多。最當中的一進本來是很好的門廳,一進門就有晶瑩燦爛的戲臺在天井上,這戲臺號稱是全臺灣最豪華的戲臺,光復之初還存在,後來被颱風刮倒。過了天井就是"本堂",本堂是林家的祖堂,爲臺灣罕見的高大木造建築大廳,與大陸上官家的祖廳比較,稍有遜色,可惜屋頂已破,到處漏水,勢將無法保存下去。現屋裏荒煙蔓草,情景淒涼。

看了本堂再看宫保第。林家下厝門前本來是大廣場,可以舉行閱兵,現廣場大部份已售予人建房屋,只留下三分之一。因爲林家是官家,門前擺有石頭雕刻的羊獅像等,這樣威風的邸宅爲臺灣所罕見。板橋林本源的邸宅雖然比這大一點,究竟板橋林家是捐官的商人,門前没有這麽威風。宫保第的門廳畫有一對門神,這就是臺灣的土風俗,大陸上神廟才有門神,普通人家並未畫門神。從門廳過天井到第二落只擺一個困床和座椅,這是以前接客主客對坐時用的,林家當作客廳使用,不擺祖先牌位,因爲本堂裏已有祖先牌位。在大陸上,困床是中等以上人家都有的設備,極爲普遍。臺灣孤懸海外,困床體積大,搬運不便,極爲罕見,只有在戲臺上掛的畫幕上才偶爾能見得到。臺灣俗語説:"困床戲臺頂,大厝媽祖間",意指這些東西稀少罕見。

第二落的廳内掛有一幅表揚林文察的孫子林祖密的匾,爲中國國民黨中央委員會所頒,因林祖密是國民革命的先烈。從此進過天井再進第三落,也是擺困床當客廳使用,從第三落過了好大好大的天井,才到第四落,第四落的正廳原來供奉林文察的牌位,此外還供奉林文察的塑像,但現因怕被竊,牌位還在,塑像已被子孫收藏起來。此廳左右當年是家長房間。

宫保第的結構及使用值得介紹。結構是建築學問題,使用則屬於社會學問題。社會學家説,住宅是生活的容器。這房屋因林文察很早就陣亡,實際上是由其子孫享用。以日據時期的三十年代的情況來説,當時是一位老祖母,也就是林朝棟的未亡人當家,這位老祖母就住在第四進右邊的房間,她的子孫輩每一對夫妻住旁邊護龍。丈夫及妻妾子女稱爲核心家族,護龍一廳四房,那時整個下厝三間都是完整的,住有許多核心家族。這麽大家族喫飯時怎麽辦?敲鐘,聞到鐘聲後,每一護龍内的小家族就派丫頭去廚房拿飯,用一小竹籃内裝四菜一湯、一桶飯,拿回屋中食用。不過各家都自備有小鍋爐,經常燉些鹵肉、扣肉、焢肉或是當歸鴨之類的私菜,以補伙房菜色之不足。

林家的男僕規定只能到二進爲止,有事情或送東西進去,則在外叫喊粗姑來接應。粗姑到四落也得止步,叫喊幼嫻接應。所謂粗姑是粗丫頭,幼嫻是細丫頭。她們也没有資格直接送東西給老祖母,都得請少奶奶轉手,一直到日據時期還襲用這制度。《紅樓夢》裏的王熙鳳侍奉賈母,挾賈母號令全家,王熙鳳在賈家的權勢與地位可想而知,服侍林家老太太的那一位少奶奶地位亦復如此。

在以往的社會,稱謂與社會權威有密切的關連。比如説,林文察在世時,稱林文察爲提督老爺。林朝棟作中軍統領,内外的人都稱他爲統領,林家内頭的人當然可稱爲老爺。林文察死後,林文明當家,林朝棟被稱爲少爺。臺灣的人,妻子很少稱爲太太,只稱娘,例如頭家娘、秀才娘,但林家一定稱太太,小的一輩稱少奶或舍奶。林家的下厝,因爲官做得大,女兒稱小姐。頂厝因爲只中舉人没有當官,女兒稱姑娘,傭人們分得清清楚楚。而且家族之間的人倫稱謂也是擺官家架子,閩南話稱爲結派,與一般不同。例如孫輩的人稱祖母爲奶奶,還得仿浙江口音,稱爲——Ne Ne,臺灣一般的人稱祖母都叫"阿媽"。歲俗結束與冠婚喪時也故意與一般老百姓有别。比如説,農曆過年時,一般的臺灣老百姓都以正月初二爲已嫁女子的歸寧日,女兒返家稱爲作客,但霧峯林家把拜年日子訂爲三天,讓親朋登門拜年,女兒歸寧日定爲年初四,這就與一般習俗迥不相同。

年初一到初三這三天，老太太很樂意人家去拜年，她高坐堂上，少奶奶一旁侍候，丫頭則雙手捧一個擺滿紅包的木盤站於後，親戚朋友下跪，拜完年後，老太太總會賞個紅包。而拜年時，林家也有禮别，僕人對老太太拜年，先伏地下跪一拜，站起來以後，右手打垂直至地下再迅速拉回，稱爲"打千"。晚輩乃至女傭人跪拜後站起時要用雙手托捧小腹，稱爲"萬福"，這都是滿州貴族的禮節，林家樣樣學大陸的官家，令一般的老百姓驚歎不已。關於這點，板橋的林本源也是大同小異，就因爲這緣故，林家的傭人在外面很威風，中部的俗諺稱"大欉大影"就是説大的樹，影子也大，林家的傭人正是如此。

到了年初四，小姐、孫小姐歸寧了，普通家庭女兒應先看母親，但林家老祖權威，應先去看祖母。老祖母照例關懷疼惜一番，接著眼紅目腫，無限憐惜，女兒或孫女兒也會細訴孺慕與思念之情，瞬間淚流滿面，隨著相互擁抱，哭成一團。在旁侍侯的丫頭，又是捧手、擰毛巾，爲老祖捶背，忙了一陣後，老祖母會回復威嚴，問説夫家如何？女兒與孫女兒説，怎能與自己娘家相比，説著説著又是一幅泫然欲泣，楚楚可憐樣。老祖母當然生氣，憤然説，這還了得，馬上清理護龍房間，要小倆口住下。不容分説，就有傭人清理護龍内一廳四房的空房，而姑爺得留在堂上被老祖母教訓一番，甚至於要姑爺自行返家。當然，姑爺可以在個把月後回到林家小住，夫妻團聚。曾經有一位小姐就在此情形下，被老祖母令下扣住了十餘年，雖也生下了幾個子女，卻就不讓她回夫家。一直到老祖母去世後才讓她重回夫家。

老太太生日時的熱鬧勁更不用説了，本堂金碧輝煌的戲臺上請來京幫、上海幫、福州幫等戲團唱戲，外面的廣場則另請了本地的亂彈、歌仔戲之類，以招待霧峯的鄉民觀賞。

林家女兒、孫女出閣，排場更是炫耀非常。比如説，也有以土地爲嫁妝，稱爲"割田租"。當時的嫁妝都擺在杠上以人力扛抬，杠上要放一塊切得整整齊齊的土塊，代表著割田地賠嫁，這種情形大陸上是極爲罕見的，但臺灣的鉅富如霧峯林家、板橋林家都有這情況。以前民間並没有電視、電影、收音機，也少有娱樂，迎嫁妝、出殯並不是一家的事，可説是地域社會人人都關心，都想觀看的事，俗稱"看鬧熱"，鄉民也都視爲娱樂。當迎嫁妝的行列經過，鄉民往往列隊圍觀，比手劃脚檢點共有多少嫁妝，看到"割田租"的土塊，"啊""啊"之聲此起彼落，不絶於耳，歎爲觀止正是最好的形容詞。迎嫁妝的行列裏還有米、薪、金子打造的棺木等等，這表示，女兒儘管嫁入夫家，但娘家仍然還會按月送米、送柴供她使用，甚至連死後的喪葬費用，也全都爲她張羅好了，不勞夫家擔心。這種由生至死的周全準備，固然是林家豪富，照拂女兒無微不至，但林家當時的威風顯赫，由此也可見一斑。

當林文察陣亡之時，雖也得到朝廷至高無上的榮寵，但最重要的，還是他平定戴萬春之時，清廷賞賜他福建全省的樟腦專賣權。現在臺中縣太平鄉還有腦寮的地名，就是當年林家組織的腦丁砍伐樟腦時所住的小屋。

林家是漳州人，從臺灣運出樟腦，他們並不由鹿港進出，因爲這是泉州人所居的地方。林家另辟伍汊港供船隻停泊，這就是現在臺中縣的梧棲鎮，也就是現在新辟的臺中港附近。

鴉片戰爭，五口通商，上海設租界以後，林家也在上海設腦館，即樟腦的倉庫，林家自營自銷，這是他們最大的財源。到了日據時期，日本人在臺灣設置專局，主要以煙酒爲專賣對象，樟腦也包括在内，日本人意圖染指林家的樟腦專賣權，與林家商量，要合股經營，由日本人每年拿到利益七成，林家拿三成，林家不相信日本人，願意賣斷，日本人卻只拿了一點象徵性的錢送給林家，林家上當卻也苦於無法伸冤，經濟地位也就由此走下坡了。

林家的頂厝是林文察的堂弟輩林文欽等的房屋，頂厝雖也是四進，但規模卻不能與下厝比，日據時期曾經大肆整修過一次，古色古香程度遠不能與下厝相較。但頂厝倚靠斜坡而建，層迭有致，遠望非常壯觀，日據時期的臺灣政治運動家林獻堂的故居就在這裏。下厝裏有一位老太太莊夫人生日時，中華會館所送的匾，普通人家如掛類似的匾，日本人定會干預，但因林家是世家，日本人的懷柔政策優待部份世家，日本人没有計較。頂厝這邊也有一塊匾，是林獻堂母親楊太夫人大壽時，特地央請當時北洋政府首魁段祺瑞送的匾，國民革命未成功前，臺灣人民和當時的大陸民衆一樣，姑且視北洋政府爲正統，日據時期敢高懸這樣匾，算得上是懷念祖國，愛國心切的表示，非常難得，如果是普通人家，定會被日本人找麻煩，但對霧峯林家，日本人也只是雙眼半睜半閉算了。

去霧峯參觀林文察故居，還應去看看林家的萊園，這就是所謂的林家花園。萊園位置稍離林家邸宅，依山而建，是清光緒年間林文欽等爲了安慰他母親而建造的花園，與林文察無關。原來只有天然的山水，並無建築物，現在的亭臺樓閣都是日據時期再添建的。戊戌政變失敗後梁啓超曾經來這座花園住過，和林獻堂的事蹟有密切關連，也是近代史上的一個名蹟。

（《林氏大宗譜》 1984年臺北鉛印本）

林獻堂

林獻堂，名大椿，號灌園，臺中縣霧峯鄉人，是霧峯林家的後裔，幼年時即飽讀詩書。

清光緒二十一年乙未之役，日本人佔據臺灣，他內渡福建泉州避難，隔年才回到臺灣。光緒三十三年，他旅遊日本，邂逅梁啓超，他以臺灣同胞爭取自由的事向梁氏請教，兩人撫掌相談，愉悦訂交。

當時日本人蹂躪臺灣民衆已經十餘年，苛政暴虐日甚一日，遺老胡南溟、林幼春、連雅堂等人結成櫟社，在霧峯林家的萊園以詩文相應和，藉以排遣山河變色的悲懷。櫟社以外，南部成立南社，北部成立瀛社，吟詠之風極一時之盛，林獻堂也是其中重要的一員。

後來梁啓超來臺作客，住在霧峯萊園，萊園就是林家的花園。梁啓超在那住了十天，兩人竟日唱和，都是慷慨悲歌。當時臺灣民衆離開祖國懷抱已久，所以作詩感懷，思念祖國心意更是油然而生。

1913年，林獻堂到北京遊覽，和中國國民黨人時相往來。日本人歧視臺灣民衆，受教育與日本人大不平等，於是他率先捐款，創建臺中中學，作爲臺灣子弟進修中等教育的場所。1918、1919年間，他住在日本東京，鼓勵留日臺灣學生研習民主科學的新思潮，顯然這是受到"五四運動"的影響。1920年，又發動楊肇嘉、蔡培火等知識份子，聯名向日本當局呼籲撤銷"三六法案"，這項法案就是日本人以不平等對待臺灣老百姓的單行法，也可以説是殖民地的特别法。同年十一月，他召集留日臺灣學生，擴大商計撤銷"六三法案"，臺灣總督府爲之駭然。當時在東京的臺灣留日學生組織新民會，作爲反日鬥爭的活動中心，公推林獻堂爲新民會的會長。

1921年，第一次歐洲大戰結束，全世界民族主義澎湃激蕩，臺灣民衆不甘願受日本人的高壓統治，發起"臺灣議會設置請願運動"，公推林獻堂爲首，於是他就在臺灣各地宣講，民情激然。臺灣日人當局頗爲恐慌，爲懷柔之計，選派林獻堂爲臺灣總督府第一屆評議員。臺灣民衆逐漸受祖國革命影響，於1921年十月，創立臺灣文化協會，致力於反日運動，當然也公推林獻堂爲協會總理。同年十二月，他再赴日本，請永設置"臺灣議會"，並遍訪日本朝野政要，招待記者,慷慨激昂發表言詞。1922年五月,他又到臺灣各地演講,呼籲民衆團結。

日本人對“議會請願”,深惡痛絶,當然嚴詞竣拒,但是一般臺胞看見“議會請願”聲勢越來越大,以爲已經得到天下,民意頓然蔚成風氣,群衆勢力愈加膨脹,日本當局大爲恐慌,不得不以高姿態施行壓制。先是於八月下令,對林獻堂所領導的各種政治運動人員一律加以彈壓。隔年三月,免掉林獻堂臺灣總督府評議員的“榮譽”。十二月,所謂治警事件發生,日本人大肆捕拿“議會運動”人員六十多名,林獻堂當時正在臺南關子嶺養病,才僥倖逃過劫難。

1925年二月,林獻堂再接再厲,又到日本推行議會設置運動,他在東京帝國大飯店招待日本名流一百多人,即席演説,剴切陳詞,日本野党和社會賢達聽得大爲感動。十五年二月,他親往在帝國議會請願,請願書上連署的臺灣名流多達二千多人。十二月二十一日,他在霧峯私邸召開臺灣文化協會起草委員會,卻爲左派所分裂,使他憂心忡忡。十六年元月,他又召開文化協會臨時會,因爲左派想奪權,分裂徵兆更加顯現,他嚴詞推卸委員長職銜,改出任爲委員,不久,又以出國爲名去掉職務。1930年七月,臺灣總督府再度請林獻堂擔任總督府評議員,他堅決推辭,當局也無可奈何。

那時,臺灣反日運動因陣營分裂爲左、右兩派,失掉領導中心。林獻堂於十九年八月,約楊肇嘉、林柏壽、羅萬俥、蔡培火、林履信、蔡式穀等,會合於北投八勝園,成立臺灣地方自治聯盟,公推楊肇嘉爲首,林獻堂爲顧問。二十年一月,他曾擔任臺灣民衆黨顧問一段時間,蔣渭水歿後,臺灣民衆黨逐漸爲左派所把持,偏向於階級鬥爭,林獻堂一怒之下,辭去顧問的職務。臺灣自治聯盟僅僅提倡以最温和的方法來實行地方自治,所以日人當局認爲無礙於統治,並不加以禁止。

日據之初,臺灣老百姓的抗日運動都是以武裝蜂起的方式來進行,乙未之役轟轟烈烈的抗日戰爭之後,又有羅福星事件、噍吧哖事件等等的武裝抗日革命,前仆後繼,層出不窮。但自本世紀二十年代起,因爲臺灣鐵、公路開通,工商業發展,在鄉下發起武裝暴動的可能性已絶望,同時,第一次歐洲大戰之後,全世界民族主義思想昂揚,臺灣同胞也知道這樣的情勢,此後臺灣反日運動,採取近代化的政治運動方式來進行。以上所提的臺灣文化協會、臺灣議會設置聯盟、臺灣民衆黨乃至臺灣地方自治聯盟等等都採用近代化政治結社方式。

1931年九月,林獻堂會晤日本首相齋藤實,建議早日實施臺灣自治及義務教育,並恢復漢文爲學校的必修科目,卻未得到任何反應。十一月,臺灣總督府更率性禁止私人設置漢人書房,此後,臺灣民衆就完全没有機會學習中文了。當時很多臺灣同胞悲憤之餘,感慨的説,寧可爲英國殖民地子弟,像香港那樣還有中文可念,在臺灣做日本殖民地的子民最倒楣、最痛苦。

1933年二月,林獻堂的長子攀龍留學英倫歸國,創一新會,在霧峯設漢文研究所,被日人禁止。23年五月,林獻堂晉謁臺灣總督府總務官平塚,强調漢文教育的重要性,但平塚避不作答。不但如此,日方還連忙禁止臺灣議會的設置運動。臺灣同胞想進一步,總督府就逼退兩步,這是臺灣總督府一貫的作法。

1936年,日本侵華陰謀逐漸顯露,林獻堂滿懷憂慮到上海遊歷,在華僑歡迎會上致詞説:“今天我的脚踏上上海,宛若有回到祖國之感!”可是爲日本間諜臺灣軍參謀長萩州立兵所偵悉,等到他回臺後,唆使流氓在臺中公園遊會上當衆毆打他,大喊“非國民”,把他右頰打得紅腫,但林獻堂爲民族大義,泰然自若,所謂“祖國支那事件”就是指這件事。日本人毆打林獻堂是殺雞儆猴,藉以警告臺灣的知識份子。從此,日本人對臺灣知識份子,特別是臺灣留日學生的監視與迫害,就一天比一天强化起來。

二十六年二月，由於林獻堂的很多親友，都因爲細故被日本人拘禁，他遂於五月避居日本。同年七月，日本大舉侵略中國，八年抗戰爆發，他只得返臺屈居於霧峯的老家。縱是這樣，日本人還是不放心，臺灣總督府特別安排他擔任貴族院議員，也就是帝國議會的上院議員，這完全是懷柔籠絡，日本人當局自豪爲高等政策。因爲日本人深知他在臺灣同胞中的影響力很大，爲了騙臺灣同胞到沙場上赴死，非這樣做不可。

三十四年八月十五日，日本人敗降。他迅即飛往南京、上海之間，晉謁何應欽將軍，陳述臺灣的時況以及臺灣數十年本身受異族統治的痛楚。十月二十五日，他參加受降典禮，並擔任臺灣光復慶祝大會的主席。十二月，加入中國國民黨，翌年，他當選臺灣省參議會議員，爲地方善後盡力。

三十六年三月，林獻堂出任彰化商業銀行董事長，五月，任臺灣省政府委員。三十七年六月，任臺灣通志館長。三十八年，因患高血壓赴日本就醫，辭卸省府委員及通志館長的職務。1953年，他受聘爲臺灣省政府顧問，1956年九月，他肺炎病逝東京，享年七十有六。

林獻堂秉性寬厚，平易近人，他結識各階層，上自顯要達官，下至村嫗庶民，他都以誠待人，所以很得愛戴。他致力臺灣反日運動，持節守義，老當益壯，爲臺灣父老所倚重，噩耗傳聞，朝野同聲哀悼，當時的教育部長張其昀與彰化銀行洽商，特別於臺北植物園内建一獻堂館，以資表揚。

林獻堂的故居在臺中縣霧峯鄉林宅頂厝壯麗的邸館，現在還存在無恙。正廳掛有林母莊太夫人八十大慶時，北洋政府執政段祺瑞贈送的匾額，横書“海國春暉”四字，因爲國民政府還未成立以前，對國内情況不明了的臺灣民衆，還認北洋政府爲正統，他爲向母親祝壽而要來這匾額。但當時在日本人消滅中國文化的政策下，敢在大廳上高掛這類的匾額，還是需要相當勇氣的。

（《林氏大宗譜》 1984年臺北鉛印本）

林幼春

林幼春，名資修，字南强，幼春是他的號。晚年，他又自號老秋。

他世居阿罩霧，就是今臺中縣霧峯鄉，也是霧峯林家子弟中的佼佼者，他自小就好學不倦，博覽群書。日本佔據臺灣時期，他追隨族人林獻堂致力於抗日運動，足智多謀，有小諸葛的雅號。

他工於作詩，古體尤其雅健，與連雅堂、胡南溟，於日據時期並稱爲臺灣三大詩人。民國初年，林幼春逝世，著有《南强詩集》二卷，可惜並未刊行。

日據以後林幼春雖然任阿罩霧區長，也擔任過霧峯信用組合長，但他非常不滿日本人的統治，後來由林獻堂等公推就任臺灣民報社長，時常有反日和愛國的言論在報上發表，因此頗受日本人的忌視。到了臺灣民報改稱爲臺灣新民報社時，他的社長職務也丢了，改任爲顧問。

霧峯的林宅下厝是一座“三間排四落起”的大建築，現在雖已傾頹，但大部份還存在。三間排正中間的一間是本堂，右邊的一間是宫保第，左邊的一間没有名堂，這一間的第四落就是林幼春的家。光復初時，他的兒子林培英還在那兒。

像林家這樣又是官宦又是富豪之家，財權都集中在一、二個人的手中，其他的人等於被他所撫養。所以，林幼春生前並不是如外人所想像的是位闊少爺。根據林培英所説，他父親的生活非常清苦。臺灣諺語說“好額人,乞食命”,就是指這樣的情形。大概因爲生活清苦,他才立志作詩,學問的成就也很高,生前爲全臺所欽佩。

乙未之役時,他才十六歲,寫了六首詩論臺灣事。詩爲:

“南州稱制萬夫奔,獨爲神京守外閽。父老不煩丹穴索,孤臣敢受素麾尊。但思一柱天能倚,其奈群飛海已翻。他日尚余諸疏在,嘵嘵衆口與鳴冤。唐維卿中丞。”

“將軍百戰著威聲,鳳詔遥口卸佐上卿。河北虜驚張萬福,關中人望李西平。傳聞馬市疏賓佈,復遺蛟宫取水晶。至竟白衣摇櫓遁,枉教薏苡累修名。劉洲亭軍門。”

“文章任昉推名手,勸進齊臺首上牋。鉛槧生涯邀異數,菰蒲人物此居先。一時噓氣能行雨,滿望隨風直上天。誰信抱琴滄海去,瘴雲長隔祖生鞭。邱仙根工部。”

“三尺英雄竟若何,吴公近事感人多。草間持梃長酣戰,夜裹量沙獨浩歌。看月有年皆帶甲,廻瀾無力且憑河。壘壘叢葬磺溪路,策蹇荒山未忍過。吴湯興茂才。”

“花裏鳴鞭五馬嘶,孤城如斗慧星低。極知此事同巢幕,未便高飛徑拔梯。人笑丕烏欽難學鳳,我憐鸊鵜不如雞。俱爲説知夢誰是,試把閒情問丕烏鸝。黎伯鄂太守。”

“猿臂丁年挾箭馳,北平家世虜能知。花拳子弟眉魚箙,雕面豪酋拜隼旗。脱兔每憐身似玉,騎驢今見髩成絲。臨河誰唱公無渡,寂寞天涯老自悲。陰堂。”

（《林氏大宗譜》 1984年臺北鉛印本）

林祖密

清光緒二十一年,乙未抗日之役後,林朝棟足蹟不再踏踩臺灣的土地,但他的產業依然還留存於臺灣。根據日據時期日本人的統計,霧峯林家財產有板橋林本源的一半。霧峯林家的財產主要是樟腦生意與其他很多肥沃的田地。

霧峯林家與草屯洪姓歷來的械鬥,主要也是爭田地、爭水源。因此,霧峯林家家訓中,嚴格規定子女一概不能與姓洪的通婚。曾經洪家派了一位美貌的少女到林家當丫環,也兼做間諜,事蹟敗露後,被林家活活打死,這一丫頭姓黄,林家因而又規定不得與黄姓通婚,這樣的規矩在日據時一直遵行,沿襲到光復後,此一禁忌才消除。

林祖密是林朝棟的長子,他在父親死後隨母親返臺,但心中鬱鬱不樂,常常公開說,林家三代帶兵,怎麽可以淪爲日本殖民地的子民?因此他慢慢處分林家的土地,從臺中縣霧峯鄉起一直至臺中市南門橋教師會館爲止公路兩旁的肥沃土地,都以廉價出售。臺中市南屯區有很多林家的土地,現臺中市公車處還設有半平厝這樣的站牌。所謂半平厝就是當年林家收租的租館,因年久失修只剩下一半的房屋而得名。後來連僅剩的一半房屋都沒有了,只剩下半平厝這樣的地名。

當時各國還沒有外匯管理制度,林祖密賣土地所得的錢很容易移轉到福建去,他的真正目的,就是帶一些財產脱離日本國籍回大陸。

本來根據馬關條約的規定,臺灣當時的住民可以在一年之内自選擇國籍,凡是不做日本子民之人,可以在一年内拍賣財產回到中國大陸。林祖密回臺時,這個期限老早過期了,他只得向北洋政府申請恢復中華民國國籍,而得到臺灣老百姓恢復中華民國國籍的第一號證書。

党國元老連震東先生常說,臺灣老百姓中他是第一個恢復中華民國國籍的人。没錯,連先生拿的是國民政府成立以後的第一號證書,如果把北洋政府算在内的話,那林祖密是恢復國籍的第一人。在臺灣,人人對這兩位先生的復籍都傳爲美談,可見臺灣老百姓在日據時期懷念祖國之一斑。

關於林祖密的事蹟,並無任何文獻記載,只有依賴口傳來敍述,與林祖密有深交的板橋已故父老林木土,他是立法委員林慎的哥哥,以下是根據他的談話而記述。當然,口傳易有異説,個人期望如有其他材料的人,也能陸續發表。

根據林木土先生的説法,當林祖密正在申請恢復國籍時,臺灣南部發生有名的噍吧哖事件。這個事以臺南市的西來庵爲策動之地,所以也稱爲西來庵事件,其首領爲余清芳,故也稱余清芳事件。這件事發生於1915年,結果引發日本人在噍吧哖的大屠殺。噍吧哖就是現在臺南縣的玉井鄉。

林木土説,林祖密曾以金錢暗助余清芳,被臺灣總督府查知了。但因總督府對臺灣人使用懷柔政策,對板橋與霧峯的林家非常客氣與優待,並不發傳票傳訊林祖密,而派了警務部的一位高級官員森川,到霧峯來訪問林祖密,用意當然是探口風及套話。

森川是日本明治時代生長的人,飽讀四書五經,對林祖密的心懷祖國,私下甚表敬佩與同情。他見到林祖密就開門見山的説:"林先生,關於這次的大事件,外面有很多謡傳,我相信你是没有關系的吧?"林祖密嚇了一跳,連忙説:"我在霧峯深居簡出,外面的事怎會和我有關系呢?"森川説:"好啦,你心裏我明白,要不要我明講出來?"林祖密更嚇了一大跳。森川見狀,没有多説,緩緩伸出自己的左手,以右手食指在左手心上寫下"知恥"兩個字給林祖密看,森川的意思是説,"你是知道國恥的人"。林祖密就啞口無言了。

森川又説,"我奉命前來,要陪你到噍吧哖事件的人犯監獄去走一趟,假使與這件有關的人犯,没有人認得出你,表示這事與你無瓜葛,我好結案,這是公事,你一定要與我同去一趟"。

林祖密暗助余清芳,都是採秘密捐款方式,款項也不大,當然没有人認得他,而且森川故意安排快速繞監獄一趟,就此没事,讓林祖密回家。森川很自豪的説:"這就是日本的武士道的精神。"

經過了這次事件後,林祖密心中膽顫了。他加快速度把土地賣出,國籍也拿到了手,很快回漳州,與臺灣一刀兩斷,母親則交給弟弟侍候。

到了國父在廣州開大元帥府,林祖密認爲時機已到,非常高興,趕到廣州求見國父,捐了一筆款,並且要求加入革命組織。國父賜給他一把寶劍,並告訴他説:"國民革命將分兩路北伐,主力從廣州向武漢推進,東路軍將要從福建的厦門、福州北上,革命軍到福建時,你就拿這把劍做開路先鋒好了。"

林祖密非常高興,回福建時帶寶劍進入鼓浪嶼租界示親友説,"不久之後國民革命軍就要來了,到時候我要拿這把劍指揮……"親友莫不駭然。據説,因爲事機不密,被北洋軍閥探知了。

當時的福建省爲北洋軍閥孫傳芳的勢力範圍,他的部屬李厚基當福建督軍,這職務等於省長兼警備總司令,李厚基又派他的部下張毅當軍長,駐守在漳泉厦門一帶,張毅聽説林祖密在鼓浪嶼租界宣傳革命,非常憤怒,等林祖密回到漳州,立即派兵把他逮捕,並且很快槍斃。

林祖密出身富家,凡事大而化之,才會不知輕重的洩密,更因而導致殺身之禍,壯志未酬,令人殊憾。

當時的福建、廣東沿海的厦門、福州、汕頭等等通商口岸,日據時期都有臺灣浪人的活動。何謂臺灣浪人?都是在臺灣作奸犯科後在日本人默許下到福建、廣州避罪的犯人。

在臺灣作奸犯科的人，情節重的，日本人當然以法律制裁，情節輕的，日本人就有條件的勸他們到對岸的厦門、福州，可以不追究刑責，所謂條件就是替日本政府擔任某種任務。這些人浪蹟對岸之後，都以開煙館、賭場爲生，甚至於勾結日本人高價販賣武器給土匪、軍閥，得到非法的厚利。

日本人爲什麽會這樣呢？有兩個政治作用，一是嫁禍給福建，二是分化中國人。明明只是少數爲非作歹的人，但日本人把這些人趕送到福建去，使福建人以爲臺灣百姓都是素行不良、爲非作歹的人。這些歹人到了福建以後，甘做日本爪牙，替日本人搜集情報，這又是日本人的另一項收穫。根據林木土説，當林祖密被殺害時，日本的福州總領事館、厦門領事館馬上就指令當地的“臺灣籍民”，開會聲討北洋政府，並在福州、厦門的街市成群結隊到處鬧事，騷擾戲院，搶店鋪、當鋪。因爲這些人有日本國籍，中國員警不能逮捕他們，對他們無可奈何，只能通知日本的領事館取締，但日本的領事館故意遲遲不處理，讓事態愈加惡化。像這樣的芝麻小事，日本人都懂得利用來作分化、欺負中國人，這是現在年輕一代難以想像的。

由於福建地區是盤踞於江蘇一帶的北洋軍閥孫傳芳的勢力範圍，北京政府鞭長莫及，力不從心，星星之火都有燎原之勢。之後，何應欽將軍引率的國民革命軍果然到了福州，所謂的臺灣籍民代表，竟大膽的向何將軍要求，要引渡當時已投降國民革命軍的張毅，由臺灣籍民施以私刑。顯然這是日本人利用臺灣籍民來侮辱中國，何應欽將軍當然嚴詞竣拒，但張毅後來被釋放時，還是遭到臺灣浪人用亂槍打死。

以上是林木土的口述，這就是當今美國歷史學界所風行的所謂口述歷史。口述歷史一個人講一個樣子，異説很多，好處是可以得到很多資料，但這也是它的缺點，因爲何者近乎事實，何者是講述者的想像，難以研判，學術價值當然是非常有限的。

林木土口述的這出戲，實際上是福州、厦門的日本領事館所一手導演的，他們趁中國人張毅殺了反日的林祖密，馬上利用臺灣人製造大陸和臺灣百姓之間的摩擦，分化了中華民族，日本人又在肚子裏哈哈大笑。

霧峯林家第二進的正廳，掛有中國國民黨中央委員會褒揚林祖密的匾額，因爲他壯志未酬，只由中央委員會表揚，如果真正參加起事而事亡，可能得到更高的表揚。我奉勸從事編劇的作家們，像林文察、林朝棟、林祖密祖孫三代一門忠烈，而且都富有戲劇性的一生，如果能拍成電視劇，定能得到觀衆的歡迎，而且富有教育意義。

（《林氏大宗譜》 1984 年臺北鉛印本）

林荣茂

林榮茂：又名雲茂、李雲茂：福建海澄人，一作南靖人，世襲雲騎尉，乾隆六年任臺灣水師協標中營副將，八年被參去。

（《林氏大宗譜》 1984 年臺北鉛印本）

林爽文

林爽文：漳州平和人，生於清乾隆年間，乾隆五十一年秋七月被反清復明之臺灣天地會擁爲盟主起義，佔領彰化、嘉義各地。至五十三年清廷自大陸調水陸大軍來臺鎮壓而被捕，解赴北京而殉難。

（《林氏大宗譜》 1984 年臺北鉛印本）

漳浦浯江烏石林氏明清科舉士宦人物録

明清兩代，烏石林氏共有進士十一人，舉人二十五人，貢生三十三人，文吏、武職九人，封贈十七人，任子一人。其中武進士一人，武舉人七人，武職一人。建立坊表十七座，俗諺："秀才掉下廁，没人顧得撈"，譬喻當時人才薈萃之盛況。

一、進士。

明 代

十世 林功懋，字以謙，號竹溪，廷臣三子。以儒士中式嘉靖十年辛卯科舉人，嘉靖十一年壬辰科聯捷進士，授廣東廣州府東莞知縣，升南户部主事、郎中，遷江西贛州府知府，擢四川按察司副使，備兵松藩，起山東副使，遷河南參政，升廣西按察使。

十世 林策，字直夫，號丹峯，一初從弟。嘉靖十三年甲午科舉人，嘉靖十七年戊戌科進士。授浙江紹興府蕭山縣知縣，擢大理寺右評事，遷右寺正，升江西按察司僉事。

十世 林一新，字躋夫，號南江，一初三弟。嘉靖二十五年丙午科舉人，嘉靖二十六年聯捷進士，授刑部主事，升雲南按察司僉事。

十一世 林士章，字德斐，號璧東，一初堂侄。嘉靖三十七年戊午科舉人，嘉靖三十八年聯捷進士，殿試第一甲第三名，探花及第，授翰林院編修，戊辰科會試分考官，兩京國子監祭酒，經筵講官，會典副總裁，擢禮部右侍郎，遷左侍郎，升南京禮部尚書。

十一世 林士宏，字仁甫，號中峯，功懋子。嘉靖三十四年（1555 年）乙卯科舉人，萬曆八年庚辰科進士。授行人司行人，遷司正，擢禮部郎中，升湖廣承天府知府。

十二世 林汝詔，字君綸，號光璧，士章次子，萬曆四年舉人，萬曆十四年丙戌科進士，授湖廣永州推官，擢南京吏部郎中，任浙江右參議，升廣東按察司徽寧兵備副使。

清 代

十三世 林顒，字希廉，號後子，别號戊戌居士，策曾侄孫。順治十一年甲午科舉人，順治十五年戊戌科進士、會魁。授江西九江府德化縣知縣。

十四世 林琛，字解人，一字元伯，號紫峯，顒族侄。康熙八年己酉科舉人，康熙十八年己未科進士，授内閣中書，丁卯科順天同考官。

十五世 林紹祖，字衣德，號丹麓，士章玄孫，汝詔曾孫，友筠孫。康熙二十三年甲子科舉人，康熙三十六年丁丑科會試中式，康熙三十九年庚辰科進士。授湖廣長沙醴陵縣知縣，改湖廣寶慶府新寧縣知縣，擢吏部主事，升吏部員外郎。

十六世 林開鎬，字成伯，號涘江，琛侄孫。雍正十三年乙卯科舉人，乾隆十年乙丑科進士。

十六世 林明哲，字企山，號雙溪，琛侄孫，乾隆二十一年丙子科武舉人，乾隆二十二年丁丑科聯捷武進士。授福建省提務廳。

二、舉人。

明　代

五世　林純一，字元真，號誠齋，又號無僞翁，由薦辟經明行修登洪武五年壬子科應天舉人，授本府長泰縣教諭，河南開封府洧川縣教諭，升國子監助教。

十世　林一陽，字復夫，號復庵，一初二弟。嘉靖十三年甲午科舉人，授山東濟南府通判，右遷南京鳳陽府霍丘縣知縣，升唐府審理。

十世　林一初，字遂夫，號玉山，林黼長子。嘉靖十九年庚子科順天舉人。

十世　林成綱，字勉夫，號定庵，一初從弟。嘉靖二十二年癸卯科舉人，授廣東廣州府香山縣知縣。

十一世　林楚，字德春，號春齋，別號玄穀老人，士章從兄。嘉靖三十七年戊午科順天舉人，授南京應天府溧陽教諭，擢湖廣武昌府咸寧縣知縣，遷南京廣德州判官，升廣東雷州府通判。

十一世　林士萓，號對江，一新三子，萬曆七年己卯科舉人，授河南南陽府舞陽縣知縣。

十一世　林士角，士章七弟，萬曆十九年辛卯科武舉人，授陸鳌、澎湖二處把總，海澄城守。

十三世　林萃祉，字錫之，一初曾侄孫，萬曆四十年壬子科舉人，初任泰寧縣學教諭，授都察院司務，升都察院經歷，擢刑部主事。

十三世　林孚尹，字希清，萬曆四十年壬子科武舉人。

十二世　林朝禄，字受百，一初侄孫。天啓七年丁卯科舉人。

十三世　林友筠，原名孚震，士章孫，汝詔三子。南明隆武元年乙酉科舉人。

清　代

十七世　林凝崇，字智侯，紹祖孫。雍正元年癸卯舉人，授廣東肇慶府高明縣知縣。

十六世　林儕鶴，字嘯雲，號松崖，萃祉侄孫。雍正四年丙午科舉人，亞魁。

十五世　林生枝，字桂一，琛族侄。乾隆三年戊午科五經舉人，授江西南安府崇義縣知縣。

林陽珠，字烱文。乾隆九年甲子科舉人，授福州府閩清縣訓導，屏南縣教諭。

十七世　林獻之，字於廷，琛曾孫。乾隆十二年丁卯科舉人，亞魁。

十四世　林繼喬，字松甫，號鶴棲，功懋族孫。乾隆二十五年庚辰科舉人。

林大力，字資翼。乾隆二十五年庚辰恩科武舉人。

林登南，字對南。乾隆二十五年庚辰恩科武舉人，授永定、詔安把總，升臺灣千總。

林冠英，字勝千。乾隆三十六年辛卯科武舉人。

林際盛，字希兩。乾隆三十六年辛卯科武舉人。

林繼魁，字敬承。乾隆三十九年甲午科武舉人。

林　森，字象羅。乾隆四十二年丁酉科舉人。

林春魁，字捷三。道光二年壬午科舉人。

林師洙，原名瑶樹，臺灣學，同治九年庚午科舉人。

（《[漳浦浯江]烏石林氏族譜》 1995年稿本）

(三)黄　氏

黄飛鳳

黄飛鳳及子景峯、景嵐後園系。飛鳳,行一,世傑長子,世襲雲騎尉,陞銅山營臺灣艋舺營參府,在任病故。生三子。長景峯。次景嵐,由行伍陞臺灣艋舺營參將,澎湖協鎮,在任病故。三景嵩,隨景嵐在臺灣,傳稱生六子。

(《[福建漳浦]陳氏聯合族譜》 2005 年印本)

黄世傑

黄世傑後園系。高祖諱世傑,行四,由行伍陞臺灣鎮左營千總,乾隆間征平臺陣亡,奉旨賞給雲騎尉。

(《[福建漳浦]陳氏聯合族譜》 2004 年印本)

(四)張　氏

張　丙

張丙,嘉義人。其先自漳之南靖來臺,居店仔口莊,世農業,能以信義庇鄉鄰,衆倚重之。道光十二年夏大旱,粒米不藝,各莊皆禁糶。丙與莊人約,莫敢違。而陳壬癸潛購數百石,爲約故,不能出,賂生員吴贊護之。贊族吴房,逸盜也,與詹通劫諸途,店仔口之禁糶,丙董其事,贊牒縣,謂丙通盜,嘉義知縣邵用之獲房,誅之,並捕丙,丙怨令不治米出境而反治禁者,要贊之妻孥於途,又爲縣役護去,益恨之。

陳辨者,巨盜也,居北侖仔莊。其族爲粤人張阿凛所辱,阿凛居雙溪口,粤莊之强者。閏九月初十日,焚辨室,辨室邀丙與鬥,率衆三百人,攻之不勝,臺灣鎮總兵劉廷斌適北巡,丙聞而歸,辨遂掠粤莊。二十五日,劫大埔林汛兵軍器,廷斌追至東勢湖,戮二人,北路協副將葉長春與用之亦至,合擊辨於紅山仔,辨走攻莆姜侖莊。官兵至,斬其党王興、王泉。辨竄白丙,丙觸前念,謂官兵之專殺閩人也,與詹通謀起事,通父經知之,命長子日新往殺通,刃其額,不死,旁人殺日新。十月朔,攻佳里興巡檢署,殺教讀古嘉會及汛兵,掠下茄苳北勢坡、八掌溪各汛,用之遂之入店仔口,丙執而殺之,報宿怨也。初二日,臺灣知府吕志恒聞嘉令被圖,率鄉勇二百人往援,南投縣丞朱懋從之,丙禦之大排竹,署遊擊周進龍卻,懋以言激之,乃前施碼爻,爲丙衆所乘,義民許邦亮以其馬授志恒,徒步與戰俱陷,懋有循政聲,丙後悔之,進龍間道歸,是以免。

初辨之約丙也,無戕官意,至是其妻自經死,丙乃約所交遊,稱開國大元帥,建號天運,張告示,禁淫掠,令民無恐。以詹通、黄番婆、陳連、陳辨、吴扁爲元帥,劉仲、劉港、劉邦頂王,奉陳委、洪番、吴貓、李武松、許六、孫惡爲先鋒,柯亭爲軍師,吴允不受封,自稱開國功臣,賴牛亦自稱元帥,各就所居,糾集黨羽,分大小四十六股,股首稱大哥,下爲班首,所部曰旗脚,每股百餘人，或數百人。初三日，丙率衆攻嘉義，典史張繼昌集兵民，縒城守，而股衆聚愈多，蔡恭、梁辨、莊文一、吴鰍、陳開陶、黄元德各率所部至，凡萬五六千人。越日，丙分衆攻大武壠汛，傷巡檢秦師韓，又攻目加溜灣，把總朱國珍死焉。廷斌北巡在途，聞警，以兵二百往，丙分要道擊，官軍將敗，適王得蟠率義勇至，擁以入城，副將周承恩殿後，不知也，反馬入陣，馬蹶被刃，猶殺數十人乃殪，將弁死者九人，兵百餘人，軍械盡失。廷斌既入城，以繼昌權縣事，修戰具，募義勇，爲固守計，而莊民之起應者，忽分忽合，郡城戒嚴。初七日，股首黄番婆攻鹽水港，破之，守備張榮力戰死，巡檢施模亦殊傷。鹽水港爲嘉義咽喉，郡北屏障也，既破，黨氏大振。初八日，丙解圍去，而迤南之黨漸迫郡城，郡中初不知守令之被戕也，有歸自大排竹者述其狀，兵備道平慶以同知王衍慶權府事，環城樹柵，備戰守，紳士亦助餉募勇，貢生陳以寬内渡告警。訛言日起，中營遊擊武忠泰落井死，相率欲逃，衍慶令曰，敢言走者斬，獲偵探吴連戮之，衆稍定。十一日，丙略鹽水港，辨亦攻北港，縣丞文炬、千總蔡淩標合禦之。嘉義自解圍後，築土於城下，甫成而丙復來攻，凡三日，解圍去。

鳳山縣人許成亦以月之十日竪旗觀音山，號天運，封歐先爲軍師，柯紳庇爲先鋒，以滅粤爲辭，遏運郡之米，爲丙援。十四日，攻阿公店，千總許日高擊退之。於是始不敢窺府城，然彰化人黄成受丙約，亦以十二日竪旗於林圯埔，稱興漢大元帥，用故明正朔，僧允報爲謀主。郡中聞嘉義被圍久，念諸將在外無援，以都司蔡長青率兵九百，運械往，股首蔡恭要之曾文溪，長青背水爲營。十九日，恭擊之，大敗死焉，兵士亡者二百餘人，軍械盡棄。二十三日，丙焚嘉義北門，城兵出擊，互殺傷。三十日，又戰，股首陳太山、劉眉滚被禽，磔之。於時黨中互爲雄長，分踞各莊，丙亦舍城去。殷庶之鄉慮其必敗，遂建義民旗鼓，輒禽股首殺焉。是日南路股衆圍鳳山，夜縱火逼縣署，署遊擊翁朝龍退守火藥局，署知縣克通阿、千總岑廷高列礮於庭，擊退之。自是亦不敢窺鳳治。

閩中既接臺灣之報，陸路提督馬濟勝將兵二千馳援，以十一月朔抵鹿耳門，駐北門外較場。初五日，進兵西港仔，獲偵探，知黨狀。初七日，至茅港尾，遇股衆二千，敗之。濟勝曰："此地可戰。"壘土爲營以待。翼日股衆果以五六千人來撲，濟勝戒勿動，俟其懈，開壁出擊，陣斬數百。十二日，進兵鐵線橋。二十二日，丙擁衆二萬，自搏戰，氣鋭甚，呼聲震山谷，自辰至於日中，濟勝堅壁不動，薄暮始縱兵出，追逐數里，擒五十餘人，斬七八百人，溺水死者相枕藉。丙亦能軍，收其衆踞橋北，翌日再戰，又敗，李武松、詹通被禽，丙走伏近山麻林中。而金門鎮總兵竇振彪以月之三日至鹿港而南，會於鹽水港，濟勝令攻南黨，自帥所部入嘉義城，分兵搜剿斗六，嘉之北蔽也，黄城率衆來攻，破竹圍而入，千總張玉成、外委朱承恩、許國寶、林登超、蔡大貴皆巷戰死；縣丞方振聲、守備馬步放火自焚，不死，爲股衆所執；振聲妻張氏、王成妻唐氏皆不屈死，弁兵没者二百數十人。城以黄雖菜爲縣丞，守斗六，自率其衆助丙，丙自敗後勢蹙，各莊又多助官軍，皇皇無所之，十二日被執。黄城、陳辨、詹通、陳連、吴天扁等亦先後被獲，以丙、通、辨連爲禍首，解囚郡獄，梟李武松、吴扁等於嘉義各處，而剖黄城之心，以祭斗六諸人，株連而死者數百。北路平，初七日，濟勝率軍赴鳳山，股衆禦之三滴溝。初八日獲許成、蔡臨，斬之，南路亦平。十三年春正月，總督程思洛至自浙江，將軍瑚松額佩欽差大臣關防抵臺灣。當總兵劉廷斌之被困，兵備道平慶以亂狀入奏，命松額署福州將軍，哈朗阿爲參贊，領侍衛巴圖魯章京二十四員，又調西安馬兵三百，河南兵一千，貴州兵五百，四川兵千五百，赴臺，巡撫魏元烺以十二月十一日接提督捷報，奏請止軍，故各省之兵皆未入閩境，而總督將軍先後渡臺也，窮治余黨，按名悉獲，梟斬者三百餘人，遣戍者倍之。丙與通、辨、連俱械至京，磔之。詔祀方振聲、馬步衢、陳玉成於昭忠祠,余亦賞罰有差。

（張明樹主編《[臺灣嘉義]張氏大宗譜》 1978年臺中鉛印本）

開臺始祖張趨公史記

吾張氏來臺十三世祖趨公,天賦聰慧,禮貌魁偉,幼懷壯志,十六歲即渡臺,創基辟業,垂今已二百餘載矣。公蒞臺之初,擇居梧棲地方,從事經商事業,歷經胼手胝足,勤力經營,未幾事業蒸蒸日上,生活日益安定寬裕,然因系念家鄉父母心切,爲克盡人子反哺之孝思,乃毅然返鄉,迎接雙親十二世張速公及兄弟來臺奉養,嗣於舉家遷臺後,旋即遷居大肚新莊仔,繼續經商,並以釀酒出售山胞,交換土地,日積月累,克苦節儉,幾年間已廣置田畑近百甲土地,墾爲良田沃野,爲後世子孫奠下長久的基業。其後圖謀發展,再度遷徙神岡鄉圳堵村定居,將大部分田畑租放佃農耕種,每年定期收租,如是,年年相安無事,過着幸福愉快的生活。豈料天有不測風雲,某年公照攜家犬黑龍,往大肚新莊仔收租返家之際,遇匪攔路搶劫,非但劫財劫空,亦遭遍體鱗傷。幸經家犬黑龍返家吠報,始悉公遭不幸,乃跟家犬尋找,護送回家療傷。至此鑒於地廣人稀,匪盜橫行,大肚山麓血汗換來之大片田畑,只好忍痛放棄,而另辟新天地。迄今吾趨公起家立業之發源地,僅存甲餘土地三座祖墳,供後世子孫紀念憑弔。

（張明樹主編《[臺灣嘉義]張氏大宗譜》 1978年臺中鉛印本）

（五）李　氏

李萬居

李萬居,號孟南,光緒二十七年農曆六月二十三日生於臺灣雲林口湖鄉梧北村,1966年四月九日逝世,享年六十五歲。

李萬居先世漳州詔安縣人,其七世祖於清初來臺。父李錢,曾讀過數年私塾,家有薄田可維持溫飽。日人據臺後,李錢被委爲保正,初只管一保,後日人又要他管二保,他不願再受日人指使,乃辭去保正職務,在家開興德堂漢藥店。

萬居七歲入私塾啓蒙,讀的是千字文,宣統二年傳染病肆虐,其父染病去世,藥店因無人經營而關張,家計全賴其母吴嬌張羅,萬居無奈休學。他从小培養堅毅質樸之性格。雖休學,卻未忘情讀書。堂兄李西端知情,勸其母同意萬居到他家同師秀才董烘,研讀《論語》、《大學》、《中庸》、《孟子》等書,故其國學基礎相當好。

一九一六年,因家貧其母安排他到數公里外的外婆家設館教授幼童。時萬居年僅十五。他白天在公學校學日文,夜晚教學童漢文。因該地區土地貧瘠,農家收成不好。學生雖多,卻常收不到學費,故家境一直無法改善。一九一九年春,他結束教學生涯,改當鹽警。後其母因被日警催逼賦稅憤而上吊自盡,享年五十二岁,萬居年僅十八。後來養雞二千隻又碰上雞瘟而又失業,經人介紹任糖廠管理員,但一直很不得志。

1924年萬居前往上海讀文治大學,一年中詩文大進,1925年轉入民國大學就讀,受教于章太炎、胡樸安門下。後留學法國並加入青年黨。1932年夏,從巴黎大學畢業,是年秋,李萬居搭船返上海，將其留法期間所翻譯之《法國社會運動史》等書五册，分交上海商務、中華、正中等書局出版，博得聲名。1933年爲孫科網羅在中山文化教育館編譯書刊，此爲李氏第一個稱心如意的工作，一直到抗日戰爭爆發而止。

七七事變之後，蔣介石命王璵生組國際問題研究所，提供日本資料及各國動態供決策參考。璵生夫人鐘賢英爲萬居夫人鐘賢静堂姐，萬居通曉日文，故萬居被吸收在研究所工作。廿六年九月他奉命擔任港粤區辦事處主任，往香港、廣東、越南等地佈置情報網。他羅致甚多臺籍人士從事情報工作，收集日軍動態迅速傳至重慶供決策參考。

1940年冬，李氏奉調重慶研究所本部，發表多篇有關蘇德、蘇日、美日等各種國際問題文章，其中一篇論文子午線論美日關系，斷言美日絶無妥協之可能。事後日軍攻擊珍珠港、菲律賓等，證實其判斷。

日軍采南進策略後，因李氏通法文，王璵生再派他出任粤港區辦事處主任，此時他羅致甚多臺籍人士爲其搜集情報。1943年底，中美英三國領袖開羅會議達成協定，凡日本竊自中國之領土，如東北四省、臺灣、澎湖等均須歸還中國。民國當局在各地設立訓練團或臺灣幹部訓練班，調訓閩粤臺籍幹部，一時重慶成爲臺籍志士雲集之地。三十三年李氏轉抵重慶。

臺灣淪爲日人統治後，人民並不甘於永當順民，雖被殘暴統治五十年，臺胞並未日本化，民族意識依然强在，始終保持著漢族優良傳統，希望早日重返祖國。因此，旅居大陸臺籍志士乘抗戰時機，紛紛籌組抗日團體，如浙江的臺灣革命黨，福建的臺灣抗日復土同盟，華南的臺灣民族革命總同盟，臺灣青年革命黨、臺灣國民革命黨等。目標雖一致，但力量分散，在翁俊明、劉啓光等人號召下，三十年二月成立了臺灣革命同盟會，下設總務、組織、宣傳、行動等四部，李萬居爲行動部負責人。三十二年十一月，同盟會在重慶召開第三屆代表大會，會中建請中央宣佈臺灣爲淪陷省區，臺民爲中華民國國民。

1945年，戰局急轉，臺灣光復日近，李氏乃與同盟會同志合力創辦臺灣民聲報，李氏任發行人，連震東爲主編，半月出刊一次，目的在唤起臺胞愛國民族精神，待機響應祖國推翻日寇，並介紹臺灣的民情風俗等。

1945年八月十日，日本無條件投降，李氏因參與抗日與臺灣接收工作功績卓著，獲國民政府頒授勝利勳章。

1945年十月五日李萬居隨政府返臺，接收臺灣日報，將之易名爲臺灣新生報，自任發行人兼社長。

李氏主持下的臺灣新生報，積極支持政府政策。三十六年二月廿八日，因取締私煙致傷人命事件，該報評論説：

查緝私煙，不從來源嚴厲查緝，也不查緝私煙批發商，卻獨取締街頭攤販，没收其私煙，不稍寬待，以致發生二二八不幸事件，不能不説是舍本逐末。陳儀長官曾下令員警出勤不得帶槍，以免滋生事端。員警出勤尚且不能帶槍，專賣局的查緝人員，更無帶槍的必要。不幸事件的發生，顯然是他們違反陳長官平日不准帶槍的指示的後果。死者應優予撫恤，肇禍者應嚴辦外，有關機關主管管理不力，應嚴懲，以平公憤。人民也要守法，不幸事件絶不能再重演。

三十六年四月二十二日臺灣行政長官公署改爲省政府，魏道明爲省府主席。九月四日臺灣新生報改爲公司，李氏任董事長，但因無權過問報社經營業務而辭職，另公開募股，於十月廿五日創辦發行公論報，自任社長，繼續爲民申張正義。五十一年因經濟問題而結束其辦報生涯。

1945年五月一日，臺灣省參議會成立，李萬居被選爲副議長。十一月，作爲臺灣十七個代表之一赴南京出席制憲國民大會。因糖尿病時發時愈，五十二年底引發尿毒癥住院，五十五年四月九日病逝於臺灣大學醫院，享年六十五歲。

李萬居私生活嚴謹，手不釋卷，好吟詩，善與人交，見義勇爲。參與抗日聖戰，危而忘軀，獲頒勝利勳章，可謂立功。主持報政，鍼砭時事，匡時濟世，近於立言。

李萬居夫人鐘賢靜，習醫，曾任臺北市議員、婦聯會臺北市分會常委兼總幹事，先李氏一年逝世。育有三子一女，均留美。

（《[雲林]李氏族譜》 1987年稿本）

李火德

火德翁姓李。其先汀州之寧化人也。值宋元間，移居上杭勝運之豐朗，因目擊其山秀土腴，民淳俗美，遂家焉。爲人忠直温和，有孝友忠信之行。凡其所居之鄉人，無間老少，咸愛慕而就之。殷於資不嗇施嘗，遇貧乏者必再三勸慰而誘掖之，使人勤愛土物，又常捐所有以給之。遇歲歉，人或匿粟高價以爲肥家計，火德翁曰，今穀價騰湧，若積而閉之，其如鄉人之菜色何。獨發粟而沽以常價，貧而不能糴者貸之，不能償者緩之。凡於婚喪患難之不給者，隨所遇以濟之。若是者久而不倦，鄉里父老見其樂善好施，群相推許，而天子嘉賓之額，遂焜燿於閭里。第以夫妻年躋六十，尚乏嗣息，每相自歎，惋然以命之所限也，亦將終身焉。一日伍孺人爲翁謀再娶，聘同鄉陳氏女，陳亦不拒之。年甫十九，淑貞有儀，僅六載而生子三。後翁疾，陳以藥進，翁卻之曰，邇來寇賊蜂滋，人之歌《免爰》、賦《葛藟》者比比矣，今幸得有三子，又獲終寢室，是荷天賜也，雖死之日猶生之年，又何以藥爲。不日竟卒。

君子曰，火德其知命者歟。三子長曰三一郎，次曰三二郎，三曰三三郎，皆克家令子，厥後子孫蕃衍，詩禮簪纓，代不乏人。翁綽綽然爲李氏始祖矣。予掌教有年，頗知邑世家之故。竊念翁所以修諸躬、施修諸人者，咸有古人風。其鄉人欽仰，天又報施之以昌其後也，宜矣。其十世孫嗣英與余交善，出其家乘，始知其祖火德翁行誼卓異於常，特作小傳以誌之。余雖愧不文，然公之積余慶亦足以勸已。

時大明天順甲申年秋月吉旦，邑庠教諭括蒼季遠撰。

（李樹濃纂修《[江西南贛]隴西李氏族譜》 1916年重修刻本）

李火德略传

道光十四年甲午孟冬朔旦，二十一代裔孫歲貢生慎潛號松亭，在噶瑪蘭抄南靖傳來族譜。

火德翁姓李，其先汀州之寧化人，值宋季兵亂，與妻伍氏避於上杭勝運里之豐朗鄉。因目其山秀土腴，民淳俗善，遂居焉。公爲人直諒温良，有孝友忠信之行，非其義不苟取，襟懷坦明，意態沖澹。凡其所與居之鄉人，不問壯耄，咸愛慕而就之。家殷於資，不嗇施與。嘗遇人之貧乏者，必再三慰諭若若而使之勤，又捐所有以周之，因多感其言而致温飽。或遇歲歉，時俗方幸其饑，封殖吝固，候長價以爲肥家計。火德翁曰，今穀價湧貴，積者閉糴，其如鄉人之菜色何，乃獨發其陳，以常價，貧而不能糴者貸之，貸而不能償者，紓之。凡於婚喪患難之不給者，恒隨所遇以濟之，若是者久而不倦。第以夫妻年俱六十無子，每相歎曰，此命也，亦若安於終焉而已。

一日，偶過鄰家，觸其犬吠，彼悍媪急出，覘見翁詈曰，我以爲誰，乃是老絶代也。火德公聞其言，憤哽而歸，兀坐俛焉不語，惟泫然泣下，妣從容訊之，良久語其故，妣怒而喜，慰之曰，毋彼責也，殆天假以告我而續嗣也，妾聞仁者必有後，而公久積陰德，天豈終絶哉，妾爲納側室，後當有子。因爲娶陳氏，年甫十九，貞淑有僅，六載而生三子，長曰三一郎，次曰三二郎，三曰三三郎，皆肖子克家，善繼善述。厥後子孫蕃衍，詩禮簪纓代不乏人，皆其所自出。後得病，妣以藥前，火德翁曰，自宋喪亂以來，民無貴賤，暴屍中野爲狐狸禽鳥飯者，不知其幾，吾今已老，幸有三子，獲終寢室，天賜我多矣，何以藥爲。不日竟卒。君子曰，火德翁其知命者歟。予掌教斯邑有年，頗知邑世家之故，而嗣英賢而讀書尚文，與吾友善，皆文獻足徵，而能亢宗者。因竊念火德所以修諸躬、施諸人，洵可以追配古人之風，視彼强宗悍族，或恃其富而不好乎禮，或專其利而取怨於人，甚至辱身喪家而不恤者遠別。予蓋深追重夫火德，其至垂老而天報之嗣以昌其後也，宜哉。第今人之知者寡，因采人所誦言，及嗣英所述行實爲傳，以付嗣英遺其子若孫，知所自出而不忘云爾。

明天順八年甲申歲孟秋，邑庠教諭括浙江慶州府蒼縣季遠撰。

（李慎潛編纂《[福建詔安]秀篆李氏紹衣堂族譜》　清道光十四年稿本）

（六）王　氏

王宏仁

溯吾王氏，出自晉公，字子喬，周靈王之太子也。後稱正家，盛於江左。第四十五世曄公，官光州定城令，民留之，遂家焉。裔孫曰恁公，爲光州刺史，贈太尉，籍山西太原府。恁公生三子，長審潮，次審邽，三審知。三公受唐命率兵入汀州平福建，遂有全閩土地，因有功封爲開國侯，晉梁開平三年，進封閩王，榮獲開閩第一之殊榮，其後人才輩出，世世不衰，人文鼎盛。

我祖春觀公，原籍福建省漳州府龍溪縣浦田社人氏，其地雖屬鄉村，但山明水秀，文風頗盛，有文獻志可稽。公於明末清初，隨鄭成功來臺，定居諸羅城，即渡臺第一世祖也。歷代相沿，業已九世，一脈相傳，里稱世家。令先尊金木公，乃春觀公派下六世孫，爲鄉里縉紳，對地方興革貢獻良多，自日據以至光復，兼任里長，莫不以祖先之遺風爲範。公自七齡，研習古典音樂，數十年來，以"樂吾樂以及人之樂"之益群精神傳授弟子。母張太夫人引娘，於四十七年當選臺灣省模範母親，嚴總統頒賜"女宗名存"匾額以表褒揚。哲嗣男四女四。宗親昆仲居二，聰穎好學，事親至孝，少有鴻鵠之志，負笈東瀛。迨一二八事變爆發，間道赴滬，就讀中國醫學院，1936年畢業，方與同學密謀赴川研究産地草木藥材，並擬籌組抗日義勇救國軍，嗣因人事與經費等關系，未能如願，不得已再度赴日，續習醫學。1945年，臺灣光復，回臺以中西綜合治療，懸壺濟世，並以悲天憫人之心爲社會服務，活人無數。德配鄭氏亦習醫，辛勤助理，卓著功勞，一門忠貞，良足欽佩。氏育五子四女。長男靖夫，幼承父薰陶，睿志向學，習醫濟世，先畢業嘉義中學高中部，後考入臺北醫學院，畢業後獲考試院醫師考試及格，曾任臺北馬偕醫院醫師、嘉義基督醫院醫師，受聘美國紐約市立大學醫院外科、婦産科醫師，歷時數載，回臺後在本市開業嘉義診所，經驗豐富，亦當代名醫。長媳蕭氏，育一男二女。孫孝慈，女孫純惠、嘉惠。次子峯生，中國醫藥學院藥學系畢業，本院助理醫師，國術損傷接骨技術員。次媳洪氏，育一子，孫建盛。三子永泰，元培醫專畢業，獲國家醫用放線診斷師考試及格，現開業仁澤病理放射心電檢驗院。三媳陳氏，育二子，孫偉德、群揆。四子正憲，屏東農專畢業，1978 年經考選部中醫師檢考及格。伍子希勝就讀高雄醫學院。四女均受高等教育，長女文英適廖，居美國。次女文敏在臺北服務。三女文芳執教溪口國中。四女文瑩國立中興大學畢業，以獎學金赴美國密蘇裏州立大學就讀。闔家和樂，蘭桂騰芳，允宜稱慶。

宗親光復後四次出國，歷任團長，旅行日本、香港、澳門、韓國、美國、菲律賓、新加坡、馬來西亞、泰國，並代表我國參加韓國舉辦之第三次世界針灸學術大會，且榮獲美國柏克來頓大學針灸醫學博士學位。宗親醫學淵博，曾蟬聯嘉義縣中醫師公會五屆理事長，美國針灸醫學研究會名譽會長，第一屆亞太地區針灸會議赴美代表團顧問，旅韓中國漢醫師學會顧問，香港中醫藥學院特約講師，香港華僑中醫學院内外針灸科學教授，香港中醫師公會第五至七屆名譽顧問，香港中國醫藥出版社中醫藥出版中醫藥針灸研究中心名譽顧問，臺北市中醫師公會聘爲第四屆世界針灸學術大會名譽團長，臺中中國醫藥學院教授、名譽董事，日本大阪近幾道漢法醫學木曜會講師，考試院考選部中醫師檢定面試委員，及國内公私營機構敦聘爲委託醫師。曾任嘉義縣議會一至四屆縣議員，中華民國道教會常務監事暨嘉義縣支會理事長，軒轅教嘉義區宗正，臺灣省地方自治協會理事會理事兼縣分會理事長，王姓宗親會理事長，臺灣省各姓歷史淵源研究學會理事，各寺廟主任委員、董事長，中國國民黨臺灣省黨部設計考核委員、嘉義縣黨部委員、紀律委員評議員等職。歷蒙中國國民黨省黨部、縣黨部，中華民國軍人之友社，陸軍第五五三九部隊長陸軍少將龐宗儀，臺灣省政府，嘉義縣政府等單位之獎狀，並榮獲内政部益群獎章，1978 年當選爲模範父親。以氏之行誼，堪爲吾宗親之楷模。

（《[福建臺灣]太原衍派王姓大族譜》 1981 年臺灣鉛印本）

（七）吴　氏

吴秉忠

莊愨祖支派十二世祖考諱旃，字瑞玉，官章秉忠，謚莊愨，系篤雅祖之四子，純方祖之孫，例授國學生，贈文林郎。生於清雍正十一年癸丑十二月初五日未時，卒於嘉慶十七年壬申十二月十八日戌時，享壽八十歲，先葬在溪仔尾，至光緒廿五己亥年遷葬在南坪埔郭家祖祠左邊大路下。公才高志大，雅量堪欽，壯年往臺灣而圖大業，以繪畫見長，業翁家以女子喜配，加以財實鉅萬奉送，及回梓自置懷德堂，財産甚多，田税有一萬三千餘石，且子孫衆多，人文鵲起，財丁貴俱全。我族中如公之厚福者希矣。配妣何氏，閨名劉娘，以名爲謚，生於乾隆年間，卒於乾隆年間，忌辰三月初三日，系未完婚而故，墳在浮山大路上坐子向午，號鱟殼金。繼配翁氏，謚端慎，系臺灣人氏，閨名妙娘，生於乾隆十四年己巳九月初五亥時，卒於嘉慶二十一年丙子九月初七日申時，享壽六十有八歲，無出，與公合葬在南坪埔郭家祖祠左邊大路下。側室林氏，閨名梅姐，謚鞠育，生於乾隆二十五年庚辰二月初二日，卒於道光十三年癸巳七月初八日巳時，享壽七十四歲，生二子，現未葬，骸骨寄在厝前溪仔棚。側室王氏，閨名蘭姐，謚愷肅，生於乾隆四十三年戊戌正月十三日，卒於道光五年乙酉七月十四日戌時，享壽五十有八歲，生三子，墳在山尾庵右邊坐午向子分金，立胞兄廳之四子爲長子，共六子：長水瀨，次五桂，三六秀，四崇仁，五自强，六俊賢。

（吴豐年編纂《[福建南靖]金山壁溪吴氏族譜》 清光緒三十四年二修稿本）

（八）劉　氏

劉茂本

劉茂本，著名律師。臺灣省南投縣人，祖籍福建南靖，1922年生。嘉義中學肄業，臺北高等學校文科甲類畢業，臺灣大學文政學部政學科畢業。1955年高等考試律師考試及格。大學畢業後，先在私人土地公司服務，後轉入臺灣省司法保護會。律師考試及格後，執行業務於臺北市，專接辦民事案件。素富苦幹實幹精神，秉性剛直，處事明快，傾學習之所得，盡用於所接之事件，頗得民事當事人信賴。

（《[臺灣]劉氏宗譜》 1986年鉛印本）

（九）楊　氏

杨　章

楊章，字東山，年三十九歲，廣東潮州府海陽縣人氏。由行伍於康熙二年十月内海寇左右虎犯雲霄内地方，章隨參將蘇國臣先騎貫陣，盡殲賊衆，遂獲全功，塘報獎賞在案。於十年三月十八日拔補本營頭司把總，於本年十月十四日奉兵部頒到劄付。至於十三年三月内，福建變亂，章遁隱本藉，幸於康熙十六年大師克復全閩，蒙雲霄營參將盧清祚查章原系經制把總，詳請總督福建部院即准補雲霄營左哨二司把總，於本年六月初六日到營署事。十七年九月十五日，奉總督福建部院姚憲牌調赴軍前效用，委補督標右營左哨千總，於十八年五月十六日奉兵部頒給千總劄付。十月内奉蒙總督福建部院姚牌委都司管水師後營中軍守備事，召募官兵二百四十名，於十九年二月二十三日奉令隨本營委署遊擊陳永得，帶領舟師攻克三河等處一十九寨，二十四日進師克復海澄縣城，二十七夜復率舟師復厦門各島，但經塘報在案。十一月内奉總督福建部院姚牌調回營管事，另候升補，章隨即回營，仍帶千總事務。於二十年十二月内，奉總督福建部院姚題爲飛報大捷事一案，奉兵部議敘克復一十九寨並海澄縣厦門金門等島，功加二等。二十二年授爲左都督，仍記余功六次，奉旨依議於二十一年二月初一日承領部劄。於二十二年五月内，隨本營參將薛受益帶兵駕戰船前赴將軍提督侯施軍前，聽候進剿臺灣，奉令駐紮金門遼等處要口，日夜出洋策克澎湖島，奉旨從優議敘在案。以上系康熙二十三年册底。

康熙二十九年四月内武臣薦舉履歷册底

楊章，年四十五歲，廣東潮州府海陽縣人氏，由行伍於康熙十年三月内蒙拔雲霄營把總，於本年十月内領授部。十三年三月内，因福建變亂，遁隱本籍，十六年大師恢復全閩，蒙雲霄營參將盧清祚查章系經制把總，詳請總督福建部院即准補雲霄左哨把總，於本年六月初六日到營任事。十七年九月内，蒙總督福建部院姚調赴軍前委補督標右營把總左哨千總。十八年五月十六日，奉總督福建部院姚牌委都司管水師後營中軍守備事，後調回營，仍管千總事務。二十一年二月初一日，爲飛報大捷事一案，承領兵部頒給左都督，仍記餘功六次劄付。二十二年五月内，奉令配駕戰船前赴福建提督侯施軍前聽候調遣，六月内奉拔在金門寮等處要口，日夜出洋般援，克捷澎湖臺灣，爲飛報各鎮營塘報攻克澎湖等事案内，經蒙題敘在案，於二十八年十一月内奉部頒發换給福建浙江督標右營左哨千總劄付，遵即承領。二十九年十月初六日，奉總督閩浙部院興給咨赴部，三十年三月二十五日赴部投咨，二十七日過堂，五月初一日投供，三日過堂，漢司宗滿司准福建浙督興咨送督標右營千總左都督楊赴部推用前來，查楊章於康熙十八年二月給千總劄付，十九年二月恢復十九寨案内，加功左都督，記余功六次，系在經制任内所立之功，定例内功加守備以上之千總把總，咨部俱不論千總把總，倖照功加例用，功加府銜，以遊擊缺用等語，應將楊章仍以左都督管遊擊事註册，免其考財，俟次推用，仍帶餘功六次可也。

每月投供結式

楊章，年四十五歲，廣東人，由行伍於康熙十九年二月恢復十九寨功加左都督，記餘功六次。三十年三月内，蒙福浙總督興咨送推用到部，蒙准仍以原銜管遊擊事，帶記餘功六次註册推用在案。今蒙取供，於康熙三十一年升補四川成都提標左營遊擊事。

部文稿

爲循例請咨赴部侯推事，據標下中軍副將謝呈詳，據右營中軍守備姚呈，據左哨千總楊章呈稱云等情，據此該卑職查得千總楊章仍系經功加人員，請咨赴部典例相符，合將該弁出身功次履歷備造清册，現在呈送，伏乞轉請給咨等到，卑職據此理合詳請賜給諮文赴部候補，以鼓勞弁等緣由到院。據此查千總楊章於康熙十九年飛報大捷事案内功加左都督，乃系經制，任内所立軍功兹據援例請咨前來相應咨送，爲此合咨貴部請煩察照，循例推補施行。

康熙二十九年十月初六日請封贈結式

福建提督學政按察司僉事加三級楊鐘嶽，福建督標左都右營參將署福州城守副將兼一拜他喇佈勒哈番薛，爲准今於與結狀爲請旨事，遵依結同鄉官現任福建督標右營左都督管左哨千總事仍記餘功六次楊章，請給封贈三代曾祖父母妻室，中間並無違礙再醮等情，所結是實。今計開曾祖父楊質，未經出士，並無緣事。故曾祖母陳氏，系陳顯基室女，並無緣醮。故祖父楊銓邑庠生。祖母鄭珽室女。父楊勝已經出士，原雲霄都司僉書管守備事，因年老告辭，現存部劄。母吴氏系吴晉爵室女，本職妻王氏系王成基室女。

康熙二十一年十一月爲預思綢繆，歷請憲恩垂鑒，懇乞批行存案，以永枝棲事。切雲霄地方向遭寇亂，城中房屋焚毁一空，順治十八年，蒙總督大老爺李奉旨修築鎮城，市井安設官兵，堵禦海寇，章父楊勝時系雲霄營都司，因乘創建之初買得民人楊盛興、楊啓泰等厝地一所，價銀貳百兩，蓋築房屋祖祠前後三進，並兩邊後厝與及門前大埕周圍壹圍安住家眷人口，後章奉拔雲霄千總，並未請給官房，仍在住居本屋，歷來至今無有外慮，惟是新舊各官暫借爲行署，往來官員借之以作居停，視私居若公堂，家居如傳舍，但恐日久相承，因循不息，且以父子原系雲霄營弁,誠恐後來有侵佔之患也,理合預防,仰乞大老爺恩賜批發雲霄營存案,以絶後慮,俾章舉家安棲得所。

上呈康熙二十二年五月,呈詳總督大老爺姚批,仰雲霄營查晳報繳雲霄營回文,總督部院姚批,據督標右營功加左都督管左哨千總事楊章呈稱,緣由批仰雲霄營查晳報,奉此備票仰聽昭依憲批事理,即將原日楊都督父楊勝原系本營都司僉管左哨千總事,住雲霄二十餘載,其房屋查自順治十八年奉總督大老爺奉旨修築鎮城之時,當日系楊都督買地起蓋安置家眷人口,歷今年久,緣城内官署稀少,遇有官員來往,未免無借停之煩,故致楊都督有預思綢繆瀝請憲恩之呈也。今蒙行查,理合呈覆。

康熙二十二年五月詳覆雲霄營行文

爲通查廢官回籍事。本年八月二十四日奉鎮都督府金准,一等侯提督軍門張咨准,部文内開革職解任官員,系旗下者急催回旗,系漢人者速令回籍,其廢官遲晳該地方官不行速催回旗回籍者,照違限倒處分等因,業經通行遵照在案,除旗下人員已經另案嚴查,按月取甘結呈報外,所有各標協營一切大小廢官,亦應凜遵部文回歸原籍。今查康熙二十六年内,露章參處以及八法有議降職各官離任日久,未據各營呈報起行回籍日期,合就移查備移到鎮,備牌仰府行聽照依事理,即查二十六年軍政案内,以及從前奉文緣事,革職大小各官速歸回籍,不得聽其逗留本營致貽後累,仍將各弁起行日期呈報。

康熙二十八年八月行督撫提呈稿

爲立籍已久懇恩詳憲以便安棲事。切章父原系廣東潮州海陽縣人氏,從徵入閩屢著微勞,於順治三年拔補汀州城守右哨把總事,至順治十七年拔補雲霄營左哨千總。事剿海有功,奉兵部功加二等,給發都司僉事。至康熙十七年年邁乞休。章於康熙十年拔補雲霄營頭司把總事,至康熙十七年奉前總督部院姚吊赴軍前征剿海寇功加左都督,現補今職,見雲地人民樸實,地里淳厚,遂置田屋,八旬老父眷口安插雲霄,今經四十載,胞弟烈山系本營左哨千總,英山又進漳浦學庠生,邇奉一等侯提督軍門張通查,康熙二十六年案内,露章參處以及八法有議降職各官回籍之文,切念老父乞休,弟侄在庠,章又現在標下供職,與廢官大相徑庭,況皇恩浩蕩,不論官民,許其隨處立籍,誠恐地方官不分立籍未一例文行事,是以不得不瀝情先呈懇請憲臺開天地之仁,弘惻隱之德,恩批該地方官存案,庶毋遷動失所之憂,先死啣結。康熙二十八年十二月呈奉巡撫都察院張批,仰候提督侯批示遵行,繳一等侯提督軍門張批,楊章既系現任憲標左都督,又經田屋雲霄祖祠如詳,立籍存案繳,世世子孫掌業永遠無異。批繳。

(楊席珍編纂《[福建雲霄]弘農楊氏家譜敘録》 清光緒八年1882稿本)

楊開春

十八世孫開春,字季元,乳名通舍,叔祖都督,高祖總兵,營伍出身,授厦門右營守備,署石碼左營遊擊事,並署南澳左營遊擊事,又任澎湖守備,亦是樓下人。

(《[福建漳浦]佛潭浮南橋楊氏世隆衍系考》 1986年鉛印本)

楊士芳

十四世祖文梓公，官章士芳，字蘭如，號芸堂，長有公四男，公元一八六八年清朝同治七年戊辰科進士。妣戴氏、吴氏、曾氏。生三男五女。

公生於公元一八二六年道光六年丙戌十二月八日戌時，卒於一九〇三年光緒二十九年癸卯一月十日巳時，享壽七十八歲。癸卯年三月四日埋葬於烘爐地内，後改葬烘爐地口。一九八四年十二月十三日改葬在二城小金面。妣戴氏伴，謚順德，生於公元一八三四年道光十四年甲午，月日欠載，卒於一八六五年同治四年乙丑五月二十三日酉時，葬在二城小金面。生一男二女。長男承耀，長女阿暖，次女圓響。

續妣吴氏蜜，謚淑貞，生於公元一八四一年道光二十一年辛丑十月一日，卒於一八七二年同治十一年壬申二月十二日，壽三十二歲，葬在烘爐地域，一九八四年十二月十三日改葬在二城小金面。生次男承漢。

再妣曾氏勤，謚淑恭，生於公元一八四八年道光二十八年戊申十一月二十二日子時，卒於一八九一年光緒十七年辛卯六月十日午時，壽四十四歲，葬在烘爐頂破地。三妣於 1984 年十二月十三日改葬在二城小金面。生一男三女。三男承汝，三女紅玉，四女紅桃，五女紅枣。

進士楊士芳自傳

余昔居宜蘭，舊稱噶瑪蘭清水溝堡柯仔林莊，家甚貧乏，十四歲時隨父兄耕種。道光庚子科，黄君紹芳名纘緒開蘭一榜，下鄉會客，彩旗鼓吹，到處逢迎，耳目榮耀，余在田中央望之慕之，仰天歎曰："余何日而得若斯乎？"是晚負耜而歸，遂請父兄，明年與我讀書可乎？父曰家貧少一人耕作，從中又可加費，何能堪此，意不肯允。遲數日復請曰："願乞耕種之暇方就讀，半耕半讀可乎？"父曰："且看來年光景如何。"迨壬寅三月初二日，春忙告竣，乃就學，所謂耕種時還讀我書者此也。年已十七矣，由是學弗能措，問弗知弗措，師友許曰："此子將來必從讀書成人矣。"

慘於甲辰二月二十夜，家遭凶番圍困，中間門榻以篾爲之，時被生番打開，母左足受銃傷，父前急救，右手受鏢傷，余見番蜂擁將入，急拖木桌推倒以塞於門，番强中蹌入，被二兄文生鏢死一番，方得解圍遁焉。幸茅屋被番放火，火勢緩而不熾，鄰右知番退，趕來撲滅。此中疑有神助，不然，一家人俱成灰燼矣，焉有今日。質明，母重傷仙逝，父鏢傷認真調治一月後復發傷毒，手股腐爛，筋肉俱脱，再請名醫視之，曰："傷重如此，甚是爲難，調治要久，用藥要多，非數月不能成功，吾何能日日在此，不如將藥教汝自采自貼，三五日來巡視一次。"余不辭勞苦，不避臭穢，每早晚親煎湯藥，或洗或服，又采草藥搗而敷之，如是三月餘始得平復，余與生番真不共戴天之仇也。年暮移居鼇莊，家運至此，余將廢學矣。

乙巳隨衆以夏耕，在田禾中匍匐三日，兩足被泥濕浸壞，皮麻筋硬，行走不遂所願，三兄文才乃曰："耕耘須賴手足，行走不遂，將奈耕種何，不如再力學幾年，可以學習經商，亦是生計。"於是再力學三年，文章作成篇，足疾亦漸漸痊矣。時三兄作淡水屬楊春禧管事，衣食較前稍裕，余乃發奮忘食，不負父兄之栽培，不忘師友之策勵，人讀四季，我加三餘。道光二十九年己酉，娶妻戴氏。咸豐元年辛亥，遂得生子承耀。癸丑蒙董公諱正官廳試取列二名，院試考得府學，回鄉適遇吴逆倡亂，董公殉難，大兵剿辦克復。咸豐四年報平。五年乙卯鄉試不售。六年丙辰，林君懋卿家聘余教讀。至同治元年壬戌恩科，並補試辛酉正科鄉試，中式舉人，衣錦還鄉，與黄君略亦相似,所謂天從人願也。乙丑夏,妻戴氏病故。丙寅冬,續娶吴氏。戊辰晉京會試,中式貢士,殿試三甲,朝考三等,欽點即用知縣,分發浙江遵領部照赴省稟到,奉委當一堂差事。未幾,告假回籍措資,於是仲冬抵家,越己巳四月丁父憂,在家守制。庚午七月,生次子淮濱。壬申二月復斷絃,年臘再續娶曾氏。甲戌冬,生三男淮浦,家亦由此漸裕。余一生素位守貧,不貪意外之求,乃有今日,願汝曹記而勉耳。

(楊栢村等彙編《[臺灣宜蘭]楊彭德惠直系祖譜彙集》 1999年稿本)

楊義中

三平祖師公,法名義中,俗姓楊,是弘農楊氏裔孫,也是楊氏最早來平和之先祖。

祖師原籍陕西省高陵縣,因父親來閩任福唐即今福清市縣吏,在唐德宗建中二年(781)農曆正月初六日,誕生於福唐縣衙。他從小不食葷腥,後來隨父士宦至宋州即今河南商丘縣南。唐德宗貞元十年農曆六月初六日,十四歲的楊義中投拜宋州法師玄用門下出家。二十七歲具戒爲僧。唐懿宗咸通十三年農曆十一月初六日仙逝於三平寺,坐化成佛,享壽九十二,僧臘六十五。

祖師自幼聰明,過目記詩文,一生勤奮博學。出家後,先修三摩缽提,後修奢摩他禪那。爲窮玄秘,求證佛法,他遍遊名山大川,走訪佛梵古刹。先後拜中條山百巖懷暉西堂智藏、洪州百丈山懷海、撫州石鞏、潮州大顛等諸玄僧爲師,是一位嗣達摩正統,繼南禪宗衣缽的高僧。他不僅精通佛教經律論藏,而且經史周易等天文地理學,也深有造詣,並博采衆方,兼通醫道。還練就一身太祖拳和少祖拳之高超拳術武功。

元和十四年大師三十九歲,侍大顛於潮州,巧逢韓愈向大顛請教如何把住要處,治理軍政。大師代爲作答曰:先以定動,後以智拔。韓愈説,和尚門風高峻,弟子於侍者邊得個入處。此後,成爲歷史上廣爲流傳的故事。唐敬宗寶曆元年自潮州雲遊至閩南漳州紫芝山半雲峯下,興建三平真院宣揚佛法,聽講授者竟有三百多人。唐武宗會昌五年因皇帝廢佛汰僧,迫僧返俗,義中大師率衆僧尼避居於化外蠻荒之地的平和九層巖。唐宣宗大中三年復興佛法,漳州剌史鄭薰敬仰禪師之功德,特邀開堂於開元寺,被唐宣宗皇帝勑封爲廣濟大師。

祖師生前在潮州、漳州、三平等地主持佛教,廣濟衆生,名揚四方,前來求醫聽教者絡繹不絶,堂無虚坐,並常有政教名人學者登堂拜訪。唐吏部侍郎王諷累謫漳浦郡,到郡二日即上寺與之談禪論易,後來交誼頗深,經常留宿,眷戀知音而忘歸。祖師辭世後,王諷還爲他撰寫碑銘,故山有侍郎亭、王諷碑與之同芳。四周山民受祖師高尚道行和與民同甘苦精神的感化,經傳授漢民族文化和先進耕作技術,改變這裏山民刀耕火種、採集野果和狩獵的原始生活。又教習武强身,禦暴安良。三平氣候潮濕,瘟疫流行,尤其是消化系統及關節風濕的發病率很高,義中總結行之有效的七十五貼中草藥方,後來成爲今之藥簽。這些藥方有補脾益氣,健脾理氣,祛風化濕,清熱利温,補血養陰等五功用。因而祖師極受當地山民的愛戴和四方人民的崇拜。

三平寺是祖師親自點地籌畫選擇勝地,始於唐會昌五年,距今近一千一百多年。初建爲三殿半。傳説塔殿祖師神像座下水磨石龕裏,埋有義中祖師骨骸。

祖師德高望重,生爲人間行善,淨化世道,逝世後被人們神化,敬爲佛祖朝拜,加上勝地的迷人境界,故三平千古以來遐邇聞名,四方善男信女雲集,香火晝夜繚繞。由於移居海外華僑、華人同胞的傳播,在東南亞國家和香港,澳門、臺灣等地也創建祖師廟,香火興盛。

三平寺在清朝曾重建。近數十年,當地人民政府和海内外熱心者投資修葺擴建。現在寺内塔殿齋堂、大雄寶殿、兩廂走廊、藏經樓、鐘鼓樓、僧房、蓮花池、觀魚臺、飲茶室、山門、天井等,金碧輝煌,雄偉壯觀。寺外仙人亭、侍郎亭、和尚潭、毛氏洞、錫杖樹、侍者公嶺廟、龜蛇峯、虎跑泉、龍瑞瀑佈百丈磜、虎林等十景,各具綺麗特色。在群山環抱、林海松濤、流水潺潺、彩霞飛頂中,處處引人入勝。

從漳州到三平寺門口五十多公里,有柏油盤山公路到門前的廣闊停車場。有賓館、餐廳、商店、紅軍三平會師紀念館等現代化建築物與古刹相輝映。

當年,祖師從漳州三平真院經漳浦縣循溪流的樟樹花來到三平的路線,常有香客步祖師後塵來進香。

三平是閩南著名旅遊風景區,每年遊客香客有數十萬人次,其中東南亞菲律賓、馬來西亞、新加坡、印尼、泰國等國家,以及香港、澳門、臺灣地區的香客每年在十萬人次以上。

(《[福建平和]弘農楊氏平和譜》 1999年鉛印版)

楊騰霄

十五世孫名騰霄,字飛九,乳名胎生,世懋堂弟,以武功出身,康熙征臺灣,雍正四年前後征臺灣有功,授左都督,特授廣東平海參將。

(《[福建漳浦]佛潭浮南橋楊氏世隆衍系考》 1986年鉛印本)

(十)許 氏

許 鵬

鵬公,幼名粲,由行伍於康熙十九年隨師克復海壇、湄州、金厦、澎湖等島,屢立軍功,爲提軍施公所獎賞,四十八年引見景山,御試騎步射,稱旨,遂以千總陞補福建水師提標左營中軍守備,駐防石碼。未幾卒於官。出美江。

(許朝瑛、許文焕編纂《[福建漳州]圭海許氏世譜》 清雍正八年刻本)

許 元

元公,字乾一,幼名三水,旦復公三子。人材偉健,少歷從旦復公任中,故諳熟戎務,以將材效力廣省,制憲楊公器異之,授廣海營把總,至康熙六十年臺灣土寇朱一貴釀變時,旦復公鎮安平,聞警赴援,血戰陣亡。公在廣,訃至慟不自勝。適王師進勦,遂奉憲委押運廣米軍前接應,復隨師剪除逆寇,以功陞廣東澄海樟林所千總。制府孔公嘉其能,題補碣石鎮左營守備,於雍正六年赴闕。蒙質卿公上前保舉,因召見勤政殿,温語備問。諭:"許元人明白,甚去得,原系臺協副將許雲之子,交與廣督孔遇水師遊擊缺補用。"又諭:"汝做官要學汝叔子做官才是好,問諸大人,朕所放金門總兵許良彬,是好的操守,學問水務俱好。"諸大夫入奏對云,主子昨所放總兵許良彬,僕仗人材操守學問俱好,聖鑒洞徹。承諭叩頭謝恩出。及抵任視事,隨蒙特旨陞授廣東碣石甲子營遊擊。下車以來，整軍飭伍，固安地方，清勤自勵，寧輯商民。旦復公有子矣，驥足殊勳，拭目俟之。出港濱。

（許朝瑛、許文煥編纂《[福建漳州]圭海許氏世譜》　清雍正八年刻本）

許良彬

良彬公，字質卿，號文齊，幼名蔭，英生公長子也。生康熙庚戌年八月念八日，儀容豐偉而美鬚髯，面有赤痣七，識者早知其不凡。少習舉子業，雖從事毛錐，常有乘長風破萬里浪之志。時宫傅公提軍百粤，棄業往謁，宫傅公見而器異之，留幕府，政務多所忝酌。及宫傅公捐館，殿上問："汝即用知州，何改武職爲?"公奏云："文武均屬報効，微臣特就所長。"上悦，嘉公人品好，命以参遊員缺補用，隨奉諭旨授以福建烽火門參將。烽火當閩浙要衝，島嶼星羅，素多奸宄竊發。公涖任，不避風濤，親率舟師擒捕賊艘之爲商漁害者三，釋被擄難民二十四，而烽火洋面以寧。制憲高公奇其才，以澎湖地方久已糜爛，非公無以整頓，俾公往署事。公到，釐奸剔弊，捐造營房以安卒伍，嚴禁偷渡以全愚頑……

御賜寧綢紗緞貂皮，御帶香珠。越日請授，聖訓又賜御筆金字詩扇，一握香草扇等物。及陛辭，又賜御衣袍套全襲、朱書。上諭聖訓、《朋黨論》、御詩及眼鏡、紫金錠香囊、香包、什錦扇、乾菓子、餑餑等物。更頒氣摺匣四個，諭曰：與爾不時陳奏之用。且問：汝既往福建，瑞安一缺誰可代者？公舉所知安平遊擊蔡添略可任。又問："蔡添略之缺有誰可代?"公以厦門守備蔡國駿對，皆如言補用。逈公入覲，蒙陞蒙賚，解衣推食，恩甚渥焉。及抵閩，制府高公以南澳爲閩粤要區，宜公鎖鑰其間，遂題調於此。公至，革除一切陋規，修戰艦、飭軍伍，自駕艨艟查視沿海垵墺，跴截奸民出没，使遊魂不得飄入閩疆……於金門巡洋間，密訪所舉蔡國駿不稱其職，即密糾參，不以爲前揚而後抑。公惟以公忠報國何恤情面。故前之薦者公，後之糾者亦公也。奏至，上又可之，賜哈蜜瓜一枚以旌其直。迨十月間，甫卸金務，而制府部堂史公又以水師提閫重任巖山，藍公卧理非宜，仍函致來厦協理，申之於朝，即奉旨俾署事焉。公在厦控制全閩，念近桑梓，立法尤嚴，擯親友懲奸宄，使海國晏如，身雖在厦又察南澳，……聲名遠播，爲華夔所慕服，身雖開府重擁節鉞，其謙沖之致，藹然光風霽月，可親可挹，每接對士大夫不憚虚懷，折衷屬員，獎飭並行，常以做好官守清操勿負朝廷諄諄爲誡。是以將領尤感激弗衰。弟漢脩常從公署中，每余閒聆公議論，證據古今，一十七史朗然胸中，雖耆儒無以過之，然後知公之才得諸學以廣之也。念本祖自吉州分派以來歷傳一十餘世而譜系散佚，不惜重費刊修，公之器量誠遠，公之勳業誠未有艾矣。

陛見恩紀

古來名臣奏對，寵齎曠典，代不乏人，然未有如公之人。皇上面放金門鎮總兵官諭云：你原是個文官，今且去做總兵，你前缺裹安何人可代？奏云：安平鎮右營遊擊蔡添略熟識水務，諳曉造船之法。又問：安平右營遊擊亦是要缺，何人可補？奏：有水師提標左營守備蔡國駿熟識水務，勤哨捕，去年提督藍廷珍保題，蒙皇恩准補。諭云：是朕放你金門總兵，一帶海疆盡交與你，水師提督老了，你可盡心幫他，勿負朕深恩。奏云：臣受皇上天高地厚之恩，恐報不了盡。今祖父母妻子俱有誥封，足矣。臣還有别想甚麽，今家中尚有飯吃的。兒孫自有兒孫福。上諭云：很是，很是。長進兒子亦不用家當與他，没長進兒子家當堆成山與他，亦不足用。奏云：主子聖明。又諭云：如蔡添略等來見，你將朕之旨說出，系是你保舉他二人，如有懶惰偷安和操守不好，你就參他，說朕有旨意在你心上，他若來引見，朕親自與他說，你是金門總兵營許良彬保舉的，朕從不曉得你好歹。遂賜眼鏡四匣。謝恩出。越五月初一日，引見並進摺子，恭謝天恩放金門總兵官。諭問：臺灣是個要緊地方，你須要留心謹慎。奏云：目今皇上聖明，無微不照，外彝向化，在臺灣此時兵民相安，海外大小各官凜遵聖訓，雖有一二宵小，亦不敢以"不相干"視。上云：是，總不可說"不相干"三字，天下事都是"不相干"破壞了，凡事惟要謹始慮終爲是，若治天下何以安靜？奏云：治國平天下，總自正心誠意始。上云：妙哉，此學問之語也。又問：你幾個兒子，做甚麽官？奏云：臣有十個兒子，長子歲貢生，前年不在了，生有兩孫子；次子考職州同，在家管業；四子臺灣功加，現在水師提督衙門効力；五子六子系本學生員，七子八子俱系監生，九子十子尚幼，臣今全家俱沐天恩，臣今年五十九歲，老了。蒙諭云：你壽長，再三年過，朕要你來。奏云：那時臣帶兒子來叩見主子。天顔大喜說：你昨日所奏兒孫自有兒孫福，這話真是見道。又賜克食四盤，御筆金油寫就草書詩扇一握，香草扇二握。諭云：你初三日起身回福建，撿個好日子上任。叩頭謝恩出。初二日，恭請聖訓，隨傳引見：你明日起身去，每事要實心料理，勿負朕之厚恩，三年過你再來見朕。奏：臣受主子深恩，總以實心辦實事，分毫不敢苟且，不但臣要報主子洪恩，尚有兒子孫子，亦要報皇上深恩。諭云：很好很好，你外邊還有熟識水務傒仗好的人員，你深知的保舉幾個來與朕用，不但福建一省，朕前有旨意，文官准保武官，武官准保文官，這旨你知道麽。奏：臣知道。遂諭：文官有益地方民瘼者，及操守好的，你保舉來，如有貪酷濫派，你即密奏，所有水師好底人品正當的，不論大小，你即保舉來。奏：臣前受主子恩放烽火時，有把總李舉同臣前去四霜外洋獲賊，後總督高放他金門千總，舊年金門總兵保送來京，蒙主子賞他藍翎侍衛，求天恩准臣帶去水師作臂指之用。皇上大笑：朕叫你保舉好人來與我，你還要討出去，他叫甚麽名字？奏：是李舉。遂提御筆記上此人，朕看來如有緊要水師遊擊守備缺，即放他去做。叩謝皇上天恩，臣全家受皇恩，前哥子許雲蒙恩賞世職，賞祭葬銀兩，生生世世難報國恩。問：許雲就是你哥麽？虧得他，而今他兒子如何？奏：蒙主子天恩，大兒子本學生員，前年不在了，有孫子蒙主子賞他世襲；二子許方度現在臺灣右營千總；三子許元廣東澄海樟林千總，經廣東孔總督保題碣石右營守備，現在到京伺候陛見。諭云：他明日來引見，看他好不，但守備就是遊擊亦放他出去。叩謝皇上天恩。又面賜皇上親穿的夾紗團龍袍套全襲，金黄五爪龍袍一襲，寶藍五爪大雲龍緞乙連，藍色江山萬代雲龍紗一連三則，寶藍五爪龍寧綢一連，貂皮十張，什錦扇一匣十枝，錦香包十個，香珠一匣，宫粧香囊一對，紫金錠一箱，黄瓣龍眼菩提朝珠一掛，乾菓一箱，餑餑一箱，更硃書上諭一幅，摹刻上諭二幅，《朋黨論》一幅，御詩一幅，另摺匣四個，賜與陳奏備用，又賜克食四盤。奏：臣今受恩深重，總惟赤心圖報。遂諭：很是。即叩頭謝恩。命將各物件著内侍送出金水橋。謝恩去。又旨寄說：朕安，問提督好麽，聞提督身上有病，今好了，朕實歡喜，叫提督將養身子，實心整理船隻，嚴緝海疆，他今是個好提督，勿負朕託，你明日卯時就起身。領旨完即捧上諭出，到金水橋三跪九叩謝恩畢，即出。

猗與盛哉，聖恩優待我公，即《詩》所謂彤弓貺、受言藏、蓼蕭湛之章，我公足以當此無愧云。

恩賜御筆親寫金字扇詩

竹下忘言對紫茶，全勝羽客醉流霞。塵心洗盡興難盡，一樹蟬聲月影斜。

破塵主人筆恩賜墨刻三月三日得雨詩

三春淑氣動萌萲，膏雨知時四墅皆。東作共看霑溉足，西成咸慶歲時諧。

柔桑陌上青含秀，穲麥田間緑正佳。佇覽霏霏飄灑意，眷予兆庶少紓懷。

皇子親筆賜金箋詩並金箋聯句

清曉朝迴秘閣中，坐看宫樹露華濃。緑窗朱户圖書滿，人在蓬萊第一峯。

明人句

雨過好花紅帶潤，日長嘉樹緑移陰。

世有非常之才，自膺非常之遇。公自雍正八年正月上因制軍題報巖山藍公溘逝，隨再下旨：福建水師提督員缺，已著許良彬署理，該部知道。蓋天心眷注之厚，欲於署事中磨煉其才猷，而公矢丹心一誠，報國不狥情面，捐除前人積習，半載之間弊絶風清，糾參失職者若爾人，剪鋤穿窬者若爾人，中外肅然，凛有嚴霜不可犯之概。時制府高公在京陛見，爲上經營萬年吉地，相度既畢，回閩召對，問蒙上與語水師署任安放是否得人。高公尤以公之持躬清操，實心簡練，精熟水務爲對。由是益契聖衷，不負御屏所書，因曰："朕已知之，是以任之，爾回即將此意勉其努力。"公承天語，倍加克勵。初公上摺請安，即賜哈蜜瓜一枚，公登之祖考，榮君賜也。嗣又以澎湖綱例爲提督衙門，舊額年得一千三百餘金，公上摺歸諸澎湖兵餉，使旋，又賜哈蜜瓜一枚。蓋此瓜産於西域，貢入内府，咽之如水，嘉公冰心玉潔，勵臣操也。公在厦以實心而行實政，朞月已可之效。上知其最，由是綸恩直沛，而公遂於八年臘月實任全閩提督。誥封一品夫人元配李氏，出漳浦榮禄大夫篤侯李公長女。

（許朝瑛、許文焕編纂《[福建漳州]圭海許氏世譜》　清雍正八年刻本）

許　獬

金門先賢會元紀念館

金門先賢：許獬公，字子遜，號鍾斗。

興建年代：1976 年

宗祠地址：金門金寧鄉後湖村六十三號之一

後湖村之金門先賢會元紀念館，座落於後湖村東北角。興建於 1977 年六月初二日，與後湖許氏宗祠同時正式施工，是一座二層樓鋼筋水泥現代化建築，正面兩側圖爲孔子問禮於老子壁繪，入門處有雙龍拱門，取其庇護會元紀念館之意。

鍾斗公裔孫爲了追思先賢遺澤，表彰祖德宗功，以式範後裔子孫，特先發起爲會元祖建館專祀之議，並特仿古會元祖舊雕神像，新刻檜木巨型鍾斗公塑像一尊，於 1979 年己未迎回，同時隆重地向鴻漸山舉行點眼開光儀式，並將鍾斗公塑像安位恭奉於新館正廳大殿神龕，供後人奉祀景仰。

迨至 1981 年十一月十三日，許氏衆孫爲先賢會元紀念館隆重舉行落成典禮儀式，並設醮爲子孫祈福。先進行許氏宗祠點主祭祖儀式，繼而殿開爲會元紀念館奠安公祭獻禮，是日人潮熙攘,熱鬧非凡,其莊嚴隆重,誠爲金門各姓氏宗祠祭典活動之空前未有。十二月十二日卯時,開啓館門,祭祀祈福,恒念祖蔭,祈求五福駢臻,天保九如,子孫仟億,科甲聯登。

會元紀念館,主祀會元許獬公,乃系復祖公裔孫,名行舟,字子遜,號鍾斗,以夢揭魁榜,故更名獬。獬即獬豸,乃獨角獸,性忠。見人鬥,則觸其不平直者;聞人論,則叱其不正者。後世以之爲御史補服,蓋取其人大剛中正之義。許獬天賦穎悟,後果中會元,其世代書香,有"八代難詩"之譽。祖父許開,字惟達,垂髫爲諸生,每試輒冠,懷奇博覽,善古文詞,上下古今,論得失成敗,多獨見破的,著有《滄南集》。父振之,字從乾,登萬曆廿二年甲午副榜,有子四,獬居長,次諱鸞字子采,三諱龍字子時,四行沛字子甲。獬少穎異,九歲能文,過目成誦,且多驚人語。年十三,淹貫經史,因見羅李公材倡學於閩,遂往師事之,又慕李光晉文章,不惜徒步至晉江,執經求教,歸築讀書處於後浦,昔稱衙門,今改縣政府。明萬曆廿五年丁酉舉於鄉,爲舉人,當試途中,有泉革自視甚高,嘗疾言奪魁,及聞與獬同科,震其才名,乃要獬同宴並加留宿,蓋欲試獬之才,以決自其行止也。宴畢款款談,某即以"冬雪造觀音,日出化身歸南海"囑對。獬仰觀天色,頓有所思,即對以"秋雲排羅漢,風吹移步往西天"。革甚折服,是科竟未敢赴試。参政汪道亨延之署中,淡文外,不涉一私。越四年,獬入京會試,道出江南,與太倉會文於蕭寺。過王家,見其門聯書"子當承父,臣示報恩君",大不以爲然,笑謂衡曰:倒置君了,孰若改爲"恩君臣未報,父老子當"。王衡世代翰林,其父曾爲宰相,素性高傲,獨心折許獬,引爲知己,辛丑會試,獬居魁榜,會元,而衡次之,嗣殿試獬得二甲一名傳臚,改庶士,授翰林院編修,獬榮歸。殫心力學,矢口縱筆,精義躍如,館課一出,人爭抄傳,海外傳誦其文,世稱許。

(《[臺湾]許氏大宗族譜》 1999年鉛印本)

許 雲

雲公,字旦復,號峨鐘,幼名學,行長,狀貌魁梧,賦性忠義,淹通經史,才略優長。於康熙甲寅之變,募集義旅,隨宮傅公移屯江右,進勦賈振魯,破閩寇耿二。又於己未夏隨師蕩平江滸山巨寇,降其余黨,奏績掄勳,辛巳年授山東泰安營守備,任事九載,兵充餉足,威行令寬,蒙皇子錫匾"捍牧宣勞。"聖祖仁皇帝召見暢春苑,問平定江右方略及鄱陽形勢,條奏稱旨,賜鼻煙、克食,升授福寧鎮中軍遊擊,旋調銅山營。

列憲知其才,合疏薦舉卓異。上命記名以收大用,超擢興化協副將,甫下車,凡妨兵病民之事,遞沿習而不可革者,以次釐剔,居恒禮賢下士,常物色英豪於未遇之先。興安紳士爰作蘭水同聲之什,以紀其德。未幾總制公特疏題調澎湖,旋改安平,三載報最,士庶攀留,詎意辛丑臺灣土寇朱一貴倡亂崗山,聚衆數十萬,南北諸路響應,合攻府治,臺中大震。公聞警率遊擊遊崇功、千把總林文煌趙奇奉、李茂吉等,犒勵士卒,渡河應援。至四月晦日賊衆衝突鎮營,公提兵直搗賊陣,斬殺無算,力破重圍,救出鎮帥。是夜賊衆謀劫我營,公度其來,已督兵煉炮以待。賊偵知有備,遂不敢犯,因四路合擊鎮壘,公又率兵趨援,戮力血戰,俄而鎮兵内亂,鎮帥陷没,公振臂奮呼,左衝右突,灑踏衝殺,所向披靡,僞黨遂撤重圍,欲縱公遁,而公氣益烈不少怯,賊衆仍益集,公知事不可爲,恐其復得安平揚航西向,則禍滋蔓,乃潛麾左右突圍出,令焚舟以決死敵,傳諭汛口商舶悉驅回厦,安平砲熕盡釘封口,不使寇得籍爲用也。復回騎以孤軍接戰,奮勇追殺,伏屍遍野,漸而兵盡矢窮,被傷墜馬,猶扶創步戰三時,不虞伏賊突出,左臂被斷,右額重傷,公仰天大呼曰:"許雲力竭矣,生不能殺盡逆奴,死必來殲滅汝等。"賊怒剮之,隨丁鄭雄密收公屍，寄埋春牛埔。六月王師進討，陳兵安平，公英靈不泯，現形各鯤身，白馬揮刀陣前助戰，賊望見落膽奔潰，以故我軍得長驅攻復府治。是役也，臺人莫不嘉稱痛悼，列憲賫文奠祭，及扶櫬歸籍，紳士耆庶涕送登舟，復呈請建祠宗祀。制憲滿公據情題奏，上嘉公忠烈，加贈二級，誥授榮禄大夫，御制祭文遣官致祭，賜金營葬難廕，世襲其子，崇祀本邑忠臣廟，復立廟安平，祀旁配以遊、林、趙、李，榜曰五忠之廟。蓋公自歷官二十餘年，三覲天顔，六典要地，其經濟設施隨處咸宜，仁聲威望所在謳歌。至若臨敵，以智濟勇，捐軀盡節，無負國恩，人以爲有張睢陽、戚南塘之遺風。公生於順治戊戌年，用水援陸，以寡敵衆，血戰亡於康熙辛丑年五月初一日，年六十有四，配鄭氏誥贈一品夫人。

閩浙部院滿題請旌獎

雍正元年八月十八日奉旨，水師副將許雲失陷臺灣，非關伊罪，奮勇前進，多殺賊衆，身又陣亡，著給與拜他拉佈勒哈番世職。又奉旨准蔭子弟一人以守備推用，卹銀陸百兩，葬銀三百貳拾兩，佈政使司致祭。

御賜祭文

奉天承運皇帝制曰：鞠躬盡瘁，臣子之芳蹤，卹死報勤，國家之盛典。爾副將許雲，賦性忠勇，才能稱職，奮不顧身，力戰陣没，朕用悼焉。特頒祭葬，以慰幽魂。於戲！聿昭不朽之榮，庶享！匪躬之報，爾其有知，來格來歆，尚饗。

（許朝瑛　許文煥編纂《［福建漳州］圭海許氏世譜》　清雍正八年刻本）

許憲爵

許憲爵乳名都，諱隆，號從庵，系符祥之子。龍橋九世，馬坪田源十四世，高陽九十三世。偉而勇，少有大志，遂遊海上，歸事延平郡王招討大將軍國姓諱成功。迨國姓卒，投誠本朝，隨總兵和尚征嶽州，進湖斫椿及船上，推第四勇敢，跳船殺賊，達部，頒給福建援剿前鎮標左營千總，又隨征克復海壇、金厦等島。議敘功，加都督僉事，帶湖廣嶽柳林嘴地方。記録一次，劄付。跟從成功克澎湖，進撫臺灣，靖海將軍侯施琅題報在案。欽奉上諭，奉部文敘議功克澎湖案内，功加十九等，於補官日授施沙喇哈番，仍紀餘功七次，獲理銅山營守備事，補福寧鎮中軍遊擊，贈榮禄大夫、左都督。生於崇禎六年癸酉十月二十日，卒於康熙四十七年戊子六月十四日，享壽七十六歲，葬後路山，坐乾向巽兼亥巳，用庚戌庚辰分金。配蔡氏，諱覲娘，生於崇禎十二年己卯十月初一日未時，卒於康熙元年壬寅五月二十六日未時，卒在臺灣，壽二十四歲。副妣黄氏，謚慎勤，名受娘，生一子諱高標。黄氏生於崇禎十三年丁未十一月二十九日，壽二十八歲，葬南犂樓林尾山，坐丙向壬。

（《［福建漳州］許氏族譜匯纂》　清宣統元年稿本）

許方度

方度公，字越裴，幼名裕水，旦復公次子，入國子監，辛丑臺灣之變，旦復公盡節王事，志切報仇，隨師克復，以軍功加銜都司僉書，補授漳浦營千總，旋調臺灣鎮標右營千總。列憲以公忠臣之後,彌加眷注,其勳猷進作未可量也。出港濱。

(許朝瑛、許文焕編纂《[福建漳州]圭海許氏世譜》 清雍正八年刻本)

許鳳翔

鳳翔公,幼名英,少傅公六子也。由將材隨標效力,任贛鎮千戎,秩滿引見,禦試騎射,稱旨,蒙皇上備問履歷,念勳臣後裔,入爲御前侍衛,賜翎,於雍正六年補授浙江紹興協左軍守備。居官廉公有威,至若操防汛守,尤能慎勤供職,以光前烈。出港濱。

(許朝瑛、許文焕編纂《[福建漳州]圭海許氏世譜》 清雍正八年刻本)

許律斌

許律斌,武特用,臺灣城守參將。

(《[福建漳州]南詔許氏家譜》 1995年鉛印本)

(十一)郭 氏

郭光昊

天民公三房三,十四世祖光昊公,諱光天,字峻民,號樸齋,拔公之子。生有異材,幼失怙,負薪供母,時有戴師館於本社,公每午在館外聽講書,即能解悟,師奇其才,因勸卒業。年二十餘設帳於歸德,其嶽父鄒公精柳莊相法,見其貌驚曰:"某非久困者。"遂妻以女。居無何,益落魄,母舅潘公充臺糧房,公往投之,舅令其運餉赴省,適本官劉良璧緣事免官,罪及家屬,公憐其無辜,赴上司白其冤,良璧遂復原職,深德公,結爲義兄弟,寢食必偕。公以《詩經》登國子監學生,後良璧升任臺灣府,公在臺吱吧哩墾草,地廣輪百里,家大殷富,置祀田,繼旁親多惠澤及人。公生於康熙十九年庚申閏八月初二日丑時,卒於乾隆十四年己巳四月初八日午時,壽七十二,爲四代父。葬大官祠口白石宫阪,坐坤向艮兼申寅。妣歸德鄒氏厚娘,生於康熙二十八年己巳十二月三十日酉時,卒於乾隆二十九年甲申八月初七日未時,壽八十六,謚恭肅,爲四代母。次室高氏美娘,生於康熙三十年辛未正月十八日亥時,卒於乾隆八年癸亥二月十三日寅時,葬漳州鳳高山下土名龍腰坐西向東,碑題昇平岱山郭門次室高氏墓,謚柔順。側室王氏罕娘,生於康熙三十八年己卯正月十四日亥時,卒於乾隆三十三年戊子正月十六日卯時,葬中坪嶺蛇形坐戌向辰兼辛乙。子五,長嗣子紹,次植子綬,三繫正室鄒氏出,四嗣子緝,五素側室王氏出。女二,霜娘鄒氏出,適長泰徑尾盧炳勳季子;淡娘高氏出,適臺諸羅縣庠生李顯公長子。

(《[福建華安]昇平岱山郭氏天民公房系族譜》 清光緒三十四年稿本)

郭來榮

郭來榮,原籍福建省漳州府龍溪縣廿五都岱山社人氏。原籍派系文達公派。昭穆二十四世。清朝雍正六年,福建省漳州府人郭光天,接獲福建總督諭准,派遣鄉勇一〇六人,開向臺灣北部,由許厝港登陸拓墾,在此地開闢一廣大面積之田園,每開闢一處,就給予鄉黨親族耕種,同時定莊名定居,並在其間建立市肆,作爲集散場,命名爲大坵園。日本佔據臺灣時期,改稱大園,今仍沿用作爲鄉名。雍正末年,郭光天設立後館莊,由子郭宗嘏轄管,並蒙前清皇帝欽賜下馬牌,距今已有二百餘年之歷史。

(《[臺灣]環球郭氏宗譜》第二輯　1987年臺北先鋒印刷公司版)

郭秀山

十六世祖雲秀山公,諱雲秀,緝公三子,生於乾隆二十九年甲申二月十六日巳時,乾隆四十七年以《詩經》登國學生,驍勇有將略,遭臺兵亂,統領義民平臺多立軍功,蒙恩嘉獎授漳鎮雲霄營右廳,守府。後以緝盜被賊將陳州全所害,有司以聞,上覽表震悼,恩賜世襲都騎尉。臺人韙其以百人守城,單騎討救,傳誦以爲美談。葬臺。妣許氏聘娘,生於乾隆三十年乙酉三月十五日巳時,卒葬在臺。嗣子承啓,生子承佑、承禄,俱往臺。

(《[福建華安]昇平岱山郭氏天民公房系族譜》　清光緒三十四年稿本)

郭兆麟

先生諱兆麟,字青松,聖名伯多禄・若瑟,閩之云霄縣人。世以耕讀傳家,家道小康。父英才公,德行著於鄉,不幸於1913年早逝。母張太夫人,温婉慈祥,矢志撫孤,以養以教,備極操勞。先生九齡進學,聰穎冠同儕,爲師長所揚譽。就讀聖三小學時,適遇陳炯明背黨叛國,在閩粵稱兵作亂而輟學。嗣於先總統蔣公率軍平叛後,轉讀浚源小學,十四歲畢業,考入漳州省立第八中學。十九歲再考入上海吴淞中國公學大學部,專攻政經。未幾,因學潮影響,轉讀持志學院,廿四歲畢業,獲法學士學位,隨即赴德國柏林大學深造,追隨德國名經濟學家桑巴與特沙兩位教授,致力於經濟學術之研究,五年後著《日美在太平洋經濟之角逐》乙書,被德國政府列爲機密,而榮獲柏林大學經濟學博士學位。時值先生與張月娥女士結褵不久,而女士復正研考博士學位。詎世局突變,日寇侵華,抗戰軍興,而德國政府卻助紂爲虐,先生賦性剛耿,在高度愛國情操下,乃毅然拒絕德國政府聘書,並即攜眷返國,共赴國難,參與抗戰神聖行列,聞者無不敬重之。

1938年夏抵達漢口,出任三民主義青年團中央團部組織處海外組組長,並兼任軍事委員會戰時工作幹部第一訓練團上校教官。武漢轉進,隨國府遷渝,改任中國國民黨中央組織部視察。值此之際,沿海各省相繼失守,外援補給通路亦被切斷,南洋各界僑胞紛紛發起救國捐獻運動,捐獻卡車及藥物,先生奉命在重慶主持中國藥産提鍊公司,任總經理職,負責設廠及生産,供應戰時最缺乏新藥品阿斯匹靈與奎寧,績效卓著,蒙委員長先總統蔣公召見嘉勉。至1942年,復銜命負責籌備閩贛區食糖專賣局成立事宜,值一切就序,上級改派他人接掌,先生一笑置之,嗣以財政部孔部長力挽,始屈就副局長職,在職四載,殫思竭智開展業務,廉潔自持,深獲各界好評,後轉任福建省政府首席顧問。

抗戰勝利,國府還都,先生離閩赴京,出任糧食部專門委員,不二年徐蚌一役,國軍失利,糧食部奉令疏散閩粵。先生攜眷赴廣州途中,廣州告急,遂轉返詔安縣,謁嶽母張太夫人,並與諸内弟共籌組遊擊隊與周旋。後轉進東山縣境,與國防部閩南挺進縱隊司令王奎昌部配合。1950年五月十一日,共軍由雲,浦,詔三縣圍攻東山島,由於敵我實力懸殊,奉令退守金門,輾轉來臺。

先生抵臺後,謁恩師于院長右公,蒙即簡任爲監察院參事。平日工作兢兢業業,知無不言。自 1952 年起,相繼兩次接受革命實踐研究院革命洗禮,每於研究歸來,均益多其獻替。迄至 1976 年退休止,凡所職司無不圓滿達成。抑且爲人謙和,熱心公益,故院中同仁均樂與之交遊,而盛讚不已。

綜觀先生生平,謀國以忠,處世以誠,樂善好施,澹泊明志,溘然長逝,距生於民國前四年四月四日,享壽八十。而先生卒不能親覩故國之光,寧不痛哉!

先生與德配張月娥女士結褵五十載,同德同心,情天廝守,老而彌篤。先生退隱未久,女士亦自交通部中央氣象局以簡任技正屆齡退休,方期偕老林泉,同娛晚歲。茲突遭丕變,其慟可知。所幸哲嗣川水及掌珠寶山均已成家立業,並又孝友雙全。女士得有膝下之歡,先生在天之靈亦可寬慰矣!

(《[臺灣]環球郭氏宗譜》第二輯 1987 年臺北先鋒印刷公司版)

郭文山

天民公三房三,十五世祖宗素公,大名文山,字行可,號欽軒,昊公五子。尊祖敬宗,因楓兜維善公祖墳被文圃社沖傷,公倡首與他理較,費自己家業萬餘。乾隆四十四年己亥進臺彰化學第三名,四十六年歲試蒙俞道院選補增生。公生於雍正八年庚戌八月初七日申時,卒於乾隆五十三年戊申九月十九日辰時,壽五十九,葬溪尾下洞内柯塔坪,坐申向寅兼庚甲。妣墨場戴氏九娘,生於雍正七年己酉十一月二十三日酉時,卒於乾隆五十四年己酉九月二十四日酉時,壽六十一,與公合葬。生子六,長嗣子種,次生子稼,三秫,四杞,五稽,六馨。女二,贊娘適内溪蘇家,卻娘適沙建鄭家。

(《[福建華安]昇平岱山郭氏天民公房系族譜》 清光緒三十四年稿本)

(十二)曾 氏

曾捷步

平和開基端峯傳下六房十五世紹武公,諱曰鄭,謚成美,娶秀篆游氏謚恭儉。公誥贈武德騎尉,生於嘉慶癸亥年正月初八日卯時,卒於光緒丁亥年四月十一日卯時,享壽八十五歲。妣游氏太誥贈宜人,生於嘉慶十三年戊辰十一月十五日巳時,卒於同治九年庚午六月初二日戌時,至光緒三年丁丑葬在新注。生子長正元,次印魁娶磜下朱氏,三月爵。正元官名捷步,字登雲,臺灣北協右營協千總,署大甲守備,賞戴花翎,娶正室長樂下村林氏、少室臺灣李氏。正元公生於道光八年戊子正月十二日酉時,卒於光緒六年庚辰二月十八日卯時,葬臺灣嘉義縣,妣林氏謚慈慎誥贈宜人,生於道光壬辰年七月初九日,卒於同治十年辛未八月初一日子時,享壽四十歲。副妣李氏。正元公傳昭亮、昭茅二子。

(《[福建平和]曾氏族譜》 清光緒稿本)

曾明德

平和開基二世易齋派下十五世祖明德公,字振邦,謚智坤,成江公三子也,武德騎尉。元配王氏,祖籍臺灣,無出,嗣長子文掌。二室吴氏,祖籍臺灣,生次子文伯,三子幼亡,四子文景二十四歲病故未娶。公生於咸豐癸丑年二月十二日未時,卒於宣統己酉年五月初六日巳時,原葬在栗只園口,統遷葬霞坑巖口公路下成江公墓後右側三合水會口,公媽三合葬,吉穴坐子向午兼癸丁,分金。元配祖妣王氏謚慈恭,同治丙寅年生於臺灣,卒於 1940 年。祖妣吴氏,謚慈儉,光緒丙子年三月二十二日生於臺灣,卒於一九五三年癸巳十二月二十七日酉時,公媽合葬。振邦公於光緒十四年戊子科武經中式十三名武舉人,授列義部前部先鋒,鎮守臺灣島,晚年奉調回閩督建漳厦鐵路,任紅花嶺千總,勤政清廉,武功出衆,曾受欽賜"制度鴻才"匾懸於石門樓家廟。

十六世祖文山公,明德公長子也,諱文掌,字文山,謚博和,光緒辛卯年十月十七日子時出生於臺南,卒於一九五九年農曆五月二十六日子時,享壽六十九歲。元配王氏玉珠,1905 年乙巳農曆十一月十五日辰時生於泰國普吉,卒於一九七二年壬子農曆十一月初二日巳時。公媽合葬於霞坑四角樓後半山腰吉穴,坐辛向乙,大字分金。公童年由臺灣回閩,十八歲父故,二十歲往南洋謀生旅居泰國普吉府嶙啣。一九三七年夏與妻王氏全家回國定居。有三男二女,長子昭財十二歲在泰國病亡,次子昭丁二十歲移居臺北,三子昭貴,女素月居長婚後移居臺灣,小女素月移居平和城關。

(《[福建平和]曾氏易齋派族譜》 1932 年抄本 後人補録本)

曾氏九和雍睦堂臺灣人才録

六十九世夢魁,子丹、科捷、振、觀光、青璣、鳴岐、一經、耀文、耀家、聖瑞,臺灣府學。

七十世恩貴,龍雲騎尉,歷師後營守備、延平都司、南澳守備、金門遊擊、水師守備。

七十世恩寵,壬申臺灣嘉義縣學。

七十一世志德、攀桂、傳祖、元章、天澤、永昌、品紹、天培,俱臺灣嘉義縣學。

七十一世德宗,應銘、建月、大鏞、光楚、世瑾、欽明、振紀、永平、雲龍、日昇、成亮、炳輝、豪才、炳南,俱臺灣學武庠。

七十二世振邦,乳名諾,字明德,臺灣學,中光緒戊子武舉。歷縣汛、詔安紅花嶺千總。

七十二世德,臺灣府淡水把總。

七十三世捷步,臺灣右營千總,署大甲守備,賞戴藍翎。

七十三世鴻安,教字守訓,臺灣武庠,授臺灣千總。

七十三世登三,字瓊宴,雲霄外委,臺灣府學武庠。

七十三世鴻林,文庠,乙亥臺灣彰化學夏道取。

七十三世成文,武庠,丙辰臺灣學。

七十三世長江,水字清流,光緒壬辰臺灣武庠,甲午科武舉。

七十三世雲梯,字登瀛,臺灣標佺先把總。

七十三世朝龍,臺灣道標外委。

(《[福建閩漳]九和曾氏雍睦堂派題名譜》 1932 年稿本)

南靖高港曾氏在臺子裔考取功名録

嘉慶二十年丁丑,震東進泮,時年五十一,文宗考臺灣府學第名。

道光二十一年辛丑,和中進泮,時年三十,黄文宗歲考彰化學第三名,卒年四十二。

同治十三年甲戌,年豐進泮,歲彰化學。

光緒五年己卯,長清回家謁祖,進彰化武庠生第一名。

癸亥年十月廿五日,崑龍在任辭世,而君河是年到衙辦理喪事。越甲子家眷運棺回籍,五月初四日到漳安下。邇來有四房三裔孫君信往臺發蹟回唐,其長子乳名吾鐵,納歲進士,官名英,謁祖掛匾竪旗。

(曾康生鈔録《[福建南靖]高港曾氏家譜》 1931年稿本)

(十三)廖　氏

廖朝孔

十二世諱朝孔公,相貌俊秀,骨格峯奇,眼光慈善,聲洪如鐘。束髮受書時,字會文,榮獲鄉試,號曰尊聖。因性好耕讀,旁參地理,常謂人生對居宅,環境清幽,能使精神明朗,對祖先安墳,如得燥濕調和,風水自成,此陰陽二宅,能使後世居心爲孝子賢孫。故有地靈人傑名言,誠非無稽空談。乍奈執南車者,徒以迷信引人,乃有爲人子者,不可不學山,及不可不學醫藥之教,以防江湖術士欺人。此公恒爲宗親勖勉者,宗親莫不欽仰公之卓見。公又以讀書可以義氣,耕田可以養生,二者均爲立命之本。爾時適聞有渡臺墾荒者歸言墾荒後望,公曰:"是別有耕讀天地耶。"遂決心整裝渡臺以發揮抱負。康熙四十年歲次辛巳,公年二十四歲,由番沱上陸,聞二林附近有港尾,乃往覘察,至則童阜秃秃,窪地茫茫,公謂非百年之後莫能成耕。繼問附近人士,謂東西墩及大小崙,何者爲近,人士答言東大墩、西大墩在北較遠,大二崙、大義崙、小二崙二崙仔在南較近。公乃到二崙訪問,至則既有宗親在此墾荒。次問港尾,則港尾早早既有宗親在彼開耕矣。於是公遂決意在二崙建基。當時二崙地勢,雖有大小崗阜點綴平洋,而高低形成天然水路,可以創設埤圳以利灌溉,乃在二崙東方竹篙崙尾築造埤塘,並分鑿大小圳路,蓋塘以蓄水圳利灌溉,使旱雨水利無憾。遂使附近不毛之地成爲良田,後人讚歎孔公治田而有一面三塘之蹟。蓋一面者塘子面也。三塘者,埤塘、頂茄塘、下茄塘。

康熙四十五年,公憶及港尾宗親,乃往訪問。當時港尾地形,東西南北四面皆有大小崗阜,而港尾村莊適在中央,可惜西邊崗阜斜飛西南而去,南方雖有港尾溪流,尚無會水交流之處,公默默無言。嗣後二崙基業成功,乃於三子中留一子在二崙守業,隨帶兩房子孫逕往中部重新創業,仍以大興水利耕讀而教兒孫,續後裔孫分佈中部及二崙者,多皆出人頭地。現在西屯之港尾村,即其裔孫紀念公之偉績,現時二崙有公之祠堂,每年祭祖時,臺中及二崙裔孫往來親親,誠謂財丁與時代並駕齊驅,適符公之素願。願我宗親各自遵守家箴,相互勉勵,以光七嵌而爲倣。

(《[臺灣雲林]廖氏大宗譜》 1979鉛印本)

廖國程

十一世國程公,字希南,謚惠襄,上拔公長子。生於崇禎丙午年七月十九日寅時。行年廿二,捐貲召募爲父報仇,後率兵投誠總督李題補,海澄公黄授爲左營,奉旨帶兵移住河南光州地方,因僞藩鄭伯踞臺灣,蒙靖海將軍施題請平臺有功,行年六十有八實授浙江寧波府定海鎮中軍左都,管中營游擊事,世襲給一拖沙喇哈番録功一次。膺任八載,兵民圖像廟祀,告老准以原品休致,誥授榮禄大夫。卒於康熙丙申年三月廿九日子時,享壽八十一歲。妣鍾氏大娘,誥贈一品夫人,生於崇禎乙亥年九月廿八日,卒於康熙戊申年正月九日辰時,享壽三十三歲。又妣楊氏,誥贈一品夫人,生於順治戊子年正月廿六日辰時,卒於乾隆癸亥年十月十七日,享壽九十六歲。又妣江氏,誥贈一品夫人,生於順治壬辰年七月初二日,卒於雍正庚戌年四月初三日戌時,享壽七十九歲。三妣共生六男。長朝紳,次朝纘,三朝經,四朝綰,五朝繕,六朝繪。

(《[臺灣雲林]廖氏大宗譜》 1979年鉛印本)

(十四)賴 氏

賴日貴

蓋聞世代簪纓全憑祖德,門席烜赫惝籍孫謀。追維我十七世祖日貴公,號剛毅,系十六世祖天在公之次男。誕生四月,便興陟岵之嗟。其摂十六世祖母廖氏,年方二十有四齡,賦性慈淑,三從無缺,四德俱全,相夫左業,遐爾稱賢,既失所天,甘心守節,志矢柏舟,解放天足,以便操作。雖家徒四壁幸有田産八分,躬耕持家,撫養二男二女,義方是訓,不愧孟母。何期長男分聲公年屆弱冠一病嗚呼,□□孤孀值此慘事,嘗盡蓮心之苦,方臻蔗境之甘。乃胡天不弟,一聲鶴唳歸西,享壽七十有餘,經清代誥封孺人,旌表節孝祀於彰化節孝祠,蒸嘗俎豆,配享千秋。

日貴天性温良,孝思純篤,恭儉持己,處世和平,年方十七,娶簡氏祖母以爲内助,舉九男三女。後復娶庶祖母劉氏,生男三女一,義方教子,不讓燕山。艱難創業,斬荆誅棘,辛勤犁雨鋤雲,不辭勞瘁,竭盡平生之精力,爲子孫立萬世丕振之基,享壽六十有八齡,例授歲進士,立祠堂於二分埔下頭張,號爲樹德。其長男德軒,字豁卿,官章冕榮,邑庠生也,天性温厚,篤信好學,與諸弟敦本務實,勤儉篤行,愛敬如賓,和氣如春,克繩祖武,善維善述,宏開富有,以光門第。竊思吾祖吾宗,鴻猷啓後,燕翼貽謀,詩書之遺澤孔長,忠厚之家聲自遠。育先芬於勿替,喜昌熾之常新。如今日我裔孫等所有田莊牛羊倉廩,(皆吾祖吾媗之留貽,即凡一草一木,一飲一啄,亦無非吾祖吾宗之垂賜。差喜吾族,叨蒙餘蔭,人口繁衍,世系綿長。枝葉茂盛如泰山之森林,支派衆多似漢水之洋溢。於是飲水思源,采木求本,豈可須臾忘厥祖宗之德者哉。務宜遵守祖宗之遺訓,慎重彝倫,長敦道義,方爲無愧承前光之休列者矣。是爲序。

樹德派一同謹述。

(《[臺灣]賴氏大族譜》 1968)

平和心田賴氏功名前程徙臺録

十世繼輝,嘉慶戊寅年進臺灣彰化儒學,乳名撓,赤嶺人遷居臺灣。

十七世廷輔,道光乙未年吴文宗歲試取進平和武學,是年鄉試連捷,中式舉人第三十二名,乳名省,字企三,石橋人,中後渡臺灣不回。

十九世奪標,光緒丁丑年由丁撫院歲取佳臺灣府武學,乳名阿至,字龍舟,縣内南門洋人。

十三世恩隆公,名享,諱時銘,質道公長子,死在臺灣。生四男,長初,次次,三紗,四山。初爲匪首,身被官府斬滅一家,妻子及弟紗山俱充軍流徙雲南鎮沅府不回家,惟有次子名次者,文飾出嗣别房,乃免拖累。後次生四男,傳徐頭派得不絶嗣。上下相傳曰初國公者,此人也。

(賴素季、傅紀鈔補《[福建平和]心田賴氏族譜》 清光緒十年稿本)

(十五)徐　氏

徐維煌

維煌公行略。

公在日詳言告余,及公没,余心終不忘故述而志之曰:公年方十一而母亡,十四歲而父亦亡,當父母俱亡之日,兄弟離散,家無粒穀,朝夕不計,寒暑一衣。父兮母兮 何怙何恃,説不盡一生之艱難,呼天自歎,人生在世,早知如此,不如無生,既有生,何時出身。至十七歲,遂奮然有志於四方,頭戴一笠,身帶伍佰文銅錢,恝然而往臺。至臺登山一望,地廣人稀,往來少有人影之蹤,相□是他鄉之客。於是牧牛;牧牛非計,於是治圃,治圃亦非計。清夜自思,不如居於市,交易於鄉。故於彰化縣内開一原泰號綢緞布店,交農易圃,五穀通商,與厦門臺地鋪户互相往來,交關不絶,十餘年堆積數萬金,娶汝母生汝身,汝其知之乎。又自思,臺地番邦,非久居之所,一則祖宗廟宇俱在唐地,春秋祭祀不能登堂而拜,清明節届未得到墳而掃鋤,及乾隆三十四年己丑八月初一日,自臺彰化縣板樹腳莊,將家眷搬回唐地,築樓屋起書館,建置田産,娶媳婦,修墳墓。今年老矣,一生之事業盡矣,七十有餘歲,八十來届 歸期迫矣,日落西山,可以久留。願汝子子孫孫,掌吾業當聽吾言,守己爲人,份外之事切戒不可爲,居家儉讀書勤,爲人謙慎數目,願世世子孫昌盛,後來科甲名聲。子孫未知者鑒之。

(《[福建南靖]和溪高才徐氏十世正公派家譜》 清光緒二十一年稿本)

(十六)葉　氏

平和蘆溪葉氏永房系徙臺子裔游庠録

十二世六郎,諱拱,字延樞,别名朝斌,乃象武公六子也。婆曾氏桂竹洋人,生二子,長名都,次名市。市進臺府諸羅邑庠生,其子榮山諱羡亦進諸羅邑庠生。

十三世庠元球公,往臺住過溝莊。廷樞拱公次子,配李氏,生四子,羡,三奇,四美。後其子羡亦進泮焉。公名市,字日中,十三歲渡臺,未及弱冠,時監生李奇琛見愛其材,以其女妻之,至三十三歲進諸羅邑庠生。

十四世庠生欣,諱羡,字榮山,一字文欣,市公次子。乾隆戊申年萬宗師科試進嘉義縣學第四名。往臺灣過溝莊,生二子:觀榜、□□。

(葉獻其纂修《[福建平和]蘆溪葉氏永房源流譜系》 清道光八年稿本)

(十七)江　氏

江呈輝

族人江振綱之令先嚴呈輝先生,臺北縣人,通經史,博學多能。年十八歲時,適光緒己丑科中文舉人。爲人磊落光明,虚懷若谷,一生操行謹慎,處世謙恭,待人接物中庸寬恕,以培養人才,闡發真理,革新社會,造福人群爲職志。曾教學於基隆崇基書院,各地學子聞其飽學,負笈就讀者甚衆。春風化雨,在其身邊所造就之英俊大不乏人,盛譽滿臺疆。一生廉潔公正,不特文學優良,即籌邊策略與夫國防科學、新穎哲學,隨時均有研讀。甲午中日戰役,江孝廉以文人身份,亦倡議抗戰,在三貂境内,策劃抗日軍備,鼓勵青年義勇隊與日抵抗作戰,屢創敵人之陣,厥功甚偉。嗣因援絶,而且清庭割臺議和,江孝廉寸心欲裂,知大勢不救,痛忿之餘,遂與許南英、林輅存二紳滿清翰林進士臺籍遺老同時内渡,退隱漳州府。其培育人才之志未泯,仍然在汀、漳、龍地區興辦教育爲樂。曾與華僑胡梓村,創舭永定優級師範,培植教師人才。並與當地职政官長周知事設立官立小學校,桃李滿汀龍。繼又在厦門創設報社,從輿論而發聾振聵,主持正誼,鼓吹革命,議論多救時挽世道人心之大作。曾有非凡教爲國教之辦正論文崇高孔子學説,博得全國人士之同聲贊響。公餘輒以詠詩歌,或唱和雅集以自娱。

在厦與施士潔、周墨史進士、林爾嘉等文人時相聚,著作甚多,如《春暉堂集》、《七子詩後補遺》及《司關賦》。文藝之精,用句之功,凡文學界莫不稱讚其佳作。惜遺稿不全,斷編殘簡中略可窺其一二,所謂碩果僅存,亦一憾事。其人謙遜之處,可在自題像片處看出原像,贊題云"爾不爲農,不爲工,不爲商,雖號名曰士,略識之乎也者焉矣哉。不能權輕重,衡短長,數多寡,宜其事業之不發達也。"1917 年疾終於永定高頭鄉。其子孫昌盛,且都能爲國家社會而效忠。

(《[臺灣]濟陽江氏族譜》 1964 年鉛印本)

(十八)何　氏

何　義

公諱忠甫,名義,宗保公三子也。初居大湖内,崇禎元年戊辰五月初五日未時生,時瑞氣滿室。宗保公卒,公年始十四,不肯作書句學,善騎射,有膽略。聞人説生涯事,恒非笑之。嘗歷指古豪傑以自擬,俗人謂之戇也。

前朝因闖賊失天下,成功以布衣借義舉名援立魯王,招募英勇之士,公應舉,時年二十二。成功見其狀貌魁梧,英氣凜凜,即授將職。庚寅攻潮州,潮人大開城門,國姓不疑有伏,直前渡浮橋未盡,潮人突出,衆散,公斷浮橋紐,獨以身衛成功。成功馬傷箭不能前,公舍馬以换,持匡斧,俟路旁有一賊先追至,公觸其馬項,馬倒斬其人,仍跨馬以俟。賊駭然,不敢迫公,徐引去。成功歸而喜曰:"人稱爾戇,賴是戇也。"遂題爲左虎衛將軍,而以其表親馬氏歸公。己亥侵南京,先取鎮江,令公爲前部。鎮江富庶聞天下,所獲累累。公令周圍釘大索束婦女於内,嚴敕有犯者立斬之。時有從窗櫺射中公胸,直前獲其人不殺,曰:"各爲主也。"進攻江寧,裹劍力戰。成功令公坐己舟督軍,而己坐公舟監後,戰罷諸將言:"何某不前,當按軍法,"成功笑曰:"何某獨前督戰也。"是時成功鋭甚,不聽諸將言,遂大敗奔回,仍以公殿,益深察公忠勇可恃故也。成功没,經繼立,經前通其弟乳母,公諫之,有蓄恨意,遂撥公與鄭泰守金門。泰,經至親,時有讒泰並及公者岌岌矣。公惟勸泰,以忠先王爲念,毋自墜維城意。癸卯總督李率泰以大軍至,夢神人告曰:"得何義見太平。"偶海澄公至,問之,曰:"邑人也,鎮金門。"泰令謀之,遂移兵就我家,揚言不歸,則移我族,族舉校尉公儀,請公歸,不聽,欲啓藩主,衆失色。然公内念海政日荒,又泰與經已有形蹟,勢必内潰,安能以彈丸地當天朝,況將移累宗族,於是喟然曰:"我於鄭先王無所負,今又勢處兩難,惟潔身去耳。"遂將本末告夫人,且云如夫人。何夫人曰:君一身所系如此,何能顧及我,但一塊血肉不可去也,攜汝子以往,俾得成立,吾目瞑矣,勿以我爲念,不亟去,事且泄。公含淚點軍,以巡海爲名,時八月十五日午時也。玉軒公年方十一,家人阿竹扶從西門出,聲言玩戲,到船風急墜水,遂致耳聾。經聞公去,擬馬夫人絞,夫人從容就義。時季率泰在厦,公投時自宣其名,泰喜曰:"天下不久平矣。"未幾泰卒,公素輕財帛,手中空乏,交流又木訥,不善伺候以博貴人歡,本上,置末等,僅授副將。

康熙甲辰,令公與施琅攻澎湖,船至青水墘,風大作,船飄回。戊申正月初十日旨到,謂渡海進剿關系重大,著施琅何義等作速來京奏明所見,以便定奪。至京,令公屯田山西。十八年上令施琅平靖臺灣,琅請公爲前部,二十二年六月廿二日,船入澎湖,舵人懼不敢前,公怒欲斬之。舟進,鄭人用火舟爇,公冒煙親搏戰矢石間,衆將乘勢擊之,鄭兵潰墜,水軍放箭,公止之曰:"墜於水無能爲也。"師入鹿耳,鹿耳爲全臺吭,時劉國軒爲鄭軍師,知事去,奉鄭氏請降,公仍嚴緝軍士,不許擄略,臺人歌其德,别其名曰:"何佛護。"鄭氏家無一兵敢至其門。回京復命,官授昂邦章京内大臣,兼攝左都督,世襲一等伯,敕封光禄大夫。馬氏誥贈一品夫人。

康熙戊寅,公年七十一,七月初一日戌時,召諸子孫於前曰:"吾雖不讀書,然行間未嘗焚人廬舍,淫人婦女,非臨陣不殺人,若輩體吾此念,事君忠,事親孝,天必有以報汝。"語畢而卒。子玉軒公嗣馬夫人出。祥晏、祥清、祥書俱鄭夫人出。長女配楊,次女配温州總鎮施世澤,俱鄭夫人出。

贊曰:自世俗儇巧,目忠直人爲戇,不知戇難得也。武帝謂汲長孺戇,長儒豈戇。從儇巧而言則爲戇耳。史云,韓世忠性戇勇,古念名臣大抵類是。無是戇,家必昌。忠臣義士以戇死,亦必名芳萬世。人奈何輕言戇也。忠甫公亦以戇名,遭遇聖朝,福履隆盛,垂及後裔,人奈輕言戇耶。

(何子祥編纂《[福建漳州]漳泉何氏族譜》

清乾隆二十年刻本　1928年平和琯溪華英書社工藝石印部翻印)

何子愚

躐高位，擁厚貲，聲氣赫奕於州里，誰不稱羨。顧論其人品何如耳，若於國無賴，於家有蟄，不如其無也，豈若匹夫見義必爲，卓然有系於名教，其聲施遠乎。

吾以推吾子愚兄弟，子愚少以負氣聞，曾以鐵叉斃猛虎山巖中。雖赤貧不肯作一低眉語。未嘗學問，而議論侃侃，暗有合於聖賢。浩浩落落少所合，予獨賞識之。渠兄弟亦不予棄，視予如胞。時吾家未有大宗，始祖祀於長房私祠，祭輒吳敖，欲建造苦無美地。而子愚所住舍龍穴，深秀衆峯環拱，緣面壁寨中，外洋盡鄣，人無知者。嘗與飲家中，酒酣大言曰，兄謂此可作大宗，恨爾弟時未遇耳，此何難。其弟建侯舉樽酒曰，他日苟時可爲而不相與，成之者有如酒。久之兄弟相絜渡臺，予亦浮沉場屋遷延於九圻之阪。辛未予徙都門回，聞子愚已以貲雄於臺。壬申焕之舉於鄉，欲豎旗祖廟，而堪輿家搧奪秀邪説，長房遂堅執不可。予歎曰，一本也，胡至此。因作書子愚，欲遂前約。子愚隨回信，一力擔當。建侯亦適回家相與劃規模，權終始，先捐金二百員爲通族倡，共捐題幾三千員。臺有族兄猜家富，亦以是年回，並囑以回臺代捐，慨然許二百員，謂建侯信義爲臺人服，再得一人同往，當可得千餘金。吾家中，清潔仗義無如秀昆弟，此二人可。然建侯完娶未久，而秀昆弟亦希出門，責人涉鯨波渡碧海，頗難啓口。二弟踴躍曰，祖宗事得侯勞，所榮多矣，敢辭難。即買舟前往臺中，叔侄比内地欣忭更甚。惟所題固由祖宗之靈，亦其兄弟之高義，有以激發之也。子愚默念，總所題近五千員，木石之費當足，而祀田未充，亦一缺憾事，即私置橋子頭田五甲，充入祭費。又念大宗系初建，一日千秋，不可苟且，隨肩行李回家，一以堅厚久遠爲主柱，悉换以石。大宗後即其私宗，平基時，私房恐有所防，婉轉開釋，另與嗣伯叔懋和弟倡，興私宗再捐題。若於其孝思，可謂篤摯，而處事周密矣。富貴之家，所在多有侈嫁娶，飾犬馬，恣征逐，重樓復閣相望，至語以義舉，堅塞兩耳，不破一文，一旦事勢靡常，目覩子孫賭蕩，浩歎無可如何，或緣以取禍喪身家。視吾子愚兄弟，賢不肖相去何如耶。而子愚終不以此自足，謂成先人之志焉。嗚呼，不自足者，斯不可及也。

夫子愚父諱樂成，子四，長溪，次東，三即子愚，四建侯。有四方志，住京師依曾叔祖父忠甫公家，爲諸公大人所許可，亦素有倡募祖廟之舉。然則子愚非直孝孫，亦肖子。漳浦劉耕南先生聞之曰："吾輩少如此人也。"

作此傳時，子愚尚在臺。八月間，忽訃音到，通族惋惜，寄金臺中致祭。玆公議，祭田定奪時許蔭樂成伯一主入功德龕，子愚附共一牌。嗚呼，百年有限，千秋無窮，酬勞報德於斯，爲在後之子孫可以勉矣。

子祥紀。

（何子祥編纂《［福建漳州］漳泉何氏族譜》
清乾隆二十年刻本　1928 年平和琯溪華英書社工藝石印部翻印）

中國家譜資料選編

漳州移民卷（下）

上海圖書館 編
陳建華 王鶴鳴 主編
牟元珪 整理

上海古籍出版社

國家清史編纂委員會·文獻叢刊

(十九)高　氏

高松庵

六世祖考諱懷仁,公行二,卒於崇禎七年甲戌五月廿七日吉時,葬在柯坑銅耕,分金辛丑辛未,後遷青埔合葬。

祖妣謚慈德林氏,生於隆慶五年辛未三月廿五日亥時,卒於順治九年壬辰十一月廿八日戌時,乾隆十六年大寒改葬青埔鴻安保土名面前堀田頂,坐丁向癸兼午子,合葬。

長子號名松奄,乳名學,官名熙,重賜,謚忠勇。欽命祭葬,奉忠勇副將,元配閔德夫人,男化龍、化鳳,旨擇葬柯坑社前水磨坑内大石下。祖公授師營副將,康熙二十二年征澎陣亡,追封左都督。

(高維檜纂修《[福建漳州]閩漳磜都高氏家譜》 清康熙十一年稿本)

(二十)朱　氏

朱瑞麟

朱瑞麟,宅山十一世。清康熙十四年臺灣貢生。

(《[福建東山]宅山朱氏志譜》 1995 年鉛印本)

(二十一)簡　氏

簡汝重

十五世汝重公,妣王氏。生三子,神相、神助、神庇。公字如山,諱焕奎,嘉慶乙亥年生,同治三年進彰化縣學生員,癸酉晉省鄉試。

(簡庭編纂《[福建南靖]長教范陽郡簡氏世代族譜》 清同治十二年二修稿本)

簡瑞時

十六世瑞圖,生四子,桂清、桂茂、桂廷、桂芳。瑞璜,字儀卿,業儒,生一子桂籙。瑞時,字榮卿,又字師雨,諱化成,號肅堂,道光己丑生,咸豐己未恩科並補戊午正科,由彰化縣學廩生中式一百零三名舉人。同治三年因光復臺灣,在事出力,丁道臺保陞州同知,並賞戴藍翎。

(簡庭編纂《[福建南靖]長教范陽郡簡氏世代族譜》 清同治十二年二修稿本)

南靖長教簡氏徙臺支系功名録

寬仁公長房派，質齋公十三世孫名新，字萃元，諱拔，由臺灣府諸羅學生員中式乾隆甲子科舉人，系諸羅縣開科中舉，配享文廟。按諸羅縣至乾隆五十五年改爲嘉義縣。

十三世朗公，繼胞侄爲子，即十四世爨公，妣廖氏。生三子。長歡公，諱志仁，進鳳山學。次隆公早故。三持民公進鳳山學。

淡之公第一房，生員十三世司元公，名塚，進臺灣諸羅學生員，遂居於臺。諸羅縣，乾隆戊申年改嘉義縣。

君遴公十四代嗣諱國柱，字聖宏，乾隆辛巳科由諸羅縣孝廩生，例出恩貢生。

十七代孫諱瑞斌，光緒乙酉科，由彰化縣孝武生中式第七十名舉人。

十四世庇公，諱豐泰，字奮民，妣蘇氏，生一子名水潭，字大川，號文德，妣莊氏。生二子，長丹起，諱以臨，號敬居，嘉慶廿年道臺灣取進嘉義學。次丹清，妣莊氏，生二子。追生一子名鳳鳴。

十二世乳名燕公，諱夏見，字喜光，妣莊氏。生四子。長参公字得三。次燦公，字仲輝，諱瓊枝，系臺灣府彰化學廩生，有回來長教，有南華巖八景賦於巖内。

（簡庭編纂《[福建南靖]長教范陽郡簡氏世代族譜》 清同治十二年二修稿本）

南靖長教簡氏在臺功名前程録

十五世汝重公，妣王氏。生三子，神相、神助、神辰。公字如山，諱焕硅，嘉慶乙亥年生，同治三年進彰化縣學生員，癸酉科晉省鄉試。

十六世瑞圖，生四子，桂清、桂茂、桂廷、桂秀。瑞璜，字儀卿，系業儒，生一子桂籙。瑞時，字卿，又字師雨，諱化成，號肅堂，道光己丑生，咸豐配陳氏，生二子，鵬搏、鵬賦。己未恩科並補戊午正科，彰化縣庠生，中式一百零三名舉人，同治三年乙丑因老往臺灣在事出力，丁道臺保陞同知並賞戴藍翎。瑞騰生四子。瑞培生五子，神相、瑞雲、瑞真、神助、神庇。

（簡庭編纂《[福建南靖]長教范陽郡簡氏世代族譜》 清同治十二年二修稿本）

（二十二）施　氏

施觀濤

施觀濤，十世觀濤，長耀公長子，字浴秋，小名澤鐘，歷任福寧府學，安溪縣學訓導，調補臺灣府嘉義縣學訓導。生嘉慶十三年戊辰四月二十三日，卒咸豐九年已未十月二十二日巳時，在任病故，享壽五十二歲。娶端正蔡氏，小名漸，行一，封孺人，生嘉慶十一年丙寅八月初二日亥時，卒道光二十八年戊申五月三十日巳時，享年四十三歲。繼娶慈愛朱氏，小名菊，福州人，封孺人，生道光十四年甲午九月二十日未時，卒同治九年庚午六月初七日午時，得年三十七歲，葬南門外庵兜社樓二山，坐東向西。子四，深仁、敦本、深泉、清泉。

（施調培編纂《[福建龍溪]世澤堂施氏世譜》 清光緒二十三年刻本）

(二十三)戴　氏

戴　参

墨溪始祖家廟分派,在墨溪有溪靖之分派。又分於福州、建寧、廣東、廣西、臺灣、浙江。參公,臺灣千總,功加左都督。

(《[漳州墨溪]戴氏族譜》　清嘉慶墨書手寫稿本)

戴書紳

書紳,字金凱,乾隆己酉科中式,靖學武舉人,任金門鎮守備,以讓六世孫。

(《[漳州墨溪]戴氏族譜》　清嘉慶墨書手寫稿本)

(二十四)藍　氏

藍　理

藍理,字義甫,號義山,是種玉堂第十二世祖。他身材魁偉,自幼習武,未滿二十歲,就精通槍矛炮等各種兵器,武勇過人,善追奔馬,能拽其尾倒行,時人嘆服。康熙二十二年,清、鄭激戰於澎湖,他沖入敵陣英勇奮戰,身負重傷,腸流出腹外,鮮血淋漓,仍大呼殺賊。康熙帝稱之爲破肚將軍,一時傳爲美談。

康熙初年,小股農民起義時有發生。這時候,盧質在岱嵩、井尾一帶聚衆抗清,但常常有劫掠行爲,鄉民都很畏懼。藍理便邀集夥伴組織了五十壯士,與盧質對壘。藍理約盧質單獨交戰。盧欺他年少,心中暗喜,以爲必勝無疑。二人各持短刀盾牌,戰百餘回合,不分勝負。但盧質漸漸氣力不支,心懷疑懼,刀法也亂。而藍理卻越戰越勇,當他看出盧質的破綻時,忽地大喊一聲,聲如虎吼,盧質稍一楞神,藍理手起刀落,將盧砍翻在地。

藍理陣斬盧質,對清王朝作出貢獻,本應得到重用,然而卻相反,郡守判定他與盧質同類,要將他斬首。後覺得留下一人,尚可引誘其他人衆,終將他投入牢獄,一關就是十餘年。

康熙十三年,鎮守福建的靖南王耿精忠跟隨吴三桂,起而叛清,發生了震驚全國的三藩之亂。耿精忠下令開監釋放全部囚犯,命藍理等人赴軍效力。藍理不依,乘耿軍不備,走小路,逃出仙霞關。這時,藍理聽康熙帝命康親王傑書率大軍平剿耿精忠,隨即日夜兼程,投奔康親王,並陳述他的平閩之策。康親王非常讚賞他的忠勇,令其隨征,兼爲嚮導。藍理不負所望,在温州大敗耿軍名將曾養性。康熙十五年,藍理被任命爲松溪遊擊。其間,據守在臺灣的鄭經乘機參加三藩叛亂,威勢很盛,清軍將領中畏懼者頗多,而藍理例外,他審時度勢,剿撫有方,屢任先鋒,戰敗了鄭經的大將劉國軒、何佑,收復了長泰等地。康熙十七年,藍理升任灌口營參將。

灌口地處閩南交通要衝。因清、鄭戰事頻繁,供應任務繁重。當時福建總督姚啓聖經常派人到這里辦理軍需等事。這些人仰仗姚的勢力,不斷向藍理索取賄賂。對此藍理非常痛恨,對無理的索要，嚴詞拒絶，將那些貪婪者一一痛打。這些人懷恨在心，無中生有地誣告藍理。不久姚啓聖命藍理分兵守高浦，藍理拒絶，於是姚啓聖便以虚兵冒餉之罪劾奏朝廷，將其革職。就在這時，藍理部下一士兵因誤傷人命而定爲死罪，藍理見他上有寡母，下無弟兄，便毅然代受殺人之罪，再次入獄。藍理的這種行爲，深得士兵敬佩，有口皆碑。

康熙二十年，臺灣島鄭氏政權動盪。康熙帝命施琅爲福建水師提督進取臺灣。其時藍理已獲釋，施琅因久聞其忠勇，奏請從征，兵部不准。大學士李光地復薦之，康熙帝才傳特旨批准了施琅的請求。

康熙二十二年六月十一日，施琅召集隨征諸將，出示先鋒銀牌，傳令征剿澎湖，諸將卻面面相覷，無人嚮應領先鋒牌。結果，藍理挺身而出。施琅命他爲前部先鋒。藍理率領水師，一戰克花嶼、貓嶼。在他的戰船風蓬上，不寫官銜，獨書其名，長寬竟至二丈，鄭軍頗知其勇，非常懼怕。

這年六月十六日，清軍攻打澎湖。鄭軍在劉國軒的指揮下，環列炮架，盡築短牆，澎湖周圍二十餘里皆爲壁壘，並以巨艦數十艘迎戰。正當清將徘徊猶豫之際，藍理等七名將領率先衝入敵陣，雙方展開激戰。在鄭將曾瑞、林升等軍兵頑强抵抗的情況下，藍理勇猛異常，陣斬八十餘人，鄭軍初戰失利。不料風向突變，巨浪將清艦衝散，清軍處於劣勢。施琅被流矢傷目，衆將大驚。藍理見此情景，當即命其戰船逐浪衝擊，炮轟敵陣，擊沉鄭軍兩艦。藍理還指揮將士，向其餘鄭艦投擲火藥罐，鄭軍死傷甚多。然而曾瑞、林升等毫不示弱，揮師與藍理死戰。負傷十餘處的藍理又中炮跌倒，腹破腸出，血透戰袍，情況十分危急。藍理族侄藍法替他把腸子納入腹中，四弟藍瑗扯下衣服爲他捆紮，重傷後的藍理，包紮後揮軍再戰，衆將倍受感動，士氣大振，攻勢更猛。林升連中三箭，又被炮火擊傷，鄭軍陣勢大亂。施琅乘勢靠近藍理戰船，班師而返。

次日，施琅在會集衆將議事時，獎賞藍理白銀二千兩。藍理再次請戰，施琅勸止。同月二十二日，施琅向鄭軍發動總攻。藍理不顧傷重，率艦出擊，當時施琅帥艦擱淺，藍理奮力搶奪敵艦，請施琅换船，衝出險灘，把敵人趕到西嶼。又同其他將士一道，奮不顧身，拼死戮力擊殺，清軍取得了澎湖之戰的巨大勝利。過數日，藍理瘡傷平復，常與施琅計議出輕師襲擊敵軍，鄭軍屢戰屢敗，實已抵擋不住，主帥鄭克塽見大勢已去，心里懼怕，只好遣使者向清軍納降。

統一臺灣後，藍理因戰功卓著，被授予參將，加左都督。康熙帝稱他血戰破敵，功在首先。

康熙二十六年，藍理守孝期滿。當前往京師途中，在趙北口與出巡的帝駕相遇，藍理的乘騎呆立不動。爲回避聖駕，他舍馬而步入高粱園。康熙帝遣侍衛詢問，知是藍理。將藍理召至近前，詳細詢問了在澎湖拖腸血戰情況，讓藍理解開衣服看傷口，並且撫摩傷處嗟歎良久。這年，康熙帝封藍理爲神木副將，賜白金三百兩。藍理尚未赴任，又升宣化府總兵官，掛鎮朔將軍印。藍理一直得到康熙帝的信重。

康熙二十九年，藍理調浙江定海任總兵官，在職達十餘年。他根據沿海人民生計困難等狀況，鼓勵開墾荒田，修築要道，興修文廟，祭祀忠烈。對那些有真才實學而又家境貧寒的儒生，給予照顧和扶持。由於他治理有方，沿海地區大有起色。因此，藍理四次代理浙江提督之職。康熙帝南巡時，一再召見他，賞賜頗多，並經常向隨行官員講述藍理在澎湖海戰中的功績。

康熙四十二年，朝廷調藍理任天津總兵官，康熙帝御賞他孔雀花翎、冠服等，還御賜"所向無前"匾額，派遣御醫爲他治療傷病。藍理到天津任職以後，修建水田，以改變京津地區稻米不足的現狀。在康熙帝的支持下，帶領士兵在天津城南五里地域疏鑿河渠，負土築提，開墾造田一百五十餘頃，當地人稱爲藍田，它的四周則叫藍田莊。

康熙帝非常重視農業的發展，對藍理在天津開河造田並取得成功深表讚賞。康熙四十五年六月，藍理升任福建陸路提督，調藍理五弟藍珠到天津接管這片水田。藍理在赴任福建時，康熙帝還手書"勇壯簡易"和"晝錦榮萱"兩塊匾額分别賜給藍理及其母蘇氏。

藍理赴任福建後，倡建江東大石橋，並帶頭捐金數萬。資金不足，就從那些不孝以及爲富不仁者罰以重金補足之。藍理的這些做法，深受廣大百姓的歡迎。但是，那些土豪劣紳對他則恨之入骨，他們畫虎爲榜，諷喻藍理，又在匿名帖中對他進行誣陷。此外，這些人還暗通督撫，伺機報復。

康熙五十五年，泉州等地連年受災，豪門富户乘機囤積糧米，米價暴漲，民不聊生。陳五顯率衆起義，驚動了京師，康熙帝怒責藍理剿撫不力，將其革職。不久，浙閩總督范時崇、巡撫覺羅滿保疏劾藍理貪婪酷虐，流毒士民。藍理受此不白之冤，被革職拿問，會審諸臣奏請立斬，追回贓銀八萬兩，家産全部造册入官。還是康熙帝念其奮戰澎湖之功，命從寬免死。入京編入旗籍。

康熙五十四年，準噶爾部噶爾丹的侄子策妄阿拉佈坦再次作亂，清軍擬以三路進剿，藍理請求隨軍出徵，報效朝廷。康熙帝深知他驍勇善戰，賜總兵銜，命他隨都統莫爾賽出征，協理北路軍務。

藍理蒙康熙帝恩准帶領國英、國庭、國定、國柱四個兒子，自備軍資，隨從莫爾賽北伐。一路上，藍理結合自己多年的作戰經驗，考察地勢，分析軍情，莫爾賽非常欽佩。康熙帝聞報，再次稱讚藍理善於用兵，完全符合他的想法。可惜的是，正當藍理馳騁疆場，重振雄威之際，舊傷復發，於康熙五十七年抱病回京，次年在天津藍田莊病逝，享年七十二歲。康熙帝下詔免除其尚在追賠的銀兩，讓其妻兒護送棺柩回原籍安葬，並恢復漢籍。藍理的幾位弟弟也都饒勇善戰，均因平臺有功，加封爲左都督。次弟瑶，功勞最大，但未出士就亡故。四弟瑗，升福建總兵官。五弟珠，累官參將。

（《[福建漳浦]石椅種玉堂藍氏族譜》 1991年鉛印本）

藍廷珍

藍廷珍，字荆璞，是漳浦藍氏種玉堂第十五世祖，清初定策經理臺灣的功臣。他歷任澎湖副將、南澳總兵官，曾奉命出師臺灣，參與平定朱一貴起義。之後爲治理和開發臺灣寶島盡力獻策。雍正元年升任福建水師提督，加左都督銜，在臺灣歷史上一位頗有影響的名人。

廷珍年少時在家務農，然卻不甘於窮困鄉間，不遠千里投奔於任浙江定海鎮總兵的族祖藍理麾下，在軍伍中刻苦練習騎射，舞戈揚盾，驕捷如飛，且善火攻，槍炮幾無虚發，從而深得藍理的器重和培養。

康熙三十四年，廷珍升任定海營把總，四年後晋升磐石守備，又過六年升温州鎮左標營遊擊。當時東南沿海苦於海賊劫掠，廷珍勤於巡邏，曾多次在南鹿海面捕獲賊船，因之威名日盛，海賊聞風喪膽。但卻引起某些將領的妒忌，總督滿保聽信讒言，想要彈劾廷珍，但提督吴升則稱藍廷珍是兩浙第一良將。當時正值關東大盜孫森劫掠了遼陽巨艦，康熙帝責成沿海官員嚴緝之。滿保奉旨沿海南巡，他到了温州，見前來迎接的官員中没有廷珍，有人乘機誣陷廷珍，説他正在家里看戲。滿保勃然大怒，連夜擬寫了彈劾藍廷珍的奏章，並於翌晨直航瑞安巡視，料想不到他將靠岸時，就見到廷珍跪迎於江邊，滿保聲色俱厲斥責藍廷珍。廷珍從容回答説才從海面緝盜回來,在黑水洋與賊戰,斬賊落水甚多,擒獲賊首孫森等九十餘人,盡獲其賊船、贓物、炮械。滿保愕然驚歎。隨即召廷珍上船撫慰,並急改參劾爲薦舉奏章。來年春,藍廷珍被晉升爲澎湖副將,不久改授南澳總兵,又兼管碣石、潮州二鎮軍務。

康熙六十年夏,臺灣朱一貴起義,僅幾天就幾乎攻佔全島。總督滿保得此消息後,即調廷珍到厦門,滿保本人也從浙江趕到厦門,令廷珍總統水陸大軍,從鹿耳門登陸,於閏六月俘虜朱一貴,七月平定臺灣全島。當年九月提督施世驃病逝,廷珍奉命署理提督職務,繼續留在臺灣處理善後工作。

臺灣局勢平定後,總督滿保認爲土番難於治理,下檄文要劃界遷民,並把山地劃爲棄土,禁止出入。藍廷珍相繼給滿保寫信,提出十分詳細的理由,反對劃界遷民等做法,主張採取積極開拓的方針。他認爲,過去有人主張諸羅以大甲溪爲界,鳳山的郎嶠應拋棄。現在北至淡水、雞籠,南盡沙馬、磯頭,都變成欣欣向榮的地方,爭趨若鶩,雖要限制也不可能。人無好壞,教育感化可使其善良。地無美惡,勤於經營管理可使其肥沃。於是他添兵設防,聽任人們自由開墾,使地盡其利,人盡其力,遍山雞鳴犬吠之聲相聞。這樣,既使有盜賊,也無藏身之所。

關於如何加强臺灣山區治安管理問題,藍廷珍建議在羅漢門中埔莊、郎嶠增設千總帶兵駐紮。除三六九期操演外,准其自備牛耕,就地屯田,以爲余資。各處鄉民要入深山採取樹木,可令家甲鄰居互相具結保證,即給與腰牌,但不准胥役索取分文牌費。在南路的下淡水、崗山,北路的半線,都設守備。這樣,全臺共增兵三千六百名,兵源可從内地各標營分額招募,按班來臺,如往例三年一换,使内地不至空虚,也無顧子失母之痛。廷珍的建議,既合情合理,又符合實際,極有見地,後來被滿保採納,依廷珍的主張,經奏請清廷准許,在諸羅轄地,劃虎尾溪以北至大甲溪,增設彰化縣,而溪北至雞籠,設淡水同知,駐於竹塹,以理民番之事。

康熙六十一年,清廷要將臺灣總兵移駐澎湖,臺灣府治僅設陸路副將,並裁水陸兩中營。藍廷珍反對這樣做。即上書滿保:“如果臺鎮移駐澎湖,則海疆危若累卵。部臣不識海外情形,憑臆妄斷,視澎湖太重,不知臺灣之視澎湖,猶如太倉一粟。澎湖不過是水面的一塊沙堆,山不能長樹木,地不能生米粟,人民不足資捍禦,形勢不足爲依據。若一二個月舟楫不通,則不待戰而自斃。臺灣沃土千里,山海形勢皆非尋常,其地不亞於福建一省,論理還需增兵,换總兵而設提督,才足於安定局勢。現竟然兵不增反而減,又要調離其統帥於二三百里外之海中,僅留副將駐紮此地,這何異把臺灣丢棄?臺灣一棄,漳、泉先受其害,閩、浙、江、廣俱寢食不寧,即山東、遼陽都有邊患。”最後,藍廷珍還指出:“臺灣萬萬不可委棄,君若遵部議而行,必誤封疆!”滿保接到廷珍的信札後,隨即與提督商議,認爲廷珍的建議是對的,取消了總兵鎮移駐澎湖的計畫。

藍廷珍治臺時,又請准在臺灣實行保甲制度,並於臺灣中路、南路鳳山、北路諸羅等地共設大鄉總四名,鄉長二十六名。爲使防務更加完備,實行團練制度,以補兵員不足。在臺北、鳳山、諸羅各縣編練鄉壯五百名。另外,還允許縣丞、巡檢各編練鄉壯三百名,無事分散務農,有事則是士兵,鄉自爲守,人自爲兵。

總之,藍廷珍治臺的各項建議措施的實施,對安定臺灣社會,防止外敵侵犯,開拓和發展寶島的經濟都起了重大作用。

藍廷珍征臺、治臺卓有成績,除憑籍本人的智慧和膽識之外,也得助於族弟藍鼎元及同鄉陳夢林等謀士,特别是藍鼎元,文移書檄皆出其手,所有條陳實際可行,議論精闢,當有其不可磨滅的一份功勞。

雍正元年夏曆十月，藍廷珍升任福建水師提督，加左都督，世襲三等哈哈番（輕車都尉）。他至任後，將部隊整頓一新，還建立了巡防的制度，對部屬賞懲分明，即使是親朋故友，也不加袒護。凡有益於地方和國家的事務，都竭盡全力而爲之。因此，深得軍民的歡迎和擁護。清世宗以忠赤二字褒獎廷珍，慰勉有加。雍正二年，藍廷珍上京見駕，雍正帝賜他到馬蘭峪謁見景陵。他先後受朝廷二十四次賞賜。

雍正七年冬，藍廷珍病卒於任所，享年六十六歲。他生病時雍正帝曾派遣太醫爲他診視，但太醫至福建省時，廷珍已經仙逝。朝廷給帑金爲其治喪，贈太子少保，全禮祭葬，謚號襄毅。

藍廷珍子日寵，繼承世職，官銅山營參將。孫元枚，歷任臺灣鎮總兵、江南提督。

（《[福建漳浦]石椅種玉堂藍氏族譜》 1991年鉛印本）

藍鼎元

藍鼎元，字玉霖，號鹿洲。是漳浦藍氏種玉堂第十五世祖。生於康熙十九年。祖父繼善，博學多識，隱居家鄉。父斌，漳浦秀才。父逝時鼎元才十歲，母許氏才二十九歲。他幼年時依靠寡母做女紅度日，生活困苦。鼎元幼年力學，在山中讀書時，每月只帶一小罐白鹽佐膳。有的同窗學友嘲弄他，他作了一篇《白鹽賦》自勉。每年過年時爲探望親人和祭祀祖先，他才回家一次。他平日廣讀諸子百家書籍，熟習古文，尤喜古詩與經濟之學，通達治體。十七歲時曾從厦門泛舟出海，南至南澳，北至舟山，考察福建、浙江沿海島嶼港灣形勢。

藍鼎元的文才爲當時漳浦縣令陳汝咸所嘉賞，但九次參加鄉試都落選。康熙四十六年，福建巡撫張伯行在福州設立鼇峯書院，延召九郡一州學行兼優的人纂訂儒家前輩著作，藍鼎元與當時諸多名士一道入此書院修學，過了一年，因思念家中年近七旬的祖父母及體弱的寡母，辭職回家，專心致志在家攻讀了十一年的書。

康熙六十年夏，臺灣爆發朱一貴起義。鼎元隨族兄藍廷珍征戰臺灣。他出入風濤，贊計軍政，文移書檄多由他起草。平定臺灣後，他又隨廷珍招撫降衆和逃亡的百姓，綏靖番社，在臺灣住了一年多。返回故鄉後，撰寫《平臺紀略》一書，論述治理臺灣的策略，對臺灣穩定治理提出了十九條措施，即：倍賞罰，懲訟師，除草竊，治客民，禁惡俗，儆胥吏，革規例，崇節儉，正婚嫁，興學校，修武備，嚴守禦，教樹畜，寬租賦，行墾田，復官莊，恤澎民，撫土番，招生番。後來歷任理署臺灣的文武官員多以此爲法。

雍正元年，藍鼎元以優貢被選入京，校書内廷，分修《大清一統志》。雍正六年，由於大學士朱軾的薦舉，得到清世宗的召見，條奏經理臺灣、河漕、黔蜀疆域等六件時務，世宗認爲很好，對朱軾説此人用作道府亦綽然有餘。不久，授予廣東普寧知縣之職。

藍鼎元任普寧知縣時，該縣與鄰縣潮陽、揭陽一帶連年饑荒，盜賊白晝殺人搶劫，民不聊生。他一到任便嚴爲教約。當時有一叫王士毅的，盜屍誣告好人，他查明事實真相後，辦王反坐並懲辦了主謀的訟師，滿城百姓都稱讚新知縣辦案如神。過了一個月，被調攝潮陽縣事。原先潮陽豪紳役吏互相勾結，抗交、拖欠或侵吞賦税，以致五營兵丁半年没發糧餉。鼎元責成豪紳率先完納，同時嚴禁吏役作奸侵蝕。按通例每納賦穀一石要加耗糧一斗，藍鼎元取消了追加耗糧的規定。當地有船四百隻，按舊例新縣令到任，每只船要交白銀四兩，換取新照，藍鼎元也嚴令廢除，還將這些新規定刻在碼頭岸石上。從此，士民爭納賦税，營兵糧餉解決了，治安也强化了，有劣蹟的行盜者多數外逃他縣。有一次，他接到南澳鎮的檄文，要普寧縣逮捕二名海盜。藍鼎元認爲出洋行盜的，爲數不止二人。他經過調查，知道那二人並非海盜，便立即釋放，卻因此查實了貨真價實的海盜四十八人的姓名。吏屬説那些人並非本縣盜賊，藍鼎元認爲雖屬外縣，但他們都威脅水道商旅通行，便分别檄令潮陽、揭陽等縣協同緝拿歸案，按律問罪。此後，他又智捕潮、揭交界葫蘆地的盜首十八人。

藍鼎元不僅善於治盜，也善於治訟師。普寧等地原是訟師特别多的地方，民俗健訟。他經常巡視境内，勸告百姓從事農耕。他召集鄉民，詢問疾苦，從而得知訟師姓名。他囑咐當地父老轉告那些無事生非的訟師，説只要他們改過，可以既往不咎，對於不聽勸告的訟棍，絶不寬恕，因此訟風有所斂息。

藍鼎元還善於斷獄，民間盛讚他是包孝肅復生。有一次，龍湫埔發現一具王元吉的屍體。王元吉的弟弟王煌立控告他的冤家楊某是殺害他哥哥的兇手。藍鼎元見煌立神色慌張，心里懷疑，認爲其中必有原因，便設計以言詞驚煌立的約保人，約保人才説出這樁案件是訟師李阿柳和刑房鄭阿三等人合謀要敲詐楊某的。鼎元雖知兇手不是楊某，但還是查清王元吉的死因，爲偵破此案，他親自到龍湫埔驗屍。當他夜間路過石埠潭鄉時，當地老幼執火炬列隊前來迎接。鼎元乘機詢問鄰近盜賊情況，百姓提供龍湫埔有惡賊五人，而王元吉是其中之一，因行盜拒捕，傷重身亡，鄉人將其屍體移至溪畔，是訟師李阿柳夥同煌立誣陷楊某。案情大白後，訟師和誣告者都被懲辦。另一樁是乞丐蔡阿灶死了，其弟阿尾控告説是因賣地爭價，被買主陳興觀打死的。藍鼎元親自下去調查，得知阿灶是因病而死的，便傳訊阿灶的另兩個弟弟阿完、阿辰。他們説出了真情，原來是訟師陳興泰爲了爭買蔡阿灶的屋地，趁阿灶病死之機，收養並煽動阿尾控告陳興觀的。而訟師陳興泰卻狡辯地説他没有收養阿尾，而是陳興觀收養了阿完和阿辰。鼎元説這不難分辯，他們兄弟一同在廟中行乞，阿完面色青黄，是饑餓所致，獨有阿尾面色紅潤，是經常飽食的表現，若不是興泰誘養又是什麽？鼎元這一分析，驚動了左右的人。陳興泰也不敢再狡辯了。藍鼎元治獄嚴肅認真，而且注意策略。對真正罪犯不稍寬貸，但對那些罪較輕微的，則常釋放他們回去。對訟師也只懲治少數爲害大的，至於小犯就採取反復開導的辦法，教育他們改過自新，極力做到嚴而不殘。

藍鼎元重視教育，反對迷信。潮陽縣有個自稱後天教主的妖女林妙貴與號稱仙君的姦夫胡阿秋，建造寺廟，聲言能爲人治病求嗣，且能使寡婦夜見亡夫，煽動數百人參加迷信活動。鼎元派吏卒前往拘捕，吏卒卻怕林、胡有妖術，不敢捉拿。他即親赴其地，將他們擒獲。林、胡供出很多參加者的姓名，鼎元只嚴懲爲首的林妙貴和胡阿秋，並没收了寺廟，將它改爲棉陽書院，還撥部份官租作爲書院的經費。從此，風俗爲之一變。

藍鼎元由於秉性耿直，剛正不阿，辦案公正，使有些人畏懼，也忤逆了上司。當時潮屬數年饑荒，朝廷同意惠潮道樓儼的請求，用公款就地糴糧備賑，而運官和船户卻依靠樓儼的權勢，沿途賣官糧，摻雜糠秕或水充數，各縣忍氣吞聲。藍鼎元查知實情，便將不法船户拘捕入獄。運官稱説是樓儼請他釋放被拘船户，鼎元不允許。因此樓儼懷恨，串通藩臬兩司，誣告鼎元六條罪狀，其中第一條竟然是因爲豁免漁船例金，虧空公款千餘兩。當地漁民聽此消息，扛著勒刻豁免漁船例金的岸石，爲他呼屈鳴冤，百姓爭著爲他償還官債。雖如此藍鼎元還是被革職回鄉。爲此，地縣士民無不爲公奔走歎息。有的持盆提筐，相望於道。總督郝玉麟知道鼎元確是蒙受冤屈，便致書巡撫爲其昭雪。後來，鄂爾達任兩廣總督，深知他的才識，便留鼎元在幕府，並具奏摺，申明他被誣告的始末，爲此，雍正帝下特旨，徵召他到京城，並與鼎元作了長時間的談話，署命他爲廣州知府，還賜御書諭訓、詩文，貂皮、紫金錠、香珠等珍貴物品。

藍鼎元到任一個月，壯志未酬，於雍正十一年遽然病故，卒年五十四歲。

藍鼎元著有《鹿洲初集》二十卷、《女學》六卷、《東征集》六卷、《平臺紀略》、《棉陽學准》五卷、《鹿洲公案》二卷、《修史試筆》及所編《潮州府志》等書，都刊印行世。給後世留下一筆極爲寶貴的財富。

藍鼎元編著的《一統志》，對海内外的山川、風土、禽獸、少數民族文物等作了盡詳的描述。

藍鼎元在論《臺灣事宜書》、《福建全省圖説》、《粤夷論》、《潮州海防圖説》、《南洋事宜論》等簡章中，多方面論述了東南疆形勢與民情。在《南洋事宜論》中，他對康熙五十六年所頒佈的禁海令曾作了具體的分析和尖鋭的批評。

藍鼎元在《東征集》、《平臺紀略》中，對臺灣經理善後和治臺策略措施都作了極爲精闢的論述。清初臺灣只設府，下轄臺灣、諸羅、鳳山三縣，這些府縣都在臺南平原地帶，而東部、北部地方卻没有高官建制，有些大官要員還主張把土番居住的廣大山區列爲棄土。據此，鼎元在論著中指出，臺灣海外天險，較内地更不可緩。而此日之臺灣較十年二十年以前，又更不可緩。前此臺灣只府治百餘里，鳳山、諸羅皆毒惡瘴地，令其邑者尚不敢至，今則南盡郎嶠，北窮淡水、雞籠以上千五百里，人民趨若鶩矣。前此大山之麓，人莫敢近，以爲野番嗜殺，今則群入深山，雜耕番地，雖殺不畏，甚至傀儡、内地、蛤仔難、卑南覓等社，亦有漢人敢至其地，與之貿易。人聚日繁，漸開漸遠，雖屢禁不能使止也。

他又指出，地大民稠，則綢繆不可不密。他考慮到北路地方遼闊，半線上下六百餘里，自昔空虚，於是建議劃諸羅縣地爲兩部份，半線以上另設一縣，管六百里，擬名彰化，駐紮半線。又鑒於淡水形勢重要，建議設置淡水廳。他説：臺灣山高地肥，最利墾辟，利之所在，人所必趨，不歸之民，則歸之番、歸之賊，即使内亂不生，野番不作，又寇自外來，將有日本、荷蘭之患，不可不早爲綢繆也。他還强調羅漢門、阿猴門、檳榔林、郎嶠等地不應拋棄。至於臺灣南北路要害地方文武官員如何駐紮，官兵營汛如何添設更置，哨船如何换班等問題，鼎元均有詳細的論述。

對於有些大吏主張臺灣鎮總兵應當移至澎湖，鼎元也極力反對。當時清廷限制大陸人民赴臺開發，規定凡大陸前往臺灣的人，一律不准攜帶家眷，造成男多女少，絶大多數丁壯無妻室，無老者幼稚，不能成家的嚴重情況，影響臺灣的開拓事業。鼎元在《論臺灣事宜書》中，建議欲赴臺耕種者必帶眷口，方許給照載渡，編甲安插。臺民有家屬在内地，願搬取渡臺完聚者，許縣里給照赴内地搬取，文武汛口不得留難。藍鼎元的建議，後來多爲清政府所採納。如在臺灣劃出諸羅的一些地方，建置了彰化縣，又設置北路三營，總兵仍然駐紮在臺灣，取消在山地劃界移民，准許大陸人民攜眷赴臺等措施，就出自鼎元的主張。

乾隆五十二年高宗下手諭："朕披閱鼎元所著《東征集》，其言大有可采，著常青、李侍堯購取詳閱，於辦理善後時，將該處情形細加察檢。如其書内所討論各條有與見在事宜確中利弊者，不妨參酌采擇，俾經理海疆，事事悉歸盡善"。

（《[福建漳浦]石椅種玉堂藍氏族譜》 1991 年鉛印本）

藍元枚

藍元枚,字卜臣,日寵之子,廷珍之孫,系漳浦藍氏種玉堂第十七世祖。襲世職隨標學習,補廣東海門參將,遷龍門協副將,調海澄,擢臺灣總兵,調金門鎮,遷江南蘇松鎮。

乾隆四十七年崇明洪水,溺死者萬計,元枚與巡撫閔鶚元議賑卹,晝夜巡視,全活甚衆。乾隆四十九年擢江南提督。乾隆五十一年,臺灣林爽文舉事,調元枚任福建陸路提督,駐於蚶江一帶接應,時水師提督黄士簡、陸路提督任承恩以觀望遷延撤回,即調元枚爲水師提督,復命爲參贊大臣,提兵由蚶江配渡,前赴會剿。次年六月到鹿仔港,隨即密會總兵普吉保,於四更進兵,前往紫坑仔、大武隴,上嘉之,諭曰:“參贊藍元枚,自抵鹿港以來,一切調度合宜,打仗得勝。伊系廷珍之孫,能繼家聲,實爲可嘉,著賞戴雙眼花翎,以示優眷。”過不久,上又賞給緯絲蟒袍、御用大小荷包,以示獎勵。未幾,疾作,八月卒於軍,贈太子太保,賜祭葬,謚襄毅。子誠襲職。

(《[福建漳浦]石椅種玉堂藍氏族譜》 1991年鉛印本)

(二十五)涂　氏

涂孝臣

清乾隆二十五年吴泰來等纂唐河縣志人物志:涂孝臣,福建漳霞人。明末因寇亂聚鄉勇,立營寨,以禦摽掠。國朝定鼎,孝臣率衆歸命。康熙七年,移駐唐縣,督所屬士卒屯田。二十四年春,奉調征羅刹有功,授兩廣督標左營都督僉事,旋陞雲南右路總兵官,卒於任。其子扶柩至唐,葬竹林寺,遂入唐籍,所居處名閩營。

康熙三年甲辰三月,帥衆投誠。八月授都僉事,給全俸,欽賜鞍馬狐腋蟒袍,駐師長樂。

康熙二十一年,調征臺灣。

涂孝臣墓誌之一

始祖先世原籍江西,遷至福建漳州府詔安縣二都九圖白沙崗,一名上涂,一名下涂。清聖祖康熙七年,帶軍至河南唐河十八里,軍墾落業,建村閩營。

涂孝臣墓誌之二

雲南總鎮誥授榮禄大夫涂公暨夫人余氏墓誌銘　張去翮撰

余膺簡命,觀察嶺南,與孝翁涂公同寅三載,結契甚厚。逮公陞授滇南,音書通問數數不絶。諸公子亦不時過從,因得備悉公行,爲公按狀。公諱顯,字孝臣,閩之詔安人。大父士傑,以精練韜略,博通文學名於世,歿,贈爲驃騎將軍。天語褒嘉,有“威宣閫外,家傳韜略之書;澤沛天邊,國有旗常之典”云云。大母鍾氏,贈夫人。父應瀛,克紹先志,以貽孫謀。

朝廷褒其行曰:義方啓後光前。踵父爵,亦贈驃騎將軍。母鍾氏,贈夫人,生四子,公其季也。公幼而奇嶷,長而俊偉,弱冠時即倜儻不羈,有班孟堅萬里封侯之志。會明季海寇蜂起,搶攘無虚日。公奮怒,鳩族丁以禦之,所至輒披靡,無敢或膺其鋒者。期年,鄉勇來集者以數千計。公爲指授方略,加意訓練,莫不忠義奮發,一以當百。海寇聞風鼠竄,闔郡賴以安堵。

國朝定鼎後，四海波平，八荒賓服。公見太平已久，天命有歸，遂商諸同事，率衆投誠。朝廷嘉其有斬將搴旗之功，達天知命之學，優予俸銜，授都督僉事，欽賜鞍馬狐腋蟒面袍褂，駐師長樂。旋又奉旨帶兵移駐河南督墾於唐縣東南二十里之侯旗屯，以備調征。

康熙甲子之冬，今上偶以羅刹弗庭，命下兵部齊公，飛調貔貅弁員，各逞奇能，展素抱，急趨異域，蕩平醜類。此誠千載一時英雄應世之昌期也。時公上疏立功。上准其請。正紅旗彭公、建義將軍鑾儀使林公，見公眉宇飛揚，英華發露，數言有合，依若心臂，奇其才，壯其志，令爲前部先鋒。鐵甲金槍，沖風冒雪，計日抵呀克薩。會天大霧，及霧開，兵薄城下。逆醜倉皇失措，驚爲自天而至。公即乘其無備，出其不意，以竹箭蘸油，焚其木城，奮勇當先。兵衆環而攻之，直搗巢穴，斬其梟帥，擒獲三百餘人，斬殺焚燒，死於刀劍銃砲者無算。逆醜震懾天威，破膽受降。遂獲全捷，奏凱旋師。以臨行時上有但取歸順，勿恣殺戮之諭，故然。

綜計公於乙丑二月出都，六月朔抵境，初十日旋師，九月入都，往還萬餘里，未半載而大敵削平矣，自古用兵之神且速，未有過於公者也。朝廷録功，以公爲第一，擬爲不次擢用，因限於缺，暫補公爲兩廣督標左營，管理中軍事務。兩廣爲山海要缺，督標爲臂指重任。公能苞苴不染，恩威並著，兩粤奉爲儀表。庚午秋，陞授雲南援剿右路總鎮。地界蠻夷，諸土司多頑梗不率，聞公至，皆震怖，遠迎至數百里外，咨嗟歎服，以爲神人。既抵任，公因荷天眷注，益切報國之思，日夜淬厲，以倡弁員。旗幟務期鮮明，劍戟務期銛利。比行伍，時簡閲，凡坐作進退，其法一本於古。一時同寅諸公，比之孫吳復生，管樂再世，公真不世出之才也。數月後，公以過於勞瘁，感觸瘴癘而抱恙，旬日益篤。自知將訣，乃扶病夜起，櫛沐朝服，令兩公子扶持，望闕北而稽首。陞虎帳，集所轄弁員立麾下，給以祝詞。有曰，大丈夫生當季世，遭逢聖主，遇以國士之目，擬以不次之擢，雖殞命疆埸，肝腦涂地，不足報君恩於萬一。今不幸疾革，獲保首領於牖下，非某志也。公等咸受國恩，諒有同心。前程正遠，各宜努力。圖功淩煙麒麟諸閣，非異人事也。勖哉勿忽！扶歸後堂，復憑幾端坐，召諸公子囑曰：武可百年不用，不可一日不修。吾自閩中禦寇以來，身經百戰，未嘗偶有所挫折，非關天賦過人，不過血性肫篤，武藝嫻熟，二者而已。我死，汝即扶櫬歸里，料理三營兵丁，嚴加約束，勤事操演，以備國家之用。勿因循懈馳，墮乃父志。言訖，不語。視之，已溘逝矣。

嗚呼異哉！吾於是益歎公之爲人爲不可及矣！人即刻意勵行，亦不過於安常無恙時則然，而疾痛患難之時則不及焉。不謂公於死生呼吸之際，竟能委曲周詳，一至於此。吾爲繹之，其自知將訣，智也。扶病夜起，勇也。勖弁員，仁也。拜北闕，敬也。令櫛沐，孝也。囑後事，慈也。一舉而智勇仁敬孝慈備焉，非甚盛德，孰克有此！倘所谓绝无而仅有者，非耶。凡此皆公之大较。而吾所樂爲公志者，他如前征羅刹時，途中乏水，公率甲士夜禱於天，賜甘露，降洪雨，一軍賴以無恙者，此固公之精誠上通，感召之理有然。然鄰於幻杳難稽，故略而弗志。志其信而可徵者，以行世而傳後云。

公生於崇禎辛未年閏十一月十三日亥時，卒於康熙庚午年十一月初六日丑時，享壽六十歲。夫人余氏，明千户侯余公諱廷長女也，雞鳴戒旦，勤執婦道，有蘋蘩之德，内助之才。公官嶺南，夫人留綜家務。羅刹之役，俾公得盡力王事無内顧之憂者，皆夫人之力也。生於崇禎戊寅年六月十三日寅時，卒於康熙丁丑年閏三月十一日巳時，享壽六十歲。公有五男。長德美，候選州同，娶分駐南陽左都督翁公諱求多次女。次馨，候選州同，聘襄陽總鎮左都督蔡公諱元女，繼娶雲南臨安總鎮蔡公諱祐長女。次明，都督同知，娶分駐新野左都督張公諱旻女。次裕，業儒，娶分駐鄧州左都督許公諱勝孫女。次竣，候選州同，娶瓊州總鎮吴公諱啓爵之女，肇四國公吴公諱六奇之女孫。女一,字廣東潮州候選知縣黄公諱成太之第五男。孫男十三。從龍,廩膳生員,娶貢生高公諱岱女。翼龍,雲龍,伯龍,元龍,如龍,化龍,管龍,天龍,子龍,遊龍,爲龍,見龍,俱幼,業儒未聘。公妣以康熙乙酉年十月三十日申時,合葬於唐縣西竹林寺之東南麓,癸山丁向,兼子午三分,丙子丙午分金。

銘曰:造物鐘靈,篤生奇傑。弱冠從戎,寇氛樸滅。禦災捍患,忠義奮發。佐輔興朝,杖秉旄鉞。捧檄三冬,出師六月。梟帥授首,夷醜潛穴。孫吴媲美,管樂同烈。功滿鼎彝,恩重丹闕。於戲我公,爭光日月。

(涂文遠編《[河南唐河]涂氏宗譜》 2002年印本)

(二十六)韓　氏

韓　治

韓治,字榮庵,號鷺塘,又號輅堂,行一。道光元年辛巳恩科第八十四名舉人。丙子科臺灣府優貢生。臺灣學。

(韓磊亭編《[福建漳州]天寶韓氏家譜》 1926年刻本)

韓克昌

韓克昌,登乾隆元年丙辰恩科武榜第五十名舉人。臺灣學。

(韓磊亭編《[福建漳州]天寶韓氏家譜》 1926年刻本)

(二十七)王游氏

王游廷院

八世諱廷院,字翰伯,文庠生。康熙甲寅年吴三桂據雲南起叛稱帝於衡州府,國號大周,福建南靖王熕亦叛,時明臣鄭經即鄭王踞臺灣起兵應於漳泉,公與侄江聚數百人投其麾下,授騎都尉,隸虎衛之職,自成一軍,至丙辰年公拒兵於興化,國朝大兵至,兵潰,公投烏龍江而死,壽四十歲。

八世妣李氏。生一男名一涵,字養成,賞之臺灣起家千艮,身授冠帶鄉飲大賓,妣氏生五男。

(《[福建詔安]秀篆龍潭樓王游氏族譜》 清宣統稿本)

王游肇所

七世肇所公,六世石泉公之第五子也。時石泉公因父義勇公以匪人之累,家貧食不能自給，乃移於潮之普寧。肇生於潮之旅次，室有異光，經宿不散。鄰有富人無知而奇之，遂欲繼肇爲嗣，公心中不肯，富人因欲以事陷公，公乃歸居寧十二載。肇有二三歲時，一日有胡僧踵門求見於公，稱謂公曰，爾此子骨相不凡，必有大貴，惜生在山間，非龍蟠鳳舞處也。既而曰，雙眸炯炯，精神全在於身，要不失爲鄉中英傑耳，出門忽不見。右泉公益異焉。及長果有才智，博學能文，年廿六歲入泮，庠名文豸，吾宗入泮自豸始。至崇禎十六年五月，山賊陳瀾、邱縉等率衆劫掠鄉閭，祖祠遭回禄之災，肇與兄弟秉衡公等以計退之，因修葺祠宇，焕然重新。後明社已亡，大兵虜降武於閩中，永曆建號在嶺南。時延平郡之王鄭經，奉永曆正朔，帥師征金陵，其麾下建安伯萬里，平和人也，駐珍二都，以金陵役召回，沿途索餉，步至篆山河尾等處皆降之，用羊灑糧米以餉軍。肇曰，彼欲固無厭者也，不如勿與，遂與膺禦、翼明、利九、夔鼎諸公，偕侄廷錫、廷旭等，糾族人入梅先樓固守，萬禮等攻十餘日不下，因作提崗以水浸之，樓不没者數板，族人即懼，欲啓門而走。肇按劍而言曰，以水攻人勢不能久，且婦人女子不能盡擕，必至覆没，避欲何之，走未必全也，敢言走者試吾劍。因請義士葉興共守之。興字板林，隔背人，里中稱爲先鋒者也，爲人驍勇敢戰，臂長善技擊，兄弟三人俱以果毅聞。已至因夜出，壞其提崗，賊衆淹没者數十人，氣益沮。肇乃與興定計，率族人擊之以銃，殺其部將，禮始退，遁族賴以全，至今咸頌肇與興之德而不衰也。

及延平王師敗金陵，退遁東都，詔邑邊海盜賊竊發，歐陽公明憲走馬赴任，以亂宿平和縣，不敢速進，因問計於西街舉人遊瀛洲，乃曰，止亂貴得人，詔邑號稱難治，公所知也，吾宗叔有名文豸者，世居龍潭，其才足以任用而有爲，公當致之。毆陽至詔，即請肇公至縣署理，待之甚厚，悉以事案委公，公亦悉心佐之，爲之立條教，設號令，嚴捕緝，終歐陽之世，人民安集，盜賊消亡，皆公之力也。毆陽公以金帛賁之，肇不受。毆陽公離任之時，因挾肇至北京，上燕翼交當世士大夫，一時諸公咸待肇爲上客。及京回瀛洲，寄一書與肇曰，每詢老叔，都中與歐陽晨夕聚首，竊以爲快心樂事，不謂滄桑一换，復旦光華，而南北遼闊，有天各一方之患。繼聞從浙入閩，此等壯行，非英傑機括、膽氣淩霄未易臻此。到篆日，不知迎迓民，而歡顔喜躍，不禁踏空户限矣，出都何時。毆陽公近祉何似，燕翼風景何如，便中寄一紙相誨。肇即回曰，侄衰老龍鍾，不能以煙霞自錮，而爲逐虎馮婦，靦顔可笑，識者知爲不得已之行，何日晤教，豁滌我萬斛塵心，付之桃花流水，飄然物外者，因鴻附侯，不盡顧言。時瀛洲以事繫福州獄，及事解，思爲避世之計，又寄一書以與肇曰，自老叔京旋洲，見甚罕，望秀篆於山谷回轉之處，如秦洞桃徑，使漁人一出不得再尋舊路也。

（《[福建詔安]秀篆龍潭樓王游氏族譜》 清宣統稿本）

四、各姓歸葬録

平和蘆溪陳氏徙臺祖歸葬録

第十三世波，字渫清，謚賢德，純讓六子也，生於乾隆年五月廿三日卯時，娶周氏，乳名華官，早卒，以兄之子五鯉爲嗣。公自少往臺灣冷水坑住，心常無定，繼娶邱氏，乳名孌官，生二子：受峽、受元。公晚年回家一二年，至嘉慶癸酉又往臺灣，卒於嘉慶丙子年十二月十九日辰時，葬在冷水坑。後至道光元年辛巳十一月廿九日，骸骨同邱氏歸葬在大坑獅毬後，邱氏不知卒於何時。周氏卒於某年十二月廿三日某時，葬在仙亭山下風頭田中。

第十三世貳，字步中，元英次子也，在臺灣卒，道光癸未年骸骨載歸。

（陳騰奎首修《[福建平和]蘆溪陳氏族譜》 清嘉慶稿本　1954 年重修增補鈔本）

南靖梧宅洞内泰昌堂林氏徙臺祖歸葬記

十一世元瑛，乳名俊，字君玉，罔祥三子。生於康熙十五年丙辰六月初八日亥時，卒於康熙三十五年丙子九月初一日申時，享壽二十一歲，葬在臺中，後來骨骸帶回，葬於老家。

十一世元琚，乳名允，字信夫，罔祥五子。養子淮率眷在臺灣上淡水居住。元琚生於康熙二十四年乙丑十月二十二日亥時，卒於康熙四十九年庚寅八月十二日吉時，壽二十六歲，葬在臺中，後骸骨帶回在老虎頭大石後土名長坑。未婚妻李氏娶過門而改嫁。

十二世世欽，乳名葉，字子敬，元讓嗣子。娶李氏名輕，生一男一女。世欽生於康熙五十年辛卯九月十五日子時，卒於乾隆二十三年戌寅七月十六日，葬在臺灣上北勢莊，後帶骨骸回梧宅，葬在瑚坑長口壇上，坐巽向乾。

（《[福建南靖]梧宅鼎寮洞内社林氏泰昌堂西河弘仁祖派下私譜》
清嘉慶稿本　光緒二十年抄本）

黄氏奥杳系南靖支派從臺灣歸葬録

第十三世祖孟誇公，娶蔡坤娘，自原籍東渡臺灣，定居臺中南屯蔴糍埔，開拓荒地，創業置家，建立祠堂，爲臺灣之始祖公。生於康熙甲午年十一月初一日巳時，卒於乾隆乙未年十月十八日酉時。妣生於乾隆二年，卒不詳。合葬在蔴糍埔大魚池埔，坐東北向西南，香火均有回唐。收養一子，生一子。

長子富生，號元盈，系孟奮公次子，與孟誇公過房收養。

十一世祖聯鉅公，葬在竹寮。妣葬在雉雞坪。生下三子。長啓昭，次啓功，三啓催。

十二世祖啓昭公，葬在白花洋，癸山丁向，丙子丙午分金。於乾隆丁丑年再改葬。妣楊閃娘，葬在坪坑頭水路下，丁山癸向，丙子丙午分金。生下四子。長孟奮，次孟興，三孟誇，四孟佐。

十三世祖孟誇公，生於康熙甲午年十一月二日，卒於乾隆乙未年十一月十八日酉時，葬在楓樹部埔，於戊戌年二月廿三日移葬在大魚池埔，祖媽合葬，坐東向西丁酉丁卯分金。明治戊午年改坐艮向坤兼寅甲，辛卯辛丑分金，妣合葬同穴。蔡氏坤娘生於乾隆二年吉日吉時，卒忘記。公媽二位香火於嘉慶戊辰年二月初五日回唐。有二男。長雷生，號元盈。次男興，孟誇公过房，名速生，號元貴。

十四世祖元貴公，生於乾隆庚辰年十一月十三日未時，享壽五十九岁，卒於嘉慶己卯五月十三日戌時，葬在更寮部田中。娶簡氏，生於乾隆庚辰年十二月廿七日申時，二十二岁，卒於壬寅年二月初四日午時，葬在三塊厝牛埔。生下二子。長謚乾貞。次名石興，元盈公過房。元貴公再娶阮氏，生於癸未年十一月廿四日午時，享壽八十五歲。

(《[臺灣]黄氏家譜》 1985 年稿本)

南靖六斗黄氏徙臺祖歸葬記録一則

承裕次子十一代祖考國傳，字永久，卒於臺灣，遺骸葬在庵後火坪坐東，妣不詳，有一男永龍繼入。

(《[福建南靖]六斗黄氏六世勤篤派家譜》 清宣統稿本)

臺灣黄氏奥杳派歸葬唐山祖地與祭産録記

第十世祖榮川公，號世綱，字大四郎，娶陳大娘，公葬在樓仔角坐申向寅庚申分金，妣葬在背頭湖茶樹下坐坤向艮辛未辛丑分金。生下五子，長聯銑，次聯釬，三聯銓，四聯鉅，五聯錦。

長聯銑公，葬在大窠竹林内，坐申向寅庚寅庚申分金。次聯釬公，葬在墘仔崎，坐丙向壬辛亥辛巳分金。三聯銓公葬在上大窠路下，坐庚向申，妣廬新娘葬在磨石崠，坐寅向申丙寅丙申分金，生一子啓功公，葬在燈盞掛壁田背火燒路下内墳，妣王孺人葬在長倲。

四聯鉅公、五聯錦公，移江西省龍泉縣。

第十一世祖聯鉅公，娶范機娘，公葬在竹礤，丑未兼癸丁，分金，妣葬在雉雞坪，癸山丁向，丙子丙午分金。生三子，長啓昭，次啓銓，三啓催。

次啓銓公，妣游滿娘，合葬在竹礤。又妣邱寧娘，乾隆二十四年歲次己卯二月十三日移葬白花洋田隔，坐子向午兼癸丁，丙子丙午分金。

三啓催公，生於大清康熙二十一年歲次壬戌十月二十六日子時，幼時隨父兄在漳郡南靖縣版寮鄉，爲人處事循規蹈矩，孝親敬長，里人異之，稍長克勤克儉，即懷廣向道之志，奈所遇多拂意不得遂伸。既冠有室，配以劉氏，無罪無儀，惟殷勤以佐理，人所稱爲賢内助者，不是過也。由是而生二子，長孟懷，次孟安，保抱提攜，辛勤撫養，如是者十有餘歲，猶不得遂其生平所懷之志也。迨雍正年間，聞臺灣彰化縣之土地肥沃，易於耕種，乃與兄長相商渡臺之計。兄長曰：著弟先往，余不過於數年亦將與子孫相偕前往。於是催辭别，啓昭、啓銓二兄先於眷渡臺，初往諸羅縣治大埔村莊，而劉氏復生子孟傑之里，父母逝世於内地已有年矣。繼從彰化縣治貓霧揀堡九張犁莊，極力從事耕種，頗有餘資，遂於犁頭店現在南屯溝東北田心仔莊，置有田宅，而移居焉。自時厥後或憐恤寡，其樂於濟急，固非徒爲豪舉。臨終時，囑其子曰：爾等宜安分守紀，各勤其力，切勿逸生謠，至於内地祖宗尤須顧念，《詩》曰，維桑與梓，必恭必敬。卒於乾隆六年歲次辛酉八月初五日未時，享年六十歲，葬在九張犁莊田洋中，壙位坐癸向丁，有碑爲記。妣劉氏生於康熙年間，凡家中何有何亡，無不辛勤以佐理，生子孝順。過舅姑釵甘止之奉，即與夫相商典衣質被以供仰事，及懷等稍長，教以義方，不爲姑息，所以後來三子克佐厥父，還有田産於臺地，而自己享壽至八十有歲，當乾隆年月日刻，以疾終，葬在田心莊壙位乙向辛，有碑爲記。

第十二世祖啓昭公，又名啓，娶楊閃娘。公葬在白花洋癸山向丙子丙午分金，乾隆二十二年歲次丁丑十二月改葬。妣葬在坪坑頭水路下坐丁向癸丙午丙子分金，乾隆二十四年歲次己卯正月十四日吉時更葬，生四子，長孟奮，次孟興，三孟誇，四孟佐。

第十三世祖孟誇公，娶蔡坤娘，公生於康熙五十三年歲次甲午十一月初一日巳時，卒於乾隆四十年歲次乙未十一月十八日酉時，香火於嘉慶十三年歲次戊辰二月五日回唐，葬在楓樹脚埔，嘉慶二十三年歲次戊寅二月二十二日移葬在麻糍埔。妣生於乾隆二年歲次丁巳，卒日期不詳，嘉慶二十三年歲次戊寅二月二十二日合葬在麻糍埔大魚池埔，坐東北向西南。大正七年歲次戊午改葬坐艮向坤兼寅申，辛丑未分金。妣香火亦回唐。公妣七十八年十一月十一日，因大魚池埔列入都市計畫，遷葬春社里番社脚埔，坐辛向乙，兼酉卯，用丁酉丁卯分金。養一子，生一子。長富生號元盈，系孟奮公次子，與孟誇公過房收養。次子連生，號元貴。

第十四世祖元貴公，字連生，娶妣簡氏、阮氏。公生於乾隆二十五年歲次庚辰十一月十三日未時，卒於嘉慶二十四年歲次己卯，東渡臺灣，定居置家，建立祠堂，居麻糍埔二八八番地，建報本堂，再於嘉慶十五年歲次庚午八月向江振恭購入土地遺留子孫耕作，公妣合葬在麻糍埔，坐北向南。長子壹，號立本，字志治，謚乾貞，娶謝氏，公生於乾隆四十三年歲次戊戌十二月十七日卯時，卒於道光十八年歲次戊戌十一月初二日申時，享壽六十歲，葬在麻糍埔大魚池埔，咸豐十年三月改葬原位坐丙向壬兼巳亥，丙子丙午分金。妣生於乾隆四十六年歲次辛丑五月初一巳時，生三男，長先進，次再榮，三三傑。

三子清雲，字立龍，號志仁，娶江氏均娘，葬在大魚池埔。生下三子，長煌廷，字在朝，與六雍公過房；次瓊瑶，字在遠；三阿紅，字在新。

四子理攀，字立德，號志恭，娶賴氏均葬在大魚池埔。生下七子，長經華，字在修；次阿結，字在信；三萬杏，字在仲；四萬憶，字在任；六萬嵩；七萬學。

五子乃光，字立輔，號志金，娶張氏，均葬在大魚池埔。

榮川公黄孟固公管理人，在光緒三年歲次丁丑二月十六日，派朝瑞、烏秋、朝清等叔侄，回唐祭祖宗，及收田租，又同年三月二十五日再會面，結帳返臺，並立帳簿爲憑。

光緒八年歲次壬午八月與長兄朝明、次兄朝棟分鬮。明治四十一年歲次戊申間老江公充爲元貴公業管理人，至拆除公廳報本堂重建計畫，惟明治四十一年民前四年歲次戊申八月二十一日别逝，未將重建費用移交下任管理人，公選爲管理人。爲紀念第十二世祖啓功公之子孟固公，由第十世祖榮川公之派下，長聯鐵、次聯釬、三聯鉅等後代孟奮、孟興、孟誇、孟懷、孟安、孟傑等，遂將孟固公得先祖聯鉅之遺産，設置黄孟固祭祀公業，並向元貴公租用土地，建立祠堂豐緒堂，道光十三年歲次癸巳冬，派若亮、國棟叔侄回唐祭祖及收田租。

長子朝明公，字義烈，娶賴氏罕娘，公生於道光二十二年歲次壬寅三月初十日亥時，卒於光緒十七年歲次辛卯七月十四日午時，葬在鄉梓，前輩仍樂道此事。歷任南屯産業組合理事、監事，農事小組理事、監理、黄姓安瀾媽祖會理事、祭祀公黄榮川公黄孟固公黄元貴公王爺公會管理人。在1949年間,臺灣省政府主席陳誠爲使人民均富起見,實行平均地權,徵收業主土地分發佃農,實施三七五減租,業主能如期辦理只能保留三甲地,公能如期辦理,三七五減租仍保土地,保存祭祀公業之遺産,留於後代子孫,衆姓無辦理保留手續者,頗多失去了保留土地之權利,深獲族人欽佩。

(黄金柱編《[福建臺灣]黄氏奧沓派族譜》 1992年稿本)

南靖石橋張氏徙臺祖歸葬記

十五世德喜,丁丑年在臺亡,骨骸寄回,葬在龍頂上路下。妣簡氏改嫁,生一子亞使。

十一世二房榮祚,諱士元,永貴樓十世仁吾次子。卒葬河坑仰天崠白水磜,坐西向東,乾隆二十一年丙子遷大擔山葬。妣魏氏葬河坑大履路面山,坐北向南。生二子,長嘉俊、次嘉儒。

十二世嘉俊,卒葬河坑凹下,與嘉儒共葬。妣江氏葬河坑大塘坑,坐東向西。傳四子,長淳聘,次淳伯,三淳智,四淳偉,俱遷臺灣。

十三世淳智,往臺灣嘉義縣北路下加冬保大排竹莊,後裔背其骨骸帶回河坑,葬於大塘坐東向西,妣李氏葬河坑寨背圳面。傳子四,長元泰、次纘泰均在臺,三旺泰、四生泰回河坑祖地。

十四世旺泰,葬河坑大塘,坐東向西,妣范氏葬河坑寨背下圳面,坐東向西。傳二子,長萬輝、次接輝。

十四世生泰,葬河坑大塘坑,妣曾氏葬河坑大履路面山,坐北向南,傳子揚輝。

十二世書相,葬河坑大窠頂窩,妣游氏葬河坑坪溪,生六子,長志宏,次志衛遷臺灣大牌竹,骨骸運回葬本地橋頭仔,三志清往四川,四志英往四川,五志達遷臺灣開基,六志美往四川。

十七世諱觀亮,往臺灣,歿於臺灣後打銀牌,與妣莊氏合葬本里赤磷畬,坐南向北。生三子,正教,正海,正榮。

(《[福建南靖]石橋開基張念三郎公派下族譜》 1994年鉛印本)

南靖梧宅李氏徙臺支系昭穆歸唐入譜一則

十三世祖考寬裕李公,妣辜氏李嫣,在臺寄來。

(《[福建南靖]梧宅洋坑李氏族譜》 清嘉慶八年1803稿本)

南靖上寨王氏遷臺房系祭祖祭産權契及題銀録

顯七世法瑄公派下五大房,第三房於嗣孫往臺東都,批明於顯八世有承王公妣簡氏老孺人生男三大房,長士權公妣魏孺人,次房士勳公妣汪孺人,三房士政王公妣劉、羅老孺人,派下列祖妣應得租税田段批明矣。道光間之時於宜信公往臺東都,於有承公派下之嗣孫有出龍佛銀若干,付宜信公帶回長山。宜信公之本身後踏出水田壹段,坐址在於本處土名曰雷藤坑下,逐年載租税穀,則將此租穀逐年以作清明之資,耑此批炤。

一批於有承公派下,未知幾世,有一穴祖墳葬在苦山龍小片仔尾右片之處,因於道光廿伍年乙巳,被於官洋簡其鋭官在此墳頂左角開做風水,法瑄公派衆叔侄人等知之向前阻當,後簡家請公人家長,後來軟求付於做壹穴,完成公人理斷,簡其鋭身中出租税逐年壹石貳斗,當日面結。

合約字貳紙，兩家各執壹紙，批此及再抄合約重修批明矣。

同立合約字人王法宣公派等、簡其鋭官，今因簡其鋭有契買虚墩壹穴，坐落本鄉埔上餘慶樓剩面山土名小片仔崎，與王乃安等伯叔祖批連，後憑公人理斷，付簡其鋭地墳開做方員不得阻當。簡其鋭逐年願出税穀壹石貳斗。官坐落本鄉田壹段，土名白石南，早允租陸石，内抽出早允租壹石貳斗帶畝壹分貳厘正。其田逐年並租踏付王法宣公派下代收爲清明祭掃之資，日後在臺親子孫回唐之日交付親子孫收。此田准王家收租永遠祭祀，不干簡家之事，二比亦不得典賣下手，系二比甘願，各不得反悔生端異言。恐口無憑，同立合約貳紙，各執壹紙，付執爲炤。

公見人並代書簡應雅、簡光景。

道光二十伍年乙巳四月　日，立合約人：

王穎秀

王宜信

王仲波

王乃安

簡春鋭

再批於八世有承公伯祖派下弓祖墳坐址葬渚瀨，土名赤寨前，坐龍向溪，因於咸豐癸亥年冬月在官洋廣居厝，簡興轉官在此叔祖妣墓頂右角開做風水，後法瑄公派衆嗣孫知之向前當，後於簡興轉請酒，公人前來軟求，叔侄相議，准於做乙小穴，簡家喜出祭壹石，當公三面踏出水田壹段，坐址在渚瀨社土名鰻瀆頭大圳上李家厝地，逐年將此租遂年付於有承公派下，以作清明祭掃之資，批炤。因於同治捌年己巳五月觀晽叔公在於官洋簡位育公之田，坐址鴨母嶺路脚，做風水廢壞於簡家之田，後來觀晽叔公親身問到穎春、穎星等叔侄，喜歡准换過之田，則將五房公三伯叔祖渚瀨鰻瀆頭之田，踏交付還於簡位育公相補於鴨母嶺之風水租税。觀晽叔公自置水田壹段，雙冬載三石正，内抽出租壹石交還五房公三叔祖逐年以作清明之資。當日有寫字乙紙交付穎春、穎星兄弟代收執炤。批明矣。

光緒乙巳年桐月日裔侄孫重修换田契紙批明矣。

再抄寫有承公契紙字立换字人旋王觀晽等，今因在本村鴨母嶺新做小風水壹墳，求簡位育公糧田，後觀晽親身問到叔侄穎春、穎星等，願將五房公第三房叔祖换於水田壹段，址在李家大圳上土名鰻瀆頭，叔祖應得年科載租壹石正，將此田换過付簡位育公派下等，後自情願將觀晽自己私置水田壹段，坐址在新厝前溪廷邊，逐年載雙冬租三石三斗正，内踏出租壹石官正帶畝壹分，换還五房三叔祖清明祭祀之資，前去收租永遠爲業。此系二比甘願，永不得異言反悔，今欲有憑，立换字壹付執爲炤。

爲知見人石土。

爲代書人新傳。

光緒捌年歲次己巳五月　日立出甘願字人觀晽批有。

有承派上應得水田壹段，左右圳下七坵，逐年載租斗，即將此租税逐年清明之時可辦墓紙之資。比再批墓紙田坐址在金生面背土名内油碗坑，批炤。

又於油碗坑之田在左片坵右片窠仔圳仔下共柒坵，批炤。

（王蔚然編纂《[福建南靖]長窖總上寨王氏族譜》　清光緒三十三年稿本）

南靖上寨王氏祠臺灣宗親祖牌及題銀録

上寨背厝祠顯四世祖邦文千六郎公、妣諡四娘陳孺人派下祖妣一派宗親之神主

種德堂顯四世祖本千五郎公、妣娘李孺人之神主。

行坑肇基祖宣正王公妣貞惠曾氏神主派下五大房長寧莊、次欽直、三神康、四昭、五敬章。

溯源祠正派橋仔頭伯叔祖王氏妣一派宗親之神主

金竹肇基祖善四馬王公妣葉、黄孺人神主。

科嶺肇基祖千八郎公、妣蔡七娘神主。

觀音山頭顯十二世和雍王公、妣吴孺人之神主。

光緒癸巳年加添卅名,每名定銀兩。

光裕堂派下第三房嗣孫在臺灣府牛埔仔莊安居,同治己巳年觀咏叔祖往臺灣捐銀重修光裕堂祖祠緣簿芳名抄録列後。

十七代元通叔祖派下偕侄文磚、孫朝輝捐四十元

阿錫捐銀八房公用二十元

阿世捐銀二十元

椒夏捐銀六元

椒樹捐銀六元

新良捐銀肆元

清風捐銀六元

清溝捐銀壹拾元

澄清捐銀六元

五美捐銀肆元

新環捐银壹元

九興捐銀壹元

三全捐銀壹元

定瑞捐銀壹元

樸生捐銀壹元

鐵爐捐银肆元

先進捐銀壹元

叭芝蘭藍莊秉仁公派下十七代嗣孫名基山叔公捐題銀三十二元

(王蔚然編纂《[福建南靖]長窖總上寨王氏族譜》 清光緒三十三年稿本)

宜蘭福成楊氏唐山祖墓録記

齊字行,玄祖考齊字輩楊公,漳州府漳浦縣十七都佛潭橋林地社人氏。宗漳浯開基祖觀察公十五世裔,尊爲本宗渡臺玄祖,生平事蹟在漳浦原籍,後渡臺子孫雖曾託人專程返回浦邑抄寫,唯抄記失詳。譜載卒於農曆七月二十七日,時失紀,以是日爲升道日。墓在漳浦祖籍。祖妣楊媽例授太孺人,生平失抄,卒於農曆三月二十五日。墓在漳浦祖籍。

聖字行,肇祖考聖字輩楊公,玄祖之子。漳州府漳浦縣十七都佛潭橋林地社人氏。尊爲本

宗渡臺肇祖,生平事蹟在原籍失抄,後渡臺子孫託人專程返回浦邑抄寫,唯抄記失詳,譜載獲知,肇祖卒於農曆十二月十七日,因以是日爲升道日。墓在漳浦祖籍。祖妣楊媽例授太孺人,生平事蹟失抄,譜載卒於農曆三月八日。墓在漳浦祖籍。

(唐羽纂修《[臺灣宜蘭]蘭陽福成楊氏族譜》 臺北華崗印刷廠1983年鉛印本)

平和義路楊氏徙臺祖歸葬唐山記

楊厝坪九世寅五,振林子,興貴孫,八十五世寧化石壁德潤念三公派下,徙臺灣士林外雙溪淡水廳芝蘭堡雙溪莊水碇仔頭水源地。至十二世與其兄弟於乾隆二年丁巳九月十一日,將渡臺曾祖妣骨骸從臺歸葬唐山平和鬍子背竹中頭,與曾祖合葬。寅五續妣曾氏生一子士奇,由臺返回平和祖地楊厝坪居住。平和楊氏大宗祠有寅五神主。

(《[福建平和]義路楊氏宗譜》 1995年鉛印本)

漳州西洋坪吴氏徙臺祖歸葬一則

十二世二伯公,乳名永正,公十七歲得糧兵,十九歲輪過臺灣當營伍,二十歲卒於咸豐年間二月初四日吉時,後送骨骸回鄉梓,葬在西門外山前,神碑立在前甲大所内。

(吴清章編纂《[福建漳州]西洋坪吴氏族譜》 1920年稿本)

南靖板頭劉氏徙臺支系歸葬記

道悠公,長男劇往臺,次澤往臺,三鎗未娶而故,四灘。公乳名長,諱道悠,字祚永,系大受公名培之長子也,娶林氏生四子。公生於康熙辛卯年,享壽五十九歲,卒於乾隆己丑年,葬在臺灣,至乾隆四十七年壬寅帶回葬在本處燈心嶺頭卯酉兼乙申分金。妣林氏和娘,生於雍正乙巳年十月初八日申時,壽六十二歲,卒於乾隆丙午年八月三十日辰時,葬在施洋板頭白烏坑中岐仔尾,後改葬在礤仔長窠,坐西向東兼辛乙分金。

道開公,子撥系道深之四子爲過繼。公乳名辟,諱道開,字周建,謚樸素,系大受公名培之四子也,娶雙坑水尾邱氏,生一女名彦娘,適施洋龍潭邊蕭驗官。公生於康熙己亥年壽六十歲,卒乾隆己亥年三月廿四日,葬在臺,至乾隆庚戌年四月帶回唐,葬在施洋大洞土名面前窠頭坐南向北。邱氏品娘,生於雍正癸丑年十二月三十日卯時。

道光公,生男水滴。公乳名朗,諱道光,字耀明,系大受公名培之五子也,娶施洋楓樹坪上村簡氏,生一子,後簡氏因夫故改嫁。公生於雍正乙卯年,卒於乾隆年,葬在臺,至乾隆五十年乙巳帶回唐,葬在施洋土名楊山崠仔路下,坐東向西。

(劉尚安編纂《[福建南靖]施洋板頭彭城劉氏族譜》 清道光稿本)

南靖十八家鄭氏徙臺祖歸葬記

廿二世承維,字秀官,謚醬。生於乾隆四十四年己亥十一月十五日午時,昌榮次子。道光元年辛巳年卒於東都。時道光十六年丙申男喑往臺灣帶骨骸回家,葬十八家大旗崙,坐乙向辛兼卯酉，丁卯丁酉分金。

廿二世妣余杳娘，生於乾隆四十六年辛酉閏五月十八日午時，承維之妻。卒於咸豐年間。生四男。兆珪名唷，汶三歲夭，瑜名梗，璧名睿。

（鄭兆鏞編纂《[福建南靖]船場十八家鄭氏族譜》 清道光十年稿本）

華安岱山郭氏天民房系徙臺祖歸葬唐山記録一則

天民公三房三，十七世祖龍浸，諱龍寬，杲公之子，生於乾隆二十年乙亥九月二十二日寅時，卒於乾隆四十五年庚子八月十二日卯時，卒臺，骨骸歸寄白石宫山。妣福壽童氏惜娘，生於乾隆二十一年丙子八月二十七日未時，卒於道光十三年癸巳正月十六日卯時，葬科尾山，坐乾向巽兼亥巳。孀居能盡歸道。生子抨。女鳳娘適豐山楊家。

（《[福建華安]昇平岱山郭氏天民公房系族譜》 清光緒三十四年稿本）

華安岱山郭氏徙臺祖歸葬一則

十三世祖振允公，道公次子，生於康熙十七年戊午五月十七日巳時，卒於乾隆十一年丙寅六月二十九日戊時，往臺亡，後收金回唐，葬嶺口内圳上。妣後坑林氏錦娘，生於康熙二十八年己巳，卒於康熙四十九年庚寅四月初二日子時，謚純貞，葬失記，嗣子薦。

（《[福建華安]昇平岱山郭氏天民公房系族譜》 清光緒三十四年稿本）

南靖雙峯邱氏徙臺祖歸葬記

十二世祖考乳名邦，號甸彩，謚長饑，期捷公之次男也。原命生於康熙己卯年十二月廿四日未時，迨至癸亥年七月初二日，年當四十五歲，往臺灣彰化縣南靖厝駐足爲商，不幸卒於乾隆庚午年十月二十九日卯時去世，享壽五旬加二，至辛未年三月廿四日啓發閿文訃報至，廿七日延請道士安座引魂開通冥路作法事，後祖骸系是施洋龍口房叔攜歸，葬在上蕉坑福墩行路外，坐南。我遷祖骸归梓，世世子孫有可登拜掃，其恩義大矣，尤予之追修譜牒，昭穆不至渺茫，源本有可詳明耳。妣簡氏慈儀，四代大母，原命生康熙三十七年十二月廿九日辰時，卒乾隆壬寅年三月廿八日未時，以疾終於内寢，享壽八旬加五。初葬蔴竹，遷葬根竹往和尚墩，坐壬向丙，用室宿一度末二度。生五男，長名檀，次名藍，三名剡，四名取，五名益。

（《[福建南靖]下雙峯邱氏族譜》 1929年稿本）

南靖高港曾氏徙臺祖歸葬一則

詩審派下十五世公維均，名喊，字静波，謚正和，命癸巳。泉之五子。妣張氏名妙娘，命丁酉，嗣一子名水縱，往臺亡，葬丹蕉坑口路上，後遷回寨後，坐東向西。

（曾康生鈔録《[福建南靖]高港曾氏家譜》 1931年稿本）

平和武城曾氏徙臺祖檢骨歸葬唐山記

七十二世廣生,紀曉長子,傳耀房系。字番生,號遠茂。生於道光丙午年七月二十八日午時,逐什一於臺灣没,失檢時日。配亦蹤渺。迨從兄弟數輩再旅臺灣,始於臺地檢骸歸葬琯溪草鞋山形金獅弄球。子一囫錫,系撫人廣蒲次子。

(曾天爵等纂修《[福建平和]武城曾氏重修族譜》
湖南寧鄉曾氏南宗通譜總局福建平和支局　1925年刻本)

詔安廖氏徙臺子裔歸葬唐山記

十三世耀宗公,謚敦直。生於雍正甲辰年九月十八日寅時,卒於嘉慶丁巳年三月廿二日午時,享壽七十三歲,葬在揀東堡圓寶莊田中,坐癸向丁兼丑未,庚子庚午分金。妣江氏晚娘,生於雍正己酉年六月廿四日寅時,卒於乾隆戊子年八月廿四日辰時,移葬在唐山尾金柄畲祠堂背,同十一世祖媽合葬,坐申向寅兼坤艮。生四男。潤清,順清,言清,玉清。公於乾隆年間渡臺於西大墩開基。

(《[臺灣雲林]廖氏大宗譜》　1979年鉛印本)

南靖葛竹賴氏君坦系徙臺祖歸葬一則

世豪公衍派,十四世祖士標公,諱榜,世豪公長子,生於雍正癸丑年十二月十二日申時,卒於乾隆庚午年,在臺灣去世,後迎骸歸葬本鄉土名兔仔望月。以振芳公第五子廷紹爲嗣。

(《[福建南靖]葛竹賴氏朝英系十二世君坦家譜》　清嘉慶稿本)

南靖葛竹賴氏六十二郎系徙臺祖歸葬一則

世豪公衍派,十四世祖士標公,諱榜,世豪公長子。生於雍正癸丑年十二月十二日申時,卒於乾隆庚午,在臺灣去世,後迎骸歸葬本鄉土名兔仔望月,以振芳公第五子廷紹爲嗣。廷紹,妣曾氏己娘,葬大嶺交流牛。生四子,長承相,次承卿,三承伯,四承爵出祖海亭。

(《[福建南靖]葛竹賴氏六十二郎族譜》　清乾隆稿本)

南靖葛竹賴氏徙臺祖歸葬一則

十三世世能,諱儲,生於康熙己丑年五月二十九日午時,卒於乾隆甲辰年三月二十七日酉時,在臺灣去世,後迎骸歸葬本鄉土名兔仔望月。以振芳第五子廷紹爲嗣。

(《[福建南靖]葛竹賴氏族譜》　清光緒稿本)

南靖梧宅賴氏徙臺祖歸葬記

第九世士華之子國順,名願,字德和,娶石氏生三子,考,經,宦,在臺。願生於康熙十八年己未十二月初三日戌時,卒於雍正十一年癸丑十月初八日戌時,歸葬梧宅。

(《[福建南靖]梧宅賴氏族譜》 清抄本)

臺北賴氏泰重公派下十七世祖妣盧氏墓誌

墓址臺北縣泰山鄉塔寮坑十八份山上,坐西向東,辛山兼戌。妣生於康熙己亥年十月十九日亥時,卒於乾隆庚戌年六月五日丑時,享壽七十一歲。溯我祖文輝公,系泰重公之第十七代後裔,生於康熙乙亥年九月初二日,祖籍江西省贛州府龍南縣白照牆龜湖村字大坡下人氏,由乾隆年間臺閩隸屬清時,族人盛移臺澎。公遥想逢島土地富饒,毅然攜眷來臺,初居淡水,開墾荒地,勤耕創業,後因閩粤族人械鬥,治安混亂,公爲避其鋒,然後徙居桃園重創基業,建立宏大基礎。妣盧太孺人,操守婦德,善理家事,助公教子,生下七子即謂七大房,裔孫蕃衍,遍佈全臺,士農工商,各有其職。公之骸骨由長房帶回原籍安葬,妣盧太孺人墓擇於每年元月十九日祭祀。

(《[臺灣]賴氏大族譜》 1968年稿本)

平和大溪葉氏壽長系徙臺祖歸葬録

十六世康義公,國學生,諱結麟,字生香,號成美,勤和公之三子也。娶妣誠篤林氏,乃龍峯頭人之女。生二子二女,名昭娘嫁店前上街路,少嫁官坡早亡。一子早亡,號爲妹子,叔義公派下當門奉祀。長子玉山,後於胞兄濟成公之晚子繼入爲晚子,名泮池。生於乾隆癸丑年六月十五日丑時,後往臺灣,與二兄共處,未幾仙遊,卒於道光丁未年十一月初一日,迨至胞侄開珍往臺,吋人大坑鳳帶將骨骸帶回,葬於嶺背坑面,待至光緒二年十月起插,俟至三年丁丑三月吉日安葬,坐巽向乾兼巳亥,興國縣三寮鄉曾化鵬先生主山。做地司阜詔安秀篆游以林師主裁正。

(葉應全編纂《[福建平和]大溪鴻溪西莊壽長派葉氏族譜》 清光緒二十四年稿本)

平和蘆溪石鼓樓葉氏徙臺祖歸葬録

十二世祖考名曰祉,字君詔,諱光輔,謚敦信。公生於康熙卅九年庚辰八月十二日寅時受生,卒於乾隆甲戌年三月廿五日午時歸世,享壽五十五歲,在臺灣府諸羅縣斗六門角帶園莊歸世。時將棺柩至乙亥年四月廿三日到家,卜葬在上村仔考塘洞中心崎,坐辛向乙兼戌辰三分金。

十二世祖妣謚莊德王氏葉媽,生於康熙乙酉年四月廿三日未時受生,卒於乾隆癸卯年九月初六日午時歸世,享壽七十九歲,葬在員林仔木生,坐甲向庚兼卯酉,用庚申分金。至乾隆丙午二月初九日午時進穴。生三男,士俊、士璉、士純。二、三房在臺。

(葉把編《[福建平和]盧溪許坑潭皮甲石鼓樓葉氏家譜》 1948年抄本)

平和蘆溪葉氏徙臺祖歸葬記

文彬公,三月初三日申時受生,卒於大清康熙癸酉年九月廿四日酉時歸世,享八十六歲,葬在苦竹潭坑，坐乙向辛。生下五子，長曰嵩，次曰中，三曰在，四曰好，五曰願。在臺五房齊有。

文彬公之五子名曰願，諱名茗達，謚德厚，十一世祖考，生於順治壬辰年四月初二日申時受生，卒於雍正壬子九月初七日未時歸世，享壽八十四歲，葬在紗帽縲頭虎形，坐癸向丁分金。

十一世祖妣翁氏龍娘，謚端淑葉媽，生於順治辛丑年十月十八日寅時受生，卒於乾隆辛酉年二月初一日寅時歸世，享壽八十一歲。生下四男一女，長曰蔣，早過往無傳，次曰天，三曰八，四日祉。前葬在金竹，後遷葬在紗帽暴形狗圓裙，坐辰向戌兼乙辛三分，丙辰丙戌分金。德厚公之第四子名曰祉，字君詔，諱光輔，謚敦信，拾二世祖考，公生於康熙卅九年庚辰八月十二日寅時受生，卒於乾隆甲戌年三月廿五日未時歸世，享壽五十五歲，在臺灣府諸羅縣斗六門角帶園莊歸世，將棺柩至乙亥年四月廿三日到家，卜葬在上村仔考塘中心崎，坐辛向乙兼戌辰三分金。十二世祖妣謚莊德王氏葉媽，生於康熙乙酉年四月廿三日未時受生，卒於乾隆癸卯年九月初六日午時歸世，享壽七十九歲，葬在員林仔木生，坐甲向庚兼卯酉，用庚寅庚申分金。至乾隆丙午年二月初九日午時進穴。生三男，士俊由、士璉、士純。

（《［福建平和］蘆溪許坑葉氏族譜》　清乾隆鈔本）

平和蘆溪葉氏永房系徙臺祖歸葬録

永房寨崎四本房十三代寬柔公三郎，諱租，字懷珍，一名元偉，子千公三子。妣成行陳孺人，生子四，瓆、放、火、文。生於康熙五十一年壬辰七月十二日午時，迨乾隆三十一年丙戌五月初九日午時，在臺過溝莊辭世，壽五十五歲，後長子瓆運棺回鄉。

（葉獻其纂修《［福建平和］蘆溪葉氏永房源流譜系》　清道光八年稿本）

南靖龜洋莊氏王政系徙臺祖歸葬記

十六世伯祖明緒公，乳名仙讚，字神鈴，朝堅公第三子也，生於乾隆三十五年庚寅十月初四日吉時，卒於嘉慶三年戊午十月初三日子時，歸世在臺灣。至嘉慶八年癸亥八月初一日，金骸同歸故里，遂貯藏金鑽寄在上黽洋本里土名石壁山。

（莊吉星編纂《［福建南靖］龜洋莊氏十一世王政系族譜》　清光緒六年稿本）

平和大溪江氏由臺灣歸葬記録一則

十六世祖考起州次子直樸江二公，名雁，壽七十二歲，往臺亡，運骨回家，過繼甲兄二男名蕩爲嗣。

（《［福建平和］大溪鴻江族譜》　鴻溪江氏族譜編委會據舊譜增補編纂　1997 年印本）

龍溪杏林吕氏徙臺灣支系歸葬記録一則

根長派德熟系，十四世而蹇，章淋七子之長，文巍孫，本勸系。往臺灣。子經斐，往臺灣。父卒於臺灣，堂叔而堅抱歸。

（吕鐵鋮編纂《［福建龍溪］杏林吕氏族譜》　清道光辛卯 1831 稿本）

南靖書洋呂厝呂氏徙臺祖歸葬祖山記

建山次房心萬派下十一世德佑,和照長子,生於康熙己卯年三月廿八日午時,享壽五十八歲,卒於乾隆十六年辛未閏五月十一日酉時,在臺灣彰化縣大武郡紅尾社即葬於社後牛埔。乾隆甲申年收骸回籍,葬在庵仔山等榮公媽墳上腰中。生三子,長曰充字性衷,往臺東娶妻;次曰根字原衷,娶劉氏;三曰慶,娶江氏,生一女名鄒姐,嫁於塔下張石耀。

建山次房心萬派下十二世一臣,諱千,讀書名鳴顯,生於乙亥年十二月廿九日卯時,享壽五十一歲,卒於乾隆甲子年十二月三日丑時。往臺在本港身故,葬咬狗竹,乾隆甲申年十月廿二日,建兒往臺收骸寄回唐山,葬在巷尾潭。至乾隆壬辰年十二月廿日更葬在原穴。生三男,長曰外字遊,無娶,在臺中身故;次曰昭,無娶,在臺中故;三曰建,字用三。妣簡氏,諱富娘,生於康熙辛巳年七月十一日子時,享年三十二歲,卒於雍正十二年甲寅二月廿四午時,葬在燈心洋狗母蛇頭,坐西向東,乾隆間收骸更葬原穴。

建山次房心萬派下十世如松,原命辛酉年十月十三亥時。幼往東都,母抱劉照官幼女飼養爲妻,己丑年十二月十二日回家成親,從東都開船,船被風吹破,飄流至廣東,沉海中不知死期,壬辰年十二月初九日辰時合火歸宗。養女嫁與石橋張月官爲妻。

(呂傳勝主編《[福建南靖]書洋田中呂厝龍潭樓呂氏族譜》 1996年鉛印)

南靖金山何氏徙臺祖歸葬記

十二世祖謚俊德何公,諱冷,字瑞琳,乃協誠公之次子。生於乾隆三年戊午二月廿七日卯時,因過臺灣探親房,時乾隆廿七年壬午十月廿日亥時,卒葬在臺灣,後遣人取回骨骸,同祖妣合葬在後溪。妣得分金考付葬。回骨骸遠回自恐有差錯故耳。生三子,長天白,次天隨,三天淡。祖妣吴氏謚淑順何媽,諱疊,生於乾隆十年乙丑五月廿六日卯時,卒於嘉慶十年六月十九日未時,與考合葬在後溪社路上溪尾林頭長圳上内向,坐壬向丙兼子午三分辛亥辛巳分金,外坐子向午兼癸丁三分,庚子庚午分金。

十五世諱心輝,謚勤直,乃湛樂公之長子。生於道光二十年庚子五月初四日申時,過臺灣無音信,至壬辰年招魂。生子長則武,次則溵,女名月娘。妣吴氏諱連謚貞儉,生於道光廿九年己酉正月初二日酉時。

(《[福建南靖]金山荆美何氏族譜》 清末稿本)

南靖水美何氏徙臺祖歸葬録

協誠公之次子,十二世祖謚俊德何公,諱冷,字瑞琳。生於乾隆三年戊午二月廿七日卯時,因過臺灣探親房,時乾隆廿八年十月廿日時卒葬在臺灣,後遣人取回骨骸,同祖妣合葬在後溪。骨鐀。

祖妣吴氏,謚淑順何媽,諱疊。生於乾隆十年乙丑五月廿六日卯時,卒於嘉慶十年六月十九日未時,與考合葬在後溪社路上溪尾林頭長訓上内向,坐壬向丙兼子午三分,辛亥辛巳分金,外向坐子向午兼癸丁三分,庚子庚午分金。骸鐀。

十五世諱心輝,謚勤直,乃湛樂公之長子。生長子則武,次子則溵。女名月娘。生於道光二十年庚子五月初四日申時。過臺灣無音信,至壬辰年吉月吉日招魂。妣吴氏,諱連,謚貞儉,生於道光廿九年己酉正月初二日酉時。

(《[福建南靖]金山水美何氏族譜》 1917年稿本)

南靖湧川蕭氏徙臺祖歸葬記

第八代二房象溪長士濼公次子名權,娶劉氏,生一子男名放。公諱國,名權,生於順治十八年辛丑十一月初十日午時,卒於康熙五十五年九月廿日寅時,葬在臺灣薑母寮墩坐西向東,至乾隆廿三年收骸要歸被帶人失落。劉氏改嫁坑内羅家。

第十代二房天衛公四子名緘,娶妻林氏,生二子,長子名深,次子名蜚。又生一女名插,配龍山后厝吴家。公諱汝埥,名緘,字有惟,生於康熙五十六年丁酉四月。謚樸真,卒於乾隆廿一年丙子七月廿三,在臺灣身故,葬在北社尾下莊廟仔後黄麻園上與藹同處,至乾隆四十三年十一月初九日骨骸歸葬在上湧。林氏名竉官,生康熙五十六年十二月廿五寅時,謚專淑,卒於乾隆四十年潤十月初九日巳時,葬在上湧。

(蕭勝明重修《[福建南靖]漳靖邑永豐里吴宅總湧川蕭氏世系總記》
清同治十二年二修稿本)

南靖上湧蕭氏徙臺祖歸葬記

十二代元順公,楊孺人,生二子,長諱茂,次諱摑。又生一女配埔尾盧家。公諱彪,字德威,又字北流,又號順德,謚元順,生於嘉慶十二年丁卯七月廿七日辰時,卒於道光三十年庚戌二月十二日未時,先葬在臺圓,後收起骨骸渡海轉回上湧,葬在土坑庵仔崙,坐亥向巳兼壬丙,丁亥分金。妣楊氏,諱報官,生於乙亥年六月廿四日丑時,至1931年夏曆十二月廿一戊子日庚申時葬在上湧。

(蕭鐘鴻編纂《[福建南靖]上湧蕭氏世系》 清光緒二十八年稿本後人補録本)

南靖湧山蕭氏徙臺祖歸葬記

八代國生公,黄孺人,生一子名德。没在臺灣斗六門。公名國生,謚敦和,生於順治丙申八月廿五日巳時,卒於康熙四十六年十月十五午時,葬在上永大壇内坐癸向丁。黄氏改嫁。

二房八代國權公,孺人生一子名放。公諱國,名權,生於順治十八年辛丑十一月初十日午時,卒於康熙五十五年丙申九月二十寅時,葬在臺灣薑母寮墩坐西向東,至乾隆廿三年收骸要歸被帶人失落。劉氏改嫁坑内羅家。

(《[福建南靖]金山湧山蕭氏族譜》七世伯焊派 清光緒二十八年蕭鐘鴻稿本)

南靖永豐里九甲蕭氏徙臺祖歸葬記

八代國權公,劉孺人,生一子名放。公諱國,名權,生於順治十八年辛丑十一月初十日午時,卒於康熙五十五年丙申九月二十寅時,葬在臺灣薑母寮墩坐西向東,至乾隆廿三年收骸要歸被帶人失落。劉氏改嫁坑内羅家。

（蕭耀清編纂《[福建南靖]永豐里習五二圖發九甲蕭氏族譜》 1935年三修稿本）

南靖書洋内坑蕭氏徙臺祖歸葬録

九世祖諱朝隆公，乳名謝，原命生於康熙丙戌年五月初一日午時，享壽四十一歲，卒於乾隆丙寅年七月十五日，在臺灣辭世，後庭梁祖往臺灣擇吉轉身帶骸回唐，卜葬莉後坑頭水圳頂，坐辛向乙，用丁酉丁卯分金兼戌三分。

朝迎祖傳下庭梁公，乳名王，字汝聖，繼祠子孫蕃衍世代光昌。

九世祖媽張氏，乳名由舊譜而來，未知其原是在唐幼亡，亦是在臺灣所娶，因祖在臺仙逝，所以難尋其蹟。嗣孫人等承先祖牌名，而志在譜，以垂久遠不忘其自也。

我祖朝迎公生下五男，第次男庭梁公，承接祖朝隆公嗣續，子孫蕃衍，須知兩祖均是原脈之由也。惟伯祖朝願公實系移臺開基，子孫衆多，果是恪見。但叔祖朝理公亦云移臺開基，來世若能有志向臺者，務必徵明可乎。

十世叔祖，諱庭潮公，乳名漲老，原命生於乾隆己巳年六月吉日吉時，享壽五十八歲，在臺灣彰化縣大武郡保崙仔莊得病，卒於嘉慶丙辰年六月吉日吉時，葬在崙仔莊。念前日有輝諒公繼接爲嗣，不料亦在臺辭世，在唐堂胞姪輝登、輝茗、輝極、輝敬等思念叔父深恩，難忘大惠，至道光癸未年涓十月初六日在溪邊仗地歸葬。

（蕭仰書抄《[福建南靖]書洋内坑蕭氏蘭陵族譜》 崇寶堂1980年稿本）

南靖書洋内坑蕭氏徙臺祖歸葬唐山記

九世祖諱朝隆公，乳名謝，原命生於康熙丙戌年五月初一日午時，享壽四十一歲，卒於乾隆丙寅年七月十五日，在臺辭世後，庭樑祖往臺擇吉轉身帶骸回唐，卜葬莉後坑頭水圳頂，坐辛向乙，用丁酉丁卯分金兼戌三分。

朝迎祖傳下庭樑公，乳名王，字汝聖，繼祠子孫蕃衍，世代光昌。

九世祖媽張氏，乳名由舊譜而來，未知者原是在唐幼亡，亦是在臺所娶，因祖在臺仙逝，所以難尋在蹟，嗣孫人等承先祖牌名而誌在譜，以垂久遠，不忘者自也。我祖朝迎公生下五男，第次男庭樑公承接祖朝隆公嗣續，子孫蕃衍，須知兩祖均是原脈之由也，惟伯祖朝願公實系移臺開基，子孫衆多，果是恪見，但叔祖朝理公亦云移臺開基，來世若能有志向臺者，務必徵明可乎。

十世叔祖諱庭潮公，乳名漲老，原命生於乾隆己巳年六月吉月吉日吉時，享壽五十八歲，在臺灣彰化縣大武郡保崙仔莊得病，卒於嘉慶丙辰年六月吉日吉時，葬在崙仔莊。念前日有輝諒公繼接爲嗣，不料亦在臺辭世，在唐胞堂侄輝登、輝敬、輝極、輝茗等思念叔父深恩，難忘大惠，至道光癸未年涓十月初六日在溪邊仗地歸葬。

（蕭仰書編《[福建南靖]書洋内坑蕭氏蘭陵族譜》 崇寶堂1980年稿本）

南靖書山蕭氏徙臺祖洗骨歸葬記

光獻公生於嘉慶戊寅年十二月初八日酉時，卒於光緒三年丁丑七月廿十日辰時，享壽六十歲，是年十二月初四日葬在臺灣彰化縣大武郡武東堡良吉莊，坐癸向丁分金。夫公自幼耕作，竭力勞苦，觀長兄往臺致富，遂生去農就商之心，時在三十餘歲，李氏僅生下瑞然，渡臺爲商，始從長兄，後則自創其業，經營頗裕，爰娶陳氏，生下瑞池、瑞德、瑞騰。至是家財益足，建造大室一座，連店二三棢。斯時也，兄謂苟美公，亦苟完不幸，陳氏登仙，再娶劉氏，螟蛉二子，瑞發、瑞進。公由勤成家，名登國學，良有以也。媽李氏，名帆，謚慎淑，生於道光乙酉年二月廿七日寅時，卒於光緒癸未年三月十一日卯時，享壽五十九歲，葬在長籠徑，坐丙向壬兼巳亥正針，丁巳丁亥分金。迄1914年正月間洗骨，二月初一日遷葬在後林峯角，坐寅向申兼艮坤，丙寅丙申分金，坐箕宿一二度，外用箕宿六度。媽陳氏，名緞，卒葬在臺大武郡社頭有應公前田中，坐乾向巽兼亥巳。媽劉氏，名愛，生於癸巳年，卒於光緒壬午年十一月初一日，葬臺灣在舊社洋大圳下。

（蕭仰高編纂《[福建南靖]書山蕭氏族譜》 清光緒三十二年稿本 1949年重抄本）

南靖長教簡氏徙臺子裔歸葬唐山記

十四世通才公，妣韓氏，生六子，長新忠，次新結，三新雄，四石旺，五新能，六新六。公乃良殿公之長子也，乳名達，字立千，公往臺灣，回至金門死，葬後遷回長窖，初葬石壁嶺，今新結葬此墳，後於道光癸卯年遷葬寨仔下墩，坐丁向癸兼午子。妣韓氏，乃山城人女也，謚貞惠，於道光年歸世，葬於石壁嶺頭水井伯公背山，坐癸向丁。

十四世乳名簡總，書名如志公，繼胞侄觀秀爲子。公乃必參公之第三子也，生於乾隆庚午年五月廿二日酉時，陽年四十歲，卒於乾隆己酉年，辭世於臺灣，迨至嘉慶癸亥七月廿八日遷骸到家，越次日葬於長窖石壁嶺頭水井崎横路上。

十四世如馥公，配莊氏，生三子，長保佑，次夏雨，三夏龍。又生一女。公業儒，乃良秀公之次子也，乳名東馨，字蘭兹，生於嘉慶癸亥年二月廿日，陽年四十六歲，歸世於臺灣，後將骸攜回，葬於寨仔背路上。配莊氏，閨名鐘娘，生嘉慶丙寅年八月。

十五世新忠公，往臺灣南投娶妻，生二子，長吉昌，次亦由繼與五胞叔爲子。公乃通才公之長子也，乳名新忠，生於乾隆年，壯年往臺灣娶妻，生二子，惟次子帶回繼與五弟爲子嗣。後公復往臺灣，而士帷香火，其子吉昌請回歸宗。

（《[福建南靖]長教簡氏世系族譜》 清光緒三修稿本）

南靖長教范陽簡氏徙臺祖歸葬記

十五世乳名龍飛公，少年往臺灣故，咸豐五年骸骨回家，不知葬何處。妣李氏系蕉塔人，壬戌生，生一子名訓若，癸未同治四年長髮拏去無回，一女嫁奎洋溪坎頭。

（簡庭編纂《[福建南靖]長教范陽郡簡氏世代族譜》 清同治十二年二修稿本）

南靖長教簡氏徙臺祖歸葬唐山記

舜陶子十五世淵公，諱朝源，少年往臺灣，早故，後骸骨回家，葬在書洋大堀尾，地曰螺形。妣邱氏。咸豐六年，吴學政給匾四字“松貞萱茂”。而義公嘉慶乙亥生，道光庚子吴學正取進靖學十六名生員，壽四十八歲，葬佛祖坑七埒。

十五世乳名新竹，字應篁，諱長平公，生一子名珠璣，謚文惠。應篁公生於乾隆壬寅年，少年往臺灣，道光己酉年骸骨回家，即葬於佛祖坑巖路邊。祖妣張氏，生於乾隆辛丑年，終於咸豐乙卯年，壽七十二歲，即葬於佛祖坑坑仔頂坐丁。

十五世乳名彩苞，字占鼇，諱俊元，謚良德，壽四十二歲，妣江氏名第。生三子，長振昌，次振煉，三三聽。占鼇公生於乾隆庚寅年，嘉慶□辰年葉學政歲試取進靖學第十名生員，後往臺灣故，至道光年骸骨回家，卜葬於虎背山打石寨頭，坐乾向巽。江氏生於乾隆年，終於道光年，即葬於虎背山打石寨頭公之墓肩，坐戌。

（簡庭編纂《［福建南靖］長教范陽郡簡氏世代族譜》 清同治十二年二修稿本）

宜蘭游氏歸葬詔安祖山記録

十一世應舉，字先拔公，漢誠公之長男，卒墓在祖籍大耀寨崠。祖妣李氏孺人，生子東藩字特軒。

十二世祖東山，字聖居公先聲公之四男。生於康熙己未年四月初三日酉時，卒於乾隆庚申年九月廿九日酉時，享壽六十二歲。在臺元孫育公，於道光丙戌年三月一日回梓改葬在石東寮，坐乙向辛兼辰戌三分辛卯酉分金，地穴系漢貞公派下十四世祖旺公所贈之吉穴也，現全族侄蘭東有立會爲公祭祀，且聞祖籍有租四石，每清明爲公掃墓。

祖妣黄氏大娘，生於康熙甲子七月初二日寅時，卒於乾隆庚寅年六月十九日戌時，享壽八十七歲，合葬在聖居公同墓吉墳。生四子，昇强烈字夫，昇里字烈三，昇將字烈相，昇平字國治。

十二世祖東夷，字兆居公，先聲公之八男。生於康熙辛未年十月十八日辰時，卒於乾隆丙寅年八月廿四日寅時，享壽五十五歲，卒於臺灣，運靈柩回阿里，乃擇牛眠穴安葬，墳在祖籍寨頂角，坐乾向巽兼亥分金，駐臺子孫有立會永遠爲公忌祭。祖妣李氏慈淑孺人，生於康熙辛巳年正月初八日巳時，德性温良，和睦妯娌，四十餘歲寡霜，克勤克儉治家，粒積躬置田租二石餘種，歸仙之日只晚子不在，餘四子俱成立，傳下男婦老幼七十餘口，無疾而卒於乾隆癸丑年十一月三十日，享壽九十三歲，葬於寨背東昇樓山龍頸。生六子，昇壯字勇才，昇彭字壽祖，昇彪字豹才，昇彤字飾金，昇彧字美才，昇彫字琢才。

十二世祖東河，字鳳居公，先南公之長子，生於康熙戊辰年，卒於乾隆年間六月廿二日忌辰。至光緒癸卯年，十六世順宫公來臺攜回唐安葬。至甲辰年乃葬在白額石寨，坐南向北。

祖妣羅氏孺人，生年不詳，卒於乾隆戊戌年正月十日，安厝在唐地上塘子面。生三子，昇立，昇門，昇榜字亦璜。

十三世祖昇皇，字烈三公，聖居公之次男，生於康熙甲午年六月十二日辰時，卒於乾隆年間十月初一日，葬在祖籍登雲堂背山。祖妣李氏孺人，生於康熙甲午年九月初六日辰時，卒於嘉慶壬申年四月初三日。生二子，厚誦字維經，厚誾字協經。

十三世祖昇平，字國治公，聖居公之四男，生於雍正甲辰年十一月廿七日戌時，忌辰六月初六日，葬在臺灣桃園南嵌番仔窩田萌山穴，坐壬向丙兼子午，辛亥分金，頗稱休美，終焉允藏。

祖妣羅氏孺人，忌辰四月廿四日，更尋吉穴於東昇樓背楊梅墘田中，坐乙向辛兼辰戌，丁酉分金。生四子，厚悦字道正，厚賢字道德，厚稍字道春，厚壽字道全。

繼祖妣陳氏孺人，忌辰二月初三日，墳在臺灣桃園南崁龜崙大湖，坐子兼壬三分，丙子丙午分金。羅陳二妣原譜所載,誰生誰不清楚。

十三世祖昇福,字亦德公,孔居公之長男,遺墓在宜蘭紅水溝堡鹿埔莊塚。妣謝氏孺人,遺墳在唐地霞葛徑口樓頂山,無生子,立公之胞弟亦成公之子厚必爲嗣子。

十三世祖昇到,字亦成公,孔居公之三男,卒於乾隆辛丑年九月十六日。正寢後改葬在宜蘭東勢員山頂,碑志曰奕成公之墓。祖妣黄氏孺人,八月初一日忌辰,墳在祖籍唐地霞葛徑口,生子厚生字道添。

繼祖妣林氏孺人,每五月初三忌辰,墳在宜蘭東勢十三份坐東向西,生三子,厚必、厚秀、厚習,均出嗣。

十五世世開公,字士林,厚襲公長子。生於乾隆辛巳年,卒於嘉慶辛酉年十一月十六日,享四一壽。至同治辛未年,孫男並蟾乃托堂侄步青、族侄子豐、達英三人,回唐代葬在石東寮國山尾坐東向西。妣黄氏,生二子,長子守衍,次子守摧。

十四世祖厚泰公,字道亨,飾金公長子。生於乾隆癸巳年九月十四酉時,卒於咸豐乙卯年八月一日,享壽八十三歲,與妣合葬在大耀窠山尾,坐辰戌兼巽乾一線,甲辰甲戌分金,系從侄永懋主庚代葬。

妣黄氏,生於乾隆癸巳年,卒於嘉慶丙子年十二月三日,享壽四十四歲,生四子,灶賜幼亡,長子世比,次子世健,三子世謀。

十五世世比公,字剛輝,厚泰公長子。生於嘉慶庚申年五月九日辰時,卒於咸豐丁巳年二月廿九日酉時,葬在長東子崗,坐丙向壬兼子午分金,無娶,立胞弟青雲公之子豪傑爲嗣。

十五世世健公,字青雲,厚泰公次子,生於嘉慶癸亥二月五日未時,卒於道光庚戌年八月十日辰時,葬在唐地走馬埖,坐坤艮兼申寅。妣郭氏,生於嘉慶戊午年十二月廿四日辰時,卒於同治丁卯年二月廿四日,葬在唐地石東寮山頂。生子豪傑出嗣世比公爲子,兼承世謀公之嗣,長男木奇。

十五世世謀公,字明機,厚泰公三子。生於嘉慶戊辰年五月十九辰時,卒於光緒己卯年十月廿三日,至光緒庚寅年二月葬於唐地石東寮中心。

十六世永淡公,字子豐,進厚公四子。生於道光乙未年十一月廿七日寅時,同治辛未年與步青公回唐謁祖,並修八世祖振廷公之墓,歸臺卒於光緒戊子七月十四戌時,享壽五十四,原葬於隘丁山,光緒庚子年改葬在後湖山,坐艮兼寅癸丑分金。少娶劉氏,幼殤。妣賴氏,生於道光戊戌四月廿一丑時,卒於光緒乙巳年十二月十八巳時。生子安清,安炭幼亡,安認,安遠,安繼,安琴。

十四世祖厚鳳公,字鳴岐,德傳公三子,生於乾隆戊戌年,忌辰十月初二日,無娶,立繼徵公之子觀星及繼香公之子世倉爲嗣。

十五世觀星公,字拱北,厚鳳公長嗣子,生於嘉慶辛酉年。妣謝氏,生於嘉慶丁卯年三月廿五日寅時。

十五世世倉公,字斯萬,厚鳳公次嗣子,生於嘉慶丙寅年十月廿一卯時,於咸豐壬子年回唐修祖宗墳墓。

妣李氏,生於道光辛巳年三月五日子時,忌辰六月十五日。生二子,長子守隆,次子守豹。

繼妣宋氏,生於嘉慶庚辰年二月八日辰時,卒於光緒甲午年十一月廿一。

(《[臺灣]游氏大族譜》　宜蘭冬山游氏家廟祭祀公業編纂　1970年鉛印本)

南靖光裕堂魏氏徙臺祖歸葬記

十六世祖汝恂公，國學生，諱登雲，乳名鄉黨。妣江氏、盧氏，生四子，友佳、友洪、友成、友懷。公乃秀宜公之十子，生於嘉慶己未年十二月初五日亥時，卒於咸豐丙辰年正月廿八日未時，享壽五十有八歲，在臺灣員林仔街辭世。至光緒年文經、文全兄弟方取骨骸回家，葬在傍坑壩方畬頂，坐坤向艮兼申寅，辛未辛丑分金，光緒丙午年十二月十一日午時葬。妣江氏，生於嘉慶辛酉年十月十七日戌時，卒於道光丁亥年五月初五日吉時，享年二十七歲，葬在九龍埔，坐乾向巽兼亥巳分金。妣盧氏生於嘉慶辛酉年，卒於同治乙丑年，享壽六十五歲，葬在長潭下房仔，坐卯向酉。

（《［福建南靖］梅林北壟光裕堂魏氏族譜》 清光緒壬寅 1902 稿本）

南靖梅林光裕堂魏氏徙臺祖歸葬祖山記

十四世阿焕，字光獻，諱成文，希青長子，生於康熙六十年四月初三日戌時，移臺灣，卒於乾隆五十年，骨骸寄回梅林葬在九龍埔。妣莊氏，生子三，觀德、觀量、觀玉，在臺灣。

（《［福建南靖］梅林北龍光裕堂魏氏族譜》 清末稿本）

南靖梅林魏氏徙臺祖歸葬記

十七世祖雙泰公，諱文安，生於嘉慶十三年戊辰五月初九日午時，終於同治七年戊辰二月廿六日巳時，葬在臺灣鹿港北塚。至光緒十年甲申六月廿四日，在臺灣男孫雨順到墳啓攢，交付吕朝帶回梓里本處下車田眉安葬，坐庚向甲分金，妣蕭孺人合葬。

十六世祖鶴林公，生於乾隆丁丑年九月廿三日辰時，往臺灣居住，香火歸祠。抱弟清源公次男爲嗣。祖妣王氏妣，生於乾隆己卯年九月十三日子時，葬在九龍埔，與鶴林公合葬。

十八世祖朝順公，生於道光廿年庚子六月十三日寅時，卒於咸豐九年己未七月廿八日，在臺灣西螺别世，葬在西螺塚埔。妣莊氏改嫁，生於壬寅年九月五日。墳墓不知何處，後至 1925 年乙丑，製造銀牌，合風順、六順、八順四位同穴。

十八世祖增順公，生於道光辛丑年十月廿九日寅時，卒於同治辛未年九月初一日辰時，葬在臺灣北投，至光緒甲申年六月廿四日，同父骸交吕朝帶回梓里，葬在下車，與父親合葬，後 1925 年三人合葬。生一男名柳章，因長毛反亂，走不知去向。乙丑公移徙雙太公墳旁，坐寅向甲分金。

十八世逄順公，妣蕭氏，其墓尋無，製造銀牌合在朝順、六順、八順四位同穴。公生於道光甲辰年二月初四日寅時，卒於同治四年乙丑年六月十三日戌時，葬在九龍埔。妣卒於同治四年乙丑八月尾，葬在大嶺路邊。

十八世祖義順公，字作禮，生於咸豐三年癸丑二月十七日丑時，卒於 1916 年丙辰九月初四日未時仙遊。妣梁氏。生三男，長炳輝，次炳標，三炳光。妣生於咸豐乙卯年十月十六日寅時，卒於光緒廿一年乙未正月初十日亥時。

十八世祖六順，生於咸豐五年乙卯十一月十二日辰時，卒於光緒廿二年丙申，不知墓在何處，後至 1925 年雨順由臺灣回梓，製造銀牌，合朝順、風順、八順四位同穴。妣簡氏幼亡。

十八世祖七順公，即和順，妣鄭氏。生於咸豐八年戊午二月初八日寅時，卒於光緒丙申十月廿三日卯時滿壽，葬在大嶺邊，至1925年乙丑八月十二日啓攢，移徙本處下車與雙太公墓墳旁，與增順公、和順公並肇華三人合葬，本日酉時進葬。

十八世祖八順，生於咸豐十一年辛酉四月十三日卯時，卒於同治四年乙丑七月初五日酉時，但其墓墳不知何處，後至1925年乙丑雨順由臺灣回梓，製造銀牌合朝順、風順、六順四位同穴。

十八世和順公即七順，生於咸豐八年戊午二月初八日寅時，卒於光緒廿二年丙申十月廿三日卯時，葬在大嶺，至1925年乙丑八月十二日，胞兄雨順到墳啓攢，移徙到下車，在雙泰公墳旁，與增順合葬，坐庚向甲分金。

二十世肇華，生於光緒十五年己丑六月廿七日申時，卒於1913年癸丑五月初三日未時，葬在大嶺，至1925年乙丑八月十二日，雨順到墳啓攢回到下車雙泰公墳旁，並與增順公、七順公墓墳三位合葬，坐庚向甲分金。

（魏雨順編《[福建南靖]梅林魏氏鉅鹿堂族譜》1937年鈔本）

南靖梅林魏氏徙臺支系歸葬祖山記

十六世鶴林，生於乾隆二十二年九月二十三日辰時，往臺灣。香火歸祠，葬在九龍埔。抱三弟清泉次男爲嗣，妣王氏。

十七世雙泰，生於嘉慶十二年五月九日午時，終於同治七年二月二十六日巳時，前葬在鹿港北塚，光緒十年在臺男孫雨順到墳啓攢交付吕朝帶回梅林，安葬在下車田眉。

十八世增順，生於道光二十年十月二十九日寅時，卒於同治辛未年九月初一日辰時，葬在臺灣北投。妣蘇氏生一男柳章。光緒甲申十年六月二十日，父子骨骸由胞弟雨順交付吕朝帶回梓里，同葬在梅林下車田眉。

十八世六順，於一九二五年由雨順在臺灣造銀牌帶回梅林，與其兄弟合葬下車田眉。妣簡氏。

十八世八順，一九二五年雨順由臺灣回梓里，製造銀牌與其兄弟合葬，從臺灣等魂歸葬於梅林。

（魏雨順編《[福建南靖]梅林魏氏家譜》1937年稿本）

臺北桃園石氏歸祀唐山梧宅彰美堂靈牌録

大宗祠整建落成後，在臺灣省臺北市，桃園縣的玉全公系已故世者，爲魂歸故土，將靈牌送回彰美堂供奉。

輩　序	祖　考	祖　妣
十世士	士輝	楊氏
	增仔	蘇氏
	士光	葉氏柔娘
	桃園開基祖士□	林氏慈直
十一世文	文茂	莊氏勤儉

	水仔	林氏玉
	文耀	許氏
	文曲	蕭氏、江氏
十二世必	必義	吕氏慈順
	必掇	曾氏滿娘
	正直	
	必□	
	天樓	李氏妹娘
	必發	徐氏
十三世日	日環	廖氏
	日典	
	日溪	游氏孝慈
	日賽	劉氏慈惠
	娘生	蕭氏美仔
	新爲	余氏銀仔
	善忠	楊氏桃仔
十四世高	應德	何氏紗娘
	平南	曹氏阿送
	連貴	氏伴娘
	坤土	楊氏，李氏
	朝陽	
	生仔	
	刊生	林氏賴氏
	觀賓	氏尾娘
	固兮	
	赤牛	葉氏李氏
	漳仔	
	興仔	
	金元	吕氏桃仔
	生仔	
	永城	許氏喜娘
十五世中	中雲	郭氏隨仔
	中立	氏蚵娘
	樹木	
	盛仔	簡氏鸞娘
	文隆	韓氏梅娘
	阿滿	張氏雪娘
	阿海	陳氏惜娘
		黄氏惜娘

	永茂	氏阿替
	中清	
	萬清	葉氏奎孰
	鎮芳	
	添禧	
	紅牛	吴氏心嫣
	春嬰	吴氏
十六世天	惠旺	
	天滿	
	阿耀	吴氏陂仔
	天聰	
	清潭	
	天□	氏穎娘
	阿雄	吕氏菊娘
	嵩斌	
	連進	
	新奇	
	清琳	
	永福	魏氏春娘
	瑞川	
	阿仁	張氏
十七世朝	朝和	
	正郎	蕭氏
	印仔	蕭氏抱娘
	萬全	蕭氏招仔
	基正	
	阿田	
十八世世	鳳鳴	
	坤仔	

（石世玉主編《[福建南靖]梧宅石氏族譜》 1995 年稿本）

五、同根共祖淵源敘録

（一）陳　氏

陳氏伯宣裔由汀州遷漳潮泉州分布概略

七十二世字耀珍，名袞，妣謝氏，士唐爲臨海令，避亂移居福建泉州仙遊縣。贈太保，妣封勳國夫人。生男六，伯宣、伯淇、伯浩、伯淵、伯洪、伯玉。

七十三世伯宣，字主敬，字潤，號貞隱。妣王氏、洪氏，再妣李氏。唐表宣郎，党有文才，與總友善。總官南康延諸慕府，暇遊廬山，愛其幽奇清遠，遂自徙居廬埠之聖治峯龍潭窩結茅悔居，著《司馬遷史記》行於世，名聞朝廷，累徵又就，拜著作郎。唐憲宗十四年乙亥三月初，吉神入訪公於廬山，謂奉帝命，特來采百世風水，飛杖指地，在江州德安縣常樂里艾草坪，公復徙居指地，嗣後同居十八世，義聚三千七百餘口。唐宋間，旌表義門，免差賜粟，皆由公始。

八十四世由汀州寧化石壁遷出，向閩南粤東者：

八十四世，名缺，徙福建長泰莊。

八十四世，宗昌，諱章，移福建興化莊。

八十四世，名缺，徙潮州歸安莊。

八十四世，名缺，徙廣東惠州府。

八十四世，名缺，移福建泉州同安莊。

八十四世，名缺，移福建泉州仙遊莊。

八十四世，名缺，移潮州莊。

八十四世明通，移福建延平府南平莊。

八十四世先，徒德化縣株嶺莊。

八十四世，名缺，徙惠州府博羅莊。

八十四世，名缺，徙福建甌寧莊。

八十四世，和，徙福建侯官莊。

八十四世，庵，徙福建馬頭莊。

八十四世，名缺，徙福建建陽莊。

八十四世，名缺，徙福建歸化莊。

八十四世，名缺，徙福建漳州莊。

八十四世，名缺，徙福建漳州莊。

八十四世，名缺，徙福建上杭莊。

八十四世，名缺，徙福建邵武莊。

八十四世，思獻，校長子，移福建政和莊。

八十四世，名缺，移福建建寧莊。

八十四世，名缺，移福建長樂莊。

八十四世延祚，移福建崇安莊。

八十八世孟一郎，妣未詳，由汀州武平遷居漳州龍溪縣赤水湖洋。

八十八世孟二郎，遷居上杭勝永里來蘇。

八十八世仲四郎，遷居漳州漳浦縣太平鄉。

八十八世仲五郎，遷居漳州南靖縣集賢里竹園。

八十八世仲六郎，遷居上杭縣豐田里湖里。

八十八世仲七郎，遷居上杭縣金豐里陳東坑古洋黄田今屬永定縣。

以上遷徙，均爲宋嘉熙之前。

九十二世名失記，由上杭移居泉州。

九十二世名失記，由上杭移居潮州。

一百零二世奎，號牛兒，妣朱氏，軍籍駐本邑武所開基一世。

一百零二世永通，妣徐氏、黎氏，軍籍居武所楊柳坡開基一世。

武平永興裔上赤鄉系二十二世芹生，華宗四子之末，妣魏氏，移居廣東潮州府過路塘。生一男啓德。

（陳志實編纂《[福建武平]陳氏聯族宗譜》
1946年刻本　上杭縣啓文民記印刷文具書社印刷）

陳氏入居大芹山白葉記

明天順八年户部主政鄭和撰敘云：詠、謨、鄺因遷郡而居龍溪，逮雲京隱鄺芹山。至湯徵郡宰於潮陽，子同寓潮陽，孫景肅仍鹺我漳概、植以衛宋，敗續潛居白葉，子成卜宅石繩。

世系譜：

顯三世祖考概公，元户部員外郎，葬白葉大金星。顯三世祖妣劉氏孺人，葬白葉小金星。

概公與弟植公等，避元亂潛居平和大芹山，既而移出白葉。

顯四世陳公天德，又字天常，行十四，宋恩官提舉海州，斷惟入白葉芹山，遷烏石寺，前後改葬古爽洋尖石對面前山名奏表，劉氏合葬焉。

三世顯叔祖考諱植，字寢立，淳祐四年甲辰賜進士，翊宋南渡，以軍馬都尉提督廣南諸路軍馬，崖門之敗，棲兵梅嶺，因家焉。

四世顯祖考敕封萬户侯，字天德，又字天常，行十四，宋恩官提舉海州，斷維入白葉大芹山，遷烏石寺前，後葬古爽洋尖石對面前山名奏表。

（佚名《[福建平和]侯卿磐石石繩陳氏族譜》　清光緒稿本）

陳氏尹夫人系分布汀漳各府略記

清嘉慶十一年國史館重修的散裝木刻版中有家族繁衍條載，潁川屬四川。

昔尹氏夫人，原系冀州務城縣明德鄉，其時宣爲殷陽夫人，乃炎帝之子，陰陽日月，孤星墮地，徘徊數步，亦爲金色，夫人當時有孕，十降成男，左手拉耳，右手指東。潁川徽音屬火，赤帝之子孫，字陳旭。續傳子孫衆多入徐州，陳啓公入北地，陳元西元始元年十月卅日申時，帶領五百廿餘人家口過三子江，劄分祖入衙州。白虎山來勢迢迢，蜂腰鶴膝，鳳舞鴉飛，四面關欄，三山朝拜，西牛望月，乃冬土牛也，坐乙向辛，午水透入明堂，安葬陳希仲，立成大墓。東至南巖山，南至極靈，西至鳳凰山，北至所由大田。用絹十疋，綾十三疋，入塘立石柱、石碑、石獅、石象、石狗、石雞、石將軍，石板長廿丈，號紫金夫人墓。墓居三堂，守墓人廿七口，寒食田二頃。

一公陳顥帶五十七人入蘇州。二公陳角帶卅九人入務州。三公陳越領四十人入杭州。四公陳鴻領五十二口入孝州。五公陳奇帶七十二口入撫州。六公陳逵領六十七口入廣州。七公陳魁領十七人入汀州。八公陳璋領八十七口入泉州。子孫分流，九州散住，音姓皆同。潁川之郡並是親生骨肉，亦無異姓，不可相抛棄别也。上至高祖，下至玄孫，上癸下聖，根葉皆是尹氏夫人生下，相傳五十七代，子孫續世接流。

南劍州將樂陳金。正和九年秋月，胡王勃寧入朝爲右丞相。廣東陳仁，選山東爲廉使。孝州陳弼中浙江左參議。陳陵公南陽封上陳州節度使。汀州陳禮公中華陽縣儒學教諭。漳州陳騫公在京翰林院學士。泉州陳學公任漳州府太守，卒葬金鳳山，坐丁向癸，辛水流入屈浪，三山朝揖，官有州員，傳爲記也。

賦有辱河之功。軒轅氏有許家高陽縣，師家河東縣，諸子孫皆是親生骨肉，不得爲婚。

陳崇，君國三子，兄弟五人，諱欽，隨父望轉汀州寧化，欽公在石磜寧坑又名石壁下生二男。一儉葬在木南旗山下，坐乙向辛，午丁水透來朝。二爵葬黄竹坪，戌山辰向，子水來朝。

儉生三男。孟一郎漳州龍巖赤水湖洋。孟二郎上杭勝運里。孟三郎廣東潮州府程鄉縣竹篙三透。

爵生五男。仲四郎漳州漳浦大坑。仲五郎南靖習賢里竹園。仲六郎上杭豐田湖雷。仲七郎上杭金豐古洋今屬永定。仲八郎留寧化石壁下，支分蘆溪，生五男，梅山、梅宗、梅嵩、梅友、梅安。在南靖習賢里，支分清寧里南勝宏華村。

陳鄉陳黨，後黨徙居江西石城縣原名寧化蓮花石壁。一派在龍巖城外白土。一派在湖廣茶陵州武陵縣，前太地陳洪漠翁也。翁書譜課付叔祖發公，期相識，遭兵變逸之矣。中有一派在上杭，土名洋城，吾祖之由來也。

祖徙住蘆溪者，間又名五房。長寨和，次石壁壟，三大杭，四崎背頭，五下村東槐，散處不一。諸祖宗生卒墓塋及子侄情形，冗冗難悉，暫闕之以俟復實。玆將來草湖公爲始祖，集小宗一譜，俾後有所據焉。

永定東槐陳氏族譜序

嘉慶己卯年陽月。

越稽先王因生賜姓，胙土命氏，或以國，或以字，或以官，典籍所載彰彰矣。

我陳氏溯源由來，自胡公始。昔武王下車求舜後，得胡公乙太姬配之，而封諸陳，以備三恪。傳數世入春秋，陳敬仲辭卿，《左傳》、《史記》詳之。至戰國時，别姓爲田，或以嬀，或以國爲姓。歷秦漢間陳氏尤盛。若曲逆侯平、太傅蕃、太邱長實，各擅名。當時蕃處汝南，實居潁川。吾宗自潁川派者，皆由於此。洎乎唐宋元明，氏有名人，志之子史，不勝述焉。

夫盛德之後，其祚心昌，嗣是分支衍派，愈久而愈蕃，亦愈久而愈渺。故遠溯我祖所出，自舊譜以旭公起始，且云炎帝女所生，右手指東，左手指耳，徘徊九日，以耳東爲陳，遂號曰陳旭。

公於此情，特今天拆字數耳，曷足爲憑。又云旭公，生於元始元年，領家口過江居住。考之史乘，元始乃漢平帝年號，豈有父子繼世。且炎帝到漢，歷有二千餘年，尤屬可疑。但以旭公爲鼻祖，前人中有所據，要不若以鄭公以下，世次之彰明也。公當至元辛未，至正辛巳於永定陳東坑古洋開疆辟土，裕後光前，規模寵遠矣。居久之，仲賢公於元至正乙酉遊歷小蘆溪蕉林兜，見樹陰濃，田疇肥美，遂定居於此。自是以來，瓜分各處，繼繼繩繩，以熾以昌。傳大深公分居東槐，爾時異姓紛紜，麟次比耦，傳至今幾歸於一子也。

（陳一清編《[福建永定]陳氏世系譜》 1985年稿本）

閩臺潁川陳氏淵源徙布録

十世祖慶分派口又同安溪頂。
十二世光禄分派長泰梁齊。
十三世崇真分族安溪寨仔湖。
十四世洪濟分派浯州陽翟。
十四世洪毅分族漳浦西園。
十四世洪銛分族浯州獅行。
十五世一腹分族長泰陳巷。
十五世升分族南安英内白石嶺，後改姓洪。
十五世鋭分族東厝。
十六世福壽分族同安浦尾坑仔。
十六世福慶分居同安丙州。
二十一世應垓分族同安港口。
二十二世文通分族海澄峻尾。
二十二世作鑄分同安侯亭。
二十二世作鏗裔分族平和五寨梅總。
二十二世細英分族前厝溝坑内漳州六房寨。
二十三世天成裔分同安驛路上下峯上坑下店。
二十三世天定裔分同安館里溪松柏林。
二十三世天與裔分同安岑頭郭厝内頭。
二十四世妃隆分平和五寨梅總。
二十五世用分禾山後埔後塘坑園。
二十五世焰分同安灌口草仔市又曰市頭。
三十世熙寶出居上官田。
三十二世基出居龍溪仙殿。
三十三世聯賢出居厦門美頭。
三十四世慶璋出居臺灣。
三十五世廷珪出居臺灣。
三十六世運坎出居臺灣。
三十六世運接出居臺灣。

三十六世運房、運所同出居臺灣。

三十六世運奉、運市同出居淡水。

三十五世際令出居淡水。

三十六世運潔出居淡水。

三十六世運都出居淡水。

三十六世運素出居淡水。

三十六世運銅出居淡水。

三十七世光宰出居禾山厦門美頭。

（陳有文編輯《[福建漳州]潁川陳氏族譜集成》 清光緒二十九年石蘭堂石印本）

南陳鑒湖陳氏世系

太傅派，南陳系。忠公至開基鑑湖一世祖史修之世系表：

二十五世瑪珖公，依大坑宗親珍藏舊族譜及宜蘭市鑒湖堂前清廩生威輩陳朝楨手抄本族譜均稱，瑪珖爲鑒湖一世祖，但大坑舊族譜中有一本記載瑪珖於元朝成宗年間偕弟輝孫遷入漳浦，葬朝天馬山麓。史修公於元末與叔輝孫公移居大坑鑒湖。又按鑒湖陳氏昭穆序鑒湖一世爲“清”字輩，二世爲“伯”字輩，史修字清甫，生一男壽公字伯齡，依字輩，史修爲鑒湖第一世祖無誤。後代子孫尊瑪珖爲始祖並於石墓碑上題刻鑒湖始祖陳公墓爲記。

（《[福建臺灣]鑒湖陳氏源流》 1993年鉛印本）

南靖五經寮陳氏尹氏夫人系譜志

蓋聞三皇開始，有神農氏，乃姜姓之祖母，曰安登，以火德王，爲赤精之君，故號稱炎帝。感陰陽而生一女，表姓爲尹氏，原分冀州務城縣，即山西潞安府潞城縣明德鄉歸仁里居住。時奉宣爲殷夫人，日則弄花戲鳥，夜好翫月觀星，變化金身，感成胎孕，十月離懷，降生一男，左手扯耳，右手指東，徘徊九日，尚未釋手。夫人親自啓口，以耳東爲姓，計九日爲旭，故名曰陳旭。派潁川郡，徵音屬火，赤帝之裔。連生陳啓、陳元，與軒轅氏，乃姬姓之祖母，曰附寶，以土德王，爲黄帝之君，故號稱黄帝，枝分許氏、薛氏、董氏三家，系尹氏之親血後代，諸子孫不得爲婚，須念一脈骨肉之郡。續傳子孫衆多，或移居各州，異郡亦爲潁川一本，永遠相逢毋得輕視，神天鑒諸。

初神農氏母弟世嗣少典爲諸侯，帝榆罔之世，少典國君之妃曰附賓者，感電光繞斗而有娠，生帝於軒轅之丘，因名軒轅，姓公孫。國于有熊，又號有熊氏，長於姬水，又以土德旺，故號曰黄帝，繼炎帝而有天下。按黄帝母曰附寶，之初野感孕廿四月而生帝於軒轅之丘，因以爲名。

陳旭公入徐州即江南居住。公生二子。長名啓入北地住。次名元，於元始元年丙寅十月十三日申時，帶家口五百二十餘過江音治劄住。

元公生九子。長名希，次名顯，三名南，四名越，五名鴻，六名琦，七名輔，八名魁，九名璋。兄弟九人，分住九州之地。公同長子希入住衢州，歸世葬衢州。

希公居衢州，即浙江，歸世建築大墓，東至紫微山，南至極靈山，西至鳳凰山，北至大田。用絹十疋，入壙石獅石象馬翁名仲一對。華表二柱，石阪各長二丈。奉誥封紫金大夫，建墓室三堂,守墓二十七人。

顯公帶伍十口入蘇州即江南住。

南公帶二十九口入務州即貴州住。

越公帶四十六口入元州即浙江住。

鴻公帶二十三口入孝州即胡廣住。

琦公帶七十二口入撫州即江西住。

輔公領六十九口入廣州即廣東住。

魁公領九十七口入福州、汀州住。公生三子,長名山,次名高,三名欽,兄弟轉寧化住。

璋公領八十七口入泉州即福建住,支分興化府、福州府,各孫不一。已上公頭分住各州府,世傳子孫又支分各處,後之查宗緒,當從世代提綱挈領,庶無錯宗之混焉。前代名官即可知也。

一孝州陳輔公,人材中選陞浙,系陳鴻公之孫。

一務州陳陵公,西陽,封上節度使。

一江西陳勳公,參議,安定元年朝覲,勅宣爲左丞相。

一廣州陳希彝公,陞山東廉察使,系陳輔公之後。

一汀州陳禮公,人材中選,華陰縣教諭。

一漳州陳騫公,擢翰林院學士。

一延平府將樂縣陳欽公,於正和八年辛卯中舉,壬辰進士,官至潮廣左副使,陞察院。致士。卒葬杜陵村,坐壬向丙,寅甲水來朝。

一泉州崇初公,任漳州太守,卒葬金鳳山,坐丁向癸,午水來朝。

一天順中,興化鄉陳党兄弟,俱翰林院大學士,勅封太子太保,賜御葬於興化鄉中道,後遭布政吴等侵佔墳山。至弘治年間,元孫陳撰任巡南戴道御史,上本奏旨,擬奪加賜御祭,奏疏刻録可證。

已上數代公頭,系古洋陳鼎公於新設永定時,起送住京承受陰陽官詢族譜得傳而歸。

陳欽公生二子,長名儉,次名爵。

儉公生三子。長名孟一郎,次名孟二郎,名孟三郎。

孟一郎公,往漳州龍巖縣巖赤水湖。

孟二郎公,往上杭縣,分支勝運里湯湖、安鄉、美女石、象洞住。

孟三郎公,往廣東潮州府程鄉縣竹篙三透,支分海陽潮陽、揭陽、饒平等處。

陳爵公生五子。長仲四郎,次仲五郎,三仲六郎,四仲七郎,五仲八郎。

仲四郎公,住漳郡漳浦縣,支分石城塅等處。

仲五郎公,住漳郡南靖縣集賢里竹園。

仲六郎公,住上杭縣豐田里湖雷,湖廖寨,支分吴坑、白水等處。

仲七郎公,住汀州寧化石壁。生五子,長鄧三九郎,次名萬三郎,三名萬四郎,四名萬五郎,五名萬六郎。

鄧三九郎,妣曾二娘。生五子,長文秀念三郎,次文滿念四郎,三文浩念五郎,四文質念六郎,五文光念七郎。

萬三郎公,住廣東潮州華角頭。

萬四郎公,住湖州海陽縣黄沙富坑。

萬五郎公,住漳州南靖歸德里。

萬六郎公,住漳州漳浦石壁埐。

陳仲八郎公,住寧化石壁,生五子,長名梅山,次名梅宗,三名梅嵩,四名梅佐,五名梅安。又庶母生一男名輩,移廣東大埔縣戀溪大埔頭,過房姓温住溪南金沙。

鄧三九郎公次男文滿,往東坑住。公卒葬林冈。妣曾二娘,隨長男文秀往太平里住。妣葬段畬牛陀嶺擁前,坐南向北分金,没泥蛇形。文滿念四郎住金豐東坑,卒葬下坪塔邊,烏鴉落洋形。支分古洋等處。文浩念五郎,住漳州平和縣廬溪等處。

梅山公,配張孺人,住溪南金沙。七十二郎。

梅宗公,配林孺人,住溪南斗坑。七十一郎。

梅嵩公,配鄭孺人,住溪南古鎮坪。七十二郎。

梅佐公,配廬孺人。生二子,長世侶住永定金豐,次德智住豐田里奥杳。

梅安公,住漳州南靖新安里,支分清寧里、南花村等處。

從雲霄來族譜,五梅乃安保公所生,豈有父名安而子復名安者。

文秀念三郎,往龍巖州太平里高坡黄山住。

文質念六郎,往溪南中心洋,支分河背等處。

文光念七郎,在金豐里莒溪住,支分崎嶺等處。

時維同治柒年戊辰歲花月,十三世孫建裕頓首拜書習。

已上公頭,系古洋生員陳亨在汀州府鈔録,由寧化過延平府將樂縣,至興化,從遊莆田縣舉人陳大賓先生,指引泉州府、福州府鄉宦皆系潁川郡一脈,對同族譜,前後相傳,永爲世守。

世侶公,移居廣東,支分河源等處。

德智公,生孟六、孟七郎,原住奥杳鄉,卒葬土名庵背頭,坐庚向甲兼申寅分金。墳脚一穴葬三骸,鍾一娘、朱九娘、葉十娘坐申向寅兼庚甲。按永定縣大宗神牌德智公正配妣鄒氏無疑,則朱、鍾、葉三骸未詳匹配何公。

禄七郎公,卒葬奥杳賴厝角,坐丁向癸兼午子,丙午丙子分金。配婆葬塘頭林厝背。奥杳黄家祖祠之地,系我祖物業,當移居時,因親付與,又有祖墳失修三穴。又彌勒腰肚失修祖墳一穴。又奥杳神壇今爲墟場水口祠堂地一所,今作神庵,亦系祖業。

孟六郎公,移金豐苦竹住。

孟八郎公,移金豐塘厦住。

孟七郎公,正配妣汪一娘。生三子,長名仲九郎,次名仲十郎,三名仲十一郎。於成化元年乙酉正月吉旦,移居漳州南靖五經寮,即爲開基。

嘉慶戊辰年遷居遇寇序

天地交而爲泰,山澤通而爲咸。二氣五行,化生萬物。有人此有土,有土此有居者,理之常也。然定於始者,未有不易於終。開於前者,則必有成於後。譬如四時之錯行,日月之代明焉。追維我祖孟七郎公,前居永邑奥杳,恪守前徽,大啓爾字,不辭勞悴,大明成化元年端月穀旦,挈家移居靖轄五經寮創業垂統,貽厥孫謀,遂爲我族肇基之祖。是公之卜宅於兹也,亦竊效大禹懋遷有無化居之意焉。想爾時,咸曰卜云其吉,終焉允臧,世世孫孫永保其不變也。雖然,有可憑者人事,而不可料者天道也。於明末清初,國泰代興之會,有一草寇名曰蕭海,糾夥成群,肆惡爲亂,視國法若弁髦,害良民如荆棘,我族被敗慘,不勝嗟乎。斯時也,白刃交兮寶刀折,紛紛藉藉各鳥獸散耳,又烏知祖宗禮禋祀之存與不存乎。危害寇賊之奸宄不悛,上天之炯鑒有准。

是以陰祐考妣，陽庇孫曽。有一七世孫名曰德瓘，行年二八，思忖男女既受鋒敵，宗祠必被火焚，遂潛身入祠，香猊抱出，密安羊仔窠石巖下，逃身銅盤鬼巖石內，隱蹤七日，水火俱絶。忽然睡間夢覺飲食如在，安享太平飲和食德之妙。一醒仍然苦乏，幸不時間有出母弟相救，可得全生。後本朝起兵到地，剿滅蕭逆，賊寇靡有，了遺我族。余至平治之後，幸瓘説明前因，衆等恭迓祖爐歸宗。正是天上麒麟原有種，穴中螻蟻詎能逃。自此分支衍派，至今仍繼世述事，振古如斯。略敘前情以傳便覽。俾後世得知先祖建立之艱難，爲子孫者，可不修厥德以耀宗功者乎。爲之歌曰：

嗟，我祖兮，貽厥孫謀。望舊址兮，情緒悠悠。中葉衰兮人往，後嗣振兮業留。仰經山之林影兮，欣欣向榮。聽潁水之泉聲兮，涓涓始流。惟故鄉之足戀，復駕言兮焉求。

大清同治柒年戊辰歲仲春月十三世孫建裕字光前抄録

潁川郡上世世系

陳旭公，開姓之祖。生元公行次，魁公行八，欽公行三，爵公行二，仲八郎公行五，梅佐公行四，德智公行二，禄七郎公行未詳，俟質諸後，注明於上。孟七郎公行次，即爲五經寮思源祠肇基之祖。

孟七郎公生三子，長仲九郎，次仲十郎，三仲十一郎。

（陳廷文編修《[福建南靖]五經寮思源祠陳氏族譜》 清同治三修稿本）

平和陳氏肇徵系來由

二十一世植，宋淳祐後入漳，葬九侯山。

二十二世元隆，寧化人，石壁居住。元至正三年二十八歲江西做官。後走漳浦林婆社石樓下小民庵。天曆元年闔家逃漳州府漳浦縣林婆社。

（《[福建平和]大溪陳氏肇徵系淵源譜》 清末鈔本）

平和侯卿陳氏汀州譜系敘略

祖原系汀州，際宋南航，祖肇植諸彦舉兵翊帝，宋亡，元捕因家拒己者，乃避難潛處白葉幽僻之境。真憲二公旋葬焉，久之諸昆各以意定居莫一所。底我謂起英公，相攸卜築，徙玆溪南。

吾陳族譜，本累上世俱脩刻印版，因自明末癸未年間，劫厄頻興，戈兵疊起，有鄭藩朱武者駐兵本家徵餉，以致譜本失落。幸我叔祖季衡翁，兵後搜尋，只得辛亥年間脩刻之首卷也，餘皆殘毁。並獲雪窗振盤手抄二部，迄於今日，盡皆蠹壞，欲通族脩刻，則又資用重大，唱無其人。苟今不脩，上則祖先之所起，下則族屬之攸分，後人何由參攄。是以敬筆成帙，以垂後人。倘有仁孝者出，欲繼緒而續脩之，則亦庶幾少補云爾。

時康熙三十一年壬申景肅公十八世孫世雄拜録。

四世顯祖考勅封萬户侯，襲公爵，謚天德陳公。

四世顯祖妣，公府林氏、劉氏二位夫人。

公字天德，又字天常，行十四，宋恩官提舉海州，斷維入白葉大芹山，遷烏石寺前。後葬古爽洋尖石對面，前山名奏表，劉氏合葬焉。林氏葬在南勝密婆帕山，坐甲向庚兼卯酉分金是也。

奕奕先公　漳潮攸同　石繩陳岱　溪南柳崗
溪美梅嶺　六派吾宗　不顧斯譜　胡能以藏

（《[福建平和]侯卿陳氏族譜》　清道光九年四修稿本）

平和盧溪陳氏淵源

儉生有三男。一公陳孟一郎，流漳州府龍巖州赤水湖洋住。二公陳孟二郎，流上杭縣勝運里住。三公陳孟三郎，流廣東潮州府程鄉縣竹篙三透住。

爵生有五男。一公陳仲四郎，流漳州府漳浦縣大坑住。二公陳仲五郎，流漳州府南靖習賢里竹園住。三公陳仲六郎，上杭縣豐田里湖雷寨住。四公陳仲七郎，流上杭縣金豐里下社古洋住。五公陳仲八郎，原寧化縣石壁住，有五男分流，長梅山，次梅宗，三梅嵩，四梅佐，五梅安。

陳鄉陳黨氏，後黨徙居江西石城縣土名寧化蓮花石壁。一派在龍巖城外白土。一派在湖廣茶陵州武陵縣，即前首太守陳洪謨翁也。翁書譜課付叔祖發公，期相認，遭兵燹逸之矣。中有一派在上杭縣土名洋城，吾祖之由來也。祖徙住蘆溪者，間又分五房。長房寨和，二房石壁壟，三房大坑，四房崎背頭，五房下村東槐，散處不一。諸祖宗生卒墓塋及子侄生年月日時，冗冗難悉，漸闕之，以俟覆實。兹將草湖公爲始祖，集八宗一譜，俾後有所據焉。

以旭公爲鼻祖，先人雖有所據，要不若鄧公以下世次之彰明也。公當大元至正元年辛巳，於永定縣陳東坑古洋鄉開疆辟土，裕後光前，規模巨集遠矣。

仲賢公於乙酉年遊秀蘆溪蕉林兜，見夫茂樹陰濃，田疇肥美，遂定基於此。自是以來，派分各處，繼繼繩繩，以熾以昌。而大樑公徙居東槐，爾時異姓紛紜，鱗次比耦。傳至今幾歸於一子也。

寧化縣石壁下鄉開基世次譜

第一世：

公諱欽，君圖公三子也。公居寧化，地名石壁，又名石礤撩坑。生二子，長儉，次爵。

第二世：

爵公，欽公次子也。生五子，仲四郎、仲五郎、仲六郎、仲七郎、仲八郎。公葬在黄竹洋，戌山辰向，子水朝堂。

儉公生三子，孟一郎、孟二郎、孟三郎。公葬南旗山，坐乙向辛分金。

孟一郎，入漳州龍巖赤水湖洋住。

孟二郎，入汀州上杭縣勝運里住。

孟三郎，入廣東潮州府程鄉縣竹篙三透住。

第三世：

諱仲七郎，爵公次子，住汀州府寧化石壁下鄉。生五子，鄧公三九郎、萬三郎、萬四郎、萬五郎、萬六郎。

仲四郎，入漳州府漳浦縣大坑住。支分石城塅等處。

仲五郎，入漳州南靖習賢里竹園住。

仲六郎，入上杭縣豐田里湖雷寨住。

仲八郎，名安保，君用公派下，在寧化石壁住。生五子。長梅山，次梅宗，三梅嵩，四梅佐，五梅安。梅山在溪南金沙住，即今苧麻塘現土坑子孫是也。又庶母生一子陳輩，入廣東大埔縣住。陳輩或云陳輩念一郎所生，過房侄即下温一派是也。梅宗在溪南里倒坑畲住，今老厝尚在。梅宗生三男，一在永定本縣住，一在廣東韶州英德縣住，一在惠州興寧縣住。梅嵩在上杭溪南里古鎮坪住，今子孫昌盛。梅佐入永定豐里奥杳村住，今子孫衆多。

梅安入漳州南靖新安里住，支分清寧里，南勝發花村住。南勝後屬平和。勝奎按舊譜云，梅安生陳黑，字烏弟，詳查譜中並無黑公派下。奎按東槐舊譜皆云，梅安系小蘆溪開基始祖，今閲古洋抄來舊譜，皆乃知東槐舊譜之誤，亟爲正之。

庶母所出餘支

念一郎，入漳州平和縣新安里山埔住。子秉玉，輩系是梅山公。

念二郎，入廣東饒平縣戀州郡神田心大埔頭住。過房子温，一譜戴海陽縣。

念三郎，字表邦，入漳州龍溪縣梅溪住。

四九郎，字文淑，入漳州南靖縣歸德里吴田住。

三六郎，字文質，入平和縣南勝發花上寨住。

詩盧，入廣東河源縣麻坡住。

舊譜所載，皆前朝時事。云上杭縣者，永定縣未開故也。自大明成化十六年庚子始開永定，所割地方，首溪南里，次金豐里，次太平里，次勝運里，皆屬永定縣。奎按，此上數世祖考妣生卒年月日時及墳墓坐向，世遠難稽，不能詳記，特因古洋舊譜删東槐各房，舊譜删其繁亂，詳其次序，别爲附載於後，庶曉然可覩焉。

古洋開基派下世次譜

第一世，公諱鄧四九郎，仲七郎公長子也。自寧化移上杭縣陳東坑住，後屬永定。配妣曾氏小二娘，或云巫氏，謚遺愛。生五子。長文秀，次文滿，三文浩，四文質，五文彬。公葬在松林崗陳東坑鄉，衆姓尊爲開山地主公王。祖妣二娘隨長子文秀公移龍巖州太平里高陂黄田莊住，卒葬在叚畲牛扼嶺堆前，没泥蛇形，在黄田地方内坐南向北。

（陳騰奎纂修《[福建平和]蘆溪陳氏族譜》　清嘉慶首修稿本　1954 年增補鈔本）

漳州天寶埔里陳氏上世淵源

一世實　　二世紀　　三世群　　四世泰

五世准　　六世訢　　七世覶　　八世慶之

九世霸漢　　十世果仁　　十一世克耕　　十二世政

十三世元光　　十四世珦　　十五世酆　　十六世詠

十七世章甫　　十八世嶽　　民十九世羽　　二十世夷行

二十一世陶　　二十二世重　　二十三世雲　　二十四世希亮

二十五世恪　　二十六世舜俞　　二十七世禹議　　二十八世湯徵

二十九世景雍、景備、景肅、景俊、景修

三十世思憲，景雍子。

三十一世起彦

三十二世泰瑞

三十三世顯祖，居歸德里草阪。耀祖，居寶豐。勝祖，居天寶。

天寶埔里開基一世萬珠，字在明，鄉飲大賓。明永樂初從霞南步至天寶擇地於三臺之前，爰買林家之地一所卜宅辟居於斯。生於明洪武丙寅年二月初二辰時,卒於成化九年癸巳三月十五日子時。

萬珠之上世系:

克私　明錫　海壽　君用

子成　泰典　概　宗　景肅　湯徵。

克私爲湯徵第九世孫。勝祖爲湯徵第五世孫。

(《[漳州天寶]埔裏陳氏族譜》 1926 年稿本)

詔安白葉陳氏淵源略

十世祖考宗武公,妣何氏。公諱宗武,文讓公長子。與妣何氏合葬白葉背頭馬路山燕子邦樑穴。

十二世祖考永康公,妣李氏。公諱永康,德成公長子。與妣李氏合葬山下館前大樹下,穴坐向不詳。公子男二人,長元亨公,次元貞公,稱徙白葉,自溪南算起,九世起萃公爲始祖。

起萃住二都白葉下城,妣田氏,同葬南康。

起渭溪南祖。

思憲葬南康,朝議大夫。夫人吴氏分派溪南。

起莘,徙居白葉下城開基。

(陳茂等纂修《[福建詔安]二都白葉陳氏族譜》 清嘉慶稿本)

(二)林　氏

長樂林氏淵源

長樂始祖諱慎思,號仲蒙。兄弟五人,俱中唐進士,時稱五桂聯芳。慎思公爲長樂邑發科之首,士爲水部郎中,出知萬年縣。時黄巢之亂,迫公以僞禄,不受,駡賊至死。昭宗手詔褒其門曰:"忠貞貫日月,義節凛冰霜。"子四人,徽、蕘、徵、遁。世胄支派蕃衍。裔孫元振、元載,兄弟卜居:元振遷嶼頭,四世孫安上。士安,爲龍圖閣學士,上疏極陳汪伯彦、黄潛善之奸,載《宋史》。元載遷沙堤,四世孫邑,士宋,官至少卿,食邑三百户。孫鎧與文祥同科,官至太府寺簿。

(《[漳浦浯江]烏石林氏族譜》 民国稿本)

東山康美林氏寧化文德七郎世系

元末遭贛州蔡九五之屠殺,人丁四散,寧化迪公的兒子七郎,遷居王乾赤嶺,又遷居南澳雲蓋寺。祖媽張氏,又因避亂攜子皆二叔德和公來到五都康美,掘井三尺而得泉,遂在這里定居,稱爲井仔媽。引三大房,德宜公居樓内,德和公居中甲,德慶公居尾甲。兄弟叔侄,生息衍聚,而傳下今日子孫繁榮,世代昌盛的康美村。

(《[福建东山]康美林氏族谱》 1990 年稿本)

東山康美林氏寧化文德支系略

二十六世迪公，生文德，字榮清，爲福清之進士，任寧化知縣，隱居於寧化石壁溪。

（《[福建東山]康美林氏族譜》 1991年二修稿本）

林巽公渡臺派下世系

來臺祖林巽公諱顔，生於康熙戊戌年，卒於乾隆壬寅年，享壽六十五歲。第二代林套公諱樸直，生於乾隆乙丑年，卒於嘉慶壬申年，享壽六十八歲。男奉祀厚樸、敦禮兩位公神主稱爲唐山祖。在公廳奉祀神主臺始祖諱先，號厚樸，林公字樣。又有奉祀林苗公生於康熙丙申年，卒於乾隆二十年享年七十六歲。又有林公諱德意，生於乾隆庚午年，卒於乾隆丙申年，享壽二十七歲。唐山祖厚樸及敦、禮兩公無年可考，不得不稱爲唐山祖。厚樸、敦禮這種名屬諱號並不是字名，在祖籍地族譜難查出其名，何世之人不知，只用猜測。祖籍地族譜整理到十二或十三世以下無續修，在十二世上錦公生下九子，長祝，次假，三拱，四飽，五教，六閑，七慈。按公廳神主苗行四，先行二，上錦之九子中無巽，很難判定是上錦公派下，務求證實。暫時由來臺祖林巽公一世下放，以後賢明俊士可查正確資料時修改大全。

（《[臺灣]林巽公徙臺派下族譜》 1990年臺灣鉛印本）

龍海浯江林氏世次分居略

西埔開基始祖世系。

一世瓊宗，生四子。長天有，胡元間避亂徙居太江亭，移居烏頭爲始祖，生子五，原德、原嘉、原山、原福、原仁。次子天用，胡元間避亂徙居溪頭，移居路下，生七子。三子天福，胡元間避亂徙居阪尾，爲招討使，官名伯用。四子天禄，胡元間避亂徙居烏石，公字安，爲浯江始祖。

（林惠政編纂《[福建龍海]浯江林氏族譜》 1996年稿本）

南靖金山新村林氏汀州文德九郎派系淵源敘

六世志舉公，廣明公次子，生卒不詳。墳在半徑路下坑學仔後圳上。妣氏未考，原居板寮。子二，長文厚，次尾，遷居廣東。

五世廣明公，大遜公子，乃遷居新村半徑開基始祖。按舊譜志，載有公在緣嶺時，上失怙恃，下乏弟兄，自憐孤子，立志遷移。約明憲宗成化庚寅年左右，公帶一尊觀音佛祖、功曹師爺和一隻雄雞，臨行之際叩祝曰，若苟駐足之地，願乞雞鳴三唱以示之。行過新村，雞鳴至，再到半徑時果三唱矣，公就住足居焉，遂爲遷居新村半徑開基始祖。

粵自堅公賜姓長林，禄公開閩之始，六龍繼起於前，九牧聲稱於後，福泉莆汀萃處，分居有難更卜數者。迨文德公之子九郎公，自石壁溪來永福梨仔坪，傳子四十二郎公，而生正玉公，遷居緣嶺頭詹肥豬樹下，傳子尚青公，孫景育公，世居之，遂爲松崠始祖。景育生惟厚。惟厚生大遜。至大遜傳子廣明公，始遷半徑益龍崠，拮据經營，成家聚族。數傳而後，因此爲祠以祀之。至丙子年修整祠堂，又祀其父大遜公，蓋亦體其報親之志云。子孫分半徑新村，歲時薦馨，各有成俗。伯叔兄弟，相見亦曾有時，且生齒漸繁，支派日盛，有非記憶所能盡者。於是十二世孫温石公、漢鳴公，既補博士弟子員，同十三世孫紹旦公作譜以志之。自尚青公至今十有餘代，載在譜系，世代宗支亦瞭如指掌，而無煩復有顧慮矣。本年因奉例禁民間族譜，最宜簡切詳明，不可鋪張過高，有所干犯，各宜徹底釐清。而家族長叔元英兄盛泉，復各商事幹餘用，將舊譜遵例釐清，依次考核，重加詳慎。一部之序文名字必詳也，合者因之，犯者去之；一人之始末死生必謹也，信者詳之，疑者闕之；即昭穆明，而支派辨，一脈也不混。其相承數代也，得明其自出，謂記載有不盡詳，而前人即注明白，謂見聞有所不及，而舊譜則搜討無遺。況余也自慚村野，有愧能文，欲文飾而無從，特闕略之。不敢謂窮源溯本，據事直書，貴乎質言之當者。雖示易求其合，而余則可謂悉心於是焉矣。庶幾哉，上之有以體國朝例禁之文，中有以序祖父宗支之脈，下之有以申孫子窮溯之情。繼此而續脩之，而一族之世系宗支，蓋雖傳之永久亦有所考據，而不至遺忘也已。用搦筆而序之如此云。

乾隆四十六年仲冬月，十三世孫鐘靈志。

（《［福建南靖］金山新村半徑林氏族譜》 1989年續修稿本）

南靖麟埜林氏源流序

第三十九世九郎公，文德公九子，先居寧化石壁溪，至元仁宗二年，贛州賊蔡九五剿殺寧化，居人奔散，公攜三子同族人來龍巖永福里梨仔坪山頂暫住，後又徙適中社象山。至明初分處，近今緣仔曾孫祖達、尚清二公立中祠奉祀肇基公九郎公。配氏生三子。長三十五郎公。次四十二郎，字大興，配劉氏，一作羅氏，仍居象山，墳墓神主俱在象山，生二子。長八十八郎，諱正玉，爲上坪始祖，配賴氏，子三，長九十郎，次九十一郎住東墘，三開基下賴山賴成濟家，今林賴旺户。正玉公於明永樂由象山緣嶺東甲嶺頭詹肥豬樹脚，與長男吴親家一處住，後次男上坪賴氏十八娘輪流供養，公媽卒葬皆在東山焉。

次八十九郎，金山侖仔祖，四十二郎次子。九十郎尚青，正玉公長子，配緣嶺吴氏，子四。長出宰無傳。次遺芳後分爲赤嶺林。三倫公進贅上塽陳氏，後分爲圭洋壟頭林。四景育。住松墘公媽二墳相連會在南墩埔坪侖頂，坐南向北。

九十一郎常青，正玉公次子，子四。長宗孝無考，次宗友住東山龍埔，三宗榮住東山東墘，四宗華。

九十二郎正玉公三子，後爲林賴旺户。三滿一郎公，九郎公三子，分江西吉安水南居住，明時有十八學士相見，亦江西之名族也。

四十世三十五郎公，謚元德，九郎公長子，元順帝時同二三弟來象山共建房屋居住，墳葬象山。至洪武十七年遷葬後田坑。配謝氏，謚懿惠，四十姐。子三。長二十九郎公，字啓夫。次五十一郎公，後徙廣東南雄府始興縣，乾隆戊辰翰林明倫是其派下裔孫。

三五十二郎季甫，配鄭氏，永樂年間來緣嶺山庵邊開基，卒葬大洋尾。生二子，長祖達，次柏森。

四十一世二十九郎啓夫公，三十五郎公長子，仍居住象山。明洪武二年葬在象山連厝隔口洋路邊。配生二子。長有岱，傳十餘世失祀。次長清公喬遷和溪麟埜社開基。始祖長清公，系象山啓夫祖之子。

（《［福建南靖］麟埜林氏十世華彬系譜》 1949年三修稿本）

寧化林文德七郎系開基漳州及詔安簡譜

三十七世文德，寧化知縣。

三十八世七郎。三十九世觀象。四十世紹武、紹文。

紹文子四十一世開基漳州象頭廟。

紹武長子維善，開基漳州蓮池石倉。次子維福，廣東提舉，開詔安始祖。

維福生三子。長解元無嗣。次解元生三子，長九朝奉未冠而逝，次十解元，子仲安，十一朝奉，進義將軍。三七官人，後裔失詳。

仲安，十一朝奉，廣東提舉。子二。長南生，官校尉，詔安五常祖。次整林，林厝祖。

維福十一世孫，詔安五常林氏十二世溝仔公，居大埕社，開派臺灣東山。

（林永茂編纂《[福建詔安]林氏開詔族譜五常衍派世系》 1984 年稿本）

平和林氏伯川系寧化譜系略敘

謹按林氏之先，始自寧化石壁移居漳浦。祖母劉氏，翁夫早故，寡守三男。長霖，次蕃生，三尾。自漳浦同二小叔負翁夫二骸塋埋礬山。次叔往饒平縣石壁居住。尾叔本鄉田地居住。劉氏霜守三男，住居龍峯，由三房派衍，正居頗盛。七世孫月川謹訂宗盟，長房子孫以霖爲開基始祖，又追始祖所自出，以劉氏爲始祖之母，與父礬公俱立爲百世不遷之廟，由此而昭世。

（林和尚鈔録《[福建平和]林氏伯川系族譜》 清光緒三十一年稿本）

平和龍頭林氏源流世系敘略

林氏之先，出自黄帝，高辛氏後。黄帝乃有熊國君少典之子，姓公孫，名軒轅，爲一世。傳三十四世，至周賜姓林堅。殷少師比干諫紂而死，妻氏有孕三月，逃於長林石室中，而生男名泉。周武王伐紂，將泉賜姓林名堅，此周武王十四年庚辰之事，爲林姓一世祖，食采博陵。由河南光州固始縣傳至禄公爲六十四世。禄公南遷任晉安太守，卒追封郡王，爲閩林始祖，葬惠安塗嶺九龍穴面，峯巒挺秀，氣象堂皇，閩林發祥，實兆斯域。再傳而南平之開國侯繼焉，後厥稱冠族，稱昌宗，唐有九牧之譽，雙闕之榮，忠孝名家，簪纓世胄，所謂福建無林不開榜，潛德流芳，其綿且遠，文德武功，忠貞孝友，名垂竹帛，指不勝屈。

自禄公晉明帝太寧三年乙酉入閩傳至宋末，十九世和義公，字虞，入漳浦，生一子大用。廿世大用公，生七子，時元季之亂，七子分散各處聚族。長房子亨公居苦竹。次子貴公守路下。三子賢公居七都。四子慕公居平和縣埔坪。五子華公分居廣東饒平縣，子孫居南靖縣車田，攀龍。六子齊公居平和縣後巷。七子淵公居漳浦下尾。

我祖廿一世子慕公，生二子，長伯元公在埔坪開族。次伯川公配彭氏生三子，長日隆，次日與，三佛生。彭氏卒於漳浦，繼娶楊氏生二子，長宗泰，次宗紹，二子居楊柏寨。

日隆公乃伯川之長子，配劉氏，生三男，長霖，次蕃生三男。劉氏媽不幸翁夫具故於一四四六年，思子叔具幼，兵賊之亂，歲無寧日，想遷高山僻野安居，將翁夫二骸同二小叔、三男逃往平和礬石山第三峯下，築廬一座，墾荒務農，延至明景泰二年大治民安。

劉氏媽精通地理風水，心慕平洋廣土，免得朝夕崎嶇往返之勞，將翁夫二骸合葬於礬础第三峯下金山金螺穴，前左旗右鼓，獅象把水口，葬後去廬別土，攜三男同二叔，下山至壺祠宅居山下。但山勢飛走，水流未聚，只留三叔居於此，即同二小叔從水而下，至馬堂地形覆鼎金，非住兩木之地，因往龍峯，故營居於此。

仰觀龍頭，龍勢騰躍，處處生節，節節生枝，蜂腰鶴膝，開屏列嶂，知爲億兆聚族之藪。

龍頭源於雜姓居之。拓建振峯廟，龍發大芹，廟會長庚，前兩宜，朝貴峯，氣度非凡，是明朝名勝文物古蹟。奉祀元帥謝公，開漳聖王陳公，林氏始祖禄位。滄桑幾更，歷久彌盛，毁於廿十世紀六十年代。吾族數萬之衆，追念始祖建基功勞，虔誠集資，獻藝投工，依舊基，憶原貌，於一九九〇年斯廟重建落成。廟有特記：奉神四十八尊，廟柱四十八枝，上廟嶺有七坎。劉氏媽擇鯉魚抱梭主穴，建基立業，子孫昌盛，使鯉魚地形，建立龍頭城，城有特記：東西南北四大門，環城外周九口塘，九口古井九個坑。

劉氏媽生前遺言，她壽終後葬於家門前鯉魚抱梭主穴，坐西前朝礬山夫翁墓，以示深情懷念之意。墓形獨特，建成圓形墩，半徑四米，周高三十釐米，頂爲拋物面，全用小圓石砌築，周邊高的一個五色金星石爲牌。

一世祖林氏宗嗣建於城中，前爲四子嗣堂，同坐東向西。二房子嗣堂建於黄蜂出巢，設計有九十九個窗門。

平和龍頭林氏世系傳圖

一世禄　二世景　三世緩　四世格　五世清之　六世遂之　七世逼民

八世玉珍　九世元周　十世茂　十一世孝寶　十二世文濟　十三世國都

十四世玄泰　十五世萬寵　十六世昌　十七世萍　十八世延玉　十九世和義

二十世大用　廿一世子慕

（《[福建平和]龍頭林氏宗譜》 1991 年稿本）

浯江林氏淵源

今之居邑里而未睹寰宇之大全，拘咫尺而不通大方之達觀者，往往哆口世家而忽單門，疏遏戚屬而附遥胄。不知姓同而族，安得大分别特。其地有遠近，時有榮枯，服有隆殺。有甚至卑微遼邈，覿面而摩肩，不辨其同源，此與路人何異。强附之者惑，疏忽之者恝。自非特達亢宗，博搜逖訪，疇能匯會分合而不迷厥初乎！

蓋姓始爲祖，祖之苗裔爲族。許由曰，祖者，組也。祖組而苗裔繩繩，實繁且衍，安得不爲族。族者，萃也。萃無不分，故受之以涣，涣則支派四出，而其源則一。爲海，爲河，爲溪，爲澗，爲沼，爲沚，靡不發源於昆侖。而岷山，嶓塚，積石，桐柏，分族殊而流源一也。天者，物之祖。盤古者，人之祖。蠹蠢動植者，天以下之族。林總哲蚩者，盤古以下之族。居方氏，其盤古别子乎？庖犧氏，其繼别之宗乎？軒轅以後，得姓孔繁，於宗則稱繼禰也，況一姓而秦越之，可乎？然則吾林之譜，繼自長林，而比干之子堅爲别子，閩之林爲繼别，其在三山與漳浦，皆爲稱彌也。

夫閩壤，一彈丸耳。三山、漳浦固吾林之桑梓，而沙堤、東瀚、浯江則其枌榆社，而樂邑之沙堤，又東瀚、浯江之新豐也。余垂髫遊鄉校，即習知林德公子之林安，而知其爲沙堤派，與吾之城門也無以異。已而領鄉薦，過玉融，謁東瀚家廟，而又何異於城門也者。余因是而竊有感也，今余尚屈守一室，而未達觀四方，得從縉紳後，以稽考所爲世系支派，則安知漳浦之簪纓絡繹，與三山之縹緲競美乎？又何知浯江與吾城門並出沙堤乎？今欲合併而會譜，則勢有所不能，姑各仍其所在之譜，則恐其散而無統，久而忘其條貫，並忘其同源，心竊悲之。陶元亮有云，同源分派，人易世疏。感彼行路，眷然踟躕。噫！吾林族譜出而無合譜以綴之，其不爲行路者，無幾矣。

余是以有感，而爰述其略，以廁浯江之譜端，俟後之尊祖敬宗而修譜者，知其所生焉。則水源木本，三山、漳浦耦俱無遺。由此而婺徽，而天下，其爲長林後世者，皆得縱觀而類識之，以成一大族。是余之幸也夫！是余之幸也夫！

萬曆辛亥三十九年春福建甲辰賜進士青海文熊寓長橋序。

重修族譜弁言

浦之侈望族者，必推吾家，以吾家衣冠文物，子姓繁衍，實甲梁浦也。上世以來，淵源遼邈，支派枝分，播遷開基之統，先人敘之詳矣。

我浯江一宗，則自宋末安公徙居於此。迄今三百餘年，凡四易代，而科甲之興，群英儕起。其在嘉靖間，一時禮樂彬雅，家敦弦誦，人務本業。淳龐懿茂之風，雖分門別户，而家長之教罔敢或紊，唯諾步趨惟謹。故其時，祭祀有典，宗廟有規，六禮有訓，男女有制，雅謡有禁。凡所以培根本，衍福澤者，詳且至矣。嗣是以降，子姓愈滋，心術各别，老成凋謝，少年淩越，傷古道之不存，悲江河之日下。此雖盛衰消長之理所宜然，亦族類侈泰，風運轉移所必至也。

萃祉生晚，不及見諸先輩提命之益，禮讓之盛。登科以來，獲遊長樂、福清、東瀚、沙堤之間，歷稽祖蹟，世系支派明若指掌。乃知木本水源，其初一人之身也。一人之身今而至千萬人，則修譜之事不可久廢也。愧萃祉賦性駑劣，不能有所建立，以光家聲。惟是遵規守轍，恪凜先生、長者之教。一經課子，罔敢蕩越。至天啓、崇禎以來，子姓蔑訓，不可言矣。父兄樂居長厚之名，子弟遂成習慣之弊。分門樹黨，邪淫奸詭，寧復念祖宗三百餘年培植之德，諸縉紳繼述光大之烈哉！

祉十上公車不售，勉受一命，以榮椿萱。甫給假歸里，焚黄未幾，滄桑變起，伏代忽更矣。杜門謝客，惴惴懼禍，漫度居諸，未嘗足履公庭。今冬陽月，子衿允謨以讀禮之暇，偕振棉弟有志譜，叩扉晤談，意甚諄切。方此干戈靡定之日，或隱逸鳴高，入山逃名；或棲泊他鄉，就寓作祖。夫族大則繁，代列則散，勢所可憂，允謨獨以此事惓惓，洵祖宗之福澤，亦吾族之利賴也。又慮纂修工役繁重，力不及支，只詳本宗以來，某支之老幼、婦女一一登載，使家各録一册，以防散逸之憂，意深慮遠，是誠可嘉。

祉縱駑劣，不敢辭數言以志年月，以俟後之子姓繼起者，整肅家規，合東瀚、長樂而集譜之大成，重光九牧，以誇示海内，寧止侈浦之一邑哉！則祉之寥寥數言，亦諸縉紳薪傳之脈也。

時清順治六年已丑冬十三世孫刑部主事承德郎萃祉謹序。

漳浦烏石林氏開基祖禄公傳世系傳

禄　景　綏　格　靖之　遂之　循民　玉器　聲　哲　智通

仲濟　善　璟　尃　升　慎思徽　休業　仁矩　元振　禮孫

誥　代言　安上　碩曼　璪　安，入閩第二十八世，居漳浦之祖。

（《[漳浦浯江]烏石林氏族譜》　民国稿本）

詔安南陂林氏寧化石壁譜系敘

乙亥正月初八日大吉，安葬於營崗側吉穴，坐巽向乾，兼辰戌分金。時修碑記，昭示來玆，以垂永遠云。

時乾隆弍拾年律應乙亥正月，拾叁世孫心諾吉立。

溯我饒北林氏始祖三十郎公，號古峯公，輩序原興之父文康，開自元朝，生長閩汀寧化石壁社，由明經士潮州府程鄉縣教諭。因任滿回，聞伶變幹誅，舉鄉皆竄，遂擇霞漳詔邑溪東鄉開基立業。生四子，古峯公乃次子也。迨文康公捐館，卜葬五里畲林盧雙灌大松樹下，地近溪唇，木主祀龕，而後遂有創志，因服兄乾泰公遷居饒西石壁，即與三弟同詣饒北楓頭上寨山下鄉築室而居。時未有置縣，及大明十四年建城，始有饒平之縣。四弟原隆公，行四十三，妣楊氏二娘，擇詔邑二都南陂而創業。長兄世守溪東廬墓，孰意三弟在饒聚處二載，復遷二都南陂，與四弟原隆同處，僅在年餘，三弟又旋溪東與長兄居焉。夫二都南陂，其初名大塘尾，原隆公思漳、潮隔屬，恐年久代易，知忘同根之親，乃就二兄長孫均禄公進贅南陂陳氏。陳公無男，屋業遺婿管居。古峯公同孫均禄公，又創居南陂，輒將大塘尾遂改名爲南陂，以永示根原同者，鄉名亦同，令世世子孫知一本之誼。則二都南陂因饒南陂而名也。今溪東祖居大三房，二都南陂乃系四房，我饒南陂則系二房也。古峯考妣，前因世亂，族譜失落，木主遺失，生辰諱日因酌孟春仲秋正月初八日、八月初八日致祭，小伸報本追遠之忱。産下長男五十二郎，輩序來昭公，妣邱氏，子孫住楓頭。南陂次男住楓頭上寨。三男子孫住楓頭東山埔。迨後各房皆有分創他鄉，如西陂嶺輩溪、浮山、海山、潮城、府内、南陽仔、綿湖寨、金鉤墟、溪東、南陂，皆饒南陂之分創也。余鳳凰下角鄉，則楓頭上寨子孫之分創也。余篷州所梅州隮隍等處，則東山埔之遷創也。如德林鄉則公偏室蔡氏姐之所生也。縱吾鄉散越，而期屆清明祭掃三十郎公，楓頭鄉又檬樹林墓妣廖氏。四十三郎，謚定睭，葬烏洋鄉左蝦山，公塋衆房畢至，雖人聚會稀不盡熟識，但問輩序何字，即知爲某叔爲兄也。是弟是侄，昭穆分明，其輩序之詩記於左。

詔安南陂林氏里班本末

興寰之父，名日强，號靜風者，天啓元年，時壽已八十四矣。其父松峯爲城長，老成練達，言吾宗前屬羅阿三排下，繼又屬謝廣淵爲里長。嘉靖三十三年告張元明占本户，甲首李周興案在可據。後册里長，改作林士。數十年後又册里長，名改作林標。户内老侄汝樌又言，本户初來立爲里長，名林普養，因賊役不堪，乃推於羅甲當一班，又推於謝甲當一班，約二十年間，本户丁稍旺即收爲里長，汝樌兄弟爭甲首，李周興時經與其事云。又通鄉共傳，吾社中人，俱是寧化石壁村人，元來避亂來此開基，用祀香火，神明皆用一樣禮物，時到福州科舉，遇有寧化石壁朋友，問石壁有林家巨族在焉，意欲查族譜或得其詳云。

（林景山編纂《[福建詔安]霞葛南陂林氏以來一脈族譜》 1925 年九修稿本）

（三）黄　氏

華安良村黄氏淵源

嘉靖壬辰明賜進士第出身，文林郎，通家侍教，生曾汝檀銘，續修家譜序。吾家族譜於悔齊公，而宋直學士開國伯李大同爲其撰敘。歷唐宋元我明，五百有餘歲矣。至十七世祖學科公，於元戊寅年擇遷磜頭，刱始經營，二百五十一年。按萬松繇先至閩，越漳次長春，觀望相攸卜吉，爰居猶載詩書以遺子孫。一傳悔齊公、侃齊公、立大公、學彦公，而三代同爨，經學繼世，發粟賑貸，繇是孝廉忠義俱萃一門。至天子疊璽旌嘉亦賞，竊附諸名族者矣。數傳而時潛孫景良，時仰孫景融，時昭曾孫夢松、夢檜，俱於宋紹興間家遷汀州北園鄉。又數發備紹子祥興遷漳浦，備萬、備善、備望三公始分爲三房。而備善之子敬宗、敬昂遷江西石盤陂，備望之孫遷漳浦。我備萬公克守兹土，大明兵革之際，臚列鼎虗。越五世學顔之孫秉隆、士通居鸊鵜挑源。再世學恭公，時遷蕉塔。我祖學科公，家遷磜頭，皆備萬公之裔也。子孫星處，更逢兵火，譜書遺而殘缺者十常八九，存而可據者百無二三。

（《［福建華安］龍溪良村黄氏族譜》　清宣統稿本）

南靖禄斗黄氏汀杭淵源敘録

成德年間其化公子孫分徙於揭揚石坑、惠州、長樂等處。今江西贛州、興國、瑞金、，雩都、邱山、賴村及葛籐凹樹下，多是城公遺下，而他謂伯僚二公，俱爲化公之子。

永公或曰坊公，字應龍，號惟粉。娶翁氏，或爲夏氏。居邵武建寧縣永城堡毛坊，或云延平府黄板村，乃鄭夫人所生五子。

延公或爲湘公，字應亮，號惟植。娶馬氏。居延平府延塘口，或曰柑頭村，又曰西頭。

應達，號惟根。娶陳氏，或爲潘氏。居延平府將樂縣黄潭都，又曰居江西梨川鎮梨川，今改爲新城縣，乃鄭夫人所生三子。

橙公，字應程，號惟杭。娶翁氏，或曰張氏。居延平府南平縣黄橙口，或曰黄巖興前洋，又曰黄層口，乃鄭夫人所生七子。化公，寧公之子，娶吴氏、田氏，共生九子。長曰久昌，次曰久隆，三曰久茂，四曰久盛，五曰久美，六曰久善，七曰久安，八曰久康，九曰久興。子孫遷居汀漳惠潮等處。

一久昌公，傳居翁，原居永定縣金豐里莒溪，後遷於漳州府平和縣大坪村。

二久隆公，傳德欽，遷居於漳州府漳浦縣銅山所。

三久茂公，娶葉氏，傳奉公。居址未詳。

四久盛公，娶萬氏，傳帝明，將田業盡交久華之子童成等掌管，應當三圖大溪户役，餘俱未詳。

五久美公，事蹟未詳。

六久善公，又名道公，乃吴媽所生。娶曾氏，生五子。長文公，次武公，三聰公，四明公，五忠公。文公事詳記於下，餘四公未詳。

七久安公，又名寔。生二子，長元達，居於祖貫。次元吉，居漳州府平和縣之琯溪，襲封萬户侯。娶何氏，生八子。長曰大使，居琯溪。次曰二使，居客寮。三曰三使，居平和縣霞寨。四曰四使，居漳浦縣高山。五曰五使，居南靖縣湖山。六曰六使，居霞阪。七曰七使，居霞苑。八曰八使，居舊縣。

八久康公，娶余氏，生二子。長路成，次路養，住豐田里，今汀州府永定界管，當上杭縣户役。路養娶陳氏，遷居龍巖縣，今爲龍巖州坊長陳章孔名下爲里甲。

九久興，公居於漳州府南靖縣南阪。

文公，久善公長子，名膺，娶賴氏，生省察公，或爲省祭，兄弟五人，餘四人事未詳。

省察公，文公之子，娶張氏。生四子。長號十七郎。次號十八郎，事蹟未詳。三號十九郎。四號二十郎事蹟俱未詳。

十七郎公，省察公長子，娶鄭氏。生三子。長號十一郎事蹟未詳。次號十二郎公，閱古譜，公自汀州府寧化縣石壁村來肇基於漳平縣永福里施望鄉，厥後孫支分居吾族禄斗及員砂、吕坊、新佘公畬、旋尾等處。

三號十三郎公，從永定往南傳均字輩

陸盛，移居漳州府南靖縣上阪客寮。

均廣，居漳州府平和縣平面。

均政，娶陳氏，生子曰士金。居汀州永定縣金豐里。

均敬，名恭，居漳州府漳浦縣。

均泰，名亨，居漳州府浦西。

均實，居漳州府北溪渡頭。

均助，居漳州府漳浦縣東門西頭。

均城，居漳州府海澄南山，移於槐浦。

均輔，居漳州府南靖縣。

均遂，居龍巖州。

均安，居漳州府漳浦縣佛潭橋西墘。

均顯，居漳州府福河，移埭下倉石尾霞國。

均惠，居址未詳。

均信，居漳州府石尾，移於澄内。

均盛，居漳州府長泰縣。

均度，居漳州府霞國，移於内溪福河又移蔡埭。

均福，居漳州府龍溪縣澳頭下尾。

均禄，居漳州府海澄縣東厝倉浦仔，一云地名横内。

十二郎公，乃十七郎公次子，峭公七世孫。祖貫汀州府寧化縣石壁村，徙居於漳平縣永福里施望鄉。娶魏氏，生三十郎公。舊譜記始於汀州黄天瑞，不知在汀何邑而來，亦不知出自何祖。又有云自汀州上杭縣安鄉傳來。

（黄堂編纂《[福建南靖]和溪禄斗黄氏族譜》　清乾隆五十八年二修稿本）

南靖田寮坑黄氏世系

士簡公三子均任公，妻汪氏，居奥杳浮山。生二子，長士彰，次士端。

四子均廣公，流居辛陽縣，及後移居坎頭坪建基傳後。

五子均仲公，娶江氏、蔡氏、蘇氏。生九子。自象牙移居上杭石碑前，後又遷永定縣金豐大溪黄屋窠，後住北山。

六子均政公，自象牙移居金豐，因亂兄弟議居豐田龍掘井坑住居。

五十三世祖均任公，字英甫，謚念三郎，居奥杳村浮山建業。娶汪氏爲妻，生二子，長士彰，次士端。均任公葬在湖坑，張公開傘形。妣汪氏，葬在赤珠隔。長子士彰公，居奥村八甲根竹房開居，建立祠堂。次子士端公，娶翁氏爲妻。

五十四世祖士端公，娶翁氏，居奥杳浮山建基立業，生子名貴希。士端公妣翁氏，合葬在湖洋坑天子地上穴，坐乙向辛。

五十五世祖貴希公，娶李氏爲妻，生子佰三郎。

貴希公妣李氏，原葬在奥杳村墳墓失落，不知何方。

一世祖伯三郎公，移居南靖永豐里三團社梅林總上版寮田寮坑建基立業，始造祠堂。妻巫小十娘。生子千七郎。伯三郎公妣巫小十娘合葬在五經寮，秦武踏龜人形，坐辛向乙。

二世祖千七郎公，妻李小六娘，生四子，萬二、萬三、萬四、萬五。千七郎公葬在天平寨門前茶樹墩，坐卯向酉。

長子萬二郎，妻汪氏二娘，居田寮坑房。次子萬三郎公，移居平和縣大坪，人丁萬餘。三子萬四郎公，妻賴四娘，分居坑頭，生子名孟九郎。四子萬五郎，移居不知何方。

三世祖萬四郎公，娶賴四娘爲妻，分居坑頭開基，建立祠堂，生一子名孟九郎。萬四公葬在羊崗湖，坐午向子。賴四娘葬在湖洋坑畬仔，坐申向寅，迨至康熙三十九年庚辰十一月二十六日未時復更葬。

（《[福建南靖]書洋上版寮田寮坑黄氏族譜》 清光緒稿本）

平和安厚黄氏南二系淵源略

始祖南二公黄公，乃汀州府寧化縣石壁人也。值元末順帝至正年間，與始祖父遷來高坑小嶺等處居住。今小嶺黄，乃我祖南二公季弟之派也。兄弟相猶不曾同居，後適當明太祖高皇帝御極，建元洪武，公外避兵鋒，内遭鬩牆，南大留於金溪小嶺巖，南二公獨與一子宗德公居大徑，後南二公歿葬於南門塘面，婆葬於坪塘仔狹徑口塘面山上湖中。

南三公十一世孫海澄公，諱梧者，位至公爵，志切同胞，篤尊尊之愛，敦親親之誼。順治丁酉年復修，蓋仲季三房共爲里班黄庸敬户内名字，其分籍支派收回，俱登譜牒，以爲子孫後日之志古人事蹟，如日星之昭佈矣。迨至十一世孫賢，慕追本始，而昌後裔，仍因舊文輯爲成書，敬請眷侄拔京重修斯譜。

四十一世祖化公，住福建省寧化縣石壁村。祖妣梁氏，生下三子。公葬於木桃鄉烏鴉落洋，有石牌記。妣葬於石城坪尾，虎形，石結墓下，瓦屋兩棟。

始祖汀州寧化縣石壁村人，諱元興公，卒葬在西洋左角侖，坐亥向巳。

始祖妣張氏，葬在西洋田中，號烏鴉落洋形，坐酉向卯。生子英公。

二世祖諱央公，排行第九十八郎，生於宋理宗間，因兵荒移來南靖居住，後及元亡宋，復遷於高坑石盤西洋霄嶺等處。公生三子，孟曰南大，仲曰南二，季曰南三。

霄嶺獅鈴應元公系，南三公之子，南二公之侄。

時籍貫南靖里班，緣南大武斷鄉曲，南二公素行幾諫，頗與矛盾。由是南大逃去金溪小巖，罔知何由，插入里班陳光孔名下。南二公遷來大徑，而産業付季弟。南三公住居霄嶺，未知其詳，原先里班寄在李正春户内。而我祖南二公，因兄弟不睦，遷來平和縣新安里大徑住，娶妣氏，生一子，名宗德公。宗德公娶李氏，生三子，長曰剛，次曰敏，三曰躋，今爲我族三房之祖矣。

一世祖南二公，謚淳樸。公生於元順帝至正之末，與父住高坑石盤，時籍貫南靖里班，伏覩我大明方新之化，公亦與淳樸，爲聖世良民。娶妣氏生一男宗德。後父歿乃與兄南大移來大敬苦竹潭住。南大武斷鄉曲，因忤物論，公素行幾諫，亦頗以矛盾，是南大逃去金溪巖，而公亦遷坪塘孔田，繼遷大徑後塘，又遷於高坑墘新塘，乃創業於斯焉。

（黄國棟編纂《[福建平和]安厚大徑黄氏南二公系族譜》 清同治稿本）

平和霞苑黄氏淵源敘録

中一世祖考宋萬户侯黄公。

一世祖妣一品夫人何氏。

公諱元吉，父實安公，本自汀州上杭縣金豐里碗窯社，移居漳州府南勝縣清寧里公廳社而奠居焉。公當南宋，欽奉聖王開漳，振應揚文殊勳，掃妖氛於絶域。時有功業，高宗皇帝封爲漳州路萬户侯。娶夫人何氏。生子九位。曰大使，二使，三使，四使，五使，六使，七使，八使，九使。後嗣繁衍，因於霞苑而開基焉。公葬在琯溪烏橙埔後巷庵前河，坐甲向庚。有雲霄元孫季成，登乙丑科進士，陪祭勒碑爲記。何氏夫人謚貞懿，其爲人也，温恭莊重，懿行可風，誥授一品夫人，原葬在大路頂靈龜墩，因世亂被人混圍寨内毁無蹟，有下寨元孫登康熙壬戌科進士，京回較清改葬在霞苑大廟前左邊，坐卯向酉，修墩鑄石焉。

粤自有宋開基以來，營建家廟，歷數傳於兹矣。第世遠年深，不無頽毁，已非舊日之壯觀。同治癸亥年間鳩工修理，尚未完竣，越甲子秋突遭髮匪，概被殘，僅存遺址，將再爲營建而資費浩繁，並無公項可以措置，不幾成黍離之慨乎。因通知八房派下諸紳長，妥議章程，各爲佈。咸願設八主位，捐金重建，廟貌再興。祀典定，入中龕主一位，捐英銀陸拾圓，入邊龕主一位捐英銀叁拾圓。以後不得再入。惟裔下有中科甲者，豎旗持匾，定領銀廿四兩，並准入中龕主一位，永此定例。如斯則和氣常洽，祀事孔明，子子孫孫可以綿延於勿替也。爰將主位田股及所捐銀項彙集登載，以志不忘。

時在大清光緒壬辰年仲秋月望日序。

（《[福建平和]霞苑黄氏族譜》 1933 年稿本）

平和霄嶺黄氏南三系淵源略

元興太上世始祖考，娶妣張氏，生央公。元興公葬西洋左角侖，坐亥向巳。妣葬大頭坵樓洋中，名烏鴉下田邊。

上世始祖考諱央公，行居九十八。娶妣張氏，白花洋人，名五姐。生三子，長名南大，次名南二，三名南三。南大公住西洋舊址。南二公住大徑。南三公住霄嶺，即應元公是也。央公生於洪武戊午十一年正月十九日卯時，卒不知詳，葬在赤嶺田仔後，名曰蛇臍。妣生於洪武乙丑十八年十月初吉日午時，卒不知詳，葬在劉厝後穴，坐丙向壬。

（黄慶淞纂修《［福建平和］霄嶺黄氏南三應元家譜》 清光緒辛丑年二修鈔本）

漳浦詒安堡黄氏出源及趙氏皇族借姓黄氏事録

必夫公生四子。長均福，次均禄，三均壽，四均安。

五世祖考謚壽夫黄公，本社譜中公生二子，均安、均和。妣貞諒朱氏，分西墘移入湖西是也。

壽夫公生四子。長均瑞，次均盛，三均輔，四均忠。文忠存趙氏十七世祖。趙氏第五世移居積美鄉，仍冒我姓。於宏治元年，趙惠官配我黄女爲室，告同姓，各出譜以證趙氏，扣御旨令趙氏復姓。

（《［福建龍海］長洲黄氏族譜》 1946年稿本）

詔安焕塘黄氏淵源略

秀篆開基始祖太考號鎮秀黄九公府君，系均仲公第九子。均仲公妣蔡氏江氏生九子，自象牙遷居上杭石碑，前後遷永定金豐里大溪黄屋壩，後居北山，自北山徙居鐃平百嵩村，後徙居秀篆等處，葬在長龍上，坐南向北，形如仙人獻掌。

（《［福建詔安］秀篆焕塘黄氏族譜》 清咸豐稿本）

臺灣黄氏淵源族譜序

昔周公頌揚祖德，只溯後稷姜嫄，高辛以上無聞焉。孔子只説予殷人也，微子以上無聞焉。我黄氏出自江夏郡，或云顓頊曾孫陸終爲陸氏，其後受封於黄。或云伯益賜嬴姓，其後受封於黄。或聞一世高公居古嶽州，在商大戊時受封於黄。俱屬荒遠，夏殷至周文獻尚缺，況三四千年而求炎黄時人則鑿矣。惟有一説，十三世石公，佐周有功，賜姓爲黄，後因散亂復聚武昌江夏。又説黄國在江西弋陽縣，又説黄地在河南商城縣，又云黄縣在山東齊地，俱錯認他黄字爲江夏也。順以經傳爲憑，此是武王初有天下，《王制》篇云，大封同異姓千七百七十三國，石公封於黄地，國列漢陽諸姬之旁。春秋僖公三年，齊桓公會江人於陽穀是也，子孫因以國爲氏。傳至周赧王時，五十世歇公，爲楚考烈王相，改徙信州，即今廣信府上饒縣也。至六十七世諱志，始遷邵武鶴藪巢樹下。七十八世諱肅士，系晉侍御史，生子四。

一郎徙湖廣嘉平。二郎徙湖廣白沙。

四郎生一子諱峭奎，章閣大學士，少保，諱文烈。夫人三，吴、宫、鄭氏。生二十一子，八十三孫，遷徙天下考載詳後，止者不録。

立詩一首，流傳千古：

駿馬匆匆出異方，任從隨地立綱常。年深外境猶吾境，日久他鄉即故鄉。朝夕勿忘親命語，晨昏須薦祖宗香。惟願蒼天垂庇陰，三七男兒永熾昌。

以上黄氏系如一人，雖生數子，若非脈祖，俱不能盡録。

（《［臺灣］黄氏大族譜》 1982年臺灣鉛印本）

新竹竹北黄氏源流族譜序

嘗思木之有本，水之有源，猶人之有父母有先祖也。溯我開基始祖諱府君妣氏生下九子，我祖是第七子也。歷代住居漳州府詔安縣二都秀篆黄厝壜步高樓人氏，迨道光年間，祖昌公與沈氏太媽、吕氏媽挈眷渡臺，歷居竹北二堡内，前往五塊厝莊。思澤切宜誠心爰集祖譜，久遠而不忘耳，是爲序。

（《[臺灣]黄氏大族譜》 1982 年臺灣鉛印本）

（四）張　氏

南靖奎坑張氏上杭化孫系敘序

自賜姓命氏以來，我張氏乃黄帝第五子，名揮，造弦張綱，世守其職，因以爲姓。嗣是傳六十二代孝友公，七十三代留侯公，至於百有十五代曲江公，皆炳耀史册，照然可推，其傳遍於遐陬，而閩南尤盛。夫家閩之金砂者，則自我百三十有三世之化孫，字傳萬諱衍者。公始爲中憲大夫，居古寧石壁，後家於上杭，迄今西洋望之上，蓋有公墓云。夫以公而視之山，蓋鎮乎南之嶽而魏然者也。以公而視諸水，尤盛乎南之江而浩然者也。公固的然爲始成之人焉。其後本支蕃茂，井然可觀，然非有操筆而條列之，恐將泛而無統，後之人得毋撫此而範然慨乎。今以公爲後一世，傳下十八子，或居閩之福、漳、龍岩、汀、杭、寧化、武平、清流、南永，或居粵潮州、嘉應程鄉，鎮平大埔，或江左、江右等處。其居不一，其傳蕃盛不可枚舉。或有謂中丞公遷於古寧石壁張家，家營傳下子孫移漳浦、漳平，移南靖水西，移平和小溪，其一居本營。或曰中丞公亦即化孫公，蓋天下皆稱其官而不名焉。或又曰非也。兹亦不能詳考，但將我祖一脈源流略載於左，使後人知人之有祖，猶山之有嶺，水之有源也已。

時光緒丙申冬季之月，化孫公派二三郎公嗣孫，邑庠生子莊伯恭氏，書於仰山齋之西儿。

（張應元纂《[福建南靖]書洋奎坑張氏族譜》 清道光四年稿本　張新科鈔本）

南靖梅壟張氏源流

福建江西廣東三省流裔，各派裔流，原是金雞記李氏祖婆傳於天下，子孫族譜一樣。後寧化石壁復傳福建、江西、廣東三省。

吾祖上杭縣街尾官前祖屋開基一百三十三世祖化孫公，名衍，字傳萬，誥授中憲大夫，賜進士第。妣闕、陳、何氏恭人，生十八子，傳孫一百零六人。

（張南珍編纂《[福建南靖]梅壟貝嶺張氏族譜》 清光緒十一年稿本）

平和小溪張氏淵源敘

南宋一世祖化孫公，揚德公次子，諱衍，字傳萬，恩進士，授中憲大夫，恭人陳氏、闕氏。生十八子，第四子名祥雲，生於孝宗乙未年二月十二日未時，卒於度宗丁卯年五月廿九日申時，享年九十有三，葬上杭縣西洋鄉。

一世祖妣誥授太恭人陳氏，生於孝宗甲午年十二月初一日辰時，卒於理宗壬戌年三月十三日丑時，享年八十有九，葬爐豐將軍橋。

一世祖妣誥授太恭人闕氏，生於孝宗甲辰年十一月初十日寅時，卒於度宗辛未三月十三日午時，享年八十有八，與陳祖妣合葬。

化孫公十八子長次開列：

吉雲　慶雲　楨雲　祥雲　集雲　從雲　龍雲　福雲　自雲

錦雲　景雲　星雲　卿雲　帝雲　倬雲　彼雲　闕雲　定雲

二世祖祥雲公，化孫公四子，諱營，字廷瑞，號十八郎，鄉大賓。妣藍氏、賴氏，太孺人。生四子，騰光、騰千、騰輝、騰萬。

三世祖騰輝公，祥雲公三子，字仲元，號念六郎。祖妣廖氏、賴氏。生六子。長明上，次昭上，三晞上，四曜上，五暎上，六晶上。

四世祖晶上公，騰輝公六子，號廿八官。妣杜八娘，生五子。次小一郎號鐵崖。

初世紀　小溪祖宗北龍旋東卯乙進氣辰戌巽乾戊辰戌分金角宿三度。

鐵崖公，張氏之始祖也，諱字莫考，鐵崖其號，或謂牙能斷鐵故號鐵崖。始居汀之上杭金豐鄉粵杳村，宋末從兵來漳平寇。能識地理，遂居琯溪。隱德尚義，爲時所重。娶上杭池十九官之女，生子漢傑即二世光裕公也。嘉靖卅年往上杭查初世墳墓，見存金豐地方。按舊譜公之來歷未詳，但閱侍御公譜序所述，有經歷池祖海雲張氏二十官，與池氏始祖同自河南光州固始縣，後梁太祖時從王審知入閩居於汀。池氏四世十九官女適張氏廿八官次子鐵牙，則知二十官來自河南省，張氏汀州始祖也。廿八官者，鐵崖所自出也，侍御公有成説矣。又嘉靖五年十月蒙英國公張差舍人程翊，前往福建省漳州雲霄埔尾小溪黄崗等處地方，爲究宗派全人倫事，内開：天政公生二男，長欽德，次欽明。欽德生三男。長進發移居龍巖。次進江移居潮州屯下落。三進忠移居小溪，生二男，長鐵崖，次鐵峯。鐵崖生二男，長益舉，次益魁。以此觀之，益魁承掌小溪祖業宜爲漢傑之諱。然參考二説，侍御公去鐵崖未遠，言汀州始祖二十官，而不言天政、欽德，言廿八官生鐵崖，而不言進忠，彼此互異，不敢臆度以取妄昧，姑存以俟知者。

初世祖妣池氏，謚肇徽，誥授太宜人

二世紀漢傑，謚光裕，鐵崖之子。娶本里王氏，生子長璧，次珪。公承父之後，置田築室，遂成大家。公性倜儻，生平以信義自處，鄉人咸愛慕之，凡遇事變悉詣咨焉。誥授奉政大夫。

王氏謚章順，時值元季李志甫寇亂，氏以節終，追封節婦，勅授孺人，誥授宜人。生卒俱莫考，葬本寨後天妃宫口。

三世紀璧，號伯玉，光裕公長子。娶朱氏無育，繼娶温氏，生子長智，次惠。

公與弟伯璋平李志甫有功，授漳州府龍溪縣主簿。生於元大德三年己亥五月二十日，卒於元至正十六年丙申八月初五日，享年五十有八，葬本地號蜘蛛。誥授奉政大夫。

朱氏謚清順，生卒年月莫考，葬銅鼓暗徑崙口之原名號金雞。誥授宜人。

温氏謚和順，生於元大德二年戊戌三月廿二日，卒於明洪武二年己酉六月初九日，享年七十有二，葬於教山，號雙蛇。誥授宜人。

（張曉卿編纂《［福建平和］小溪玉溪張氏族譜》 1926年稿本）

平和張氏鐵崖公派敘序

一一八世端，即立三十九世祖，遷福建汀州寧化縣石壁鄉住。

一二一世楊德，即立四十二世祖，妣孫氏、巫氏，賜進士，任開封府太守，宋朝時遷居汀州府上杭縣爲開基祖。子三，化龍、化鳳、化孫。

化龍，即立四十三世祖，字天池，遷前坊居住。

化鳳，字岐祥，中武魁，遷福州府居住。

化孫，諱天衍，字傳芳，妣陳氏、闕氏，公宋時人，居福建汀州府上杭縣，創立爲一世祖。

一二三世祥雲，即立十四世祖，諱營，字瑞廷，號十六郎，宋時人，居福建汀州府寧化縣中琴保，即立二世，爲鄉大賓。妣藍氏四娘、賴氏五娘，俱葬在馬坑。明朝萬曆四十三年乙卯八月十一日辰時更葬，原築大坑，壬山向丙，因年久無骨，只有存銀牌爲記。十六郎公。

一二四世騰輝，即立三世，字仲元，號念一郎，妣賴氏、廖氏。生六子，明上、詔上、稀上、曜上、映上、晶上。

一二五世晶上，即立四世祖，號廿八宮，妣杜氏，生五子。長男不登。次男小一郎，號鐵崖，字二十官。三、四、五此三房不登。

（張襄玉編《[臺灣南投平和里]福建平和小溪鐵崖公派下張氏族譜》 1980年稿本）

張化孫第十三子次孫騰旭開基南靖石橋序

石橋開基始祖騰旭公，字彷旦，號念三郎，出生於廣東省潮州府大埔縣思心鄉，移居福建省漳州府南靖縣梅隴總竹塔甲石橋社東山凹頭居住。生三房。葬在去長教路對面名小村崇，風吹羅帶形。崇禎十年丁丑六月初十日未時葬，丁山癸兼未丑，庚子庚午分金。至康熙四十八年復更葬。

祖妣陳老孺人，與二房石輝公遷回廣東大埔鶴仔山居住，又帶外公、阿公太。葬凹頭。外祖李老孺人失尋。生子長石蔭公。次石輝公。三石全公，遺下裔孫住曲江竹塔。

（张双魁编修《[福建南靖]书洋石桥张氏族谱》
清道光二十三年稿本　民国34年张绍基重钞）

臺灣板橋張氏世系源流

本姓出於黃帝第五子青陽，生揮爲帝弓正，主祀弧星，賜姓張氏，建國於戰國。清河，春秋晉國之地。在晉有大夫張老，爲晉中軍司馬，世其官居大梁之陳留也。有曰耳者，起兵漢，封於趙，傳至安世八葉爲侍中。曰昭南，士於吴。至悌，死國，晉拔爲郎中令。曰偉劉，宋代仁宗廿年入閩，始居於福州之洪塘，生一子名船，後移居興化嶠頭鄉。船生二子，長延齋，次延魯。延齊公居湖中五店市。延魯公居泉州城大寺後南門内，生一子名鏡齋。

鏡齋移居晉江張林，生九子，分九房。長曰仁，居蓮池。次曰義，居上倉。三曰禮，居上庫。四曰智，居廳上。五曰信，居樓下。六曰恭，居板橋。七曰敬，居同安西洪塘。八曰遜，居安溪大坪。九曰讓，居漳州浦南雲霄等地。

張林有曰延魯唐末率父老迎王潮入泉，匡時之難，由是於上方，此南安源流之大概也。

（張仁慈編《[福建同安]十二都儒林阪橋張氏族譜》 1992年據舊譜抄本）

(五)李　氏

李氏平和孝梓系淵源

湖坑世次：

一世祖李慶三郎公，子一，名三五郎。

二世祖李三五郎公，子一，名五三郎。

三世祖李五三郎公，子一，名千五郎。

四世祖李千五郎公，子一，名大六郎。

五世祖李大六郎公，子五。長積玉住祖地，其孫宗玉移想湖山開基。次德玉，移潮州程鄉，原住高頭洋尾棄竹園後，後裔又移江西、南靖、窯坑、平和象湖山、廣東、四川等處。三實玉，住本鄉牛角坵。四梅軒，住祖地大陂頭塞乾。五孝梓，移南勝鄭坑，後裔移居漳州、平和小溪、侯山、詔安青龍山、泉州、安溪湖頭。

隴西李氏火德系譜序

我祖之原歷代官職，溯自虞時臯陶爲士師。傳至其子伯翳，稱爲理官，遂以官爲氏，因賜姓理。歷夏及商，皆爲理官。至紂王時，有理微，字德靈，亦爲刑官，因直言諫紂，觸怒賜死，乃偕其子利貞，竄逃山中，摘食木子得全性命，乃改理爲李。傳及春秋時，李老聃爲周柱下史，孔子嘗問禮焉。而魏國李克公，乃子夏門人，相文侯嘗爲段千木大夫。及秦始皇時，亦有官職。歷漢至隋煬帝時，封李炳公爲隴西公。炳公生李淵公，封爲唐公，後受隋恭帝禪讓，立爲大唐，傳位二十一帝，共二百八十九年。至宋李綱公，字伯紀，初生孟公。孟公生珠公，移居石壁村，系邵武原地方娶吴氏，生五子，以金木水火土爲諱。金德、水德、土德系居本處，惟木德、火德流移九州，今記火德爲吾始祖。

我火德公，生於宋淳熙十一年甲辰歲十一月初八日子時，居於勝運里豐朗鄉，家資巨富，年至六十三歲尚未生嗣，惟喜太婆伍氏賢德，公一日因娶賬目往東郊，路還從陳家門首經過，犬吠連聲，潛有二女未經婚配，出望見公，遂出言怪而詈之曰：我以爲誰，乃崗頭絶代老也。公聞其言，回家憤怒，飲食不思。伍祖母因問之曰，公公今日回家，何事不樂。公乃告之前事如是如是，祖母遂以淑言安慰。伍祖母輒欣然自喜，即己爲媒，往陳家求婚，幸陳門允諾，正所謂婚姻前定，天從人願也。婚禮已成，於宋淳祐六年丙午歲完娶。太婆陳氏歸門，於淳祐七年丁未歲十二月二十日丑時誕生三一郎，於淳祐九年己酉歲十月十九日卯時誕生三二郎，於淳祐十一年辛亥歲八月十五日酉時誕三三郎。繼生二女貴英、淑英，俱配名族，是天佑善人，不絶賢德，賜吾祖得娶陳氏太婆以繼嗣也。後我火德翁卒於宋度宗六年庚午歲八月初旬，享八十七壽。是歲九月丙午日寅時送柩於崗頭，忽遭雷雨大風，送人俱避，霎時天霽，其墳已自成矣，豈非天助葬於斯吉地乎。子孫於是立碑以記，爰録其事流傳萬世焉。

時大清道光二十年庚子歲九月初三日在上杭官田大宗謹録。

(李慎潛編纂《[福建詔安]秀篆李氏紹衣堂族譜》　清道光十四年稿本)

詔安秀篆李氏淵源略

始祖原系汀州府石壁村人，來詔安縣二都秀篆河尾大坪頭肇基百世，而祖之遠不得而盡序，然而上有四郎，妣徐氏大娘。五郎，妣賴氏三娘。皆是喚請也，而身未曾來。然我始祖公後擇處大坪頭，辟土地以開基，建祠宇以妥先靈。祠號啓宗堂，坐庚向甲兼酉卯。

二大房。開高坵、壩頭、大坪頭坐長。寨背、烏石、霞秀屋、洋蛇坑坐次。

始祖公生於永樂十三年乙未二月二十日子時，壽元六十七歲，終於成化十七年辛丑七月初七日。

祖妣黄氏晚娘、羅氏十一娘。不幸其二娶無生育，再娶蔡氏五娘始生二子，長九郎，次十郎。

始祖李念七公，妣黄氏、蔡氏，俱葬在河尾下山塘面上下三穴，坐丑向未，形如金龜，坐北向南。

（李慎潛編纂《［福建詔安］秀篆李氏紹衣堂族譜》 清道光十四年稿本）

詔安秀篆李氏源流

嘗思物本乎天，人本乎祖。余生也晚，其於上祖淵源，無由追尋，幾歎墜緒茫茫矣。幸到臺中噶瑪蘭，適有永邑、湖坑、油坑三處族譜，余乃借而合參之，彼此互異，詳略相因，日夜參校，溯源窮流，支分派别。而油坑一譜尤爲至親，乃知上祖世脈相傳延於一線，若是之遠且久也。

蓋我祖李忠定公爲宋朝丞相，繼生孟公，三傳珠公。珠公家在隴西，官位都督，因宋元之際干戈未定，乃避亂移居，由隴西遷來汀州，住寧化石壁村，娶吴氏，生五子，以金、木、水、火、土爲號，兄弟俱多遺裔。而我祖火德公，又值宋元兵亂，乃偕其正室伍氏，由寧化移上杭縣豐朗鄉，年六十三，有女無子。爰娶陳氏爲側室，六年連生三子。公富而好施，故其後昌。至三世慶三郎公，又由杭邑豐朗移永邑溪西坎下住，及四世三五郎公又由莒溪移湖山開基，而以慶三郎爲湖坑始祖。迨乎八世孝梓公，又移南勝鄭坑，生四子，時因内洋李志甫作亂，兄弟恐其波累，又各逃居一方，次子誠公移小溪侯山，三子誼公移海澄漸山，四子諭公移同安山邊，而我詮公是長，乃將孝梓公同妣謝氏二香火送回湖坑祖祠奉祀，又移南靖油坑。起程時，發一願曰：擬定擔索斷處，即爲地理，直至南靖狹龍窠斷焉，遂居之。以其水猶湖坑，故更號曰油坑，則詮公實油坑之始祖，而我李伯十三公，乃詮公之第三子仲信公也，其爲青龍山之始祖，確可據。余歷覽三譜互而考之，因總而敘之以爲衆裔孫鑒。

道光十四年歲次甲午孟冬朔旦，二十一代嗣孫貢生慎潛松亭識。

（李慎潛編纂《［福建詔安］秀篆李氏紹衣堂族譜》 清道光十四年稿本）

（六）王　氏

南靖上寨王氏源流敘

靈王太子子喬公，初封晉王，以直隸廢爲庶人。厥子敬宗公，官爲司徒，時人稱曰王家，故以王爲姓。蓋王之爲姓，自敬宗公始也。十一傳而元公，避秦亂遷於瑯琊，四傳而吉公，士漢爲諫議大夫，始家於臯虞，後徙臨都南仁里。八傳而導公，事晉元帝爲左丞相，封太保。

始興公，謚文獻，而王派盛於江左，又十三傳而恁公，以門蔭兼子貴，贈太尉，州刺史，後追封閩王，生有三子，迨唐光啓元年，兄弟三人同入福省，開造閩邦，俱封王爵，功載國史。後遷處州縣，枝分葉散，嶽峙川流，宋元明以來，移處四方不可勝紀。稽自太祖王公，祖家來自漳州漳浦横口，兄弟三人，海寇蜂起，兄弟三人遷居小溪大坪，後二人遷於金竹而遂居焉。惟我維嶽王公缺嗣，生一女諱三娘，遂招榮甫陳公進贅爲男，接續王家宗支，承當王家門户。而陳公克勤克儉，惟孝惟敬，未幾而我王公考妣遂老，雙葬於金竹社土名大片田，坐西向東。後思王公既没，久與叔侄同居恐生嫌疑，於是爰謀祖妣又遷南靖長教上寨創置産業，建立宗祠，號曰種德堂。

肇基始祖維嶽王公，葬在金竺，坐北向東南。妣坤源尚太婆，葬在金竺，坐北向東南。生一女。

顯二世祖榮甫，承祀陳公二郎，葬池坑虎公，坐西南向東北，坐辛向乙，庚戌庚辰分金。妣謚惠順王氏三娘，葬在祖祠後，坐乙向辛。王氏妣生於辛巳年正月十七日寅時，不幸於甲辰年六月初九日故亡，享壽八十四歲，生子進養公。

（王蔚然編纂《[福建南靖]長窖總上寨王氏族譜》　清光緒三十三年1904稿本）

漳州王氏源流

吾宗肇始於黄帝，姓公孫，諱軒轅，長於姬水，故以姬爲姓，四傳而后稷，十四傳而文王，又二十二傳而靈王。靈王太子子喬公，初封晉王，以直隸廢爲庶人，厥子敬宗公，官爲司徒，時人稱曰王家，因以王爲姓。蓋王之爲姓，自敬宗公始也。十一傳而元公，避秦亂，遷於瑯琊，四傳而吉公，士漢爲諫議大夫，始家於臯虞，後徙臨都南仁里。八傳而導公，事晉元帝，拜右丞相，封太保。始興公謚文獻，而王氏盛於江左。十二傳而曄公，士河南光州固始令，改定城宰，民懷其德，留之，因家固始云。三傳而恁公，以門蔭兼子貴贈太尉，光州刺史，後追封閩王，生子有三，長諱潮，次諱審知。迨唐光啓元年，兄弟三人同入福省開造閩邦，俱封王爵，功載國史，爲八閩人祖。再傳曰延鈺、延望、延彬、延楨、延美、延武、延翰、延鈞、延義、延政諸公。又再傳曰繼麟、繼鳳、繼盛、繼隆、繼豐、繼崇、繼樞、繼業、繼臯、繼鵬、繼韜、繼恭、繼圖、繼成、繼昌、繼重、繼勳等公。以上諸祖俱各拜王公侯伯卿大夫爵位者，彬彬見之譜中可考，嗣後遷處州縣支分葉散，嶽峙川流，宋元明以來，登科甲任貴顯者，不可勝紀。洋本支祖澹軒公，諱羽儀，宋壬戌進士，歷官朝請郎。生東湖公，諱遇，字子合，乾道壬辰進士，所著《論孟講義》、《兩漢傳議文集》諸書行世，爲理學名臣，累朝特祠春秋享祀。洋之先從三山入龍溪，初居上苑村，後遷於東湖永寧鄉，即今道院堂舊址詩浦巷是也。稽自太始祖迄今凡百有七世矣。觀唐虞夏商周曆漢唐宋元明及玆本朝，不知其幾千年矣。

康熙五十三年歲次甲午秋桂月，霞東詩浦二十七代裔孫洋薫沐敬書，鳳閣王侍郎傳論賛並序。

（王材編纂《[福建南靖]後溪寨王氏族譜》　清光緒甲午二修稿本）

(七)吴　氏

南靖壁溪吴氏渊源

溯渤海之源流，肇金山之丕基，其支派攸分，代傳自福省羅源人也。初太始祖諱玄佐，登元辛酉科鄉進士，任漳浦縣令。時胡元猾夏，公不樂士，暫駐於浦。篤生二子，長豐積，次豐祥。祥之祚胤不得究其始終。而佐公與豐積公棄浦而居南勝，復由南勝而避亂於圓嶺。及佐公辭世，乃擇居於金山璧坑焉。積公生四子，曰汝貴，汝蔭，順仁，順德。卜葬玄佐公於圓嶺，俗名觀音獨坐形。妣淑范石氏，分葬在版寮橋頭，石蛇形。

六世勝旻，系興甫公長子。生四子，長友宗，次友誠，三榮茂，四珦興。公生於元至正二十二年壬寅正月十九日寅時，葬上杭。配妣曾氏，生於元至正二十年庚子六月初六日亥時，葬上杭。公平居謙謹，以善稱於一鄉，守成有方，家日昌熾。洪熙元年乙巳，始剖分，四子立鬮，以東西南北爲義，每份田三萬餘畝，合則一十二萬有奇，貲産不可謂不厚矣，猗歟盛哉。

始祖考承順，由江南入閩，勅贈文林郎，宋賢王十朋、朱晦庵、真西山、文文山、按公先世譜，著有序四篇，記家乘。妣鄒，彭宜人。

二世祖考坤二，勅贈文林郎，妣彭宜人、鄒宜人。

三世祖考吉甫，宋進士第，任廣東博羅知縣。忠信廉明，邑人戴之，名志邑乘。妣林宜人。

三世伯叔祖泰甫，理宗朝官拜執事郎中。傳上杭湯湖、嘉應平鎮、安貨、興寧、豐順、湖寮等處。興甫傳龍巖大池、小池等處。

（吴豐年編纂《[福建南靖]金山壁溪吴氏族譜》　清光緒三十四年二修稿本）

平和後嗣吴氏户籍源由敍略

第一代開基始祖文應公，乾祐公長子也。妣陳氏，生二子，長子安公，次仲禄公。其初來後嗣也，時尚未設平和縣，其地方屬南靖。明太祖洪武四年，抽潘蘇吴爲一軍，在鎮海衛，以防倭寇。我祖出身，潘蘇二户貼費。蘇以平塘凹後鶴藪塘貼軍費，而丁逊之潮州府饒平縣絃歌都大榕社石甕村，改姓吴，遞年貼軍役費三錢，疑即今之荔坑是也。潘爲大徑黄甲首，造除亦改姓吴，住雲霄石盤。祖葬在神宫岧後，坐巽向乾，被坑水所沖，而墳無存。妣葬苦竹溪落山蛇。由五代祖宗禮公，生於成祖永樂八年庚寅，及歷代帝王朝代年譜考之，祖文應公生在元仁宗延佑年間無疑也。

二房祖仲禄公，文應公次子也。妣張氏，生二子，長子明昌，次子明廣。承父當軍，防守鎮海衛。洪武廿四年改調興化府平海衛，其後子與侄作四房輪當，一房當軍，三房貼費，各銀九錢。每房十年一輪，周而復始，後不知何時豁免。後嗣分四房，蓋始諸此。明參公行居長，爲長房。明昌公行居二，爲二房。明廣公行居三，爲三房。明命公行居四，爲四房。至第七代時，以明命公派下稍乏，故合長房與四房爲一房，二三仍爲二房三房，以當民役，倘或軍資與軍役頗廣，可以裕費，仍四房輪，尚今暫作三房，此又後嗣分作三房之所由來也。祖同妣合葬在田坑行路上，向米屈石，被十世永吉騎龍盜葬，伊兄永紹二人俱無傳，以世代年譜考之，祖仲禄公當生於元順帝至正初年間也。

（吴德潤纂修《[福建平和]後嗣吴氏族譜》　清乾隆二十三年稿本）

平和後嗣吴氏開基世系敘録

海島青山大鵰，其地在陸鼇千户之所旁，有祖乾祐，妣陳氏，生三男，長文應，次文科，三文舉。兄弟見海邊賊大作，各擇地隱居。祖文應移來後徐山鄉居住，是爲後嗣之祖。次文科移之廣東潮州府海洋縣上埔鄉住。三文舉未詳。

文應公，乾祐公之長子也。娶妣陳氏，生二子，長子安，次仲禄。因見初來開荒，耕種地肥，在漳浦帶大小麥種而種之，故號作大小麥嶺。後二弟文科在潮州，亦以二麥嶺爲記耳。乾隆五十一年歲在丙午之秋穀旦修譜録。

舊譜曰，祖系河南光州固始縣人也，爲唐平章政事。僖宗四年，因收捕黄巢，與王審知、陳政統兵往福建，守鎮漳南，後隱居各處，故其居有漳浦，有詔安，有平和。在漳浦則尾巷。雲霄西吴是在詔安，則梅州西潭是。在平和則白塔、墩上、後嗣是。而後嗣一派之與白塔、墩上同出於漢一公之子，兄弟二人開基，一派墩上，白塔公散居南勝縣聖宫後住，後移來墩上。白塔、後嗣一派，分去漳浦縣海島青山大鵰，其地在陸鼇千户之所之旁，有祖乾祐，妣陳氏。

配妣王氏，生於至正二年壬午七月初三日午時，卒於洪武七年甲寅，不知月日。妣無出，葬在下柯中墩，坐乙向辛兼卯酉。娶妣陳氏，生子，名傑宇，號乾祐。

（佚名《[福建平和]後嗣吴氏族譜》　清乾隆五十一年稿本）

平和後嗣吴氏開基淵源録

重修後嗣本宗派族譜，第十四代裔孫文林郎德潤敬輯。

第一代開基始祖文應公，乾祐公長子也。妣陳氏，生二子，長子安公，次仲禄公。其初來後嗣也，時尚未設平和縣，其地方屬南靖。明太祖洪武四年抽潘蘇吴爲一軍，在鎮海衛以防倭寇。我祖出身潘蘇二户，貼費蘇以平塘凹後鸛藪塘貼軍費，而丁迯之潮州府饒平縣弦歌都大榕社石甕村，改姓吴，遞年貼軍役費三錢，疑即今之荔坑是也。潘爲大徑黄甲首，造除亦改姓吴，住雲霄石盤。祖葬在神宫岕後，坐巽向乾，被坑水所衝而墳無存。妣葬苦竹溪落山�震，由五代祖宗禮公生於成祖永樂八年庚寅，及歷代帝王朝代年譜考之，祖文應公生於元仁宗延祐年間無疑也。

次男祖仲禄公，文應公次子也。妣張氏，生二子，長明昌公，次明廣公。祖承父當軍，防守鎮海衛，洪武廿四年改調興化府平海衛，其後子與姪作四房輪當，一房當軍，三房貼費，各銀九錢。每房十年一輪，週而複始，後不知何時豁免。後嗣分四房，蓋始諸此。明參公行居長，爲長房。明昌公行居次，爲二房。明廣公行居三，爲三房。明命公行居四，爲四房。第七代時以明命公派下稍乏，故合長房與四房爲一房，二三仍爲二房三房，以當民役，倘或軍資與軍役頗廣，可以裕費，仍舊作四房輪尚，今暫作三房，此又後嗣分作三房之所由來也。祖同妣合葬在田坑行路上向米屈石，被十世永吉騎龍盜葬，伊兄永紹二人俱無傳。以世代年譜考之，祖仲禄公當生於元順帝至正初年間也。

（吴德润纂修《[福建平和]后嗣吴氏族谱》　清乾隆二十三年稿本）

平和九峯永思堂吴氏寧化淵源敘略

祖兄弟三人自寧化縣以來，長房分居半徑鄉，次房分居溪尾、嶺後，三房分居黎坑下徑倉還平上。長房隨時立排吴福興范姓同挑藉，隸元歌都五圖。次房附寄排年耀劉祖。三房附寄邱德長。金幸憲例拆甲歸宗，二、三房等情願歸宗，就日請到長玉先、志遇等前來面議，立合同前去呈明本縣，將排内户丁田畝收入長房祖户，立眼自辦明。遇日生派書值從本縣造册公堂，並年間雜費，照關眼依例均辦。此係二三房情願立合同之後，在二三不得混扯。長房甲丁約書，既盛世世和好，永遠存炤。

（《[福建平和]九峯永思堂吴氏家譜》 1925 年三修稿本）

臺灣永思堂吴氏平和世系略

吾宗溯源當以泰伯爲一世祖，泰伯公爲周太王之長子，知太王欲傳位於三子季歷，託名采藥，遂與次弟仲雍公奔荆蠻，斷髮文身，示不可用。及太王卒，相偕歸國赴喪，哭門不入，荆蠻義之，從者千餘家，自號勾吴《論語・泰伯》篇，孔子述泰伯公盛德曰：泰伯其可謂至德也已矣！三以天下讓，民無得而稱焉。泰伯公之後封爲吴伯，由是開國，厥後子孫以國爲姓，蕃衍渤海之濱，散處於齊魯楚鄭諸國。傳至春秋之世，季札公辭不受位，封爲延陵，克讓相繼，著望上國，世稱延陵季子，宣聖十字題碑，流芳千古。吾宗先祖以讓德爲本，傳諸後世，三千年來，裔胄秉承祖訓，克紹箕裘，世澤綿延，族繁海内外，豈偶然哉。惟永思堂原建在廣東省潮州府饒平寨半徑梅樹下，吾姓宛然巨族，明季紛亂，土寇余秉仁攻寨，拒戰匝月，值祖宗忌辰，群飲失守，闔族罹難，幸有逃生，復聚於斯，迄今相傳忌辰不祭，余姓不婚者也。

欲溯永思堂本源，但知永思堂爲逸觀公所居，公生二子，長爲正直公，明末入福建漳郡平和，遂爲開拓之祖，歷代式徵，稱爲一世祖。至六世祖樸厚公，生五子，長廷升在和邑，余皆渡臺；次廷實爲生蕃所殺；三廷意往嘉彰諸處未知絶續；五廷在無娶，唯我廷録公住淡水廳拳山保大坪林十四張莊，開闢土地，娶曾氏娘生七子一女，建屋號永思堂，嗣族繁枝分。

（《[臺灣]吴氏永思堂重建十周年紀念志》 1971 年稿本）

（八）劉　氏

劉氏閩粤臺世系源來分布敘

祖源蹤貫址記

祖自漢高祖皇帝邦公第五子太宗文皇帝恒公。公生長子孝景皇帝啓公。公生十四子，第八子勝公，封爲中山靖王。

又自勝公傳至十八世昭烈皇帝諱備公，字玄德，生中子永公，初封爲魯王，後改封爲甘陵王。祖原籍彭城，自永公家居洛陽。傳至宋寧宗慶元年間，承信公家住福建省汀州府上杭縣大路鄉之苦竹村而居。上自大始祖監明公起爲第一代。劉累公爲第十八代。漢高祖邦公爲七十五代。中山靖王爲七十八代。劉備公爲九十五代。永公九十六代。翔公百二十二代。福高公百三十三代。學箕公百三十六代。承信公百三十七代。溪口建陽公百三十九代。楊康始祖信卿公百四十二代。略記有四千餘年矣。

祖諱承信公,妣沈氏,子長琚,次瑤,三珮,四琯。

祖原居福建省汀州府上杭縣,今屬水定縣大路鄉,地名苦竹村。自宋以來兄弟思欲出穀遷喬,擇居仁里。然數十年間,往來未有定處。時因宋季,天下混亂,民無樂土,兄弟四人各移徙分居,隨處立業。

琚公排行四七郎,移徙漳州府漳浦縣,今屬詔安縣官陂坪上林婆城二都居住。娶妣氏生一子銘福。福公娶宣化都黄罔山下寨歐氏二娘,生一子名珺。

琚公者宋朝理宗時舉進士。官任南京都督。今二都官陂坪上後裔是也。

瑤公排行四八郎,謚朝請,移徙廣東省潮州府海陽縣,今屬饒平縣弦歌都中饒新安寨石井鄉居住。公墓葬饒平黄泥塘尾坐乾山巽向。娶妣林氏七娘,生六子,長百一郎,次百二郎,三百三郎,四百四郎,五百五郎,六百六郎。

百五郎公號正桃,妣陳氏六十四娘。生四子三女。長穀祥,次穀華,三穀用,四穀珍。穀祥公號大三郎,謚禎善,妣正始八娘詹氏、恭肅大四娘宋氏。生七子二女。公爲石井開基始祖,祀禎善公祠堂奉祀。

佩公排行四九郎,贈謚朝奉,娶妣安人黄氏,生一子名建陽。佩公由永定縣移徙廣東省潮州府海陽縣,今屬饒平縣弦歌都中饒新安寨浮殿社石井鄉,與瑤公同居住。建陽公爲溪口始祖,至信卿公又徙饒平縣楊康鄉爲始祖。佩公原命生於宋嘉泰四年甲子歲,至己卯年宋末公年已七十六歲。元朝至元即位己卯元年,而至甲午年二月初五日,享壽八十一歲。墓葬新安寨尾劉屋園與瑤公同山埔。

琯公排行五十郎,移徙廣東省潮州府海陽縣,今屬饒平縣弦歌都,中饒楊康鄉松樹脚居住。傳下第四世奮箕公爲始祖,謂之老楊康東厝祖,有祠堂奉祀。奮箕公娶妣氏生二子,長宗順,次宗調。宗順公生友達、友成。友達公生汝志,志生文耕。公友成公生汝器。汝器生文智、文鎮。宗調公生友勳,勳生汝國、汝政。汝政公妣林氏生文贊、文公。贊妣黄氏生廷愛。愛公妣俞氏生應順。順妣賴氏生良學、良道。良道公移徙海陽秋溪社第三段橄欖嶺鄉住。

溪口開基始祖記

溪口始祖諱建陽公,職授登士郎,官任潁州通判,娶妣沈氏,生三子。長大宣教,官授宋朝宣教郎,承事機宜,派下澄海縣進士大河爺是也。次小宣教。三宣教早殤。建陽公生於宋理宗淳祐九年己酉正月二十八日子時,卒於元仁宗延祐七年庚申七月十五日未時,享壽七十二歲。妣沈氏,生於宋理宗淳祐十年庚戌七月十三日己時,卒於元仁宗延祐四年丁巳五月初九日午時,享壽六十八歲。建陽公由石井而寓井州住未久,猶徙石龜頭。後因娶沈解元公之女,卜宅居於東廂溪口鄉,爲溪口始祖。涵頭寨建有祠堂一座,熟磚爲牆三楝,下皆柱榴穿成,祀公木主坐分金,今楊康三年一往祭祠。

公生平有爲,入貲拜官,授職登士郎涖任潁州通判,卒於官署。歸葬饒平信寧都烏溪社錢塘徑口嶺子山,坐壬向丙兼子午分金。公婆合葬,墓形名金鵝覆卵,琢碑書。

墓前立有石皂隸二尊,其墓至溪口有六十里,至楊康有九十里,路隔遥遠,三年一掃。此系家規舊例。墓前先輩立有祭田五畝,擇山甲守墓之人管耕,逢子午卯酉掃墓。子孫供飯食足。用前一日同往祭。因人物衆多,小人輩争胙,反爲不美。兹掩楊康缺銀作會,族内一百六十份,擇冬至前一日，先祭徑口始祖墓，晚宿溪口涵頭祠堂，天明往北坑祭二世祖墓，日中祭三世祖墓，未刻祭涵頭祠堂，祭畢分胙回家，往返五日，盤費自備。此亦爲子孫追遠之報本也。祭溪口鄉始祖建陽公祠堂，每年十一月初一日辰巳二時擺祭唱禮，允以三獻爲准。

二世溪口祖諱小宣教公，建陽公次子也。官授宋朝宣教郎承事機宜，娶妣鄭氏，生四子一女。長東崗，派下白沙鋪居住與溪口相去三十里之間。次玉溪，派下沈巷鄉居住與溪口相隔一里之間。三學士，派下未詳，遷居南溪即今四黄金塘松脚以德入繼生一子名源。四銘溪，派下溪口、涵頭、楊康等處居住。

（《[臺灣]劉氏宗譜》 1986年鉛印本）

劉氏入閩世系淵源敘

百廿一代顯齋公，名達，號晦齋，賄公之子。母宋氏。妣朱氏，生三子。公原居金陵，因王仙芝、黄巢作亂徙居京兆，後值五季之亂，不受梁命而隱。迨後唐清泰甲午元年，長子翱公官建州，因家焉。當五季之初，父子兄弟離散者不知凡幾，故後世子孫難詳祖先名諱者，翱、翔、豳，誤謂祺、祥、禋。次男翔公避居福建省汀州府寧化縣，惟三男豳公士至監簿，不知流落何方，未能悉載。

百廿二代翔公，字圖南，顯齋公次子，母朱氏。公官至金吾衛士將，後封沛國公，爲唐季閩粤之中代始祖。原籍自蜀漢甘陵王永，公家居洛陽，後徙江南，因唐末僖宗乾符二年乙未王仙芝、黄巢反亂，戊戌五年二月，陷河南開封，七月陷江南宜州，十二月陷福州。己亥六年七月陷廣州府，翌年十二月入長安，僭號大齊皇帝，改元金統。至僖宗中和甲辰四年，賊斬巢自滅，十年民不聊生，各處奔逃，公兄弟三人離散，惟翔公攜子及孫避居福建汀州府寧化縣石壁洞，擇地立業，壽八十二歲。妣張氏，合葬在寧化縣石壁洞葛藤凹，八仙下棋形。子四人。長天錫。次天瑞字越號英伯，登進士第，娶康氏。三天明，字赴號均伯，娶何氏。四天誠，字通號平伯，娶黄氏。

百廿三代天錫公，字暹，號隆伯，翔公長子，母張氏。唐懿宗咸通十二年辛卯，公登翰林學士，官至觀察使罷歸。後值巢亂，奉父避居石壁洞，壽九十八歲，世號百歲翁，妣李氏，合葬寧化縣黄竹瀝，鳳形，坐東向西。子一曰沐。

百廿四代沐公，字允澄，天錫公之子，母李氏。公博學多聞，官授湖廣總督。當值亂世，隨父祖避居寧化，雖天下劉氏各派不僅翔公一人，而入閩粤承漢種真傳者，始惟翔公卓立而已。至後晉天福二年丁酉重修族譜，爲承先啓後，故至今閩粤得知祖宗履歷者，皆沐公之功也。妣陳氏，合葬寧化縣祖山角弓坑，羊形，坐東向西。生四子，長龍圖，次鳳圖，三河圖，四書圖。

百廿五代龍圖公，字道禮，沐公長子，母陳氏。公應爲後周翰林學士，妣黄氏，合葬寧化縣良洞村，蓮葉蓋龜形。生三子，長任，次錡，三修。

百廿六代任公，字堯智，龍圖公長子，母黄氏。公於宋太祖開寶三年庚午任河南轉運使，妣程氏，合葬寧化縣龍村，犀牛望月形。傳二子，長若還，次若連。

百廿七代若還公，字貴鐘，任公長子，母程氏。公年高有德，壽九十九歲，亦號百歲翁。妣羅氏，合葬寧化縣龍岡山下，坐北向南。生三子，長參贊，次参文，三參常。

百廿七代若連公，字宗一，任公次子，母程氏。妣張氏，生一子曰萬千。公住福建省汀州寧化縣，子孫蕃衍貴盛，是爲漳州、龍巖、流溪、延平、沙邑等處肇基始。

百卅三代春田公，名韫，字仲固，號世茂，富山公三子，母余氏。宋欽宗間，公官朝散大夫，因金兵陷京師，移家福建汀州府寧化縣，壽六十四歲。妣李氏，合葬寧化縣鳳坑。生三子，長宗卿，次宗相，三宗臣。

百卅四代宗臣公，字石波，春田公三子，母李氏。宋高宗紹興二十七年丁丑，公官虔州判官，勅賜紫金光禄大夫，壽八十二歲。妣吴氏、鄭氏，公妣合葬寧化縣福村水獲塘，在寧化縣志有載鐵墓石碑銘爲記。子八人。長貴盛。次貴和，官安邑令，娶壬氏。三貴美，官湖南長沙府尹，娶李氏。四貴順，官雲南觀察使，娶張氏。五貴安，官知江西瑞金縣事，娶孫氏。六貴樂，官知曲江縣令，娶黄氏。七貴昌，官知贛州府尹，娶熊氏。八貴隆，官江南判置使，娶龍氏。

百卅六代學箕公，字習文，號一郎，怦公長子，母吴氏。公登進士第，官江西瑞金縣通判，葬瑞金。公爲福建漳州府南靖縣開基始祖，另立一世。

百卅六代凰公，字景彩，貴盛公四子，母趙氏。公官授江西提刑，又分居於漳州。妣曾氏，生四子，長開瓊，次開珍，三開璉，四開琮。

百卅七代顯公，徙居漳州，别爲開創立業。

百卅九代十四大房開列如下：

長巨源公，妣蘇、林、馮氏。生八子。官知江西南康府事。

次巨淥公，妣張、李、謝氏。生八子。官知湖南寶慶府事。

三巨洲公，妣馬氏。生二子。官知四川内江縣事。

四巨淵公，妣李、陳、楊氏。生八子。官浙江寧波制置副使。

五巨海公，妣胡、高、廖、馬氏。生九子。官雲南轉運使。

六巨浪公，妣李氏、曾氏。生七子。登進士。官知雲南雲陽縣事。

七巨波公，妣萬、陳、周氏。生四子。官浙江衢州判官。

八巨漣公，妣張、白、李氏。生八子。官知安徽安慶府事。

九巨江公，妣許、巫氏。生七子。官知廣西太平府事。

十巨淮公，妣吴氏。生五子。官知湖廣寶慶府事。

十一巨河公，妣梁、顔、鄧、羅氏。生六子。官翰林學士、山西提學使。

十二巨漢公，妣鍾氏。生四子。官兵馬司。

十三巨浩公，妣胡、鄺氏。生六子。官貴州提刑。

十四巨深公，妣鍾氏。生三子。官都指揮使。

（《[臺灣]劉氏宗譜》 1986年鉛印本）

南靖春雅劉氏前代述略

永邑南門劉姓壹世開基始祖萬億公，生男長行甫，次德興，三德甫。萬億，謚千一郎，系四七郎公之三子也，娶薛氏七娘，生三子。公住永邑南門。長男行甫、三男德甫與母薛氏七娘移遷於岐嶺里耕農，以故薛氏七娘卒葬於岐嶺大路上象鼻里。而萬億公與次男德興公仍居於永邑南門，後裔故以萬億公爲永邑壹世開基始祖，重初遷也。

貳世祖行甫公，男長念六郎。公行長，諱行甫，謚念九郎，係萬億公之長子也。娶黄氏五娘，生一子。公住岐嶺耕農，後移於筀竹巷，創造祠宇一座，坐向卯。

肆世祖仁珍公,生男長百三郎,次百四郎,三百五郎。公諱仁珍,謚百六郎,系念六郎公之次子也。娶林氏三娘,生三子。公卒葬於永邑溪南里大余隘,坐丙向壬兼巳,用丁巳丁亥分金。妣林氏三娘,卒葬於永邑平水坑鷓鴣石下里。至康熙乙亥年玖月拾壹日寅時,請同移遷與夫仁珍公夫婦合葬一穴。

伍世祖百三郎公,生男長千七郎,今版寮糟碓背白沙嶺。次千八郎,今版凹門村雅。公諱宗興,謚百三郎,係仁珍公之長子也。娶廖氏四娘,生二子。公卒葬於永邑金豐里笙竹巷上村苦竹坑斗地。至康熙六十年辛丑四月廿一日,版寮糟碓背白沙嶺子孫晲叔公、旦叔、慎弟同我春雅子孫蔡老與榮求等,因岐嶺薛婆太之蒸嘗田被陳家强掘爲伊墳腦界水,兩相較毆,互控於永邑南門。次房德興公之子孫新泰叔公遣人來尋,於是版寮、春雅子孫齊到永邑,欲與之訊審。幸而公親勸解處息。回來笙竹巷看視笙竹巷祖厝,因而看視牛斗地墳墓不吉。於是將百三郎公之骨骸負回,姑暫寄版寮新寨大樓後亭塚中,至雍正五年丁未四月初三日辰時,葬於靖地版寮胡洋坑,坐蛇仔地,坐巳向亥兼巽,用丁巳丁亥分金。葬後隨即版寮糟碓背阿涯在臺灣進泮。而靖地進泮。住川衛士在川進泮。而我村雅石唐、振文在臺灣進泮。靖地啓公、卿老、吴壯、亦樑、魏亨、公輝聯進泮。而在臺石保、信郎、元生俱接踵而進泮。烏東坑木延之孫羡子在臺灣進泮,與靖地連進十餘人,指日登科發甲,大振家聲。於版寮、村雅兩房公議,共約逐年得於清明前春社日祭掃百三郎公之墳墓,不許改易别日。

陸世祖千八郎公,生男長萬二郎,諱號維賨,初謚千八郎,後謚萬八郎,係百三郎公之次子也。娶廖氏。公原居永邑笙竹巷掌上,後與長胞兄千七郎公同移遷於靖地版寮凹門、糟碓背、白沙嶺、竹圍坑等處居住。

公賦性敦樸,沉默守義,型家睦里,夙喪父母,事兄謹慎,敬畏藝。遊版寮,相其地,藝足其子孫計,乃謀於兄曰,能得此地,是子孫萬世之福也。可惜重遷之勞而安故土,始與兄挈眷而居焉。娶得廖氏六娘,性稟柔順之美,盾成内助之賢,相夫播遷之不戀故土,别立産業以成家,派衍螽斯以肇慶。而公卒葬版寮寨後窠,妣卒葬後隔墟里。

七世祖萬二郎公,生男長孟三郎,諱仲廣,號維賢,謚萬二郎,係千八郎公之長子也,娶陳氏三娘,生一子。公賦性樸盾,事親勤謹,嗜詩好義,品行端方,周規抄矩,義方垂訓,宗被其惠,鄉崇其行。娶得陳氏三娘爲室,内則攸閑,恪守中饋,敬事翁姑,順相夫子,撫育男女。而公卒葬版寮社尾塔下里夾溪潭,坐艮向坤兼丑,用丁未丁丑分金,號曰天虹貫水形。妣卒葬版寮李和村西山斗,坐寅向申兼甲,用庚寅分金,號曰天龍形。

八世孟三郎,九世永貴,十世欽榮,十一世群。

拾壹世祖,定譜貳拾世祖,臺灣開基始祖群公,生男長吾英,諱宗炯,名群,謚温恭,係廷桂名維公之長子也。娶和邑琯溪高磜楊氏,生一子,一女桃娘適曹來官。

公原居於唐山村雅嶺頭下學,自於乾隆拾貳年丁卯四月間,父母兄弟妻子一齊至臺灣北路内港而居焉。

公賦性敦樸,剛直良善,沉默守義,品行端方,睦族憐里,備孝友弟,躬耕色養,勤謹治家,營立産業以遺子孫,嚴肅訓誨,亦是義方之士也。又得楊氏内助之美,稟性和柔,端方守義,克勤克儉,孝順翁姑,相夫教子,廣行濟急,此真是良善好逑匹也。

公生於雍正五年丁未九月初一日巳時,享壽八十四歲,卒於嘉慶十三年戊辰五月十七日未時,葬在水碓窠尾,後改葬在永貴祖蒸祀宅内,坐西向東。

妣楊氏儉娘,謚義德,生於雍正五年丁未八月初二日巳時,壽享九十三歲,卒於嘉慶廿四年己卯九月十九日卯時,葬在八里坌保州仔内牛屎坑。

(《[臺灣桃園]南靖村雅欽榮派下劉氏族譜》 清同治稿本)

南靖春雅劉氏源流世系叙略

中世始祖祥公,即後主之子也,未嗣帝位自江南遷移福建汀州府寧化縣石壁洞。墓八仙棋形,坐西向東,公婆合葬。

二世翰林院錫公,葬在石壁洞,七星伴月形,坐西向東。公婆合葬一穴。

三世沐公,葬在石壁洞,走板鞍形。公婆合葬一穴。

四世若還,官授浙江榮禄大夫。葬在寧化縣福村水口,上水海螺形,坐西向東。公婆合葬一穴。

五世翰林院向,葬在大華山,大坐人形,坐西向東。

六世龍圖,狀元及第。葬在寧化縣東山下,猛虎跳牆形,坐西向東。妣合葬一穴。

七世任,葬在寧化縣欄背村,西牛望月形,坐東。男長名法聰,住興寧西廂雙溪口洋坡城内東門,又分連平州。次名法明,住興寧雙溪水尾麻坑芹菜洋。三名法旭,住興寧坪墐上湖陂。四名法慧,住雙溪神宫窩口塘寨,又分連平州。

次子致和,妣傅氏,生三子。男長名七九,住龍花壩烏泥塘。次名濟公,妣潘氏,住武門下甘塘下吉昌屯。三名仁傑,妣温氏,住麻嶺下含水塘。

廣傳公妣馬氏四子,名巨淵,念四郎,妣李氏,妾練氏、朱氏,生八子。長濾,官授浙江寧波府副總府,妻盧氏、陳氏,住潮州海陽縣湖洋市,分潮陽縣城内。次澐,妣饒氏,住海澄縣南洋菴頭,又分黄崗下。三清,妣廖氏,住大埔縣。四海。五澄,妣古氏、董氏。六洤,妣吴氏,住福建漳州府,又分詔安縣。七滄,妣趙氏。八深,妣林氏、洪氏,住普寧縣。

廣傳公妣馬氏五子,名巨海,念五郎,官授雲南運使,妣羅氏、方氏生九子,住南雄府始興縣砂水村,分又南海縣、順德縣、新惠縣。長子貴,妻莫氏。

廣傳公妣馬氏十二子,名巨漢,妣顔氏,生四子,住福建汀州府寧化縣石壁洞等處。長子念一郎,名鳳山,妣邱氏,住梓里,分居肇慶府武縣。次子念二郎,名鳳林,妣張氏、朱氏,住上杭縣,分長汀縣、長樂縣棉羊等處。三子念三郎,名鳳祥,妣賴氏,官授肇慶府知縣,住三甲塘黄洞。四子念四郎,名鳳梅,妣方氏,住漳州、福州。

廣傳公妣楊氏十三子,名巨浩,官授貴州察院,在任終,未回家。妣吴氏、張氏,生五子,即住貴州城内,又分雲南。後陞三邊總置,即住北京城内海帶門。次子浪,妣包氏,官授内朝一品,榮封三代,住順天府良鄉縣城内。

詳志備物有分祭祖。萬億祖墳墓在古鎮坪,前後各有牌記。右邊都是廁池。春雅、阪寮叔孫備牲醴粿,於春分日同南門叔孫祭獻。其豬羊公祖所辦,祭畢照前程分胙後,春雅、阪寮同備饌盒陪祭德興公。

開基始祖妣薛婆太,在金豐里崎嶺大路面,象鼻形,右邊上角虚墩一穴,墓牌聯對:二州源流遠,一本派還長。此墳春雅、阪寮同備牲醴粿祭掃。

太始祖廣傳公,妣馬氏、楊氏。始祖一郎公,乃是廣傳公十二子名巨漢之後矣。福建漳州府南靖縣春雅劉姓源流族譜,自永定縣南門劉萬億公爲一世開基始祖,傳長子行甫公,念九郎,遷居於金豐里笙竹巷帳工里居住,是爲二世祖。傳至六世祖千八郎公,再遷於靖地阪寮居住。

又傳至捌世祖及永貴公,再遷於習賢里山根兜堀里灣。厥後與子欽榮祖移居於春雅,因之建功立業,大振家聲焉。阪寮、春雅公租二十桶,田畝公完,雞二隻,租飯二頓。

阪寮私租四桶十二昇,田畝阪寮私完。薛婆太公租三十七桶半,共九十七分,扣除四分,實九十三分,阪寮十一分,春雅六分。

居汀州二世祖念六郎,系始祖十一郎公之四子也。念六郎生下二子,長四六郎,次四七郎。而三世四七郎即二世念六郎之次子也。四七郎生下三子,長萬一郎號義賢,次宗海,三千一郎號萬億即永定縣古鎮坪之始祖也。

春雅肇基始祖永貴公,諱念一郎,謚啓宇,行一。初娶阪寮五家寮陳氏二娘,生一子諱欽榮。二娘早喪,繼娶胞妹三娘,生三子。長欽榮,次欽華,三欽偉,四欽傑。公生於明永樂廿二年甲辰五月初三日巳時,壽六十三歲,卒於成化廿二年丙午六月初五日午時,葬在春雅甘棠湖,坐巽向乾兼巳亥,用庚辰庚戌分金,蛇仔形。妣二娘,謚齊肅,生於宣德元年丙午四月十一日辰時,壽二十一歲,卒於正統十一年丙寅十月十四日。

(《[福建南靖]南坑春雅劉氏歷代源流族譜》 1926年鈔本)

南靖村雅欽榮公本派譜説

一四二代一世祖萬億,謚十一郎,妣郭氏、薛氏,公景泰四年癸酉在東蘇里住汀州府永定縣南門外分南靖縣桂竹巷林詹堡村雅社板寮,爲開基始祖。始葬南靖縣烏東院,後移永定縣南門外古鎮坪。生三子,行甫、德興、德甫。

公生於元泰定甲子元年正月十一日,卒於明洪武丙子二十九年三月十三日,壽享七十三歲,在南靖縣桂竹里建立追繼堂一座。德興居永定南門外,德甫移崎嶺團林。

一四三代二世祖諱行甫,謚念九郎,生於元順帝甲申二月十一日辰時,壽七十六歲。妣黄氏生於元順帝乙酉年三月十三日巳時,生一子念六郎。

一四四代三世祖諱念六郎,生於洪武元年戊申五月十二日辰時。妣賴氏生於洪武庚戌年二月十八日午時。生二子,長仁珊,次仁珍。

一四五代四世祖諱仁珍,生於洪武丁卯年六月八日巳時。妣林氏三娘,生於洪武丁卯年九月二日巳時。生三子,長百三郎,次百四郎,三百五郎。百四郎移居廣東饒平縣。百五郎原居桂竹巷,生一子,十二郎。

一四六代五世祖諱宗興,謚百三郎,生於永樂甲申年三月十三日辰時。妣廖氏四娘。生三子,長七郎,次八郎,三九郎。

一四七代六世祖諱崇實,妣廖氏六娘。生二子,維真、維賢。公版寮分居本縣吉州堡永豐里施洋總棧頭凹門樓甲崁下田中,爲分居祖,在烏石洋前建立樓祠壹座。

(《[臺灣]劉氏宗譜》 1986年鉛印本)

南靖金山新村劉氏世系淵源譜記

吾家自大舉公發源於莆,玉溪公甫五世始一譜以記之,歲在正紀丁卯。叔祖遵性能輯其煨燼而存之。然獨詳其一派,餘皆闕焉。於是各支遂自爲譜,五世而下俱不相統一。先考行庵與從兄行役、族兄朝重,痛非一本之義也,復輯而同之,具草稿未就,歷三載而三公相繼即世,遭不肖參互考訂，命介侄赫輩搜訪各房宗支，凡生平娶葬無不備文。志七世而上，同爲一案，重本源也。七世成憲所有者，點書不敢增損。而其間不能無消磨失次者，安得不參究而更詳哉。噫，祖宗積慶，世衍於今，且日就蕃昌，光照恒赫未艾也。

願相與各竭力搜尋，敬承先意，庶子孫知一本之義，而相親相睦，俾奕世繼承之無已也。而無如遠近不同，親疎各別也。或居異地，或托殊方，支窮其分，派遡其合，既然一年可就，又豈終朝立竟，倡之匪易，修之實難。合問伯叔，遍及兄弟，或損沙塵之費，或作指南之引，大伸義舉，庶可知祖宗源本之所由來也。謹書以志之。時在嘉靖二十七年戊申孟春月，十世支孫勝於會叔。

又吾族自大舉公至振卿輩，已十四世於兹矣。生齒漸繁，姓不一，乙未冬與伯璋，侄洪祚、璋祚，俱府學，談雄略、撫邊疆而弼國家之治者也，苟非巨才不輕畀焉爾。原福縣尉命由三禮通直大夫劉大杞發蹟登第，克奏凱音，文德武功，爲爾能是用，進爾階武德將軍，鎮漳州路，即賜勅命以作爾榮，尚其矢公矢慎，毋怠荒，欽哉。

詳查明朝未建海澄城時，有二十四時作亂，所以四世以下至十四世上神主墳墓失落難稽。迨至清初，又遭國姓之兵，骨肉分離，不得其詳。當時海澄城被困日久，開城逃散甚多，無從查考。先人每值年節，多排盞箸，呼請列親同來鑒納。

緣本家族譜，前年文侯伯收存。乾隆間不知何人向泰姆借去，至今無從查尋。後日節望公派下抄撰此處，如有結局，未知接續如何。

清道光七年丁亥仲冬月珊圖開基十五代孫遜宫重修譜序

相傳古昔盛時嘗業，在洛橋高車亭等處。順治九年壬辰變亂，祠宇折毁，骨肉分離。今所存者，僅有内樓瓦屋五間，外樓河溝一條，配上會社前小陸門一口，又溪石磐巖伍口，林坑墳山壹侖而已。

祠堂先本是坐東向西。及至其忠公登第，改坐北朝南。

奉祀始祖考宋武德將軍莆陽劉公，始祖妣太乙恭人儀範姚氏劉媽，二世祖考八十致政晦溪劉公，祖妣十五娘孺人端懿許氏劉媽。

二世望隆公，字晦溪，襲父爵。生五子，長文榮，次義榮，三德榮，四禮榮，五景榮。祖考妣配主二位，至大清乾隆五十九年甲寅，洪水爲災，祖祠後傾圮。至嘉慶二年丁巳平基架造，長房玄孫集卿公派下，樂充銀壹仟壹佰餘員，配享集卿公考妣神主壹對，晉附中龕，龕内神主壹拾捌位。

景榮公，諱玖，乃望隆公第五子。娶妻陳氏，謚貞淑。生四子。長乳名均保，字明真。次乳名均源，字國昌，妣錢氏，謚貞孝。三乳名均玉，字明韞，妣李氏諱旺娘。四乳名均輔，遷廣東省居住。

建壹祠在澄邑南門外月港尾。

大杞祖似續祖父亦錯，兹自清嘉慶二年丁巳海澄認祖後，往海澄内樓向房家長請出始祖舊譜，抄録支派源流，分别詳悉分明。而祖廟之甲第簪纓，德行道述，亦歷歷可稽。今將所歷原委謹書於上，俾後世子孫便於觀覽，無闕疑焉。再稽。

珊圖開基鼻祖均保劉公，諱賢，字明真，乃景榮公之長子，位三十九郎。生於元朝成宗八年壬寅五月二十日辰時，卒於洪武廿九年丙子十一月初三日吉時，享壽九十五歲，謚質樸，葬在内村金星盂，墳坐巽兼辰，周圍左砂尾崩壟，承歷蔭林至墳脚石墩，並明買林家山畬帶杉松竹木。

祖妣陳氏五娘，生於元朝成宗十一年乙巳臘月初七日巳時，卒於明朝洪武廿七年甲戌六月十八日吉時，享壽九十歲，謚莊慎，葬在大寨尾金星盂。因崩山失之。至清嘉慶己卯年鳩集族長公議，立銀牌以爲我祖骨殖，葬在内村鼻祖墳側石墩。憑舊譜載，均保祖遷居巖角山頭後廳，娶陳長者之女，生下八子，興元、興隆、興進、興盛、興亮、興福、興載、尾興。

興進、興盛遷居潮州。興亮遷平和新安裏地硿兜和溪。興福、興載遷清寧里翠微東舖居住。

祠壹座，址在高山老厝坪。系隆慶三年十二月第八催伯敬、伯安、伯强、神政仔賣與族衆建祠祀祖，議盡價銀壹拾兩，内伯敬等出銀肆兩，自辨應當役，族衆出銀陸兩，交伯敬等收，當世文一股身户役，其祠許伯敬等居住，焚香灑掃無失。如有私典私賣，執契告究，安等甘坐毁祠重罪。

立契書一紙。

本祠龕内中祀始祖考妣神主壹對。

（《[福建南靖]金山新村彭城劉氏族譜》　清道光七年三修　清宣統三年補録稿本）

汀漳潮劉氏淵源分佈

祖諱宗臣，號石波，其墓鐵銑封閉，世號鐵墓志，葬在寧化縣石壁洞，五虎擒羊形。妣謝氏，生八子，五府道三縣令，龍虎鳳凰分派，仍有四房流下漳州並外省。

子裔分佈潮、惠、桂、漳、厦、泉、汀。閩粤贛臺四省數百鄉支系。

忠公妣賴氏，生四子，宗華公、嵩公、惠公、智公。亦分白侯松柏坑，復移漳州南靖山城等處居住。

祖諱巨淵，妣李氏，庶陳氏、朱氏，生八子。六淦公，妣吴氏，派裔住漳州、厦門、雲霄，又分詔安縣。

祖諱巨漢，妣彭氏，生四子，住福建省汀州府寧化縣石壁洞，又分永定縣永豐里竹橋頭。長子念一，號鳳山，妣邱氏，住興寧縣石壁洞，又分廣東肇慶府居住。次子念二，號鳳村，妣張氏、朱氏，住汀州府上杭縣來司前田背，又分長汀縣樂棉坪。三子念三，號鳳祥，官授廣東肇慶府陽春縣大尹，住三甲塘黄洞。四子念四，號鳳梅，妣游氏，住漳州府厦門又分福州府泉州府。

巨深公六子淦公，妣吴氏，住福建省漳州府厦門雲霄，又分詔安縣。

四世祖諱證，謚宗支公，妣古氏、董氏，生一子流行，居平和饒平。

七世祖文明，由大埔松柏坑移白侯溪南田虔後，派官宅遷居平和甜竹子。

八世祖二郎，遷居平和甜竹子，轉移後大豐，遷郅東溪畲坑築祠。

（曾先生代修《[福建平和]劉氏族譜》　清咸豐七年二修　清光緒鈔本）

閩粤贛臺劉氏淵源枝派系略

鳳公管授江南淮安府道憲。婆朱氏、賴氏。調選江西南昌府按察。婆曾氏後流漳州。又寓寧化縣，又遷上坑，共四人。官宗公葬在福村水護塘，仙人面咽喉穴。時封奏紫金光禄大夫，墳溶生鐵封閉墳塚，曰鐵墓。今往福建汀州府寧化縣石壁洞水口，五虎擒羊穴。

宗臣公生八子，三縣令，五府道。餘四子分派各居，惟龍公宇故址，生開七公，婆黄氏、龔氏。後開七公任廣東管授潮州府三十六總統，就在梅州立業，生下廣傳公，婆馬氏、楊氏，授江西贛州府瑞金縣正堂，得生龍口一穴，豬眠褥子狗眠氈，土名龍塘背。公婆三位合葬一穴。後分上杭縣、興寧長樂、龍川縣、程鄉縣。馬氏生九子，楊氏生五子，共壹拾肆房，同居各葉，散植州縣，各各挺秀昌後，開録於左：

馬長巨源公，婆林氏、賴氏。

馬次巨淥公，婆張氏、李氏

馬次巨洲公，婆馬氏。

楊次巨淵公，婆陳氏。

楊次巨海公，婆廖氏。

馬次巨浪公，婆李氏。村雅傳孫。

馬次巨波公，婆曾氏。

馬次巨漣公，婆張氏、白氏、李氏。

馬次巨江公，婆賴氏。

馬次巨淮公，婆吴氏。

楊次巨河公，婆梁氏。

馬次巨漢公，婆黄氏。

楊次巨浩公，婆胡氏。

楊次巨深公，婆鍾氏。

馬氏生九子。

楊氏生五子。

長房巨源公，婆林氏、賴氏。住惠州府興寧縣，土名水羅塘羅浮司石馬官莊龍歸洞背黄坑尾。生捌子，各處立業，子孫四代文武不乏：

長男大萬公，婆温氏、王氏。住在興寧土名羅岡，分支永安縣上誼龍頭新村約。

次男福二郎公，婆楊氏。住土名水羅塘，分居歸善縣黄沙洞居住。

三男俊三郎公，婆林氏、范氏。住土名羅浮司半經，分支青溪河源縣居住。

四男宗淵公，婆陳氏。住土名石馬，分支江西安遠縣住居立業。

五男漸九公，婆黄氏。住土名官莊，分居長寧縣百口塘立業。

六男千九郎公，婆黄氏。在土名岡背魚田聯李遥心住居立業。

七男千十郎公，婆張氏。住土名黄坑尾，分支博羅縣沙莊横河墟長江何家田居住。

八男三十三郎公，婆鍾氏。住土名龍歸洞黄石下，分支河源縣南湖陡居住。

次房巨淥公，婆張氏，住潮州府程鄉縣土名蛇坑大湖洋等處。生七子，分居各處，文武不乏：

長男法禄公，婆黄氏、温氏。住程鄉大湖洋，分居歸善縣居住。

次男帥追公，婆鄭氏。管授大將軍，後移興寧縣井下住居。

三男法教公，婆李氏、陳氏。住土名藍井武坑石合子，分一支平遠縣山口龍虎墟住居。

四男萬四郎公，婆謝氏。住居合子里，分一支潮陽縣南洋居住。

五男萬五郎公，婆張氏，住程鄉縣石扇洋門，分鎮平縣高陂，又分平遠，又分惠州居住。

六男法通公，婆藍氏。移居潮陽縣鶴園住居。

七男十四郎公，婆蕭氏。住在潮樂清溪三磊竹村。生二子，漢字分支。

叁房巨洲公，婆馬氏。住惠州興寧縣土名雙溪麻嶺下武門内甘塘吉昌，分石城縣立業。生二子。子孫昌盛：

長男志忠公，婆李氏，生五子。長法聰公，住興寧。次法明公，住新州。三法旭公，住上公莊。四法惠公，移居連平州。五法山公，住武門下甘塘。

次男志和公，婆潘氏，生二子。長壽山公，住程鄉松口，分居在百口塘。次七九郎公，住興寧龍花鎮。

肆房巨淵公，婆陳氏、吴氏、朱氏。住惠州府龍州，土名七約潭。生下五子：

長男志聰公，婆曾氏、駱氏。住七約，分支連平州，又分龍州縣。

次男志明公，婆許氏。住公門鲞頭，分居龍川州岡頭梅村渡居住立業。

三男志通公，婆唐氏。住長寧百口塘屯子。

四男志祥公，婆范氏。住和平鵝子塘黄沙。

五男志高公，婆甘氏、邱氏、張氏。住江西興國縣陽口田村。

伍房巨海公，婆廖氏、高氏、胡氏。住贛州瑞金塘背。分南雄大夫，始興國縣土名井頭住居。生七子，分支中都上杭縣田背村，昌後：

長子漢省公，婆郭氏。居廣東南海縣佛山赤嶺下。

次子漢明公，婆黄氏。居廣州府增城縣馬車白石三江。

三子漢宗公，婆林氏。住南海子洞，分支香山城内。

四子漢源公，婆巫氏。住從化縣西村，分支潘需山茅。

五子漢城公，婆邱氏。無傳。

六子漢友公，婆羅氏。住肇慶陽江縣内。又分旋石，系大有公問創。又分海頭浪溪村。

七子漢遠公，婆卜氏。住順德縣龍山，分居龍合城内，又分東莞茶園。

陸房巨浪公，婆李氏、曾氏。住惠州長樂縣，土名黄肚湖。生六子建業：

長子高千公，婆麥氏。住長樂縣雙頭村赤嶺下。

次子成宗公，婆李氏。住黄肚湖筲箕寨。

三子六十郎公，婆張氏。居雙頭村林湖檬樹排，歸善龍笏。

四子四七郎公，婆黄氏。住潭下天洋度童子圍，分博羅。春雅傳孫。

五子二十九郎公，婆吕氏。住横流渡鷓鴣嶺下。

六子四八郎公，婆張氏。住金坑南洞龍村。

柒房巨波公，婆曾氏、王氏、陳氏。管授四川省提學。來至惠州歸善縣土名學背。分舡凹三角湖青遷，分一支新安朱嶺，又分永平鐵江。生肆子，子孫昌盛立業：

長子桂科，婆黄氏、邱氏、余氏。住歸善縣李背李坑屯居住。

次子桂支公，婆廖氏、永氏。住江凹，分阿曲灘三角湖。管授湖廣省常德府大夫。又分博羅沙莊居住。

三子桂魁公，婆陳氏。住青遷。分支斷安朱弗嶺下、龍川、永青田坑林市村麻田。

四子桂文公，婆何氏、孟氏。住永平鐵江，分龍門縣永青居住。

捌房巨漣公，婆張氏、白氏、李氏。住惠州興寧縣，土名鹽米井下。生七子，分派各處：

長子法清公，婆彭氏。住興寧縣鹽米砂仙人寨，惠州府黄塘居住。

次子法傳公，婆黄氏。住鹽田力岡埔，又分縣下。

三子十三郎公，婆黄氏。住南廂大橋，分黄砂嶂下。

四子七十三郎公，婆何氏。住南廂松林子下保，分連陽。

五子八十四郎公，婆姜氏。住南廂水口司背，分連平。

六子議十郎公，婆侯氏。住南廂中保永安縣龍窩。

七子九十九郎公，婆何氏。住南廂天子印，分一支河源。

玖房巨江公，婆樵氏、楊氏。住江西南安大萬城内。生四子，分支各處立業：

長子萬淵公，婆蕭氏。住大禹縣城内，分安遠縣坪。

次子萬宗公，婆熊氏。住龍泉羅塘，分惠昌。

三子萬良公，婆陳氏。住信豐縣小江口，後分定省。

四子萬球公，婆鄒氏、蕭氏。住江西龍南，移廣東肇慶府恩平縣圓江鎮屯，分經口大砂立業。

拾房巨淮公，婆吴氏。管授浙江寧波府副總。住江西南昌府新建縣仙華村。生三子，分支吉安立業：

長子登國公，婆錢氏。管授廣信府金雞縣城守。

次子登堂公，婆顔氏。公十七歲進泮，後中進士。住居吉水。

三子登祥公，婆林氏。公耀甲第。住新建縣生華村，後分合江縣處所居住。

拾壹房巨河公，婆梁氏。公管授湖廣寶慶府大夫。住江西贛州府瑞金縣塘背。生五子，各處立業昌後：

長子寧喜公，婆熊氏。住瑞金縣塘背，分一支泰和縣住居。

次子寧佩公，婆王氏。住禹都縣江口，分支清江縣璋村。

三子寧遠公，婆闞氏、曾氏。公管授雲南鎮源府平溪衛，未回，就處立業。

四子寧淵公，婆葛氏。公授朝内兵部尚書。

五子寧源公，婆康氏、程氏。住廣東省。管授益陽縣正堂。後回潮州潮陽縣立業。

拾貳房巨漢公，婆黄氏。住潮陽縣、大埔縣弓州大蟆，分支海陽縣芙蓉市，又分竟平石井，又分上杭、永定各處，建創綿嗣。生六子：

長子淵公，婆徐氏。住大埔縣弓州，又分海陽縣。

次子深公，婆李氏。移居饒平石井，又分上杭、平和。

三子澄公，婆姜氏。公授河南懷慶府大夫。在河南立業公平。

四子海公，婆田氏。住普寧縣州子下林，分海豐縣分平。

五子顯公，婆嚴氏。住惠東縣莊林花坑，分澄海城内。

六子洪公，婆蔡氏、江氏。授湖廣長沙府湘潭縣正堂，就處立業。

拾三房巨浩公，婆胡氏、郭氏。住江西袁州府分宜縣。生七子：

長子月灝公，婆傅氏。住袁州分宜縣東廂。

次子月波公，婆沈氏、王氏。住吉安府福縣羅村悟城内。

三子月洪公，婆鄒氏。公授雷瓊二府道，在雷州立業。

四子月廉公，婆孔氏。住江西龍泉縣曹林馬家橋頭灣。

五子月池公，婆吉氏。公授朝内烘爐卿，至武州府許灣。

六子月桃公，婆陳氏。公授惠州府平和守府，就寓和創業。

七子月梅公，婆寧氏、鄭氏。移福建汀州上杭永昌住居創業。

拾肆房巨深公，婆鍾氏。公授廣東道，原在江西建昌府城内華街，分支浙江省衢州府。生二子，各處立業，子孫齊美：

長子湯公，婆洪氏、馮氏。公授朝内吏部考功士。原居建昌府城内，後分居吉安府廬陵縣爲嗣建業。

次子浪公，婆吉氏。公授泰和縣儒學正堂，後分支吉水縣良樂村，貽謀子孫。

細按舊譜，以上派來州縣，固已源泉本本，獨至上杭以後，生枝發業未有確處，今漕確背派下等欲尋由來真派，須到上杭忝訪耆老，遍稽故譜，脈絡分明，以便追遠耳。

四七郎公，婆黄氏。住潭下天洋渡童子圍，又分博羅。公系巨浪公之四子也。生三子，長，次，三萬億公移居於永邑南門内而居焉。

按劉氏肇始彭城陶唐氏之後，授封於劉氏。傳至元朝仁宗皇帝延祐二年乙卯七月，贛州蔡九五賊作亂，從瑞金縣一路擄掠至汀州，打破汀州城，攻陷寧化縣，大遭禍患。壬戌九月，蔡九五賊伏誅。於時一支系十一郎公、婆郭氏七娘，因攜沿山避難，移居於上杭縣田背住居焉。後有一派遷居於永邑南門。

（《[臺灣桃園]南靖村雅欽榮派下劉氏族譜》 清同治稿本）

（九）楊　氏

海澄英埭楊氏淵源略

始祖諱亮節楊公，始祖妣孺人林氏。公以昭陽戚畹士宋爲處置使，端宋南遷，以公扈從，船至崖山，帝昺沉海，皇太后赴水而死。時公奉使間關，進退不得，恥爲元臣，遂隱居於寶珠石山邊居焉。

子世隆公乳名盛，生於宋理宗淳祐三年癸卯正月廿六寅時，卒於元泰定元年甲子。

（《[福建龍海]海澄英埭楊氏家譜》 1969年鈔本）

弘農楊氏得姓源流

楊氏之先，其先出於姬周宗室，爲武王之穆，唐叔虞之苗裔，自後稷以來十七世孫。初，武王崩，太子誦立，曰成王。成王有弟四，邘叔、叔虞、韓叔、應叔，先後皆受封。有封於邘，邘亡，子孫以國爲氏，去邑爲于氏者，邘叔之後也。有封爲韓侯，韓爲晉滅，以國爲氏，避難改曰寒氏者，韓叔之後也。有封於應，爲應侯，國亡，以國爲氏，曰應氏者，應叔之後也。有封於唐，嗣改曰晉，霸於春秋者，則叔虞之後也。唐之地，爲御龍氏之故國，其於成王少時，周公攝行政，唐有亂，周公誅滅唐侯，以唐故地封叔虞，爲姬姓叔虞之國，在河汾之東，方百里，因曰唐叔虞。叔虞，初封之祖也，姓姬氏，字子於，位侯爵。

叔虞有子三，長曰燮，徙居晉水，始改國曰晉，爲晉侯。次曰良，食采於解，子孫爲解氏。又次公明，於康王時封邑於賈，謂之賈伯，子孫爲賈氏。

晉宗之後，燮公傳武侯寧族，寧族傳成侯服人，服人傳厲侯福，福傳靖侯宜臼，宜臼傳釐侯司徒，司徒傳獻侯籍，籍傳穆侯費生。費生娶齊女姜氏爲夫人，生太子仇，又生少子成師。晉人師服曰，異哉，君之命子也。仇者，讎也。少子曰成師，成師大號，成之者也。名自命也，物自定也。今適庶名反逆，此後晉其能毋亂乎？

穆侯卒，禍起。先是，穆侯弟殤叔自立，太子仇出奔。殤叔立四年，公元前七八一年，仇攻殤叔，立爲文侯。文侯卒，子昭侯伯立。昭侯元年，公元前七四五年，封文侯弟成師於曲沃。曲沃地大於晉都翼，號曲沃桓叔。桓叔受封時，年已五十八，好德，晉國之衆皆附焉。而靖侯庶孫欒賓相桓叔。七年，公元前七三九年，晉潘父弑君昭侯而迎桓叔，桓叔欲入晉，晉人攻桓叔，晉與曲沃，由是相仇。

晉立昭侯子平爲君，是爲孝侯。孝侯八年，公元前七三二年，曲沃桓叔卒，子鮮爲曲沃莊伯。十五年，公元前七二五年，曲沃莊伯弑孝侯於翼。晉立孝侯子郄，是爲鄂侯。鄂侯六年，公元前七八一年，莊伯興兵攻晉，周平王使虢公將兵伐曲沃。晉立鄂侯子光，爲哀侯。

哀侯二年，公元前七一六年，曲沃莊伯卒，子偁代立爲曲沃武公。武公時，曲沃坐大，殺哀侯與哀侯子小子侯，於哀侯弟緡立之二十八年，公元前六七九年滅晉，盡以其寶器獻於周釐王。釐王命曲沃武公爲晉君，列諸侯，爲曲沃入晉之始。

武公九，爲故晉穆侯曾孫，曲沃桓叔孫，莊伯鮮之子也。其自桓叔初封曲沃，迨於滅晉，凡六十七年。武公立曲沃，亦已三十七年。代晉二年卒，與曲沃通年，得三十九年。長子獻公詭諸立，獻公弟伯僑，並歸周，食采於羊舌之地。

伯僑生文。文生突，世士晉君，號羊舌大夫。獻公十六年，公元前六六一年，晉侯作二軍，獻公自將上軍，以太子申生將下軍，滅霍，滅魏，滅耿。十七年，伐東山赤狄，以羊舌大夫突爲申生軍尉。

惠王廿一年，公元前六五六年，晉有驪姬之禍，太子申生被誣自殺。公子重耳去國走齊，夷吾走秦。公元前六五一年，獻公卒。秦人以夷吾入晉，立爲惠公。惠公十四年卒，子圉立爲懷公。時重耳在秦，秦使人殺懷公，立重耳爲文公。文公爲賢侯，勤修晉政，施惠百姓，晉人多附焉。立九年卒，子襄公立。襄公九年，公元前六二一年卒，子靈公立。周匡王六年，靈公十四年，公元前六〇七年，趙穿弑靈公，趙盾使穿迎襄公弟黑臀於周而立之，是爲成公。初，驪姬之亂，詛無畜群公子，自是晉無公族。及成公即位，又以宦卿之適而爲之田，以爲公族。又宦其餘子，亦爲餘子，其庶子爲公行。晉於是復置公族，有餘子、公行。公族，爲晉侯之同祖裔孫也，唯趙盾請以趙括爲公族，成公許之，爲公族大夫。餘晉之厲公。厲公立八年，公元前五七三年，遇弑。晉人立襄公曾孫糾，是爲悼公。悼公即位，始命百官，以羊舌職佐祁奚中軍尉。職，性聡敏肃结，素享贤名。

職公有子五，長赤，次肸，次鮒，又次虎，又次季夙。自晉成公置公族以來，皆置食邑田。赤字伯華，爲銅鞮大夫，或曰銅鞮伯華，悼公三年，代父職爲中軍尉。肸字叔向，食采於楊，則晉獻公所滅楊侯之國。鮒字叔魚，虎字叔罷，食采平陽，共號羊舌四强族。叔向，又稱叔肸，博識而多聞，能以禮讓爲治。悼公時求治，大夫汝叔齊知叔向之賢，薦之悼公。悼公十四年，公元前五五九年，乃召叔向使傅太子彪。次年，悼公卒，彪立爲平公，叔向爲太傅，數从公会盟诸侯。平公二十年，公元前五三八年，副韩宣子使楚，楚灵王欲傲以所不知而不能，遂厚其礼。二十二年，公元前五三六年，鄭人鑄刑書，叔向貽書子産以規勸，仲尼稱之爲遺德。

叔向有子曰伯石，字食我，爲叔向娶夏姬之女所生也。食我，因食采於楊，故曰楊石，又曰楊食我。

晉自文公以來，求治，修政，會盟，而盟主諸侯。唯降及平公末年，六卿漸强。公之十四年，公元前五四四年，延陵季子來使，即與趙文子、韓宣子、魏獻子語曰：晉國之政，卒歸此三家矣。

十九年，公元前五三九年，齊使晏嬰如晉，叔向曰：晉，季世也。公厚賦爲臺池而不恤政，政在私門，其可久乎。

初，平公之六年，羊舌虎坐欒盈出奔楚事，見殺於范宣子。二十六年，公元前五三二年，平公卒，子昭公立。昭公三年，羊舌鮒攝司馬。六年。昭公卒，子頃公立。六卿益强，公室卑。頃公八年，公元前五一八年，羊舌鮒以罪死。

頃公十二年，公元前五一四年，韓宣子老，魏獻子爲政，六卿欲弱公室。六月，食我與頃公之宗家祁奚孫相惡於晉侯，予六卿可乘之機，遂以法盡滅羊舌氏、祁氏二族，並取祁氏之田以爲七縣，羊舌氏之田爲三縣。至是羊舌氏之宗告亡。

初，叔向欲娶於申公巫臣氏女，夏姬之女也。叔向母欲其娶於母党，叔向曰：吾母多而庶鮮。其母曰：子靈之妻殺三夫一君一子而亡，一國兩卿矣，可無徵乎，吾聞之，甚美必有甚惡。夫有尤物，足以移人，苟非德義，則必有禍。叔向懼，不敢娶，平公强使娶之。生伯石。始生，子容母走告於姑曰：長叔姒生男，姑往視之，及堂，聞其聲而返，曰：是豺狼之聲也，狼子野心，非是，其喪羊舌氏矣。遂弗視。而羊舌氏果滅於伯石。

羊舌氏既滅，叔向子孫有逃於華山仙谷者，隱姓，遂以故食田邑楊爲氏，是爲弘農楊氏之先。

晉宗，則復傳定公，定公傳出公。出公十七年，公元前四五七年，六卿相拼，智伯與韓趙魏共分範中行二氏地以爲邑。出公怒，告齊魯，欲以伐四卿，四卿恐，遂攻出公，出公奔齊，道卒。昭公曾孫驕立爲哀公。哀公卒，子幽公立。幽公時，反朝韓、趙、魏之君。晉獨有絳、曲沃之地，餘皆入三晉。幽公卒，子烈公立。烈公十九年，公元前四〇一年，周賜三晉皆爲侯。烈公傳子孝公。孝公傳靜公。靜公二年，公元前三七六年，三晉遷靜公爲家人，晉絶不祀。

溯晉自叔虞封唐以來，至翼侯十五世十七君，曲沃代晉又十六世二十一君，都七百二十四年，而楊氏之姓出，先於晉亡百三十八年。其後晉失祀，而楊氏開宗，裔胄緜延，而曰望出弘農。

（唐羽總纂《［臺灣宜蘭］蘭陽福成楊氏族譜》 1986 年臺灣稿本）

平和楊氏汀州寧化淵源敘略

八十五世和邑九峯楊厝坪開基始祖念三公，慎字輩，諱世熙，字光宗，號澤吾，謚質直，平和開基始祖流來公之孫。生於明朝洪武元年戊甲五月初十日未時，卒於明正統十年乙丑十月初五日未時，享壽七十八歲，四代大父，卒時曾孫十六歲，血葬門口嶺大坭墩。妣張氏，謚莊淑十五娘，生於明洪武十五年壬戌二月十五日寅時，卒於明景泰元年庚午十二月初十日丑時，享壽六十八歲，葬祖祠口墩仔尾，分金癸山丁向，無生養。繼妣曾氏，謚慈闈，號十四娘，生於明洪武二十年丁卯十二月十五日寅時，卒於明天順八年甲申十月初五巳時，享壽七十七歲，血葬挖子里牆邊。清順治四年祖考祖妣遷祖祠後龍身翠薇嶺，雙金合葬。生四子，長一生，楊厝坪定基祖。次一花。三大文，饒平烏石祖。四大章，潮雲詔祖。

公原籍福建省汀州府寧化縣石壁村楊家坊人，是書香之家，在明朝洪武年間，與侄下坪簡毅公、堂侄下寨大坪元甫公南下，從祖父流來公與父右爵公由汀入漳，繼任南靖縣司照户籍當差，後定居河頭坪即今平和舊縣城九峯楊厝坪。明正德十三年歲次戊寅，南贛提督王文成公剿撫福建地方，平定象湖、箭管占師富農民起義軍，見此處山環水聚，獅象把水口，堪作縣治，奏請割南靖和漳浦新安、清寧二里十圖，建置平和縣。其時公已傳至五世矣，族籍登邑城一圖編册里班户，名楊馨國，後於清朝康熙二十九年庚午改名世茂。

祖傳世熙公之父右爵公，通經達史，頗諳堪輿，曉地理。遊居河頭坪，認定此處群山環抱，龍脈滾滾而來，是該地盤之中心福地，遂令子世熙公選址築宅，稱福山居，原作世熙的寢室，後世熙公率子孫披荆斬棘，開荒山，造良田，勤創基業。傳説興寧地理師認爲平和縣城的來龍，由龍公龍母組成，當今城内是龍公，城外楊厝坪是龍母，斷爲只有城牆倒，群塘填滿，緊靠合一，楊厝坪才能興旺發達，實現始祖之願望，否則，其子孫必然四方流散，遠遊開基，當地難超百丁。

分基祖：

八十五世二代祖，忠字輩，傳三祖，分和邑楊厝坪、潮雲詔饒平各一祖。

（《[福建平和]弘農楊氏平和譜》 1999年鉛印版）

平和楊氏源流敘録

弘農楊氏來平和開基，最早是三平寺開山佛祖唐朝楊義中。定居並傳播裔孫，是元末明初洪武年間，以阪仔鎮東坑、九峯鎮楊厝坪、下坪、山格鎮高磜爲主的四大開基始祖。還有蘆溪鎮楊厝、南勝上下碼頭、霞寨鎮大坪等三支系。他們都是勤勞耕山，墾荒造田起家。近代又有廣東、山東海洋、漳州、臺灣等楊氏移入定居。現在全縣楊氏分佈十一個鄉鎮四十六個行政村，除散居外，建有一百五十五個村莊，聚居四千七百多户，總人口二萬四千多人，位居平和縣姓氏人口第十位。並有分基於福州、廣東、湖南、臺灣、東南亞等地區一些縣市。開基地雖處偏僻山區縣，也同樣人才輩出。全縣楊氏在明清民國時代有朝中一品光禄、奉政、中憲、奉直等大夫七位，總兵、提督、巡撫三位，縣令六位，進士、文武舉人二十多位，一般賢士一百六十八位，革命烈士四十五位。現在有留學生三人，大學生二百三十多人，中專生二百多人。在國家行政事業、企業單位幹部中，有廳級五人，處級二十人，科級三十七人，一般幹部五百八十多人。高級職稱十人，中級職稱三十人。億元、千萬元企業家三人，百萬元企業能人二十六人。歷史上留下了許多文物古蹟。三平爲遊覽風景區，海内外香客朝拜聖地。

（《[福建平和]弘農楊氏平和譜》 1999年鉛印版）

清漳霞山楊氏延平源流敘序

肇世祖墓在本家泮濱社右首，坐西向東，五堆排列，如燕子依梁者。然離簡毅公舊宅僅咫尺，地過南則蓮池尾社也。

墓道建在赤嶺大路，左去姚李二部院祠碑記百餘步，上大鐫霞山楊氏五房肇世祖松月墓道，旁鐫正德九年進士八代孫表立，崇禎辛未年進士十一代孫觀吉修，順治年拖沙喇哈番十三代孫國鏞重修。

蘊竊計世祖不知何時何處人也。其分流自延平將樂者，其開基於霞漳霞山何因？蓋族譜既失，故老莫道，遂至無考也。如稽實録所云，不惟知松月公之有弟，而且松月公之父之祖之鼻祖矣。而溯源序又云公之自出則未之詳，或曰碧溪人，或曰汝南分派，或曰泉之路下人。何矛盾若是乎。又謹按墓所五堆排列，得毋世祖之伯仲叔季同葬斯地歟，皆未可知也。然建祠崇祀龜山先生於東庵，奉廣應聖王香火於洋濱。辟地開基，澤流後裔。皇明科甲聯登，書香不絶，人煙稠密，丁以千數。大清文武並登科榜在。即雖星散四方，而總計亦不下千人，於乎休哉，弘功碩德，非肇世祖而何。

肇世祖公澗公與兄松月公，自泉之路下，宋末始遷入漳之赤嶺居住。兄弟俱生五子。而松月公生長子曰均用，次曰均舉，三曰均輔，四曰均秀，五曰均葉。我松澗公生長子曰子祥，次子曰子賢，三子曰汝賢，四子曰子樂，五子曰子仁。長房傳七世而絶。二房四世孫孟志折爲民籍，後戍平海而家焉。四房在北門外泥林居住。五房七世孫名守，亦戍平海而家焉，其屋左邊舍爲神廟。今之族聚者皆三房之孫支也。五世孫油歹公，逃住銅山坑尾，是爲開坑尾祖。

始祖之大成公云，六世孫秉規戍南京，後隨成祖在北，不知其家世如何也。

歲嘉慶二十一年歲次丙子孟夏之月，十六代孫殿光抄録。

（楊殿光編纂《[福建漳州]楊氏松澗系五大房系譜》 清嘉慶二十一年稿本）

雲霄弘農楊氏家譜志

原住福建雲霄，都司加功左都督，封榮禄大夫，官章楊勝，字居九。公行樂圖序讚曰：居翁原海邑望族，有明龍湖處士振初公之麟趾也。翁自少聰穎，出語常驚座人，長好經史，尤深明韜略。至於明季，海氛猖獗，桑梓仳離，曾遷以大埔以避世亂。孰意海氛未息而山寇復熾，翁於是效投筆封侯之志，乃毁家資從軍伍，從王總戎領大師徵剿寇盗以靖地方，至我國朝定鼎，翁始授千總職，屢著功績，晉爵都司加功都督銜，駐雲霄鎮，撫一方統營建城廓，攘除寇凶。政務之餘，輒以縉紳先生飲酒賦詩，以慶太平，延請名儒以教兒曹。其生平慷慨樂施，濟人之急，救人之危，雲人之受施恩感格者衆矣。迨至年邁八旬，辭任解組，屢欲挈眷歸潮，無如彼邦人士臥轍攀轅，不忍使歸，於是乃置屋房創産業，而落籍浦雲焉。時翁有六子。其長君東山公。次君烈山公，授雲鎮千總職銜，各著勳。厥後東山公血戰澎湖臺灣，平復一十九寨等處，功加升一品，榮任四川成都鎮右標麟閣者也。三君英山公，力學窮經，身遊泮水，雖經圍屢困而詩禮克傳，亦無家聲也。其餘諸君尚未能成名，然氣宇非常，其品未可量也。益積厚者光，源遠者澤自長。翁之好善樂施，積德行仁，屢言莫罄，宜其子孫，振振繩繩，彌熾爾昌，而難以數計也。讀其行略，觀其圖像，不禁爲之神往。

康熙二十六年歲在戊辰春王正月上三日，福建提督學政按察司僉事加三級愚侄楊鐘嶽拜題。

（楊席珍編纂《[福建雲霄]弘農楊氏家譜敘録》 清光緒八年稿本）

雲霄弘農楊氏淵源略

始自順治十八年起至今光緒捌年立冬後三日記録，楊席珍修譜建立。

弘農世澤開派，乃廣東潮州府海陽縣長東鄉湖社分派，因海寇亂籍，從大埔縣白侯鄉避亂過汀州永定縣，分派入雲霄鎮城内北門，始建祖祠壹所，前後三進，龍湖世德是矣，迄今有二百餘年之久，子孫世世務要樸實儉樫切矣。

（楊席珍編纂《[福建雲霄]弘農楊氏家譜敘録》 清光緒八年稿本）

宜蘭福成楊氏浦邑列祖世譜

原籍:福建省漳州府漳浦縣第十七都佛潭浮南橋林地社。

漳浯開基祖諱允臧,諡亮節,錢塘人氏,逢宸公之子。士宋度宗,恭宗時官至福州觀察使益王府提舉。生於宋淳祐五年乙巳。卒年失紀。夫人林氏。子三:佛細世昌、佛成世耀、佛曇世隆。事詳家傳。墓在祖厝後一堆灰墓,未丑兼坤艮。祖妣林氏太孺人,亮節公之德配。生平失紀。

世字行,長房:浯州祖世字輩,字佛細,諱世昌,亮節公之長子。定居浯州官澳鄉。生平失抄。夫人李氏。子八,淑源、淑仲、淑季,餘不詳。祖妣諱李氏太孺人,世昌公之妻。

次房:亮節公之次子。隨父兄定居浯州官澳鄉。生平失抄。夫人林氏。生四子,淑晨、淑安、淑懷、淑俊。祖妣林氏太孺人,世耀公之妻。

三房:金浦肇基祖,世字輩,字佛曇,諱世隆。亮節公季子,定居漳浦佛潭橋,生平失抄。夫人陳氏,子四,大成、大振、大秀、大詔。祖妣陳氏太孺人,世隆公之妻。生平失抄。

(唐羽纂修《[臺灣宜蘭]蘭陽福成楊氏族譜》　臺北華崗印刷廠1983年鉛印本)

(十)許　氏

閩臺許氏肇源

《姓源纂》載:許氏姓源,出自姜姓,炎帝神農氏生於姜水,故以姜爲姓。子孫伯夷佐帝堯任典禮之官,使掌管理四嶽,爲諸侯伯,號稱太嶽。周武王封其苗裔文敘公於許,舊城在今之河南許昌縣,以爲太嶽之後代。至成公之子元公吉,爲楚所滅,後遷容城,子孫繁衍天下,以國爲姓。

臺灣許氏,爲臺灣第十一大姓。在明清二代,由福建泉州與同安金門渡海來臺族人爲數最多,散居於臺灣全省各縣市,如臺北市、臺北縣、雲林縣、高雄市、屏東縣、澎湖縣。分佈最多鄉鎮市區,爲雲林麥寮、北縣三重、臺北中和、臺北板橋、彰化鹿港、臺北鶯歌、嘉義市等。

許氏族人渡海來臺,以福建泉州府、晉江、同安爲多。澎湖許氏俱出自金門珠浦許氏五十郎忠輔公派下,爲澎湖該縣第二大姓。

(《[臺灣]許氏大宗族譜》　1999年鉛印本)

閩粵臺許氏世系淵源枝蔓敘録

十二世乾德公,字宋庸,乃系本旺公之子。

公生於唐昭宗天佑元年甲子,公元九〇四年,世居南詔,官世襲巡檢使,卒因易代墓而廢葬在北溪。

妣林氏,生三子,長子夏臣公,字禹弼,世居南詔爲始祖。次子許烈公,字俊整,原居南詔,遷居潮陽韓山山前爲始祖。三子許猷公,字時謨,至子許若,遷居龍溪徐翊一世祖。

十三世夏臣公,字禹弼,乃系乾德公之長子。

公官世襲巡檢使,與子許詩公,字子孝,世居南詔,分創南詔開基始祖。妣氏生一子許詩公,字子孝,派下失考。傳至十世孫耐京公居詔安,爲詔安始祖。

十三世許烈公,字俊整,乃系乾德公之次子。公官世襲巡檢使,兼授宣教習,以子貴贈朝政大夫,於周恭帝間,因屢遭兵革,遂遷居潮州韓山山前鄉,分創潮州韓山,列爲開基太始祖。

妣陳氏素熙夫人,繼黄氏正一夫人,生二子,長子許申公,字維之,號化州。次子許忠,字桂之,號雍州,俱陳氏出。

妣陳氏、黄氏墓與公合葬在海陽歸仁都蛟塘口狗頭山,坐壬向丙兼亥已分金。

十三世許猷公,字時謨,乃系乾德公三子。

公官世襲巡檢使,以孫光亨貴,贈朝議大夫,原居南詔,因苦於南詔兵革,乃至子許若公始徙居龍溪之徐翔,又由徐翔遷居田源,田源即是馬坪,分創龍溪徐翔爲開基始祖。

妣沈氏,贈恭人,生一子許若公,字子順。

十四世許若公,字子順,乃系許猷公之子,爲龍溪徐翊始祖。

公以子光亨貴,贈朝散大夫,周府少卿,因苦於南詔兵革,始徙居龍溪之徐翔,又由徐翔遷居田源,田源即是馬坪,爲龍溪徐翔一世祖。

妣李氏,贈恭人,生三子,長子光元公,字必仁。次子光亨公,字必達,號南溪。三子天成。

二十二世廣子公,字保寧,號陵山,行位四郎,乃系大材公四子。

公因宋末元初韓山爲事,由馬坪而遷於福建汀州寧化縣石壁鄉。

妣黄氏三五娘,生四子,長念三郎,妣王氏大三娘。次念四郎,妣唐氏。三念五郎,妣黄氏。四念六郎,妣施氏大小娘。

龍溪徐翔許氏始祖許若公世系

祖　籍:福建龍溪縣徐翔。始遷於福建汀州府寧化縣石壁鄉。

八十三世三九郎,三三郎子,移居廣東塘湖。

八十三世五十郎,詔安丹詔村三六郎子,廿一郎孫,居金門珠浦爲珠浦始祖。

七十四世乾德,妣沈氏,龍溪徐翔開基始祖,始遷於汀州寧化縣石壁鄉。

九世妣黄氏三五娘,宋末元初韓山爲事,由馬坪遷福建汀州府寧化縣石壁鄉。

寧化石壁許氏始祖保寧公世系

祖籍:福建汀州府寧化縣石壁鄉,始遷廣東省饒平縣元歌都牛皮社山前鄉。

饒平許氏太始祖保寧公世系

始祖廣子公,字保寧,號陵山,行位四郎,乃系大材公四子,寧化縣石壁鄉始祖。

公因宋末元初韓山爲事,由馬坪而遷於福建汀州寧化縣石壁鄉。

妣黄氏三五娘,生四子,長念三郎,妣王氏大三娘。次念四郎,妣唐氏。三念五郎,妣黄氏。四念六郎,妣施氏小娘。

始祖念三郎,乃系保寧公行位四郎長子,饒平太始祖。

公生於元成宗元貞元年乙未,公元一二九五年六月廿二日子時,於福建汀州府寧化縣石壁鄉。後遷居廣東省饒平縣元歌都牛皮社山前鄉,遂爲開基山前鄉始祖。卒葬在山塘,地鳳形。

妣王氏大三娘,生三子,長子子成公,行位卅八郎,謚宏基。次子三郎公,派衍本縣南門外。三子九郎伯春公,派衍漳州府。

王氏生於元成宗元貞元年乙未,公元一三一八年六月初五日卯時,卒與公同葬。

行位卅七郎,妣楊氏三小娘,生子四十郎。行位卅九郎,妣王氏,生二叔大二郎,名郎義,遷居别處。

一世子成公，行位卅八郎，謚宏基，乃系念三公長子。

公生於元仁宗延佑五年戊午，公元一三一八年五月廿日未時，卒於明洪三十年戊寅，公元1398年二月初五日，享壽八十一歲，墓葬詔安秀篆牛掌屋背地，象形。

妣羅氏，諱徽柔十四娘，生三子，長良志公，移居大埔縣松山鄉。次良惠公，移居鴨牳坡。三良聞公字松峯，行位四十三郎，派衍本族。

（《[臺灣]許氏大宗族譜》 1999年鉛印本）

南詔許氏淵源敘

南詔有我許氏，肇之唐。知夫世系傳歷之真，則自宋季也。譜其不知者以上闕之，傳信傳疑，作史法也。譜者，家之史也。我家先爲河南光州固始人。唐儀鳳初，有諱陶者，以宣威將軍從陳昭烈父子戍閩，分鎮南詔，世官蒞之，故子孫皆家焉，而世爲南詔人。鄭氏譜序謂閩人言祖者，皆曰固始來，實由王審知以固始之衆克定閩中，時以桑梓故，特重固始人。故閩人至今言氏族者，皆曰固始，其實濫謬。不知宣威將軍從昭烈入閩，世居南詔，與之世婚，附載於其家譜者可考，矧在審知二百年之前，可概以爲濫謬哉。但世代綿遠，莫得其詳耳。

今所知者，宋咸淳德祐，元兵南下，漳寇滋蔓，閩南故家遭罹屠戳之慘，我家僅遺一孤，乃我祖諱耐京公也。齔孑靡依，遂流落廣東五羊寓焉。至元大德間，乃還故鄉，恢復舊業而傳之無窮，後人以爲始祖，蓋斷自可知也。族耆據昭烈家譜，謂前北宋有少師、兵部尚書兼平章事光亨，唐有諫議大夫、御史中丞得瑞，皆宣威之後，南詔實乃所生之鄉，其可遺乎。不思宣威者，得之傳聞之舊也久矣，而流別世湮，不必强爲附會也。歐陽氏祖唐刺史琮，上接詢與通，自謂琮以下至其八世孫芮復見於譜，人多疑之。我家斷自宋季，可知之真，不啓人疑也。概我許氏入閩之年，至宋季我始祖可知之世，五六百年間之傳，世世離合之詳，曾莫之知，譜之不存也，令人浩歎。自我始祖可知之世，以迄於今，蓋二百五十餘年矣。

家藏先大尹所纂譜圖，是擬修譜而未果也。夫今不爲，則後之歎今，不如今之歎昔乎。先正有言，宗子之法廢，卿大夫不世家，而族易於散也。然今世士大夫家或至百世，猶識其先而族不散者，由有譜之力也。則是宗法猶存於譜。我家顧久而不修，何哉。

不肖退居林下，乃與一二子姓參酌歐、蘇二家之制，立爲凡例，共事編纂。五世以上，舊譜有載，可因之而得其概。六世以下，則耳目所逮，而斷之自我，世次聯絡之不紊，敍述登載之簡賅，所以明宗系、合親疏而昭世德也，意人心其亦有所管懾也哉。夫天之生物，一本也。親親，仁也。仁人，心也，人之所同也。世有視宗族如路人者，甚至如仇敵者，是豈人之情哉。此之謂失其本心也。譜牒之作，亦以人心之仁未嘗終泯，藉是爲陰誘感情之機，以興其仁孝之行，而綱維骨肉於無窮焉耳。雖本范氏族志諸書以爲義，而於宗法倫理之重，則爲尤要也。

我家之譜，今其作矣，若嗣是而世修之，以思大其族於千百世之久，以光斯譜，不在於子孫乎。書序以俟。

嘉靖九年庚寅歲重陽，七世孫判謹識。

（《[福建漳浦]許氏族譜》 2006年印本）

漳南許氏始祖許陶公列祖世系

文叔六十一代，漳南許氏第一世太始祖。

一世許陶公，字堯甫，乃系克華公之子。

公生於隋文帝開皇二年歲次庚戌，公元五九〇年。公父克華公，字茂賢，徙居於光州固始，遂家焉。起泛水以應諸豪，後屬我太宗皇帝，翊贊陳克耕，討臨汾等郡，斬朱鋭等，以功授京兆别駕，宣威將軍。唐高宗總章二年己巳，公元六六九年，奉敕副陳政開漳州，賜襲父職宣威將軍，殁於兵。由河南入漳州，列爲漳南許氏太始祖。

妣氏太夫人，生一子天正公，字允心，號雲峯，爲漳南二世祖。

二世天正公，字允心，號雲峯，乃系許陶公之子，爲開閩漳始祖。

公原籍汝南平輿人，世習儒業，尤精於兵法孫吴。時值天正十五年，博學能文，擢明經，爲紀善。父陶，補前職。唐高宗總章二年己巳，公元六六九年，奉輔副陳克耕之子政，出鎮泉潮，隨父陶公副陳政平閩。陶公殁，陳政亦亡，佐政子元光，襲佐郎將，見泉鎮禮讓風微，暴横習起，遂與天政謀，表泉、潮之交界置漳州。百務旁午，悉付天正，籌於是綽如行也。是時獠寇竊發，集衆萬餘，朝命政兄敏敷領兵來援。敏敷殂，政母魏氏代領兵至閩，嘉天正方壯，文武兼備，令軍中所屬諸兒悉從就學。魏本元光以支孫承重，天正代領泉、潮事，以儒術飭吏治，以忠勇偶士卒，平泉、潮、虔、撫之寇，曾置堡三十六所。泉、潮蒙其教訓，汗禦受椎受學。天正曰，經史之學，吾與汝父僅窺斑，得處不在文字，然當文字中玩味之耳。元光殁，子嗣爵，政事每決於天正，人稱翰墨世家之至。天正表辭曰："父殁南荒，愁縈懷抱，子趨上國，疏遠慈顔，惟肅玉鈐軍紀之嚴，少酬金門厚養之德，苟躐文階，恐貽鰥曠！"裴採訪見之，評其辭，謂可飾絲綸，乃老於戈矛，我輩之罪。因與張燕公論列於朝，掄掌史館。裴、張得報，益重之，而請於朝，以宣威將軍兼治州事，贈殿前太尉。爲開漳州二世祖。至宋高祖紹興廿年庚午，公元一一五〇年，追論前功，加封翊髻而復倫序，因此表建漳州分鎮南詔，嶺海輯寧，表陞中奉大夫兼嶺南行軍團練使暨翊府紀室。軍政之暇，未嘗釋卷。元光凡有所請，必天政論而後定。嘗平潮洋寇，元光題詩云參軍許天正，是用紀邦勳。而天正次其韻曰："抱磴從天上，驅車還嶺東。氣昂無愧虜，策妙屈群雄。飛絮隨風散，餘氣向日鎔。長戈收百甲，聚騎破千重。落車劍惟首，遊繩系協從。四野無堅壁，群生末化融。龍湖膏澤下，蚤挽遍枯窮。"元光稱慮深辭贍，尚命其子餉忠昭應侯，爲漳州名宦，唐進士四門博士歐陽詹爲之作傳存焉。

公生於唐高祖武德二年己卯，公元六一九年農曆正月初七日，卒於唐高宗垂拱四年戊子，公元六八八年，亨壽七十歲。公墓葬在漳州市北面二十五里之香州欄馬頭，坐乾向巽，俗名稱號樟公墓。據傳因天正公墓埕下有一株樟樹，故爲命名。

妣姚氏封夫人，生一子諱平國公，襲宣威將軍職，兼治州事，繼父志舉孝廉也。其派下繁衍閩漳各處，如龍溪、漳浦、詔安、南靖、海澄、無錫、晉江、金門、臺灣海内外諸地，其子孫昌盛無窮盡也。

妣姚氏墓葬在石碼。

（《[臺灣]許氏大宗族譜》 1999年鉛印本）

漳州圭海許氏開基行實録

一世始祖諱衍公,號直齋,行二,系本吉州廬安村人,有志節,剛正不撓,娶陶氏。

宋端宗即位福州,公同鄉文信國開府南劍州,募兵經略江西,公遂自建陽赴募。信國以公有材技,署以前鋒之職,隨師克復邵武。至景炎元年冬,移師進次汀州,爲元將阿□罕所逼,公從信國奔漳州。聞端宗駐蹕甲子門,遣公護行在,奏陳方略,時帝舟遷潮之淺灣,間關達帝所,入見,帝嘉勞之,遂拜武毅將軍。未幾,端宗崩,昺帝嗣,一以張越國命往漳知會文信公。時信國兵已移屯麗江浦,復回驅遇元將咬都率師取潮州,公部卒僅百人,鼓勇與戰,手刃其酋長三人,然勢孤莫敵,竟爲所困,元將論降,公聲色厲不爲屈,遂死義倉。

二世元柯公,直齋公長子也。自明宗以後,元綱改紐,迨明太祖兵起和陽,渡江取太平路,公以晚年同弟侄元祥、烏孫等十人起義兵於曹州,應太祖龍興,詔出都總兵。

二世元諒,號廣德,直齋公次子。於元至元二十四年丁亥,進贅浯溪阮氏家,生子興長、興仁、興讓。嘗從兄元柯公經歷著勞,後同歸隱美江,寄興桑麻,浪蹟煙波,以壽終於家。

二世元祥,伯祖璜公長子,元柯公堂弟,人材雄健,武藝精奇,從太祖征伐,封於遼,位至郡公,卒於官。

三世興仁公,生於浯溪。

(許朝瑛、許文焕編纂《[福建漳州]圭海許氏世譜》　許良彬修　清雍正八年刻本)

(十一)郭　氏

汾陽郭氏入閩徙臺記

郭子儀長子郭曜之子郭鋒,官居光禄大夫,於唐懿宗咸通年間,隨福建武威軍節度使王審知之從弟新寧縣令王想入閩福州府新寧縣,即今之長樂縣定居,爲福州一帶汾陽郭氏開基之一。其後裔部份遷徙至泉州府晉江縣,部份經興化府仙遊縣之後,遷移於泉州府同安縣長興里、漳州府龍溪縣昇平村及泉州府同安縣南安縣等,均爲閩南沿海汾陽郭氏開基之一。繼至唐末後梁初亂世之際,族人尋親避亂南移者甚多。

郭子儀三子郭晞。譜載郭晞之後裔似最早南移,然後郭鎔沿途尋親人南下。又記載郭晞後裔南移福建省興化府傳衍播族,後分三支發展。一爲柳江公,分在泉州府惠安縣之白城;二爲柳海公,分在漳州府龍溪縣之大棚;三爲柳溪公,分在漳州府龍溪縣之涂仔里,均爲閩南沿海汾陽郭氏開基之一。

郭子儀六子郭曖,狀元附馬。其長子郭鑄,遷官廣東省潮州府。郭曖次子郭釗,夫人帶三子仲文、仲恭、仲辭逃入福建省泉州府同安縣。郭曖三子郭鏦,隨長兄遷入廣東省潮州府。郭曖四子郭鎔,與郭嵩於唐懿宗咸通年間隨福州新寧縣令王想入閩之後,單獨繼續沿海南下,經興化府莆田仙遊,似爲探親晞公之後裔,然後入泉州府同安縣定居,爲閩南沿海汾陽郭氏開基之一。其後裔部份遷徙南安、晉江、龍溪、潮州等。

郭子儀七子郭曙傳系銓、承佑、輔、琢、德基、從謂、俊英、昭、宜伯、定巧、舜臣、福安十四世。原居華州,任宋徽宗朝武職,南調鎮守閩西汀漳間,家於龍巖州龍巖,經兩代宣議、十六承事後,部份搬遷於汀州府上杭縣，再經八代，小九儒士，將士八郎，五十學賓，十七處士，四三直學，十郎承士。廿二世十郎承士生五子，長子仁遷入廣東省嘉慶州梅縣，次子義遷入廣東省潮州府大浦縣，三子禮遷入福建省漳州府，四子智遷入福建省漳州府，五子信遷入廣東省潮州府大浦縣高陂，其餘宗親尚留上杭縣，各爲閩西及粵東汾陽郭氏開基之一。

此外尚有祖籍資料散失，無從確定上世世系之汾陽郭氏，以汾陽燈號爲記入閩傳下者。

閩西龍巖銅砵郭氏，於宋末度宗咸淳元年因兵亂賊興，民不聊生，深以爲苦，遷入閩西龍巖州龍巖縣定居播族。

泉州惠安白奇郭氏，於元末授職來泉，因干戈搶擄未能回鄉，於明洪武九年定居於晉江爲白奇始祖。

漳州南靖始祖以德公，於明太祖洪武五年隨軍入漳，居長泰縣方城里，洪武九年遷至南靖縣湧口廟兜社。十三傳至崇飽公，於雍正五年遷徙臺灣府淡水廳芝蘭一堡内湖洲仔，成爲渡臺始祖。

（郭詩連編修《[臺灣臺北]崇飽公派郭氏族譜》 1962年鉛印本）

華安岱山郭氏系譜敘略

二十五世祖起公，諱翼，字延興，贊長子。居好景山。生卒失記。妣府前陳氏生卒失記。

生子三，長文昌居郭坑；次文叔居南靖；三文達居昇平，爲昇平始祖。

超公，字擢，贊公次子，娶河墘鄭氏，生子二，長文選，次文遴仍居城南。

赴公，字延舉，贊公三子，娶馬渡林氏，生子二，長文進居蓬州，次文運失記。

二十六世祖文進公，字興隆，號南元，赴公長子，娶林氏，生子三，長覺清，次樂園，三三秀任宋江教授。兄弟俱往蓬州。

越公，字延登，贊公四子，娶府前王氏，生子二，長文迎，次文遠，俱住港内即今亭頭。

文遠公爲起公三子始制昭穆字輩序次曰：

文景維仲淑元世安汝期
士志振光宗雲龍祭雨時
承先啓來裔紹德永爲基
天錫我胤祚千秋慶有餘

今蓬州郭、蓮花霞林郭、熱水郭，凡自昇平開基各處者，俱依此字輩以辨世次尊卑。

入昇平始祖按自唐子儀公至文達公二十六世。

（《[福建華安]岱山郭氏族譜》 1994年稿本）

閩臺郭氏崇飽系源流敘

以德公，南靖一世，謚藝庵，字道容，湧口之始祖。原籍漳州長泰縣。父忘諱，有子三人，長以功，少以業，公其次子也。俱以能武，爲元軍陳有定部下都尉，以功、以業戰没於陣，公憫之，乃遁歸長泰。至洪武元年戊申，明太祖統一天下，公編爲長泰縣方城里圖糧長，惟公煩於催徵，思以武續效忠，於洪武五年壬子投充漳州衛右所軍伍。六年調防倭寇有功，擬授百户職，公思隻身，加以嗣子幼弱，懲昆季之淪没於陣，竟辭不受。洪武九年丙辰，蒙優以南靖縣習賢里屯田，遂遷居而業種於斯，置田宅園圃遺我後人，其坐址在湧口舖廟兜之左右。比伍之民，悦其達練，有謀必稽焉，有爭必正焉。且其好善樂施，周窮恤匱，脱然於武夫氣魄之外，能以武功自見，而不以武功自終。凡我後人所以蕃衍而日遮者，皆其積德之所致也。公生卒失記，葬在舊址長泰縣方城里郭厝林。後興祠湧口總秋風洋，坐艮向坤兼寅申，是爲一族之大宗也。子一，名章。

樸公，南靖十二世，又名字，行二，謚純和，世系及父諱均失記。生於崇禎十六年癸未四月七日巳時，卒於雍正四年丙午三月一日寅時，享壽八十四歲。墓在福建省南靖縣湧口，詳細地址失記。夫人原姓諱、生卒均無記録，墓亦不詳。生男名崇飽，爲渡臺開基始祖，其餘子名不詳。

（郭詩連編修《[臺灣臺北]崇飽公派郭氏族譜》 1962年鉛印本）

臺灣宜蘭郭氏活公系源流志略

渡臺始祖活公，諱名樸直，宗字輩，子儀公四十一世後裔。清嘉慶十五年十九歲時，偕其侄兒有江公二人，搭乘帆船渡海，移民臺灣宜蘭街定居，成爲渡臺始祖，開墾荒地務農爲生。活公卒後，傳至四十六世時禮，祖先謹遺留昭穆序供子孫命名之用，及大陸祖籍地址：福建漳州府龍溪縣二十五都昇平堡岱山社。歷經時禮認真追蹤尋根，並和堂兄時鑿等族親往祖籍地岱山村，拜祖尋根並受熱烈歡迎。經查龍溪縣已終於中共政權統治大陸後廢縣，昇平堡改編爲華安縣沙建鎮岱山村。經查活公遺留之昭穆序及大陸祖籍地岱山社與臺灣桃園縣大園鄉郭宗杖派系完全相同，且其歷代祖先系統與姓名完整。由於昭穆序相同，可追溯至其遠祖亦必相同，亦即活公與宗杖同爲子儀公第四十一世後裔。惟查文達公共有八位堂兄弟，姓名中字均爲文字，亦即其八位堂兄弟諒必均使用相同昭穆序命名，諒必其昭穆序由其二十五世祖士卿公編撰四十字昭穆序，供其子孫命名之用。文達公之父輩有四位兄弟，而文達是活公之直系祖先抑系旁系近親尚待查證。惟由此可證二十五世士卿公以前之祖先，活公與宗杖派系相同。遺憾的是二十六世至四十世共十五世之祖先姓名不詳，尚待探討尋根查證。

遠祖汾陽王子儀公，出於陝西省華縣，始祖虢叔公發源於西虢。四世嵩公和其叔父鎔公，從河南省固始縣遷移至福建省福州新寧縣芝山郭坑（現長樂縣）屯墾，成爲長樂郭坑始祖。六世恂公遷居仙遊縣大蜚山下郭宅宫，後來子孫又傳衍至仙遊縣碧溪，十七世惟高公遷至莆田縣魏塘，有像，成爲莆田縣魏塘始祖。

二十二世德祖公，居住魏州貴鄉（北京大石角光城縣），官拜平章政事。二十五世士卿公，慶元五年科舉中進士，曾任蘇州知府，至元朝天曆初年士卿公之子孫由舊宅柳家莊遷至漳州府龍溪縣昇平堡岱山社現華安縣沙建鎮岱山村開墾農地定居，成爲岱山始祖。

活公遷居臺灣宜蘭後，數代大多從事農業，至四十三世龍葉公，從事碾米工廠，頗有成就。至四十五世雨降、雨新、雨参三兄弟始遷臺北。雨新公曾任臺灣省議員二十五年，是一位傑出民主政治家與事業家，現其子孫及四十五世雨陽公之子孫，大多已遷居美國華盛頓及洛杉磯從事商業。第二次世界大戰後，四十六世時禮、松棋、松熙、時曜、時雄、承宗、承吉、承興等，陸續遷居臺北定居，各自發展事業。四十六世時南繼承先父雨新公遺志，從事民主政治活動，曾任國民大會國大代表。

（《[臺灣]郭氏源流》 1999年臺北鉛印本）

(十二)洪　氏

龍海洪氏世源

洪氏本居河内共城,蓋衛州共城縣也。神農有裔曰句龍者,子孫事唐虞爲共工,列於諸候國於共,世稱衣冠右族。秦漢之時,皆居共城。至漢季避仇,益水爲姓洪,徙居沙州之敦煌,遂爲塞北之民。習尚武勇,縉紳儒雅無聞也。厥後支子士會復自敦煌遷於蘇州吴縣之閶門。至宋真宗時,有諱麟號仁燧,以進士四名授從政郎汴京左衛録,轉承事郎、大理寺評事。乾興間,因事調長泰知縣。未三年遷潮州通判,民乞留之,仍以通判秩而署縣事,卒於官,遂家於長泰洪山兜。厥子憲由山兜徙居珠浦。十三代孫諱鐘號世啓,宋嘉定六年癸酉登鄉薦。至十年癸未科會元,殿試科登榜眼,官至寶謨閣大學士,工部侍郎。致仕。子利用、利貞。用生三子,曰慶朝、慶芳、慶餘。兄弟遭季之亂,星散移居,慶朝居長泰之史山,慶芳居龍溪之上洋,慶餘留居珠浦,即今吾族派之由古蘇吴縣也。而上洋、磁窑、鴻溪頭、李林、内社、林邊一派是長泰山兜史山之衍宗也。溯其源流,則子孫無忘其本矣。

家譜引序

夫大宗小宗之法,傳至姬公制禮而備。秦漢以後,宗法廢而門政盛。於是家有著譜,其宗法之遺意。宋世著譜如盧陵歐陽氏,則世經人緯,仿史氏之年表。眉山蘇氏則派聯繫屬,如禮家圖。二家之法雖有不同,要皆使人重其本所自出,有尊尊之義焉,詳其支所由分,有親親之道焉。後世風俗澆而禮義衰,父母尚存,析居異財;五服未斬,路人相視;其與禽獸奚異。夫獸知有母而不知有父,禽知有父而不知有祖,既靈於萬物而可不知其祖哉。所以聖人必溯其本源,推其流裔,使天經地義之不泯,而民行可立也。則著譜之舉誠重矣。

我洪之祖出古句龍氏,佐高陽爲后土,子垂爲唐虞共工,因以命氏。秦漢咸居共城,漢季避仇隱吴縣,益水爲洪,乃遷敦煌。迨後支子士會復遷吴閶門,奕葉繁衍,譜不及詳其世次。可紀者,自仁璲公始登宋祥符丙辰科進士,仕至大理寺評事。乾興間,因事調知長泰縣,秩滿遷潮州通判,百姓乞留,朝廷仍命以通判署縣事。卒於官,宦囊清白,弗克歸葬,府主章迪與邑民營葬縣治之欽化里内坑山。由是成范公遂廬其下,名洪山兜,又徙居龍邑珠浦社,時稱漳未有洪,自公令泰乃有洪。漳郡之洪,自兹昉也。傳至九世休復公,以武舉異等,授武經郎。十世有容公,登建炎進士,仕至朝散大夫。十一世承錫公,以恩陰補迪功郎,後遷潮州推官。十二世尚賢公,以子世啓公贈工部尚書。十三世世啓公,於嘉定六年以會元廷試榜眼,士至寶謨閣大學士。十四世利用公,以父澤補官承事郎、泉州諸曹録事參軍。十五世慶餘公以祖蔭補官。十六世中通公,慶餘公長子。十七世以靜公,中通公三子。十八世正和公,系以靜公次子,開居鴻團社,爲第一世始祖。

(《[福建龍海]石碼内社鴻團志》 2003 年版)

漳州洪氏淵源及分布

洪氏始祖是上古炎帝神農氏的後裔。神農氏生臨魁,臨魁生帝承,承生明,明生宜,宜生來，來生里，皆爲帝。直至堯帝時，句龍生垂，垂任官爲共工。共理百工之事，治理防洪工程，受封共伯國，定居河内之共城今輝縣市。從此共工子孫以國爲姓，稱共氏。迨至漢季共勳字正茂生子共普，因避政治災禍，故棄官，埋名隱姓，遠僻他地。時公元一七〇年前後，首次遷移到漢中益川今陝西洋縣之西，先祖在此地氣候温和多雨，一片江南風光，安居務農爲生。因此地距首都洛陽一八〇里，在此既可安居樂業，又可静觀天下之變，吾共工氏族因感於水德，於共旁添水爲洪，從此就以洪爲姓氏。先祖在此地原本可安居，届時三國大亂，波及漢中，田園荒廢，被迫再度大遷移。

公元二一〇至二二〇年之間，吾先祖西行二千公里左右至甘肅省沙洲之敦煌。先祖不因環境劇變而綏志，習文練武，辛勤耕耘，終於在此寒垣之地建立了家園。從此吾洪氏子孫即以共普爲洪氏始祖，並以敦煌爲堂號。族人在此繁衍，經歷約八百年之久。

此時中國的政局動盪，宋王朝日弱，來自北方的遊牧民族政權的遼及西北的西夏黨項勢力不斷擴大，吾洪氏族衆爲閃避這場浩劫，決定放棄安居耕耘近八百年之久的緑洲家園敦煌。

透過來往商人聞知，由厥後支子士會公等人選擇了有得天獨厚，安全又富庶之地江南的蘇州爲目標地。此次遷移時間，約在公元九九八年至一〇〇三年之間。先祖們長途跋涉，老弱孺幼能安全抵達者不知幾許。從此族衆胼手胝足，相輔相助，在蘇州吴縣閶門新的環境里開展新生活，並恢復八百餘年前書香門第的家風。

西北遷吴，尊儒重教，重振家風。時有洪仁璲，名介麟，自幼攻讀，終學有成，於宋祥符九年高中進士第四名，在吴縣一舉成名，不久授正七品承事郎，後又轉任六品大理寺評事。在宋乾興元年洪仁璲被調任福建省漳州府長泰縣知縣，於是帶家眷入長泰居住。洪仁璲政績斐然，體恤百姓疾苦，清政廉明，興辦學校，崇尚禮節，深得百姓尊崇。天聖三年洪仁璲任潮州通判，長泰百姓聞之，紛紛上表乞留。後以通判之職留任長泰正堂，直至不幸殉職。洪仁璲是一位清官，家無積蓄，不能回葬故里吴縣。當時漳州府得聞，召集長泰、龍溪兩縣紳士，囑籌善後之事。長泰百姓也感之，紛紛捐錢資助。洪仁璲便安葬在長泰東南的欽化里内坑山。

因此，洪仁璲爲吾洪姓世族入漳第一世祖。其妻沈氏帶子二世洪憲公字成範定居於欽化里洪兜社，於宋慶曆年間徙居龍溪縣珠浦社又稱窑峯。三世論道公，四世惟寅公，五世之誨公，六世夷純公官大理寺，七世堯德公，八世績中公，九世休復公武舉，授武經郎。

吾祖從二世至十世都是單丁過代，十世有容公，官朝散大夫，生三子。十一世承錫公，授潮州府推官，生子十二世尚賢公，官贈工部侍郎。十三世世啓公，榜眼，官寶謨閣學士，生二子。

十四世長子利用公，生三子。長子十五世慶朝公，其子孫繁衍湖州、潮州，回守史山。次子慶芬公，上洋開基祖，其子孫繁衍西坑洪塘、田址、田寮、路邊、洪厝、下陳、金峯、下碑、林下大洋、塔後等。三子慶餘公以陰補官，又以公爲十三世世啓公之次子利貞公爲公子，其子孫繁衍内社、寧安、光坪、路口、坎仔頭、下溪田等。

十世有容公次子十一世承度公，生子十二世蒼純公，生三子，長子十三世伯肇公爲河福開基祖。十四世起家公，生三子，長子十五世汝賢公，生至善，其子孫守祖河福及繁衍内樓北門、車郊、浮宫下港。次子汝清公，生二子，長子生君志公，君志公生原性公爲正陽開基祖，其子孫繁衍漳浦正陽、南山、内徑徑口、遼廷、陸高尾、田邊、西吴、樓内、下河、坑邊、下張、石路頭、頂東、中東正陽河仔、前埔、過田、下黄、院前、壟仔埔、爐厝堂、路燈、下尾雄、西關、城内、高山坡、溪仔乾、後阬、刺仔、林口、林前、下吕、山里、後姚、山東、杏仔、半湖、龍口、山上、宅兜、下尾許、湖底新厝、白灰、橋頭、後巷、青陽院、凹仔墟、郭陂洋過洋、新社、後岑、交口、鳳過山、後井、沙里、新墟、油沃下遼、石壁、東林、大南阪下樓、沙崗、後港、蔗兜、埭頭。

以上共六十二社,總人口三萬餘人。

原性祖後裔還衍及雲霄謝厝街、東山、詔安、廣東的綿湖、海豐、揭陽、臺灣的臺中太平、頂下茄老、海外的新加坡、馬來西亞、美國。

次子尾發公,尾發公生子原璋公爲車田下營始祖,其子孫繁衍漳浦車田下營,後移居臺灣省南投縣草屯鎮的茄老里、石川里、新莊里、新豐里、御史里,彰化縣芬園鄉的茄老村、嘉興村,臺中縣霧峯鄉的萬峯村、六股村、舊社村等。

三子汝德其子孫繁衍在海澄衙後。蒼純公之三子十二世伯超公生娶卒失詳。

漳州洪氏源流世系圖:

入漳一世仁璲,號麟,長泰縣正堂。

二世憲,字成範。

三世論道,號逸叟。

四世惟寅,號隱翁。

五世之誨。

六世夷純,號温泉。

七世堯德。

八世積中,號淳齋。

九世休复,號一陽,武舉。

十世有容,號格奄。

十一世承錫、承度、承章。

十二世尚賢,號質軒,承錫子。

十二世蒼純,承度子。

十三世世啓,尚賢子,號毅齊,榜眼,寶謨閣學士。

十三世伯肇、伯起、伯超,蒼純子。

十四世起家,伯肇子。子三,汝賢、汝清、汝德,子裔分佈漳州潮州臺灣各地。

十四世利用、利貞,世啓子。

十五世慶朝、慶芳,利用子。慶餘,利貞子。子裔分佈漳州潮州臺灣各地。

(《[福建龍海]石碼内社鴻團志》 2003 年版)

(十三)邱　氏

南靖大雙坑邱氏淵源户役略

祖居汀州府上杭縣人,大明永樂十年喬遷漳州府南靖縣永豐里田地之地方住居,爲永四圖一甲。其尚有一房移在平和縣陳崎嶺居住,原爲竹塔張甲首時有邱恩財曾來相認。至大明天啓年間,杜潯鄉宦懋煒入漳浦籍當差矣。

據上祖歷代相傳,乃系寧化石壁人氏,由上杭至來漳州歷年久矣,不知年號歲紀,亦不識名字來歷,迨至大明宣德三年遷來雙員坑。平和舉人曾居時來亙安樓,敘於祖,亦是寧化石壁來的,有是言亦必有是事。

宣德三年我孟志公攜妻子遷至雙坑之蘢坑之口,披蓁剪穢,構堂而居焉,因地而曰大雙坑。先年四圖一甲竹塔張孔下爲甲首。至嘉靖二十年,南靖邑侯郭大錕撥補遞班李佛聰謝尚名下爲里長頂當永四圖二甲排年里役。

(《[福建南靖]下雙峯邱氏族譜》 1929年稿本)

(十四)曾　氏

南靖高港曾氏天水堂系汀州上杭淵源説

閱自我祖以來,合存忘十六代,三十年爲一世之説推之,亦幾於五百餘載矣,諒必在宋末之間焉。其年月日時或有間矣。聞之父老傳言,謂百五郎祖來自上杭縣半徑,上下相承,當不虚耳。

(《[福建南靖]高港曾氏天水堂族譜》 清光緒四修稿本)

南靖高港曾氏淵源略

竊聞萬物本乎天,人本乎祖。人生斯世,莫不自祖始,故宗廟之中,按時而祭,所以明報本之義也。由是觀之,水源木本之念,人焉可不慎哉。

我祖自大禹始封之後,去鄫邑而爲曾氏,厥後曾參一貫薪傳,道恢東魯。越數千年而傳至宋,不特螽斯咠咠,堪詠瓜瓞綿綿,人文蔚起,爲卿爲相,足爲邦家光、閭里榮也。觀泉州龍頭家廟聯有曰:瓊林宴罷花半壁,御苑歸來笏滿床。並宋仁宗皇帝御筆題贈聯對,至今尚存,非賢人後嗣,其能若是乎。

故我祖德智公,住居太平寨,生有四子,一子居本地失名,一子居塘嶺號萬七郎,一子萬九郎分居平和縣。而我祖萬八郎興念本地聚居周密,欲爲異地創立乾坤,於宋末元初德智公同父親遂遷於汀州永定縣半徑安居。德智公身故,葬在苦竹。而我祖萬八郎公生有三子,長遷於廣東,次居半徑,三來豪岡,即伯伍郎公也,同萬八郎媽母子相隨踴躍而至,遂開族於斯,不時有以光祖德而且有以貽孫謀焉。

初我祖伯伍郎公同母親於半徑初來漳時,先居漳南靖屬施洋總五家山地方,後又遷於葛山内村,娶媽伍氏一娘無生,視赤土公十一郎勤耕理計,遂過繼以爲己子,後移於新羅上村仔居住。又有十二郎不知着落,而伯伍郎公又娶陳氏八媽,生五子,一謚十三郎在葛山居住,一謚十七郎分去桂畬禾倉頭居住。又我祖十八郎公娶媽鄭氏名三姐,生三子,移出竹内田中央居住,長福隆在居;次福衍;三福胤,同母鄭氏深慮此處非久遠之所,是以再遷豪岡青竹潭邊居住。其福衍伯祖同伊子遷居於大磜地方名日頭到建宅住居。而我祖福胤,有福得明師點穴肇基崇本堂,娶媽賴氏六姐,生五子,長名宜通分居石門,次名宜亨被虎所傷亡無嗣,三名宜旺分居發海坑,四名宜舉安居豪岡,五名宜耀子孫出祖在潮州府饒平縣居住。就此人丁漸旺,濟濟昌昌,根深葉茂,頗無患焉。

延及萬曆甲辰年,有族孽曾福釧盜賣公山與鄭珊,族賢敦品鎮峯出首呈官贖回。至乙巳年又有四房三族孽曾日新同父大政復獻公山與漳州長泰鄉官林良，聲勢甚赫，無人敢當。我族中鳩議時簽七人西行，公爲首呈官控告，蒙府憲縣尊審斷，贖銀伍拾兩，斯時公山累累變賣，俱各復回。至丙午年乃立府院告斷苗山之石碑，竪莊新羅公凹爲界。丁未、戊申以下三十三年，守先爲業，諸事稍平。迨崇禎壬午年，天厭明德，國祚將終，四方盜賊蜂起，民無聊生。甲申年李闖造反，攻破京城，明主上梅山自縊柳樹而亡，時有鄭芝龍招兵福省勤王，立弘光爲君，把截三關三隘口。後又立隆武，芝龍撥己子鄭森輔國，賜名國姓，五房孫目教受封，遊擊府滿門俱受官誥。丙戌年孤軍門領兵平福省，一路無敵直抵漳州，時正大清順治三年，平明越丁亥年曾慶投充總兵，餘衆下海從國姓起義。

豪山世代開列，祠舊無匾額，龕楣題天水貽燕積慶堂七字，後額爲追遠堂，後復改爲崇本堂。始祖考萬八郎，始祖妣陳孺人，生三子，長永旺廣東居住君義公林孺人，次永鄉住半徑德智公趙孺人，三永興住河港伍陳氏伯伍郎。

（曾康生鈔録《[福建南靖]高港曾氏家譜》 1931 年稿本）

南靖豪山曾氏出自汀州上杭略記

按古譜，武城五十七代孫，就聖公計起也，爲六十三郎，自寧化遷上杭，與平和分支。和祖六十四郎，再傳而素庵公我祖六十三郎，六傳而百五郎公，則皆從汀州西來矣。及考平和石溪公，諱璋，南京兵馬司指揮，權知廣州府。嘉靖志略乃云，始祖素庵公元末家於漳，徙之三都白礁，以山童海激不可以居，乃遷南勝縣之清寧里蘇洋，不言自汀州西來也。石溪公去元末才百餘年，當日脩譜或別有據乎。

（《[福建南靖]三團豪山崇本堂曾氏族譜》 清光緒稿本）

平和上湖曾氏汀州寧化淵源敘略

上湖石溪公族譜志略，曾氏本鄭國之後，夏少康封其次子曲烈於鄫，當春秋魯襄公時，莒人滅鄫，鄫世子巫奔魯，去邑而爲曾氏。數傳生點，點生曾子宗聖公，居魯南武城。

始祖原在魯國曲阜縣，四世避秦亂，遷居江西撫州府臨川縣，裔系支分派別，唐季始入閩中汀州府寧化縣蓮花石壁村，有孫曰長清，士爲汀州刺史。曰懋清，士爲潮州刺史，功德在民，其四世孫曰周昇，以德行薦秘書郎。次曰同德，唐中宗神龍二年登進士第，歷刺泉州，生二子，肯堂，肯朝。肯朝之子服休，至孝天植，以母老致崇政殿説書而歸，爲當時親炙。歷素庵公雅好山水，元末家於漳，徙之三都白礁，以山童海激不可以奠居，元順帝四年至元戊寅，李志甫反，乃遷南勝縣之清寧里蘇洋。至大明正德間，象湖山箭管等處作亂，南赣軍門王公諱守仁發二省兵勦平之，於是南靖學生員張浩然與我曾姓敦立公，於正德十二年丁丑夏，呈請添設縣治。王公守仁爲奏請，於河頭大洋坡新設縣治，割南靖清寧新安二里，漳浦一都二都以界之，我曾姓世居焉。

嘉靖三十三年甲寅仲冬長至日，孫璋等頓首謹志。

（《[福建平和]上湖曾氏石溪系族譜》 清同治二修稿本）

平和雍睦堂曾氏始祖汀州上杭譜系

六十四郎，元成宗元年乙未，公年五十五歲，始自寧化遷上杭勝運磜頭居住。生一子百五郎。

百五郎，妣賴氏十九娘，生協遜。

協遜生二子。長念二郎。次念七郎，妣王氏，生男友義。徙撫溪中村居住。

念二郎，號曰唯，妣鄭氏一娘、張氏十娘。生男四五郎。公生於元德元年，至正四年甲申徙居金豐太平寨居住，壽元八十八歲，卒於洪武三年庚戌，原葬洋背後失墳掃。

四五郎，號友益，妣賴氏三十四娘。生長子曰善少，室湖氏小七娘。生次子曰靜。三子曰愈。公生於元泰定四年，卒於永樂十五年，合葬金豐太平寨歇排樹下，癸山丁向，庚子庚午分金，眠犬垂乳形穴。長房諱善，號仁定，於元至正十一年辛卯徙居漳州平和縣。次房諱靜，號仁安，居金豐太平寨，妣李氏十一娘，生五子，長千一郎住長富社坪畬，次千三郎住泰寧社塔坑。千五郎，千七郎，千八郎，兄弟共五人。

(《[福建平和]雍睦堂曾氏家譜》 清光緒稿本)

(十五)廖　氏

廖氏閩粤贛臺各派世系分布録

廖氏開漳始祖張虎公世系：

一世虎，妣陳氏。二世真瑞，妣趙氏。三世宗來，妣錢氏。四世大美，妣陳氏。五世明山妣林氏，明海妣朱氏，明立，明仁，明德。六世天正，妣林氏、蔡氏。七世再輝，張廖始祖。

一世祖開漳始祖張虎公，字伯紀，原籍河南省開封府祥符縣，與胞兄龍公二人從陳元光將軍平閩有功，封威武協應上將軍。龍公帶兵回河南開封府祥符縣祖家居住，虎公與陳將軍鎮守漳州路南關，居住開族，由此子孫分派各府州縣居住建族。公葬在漳州府飛鳳山鎮上江邊，坐北向南。置有水田一段，坐址試劍石前，受種十二石。又一段坐址南山下至白頭山爲界。妣陳氏，生五子，真瑞、真端、真明、真德、真福。

二世祖雲霄始祖張真瑞公，乳名論，字元甫，宋開慶己未進士，咸淳二年爲參議大夫之職。在朝十餘年，後回家在西林建大宗祠。卒於大德三年，享壽七十一歲。妣趙氏誥封宜人，合葬於畲狗山，生男舉，字宗來。

三世祖張舉公，字宗來，生於景炎丙子年，享壽八十二歲。妣錢氏，合葬畲狗山，生一男賢，字大美，即雲霄西林始祖也。

四世祖張賢公，字大美，生於大德己亥年，享壽四十九歲。妣陳氏，生五子，明山、明海、明立、明仁、明德。

五世祖張明海公，字子溢，生於延祐庚申年，妣朱氏，合葬畲狗山。生五男。天然字得安，天正字得仁，天佑字得義，天儀字得禮，臨壽字得智。

六世祖天正公，字得仁，生於庚辰年。葬於西林畲狗山。妣林氏、蔡氏。林氏葬於莆美，穴名蜘蛛結網地。共生四男。玉字再興。福字志德。願仔字再輝，分派詔安縣二都官陂，爲廖三九郎公家中進贅。舉字興林。

武威光景公派：

八十世光景公，諱德登，蘭芝公之第三子。原籍江西省雩都縣，生於宋代中葉，初爲宣州刺史，累陞學士丞相。公開雩都、寧都、石城三縣之祖，即江西大始祖也。葬於江西寧都鈞州，立有大石碑書明官爵名號爲記。妣張氏太夫人，生三子，長瑞瑄，次瓊瑄，天琳瑄。

按分郡之説紛紜，由於各譜各樣，莫衷一是。然有如福建省汀州府永定縣翰林院學士廖瑛者，聞前人之傳，自上祖蘭芝公分武威郡，蘭楷公分太原郡，蘭德公分清河郡。太原王姓之郡，楷公因外祖無嗣，以甥承祀。清河張姓之郡，德公因岳父無嗣，以婿承祀。故二公分郡不分姓也，至是彰彰可考。又據閩譜詳載，景公誕育九男，作雩都、寧都、石城三縣祖，分三郡，從其出士所稱。長文廣，元丞相。次文興，參政司。三文舉，翰林學士。命太原郡。四文福。五文亮，翰林學士，六文禄，經歷司，命武威郡。七文用。八文明，通政司。九文峯，提刑郎，命清河郡。

八十一世瓊瑄公，光景公之次子。自江西始遷汀州寧化縣石璧寨，生一子曰四十一郎。

八十二世四十一郎公，瓊瑄公之子，爲汀州始祖。生九子，分三郡。長文廣，元丞相。次文興，參政司。三文舉，翰林院學士，武威郡派。四文福，翰林院學士。五文亮，翰林院學士。六文禄，經歷司，太原郡派。七文用，翰林院學士。八文明，通政司。九文峯，提刑郎，清河郡派。

八十三世文興公，四十一郎公之次子。公由汀州遷上杭，是爲上杭始祖。時武平、永定皆隸上杭，故其後裔散處衆多。迨明季分設兩邑，而隸籍遂各有所屬。公葬於上杭蘆豐田雞浮塘，生一子曰花。

八十四世花公，字實蕃，文興公之子。初授湖廣參政大夫。妣馮氏，磜頭人，因宋元搆亂，移居延平府順昌縣合陽市，又移杭地郭坊村。明萬曆廿七年十一月初七日，公妣合葬於永定縣蘆豐田雞浮塘，癸山丁向。公開爲杭永二邑之始祖，杭永之有廖由兹來矣。迄今衍派分枝杭永二千有餘户，每年期於二月初九日合祭。生一子曰昌。

八十五世昌公，字燕及，號十五郎，花公之子。公葬於横橋南坑，巳山亥向，架上金盆形。萬曆三十八年三月初一日巳時立碑築墳，期於每年二月十三日合祭。妣楊大娘、周五娘，雙葬於郭坊大埔坪，坤山艮向，棋盤形花心穴，每年期於二月初十日合祭。生三子，長徹，次政，三敏。

八十六世徹公，字甫田，號十九郎，昌公之長子。妣張氏，合葬於上杭峯市河頭白鷺樹下，未山艮向，黄龍過江形。嘉慶庚午年各户嗣孫更葬修築。

八十六世政公，字拱辰，號二十郎，昌公之次子。妣梁宜人，富蓋都邑。葬於永定縣溪南里大阜村。生三子，長懋息，次懋實，三懋孫。

八十六世敏公，字納齊，昌公之三子，授德安府通判。妣趙氏。公葬於古鎮坪，妣葬於黄隔栗子坪。生五子，長念二郎，次念三郎，三三十一郎，肆三十二郎，伍三十三郎。

八十七世懋孫公，政公之三子。妣朱氏，生二子，長百九郎，次千九郎。

八十七世三十三郎公，敏公之五子。妣蕭氏、張氏、何氏。生三子，長仲達，次仲遠，三仲琳。

八十八世千九郎公，號北經，懋孫公之次子。生一子月山。

八十八世仲遠公，三十三郎公之次子。生一子安叔。

八十九世月山公，千九郎公之子。生一子均顯。

八十九世安叔公，仲遠公之子。生二子，長大二郎，次四六郎。

九十世均顯公，月山公之子。生一子完夫。

九十世四六郎公，安叔公之次子。生四子，長德貴移程鄉，次德秀移黄河，三德明移長樂，四德源興寧始祖。

九十一世完夫公，均顯公之子。生一子義恭。

九十二世義恭公，完夫公之子。生一子以智。

九十三世以智公，義恭公之子。生二子，長世穗，次世聰。

九十四世世聰公，以智公之次子。生二子，長金豐，次本漸。

九十五世本漸公，世聰公之次子。生二子，長宗興，次宗國字成生。

德源公派：

一世德源公，系光景公之十一世孫，即仲遠公之曾孫，四六郎公之四子。公兄弟四人，長兄德貴，次兄德秀，三兄德明。

公原籍汀州府寧化縣，因元明交代之秋，於洪武元年遷居廣東省惠州府興寧縣北門，是爲興寧肇基始祖。永樂十六年再移居廣東省惠州府海豐縣吉康都吉溪鄉興寧排下坪建基，又稱爲海豐開基始祖也。公富有百萬，鼎建廖氏宗祠一座，艮山坤向，東至崗頂爲界，西至水圳爲界，北至社壇爲界，南至山花水壢爲界。

妣沈氏、薛氏、王氏。公妣生卒不詳，合葬於興寧縣和山，地名牛欄嶺蛇頭嘴，蛇形，王字穴，寅山申向，坐東向西。大明萬曆甲申年八月初三日，通族登墳合祭，商議每丁蠲穀三斗，發簿輪放，積至己丑年，利蓄壹千有餘，遂購縣中城脚下羅氏屋宇數棟爲宗祠，每年春秋二祭。迨至康熙庚午年，公妣之墳重築立碑，每年清明前後合祭矣。生一子曰敬齋。

二世敬齋公，德源公之子也。妣歐氏、李氏、包氏。公妣生卒失詳，合葬於興寧石崖頭沙湖里左右四穴，烏鴉落洋形，坐北向南。共生九子。長子思明，號如愚。次子思聰，妣曾氏、何氏，移居長樂蕉舟立業。三子思温，妣潘氏，興寧烏池立業。四子思恭，妣劉氏，移居大埔立業。五子思忠，移居海豐立業。六子思敬，移居程鄉立業。七子思問，移居惠州歸善立業。八子思難，移居潮州揭陽立業。九子思義，守居興寧石崖頭藍鋪。

三世思明公，號如愚，敬齋公之長子，守居興寧南廂石崖堡，妣陳氏、藍氏。公妣生卒失記。公與陳妣合葬於石崖堡，醉翁倒地形，乾山巽向。至康熙三十三年甲戌歲重修立碑，每年清明合祭。藍妣因次子移居長樂大都，來往視子，至矮頭嶺而卒，故葬於矮頭嶺凹腦，天財蟻子含坭形。生三子，長志誠，次友誠移居長樂，三弼誠。

梅州一世思敬公，敬齋公之六子。系臺院、察院、殿院三院尉，爲梅州開基始祖。公葬於程鄉壢林坪，夜遊螃蟹形。妣林氏，葬於聖人寨。生四子，長得貴，次得英，三得明，四得秀。

二世得明公，思敬公之三子，系鬆口堡始祖。葬於黄砂潭頭角，虎形，東西向。妣吴氏，生一子均保。

三世均保公，得明公之子。妣賀氏。公墳失記，妣葬於官坪小金蓮塘窩，戌山辰向。生一子溪隱。

四世溪隱公，均保公之子。葬於仰天湖，海螺形，南北向。妣黄氏，葬於溪南下寨，東西向。生三子，長以禮，次以信，三以仁。

大埔一世千十公，百一公之十子，即大埔縣石圳鄉開基始祖。其諱不詳，蓋花公十世孫也。因宋末避亂，自汀州寧化移居廣東南路潮州府海陽縣，即今之大埔縣石圳鄉。歷代久而瓜瓞愈蕃，衣冠之美奕世不替。屢經兵火，記載無存功績。妣諱生卒等不明。合建祠於石圳，春冬二祭。公妣合葬在石圳陳厝頭,坐庚向甲。生三子,長國羡,次五十六,三士通。

二世國羡公,千十公之長子,即石圳一房之祖。

二世五十六公,千十公之次子,妣黄氏,諱謚生卒失記。先合葬黄蘭鄉張四坑,迨康熙庚子年遷葬朱蔣山。生一子七十五。

二世士通公,千十公之三子。調和、下峯子、烏嶺、大塘里、沙壩坪等地之祖也。

三世七十五公,五十六公之子。生於丁亥年正月五日辰時,享壽五十五歲,葬於朱蔣山,坐坤向艮。妣鄭氏,生於丁亥年十一月十五日辰時,享壽八十一歲,葬於下山子,後遷於朱蔣山合葬。生二子。長八十三,移居烏槎。次五十三,移居北坑烏洋尾。

四世八十三公,謚恪謹,七十五公之長子。卒於弘治十四年三月三日,妣羅氏勤益孺人,合葬於平原鄉南崗頂,酉山卯向。生二子,長九十一,次九十二。公在烏槎作室居焉,彼時干戈未靜,時有群盜數千擬劫村落,公得悉其耗,予報鄉族潛逃,及賊至一無所獲,一鄉均得倖免於難,鄉人感之恩深,無以可報,每年正月五日,到光裕堂迎其神主致祭,以志不忘。

五世禄公,八十三公之次子。生於成化乙未年六月七日巳時,卒於嘉靖戊子年正月二十日巳時,享壽五十四歲。妣梁氏,謚慈善,生於成化庚寅年十一月二日酉時,卒於嘉靖甲寅年正月二十五日亥時,享壽八十五歲。公妣合葬烏槎洋,坐庚向甲。生四子,長賢,次質,三資,四替。

(《[臺灣雲林]廖氏大宗譜》 1979年鉛印本)

廖氏源流考

按廖氏之先,出於商,爲子姓。商王封叔安於汝南郡,是爲飂。叔安生明,明生閏,閏生暉,暉生結,結生淵,淵生光。光,商仲丁時藍夷爲寇,舉爲司牧。

光生穎,穎生玦,玦生試,試生重,重生埶,埶生珊,珊生卿,卿生譚,譚生介,介生祥,祥生潛,潛生華,華生瑞,瑞生昌,昌生澄,澄生榮。荣,周穆王時舉爲故殷官祝釐。

榮生盛,盛生良,良生辟,辟生高,高生畢,畢生展,展生宣。宣,周厉王時准夷侵邊,執戰有功,陞爲司馬。

宣生雲,雲生褥,褥生平,平生穩,穩生閔。閔生伯叔,春秋時遂易飂爲廖,廖姓之由來雖先見,而兆實於此時始也。

伯叔生誠,誠生衰,衰生敬,敬生王,王生定,定生真,真生考,考生安,安生和,和生惠。惠避秦亂,復遷河南。

惠生慎,慎生范,范生周,周生嵩,嵩生理,理生中,中生元,元生鳳,鳳生節,節生嘉。嘉士漢爲太僕。

嘉生新,新生斌。斌生扶,字文起,號北郭先生。

扶生和,和生延,延生立。立字公淵,士蜀爲長水校尉,累陞侍中。

立生化,名淳,字元儉,士蜀爲右車騎將軍,領並州刺史,封中鄉侯。

化生倔,倔生初,士魏爲參軍。初生秦,秦生子璋,以武功封左衛鎮國大將軍,時晉武帝咸寧二年也。

子璋生二子。長原憲居洛陽,封鎮國大將軍。次從憲,遷浙江永嘉郡松陽縣順義鄉誠信村遂家焉。

從憲生吾桂，士晉爲大將軍，杜預舉爲徵吴左衛大總管。吾桂生松，字欽，官封總管。

欽生八子。長守信，官青州刺史。次守義，官太平州判。三守崇，官澤州高平縣令，擢汀州副史。四守誠，官清溪縣令。五誠達，官處州州判。六誠璧，官宣州司馬。七誠忠，官杭州知府。八誠希，官揚州太守，因五胡之亂，於大元九年遷居江南。

誠達生四子，長世用，次世昌，三世清，四世某。

世昌生二子。長彦光，官清河郡太守，此廖氏得郡之始祖也。次彦邦，官武威郡太守。彦光生玉齡，廿二歲官至湖廣郡太守。

玉齡生四子，長晚蒼，次晚桂，三晚叔，四慶甫。慶甫生奇可，諱京。

奇可生三子。長延邦，諱二十四郎，封清河郡公。次延齡，諱二十五郎，封武威郡公。三延春，諱二十六郎，封太原郡公。

延齡生三子。長崇榮，諱學三郎。次崇韜，諱學四郎。三崇德，諱學五郎，唐貞觀時以明經登第，任虔化縣令，今之寧都、鄠都、石城是也，任滿遂家焉。公即系閩粤各處之始祖也。

崇德生三子。長蘭芝，諱佩，唐總章戊辰進士，承武威郡祀。次蘭楷，繼清河郡公。三蘭德，承太原郡祀。

蘭芝生三子。長光禄，登唐景龍丁未進士，官汀州節度使。次光堯。三光景，諱德登，爲宋宣州刺史，學士丞相，卒葬江西寧都鈞州，有大石碑書明官爵名號。

光景夫人張氏，生三子，長瑞瑄，次瓊瑄，三琳瑄。時因被奸臣讒誣謀反篡位，自此子孫埋名隱蹟，命九子分三郡，張廖簡三姓聯宗自此始矣，有詩爲證：

崇德中興與後光，蘭芝光景發其祥。
瓊瑄四十一郎後，九子文興花又昌。
楊周二妣三子秀，徹政敏公分三房。

瓊瑄生四十一郎，始遷汀州寧化石壁寨。

四十一郎生九子。文廣，元宰相。文興，参政司。文舉，翰林學士。長次三命武威郡。文福，翰林學士。文亮，翰林學士。文禄，經歷司。四、五、六命太原郡。文用，翰林學士。文明，通政司。文峯，提刑郎。七、八、九命清河郡。

文興生花，字實蕃，號五郎，初授湖廣大夫，始由汀州遷上杭。時武平、永定皆隸上杭，故公裔散處繁多。迨後明分設兩邑，而隸籍遂各有所屬也。

花生昌，字燕及，號十五郎，娶楊周二妣，誕育三子。長徹，字甫田，號十九郎。次政，字拱辰，號二十郎。三敏，字納齊，授德安府通判，妣趙氏生五子，自是分傳各處矣。

據譜，敏公與百一公是否父子相承無可稽，恐其代前失著者矣。百一公爲漳州參將，移居潮州府大埔縣長教爲始祖，涖任平和雙溪，率親子十人，名以千一公至千十公，俱在潮屬各地爲始祖也。

考千十公蓋花公十世孫也，因值宋末變亂，自汀之寧化移居廣東之南路潮州海陽，即今之大埔石圳鄉開基創業也。又爲湖北烏槎、平原調河、饒平，皆是一脈也。

有源流律詩一首：

源頭深處活流長，本固支繁萬代揚。
族義人倫明上下，家興孝友樂虞唐。
天倫莫大尊親至，人道當歸太古常。
幸得名公文敘譜，筆端花彩永生香。

大清乾隆進士翰林院學士裔孫鴻章字羽明號南厓拜題。

(《[臺灣雲林]廖氏大宗譜》 1979 年鉛印本)

廖 姓 源 流

廖姓爲顔、繆二姓併合留形之改姓也。顔姓爲冠蓋之官，繆姓居衣裳之職。因殷紂無道，荒淫絶諫，虐殺朝臣，暴殄天物，臣民離心。衣冠雖屬官爵，宫廷常物而求精美華麗，本屬人之常情，當混亂朝政之時，豔裝誨淫物議，不無瓜田李下惑君之嫌，在良莠不齊之時，宜有潔己之道，因而棄宫隱於雒陽山谷即武威。後恐子孫受追蹤之累，始併合改姓曰廖，以表道同志合，留形不忘本源。迨後漢昭烈皇帝時，驃騎將軍廖化公事漢，傳二十七世至廖圭公時，適宋朝陳元光將軍開闢漳州，乃從戎隨軍，駐紮上杭。圭公字白光，生八子，其第五子諱義公字居由，移居漳州防訊，後入詔安二都官陂墾荒山林，廖三九郎公即其所傳後裔。

(《[臺灣雲林]廖氏大宗譜》 1979 年鉛印本)

廖姓族譜源流序敘

大始祖光景公，諱德登，生於宋中葉，位登臺輔，原籍江西。夫人張氏誕育九男，作雩都、都寧、石城三縣，祖分三郡，從其出士所稱。長曰文廣，元丞相。次曰文興，參政司。三曰文舉，翰林學士，命太原郡。四曰文福。五曰文亮，翰林學士。六曰文禄，經歷司，命武威郡。七曰文用。八曰文明，通政司。九曰文峯，提刑郎，命清河郡。家資三大份均分，碑勒江右寧都，閩譜詳載，彰彰可考。

今閩省之祖花公，系文興公之子，避亂遷於上杭，現葬福建上杭地蘆豐塘田雞浮塘形。郡本太原，故閩地宗之以爲分郡之始祖。至於武威、清河，舊志相傳，以爲一派流長汀河田界口，一派流傳廣東惠州長興，今之興寧始祖德源公即其流枝歟，然已無以覈其所自矣。兹我宗之星處吾程者不啻萬家，分屬武威居多，即有不盡武威者原少，其初皆景公裔也，故追宗斷以景公爲始祖。

文廣兄弟九人分郡居之，子孫蕃盛，妣皆不詳，其各葬所録少傳不悉，不敢忘記。

文興公生花公，妣馮氏一娘。花公生昌公。昌公生三子，徹、政、敏。此閩省派也。

花公合葬蘆豐塘田雞浮塘形，明萬曆廿七年十一月七日辰時重修，癸山丁向，每年期於二月初九日合祭。祖塋其墳側四面寬廣，開田爲修墳之舉。昌公即十郎，妣周宜人、楊宜人，因宋元變亂，自雩都遷福建延平府順昌縣合陽市，後分遷汀州府永定縣，永定之廖姓自此始也。

昌公葬於横橋南坑架上金盆形，期於二月十三日祭。妣周婆、楊婆葬於郭坊大坪埔，棋盤形花心穴，期於二月初十日合祭。生子政，孫多生齒蕃衍，分枝分派衣冠稱盛，杭永江東蓋有三千餘人。

政公妣梁宜人，富蓋都邑，葬在東溪南里，萬曆二十年孟秋月十六日，世孫夢麒、夢麟自行奔赴通族各派修理蒸嘗，每年銀兩利息付族長銷用。

廖凱舉人移居河南。廖瑞舉人移居寧陽。廖行科舉人住上杭。

七世祖千三郎移居程鄉松口。八世祖千九郎居上杭，有佛應流傳，歷官學庠序難以枚舉。一派寧化、長汀二縣河田界口等處。有徙福建漳州府漳浦縣、汀州府長汀縣、上杭縣、永定縣。

有徙廣東潮州府潮陽、海陽、程鄉。惠州府長樂、興寧、河源、和平、龍門各縣住者，大抵六世移居者多。

獨是吾族之支派，非不願得各省府州縣同源共本者，一一詳志以見吾族之繁衍也。乃詳稽殘帙，有不傳其父之名而只傳其子之名，有傳其父之名而不記其子之名，有獨標其妻之氏而不著其夫之名，有僅書其少小之名而不知其長大之諱字者。倘今日不因略而記焉，則後有敦本之君子，又何所取以相證乎。此予所以無可如何之中，舉凡殘帙之流遺、父老之傳説，雖有簡錯，亦必備至卷端，以俟後起君子取證焉。

德源公妣薛氏，興寧和山井村，即興寧始祖。富有百萬。二人合葬和山牛欄嶺，寅山申向，蛇形王字穴。生一子敬齊，妣歐氏、李氏，三人各合葬石崖頭沙湖里左右三次穴，烏鴉落洋形，坐北向南。敬齊生九子。長思明，生子志誠，石崖頭立業。次思聰，移長樂。三思温，興寧烏池立業。四思恭，生三子，志明、志靜、志沂，明、靜二子隨父移大埔，沂妻薛氏因念外氏不忍遠縱，留興寧小峯立業。五思忠，移海豐。六思敬，程鄉立業。七思問，移惠州。八思難，移河源。九思義，興寧石崖頭藍舖立業。

始祖三院尉公，傳説即思敬公，名諱字號未得其實，今作祖程鄉，葬莆心壢林坪，申山寅向。妣林夫人葬聖人寨下，生卒諡缺。生四子，得貴、得英、得明、得秀。又有一譜説尉公閩汀寧化人，宋末元初統兵至粵梅州，駐兵於城南壢林圳背，見梅州風俗淳美，地僻人稀，遂留居焉，承東廂圖糧米千餘得壢林之地，没葬於斯。

（《[臺灣雲林]廖氏大宗譜》 1979 年鉛印本）

臺灣廖氏譜載舊序三篇

修族譜序

蓋聞族之有譜，猶國之有史也。故凡名門廣族，莫不有譜，所以明世系之遠近，尊卑支流之親疎，人品之賢愚，皆於譜備載之，由來尚矣。遡我族廖氏鼻祖光景公，傳花公遷閩之汀州，數傳及千十公始至茶陽之石圳作室居焉，櫛沐肇基，乃族之一世始祖也。其派二世兄弟，長居石圳，三居調和，二世祖移居吴家峯，迨四世一分居北坑湖洋尾，一移居烏茶槎及平原，世代遠而失真，嗣息繁而失實，不惟迷逸根源，且將視族人猶途人矣，族譜之修誠不容少緩也。大父忠直公屢以爲憂而志未逮，歲在壬子，兄惇五慨然有志修之，命邃董其事以作焉。但世彌遠，族愈蕃，雖欲紀載焉而考稽不易，蓋他族之譜事因而簡，我族之譜事皆創始，則修之也難。乃倣長教宗家，傚班、馬表法，史記歷稽徧訪，溯流窮源，則斷以傳言者爲始祖千十公是也。於是自源徂流遞列其世次，直敘其生平，並字行誕巳娶葬生育咸備書於册，每名之下間有疑者則缺焉，蓋傳信不傳疑也。自始祖至十二世止，木根水源，支派分别，昭穆次第，賢否智惠，一展閲燦如日星，倘所謂失真失次，族人途人之弊可無憂矣。其間雖善善長而惡惡短，終不敢隨聲附和，貽狗名失實之譏，故不憚廣稽考核，經拾數月而謄次成篇，雖筆愧董狐，而指事直陳，庶幾無墜前人之事蹟焉耳。譜成而對列祖於簡編，惕然動僾見愾聞之思，聚屬於方册，藹然有家人一體之誼，尊尊親親之美意，不赫赫然於今日乎。

雖然譜成矣，思我族瓜瓞綿綿，書香之休代未有艾，良由始祖千十公積累於前，列祖作求於後，所謂發源遠植昨即，而余尤有企者，光大前業，後裔責也。族之人爲士者，必務爲善士，誦詩讀書，居仁由義，改過不吝，行己有恥。達則行道濟時，揚名顯親。窮則篤信好學，節義愈見。爲農工若賈者，必務爲良民，愛親敬長，若守本份，一切非爲皆恥而不爲。誠如是也，雖子孫世隔，制行不同，然既爲善善，既爲良民，是能率祖攸行作求世法，斯爲無忝厥祖，斯爲武威氏賢子孫矣。旲時編諸譜牒，嘉言善行，光耀炫目，則今創修者咸與有榮矣。噫，此正余之深有望於族衆，而僭言諸首，願相與勗諸，是爲引。

時在大清雍正十一年歲次癸丑冬月望日，十二世孫邃頓首拜撰。

續修永興家譜序

竊思莫爲之前，雖盛弗彰，莫爲之後，雖美弗傳。我家族譜，邃公修於雍正癸丑之冬，由今思之已迄五十餘年矣。計此五十年中，世故之升沉，人物之代謝，後生之浩繁不知凡幾，若罣一漏萬，數傳而後，雖覿面而相逢也，莫知其所自矣。況舊譜經遞傳之薄蝕，蠹魚之損壞，斷簡殘編，恐有風雨而禰别淮亥，而云三豕之訛，訛以傳訛，有心者懼焉。胄裔蕃衍，雲礽不序，大方所取笑也。以二三兄弟命洙董其事，自十二世弘裕公派下續成一譜，名曰永興家譜，不得援他支以私誇家乘，亦不得因外删譜牒而勿傳，爰合同志考稽一脈之世系，釐親疎、秩長幼，别上下嫡庶，嚴大小之分，嗣續正真傳之派，婦絶反廟之規，俾昭穆不失其序，尊卑不亂其倫，少長不紊其年。間有宦續之輝煌榮耀閭里者，固頌述讚揚以光家聲，即居家凡有善可稱，有行可範，才能之卓卓，品詣之光明，勤讀詩書没後在人齒頰者，編諸實録以垂不朽，而附麗近事，又從而粉藻焉。以及柏舟自持操節完真，尤宜發潛德之幽芳，彰彤管之家徽，以爲女史箴，豈敢濫登簡編也。亦嘗采諸月旦，訪諸故老，庶幾善善從長云爾。且使後之人覽曩哲之遺徽，而感發其善心向道不更多歟。蘇氏不云乎，吾觀譜而孝悌之心油然生矣。然則今日之修家譜，亦以彰前人之盛蹟而傳美於後也。惟願後裔克紹前緒，以忠厚勤儉立其本，温柔謙讓守其身，毋依勢利以侮慢善良，使詩書禮樂之風未艾，用能保世以滋大，無忝永興之家譜，是爲序。

時大清乾隆四十八年歲次癸卯孟春朔日，十四世孫元洙頓首拜撰。

清溪廖姓東林派譜序

夫譜以著代也，亦尊姓也。人世有代焉，代有宗，宗有支。《説文》云，宗，主也，本也。其世代爲嫡長子孫，主先祀，如木之有本，而一姓之人奉以爲主者也。支，枝也，衆也，其世代爲衆少，子孫陪先祀，如木之附枝，而一姓之人俱以爲枝者也。雖然，其脩之者何世代之湮没也，族衆之散處也，懿美之磨滅也，弓冶之凋殘而箕裘之代謝也，若不譜而存之，增而脩之，後孰從而考之。故國之有譜也，自左氏、太史公始也。史而譜者也，左氏有年月譜，太史有年月表，皆譜也，是謂國譜。家之有譜也，疑周公制禮時始也。譜而史者也，蒼姬有卜籙，有歷圖，皆譜也，是謂家史。抑此猶以近代言之也，信以傳信也，乃今則以遠代言之也，疑以傳疑也。如以疑，則唐之後劉，虞之後陳，然劉在晉不范乎，陳在齊不田乎，就從而信之也。淳安之王由其身逆遡之，以至魯公族凡七十餘世矣，而皆有葬諱謚，若目見而耳聞之者，信則信矣，而不勝其疑也。越之楊氏親煬帝裔，恥其祖之汙，避而不言；吴寧之杜，越千餘歲而宗漢之延年、晉之富民侯，言之者無愧色，傳之者無異辭。果且以爲信乎，抑且以爲疑乎？故譜以著代也，亦以尊姓也，疑於代則代或不著，疑於姓則姓或不尊。而凡氏族之參錯，子姓之情幼，皆可冒而入之矣，又何以譜爲？而且惓惓於重脩爲也。許奭曰，余奚忍言哉，余奚忍言哉。是乃以虎櫛傳龜甲，而汶橘寄江枳也。夫其薰炙之爲羶，勢利之爲趨，所著何代，尊何姓哉。

新溪廖氏自殘唐迄五季，以至於今二十六世矣，中間宦蹟之芳標、士林之高概歷歷可指數也。先茂才象山先生及貲郎益山公，稍次其行，如黜非類，獎恬退，嘉儒行，女德種種，俱已庶幾乎信無可疑者。丙辰之秋，奭以拓落潛遊，廖家與其裔孫光彝及彝之從兄道震友善也，二君不以余不文，謬以墨鄉之役見託，余既以進謝主臣矣，而猶不得，因領其任。雖然，余弟增脩象山翁及益山翁未脩者耳，若曰成一家言以示不朽，則請以俟夫名公鉅彦者。予家舊有圖，而其實而譜之，則自伯父象山公始也。伯父爲茂才食餼，凡族中事，伯父身任之，族中弟子可教者，伯父身教之。彼一時也，棠棣時歌，薑眠無戾，藹然仁讓之風焉。玆何時哉，思伯父爲人而不可見，見伯父遺言懿行於殘編廢帙，不覺徘徊於邑而不能嚛也。況是譜也，伯父手澤存焉，而敢忘紹述哉。歲丙辰，族中重脩譜時，許君實總其事，予日從許君遊，按其世次，彙其年圖，綜其行狀，每觀伯父注精處，爲之惓惓三致意。雖然，伯父能文章，而我未能也；伯父能和族，而我未能也；伯父最鍾愛吾父子兄弟，而予於兄弟猶是如常。兄弟不能許大鍾注，有負伯父生前雅誼。第予一念思慕之忱，時時寄之譜中，伯父在天之靈或其者鑒於予衷乎。《雅》有曰，高山仰止，景行行止。景仰前人而不得，聊紀其意，向於此志慨矣。

二十三世孫邑庠生采絢謹沐識，大明萬曆四十四年丙辰冬十月之吉日。

（《［臺灣雲林］廖氏大宗譜》 1979年鉛印本）

（十六）賴　氏

賴羅傅三姓聯宗叙略

史載賴氏之起源，系因紂王無道，周武王命弟叔穎率兵討伐，功成，叔穎退居河南賴地，武王念其功勳，乃就地封爲賴國，並賜侯爵，後世子孫遂以賴爲姓，以叔穎爲一世祖。迨至十四世添公爲楚靈王所滅。賴、羅、傅均發源於中原，毗聯而居已歷數百年，彼此具有姻戚關系。賴氏當此患難之時，除主持國政，人奔赴湖北襄陽縣繼續建立其流亡外，其餘宗人以攜家帶眷，奔走不易，爲避免楚靈王之殺害，因倚附於羅、傅二氏者甚多，遂改賴氏爲羅、傅二氏。其後局勢隱定，楚國雖停止殺戮，然已歷時數代，子孫衆多，混淆不清，均未再復賴氏原姓，因是三姓相議不通婚姻，以表示同氣連枝之意，是我賴、羅、傅三姓自來即具有血統之親，由此可見一斑。

羅氏亦系以國爲姓，據《廣韻》云，本自顓頊末胤，受封羅國，子孫乃以羅爲姓。其後羅國亦爲楚所滅，羅氏之人又有改稱爲賴姓者，自是賴、羅關系益臻密切，故後世子孫有以賴羅或羅賴爲其姓之名稱者，即因於此。

傅姓依《廣韻》記載，系出自傅説，唐《世系表》云，黄帝裔孫大由封於傅邑，因以爲氏。漢晉之世，北地靈州傅氏最盛，至與傅關系，旅菲傅賴同宗總會奉祀祖先神位爲殷商始祖金青公與銀青公，蓋旅菲傅、賴宗人，多來自福建之晉江南安等縣。考我賴氏在菲律賓及祖居南安晉江等處均奉祀金青公於家祠，而傅姓則奉祀銀青公，故賴、傅二氏在菲律賓自來即以同宗相親，我賴、羅、傅三姓各有悠久之歷史，故在國内尤其是閩粤兩省之宗親，見面時常以親堂見稱，即可知三姓數千年來即具有血統關系，以後歷經若干艱險，又能本同宗手足之義，患難相依，較之異姓結義金蘭之關系大不相同。

據《文獻通考》載，叔穎，武王之弟，封於賴國，賜侯爵。復叔穎之子孫因魯昭公四年楚子入賴，遷於鄢。羅氏元傑公大成譜序，我祖匡正公有功於周，受封於羅，地方五十里，當其時與隨、鄢、鄖、絞數國爲唇齒之邦，輔卓相依。觀上兩段，鄢是我鄰國唇齒之邦，關系當切。又羅氏譜載，我祖匡祖正公生於商紂八年，因輔周伐紂有功，武王三年封地宜城，世襲子爵，國於羅水之陽，故國曰羅，即今湖北襄陽道宜城山中。年代與賴國之遷都同，國地同在湖北襄陽。以此觀之，賴、羅唇齒相依之關系更深一層證明。《春秋傳》載，我祖班公生於周宣王三十八年，世襲子爵，守宜城，周桓王二十一年即魯桓公十三年，楚屈瑕敗於羅，因前二年楚曾敗鄖師於蒲騷，前一年楚又伐絞大敗之，爲城下之盟而還，楚師分涉於彭，羅人欲伐之，使大夫伯嘉諜楚師，楚啣之，而小視羅，推伯比知其驕兵必敗，遂見楚子，請濟師，不聽，入見夫人鄧曼，轉告君，使賴人追之，不及。師及鄢，亂次以濟，且不設備，羅與盧戎兩軍夾攻大敗之，莫敖縊於荒谷，群師囚於治父，而國賴以存。此段有關賴、羅關系又有見證。羅國在定王十一年爲楚莊王報荒谷之恥，國被滅，出亡下邑，避隱襄陽龍檔。其後宗室流散，或有與賴姓相依以避難，亦未可定。羅、賴關系較切，而傅姓則似與賴姓淵源較深。惟查傅與賴、羅原亦同屬姬姓，按姬氏爲周文王之姓，其同出一脈，益可斷言。故自由中國賴羅傅宗親會會歌有云，賴羅傅，我宗親，休戚相依齒與唇，不論富貴，不論清貧，同是文王後代人之語。就此以觀，賴、羅、傅三姓關系之密切，更灼然可見。

再查廣東南海西樵地方亦有羅、傅同村，親如手足，互不通婚之事實，由此可知賴、羅、傅三姓聯宗結合由來已久。

(《[臺灣]賴氏大族譜》 1968 年稿本)

賴氏寧化極公支系漳州府分支

第二十一世極，得次子，自浙江處州府松陽縣移居福建汀州府寧化縣石牛村。妣伍氏，生二宦。二宦生岌。岌生九宦名時，唐朝翰林學士。時生顯。顯生四郎。四郎生衍恭，宋紹興八年進士，曾任成都知府、吏部尚書。衍恭生志仁、慶一郎。志仁官汀州知府。慶一郎生璉。璉生昇。昇生榮，宋元豐壬子舉人，癸丑進士，殿試一甲及第，連捷榜眼，不士。榮生二十四郎。二十四郎生誠。誠生和卿。和卿生萬四郎。萬四郎生四十一郎，士元，官給事中。四十一郎生六三郎。六三郎生百二郎，又由江西廣昌縣徙汀州上杭豐田里，爲撫溪、湖雷等處始祖。百二郎生九子。此爲賴氏諸多由浙贛入閩汀州支系中之一系源流。

三十世四郎，居汀州府上杭縣古田鄉之祖。生子五郎。三十一世五郎，生子七郎、八郎、九郎、十郎、十一郎、十二郎、十三郎、十四郎。即元龍、二龍、三龍、四龍、五龍、六龍、七龍、八龍、九龍。

六郎生虞觀、朝美、朝英、朝奉。

三十三世朝美，由上杭古田遷永定湯湖始祖。生明佐、明選。明佐生顯佑、顯益、顯吉。

三十五世顯益，生千五郎、千六郎、千八郎。千五郎生松德、添德、懿德、瑞德。瑞德號念四郎，生壽遠、壽春、壽亭。三十八世壽遠，生風、雲、雪、月。風遷居漳州府詔安縣二都官陂社。雲遷居詔安縣林婆社下河鄉。雪肇基廣東饒平牛皮社虎頭崗。月遷居詔安縣湯頭鄉。

朝英子三十四世二六，號萬芳，居寧化。生子荆、梁、雍、豫、徐、揚、青、兖、冀。

荆，漳州平和大溪庵後始祖。生子文興、文旺、文德。

梁，漳州平和蘆溪、葛竹始祖。生子元興、廷興、永興。元興蘆溪漳汀房祖。廷興平和葛竹房祖。永興生子士智、士仁、士勇。士智漳州南靖烏銅坑房祖，士仁漳州南靖施洋馬蹄背房祖。士勇女八娘，招贅林孔英，生子五郎、六郎、七郎。五郎傳南靖看牛山房。六郎傳林姓歸興化。七郎子九郎、十一郎，裔分漳州及廣東吉祥縣等。

雍，漳州平和阪仔心田房始祖。生子廷貴、廷顯、廷舉。

三十六世廷貴，漳州赤嶺、老虎耳、馬江及泉州府晉江房始祖。

三十六世廷顯，生子卜隆、卜英、卜芳、卜茂、卜夢。卜隆子景春、景禄、景文、景賢。景春平和心田祖。景禄心田祖。景賢平和言鄉保鳳埔社祖。

三十七世卜英，漳州府詔安縣下葛、田心、下坪祖。

三十七世卜芳，漳州府南靖縣烏銅坑馬蹄背祖。

三十七世卜茂，平和縣安厚、粗溪祖。

三十七世卜夢，詔安縣下葛、浦田、龍鏡祖。

三十五世豫、徐、揚兄弟，隨母許氏由上杭往粵省惠州、潮州開基。

三十五世青、袞、冀兄弟，隨母黄氏居汀州府寧化縣石壁城祖祠。

（《[臺灣]賴氏大族譜》 1968年稿本）

南靖葛竹賴氏派系略

朝英公，行念四郎，任汀州寧化縣知縣石壁城，生子六十郎，因兵亂失序。相傳漳汀司鄉案頭有古灰墳是吾祖，未敢據定。至其孫六一郎、六二郎、六三郎，共擇漳州平和蘆溪、琯溪之勝居焉。世系之傳遂彰彰化可考已。

葛竹一派分譜述：

一世祖六十二郎，系朝英公次孫，由寧化到蘆溪，遂開基葛竹，爲一世祖。葬本鄉林明厝，坐壬向丙兼亥巳，土形蜈蚣。妣曾氏七娘，葬大坪山，土形金龜負印，坐乾向巽，兼亥巳。生二子，長十三郎，次六十五郎。

長房考二世祖六十三郎，葬向天螺。妣沈一姐，葬大坪山，土形出泥蛇。生二子，長後坪埔祖，次杉兜祖。

三世祖六十六郎，即後坪埔祖也。葬下田溪口，坐向北。妣王氏十姐，葬庵前路上，太陽金。生六子。

（《[福建南靖]葛竹賴氏六十二郎族譜》 清乾隆稿本）

南靖梧宅羅山賴氏淵源敘略

一世祖朝英公，乃朝美公之胞弟，後捐納亦出士汀州府寧化縣知縣，年老卸事，欲搬回永定縣，途遇一地理先生云，石壁城之大地丁財，貴不可言也，公遂聽其謀，則於此開基作祖，立廟奉祀。

朝英公同地理師又擇一墳，坐北向南，十分全美，地名田心，百年後同夫人林氏、謝氏同合葬在田心，世人皆呼爲田心賴。自宋及元，傳至大明洪武二年，聞朝廷開漳泉墾惠潮，招集新民，我寧化朝美公，婆許氏、馬氏、黄氏，生下九子，名唤荆、梁、雍、豫、徐、揚、青、兗、冀。長次三同嫡母馬氏來漳泉開基，四五六同次母許氏往惠潮作祖，七八九同三母黄氏在石壁城看守祖祠墳墓。其長次三兄弟三人，相率下漳擇地開基，至和邑地方，則有留心之意，兄弟合商不忍隔遠。長房荆公擇於大溪庵後，田有兩收之美，溪有肥鮮之魚，合其意隱者之區，築室住居。

荆公並婆朱氏俱葬在粗溪田心。田心者，寧化帶名也。生下三子。一名文興即嶺門連塘房，一名文旺即狗母坑東埤房，一名文德即粗溪田心房也。三房雍公取於琯溪深田競，地方寬平，舟車兩至，商賈多集，往來鬧市，快其情，於兹開基，婆沈氏同雍公葬在詔安下葛田心。寧化嫡母馬氏亦葬在田心。田心者，即寧化之名也。分爲三房，長曰廷貴即赤嶺馬江房，次曰廷顯即深田四大房，三曰廷舉即下葛田心房也。惟我梁公，意不在於隱居，亦不貪於鬧市，獨取蘆溪葛竹高山之巔，中有百峯朝拱，内有四水歸聚，乃造化生成之天穴之所。有葛有竹，名曰葛竹。曰止曰時，築室於兹。梁公同婆陳氏合葬在漳汀田心案上，名曰田心，皆寧化地名也。生有三子，長即元興乃漳汀房，次即廷興乃葛竹房，三即永興乃烏銅坑馬蹄背哆哰洲與梧宅水潮房也。我族之祖自此開基。

朝美公葬在寧化，建一祠在永定縣内。婆馬氏葬在詔安下葛田心。

分作三房，長天溪庵後荆公，次蘆溪葛竹梁公，三琯溪深田雍公。

生祖林孔英公，入贅賴姑八娘，生三子，長曰五郎，次曰六郎，三曰七郎。孔英公生卒失記，葬在横坑下洋田心龜仔形，坐巽向乾。生祖妣賴姑名八娘，生卒失記，葬在老頭林田侖，坐壬向丙，傳云帶骨髓破未敢修方。

分作三房。長五郎，次六郎歸於興化府鄭莊嶺後居住，三七郎。六郎既歸興化府鄭莊嶺後居住，後有傳云，明末崇禎間有登進士第尋至山城不遇而回，至今並無相尋。有祖妣尤氏葬在龜仔崙，坐乙向辛，今孔英公惟五郎、七郎二派奉祀，以受永享而已。分作兩房，長房五郎，次房七郎，同住横坑。

第三代開基梧宅羅山次房七郎公次子，三世祖十一郎公，字阿安，媽劉氏名妙清。生五子，曰明貴、明和、明昌、明盛、明高。公生卒失記，嫌横坑僻壤故，同諸昆弟於大明正德間遷南靖梧宅之北，觀其地勢形便，泉甘土肥，山峯疊嶂，水口灣環，古人名曰羅山，良有以也。蓋自是而蘭芽簇出，支派攸分，遂編甲立户造册賴宗隆。

十一郎公生卒失記，葬在老虎頭謝家厝後林田社，鳳形，坐寅向申。至大清康熙年間玄孫等重修立石。

媽生卒失記，葬在羅山社中牛牯崙坪，坐艮向坤，其坪周圍一二里林木欣欣向榮，是大有可觀者也。大清雍正九年辛亥八月再爲修方立石，今人呼爲風水平林。

（《[福建南靖]梧宅羅山賴氏族譜》　清光緒三修稿本）

平和心田賴氏來由卜居敘略

六郎公之三子，四十七世祖朝英公，夫人林氏、謝氏，夫妻合葬於田心。生二子，長二六字萬芳，次不詳。

朝英公即朝美公之胞弟，後捐納，亦出士於福建汀州府寧化縣知縣。因年老卸事，欲搬回永定縣，路遇堪輿先生云，寧化縣石壁城有一大地財丁貴，美不可盡言，公遂聽其言，不欲搬回永定縣，與師謀擇一吉地，名田心，則居住於寧化縣石壁城田心，開基立廟奉祀。

先人廟内有聯可據，聯云：

紫誥疊承君澤重，

丹衷頻念祖靈長。

又聯云：

派衍西岐，剖金符而建国，潁川得姓伊始；

支分东晋，荷御笔以成家，松阳锡郡由来。

公又同地理師擇一墳，坐北向南，十分全美，地名田心。百年後同夫人林氏、謝氏合葬在田心。世人皆呼爲心田賴氏。自宋及元，世傳至大明洪二年之間，朝廷開漳泉恳惠潮，招集新民，我寧化公字萬芳，婆許氏、馬氏、黄氏三人，生下九男，名唤荆、梁、雍、豫、徐、揚、青、袞、冀。寧化公字萬芳，葬在石壁田心。長、次、三同嫡母馬氏來漳泉開基。四、五、六同次母許氏住惠潮作祖。

七、八、九同三母黄氏在石壁城看守祖祠墳墓，兄弟三人相率下漳擇地開基，至和邑地方，則有留心之意。兄弟同商不忍隔遠。長房荆公擇於大溪庵後，田有兩收之美，溪有肥鮮之魚，合其隱者之願，築室住居，並婆朱氏葬在大溪松柏林後時，號登鞍埔田心，田心者寧化地名也。生下三男，長文興即連塘嶺門房，次文旺即狗母坑東坡車仔房，三文德即粗溪苦田坑房也。

次房梁公，意不在於隱居，亦不貪於鬧市，取廬溪葛竹高山之巅，中有百峯朝拱，内有四水歸聚，乃造化生成天巧之穴，有葛有竹，名曰葛竹，曰止曰時，築室於玆。梁合婆陳氏葬在漳汀田心案上，名曰田心，皆寧化地名也。生有三子。長元興，乃漳汀房。次廷興，乃葛竹房。三房永興，乃烏銅坑馬蹄皆房也。

廷興公同妻王氏雙葬在葛竹廬溪石寨，亦生三子。長後埔坪房六二郎公。次頭房。三後溪房，亦分兩房，長出祖潮州府大埔，寧化縣麒麟埔，三兜曰下格仔，内洞庵前共五房也。

三房雍公，取於官陂琯溪心田，地方寬平，舟車兩坐，商賈多聚，往來鬧市，快其情於玆開基。婆沈氏同雍公葬在詔安官陂二都下葛田心。嫡母馬氏亦葬在下葛田心。田心者，寧化縣地名也。分爲三房。長曰廷貴公，分下爲生二房，長馬江，次晉江，往三十一都。次廷顯公，即心田大宗四大房。三廷舉公，即詔安官陂二都下葛田心房我族三溪之祖，分爲三房，則自此開基也。

雍公之次子，五十世祖諱廷顯，謚潁川賴公，葬在詔安縣官陂社頭，坐西向東。

祖妣閨大娘，謚慈叔鍾氏，葬在石橋後山庵坑内，其神主仍祀於田心大宗。

心田家譜記云，廷顯公之謚名及生卒年月日時，因心田宗祠神主被水漂流無從稽考，故以潁川爲謚名。

生五男。長卜隆，同母鍾氏遷平和縣心田開基。次卜英，往詔安二都下坪蔡坑等處開基。三卜芳，往蘆溪安頭葛竹烏銅馬蹄背等處開基。四卜茂，遷平和縣安厚粗溪等處開基。五卜蘿，遷詔安二都下葛下河埔田虎頭坑山角裏龍鏡里。

廷顯公之長子，開心田始祖，一世祖考，諱元成，謚卜隆賴公，妣雲霄人，謚勤遠。查家譜，賴氏本户登平和二圖三甲里班賴廷顯民籍，本漳州漳埔縣官陂社田心人，今其地有始祖墓及祠基遺址。至乾隆廿二年丁丑重建宗祠，公大元時移居南勝縣清寧里心田開基，築樓大祥徑仔頭，名心田，舊樓層巒聳翠，有衆山朝泰岱之形，兩水會襟，萬壑赴荆門之概。卜築之時曰，吾後世子孫必有卜其隆者矣。故謚曰卜隆。

賴氏心田廟誌

大明天啓辛酉年，衆欲立廟以報德，幸有次房瑞溪派邦居媽李氏獻其地壹穴，象即迎壹堪輿師，姓吴，名松江，以憑鑒定。師云，此地結成三臺，形如猛虎下山，此地能出數萬之人丁，左砂建廟能管萬靈之神，右砂立塜能吞萬人之骨。衆遂欣然而謀成焉。拜師開庚建造此廟，但此地多泥土泉水，難以下手，故巨松埋下而築祠於上。祠内有聯文三對，爰列於左。此祠堂坐丁向癸兼子午，甲子甲午分金，坐柳十度，向女十一度，淵海甲午甲子，盈海乙未乙亥分金。

大宗祠内聯文：

雙水朝宗綿福澤，
南山肇祖啓文明。

虎負南山，試觀繡虎高山登虎榜，
龍見心田，佇看雕龍俊士躍龍門。

擁深寮以茂本枝，譜牒原由松郡，
襟雙水而衍世澤，宗派直接西川。

（賴長榮編纂《[臺灣]重修五美派心田卜隆系賴氏家譜》 1931年稿本）

上杭古田田心賴氏得一系遷播録

得一公，夫人黄氏、吴氏。世襲直殿將軍。生朗公。朗公號小標，生崑公，夫人黎氏，合葬古田凹。

崑公號四郎，世襲守殿將軍，生五郎公。

五郎公，世襲守殿將軍，系繼母郭氏所生。葬古田，土形金釵銛壁。生九子，號曰九龍。夫人羅氏，葬龍巖小池黄畲鄉中坊，土形金鵝抱卵，坐癸向丁，用庚子庚午分金。今逐年八月初一日上杭永定龍巖合祭是也。

公因忠宋不助元，世襲自此削。生九子，即宋末元初之賴九龍也。長曰六郎，次曰七郎，三曰八郎，四曰九郎，五曰十郎，六曰十一郎，七曰十二郎，八曰十三郎，九曰十四郎。

六郎公，五郎公長子，配温氏、吕氏。原葬古田温公坑，至大清順治庚子年更葬湯湖鄉。生三子，長虞觀公，次朝美公，三朝英公。此公徙永定湯湖爲一世祖也。

七郎公，葬黄畲，土形倒地金鉤，五郎公次子。妣黎氏、藍氏，葬黄畲大楓樹下。生世美公，此公徙居古田，後分徙龍巖、上坪等處，亦有分徙泉州者。

八郎公，五郎公三子，居贛州府安遠縣，此派徙清流、歸化等，生二子，念一郎、念二郎。

九郎公，五郎公四子，居上塘，生子念三郎。

十郎公，五郎公五子。此派失吊。公葬古田赤嶺城平頭，蛇形。生子明郎。又云移居廣居大埔長窖。

十一郎公，五郎公六子，葬古洋背，土形象。生二子，百十三郎、百三十八郎。徙居長汀江頭。

十二郎公，五郎公七子，徙四都之董田。

十三郎公，五郎公八子，葬黄畲樓，土形龜背，又云倒地壺瓶。生子百三十七郎、百五十郎，居興寧長樂。

十四郎公，五郎公九子，此公過九龍江溺死，時時現靈，土人立廟奉祀，即今九龍廟是也。

九龍公分派：

虞觀公，六郎公長子，行十八郎。葬湯湖，土形老虎。妣江氏，葬武溪坪，土形烏鴉落洋。

宋大觀七年任嚴州府桐盧縣，同弟朝美公由古田而徙湯湖，後支派有分徙龍巖、上坪、水潮諸處。有像。

（賴徵祥編纂《[福建南靖]葛竹賴氏族譜》　清光緒十二年稿本）

松陽郡賴氏總系二十七房歷代淵源序

賴氏始祖，總出於潁川郡也。後至東晉興寧四年間，因兵亂移居活州豐寧桴原，宦遊處州，因見松陽山水清秀，遂卜居焉。傳流後代，累世簪纓。玄孫遇公，奏請松陽以爲郡，其後賴氏復以松陽爲號。古之虔州改爲贛州郡，屬虔化縣。古有松陽五崗也，即今安遠寧都同派。五子石改爲石城禮上里之秋溪，分徙廣昌巖前。

古有江左，改爲福建省汀州府古路上杭縣。古田賴氏族原同此派。舟徙勝運里，即今同陽湖寧化縣，武平縣，清流縣，明溪縣。遇源則止，遇田則止，遇湖則止，遇坪則止，遇溪則止，遇城則止，遇郡則止。凡賴氏所居之地，開列於後。賴氏之譜，出於軒轅二十世玄孫，文王第十九子名叔潁，武王弟也。周興，武王封弟叔潁於賴國，地屬潁川郡，以賴爲國名，後之子孫以賴爲姓，以潁川爲號，則有三代以來其爲名世久矣。皎然超然，天下咸知有賴姓之爲名族也。自秦迄漢，裂而復合，合而復泱，其間四佈而不可盡紀也。

傳至唐之太宗，奏下譜牒，退新門，進舊族，左膏粱，右寒微，合壹百九拾三姓，三千六百壹家，而賴氏亦與，首稱大姓焉。自賴叔潁公以下，生子惠公。惠公生子宣公。宣公生子厲公。厲公生子平公。平公生子桓公。桓公生子敏公。敏公生子襄公。襄公生子成公。成公生子沖公。沖公生子章公。章公生子穆公。穆公生子文公。文公生子添公。添公自周封賴國，傳一十四代，後至爲楚靈王所滅。

先公輔佐西漢。平帝二年，官任交趾太守，陞大司馬。生子仙芝公，士漢。建始二年，官任紫金銀青光禄大夫加上柱國爵，贈太子少保。生子好古公，屢召不士，願從布衣上殿奏事，封爲秉公隱士。好古公生子珠公，士漢，桓帝二年以功封開國公，因忠諫君貶汝州刺史。桓帝八年，復召入朝，仍封開國公，加一爵，詔勅還鄉，潁川之達尊也。

珠公生子妙通公，舉孝廉，有功，初封秘書郎，官拜崇政殿大閣學士、嘉議大夫贈太子大師。生子忠郎公，官任廣東道監察御史。忠郎公生子真公。真公生子評一郎、評二郎。評一郎公生子深公，士東晉，太祖元年官任貴州知府，陞管軍御史。深公生子重一郎公、重二郎公。重一郎公生子功行公、志行公。功行公，生子忠誠公，士東晉，興寧元年官任浙江觀察使，復任廣東提刑觀察使、督理學校副佢，祖居活州豐寧人也，時居松陽，生子光公。光公生子玄公。玄公生二子，長莊公字士端，次厚公字士謹。莊公生子遇公，字慶臣，官任江東府知府，自始祖賴國之君十四代居潁川，再傳十餘世至先公，又傳一十五世至玄孫遇公，上本奏請所居松陽以爲郡也。蒙晉帝聖恩准奏，御筆親書“松陽郡”三字，傳與子孫永世爲郡，萬古留存不朽也。

遇公生子匡公，字廷輔，晉安帝十四年官拜武英殿大學士，贈相，爵位至太師。父子食潁川一郡之俸。匡公生子碩公，字仲芳，晉末世亂不士，遷居赤竹，再徙處州，即今之寧都，後歸松陽。碩公生三子，長郁公字文華，次𪻐公字文獻，三燦公字文明。郁公生子振公。振公生子述公。述公生子用公。用公生二子。長顯公。次定公，字大用，官任潭州轉運使，因而家焉。𪻐公仍居松陽，生子辰公，燦公。燦公生七子，長昭公字宣著，移居於石嶺，即今會同武村連州是也。次得公，字宣賢。三明公，字宣光，徙居水西，即今撫州宜黃縣樂安縣是也。四度公，字宣儀，移居桴原即今安遠縣、龍南縣。五思公，字宣繹，居五子石，即今石城縣禮上里秋溪，分居建昌、西川巖前。六珠公，字宣行，居赤竹湖田橋，即今信豐縣、瑞金縣。七彦公，字宣傑，元和二年官任揚州通判，遂移居揚州。

又得公生三子。標公士康，僖宗乾符元年官任錦衣衛將軍，始自松陽移居福建汀州府古路上杭縣古田，生子一官公，世襲將軍。一官公生子嵩郎公。嵩郎公生子晃郎公。晃郎公生子昉郎公。昉郎公生子僎郎公。僎郎公生子大郎公。大郎公生子得一郎公。得一郎公生子小標公。小標公生子四郎公。皆世襲將軍。四郎公生子五郎公。五郎公時，五代分裂，至宋興，太祖即位，思唐朝賴標公十世之勳業，仍召四郎公、五郎公父子，世襲爲將軍。

五郎公生九子，六郎公、七郎公、八郎公、九郎公、十郎公、十一郎公、十二郎公、十三郎公、十四郎公。

而五郎公長子六郎公生三子，長虞觀公，次朝美公，三朝英公。虞觀公大觀三年任浙江桐盧縣知縣。朝美公因元之亂，五郎公忠於宋不助元朝，故元朝即位削去將軍職而無世襲，反以官爲軍籍矣。大定三年，朝美公移居勝運里同陽湖也。

又録得公次子極公，自唐時移居寧化縣會同里石牛村。生子二官公。二官公生子岌公。岌公生子九官公，諱時，士唐，爲翰林學士。九官公生子顯公，士唐，直殿將軍。顯公生子二郎公。二郎公生子三郎公。三郎公生子十五郎公。十五郎公生子三一郎公、慶一郎公。三一郎公生子四八郎公。四八郎公生子衍恭公，宋詔興八年戊辰科中第七名會魁進士，初任四川成都知府，治民有功，元佑二年陞吏部尚書，生子志仁公，官任汀州府知府。志仁公生子十八郎公。而十五郎公次子慶一郎公。慶一郎公生子璡公，士宋爲經歷官，生子昇公。昇士宋爲教諭官。昇公生子榮公，宋元豐壬子癸丑科聯捷榜眼，因忠諫君死於國難，賴氏名宦，文武皆忠焉。榮公生子二十四郎公。

二十四郎公生三子。長誠郎公，遷徙建昌府廣川縣、四川巖前。次子十五郎公，居於汀州府。第三子十六郎公，世居於汀州府寧化縣石壁村，生子寧卿公。寧卿公生子萬七郎公。萬七郎公生子四十三郎公。四十三郎公生二子。長念一公，遷徙福建省平和縣、詔安縣各處立業。次子念四郎公，妣吴氏十三娘。生三子，長壽遠念一公，移居平和縣大溪鄉小板住，次子壽春念二公，遷居下坪住。第三子壽亭念三公，世居寧化縣石壁村守祖業。

其壽遠念一公娶嫡妣李氏三娘、庶妣陳氏大娘，生四子。長風公百一郎，遷居詔安縣官坡社浮田鄉住。次子雲公百二郎，遷居詔安縣林婆社下河鄉住。第三子雪公百三郎，遷居廣東潮州府饒平縣牛坡社虎頭崗住。第四子月公百四郎，遷居詔安縣湯頭鄉住。

而雪公百三郎妣詹氏，生四子。長文雅大一公。次質雅大二公，隨父來廣東省饒平縣鎮居虎頭崗，追謚曰肇基而作始祖。其第三子、第四子同母詹氏在平和縣安厚鄉等處立業，子孫繁衍，不能盡述矣。

但賴氏之譜系，實出於潁川，發脈不可忘也。故世家舊族莫不有譜，溯流窮源而分别支派，世世安書乃祖名諱某字號，生卒何年月日，葬某山，娶某氏，生某子，遷居何處，或顯或隱，孰爲孝弟忠信，孰爲禮義廉潔。誌譜相傳，世著不遠，可望而知。而居住遷移，猶必詳悉載明。賴氏發脈，子孫繁衍，散佈而居者甚多。致三郎公居松陽縣。達郎公、八郎公居贛州府安遠縣浮原。通郎公居贛州府石城縣禮上里秋溪。誠郎公居建昌府廣昌縣四川里巖前。一郎公、四郎公俱居贛州府瑞金縣。二郎公、五郎公、九郎公俱居贛州府會昌縣。三郎公居汀州府武平縣。六郎公、七郎公、十一郎公、十二郎公、十三郎公、十四郎、俱居處州府。十五朗公、十六郎公居汀州府寧化縣石壁村。十七郎公、十八郎公居處州府寧都縣。三郎公生三子，移居河南省，因派流遠不得而稽也。

溯自周漢晉唐及宋元而來，賴氏之家譜亦頗殘缺。至大明永樂時，有賴隆公，乙未科進士，官任國子監司業，告歸修譜，傳於後代，可見前後俱皆元勳名宦，奕世繁衍，鵲起蟬聯。苟能由祖以追始祖，知其一脈相傳，則源遠流長，昭穆不紊，而敦宗睦族之心自悠然而不能已。爲人後者，可不仰思先人之勳名，而求所以繼述之哉。可不顧瞻先人之基業，而求所以揚休之哉。於是爲序。

賜進士出身前吏部觀政現任廣西道署按察使司莆田後唐里門生方鼎頓首拜撰。

（賴長榮編纂《[臺灣]重修五美派心田卜隆系賴氏家譜》 1931年稿本）

松陽賴氏七十二房考略

謹按賴氏始祖出自潁川郡，後至東晉安帝四年，因兵亂徙居活州豐寧桴原，忠誠宦遊虔州，因見松陽山水清秀，遂卜居焉。傳至後代，累世簪纓，元孫遇公上書，奏請松陽郡爲諭旨，後又因世亂，古之虔州改爲贛州郡，屬虔化。古有松陽五虎岡，即今安遠寧化都同派。五子石也改爲石城劄上里之秋溪，分徙廣昌巖前之祖。古有江左，改爲福建汀州路也，上杭古田族覃本修再徙勝運里，即今同龍巖湯湖派。寧化、武平、清流、明溪，遇溪則止，遇坪則止，遇湖則止。我賴氏所居之地不勝指數，姑開其略於後，千百世孝子慈孫，披而閱之，上以見先人之勳業，下以見後人之纘緒，而知君子創業垂統爲可繼也。徵祥謹録。

（賴徵祥編纂《[福建南靖]葛竹賴氏族譜》 清光緒二年稿本）

心田賴氏遷徙支派與擇居敘略

八十世考朝英公，六郎公三子，妣林氏、謝氏。夫妻合葬於寧化石壁城田心。公乃朝美公之胞弟，後捐納出士汀州府寧化縣知縣，年老卸事欲搬回永定縣，途遇一地理師云，石壁城之大地丁財貴不可言也。公遂聽其謀，則於此開基作祖廟奉祀，有聯可記。

聯云：

紫詔疊承君澤重，

丹衷頻念祖靈長。

又聯云：

派衍西岐，剖金符而建國，潁川得姓伊始；

支分東晉，荷御筆以成家，松陽錫郡由來。

朝英公同地理師又擇一墳地，坐北向南，十分全美，地名田心。百年後同夫人林氏、謝氏合葬在田心，世人皆呼爲田心賴。生二子。長子百郎公，號寧化，名二六，字萬芳。次子百二郎公，遷江西省建昌府廣昌縣西川巖前開基。

八十一世考寧化公，朝英公之子，諱二六，字萬芳，世人皆呼百郎公。公葬在汀洲寧化縣石壁城田心。

妣馬氏、許氏、黄氏，生九子，荆、梁、雍、豫、徐、揚、青、兖、冀。

嫡母馬氏隨三子荆、梁、雍在漳泉開基。

次母許氏隨三子豫、徐、揚往廣東惠湖開基。

三母黄氏隨三子青、兖、冀留居寧化石壁城看守祖祠墳墓。自宋及元傳至大明洪武二年，聞朝庭開漳泉惠潮，招集新民，嫡母馬氏從寧化石壁城同子往漳州府，經詔安縣二都官坡霞葛下河居住一段時間，又帶荆、梁、雍兄弟三人，隨母馬氏相率往平和一帶擇地居住。

八十二世長房荆公，寧化公之長子，大溪庵後，安厚開基始祖。妣朱氏。公婆合葬粗溪田心案上。田心者，寧化地名也。

公擇於此地方，田有兩收其美，溪有肥鮮之魚，合其意隱者之邑，築室居住。生三子，文興、文旺、文德。

長房文興公，即蓮塘嶺門埤頭房祖。

次房文旺公，即九寶坑東埤車仔房祖。

三房文德公，即粗溪田心房祖。

次房梁公，寧化公次子，擇南靖葛竹開基始祖。原平和縣蘆溪葛竹鄉，於一九五四年劃轄南靖縣南坑鄉。妣陳氏，公婆合葬在蘆溪漳汀田心案上。

三房雍公，寧化公三子，擇琯溪深田開基始祖。妣沈氏，公婆合葬於詔安二都霞葛田心案上。嫡母馬氏亦葬在官坡二都霞葛田心案上。

公取琯溪深田地方寬平，船車兩至，商賈多集，往來鬧市，快其情於兹，開基。

生三子，廷貴、廷顯、廷舉。

長房廷貴公，即赤嶺老虎耳馬江及泉州晉江房祖。

次房廷顯公，即琯溪深田大宗四大房祖。

三房廷舉公，即詔安官坡二都霞葛下河田心房祖。

八十三世廷顯公，雍公次子。生五子。

長，卜隆公爲平和心田一世祖。

次，卜英公爲詔安田心房祖。

三，卜芳公爲湖銅坑馬蹄背祖。

四，卜茂公爲平和安厚粗溪祖。

五，卜羅公爲詔安田心祖。

八十二世梁公，寧化公次子，葛竹開基始祖。妣陳氏，公婆合葬在蘆溪漳汀田心案上。生三子。長元興，蘆溪漳汀開基祖。次廷興，葛竹房開基祖。三永興，南靖湖壟坑馬蹄背梧宅社一派是也。

八十二世朝英公系荆公，寧化公長子，擇居平和縣大溪安厚鄉，俗名庵後，田有兩收之美，溪有肥鮮之魚，合隱者之區，築室居住，爲庵後賴氏一世祖。妣朱氏，公妣俱葬粗溪田心。生三子。文興，嶺門蓮塘房。文旺，東坡房。文德，粗溪田心房。

八十二世朝英公系梁公，寧化公次子，排行六十郎。公意不在隱居，亦不貪於鬧市，獨取平和盧溪葛竹，高山之嶺，中有百峯朝拱，内有四水歸聚，及造化生成，天空之所。有葛有竹，曰止曰時，築室於兹，爲平和葛竹賴氏一世祖。妣陳氏，合葬在漳汀田心案上。加田心之名，不忘祖在寧化田心開基之地也。生三子。元興，漳汀房。廷興，葛竹房。永興，烏銅坑馬蹄背吴宅房。

八十二世朝英公系雍公，寧化公三子，取平和琯溪田心鄉俗名深田，地方寬平，舟車兩至，商賈雲集，往來鬧市，快其意，遂居住開基作祖。妣沈氏，合葬在詔安下葛田心。加田心之名，不忘寧化田心開基之地也。生三子。廷貴,赤嶺、老虎耳、馬江、泉州、晉江房。廷顯,平和心田四大房。廷舉,詔安下葛田心房。

豫、徐、楊隨母許氏往廣東惠州、潮州開基。

青、兖、冀與母黄氏留居寧化縣石壁城,後遷徙地未詳。

(《[福建南靖]葛竹賴氏族譜》 1999年稿本)

漳泉潮惠心田賴氏汀州上杭田心出源

魁,任成都府知府,治民禦寇有功,陞至吏部尚書

次得,字宣仁,都唐太尉,徙江西撫州。三明,字宣光,徙江西,今徽州,撫州宜廣樂安是也。四度,字宣儀,徙桴原,今安遠龍南是其派下。五思,字宣繹,徙居五子石,即今石城縣禮上里,廣昌府廣昌縣泗州驛前是其派下,生五子,蘭、華、藏、萃、蓀。六子求,字宣行,自松陽徙居赤坑堋田橋,即今雩都,會昌、信豐、瑞金有賴姓者,是其派下。七子彦,字宣傑,以文學發貢,任楊州別駕大夫,遂徙居於此,娶妣藍氏,生三子。

得公,長名標,開基上杭古田。次名極,自古田徙居寧化石壁會同里石牛村,娶妣伍氏,葬板山。三名樞,住居清流縣。公士南宋,爲守殿將軍,忠宋不助元。元即位稱帝后,劉夢炎附元,力薦公於元丞相伯顔,顔令之拜振,旦臣公怒,揚眉叱之曰,吾周朝歷至大宋,累朝顯宦,世代將相,生則忠君愛民,没則配享太廟,一部十七史,何代非忠貞死節之臣,世受朝廷重恩,不幸惟有一死而已,豈肯拜腥羶牙爪耶。伯顔怒殺之,夢炎竭力勸之,得釋焉,遂削其職,自此無世襲。後伯顔因問夢炎曰,十七史中賴氏顯宦果出一帙?炎曰,古今相傳,賴氏實爲世宦,凡出士居官者,宦譽遊楊,生則封,没則贈,代有其人焉。後元始勅修國史,伯顔爲總裁,凡賴氏歷代士宦之名,其賢行素著者,顔命一概除之,至國史成,伯顔召旦臣公,謂之曰,汝説十七史中世代忠貞,今全史俱在,汝試閲之,有耶否。旦臣公不答,遂歸而修譜。生九子。長六郎,號一龍。次七郎,號二龍,生長子歸於古田舊里,次子隱士仲義,娶婦宋氏大娘,生三子,祖華爲廣東程鄉始祖,七郎三子遷於德化縣開基。三八郎,號三龍,居清流歸化。四九郎,號四龍,居上塘。五十郎,號五龍,移居廣東大埔長窖。六十一郎,號六龍,葬赤嶺。七十二郎,號七龍,徙居四都之董田。八十三郎,號八龍,居興寧縣、長樂縣。九十四郎,號九龍,立廟清流。

六郎公,五郎公之長子,娶妣温氏、吕氏,合葬在温山,蛇形。生三子。長虞觀,行十二郎,宋大觀元年任嚴州府桐廬縣知縣,葬吊鐘小刃。居田賴坊,生子明禄居建昌府廣昌縣泗州里,生子彩,娶妻江氏,葬武藝坪。

次朝美,行二十郎,南宋光宗紹熙三年壬子舉人,泰定三年徙永定縣田心地方洋龍前,再徙勝運里,爲湯湖始祖,立廟永定縣城内龍崗,令趙標題匾贈云"天錫永賴"。妣馬、李二氏,生一子明佐。佐生三子,顯蓋、顯吉、顯祐。

公又同堪輿師擇一墳,坐北向南,地名田心,百年後十分全美,遂葬之。世人皆呼爲田心賴,世世相傳無異。娶妣林氏、謝氏,生二子,一住寧化縣守祖,一徙居於建昌府廣昌縣泗巖前。世人呼爲百二郎,乃自廣昌泗州回也。

又有舊譜志,宋朝英公同葬寧化石壁城,亦坐北向南,世人呼爲田心賴。自宋及元相傳,世世無異。至大明洪武二年,朝廷開漳泉,墾惠潮,招集新民,我寧化公妣馬氏、許氏、黄氏,生下九子,荆、梁、雍、豫、徐、揚、青、兖、冀。長、次、三同妣馬氏來漳泉開基,四、五、六同母許氏往惠

潮作祖，七、八、九同母黄氏在石壁城看守祖墳廟宇。

長、次、三來漳胥宇，行至平和邑，則有留心之意，兄弟相商，不忍隔遠。長荆公擇於大溪庵後，田美而粟多，溪深而魚肥，遂愜其心，築室以居。荆公及妣朱氏同葬在粗溪田心，謂之田心者，寧化地名，不忍心忘祖，亦曰田心也。生下三子。長文興，爲嶺門連塘房。次文旺，爲東坡九寶坑房。三文德，爲粗溪田心房。

次梁公獨取蘆溪葛竹，高山之顛中有百峯朝拱，内有四水歸住，乃造化生成之妙，有葛有竹，取義曰葛竹，曰止曰時，築室於兹。梁公同妣陳氏葬在漳汀田心案上，亦名曰田心者，不忍忘寧化開祖之舊名，故名曰田心也。生下三子。長元興乃漳汀房。次廷興乃葛竹房。三永興乃烏銅坑、馬蹄背、吴宅房。

三雍公，取於詔安官坡下葛田心地方，寬平中突起小石山，外四山羅列，前則兩水雲歸，可謂勝地無雙，於是乃居處而笑語。生二子。長曰蔔隆，迎母鍾氏移居平和縣南勝府雙溪心田。次卜英，隨父親仍居詔安守祖。此譜與次房蓮花派衣中公所志之譜大相懸殊，且上下相傳世代亦不符，惟覽所有之譜而並録以備後來確查核實，庶免混雜。

光緒十年甲申吉旦，素李傳紞謹志。

心田志

心田者何，不忘本也。不忘本何，蓋自我太始祖歷世居於松陽古羅諸田心，又遷汀州府寧化田心，以及永定田心，地名印證相符。迨我鼻祖卜隆公，與其父自永定田心遷於詔安下葛田心，選勝地而居，於時處之，於時鑿耕，於時廬里雞犬桑蔴、祠宇屋宅靡不畢備，斯亦休歟。而祖曰未也。迨聞高嶺之陽，有南勝焉，地以勝名，必有勝概。於是不憚跋涉而來至南勝縣織緞社，果有高巔巨山名深寮者，祖山聳拔於南離之鄉，上出重霄，獅象砥柱於水口之地，緊如葫喉，左右秀峯俱各朝揖，兩水交流，宛如襟帶。祖曰，此真勝概也，可以養財丁，蔭科甲，毓名賢，不衰不替，歷久益彰，勝於下葛數倍，甚不可舍也。歸而謀諸子，概然同遷焉。一時不忍以新里而頓忘故，又不得以故里而贅號新居，斟酌籌維，乃爲其名曰心田，蓋雖居心田，而未嘗忘田心，故謂之不忘本爾。

（賴素季、傳紞鈔補《[福建平和]心田賴氏族譜》 清光緒十年稿本）

臺中山蓮賴氏渊源譜序

余當修族譜之時客見之而笑。余曰，客所笑何事。客曰，自大清光緒乙未年以前，歷科取士，世之讀書有志功名者，學而不厭，自光緒乙未年以後，全臺盡歸日本帝國，考試之事悉廢，世之紳士及儒士或變爲商賈，或變農工，或變爲日本書吏，雞鳴而起，孳孳爲利者，指不勝屈，今先生不思變途以求富，而惟殷殷於教讀，老不知悔，與人爲善之心雖誠，將何以利其身。況先生家非裕，現今日本明治己亥歲四月終，米價昂貴，龍銀臺圓七錢二分，糴米道斗壹斗壹升半，大清同治六年丁卯歲十二月終，佛銀壹圓七錢，糴晚米道斗壹石零四升，其貴賤大小相同如是，縱不改業，亦當兼營別藝以圖利，爲一家衣食之計，並垂裕於後昆，奈何教讀獨兼修族譜，切切焉序尊卑，正名分，毋乃急非所急，不達於時務，如子路雲，子之迂也，奚其正。余喟然嘆曰，此非君子之言，齊東野人之語也，坐，我明語子，夫木有本、水有源，人當報本追遠，不可忘背義，昔歐陽修、胡詮、文天祥、方鼎諸名卿巨公方以修族譜爲大義所關，欣然爲賴氏序族譜文，子意以修譜爲迂而笑，何其背謬乃爾乎。客悟爲問曰，士誠小人也，請退勿復敢見矣。餘復從事於譜牒。餘嘗輟筆之暇，迴思余生平氣質虚弱，身多疾病，終鮮兄弟，命途多舛，父諱滿美公，志願高大，好學不倦，惜秋桂未攀，而玉樓遽賦，母陳氏諱梅娘，慈惠貞正，聞於鄉黨，而愛子之心倍至，罔極之深思，余嘗抱未報之恨。次子元旺，於癸巳科，臺中道考避進，愈嘆時運之未亨。余今老矣，思無建功於當世，亦當修譜於將來。前年與二三同宗父老子弟輩，論續修族譜事，衆皆悦之，余遂毅然以爲己任，不辭勞瘁，不憚考稽，必欲續修而成之。

夫我山蓮賴氏族譜，自大清乾隆四十二年丁酉歲，我伯祖水公及亮公朕公諸人增修，至今日本明治己亥歲，壹佰貳拾年，曠日遲久，不續修之，則早易淆，親疏難明，何枝何派，有紛然而莫辨，並不知我從而何來，餘爲是亟續修之，自戊公己公傳下，十五世歷敘至廿世、廿一世止，凡老夫赤子，咸登志於譜，以昭示於來兹。

昔范仲淹云，自我祖視之，下皆一脈之子孫也，披閲之下，敦本睦族之心生，親親敬長之情起，自當奮發有爲，大富貴於世，以榮宗耀祖，光前裕後，無愧於子孫者，則此一譜也，未必無小補爾云。

一八九九年春穀旦，臺灣臺中縣麻園頭莊裔孫出類字拔英號冠卿書於貓霧棟東堡二份埔張家塾。

（《[臺灣]賴氏大族譜》 1968年稿本）

（十七）徐　氏

南靖和溪高才徐氏淵源略

開基始祖二十九郎公，職受指揮使，江右吉安府吉水縣宜良鄉人也。大明洪武二年入福建，好獵而遊，審擇於漳之南靖和溪，相厥麟峯之麓而開基高才焉。公生於大元至正三年癸未七月十五日申時，卒於大明永樂十五年丁酉五月十六日寅時，葬墳在本社旗山旗形令字坐坤向艮。公諱、字俱失，傳生三子，長曰胡伯，次曰卯公，三曰尾公。

二世祖卯公，謚元侃，即始祖之次子也，始祖生三子，長、三俱遷汀州府上杭縣黄知鄉居住，惟有我卯公在高才社承祖傳後，以成宗建族，有始居在後頭窠山之麓，不知何代而遷其居，兹僅有居之田在焉。傳至四世開作二房，及五世二房又各分二房，以四處建立四祀焉。

（《[福建南靖]和溪高才徐氏十世正公派家譜》 清光緒二十一年稿本）

（十八）周　氏

平和霞山周氏淵源

肇基公均禄，三男公之長子，幼志於學，壯而通方。我國朝洪武初贅於周氏，遂因周姓，而當周氏户役，今奠居霞寨，瓜瓞綿蔓，人文宣朗，郁哉盛矣。公其肇基之祖也，丕承於累葉之前，克昌於脩遠之後，祖之公其與天壤俱存乎。生子三人，得福、得成、得信。生於大元至正元年辛巳二月初八日午時,卒於洪武二十九年丙子五月初四日申時,謚肇基,葬在巖嶺院後,坐乙向辛。媽衍緒,五月初六日忌辰。均蔭,三男公之次子也,無嗣。均仁,三男公之三子也,學惟慕古,是勤志不在聞達爲急,昔稱隱德君子,其無愧矣,以兄均禄贅周氏,遂因其姓,遂從之共當户役,兄弟之不忍别居異籍也,可以見友愛之義焉。其相經綸繪雲雷也,可以見燕之仁焉。娶羅氏,生子二人,真、顯。

(《[福建平和]周氏霞山世系譜》 1931年二修稿本)

(十九)葉 氏

海峽兩岸葉氏淵源敍略

葉氏之先,出自汀州府寧化縣之石壁村,洪武初遷於漳州之南靖縣蘆溪,復遷於漳浦之官坡徑口,又復遷於大板。至雲波公乃卜居大溪莊上。傳及三世祖清隱公,開壙土宇,建産立業,以遺樂志公。時漳惟六縣,而新安、清寧二里舊隸南靖。大中丞陽明王公,以清寧河頭盜賊盤據難於管,速疏於朝,始裂清寧、新安而置平和,和之大溪屬新安焉。

潮州府海陽縣宣化者南潯一派,乃郡馬公次子夏卿公次子以卯公之裔也。由閩入粵立籍於此,後以卯公之子分居辟望之仙龍橋及林鳥五嘉隴等處,彼處亦稱嶺下,葉氏宗祠中有匾書"桂葉南宋"四字,匾内題十世孫向高立,其世系闕之以俟有志者。敘會補入雍正庚戌科,澄海縣嘉隴橋派有志。寬登進士第,在家抬匾來同謁祖敘族,今宦於廣西。

漳州府東阪後街及漳浦西林二族,乃果庵公爲漳浦令籍居,其蘆溪等族俱爲同之一脈孫玄蕃衍,世多賢俊,用登譜簡,使知同本之親。後果庵公之子祖進、有進分流入粵,家籍於廣東惠州府歸善縣及海豐縣二族,承聞科貢吏員三途士宦者甚衆,今成巨宗,並志之以示子孫,宦寓於廣東者,求尋一會,或經過者亦可探會,以敦天倫之樂而知親親之情,參入譜中。

南靖牛宅一派,乃春卿公支裔,有土號頭巾公者,生三子,長均仁,次均義,三均禮,分居於此。後徙居於平和蘆溪,正德間遭洪水之災時,有叔公入粵居海豐,亦有始祖妣邱氏九娘墳墓在草阪,坐巽向乾。

漳屬各派,乃義夫公三子伯華生惠,居漳南門外禮夫公長子伯謙之子永隆長子文迪,十七世内,有鍾英字良異,生東仔居南靖水口。永隆三子文仁,十六世内,有椿生,字克誕,居南靖程溪由巖里。禮夫公次子伯森之子時胤次子文吉,十六世内,有崇恩生季匡,居長泰西門土號嚴溪。十七世内有茂材,字良德,生家緒龍家俊五,治生良材,良材生會春、含春,俱居長泰山埕。

江南松江府青浦派,乃禮夫公長子伯謙子永隆長子文迪,二十二世内,有諱定名景遠字霞倩,生天佑諱徐謙,進青浦學。弟天禄又有德,諱繼善字孝則,生子二,長曰天福,次曰天祈,俱居松江。

興化涵頭一派,乃義夫公次子伯雲之子時直三子文老,二十世内,有順之庚生進居涵頭。

臺灣一派,乃義夫公二子伯雲之子時直三子文老,二十世内,有名夏者生子曰富欽,陞總,挈眷居臺灣。

福州府屬一派,乃禮夫公長子伯謙子永隆三子文仁,二十一世内,有次爲撫標遊擊,生仁,居福州。信夫公長子,伯睦子文從,生子名出,字士奇,徙二成王照安龍舌尾,生子欽,字宗良,娶氏生子五。

臺灣府過溝莊一族，乃正壽公三子均禮公支裔也。十一世象武，純勉公之六子，諱拱，字廷樞，別名朝斌，生二子。長曰都。次曰市，名元球字日中，十三歲渡臺，未及弱冠，時監生李奇琛見愛其材，以其女妻之，至三十歲入諸羅邑庠生。生子四，三子名羨欣，字榮山，乾隆戊申科試入嘉義學第四名，生二子，俱居過溝莊。

神主入在大宗。濟成國學生，諱珠林，字生輝，號光美，勤和公之次子也，壽六十六歲。娶妣謹篤曾氏生六子。長、次、三名佚，四開珍，五開國，六出嗣繼爲胞弟康義公爲晚子。公生於乾隆辛亥年九月十五日午時，後往臺灣爲醫生，又娶妻生子，子孫燔衍。卒於咸豐丙辰年五月初六日子時，至今骨骸未歸，葬在臺灣。妣生於乾隆癸丑年八月十六日子時，卒於同治四年乙丑七月十九日午時，葬在嶺背灰墳。

（葉應全編纂《[福建平和]大溪鴻溪西莊壽長派葉氏族譜》　清光緒二十四年稿本）

（二十）莊　氏

南靖龜山莊家一派歷代祖考妣事寔

公諱三郎，先世乃廣東潮州府揭陽縣人也，值宋末元初，世景擾攘，屢遭兵燹，父祖避亂遷居大埔縣神前鄉獅子口。年幼已失怙恃，依叔撫養，甫長諳習地理。大元延祐七年年，廿七尚未有婚，尋地理至龜洋旺洋甲，族寓有素，朱翁無後，見公性行端懿，篤信忠義，以故男婦何氏配公，公亦以父事之，盡其送終之禮，於是承業垂統，肇基奎洋。生二子，長必文，次必華。

（莊自多編纂《[福建南靖]龜洋上洋莊氏大長六世本隆系族譜》　1919年稿本）

南靖龜洋莊家世代居處貫籍異同記

是記由十六代孫明玉集族譜抄來。龜洋者，吾宗桑梓之鄉也。自始祖三郎公從廣之獅子口裔居此地，室朱家故男婦何氏，遂肇基焉。祖生二子，長曰必文，次曰必華。必華派下，分居刀頭、巖嶺、小坪、南安，無庸言也。我必文公生二子，長志用早故。次祖富生五子，其三男良通無嗣，次男良盛今之大宗下厝二房公是也，其後嗣多居住中村。四男良顯今之塘後三房公是也。五良惠今之壟頭四房公是也。此其子孫皆不甚盛，惟長房良茂祖派下最蕃。良茂生三子，長敬義，次敬忠，三敬昌。敬義後裔住於吴宅赤坑。敬昌之孫三四人分居饒平。敬忠亦生三子，長本興，派下聚居大樓老厝等處。三本道，今云大三房是也。我房本隆公，敬忠公次子也，生子七，其第三男玄旺無嗣，長玄泰，四玄玉，五玄俊，子孫衰微，聚廬上下洋者可屈指數也。六玄甫，七玄珪，派下蕃昌，托處不一，而甫派尤盛，龜洋户口已過半矣。

我二公祖玄弼公，生九子，始居老厝，繼而分居上下洋、小溪内、上下硿、禾倉坑、吴宅等處，時云九房居十一鄉，亦云盛也。夫自始祖而下，或遷居外省，或流寓他鄉，不一而足。要之分居近地者昭穆井然，貫籍固自可稽也。溯自三郎祖必文公之初，治屬大元，明洪武即位，立籍爲南勝縣永豐里宰，後改移南靖縣，應當五里役。自必文而下，什代户籍無異。至萬曆元年，本縣知縣曾球審本族丁多族大，遂撥長房良茂派望賓，頂替陳士昭四甲里役。其第二房良盛派塘後房壟頭房，仍舊承當本户五甲里役。蓋自是户籍已分矣。

至於元亨利貞四催，則合三世而分之名也。本興、本道共當元催户役。本隆長子、次子二房共當亨催户役。本隆四子、六子二房共當利催户役。敬義派下與本隆五子、七子合爲貞催共當户役。夫星羅宿佈，枝派雖蕃，而根同出。類聚群分，户籍縱異，而譜系皆同。後之覽者，寧不歷可考乎。

時大清光緒六年庚辰季夏月追覽已上諸序，十代孫吉星敬録。

龜山莊家本派祖考妣録事實

始祖三郎公，諱三郎。先世乃廣東潮州揭陽縣人也。值宋末元初，世景擾攘，屢遭兵燹，父祖避亂，喬居大埔縣神前鄉獅子口。年幼失怙恃，依叔撫養，甫長諳習地理。大元延祐七年，公年二十七，尚未有婚，尋地至龜洋旺洋甲旅寓，有素朱翁無嗣，見公性行端慤，篤信忠義，遂以故男婦何氏配公，而公亦以親父事之，盡其送終之禮。於是承業垂統，肇基龜洋。公生於大元成宗元貞二年丙申正月初六日寅時，卒於大元至正廿四年四月初九日卯時，壽六十有九。妣何氏生於辛丑年八月十八日，卒於乙巳年十二月十三日卯時，享壽六十五，與公同葬大平山塘坑大壯柯，坐巳向亥，辛巳辛亥分金。至康熙二十八年己巳仲春立碑重修。生子長曰必文，次曰必華。

（莊吉星編纂《[福建南靖]龜洋莊氏十一世王政系族譜》　清光緒六年稿本）

南靖奎洋莊氏開基祖入贅朱氏記

龜山開山朱公歌

龜山勝地，朱公先開。桃源始祖，肇基蓬萊。傳世十二，分潮生孩。三郎行表，敏質天才。自幼失怙，從叔訓誡。親受撫養，廿七長大。諳習地理，獅口行來。未娶遠遊，南勝地界。玩尋憶慕，山川秀臺。汪洋龜形，吾祖所愛。靡有依輔，焉得地來。朱公一子，無禄早哀。何氏孀居，琴瑟未諧。祖性端慤，朱氏厚愛。親子相目，欲招爲婿。祖遂遵依，進贅和諧。聿傳二世，文華兩派。分居靖和，云何可賽。念玆在玆，尊崇敬愛。韻語四四，致意安排。龜山族衆，俱以念哉。

（莊天飛編纂《[福建南靖]龜洋松峯聯珠堂莊氏族譜》　清光緒十九年稿本）

南靖奎洋莊氏開山恩祖朱公序

奎山勝地，朱公先開。桃源始祖，肇基蓬來。傳世十四，分潮生孩。三郎行表，敏質天才。自幼失怙，從叔訓育，親受撫養。廿七長大，諳習地理。獅口行來，未娶遠遊。南勝地界，玩尋憶慕。山川秀胎，汪洋龜形，吾租所受，靡有依輔，焉得地來。朱公一子，無禄早衰。何氏猶少，琴瑟未諧。祖性端慤，朱氏厚愛。親子相日，欲招爲婿。祖遂遵依，進贅和諧。聿傳二世，文華兩派，分居靖和，云何可賽。念玆在玆，尊崇敬愛。韻語四四，致意安徘。奎山族聚，俱以念哉。

恩祖祠在下奎洋舊墟。

本祠坐丑向未兼艮坤，辛丑辛未分金，水局養向。祠内神主圖：始祖考三郎莊公，始祖妣何氏孺人，開山恩祖朱公暨恩祖妣孺人。

猶裔孫必文、必華奉祀，泉州青陽翰林莊延裕譔。

又：

逐年冬祭，定於冬至前三日。其辦祭原從七推，後因巖嶺出祖，照六推輪流。祝文先謄主祭猶裔孫名次，後謄六推名次。

一鬮良顯、良惠祖的。二鬮利房。三鬮貞房。四鬮元房。五鬮良盛祖的。六鬮亨房。

派下科甲旌匾，貼銀四大員，就杉户内取出。豎旗貼銀拾捌仟，就六推地租出。

（莊慶忠編纂《[福建南靖]龜洋莊氏十一世良德系族譜》 清嘉慶稿本）

南靖奎洋莊氏三郎公出處行實

三郎公始祖出處行實，暨後世貫籍異同，明敘於此，以俾後人知詳。

公先時乃廣東潮州揭陽縣人，值宋末元初，世景擾亂，屢遭兵火，父祖避亂遷居大埔縣神前鄉獅子口住，年幼失怙恃，依叔惠河撫養，諳習地理。時尚未娶，於大元延祐間遊來奎洋旺洋，朱家看他素性端慤，篤信忠義，以親子目之，遂以故男婦何氏許公進贅。公亦以親生事之，盡送終之禮。何氏生子二人，長曰必文，次曰必華。以奎洋地土周密，足任居處，永以爲家焉。迨至大明高祖皇帝洪武即位，必文公立籍於南勝縣里宰，後改移南靖，應當五甲里役。

必文公生二子。長曰志用，無嗣。次曰祖富，生五子，其三男良通連娶五妾俱無子，長曰良茂今之長房是也，次男良成今之中村房是也，四男良顯今之塘後房是也，五男良惠今之壟頭房是也。世傳十餘載，户籍無異，至萬曆元年本縣曾球審本宗丁多族大，遂發長房望賓頂替陳士昭四甲里役，其第二房塘後壟頭三房人户仍舊承當本户甲里役。其第二房塘後壟頭户籍雖分，親愛如故，族譜均修，無有互異矣。

粵稽莊氏之始，乃陳胡公之孫，莊伯袁氏胤嗣，楚王因謚之曰莊，厥後江漢故有莊氏。至與梁惠王同時有漆園吏莊周者，蒙人也。及漢時又有吴人曰莊異夫子者，多生後裔而佈傳之中國汴光也。汴光者，乃古大梁地，是汴乃梁之苗裔也。

吾祖入閩之先有一郎莊公，諱森，字文盛者，原河南汝寧府固始縣人也，因唐黄巢作亂之後，是年光啓丁巳從王潮、王審知兄弟入閩，據福州府。軍士解劍祝天，劍能三躍者，願尊爲王，惟審知一劍跳躍三次，遂立爲閩省之王。

吾祖文盛公，分鎮於桐城，卜居永春縣桃源裏善政鄉蓬萊山，配祖妣林氏而家焉。生子四人，長曰韋，次曰章，三曰中，四曰申。一郎韋公居桃源蓬萊以守祖。二郎章公遷居惠安龍田古縣。三郎中公遷居洛陽改名莊潯。四郎申公亦居故里桃源蓬萊以守祖。四房子孫皆一縷以續，傳至八世，始各雙秀。迨錦繡發祥，長房後家公之子鵬舉，遂生才實、亨泰、必慶三人焉。我元吉公生翼、果、晦、夏四公焉。而夏公淳熙辛丑科登黄甲，官居兵部侍郎，贈少師，朝野重望，門閭克振焉。

我奎山始祖三郎公，溯及九世一派分支之祖翼公是也，乃二世祖申公之支派，始祖文盛公之九代孫也。公生二子，長元郎，次祐孫。元郎生彌吉。彌吉生燈，因爲海康知縣而家焉。祐孫號古山，公原分居桐城之東門，配妣蔡氏，生五子，曰公哲，曰思齊，曰公茂，曰公望，曰公從。祐孫公官居列廷署，爲人氣節高邁，雖古籍晉江附邑温陵，覽及青陽之勝，遂遷而居焉。享壽五十，卜葬石古山下。當葬日地震三聲，火星三起，故謚曰古山公也。時適宋主南渡，值蒲庚之變，雲散萍徙之秋，長子公哲公遷居同安大使橋頭上路，次子思齊公、三子公茂公故居青陽以守祖，四子公望公遷居漳之長泰朝天嶺歐馬莊。五子公從公於巳卯年與表弟蔡若濟爲潮州司户，同輔宋帝昺於潮之硇州，又遷崖山，被元兵所迫，陸秀夫負主入海而亡，公從公攜三子，曰敷言，曰古溪，曰惠河，避於廣之潮陽縣窖尾村而家焉。越明年大元建國，號至元。丙申年正月初六日寅時，敷言公生奎山始祖三郎公於窖尾村之家，不幸幼失怙恃，依叔撫養，及延祐七年公年二十七，諳習堪輿之道，遊霞漳靖邑永豐里奎洋社，時朱翁有幼婦何氏，許公贅焉，乃生必文、必華，遂永居於旺洋之上水奎之地。公享壽六十有九。妣享壽六十有五。今葬於大埔永定縣太平山湯坑大壯科，坐巳向亥。公號太平老人，追謚太極莊公。

（莊贊元編纂《［福建南靖］奎洋後坪莊氏家譜》 清宣統三年稿本）

漳州錦繡莊氏淵源譜序

開閩桃源始祖莊一郎森公，河南汝寧府光州固始縣人也。因唐光啓丁巳年從王審知入閩省。生四子，長曰韋，次曰章，三曰中，四曰申。森公墓葬於蘇莊壟。祖妣林氏生四子葬同穴。

十二世祐孫，廷尉，號青陽古山公。十二世公哲住同安大西橋頂上路。十二世思齊住青陽。十二世公茂住青陽。十二世公望住漳州。十二世公從住廣東。

伯壽四房船户，分籍内邦溪，長泰城關，平和琯溪，華安沙建，東山城關。凡船户，皆南靖、山城、漳州、厦門屬四房。

（《［福建漳州］錦繡莊氏古山派下世譜》 1992年稿本）

莊氏肇源派衍七律古風吟

肇初蒙梁出莊周，世傳莊異汴光流。從王入閩桃源住，森公定地永春求。後裔裳公字元吉，聿生翼果晦夏儔。寧宗賜第隆皇錫，通鑒名書賴厥修。藻齋少師夏公號，建立莊府温陵悠。翼公能子諱祐孫，青陽勝地時往遊。泉郡咸稱名邑處，古山支派永長休。此是初代歷世歌，相傳蕃衍記貽謀。

（莊天飛編纂《［福建南靖］龜洋松峯聯珠堂莊氏族譜》 清光緒十九年稿本）

（二十一）江　氏

江氏汀州永定高頭淵源傳派略敘

第一零九世，永定高頭一世祖考八郎公，字瞱，號偉齊，受贈周國公。祖妣張氏、劉氏，具封夫人。生三子，萬里、萬載、萬頃。

第二世祖考萬里公，號古心，諱臨，登寶慶進士，廷試第一，官尚書，知丞相事，贈益國公，謚文忠，壽七十三。系理宗狀元，度宗宰相。因元破饒州投沼洽而死。子三人，鎬、鏜、鑄。

長鎬公，字國統，號義齋，秀才，授通判，遭亂投沼死，贈翊侯，謚武烈。生子名興旺，住江西饒州。五世科甲相繩。遷居太和。

次鏜公，字銘通，號直齋，恩蔭承務郎，謚文肅。扶帝昺同避居洪水橋湯阪里。長男肇祖，次男承祖，未知移在何處。

三鑄公，字國雍，號儀齋。生三子，以孝行薦授功德郎，在福州與叔萬頃公避兵，俱陷湯阪里。生一子名淑新，至元遷居儒山之麓珠浦之村。

第二世祖考萬載公，號古山，諱億。錦衣衛指揮，行中軍事，謚武肅。生子二人，長鎗，次鎮。

鎗字國器，號恒齋，居湯阪里，在同安之南。公生四子，長饒壽，次饒助，三堯義，四堯勇。堯壽字仲勉，生子，至元孫兄弟五人佛原、佛智、佛祐、佛護、佛才，因洪武私抽軍，遂至兄弟分居。惟佛原、佛智尚義供役，分爲軍匠籍，住於洪水橋。佛祐遷居於漳浦縣二十三都碩輔之濱居焉。佛護遷於登嬴澳前庵住焉。佛才遷居漳浦二十三都南江橋徑頭住焉。堯助遷於泉州驛口，有孫萬仞，中戊戌科進士，任嶺西分巡道。

堯勇遷於南靖雁塔，有孫貴顯，但質之官譜，堯勇之後，有江澄登嘉靖進士，官至郎中。堯壽元孫佛才，後有江環登萬曆丙戌科進士，官御史。彦民生孫江潮，登嘉靖丙辰進士，永嘉知縣。佛護元孫汝公嘉靖乙卯科舉人。迪德孫江天日舉人。明德孫江潮濱甲辰進士。又堯壽元孫江灝萬曆甲辰進士，授翰林庶吉士，任廣東嶺西道。又江安世中武進士，江寵濟貢士，鎮公，萬載公次子，遷惠州河源縣。

錡公，字國純，號祥齋，萬頃公長子。義移居湯阪里，泰定元年復遷龍井。此在浙江杭州常山縣抄乾隆癸未歲八十一歲嗣孫雅章，眼花手戰，執筆不定，寫字不知輕重，横書斜側。追思昔日之源頭，某朝分派，某代分居，略以録出，待後賢哲可參詳也。

第二世祖考十二郎公，字萬頃，號古崖，遷居寧化石壁下。祖妣劉氏、錢氏。生三子，十八郎、念二郎、念三郎。

第三世祖考十八郎公，字國禹，號鐸。祖妣邱氏。生六子，四六郎、五三郎、百三郎、五十郎、百八郎、百九郎。長男四六郎住三坪四甲。次男五三郎住三坪九甲。三男百三郎住三坪三甲。四男五十郎住三坪城内十甲。五男百八郎遷居永定縣金豐里高頭鄉半經甲東山路下。六男百九郎不知移在何處。

永樂年間自割佈大溪移來漳州府詔安縣二都秀篆埔坪堡井泉樓起基，始祖公葬在遊家石東樓背羅崠貫，坐東向西，地形獅仔抱球。始祖媽葬在石子嶺，坐西向東，地形蝙蝠掛壁。

九世祖考江添沮公，妣李氏五娘，在本村井頭崗住。傳至四代，崇禎十六年移去漳州府地方，不知何縣。生男名深。

（《[臺灣]濟陽江氏族譜》 1964年鉛印本）

江氏淵源與臺灣江氏本源

古志江氏伯益之後，有功於國，封於江，以地爲姓。後爲楚所滅，其子孫蕃衍於濟、淮二水之間。故其郡号雖有濟陽、淮陽之别，實則濟與淮通，初無二致。唐時江氏入閩，其屬濟陽郡者大抵由江西入汀州，至今閩西汀屬各縣多系濟陽郡派。其屬濟陽郡者爲太師益國公萬里之後，初居厦島禾山。本派在閩者，以海澄之港尾鄉爲巨族，人丁數萬，其餘則散居福州及閩南各縣。德化江姓僅有兩鄉，一居水田鄉祥光村，宋代移居該地，其支派分居於惠之霞江及永泰之月洲洋頭，又由月洲分居閩清；一居德化碧霞鄉之内洋村，及毗連之石梯嶺村。祥光、碧霞等鄉之江姓，皆屬淮陽郡，自永曆以降，代有渡臺，日以繁衍。

臺灣淮陽江氏本源

蓋聞自古伯益佐禹平天下之水土，大舜封功賜姓嬴氏，歷夏商周皆列侯位。及周平王東遷之後，命以西岐之地，謂之嬴秦。至秦穆公，有子四十人，國以富强。昭公併吞八荒，大封同姓於列國，普一子在内。傳始皇爲帝，棄宗親，廢封建爲郡縣。始皇之子二世滅國，漢家初興，其先分封者，皆爲編户民人，各因地制姓。黄氏、趙氏、徐氏、秦氏、鄭氏、終黎氏、將梁氏、脩魚氏，皆與江氏同源。我祖居於江淮之間，淮水之南，曰淮陽。及後有居於濟水之南，曰濟陽，故淮陽、濟陽皆江氏之郡名。淮、濟之處人丁繁盛，即分於延平、建寧、汀州居者。我祖系汀州寧化縣石壁鄉開基，分於潮州，有立祖祠。又分於大埔縣立祖祠。又分於永定縣金豐里苦竹溪居者。宋朝又分於詔安二都霞葛，地名下涂居者。至元朝泰定年間遇災，只存叔侄二人開基。我始祖啓昌公，在織夫家中養成長大，居在霞葛井邊樓内，我祖系叔輩，至今立祠於井邊。而黄織夫一派之恩人，我祖傳下之裔孫，亦特一祠祀之，其名曰念恩堂。

臺灣濟陽江氏本源

江姓系伯益之孫，封於江，因以爲姓。封地在汝南安陽故城蔡州新息縣西。自漢至六朝，人文蔚起，於是有渤陽、淮陽、濟陽之分。自南興者爲渤陽，自北興者爲濟陽。閩南一派以濟陽稱者居多。越唐始開七閩，胡越混一之際，或亦自東北而至止於嶺南焉。溯寧化縣鄞江未開之先，原屬豫章贛州府管轄。至宋方開汀州，遂號八閩。宋南渡後有大柱國丞相益國公，文忠萬里公殉節，其後裔因避元逃難於寧化石壁村。及元季，鍾英始祖八郎公妣張孺人、劉孺人，傳二世祖十二郎公妣劉孺人、錢孺人，三世祖十八郎公妣邱孺人，擇居於上杭縣勝運里綿村居住。迨明時，衍派於永定縣金豐里大溪鄉寨下居住。祖百四郎公，妣邱六孺人，傳百五郎公妣馬四孺人，傳百七郎公妣戴孺人，傳下七房，繁衍於閩粤。而百八郎公妣周孺人，遂遷居於金豐高頭鄉。至成化十六年詔開永邑，江添萬公承恩鼎籍，傳至八世祖成海公妣林八孺人，乃衍派爲高頭五大房，臺灣員林江氏，系於同治年間由高頭遷徙而來者也。

臺灣濟陽江氏本源

江氏始於伯益，傳至三十一世有名濟者，相周，武王以功封於河南省，國號曰江，子孫以國爲姓，今汝寧確山是也。又傳十六世至江貞郎，周惠王時滅於楚，江貞率衆避居濟南，濟陽之號自此起。濟與淮通，有稱淮陽者。江貞傳二十三世有江巨孝者，名革，得肅宗知遇之隆，以品學稱於世，厥後濟陽江氏繁盛，代有顯達之士。雖或分於臨城、考城各自爲派，究不及濟陽派之蕃衍。傳百四世，至江塙郎，宋末葉遷於江西都昌縣，簪纓相繼，一時稱盛。又數傳至江曄，百九世，生三子，萬里、萬載、萬頃，共事宋室，力扶帝昺，維持國祚。元兵陷饒州萬里死節，弟姪奔避閩中，散處各縣，屬及臺灣者，皆萬里兄弟之裔。

永譜載木本水源順録十三世歌一節：

江姓源來郡濟陽，一二三世溯上杭。始祖八郎爲一世，繼室姓劉元配張。十二郎妣劉錢化，十八郎公邱妣祥。高頭開基百八郎，塔遷合葬周二娘。五世千十難追補，觀音坐蓮劉墓志。到弔籍箕念六郎，廖妣竪碑僅姓祥。七世海螺五十八，妣葬南溪姓氏黄。八世成海林婆太，蓮葉蓋龜竹子塘。九世塔下添洧公，鄔婆安葬林墩旁。十世深公難追溯，銀牌合葬茨下洋。十一蕉頭宏寶公，妣李乾山崠上藏。北祠開基鑾公太，吴老安人葬咬塘。十三祖老經公太，配妣林楊五大房。

（江廷遠主編《［臺灣］江氏大族譜》 新遠東出版社 1982年版）

江氏肇姓傳流派衍臺灣詳敘

考之家乘，徵諸史書，江氏，商音，系出嬴姓，乃帝顓頊六世孫伯益之後。伯益因舜時封賜費地，故號大費，或曰費侯。益助禹平水土，舜使主畜，而畜多息，帝舜賜姓嬴氏。益子三人，其一曰大廉，爲實鳥俗氏，是秦趙之先祖。二曰若木，爲實費氏，系傳費徐。三幼子曰恩成，字元仲，事夏帝啓爲大理，其後支孫爵封於江，是爲江氏傳代始祖。元仲公生惠、昭、明、應四人。長子惠又名惠豹，述父業，生子芝。芝生期，字統先，佐夏少康中興，功封濟陽侯，其後子孫以封地爲族望，而江氏之有濟陽堂號實始此。期生二子，曰洪、浪。洪亦二子，長實，次裳。實字以一，士夏，襲爵封京兆，生二子，曰食、遠。食字居基，爲夏尚書，生通及孚。通字鈞華，士夏，爵封百里侯，生子寶。寶生威，字功初，士夏，襲封鎮郡侯，生五子，曰熀、樸、逢、元、極瑱。

十一世熀公，字釜之，號進元，時夏桀暴虐無道，公佐商湯伐桀有功，拜司馬大將軍，生子伯昌。伯昌字子遠，士商，官諫議大夫，生保、攸二子。保字居成，爲商高鎮將軍，生顔。車騎都尉顔生漢，殿中少保。漢生四子，長惠成，次琪，三瓊，四惠仁。惠成字誠之，士商，拜廣陵太守，生順、頡二子。順亦二子，長元，次壽。元字九源，士商，拜光禄大夫，生二子，曰孝宗、孝安。孝宗字行誠，爲商中州司馬，生景及琬。景字文進，士商，拜大司馬，有子四人，長襲，次計，三褒，四許，是爲廿一世。

襲公字元起，士爲工夏舍人，生子詔明。當商家五徙之時，詔明公佐殷政，功封安陽侯，生一子懷，殷秘書少監。懷生二子，曰文達、文彦。文達字孔勝，士殷，食邑百户，生子迪。

北海將軍迪，有子四人，長雄，次勇，三照，四蒨蒦。蒨蒦字茂賢，避世不士，生三子，曰哲、章、昶。哲生補及皈。補字伯科，拜都尉將軍，生子普，青州刺史。普生子揚。揚字伯誰，事殷帝乙，拜南浦都尉，生子濟。

卅一世濟公，字雄略，當殷末暴紂無道，臣民離心，周武王十三年庚辰興師克殷，於是天下歸周。濟公因佐武王伐紂有功，爵封東京。周成王十五年庚子，以子男之田，賜南郡地即今湖北江陵縣百里，是爲江氏受國之始。江濟公卒，子興國立。自濟公以迄江貞公歷十有七世爲諸侯，周襄王廿九年戊戌歲秋，楚人滅江，計享國四百七十九年。江國既滅，公子儷率族人去邑逃難，隱於魯之兖州，其後散士諸侯，子孫以國爲氏，因姓江焉。

四十八世儷公生一子文先，諱生，配冶氏，生子乙，以慈賢名聞諸侯，號江乙母，事見列女傳。乙公字希文，士楚，拜郢大夫。乙公説安陵君曰，以財交者財盡而交絶，以色交者華落而交渝。乙生子重興，是爲五十一世。重興生世良，字之鏞，士周，拜諫議大夫，生一子允維。維字平舉，生子元德。德字之全，生子南星。星字昭燦，有子四人，曰賢、勝、舒、庠。賢字茂德，生子敷，是爲五十七世。敷宰匹高，拜扶風令，生子道建，秘書少監。道建生三子，長曰全，次曰正，三曰遠。陵州刺史全生一子列。列字文威，當周末之時，事赧王，官太常崇正郎。赧王五十九年乙巳，王與諸侯約攻秦以自保，秦昭襄王怒攻周，王惶恐入秦，盡獻其邑卅六，人口三萬，於是天下皆歸於秦，王歸而卒，周亡。列生文晉，是爲六十一世。晉字國通，士秦，授爲中書舍人。

秦始皇廿六年庚辰 秦掃滅六國，天下統一，歷十有五年，三傳至子嬰，立四十六日降沛公，秦亡。文晉生子二人，長仲，次傑。仲字緒慶，當漢興之時，公士爲太子少詹，生二子，曰廣、府。

漢河南太守廣，生一子譜。譜字進之，號清溪，士漢，拜車騎都尉，生三子，長産，次賓，三廉。

六十五世産，字廣居，爲漢御史中丞，食邑二千户，生子五人，曰羽、明、茂、喜、都。漢尚書繚陽侯羽生三子，長元，次充，三供。元字子烈，爲漢平湖令，封開國公，生一子嚮。漢大司空嚮，字明珠，生一子祐，廣陵太守。祐生子德，御史大夫。德字會清，生一子革，是爲七十一世。

革公字次翁，當後漢之時，居臨淄，少失父，遭亂負母避難，數遇賊，輒哀求，言有老母，辭氣愿欵，賊不忍犯，卒與母歸，鄰人稱曰巨孝，后公爲世傳廿四孝之第八，母終，廬墓不除服。永平初，舉孝廉。建初初，舉賢良方正，累拜諫議大夫。配蔡氏，生六子，曰滔、世、幾、庶、忠、相。

相字遠逢，生一子計。計配壽氏，生子瑜。七十四世瑜，配胡氏，生一子甦。甦士後漢，拜河南太守，生祚及昌二子。祚字明淵，當三國亂季之時，公避居陳留，生四子，長統，次彬，三經，四濟。統字應元，士晉，拜山陰令，嘗作《徙戎論》，帝不能用，未十年而亂，人服其遠識，官至散騎常侍。永嘉四年，避難成臯卒，有賦頌表奏傳於後，生一子正。正配李氏，有子六人，曰虨、惇、儼、將、竄、偵。虨字思玄，居陳留，本州辟舉秀才，累官國子祭酒，簡文帝爲相時，每訪政事，多所補益。公生於晉惠帝永興二年乙丑，享壽四十九歲，卒於晉永和九年，生三子，長宏，次歚，三弦。八十一世歚公，士晉，拜驃騎諮議參軍，子三人，曰恒安、夷安、生安。恒安字北元，事東晉恭帝，元熙元年拜西川内史，有子六人，長偃，次傑，三億，四偉，五行，六修。億號三郎，士南朝宋，官太子洗馬，生五子，曰法存、得成、郎、得存、龍。

八十四世法存公，士爲安陵平王法曹撫軍員外郎。子六人，長道興，次道京，三道義，四道盛，五道全，六道源。道興士爲建德侯，有子四人，曰世慶、世源、世再、世沙。世源始遷衢州，官至護國將軍，生三子，長法亮，次則明，三法輝。則明諱法光，拜鎮威將軍，有子四人，曰舊緝、善緝、禄緝、靜緝。舊緝字元熙，士爲甲州録事參軍，生子發達、元達、競達、會達、文達等五人。競達字英軒，生三子，長歲郳，次歲章，三歲雅。郳一名歲縣，官至吏部尚書，卒葬浙江開化縣小山四仙下棋形。郳生宏亮。亮生公巖。巖號伯巖，生六子，曰三頃、三益、三俊、三思、三尹、三穎是也。

九十三世三益江二公，拜青州刺史，配余氏，子四人。其長若清，隨父宦，因居於青州義香店。清生碧潭，潭生千泊，泊生行褒，褒生中軒。九十八世中軒公，士唐，拜衢州節度使。軒生士揆，揆居常山，士爲軍事押衙，配王氏，生二子，長景諧，次景房，是爲一百世。

景房江二公，字漢臣，初事錢俶爲侍御史。時吴越以一隅捍四方，税賦加舊數倍，宋平諸國，定税悉仍舊籍，錢氏納土，命公奉圖籍以獻，公念吴越賦重民困，遂沉圖籍於河，自劾失亡狀，宋太宗怒，謫沁水尉，遂屏居田里以卒。吴越減税，由公蔭也，其後子孫科甲相繼，簪纓不絶，實公種德積蔭之報也，卒葬西安縣浮上之地曰上垣。公配徐氏，生五子。長曰用晦，字仲允，士宋，拜兵部侍郎，妣歐陽氏，子三曰鉤、銑、賦。

百〇二世銑江二公，字武元，宋仁宗慶曆七年丁亥十月十六日亥時，兄弟同年拜長史。銑生權成，字正，家資萬貫，嘗濟貧助困，四方咸欽。正生四子。次曰塙，字爽之，號堅二，公因兵亂，避至江西都昌縣林塘，見左右山環水秀，振拱異常，遂卜居焉。公配顧氏，生子濤。濤生玲，玲生英。英受贈太師惠國公，卒葬本邑仗牛山。妣二，沈氏、葉氏，俱受贈國夫人，子三人，長珏，次璜，三璘，是爲百〇八世。

璘江三公，字廷玺，號吏佐，生於宋高宗紹興二十年庚午十一月十四日卯時，卒於寧宗嘉定七年甲戌十一月十二日酉時，享壽六十五歲。公以孫萬里貴，贈太師楚國公，旌表忠孝。妣巢氏，贈楚國夫人。生子曄，是爲百〇九世。

曄公字文蔭，號律齋，又號八郎。公以子萬里貴，贈太師周國公，尊立爲入閩始祖。妣陳氏、張氏、劉氏，俱受贈國夫人。三子，曰萬里、萬載、萬頃。

百十世萬里公，諱臨，字子遠，號古心。傑起都昌林塘，宋度宗朝累官左丞相，以峭直爲太師賈似道所惡，出知福州，未及三載，去官歸里，鑿池築亭於芝山后圃，匾其亭曰止水。及元兵陷饒州，公曰大勢不可爲，吾當與國同存亡，率長子鎬等家人百餘投水盡節，詔贈太師益國公，謚文忠。生於宋寧宗嘉泰三年癸亥，卒於恭帝德祐元年乙亥，享壽七十三歲。

萬頃公諱伯，乳名十二郎，字子玉，號古崖，以南劍知州家居，亦在饒州城被執，罵賊而死。

萬載公諱億，字子丸，號古山。偕弟婦錢氏九娘、侄媳鐸公妣邱氏十六娘及二子數侄等奉帝昺入閩。後錢、邱二妣率子孫轉往寧化石壁鄉，而萬載公則率子侄隱於同安縣湯扳里。由是推之，漳泉二屬族人多系萬里、萬載二公裔孫，閩西及粵東宗親則多屬萬頃公之裔。

萬頃公妣錢氏九娘，生四子，長鐸十八郎，次念二郎居永定務義鄉，三念三郎移往大埔縣黨坪，四念五郎留江西，後嗣未詳。

三世鐸公十八郎，字國瑀，配邱氏十六娘。生九子。長百八郎，高頭基祖。次百九郎，娶黄氏三娘，分在潮州府海陽縣灤州都小靖村龍窟坪居住。三百十郎，娶何氏七娘，分在潮州大埔縣清遠都胡廖村居住。

四百十一郎，娶胡氏九娘，分在潮州府饒平縣弦歌都三饒村葛藤凹居住。

五百十二郎，娶陳氏十娘，分在永定縣金豐里陳東坑水尾居住。

六百十三郎，開基平和大溪。

七百十四郎，娶唐氏十娘，分在平和縣莒溪塚下居住。

八百十五郎，娶李氏，原在上杭居住。

九百十六郎，娶鄭氏，原在上杭居住。

錢祖妣率邱妣子孫，至寧化石壁鄉暫住，後遷汀州上杭縣三坪鄉定居。僅我祖百八郎公移居永定高頭鄉，除八九二房仍住三坪外，餘皆分居各處，迄今三坪仍有八郎公墓，春秋祭典無缺。

按族譜所載八郎公墓在江西都昌七都，而上杭三坪有八郎公墓，又是鐵之事實。吾人所謂上杭三代，更非吾江氏而已，所有閩西及粵東各姓莫不如此，肇因世亂譜失所致也。吾人尊曄公八郎爲入閩始祖，以百八郎公爲高頭開基祖，應無疑誤。但吾東山房習慣，凡出生小孩即加上杭三代輩數，即始祖百八郎應算爲四世，北山房則要歿後再加上杭之三代。

今由高頭基祖續敘，百八郎公配周氏二娘，合葬高頭塔下，蜈蚣形，坐丁向癸。生一子千十郎。

五世千十公配劉氏九娘，考妣兩墳先代失記，光緒七年辛巳八月三房共撫溪里隆坑合葬銀牌祀奉。生一子念六郎。六世念六公配廖氏二娘。公葬本村水尾湖洋坪倒吊糞箕形，坐辛向乙，生一子五十八郎。

七世五八公，葬本村田螺坑轉崗海螺形，配黄氏六娘，葬南溪村頭。生二子，長成海，次幼故未名。

八世成海公，配林氏八娘，合葬本村竹仔塘，坐坤向艮。生五子，曰添祖、添濟、添澄、添洧、添滿。九世添祖江大公，號念一郎，娶李氏五娘，生一子紅深，其後移漳州。

九世添濟江二公，號念二郎，娶羅氏二娘，生一子，後無傳。

九世添澄江三公，號念三郎，葬本村田螺坑轉崗海螺形，與祖五十八郎公同穴合葬。公開基東山房，明成化十六年庚子三月七日開基在永定縣。配蔡氏五娘。生五子。

長紀富，娶賴氏八娘，無育，娶妾朱二姐，生二子曰士海、士山，派傳東山大。

次紀登，娶陳氏三娘，生三子，長、三幼卒未名，次曰寧。又妾張姐生二子，曰子弘、鳳琳，是爲東山二。

三紀琳，娶陳氏二娘，無育，再妾張四姐生一子瑛，分傳東山三。

四紀沂，字文淵，明成化十三年丁酉出廩貢，授江南合淝主簿，葬本村田螺坑蛇形，與父同穴，配黄氏一娘，生二子，曰清、仰淵。又妾徐氏，無育。别爲東山四。

五紀濡，娶載氏無育，繼妾盧氏，生三子，曰玉斌、玉廣、玉藍，系傳東山五。

九世添洧江四公，號念四郎。妣鄔氏十娘，生三子，曰元廣、元厚、元深。洧公爲北山房基祖。

九世添滿江五公，號念五郎，葬南山，琴形祠背。妣林氏五娘，葬本村水口。生一子曰觀保。滿公開基南山房，琴形祖祠巽山乾向兼庚辰庚戌分金，此乃高頭三山之由來是也。

至於平和開基，始四世百十三郎江六公，妣蔡氏四娘，分居平和大溪、莒溪、竹籬頭等住。誕育五男。

長千一郎，娶劉氏十娘，分住於新寨屋。

次千二郎，娶周氏十娘，分在漳州南靖縣清寧里河頭居住。

三千三郎，娶李氏十娘，分居瓦窑住。

四千四郎，配郭氏，又娶鄭氏，分在南靖縣清寧里大豐村倒水居住。

五千五郎，謚肇元，公爲平和始祖，另立一世，開基漳州府平和縣新安里葛布大溪江寨。卒葬大徑獅子口，坐坤向艮兼申寅。妣鄭氏四娘，葬在上杭竹籬頭下。生二男，曰萬三、萬四。

平和大萬三公，謚敦敏，卒葬向天螺。妣藍氏九娘，謚勤慎，葬在雷打石。生一子曰淵璜，派下十六世潛及雄二兄弟，於清乾隆朝初遷臺湾，卜住彰化縣燕霧下堡東山鎮興莊。

又有十四世士印、士香、士根三昆仲，於乾隆朝中渡臺湾，建基於今之桃園縣大溪鎮仁和宫廟前。

平和二萬四公，字洪啓，卒葬陳仙洞柿仔樹下塘面上。妣游氏六娘，謚純淑，葬在陳仙洞林山畲磨石坑向天螺穴。生一男曰紉肇，派下十三世東興媽劉氏魏娘，於乾隆九年甲子歲春，攜五男並三孫移臺灣，擇居彰化縣燕霧堡三塊厝莊開族。

又有十四世江調偕侄欣、艾、動及江星四子，於乾隆廿二年丁丑歲春舉家遷臺灣。

又有十四世江創父子，遷臺灣淡水擺接莊。

又有十五世江朝雪，謚瑞玉，於乾隆四十五年庚子，挈眷渡海來臺，卜厝於今之臺中北屯區七張犁建族，此爲鴻溪衍派之述略也。

（《[臺灣]濟陽江氏族譜》 1964年鉛印本）

平和江寨江氏淵源録

一百一十世祖萬里公，字子遠，號古心，宋封一品禮部尚書，授益國公。妣白氏、利氏夫人。生三子，鑄、鎬、鏜。

里公諱仟，文明公之長子。生於宋寧宗嘉泰四年甲子歲，自宋紹定元年由科甲出身，初授宣撫司簽謀，官歷至宋度宗咸淳元年乙丑六十二歲，二月陞參知政事同知，兼樞密院事，五月陞參知政事。咸淳五年己巳六十六歲，陞左承相，兼樞密使，時以襄樊爲憂，屢請益師以救駕，似道不容，遂至告老，出至福州府後罷歸家。聞恭帝被元攻破饒州府，與子鎬效忠，同赴止水而亡，皆力扶宋室盡節效死，贈益國公，又曰文忠，時年七十三歲，元人立廟祀之。

萬載公，字子九，號古山，諱億，文明公之次子。宋封一品禮部尚書、翰林庶吉士，官居錦衣衛攝行中軍事。時當恭帝被護，有張日中、趙時賞二人，同扶端帝乘舟處於江海之中，公亦率兵隨恭帝至漳州府而止。贈武蕭侯，謚敏毅。妣邢氏、張氏。子錀、鉦。

萬頃公，字子玉，號古雁，諱伯。宋誥封一品刑部尚書、翰林院庶吉士，陞户部左侍郎。妣龍氏古夫人。又妣邢德夫人。生一子碕。

萬里官授承務郎，扶帝昺入閩中拆散，避居洪水橋湯阪裏，贈文肅侯。妣氏三子，肇祖、汝祖、承祖。

一百一十一世祖肇祖公，妣氏生一子八郎公，於宋末元初，原系福建汀州府寧化縣石壁村遷居。八郎妣張氏、劉氏，子十二郎。十二郎妣錢氏，子十八郎。

一百一十四世祖十八郎公，妣邱氏六娘，生七子。長曰百八郎，妣周氏二娘，分在刀頭坑住。次曰百九郎，妣黄氏，移廣東潮州府大埔縣戀州都小靖村住。三曰百十郎，妣何氏，居於大埔縣胡廖。四曰百十二郎，妣胡氏，居潮州饒平縣弦歌都三饒村嶺脚。五曰百十三郎，妣陳氏，東坑住。六曰百十四郎，妣蔡氏，莒溪竹籬頭下住。七曰百十五郎，妣莒氏溪塚下住。

百十四郎，妣蔡氏，生六子。長曰千一郎，妣張氏十娘，分居福建漳州府南靖縣清寧里。次曰千二郎，妣劉氏十娘，河頭住。三曰千三郎，妣李氏二娘，分居瓦屋下住。四曰千四郎，妣郭氏四娘，居漳州府南靖縣清寧里大豐村倒水住。五曰千五郎，妣鄭氏四娘，居汀州府上杭縣原綿村九礤住。肇元公司鐵匠，忌辰十月初三未時。六曰千六郎，漳州府平和縣新安裏大溪寨上住。

漳州府平和縣大溪口祠堂癸山丁向子午分金。

一世祖諱肇元，江千五公，妣鄭氏四娘。葬在大徑獅子口。妣葬上杭縣竹籬頭下。生四子，萬一郎、萬二郎、萬三郎、萬四郎。

二世祖敦敏公萬三郎，妣勤慎藍氏，生一子恂恪。葬在向天螺。妣葬在雷打石，又名一皮薑。

三世祖恂恪公，妣恭順陳氏四娘，生三子。長子文壽傳大房，次子文英傳本派，三子文俊傳庵前。公葬在蘆竹山窠。妣葬在五子坑，又曰猛虎跳牆，猛虎逃牆分金，坐寅向，兼甲庚甲寅甲申分金。

四世祖文英公，妣淑順高氏，淑勤吴氏，三妣曾氏。生三子。長子進盛公傳本派。

（《[福建平和]大溪江氏二世文英系譜》　清光緒稿本）

入閩江氏世系傳録

紀元前二二四七年，始祖伯益，虞舜之臣，賜姓胤，任相。生二子，長木，次大廉。

一世祖元沖，字胤，封江國公，以國爲姓。妣姜氏，生四子，惠、昭、明、應。

二世祖惠公，妣姬氏，生一子名芝。

三世祖芝公，妣蜀山氏，生一子名期。

四世祖期公，封濟陽侯。妣西陵氏，生二子，名洪、郎。

五世祖洪公，妣姜氏，生二子，名寰、堂。
六世祖寰公，封京兆侯，妣於氏，生二子，名食、遠。
七世祖食公，任尚書，太子少保。妣姬氏，生二子，名通、浮。
八世祖通公，封百里侯。妣許氏，生一子名寶。
九世祖寶公，襲父爵。妣寧氏，生一子名威。
十世祖威公，士夏，爲鎮南郡侯。妣譙氏，生五子，名尋、逢、模、元、填。
十一世祖尋公，妣姜氏，生一子伯昌。
十二世祖伯昌公，任正義大夫。妣姜氏，生二子，名保、修。
十三世祖保公，封高鎮將軍。妣姚氏，生一子名顔。
十四世祖顔公，封車騎都尉。妣鳳氏，生一子名漢。
十五世祖漢公，封殿前少保，妣姬氏，生四子，名惠成、惠瓊、惠琪、順仁。
十六世祖惠成公，妣秦氏，生二子，名順、浩。
十七世祖順公，妣朱氏，生二子，名元、壽。
十八世祖元公，封光禄大夫。妣丁氏，生二子，名孝忠、孝安。
十九世祖孝安公，任中州司馬。妣華、朱氏，生二子，名景、琬。
廿世祖景公，襲父爵。妣杜氏，生四子，襲、計、褒、許。
廿一世祖襲公，妣祝氏，生一子名詔。
廿二世祖詔公，任安陽侯。妣辛氏，生一子名懷。
廿三世祖懷公，妣許氏，生二子，名文達、文彦。
廿四世祖文達公，食邑百户。妣朱氏，生一子名迪。
廿五世祖迪公，封北海將軍，妣何氏，生四子，雄、昭、勇、簣。
廿六世祖簣公，妣姚氏，生三子，名哲、章、昶。
廿七世祖哲公，妣趙氏，生二子，補、依。
廿八世祖尉補公，任都尉將軍。妣顔氏，生子名普。
廿九世祖普公，任青州刺史。妣馮氏，生子名楊。
卅世祖楊公，任杜甫都尉。妣施氏，生一子名濟。
卅一世祖濟公，助武王伐紂，封東都侯。妣伍氏，生子興國。
卅二世祖興國公，襲公爵。妣孫氏，生一子名重庚。
卅三世祖重庚公，襲公爵。妣錢氏，生一子名圉。
卅四世祖圉公，妣周氏，生一子名勵。
卅五世祖勵公，妣於氏，生一子名垣。
卅六世祖垣公，妣孫氏，生一子名猷。
卅七世祖猷公，妣姜氏，生一子名烈。
卅八世祖烈公，妣徐氏，生一子名禹。
卅九世祖禹公，妣王氏，生一子名需。
四十世祖需公，妣王氏，生一子名炳。
四十一世祖炳公，妣陳氏，生一子名炬。
四十二世祖炬公，妣徐氏，生一子名施。
四十三世祖施公，妣殷氏，生一子名疆。

四十四世祖疆公,妣鞏氏,生一子名緇。
四十五世祖緇公,襲父爵。十三代俱襲世爵。妣朱氏,生一子名豫。
四十六世祖豫公,妣周氏,生一子名貞。
四十七世祖貞公,妣沈氏,生一子名儷。
四十八世祖儷公,妣徐氏,生一子名生。
四十九世祖生公,妣虞氏,生一子名乙。
五十世祖乙公,妣虞氏,生一子名重興。
五十一世祖重興公,任諫議大夫。妣皮氏,生一子名良。
五十二世祖良公,妣宓氏,生一子名允維。
五十三世祖允維公,妣常氏,生一子名元德。
五十四世祖元德公,妣匡氏,生二子,名南星、北星。
五十五世祖南星公,妣尹氏,生四子,名賢、舒、勝、庠。
五十六世祖賢公,妣許氏,生一子名敷。
五十七世祖敷公,妣顔氏,生一子名道建。
五十八世祖道建公,妣傅氏,生三子,名日全、日正、日遠。
五十九世祖日全公,任陸州刺史。妣劉氏,生一子名烈。
六十世祖烈公,爲周赧王。妣劉氏、王氏,生五子,文晉、文楚、文道、文涯、文堯。
六十一世祖文晉公,任秦朝中書侍郎。妣任氏,生二子,名仲、傑。
六十二世祖仲公,任漢太子詹事。妣穀氏,生二子,名廣、府。
六十三世祖廣公,妣智氏,生一子名普。
六十四世祖普公,任車騎都尉。妣黄氏,生三子,名産、寶、廉。
六十五世祖産公,御史中丞,食邑二千户。妣馬氏,生五子,羽、茂、明、喜、都。
六十六世祖羽公,任尚書,食邑三千户。妣宗氏,生三子,元、允、洪。
六十七世祖元公,任平湖令,封開國公。妣蔣氏,生一子名尚。
六十八世祖尚公,任荼門下司空,食邑千户。妣劉氏、陽氏,生一子名祐。
六十九世祖祐公,任廣陵太守。妣戴氏,生一子名德。
七十世祖德公,任御史大夫,移居臨淄。妣司馬氏,生一子名革。
七十一世祖革公,妣蔡氏,生六子,名相、滔、世、庶、幾、忠。
七十二世祖相公,妣王氏,生一子名計。
七十三世祖計公,妣壽氏,生一子名瑜。
七十四世祖瑜公,妣胡氏,生一子名時昌。
七十五世祖時昌公,三國時人。妣方氏,生一子名甦。
七十六世祖甦公,妣黄氏,生二子,名祚、昌。
七十七世祖祚公,妣龔氏,生四子,名統、彬、經、濟。
七十八世祖統公,妣司馬氏,生一子名正。
七十九世祖正公,任散騎常侍。妣李氏,生六子,名彪、儷、寶、惇、將、偵。
八十世祖彪公,任尚左僕射。妣諸葛氏,生三子,名宏、凱、堪。
八十一世祖凱公,任驃騎,諮議參軍。妣馬氏、鄒氏,生三子,名恒安、夷安、生安。
八十二世祖恒安公,任四川内史。妣伯氏,生六子,名偃、億、行、傑、偉、修。

八十三世祖億公，太子洗馬。妣謝氏，生五子，名法存、法郎、法成、法德、法龍。

八十四世祖法存公，妣萬氏，生六子，名道興、道京、道全、道載、道成、道源。

八十五世祖道興公，妣孔氏，生四子，名世慶、世源、世載、世沙。

八十六世祖世源公，護國將軍。妣丁氏，生三子，法光、法輝、法祐。

八十七世祖法光公，任鎮威將軍。妣童氏，生四子，名舊緝、善、禄、靜。

八十八世祖舊緝公，妣詹氏，生五子，名發達、元達、效達、文達、令達。

八十九世祖效達公，妣鄭氏，生三子，名歲勉、歲章、歲雅。

九十世祖歲勉公，妣戴氏，生四子，名志宏、太宏、亮宏、義宏。

九十一世祖亮宏公，妣徐氏，生二子，名嚴、素。

九十二世祖嚴公，妣余氏，生六子，名三益、三頃、三穎、三俊、三思、三尹。

九十三世祖三益公，任青州刺史。妣余氏，生四子，名若清、若漪、若澄、若潭。

九十四世祖若清公，妣余氏，生五子，名雲碧、南碧、竟碧、沂碧、洋碧。

九十五世祖洋碧公，妣余氏，生一子名千泊。

九十六世祖千泊公，妣傅氏，生五子，名行儉、行尚、行文、行褒、行廣。

九十七世祖行褒公，妣陳氏，生六子，名中軒、中乾、中甚、中孋、中鎮、中黨。

九十八世祖中軒公，妣朱氏，生五子，名仁揆、仁寵、仁倖、仁宏、仁邕。

九十九世祖仁揆公，任軍押衙。妣王氏，生二子，名景諧、景房。

一百世祖景房公，任吴越御史。妣徐氏，生一子名用晦。

一〇一世祖用晦公，任宋兵部侍郎。妣歐陽氏，生三子，名鈞、銑、賦。

一〇二世祖銑公，官拜長史。妣王氏、汪氏，生三子，名瑜、權、成。

一〇三世祖權公，妣劉氏，汪氏，生四子，名基、鎬、鏞、禄。

一〇四世祖鎬公，妣顔氏，生一子名溥。

一〇五世祖溥公，妣孫氏，生一子名珍。

一〇六世祖珍公，妣張氏，生一子名英。

一〇七世祖英公，以曾孫萬里貴贈惠國公。妣沈氏、葉氏，生三子，名王、黄、磷。

一〇八世祖磷公，以孫貴，贈太師，攜國公。妣李氏，生一子名曄。

一〇九世祖曄公，以子貴，贈太師，周國公。妣陳氏，張氏，生三子，名萬里、萬頃、萬載。

一一〇世祖萬里公，宋丞相。妣方氏，生三子，名鎬、鑄、鎧。

一一一世祖鑄公，妣邱氏，生二子，名承肇、承祖。

一一二世祖肇公，妣鄭氏，生一子名八郎公。

一一三世祖八郎公，妣刘氏、张氏，生一子名十二郎公，由宁化石壁下移居上杭開基，上杭以公为始祖。

江氏入閩後世系，上杭開基八郎公。

始祖八郎公，妣劉氏、張氏，生子十二郎。公生於宋度宗九年癸酉歲，系一百一十世萬里公之曾孫。上杭、永定縣江氏祖祠以公爲始祖。

二世祖十二郎公，妣劉氏、錢氏，生五子，念一、念二、念三、念五、十八郎。公生於元惠宗廿七年庚寅歲。葬上杭三坪。

三世祖十八郎公，妣邱氏。公葬在上杭三坪勝運里，艮山坤向。妣葬在三坪逕上，兩墳相距不遠。生九子：

長子百八郎公，妣周二娘。公由上杭移高頭鄉開基。生三子，千十郎、千五郎、千四郎。

次子百九郎公，妣黄三娘。公移居大埔小靖村龍窟坪。

三子百十郎公，妣何七娘。公移居大埔縣湖寮。

四子百十一郎公，妣胡九娘。公移居饒平縣葛藤凹。

五子百二郎公，妣陳十娘。公移居金豐陳東坑水尾。

六子百十三郎公，妣蔡四娘。公移居金豐莒溪竹籠頭。

七子百十四郎公，妣唐十娘。公移居金豐莒溪。

八子百十五郎公，妣李孺人。原住上杭三坪。

九子百十六郎公，妣鄭孺人。原住上杭三坪。

高頭開基祖百八郎公，系上杭三世祖十八郎公之長子。故高頭江氏源流上杭也。

千三郎，妣李氏，移平和縣。千六郎，妣戴氏，移平和葛布大溪。

念三郎公系十二郎公之第三子，妣張五娘、林七娘。生千一郎，妣劉氏，移泰溪新寨。千二郎，妣周氏，移平和縣青宁里河頭。

高頭開基百八公 系上杭十八郎公之長子，移高頭鄉上社居住，高頭稱一世祖。

四世祖百八郎，妣周二娘。高頭始祖。公生於元文宗至順元年庚午。葬於本鄉水口大岌頂塔邊，蜈蚣形，丁山癸向。嘉靖、萬曆、崇禎、乾隆更葬四次，金骨俱佳。周氏因墓失，改銀牌合葬公墳。生三子，即千十郎、千四郎、千五郎。

五世祖千十郎。妣劉九娘。高頭二世。公生於元順帝至正七年丁亥，仍住高頭。千四郎妣郭氏，千五郎妣鄭氏，並百八郎公侄子千六郎百十三郎公之子，俱移平和清寧里豐村和新安裏葛布大溪、詔安等處居住。考妣墳墓俱失，據云在書洋赤秋爲人所謀占，以銀牌合葬撫市里壟坑。生一子念六郎。

六世祖念六郎，妣廖三娘。高頭三世。公生於元順帝至正二十四年甲辰。生二子，長子五十八郎，仍住高頭。次子六十四郎，與母同至撫市開基。考葬本鄉水口飯匙石，倒吊□箕形，坐辛向乙。嘉靖、萬曆、順治十三年丙申歲，共更葬三次。妣葬撫市里壟坑江家祠右片。

七世祖五十八郎，妣黄六娘。高頭四世。公生於明太祖十三年庚申。妣黄六娘。生一子成海。公初葬窯窟頭背，後葬本鄉田螺坑大坵頭，坐壬向丙，轉崗海螺形。妣初葬北山窠角，後改葬南溪頭天后宫背，坐甲向庚。

八世祖成海公，妣林八娘。高頭五世。公生於明太祖二十九年丙子歲。公妣於明天順四年合葬本鄉南山竹子塘，坤山艮向，蓮葉蓋龜形。嘉靖、萬曆、崇禎七年甲戌歲更葬三次。金骨俱佳。生五子：

長添沮公，念一郎 妣李五娘。原住本村背頭崊，至四代，崇禎十二年移海澄石斧崗頭。

次添濟公，念二郎 妣盧二娘、羅氏。原住本村新洋。傳三代，全家移平和葛布大溪。

三添登公，念三郎 妣蔡五娘。住本村湖墩背，開東山房。

四添淯公，念四郎 妣鄔十娘。住本村窠角，開北山房。

五添滿公，念五郎 妣林五娘。住本村横山下，開南山房。生一子觀保。

大明憲宗成化元年乙酉歲，至十六年庚子歲，初開永定縣，高頭列爲金豐里二圖二甲江成萬户，爲里長，後吴大爹改爲江添萬户爲里長。

（《[福建永定]洛陽江氏高頭族譜》 1989年稿本）

汀漳泉臺江氏淵源敘

江氏溯源始於伯益，凡有譜系罔不從同。由伯益傳卅一世，有名濟者，相周武王，以功封河南百里之地，國號江，子孫因以爲姓，今河南汝寧確山是也。又傳十六世至江貞，在周惠王時，江滅於楚，貞率族避居濟南而家焉。吾姓濟陽之號其始於此。濟與淮相通，間有稱爲淮陽者，迄東漢距貞廿三世，見於史有江巨孝焉，其名曰革，得章帝知遇之隆，以品學稱於世。自是厥後濟陽江氏日見繁盛，代有顯達之聞。雖或分於淄者有臨城派，分於考城者有考城派，究不若濟陽之後蕃衍衆多也。洎晚宋曆百零四傳至塙公，遷於江西南康府都昌縣，簪纓相繼，盛極一時。又傳至曄公，字八郎，生三子，長萬里，次萬載，三萬頃，兄弟共事宋室，力扶帝昺，以維國祚。及元兵陷饒州，萬里公死節，其弟侄輩由贛避閩，是爲吾族入閩之始，凡散處於八閩各縣屬及臺灣者，皆萬里公兄弟之裔焉。自閩至粵暨西南各省，凡我親族惟此血統之遺歟，祇以年遠代湮，數典或忘，雖宗親恒莫往來，至以爲憾。

兹幸家族制風行於世，吾臺各姓後先成立，惟我江氏獨抱向隅，汀、漳、泉、臺宗親同此感覺，因有宗親會之組織，囑和草就緣起，據見聞所及，謹敘其概略如此，願我族人君子幸垂教焉，是和所禱盼者也。

（《[臺灣]濟陽江氏族譜》 1964年鉛印本）

臺灣江氏淵脈追遠敘

竊聞混沌初分，盤古首出。三皇御世，乾儀置立，坤道賦質，自承蒙面，覆載照臨，水土河山，陰陽造化。人生居世，續宗派以流芳；遐邇宗支，溯成序以昌榮。

祖蒂具述後知，期無紊亂倫序，實有繼傳後裔，今立譜系爲記，上至高曾祖考，下及雲礽子孫。乃追始祖流傳嗣息，長成幾房幾子，分居各鑾。歷代綿遠，異鄉各里，流傳瓜瓞。品位高低，公婆伯叔，姑娘婚嫁，各立宗祀。或下與上，難爲叫唤，情繇漏認，根源混指。宗派亂離之後，墓墳失掌，移徙四方，茫茫莫究，痛恨若何。今略將涉稽，實考世緒，序次於左。

始祖公，本音濟陽堂，上蒂源高祖太公江百四郎，祖妣邱氏，自先年在於汀州府寧化縣石壁村，移來上杭縣勝運里綿九磜居住。生下江百五郎公，妣馬氏四娘，生下男江百七郎公，妣戴氏八娘，又移來金豐里大溪甲寨下住，生下七男。

今將七男分居坐址開具：

長男　江百八郎，婆周氏二娘，分在汀州府永定縣高頭住。

次男　江百九郎，婆黄氏三娘，分在廣東潮州府海陽戀州郡小靖龍窟坪住。

三男　江百十郎，婆何氏七娘，分在廣東潮州大埔縣清遠郡胡廖村住。

四男　江百十一郎，婆胡氏九娘，分在廣東潮州府饒平縣絃歌郡三饒村住。

五男　江百十二郎，婆陳氏十娘，分在永定縣金豐里陳東坑水尾住。

六男　江百十四郎，婆蔡氏四娘，分在南靖即今之平和大溪莒溪竹籬頭住。

七男　江百十五郎，婆唐氏十娘，分在南靖縣即今平和縣莒溪塚下住。

今將我祖十四郎生下五男開列：

長男　江千一公，妣劉氏十娘，分在新寨屋住。

次男　江千二公，妣周氏十娘，分在漳州南靖縣清寧里河頭住。

三男　江千三公，妣李氏十娘，分在瓦窑下住。

四男　江千四公，妣郭氏四娘，分在南靖縣清寧里大豐村住。

五男　江千五公，妣鄭氏四娘，分在南靖縣新安里葛布大溪住。

今略敘我祖江千五公來歷：

江千五公，自大溪江寨祖居，傳至十五代，因亂離失族譜，流傳今上十五代，其詳不可得聞，今特記其大略耳。古者有宗族必有譜系，所以志歷代之繼述，明昭穆之倫序，令後人有所觀鑒，敬承祖武，不致綿遠失傳，而五服有制、九族親睦也。我祖江千五公，自濟陽發蹟，偕二男以來，蓽路山川，由葛布大溪至於大径狮峯之下居焉，今刘家祖居即吾祖之故址也。后仙寿卜葬狮峯顶上口穴，而祖母郑氏四娘尚怀抱诸幼不能从焉，后欲归寻迎来，已葬於上杭竹篙头下矣。

吾二世祖一曰江万三公，一曰江万四公。以为大径规模狭小，不足貽孫謀之大業，及胥宇大溪卜築土堡名曰江寨。江萬三公娶籃氏九娘，生下二男，分爲二房。江萬四公入贅榕林，游氏六娘生下一子，三代單丁，傳至石碑崗五世祖，始生五男，分爲五房。其時兄弟同居江寨，子孫蕃衍，家室興隆，尚系南靖管，至明朝正德十四年始設縣於河頭大洋陂，名曰平和。不幸嘉靖十六年，饒賊張璉作亂，乘元宵夜，偷入吾寨，焚劫擄掠，一時大慘。迨饒賊已平，十年生聚，又大興旺，濟濟殷厚。

至萬曆三十年，縣主李爺名概，審丁均役，始開爲兩户。江寨大房、二房與庵前三房，共爲一户，軍籍崇武所。榕林大房、白葉二房、坑口與榕林亦作三房，共爲一户，軍籍泉州衛。兩户各有軍田百餘石，又各置有條差公田幾百畝，年收秄粒足納正供現年什費等項，並無箕會頭劍之苦。不意至崇禎十七年，逢鼎革之秋，大清代運號順治，明末福王衆臣扶來南京正位，未及二載，被大清豫王擄去北上，乃系弘光帝也。次年唐王自河南來，又扶來福省正位，號隆武。丙戌開科鄉試場，吾叔江南金中式舉人，當朝鄭芝龍南安伯專權，其子鄭森賜國姓名成功。未幾大清貝勒王追下，隆武走在延平被殺，而芝龍亦就撫去北。其子鄭森終不肯歸順，倚海猖獗，倡義復明，圍困漳州一年，禁死府城士民四十餘萬。後來大清金固山統大兵來解圍，市中尚食人肉，屍骸遍路。而海氛尚熾，漳泉地方迄無寧日，沿鄉築寨，徵米徵餉，重斂酷騙，又徵丁清田，鐵甲殷户無所不至，吾廟前寨子二次的餉銀千兩，日比一次支持不敷，棄寨而逃。至順治癸巳年海鎮營盡起，陷漳州平和、詔安等縣，一聞清兵將至，即令府縣城牆推倒，城内房屋盡折平地。至丙申年小嶺黄公爺七月廿四日獻海澄，始復大清。起民夫、築城牆、解馬料等項，吾户公田一切賣去過半。時滿兵數十萬屯札海澄、漳浦等縣，吾户康熙二年輪當現年海澄食耗，漳州協濟，併什費種種不可枚數，每月費銀以百餘兩計，戥加三秤，借銀加一利。六月之中，共計用去壹千百餘兩，公田俱賣盡，當者破家傾産。每官丁派銀三十餘兩，每斗民米派銀三兩五錢。至康熙四年五年，又派公標米，什費數項，每兩正供派銀九兩，吾叔侄支當不敷，或逃廣或流亡，又是一厄難。後康熙甲寅年，福省耿王作反，而國姓子鄭錦舍起義應之，沿鄉徵米花紅，索騙殷户，圍困漳州，約公標吴淑爺爲内應，入漳州分海澄父子之屍，盡有漳泉汀邵之地。只因爭興化敗陣，耿王后皇姑引兵下漳，除兇安民，其孫鄭克塽，負固臺灣，被總督姚啓聖用銀撤其手足，勢力已困。又調施將軍琅，搗其巢穴，始就撫去京，而海氛遂熄。迄今臺灣變作樂土之地，設府縣，置司牧，田野治，土地辟，萬民從之如歸市，近二十載矣。吾族雖逢此厄運，乘昇平之日，各戒子孫務安四業，勤儉守法，自然暂致興隆，勿謂祖宗之不我蔭也，以似以續，尚望後裔各宜助之，謹訂爲記。

（《［臺灣］濟陽江氏族譜》 1964年鉛印本）

臺灣江氏淵源沿革

自晚宋歷百零四世傳至塙公，遷於江西南康府都昌縣，簪纓相繼，盛極一時。又傳至曄公，字八郎，生三子，長萬里，次萬載，三萬頃，兄弟共事宋室，力扶帝昺，以維國祚。及元兵陷饒州，萬里公死節，其弟侄由贛避閩，是吾族入閩之始，凡散處於八閩中縣屬及臺灣者，皆萬里公兄弟之裔焉。自閩至粵暨西南各省，凡我親族惟此血統之遺歟。只以年遠代湮，數典或忘，雖宗親恒莫往來，至以爲憾。

兹幸家族制風行於世，吾臺各姓先後成立，惟我江氏獨抱向隅，汀、漳、泉、臺宗親同此感覺，因有宗親會之組織，囑和草就緣起，據見聞所及，謹敘其概略如此，願我族人君子幸垂教焉，是和所禱盼者也。

一百零四世塙，字爽之，號堅二，公因兵亂，避至江西都昌縣林塘，見左右山環水秀，振拱異常，遂卜居焉。公配顧氏，生子一百零五世濤，濤生一百零六世玲，玲生一百零七世英。

英受贈太師惠國公，卒葬本邑伏牛山。妣二，沈氏、葉氏，俱受贈國夫人。子三人，長玨，次璜，三玲，是爲百零八世。玲江三公，字廷益，號吏佐，生於宋高宗紹興二十年庚午十一月十四日卯時，卒於寧宗嘉定七年甲戌十一月十二日酉時，享壽六十五歲。公以孫萬里貴，贈太師楚國公，旌表忠孝。妣巢氏，贈楚國夫人，生子曄，是爲百零九世。

曄公字文蔭，號律齊，又號八郎，公以子萬里貴，贈太師周國公，尊立爲入閩始祖。妣陳氏、張氏、劉氏，俱受贈國夫人。子三，曰萬里、萬載、萬頃。

百十世萬里公，諱臨，字子遠，號古心。傑起都昌林塘，宋度宗朝累官左丞相，以峭直爲太師賈似道所惡，出知福州，未及三載，去官歸里，鑿池築亭於芝山后圃，匾其亭曰止水。及元兵陷饒州，公曰大勢不可爲，吾當與國同存亡，率長子鎬等家人百餘人投水盡節，詔贈太師益國公，謚文忠。公生於宋寧宗嘉泰三年癸亥，卒於恭帝德祐元年乙亥，享壽七十三歲。

萬頃公諱伯，乳名十二郎，字子玉，號古崖。以南劍知州家居，亦在饒州城被執，罵賊而死。

萬載公諱億，字子丸，號古山。偕弟婦錢氏九娘、侄媳鐸公妣邱氏十六娘及二子數侄等奉帝昺入閩。後錢氏、邱二妣率子孫轉往寧化石壁鄉，而萬載公則率子侄隱於同安縣湯阪里。由是推之，漳泉二屬族人多系萬里、萬載二公裔孫，閩西及粵東宗親則多屬萬頃公之裔。

百零九世萬頃公十二郎，妣錢氏九娘。，生四子，長鐸十八郎、次念二郎居永定務義鄉，三念三郎移往大埔縣黨坪，四念五郎留江西後嗣未詳。

三世鐸公十八郎，字國禹，配邱氏十六娘。生九子。長百八郎，高頭基祖。次百九郎，娶黄氏三娘，分在潮州府海陽縣戀州都小靖村龍窟坪居住。三百十郎，娶何氏七娘，分在潮州府大埔縣清遠都胡寮村居住。四百十一郎，娶胡氏九娘，分在潮州府饒平縣弦歌都三饒村葛藤凹居住。五百十二郎，娶陳氏十娘，分在永定縣金豐里陳東坑水尾居住。六百十三郎，開基平和大溪。七百十四郎，娶唐氏十娘，分在平和縣莒溪塚下居住。八百十五郎，娶李氏，原在上杭居住。九百十六郎，娶鄭氏，原在上杭居住。

錢祖妣率邱妣子孫，至寧化石壁村暫住，後遷汀州上杭縣三坪鄉定居。僅我祖百八郎公移居永定高頭鄉，除八九二房仍住三坪外，餘皆分居各處，迄今三坪仍有八郎公墓，春秋祭典無缺。按族譜所載，八郎公墓在江西都昌七都，而上杭三坪有八郎公墓，又是鐵之事實。吾人所謂上杭三代，更非吾氏而已，所有閩西及粵東各姓莫不如此，肇因世亂譜失所致也。吾人尊曄公八郎爲入閩始祖，以百八郎公爲高頭開基祖，應無疑誤。但吾東山房習慣，凡出生小孩即加上杭三代輩數，即始祖百八郎公應算爲四世，北山房則要歿後要加上杭之三代。

今由高頭基祖續敘，百八郎公配周氏二娘，合葬高頭塔下，蜈蚣形，坐丁向癸。生一子千十郎。五世千十公，配劉氏九娘。考妣兩墳先代失記，光緒七年辛巳八月，三房共撫溪里隆坑合葬銀牌祀奉。生一子念六郎。

六世念六公，配廖氏二娘，公葬本村水尾湖洋坪，倒吊糞箕形，坐辛向乙。生一子五十八郎。七世五八公，配林氏八娘，合葬本村竹仔壙，坐坤向艮。生五子，曰添祖、添濟、添澄、添洧、添滿。

九世添祖江大公，號念一郎，娶李氏五娘，生一子紅深，其後移漳州。

九世添濟江二公，號念二郎，娶羅氏二娘，生一子，後無傳。

九世添澄江三公，號念三郎，葬本村田螺坑轉崗海螺形，與祖五十八郎公同穴合葬。公開基東山房，明成化十六年庚子三月七日開基在永定縣。配蔡氏五娘，生五子。長紀富，娶賴氏八娘，無育。娶妾朱二姐，生二子，曰士海、士山，派傳東山大。次紀登，娶陳氏三娘，生三子，長、三幼卒未名，次曰寧。又妾張姐，生二子，曰子弘、鳳琳，是爲東山二。三紀琳，娶陳氏二娘，無育，再妾張四姐，生一子瑛，分傳東山三。四紀沂，字文淵，明成化十三年丁酉出廪貢，授江南合淝主簿，葬本村田螺坑，蛇形，與父同穴，配黄氏一娘，生二子，曰清、仰淵。又妾徐氏，無育，别爲東山四。五紀濡，娶載氏，無育。繼妾盧氏，生三子，曰玉斌、玉廣、玉藍，系傳東山五。

九世添洧東四公，號念四郎，妣鄔氏十娘，生三子，曰元廣、元厚、元深。洧公爲北山房基祖。

九世添滿江五公，號念五郎，葬南山琴形祠背。妣林氏五娘，葬本村水口。生一子曰觀保。滿公開在南山房。琴形祖祠巽山乾向兼庚辰庚戌分金。此乃高頭三山之由來是也。

至於平和開基，始四世百十三郎江六公，妣蔡氏四娘，分居平和大溪、莒溪、竹籬頭等住。誕育五男。長千一郎，娶劉氏十娘，分住於新寨屋。次千二郎，娶周氏十娘，分在漳州南靖縣清寧里河頭居住。三千三郎，娶李氏十娘，分瓦窑居住。四千四郎，配郭氏，又娶鄭氏，分在南靖縣清寧里大豐村倒水居住。五千五郎，謚肇元，公爲平和始祖，另立一世，開基漳州府平和縣新安里葛布大溪江寨，卒葬大徑獅子口，坐坤向艮兼申寅，妣鄭氏四娘，葬在上杭竹籬頭下，生二男，曰萬三、萬四。

平和大萬三公，謚敦敏，卒葬向天螺。妣藍氏九娘，謚勤慎，葬在雷打石。生一子曰淵璜，派下十六世潛及雄二兄弟，於清乾隆朝初遷臺，卜住彰化縣燕霧下堡東山鎮興莊。

又有十四世士印、士香、士根三昆仲，於乾隆朝中渡臺，建基於今之桃園縣大溪鎮仁和宫廟前。

平和二萬四公，字洪啓，卒葬陳仙洞柿仔樹下壙面上。妣游氏六娘，謚純淑，葬在陳仙洞林山畲磨石坑，向天螺穴。生一男曰紉肇，派下十三世東興媽劉氏魏娘，於乾隆九年甲子歲春，攜五男並三孫移臺灣，擇居彰化縣燕霧堡三塊厝莊開族。

又有十四世江調偕侄欣、艾、動及江星四子，於乾隆廿二年丁丑歲春舉家遷臺灣。

又有十四世江創父子，遷臺灣淡水擺接莊。

又有十五世江朝雪，謚瑞玉，於乾隆四十五年庚子挈眷渡海來臺，卜厝於今之臺中北屯區七張犁建族。此爲鴻溪衍派之述略也。

上杭三代述畧

一世祖㷆公，字文蔭，號韋齋八郎。居江西都昌林塘府前村。幼習儒學，經明行修，設館授徒，多所成達。宋理宗時授特奏名進士。任全州教授、陝州宜都尉、撫州金溪縣尉、江南東路提舉常平司、江南西路提舉茶鹽公事、大理司帥參等職。以廉潔匡敏著稱。因子拜相，封太師周國公。妣陳氏、張氏、劉氏，俱授贈鎮國夫人。公生於淳熙三年三月廿一日，卒於理宗寶祐六年，葬七都府林，坐小水源之南。生五子，九、里、頃、金、合。因胡元篡統，子孫移居避難於閩粵者多，在上杭、永定、潮州、大埔各建祠奉爲始祖。

二世祖萬九公，㷆公長子，字鼎伯，號觀溪。幼敏達，有所聞輒潛思力造，韋齋器之，親授以《易》。理宗時以鄉貢補大學。紹定辛卯年七月，聞祖母巢大安人卒，告歸，遂罷舉不士，由林塘別業本里神林阪，隱居教授，明道以淑其子。公生於寧宗慶元丙辰年八月十六日，卒於咸淳辛未年十一月。葬白石莊屋背來龍山。娶沈氏，葬白石嶺。生三子，鏶、銖、錦。

二世萬里公，㷆公二子，字子遠，號古心。幼穎異絶人，韋齋親授以《易》，肄業鹿洞書院，登理宗寶慶二年進士，授池州教授。歷任侍講、侍讀、知吉州、知隆興、宣撫參謀、刑部侍郎兼國子祭酒、吏部尚書、左丞相，封南康郡開國公。咸淳六年請兵救襄樊，賈似道忌而不應。力求歸，鑿池饒州芝山，名止水。後襄陽、樊城失守，元人陷饒州，公殉國於芝山止水。侄六峯府判收斂，淺塌芝山，詔贈金帛。勅御葬諸丘，芝山、石沙灣等十二塚，各立石獸石將軍於左。加封太師益國公，謚文忠。公生於寧宗慶元戊午十月十六日子時，殉於德祐乙亥二月廿一日。配西陂通判黄文懿之女，妣葬本邑四都龍城楊國公同山南咀上，庚山甲向。萬里無子，以蜀人王肅子爲後，即鎬也。

二世萬頃公，㷆公三子，字子洪，號古崖十二郎。幼從父習《易》，長師兄學儒，盡得父兄之學。以《易》預江右譜闈首選，任沿江制司屯田郎官、荆南節度推官、淮東制准、宰濠州、守臨江、提舉福建市帕、鎮里安府、除真秘閣、倉部郎官兼知吉州、知南劍州、奉直大夫、朝議大夫、户部尚書。公居官治民，一廉終身。時兄萬里辭退寓居於饒州芝山江西波陽芝山，及元人渡江，萬頃即芝山圖根。城陷被執，索金不得，駡賊不屈，支解之。公生於寧宗嘉定辛未四月廿一日，殉國於德祐乙亥，享壽六十有五。葬於林塘夏江廟後團山，寅山坤向。娶黄氏，贈宜人，生子二，鑑、鐸。又繼劉氏，封宜人，生子一，昌翁，生七月因父而殤。

二世萬金公，㷆公四子，字森溪，號古愚。以兄貴，封運千公。葬建昌府瓜石源。娶王氏、石氏。生三子，鈺、鐘、釩。

二世萬合公，㷆公幼子。名清溪，字子和，號古湖。精通經史，以道自樂，設絳帳以教諸徒，有馬融之風。四方之士以不及門爲恥，學者號曰古明先生。理宗時以易擢鄉貢。以兄貴，封障千公。公生於嘉定丁丑十二月廿六日，卒於景定壬戌，葬林塘太師府後來龍山東麓，正心水窩中穴，寅山坤向。配長沖黄氏，葬與公同穴，立石於墓。生三子，鏡、鎰、鑰。裔孫遷居官洞山。

三世祖鑑公，萬頃古崖長子。幼聰慧，學儒有就，曾任六峯府判，以伯父澤補將士郎。時萬里赴止水，鑑收斂，淺塌芝山。九年後，萬里子鎬間闕避亂，遠數千里之外，繼投詔中，而鑑則窮山僻垠，形單影隻，兄弟不得相依爲命而歿。後由表兄李嘉龍代鑑書古崖先生壙中記，載都昌江氏大成族譜。鑑公生卒未詳，兒孫不明。

三世祖鐸公，萬頃二子，字國瑀，號十八郎。以父補將士郎，爲賊所掠而死於途。公娶邱氏十六娘，生七子。爲避胡元剿滅，邱氏隨婆攜子於祥興元年春由陸路逃難，經石城入閩，至寧化石壁村,是年六月再遷上杭。公生卒不詳,歿葬上杭縣元里黽子地,艮山坤向。妣葬上杭三坪逕上,艮山坤向。後七子遷居各地。长子百八郎配周氏,居永定高頭鄉。次子百九郎配黄氏,居廣東潮州府大埔縣小靖村龍屈坪。三子百十郎配何氏,居大埔縣靖達都胡寮。四子百十一郎配胡氏,居潮州饒平三饒村葛藤凹。五子百十二郎配陳氏,居永定陳東鄉水尾,後移詔安霞葛。六子百十三郎配蔡氏,居永定金豐莒溪竹籬頭。七子百十四郎配唐氏,居永定金豐莒溪塚下。

上杭一世百十三郎江六公,妣蔡氏四娘。生五子。長子千一郎配劉氏,居新寨屋。次子千二郎配周氏,居平和清寧里河頭九峯居住。三子千三郎配李氏,居瓦窑。四子千四郎諡肇賜,配郭氏、鄭氏,居清寧里大豐倒水,後移大溪江寨坑口。五子千五郎諡肇元,居新安里葛布大溪江寨。

鴻溪世系

始祖肇元千五公,百十三郎五男,江寨始祖。元末祥興時避亂平和新安里,以打鐵爲業,先後在半山葛布溪、大徑、吴子坑、何關公卜築土堡謀生。公生日失傳,卒於明洪武四年歲次辛亥。葬大徑獅子嘴,爲賊所挖。後提一木主埋於獅耳土穴,故有土穴、石穴二墳。先住五斗埔,今劉家祖祠即吾祖所居之地。後萬三公、萬四公兩人嫌其地狹小,因胥於大溪江寨卜居焉。先爲賊所挖,後贖回之骸疑其非真,故寄石壁潭面。後乾隆辛未衆議遷葬坑口崠,因改號爲元濟公,而石壁潭之墳遂爲寨人所有。葬坑口崠墳穴坐癸丁兼丑未分金。

妣淑惠鄭氏四娘,葬在上杭縣竹籬頭下。生四男。長萬一、次萬二隨母回上杭後移廣東豐順。三男萬三敦敏公傳江寨。四萬四毓敏公,先陳氏傳白葉、坑口房,後進贅游家傳榕林房。

二世祖敦敏江萬三公,妣勤慎藍氏九娘。公葬在打石岩,號向天螺。婆葬在雷打石,號木星。生一男恂恪,號淵璜。

二世祖毓每江萬四公,字洪啓。妣陳氏純淑游氏六娘。公葬在陳仙洞柿子頭下塘子面上。婆陳氏葬在庵隔里口内彎里。婆游氏葬在陳仙洞林山畲磨石坑向天螺。陳氏生二男,傳白葉、坑口。游氏生一男,名紉肇,傳榕林。

三世祖敦敏之子恂恪,號淵璜。妣恭順陳氏四娘。公葬在蘆竹山窠,號掛壁燈盞。婆葬在伍仔坑里面,號老虎跳牆。坐寅坤向分金。生四男。文壽,傳新舊樓、白花洋等。文英,傳新舊樓、石坪里、石坪頭、赤竹坪、大塘、白花洋等。文俊,傳卓乾、龍水、洛陽樓、上壩樓、東西坑等。文玗,號輯瑞公,娶曾氏,生二子,長住大徑,次移居廣東惠州。

三世祖毓敏之子紉肇江大六公。妣陳氏一娘,温惠孺人。庶妣邱氏九娘,恪順孺人。公婆陳氏合葬在金皆嶺牛角崠,因饒賊張璉之亂,後改葬上杭縣大路。失祭一二代,至天啓年間,尋在牛角崠而祭之。穴系土堆。婆邱氏,帶大房祖江十八公,原葬在石砌路下第一土堆,後葬在角子里。生一男丕紹。

(《[福建平和]大溪鴻江族譜》 1997年印本)

閩粤臺江氏淵源追遠小敘

竊聞混沌初分,盤古首出,三皇御世,乾儀置立,坤道賦質,身承蒙面,載覆照臨,水土河山,陰陽造化。人生居世,纘宗派以流芳;遐邇宗支,朔成圖序昌榮。

祖蒂具述後知，其無紊亂倫序，實有繼傳後裔。今立譜系爲記，上至高曾祖考，下及雲礽子孫。乃追始祖流傳嗣息，長成幾房幾子，各居另爨。歷代綿遠，異鄉各里，流傳瓜瓞。品位高低，公婆伯叔，姑娘婚嫁，各立宗祀。或下與上難爲叫唤，情繇漏認，根源混指。宗派亂離之後，墳墓失掌，移徙四方，茫茫莫究，痛恨若何！今略將涉稽，實考世緒，序次於左。

始祖公本音濟陽堂，上蒂源高祖太公江百四郎，祖妣婆邱氏，自先年在於寧化縣石壁村，移來在上杭勝運里九礤居住。生下男江百五郎，婆馬氏四娘。生下男江百七郎，婆載氏八娘，又移來金豐里大溪甲寨下村。生下七男。

長男江百八郎，婆周氏二娘，分在永定縣渡頭住。

次男江百九郎，婆黄氏三娘，分在廣東潮州府海陽縣灤州都小靖龍窟坪住。

三男江百十郎，婆何氏七娘，分在廣東潮州府大埔縣清遠都胡寮村住。

四男江百十一郎，婆胡氏九娘，分在饒平縣玄歌都三饒村住。

五男江百十二郎，婆陳氏十娘，分在金豐里陳東坑水尾住。

六男江百十三郎，婆蔡氏四娘，分在大溪莒溪竹籬頭下住。生五男。

七男江百十四郎，婆唐氏十娘，分在莒溪塚下住。

今將百十三生下五男開列：

長男江千一公，婆劉氏十娘，分在新寨屋下住。

次男江千二公，婆周氏十娘，在漳州南靖縣清寧里河頭住。

三男江千三公，婆李氏十娘，分在瓦窑下往後坑住。

四男江千四公，婆郭氏四娘，分在漳州南靖縣清寧里大豐村倒水住。

五男江千五公肇元府君，婆鄭氏四娘，分在漳州南靖縣新安里葛布大溪住。

江千五公俱來大溪江寨祖居，傳至十五代，因亂離失族譜流傳，今上十世其詳不可得而聞，特記其大略耳。

古者有宗族必有譜系，所以志歷代之繼述，明昭穆之倫序，令後人有所觀鑒，敬承祖武，不致綿遠流失，而五服有制，九族親睦也。我始祖江千五公，自濟陽發蹟，篳路山川，自葛布大溪至於大徑獅峯之下居焉。今劉家祖居，即吾祖之故址也。後歸壽卜葬獅峯頂上。而祖母鄭氏四娘，尚懷抱諸幼，不能從焉。後欲追尋迎歸，已葬於上杭竹籬頭下矣。吾二世祖，一曰江萬三公，一曰江萬四公。萬一、萬二隨母回上杭，裔移廣東豐順。以爲大徑規模狹小，不足貽孫謀之大業，乃胥宇大溪卜築土堡，名曰江寨。江萬二公娶藍氏九娘，生下二男，分爲兩房。江萬四公入贅榕林，游氏六娘只生一子，三代單丁，傳至石牌公五世祖，始生五男，分爲五房。

其時萬三、萬四兄弟同居在江寨，子孫蕃衍，家室興隆，尚系籍南靖。至正德十三年，始設縣於河頭大洋陂今九峯鎮，名曰平和。不幸嘉靖三十六年，饒賊張璉作亂。乘元霄夜偷入吾寨。焚劫擄掠，一時大慘。迨饒賊已平，十年生聚，又大興旺，濟濟殷厚。至萬曆三十年縣主李爺名概，審相均役，始開爲兩户。江寨大房、二房與庵前三房共爲一户，軍籍崇武所。榕林大房、白葉二房、坑口亦作三房，共爲一户，軍籍泉州衛。兩户有軍田百餘石，又各置有條差公田幾百石。年收仔粒，足納正供現年雜費等項，並無箕會頭斂之苦。不意，至崇禎十七年，逢鼎革之秋，大清代運號順治，明末福王衆臣扶來南京正位。未及兩載，被大清豫王擄去北上，乃系弘光帝也。次年唐王自河南來，又扶來福建正位，年號隆武。丙戌年開鄉試場，吾叔南金中式舉人。當朝鄭芝龍南安伯專權，其子鄭森賜國姓，名成功。未幾大清貝勒王追下，隆武走在延平被殺，而芝龍亦就撫去北。其子鄭森終不肯歸順，倚海猖獗，倡儀復明，圍困漳州一年，禁死府城士民四十餘萬。後來大清金固山統兵來解圍,市中尚食人肉,屍骸遍路。而海氛尚熾,漳泉地方,迄無寧日,沿鄉丞寨,徵米徵餉,重斂酷騙,又徵丁,清田畝,鐵甲,殷户無報不至。吾廟前寨仔二次餉銀千兩。日比一次支持不敷,棄寨而逃。至順治癸巳年,海鎮營盡起,陷漳州、平和、詔安等縣,一聞清兵將至,即令府縣城牆推倒,城内房屋盡拆平地。至丙申,小嶺黄公爺七月廿四日獻海澄,始復大清。起民夫、築城牆、解馬料等項,吾户公田賣去過半。時滿兵數十萬屯紮海澄、漳浦等縣。吾户康熙二年輪當現年,海澄食耗,漳浦協濟,並雜派種種,不可枚數。每月費銀以百兩計,戥加三秤,借銀加一利。六月之中,共計用去乙千乙百餘兩,公田俱已賣盡,當者破家傾産。每官丁派銀三十餘兩,每斗民米派銀三兩五錢。至康熙四年五年,又派公標米雜費數項。每兩正供派銀九兩。吾叔侄支當不敷,或逃廣,或流亡,又是一番厄難。後康熙甲寅年福建耿王耿精忠作反,而國姓子鄭錦舍起義應之。沿鄉徵米花紅,索騙殷户,圍困漳州。約公標吴淑爺爲内應,入漳州,分海澄父子之屍,盡有漳泉汀郡之地。只因爭興化敗陣,耿王后皇姑引清兵下漳,除凶安民。其孫鄭克塽負固臺灣,被總督姚啓聖部院用銀撤其手足,勢力已困,又調施提督搗其巢穴,始就撫去京,而海氛遂熄。

迄今臺灣荒蕪之地變作樂土,設府縣,置司牧,田野治,土地辟,萬民從之如歸市近二十截矣。吾族雖逢此厄難,乘今昇平之日,各誡子侄,務安四業,勤儉守法,自然漸致興隆。勿謂祖宗之不我蔭也。以似以續,尚望後裔各宜勗諸,謹訂爲記也。

從一三六八大明建立至一六八四大清在臺灣設府司,總共三百廿年。明朝爲抗倭鬥爭,在漳泉一帶設海軍衛,故有軍籍崇武所和泉州衛,我族分成元昌,濟昌兩户。

(《[福建平和]大溪鴻江族譜》 1997 年印本)

(二十二)吕 氏

閩臺吕大一派吕氏淵源

家之有譜,猶國之有史也。史不作則孰知治亂之政興廢,譜不列則莫考世系源流之分,斯二者大小雖殊,而其爲月猶如是也。程子曰,古人建立祖祠、增修族譜者,所以管攝族人之心,著明宗祧以承祭祀,使人人咸知溯祖宗,重本支,敦親睦族,以垂不朽。雖族人分寓各處,閱是譜而詢親疎長幼之倫、昭穆序次之别,一覽瞭狀如指其掌,不容紊矣。亦侯鐘秀公乾隆乙丑年任臺灣鳳山縣令,俸蒲致士,於潮州郡内大宗祖祠,以東萊公爲始祖作輩八句,以序潮州漳州之昭穆,輩序鈔後爲通族冠名,允稱盡善而又盡美矣。昔晚村公名教中忠臣也,崇禎君國亡,愧事二君,皇朝屢召不赴,思垂空文以自見,著明書説有於文教,嘗有言曰,余查各姓,前後中間有改易相附,不同源而來者恒有之,我吕氏一家遠溯其流,皆由吕尚公垂綸渭水,感成周焚熊之兆,文王因田獵訪之,既遇載以後車,尊爲師尚父,號曰太公望,相時興師佐武王伐紂救民,一成衣而天下大定,開周家八百秀纂。厥後二子,復移車頭東界,是秉仁吕大一公吾所自出之祖也。後分爲八房,生齒浩繁,遂營城乾樂,五房同處。至四世祖宗盛公之時,吾邑乃山輒僻壤,王化尚木遍沐,邑名詔安者,責王詔以緩撫亦子也。嘉靖三十九年庚申之歲,草寇黄壽子同坎上吴湘等聚衆倡亂,邑主追討嚴逼,復投於饒平張漣,荼毒生靈,肆其殘害。是年七月廿三日,吴湘賊夥圍吾乾樂城,三日城陷,遂戮吾族焉。當日被其難者,長幼共百廿餘人,此無辜受戮,誠不共戴天之怨冤也。幸鄉約練保憫遭横禍，仗義率衆，呈報於官，蒙縣主諸父龔公英斷，飭除移營剿捕外，將吴賊惡窟祖祠折毁，以葬列先祖考妣，少妥除炙。昔年通族鳩金，多有在此墳前生放蒸嘗，爲歷年祭掃之費，咸稱爲坎上公。迨至五世祖天琳吕七，始移居於饒平湯溪社秀溪鄉，建築祖祠，戮力經營，增其式廓，以圖樂郊，爲千百世孫支之遠計也。國朝順治甲申年登極，自改元以後，四房雖各臣服，而吾閩僻在濱海，天朝遐遠，聖化未沾，寇盗頻興，四境紛擾，故詔安有築邊界之成説，海疆亦有棄三省之庸議，仰賴吴副使奏免以復之。斯時也，南安鄭成功父子同劉國軒竊踞厦門、金門各處，恣意擾攘，海疆無時休息矣。因進攻江右豫章大敗而返，厦門復不敢久駐，隨奉朱術桂蕩海來臺，又擄掠沿海婦女，來配爲夫婦，掃除荷蘭夷，鎮紅毛樓，築磚仔城，建安平鎮，遂推朱術桂即位爲寧靖王，王勅賜鄭氏金印，授以大將軍之職，郡號承天府，招集漳泉之人來臺，又擄掠沿海婦女配爲夫婦，開疆拓土，五穀隆登，稱爲易治。自康熙二十三年甲子施世標將軍請旨平拿，天心眷頤皇朝，鄭氏克塽同劉國軒歸誠服化，收入輿圖，啓設一郡三縣，而彰化則又雍正元年藍提督廷珍乃開建設縣也。

又按康熙六十年辛丑，童謡云：頭戴明帽，身穿清衣，五月永和，六月康熙。郡治上帝降乩云，朱一貴將倡亂矣，全郡俱陷。未幾，鳳山社君英果叛逆，殺害汛塘。朱祖乃是岡山養鴨一匹夫耳，論文則一丁不識，論武則無縛雞之力，因姓朱與乩語適合，遂妄生癡想冒頂一貴之名。五月即聚衆攻郡，果陷，文武官屬逃竄澎湖，以待天兵，一貴戲服袍笏稱王，以下南戲優童爲妻。六月十六日，閩浙總督覺羅滿保同南澳鎮藍廷珍，奉命領兵平臺灣，生擒朱一貴於諸羅縣溝尾莊。巨魁既伏，海宇清平矣。

自靖亂以後，吾人來臺灣益衆，迄今已八九世矣，生齒繁庶，聚族雖多，而生散住居者亦不少。生長海表，祖蹟許多芒狀者，斯時若不匯次更修房譜，異日耆老成淪没以後，吾恐服内親疏之分，與夫列祖名諱之稱，試叩其由，親尚未盡，竟不知其所由來矣。兹復修而補之，用以昭示後人，庶群昭祥穆不失倫次，雖易世之後，百世之遠也，吾始祖之源流世系，可得而盡知，豈徒曰小補之哉。雖狀踵衷增叶之美舉固有待於後人，而我房支派之貽厥昭狀略有可考矣。

譜既録成，謹體父老遺言，復參以意見，與肇基祖之緑孫，並全臺初辟之原委，妥述其始末，瑣敘數語，以弁兹首。但願人文蔚起，英俊挺生，後之有同志者取是譜而再爲録補之，庶源流之始終，宗支之派衍，知所由來，而傳之允遠永垂不朽，仍不妨存此原序，並蔚廷之名，俾知祖蹟由來。此區區微願，立序之意如此，故不厭煩瑣，修述始終，而安敢目爲序云爾。

詔安祖譜序

夫水有源，木有本，如人之有祖，猶姓之有宗。源之長者，則流衍深遠勢必溥海。本之固者，則枝葉蕃茂高聳雲霄。祖之靈者，則後胤繁昌奕世濟美。宗之榮者，則篤親與仁光前裕後。其名雖殊，則用一也。

溯爲吕姓起源，由炎帝神農氏十五代孫姜伯夷公，爲虞舜四嶽官長，有功封疆爲吕侯，遂以國名爲姓。嗣後其苗裔有單獨姓姜，有單獨姓吕。亦有姜、吕兼姓者，太公也。兼姓之後裔，猶有更分者，吕青也。詳考夏商，我家傑出甚稀，迨西伯王作，前記太公世謂姜尚吕望，《路史》吕涓，《史記》吕尚字子牙，有韜略雄才，避世釣於東海渭濱。文王往聘曰，吾太公望子久矣，故曰太公望。武王尊師尚父，輔佐周室爲周股肱，錫以茅土，啓國曰齊。前云吕青，則齊之後裔，初爲令尹，後從漢高祖有功封陽信侯，世居河東，故稱河東郡，家廟影殿河東，是其遺事。夫如是我家實則太公望後裔也。自漢以來，歷朝人才濟濟，青史留名者數堪車載斗量，其名難以枚舉，且登仙籍者非獨有耦。然許多入孝出忠哲學名儒,無現身何足説法,因此略表幾位以證明色相。有吕昇,其父眼失明,昇剖肝和藥,服後眼復明,事聞宋太宗,厚賜幣帛。又宋吕蒙,父死守廬四十年如一日,其子炎依薼事父,父逝繼守舊薼,後炎之子貴顯封廸功郎。又宋太宗朝蒙正公,三居相位,疏賢薦能,繼夷簡公爲相,時感風頭眩,仁宗手詔曰:"古云,龍須可療病,今剪以賜卿。"服之果愈。又居簡公、公著公、公弼公,俱司臺鼎,世稱一門三宰相,父子二狀元。又吕端公位列上公。藍田吕賁公,六子五登科。更有祖謙公號東萊,乃夷簡公六世孫,著《東萊博議》,闡發《春秋》微意,可見其學之博。爲官自立法有三,曰清、慎、勤,其精靈配享孔聖廟。又明昌坤公,字叔簡,其才學有功於國,亦從聖祭,文星兩耀,吾家與有榮焉。

伏思祖宗悠遠,世代繁榮,如百川會海,浩瀚壯觀,沿波必討源,溯洄獲發蹟。句萌於河南,挺秀於山東。至戰國以後,各州縣衆宗蓬勃生氣,誠如過雨春筍驚雷萌芽,祇閩漳開化最緩,移民趨進應時而興。逮宋南遷以後,由金華蔓延入汀,當時世居汀州府寧化縣石壁鄉。吾始祖萬春公,生五子,二子在籍,則秉東公、秉信公;餘三子,秉燓公、秉翟公兄弟同來詔邑,卜居秀篆河尾,厥後秉燓公、秉翟公復移於饒邑,車頭東界。而秉仁吕大公,是詔安始祖,傳下八房,彼時蕃衍甚衆,就於寨上營城,名乾樂城,有五房同處。傳至四世盛時,即明嘉靖三十九年庚申春,有坎上賊寇共壽、祇湘倡亂,投於賊首長璉。時因祇湘忿索不遂,至辛酉七月念二日,統糾賊夥圍吾乾樂城,越三日城陷,吾族慘遭其害者一百二十四口,逋匿戚屬者幸而生存,當時慘狀,良足傷矣。厥後鄉鎮人士抱恨不平,投公呈於官憲,蒙龔公賢明英斷,剿滅坎上祇湘賊衆,將其祖祠拆毁,判葬我列祖考妣被害骨骸。當是時,譜牒淪亡,遺老盡矣,欲詳往事弗獲而知,祇以被害列祖,咸稱爲坎上公云。夫如是,列祖考妣名位無存,墳墓多遺,而且祖未振精靈莫憑,令人有祖蹟坵墟之歎耳。嗣後族衆僉議,擇於閣下溪地方,建築祠堂壹座,堂申向寅兼坤三分,丙申丙寅分金,於康熙甲午大興土木,至丙申仲冬初九完竣,號曰著存堂,衆八房胤孫迎祖進祠登龕,祀開基始祖考號萬春吕大公,祖妣謚慈惠吕太媽劉氏孺人,並遺下三世列祖考妣,自是祖靈妥,昭穆彰。規模既整,祖譜編輯,庶知昆爲季爲昆季,各房各派大小不遺,往者志,來者續,綱常既整,俎豆永新,河東世系,萬古流芳,謹而序之,以垂不朽云。

萬春公派下中央樓十五代,胤孫良任號經邦熏沐謹序。

(《[閩粤臺]吕姓大宗譜》 1976年鉛印本)

南靖書洋吕厝吕氏源流

我祖大政公,在汀州上杭縣,移住永定金豐里大坡頭吊梘。大政公葬在大坡頭窠頭山。婆李氏,葬在大坡頭山仔下厝後。

大政公傳下二大房。長良簠公,次良簋公,侄石福公。良簋公移在古竹溪口居住。良簠公移住漳州府南靖縣書洋社蔡溪頭,進贅蔡家,婆劉氏,承蔡仲生二圖一甲里班。

(吕炜卿编修《[福建南靖]书洋吕氏族谱》 1924年稿本)

汀州寧化石壁吕氏明季卜築詔安秀篆録

余族吕姓祖居汀洲府寧化邑石壁鄉,宋熙寧年間始來詔邑而卜築秀篆。各房從一世到四世祖公都無具修出生皇號紀年和時間記載,因此開基時間無志可查。宋熙寧年間即約一〇七五年，距今九百多年，各房衍派至今僅二十代。其他各姓來秀篆開基，至今也是傳至二十代左右。按每代三十年計算，也只是六百年左右。按此推斷，開基至今有六百年左右較爲確切。因此我們吕氏先祖應是於宋熙寧年間由金華遷入石壁鄉，而秉仁公約於明初永樂年間來到詔邑秀篆開基，後産爲八房，並在河尾建築乾樂城。據説當時有六房，石溪祖祠是在五至七世旺盛時期也就是明萬曆期間，約公元一六〇〇年前後建成的。

（吕井新编《[福建诏安]秀篆河美吕氏三房十六公家谱》 1995 年稿本）

詔安吕氏宋乾樂城古堡開户録

伏思祖宗悠遠，世代繁榮，如百川會海，浩瀚壯觀，沿波必討源，溯洄獲發蹟。句萌於河南，挺秀於山東，至戰國以後，各州縣衆宗蓬勃生氣，誠如過雨春筍驚雷萌芽，祇閩漳開化最緩，移民趨進應時而興，逮宋南遷以後，由金華蔓延入汀，當時世居汀州府寧化縣石壁鄉。吾始祖萬春公，生五子，二子在籍，則秉東公、秉信公；餘三子，秉彝公、秉翟公兄弟同來詔邑，卜居秀篆河尾，厥後秉彝公、秉翟公復移於饒邑，車頭東界。而秉仁吕大公，是詔安始祖，傳下八房，彼時蕃衍甚衆，就於寨上營城，名乾樂城，有五房同處。傳至四世盛時，即明嘉靖三十九年庚申春，有坎上賊寇共壽、祇湘倡亂，投於賊首長璉。時因祇湘忿索不遂，至辛酉七月念二日，統糾賊夥圍吾乾樂城，越三日城陷，吾族慘遭其害者一百二十四口，逋匿戚屬者幸而生存，當時慘狀，良足傷矣。厥後鄉鎮人士抱恨不平，投公呈於官憲，蒙龔公賢明英斷，剿滅坎上祇湘賊衆，將其祖祠拆毀，判葬我列祖考妣被害骨骸。

（《[閩粵臺]吕姓大宗譜》 1976 年鉛印本）

（二十三）何　氏

臺北何氏淵源敘

惟木有本，惟水有源，族之有譜，志宗功述祖德，録孝誼示教德，兹值西風東移，世俗頹廢，振奮宗族精神，實系世道之治、倫理之依據也。

吾何氏出自姬姓軒轅之後，周武王子唐叔虞裔孫韓武子封於韓原，韓厥事晉有功，從封爲韓氏。至景侯與趙、魏分晉，列鼎諸侯，後以氏爲國。傳及韓王安以博浪沙之誣，被秦吞滅，韓瑊公遁避廬江，舟楫間秦密吏詰問，戲指水其姓河，瑊公覆答以人，遂何爲姓，源發廬江。

降及唐儀鳳間，始祖何德公，從陳將軍定閩，號召開漳子弟劄駐，分田割地，皆其安撫，閩人感其恩澤，尊稱安撫祖，而衍盛於福建。自明以來，閩臺原出一本，根深葉茂，源遠流長，傳殖生滋，人才輩出，功業垂諸百世，啓吾族之光榮。

1965 年臺北宗親猶有修譜，惜乎未盡普及，珍藏者稀少。事遷二十寒暑，去歲各宗親爲使中部宗誼團結，敦促春木重修。纂譜匪易，不敢怠乎，商請譜系專家金賜宗親全責其事。幸蒙祖上保佑，諮詢各系，歷經年餘，採訪遍及南北各隅，足蹟之處備受誠摯協助，予莫大鼓勵。所幸執事同仁不辭辛勞竭盡心力，克服萬難，始得付梓。大事厥成，益感欣慰。

血濃於水，吾愛吾鄉，一統之精神彙集於譜牒。長幼尊卑，親疏可稽，本源深固，當顯於後進可鑒,是爲序。

1986年歲次丙寅梅月,臺灣省議會第八届議員平和十九世孫何春木敬識。

(何春木編纂《[漳州臺灣]詔安系何氏族譜》 1986年鉛印本)

漳浦雲霄詔安東山四縣何氏祖系

吾祖廬江世系,開基於福建,始祖爲安撫公,諱衍,號嗣韓,唐高宗時入閩,表授安撫節度使,因在泉州家焉。祖墳在今惠安縣青林山,距今壹仟有餘年。傳至宋淳祐年間,十五世遯基公生五子,元鎮、元釗、元鈺、元鉦、元鏞。

元鎮公諱靖之,號我泉,生七子。長添清分居同安嘉禾,次添治分居吴頭,三添潤分居泉郡城内,四添沮分居漳浦濠潯,五添福分居漳浦濠潯,是謂下宗。六添河分居雲霄何地,後與其子京保再移平和南勝。七添漪分居古溪口。

元釗公分居惠安安蚌厓,派下未詳。

元鉦公生四子。長添洙分居蓮花埔,次添泗分居漳州嶽口,三添汶分居甫田何橋,四添漪分居延平順昌。

元鏞公生四子。長添淮分居海澄浮宫,次添海分居龍巖縣口,三添江分居漳州黄山脚,四添漢分居南安縣溪尾。

元鉉公移居光澤,派下未詳。以上爲漳泉分派之祖。

純青系出東山前何人,1950年大陸變色來臺灣,因族譜未帶,開閩始祖有譜序可稽,不敢贅言,僅憶述浦雲詔東四縣祖系,若有錯處尚望各位宗長者指正。最後謹將東山前何之何氏家廟有一對聯録後,俾作吾祖開基閩省以來考據。廟號爲追邊堂,聯曰:

追維開始,自唐而宋而明而清,千百年來共傳世澤;

遠詔廬江,由浙及閩及漳及詔,四十代後不愧箕裘。

(何春木編纂《[漳州臺灣]詔安系何氏族譜》 1986稿本)

漳泉何氏源流紀略

何之先,本光州固始人。唐儀鳳間,何嗣韓從陳元光經略全閩,因家焉。昭宗時,王緒舉光壽二州,附泰宗權緒先鋒,奉王潮懼衆不附,求固始人先世有功於閩者以慰民望,表授我某代祖安撫使,分田劃地,安插閩人,當時賴之。後王審知據閩,引身去閩,人思其德,塑像以祀。宋淳祐遯居公由螺陽卜居温陵潯江。德祐以後,宋失其柄,服役不勝,隱於清源洞麓下學道,足蹟不入城市。公諱普成,字正獻,遯居之號,因同譜何清卿父子慕公清德,時來拜訪,大書深谷遯居四字於壁,後世遂稱爲遯基公。云有子四,元鎮、元釗、元鉦、元鏞,是爲漳泉分派之祖。至元間,釗移惠安埔崎,鉦鏞移漳郡嶽口蓮花。元鎮公,諱靖之,號我泉,又即我七房鼻祖,仍居温陵,懷才抱德,然限時命卒,不得顯。七派者,諱添清、添治、添潤、添沮、添福、添河、添漪。公清士元至大理寺評事,緣賽里丁阿里迷之亂,乞骸就第懼禍,全家航海至同安順濟宫而居之。坐席未暖,會鞠啞里智逃軍勾清著役,清有信號可恃,諸弟未免急難,治潤逃回晉江,是爲潯尾好德之祖。餘四弟計窮望絶,禱於順濟宫,卜筊謂漳可,相率移於漳浦之南溪。迨大明龍興,區宇混一,邊塵尚猶未靖,洪武九年抽兵禦寇,血屬又不能不瓜分矣。沮公、福公仍住南溪,是爲上下宗之祖。漪公逃去陸鼇,後移龍溪古溪口,是爲何覃之祖。我祖添河公,改名信奇,與子京保公、彦保公移雲霄,再遷南勝何倉,父子戮力安家,乃積乃倉,何倉名所自始也。開基何地,則自彦保公始,詳紀彦保公傳。總而言之,舊譜云漳之有何也,以濠潯鼠尾爲宗。而潯之有何也,以晉江清源爲祖。遜居以上,滄桑屢變,譜牒難稽,則太祖斷自遜居公始。前朝修譜,則有文雍公序,則莆陽尚書陳公俊,起自淳祐元年,至弘治元年,計年二百四十八。自弘治己酉迄嘉靖二年癸未,凡三十五年。而豈昌公繼修譜序,則餘姚縣新建伯王陽明先生,小洛思恒公譜,則起自嘉靖三年甲申,迄萬曆十四年丙戌,計年六十三。自丙戌至甲申,明社屋計年五十九。大清定鼎至辛未,譜缺一百單六年。而秉憲公重修譜,自文雍公脩譜起年至秉忠公,通計四百五十一年。而水源木本,祖德宗功,猶得按牒而知者,實公之力也。然皆詳於本支,分派僅紀大略。我添河公自洪武九年至今龍飛乙亥年,計年三百八十一年矣,而未有脩譜者,魚魯豕亥,年久益滋,是則祥之所深懼也。或云有譜被焚,又不聞修自何人,是皆無據。所幸本派清白遺風餘韻,故老能談,天佑善人,又穀資墓世守,故敢僭冒,其添公以上源流及分派,一依原譜,不敢没前人之苦心也。間或脱率處,則補而正之,後日賢子孫之責也。秉忠公譜,另有云閱興譜,有元鉉公系,遜居公第五子,移光澤縣,其詳未紀云。十二代孫子祥謹記。

(何子祥編纂《[福建漳州]漳泉何氏族譜》
清乾隆二十年刻本 1928年平和琯溪華英書社工藝石印部翻印)

漳州何氏分莊分派記

添福公,元鎮公五子,諱信福,初與兄添清、添沮、弟添河、添漪同移嘉禾,再移浦邑南溪,是爲潯下宗之祖。

添河公,元鎮公六子,諱信哥,初與兄添清、添沮、弟添漪同移嘉禾,再移浦邑南溪,後因軍役相推匿名他徙雲霄,三徙何倉,四徙何地,是漳州平和何地之祖。

添漪公,元鎮公七子。初與兄添清、添沮、添福、添河同移嘉禾浦邑南溪,後因抽充軍役,兄信哥在六鼇逃匿,公之子諱怎爲之頂當軍役,未嘗憂形於色,家累因而零落。時爲溪東祖姑夫許孝修所誘,曰龍溪狗溪口沃土肥潤,鄰比東湖,姑夫在此,乃徙漳州龍溪何潭而居之,時遭秏幾不振,幸生肖子邦彦乃克有成,前後光裕焉。

添治公,元鎮公次子。元時兄弟以軍役他移,公獨從容觀變守祖,居鳳嶼,至元裔公復移潯江。何氏所謂泉州晉江潯尾,乃添治公派也。

添潤公,元鎮三子。以織造爲業。元時兄弟他移,公就屋而居,匿名潛蹤以逃軍役,匿名一字子進,與二世同葬龍窟山。而二世妣另穴於武山北斗池。後三世祖江山公買居泉州晉江縣郡城南好德坊之右。

添沮公,元鎮公四子,諱信祖。初與兄添清、弟添福、添河、添漪同移浦邑何潯鼠尾。信、福兄弟二人不忍分異,尚共爨居。洪武九年奈爲抽充軍役,分上下爲兩家,聽當民役,不免催科相累,遂分爲一九之兩甲。

(《[福建南靖]金山荆美何氏族譜》 清末稿本)

(二十四)羅　氏

平和呈奇嶺羅氏淵源

六世祖考育興公,娶妣陳氏,生二子,長源潭本家居住,次美源遷居福建漳州府平和縣陳奇嶺。

(羅紋編纂《[福建平和]呈奇嶺羅氏家譜》 1934年稿本)

平和呈奇嶺羅氏開基祖敘略

大埔甜竹坪譜序抄録如下:

大埔縣内大宗明德堂,崇祀太始祖,宋端明殿大學士,兵部尚書文恭公,諱點,政績頗多,《尚友録》可考。妣誥封一品夫人,謚懿徽盛氏。

湖鄉開基始祖德垂公府君,妣傅氏孺人。原上祖由江西吉安府吉水縣而來,遷居於汀州府寧化縣石壁鄉,至公復遷居詣潮州府饒平縣清遠都湖寮鄉瓦仔磊湖屈里建基立業,爲開基祖考。娶妣李氏,生九子。長伯一郎公,往居大麻。次伯二郎公,往去豐順。三伯三郎公,往去河源。四伯雙郎公,往居涵頭。五伯五郎公,往去福建大溪。六伯六郎公,往居高坡圳下,後往平和長樂。七伯七郎公,分居塘唇。八伯八郎公,分居坪上。九伯九郎公。分居河頭。

(羅紋編纂《[福建平和]呈奇嶺羅氏家譜》 1934年稿本)

(二十五)高　氏

海澄高氏淵源略

按自有宋以來,東溪公爲始祖。歷傳至五世一誠、一舉、一勤。勤無傳。誠守東山故土,其流裔舊譜已不具載。舉遷於龍之卿山,生有敬、有與。與出贅霞苑。敬生進卿、惠卿,惠卿出贅黄田。今出贅别居者流裔亦不能具載,只自進卿之子福慶、德慶分爲二大房,逆源稽流詳明可考。

(《[福建龍海]海澄卿山高氏族譜》 清宣統刻本)

闽漳高氏世系源流纪略

宋神宗間王荆公行青苗法,東溪公之王父,逋欠公錢,兄弟三人由山陰遁入閩,一居福清,一居漳浦九都。居九都者,東溪之王父也。東溪以邊海累被寇患,徙宅南坡之岸。故附邑城,時時臨眺,印石見東溪之上松濤韻,數里梁峯突兀,若芙蓉在紫翠中,四時雲霞明媚,悦之,遂家焉,因自以爲號也。山陰與河南又同開祖於齊渤海,歷世聞人不可勝紀,其子孫扶疏分蔓,殆偏天下,而福清、漳浦則在宋末南渡之前也。考之東溪公未生以前,漳蓋未有高姓焉。宋元之亂,公之子孫始散居他邑，其人其時其地，多不及詳，而其明白可紀者，一誠之後，雖世守墳廬，亦有分入同安界後由竹坑而遷於礤都者。一勤之後，則始於何嶺，而後遷於西坑。一舉則定居於澄之公鄉山。其餘族屬繁縷，若崑黄之有嵩海與川培也。惜遭兵火，僅識其概云。

開祖第一傳：

有宋開祖生娶卒葬無詳，東溪公之王父也，宋神宗熙寧二年己酉負青苗債，由山陰逃居漳浦九都結茆山間，再世而啓東溪公，其後世子孫遂爲漳之著姓云。

繼祖第二祖傳：

有宋二世祖諱時中，娶前浦陳氏，生東溪公十一年而逝，生葬年壽亦無詳也。然生子有萬世名，天下後世猶知頌公名足矣，即時中二字便是公千古寔録，不得以年月壽公也。

（高維檜纂修《[福建漳州]閩漳礤都高氏家譜》 清康熙十一年稿本）

平和大溪高氏出源

正綱公，閩汀州寧化縣石壁人也，即系東溪公，遷入漳之南靖縣。生一郎、二郎，生一秀、二秀，生十二官、十三官、十四官。十三官即念六公，遊大溪社頭烏時，進贅於由房坑排黄氏二十娘。念六公在大溪社之始祖公，傳至二世三世，户役宗祠祖屋在卓嵸，坐西向東，年一儕始克嚴志瓊户下。

始祖一世念六公，子二世天祐、天慶。天佑子三世明遠、明達。明達生子四世石蔭。五世劉養、開耳。開耳生子六世惟海。劉養生子恙孫不祀，愈文、愈昌、愈遠。

（《[福建平和]大溪赤坑高氏族譜》 清嘉慶編修 咸豐補録本）

（二十六）蕭　氏

斗山蕭氏之汀杭傳衍

祖景峯公同妻魯氏，於唐末由徐州豐縣往江右豫章，國朝建城之地臨江府清江縣居住爲始，今地名蕭灘。生二子。長諱信，字增達，北齊爲荆州太守。次諱憺，字增遠，移徙吉安府泰和縣金華山清水巖居住，生三子。長諱儼，徙居永新縣，五代孫官拜給事。次諱結，五代孫爲湖廣太守，因亂遷居祁陽縣石燕山浯溪鄉爲始，卒葬祁陽山，山形險峻，遠望如城壁。三諱儆，在吉安府太和縣居住，生瑀公，爲唐朝相。

瑀公生三子。長諱復，字任佑，官拜太學士。次諱光，字任侯，官拜大夫。三諱泰，字任供，官拜國子監司業。

復公生一子諱燧，字飛麟，官拜始遷國子監司業，始徙臨府新喻縣竹皮村居住。迨元篡宋，燧公徙福建汀州府歸化縣龍胡大帳山居住。卒葬峨眉山，縣中一峯拱對墳域。同趙夫人合葬。生二子，長雲龍，次雲虎。雲龍公，温婆太，徙上杭豐田隸永定邑庵前塘背開基，卒葬豐田里，今爲蕭老屋場，坐東向西。

雲龍公生兩子。長字紹宗，移棉村居住，今燈心洋系公支派。次字維宗，李婆太，生二子。長字長春，張婆太。次八郎公，字開春，陳婆太，移居漳州詩陽石班灘開基，生一子十四郎公。

十四郎公，馬婆太，生六子。長念一，移居祖家永邑庵前凹背居住。次念二，遷居大埔縣白喉。三念三，徙桃前坑。四念四，字四滿，分居詩陽下村居住。五念五郎公，邱婆太。六念六郎公，移居廣東潮州府潮陽縣。

念五郎公，生一子字三八郎公，妣曾、巫婆太，生一子字四二郎公，妣曾、賴婆太，生三子，因亂兄弟離散。

五十五郎公，簡婆太，移居金山水美。生一子，字德隆公，李婆太，生二子。長字孟容，龔婆太，遷居上下湧開基。次字添容，百一郎公，陳婆太，移居永定祖家居住，生三子。長字德榮，分茶樹下開基。次字德貴，分肥諸樹下開基。三字德志，童婆太。百二郎張婆太石班灘看守老屋。

德志公，童婆太，生三子。長宗益，諱永寧，移潮州鎮平。次宗德，諱永宗，居永邑南關。三宗裕，諱永聰，居永邑溪南庵前。

宗德公生二子，婆太童氏，卒合葬外寨仔上，亥山巳向。長子福成公，諱恭，婆太鄧氏，公葬廣銈前馬尾竹。次子福訓公，諱奮先，移高廣，子移漳州詩陽祖家下村開基。

福成公生八子。長監一公，次監二公，三監三公，四監四公，五監五公，六監六公，七監七公，八監八公。

監二公，字桂芳，正德十年浙江紹興府副總府。婆太陳夫人。公葬馬尾竹。婆葬釣魚楝下。生三子。長積金，嘉靖八年廣東南雄府始興縣教諭，隨住遷居天柱峯九保村開基。次積玉，婆太涂氏，卒葬馬尾竹，亥山巳向，公媽合葬。三積寶，移居上杭開基。

積玉公生三子。長洪公，因世變亂，宗德公遺下子孫男婦壹佰叁拾柒口被羅袍賊所害，獨吾公兄弟三人往外未回，幸此相傳流芳。次朋公徙居泉州府德化縣，男光都，生子玄楝，乙丑科解元。三嶽公，與朋公同居，男明都生三子，長玄楝庠生，次玄柱庠生，三玄植監元。

洪公婆太王氏，卒合葬南門外門扇寨背，子山午向。生三子。長近江公，字子全，生二子。長汝旺房公，字南陽公。次汝重房，字成吾公。次近田公，字子善，生二子，長汝興房移居江西亂石，次汝才房移居廣東雷州府。三近洋公，字子良，生汝和房，移居上杭東門馬安山方村内居住。南陽公，王婆太，生二子，長元德，次元輝。元德公，巫婆太，生二子。長毓奇，妻鄭氏，生水源。次毓昇。

景峯公所出臨江府清江縣信之派也。吉安府太和縣憺之派也。永新縣儼之派也。祁陽縣石燕山浯溪鄉結之派也。臨江新喻竹皮、歸化、寧化、上杭、武平、廣州、龍江、程鄉、燧之派也。永定、大埔白猴、廣東潮州、潮陽、泉州德化、詩陽下村石班灘、汀郡長汀、漳州南靖金山水美、下湧、上湧，八郎公之派也。其餘旁枝散徙未能周知，概之而不録焉。但就其近而易知者紀之，以垂於百世之不朽也。

（蕭勝明重修《[福建南靖]漳靖邑永豐里吴宅總湧川蕭氏世系總記》
清同治十二年二修稿本）

南靖永豐里九甲蕭氏淵源序敘

始祖微子，諱啓，商之後也。當商周變易之初，微子抱宗器作賓於周，周王封微子於宋。維時宋受周分土，《禹貢》兖豫兩州之地，天文角亢分野，郡爲河南，春秋以爲宋之地。迨支子孫受封於蕭，以邑爲氏，望出蘭陵，因秦變亂，避地古今爲陵地，吴晉宋齊梁陳及南唐舊都分地徐州豐縣安居。

吾祖蕭何，以邑爲姓，以郡爲名，扶漢社稷，收秦律令圖書，功居第一，稱何公爲開國鄺侯，府蕭縣，分鎮渭南，今爲西安府。卒葬陽縣。惠帝念公巨勳，立何公廟。而漢中威靈顯赫，香煙大振，子孫食漢禄貳百叁拾餘年，被王莽簒位，及光武復興壹百玖拾有陸，得主壹拾有叁。至獻帝柔弱，始分三國。吾氏盡忠報國者，有不勝紀。或有避地理名以存宗祀。迨晉分朝五胡，順帝國號昇平三年，何公後裔道成封齊，立爲齊紀。得五主封衍爲梁王，改爲梁紀。梁武帝國號天監，因拜秦寺修身，白日昇天，立簡文帝，得位共十二，天下七十有二。

至紹泰三年，被陳霸先所得，國爲陳紀，帝子孫奔避，吾祖景峯公，同妻魯氏，往江右豫章，國朝建城之地臨江府清江縣住居爲始。次諱憺，字增遠，移吉安府泰和縣金華山清水巖居住，生三子。

長諱儼，徙居永新縣，官拜給事。

次諱結，五代孫爲湖廣太守，回亂遷居祁陽縣石燕山浯溪鄉爲始，卒葬祁山，山形險峻，遠望如城壁。

三諱儆，在吉安府太和縣居住，生瑀公，爲唐朝拜相。瑀公生三子。長諱復，字任佑，官拜大學士。次諱光，字任侯，官拜大夫。三諱太，字任供，官拜國子監司業。

復公生一子，諱燧，字飛麟，官拜國子監司業，徙臨江府新喻縣竹皮村居住，迨元簒宋，燧公徙福建汀州府歸化縣龍湖大帳山居住。卒葬峨眉山，縣中有一峯拱對墳域。同趙夫人合葬。生二子，長字雲龍，次字雲虎。雲龍公，温婆太，徙上杭豐田隸永定新邑庵前塘背開基，卒葬豐田里，今爲蕭老屋場，坐東向西。

雲龍公生二子。長字紹宗，移棉村居住，今燈心洋系公支派。次字維宗，李婆太，生二子。長字長春，張婆太。次八郎公，字開春，陳婆太，移居漳州書洋石班灘開基，生一子十四郎，馬婆太。

十四郎馬婆太生六子。

長念一，移祖家永邑庵前凹背居住。

次念二，遷居大埔縣白喉。

三念三，徙桃前坑。

四念四，字四滿，分居書洋下村。

五念五郎，邱婆太。

六念六郎，移居廣東潮州府潮陽縣。

念五郎，生一子三八郎，曾、巫婆太，生一子四二郎公，魯婆太、賴婆太。

四二郎生三子，因亂兄弟離散。

五十五郎簡婆太，移居金山水美。生一子，字德隆，李婆太，生二子。長孟容公，龔婆太，移上下湧開基。次字添容。

百一郎，陳婆太，移永定祖家居住。生三子。長字德榮，分茶樹下開基。次字德貴，分肥諸樹下開基。三字德志，童婆太。

百二郎，張婆太，石班灘看守老屋。

祖景峯公傳下支子孫，臨江府清溪縣信公之派也。

吉安府太和縣憺公之派也。

永新縣儼公之派也。

祁陽縣石燕山浯溪鄉結公之派也。

臨江府新喻縣竹皮村、歸化、寧化、上杭、武平、廣州、龍江、程鄉，燧公之派也。

永定、大埔白喉、廣東潮州、潮陽、泉州、德化、詩洋下村石班灘、汀州郡長汀、漳州、南靖金山水美、霞湧、祥湧、後山，千八郎公之派也。

其餘旁支散處未能周知，置之而不録焉。就其近而易知者紀之可也。玆將序内所云德志公先紀之。

祖遊至霞湧之鄉，不覺而行李墜焉，於時遂宿於龔氏舍鄰，望見於角仔内地勢軒昴，萬水朝會，木猶未拔，道猶未兑，意中自計，此殆天所以資我者乎。以故我祖孟容公乃獨開荆棘，辟蓁蕪，聊向一方以處。彼霞湧開荒之祖，有龔氏翁者，爲人頗善。見我孟容公容貌端偉，規模宏亮，知其有必昌之福，遂以女妻焉。於時我祖孟容公龔婆太，在霞湧角仔内生八子。長廷熙，次廷育，三廷吉，四廷旭，五廷敏，六廷深，七廷璚，八廷惠。雖五男抱伯道之悲。七男八男徙居南安之郡，而長男少膺職位，任至經歷、大夫。二男、三男、四、六男，俱以耕鑿爲業，萃處爲歡，亦何愧乎。豐里仰秦陽之厚，靖邑推倚頓之雄。乎蓋至是而前有以光，後有以裕，固非復昔日者矣。迨二三傳之後，生齒日繁，居處稠密，度非一方所能容。一日偕其弟兄偏覽勝概，行至祥湧之區，見其林木蓊郁，水澗瀠洄，採於山美可茹，釣於水鮮可食，恍乎中嶽之巔，西岐之下，可以溯俠者焉。由是爰列於柏之陽，爰佈於古德林竹坪之所，遂奠居焉。

（蕭耀清編纂《[福建南靖]永豐里習五二圖發九甲蕭氏族譜》 1935年三修稿本）

漳州湧山蕭氏源流序敘

祖本商之後。商至周而分土，《禹貢》兗豫兩州之地，天文角亢分野，春秋爲宋地，郡爲河南，封微子啓於此，後子孫封於蕭，以邑爲氏，望出蘭陵。因秦變亂，避地吴晉宋齊梁陳及南唐舊都分地徐州豐縣安居。吾祖蕭河公，以邑爲姓，以郡爲名，扶漢社稷，收秦律令圖書，功居第一，稱河公爲開國酇侯，造府蕭縣，分鎮渭南，今爲江安府。卒葬陽縣，惠帝念公巨勳，立河公廟，而漢中威靈顯赫，香煙大振，子孫世食漢禄貳百三十餘年。後被王莽篡位，及光武復興乙百玖十有六，得主乙十有三，至獻帝柔弱，始分三國。吾氏盡忠報國者，有不勝紀。或避地以存宗祀，或埋名以存宗祀。迨晉五胡順帝國號昇平三年，河公後裔道成封齊，立爲齊紀，得主有五。衍封爲梁紀。梁武帝國號天監，因拜秦寺修身，白日昇天，立長簡文帝，得位共十二，天下七十有二，至紹秦三年被陳霸先所得，國爲陳紀，帝子孫奔避，吾祖景峯公，同妻魯氏往江右豫章，國朝建城之地臨江府清江縣住居，今爲蕭灘驛。生二子，長諱信，字增達，次諱儈，字增遠。增達爲北齊荆州太守。增遠移居吉安府泰和縣金華山清水巖住居，生三子，長諱儼，次諱結，三諱儆。儼公移居永新縣，五代孫官拜給事。結公五代孫爲湖廣太守，因亂移居祁陽縣石燕山浯溪鄉爲始，卒葬祁山，山形險峻，遠望如城壁。

儆公在吉安府泰和縣住居，生一子名瑀，神堯皇帝稱瑀公爲唐朝卿相，蕭門大興。瑀公生三子。長諱復，字任佑。次諱光，字任侯。三諱泰，字任供。復公於唐玄宗十二年官拜大學士。光公官拜大夫。泰公官拜國子監司業。復公生一子諱燧，字飛麟，宋端宗景炎二年官拜國子監司業，徙臨江府新喻縣竹皮村居住，因元篡宋變亂，隱避福建汀州府歸化縣龍湖大帳山居住，卒葬峨眉山，縣中一峯拱對墳城，同趙氏夫人合葬，生二子，長雲龍，次雲虎。雲虎公，温氏婆太，徙上杭豐田隸永定新邑庵前塘背開基，卒葬豐田里，今爲蕭老屋場，坐東向西。

雲龍公生二子，長字紹宗，次字維宗。紹宗公移棉川居住，今燈心洋系公支派。

維宗公陳氏婆太生二子。長諱千四郎，字長春，張氏婆太。次諱八郎，字開春，陳氏婆太，移居漳州詩陽石班灘開基，生一子十四郎公，馬氏婆太，生六子，長念一，次念二，三念三，四字四，五念五、六念六。

念一郎公移祖家永邑庵前塘背居住。念二郎公移太埔縣白喉居住。念三郎公遷永定桃前坑。念四郎公分居詩陽下村社。念五郎公，邱氏婆太。念六郎公移居廣東潮州府陽縣。

念五郎生一子，諱三八郎公，巫氏婆太。生一子，諱四二郎公，曾氏、賴氏婆太，生三子。長五十五郎，次百一郎，三百二郎，因亂兄弟離散。五十五郎公，簡氏婆太，移居金山水美。生一子字德隆，李氏婆太，生二子，長字孟容，次字添容，三女字朝容。孟容公，龔氏婆太，遷徙上下湧開基。

百一郎公，陳氏婆太，移永定祖家居住。生三子，長德榮，次德貴，三德志。德榮公分居茶樹下開基。德貴公分居肥諸樹下開基。德志公，童氏婆太，百二郎公張氏婆太，石班灘看守老屋。

德志公生三子。長宗益，諱永寧，移居潮州鎮平縣，媽童氏卒合葬南門外寨子上，亥山巳向。次宗德，諱永宗，移居永邑南關外下坑。三宗裕，諱永聰，原居永邑溪南庵前。

宗德公生二子。長福成，名恭，妣鄧氏。公葬在廣旌前馬尾竹。次福訓，名冀先，移高廣，再移漳州府詩陽祖家下村開基。

福成公生八子，長監一，次監二，三監三，四監四，五監五，六監六，七監七，八監八。

監二公，字桂芳，另字羅二，正德君十年爲浙江紹興府副總府，陳氏婆太。公葬在馬尾竹。婆葬在釣漁涑。生下三子。長積金，嘉靖八年廣東南雄府始興縣教論，隨任移居天柱峯九保村開基。次積玉公，媽涂氏，卒葬馬尾竹，亥山巳向，公婆合葬。三積寶公，移去上坑開基。

積玉公生三子，長洪公，次朋公，三嶽公。因世變亂，宗德公遺下子孫男婦一百三十七人，被羅炮賊所害，獨洪公兄弟三人往外未回，幸此相傳流芳。後朋公徙居泉州德化縣，男光都生三子。鵬昇公，戴孺人，生一子名維公，羅孺人。鵬飛公，張孺人，生一子名進公，王孺人。鵬耀公，鄭孺人，生二子，長維煥公鄭孺人，次維亮公羅孺人。其後嗣且按而勿論。

第溯其前，從知蕭姓皆景峯公所出臨江府清江縣信公之派也。

吉安府太和縣憺公之派也。

永新縣儼公之派也。

祁陽縣石燕山浯溪鄉結公之派也。

臨江府新喻縣竹皮村、歸化、寧化、上杭、廣東、廣州、龍江、程鄉，燧公之派也。

永定、大埔白喉、廣東潮州、潮陽、泉州、德化、詩陽下村石班灘、汀州郡長汀、漳州、南靖金山水美、上下湧、後山，八郎公之派也。

其餘旁枝散處未能周知，概之而不録焉。但就其近而易知者紀之，以垂於百世而不朽也。今將德志公先紀。

七世德志公，童氏婆太，卒葬河口蓮子山，坐辰向戌。八世宗德公至十三世近江公止，公婆葬在何處俱不可考。

十四世南陽公，王婆太。卒葬蓮坑口公王壇左邊坑里，癸山丁向。

十五世元德公，諱見松，巫孺人。卒葬馬尾竹，乾山巽向，後遷合葬龍口畲客鄉，坐卯向酉。

十六世毓昇公，官孺人。合葬於永邑東關外天地台，坐東向西，卯山酉向。

十七世維福公，劉孺人。卒葬北門雷打石右邊崗上，辛山乙向，後遷葬赤州凹，坐艮向坤。妣葬在岐嶺溪奄子坑口，坐庚向甲。

此德志公之派也，出自百一郎公，欲紀其派，豈可勝紀乎。況天各一方，生齒日繁，弗克詳悉，不得不闕之。若我祖五十五郎與百一郎、百二郎兄弟也，因世擾亂而流於東，或流於西，或移於永定庵前，或守於石班灘老屋，皆自四二郎公出焉者也。再者，始祖蕭期逸實漳州上街人，當洪荒初辟，或分東門，或移茶舖，或遷長泰，龍溪十一都，皆我祖之伯叔兄弟同宗而出。

惟我祖五十五郎公，奮翅獨飛，擇里而處，爰得金山水美之地居焉。生一子，字德隆，李婆太，經營數十載，家業素豐，生二子。長孟容，字伯旺。次添容。兄弟皆岐嶷磊落，克紹祖父之志，無隕家聲。而德隆公夫妻悉享耄耋之年，而卒時一葬於南鞏角之西，一葬於南坪埔之南。其德隆公夫婦與五十五郎公曾、賴婆太，三八郎公曾、巫婆太神主，俱曁在金山水美祠堂，斯不亦爲斯時及萬世稱無憾乎。

迨夫明正統十四年己巳，海宇肅清，不乏醜虜之慘。皇猷赫奕，乃多鯨鯢之艱。寇賊蜂起，相率搶亂一方，生靈塗炭，田卒付於萊，牆宇煨燼，而次子添容，又不幸而中止焉。嗚呼，時勢至此，經營之志不覺其已灰矣。然我祖孟容公，豈無遷喬之思乎。試觀負夏遷而帝位可陟，岐山遁而王業遂成，何必不入山之深，入林之密，以肇啓其基耶。於是生平所經營田園物業祠堂老屋，一概寄託於王家外甥眷顧守掌，祭祀後乃踰山涉水，步至下湧之鄉，時荒亂初平，木猶未拔，道猶未兑，我祖開荆棘，辟蓁蕪，聊向一方以處。

彼下湧開荒之祖，有龔氏翁爲人頗善，見我孟容公容貌端偉，規模宏亮，遂以女配焉。生八子。長男少膺職位，惟五男抱伯道之悲，而七男八男移居南安郡邑，餘俱以耕鑿爲業，聚首相歡，豐里里民無有出其右者，至是猗歟盛哉，非復前日矣。及再之後，公族振振，居處稠密，度非一方所能容。一日偕其弟兄偏覽勝概，直至上湧之地，見其林木蓊鬱，川潤瀠洄，可以創業垂統，遂築其室焉。爰列於松柏嶺之陽，佈置於古德林棹枰之所，連絡於中洋徑尾之區，雖山川狹小，不足以圖公侯而取卿相，然林泉之處偏饒滋味，況耕種之業足老生平，與其爲蟬脱龜伏，安知不愈於鳳飛豹變耶。且按自上街從分以後，科甲聯輝，早登士籍者不少。茶舖有四世孫名儲卿，早中京魁。長泰有五代孫名壽，亦預登金榜。十一都有六世孫雲高，名列亦甲第。公此三人俱回鄉拜祖會宗，而仍歸去。至若南安之苗裔，雖孟容公所出，固不可不紀。無如魚雁所阻，僅修至三代，而派下孫子罔有所稽，故不得不置之。惟下湧爲開基之處，孟容爲肇基之祖，則凡傳流於上下湧者得紀之。公官居經歷，任在本省福州，卒葬上湧下徑中侖，坐東向西。媽卒葬上湧粉壁前庵角坐西向東。公婆生卒年月日時無考。

伍房二廷敏公，移居大埔縣白喉開基。

六房二世廷深公，王孺人，生二子，長孔睿，次孔進。

七房二世廷顋公，孺人生三子，長乾昭，次乾穆，三乾亨。乾亨後生一孫名仲明，移居泉州府南安縣北。仲明但知廷顋公之孫，未知是何所出，或曰乾昭，未知是實否，其餘子孫不能備紀。

八房二世廷惠公，孺人生二子，長文陽，次文鑾。公二子俱移泉州南安縣住居，子孫未知多少，不能詳載。

孔進公遷居本省福州大坪埔，未知子孫多少，不能詳記。

時芳公遷居廣東潮州府，無後。

（蕭迎祥編修《[福建南靖]金山上湧蕭氏順德堂家譜》 清光緒八年稿本）

臺灣車田祠蕭氏世系分布圖

奮,妣林氏傳永仁。妣吕氏傳琮。琮妣邱氏傳文晉。妣簡氏、林氏傳長富、長成、長隆、長惠、長德。

長富,妣簡氏,嗣子思球。

長成,嗣男思璋。璋之子志堅、志德、志貴。志堅子必捷、必轉、必嚴。必轉徙臺,子裔分佈彰化社頭鄉。必嚴徙臺,子裔分佈彰化社頭鄉。

長隆,妣簡氏,子思球、思璉、思璋、思琚、思琅。思球過房長富。思璉嗣男志貴,妣許氏,子必捷,徙臺分佈彰化縣社頭鄉。思璋過房長成。思琅,妣李氏,子志雲,志雲傳必贊,徙臺分佈彰化縣社頭鄉。

長惠,妣簡氏,子思瓊妣王氏,傳志福、志壽。志福子必江,徙臺分佈苗栗縣頭份鎮。志壽子必添、必球。必添徙臺分佈苗栗苑里鎮。必球徙臺分佈苗栗後龍鎮。

肇基始祖奮公脈下徙臺永崇、永富、永貴、永仁、永志五大房子孫,在彰化縣田中鎮頂潭里崁頂建築祠堂書山祠,每年分春秋義祭輪流祭祀。春祭正月十三日。秋祭按冬至節日。

(《[臺灣]書山分支車田蕭氏族譜》 1982 年線裝本)

(二十七)潘 氏

漳浦潘姓由來與户役

僖宗光啓元年,王緒攻漳,兄弟避地,各居興化泉漳間。博士公子孫獨卜築於泉之騆行下徑,族厲蕃衍,因名其地曰潘徑。歷居元世至紹興二年詒徽公避仇復攜家歸漳之龍溪,舊譜遺失,名蹟莫詳,而吾漳之源流所可考者,端自詒徽公始云。

一世詒徽字贈正猷。

二世字叔元,文林郎。

三世字尊嶽,宋主簿,州判。

四世彦玟福房,彦珷禄房,彦琗壽房。

五世諱大光,宋處士。

六世榮午,字德淵,元管總。

七世起宋,字克系,國學士。

八世利貞,元亨,三友奕助錫四。

九世奕。

十世乾金、良金,浦石橋。

十一世温惠。

十二世彰耀。

十三世克憲。

十四世朝宣。

十五世應昕。

十六世三六七徒泉永寧，後遷入安溪縣良進等。

太祖、及三郎、兩郎、六郎、七郎、良進等諸公登岸，遵守鎮東衛伍，其餘族衆不知漂泊何處。有一房漂依上遥居住，支派各自流傳。吾祖在鎮東者，洪武二十七年奉例對允永寧衛。永樂二年又紅牌事，例以衛所軍士十分守藻二分屯田，吾祖户三，軍潘村，潘屎牛俱潘老户丁，軍繇排號册可考知也。操役故替屯務頂守。

按軍繇六各有成規，獨惜聰公生亡實蹟無據，其的爲我上祖四郎所自出乎，亦未敢必，且爲我海檀之祖無疑也。乎付之祠廟亦可。

太祖四郎公實録：

四郎疑即聰公四子也。洪武二十年爲防倭事，蒙抽充鎮東衛後所。二十七年爲撥調官軍事，蒙充永寧衛後所。永樂二年奉紅牌事，例撥安溪崇信里三洋屯種，是公生卒年月日無記。娶媽陳氏，生四男一女。公葬永寧城北牌記後所。潘氏媽陳氏撫其子女下屯，擇洙潯石門内置軍營創基業，爲子孫之計，生卒無記，墓葬安溪崇信里産地佛仔隔下。

（《［臺灣］潘氏族譜》 1967 年鉛印本）

臺灣潘氏世系考

潘姓世系之源流，溯源於后稷。后稷系黄帝五代孫也，是爲帝嚳高氏元妃姜嫄氏所生，名棄，與堯爲異母兄弟，唐虞之際舉爲農相，教民嫁穡，功垂後世。

后稷傳世至於姬周，而有文王之聖瑞，后妃聖德，其第十五子與周公、太公周輔王室，受封於畢，封地在陝西，是爲畢公高。畢公第四子孫氏食采於潘，子孫以地爲姓，是爲潘姓之起源。從來子孫繁衍，更在滎陽河南省發祖開基，繼世相傳，歷居顯要，而族始大。唐宋以還，則名資輩出，宗支遠佈，及於南方各省，瓜瓞綿綿矣。

兹將閩南源流世系考如次。

遷閩開祖諱節，唐高宗儀鳳二年自河南光州府固始縣，隨玉鈐逐諸閩，開漳建治，合五十八姓屯於漳水北屯之梁山下火田村，寓兵於農，以綏靖一方，與土酋相持近三十載，不圖竟中土酋藍奉高之詭計，我節祖與陳元光將軍同赴於難。迨宋紹興二十年，我節祖受封昭德將軍，元配夫人徐氏並受封贈，是爲閩潘姓之祖考妣。

我節祖子景，與陳將軍元光子珦，協同勦討，殲其餘党，掃其餘氛，蒙任李澳洲行營總管。節祖傳景祖，再傳而有司空公弼，司徒公存實探花及第，封爲男爵，遂爲著姓。五季以後，又因避亂播遷，宗支益爲分散，迨夫明末清初，遷臺者頗有其人，僑寓外洋者亦爲不少。存實公之子嶷，官國子四門博士，唐禧宗光啓元年，王緒攻漳州，避難於泉州駟行下徑，歷居九世，子孫益盛，因名其地爲潘。

宋紹興二年，詒微公由泉復歸漳州，居龍溪，由是起宗而爲開漳第一世祖。繼傳二世文林郎公武，三世金浦尉公埜。至四世又廣其傳曰彦玫稱福房，彦珷稱禄房，彦琗稱壽房。三大系分支發展，其間起宗文武科第，羽翼賢者，若大司徒公榮號疎庵，理學公鳴時號碧梧，待御公維嶽，方伯公洙，與潤世濟厥美。

繼世相傳至第十一世祖朝，行一，號榮盛，妣朱氏。

以懋遷漳浦縣石橋鄉，門風繼起，克展貽謀，是爲石橋始祖，及清雍正年間我第十四世祖大房必達，字矢送，號正直，生於康熙丙戌年七月四日，卒於乾隆癸未年九月十九日。以開闢之士勇往來臺，遂家於此，復振丕基。初居北投鎮嗄嘮别，從事開墾，自關渡廟前至哄里岸山脚及嗄嘮别魚池内，共二百餘甲，在此繼傳，第十五世起改爲第十六世天受、秉意、秉義，第十七世永三、永元、永法，續住一百多年之嗄嘮别，咸豐三年九月因遇地方發生鬥爭，爲避難遷移金山鄉，不久又遷往内湖鄉潘三嶺水流東其地，從此分支四散。現在後裔或居士林鎮，或居内湖、南港、松山等，其他不詳。同第十四世祖二房光義，字宜仰，號正甫。亦勇往來臺，初居桃園八塊厝業農，未幾移家臺北今哄哩岸，與子孫半耕半讀。至來臺第三世爲宫籌公兄弟八人。宫籌公則從事教學，其弟三人相繼務農。及其第四世永清公，始奮然而起，以貢生出身，克承先人之志，而發揮其智慧，凡造林、制腦、鬪圳、墾田、建街、保衛、近友遠交以及排難解紛、廣納富户、救濟貧危等。其六弟成清公文章蓋世，一舉成名，曾爲瑞芳金砂局總辦，即補浙江知府等職，現在其後裔住在士林鎮及北投鎮爲多。

（《[臺灣]潘氏族譜》 1967 年鉛印本）

臺灣潘氏淵源敘略

河南省光洲府固始縣移漳州漳浦縣石橋鄉。入閩始祖節，唐高宗儀風二年漳浦始徽。宋紹興二年，漳浦十一世朝爲石橋始祖，號崇盛。十二世記，字敦樸。十三世次，字開。十四世光義，字直仲，號正甫。

高祖考名滿興，一字宜仲，號正甫，卒諱光義，行二。元配吴夫人，諱諮，生廣生公。繼配吴夫人德娘，生桂生公。繼配張夫人换娘，生蒂董，女二，壽八十一。生康熙三十有九年庚辰九月十九日未時，卒乾隆四十五年庚子十二月二十二日子時。公櫬原厝雅埔山，道光二十年庚子，四房嗣孫竹三公西歸省墳，涓十一月初八日甲午日丁卯時奉公與元配吴夫人櫬合葬瑩浦東石橋社後社菘雅林山，坐寅向申兼甲庚，庚寅庚申分金。咸豐九年己未九月，曾孫永清遵例捐員外郎加六級，清貤贈二品封典。

貤贈太夫人先高祖母氏張名换娘，諱孝陵。繼配高祖考光義公，生子三女二，享壽七十有五齡。生雍正十有一年癸丑十一月初一日申時，卒嘉慶十二年丁卯正月二十四日子時。

太夫人櫬原厝本山召犀脚，嘉慶十八年癸酉，瀛海公卜仟居理岸草鋪綺山之陽穴喝彌勅猛肚形，坐壬向丙兼子午，地盤丁亥丁巳分金。道光辛丑、同治乙丑兩次重修。咸豐九年己未九月九日，曾孫永清由廩生議敘訓導，遵標本例捐員外郎加六級，貤贈二品太夫人典封。

當時漳浦四世祖兄弟三人分房，編出福禄壽。福字彦玫，埜長子，生天錫一人，從天與徙居莪山許坑車田上磜霞漳等處。禄字彦斌，埜次子，生四男，世忠、世祥、世撫、世責，分居仁美官田棲柵筍江等處。壽字彦琇，埜三子，生四男，景茂、德茂、景芳、德芳，從居方田派園等處。

溯我始祖居住河南省固始縣，後來遷往於福建省漳州府詔安縣五都親營鄉，於乾隆年間我祖第四世宏恭兄弟二人同時渡臺，卜居哄裏岸，未幾徙來老梅，迨今八世三百年矣。世以耕讀傳家，敦鄰睦族，鄉里稱讚。

（《[臺灣]潘氏族譜》 1967 年鉛印本）

臺灣滎陽潘氏世系淵源

粤稽上古，姓氏自炎帝燧人氏始受姓，至公孫有子二十五人，得姓者十四人，爲十二姓。迨至三代，分茅祚土之國，或賜姓受氏，或以功，或以地，或以國，或以官，由是姓寖繁。按潘之原出高辛氏原妃姜原之子棄公，佐唐虞爲后稷，歷至夏商周文王之子畢公高封於畢，生子季孫，食采於潘地，因以潘爲氏，是以其地爲姓也。後遷滎陽，潘始大焉，故郡望著於滎陽，若晉之潘安仁是已。又有破多羅氏改姓爲潘，姓有二焉。詳源頭世系，使知所本。漳州北廟祀唐竭忠輔國昭德將軍，號潘節公，系河南光州固始縣人，唐儀鳳貳年從征閩地有功，至宋紹興貳年追封爲昭德將軍，昭穆開留山，至三世時始有焉：

汝乾以慎克挺伯卿侯公君宗宏啓廷隆世

乃孝而恭允和孟仰叔季家國猷爲獻大廷

先王祚土賜姓，潘氏肇基於滎陽，幾許名卿碩輔，不暇遠引也。惟我明興來福清縣海下里六十五都海檀山東頭埔，一連巨室六座，内通三十六天井，外架風月無邊長樓，前注一湖，開三十餘港，港邊爲修馬場。馬與龍交，嘗産一龍馬，遠夷買乘，而公流傳以處我潘氏，先世寔本於是，前人鈞吟云：

風月平生事，江湖旦夕心。

洋裘人去遠，追慕仰何深。

（《［臺灣］潘氏族譜》 1967年鉛印本）

（二十八）朱　氏

平和福塘朱氏汀州上杭祖籍略記

太祖考朱公三十三郎，祖妣劉氏七娘。屏嶽公曰，太祖行次，諱誼，生卒年月靡得而稽。據朱氏譜記云，公系汀州府上杭縣下金村，先世朱公十二郎，妣楊氏五娘之子，爲太師相，因世亂避兵流至漳州府南靖縣赤珠山口寄寓，後徙太坪社浮山，後又徙入蘇洋田心居焉。生三男。長男四十郎，即我一世祖也。次男五十郎，相傳言是上坪之祖，未詳參考，不敢採入。三男五十五郎，即背田之祖。太祖墓葬在蘇洋庵子後，地名下馬徑，出山虎形，穴坐向東。於天啓乙丑年三月初五日暨碑誌。祖妣葬在田心後樹林中寨子，因先世失掌，今不知其墳墓在何處。

（朱輯其編纂《［福建平和］福塘紫陽朱氏族譜》 清光緒十八年稿本）

平和朱氏百十三郎淵源户籍蒸嘗略志

我四世太祖考朱公百十三郎，祖妣夏氏十五娘。公諱玉，字崇義，乃系張保公之長子也。生於洪武四年辛亥，卒於正統十四年己巳，壽有七十九歲。公婆合葬於平和縣東關外水車埔，織女抱梭形，梭上穴土星，坐乾向巽。妣生三男。長宗福公。次文一公，即我之五世祖也。三永欽。古祖至此始開三大房也。自我始祖由汀至和，迨公五世，與我公爲伯叔兄弟，後裔皆無可考。惟我崇義公能纘先人之緒，貽後代之謀，創置各户等租産田業。自永樂時，收割秋糧官米，民尚未入户，承接始祖朱文里長。明宣德七年造册立户，復自創蒸田於涸瀨銅場等處，租穀三百餘石。又另創祀田於凹上水車埔等處,租穀貳拾餘石,流傳子孫,永作列祖祭掃蒸嘗,世世均沾無窮之福,是有大功於先祖子孫者也。今以古祖爲鼻祖,一世,二世,三世,崇祀縣背。而四世祖特祀南街紫陽家廟,三男配焉。凡我子孫當謹志之。

(朱轉其纂修《[福建平和]秀峯福塘紫陽朱氏族譜》 清光緒十八年稿本)

平和朱氏源流

太祖諱松,諡獻靖,小名百一,字喬年,號韋齋。北宋哲宗紹聖四年潤二月二十三日午時生於江西婺源縣萬年鄉松巖里。南宋高宗紹興十三年三月二十四日午時卒於福建建州縣城環溪精舍。於政和八年登進士。歷官政和、尤溪縣尉,泉州石井鎮監校書郎,著作佐郎,尚書吏部員外郎兼史館校勘,參與修哲宗實録。著書多卷傳世。卒後,光宗紹熙五年贈通議大夫,元惠宗至正廿一年追諡獻靖。明世宗嘉靖九年從祀啓聖公廟,令天下學宫一體祭祀,尊稱光儒朱氏。

授迪功郎,宣和五年出任政和縣尉,同年中秋攜家由江西婺源到福建政和居住,二十年在閩北遷泊不定。逝於建州,葬崇安五夫里,故松公爲紫陽朱氏入閩始祖。傳一子名熹。

一世祖熹,諡文,號晦庵。南宋建炎四年農曆九月十五日午時生於尤溪鄭氏草堂,慶元六年三月初九午時初刻卒於建陽考亭精舍。

公登進士後,雖在朝和在省外爲官多年,但大部分時間在閩北著書講學,承入閩始祖之志,在建陽考亭築室定居,繁衍生息。故熹公爲紫陽朱氏考亭世系一世祖。傳三子,長塾,次埜,季在。

二世祖諱埜,字文之,熹公次子。宋紹興二十四年生於泉州同安縣主簿官寓,寧宗嘉定四年卒於建陽考亭精舍。幼時遵父之教誨,聰明勤學,十一歲與兄從學陳淳,後拜蔡元定爲師。公人品高昂,深受内弟黄干稱讚。官德清户部瞻軍灑庫,贈朝奉大夫。傳四子,鉅、銓、鐸、銍。

三世祖諱銍,字子成,行五,朱公十二郎埜公四子。宋光宗紹熙五年出生於考亭故居。卒時不詳。宋末任漢陽、饒州縣令,贈御史中丞。祖妣楊氏五娘生三子,濤、濂、溢。因亂世而客居異鄉,遷上杭下金村今永定簀竹巷。楊氏五娘攜兒孫一家人,又遷南靖縣大坪社赤珠山口浮山今平和縣霞寨大坪村,爾後再遷徙河頭烏石今平和縣九峯鎮蘇洋村田心社居住。長子濤在永安陶溪今永安小陶開基立業。季子溢在江西鄱陽縣馬塘開基立業。次子濂與母楊氏五娘在平和田心烏石開基立業,繁衍生息。故銍公爲平和朱氏古祖。

四世祖諱濂,字誼,三十三郎,銍公次子。生於宋理宗紹定六年,卒時不詳。官至宋末太師相,因兵亂攜母及妻兒至平和縣九峯鎮田心烏石定居,開基立業,繁衍生息。傳下三房。大房粲公派下,二房棐公派下,三房樾公派下。故濂公爲平和朱氏開基始祖。

五世祖:諱棐,字開第,四十郎,濂公長子。生於宋理宗寶佑二年,卒時不詳。官至闽清县令。

五世祖諱埈,字友樟,五十郎,濂公次子。生於宋理宗景定二年卒時不詳。官至閩縣督學。埈公之子炳公任寧化縣令,相傳爲寧化始祖,子孫均外遷。炳公傳念三公,在上杭今永定簀竹巷定居,傳下富公。富公之子乾,諡静逸,於洪武九年遷到平和翔鵬上坪定居,開基立業,繁衍生息。静逸公爲平和朱氏二房上坪房世系一世祖。

五世祖諱樾,五十五郎,濂公季子。生於宋度宗咸淳三年。與父兄至平和田心烏石後,仍在田心烏石開基立業,繁衍生息,爲平和朱氏三房龍田房世系二世祖。

望高派系，於明朝由廣東大埔矛坪遷來平和縣大溪鎮店前老厝窠定居。譜載是熹公後裔，但不知是熹公的哪一派。據説傳到五世後，一脈留大溪定居，一脈遷徙空腹樹下定居，一脈遷徙雲霄磜頭定居，一脈遷赤嶺定居。

洪武世系，道六公、暹七公，明江西南寧王朱權後裔。明正德時建平和縣治後，萬曆神宗皇帝爲加强皇權統治，即在平和縣城縣堂前面營建大夫第，派宗室爲大夫監視縣官言行舉止。時道六公、暹七公封大夫爵位到平和縣大夫第居住，從此其子孫在平和定居，開基立業，繁衍生息。道六公爲平和洪武世系的開基始祖。

熹公、元璋公同出於江西婺源。熹公是古僚公的第九代孫，元璋公是古僚公的第十四代孫。熹公、元璋公是同宗共祖，故説朱熹後裔與朱元璋後裔是同宗同源。

（朱培杉、朱銘聲主編《[福建平和]朱氏族譜》 1999年印本）

朱氏朱熹婺源茶院世譜序

熹聞之，先君子太史吏部府君曰：吾家先世居歙縣之黄墩，相傳望出吴郡，秋祭率用魚鱉。舊譜云有諱戒，世數不可考矣。又按奉使公聘遊集自云：原出金陵，蓋唐孝友先生之後。考之《唐書》，孝友先生諱仁軌，自爲丹陽朱氏，居亳州永城，以孝義世被旌賞，一門六閣相望，初非吴郡之族。奉使公作詩送先吏部詩又云：迢迢建業六，高臺下鳳凰；鼻祖有故廬，於今草樹荒，不知何所居矣。唐天祐中，陶雅爲歙州刺史，初克婺源，乃命吾祖領兵三千戍之，是爲制置茶院。府君卒葬連同，子孫因家焉。生三子，士南唐，補常侍承旨之號。其後多有散居他鄉者。熹謹按，今連同别有朱氏，舊譜不通，近年乃有自言爲茶院昆季之後者，猶有南唐譜牒，亦當時鎮戍將校也。蓋其是非不可考矣。先吏部於茶院爲八世孫，宣和中始官建之政和，而葬承事府君於其邑，遂爲建人。於今六十年矣，而熹抱孫焉，則居閩五世矣。淳熙丙申，熹還故里，將展連同之墓，則方夫人、十五公、馮夫人之墓皆已失之。因亟詢訪，得連同兆域所在，乃率族人言於有司，而復得之，其文據藏於家，副在族弟，然而三墓者得遂不復可見。癸卯五月辛卯，因閲舊譜，感世次之易遠，骨肉之易疏，而墳墓之不易保也，乃更爲序次，定爲婺源茶院朱氏世譜而並書其後如此，仍别録一通，以示族人。十一世以下來者未艾，徽建二族，自今每歲當以新收名數，更相告語而附益之，庶千里之外而兩書如一，傳之永遠，有以不忘宗族之誼。至於廬村府君，其墓益遠，居故里者尤當以時相率展省，更力求訪三墓所在而表識之，以盡子孫之責。而熹之曾大父王橋府君無他子，其墓在故里者，恃有薄田於其下，得以奉守不廢，當質諸有司，以爲祭田，使後世之子孫雖貧毋得鬻云。

宋淳熙十年癸卯五月辛卯，九世孫宣教郎徽猷閣主管臺州崇道觀熹謹序

（《[福建平和]朱氏族譜》 1999年印本）

（二十九）簡　氏

閩臺簡氏源流世系敍略

始祖師甫，東周襄王十六年，僖公二十四年爲救駕襄王復國之勳功，以謚爲簡氏。師甫系

周同姓者。而師甫爲周大夫，其系在東周畿内，大夫之後，從東周遷涿郡則范陽也。天下稱姓族者，於我族著范陽之望，其斯爲地，以人重哉。世世以簡師甫而統吾宗矣。至西漢武帝時，約公元前一四〇至八七年間，山東東平人簡卿以經學享譽天下。

一世祖雍公，字憲和，初事劉備爲從事中郎，及取成都，拜昭德將軍。晉統一天下，簡姓因亂南遷。

十世祖淳公，雍公裔孫。生於南北朝之季，潔身避亂，隱居弗士，生子樸。

十五世祖熙公，樸公之四世孫也，唐憲宗元和元年，劉辟之亂，顧其家人曰，亂邦不可居，可以避之，遂徙江右岸成地。

十七世祖轍公，熙公之孫，於唐昭宗大順二年，復居蜀故址。

十八世祖晟公，出任後蜀簡州記室，生子慶遠。

十九世祖慶遠公，諱憲，南唐進士，官袁州太守。夫人黄氏，生二子，長國鳴，次國齊。

二十世祖國鳴公，舉人，特授江州助教。生三子，長世昌，次榮昌，三瑞昌。

廿一世祖世昌公，生三子，長念二，次念七，三念廿。

廿二世祖念七公，賜進士，翰林院大學士，生一子模。

廿三世祖模公，舉人，生一子魯仲。

廿四世祖魯仲公，明經進士，生二子。長九萬，字孟一，即洪源派開基始祖會益公也。次九鵬，字孟二。

永定洪源一世祖會益公，諡萬五郎，原系江西省臨江府清江縣石壁里人，來福建省南劍州即建寧村教讀，於宋孝宗乾道二年遷上杭藍路口居住。

公生於宋徽宗政和五年，卒於孝宗淳熙十三年丙午，享壽七十二歲，葬在藍路背。

祖妣鄭氏，享壽六八歲，葬在藍路口背。因年久二墳俱失，後洪源裔孫於萬曆四十六年戊午十二月四日望空招魂，考妣合葬在太平里上流塘背崙，墓内有墓誌爲驗。生三子，長驅，次驥，三驟。

二世祖驅公，字千五郎，會益公之長子。生於宋高宗紹興六年丙辰，卒於寧宗嘉定三年庚午，享壽七十五歲，葬在上杭城下背嶺。

祖妣林氏，享壽六十九歲，葬在上杭城下，於萬曆四十七年己未十一月二十三日辰時，望空招魂，考妣合葬在太平里洪源郡南埔坪，坐丁向癸，有墓誌爲驗，生一子志德。

三世祖志德公，字小一郎，鄉飲，驅公之子。原居上杭藍路口，於宋理宗端平乙未，始遷居太平里洪源村坪隔口，遂置祠堂，爲洪源開基，以會益爲一世祖。志德生於宋紹興三十二年壬午，卒於理宗端平二年乙未，享壽七四歲，景定四年癸亥，葬在洪源南埔坪隔口，坐巳向亥。於明萬曆四十年壬子七月二十八日寅時安葬原穴。

祖妣李氏，生於宋寧宗嘉定十六年癸未，卒於理宗寶祐五年丁巳，享壽三十五歲，葬在伯公座嶺上，坐壬向丙，水歸巽巳。於明天啓三年八月三日午時安葬，有墓誌爲驗，生一子永同。

四世祖永同公，諡小四郎，志德公之子，生於宋寧宗嘉泰元年辛酉，卒於帝昺祥興元年戊寅，享壽七十八歲，葬在景杭松樹下李家厝背，坐卯向西，水歸丁未。至明嘉靖壬子重修。

祖妣楊氏，卒於元成宗大德七年癸卯，享壽六九歲，葬在馬婆坑横塘頭，坐子向午，水歸乙辰。於明天啓五年十二月八日申時公妣合墳，生一子宣。

五世祖宣公，諡十六郎，永同公之子。生於宋寧宗嘉定十六年癸未，卒於元至元二十八年，享壽六九歲，葬在洪源棗坪橋亭頭雙坑口右邊，坐辛向乙，水歸子癸，明嘉靖壬子重修。

祖妣劉氏，享壽七三歲，葬在山下崗齊大坵背，坐乙辛向子壬。明天啓二年十一月初十日寅時，考妣合葬在馬婆坑大竹圍，坐艮向坤，生一子宇遠。

六世祖宇遠公，諡三十六郎，宣公之子。卒於成化二十三年，享壽七十歲，葬在背塘頭，坐乙向辛。後九世祖德潤公移葬在梅壟埔梅林村，坐癸向丁，走馬攀鞍形。

祖妣張氏，享壽六十三歲，葬在馬婆坑大竹圍口左邊，坐艮向坤。

祖妣白氏，葬在西山員竹坑口，坐庚向甲。於明萬曆四十八年八月十五日辰時，當天與公及張妣之靈俱合葬於此。生一子長源。

七世祖長源公，諡四九郎，宇遠公之子。葬在景坑松樹下右邊，坐卯向酉。明嘉靖壬子年重修。

祖妣林氏，葬在西山雞槃寨下，明萬曆四十八年八月十五日辰時，公亦合葬在此，坐庚向甲。

祖妣吕氏，葬在梨樹尾，坐乙向辛。萬曆四十七年十二月七日亥時，移葬馬婆塘頭，在永同公地後田崗上，坐癸丁兼丑未。生一子開華。

八世祖開華公，諡六七郎，長源公之子。葬在大竹圍坑口，坐艮向坤。

祖妣陳氏葬棗坪橋坑口左邊，後因此處並大竹圍坑口二處俱不吉，移葬於洪源水背石門前合葬，坐乙向亥。生六子，長公甫，次德甫，三智甫，四德潤，五明甫，六郎甫。

（《［臺灣］簡氏族譜》 1989年稿本）

南靖長教簡氏淵源風水録

我簡氏由江西而福建，始於會益公。驅公系二世，俱在上杭。至致德公，宋端平二年即理宗十一年卜居洪源里，支分派衍，今不下萬衆。公雖系三世，實開創之祖也。景定四年即理宗三十九年，葬在南蕪坪。至明萬曆己未年更葬，築墳己山亥向，此原葬也，由來舊矣。驅公及林祖妣，系萬曆庚申年招魂安葬於三世之墳右，離三丈許，丁山癸向，此蓋因致德公溯而上之，以不失歲時拜祭意也。始祖安墳長流，因惑於形家之説，謂吉地必得骸骨，發祥方驗而遷葬。致德公之議以起，又以二世穴形不佳，遂謀以三代合葬焉。及啓視二穴，二世之爲魂牌無疑矣，而三世亦僅得銀牌，與譜載不合。嗟，經兩朝之兵燹，歷五代之零丁，其間之廢墜混濛或所不免。

四先生，德潤簡公也。而追所出則洪源開華公爲本生之祖。又上而溯所自起江西，會益公爲肇造之源。

始祖會益公，先系江西臨江府清江縣石壁里人氏，自孝宗間因遊學福建福寧州遂家焉。後乾道孝宗年號二年，即孝宗十一年，又徙居於汀州府上杭縣之藍路口。迨致德公，又卜遷於永定縣洪源村大平里居住。自三世祖開創以來，後此而四世永同公、五世宣公、六世宇遠公、七世長源公、八世開華公、九世祖我德潤公無不蒙其業。夫根之深者葉必茂，源之盛者流必分。故我德潤公來梅林阪上設教，適義太祖進興張公，因嗣君早故，幼媳劉氏孝義，欲終事舅姑，而義祖以媳未子，而擇德潤公爲婿。

德潤簡公，乃長教肇基之始祖。溯其本源，則開華簡公爲所自出之祖。而究其根因，則張公進興爲所賴籍之人。然則開華公血脈相承固合以天，而張公亦情義相關而合以人者也。我祖生長洪源，來梅林教讀，適張公嗣君少故，而幼媳劉氏欲終事舅姑，張公望我祖賢德，因求贅焉。於是張公得我祖以全其家，我祖亦賴張公而有鄉。此中之關系，蓋有天焉。尊爲義祖，誰曰不宜。我祖入贅之後，立籍南靖，而户册别立簡姓。而張姓猶仍而不改焉。義祖百年後，夫妻合葬於雙崎山後，又擇吉地於書洋龍口以安灶立祭。祖粟十五石有奇，以爲歷年久遠之祭。我族建大宗祠宇，而義亦祀祖其中，春秋祭祀未有異視。我簡氏追報義祖，以其義而亦盡於義矣。然則義祖何不别立一祠，蓋義祖以子視我祖，我祖即以父視義祖。義祖情不忍離我祖於義，祖亦義祖不可離。倘别立一祠，則是外之矣。

夫因祀我始祖而溯及開華公。又上而長源公，以至宇遠公。此亦朝廷追封三代之意。然以義祖並祀一堂，得毋疑爲非親而有未便歟，非也，上祖於始祖爲親子若孫親矣。夫親親，子孫則必親親。義祖於我祖已不啻猶子又親矣，則親猷子又豈不親猶子之親乎。情可相合，則義可相安，夫何間然。我長教簡氏族譜所有抄本，俱始於會益公，而合義祖，人知合譜。

（簡庭編纂《[福建南靖]長教范陽郡簡氏世代族譜》 清同治十二年二修稿本）

南靖長窖簡氏開基祖敘略

一世祖德潤公，系開華公第四子，乃會益公第九世孫，以儒士教衆，稱曰四先生，號居敬。原系福建省汀州府上杭縣大平里洪源村人，自永定洪源村分支至南靖縣永豐里梅壟板上，設教書館。公秉性温厚，學才淵博，教衆數年，時遇一地理師名曾巡投宿該館，感公厚待，指獻吉地，公乃回永定洪源村，負請宇遠公之骨骸卜葬訪地。其時鄰社長窖，義祖張進興之子少故，媳婦劉氏孝行，不肯他適，欲從翁姑，張公感其孝順，願招賢才之士以成其志，素聞我祖德潤公寬宏大度，遂求其入贅，於洪武四年在長窖入籍姓張，爲永豐里九甲長。公常思我系簡氏血統而來，難忍簡成張，意欲張簡均傳，初二妣不從，俱然後三人會同告天，結論願以張簡均傳。後代於長窖建立張簡祠宇，自德潤公再稱爲第一世。其後子孫分支散居各地，由簡德潤之脈自立清簡，張進興之脈亦自立清張。因本省少部份姓張簡者，系長窖來源，亦系我姓血統。德潤公生於元朝元統元年四月十三日申時，卒於明永樂九年八月二十四日戌時，享壽七十九歲，葬在該鄉小坡圳，形如仙人舞袖，坐丙向壬。祖妣劉氏，葬在書洋龍口，形如觀音坐殿，坐丁向癸。生三子，長貴甫，次貴玄，三貴禎。繼妣盧氏，享壽九十歲，葬在書洋龍口，形如龜仔，坐癸向丁，生五子，四貴仁，五貴義，六貴禮，七貴智，八貴信。共生八子。

義祖張進興公，生於元成宗元年，享壽七十歲，葬在雙崎山，後改葬於書洋龍口。

祖妣盛氏合葬，坐壬向丙，丁己丁亥分金，形如真武踏龜蛇，遂年祭祖於春季社日，並冬十二月一日，祭掃二次，神主立配長窖大宗祠龕内。

（《[臺灣]簡氏族譜》 1989 年稿本）

南靖長窖簡氏世系分布略

一世德潤，妣劉氏生三子，妣盧氏生五子。

一房貴甫無嗣。

二房貴玄，妣盧氏、江氏，生三子，長宗仁，次宗義，三宗禮，後代移居臺灣中部立祖堂。

三房貴禎，妣王氏，移廣東梅州，後散居潮陽、海陽、番禺等地。

四房貴仁，妣盧氏、陳氏，生一子宗麟，居所待考。

五房貴義，妣黄氏，生三子，長宜傑，次宜觀，三宜琛，後代移臺灣。

六房貴禮，妣生三子，長宗豐，次宗表，三宗蔭，後代亦有移臺灣。

七房貴智，妣王氏、陳氏，生四子，長崇鑑，次崇欽，三崇琚，四崇瓊。後代稱臺灣最多。崇鑑妣王氏、黄氏、吕氏。崇欽妣蕭氏。崇琚無嗣。崇瓊妣載氏。

崇鑑傳七子，惟益無傳，惟榮妣鄭氏，惟淵妣謝氏傳一子，惟信無傳，惟盛妣鄭氏，惟聰妣黄氏，惟厚妣陳氏、温氏。

八房貴信，妣林氏，生一子璿，後代亦有移臺灣居住。

惟淵傳一子崇信，妣黄氏、李氏，傳二子，萬寧，萬通。

萬通妣邱氏、張氏，傳四子，世鑾妣蕭氏，世尊妣邱氏，世珊，世珠妣莊氏。

世鑾傳三子，月池妣莊氏、劉氏。小池。平川，妣魏氏、翁氏。

月池傳二子，仰。軒，妣陳氏傳五子。

（《［臺灣］簡氏族譜》 1989年稿本）

南靖簡氏淵源譜系敘

考我簡家世系，由來久矣。原其所自之始，實晉續簡伯之後，遂以其字爲姓，望涿郡，是爲范陽。考其先，或奏罷鹽法，或詳明性理，或受尚書之駿業，或建定國之鴻漠，徽聲遠播，代不乏人，未必非閥閱之名家也。然世遠年湮，莫詳譜系，莫識里居。居後之人，雖知之而弗能詳焉。是故譜之作，則自始祖會益公，始祖系江西省寧化府知貴縣石壁里人氏。只生簡中和公，即避來福建南劍州即今建寧府，教授生徒。至宗孝宗乾道二年，又詣汀州上杭縣藍路居住，僉督築城。至三世祖志德公，又卜遷於未分上杭時所轄地方之太平里洪源村坪隔口。公見仁厚之鄉，遂置祠宇，是爲洪源開基之始祖。傳至九世德潤公，於大元至正元年遊至漳州府南靖縣永豐里梅林村教授生徒。公稟性温厚，學問淵深，設教數年，從遊日衆。時有地師曾巡先生，投宿書館，感公厚款，指送風水一穴，公回洪源負請曾祖一評士公諱宇遠骸骨安葬此地，即梅林牛欄下厝背，坐癸向丁，形如走馬攀鞍，蹈凳穴也。

維時鄰社張窖義祖張進興公子夭，家産頗殷，媳婦劉氏孝行純篤，欲終於舅姑，不肯他適，張公感其孝行，願招才智之士以成其志，素聞我祖德潤公寬弘大度，遂求入贅。生子八人，明洪武四年在張窖立籍，姓張，爲永豐里九甲里長。至洪武九年抽充興化府平海衛莆禧千户所軍一名。傳至四世，衆嗣孫建立張窖大宗祠宇，享祀不忒，馨香萬年。揆厥由來，皆從忠厚立其本，重學培其基，用能保世滋大，其前世來歷所可徵者如此。至嘉靖三十年有太平里族叔州判簡策、省察簡要、生員簡廷美前來認祖，稱原籍系江西寧化府，除我福建衙吏，簡省上祖分支來也，傳有册底存證，未知寔否，但諸譜登載者皆始於會益，故抄而録之以俟參考云。

太平里洪源一脈傳世録

顯一世祖簡會益公，謚萬五郎，自江西詣上杭縣藍路口居住。生於宋徽宗政和五年，壽七十二歲，卒於淳熙十二年，原葬藍路口背。

顯一世祖妣鄭氏，壽六十八歲，亦葬藍路口背。因年遠，二墓俱失，後洪源嗣孫於萬曆四十六年十月初四寅時，望空招魂，擇地於太平里上留塘背崙，坐甲向庚，以尚義捐資，逐年祭掃。生三子，長曰驅，次曰驥，三曰驟。俱往廣東。

顯二世祖考簡驅公，謚千五郎，生於宋高宗二十六年，壽七十四歲，卒於理宗元年，葬在上杭城下北嶺。祖妣林氏，壽六十九歲，亦葬上杭城下北嶺。年久二墓俱失，洪源嗣孫於萬曆四十七年七月廿八日申時，望空招魂，擇地於太平里南埔坪，坐巳向亥，以尚義捐資祭掃。生一子曰志德。

顯三世祖考簡志德公，又曰致德公，謚小一郎，移居太平里洪源村開基。生於宋高宗三十二年，壽七十四歲，頂帶鄉賓，卒於理宗端平二年葬在洪源坪隔口。至萬曆四十七年七月廿八日，以尚義捐資更葬原穴原向。祖妣李氏壽六十九歲，葬伯公座嶺上，坐壬向丙，生一子曰永同。

顯四世祖考簡永同公，謚小四郎，生於宋嘉泰元年，壽七十八歲，葬在梘坑板樹下，嘉靖壬子年修方。祖妣揭氏壽七十五歲，葬馬婆坑費塘頭，坐子向午，生一子曰宣。

顯五世祖考簡宣公，謚十六郎，生於宋寧宗廿九年，壽六十九歲，葬在棗坪橋亭頭雙坑口右邊，坐辛向乙。嘉靖壬子年修方。祖妣劉氏，壽七十三歲，葬山下崗齊大坵背，坐辛向乙。生一子曰宇遠。

顯六世祖考簡宇遠公，即一評士公，謚三十六郎，壽六十八歲，葬在背塘頭，後德潤公請來走馬攀鞍安葬，坐癸向丁。祖妣張氏，壽六十三歲，葬馬坑大竹園口左邊，坐艮向坤。又妣白氏，葬西山竹坑，坐庚向甲，生子曰長源。

顯七世祖考簡長源公，謚四九郎，寄葬在梘坑板樹下右邊，坐卯向酉。祖妣林氏，葬西山雞棨寨，坐庚向甲。又妣吕氏，葬梨樹下，坐乙向辛，生一子曰開華。

顯八世祖考簡開華公，謚六七郎，原葬在大竹園坑口，祖妣陳氏原葬在棗坪橋亭雙坑口。洪源嗣孫以二祖原墳未佳，遂擇地於石門前合葬，坐巳向亥。生六子。長公甫，嗣孫移居金豐，大溪、後橋、攀溪、饒平亦是。次德甫，嗣孫住洪源大排。三智甫。四德潤，來長教開基。五明甫，移居龍潭。六郎甫，無嗣。

自此以後，分支别派不及備載。兹譜所志者則自長教開基之德潤公始，譜分二層，上層序累世一脈相承，下層列累世分支之相衍，爲親爲疏可備覽焉。

義祖張進興公，生於元成宗元年，壽七十歲。葬雙崎山，後改葬在施洋龍口，同盛氏祖妣合葬，坐壬向丙，用丁亥丁巳分金。立祭租十六石，逐年社日祭掃，其神主配祀大宗祠正龕内。

顯一世祖簡德潤公，承洪源派即爲九世，以儒士設教，人稱爲四先生，號居敬。生於大元寧宗元年四月十三日申時，壽七十九歲，卒於大明永樂九年八月廿四日戌時，葬在本鄉小坡圳，形如仙人舞袖，坐丙向壬。祖妣劉氏，葬在施洋龍口，形如觀音坐殿。庶妣盧氏，壽九十歲，葬在施洋龍口，形如龜仔，坐癸向丁。二祖妣墓南北相對。共生八子。長貴甫無嗣。次貴玄，禾倉角房。三貴楨，移去廣東。四貴仁，板株樹下。五貴義，雄過房。六貴禮，黄田房。七貴智，璞石洋、發詳、坎下小片、田治等處皆是。八貴信，楓樹坪、書洋坪等處皆是。

八世恩授頂戴鄉大賓文川公，次孝友公，妣蕭氏，合葬在書洋坪，坐未向丑。生二子。長宏仁，嗣孫往臺尖、山盂、八速溪等處，墳墓交文川公派下掌理。次貞朴，嗣孫移居上湯洞口居住。享壽八十八歲，葬在清竹。

（簡醇編纂《[福建南靖]書洋楓林簡氏六世天佑系譜》　清道光五年稿本）

(三十)鍾　氏

海澄冠山鍾氏源流敘録

冠山開基始祖,鄉進士,授漳州府教授道器鍾公,暨配誥贈孺人謚慈懿林氏。生六房,長僊秀,次仁峯,三燕貽,四福壽,五隱逸,六化成。

化成葬在牛運渥。

按海澄原系龍溪九都。六房皆九都之内,因隆慶二年戊辰設海澄縣,分撥九都屬澄,因有坊相間。

長房僊秀公,立籍冠山上倉,分九都三圖。

次房仁峯公,立籍磯卅,分北坊一甲鍾維統户。

三房燕貽公,立籍新厝,分八坊八甲鍾國文户。

四房福壽公,立籍美山,分九都一圖鍾文俊户。

五房隱逸公,立籍前樓,分八坊二甲鍾廷興户。

六房化成公,立籍月邊,分北坊四甲鍾宗春户。

開基海澄大始祖道器公,生六房,長僊秀,次仁峯,三燕貽,四福壽,五隱逸,六化成。化成子耿坊。耿坊子四。長永玉,開居房原住海澄。次得玉,往北溪金巷社,開居松洲。三伴儒,住厦門鍾宅。四節玉,往紹安開居。

鍾安,字伯宇,移家江西吉安府永豐縣樂仁里。至南宋孝宗隆興元年癸未,任興化同知知縣,立籍於本地西門外,苔碑尚在。傳五世道器公,諱准,由鄉試任漳州府教授,見冠山聳秀,擇而居焉。世久族蕃,遂各立籍,分户爲六。然籍雖分而昭穆分明,憂樂共之,外侮禦之。内有一二不法者,本房自爲抵當,地丁錢糧自爲料理,亦能安静而和睦矣。不意甲申一變,吾家爲戰場,族衆多逃。迨康熙甲子歲鄉試,貢士紫辰,諱樞,招遺老而言,吾家之盛甲於澄邑,今豈一衰而不復振乎,前代由合而分,今當由分而合,鳩建大宗於冠山社中央。於是各房子孫得以時會集,習禮知敬,言情有愛,則疏可親,親者可久。入廟以來,吉祥薦蒸,隨發科者有人,擢貢者人有,奮武者有人,受職者有人。且隨科進泮踵踵相接,是大宗之建其盛也,豈有窮乎。人曷不思水有源木有本,而甘鬻地離居之。以族譜事,倖存其稿,急取而修之以爲情,各房之故推其所自始,興其所由來,分而分斷不可不合。故世乎盛,悟而思興焉。

鍾氏祖宗源流圖紀。福建汀州府流傳。大唐僖宗李儇乾符元年(874),歲在甲午正月,給出圖書一軸,禁在揚州軍。子孫欲問祖宗傳民,先在河南許州穎川郡宗昌縣安邑鄉店前數里之地。一本作宗昌鄉安邑鄉玷城里。上代在湯王之時,魏帝之御。前代皇王封吾祖高爵厚禄,賜贈甚渥。

朝公流移福建白虎村,爲汀州始祖。生三子。長二十五郎回龍祖。次二十八郎南嶺住,派下移興寧祖。三三十郎。

朝公封爲黄門侍郎,嘉泰二年避難落在江西省寧都竹壩村。生三子。以後處不堪業,朝公乃流移福建白虎村爲始祖。落派時,有地師楊均松先生,見此坪埠崗有大地一穴,系眠獅望月形,丙山壬向,遂與我祖妣安葬,是爲馬氏祖妣墓焉。因奉旨剏建汀州府城,將墳塋拆毁,不見屍骸,遂將此墳創作府衙。挨至數百年後,有知府許由,蒞將清明日,忽見府堂中公座前毫光燦爛，湧起墓堆，三次如是。知府令人掘土三尺餘深，化出清油一花缸，中一明燈光輝燦爛，内題詩四句云：

許由許由，與爾無仇。五百年後，與我添油。

知府見詩，歎爲神異，乃捐金買盡一府之油，添不見滿，方召鍾家子孫來，將油一斗，添入即滿。知府依舊令人覆土，備辦牲醴祭謝，命立木牌爲紀。次日早不湧起。從此每年遇清明日掘不見金骸，只見鐵釘四枝。後立銀牌義明公名字，遂與巫氏祖妣合葬，碑記七房。一相傳吾上祖原在山祖下居住，後在對門嶺遊獵，望見黎家坪艮龍起頂，落平洋，樹木蔭濃，中有一湖，堪以卜宅安居，始徙於此開基焉。

祖祠甲山庚向，屋背來龍孤單蔓延數十丈，並無護送。左邊一帶河風受制，難免剥削之患，全靠樹木遮蔭，從前則有大松柏、樣相樹木密佈，族人昌盛。迨後暫次砍伐，族内多故，未必不由於此。後之子孫，更祈不宜砍傷殘缺，萬當加倍植小心保護之。所謂人力可以補天工也。

本族祖祠，系艮龍高頂落洋特結，爲識者所欣羡。但龍身崩壞，顧族内之人，有志者，會派工力填補，不致剥削，至派下子姓團聚村心，日耕夜讀，煙火毗連。一有夜警，守望相助，最稱勝地。

（《[福建漳州]自汀州一脈源流分派松洲鍾家族譜》 1912年二修稿本）

閩漳鍾氏淵源敘

祖公先在河南省開封府許州潁川郡寧要鄉玷城里，後彼處不堪安業，故移白虎村。諱朝公流移福建白虎村，葬在汀州府堂，便是汀州始祖。妣馬氏，合葬在汀州府黄廊廳上。後因皇上新建汀州衙門，將墳塋墓塚改遷，不見屍骸，明早湧起墳堆三次。於是知府許由復令掘下數尺深，又不見屍骸，只見一缸油中一爐火光燦爛，内有四句詩文，詞曰：

許由許由，與爾無仇。五百年後，與我添油。

知府令人添起油，明早不見湧起墳堆。三兄弟因此知悉。後分散流移南嶺地面穿寂坑住，坐令後代子孫各府各縣他鄉外居。鍾門一脈乃是骨肉相連，遇要相尋上祖宗者，先有祖墳三十六穴在開封府潁川郡庚入城頭，去城三十餘里系坤山來龍，巽山入首，丙山壬向，面前石獅石馬石牛等員珠。面栽種松栢三千餘枝。嘉泰二年五月二十一日辰時，寶公、儼公、朝公兄弟三人從此分散，各立家業。至是朝廷正勅賜朝公金銅一軸，禁在楊州軍，從甲子年將家眷避難過江，至後生派一十三人，復流移福建白虎村安家樂業，興發大旺，多置田莊。因朝廷降旨，令遷墳塋創立汀州府衙門，因此復流移在南嶺穿寂坑，將産捨入寺，訖今三份輪放。俱葬在南嶺地面。勝公在南嶺自遷祖墳十三穴，遊至廣東大埔縣長富長窖等社，卜葬墳塋吉穴，俱列於後。幾所分屬悉本此，乃上杭、武平、漳州、泉州、程鄉、長樂、潮州、惠州、東莞、平和、大埔、閩粵三省等屬皆是汀州府黄門侍郎之後。

（《[福建雲霄]陂兜鍾氏族譜》 清光緒稿本）

（三十一）游　氏

廣平游氏源流

溯稽我廣平游氏本源，啓自成周文考之裔，始於宣王封弟友於鄭，是爲鄭桓公。數傳至文公，庶夫人夢蘭，而生穆公，知其必昌姬氏之裔，後果生子十三人，曰世子夷、公子堅、去疾字子良、喜字子罕、騑字子駟、發字子國、嘉字子孔、偃字子游、舒字子印、豐、羽、然、志是也。至世子夷立，是爲鄭靈公。周定王二年，公子堅繼立，是爲鄭襄公，及封弟十一人，皆爲大夫，共和鄭政。後諸大夫各以字爲氏，而良氏、罕氏、駟氏、國氏、游氏、豐氏、印氏猶盛及後。公子發子公孫僑字子産，爲政爲諸氏立廟，謂之七穆之廟，即我游氏實自公子偃字子游所自始也。一傳公孫蠆字子憍，爲鄭大夫。再傳楚公字子南，及吉公字大叔，大叔爲周卿士，自是而後支分派衍，承承繼繼，歷漢而六朝，而唐而五代，以至於趙宋，其間千有餘歲，世代雖多，系序不無考，爰録一支派系，昭示來兹，俾知我祖源遠流長，水木之思，久遠莫忘也。

（《［臺灣］游氏大族譜》 1970年鉛印本）

閩系游氏徙布與東昇房紀略

六六世祖酢，宋大夫，知濠州，先儒億一公之次男。生六子，長撝字子英二三郎，次擬，三捄，四握，五損，六拂。

豫閩開基始祖撝公，酢公長子，謚文肅。生於趙宋之間，其八字甲戌，甲戌，戊午，戊午。始由江西盧林縣林息坑移入寧化石壁村，至其子乃徒汀杭，故今汀州南門家廟奉公爲太始祖。而贛州府興國縣抄來老族譜載，公爲雲會瑞興四邑始祖，即撫州府臨川縣大路下家廟，亦祀公父一十郎公即文肅公爲一世。公之吉穴在九曲里游秀窠，觀音坐蓮形，現系永定長灘轄下，原系上杭管内，明成化庚子始撥入永定。妣葬湯湖曹田下嶺。祖妣鍾氏孺人生五子，珍、文珠、文珀、五、六。

二世祖文珀四一郎公，撝公之三男，其兄珠公爲宋名臣，當高宗之世解組歸田，與公父子兄弟相土卜居，遂家。於南宋初由寧化而入汀杭梅溪寨，再插住於長灘。而公之經歷不詳，據讀珠公、弄公之讚，亦知公兄弟等非庸流也。有吉穴在九曲里太始祖墳旁内側外上穴，二妣孺人即葬磜角湖坵窟面上一穴，兩世祖墳共四穴。前唯有官田壩頭房祭管，於乾隆四十年，有大溪房第十四代監生旺級公、庠生韻和公立大溪三户蒸嘗會，始向壩頭逢源桃杭銅坑梅溪寨上福等房，招集會衆三十餘名，合併增加共有五六十名，逐年二月十八九日兩日致祭。祖妣陳氏、范氏，兩孺人共生九子，五一郎、五二郎、五三郎、五四郎、五五郎、五六郎、五七郎、五八郎、五九郎。

三世祖五一郎公，文珀公之長男，住江西省。

三世祖五二郎公，文珀公之次男，住江西省，次房移福州。

三世祖五三郎公，文珀公之三男，住江西省，三房移梅溪寨。

三世祖五四郎公，文珀公之四男，妣謝氏孺人，墳在九曲里游秀寨。

三世祖五五郎公，文珀公之五男，住上杭黄潭。

三世祖五六郎公，文珀公之六男，移居漳州府南靖縣游屋坑。

三世祖五七郎公，文珀公之七男，住長灘移入永定金豐月流塘子背。祖妣孔氏四娘孺人，生二男，樂水、樂山。

三世祖五八郎公，文珀公之八男，住三饒金山。

三世祖五九郎公，文珀公之九男，住饒平白沙村。

四世祖樂水三十郎公，五七郎公之長男，與二妣同祔祀汀郡家廟，舊載其夫妻無傳，今傳説其子孫在漳州市尾游及平和縣西街游是也。祖妣王氏三娘，繼祖妣李氏娘，兩孺人有無生育未確詳。

四世祖樂山四十郎公，五七郎公之次男，貢生，明經進士，有遺囑芳語並著祖蒂一篇，讀之足知我祖燕翼貽謀之深長思也。有墳在風浪里塘子背，逐年二月十一日大溪房子孫祭掃，至嘉慶十九年甲戌二月十一日，秀篆十三世易尊公、十四世林沖公、道常公、貢生元學公、十六世守雙公等相率往議修祠並祭之誠，及後在臺灣宜蘭十四世道維公，倡議立會招集淡蘭各屬子孫入會者共有百餘名。

今已置田產不下萬金，立祠堂在宜蘭東門街，顔其額曰游氏家廟，堂號曰立雪堂，蓋兼奉文肅公，逐年二月十六日並十一月朔日，兩次以中牢致奠，凡有科甲職銜者不分會名内外皆得與祭。

祖妣江氏孺人，繼祖妣鄒氏孺人、賴氏孺人，共生四子，五九、六三、念四，第四子名不詳，即逢原祖是也。

五世祖五九公，樂山公之長男，妣鄒氏孺人，公大溪開基祖。

五世祖六三公，樂山公之次男，妣李氏孺人，公秀峯開基祖。

五世祖念四公，樂山公之三男，妣曾氏、杜氏，公秀篆開基祖。

五世祖逢原祖，樂山公之四男，系逢原坪尾新嶺等開基祖。

秀篆開基始祖念四公派下：

始祖念四公，父樂山公，母江氏，行三，由月流遷入秀篆開基，贅入曾家招婿。妣曾氏，在岳家生一子，妣逝世後繼娶杜氏，生四子，傳下數萬丁，凡稱盛族。公卒葬在黄姐坑地形雄雞展翼，坐子兼壬，丁亥丁巳分金，水來庚去丙。衆房原有立會致祭，逐年於二月初一日，有會名者凡往與之。厥後閤族籌捐建祠宇於西洋，祀公爲始祖，今稱西洋始祖是矣。

始祖妣曾氏大娘太孺人，葬與外太祖考妣合葬歪下，遂年清明前八日合併致祭，永遠不斷。生子五一公，分居崩田，衍我東昇者是也。繼祖妣杜氏二娘太孺人，墳葬在過澗埔凹口，坐辛山水來辰巽去癸方，衆房子孫立有烝賞會，逐年清明前七日有會名者各往致祭，永遠不斷。生四子，三六、四五、五五、興。

外太祖曾念六公，妣翁三九娘，單生一女，招念四公爲婿，故其得祀今亦同祔祀於西洋祖祠，而墳與我始祖合葬在歪下，烏鴉落平洋形坐亥向巳，水來寅去坤，衆房子孫有立會，歷年清明前八日致祭。

一世祖五一公，父念四公、母曾氏大娘之長男，原分居崩田，衍我東昇者也。卒墳亡失三百五十年後，幸蒙德揚宗親之老翁對十四世厚吞公暗示墓址，於道光甲申七月啓攢，翌年乙酉吉葬在大朱隔路面，地名庵場背，坐亥山向巳，碑志東昇樓房子孫永祀。祖妣闕氏大娘，生卒墓址均不詳，生二子，信忠、禮闞。繼祖妣鍾氏二娘，無生育。

二世祖三六公，父念四公、母杜氏二娘之次男，原分居厚積，黄姐坑樓子下房，子孫在臺灣諸羅縣荷包蓮，即今之嘉義。

十一世應發，字先聲公，舉人，父漢日公、母李太孺人之長男。生於順治十三年丙申八月廿四日，自幼聰明，爲人俊傑，相貌不凡，豐肢偉幹，身材七尺，食肉十斤，開弓二石，文武雙全。康熙丙辰年代父出征惠州，年方二十歲，技勇過人。丙辰五月初四父卒，襲父職爲正領官，隨征興化清兵大破鄭藩方回。在家立志攻書，至考進康熙己未科，遂進詔安武學生員，卅八歲癸酉科中舉人第三十二名。又受平和大溪葉士偉聘請代作武論，亦取中第四十名，因甲戌、丁丑二科會試不遇而歸。至庚辰，勵志孤行，中秋至京師，到數日起痢疾，帶病歷試二場，病重不治，卒於九月十一日寅時，享壽四十五歲。病危之際留有遺書曰，臨危床上遺書於親疎叔侄子弟知之，吾自八月內染病，至九月初一日過堂，初二日考試，歷試二場，回來大反其病，服藥不效，即請泉州駱年兄來醫，只望三生有幸病癒謝銀三兩，今見放下烏水，兩足並無血脈，數日間死不免矣。想吾一生爲人多情多義，處事公平，凡爲人排難解紛，只憑勸解並無教唆强屈等情，故鄉里見服，不以爲非。矢志功名，不憚馳驅，尚望上進，建功立業以光大門閭，上酬祖父之恩，下報六親之德，有志未逮，一日而死，何能願也。況不能葬祖父而報生母、養母妻兒而完嫁娶，念及此，一字一淚，哀吾生之蜉蝣，真天地之罪人矣。至生二女十一子，而次子被害冤仇莫報，雖中一武榜而財業無增，此大恨也，但存心地爲子孫之福耳。今囑子弟等，百行孝爲先，吾終身朔望飯素爲母祈壽，爾等各當孝於親，友於兄弟，尤當勤耕讀，節儉費用，可富可貴。爲人不可太弱太强，只憑理之是非，尤當親人存其和氣，不可干犯理義及賭博等情，是則予之所厚望也。噫，吾生本地而死京都，嗟乎，心未願而數難逃，天耶命耶，書至此而眼目混花，不能復囑餘事。

公卒時，葉士偉兄代爲殯在京漳州義塚中，碑記詔安武舉人游應發之墓。嗣後胞弟先登公親往京都帶骸回葬白沙墘，公媽同葬，以故公之曾孫道維公在臺捐資立會爲公祭祀，現已置産萬金，每上元日有會名者輪流辦祭，集宗族中牢享公於東興堂。

祖妣羅氏大娘，生於順治甲午年九月廿八日辰時，卒於雍正癸卯正月初八日，享壽七十二歲，與先聲公同葬白沙墘坑子屋角灰穴。生十一男二女，東壬字林青，東里早亡，東魯字濟青，東山字聖居，東震字仰居，東吴字仲居，東都字帝居，東夷字姚居，東家字孔居，東轅字次軒，東全字百周。

十一世祖應榮，字先南公，漢日公之次男，生於康熙己酉年八月廿八日辰時，卒於乾隆戊午年十月廿四日未時，葬與妣同穴，因山崩插起安碇在寨脚杉畬面，子孫俱在臺灣，遺下西洋大宗會管理人每年二月廿八日辦祭，先聲公之派下子孫亦代爲標掛並過年致祭。祖妣李氏孺人，生於康熙庚戌年九月十一日戌時，卒於乾隆庚申年九月廿二日，葬在唐地。生五子，東河字鳳居，東徵字皇周，東井，東連字捷居，東首。

十一世祖應甲，字先登公，漢日公、庶妣薛氏之三男，生於康熙辛亥年。爲人多情，千里跋涉往京都帶先聲公之骸回故里安葬，足知兄弟之情深矣。卒於庚寅年二月廿八日午時，葬在學堂背。祖妣曾氏孺人，生於康熙丙辰年十一月初八日寅時，卒於康熙庚子年九月廿七日申時，生二子，東郭字衛周，東作。繼祖妣李氏孺人，生二子，東掄、東舜。

十三世祖昇輝，字烈光公，林青公之哲嗣。生於乾隆戊午年四月三日，娶妣共生五子，唯長有成以外，次子自殤，餘俱遭林爽文之亂，於乾隆丁未年三月廿二日偕公夫婦並亡於淡水埤塘莊，可不哀哉。祖妣林氏孺人，生於乾隆丁卯年十二月初四日，考妣同遭難以没。生四子，厚鯉字道化，厚鱸三歲亡。厚回、厚高、厚宗同遭没。

十六世守衍公，字派賢，世開公之長子。生於乾隆己酉年八月廿三日辰時，卒於道光庚子年十二月廿四日，享五十二歲，經八年戊申改葬太和莊獅頭山水口穴内坐巽向兼辰丙辰丙戌分金，外坐辰向戌兼巽庚辰庚戌分金，系族侄文輝來臺擇之也。

妣詹氏，生於嘉慶戊午年七月二十日戌時，卒於道光丙午年二月初三日巳時，葬在十三份。生五子，長子攀桂，次子雙桂，三子三桂，四子丹桂，五子春桂。

十七世時中公，字承謀，纘蒽公次子。生於光緒甲申年三月十九日卯時，享壽六十歲，曾至詔安族廟調查資料以私費編集游氏族譜。妣吴氏，享壽六十三歲，生長子阿保，次子興民。

（《[臺灣]游氏大族譜》 1970 年鉛印本）

南靖和溪游氏淵源略

我祖系出於漢朝，住在南京後河白雪堂，移來江西省今上饒縣廣信府貴溪油茶隔口，又遷移江西省贛江上游西岸萬安水尾梨椇下。後兄弟三人相議，同出天下游玩，至元朝順帝二年，乃與兄弟三人相率游至福建。大兄富國住在龍巖州小地名坪尾寨仔開基。二兄富農住在漳平縣永福里郎車鄉中甲開基。我祖富治游府君是爲三弟，住在龍溪縣迎富堡水梨窠壟仔塘開基創始，艱苦傳家，綿如瓜瓞。

（游明火鈔録《[福建南靖]和溪番窩壚游氏家譜》 1962 年稿本）

秀篆埔坪王游氏淵源

重修二世祖統入游籍序

人之有祖，猶水之有源、木之有本也。水有千流萬派，而源則出於一本。雖木有枝葉繽紛，而本則歸於根。人有百子千孫，而祖則創其始，故祖以一人之身，分而爲千萬人之身，愈分愈衆，愈衆愈遠，而漸忘所自者，人情也。吾家族譜凡數修矣，至今日而本支蕃衍，文物漸盛，又安可忘其所自來而不增其未備乎。愚故輯而修之，俾無忘所自以補其缺略云。

溯吾祖以上，來自寧化，祖居堆土上手小王房，後遷下王家巷，生下十一男，後分九房，後又分七房，住縣東門，皆思剛公派，有七十男，丁卯科中文魁一人，庚申科中經魁一人，是寧化東族之始。元季明初永樂年間，王念八公偕兄念七公，自汀州府寧化縣移來漳州府漳浦縣。念七公居南詔所，念八公居二都秀篆埔坪，起基平石，至二世祖始入游籍，三世祖與四世祖並居平石。東族之始，至五世祖前溪公，始於平石分居。公生平石，年十三慨然有志於學问，南陂林婆社林八公，博古通今，揮鋤往受學焉，未幾而經史淹貫，次年遂引林公入篆以師道教篆，爲篆文章之祖。承平日久，倭陷興化，行文到縣，詔有能鼓率鄉勇聲援勤王者，仰該縣准給誥身，公慨然勇往，縣龔公嘉其豪舉，遂以二都鄉勇統率焉。公引兵北上直至興化城外禦敵，寇不敢犯，公力居多，蒙提督軍門賜匾義勇千總，經申南贛調用，犒賞千金以與衆，其輕財重義可知。公生亂世，本鄉巨寇吴湘作亂，縣申行剿秀篆，公懼玉石俱焚，呈縣准公分天兵部憑名吊提，免剿一鄉生靈，及後征饒平張璉，征河源，征廣東黎寇，業經十餘載，經百戰有功云。夫師道開文章之源，武功拯生民之命，公宜創報於後也明矣。爰是天祚明德，乃眷西顧，國師廖弼卜宅龍潭，公同六世祖近齊公冠帶左泉，公遂家於此焉。山明水秀，開萬年有道之長，是謂龍潭西族之始。無奈崇禎季年，草寇陳瀾邱進虜掠鄉閭，家遭回録之災，又賴七世祖翼明、丹岑、秉衡、膺禦、利九、肇所、燮鼎諸公恢復焉。迄於今春秋煙祀祭享弗墜，螽斯振振初發秀，自天啓丙寅發篆後，人文炳蔚,生監森明。嗣後蟬聯鵲起,科甲連登,蓋未可量也。而且耕者足衣食,商者饒財物,凡此孰非邀福於先民者哉。夫源之遠者其流長,根之沃者其葉茂,愚弗類,仰思先世譜牒之意,爲之明昭穆,别世次,紀儒行,飾簪纓,族東西,不特開列世系以别於行道之人,蓋欲萃合同氣,使知吾族衆人身皆祖宗一人之身,如水之有源、木之有本也云爾,豈可以小忿相傾,煎豆燃萁,視之如路人哉。讀是譜也,親愛之意,其亦可油然而生矣。至前之陰行小善,難以枚舉,後之新丁應增入者,則屬之各房分董其事云。

康熙三十三年歲次甲戌端月穀旦,八世孫廷旭謹志。

王游源流

蓋云王姓改游氏之由來,遠在永樂年間,王念八公與偕兄王念七公,由汀州府寧化縣南門王家巷,移入漳州府漳浦縣,王念七公居於詔南所。王念八公單身遷入漳州府詔安縣二都秀篆埔坪井頭村定居,勤工鑄鐵營生,娶妻江氏八娘,單生一男王先益。經未幾歲月,王念八公不幸卒於年青,遺下霜室幼子無依。時有遠祖游信忠公,娶妻謝氏大娘無子,夫妻居於崩田,與王念八公生前有訂交莫逆之情,遂將先益公撫養鞠爲嗣子,即改姓統入游籍,繼承二姓香火,得嗣業遺産有田貳石餘種,坐址在孟坑塘尾。因其地非久居之所,遂賣與黄姓。先益公娶妻陳氏二娘,生有三男,長子宗亮,次子宗武,三子宗晚,三大房皆是磐石房統祖也,其昆仲皆有熾品之勢,共同創立祖祠奉祀祖先,築於漳溪壩頭,俾後子孫奠居厥處。另二房宗武公之第三代曾孫瑞清字前溪公,於萬曆元年癸酉年間,由磐石分居遷移龍潭開基,爲龍潭開基始祖也。

自更姓迄今皆稱游氏,不曰王家,而亦王游,亦曰才游之分别,據龍潭房派下之手抄族譜皆寫才游,據孔子文字卻無才游之字母,是否先代之錯筆,或者另有意義屬與口傳故事乎,無據可稽。

五九郎公本派,祖籍福建省汀州府永定縣金豐里大溪甲南山坊

五九郎子五。二世大三郎千六郎。二世小四郎,移平和縣清寧里小盧溪。小七郎。小八郎移饒平縣絃歌都白砂潭。孟四郎。

(《[臺灣]游氏大族譜》 1970年鉛印本)

詔安樂山念四系游氏淵源世系敘録

汀州南門城内新建家廟,坐壬向丙兼子午分金,崇奉嘉慶二十年歲次乙亥建立。漳州西市頭婆姐廟游氏大宗,坐癸向丁,紅鸞線挨天盤,丙子丙午分金。

進福建開基始祖即六十八世祖,以前的還有六十七世祖。

一世祖二三郎公,即文珀公,進豫閩開基祖,系撝公之三男。撝公是游酢公之長男。

祖妣鍾氏太孺人。生四一郎、四二郎。

二三郎始祖墳墓在上杭縣稔田鄉化厚村九曲里游秀窠,形號觀音坐蓮,即該村水口外横路上,面朝出水,天門開廣。始祖妣鍾氏太孺人,葬在該村湯湖曹田下嶺,地形曰張天海螺。

二世祖四一郎是二三郎公之長男。祖妣陳氏生五子,范氏生四子,二太孺人共生九子。

墳穴與始祖同地方,即在墓旁内側下穴。此墳衆決定在每年正月廿九掃墓。陳氏葬在該村磜角,地名湖坵面上一穴。范氏在清末時再移葬上杭梅溪鄉,穴形游魚上灘。

三世祖五七郎公,四一郎公之七子。當時移在永定縣金豐月流住。祖妣孔氏四娘,孺人,

生二子。長樂水公三十郎，派下裔孫住漳州新華東路市尾、九峯等處。次樂山公四十郎派下裔孫上大溪、秀峯、秀篆、饒平車嶺、逢源等處。考妣合葬在月流大者口左岸一穴。

四世祖四十郎公，五七郎公次子，號樂山。祖妣鄒氏、江氏、賴氏孺人。江氏生三子。長子住永定縣大溪、大聯、坑頭、三塘。次子住平和縣秀峯。三子住秀篆，廣東饒平縣建饒車嶺村。

賴氏生一子，行四，住坎市逢源。

四世祖葬在月流村風浪里塘子背一穴。

江氏太葬在月流長嶺馬鞍石下。此二穴定於歷年二月十日，由大溪房親人致祭。

鄒氏太墳墓在平和縣秀峯，形號龜子地，歷年秀峯親人致祭。

賴氏太后移葬於逢源，逢源親人致祭。

長房五十九公，妣鄒、鄭氏孺人，大溪開基始祖。

次房六十三公，妣李氏孺人，平和秀峯開基始祖。

三房念四公，妣曾、杜氏孺人，詔安秀篆開基始祖即西洋游氏宗祠。

五世祖，秀篆曰西洋始祖，作爲一世算起，念四公，系四十郎東山公之三子。

始祖妣曾氏、杜氏孺人。念四公之外太祖曾念六公，妣翁三十九娘。

曾氏生長子五十一公，崩田祖，令祠居東昇樓錫祉堂。

杜氏生次子三十六公，厚積祖，全往臺灣諸羅縣荷苞蓮諸羅山開基，即今在臺灣嘉義縣。生三子四十五公，派下塔下祖、汶紫祖、車嶺祖、嶺上崠祖、發里祖、坑邊祖、厚塘祖。生四子五十五公，井邊、大玄中，令祠居頂坑，全外出廣東、廣西、臺灣等地。生五子興，名涂游興，父念四公、母杜氏二娘之五男，與涂姓共立户，承涂姓香煙，改姓涂游興。因杜氏原配夫姓涂，下葛人氏早亡無傳，杜氏再嫁游家後，不忍先夫無後，乃將第四子傳立先夫之嗣子，繼其後，子孫旺盛，在霞葛及山東之涂姓與游姓均叔侄相呼。

（《[福建詔安]樂山念四派游氏族譜》 1989 年稿本）

詔安秀篆王游氏源流

始祖公諱寶生，念八公府君，生年卒月日時俱無稽焉。葬在大平寨，坐艮向坤兼丑未，丁丑丁未分金地形號爲樑上吊鐘。

始祖妣江氏八娘，孺人，生年卒月日時亦無稽焉。生一男諱先益公。妣葬在堯舜坑，坐巽向乾兼辰戌，丙辰丙戌分金，形系下山蛇，又云雄蛇趕蛙。至康熙六十一年重修，是金礶火骨。

公自汀州府寧化縣石壁村，先出自唐瑯琊王懿忠之後。世居東門王家巷。思剛公派元季明初永樂十二年間，天下大亂，公與兄念七公移來漳州府漳浦屬，念七公居南詔所，念八公居秀篆埔坪礤下，居住後移井頭居住。初來之時，勤工食力，鑄鐵營生。娶配江氏，産育一男，時方一歲父亡，呱呱失怙，寔開始基。康熙廿三年甲子，龍潭八世孫援貢、廷旭親到汀州府寧化縣王家巷，叔孫尋源溯本以考其實。

二世祖未婚時，有崩田游七十七公無嗣，鞠我祖爲己子，娶婦陳氏，受田式石種，住耕阿八塘尾，後移居厚積柿子樹下，又移居漳溪壩又名芷苳壩即今磐石樓是也。游七十七公，今稱遠祖，有田六石種，分二石種與我祖游佰十公，田在大片里，改姓爲游，是嗣子矣。另田二石種，分與伊親女游細妹，嫁黄姐坑鍾畔官，後改張爲游，傳至今與我共當户役。又田二石種，分與伊親弟，住崩田，原與我共當户役，即今寨下樓房是也。此系六世遠軒公在萬曆丙申年孟冬朔旦謹志。

(《[福建詔安]秀篆游氏龍潭樓系譜》 清宣統稿本)

詔安游氏樂山念四系淵源譜系

樂山公妣江氏孺人,繼祖妣鄒氏孺人、賴氏孺人,共生四子。五九、六三、念四。第五子名不詳,即逢源祖是也。

五世祖五九公,樂山公之長男,妣鄒氏孺人。公大溪開基祖。

五世祖六三公,樂山公之次男,妣李氏孺人。公秀峯開基祖。

五世祖念四公,樂山公之三男,妣曾氏、林氏。公秀篆開基祖。

五世祖逢源祖,樂山公之四男,系逢源坪尾新嶺等開基祖。

秀篆開基始祖,鄉飲大賓念四公,父樂山公、母江氏之三男,由月流遷入秀篆開基,贅入曾家招婿。妣曾氏在岳家生一子。妣逝世後繼娶杜氏生四子,傳下數萬丁,咸稱盛族。公卒葬在黄姐坑,地形雄雞展翼,坐子兼壬,丁亥丁巳分金,來水庚去丙。衆房原有立會致祭,逐年於二月初一日,有會名者凡往與之。闕後闔族籌捐建祠宇於西洋,杞公爲始祖,今稱西洋始祖是矣。

六十四世祖萬一公,千一公之長男。生二子,億一、億三。

六十五世祖億一,諱湄公,萬一公之長男。生四子。長醇。次酢,字定夫,號豸山,又號鷹山,謚文肅一十郎。三酌。四醳。

六十六世祖酢公,宋大夫,知濠州光儒,億一公次男。生七子一女。長撝,次擬,三拂,四損,五掞,六捄,七出生小女十六歲嫁給楊時次子楊適爲妻,七握。

六十七世祖撝公,酢公謚文肅字定夫之長男,生於趙宋之間。其八字甲戌,戊戌,戊午,戊午。始由江西蘆林縣息坑移入寧化石壁村,至其子乃徙汀杭,故今汀洲南門家廟奉公爲大始祖。而贛州府興國縣抄來老族譜載,公爲雲會瑞興四邑始祖,撫州臨州縣大路下家廟,補祀公父一十郎文肅公爲一世。祖妣生五子。文珍、文珠、文珀、五、六兩子失傳。

進豫閩開基祖,另立一世祖即六八世祖文珀二三郎公,系撝公之三男。其吉穴在九曲裹游秀窠,形號觀音坐蓮。妣鍾氏大孺人,吉穴形號張天海螺。生二子,四一郎、四二郎,派下不詳。

胞兄珠公爲宋名臣,當高宗之世解組歸田,與公父子兄弟相土卜居遂家,於南宋初由寧化移入汀杭梅溪寨,再插入住長灘。而公之經歷不詳。據珠公美公之譜,亦知公兄弟等非庸流也,有吉穴在九曲裹大始祖墳傍内側外上穴。二妣孺人即葬在磜角裹湖坵窟面上一穴,兩世祖墳共四穴。前唯有宫田坎頭房祭管,於乾隆四十年,有大溪三房蒸嘗會,始向坎頭、逢源、桃坑、銅坑、梅溪寨、上福等房招集會衆三十餘名,合併增加五六十名,歷年二月十八、十九日致祭。

二世祖四一郎,系二三郎公長子。祖妣陳氏生五子,范氏生四子,兩孺人共生九子:五十郎、五十一郎、五十二郎、五十三郎、五十四郎、五十六郎、五十七郎、五十八郎、五十九郎。

三世祖五十郎,四一公長男,原住江西,後住上杭稔田鄉化厚村龍門下車。五十一郎住上杭步文上福村。五十二郎住江西臨川縣。五十三郎住江西臨川縣。五十四郎住上杭梅溪寨。五十六郎住上杭黄潭。五十七郎妣孔氏生樂水、樂山,原住永定金豐月流,其派下住漳州新華東市尾。樂山派下住永定大溪、平和秀峯、詔安秀篆、坎市逢源、大排。五十八郎住廣東揭陽湯田。五十九郎住廣東三饒哈溪、哈山。

四世祖樂水三十郎公,五十七郎之長男,與二妣同附祀汀郡家廟。舊譜載其夫婦無傳,今傳其子孫在漳州新華東市尾，乃平和九峯西街游也。妣王氏三娘，繼妣李氏娘有無生育未詳。

四世祖樂山四十郎，五十七郎公之次男，貢生，五經進士，有遺囑芳語並著祖蒂一篇，讀之足知我祖燕翼貽謀之深長思也。墳在風浪裏塘子背。

（《[福建詔安]樂山念四派游氏族譜》 1989年稿本）

臺中王游氏之由來

吾祖王念八公，原爲游姓第七十七公遠祖公諱信忠公之傭用掌家也，即游姓第七十七公遠祖公，是吾祖王念八公之主人也。於明朝永樂年間，吾祖王念八公自汀州寧化縣祖居遷來詔安縣二都秀篆埔坪游家任職。游姓第七十七公遠祖公爲人慷慨，待吾祖王念八公如親人，吾祖王念八公亦尊仰遠祖公如親長，相處融洽。那因游家運氣不佳，遇當時之瘟疫，全家大小相繼卒亡，無一倖免，遂告全族滅絶，無人繼承香煙。吾祖王念八公憶及遠祖公在世時之惠，將其獨生子益過繼傳游姓，姓入游籍也。

（游國禮編纂《[臺灣臺中]游氏族譜》 1967年鉛印本）

（三十二）沈　氏

龍海浮宫沈氏明季開基立籍户役敘略

甞謂我祖原系河南固始人也，唐時隨陳聖王征閩入漳，駐鎮詔邑，厥後子孫昌盛，寰自詔邑及至蕃衍而詔邑獨稱巨族焉。時子孫或有遷喬移居於漳浦衡山者，或有移住於龍溪山尾者，或有住於十一都月港九都者，或有移住於長泰後園者，移住不一。而我先祖伯樂公惟住九都禾光村埔尾社，本漳郡龍溪邑民籍也，洪武初天下方定，軍强民弱，時入軍籍漳州衛後所，撥襲爲總旗。再世而仁長公、仁壽公，住禾平、中興、奎山。傳至數世，子孫蕃盛，丁苗益增。至隆慶間，澄邑建縣，其地置祀社稷壇，系我祖故居也。時户籍屬在龍溪九都户内當差，遂分籍爲五都一圖三甲里役。籍雖分，實與埭内士隆、乾容、士秉以等共一宗派，至於譜自光漢公輯之，於今百餘載矣。當清朝鼎革之後，寇亂兵火，老成凋謝，亨不揣檮櫟於未遷之先，將此譜又再重修也，不虞遷移遂遭焚失落。剩有一本遺簡殘編，系燦宏叔所藏，攜入楊德敬，又出於烬燼蠹蝕之餘，帙摺破壞，莫可稽考。亨猶記昔日重脩一二，再爲序録以弁之，使自今而後，吾之子孫得有所據，知自吾始，庶無終失也。及康熙二十九年間，上憲准里民歸宗合户，時有沈新、沈維昌等，原與我祖系是一宗，時蒙編審，遂收入户，合當里役。今亨慨前之失，惟紀其所可知，欲以實録而傳諸裔，豈非知本之士而存仁人孝子之心者乎。後之子孫知今日修譜之意，繼而紀之，十年一修，無失其真相，與積德學，勸戒子孫讀書，立志學業，顯耀門間，爲詩禮舊家，用能滋大。吾族觀斯譜者，尊祖敬宗，序親疏别長幼，則吾宗一支奕葉彌茂於無窮矣。

康熙癸酉年孟冬吉旦，述十一世孫道亨序

（沈宗耀編纂《[福建漳州]龍溪蔡阪沈厝沈氏族譜》 清雍正十二年稿本）

(三十三)趙　氏

宋皇趙氏族裔開基漳州銀塘序敘

趙先世出自涿郡之天水。閱《八閩通誌》,趙姓古未有也,迨宋建炎間,高宗南渡,先徙宗室於江淮,遂移大宗正寺於杭西,外正於福南,外正於泉。至嘉秦中,泉郡守倪思請再構親睦宗,寺於泉府城之西北,時宗室可二千人。後真德秀知泉事,有申中書省,乞撥降度牒,添宗子青,給狀具,載泉志。自是太祖、太宗、魏王三派,各散處江浙閩廣間,而宗室滿江南矣。

宗制,宗室許令入官,有宗學,正奏名有取應出官。有宗子覃恩閩中,以科目顯者,趙爲最盛。如晉江趙善新與其子汝偰、汝倣,紹興庚戌同登第。趙善鎰與弟善鐩,淳熙丁未、紹興癸丑俱省試第一。龍溪趙希庠,與弟希商、子與倣,慶元、嘉定、淳祐間,父兄弟俱登第。又考吾漳之任守令幕尉教職等官,多系宗室。如嘉泰間趙汝讜之建漳東城門南石橋,慶元間趙伯逷之建江東虎渡橋,二公皆爲漳郡守,其功迄今人猶誦之。時三派入漳,居桂林萬盈西湖者僅千人,而北溪銀塘一派,則自與倣於寶慶丙戌間擇北溪九龍里之銀塘村住也。與倣出自太祖第四子德芳之後。德芳生惟能,惟能生從贄,從贄生世經,世經生令穰,令穰生子靖,子靖生伯述,伯述生師誥。

伯述、師誥從高宗南遷,先居浙之臨安,無何入閩遷漳。師誥生希庠、希商。希庠登慶元己未進士,希商登嘉定壬戌進士。希庠生與倣,登淳祐甲辰進士。未幾胡元竊據,宋帝航海,泉招撫使蒲壽庚叛宋降元,殺戮宗室千餘人,漳陳桂龍詐挾稱趙氏起兵襲漳州,元遣元師唆都討之。唆都盡屠趙氏,族復徙趙氏於上都。時與倣僻處銀塘村,違城四十里許,逃入深山窮谷間,僅得苟全。

與倣生孟漠,字汝濱,娶唐陳將軍元光二十五世孫乾貴之長女,生棟、樑二子,適我朝太祖御極矣。今棟、樑二派傳下生齒漸繁。五傳至趙賢,領正統戊午鄉薦。樑六傳至中應,天順壬午歲貢。九傳至德懋,領隆慶庚午鄉薦。餘諸孫子青衿,肄業郡邑庠者濟濟如也。萬曆戊子春,趙范領浙温處兵備事,與德懋共族也,將就任,館於德懋家,余過之,德懋持家譜囑餘敘其端。余習知趙氏來處舊矣,今得譜閱之,備詳其本支顛末,而亦重有感於當時宋事之不競也。自藝祖都汴,國勢示弱,高宗南渡,偏安一隅,至而閩而廣,時事不可復爲矣。陳桂龍襲漳,逃入畲洞,其侄陳吊眼領其餘衆,以應張世傑唆都討之,屠趙氏,是漳之宗室受禍於唆都。蒲壽庚叛宋降元,屠趙族,乃兄壽晟教之,是泉之宗室受禍於壽晟。往事興亡,令人感慨,今德懋重脩族譜,建立宗祠,以至應役蒸嘗墓誌家規之類罔不備舉,庶乎達於承先啓後者,意念深矣。

范先世出自魏王之後,自若和公從帝昺浮海,浦西登岸,世居浦之積美。范與余有姻好,嘗受業於余,德懋屢上春官,余時在春部,亦相知自昔也。余與其能知所重,乃因其請,遂不讓而僭書之。

萬曆十六年歲次戊子仲秋,賜進士及第、南京禮部尚書、前禮部左侍郎兼翰林院侍讀學士、經筵講官、會典副總裁、兩京國子監祭酒、眷生璧東林士章頓首拜撰。

(趙紫綬、趙鯤飛編纂《[福建華安]銀塘趙氏族譜》　清乾隆壬午年七修稿本)

宋趙皇族遺裔易姓埋名事略

十一世德芳派與昉，希功之子。生孟傳、孟春、孟信、孟陽、孟芳五人。孟傳登端平乙未進士，宋室傾移，公攜子及孫遷居於壕嶧南溪之滸向後，潛住於本都馬六山，易姓黄。洪武十四年詔軍民復役，其曾孫麟福始偕子思彝、思成等復歸故里。

吾派自伯述公扈蹕南遷，先居臨安即杭州，南渡改名曰臨安。伯述生師誥，入閩遷漳。時宗室三派同遷。有居西湖内者，傳僅三百人。有居萬盈坊者。有居桂林坊者。三派共僅千人。師誥、希庠、希商俱登第。希庠與其子與傚登淳祐甲辰進士。與傚生孟漢，字汝濱。

（趙紫綬、趙鯤飛編纂《[福建華安]銀塘趙氏族譜》 清乾隆壬午年七修稿本）

（三十四）盧　氏

盧氏南遷入汀漳泉世系敘録

按我盧之生也，由來久矣，乃齊太公之後，文公子高之孫，食菜於盧，公以爲氏也。漢唐之君子表表，史籍間可見而知也。我盧公之起基也，自北直潁州范陽郡，家居銀灶山盧家巷，左案有旗山，右鎮有鼓山，前代自古多出異人。如金公乃遷居河南光州也。按如金名諱鐵，字如金，乃是光州瑩宗公之長子也，生於貞觀二十二年戊申七月初六日辰時，卒於開元二十三年乙亥二月廿七日辰時，壽八十有八歲，娶光州祝萬户季女，生三子，長曰伯道，次曰伯通，三曰伯達，或之河南爲祖久居，或遷於名山秀地居焉。傳至十三世乃佰達派下生大郎公。大郎公生三子，長一郎公，次三郎公，三五郎公。時父子燕間之際相與語曰，嘗聞江南境土，地靈人傑，神賽勝境，富有奇珍，風俗淳厚，俱聞其名未覆其地，不知吴頭楚尾，擇其善者而居焉，而爲子孫萬世不拔之計也。於是不辭跋涉之勞，遂至虔州寧化縣清風里居之焉。兄弟三人，就此分别，各從便安風土，手足分離之時，不覺淚下也，因以其山號曰啼嶺。

一郎公居寧都，果菜茂盛。五郎公當時生有八子也，時亦分别而之四方者，或去南康，或去懷安，或淮安各興等處。惟我三郎公，就啼嶺之二三里間，名曰清音坊而居焉。南面拱韶山，東方揖潮水，前龍潭之勝概，後有虎腦之名峯至。數年間，果然豪傑挺生。三郎公派下生一男名曰廣者，時爲兵部尚書。

廣公幸生一子，名諱曰卓者。卓公幸襲職。卓公幸生五子，長光睦，次光稠，三光讀，四光涯，五光謙。光睦、光涯、光謙三人散而之四方，支葉盛未詳其事也。可知者，光譛生延林，生孝行。孝行生三子。長世榮居南康。次世興居寧化。三世安，生二十承事，分支分派，各茂如竹盛如松。

卓公次子光稠公，生而神異，身長八尺五寸，聲音如鐘。挺生之日，乃唐文宗開成五年(840)庚申七月十五日子時。時逢僖宗廣明間天下亂離，黄巢僭逆，群賊蜂起，百姓不安，時幸郡有忠義士人譚金喜，播共立我光稠公爲帥，據守城池，智勇雙全，剪除奸凶，士民得賴以安，虔韶二州請命於朝，通輸貢賦。又幸梁太祖封光稠爲開國侯，後疾而善終，郡人立祠於本府憲臺之西祀焉。至此，我光稠公生孟堅。孟堅公生館延。館延公生世顯。世顯公生念六郎。念六郎公生少七。少七公生子安。子安公生木鵝。木鵝公生三六承事。

（盧位俊鈔録《[福建南靖]范陽盧氏通保系族譜》 清道光十三年三修稿本）

盧氏汀杭三六承事苗裔播遷題名録

三六承事生二子，長曰文新，次曰文實。時文新父子移居寧化縣，文實自寧化遷居上杭豐田里楓林下西坪是也。

君朴，以人才補官同安縣主簿。

均用，以應薦補官福州府連江縣。

子質，洪武十五年壬戌以明經薦辟。

奮，洪武丁卯年舉人，龍溪學生，金山埔尾住。

伯可，字選南，洪武二十九年丙子舉人，教諭，漳州漳浦住竹是嶼。

遂，洪武三十年以力士有功，陝西莊浪衙千户。

永惠，貢士，洪武三十年以力士有功，授陝西莊浪衛千户。

燧，字秉道，以《易經》薦領永樂癸未鄉試，甲辰進士，授廣西桂林府知縣，長泰丹陀洋住。

琦，永樂戊子年舉人，漳州府學。

盛祖，永樂戊子年舉人，龍溪縣學。

閏，永樂辛卯年舉人，任兆慶府新興縣教諭，南靖寶林中埔住。

涓，正統辛酉年舉人，住廣州府東莞，漳州府學。

謙，字踈齊，景泰戾午年舉人，授中書舍人，陞禮部尚書，漳州府學。

志景，字哲仁，景泰九年戊寅例貢，任廣西廣信府經歷，長泰住。

璟，弘治七年甲寅應貢。

深，弘治十四年辛酉舉人，漳州府學。

琅，字慎夫，正德元年丙寅應舉，任潮州饒平訓道，潭之子。

巽，中貢元，任四川眉州州判。

琳，正德九年甲戌應貢，靖江府教諭。

岐嶷，字希稷，號辟山，以《書經》嘉靖十六年丁酉鄉薦第八名，登秦鳴雷榜賜進士第，受浙江江州府知縣，陞户部主事，尋補兵部職封司員外郎，陞武選司郎，陞貴州提刑按察使。長泰丹陀洋莊住。

玭，嘉靖十八年應貢。

維禎，字司典，號瑞峯，以書經嘉靖辛酉舉人，隆慶戊辰年登進士第，授大常寺博，陞吏部主事、員外郎、郎中，歷陞户部左侍郎，贈尚書，漳浦後溝住。

穎，字豐伯，號西稼，嘉靖辛酉年舉人，岐嶷長子。

標，字蓉渠，萬曆六年戊寅應任松江經歷，陞廣東高州府同知，南靖由義里鄭店盧橋頭住。

貫，萬曆己卯年舉人，永定縣住。

碩，字與軒，萬曆乙酉年舉人，壬辰年登進士第，授廣西南寧府推官，陞户部主事。

奎，字丹宇，萬曆十六年戊子順天舉人，任廣東瓊山知縣，龍溪學，岐嶷侄。遷居金山水潮埔尾。

化鼇，字爾騰，號雲從，萬曆二十八年庚子舉人，丙辰年登會魁，授浙江蘭溪知縣。

陞吏部主事員外郎，文選司郎中寶司太鄉，漳浦杜任住。

繼禮，萬曆三十一年應貢，任貴州蘇州府教授。

光相，貢士，岐嶷孫。

春蕙，號金紉，萬曆癸卯年任南穎鳳陽府知縣，岐嶷孫。

經，字得一，萬曆壬子年中式，天啓乙丑年登進士第，授行人司，廣平貴州主試，欽取四州道御史巡按，原河南回青洋住。

鍾秀，萬曆四年丙子應貢，任寧洋學教諭。

士濟，字道筏，天啓辛酉年舉人。橋埔，號桂公，分籍永定。

乾亨，號斗需，天啓辛酉年舉人，任陕西莊浪令，分籍永定。

國就，崇禎癸酉年中式，授兵部主事。

振明，字文仲，號自庵、右亮，崇禎己卯年舉，譚六世孫。

以祖，字維禎，蔭官户部，所照歷陞本部主事。

一鳳，崇禎八年貢士。

光從，字學古，號元周，隆武元年授武英殿試中書舍人，監紀招徵閣部軍前，兼理選檢遊擊將軍，陞户部主事。

階，號而明，隆武己酉年護駕千總，水潮都美住。

道敏，字青蒲，順治應貢，標之孫。

敏政，順治五年戊子科舉人，長泰住。

清，康熙十九年庚申補科舉人，永定住。

清，字君濂，吏員，授潮州府武康縣典史，陞本省加興縣主簿，龍奎子貴第三男之子。

珠，字君照，授浙江加興縣鹽運所大使，墨場石壁厝正庵公長孫。

寬原，名弦，字君寬，授湖廣辰州府沅水馹，陞廣東德縣馹寧司巡撿，墨場中厝房祖勳之第二曾孫。

一春，字士元，授典史，陞廣東韶州府樂昌縣九峯司巡撿。

六吉，字健老，諱自强，乾隆丙子科中式第四十八名舉人，龍光房孫，橋頭住。

（盧位俊鈔録《［福建南靖］范陽盧氏通保系族譜》 清道光十三年三修稿本）

閩南盧氏淵源敘録

十四代天禄公，文寶公之子也，小字戌三郎。祖考居寧化石壁村，同男筮士泉州府同安縣，回次永定縣太平里高陂寨，父子因儒家焉。夫婦合葬於本縣勝運里鄉溪三條石，即今狗社是也。

祖妣黄氏妙慶，生四男。長名縣尹，宋末官爲福建泉州府同安縣令。次名萬孫，移居安遠即今安遠縣。三名子春，今廣東潮州饒平三饒楓樹下嶺鴨母坑是其後。四名勝保，今永定金豐苦竹蘆坊頭及岐三河坎下是其後。

十五世始祖，系福建汀州府上杭縣永定、漳州府、漳浦、南靖、潭平縣暨江西九江府河源縣等處之始祖也。

縣尹公，天禄公之長子也，諱號莫考，祖居寧化石壁村。公生於宋末，官閩海泉州府同安縣令，改任安溪縣，因號縣尹，滿秩回次永定太平里高陂東寨。會有馮林謝三姓，苦於擾亂，懇苗公爲地主，佃納租税，每歲糧至寧化縣上納，鄉人因號爲開山地主公。吏自清廉，士民愛戴，承恩命走馬僉莊，卒葬在永定太平里清坑夾溪，土名南阪，吊鐘形。至大明嘉靖丁未年冬月，内仍孫金錠、弘任等統衆重修大灰墳。妣李夫人，生四男。妣葬在樹櫃形，坐壬向丙山向，與公同更修。續妣姚氏無出。按妣初適雷姓，生一男即正源，幼孤無依，隨母再醮，從公姓盧。先是，公值家宴，氏進團魚，公分食數男，於正源有偏，氏回，是餐與公永訣，削髮入太平里本境白蓮庵修行，號曰釋道姑，卒葬高陂賴坑口大馮門首，龜形，坐巳向亥。正原年齒於諸弟故居長焉。再胡氏，號十娘，生一男居少。按胡乃泉州孟顧人氏，前人有子取回。長正原別號浮山，妣姚氏，抱男居太平大溪尾，横溪、黄田、南山尾、白土、東坑是其後。次壁奎，號母我，今上杭縣張温牛隘嶺及廣東韶州府翁源英德俱其後。

按譜，士林公距東溪公僅三世耳，但因兵焚錯先君諸莫獲，浦邑舊譜載自山陰入閩是也，譜誌。

（盧如兼纂修《[福建南靖]盧氏通保系族譜》 清同治十二年五修稿本）

南靖范陽盧氏淵源述略

時大清道光十三年癸巳耳孫位俊抄録譜序，而付後人知識祖宗之源脈。

夫水有泉而流積江海，木有根株而發生枝葉。物尚有本，人自祖傳。是以我之一宗而有支派，蓋自始祖出於范陽之郡，遷於上杭之邑，府曰汀州，故天下一宗，本無二姓。凡諸盧者，皆吾之祖宗也。但祖失傳耳，而諸盧難其誌焉，特以始祖曰通保公生下我高祖曰仁美公者始以爲誌焉。自仁美公以來，寓居南靖縣永豐里肇基生業，開創乾坤，詳其流傳之緒，録其族屬之譜，使子孫知上祖之名，後世述無疆之福，瞭然在目。睹上世如生存，續後裔於萬世也。蓋我祖積善爲心，傳家書禮，克勤克儉以之業，惟耕織以治生，後世子孫不得有邪侈之行，果有情革舉懲治不容於家廟。

時皇清雍正七年歲在己酉季春清明之後，梧峯眷晚生石士衡因代抄譜故敬書范陽盧氏譜引。

（盧位俊鈔録《[福建南靖]范陽盧氏通保系族譜》 清道光十三年三修稿本）

南靖盧氏淵源略

洪武三年黄册里長名：

一世通保公，男仁美公，原祖籍系郡武府郡武縣人。始祖盧奎，字文會，號母我，登政和進士第，除江西運判，忝鄉賢名宦。後裔盧仁，移居汀州府上杭縣買田里，分居南靖縣永豐里，土名下寮爐坑住。

通保公葬於本處爐坑埔上，坐南向北，出行丙午丙子分金。妣陳氏，葬大潮黄山，失掌，後打銀牌与通保公共穴。生一男名法旺，字仁美。

（盧如兼纂修《[福建南靖]盧氏通保系族譜》 清同治十二年五修稿本）

(三十五)魏　氏

南靖梅林魏氏出源及傳布縣社

十八世祖仁公,字敬德,慶元監舉。妣徐氏,生五子,長祥,次福,三祚,四禰,五祉。長大分居,或徙居福興,或徙居延建,或徙居汀州寧化縣石壁溪,傳至吾祖進興公,因海寇氛亂,徙居梅林社,爲吾族開基始祖也。

魏姓散居各州縣社詳録於左:

乙派分居福州省。乙派分居泉州莆田。

乙派分居龍溪縣港内。乙派分居仙游縣。

乙派分居海澄縣金沙。乙派分居洪棣。

乙派分居董杭。乙派分居晉江縣棣福城東。

乙派分居南安縣大眉荆山。乙派分居東安縣爐前。

乙派分居安溪縣盧田賀厝。乙派分居惠安縣。

乙派分居詔安縣。乙派分居福清縣。

乙派分居漳浦縣。乙派分居長泰縣。

乙派分居東阪烏礁。乙派分居晉江縣曾村。

乙派分居南安縣四都。乙派分居東安縣劉五店馬厝巷。

乙派分居龍巖州西門。乙派分居永春州赤塗崎烏洋。

乙派分居永定黄竹煙。乙派分居龍山霞閣。

(《[福建南靖]梅林北壟光裕堂魏氏族譜》　清光緒壬寅稿本)

南靖梅林魏氏出源略

稽魏氏鉅鹿宗派,本文王第十五子畢公高之裔。至萬公始封於魏,遂以國爲姓。歷朝以來,人文輩出,名賢鵲起。唐魏徵封鄭國公,謚文貞。而宋魏鶴山端明學士。自元而明而清,科甲蟬聯,歷閲諸史所載,誰不欣羡魏氏宗派哉。

至問始祖何自,則世遠代湮,實難稽考。上世安陽始祖長賢公,二世魏徵公,三世叔玉公。傳至吾祖進興公,系汀州寧化縣石壁溪,因海寇氛亂徙居梅林,爲吾族開基之始祖也。至今傳下十九代,支派將近數萬人矣。倘無譜牒紀載,但恐昭穆失次,叔侄如雁行者,兹將光裕堂派下,詳問各房耆老,又細查各房丁簿,又將祖祠神主盡各析問,將生死卒葬細心抄録修成譜。

(《[福建南靖]梅林北壟光裕堂魏氏族譜》　清光緒壬寅稿本)

(三十六)宋　氏

漳州芹霞宋氏源流本支記

宋氏始祖所自出，江南松江府華亭縣人，名毅公者，曾爲汝寧府光州縣令，有慈惠潭被及民，懷其其仁，留其家焉。娶趙氏，生五子，曰游，曰湖，曰浚，曰渭，曰澄。二世祖浚，字偉山，遊學固始縣東廂謝士郊家，娶謝氏，生四子，曰大寶，曰大鼎，曰大圭，曰大綱。綱旅寓於廣東餘弼縣。三世祖大寶公，娶姚氏，生二子，長之發，次之傍。四世祖之傍公，字敬仲，娶林氏，生一子曰用，字什五，始居霞漳，爲唐朝翊府郎中隊正。僖宗光啓元年，閩郡泉潮之間未有州治，山空路僻，地險林深，僚閩者於此聚居，遊偵者於此雜處，結黨標掠，出没無常，閩廣時時被擾，行旅往往淒然，由是居民申請於朝，乞兵鎮撫，以靖邊方。僖宗皇帝命左玉郎衛翊府郎中將，歸德將軍陳政公領兵鎮閩，我祖用公督兵而來，盡心竭力，不避艱險。及閩平，抵漳住東廂二圖，娶周氏，生六子，曰萃江，曰萃漢，曰萃穀，早萃陵，曰萃宇，曰萃亭，分六房，號曰禮樂射御書數，置蒸嘗二十六畝。將軍陳政平閩有功，奉勅俱葬在石鼓山南。而我祖勞績有年，亦錫予祭田八十畝，載租一百二十石。迄宋朝，幸得堪輿先生黄妙應，送北來家，歷北溪山明水秀，議欲遷葬石鼓山北，維時諸子及孫未敢從事，獨我五世祖母黄氏，素性鴻慈，深愛子孫，垂休後裔，獨信黄妙應先生。其言指示曰，水流破軍，百子千孫，一家歡慶，共成其事。六房五世早生百子，諸孫環住其所。因墳名水流破軍，故名其地曰水流，因營建宋氏統宗祠於水流社，衆議每逢冬至祭墳並祭宗祠。後因祖遲公致士立石不果。

福建漳州府龍溪縣松州水流暨芹霞等社開基始祖用公，字什五，爲唐朝翊府郎中隊正。祖妣周氏，漳州府東廂二圖人。時用公抵漳年三十有一歲，身高七尺，武藝超群，享壽八十有三，矍鑠出人，年登八旬，未嘗一日離弓馬，均稱啓漳碩德，咸頌靖海戎功，一宦之身而誕生六子。至五世而生百子，且世傳千孫，此祖德宗功顯然可見者。近稽六房，號曰禮樂射御書數，均履世變風移之後，或住或不住，或分或不分，謹譜後垂示。謹將什五公六子開列於左。

長房禮，號萃江，字應濤，娶林氏，生五子，長曰本詎，次曰本傑，三曰本湧，四曰本焰，五曰本培，分住松州、竺沙、藍里、山兜芹霞等社。萃江公世襲父職。

次房樂，號萃漢，字應澄，娶顔氏，生六子，長曰固祖，次曰固祚，三曰固祥，四曰固祐，五曰固福，六曰固禄。分住州尾，或移西門、南山、漳平、浦里、董坑今即鵝後是也。

三房射，號萃穀，字思逸，娶趙氏，生三子，長曰枝珊，次曰枝碧，三曰枝春。移住興化、竹頭、鹿石。

四房御，號萃陵，字思峻，娶洪氏，生二子，長曰榮承，次曰榮裕。住水流，後分住和睦、祖山頭。

五房書，號萃宇，字樂基，娶黄氏，生四子，長曰業成，次曰業啓，三曰業發，四曰業廣，分住桃源、浦林、磁窯、内園。

六房數，號萃亭，字樂勝，娶包氏，生四子，長曰茂東，次曰茂震，三曰茂亢，四曰茂青，分住霞溪頭，或同安馬厝巷，或移漳浦大人廟，或移黄山後。

（宋進興修輯《[福建漳州]龍溪芹霞宋氏前厝派次房家譜》　清光緒十八年稿本）

（三十七）方　氏

雲霄方氏佛養系譜志

一世國禮，乳名佛養，如庵次子。於元朝成宗元貞元年與張友仁等十六人由南靖西城之可塘遷居雲霄，佃種官田在莆美壟等處，初住西林，爲方氏入雲霄始祖。生二子，長惟修，次惟賢。墓葬西林賒狗山。至明萬曆十五年丁亥十一月朔，翔魂以木主葬在尖峯山天穴，有石碑明方氏始祖暨祖妣墓之字記。

二世維珍公，系始祖佛養公之長子，一再傳而子孫衰微，遂忘世系。後經八世廉修譜查考，五世孫有茂和琅儕，茂之子孫移居北岐，琅儕之子孫居上方，他們各自修一譜，故陽霞大宗未祀其宗。公之後裔於明宣德七年壬子始分户，寄蔡廷臣户内。清康熙二十九年庚午又歸國祚户。公生卒年月日失考，葬於大臣山五葉林。

二世維賢公，系始祖佛養公之次子。生一子元仲。當時户役不均，百姓苦之，所以兄惟珍公子孫願降入甲户，最後衰微。而惟賢公克家亢宗，祀祖明宗者欲爲一本記載，因惟珍公派系未詳，故大宗中獨祀此公爲二世祖。生卒年月日失考，墓葬莆美城内，穴名虎地。明萬曆十五年丁亥十一月朔，翔魂以木主葬尖峯山地穴，有石碑：明方氏二世祖暨祖妣之墓。

（《［福建漳州］雲陽方氏族譜》 1992年四修稿本）

（三十八）丁　氏

漳州白石丁氏淵源拓基事略

祖來自河南，卜宅象山，繼遷畝中。其間氣運不齊，昇降亦異。當其盛也，障海爲田，開鑿港道，或樂施捨，或擢高第，或高山林之致篤士嗜學。及其衰也，倭寇厄之，而且疫病淪没，逃散外郡者比比皆然。比亦氣運使然，無足怪也。最可憾者，辛丑之間，海上割據，我皇朝遷内地之民，俾勿與通。於是田野盡荒，廬舍盡壞。嗟，我族人破家蕩産，乃有不肖之流，遂圖獻地於仇家徐氏，獨不思亂極必治，數窮必返，今雖離散，後將復合，則此祖宗相傳基業何可一旦毁於人。更有甚者，爲家之蠹，顯附於徐氏，與我二三叔伯兄長之有氣節者互控於法庭，仇家勢滔，我族力薄，祖宗千餘年之廟宇，遂淪而爲徐氏之墳墓矣，文峯之地被他圖占，三分損二。今僻在西隅，人無完宇，族孽之貽害，一至於此，籲嗟！我祖之來兹江東也，化鹽爲淡，障海爲田，後人繼之開鑿港道，遥通三十里之潮，利及鄉人多矣。今其宇不保，乃如此，天之報施善人其如何哉。愚不才，不能開拓舊業，而吾家氣運未甚振興，則夫雪先人之恥以復丁氏之境土者，尚有待於後人也歟。

時康熙四十七年戊子仲秋，余以丁母憂不及鄉試，族兄昭文因宗譜廢壞稟諸家長，命余重脩，不覺有感而爲之敘。

承事郎二十五世孫春芳煦埜甫拜譔。

（丁仰高編纂《［福建漳州］白石丁氏世譜》 清嘉慶丁巳年稿本）

(三十九)蔣　氏

華安大地蔣氏來由敘略

蔣氏先祖景容,或謂海澄峨山圳尾來,或謂非也。世遠年湮,大地族人全無追本之念。至光緒二十六年庚子三月,玄天上帝請香攝童降乩直指造海澄割香。乃到海澄肇基祖祠。適逢祖祠毁壞,族人相與参議重興蓋築。至十一月初四日入主完竣。次房洪埭社族人云,我與宜招同祖,洪埭祖觀福公亦有私祠焉。大地族人往觀尋認,果然與大地同祖,始知景容公是海澄來,斷然不誣也。不然,始祖祠有景容公神主,洪埭私祠亦有景容公神主,何也。余恐其紊,是爲序。

海澄峨山圳尾祖祠考妣名次肇基始祖考啓胤穆庵先君蔣公。長房祖考伯慶蔣公。肇基始祖妣念十娘徽壺堂張氏孺人。長房祖妣嫻淑邱氏。

六代次房陽謙公,移住漳浦舊鎮,或錯處於溪南泰平諸邑者。有諱貴者,明永樂封定西侯,世爵京師。諱復初,登閩省賢書本府第一人,登萬曆進士,官吏部尚書,任兩京試場,欽賜祭葬于澄之鹿石山。其右祖地傳十餘世,明初充爲軍籍,鎮廣東碣石衛,每年族人科軍費銀兩爲軍需。其長房祖諱觀賜,孫曹居祖地寥寥然,或移居於泉之南安白雲里,或移居於省城南門外。孫諱宏變爲明邑庠。

次房祖諱觀福,孫曹居祖地,或移居鼇山之西吴山坪及洪埭,或近城九都居住。九世孫諱爾莞,爲明邑庠。十世孫諱友,清康熙以將材隨鄭國姓部萬總鎮征金厦臺澎。

(《[福建華安]大地義昭蔣氏族譜》　清光緒稿本　後人補録本)

華安大地蔣氏譜略

吾夫子嘗曰,某殷人也。而《離騒》亦云,帝高陽之苗裔兮,朕皇考曰伯庸。蓋古聖賢尊所自出如此。吾蔣氏之先,周公第三子伯齡,食菜於蔣,蓋樂安郡也,以國爲氏。至漢時,有諱詡者,爲兖州刺史,以廉直著,及王莽爲相,稱病而歸,開三逕自適。三國有諱琬者,字公琰,士蜀,以安民爲本,諸葛孔明嘉之曰,公琰,社稷之器也。官爲尚書郎,行大丞相事。吾祖則自漢子文爲廷尉,封鐘山侯。子留於泉,分派於漳,夾處於泉鴉頭福泉所之間者。孫支諱芾,爲宋孝宗宰相。諱悌生,字仁叔,爲元理學名臣。諱芳鏞,登明進士。諱範,爲明名臣。諱德璟,爲明崇禎宰相,其弟德瑗登明進士。孫鳴雷登科,其分派於漳之海邊,即我先君啓胤穆庵公也,卜里於澄之峨山圳尾,蓋澄之設於皇明嘉靖四十四年間,割溪地之九都月港而爲縣治,是今之澄即漳屬溪地海濱也。先君産四子而建祠,傳二世長房均生公移住同安曾林。次房均昌公移住開山,其孫景容公移住漁招。景容之孫又分派於漳。

(《[福建華安]宜招大地漁山蔣氏族譜》　1935 年稿本)

華安大地蔣氏淵源略

始祖景容公,出於延平府尤溪縣之四五都,今分户籍,應當大田縣,與一派分居泉州府晉江縣福全所者，奕葉富貴最吾家焉，與吾祖共譜，昭然不誣。有弟名輣字克濟，有曰天塤字嘉命，二兄弟嘉靖壬戌往祖讀書，意在寄考。取譜觀之，族人亦有言曰，吾祖之居，猶有存者，實類於漢昭烈與獻帝對譜，出中山靖王之後，因稱皇叔，非若郭崇韜冒拜郭子儀之墓者倫，致爲後人所笑。今查始祖由宋擇居此鄉，名曰大地，若鄰鄉土名高村上墘，各有地基，彼之鄉人歷歷指以爲吾子孫告。但世遠人亡，況彼又非當意處，是以弗究之也。至若鄰鄉安溪龍涓里，土名隘尾，吾祖亦有居焉，今不知孰先孰後，前居已不可考。

（《[福建華安]宜招大地漁山蔣氏族譜》 1935年稿本）

龍海福全蔣氏宗譜世系序略

肇基始祖諱旺公，直隸鳳陽府壽州延壽鄉人。祖原籍徽州歙縣，成公之第四子，授官福全守禦千户所正千户，洪武二十五年致士。生三子，正、忠、信。長名正。字洪諡公，世襲正千户。次子名忠。三子名信。俱歸鳳陽。

洪諡公生四子。長子名勇，字永贈公，世襲福全正千户。次子名義，字永昇公，徙居惠安崇武。三子名雄，字永錫公，徙居同安澳頭。四子名銘，字缺，徙居深滬是也。明洪武間，以功斷一子孫襲本職者，佈在衛所世襲，其餘官舍，或徙郡縣，監軍立爲軍籍，不得與官籍之例。洪諡公第二子籍貫惠安，第三子籍貫同安，皆系官舍出外邑監軍也。

（《[福建龍海]福全蔣氏宗譜》 清光緒稿本）

漳邑蔣氏淵源

孔夫子嘗曰：某殷人也。而《離騷》亦云，帝高陽之苗裔兮，朕皇考曰伯庸。蓋古聖賢尊所自出如此。

吾蔣氏之先，周公第三子伯齡，食采於蔣，蓋樂安郡也，以國爲氏。至漢時，有諱詡者，兗州刺史，以謙直著。及王莽爲相，稱病後歸，開三逕自適。三國有諱琬者，字公琰，士蜀以安民爲本，諸葛孔明嘉之曰：公琰社稷之器也。官爲尚書，即行大丞相事。

蓋澄之設於皇明嘉靖四十四年間，割溪地之九都月港而爲縣治，是今之澄，即漳屬溪地海邊也。

先君産四子而建祠。傳二世，長房均生公，移住同安曾林。次房均昌公，移住開山，其孫景容公移住魚招。景容之孫又分派於漳平。六代次房陽謙公移住漳浦舊鎮，或錯處於溪南、泰平諸邑者。孫支諱貴明，永樂封定西侯，世爵京師。諱復，初登閩省賢書，本府第一人。有諱時馨，字蘭居，登明進士，官吏部，葬於漳州北郊浮山亭。有諱孟育，登萬曆進士，官吏部尚書，任兩京試場，欽賜祭葬於澄之鹿石山。其在祖地傳十餘世，明初充爲軍籍，鎮廣東碣石衛，每年族人科軍費銀陸兩爲軍需。其長房祖，諱觀賜，孫曹居祖地寥寥然，或移居於泉之南安白雲里，或移居於省城南門外。孫諱宏變爲明邑庠。

次房祖諱觀福，孫曹居祖地，或移居鼇山即峨山之西、吳山坪及洪埭，或近城九都居住者。九世孫諱原莞，爲明邑庠。十世孫諱友清，康熙初以將材隨萬總鎮征嶽州，軍功加都督同知，初任山西潞澤營參將，駐潞安府，陞任協鎮。蒲州有諱邦俊，字撰宏，爲明邑庠，其弟邦佐登隆武蘭臺貢士。佐之子銘，入郡庠。

三房祖諱觀才，有孫在碣石衛當軍，孫曹多居祖地，又分處於峨山之陽，名曰陽公社。一諱可録，爲明邑庠。一諱應胤，胤之侄孫諱先登，俱明邑庠。一諱孟復，一諱爾憲，俱明邑庠。一諱巨琳，號蜚穀，登隆武進士。一諱應賓，賓之侄諱鳴震，俱明邑庠。一之子憲沖，爲清邑庠。小子有壇乃賓之長子也，與弟伯達讀父書，伯達入明邑庠，壇遊郡學。序歷清朝屢應賓興，恨未見朱衣，暗點老當益壯也。

今小子有壇，思祖父巨材字蒯江，於天啓年間憐本族軍費難以科辦，衆苦牢騷，始捐腴田壹石三斗，坐落洪埭社，價值銀壹佰兩，早允收税爲軍費，餘剩銀置園圳尾，收税爲祖廟祭祀用。宗人敦請神主入廟配享。嗣後仰東捐田並園，址圳尾及陽公洋，值銀壹百兩，爲族中丁銀之用。另捐銀壹拾兩，收税爲廟祭牲儀。又次房我振捐銀壹百貳拾兩，置良田八斗種，址洪埭洋。另置圳尾飼飯田貳斗種並園，收税爲丁銀廟祀用。族人皆敦請神主入廟配享。後先倡和，種種皆義舉也，有范希文古風焉，凡子孫入廟者，咸欽高誼而祝昌後，琦興興美哉。無可時移事變，海寇蹂躪海濱，順治十八年辛丑遷移自鎮海至港邊止。噫嘘，圳尾祖祠壞，義田牌記亦傾壞，在宗祠前俱毁而頹荒矣。幸祖宗有靈，書香相繼，子孫家聲由兹再振。今播遷之後，祖墓燦燦，族衆濟濟，蔣氏之興，日可矣也，科第其有開先者乎。然兵燹之餘，族人星散，譜志不修，幾不識天潢地系矣。因略爲序次本末，以識不忘，俟後代有所考焉。昔謝靈運作述祖志，壇竊慕之，然文辭不逮古人遠矣。吾家世德相承，更待後賢纘而承諸。

大清康熙十九年庚申桐月上己，十一世孫有壇識。

蔣氏與蔣國

蔣姓源流，始自太昊，炎帝時姓姜名原，軒轅時姓姬。商紂時天下淫亂，姬武王伐紂，其弟周公姬旦輔政，統一天下，建立西周。周公姬旦第三個獨生子伯齡被封蔣國，今河南固始縣東北一帶，地處淮河之南，大别山北麓之斜長走廊之東，國都思期城。當時周朝建都於鎬，長安灃河以東。周公旦確定宗法制，建立典章制度，不斷分封諸侯，立七十一國，封兄弟之國十五人，姬姓之國四十人。姜子牙被封於齊，周公被封魯，周公長子伯禽又封於齊，周之子孫，兼制天下。

各諸侯國雖然都是周王室的分封，但因國力强弱，疆域大小，姓氏不同，到春秋戰爭時代，相互經過長期的爭戰兼併，那時版圖很小的蔣國，不到楚國的百分之一，建在思期山上，十年九旱，又常受到淮河氾濫，國力不强，面對强楚的攻勢，亡國只是早遲而已。蔣氏先祖早有準備，趁楚國兼併他國之時，子孫們便分成三路，乘其不備，突圍楚國。一路過黄河向東北，經楚國的胡即今阜陽進入宋國的睢陽即今商丘市，到魯國之國都曲阜。一部分士魯爲官，魯亦爲周公封地。一部分北上到齊國都城臨淄，爲伯齡之兄伯禽封地，其後代在樂安郡發展爲望族。二路北渡淮河，經潁河到魏國境内之古燕國今河南蔚氏縣，大部沿汝水過蔡國、許國即後來的魏國、韓國等地，奔洛陽、仁蔡、許、魏、韓諸國，一部分沿淮河南岸出中原，進入陝西關中平原長安之杜陵定居。也有沿淮河西過桐柏山，經南陽，到武關、熊平山到達長安杜陵。這期間蔣氏曾有十四世矢聿，十九世祖蟾宫等竟力恢復蔣國，經因歷史進程趨歸統一，未能實現。由於順應歷史的發展，才使蔣氏保存延續到三千多年的今天，而成爲中華民族之林的大姓望族。

今天遍佈江南及全國各地的蔣姓，大多數是由期思、樂安、洛陽及杜陵蔣氏後代發展起來。蔣國亡於楚的時間，大約是在戰國初期，蔣氏祖二十三世裔軻時被楚宣王所併。以史料記述分析，鄰近的弦、黄小國於前六四八年亡於楚，蔣國卻延後了三百年左右，其存在時間有四百三十年左右。

（《［福建華安］大地義昭蔣氏族譜》 清光緒稿本　後人補録本）

（四十）藍　氏

漳浦赤嶺藍氏世系淵源

赤嶺藍姓屬於炎帝世系，炎帝亦即神農氏，傳到第十世榆罔，賜給兒子昌奇即火旺公繡藍一枝，封於汝南郡，乃以藍爲姓，藍氏奉昌奇爲始祖。至唐朝天授元年，藍昌奇的一〇八世後裔藍明德被起用爲揚州節度使，是爲藍氏一世祖。

以藍明德爲一世祖的藍氏世系：

二世采和，三世仁，四世元隆，五世棣。六世成，於唐文宗開成四年居江南教北方人種棉作絮。七世安，於唐僖宗乾符三年遇黄巢起義鳩衆建寨自固。八世宗訓，於朱温稱帝後梁進遷居濠州定遠縣東山洞在今安徽安鋤樂業。九世昭，十世一俊，十一世備，十二世時用，經歷五代至北宋。

漳浦赤嶺藍氏畲族一系世系：

藍明德傳到十三世章，已是宋徽宗受逼於金兵之時。

十四世萬福。宋徽宗政和七年丁酉避金兵遷句容，在江蘇西南部，長江南岸，南京附近。

十五世吉甫。宋理宗寶慶元年乙酉遭金兵之亂，棄家入閩，開基福清五福鄉，爲開閩始祖。

十六世常新。於宋理宗淳祐七年由福清遷徙建寧，潛身而隱。

十七世萬二郎。遷汀州寧化石壁鄉開基。

十八世熙一郎、熙二郎、熙三郎。熙三郎生三子，長和一郎，次和二郎，三和三郎。

十九世和二郎。元泰定丙定由寧化遷長汀城下里平巔水口。

二十世太一郎。生七子，念一郎至念七郎。

廿一世念七郎名炯，號文明，遷居建寧府，後士元，提舉江西學政。

廿二世邦獻，諱琛，任江西撫州臨川縣令，生三子，長房元晦，諱兆，號廷瑞。二房仲晦，諱光，號石泉。三房季晦，諱寬，號清甫。在元亡明興之際，藍琛與其長子元晦遷居漳州府漳浦縣轄之鎮海隆教社，又稱藍教。次子仲晦在元末入閩，任福州行省都事，明軍克閩時，隱居元涉寺，後定居省城西門外侯官縣界内草市頭今福州市郊畲族村。三子季晦，居興化城外，現屬莆田。

廿三世元晦，號廷瑞，從江西遷居前亭霞美後遷居隆教。元晦生三子，長慶福，分居萇溪，又稱長卿，俗稱張坑，即今赤嶺畲族鄉，爲漳浦藍姓始祖。次子慶禄，居龍海港尾隆教畲族鄉。三子慶壽，從前亭霞美遷居廣東大埔河廖今湖寮畲族鄉。

（《［福建漳浦］石椅種玉堂藍氏族譜》 1991 年鉛印本）

(四十一)石　氏

南靖石氏遷葬重修八世祖田氏墓誌

八代顯祖妣田氏，巖邑龍門人也。相夫顯宗公，隨翁玉全公喬居於吴堂，年拮掘緦難殫述，然生下三男，長元清，次元壐，三元明者，幸皆昌熾可爲，瑩慰九泉矣。方其卜葬連塘，頗得牛眠之穴，不圖六代支孫有斬其龍，而葬在其母，堂年伯叔不言其非，嗣後苗裔徒識其失，崧竊取焉，越今七十餘載不幹蠱，孫焉彌縫。康熙己未崧竊館新樓，曾孫住弘議與餘合，因倡族人共輪拾金資其插葬。至丁卯冬復爲修方，祖妣賴安。後人獲識末始非是之助也，烏可不銘銘箇。嗟嗟，我妣荆庭後裔，夫相隨翁，遷於南居，篤生三子，一樹、千枝、春秋。匪僻同天，並峙騰鳳，起尚不可期，勤之家譜，少覺後知也。

(《[臺灣桃園]石氏春秋源流篇》 1991年稿本)

(四十二)連　氏

長泰江都連氏上世淵源略

始祖法進公，龍巖和睦里白泉社人也。所居地今爲漳平。公居鄉有厚德，人稱其長者。明宣德間徙居感化里牛過路，卒葬基地。萬曆甲戌年，五世孫子奎等往漳平掛祭，嫌其墓不吉，遷葬於三案山下。祖妣歐氏，生二子，長壘，次其季往永春居住。

二世祖諱壘，字大襲，法進公長子。生於永樂壬辰年正月十九日酉時，正統己巳年避沙尤之亂，扶母入長泰，居善化里江都。與之同處者幾姓幾人，今其存者十之一二，皆陵夷衰微。而吾宗獨盛，皆襄祖修德行善之所至也。卒成化辛丑年八月初三日巳時，壽七十，謚襄德，葬老寮後。聽術者言，凡再遷葬，坐丑向未兼丁亥。

佛保，字時沖，襄德公長子，卒葬在本里後堀野磁斗。娶陳氏，生子六，長孫，次男，三幼殤，四幼殤，五炯，六陸。

(《[福建長泰]上党連氏江都族譜》生齒志之一，全宗一至八世生齒　清宣統稿本)

長泰江都連氏淵源譜系敘略

始祖法進公，漳平和睦里白泉社人也。居鄉有厚德，人稱其長者。後徙居感化里，里之人董其德之善良者指不勝屈，卒葬牛過路。嘉靖間，五世孫子奎公等以其地不吉，遷葬三峯山脚，所謂連公墓也。二世社祖襄德公，世居漳平，倜儻有大志，在感化里極本圖事未能既，時遭沙尤之亂，按族譜記載，正統己巳年襄祖扶母避亂入泰。考正統己巳系民國紀元前四佰陸拾叁年，則我祖開基迄今已五佰年足矣。御其母以入武安，而自竄於江都崎岸，創基業，垂統緒，日不暇給，而其規模固已巨集遠矣。卒葬老寮，爲開泰始祖。三世祖侃齊公，兄弟三人，公爲仲子，承襄德公隱悼播越於後世，以紹以述，又精於地理，今日擇名山，明日求福地，其勞至矣。性孝友慈仁，叔侄之間事多故矣，而所以處之者，無失比兒猶子之意焉。天道無親，常與善人宜，其有後也。論曰，連氏之有後也，宜哉。

法進公崎山區於和睦感紀之間，以長者稱於人，以厚德化其鄉，乃傳之所謂善人乎。襄祖瑣尾流離困甚矢，而修德善無早夜，無敢不辦延。及侃祖作述之間無慚。及德叔侄之際，禮義不失，祖孫父子皆令有德。其有後也，不宜亦乎。

録自亮卿即炳章編纂之連氏族譜。十一世孫懷玉識於乾隆戊子。

江都歷代世系圖

一世始祖法進公，即四八公。

二世壘，大襲公，字襄德。明正統己巳年避沙尤之亂，扶母入長泰江都開居。

二世季德，南安鳳凰橋居住。

三世佛保，字時沖，瓷斗葬本里後堀野。公往龍溪。

三世佛祖，字時崇，號侃齊。

三世尾，字時美，往上礁被火燒死。

三世保派，佛保時沖公，分龍溪馬崎，爲該地始祖。

四世朝恩，生二子。權華量，鄉華榮。權華量子曰走生，字復成。鄉華榮子曰養。

四世朝遂，生四子。靈華椿止，楝華村止，鵬華舉止，泗華海止。

四世炯朝燦，穗華明止。

四世陸朝高。子寵華增，景華節止，三華陽十歲往連城，尾華信。

（連世全鈔録《［福建長泰］江都連氏族譜》 1989 年鈔本）

臺南馬兵營連氏世系

清聖祖康熙中，約公元一七〇〇年前後，福建漳州府龍溪縣萬松關馬崎社二十七都連氏有興位公者，少遭憫凶，心懷隱遯，遂渡海來臺，卜居臺灣府臺灣縣寧南坊馬兵營。馬兵營者，明鄭駐師故地，古木鬱蒼，境絶清閟，其址衆説紛紜。據先生友人林申先生口碑：馬兵營乃今臺南市自南門路以西至新生路以東之總地名，先生故居在新生路臺南監獄以東，臺灣電力服務處以北空地。先生高足張振樑先生説同。自是累世處此，至先生凡七代。據先生手稿臺南連氏家乘，龍溪馬崎連氏之遷臺者，尚有佛保之後所螟名來者，所螟㭁之後文龍、文曲、文帶等，皆渡臺居諸羅縣之小脚腿，今屬臺南柳營。

臺南馬兵營連氏始祖興位公，生於明桂王永曆三十五年、清康熙二十年二月初四日，卒於清高宗乾隆元年五月十一日，享年五十有六。遺命以明服殮，臺灣通史卷二十三風俗志衣服有云：歸清以後，悉遵清制，而有三不降之約。則官降吏不降，男降女不降，生降死不降也。若入殮之時，男女皆用明服，唯有功名者始從清制。故國之思，悠然遠矣，蓋猶有左衽之痛也，後遂垂爲家規。至先生父得政公，字永昌，悉遵奉焉。公娶臺灣縣治翁氏和娘。生子二：長某公，次吉公。

二世祖吉公，生於康熙五十五年十月十四日，卒於乾隆四年六月初四日，年僅二十有四。娶臺灣縣治歐氏炎娘。生子三：長卿公，次侯公，三伯公。

三世祖卿公，即先生之高祖，生於乾隆二年十一月初十日，卒於乾隆四十八年，正月十五日，享年四十有七。娶葉氏美娘，生齊全公。

四世祖齊全公，一名正信，又名維淓，即先生之曾祖。生於乾隆三十三年十二月十九日，卒於清宣宗道光十一年十一月二十八日，享年六十有四。娶程氏爲娘、石氏柑花娘。生子三：長長瑞公，程氏出。次長琪公，次長瑛公，並石氏出。女一。公初以商富，嗣爲匪人所構，家中落焉。

（王雲五主編、鄭喜夫編撰《民國連雅堂先生横年譜》 臺灣商務印書館1980年出版發行）

連 姓 淵 源

連姓，其源至少有三：

一爲陸終六子季連之後。姓氏考略謂。出自陸終三子惠連之後。《史記・楚世家》云：陸終生子六人，坼剖而産焉。……二曰參胡，三曰彭祖……《索隱》云：系本云二曰惠連，是爲參胡。宋忠曰：參胡，國名，斯姓無後。又云：《系本》云三曰籛鏗，是爲彭祖……是惠連爲陸終次子而非三子，且無後，應系六子季連之誤。

一出鮮皇族，帝高辛氏少子之後也。

一爲通古斯族之是連氏所改。或謂通古斯族尚有太連氏亦改連氏，而殿版二十五史《魏書》不載，豈徵引者之誤歟？季連之後有恭父者，相夏后有功，封連城，遂以連爲氏，其妻吴氏育子因名連城。

歷夏、商，至周莊王時，有連稱者事齊爲大夫，其從妹且在公堂。稱徙居上黨，後裔蕃衍，遂爲上黨著姓。

以上參史記、魏書中國姓氏源流統譜及黄帝千家姓，與連震東先生家藏上黨氏纂連氏族譜。又歷數傳，有遷於鄱陽及南陽者，有分於汴州及嚴陵者，又有徙於安州及婺州者。

（王雲五主編、鄭喜夫編撰《民國連雅堂先生横年譜》 臺灣商務印書館1980年出版發行）

連氏遷閩經過

李唐之世，有連謀者自婺州遷閩，娶延陵吴氏，生子四。其孫一名抱，一名總。總字會川，籍隸福建閩縣，唐懿宗咸通九年進士，任廣西及四川副使，官至金紫光禄大夫，善作賦，温庭筠嘗稱之。總子仲英，亦登進士第，襲父爵，任制置使。仲英子罕，號三翁，官至六軍都頭。罕子可封，進士，官至録事參軍。可封子抽。總之後有曰作礡者，宋真宗咸平二年進士。又有曰康時者，宋徽宗宣和六年進士。泉、漳、建寧之連氏，皆作礡裔也。

後有連胤者，遷大田之魁城，爲該地連氏始祖。胤官銀青光禄大夫，娶林氏四，四卒繼娶林氏十四，共生子九：長文榮，次仁位，三光信，四安仁，五佚名，六耀卿，七仁嵩，八佚名，九仁業。以上俱十四所出。光信生子二：長嗣宗，次玠。

玠生子四：長獻臣，字用之，入太學，宋哲宗賜進士出身，公元一〇八六年至一一〇〇年事。無嗣。

次鼎臣，字世之，亦入太學。

三正臣，字進之，宋哲宗元祐三年特奏名出身，朝奉郎。

四以聞，不仕。

正臣生子二：長小五。次小六。昆仲相偕遷龍巖和睦里白泉鄉，後爲漳平所轄，小六遂爲該地連氏始祖。

小六生子二：長十五，次二十。二十生子二：長三十，次三十四。三十生子四：長四四，次四五，三四八，四五十。

四八謚法進，明宣宗宣德間徙同邑之感化里，後漳平設縣屬之。上黨氏纂連氏族譜長泰江都族譜如是說，以年代考之，正臣爲宋元祐間人，四八爲其玄孫，四傳而爲明宣德間人，其間相去約三百五十年，揆以三十年一世之例，出入過甚。娶歐氏，生子二：長壘，字大襲，號襄德；次其季，遷永春。

明英宗正統十四年，壘奉母避難長泰善化里江都崎岸，尊奉四八爲該地連氏始祖。娶陳氏，生子三：長佛保，字時衡，分往龍溪馬崎。次佛祖，一名侃齊，字朝遂。三炯，字朝燦。四陸，字朝高。

仁業先小五昆仲於趙宋之世遷龍巖，其後曰夢寅、夢騶、夢熊，俱登進士第，熊判惠州。

又唐文宗開成元年(836)，有世居福建連江之連刊者，徙居尤溪。八傳至謙，一名宣義，字伯嘉，於宋孝宗乾道間復遷龍巖。謙子寅，字用夏，宋光宗紹熙二年進士。寅與仁業後夢寅，名同，籍同，時同，且同登進士第，當系一人。寅子萬四，萬四子夢魁。夢魁，宋理宗淳祐七年進士，由教諭陞惠州推官。夢魁與仁業後夢熊，名近似，而籍同，時同，登進士第同，官惠州同，或系筆誤，而實系一人。歷宋、元、明，子孫或居龍巖，或徙他處。

（王雲五主編、鄭喜夫編撰《民國連雅堂先生横年譜》　臺灣商務印書館 1980 年版）

（四十三）姜　氏

臺灣姜氏淵源略

明洪武帝時，世良公發蹟於福建省漳州府龍溪縣江豆村，後遷移廣東省惠州府陸豐縣碣石衛，置譜開基，尊爲第一世祖。傳至第三世祖後，再分居黚墩、馬路等地。傳至第十世後乾隆年間，部份宗親又再分居廣東海豐、陸豐、臺灣各地定居，開荒闢土，傳宗接代，士農工商人才輩出。

（姜仁通編《[臺灣]姜氏世良派下系統表》　1989 年自定稿）

（四十四）鄒　氏

華安鄒氏淵源族譜敘略

自宗法廢而氏族無統，隋唐之世始爲譜牒，以明其宗之所自出。苟非子孫世有賢哲，其不至於淹没而莫可考者，幾希矣。我泰寧鄒氏始祖諱勇夫，發源河南光州固始，知兵書，善騎射。梁封王審知爲閩王，公爲佐僕射，開陳大義，奉梁正朔。時李昇有吞併之意，建州歸化當其要衝，審知拜公爲銀青光禄大夫，尚書左僕射，兼御史大夫上柱國，領兵以遏之，因籍焉。則荒蕪亘野,煙火僅百户。公先剿除金鐃巨寇,招集流亡,葺理房舍,民繈負而至,遂始生息。五代干戈相循,化獨不被没,人物蕃盛,田野墾辟,皆公之力也。龍德二年六月十八日,公墓葬於寶蓋巖,立神主於南禪殿。公之子孫,歲以公之忌辰日設齊於寺,迨今不廢。

公生二子。長令武瓘,沉靜有謀,授水部員外郎,賜上柱國、緋魚袋。次令瑢,儒林郎,任龍津縣令。五世孫長孺字齊賢,與弟長玕字熙之,宋仁宗景祐中並補太常寺弟子員,慶曆六年同鄉舉,次年熙之登進士,賈黯榜齊賢升補内舍,以孝行祀鄉賢。六世孫名玠,奉議郎。七世孫諱棐,字堯叟,登神宗熙寧癸丑進士,任宣城宰。次括,字子發,穎悟絶倫,貫穿經史,初領太學同文館,舉哲宗紹聖元年進士,畢漸榜,遷承議郎,知亳州、汀州。有山林一所,坐落城西驀湖,名曰集慶,括同外祖表親,葉祖洽爲檀越,有文集藏於家。八世孫光達、光遠、光逵。九世孫德符、德茂、德文、德全,俱不士。惟光逵、德茂贈太子少保。

十世孫徽,字巡甫,躭於詩賦,贈開府儀同三司。其子應龍,字景初,天資莊重,讀書夜達旦,二十四薦於鄉,寧宗慶元二年丙辰大魁天下,歷恭大政,拾松窠驀湖二處爲義塚,凡死無葬者,聽擇地瘞之。從弟應麟、應博,皆登進士。次亦領曹薦任韶州知府;其孫守强、宗儉、宗良,俱不士。良之孫隆欽,習舉子業,西賓耆宿歲與鄉飲,兹以家譜示予,欲以一言弁譜首。大抵作譜者,所以求其苗裔,别其源流,得以興起孝弟之心,以相親相睦於無窮,免爲途人之視,則幸矣。然而近時之爲譜者,往往强附富貴,擯斥貧賤,惟欲矜其閥閱之盛,遂至棄其宗祖,欺其子孫,而失其真焉。嗚呼,是豈尊祖敬宗之道哉! 今鄒氏之譜,據實而言,闕其可疑,著其可知,使一覽之間,昭穆尊卑之序,長幼親疏之分,燦然畢備,孝弟之心油然生矣。是皆鄒氏之祖積德累仁,故其嗣續繁昌者若此,況其後者餘慶之萃,又冀豐於前而不豐於後哉。語云,源深者流遠,本盛者末繁。其斯之謂歟。隆卿與予有斯文之契,因其示,遂以沿伯譜之一脈,俾有明徵焉。

歲洪武三十年丁丑三月朔日,江西按察司副使何道旻頓首拜撰。

(《[福建華安]鄒氏族譜》 1994 年稿本)

鄒氏應龍系繁衍播遷録

鄒氏開姓一世祖曼父公,發祥於齊魯,繁衍播遷全國各地,代代相傳。

福建鄒氏先祖勇夫公爲五十世。父元金,隨王審知入閩,拜威武節度使,封魯國公,受命鎮歸化,領建州,家居泰寧縣,生子二,令瓘、令瑢。

傳至六十世孝先公,名武,號世守。少年曾遷福建漳州,無何復回江西泰和縣。歷任麻城縣尹,又赴雲南省任大理簽判之職,德政有聲,旋解組歸故里,尋率家人到湖南省衡陽高漢定居,即爲新化、祁陽、衡陽等三縣的鄒氏鼻祖。孝先公生子三,長子希可在新化落户,次子希賢奉母親丁安人在祁陽安家,三子希聖守墓衡陽。三支鼎盛,今有人口十萬人。

六十一世應龍公,在福建泰寧縣出生。父徽。應龍,字景初,號仲恭,謚文清。

配陳氏,生子三。虓一、二、三郎。

繼配李氏,生子五。渢四郎、鴻五郎、毅六郎、殷七郎、殿八郎。

三娶葉氏,生子五,恕、德、懋、恭、志。應龍公共計生十三子,其繁衍播遷情形是:

長子一郎公,居泰寧縣,遷徙龍巖市萬安鄒家山漳平縣永福鄉郎車陳村,生獨子順隆公。繁衍於華安縣和春、馬坑、高石、綿治、上坪、高安等鄉村。

應龍公次子二郎公,遷汀州武平縣,後代未紀。

應龍公三子三郎公,遷江西吉水縣。後代未紀。

應龍公四子渢郎,居長汀。公元一二六五年蒙古軍渡江南,文天祥起兵江西勤王。公受職江西招諭副使兼吉陽指揮,徙家吉水。及克復興國、永豐,又攜眷居永豐,進職兵部侍郎。天祥敗至廣東潮州,公與劉子俊率兵會之。帝昺祥興元年戊寅,元兵逼潮,公與天祥泛梅州南嶺嶇安縣,村落騎驅,徧歷十月冬,由南嶺走海豐,禦甲方飯,於五坡嶺元兵追及,不及措手,天祥、子俊被執。公自刎,衆稚扶入南嶺,歿即葬南嶺君子碇。鄉人重其義,立三忠祠崇祀之。三忠者,公與天祥、子俊,皆當日奉帝昺至南嶺者也。配夫人,生子三,惟先、惟光、惟允。惟先公子孫分遷廣東惠州永安縣。惟光公遷江西吉安府安福縣。惟允公子孫分遷江蘇常州無錫縣。

應龍公五子鴻五郎公,偕渢公遊江西吉水。後宦遊江蘇,遂家南京。配氏後代未詳。

應龍公六子毅六郎公,居連城四堡霧閣下足約雙井。配李氏,生子一,名二十九郎。

應龍公七子殷七郎公,居連城四堡里雙泉鄉龍足約雙井。配江氏,生子八,俱稱郎。無字,未悉録。

應龍公八子殿八郎公,生於公元一二一二年。時應龍公已出守贛州,四十歲矣。公承閥,篤志詩書,因見權奸用事,宋室日弱,遂無心士進,以治家教子爲樂。西元一二三一年,即理宗紹定二年己丑,汀寇侵邵武,隨太祖避地連城,置田宅家廟於四堡雙井,遂與同母昆第五人居之。開慶元年己未,公年四十九,蒙古兵渡江圍鄂州,破臨江,入瑞州,駸駸南下,縉紳士族咸思擇地圖安,兼之渢公治兵江西,戳力王事,公慮元兵遷怒,志切移居。擬自遊粵中山水,以卜事未果行。至景定五年即元世祖至元甲子壽終原籍,享年六十四歲,葬四堡鄉。

一譜載:公以年登古稀,當宋帝昺祥興元年,避元兵遷大埔,卜居蕉坑,據此,則公實歿於大埔。公生六子,長德寵八郎,次德廣東郎,三德俊十郎,四德郎少十郎,五德傳十二郎,六德彰十三郎。

九子恕,字伯仁。寧宗嘉定元年戊辰登鄭自誠榜進士,官授朝奉郎。性至孝,屢被召不肯離膝下。歿葬泰寧羅漢寺後。子一,名宗强。

十子官授朝奉郎。名字生卒失考。

十一子官授朝奉郎。名字生卒失考。

十二子叔安,登南宋進士,年榜未詳。官開國寺丞,遷廣東韶州知府。生子二,宗儉。宗良。

十三子志,官授朝奉郎。生卒失考。子一,名宗輝。

六十三世順隆公,字素庵,一郎公獨子。爲華安縣一世祖。配童氏,謚榮淑孺人,無出。繼配鄧氏,謚興懿孺人,生子三,長子智遠,次子智慧,三子智禮。開墓於永福陳村與羅村相連和春溪尾,虎形,坐北向南,看溪直上。又二墳二妣合葬,曰真武踏龜,看水向上,康熙己酉年正月初七日安葬。

六十四世智遠、智慧、智禮、智明,爲華安縣二世祖。

智遠,諱炬,謚弘毅,元初生。居漳平縣永福陳村,住和春。配邱氏,謚端一孺人,子一,名秉秀。

(《[福建華安]鄒氏族譜》 1994 年稿本)

（四十五）韓　氏

漳州天寶韓氏淵源略

有元始祖考諱觀佑公，於元泰定年間卜居擇地，自漳城南門外蓮浦遷居於漳州府城西門外龍溪縣廿一都天寶輅軒里路邊社，創業貽謀，建宅舍，置産業，傳子孫世澤永長焉。

公字神德，號啓齋，謚温恭，娶林氏，生四子，均宇、均海、均謙、均爵。

（《［福建漳州］天寶韓氏族譜》 1925年手寫墨書稿本）

（四十六）王游氏

詔安秀篆王游氏來由

始祖王念八公，諱寶生。祖妣江氏八娘，産下一男，諱王益。溯我大祖來自汀州寧化縣石壁村，移來漳州漳浦縣小段村埔坪磜下團居，復移井頭居，生二世祖，因改其地號曰王益墘，今即楊竹墘是。傳言公命早終，生年卒月日時無稽。祖妣江氏，上代傳言，子孫知之不可注出。

二世祖未婚時，有崩田游七十七公，諱信忠，無嗣，鞠我祖爲己子，娶妻陳氏二娘，受田弍石種，住耕阿八塘尾，買黄元佑復厚積柿子樹下，原稱平石。産三男，後復移漳溪壩又名樟樹壩，今即祖祠磐石樓也。游七十七公，今稱遠祖公，夥有田六石種，分二石種伯十公，田在大片里。改姓爲游，是嗣子矣。另田弍石種，分與伊親生女游細妹，嫁在黄祖坑鐘畔管，後改姓爲游，傳至今與我共當户役。又田弍石種，分與伊親弟，住崩田，原與我共當户役，今即寨下樓是也。

此系六世達軒公，在萬曆丙申年孟冬月朔旦於是謹志。大清雍正十二年歲甲寅仲秋，九世元捷公，抄集云有過之而無不及。軒公序云，雖非見知，尚屬聞知，得遺老可詢，遺蹟可考，幸而有乎爾。

康熙三十三年歲甲戌端月穀旦，龍潭八世孫貢元廷旭謹志，援貢往京，親到寧化縣王家巷，叔孫尋源索本，京回後來作序，年五十八歲。人之有祖，猶水之有源，木之有本也。水有千流萬派，而源則出於一本。木雖枝葉繽紛，而本則歸於根。人有百子千孫，而祖則創其始。故祖以一人之身分爲千萬人之身，愈分愈衆，愈衆愈遠，而漸忘所自者，人情也。吾家族譜幾數修矣。至今日本枝蕃衍，文物漸盛，又安可忘其所自來，而不增其所未備乎。愚故輯而修之，俾毋忘所自，以補其缺略。溯吾祖以上來自寧化，祖居灘土上手小王房，後遷下本縣王家巷，生下十一男，後分九房，後又分七房，住縣東門，皆思剛公派。思剛分派有七十男，十一世祖葬本縣本村右片沙手上，其地獅子形，坐丙山壬向，丁巳丁亥分金。丁卯科中經魁一人，是爲寧化東族之始。元季明初永樂年間，王念八公偕兄念七公，自汀州寧化縣移來漳州漳浦縣，念七公居南詔所，念八公居二都秀篆埔坪磐石。至二世祖，始入游籍，是爲磐石東族之始。

（《［福建詔安］秀篆王游氏族譜》 清宣統四修鈔本）

(四十七)張廖氏

闽臺張廖源流

張公諱虎,字伯紀,宋嘉定年間尚書諱陵公字文古第二子。陵公生二子,長諱龍公,次諱虎公,兄弟皆封指揮,受命隨陳將軍領兵開闢漳州,平王許之亂。龍公回河南祥符祖籍。虎公留居漳州,後於雲霄和尚塘建基,傳六世祖諱天正公字得仁,生四子。長再興,次志德,三再輝,四興林。再輝公諱願仔公,字再輝,進贅於廖三九郎公家出嗣,乃改名爲元子公,張公廖媽,從斯開族。

大清順治元年甲申,十世上貤抄書,交與遷籍族親,爲後日憑據。姓張姓廖隨意。

(《[臺灣雲林]廖氏大宗譜》 1979年鉛印本)

(

閩臺張廖姓淵源譜序敘

張揮公爲黄帝第五子,乃第三妃青陽氏所生。當蚩尤無道之時,虐害人民,黄帝身征之,戰於涿鹿。蚩尤有妖術放雲霧,帝兵難辨路經,帝有賢臣風右,取陝之磁石發明子午儀,以定方位,更以色旗分定八門之號,滴水而爲時刻,按時以定方向,爲攻守行營之用,即遁甲奇門測時行兵佈陣之始也。蚩尤放霧潛伏不敢出,化整爲零,窺伺反擊,爲遊擊戰之始也,帝甚憂之。

時揮公隨父出征,若無解父之憂,夜難入寐,徘徊帳外,偶觀天上星光閃耀,流星飛宫過度,光芒有尾,見流星出發星座有零星閃耀前進,星座形如半月點線,乃倣其型發明弓矢彈丸,獻於帝前,奏曰,遠以彈以矢而射,近以弓代器,而可揮擊。帝命逢霧射擊,迫使蚩尤入海而亡,帝乃以長弓爲姓,賜姓曰張,賜名曰揮,封居河南,是即張揮公爲張姓始祖者也。

(《[臺灣雲林]廖氏大宗譜》 1979年鉛印本)

臺灣張廖氏清武派來由及生廖死張典故

一世元子公,諱願仔,字再輝,張天正公之三子。母蔡氏,洪武七年自雲霄西林和尚塘遷來詔安縣二都官陂,廖三九郎家中進贅,是爲詔安二都官坡清武始祖也。

公爲人俊秀而豪傑,樸實而忠厚,常負販往來詔安官陂,因常宿平寨廖三九郎公家,三九郎公殷富無嗣,單生一女名曰大娘,品貌端莊,敏慧賢淑,能通詩書,事親至孝。公思遠客出祖者招之爲婿,見願仔公乃是遠客出祖者,兼之忠厚樸實,堪任東床之選,公悦之遂招爲婿。同居並食,視若己子,並將田園産業,悉付願仔公掌管。公事岳父廖公,岳母邱氏,克敬克孝,無異生身父母,廖公仍恐百歲後忘廖還張,故向願仔公立誓曰,得我業而承我廖者昌,得我業而忘我廖者不昌。願仔公亦誓曰,生當姓廖,死必歸張。因是啓官陂張廖一族之源也。

廖氏大娘單生一子名友來。公常囑曰,汝知爲父由來否,汝父原住清河雲霄和尚塘,姓張也,因兵亂始來平寨入贅廖家,原籍且有祖業,汝以後應回祭掃宗祠,爲人子當思孝道,若春秋二祭，廖家公媽更不可忘也。生事死葬時，應如汝父在生一樣，事亦須囑代代子孫遵之。因是姓廖，就户當差。然廖是皮，張是骨，又曰死张活廖是也。故世代相承，於户籍書廖，神主則書張，蓋存恩義之心，本源之意也。公與廖大娘合葬在龍磜凹，地名號石子墓，坐癸向丁兼丑未，庚子庚午分金。

二世友來公，元子公之子。生於大明洪武乙卯八年八月初一日卯時。公年躋弱冠，願仔公嘗囑友來公曰，子知汝父乎，汝父原居西林和尚塘，因祖没兵亂，始來平寨進贅廖家，祖家且有祖業，有屋一所，坐址中央屋門内大臣山，東至溪滣，北至白蓮溝爲界。又有一所高園，栽種樹木，至李府之園邊爲界。又明海公祭田三段，一坐址西林庵前受種十石，一座址霞阪受種十石，一座址菱蒼受種六石，共帶來米二石六斗，並綱門一百六十石，在霞阪起，北至雙嶼頭，東至涼傘崎爲界，俱是五房子孫有份，輪流收租禋祀，未老猶能年年回祖祭廟祭墓，今年老矣，不能往也。汝當於每年值公祖之忌辰，及清明之祭掃，俱當與祭，不可忘祖功宗德，暨廖公邱媽生事葬祭，如同汝父汝祖一般，父今以斯言囑代代子孫相囑，勿可忘也。爰是家家老少口傳云云。

友來公以張頂廖，閭閈鄉鄰，俱以廖呼。然産下四子，各房長成娶妻，維時四房原無分户籍，奈彼時户役朝廷未設條編，只以户立上中下編差。如上户則編倉，敢至於賠納傾家。下户第編機皂弓兵奔命，雇費從輕，是以脱漏逃差等情具告，適縣公正，欲摘捕忘班，督云，爾族大丁繁，合折兩户，以備本縣廿二圖之額，隨將分屬，長子者著居守祖，自嘉靖四十一年造册以後，永安公子孫呈班户名廖文興，永寧、永傳、永祖三房子孫呈班户名廖日新。兩户里長之額，自此而開。回溯願仔公自雲霄西林和尚塘來二都官陂，進贅開基，歷至光緒卅四年相傳十七代，臺灣歸日本版圖有二十一星霜，計五百四十餘載。臺島焕然一新，家絃户誦。而我族相傳十七代，建祠四十餘座，人丁錢糧數萬，二都等處願仔公一人傳下裔孫，文有貢監生員，武有侍衛、總兵、副、参、遊、備、千、把，俱膺任所。登縉紳者，約有數百人矣。總之俱出友來公傳下，四房血脈，非若别家之三父八母，雜姓合籍者倫然，非有大租蒸嘗，輪流祭墓，安能聯屬一體乎。

友來公始就廖户當差，户頭名廖良公，爲人規模恢廓，懲父孤立，爲衆所制，乃廣娶妻室。妣有江十娘、柳五娘、吕一娘、章七娘。生四子。長永安，次永寧，三永傳，四永祖。公卒於正統甲子九年十二月廿一日寅時，享壽七十歲，四子十四孫送終，葬在桐畲里，坐甲向庚兼酉卯，庚寅庚申分金。妣章氏七娘，葬於平寨松柏林下大墓墩。自洪武八年傳至雍正七年己酉，共三百五十四年。

三世永安公，友來公之長子。明經進士。妣蕭一娘、羅五娘、徐七娘、江氏。公葬於吊鐘岕，坐卯兼乙，辛卯分金。妣葬於岕下蔡象鼻鉤。共生五子。長子元欽公，分派在北坑，地號名出洞蛇居住。次子元仲公，分派在吴坑嶺下、石墩巷、寨下等處居住。三子元志公，分派在溪口上祀堂、下祀堂、新屋城、井頭、江屋寨里、四角樓、龍墩樓、湖窟里、田背、霞井、官陂、墟庵背、尚墩塘、下官陂坪、月眉山以至赤嶺界内等處居住。四子元聰公，分派在厚福居住。五子元宗公，分派在蓮塘里、竹仔里居住。

三世永寧公，友來公之次子。國學生，禮部鄉試。妣林氏、柳氏。生四子。長子元亮公，分派在洪溪居住。次子元通公，分派在酒園里山口居住。三子元吉公，子孫移居潮州。四子元真公，分派在洋縣里楊桃樹下、吴坑、溝頭嶺等處居住。

三世永傳公，友來公之三子。國學生，禮部鄉試。妣蘇氏，生二子。長元振，次元信。

三世永祖公，友來公之四子。國學生，禮部鄉試。妣羅氏八娘，生三子。長子元勳公，分派在常墓堂、岕巷、赤田等處居住。次子元豐公，分派在平寨、陳番浮墩下、鄭坑等處居住。三子元忠公，分派在嶺巷、北坑、庵背坑、湖洋樓、冷水等處居住。公葬在醮墓塘向石尖，名蛇地。妣葬在蓮塘里籠坑，號曰雄雞展翅。

（《[臺灣雲林]廖氏大宗譜》 1979 年鉛印本）

張廖姓生廖死張由來

七嵌之興祠堂：

第一嵌：生廖死張故曰張廖。

概説“生存姓廖”，户籍，兵籍，財産名號，生辰，結婚。“逝世姓張”，神主，墓志，祭祀鬼神。

詳述所謂張公、廖媽者也。張公者，元子公姓張，乃張天正公第三子，原諱願仔，字再輝。廖媽者，廖祖妣，姓廖，乃廖三九郎公獨生女。

廖三九郎公，諱廖化，公年以白米三百石貢獻朝廷，封員外郎賜九品銜，乃稱三九郎，德配邱七娘，單生一女，淑德賢慧，事親至孝，助理家務，執掌文房，父母愛如掌上明珠，因而擇婿苛求，故雖長成，猶閨中待字焉。廖族以公無子，願以子爲公子者，不知公因愛女，不忍父女分離，意存如有英俊且願出嗣者，招贅爲婿，故欲以子爲公爲子者，公不答。

元子公張姓，乃宋開漳州陳將軍之參將，有功擢升中軍，張伯紀，諱虎公第七代孫也，父張天正公生四子，第三即願仔公字再輝，生於民國前五八四年九月丁丑日未時。順帝時方國珍起事，白蓮教韓山童、劉福通乘勢倡亂，被宰相脱脱所破，韓山童死，劉福通立韓山童之子韓林兒爲宋帝，由是各處英雄割據，天下大亂。元子公避居官陂，教讀館於三九郎公别墅。公時常過從，見元子公英雄姿義氣，吐談風雅，敬而慕之。相處漸久，知其爲人不苟，乃托人試談婚事，雙方互爲理解，乃舉奠雁贅爲東床，而兼養子，即改願仔公爲元子公。公事雙親猶生身父母，翁視東床猶如己出。翁婿相得，莫可言喻，盡將家産付婿執掌，婿亦處事維謹，一家圓融，樂莫大焉。間雖遭不肖之徒恒以含沙射影相累，幸公出身清白，獲證無恙。

大明洪武八年歲次乙卯，八月初一日卯時，友來公誕生，時元子公既四十八歲矣。友來公天資穎悟，束髮時讀書知禮，進退真有乃父之風。未冠之時有犯國法之不容赦者，匿人逃逸無蹤，株連廖姓雞犬不寧，時凡少壯者受累不少，勢將誣及友來公矣。元子公當衆曰，若人株連無辜，而且誣及吾兒，長此以往，子孫殆矣。即以廖姓身份，負廖族之全責，往官申辯，爲不食牛犬知恩無類而成二嵌伏筆，迨官事清白幾有數年回家時，因年已老，更以官事磋磨精神，途中患病，勢甚垂危，乃親筆作書遺囑友來公曰：父受汝外祖父母知遇之恩報，汝當代父效，子孫生當姓廖，户籍，兵籍財産名號，生辰，結婚等屬之，以光母族於前；死歸姓張，神主墓志，祭祀鬼神等屬之，以裕子孫於後。骸柩運回安葬，以慰汝母祖之心。書畢而卒，壽六十五歲，洪武二十五年歲次壬申正月十一日也。

（《[臺灣]張廖簡氏族譜》 臺灣新遠東出版社 1959 年出版）

詔安官陂張廖氏來由

廖公諱化，稱廖三九郎。廖氏之人俊也。富而好禮，忠厚長者。居於官坡廖之人無不以物望歸之。其生平所行卓可稱道者，難以悉紀。即其擇婿爲子，奕葉光大，俾威武之後，苗裔滋滋蓋已有足多云。公單生一女，端莊重厚，賢淑和惠，明達詩書，真爲女中君子，公愛之如掌上珠焉，欲攬一快婿以爲承家之任，慎重以擇，未得其人。時願仔公遊學至官坡，公見其狀貌魁梧奇偉，延爲西席，常設陳蕃之榻，聆音接詞，剛腸義膽，不覺吐露於杯中。公竊慕之，謂可當子者，其在斯人歟。其在斯人歟，歸而謀諸婦。婦曰，如公所云，真所謂善創善守者也，吾贅爲婿，以當吾家之子，則女得所天，家資有賴矣。於是贅焉，悉以家業付元仔公掌管。翁婿投契無異骨肉，汝水之脈已合清河共衍矣。逮其後公卒葬龍磜黃公壩圳上田唇，世世祭掃，永爲張廖之始祖墓焉。

因念雁行手足，無非毛里之愛，苟式好有忝，而不念鞠子哀，於兄爲不友，即於子爲不孝，故常與乃弟道行公時時連衾共處，密通無間焉。嗟夫，角弓翩反，慨無良於一方，禦侮鬩牆，傷脊令之永歎，敦睦藹然，具邇無聞，比比皆是，以行事視彼所爲，不誠超出尋常萬萬者哉。故公之友愛至老不衰，常囑後人曰，吾兄弟共不忍分衾，歿願合食，後人當繼我志也。享高年而歿，諱種德。公有子二人，長曰賢公，次曰享公。以正德辛巳年夏四月葬於大埔封堆。其子孫能繼父祖業，建祠於溪口之上，而道行公亦與公並祀廟中矣。

（《［福建詔安］官陂玉田樓張廖世系》　清同治九年稿本）

（四十八）張簡氏

闽臺張簡源流

張公諱體仁，號潤德公，文昌帝君張仲公之裔孫。生三子，皆授室無所出，均爲公事而捐軀。家頗饒裕，諸婦誓守柏舟節。公既無子，視媳婦如己女。時族中有勸公擇螟蛉者，公笑曰，我祖爲天之奎星，掌人間之文衡，天下莘莘士子，皆其子孫，祖既衡其功，我當培其苗。遂以私産爲興學之資，廣設學堂，不以嗣續爲慮。

時有簡姓諱進興公者，少林高足也，宋太祖定鼎後，棄武修文，因理學大興，遊學天下，有人謀與公爲西席者，公以家園素無男子，恐招物議，意欲招贅媳婦爲子嗣者，細心别置學堂，詳察一切職事。觀其操行不苟，密託知友，詳查家世，知爲清白，更悉其矢志育英，乃格外優遇，蓋道同志合，深得公之讚許。

一日公於内祭祖先之時，三位媳婦在堂祭拜，公謂諸媳婦曰，吾年既老，居日無多，恐汝等涉世堪憂，意欲招贅嗣子，爲汝等終身所依，並安我心，未審有何所見。時長次默默無言，三女對曰，女子生而願爲之有家，古之道也，三從四德女之命也，公雖爲翁，不啻生身之父也。公乃決意以三女招婿爲嗣，即託人與簡公試爲議婚。議成，告祭祖堂，族中以爲重金購求馬骨而得良馬，問公，公曰非也，若此則吾有私，非爲興學本心矣。蓋招嗣續以繼育英者也。

長次二女，觀三叔叔伉儷和諧，心焉慕之。遂議調虎離山之計，一面假函賺三娘歸寧，一方備鵲窠鳩居之謙以待，张家人人莫之能知也。

三娘接母急信，恨不脇下生翅飛回娘家，匆促間未曾與公公及夫婿辭行，即刻乘輿歸寧。入娘家，時當午飯，見一家團聚，母亦在座，而謂三娘曰，兒爲何事歸寧。三娘愕然不知所措，母見三娘神色匆促，乃曰，飯後速回，凡事公公作主，順則是孝，勿傷婦德也。三娘將函呈上，母命兒輩讀看，聽畢，勸曰調虎離山計也，夫婿不敢苟且，公公有命是從。

三娘飯後回家，經往閨房，既聞諍辯之聲。隨請張公蒞臨，公到時，諍聲猶未止也。乃曰，興兒，家聲勿揚。繼謂三娘曰，兒素孝順，姊妹和睦，共事一夫，勿爭嫡庶何如。三娘曰惟命是從。公爲諸女立約，不論所生男女，一簡一張，以三對一，合稱張三簡四，遂成世上所謂張三某四，某者避不直指簡姓，尊簡聲譽也。或人追究何者爲某，答曰某者汝也，意爲追究人多事，遂成汝爲李之諧，並成爲世間藉題指人焉。

（《[臺灣雲林]廖氏大宗譜》 1979 年鉛印本）

六、從臺灣返遷漳州

平和蘆溪陳氏徙臺返遷記録一則

第十三世諱仰，字景雲，謚敦成，友直嗣子也。生於雍正辛亥年十月廿四日午時。娶邱氏，生於雍正甲寅年十一月初二日丑時，乳名書官，生二子：維炳，太學生，字蔚文。吴鉢。一女名審娘，嫁在霞寨周姓。繼娶謝氏，乳名盛官，生於乾隆庚午年十月廿六日卯時，生一子三百。又娶盧氏，乳名岑官，生於乾隆戊辰年二月廿九日酉時。養一子四圓。公卒於嘉慶乙丑年八月廿四日申時，葬在許坑，坐丙向壬兼巳亥分金。

公有志成人也，創基家業，耕农致富。嘗往臺灣兩次，意欲遷居，自成一家，在許坑建置大厦，在本鄉廣立田地，於黄土坑百有餘粟，小連城百有餘租。大有成裕，富有萬鐘，兼有念切好賢，建立學館，子孫能讀書者，各給銀滿百，權作紙筆資。毓仁聞勝雲進泮，親自帶自己銀項滿往漳助費，是真好學者也。富而好學，宜後裔之入灃者多無稍酬。

妣邱氏謚端柔，卒於乾隆四十六年辛丑七月初五日某時，享壽四十七歲，葬在花崗坪下坐向癸丁兼丑未。又妣謝氏謚端淑，卒於乾隆五十三年戊申六月初六日時，葬在茶水鞍，坐甲向庚寅申庚申分金，壽三十八歲。又妣盧氏謚端莊，卒於道光七年丁亥閏五月初二日卯時，葬在畬坑内，坐癸向丁兼丑未，庚子庚午分金。

（陳騰奎首修《[福建平和]蘆溪陳氏族譜》 清嘉慶稿本 1954年重修增補鈔本）

南靖下峯北斗堂林氏徙臺祖返遷記

始祖欽華，進贅下峯游氏名勤順，生子崇正、崇旺、崇富，三兄弟遷居臺灣，卒葬均在臺灣。其後，崇旺在臺兩個兒子祥清、祥禎，由臺灣遷回下峯祖地傳世。在下峯建大宗祠北斗堂。

（林有星抄《[福建南靖]北斗堂林氏家譜》 清光緒稿本）

平和黄氏南二系徙臺祖返遷録

致亮派下蒼侯公，諱納，維高公五子也，生於乾隆已未，聘陳氏未娶，往臺灣而卒，乾隆乙酉八月廿五日身故，還回葬在柿仔脚，坐壬丙。過繼子陳片，文苑所生。

兀侯公諱突，謚剛樸，維盛公三子也，性勁直，生雍正十二年甲寅，卒於乾隆四十九年甲辰正月初六日巳時，壽五十一歲，葬在臺灣，至五十七年還回。

妣蔡氏諱勤娘，謚素儉，生於乾隆辛酉八月十六日卯時，卒於乾隆六十年乙卯九月初五日未時，公婆合葬在後嶺山，坐東向西。生六男，長洛，次助出嗣，三流，四納，五川，六錢。

（黄國棟編纂《[福建平和]安厚大徑黄氏南二公系族譜》 清同治稿本）

南靖德遠堂張氏由臺灣返遷録

十三世祖先春，字象新，號占梅。妣汪孺人，諡端靜。生四房，長贊日，次贊颺，三贊襄，四贊廷。曾往臺灣教學，回家建築裕源樓，世重儒業，誥贈文林郎。系位榮之長子，葬南歐裕源樓背望天坵脚，其地形曰下山虎。

（張温清總編《[福建南靖]塔下張氏族譜》 1949 年香港灣仔永泰祥印刷公司鉛印本）

南靖石橋張氏徙臺支系從臺灣返遷録

十一世二房榮祚諱坑，永貴樓十世仁吾次子。卒葬河坑仰天崠白水礤，坐西向東，乾隆二十一年丙子年遷大擔山葬。妣魏氏葬河坑大履路面山，坐北向南，生二子，長嘉俊，次嘉儒。

十二世嘉俊，卒葬河坑凹下，與嘉儒共葬，妣江氏葬河坑大塘坑，坐東向西，傳四子，長淳聘，次淳伯，三淳智，四淳偉，俱遷臺灣。

十三世淳智，往臺灣嘉義縣北路下加冬保大排竹莊，後裔背其骨骸帶回河坑，葬於大塘，坐東向西，妣李氏葬河坑寨背圳面。傳子四，長元泰、次纘泰均在臺，三旺泰、四生泰回河坑祖地。

十四世旺泰，葬河坑大塘坐東向西，妣范氏葬河坑寨背下圳面坐東向西。傳二子，長萬輝，次接輝。

十四世生泰，葬河坑大塘坑，妣曾氏葬河坑大履路面山，坐北向南，傳子揚輝。

（《[福建南靖]石橋開基張念三郎公派下族譜》 1994 年鉛印本）

南靖下版寮李氏徙臺系返遷記録一則

十七世廷仲，奇萌次子，子成章移臺灣卒，葬黎頭店惠來莊前基畔田心癸山丁，娶劉滿娘葬長山尖峯寨，生三子，子可珍葬李禾村山子背午山，娶孫氏卒葬檬樹下樓背坤山艮向，子一闔家回長山居住。二十世立德葬大禾茅田角坵，娶簫大娘葬背頭山，子二，子奕茂在臺灣林爽文作亂身故，娶黄氏，生二子；奕倍在臺灣林爽文作亂身故，娶汪氏嗣子一。

（《[福建南靖]下版寮李氏族譜》 清雍正甲辰稿本）

南靖壁溪吴氏徙臺致富返遷録一則

後學懷德堂坐乾向巽兼戌辰丙辰分金。

莊愨祖支派十二世祖考諱旃，字瑞玉，官章秉忠，諡莊愨，系篤雅祖之四子，純方祖之孫，例授國學生，贈文林郎。生於清雍正十一年癸丑十二月初五日未時，卒於嘉慶十七年壬申十二月十八日戌時，享壽八十歲，先葬在溪仔尾，至光緒廿五己亥年遷葬在南坪埔郭家祖祠左邊大路下。公才高志大，雅量堪欽，壯年往臺灣而圖大業，以繪畫見長，業翁家以女子喜配，加以財寶鉅萬奉送，及回梓自置懷德堂，財産甚多，田税有一萬三千餘石，且子孫衆多，人文鵲起，財丁貴俱全。我族中如公之厚福者希矣。配妣何氏，閨名劉娘，以名爲諡，生於乾隆年間，卒於乾隆年間，忌辰三月初三日，系未完婚而故，墳在浮山大路上坐子向午，號爨殼金。繼配翁氏，諡端慎，系臺灣人氏，閨名妙娘，生於乾隆十四年己巳九月初五亥時，卒於嘉慶二十一年丙子九月初七日申時,享壽六十有八歲,無出,與公合葬在南坪埔郭家祖祠左邊大路下。側室林氏,閨名梅姐,謚鞠育,生於乾隆二十五年庚辰二月初二日,卒於道光十三年癸巳七月初八日巳時,享壽七十四歲,生二子,現未葬,骸骨寄在厝前溪仔棚。側室王氏,閨名蘭姐,謚愷肅,生於乾隆四十三年戊戌正月十三日,卒於道光五年乙酉七月十四日戌時,享壽五十有八歲,生三子,墳在山尾庵右邊坐午向子分金,立胞兄廳之四子爲長子,共六子:長水瀨,次五桂,三六秀,四崇仁,五自强,六俊賢。

(吴豐年編纂《[福建南靖]金山壁溪吴氏族譜》 清光緒三十四年二修稿本)

臺灣永思堂吴氏返還唐地敘録

家之有譜,猶國之有史也。史不書則國之興衰治亂千載莫知。譜不修則家之長幼尊卑百世奚考。故國重史書,家尚譜牒也。我祖居廣東省潮州府饒平縣埔平寨半徑梅樹下,宛然巨族。明季紛亂,土寇余秉仁攻寨,拒戰匝月,值祖宗忌辰,群飲失守,闔族被難,幸有逃生,復聚於斯,迄今生齒日繁,相傳忌辰不祭,余姓不婚。族譜焚失,欲朔本源,但知永思堂爲逸觀公所居,有生二子,長爲正直公,明末入福建漳郡平和,遂爲開和之祖,歷代式微,間有支分,久不認祖。迨六世祖樸厚公,生五子,長廷升致室在和,餘皆渡臺,次廷實爲生蕃所殺,三廷意往嘉彰諸處未知絶續,五廷在無娶。惟我廷録公住淡水廳尖山保大坪林十四張莊,開闢土地,娶媽曾氏諱妹娘生子七女一,家資富裕,念木本水源之恩,將六子文貴撥回和邑,顧守墳墓,買和之東門外厝宅爲祖祠,置多少祀租,公之爲人,可謂克振家聲,光大祖德矣。生平克勤克儉,忠厚傳家,天錫大坪林厝,地壇山川秀氣,藉藉人口矣,傳下七房子孫衣食頗足,好尚詩書,公之德澤孔長也。所未備者,公以上世代族譜失傳,末由詳悉,惟啓神主而志耳,此時不載,後更無聞,不揣固陋,編二十四字以序昭穆,凡我後人各循厥字,勿得紊亂,俾有繼起者,知祖德宗功,未必無小補云。

第九世顯祖考謚質謀,諱永省,吴公大郎,享壽四十三歲。生於乾隆戊戌年三月廿五日午時,卒於嘉慶庚辰年十二月十二日午時,葬於平和縣西門外土名半山鴨鵲崁祖墳邊,坐西南向東北。生子長長熾,次長翠,三長馨,四長愷,五長貞。公生於臺地,十三歲回唐顧守祖墳。

第十世顯祖妣謚順良,閨名三娘吴媽曾氏,享壽三十六歲,生於嘉慶戊寅年九月廿九日時,卒於咸豐癸丑年六月廿二日未時,葬於芝蘭東勢。

第十世顯祖考謚寬容,諱長愷,吴公四郎,享壽六十六歲,生於嘉慶丙子年四月初二日巳時,卒於光緒辛巳年正月十三日巳時,葬於芝蘭下樹林莊。生子長家川,次家杜,三家倫,四家儀。

第十世顯祖妣閨名味娘吴媽徐氏,享壽七十歲。生於嘉慶丙子年三月初六日巳時,卒於光緒乙酉年七月初四日吉時,葬於士林外雙溪林仔口大埔山頂。妣十世祖長愷公之配也。

第十世顯祖考謚仁信,諱長貞,吴公五郎,享壽三十八歲。生於嘉慶己卯年十一月十七日丑時,卒於咸豐丙辰年二月初七日申時,葬於東勢石角仔。無子,即以長馨公之次男家培之三子芳萬爲嗣。

(《[臺灣]吴氏永思堂重建十周年紀念志》 1971年稿本)

南靖板頭劉氏徙臺祖返還一則

獎,住臺灣,諱勵,系絺之次子也,娶賴氏生四子。生於乾隆庚申年,乾隆辛亥年四月回唐,至壬子正月十一日卒於唐,葬在施洋板頭打鐵岐水圳上,坐西向東。賴氏娘生於乾隆庚申年。

(劉尚安編纂《[福建南靖]施洋板頭彭城劉氏族譜》 清道光稿本)

宜蘭福成楊氏返還唐地一則

1852年壬子二年春,德禄公遠渡岐萊營生。秋,以病返,家計維艱。

(唐羽纂修《[臺灣宜蘭]蘭陽福成楊氏族譜》 臺北華崗印刷廠1983年鉛印本)

詔安南詔許氏徙臺系返還録

士英衍派外鳳村鳳崗祠派下,九十六代十三世標,進士,遷臺灣,後原配夫人擕子還鄉。後長子祝文之子振生居沙撈越,次子秀武居檳城。

(《[福建漳州]南詔許氏家譜》 1995年鉛印本)

華安岱山郭氏天民房系徙臺祖返還記録一則

天民公三房三,十五世祖宗素公,大名文山,字行可,號欽軒,昊公五子。尊祖敬宗,因楓兜維善公祖墳被文圃社沖傷,公倡首與他理較,費自己家業萬餘。乾隆四十四年己亥進臺彰化學第三名,四十六年歲試蒙俞道院選補增生。公生於雍正八年庚戌八月初七日申時,卒於乾隆五十三年戊申九月十九日辰時,壽五十九,葬溪尾下洞内柯塔坪,坐申向寅兼庚甲。妣墨場戴氏九娘,生於雍正七年己酉十一月二十三日酉時,卒於乾隆五十四年己酉九月二十四日酉時,壽六十一,與公合葬。生子六,長嗣子種,次生子稼,三秫,四杞,五稽,六馨。女二,贇娘適内溪蘇家,卻娘適沙建鄭家。

(《[福建華安]昇平岱山郭氏天民公房系族譜》 清光緒三十四年稿本)

漳州郭氏以德派徙臺子裔回還祖居一則

十四世瑠,太學生,渡臺。子耽元芬回故居。

(《[福建漳州]郭氏族譜以德派》 清光緒三修鈔本 臺灣鉛字重印本)

南靖高港曽氏徙臺祖返還記録一則

曽卦,傖之長子,路永之孫。往臺灣又回唐。妻沈氏,往臺灣。生五子:長名子,次名甚,三名撰,四名歆,五名壁,俱往臺灣。

(《[福建南靖]高港曽氏天水堂族譜》 清光緒四修稿本)

南靖高港曾氏徙臺支系返遷一則

詩興派下十五世公廷駿，名肅驎，字向日，命甲子，壽四十，妣葉氏盛娘命辛卯，生一子采蘗，命戊子，嗣一子五訏，父母子俱往臺，至同治十年辛未葉氏盛娘自己回家。

癸亥年十月廿五日崑龍在任辭世，而君河是年到衙辦理喪事。越甲子家眷運棺回籍，五月初四日到漳安下。邇來有四房三裔孫君信往臺發蹟回唐，其長子乳名吾鐵，納歲進士，官名英，謁祖掛匾竪旗。

（曾康生鈔録《［福建南靖］高港曾氏家譜》 1931年稿本）

平和上湖曾氏徙臺支系子裔返遷歸葬記

紀字十五世祖明德公振邦，成江公三子也，武德騎尉。元配王氏，祖籍臺灣，嗣長子文掌。二室吴氏，祖籍臺灣，生次子文伯，四子文景二十四歲病故未娶，三子幼亡。公諱振邦，字明德，謚智神紀誥，享壽五十七歲，生於一八五三年清咸豐癸丑年二月十二日未時，卒於一九〇九年清宣統己酉年五月初六日巳時，原葬栗只園口，一九八八年冬重選吉地，遷葬霞坑巖口公路下成江公墓後右側，三合水會口，公媽三合葬。四子文景公亦同時無立碑附葬於墓左側，吉穴坐子向午兼癸丁分金。祖元配王氏謚慈恭，享壽柒拾有五歲，生於臺灣，同治五年丙寅十一月廿八日子時生，卒於一九四〇年八月十五日酉時。祖妣吴氏謚慈儉，享壽七十有八歲，生於臺灣，光緒丙子年三月廿日生，卒於一九五三年癸巳十二月廿七日酉時，公媽合葬。

十五世明德公振邦於清光緒十四年一八八八年戊子科武經中試十三名武舉人，授劉義部前部先鋒，鎮守臺灣島，晚年奉調回閩督建漳厦鐵路，勤政清廉，武功出衆。出任福建紅花嶺千總，受恩匾曰"制度鴻才"，懸於石門樓家廟。

廣字十六世祖文山公，明德公長子也。公諱文掌，字文山，謚博和，享壽六十有九歲。公出生臺南，童年回閩，十八歲父故，廿歲往南洋謀生，旅居泰國普吉府嶙啷，娶王氏，泰籍，一九三七年夏全家回國定居。有三男二女，長子昭財，十二歲在泰病亡。次子昭丁，廿歲移居臺北。三子昭貴。女素月居長，婚後移居臺灣。小女素香移居城關。生於一八九一年清光緒辛卯年十月十七日子時，卒於一九五九年七月一日農曆五月廿六日子時。元配王氏玉珠，泰籍華裔，享壽六十有七歲，生於一九〇五年乙巳年農曆十一月十五日辰時，生於普吉，卒於一九七二年壬子年農曆十一月初二日巳時，塋墓公媽合葬於霞坑四角樓後半山腰吉穴，坐辛向乙大字分金，塋墓系一九八八年秋選擇吉地重建。

（《［福建平和］上湖曾氏石溪系族譜》 清同治二修稿本）

平和曾氏易齋系徙臺祖返遷記

十六世祖文山公，明德公長子也，諱文掌，字文山，謚博和，光緒辛卯年十月十七日子時出生於臺南，卒於一九五九年農曆五月二十六日子時，享壽六十九歲。元配王氏玉珠，一九〇五年乙巳農曆十一月十五日辰時生於泰國普吉，卒於一九七二年壬子農曆十一月初二日巳時。公媽合葬於霞坑四角樓後半山腰，吉穴坐辛向乙大字分金。公童年由臺灣回閩，十八歲父故，二十歲往南洋謀生旅居泰國普吉府嶙啷。一九三七年夏與妻王氏全家回國定居。有三男二女,長子昭財十二歲在泰病亡,次子昭丁二十歲移居臺北,三子昭貴,女素月居長婚後移居臺灣,小女素香居平和城關。

(《[福建平和]曾氏易齋派族譜》 1982 年鈔本)

平和曾氏易齋系徙臺祖歸葬記

平和開基二世易齋派下十五世祖明德公,字振邦,謚智坤,成江公三子也,武德騎尉。元配王氏,祖籍臺灣,無出,嗣長子文掌。二室吴氏,祖籍臺灣,生次子文伯,三子幼亡,四子文景二十四歲病故未娶。公生於咸豐癸丑年二月十二日未時,卒於宣統己酉年五月初六日巳時,原葬在栗只園口,統遷葬霞坑巖口公路下成江公墓後右側三合水會口,公媽三合葬,吉穴坐子向午兼癸丁分金。元配祖妣王氏謚慈恭,同治丙寅年生於臺灣,卒於一九四〇年。祖妣吴氏,謚慈儉,光緒丙子年三月二十二日生於臺灣,卒於一九五三年癸巳十二月二十七日酉時,公媽合葬。振邦公於光緒十四年戊子科武經中式十三名武舉人,授列義部前部先鋒,鎮守臺灣島,晚年奉調回閩督建漳厦鐵路,任紅花嶺千總,勤政清廉,武功出衆,曾受欽賜"制度鴻才"匾懸於石門樓家廟。

十六世祖文山公,明德公長子也,諱文掌,字文山,謚博和,光緒辛卯年十月十七日子時出生於臺南,卒於一九五九年農曆五月二十六日子時,享壽六十九歲。元配王氏玉珠,一九〇五年乙己農曆十一月十五日辰時生於泰國普吉,卒於一九七二年壬子農曆十一月初二日巳時。公媽合葬於霞坑四角樓後半山腰吉穴,坐辛向乙大字分金。公童年由臺灣回閩,十八歲父故,二十歲往南洋謀生旅居泰國普吉府嶙唧。一九三七年夏與妻王氏全家回國定居。有三男二女,長子昭財十二歲在泰國病亡,次子昭丁二十歲移居臺北,三子昭貴,女素月居長婚後移居臺灣,小女素月移居平和城關。

(《[福建平和]曾氏易齋派族譜》 1932 年抄本 後人補録本)

臺灣廖氏元子公系返歸大陸名録

渡臺十二世朝近公派,十二世朝近,渡臺祖。子三。廷玩,妣江氏。廷軸,妣江氏。廷諾,妣林貞靜。朝近公渡臺生三子後回詔安。

二十一世學禮,妣朱榴英。子本寧、本信,在大陸。

十九世得,妣陳金,子禄照,戰時往海南島。

(《[臺灣雲林]廖氏大宗譜》 1979 年鉛印本)

南靖和溪高才徐氏開臺祖返遷記

維煌公行略。

公在日詳言告余,及公没,余心終不忘,故述而志之曰:公年方十一而母亡,十四歲而父亦亡,當父母俱亡之日,兄弟離散,家無粒穀,朝夕不計,寒暑一衣。父兮母兮,何怙何恃,説不盡一生之艱難。呼天自歎,人生在世,早知如此,不如無生。既有生,何時出身。至十七歲,遂奮然有志於四方,頭戴一笠,身帶伍佰文銅錢,刎然而往臺。至臺登山一望,地廣人稀,往來少有人影之蹤，相□是他鄉之客。於是牧牛，牧牛非計。於是治圃，治圃亦非計。清夜自思，不如居於市，交易於鄉。故於彰化縣内開一原泰號綢緞布店，交農易圃，五穀通商，與厦門臺地鋪户互相往來，交關不絶，十餘年堆積數萬金，娶汝母生汝身，汝其知之乎。又自思，臺地番邦，非久居之所，一則祖宗廟宇俱在唐地，春秋祭祀不能登堂而拜，清明節届未得到墳而掃鋤。及乾隆三十四年己丑八月初一日，自臺彰化縣板樹脚莊，將家眷搬回唐地，築樓屋起書館，建置田産，娶媳婦，修墳墓。今年老矣，一生之事業盡矣，七十有餘歲，八十來届，歸期迫矣，日落西山，可以久留。願汝子子孫孫，掌吾業當聽吾言，守己爲人，份外之事切戒不可爲，居家儉讀書勤，爲人謙，慎數目，願世世子孫昌盛，後來科甲名聲。子孫未知者鑒之。

（《[福建南靖]和溪高才徐氏十世正公派家譜》 清光緒二十一年稿本）

南靖書山蕭氏徙臺祖返遷記

呈輝公，妣莊氏、姚氏。莊氏傳下四大房。夫呈輝公自幼讀書，有志未逮，及壯習武又未能寸進，竭力經營家業，唐臺承創，兩地貽謀，迄年至知命，名登進士。斯時名利兩立，可以安身，然而公之志不然，進一境更有一境。其爲人也，氣概軒昂，必欲承先代之巨業。性情方正，又欲後人之宏規。無何至乙未歲七月間，日本征臺，丁酉三月間挈眷回家。在唐之家聲更振，上有祖墳逐處重修，下有子孫每人示訓，承先啓後，無有能出其右，何則，溯我一派最能破天荒者，莫如光祥祖。有光祥祖爲之前，其美固彰，若無呈輝公爲之後，其盛誰傳。憶公自回梓以後，創業垂統各有可觀，其餘之産業不論，即鋤經堂，自壬寅桂月建築，癸卯告峻，迨癸丑瓜月塗油，經久不壞，老成作事，無處不周。甲寅端月李氏祖妣洗骨，花月朔日安葬，建築石墳峻工尚未謝土，及梅月初四日染病不過腰痛，至蒲月十八小水秘廿三日戌時終於正寢。嗚呼痛哉，我父之功德何以報之。凡我子孫，切宜服膺勿失矣。

（蕭仰高編纂《[福建南靖]書山蕭氏族譜》 清光緒三十二年稿本 1949年重抄本）

東山鴻關朱氏由臺灣返遷記

十五世祖純椴，考卒於正月初五日，妣卒於九月十七日。諱欽，享壽九十五歲，恩賜迪功郎。妣恭儉唐氏，生三子，長房謙和，次房保和，三房卓和。又生二女，勸娘配青陽王立官，次賴娘配青陽王慫官。純椴公其始勞苦，與初兄弟二人，適賊趕到萬福橋被命。純椴公年方九歲，無賴往臺灣，三十八歲回家，娶妣唐氏，四代標名，考葬在後頭，坐艮向坤，妣葬在西巖院。

悌翁祖之靈，實伯叟祖之力也。此乾隆捌年事也。

十四世祖淡如，康熙時人，生二子，長名初，次名欽，父母俱没，只有兄弟二人，遷移兵入界内。初曾伯叔祖年方十七歲，負契奔走至萬福橋，不肯從役，被活打死，文契落水，純椴祖方九歲，顧腹無人，手足摧折，兼又文契無存，窮甚矣，奔往臺灣，許多辛苦，至三十八歲回家，豈不甚幸。獨是初伯祖失以享以祀，後有慈孫設立配享，則其孝大矣。

長房裔孫騰萬陳鵬抄録。

（朱陳鵬編修《[福建東山]鴻關朱氏族譜》 清光緒十六年稿本）

龍海鎮海朱氏徙臺祖返還回唐記

十四世祖淡如，考卒於七月廿三日，妣卒於六月廿九日。妣貞敏楊氏，白水營金鼇社楊伯官令姑，生二子，長房名初十七歲而卒，次房純暇。合葬在西巖院坐北向南。

十五世祖純暇，考卒於正月初五日，妣卒於九月十七日。諱欽，享壽九十五歲，恩賜迪功郎。妣恭儉唐氏，生三子，長房謙和，次房保和，三房卓和。又生二女，長勸娘配青陽王立官，次賴娘配青陽王懲官。純暇公其始勞苦，與初兄弟二人適賊追趕到萬福橋被命，純暇公年方九歲，無賴往臺灣，三十八歲回家，娶妣唐氏，四代標名。考葬在後頭坐艮向坤，妣葬在西巖院。

（朱陳鵬編纂《［福建龍海］鎮海朱氏族譜》 清光緒十六年稿本）

南靖长教簡氏徙臺子裔返還回唐纪事

十六世乳名總己公，字厥勳，謚德意，生於乾隆庚戌年，壽七十六歲，即葬於南歐。祖妣蘇氏名彩，系南溪人，生於嘉慶己未年，壽十六歲，生五子。長應超，娶林氏，生一子名扶助，戊申生。超生於嘉慶戊寅年，少年往臺灣下港南投街置家，咸豐七年搬家回家，同治四年長髮擾鄉，父子二人被賊所拏無回，林氏因失子無所靠持後改嫁。次子應林，妻夫故改嫁，庚辰生，壽三十一歲，生一子名玉堦，庚戌生。三子應辰，生於道光乙酉，咸豐二年往番邦叻波，未及數年身故，繼胞侄建爲子。四子應秋出嗣作侄。五子應孚，娶餘氏，生二子，長建，次英。孚字咸中，生於道光癸巳年。

十六世乳名淑均，字緒周，諱綿泰，又字樹德，號樹聲，謚樹彰簡公，儒士。妣悦，謚節操，又謚孝德賴氏，二十四歲守貞，生二子一女，長子植槐，次子植桂。生一女名軟，生於道光二十三年癸卯三月二十三日戌時，配梅林社蕉坑國學生魏紹六翁長子名錫芹官。軟壽四十四歲。淑均生於嘉慶十九年甲戌十月初一日申時，道光十七年丁酉十一月十五日，遊學於臺灣府，在於彰化縣南北投訓儒，遂家焉。後因老母在堂無人奉事，至道光二十七年丁未三月，乃移家回長教，時長子植槐年方四歲。淑均平生博直，學規嚴肅，其生徒或登科第，或遊泮宫，不下十餘人。惜乎自己不能遊泮，此乃命裏註定，不得强求。終於道光二十八年戊申五月十一日未時，壽三十五歲，即葬於佛祖坑糞箕窩口大路上，坐子向午兼壬丙，丙子分金，坐危三度。至同治八年己巳二月二十四清明日啓攢，寄金礶於佛祖坑大路上，坐癸向丁，戊子分金，坐女三度。至光緒七年辛巳七月十八日戌寅午時，葬金礶於本鄉之東牛背嶺頭蕨寮，坐戌向辰兼乾巽。

（簡庭編纂《［福建南靖］長教范陽郡簡氏世代族譜》 清同治十二年二修稿本）

南靖長教簡氏徙臺子裔返還唐山紀

十二世克才公，妣曾氏，生一女十八歲而死，繼來一子耀宗，公乃士璋公之第四子也，乳名懷，字特賢，書名克才，謚勤直。公初往臺灣獲利遂回家建業。生於康熙戊子年正月廿一日辰時，終於乾隆四十五年庚子歲十二月廿二日午時，壽享七十三歲。初葬於冷水坑外之七石米圳山，至嘉慶丁卯年仲冬，將骸搬小棺，遷油坑官福坑山，坐壬兼亥，丁亥分金，公媽合葬，水放巽。妣曾氏，謚勸娘，生於康熙己亥年八月，終於嘉慶壬戌七年，壽八十三歲，至嘉慶丁卯仲冬迎棺與公合葬油坑官福坑山。

十三世乳名壘，書名良來，妣張氏，生三子，長鄉郎，次鄉經往臺灣，三三乾。公乃克寬公之次子也，生於乾隆年正月初一日，卒於道光乙未年。公往臺灣大埔尾營獲多利。夫婦合葬長窖大窠入去盂仔楝，坐未向丑兼丁癸，丁未丁丑分金，道光元年辛己歲築墓豎碑。

十五世儒士永珪公，妣莊氏。生一女閨名彩霞，配奎洋羅邦前洋莊有巨爲妻。又生一子乳名壬癸。公乳名石進，字瑞玉，謚韞輝，乃如成公之次子也，抱道友教於臺灣大埔林，時年三十一而往，至五十一歲，道光乙巳年而回，壽享六十七歲而終。公生於乾隆六十年乙卯歲，終於咸豐十一年二月十三日辰時歸世，葬於潭頭坑筆倭山，坐北向南。

十五世瑞丁公，際泰公六房長派，伯康公之士玖公派下，公乃惠慈公之長子也，乳名新丙，字瑞丁，書名永南，生於乾隆乙卯年，壯年往臺灣三朝大沽陷，迨至咸豐壬子年回梓，數年後仍復往臺灣卒。

十五世永交公，繼胞侄石福爲子。公乃通才公之次子也，乳名新結，壯年往臺灣南投，獲利回家置業，終葬小村嶺遷墩仔，坐西向東，於新雄墳上一墳是也。

十六世贊禄，妻謝氏，生女長素蓮。贊禄乳名水福，字廷賜，乃永肇公之子也，生於臺灣三朝社，至十八歲隨父回家，乃系道光十五年乙未歲八月廿六日卯時，卒於光緒，葬楊厝窠中心崎尾。妻謝氏，閨名葵娘，生於道光癸巳年五月初八日午時。

（《[福建南靖]長教簡氏世系族譜》 清光緒三修稿本）

南靖長教簡氏徙臺祖返還回唐一則

十五世六六士公同妻往臺灣，後回，同治四年被長髮殺。

（簡庭編纂《[福建南靖]長教范陽郡簡氏世代族譜》 清同治十二年二修稿本）

詔安游氏在台支系返還唐山記録

十五世世月公，字清影，厚論公長子。生於乾隆丁亥年，卒於嘉慶丁巳年六月十二日。曾來臺，後回梓里，改葬公墓在東昇樓角茶仔寮山坐東向西，並建有田地三石租，留厝一間二進，將此逐年收入備爲墓塋掃掛忌辰致祭之費。妣黄氏，生一子鳳英。夫亡改嫁官埤廖姓。

十六世鳳英公，字子育，世月公之子。生於乾隆乙卯年十二月三十日酉時，少孤隨母於娘家，十七歲始歸東昇樓，後渡臺居住蘭東。追及木本水源，旋歸梓里，重修聖居公考妣、烈夫公考妣及厚論公、世月公之墳墓，並置田厝以備掃掛忌辰之需，卒於咸豐乙卯年九月十五日巳時，享六十一壽。

妣賴氏，生於嘉慶丙寅年辛卯月甲申日甲子時，卒於同治甲戌年二月廿日子時，享六十一壽，生一子雲桂。另三女。

（游有財主編《[臺灣]游氏大族譜》 1970年鉛印本）

南靖梅林魏氏鉅鹿堂系徙臺子裔返還回唐記

十九世教娘，乃雨順之長女，至光緒乙未搬回梓裹，後嫁下奎洋下樓厝莊崇枝爲媳，女婿莊同茂，生於光緒戊寅年正月廿九日未時，卒於一九二一年五月十七日申時。

十九世炳東，字耀明，乃雨順之長男。生於光緒己卯年八月廿八日申時，卒於光緒辛丑年正月廿六日寅時，葬在臺灣員林東勢塚埔，後啓讃葬在出水啓智山。妣黄氏生一男肇華。黄氏後招贅莊金貴，生二男，雅娘由臺至乙未回梓里。

十九世黄氏雅娘後招贅。黄氏雅臺灣生長，伊家原名黄科，生於光緒庚辰年二月廿五日辰時，光緒丙午年三月十八日，登門莊金貴，乙巳年三月十八日進贅。生於同治戊辰年十一月初三日寅時。

十九世炳南，字耀箕，乃雨順之次男，亦與增順相傳。生於光緒七年乙巳閏七月十五日巳時，妣蕭氏名甜，生於光緒八年壬午八月廿五日卯時。又妣巖氏巡，生於臺灣，生於光緒己亥十月廿一日。

十九世炳良，字錦德，雨順之三男，日後子孫要傳大伯朝順。生於光緒十年甲申四月廿一日亥時。妣劉氏，臺灣生長，伊弟劉安，侄劉洲，生於光緒八年壬午十二月初三日吉時，娶妾周氏。

十九世炳恭，乃雨順之第四男。妣游氏草生三男二女。長國華，生於光緒十六年庚寅十二月初一日酉時。次慶華，卒於大正庚申年十一月十三日未時。三德華，生於光緒壬辰年三月十二日亥時。長女玉梅，次女玉桃。

二十世國華，乃炳恭之長男，過臺與炳東爲嗣，生於一九一五年正月十三日亥時。

二十世慶華，乃炳恭次男，過房炳良爲長男。生於一九一六年大正丙辰年十一月初六日寅時。批明在臺灣一九二四年甲子，慶、國代筆立過房字一幅，在臺交炳良親收。

二十世德華，乃炳恭之三男，生於一九一九年己未年三月初三日未時。

二十世玉梅，乃炳恭之長女，生於庚戌年十一月廿八日卯時。

二十世玉桃，乃炳恭之次女，自幼彌月外在番仔崙張再交抱養女，生於壬子年五月初九日戌時。

二十世魏氏鑾，炳良之長女，乃員林街黄海三女抱來養女，丙辰新曆一月廿八日入户，生於壬子年七月廿一日酉時。

二十世生華，字榮喬，乃炳輝之長男，至正十二年癸亥九月廿日搬回梓里。生於乙卯年七月初八日辰時。妻簡氏文娘，生於辛酉年七月十一日子時。

二十世掌華，即日華，乃炳南之次男，螟蛉子，本居地萬年二八六香地。生於戊申年十二月廿五日午時。

二十一世根棉，即均綿，乃炳南之孫，生於大正十年四月廿五日寅時。

二十一世魏張樹，乃明楊之孫，乃長女招張柳生下所傳。生於光緒戊申年六月廿一日子時。

十九世敬娘，又名綴，乃雨順之次女阿慶。生於光緒甲午七月初五日申時，嫁金坑莊啓芳爲妻，子名榮恒。

（魏雨順編《[福建南靖]梅林魏氏鉅鹿堂族譜》 1937 年鈔本）

南靖梅林魏氏徙臺支系返還記

十九世教娘，生於光緒四年正月二十九未時，光緒二十一年從員林郡搬回祖地梅林，後嫁下奎洋下樓厝莊同茂爲妻。

二十世魏氏鑾,生於一九一二年七月二十一日酉時,員林街黄海之女抱爲養女,至一九一六年九月,搬回祖地梅林。

(魏雨順編《[福建南靖]梅林魏氏家譜》 1937年稿本)

詔安官陂張廖氏渡臺支系返遷回唐一則

詔安渡臺十二世朝近公派,渡臺祖朝近,子三。廷玩妣江氏,廷軸妣江氏,廷諾妣林貞靜。朝近公渡臺生三子後回詔安。

(《[臺灣雲林]廖氏大宗譜》 1979年鉛印本)

詔安官陂張廖氏徙臺祖返遷記録一則

十二世時聆公,字維聰,軍實公三子。公渡臺後再回祖籍,後裔留臺者皆散處臺中豐原。生五子,長世席,次世滴,三世都,四世康,五世歡。

(《[臺灣雲林]廖氏大宗譜》 1979年鉛印本)

七、兩地共用昭穆

（一）陳　氏

雲霄山美陳氏昭穆

家傳輩序：
祖澤光華紹有虞，振繩祚世樹鴻圖。
相傳海國垂芳遠，聲肇南天達上都。

續輩序：
祥和日基泰，興朝茂成章。
君恩還寵錫，咨爾益熙昌。

（《［福建雲霄］山美陳氏族譜》 1986 年稿本）

漳浦臺灣鑑湖陳氏共用昭穆

前代二十字輩一世起：
清伯則尚敦，朝懋景子永。邦元志汝計，敬宣廣威靈。
定有英賢起，才高日共昇。振宗修大業，世濟美長承。

（《［福建臺灣］鑒湖陳氏源流》 1993 年鉛印本）

（二）林　氏

林長清派下龍德樓系昭穆

流傳百代之輩詩云：
文成德立啓鴻基，耀祖榮宗自有時。
甲第連登乘百世，聯長富貴正堪期。

（林錫錦修撰《［福建南靖］麟埜龍德樓林氏族譜》 1938 年三修稿本）

浯江林氏烏石輩序

烏石一、二、三世祖爲四宗之總祖。從第四世起，統一編昭穆，有首八輩、前十二輩和後十二輩，其中首八輩以烏石宗爲準，各宗比照。

一、二、三世祖總祖

四世汝　五世允　六世士　七世敬　八世敦　九世廷　十世夫

十一世德　十二世君　十三世希　十四世思　十五世日　十六世升

十七世恒　十八世萬　十九世壽　二十世松　廿一世柏　廿二世茂

廿三世辰　廿四世維　廿五世皇　廿六世降　廿七世福　廿八世山

廿九世阜　三十世岡　三十一世陵　三十二世保　三十三世定

三十四世爾　三十五世禄

（《[漳浦浯江]烏石林氏族譜》 1995年稿本）

詔安南陂林氏明遠系昭穆

溪州祠堂懷德堂，南陂祠堂懷得堂上屋，原隆公爐前旺公，嶺尾派作原隆公爲始祖，至七世祖深，號雙溪公。明遠公起輩序云：

明萬一光宗，心期汝愈隆。

開先宜繼後，守法念群功。

（林景山編纂《[福建詔安]霞葛南陂林氏以來一脈族譜》 1925年九修稿本）

詔安南陂林氏昭穆

十世輩序云：

寅德應興揚，胤世益繼芳。

詩書垂訓誥，祥發世歆長。

十一世輩序云：

天元從日士，上德竪芳榮。

欲汝敦和睦，允期毓愈興。

上田派輩序云：

天元從大世，延慶耀盛宗。

葉茂由根固，前光後自昌。

十一世天隆輩序云：

天元從一起，家國自光榮。

名意登時進，永爲萬世宗。

穆德系輩序云：
朝發大勳名，丕承迪匯徵。
文章光世德，禮樂樹家聲。

子奇裔輩序云：
一子廷宗廣，士儒稱胤興。

十二世毅修輩序云：
文名天世德，輿聞顯宗功。
萬古知昭穆，支分富貴同。
十二世學優，裔孫移臺灣嘉義縣大目根堡，離城二十里城東白杞寮溪洲新社坑竹崎頭等處，輩序六十三世起。

宗廷公大振，法古要宜今。
存心行正道，百務自亨通。

（林景山編纂《[福建詔安]霞葛南陂林氏以來一脈族譜》 1925 年九修稿本）

林氏昭穆集成

東園鄉：
經賢克日安邦，戴佑利亨元貞。

蓮厝鄉：
經賢克日安邦，戴佑利亨元貞。

後宅鄉：
秉錫邦遜，克承大勳。
敬章君德，統師爲昭。
宗支千億。

霞洲鄉：
大萬肇世承，雙桂振遺風。

馬坪鄉、柑市鄉：
孟元高振起，輝光玉樹榮。
時承雨露潤，日向枝葉新。

馬坪鄉龍井蚵寮孟元系一世起：
高振起輝光玉樹，

榮立心惟守正傳。
道必中行遜志於，
時敏厥德修乃來。

東山老屋騰蚊嶺：
子大方紹之，孫延慶繩其。
雲礽祺保合，秀朗壯洪規。
克序天倫樂，業華宣禧昌。
徽胤連俊鬱，永衍芳名揚。

胡陽樓：
十百千萬品，谸泉廷夢天。
士金名顯世，歷代豪傑應。
家聲欣克紹，祖武授相承。
禮樂詩書啓，臺陽史第興。

（《林氏大宗譜》 1984年臺北鉛印本）

臺灣林氏元成系昭穆

唐山世系：
振佛添敏華乾恒代士啓爾世景君升友篤

唐山十七世，渡臺一世：
衍榮宗延慶揚祖德常微祚裔弘方顯天培厚綿褒奕祺康

唐山四十世，遷臺二十四世：
始祖振盛佛添敏華乾恒代士啓爾世景時君發昇堂友勇篤成

妣粉娘陳氏傳下四大房：長房士喜，次房光賀，三房林且，四房光義。

（《［臺灣］林姓元成公徙臺派下族譜》 1988年臺北鉛印本）

（三）黄　氏

黄氏認祖八句詩

駿馬堂堂出異鄉，任從隨地立綱常。
年深外境猶吾境，日久他鄉即故鄉。
早晚莫忘親令語，晨昏當薦祖宗香。

蒼天願禱垂靈佑，三七男兒總吉昌。

（《[臺灣]黄氏家譜》 1985年八月稿本）

龍海古埜黄氏昭穆

古埜熾昌堂派下輩序，廿一世起依照此行。
1933年二月二十五日衆議立。
列祖嘉猷，創業垂統。
熾昌衍慶，發展基洪。
詒衆孫胤，遠振宗功。
興族愛國，萬福來叢。

（《[福建龍海]古埜黄氏熾昌堂族譜》 1945年鈔本）

秀篆焕塘黄氏世系輩序

元欽萬國定封疆，億庶兆群奕世昌。
重義興仁崇禮教，富貴榮華耀宗祊。

（《[福建詔安]秀篆焕塘黄氏族譜》 清咸豐稿本）

漳州湘橋黄氏昭穆

浦東天從派，五世起：
鴻均志盛，宜廣存純。
舜持性致，温良恭儉。
讓聰明依，睿知寬裕。
發强剛毅，藏居忠正。
文理密察，審篤偲怡。

（《[福建漳州]湘橋黄氏族譜》 2006年印本）

閩臺黄氏昭穆撮録

燕山黄昭穆：
仁賢體乾，允希應有。
俯淑用原，臺鼎世守。
怡和衍禎，胤哲純秀。
德耀道光，永綿佩綬。

通適昭穆：
世代榮華今日舉，文明道脈啓源淵。

齊家治國平天下，大學中庸仔細研。

通適昭穆：
漢朝名顯達，公邦世永長。
詩禮傳家室，文章華國昌。

江夏漳州府金浦縣烏獅社昭穆：
聖德温良恭，儉讓聰明依。
君子通密察，正智藝宗支。

通適昭穆：
公孫世克繩，昭穆進朝廷。
孝友從先業，文章式典型。

通適昭穆：
士文兆啓永元宗，標哲成章世作宏。
丕振先聲開國夏，象賢紹德裕淵哀。

詔安派昭穆：
元欽萬國定封疆，億庶超群奕世昌。
重義興仁崇政教，榮華富貴耀宗祊。
昭明日月乾坤春，珠玉田財大發芳。
爲官拜相朝天子，金榜標名永代揚。

檗穀派昭穆：
大宗景知，亮際鐘英。
毓秀呈奇，共襄太平。
佐國文章，躬逢聖明。
仲甫可願，勉汝翼爲。
嘉猷達尊，祖德孫思。
若其有志，夫亦致斯。

通適昭穆：
愷和爲懷高尚其志，東石派昭穆九世起。
大宗世積善維詩書，繩祖訓繼述振家聲。

（《[臺灣]黄氏大族譜》 1982年臺灣鉛印本）

閩臺黄氏平和小嶺大更黄房昭穆

二十一世起：
耀宗盛而昌，綿延世澤長。
祖德猶光烈，昇平永傳邦。

（《[臺灣]黄氏大族譜》 1982 年臺灣鉛印本）

（四）張　氏

南靖貝嶺張氏昭穆

皇明永樂癸未年秋月八世嗣孫君紹盥手敬録。
以後仍有續序，未載何時所修，故不復録。將稱世修譜議派行開列。

化孫公始起：
化雲騰上昊，承先紹啓宗。
仲興山詔遠，永遠應萬崇。
日振昌英俊，賢聲繼祖功。
文運開世兆，科元定顯隆。

（張南珍編纂《[福建南靖]梅壟貝嶺張氏族譜》 清光緒十一年稿本）

清河堂張氏昭穆

漳州府南靖縣河坑社世英堂渡臺志達公派昭穆：
清河肇基光明世英，崇寶德政昌大家聲。
洽穆綿盛蘭桂長榮，仁義禮智元亨利貞。

新創字行：
卿汝寧所丕基克紹垂裕方來，
良圖次正式序攸昭宗斯大振。
元亨利貞達士官，
芳名永世德標香。
泉州安溪縣積德鄉昭穆：
天命啓光，延永建迺。
佳孫子維，牟昌克世。

（張明樹主編《[臺灣嘉義]張氏大宗譜》 1978 年臺中鉛印本）

张氏化孫系四十代昭穆字輩

化雲騰上昊，承先紹啓宗。

仲興山貽遠，永庭應萬崇。

日振昌英俊，賢聲繼祖功。

文運開世兆，科元定顯隆。

化孫公葬在上杭西洋鄉，妣陳氏、闞氏合葬。傳下十八子：

長吉雲　次慶雲　三禎雲　四祥雲　五集雲　六從雲　七淩雲　八福雲　九白雲　十錦雲　十一景雲　十二皇雲　十三卿雲　十四帝雲　十五倬雲　十六彼雲　十七闕雲　十八定雲

（張應元纂《[福建南靖]書洋奎坑張氏族譜》 清道光四年稿本　1948年張新科鈔本）

（五）李　氏

李氏青龍山仲信公派下輩序

十世庠生，詞斐號成蹊，常念族中叔侄上字名紊而無序，爰作五言八句，以便昭穆之序，一字一代。

先公原上客，禹甸梓垂青。

世胄因方衍，昆謀應日新。

作求昭祖德，修紀迪天經。

文焕高曾弟，和光集後禎。

十二世貢生慎潛，續造一首，輪完再以此排，一字一代。

長汀源可溯，杭朗永湖鄉。

移靖油爲宅，遷安肇造堂。

詩書傳教澤，科甲耀宗祊。

保又貽繁祉，千秋繼緒長。

（李德昌整修《[福建詔安]青龍山李氏仲信派下世系表》
仰南六世至二十世　1992年鈔本）

詔安大坪頭李氏昭穆

二十八字，自八世起：

國兆世善先榮茂，家傳詩訓厚汪洋。

書香丕振流芳遠，耀族光宗永吉昌。

（《[福建詔安]秀篆大坪頭李氏家譜》 清光緒三十四年稿本）

李氏昭穆匯録

一世隴字火德公標起昭穆志：
數典恒志祖，宜思衍澤長。
水源洵可溯，木本信維揚。
隴右移汀始，上杭住朗仰。
營溪居坎下，龍嶺宅湖旁。
南勝曾來鄭，分逃各散藏。
和同兼詔善，别擇靖澄方。
瓜瓞綿延遠，螽麟育更昌。
科名多顯耀，官職亦增光。
有穀貽孫子，余支遍四方。
雲礽猶未艾，承繼允無疆。

景山公派來臺啓釵公支派昭穆：
茂啓奕序符景象，雲伋振國華□□。
齊存禮義傳家寶，同守詩書教澤昌。

東爵公派下昭穆：
天永如傳發，雲開月中明。

君達公派望長公支派昭穆：
秉文時子克，甫卿世侯延。
爾孫昭孝悌，法祖尚丕前。
勤儉還謙燧，遺箴願勉旃。

竹軒公派大階公支派昭穆：
軒弼拔伯德
若於如中，實大肇衍。
宜爾君子，長發其祥。

秉乾公派宗色、宗出、日照公支派昭穆：
觀春天子，文一世宗。
有先上德，克振家風。
派衍綿遠，慈孝賢忠。
詩書禮義，萬代精通。

應龍公派下昭穆：
秀郎金玉元安世，景運宏開國有光。

時保榮昌謙晉益，長昭文德慶明良。
端資家啓成天則，蔭若垂雲福萬芳。

南靖三團社油坑社仲宗公派昭穆：
元慶光永清，衍紹德勳英。
蘭桂聯芳起，祖宗益顯榮。

詔安二都秀篆大坪頭仲儀公派昭穆：
國兆世善先榮茂，家傳詩訓後汪洋。
書香丕振流芳遠，耀族光宗永吉昌。

本字輩系秀才十世孫文思公字成蹊，詔安二都青龍山仲信公派下共四十字昭穆：
先公原上客，禹甸梓垂青。
世胄因方衍，昆謀應日新。
作求昭祖德，修紀迪天經。
文焕高增第，和光集後禎。

海生公派下昭穆：
成本朝元茂昌盛，吉慶家聲永康寧。

昭　穆：
世昌邦定國，仁義禮智信。
德勝全安永，忠厚意惠明。

（《[臺灣]李氏大宗譜》 1976 年鉛印本）

（六）王　氏

漳州府南清縣金山水頭屈仔後派昭穆：
私守鎮成漳，子孫纘緒長。
家聲欣克振，宗祖姓名揚。

（《[福建臺灣]太原衍派王姓大族譜》 1981 年臺灣鉛印本）

南靖後街王氏昭穆排名序次

友遂伯太喬，蘭尚士乃應。
文元光啓，世德榮昌。
加冠垂永久，福録慶綿長。

（王材編纂《[福建南靖]後溪寨王氏族譜》 清光緒甲午二修稿本）

漳州上苑王氏歷代昭穆稱名序次

友遂伯太，□□□□。
喬蘭尚士，乃應文元。
光啓世德，榮昌加冠。
垂永義福，禄慶綿長。

（王才編纂《［福建漳州］上苑王氏族譜》 康熙五十三年稿本）

（七）吴　氏

平和九峯永思堂吴氏昭穆

乾隆五十年乙巳花月修志。
咸豐年間生員應奎重修七房輩序云：
永長嘉芳，振祖榮宗。
克生俊秀，爲有賢良。
忠孝繼起，善守用光。

（《［福建平和］九峯永思堂吴氏家譜》 1925年三修稿本）

臺灣永思堂吴氏昭穆

永長嘉芳，振祖榮宗。
克生俊秀，爲有賢良。
忠孝繼起，善守用光。
道光貳拾伍年歲次乙巳花月，八世孫應奎謹志。

（《［臺灣］吴氏永思堂重建十周年紀念志》 1971年稿本）

（八）劉　氏

劉氏堂號彭城之由來

彭城置郡沿革。

劉氏屬郡爲彭城，蓋今江蘇之北，河南之南，古稱徐州，吾姓發祥地也。置郡沿革，詳於清顧祖禹《讀史方輿紀要》。

《讀史方輿紀要·州域形勢一》云："劉，畿内國，今河南偃師縣南三十五里，有劉聚。宣十年，劉康公來報聘。"又秦置三十六郡下云："泗水，今江南徐州、鳳陽府、泗州、淮安府、邳州皆是其境，郡治沛，今徐州沛縣也。"

又“項羽還自咸陽，分王諸將，楚分爲四”句下引《史略》：“羽自立爲西楚霸王，王梁楚地，都彭城。”注：“彭城，今江南徐州。”

同書州域形勢二云：“徐州刺史部。”又：“東海郡，秦薛郡地，徐廣曰：楚漢間有剡郡，高帝改爲東海郡，初屬楚國。’其下泗水國條：“地節元年，更爲彭城郡。黄龍元年，復爲楚國，都彭城，有縣七，今徐州及淮安府邳州之西域，是其地。”

又“東漢光武，仍分天下十三郡，”“魏時有州十三，”此兩節述彭城析置頗悉。

三國蜀漢先主得巴蜀，其地原爲劉璋所據，有州三，益、梁、交皆屬今四川。蜀爲魏滅，先主子孫慘遭夷戮，今四川之劉甚孳盛者，璋之後爲多云。

《讀史方輿紀要・州域形勢三》：“晋太康中，分州十九，”所舉沛國、徐州、彭城國、東海郡、琅邪國等，其建設廢復，率與吾姓之聚散有關。

廣州之劉，西漢初即有劉，劉鋹，自時厥後，必有相當之發展，洎夫宋初珠璣古巷，中原民族紛紛南移，彭城郡望，岐分葉佈，益播宗風矣。

（《［臺灣］劉氏宗譜》 1986年鉛印本）

彰化社頭芳山堂劉氏昭穆

昭光永宏福，餘誄式穀良。
裕後承前緒，相繼德澤長。

（《［臺灣］劉氏宗譜》 1986年鉛印本）

劉氏昭穆輯録

昭穆：
累馗信永相，全美釗炳盛。
錦升瑞先源，維新昭寶晨。
任貞樹登後，彦標德朝廷。
元海誠長華，禄星拱報杜。
温上倉榮封，大富貴近璋。
金榜立思恩，有士佰會接。
遠賜步仁端，季恒景勝忠。
秀京耀江隆，連雲詠興旭。
法光財能從，宏道玉習瑾。
淳坤聯祥珪，添似享安政。
焕縱國可子，尚學洪月山。
錫沐若向圖，常定翔照建。
承詔高鞥平，爚瓚殿琮尹。
龍珍汶發四，郎啓瑞乾志。
開廣巨集億，冉念良百千。
萬孟永欽顯，秦壽彰韜首。

團鞏必敬成，文明行世禮。
流讓昌澤吉，賢臣就傳詩。記。

芳山堂昭穆：
一四七世崇華千七郎公，撰定輩序詩，一四八世起：
萬孟念仲季，世文宗漢源。
益秉奕鼎光，興進讓朝蘭。
聯發榮隆傳，長玉成裕常。

一四七世崇寶千八郎公，撰定輩序詩一四八世起：
維恭興顯瑋，世廷友漢天。
一元道尚國，家修政克昌。

後再增"昭光永宏"四字。傳至一五八世一符公由福建板頭渡臺，定居社頭湳雅莊後，另行撰定輩序詩曰：
紹光永洪福，餘謀式穀良。
裕後承前緒，相繼德澤長。

乃恭公來臺祖支派昭穆：
士守信義，忠爲國瑞。
孝作家聲，可傳萬世。

璞珍公派昭穆：
宗孔文元良，大繼益時光。
可傳萬世守，家興邦德康。
陶唐貽澤遠，盛漢溯源長。
化日皇風佈，賢能應運昌。

雪麟公遷臺支派昭穆，第十七鑒明起：
其仰則長德習君，士達元興利貞瓊。
賢孫遠紹陵城瑞，至道深思有漢文。
作述宗功垂奕横，克繩祖武貴銘勳。
詩書禮義傳家寶，萬世榮華慶彩雲。

臺灣南靖村雅欽榮派昭穆：
維序鼻祖詔彭城，恭儉詒謀福建成。
興肇金豐桂竹巷，顯移詩祉福壇坑。
瑋賡載弄微熊夢，世卜其昌踐兆瓞。
迁列鵷行傳古事，友敦雁序記前情。

漢遺德化思鳳達，天降人恩望太平。
一身年沾安身吉，元良有慶徙居貞。
道嚴内外三綱肅，尚覩唐臺五德明。
國運重光旌若族，家風丕振達帝京。
修和六府中邦治，正獲千倉美利菓。
克發雲衢推捷步，昌連雁塔看題名。
昭茲來許宜繩武，光彼先疇自有程。
永志源流家譜系，宏圖續序萬年亨。

（《［臺灣］劉氏宗譜》 1986 年鉛印本）

（九）楊　氏

龍海英埭楊氏昭穆

由佛潭歷代字壇列左：
大伯景文，愷正廷國。
嘉義維良，齊聖廣淵。
明允篤誠，忠肅恭懿。
根深蒂固，禮智仁信。
孝悌廉恥，勤儉持家。
宣慈惠和。

（《［福建龍海］海澄英埭楊氏家譜》 1969 年鈔本）

漳州楊氏松澗系昭穆

昭穆者，上治祖宗，下治孫子，禮綦重矣。吾家自肇世祖松月公諱德以來，至本房觀吉公爲十一代。觀吉公與吾祖侃素公爲昆弟行也。侃素爲中葉第一代起傳至於和又七世矣。自肇世祖傳至和爲十七代矣。支分派别，生齒日繁，加以遷移别地殊難時時繼見，恐昭穆或傷紊亂，爰立成規，刊定命名字母，使孫子依此而行，則昭穆秩然不忱，便於後日五房總譜之修輯也哉。

第九世起：
人心合一，家道長榮。
吾家居住不一，雖有刊定命名字母，其下字每聚處亦當各編定字旁，庶不致兩字雷同之贅。
嘉慶二十年乙亥愧聯續筆。

（楊殿光編纂《［福建漳州］楊氏松澗系五大房系譜》 清嘉慶二十一年稿本）

宜蘭楊彭直系楊氏昭穆

詔安字輩共三十六字：

元欽文貴,新益士邦。伯仲時起,大振家聲。萬古成仁義,承接守節廉。左宜右有定,木本水源長。

漳浦輩序:
十一世齊忠　十二世聖肅
十三世廣恭　十四世淵懿
十五世明宣　十六允慈
十七世篤和　十八世誠惠
祖籍:福建省漳州府詔安縣三都北門外官橋頭。

(楊栢村等彙編《[臺灣宜蘭]楊彭德惠直系祖譜彙集》 1999 年稿本)

宜蘭福成楊氏昭穆

開浯始祖十一世亮節算起昭穆:
亮世代佰景,文愷正廷國。
家宜惟良齊,聖廣淵明允。
篤誠忠肅恭,懿宣慈惠和。
戴高履厚根,本固深積善。
行仁榮華發達。

(唐羽纂修《[臺灣宜蘭]蘭陽福成楊氏族譜》 臺北華崗印刷廠 1983 年鉛印本)

(十)許　氏

澎湖山水許氏昭穆

始東坪元,與宗東璋。
時惟從子,際啓伯源。
克公允侯,嘉乃丕績。
燕翼貽謀,敬明其德。

(《[臺灣]許氏大宗族譜》 1999 年鉛印本)

許氏昭穆選録

臺北新莊許氏式生派昭穆,石龜二十六世渡臺三世算起:
諱行:克振家聲,丕承著美,垂裕維昌。
字行:培鐘涵楷,煥坦銘澤,樸煐增鋭。

金門金城鎮許氏宗祠高陽堂昭穆,十二世起:

衍炔耀　慶圻　保鍾　世瀚
克梓　正炳　五培　黨銘
經淑　文槐　緯煌　武埴
舊錦　志　乘椒　龍熒
聯坰　登鉞　科淙　甲
富烶　貴坦　顯錫　揚清

金門後湖許氏昭穆：
始西坪元，與宗東璋。
時惟從子，際啓伯源。
克公允俟，嘉乃丕績。
燕翼貽謀，敬明其德。

金門安岐許氏家昭穆：
祖元貞惠，德啓經肇。
徵嗣榕漢，志元永章。
章公允俟，嘉乃丕績。
燕翼貽謀，敬銘其德。

金門縣金寧鄉後沙村許氏昭穆：
祖　天　惟歷　逵敦
嘉　邦光　學幹　汝懋
君體　伯日　宗升　朝東
庭海　殿上　會丕　士顯
子及　得明　志時　永遐
成邇　家皆　風同　仰
歷　來　有　定　期

金門縣金寧鄉後村許氏昭穆：
祖　天　惟歷　逵敦
嘉　邦光　學幹　汝懋
君體　伯日宗升　朝東
庭海　殿上　會丕　士顯
子及　得明　志時　永遐
成邇　家皆　風同　仰
歷　來　有　定　期

龍海鴻漸許氏昭穆：
均得明守，孔寧佈興。

章鑽世爾，士符元政。
長朝萬耀。

（《[臺灣]許氏大宗族譜》 1999 年鉛印本）

（十一）鄭　氏

南靖鄭氏德山公派下昭穆輩序

啓逢永世應昌承，兆振興成紹祖恩。
文章顯耀德業新，廣大高明智自真。
此輩序按德山公以下十六世算起。

（鄭兆鏞編纂《[福建南靖]船場十八家鄭氏族譜》 清道光十年稿本）

（十二）郭　氏

華安昇平郭氏昭穆

文遠公爲起公三子始制昭穆字輩序次曰：
文景維仲淑，元世安汝期。
士志振光宗，雲龍祭雨時。
承先啓來裔，紹德永爲基。
天錫我胤祚，千秋慶有餘。

今蓬州郭、蓮花霞林郭、熱水郭，凡自昇平開基各處者，俱依此字輩以辨世次尊卑。
入昇平始祖按自唐子儀公至文達公二十六世。

（《[福建華安]岱山郭氏族譜》 1994 年稿本）

福建龍溪昇平文達公派，由一世至四十世：
文景維仲淑，元世安汝期。
士志振光宗，雲龍際雨時。
承先啓來裔，紹德永爲基。
天賜我胤祚，千秋慶有餘。

臺灣新竹柏公派：
克紹貽謀，景福介世。
孟居伊尹，本上世文。

臺北市孔彰公派：
天運孔彰，爲善必昌。

臺灣鹿港通觀公派，由一世至二十八世，1986年六月新訂：
祖汾陽忠烈承恒，原泉晉侯冠垂昌。
家尚光厚益昭章，宜宗修恭倫庭訓。

（《[臺灣]環球郭氏宗譜》第二輯　1987年臺北先鋒印刷公司版）

福建華安岱山文達公派，由一世至四十世，原龍溪縣昇平堡岱山社：
文景維仲淑，元世安汝期。
士志振光宗，雲龍際雨時。
承先啓來裔，紹德永爲基。
天賜我胤祚，千秋慶有餘。

臺灣新竹柏公派：
克紹貽謀，景福介世。
孟居伊尹，本上世文。

臺北市孔彰公派：
天運孔彰，爲善必昌。

臺灣鹿港通觀公派，由一世至二十八世，1986年六月新訂：
祖汾陽忠烈承恒，原泉晉侯冠垂昌。
家尚光厚益昭章，宜宗修恭倫庭訓。

臺灣北港派，由十二世至三十一世：
弘基光世守，鴻烈丕承。
文章昭祖德，忠孝詒孫謀。

臺灣臺南由恦公派：
由孔紹焕敦，啓振肇大明。
鐘奇連天奎，文標挺芳聲。

臺灣鹿港維饌公派：
纘允志維謌，禮義傳家禄。

福建南靖以德公派，由南靖十六世起延用：

文章華國，詩禮傳家。

（《郭氏源流》 1999年臺北鉛印本）

閩臺郭氏崇飽公派昭穆續修紀

現行輩序系南靖十六世祖文斗公於嘉慶十二年在南靖續修族譜時所訂定者，兹謹抄録其原文如下。

按原譜未詳謄韻，是以一房一號，宗同韻不同，昭穆未免難察。今欲正之，蓋上世久遠，私號已定，不敢更焉。現在十六世謄韻原號文字即以十六世爲始，僭續下韻，經佈告族衆，衆之皆喜焉。謹將文韻敬書於譜内，後代子孫無致差訛。嗣後有志續脩者，有文學自當增書數句於譜内，雖百世之遠，亦無不同矣。

十六世起：

文章華國，詩禮傳家。

嘉慶十二年丁卯桂月穀旦，十六世孫文斗頓首拜謹識。

先祖所訂文章華國、詩禮傳家之昭穆將要用完。此次在臺續修族譜，聯絡宗親彙集世系時，諸多同譜宗親反應，希望續訂昭穆，以明輩份與世代。兹爲服務宗親，趁此續修族譜之期，不顧才疏學淺，斟酌先祖文斗公所訂昭穆之意義，與配合時代需要，增訂昭穆下一句，經廣徵詢同譜先進，並承蒙中國文化大學詩學教授龔嘉英先生與詩書名家曹秋圃老先生等修改後，另承日人橋爪正雄先生協助代爲徵詢祖籍宗親對此增訂昭穆之意見，經各宗長磋商同意續訂如下：

文章華國，詩禮傳家。

興學奕世，盛德耀宗。

1984年甲子春，南靖二十世渡臺八世孫詩連謹録。

（郭詩連編修《[臺灣臺北]崇飽公派郭氏族譜》 1962年鉛印本）

閩臺郭氏郡望堂號記

郭氏郡號

《新唐書・宰相世系表》載，東漢郭全，世居陽曲，在今之山西省。華陰郭氏爲太原分支，中山郭氏居於鼓城，昌樂郭氏亦太原分支，足見太原實爲郭氏發祥地，族人遂以太原爲其郡號。

汾陽堂號燈號

我宗汾陽派系之開基祖子儀公，源出於陝西華州鄭縣，在華縣西七里人。因唐中葉子儀公平安史之亂，中興唐室，受封爲汾陽郡王，後裔子孫仍繼續懸掛汾陽燈號，久而久之，獨樹一幟，爲汾陽郭氏，以汾陽爲堂號。實際上汾陽郭氏與華陰郭氏、馮翊郭氏均爲太原分支，太原正是郭氏發祥地。因此發祥地太原之郡號，可稱爲總堂號。

（郭詩連編修《[臺灣臺北]崇飽公派郭氏族譜》 1962年鉛印本）

臺灣郭氏漳州岱山系昭穆

本派昭穆輩序

文景維仲淑，元世安汝期。
士志振光宗，雲龍際雨時。
承先啓來裔，紹德永爲基。
天賜我胤祚，千秋慶有餘。
岱山社開基始祖，依據臺灣宗譜記載爲文達公，另一記載爲起公。

（《[臺灣]郭氏源流》 1999年臺北鉛印本）

臺灣漳州郭氏以德派昭穆

藝庵公爲一族之始祖，位傳至九世，詳敘成書於前，長房四雍山公序後，各有箴規。傳代至此，世久年深，不有續是譜者。斗父國學生元忠，族舉族正，生前特念續脩，未遂棄世，斗不忍忘其志，慮恐世邈難詳，齒繁靡稽，方將原譜録之於前，但宗盛譜合難以紀極，乃將祖我分派而來生歿葬址而附之後，以待有文學者修志行傳統成合譜，水源木本亦曰篤不忘矣。

嘉慶十二年丁卯桂月穀旦十六世孫文斗頓首拜謹識。

按原譜未詳謄韻，是以一房一號，宗同韻不同，昭穆未免難察，今欲正之，蓋上世久遠，私號已定，不敢更焉。現在十六世謄韻原號文字，即以十六世爲始，續下韻，經佈告族衆，衆之皆喜焉。謹將文韻敬書於譜内，後代子孫無致差訛，嗣後志續脩者，有文學自當增書數句於譜内，雖百世之遠亦無不同矣。

文章華國，詩禮傳家。
興學奕世，盛德耀宗。

（《[福建漳州]郭氏族譜以德派》 清光緒三修鈔本 臺灣鉛字重印本）

（十三）曾 氏

南靖高港曾氏昭穆

五十八世祖十八郎公，康熙皇上御賜顔曾思孟四姓三十字輩普概天下。由十八郎公子算起：

子宗垂令緒，宏聞貞尚衍。
興毓傳繼廣，昭憲慶繁祥。
開成規兆瑞，恒奕善綿仍。

咸豐皇上再賜十字：
令德維垂佑，欽紹念顯揚。

光緒皇上再賜十字：
世代朝延用，安邦治國賢。

自開派來，七十五矣，若論輩字，龍山華字，考武城譜憲字爲是，從此類推，族人須記。

龍山派譜語：
奎壁騰雲瑞，人文焕國華。
臺衡思繼武，鼎甲勵承家。
一貫書紳永，千秋錫福遐。
貽謀資燕翼，世業仰清嘉。

（曾康生鈔録《［福建南靖］高港曾氏家譜》 1931 年稿本）

平和上湖曾氏輩文

子宗垂令緒，宏聞禎尚衍。
興毓傳紀廣，昭憲慶繁祥。
開成規兆瑞，行奕善綿礽。

（《［福建平和］上湖曾氏石溪系族譜》 清同治二修稿本）

曾氏易齋派昭穆

子宗垂令緒，宏聞禎尚衍。
興毓傳紀廣，昭憲慶繁祥。
開成規兆瑞，行奕善綿礽。

（《［福建平和］曾氏易齋派族譜》 1932 年抄本　後人補録本）

（十四）廖　氏

廖氏武威太原清河三郡堂號

八十世光景公，諱德登，蘭芝公之第三子。原籍江西省雩都縣，生於宋代中葉，初爲宣州刺史，累陞學士丞相。公開雩都、寧都、石城三縣之祖，即江西大始祖也。葬於江西寧都鈞州，立有大石碑書明官爵名號爲記。妣張氏太夫人，生三子。長瑞瑄，次瓊瑄，天琳瑄。

按分郡之説紛紜，由於各譜各樣，莫衷一是。然有如福建省汀州府永定縣翰林院學士廖瑛者，聞前人之傳，自上祖蘭芝公分武威郡，蘭楷公分太原郡，蘭德公分清河郡。太原王姓之郡，楷公因外祖無嗣，以甥承祀。清河張姓之郡，德公因岳父無嗣，以婿承祀。故二公分郡不分姓也，至是彰彰可考。又據閩譜詳載，景公誕育九男，作雩都、寧都、石城三縣祖，分三郡，從其出士所稱。長文廣，元丞相。次文興，參政司。三文舉，翰林學士，命太原郡。四文福。五文亮，翰林學士。六文禄，經歷司，命武威郡。七文用。八文明，通政司。九文峯，提刑郎，命清河郡。

（《［臺灣雲林］廖氏大宗譜》 1979 年鉛印本）

詔安廖氏渡臺十二世序魁公派昭穆

十二世起：
源國良公乃，昌龍世代長。

武威世崇公派昭穆，十五世起：
國泰民安逢景運，
文經武緯振安聲。

武威相標公派昭穆，十四世起：
相朝鉷貴天新振，慶運興文元德昌。
相朝鉷庚水集瑞，德勝榮華國家興。
盛登鳳彩傳芳發，修學文武錦蘭清。
忠良仁義鴻龍王，桂漢雄光萬世英。
紫雲玉盛傳振發，金蓮永昌正乾坤。

武威千十公派昭穆，石圳八世祖有靖公撰定輩序，九世起：
汝宗登玉嶽元衍，孟仁上世慶昌期。
朝庭承裕隨芳錫，華國文章肇應時。

武威惠千公派昭穆，十一世起：
上德聲名顯，祥光奕世興。

清武溪口日享公派昭穆，一世起：
宗友永元道，日大繼子心。
爲朝廷國士，良名萬世欽。

日享老六大位公派昭穆，二十一世起：
信能攻先德，作述照古今。
本基源流遠，詒謀正清深。
克治祖家法，基慶式玉金。

日享大魚池及馬坑派昭穆，十四世起：
烈世文國以，丁財福禄昌。
蒼梧千載茂，丹桂五枝香。

日享盈漢公派昭穆：
日大玉英圭，錫欽紹盈。

十六世起：
文才登科甲，振作泰隆興。
家聲佈春暉，光前子孫賢。
祖澤喜超然。

日享達顯公派昭穆：
傳家德誼惇仁禮，
華國文章本史書。

日享德安公派昭穆，十五世起：
德先春榮瑞景明，
祥公衍慶自成文。
三十世起：
章顯達仁爲貴遠，
章紹淵源啓俊英。

日享子燧公派昭穆，九世起：
子邦文士榮，心上慕鵬程。
繩武光前烈，詒謀奕世亨。

日享元表公派昭穆，十六世起：
文明登仁，錦松國恩。
武有正鎖，奉天發隆。

田背港尾日旺公派昭穆，十世起：
上國朝廷時士天，正心大學本宜先。
榮光獻瑞成名世，列位聖君亦尚賢。

厚福道烈道順公派昭穆，六世起：
日良壽，則吾宦。
永世朝恩，以承天禄。
椿松千載茂，蘭桂四時春。
燕翼貽謀遠，鴻圖德業新。

厚福道昭公派昭穆，十二世起：
崇天有榮華，富貴萬年嘉。
克守祖功德，興隆同一家。

平寨崁下天與公派昭穆，一世起：

再友永元道天理。
振士宜可時，世大有進德。
繼述顯名揚，傳家禮義長。
箕裘隆百代，宗緒慶榮昌。

天與鄭坑派昭穆，十四起：
榮俊登朝上，光華振世昌。
松青千古茂，富貴慶綿長。

天與理明公派昭穆，十三世起：
利文士子日初興，必世居仁鬱乃登。
恒立良心存美德，宣昭孝義有芳稱。
時逢茂對宜恭仰，秉禮傳家藹善能。
濬哲尚輝延博慶，揚光大智纘高騰。

勤樸公派昭穆：
十五世起，光明正大。
克守世德，耀振家昌。

（《［臺灣雲林］廖氏大宗譜》 1979 年鉛印本）

（十五）賴　氏

賴氏郡望堂號源流

溯我賴氏出自軒轅黄帝第十九代孫，古公之曾孫，文王之第十三子叔潁公，武王克商有天下，封弟叔潁於賴國，後之子孫以國爲姓，以國土潁川爲郡。考武王平商而有天下，封兄弟之國者，十有五人，姬姓之國者有四十八人。當年賴國即在潁，爲河南舊許州、陳平、汝寧、汝州之地，賴氏之發祥於此，遂以潁川爲賴氏之别稱。其曰松陽者，因東晉孝武帝及安帝時，遇公官任江東太守，奏請松陽爲郡，而得安帝御筆親書松陽郡三字賜之，後世子孫遵依松陽，人稱松陽望族，故賴氏有松陽舊家之譽，此其源流也。夫西川二字者，清康熙間御製百家姓時，列賴氏爲西川，因文王都西岐，西岐即西川，乃以西川之稱焉耳。

溯我賴氏於真公時始見分派，時爲漢末晉初，在真公以上之分派如何，宋明舊譜未見備載，失所根據，莫得考詳。至深公，家於貴州。忠誠公遷居松陽。燦公時子孫蕃衍，分派已繁，其徙潭州、古田（福建）、熱水、龍南、上猶、石城、建昌、瑞金（以上江西）及楊州、四川、陝西散居之地廣矣，垂創之基多矣。至得公自古田及汀州到寧化縣石壁村，標公乃居古田。標公於唐僖宗乾符九年封直田上將軍之職，賴氏世襲將軍於此。嶺東惠潮嘉各縣，多屬標公之裔孫。至六郎公兄弟九人號稱九龍，榮公分居清流歸贛州寧郡會同會昌。至朝英公移永定，朝美公居平和，朝奉公居浦田。三朝乃兄弟也，舊譜稱南宗三朝衍派也。承主公分居嶺東各縣，分居各省占籍成族。要之分派者初其兄弟也，兄弟初一人之身也，流雖有殊，發源則一。昔人有句曰，讀譜牒者猶於見祖先，詎不信哉。

（《[臺灣]賴氏大族譜》 1968年稿本）

賴氏堂號名稱由來

我賴氏有潁川堂、松陽堂、西川堂之稱，可得而說明焉。賴氏得姓，自少宗叔潁始。叔潁者，文王第十九子也，非嫡子，乃是庶子，故曰少宗。於武王時封賴國，賴國爲汝寧之地。汝寧，《禹貢》豫州域，今河南地，秦屬潁川郡，潁爲水名，賴國子孫，以國爲姓，所以有潁川堂者也。其後遞傳至賴光即列竇，官浙東，乃家松陽。再傳賴遇公，東晉安帝时任江東太守，奏准賜郡松陽。夫松陽者，漢章安縣南鄉地，建安四年孫氏折置松陽縣，屬會稽郡，三國吴太平三年屬臨安郡，晉初因之，迄隋置處州，後改括州，明以處州爲府，松陽隸處州府轄，今浙江地也。查舊譜，誤寫括州爲活州，幾不知何地，更誤指松陽在西地者，所以稱松陽堂者在此。及傳賴碩公，劉宋元嘉末，由松陽徙南康郡者，晉太康二年改廬陵南部之地也，劉家爲南康國，齊梁陳復爲郡，隋平陳始改虔州，舊譜亦每因虔州人與處州混訛。碩公又居揭陽赤竹坪，隋開皇十八年，揭陽赤竹坪改虔化縣，今江西寧都也。舊譜又誤以赤竹坪之揭陽爲松陽。裔孫先後從江西遷福建，移廣東，迨清康熙二十一年御製百家姓，賴氏爲西川郡，以文王遷於岐山，即西岐，叔潁公爲文王之子，溯厥本源，所以名西川堂。

（《[臺灣]賴氏大族譜》 1968年稿本）

南靖葛竹賴氏燈號字輩昭穆詩

由十三世起至六十二世：
甲第贊纓在，乙源沛澤豐。
丙陽天地照，丁實歲時逢。
戊育蕃滋潤，己傳起敬崇。
庚强人身厚，辛旺事能通。
壬大來章紱，癸全萬福同。
平和安厚、割竹，心田朝英公第十七代孫由甲字起。依次類推。

（《[福建南靖]葛竹賴氏族譜》 1999年稿本）

南靖葛竹賴氏昭穆

朝英次孫六十二郎派下：
斯衍慶欣瞻麟趾呈祥。

（賴徵祥編纂《[福建南靖]葛竹賴氏族譜》 清光緒二年稿本）

南靖派昭穆：
明義應宗士國庭，天開文運起雲騰。

榮華富貴飄芳遠，克振家聲萬代亨。

南靖派日衆公派昭穆，由十二世起。
士富文慶茂，新榮振加聲。
甲丙丁壬盛，子丑辰午昌。

太平派昭穆：
老派：
泰秉文國誠，敏崇思振益。
良繼魁修德，期揚世懋容。
和兆慶彌允，正祥復運週。
新派：
孝友傳先訓，詩書啓大猷。
家聲聯濟美，芳名定作求。

文興公派昭穆，自十七世起：
春永振嘉聲。
國泰民安，富貴榮昌。

念二郎公派昭穆：
朝連昆玉振綱常，焕彩滿庭慶吉昌。
桂發蘭生榮耀祖，財丁雙進永傳揚。

佰二公派昭穆：
佰乾一樣伯念思，文德石仁復時生。
錫發慶漢昌榮清，國振逢運佑忠興。
傳溪璋臺華明耀，禮義智信慶吉成。

發享公派昭穆，十五世起：
錫發夢揚昌仲富，貴章騰運佑忠興。
傳溪璋臺華明耀，禮義智信慶吉成。

貴賢公派昭穆，十世起：
則伯夫君有以開，永久復興世傳來。
家修廷獻昭先烈，道德經邦廣智仁。
從善能昌貽繼遠，發生鼎盛尚敦倫。

子貴公派昭穆，二十一世起：
文武贊周德，天和焕國心。

盛朝喬梓茂，勝日桂蘭芳。
大振家聲遠，新興世業昌。
源泉通萬載，金玉滿華堂。

登祥公派昭穆，十七世起：
秀雲陵茂光明德，家聲裕振福賢昆。

伯三郎公派昭穆，十世起：
漢聖埈其振，有恒世國珍。
寧義尊上宜，克榮修悠昌。

（《[臺灣]賴氏大族譜》 1968 年稿本）

（十六）莊　氏

南靖奎洋下峯莊氏編字韻

應運而興，奕世永隆。
含宏光大，顯我閩中。
元祖青陽，京南而開。
登朝際盛，福慶延來。

（《[福建南靖]龜洋下峯莊氏十一世子樟系譜》 清咸豐五年稿本）

南靖奎洋莊氏編字韻

應運而興，奕世永隆。
含宏光大，顯我閩中。
元祖青陽，京南而開。
登朝際盛，福慶延來。

（莊鐘祥編纂《[福建南靖]奎洋莊氏一派圖譜》 清咸豐稿本）

南靖奎洋莊氏昭穆字韻

應運而興，奕世永隆。
含宏光大，顯我閩中。
元祖青陽，京南初開。
登朝際盛，福慶延來。

（莊慶忠編纂《[福建南靖]龜洋莊氏十一世良德系族譜》 清嘉慶稿本）

莊氏夏公西潘昭穆歌

執一若子，宗雲廷階。
經綸國家，恭修協諧。
貞純綱常，忠敬廣載。
光先遺澤，禮樂文開。
持守世德，友愛寬懷。
教讀詩書，俊富人才。
篤信好學，監古知來。
明善克己，庭章元凱。
致君堯舜，安民中海。
輔理承化，衆心和泰。
誥軸前勳，仁本敦派。
發育永昌，垂天興賴。

（莊明昌編纂《[福建漳浦]莊氏夏公系西潘族譜》　清雍正乙巳稿本　清末抄本）

（十七）江　氏

閩臺濟陽江氏昭穆

玉純創連添禎，印錦世績長享。
進德修業奕繼，興宗輔國昌榮。

承世排次序，宗支衍慶長。
耀閭稱帝德，祖思萬載陽。

世永文興彰上國，德長詩禮成大家。
芳名歷數春秋運，流傳後起再挑嘉。

胤中際景，克承嘉謨。
丕顯前烈，宏圖遠大。

士世應明時，朝建萬選音。
懋修光祖德，建立振鴻然。

萬代朝君，伯仲齊鳴。
舉家和順，永建泰寧。
創垂宏遠，樹德榮昌。

克承前烈,佑俗賢良。

(《[臺灣]濟陽江氏族譜》 1964年鉛印本)

閩臺江氏昭穆匯録

平和來臺江樹公派下世法昭穆

平和十三世江樹公,其先世由永定高頭徙平和,生三子,曰士印,士香清康熙五十五年丙申七月廿三日未時生,士根康熙六十一年壬寅十一月廿一日亥時生。兄弟三人,英年由漳州府平和縣葛布大溪祖家,遷渡臺灣淡水縣桃簡堡埔頂莊今之桃園縣大溪鎮仁和宮廟前一帶,闢地開族,子孫撰定輩序自十五世起詩曰:

承世排次序,宗支衍慶長。

耀閭稱帝德,祖恩萬載揚。

平和來臺江瑞玉朝雪公派下世法昭穆

開臺始祖朝雪公,謚瑞玉,一號江四郎,乃平和二萬四公之十三世孫,清乾隆四十五年庚子,公舉眷自祖籍福建省漳州府平和縣葛布大溪,買棹渡海來臺,卜厝彰化縣東堡七張犁莊今之臺中市北屯區七張犁,開基立族,其先世立有輩序七世起標定詩如左:

國九明隱,流廷維惠。

朝中大振,乾道永連。

興傳廣世,毓秀欣然。

平和來臺江玉山公派下世法昭穆,祖籍福建省漳州府平和縣新安里葛布大溪。

玉純創連添禎,印錦世績長享。

進德修業奕繼,興宗輔國昌榮。

詔安來臺江四十六郎公系世法昭穆,祖籍福建省漳州府詔安縣二都秀篆鄉埔坪保江屋城十一世起:

世永文興章上國,德長詩禮成大家。

流傳萬載千秋盛,芳名後代再排加。

福建詔安縣江氏昭穆十二世起:

士世應明時,朝廷萬選奇。

懋修光祖德,建立振鴻然。

(江廷遠主編《[臺灣]江氏大族譜》 新遠東出版社 1982年版)

（十八）吕　氏

南靖書洋吕氏輩序字倫

慎忠追遠，明德歸後矣。
朝庭其國家，士永敦友恭。
丕振宗緒，克篤仁讓，兆焕人文。

（吕煒卿編修《［福建南靖］書洋吕氏族譜》 1924 年稿本）

詔安玉龍坑吕氏昭穆

金華發祥，蕃衍潮漳。
傳芳禮學，紹美文章。
英俊蔚起，甲第賡揚。
百千萬世，永際其昌。

（《［福建詔安］玉龍坑吕氏族譜》 1927 年稿本）

吕氏廷玉系昭穆

龍潭樓昭穆：
金華發祥，蕃衍潮漳。
傳芳理學，紹美文章。
英俊蔚起，甲第賡揚。
百千萬世，永際其昌。

（吕傳勝主編《［福建南靖］書洋田中吕厝龍潭樓吕氏族譜》 1996 年鉛印）

閩臺吕氏競茂系昭穆

競茂公派昭穆，自一世茂字起：
茂啓餘圖，蒙簡天心。
卿清溪語，開基發祖。
光前羽翼，興宗樸派。
以承道脈，超爾君予。
克明峻德，世立其昌。
公候仲伯，孝義榮崇。
古訓是式。

輩序：
四嶽系族，二都方伯。
剛德秉望，家邑河東。
金華發祥，蕃衍潮漳。
傳芳理學，紹美文章。
英俊蔚起，甲第賡揚。
百千萬世，永際其昌。

吕十一公居福建省汀州府寧化縣石壁鄉，傳下二房，吕十七公、吕十九公，移居福建省漳州府詔安縣二都秀篆埔坪堡田雞石盂彩坑，剛正吕十七公稱爲河東開基堂上始祖。

（吕傳勝主編《[福建南靖]書洋田中吕厝龍潭樓吕氏族譜》 1996 年鉛印）

閩臺吕氏祖謙公派昭穆

祖謙公所立輩序，系由入閩時才標用。據入閩之時間相差約一百年，代數相差約一二代，故未統一標用，爲使族人瞭解，兹詳志如左。

中樓房，玉龍房，園門房，石溪房，系從第七世標起金字。
盛垻房，受祉房，系從第八世標起金字。
良掞房，北田房，營春房，系從第九世標起金字。

金華發祥，蕃衍潮漳。
傳芳理學，紹美文章。
英俊蔚起，甲第賡揚。
百千萬世，永際其昌。

（《[閩粤臺]吕姓大宗譜》 1976 年臺灣鉛印本）

（十九）何　氏

南靖金山蘆江何氏輩詩

天宏心則泰，孝順禄加昇，德高壽永長。

（《[福建南靖]金山水美何氏族譜》 1917 年稿本）

（二十）蕭　氏

書山蕭氏昭穆

昭穆者字輩也。族有輩份，九族始明，俾使族衆丁繁，上下有序焉。昭穆之完整與否，與族之興衰有關，所以制定昭穆，必須具有淵博之學問與崇高高碩德擬定之，取其字形之端正，葉韻之祥和，俾宗族後裔安名定輩有所依據，而異地相逢，得明尊輩晚輩之分。

奮永伯團文，士元德禄廷。

輝志正大光，昌興家輔國。

奕世聯芳功，人啓運鴻蘭。

陵太傅繼勳，名儲君穎士。

才華茂青鑑，淹通兆復興。

（《［福建臺灣］書山蕭氏族譜》 1990年臺灣鉛印本）

漳龍蕭氏昭穆

昭穆即字輩也，用於上下尊卑，其字形選制端正，具有淵博與崇高碩德，作爲本支系芳遠芳堂派下書山、東山、永錫、圳頭存心祠堂，前編用滿之後，接用本期編制，採用本堂派下裔孫代表，於一九九九年歲次己卯五月初十日午刻醴備祭醴在芳遠堂列祖神前求杯賜允在效。

東山祠原編：

伯顯

本維弘亨萬曰友

禹德彝倫振成可

待賢瑞俊則綿長

書山祠原編：

奮勇伯團，文士元德。

禄庭輝志，正大光昌。

興家輔國，亦世聯芳。

會同續編：

遠肇其源君名相，

威謙忠義裕鴻章，

毓以良才承偉績。

燧公、雲龍公、惟宗公、開春公千八郎、十四郎公、念五、三八、四二、五十五、德隆、孟容居南靖金山上下湧。福成，名恭，居上杭。福訓，名奮，先居高港，後與曾家對换來書洋下村開居。

（《［福建漳州］河南衍派漳龍蕭氏族譜》 1999年鉛印本）

蕭氏湧山四美堂昭穆

祥湧四美堂孟容輩序：

孟廷孔仲時，伯士國邦汝。

世元勝必昌，宗枝慶澤長。
承前應大進，啓後裕文聯。

（蕭鐘鴻編纂《[福建南靖]上湧蕭氏世系》 清光緒二十八年稿本）

臺灣蕭氏各支派昭穆輩序

昭穆者，字輩也。族有輩份，九族始明，俾使族衆丁繁，上下有序焉。昭穆之完整與否，與族之成衰有關。所以制定昭穆，必須具有淵博之學問，與崇高碩德擬定之，取其字形之端正，葉韻之祥和，俾宗族後裔安名定輩有所依據，而異地相逢，得明尊輩晚輩之分。

玆將各房昭穆録明於左：

梅軒公派下，二十世起：
成喜金身良寶忠。
義禮信嘉鴻，富貴萬年興。

六十郎公派下，十二世起：
上養應元文，盛世玉順良。
孝友詒謀永，詩書積慶長。
派傳奕葉茂，再續更隆昌。

念三郎公派下，十二世起：
上文天崇昭，士瑞曰明聖。
廣立會朝廷，秀克仁繼定，孝見可以成。

滿泰公派下，八世起：
萬曰友禹德序彝倫振成
可待育賢瑞俊典則綿長

奮公派下，一世奮公起：
奮永伯團，文士元德。
禄廷輝志，正大光昌。
興家輔國，奕世聯芳。

孟容公派下，一世孟容公起：
孟廷孔仲時，伯士國邦汝。
世元勝必昌，宗支慶澤長。
承前應大進，啓後裕文聯。

宗壽公派下，二世起：
義存欽日，宗有爾業。

汝顯國士,振哲榮華。
奕世永昌,繼代興隆。
連登科甲,克亨綿長。

本公派下,十世起:
學乃身奇寶,儒如席上珍。
君賜爲宰相,必用讀書人。

直軒公派下,七世起:
漢廷鴻業肇先聲,奕世傳家有盛名。
若克昭承宗祖德,永讓經學志光榮。

(《[臺灣]河南蘭陵蕭氏族譜》 1981 年稿本)

閩臺蕭氏斗山衍派昭穆

滿泰　萬廷　曰朝　有士　禹必
德序彝倫,振成可待。
育賢瑞俊,典則綿長。
鄭侯功人,啓運鴻蘭。
陵太傅繼,勳名儲君。
穎士才華,茂青鑑淹。
通兆復興。

(《[福建臺灣]斗山蕭氏族譜》 1990 年臺灣鉛印本)

福建臺灣蕭氏書山系昭穆

奮永伯團,文士元德。
禄廷輝志,正大光昌。
興家輔國,奕世聯芳。

(林添福編纂《[臺灣]書山分支車田蕭氏族譜》 1982 年臺北鉛印版)

(二十一)潘　氏

南州漳郡潘氏昭穆字行:
英俊開皇運,乾綱賴以扶。
成仁爲大道,正己是其師。

(《[福建漳州]南州筍江潘氏族譜》 1992 年稿本)

臺北系：
孝有茂恒，爲自家邦。

漳浦石橋系：
英萑開宏運，乾光迺以扶。
同人爲大道，正己是先師。

泉州同安仁安里十五都宅甲鄉系：
建鐘開能祥，鴻燕羽翼長。
盈書遂統緒，棠棣慶聯昌。

（《［臺灣］潘氏族譜》 1967 年鉛印本）

（二十二）游　氏

詔安秀篆樂山系游氏昭穆

樂山公遺囑輩序傳於子孫云：
臨溪須住址，逢水便安身。
光祚承宗厚，世守兆禎祥。
文章高列國，詩禮在吾鄉。
百代源流遠，千歲再推詳。

西洋以後再續四十字，通聞闔族以便稱呼。自二十世起詩曰：
本原能有志，蕃衍慶其昌。
德盛昭欽仰，望隆定顯楊。
朝廷崇俊哲，邦國重賢良。
一心維纘烈，萬奕永傳芳。

（《［福建詔安］樂山念四派游氏族譜》 1989 年稿本）

詔安秀篆龍潭樓游氏昭穆

游氏家譜宗派詩云：
惟寶先宗福，開家瑞有基。
王廷一學士，世德永垂貽。
景象輝騰日，勳名駿發時。
書傳榮業紹，上國慶來儀。

（《［福建詔安］秀篆游氏龍潭樓系譜》 清宣統稿本）

臺中游氏昭穆

游姓九世祖，監生游一百五十四公，諱志娘，字屺瞻，官章仁士，度牒法名，葬於長寮下樓，坐北向南。祖妣邱氏大娘。屺瞻公將七八九十代排頭作起詠詩一首爲昭穆云：

士而志文維國典，民其好禮振家聲。

槐庭啓運千秋茂，立雪嗣徽萬古榮。

游姓第十六世祖好德公，乳名大，字瓊萃，詠一首，爲第三十五世起啓用之昭穆云：

繼述宏圖承祖德，昌隆光耀集群英。

功勳建立登金闕，録賜皇朝顯姓名。

（游國禮編纂《[臺灣臺中]游氏族譜》 1967年鉛印本）

（二十三）趙　氏

趙宋皇族三派昭穆字號

御制三派玉牒：

太祖派字號：

德惟守從世，令子伯師希，與孟由宜順。

太宗派字號：

元允宗仲士不善 汝崇必良友季同。

魏王派字號：

德承克叔之公彦 夫時若嗣次茍光。

（趙紫綬 趙鯤飛編纂《[福建華安]銀塘趙氏族譜》 清乾隆壬午年七修稿本）

（二十四）顔　氏

漳州青礁顔氏昭穆

筆劄撫牒，長思恐百世之後，族屬愈繁，得無有好奇之子陳棄季孟者乎？得毋有地隔之支，莫會嘉賜者乎？得毋有悖傲之元，淩駕于高曾者乎？故不揣譾劣，謹率長者之命，爰立十字，著於簡端。自今爲約，世守其一，名從其德，而字則不可越，庶幾問字以知名，問名以知序，不待稽牒，百世次昭然矣。可不慎歟。若夫十字以還，則俟諸繼志之君子。敬附十字於左：

淑崇彰顯德，紹懿衍宏基。

青礁三十一世起增補字序：

貽厥孫謀，以燕翼子。

垂裕厚昆，興諸衍莊。

丕振宇宙，樹民建國。
德揚光宗，億世緒昌。

（顏天性纂修《［福建漳州］青礁顏氏族譜》 清道光庚辰二修稿本）

（二十五）范　氏

臺灣子乾派范氏昭穆

昭穆，十一世起標定：
特作天朝士，忠良佐聖君。
芳名章青史，文業縣佳聲。

（《［臺灣］子乾派范氏族譜》 1970 年鉛印本）

（二十六）薛　氏

臺灣高雄薛家村薛氏昭穆

應允思崇宜伯公，吉彝朝甫文明中。
仁昭義立丕基永，德厚光華序復同。

（《［臺湾高雄］薛家村》 1988 年稿本）

（二十七）蔣　氏

華安大地蔣氏昭穆

大地蔣氏自唐末蔣高公入閩傳承，由仙遊枝分德化，再分大田，啓胤祖從大田到海澄養山定居，子孫播衍閩南各地，歷史上曾多次纂修譜牒，近代流傳下來譜牒字輩如次。

八世祖明邑庠生可録公修，在祖居地海澄養山蔣氏延用。
觀均文景蒼陽昆，巨以堯明穆昭尊。
維德興章齡廷篤，必昭茂隆光正允。

己巳年續修字輩宗牒：
慶盛雍寧集重恩，弘誠昌義禮恭敦。
宗仁振奮禎祥瑞，信毓華英永紀存。

九世祖明秀才天覽公修，在大地蔣氏各支派流傳芳播，由一世起，共四十字：

景高良昭佛，乾本朝統懷。
積孟克士廷，開泰建清漳。
維時承世法，正國列卿揚。
賢侯延謹爾，源遠自流長。

（《［福建華安］蔣氏宗譜》 清光緒稿本 後人補録本）

華安魚招蔣氏字代流傳

景高良昭佛，乾本朝統懷。
積孟克士廷，開泰建清漳。
維時承世法，正國列卿揚。
賢侯延謹爾，源遠自流長。
共四十字。
大明嘉靖三十五年丙辰冬八世孫可録重修。
觀均文景蒼陽昆，巨以堯明穆昭尊。
維德興章齡廷篤，必紹茂隆光正允。
右一字一代，四語之後，復續語四語，繩繩不絶。

（《［福建華安］大地義昭蔣氏族譜》 清光緒稿本 後人補録本）

龍海福全蔣氏昭穆

天彩壽山麗，人才福海生。
子孫昭孝悌，法祖尚丕前。
前兩句爲字號用，後兩句爲諱名用。
大寨系昭穆：
景高良招佛，赤孟克樹程。
開泰建清漳，維時承世法。

景容公開基華安字輩：
正國列卿陽。
賢侯謹均爾，聯遠自流長。

（《［福建龍海］福全蔣氏宗譜》 清光緒稿本）

（二十八）石 氏

梧宅石氏昭穆

玉顯元邦建，光明有國士，文必日高中。

天朝世正綿長存,安居福漳恭上澤,習學詩禮企英賢。

(石世玉主編《[福建南靖]梧宅石氏族譜》 1995 年稿本)

桃園石氏昭穆

彰化石瑞堂,六世起:
玉顯原邦建,文筆日高中。
天朝賜正位,福禄壽綿長。

原籍福建省漳州府南靖縣永豐里樓後二房,南靖縣永豐里赤頭崎田中央鵝宅社三房。
玉顯原邦造,功名有國士。
文筆日高中,天朝賜正位。
天朝世政綿長存,
安居福漳恭上澤,
習學詩禮企英賢。

(《[臺灣桃園]石氏春秋源流篇》 1991 年稿本)

(二十九)連　氏

長泰江都連氏命名表字圖

五世字盡而復始。
名圖,金水木火土。
字圖,輩序舊圖。
法襄時朝華奎鏘之奏伯君廷邦

新圖一:
國士昇華光世德,
惟思懋建克昌宗。

新圖二:
宗文挺起家聲振,
毓秀鍾英慶澤長。

(連世全鈔録《[福建長泰]江都連氏族譜》 清光緒稿本　後人補録本)

(三十)湯　氏

漳州湯氏昭穆

漳州湯氏陽輩序：
崇德興文,長發其祥。
隆儒重道,繼述必昌。
倫理有訓,明哲維新。
天錫景福,美名日亨。

供墓碑用陰輩序：
崇彦丕體道,啓光任鼎彝。
高明方建業,忠厚翊廷基。
存誠宜載則,循篤邁倫夷。
敦敘家聲振,裴靖耀國儀。
陽輩崇字,納陰輩光字。陽輩隆字,納陰輩業字。餘類推。

(《[福建漳州]中山湯氏族譜》 1992 年鉛稿本)

(三十一)姜　氏

新竹姜氏昭穆

始祖一世輩份順序：
世通告茂後煢巽萬興文殿
勝懷首枝葉

大陸字輩：
茂盛篤初誠,美義聚群英。

臺灣字輩：
仁義禮智信,天泰光明遠。

(姜仁通編《[臺灣]姜氏世良派下系統表》 1989 年自定稿)

（三十二）鄒　氏

華安鄒氏昭穆世序

開姓 106 世	勇夫公 56 世	應龍公 46 世	興順隆公 44 世	承
開姓 107 世	勇夫公 57 世	應龍公 47 世	興順隆公 45 世	先
開姓 108 世	勇夫公 58 世	應龍公 48 世	興順隆公 46 世	啓
開姓 109 世	勇夫公 59 世	應龍公 49 世	興順隆公 47 世	後
開姓 110 世	勇夫公 60 世	應龍公 50 世	興順隆公 48 世	昌
開姓 111 世	勇夫公 61 世	應龍公 51 世	興順隆公 49 世	顯
開姓 112 世	勇夫公 62 世	應龍公 52 世	興順隆公 50 世	親
開姓 113 世	勇夫公 63 世	應龍公 53 世	興順隆公 51 世	揚
開姓 114 世	勇夫公 64 世	應龍公 54 世	興順隆公 52 世	孝
開姓 115 世	勇夫公 65 世	應龍公 55 世	興順隆公 53 世	悌
開姓 116 世	勇夫公 66 世	應龍公 56 世	興順隆公 54 世	國
開姓 117 世	勇夫公 67 世	應龍公 57 世	興順隆公 55 世	泰
開姓 118 世	勇夫公 68 世	應龍公 58 世	興順隆公 56 世	自
開姓 119 世	勇夫公 69 世	應龍公 59 世	興順隆公 57 世	安
開姓 120 世	勇夫公 70 世	應龍公 60 世	興順隆公 58 世	康
開姓 121 世	勇夫公 71 世	應龍公 61 世	興順隆公 59 世	忠
開姓 122 世	勇夫公 72 世	應龍公 62 世	興順隆公 60 世	貞

應龍公所定八十字輩，以應龍公爲開姓六十一世天輩起，一字一世類推輩：

天高起青蒼，祖德世衍長。
宗功欽永秀，嘉惠士林良。
繼述唐虞業，華開文武章。
仁義禮智信，日月獻祥光。
賢肖裔孫盛，承先啓後昌。
顯親揚孝悌，國泰自安康。
忠貞千古譽，和睦萬年香。
詩書新景運，宇宙慶輝煌。

（《[福建華安]鄒氏族譜》 1994 年稿本）

（三十三）張廖氏

詔安官陂玉田樓張廖系昭穆

五世以上，匯本根而略開派。五世以下，析支流而宗一源。修而明之，匯而輯之，世系維繫，井井有條，昭穆明而遠近貫矣。後之覽者，亦當有感於斯譜。

時乾隆三十四年歲次己丑仲秋之月，十四世孫朝玉敬敘。

祖有永元道，日大繼子心。

士廷文世時，上明國家興。

（《[福建詔安]官陂玉田樓張廖世系》 清同治九年1870稿本）

閩臺張廖氏清武堂號之由來

竊思我張廖一派之由來，余本不知其詳，據叔祖父有南公所編纂之族譜明示，乃開漳始祖張虎公之長男張論公，字真瑞，號元甫，肇起於雲霄之西林開基第一世祖。迄第六世張願仔公，字再輝，又名元子公，隻身移於詔安之二都官陂，以清河入贅於廖三九郎公之令媛名大娘，獨生一子友來公繼承雙祧，於是俗稱人廖神張。乃二姓合一宗，又稱張廖，亦稱雙廖。論其血統實爲一脈，蓋張公廖媽之由良有以也。據七嵌祖訓，有明確之定律。故爲明瞭張廖與單張清張、單廖清廖之别，張姓之清河郡，廖姓之武威郡，各取頭字，取名爲清武堂。凡張廖元子公之子子孫孫，堂上以清武堂表示張廖之家，使後人共知報本，並興張廖大族。今重修本族族譜之機會，謹述數言，以供同宗賢達爲參考爾。

歲次己酉十一月十五日，清武十七世裔孫張廖德福謹識。

（《[臺灣雲林]廖氏大宗譜》 1979年鉛印本）

臺灣張廖氏七欠之由來

吾張廖一族，遠自元末明初張再輝即一世祖元子公入贅廖三九郎家爲東床，單傳二世祖友來公，一脈雙祧而始，至今有六百餘載悠久歷史。

清康熙年間，族人由祖居福建省漳州府二都官陂，陸續渡臺定居。康熙四十年有廖純善者，身奉湄州天上聖母保護宗親平安渡臺，定居於彰化縣佈嶼東堡新店，今二崙鄉來惠村新店墾耕，就將天上聖母安奉在祝天宫，俗稱新店媽，又稱七欠媽。當時族人來臺定居者頗多，有廖盛周、廖磅等定居港尾，廖崇洞等定居廍仔、惠來厝，廖德永等定居打牛湳，廖裕賢、廖會賢等定居三塊厝，廖爲見等定居湳仔，廖盈漢、廖士健等定居田尾，廖士强等定居吴厝，廖朝孔、廖朝廳、廖廷碧等定居二崙，廖元表等定居下湳，廖熙賢等定居頂湳，廖拔琦等定居埔姜崙，廖朝烈等定居廣興，各自奠定基業。

乾隆五十三年歲次戊申，族中有廖昌盛、廖盛周、廖天體、廖裕賢、廖世歇、廖拔琦、廖貞義等七人，發起共同捐資在下湳建立祠堂，奉祀先祖，訂立春秋二祭，以揚祖德，敦親睦族並啓發後人之美舉。當時爲盛大舉辦輪流迎神祭祖大典，以人丁並經濟情形爲基礎，劃分爲七個角落，或一村里爲一角落，或有數部落合併爲一角落，共分成六角落半，作爲七角落，故稱爲七欠。於每年十月爲酬謝平安，恭迎新店天上聖母，出巡各角落輪流祭典演戲，祈求宗族和氣團結，平安昌盛。此舉爲西螺地方成爲最熱鬧而有名之盛典。從此後人贈稱西螺七欠，聲譽大振，加之吾族族人在西螺一帶發揚武術，功夫之精，聞名全省，西螺七欠之名亦隨之聞名矣。

以上略述數言，以表七欠之由來，供族中賢達爲參考耳。

第十七世裔孫廖名經謹識。

（《[臺灣雲林]廖氏大宗譜》 1979 年鉛印本）

（三十四）張廖簡氏

張廖簡氏昭穆

興之應公精術數，且紹金精之法，因欲傳法於弟繼遠公，一日得穴，謂弟曰，此穴雖吉，可惜不利三房，公强插母葬之。繼忠公苦勸不聽，後只存移潮一脈子孫興旺。公見弟葬母，召九世祖諸昆仲訓曰，汝叔父孝友可風，吾故欲以術數傳之，指點利害不信，疑吾有私也，譜序有致先德之句，眼在能字，各房既有別撰序文，吾房須盡九世轉機別撰序文，子孫必須積德，文盡再撰，不可不繼也。由是第十世起轉用新撰序文。

上國朝廷時士天，正心大學本宜先。
榮光獻瑞成名世，列位聖君一尚賢。

宗友永元道，日大繼子心。
爲朝廷國士，良名萬世欽。
偌能攻先德，作述照古今。
本基源流遠，詔謀正清深。
克紹祖家法，其慶式玉金。

計五十字爲五十代之用，以現在二十二、二十三世，幾近六百年，五十世當在千載有奇。

據八世祖繼忠公所言，依文推演，周而復始，當有萬世。

撰文方法，以皇極經世之生生數，照元拈首字古劃檢字，依劃相處而檢，得字成意，字盡成句，句盡告完，撰文時須齋戒沐浴，請一族中品德兼優之人拈之，序文藏意，尚待高明宗親推演，余房序文，敬列如左。

平寨及坎下一派，自始祖至三十七世：
再友永元道天理振士
而可時世大有進德。繼述顯名振，傳家禮義長。箕裘隆百代，宗緒慶榮昌。

厚福道烈、道順公派，自六世起至三十九世：
日良壽則吾宦，永世朝恩，以承天禄。
椿松千載茂，蘭桂四時春。
燕翼詒謀遠，鴻圖德業新。

厚福道昭公派，自十二世起三十一世：
崇天有榮華，富貴萬年嘉。

克守祖功德，興隆同一家。

鄭坑派，自十四世起三十三世：
榮俊登朝士，光華振世昌。
松青千載茂，富貴慶綿長。

大魚及馬坑派，自十四世至三十三世：
烈世文國以，登財福禄昌。
蒼梧千載茂，丹桂五枝香。

前述七種序文各房祭祖期日不同，遂有七欠之號，繼而祖訓不宣，祭祖流於形式，久而欲證七欠之非，牢不可破矣，況此外譜序之文尚多，如日享公大位派，自第八世起又起序文：
宗友永元道，日大玉英圭。
因修上朝業，顯啓金旺清。
金旺清明水，源流世澤長。
鳳儀來朝瑞，麟趾頌呈祥。
積德前途遠，存仁後代昌。
山河開錦繡，化日焕文章。

似文而似詞，似歌而似賦，花樣翻新，層出不窮，不知以譜序作某欠者，又有何云。然而吾族不少英明哲士，幸起而重申祖訓，勿使晦而不彰，未始無補於竹籃娱親之樂，以見東洋道德與天地同休者也。

（《［臺灣］張廖簡氏族譜》　臺灣新遠東出版社 1959 年版）

八、祖祠與祭祖

（一）陳　氏

漳浦與宜蘭陳氏鑒湖堂

鑒湖爲地名，位處福建省漳州市漳浦縣又名金浦縣佛曇鎮大坑地内，鑒湖離縣城有四十多公里，濱海不遠，湖面周圍約有三里，水清如鏡，故名。爲敬懷梓里，故以鑒湖爲堂號。

宜蘭市擺厘陳氏宗祠鑒湖堂，爲鑒湖十六世陳敬行公一宗一派直系之宗祠，初爲茅草建築，清光緒十八年重建爲二進四廂紅牆大厝，八大房有百口同居於此，當時稱陳老師大厝。大厝因受天災及第二次世界大戰空襲，破壞不堪，族人爲追念祖先建立之家業，由二十世裔孫監察委員、陸軍中將嵐峯率族人組織陳家鑒湖堂復興宗親會，於 1961 年重修正廳鑒湖堂，用以祭祀上祖。堂内恭奉陳姓肇姓顯始祖胡公滿、潁川顯始祖實公、南院顯始祖忠順王、代卿鑒湖顯始祖瑪珖，遷臺顯始祖計淑及敬行公衍派八大房公媽之神位。

擺厘系珍珠滿力莊，土名擺厘。户籍資料載臺北州宜蘭郡員山莊珍珠滿力字擺厘。

（《［福建臺灣］鑒湖陳氏源流》　1993 年鉛印本）

（二）林　氏

臺灣林氏巽公派下認親謁祖記

族譜在國人之古有道德傳統上，不可缺的傳家之物，可辨清自己身之出，長幼有序，代代世系相連，並敦親睦族，慎終追遠，弘揚祖先懿德之重大意義與憑據。

追溯吾祖林巽公於乾隆年間，由福建省平和縣小碑堡王都阪仔社徙臺開墾至今，已歷二百有餘載，子孫人才輩出，而士農工商遍佈於全省各地從事家業發展，致使相聚機會一直淡薄，親親支系路適如陌生，有鑒於發起修譜尋根、追本淵源之議。二百餘年悠久歲月裏，只能聽祖上所傳簡略祖宗史績而已，深思回歸祖家探望，乃因受日本統治五十年隔絶了回歸祖家的美夢。到一九四五年，臺灣歸回祖國懷抱之喜，但是歡喜未過憂愁又到，再度受隔於海峽兩岸的命運，前後隔離數代人未能回歸祖家會親謁祖的痛苦，爲人子孫確實最大遺憾。瑞瓊年愈古稀，深思謁祖會親及追溯根源心切不忘，但無可奈何，只靠先人所傳簡略資料無法行事，幸獲最近海峽兩岸開放通訊，余思望通訊先查祖居地情況，在一九八八年十月十九日去函詢平和縣人民政府調查阪仔社林姓狀況，承蒙平和縣人民政府之協助下，可得和阪仔鄉族親聯繫，可講絶大的歡喜,皇天不負苦心人,有志者事竟成也。

一九八九年五月十四日,就參加探親旅遊團,於五月二十六日出發到厦門,住宿於悦華大飯店,該時能得和族親們愉快暢談,其心情非凡,不是夢嗎!別離數百年的骨肉情在此相逢。從平和縣阪仔鄉到厦門百有公里路,坐車須要好多個鐘頭,宗親們不惜勞苦,從遥遠的路途到厦門與余會晤,並帶來好多的茗茶、糕餅高貴禮物,確實難能可貴,所贈美味可口的禮物帶回臺灣家鄉,分給族親品嘗,大家異口同聲的讚美及感激,至今猶存。此次之行受到時間上限制,無法到阪仔鄉實地謁祖會親,至感最大遺憾,日後可有機會,決定回歸祖地會親謁祖。

一九八九年九月中旬,臺灣省各姓淵源研究學會理事長林添福宗親,造訪福建省各地,到阪仔鄉會親歸來後,詳談祖籍地宗親情形,在林添福宗親解説後瞭解多少。一九九〇年三月中旬,林添福宗親招募林巽公徙臺派下族親回歸祖發達地謁祖及核對族譜等之行,此時余萬分欣喜的講:機會來了,亦可實現諾言。余即參加該團,於一九九〇年四月廿九日,由林紹訓宗親擔任團長,余被推爲秘書,林添福宗親作領隊,參加的隊員有林登元、林震茗、林永郁、林大松、林耀禧、林炤輝、林炤灼、林永拱和林震茗之長女林玉珍等一行十二人,從桃園國際機場出發,先到桂林觀覽名勝,於六月二日晚間才到達厦門,六月三日趕到平和縣阪仔鄉祖居地,是日下午五時半踏到祖籍地的時候,看到夾路歡迎的群衆和數以千計的儀表整齊活潑可愛未來主人翁等排在大路兩邊,爲我們回歸而等待,我們下車看到此景,隊員們無一不心酸的,我們在"熱烈歡迎親人歸來"的横幅下的浩大場面與大鑼大鼓之迎接聲,引導我們到鎮壺宫參拜,熱鬧非凡,此情此景帶給我們永生難忘。並向當地政府與林姓族親的安排等等……其雅意之情在此謹致十二萬分敬意和感謝。

(《林巽公徙臺派下族譜》 1990年臺灣鉛印本)

漳浦林氏大林祖祠

大林宗是烏石林始祖安公四世孫義益的開宗祠,是烏石四宗之一。位於大林社東側,坐東向西,建於明皇洪武初期,三合土夯牆,深二十米,寬十八米,面積三百六十平方米。分頂下廳,頂廳二房一廳,連接大廳一大開間,大廳面積七十二平方米,一大門。門口大埕。

此祖祠地理優秀,是虎穴地,稱爲伏地虎。背後五十米處有巨石小山,一石形似虎口,又有虎脖頸逼真。祠前大埕二粒直徑各一米天然圓石,初露地面稱虎睾丸。距祖祠前百多米處地墩祖祠石群,尤似虎脚。自建祠後阪上社的毛豬經常丢没,疑於此虎靈氣所爲,後創傷虎目,接而在祖祠左四百米處迹挖長坑,斷其猛虎靈氣,然而又有堪輿審視後囑其子孫遠走異鄉方能呈祥趨吉,此後子孫絡繹遷於廣東海陸豐。民國初,廣東慎中甲子曾組團尋找大林拜祖,因途遠路陌,只找到運頭,至時精疲力乏,只好在運頭社後大林祀拜一門古墓後回粤。

大林宗始祖是三世祖惠英公三子林義益。生子三。長子林純一,洪武五年中式應天舉人,授本府長泰教諭、河南開封府洧川縣教諭,升國子監助教,生四子在本處,又在南京娶妾生二子,繁衍在南京。是浯江家譜編纂,首位致序人。

(《[漳浦浯江]烏石林氏族譜》 1995年稿本)

漳浦林氏運頭宗祖祠

運頭宗是烏石祖安公的四世孫林文祖開宗祠，是烏石四宗之一。位於霞美鎮西側三里之地，約於公元一三五〇年間在彼繁衍至今已六百多年，後裔多衍居外地，目前居在鎮内及壇頭所在地有二千多人口，以農主業。

運頭祖祠約建於明皇洪武期間，坐西北朝東南，五間二進一天井，一大門。建築面積四百六十六平方米。祠堂内頂下廳走廊竪立十四支石柱。拱架的夯牆土木結構。祖公龕上横楣懸掛“追遠堂匾”。下廳掛横匾“奕世澹漪”。龕石柱對聯：

我不拜祖宗，何有子孫拜我；

家無世禮義，奚稱科第世家。

前大門横匾“海雲家廟”。門聯：

家之興在禮義，

族之大重孝敬。

開基運頭宗之前，三世祖惠英公膝下七子，爲子孫生計，胸圖思遠，故所審視地處依山旁海，是繁衍昌盛的賴發地，繼阪上、烏石、大林三宗之後，勘地於此再開一宗。惠英公曰：暫居顏厝林，盡圖發祥地。當時就將四至六子道益、德成、文祖帶往於此開發，文祖成爲運頭宗始祖，二位兄長遷居廣東。

文祖的髮妻，獨生一女，後髮妻歿，久年男寡，時家資頗豐，背銀一魚籠，上蓋蘿卜干，提往香山女兒家過節，在與親翁共敘之際，外孫來叫阿公吃飯，文祖親昵應答，反遭羞恥，惱怒將銀取回，激發芳心，厚聘續弦，生男傳宗免受辱。故在六十高齡再續娶山前村洪二妹十八歲爲嬌妻，繼而生三男，喜悦萬分。長子志仁，孫永春中貢生官定遠知縣，自此昌盛。洪氏祖媽自覺年少夫老翁，心感内疚，婚後不曾出門，金屋藏嬌。文祖逝世之前，囑咐兒子因由，以後務必在每年農曆正月十七日在下廳搭戲棚演木偶戲祈祝祖媽長壽康樂，自此古今延之不輟。

在祖祠後百米地，有三粒青石光亮油滑，傳説下雨天三石走祠堂避淋，不知何人何時在石上陰刻“雲路三臺”，故而失靈。又在祖祠東側一里之遥小山，鋒芒顯露的三墩大石，酷似筆架，在明嘉靖間竹溪老勘視地理認爲此山非利，故毁之，加工成石材用於祖祠前門階，同時將祖祠的前座改爲後座，降低地平。運頭社内明隆慶三年建慶雲樓，大青石樓匾遺蹟尚存。

又傳説，四世祖後裔傳居廣東不少，在民國初廣東的慎中甲子組團來此，要到大林拜祖，因途遥路陌，再行甚難，只在運頭社後拜了一祖墳而已。經此次勘察，此墳甚古，墳碑土掩大半，只見“傲雪”二字，餘者模糊，待查之。

（《[漳浦浯江]烏石林氏族譜》 1995年稿本）

乌石林氏海雲家廟

烏石宗祖祠海雲家廟，即烏石大廳。

海雲家廟，堂號世德堂，是烏石林氏烏石宗祖祠，明正統十三年，烏石七世祖林普玄率侄柔興創建。初具五間三進的規模。正德十五年，普玄第五子烏石六房公林震率子侄輩重修。萬曆八年，普玄的曾孫林一陽先期擇地，林成綱、柔興的曾孫林楚、林士章等主持，在原址上重新構築，即爲現在宏敞雄偉的建制，是閩南第一大的家廟。

烏石大廳坐落在烏石正中央，坐西朝東，前面正對丹山印石峯，近處梅嶺爲筆架山。巍峨海雲山屹立在西北方爲巨大屏障，左旁紫薇山、龍山，右列天馬山、煙墩山、苑上山、伏虎山、塔山，後靠御屏紫帽石，透過倒亭隙，遥倚平和縣礬山。浯江自西北而來，沿龜林山、紫薇山繞到正東，從東南方向直奔浮頭灣，匯入東海。林春齋在構海雲家廟平基告后土祝文云："雲嶽毓精以作祖，丹山呈日而賓賓。勝龍乾北極之樞，伏虎獻南山之壽。紫帽御殿其背，金馬玉堂羅其襟。中建緑野之堂，上受元天之神。沖氣休萃，賢德聿生。"

正中大門聯：
印石滚金球，居然驪珠在握；
浯江環玉帶，不啻組綬榮身。

左邊大門聯：
金鍋在側，龍山獻龍圖之瑞；
玉笏滿前，梅嶺兆梅鼎之祥。

右邊大門聯：
天馬鎮南方，
雲龍騰北極。

烏石大廳是五開三進的土木建築，寬二十四米，長五十米，面積一千二百平方米。左、右、後三面土牆，内面全部用雕屏和柱子支撑横樑斗拱構成。有大柱三十六支，小柱八支，共四十四支。前面石雕麒麟墻肚，刻花屏窗，有三個大門，稱三仙門，三部與之對應的陡階、倒吊蓮花和丹鳳朝陽的青石卷書門盾。這種建築規制是高中鼎甲三及第者祖祠的特殊榮寵，在漳浦縣是絶無僅有的，在閩南也屬少見。廳堂前金碧交輝，横樑上掛滿匾額，有嘉靖皇帝御賜褒彰六世祖妣陳氏的旌表貞義匾、賜林士章的探花及第匾，萬曆皇帝御賜林士章的忠愛匾，還有會魁、文魁、武魁、拔元、理學鄉賢等匾額二十多副。清代中期以後的進士、舉人因擠不出掛匾的位置，只好掛到小宗祠堂。另有一個是抗日戰爭時期由福建省政府頒給"功侔卜式"匾，表彰烏石民衆和海烏中心小學師生踴躍捐獻，購買飛機抗日的功績。

家廟前面有一個面積約五千平方米的廣場，前端竪立著六十多支石旗杆石筆，分爲左前，右前、左側、右側四大群，探花林士章的八角底座的旗杆竪立在左前的最前端，成爲漳浦縣乃至漳州府科舉頂峯的標志。廣場前面是一個大魚池，長一百六十多米，寬八十多米，面積約一萬三千平方米，波光蕩漾，澄碧見底。每當早晨，丹山旭日東昇，潭光映射，廣場倍添光明。夜晚紫薇山佛燈倒影閑潭，與當空皎月相互輝映，蔚爲奇觀。潭底左前方有一大一小的石塊，稱爲大瓣、二瓣。旱天時，若大瓣露頂，潭水伸一半，若小瓣也露頂，潭水伸四分之一，則旱情嚴重，以此測旱情，十分應驗。家廟左右距邊牆中點五十米處，各有一口水井，稱爲龍目井，井水甘醇清例，尤以左邊的北井爲佳，至今尚爲民衆飲用。

烏石大廳歷代不斷整修。清康熙年間，烏石十四世林琛主持重修。清末同治、光緒間，前落被大風摧毁屋頂，族人修復。民國時期，家廟中辦小學，也不斷小維修。

(《[漳浦浯江]烏石林氏族譜》 烏石林氏族譜編纂委員會編纂 1995年稿本)

烏石宗祠續記

吾林始三山之烏石,與沙堤、東瀚、長樂、後市一也。高祖十四郎安公渡江逾嶺,由蒲而温陵,而霞漳,以抵金浦之浯江,蔡人賢之,贅於西徑,生曾祖十七郎進公,聰明才知迥出尋常,即能創立田産,置買溪山徙海雲山下,因三山之烏石名曰烏石,地之所以得名。

烏石大廳,又稱海雲家廟,是始祖安公四世孫仁益公惠英公次子開宗祠,堂號世德堂,是烏石林宗祠,也可謂浯江林氏大宗祠是浯江林主要發祥地。由仁益公的曾孫普玄四十六歲明正統十三年公元一四四八年率侄柔興創建,初具五間三進的規模。明正德十五年普玄公的第六子林震,率子侄重修。明萬曆八年庚辰十月廿四日普玄公曾孫成綱、柔興公曾孫楚號春齋、士章等在原址上重新構築。動土之日春齋公致平基告土祝文。爾後多次修葺,仍保持原形,即爲現今的宏偉壯觀,規模龐大,爲閩南第一大家廟。

這里環境優美,地靈人傑。明清二朝科第聯蟬,人才薈萃,湧出進士十一人,舉人二十五人,貢生三十多人,封贈十七人,任子一人。其他任職十多人。

烏石大廳位於舊鎮浯江村,坐西向東,遠眺丹山印石,近有梅嶺筆架山,西北有巍峨海雲山爲屏障,左旁龍山紫薇寺,烏石天后宫一九九二年創建於此。右有天馬山、伏虎山、塔山,後有御屏紫帽石及方圓不少五百畝的百年樹齡的松柏林、古樟古板點綴,鬱鬱蒼蒼,一片緑海。烏石大廳是明朝古色古香的大規模的建築物。建築面積一千二百平方米,五開間三進二天井的土木結構。三面三合土夯牆,室内用五十支木柱,中落十六支,後落十支,四走廊八支改爲石牆,拱架屋樑,紅瓦頂。丹青繪畫,藝術精美,十分壯觀。

前落,三前門,三對青石門斗坐墩,石雕麒麟肚牆,樟木雕屏花窗,八朵倒吊蓮花,正中大門懸掛海雲家廟廟匾。

中大門聯:
印石滚金球,居然驪珠在握;
浯江環玉帶,不啻組綬榮身。

左大門聯:
金鍋在側,龍山獻龍圖之端;
玉笏滿前,梅嶺兆梅鼎之祥。

右大門聯:
雲龍騰空漫遊宗宇顯府第,
伏虎踞地威鎮群山揚家聲。
入門仰視,明嘉靖御賜“探花及第”匾額顯赫奪目。

柱聯:
翰臚三唱傳金鼓,
南北兩支燦石林。

中落：五大開間，四點金十六支大圓柱，斗拱層迭高大寬敞，正中掛置嘉靖皇帝御賜族表貞義匾額，赫赫生輝，褒彰六世聰公之妻陳烏官，謚貞義，廿七歲寡守撫二孤孫科甲聯登，烏石大廳實地由她堅强意志，陵而不屈而得。正中後屏設置祖先神龕，奉祀高祖及仕宦顯爵的神位，神龕上横樑懸掛林府"探花及第"、"禮部尚書"二支大紅燈籠。林士章探花及第、禮部尚書，冠帶錦服，宦容儀貌，似容偶像沉香木雕塑，坐在橋中，供奉於神龕左側。

柱聯：

共傳梨嶺而來，村率科名蕃國族；

一對羹牆若儼，總憑忠孝護家聲。

家之興在禮義，朔望參謁者禮義之本；

族之大重孝敬，春秋祭祀者孝敬之源。

重禮義而教詩書 栽培祖德；

別尊卑而敦愛敬 綴屬宗親。

敦和氣而聚國族，

積陰德以福兒孫。

中落廊聯：

天威赫赫生忠愛，

祖德洋洋著孝思。

横樑上懸掛：進士、文魁、武魁、會魁、拔元、理學鄉賢匾，及萬曆皇帝御賜林士章的"忠愛"等廿多匾額，褒彰祖先的高官賢達。

後落亦是寬敞明亮的大後堂，開啓南北二耳門。用十支大柱拱架。正中懸掛世德堂祠匾，左右懸掛衍居境外的歸宗匾額，有廣東仍圖鎮的"桂茂思源"、寧德市上都二村的"梅鶴家風"等匾。

（《[漳浦浯江]烏石林氏族譜》 1995 年稿本）

南投林氏篤祖系祝文

1991 年歲次辛未六月初三日，十九世裔孫二房文琛、文深、益修，三房木斌、水田，四房朝欽、朝慶、有川、有江、有墉、有慶、有萬、維堯、維錡、維煜、維枏、維沅、金恒、木金，廿一世、廿二世、廿三世裔孫等致祭：來臺第一代第十四世顯考篤，謚簡守，字汝材、慎良，妣洪氏允娘祠前曰：

曾高祖系昌祖之四子，於清康熙辛丑年四月初四日子時誕生於福建省漳州府南靖縣永豐里溪東堡，至八十年，三十二歲父昌祖歿，守制完畢後，於乾隆癸酉三十三歲、祖媽十五歲不顧生命之危乘帆船渡海，幸爲保生大帝爲守護神，經笨港嘉義縣新港踏入臺灣，第一步北上至嘉義梅子坑暫居，以啓山林，拓荒開墾，因欠水利，與祖媽相隨再北上移居南投堡溪洲，再遷移月眉厝定居,月眉厝九五番地現在公畑。祖爲感念保生大帝,創建龍德祠爲守護神,拓荒巖前畑種植早仔㪅、蕃薯、土豆,過着原始生活而奮鬥不懈。一七五六年祖三六、媽一八生長琬公。一七六三年祖四三、媽二五生次義公。一七七二年祖五二、媽三四歲生三子春公。一七七四年祖五四、媽三六歲生四子美公。

篤祖因積勞,於乾隆丁酉年三月十三日戌時,遺下四子,與世長辭,享壽五十有七歲。

時篤祖媽三九歲,長琬公二二歲,次義公一五歲,三春公六歲,四美公四歲。

篤祖媽洪氏允娘,生於乾隆己未年七月十八日酉時,至現在二五三歲,與篤祖相差十九歲,篤祖仙逝後十一年間,與長子琬公、次義公獨負家庭養育四子,於乾隆戊申年二月十二日申時仙逝,享壽五十歲,時長子三三歲,次子二六歲,三子一七歲,四子一五歲。篤祖之遺骸於嘉慶癸亥年十二月改葬茄荖山自己土地,時代變遷,該土地屬於他人所有,致改葬月眉厝墓地,於一九九一年七月十四日農曆六月初三日星期日,適逢篤祖二七〇周年、媽二五二周年誕辰,四大房各裔孫第一次大團圓紀念及落成大典,拜獻於庭,支支富貴,派派昌盈,神其庇佑,世世子孫昌盛,福澤綿綿,科甲聯登,伏維尚響!

(《[臺灣]來臺第一代十四世林篤公洪允媽後裔通訊録》 1991年鉛印本)

(三)黄 氏

南靖樂土黄氏萬善堂寺産支出規例單

萬善堂公事,共修大路界限。自斗米汛舖牌脚起,至迎富合路嶺仔頭上。應座一分弍釐。

鳳林渡船粟逐年肆斗。

後吉水圳粟逐年伍斗。

本縣審丁書箕共拾份,新領尤家應坐伍份,圳頭黄家應坐貳份。

流犯逐年錢捌百文,上春四百文,下春四百文。

建行館壹所在漳州城内後壁埔,坐東向西。

建和溪舊墟店壹間。

與富廣坑圳頭社共建祖祠壹座,址在富廣坑。

(黄士江主編《[福建臺灣]黄氏英公傳下族譜》 1994年臺灣鉛印本)

平和霞苑黄氏大宗入主牌股份及科甲特權

粤自有宋開基以來,營建家廟,歷數傳於兹矣。第世遠年深,不無頽毁,已非舊日之壯觀。同治癸亥年間鳩工修理,尚未完竣,越甲子秋突遭髮匪,概被殘,僅存遺址,將再爲營建而資費浩繁,並無公項可以措置,不幾成黍離之慨乎。因通知八房派下諸紳長,妥議章程,各爲佈。咸願設八主位,捐金重建,廟貌再興。祀典定,入中龕主一位捐英銀陸拾圓,入邊龕主一位捐英銀叁拾圓。以後不得再入。惟裔下有中科甲者,豎旗持扁,定領銀廿四兩,並准入中龕主一位,永此定例。如斯則和氣常洽,祀事孔明,子子孫孫可以綿延於勿替也。爰將主位田股及所捐銀項彙集登載,以志不忘。

時在大清光緒壬辰年仲秋月望日序。

（《[福建平和]霞苑黄氏族譜》 1933年稿本）

（四）張　氏

馬堂張氏村落宗居老屋録

世之論人身者，頭面四支，血脈理氣，營衛條暢，則强健而可有爲矣。論種樹者，栽培沃壤，灌溉滋潤，根原特達，其樚茂而花果盛矣。第宅之理關於人也亦然，則天道地運之推移，人第因天因地爲左旋右轉耳。

熼今而知馬堂之將重興發也，峯山之祥乃發馬堂，我始遷祖自明初辟草萊，開荒蒙，定此彈丸疆土，築堡聚族，於今十二世矣，而相見者六世。熼蒼頭時，從先大夫讀書，馬堂老屋後腦壙地，古松老樟數十株，大石黝黑光潤者十數處，四圍山木森發茂秀。壬午丙戌，先大夫初登甲第，諸伯叔祖昆弟財穀豐盈，斯文彬彬濟濟，喜樂相慶，外侮共禦，即元氣之强健，風木之滋蔭，和氣致祥，有所自也。厥後生齒衆多，人居稠密，伐其樹，焚其石，而架屋焉，開掘焉。始於華岐叔，繼於錦峯叔，右角起造開掘，日挖月削，莫敢出一言禁止。有一二異言者，翻成仇敵矣，伯叔兄弟相傾軋，安人危、利人災，見落井之石焉。子弟輩以後遊手好閒，生業不事，群賭攫奪，不顧廉恥，日作非爲，元氣琢削，根枝摧殘，年來不復振作矣。乖氣致戾，自爲招也。老屋一巷一溝通疏，前埕方正，傳言始於借搭齋寮，據而不返，因循不爲情理，今已五世矣。此無他，故强弱剛柔之分也。自先大夫起家而後，則又以禮讓而不較矣，蓋亦地運之未轉也。

甲戌春，熼與泰齊叔續修宗譜，有宗居紀述，見堡内傷殘特甚，無計能爲補復，惟長致噫歎。第於龍頭小屋沖射，開廁二處，勸諭填塞而已。豈意數月之間，地運轉，人心靈，錫元弟捐貲買右角屋拆卸，而老户長光宇叔、靄非熊侄，盡力經營，將腦後開掘沖傷之處，盡買其屋拆卸填補，栽培蔭木，宗祠後廁以次填塞，老屋元首一時改觀。天幸鑒侄明識地理，謂渠老屋前東西二向手勢如推車，大爲不利，前此豈無議論，惟莫之信耳；及自己明徹，返觀上世，官非口舌不斷，於上屋蓋無損也，方倡議拆卸水溝前埕，復其舊而方正焉。此皆天時地運人和湊合，而成其美舉。予尤願諸叔伯兄弟，滋元氣，培厚道，視一族如手足四肢，灌溉滋潤，父兄教誡子弟，安份生業，無非爲焉可，予所謂馬堂之將重興發者，以此可見，惜泰齊叔不及見矣。是不可以無記，因掇始末，附刻於譜以示後廿云爾。

乙亥春明曜之熼識。

（張明樹主編《[臺灣嘉義]張氏大宗譜》 1978年臺中鉛印本）

南投張琯溪祭祀公業記

張琯溪祭祀公業

張五顯公祭祀公業

臺灣省南投鎮平和里稻田中之琯溪宗祠張祖厝，是供奉開漳琯山初世祖考鐵崖公諱小一郎、祖妣池氏謚肇徽、二世祖考光裕公諱漢傑、祖妣王氏謚慈祥及張五顯公神像、張琯溪公張五顯公兩祭祀公業創設者一〇二人之長生禄位。

公業約在公元一八三九年，由張貢生上苑公、張親連公、張東硯公首倡，與族人謀議集資置産所創設，並建琯溪宗祠於番社莊高地。因日據初期被日軍徵充陸軍分遣隊兵舍，以致失修，後被毁於颱風，乃由張承順公、長德公、張開榮公、張金水公發起，與族人協定由張琯溪公祭祀公業撥款遷建於現址，每年農曆二月二日舉行春祭，順便開總會報告前年度收支決算，並承認九月二十五日五顯公生日，十一月二日冬祭。

張讚興公祭祀，此公業乃我們第十七世祖兄弟三人所創設，此次經管理人之發起派下全員同意撥款擇地營造張讚興公墓園將前分葬於各地祖先：

第十四世祖考良德公，妣李氏；

第十五世祖考厚樸公，妣蘇氏；

第十六世祖考端明公，妣黄氏、蕭氏；

第十七世祖考上苑公，妣石氏；

第十七世祖考長發公，妣劉氏；

張十七世祖考清河公，妣李氏；

共計靈骨十三具合葬於此，以利從事祭掃並安其天靈，籍示我後代子孫永志不忘孝思。

張讚興公祭祀公業，乃本族第十七世祖上苑公、長發公、清河公兄弟三人合資所創設，且以張讚興公之共同名稱購買土地，將其所得生息及生産收提供十四世祖、十五世祖、十六世祖公媽祭祀之用。此次遵照本祭祀公業之創設宗旨，及紀念本公業創設祖先十七世祖三兄弟之功績，特擇地營造張讚興公之墓園，以合葬渡臺列祖於一處，而安其靈，並示我後世子孫永志一處，而安其靈，並我後世子孫永志不忘之孝思。

（張襄玉編《[臺灣南投]平和里福建平和小溪鐵崖公派下張氏族譜》 1980年稿本）

石橋張氏徙臺支系祖居産業録

四房樓新屋，是石橋十世文迅派下的房屋。至十一世新圳派下居住新屋。全座分上下落。上落西北向是二層平房，南向是一層平房，東向是下落的中廳背，上落後向靠北設邊門通往上學仔，前向靠南向東設置小門，通往下落之路，砌有石階五六坎。

下落低於上落，設置中廳作集會之用。廳前是天井，天井左邊是二層房，右邊是一層平房，正中是大門，大門前建一道照壁，又鋪石路一條，南面通往四房樓，北向通往長南樓。

新屋的十一世新圳派下至清嘉慶年間的十三、十四世裔孫，除部份在家鄉守業，其餘都遷居臺灣。在新屋留下的房屋包括學仔長南樓初托開榮代管，開榮逝世後交松榮繼子坤和代管。坤和爲人忠厚誠實，代管房屋累加修整。十二世榮選派下前往臺灣的十三、十四世的墳墓，每年也爲之掃墓春祭。坤和逝世後，其子權芳、志芳繼承父志，仍代管遷臺灣宗親之房産廬墓。

（《[福建南靖]石橋開基張念三郎公派下族譜》 1994年鉛印本）

(五)王　氏

南靖上寨王氏遷臺灣房系祭祖祭産權契及題銀録

顯七世法瑄公派下五大房，第三房於嗣孫往臺東都，批明於顯八世有承王公妣簡氏老孺人生男三大房，長士權公妣魏孺人，次房士勲公妣汪孺人，三房士政王公妣劉、羅老孺人，派下列祖妣應得租稅田段批明矣。道光間之時於宜信公往臺東都，於有承公派下之嗣孫有出龍佛銀若干，付宜信公帶回長山，宜信公之本身後踏出水田壹段，坐址在於本處土名曰雷藤坑下，逐年載租稅穀。則將此租穀逐年以作清明之資，耑此批炤。

一批於有承公派下，未知幾世，有一穴祖墳葬在苦山龍小片仔尾右片之處，因於道光廿伍年乙巳，被於官洋簡其鋭官在此墳頂左角開做風水，法瑄公派衆叔侄人等知之向前阻當，後簡家請公人家長，後來軟求付於做壹穴，完成公人理斷，簡其鋭身中出租稅逐年壹石貳斗，當日面結。

合約字貳紙，兩家各執壹紙，批此及再抄合約重修批明矣。

同立合約字人王法宣公派等、簡其鋭官，今因簡其鋭有契買虚墩壹穴，坐落本鄉埔上余慶樓簷面山土名小片仔崎，與王乃安等伯叔祖批連，後憑公人理斷，付簡其鋭地墳開做方員不得阻當。簡其鋭逐年願出稅穀壹石貳斗。官坐落本鄉田壹段，土名白石南，早允租陸石，内抽出早允租壹石貳斗帶畝壹分貳厘正。其田逐年並租踏付王法宣公派下代收爲清明祭掃之資，日後在臺親子孫回唐之日交付親子孫收。此田准王家收租永遠祭祀，不干簡家之事，二比亦不得典賣下手，系二比甘願，各不得反悔生端異言。恐口無憑，同立合約貳紙，各執壹紙，付執爲炤。

公見人並代書簡應雅、簡光景。

道光二十伍年乙巳四月　日，立合約人：

王穎秀

王宜信

王仲波

王乃安

簡春鋭

再批於八世有承公伯祖派下弓祖墳坐址葬渚瀨，土名赤寨前，坐龍向溪，因於咸豐癸亥年冬月在官洋廣居厝，簡興轉官在此叔祖妣墓頂右角開做風水，後法瑄公派衆嗣孫知之向前當，後於簡興轉請酒，公人前來軟求，叔侄相議，准於做乙小穴，簡家喜出祭壹石，當公三面踏出水田壹段，坐址在渚瀨社土名鰻涎頭大圳上李家厝地，逐年將此租遂年付於有承公派下，以作清明祭掃之資批炤。因於同治捌年己巳五月觀咏叔公在於官洋簡位育公之田，坐址鴨母嶺路脚，做風水廢壞於簡家之田，後來不於觀咏叔公親身問到穎春、穎星等叔侄，喜歡准换過之田，則將五房公三伯叔祖渚瀨鰻涎頭之田，踏交付還於簡位育公相補於鴨母嶺之風水租稅。觀咏叔公自置水田壹段，雙冬載三石正，内抽出租壹石交還五房公三叔祖逐年以作清明之資。當日有寫字乙紙交付穎春、穎星兄弟代收執炤。批明矣。

光緒乙巳年桐月日裔侄孫重修换田契紙批明矣。

再抄寫有承公契紙字立换字人旋王觀咏等，今因在本村鴨母嶺新做小風水壹墳，求簡位育公糧田，後請觀咏親身問到叔侄穎春、穎星等，願將五房公第三房叔祖换於水田壹段，址在李家大圳上土名鰻浢頭，叔祖應得年科載租壹石正，將此田换過付簡位育公派下等，後自情願將觀咏自己私置水田壹段，坐址在新厝前溪廷邊，逐年載雙冬租三石三斗正，内踏出租壹石官正帶畝壹分，换還五房三叔祖清明祭祀之資，前去收租永遠爲業。此係二比甘願，永不得異言反悔，今欲有憑，立换字壹付執爲炤。

爲知見人石土。

爲代書人新傳。

光緒捌年歲次己巳五月　日立出甘願字人觀咏批有。

有承派上應得水田壹段，左右圳下七坵，逐年載租斗，即將此租税逐年清明之時可辦墓紙之資。比再批墓紙田坐址在金生面背土名内油碗坑批炤。

又於油碗坑之田在左片坵右片窠仔圳仔下共柒坵批炤。

（王蔚然編纂《[福建南靖]長窖總上寨王氏族譜》　清光緒三十三年稿本）

南靖上寨王氏神主及臺灣宗親題銀録

上寨背厝祠顯四世祖邦文千六郎公妣謚四娘陳孺人派下祖妣一派宗親之神主

種德堂顯四世祖本千五郎公妣娘李孺人之神主。

行坑肇基祖宣正王公妣貞惠曾氏神主派下五大房長寧莊次欽直三神康四昭五敬章。

溯源祠正派橋仔頭伯叔祖王氏妣一派宗親之神主

金竹肇基祖善四馬王公妣葉、黄孺人神主。

科嶺肇基祖千八郎公妣蔡七娘神主。

觀音山頭顯十二世和雍王公妣吴孺人之神主。

光緒癸巳年加添卅名，每名定銀兩。

光裕堂派下第三房嗣孫在臺灣府牛埔仔莊安居，同治己巳年觀咏叔祖往臺灣捐銀重修光裕堂祖祠緣簿芳名抄録列後。

十七代元通叔祖派下偕侄文磚孫朝輝捐四十元

阿錫捐銀八房公用二十元

阿世捐銀二十元

椒夏捐銀六元

椒樹捐銀六元

新良捐銀肆元

清風捐銀六元

清溝捐銀壹拾元

澄清捐銀六元

五美捐銀肆元

新環捐銀壹元

九興捐銀壹元

三全捐銀壹元

定瑞捐銀壹元

樸生捐銀壹元

鐵爐捐銀肆元

先進捐銀壹元

叭芝蘭藍莊秉仁公派下十七代嗣孫名基山叔公捐題銀三十二元

（王蔚然編纂《[福建南靖]長窖總上寨王氏族譜》 清光緒三十三年稿本）

（六）劉　氏

劉氏導璋公述始祖信卿公開創揚康敘

追維我楊康始祖信卿公，本海陽縣之溪口鄉銘溪公之第三子也。公雅志山林，勤力稼穡，偶見楊康前有玉案，環抱左右，筆峯錯起，兼以田地廣饒，風俗淳美，公乃慨然曰，此樂土可適者也，居於斯久於斯，其後必有大昌厥後焉。遂與婆林氏，卜吉而居之，厥子有六，先後濟濟。而今綿衍於楊康者，則大二三四五六之苗裔也。公於是多構房屋，廣置田園，揀擇墓基，培植林木，此爲子孫計者，無不努力。迄今八世支派，六房丁口隆昌，書香克傳，孰非公之積德累仁，何以造哉。公之功蓋於天地，其水源木本之思，爲子若孫者，其能恝然乎。前七世孫惠等曾有蒸嘗之設，此根本之美意，誠可掄揚。無奈侵渙之輩，倡率分散，以致數年間神主各自分祀，忌祭不用苦虔，及思往事，洵可痛也。茲因元旦，昭穆咸集，始爲之謀曰，我先公啓後者如此，而後之奉先者，猶如彼祀典之不修，或者産業之未豐，乃爰立一法，不論家資豐嗇而差等，題銀以爲大宗之費用。其添丁新婚者，此以錢計。有入學者，則以兩計。至科甲及第者，則以十以百計焉。仍禁本族不許借用，而出入必擇正人掌管。清明忌祭之外，事不關系大宗者，毋得濫費，庶幾消耗少而生息多，則所以構祠宇以妥先靈，置田業以綿血食者，何憂不足耶。此本孝思遺意，而盡追遠之實事也，或可報公之萬一乎。後之子孫觀於此者，孝思之心誠可油然而生。是以爲序。

時崇禎二年己巳正月元旦八世孫導璋拜書

（《[臺灣]劉氏宗譜》 1986年鉛印本）

臺灣各地劉氏祖祠録

臺灣自三百餘年前，鄭成功爲反清復明，帶兵來臺，驅除荷蘭人，教民屯耕，一時對岸大陸望風而來者不乏其人，大都自沿海之福建、廣東籍居多。爲懷祖功宗德，崇思先祖，在各地立大宗祠，作爲祭祖聚會之所，其中較著名者如下列：

臺北市龍山區，家廟一座，主祀榮公。

新竹縣新埔鎮，家廟一座，主祀開七公。

臺中市東勢鎮，家廟一座，主祀開七公。

桃園縣平鎮鄉，家廟一座，主祀廣傳公。

小祠堂最大者柳營，廟地千坪，祭田百餘甲，其他不少未能盡悉，故以知者記之。

臺南縣柳營鄉祖廟一所。

屏東縣萬巒鄉祖廟一所。

南投縣竹山鎮祖廟一所。

彰化縣社頭鄉芳山堂家廟一所。

臺北縣新店市啓明堂家廟一所。

苗栗縣西湖鄉彭城堂家廟一所。

桃園縣楊梅鎮天祿閣祖祠一所。

新竹縣新埔鎮雙堂厝公廳古厝。

新竹縣芎林鄉劉傳老祠堂一所。

(《[臺灣]劉氏宗譜》 1986年鉛印本)

臺中東勢鎮敦睦堂劉氏祖祠沿革

祭祀公業劉開七公,在臺灣劉姓尊上祖名義以組織者,事實是明、清兩朝代中間劉氏族人渡海來臺者。雍正年間,一百卅九代祖巨源、巨淵、巨浪、巨漢、巨河公等子孫,明清時期劉茂燕之子求成隨鄭成功入臺,初居今臺南市,後墾柳營。清乾隆中葉劉享入臺北,從此分傳中、南、東部等入墾,以開七公派下子孫居多。東勢開七公,於道光丙午年爲敦親睦族起見,有劉文進購得土地提供,在東勢鎮東安里建祖祠,當時來臺祖劉姓派下共襄意旨,捐資人一百一十四名,計得津金銀七百三十九元,買下祭田七甲餘。民前二年庚戌房屋腐舊,改築新祠堂,頗呈壯觀。民前卅二年日政充作學校用地,及大甲溪畔永居湖水災流失,計損去三甲左右,現在尚存出租耕地四甲,建地五分爲基本財産。

(《[臺灣]劉氏宗譜》 1986年鉛印本)

桃園楊梅鎮延楹公派天祿閣祖堂沿革

吾家系屬潮循梅肇基始祖開七公之後,東江十四大房之四房巨淵公後裔。又八傳至信卿公,在廣東省潮州府饒平縣楊康鄉開基立洞,爲楊康一世祖。我十一世祖瑞閣公,於乾隆二十年間與妻室詹氏和潘氏,攜子遠渡移居臺灣,初在新竹鹽水港定居,至公元一七八一年參加漢人開墾行列。詹氏生延轉公及延臼公,遷居新埔板寮及關西坪林。潘氏生延輪及延楹公,延輪公回原鄉後其孫萬謨公來臺。延楹則遷在桃園楊梅赤崎東流里安居,開墾立業,建築屋宇,迄今二百餘年。昔建祖堂所用木屋樑棟,年深月久,已朽腐,裔後德安等宗親即提重建之議,推建全代表召集,衆房裔孫相商結果,允諾請地理師赴場堪日籌建,萬謨公之裔建財等宗長也共襄盛舉,命名祖堂爲天祿閣。今祖堂建立完竣,感蒙堂下叔侄同心協力,出錢出力樂捐鼎助而成,有竹苞松茂之美華,是先祖及全體宗親之光榮。願我祖派下世代昌隆,長發其祥,是爲引以述記。

十七世孫建全謹識,一九八六年歲次丙寅年正月吉日。

(《[臺灣]劉氏宗譜》 1986年鉛印本)

新竹新埔鎮劉家祠沿革

劉氏家祠,朔自同治三年八月世和、潮源公等不惜私囊首創,至今已有一百八十餘載,迄今祠志未曾編輯。當時世和公爲念先祖恩德，慕本思源，爲達成永紀祖宗香火之目的，乃將自己所有踴躍捐款組成族人六大股，平均津出基金，在新埔段創建宗祠一座，主祀始祖榮公派下先祖，不敷部份由劉氏派下裔孫贊助樂捐，參加者均立先祖牌位，安置祀奉。落成之時，族人爲感謝世和公之熱誠，特立一面創建宗祠國學生字清波諱世和劉公長生禄位神牌，安奉横屋永留紀念，並約定所有族人捐獻均爲劉家祠之基本財産，定名爲劉榮公嘗祭祀公業，每年春秋二祭，由管理人等備祭品，裔孫人等前往祭拜，流傳至今。因本祠堂基本財産，竹東鎮雞油林水由三甲餘一九六二年間被可樂禮颱風流失，變爲河川，至今無租可收，只有田新段水田三七五租穀一二百臺斤給廟祝維持燒香等費用，其他全無收益，故至現在久失修，桁桷腐朽，恐有倒塌之慮。一九八五年四月經劉姓宗親會開會，一致贊成改建，並推舉現管理人劉來春爲代表人，改建一切手續向政府申請辦理中。

（《[臺灣]劉氏宗譜》　1986年鉛印本）

新竹芎林傳老公祖祠沿革

本派來臺祖十五世祖傳老公，約在民國前一百一十年，由原籍廣東省潮州府饒平元歌都浮殿社石井鄉中央屋，遷居來臺定居於現在之新竹縣芎林鄉紙寮窩，晴耕雨讀，克苦經營，家勢日盛，治田畑建房屋，安居樂業，並置廣大桂竹林，充裕造紙原料，兼營造紙業，致使安居之地號稱紙寮窩。傳老公生下六男，成人後分爲六大房，至今裔孫延綿遍佈於臺灣地區各個角落。

於民國前二年春，裔孫阿秀、細喜、阿安、阿羌、守乾、陳光等六大房代表，爲追思祖德，祭祀來臺祖傳老公以及世代祖先，將傳老公所遺留下來之財産作爲基金，設置祭祀公業，以傳老公來臺定居之住宅充爲公屋，即現裔孫稱爲公廳，恭設先祖牌位供奉。除每日早晚上香奉茶外，定於每年農曆三月初一日及九月初一日舉行春秋二祭，由全體裔孫參加以追思祖德。

後因舊有公廳年久腐朽，於一九七一年十二月十三日，農曆十月二十六日改建現在之鋼筋水泥傳統模式莊嚴樸素之公廳一棟，落成啓用，永爲供先祖及祭祀之用，並定每年農曆正月二十日天倉日爲祭祀公業收支帳目會核，從無不愉悦事情，致使派下裔孫和樂在一起，團結在一起，誠爲祖德所賜，裔孫等不得不肅然起敬。

（《[臺灣]劉氏宗譜》　1986年鉛印本）

彰化社頭芳山堂劉氏祖祠沿革

緣由福建省漳州府南靖縣施洋板頭，劉維真子孫板頭房天樞等，雁行喬梓，先後渡臺，彰邑湳洋，肇基垂裕齒繁。上溯世長、世享、世欽等，子孫居過半，同人飲水思源，意建宗祠，未詳祖譜。後適元炳明經歲進士，謁祖返施洋板頭，得悉開基列祖情形。回臺聚會説出，同人喜有新聞，踴躍鼓勵。天洽、元炳爲宗祠籌建委員，擇地湳洋蟹彎，即彰化縣社頭鄉龍井村水井巷二十號，卜吉營建宗祠。未幾告竣，堂號芳山，分金坐甲庚卯酉，廟貌大觀，昭穆井然。四圍山川毓秀，人傑地靈，預兆人文蔚起，穀穰財富，貽謀燕翼，分支衍繁焉。

據聞自天洽、元炳等建宗祠後，舉行春祭，例年不缺。但歷久年湮，興建之宗祠，可知煙頹不堪。由家丕私損，議築重修，未臻理想。至國商、國樑等倡議，再建木造三川式，經過日深，蟻害蟲蛀失觀。因益火、尚楓、家靖、家昌、家茂等，集同人繼後，籌捐資料，重改磚造三川天井式，兩翼祠宇，巍宏壯麗，至今栩栩猶存。而現任役員，續築牆圍，配整内外，時栽花果，並重美觀，造福裕後也。

本堂族譜，由天極等手牒，至尚經禮端家譜，繼政漢繼譜，及益火拓録字延：

昭光永宏福，餘謀式穀良。

裕後承前緒，相繼德澤長。

本堂祭祀，爲敦親睦族觀念，特附代表等掌理，推前無任役員，由能幹賢士執掌。至光復前，分房任選役員參與，及聘顧問。

土地建制：

1957 年度，買土地湳雅三〇八號之一畑〇・〇五〇五甲。

1958 年度，買土地湳雅三〇五號之内中田〇・〇九〇三甲。

1961 年度，買土地湳雅三〇八號之一〇・三五七五甲。

1961 年度，買土地湳雅四一九號〇・〇六二五甲。

1961 年度，建築牆圍四圍劉維真公五分之二，劉興隆公五分之三。

（《[臺灣]劉氏宗譜》 1986 年鉛印本）

（七）許　氏

金門官里許氏宗祠

開基始祖：五十郎，官里祖弘舜公。

興建年代：一九七五年。

宗祠地址：金門縣金城鎮官里村。

金門縣金城鎮賢庵村官里許氏，始祖五十郎，忠輔公派衍裔孫，二房東厝房九世祖弘舜公，於明末由珠浦遷居官里村，遂爲官里村許姓開村始祖，卜地爲家，鍾靈毓秀，慶衍螽斯，繁茂枝葉，蔚然成族，書香奕世，甲第蟬聯，此無非祖德之蔭也。每念春祀秋嘗，供粢盛而無所，何以安先靈而盡子孫孝思之義。

是故於一九一七年由金榜宗親，曾一度發起興建官里許氏家廟，經得到全村諸族親之熱烈回應與支持，奈因擇地未決而告中止。遂於一九四七年秋，再由族中旅外僑親延森、火練昆仲等，配合在鄉父老等議決，興建祠堂學校化，且一度作爲國民小學堂，培育子弟，及作爲金山鄉鄉公所之用，發揮預期之功能。後因蟻患而被坍毀。迨一九七四年春，乃丙擇地仿照祠堂舊貌發動重建，得蒙海外鄉親延森、天鳶君等熱誠踴躍捐輸，隨而由丕明君待得等組成建築委員會，不辭辛勞鳩工興建，遂於翌年一九七五年秋，全部告峻。棟宇輝煌壯麗，美侖美奂，古色古香，從此安祖靈以表孝思，俾熾俾昌，宗祊永耀。

金門官里村許氏弘舜公之派下，旅居華僑爲多。香港、菲律濱、新加坡、馬來西亞、印尼、臺灣、澎湖都有其後裔。蓋以水之流長不得無源，木之茂盛不得無根。舉凡許氏聚居之村落，莫不視營建宗祠爲榮，以每年清明和冬節春秋兩祭，都不忘上祠堂祭祀祖先，以報祖德。

金門官里村許氏家廟楹聯：

九世珠浦源流遠，
傳宗官山祖澤長。

高陽衍派家聲遠，
浯島分支世澤長。

繼述序人倫禮循昭穆，
馨香酬祖德祭用烝嘗。

左昭右穆，序一家世代源流；
春祀秋嘗，遵萬古聖賢禮樂。

先代貽謀由德澤，
後人繼述存書香。

宗功祖德流芳遠，
子孝孫賢世澤長。

金門珠浦許氏宗祠

開基始祖：許濙公，字元亮，謚武靖。
興建年代：明嘉靖十二年歲次癸巳，公元一五三三。
宗祠地址：金門縣金城鎮珠浦南路廿三號。

金門縣金城鎮南門里許氏宗祠，俗稱高陽堂。宗祠位置坐落於金門縣金城鎮南門里珠浦南路廿三號，與開基浯江許氏始祖五十郎忠輔公，金門珠浦許氏家廟爲鄰。宗祠祖廳供奉開閩始祖許公，字元亮，謚武靖，創建年代失考，因年久失修，宇頂已塌毁不堪，實應積極設計，規劃重修，以慰先靈。

武靖公，諱許濙，字元亮，河南中州人，西漢武帝元狩三年辛酉，公元前一二〇年時，在朝爲左翊將軍，駐師於郡泉州之西南百里境上，世傳其址爲營城，蓋與營同音，按營城，又名營城巷，即今之泉州城鎮小西門，以適宜調度，鎮守十年，至西漢武帝元鼎六年庚午，公元前一一一年南越平，以反復叛爲邊患，後蒙敕旨永鎮斯土，銅符虎印，兵衛森嚴，以久戍，爰卜居於五爐山下，即是今縣城之葫蘆山，遂爲家焉。鄉之諺曰："未有同安，先有許督。"即其事蹟也。許督當西漢時，閩越兩地紛擾不定，首開草昧，厥功盛矣。傳有子一十五人，分鎮閩地。

元亮公於西漢後元元年癸巳，公元前八十八年卒，謚武靖侯，又稱武靖公。考宋儒許存齊許氏族譜，累世相承記載：元亮公墓葬在邑從順里，五虎山之西，墓碑鐫題曰"故漢上柱國左翊將軍墓"。爲開閩同安始祖，其子皆世守之，至今罔異。現今福建省金門縣金城鎮，在珠浦許氏宗祠高陽堂，即奉祀元亮公，相傳金門許氏皆其後裔也。

又考元亮公事蹟，正史無所考，舊志不載，惟宋儒許存齊許氏族譜，累世有相承。元亮公有子十五人，分鎮閩地，子孫繁衍昌盛。但今之閩粵族譜中，並未發現紀載元亮公其子之名，只有其裔孫宋儒存齊，編修譜牒，從元亮公廿九世孫許永公紀起。永公生二子，長子名興，次子名興。興公俱官任於江浙之間。興公生子名天福，興公生子名天正。天福公，生子諱直，字曰邁，號西安又號怒軒，開基同安始祖。

天正公生子諱室，許宜公，生二子。長子名楫，字正綱，號南埠，宋仁宗元豐八年乙丑進士。次子許權，字正衡，號巽齊，宋英宗治平二年乙巳進士。許室公，生二子：長子諱衍，字子平，太學生。次子良肱，字康國，號田舍，北宋元豐五年進士。許楫公，失系。許權公，生子許漠，字子玄，號虛齊。許衍公，生子許衎，字伯詡，居仙遊福州府。許漠公，生子許升，字順之，號存齊，宋大儒，配亨朱夫子崇祀聖廟。許升公，生二子。長子巨川，字東甫，號鈍齊，南宋嘉定七年甲戌進士。次子廷煒，字揚甫，號朗齊，宋理宗端平二年乙未進士，開基佳區大帽山，爲南安祥雲始祖。

廷煒公，生子繩遠，妣陳氏，生四子。長子宗傳，字克家，妣郭氏。次子宗述，字克振。三子宗統，字克承。四宗緒，字克紹。宗傳公，生子許聰，諱名陪，字濬哲。許聰公，生子進中，字從權。進中公，妣黄氏，生子諱丹，字廷齡，妣王氏，生三子，長子許闊，次子坤福，三子坤安。許闊公，字坤明，號確齋，妣白氏，遷居安溪官橋，爲官橋開基始祖。

宗統公，字克承，生於元帝武宗至大元年戊申，曾孫許閃，字基先，號大成，遷居仙地鄉西庚，爲仙地開基始祖。

（《［臺灣］許氏大宗族譜》 1999 年鉛印本）

金門安岐許氏家廟

開基始祖：四十九郎，貽遠公。

興建年代：一九七六年。

家廟地址：金門縣金寧鄉安岐村。

家廟電話：(〇八二)三二二六八六號。

金門安岐許氏宗祠，住落於金寧鄉安岐村村里中，爲單進閩南式建築，品字型大門框上沿，嵌一方石刻許氏宗祠四字。其主要結構是祖廳。其屋簷的瓦當、屋脊的豎龍，以及祖廳祖龕神案，皆與各祖祠異同，各件香爐燭臺，講究俱全，而簡單大方。

安岐許氏宗祠創建於何時，不知其詳。因年代久遠，又遇於一九四九年西寧頭大戰所累，傷患滿村，宗祠民宅俱被侵佔居住，祠堂與民宅祖龕神主全被當作煮飯柴火焚毁。其時情景，爲人子女，心如刀割，慘不忍睹，實難以筆墨形容紀之萬一。

原本安岐許氏宗祠先毁於古寧頭戰役，無奈於一九五八年再毁於(八二三)炮火，蕩然無存。

迨於一九七六年，衆族親倡議復建，因當購買復建宗祠材料困難，居山灶村始祖四十八郎公，與居安岐村始祖四十九公，原本是兄弟，其兩公派下裔孫，公議在安岐村合建許氏宗祠，供奉山灶始祖四十八郎公、安岐始祖四十九郎公，以兩村舊宗祠木杉石材，並遵安岐舊體宗祠復建，於一九七七年落成，於農曆十一月十八日、十九日兩日，設醮舉行落安奠成大典，祭祖祈福，兩村子孫齊聚一堂，熱鬧非凡，可副合尋根源之願望。

依據金門各族民間祭祖慣例，每年清明節及冬至日有兩次祭祖，名曰春秋二祭，惟清明春祭多半在家廟祭祖，各鄉村姓族冬至亦有墓祭。而每逢冬至，湖南和安岐兩村裔孫則齊集祠堂祭祖，並聚族分派新婚輪值辦棹會餐，名曰吃頭，或曰新婚頭。安岐許氏也不例外，是日具備牲饌、酒食、花果、金帛致祭，敬祀列祖，克盡孝思，飲水思源，慎終追遠，虔誠以祭祖聚餐，歡樂暢飲福酒，使許氏子弟知有所尊、知有所親，以勵行敦親睦族之誼。

金門安岐許氏，開基始祖四十九郎公，諱貽遠，祖妣蔡氏，其先世由福建省漳郡詔安，遷徙卜居浯江金門，爲紀念水源木本之義，取其鄉名號丹詔村，後訛名稱山灶，而後移居金寧鄉安岐村。傳二世，生二子，長子元承公，次子元沖公。元承公，傳子三世貞忠公。元沖公，傳子三世貞芳公。貞忠公傳二子，長子惠恩，妣何氏。次子惠昭，妣陳氏。貞芳公，傳二子，長子惠悦，妣洪氏。次子惠貫，妣董氏。四世惠公，傳五世三子，長子德在，字國禎，妣莊氏。次子德彦，妣張氏。三子德亨，妣李氏。惠昭公，傳派失考。四世惠悦公，傳五世一子，諱德鶯，妣魯氏。德在公，傳子啓勳公，妣歐氏。啓勳公，傳子名紹功。紹功公傳子諱肇建，妣張氏，由浯洲遷徙澎湖桐嶼，遂成爲桐嶼開基始祖，生聚教訓，子孫興盛，遂成巨族。

肇建公，傳二子，長子名徵祥，邑庠生。次名徵瑞，國學生。徵祥公生二子，長子嗣徽，次子嗣休。徵瑞公生二子，長子嗣美，次子嗣延。嗣徽公生一子名二公。嗣休公生三子，長子仰榕，次子雙榕，三子遵榕。嗣美公生四子，長子大伯，國學生。次子茂才。三子四公。四子耀同，業儒。茂才公生四子，長子漢平，次子漢潮，三子漢用，四子漢敷。漢敷公生四子，長子志癸，次子志壬，三子志亥，四子志亨。志壬公，字志良，妣孫氏，諱名淑，生二子，長子元臺，次子元登。元臺公，字元佐，妣周氏，名琚娘，遷居澎湖馬公石泉爲開基始祖。

金門安岐許氏家廟大門楹聯：
面水朝堂，由此人才期蔚起月；
腦山登脤，從此兹孫子望蕃昌。

宗開岐水，長惟在追思祖德；
派衍石龜，遠正宜仰報宗功。

（《[臺灣]許氏大宗族譜》 1999 年鉛印本）

金門後湖許氏宗祠

開基始祖：五十郎公。後翰始祖：復祖公。

興建年代：一九七六年。

宗祠地址：金門縣金寧鄉後湖村六十三號之一。

金門古稱浯洲，位於福建同安東南海域，雄峙臺灣海峽。浯洲、浯島、浯江、浯海、滄浯，其得名莫詳所自。金門之得名，始於明洪武廿年丁卯，公元一三八七年，置守禦千户所，江夏侯周德興築城於此，取其固若金湯，雄鎮同安海門，因而名金門城。後湖村位於金門環島南路中端，東隔昔果山、機場，西與泗湖、小西門爲鄰，北通後垵、金城鎮，南向太平洋、臺灣海峽。人傑地靈，交通十分便利。

珠浦許氏五房後翰祖復祖公，世居後湖，而今後湖全村俱姓許，詩禮傳家，生聚教訓，子孫派衍昌盛，人丁居全族其半。今後裔分居金門金城、榜林、金湖新市、蓮庵、漁村、澎湖望安、湖西、小赤崁、東吉村、臺灣省各縣市、海外東南亞新嘉坡、馬來西亞、菲律濱世界各國。

後湖許氏宗祠，興建於一九七七年六月初二日，與金門先賢會元紀念館，同時正式施工，建築在會元紀念館二樓，是一座中西合璧式二層鋼筋水泥建築，其外型有類似西方風格，又是純中國官殿式的祠宇型體，而遵爲中國人不忘本源之傳統精神。

許氏宗祠設在先賢會元紀念館二樓後落，仿古宫殿型式閩南二進大厝建築，堂構雄麗，精髓古風特色。祠堂大門高懸板額榜書許氏宗祠四大字。大門正面兩側，開設子孫窗，窗樞上黏貼忠孝節義等民間故事廿四孝彩繪磁磚，宏揚子弟應遵先賢仁義。宗祠正殿祖廳主祀開基浯江珠浦許氏始祖五十郎忠輔公，暨三傳至四世，分成六房，五房後翰祖復祖公，以及族裔晉主之列祖列宗神主禄位。平時由裔孫輪值每日晚焚香膜拜，慰祀先靈，俎豆馨香，千秋弗替。

宗祠前落特設鍾斗藏書室，珍藏會元祖遺著手抄真蹟四書闡旨合喙鳴完本無缺共十卷，是金門難得一見珍貴文獻。各種名著藏書頗豐，提供族裔閱讀，對有志鑽研聖賢之才學者，佐證貢獻良多。

迨至一九八一年十一月十三日，衆裔孫隆重舉行落成奠安典禮儀式，並設醮爲子孫祈福。先進行許氏宗祠點主祭祖儀式，十二月十二日卯時，啓宏祠門，祭祀祈福，恒念祖蔭，共祈五福騈臻，天保九如，子孫仟億，科甲聯登。

許氏宗祠從一九八二年起，裔孫擇日於每年清明節後第一個星期日，隆重舉行祭祖儀式，由族中長老值祭者，率領族裔虔誠致祭列祖先賢，祭祖吃頭，暢飲福酒，飲水思源，敦睦宗誼。

後翰房苗裔一生要輪值做三次頭，順序如左：

祭祀開浯始祖五十郎，忠輔公暨西菊祖。

結婚後，輪值第一次做頭，俗稱爲做新婚頭。祭祀三世祖坪公暨四世祖復祖公。

輪值第二次做頭，俗稱爲做三四世頭。

結婚生子傳孫後，輪值第三次做頭，俗稱爲做老頭。每次做頭應辦筵席兩棹，敬請族親，榮祝後翰許氏族裔，一生歷經三大喜慶。

金門後湖許氏宗祠楹聯：

先世真傳惟理學，
吾家故物是元魁。

祖德功勳昭海甸，
春嘗秋報述高陽。

太嶽風高堂構，毋忘祖德；
汝南户著箕裘，克昭孫謀。

宗德推功，永彰昭穆；
光前裕後，長祀蒸嘗。

春祀秋嘗，萬古傳聖賢禮樂；
左昭右穆，序一家世代源流。

（《[臺灣]許氏大宗族譜》 1999年鉛印本）

金門後沙許氏家廟

開基始祖:少辟公。

修建年代:一九七六年。

家廟地址:金門縣金寧鄉後沙村。

天道之有盈虚,海水之有潮汐,理也,亦數也。推之人事,由合而分,由分而合,莫不因消長之道以代擅乎其間,故古王者於假廟之祭,革既涣之人心,而爲報本追遠之舉,誠以仁孝之思,可以神人貫終始,歷古今遐邇而不易者也。

後沙許氏始祖少辟公,嘗爲倉吏,於明朝弘治年間,自福建丹詔今詔安徙居之同安浯洲丹詔村俗稱山灶,於邑遂因其鄉而名其居。越再傳兩世而分四房,長房天乞公,則曰東倉。二房天禄公則曰東坑美。三房天慶公,則曰東坑下。四房天瑞公,則曰東坑下。少林公則曰東坑中。開五房而成一大族,其籍翔風里十八都二圖五甲之里型也。

先曰班户,名曰乾隆,更曰積澤。今之一南是其再更也。世治環集桑梓間,父與子言孝,兄與弟言悌,出必唱,入必和,冠婚有會,喪祭有聞,肅雍秩序藹乎!有伐木行葦之遺風焉。迨其枝葉繁衍,出祖離鄉,有寓在本縣者,有移居在外邑者,究其軍輸差糧,無不聽家督之,總推以上納於官,所以户無偏枯,衆擎易舉,其淳厚也。

無何世代改轍,玄黄易色,氣運之由長而消者,人事亦因之由隆而替,陽九之厄鼎革復逢滄海桑田,島嶼之蕩析灰燼者,不知凡幾,或死於兵戈,或困於饑饉,或厄於俘虜,闔族之中十不存一,間有流寓他鄉,遷徙異域者多矣。素不相識,詢其世系,而昭穆杳乎莫辨矣。

於清康熙五年歲次丙午,公元一六六六,裔孫武巖奉旨屯墾戇之梅林,康熙十四年乙卯,公元一六七五年江右騷動,總督董題授副將,平賊功多,超升三府總鎮。予於思水源木本,凡人莫不皆然,昔時范文正公置義田以周族戚,使老而幼、壯而長者,皆有所賴,予於竊慕其風而仰效之,但因故禾黍創垂未光,倘得興復枌社,建立宗祠,質諸兄弟昆輩,歲時伏臘祭祀,燕寢有所,則此志其稍遂乎!

後沙許氏長、四房家廟,座落於金門縣金寧鄉後沙村。自清康熙年間創建至今,已有二百多年之悠久歷史,又歷經幾次修葺。然而歲月湮没,戰火綿綿,被毁破陋不堪,於一九七六年,諸裔孫倡議重建新祠,其外觀和架構,二進遵古式家廟,具風格,仍然保留閩南傳統宗祠建築。於一九八五年四月二三日,擇時設醮,隆重舉行落成奠安大典,祭祖祈福,丁財兩旺,科甲聯登。每年清明冬至春秋二祭,完全依循古禮,舉行祭祖典儀,隆重莊嚴。祀典完畢,循例舉辦筵棹,俗稱吃頭,但是有分爲新婚頭與老頭,其形式與各族大致相同,皆可藉此機會,宏揚祖德,而矜細弱,恤鰥寡,周窘急,救患難,解忿競。

金門金寧鄉後沙村長房許氏家廟楹聯:

山水朝宗百代宗祊永耀,

詩書奕葉千世德澤長光。

祖功垂福澤,

宗德佈春光。

雙乳發源毓秀鍾靈開勝地，
三台列案旋龍顧祖映華堂。

開族自少辟歷宋以來已傳二十，
爲官推武巖掛仰而外旋封百萬。

勦崖石救親王卓立勳猷獻史上，
撫楚南錦燕北大行德政振天中。

廟宇慶常新詒謀燕翼，
人文徵蔚起甲第蟬聯。

鐫像祀鄉賢衣冠萬古，
立祠崇都督俎豆千秋。

（《［臺灣］許氏大宗族譜》 1999 年鉛印本）

金門後沙許氏五房家廟

開基始祖：少林，積澤公。

興建年代：一九七七年。

家廟地址：金門縣金寧鄉後沙村。

溯後沙五房許氏家廟興建於一九一二年，歲月悠久，雨摧蟻損，椽屋桶朽，岌岌欲塌，若無早修葺，後果堪慮，爰乘冬至之日，酌議修建，衆意僉同。適逢族親開顯旅馬榮歸，參與祭典，率先慨捐巨金，在座諸親熱烈響應，越日組修建家廟委員會，致函海外宗親，亦均踴躍捐獻。於是擇吉日於一九七七年仲秋興修，元月告峻，越二年仲秋，繼行整修内部，晝棟雕樑，斐然雅觀，次第之工既成，兹將捐款芳名刻石紀念。後沙許氏五房家廟修建委員會敬撰。

後沙五房許氏家廟，奉祀少辟公，五房東坑中、少林、積澤公派下家廟，座落於金門縣金寧鄉後沙村，系拆舊翻新，於一九八五年十一月廿八日至廿九日舉行隆重奠安大典，族裔竭盡所能，思有獻替，始得順利奠安，宗親姻親，組陣慶賀，熱鬧非凡，莫不以昌明倫理綱常爲根本，故祖宗春秋祭祀，久遠不絶，而團結宗誼，和睦族親，乃吾漢民族固有之美德，其意義深遠，系吾浯島人民永所遵守之。

金門後沙許氏五房家廟楹聯：
高陽世澤仁遠長，
太嶽家聲由長遠。

祖功垂福澤，
宗德佈春光。

鴻漸獻瑞，雙乳回龍，毓芳鍾靈開勝地；
太武呈祥，三台朝案，書香奕世耀華堂。

威鎮朔方誰不聞聲慑勝，
恩承南面莫非報國忠貞。

（《[臺灣]許氏大宗族譜》 1999年鉛印本）

金門珠浦許氏家廟

開基始祖：五十郎，忠輔公。

興建年代：明世宗嘉靖十年歲次辛卯，公元一五三一年。

家廟地址：金門縣金城鎮南門里珠浦南路廿八號。

金門氏族，據縣志記載，先世來自中原，晉時逃難來島者有六姓，蘇、陳、吴、蔡、吕、顔。唐德宗貞元十九年癸未，公元八〇三年，有隨從牧馬監陳淵來者十二姓，蔡、許、翁、李、張、黄、王、吕、劉、洪、林、蕭。今其後裔均無考，現有姓族者，系出自唐以後來者，尤以宋、元、明朝代爲盛。

吾族許氏，根據《姓纂》載云：許姓出自炎帝神農氏苗裔。《春秋傳》疏云：許，姜姓，出自堯四嶽伯夷之後，西周武王封始祖文叔公於許國，舊城今河南許昌，以續太嶽之嗣。至成公子結，戰國初爲楚所滅，子孫自容城遷居冀州高陽在今河北北新城縣都鄉樂善里，其後子孫繁衍天下，以國爲姓，以高陽爲號。

許姓爲中原氏族最早入閩之姓。西漢孝武帝建元六年丙午，公元前一三五年，閩越爲亂，廷遣左翊將軍許濙，字元亮，河南許州人，率師徵討閩越，武帝以閩越之亂反復數爲邊患，旨永鎮斯土，遂家於郡西之五壚山下今同安縣城胡蘆山，故諺曰："未有同安，先有許督。"元亮公有子十五人，分鎮閩地。今閩南各郡許氏，皆有其苗裔也。

今浯江之許氏，據銀同浯江珠浦許氏舊譜之記載：吾族先世在宋末從自漳郡丹詔今詔安遷來，爲紀念水源木本之義，故初居之村，取其鄉名而居曰丹詔，後訛音爲山灶，其後傳數系，山灶許氏、安岐許氏、珠浦許氏、後沙許氏等。

金門珠浦許氏，始祖五十郎忠輔公而上舊譜失傳，唯依據族譜載列三世祖子國公、子周公俱於明朝洪武九年丙辰，公元一三七六年抽軍與焉，往前而推算之，當在元世祖大德與至治年間，公元一二九七年至一三二〇年，正確年代失考。自先世居漳郡詔安，後徙居同安浯洲丹詔村，至明時遷居方車山今之埔後爲陳贅婿，後遂居後塗山後浦亦稱珠浦，是爲金門珠浦許氏始祖。再世而有二房，有東西兩菊圃之號，並有大小教諭之稱，至四世而傳分六房，即長房深井頭，二房東厝房，三房大前廳，四房小前廳，五房後翰房，六房西宅房。自此以後，其族蕃衍滋大，至明世宗嘉靖間人丁達四千餘指，時爲防備倭寇焚掠，舉族構築後浦堡，其珠浦許氏派下分衍後浦，而如今成爲城鎮，分爲東西南北四里，而以南門里許姓族人爲最多，後湖、庵前、舊金城、榜林、小徑、新市、料羅、金沙、吴坑、官澳及烈嶼東林、湖井頭等。而澎湖縣之許氏，俱出自福建金門珠浦五十郎公派下，位居澎湖縣第二大姓。許氏俱自洪、永以迄萬曆末，聞有兵燹之禍也，乃於明毅宗崇禎己巳至永曆丁亥，公元一六二九至一六四七年，魁奇之變，海寇鄭芝龍受撫，餘黨李魁奇者遊魂海上，草菅士民，己巳年七月五日，揚帆至浦，名爲欲招安，實爲刮餉，尚無意焚殺也。甲午之難，都城失守，芝龍扈隆武開福州，楊耿少時素無賴，以從戎隨芝龍就撫有功，及芝龍納款於清，耿遂盤據島上，阻隔王靈，儼然以夜郎扶餘自大，東南而縉紳故家俱罹其毒矣。丁亥九月，覘吾家埭田百頃，外與海爲鄰，可以威劫，觀兵堤下，聲言決流而入，實冀以厚賄償也。原變起倉率，族人鳩金以應耿，耿然以虎狼之心，遂飛騎指麾盡決堤岸，一時良田變爲海國，禾稻没爲魚藪，而失業負課者累累矣。其時族人徙澎湖者衆，定居於葉、瓦硐、許家村、湖東、龍門、鎖管港、竹高灣、山水、望安、東吉、西嶼後寮、烏崁、馬公，許氏族人遍居全縣，爲該縣第二大姓。居東南亞新嘉坡、馬來西亞、菲律賓、泰國世界各國爲數不少。

君子尊祖故敬宗，敬宗故睦族。祠堂者，三道之所以立也。故君子將營宫室，祠堂爲先，重此三道也。吾家舊有祠堂，廢而遷於此，歲久不葺，大懼以斁夫三道者。三道不立，家將無以爲家，矧曰族之望乎？是用虔告我諸兄昆弟，凡有力而好義者，各由意願，量出貲費，多者勿辭，少者勿拒，無者勿絶。惟相與肯構，堂室既成，歲時相聚，得以棲先靈而崇考敬孝，序少長而篤親親，吾族不亦有光乎。此建祠小引，是明嘉靖十年辛卯，公元一五三一年正月由九世孫合撰。

吾始祖來自丹詔，卜居於後塗山之下，歲久頹圮，故址猶存。嗣世未克有祠堂之建，神主惟藏宗子私堂，歲時冬至，族人相率基所以祭，祭畢而燕恒於其舊址後塗山下，是亦不忘本之意。傳至九世、十世孫子振振，悉厭簡陋，始有興建之議。然舊址雖存，赤概分裂，且開傷已甚，非所以安神靈而崇孝養也。再逾年，嘉靖紀元，時有倡議起廢，然任匪其人，事亦隨寢。後二年，歲在嘉靖三年甲申，董學邵端峯公，命毁賣淫祠，本處有真堂一區，山環水遠，其地實勝，族長老乃率衆人，直上請以祠，逐奉神主而遷焉。

長至之祭，即於其堂，因陋就簡，權宜集事。而簷傾瓦落，壁隙屋穿，要非垂久之規也。宗誼雅恒惕於心，乃偕大用以更新之意，謀我叔父九世孫許福，叔父乃會族之長老，而以其事白焉，諸長老是之，而我子孫凡有水源木本之思者，舉欣欣然，各量力捐金，樂贊厥成。於是度基址，市屋材，焚瓦購磚，量堂廣狹，計室崇深。乃於嘉靖十年辛卯二月吉日，徵工僦工，董其役則九世宗孫興宅也，而八世孫伯濟良彬、九世孫彰吉堯中，實相與贊之，夏六月訖工，室堂門廡，一時並舉，輪奂之飾，雖未聽備，而規模大勢略可觀矣。計經費之出自族人者，七十兩有奇，買兩旁隙地，一十五兩，而四壁土工與連瓦石之役，皆族人之樂助，無預經費之數，是歲行與吉會補廪者一，中式者三，咸喜出銀以克潤飾之費，若夫拓門堂而高大之，以光先德，端有俟於後人。

金門珠浦許氏，自前朝嘉靖十年辛卯，重興祠宇，越今百有餘載矣。其時户口蕃盛多富饒，又公貯贏餘，亦復不少，工省費廉，故西浦公首倡其間，族衆翕從，半載遂聿以厥成焉。厥海氛不靖，子侄播遷，巢毁卵破，桑梓之邦又無棲神之所矣。迨國朝廓清宇内，版圖統一，向之流落他鄉外里者皆思樂土，數年來亦各稍稍歸籍，嗟堂廡之已頹，薦馨香其何在！乃就遺址，草創一堂，雖湫隘聊存禮意耳。自是太平日久，生齒漸繁，春秋祭尊，艱於行禮，向尊者屢倡建祠之議，但貲費浩大，衆心難一，而出身肩任者，又難其人，故遲留歲月，雖有致愛致敬之忱，莫遂肯堂構之願。至清康熙五十七年戊戌，璧齊以東寧道標守備，升湖南偏沅遊擊時，水師提督施公奇其才，保留厦門提標後營遊擊府，濟之與胞弟和之言曰：欲興宇，此其時矣。首倡有人，伯琢不敢居後，可向璧齊陳之，和之遂入厦門共商，而璧齊聞言踴躍，時鄉賓福基在厦，亦歡然聽從，四人各原出銀二百兩爲首，其餘隨族人許諾。遂擇日興工，越康熙五十八年己亥告竣。其大小廣狹規模，悉依舊址，而木石精良，雕琢工致，以及丹漆黝堊，則輪奂觀，比昔有加焉。其費用銀一千二百六十二兩八錢有奇，而闔族斂銀僅有一千一百廿九兩八八錢零，其餘尚欠一百卅兩，乃由和之自己填補也。進主之日祭畢飲燕，父老執盞，言曰；祠宇之興，蓄念久矣！不意於今見之，此固祖宗在天之靈，與族衆協助之力，而首倡何人，董治何人，功其可没乎？夫天時與人事，相應而起，觀從心之協力一，則和氣隆運之崇隆，珠浦許氏其將興矣。越康熙五十九年庚子，許海忝列鄉榜。雍正元年癸卯，許基浦又列甲榜。雍正二年甲辰，許瑶洲、許德之一列鄉榜，一中副車，至雍正五年丁未許瑶洲又發甲而入詞林，以是觀之，不可謂非重興祠宇之明驗也。近科補廩泮者接踵而起，氣象日新，尚未有艾。夫木有本水有源，本大者其枝盛，源深者其流長，子孫之於宗祖，猶水木之於源本也。雖世代幽遠，形聲莫接，而祖宗之英靈，赫濯千古常留，建立祠宇，所以聚祖宗之精神也。春秋祭尊，所以聚子孫之精神，以通祖宗之精神也。今珠浦許氏鄉井大半爲柳營雜處，而許氏祖祠祖墳，又宜加意用心，是亦培養本源之要務也。至夫敬宗睦族，立義田置祖業，以崇祀典，則後人之有光於前人，而前人之所深於後人也。

珠浦許氏家廟三落坐向，前落正針壬丙亥巳。中落正針亥巳壬丙，分金巳亥。後落正針亥巳壬丙。金門珠浦許氏式祭典，每年通族大宗分有春秋兩大祭，尊宗敬祖之祭典，由來有自。清明春祭，以往之慣例，是在許厝墓，始祖墓前來拜祭之，都有分送風箏餅如臺灣掃墓印墓龜果，人也多表視之孫興旺。冬至節在家廟祖廳，致祭列祖先賢。另有三四世祖祭典，後翰會元祖祭黄，克盡孝思，虔誠以禮，慎終追遠，飲水思源，祭祖完畢，共聚吃頭，歡樂暢飲福酒，以敦親睦族之誼。

金門珠浦許氏家廟楹聯：
先世真傳惟理學，
吾家故物是元魁。

金馬玉堂鍾英毓秀，
山光水色人傑地靈。

木本水源蒸嘗百世，
慎終追遠俎豆千秋。

廟貌維新，四時祭祀家聲遠，
孝思不匱，百代馨香德澤長。

德澤常新，奕祀貽謀肯堂構，
達人蔚起，春秋齊肅薦馨香。

一門幸萃有冠裳，家世舉沾漢寵；
九族但存乎親睦，海濱即見堯封。

高門雲裔式箕裘，孝子賢孫著存有始；
聖世天朝皆雨露，金山珠浦輝媚思皇。

鄉試二名，殿試四名，又幸首名會試列；
曾孫兩榜，玄孫一榜，更欣甲榜耳孫登。

崇德報功永彰昭穆，
光前裕後長祀蒸嘗。

詩聖家風千間廣厦，
宗支懿範百世明禮。

昭穆有倫孝思列祖，
春秋匪懈佑啓後人。

遠近親疏本同支，能推恩何分彼此；
士農工商各一業，苟爲善不辱祖宗。

帝位讓陶唐歷千秋而罕觀，
宗支承太嶽惟一脈以相傳。

喬木千枝豈非一本，
長江萬脈總是同源。

祖德宗功昭海甸，
春嘗秋報述高陽。

繩其祖武，
貽厥孫謀。

昭穆列序慰宗祖，
忠孝分明示子孫。

堂構承千祀，
烝嘗備四時。

孫枝奕祀長，
世代源流遠。

一人擔道義，
百世見烝嘗。

遠祖不忘追太嶽，
近宗還是出高陽。

宗功垂福澤，
祖德衍家聲。

高陽家聲還，
箕山世澤長。

宗支綿遠，
祖德長昭。

（《［臺灣］許氏大宗族譜》 1999年鉛印本）

龍海大徑許氏家廟

開基始祖：五十郎公，大徑始祖許亥公。

重修年代：一九二八年。

家廟地址：福建龍海港尾鎮大徑許厝。

福建省龍海縣港尾鎮大徑村許氏，始祖許亥公，乃系金門珠浦許氏始祖忠輔公長房深井頭支派十世孫。依據族耆累世相傳，昔時歲在嘉靖三年甲申，公元一五二四年，在珠浦鎮有真君堂一區，山環水遠，其地實勝，據傳真君指示，此地爲許氏建祠之用，其神要過境前往南太武顯聖，故其在廟中奉拜之石香爐果然在漳州府海澄縣南太武被發現。今之龍海市港尾鎮大徑珠浦許氏族親爲報答真君讓地建祠之恩，特在該地興建真君堂一座奉祀，並以六房子孫：長房深井頭、二房東厝房、三房大前廳、四房小前廳、五房後翰房、六房西宅房，每年派人前往輪值在此看廟奉祀香火。有一年正逢遇到長房深井頭輪值看廟，换班族親搭船前往，船遇風波翻覆殉難，從此未再前往。長房子孫在該地繁衍，瓜瓞綿綿，建業定居，人丁興盛，現今已傳至二十餘世燕字輩。

君子尊祖故敬宗，敬宗故睦族。祠堂者，三道之所立也。故君子將營宫室，祠堂爲先，重此三道也。吾族早有祠堂，年久圮廢，歲久不茸，大懼無以敦夫三道者。三道不立，家將無以爲家，矧早曰族之望乎？是以族衆倡議重修家廟，於一九二八年，凡有力而好義者，各由意願，量出貲費，多者勿辭，少者勿拒，無者勿絶。全族共同合力修建，以遵舊址原地，興建二進祖祠，歲時相聚，得以棲先靈而崇考敬孝也。並將捐資助建家廟之族親芳名録，雕石立碑於祖祠家廟中，以存徵信，萬世留芳。

龍海港尾大徑許厝村許氏宗祠楹聯：

朱聯璧合家聲遠，
浦江溯洄源流長。

高山獻瑞千古秀，
陽光普照萬代紅。

衍金門如别支派，地靈人傑；
朝劈水而來瀠洄，源遠流長。

龍海港尾大徑許厝村許氏宗祠昭穆：

第一祖始　第二世東　第三世坪　第四世元
第五世與　第六世宗　第七世東　第八世璋
第九世時　第十世惟　十一世從　十二世子
十三世際　十四世啓　十五世伯　十六世源
十七世克　十八世公　十九世允　二十世侯
廿一世嘉　廿二世乃　廿三世丕　廿四世績
廿五世燕　廿六世翼　廿七世貽　廿八世謀
廿九世敬　三十世明　卅一世其　卅二世德

（《［臺灣］許氏大宗族譜》 1999年鉛印本）

龍海鴻漸許氏宗祠

開基始祖：鴻漸始祖均正公。

興建年代：南宋隆興元年歲次癸未，公元一一六三年。

家廟地址：福建龍海角美鎮鴻漸村。

鴻漸美村位於龍海境内，龍海角美鎮文國山西麓，村北有得名之漳嵩公路，南臨九龍江下遊，距厦門機場四十公里。鴻漸，其源是以其山形，盤鬱聳拔而中起爲高峯，而系發自閩省中央山脈，伸蜒至廣會山、欹礐山，而由南安石井下海，在海邊深處匯成廿五匹石馬，當中一匹馬回向石井，四匹奔向南朝金門，俗稱爲“五馬朝江一馬回”。

八百多年前，鴻漸村在九龍江河口三角地帶，是一片荒蕪人煙土地，在宋英宗治平二年乙巳，公元一〇六五年，均正公從福建同安縣新店鄉東界村，徙移前來鴻漸拓殖定居，後成爲龍海縣鴻漸開基始祖始。

鴻漸許氏家廟，供祀始祖均正公，是文叔公之裔孫八十三代而宗徐翔子順公十世孫也。鴻漸許氏家廟，俗稱大祖廟，據其族譜記載，始建於南宋隆興元年癸未，公元一一六三年，每年有春秋兩次祭典。飲水思源，尊祖敬宗，敦親睦族，聯絡宗誼。祭典畢，子孫在祖廟内大廳吃祖，俗稱吃頭，飲福酒，場面十分熱鬧。鴻漸許氏派下，根據故老傳説，又分支有各小宗祠，如後埔小宗祠、後地小宗祠、官仔邊小宗祠等。清高宗乾隆封爲許氏家廟，並欽賜其裔孫許永柯朝議大夫匾額，官封爲四品。許永柯發達後，返鄉興建頭前厝小宗祠等。

鴻漸始祖均正公，配胡氏媽，生二子，長得輔，次得弼。派傳繁衍綿綿，子孫分徙綿綿，以及菲律濱有裔孫柯拉桑在菲律濱當上總統，至今子孫已至廿六世矣。

龍海鴻漸許氏家廟大門楹聯：

鴻漸肇基，俎豆維新昌百世；
高陽衍派，兒孫繼述振千秋。

追遠祖德，春祀秋嘗尊禮樂；
遠紹宗功，左昭右穆序源流。

（《［臺灣］許氏大宗族譜》 1999年鉛印本）

龍海南苑許氏宗祠

開漳始祖：天正公，南苑一世祖肇波公。

創建年代：明嘉靖四十年歲次辛酉，公元一五六一年。

家廟地址：福建龍海榜山鎮南苑村下南阪許厝。

福建省龍海市榜山鎮南苑村，即下南板許厝許氏家廟敦睦堂，始建於明世宗嘉靖四十年歲次辛酉，即張璉龍飛元年，公元一五六一年。清高宗乾隆年間重修，乾隆七年壬戌，公元一七四二年，金生榜南靖馬坪進士、河内知縣許本巽，題寫石柱聯爲：

派衍高陽，簪纓濟美貽謀舊，

祥開南苑，萍藻絓馨食報長。

乾隆六十年乙卯，公元一七九五年，龔正調榜南靖坪舉人、欽賜翰林院檢孰使許震水，題寫石柱聯爲：

派衍錦江，一水縈迴將緑繞；

堂開南苑，平疇萬頃送青來。

一九三七年仲夏再修。後毁於火。爰經菲律濱華僑許瑞溪、印尼許南洋諸旅外族賢，及本里仁踴躍捐資重建，遂於一九九七年十一月十五日，即農曆歲次丁丑年十月十六日告竣。

許厝許氏家廟敦睦堂已有四百卌六年歷史，祀奉入閩漳名將許天正公元六四九年至七一八年爲始祖，許肇波爲開南苑一世祖，爲目前距離漳州最近的修葺一新的許姓祠堂，是族仁宗親祭拜天正公和下南苑許氏列祖列宗的傳統場所，也是海外許氏親友謁祖尋根懇親最理想的地點。

龍海市位於福建東南部，西北南山腹平原，南臨東海、南海、九龍江，匯北溪、西溪、南溪之水出海，出海門水域，經厦門港注入臺灣海峽。龍海於大同六年庚申，公元五四〇年始建，龍海縣屬南安郡。唐垂拱二年丙戌，公元六八六年，割龍溪南境置漳郡。唐玄宗開元廿九年辛巳，公元七四一年，割泉州龍溪，改屬爲漳州。唐貞元二年丙寅，公元七八六年，漳州治所從漳浦縣李澳川遷至龍溪永寧鄉，漳州城龍溪遂爲首邑。龍海於一九九一年，總面積有一二三八平方公里，人口約有八十五萬人。

龍海南苑下南阪許氏家廟楹聯：

派衍高陽，簪纓濟美貽謀舊；

祥開南苑，蘋藻維馨食報長。

許裔難得世代情，

厝宅宗風揚祖德。

派衍錦江，一水縈迴將緑繞；

堂開南苑，平疇萬頃送青來。

族姓繁多來自鳳翔都共派，

人文蔚起從南苑即是開基。

敦本崇源步趨依然繩祖武，
睦族任恤紹述音愧勒成書。

敦本源，流衍鳳翔，步趨同繩祖武；
睦宗族，鳳貽燕翼，德澤共策孫謀。

追思祖德，春祀秋嘗遵禮樂；
遠紹宗功，左昭右穆序源流。

五代武魁十科甲，
四代文拜百書香。

真根本修身積德，
有經濟教子讀書。
十三世宜　十四世其　十五世世　十六世大　十七世開
十八世振　十九世永　二十世建　廿一世乃　廿二世嘉

（《［臺灣］許氏大宗族譜》 1999年鉛印本）

龍海沙壇許氏家廟

開基始祖：忠輔公，沙壇始祖穆寧公。

重修年代：一九九二年。

宗祠地址：福建龍海港尾鎮沙壇村許厝社。

福建省龍海縣港尾鎮沙壇村許厝社許氏燕翼堂，據族老相傳，肇基祖穆寧公兄弟兩人，祖籍金門珠浦許氏長房深井頭人，明代因行舟捕魚，海上遇到颱風，漁船漂破至港尾沙壇，而擇地定居，建家立業，另一居港尾大徑許厝。穆寧公傳三子，均事業有成，遂建祖廟即後爲許氏宗祠一座，背靠沙壇獅仔山，而面向海坪白雁石，人傑地靈，而子孫昌熾，時在明弘治年間，公元一四八八年至一五〇五年，迄今已有五百年。其間屢有修葺，終成目前兩落規建築，面積有二百平方米。歷經數百載之繁衍，現子孫已傳十餘代。

本世紀中，因時局變化，宗祠被視作公産，而被佔用爲輾米廠，遭受嚴重破壞。一九八一年，經本社族人據理力爭，終於歸還宗祠。第二年，族人捐款獻工，宗祠爰得小修。

沙壇村許厝社許氏家廟祖龕，現今燕翼堂，所奉祀只有五奠神主，一世祖考暨二世祖考祖妣並未雕刻祖考諱名。據族老所云：在文化大革命期間，祖宗有靈庇佑，族老將列祖神主牌位及珍存忠輔公第十七世孫許克成神位收藏在祖龕神案底下，以致未被發現，而未受焚毁，衆所稱讚神奇不已。考之典禮，宗祠祭祀，族之子孫祭祀皆不免隨俗。祖宗以來，迎相傳授予，不可遽草，不可輕廢。《記》曰：有其舉之，莫敢廢也。其間有因循承襲，如祭祀其他鬼神，僥倖以求福者。《傳》曰，神不歆非類，又曰祀無福，固可隨時改革。如祭祀先之體有未善者，則當斟酌禮文以修飾之，庶幾可爲子孫久遠之法，他日有能興起門户。祭祀之禮，又當隨其爵位所宜，然祭祀務在志誠精潔，則祖先來饗，豐儉厚薄，稱家有無可也。匏葉之詩，思古人不以微薄廢禮，昔者先夫子有言曰，祭如在，又曰，孫則致其嚴，某待先人，祭則見其孝敬之誠如親，與神明交接，蓋欲其來亨也。後之祭祀者，必要虔誠恭敬，專心用意，臨祭之時，各各淨身，序齒而立，必要端莊嚴潔，不要偏向雜言，默然而靜神來鑒之，如不行孝敬之道，如不祭也。後之爲人子孫者可不念哉！

珠浦五十郎忠輔公嫡裔穆寧公許氏家廟重建敘

夫家廟宗祠，世人孝祖，樹有根而水有源，人孰能無祖先。炎黃子孫不忘先，慎終追遠，乃系中華民族傳統之美德。故華夏各姓廟祠流芳千古，爲世界之最。吾沙壇村許氏，系出金門珠浦始祖五十郎忠輔公之嫡裔，昔時穆寧公搭船奉祀許真君著庵公，遇風漂流至港尾沙壇，擇地卜居，歷已數五百餘載。時過境遷，仍保架祠堂古築一座，面積共二百八十餘平方米，坐庚甲兼申寅，前後廳磚木結構。然因年久失修，於客歲五月初九夜倒塌，族人聞息之餘，憂思百結，痛心萬分，極爲貧寒之沙壇許氏子孫後代，決不讓它倒下去。村里家長許文成，屢次召開全鄉許氏宗親緊急會議，著手建立重建沙壇許氏祠堂理事會，充分發揮集體的智慧，爲從速重建沙壇許氏祠堂而群策群力，並踴躍樂捐建祠基金，因此全面徵集，宗親們一致認爲要以愚公移山之精神毅力，讓沙壇許氏家廟舊貌變新顏。

沙壇村里許氏人丁稀少，地理環境比較差，族親收入難以糊口，背鄉離井，四處謀生。明末清初因受官訟案事，長房子孫多數遷徙，旅往馬來西亞衆多，至今杳無音信。因鄉里僅有二百八十八丁，族人無不心急如焚，恨集鉅資建祠而束手無策，祖先受日曬雨淋，於心不忍，雖重建祖祠有心，而楊柳乏力。在漳州許氏理事會許永忠宗長的大力支持下，獻出計策，搭起金橋通往金臺兩地，由副理事長許達財和秘書長許登貴等人，千方百計，募集尋源，日以繼夜揮筆起文，聯絡金臺兩地諸宗長，幸賴金臺嘉立、乃鍾、丕謀等諸宗彦不辭劬勞，往返奔波於於金臺各地，族賢鼎力樂捐相助，激情飛揚，攜手共進，無私奉獻，播惠萬代兒孫，慷慨解囊，營造千秋基業，族親宗長樂捐建祠芳名録，雕石立碑於祖宗祠，萬世留芳，功德無量。

於客歲八月十六日奠基，爰在原址重建，一九九九年十月十六日竣工，擇良時吉日，舉行落成奠安慶典，恰巧與始祖五十郎公珠浦許氏家廟慶典之時相符。歷經一年多的緊張有序重修，方有今日之規模，此乃宗祖族賢爲徙出宗親建茸家廟輝煌典範也，其功不磨，其德可風，謹爲簡介。並祈祖先在天之靈，庇佑諸宗裔福壽康寧，生意興旺，萬事如意，是所致禱。

一九九九年歲次己卯陽月吉旦，龍海縣港尾鎮沙壇許氏理事會。

龍海沙壇許氏家廟楹聯：

高陽世澤秀聲遠，
珠浦分支派澤長。

始祖漂洋渡海，建基業千古輝煌；
子孫雄心壯志，展宏圖萬代留芳。

一門幸萃有冠裳，家世舉沾漢寵。
九族但存乎親睦，海濱即見堯封。

鄉試二名，殿試四名，又幸首名會試列；

曾孫兩榜，玄孫一榜，更欣甲榜耳孫登。

畫棟倚獅峯，人傑地靈，文寶詩名蜚翰苑；
雕龍臨鷺島，山明水秀，書堂美譽冠簪纓。

（《[臺灣]許氏大宗族譜》 1999 年鉛印本）

澎湖果葉許氏家廟

開基始祖：忠轉公。澎湖始祖：錦夫公。

興建年代：清乾隆廿六年歲次辛巳，公元一七六一年。

家廟地址：澎湖縣湖西鄉果葉村第一〇三號。

澎湖縣位於臺灣本島西面之臺灣海峽，現在行政區域是澎湖縣，縣治馬公鎮。澎湖縣有大大小小六十四個島嶼，總面積有一百二十六平方公里，人口不到十萬人。東是查母嶼，西有花嶼，南是七美嶼，北則是目頭嶼，北回歸線剛好從中部經過處井嶼。其群島當中最大當數澎湖本島，它與北端白沙群島、西端西嶼環抱在一起，中間之湖灣形成爲内海，因此儘管港外波濤洶湧，而港内即波平浪靜，俗稱平湖，澎湖便自此訛音而來。

澎湖開發比臺灣較早。始自元朝起在澎湖就設有巡檢司，稱爲泉州外府，隸屬福建同安縣，爲我國在臺灣建置縣之開端。明初曾廢澎湖巡檢司，後以致於島上淪爲海寇聚嘯之地，明嘉靖四二十年癸亥，公元一五六三年，再度設置巡檢司，到萬曆廿一甲午，公元一五九二年，又設遊兵，春冬汛守，以抗禦流寇。

澎湖許氏，在澎湖全縣列爲第二大姓，許姓且多系出自金門五十郎公派下，自明萬曆、天啓年間，裔孫蕃衍，於明末清初相鉉日增，由金門珠浦渡海來澎入墾，嗣後生聚益繁，散居澎海各地。潭邊村、許家村、湖西村、湖東村、北寮村、南寮村、果葉村、龍門村、白猿村、竹高灣、外垵村、鎖港里、山水里、馬公市、烏崁里、東安村、西安村、中社村、將軍村、將軍澳、東吉嶼、東湖村、西湖村、中和村、海豐村、石泉里、馬公市、城前村、鎮海村、小赤崁、大赤崁、瓦硐村、後寮村等，猶思返浦。繼焉萍蹤而聚成梓里，親情孝思，念祖懷宗，族衆集議，初於龍門武弁鄰舍，後卜遷於果葉村，迨乾隆廿六年歲次辛巳，公元一七六一年，有其先祖考應元、宗興、圖、有聲等諸公，倡議恢宏擴建，經半載於乾隆廿七年壬午，公元一七六二年春告竣。

距今二百多年，久經風雨剥蝕，幸祖許論公、太夫人洪氏汝有鑒，乃令其子江水會同丁來、福吉等諸宗老，發起重修，經獲宗老許官，清河、元壹、寶石等響應，暨衆宗親鼎力相助，由春波主責，於一九七三年荔月乙卯奠基，至一九七五年梅月竣工。擇於庚辰吉日落成祭告，安祖先神位，以慰在天之靈。

應廟貌竟奂然一新，堂煌壯麗，紫氣多祥。廟殿坐乾山向巽兼亥巳，坐山面海，泰然威赫。由此孝思義舉，共圖克竟，爲尉啓後，尊祖敬宗，明倫教孝，凡爲人子孫，皆可效優而共勉。

澎湖果葉許氏家廟大門楹聯：

一門幸萃有冠裳，世代幾沾漢寵；
九族但存乎親睦，海濱即見堯封。

罔州源遠，遥承左昭右穆；

奎壁地靈，更著肅廟維宮。

橫聯　九族和睦
祖德宗功，雲礽追遠須敬；
水源木本，春秋祭祀當誠。

橫聯　好義爲福
合四時以祭，勿氓遠邇；
就一本而觀，無别親疏。

（《[臺灣]許氏大宗族譜》 1999 年鉛印本）

澎湖湖東許氏東厝宗祠

開基始祖：後翰房十二世祖子賫公。
興建年代：一九七〇年桂月。
宗祠地址：澎湖縣湖西鄉湖東村四十六號。

憶懷祖德，飲水思源，慎終追遠，乃系吾中華民族古有之美德。澎湖縣湖西鄉湖東村許氏，據史籍記述，追吾臺澎與金門許氏源流，以及澎湖各族許氏私家譜牒所載，許姓族親蕃衍，詩禮傳家，人文傑出，雖散居全澎各地，然溯源則一，其先世最早出自福建金門珠浦許氏，始祖五十郎，忠輔公。湖東村落雖然不大，其村中則有數系許姓，興建兩座許氏祖祠，澎湖村民一般俗稱爲祖厝、宗祠、家廟。故對其地理風水之堪輿，取其坐向方位，甚極審慎講求，通常坐北朝南，規制格局，大小應選適宜，族親皆認爲有好的風水，其能趨吉避凶，德沛先人，又能福蔭裔孫。故歷年來澎湖縣湖西鄉湖東村數系許氏子孫，瓜瓞綿綿，繁衍益衆，都很興旺。

澎湖縣湖西鄉湖東許氏後翰房，於明朝崇禎二年歲次己巳，公元一六八九年七月初五日，昔時戰亂海寇之患蜂起，民不聊生，因金門與澎湖只有一水之隔，後翰房十二世祖子賫公暨妣陳氏，挈眷及子十三世祖光耀公，字則耀，由金門金寧鄉後湖村，徙居入澎湖西鄉湖東村定居，生聚教訓，遂爲後翰房開基湖東村一世始祖。

時海寇鄭芝龍，其餘黨李魁奇者，遊魂海上，草菅士民，到處掠奪，揚帆侵犯至同安浯江後浦，今之金門金城外鎮，名欲招安，實爲刮餉民糧，尚無意焚殺也。

會遊寇抵達城下，許氏族人爲摘抗賊寇，居堞上戲發一銃斃之賊，賊寇怒噪之渠師，渠不能禁，遂擁群躝入城，大舉屠殺。居民之害，舉城爲空，蓋貽禍者一人，而許氏族人被累受戳殺者，不只數百家之衆，謂魁奇之變，兵燹之害，此爲吾族後翰房之害。未幾，而楊耿、鄭泰之變旋起，毀累入室之禍，更慘不忍睹矣。

澎湖湖東村許氏後翰房大門楹聯：
後裔風高堂構，毋忘祖德；
翰林望著箕裘，克昭孫謀。

春祀秋嘗，萬古傳聖賢禮樂；
左昭右穆，序一家世代源流。

一門幸萃有冠裳,家世幾沾漢寵;
九族但存乎親睦,海濱即見堯封。

(《[臺灣]許氏大宗族譜》 1999年鉛印本)

澎湖山水許氏家廟

開基始祖:五十郎公,澎湖始祖應嘉公。

興建年代:一九七〇年。

家廟地址:澎湖馬公市山水里山水村。

夫建立祠堂,所以聚祖宗之精神也。人能知尊祖故敬宗,敬宗故睦族,祠堂之所以立,重此三道也。三道不失,則報本追源,可以無愧祖宗矣。山水許氏開基始祖五十郎,諱忠輔公,先世來自丹詔,卜居於浯江,入贅於陳氏。厥後苗裔寖昌,而馨俎豆者,歷代系統敍述甚詳,無庸具贅。自浯海滄桑,而後遷徙來澎湖者,已逾其半,開基澎湖縣馬公市山水里許氏始祖十二世應公,始卜居於此地,一時萍蹟遂成桑梓之邦,嗣而生齒繁殖,遂不思合浦還珠。竊念自開始祖應嘉公遷於斯,已歷幾百有餘年矣。依據諸先父老所云,先代亦曾建一小祠堂,因代遠年湮已遭塌毁傾廢,今雖舊址猶存,當時列祖神牌即暫奉祀於私室,雖幾時相率敬祭,其意雖不忘本,但歉以安神靈而崇孝養也。厥後經二十世孫又倡議重建一祠堂,年逾四十餘載,後因受風雨日曬之飄零,亦已塌毁而傾廢。時二十二世裔孫再清感系於懷,乃向族中之長老倡建祠之議,衆曰善。議既協,諸族衆皆欣欣然,有力出力,有錢出錢,各樂贊琢成。鳩資既備,於是卜度基址,乃於一九七〇年夏季吉日始建,同年十月之秋聿觀厥成。董其役則廿二世裔孫再清,暨廿二世裔孫朱紗,兩位相與贊之,共其全部建築經費總共花用新臺幣壹拾貳萬元之譜。其貌雖無輪奐之美,而設計之精湛,用途之廣泛,殊亦可觀。

山水許氏家廟祖廳,正中奉祀開基澎湖始祖考應公暨祖妣氏神位,及派下四代列祖考妣神位焉。世代悠遠,形聲莫接,裔孫喜祠堂告成,而可慰祖宗在天之英靈,爰將重修山水許氏家廟沿革雕書於諸壁,以留萬古流芳。

山水許氏家廟,春秋兩祭,祭祖祝文:

維大中華民國歲次某某年某某月某某日,主祭孫,金門珠浦許氏,派衍澎湖山水許氏族老暨衆裔孫等,謹以牲醴果品,清花茶果,剛鬣柔毛,清酌庶羞,銀楮不儀,敢昭告於始祖考應嘉公、妣氏暨十三世祖考要公,妣陳氏及列位尊祖之神曰:

四時禮祭,敬修歲事。孝心弗替,禮古爲常。安座尊位,供奉牲饌。拜獻於庭,聊表微誠。維我列祖兮,難名之德,既昭茲胄裔寖昌,而燕翼貽謀。懇祈列祖兮,保我合宗族裔,益壽延年,安享榮華,世代昌隆,富貴萬年,代代裔孫,步步青雲,克持族聲,千祥雲集,百福駢臻,五穀豐登,財寶昌隆,事業大進,利路亨通,四時永無災,八節長有慶。伏以尚饗。

澎湖山水許氏宗祠大門楹聯:

高德流芳宗支蕃衍,
陽光焕彩世代興隆。

一門幸萃有冠裳,家世幾沾漢寵;
九族但存乎親睦,海濱即見堯封。

澎湖山水許氏昭穆：

第一祖始　第二世東　第三世坪　第四世元
第五世與　第六世宗　第七世東　第八世璋
第九世時　第十世惟　十一世從　十二世子
十三世際　十四世啓　十五世伯　十六世源
十七世克　十八世公　十九世允　二十世侯
廿一世嘉　廿二世乃　廿三世丕　廿四世績
廿五世燕　廿六世翼　廿七世貽　廿八世謀
廿九世敬　三十世明　卅一世其　卅二世德

（《[臺灣]許氏大宗族譜》 1999 年鉛印本）

澎湖鎖港許氏宗祠

開基始祖：五十郎忠輔公。鎖港始祖世貴公。

重建年代：一九九九年三月初五日。

宗祠地址：澎湖縣馬公市鎖港村一四九七號。

吾開澎先祖世貴公，系出自開浯始祖五十郎，忠輔公，三房大前廳支派，爲第十三世裔孫。於明毅宗崇禎二年己巳，自金門縣珠浦播遷來澎，卜居於鎖管港，開基立業，瓜瓞綿綿，迄今已有三百七十餘載。公生二子，長許市公，字正會。次許露公，字德傑。厥後傳衍益衆，至今二十有六世，人丁逾六百，可謂奕世永昌矣。

爲緬懷先祖創業維艱，功勳勞蹟，於清文宗咸豐年間，由宗親踴躍捐輸，興建家廟，安奉兩代先祖神主遺牌，俾後世子孫飲水思源，承先啓後。歷經一百餘年，家廟已椽傾梁腐，屋漏不堪，經族中長老於一九七一年發起重修，奈因坐向問題未獲共識，功虧一簣，至爲可惜。迨至1996年秋，輪值祭主初修宗親，目睹家廟破敗不堪，屋頂有坍塌之慮，乃再倡議重建，旋召開宗親大會，公推丁現宗親主持，順利通過重建家廟之各項事宜。隨後並推舉得隆宗親擔任重建委員會主任委員，重建工作遂進入實施階段。一九九七年四月，經馬公市公所正式核備“祭祀公業鎖港許氏家廟”之登記，天保宗親擔任管理人，本家廟之法定組織，即告完備。廟埕蓮葉桐乃縣府核定列入保護之珍貴老樹，惟恐重建影響其生長，特增購接鄰之北面建地一筆五十五坪，俾使兩落廳堂挪後蓋建，家廟佈局益臻完美。由於全體宗親熱烈響應，共募捐款項新臺幣壹仟貳佰余萬元，乃擇吉於一九九七年，十一月初九日舉行動工典禮，並於一九九九年三月初五日開工。其間，得隆、天保、等富、初修、得在、光輝、丁現等宗親不辭辛勞，與全體宗親熱心參與，通力合作，工程進行順利，至同年十二月下旬，家廟重建終告竣工，並擇吉舉行落成典禮。仰瞻廟宇規模，堂皇巍峨，美侖美奂，從此安祖靈，表孝思，克繩祖德，聚族敬宗，春祀秋嘗，昭垂千古。是爲記。

鎖管港許氏家廟重建委員會

榮譽主任委員：許大德。

榮譽副主任委員：許重卿。

主任委員：許得隆。

副主任委員：許監督、許樹旺、許丁現。

常務委員：許等富、許清道、許媽榮、許初盛、許初修、許得在、許天保、許政雄、許家豪、許得勝、許進勇、許靜强、許光輝、許明順、許初化、許文顯、許啓泰。

委員：許竹根、許温柔、許温西、許丁贊、許得料、許得回、許日進、許日泉、許志宏、許志潔、許君前、許等榜、許耀門、許秉傑、許金章、許文民。

一九九九年歲次己卯臘月吉旦，廿三世裔孫丁現謹撰

(《[臺灣]許氏大宗族譜》 1999年鉛印本)

澎湖許家村許氏家廟

開基始祖：武翰公，字安夫，號文逸。

重建年代：一九八一年。

家廟地址：澎湖縣湖西鄉許家村港仔尾一號。

澎湖縣之許姓，爲澎湖第二大姓，澎湖西鄉許家村雖云異地，而許氏譜牒實出自珠浦許氏一源。憶自滄海忽變桑田，族人始徙居澎島許家村，則澎湖之子姓即金門許氏之子姓也。浯有尊祖敬宗之念，而澎湖無報本追遠之思乎？澎湖縣湖西鄉許家村許氏始祖五十郎，諱忠輔公，先世來自丹詔，贅於金浯之陳氏也，厥後苗裔寢昌，冠裳繼美，其足以宏遠矣。而馨俎豆者，先君敍述甚詳，而始不甚贅，自浯海滄桑以後，宗族星晨，徙遷而來澎者，十有四五。始也去珠，猶思還浦，繼焉萍蹟，遂成梓邦。嗣而生聚漸繁，族衆各懷尊宗敬祖之念，然與其虚懸一追遠之想，何如致其如在之誠，族之長老會議，即就龍門鄉武弁鄰舍，用將孝享，聊表芹誠，其意雖不忘本，但歉以安神靈而崇孝養也。厥後以湫隘囂塵，遷卜於澎湖縣湖西鄉許家村港仔尾，始構堂而尊焉。然亦因陋就簡，草創數椽而已，可以安妥先靈，而不足以別序次也。因歲月悠遠，堂室塌毁傾廢，迨一九八一年，族苗倡議重修許家村許氏長房深井頭祖廟，謀之族叔長老，暨族親兄弟，爰是依照人丁腋集，又從族衆隨意捐輸，一時歡欣樂從，多者在自真誠，少者亦助一臂，共得助建祖廟資金，遂經營尺量，購買瓦杉，舉許天足爲負責人，掌理銀項賬目，雖知其任有不勝，無揆之分實難辭，是歲一九八一年擇吉日興工。祖廟坐落於澎湖縣湖西鄉許家村港仔尾一號。一進祖廟建築，家廟棟宇嵯峨，大門加蓋一牌樓，美侖美奂，越至一九八二年始告完竣落成。

澎湖許家村深井頭許氏宗祠楹聯：

楣額：高陽衍派

高德憑依支衍派，

陽明煥彩藻流芳。

楣額：許氏宗祠

深遠規模綿世澤，

井源蕃衍振家聲。

楣額：祖德宗功

面啓裔孫明禮教，

遠懷列祖薦馨香。

(《[臺灣]許氏大宗族譜》 1999年鉛印本)

臺北縣金山許姓祖祠

開基始祖：耐京公，十八世孫許賞公。

興建年代：清嘉慶十七年歲次壬申，公元一八一二年。

家廟地址：臺灣省臺北市金山鄉忠孝一路一〇七號。

臺北縣金山鄉位於臺灣北部東海岸，境内環境優美，是臺灣北部重要觀光風景區。有青年活動中心、中正公園、海水浴場、金山温泉、礦港温泉等，交通十分便利，搭乘行駛基隆與淡水之間臺汽客運，或淡水往金山線淡水客運都能到達。

金山鄉許氏家廟，位於金山鄉公所後面稻田中。從金山鄉公所右側巷子前進入，約步行七百公尺，有紅漆指標可循，即可抵達許氏家廟。廟前有一水泥埕，依據耆宿相傳，在清高宗乾隆十三年戊辰，公元一七四八年，有福建詔安人許賞者兄弟四人，在福建沿海捕魚，因遇颶風被漂流至水尾登陸，而後定居於臺北縣金包里堡田心仔社，其後子孫繁衍，故在清仁宗嘉追遠，尊祖敬宗衍益衆。爲慎終慶，十七年壬申，鳩工興建許氏家廟，公等宗族倡議在侖仔頂社。公元一八一二年七月，由許賞公，許錐公，許信現之王爺廟址，正殿奉祀唐開閩漳始祖昭應侯天正公，許太尉宣威將軍神像，高陽、河南始祖暨開漳始祖許氏神位。祖龕上匾額題書顯祖耀宗。祖龕聯：

木本水源須追久遠，

祖功宗德共薦馨香。

左側祖龕則是供奉堂上歷代許氏列祖列宗祖考公暨祖妣媽一派宗支神位。祖龕聯：

金童接引西方路，

玉女後隨極樂天。

每年正月初七日天正公聖誕，是日，凡我許氏族親，均齊聚家廟舉行祭典，以敬祖先，宣揚祖德，以睦族誼，精神團結，互相惠助。

昔時建築是以石塊土造牆壁，簡陋而成。至清德宗光緒二十年甲午，公元一八九四年正月十六日傾毀。因此，祖先神像遷移田心仔社文來私宅公廳，以作臨時祠堂奉祀。翌年光緒廿一年初七日，次歲乙未年，日本佔領臺灣。

至一九三〇年正月祠堂祭祖時，各宗親倡議重建祖廟。並由發起人海亮、進添、春風、金來、玉爐、阿敏、火土、子路、茂樹、東海等十名，成立許氏祖祠重建委員會，首由海亮捐獻其私有土地，坐落金山莊下中股字田心仔段一一五地號之一，即是現今金山鄉美田村許氏祖廟地址，約四百坪，作爲新建祖廟建築用地，並在同年五月興工重建。

物换星移，至一九七一年，强烈颱風侵襲臺灣，祖廟又遭遇嚴重損毁。一九七二年正月初七日祭祖時，因鑒於祖廟損毁不堪，所以衆議必急早日新修復，故經宗親公推森貴、東海、榮輝、春風、清芳、耀棋、耀分、萬全、長洲、松章、武梓、泗池、分顔等爲修建常委，負責籌措募捐經費，並於同年八月初七開工修建，增其舊制，如今焕然一新，美侖美奂。祖廟正殿奉祀開閩漳始祖昭應侯天正公神像、開封許國始祖文叔公神位、河南始祖夏公神位、感天大帝許真君神位、開閩始祖堯甫公神位。

（《[臺灣]許氏大宗族譜》 1999年鉛印本）

臺北新莊式生許式祖祠

開基始祖:渡臺始祖式生公。

興建年代:一九九〇年。

宗祠地址:臺灣臺北縣新莊市新樹路九六六巷廿九號之一。

許氏者,炎帝神農氏之後,因居於姜水之濱,故以姜爲姓,爲堯四嶽伯夷之裔也。至周氏武王時,封其裔孫文叔公於許,國號曰許,遂以國爲姓。由是繁衍,其族源出於商陽,後徙入福建省泉州府,居晉江十七八都瑶林石龜許厝村,至六世十九郎,文聳公,徙入晉江縣南關外,安海七都錢埔鄉,爲錢埔開基始祖。至清朝高宗乾隆年間,式生公挈眷舉家渡海來臺,卜居於臺北縣新莊市新樹路六十九號之一現址,篳路籃縷,啓創基業,迄今已十有餘代。歷經兩百餘載。瓜瓞綿綿,子孫茂衍,蔚成巨族。

一九七五年春,其裔孫聲公,見睹祠堂圮敝,有待修茸,祖墳荒蔓,散處四方,乃倡議興建祖墳,重修祠堂。此議甫出,全族回應,即開始鳩工營建,經年乃成。今日祠堂焕然一新,乃起造了一座二層鋼筋水泥中西合璧式建築,因爲它在外型線條上,有多處顯示西方風格,在臺灣北部如桃園新竹地區,也可見到類似之建築型式。在内部祖廳陳設以及細部雕飾上,又是純中國宫殿型體,這種中西現代式祠堂建築,又不失爲中國人傳統精神,一樓竪立一座門廳,門楣匾上雕刻高陽堂三大金字。一樓平時大廳透空,清明舉行祭祖時,備作爲子孫相聚,福飲辦棹之用,以免子孫受雨淋日曬之苦。二樓祖廳,堂構也可稱金碧輝煌,不過子孫對祠堂楹聯對句,欲頗費心營造,祖龕楹聯:

出光州鎮詔安,勳耀丹霞,族衍石龜尊始祖;

入西盛别錢埔,名揚擺接,支傳臺島仰開基。

用字遣詞都表達是以詩書傳家之道,承枝木本水源蕃衍之意。成以之道,百世流芳。德以誠之,萬代昌盛。子繼孫承,兄弟友恭,孝順仁慈。算得上是祠堂第一特色。祖祠已成,昭穆序明,春秋祭祀敬獻有所矣。祖廳楣匾曰式生堂,蓋彰先人之遺勳,昭祖德於萬世也。

新莊許氏式生祠一樓大門對聯:

高祠奉先靈,謹策孫謀垂燕翼。

陽堂濟玉樹,恭繩祖武啓象賢。

以國爲氏,萬世長衍太嶽裔;

奉敕鎮閩,千秋永懷侍御公。

家肥則族肥,不外親親長長數大事;

祖遠而聰遠,全憑子子孫孫一個心。

新莊許氏式生祠二樓祖廳對聯:

式承泉府,家聲久遠;

生衍蓬萊,世澤綿長。

春祀秋嘗遵萬古,聖賢禮樂;

左昭右穆序一家,世代源流。

出光州鎮詔安，勳耀丹霞，族衍石龜尊始祖；
入西盛別錢埔，名揚擺接，支傳臺島仰開基。

（《[臺灣]許氏大宗族譜》 1999年鉛印本）

許氏港濱祖廟前後興脩總記

吾祖業基公，以元順帝至正十年從美江來贅港濱，以禮李公家，生子善長、善慶、善政、善歷，迨後四子成立，遂有其地建籍立户曰永隆。嗣是數傳始構堂新店樓仔地，而以業基公爲始祖而奠焉，歷承禋祀。至崇禎辛未年，得名地師示下厝田地，雲其龍來自峨山西麓降而趨田倒作蘆花三臬之勢，回龍顧祖，結坐空朝滿之局，翠嶂羅前，碧潮繯後，中若創祠興祀，可大爾宗。衆從之，遂議以其田爲祠地。然田爲八世孫繼恩公己業，而公時已吏目三考，衆請其田，而公素向義，欣允衆請，願充其田三斗爲祠地。衆不忍乾没，乃以其田估銀三拾兩，而公止收銀貳拾兩，願以拾兩之數充工役費。公之孝思，殊可風也。遂於是年興工，定其坐向，以乾巽而兼戌辰。迨落成即是歲之冬，奉主入祀，果數年間而藎臣公等遂於甲戌應運挺生。無何，甲申鼎革以後，鄭寇據海揚波，沿澄連宵烽火，至康熙元年壬寅禁嚴接濟，朝議移界以絶交通，棄政橋以東爲界外，遂使田裏就蕪，族姓鴻嗷，中澤而棲，神祠宇竟銷燬於金戈鐵馬之健兒矣。猶幸庚戌海氛少戢，而藎臣公等已佐興朝掄勳專閫，追維祖德，上報宗功，於歲辛酉召族子授金肆百爲倡，其餘諸公亦各捐奉以副，而族之丁壯咸樂趨事赴功，遂即舊址而新之。由是而神保聿歸，曾孫肇祀，峨山之輝重映几筵之上，圭澤之媚長瀠棟宇之旁，俎豆薦者馨香，樂人奏者洋洋英英，而鵲起者多覲我皇王，蔚而豹炳者皆觀國之光。及乎壬辰之歲，乃有後堂陰晦、天井窳塞之嫌，致起改脩之議，一時誤聽堪輿簧惑，不由舊章更易水道，放丁出巽，以致闔族不寧，虧損匪輕，於是衆情洶洶，始於己亥年脩復放丁出甲舊水路，自是稍獲奠安，而質卿公等復接武而承綸秉鉞矣。然而祠地坐空朝滿，最喜流神廻環漾秀以衛真氣，而乃祠後祠右閉壓爲嫌，又或填淤擴地以細潮流地靈，實爲所病，後有加意於斯者，尚其經營盡善可也。爰志巔末，以示無疆。

雍正七年歲在己酉仲秋之吉，闔族謹志。

（許朝瑛許文煥編纂《[福建漳州]圭海許氏世譜》 清雍正八年刻本）

詔安許氏宗祠綸恩堂

開基始祖：耐京公。

創建年代：清道光廿二年歲次壬寅，公元一八四二年。

宗祠地址：福建省詔安縣。

詔安許氏綸恩堂，在縣城南門内大市場北側，屬南詔鎮城内街，衆稱許厝祠堂，系丹詔許姓大宗祠。創建於清聖祖康熙年間，曾經多次修建。坐北向南，歇山頂古式建築，面積有九百平方米長三十六米，寬二十五米，全座屋頂八十四槽，由門樓、下廳、兩廊帶天井、拜亭、大廳組成。開啓五門，有三十六根石柱，從正大門至照壁，帶面前埕，有一千五百三十六平方米，前長四十八米，横寬三十二米，爲全縣規模最大的祠堂。門樓開三門，一正兩偏，圓形石柱，帶柱磴，門匾書曰：許氏宗祠。下廳面闊五間，進深三間，有圓形、方形和八角石柱，都帶柱磴，一斗三升式梁架。兩廊爲方形石柱，帶石磴。拜亭爲八角形石柱，帶石磴，有兩耳門。大廳面闊五間，進深三間，有圓棱形石柱，帶柱磴，一斗三升式斗拱梁架，懸匾書曰：綸恩堂。正中供奉詔安許姓一世祖耐京公至五世祖考妣的神位。

宗祠構造至今雖保存基本完好，但因移作他用，以致内部原形都被分隔，成爲幾間房間，原有懸匾和裝飾物也已被損毁，蕩然無存。宗祠面前大埕，也因被侵佔建爲大市場，故面貌大爲改觀，是吾姓一大損失。其聯曰：

南城禮樂交堂構，

北闕綸恩奂楝樑。

（《[臺灣]許氏大宗族譜》 1999年鉛印本）

詔安漳南許氏始祖廟

開基始祖：許陶公、二世祖天正公。

創建年代：清聖祖康熙年。一九八一年重修。

宗祠地址：詔安縣城北門許厝寨，南詔鎮東北街。

漳南許氏始祖廟，位置坐落於詔安縣城北門許厝寨，屬南詔鎮東北街。創建於清聖祖康熙年間，曾經重修二次，一九八一年，又再重建修復。坐北向南，歇山頂古式建築，面積有三百六十八平方米。由門樓、下廳、兩坡走廊帶天井、拜亭、大廳組成。門樓及門楣、牆肩均以花崗巖石料砌成。有正門一、偏門兩。大門外側有石抱鼓一副，圓形石柱，門楣匾書曰：許氏祖祠。下廳面闊三間，進深兩間，方形石柱，帶柱磴，一斗三升式梁架。兩走廊方形石柱，拜亭八角形石柱。有兩耳門。大廳面闊三間，進深三間，圓棱形石柱，帶柱磴，一斗三升式斗拱梁架，懸匾：開漳首績。木楹聯書曰：

昭兹來許繩其祖式，

應侯順德詒厥孫謀。

正殿奉祀開漳名將昭應侯許天正公，大小塑像五尊，和昭應侯及其夫人的神像。神牌書曰：唐開漳太始祖追封世襲翊忠昭應侯雲峯許先生神位。祖妣追封淑節妙惠許太夫人姚氏之神位。

祖廟歷經風雨滄桑，至今已有三百餘年歷史，還是保存完好，經一番修，更具美倫美奂，祭祀鼎盛，香煙四時不斷。

漳南許氏祖廟楹聯：

堂局宏觀水映山屏，祀地允推南詔；

庭楣藻飛祭豐儀肅，廟門雄對北城。

昭明德澤，澤垂太嶽；

應顯功勳，勳萌高陽。

拓土宣威功業，勳勞推第一；

開漳教化仁懷，德澤被遐方。

昭兹來許，繩其祖德；

應侯順德，詒厥孫謀；

漳州建制，弘揚教化祇人心；
閩海叛平，翊贊宣威昭聖德。

祖德長昭，享千秋俎豆；
宗支茂衍，綿百世財丁。

開漳拓土丕功勳，業垂青史；
教化宣威易俗導，民仰光輝。

人日稱觴祖德，新春拜舞弘宗功；
英靈赫耀千古，俎豆馨香報四時。

（《［臺灣］許氏大宗族譜》 1999年鉛印本）

（八）邱　氏

南靖雙峯邱氏徙臺子裔回唐謁祖及祭田録

道光十七年葭月 十五世嗣孫庠生漢章，自臺灣回梓謁祖，並贖存田段交付坪頂六棹逐年祭掃。

一段在大水溝大小五坵帶少映户内畝四分正。

一段在倉前洋溪邊貳坵。

一段在庵前墩仔後大小貳坵帶畝貳分正。

以上三段戴税粟三抽出税粟穀付長家過年節，其餘清明費用。

（《［福建南靖］下雙峯邱氏族譜》 1929年稿本）

（九）曾　氏

漳州曾氏徙彰化族裔請建宗祠文

今天下之人至涣也，而王者有以萃之。曷萃乎，亦惟萃之於廟而已。故曰廟中者，境内之象也。自古帝王所爲，以孝治天下者，亦治之於廟而已。王格有廟，所以萃天下之涣也。夫天子萃天下諸侯，萃一國 降而士大夫之欲萃一家者，亦舍宗廟末由也。是以有事於廟，則群昭群穆咸在，而不失其倫者 所以明合族之誼，而上追宗祖之功德，下裕孫子之詒謀焉。亘古及今，凡大宗名族之家，莫不有廟焉，以祀其先，匪獨吾曾氏然也。

溯吾族自魯宗廟公遞傳以來，迄今三千餘年，支分派别，所在皆有廟。而閩粵則以龍山爲大宗，其地在泉州府治之西，舊爲有宋名魯公宅，後改祠以祀，唐時由光州徙籍閩中始祖唐團練使延世公及教運公以下諸祖之有功德者，皆得與於祭祖豆馨香。所以教孝也，亦即所以萃各房宗祖之涣也。我自唐宋元明以迨於斯，瓜瓞綿衍，不特分析閩中者，如舊乘所載，一門四宰相，五代三鈞樞，父子同登兩府，兄弟同時侍從，以至九世贈三公，叔姪取鼎甲登進士第者百數十人，名臣碩輔，後先相望，閩粤間稱極盛焉。即其東渡來臺，散處彰化者，雖開闢才及百年，而掇巍科，登顯士，人材蔚起，亦爲彰邑之冠。或名登閬苑，或翰染鳳池，或躬膺木鐸，如世所稱曰内翰，曰中翰，曰外翰者，並皆清貴之秩也。

然人文輩出，而宗祠未建，識者猶有遺議焉。且夫君子之營建也，宗廟爲先，宫室爲後。誠以物本天而人本祖，水源木本之思，爲人子孫者不可不深致意也。於是族之長者，集議建祠，乃卜邑之城南，其間山明水秀，定毓英奇，所謂地靈必鍾人傑也。建祀於此，以祀宗聖公及入閩始祖延世公，暨各房分支諸祖之有功德者皆從與享焉。初不必區之曰閩也粤也，漳泉云乎哉，凡我同姓，原爲一本之親，維子孫之蕃衍，遂散處於四方，此自萃而涣之勢也。今建祠於彰邑，則歲時合食，凡各房宗祖莫不聚處於一堂，而其子孫亦得駿奔於下，此由涣而萃之義也。我族人之念及本原者，尚各踴躍鳩金，共襄厥事，庶衆擎易舉，得以聿觀厥成乎。夫以子孫而祀其宗祖，崇以廟貌，享以春秋，凡歲時之祭祀，皆以覩先代之衣冠，撫高曾之矩護，而思先世之留貽，其口澤、手澤猶有存者乎，則亦可悠然而生其孝悌之心矣。吾聞孝悌爲爲仁之本，亦即爲爲人之本。人惟近能孝於生我之人，斯能遠而孝於厥初生我之人，所謂報本追遠，以廣孝思於無窮也。蓋尊祖故敬宗，敬宗故收族，於以篤一本之親而敦合族之誼，即有以聯同姓之歡而挽分類之俗。俎豆思護者，自不至於干戈思競也，其所裨益豈淺鮮哉。見人情之好施也，雖浮屠者流募建寺院、捐脩廟宇，而樂善之士猶不惜傾囊助之，以共推爲豪舉，況夫宗祀之建，將以祀我宗祖，旁爲義學，又以啓我後人，則其捐金樂助者，不視尋常之義舉而更加勉乎。

吾知集腋成裘，土木之興，可不終年而告竣焉。他日家廟落成，宗祖萃於上而神靈式憑，孫子萃於下而執事有恪，則俎豆馨香，雖億萬年而繼繩勿替也。彰邑禮讓之興由斯而益盛，閩粤紛爭之習因此而漸銷，是吾曾氏宗祀之建，其始有以萃一姓之涣，著其後漸以比一邑之睽也，人心風俗之原，信惟端本者能以善其則耳。故曰廟中者，境内之象也，君子之營建所以必先乎宗廟者，誠見其大也。是爲序。

賜進士出身翰林院庶吉士加一級裔孫維楨拜撰。

鄉進士文林郎候補知縣大挑借補教諭作霖書。

（曾康生鈔録《[福建南靖]高港曾氏家譜》 1931年稿本）

（十）江　氏

臺灣濟陽江氏寄銀回唐重修祖墳録

十三世端懿公，妣慈恪林氏，合葬嵧下灰墳右邊。純雅公，妣淑慎曾氏，生下三子，質毅、文勤、純義，合葬赤竹坪石灰下，乾巽兼戌辰丙辰分金。道光十三癸巳年葭月十八日子時，臺灣衆子孫寄銀回重修端懿公、青峯公、妣勤謹高氏合葬下徑塔子山下灰墳。道光庚寅年，臺灣耀榮叔重修卯酉兼乙辛。

（《［臺灣］濟陽江氏族譜》 1964 年鉛印本）

臺灣江九合慶陽祭祀公業起源及章程

查本公業之起源，乃系十三世祖江包公，昔日由福建渡海來臺謀生，定居居嘉義竹仔脚莊。惟不幸在短暫數拾日間即登仙别世，與其同伴渡海來臺者二人，乃爲之料喪建墓。旋該同伴二人再渡海返福建，無奈在海途中，突然風浪大作，於是其同伴者之一向天許願，如安全返抵福建，將來必送一子爲江包公續嗣，幸得風平順帆到埠安抵福建。經過數年後，該許願者將一位江姓子弟即江鈕公，帶往嘉義竹仔脚莊認墓爲父，作爲江包公之續嗣。

初者江鈕公在竹仔脚莊，寄居江姓宗親之處做工渡日。嗣遷至員林東山，亦與江姓宗親爲鄰，仍以做工渡日。嗣略有積蓄，惟年已五十尚未成家，適有福建龍溪人鄭葛渡海來臺，在東螺西保新莊開懇土地，僅四十餘天即不幸逝世，其妻陳勤善育有三男一女，生活無依，經媒與江鈕公結爲夫妻，而陳勤善之晚子鄭耀雲亦隨母嫁來爲江鈕公之養子，冠姓爲江鄭耀雲，嗣再生文彩、河漢二子。該三兄弟長成後，長兄江鄭耀雲公理財有方，指導該兩弟共同奮發家業，而財運亨通，購置不少田産。因該三兄弟能建業成家，頗有成就，多屬長兄耀雲公之功勞，於是分産之時，文彩公、河漢公兩弟爲欲酬長兄耀雲公之恩，將一切産業對下輩劃爲九人均分，並一部份留爲江九合、江慶陽祭祀公業，藉以遺後代子孫紀念。

一九七四年甲寅仲冬之吉，

江鄭耀雲　江娘愛
　　　　　江娘允
　　　　　江娘華
　　　　　江娘養
江文彩　　江娘送
江河漢　　江火炎
　　　　　江壬癸
　　　　　江長海
　　　　　江長盛

九房合成稱爲九合公業。員林鎮三條里江柏東敬撰。

祭祀公業江九合管理暨組織規約

一、本公業定名爲祭祀公業江九合，以下簡稱爲本公業。

二、本公業爲祭祀歷代祖先，以飲水思源，慎終追遠，並秉承創業德意，敦睦派下員，繼續宗祠爲目的。

三、本公業地址設於彰化縣員林鎮三條里三條巷二號。

四、本公業派下員，以經員林鎮公所公告確定，核發派下員名册所列人員，爲基本派下員。派下權之分量，系採按房份分配。派下員資格依照本公業繼承慣例辦理。

五、本公業設派下員大會，爲最高權力機構，由全體派下員組成之。
本公業置理事會，理事九名，由各房選一名擔任之。本公業置會計一名，監事三名，皆由派下員大會選任之。本公業置管理人一名,由理事會選任之,即爲理事長。

六、本公業開支款項許可權分爲三等級。第一等級爲管理人,第二等級爲理事會,第三等級爲派下員大會。等級由規約細則另定之。

七、本公業管理人、理事、監事、會計,每屆任期爲四年,均連選得連任之,並爲無給職,但因公務上所必須之費用,得核實開支。

八、本公業管理人、理事、監理、會計,如有違法失職,得由派下員十分之一以上之連署,提經派下員大會決議通過罷免之。本公業理監事會,每年召開定期會議二次,均由理事長召集並主持之。

九、本公業派下員大會,每年農曆十二月七日召開定期大會一次,必要時得召開臨時大會,均由管理人召集並主持之。管理人因故不能出席會議,得由理事互推一人主持之。

十、本公業不動産之處分,應依照土地法第卅四之一規定辦理,財産分配系採按房份分配,權利與義務亦同。

十一、本規約經派下員過半數同意並報經民政機關備案後施行,修改時亦同。

十二、本規約如有未盡事宜,悉依政府有關法令規定辦理。

(《[臺灣]濟陽江氏族譜》 1964年鉛印本)

臺灣江氏平和大溪鄉尋根記

彰化縣員林鎮三條里江九合公派下人,爲重新編修族譜,並追查舊族譜失考十至十二世三代的真相,於公元一九九〇年六月廿五日至廿九日,由公業理事長二十一世江榮基、會計二十世江蓮耦、顧問二十一世江世凱三人遠赴福建省平和縣大溪鄉江寨村榕林的祖居尋根。

根據一九四九年編印江九合公家譜的記載,祖居在福建省平和縣仁安里大溪社榕林樓,但經過了二百餘年的離亂阻隔,目前在臺族親從未有人踏入的祖居,景況如何?僅能從老族譜及先人傳述中去揣測而略知端睨,但事實真相卻不敢肯定。如今由於廿五日至廿九日的尋根之行,能親眼目睹祖居風貌,償卻平生宿願,特將所見所聞報告族親。

由員林到福建平和大溪的祖居,最好的路線,是由桃園中正機場搭機經香港轉厦門,然後由厦門乘車七十六公里到漳州市,再走六十二公里到達平和縣城小溪鎮,再經過五十六公里路途就到達祖居大溪鄉,江寨榕林距鄉政府僅一公里,因此厦門到祖居的總里程一九五公里,目前我們祖居的地名叫平和縣大溪鄉江寨村榕林。

大溪鄉位於平和縣西南部,東達安厚鄉,西接九峯鄉,北鄰國强鄉,南界雲霄、詔安二縣,方圓一三九平方公里。主要河流大溪,源於大芹山麓,國府時期稱大溪鎮,中共佔領後叫大溪鄉,一九五八年改爲大溪公社迄今。公社所在地在大溪墟,海拔一六〇公尺,早爲平和三大市鎮之一,是閩粤兩省七縣集市貿易所在地。全社有兩百零壹個自然村,廿三個大隊,兩百拾柒個生産隊,十五個專業隊辦場,人口約四萬人,七千三百户。

大溪鄉是個農村地區,農業經營還很落伍,雖有電氣設施,但家庭中卻很少家電用品。田間工作仍流行著水牛、黄牛耕田的時代,一年收穫三次,兩次水稻,一次小麥。山坡地種植茶業,油茶、荔枝、龍眼、鳳梨、煙葉等。每年農産總值僅四百六十萬元人民幣,等於臺幣兩千多萬元。目前該鄉有中學兩所,小學三十八所,學生七千三百四十人。電影院一所,衛生院一所,十九個醫療站。

在江寨有座興建於三百多年前的濟陽堂祖祠，立了五根旗旌，先祖亦曾高中文進士和武進士，祠堂内也曾風風光光的掛滿匾額，如今祠堂内空無一物，僅留下兩具小型機器，讓返鄉的遊子倍感心酸。如今想要恢復景觀，據江寨族親們估計，大約需要五萬元人民幣，相當於二十五萬元新臺幣，經臺灣江九合公業理事長江榮基當場同意撥款修復，以慰祖先在天之靈。

祖墳幸運地未遭破壞，想當年祖先們爲求得好的風水地理來福蔭子孫，而把祖墳分散各處，如今才免遭毁墳之禍。在靈通山下徑獅子嘴，有我一世祖肇元公祖墳一座，此山的山形地勢恰似一隻伏獅，有名的唐朝開漳聖王陳元光的先父亦葬於此，當然它是一個好的地理所在。六世祖端毅公祖墳是石墳，墓碑上雕刻字蹟還清晰可見。七世祖默庵公是大石墳，惟墓碑上並未刻字。八世祖西墅公祖墳是灰墳，也没有留下字蹟，其他祖墳仍有待江寨族親去尋訪。

江寨榕林的族親，大部份流出外地謀求發展，目前留在江寨榕林固守家園的僅三十户，一百七十多個人。其他外出的有當教授、醫生或高官都有，但大陸的國民所得普遍偏低，一名鄉長每月收入僅新臺幣一千元左右，因此生活並不好過，能够求個温飽已經很好了，何況從事農耕的族親們。其實目前大陸由於國民所得偏低，購買力薄弱，以致經商或當公務員的收入也都不好，倒是耕田的較容易謀求温飽。在大溪流傳著"店前靠市場，莊上告公場，江寨靠田洋"的話來形容各姓氏從事的行業。在大溪分三大姓，店前姓陳，莊上姓葉，江寨姓江。江家有田產，因此大部份經營農業。陳姓人家大部份經商，而葉家則當公務員較多，因此江家人從前應該是有財産的階級。

大溪豆干聞名全臺灣，而祖居福建平和大溪的豆干卻擁有"桂林山水甲天下，大溪豆干冠四海"的雅號，據家鄉人説，大溪豆干是用靈通山所流出的仙水做成的，因此顏色鮮，質地美，又軟又韌又嫩，越吃越有味，有人以靈通仙水浸泡豆腐三天，豆腐也不會變黄。目前臺灣桃園的大溪鎮也有江姓的濟陽堂，他們是講客家話的客族村落，他們的祖先也是從福建平和大溪遷徙而來，而我們福建平和大溪的江寨也是客家村落，因此我們的祖先是客家人，相信目前臺灣大溪所馳名的豆干，其製造技術也是從祖居流傳過來的。

在祖居大溪境内有一處列名江南十大名山之一的靈通山風景區，海拔一千二百八十二公尺，崖壁峭立，峯巒疊翠，雄偉壯觀。明朝大學士黄道周、相國林釬、大理寺正卿陳新野、太常寺正卿陳天定等名人曾就讀於此。唐開漳聖王陳元光之父葬於此，我一世祖肇元公的陵寢亦於此。此山風景有七峯一寺十八景，常招徠無數遊客，在峯巒澗之間生産了石耳、返魂草等名貴藥材，自生不絶的山茶是饋贈親友的珍品，希望返鄉探親的族親不要忘記這一行程，且不要忘了帶山茶回來。

總之，祖居因地靈而人傑，雖遭到浩劫的摧殘，但對離鄉出外謀生的族親都能立足於僑居地，且蓬勃發展。緬懷祖先餘澤之餘，我們更應兢兢業業，爲子孫開創幸福的樂土，藉以光宗耀祖。

二十一世江世凱撰稿。

（《[臺灣]濟陽江氏族譜》 1964年鉛印本）

臺灣江氏慶陽堂之更迭

原福建省漳州府平和縣新安里大溪社榕林樓内人。

今福建省平和縣大溪鄉江寨村。

序濟陽堂江百四郎移居。
原臺灣燕霧下堡員林街三條圳慶陽堂，
今臺灣省彰化縣員林鎮三條里三條街慶陽堂。
慶陽堂十八世江鴻勳分居，
原員林街三條圳慶豐堂，
今員林鎮三條里三條街慶豐堂。
又慶陽堂十八世江鴻根亦分居，
原員林街三條圳慶春堂，今員林鎮三條里員東路二段二七三巷慶春堂。

（《[臺灣]濟陽江氏族譜》 1964年鉛印本）

（十一）賴　氏

南靖葛竹賴氏科甲竪旗掛匾録

十二世賴上進，大嶺房。清乾隆三年戊午科鄉試中式舉人，由武生中式，八十七名武舉人，祖廟竪旗，掛匾文魁。

十二世賴翰顒，府内房。清雍正十年壬子科舉人，聯登癸丑科二甲進士，授翰林院庶吉士加一級，乾隆元年陞授文林郎任翰林院編修，特派稽察六科。乾隆丁卯年任國史館纂修官。祖廟竪旗，掛匾"詞宛清華，必丹蜚馨"。

十一世賴鐘，府内房，翰顒之父，雍正十三年貤贈文林郎翰林院庶吉士，乾隆二十四年勅封文林郎翰林院庶吉士，祖廟竪旗，掛匾"承眉齊寵"。

十世賴篪，府内房乾顒之祖父，乾隆元年誥贈文林郎翰林庶吉士，祖廟竪旗，掛匾"德重鄉評"。

十二世賴翰標，府内房，清乾隆國子太學生，乾隆三十年任丹紹書院院長。

十一世賴證，頂厝房，清乾隆歲進士，祖廟竪旗，掛匾"選魁"。

十二世賴英果，大樓房，清乾隆歲進士，祖廟竪旗，掛匾"選魁"。

十三世賴啓秀，大樓房，清嘉慶歲進士。

十七世賴蒲，府内房，清光緒歲進士。祖廟竪旗，掛匾"選魁"。

十六世賴坤元，大樓房，清光緒丁未科貢元，祖廟竪旗，掛匾"貢元"。

十六世剛中，名自强，下隔厝房，清同治戊辰科貢元，祖廟掛匾"貢元"。

（《[福建南靖]葛竹賴氏族譜》 1999年稿本）

南靖葛竹賴氏徙臺支系祖籍祀田記

八十二世臺灣開基始祖考樸直公，名重，字天經，號虞生，妣謚柔懿劉氏勸娘。祖考生於康熙乙亥年九月初九日，乾隆庚辰年四月初十日寅時别世，葬在松灣仔内。祖妣生於康熙丙子年七月初七日，乾隆元年五月三十日别世，葬在葛竹下山雲山后河仔，坐坤向辰兼丁未丁丑。生五子，長誦字德雅，次系字德政，三烹字德聰，四抹字德惠，五易字德浮。祀田貳拾壹石，每年致祭於天經公墓前,祖媽設有祀田在葛竹社。

(賴以尊編纂《[臺灣]潁川賴氏族譜》 1924 年鉛印本)

南靖羅山賴氏徙臺子裔回唐訪祖録

第十代國渭長子,在臺上加冬莊,乙卯科有一秀才位本,字立德,官名開禧,回唐看視祖墳,立税交公祭祀。

(《[福建南靖]梧宅羅山賴氏族譜》 清光緒三修稿本)

(十二)吕 氏

吕氏芳園祠臺灣宗親捐資碑

一九二七年芳園祠重修,臺灣桃園郡列叔侄喜捐芳名列左:

新進喜出龍銀壹佰圓,又加添出龍銀三拾圓。

光輝喜出龍銀壹佰圓,又加添出龍銀三拾圓。

火旺喜出龍銀柒拾圓,又加添出龍銀三拾圓。

友順喜出龍銀伍拾圓,又加添出龍銀貳拾陸圓。

阿昧喜出龍銀伍拾圓,又加添出龍銀貳拾陸圓。

石同喜出龍銀伍拾圓,又加添出龍銀貳拾陸圓。

文鰱喜出龍銀伍拾圓,又加添出龍銀貳拾貳圓。

成佳喜出龍銀貳拾圓,又加添出龍銀拾大圓。

中等喜出龍銀肆拾圓。

振貴喜出龍銀壹拾貳圓。

文章喜出龍銀拾大圓。

炎土喜出龍銀拾大圓。

禎祥、溪井、榮樹、番波各出龍銀伍圓。

梅山喜出龍銀四大圓。

天和喜出龍銀四大圓。

廷玉公派下喜出龍銀壹佰圓。

董事水勇、植槐同立。

(《[福建南靖]書洋田中吕厝龍潭樓吕氏族譜》 1996 年鉛印)

吕氏居臺子孫返鄉祭祖探親紀念碑

海峽兩岸隔絶一個世紀,但隔不斷血濃於水的親情。臺灣的桃園與福建的龍潭樓,分别新建吕家宗祠,竟不約而同於一九八八年十一月二十日(農曆十月十二日)同時落成,這種巧合令人驚異又感動。

爲求更美好的發展，兩百多年前，居住在龍潭樓的吕廷玉、余慈成夫婦渡海來臺，定居在桃園市，他倆千辛萬苦奠定基業，歷經兩百多年的繁衍發展，現在子孫已近四千人，定居各地均有所成。

一九八八年夏天，廷玉公的第六代子孫吕傳勝到大陸作尋根之旅，抵達福建省南靖縣找到了廷玉公的祖籍地龍潭樓。返回後由第八代子孫吕錫松前往聯絡安排，才有此次返鄉祭祖探親的創舉。

吕家祖先人才輩出，有偉大的思想家、宗教家、政治家、文學家，還有無數忠厚善良的列祖列宗，他們在埋頭苦幹默默耕耘，才使吕家成爲中華民族重要的一條長流，悠久的中國歷史，吕家祖先是佔有一席之地的。爲了對吕家祖先表達最高的崇敬和永恆的追思，我們返鄉祭祖，捐贈新臺幣壹拾萬元聊表心意，受到鄉親熱烈的歡迎，銘感肺腑，謹勒石留念。

一九八年四月十一日，宗親代表吕傳勝，副代表吕錫松，宗親吕石喜、吕遊金珠、吕漳根、黄吕治、吕正、吕張玉梅、吕鄭如峯、吕傳榮、吕阿章、吕袁一妹、吕金來、吕陳暖子、吕成柱、吕芳雄、吕丹白、吕石棕、吕許金書、吕榮輝、吕貞雄、吕張鳳、吕秀英、李茂坤、鄭阿桃等同立。

（吕傳勝主編《[福建南靖]書洋田中吕厝龍潭樓吕氏族譜》 1996年鉛印）

吕祖夏珍公渡臺傳下返鄉祭祖紀念碑

清朝康熙末年，公元一七〇〇年左右，先祖夏珍公爲另謀發展，遠離故居龍潭樓，歷盡千辛萬苦，渡海到臺灣，入墾臺灣南部，其後北上移墾桃園縣。他們篳路藍縷，披荆斬棘，以拓荒者精神奠下了基業。歷經代代傳承發展，迄今子孫政治、教育、企業、法律、醫學各界，在士農工商各業，均有傑出者。

飲水思源爲我中國人傳統美德。夏珍公移民居臺灣以來，歷代子孫每逢清明時節，無不思返鄉祭祖，惟以千山萬水阻隔以及諸多不便，迄未能如願，而今得以組團尋根，深感爲我輩莫大福氣。

由祖地宗長一九九一年四月二十八日大函獲悉，吕氏族譜、夏珍公故居龍潭樓、先祖墓地均殘破待修，另我吕氏家廟芳園祠地理極專蔭外鄉，惟屢遭戰亂破壞，雖先後重建，然仍未盡完善。我等爲表達對先祖永恆的懷念及發揮吕氏子孫敬宗弘孝的精神，組團返鄉祭祖，並捐贈新臺幣貳拾玖萬伍千元，折人民幣陸萬元，藉兹抛磚引玉，以竟其業，冀我莊嚴完整祖祠，庇蔭兩岸吕氏子孫，俱皆代代富貴榮華。

爲志此尋根之旅，謹勒石留念，並鏤捐贈芳名如下。

新臺幣三萬元　吕進芳

新臺幣壹萬元　吕朝財　吕芳維　吕芳琳　吕　員　吕萬益　吕阿華
吕萬富　吕進富　吕新發　吕啓詳　吕天賜　吕慶逢
吕學奇　吕木科　吕學龍　吕勝麟　吕忠旺　吕昭丕
吕聰呈　吕鶯聰　吕榮華

新臺幣陸仟元　吕添華　吕聰智

新臺幣伍仟元　吕芳天　吕王雙　吕文卿　吕德馨　吕勝峯　吕政義

新臺幣三仟元　吕阿清　吕新土　吕石頭　吕　什　吕新寶　吕乾朝
吕理德　吕乾源

呂進芳謹志。

公元一九九一年六月二十七日立

（呂傳勝主編《[福建南靖]書洋田中呂厝龍潭樓呂氏族譜》 1996年鉛印）

南靖呂氏芳園祠重建風水臺灣宗親題銀紀事

芳園祠坐甲向庚兼卯酉庚申庚寅分金。道光十八年戊戌翻蓋重修，董事向辰。共費用銀壹百五十三兩貳釐五分正，臺灣捐題來銀貳拾四兩四釐八分正。興工十月廿四日，上樑十一月初四，安牌進香十一月十八日。

芳園祠因同治乙丑年被長毛擾亂焚毁後，陸續創一小棝安奉香火，迨至光緒丙子年重建，董理新恩。開費數百元，臺灣亦有捐題銀項。

一九二七年再重修翻蓋，臺灣捐題有七百餘金。興工丙寅十一月初三日，進香丙寅十一月廿九子時。門樓改易逆上原立對中門，未知來日如何，若我房順遂無妨，恐有不順遂者，仍舊復立中門。

芳園祠之卜築於玆也，匪朝伊夕矣，蓋先代自明嘉靖年間始建數椽，中尊祀祖，兩邊護厝爲居家，至康熙時人口衆多，築龍潭樓而居住，將老厝加增地步，遂建築爲宗祠焉。或傳語云乾隆年間有改易重建，此事無所稽考，未敢爲實。然道光戊戌重修翻蓋，越庚子建醮發成尚有記載，以下期久遠無恙，後嗣蕃昌耳。詎料同治乙丑髮匪擾亂，祠宇俱遭回禄，其時也，人心散亂，欲再建未能力爲延光者。丙子年商建造，往臺灣捐題銀兩以幫費用，此亦正身兩廊門樓告竣護厝未盡完全。轉瞬間已五十載矣，棟宇周圍既已頹壞，每思欲修整，無如工力甚巨，難以維持，爰是僉舉水湧、鐘川兩人往臺灣募捐，幸而祖靈呵護，衆志欣然，匯成百餘金，以爲修費。後湧自理數無清算，未立簿以清之。

丙寅煒手撰爲簿序故附記於此。

（呂煋卿編修《[福建南靖]書洋呂氏族譜》 1924年稿本　後人補録本）

桃園呂傳勝呂錫松等敬祖文疏

維慈鳥有反哺之恩，羔羊有跪乳之義。樹欲靜而風不息，子欲奉而親不在。公元一九八九年四月十一日，歲次己巳年三月初三日，旅居臺灣桃園第十一世廷玉公傳下嗣孫返鄉祭祖團，謁祖代表呂傳勝、副代表呂錫松，敬領叔侄呂石喜、呂遊金珠、呂漳根、黄呂治、呂正、呂張玉梅、呂鄭如峯、呂傳榮、呂阿章、呂袁一妹、呂金來、呂陳暖子、呂成柱、呂芳雄、呂丹白、呂石棕、呂許金書、呂榮輝、呂貞雄、呂張鳳、呂秀英、李茂坤、鄭阿桃謹具剛鬣柔毛、牲醴、粢盛、庶饈、饌盒、果品香楮之儀，致祭於芳園祠肇基始祖考諱良篚公呂府君、肇基始祖妣劉氏呂媽老孺人，暨堂上列祖列宗之奠靈前曰：

裔孫早年遷徙臺灣桃園，無忘忠孝傳家、寬厚留餘的家訓，士農工商各有所成，是吾先祖在天之靈。今有幸回歸故里，謁拜列祖列宗，聊表丹誠。昭光流易，已屆分姻。追思先德，倍覺愴然。禮應保本，祭祀宜虔。謹具牲禮，列陳粗筵，恭申祭告，佐以短篇。佑裔孫等子孫衍慶，代代昌盛。尚饗！

（呂傳勝主編《[福建南靖]書洋田中呂厝龍潭樓呂氏族譜》 1996年鉛印）

桃園吕傳勝爲拜祖事致宗親函

維能、贊春、其墩、金菱暨全體敬愛的龍潭樓吕家宗親：

第二次組團返鄉祭祖，承蒙大陸宗親的熱情接待，非常感謝。海峽兩岸的吕家子孫，更加親蜜更加接近。我謹代表全體在臺吕家子孫，敬邀龍潭樓吕家親人來臺，我們非常的歡迎，殷切的期待。

兹寄上墓志銘一文及墓碑一幅，敬請刻用，希望墳早日興建完成。

祝身體健康，萬事如意。

吕傳勝。一九九一年十月廿日。

（吕傳勝主編《[福建南靖]書洋田中吕厝龍潭樓吕氏族譜》 1996 年鉛印）

桃園吕傳勝在龍潭樓芳園祠祭祖儀式上的演講詞

公元一九八九年四月十一日

吕祖廷玉公渡臺傳下返鄉祭祖團團長吕傳勝

各位宗親：

看到今天這樣熱烈的場面，我非常感動，我實在無法形容此刻的心情，因爲海峽兩岸中斷將近一百年，今天有這個機會回來祭祖，回來和各位宗親見面，我非常興奮。過去認爲不可能的事情，今天實現，我以及很多一齊回來的宗親，都感到好像在做夢一樣。我是吕傳勝，勝利的勝，高等文官考試法官及格，律師考試及格，現在在臺北市及桃園市執行律師業務。半年前我回到大陸參加一個法學會議，順路到福建省經過漳州，我最重要的事情就是打聽廷玉公在大陸的祖籍地，因爲廷玉公是臺第一代祖先，依照臺灣的族譜記載，廷玉公的祖籍地是福建省漳州府南靖縣書洋社永豐裏龍潭樓。我很擔心二百多年前的舊地名已經改掉、已没人知道，但是我問過三位司機，三位都非常親切的告訴我，我非常高興，這是我此行最大的收穫，因爲我找到了根。那時因爲時間的關系，我無法直達龍潭樓，回到臺灣以後，我將這情形向宗親報告，宗親很希望有機會回來祭祖探親。正好廷玉公的第八代子孫吕錫松先生要來大陸，他照我講的路線包計程車直達龍潭樓，這是二百多年來第壹位回大陸祖籍地的臺灣宗親。吕錫松宗親帶回大陸的族譜，也拍了很多照片，帶回很多大陸宗親的消息。相信吕錫松宗親也有向各位報告很多臺灣的情形，橋樑的工作，吕錫松做得非常的成功。

今天我們能組團回來祭祖探親，吕錫松宗親的功勞最大。

二百多年前，第十一世祖先吕廷玉和廷玉媽余慈成夫妻兩人，爲了尋找更美好的發展，渡海來臺，定居在臺灣北部桃園市埔子這個地方，他倆千辛萬苦建立基業，廷玉公有三個兒子，長子生十個兒子，這十個兒子再生幾十個兒子。廷玉公的二兒子、三兒子也生了子子孫孫。這樣經過二百多年的繁衍發展，現在子孫已經有四千多人，安居各地，士農工商各行各業都有很好的發展。

廷玉公和他的長子輝碧公，在桃園市埔子地方留有三公傾多的土地，本來是耕作的農地，没什麽價值，但是最近二十年來都市的發展，全部變成建築用地，價值很高，經宗親的決議，將土地的一部分出售，在桃園市埔子輝碧公所遺留的土地上，建造一棟中國式但非常現代化的吕家宗祠，先後用去八年的時間，中間因地價下降，資金中斷，停工六年。這座宗祠在一九八八年十一月二十日，農曆十月十二日落成，落成那天，報紙電視雜志都有詳細報導，被稱爲臺灣第一大的宗祠。這座宗祠用地一千三百四十坪，總建坪八百坪。一樓叫做廷玉祠，供奉祖先神位及觀音。二樓叫純陽樓，供奉吕洞賓仙祖及佛祖、孔子。地下室叫做金華廳，設備非常現代化，可以做開會演講的地方，也可以做喜筵場所，七間套房，非常清静。還有圖書館、閲讀室以及幼稚園，非常優雅。這座宗祠的落成，代表對吕家祖先最高的崇敬和永恆的追思。

各位宗親：

海峽兩岸中斷一百年，臺灣的桃園市和福建省的龍潭樓，分别新建吕家宗祠，竟然不約而同，在一九八八年十一月二十日，農曆十月十二日同日落成，這種巧合令人驚奇，也令人感動，莫非是我們的祖先在天有靈，暗中促成。

宗祠落成，在臺灣的另一件工作就是修建祖墳，我們準備找一個地理好、交通便利、土地很廣的地方，修建一座現代化的祖墳，將廷玉公以下各祖先的骨骸遷葬在一起，春秋祭典隆重舉行，現在正積極購買土地中，土地購買完成，就要動工興建。宗祠墳墓的興建，是由我吕傳勝負責推動，由在坐臺灣來的宗親協助進行。

各位宗親：

吕家祖先人才輩出，有偉大的思想家、宗教家、政治家、文學家，劉邦的妻子吕后是中國第一位女皇帝，吕洞賓八仙之一，吕祖謙是南宋三賢之一，吕蒙正宋朝的三朝宰相，還有更多忠厚善良的列祖列宗，在默默的耕耘，才使吕家成爲中華民族重要的一條支流，悠久的中國歷史，吕家祖先是佔有一席之地的。希望海峽兩岸的吕家子孫，共同奮發圖强，創造美好的將來，以光祖耀宗，告慰祖先在天之靈。

各位宗親：

今日臺灣的吕家子孫，組團回來大陸祖籍地祭祖探親，承蒙大陸宗親這樣熱烈的歡迎，我非常感動，我代表全體團員，代表全部在臺灣的吕家子孫，向各位表示十二萬分的感謝。我要將各位的熱情以及這次所看所聽的一切，帶回臺灣，向臺灣的吕姓宗親報告，並且以十二萬分的真誠，希望大陸的吕家宗親，早日有機會到臺灣來，和臺灣的宗親會面，我們將非常的歡迎，希望那一天早日到來，謝謝各位。

（吕傳勝主編《[福建南靖]書洋田中吕厝龍潭樓吕氏族譜》 1996年鉛印）

桃園吕傳勝致大陸宗親函

維能、贊春、景祝、登國、其墩、金發、景萬、桂興、泰山、飛碓、其來諸宗侄暨全體敬愛的龍潭樓吕家宗親：

接到您們的來信，洋溢著血濃於水的親情，令我感動得熱淚盈眶。我將把您們的來信永遠保存，並傳閲給其他宗親，共享親情的温暖。

此次返鄉，承蒙全體親人的熱情接待，永生難忘。那一天，車抵龍潭樓，親人列隊歡迎，鑼鼓鞭炮聲響澈雲霄，走在田間的小道，越過溪流的便橋，親人一前一後的護駕，在芳園祠殺豬宰羊敬天祭祖的虔誠，聆聽我講話的熱情烈場面，豐盛的菜肴，筵開數十桌，宴畢臉盆毛巾侍候，又以名茶相贈，縣長、鄉長、書記等地方首長均來迎接，全村聚集，這一幕又一幕，深深的映在我們的腦海中，令我感動又感謝。這是歷史時刻我們也全程録影，把您們的熱情帶回臺灣，臺灣的宗親都在搶著看録影，雀躍萬分。

臺灣吕祖聖殿的落成，代表著對吕家祖先最高的崇敬和永恆的追思。龍潭樓芳園祠的建造尤爲慎終追遠的最高表現，希望海峽兩岸的吕家子孫，别忘父慈子孝、兄友弟恭、心存忠孝、寬厚留余的家訓，也别忘立業艱難、守成匪易的道理，共同努力，創造更美好的未來，以告祖先在天之靈。

我已代邀夏珍公的子孫返鄉祭祖探親，並將大函轉閲，反應極爲熱烈，諒可成行，決定後再另函聯絡。最後我謹代表全體在臺吕家子孫，敬邀龍潭樓吕家親人來臺，我們將以十二萬分的熱誠歡迎您們。敬祝全體親人身體健康、萬事如意。

吕傳勝。一九八九年五月十一日。

（吕傳勝主編《[福建南靖]書洋田中吕厝龍潭樓吕氏族譜》 1996年鉛印）

桃園吕進芳等敬祖文疏

維創業維難，雖一絲一縷無忘先澤。守成匪易，遵六德六行不墜家聲。旅臺夏珍公傳下返鄉祭祖國，謁祖代表吕進芳，敬領裔孫吕啓祥、吕榮華、吕文彬、吕鶯飛、吕朝財、吕芳雄、吕芳天、吕萬益、吕美菊、吕阿華、吕絨、吕萬富、吕慶逢、吕楊月珠、吕新土、吕騰麟、吕政義、吕周菊子、吕忠旺、吕玉粼、吕土村、吕添華、吕陳合、吕聰智、吕昭丕、吕聰呈、李乾茂，涓此五月十六日良辰，虔具香燈茶禮儀等敬於吕氏列祖列宗之靈座前曰：

裔孫早年移居臺島，篳路藍縷，不忘祖訓，士農工商，克勤克儉，胼手胝足，遠來近悦，漸次繁昌，少有成就，是吾祖上之蔭。今得回歸故里，自應謁覲列祖列宗，聊陳裔孫等一點之丹誠。惟願歷代祖先鑒吾微忱，佑吾裔孫等長綿世澤，丕振家聲，子孫衍慶，耀祖揚名，是吾裔孫等之願望也。

謹疏上聞。

歲次辛未年五月十六日，裔孫人等稽首九叩上申。

（吕傳勝主編《[福建南靖]書洋田中吕厝龍潭樓吕氏族譜》 1996年鉛印）

（十三）蕭　氏

臺灣斗山蕭氏祭祖日期

滿泰公傳下徙臺子孫，在彰化縣社頭鄉埤斗村建築祠堂乙棟，堂號斗山堂，派下子孫每逢農曆正月十二日及冬節日，宰豬斬羊祭祖紀念。

（《[福建臺灣]斗山蕭氏族譜》 1990年臺灣鉛印本）

臺灣蕭氏書山祠奮公傳下春秋祭日

奮公脈下徙臺子孫，在彰化縣田中鎮頂潭裏崁頂建築祠堂，每年分春秋義祭輪流祭祀。春祭正月十三日，秋祭按冬節日舉行祭祀。

車田祠、書山祠肇基始祖奮公傳下五大房，第四房永仁公傳下徙臺子孫，於清朝時代，在彰化縣社頭鄉平和村鴻門巷興築車田祠奉祀祖先靈位，每年元宵祭祀，冬至會算，香火不斷。但由於年久失修，於日據時期因臺風而倒塌，管理人雖曾購料準備在原址重建祠堂，但水泥、木料被派下私人侵吞興建私宅，將祖先牌位捆放於天花板，公地也被派下私人佔用種菜，祭祀中斷達三十餘年之久。

一九五五年二月間，在蕭郡、蕭清碧等宗親奔走下，召開派下會員大會，推選蕭郡、蕭謀、蕭深灣、蕭天助、蕭清銅、蕭清碧、蕭水沙、蕭忠、蕭文風、蕭清霸等十位爲代表，共同商討重建車田祠及收回被代收而未繳入公之田租事宜。因原有建祠公地被私人佔據年久，無法收回，乃於四十六年在社頭鄉龍井村水井巷六號購地三百坪，鳩工重建車田祠。由於經費短絀，僅興建普通民房三間，中間正堂供奉祖先牌位，雖一切因陋就簡，但香火得以續傳，每年冬至日恢復祭祖、會算事宜，至今三十餘年未曾中斷，雖然收入不多，但節省開支，每年仍有結餘，均存鄉農會生息。

一九八五年冬至會算日，各代表感於祠堂過於簡陋，乃商議重修祠堂，並成立重修委員會，推蕭郡、光流、茂盛、鉛追、清碧、水沙、敦厚、文風、清霸、淮埜十位代表爲常務委員，各捐新臺灣幣壹萬元。鉛德、天福、西濱、清用、水枝、水標、清兩、趙嬌、陳格、敏達、顯菜、樹發、火鉗、福來、籬、明、萬發、清南、惠英、道雄、道應、道湧、道楨二十三位宗親爲籌建委員，各捐伍仟元，連公積金二十餘萬元，公推蕭郡爲主任委員，蕭清碧兼任總幹事，一位宗親申請水泥補助，二位宗親日夜奔波，備極辛勞，至七十五年底興建完成，一位宗親居功至偉。總工程費計新臺灣幣四十六萬餘元。

一九八七年元月十六日，祠堂落成入火，各派下員備辦牲醴、紅圓、水果、金炮等祭品祭拜，通宵達旦，熱鬧非凡。新祠堂寬敞氣派，富麗堂皇，四周築有圍牆並栽種花木，水泥庭院寬闊，並有臺灣灣省蕭氏宗親會事事長、立法委員蕭瑞徵贈送車田祠匾額懸掛正門上方，環境煥然一新。自此每年祭拜、會算、會餐有一良好場所，堪以告慰祖先在天之靈。

近年來各派下子孫興旺，人才輩出，已有二位就讀醫學院，就讀大學各院系及研究所者不計其數，服務高級警官，大、中、小學教師及政府機關爲數衆多，而從事工商界者更多輝煌騰達，此皆托祖宗之庇蔭，而各派下員日夜辛勤，未來之發展更未可限量。

（《[福建臺灣]書山蕭氏族譜》 1990年臺灣鉛印本）

臺灣蕭氏孝子釘的故事

不遜壽昌盡孝思，尋親萬里歷難危。

參宮釘石徵神佑，果賜團圓靈應奇。

北港朝天宮媽祖廟中殿石堦上用銅欄保護的孝子釘真蹟。

清朝道光年間，福建泉州南安有一孝子姓蕭，因家境清貧，其父隻身來臺謀生，經數年毫無音信，蕭孝子時尚年幼，思親心切，隨母渡海來臺尋父。

當時清廷在笨港水陸訊兵防止偷渡，母子在外海沙汀下船，涉水登陸，同遭急流捲散，蕭孝子幸由漁夫救回。一日蕭孝子隨漁夫上笨港查尋父母，因聞悉朝天宮天上聖母顯赫靈驗，乃參宮奉香跪拜禱告：聖母如肯庇祐尋得父母，鐵釘則能貫入石中。禱畢，即於殿前石階上釘一鐵釘，易彎曲的鐵釘，竟輕易没入堅硬青石之中，人人稱奇，稱爲孝子釘。

當地一花生油行主人，聞悉蕭孝子之事，特予僱用，俾使便於尋親。皇天不負苦心人，不久，麥寮一商人來購油時，言及數月前一小船救了一婦人，蕭孝子隨該商人往麥寮探詢，果然母子重逢，即迎回北港同聚。

偶然彰化一商人來港進香，聞知孝子釘之事，由於好奇，乃往探訪蕭氏母子，出於意外，竟是表親，且其表親知蕭父住所，乃相偕往中部相見，親子三人重逢，恍然如夢，悲喜交集，終於達成數十年來子思親、親思子之心願，享天倫之樂。

現在如到北港朝天宮，在觀音佛祖殿前之石階上，仍可看到孝子釘，可知此一故事並非虛傳也。

（《[福建臺灣]斗山蕭氏族譜》 1990年臺灣鉛印本）

蕭氏書山肇基始祖奮公傳下所屬祠堂

書山祠，在書洋，在臺灣。

一世奮公，妣林氏。傳五子，長永崇，次永富，三永貴，四永仁，五永志。

二世永崇，妣廖氏，傳二子，長瑞宗，次瑞麟。永富媽陳氏。永貴、永仁。永仁存心堂在書洋，車田祠在臺灣。

三世瑞崇，妣林氏。傳一子團光。移居江西旲城。瑞麟妣張氏。永富子伯海、伯山、伯玉、伯河，現龍祠在書洋。

四世團光乾源祠在書洋。

伯海子團周、團欽、團圍、團環、團清、團武、團亨。

團欽龍潭祠在書洋。

士鼎深坵祠在書洋，在臺灣。

士朝龍山祠，在臺灣。

文儉崇寶堂，在書洋。

團清紹寶堂，在書洋。

團武團武祠，在臺灣。

文全鳳雞堂，在書洋。

文信鳳儀堂，在臺灣。

世耀中村祠，在書洋。

芳遠堂所屬分支宗祠，在書洋：

子玉公，芳遠堂。

滿泰公東山祠，分支書洋同坑始祖。

奮公書山祠，分支書洋外坑始祖。

孟容公四美堂，分支金山上下湧始祖。

乾源祠，書山長房四世祖團光公派下祠堂。

現龍祠，書山次房二世祖永富公派下祠堂。

龍潭祠，書山次房四世祖團欽公派下祠堂。

存心堂，書山四房二世祖永仁公派下祠堂。

團武公祠，書山次房四世祖團武公派下祠堂。

鳳雞堂，書山次房五世祖文全公派下祠堂。

鳳儀堂,書山次房五世祖文信公派下祠堂。

紹寶堂,書山次房四世祖團清公派下祠堂。

深坵祠,書山次房六世祖士鼎公派下祠堂。

崇寶堂,書山次房四世祖團圍公派下祠堂。

芳遠堂所屬分支宗祠,在臺灣:

子玉公,芳遠堂。

孟容公,孟容公祠。

奮公,書山祠。

滿泰公,斗山堂。

南興祠,南投市奉祀孟容公祠堂。

團武公祠,書山次房四世祖團武公派下祠堂。

永仁公,車田祠,書山四房二世祖。

士鼎公,深坵祠,書山次房六世祖。

士朝公,龍山祠,書山次房六世祖。

燕貽祠,士朝公支系。

輝美堂,士鼎公支系十一世祖輝美公徙臺派下祠堂。

繼述堂,輝美公傳下四房十三世正賓公派下另立祠堂。

(《[福建臺灣]書山蕭氏族譜》 1990年臺灣鉛印本)

彰化社頭湧山蕭氏公廳奉祀之神位牌

孟容公傳下三房諱汝錕字新石公,徙臺灣南投草鞋墩,至十三世永泉公傳下自草鞋墩遷彰化縣社頭鄉埤斗村。

八世國燕,士蔡與郭氏九子之五,應鵬次派,住臺灣灣北社尾。

八世國審、國勇,士滾與吴氏子,應坤孫,六世應振次派,住臺灣。

八世國珍,士興與陳氏四子之次,應鵬孫,五世時幾派下,住臺灣北社尾。

八世國倫,士斌與許氏次子,應極三房,時聘五派,住臺灣。

八世國卿,士意與莊氏四男之三,應選孫,時潤長派,住臺灣北社尾。

四房廷旭傳下八世國勇,住臺灣灣。子邦旭,孫汝燕、汝五。

十四世必芳,名友朋,字高文,勝成子,元紳孫,廷旭派下八世國撑系,住臺灣。

十一世鉦,汝熟子,邦名孫,廷旭派下國撑系,住臺灣。

十三世榮捷,水井嗣男,八世國異派下,住臺灣。

十一世世根、世法,汝灶子,邦煜孫,八世國異派下,住臺灣。

六房廷琛長派九世邦炳,國中子,六世伯釬四派,配劉氏,住臺灣。

六房廷琛長派十一世世良,汝銓與賴氏子,邦孟孫,六世伯釬次派,住臺灣。

六房廷琛長派十一世世清,汝夜與盧氏子,邦略孫,六世伯釬三派,住臺灣。

六房廷琛長派十一世世廚,汝胡與吴氏子,邦挽孫,六世伯釬三派,住臺灣。

六房廷琛長派十一世世旺,汝鎴子,邦爺孫,六世伯釬三派,住臺灣。

廷琛派下六世伯鐫長派十一世世鏵,汝錦與鄭氏四子之末,邦廉孫,住臺灣。

廷琛派下六世伯鑴長派十一世世錞,汝鎮子,邦琛孫,國楷曾孫,住臺灣。

廷琛派下六世伯鎔長派十世汝趁,邦未與鄭氏子,國茂孫,住臺灣。

廷琛派下六世伯鑴次房十世汝海,邦遵子,國統孫,住臺灣。

廷琛派下六世伯鑴三房三世邦盛,國機與黄氏五子之長,士遊孫,住臺灣。

六世伯鐘長房士琬,配黄氏,子三,長國勝配許氏子邦位住臺灣,次國聖,三國業住臺灣。

六世伯鐸三房四派八世國砂,字國隆,士泓與游氏子,住臺灣北社尾。

士泓七男、伯鐸孫,八世國玷,住臺灣北社尾。

五世時晨十房次派伯鏘次子士璵,住臺灣北社尾。

士泓六子八世國檜長派十世汝遊,邦煊與陳氏七子之次;汝靜,邦煊五男;住臺灣。

十一世世良,汝與賴氏長男邦孟孫,國爵派下,住臺灣。子敬順。

十世汝顯,邦位與石氏子,國騰孫,配周員娘,住臺灣,子三。

(《[福建臺灣]書山蕭氏族譜》 1990年臺灣鉛印本)

(十四)潘　氏

漳州潘氏大宗祠簡章及龕位價銀

第一條,決就東舖頭尚書府修建作爲潘氏宗祠,凡潘氏後人均得進主。

第二條,主位定爲中龕,中中龕,左右及東西兩龕。其主額中龕中二十四位,中龕左右各三十位,東西兩龕各壹百位。倘主位不敷,得以臨時增加。

第三條,中龕中每位伍佰元。中龕左每位貳佰伍拾元。中龕右每位貳佰元。東龕每位六十元。西龕每位伍拾元。

第四條,凡主位得刊考妣及繼妣。

第五條,凡入主者,若世系無從稽查,則以年齡爲次序,以杜爭執。

第六條,凡捐鉅款者得進禄位,或掛像於招待所。其掛像辦法另定之。

第七條,凡有充主捐款,若就建築時期初交清,准收八成。若於建築完成後方來款交清,須十成足數,以於先後交款之分别。

第八條,凡有捐款未經動用,須寄銀行或妥户生息,以杜動用免息之嫌。

第九條,修建宗祠及招待所一切工程,須訂日投票以昭公允。

第十條,族中董事人員擔任事務,始終不怠者,祠成之後,稽其勤勞,公同議決得立碑刊名。

第十一條,辦事人員一概不支薪水,惟常用人員得公議津貼。

第十二條,捐户僅報空名,交不滿款額,一慨不得進主。但所交多少之數,仍管列碑存記,不得領回。

第十三條,暫定章程如有未盡事,宜開大會時得修改。

(《[臺灣]潘氏族譜》 1967年印本)

(十五)朱　氏

東山宅山朱氏徙外邑子裔爲祖祠重修出資記

一九九三年一月發起募捐維修朱氏家廟,截至一九九五年三月一日,計樂捐新加坡幣壹萬伍仟玖佰陸拾捌元、臺灣幣肆拾壹萬貳仟元、人民幣玖萬陸仟柒佰元。現將各地裔孫樂捐芳名,勒入石碑者列下:

新加坡朱氏守宗五十二人喜捐坡幣壹萬伍仟玖佰陸拾捌元,人民幣壹萬。臺灣朱氏宗親樂捐四十人,臺幣肆拾壹万貳仟元,人民幣貳仟捌佰元。

新山后居臺宗親樂捐臺幣貳拾貳万元,其中:

廷光三萬元　仰周三萬元　世芳貳萬元　建發壹萬元
廷昌壹萬元　銘三壹萬元　海揚壹萬元　清茂壹萬元
欽文壹萬元　禎祥壹萬元　松甫壹萬元　維新壹萬元
師魯壹萬元　秉義壹萬元　加王伍仟元　天盛伍仟元
廷舉伍仟元　希曾伍仟元　達康伍仟元　太元伍仟元

舊山后居臺宗親樂捐臺幣玖仟三佰元,其中:

庭順貳萬元　紀周壹萬元　秀通壹萬元　紅番壹萬元
章文伍仟元　火木伍仟元　順國伍仟元　順木伍仟元
順言伍仟元　任坤伍仟元　亞春三仟元　良才三仟元
佛貴三仟元　細廣貳仟元　得利貳仟元

宅裏村居臺宗親樂捐臺幣貳仟捌佰元,其中:

慶臨貳萬元　亞才伍仟元　喜茂三仟元

頂西村居臺宗親樂捐臺幣貳萬陸仟元,其中:

國華壹萬伍仟元　德志捌佰元　永木三仟元

雙東居臺宗親樂捐臺幣肆萬元,其中:

加榮樂捐臺幣肆萬元

樂捐人民幣者:

丁祥居住北市壹仟元

烏奎捌百元　成文伍百元　來桂伍百元

(《[福建東山]宅山朱氏志譜》 1995年鉛印本)

(十六)游　氏

東昇游氏祠墓坐向出水風水形制

始祖念四公,父樂山公,母江氏,行三,由月流遷入秀篆開基,贅入曾家招婿。妣曾氏,在岳家生一子,妣逝世後繼娶杜氏生四子,傳下數萬丁,凡稱盛族。公卒葬在黄姐坑地形雄雞展翼,坐子兼壬丁亥丁巳分金,水來庚去丙。衆房原有立會致祭,逐年於二月初一日,有會名者凡往與之。厥後闔族籌捐建祠宇於西洋,祀公爲始祖,今稱西洋始祖是矣。

始祖妣曾氏大娘太孺人,葬與外太祖考妣合葬歪下,遂年清明前八日合併致祭,永遠不斷。生子五一公,分居崩田衍我東昇者是也。繼祖妣杜氏二娘太孺人,墳葬在過澗埔凹口,坐辛山水來辰巽去癸方,衆房子孫立有烝嘗會,逐年清明前七日有會名者各往致祭,永遠不斷。生四子,三六、四五、五五、興。

外太祖曾念六公,妣翁三九娘,單生一女招念四公爲婿,故其得祀今亦同祔祀於西洋祖祠,而墳與我始祖合葬在歪下,烏鴉落平洋形坐亥向巳,水來寅去坤,衆房子孫有立會,歷年清明前八日致祭。

(《[臺灣]游氏大族譜》 1970年鉛印本)

樂山系游氏祭祖權利與祭祀會股份

四世祖樂山四十郎公,五七郎公之次男,貢生,明經進士,有遺囑芳語並著祖蒂一篇,讀之足知我祖燕翼貽謀之深長思也。有墳在風浪里塘子背,逐年二月十一日大溪房子孫祭掃,至嘉慶十九年甲戌二月十一日,秀篆十三世易尊公,十四世林沖公、道常公,貢生元學公,十六世守雙公等相率往議修祠並祭之誠,及後在臺灣宜蘭十四世道維公,倡議立會招集淡蘭各屬子孫,入會者共有百餘名。

今已置田産不下萬金,立祠堂在宜蘭東門街顔其額曰游氏家廟,堂號曰立雪堂,蓋兼奉文肅公,逐年二月十六日並十一月朔日,兩次以中牢致奠,凡有科甲職銜者不分會名内外皆得與祭。

(《[臺灣]游氏大族譜》 1970年鉛印本)

清嘉慶臺灣蘭陽游氏集會股建祠立雪堂及祭規

嘉慶十九年甲戌二月十一日,秀篆十三世易尊公,十四世林沖公、道常公、貢生元學公,十六世守雙公,相率往臺灣議修祠並祭之誠。及後在臺蘭陽十四世守雙公倡議立會,招集淡水蘭陽各屬子孫,入會者共有百餘名,今置田産不下萬金,立祠堂在宜蘭縣東門街,顔其額游氏家廟,堂號立雪堂,蓋兼奉文肅公。歷年二月十六日並十一月溯日,兩次以中牢致奠。凡有科甲職銜者,不分會名内外皆得與祭。

(《[福建詔安]樂山念四派游氏族譜》 1989年稿本)

秀篆游氏龍潭祠風水敍録

龍潭祠宇,實秀篆超等之基,我藏之久矣,以待有德。予在篆山經覽數載,常詢人言,千户游公有大德,愚徒弟二十餘人,按步至家,遇公外出,張氏呼童懇留,更深公回,喜出望外,歡游二日宿三夜,探其言行,聯他夫妻,果有大德,與言適相肖,遂送與千户公。星夜公同至龍潭,觀其穴所,遂合公意,謀則得之,來年隆慶六年又遇天緣,陡有吉果,於是阡穴興工,先辟花胎三斷,後定房奥門堂,建至年暮就定。予蒙皇恩召爲國師,揣分奚甚,將起程時,忖思恐不復來,日後游家子孫或聽時師改易，有負予一片婆心，時值倉卒，未暇言評其細，故直書俚語囑後人，曰：美哉其祠，上廳中宫，坐乾向巽庚戌辰分金，右片外門樓坐坤向艮，丁未丁丑分金，乃是格龍配合陰陽立向，内水涵蓄屈曲，切不可易，其屋高低闊狹，再不必移，至左右輔屋天池中，各架涼亭，作法通氣，日後切不可砌塞致氣不通，必出狂人。尤須謹記，花胎闊狹，寸尺莫移。屋蓋或壞，隨壞隨修，切不可重新再造。即不改分金，恐假僞羅經有差錯空亡之弊。總之，惟期堂奥、牆基、花臺、溝路定式，萬世莫移。再囑龍背兩片窠脅，創作池塘，以養龍局，使龍非乾龍，富貴綿遠，祠形系帳内將軍大坐，又似美女懷胎。左片設一水圳，鑿澗灇水，當作琴瑟之音，五十年後子孫大盛。予囑右片下砂手尾，多作層樓，送水居之可以獲福。其餘左片門樓外，不可架造房屋廁池，閉塞峯巒秀水，致害文人。溪背左樓之後，是劫曜之方，不可架造房屋，若多架造名爲退神送水砂，立見凶敗，不可以其遠而忽之。前面水直，予多作砂罔大疇屈典制之，日後不可開田掘毁，竄爲退田筆，奚啻破財，不可以其小而藐之。子孫不聽吾言，災害並至，凶事如麻。能聽吾言，百四十五年後，每紀必發有兩科甲之人，官至府道。

阡穴地師三僚姓廖名弼字梅林謹志。

六世祖爐二四公，阿義公之哲嗣，墳在石東寮中心崗，子孫添新丁者，要灑十瓶，肉一斤，淆十盤，子孫粄一斗上墓。若系長男，要肉一斤半，煮熟去骨用扛秤二十一兩，受衆回粄十條。

祖妣江氏三十四娘，墳與爐公之繼室林氏三十一娘及七世繼祖妣黄氏晚娘姑媳三葬合一墳，在大礱大灰墳。

繼祖妣林氏三十一娘，生四子，賢政字東畝，賢德字西畝，賢鸞或作賢明。

七世祖東畝五二公，爐公之長男，大振家門興業皆公啓之，東升樓錫祉堂祠公爲牌主，墳在馳馬湖，付葬游三公，子孫添新丁者要去骨熟肉十兩煮酒一壺上墳報喜，受衆回粄二十條。現在子孫原立蒸嘗會積數千金，逐年八月五日在東興堂設位致祭。祖妣張氏大娘，無生育，遺墓在大朱隔庵子里。繼祖妣黄氏晚娘，遺骸與江林二姑三葬在大礱大灰墳，生二子，長子高崇幼殤，次子高標字振廷。

八世祖高標字振廷公，東畝公之次男，生於萬曆辛巳年，平生躬治産業，財稱富有，樂善好施，況兼舍田寺觀，賑米貧窮，諸大佈施。卒於康熙癸卯年十二月初六日，享年八十三壽，受朝命誥封，兒孫滿眼，諸子顯揚，誥贈二品封君，墓在東坑竹柏子洋心蛇形，至同治辛未年，有十六世步青公及永淡公同回重修。子孫添新丁者，要肉酒上墳與馳馬，東畝公墓報喜同一轍也。原置蒸田實租六十石，逐年忌祭，外派子孫有掇芹香者贈銀十二兩，有登賢書者貼穀六十石，如入國學者與銀六兩著爲例，已賣三十石後二十石暫歸十四世志耿公掌握。蒸嘗會置産數千金，年取百石，每年八月五日仲冬十六日祭祀。

祖妣黄氏大娘，生於明萬曆丙戌年，卒於康熙壬子年十一月八日，享壽八十七歲，爲四代大母，誥贈二品夫人。後葬在饒平管伯崧關墳前崗，坐卯向西。至乾隆壬申年十一月重修，祔祀各祀堂配享焉。生四子，天洪字雪卿，天印幼殤，天璋字鼎玉，天亮字仁千。

（《[臺灣]游氏大族譜》 1970 年鉛印本）

宜蘭游氏東興堂廟志

《禮》云天子七廟，諸侯五廟，大夫三，士二，皆所以祀乎其先也。序昭穆，設俎豆，自天子以至於庶民，莫不竭誠致敬，以表水木之思久遠不忘也。

追惟我祖，原自豫章而入汀永，漸移於霞詔秀篆，至九世祖考副將鼎玉公，與兄弟中軍雪卿公、大賓仁千公，始建祖祠，子孫遂奠居焉。

方經始之時，於順治七年卜築於埔平堡寨下故居之址，竹苞松茂，鳥革翬飛，名之曰東昇樓，指日昌陽之意也。是爲我族有廟之始。嗣後十世漢閏公，官雲南省驃騎將軍加御正二品都僉事。十一世先聲公，旋中鄉試武榜，外此之入於庠學、於監賓、於邑者莫可勝數，雖曰上世累仁積德之所致，無非我祖祀先有以感之也。無何，十二世林青公因外甥總兵黄世環移鎮臺澎，乃與諸弟前後來臺襄辦營務，是則祖德東漸之始。初即旅寓鯤南彰化，及後子孫益分衍於淡新各屬，終乃流駐於蘭陽，可見我祖遷徙之艱，宜我子孫蒸嘗之薦莫怠也。

然則夫入蘭之際，初尚稀微雜處，盛衰迴殊，延至十四世道維公興宗族，子孫日見蕃衍，我族之盛於斯爲最，於是首倡廟祀之謀。竊謂東渡以來子孫既云衍慶，廟制不聞，何以報本源而昭宗主乎。乃草創於羅東堡九份莊起廟號日東興堂，不外東渡興隆之旨也，祟祀八世祖考振廷公，並以下考妣數十人，每歲祀於上元，薦於仲冬之始生魄，由先聲公烝嘗會衆輪值，辦祭費則自振廷公、鼎玉公、漢日公、先聲公四烝嘗會分支，自一日至於千秋億萬載綿綿延延，無有或易，至今因之。

未幾，經十餘年休祲無異，祥瑞不聞，僉惑堪輿之術，改遷兹土，軔建厥基，耗數千金，歷二三歲廟成，畫棟雕樑，巍峨廟貌，並置祠址附屬田園十餘畝，用資守祠者香火之料以及數次忌祭之需。凡期春秋永祀，萬載斯聲。豈知禍生不測，災降自天，竟於甲午年中東啓釁，臺澎改隸，全島鼎沸，目惶惶兵戟所指，玉石不餘。適夫十一月十九日大軍過境，致被兵燹，轉瞬間祝融税駕瓦鑠，唯留雖餘耳室三間，神牌並遭其禍，無非子孫未盡追遠之誠，故天降災異，示以弗恤之意也。幸我合族知自勉，思祖廟之久墜，念神之無依，屢議重興，擇建舊址，於壬寅十一月十六日定議，公舉安會、安遠共董其事，仍舊貫，縮其模，但求永固，不事繁華，准由祀内各蒸嘗會調經費作爲正開銷，乃於癸卯仲春六日著手新建，依前分金坐艮兼丑辛丑分金，坐斗八度向井十四度山運遁己未火穿音遁乙丑金山禄命午垣，以堪輿師磐石房宗親游旭元主之，始終二十二個月，經之營之，至甲辰之仲冬始生魄，厥日成之，余襄會計綜費四千餘金，亦云鉅也。落成之日，集親疏，序長幼，齋醮入祀，牲牢告祖，穆穆雍雍，極一時之盛事，洵之首事之力也，可不念哉。如其祀，凡本舊章，奉八世振廷公爲牌主，並以派下各房祖宗分列配食左昭右穆，黍稷維馨，雖無節藻棲臺之智，亦見氣象維新，鐫其匾曰游氏家廟，堂其額曰東興堂，誠足以壯觀瞻而昭欽仰。庶幾乎謀猷鞏固，俎豆常陳，子孫興隆萬世之象也。而今後雲蔚霞蒸，佑我後人，俾熾俾昌，凡有賴焉。

宣統始元歲屠維作噩日胃昏七星中音角律中姑洗月既其日甲乙，十七世裔孫時中謹志。

東興堂廟志續

游氏家廟東興堂，不幸於一九四二年七月遭空前激烈颱風吹毁倒塌，神牌唯存，真是禍福莫測，誠爲我族之一大憾事。惟我宗親迭經災厄之教訓，愈覺團結合作之可貴，繼起共推安章、石清、祥碧共董重建工程，乃於一九四三年春季，仍於舊址依原分金，惟適時期二次世界大戰中，各項物資受日軍統制，建築資材缺乏，從簡就陋，費時數月完成復舊工程，聊安祖靈。何幸一九四五年九月，日軍戰敗投降，本省榮歸祖國懷抱，萬民歡欣，同慶光復，全省民衆安居樂業，生活改善。但至一九六一年九月十一日，家廟屋頂再遭波密拉颱風吹毁，裔孫等追念祖先創業維艱，追遠宜誠，爰於一九六二年九月廿二日組織游氏家廟修建委員會，並公推十九世裔孫祥鏗爲主任委員，祥碧爲常務委員兼主辦修建事務，安嘴、有茂、阿標、興仁、國明、水木、阿婦、興精、水陣、祥琳、茂辛、振德、祥能、添泉、祥忠、阿獅等爲委員，聘請李土生、沈石象兩位工程師，依舊分金設計，改建爲鋼筋水泥混疑土磚造加强之現代式建築，工程由宗親興坤、錦焰及陳連順承包，剪花工程由林再興承包，油漆工程由宗親錫煌承包。擇定一九六三年三月十一日農曆二月十六日癸丑日子時出火拆卸，二月廿八乙丑日卯時動土改建，費時七個月，於一九六三年九月十九日農曆八月初二乙丑子時入廟安位，繼續進行屋頂剪花、内部油漆裝飾工程，至一九六四年四月廿一日農曆三月初十日全部完成，廟貌堂皇，設計新穎，美侖美焕，足資千秋瞻仰，以勵後人，倍增追遠之誠實爲幸甚。

一九六三年歲次丙午十一月，十九世裔孫祥碧謹志。

游氏家廟東興堂所屬祭祀公業團體

一、東畝公蒸嘗會管理人：文德、豪傑、永同、安魁、觀興。

二、振廷公蒸嘗會管理人：安會、光碧、安遠、兆悦、阿龜、兆千、國時。

三、鼎玉公蒸嘗會管理人：安察、觀興。

四、文欽公蒸嘗會管理人：永淡、安遠、國明。

五、漢日公蒸嘗會管理人：進密、永新、安芳。

六、先聲公蒸嘗會管理人：永禄、安會、興爐、興經、石清、興進、阿藤。

七、林青公蒸嘗會管理人：興專、耕雲、興經、石清。

八、姚居公蒸嘗會管理人：淡水、傳丁。

1937年二月廿五日，將各蒸嘗會改散改組，成立游東畝公産業株式會社，選任社長傳丁。專務取締役安章。常務取締役觀興、興爐、國明、阿義。取締役興經、石清、興廉、祥碧。常任監查役阿標。監查役金鐘、春農、茂松、阿龜、永扁、啓東、阿獅、興進、茂辛。一九三九年九月十七日，將游東畝産業株式會社解散改組，成立株式會社游東興堂。一九五〇年十月十日改名爲游東興堂股份有限公司，選任第一任董事長傳丁，第二任董事長安章，第三任董事長金泉，第四任董事長祥鏗。歷任常務董事長祥碧。歷任董事觀興、有茂、阿標、大標、大朝、振德、阿獅。歷任監察石清、金鐘、興進、興廉、國明、祥琳、茂辛、祥能。一九六二年九月三日，將游東興堂股份有限公司解散，一九六三年九月十九日組織成立游氏家廟祭祀公業。選任首屆董事長祥鏗，常務董事祥碧。董事有茂、阿標、水木、祥琳、振德、祥能、阿獅。常務監事祥忠。監事興仁、阿婦、茂辛、添泉。

一九六六年歲次丙午十月，十九世裔孫祥碧謹志。

（《[臺灣]游氏大族譜》 1970年鉛印本）

（十七）魏　氏

臺灣土城鉅鹿堂魏氏祭祖典禮祝文

維公元一九九六年，歲次己卯孟冬朔日甲午，越壹拾伍日戊申良辰，今欣有重建新祠二十周年慶祝節屆，當年主祭祠孫禮杞、進春、荆椿、紫林、雙、金土、禮村、智培、金泉、必達，暨居臺族長及衆裔孫等，謹以剛臘柔毛，牲醴清酒，粢盛香楮，庶饈之儀，致祭於鉅鹿堂：

大司土福德正神

二世肇基高祖均祥魏公妣曾老孺人

二世肇基高祖均信魏公妣黄老孺人

三世肇祠曾祖五魏公妣李老孺人

四世肇祠太祖永俊公妣蘇老孺人

四世肇祠太祖永公妣葉老孺人

五世肇祠祖考福德公妣劉陳老孺人

追請

梅林開基始祖進興魏公妣盧老孺人

堂上

歷代高曾祖考妣一脈宗親之神座前曰：

追維我祖，德配彼蒼。水源木本，源遠流長。朔先祖文王十五世遂畢萬魏屬炎黄，名賢鵲起，爲國爲良。淵源史略，甚難盡詳。據微公之生傳，至石溪遭擾亂。進興始祖，開基梅鄉。肇太祥信，紮根龍莊。福德肇祠，生傳二房。蕃衍昌盛，昭穆綱常。渡臺祖輩，達胤先祖，乾隆時光。先後繼往，繁榮斯方。身居在外，心實思鄉。每逢佳節，内心尤惶。特予義祖，返梓模仿，歸臺策創，建在道光。堂皇雅觀，燦爛輝煌。回憶年慶，擴典耀光。衆親歡騰，敦睦一堂。虔具剛柔牲醴，神祖同鑒馨香。祐我後人，兩岸興旺。士農工商，各展圖强。名登科甲，財積盈箱。人人清吉，個個安康。男增百福，女納千祥。

恭請觀音佛祖一同尚饗。

（《[福建漳州]鉅鹿魏氏族譜》 2000 年印本）

臺灣魏雨順等人祭祖祭品單

丙午年二月初三日，祭十三世祖協衷公蘇老孺人並叔祖仰端公。

首人雨順。

豬肉、豬首、豬肝、扁魚、塘魚、刣雞、秋鴨、豆腐、米飯、圓餅、冬瓜、蒜子、北煙全、芥末、老酒、艮顆、大炮、麻呈、草紙、連炮、分丁線、夾紙、木紅紙、紅香、丑燭。

（魏雨順編《[福建南靖]梅林魏氏族譜》 1937 稿本）

（十八）張廖氏

臺灣張廖氏祖祠沿革因由志記八篇

臺灣張廖大宗祠崇遠堂沿革志跋録

一、公業爲宗祠而置，宗祠由公業而立，各姓宗族如此，吾族亦不例外。本堂早於道光廿六年歲次丙午，族中先賢廖賀、廖榮捷、廖文江、廖拔琦、廖昌盛、廖裕賢、廖秋紅、廖子牌等八人，爲建宗祠共同捐資，購置田園約五甲，爲祭祀公業，道光廿八年歲次戊申，在下湳興建祠堂，曰繼述堂。每年春秋二祭。春祭正月十一日，秋祭九月九日。定期舉行祭典，凡元子公之裔人人可以參加盛典，此爲祖先渡臺後初次之創舉。

二、自建祠至光緒十三年之間,族内外時常發生大小糾紛,嚴重者致死人命,因此族中多數認爲下湳祠堂地理不吉,且交通不便等爲由,希另建祠堂。因而廖振源發起招募西螺宗親四十餘份,購置宅地四分餘,籌備興建祠堂之用。詎料廖振源於光緒十七年棄世,又下湳繼述堂被颱風吹倒,時有廖景琛者,將元子公祖龕請回其家奉祀,並執掌公業一切權益,因此多數提議祠堂及早移建,堂址亦選擇西螺最爲適當,景琛等決定創建於前購置之宅地。光緒廿一年歲次乙未,日本據臺,景琛被任西螺臨時區長。光緒廿八年景琛卒於斗六廳朱丹灣路口,因而公業重新廖登雲接管。

三、光緒廿九年歲次癸卯,日本實施土地政策,廖登雲被任土地整理委員,因之廖登雲翻將公業大公私公等一切之業主欄姓名記載,元太公、元子公、繼述堂等,所有公業皆用管理人廖登雲名義,書於竹片或木片插在土地境界,向日本政府申報登記,並將土地權益集中執掌,繼將景琛家中奉祀之元子公祖龕,請回自己家中奉祀。登雲卒後,其子襲父職,依舊執掌公業權益,對重建祠堂一切無任何之表示。

四、一九一八年歲次戊午,遂有改選管理人之議。結果一九一九年改選管理,並收回公業一切權益。其新任管理人十人列明如左:廖旺生、廖成江、廖初淵、廖天來、廖富九、廖壬水、廖裕火、廖懷臣、廖本源、廖進益。

新任管理可謂人才濟濟,宗親莫不額手稱慶,但重建祠堂仍然未見進展。元子公祖龕,概由管理人輪流奉祀,祭祖時並以陣頭八音鼓樂喧天,一見如迎神賽會,觀此情形令人失望。1924年歲次甲子,廖富淵、廖天來、廖旺生、廖重光等有識之士,集合於廖重光處開會,祠堂非積極重建不可,乃委廖旺生、廖富淵往豐原聘請地理師廖永昌前來鑑定堂址,因宗親衆多意見不一,難以定案。

五、嗣後廖天來、廖富淵、廖學昆等決定推選廖大漢主持定籌立向,及協助計畫建設,乃組織建築委員會,委員五人爲廖重光、廖富淵、廖學昆、廖旺生、張崇嶽等。委員分工合作,廖旺生爲監工兼採購材料,廖重光、廖學昆籌備財源,張崇岳、廖學昆負責向水利會交涉改移水路之人力,繼由廖大漢嚮導,同廖富淵、廖旺生、廖學昆等往中北部觀摩各姓宗祠建築體型爲參考。廖旺生保舉西屯廖老番建廟專家爲設計及主持木匠總工程。廖大漢保舉豐原張文貴爲土水匠。廖伍爲剪粘等工程。具體辦法決定後,由一九二六年歲次丙寅秋開工興建,同年十一月向水利會長日人西本申請改良灌溉爲實地測量,遷移水溝。廖富淵動員二崙、惠來厝、廍子等人工。廖壬水動員田尾、湳子、新厝子等人工。每日二百至三百人工,開新圳填舊溝,各宗親均爲建祠堂而引發精神百倍,極力推進。廖旺生爲體恤宗親之勞力兼鼓勵起見,對每位宗親每日津貼二角日幣爲點心費用。各部通力合作,始有今日畫棟雕樑、輝煌金璧巍峨之宗祠。接脈來龍,環抱堂局,坐乙向辛收巽巳之轉氣,納乾亥之風光。堂局與坐向天然,形勢與鍾靈結撰,非但不遜臺省各地祖祠,且遠祖籍官陂祠堂,實無過言矣。

六、宗祠崇遠堂自一九二六年秋開工至一九二八年春完成,計費時一年有半,總工程費約日幣壹拾萬元。中殿爲安祖龕房。左右四房,計爲五龕房,左房曰昭,右房曰穆。祇論世系以定位置,不以貧富而定高低,洵謂長幼有序、尊卑分明之進主方式焉。從此宗祠建成,對於維護環境,早晚焚香等,雇用專人負責,多年來維護有方,而能有今日之壯觀耳。

七、祠堂及公業之管理,實有健全機構之必要。於一九五三年成立宗親會,一九六〇年推舉廖東義爲董事長,向雲林縣政府申請財團法人廖元子公育英會成立,一切公業獻給育英會,善爲運用,從此公業之管理有政府監督收支,已無後顧之憂矣。每年隆重舉行春秋二祭,春祭正月十一日，秋祭九月九日，歡迎各地宗親光臨參加，共祭先祖，紀念宗功祖德之本源，啓發後裔敬祖念宗之精神，意義深且厚，且能敦睦族誼之美舉焉。

八、先進賢達自從建置公業，興建祠堂，期間悠久，受盡不少波折，而能克服一切困難，終於完成輝煌壯觀之崇遠堂宗祠，並置永久不變之公業，皆屬功於先賢之士，爲族人者皆追念先人創業之功德，永紀不忘焉。

臺中西屯張廖家廟承祐堂沿革

張與廖合族衍派，願仔公其人傳之友來公，後子孫蕃滋，迨於十一二世祖壯志東航臺陽，亦覺實繁有徒耳。其初也，皆散住各處，天與公派下自嘉慶年間在葫蘆墩捐題銀圓生放，創置建設公業，光祖耀宗，逐年農曆九月二十日第六世祖天與公忌辰，敬祀天與公，共享樂飲。後流派聚居於西大墩今之西，當時亦有公款數千被開無徵，後僅存數百金，乃分析與廖華棣、廖大勝、廖大護、廖大會等，慨然再執掌生放，月累日積，分作三處，遂成各百各千之租，豈非幸哉。然後交與廖建三、廖國治、廖登渭等三人爲管理，積累既多，於民前丁亥年間始在西屯創建祠堂，增光輪奐，以壯大觀，稱曰承祐堂，立祀天與公。斯亦足以保俎豆馨香萬古常新之美，四時輪流致祭，以資報本思源，共守先訓。

管理人廖德惇、朝椿、繼本謹志。

臺中西屯元聰公祠福安堂沿革

蓋夫敬宗尊祖，睦族敦親，洵爲吾華夏倫常千古不渝之崇高精神也。溯我四世祖元聰公，妣田氏，生五子，僅道烈公、道昭公、道順公等三大房子孫，於清季由官陂陸續移臺，散居於臺中西大墩一帶，從滋生聚蕃衍，漸躋熾昌。爲溯念宗源，並謀親睦計，遂糾集三合公派下族人，捐項合購西大墩保長館土地，擇吉於光緒廿五年己亥歲秋興建祖祠，號曰福安堂，主祀四世祖元聰公，迄今八十一歲月。其初時也，管理人善能運營，故祠産日增，幾至四十餘甲耳。每年春秋兩節日，派下聚集盛祭。時至日政末葉，遭强令變更共有。迨至本省耕者有其田實施，視爲普通公業，祠産而被徵收一部份。至今始能保留甲餘田産及建地，今仍可供每年春秋二祭之用。一九七〇年正堂拜亭修葺，一九七九年落屋雙邊東西廂修建。追念先人創業之功德，永示不忘焉。

十九世禄安謹識。

臺中西屯清武家廟垂裕堂沿革

追思先祖朝孔公，於康熙八年歲次己酉正月廿一日亥時出生在福建省漳州府詔安縣二都官陂社藍田樓。自幼聰慧，精讀聖賢，智識超群。於康熙丙子年即廿九歲青壯時代，胸懷大志，夥同志士東渡來臺，定居現在雲林縣二崙鄉開墾土地，務農爲業，成就非凡，譽揚臺島。而後經中部望族張達京先生等五管業户賞識，敦聘參從開鑿葫蘆墩圳，貢獻智慧與技能，使工程順利完成，得能引水灌漑棟東上下堡之旱畑變成良田，造福地方功勞莫大，蒙償分田永興莊即港尾里，並列爲六管業户。當時朝孔公精通地理星學，乃擇此地起基，以土塊簡單築屋數間居住，並養育廷鎬、廷鏍、廷鈺十三世祖三子長大成人，承先啓後。

先祖慟於雍正九年歲次辛亥四月初十日逝世，享壽六十三歲，迄今來臺二八一周年，又誕辰至現年三〇九歲之顯耀歷史，在世一生持身勤儉誠懇待人，種德後代，族派繁昌。

至一九一二年十九世孫大妹堂叔有感祖先創業艱辛，德蔭後嗣，乃宣導派下族親不辭辛勞通力合作，興建祠堂奉祀歷代祖先，端正禮俗，弘揚孝道。

該祠至今歷經漫長歲月，遭受風霜侵蝕，建物安全有慮，難堪使用，乃由二十世孫學炳等管理人召開三大房派下代表大會，通過動用部份基金，其余翻數經費由現住本里或因士農工商遷居外埠之派下宗親，齊仰祖德，懷念祖恩，踴躍樂捐，以咨重建祠堂，永祀祖先，澤派長流，百世其昌。

二十世孫學炳謹撰，坤保校正。一九七七年農曆十二月廿三日。

臺灣西螺張廖三房祖廟追遠堂沿革

追遠堂是我張廖三房之祖祠，奉祀九世祖子成公以下十世祖心瞞敦樸公、十一世祖宗路德馨公派下諸公之祖廟。

我三房祖宗路公，卽世居福建省詔安縣二都官陂，爲當地望族，六世祖日亨公之裔孫心瞞公之第三子，稱爲三房。公生六子，長朝綴，次朝雅，三朝博，四朝騫，五朝訓，六朝烈，於清乾隆年間奉祖先之神主，相攜遷移來臺，定居於西螺堡廣興莊從事墾殖工作，奠定我族子孫繁衍之基礎。嗣後各世先祖代代秉承家訓，勤樸精耕，敦親睦族，到清末已成爲人丁昌盛産業興旺之豪族。

當時我族中長老輩念及今後子孫之繁榮計，實有設立祭祀公業之必要，遂糾合族内一同開墾廣興大埔北面即頂湳段二七五之三號等水田三筆，計一甲八分，爲基本財産，將其收益充爲年年祭祖之需用，並由每房推舉一名計六名爲管理人。迨至民國初期，此一段時間誠爲我張廖三房一族最輝煌之時期也。

當時日人爲推行皇民化政策，圖滅具有民族意識之祭祀公業，故命令解散組織，將公産管理人被迫變更爲業主，每人掌管三分，而後事過境遷，該公産均被各管理人出賣吞没殆盡，只剩十六世祖天來公號玉麟掌管之一份三分，繼續保持到一九三三年。爲永久計，徵求派下相關後人之同意，出賣該地，將得款購買材料及支付工資，並提供私地爲祠地，其餘零什工作均由派下各人負擔，而鳩建現在之追遠堂，到中秋節始告完成。

凡我族中派下每遇祭典時，均能聚合於一堂，溯念宗源，圖謀親睦，此情此景，先有歷代先祖之庇蔭，後有天來公倶産建堂之功德不可没也。

十七世裔孫遠足謹志。

臺灣二崙温和公祠福綿堂沿革志述

始祖崇洞公，謚號温和，爲宦添公長子，渡臺二崙惠來厝，時已三十歲矣。初時家無産業，爲將來傳宗接代，只好由養媳婦仔之辦法，收養祖妣郭氏，待祖妣二十歲完婚時，與公相差近三十歲，祖妣因此逃回娘家向其父訴苦，親翁十分明理，勸祖妣曰："姻緣天註定，夫妻若得相敬相愛勤儉齊家，日後必有好報。"並付給二兩銀勸祖妣回家。現在公業六股田三甲餘地，即時該二兩銀所購置。祖妣遵守三從四德之婦道，夫唱婦隨，建立現在之基礎，實真難能可貴。

温和公傳下六大房。大房天慶公派下留宗祖居惠來厝，其餘五大房皆遷出，各在盛興莊建基立業，至今各房子孫滿堂，散居全省各地，播居世界各國居住者亦不乏其人也。

祠堂福綿堂温和公祠，建立於一九三二年歲次壬申。由當時管理人廖富炭、廖内、廖富川、廖富淵、廖富春等，共同協力之下建築完竣，現温和公派下祭祀公業三甲餘地之收入，供爲每年冬至日舉行祭祖大典之用。屆時派下族親聚在祠堂參加祭祖，並聽取管理人當場報告公業收支情形。以上略述數言，以報先人創業之功，啓示後人不可忘源矣。

管理人十八世裔孫本謹識。一九七九年歲次己未。

臺中二崙爲見公祠昌盛堂沿革志

竊思吾族遠自元子公張再輝進贅廖三九郎家爲東床，單傳二世祖友來公，一脈雙祧而始，開立張廖一族，至十一世祖爲見公字達朝，於清康熙四十年歲次辛巳，隨同祖妣及三子朝科公，由祖居詔安縣二都官陂東渡，在今之二崙鄉湳仔村定居，開闢荒地墾耕。

爲見公有四子，長朝卿，次朝黨，三朝科，四朝壽。渡臺時囑咐朝卿、朝黨二子留守祖居掌理祖業。公自幼拜師少林寺門下，精通武術，一生勤樸務農，施醫桑梓，傳授武術，自衛鄉里不遺餘力。至清雍正四年，祖居之朝卿、朝黨二人思親心切，雙雙渡臺，欲與父母團聚。但父子相見，父祖大怒，將兩兄弟諫出門外，以後兩兄弟行蹤不明，公思子之餘，同年趕回官坡，查不明二子消息，不久憂鬱患病，於雍正五年五月十七日病逝祖居。

十三四祖廷哲公，字昌盛，朝科公三子，廿八歲時抱養王氏小女，至十八歲時結爲夫婦，連生七子，長國權，次國廳，三國房，四國豔，五國盧，六國守，七國緘。昆仲和睦，同心協力，勤耕儉樸，購置田畑百餘甲，兒孫滿堂，成爲當地豪族，揚振家聲。爲追念祖德，於道光廿五年歲次乙巳興建祠堂曰昌盛堂，奉祀先祖，並設永盛學堂教育子弟，傳授武術護衛鄉土。

光緒六年家庭增至七十餘人而分居，保留三甲餘地爲祭祀公業，七大房子孫輪流祭祖，以表孝思並勵族人，知恩報本，啓發後人，流芳萬代。

一九七九年六月，十七世裔孫名經謹識。

臺北縣八里鄉漢民祠紀略

祠曰漢民祠者，尊崇義人廖公添丁也。氏籍臺中秀水即清水，生於清光緒九年，其先祖世系自福建泉州安溪縣，父名江水，母王足。甲午之役，臺胞横遭日寇慘戮，氏年幼，脱險於鋒鏑，傭牧於豪門。及長浸潛於技擊，器度恢宏，嚴夷夏之辨，樂扶弱抑强，悲憤日寇之高壓，憐憫民胞之善良。嘗往來本省南北，助孤弱以伸長公義，其作爲遭嫉於日寇，由是潛蹟江湖，鋌劍仗義，聲名益盛。何其於清宣統元年十一月十八日，疏於警惕，卒陷詭謀，殞命於八里鄉荖阡坑，享年廿有七，遺體草瘞斯土耳。迨抗日勝利，臺灣光復，父老士紳緬懷氏之義行風範，何其身後之草草，實感愧對英靈，爰倡議修葺墓園，以壯觀瞻，聊表敬忱。繼而發起建祠，由地方熱心士紳捐建，宏揚廖公一生義行，秉性剛毅，不畏豪强，實爲吾漢族固有傳統美德矣。

（《[臺灣雲林]廖氏大宗譜》 1979年鉛印本）

雲林西螺張廖姓祠堂

祠堂之成行一瞥

例年祭祖，均有私會公祭之新會參加，故祠堂盛況，年盛一年，列以七嵌之訓嚴格，一時人物輩出，公業增至二十餘甲，且以秋紅交遊頗廣，遠近官界世商多在西螺停歇，如秋紅第三子振東，第六子春申，維峻即重光、隆光之父，前後入泮，大茄冬昌期，五兄弟長登雲，次昌明，三三合，四媽行，五昌期均有膂力過人，試中武舉，而兩處書院，均屬廖姓掌座，振文廖澄河，修文廖浴沂，由是西螺廖姓祠堂之盛，遂有第二官陂之號也。詎知咸豐二年，因與某方面齟齬，同治甲子又受某處糾紛，光緒元年更遭讓步不止，講和不能之廖姓抗暴，致使全莊被覆没者，廖姓所居之張厝莊，及被毁而成廢墟者新店莊，農業荒蕪三年，七嵌裔孫經濟七零八落。雖於光緒三年及九年，有廖振元率弟振峯回官陂，重查族譜，以圖重整祠堂，兼修七嵌，乍奈秋紅丁母之憂，光緒十三年來紅亦卒，荏苒數載，孤掌難鳴。詎知光緒辛卯夏月振元作古，初秋暴風肆威，而祠堂倒廢，七嵌之傳亦失。未幾日本據臺，公業蠶食大半，雖族親提倡祠堂重建，悉是空雷無雨。迨1926年以前雖重組公業管理十名，而董其事者不過行略式祭祖，蓋因舊祠堂倒廢後，再離開祖國懷抱五十一年，對木本水源觀念之斷續如藕者幾八十餘年，而時代潮流，影響人心，亦有關系，莫怪乎讀線裝書籍人之疾首痛心也。謹將公業管理人名並建築委員姓名列左。

公業管理人：廖旺生、廖成江、廖初淵、廖天來、廖壬水、廖裕火、廖懷臣、廖本源、廖進益。

建築委員：廖重光、廖富淵、廖學昆、廖旺生、張崇嶽。

廖之與張本骨肉也，自有舊祠堂以來，未見骨肉歡聚祠堂，迨重建祠堂，始有張崇嶽勇躍參加，故宗親會，永保理事一席，以爲崇嶽直系紀念焉。

雲林縣元子公張廖姓宗親會祠堂沿革族譜編纂委員會。

元聰公福安堂沿革

四世祖元聰公，生有五子，道烈、道昭、道順三大房子孫陸續遷徙來臺，散居於西大墩一帶，人丁日昌。爲溯念宗源，並謀親睦，合資購買西大墩保長館土地，於光緒廿五年秋興建祀堂，號曰福安堂。因當時管理人善能運營，祠産日增，多至四十餘甲，每年春秋兩節日，派下聚集盛祭。至日政末葉强令變更共有，迨至本省耕者有其田實施，視爲普通公業而被徵收殆盡。幸哉，族人廖天俊者，搜集祭祀公業資料力爭保留，始留甲餘田産，有可供例年祭典費用。

代表者廖天俊謹志。

（《[臺灣]張廖簡氏族譜》　臺灣新遠東出版社　1959 年版）

九、家族規約

(一)族　規

陳　氏

南靖五經寮陳氏家規

一、擇家長。賢良秉政,國爲之興隆;正人規族,宗派爲之整肅。事雖大小,所系均也。古者俗美人醇,雖無繩愆糾謬,族人遵規履矩。奈何近世滋僞,人心不古。倘無正人約束,欲子孫無孟浪,何可得也。吾族中當擇其端正有德者爲族長,選其醇篤謹守者爲房長,糾察子弟不遵規訓及作奸犯科者。若本房有子弟遵習前弊,房長舉之,族長率衆齊到宗祠鞫詢,小則倫衆,大則荆杖。若後不悛,及抗拒不服者,合族齊檢於官,置於宗祠之外,以儆將來。若族長、房長爲親者諱,受賂不公,及恃長不道者,罪亦如之。嗣後族中子弟各宜安分,不可爲非,尊親敬長,以明昭穆,亦亢宗族第一義也。故先講焉。

一、遵聖訓。敦孝弟以重人倫,篤宗族以昭雍睦,和鄉黨以息爭訟,重農桑以足衣食,尚節儉以惜財用,隆學校以端士習。這六句包盡作人的道理,幾爲忠臣,爲孝子,爲順孫,爲聖世良民,皆由此出。無論賢愚皆曉此文義,只是不肯遵行,故自陷於罪惡。祖宗在上,豈忍視子孫輩如此。今吾族悉會於宗祠,時特加此宣諭,各宜遵訓理會,共成美俗。

一、展祠墓。祠乃祖宗神靈所依,墓實祖宗神魄所藏。子孫思祖宗不可見,見所依所藏之處,如見祖宗一般,時而祠祭,時而墓祭,蓋皆展親大禮,必加敬謹。

自我孟七郎公派下一脈祖墳,皆世守之墓。凡墳域有壞者則修之,碑石有損者則整之,蓬棘則剪之,樹木什器則惜之。或被人侵害,盜賣盜葬,則同心協力復之。患毋忽小,視毋踰時。若使緩延,所費愈大。此事死如事生,事亡如事存之道,亦聖諭孝順内一件急務,族人宜蚤圖焉。

一、和伉儷。經云,陰陽和而後雨澤降,夫婦和而後家道成。世人目之,皆以爲紙上語也,胡不以内助之益觀之?夫周宣成中興者,實贊於脱簪之後。齊侯起霸圖者,實相於雞鳴之妃。君相尚然,況士庶之家乎。是以擇婚娶女,同心共襄其家,倘有少疵,不犯七出,亦當相安。嗣是能起如賓之敬,而絶痰胗之歌。來琴瑟之勸,而去下堂之悲。有齊眉之愛,而無反目之忿。則旋踵間,無志軒冕者致家於素封,遊心勳業者使功名如周召之赫也。否則不事治生,不習詩書,而般樂怠傲,烏合野婦,棄妻如草芥,役妻若奴婢,甚至少有睚眥遂令別弦。若此之爲,不惟羞一己,亦且愧父母矣。

一、睦宗族。《書》曰,以親九族。《詩》曰,本支百世。睦族,聖人且爾,況凡人乎。萬石君家子孫醇謹，過里必下車，此風猶有存者。末俗或以富貴驕，或以智力抗，或頑潑欺淩，雖能爭勝一時，已皆自作罪孽。況相角相仇，迴圈不輟，人厭之，天惡之，未有不敗者。何苦乃爾耶。睦宗之要有三，曰尊尊，曰老老，曰賢賢。名份屬尊行者，尊也，則恭遜退順，不敢觸犯。份屬雖卑，而齒邁衆者，老也，則扶持保護，事以高賢之禮。有德行族彦賢也者，可爲本宗楨幹，則親炙之，景仰之，每事效法，忘年以敬之。此之謂三要。又有四務，曰矜幼弱，曰恤孤寡，曰周困急，曰解忿競。幼者稺年，弱者鮮勢，人所亦欺，則矜之。一有矜之，一有矜憫之心，自隨處爲之效力。鰥寡孤獨，王政所先，況吾同族爲耳目擊者乎。則恤之，貧者恤之善言，富者恤之財穀，皆陰德也。衣食窘迫，生計無聊，雖或有自處，命運亦乖，則周之，量己量彼，可爲則爲，不必望其報，不必使人知，吾盡吾心焉。人有忿則爭競，得人勸之氣遂平，得人助之氣愈激。然當局而迷者多矣，閒居解之，族人之責也，説積善之一事也。此之謂四務，引申獨爲義田，爲義倉，爲義學，爲義塚。義教養族，使生死無失所，皆豪傑所當爲者。善乎，陶淵明之言曰，同源分流，人易世疎，慨焉寤歎，念彼厥初。范文正公曰，宗族於吾固有親疎，自祖宗視之，則均是子孫，固無親疎。此二先賢格言也，人能以祖宗之心爲心，自知宗族之當睦矣。

一、重譜牒。牒牒所載皆宗族，祖父名諱，孝子慈孫，目可得睹，口不可得言，收藏賡密，保守貴久。每歲祭祖時，各到會看一遍，祭畢帶回藏收。如有鼠侵油污破壞字蹟者，罰銀十兩入祠堂，外另擇本房賢能子孫收管，登名於簿，以便稽查。或有不肖輩鬻祖賣宗，謄寫原本，瞞衆覔利，致使紊亂支派者，不惟得罪族衆，抑且得罪祖宗，衆共黜之，不許入祠，仍會衆呈官，追譜治罪。

一、豫蒙養。廷闈之内，古人有胎教，又有能之教。父兄有小學之教、大學之教，是以子弟易於成才。今俗教子弟者何如？上者，教之作文，取科第功名矣，功名之上道德未教也。次者，教之柬箋雜字，以商賈書計。下者，教之詞訟話套，以爲異日刁猾之地，是雖教之，實害之矣。吾族中各父兄須知子弟之當教，又須知教法之當正，又須知養正之當豫。七歲使入鄉塾學字學書，隨其資質。漸長有知覺，便擇端慤師友，將養蒙書孝順故事，日加訓迪，使其德性和順。他日不必定要做秀才，就是爲農爲工爲商，亦不失爲醇謹君子。

一、規族八誡。男正乎外，女正乎内，内外正，而邪不入，人家不可無此整肅。父慈子孝，兄友弟恭，婦人以中饋是儀，人家不可無此教誨。父坐乃立，兄坐乃坐，弟妹十五不同席，人家不可無此嚴憚。夫勤職業，婦勤紡績，臧獲以灌園爲事，人家不可無此勤謹。事死如事生，事亡如事存，歲時必豐潔而進，人家不可無此恭敬。布帛之文，食粟之味，日用量入以爲出入，人家不可無此節儉。樂勿生哀，食勿傷飽，身體髮膚時時愛惜，人家不可無此保守。家無恒富，人無恒貴，天道好謙而惡盈，人家不可無此顧念。

一、事親。諺云事親難，非爲衣食足而服勞致敬之爲難也。其所以難也，其弊有三，冶馳心於淫蕩而不承其顧者，有私心於妻子而不顧其養者，有役志於功名而不慕其親者。奈叔世非古，三弊滋多，以見事親之難也。故古明公碩輔，追劬勞，報罔極，而左右待養，晨昔定省。逢其窘乏也，而有負米菽水之勸。其尊親也，而有紫誥三釜之奉。其家居也，而有膝下承歡之誠。其遠遊也，則有寄書望雲之想。其纏宦也，而有陳情早封之請。其憂老也，而有班衣泣杖之風。由是則名重鄉閭，聲徹帝畿，必登榮膴，股肱王室，經濟朝綱，以播忠近之偉績，而垂孝子之芳聲也。爲子者勉之。

一、友愛。夫兄弟之身，父母化之爲兩也。是以哲人孝子存，固有敦天性而能想。幼時同生父母，同養父母，左提右挈，前襟後裾，皆同父母。且連業而學，同方而遊。於是有共被之歡，無尺布之謡。有同帳之友，無鬩牆之忿。有塤篪之奏，無參商之釁。如此夫必能取艾分痛，步武宗祖之風。候問饑寒，恪道君實之訓，蹟孔融之食菜，從薛包之分財，使九世同居難專美於唐也。而六院一庖復重光於明朝。笑緣世非古，人人妻其妻，子其子，視兄弟若途人，役骨肉若臧獲，是始同氣，而終胡越，虛鴻雁而實冰炭，甚至謀干戈於蕭牆之内，貽笑外人，得罪父母，亦何面目見祖宗於九京下，吾人其戒之。

（陳廷文編修《[福建南靖]五經寮思源祠陳氏族譜》 清同治三修稿本）

漳浦陳氏祖訓

明明我祖，漢史流芳。訓子及孫，悉本義方。仰繹斯旨，更加推詳。曰諸裔孫，聽我訓章。讀書爲重，次即農桑。取之有道，工賈何妨。克勤克儉，毋怠毋荒。孝友睦姻，六行皆臧。禮義廉恥，四維畢張。處於家也，可表可坊。士於朝也，爲忠爲良。神則佑汝，汝福綿長。倘背祖訓，暴棄疏狂。輕違禮法，乖舛倫常。貽羞祖宗，得罪彼蒼。神則殃汝，汝必不昌。最可憎者，分類相戕。不念遇氣，偏淪異鄉。手足干戈，我心憂傷。願我族姓，怡怡雁行。通以血脈，泯厥界疆。汝歸和睦，神亦安康。引而親之，歲歲登堂。同底於善，勉哉勿忘。

（《[福建漳浦]陳氏聯合族譜》 2004年印本）

林　氏

華安汰内林氏族規五律句則

宗祠之中五不入：

滅祖之子孫不入。廢祭業、鬻祭器、斬墳之屬。

忘親之子不入。忤逆不孝，不祀先人。

亂家之子不入。傷敗倫彝，淫汙宗支。

辱先之子不入。潛爲不法，身罹刑辟。

左道之子不入。專治異端，不遵正教。

宗祠之中五不祧：

始遷祖不祧。開創基業，燕翼後人。

開房祖不祧。廣衍本支，克昌厥後。

賢不祧。鄉賢名宦、忠臣節婦、道學之類。

功不祧。責任公事、有光前代、有益後人。

業不祧。産業爲祭祀書田義田，或無嗣以業入祠。

（林秉編纂《[福建華安]沙建汰内林氏族譜》 清光緒八年六修鈔本）

浯江林氏堂識聖諭

雲山九島起雲煙，九島雲煙起半天。半天九島芙蓉帳，芙蓉帳里石龍纏。石龍落結浯江地，落結浯江科甲聯。科甲聯登三及第，及第聯登探花先。

海雲家廟聖諭詩歌

孝順父母

父母之恩天地均,如何報得父母恩。鴉知反哺羊跪乳,人不孝順豈爲人。

尊敬長上

敬長不拘内外親,但凡長者皆當尊。我亦有時爲人長,敬人是敬自家身。

和睦鄉里

鄉里同居勿異心,一團和氣值千金。急難相扶全賴此,從來獨樹不成林。

教訓子孫

好把儒書教子孫,子孫明理自温醇。未須個個登科第,立得人家禮義門。

各安生理

士農工商四等人,各安生理各家春。若能各各安生理,便是唐虞三代民。

毋作非爲

非爲之事切莫爲,爲之即與禍相隨。世間最樂惟爲善,積善之家慶有餘。

(《[漳浦浯江]烏石林氏族譜》 民国稿本)

漳浦烏石林氏大宗家規

一、立宗法。人家宗子,上繼宗祧,下系族屬,有君道焉,不可不首重也。又立小宗,分主祭祀。家長一人,以爲統率。家相一人,以爲輔理。家幹一人,專主財貨出入、公私雜用。司禮二人,專掌吉凶、禮儀及應接賓客。司糾二人,稽察家衆及諸僕所爲善惡,以憑勸誡。

二、尊祖廟。祖廟,根本之地,不思朝拜是忘本也,何須養子抱孫。今議:子孫成立者,在家朔望必到,移居附近者每月必到,遠者年節一到。無故三次不到者,司禮登記示訓,以示忘本。

三、崇禮節。吉凶喪祭,稱家有無,要在樽節,勿至過度。祭祀貴乎精潔,不在豐腆。宴賓惟求成禮,毋效靡費。清明掃墳,遍及遠祖。祭則不拘春秋,力不贍者,只祭近祖。又不可至於鄙,至絶恩廢禮,尤非人家所宜。

四、敦和氣。家必和氣,方能致祥。各宜含忍退讓,勿至乖爭致殃。凡系公事,須出頭共理,不可推避。有無亦須相通,不可吝嗇。或有不平事理,當堂告衆,正心處分。尊者不得欺壓,卑者不得恣忤。先正犯上之罪,然後論其曲直。小則當堂訓誡,大則告廟重責,甚則送官究治。

五、安生業。吾家守清白,耕讀爲業。近來習閑,漸廢農事,甚非傳家所宜。自古士出於農,禮義生於富足。男耕女織,居家之常,安可廢業。至於工商,亦是本份。外此,如恃勢非爲,不顧廉耻,不恤人言,不畏官法,足以破家亡身,寧死不可爲也。

六、謹閨門。男女内外,以及奴婢,必須防檢。婦人以柔爲德,不可驕妒。以謹默爲言,不可長舌。以端莊爲容,不可妖飾。以勤幹爲工,不可閑惰。牙婆、師姨、戲婦等人,好狀妖謗,最宜遠絶。婦人有過,罪在丈夫,令其私自呵責,有不悛者,小則戒丈夫,大則鳴衆處罪。

七、重師友。人家書種,不可斷絶。前輩父兄合和,尊師取友,以有今日。今則人各有心,大失前風,欲望子弟成材,其可得乎!今大學、小學,須知延請名師。其質美者,責令成器;不美者,亦使知書識理,不失爲鄉賢子弟,亦云可矣。

八、速完糧。食田皆當納糧錢。糧不完,上累官,下累身家,多少罪過。間有故意推隱,移累他人,甚失本心,何以善後。今議:各房輪立房長,照房推完,有不完者,逐名呈官,各就房長跟完,不須負别房。

九、慎創置。人家不和,多由田園交加之故。今不論尊卑,但以先後論曲直。其有相連干礙,勢不容已者,須付族衆公處,不得執意求勝。切不可故買宗族不明物業,致失和氣,甚非睦族之意。蒸嘗尤不可買。親見世家陳氏,私買祭田,致廢祀典,爲宗祖重譴絶嗣,切宜深戒。

十、厲禁約。後林、浮山墳墓等處樹木,俱系蔽蔭風水,不宜砍伐及牛羊殘害。左右空地,不許私築,地皮不許剥掘,違者重罰,諸系司糾嚴禁以圖根本之原,不可私相容忍,徒自傷也。

十一、禦僮僕。各家僮僕,或有恃强靠勢,越禮犯分,婚嫁喪葬僭擬大家,奸盜詐僞,陰賭爲非,不服約束者,衆共逐之,本主不可私庇,自壞家法。

十二、睦鄉里。鄉里自祖宗以來,相愛數百年,禮意相加,緩急相助,非有大故,不可輕棄。間有賢愚不等,或交加不明,亦須諒情寬處,不得恃勢侵淩,亦有相周相恤之義。上念祖宗相傳之世遠,下思子孫相處之日長,不可薄爲其道也。

十三、禁賭博。賭博之害,誰不知之。乃往往有蹈此轍者,始因貪人錢財,繼則傾己之家産,甚至辱身喪節,無所不爲,那時欲思回頭,亦已晚矣。玆於各房之中,不拘輩份,均立守己嚴正之人,稽查族衆,倘有仍前不事生業,故意賭博者,許其指名報知。初犯,姑付本房家長懲責誡敕。再犯,則告廟重責。三犯,則送官究治。

右家規略節,乃復庵公手稿,未及昭示。既没,乃定庵公與春齋公共議十二條,俾吾族恪遵。既而日久牌壞,族中弟侄無所取法,因請銓部叔父批字,委董修,並增禁賭一條,尤切目前要務。凡我叔伯兄弟侄,希相勉勸,以圖遠長。

雍正二年甲辰十二月浯江十六世孫敬立。

(《[漳浦浯江]烏石林氏族譜》 1995 年稿本)

黄 氏

南靖書洋田寮坑黄氏祖訓規條

一、凡祖宗之名號某字、祖媽之族系某處、仍貴逐一注明,俾千秋萬代後猶炳如日星,是顧乃祖而興思可不忘其本也。

一、凡有一二身故,不幸無嗣者,可以本族同姓之子以爲之繼後。或叔侄,或兄弟,貴宜其同輩相接,必不可越輩冒繼,亦不可異姓亂宗,以致根本混壞而失統無序也。

一、凡有移居别處,或東或西,或南或北,枝分於某省某府某縣某籍,是欲必詳志之,使後世知同宗倫序,不忘一脈所傳也。

一、凡祖祠龕座,經歷數代,興思先人創造之時,不知若何經營而籌畫也。而其廳堂之闊狹,柱簷之高卑,門房之深淺,外土之厚薄,是必有以詳記之。至若於祖妣之風水墳墓,或修方,或改更,或遷葬,所立坐向分金,亦欲貴審而志之,使後世子孫觀覽以便鼎新參考也。

(《[福建南靖]書洋上版寮田寮坑黄氏族譜》 清光緒稿本)

平和黄氏南二系宗中十詠

一曰知宗道。

川水有源，樹木有本。人不知宗，云胡其蠢。推源先祖，是尊敬而奉之，乃重天倫。

二曰重宗譜。

土地有阪，田宅有段。世系相傳，不可等閒。觀譜知系，親疎無間。修而重之，名分安安。

三曰祀宗實。

作慝者殃，作善者昌。有善不紀，實帙徒懸。惡雖當隱，善則宜楊。先人可法，奉爲舊章。

四曰立宗祀。

祖先杳，無祀則散。散而不萃，孝思實難。立德立長，庶出罔幹。祀親追遠，須聽斯言。

五曰敬宗祭。

親有言笑，敬則如在。春秋享祀，胡可稍懈。古人將祭，致齊散果，犧牲粢盛，弗潔宜戒。

六曰肅宗行。

侄宜叔後，弟勿兄前。斯道易簡，名教最先。凡人玩忽，遂悖聖賢。動容周旋，式禮莫愆。

七曰周宗急。

人於婣戚，施與獨先。孰知本宗，休戚相聯。患難既共，富貴亦然。知族知親，真合被天。

八曰守宗業。

創業固難，守成不易。遇幼罔覺，花酒爲戲。家業動盡，辱身喪志。有勤有儉，盍不鑒諸。

九曰慎宗名。

前人命名，後人宜諱。孫犯於祖，謂之不類。名有取義，猶當思維。如何犯之，不知其非。

十曰修宗文。

聖賢立教，必著於書。修譜睦宗，俚詞奚恥。言須顧行，辭貴達意。幾我族人，有志宜抒。

予觀夫族譜之所系大矣。我族自始祖元興公而來高坑石盤中，有歷險阻而遷居不一，難以枚舉。迄今傳世有十八代，而聚族分居有數處。南大公有西洋、金溪之衍派。南二公有大徑、霞洞之裔。南三公有霄嶺、山城之蕃衍矣。且歷宋元明清四朝之君，間以真傳，寔以訛傳訛者亦或有之。然修譜立宗之訓，前人述備矣。顧予猥自陋劣，復何言哉，獨有留意之憾者，宋譜修自七八世之人，以其年考之，百有餘載，以其代數之，十有八世未有修輯。予爲之深恨，故特筆以記之千萬世者不遺忘矣。

大清乾隆十一年歲次丙寅孟夏穀旦，十五代孫天峻維高氏謹志。

（黄國棟編纂《[福建平和]安厚大徑黄氏南二公系族譜》 清同治稿本）

張　氏

閩粤贛臺張氏化孫系家規十條

篤忠敬言，急公守法，完糧息訟。

營生業言，士農工商，各執其業。

慎喪祭言，慎終追遠，宜盡誠敬。

慎婚姻言，娶妻嫁女，咸宜配擇。

嚴内外言，治内治外，不可易位。

敦孝弟言，事親敬兄，敦宗睦族。

篤教學言，養不廢教，作養人才。

厚風俗言，吉凶慶恤，孤寡有體。

敦和睦言，捍患禦災，協力同心。

嚴禳禁言，奸盜賭博，占欺謀吞。

（張南珍編纂《［福建南靖］梅壟貝嶺張氏族譜》 清光緒十一年稿本）

李　氏

隴西李氏家規

隴西李氏家規引

從來世家巨族必有家法，以示子弟，以警後人。所以敦雍睦而全族誼、講孝友而重人倫者，此也。目今吾家重修族譜以聯疏遠，設立嘗祀以薦馨香，頗屬意美。行藏特是，家法未著，則家教不行，族衆人等往往任其自便，不遵孝弟忠信，不循規矩準繩，甚至禮義廉恥之心失，邪説左道之情生，只圖一己安樂，那顧族衆顛危。近有子弟不肖，家長咸默無言，目擊家庭鬥狠，族房閉户不理，人情澆漓，家道乖舛，此豈生質之獨異，亦家法之未立故耳。若然，大非所宜，今余等校定規條，付梓刊刻，則紀綱立而規矩成，條目分而教道行，公議至正，佐治得當，皆由房長堅爲主持，父兄嚴行表率所由致歟。夫淑人以敦其雍睦，端品行以著其孝友，庶幾悖逆之端可以潛消，和氣之祥得以漸臻焉耳。

家規十六條

一、先家訓

父兄之教不先，子弟之率不謹，縱慾敗度，皆溺愛所致。謹慎端方，無非幼小習成。蓋少成若天性，習慣成自然。可知爲父兄者，務先朝夕提撕，教之以孝弟忠信之行，慎毋任其自便而流爲不肖也。

一、循法纪

懲惡除奸，律禁森嚴。干名犯份，法所不容。設或罔自持身，好爲不軌，是自罹於咎，難免三就五用之加。凡我族人，務宜各自猛省，安分循理，毋自作孽莫活，以致貽累身家也。

一、急賦税

國家有人民，不能無政府。政府爲人民治事，不能不假租税之所入，以爲辦理之資。軍備也，員警也，所以對寇敵而保治安，若無租税，則款項何由出？教育也，交通也，所以利群生而造幸福，若無租税則經費何自支。此外種種行政，尤不勝數。故賦税之供輸，原以備國家之用，而國民任盡之義務也。凡我族人，務宜屆期輸納，爭先恐後，毋得玩延干咎，致有催科吏呼之擾。

一、盡孝弟

五倫之中，孝弟爲先，愛親敬長天性然。父母恩深罔極，伯叔義重天倫。倘有不行孝弟，辱宗玷祖者，族房處治。重則籲法三章，毋容姑縱，致傷風化。

一、全友恭

兄弟本共親生，一體而分，何有異心之事。多聽枕言而傷同氣，或因財産而離骨肉，以致弟不恭敬其兄，兄不友愛其弟，因之起釁，爭分財産，父母蒸嘗無資，即苟幸徒存，久竟折之滅之，不孝已極，族法當懲。甚有兄弟鬩牆，或市場理論，或公庭搆訟，豈僅手足情傷，亦且禮讓風息。《詩》云，凡今之人，莫如兄弟。死喪之戚，兄弟孔懷。願我族之爲兄弟者，當以此詩而三復焉可也。

一、重祖先

萬物本乎天，人生本乎祖。水源木本，何可忘懷。大凡族屬祠宇，先人祀産，必須珍重自持，毋許倚勢侵佔，悖祖鬻賣，致缺春秋祭祀。倘敢肆行不法，亟宜摒逐不貸。

一、守坟茔

先人遺體，藏諸窀穸，可不爲之遠計乎。爲人後者，每歲必須親臨醮掃，庶免荆棘荒叢，碣毁碑沉。至或迷於風水之謬説，而占葬侵僭者，實屬自取禍端。凡我族人，慎毋惑諸。

一、敦族誼

同宗共祖，原非異人。尊卑長幼，分所攸關。喜相慶而難相顧，理所應而義所宜。縱有事故，惟聽族房處置。勿以少陵長，以小加大，恃强欺弱，倚富壓貧，致傷一本之誼。願我族人，咸敦雍睦，毋使乖戾。倘敢不率，族房重處。

一、和親鄰

人必有親戚，居必有鄰友。《周禮》六行，睦居其一。毋因小忿而構怨，毋因毫末而興訟。喜相慶，憂相弔，出入相友，守望相助，疾病相扶持，無畛域之分，斯大同之世矣。

一、恤孤寡

不幸幼而失怙而爲孤，青年夫亡而爲寡，顛連無告，實可矜憐。況屬在同族，尤當周全，俾藐孤得此保其身，孀婦得此完其節。《詩》云哿矣富人，哀此㷀獨。死者有知，應默鑒之。

一、慎婚嫁

男婚女嫁，人倫之始。故《詩》首《關雎》，必以淑女君子定好逑焉。朱子格言云，娶妻求淑女，勿計厚奩；嫁女擇賢婿，勿索重聘。由是觀之，一室一家爲父母者，均宜以德相配。嗣後凡有女字者，必告知本族，各相稽考，務得婿品端方，家法嚴肅，方獲形於之道。有男聘者，亦必告之本族，共相訪查，果其坤性柔順，閨門德貞，不致反目之傷。勿如世之指腹聯姻、戲談相諾，以致後悔莫及。

一、勤本业

韓子云，業精於勤，荒於嬉。以勤爲無價之寶。夫士習勤讀而窮通自善，農勤耕耨而米粟自多，工商勤營作則資財日益，婦女勤紡績則布帛日盈。是人生財利，必從勤苦中得來者，方能享用久遠也。設使佚遊宴樂懶惰者，自甘終受饑寒凍餒之苦，少壯不力，老大徒傷，殊可惜耳。凡我族人，勉旃。

一、戒匪为

禮義廉恥，人所自具。特流於匪徒而引群呼類，唧極博戲，好爲不法，浸至敗常亂俗，越禮犯義，牽累家庭。甚極竊盜邪淫倡優隸卒，玷辱宗親，種種匪爲，深堪痛痕。不知士農工商皆可謀生，何甘爲下流竟不自醒。凡我族人，急宜禁戒，毋束手旁觀，任其胡行。倘敢違令，定行斥逐。

一、息爭訟

《易》云，訟則終凶。此一語道盡訟端流弊。即因不平而鳴，亦須相矜相恤，相忍相讓。苟或健訟，聽棍教唆，豈僅荒時失業，蕩廢資財，甚至家傾產盡，亡身及親。因一朝之忿，後悔莫及。願我族人，戒之終吉。

一、禁賭博

惟賭博一途最易壞人心術。一入其中，詭謀百出，雖至親不讓半點，即笑言亦伏戈矛。朝斯夕斯，荒工失業，甚至傾家蕩產，流爲匪類，放僻邪侈，無所不爲，大可痛恨。如有此等子弟，該父兄送祠重懲。

一、遵家教

玩法干咎，失禮歸愆，朋奸獲罪，當惡受刑，悉屬自取禍端。然子納於邪，父司其過，而弟懼於咎，兄職其辜矣。子弟不法，該父兄伯叔嚴行督責，令其改過自新。設或怙終不悛，經族房長上秉公持正，執以家教之法。至於不平之鳴，亦須各遵禮法，依次聲訴。不許疾言怒色，不許強詞奪理，訴畢下堂，靜聽族房秉公判斷。倘敢不遵，籲法嚴究，決不寬貸。

（《［福建詔安］秀篆大坪頭李氏家譜》 清光緒三十四年稿本）

臺灣李氏家訓三十一則

老祖名耳，字伯陽，一名重耳，外字聃，楚之苦縣人也。相傳母懷之八十一歲而生，故號爲老子。爲周守藏史，孔子往問禮焉。後見周衰，乃西出函關，隱去。著《道德經》五千言，所言多爲萬世不變之哲理，謹摘録九則如次：

一、强梁者，不得其死。天道無親，常與善人。

二、上德若谷，知足不辱，知止不殆。知而好問者，聖。勇而好問者，勝。

三、輕諾必寡言。

四、聖人安貧樂道，不以欲傷生，不以利累己，故不違義而妄取。

五、聰明深察而近於死者，好譏議人者。博辯宏達而危其身者，好發人惡者也。

六、合抱之木，生於毫末。九層之臺，起於累土。千里之行，始於足下。

七、慎終如始，則無敗事。

八、聖人無常心，以百姓心爲心。

九、以天下之目視，以天下之耳聽，以天下之心慮，以天下之利爭，故號令能究，而臣情得上聞。

後漢家太尉公名固，字子堅，南鄭人。少博學，陽嘉初，公卿舉固對策，順帝多所採納，即時出趙，阿母還舍，諸嘗倚悉，叩首謝罪，朝廷肅然。沖帝時，固爲太尉，及沖帝崩，質帝遇弑，固上杜喬，欲立清阿王蒜，梁冀竟立恒帝，誣固下獄，遂見害，二子並死獄中，其有訓曰：善人在患，饑不及餐。

唐家文公名翔，字習之，趙郡人，貞元進士。元和初國子博士，史館修撰，再遷文功員外郎。性峭鯁，士不顯，怫鬱無所發，爲廬州刺史，拜中書舍人，歷山南東道節度使卒。翔始從韓愈爲文章，辭致渾厚，見推當時，故亦謚曰文。著有《論語筆解》、五本經《李文公集》等，其有訓言如次：

一、道之不修也，是吾醜也。夫道已大修，而世不用，是有國者之醜也。

二、古之君子，於人之善懼不能知。既知之，恥不譽之。能譽之，恥不能成之。

三、相人之術有三，迫之以利而審其邪正，設之以事而察者厚薄，問之以謀而觀其智與才，賢不肖分矣。

（《[臺灣]李氏大宗譜》 1976年鉛印本）

王 氏

漳州太原王氏家訓

家之有訓，即祠有規。明禋之薦，報本在兹。既叨世胄，禮法當持。願言子姓，恪守無違。

孝爲百行之原，罔極深恩，何道能報。繼母庶母，亦當推父之愛，敬承無慢。其出繼爲人後者，須念其乏嗣之苦，生事死葬勿菲薄也。毋曰非我所出也，彼産業之貽，爾能安享之乎。父母亡而有祖父，則當代父母申子職，毋曰重慶稍隔也。伯叔之非父子手足耶，兄弟非爾之手足耶，見伯叔當如見父也。《詩》曰：雖有他人，不如我同父，友於兄弟，即孝也。因小務而生嫌，婦言而雀角，不但有傷孝道，鄉黨里鄰且取笑而侮之矣。至冠婚喪祭忘尊卑之份，任意欺淩，詐云酒醉而不顧，皆得罪於祖宗也。今後各房互相勸戒，違者樸之罰之，重則呈諸當事以創之。

一、先世坵墓所，毋伐木石，毋取土，毋繁葬。所有祭田，即屬各分私業，毋得典賣。歲祭祖塋，各尊自出，則私祀也。共尊所由來，則公祀也。備物以豐，拜跪以肅。祭畢敘情，長者呼少者而告之曰，式相好也，毋相憂也。

一、閨門爲風化之原，誰無羞惡。《易》曰，閑有家，志未變也。閑家之法，各宜思之。其穢彰聞者，與犯倫者，革醮黜祠。

一、子弟之質美而無力從師者，族之文人課以詩書，訓以禮法，使承世業。其未讀書而長厚，秖以命不逢辰，實有可矜者，婚則量助之，喪則量恤之，毋坐視。

一、族之有事者，毋言於異姓，毋訟於公庭。但告於房長，群往而理論之，原情而解釋之。房長不能，則投族長。若本族有急難而勾引外人作祟者，群攻之。

一、凡我宗族，其貴也惟清慎。毋貪酷，毋驕矜，毋悮國而虐民，以傷元氣。昔之出士者，雖一命之榮，亦表表垂芳矣。後來者，可不更加砥礪乎。其賤也，各圖生業，以免饑寒，毋因貧而出妻，毋因貧而鬻子，毋混蹟於鼠狗偷，毋椎牛屠犬賭博遊蕩，毋唆訟而詐財，毋充差隸，毋爲優爲娼。有一於此，是祖宗所必誅也，革醮黜祠。

一、族之乏嗣者，早爲自計，擇人以續。由親及疎，乃屬宗姚。毋得養異姓之子，恐紊宗也。又或娶妻納妾，而攜前夫之子與前夫遺腹而來者，皆在所擯斥。

一、族之早亡之嫡婦，宜修服也。有子宜守節也。服終矣，或有子而不能守，與無子而不守者，則亡者之親而長者遣之，毋贅同姓。現今吾族獨無此弊，但滔滔日下，江楚皆然，不得不再嚴杜，以免犯戒。

一、婚姻，大事也。婚姻論財，非君子也。胡氏云，娶婦須不若吾家嫁女，須勝吾家，旨哉其言。雖然，勝吾家亦必擇長厚者而爲，庶免欺淩。毋貪巨富，周旋未易也。毋貪巨貴，冰山易涣也。不若吾家，亦必擇其門户之端嚴，父兄之醇謹。毋結胥役，毋締優伶，二者皆玷宗也。時局日艱，嫁娶皆宜節省。裙布荆釵，兩不相羅較，而往往長發其祥。若侈靡太甚，殊爲無益。何不留以濟饑救貧，更爲功德乎。

娶婦之家三日不舉樂，古禮之難行者也。毋因奩薄而起釁端，鬧新房以傷風化。

一、父母之喪，固宜奉文公《家禮》。然今不能概遵，亦酌於古今之間而已。期年内不飲酒茹葷，不婚嫁，不逐隊行慶。韶光轉兮，豈竟爲難事耶。巫覡掃蕩，使父母之靈不安，此不孝之大罪也。禪僧追薦，未爲不可，亦窺父母之所向何如耳。自後族之有喪，悉以訃聞矣。而其始也，群往視之。其繼也，群往尊之，群送而葬之。

一、祭先原重事也。古禮冬至祭始祖，立春祭支祖。忌日必薦，推廣孝思。世世遵行，其他佳辰令節，疏果必供，無忘追遠之意。

一、子生三月，告於祠屬族之文人，遵派命名，以爲異日重修譜系之本。不可雷同，從前多以乳名行，未善也。

（王邦基編纂《[福建漳州]太原王氏族譜》 江右臨邑彭在西梓 清光緒戊申刻本）

祭祖讀祝唱禮立向方位規則

後溪祖祠中堂坐寅向申，前堂坐甲向庚，其春秋行祭，祝文用坐東向西。又七月半唱禮，土地公加再恭請福興廟後土福德正神一同出位。其祭祖祭文中寫列祖宜提高寫，不可忽略。

（王材編纂《[福建南靖]後溪寨王氏族譜》 清光緒甲午二修稿本）

柏廬朱先生家訓

黎明即起，灑掃庭除，要内外整潔。既昏便息，關鎖門户，必親自撿點。

一粥一飯，當思來處不易，半絲半縷，常念物力維艱。宜未雨而綢繆，毋臨渴而掘井。自奉必須儉約，宴客切勿流連。器具質而潔，瓦缶勝金玉。

飲食約而精，園疏愈珍饈。勿營華屋，勿謀良田。

三姑六婆，實淫盜之媒。婢美妾嬌，非閨房之福。童僕勿用俊美。妻妾最忌豔粧。

祖宗雖遠，祭祀不可不誠。子孫雖愚，經書不可不讀。居身務期質樸，教子要有義方。毋貪意外之財。勿飲過量之酒。與肩挑貿易勿佔便宜。貧苦親鄰須加憫恤。

刻薄成家，理無久享。倫常乖舛，立見消亡。兄弟叔侄，宜分多潤寡。長幼内外，須法肅詞嚴。聽婦言乖骨肉，豈是丈夫。薄父母重資財，不成人子。

嫁女擇佳婿，毋索重聘。娶媳求淑女，勿計厚奩。見富貴而生諂容者最可恥，遇貧窮而作驕態者甚堪憎。

居家戒爭訟，訟則終凶。處世戒多言，言多必失。毋恃勢力而淩逼孤寡。毋貪口腹而恣殺牲禽。乖僻自是悔悞必多，頹惰自甘家道難成。狎暱惡少，久必受累。屈志老成，急則可依。輕聽發言，安知非人之譖愬，當忍耐三思。因事相爭焉，知非我之不是，須平心暗想，施惠勿念，受恩莫忘。凡事當留余地，得意不宜再往。

人有喜慶，不可生妬忌心。人有禍患，不可生欣幸心。善欲人見，不是真善。惡恐人知，便是大惡。見色而起淫，報在妻女。匿怨而用暗箭，禍延子孫。

家門和順，雖饔飧不繼，亦有餘歡。國課早完，即囊槖無餘，自得至樂。讀書志在聖賢，爲官心存君國。安分守法，聽天順時。爲人若此，庶乎近焉。

（王邦基編纂《[福建漳州]太原王氏族譜》 江右臨邑彭在西梓 清光緒戊申刻本）

閩臺王氏族規十二條

一、祭祀祖宗須當誠敬。春露秋霜，孝思宜惕。時享月祭，酒醴宜馨。朱子家訓云，祖宗雖遠，祭祀不可不誠。此聖賢之盡敬也。

二、祖宗公業帳項不可妄費。凡事須當秉正，不可借公肥私。間有一二不肖之流，往往見利忘義，不顧祖宗名份，此等之人何足算也。但子孫衆多，不無事故，或被人以欺淩，或無冤而受屈者，衆等公議助之可也。

三、子孫名字宜避祖諱。除嫌名不諱，二名不偏諱，其餘不可故犯。既往不追，後來當戒。

四、子孫不論士農工賈，但行箸於家，聞於衆，則宜書於譜，以揚扢幽光，勉勵後人。

五、婦人有能合婦道者，則亦載之於譜。若夫死而奪志，則書曰改節，使知其不可不從一而終也。

六、子孫繼嗣，當順昭穆。若不順昭穆，衆共非之。即其父亦不得與祭，不與同分祖業。凡繼嗣而爲本宗者，記出繼何人，來繼何人，使有所繼而非本宗者，記一養字以別之。

七、子孫不可不讀詩書。方爲弟子，始基之時，必使之入學，而教之以灑掃應對、仁義禮智，此人生之根本也。夫爲人子，一入聖賢之門，自得聖賢之教。既能知書，便能識理。舉凡日用，云爲持身處世，自不至於蕩檢踰閑。此聖賢之立教所當佩服而不忘也。

八、子孫當守法度。節禮儀綱常倫理，各守其份。士農工商，各安其業。至於親戚宗族皆無間言，庶無愧其爲人矣。若未富而奢，未貴而驕，甚且放蕩滅倫，此立斃之道也，當深爲戒。

九、死者以土爲安。惑地停柩，妄覬非常，此愚之至也。誤天下之蒼生者，郭景純也。三尺童子，應共斥其非，而世人往往尊信之。喜者乎程正叔之言，曰卜其宅地之美惡也，惟五患不可不謹，須使異日不爲道路，不爲城敦，不爲溝池，不爲貴勢所奪，不爲犁所及。司馬公君實亦曰，人之貴賤貧富壽夭系於天，賢愚系於人，固無關預於葬也。二公之言，可以爲法。

十、喪事稱家有無，惟哭盡哀，祭盡誠，慎終追遠，合於禮制。不可誤聽僧道蠱惑，禮懺破獄填庫等項，致使貧者壞祖宗父母之田業，名曰報本，實忘創業之難，以成不孝之罪。後之賢嗣，當以爲戒。若家果誠饒，親戚拜奠以禮答之，以榮其親，此則又孝之至也。切切不可誤聽僧道蠱惑。

十一、忠恕待人，推之天下可行，況在本支。或因利致忿，片言角競，當求直於房長，衆聽其維持調護。如執迷不悞，房長即秉公僉結。勿使貧受富欺，弱爲强食。其處分之人，更宜揆情度理，斟酌公平。如或私其所親，暱其厚，受賄附勢，挾忿下石，是爲助虐，此不仁之甚者也，祖宗當重譴之。

十二、子孫入泮者，公定助銀拾大員，以爲入泮之費。中式者，公定助銀肆拾大員，以爲中式之費。捷南宫者，公定助銀壹佰大員，以爲出士之費。居官食俸加倍充公，由武藝進中，得各從半助之，充公亦從半。

（《［福建臺灣］太原衍派王姓大族譜》 1981年稿本）

清代閩臺共修王氏譜事

余纂修全閩子姓，迄今六載，夙夜匪懈，集録列房本支世系，三上三山查閩書省志，搜羅各府舊譜，遡其本始，稽其末流，考其昭穆，察其宗派，既定正宗，類成部帙，殆上以稍慰先人，下以嗣傳奕世，使將來有大興吾譜者，而世系不至疏失。又於此本年三月内，幸逢順風，在厦開舟，一夜直抵東寧，歷徧一府三縣，奔驰五月，深入不毛之地，共録人丁三千餘。雖跋山帆海，侵越險阻，是所願也，觀斯集者，或庶乎悠然共生孝敬之心焉。

（王材編纂《[福建南靖]後溪寨王氏族譜》 清光緒甲午二修稿本）

吴 氏

平和壺嗣吴氏報本堂家訓

憶我始祖，麥嶺肇基。歷盡艱辛，創建壺嗣。衍裔繁榮，勿閡情誼。遺訓昭然，言猶在耳。綱紀倫常，遵守莫移。逆亡順昌，報本深知。凡屬血緣，毋違祖旨。

（《[福建平和]壺嗣吴氏族譜》 1982年三修稿本）

詔安梅州吴氏家範

我吴氏自始祖肇造基業，規模宏遠，至有今日，其流澤可深長矣。然禮教不張，何以永世。故作家范，期閑有家，須世守之。

一、冠禮所以責成人之道，世俗莫之行者，良由戒賓禮賓之費分外奢。是以難之而不能行，行之而不能繼。凡子弟及冠者，須依禮舉行，毋妄費。

一、婚禮人倫伊始，必須擇讀書執禮有家法及門第相當，與男女之賢善，方許定親。毋得苟慕富貴，及偏媒嫗之言，其聘定之儀粧奩之物，當自有節。亦毋得勉强以副姻家之求。

一、喪葬大事，不可草草。古云，稱家有無，但力可爲，隨力爲之，必從其厚。勿令有他日之悔可也。其浮屠等類，一切屏絶之。

一、祭祀所以追遠崇孝思也。凡時祭忌祭，依禮行事，務在潔誠而已。祭畢兄弟子侄最宜禮讓相先，毋得讙譁爭競，其飲亦當有節，不可至醉。

一、子孫不問賢愚，俱令讀書。年二十以上業無所就，各因其質之近似者，農工商賈之類，人司一業，以爲立身之計。毋令遊惰以致失所。

一、讀書須底於成，以圖門户光顯。故子弟事筆硯者，必一意經傳。其工程毋驟驟則易衰，毋慵慵則易弛，毋雜雜則易馳，鶩而荒唐益遠。祛此三弊，日與賢師友切磋，究之業何慮弗成。間有子侄頗知讀書，而祖父家道稍落者，亦宜寬恤之束禮、供膳及有司考校盤費，雖不能一切蠲免補助，而注心體悉尤不可無。又有一二無行者，見讀書子侄輒心忮忌之，偶遇吾鄉結告事情，即粧謀生陷，必中以奇禍而後快，此等非獨不愛惜斯文，且罪祖宗，絶意後嗣矣。宜痛革之。

一、子孫有淫賭及非不爲肖者，宗子家長率族人告於祠堂而責之，弗率，告於官而治之，勿使狼狽以蕩其家。

一、女子十歲以上，教以内外之别。不得隨母歸寧，亦不可親授受以遠别。凡織紝中饋蠶績針線，並令習之，毋得越踰閫閾，相與嬉遊誶語。時遇演戲，戲臺前類多男人雜處，如以女流混之，甚非故家所宜有也。至於元霄玩賞，雖俗稱不禁夜，但市呼巷舞，躡足摩肩，雖了婢尚宜斂蹟，矧深居閫内者乎。切戒之。

（《[福建詔安]梅州吴氏族譜》 明萬曆元年稿本）

楊　氏

平和弘農楊氏家訓

家訓之垂，宗譜最要。但語淺意切，始可曉人，起敝維衰，又當因俗。謹録十條於譜首，俾各觸目警心，無忝厥祖也。

一、訓父慈

父之於子，無有不慈。但愛而勿加之勞，好而不知其惡，究令子非令器，可謂父有義方乎。故幼則教之孝弟，長則付之師傅，高穎固容易陶成，中質亦從容化導。此日故家蘭玉，他年王國楨材。其愚魯難入者，始各課之耕藝。家産宜均，毋令有獨不我愛之憂。雖孝子不以此起見，而父所當盡老，是或一道也。

一、訓子孝

我族宗枝蕃衍，孰非發祥一本，故君子所當務本。歷考往傳，行孝之子，天地神明實默佑之；悖親之失，家法王章所共棄也。大則立身顯揚，次則保身承家，次則服勞奉養。家雖有貧富，隨份必期自盡。親雖有順逆，盡道終能克諧。凡居則致其敬，養則致其樂，病則致其憂，喪則致其哀，葬則盡其禮。毋拂親所命，毋悖親所行，毋貽親所憂，毋訐親所短，毋敗親所成。吾族有子篤行孝道，衆行呈舉旌獎。如果悖逆異常，輕則告祠撲責，以俟其改；重則鳴官懲究，所不貸也。

一、訓臣忠

我子孫遭際明盛，休養生息，孰非國恩。且先世曾多宦遊中外，即今亦有側名士籍者。故臣之忠，家訓之所必申。而忠之訓，又家譜之所難盡也。我族有縮簪組司民社者，必期内不負素學，外不干物議，上不負於君，下不負於民，崇卑各盡其職，順逸各盡其心。至業一經補弟子員而食國餼者，將來亦有委質之時，先當不自菲薄。其居官以汙貪贓，居庠以毁名賤行，國法有所必究，而家訓尤宜先遵。故凡族長當談先代忠臣如某者，吾家居官可法，以養忠廉之氣也。至樂輸賦税，亦忠君之事，宜令族衆早完，毋受追呼，毋干法網，其爲國之良民也。

一、訓夫義

《詩》云，刑於寡妻。又云，身不行道，不行於妻子。是以丈夫立身，必須光明，無暖昧之行，剛方斷柔荏之態，既正陰陽之偶，何乃更事鑽窬。雖云好合之常，尤當不溺床第。毋娶失節之婦，爲苟合之行。及婦有忤逆翁姑，穢聞中冓，即行依條逐出，不得溺情故縱，含忍藏汙。其或因父族單寒，婦貌丑惡，任情變置，棄舊迎新，又所當戒。若以廣嗣置妾，尤須嫡衆分明，無或匿寵專房。

一、訓婦從

一與之配，終身不改。而妾婦之道，以順爲正，四德三從，古訓明備。饋蓄是司，恪守中閨，紡織爲工，勤修内職。毋傲公姑，毋怨寒儉，毋治容誨淫，毋長舌階厲。牝雞索凜家之誡，和熊成教子之功。如或艱嗣，必須螽斯逮下。不幸失偶，尤當柏舟矢節。他如非節非烈，而輕自縊頸投河，或因忿爭訟質，有夫有子而竟行抛頭露面，此等潑賤下流，最爲傷風敗俗，吾族所必斥也。

一、訓友恭

《詩》曰，伯氏吹塤，仲氏吹篪。又曰，式相好矣，無相尤矣。蓋兄弟系骨肉之親，友恭宜篤，使幼而聚首,長則相傷,心何忍也。若内鬩於牆,外禦其侮,竧可得乎。仰體堂上鞠育之懷,下杜枕邊讒間之口。椿萱無恙,同竭力於甘旨。蘭桂盈芳,並推心而撫育。生於家産可分,不妨明白,以杜爭端。如或事勢難行,尤當委曲,以全讓德。昔薑肱爲長枕闊被,薛包分老婢荒田,讓梨炙艾爭死訓孤,歷歷可觀可法。彼異姓尚且拜結,同姓反成胡越,家之不祥,莫大於是。

一、訓敬長

朝廷歲舉鄉飲,凡以尊高年也。況我一族之中,一家之内哉。族譜修明之日,先後行輩,秩序分明。凡坐,見必起而立,毋岸然肆然。同行,必隨以從,毋或先或遠。偶遇,則拱而揖,必避席避路。每正旦而必謁,經危險而必扶。小物代爲攜提,大事必當稟命。或欲洞悉先代事實,又當謙卑方問。常見家庭,斯須之間,坐次顛倒,言笑喧哄。公會集議之時,口舌攙横,議論執拗,則非故家風度。宜孝之戒之。

一、訓擇交

《論語》云,毋友不如己者。又云,因不失其親。蓋芝蘭臭味相投,金石情誼互篤。凡直諒者資聞其過,明德者資立其體,博洽者資大其蓄,達才者資神其用。年長一倍,則父事之。十年以長,則兄事之。五年以長,則肩隨之。毋以勝己而傲之,毋以忠告而束之,毋以久要而忘之。世之面朋而友,勢交利交,始雖醴甘膠固,及至時移事殊,輒攘臂不顧,究且落井下石。及酗醉嫖賭,好勇作奸之輩,一或妄相援結,不覺染成惡習,大傷名行,究且凶終隙末,貽累身家不小。《易》曰,比之匪人,不亦傷乎。戒之。

一、訓睦族

詩稱葛藟能庇本根,則族屬尤宜親睦。凡一支有大吉凶事,各支亦宜慶吊,使骨肉之氣常通。而本族敬恭款接,宜加倍姻婭一等,蓋姻婭之往來密,宗族之往來疏也。以公事至者,宜款待之,若費必醵金相助。即遠族以私事經過,地方應授餐,晚則止宿。而閒遊局戲,則在所弗禮也。至本族或有嫌隙相爭,族長秉公勸釋,不得乘機相構而左右共袒,不得假公濟私而高下其手。或有他姓侵侮,族中共相捍衛。如或恃家勢赫壓,任情占奪,借族衆動摇,勁起干戈,此又季世惡俗,吾宗所不許也。

一、訓和鄰

我族散處各鄉,其相往來者豈盡皆本支、盡皆姻戚哉。有鄰焉,雞犬既已相聞,出入亦可相友,守望既可相助,疾病並宜相扶。毋以鄰富而生傾軋之心,毋以鄰貧而生吞併之想。有利可興共興之,有害可除共除之,有所當禁共禁之。況國法甚嚴,保甲尤重,型方訓俗,莫非睦鄰之道也。

(《[福建平和]弘農楊氏平和譜》 1999稿本)

臺灣宜蘭楊氏過房契書三則

宜蘭楊氏允字輩阿獅公爲子塘波立過房書

立過房書字人楊獅,緣同妻李氏有産下第壹胎男兒名唤塘波,年方四月。吉日時獅夫妻李氏,恩念相商,故張氏前婦去世未有男兒宗支,即日同媒三面議定,願將塘波男兒傳與前婦爲香嗣,自此過房與來,塘波長大婚配,多生孫兒,亦是故張氏前婦之厚福也。

此乃獅夫妻喜悦,各無抑勒反悔,口恐無憑。今乃有憑,即立過房書字壹幅,付執爲炤。

即日同媒獅夫妻喜悦,親立過房書字壹幅是實,足訖再炤

陽並爲媒代筆人　林東海印

陽在場妻　李氏印

明治三十八年四月　日

立過房書字人陽　楊獅印

宜蘭楊氏誠字輩阿輝丈爲子進清立過房書

立過房書字人黄阿輝,同妻阿里,産下貳胎男名唤進清,年登貳歲。阿輝念妻舅阿塗不幸早往仙鄉,未有子女。

阿輝夫妻相商,願將進清傳接阿塗爲子。伏祈英靈庇佑此子,四時無災,八節有慶。日後長大成人,傳子及孫,系是阿塗之子孫。

恐口無憑,爰立過房書字一幅,永遠存炤。

知見人　楊朝碧

在場人　楊黄阿里

一九六〇年庚子九月廿五日

立過房書字人　黄阿輝

宜蘭楊氏忠字輩達渠公爲子啓信立過房書

同立繼房書字人楊達渠,姻有娶妻林色珍,現有産下一名長男,名唤楊啓信,年方二歲。

但楊達渠夫妻相商議定,甘願歡喜,將長男楊啓信,十分之三分,傳接伯父楊姓渭濱一位之神,永遠香嗣。

空口無憑,今欲有憑,同立繼房一幅,一様,付執爲炤。扶庇楊啓信平安無事,長大成人。若有娶妻産下男丁,再逢多少均分,大富大貴,麟趾呈祥,百子千孫。

父楊達渠印

母林色珍印

代筆人李永春印

1966年壹月拾捌日同立繼房書字證

(唐羽纂修《[臺灣宜蘭]蘭陽福成楊氏族譜》　臺北華崗印刷廠　1983年鉛印本)

許　氏

漳南許氏宗廟條約

一、尊祖考。宗廟之禮,矧木本水源,能不追思。凡我子孫,歲時節令,遇薦新,必端肅進先,朔望處恭拜茶,乃爲世家秉禮之風。

二、訓子孫。一脈之傳,宜令速肖,必正己率訓,以光先緒。凡我子孫,宜以中也養不中,才也養不才。毋諉爲不可教而置之,庶有穆皇長世之胤。

三、序照穆。本支一宗,忌分義不明,或少加長,卑淩尊。凡我子孫,宜念祖考之遺,昭穆不紊,乃爲尚齒尚讓之家。

四、篤情好。族黨親之爲貴，非可疏遠異視也。凡我子孫，宜以禮而聯族黨，遇吉凶，群待而不薄，乃爲忠厚悠久之家。

五、修祀事。致考鬼神，聖有明經。凡我子孫，宜正祭器，定祭品，遇春秋大祭，務必豐潔，年節宜虔備供奉，庶爲敬神獲福之本。

六、興祭田。蒸嘗以備祭掃，亦廣惠愛。凡我子孫，既有而增修，或未有而恢拓，俾公私兩利，而後得所倚賴。

七、識墳墓。君子履坵隴，則思祖考。凡我子孫，力小而培墓，力大而封墳，山原林麓，宜悉識之，俾後知所尋求。

八、録行誼。忠孝廉節，生人大綱。凡我子孫，或盡忠樹勳，或盡孝至友，或賑恤有方，或取與不苟，或節烈孝順，咸録無遺，俾後知所觀型。

九、紀遺文。博物宏詞，儒林所尚。凡我子孫，或理學深究，衍述書義。或詞賦詩歌，捷作古文。或人物表著，傳狀志銘，悉紀勿失，俾知所孝。

十、存坊牌。國之忠烈，家之孝節，必有隆恩旌異，建立牌坊。凡我子孫，遇此旌表，朝廷盛典，家世美事，必修葺勿毁，俾得仰止。

（《[福建漳浦]許氏族譜》 2006 年印本）

漳南許氏族規儀節條款

惟謨曰，祖之功德，没世不忘。忌辰時祭，曾不得豆登，而假歆焉神依，謂何其忘之也。忘始非孝，瀆禮不饗，作祀禮儀節。

儀節

祭之前日，擇有德行或有爵者一人主祭，家中則以孝子主之。掃廟宇，潔牲，滌器，具品祭之，日末陳設。初鳴鼓，衆人集。次鳴鼓，更衣，執事者各司其事。三鳴鼓，排班行禮，主者奠酒，俯伏，興，進饌。弟子進，讀祝畢，行亞獻禮，奠酒，進饌。行終獻禮，奠酒，進饌，儀一如初。獻侑食，弟子再進品進羹進飯。俟神享畢，撤饌，送神，四拜，興，焚褚幣，禮畢，閉龕。父兄子弟序立，以次行禮畢，分昭穆而坐，各享胙。

家譜規約

惟謨曰，規約何虞，吾兄若子姓偷也，莫若淳彝，淳彝莫若合族。族不合則標不立，標不立則偷，偷則離予皋也。夫予皋也，用是輯先大人舊録以申告，吾兄若子姓俾守，世世無殞先。

訓孝

今婦人小子聞烏聲，則群咄之，以謂不祥。余謂烏猶反哺，人實不詳。夫虧體辱親，大謬也，然且爲之。其瑣者，妻子奉，少艾之追隨，貴人狎客之臨莅遊宴，與夫樗蒱施捨，費萬錢不少吝，乃父若母曾不遺一飧一縷而食報焉。嗟呼，烏不祥聲也，人不詳實也，非聲也。吾宗乎無今人咄若烏也，則人也。

訓勤

長梧封人有云，鹵莽而報，蓋勤尚哉。予所觀既記富厚家，其祖父早起力勤，子孫率驕逸，爲富貴容，一旦事去勢異，佇不任力，賈不任貨，不棄爲壑中瘽，則食中菁，食無色恥。予念此，未嘗不心爲怵，口爲嘘也。族人慎念哉。男服外，女服内，無荒無窳，庶有瘳乎。若曰不勤而積，則長梧封人所爲局局然歎也。

訓睦

昔先王之教，非必父兄子弟也，其比閭群聚者，靡不相恤相好，淳淳乎厚里哉。挽近若父兄子弟乎，窶也，觭之耳；賤也，謪之耳；患難也，秦人瘠耳，擠矣。彼惡乎知吾之子，吾兄弟之子，吾伯叔之以及始祖所出之子。夫非一本，其路人也，其擠之也。又惡乎知祖考在上，不怨我恫我而賜之殛也。角弓之怨，予甚悼焉，其豈有凱焉，予子孫能盡遵不耶。夫布衣之士能砥行提𢡟以董宗人，斯其家亦足述矣，吾家勉乎哉。其上法司馬氏，相恤相好以庶乎先王之民。

考行

家有譜，國有史，一也。史以定褒貶，譜以核是非，義止矣。許自著代以來，茅是姱修有傳，雖詳略殊致，要於想見其人。非然者，無論厚糈，即拙强繁夥，類湮滅不可聞。以顯若彼，以幽若此，其子孫傷父祖之不揚，有不赧然汗出，非夫也，亦俞知奮矣。可觀可興，竊附之義，匪效蛩鳴於國史也。

婚姻

男女婚姻，家法尚矣。昔有十萬之囊，故爭取一妻者。有一以女之憐，欲適官人者，司馬氏家訓胡不鏡焉。吾家士讀書，農夫負耒耜治生，婦紡績，日飼雞豚，視醯菜酒食，無外事。貧，其份也，豈有凱焉，第子孫能盡遵否耶。夫布衣之士，能砥行提□，以董宗人，斯其家亦足述矣。吾家勉乎哉。其上法司馬氏。

喪祭

嘗讀《記》，至士喪禮、祭禮，淚未嘗不簌簌然下也。曰，懿哉。先王之於民也，生有養，死有祭。於是有哭泣擗踴之節，有棺槨葬埋之慎，有歲時跪奠，外志内志之修。世之下也，人心若狼虎，哭妻子，嗚咽不能言。臨父母之喪，則破涕爲笑。百金飾裘馬，喪具則計銖錙，忍不能割，礿祀或豆登不設。此其蔑禮可勝道哉，誠不願族人之有此也。

（《[福建漳浦]許氏族譜》 2006年印本）

漳南許氏祖廟條約

一、尊祖考。宗廟之禮，所以祀先，矧木本水源，能不追思？凡子孫，歲時節令，遇薦新，必端肅進先，朔望處恭拜茶，仍爲世家秉禮之風。

二、訓子孫。一脈之傳，宜令速肖，必正己率訓，以光先緒。凡我子孫，宜以中也養不中，才也養不才。毋諉爲不可教而置之，庶有穆皇長世之休。

三、序昭穆。本支一宗，分義不明，或少加長，卑淩尊。凡我子孫宜念祖考之遺，昭穆不紊，乃爲尚齒尚讓之家。

四、篤情好。族黨親之爲貴，非可疏遠異視也。凡我子孫，宜以禮而聯族黨，遇吉凶，群待而不薄，乃爲忠厚悠久之家。

五、修祀事。致孝鬼神，聖有明經。凡我子孫，宜正祭器，定祭品，遇春秋大祭，務必豐潔，年節宜虔備供奉，庶爲敬神獲福之本。

六、舉祭田。蒸嘗以備祭掃，亦廣惠愛。凡我子孫，既有而增修，或未有而恢拓，俾公私兩利，而後得所倚賴。

七、識墳墓。君子履丘隴，則思祖考。凡我子孫，力小而培基，力大而封墳，山原林麓宜悉識之，俾後知所尋求。

八、録行誼。忠孝廉節,生人大綱。凡我子孫,或盡忠樹勳,或盡孝至友,或賑恤有方,或取與不苟,或節烈孝順,咸録無遺,俾後知所觀型。

九、紀遺文。博物宏祠,儒林所尚。凡我子孫,或理學深究,衍述書義,或詞賦詩歌,捷作古文,或人物表著,傳狀志名,悉紀切失,俾知所孝。

十、存坊牌。國之忠烈,家之孝節,必有隆恩旌異,建立牌坊。凡我子孫,遇此旌表,朝廷盛典,家世美事,必修茸勿毁,俾得仰止。

(《[臺灣]許氏大宗族譜》 1999年鉛印本)

漳州圭海許氏族規

有生男子者,出銀之數一如新婚事例,准允入祠堂,元宵燈費其費亦只三金爲率,餘則對算公貯,不許模糊花支。董其役者,亦當年事也,如認貧者亦不算。

一、定燈例

時值傳柑,十二樓臺皆勝景,蕞爾宗祊,亦可藏春。第毋令過賽廣陵,煩葉師簡橋引帝行至耳。我族當年六人勘族内弄璋之數,依約豐嗇科取預爲買燈之費,自十一早舁燈入廟佈置,務輪夕嚴守,不許内外扳折,至十五夜散燈,或分或求,各照成例,不得混爭以傷和氣。

一、延世業

本處泥泊,即上祖遺澤也。歲有船隻脩造頓柴木等税,若背地而私肥之,實醖釀爭端矣。自今起,凡泥泊等税,不論多寡,當年者限同公取充爲祠中什費,須逐一報明,毋踵前弊,察出倍罰。有慢不催取者責在當年,公估倍償。各須任勞,增光世澤。

祖祠神靈所棲,内外積汙雅俗共鄙,往有祠内寄貯褋器私宿床第,櫟稻積槁種種褻狎,我族本系故宗,各宜念祖,敢有違規無忌者,即聞衆公罰,決不容恕。

一、定祔祭

我直齋公産元柯、元諒二公,守祖美江,爲之子若孫者,議祭業有成規矣,諒公苗裔移寓月邊,厥後春茂公、春育公又贅港濱、文山二處,於客歲之冬美江祠宇告成,棲主肇祀,諒公祔焉,理應鼎分奏格,第地阻事煩,似難均理。兹議月邊較港邊文山口逢春冬二序各輪舉一人,先量它牲儀津貼祭費,而港濱、文山寫遠不得與。我春祭衹每年輪四人預備牲儀,並附息於文山,亦年舉一人預備牲儀,各先於冬至前三日交美江當年調理祭品,屆期則月邊、港濱、文山諸當事者到廟行禮,飲康酌合歡,所謂自我祖視之,固皆一脈之所自蕃也,而可有親疎遠邇之别乎。此法一立,永爲定規,因特書之以共志不朽云。

時崇禎十四年辛巳仲冬之六日闔族謹識。

(許朝瑛、許文焕編纂《[福建漳州]圭海許氏世譜》 清雍正八年刻本)

漳州圭海許氏祖廟規約序

蓋聞之國有憲,鄉有約,家有規,由來舊矣。慨自世風不古,人懷薄行,罔思敦倫,甘心比匪,父兄恬不知怪,子弟習爲故常,上行下效,此唱彼和,遂以成風,良可慨夫。

吾族自業基公衍派兹里,世德發祥於祖先宫傳。而宫傳公在日,親親誼篤,屢經條教誡諭,總欲子姓同歸於醇穆和厚之化,無如哲人云往,澆風復熾,嘉禾親莠賢愚不一,或恃强而淩弱,或居卑而踰尊，或見利而忘義，或借公而行私，競爲放浪，相尚浮華，而家規蕩然矣。夫國以忠厚立，家以仁讓興。忠臣孝子，悌弟順孫，爲家之光即國之寶，如旦復公捐軀報國，孤忠震世，册史垂名，誠榮施於宗族，作模範乎家邦。良彬叨承祖澤，隆被帝眷，分符南疆，靖共海甸，固已國爾忘家矣。然而家之不齊，國何以治；身既遠，矚教願以言，即如聖諭十有六條，字字金鑑，言言寶録，而有司奉行上意，朔望宣講，訓誨士庶，近又設觀風整俗使，以糾察省屬刁梗器頑。

聖天子睿慮惓惓，無非欲我等家率教、户循化，相勸於善，咸遵道路之平，各安其業，長享樂利之慶。我諸昆弟侄，當亦知箄，將來王國之楨罝兔，芻蕘亦備干城之選。信乎如是，雖未得遽附名族之林，然亦膾炙人口矣。况乎天道無剥而不復，人事無盈而不虧，是惟正其趨，慎其術，循乎規，蹈乎矩，陶淑詩書，沈浸於禮義者，爲能長保其身家於勿替也。先民有言，爲善最樂，有德者昌。吾宗子若弟尚其藥石斯言。

親睦爲懷

夫河海有呼吸而支流之潮汐應焉，根荄有摇固而條枚之榮枯系焉。何者，以其氣之相通也。然則同爲宗祖之所自出，其感通有不如是乎。故就今日之各家其家、各里其里言之，誠若不相及者，然而自吾身上而推之父與祖，復推而上之曾與高，復追而上之至所自出之祖，一本矣。此亦如人之一身，其元首爲祖，其衆指爲孫，其房派之有盛衰强弱，猶指之有大小長短也，故一指痛而衆指爲之不寧，何者，血脈之所同漬，則爲痛癢之所相關，理必然也。昔范文正公嘗言，吾吴中宗族甚衆，於吾固有親疎，然自吾祖視之，則均是子孫，固無親疎也。苟祖宗之意無親疎，而欲以此房之盛强淩彼房之衰弱，揆之一本同源之義，忍乎，不忍乎。試一易地反觀，當必有惻然大不安者。凡屬同宗，請泯梟張之念，共篤麟趾之仁，永言親睦，以式後昆。事變猝乘，尤能就端借釁，朋比爲奸，暗地分肥，不顧瘠公，甚有明目張膽，顯然狼噬以填巨壑，謂衆盡蚩蚩莫敢誰何，無有我議，獨不思此所積者，祖先祭祀之費所從出也，宗親交際之需所仰賴也，而乃諸公義而捐諸廟，夫盜而肥其身可乎，清夜撫心能無愧？即或斲喪天良，頑冥無忌，而幽有鬼神怨恫，明爲宗族鄙棄，如斯汙濁，不居然祖宗之蠡賊哉。吾族子姓素稱潔己。咸切興公，宜無此行，設或有然，鳴鼓共攻，究追倍償，投畀豺虎，庶將來者不敢復蹈覆轍，勿謂言者饒舌也。

歸厚要言

古聖開邦，必本忠厚。吾人立宗，尤貴醇良。故世所稱爲名族者，以其有詩書之澤，禮義之風，藹然多吉士耳，非謂其夥丁壯，負巨螯，群嘯聚咆烋横行於桑梓者爲名族。亦非謂其有雀角善穿屋，輒能平地風波，以嚇彼鄉曲，而矜縣前豪者爲名族。所貴雍雍然式相好、無相猶，濟濟焉行有恆、言有物，互觀摩，共誘掖，去驕横之態，除傲慢之習，遏奢華之思，洗酗淫之慮，重戒滿盈之心，時凜冰淵之懼，思成立之難若登天，鑒覆墜之易如燎毛，謹身節用，忠順不失，父言慈而子言孝，兄思愛而弟思恭，比閭弦誦，快覩温文之俊；同井作息，願言純樸之夫。庶幾哉，今日之潛龍圭也哉。

族望儀型

深山之中，邃穀之下，芝蘭與蕕菌並聚，梧檟同樲棘交蕃，如謂一宗之内盡淳淳，三代上而無敗群者，躅躑其間，此必不可得之數矣。故有族者所貴齒德，諸公出而秉族之均，善善惡惡，是是非非，無庇所親，無阿所好，鼓其純良篤實者，以進於成德之林，約其驕横陰狡者，以歸於近理之習。遇事則和衷酌議，勿偏執己見而自是，勿附和人云以成事，無猶豫而坐失先機，無輕舉而投人之陷井。事宜忍則必忍，勢當乘方始乘。苟或可以理遣，可以情恕，天下事何不可釋然者。又或不幸，角弓翩反，賦我宗人，則持平矢公，爲之剖其曲直，或切責，或婉諭，勸懲交至，使其各自悔悟，庶免深仇之結、公庭之辱。然則整肅家教，維持宗風，是在老成人之正其儀型以爲宗族望也。

佐理清規

推序事辨賢之意，不但嫻其贊勷於廟祀者謂之賢，而於族中錢穀積公之數能出而實心綜理者尤謂之賢。所貴得人而任之，俾其收存，出納支給，開除登記清楚，以便稽查，是宜家道豐盈與素有廉恥操行者，方許與事。若夫立心叵測，賦性貪婪者，一遇利權入手，輒能詭計侵漁。如或家有長嗣，稱曰家督。宗有嫡屬，號曰宗子。所以明承祖之重，而爲宗廟主。故祭之日，始事而至終事，皆以宗子宗孫主之。如或中萎弗蔓，又或轉徙外住者，不在此例，則舉族中之賢貴有爵者主其祭。如或士四方則選齒德儲倫者奠焉。其旁支疎屬以及無行者，不得冒而承之。吾漳大宗伯吕濱溪先生《宗子儀制》篇制議之詳矣，非獨創臆説也。吾宗美江遞傳長派至五世汝安公，編軍貴州。港濱遞傳長派自天命二子，曰榮與貴，於海氛之警遷居雲霄，迄今世遠莫相往來，則今日之主春秋祭者，應如吕先生所議不可易也。

中元恤典

夫同爲吾祖之所自出，而或達其枝蕃，其實於其没也，綿馨香之薦。而或一縷之傳，中斬弗續，上之不得祔食於廟，下之無復供祀於家，致使遊魂無依，荒燐飄泊，望寒食而悽煙，際中元而泣露，可勝痛哉。自今始，以中元之日，設粢牲饈饌，列廟庭，普告族之無祀者，咸祭諸。此其費出自公，歲以爲常，蓋藉祖宗之靈爽以冥召其來，其氣易爲感通，此其制宜舉也。今之人有行之者，浯浦宗親是也。仁人君子，敦一本之誼，篤仁之思，推恩錫類，莫此爲亟。不尤愈於矯語慈悲，矜情佈施，作盂蘭勝會，祀他人之餒鬼，所存誠之所著，焄蒿悽愴，僾然有見，肅然有聞，洋洋乎如在也。然而風已古矣，後之人孰有仿而行之者乎。

至若吾宗之祭，則以本祖業基公正月初九日誕辰爲春祭，以祖妣李太君八月初十日諱辰爲秋祭。祭則合族之成丁者，就花甲序其齒輪徵祭席，及期輪至廟，是日諸成人長少咸衣冠集廟中，佈几筵筵，薦粢奉牲陳饌，奏鼓逢逢，尊者長者啓櫝，奉祖主就中座饗。下而各房，二世以及五世群主之祀於廟者，諸有功於祖之祔於廟者，分東西向而侑食焉。諸子弟俊秀者，執事序昭穆，各與其輩次立，授香四拜，行三獻三奠禮，讀祝再拜上羹飯，復拜，俄而持筊致嘏詞，卜神意歆否，化楮，合長幼序次團揖，授龜徹豆籩，均其胙以錫值席者，肆筵廟中，燕毛别長幼坐次，飲惠相飲畢事矣。至各房二世及五世之祭，則無劃一之期，俱隨列祖諱日而舉焉。亦如春秋祭之儀，其輪丁應席，如各房有嘗田者，則每席或貼銀三錢五錢之數不等，此其順人情從土俗者，總欲其同出於孝思，而勿具文視之。至若慕古禮，法先程，則有成憲在可考也。仁人孝子，其尚留意於斯乎。

主祭定議

之稔矣，弟恐漸染日深，錮習難開，故不憚苦口以告，無視爲逆耳之淡。爲人父者，義方以濟其慈。爲人子者，幾諫以成其孝。兄以善誘稱愛，弟以承順稱恭。和於鄉，睦乎黨，克敦桑梓而不爭就，有道親仁人時入芝蘭而俱化，理公事則持平矢慎無昧，乃心以干祖譴。遇祭辰則致敬盡誠，無取虚文而忘孝思。至若樗蒲賭蕩之習，廢時失事、破産傾家，尤宜凜遵例禁，嚴行杜絶。讀者囊螢映雪，勵先鞭之志。耕者課雨問晴，樂大有之年。敦惟皇之誕降，鼓仁風於太和，使四海五鄉稱曰某良族，豈不甚善。所著規條八則，敬録於後。凡我昆弟諸侄，其共體遵，無迂餘言。

祖廟祀考

夫事生之儀莫大於養，事亡之道莫重於祭。考之祭義，祭不欲數，數則煩，煩則不敬。祭不欲疏，疏則怠，怠則忘。故古者酌於不數不疏之中，歲四祭焉。春祀、夏禴、秋嘗、冬烝，蓋因四時之所生熟而薦之，此孝子慈孫所以致追報之虔，而亦以告時序之變也。又伊川先生脩六體，大略家必有廟，廟必有主，薦新以月朔，時祭用仲月，冬至祭始祖，立春祭先祖，季秋祭禰，忌日遷主祭於正寢。凡事死之道，當厚於奉生者，故祭之日，備官備具，致齊於内，散齊於外，愛之。

宗族規例酌宜

宗族規例有定也，而實無定。蓋以事有宜於古而不宜於今，有宜於今而不宜於後者，要在因時制宜，隨事取中，而後可以通行無弊，而後可以絶不肖者僥倖覬覦之念慮。至若本族祖廟中一切應行事例，與及嘗田儲貯出入等項，從前業有成規，聽當年職理者設立清册登載。事宜上下循环，按理其當而無可議者，務期恪遵奉爲劃一之規。其或時異勢殊，法貴變通者，憑族衆從公酌奪，改就盡善，不便鏤定版中以蹈膠柱鼓瑟之嫌。至若豐儉得宜，出入有節，革華靡之浮費，立推恩之良規，共振宗功，無墜世澤，則於族人有厚望焉。

時雍正八年歲在庚戌季冬上弦，欽命提督福建水師等處地方軍務、統轄臺澎水陸官兵事務、總兵官加一級、仍帶紀録一次、十三代孫良彬敬書。

（許朝瑛、許文焕編纂《[福建漳州]圭海許氏世譜》 清雍正八年刻本）

詔安南詔許氏宗廟條約

一、尊祖考。

宗廟之禮，所以祀先，矧木本水源，能不追思？凡我子孫，歲時節令，遇薦新必端肅進先，朔望處恭拜茶，乃爲世家秉禮之風。

一、訓子孫。

一脈之傳，宜令速肖，必正己率訓，以光先緒。凡我子孫，宜以中也養不中，才也養不才。毋諉爲不可教而置之，庶有穆皇長世之□。

一、序昭穆。

本支一宗，分義不明，或少加長，卑淩尊。凡我子孫，宜念祖考之遺，昭穆不紊，乃爲齒尚讓之家。

一、篤情好。

族黨親之爲貴，非可疏遠異視也。凡我子孫，宜以禮而聯族黨，遇吉凶，群待而不薄，乃爲尚忠厚悠久之家。

一、修祀事。

致考鬼神，聖有明經。凡我子孫，宜正祭器，定祭品。遇春秋大祭，務必豐潔，年節宜虔備供奉，庶爲敬神獲福之本。

一、興祭田。

蒸嘗以備祭掃，亦廣惠愛。凡我子孫，既有而增修，或未有而恢拓，俾公私兩利，而後得所倚賴。

一、識墳墓。

君子履坵隴則思祖考。凡我子孫，力小而培基，力大而封墳，山原林麓，宜悉識之，俾後知所尋求。

一、録行誼。

忠孝廉節，生人大綱。凡我子孫，或盡忠樹勳，或盡孝至友，或賑恤有方，或取與不苟，或節烈孝順，咸録無遺，俾後知所觀型。

一、紀遺文。

博物宏詞，儒林所尚。凡我子孫，或理學深究，衍述書義；或詞賦詩歌，捷作古文；或人物表著，傳狀志銘，悉紀勿失，俾知所孝。

一、存坊牌。

國之忠烈，家之孝節，必有隆恩旌異，建立牌坊。凡我子孫，遇此旌表，朝廷盛典，家世美事，必修葺勿毁，俾得仰止。

（《[福建漳州]南詔許氏家譜》 1995年鉛印）

郭　氏

華安岱山郭氏祖訓十二則

一、冠昏喪祭，遵依《家禮》之儀，只隨貧富斟酌之。喪殮用儒禮，不用浮屠。祭貴及時，不貴異物，而主誠敬，以爲子孫法則。

一、父母喪，以哀爲本，不尚虚文，燕飲非禮，昏嫁非律。經云，喪不過三年，毋過信風水久停福堂，甚至暴露郊野及失葬，大非爲子所宜出此。

一、冬至祭始祖，入春祭先祖，此古制也。本族大宗祠，祭春舉寒食節，秋舉中元節。品物依議定，不可苟簡塞責，餘各以忌爲制。墓祭，春清明、秋重陽，輪收蒸嘗，秉行歲事。或無蒸嘗，子孫不可廢祭。有能追立蒸嘗，脩行祀禮，乃孝子慈孫之所當然。祠祭宗子主之，主婦佐之，以備内外之官。禮生唱之，執事奠之，以見有事之榮。昭穆分長幼，别式重，惟德之馨。

一、尊卑有倫，不可侵犯。有事當稟命族長、家長、房長，秉公解仇息爭，不許恃頑爭毆，有傷骨肉，以忝所生。

一、族内伯叔兄弟子侄，一以各分當然稱呼，不可趨恃起格。少者不可稱長者表號，長者必須叫少者諱表，則名正言順，倫序不乖，媚風不長，家法常存。

一、族内男女理家必以勤儉爲主，取予又以公平爲先。間有一二朝倚頓而暮屢空，皆由父母溺愛，習久性成。男惰耕讀，女懶經織，怠玩成風，及流離失所，立人下風，玷辱祖先，歎傷莫及，宜深戒。

一、男子二十以上當娶，女子十六以上當嫁。則男女正昏姻時，締親須門第相肖，不可苟結，以壞家風。男毋出贅，女毋招婿，此皆禮教，又不可勉强以飾美觀。

一、内外有别，男女不可同席共食，諸婦不許接見親賓，及寺觀焚香，出外嬉遊。外家非大故不許頻頻歸寧。

一、繼嗣固宗祧之大義，而昭穆實萬世之綱常，若亂倒置，有乖本源。欲世之昌，其可得乎。

一、子孫淫賭竊盜，舉族公責，以觀自新。肆行無忌，告官懲戒。

一、族内人衆，生財必有其道，致富亦期有命，不必用機計較，致傷和氣。

一、子孫務要敦本份生理,不許學習梨園及落門下賤,役致辱家風。

(郭用之編纂《[福建華安]岱山郭氏六世元崇系族譜》 清道光十八年三修稿本)

華安郭氏大宗四訓

一、尊祖

物本乎天,人本乎祖。木培其根,枝葉盛茂。水養其源,河海納葉。比人禽獸,誰不震恕。惟豹與獺生知報哺,亦有狐狸死首邱顧,可以爲人不念爾祖時祀匪懈,受天之祐。

二、敬宗

惟祖有功,惟宗有德。亦有積德,以衍今日。宗之有祖,惟爾之食。宗之有類,惟爾之錫。貽孫厥謀,子以燕翌。敷時繹思,寢成斯變。雨露時降,淒慘怵惕。人不敬宗,是謂伐德。

三、事親

父兮生我,母兮鞠我。不離於里,不屬於毛。饑寒衣哺,疾痛抑搔。子路負米,雖貧亦多。温裾一絶,痛恨如何。亦有慈鳥,守林夜號。報德罔極,薪棘伊蒿。哀我人斯,三復蓼莪。

四、睦族

惟我氏族,人百其身。惟我氏族,其初一人。一本而分,一氣而陳。陳陳相因,是以百身。身有其心,亦一其心。大小相恤,禮義相成。患難相先,疾痛相臨。爾族既睦,受天之慶。

(《[福建華安]岱山寶山郭氏族譜》 明隆慶十七年重修 清光緒庚寅鈔補本)

賴 氏

心田賴氏族規條款

譜規

一、祖父有功德及生民者,卒則求當代文學士作誌銘,録之於譜,以垂不朽。

一、祖恬退不士,隱遁邱園,其文學懿行可啓迪後人者,卒則求名公作傳或墓誌碑碣之類,以表揚之。

一、男子出家爲僧道者不書,惡其不世也。

一、立例之法,世次不備,而失諱字行者,實不敢妄加補入,所以重言信也。

書官諱履歷年齡生卒者,詳終始也。書行次序者,辨昭穆也。書子女嫁娶者,重婚姻也。書妾媵之子者,明嫡庶也。書篤行者,昭先德也。書有詳略者,不敢誣也。書葬地及坐向者,詳墳塋也。書世像者,詳形容也。不書女子年月日時生卒者,婦人同夫家也。書誥贈勅者,戴恩寵也。書贈送詩文者,驗交遊也。書世舊者,重先人之格言正行也。凡此皆效前人之法而損益之,非臆見也。

一、斯譜之作,天序民彝,焕乎攸寓,且爲傳之典法,告我後人珍而藏之,非如金石之器,或已失之後可以復得也。數世之後,有同心以尊祖敬宗者,務求立言,君子序其前後,名爲謄録,分送各房收存備閲。倘有不虞之變,或從此可無遺失之患也。龍明之曰,三世不修譜牒者,即不孝。之言君子引爲至訓,吾宗子孫當慎知之。

族規

一、歲時祭獻祖宗，或忌辰致尊，不論祭品多寡厚薄，必排列次序整齊，方爲恭敬。切不可因祭獻人多席狹，不能妥設，而杯左箸右，飯後羹前，香登於爐，酒酌於杯，即化冥財，草率作揖，苟完厥事。或遇廣闊之地，亦盤碗錯置，杯箸参差。如此舉止，所謂恭敬安在？雖祭品十分豐潔，亦若無也。

一、祭獻之時，當想恍如考妣在上享祭，不可高聲致干神怒。

一、前代祖宗平生嗜好無從而知。至己身父母及祖父母生平嗜好之物，不論粗精，力所能及者，宜備忌辰作祭品，所謂事亡如事存是也。

一、銀紙號曰冥財，考妣冥間享用雖未確見，但既因祭而設，亦宜捲摺方正，不可歪斜。紙錢不可亂折揖壞，以蹈不敬之愆。

一、祖祠乃祖宗靈爽所依憑，本源系焉。宜愛惜恐若不及，況可殘毁乎。若戕其本，絶其源，支有支流，未有不竭也。戒之慎之。

一、春秋享祠，理之常也，況祖宗既置有祀田，而子孫反敢侵漁，薄於奠獻，甚至鯨吞，祀事以缺。試問身自何來？他日亦欲爲人祖宗而受子孫奠獻乎？清夜捫心熟思之。

一、墳墓原有高低舊式，内外分水及前埕有填滿壅塞者，逐年祭掃時修理舊觀，亦不可太加挖掘。若有崩毁凹陷則補平之，當依舊制，不可過高。斬刈草木，周圍務大，以壯觀瞻，不可專以飽饜爲事。

一、溪邊書館三間，上加層樓，前圍短牆，此乃先人所以養育人材者。略有損壞，即行修補，以體先人之志。不可任從崩頹，貽笑大方，自處焉可。

一、己身生辰，乃父母憂危之日。若父母在之時，宜先奉於親，乃及於己。父母既卒，值生辰，雖薄物不獻於祠，只宜家中焚香陳設拜獻，乃盡厥心。

一、祭物當隨家資厚薄買辦。若富足而菲薄於祭祀，固爲不孝。貧而借貸拖欠，雖極豐盛，亦可不必矣。

一、人生在世，財禄有足，貪取不義之財，必損應得之福。苟取非義獻於祖宗，穢瀆莫甚，神若有靈，必有汝享，且速汝禍。

一、祭掃必先於墓，然後司土。蓋有墓，然後有司土。祭掃專誠在墓，司土蓋連及之耳。

一、排列祭品，魚左而豚肉右，羹左而飯右，神以右爲尊故也。

一、遇父忌辰，雖里中演梨園，不可往觀。蓋念親死之日不忍故也。

一、婚姻宜於門户相等者擇配。若立身端正，貧薄何嫌。品行汙穢，富厚何益。强悍者異日必分其辱，驕傲者有時而受其欺。宜慎於前，勿悔於後也。

一、世人若不孝父母，不友兄弟，負其舊交，雖與我暫時相善，切當謹防，不可深交。詩曰，善惡分明譜有載，吉凶異報天無知。

曾憶先君於戊戌年冬欲渡臺灣，是晚夜深，兑獨侍坐。先君手書片紙示兑云：

一、祖母宜孝養也，一、母命宜奉行也，一、叔父宜畏敬也，一、小妹宜愛惜也，

一、治家宜勤儉也，一、立身宜端正也，一、讀書戒怠惰也，一、朋友戒狎暱也，

一、戲場不可往也，一、賭博不可試也，一、惡人不可近也，一、凶人先須避也。

以上數條，皆身家性命所關，最宜書紳。兑授而識之，不敢忘。次早先君啓行，嗚呼，先君往矣，遺訓在焉。兹因修譜，故並記於首，以垂不朽云云。

嘉慶十年荔月友兑謹識

竊謂士達而在朝則志在立功，窮而在野則志在立言。兑以菲才，焉敢立功是念，即欲立言，

何能動聽。但涉獵詩書,頗識義理,豈敢與村野莽夫混澆一類乎。碧嶺僻處山間,易惑難解,出語無文,交際無禮,器量淺狹。得其時則肆行無忌,失其勢則喪志垂頭。偶學華美,雅俗不稱。視詩書爲余事,指法語爲迂設。器用不論粗精,一概亂擲。作於始不慮於終,顧於今不許於後。種種陋習,難以指數。不囿於俗,十難得一。特指其弊之尤者,著以示冀日子孫,異其留意,幸甚。先伯金言裕後,應從獲福壽無疆,侄敬奉不怠,不幸渡臺未數年辭世歸陰,侄至庚寅年玩賞陰府。嗚呼,先伯何不留長生至今乎。

愚侄南閱歷族譜歎記

(賴長榮編纂《[臺灣]重修五美派心田卜隆系賴氏家譜》 1931年稿本)

江　氏

江氏金豐祖訓

吾族自石壁而遷九礤,自九礤而遷金豐高頭、平和、詔安。傳世久遠,子孫興盛,地不足以容之,大半蕩析離居,或在漳,或在潮,就地當差,遂分爾我。我祖因聚族會議,設立訓辭曰:

遷者遷,守者守,各從其願。日後往來詢問,叔侄相認者,發福無疆。忘本背義者,貧窮夭折。孝順者長壽富貴,忤逆者遭凶遇害。教子讀書,使知禮義。勤攻四業,務安本份。貴顯莫得恃强淩弱,微賤切勿附勢趨炎。如有行惡偷盜奸猾騙人不肖子孫,許衆房覺察重處。若移居異地,被勢豪欺壓,誣盜殺傷及圖賴等情,各房長會衆告官理究,勿得落人圈套。與異姓同居,務要聽從鄉規,遵守民約,勿得違反獨霸,以取衆惡。早納公糧,勿負私債。富貴莫設娼宿妓,貧窮莫偷盜鼠竊。莫因小忿而成大禍,勿貪小利以致大害。凡我子孫慎聽我言,慎勿忽略。

況此祖訓詞質雖寡,文實爲持身保家涉世之藥石也。讀祖訓詞者,幸詳說之,使人人佩作韋弦哉。

(《[福建平和]大溪鴻江族譜》 1997年印本)

何　氏

浦江鄭義門家訓

一曰敬順。凡爲妻子,必敬順其夫。爲子者,必敬順其父母。爲弟妹者,必敬順兄嫂及姊。爲侄者,必敬順伯叔。爲幼婦者,必敬順長婦。如此則孝弟之道成矣。中心敬順,外間言語呼揖行坐作爲,無不敬順。即如行坐一節,吾每見兄立而弟自坐,夫立而婦自坐,傲然自由,毫不肅恭起立,此雖小節,實則不敬順之心所發也。令後推此戒之。

一曰無私。大凡人家分爭,兄弟不和,其端必始於妯娌婦人小見,只要自好,自管後來,自做私房。不知你要自好,誰人肯讓你獨好。一人要便宜,大家要便宜。一人存私,大家去存私。自然兄弟不和,不能同居矣。我今日告祝諸子媳婦,第一要斷絶此一點惡念頭,不可分此疆彼界。一應器物,大家用,大家收拾愛惜。有僮婢,大家使喚,大家教訓照管。飲食大家分嘗,大家收藏出客。凡貲財産業,一進一出,必稟命於尊長,不得擅自主張。若有欺父母,瞞公婆,私藏器物,私造飲食,私護僮婢,私置田産,私放花利,私自借何做會等,此是第一不孝,查出即行重責離逐。大凡姑婦不睦，必有小人從中搬弄是非。其所以搬閑者，皆因此疆彼界，各房人各要獻媚於家長，説别房不好，以見其忠，家主反道他護家，曲爲庇護，以致不解。今大家不分你我，便永無此弊。或亦言語可疑，便當告之尊長，登時對會明白，不可存留胸中，此輩自無所容其奸矣。

一曰勤儉。每日雖無大事，必要早起晏眠。家長早起晏眠，卑幼誰敢貪懶。上人早起晏眠，下人誰敢貪懶。早起晏眠，一日抵兩日。吾目中所見，敗家子、破落户，無不晏起早眠者，不可不戒也。至於勤而不儉，雖有亦立盡，子孫繁多，衣食艱難。今當事之節縮，如食不必兼味，衣用粗布，勿好綾羅錦緞及金珠無益之物。

曰去邪。凡聽信邪説，則父子兄弟夫婦之間必無恩情，必無禮義。師尼佛老，誘引唆聞，其害無窮。佈施騙財，乃其小者也。今吾家子孫婦女，不論老少，不許燒香念佛，並不許喫齋。僧尼佛老，不許往來。凡一應冠昏喪祭行禮，不許用僧道及陰陽禁忌。阿波輩妄言禍福，則自然邪不信正，和原致祥矣。其共聽而勉守。

以上所云家庭事情，如神醫治病，視人五臟無不備見。大約人情盡處即天理全。故登之譜，爲通族共相觸發也。

（何子祥編纂《[福建漳州]漳泉何氏族譜》
清乾隆二十年刻本　1928年平和琯溪華英書社工藝石印部翻印）

漳泉何氏家禮

養蒙禮

手足能動，不可妄有執持，恐其撻擊。令之若有所求而不得，有所欲而不遂，啼號不休，卧地不起，必裁抑而寧耐之，萬無撫慰，慣必生燥暴。

斷乳始食淡粥，勿與黏濃甘香生果之物，不止難尅易病，且習饒貫啼。抱之時只是布衣，毋令受熱，蓋饑寒小兒安樂法，小兒疾病根半生飽暖之過。

孩童初學一二，以至十百千萬，四方四時，五行八卦，六十甲子之類，徐拜應對揖讓稱呼，定省視膳讓食。後長，命坐梳頭浴面整衣，愛履端，視審視緩，言早起静坐，安行學謙。

醮墨無深入硯池，如蜻蜓點水，度用墨幾何，則蘸水幾□，然後輕重之間，徐徐細磨蘸引，墨入池則墨爲水滑，用少而墨多，則餘墨漬硯矣，滌之則墨可惜。硯不穩而磨之，磯律有聲，亦非静重之體。膏筆當高硯寸許，順直内向，無横無斜，横斜則毫旋而尖𢪱。搦管洗以水滋之，燥墨在毫剛，驟捺之則折，再濡之則淫，務乾濕得宜。用完而不褪宿墨則膠固成束，露毫而不戴帽，則易摧折。皆是粗心苟且，初學第一當戒。

作字須楷顔、柳，一點一劃結構莊嚴方正，習之使人不苟。行草鍾、王諸家，擇體近者學之。減筆潦草，都是苟心，尤當深戒。

讀書三要，心口眼到。心一散亂，空勞千遍。今人常言，念書展書無濕指無撮甲。書常遠身六七寸，無卷邊無折角，無污痕無亂批點。讀過之書如新，可買亦可以觀，學者之所養矣。

看書先要讀正文一過，便想此書是甚意思。次將朱注細貼一遍，仰而思之，得一分空竅可入，方聽先生講説，講畢退而再思師説，不合再問。句句字字，都向身心上體貼。今人未理會書，便將坊間講章攤滿案上，眼界一被遮瞞，聰明盡成障蔽，終身離他不得，只是個瞽者，可爲痛恨。蓋理從心思得，不自耳目入。世間多少聰明才辨之士，都中此毒，從處與他説起，此真苦口教人度世金丹語祥，每舉告人都不信。甚哉塾師自誤悮人也。與初學講書，理會一遍，方與講解，如市井説話一般，僮僕炊婦一聽亦手舞足蹈，方是真講書。深文與理童子理會不來，强聒反滋其惑。

行文要認理真切自然，意思横生。前輩程墨須要熟讀三二百篇，以爲繩尺。學者大病莫大於□□□書經歲不還，或胡批亂點，或擠裂穀面，或揉曲污濁。甚者轉借損失，此是學人第一大惡。兒輩戒此。

經書言語，非天地神明，則聖賢父母。僧道於經典尊敬奉持，秀才於經史輕賤抛擲，甚者字紙雜於糞穢，略不愛惜。嗚呼，尊經重道，更賴何人。應細思之。

群居禮

古之群居也，敬業樂群，相觀而善。今之群居也，任口譏訕，造言是非。此輩不止人非，必有天禍。須是德業相勸勉，過失相箴規，乃爲益友。不然不如安居獨坐，静默澄心。舉世熱鬧之場，便是壞人坑塹。小子不能不群居，又不能止衆，但以掩耳結舌爲第一也。

成人禮

惟人孩提而有過無責也，曰未成童。既成童矣，而有過無責也，曰未成人。冠而後成矣，猶然童心，過隨年進，惡以老頑。是天地間吾物也，即不然，而庸碌度日，生無補，死無聞，亦有道者之恥也。作成人禮。

存心要正大光明，不可邪曲暖昧。要誠直仁厚，不可僞妄殘刻。

制行者，有所制而不敢肆也。循禮畏法，如履冰，如集木，一步一趨，不敢苟且。一時一事，不敢怠忽。若恣情任意，則無忌憚之小人矣。

威儀所以定命，榮辱禍福系焉。務使精神流貫於容，以媿爭，兩爭不破家亡身不止，所爭豈以償矣。今之學者，以傲爲德，以爭爲雄，可哀也已。

當急遽冗雜時，只不動火，則神有余而不勞，事從容而就理。一動火，種種都不濟。自家好處掩藏幾分，這是涵蓄以養量。别人不好處要掩藏幾分，這是渾厚以養德。寧而是思事第一法，安詳是處事第一法，謙退是立身第一法，涵容是處人第一法，置常變於度外是第一法。天地萬物之理，皆始於從容，而卒於急促。急促者，盡氣也。從容者，初氣也。事從容，則有余味。人從容，則有餘年。

凡人應酬，多不經思，一向任情做去，所以動多有悔。若心頭有一分檢點，别有一分得處。應酬時有一大病痛，閑時慵懶，忙時迫急，迫急後輒差錯，此失先後着耳。肯把檢點心放在閒時，省得差錯，又省得牽掛。

凡處天下事，只消得安詳二字。雖兵貴神速也，須從此二字做出。然安詳，遲緩之謂也。從容詳審，養奮發於凝定之中耳。

學者事事要自責，慎無責人，人不可我意，自是我無量。我不可人意，自是我無能。時時自反，才德無不進之理。世間無一處無拂意事，無一日無拂意事，惟度量寬弘，有受用處。彼局量褊淺者，空自懊恨耳。常看得自家未必是，他人未必非，便有長進。再看得他皆有可取，吾身只是過多，更有長進。道理無窮，惟心虚受益不盡。

忍激二字是禍福關。

凡有横逆來侵，先思所以取之之故，即思所以處之之法。不可便動氣。兩箇動氣，一對小人，一般受禍。兩相非，不破家亡身不止，回頭認自家一句錯，便是無邊受用。兩人自是，不反面稽唇不止，只温語稱人一句是，便是無限寬舒。

以激爲直，以淺爲誠，皆賢者之過。

受不得誣謗，只是無識度。除是當罪臨刑不得含冤而死，須是辨明。若汙巇名行，閑言長語，愈辨則愈加，徒自憤懣耳，不若付之忘言，久則明也。得不明也，得自有天在耳。

衆惡必察，是仁者之心。不仁者，聞人之惡，喜談樂道。疎薄者，聞人之惡，深信不疑。惟仁者，知惡名易以汙人，而作惡者之好爲誣善也。既察爲人所惡者何人，又察吉者何心，又察致惡者何由，耐心留意，獨得其真果爲人所中傷也，則扶救必力。

把矜心要去得毫髪都盡，只有些須意念之萌，面上便帶著。聖賢志大心虚，只見得事事不如人，只見得人人皆可取，矜念安從生。此念不忘，只一善自足，淺中狹量之鄙夫耳。

責人到口，掩舌面赤背汗，時猶刺刺不已，豈不快心，然淺隘刻薄甚矣。故君子攻人，不得過七分，須含蓄以養人之媿，令其自新則可。

方嚴是處人大病痛，聖賢處離温厚，不得不系確然之名分，便小有謙下，不防得爲而爲之，雖無暫辱，必有後尤。即不論利害，論道亦云居上不驕。兩君子無爭，相讓故也。一君子一小人無爭，有容故也。爭者，兩小人也。有識者，奈何自處於小人，即得之未必榮，而況無益於得，以博小人之名，又小人而愚者也。

事必要其所終，慮必防其所至。若見眼前快意便了，此最無識。故事有當怒，君子不怒，當喜而君子不喜，當爲而君子不爲，當已而君子不已者，衆人知其一，君子知其他也。

任難任之事，要有力而無氣。處難處之人，要有知而無言。

飯休不嚼就嚥。路休不著就走。人休不擇就交。話休不想就説。事休不思就幹。

天地間真滋味，惟静者能嘗得出。天地間真機括，惟静者能看得透。作熱鬧人説孟浪語，豈無一得，皆偶合也。

觀操守在利害時，觀度量在喜怒時，觀鎮定在震驚時。

規模先要個闊大，意思先要個安閒。古之人約己而豐人，故群下樂爲之用，而所得常倍。徐思而審處，故己不勞而事極精細。褊急二字，處之大礙也。善用威者，不輕怒。善用恩者，不輕施。

大丈夫要亭亭楚楚，挺然自立於天地之間。實見得是實見得，非由己則極力擔當，不由己亦不從人可否。沽直以賈禍，固所不爲。枉己以取容，何顔立世。熟軟二字，近於妾婦，有眉鬚人切宜戒此。

心平氣和，此四字非涵養不能做。工夫只在個定火。火定，則百物兼照，萬事得理。水明而火昏。静屬水，動屬火，故病人火，動則躁擾狂越，及其甦定渾不能記。甦定者，水澄清，而火熄也。故人非火不生，非火不死，非火不濟，非火不敗。惟君子善取火，故身安而德滋。

處天下事，前面常長出一分，此之謂豫，後面常余出一分，此之謂裕。如此則事無不濟，而心有余樂。若盡煞分數做去，必有後悔。處人亦然，施在我有余之恩，則可以廣德。留在人不盡之情，則可以全好。喜來時一點檢，怒來時一點檢，怠惰時一點檢，放肆時一點檢，此是省察大條款。人到此多想不起顧不得，一錯了便悔不及。

事生禮

人子之道，莫大於事生百年。有限之親一去不回之日，得盡一時心，即免一時悔矣。祭之義曰，追養繼孝，生不養也，死而追之，生不孝也，死而繼之何益。古人云，祭之厚，不如養之薄也。諺云，與其死後祭我之頭，不若生前祭我之喉。痛哉斯言，豈可令人子聞之。作事生禮。

視膳食，問所欲。適涼冷熱之宜，候生熟清濁之節。嘗鹹淡辛酸之味，視草毛蠅蟻之物。

魚無刺,雞鴨無骨,脛掌無節,諸卵以酒。朝食中,午食多,暮食少。柔食多,剛食少。清味多,厚味少。

出入審高下。下則扶掖之,夜行則子婦先之。有所觸礙則告之。遠行夜歸,則率家衆束炬迎之。險遠則子弟從之。寢席被褥拂振則佈之。

諫諍。親有錯履,無盡言,無遽言,無當人而言,乘時乘機設言以悟之。親有激怒,姑從其怒以緩之,怒平,順言以醒之。失禮於人者,陰爲遜謝之。

啓告。樂事走言,憂事徐言,怒事笑言,悲事疑言,恐懼之,事可以不聞者勿言,駭異之事張言,太噱之事平言。爲客出巾扇廁紙,納之袖中,手巾换衣付諸侍者。人子有疾,隱之。隱弗能忍也,半隱顯。吾身親身也,保親之身以事親,胡可令疾以憂之。故與其隱也,寧慎。慎猶疾也,吾心安之矣。親有平生恒疾,則訪名醫,得隱方,朝暮調攝之。

侍疾禮

夫病,生死之岐也,善調攝之,可使還平。即不幸,可使免悔。故人子侍疾,自親之外,即有重大迫切之事,皆不暇及。禮云,笑不至矧,噫,是何心也。而能笑乎哉。病室欲外者,可入内,可出掃除。院宇固密,壁户綿密。幃帳不受風,不納日,不生濕,不入蠅蚊。陽不惡明,陰不惡暗。在病室入如竊,出如竊,立如寐,坐如尸,無嚏噴,無咳咯,無履聲,無衣聲,無安置器物之聲,無喘息之聲。問疾者至,應而勿傳。脩文之客勿入,多言高聲之客勿入,休戚不關之客勿入。自遠來者,病者、聾者、跛者勿入。病者欲其入,即入之。子婦入室省而勿問,候而勿請,其寒温安否、動移起居,待病者自言而後應之,非孝子也。

飲食先給直於販徒,難得者、新者、美者以備緩急之思。陳甘旨於目前,以觸見聞之嗜。飲食冷則水以百沸而井浸之。不欲食無强食,偶欲食無多食。可悲、可怒、可憂、可思、可厭之事,即急,勿以告病者。病者欲樂,則用管弦歌拍以娱之,時花新果有得必獻,可冀一樂。香欲清淡,用否惟命。勿呼安,勿動誤,勿正欲勿違。諸藉身者,大小如式,欲綿欲柔。行圊藉以柔圍,備二三,欲便溺則子婦皆退,惟侍者留。不能起則穿床而置器於下,畢則子婦入,潛移置而更之。涕唾盂帛各二日濯而更之。

鹿醫、不誠之醫、行道之醫、不讀書之醫、泥書之醫,皆勿用。有良者,雖遠必致之,拜而敬禮,檢方製劑,煎藥必親手,將進必親嘗。煎藥不於病室,醫勿驟易藥,勿雜更。百病先冒冒,有所思無以藥。禁病者自問狀,言減不言增,言輕不言重。

子婦侍疾,必强飯節勞,更番休暇設亦疾焉,諸將奚賴。病篤治後事,無令病者聞之。在侍無慘容,無憂色,無泣狀。强愉怡以慰病者。流涕而侍疾,非孝子也。將死未死之時,形氣欲離病者,百種困頓,紛紛問苦,群擾雜哭,恒化亂神,非所以安死者。仁人孝子强制其情,不可作兒女態。

修墓禮

古者墓而不墳,示無見也。無見者,保萬年之體魄。中古三尺,後世崇之,以爵爲尺,示有見也。有見者,觸千載之心目。晚世以屋以樹,俾作神醫,總之如生如存之義,致愛致愨之心,顧子孫之孝思何如耳。禮,士葬不踰月。今也子孫重利益,惑年命,各爭所欲,遂致數年不得入窀穸,不火其書。禮法不行。

葬日忌十二相所屬,致有子婦不送喪,不見櫬,重禮者非之。後欲高前,欲下左,欲揚右,欲抑天地之大勢也。墓無守者則荒廢,無墓田則難守。必置田以贍之。主人命子弟月有省,時有治,歲有際。

封内有舊墓，雖貧雖孤無遷。生有鄰也，死獨無乎。擁從環繞，胡爲乎不可。無子孫者，節序有惠及焉，無使餒爾。

女子禮

世俗養女，第驕之耳。使女終於女即驕也。母家得逞，無長幼尊卑，胥讓焉。一爲婦，而人人下之矣。假令胥讓若母家也，婦乎非婦乎，積漸不平，厲以辭色，拂其氣習，非死則病，是驕之乃所以殺之也。

女子德性，婉娩温柔。事無大小，稟命而行。不宜剛强執拗。紡織女工第一要務也。八歲學作小履，十歲以上即令紡績，十二以上習茶飯酒醬醋，十四以上學衣裳織佈，凡閨門之事，無所不精，至於描刺挑繡，雖終身不會，不害爲女子。女子之言，安詳沉重，不可煩瑣，不可粗暴，不可高大，不可花巧，張惶僞妄。女子先策懶惰，懶惰最易貫身。以積惰之身值佐勤苦之家，廢時失事，何以事舅姑佐雞鳴之夫子乎。女子先要慈悲寬大，此是積陰德福子孫之人。難事之女，性如烈火，慘刻暴戾，小女奴身無完膚，天理心亡，惡怒横逞，不但壽命不長，將必子孫乏絶。故擇婦先善良之家，如此性行，切無與昏。

婦人禮

婦道所系之重也，先祖之續絶，舅姑之憂樂，家道之興亡，邦國之毁譽，門户之榮辱，子之死生賢不肖，於斯人焉系之。婦人者，伏於人者也，雖有頑悍之惡刑於所化，家教所束，孰敢自肆。而始來嫁時，承以黤之褻狎以悦之，柔溺以逞之，恣所欲以狥之，積漸所浸，愛斧所劫，夫權漸移，雖舅姑不敢誰何，他可知矣。婦道無良，夫之罪也。作婦人禮。

夫婦交拜，敵體之義。余家節序，生辰兄姊受弟再拜，夫亦受妻兩拜，有過則長跪而遜謝之，免而後起，雖覺過嚴，亦抑陰之道也。村俗於入閨時夫揖而妻不答，可謂無忌憚之極可知矣。

夫家弟妹妯娌舅姑女奴類，能焚爍誣謗新婦，要當處之有道，不倨慢，不疎嫌，不忿疾，謙厚和平，一團和氣，各得其歡心，則百釁不生。至於隨嫁女僕，常加戒飭，勿生事端。所學言語，切勿過聽，倘相爭競，只責女僕，又勿過激，嫌於賭氣。此一家禍福生死所關，愚者每道使言是求禍也。

女子無入門便熟爲婦之理，舅姑夫子必耐心教道，假之歲月，始可繩其過犯。不然彼此怨惡，終相齟齬也。

婦人之禮，雖不悦於夫子，不敢徵色發聲廢食使氣，嫂姊亦然。降心以遜謝之，彼自生悔。至於待下，亦不可過刻輒加淩虐，常是寬平低聲下氣，方是賢人。

辛未祥寓都門，葛山公手一書相示，則吕子《呻吟集》與《四禮翼》，讀之，語語驚心動魄。其於學者病根如入肺腑，逐人而代爲揭，不覺汗流浹背。京師回，每追憶不忘，僅記數條而已，書粘座右，以當師保。甲戌予住南勝書院，蒙撫臺陳桂林先生贈以是書，驚喜欲狂，思欲付梓，以廣於世，而力未逮，兹謹附之譜跋。其尤精粹者，以公之吾宗，俾子侄得時時披閱，其有益於身心者，當不少云。

榕林子祥謹跋。

崔瑗座右銘：

無道人之短，無説己之長。施人慎勿念，受施慎勿忘。世譽不足慕，惟仁爲紀綱。隱心而後動，謗議庸何傷。

（何子祥編纂《［福建漳州］漳泉何氏族譜》
清乾隆二十年刻本　1928年平和琯溪華英書社工藝石印部翻印）

漳泉何氏家訓

一、家廟祭祀之特，俱當儼恪整肅。祖宗往矣，微丹寸誠，藉此稍伸，而慢誕、跛踦，報本之謂何。玆於祭儀，經酌定外，尤願我家衆子孫心神中，著實見得祖宗在上，細思當年如何創始承家，如何積德累仁，我子孫始克繁衍此土，則居處笑語，飲食嗜好，無不畢彰。《記》云入廟思敬，敬心生，則禮儀不期肅而自肅矣。且於祖宗所傳不期愛而自愛矣。

一、廟外公禁之地，俱當永遵勿犯。蓋以地結堡中，以能氣玲瓏爲主，方能發福臻祥。而植柱笆籬，勢必擁塞，毋論通族有關堡中人先不利也。至於神道尚幽，廟貌貴潔。而大門前曬穀，石埕打稻其可乎哉。玆已列逐年脩理，永定冬祭之期。凡在堡中叔侄，人人可以瞻，時時可以保護。不比別姓雜居，易犯難曉而故違焉，是忘我祖宗矣，忘祖之人可與齒乎。則有懸牌之法在。

一、墳墓爲祖宗藏魄之處，子孫命脈攸關。而要系所在修行，開剥，是誠何心。大抵此等，是平日咆哮已慣，刻薄性成。因而欺祖瞞宗，乘便利近。不則不肖，被落輩賤價包討，當事者貪小便宜，陰示而陽爲不知也。知者迫强弱不敢言，言者慮得罪又不敢盡。迨至通族知之，山童矣，石琢矣，樹削而崙平矣。其人雖萬死於通族何補。玆於勒石外，再行刻譜叮嚀，猶有人心，自當愧悟。嗣後仍有犯者，家房長僉呈公革外，於其子孫永不許人廟。

一、孝弟爲立身根本所在，孩提同然之理。而人往往反之者，總爲一個利字起見耳。利之所根，則又在把個我字剔清。單單粘連在妻子身上，便把父母看作公共、兄弟視作路人矣。病根所在，十中八九又安問其愛敬如何，禮節如何，戾氣潛滋，種種相傳日甚一日，底於傾覆而後已。乃覺始之爲利，實乃種害。始之爲妻子起見者，終之而妻子先不爲我起見也。何如萃太和和氣於堂幃之中，其爲樂大乎。元氣一到，百昌皆發。和氣所釀，百福咸臻。聖賢千言萬語教人，總從此二字實地做去。爲子弟者，可以勉矣。

一、源流宜清。伏讀祖訓，有螟蛉不昌、假胎無後之説，誠至嚴至切。蓋種類既殊，精氣各別，物無兩大，鬼神不歆，非享杞鄫，嬴吕可爲明監。我家素嚴此例，近有一二已革清外，日後有從華宗過繼者，即當謄清本生父母名字併坐址，以便家房長查考。考定然後許與新男孫一同報名，大宗懸燈結彩。違此俱作螟蛉論，不許入廟，不許登譜。

一、婚姻宜正娶。婦重家教，嫁女重郎才，切不可爲財帛上起見。媒妁之輩，不是誇富貴，便是説品貌，烏識婚姻爲人道之始，而求至當乎。悔於終者，皆由不慎於始。婚配者知之。

一、閨門宜肅。吕子云，家門中只爲少個禮字，便自天翻地覆，百禍千災皆從此出。古聖人嚴立之限，坐不同，授不親，器用各別，意念深矣。每見鄉里人風甚純厚，一慕世家不拘之説，謂爲大方，其害立見。糸則嗃嗃嘻嘻，吉凶辨矣。寧嚴毋寬，寧方毋員，傷風敗俗，男革女逐。

一、黄耇當敬。三代以來，制雖異尚，要不外一齒字。夫子云老者安之，何等體貼。孟子云，齒一何等尊重，風之頽也。富貴中有老，貧賤中無老矣。甚之一本所出，少年輩頗得温實，或前程在身，視本族寒淡父兄，言語間若有不屑之意。或時侮弄壽促福薄，不亦宜乎。玆公禁，有不循分輕慢者，聞公罰，凡承呼趨命一歸儼恪。

一、交遊當慎。此是身家性命生死關頭所系，爲父兄切不可不謹。大抵子弟初生都是好的，總爲無識父兄既失教於前，仍聽其交遊匪類，耳濡目染，便自心膽漸漸粗邪起來，面目日見可憎模樣，此時已不知倫理二字爲何物，方欲化以善言，責以正道，譬如纓珠絡於生獸，鼓笙簧於鷙梟，不踣囓則飛走矣。而其甚也，禍且難以明言。豈狼子野心，生成便爾，要自父兄縱令以至此極。吾家風俗淳樸，喜少此等，然亦須防微杜漸。兹通族約，凡有異言異服，遊手遊食輩流入吾家，隨地盤察，切不容子弟濳與來往，或收留在家。出外生理，各當時常照管，不可令此輩誘入夥類。違者，家房長稟官究治。

一、本分宜守。太凡自食其力，最是快活。各安其業，最是長久計。世家甲族，祖先總從本份上勤苦積來。無良輩遊蕩既貫，費用又滑，不肯認真子本業勞力，每從險途妄思僥倖，幸而偶獲，隨手便散。一經發覺，贓罪兩及，所得豈償。鄉里左右未聞以此發家，但聞其以此喪命。此迷不破，真是苦海。何如父子夫妻各盡其份，粒積因可致富，菽水亦可言歡，相懸不天壤别乎。

一、俊秀宜培。范文正云，吾宗人雖有親疏，祖宗視之則一也。況才之難也，此尤祖宗所愛惜者乎。顧或限於見聞，或迫於家計，苗不逢雨，槁矣。兹父兄議，凡先發者，學問爲族所推者，有質必傾腹剖析，有文細心批閲，俾得相緣而起。子侄亦宜虚衷鋭志，以無負父兄一片美情。若夫請名師令寒淡者得從學，風彌尚矣。

一、過客當尊。單子卜陳，緣其待客之無禮。《易》云，有不速之客來，敬之終吉。蓋敬人爲敬身之本，而罪莫大於傲也。嘗見將興之家，子弟恂恂，其父兄雖極鼎盛而意古貌恭，謙牧之意，挹取不盡。而妄自尊大者，偏見之鄉，僻細之人，或怪過客不下轎，或客地而箕踞坐視，甚有問津詢路，略不答應。此真《詩》所謂人而無禮，《論》所謂"互鄉"者矣，可恥孰甚焉。願吾家切戒此種氣習。親友長者經過，立道旁讓步，有下輿者，急請升轎。欲往某家，近者躬引，至遠者爲指道路，曲折備詳。悉遇群坐，各起傍立，面向客，客尊先揖，並輩同揖。庶幾詩禮之家昌隆可卜矣。

一、族誼當敦。一族之中，同出一本，而旺盛有鐘、正當憐孤恤寡，扶危濟困，以報祖宗之恩。豈可盈幾貫財，多幾許丁，靠近負隅，便視宗姓如下户，魚肉任意。大道好還，其貫易滿。他日伶丁受侮，即今日之恃强欺人者也。以古擬今，百不失一，可以悟矣。受欺者，投明家房長，共稟官究治可也。

一、唆訟宜戒。此等人不是社鬼，必屬狀師。離人骨肉，生人是非，即托義憤，要歸利心。不有明誅，必膺冥譴。蓋滿心都是荆棘，一口無非冷刀。祥平生於此等人不但惡之，抑且避之。吾家子弟，切不可爲其所陷，到得悔時，産已傾矣，身已辱矣。籲，可畏哉。

一、戲鬮當斥。娼優隸卒，原屬至賤之列。不肖子弟以其一瞬爲榮，如狂如醉，就中生出是非，至以身殉之，父母何賴有此子也。至正人君子，即有好事演戲，其點單亦宜以主於忠孝廉節。語云，勿看把戲，弄出把戲。學好難，學歹甚易。有家法者思之。

一、賭博當絶。社稷之子，或在畎畝素封之家，忽爾冰消，都爲這二字，鄉里尋常比比矣。本房自先君嚴革後，四十餘年風清盗絶，非明驗乎。兹公議，不論人等，遇有賭者，即取其賭具交地方稟官。抗拒者，衆共攻之。

一、誹語當嚴。道書云，淫殺口過，絲粟有報。國子見殺，伯宗逢誅，盡從舌根種來。況淡閨閑發陰私，吠聲吠影。更有謡詩，把清白人拖入黑暗中。如此等人，如何得了。夫是非自有公論。冤痛或生覆盆，彼如目覩乃爾耶。此風一行，勢必轉相慕效。雖啣血自汙，要有關於風俗者甚大。犯者，直當革及子孫，非但本身已也。

一、家長當正。吕子云，一家之中，要看得家長尊，家長尊則家治。顧非能强人尊也，要在公正不私，處置得宜耳。國初曾叔祖父衡士公主家政數十年，人希到縣，望廬相續，無不悦服。丈回一宗，尤爲通族蒙福，而未嘗枉取一文錢。爲鄉祭酒，不當如是乎。若家長正，而所斷不從,則族共斥之矣,又誰敢袒之乎。

(何子祥編纂《[福建漳州]漳泉何氏族譜》
清乾隆二十年刻本　1928年平和琯溪華英書社工藝石印部翻印)

漳泉何氏通族習慣法則公例

冠爲成人之始,禮所最重。今但以將昏之前擇吉,前一日主人以冠期告於祠堂,延親友中有品誼者爲賓。是日主人以下序立於廳東西向。祠堂近者,即就祠堂。禮賓至,主人迎入,賓升立於廳西東向。賓主交拜訖,執事者布席,席席用紅氈,一在西東向賓位也,一在東南向冠者位也。賓及冠者各就位,冠者適房服親衣戴舊冠出,賓揖,冠者即席,爲去舊冠,加新冠,祝辭以敦孝弟、勤學業、立志克已爲勖。賓復位,冠者適房服斕衫,仍戴新冠出,賓揖,即席爲去新冠,加雀頂冠,祝辭,更以成人之道加勉之。賓復位,冠者適房服朝衣補服,仍帶雀頂冠出,賓揖,即席爲去雀頂冠,加朝帽,祝以立身行道,顯親揚名爲勖。賓復位,執事才進酒於賓,賓以酒奉冠者凡三,謂之三醮。冠者飲畢,南向再拜復位,東向答拜,乃字冠者。賓能文者可爲字說。賓出就次,主人以冠者見於祠堂,冠者乃見父母,遂見於尊長及諸親,乃禮賓,豐約稱家。貧者廟饌用三葷二素俱可。賓退禮畢,次日冠者見於鄉先生及父之執,女俱加以訓辭。若非世族宦家,則止行一加禮亦可,如雀頂斕衫是也。農商之家,只用新衣冠亦可,祝詞勉以孝弟勤儉之類。

女子將嫁之前,擇吉行笄禮,母爲子先期戒賓。擇親姻婦賢而有禮者,至期序立,賓至主婦迎入,升堂交拜,不用贊者。設賓至及笄者位,加冠之儀將笄者出房,賓揖,即席行加笄禮,祝詞大約主以孝弟、宜家爲勖。乃醮,笄者飲,再拜,賓答拜,乃字。主人以笄者見於祠堂。笄者見於尊長,乃禮賓。

男子年將及冠,聰明之廓開者,此時嗜慾之潛滋者亦此時,不加嚴誨,後不可救藥矣。故自幼小即宜授以文公《小學》,葆其孝弟仁讓之心,稍測評於立身用世之略。冠時又加諄勉,不必用禮記舊文,但貴簡,要懇切,使有以動天,終身守此而充之,則子孫才而賢人出矣。此在爲父兄者與爲子弟者勉之而已,幸勿視爲其文也。

女子平日在家固當以孝敬貞順爲勖。至加笄又加諄勉,不但笄者有益,時女党咸在聞之,亦可以警勉,而於家道大有裨補。嘗見有一種鄙俗,欲其女既嫁而抗夫,且以夫之屈於女以爲喜者,是使其女有不令之名,母家有不良之教,而生子亦必愚且悍矣。戒之。

婚姻爲正家之始,禮之大者。吾閩昏禮,由納採納幣,請期而親迎,皆依《家禮》。但鄉俗間有不親迎者,有親迎而不奠雁者,有略於醮子醮女一節者。請言其概。將昏,主人告於祠堂,遂以酒醮其子而誡之,子受酒跪聽訓誡,大約正位刑家,和而有則,敬以承先爲勖。子再拜受誡,遂出,升車至女家,俟於次,女家主人告終祠堂,遂以酒醮其女,而命女受酒跪聽,大約以孝舅姑,和娣姒,無私貨賄,確守閨範爲勖。女再拜受命,復再拜辭於親屬。親屬合辭曰,敬聽汝父母之言。主人乃出迎婿入,升階奠雁,或代以鵝,或刻木爲之,置於地,再拜。主人不答拜,姆奉女升車。婿車先婦車,至家婿婦交拜,飲合巹酒。明日婦見舅姑,遂見諸尊長。三日廟見。厥後婿往見婦之父母,婦父迎送,揖讓如客禮,拜即跪而扶之入見婦母、婦黨諸親。

婚姻之際,生民之始,萬福之源。古人所以重刑於之化也。嘗見有子弟初甚諄謹,娶婦不數年,薄孝敬而重財産,質性大壞者。何以潛移默化至是,蓋婦人之性好貪小利,好佔便宜,好生言語開嫌隙。苟以其吝嗇爲節儉,溺而爲所化焉,何所不至。必勖之以孝睦,告之以大義,以感其性；惕之以外議，歆之以名譽，以動其心，且謂將來生子賢愚貴賤皆由於此，則將爲我所化矣。

玆約新婚賀儀定七十文，至親家富與外戚不論。如無力婚嫁，厚相幫貼，則好義之風更爲可尚，家之興也必矣。

逢父母大壽者，先五日送禮，以便備席。賀儀定八十文，不得過豐，貴情真禮淡。如或主堅辭，親從拜壽待麵可也，不必設席。斷不可不往，致親誼恝然。

初喪易服，去華飾，耳來是變服。被髮徒跣不食，斬衰三日不食。立護喪，以族戚知禮者爲之備俱，訃告於親戚友。制服制，沐浴，襲飯含遂奠。用病時所食膳羞，餘或添些新饌，主人惟俯伏哭，不祭酒。設帳目馮屍哭，擗踴無數。

小斂袒括長髮免髻。大斂遂設靈座，設佈帷，立銘旌，設靈床於柩東，奠主人以下各歸喪次。主人兄弟寢苫枕塊柩旁，其余各歸喪次成服。夕奠孝子始食粥，哭無時，朔日則朝奠設饌，饌加盛，總不親獻祭酒，蓋禮虞祭以前奠而不祭也。有新物則薦之。

凡來弔孝，子俯伏於旁，弔畢出位叩謝。百日卒哭。古者三月而葬乃虞，虞而卒哭，今容有不能三月而葬，故姑從百日之制。宦家用豬羊。孝子始蔬食，寢席枕木。

期而小祥，再期而大祥，始飲酒食肉。復寢禫月畢，始服吉。

凡聞喪奔喪之禮，始聞親喪，哭，易服遂行，道中哀，至則哭。望其州境，其縣其城其家皆哭，入門詣柩前，再拜變服就位，哭。此及變服也。後四日成服，若未得行，則爲位不奠，哭如儀。若喪側無孫，則旅次設奠，變服以聞。後第四日，在道至家，皆如上儀。

若喪側無子孫，則在道爲位設奠。古未葬不卒哭。後世過期者多，故唐開元禮，權爲百日制。乃有未及百日或只四十九日而卒哭，均爲背理。

禮三月而葬，今人多不能卒辨。然最遲亦不可出三年服之外。擇地空穿壙祠土地，以親賓吉服代祭，祝文云，維年月日，今爲某官某卜其宅，兆神其保佑云云。朱子嘗以后土對皇天爲僭，吾鄉多於石牌上書曰司土之神亦當。設婦人幄，在壙旁數十步。至期奉魂帛，朝於祖，朝畢，還奉魂帛於座，遂設祖奠，遷柩就轝，設遣奠，奉魂帛，升車柩行。主人以下男女哭從，有服之親次之，無服之賓又次之。靈車至奉魂帛就座設奠，棺至奉置於壙前，乃下棺，下志石，鋪銘旌。主人當壙邊輟哭，臨視務極詳審。

志銘之説，古人用意至深遠，江外皆然。吾漳人獨不爾，甚爲可怪。且宗族賓友俱可從實謄記，非攀缘貴人也。即無勒石，用新紅磚寫安穴中，亦百代不變約與。吾族毅然行之。遂祠土如前儀。題主，埋魂帛於壙旁，奉主升車遂行，途中哀，至則哭，至家望門哭，至廳事設靈座，遂虞祭。虞者安之也。虞祭則行祭禮矣。葬在三年之外，至家亦必補行虞祭，重服哭拜，然後於祔廟時用吉祭，不得徑於墓中吉服以拜途中吉服送歸。

謚者，朝廷所賜，不則歷代名賢方有私謚。余從不得僭謚，且重踏可厭，有別號者謄別號，有宫爵者謄膽官爵，余行次與葬處坐向，享壽謄陷中。

忌祭是日不飲酒，不聽樂，不内宿。素服終日思親。

墓祭儀同時祭，而去飲福受胙。拜畢環繞省視，除草棘添土，乃佈陳饌，先祭福神，次祭考妣。古者祀福神以大牲醴，今人菲薄，似覺輕慢。今後牲醴可與墓祭一樣，以盡祭先祀神，孝敬切不可苟簡失禮。

父母喪，五服内拆賻，儀七十文，或斗米。大家齊奠舉哀。期年服百日内朝夕哭。族黨親友弔祭，則雙雞罇酒，或饌盒香燭，便足將誠，無事過奢，以費主人。非理事人，不得食於有喪之家。服外弔祭，用素衣涼帽胎，不必送白。外氏至，不出酒，不貳殽，以示吉凶同患之意。孝男在喪次，無出外迎接之理，以親人代之。外氏入，孝男以下，稍離靈前哭跪接，仍還喪次，俯伏哭，極哀。孫與胞侄陪拜。禮畢，稽承慰問。外氏列坐堂左，孝男仍苫次含淚答應，出再叩頭，不哀。

佛事儒者不道，親有遺命從之。亦須存大意中以寓孝思。三天五天，男疲婦倦，毋論精神有限，婢僕乘機竊盜，害有不可勝言者。至請經之説，尤爲不經。孝男披蓑帶粗，喧以鼓樂，耀以旗幡，行於里中，自爲榮幸，可謂哀樂。哀樂樂哀，忘親之甚也。士君子審之。

三年喪，吉凶不預，非大不得已，何苦憧憧。今人甫卒，哭儼然，請客就宴，期不論矣。甚者孝服觀優，佇衆人中昂昂然如標其首，此尤其最可惡者。玆公議，即有不得已事，到親友家，俱用白衣冠，不得避忌。死者，人所不免，誰無父母，而云不吉利耶。況不得已者，非流連慶祝之謂。君子愛人以德。凡有大好事，亦不必發貼請丁艱人。丁艱人亦不得送賀儀，避小嫌陷大過。

父母當孔棘之日，終天之恨，恨不能代，痛心傷魄。一時半刻之間，親顔永不復見矣。乃有預先剃髮以俟，或甫瞑而遽剃髮爲百日地者，親未死而子先死親矣，籲，痛哉！何俟嚴禁而後知乎。

拜謁稱呼定例。凡賓客謁見之禮，主人敬客，則先拜客。客敬主人，則先拜主人。凡受女婿及外甥拜，立而扶之。外孫拜立而受之。拜業師，業師受兩拜。拜父執，父執或立而扶之，或半跪而受之，不宜答拜。凡胞伯叔父胞兄受弟侄各二拜。大功伯叔受一拜。大功兄則扶而受其一拜。俗有兄弟同拜者，大非。且起少陵長之漸。余凡族中之尊長，子弟拜之，尊者扶之，長者跪扶而答其半。其有齒德殊絶者，受拜亦可。

凡朔望須其衣冠拜祖宗，家中拜父母。凡有外出及初歸，必向祖宗父母前跪告，再拜。出必告返，必面之義也。

凡族中相呼，以齒輩行次，不可有慢忽之心。鄉俗或稱上號，不經之甚，宜禁。

凡長者尊戚坐。子侄輩至，尊長起立，緊兩手垂直略曲腰請坐。平輩用兩手拱揖請坐。走過如之。少年輩多用一手，不恭甚矣。

書劄凡稱伯叔，不論親疏貴賤，皆稱伯父叔父。凡胞伯叔父、胞兄寫家信與弟侄，則曰某行伯叔父、某行兄字，與某行某弟侄。如今俗有列名於後者，大非。凡大功伯叔、大功兄，則於書末平列某行弟侄知，後寫伯叔兄某字具，不稱名，而稱字。

對客稱别族前輩，或就客稱其本族前輩，曰某先生，曰某老先生，冠以别號。尊貴者曰大人，曰某公。冠以官銜，如大小宗伯，大小司寇之類。村俗每連姓名稱先輩，不經之甚。本族弟姪稱呼，則以行輩，曰某行兄，某行伯叔。

（何子祥編纂《[福建漳州]漳泉何氏族譜》
清乾隆二十年刻本　1928年平和琯溪華英書社工藝石印部翻印）

蕭　氏

閩臺書山蕭氏家規

一、嚴訓八誨

凡子孫而能言行之時，即教之以安詳，恭敬。至七歲以上，使之出就明師，讀文公《小學》，務要講解明白，使其知孝弟忠信禮義廉恥等事。其稟性聰明者，加讀四書五經，古文左史無不習讀，此志遠大者，所當然也。否則一書用之不盡，要必得之於心，體之於身，無爲句誦詞章之學可也。若夫女子，則自幼教於婦德、婦言、婦工、婦容。其品貌天性若有過人者，使其讀《烈女傳》，庶乎長大適人，必知所以執婦道矣。

一、重禮教

凡冠婚喪祭之禮，人生始終之事畢矣。世人不悟，至於喪祭，每酷用浮屠，而禮教爲之大壞，哀哉。吾曹氏琚始向學時，即去浮屠不事久矣。其以禮義節文，雖爲能悉，而於先哲遺范亦不敢違。今後凡遇吉凶之事，要當一一尊用文公《家禮》，厚其宗族。凡遇宗族有吉凶之事，要各行吊慶之禮。或用乏罹於患難者，族之賢而尊者宜倡義率衆，隨家厚薄各出所有以周濟之，惟務實用，不惑於世俗以事齊醮，致令費出無經，何益之有。其或族人被人非禮陷害，則必協力以救之，救之則必退遜而避之，避之不得而後赴訴於官，聽其常法處之。若自己爲非，招人淩辱，則當先自痛責，然後從容婉曲爲之求解，慎勿恃勇相鬥，無曰彼來先施也，我有宿怨也，率之坐待其斃，悔無及矣。

一、崇敬愛

凡爲子孫弟侄者，呼父母必怡顔悦色，事兄長及伯叔必謙卑。遊息偶坐隨行，時而侍側，不問則勿言，不命則勿坐。凡稱兄弟伯叔子侄嫂嬸姊妹，以及親戚，必以行輩，有呼而對則以應，授之以誠則克勤克慎，命之以事則奉行不違，有所訓誡則聽受而服膺之。或有理之責，則勿較其是非。如遇父母有過，則微諫，或有不聽則託諸母及得意族人而達其情，毋忌諱以陷親於不義，毋妄言以激親之怒，而自取悖逆之罪。至於父母、伯叔、姑侄、姊妹，無不皆然。乃若撫之以恩，與之以均，接之以禮貌，則居長者所當然也。

一、守儉約

凡儉約最爲可久。今日世俗侈靡，耗一小物即失敦厚。如衣服必以布帛爲重。子弟當弱冠以前，毋令衣羅紗綾緞錦繡色衣。既冠而賢，則量給一二，以爲吉禮出入之用。不賢則勿給。然雖，賢德子弟，其於平居無事，亦不許錦衣也。至於日用飲食，以蔬菜重，故不得私以酒食自悮，必有故而設。然常事饌不過四五品，酒不過六七巡或十巡而止。賓重則饌用倍之，而酒必如數。或有不常之會，則設饌，亦必斟酌豐約，適宜而已，決無染習世態，以致杯盤狼藉，費出無經。乃若奉養父母，則竭力於其當爲。輕重其慎擇之。

一、勸生業

凡生業不可少廢。子弟至十五以上，擇其聰明者責之儒業，而貲其費，俾得專業。又必擇賢師益友，以正其從違。庸下者，則令其或務乎農，或精乎工，或經營於商賈，各占一業，務其成效。婦人則專紡績，以供衣服。其或飽食終日無所用心，以至老死牖下，終無一善成名，豈不惜哉。凡其所圖生計，又要一一循乎天理，否則今日雖得，異日必失之，可不慎歟。

一、肅閨門

凡閨門不可不慎。婦人鮮知禮義，爲其夫者，必於平居之時，先以正尊之，如姑舅則先系之以敬，待妯娌則先示之以和，御婢妾則先示之以慈，鞠兒女則先示之以愛，待骨肉則先示之以勿薄，遇外來之事則先示之於衆。必嚴其内外，謹其出入。有不善者，小則小斥之，而皆待之以恕，使其得以改之。其惑甚焉而有害於大倫，則必割愛以全之、斯亦不知爲過。

一、恤孤寡

凡孤兒寡婦,世之大不幸也,君子之所憫也。吾宗族不幸有如是之人,必仁而撫之,禮貌以遇之,視其缺乏以周濟之。至於當時之財産則勿侵,倘來之苛孤則勿擾。其或爲之孤者,父母俱亡,年紀尚幼,須鞠養之,如己所出。寡而無子者,志堅守節,尤當加敬,爲之求嗣其後可也。

一、厚姻戚

凡待外戚,不可以遠近有間,妻氏親屬既厚待之,父母之親尤所當厚。至於祖父母及伯叔兄弟之親,亦不可薄。如接遇之情,以饋遺之儀,弔慶之禮,皆不可忽。富貴者毋親棄於貧賤,貧賤者毋怨望於富貴,各自盡其情而已矣。

一、睦鄉黨

凡處鄉黨,當以古法,出入相友,守望相助,疾病相扶。乃若以强淩弱,以衆暴寡,以富吞貧,横暴者以欺其良善,此後世之弊,最爲可戒。或有非禮以加我者,則避遜之而勿較,其或不得已避,則國有常憲,不必私與之爭。孟子所謂行有不得者,反求諸己而已矣。

一、御婢僕

凡待婢僕,當善御之。寒則給之衣服,餓則給之飲食。用其所長而不責其所短。如或頑惰,且誨諭之,不可過責。輕則少加訶責,重則箠之數下,不可深箠。責之後,呼唤使令,辭色必如常,以釋其怨。或狠戾狡猾之徒,察其全不堪用,早宜遣去之,慎勿因循久留,致生他釁。又當禁約子弟婦人,不許輒因小失鞭撻童僕。婢妾有過,則告之家長,爲之行責。毋懷恨不發,使其畏罪不安。

一、供賦役

凡民之供乎上者,賦與役也。每歲該辦錢糧必須及時繳納。苟遷延怠緩,致里胥往來催償,甚則必取官府鞭箠之辱。至於差役之來度,其果相應也,則依期趨赴。或重大而家力之不堪,即當順其情而控訴之。苟或怠玩,則文書已行,事更難改。亦或期限已過則必悮事,而法自不容,提鎖囚繫之尤勢所必至,豈不益取辱哉。乃若在官,錢糧慎勿兜攬,萬一有失,必至鬻産賠償,所損多矣。

一、遵規戒

凡家訓蓋將用之以後。古人敦睦之風,期吾族人世守而行之。或有不悟而違之者,則當以時祭既畢之余,讀家訓時,家長舉而責之。如改則恕,不改則玷家聲,就於族譜内削去名字,卻於譜傳之中略記其削之故,庶其知所警云。

明皇正德四年己巳歲年家眷弟廣州府知府曹琚敬書贈。

禮規小序

黄魯直云,人生須輟生事之半,養一佳士,教子弟爲十年之計,及有可望。袁中郎戒友人書曰,河邊肉鋪,三叉港口,乃非陶鑄學人之所。蓋子弟讀書日有其人,又貴有其地也。夫挾妓賭博固如猛獸毒藥不可迎,若杯酒清嘯,偶爾爲佳,日日徵逐亦成惡趣。徐家肺、杜家脾,貽笑千古。故子弟穎敏者,速崇師守塾,約束照明,使之温習經史墨卷,十年便成佳器。或不檢束,徵逐嗜好,遂爲躍冶千里之駒,僨俵之犢,可不慎歟。如根器頓鈍者,又須日課月程晝作夜者,做古人嚼鐵磨杵之説,及從漸漬薰心,久耽成嗜。語云,考者不遇習者之門,苕箒不爲禪,歸師石頭尚能點悟,變化氣質,皆從學問中來也。至若昔人所云學者治生爲急,子貢散財不妨四科,亦須如玉種藍田,所云足當自止,恐籌事大熱,心計轉賒,漸入商賈之路也。

文學小序

謝大傅問諸侄子弟，亦須何人事，而欲其佳車騎，譬如芝蘭玉樹欲生庭階耳。若貪喜紈袴，日事征逐，不使讀書稽古，是美人而髡其著，孔雀而鎩其羽也。近世士風日下，忠者挾律舞女，奸者諛孤媚鼠。珊瑚之樹，變爲厹予。翡翠之禽，化爲鵾鳩。秦之士賤矣。獨不聞宋人有言曰，擁萬卷等於南面百城，則讀書是富貴人。明人有言曰，掃地焚香清是福，擁來書卷福添清，則讀書是清福人。回道人有言曰，白酒釀成因好客，黄金散盡爲收書，則識書是神仙。甚矣，族人之有文學，猶玄圃之夜光，薛門之青蘋也。

孝義小序

天道之於富貴爲庸俗之物，不堪矜恤，惟忠義孝節之人間氣鐘焉。然庸行盡人可能，至德因心即是。郊天之鼓寧割麒麟之皮，篤《孝經》者，豈必曾氏之册。夫子曰，謹身節用，以養父母，此庶人之寫孝也。況蕉飯甘瓜，葡萄桑椹，非人間異端之物，紀之史册，人皆奉焉。天珠琬琰，信乎孝無終始，而患不及者未之有也。若夫舍肥取瘠，損麥指囷，考亭有言，宰相曰，有可行的善事。秀才曰，有可行的苦事。未可以多寡難易論也。

贈助小序

誰握麒麟筆，都乘鸚鵡車，勿將乞米帖，認作絶交書。況編蒲扣角之人，環堵有壁，謁闍無金。然夜讀之糠，豐以膏釜修脯，貨之誰家；畫書之荻，旋以米薪珠桂，籍於何人。任昉有言曰，爲惠須及時，勿待秋涼日。杜少陵詩云，所來爲宗族，亦不爲盤饗，勿受外猜疑，同姓古所敦。惟願豐苞有燕翼之安，脊令急在原之義，庶長安鷫裘，免典爐邊之酒，楊州鶴背，共看杏苑之花。

世系小序

禮曰，上紹祖禰，下治子孫，旁治昆弟，合族於食治，釐而正之也。世而名之，以系長易湮，續之使不斷，系老易淆，理之使不棼，條緒井然，而後經緯生焉，花萼雲鳳，龍文燦焉，盛以筐進，正尚方焉。故知派别而後識所自，行列序而後知所親。若强弱相淩，貧富相耀，如同一姫姓，滕薛爭長，蔡衛爭先，史册譏之，爲作世系考。

祠祀小序

君子將營宫室，宗廟爲先。凡以神之焄蒿悽愴，與祼獻祀痓，必有其地也。古者支子不祭，必於宗子。蓋宗子者，神之平日所居，其祭器祭服皆以宗子藏之。近代立之以祠，以士庶家嫡，非爵位宅第，則湫隘塵囂不如祠之塏塽還肅也。是楊季一區，百世英名所擅。而五畝之宫，桓南郡不得毁，集之也，世世子孫保守勿替。

祭田小序

大孝不匱，傳施備物，未易言也。而父母既没，而必求仁者之氣以祀，則又誰求而誰與之也。此祭必立，以田薌合明潔，於是乎出籩豆之寔，陸崖之醢，於是乎資焉。然不敢多，多則起其間爭侵之虞。又不可少，少則有二簋不備之尤。故寢坵三百，僅妥若敖之祀。板許二易，遂弱魯鄭之封。是以君子雖貧不鬻祭器，雖寒不服祭衣。原田晦晦，先靈之口澤杯棬存焉。

圻墓小序

祭墓非古也。自唐代天子以淡服祀陵，下逮臣庶皆比，清明令序上塚掃塋，一時行之爲教孝興仁，沿之遂成古禮。考柳子厚與許京兆書，近世禮重祭掃，每遇寒食，士女皆遍郊原，馬醫夏畦之人，無不受子孫追養。先墓在郊原，盡哀墓墳，懼毀傷柏木，以成大戾，則撥諸孝子，悽愴惕怵之心，亦有所必欲展者也。而況玉魚出青隴，半田盜采松湫，石麟卧荒郊，都録帶劍上陵，是以孝子立廬墓之室，古人重守塚之户也。

（《[福建臺灣]書山蕭氏族譜》 1990年臺灣鉛印本）

閩臺蕭氏書山派家訓

興嗣引

嘗考之《祭義》曰，祭不欲疏，疏則怠，怠則忘。是知祭掃之舉，上以妥先靈，下以敦族誼。詎典煌煌所系，非淺鮮也。吾家肇基以來，迄今計世十六，本支蕃昌，科甲繼起，瓜瓞綿固，昭昭兹哉。而溯發祥之所由來，先祖之塋封馬鬣，多在寶樹石壁間，此方翁山之名所由來矣。鼎革以後，百廢未興，遠祖之祀典，勿遑修明，而族屬分居散處，於是因循沿習，致寢園之荒者四十餘載。將自今以往，幼子童孫，身不經臨，目未及眺，得無同於防山之遺恨乎。壬戌三月上巳，適有父老過予而言曰，子已學禮，猶未識祭儀，所謂疏則怠，怠則忘之時耶。因感於心，囑宗親而告之，遐邇歡騰，敬占正陽之望後二日，昭穆咸至，大小畢臨，舉四十餘年久廢之祭典，一旦舉而行之，猗哉休歟！是日也，策老攜幼，環繞墳所，禮行樂奏而祭禱焉，蓋取陽祭用樂之義也。祭畢，臚列燕飲於塋側，雍雍濟濟，道路觀者僉曰：此誠大家族之威儀也。前三日，丁之男者斂銀一分，以供祭費，計銀三十餘兩，一日完備。董厥事者，十四代玄孫兆戊亦與焉。是當揚其事，俾子子孫孫各展孝思，履雨露而怵惕，感風霜而悽愴，勿致疏而怠、怠而忘，不替而引長之，則先靈永妥，族誼常敦，尤余今日之厚望也云爾。

時康熙廿一年壬戌四月吉旦。

祭　典

朔望廟見。明清時代，大坑宗人每月朔望清晨，以鼓召集衆子孫，衣冠整齊入祖廟參拜祖先。拜時有設贊唱禮和讀規。拜畢齊揖，長者建言公事。長者根據家規章則，對照當時族中人事活動情況，彰善懲惡。自是族人遵法守紀，團結友愛，蔚然成風。

忌辰奉祀。先祖忌辰，均有設祭。祭品或各房子孫自備，或由各房輪辦。祭時設贊讀祭文，然後由長者介紹該先祖生前德行，裨後子孫相承，報效傳頌。

清明墓祭。清明時節，集族中老少祭掃祖先墳墓，此爲歷代不斷之常禮。然間有定期或不定期舉行墓祭。大則殺豬宰羊，小則牲醴糕品。屆時凡該房系子孫，策老攜幼，大小咸至，禮行樂奏，祭禱於墓前。此不僅慰妥先靈，更重要是敦我族誼。

元宵彩燈華宴。上元首節，祖宗廟堂彩燈華宴，有光前耀後意義。昔時我族舉爲盛典，凡是年族中新婚與生男丁者，公推數人爲首，斂銀，備燈，辦祭。每於元宵前三日，在祖廟彩結燈花，懸掛祖先遺像，點放華燈，將廟堂裝點得焕然一新。元宵日除爲首者統一備祭外，各新婚與生男丁户,自備祭品一式,美酒一樽,合祭於祖先之前,以祈耀後。祭畢則一齊在祖廟中暢飲團和酒,歡慶元宵節。

冬至大祭。年屆冬至,始祖廟及宗支祖廟均有祭祀祖先,叫冬祭。時族中置有祭田,專供祭費,每年由各房子孫輪值舉辦。祭品有定式,派居外村各支系也備祭品同祭。祭禮有定規,或行單獻禮,或行三獻禮。陽霞始祖廟及大坑祖廟均行三獻禮,設主祭、陪祭、通贊、唱禮、讀祭文等執事若干人行祭。陽霞大宗還以鼓樂恭請支系有顯達祖先來始祖廟合祭。是日除執事及辦祭者外,凡族中進學人士,老少畢臨。享年五旬以上者,群老咸至,濟濟一堂,昭穆有序,參拜先靈,以示追遠報本之情懷。祭畢,均參加飲宴。宴後贈豬肉乙斤。年逾花甲、舉人以上者加贈羊肉一斤,叫做飲福受胙,藉以飲水思源,鼓勵勤奮上進。

家規所禁止之條款

强吞弱。凡以大壓小,以衆暴寡,以富欺貧,逞兇横占,弱肉强食者,公同方罰。

少淩長。對長者謾駡制辱,穢其名節,造誣誹謗,以奇禍陰中者,重責倍罰。

砍山木。晝夜私入封山偷砍樹木,或托言擊枯枝、鉤松鬚者,俱系盜砍,觸獲公罰。執刀者生責二十下,其家主罰戲示衆。

絶水源。不按例分配灌溉,私截水源,致使他人田地遭旱受害者,公同詰責不悛。

唆圖賴。乘鬩牆小忿,輒唆成大變;片言糊哄,既墜死者於阿鼻;寸舌主使,復陷生者於非禍者,覺出共攻。

謀匿揑。造無名謗,或告無頭狀者,覺出共攻之。

引奸宄。不重鸞鳳,偏重孤隼。旁招門外之寇,用逞室中之戈者,重責倍罰。

招賭友。凡以賭爲事,招生面賭棍,假稱膏客,集遠方之蕩子,群鬧室場,引子弟密入局中者,重責,甚者送究。

設妓女。向花柳追歡,居妓女,煽引膏粱者,定公呈責逐。

謀幼子。視幼子爲奇貨,或以娼娃招引,立契鬻賣者,重責,甚則送究。

樹盜黨。招集盜黨,夜肆擾害者,緝獲送究。如盜池魚果蔬者,重責,重賠失主。

私接宰。密接外人,私宰耕牛者,詰責之,大則呈究。

犯名義。凡奸盜詐僞者,其服上刑。

公舉協力。義舉爲公,同心克濟。如公呈不肖子孫及禦外侮,緝盜賊,須任勞任怨,毋避首尾,違者議罰。

本家規呈報漳州府,於萬曆卅七年己酉十一月獲准。

(《[福建臺灣]書山蕭氏族譜》 1990年臺灣鉛印本)

潘 氏

潘氏渡臺開基一世祖遺囑家訓

吾生於漳州府詔安縣五都親營社,清乾隆四十二年丁酉春,行庚七歲,隨先父開禎,先母黄氏,偕先兄宏良帶眷渡淡水,始居北投唭哩岸務農爲業,因四十三年庚子冬先父棄養,越其翌年即乾隆四十六年辛丑秋,再隨先母和先兄特遷老梅開墾,逐家焉。其間備嘗辛苦,數十年創業維艱，克勤克儉，始終如一，稍盡職，孫支未艾，家道乃昌。此吾族之精華，實先人之遺德，而教育之淵源由來。尚望子孫繼續父母友子，兄弟夫婦相和，朋友相信，長幼有序，勤儉克己，博愛及家，睦族和鄉，不偏不倚，一步一趨，循規蹈矩，子之孫孫世濟厥美也。

鄉飲大賓潘宏恭　清道光二十五年乙巳蒲月望日。

（《[臺灣]潘氏族譜》 1967年鉛印本）

簡　氏

臺灣簡氏族規示訓八條

一、家譜所以敬祖宗而明統緒，辨昭穆而別親疏，不爲不重。各房當寫一副，不時觀覽，使知某房是吾期親，某房是吾緦麻。譬之於樹，則由根生幹，幹生枝，樹生葉，折一枝細看，又皆各有枝葉，次第相生而不亂。如此則孝弟之心油然自生，豈有至親視如途人也哉。

二、家譜不過録諱字配某氏及書墳墓而已，若有功於祠宇，有功於祭田，有能撫恤族宗貧乏，有能治經出士，有長詩賦之才者，須會衆而表揚之。其余中人庸行，不必濫書，蓋不惟汙紙，而且厭觀。如女子適人有爵，及外孫有貴顯者，許録其名。

三、士農工商謂之四民，子孫必居其一，不可徒爲白丁。然居其一，又當克勤毋怠。士其業者，心至於登名。農其農者，必至於積穀。工其業者，必至於精藝。商其業者，必至於盈貲。如此則於身不棄，於人無愧，祖父不失其貽謀，子孫不淪於困辱，庶可以稱成人之名。

四、戒子孫當治生守份，自求衣食，不可鼠竊狗偷，玷辱祖宗，貽累父母兄弟妻子，罪惡之大，莫甚於此。予見名宦榜論民曰：人有盜行，則人將指其父曰賊父，兄爲賊兄，妻子爲賊妻子矣，可不慎歟。間或不肖子孫有行此者，率族攻之，聞官治之。

五、示子孫冠婚祭喪，當稱家有無，不可以無爲有，豐前嗇後。至於用飲食，亦當省儉清淡，不可奢華侈靡，以致自貽伊慼。

六、示後世有財産，當分與子孫者，即使請族長立鬮書，均分給與，不可姑息延歲月，一旦無常，不免後患，破家蕩産，皆此然也。

七、示後爭財，此不義之甚者。果有不平，會族直之，免擾官司。若無甚利害，則幼當讓長，卑當讓尊，各相含忍，毋致爭鬥，以取不義之名，爲人恥笑。昔夷齊讓國，壽伋讓生，國與生尚可讓，況區區田地金帛乎。且財物有命，不可强求，明理者其細思之。

八、示子孫有殷實房份，衣食饒足者，但遇豐稔之年，會族公論，登門隨處多寡勸借，以賑鰥孤獨無依倚者，切勿堅吝不從。蓋人富不能長富，貧不能長貧，富者能聽言樂行，則汝之子孫倘有貧日，他房如此相周，亦不至失所矣，賢子孫其念之哉。

（《[臺灣]簡氏族譜》 1989年稿本）

臺灣簡氏七月半不祭祖之誓言

九世仰軒公，妣陳氏，因壯年時，七月十五日中元節祭祀祖先作禾果，不幸手骨折斷。隨即立誓，教傳下代五房子孫，自此起每年七月十五日不祭祀祖先，易擴大做九月重陽節祭祖。傳下後代子孫迄今未曾違誓。

一九七二年壬子仲冬，裔孫添富抄書。

（《[臺灣]簡氏族譜》 1989年稿本）

鍾氏

漳州松洲鍾氏汀州流傳祖訓十二款

家規當法

一家有一家之規模。凡爲子孫者，事親當盡其孝，事長當盡其弟。推之一族之人，莫不然如此。則天倫之序盡尊卑之分明。況吾今爲人子弟如此，他日爲人父兄亦如此。上行下效，理執必明此家規所當法也。

家法當守

一家有一家之法度。凡爲子孫者當守本分，各務生業。戒嫖賭，戒爭訟，戒逸樂，戒奢侈，此五者之所宜戒也。又毋以惡欺善，毋以富欺貧，毋以上淩下，毋以貴藐賤。此家法所當守也。

耕讀當務

吾家子孫，不讀則耕，二者人道之大要。蓋勤耕可以養身，勤讀可以榮身。苟不耕，倉廩虛空。設或不讀，禮義莫識。此耕讀二者，尤人所當盡也。

勤儉當爲

勤爲立身之本，儉乃處世之方。蓋勤則能變其富，儉則足其用。古云男務於耕，女務於織，量其所入度出，此勤儉二者，尤子孫所當務也。

族誼當敦

凡爲子孫者，見衆人繁族，不能無賢愚不肖之輩，當念祖宗之一脈，宜以賢養愚，以才養不肖。不可因事爭鬥，以傷大義。不可因小事以興詞訟。縱有事大，情有可原。家法中之理有可恕，須當含容以待之可也。

嫁娶当慎

吾家祖宗，原是汀州府黄門侍郎宦族之家，凡嫁娶二事，必擇故家喬木，良善之輩，禮義家風，斯可以結婚姻，齊治之化。不可嫌貧配愚。此嫁娶不可不慎也。

教子當嚴

凡教子必以義方，弗納於邪。教子之道無他，不過擇其嚴師，以勞來之，訓誨之，毋得放蕩縱其性質。又須處以賢良方正之士，使日習其威儀，聞其議論，知所企慕，可效法也。

贫而无諂

凡吾子孫，或承祖宗基業艱難以遇急乏，或因天災人害以致困窮，尤當固守其窮，不可妄作非爲，以致禍敗愈加。若勤儉立志，若貨財生殖，以養生過日可也。

富而無驕

凡吾子孫，或有受天之眷佑，祖宗之蔭庇，雖富而萬鐘，貴之三公，亦視之有若無，不傲慢。貧賤之人，亦是祖宗一脈所出，須緼絡同堂車笠。

远族当亲

吾族根生福建，葉發廣東各處，皆賴祖宗一之本也。凡有遠方異縣之人，往來相識，不可别親疎而簡慢之，又必須相爲愛敬，辨其尊卑親疎猶可也。

祭掃墳塋

墳塋者，乃先祖棲魂骸之所也。凡子孫者，但遇清明端午重陽冬至除夕等節，以供歲祀，盡其報本追遠之禮。不然人無祖宗，身從何生。且豺狼尚知報本，況於人乎。

寶藏諧牒

譜牒者，所以紀祖宗之功德，百世之原委也。世人皆以金玉爲寶，以譜牒之寶視爲外物焉。豈知國朝以史書爲重，緘之金匱，藏之石室。所以然者，無他，以存祖宗歷數子孫胤祚之無窮也。譜牒之寶亦如之，豈金玉可比乎。當思輯録之功，紀祖宗系派藏修爲重。切莫置之塵埃，至爲他人所拾獲也。

右祖訓十二款，俾合族今世後代子孫是訓是效佩服不忘，引之弗替。

（《[福建漳州]自汀州一脈源流分派松洲鍾家族譜》 1912年二修稿本）

游　氏

閩游二三郎系游氏家訓

孝養父母

夫孝，天之經，地之義，民之行也。人子欲報親恩於萬一，自當内盡心外竭力，謹身節用，以勤服勞，以隆孝養。毋博奕飲酒，毋好勇嗜財，毋好私妻子。聖人之德本於人倫，堯舜之道不外孝弟。爲人子者，宜思椎牛而祭，不若雞豚而逮，存慎宜稟遵及時孝養焉耳。

友愛兄弟

父有家子，稱曰家督。弟有伯兄，尊曰家長。凡日出用人事無大小，衆子弟宜咨稟焉。須念共肢連蒂，必宜和順以處之，恭讓以接之。出入相友，行坐序長，式相好，毋相尤。族屬子姓各盡子弟之職，爲弟悌之道庶克敦矣。

敬宗睦族

一子姓之衆，皆出祖宗一人之身。當念乃祖乃宗，寧厚毋薄，寧親毋疎。毋恃富驕貧，毋恃强淩弱。長幼必以序相洽，尊卑必以分相聯。喜則相慶以結其綢繆，戚則相憐以通其緩急。族屬子姓，宜交相勵，共體祖宗一脈之分，常切水源木本之念矣。

務勤事業

一夫不耕，或受之饑。一女不織，或受之寒。蓋依之道，人生於世，長於時，聚於力。勤則男有餘粟，女有帛。不勤，則仰不足以事父母，俯不足以畜妻子。其理然也。族屬子姓，宜勤於耕種，務本力作，庶幾無負本業，穀豐物阜，斯可得矣。

節儉惜用

人不能一日而無用，不可一日而無財。然必留有餘之財，而後可供不明之用。儉爲美德，衣服不可過華，飲食不可無節，冠婚喪祭各安本份。房屋器具務取素樸。凡吾族屬，謹身節用，勿奢侈，宜勤儉以振家聲。

和睦鄉黨

古者五族爲黨，五州爲鄉，睦淵任恤之教由來尚矣。但生齒日繁，比閭相接，是故人有親疏，接之以温厚，事無大小，處之以謙讓。毋恃挾貴淩賤，毋希智欺愚，毋倚强狎弱。人有不及，當以情恕。非意相干，當以理遣之。子孫所當謹遵。

訓導子弟

人生十年曰幼學,二十曰弱冠,血氣未定,知識暫開,訓導懲戒之方,莫切於此。大凡子弟之率不謹,皆由父兄之教不先。爲父兄者,啓其德性,遏其邪心,謹其嗜好。語云,少成若天性,習慣成自然,可模可範,身教之,耳提面命,以言教之,使子弟見聞日熟,循循於規矩之中。義方之教,切磋之功,可不預嚴於童稚年乎。

敬重喪祭

爲人子送父母終必盡禮物,方完事親之誼。祀先必盡誠敬,方爲享祀之設盡物者。何哀痛迫切,凡衣衾棺槨,宜緣分自盡,毋使遺憾。他年盡誠敬者,向祭祀之日齊戒備儀,事亡如事存,如先之在上也。合族宜恪遵之。

(游嶽熏主編《[閩游]二三郎系大族譜》 1999年鉛印本)

趙　氏

漳浦趙家堡趙氏皇族家範

古之名族,皆有家範以示訓誡。吾祖系出天潢宗室之後,積善儲本其來遠矣。皇謨聖訓,左規右銘,今皆不可復覩。然自上世以至於今,家友雖云零替,其立家重範以訓子孫者,不可不講也。今頗採摭其可通用者計五十三條,以爲趙氏家範,條列於後,俾後世子孫有所矜式,其遵守之毋怠。

一、立祠堂,以奉先世神主。出入有事,必若告。朔望必忝熟物,必薦新。四時祭祀,各用仲月下日行祀。冬至祭始祖,立春祭先祖,季春祭禰,其儀悉遵文公《家禮》。事畢更行會拜會餕之禮。

一、事死之禮,當厚於奉生。宗廟時祭之外,逐節事之。凡遇忌辰,子婦以下皆變服迎主於正寢致祭。若父母忌辰,當盡哭哀,是日不得飲酒食肉聽樂,夜則宿於外。

一、祭祀所以報本,當盡誠敬以行禮。與祭子孫敢有行禮不恭,執事不敬,至有致倚父仲噎噫嗽咳一切失容之事,尊長當呵責之。前期則當齋戒致謹,毋得怠慢。

一、祠堂當嚴寢扃,晨昏皆當焚香致恭而退。所有祭器祭服,不許他用,亦不許假人。子孫凡入祠堂,必正衣冠,儼然如祖考在上,不得嬉戲笑語譁,疾步奔趨。

一、家長總治一家,當悉任其責。凡諸務分令子弟掌管。然家長必須謹守禮法,以御其下。有事必須稟於家長而後行,不可擅專。

一、家長當以至誠御下,一言不可妄發,一行不可妄爲,庶合古人身教之意。臨事務察,察而明。毋昧昧而昏,更須以量容人,視一家而一身可也。

一、朔望日,家長檢點一應大小之務,子孫如有不篤行者,當衆聲其罪,責之,使之知改即止。

一、子孫須循維節,怡怡孝友。於尊長咸以名稱,不許假稱名號。凡遇長者,坐必行起,行必以序,應對必稱名,出言必巽順,動止必謙恭。不得無禮干犯尊長。諸婦亦然。

一、子孫不得修建異端寺觀,非鬼祠宇。亦不得惑於邪説,溺於淫辭禱祭,以邀福於鬼神。

一、子弟年十六以上,能誦記四書一經正文,講説大義,粗知禮義之方,然後爲之冠。須延道德之賓以行冠禮,使之視傚,庶可責以成人之道。

一、婚姻乃人道之本，須擇良善有禮法之賓，必先察其婿婦性行之賢否，然後爲婚娶。其問名納採納聘，奠雁親迎合巹等禮，今世俗多忽此，吾家婚姻悉遵文公《家禮》行事，違者責之。亦不可論財以陷夷虜之道。娶婦本以嗣親，不得宴賓用樂。如有强暴亂逆惡疾之家，切不可與之婚姻也。仍切勿與蒲門爲婚姻，違者不孝。

一、喪禮久廢。吾族一依文公《家禮》行事，亦勿惑於陰陽邪説以呼注。勿換拘忌以忘大義。亦不可用樂娱屍，服中不可飲酒食肉。如有疾，暫許少，疾止復初。

一、葬事隨力厚薄營辦。倘家貧不能造墳，須深掘埋葬，以土堆築。不可用夷教焚化，爲大不孝，後悔無及。

一、族中倘有家貧死而不能殯殮營葬者，富盛者當爲其殯僉。召族衆協力殯葬，勿使暴露。

一、輪收祭祀田地，歲取子粒，務要依時祭掃，不得坐收其利以廢祀事。敢有侵欺盜賣者，族長率諸尊輩共切責之，務復田地以補祭。

一、吾家墳墓，昔散處甚多，後世子孫當爲尋究。如有被人卻掘者，量力修葺掩埋，勿使暴露。被人侵佔者，聞官究復。其近世墳塋，子孫須當歲時展省，墳墓樹木不許剪伐。

一、族衆總是疎遠，以祖宗視之，均是一氣。其中子孫，如有貧寒困苦，當深憫惻。其果無衣食者，當量力資助之。其有孤嫠無靠者，富盛即當收留教育，爲之婚娶，使其有立，毋令流落失所，爲他人奴婢。收之亦不可置之奴婢中，而得罪於祖宗也。

一、宗人無子者，當擇親近昭穆相應之子以繼，勿因其有財則爭繼，以起官司。勿因其無財則不繼，以墜其厥祀。

一、族中有恃其富貴，不存尊卑名份之禮，而驕倨傲慢於族人者，族長率諸尊輩共切責之，知改即止。

一、子弟務要崇儒風。凡冠婚喪祭等事，一依文公《家禮》行事，切不可聽信淫徒誑誘，供佛飯僧。遇有疾患，亦不可聽師巫邪術及下神之人妄言禍福，設醮關燈，禳星告斗，拜懺謝罪，祭禍解連，妄稱作福等項造妖捏怪之事，妄費貨財，實獲罪於祖宗矣。

一、諸婦必須安詳恭敬奉舅姑以孝，事丈夫以禮，得娣姒以和。無故不許出中門之外。夜行以燈，無燈則止。倘有淫狎無禮，飲酒敗度者，即宜屏放。如是妒忌長舌者，姑教之。教之不悛，則置之出之。又有媟言無恥，干預閫外事者，當罰拜以愧之。

一、子弟若讀書，不成材者，即當勸治産以家計。父母在上，不得私營産業，貨財亦不得私假私與。

一、子弟學未成者，不許飲酒肉，古有是法，非爲資於勤苦，抑欲識其韭鹽之味。如未冠者，不許以第稱，庶幾合於古人責成之意。

一、子孫八歲入小學，十二歲出就外傅。十五入太學，當延名師教誨，必以孝弟忠信爲主，期底於道，仍延禮法之士時相親友，庶有觀感視傚。不可使親寵詞，幼學之徒流習以詭薄以壞子弟。苟遇此等人，切宜摒絶之。

一、子弟應當門户者，須各房論取一人管催，盡心協力照分料處應辦，毋阿毋縱。仍簽學一人任事，要以練達世故，庶無懵晤不諳之患。若年過六十以上，當自葆綏，不宜輕出。

一、子孫處事接物，務當誠樸，不可入於華麗而玩奇巧之物。亦勿與人炫奇爭勝兩不相下。若處鄉里，當以和睦，寧我容人，毋寧使人容我。亦不可先操忽人之心，若其人果相淩逼不已者，以禮直之。

一、子孫器識可以出士者，須資勉之。既得出士，當竭忠報國，撫綏下民，一以公廉勤儉，不得苛詐貪婪。如有賦墨以汙家聲者，則於譜上削其名，死則不許入祠堂。如果被誣枉者，不拘此例。亦不得恃富自尊，以驕宗族鄉黨。

一、子孫倘有不才，不務生理，沉迷酒色及好賭博，違悖禮法，或出入衙門，交結官吏，嗜慾無厭，營求不止，輕冒刑憲，破蕩家業者，家長罰拜以愧之。如不悛，則會衆痛箠之。又不悛，則陳於官，放絶之，仍告於祠堂，於宗固削其名，三年後能改者復之。

一、子孫聽尊長教責，但當俯首受罪，不可妄加抗拒，分辨是非曲直。其尊長亦須以禮法御之，誠誠誡誨。不得挾尊淡卑，攘拳奮袂，忿言穢語，使人無所容身，甚非教養之道也。

一、子孫飲食，幼者必後長者。言語必有倫序。對賓必謹慎，不得近於井市里巷里俗之語，亦不謔浪以壞家聲。

一、子孫毋習吏胥，毋爲僧道，毋狎屠沽，以壞心術。當常以仁義二字銘心鏤骨，庶幾有成。

一、子孫不得飲酒敗度，浪蕩輕浮，遊手好閒，及露頂跣足掉臂，以陷輕狂。

一、子孫年未十五者，酒不許入唇。壯者總許少飲，亦不宜沉酗無禮。若延賓，惟務誠敬，不必强人以酒。

一、子孫年未六十者，不許與伯叔連坐，違者家長當呵責之，知會膳。

一、兄弟相呼，各以行第冠兄弟之首，曰幾兄，曰幾弟。伯叔之命侄亦然。侄之稱伯叔亦可以行第稱幾伯父幾叔父。夫妻相稱，亦可以家行，諸娣姒相稱亦然。

一、子孫既有妻子，不許更置側室，恐亂上下之分。違者責之。若年四十無子者，許置一人，亦不許上堂與衆坐起。

一、諸婦工當作一處機杼紡織，各盡所長，非但别其勤惰，亦且革其偏私。

一、諸婦姆親，除至親方許相見，余並不許。如可相見者，亦須導入，見燈亦不許。違者罰其失。

一、諸婦親族有爲僧道者，不許往來。其諸婦父母之家，如親存有故，許其歸寧。若親已没者，不許。或有吊賀勢不可已者則許之。

一、女子年及十歲以上者，不許隨母出外家。雖至親之家，亦不許往。違者罰其母。若年及笄者，爲擇女賓行禮笄之，亦制辭字之。

一、子孫諸婦，不得私造飲食，以狥口腹之慾。違者誨之。誨之不悛，則宜切責之。如産病者不拘。

一、莊婦尼媪女巫之類，多不戢之人，最能翻弄是非，高明鮮不遭其蠱惑者。不可縱其往來，歲時展賀亦不可令入房闥。

一、男女不共溷瀰，不共湢浴，以謹其謙。宜守男女授受不親之戒。諸婦亦不得召鑷工剃面。

一、少母但可受自己子婦拜跪。其餘子弟不過長揖，諸婦並同。

一、家長不得夜飲粧戲，提傀儡以娱賓客，甚違大體。亦不得教子弟童僕學習歌唱，戲撫諸色輕狎之態，淫奔之禍多起於此。初宜禁絶。

一、圍棋、打雙陸、飼白鴿、畜禽鳥類膺獵之類，皆足蠱心惑志，廢事敗家。子孫宜禁絶之。

一、親朋往來，當以誠意款待，務適其宜。若途遠者來家，總至親亦宜宿於外館，筵會不以夜。

一、親姻餽送之禮，不可奢，亦不可不及，一年一度。若弔慶之禮，亦須酌中而行，不要視貧富而加減厚薄。

一、凡遇生日，父母舅姑其慶者，可以酒席奉觴稱壽。如無父母者，當倍悲痛追慕。

一、吾家所習，無非積善之行。子孫當體此，不得妄肆詐力圖脅人財，侵淩人産，以爲祖宗積德之累。違者不孝。

一、祖宗儲書籍以惠子孫，不許假人以致教逸。如有不才子孫以之散鬻於人，及假借於人而不寶惜者，爲不孝。

一、非禮文書子孫不得觀覽，其惑妖戲謔之類，即當燒毁。

一、屋宇器皿服飾，當遵國朝禮制，不得僭侈。

愚讀王所敘譜，寄慨興亡之感，輒恫然有余。家範五十三條，計長久，貽燕翼，意念深矣，豈所謂顛沛必於是。當亡國播遷之餘，而創業垂統，伊爲可繼。孟氏所謂彊彊爲善者，不過如此。予以邑岐之事當之，獨惜積美胥宇無聿來之伍家女也，噫！

（《[福建漳浦]趙家堡趙氏玉牒》 1925年五修稿本）

趙氏皇族行爲不檢禁入譜牒記

德聯三子之長名宗憲者也，素行不檢，得罪祖宗，舊譜不正書於吊，以絶之。

（趙紫綬趙鯤飛編纂《[福建華安]銀塘趙氏族譜》 清乾隆壬午年七修稿本）

蔣　氏

華安大地蔣氏獎學條規

公議，有邁蹟，自身文自貢士以上，武自守備以上，族人敦請神主入廟配享。貤封褒贈者亦如之。有品行端方，捐金五十爲宗廟祭祀之用者，族人亦敦請神主入廟配享。凡以示尊獎至意，且鼓舞後賢。示臨行匆匆，聊爲開基要書，付之梨棗，尚有俟於異日。

大清乾隆貳年丁巳孟春十三世孫壐謹書。

（《[福建華安]宜招大地漁山蔣氏族譜》 1935年稿本）

華安大地蔣氏族規家訓

家規十四則：

勤登先壟。厚儲祠費。

恪守歸章。謹遵公胝。

擇立族長。慎别婚姻。

禁弄邪術。預正蒙養。

嚴敷流亡。敦促族誼。

傅變再識。節婦當保。

幼孤宜恤。承繼宜清。

永州府零陵文聰公遺訓：

遺訓後人，細看人心。爲人在世，要正己身。孝悌爲本，其次忠信。不孝不悌，不如畜生。羊有跪乳，鴉反哺恩。不忠不義，豈能爲人。朋友有義，爲國忠臣。禮義廉恥，四字分明。禮要自守，重義方行。廉莫苟且，恥辱尚存。忘此八字，乃獸乃禽。叮嚀告誡，勉爾後生。詩書若讀，夏要勤耕。秋收忽怠，冬要心勤。似有荒年，亦不求人。糧稅早完，莫待追徵。土邊田角，切莫界爭。讓人幾尺，各守志誠。持家有道，最忌姦淫。德行虧損，壞了名聲。閨門謹慎，是非不生。莫結賊類，免受法刑。人來客往，送出門庭。故歸勿棄，九族相親。弟兄手足，宜寬宜忍。弟兄吵鬧，氣死雙親。鬥毆訴訟，帶壞子孫。一家和順，萬事稱心。家有父母，法佛金身。你孝父母，自憶平生。勿須狂蕩，心凜四藏。苦心告戒，恐爾不遵。誠作遺訓，淚涕滿襟。爾輩熟讀，字字記清。勿稟勿忘，子孫昌榮。代代傳承，價值千金。

（《[福建華安]蔣氏宗譜》 2005年印本）

龍海蔣氏婢生子之繼統權規條

天啓年間，余於京師會一姓蔣者，諱鳴陽，乃廣西全州人，與餘同登壬戌進士。稽其昭穆，鳴陽乃侄輩也。又按，晉江城内西街，有一姓蔣者，乃我世祖政德公之血脈也。政德有一婢，嫁與吴姓，一月而生男子，吴姓以子還政德公，公令其撫育長大。余家以婢出後生，不許歸宗。其子登科第方歸宗祭立之宗序，使吾家子孫知支葉源本，世序不紊焉云爾。

内閣大學士十世孫德璟薰恭記。

（《[福建龍海]福全蔣氏宗譜》 清光緒稿本）

鄒 氏

華安鄒氏祖訓戒條款

一、敬祖宗：泉源水有宗祖，人傳慎終追遠，當效曾賢。

二、孝父母：似海恩深，須盡愛敬。生事葬祭，宜遵禮聖。

三、和兄弟：一體之人，友愛宜深。無尤式好，亦慰親心。

四、謹夫婦：人倫之始，萬化之原。瑟琴是鼓，毋忽詩言。

五、悌長輩：徐行後長，揖讓宜深。爲仁有本，美濟竹林。

六、教子孫：五桂傳賓，三槐稱王。家聲勿替，胥本義方。

七、睦鄉黨：千支萬派，一脈所垂。太和是昭，雍穆是宜。

八、崇祭祀：追遠祀先，祭宜誠敬，霜降露濡，齊明服盛。

九、修祠墓：魂主祠堂魄墳墓，及時修葺孝思首務。

十、增蒸嘗：祭義傳禮，蒸嘗編詩。有加無少，不匱孝思。

十一、重讀書：士冠四民，尊敬宜真。才能賢德，席上之珍。

十二、惜字紙：代繩有字，萬事可稽。珍如金寶，視莫土泥。

十三、勤職業：男耕女織要精勤，毋荒毋怠，宜惜寸分。

十四、節財用：足衣足食，勿奢勿華。慎乃儉德，空乏免嗟。

十五、息爭論：耗財結怨，兆起爭端。謙和揖讓，訟息人安。

十六、急輸將：惟正之供，用關國典。早完恐後，追呼永免。

戒言四則：

一戒停喪

通禮三日而殯，三月而葬，古制也。蓋葬者，藏也。死者收藏入土爲安。近世不明此事，往往托於風水，不宜風水，年月不利之義。説者果何心也。況停喪暴露，律有明徵，獨不思古尚有賣身傭工而營葬者，其急於葬親若何耶。願我族人，凡有喪之家，慎勿淹屋寄撩，皆當早爲掩瘞，死者安，生者順於心無恔乎。

二戒弱女

《易》曰，乾道成男，坤道成女。有男女後有夫妻，有夫妻然後有父子。蓋我之女即人之妻，異日爲人祖妣，育子孫之人也。人於凡有生者，尚不忍殺，況於女乎。使各相凍餒，則吾之婦媳從何而來，吾之小孫從何而出。願互相勸諭，勿效俗尤，不特干犯律條，亦積德之一端也。

三戒轉婚

婚姻者，五倫之始，萬化之原，不可不謹也。世俗有以轉婚爲便宜計，群相效尤，殊堪浩歎。試思，兄娶弟聘，弟娶兄聘，親而弟婦，偶而妻，於心安乎，於理合乎？凡爲父母者，慎毋貽後人以滅倫之事，致有輾轉莫白之心也。

四戒非爲

人爲萬物之靈，居三才之一。須當守綱常名教，期無愧怍於心。不可任意爲非，玷祖宗而辱父母也。但世多馳志於士農工賈外者，或盜竊，或娼優，或引匪以陷善良，或聚賭博以傾家產。種種匪性，皆由自身不知撿束，父母不知教誡也。凡我族人，慎勿自暴自棄，有則改而無則勉，共循規矩之中，毋羅法網之内，將見士食舊德，農服先疇，而仁里義門詎不在吾族歟。

辨惑四説：

一説罔極之思非生事。葬祭所能酬其萬一也，要不可惑於隱僻而妄費。近世習俗，多延僧道造功，果費錢文，殊屬無謂。豈知浮屠不足信，朱子言之最明。若以費錢爲孝，則恤鄰睦族，葺祠重祖宗，以妥先靈，不猶愈乎。姑隨誦經一日，速襯祖堂可也，願無惑焉。

二説嫁女勿索重聘。文中曰，婚姻論財，夷虜之道。或以奩費爲解，不知我不索重聘，彼詎索厚奩乎。況我女人娶，人女我娶，易地更可思也，切勿爲利惑。

三説葬親之事。先儒垂訓，世多狃於習俗，因地費良用扃，而遷葬者以爲便甚，不知實礙萬物歸土之理。況死欲速朽，聖人曾於石槨者言矣，曷不易以木箱爲妙也，毋惑焉。

四説蔭木不宜蓄杉。小則刀芟之，大則皮剥之。嘗見祠墓，荒者不少益其初惑，於小利也，慎之。

先賢教子孫五誡：

一誡遊：惰者與遊，何補於吾，必有所圖。貪我田疇，謀我室廬。蕩遊罔報，昏迷弗悟。

二誡博：驕縱不檢，博弈爲娱。日勝日貪，忘寢與鋪。微而物用，大而田廬。苟不知止，終爲所誤。

三誡飲：樽爵俎豆，典禮所需。祭祀賓客，制度不逾。徒侈口腹，沉湎堪癡。古有明訓，剛制是祈。

四誡鬥：好勇鬥狠，構禍甚奇。一朝之忿，忘身喪軀。學有明禁，國有刑誅。受法有司，教之晚矣。

五誡逸：士農工商，四民異居。農勤於耕，商勤於途。工勤繩墨，士勤典膜。惰業而嬉，流爲下愚。

家譜訓辭留款以省來世：

一宗族以和睦爲本，人以禮義爲先。信近於義，言可復也。恭近於禮，遠恥辱也。爲子孫者，以和爲貴。何也，死喪相資，貧窮相給，婚姻相助，生理相謀，禍患相恤，疾病相扶，守望相持，過失相規，此宗族延長之道也。

一爲情弈歌唱，禽鳥花色，不顧父母之養，每日淫迭，皆足蠱人心，志廢。

一爲敬將來，足見爲人男子，知其鞠育深恩，以諭遷善而弗知爲之者。

一爲他姓之人，自棄其祖，附入吾祖，籍吾之姓，挺吾祖遺風，雖是不孝不養，出其不得已而恃我祖，此亦於譜，實系固執，宜存姓名，以續苗裔，使真僞有别，不容過譽而失本宗。

一爲父子之間若責，善原相夷，兄弟鬩於牆，婦姑勃蹊，夫婦反目，言色禽荒，視經訓如修宅舍，田園如芻，於情奕飲酒，罔知稼穡艱難，好貨私財妻子，不顧父母之養，驕奢淫迭，遊於矜誇，或務告奸，或作盜竊，損人利己，陽爲人非，陰爲鬼責，如此之輩，實可痛恨。噫，人生於世，受天地覆載，豈秉彝良心，自殘自暴，爲臭萬年。爲人子者，當念我祖創業惟艱，勿陷於先賢之序荒，墮於先訓之教。宜省躬飭行，戰戰兢兢，庶可置身於居過之地，而自求多福。若言不忠信，行不篤敬重，州里行乎哉。余修訓辭，所以令其子孫知善惡之所由分，族有遠近，禮有降殺，而義無獨殊，皆人生於一本故也。倘世教不立，人道罔覺，愚者昧理，懦者安習，以不仁不孝滅宗穢祖，真可棄而且鄙。斯後爲人子孫者，盍相與勉。

一爲治家之方，食醬不可一日無矣。夫勤於農，必勤圃。樊遲請學老圃，而況庶人乎。圃者治蔬菜，以待盤獻之需。農者顧於田成稻醪釀，式燕佳賓，上足以供國課，下足以養父母顧妻子，終身不苦於斯。是待客不可不豐，治家不可不儉。過於豐，人則以爲諂。過於儉，人則以爲吝。人情勢態，太抵然也。俗云，急時一文隨處討，偶客半味亦堪留。

爲家貧禮義不周，因學淺世情□□，皆如此，何況治家不勤儉。若效治家法，宜爲勉自勵。

一爲榮宗顯祖，必由於詩書中義也。書中自有黄金屋，書中自有千鐘粟，書中自有顔如玉，此者皆於書義中出。而況人世讀書否，讀書則知禮義之所由出，不學禮不以立，不學詩無以言。蓋爲人父母者，雖至貧乏，必須誨子詩書，以遺後福何也？書不負人，瓜不負藤，書多人自賢，不特求其榮宗顯祖，就我祖自天地開來，爲漳郡首邑里長，出則收糧納課，必書得來，讀得去，判斷曲直，人皆稱云，真名家右族不負糧長。關要若冥目不識一字，人視之庸常，乃村夫俗子，任咀出蓮花，無足爲畏。人將拒我，如之何其拒人哉。今爲人伯兄等親，兹愚訓當黽勉，加功益勵，勿使終身勾陷於死亡，偷於世，空食人飯耳。宜爲是勉勵。

（《［福建華安］鄒氏族譜》 1994 年稿本）

童　氏

華安童氏濟安樓會盟立約序

本社同立約人，家長童鄂軒、參雲、翌軔、懷陸、燦斗、中在、欽所。鄉長鄭心華、魏碧員、詹振子等。爲約束本樓，以防寇盜事。兹因流刧弗戢，標掠鄉都，事所以防禦之術，而恐人心不一，乃集共推震昇爲樓長。又推若采、三郎、愚仲爲樓副。又推生員太乙、岵思，或有公務當官誼應出身共理。凡樓中造作固守之事，聽長副處置科派，各宜同心協力，不許推託。其長副等當秉公，朝暮勤謹約束，不許涉私狥情。如衆等或有恃頑不聽約束者，公議罰硝貳斤。大則鳴鑼公革，送官究治。

各願會盟，就此本月二十日，恭請本庵明神爲證。此後同心協力者，神其佑之，違者神其殛之。爲是盟也，以壯衆情。

時崇禎十七年甲申正月穀旦立，振昇書。

（《[福建華安]高車新德堂童氏族譜》 清宣統稿本）

華安童氏祖山禁約

昔我先祖鼎分，居擇兹土而家，廣置山林，爲子孫計，冀其農族於斯，廬墓於斯，田園於斯，歷億萬載於斯，而無患者也。今雖生齒漸繁，而田土倍昔，各食其力，亦足自資矣。四顧山林，鬱乎蒼蒼，培之何日，護之何人，曰亦可敬也，伊可懷也。風凹一派，祖宗之墳墓根本也。面前岐，子孫之室家藩屏也。環視之，無禿山也。時入之，亦茂林也。奈何若輩貪目前之小利，致林木之濯濯，伊可痛也，亶可懷也，所謂割股以充腹，有未不斃者。凡在所禁之山，毋犯明禁之規，況新爨之資，已從其便。器用之財，不妨其取。别有砍伐剪剔雜貨以賈利犯者，罰如令，隱匿者責如之。嗚呼桑梓，百年多有，敬恭之念，松楸滿野，孰無利賈之思，乃狃利於毫毛，而忍心其根本。若欲生子生孫如吾今世，須多留一枝一葉以庇後人。惟盡言以相規，冀傳語而告誡謹白。

（《[福建華安]高車新德堂童氏族譜》 清宣統稿本）

张廖氏

閩臺張廖氏七嵌箴規祖訓録

所謂七嵌，系先祖之七項遺教。爲懷念宗功祖德，發揚先人勳業，爲張廖子孫者當應力行，且以之訓誡子孫，世代必須遵守。舉凡祭祖、習文，必以此勗勉後輩，謹將七嵌由來詳述於後。

第一嵌：生廖死張，故曰張廖。

廖氏族人在世時，無論户籍、兵籍、財産、名號、生辰、結婚等記載，悉以姓廖爲本。逝世後，神主、墓志、祭祀則書寫張姓。所謂張廖、雙廖，源出於此。

一世祖願仔公，字再輝，張姓，進贅於廖三九郎家爲東床，單生一男友來公，是謂一嗣雙祧。

元子公遺囑友來公曰：父受汝外祖父母知遇之恩未報，汝當代父報効，子孫生當姓廖，以光母族於前，死歸宗姓張，以裕子孫於後。從此自立張廖一族，相傳萬代。

第二嵌：不食牛犬，知恩無類。

牛犬知主之恩，不食牛犬，有不食之因。獸類知恩，人亦知恩。人獸雖異，而靈性則同，故曰無類。

二世祖友來公，常代父巡視農田，以牛犬爲伴。一日遇虎，牛與虎對，犬回家吠報。廖祖妣曰，牛犬同兒外出，犬獨回，必有凶遇。連呼佃人往救，犬似解人意，前行引路，至則人在牛背，牛與虎對也。遂將人牛救回，廖祖妣發願曰：一點血脈，幸天地神祇庇護，牛犬及佃人相救，從今以後，子子孫孫勿食牛犬，以報救主之恩。且對佃人待遇，具有業佃相依之德。

第三嵌：得正祀位，籃轎八臺。

二世祖友來公，自父祖元子公逝世，三年制滿，回家告祭。祭畢，跪在外祖父及外祖母之前發願曰："父有遺命，生而姓廖，以報母族。死而姓張，歸宗父脈"。外祖父得正祀位，心甚安焉。邱太祖妣訓之曰："子孫孝順，母祖慈愛，或以竹籃爲轎，亦遠勝八臺之樂也"。八臺乃以八名伕抬之轎名。

第四嵌：嗣續爲女，繼絶爲先。

凡無男而以女繼承者，日後招夫配婿，所生之男，理宜生廖死張。若獨生子，則生身之父無歸宿者，待子生孫，繼絶爲先，承嗣生父，以嗣女繼承香火者，須書張廖媽，以明由來，婿歸本姓不列入張廖之祠。

第五嵌：制無苟且，恐生戾氣。

在守制中女懷身孕，易生暴戾之嬰，應行注意胎教，毋得疏忽。如在守制前懷有身孕，須加束帶，以資分别。帶以布束腰，布長度與棺木同齊。

第六嵌：堂教修譜，敦親睦族。

祠堂除用以祭祀外，兼作教育子孫闡明祖訓之場所，修纂家譜，紀録世系，導引敦親睦族，紀念宗功祖德，進而培育宗族子弟，發揚我固有禮教爲宗旨。

第七嵌：遷籍修譜，天下一家。

遇有遷籍外地，經商謀生，姓張姓廖，悉聽其便。惟必須修明家譜，能知木之有本，水之有源，此乃序譜之宗旨也。子孫房派分散雖遠，一查序譜，則知天下一家。

（《[臺灣雲林]廖氏大宗譜》 1979年鉛印本）

詔安張廖氏明季開基及家族承傳實録

一世元子公，諱願仔，字再輝，張天正公之三子。母蔡氏，洪武七年自雲霄西林和尚塘遷來詔安縣二都官陂，廖三九郎家中進贅，是爲詔安二都官坡清武始祖也。

公爲人俊秀而豪傑，樸實而忠厚，常負販往來詔安官陂，因常宿平寨廖三九郎公家，三九郎公殷富無嗣，單生一女名曰大娘，品貌端莊，敏慧賢淑，能通詩書，事親至孝。公思遠客出祖者招之爲婿，見願仔公乃是遠客出祖者，兼之忠厚樸實，堪任東床之選，公悦之遂招爲婿。同居並食，視若己子，並將田園産業，悉付願仔公掌管。公事岳父廖公、岳母邱氏克敬克孝，無異生身父母，廖公仍恐百歲後忘廖還張，故向願仔公立誓曰，得我業而承我廖者昌，得我業而忘我廖者不昌。願仔公亦誓曰，生當姓廖，死必歸張。因是啓官陂張廖一族之源也。

廖氏大娘單生一子名友來。公常囑曰，汝知爲父由來否，汝父原住清河雲霄和尚塘，姓張也，因兵亂始來平寨入贅廖家，原籍且有祖業，汝以後應回祭掃宗祠。爲人子當思孝道，若春秋二祭，廖家公媽更不可忘也，生事死葬時，應如汝父在生一樣，事亦須囑代代子孫遵之。因是姓廖，就户當差。然廖是皮，張是骨，又曰死张活廖是也。故世代相承，於户籍書廖，神主則書張，蓋存恩義之心，本源之意也。公與廖大娘合葬在龍磜凹，地名號石子墓，坐癸向丁兼丑未，庚子庚午分金。

二世友來公，元子公之子。生於大明洪武乙卯八年八月初一日卯時。公年躋弱冠，願仔公嘗囑友來公曰，子知汝父乎，汝父原居西林和尚塘，因祖没兵亂，始來平寨進贅廖家。祖家且有祖業，有屋一所，坐址中央屋門内大臣山，東至溪漘，北至白蓮溝爲界。又有一所高園，栽種樹木，至李府之園邊爲界。又明海公祭田三段，一坐址西林庵前受種十石，一座址霞阪受種十石，一座址菱蒼受種六石，共帶來米二石六斗，並綱門一百六十石，在霞阪起，北至雙嶼頭，東至涼傘崎爲界，俱是五房子孫有份，輪流收租禋祀，未老猶能年年回祖祭廟祭墓，今年老矣，不能往也，汝當於每年值公祖之忌辰，及清明之祭掃，俱當與祭，不可忘祖功宗德，暨廖公邱媽生事葬祭，如同汝父汝祖一般，父今以斯言囑代代子孫相囑，勿可忘也。爰是家家老少口傳云云。

友來公以張頂廖，閭閈鄉鄰俱以廖呼。然産下四子，各房長成娶妻，維時四房原無分户籍，奈彼時户役朝廷未設條編，只以户立上中下編差。如上户則編倉，敢至於賠納傾家。下户第編機皂弓兵奔命，雇費從輕，是以脱漏逃差等情具告，適縣公正，欲摘捕忘班，督云，爾族大丁繁，合折兩户，以備本縣廿二圖之額，隨將分屬，長子者著居守祖，自嘉靖四十一年造册以後，永安公子孫呈班户名廖文興、永寧、永傳、永祖三房子孫呈班户名廖日新。兩户里長之額，自此而開。回溯願仔公自雲霄西林和尚塘來二都官陂，進贅開基，歷至光緒卅四年相傳十七代，臺灣歸日本版圖有二十一星霜，計五百四十餘載。臺島焕然一新，家絃户誦。而我族相傳十七代，建祠四十餘座，人丁錢糧數萬，二都等處願仔公一人傳下裔孫，文有貢監生員，武有侍衛總兵副參、遊備千把，俱膺任所。登縉紳者，約有數百人矣。總之俱出友來公傳下，四房血脈，非若别家之三父八母，雜姓合籍者倫然，非有大租蒸嘗，輪流祭墓，安能聯屬一體乎。

友來公始就廖户當差，户頭名廖良公，爲人規模恢廓，懲父孤立，爲衆所制，乃廣娶妻室。妣有江十娘、柳五娘、吕一娘、章七娘。生四子。長永安，次永寧，三永傳，四永祖。公卒於正統甲子九年十二月廿一日寅時，享壽七十歲，四子十四孫送終，葬在桐畬里，坐甲向庚兼酉卯，庚寅庚申分金。妣章氏七娘，葬於平寨松柏林下大墓墩。自洪武八年傳至雍正七年己酉，共三百五十四年。

三世永安公，友來公之長子。明經進士。妣蕭一娘、羅五娘、徐七娘、江氏。公葬於吊鐘岽，坐卯兼乙，辛卯分金。妣葬於岽下蔡象鼻鉤。共生五子。長子元欽公，分派在北坑，地號名出洞蛇居住。次子元仲公，分派在吴坑嶺下、石墩巷、寨下等處居住。三子元志公，分派在溪口上祀堂、下祀堂、新屋城、井頭、江屋寨里、四角樓、龍墩樓、湖窟里、田背、霞井、官陂、墟庵背、尚墩塘、下官陂坪、月眉山以至赤嶺界内等處居住。四子元聰公，分派在厚福居住。五子元宗公，分派在蓮塘里、竹仔里居住。

三世永寧公，友來公之次子。國學生，禮部鄉試。妣林氏、柳氏。生四子。長子元亮公，分派在洪溪居住。次子元通公，分派在酒園里山口居住。三子元吉公，子孫移居潮州。四子元真公，分派在洋縣里楊桃樹下、吴坑、溝頭嶺等處居住。

三世永傳公，友來公之三子。國學生，禮部鄉試。妣蘇氏，生二子。長元振，次元信。

三世永祖公，友來公之四子。國學生，禮部鄉試。妣羅氏八娘，生三子。長子元勳公，分派在常墓堂、岽巷、赤田等處居住。次子元豐公，分派在平寨、陳番浮墩下、鄭坑等處居住。三子元忠公，分派在嶺巷、北坑、庵背坑、湖洋樓、冷水等處居住。公葬在醮墓塘向石尖，名蛇地。妣葬在蓮塘里籠坑，號曰雄雞展翅。

（《[臺灣雲林]廖氏大宗譜》 1979 年鉛印本）

(二)獎學條規

閩臺黄氏英公派下獎學規例

上下二祖祠有進泮拜祖者,豬羊戲費並拜禮共貼銀拾貳圓。如用果盒拜祖者,貼銀壹圓。

有捐監生者,拜禮銀壹圓。

恩拔副歲優捐貢者,貼銀拾圓,旗費在外。

中舉者,貼銀叁拾圓,旗費在外。

中進士者,貼銀陸拾圓,旗費在外。

中舉及進士者,另貼報禮銀拾圓。

文武貢監鄉試每人貼銀貳圓。

(黄士江主編《[福建臺灣]黄氏英公傳下族譜》 1994年臺灣鉛印本)

南靖書洋吕氏獎學敬老尊官條規

兹爲緬懷祖德,光宗耀祖,以資鼓勵子孫勤勞奮發,振興富貴大業,建立公堂公田錢糧基金。分聚會子孫祭祖,掃墳,公事田,獎勵前程功德書田兩種。衆談定規,不得典賣,不得混淆佔用。由各房輪流負責,首事掌管使用。其細則開列如左。

一、定新婚,男嗣各貼銀叁錢弍分正。

一、定文武童生赴縣、府、院考試者,各貼銀五錢正。

一、定文武童生上縣府大榜頭牌者,各貼銀五錢正。

一、定文武童生上縣府大榜後列者,各貼銀壹兩正。

一、定文武童生上縣府大榜前列者,各貼銀貳兩正。

一、定文武童生進泮者,各貼銀拾兩正。

一、定文武生員中秀才謁祖者,各贈英銀六元正。

一、定宗裔進泮謁祖者,各贈英銀貳元正。

一、定宗裔入貢生謁祖者,各贈英銀陸元正。

一、定宗裔中舉人謁祖者,各贈英銀拾貳元正。

一、定南北闈文武監生者,各貼銀叁兩正。

一、定例貢並州同者,各貼銀陸兩正。

一、定節孝掛匾者,貼銀四兩正。

一、定貞烈節孝旌表者,貼銀拾貳兩正。

一、定貢生,監生,生員赴鄉試者,貼銀叁兩正。

一、定恩、拔、歲、副、優貢者,各貼銀貳拾兩正。

一、定鄉試中式文舉人者,各貼銀叁拾兩正。

一、定文武舉人赴殿試者,各貼銀拾伍兩正。

一、定文武舉人中進士者,各貼銀伍拾兩正。

一、定文武生員、監生、貢生、舉人,任守備、遊擊、學官、知縣等官職者,各貼銀貳拾五兩正。

一、定文武舉人、進士任府道鎮者，各貼銀肆拾兩正。

一、定文武舉人、貢生，進士諸官鄉賢等，贈旗掛匾者，各貼銀陸兩正。

以上貼出衣冠銀項，就中斟約，不得典賣公業，祈要領者，以先後爲序，諸賢恕之。

祭祖、掃墳、公事田，定春秋二祭，各付穀三十石，除辦理祭祖用品、會餐酒棹諸款外，其分胙肉，開列如左。

一、定唱禮讀祝者，各分胙肉四兩正。

一、定禮生並衣冠整齊者，共分胙肉拾貳兩正。

一、定主祭紳士者，各分胙内六兩正。

一、定壽官職員者，各分胙肉四兩正。

一、定貢生、監生者，各分胙肉五兩正。

一、定生員秀才者，各分胙肉八兩正。

一、定七十歲以上者，各分胙肉五兩正，由首事送到。

一、定稟生、例貢、州同者，各分胙肉拾兩正。

一、定八十歲以上者，各分胙肉十兩正，由首事送到。

一、定恩、拔、歲、副、優、貢生者，各分胙肉一、斤正。

一、定登門守節、四十歲以上者，各分胙肉一、斤正。

一、定文武諸官耆，各另分胙肉四斤正。

（吕煒卿編修《[福建南靖]書洋吕氏族譜》 1924年稿本）

閩粵漳潮吕氏東萊公派下奬學規

嘉慶二十年十一月十六日衆議：

子孫有恩、拔、副、貢生者，在敦睦堂竪旗，祖貼旗費銀柒拾元。

中文武舉者，貼旗費銀壹百元。中文武甲入翰院者，貼旗費銀壹百伍拾元，至竪旗之日祠前演戲一臺。

另辨上桌三席，中桌三席。一切俱系竪旗人事。

祖祠冬祭，每年各縣鄉族有前程者恒少來與祭，皆緣路遠隔，帶轎往還，多費己財，故致祭日禮生有缺。玆衆酌議，自今以後，有前程帶轎來與祭者，向首事領銀陸百文。

一大衆椅幔伍拾柒領，床裙貳拾伍面，交管祠蕃旋收執。

（吕鐘琇等纂修《[福建漳州]吕氏始祖開封伯東萊公衍派潮漳兩府世系族譜》
清隆九年稿本　嘉慶校訂重鈔）

書山蕭氏唐臺一體奬學族規

溯蕭氏之由來殷微子之始，封漢鄺侯之苗裔也。我肇其書山，遠紹一線，殷宗近開百代云，祁積功累仁，蹟今三百有餘歲矣。子孫椒聊，蕃衍佈處於東西溯南北者，振振繩繩，其麗不億焉。夫公卿多出蕭門，古志之矣，何獨書山一派猶未見人文之霞蔚也。邇來家尚詩書，户聞誦聲，子孫輩頗多肄業，而赤祈既竪於泮水，緣之耀於紅裙，罪等與思，覓珊瑚者，設鐵網於海底，稀有露者，樹金莖於雲中。妥是僉議目今以往，凡我子姓兄弟，有能樂遊泮水者，公助其入學禮銀壹拾員，非前後異施，蓋業日增，而慶賞宜益焉。至秀才遇鄉試，在臺者貼其州費銀拾員，在唐者有入閣院場亦公助銀五大員，非唐臺之異，乃遠近之不同也。能高掇鄉種，名登虎榜者，助其報禮銀貳佰員。欲上京會試，每科向公領出京費銀陸拾員。倘能金榜標名、瓊林宴會者，祖宗賴其顯耀，而門閭爲之改觀，祭祖費用外，公租許其私收一年，俟其出士，憑其力量買充公舊爲綏來褒德賞賢之資，由是激家而勵族，豈非青莪棫樸之風，而吾家作人之化哉，是爲序。

乾隆癸未年陽月穀旦，書山十四代雲孫秉敬禮。

（《［臺灣］書山分支車田蕭氏族譜》 1982年線裝本）

南靖梅林簡氏獎學書田録

五世祖仲清公設立書田登記。

一段坐落壟上，早允二項共租拾石。外撥貴智公祭租壹石。鄉試年每名貼銀壹元。於嘉慶二年公議，嗣孫内外地進泮謁祖，拜禮銀四元。科歲新舊生進場者，公貼錢四千，又照人數均。

七世祖敦樸公立書田登記。

一段坐落書洋吕厝樓下，租貳拾石。每石逐年飯頓錢廿文，十年壹佃。

若得進泮，數名每人樸公補出粟二十五石。

追來祠會課田段記明。

一段坐落書洋吕厝樓下，租拾叁石捌斗。劉厝板頭坑門租伍石三斗。吕厝樓下租捌石五斗。

一段坐落龍磜頭吊梘壽等處。原載租拾石貳斗。買得汝霖田一段，載租壹石伍斗。

一段坐落大山尖棟仔，租壹石。

會課一年連考三次，首名公賞銀壹元。舊生考上等，賞銀貳元。補稟者，貼銀五十元。

一議本府進泮者，憑報到之日，送報儀銀並拜禮銀共三十元。

八世祖義質公設立書田登記。

一段坐落黄田公王后，土名蕭宅，冬租六石。

一段坐落半山平南垅，租六石，二項共拾貳石。現年進泮者，奪標磧拜禮銀柒大員。

科歲小試，公貼銀十二員。縣考二員。府考四員。院考六員。

鄉試每人貼銀四員。

於嘉慶乙丑年十一月穀旦，分立書田。凡内外地進泮者，現年奪標幸獲同案者，就將租稅均分。至他年同與先達者，並舉人一體分。如遇凶荒之年，不得在公取補，其田畝完轉佃並飯頓歸公。

一段坐落東瓜嶺横路下，載冬租拾石零四斗。

一議進泮謁祖，書儀銀十二員，又另貼請酒辦棹費。貢士亦然，舉人重倍。

鄉試每名貼贐儀銀五員。

議捐貢監生，憑部照到日辦酒四棹，請七大房家長。奉儀銀□員。現年奪標，有志並捐者，就將租稅與先達者一體均分。如遇凶荒之年不得在公取補。若房親良善者被匪拖累，欲往府縣保結，不得推諉刁難，如執意推託者，將書租追回。

一段坐落本鄉寨仔背坑，早允租叁石。

（簡上沅編纂《[福建南靖]長教簡氏四世惟原系譜》 清光緒八年稿本）

東興堂游氏添丁獎學規

七世祖東畝五二公，爐公之長男，大振家門，興業皆公啓之，東升樓錫祉堂祠公爲牌主，墳在馳馬湖，付葬游三公，子孫添新丁者要去骨熟肉十兩煮酒一壺上墳報喜，受衆回粄二十條。現在子孫原立蒸嘗會積數千金，逐年八月五日在東興堂設位致祭。祖妣張氏大娘，無生育，遺墓在大朱隔庵子里。繼祖妣黄氏晚娘，遺骸與江林二姑三葬在大礱大灰墳，生二子，長子高崇幼殤，次子高標字振廷。

八世祖高標字振廷公，東畝公之次男，生於萬曆辛巳年，平生躬治産業，財稱富有，樂善好施，況兼舍田寺觀，賑米貧窮，諸大佈施。卒於康熙癸卯年十二月初六日，享年八十三壽，受朝命誥封，兒孫滿眼，諸子顯揚，誥贈二品封君，墓在東坑竹柏子洋心蛇形，至同治辛未年，有十六世步青公及永淡公同回重修。子孫添新丁者，要肉酒上墳，與馳馬東畝公墓報喜同一轍也。原置蒸田實租六十石，逐年忌祭，外派子孫有掇芹香者贈銀十二兩，有登賢書者貼穀六十石，如入國學者與銀六兩著爲例，已賣三十石，後二十石暫歸十四世志耿公掌握。蒸嘗會置産數千金，年取百石，每年八月五日仲冬十六日祭祀。

（《[臺灣]游氏大族譜》 1970年鉛印本）

詔安官陂張廖氏獎學條規

道文公給賞文武科甲條規。

一、議裔孫登賢書，每名公貼旗匾銀三十兩正。在祠竪旗掛匾，在墓竪旗。乾隆戊辰年定例。

一、議恩拔副歲例捐明經者，若在祠墓豎旗，悉依登賢書例。

一、議捷南宫者，每名公貼旗匾銀四十五兩正。祠墓依登賢書例豎旗。

享公化賞文武科場條規。

例起乾隆甲戌年春。

一、院試者，每名貼水脚銀伍錢正。

一、院試進泮者，每名貼衣巾銀十陸員正。

（《[福建詔安]官陂玉田樓張廖世系》 清同治九年稿本）

十、對聯選録

詔安樂篆念四派游氏祖祠對聯

念我祖廣平先公之訓　星良篇中永紹衣
溯前哲河南夫子之傳　雪深門外猶揮袂

紹定夫之徽　讀聖賢書　方不愧建陽門第
繼太叔之美　行忠孝事　乃克振鄭國家聲

派衍戊林　自建陽而臨川椒盛瓜綿
基開闊灘　分壩頭九大房星羅棋佈

九言教晉卿鄭相聲名國代震
三尺尊程子豸山著作宋朝芳

由贛入閩　鼻祖廣平光鄭國
程門立雪　耳孫蕃衍耀宗祊

鐘毓俊秀兆起賢良
永承祖德爲邦家光

武於應學進士朝昌
正逢元運長髮其祥

喬木發千枝豈非一本
長江流萬派總是同源

鄭國家聲遠
建陽世澤長

（《[福建詔安]樂山念四派游氏族譜》 1989年稿本）

福建龍海大徑許氏家廟楹聯

開基始祖：五十郎公，大徑始祖許亥公。

珠聯璧合家聲遠
浦江溯洄源流長

高山獻瑞千古秀
陽光普照萬代紅

衍金門如別支派　地靈人傑
朝劈水而來瀠洄　源遠流長

福建省龍海縣沙壇許氏家廟楹聯
開基始祖：忠轉公，沙壇始祖穆寧公。
大門聯
高陽世澤秀聲遠
珠浦分支派澤長

始祖漂洋渡海建基業　千古輝煌
子孫雄心壯志展宏圖　萬代留芳

一門幸萃有冠裳　家世舉霑漢寵
九族但存乎親睦　海濱即見堯封

鄉試二名　殿試四名　又幸首名會試列
曾孫兩榜　玄孫一榜　更欣甲榜耳孫登

畫棟倚獅峯　人傑地靈　文寳詩名蜚翰苑
雕龍臨鷺島　山明水秀　書堂美譽冠簪纓

（《[臺灣]許氏大宗族譜》 1999 年鉛印本）

金門金城鎮許氏宗祠高陽堂祖廳楹聯

高德流芳　宗支蕃衍百世
陽光煥彩　子孫興隆萬年

高源傳承　遠出同安營城
陽日世澤　脈延浯江珠浦

（《[臺灣]許氏大宗族譜》 1999 年鉛印本）

閩粵臺許氏墓祠廟堂聯對

漳浦赤湖保安祠堂聯

三臺見面有光輝　南冥北斗東啓明　四圍照耀須常保
萬石盎背無傾側　上天下澤中習頓　一脈繼承其永安

三臺呈秀氣　崢嶸摇映　彌彰世代家聲
萬石聳高峯　屈曲巨觀　足見先人廟貌

三臺見面有光輝　泰皆平則天命永保
萬石盎背無傾側　坤輿奠而廟貌常安

漳州許氏始祖天正墓聯
開疆著汗馬之勞　武緯文經　令德光昭百代
藏蜕獲眠牛之地　山朝水拱　後昆瑞應千秋

啓土自唐朝　百世簪纓推望族
修塋在昭代　七閩忠孝慶雲孫

帝裔王孫入閩始祖
宋侯唐將開漳元勳

漳州護濟宫教練夫人廟聯
靈佐開漳功著唐室
聖侯輔弼德遍閩疆

靈佐開漳平鵝氛　自昔功勳著唐室
聖侯輔弼靖閩域　於今德澤遍南疆

龍溪徐翔許氏開基祖綸恩堂聯
祚啓平漳　源自有唐宣武發
支分南詔　派從大宗尚書來

馬坪田源許氏大宗聯
田源篤水源　春秋潺潺　流芳固始秩序
仁里焉馬里　日月悠悠　功績永垂不朽

漳浦保安後厝角許氏祠堂聯
三臺見面有光輝　南冥北斗東啓明　四圍照耀須常保
萬石盎背無傾側　上天下澤中習頓　一脈繼承其永安

三臺呈秀氣　崢嶸摇映　彌彰世代家聲

萬石聳高峯　屈曲巨觀　足見先人廟貌

三臺見面有光輝　泰階平則天命永保
萬石盎背無傾側　坤輿奠而廟貌常安

漳浦杜潯下尾許氏孝思堂聯
祠坐麟峯鍾地脈
門朝梁嶽耀宗祊

孝以奉生　念先祖締造殷勤　立功可久德可大
思能格神　知神明赫濯聲靈　在旁如質上如臨

漳浦沙西板林後篇許氏燕詒堂聯
胤鐘太嶽緒衍箕山自中許
評高月旦望隸後邊從徐洋

漳浦綏安嶺門許氏祖祠聯
自嶽伯以來統帥法甲論元　文武葉葉重光
由河南而後遷詔移澄轉浦　子孫綿綿永盛

漳州前亭文山許氏崇報堂聯
坐離朝坎儼文明之氣象
左鼓右旗徵赫濯夫聲靈

峯青嶂翠神欣厥祀
霞蔚雲蒸世卜其昌

肯構肯堂春秋匪懈
美輪美奂俎豆維新

漳浦南浦後坑許氏海洋祠聯
四世十科甲
五代百書香

五葉全倫
文武世家
外甥靳樹畹康熙知龍溪縣贈題

雲霄世阪許氏祠堂聯

恩澤博積裕後開世阪
倫略廣施光前拓南疆

龍海角美鴻漸許氏祖廟聯
鴻漸肇基　俎豆維新昌百世
高陽衍派　兒孫繼述振千秋

追思祖德　春祀秋嘗尊禮樂
遠紹宗功　左昭右穆序源流

詔安南詔許氏祖廟聯
堂局宏觀　水映山屏　祀地允推南詔
庭楣藻飛　祭豐儀肅　廟門雄對北城

拓土宣威功業勳勞推第一
開漳教化仁懷德澤被遐方

閩海叛平翊贊宣威昭聖德
漳州制建弘揚教化應民心

潮州許氏追遠堂聯
追念前徽　政著西蜀　頌獻東封　功績輝煌傳百代
遠溯先烈　削平泉潮　徵服交趾　聲華赫奕照千秋

廣東勝前鄉許氏光烈堂聯
光化親仁　依舊家風稱遜讓
烈承謨顯　欲新世澤在文章

廣東許氏惠寧祖派譜琴祖祠聯
譜牒同稽　溯當年伯侄御史
琴書繼起　追昔日祖孫名賢

臺灣許氏大宗祠聯
采草蘩以供先祀
授詩禮而裕後昆

菲律賓許氏宗親會議事廳聯
月旦著汝南　品題核論秉原則
揖讓追虞代　正大無私垂典謨

菲律賓許氏宗親總會聯
經學重儒宗　有南閣説文魯齋心法
夷倫傳奕世　垂東岡孝德山屋官箴

徹鍾泰岱
緒衍箕山　許由

評推月旦　許劭
緒衍箕山　許由

萬卷畢覽　許善心
五經無雙　許慎

魯齋道學　許衡
旌邑仙傳　許遜

孝宣求劍　許後
飛瓊鼓簧　許飛瓊

太嶽家聲遠
高陽世澤長　許生

索空寧觸石
山岫且從龍　唐禮部尚書許康佐詩聯

兄弟六登科甲　明巡撫許進八子六登科甲
父子四爲尚書　許進及子誥、論、贊皆尚書

掬泉洗耳辭堯禪　許由
解字成書費段箋　許慎

説文解字古經典　許慎
山雨滿樓唐律詩　許渾

訓詁傳經千古業
説文解字萬世師　偃城許慎祠聯

化日光天新氣象
清風明月舊襟懷　許詢

知人其難九德貴
聞過則喜萬世師　清進士許信臣撰書聯

但有余閒惟學帖
即逢佳客莫談天　清書法家許庚自題聯

山水盟心　風月輒思其韻　許詢
花茵列坐　賓朋咸聚其芳　許慎

摸索賢才　自明幽暗可識　許敬宗
品題人物　咸推月旦公評　許劭

整理魯迅全集　豈止婦女運動旗手　許廣平
爭奇閩中寶地　實爲農民起義英雄　許夫人

表建漳州　垂拱置郡　參軍別駕帝謚太尉
纓光汝邑　總章行營　昭應宣威民尊先生　許天正

（《[福建漳浦]許氏族譜》 2006 年印本）

十二孝典故圖説

爲母埋兒

漢郭巨家貧，有子三歲，母嘗減食與之。巨謂妻曰，貧乏不能供母，子又分母之食，盍埋此子，及掘坑三尺，得黄金一釜。上云，官不得取，民不得奪，有詩爲頌。

詩曰：

郭巨恩供親，埋兒爲母存。

黄金天所賜，光彩照寒門。

搤虎救亲

晋楊香年十四，常隨父豐往田間穫粟。父爲虎曳去，楊香手無寸鐵，惟知有父而不知有身，踴躍向前，搤持虎頸。虎亦靡然而逝，父方得免於害，有詩頌之。

詩曰：

深山逢白額，努力搏腥風。

父子俱無恙，脱身饞口中。

弃官寻母

宋朱壽昌年七歲，生母劉氏爲嫡母所妒，復出嫁。母子不相見者五十年。神宗朝，棄官司入蔡，與家人訣，謂不尋見母誓不復還。後行次同州得之。時母已七十有餘。有詩爲頌。

詩曰：

七歲離生母，參商五十年。

一朝相見後，喜氣動皇天。

嘗糞憂心

南齊庾黔婁爲孱陵令，到縣未旬日，忽心驚流汗，即棄官歸。時父疾始二日，醫曰，欲知瘥劇，但嘗糞，苦則佳。黔婁嘗之，甜，黔心甚憂之。至夕，稽顙北辰，求以身代父死。有詩爲頌。

詩曰：

到縣未旬日，椿庭遘疾深。

願將身代死，北望起憂心。

戲彩娛親

周老萊子性至孝，奉養二親備極甘脆。行年七十，言不稱老。常著五綵斑斕之衣，爲嬰兒戲於親側。又常取水上堂，詐跌卧地，作嬰兒啼以娛親。有詩爲頌。

詩曰：

戲舞學嬌癡，春風動綵衣。

雙親開口笑，喜氣滿庭幃。

拾椹供亲

漢蔡順，孤，事母至孝。遭王莽亂，歲荒不給，拾桑椹，以異器盛之，赤眉賊見而問之。黑者奉母，赤者自食。賊憫其孝，以白米三斗，牛蹄一隻與之。有詩爲頌。

詩曰：

黑椹奉萱幃，饑啼淚滿衣。

赤眉知孝意，牛米贈君歸。

扇枕温衾

漢黄香，年九歲失母，思慕惟切。鄉人稱其孝。香躬執勤苦，一意事父。夏天暑熱，爲扇涼其枕簟。冬天寒冷，以身暖其被褥。太守劉護表而異之。有詩爲頌。

詩曰：

冬月温衾暖，炎天扇枕涼。

兒童知子職，千古一黄香。

湧泉躍鯉

漢姜詩，事母至孝，妻龐氏奉姑尤謹。母性好飲江水，妻出汲而奉母。其母又嗜魚膾，夫婦常作之，召鄰母共食。舍側忽有湧泉味如江水，日躍雙鯉，詩時取以供，有詩爲頌。

詩曰：

舍側甘泉出，朝朝雙鯉魚。

子能恒孝母，婦亦孝其姑。

聞雷泣墓

魏王裒，事母至孝。母存日，性畏雷。既卒，殯葬於山林。每遇風雨，聞阿香響震之聲，即奔墓所拜跪，泣告曰，裒在此，母親勿懼。有詩爲頌。

詩曰：

慈母怕聞雷，冰魂宿夜臺。

阿香時一震，到墓繞千回。

刻木事親

漢丁蘭，幼喪父，未得奉養，而思念劬勞之恩，刻木爲像，事之如生。其妻久而不敬，以針戲刺其指，則血出。木像見蘭，又眼中垂淚，蘭問得其情，將妻出棄之。有詩爲頌。

詩曰：

刻木爲父母，形容如在時。

寄言諸子侄，各要孝親幃。

哭竹生筍

三國孟宗，字恭武，少孤，母老疾篤。冬月思筍煮羹食，宗無計可得，乃往竹林中，抱竹而泣，孝感天地。須臾地裂，出筍數莖，持歸，作羹奉母。食畢，疾愈。有詩頌之。

詩曰：

淚滴朔風寒，蕭蕭竹數竿。

須臾冬筍出，天意報平安。

滌親溺器

宋黄庭堅，號山谷，元佑中爲太史。性至孝，身雖貴顯，奉母盡誠。每夕親自爲母滌溺器，未曾有一刻不供人子之職，有詩爲頌。

詩曰：

貴顯聞天下，平生孝事親。

不辭常滌溺，焉用婢生嗔。

（《［臺灣］李氏大宗譜》 1976年鉛印本）

臺北陽明山南靖塋域郭氏祖墳汾陽對聯

汾水長流弘揚祖德

陽光普照庇蔭宗支

（郭詩連編修《［臺灣臺北］崇飽公派郭氏族譜》 1962年鉛印本）

臺灣許氏祠堂對聯

臺北市臺灣許姓宗祠楹聯：

許姓宗祠長興堂

世澤衍高陽　祖德宗功推聚昭穆

宗祠開勝地　蘩芳潦潔永薦蒸嘗

中聯　祖德長昭

入斯室愾見僾聞　常懷孝思不匱

登這堂尋源報本　當知祖德難忘

中聯　宗支綿遠

遠祖不忘追太嶽

近宗還是出高陽

中聯　源遠流長

木本水源蒸嘗百世
慎終追遠俎豆千秋

中聯　一弧世德懷先哲
采蘋蘩以供先祀
授詩禮以裕後昆

中聯　千載蒸嘗啓後人
祀事孔明蹌蹌蹡蹡
春秋匪懈子子孫孫

祖德宗功祚胤永隆昭海甸
春饗秋報薦千萬孤述高陽

澎湖縣許家村西宅許氏宗祠楹聯：
地勢延東瀛之勝
家聲溯泰嶽邢遥

中聯　許氏宗祠
第十三世裔孫許明珠敬題
許心向善守倫常
濟困扶危祥四方

許願人生崇聖賢
黄香扇蓆在親前

家道欣榮要樂業
行仁立德子孫昌

家教孝道留青史
刻木丁蘭感上天

澎湖縣湖東村許氏西宅房大門楹聯：
門額　許氏家廟
高山仰止　五獄配祀帝榮典
陽德昭蘇　百代宗支沐厚恩

西咸照耀　滿室放異彩
宅地鍾霖　奕世多英才

學海求精　爲圖未來遠景
程門立雪　但願待繼前賢

澎湖縣龍門港許氏東厝房大門楹聯：
東裔風高堂構　毋忘祖德
厝宅望著箕裘　克昭孫謀

春祀秋嘗　萬古傳聖賢禮樂
左昭右穆　序一家世代源流

一門幸萃有冠裳　家世幾沾漢寵
九族但存乎親睦　海濱即見堯封

臺北縣土城市五穀先帝廟大門楹聯：
神護四方　永佑國泰民安　九洲一體
農襄百姓　長教歲稔時和　十雨五風

神功護國　贏得千秋群黎立廟
農務教民　化成萬頃荒地爲田

神創靈方　極救倉生　浩蕩皇恩垂萬世
農傳妙術　昌隆國本　巍峨帝德凜千秋

神祚永綜延樂君臣　帝王福九德
農家長享受欽稼穡　人世感皇恩

神恩浩蕩　物阜民康　瑞氣温乾坤　靈僅三臺宗澤
農續輝煌　衣豐食足　芳車馳日夜　紛從九拜宸宮

祖靈長廣佈　廟貌巍峨千歲盛
農本永扶持　玄宫浩蕩奕年興

顯赫坐鎮　本鄉民衆感欽帝德
莊嚴奉安　寶殿村鄰共仰神庥

神威靈赫　濯昭千古　廟貌巍峨　地靈人傑
農爲民衆　造福四方　靈功浩蕩　物阜民康

神術垂千秋　赤子四時寒暑皆沾保

農糧傳萬古　蒼生五穀温飽書能豐

神農宫：
神農饒忍辱　長佑蒼生沾玉露
大帝致中和　永懷赤子惠珠霖

三山出聖地　四海工商欣企業
國王佈仁風　三江農士展經倫

聖德大如天　極民敬世昭千古
母恩深如海　立廟神恩馳萬年

觀空有色　南海非遥　慈航即渡
音播無邊　西方自在　法界皆春

聖地配天垂宇宙　群黎欣大有
帝心造化若寰珠　衆庶頌豐年

神威同造化　聖德巍峨垂海國
殿配參天樹　鴻恩浩蕩著蓬萊

神功同日月　寶島群黎安福録
農務遍乾坤　土城衆庶頌禎祥

神光昭萬世　四海工商登企業
農業肇千古　三江紳士取經倫

神被群生　長增禄壽承帝德
農成百穀　永獲年豐賴神庥

神方遺世　極救群黎醫疾苦
農事改良　增進五穀得豐收

南海非遥　轉念慈航渡香煙
西方自在　遐觀紅浮座上蓮

神力無疆　廟貌巍峨千古在
農心永念　威靈顯赮萬年存

新莊許氏式生祠一樓大門對聯：
高祠奉先靈　謹策孫謀垂燕翼
陽堂濟玉樹　恭繩祖武啓象賢

以國爲氏　萬世長衍太嶽裔
奉敕鎮閩　千秋永懷侍御公

家肥則族肥　不外親親長長數大事
祖遠而聰遠　全憑子子孫孫一個心

新莊許氏式生祠二樓祖廳對聯：
式承泉府　家聲久遠
生衍蓬萊　世澤綿長

春祀秋嘗遵萬古　聖賢禮樂
左昭右穆序一家　世代源流

出光州鎮詔安　勳耀丹霞族衍石龜尊始祖
入西盛别錢埔　名揚擺接支傳臺島仰開基

福建省龍海縣大徑許氏家廟楹聯：
開基始祖：五十郎公，大徑始祖許亥公
珠聯璧合家聲遠
浦江溯洄源流長

高山獻瑞千古秀
陽光普照萬代紅

衍金門如别支派　地靈人傑
朝劈水而來瀠洄　源遠流長

福建省龍海縣沙壇許氏家廟楹聯：
開基始祖：忠轉公，沙壇始祖穆寧公
大門聯
高陽世澤秀聲遠
珠浦分支派澤長

始祖漂洋渡海建基業　千古輝煌
子孫雄心壯志展宏圖　萬代留芳

一門幸萃有冠裳　家世舉霑漢寵
九族但存乎親睦　海濱即見堯封

鄉試二名殿試四名　又幸首名會試列
曾孫兩榜玄孫一榜　更欣甲榜耳孫登

畫棟倚獅峯　人傑地靈　文寶詩名蜚翰苑
雕龍臨鷺島　山明水秀　書堂美譽冠簪纓

澎湖縣果葉許氏家廟大門楹聯：
一門幸萃有冠裳　世代幾沾漢寵
九族但存乎親睦　海濱即見堯封

罔州源遠　遥承左昭右穆
奎壁地靈　更著肅廟維宫

横聯　九族和睦
祖德宗功　雲礽追遠須敬
水源木本　春秋祭祀當誠

横聯　好義爲福
合四時以祭　勿泯遠邇
就一本而觀　無别親疏

澎湖縣許家村深井頭許氏宗祠楹聯：
楣額：高陽衍派
高德憑依支衍派
陽明焕彩藻流芳

楣額：許氏宗祠
深遠規模綿世澤
井源蕃衍振家聲

楣額：祖德宗功
面啓裔孫明禮教
遠懷列祖薦馨香

澎湖縣湖東村許氏後翰房大門楹聯：
後裔風高堂構　毋忘祖德

翰林望著箕裘　克昭孫謀

春祀秋嘗　萬古傳聖賢禮樂
左昭右穆　序一家世代源流

一門幸萃有冠裳　家世幾沾漢寵
九族但存乎親睦　海濱即見堯封

澎湖縣山水許氏宗祠大門楹聯：
高德流芳宗支蕃衍
陽光焕彩世代興隆

一門幸萃有冠裳　家世幾沾漢寵
九族但存乎親睦　海濱即見堯封

金門珠浦許氏家廟楹聯：
先世真傳惟理學
吾家故物是元魁

金馬玉堂鍾英毓秀
山光水色人傑地靈

木本水源蒸嘗百世
慎終追遠俎豆千秋

廟貌維新　四時祭祀家聲遠
孝思不匱　百代馨香德澤長

德澤常新　奕祀貽謀肯堂構
達人蔚起　春秋齊肅薦馨香

一門幸萃有冠裳　家世舉沾漢寵
九族但存乎親睦　海濱即見堯封

高門雲裔式箕裘　孝子賢孫著存有始
聖世天朝皆雨露　金山珠浦輝媚思皇

鄉試二名　殿試四名　又幸首名會試列
曾孫兩榜　玄孫一榜　更欣甲榜耳孫登

崇德報功永彰昭穆
光前裕後長祀蒸嘗

詩聖家風千間廣厦
宗支懿範百世明禮

昭穆有倫孝思列祖
春秋匪懈佑啓後人

遠近親疏本同支　能推恩何分彼此
士農工商各一業　苟爲善不辱祖宗

帝位讓陶唐　歷千秋而罕觀
宗支承太嶽　惟一脈以相傳

喬木千枝豈非一本
長江萬脈總是同源

祖德宗功昭海甸
春嘗秋報述高陽

繩其祖武
貽厥孫謀

昭穆列序慰宗祖
忠孝分明示子孫

堂構承千祀
烝嘗備四時

孫枝奕祀長
世代源流遠

一人擔道義
百世見烝嘗

遠祖不忘追太嶽
近宗還是出高陽

宗功垂福澤
祖德衍家聲

高陽家聲遠
箕山世澤長

宗支綿遠
祖德長昭

金門縣官里村許氏家廟楹聯：
九世珠浦源流遠
傳宗官山祖澤長

高陽衍派家聲遠
浯島分支世澤長

繼述序人倫　禮循昭穆
馨香酬祖德　祭用烝嘗

左昭右穆　序一家世代源流
春祀秋嘗　遵萬古聖賢禮樂

先代貽謀由德澤
後人繼述存書香

宗功祖德流芳遠
子孝孫賢世澤長

金門縣安岐許氏家廟大門楹聯：
面水朝堂　由此人才期蔚起月
腦山登脈　從此兹孫子望蕃昌

宗開岐水　長惟在追思祖德
派衍石龜　遠正宜仰報宗功

金門縣金寧鄉後沙村長房許氏家廟楹聯：
山水朝宗　百代宗礽永耀
詩書奕葉　千世德澤長光

祖功垂福澤
宗德佈春光

雙乳發源　毓秀鍾靈開勝地
三台列案　旋龍顧祖映華堂

開族自少辟　歷宋以來已傳二十
爲官推武巖　掛仰而外旋封百萬

勦崖石救親王　卓立勳猷獻史上
撫楚南錦燕北　大行德政振天中

廟宇慶常新詒謀燕翼
人文徵蔚起甲第蟬聯

鐫像祀鄉賢衣冠萬古
立祠崇都督俎豆千秋

金門後沙許氏五房家廟楹聯：
高陽世澤仁遠長
太嶽家聲由長遠

祖功垂福澤
宗德佈春光

鴻漸獻瑞　雙乳回龍　毓芳鍾靈開勝地
太武呈祥　三合朝案　書香奕世耀華堂

威鎮朔方　誰不聞聲懾勝
恩承南面　莫非報國忠貞

南苑下南阪許氏家廟楹聯：
派衍高陽　簪纓濟美貽謀舊
祥開南苑　蘋藻維馨食報長

許裔難得世代情
厝宅宗風揚祖德

派衍錦江　一水瀠迴將緑繞

堂開南苑　平疇萬頃送青來

族姓繁多　來自鳳翔都共派
人文蔚起　從南苑即是開基

敦本崇源　步趨依然繩祖武
睦族任恤　紹述音愧勒成書

敦本源流衍鳳翔　步趨同繩祖武
睦宗族鳳貽燕翼　德澤共貽孫謀

遠紹宗功　左昭右穆序源流
追思祖德　春祀秋嘗遵禮樂

五代武魁十科甲
四代文拜百書香

真根本修身積德
有經濟教子讀書

龍海港尾鎮大徑許厝村許氏宗祠楹聯：
朱聯璧合家聲遠
浦江溯洄源流長

高山獻瑞千古秀
陽光普照萬代紅

衍金門如別支派　地靈人傑
朝劈水而來瀠洄　源遠流長

龍海縣沙壇許氏家廟楹聯：
高陽世澤秀聲遠
珠浦分支派澤長

始祖漂洋渡海　建基業千古輝煌
子孫雄心壯志　展宏圖萬代留芳

一門幸萃有冠裳　家世舉沾漢寵
九族但存乎親睦　海濱即見堯封

鄉試二名殿試四名　又幸首名會試列
曾孫兩榜玄孫一榜　更欣甲榜耳孫登

畫棟倚獅峯　人傑地靈　文寶詩名蜚翰苑
雕龍臨鷺島　山明水秀　書堂美譽冠簪纓

龍海鴻漸許氏家廟大門楹聯：
鴻漸肇基　俎豆維新昌百世
高陽衍派　兒孫繼述振千秋

追遠祖德　春祀秋嘗尊禮樂
遠紹宗功　左昭右穆序源流

漳南許氏祖廟楹聯：
堂局宏觀水映山屏　祀地允推南詔
庭楣藻飛祭豐儀肅　廟門雄對北城

昭明德澤　澤垂太嶽
應顯功勳　勳萌高陽

拓土宣威功業　勳勞推第一
開漳教化仁懷　德澤被遐方

昭茲來許　繩其祖德
應侯順德　詒厥孫謀

漳州建制　弘揚教化祇人心
閩海叛平　翊贊宣威昭聖德

祖德長昭　亨千秋俎豆
宗支茂衍　綿百世財丁

開漳拓土丕功勳　業垂青史
教化宣威易俗導　民仰光輝

人日稱觴祖德　新春拜舞弘宗功
英靈赫耀千古　俎豆馨香報四時

（《[臺灣]許氏大宗族譜》 1999 年鉛印本）

宜蘭楊氏進士第等楹聯録

宜蘭楊氏進士第大廳壁柱楹聯：

守東平王格言　爲善最樂
遵司馬公家訓　積德宜先

念祖宗克儉克勤　創培基以遺後裔
願子孫善繼善述　守成業毋墜先謀

天地無私　爲善自然獲福
聖賢有教　修身可以齊家
大廳供奉佛祖，南天文衡聖帝翊漢天尊牌位，玄天上帝。

宜蘭楊氏烘爐地進士墓園銘柱聯：

南宫捷足喜龍飛
北闕承恩符燕譽

甲第標名蘭陽仰望
庚方立向山色增光

名登兩榜開蘭僅見
年近八十曠古皆稀

掣浙江人民受治
教蘭邑文行兼優

宜蘭楊氏二城金面進士第墓園銘柱聯：

正氣光日明
賢心究天人

敦厚垂令德
誠熙報徽音

篤實推先覺
信誠啓後賢

長傳淩雲筆
垣懸紫泥宸

士林削三爵
芳範傳五經

墓背群山雲煙起
門臨碧海日月明

（楊栢村等彙編《[臺灣宜蘭]楊彭德惠直系祖譜彙集》 1999 年稿本）

十一、雜　　録

明末清初漳州境内清鄭戰事與經社景況

明洪武初，地畝從田問賦，就地徵糧。以一千二百畝立爲一户，我本族立爲一户，一照舊名沈理顯，以萬全祖之子孫與衆房之無田畝者當之。陳積興附在理顯象溪派下，立户沈世顯。賴永盛附在世顯，乃頂當一甲增碧堂是也。至康熙二十二年癸亥，鄭克塽降清，封漢軍，公源源上繼，由近及遠，先爲甲首，今當二班，雖未鼎盛，亦庶幾可以無忝我祖矣。清康熙四十二年癸未三月。竹溪玄孫壯興撰譜，開基太祖萬全公，乃義正公之四子，乳名萬全，謚英儲，原鄭成功號國姓之孫鄭克塽，於癸巳年統兵圍困漳州，自三月至九月城門始開，城内人民餓死大半，發令在地郡縣盡拆平城，縱兵入山徵餉，給旗方爲順民，荼毒生靈不可勝計，爲我本社戀此名寨徵餉一千六百兩幸得保全，上下湧社亦然。至於梧宅社，則全鄉邱墟，僅留數室數寨而已。至丙申年復築府縣堂，工資材料，里班供給，愁慘難以盡述。又至康熙十年辛亥南靖縣主白拱薇奉，又有祖祠一座在梅子坪，坐辛向乙，號虎形。生成石目一對，在後巷中。又石牙一對，在左右護厝上。又石舌一個，在埕下池中。此真恰肖也，可卜爲吉地，後被春雅地師劉騰萬所敗，水尾造橋亭爲閉，石目打破一目，石牙打繼一牙。此劉騰萬真我義正公派下孫之大罪人也，寧不痛哉。

（沈世蔭重鈔《[福建南靖]竹溪沈氏族譜》　清宣統稿本）

南靖長教簡氏徙臺子裔回唐祭祖竪旗記

旛慰公派嗣孫，移居於臺灣府鳳山道爺莊居住，咸豐戊午年，有十六世孫乳名宗，字翌國，諱朝海，進鳳山學第四名回來謁祖。

巨勳公四房穎生公派，移居於臺灣府鳳山縣赤坎居住。有十四世孫諱魁，乾隆辛卯科中式第三名武舉人，回來旗匾謁祖。魁公之胞姪諱騰，道光壬午科中式二十名武舉人，回來旗匾謁相。同治壬申年，有諱振已、諱成，寄巨勳公真容壹件，並英銀、名片回來。同治癸酉科，有鳳山學張簡華晉鄉試。

（簡庭編纂《[福建南靖]長教范陽郡簡氏世代族譜》　清同治十二年二修稿本）

南靖長教簡氏徙臺祖清末寄函銀回唐祭祖墓事略

十五世五品銜成春，配陳氏，生四子，長乳名禾尚，同治已巳科入鳳山學，字如衡，乳名南山，號玉堂。次乳佛球。成春公乃宦超公之子也，乳名光道，官章成春，在臺灣鳳山埤城内大老衙口開張德成號店舖，於同治壬申年三月廿八日曾寄信一封，祖名一紙，銀貳員交沛春由斯收發,克火叔於癸酉年二月十七日致祭宗珣公妣蕭氏、盧氏及文儉公媽墓。

(《[福建南靖]長教簡氏世系族譜》 清光緒三修稿本)

南靖長窖簡氏開基一世德潤入贅張家及祭張氏祖事録

一世祖德潤公,系開華公第四子,乃會益公第九世孫,以儒士教衆,稱曰四先生,號居敬。原系福建省汀州府上杭縣大平里洪源村人,自永定洪源村分支至南靖縣永豐里梅壟板上,設教書館。公秉性温厚,學才淵博,教衆數年,時遇一地理師名曾巡投宿該館,感公厚待,指獻吉地,公乃回永定洪源村,負請宇遠公之骨骸卜葬訪地。其時鄰社長窖,義祖張進興之子少故,媳婦劉氏孝行,不肯他適,欲從翁姑,張公感其孝順,願招賢才之士以成其志,素聞我祖德潤公寬宏大度,遂求其入贅,於明洪武四年在長窖入籍姓張,爲永豐里九甲里長。公常思我系簡氏血統而來,難忍簡成張,意欲張簡均傳。初二妣不從,俱然後三人會同告天,結論願以張簡均傳。後代於長窖建立張簡祠宇,自德潤公再稱爲第一世。其後子孫分支散居各地,由簡德潤之脈自立清簡,張進興之脈亦自立清張。因本省少部份姓張簡者,系長窖來源,亦系我姓血統。德潤公生於元朝元統元年四月十三日申時,卒於明永樂九年八月二十四日戌時,享壽七十九歲,葬在該鄉小坡圳,形如仙人舞袖,坐丙向壬。祖妣劉氏,葬在書洋龍口,形如觀音坐殿,坐丁向癸。生三子,長貴甫,次貴玄,三貴禎。繼妣盧氏,享壽九十歲,葬在書洋龍口,形如龜仔,坐癸向丁,生五子,四貴仁,五貴義,六貴禮,七貴智,八貴信。共生八子。

義祖張進興公,生於元成宗元年,享壽七十歲,葬在雙崎山,後改葬於書洋龍口。

祖妣盛氏合葬,坐壬向丙,丁已丁亥分金,形如真武踏龜蛇,遂年祭祖於春季社日,並冬十二月一日,祭掃二次,神主立配長窖大宗祠龕内。

(《[臺灣]簡氏族譜》 1989年臺北鉛印本)

南靖高港曾氏林爽文天地會鄭成功亂事紀略

乾隆五十一年丙午,林夾文臺灣謀逆。

乾隆五十年乙巳,天地會黨夥起。

迨宗禎壬午年,天厭明德,國祚將終,四方盜賊峯起,民無聊生。甲申年李闖造反,攻破京城,明主上梅山自縊柳樹而亡。時有鄭芝龍招兵福省勤王,立弘光爲君,把截三關三隘口,後又立隆武,芝龍撥己子鄭森輔國,賜名國姓,五房孫目教受封,遊擊府滿門俱受官誥。丙戌年孤軍門領兵平福省,一路無敵,直抵漳州時正大清順治三年,平越丁亥年曾慶投充總兵,余衆下海從國姓起義。

壬辰年國姓統兵浮海而振,至癸巳侵困漳州,葛竹等處樓屋被焚。乙未年十一月,烏金王大兵臨漳,國姓回兵厦門,吊民作城,不上三月而成。丙申年國姓翼將黄梧鎮守海澄縣,未幾投清,襲受海澄公,遂掌五標。

乾隆乙巳年天地會興,賊夥爲害於四方,丙午年臺灣林爽文造反。

(曾康生鈔録《[福建南靖]高港曾氏家譜》 1931年稿本)

南靖豪山曾氏天地會及林爽文臺灣起事記録

乾隆五十年乙巳，天地會黨夥起。

乾隆五十一年丙午，林爽文臺灣謀逆。

（闔族編纂《[福建南靖]三團豪山崇本堂曾氏族譜》 清光緒稿本　後人補録本）

南靖梅林魏氏徙臺祖父子信函

魏雨順致兒炳良、炳恭信

海洋阻隔音信可通，啓者此本月初七日接當仁侄帶來信一封，諸事知詳矣。又接錫勳弟付來信一封，及在家有欠伊銀二十一兩，要在臺支俊卿叔收入。可扁弟到臺有云：前年同炳東回梓之時，在家向他撥出龍銀十元，此銀乃在漳城買物之項，扁云對買貨先取回龍銀七點五兩，扣除外尚欠龍銀九點二五元，現在時價在臺每元七點二八兩，合重六十七點二五兩，並賜勳合共七十七點三四兩。此所欠之銀，扁云汝母知詳，吾思我同伊令尊同居已久之交，致系可信，將二人諧額七十七點三四兩，款交伊父過數清楚，信到之日，可告汝母親知詳。再者因昔年承典六爻叔來樓地屋橺測池，但舊歲在家有托庚周由敬前來，要將此業再出盡根字爲儒叔理娶再我銀十二元。吾欲起程來臺之急未得延遲，吾將昔年典字交托培鏗弟收存，候六爻叔再出盡根字其銀項兩相交收，在家倘銀項有交清楚，可向培鏗領回。此新舊字契留存，玆因當仁侄回家之便，付信一封，内龍銀二十元，到可查收。在臺人等俱各平安，不須介意。

筆言難盡，此達。

但汝母之症，諒必氣血太虚所致，吾請問福州陳先生雷之經已派來藥方一單，到可服之。

炳良、炳恭見收知

辛丑葭月十九日父雨順字

藥方：

黨參錢半　赤芍錢半　川連錢半　椿皮一錢　炙耆錢半　川貝二錢　連召錢半

川錢半　當歸錢半　川芎錢　半久地二錢　艮花錢半　赤小豆錢半　烏棗六隻

炙草四錢

水二碗煎一碗服。

魏炳良致父雨順信

拜奉

作雲父親大人膝下：

敬稟者，三月間與四月中，昨嚴玉音二扇，捧讀之下，備知兄如意順得弄璋。命雲諸事知矣。未卜父在東諸玉體幸獲皆請吉康寧，自唐各人等約安矣，其無容遠憂也。嫂三月間招者名金貴，若忠厚勤農也，今侄年八載，再幾年十餘歲，其妹五月間爲要於歸矣，家務可以免五治，今往外系可矣。五是免在家加開家費。在唐不能走經幫，開不才致老尊走東路，不孝罪嶽重，不能趨待嚴足寸邊之幫也。去年父東梓養之豬畜，十一月間與二月中豬畜二隻不飲食死也。現米每元二點二斗，豬肉每元五斤，妹用嫁物高貴，今孔方及理應修息。奉知此稟。

順請上福星拱照。

丙午又梅月初旬愚小兒炳良拜託。

（魏雨順編《[福建南靖]梅林魏氏族譜》 1937稿本）

南靖書洋蕭氏深坵祠興廢記

八世元富，建下坪大路下深坵祖祠，巽山乾向丙辰丙戌分金，至同治乙丑年二月十四日，長髮匪擾境，將祠拆壞一空，至四月初十日移營，諸叔侄或被殺，或被擄，或餓死，三者僅存其一，於是同公僉舉吉祥、欽崇、思誠三人往臺，將舊丁社鳩集英銀乙千餘員以爲架築之資。至丙寅二月興工，六月廿四日入火，完竣費用太繁，至光緒戊寅年十一月初四日發表，初九日安龍，建醮做慶成戲三旦夕。

（《[福建南靖]書洋蕭氏十世侃毅系族譜》 清宣統稿本）

南靖蕭氏清末民初家國大事記

同治乙丑年二月十四日，長髮賊至，慈徽吳氏祖媽，率諸子孫避亂，先逃在長籠徑竹林頂，被賊一逐，走至苦坑仔迄蕉坑麅靴潭柿仔鞍大坪頂觀音宅，卒至溪尾守常公與三賢同往臺。至四月十一日，長髮賊退，四月十六日回家，一家齊全皆無所傷。休哉祖媽之福所蔭也。

宣統三年辛亥九月九日革命起義，首者孫文、黄興、黎元洪，在武昌一戰勢如破竹，不數月二十二省皆曰光復，攝政王無奈，承皇后懿旨請袁世凱解紛，凱奉懿旨令宣統退位，遂爲一九一二年，袁世凱爲正式大總統。至丙辰年十一月稱帝，改號洪憲元年，及丁巳三四月各省反對，隨即改復爲一九一七年。不數月凱亡。一九一八年元月初三日巳刻地大震，各處棟瓦墜落，此自來未有之事也。至四五月，北軍大進，人民正苦。七月南軍至，北軍退，其民稍安，南軍陳炯明總司令據在漳州。至戊申六月初旬，陳炯明回廣東，漳屬仍還李厚基管屬。北政府民國自袁世凱死後，黎元洪爲總統，内閣互相反對，洪退位，徐世昌爲總統，及戊午遂爲南北。

十世我祖顯考諱庭福公，名郡，字亦懷，生於康熙甲寅年正月廿六日，卒於康熙乙酉年十二月十六日丑時，年登三十三歲，葬在臺灣諸羅山縣鹽水港上帝廟土葛堀坐南向北，形似蝙蝠，亦似爲烏鴉落洋。夫公之流離渡臺，爲因二兄娶妻怒打媒婆，不得已而往臺，特以教讀糊口爲業。適當初服王化，文風未振，僅得其門人之田地以葬之。聞先輩所傳，公將亡之時，吩咐以竹爲棺，取義鳥在籠中，免被人所害。卓哉，我祖之識深矣。又置祠堂在嘉義縣西堡蕭竹仔莊，坐西向東，形倒地金鈎。至明治三十八年重修，三十九年地動又壞再修，又置祀香田壹甲三分，址在嘉義縣西堡竹仔脚莊北勢納，業主大租粟六石五斗。祖媽吳氏，名續，謚慈懿，生於康熙壬戌年九月初一日巳時，卒於乾隆丙子年二月十五日巳時，享壽六旬加五，葬在落嶺下坐乾向巽兼巳亥縫針甲辰甲戌分金，至大清光緒辛卯年重修，傳下二大房。

（蕭仰高編纂《[福建南靖]書山蕭氏族譜》 清光緒三十二年稿本 1949年重抄本）

沈葆楨奏建延平郡王祠摺

奏請建延平郡王祠摺

清同治十三年十二月，巡臺欽差大臣沈葆楨撰奏爲明季遺臣，臺陽出祖，生而忠正，歿而英靈，懇予賜謚建祠，以順輿情，以明大義事。

本年十一月廿五日，據臺灣府進士楊士芳等稟稱，竊惟有功德於民則祀，能正直而一者神，明末賜姓延平郡王鄭成功者，福建泉州府南安縣人，少服儒冠，長遭國恤，感時仗節，移孝作忠，顧寰宇難容雒邑之頑民，向滄溟獨辟田横之列島，奉故主正朔，墾荒裔山川，傳至子孫，納土内屬，維我國家宥過録忠，載在史宬。剛後陰陽水旱之沴，時間籲嗟祈禱之聲，肹蠁所通，神應如答。而民間私祭，僅附叢祠。身後易名，未邀盛典，望占遥集，衆心缺然。可否據情奏將故籓鄭成功准予追謚建祠，列之祀典等因。並據臺灣道夏獻綸、臺灣府同懋琦等議詳前來，臣等伏思鄭成功丁無可如何之厄運，抱得未曾之孤忠，雖煩盛世之斧斤，足砭千秋之頑懦，伏讀康熙三十九年聖祖仁皇帝詔曰："朱成功系明室之遺臣，非朕之亂臣賊子，勑遣官護送成功及子經兩柩歸葬南安，置守塚建祠祀之。"聖人之言，永垂定論。惟祠在南安，而臺郡未蒙敕建，遺靈莫妥，民望徒殷。至於賜謚褒忠，我朝恢廓之規，遠軼隆占。如瞿式耜、張同敞等，俱以殉明捐軀，謚之忠宣忠烈。成功所處，尤爲其難，較之瞿張，實啻伯仲，合無仰懇天恩准予追謚，並於臺郡敕建專祠，俾臺民知忠義之大可爲，雖勝國亦華之所必及，於勵風俗正人心之道，或有裨於萬一。臣等愚昧之見，是否有當理，合恭摺具奏皇上聖鑒，敕部核覆施行。再此摺系臣葆主稿，合併聲明，謹奏。

（楊栢村等彙編《[臺灣宜蘭]楊彭德惠直系祖譜彙集》 1999 年稿本）

十二、漳州向國外移民開基祖名録

（一）陳　氏

潁川陳氏徙外邦録

三十三世聯連，基禮子，北鎮孫，郭厝六柱派，卒在番邦。

三十七世光行水-郭厝六柱派，運果與葉氏五子之二，往番邦。光向，運果五子之末，聘孫氏未娶，卒番邦檳榔嶼，卒於三月二十八日。

三十四世斜喜，聯賢四房，郭厝六柱分尾頭派，裔孫名光通，往外夷檳榔嶼，以後無載。

（陳有文編輯《［福建漳州］潁川陳氏族譜集成》　清光緒二十九年石蘭堂石印本）

平和蘆溪陳氏徙南洋記録二則

純讓派下第一世昃，字源有，謚雅友，純讓公長子也。生於雍正年正月廿九日時，娶盧氏，乳名媚官，生於雍正庚戌年三月廿三日午時，生一子文爻。公和悦樂易，日羲讀書，功名不就，往番邦吧城，不知卒於何時，骸骨亦無歸葬。妣盧氏謚徽柔，卒於嘉慶十六年辛未十一月十五日卯時，壽八十二歲，葬在坑頭底。

斐文長房第二世派下錫我，字毓仁，號慧齊，庠名捷昇，邑庠生，謚活心，名俊次子也。生於嘉慶丙子年正月十四日酉時，娶周氏生於嘉慶庚辰年五月二十日辰時，生二子：文、房，一女。繼娶葉氏生於壬辰年十一月廿四日酉時，生一子名水漲，往南洋。公卒於光緒壬午年九月十六日午時，葬在八埒田頂。妣周氏謚清潔，卒於咸豐乙卯年正月廿一日酉時，葬在坑頭底高坎田脚，坐辰向戌兼丙辰丙戈分金。妣葉氏謚清洗，卒於年月日時。

（陳騰奎首修《［福建平和］蘆溪陳氏族譜》　嘉慶稿本　1954 年重修增補鈔本）

天寶陳氏過番記録一則

十六世章誦，過番邦。

（《［福建漳州］天寶浦里陳氏族譜》　1915 年稿本）

唐榮陳氏源流世系

宇宙間，凡物各無不有本，而事皆無不始，故萬物本乎天而人本乎祖。自昔國之史、家之譜,日星河洛輿圖之載世系昭穆,宗族之傳,並設以志,示不忘本始也。然我中山開國以來,崇尚淳龐,於譜諜之文,宗族之傳,而闕如也,故雖宦家世禄之人,遠弗能考其始之由來,多致其姓氏湮没而至不影也。今王天縱聖德,仁孝性成,恐效命諸臣勤勞奏績者,歲月更移之後,姓氏湮没而無傳於後世,爰今諸臣各修家譜送譜司考核,永著爲例。按陳氏之先閩人也,蓋永樂年間遷中山,同三十六姓居唐榮,以備出使之選焉。然而歷年久遠,詳不能考其由來也。幸我祖諱康公,當宣德、正統之間屢使諸國,其姓名詳於典籍,故今以康公爲祖編譜,獻譜司以備考,實從此以後則世系昭穆之序、支分派衍之條,悉備於家譜,而臣子功業永垂不朽矣。謹書譜以示不忘本始云爾。

唐榮陳氏世系總圖:一世元祖諱康。二世泰、浩、耀。浩生三世文鑑。四世義、爵。義生五世詔、宜、賦。賦生六世繼成、繼章、繼榮、續茂。

(《[琉球]中山唐榮陳氏家譜》 清康熙二十九年稿本)

南靖五經寮陳氏往巴記録一則

正起,乳名文芳,往巴城卒。

(陳廷文編修《[福建南靖]五經寮思源祠陳氏族譜》 清同治三修稿本)

漳州俊美陳氏在番二則

四房十一世葉隆,在番柬埔寨。

四房十三世鴻達,在番邦。

(陳雨盛編纂《[福建漳州]俊美陳氏族譜》 1993年鉛印本)

臺灣鑒湖陳氏徙印尼記録

二十世祖得意,柯宿長子,名鯤,字同塘,生於同治己巳年十一月二十八日,妣楊氏,生於同治辛未年四月二十一日,卒於光緒壬辰年一月六日。又妣李氏,生於光緒丁丑年十月三日,生三男,逢吉、逢時、逢泰。逢吉、逢泰皆住印尼萬隆。

(《[福建臺灣]鑒湖陳氏源流》 1993年臺灣鉛印本)

宜蘭鑑湖陳氏徙居萬隆一則

鑑湖二十二世遷臺第一代有輩來燕世系齒録。二十世祖得意,柯宿長子,名鯤,字同塘,生於同治己巳年十一月二十八日。妣楊氏,生於同治辛未年四月二十一日,卒於光緒壬辰年一月六日。又妣李氏,生於光緒丁丑年十月三日,生三男,逢吉、逢時、逢泰。逢吉、逢泰皆住印度尼西亞萬隆。

(陳文隆編《[福建臺湾]鑑湖陳氏族譜》 1993年鉛印本)

漳浦陳氏過南洋一則

少明三房下高尾系，十七世亞九，過南洋。

（陳祖禄等主編《［福建漳浦］陳氏聯合族譜》 2004年印本）

（二）林 氏

東山康美林氏遷外國開基祖名録

大祖二世系十七世福來，石崑次子，在叻。

大祖二世次房十八世友春、友福、友河、友刊、友成，平忠六子之五，在叻。

大祖三房十八世春花，次子大獅、三子細施在叻。

大祖三房十八世明桂，四福子，在叻。

大祖三房十五世玉盛在叻，子璧榮、璧梅在叻。

大祖三房十七世南順、南發、連順、連生，友羽子，父子俱在叻。

大祖三房十七世天興，章桂子，在叻。

大祖三房十七世金禄，永棟長子，在叻，子寶來、寶忠在叻。

大祖三房十八世寶孫，金才子，在叻。

大祖三房十五世月平，水德三子之次，在叻，子阿須在臺，孫釋鑫、慶明在臺。

大祖三房十三世照，字希拱，子五：成喜、成滿在臺，佛賜在叻，成茂、成水在叻。成喜孫瑞玉在臺。

大祖四房十七世金泰，富貴次子，住新加坡。

質勤派下湖十八世榮水，住南洋。

質勤派下湖二十世天成，寶番子，在南洋。

質勤派下湖二十世天池、天元，番仔長、次子，在南洋。

質勤派下湖十九世承旋、樹芳，舜乾子，住叻，南洋。

質勤派下湖十八世金額、金門、下門，木桂子，在叻。金額子亞波在叻。金門子元發、元成、元順、元福、元龜在叻。下門子亞傑在叻。

質勤派康美十四世猛，詹子，在叻。子藏，孫以嗳，曾孫阿縣在叻，玄孫老生出嗣在臺灣。

質勤派康美十九世鴻安，芳孝長子，在叻，子明光、明財在叻。

質勤派康美十八世貴榮，金寶四子之次，在叻。子長文、長成、長髮、耀坤在叻。

質勤派康美二十世琴光、勝光、勝金，吉太子，在叻。

質勤派康美十八世石頭、朝安，珠桂子，在叻。

質勤派康美十七世珠池，乳四子之三，在叻。子鴻芬在叻。孫福元、福文、福龍在叻。

質勤派康美十七世居德，象溢子，在叻。子丹桂、丹盈、美南、壽南在叻。孫大明、大元、忠安、忠録、貴順、貴榮，吉寧俱在叻。

質勤派康美二十世福文，成太四子之次，在馬來西亞。

大祖二世三房十三世島，錦雲子，在叻。

邦基大房系十八世國發，大進子，在叻。

邦基大房系十八世喜桃、喜興在叻。桃子金明在叻。興子廷光、澤光、啟光、碧光、明光在叻。

邦基大房系十八世喜鳳，在印尼。

邦基大房系十八世喜藤，春丹長子，在叻。子潤添、潤源在叻，友光在香港。

邦基大房系十三世魁，梓三子之末，住南洋，子勇、斗、樟。

忠簡公次房九世邦璧系十二世三，攀子，住南洋。子彌，孫振通。

十八世成太，住南洋。

十八世計昌，宗仔三子之次，住南洋。

十七世連招，子三，天宗，天梅，天立。梅、立住南洋。

十八世戇成，文聘三子之長，住南洋。

十七世年春，浚四子之三，忠簡次房邦璧系，住南洋。

十七世連傑，子福財，均住南洋。

十七世火明，子阿籠、阿興。阿興住叻，子順孝，全家俱在叻。

十七世阿縣，子龍春、榮春、瑞春。龍春住叻，子六。

榮春住叻。子添生、裕德、裕順、裕輝、裕章，俱在叻。添生子佳恩、佳頌；裕順子佳忠；裕章子佳孝，俱在叻。

十八世吉慶，長子國麟子二，澤民、謀基。澤民在臺。謀基在叻。次子寶發，往叻，子謀隆在叻。

十七世進德，子成仁往叻。成仁子順福、孫保金俱在叻。

十八世平汝，潮之孫，在叻。

十七世阿縣，畏子，篩孫，在叻。

十七世添喜往叻，子金進、進榮。金進在叻，進榮子樓内在叻。

十八世金進。子贊字輩成、木、福、興、家、和、春七房俱在叻，孫十三人在叻。

十八世進榮在叻。子五尚字輩武、致、勇、謀、和五房，孫六，俱在叻。

十四世灘興子加瑞、加安在叻。

十五世柏余，子清德、清榮、清川在叻，清楚出嗣梧龍。

忠簡七房邦珧次派十七世怡澤在叻，子補確、阿成亦在叻。

尖石四派十七世榮尚，水串二子之次，在叻。

尖石四派十八世順池，長省子，在叻。

尖石四派十七世紅仔。子發盛、發順、發國、發水，俱在叻。

尖石四派十八世茂然，金園次子，在叻，子海南在叻。

周士堂大房十八世智成，花邊三子之次，在叻。

周士堂大房十七世文銀，象子，在叻。

周士堂大房十七世敞壁、文田，捷來四子之長次，在叻。敞壁子玉輝、玉蛟在叻。

周士堂大房十七世文龍子玉美在叻、文字子玉明在叻。

周士堂長房十七世夜仔在叻。

周士堂長房十七世榮文在叻。

周士堂次房十六世乙乾在叻。子福長、炳福、榮輝；孫木波、炎波、國波、育波，俱在叻。

周士堂二房十八世福海在叻，長子松英在臺，三子松堅在叻。松英子維賢、維信在臺。

周士堂次房十七世開路，深未三子之長，在叻，子友寶在叻。

周士堂次房十六世水趕，淇二子之長，在叻，子才榮、才成亦在叻。

周士堂五房十六世三伍，川幸二子之長，在叻。子狗種孫興順、興福亦在叻。

周士堂五房十八世合壽，東水子，在叻。

周士堂六房十六世克孝，子水花、長裕、進成、進發俱在叻。

周士堂六房十七世貌，受來子，在叻。

周士堂六房十六世順盛。子成海、成春、成章、成元俱在叻。成火出嗣。

周士堂六房十八世勇福在叻。

周士堂六房十八世加添及子阿孫、金鐘、金清在叻。

周士堂六房十八世加平、加安、加興、加金兄弟在叻。

五美堂二房十七世財保，福成三子，在叻。

五美堂二房十六世福明、福助，烏雁三子之長次，在叻。福添次子錦祥在叻。錦祥子榮洲、榮豐、國基在叻。

五美堂次房十八世聰元，添旺子，在叻。

五美堂次房十八世其德，天佑子，在叻。

五美堂次房十八世加發、金春，財生養子，在叻。

五美堂次房十八世保福，朝金子，在叻。

五美堂三房十八世文英，在安南。

五美堂三房便公系十七世佛生，東海長子，在叻。

五美堂三房十九世九兜，晉卿子，在叻。

五美堂三房十八世良才在叻。

五美堂三房十七世耀枝，啟作長子，在叻，子財德在叻。

五美堂三房十七世烏璉在叻。子金安、金福、金成、金寶，俱在叻。

五美堂三房十八世烏奎，純熙子，在叻。

五美堂三房十八世汝林，贛子，在叻。

五美堂四房十七世文煥，養茹子，在叻，子來順、成發在叻。

五美堂四房十八世芳來。子十五，碧字輩通、坤、祥、端、裕、龍、南、金、民、堅、車、輝、安、坤、仁，俱在新加坡。

五美堂四房十五世清香，笑次子，在叻。

五美堂四房十八世靜元、福裕兄弟，如江子，在叻。

五美堂四房十七世福裕在叻。子水木、興木、成木、金木、順木、源木、添木、巧木，俱在叻。

五美堂四房十八世赤陛，亞擔子，在叻。

五美堂四房十六世清江、清澄，水點五子之二、四子，在叻。

五美堂四房十六世福連、福汝，金盾子，在叻。

五美堂四房十七世兩發，明招次子，在叻。

（《［福建東山］康美林氏族譜》 1990年稿本）

唐榮林氏源流

林氏家譜序

家譜之義大矣哉。家之有譜猶國之有史也。本始必正，遠邇必明，同異必審，定昭穆，序長幼，彰往法來皆賴乎譜。譜之義大矣哉。故崇孝之道莫急於尊親，尊親莫大於合族，合族莫先於修譜。修譜然後本始正，遠邇明，同異審，昭穆定，長幼序，彰往法來，而族始稱。粤吾元祖座安公，諱胤芾，號清巖，小禄郡雙牛宫城村人也。公虿歲喪父母，無所歸依，幸蒙攝政金武王子尚公諱盛慈愛而生長，後供家臣之職，遷居首里，故於祖先之所從來不能詳也。高祖妣稱真嘉登真和志郡松川村富里仁也，女也始適林喬棟(俗名叫做金城通事)生茂盛，後適座安公生允大公，諱茂豐。夫允大公，固吾座安公之適長，而茂盛之母弟也。公八歲喪父，無所受教母兄，而茂盛公教育之。及長，始遷唐榮，列於三十六姓之裔孫，賜姓林氏焉。曷爲遷唐榮乎爾，以允大公博學多識，通漢語也。遷唐榮曷林姓乎爾，以林茂盛之同母故也，自故明時國王奏請中國人三十六姓住居唐榮。

唐榮林氏世系圖

一世元祖諱胤芾，生二世茂豐、女真牛、棟軸。茂豐生三世女古瑞，女真玉，女真嘉户，女真過，宗璉，宗壁。宗璉生四世邦法，邦棟，邦俊，女真味津，女真牛，邦佑，邦柱，邦傑。邦俊生五世家桐，女真武多瑠，家槐，女真味津。

世禄以供，真使消乎歷年久遠，子姓凋零，以故於本國宦裔中拔其文學尤著者補之俾無缺。貢使之選，遷之者誰，奉王命也。於何年月遷之，大清康熙九年夏六月望日也。遷之溯所自出者何，修族譜也，所譜本始必正，遠邇必明，同異必審也。所以定昭穆，序長幼，彰往法來也。重修譜者誰，玄孫家槐也。

大清乾隆五十一年歲次丙午仲秋穀旦玄孫家槐謹識。

(林家槐編修《[琉球]中山唐榮林氏大宗家譜》 清乾隆五十一年稿本)

詔安南陂林氏遷外邦開基祖名録

十六世儒卯，蘭居次子，土號番子。卯二十餘歲家業消盡，流蕩番邦，在三吧哪核咾任順美瑪腰鴉片僕。

十六世德昆，世效三子，子三，長譽遏往暹亡，次文興做戲亡，三水星往暹亡。

十六世德捧，世效長子，生子譽浪，往吧亡。

十六世德力，世效次子，生子譽頭，往暹羅亡。次子畲營，往臺。三子東湖，往番。四子畲井，往番。五子青山。

十七世譽良，捧五子，生咸豐癸丑年六月廿七辰時，卒光緒元年十一月初三酉時，往嘖叻而亡，行年廿三歲，妣媽馬岡張氏生未知，卒同治九年七月三十辰時。

十七世譽遏，昆長子，生道光癸卯年，卒光緒十七年辛卯十一月廿五，在暹羅而亡，妣張氏生道光乙巳年，時日未知，卒道光己酉年七月廿四戌時，行庚五歲，葬官屋祠堂背大路上園角。

(林景山編纂《[福建詔安]霞葛南陂林氏以來一脈族譜》 1925年九修稿本)

詔安林氏五常系往南洋一則

二十二世學及二、三弟後裔往南洋。

（林永茂編纂《[福建詔安]林氏開詔族譜五常衍派世系》 1984年稿本）

華安汰内林氏徙居外國名録

十二世國梓，字沂桐，生雍正乙巳年七月十三午時，卒乾隆甲申年六月初二戌時。男文盛三房典次子繼、文棟三房丁之子繼。葬吧中。

十六世由騎，字儁成，生道光己丑年六月吉日卒吉時。妣陳氏，後格人柳娘，生道光癸巳年二月初五寅時，男宜厢。葬番邦。

十七世宜都，生道光戊申年七月廿二卯时，往㗂。

十七世宜炆，生卒於吉時，往㗂。

十七世宜噲，生咸豐辛亥年六月廿九吉時，往㗂。

移居番邦，一派世系二房五派九世者，生長家貧往吧生理，滿載而歸，時當擾攘，慮有暗算，暫環溪宅地三片，復營築洲頭田產倉屋。歸祖念切，男日煌入泮，勵志成名，後窺耿藩有異志，遂挈家往温州，再移蘇州，而胞從兄弟率同往者十有餘人。

（林秉編纂《[福建華安]沙建汰内林氏族譜》 清光緒八年六修鈔本）

漳州環溪林氏往吧記録一則

十三世文第，生乾隆己卯年吉時，卒於吉時。往吧。

（《[福建漳州]環溪林氏族譜》 清光緒稿本）

雲霄龍坑林氏遷外國開基祖名録

五世位，妣盧氏、張氏，子六，次龍庸派潮州、泰國。

十九世溪東，移居新加坡、馬來西亞。

龍庸衍派潮州東前溪村，分派泰國。清道光三年癸未科，衍派潮州後裔召棠，殿試高中榜首，來龍坑宗祠懸匾“狀元及第”，閩粤同源，恩榮備至，今匾額俱存。

（《[福建雲霄]龍坑林氏世系考略》 1991年稿本）

漳浦烏石林氏徙外邦名録

下園十九世清朝，過南洋。

子亮公三房二十二世，長僑居新加坡、馬來西亞。次石硯，子登科有三子：長成福居馬來西亞。次成全居馬來亞西。成全子五：長居馬來西亞。次居馬來西亞。三居馬來西亞。四應球，長子劍峯澳洲留學，次子劍恩厦門大學。五居馬來西亞。三成富居馬來西亞。

打山社爲平派二十三世克明，博士，留美。

山兜社二十二世三泉,過南洋。

深水坑溪尾派系二十二世烏決,過南洋。

(《[漳浦浯江]烏石林氏族譜》 1995年稿本)

南靖梧宅洞内泰昌堂弘士系林氏徙外邦名録

十世廷詔,乳名敕,字澤普,士章次子,娶氏名失記,生一男二女。男名榮祖往番故,長女茂盛,次女有明。廷詔生於康熙十五年丙辰六月二十七日寅時,卒於康熙六十年辛丑八月十八日未時,享壽四十六歲,葬在臺灣大武郡山豬堀。其妣後改醮莊家。

(《[福建南靖]吴宅鼎寮洞内社林氏泰昌堂西河弘士祖派下私譜》
清嘉慶稿本 光緒二十年抄本)

平和龍頭林氏徙外邦名録

十七世水晶,生於一八八一年,卒於一九三二年,壽五十二歲。葬考竹湖丑未兼癸丁。配大徑黄氏均娘,生於一八八七年,卒於一九六一年,壽七十一歲。葬巖後山頂四份山嶺頭甲庚兼卯酉。生子六。長坤土往新加坡,次坤厚,三坤奇幼亡,四坤林,五再振,六木森出嗣。

(《[福建平和]龍頭林氏宗譜》 1991年稿本)

平和龍頭林氏徙新加坡一則

伯順派下十五世象,林媽四子,去新加坡。

(《[福建平和]龍頭林氏宗譜》 1991年稿本)

漳州康山林氏出洋録

蛇,式冰二子之次,元堅孫,過番。

緑,式正二子之長,元堅孫,過番。

惓,字琯,號康侯,册猶五子。生於崇禎十二年己卯六月廿九日午時,卒康熙壬申年月日時,葬咬瑠吧舊港。

晃,綿大民長子。生於崇禎十七年甲申十二月廿二日申時,卒康熙廿八年己巳十月廿一日時,葬咬瑠吧舊港。

(林昌言纂修《[福建漳州]康山林氏族譜》 清同治十三年甲戌雕本)

(三)黄　氏

南靖湖山黄氏往吧録

十五世拔字飛鳳，長子生不知年月日，往吧不回。

十六世天生，號必昌，盛文所養以接李氏，有生一子曰南，生於康熙四十七年戊子八月廿四日寅時，往吧不回。

十七世將，字士長，號汝灼，愈桓三子，生於乾隆四年己未十二月二十日子時，往吧無回。

（黄湍水編纂《[福建南靖]湖山黄氏族譜》 1914 年五修稿本）

平和黄氏南二系往吧番録

元朗公，世忠公次子，賜豪所生長子，壯年往吧國。

子權，諱元賜，豪生次子也，生康熙六年丁未，卒於乾隆七年壬戌，謚純樸。娶何氏，生康熙十四年乙卯，卒乾隆二年丁巳，謚良儉，行一盛娘，葬在柿脚園坐壬丙兼子，生二男，長固使，次就字郁諱文世。

國型，諱丙，子榮生之三子，娶董氏無傳，又一男羣爲過繼。國珠名齊，王銘次子華長子也，娶賴氏生男哲，繼娶李氏生男養，素奸邪鼠竊，哲往臺，養往番。

長公，賜順之長子文公所生也，生康熙己未年，往在番邦，過繼子梯兜往臺。

元裕，諱綽，譯子榮次子國器所生也，葬在番邦。

（黄國棟編纂《[福建平和]安厚大徑黄氏南二公系族譜》 清同治稿本）

龍海長洲黄氏徙外邦録

二十二世次紹謀，謚懷懋，内謚克柔黄公，生乾隆五十八年正月廿三日酉時，卒於道光十九年己亥六月廿九日午時，葬在本厝山坐北向南。妣生於乾隆，卒於咸豐六月初二日，葬在火燒麒麟山。祖妣諱伴，謚淑儉鄭氏。紹謀公生三子，長良才，謚英敏，妣郭氏，謚訓讓，公生於嘉慶十七年壬申十月初八日吉時，卒於道光廿六年丙午七月廿四日午時，葬在火燒麒麟坐子向午，妣生於嘉慶丙子年五月十二日午時，卒於同治壬戌十月廿六日酉時，葬在謝厝山坐乾向巽。次育長黄公，妣循惠林氏，公往番邦。妣生於嘉慶廿一年丙子十二月廿七日未時，卒於道光十六年丙申七月廿八日寅時，葬在謝厝山坐壬向丙。

二十二世紹猷，謚懷保黄公，生於嘉慶四年己未正月初三日丑時，卒於道光廿三年癸卯八月初二日戌時，葬在火燒麒麟山崙坐酉向卯。妣諱慎謚淑慎邱氏，生於嘉慶二年丁巳八月十四日，卒於道光元年辛巳六月初八日巳時，卒在井里汶南安由地。

五紹悟，謚高福，内謚克林，生於道光辛巳十二月初六日，卒於道光丙午年正月二十日，外出不得安葬在唐。

（《[福建龍海]長洲黄氏族譜》 1946 年稿本）

華安良村黄氏徙外邦名録

答，石二子之次，椿孫，往番邦。

權，原煜五子之長，往吕宋。

（《［福建華安］龍溪良村黄氏族譜》 清宣統稿本）

（四）張 氏

南靖德遠堂張氏僑居外國世系譜録

十九代祖金清，系應祖長子，僑居仰光，屠宰爲業。

十九代祖年芳，定忠公長子，妣陳氏，生三男：長華明，次華隆，三華興。出生於印尼，思念水源木本，曾奉獻德遠堂春祭基金。

十九代祖永芳，系定忠次子，妣司徒氏，生二男，長福全，次福多。僑居印尼三馬林達經商。

十九代祖國芳，系定忠三子，妣郭氏，生三男，長福生，次福才，三福順。出生於印尼，思念水源木本，曾奉獻遠堂春祭基金。

十九代祖豪芳，系定忠四子，妣吴氏。僑居印尼三馬林達經商。

十九代祖南芳，系定忠五子，妣吴氏。僑居三馬林達經商。

十九代祖仁芳，系定忠六子，妣張氏。僑居印尼三馬林達經商。

十九代祖健芳，系定忠七子。僑居印尼三馬林達經商。

十九代祖華芳，系定傳次子，妣闞氏，生二男，長萬進，次萬明。僑居三馬林達。

十九代祖群芳，系定傳三子，妣魏氏，生二男，長萬麟，次萬才。僑居印尼泗水。

十九代祖賺芳，系定傳四子，妣簡氏，生三男，長萬全，次萬盛，三萬壽。僑居印尼。

十九代祖富芳，系定傳五子，妣蘇氏，生二男，長萬良，次五寶。僑居印尼。

十九代貴芳，系定傳六子，妣胡氏，生一女玉珍。僑居印尼。

十九代祖日芳，系定傳七子，妣魏氏，生一男萬松。僑居印尼。

十九代祖華光，系定福長子，妣魏月蘭，生五子，長俊雄，次俊泉，三俊强，四俊偉，五俊俊。公僑居印尼經商。

十九代祖華星，系定福次子，妣馮氏，生二子，長俊良，次俊文。出生於印尼，思念水源木本，對祖鄉福利事業頗爲關心，曾奉獻德遠堂春祭基金，捐資修築南歐公路。

十九代祖華漢，系定福三子，妣楊氏，生二男，長俊城，次俊平。僑居印尼經商。

十九代祖華民，系定福四子。僑居印尼經商。

十九代祖梅生，系連鴻長子，妣簡氏，生三子，長墩開，次河開，三海開。僑居緬甸。

十九代祖有初，系泰松長子，妣江氏正室、張氏偏房。生子十房，長鵬超，次鵬圖，三鵬疇，四鵬立，五鵬偉，六鵬國，七鵬雄，八鵬强，九鵬健，十鵬新。僑居印尼三馬林達。

十九代祖慶潤，系碧連長子，妣江氏。僑居印尼三馬林達經商。

十九代祖俊潤，系碧連次子，妣傅氏，生子六房，長肇强，次肇智，三肇惠，四肇恩，五肇京，六肇春。居印尼打拉根經商。

十九代祖標潤,系碧連三子。僑居打拉根。

十九代祖豐潤,系碧連四子。僑居打拉根。

十九代祖啟貴,系碧衍長子。僑居印尼泗水經商。

十九代祖啟賜,系碧衍三子。僑居印尼泗水。

十九代祖富潤,系克清長子,妣魏寶珍,生一男肇基。僑居印尼。

十九代祖貫林,系克梁次子,妣葉氏、林氏。生子四房,長永華,次永偉,三永光,四永平。僑居印尼打拉根經商。

十九代祖啟隆,碧衍次子,僑居印尼泗水。

十九代祖茂生,系克棟長子。僑居印尼經商。

十九代祖益生,系克棟次子,生子二房,長永泰,次永發。僑居印尼務佬經商。

十九代祖建生,系克棟三子,妣江氏,生子六房,長永新,次永南,三永基,四永昌,五永通,六永道。早歲南渡印尼,爲追溯祖源專程還鄉謁祖,曾捐資修葺天后宫、南歐公路、南歐小學,同時修復祖業永富樓。

十九代祖仰峻,系永添長子。僑居緬甸興實塔。

十九代祖狗狗,系永添次子。僑居緬甸興實塔。

十九代祖仰誠,系永添三子。僑居緬甸興實塔。

十九代祖振華,系永壽長子。僑居印尼三馬林達。

十九代祖振輝,系永壽次子。僑居印尼三馬林達。

十九代祖振芳,系永福之子。僑居印尼三馬林達。

十九代祖富萬,系賜龍長子,妣蘇金玉,肅珍達。生子九房,長國賢,次國輝,三國慶,四國炎,五國志,六國南,七國洋,八國羣,九國島。又有三女,長女桂蓮,次女運清,三女妙清。僑居仰光。

十九代祖遐昌,系賜松三子。僑居泰國。

十九代祖佛化,系繩光長子,妣杜玉珍,生子二房,長發興,次亞南。生三女,長女真妮,次女真挨,三女亞妹。僑居仰光。

十九代祖土發,系繩光三子,妣黄亞珍,生一男仰興,生二女,長女真漂,次女拉拉。僑居仰光。

十九代祖明安,系壽才次子,妣江彩蓮。生子二房,長子建國,次子建邦。生一女曉虹。僑居仰光。

十九代祖明山,系賢才長子,妣江秋蓮,生子五房,長建文,次建武,三建威,四建雄,五建昌。生四女,長女美玲,次女美金,三女美珍,四女美珠。僑居仰光。

十九代祖明峯,系賢才次子,妣蘇華蓮。生男二房,長建良,次建權。大學學士,配仰光大學地理系畢業。僑居仰光。

十九代祖明嵩,系棟才之子。棉城大學海産系畢業。僑居仰光。

十九代祖明福,系烁才之子,妣姜氏,生一男建光。生四女,長女美華,次女美麗,三女美蘭,四女美英。僑居仰光。

十九代祖有隆,系炎元長子。僑居泰國。

十九代祖頌汶,系炎元次子。僑居泰國。

十九代祖國寶,系裕亮長子,生男五房,長石攀,次甲恕蓬,三碧貼,四堅殺,五威吞。僑居泰國。

十九代祖暹金,系裕亮次子。僑居泰國。

十九代祖定金,系裕亮三子。僑居泰國。

十九代祖堅猜,系裕亮四子。僑居泰國。

十九代祖鴻發,系生其長子。僑居印尼孟加殺。

十九代祖鴻元,系生其次子。僑居印尼孟加殺。

十九代祖鴻武,系生田三子,妣黄氏,生子四房,長明龍,次明虎,三明豹,四明麒。僑居印尼答厘柏板。

十九代祖鴻基,系生柳之子,妣潘氏。僑居印尼孟加殺。

十九代祖德朗,系生章之子,妣蘇氏,生子五房,長明乾,次明財,三明振,四明茂,五明照。少懷遠志,年十七南渡荷屬印尼孟加錫習商,克勤克儉,年弱冠已蓄有資財,創立萬順源商號,在商場競爭中運籌帷幄,一帆風順。印尼獨立後,擴展營業至東加里曼丹省合里巴板埠從事出口土特産。一九七〇年改營木材出口業。第二次世界大戰後,孟加錫成立漳州同鄉會,系該會創始人之一,後榮膺該會常年顧問。身居異域,年逾古稀,仍幾度返里,焚香謁祖。一九七四年投資重建積興樓,復興祖業,捐資人民幣貳萬元創建柑橘果園,資助家鄉興建水電站,多次爲塔下小學捐贈教具及添置課桌椅,一九七九年偕昆仲捐獻獎金修飾油漆德遠堂,斯後又爲百歲慈母竪立石龍旗杆,以資紀念。一九八〇年間還鄉倡議成立德遠堂春祭委員會,八五年捐祭祖基金人民幣壹萬元。先後捐建坑角鋼筋水泥橋及"標宸"、"積興"、塔下水尾"德遠"三座石拱橋,且爲豐富羣眾文化生活,於尖峯建造電視差轉臺。系德遠堂春祭委員會名譽總理。

十九代祖鴻應,系長流長子。生子二房,長紹贍,次紹平。僑居印尼萬鴉佬。紹明過房鴻紫立嗣。

十九代祖鴻紫,系長流次子。生一男紹明。僑居印尼孟加錫。

十九代祖鴻魯,系長富長子。僑居緬甸仰光。

十九代祖鴻書,系長富次子。僑居緬甸仰光。

十九代祖鴻暄,系長錢長子,妣許氏,生子四房,長明祥,次明忠,三明坤,四明新。僑居印尼經商。

十九代祖鴻演,系長錢次子,妣胡氏,生四男,長明發,次明輝,三明光,四明孫。僑居印尼。

十九代祖鴻寬,系長錢四子,生子二房,長明和,次明灶。僑居印尼。

十九代祖南岐,系崇行長子,妣黄碧芬。生子四房,長國良,次國清,三國春,四國偉。僑居印尼三馬林達。

十九代祖南發,系崇夫長子。生子二房,長國壽,次國强。僑居印尼三馬林達。

十九代祖南全,系崇夫次子。生子二房,長國輝,次國泰。僑居印尼三馬林達。

十九代祖南才,系崇夫三子。生子二房,長國安,次國福。僑居印尼三馬林達。

十九代祖南荆,系崇夫四子。生子四房,長國棟,次國柱,三國權,四國興。僑居印尼三馬林達。

十九代祖南雅,系崇騰次子,妣葉氏,生子六房:長偉强,次偉羣,三偉國,四偉泰,五偉華,六偉民。僑居新加坡。

十九代祖鴻慶,系崇華長子,妣林氏。生子二房:長維泉,次維伸。僑居印尼三馬林達。

十九代祖美亮,系崇華四子,妣洪氏,生子三房:長維漢,次維海,三維順。僑居印尼泗水經商。

十九代祖鴻亮，系崇元之子。生子三房：長全都，次全和，三全來。僑居印尼經商。

十九代祖羨猷，系崇達長子。生子二房，長國耀，次國榮。又一女名治娥。僑居仰光。

十九代祖羨余，系必達次子，妣德新宇，生子二房，長知答旺，次尼拉旺。又二女，長女任咯挨，次女任咯娜。僑居仰光。

十九代祖羨富，系必達三子，妣索技，生子三房，長貌戍戍，次貌材戍，三貌林泰。又一女美素。僑居仰光。

十九代祖羨展，系必達四子，妣蘇秀珍。生一子二女，子國隆，長女治珠，次女治美。僑居仰光。

十九代祖羨光，系必達五子，妣免免申，生一女治寶。僑居仰光。

十九代祖羨虎，系必達六子。僑居仰光。

十九代祖羨强，系崇忠次子。生子四房，長維訓，次維文，三維星，四維雲。僑居仰光。

十九代祖羨拱，系崇綿次子。僑居仰光。

十九代祖羨良，系崇綿三子。僑居仰光。

十九代祖羨祥，系崇綿四子。僑居仰光。

十九代祖鴻尉，系啟亨三子。生子四房，長維欽，次維德，三維林，四維育。又二女，麗蟬、美蟬。僑居仰光勃生埠商人街三十六號永定會館。

十九代祖鴻貴，系啟賢長子，妣林氏。生子四房，長維利，次維富，三維祥，四維樂。僑居印尼經商。

十九代祖鴻球，系崇欽長子。生子七房，長維治，次維業，三維星，四維强，五維慶，六維儀，七維連。僑居印尼經商。

十九代祖鴻酬，系崇橋次子，妣江氏。在厦門東亞旅社任財務，後僑居越南。

十九代祖鴻慈，系崇柱次子，妣江亞雙。僑居緬甸恭文倪。

十九代祖鴻欽，系崇梁長子，妣黄福英。生子四房，長維武，次維輝，三維川，四維雄。又一女愛玉。僑居緬甸恭文倪。

十九代祖鴻架，系崇梁三子，妣黄氏，生三子一女，長子維先，次子維强，三子維月。一女清菊。

十九代祖鴻陶，系崇梁四子。僑居緬甸恭文倪。

十九代祖鴻銘，系崇槐長子。生子二房，長維家，次維海。僑居三馬林達。

十九代祖鴻俊，系崇槐次子。旅居香港。

十九代祖鴻波，系崇槐三子。生子四房，長維龍，次維安，三維忠，四維漢。僑居三馬林達。

十九代祖鴻啟，系崇槐四子。生子四房，長維能，次維健，三維才，四維德。居三馬林達。

十九代祖鴻昇，系崇槐五子。生一男松榮。居三馬達林。

十九代祖鴻禄，系崇槐六子。僑居三馬林達。

十九代祖鴻都，系崇樸長子。僑居緬甸。

十九代祖鴻炎，系崇權之子，妣蘇清蘭。生子二房，長維建，次維錦，一女荷蓮。任旅緬清河堂副理事長、緬華體育會顧問、緬華巨輪社顧問、緬甸永靖華僑互助會副主席。

十九代祖鴻展，系崇銘四子。僑居越南。

十九代祖瑞年，系亢宏長子。僑居三馬林達，生子未詳。

十九代祖瑞斗，系亢宏次子。僑居仰光。

十九代祖瑞漢，系永宏長子。生子三房，長新强，次新順，三新源。僑居三馬林達經商。

十九代祖瑞清，系永宏次子。生子三房，長新福，次新財，三新全。僑居三馬林達。

十九代祖瑞聰，系兆金之子。生子七房，長舜朗，次舜芳，三舜强，四舜枚，五舜福，六舜財，七舜平。僑居三馬林達。

十九代祖瑞德，系兆傑長子。生子四房，長舜和，次舜生，三舜全，四舜雄。僑居星洲。

十九代祖瑞基，系兆傑次子。僑居三馬林達。

十九代祖瑞仟，系兆傑三子。僑居印尼。

十九代祖瑞萬，系兆傑四子。生子三房，長舜良，次舜全，三舜安。僑居印尼。

十九代祖瑞通，系兆傑五子。生子三房，長舜興，次舜力，三舜恩。僑居印尼。

十九代祖瑞豐，系勝煌次子。生子四房，長舜舵，次舜錦，三舜新，四舜健。僑居三馬林達經商。

十九代祖瑞守，系拱煌次子。生子二房，長舜福，次舜忠。僑居印尼。

十九代祖瑞山，系契煌次子。生子三房，長舜龍，次舜明，三舜昇。僑居印尼。

十九代祖瑞忠，系契煌三子。生子二房，長舜王，次舜福。僑居印尼。

十九代祖瑞占，系契煌五子。生子二房，長舜强，次舜前。僑居印尼。

十九代祖瑞先，系契煌六子。僑居星洲。

十九代祖瑞松，系契煌七子。僑居星洲。

十九代祖瑞川，系契煌八子。僑居星洲。

十九代祖瑞石，系輝煌長子，妣鄭氏。生一子舜偉，又四女，長女雪林，次女雪梅，三女雪芬，四女雪雲。居香港。

十九代祖興鋒，系維宏長子，妣蘇氏、游氏。生子四房，長錦文，次錦秀，三錦泉，四錦光。僑居泗水經營茶業。

十九代祖興茂，系維宏次子，妣游氏。生了二房，長錦河，次美河。僑居椰城經商。

十九代祖興龍，系超宏長子，妣李氏。僑居马辰經商。

十九代祖興松，系超宏次子，妣游氏。生子五房，長錦順，次錦唐，三錦山，四錦勝，五錦全。僑居马辰經商。

十九代祖興南，系超宏三子，妣蘇氏，生一男錦源。僑居马辰經商。

十九代祖興武，系緒宏長子，妣林氏，生子四房，長錦石，次錦成，三錦星，四錦瑞。僑居泗水經商。

十九代祖興漢，系緒宏次子。僑居泗水經商。

十九代祖興寧，系緒宏三子，妣葉氏。生子四房，長錦慶，次錦良，三錦强，四錦敏。僑居泗水經營牛奶粉業。

十九代祖興疆，系緒宏四子，妣黄氏。僑居印尼马辰經商。

十九代祖興越，系緒宏五子，妣盧氏。生子二房，長錦偉，次錦發。僑居泗水經商。

十九代祖興藏，系緒宏六子。生一子錦立。僑居泗水經商。

十九代祖興楚，系遜宏長子。僑居中爪梭羅經商。

十九代祖興仲，系遜宏次子。僑居中爪梭羅經商。

十九代祖興堅，系遜宏三子。公僑居中爪梭羅經商。

十九代祖興元，系欣宏長子，妣顔氏，生一男錦富。僑居泗水開設塑膠工廠。

十九代祖興仁，系欣宏次子，妣童氏，生子二房，長錦豪，次錦輝。僑居泗水經營建築業。

十九代祖興業，系水宏長子。僑居泗水經商。

十九代祖運生，系水宏次子。僑居泗水經商。

十九代祖興東，系水宏三子。僑居泗水經商。

十九代祖興昌，系水宏四子。僑居泗水經商。

十九代祖興萍，系水宏五子。僑居泗水經商。

十九代祖昭榮，系柱宏子。僑居泗水經營建築器材。

十九代祖興璋，系遂宏之子。僑居泗水經營傢具業。

十九代祖興基，系增宏長子。僑居印尼梭羅經商。

十九代祖興良，系增宏次子。僑居泗水經商。

十九代祖仁標，系樹烈之子，妣魏氏。生子六房，長香平，次香安，三香源，四香漢，五香雲，六漢順。僑居印尼椰亘。

十九代祖奕聚，系榮汀長子，妣江氏。生子二房，長博仁，次博文。僑居新加坡經商。

十九代祖奕訓，系榮汀次子，妣陳氏。僑居新加坡經商。

十九代祖奕機，系榮汀三子，妣陳氏。僑居新加坡經商。

十九代祖奕圖，系榮汀四子，妣陳氏。僑居新加坡經商。

十九代祖奕建，系榮汀公五子，妣陳氏。公僑居新加坡經商。

十九代祖奕鼎，系榮根長子，妣胡氏，生二子，長嘉昶，次嘉裕。長女翠菁，次女翠嫺。僑居新加坡經商，榮萬豐總經理。

十九代祖奕潘，系榮根次子，妣林氏，生子三房，長嘉彬，次嘉偉，三嘉漢，一女翠如。僑居新加坡經商。

十九代祖奕安，系榮根三子，妣羅氏，生子二房，長嘉樺，次嘉標。僑居新加坡經商。

十九代祖奕柱，系榮根四子，妣林氏，生一男嘉順。僑居新加坡經商。

十九代祖建星，系榮耕長子，妣黄氏。僑居印尼京城。

十九代祖炳星，系榮耕次子，妣林氏。僑居印尼京城。

十九代祖林星，系榮耕三子，妣陳氏。僑居印尼京城。

十九代祖洪星，系榮壇長子，妣郭氏。生二男，長銘基，次達基。又二女，長女寶琴，次女婷婷。生於一九三八年，居印尼京城。

十九代祖天星，系榮壇次子，妣葉氏。印尼椰城醫科大學畢業。生於一九四五年，居印尼京城。

十九代祖龍星，系榮壇三子。生於一九五六年，居印尼京城。

十九代祖泰星，系榮壇四子，妣李氏。生一男，燕尼。居印尼京城。

十九代祖奕海，系榮家次子。公生於越南，六四年回國就學，廣東新會中學畢業，旅居香港。

十九代祖潤星，系榮敦長子，妣魏氏。生男四房，長燦基，次文基，三高平，四武基。一九三三年生於印尼打那根。

十九代祖惠星，系榮敦次子。一九三七年生於印尼打那根，居雅加達。

十九代祖瑞星，系榮敦四子，妣饒氏，生一子林那佬。印尼京都大學畢業，獲醫學士學位。

十九代祖傑星,系榮敦五子,妣陳氏。雅加達京都高中畢業。生於一九五三年。

十九代祖陶字,系榮章次子,妣蔡氏,生子二房,長惠川,次惠炎。僑居泗水。

十九代祖淦字,系榮章四子,妣林瑞連。生子二房,長惠立,次惠景。僑居泗水。

十九代祖進字,系榮鴻長子,妣潘氏,僑居泗水西拖他地一百一十六號。

十九代祖源字,系榮鴻次子。僑居泗水西拖他地一百一十六號。

十九代祖平字,系榮鴻三子。僑居泗水。

十九代祖俊字,系榮鴻四子。僑居泗水。

十九代祖龍字,系榮鴻五子。僑居泗水。

十九代祖炎字,系榮鴻六子。僑居泗水。

十九代祖福字,系榮壽長子,妣蘇雲英,生子二房,長元基,次海基,長女淑琴美國讀書,次女繡琴。僑居印尼椰城。

十九代祖恒字,系榮壽三子,妣林桂英,生一子二女,子力基,長女鋒,次女清琴。僑居印尼椰城。

十九代祖洲字,系榮壽四子,妣莊鸞鸞。生一男殿基,一女美琴。僑居印尼椰城。

十九代祖全安,系榮壽五子,妣謝春娥。僑居印尼椰城。

十九代祖禄字,系榮鈕長子,妣姚氏。生子二房,長海東,次海山。僑居印尼泗水西拖他地一百十六號。

十九代祖勇字,系榮鈕次子。僑居印尼泗水西拖他地一百一十六號。

十九代祖金星,系榮新次子。僑居印尼。

十九代祖萄星,系榮新三子。僑居印尼。

十九代祖浩星,系水長子。生於一九五五年,居雅加達。

十九代祖奕星,系榮水次子。僑居雅加達。

十九代祖鑒星,系榮水三子。印尼京城大學畢業。僑居雅加達。

十九代祖維壽,系宗來次子。生子六房,長巨胡,次巨華,三巨明,四巨國,五巨勝,六巨堅。僑居印尼。

十九代祖承添,系慶霖長子。卒於三馬林達。

十九代祖承業,系慶星長子,妣江氏,生子三房,長元宗,次元春,三元秋。僑居马辰。

十九代祖承愛,系慶全之子,生一男良文。僑居印尼。

十九代祖承烈,系慶助之子。生子二房,長崇孝,次崇炎。僑居泗水經商。

十九代祖承太,系慶火長子。生一男阿固斯(AGUS),僑居印尼。

十九代祖承福,系慶木長子。生男二房,長德輝,次鮑耳。僑居泗水。

十九代祖承進,系慶平長子,妣朱氏,生二男,長源本,次源記。僑居椰京。

十九代祖承輔,系慶平次子,妣蔡氏。生一子源雄。僑居马辰。

十九代祖承錦,系慶平三子,妣林氏。生子二房,長源俸,次源强。僑居马辰。

十九代祖承卓,系慶平四子,妣蕭氏。生二男,長源雲,次源發。僑居马辰開設藤廠。

十九代祖承丁,系慶平五子,妣林氏。僑居三馬林達。

十九代祖承敏,系慶書長子,妣林氏。生三男,長源富,次源茂,三源禄。上海暨南大學畢業。僑居马辰。

十九代祖承宏,系慶書次子,妣游氏,生三男,長源達,次源輝,三源泰。僑居印尼椰京。

十九代祖承允，系慶書三子，妣蕭氏。生男源增。僑居马辰開設木板廠。

十九代祖承偉，系慶書四子，妣李氏。生四男六女，長子源盛，次子源俊，三子源波，四子源美。長女美雲，次女美紅，三女美麗，四女美德，五女美璿，六女美景。在印尼、星洲等地經商。生於马辰。

十九代祖承尊，系慶書五子，妣葉氏。生二男，長源亨，次源利。僑居印尼經商。生於马辰。

十九代祖承開，系慶書六子，妣吴氏。生一男源海。生於马辰。僑居泗水經商。

十九代祖承堅，系慶麒之子，妣陳氏，生一男源興。一九二四年生於马辰。

十九代祖承嘉，系慶郊之子，一九六八年生於星洲，居萬隆。

十九代祖承邦，系慶餘公三子，妣陳氏。在印尼高低海洋船務公司任職。一九四四年生於印尼濱港。

十九代祖承益，系慶餘四子，妣池氏。生二男，長源江，次源鑽。在印尼東加答厘柏板某公司任職。一九四四年生於印尼巨港。

十九代祖承固，系慶餘五子。一九七五年留學英國，一九八一年獲經濟學士學位，曾任英國保險集團駐印尼調查主任、美國保險集團經理。一九五五年生於印尼京城。

十九代祖承洲，系慶忠長子，妣陳氏。生一男源輝。一九三九年生於星洲，慶余之長子過房慶忠立嗣。

十九代祖承惠，系慶漢長子。僑居印尼。

十九代祖承泉，系慶漢次子，妣黄氏。生一子源憶。一九三九年生於马辰。

十九代祖承敦，系慶璋之子。僑居印尼。

十九代祖雄偉，系慶科之子。僑居椰京。

十九代祖承均，系慶潼長子。德國大學電腦工程系畢業。一九五一年九月廿七日生於印尼椰城。

十九代祖承立，系慶潼次子。印尼三寶瓏高中畢業。一九五二年十一月十四日生於印尼三寶瓏。

十九代祖承達，系慶潼三子。印尼椰城大學土木工程系畢業。一九六〇年四月廿八日生於三寶瓏。

十九代祖承權，系慶亮長子，妣廖氏。生二男，長源新，次源應。僑居印尼京城開設汽車修配廠。

十九代祖承鵬，系慶輝長子，妣陳氏，生四男，長源忠，次源財，三源資，四源國。僑居新加坡。

十九代祖承標，系慶輝次子，妣任氏。生二子三女，長子源燈，次子源鈞，長女碧燕，次女碧雲，三女碧玲。僑居新加坡。

十九代祖承厚，系慶輝三子，妣方氏。生二男，長源耀，次源德。僑居新加坡。

十九代祖承豹，妣黄氏。生二男，長源聰，次源順。一女淩妮。僑居新加坡。

十九代祖承蔣，系慶箱長子。僑居印尼。

十九代祖承内，系慶箱次子，僑居印尼。

十九代祖承環，系慶賢長子。一九四七年生於印尼京城。

十九代祖承球，系慶賢次子，妣鄒氏，生一子源雄。一九四九年生於印尼。

十九代祖承虎,系慶賢三子,生一子源。一九五六年生於椰京。

十九代祖承增,系慶松長子,一九六五年生於印尼。

十九代祖承樂,系慶松次子。生於一九七二年。

十九代祖承禮,系慶靖長子。生於马辰。

十九代祖承瑞,系慶靖次子,生子三房,僑居印尼。

十九代祖承璝,系慶靖三子,生子三房,僑居印尼。

十九代祖承瓏,系慶靖四子,生子四房。僑居印尼。

十九代祖承琿,系慶靖五子,生子六房。僑居印尼。

十九代祖承琬,系慶靖六子,生子五房。僑居印尼。

十九代祖承瑛,系慶靖七子,生子七房。僑居印尼。

十九代祖承琨,系慶端長子。一九五六年生於椰京。

十九代祖承玔,系慶端次子。一九五七年生於椰京。

十九代祖承琅,系慶端三子。一九六二年生於椰京。

十九代祖承琅,系慶積之子。一九六二年生於三寶瓏。

十九代祖承福,系慶辛長子。一九七一年生於椰京。

十九代祖承興,系慶辛次子。一九七八年生於椰京。

十九代祖承瑋,系慶南長子。一九六六年生於椰京。

十九代祖承琛,系慶南次子。一九七五年生於椰京。

十九代祖承琦,系慶南三子。一九八一年生於椰京。

十九代祖承基,系慶九長子,妣方惠貞。生子二房,長源黄,次源龍。生於椰京,居新加坡。

十九代祖承合,系慶安長子。马辰大學畢業,系土木工程師。

十九代祖承葉,系慶安次子。印尼高中畢業。

十九代祖承桃,系慶安三子。马辰大學畢業。

十九代祖那呢,系慶魏次子。

十九代祖承煒,系慶衍次子,妣羅氏。生男源文。僑居泗水。

十九代祖承堯,系慶華長子,妣江氏。生子二房,長源益,次源順。在香港經營地産業,曾捐款贊助建書曲公路。

十九代祖承棉,系慶華次子。印尼獨立革命時期失蹤。

十九代祖承耀,系慶華三子,妣鄭氏。生子二房,長國源,次源基。居香港。

十九代祖承碧,系慶華四子,妣柳氏。居香港。

十九代祖承昌,系慶華五子,妣林氏。生子三房,長源盛,次源俊,三源倫。居印尼泗水經商。

十九代祖承强,系慶重長子,妣楊氏。生子二房,長子陽,次子向。系德國物理博士。居香港。

十九代祖承方,系慶能次子,妣吴玉莉。生一男永基,一女美心。印尼大學畢業。

十九代祖如盛,系慶鴻之子。僑居越南。

十九代祖文禄,系石健長子。僑居泰國。

十九代祖文華,系石健次子。僑居泰國。

十九代祖文泉,系石健三子。僑居泰國。

十九代祖文發,系石健四子。僑居泰國。

十九代祖南龍,系崇富長子,妣黄金鳳。生四男三女。長子明光,次子明福,三子明山,四子明豪。長女麗侑,次女偉汶,三女挽尼。僑居泰國開設南興五金商號。

十九代祖成興,系慶鴻長子,僑居新加坡。

十九代祖成發,系慶鴻次子。僑居新加坡。

十九代祖成財,系慶鴻三子。僑居新加坡。

十九代祖成寶,系慶鴻四子。僑居新加坡。

十九代祖成國,系慶鴻五子。僑居新加坡。

十九代祖良華,系泉福長子,妣廖氏。生六男。長志豐,次麟豐,三汝豐,四松豐,五槐豐,六榮豐。僑居泰國,曾任太極拳教練,通六種語言。

十九代祖良波,系泉福次子,妣陳氏。生子四房,長祥豐,次喬豐,三鎮豐,四林江。僑居泰國。

十九代祖良明,系泉福三子。僑居泰國。

十九代祖良雀,系泉福四子。僑居泰國。

十九代祖良巨,系泉福五子。僑居泰國。

十九代祖良暹,系泉福六子。僑居泰國。

十九代祖良傑,系泉福七子。僑居泰國。

十九代祖年輝,系彩容長子。僑居泰國。

十九代祖炎輝,系彩容次子。僑居泰國。

十九代祖漢輝,系彩容三子。僑居泰國。

十九代祖德輝,系彩錦長子,妣蘇金菊。生子三房,長漢權,次振權,三仰權。僑居仰光。

十九代祖國輝,系彩錦次子,妣林卿球。生子三房,長英巨集,次才巨集,三仁巨集。一女秋雲。在仰光開設化工廠。僑居緬甸。

十九代祖國華,系彩錦三子,妣英魏番氏。生一子德宏,長女秋紅,次女秋霞。僑居仰光開設化工廠。

十九代祖國良,系彩錦四子,妣吕秀珠。生一子道宏,一女秋香。僑居仰光開設化工廠。

十九代祖國權,系彩錦五子,妣蘇瑶珠。生一男義宏。僑居仰光開設化工廠。

十九代祖國綿,系彩錦六子。僑居仰光。

十九代祖明輝,系彩松長子。系仰光大醫院醫師。

十九代祖祖輝,系彩松次子。僑居仰光。

十九代祖松祚,系萬齡長子,妣葉彩菊、吴彩玉。生七男五女:長子光興,次子明興,三子遠興,四子大興,五子延興,六子年興,七子益興。長女清美,次女清好,三女清榮,四女清華,五女清生。生於一九一九年,曾任塔下小學教師,三八年僑居仰光,四一年伴同父親回國,四七年再度出國僑居仰光。創設光大茶行、金鹿茶行、雙鹿膠廠、新聯成公司、金虎餅店等。在緬清河堂曾任副秘書、副財政、名譽理事長等職。古稀之年,曾到上海、北京、澳門、臺灣、泰國、新加坡、日本、美國、加拿大等地游覽。八九年後居住臺北。熱愛鄉梓,六三年在塔下昆仲合作興建浚源樓二十一間。對祖家春祭、修譜、獎學金等公益事業均有贊助。爲人勤儉、誠實,任事負責,得人好評。

十九代祖茂輝,系彩松三子。僑居仰光。

十九代祖月華，系彩松四子。僑居仰光。

十九代祖慶祚，系萬賡長子，妣林棋楠。生一男水培，一女寶寶。系醫科大學畢業。一九八三年八月攜帶妻和女寶寶三人返里探親謁祖。

十九代祖南祚，系萬賡次子，妣林玉蓮，生三子，長三源，次水財，三水福。僑居緬甸。

十九代祖發祚，系萬賡三子，妣李豔芳。生一子水泉。系大學工程系畢業。僑居緬甸。

十九代祖良朝，系萬齊長子，妣鄭美英。生子三房，長宏興，次建興，三裕興。僑居仰光。

十九代祖良華，系萬齊次子，妣蘇真娘。生一男五女。子振興，長女芬蘭，次女文蘭，三女月蘭，四女明蘭，五女秀蘭。僑居仰光。

十九代祖良振，系萬翔長子，妣番氏。生子二房，長興才，次興發。僑居仰光。

十九代祖良安，系萬翔次子。僑居仰光。

十九代祖良雄，系萬翔三子。僑居仰光。

十九代祖良銘，系萬翔四子。僑居仰光。

十九代祖良臻，系萬翔五子。僑居仰光。

十九代祖貌民來，系萬翥長子。僑居仰光。

十九代祖祝遠吞，系萬翥次子。僑居仰光。

十九代祖良爲，系萬輝長子。僑居仰光。

十九代祖良道，系萬輝次子，妣江志芬。僑居仰光。

十九代祖良懷，系萬輝三子。僑居仰光。

十九代祖壽海，系萬湧長子。僑居泰國。

十九代祖壽林，系萬湧次子。僑居泰國。

十九代祖壽如，系萬湧三子。僑居泰國。

十九代祖志武，系萬生長子。生子二房，長榮隆，次榮林。僑居泰國。

十九代祖志龍，系萬生次子。生二男，長奇雄，次立才人。僑居泰國。

十九代祖志良，系萬生三子。生二男，長金源，次木賓。僑居泰國。

十九代祖壽泉，系萬意長子。僑居泰國。

十九代祖壽德，系萬意次子。僑居泰國。

十九代祖壽宗，系萬火長子，妣賴雨香。生二男，長叨琴，次叨推。僑居泰國。

十九代祖壽榮，系萬火次子，生二男，長叨慰，次叨鍋。僑居泰國。

十九代祖壽耀，系萬火三子。生一男叨農。僑居泰國。

十九代祖壽强，系萬火四子。生一男叨逸。僑居泰國。

十九代祖壽虎，系萬火五子。生一子喃功。僑居泰國。

十九代祖壽禄，系萬壘之子，妣葉氏，生三男，長瑞興，次偉猜，三偉才。抗日戰爭勝利後往泰國，於京都曼谷創設五金行聯安號。熱心家鄉公益事業，曾贊助建設坪溪水電站、曲江小學，並樂捐德遠堂祭祖基金。

十九代祖志梁，系萬操之子，妣鄭氏，生一男南榮，長女妙娟，次女妞娟。泰國法政學院畢業。

十九代祖志達，系萬啟次子，妣鄭氏，生子三房，長福榮，次欣榮，三俊榮。系泰國學院商業系畢業。

十九代祖志偉，系萬啟三子，妣耿榮。系泰國甘亨大學畢業，留學美國大學電腦系獲碩士學位。

十九代祖勤禄,系萬田長子,妣魏氏。生男三房,長鏡培,次鏡湖,三鏡才。僑居泰國。

十九代祖壽徵,系萬鏦長子,妣江氏。生子五房,長太興,次燦興,三純興,四凱興,五樂興。僑居泰國。

十九代祖壽祺,系萬鏦次子,妣簡氏,生子三房,長耿興,次漢興,三卓興。僑居泰國經商。

十九代祖壽簡,系萬鏦三子,妣蘇氏。生二男,長順興,次福興。僑居泰國。

十九代祖壽海,系萬咸長子,生一男亞特。僑居泰國。

十九代祖壽增,系萬咸次子,生二男,長暢能,次暢智。僑居泰國經商,對春祭先祖熱心贊助。

十九代祖壽康,系萬咸三子。僑居泰國。

十九代祖壽祥,系萬咸四子。僑居泰國。

十九代祖壽德,系萬豐長子,妣娘氏。生二男,長亞容,次亞庵。僑居泰國。

十九代祖壽恒,系萬豐三子。僑居泰國。

十九代祖壽嘉,系萬豐四子。生一男郎威。僑居泰國。

十九代祖壽恩,系萬豐五子。僑居泰國。

十九代祖旋力,系萬欽長子。僑居泰國。

十九代祖旋洲,系萬欽次子。僑居泰國。

十九代祖壽光,系萬傑次子。僑居泰國。

十九代祖均炎,系萬朋之子。生一子添匿。僑居泰國。

十九代祖亞沫,系萬鎮三子。僑居泰國。

十九代祖頌猜,系萬遐三子。僑居泰國。

十九代祖立密,系萬遐四子。僑居泰國。

十九代祖坤生,系連勝長子,妣蘇氏。生三子,長德壽,次德桃,三德安,長女美英,次女和英,三女良英。

十九代祖水生,系連勝次子,妣楊氏。生子二房,長德光,次德厚,長女順英,次女秀英,三女華英,四女滿英。僑居緬甸卑謬。

十九代祖夢進,系連輝長子,妣媽補氏,生子三房,長真南,次欽南,三鎮南。僑居緬甸金門較。

十九代祖福攸,系聯芳長子,妣江氏。生子三房,長炳南,次奕南,三文南。長女美英,次女香英,三女桂英。僑居緬甸。

十九代祖福永,系聯芳次子,妣邱氏。生一男志南,一女鳳英。僑居仰光十六條街。

十九代祖福容,字清溪,系聯源三子,妣蘆氏。生三男五女,長子裕南,次子永南,三子耀南,長女惠珍,次女翠珍,三女玉珍,四女碧珍,五女京珍。僑居仰光。

十九代祖福耿,系聯源四子,妣媽素勉。生三男三女,長子志南,次子經南,三子銜南,長女瑞珍,次女當珍,三女文珍。僑居緬甸金門較開設金鹿商標製藥廠。

十九代祖福鑾,系聯源五子,妣胡氏。生二男三女,長子鏡南,次子俊南,長女麗珍,次女美珍,三女淑珍。曾任仰光清河堂緬甸文秘書。

十九代祖宜輝,系居敏長子,妣黄氏。生一男亞洛,長女亞六,次女亞兜,三女亞妹。僑居泰國。卒於一九五六年。妣卒於一九五六年。祖妣合葬於曼谷挽角蓮縣墳場。

十九代祖增輝，系居源之子，妣簡氏。生子五房：長宏隆，次純隆，三勝隆，四德隆，五發隆。次子純隆過房雙輝立嗣，三子勝隆過房初輝立嗣。居仰光。

十九代祖湖輝，系居存之子，妣黄氏。生四男，長勇隆，次美隆，三成隆，四禮隆。僑居印尼三馬林達。

十九代祖定輝，系居鎮長子，妣李氏。生四男，長允隆，次華隆，三漢隆，四燕隆。僑居印尼。

十九代祖慶輝，系居鎮次子，妣黄氏。生五子，長金隆，次振隆，三生隆，四武隆，五訓隆。僑居印尼。

十九代祖昌輝，系居志三子，生一子南隆。僑居印尼三馬林達。

十九代祖端圳，系賜海長子，妣杜氏。生二男，長石坤，次石新，一女珍埃。僑居緬甸吉叻。

十九代祖石永，系賜水之子，妣蘇氏，生四男，長漢忠，次細絲，三林忠，四金忠。僑居泰國經營正利寶號。

十九代祖煌進，系福萬三子，妣孫氏。生四男，長永華，次漢華，三富華，四貴華。僑居緬甸。

十九代祖炎祥，系啟相次子，妣盧秀羨。生二子三女，長子富初，次子貴初，長女月蓮，次女化蓮，三女星蓮。僑居仰光廣東大街七三五號。

十九代祖東祥，系啟相三子，妣黄登依。生一子全初。僑居仰光十五條街四五號。

十九代祖通祥，系啟發之子，妣沈氏。生四男，長惠民，次惠强，三惠光，四惠國。僑居泰國。

十九代祖清端，系秋光長子，妣簡氏，生四子，長建坤，次建鴻，三建昌，四建禄。僑居泰國。

十九代祖妙端，系秋光次子，妣江氏，生六房，長建琳，次建勤，三建潤，四建文，五建康，六建飛。僑居泰國。

十九代祖信安，系開德三子，妣黄春侑。生子三房，長萬輝，次萬欣，三萬宜。僑居印尼三馬林達。

十九代祖茂安，系開廷長子。僑居緬甸。

十九代祖蘭安，系開淮次子，妣黄鳳侑。生五男，長萬財，次萬寶，三萬春，四萬松，五萬全。僑居印尼。

十九代祖茂安，系開廷長子。僑居緬甸。

十九代祖茂山，系石周之子，妣李進侑。生一子萬興。僑居緬甸。

十九代祖順昌，系俊豪長子，妣黄氏，生二子，長太景，次新景。僑居緬甸。

十九代祖嵩昌，系俊豪次子，妣番氏。生二子，長長景，次北景。僑居緬甸。

十九代祖恩昌，系俊傑三子，妣番氏。生三子，長炎景，次雙景，三學景，長女清蘭，次女清香，三女清玉，四女清施，五女清技。僑居仰光。

十九代祖良昌，系俊傑四子，妣江應連。生一子清景，長女愛周，次女愛雙。僑居仰光繞彬較。

十九代祖松傳，系俊園之子，妣江氏。生子二房，長漢宏，次漢美，一女大妹。僑居緬甸金門較。

十九代祖石照，系俊全之子，妣賴氏。生一子漢卿，又名漢清，僑居緬甸。

十九代祖應昌，系輝廷五子，妣楊氏，生三男，長瑞藩，次國藩，三東藩，長女金定，次女金英。祖妣卒於馬來西亞檳城州。

十九代祖鵬昌，系俊立次子，妣林氏簡侑。生子四房，長翰書，次翰炎，三翰禄，四翰烈，一女鳳玉。早丁父憂而事母孝，壯歲南渡暹羅，勵志圖强，勤儉興家，生平善良處世，忠厚持重，宗人咸欽。生於一八七五年乙亥歲，壽終於一九六一年，享壽積潤九十歲。

十九代祖明昌，字宜月，系俊立九子，妣魏元宥、蘇雙宥。生子四房，長翰錦，次翰湍，三翰耀，四翰華，一女恒玉。年少有壯志，廿二歲南渡泰國曼谷，創建張和安五金行，一九五六年後其子輩把該行擴大註册爲張和安有限公司，事業發達，廣置田園，忠誠篤厚，處世有方，侍母至孝，兄弟和祥，愛侄如子，熱心教育。一九四七年捐贈曲江鄉教育基金田廿畝，鄉人稱頌。生於一八九二年。女恒玉嫁梅林魏盛炎，在泰國曼谷經商。

十九代祖武昌，系俊建五子，妣江氏。生子五房，長維發，次維强，三維慶，四維元，五維興。僑居仰光卅一條街一八二號五樓。

十九代祖蘊昌，系俊羣之子，妣李氏。生五男，長維漢，次維新，三維學，四維霖，五維春。僑居馬來西亞檳城州。

十九代祖棣昌，系俊安次子，妣胡氏。生一子維達。僑居馬來西亞檳城州。

十九代祖金昌，系俊安三子，妣劉氏。生三男，長維光，次維忠，三維發，長女秀連，次女秀芳。祖妣卒於馬來西亞吉打州。

十九代福田，系光輝長子，妣陳玉和、劉淑蓮。生二男，長萬應，次崇應。僑居仰光。

十九代祖漢生，系傳輝之子，妣林來娘。生五男，長紹應，次勤應，三亨應，四佳應，五良應。僑居仰光廿五條街二十五號。

十九代祖賜發，系錦新之子，妣江連英。生六男，長金春，次福春，三茂春，四安春，五長春，六新春。僑居三馬林達。

十九代祖石水，系萬旺次子，妣陳友曲。生子四房，長富財，次良材，三文材，四偉材。戰後往泰國經商，創設建興五金行，侍母至孝，曾幾度返鄉，對祖祠德遠堂事業多次樂捐。

十九代祖茂添，系桃生長子，妣吴秀梅。生三男，長碧通，次碧財，三佳豐。僑居泰國。

十九代祖茂增，系龍生長子，妣江亞被。生一子木財。僑居泰國。

十九代祖茂耕，系龍生次子，妣林亞英。生三男，長亞力，次亞棠，三亞當。僑居泰國。

十九代祖福傳，系選揚長子，妣陳瑞娟。生三男，長文發，次文華，三文財。僑居泰國。

十九代祖石佑，系萬安之子。生三男，長世忠，次世賢，三世光。旅居印尼經商。

十九代祖增容，系萬春長子，妣番氏。生一男娃娃。僑居緬甸仰光郊區。

十九代祖禄中，系萬春次子，妣媽鎮憶。生一男擔同，一女素蘭。僑居緬甸金門較。

十九代祖增順，系萬松長子，妣番氏。生一男大大，一女梅洲。僑居緬甸仰光叫苗得那街六號二樓。

十九代祖增上，系萬松次子，妣蘇真妹。生一子町勉，一女登登挨。僑居緬甸，曾任仰光市員警廳長，曾在探部任職。

十九代祖長生，系佛昌長子。生一子松標。僑居泰國。

十九代祖贈連，系佛耕之子，妣蕭雙貴。生四男，長寶禎，次海禎，三契禎，四植禎。僑居緬甸謬埠。

十九代祖贈水，系金友長子，生六男，長賜禎，次瑞禎，三强禎，四林禎，五禄禎，六民禎。僑居泰國。

十九代祖文逵，系義萬長子，妣周氏。生一男漢明。僑居沙羅越。

十九代祖文賢，系義萬次子。僑居沙羅越。

十九代祖勤煌，系崇基長子，妣蘇氏。生三男，長少華，次少興，三少明。任春祭委員、修譜委員。僑居泰國。

十九代祖維深，系肇基三子，妣番氏。生二男，長植欽，次叻勉。僑居仰光郊區。

十九代祖壽山，系端基之子，妣李新侑。生二男，長萬良，次興良。萬良過房燦基立嗣孫。居緬甸興實塔。

十九代祖裕煌，系泰基長子，妣謝秀珍。生二男，長富良，次天良，一女蘭香。僑居緬甸。

十九代祖裕登，系泰基次子，妣盧瑞珍。生子三房，長欣良，次歡良，三善良，長女月蓮，次女月蘭，三女月容，四女月雄。僑居仰光叻坦街七十四 A。

十九代祖裕耕，系生基之子，妣胡氏。生子四房，長健欽，次健青，三健才，四健良。僑居緬甸。

十九代祖隆泰，系興熊之子，妣黄亦香，生子光漢，長女月琴，次女月英。居印尼三馬林達。

十九代祖洪泰，系院熊長子。僑居緬甸吉叻。

十九代祖同泰，系院熊次子，妣簡亞技。生子三房，長萬華，次萬欽，三萬明。僑居緬甸竪磅。

十九代祖乾恩，系廷昌長子，妣魏氏。僑居三馬林達。

十九代祖乾華，系廷明長子，妣番氏。僑居緬甸繞彬較。

十九代祖乾通，系廷明次子，妣番氏。僑居緬甸繞彬較。

十九代祖鴻慎，系端生長子，妣黎秀玲。生子三房，長文熙，次文甫，三文尉，長女玉鳳，次女玉遜，三女玉萍。僑居泰國。

十九代祖鴻州，系德清之子。僑居仰光。

十九代祖雅演，系尚榮次子，妣盧氏。生子四房，長聚才，次集才，三德才，四來才。早年南行緬甸，年老思鄉，返里謁祖。曾敬奉德遠堂春祭資金。任仰光勃生埠清河堂副理事長。僑居仰光。

十九代祖定培，系如松次子。僑居仰光。

十九代祖定憲，系永松之子，妣潘氏。生子二房，長順興，次順進。僑居仰光。

十九代祖有章，系灶生長子。僑居緬甸。

十九代祖易文，系高旺之子，妣林春英。生子六房，長添來，次清華，三德華，四世華，五友華，六松華。僑居緬甸。

十九代祖振豐，系良賡長子。生一子旋福。僑居緬甸。

十九代祖榮梅，系祖賡三子，妣黄松容。生子二房，長慶峯，次複峯。早年僑居緬甸經商，晚年返澳門定居。

十九代祖榮瑞，系禧賡長子，妣賴亞玉。生二男，長炳才，次炳添。僑居緬甸。

十九代祖易忠，系石欽長子，妣簡氏。生五男，長森華，次南華，三碧華，四國華，五林華。僑居印尼。國華過房承育公立嗣。

十九代祖易知，系楚欽之子。僑居印尼。

十九代祖易恒，系亮欽之子。僑居緬甸。

十九代祖承業，系鴻欽次子，妣蘇惠欽。生一女淑梅。僑居印尼。女淑梅在厦門杏林輕工業學校實驗室工作。

十九代祖朝文，系衍慶次子，妣簡氏。生三男，長霖章，次雷章，三霖章。僑居緬甸笠榜埠經商。

十九代祖傑煌，系武揚長子，妣李氏。生三男，長廷彬，次廷光，三廷雲。僑居緬甸渺㗔埠經商。

十九代祖鍾仁，系清揚長子，妣賴氏。生二男，長萬太，次景太。僑居仰光經商。

十九代祖鍾蔭，系鎧揚次子，妣陳氏。生五男，長新太，次敏宇，三明宇，四山宇，五特宇。僑居仰光北沃加拉巴經商。

十九代祖福元，系景祥之子。生一子炳南。僑居仰光。

十九代祖樹元，系兆祥長子。生一子新發。僑居仰光。

十九代祖樹基，系兆祥三子，妣魏氏。僑居緬甸。

十九代祖樹椿，系振祥長子，妣陳氏。生子八房，長益昌，次南昌，三茂昌，四善昌，五安昌，六起昌，七燕昌，八吉昌。僑居三馬林達經商。

十九代祖樹桃，系振祥長子，妣蘆氏。生子二房，長碧昌，次景昌。僑居仰光經商。

十九代祖樹棣，系振祥四子，妣蘆氏。生子二房，長隆昌，次品昌。僑居印尼經商。

十九代祖錫純，系新祥長子，妣李龍英。生二男，長懷裕，次懷應。僑居印尼。

十九代祖錫播，系新祥次子，妣黄氏。生一子懷忠。僑居印尼。

十九代祖錫金，系松祥次子，妣林氏。生三男，長雲龍，次靄龍，三漢龍。僑居印尼中蘇拉威。

十九代祖錫光，系松祥三子，妣魏氏。生五男，長文龍，次飛龍，三九龍，四海龍，五浩龍。曾任印尼華校教員，中醫師。僑居印尼。

十九代祖宜廣，系義祥長子，妣江才玉。生二男，長崇俊，次船俊。僑居緬甸毛禮埠。

十九代祖宜德，系智祥長子。僑居仰光。

十九代祖宜虎，系智祥四子。妣番氏。僑居緬甸。

十九代祖宜龍，系信祥長子。生子二房，長文福，次文忠。僑居仰光。

十九代祖宜唐，系信祥次子，妣杜坦。生一男文俊。僑居緬甸毛禮埠。

十九代祖宜興，系信祥三子，妣劉素梅。生三男，長文欽，次文明，三文元，一女玉芳。僑居緬甸。

十九代祖宜昌，系信祥四子，妣高素寶。生一男文師，長女拉拉特，次女换换坦，三女温巴巴勉，四女敏敏换，五女欽賜玉，六女哇哇温。僑居緬甸。

十九代祖有成，系崇永之子，妣蘇翠玉。生二男，長學華，次林華，一女三妹。僑居仰光經商。

十九代祖永業，妣洪氏。生一子福良。僑居泗水經商。

十九代祖永修，系崇泰次子，妣林氏。生三男，長福明，次福良，三福建。僑居印尼泗水經商。福良過房永業立嗣。

十九代祖朝道，系舜耕次子，妣莊氏。生四男，長清旺，次清文，三賜文，四清遠。僑居緬甸棉城經商。

十九代祖學泰，系孚耕長子，妣番氏。生四男，長建旺，次俊旺，三多旺，四温旺，一女咯咯温。僑居仰光商人街七三八號，開設橡膠工廠。

十九代祖集泰，系孚耕次子。生三男，長興旺，次日旺，三近旺。僑居仰光棉城經商。

十九代祖復泰，系爰耕長子，妣林氏。生三女，長女欽玉，次女欽咯，三女欽娣。僑居仰光棉城經商。

十九代祖發泰，系爰耕次子，妣陳氏。生二子三女，長子進旺，次子義旺，長女欽欽，次女欽鳳，三女欽珠。僑居仰光棉城經商。

十九代祖成泰，系爰耕三子，妣李氏。生一子章旺，長女欽威，次女珊威。僑居仰光棉城經商。

十九代祖雙泰，系爰耕四子，妣王氏。生一子德旺，長女欽敏，次女欽華，三女三好，四女秀華，五女五娘，六女欽妹，七女欽美美。僑居仰光棉城經商。

十九代祖福純，系先海長子，妣亞擔。僑居仰光。

十九代祖財純，系先海次子，妣番氏。僑居三馬林達。

十九代祖壽棋，系富嶽次子。生二男二女，長子惠新，次子惠忠，長女惠珍，次女惠麗。僑居印尼經商。

十九代祖鴻輝，系榮嶽次子。僑居新加坡。

十九代祖鴻浩，榮嶽三子，居新加坡。

十九代祖鴻仁，系春盛長子，妣蘇氏。生三男，長振東，次富賢，三貴賢。僑居印尼經商。

十九代祖鴻柱，系春盛三子。僑居仰光。

十九代祖鴻梁，系春盛四子。妣簡氏，子流傳。僑居仰光。

十九代祖鴻樓，系春盛五子，妣黄月連。生一子麟書。僑居印尼屠宰爲業。

十九代祖維傑，系流德長子。僑居印尼三馬林達經商。

十九代祖維鵬，系流德次子，妣魏氏。僑居三馬林達經商。

十九代祖宏新，系和泰長子，妣林氏。生四男，長順慶，次順明，三順强，四順立。僑居三馬林達。

十九代祖宏達，系和泰次子，妣潘氏。生三男，長卓漢，次北，三樹連。僑居三馬林達。

十九代祖宏通，系和泰三子，妣江氏。生二男，長順昌，次順忠。僑居三馬林達。

十九代祖宏美，系和泰四子，妣周氏。生三女，长女瑞珍，次女瑞婷，三女瑞香。僑居三馬林達。

十九代祖宏福，系和泰五子，妣陳氏。生一男順榮，長女瑞玲，次女瑞俐，三女瑞芳。僑居泗水。

十九代祖錦樹，系水添長子，妣江氏。生六男二女，長子松財，次子亮邦，三子松邦，四子松吉，五子松嘉，六子松文。長女素蘭，次女素音。早年旅居曼谷，開設志昌盛寶號。熱心敬獻德遠堂春祭資金。任德遠堂修譜委員。

十九代祖錦明，系亮添長子。僑居仰光。

十九代祖錦秀，系來添長子。僑居泰國。

十九代祖錦信，系來添次子。僑居泰國。

十九代祖錦鳳，系來添三子。僑居泰國。

十九代祖錦開，系來添四子。僑居泰國。

十九代祖錦昌，系燦添長子。僑居泰國。

十九代祖錦興，系燦添次子。僑居泰國。

十九代祖錦柱，字國進，號金石，系維宗三子，妣魏氏。生四男四女，長子炯耀，次子光耀，三子明耀，四子偉耀。長女美蘭，次女香蘭，三女慧蘭，四女芳蘭。自幼讀書聰敏，高小畢業後，家貧無力升學，乃立志從商，年十六南渡印尼，在三馬林達埠族兄店裏學習商務，因工作認真勤奮，深得族兄器重。第二次世界大戰結束後，與鄉親好友數人合資創立源德興進口公司。歷任三馬林達埠中華總會理事、中華商會理事、中華中小學理事、達華中學理事、永靖公會理事等職。一九五四年移居泗水，另與友人合股組織東偉工商業有限公司，兼任董事經理，歷任泗水東爪哇漳屬會館理事。系德遠堂春祭委員會、修譜委員會委員。積極協助籌募祭祖基金，爲修譜登記海外人口，不辭勞苦走訪同族宗親，不遺餘力服務桑梓，爲修譜作出貢獻。

十九代祖順金，系續貞長子。僑居曼谷經商。

十九代祖順元，系續貞次子。僑居曼谷經商。

十九代祖順次，系續貞三子。僑居曼谷經商。

十九代祖順裕，系續貞四子。僑居曼谷經商。

十九代祖順德，系續貞五子。僑居曼谷經商。

十九代祖信演，系錦賢次子，妣鍾娘緑。第二次世界大戰後僑居泰國吞府，創設美新洋服店。

十九代祖錦龍，系西湖次子，妣蕭氏。生四子，長貌貌兒，次欽貌拉，三美麟，四欽貌吞。僑居緬甸。

十九代祖錦耀，系永昌之子，妣簡氏。生八男，長秉麟，次俊卿，三炳明，四炳成，五炳輝，六炳峯，七炳昇，八炳德。僑居印尼萬鴉佬。

十九代祖榮壁，系永山次子，妣林氏。生六子，長炳興，次炳忠，三炳綿，四炳遠，五炳進，六炳香，一女新周。僑居印尼萬鴉佬姑魯埠經商五十餘年，艱苦奮鬥，開拓椰山丁香園。

十九代祖維祥，系玉慶長子，妣江、林氏。生四男，長克祖，次仲謙，三仲南，四仲恩。僑居印尼。

十九代祖文盛，系賜福四子，妣江氏。生一男紹軒。僑居三馬林達。

十九代祖文達，系廷傑長子，妣蘇氏。生三子，長浚川，次濟川，三潮川。僑居三馬林達經商，曾返故鄉修建和貴居，捐資協助南歐小學建校。潮川過房文周公立嗣。

十九代祖文喜，系泗吉次子，妣莊氏。生四子，長漢川，次流川，三福川，四守川。僑居三馬達林。漢川過房文周公立嗣。

十九代祖文益，系永恭長子，妣蕭氏。生三男，長强川，次富川，三金川。僑居印尼。

十九代祖文亮，系永恭次子，妣江氏。生四男，長鴻川，次龍川，三來川，四國川。僑居印尼。

十九代祖贈發，系維蘭長子。生一子炳坤。僑居泰國。

十九代祖忠鴻，系明謙長子，妣潘氏。生一子星煌。僑居仰光。

十九代祖開泰，系玉輝之子。僑居印尼棉蘭。

十九代祖萬泰，系德修長子。生四男，長金龍，次金福，三金山，四金漢。僑居泗水。

十九代祖椿茂，系丕謨長子，妣江氏。生八子，長漢明，次漢忠，三漢强，四漢昌，五漢萬，六漢超，七漢興，八漢賢。早歲南渡印尼，熱心祖鄉教育事業，慷慨解囊贊助南歐小學建校。

十九代祖榕茂，系丕烈長子，妣曾氏。生五子，長漢福，次漢山，三漢修，四漢英，五漢書。僑居印尼马辰。

十九代祖榮茂，系丕烈次子，妣江氏。生四子，長漢仁，次漢良，三漢得，四漢平。僑居椰城。

十九代祖華茂，系丕烈三子，妣唐氏。生一子漢松。僑居马辰。

十九代祖貴茂，系丕烈五子，妣沈氏。生四子，長漢華，次漢年，三漢寧，四漢森。僑居印尼茶最。

十九代祖金茂，系丕顯次子，妣江氏。生七子，長漢新，次漢財，三漢録，四漢來，五漢銘，六漢敏，七漢亮。僑居印尼加板士。

十九代祖品茂，系丕顯三子，妣莊氏。生五男，長漢文，次漢偉，三漢星，四漢國，五漢利。僑居马辰。

十九代祖全茂，系丕顯四子，妣林氏。生三男，長漢科，次漢根，三漢雄。僑居印尼加板士。

十九代祖雋茂，系丕顯五子，妣黄氏。生二子，長漢春，次漢立。僑居马辰。

十九代祖祥茂，系丕顯六子，妣任氏。生三子，長漢毅，次漢麟，三漢豪。僑居马辰。

十九代祖海茂，系丕承長子，妣莊花娘。生四子，長漢進，次漢添，三漢善，四漢占。居廣西來賓華僑農場。

十九代祖奕茂，系丕鑫長子，妣陳氏。生四子，長隆添，次隆海，三隆强，四隆全。僑居泗水。

十九代祖傳茂，系丕森長子，妣林氏。生四子，長隆華，次隆景，三隆勝，四隆昌。僑居三馬林達。

十九代祖源茂，系丕森次子，妣湯氏。生三子，長青海，次學良，三偉良。僑居印尼錫光。

十九代祖文耕，系金忠長子，妣江桂華。生五子，長富祥，次富安，三富强，四富源，五富生。一九二七年生於马辰，桂華一九二八年生於马辰。

十九代祖國耕，系金忠次子。生於马辰，一九七二年行商至泗水時失蹤。

十九代祖立耕，系金忠三子，妣饒山菊。生一子富長。一九三四年生於马辰，山菊一九三八年生於马辰。

十九代祖慶耕，系金忠四子，妣余美招。生一男富龍。一九三八年生於马辰，美招一九四六年生於马辰。

十九代祖友耕，系金忠五子，妣王翠英。生四子，長富山，次富良，三富豹，四富勇。生於一九四〇年，在马辰經商，翠英一九四八年生於马辰。

十九代祖德耕，系金忠七子，妣林愛爽。生一男富順。一九四九年生於马辰，愛爽一九五五年生於马辰。

十九代祖應耕，系乾幹長子。出生於马辰，經商。

十九代祖武耕，系順清長子，妣余連新。印尼椰城大學畢業，在椰城工作。印尼马辰出生。

十九代祖學耕，系順清次子。印尼椰城大學畢業，在椰城工作。印尼马辰出生。

十九代祖庚茂，系敦植嗣孫，妣江氏，生五子，長漢斌，次漢暉，三漢和，四漢宏，五漢權。僑居馬辰。

十九代祖俊耕，系順清三子。在印尼椰城工作。印尼马辰出生。

十九代祖品耕，系順清四子。印尼马辰出生。

十九代祖振耕，系順清五子。在印尼椰城工作。印尼马辰出生。

十九代祖才耕，系順清六子。在印尼椰城工作。印尼马辰出生。

十九代祖正耕，系順林次子。一九五四年生於马辰。

十九代祖將耕，系順林三子。一九六三年生於印尼。

十九代祖竹耕，系順林四子。一九七三年生於马辰。

十九代祖偉慶，系順欽長子。一九五八年生於马辰。

十九代祖萬慶，系順欽次子。一九六三年生於马辰。

十九代祖秉通，系妙容次子，妣媽真。生四子，長文清，次武清，三萬清，四億清。居緬甸渺名。

十九代祖訓良，系回金長子，妣莊氏。生四子，長建基，次建福，三建業，四建鴻。

十九代祖仰禄，系漢孟長子。僑居緬甸。

十九代祖仰乾，系漢孟次子。僑居緬甸。

十九代祖仰安，系漢孟三子。僑居緬甸。

十九代祖仰海，系漢孟四子。僑居緬甸。

十九代祖爺恩，系漢孟五子。僑居緬甸。

十九代祖南臺，系漢朋之子，妣黄香鑾。生三子八女，長子燈山，次子燈喜，三子燈亮，長女秀連，次女美連，三女時連，四女滿連，五女寶連，六女鳳連，七女柒連，八女麗連。僑居三馬林達。

十九代祖福山，系漢欽之子，妣番氏。僑居緬甸仰光二十八條街。

十九代祖浩才，系漢昌長子。緬甸出國商輪職員。僑居緬甸仰光。

十九代祖金才，系漢昌次子，妣番氏。僑居緬甸仰光郊區。

二十代祖啟羣，系賜金四子，妣江氏。僑居緬甸。

二十代祖啟照，系賜金五子。僑居緬甸。

二十代祖啟松，系賜金六子。僑居緬甸。

二十代祖啟春，系賜金七子。僑居緬甸。

二十代祖啟柏，系賜金八子。仰光大學醫科畢業。

二十代祖啟壽，系賜金九子。僑居緬甸。

二十代祖啟梁，系賜烱長子，妣郭俐娟。生一子俊輝，一女麗萍。僑居緬甸。

二十代祖啟棟，系賜烱次子，妣陳錦蘭。生二男，長英輝，次增輝，一女麗芳。僑居緬甸。

二十代祖啟聲，系賜烱三子。僑居緬甸。

二十代祖啟迪，系賜烱四子。僑居緬甸。

二十代祖華明，系年芳長子。僑居印尼。

二十代祖華隆，系年芳次子。僑居印尼。

二十代祖華興，系年芳三子。僑居印尼。

二十代祖福全，系永芳長子。僑居印尼。

二十代祖福多，系永芳次子。僑居印尼。

二十代祖福生，系國芳長子，妣妮寧。僑居印尼。

二十代祖福才，系國芳次子。僑居印尼。

二十代祖福順，系國芳三子。僑居印尼。

二十代祖萬井，系華芳長子。僑居印尼。

二十代祖萬進，系華芳次子。僑居印尼。

二十代祖萬麟，系群芳長子。僑居印尼。

二十代祖萬才，系群芳次子。僑居印尼。

二十代祖萬全，系賺芳長子。僑居印尼。

二十代祖萬盛，系賺芳次子。僑居印尼。

二十代祖萬壽，系賺芳三子。僑居印尼。

二十代祖萬良，系富芳長子。僑居印尼。

二十代祖萬寶，系富芳次子。僑居印尼。

二十代祖萬松，系日芳之子。僑居印尼。

二十代祖俊維，系華光長子。僑居印尼。

二十代祖俊泉，系華光次子。僑居印尼。

二十代祖俊强，系華光三子。僑居印尼。

二十代祖俊偉，系華光四子。僑居印尼。

二十代祖俊俊，系華光五子。僑居印尼。

二十代祖俊康，系華星長子。僑居印尼。

二十代祖俊文，系華星次子。僑居印尼。

二十代祖俊城，系華漢長子。僑居印尼。

二十代祖俊平，系華漢次子。僑居印尼。

二十代祖墩開，系梅生長子。僑居緬甸。

二十代祖河開，系梅生次子。僑居緬甸。

二十代祖海開，系梅生三子。僑居緬甸。

二十代祖鵬興，系熙初長子，妣林美英。生七男，長耀輝，次耀明，三耀德，四耀全，五耀漢，六耀文，七耀武。僑居马辰經商。

二十代祖鵬集，系熙初次子，妣林氏。生六子，長耀宏，次耀良，三耀堅，四耀祥，五耀春，六耀昌。僑居马辰經商。

二十代祖鵬通，系木初長子，妣江氏。生二子，長耀源，次耀忠。僑居马辰經商。

二十代祖鵬道，系木初次子，妣蘇豔香、江美英。生八子，長耀炎，次耀發，三耀炳，四耀芳，五耀强，六耀山，七耀龍，八耀虎。僑居仰光廿五條街經商，曾有一次返桑梓。

二十代祖鵬超，系有初長子，妣蘇氏。生五子，長耀正，次耀發，三耀堅，四耀生，五耀富。僑居三馬林達經商。

二十代祖鵬圖，系有初次子。僑居印尼。

二十代祖鵬疇，系有初三子，妣温氏。生三子，長耀才，次耀平，三耀和。僑居雅加達經商。

二十代祖鵬立，系有初四子，妣曾氏。生二子，長耀備，次耀印。僑居雅加達經商。

二十代祖鵬偉，系有初五子，妣黄氏。生一子耀峯。出生於印尼三馬林達，一九六〇年受排華回國，在廣州讀書，一九六七年畢業於廣州暨南大學，曾在山東省濟南車輛段工作，工程師職稱，曾任山東省僑務辦公室副主任。

二十代祖鵬國，系有初六子，妣蘇氏。生一子耀安。出生於印尼，思念水源木本，曾奉獻德遠堂春祭基金。

二十代祖鵬雄，系有初七子，妣簡氏。生四子，長耀源，次耀漢，三耀星，四耀光。僑居雅加達。

二十代祖鵬强，系有初八子，妣劉氏。生一男耀德。僑居雅加達。

二十代祖鵬健，系有初九子，妣黄氏。生二子，長耀祥，次耀成。僑居雅加達。

二十代祖鵬新，系有初十子，妣黄氏，生一子耀文。僑居雅加達。

二十代祖肇强，系俊潤長子，妣秦氏，生一子立業。僑居印尼打拉干。

二十代祖肇智，系俊潤次子。僑居印尼打拉干。

二十代祖肇慧，系俊潤三子。僑居打拉干。

二十代祖肇恩，系俊潤四子。僑居印尼。

二十代祖肇京，系俊潤五子。僑居印尼。

二十代祖肇春，系俊潤六子。僑居印尼。

二十代祖肇基，系富潤之子。僑居印尼。

二十代祖永開，系威林長子。僑居印尼經商。

二十代祖永龍，系威林五子，妣林銘蘭。生一子尚容。居香港。

二十代祖永華，系貫林長子，妣蘇柑花。生六子，長凱强，次達强，三振强，四雄强，五文强，六漢强。僑居印尼打拉干經商。

二十代祖永偉，系貫林次子，妣梁氏。生二子，長繁强，次勝强。僑居泗水經商。

二十代祖永光，系貫林三子，妣陳氏。僑居打拉干經商。

二十代祖永豐，系貫林四子。僑居印尼。

二十代祖永泰，系益生長子，生三子，長世僑，次世强，三世民。僑居印尼務佬經商。

二十代祖永發，系益生次子，妣林氏。生一子國强。僑居印尼務佬經商。

二十代祖永新，系建生長子，妣黄氏。生十子，長志强，次康强，三順强，四福强，五國强，六豐强，七榮强，八洪强，九財强，十思强。僑居印尼奴奴根經商。

二十代祖永南，系建生次子，妣朱氏。生四子。長德强，次明强，三明鵬强，四良强。僑居印尼奴奴根經商。

二十代祖永基，系建生三子，妣江氏。生二子，長俊强，次善强。僑居奴奴根經商。

二十代祖永昌，系建生四子，妣林氏。生二子，長壽强，次忠强。僑居印尼打拉干經商。

二十代祖永通，系建生五子。僑居奴奴根。

二十代祖永道，系建生六子。僑居印尼斗湖經商。

二十代祖國賢，系富萬長孫。僑居仰光。

二十代祖國輝，系富萬次孫。僑居仰光。

二十代祖國慶，系富萬三子，妣蘇氏。生一子汗光。僑居仰光。

二十代祖國炎，系富萬四子，妣番氏。生一子汗忠。僑居仰光。

二十代祖國志，系富萬五子。僑居仰光。

二十代祖國南，系富萬六子。僑居仰光。

二十代祖國洋，系富萬七子。僑居仰光。

二十代祖國羣，系富萬八子。僑居仰光。

二十代祖國島，系富萬九子。僑居仰光。

二十代祖仁興，系遜萬長子，妣沈氏。生三子，長清溪，次清廣，三清林。僑居泰國。

二十代祖淵興，系遜萬次子，妣江氏。生五子，長潮安，次潮溪，三潮彬，四大弟，五細弟。僑居泰國。

二十代祖定興，系遜萬三子，妣楊氏。生二子，長松然，次松盛。僑居泰國。

二十代祖貴興，系遜萬四子，妣楊氏。生二子，長木河，次木榮。僑居泰國。

二十代祖金興，系春生長子，妣王氏。生二子，長聯財，次猜叻。僑居泰國。

二十代祖傑興，系春生次子，妣劉氏。生一子拉運。僑居泰國。

二十代祖仰松，系益盛長子，妣李氏。生三子，長存忠，次亞海，三存仁。僑居泰國。

二十代祖發興，系佛化長子。僑居泰國。

二十代祖亞南，系佛化次子。僑居仰光。

二十代祖仰興，系土發之子。僑居仰光。

二十代祖建凡，系明星之子。僑居仰光。

二十代祖建國，系明安長子。僑居仰光。

二十代祖建邦，系明安次子。僑居仰光。

二十代祖建文，系明山長子。僑居仰光。

二十代祖建武，系明山次子。僑居仰光。

二十代祖建威，系明山三子。僑居仰光。

二十代祖建雄，系明山四子。僑居仰光。

二十代祖建昌，系明山五子。僑居仰光。

二十代祖建良，系明峯長子。僑居仰光。

二十代祖建權，系明峯次子。僑居仰光。

二十代祖建光，系明福之子，僑居仰光。

二十代祖明龍，系鴻武長子，妣趙氏。僑居印尼合厘柏板。

二十代祖明虎，系鴻武次子，妣蘇氏。僑居印尼合厘柏板。

二十代祖明豹，系鴻武三子。僑居印尼合厘柏板。

二十代祖明麟，系鴻武四子。僑居印尼合厘柏板。

二十代祖明漢，系德厚長子，妣孫氏。生二子，長嘉林，次嘉城。僑居印尼經商。

二十代祖明財，系德厚次子，妣余氏。生二子，長嘉容，次嘉慶。僑居印尼經商。

二十代祖明俊，系德發次子，妣林怡眉。僑居印尼經商。

二十代祖明豐，系德發三子，妣吴氏。生二子，長嘉豪，次嘉泉。僑居印尼經商。

二十代祖明振，系德英長子，妣江氏。系德朗三子過房立嗣。僑居印尼經商。

二十代祖明順，系德英四子，妣余瓊芳，生一子嘉祥。居港經商。

二十代祖明乾，系德朗長子，妣賴氏。生四子，長嘉平，嘉林，三嘉恩，四嘉良。僑居印尼經商。

二十代祖明茂，系德朗四子。生二子，長嘉田，次嘉强。僑居印尼經商。

二十代祖明照，系德朗五子，妣蘇氏，生子嘉裕。僑居印尼經商。

二十代祖紹平，系鴻應次子，妣江氏，生四子，長龍盛，次龍建，三龍瑞，四龍興。僑居印尼經商，曾樂捐德遠堂祭祖資金。

二十代祖紹明，系鴻紫之子，妣李氏，生三子，長龍才，次龍福，三龍强。僑居印尼孟加錫經商。

二十代祖明祥，系鴻暄長子。僑居印尼經商。

二十代祖明忠，系鴻暄次子。僑居印尼經商。

二十代祖勤灶,系鴻永之子,妣李氏,生三子,長壽武,次壽文,三壽强。居印尼經商。

二十代祖明坤,系鴻喧三子。僑居印尼經商。

二十代祖明新,系鴻喧四子。僑居印尼經商。

二十代祖明發,系鴻演長子。僑居印尼經商。

二十代祖明輝,系鴻演次子。僑居印尼經商。

二十代祖明光,系鴻演三子。僑居印尼經商。

二十代祖明孫,系鴻演四子。僑居印尼經商。

二十代祖明和,系鴻寬長子。僑居印尼經商。

二十代祖明灶,系鴻寬次子。僑居印尼經商。

二十代祖國良,系南岐長子。生三子,長文到,次文華,三文仙。僑居印尼三馬林達。

二十代祖國清,系南岐次子。生四子,長文才,次文昌,三文權,四文新。僑居印尼三馬林達。

二十代祖國春,系南岐三子。僑居印尼三馬林達。

二十代祖國偉,系南岐四子。生一子文龍。僑居印尼三馬林達。

二十代祖國豪,系南禎之子。生五子,長聯成,次聯意,三聯明,四聯榮,五聯耀。僑居印尼三馬林達。

二十世祖國壽,系南發長子,僑居印尼三馬林達。

二十代祖國强,系南發次子。僑居印尼三馬林達。

二十代祖國輝,系南全長子。僑居印尼三馬林達。

二十代祖國泰,系南全次子。僑居印尼三馬林達。

二十代祖國安,系南才長子。僑居印尼三馬林達。

二十代祖國福,系南才次子。僑居印尼三馬林達。

二十代祖國棟,系南荆長子。生三子,長文德,次文芬,三文禮。僑居印尼三馬林達。

二十代祖國柱,系南荆次子。生一子文健。僑居印尼三馬林達。

二十代祖國權,系南荆三子。生一子文遠。僑居印尼三馬林達。

二十代祖國興,系南荆四子。僑居印尼三馬林達。

二十代祖偉强,系南雅長子,妣劉蓮英。僑居新加坡。

二十代祖偉羣,系南雅次子。僑居新加坡。

二十代祖偉國,系南雅三子。僑居新加坡。

二十代祖偉太,系南雅四子。僑居新加坡。

二十代祖偉華,系南雅五子。僑居新加坡。

二十代祖偉明,系南雅六子。僑居新加坡。

二十代祖維泉,系鴻慶長子。僑居印尼三馬林達。

二十代祖維胂,系鴻慶次子。僑居印尼三馬林達。

二十代祖維泉,系美琨長子。僑居印尼雅佬。

二十代祖維星,系美琨次子。僑居印尼雅佬。

二十代祖維兆,系羨明長子。僑居印尼萬雅佬經商。

二十代祖維生,系羨明次子。僑居印尼萬雅佬經商。

二十代祖維漢,系羨亮長子。僑居印尼泗水經商。

二十代祖維海,系羨亮次子。僑居印尼泗水經商。

二十代祖維順,系羨亮三子。僑居印尼泗水經商。

二十代祖全都,系鴻亮長子。僑居印尼經商。

二十代祖全和,系鴻亮次子。僑居印尼經商。

二十代祖全來,系鴻亮三子。僑居印尼經商。

二十代祖漢勤,系羨傑長子,妣馬欽挨。生一子直旺,一女漂海。僑居仰光。

二十代祖漢民,系羨傑次子。僑居緬甸。

二十代祖漢成,系羨傑三子。僑居緬甸。

二十代祖漢亮,系羨傑四子。僑居緬甸。

二十代祖國初,系羨僑之子,妣傅氏。美國大學機械系畢業,曾任新加坡美國冷氣公司亞細安總工程師。僑居泗水。

二十代祖國龍,系羨其長子。僑居印尼萬雅佬。

二十代祖國標,系羨其次子。僑居印尼萬雅佬。

二十代祖國民,系羨其三子,妣荷蘭婦。德國醫科大學畢業,曾任德國中央醫院主治醫師。僑居印尼。

二十代祖國寶,系羨其四子,僑居印尼。

二十代祖國華,系羨其五子。僑居印尼。

二十代祖國榮,系羨猷次子。生一女金枚。僑居仰光。

二十代祖知合旺,系羨餘長子。僑居仰光。

二十代祖尼拉旺,系羨餘次子。僑居仰光。

二十代祖貌戍戍,系羨富長子。僑居仰光。

二十代祖貌材戍,系羨富次子。僑居仰光。

二十代祖貌林泰,系羨富三子。僑居仰光。

二十代祖國隆,系羨展之子。僑居仰光。

二十代祖維訓,系羨强長子。僑居仰光。

二十代祖維文,系羨强次子。僑居印尼。

二十代祖維星,系羨强三子。僑居印尼。

二十代祖維雲,系羨强四子。僑居印尼。

二十代祖維欽,系鴻蔚長子。僑居仰光。

二十代祖維德,系鴻蔚次子。僑居仰光。

二十代祖維林,系鴻蔚三子。僑居仰光。

二十代祖維育,系鴻蔚四子。僑居仰光。

二十代祖維利,系鴻貴長子。僑居印尼。

二十代祖維富,系鴻貴次子。僑居印尼。

二十代祖維祥,系鴻貴三子。僑居印尼。

二十代祖維樂,系鴻貴四子。僑居印尼。

二十代祖維治,系鴻球長子。僑居印尼經商。

二十代祖瑞業,系鴻球次子。僑居印尼。

二十代祖維星,系鴻球三子。僑居印尼。

二十代祖維鑾，鴻意次子，僑居印尼。

二十代祖維强，系鴻球四子。僑居印尼經商。

二十代祖維慶，系鴻球五子。僑居印尼經商。

二十代祖維儀，系鴻球六子。僑居印尼經商。

二十代祖維連，系鴻球七子。僑居印尼經商。

二十代祖國恩，系崇遜之孫。國恩系羨益長子過房立嗣。

二十代祖維福，系鴻善長子，妣陳氏。生二子，長國安，次國定，一女祝芳，次女祝花。僑居三馬林達。

二十代祖維笑，系鴻善次子，妣羅雪鳳。生四子，長國新，次國漢，三國山，四國富；一女祝英。僑居三馬林達。

二十代祖維武，系鴻欽長子，生二子，長力心，次四忠。僑居緬甸。

二十代祖維輝，系鴻欽次子。僑居緬甸。

二十代祖維川，系鴻欽三子。僑居緬甸。

二十代祖維雄，系鴻欽四子。僑居緬甸。

二十代祖維先，系鴻架長子。僑居緬甸。

二十代祖維强，系鴻架次子。僑居緬甸。

二十代祖維月，系鴻架三子。僑居緬甸。

二十代祖維龍，系鴻波長子。僑居三馬林達。

二十代祖維安，系鴻波次子。僑居三馬林達。

二十代祖維忠，系鴻波三子。僑居三馬林達。

二十代祖維漢，系鴻波四子。僑居三馬林達。

二十代祖維能，系鴻啟長子。僑居三馬林達。

二十代祖維健，系鴻啟次子。僑居三馬林達。

二十代祖維才，系鴻啟三子。僑居印尼。

二十代祖維德，系鴻啟四子。僑居印尼。

二十代祖松榮，系鴻昇之子。僑居印尼。

二十代祖維毅，系鴻佳長子。僑居緬甸。

二十代祖維耀，系鴻佳次子。僑居緬甸。

二十代祖新强，系瑞漢長子。僑居三馬林達。

二十代祖新順，系瑞漢次子。僑居三馬林達。

二十代祖新源，系瑞漢三子。僑居三馬林達。

二十代祖新福，系瑞清長子。僑居三馬林達。

二十代祖新財，系瑞清次子。僑居三馬林達。

二十代祖新全，系瑞清三子。僑居三馬林達。

二十代祖舜朗，系瑞聰長子。僑居印尼泗水。

二十代祖舜芳，系瑞聰次子。僑居印尼。

二十代祖舜强，系瑞聰三子。生一子德理。僑居印尼。

二十代祖舜權，系瑞聰四子。僑居印尼。

二十代祖舜福，系瑞聰五子。僑居印尼。

二十代祖舜財,系瑞聰六子。留學美國。僑居印尼。
二十代祖舜平,系瑞聰七子。僑居印尼。
二十代祖舜和,系瑞德長子。僑居印尼。
二十代祖舜生,系瑞德次子。僑居印尼。
二十代祖舜全,系瑞德三子。僑居印尼。
二十代祖舜雄,系瑞德四子。僑居印尼。
二十代祖舜良,系瑞萬長子。僑居印尼。
二十代祖舜全,系瑞萬次子。僑居印尼。
二十代祖舜安,系瑞萬三子。僑居印尼。
二十代祖舜興,系瑞通長子。僑居印尼。
二十代祖舜力,系瑞通次子。僑居印尼。
二十代祖舜恩,系瑞通三子。僑居印尼。
二十代祖舜偉,系瑞坤次子。僑居印尼。臺灣畢業。
二十代祖舜舵,系瑞豐長子,妣李采香,生一子耀良,長女良春,次女錦春。旅居香港。
二十代祖舜錦,系瑞豐次子。僑居三馬林達。
二十代祖舜新,系瑞豐三子。僑居三馬林達。
二十代祖舜健,系瑞豐四子。僑居三馬林達。
二十代祖長茂,系瑞祥次子。僑居印尼三馬林達。
二十代祖松茂,系瑞祥三子。僑居印尼三馬林達。
二十代祖漢茂,系瑞祥四子。僑居印尼三馬林達。
二十代祖板茂,系瑞祥五子。僑居印尼三馬林達。
二十代祖榮茂,系瑞桃長子。生二子,長建立,次建汗。僑居三馬林達。
二十代祖華茂,系瑞桃次子。僑居印尼。
二十代祖錦文,系興鋒長子,妣黄氏。生一子裕源。僑居印尼泗水。
二十代祖錦秀,系興鋒次子,妣石氏。生三子,長裕盛,次裕榮,三裕仁。僑居印尼泗水。
二十代祖錦泉,系興鋒三子。僑居印尼泗水。
二十代祖錦光,系興鋒四子。僑居印尼泗水。
二十代祖錦河,系興茂長子。僑居椰城。
二十代祖美河,系興茂次子。生一子裕發。僑居椰城。
二十代祖錦順,系興松長子。僑居马辰。
二十代祖錦唐,系興松次子。僑居马辰。
二十代祖錦山,系興松三子。僑居马辰。
二十代祖錦勝,系興松四子。僑居马辰。
二十代祖錦全,系興松五子。僑居马辰。
二十代祖錦源,系興南之子。僑居马辰。
二十代祖錦石,系興武長子。在泗水經商。
二十代祖錦成,系興武次子。僑居泗水。
二十代祖錦星,系興武三子,妣巫氏。在泗水經營印刷業。
二十代祖錦瑞,系興武四子。僑居泗水。

二十代祖錦慶,系興寧長子。生三子,長裕盛,次裕祥,三子裕遠。僑居泗水。

二十代祖錦良,系興寧次子,妣莊氏。僑居泗水。

二十代祖錦强,系興寧三子,妣伍氏。生一子裕换。僑居泗水。

二十代祖錦敏,系興寧四子。僑居泗水。

二十代祖錦偉,系興越長子。僑居泗水。

二十代祖錦發,系興越次子。僑居泗水。

二十代祖錦立,系興藏之子。僑居泗水。

二十代祖錦富,系興元之子。僑居泗水。

二十代祖錦豪,系興仁長子。僑居泗水。

二十代祖香平,系仁標長子,妣楊氏。生一子錦明。僑居印尼京城。一九五一年生。

二十代祖香安,系仁標次子,妣黄氏。生三子,長錦坤,次錦微,三錦行。僑居印尼京城。一九五三年生。

二十代祖香源,系仁標三子,妣林氏。生一子錦發。僑居印尼京城。一九五八年生。

二十代祖香漢,系仁標四子。僑居印尼京城。一九六〇年生。

二十代祖香雲,系仁標五子。僑居印尼。一九六二年生。

二十代祖漢順,系仁標六子。僑居印尼京城。一九六五年生。

二十代祖嘉昶,系奕鼎長子。僑居新加坡。

二十代祖嘉裕,系奕鼎次子。僑居新加坡。

二十代祖嘉彬,系奕潘長子。僑居新加坡。

二十代祖嘉偉,系奕潘次子。僑居新加坡。

二十代祖嘉漢,系奕潘三子。僑居新加坡。

二十代祖嘉樺,系奕安長子。僑居新加坡。

二十代祖嘉標,系奕安次子。僑居新加坡。

二十代祖嘉順,系奕柱之子。僑居新加坡。

二十代祖銘基,系洪星長子。一九六四年生,僑居印尼京城。

二十代祖達基,系洪星次子。一九六七年生,僑居印尼京城。

二十代祖燕尼,系泰星之子。僑居印尼京城。

二十代祖燦基,系潤星長子。僑居印尼雅加達。

二十代祖高平,系潤星三子。僑居印尼雅加達。

二十代祖武基,系潤星四子。僑居印尼雅加達。

二十代祖林那佬,系瑞星之子。僑居印尼。

二十代祖惠川,系陶字長子。僑居印尼。

二十代祖惠炎,系陶字次子。僑居印尼。

二十代祖惠立,系淦字長子。僑居印尼。

二十代祖惠景,系淦字次子。僑居印尼。

二十代祖元基,系福字長子。僑居印尼。

二十代祖海基,系福字次子。僑居印尼。

二十代祖忠基,系德字之子。僑居印尼。

二十代祖殿基,系洲字之子。僑居印尼。

二十代祖海東,系禄字長子。僑居印尼。

二十代祖海山,系禄字次子。僑居印尼。

二十代祖舉仁,系維亨四子。印尼大學畢業。

二十代祖舉勇,系維亨五子。印尼大學畢業。

二十代祖舉健,系維亨六子。僑居印尼。

二十代祖元寧,系承端長子。僑居三馬林達。

二十代祖元太,系承端次子。僑居三馬林達。

二十代祖國建,系承增長子。生二子二女,長敏裕,次泰裕,長女麗妖,次女麗卿。僑居三馬林達。

二十代祖國寧,系承增次子,生一子興裕,一女麗菁。僑居三馬林達。

二十代祖國治,系承增三子,妣陳寶仙。生一子德裕,一女麗貞。僑居三馬林達。

二十代祖國源,系承增四子。僑居三馬林達。

二十代祖元宗,系承業長子,妣江氏。生二子,長建和,次建文。僑居印尼經商。

二十代祖元春,系承業次子,妣唐氏。生三子,長建興,次建明,三建良。僑居印尼經商。

二十代祖元秋,系承業三子,妣朱氏。生二子,長建海,次建好。僑居印尼經商。

二十代祖良文,系承愛之子。僑居印尼。

二十代祖阿固斯,系承太之子。僑居印尼。

二十代祖德輝,系承福長子。僑居印尼。

二十代祖鮑耳,系承福次子。僑居印尼。

二十代祖源本,系承進長子。生二子,長建忠,次建民。生於印尼马辰。

二十代祖源記,系承進次子。僑居印尼。

二十代祖源俸,系承錦長子。僑居印尼。

二十代祖源强,系承錦次子。僑居印尼。

二十代祖源雲,系承卓長子。僑居印尼。

二十代祖源發,系承卓次子。僑居印尼。

二十代祖源富,系承敏長子。生於椰城。

二十代祖源茂,系承敏次子。生於马辰。

二十代祖源禄,系承敏三子。僑居印尼。

二十代祖源達,系承宏長子,妣黄氏。生於印尼京城。

二十代祖源輝,系承宏次子,妣吴氏。澳洲大學經濟系畢業,獲經濟學士。生於印尼京城。

二十代祖源泰,系承宏三子,妣劉氏。僑居印尼。

二十代祖源增,系承允之子。生二子。長德琪,次德孝。英京 BSP 大學畢業。生於马辰,居印尼京城。

二十代祖源俊,系承偉次子。美國 MSP 大學畢業。生於马辰,住椰城。

二十代祖源波,系承偉三子,妣林氏。美國 MSP 大學畢業,在東卡區經商。生於马辰。

二十代祖源美,系承偉四子。美國 MSP 大學畢業,生於马辰,居椰城。

二十代祖源亨,系承尊長子。生於马辰,居泗水。

二十代祖源利,系承尊次子,妣江氏。生於马辰,居泗水。

二十代祖源海,系承開之子。印尼京城大學建築科畢業。生於马辰,居泗水。

二十代祖源興,系承堅之子。僑居马辰。

二十代祖源江,系承一長子。一九七六年生,僑居印尼。

二十代祖源鑽,系承一次子,僑居印尼。

二十代祖源輝,系承州之子。僑居印尼。

二十代祖源憶,系承泉之子。一九七一年生於萬隆。

二十代祖源新,系承權長子,妣李氏。生一子建國。生於星洲,居印尼京城。

二十代祖源忠,系承鵬長子,妣蔡氏。僑居新加坡。

二十代祖源財,系承鵬次子,妣梁氏。生一子建元。僑居新加坡。

二十代祖源資,系承鵬三子,妣陳氏。僑居新加坡。

二十代祖源國,系承鵬四子,妣鄭氏。生一子建華。僑居新加坡。

二十代祖源燈,系承標長子,妣曾氏。生一男建明。僑居印尼。

二十代祖源鈞,系承標次子,妣朱氏。生一子建豪。僑居印尼。

二十代祖源耀,系承厚長子。僑居印尼。

二十代祖源德,系承厚次子。僑居印尼。

二十代祖源聰,系承豹長子。僑居印尼。

二十代祖源順,系承豹次子。僑居印尼。

二十代祖源雄,系承球之子。生於椰城。

二十代祖集才,系雅演次子。僑居印尼。

二十代祖德才,系雅演三子,妣番氏,生二子,長旋興,次旋旺。僑居仰光。

二十代祖來才,系雅演四子,僑居仰光。

二十代祖清華,系易文次子,妣番氏。僑居印尼三馬林達。

二十代祖德華,系易文三子,妣番氏。僑居印尼三馬林達。

二十代祖世華,系易文四子。僑居印尼三馬林達。

二十代祖友華,系易文五子,妣魏氏。僑居印尼三馬林達。

二十代祖松華,系易文六子。僑居印尼三馬林達。

二十代祖旋福,系振豐之子。僑居緬甸。

二十代祖星七,系榮聯次子,妣王金梅。生一女楚燕。僑居泰國。

二十代祖鳳進,系榮植長子。生二子,長添輝,次文輝。僑居緬甸。

二十代祖炳才,系榮瑞長子。僑居緬甸。

二十代祖炳添,系榮瑞次子。僑居緬甸。

二十代祖炳柱,系榮基長子。生四子,長桂生,次衝生,三華生,四文生。僑居緬甸。

二十代祖森華,系易忠長子,妣方氏。生二子,長新明,次福明。僑居印尼合里柏板經商。

二十代祖南華,系易忠次子,妣魏氏。生三子,長源明,次財明,三瑞明,長女桂珍,次女桂鳳,三女桂芳。僑居印尼三馬林達經商。

二十代祖碧華,系易忠三子。僑居印尼。

二十代祖林華,系易忠五子,妣蘇氏。生三子,長健明,次仟明,三宏明,長女桂梅,次女桂寶,三女桂莉。僑居印尼三馬林達經商。

二十代祖國康,系易開之子。生於印尼,幼年隨父歸國。

二十代祖國華,系承育長子,妣林氏。生一子振明,長女桂英,次女桂珠。僑居印尼三馬林達經商。

二十代祖雷章，系朝文長子，妣蘇菊招。生二子，長漢昌，次漢强，長女秀招，次女蘭招。僑居緬甸。

二十代祖霜章，系朝文次子，妣梅丹娣。生二子，長漢民，次漢宗。僑居緬甸。

二十代祖生秀，系兩成之子，妣蘇五娘。生三子，長特温，次特瑞，三貌貌奈宇。僑居仰光。

二十代祖水生，系從林次子，妣莊氏。生一子建木，一女美豔。僑居仰光。

二十代祖水龍，系從悦長子，妣詹玉美。生二子，長貌貌宇，次貌索勉軒。僑居仰光。

二十代祖水甲，系從悦次子，妣杜真挨。生四子，長慶元，次慶文，三德呑，四德旺。僑居仰光。

二十代祖三屘，系從悦三子，妣黄氏。生一子祝祝滿，一女温拉立滿。僑居仰光。

二十代祖廷彬，系傑煌長子，妣黄金招。生一子添禄，長女玉霞，次女玉如，三女玉紅。僑居仰光。

二十代祖廷光，系傑煌次子，妣吕錦英。生五子，長添勇，次添忠，三添民，四添林，五添文。僑居仰光。

二十代祖廷真，系傑獻之子，妣蘇珍丹。生一子添瑞。僑居仰光。

二十代祖新太，系鐘蔭長子，妣賴敏珊。生三子，長貌貌漱，次貌欽所，三貌所林。僑居緬甸仰光。

二十代祖敏宇，系鐘蔭次子，僑居緬甸仰光。

二十代祖明宇，系鐘蔭三子。僑居緬甸仰光。

二十代祖山宇，系鐘蔭四子。僑居緬甸仰光。

二十代祖特宇，系鐘蔭五子。僑居緬甸仰光。

二十代祖允康，字克昌，系筵疇長子，妣簡亞削。生四子三女，長子麟俊，次子麟趾，三子麟定，四子麟角，長女玉珍，次女玉明，三女玉英。早歲旅居緬甸，後遷印尼，追溯祖源，熱心敬奉德遠堂春祭資金，曾捐助修葺南歐小學、修築南歐公路及資助修葺天后宫，系德遠堂修譜委員。

二十代祖年康，系筵疇次子，妣姚氏，生二子，長麟晶，次麟蔚。僑居仰光。

二十代祖成康，系筵篤之子，妣黄秀芹。生六子，長麟化，次麟俊，三麟祚，四麟科，五麟光，六麟香。僑居緬甸仰光經商，仰光清河堂名譽副理事長兼任德遠堂修譜委員。次子麟俊過房允康立嗣。

二十代祖炳南，系福元之子。僑居仰光。

二十代祖新發，系樹元之子，妣江亮娣。生五子，長東星，次井星，三中星，四榮星，五英星。僑居印尼經商。

二十代祖益昌，系樹椿長子，妣林氏。生三子，長永福，次永壽，三永國。僑居印尼經商。

二十代祖南吕，系樹椿次子，妣陳氏。生三子，長永智，次永華，三永迪。僑居印尼。

二十代祖茂昌，系樹椿三子，妣李氏。生二子，長壽志，次永俊，一女瑞慧。僑居印尼經商。

二十代祖善昌，系樹椿四子，妣蘇氏。生四子，長永建，次永輝，三永鴻，四永强。僑居印尼。

二十代祖吉昌，系樹椿八子，妣陳秀暖。生三子，長永興，次永豐，三永鐘，一女瑞芳。僑居印尼。

二十代祖碧昌，系樹桃長子，妣莊集智。生七男，長永年，次永超，三永文，四永元，五永德，六永慶，七永太。僑居泗水埠。

二十代祖景昌，系樹桃次子。僑居印尼。

二十代祖品昌，系樹棣次子，妣黄清緣。生二子，長永嘉，次子永青，長女素月，次女素霞，三女素芳，四女素緣，五女素愛，六女素娥。僑居印尼。

二十代祖晉昌，系樹良四子，妣江桂芳。生五子，長啟潮，次啟榮，三啟順，四啟俊，五啟彬。僑居緬甸榜埠。

二十代祖廷昌，系樹健之子，妣蕭豆娘。生一子啟光，長女素娥，次女秋娥。僑居緬甸經商。

二十代祖懷忠，系錫璠之子。僑居印尼。

二十代祖雲龍，系錫金長子。僑居印尼。

二十代祖靄龍，系錫金次子。僑居印尼。

二十代祖漢龍，系錫金三子。僑居印尼。

二十代祖文龍，系錫光長子。僑居印尼。

二十代祖飛龍，系錫光次子。僑居印尼。

二十代祖九龍，系錫光三子。僑居印尼。

二十代祖海龍，系錫光四子。僑居印尼。

二十代祖浩龍，系錫光五子。僑居印尼。

二十代祖文福，系宜龍長子。僑居印尼。

二十代祖文忠，系宜龍次子。僑居印尼。

二十代祖文俊，系宜唐之子。僑居印尼。

二十代祖文欽，系宜興長子。僑居印尼。

二十代祖文明，系宜興次子。僑居印尼。

二十代祖文元，系宜興三子。僑居印尼。

二十代祖文師，系宜昌之子。僑居印尼。

二十代祖學華，系有成長子，妣番氏。僑居緬甸棉城經商。

二十代祖林華，系有成次子，妣江善英。生二子，長發隆，次欽貌素，長女桂香，次女蘭香，三女四鳳。僑居緬甸仰光十五條街經商。

二十代祖福良，系永業之子。僑居印尼泗水。

二十代祖福明，系永修長子。僑居印尼泗水。

二十代祖福建，系永修三子。僑居印尼泗水。

二十代祖鶴齡，系燦生長子，妣黄蘭華。生一子偉民。僑居緬甸仰光經商。

二十代祖鶴籌，系燦生次子，妣江氏。生三子，長忠明，次忠振，三忠興。僑居緬甸仰光棉城，裁縫爲業，系德遠堂修譜委員。

二十代祖清旺，系朝道長子，妣番氏。生一子興隆，一女幼妹。僑居緬甸仰光經商。

二十代祖清文，系朝道次子，妣林氏。生一子興高。僑居緬甸棉城經商。

二十代祖賜文，系朝道三子。僑居緬甸仰光。

二十代祖清遠，系朝道四子。僑居緬甸仰光。

二十代祖建旺，系學太長子。僑居緬甸仰光。

二十代祖俊旺，系學太次子。僑居緬甸仰光。

二十代祖多旺,系學太三子。僑居緬甸仰光。

二十代祖温旺,系學太四子。僑居緬甸仰光。

二十代祖興旺,系集太長子。僑居緬甸仰光。

二十代祖日旺,系集太次子。僑居緬甸仰光。

二十代祖近旺,系集太三子。僑居緬甸仰光。

二十代祖進旺,系發太長子。僑居緬甸仰光。

二十代祖義旺,系發太次子,妣蘇氏。生一子新賜。僑居緬甸棉城經商。

二十代祖章旺,系成太之子。僑居緬甸仰光。

二十代祖德旺,系雙太之子。僑居緬甸仰光。

二十代祖惠新,系壽祺長子。僑居印尼。

二十代祖惠忠,系壽祺次子。僑居印尼。

二十代祖富賢,系鴻仁次子。僑居印尼。

二十代祖貴賢,系鴻仁三子。僑居印尼。

二十代祖順慶,系宏新長子,妣番氏。生一女麗玉。僑居印尼三馬林達。

二十代祖順明,系宏新次子。僑居印尼三馬林達。

二十代祖順强,系宏新三子。僑居印尼三馬林達。

二十代祖順立,系宏新四子。僑居印尼三馬林達。

二十代祖卓漢,系宏達長子。僑居印尼三馬林達。

二十代祖北漢,系宏達次子。僑居印尼三馬林達。

二十代祖樹連,系宏達三子。僑居印尼三馬林達。

二十代祖順昌,系宏通長子。僑居印尼三馬林達。

二十代祖順忠,系宏通次子。僑居印尼三馬林達。

二十代祖順榮,系宏福之子。僑居印尼泗水。

二十代祖鎮邦,系錦純長子。僑居泰國經商。

二十代祖松財,系錦樹長子,妣沈頌詩。生二子,長是特楚,次廷那功。僑居泰國經商。

二十代祖亮邦,系錦樹次子。僑居泰國。

二十代祖松邦,系錦樹三子。僑居泰國。

二十代祖松吉,系錦樹四子。僑居泰國。

二十代祖松嘉,系錦樹五子。僑居泰國。

二十代祖松文,系錦樹六子。僑居泰國。

二十代祖炯耀,字向華,系錦梁長子,妣楊氏,生四女,倩雯,倩霖,倩理,倩嬌。僑居印尼泗水經商。

二十代祖貌貌宇,系錦龍長子。僑居緬甸。

二十代祖欽貌拉,系錦龍次子。僑居緬甸。

二十代祖美麟,系錦龍三子。僑居緬甸。

二十代祖欽貌呑,系錦龍四子。僑居緬甸。

二十代祖振益,系錦灝長子。僑居緬甸。

二十代祖振興,系錦灝次子。僑居緬甸。

二十代祖秉麟,系榮耀長子。生六子,長君澤,次守忠,三守志,四守廉,五守儉,六守雄。

僑居印尼三馬林達。

二十代祖炳峯，系榮耀六子。僑居印尼萬鴉佬。

二十代祖炳儀，系榮耀七子。僑居印尼萬鴉佬。

二十代祖炳德，系榮耀八子。僑居印尼萬鴉佬。

二十代祖炳剛，系榮珠長子。生三子，長松貴，次松輝，三松才。僑居印尼萬鴉佬，以裁縫爲業。

二十代祖炳忠，系榮璧次子。僑居印尼萬鴉佬。

二十代祖炳綿，系榮璧三子，妣華裔。高中畢業，僑居印尼萬鴉佬必打埠經商。

二十代祖炳遠，系榮璧四子，妣華裔。僑居印尼萬鴉佬經商。

二十代祖炳進，系榮璧五子，妣華裔。生一女綺西里亞。印尼雅加達商業大學畢業，妣系同校同科畢業。

二十代祖炳香，系榮璧六子。僑居印尼。

二十代祖紹振，系文華長子，妣吴氏。生三子，長相源，次相林，三相發。僑居印尼經商。

二十代祖松灶，系桐祥次子，妣薛芳潔。生三子，長智源，次建源，三並源。出生於印尼，思念水源木本，熱心奉獻德遠堂春祭基金，贊助修葺天后宫，對祖鄉宗親福利事業頗爲關心，曾捐資贊助修築南歐公路。僑居印尼三馬林達，開設緑林木材公司及家具廠。

二十代祖紹南，系桐祥三子。僑居印尼。

二十代祖濟川，系文達次子，妣吴氏。生四子，長嘉元，次志元，三啟元，四小元。出生於印尼，思念水源木本，熱心奉獻德遠堂春祭基金。

二十代祖流川，系文喜次子，妣番氏。生一子約斯。僑居印尼經商。

二十代祖福川，系文喜三子，妣周氏。僑居印尼經商。

二十代祖守川，系文喜四子，妣周氏。生一子蘇多山。僑居印尼經商。

二十代祖漢川，系文周長子，妣吴氏。生五子，長啟忠，次啟明，三啟恩，四啟華，五啟新。僑居印尼經商。

二十代祖潮川，系文周次子，妣吴氏。生六子，長啟智，次啟成，三啟慶，四啟聰，五啟榮，六啟淦。生於印尼，思念水源木本，熱心奉獻德遠堂春祭基金，捐資贊助修葺天后宫，對祖鄉宗親福利事業頗爲關心，曾捐助修築南歐公路。次子啟成過房浚川立嗣。

二十代祖萬成，系文順長子。僑居印尼。

二十代祖萬發，系文順次子。僑居印尼。

二十代祖萬福，系文順三子。僑居印尼。

二十代祖萬連，系文順四子。僑居印尼。

二十代祖萬忠，系文順五子。僑居印尼。

二十代祖强川，系文益長子，妣林氏。生二子，長仁惠，次仁安，長女仙麗，次女美麗。僑居印尼經商。

二十代祖富川，系文益次子，妣盧氏。生三子，長仁發，次仁堅，三仁昌，一女新麗。僑居印尼經商。

二十代祖金川，系文益三子，妣李氏。生一子仁偉，字大衛。僑居印尼經商。

二十代祖鴻川，系文亮長子。僑居印尼。

二十代祖龍川，系文亮次子。僑居印尼。

二十代祖來川，系文亮三子。僑居印尼。

二十代祖國川，系文亮四子。僑居印尼。

二十代祖炳坤，系贈發之子。生二子，長順水，次順勇。僑居泰國。

二十代祖星煌，系貞鴻之子。僑居緬甸。

二十代祖金龍，系萬太長子。僑居印尼。

二十代祖金福，系萬太次子。僑居印尼。

二十代祖金山，系萬太三子。僑居印尼。

二十代祖金漢，系萬太四子。僑居印尼。

二十代祖金源，系豐太長子。僑居印尼。

二十代祖金光，系豐太次子。僑居印尼。

二十代祖漢明，系椿茂長子，妣江氏。生一子衛羣。僑居印尼马辰經商。

二十代祖漢忠，系椿茂次子，妣余氏。生三子，長衛煌，次衛豐，三衛家。僑居印尼马辰經商。出生於印尼，爲人慷慨，早年捐贈人民幣壹萬元開拓南歐茶園。

二十代祖漢萬，系椿茂五子，妣鄭氏。生一子衛利。僑居印尼马辰經商。

二十代祖漢超，系椿茂六子，妣廖氏。生二子。長衛團，次衛結。僑居印尼泗水經商。

二十代祖漢興，系椿茂七子，妣高氏。生一子衛勇。僑居印尼马辰經商。

二十代祖漢福，系榕基長子，妣許氏。生五子，長允新，次允星，三允勇，四允興，五允龍。僑居印尼中加經商。

二十代祖漢山，系榕茂次子，妣莊氏。生一子允春。僑居印尼马辰經商。

二十代祖漢英，系榕茂四子，妣陳氏。生一子允强。僑居印尼马辰經商。

二十代祖漢書，系榕茂五子，妣張氏。生一子允豪。僑居印尼椰城經商。

二十代祖漢仁，系榮茂長子，妣徐氏。生一子衛和。僑居印尼椰城經商。

二十代祖漢良，系榮茂次子，妣孫氏。生二子，長衛鴻，次衛理。僑居印尼椰城經商。

二十代祖漢得，系榮茂三子，妣陳氏。僑居印尼椰城經商。

二十代祖漢平，系榮茂四子。僑居印尼椰城。

二十代祖漢松，系華茂之子。居香港。

二十代祖漢容，系富茂長子，妣魏氏。生一子永固。僑居印尼马辰經商。

二十代祖漢發，系富茂次子，僑居印尼马辰。

二十代祖漢隆，系富茂三子。僑居印尼马辰。

二十代祖漢華，系貴茂長子。僑居印尼茶最。

二十代祖漢年，系貴茂次子。僑居印尼茶最。

二十代祖漢寧，系貴茂三子。僑居印尼茶最。

二十代祖漢森，系貴茂四子。僑居印尼茶最。

二十代祖漢新，系金茂長子，妣倪氏。僑居印尼马辰。

二十代祖漢財，系金茂次子，妣林氏。生三子，長永志，次永雙，三永醒。僑居印尼马辰。

二十代祖漢録，系金茂三子，妣鄭氏。生一子永龍。僑居印尼马辰。

二十代祖漢來，系金茂四子。僑居印尼加板士。

二十代祖漢銘，系金茂五子。僑居印尼加板士。

二十代祖漢敏，系金茂六子。僑居印尼马辰。

二十代祖漢亮,系金茂七子。僑居印尼马辰。

二十代祖漢文,系品茂長子,妣王氏。生一子永堅。僑居印尼泗水。

二十代祖漢偉,系品茂次子。僑居印尼马辰。

二十代祖漢星,系品茂三子。僑居印尼马辰。

二十代祖漢國,系品茂四子。僑居印尼马辰。

二十代祖漢利,系品茂五子。僑居印尼马辰。

二十代祖漢科,系全茂長子。僑居印尼泗水。

二十代祖漢根,系全茂次子。僑居印尼泗水。

二十代祖漢雄,系全茂三子。僑居印尼泗水。

二十代祖漢春,系雋茂長子。僑居印尼马辰。

二十代祖漢立,系雋茂次子。僑居印尼马辰。

二十代祖漢毅,系祥茂長子。僑居印尼马辰。

二十代祖漢麟,系祥茂次子。僑居印尼马辰。

二十代祖漢豪,系祥茂三子。僑居印尼马辰。

二十代祖隆添,系奕茂長子。妣魏氏。生一子俊輝。僑居印尼泗水。

二十代祖隆海,系奕茂次子。僑居印尼泗水,留學英國倫敦。惜英年早逝。

二十代祖隆强,系奕茂三子,妣熊氏。生一子泉輝。僑居印尼椰加達,留學英國倫敦,建築工程科畢業,任椰加達一家建築公司工程師。

二十代祖隆全,系奕茂四子。僑居印尼泗水,機器工程系畢業,任機器工程師。

二十代祖隆進,系仲茂長子,妣林氏。僑居印尼泗水。

二十代祖隆豐,系仲茂次子,妣李氏。生一子正輝。僑居印尼泗水。

二十代祖隆興,系仲茂三子。僑居印尼泗水。

二十代祖青海,系源茂長子。僑居印尼巴魯。

二十代祖學良,系源茂次子。僑居印尼錫江。

二十代祖偉良,系源茂三子。僑居印尼巴魯。

二十代祖漢武,系庚茂長子,妣蘇氏。生一子永鋒。系敦植公後裔。居印尼马辰。

二十代祖漢宏,系庚茂四子,妣林氏。僑居印尼马辰。

二十代祖漢權,系庚茂五子。僑居印尼马辰。

二十代祖富祥,系文耕長子,妣許玉梅。一九四九年生於马辰,玉梅一九五〇年生於马辰。

二十代祖富安,系文耕次子。一九五〇年生於马辰。

二十代祖富强,系文耕三子。一九五九年生於马辰。

二十代祖富源,系文耕四子。一九六二年生於马辰。

二十代祖富生,系文耕五子。一九六五年生於马辰。

二十代祖富長,系立耕之子。一九五九年生於马辰。

二十代祖富龍,系慶耕之子。一九六八年生於马辰。

二十代祖富山,系友耕長子。一九六八年生於马辰。雅加達某大學機械工程專業。

二十代祖富良,系友耕次子。一九六九年生於马辰。

二十代祖富豹,系友耕三子。一九七一年生於马辰。

二十代祖富勇,系友耕四子。一九八一年生於马辰。

二十代祖富順，系德耕之子。一九七九年生於马辰。

二十代祖文清，系秉通長子。僑居緬甸渺名。

二十代祖武清，系秉通次子。僑居緬甸渺名。

二十代祖萬清，系秉通三子。僑居緬甸渺名。

二十代祖億清，系秉通四子。僑居緬甸渺名。

二十代祖旭東，系秉順長子。僑居马辰。

二十代祖旭强，系秉順次子。僑居马辰。

二十代祖建基，系訓良長子。僑居三馬林達。

二十代祖建福，系訓良次子。僑居三馬林達。

二十代祖建業，系訓良三子。僑居三馬林達。

二十代祖建鴻，系訓良四子。僑居三馬林達。

二十代祖建興，系訓忠長子。僑居三馬林達。

二十代祖建桐，系訓忠次子。僑居三馬林達。

二十代祖建順，系訓忠三子。僑居三馬林達。

二十代祖建安，系訓忠四子。僑居三馬林達。

二十代祖建通，系訓德長子。僑居三馬林達。

二十代祖建達，系訓德次子。僑居三馬林達。

二十代祖建隆，系訓德三子。僑居三馬林達。

二十代祖建和，系訓華長子。僑居三馬林達。

二十代祖建香，系訓華次子。僑居三馬林達。

二十代祖建新，系訓華三子。僑居三馬林達。

二十代祖建偉，系訓華四子。僑居三馬林達。

二十代祖燈山，系南臺長子。僑居三馬林達。

二十代祖燈喜，系南臺次子。僑居三馬林達。

二十代祖燈亮，系南臺三子。僑居三馬林達。

二十代祖維治，系鴻球長子。僑居印尼經商。

二十代祖瑞業，系鴻球次子。僑居印尼。

二十代祖維星，系鴻球三子。僑居印尼。

二十代祖維强，系鴻球四子。僑居印尼經商。

二十代祖維慶，系鴻球五子。僑居印尼經商。

二十代祖維儀，系鴻球六子。僑居印尼經商。

二十代祖維連，系鴻球七子。僑居印尼經商。

二十代祖國恩，系崇遜之孫。國恩系羡益長子過房立嗣。

二十代祖維福，系鴻善長子，妣陳氏。生男二房，長子國安，次子國定。生女祝芳，祝花。僑居三馬林達。

二十代祖維笑，系鴻善次子，妣羅雪鳳。生男四房，長子國新，次子國漢，三子國山，四子國富。一女祝英。僑居三馬林達。

二十代祖維武，系鴻欽長子。生二子，力心，力忠。僑居緬甸。

二十代祖維輝，系鴻欽次子。僑居緬甸。

二十代祖維川,系鴻欽三子。僑居緬甸。
二十代祖維雄,系鴻欽四子。僑居緬甸。
二十代祖維先,系鴻架長子。僑居緬甸。
二十代祖維强,系鴻架次子。僑居緬甸。
二十代祖維月,系鴻架三子。僑居緬甸。
二十代祖維龍,系鴻波長子。僑居三馬林達。
二十代祖維安,系鴻波次子。僑居三馬林達。
二十代祖維忠,系鴻波三子。僑居三馬林達。
二十代祖維漢,系鴻波四子。僑居三馬林達。
二十代祖維能,系鴻啟長子。僑居三馬林達。
二十代祖維健,系鴻啟次子。僑居三馬林達。
二十代祖維才,系鴻啟三子。僑居印尼。
二十代祖維德,系鴻啟四子。僑居印尼。
二十代祖松榮,系鴻昇之子。僑居印尼。
二十代祖維毅,系鴻佳長子。旅居緬甸。
二十代祖維耀,系鴻佳次子。旅居緬甸。
二十代祖新强,系瑞漢長子。僑居三馬林達。
二十代祖新順,系瑞漢次子。僑居三馬林達。
二十代祖新源,系瑞漢三子。僑居三馬林達。
二十代祖新福,系瑞清長子。僑居三馬林達。
二十代祖新財,系瑞清次子。僑居三馬林達。
二十代祖新全,系瑞清三子。僑居三馬林達。
二十代祖舜朗,系瑞聰長子。生一子建多。僑居印尼泗水。
二十代祖舜芳,系瑞聰次子。僑居印尼。
二十代祖舜强,系瑞聰三子。生一子德理。僑居印尼。
二十代祖舜權,系瑞聰四子。僑居印尼。
二十代祖舜福,系瑞聰五子。僑居印尼。
二十代祖舜財,系瑞聰六子。僑居印尼。
二十代祖舜平,系瑞聰七子。僑居印尼。
二十代祖舜和,系瑞德長子。僑居印尼。
二十代祖舜生,系瑞德次子。僑居印尼。
二十代祖舜全,系瑞德三子。僑居印尼。
二十代祖舜雄,系瑞德四子。僑居印尼。
二十代祖舜良,系瑞萬長子。僑居印尼。
二十代祖舜全,系瑞萬次子。僑居印尼。
二十代祖舜安,系瑞萬三子。僑居印尼。
二十代祖舜興,系瑞通長子。僑居印尼。
二十代祖舜力,系瑞通次子。僑居印尼。
二十代祖舜恩,系瑞通三子。僑居印尼。

二十代祖舜偉,系瑞坤次子,僑居印尼。臺灣大學畢業。

二十代祖舜舵,系瑞豐長子。妣李采香。生一子耀良。二女,長女良春,次女錦春。旅居香港。

二十代祖舜錦,系瑞豐次子。僑居三馬林達。

二十代祖舜新,系瑞豐三子。僑居三馬林達。

二十一代祖耀輝,系鵬興長子,妣蔡氏。生一子福安。僑居印尼马辰經商。

二十一代祖耀明,系鵬興次子,妣葉氏。生二子,長福祥,次福亮。僑居马辰經商。

二十一代祖耀德,系鵬興三子,妣蔡氏。生二子,長福進,次福來。僑居印尼马辰經商。

二十一代祖耀全,系鵬興四子,妣林氏。僑居印尼马辰經商。

二十一代祖耀漢,系鵬興五子,妣魏氏。生一子福安。僑居印尼马辰經商。

二十一代祖耀文,系鵬興六子。僑居印尼马辰。

二十一代祖耀武,系鵬興七子。僑居印尼马辰。

二十一代祖耀宏,系鵬集長子,妣周氏。生一子榮南。僑居印尼马辰經商。

二十一代祖耀良,系鵬集次子,妣林氏。生一子榮華。僑居印尼马辰經商。

二十一代祖耀堅,系鵬集三子。僑居印尼马辰經商。

二十一代祖耀祥,系鵬集四子。僑居印尼马辰經商。

二十一代祖耀春,系鵬集五子。僑居印尼马辰經商。

二十一代祖耀昌,系鵬集六子。僑居印尼马辰經商。

二十一代祖榮星,系新發四子。僑居印尼。

二十一代祖英星,系新發五子。僑居印尼。

二十一代祖永福,系益昌長子,妣魏氏。僑居印尼三馬林達。

二十一代祖永壽,系益昌次子。僑居印尼三馬林達。

二十一代祖永國,系益昌三子。僑居印尼三馬林達。

二十一代祖永智,系南昌長子,妣李氏。僑居印尼。

二十一代祖永華,系南昌次子。僑居印尼。

二十一代祖永通,系南昌三子。僑居印尼。

二十一代祖壽志,系茂昌長子,妣林氏。僑居印尼。荷蘭電氣工科大學畢業,電氣工程師。

二十一代祖永俊,系茂昌次子。僑居印尼。

二十一代祖永建,系善昌長子。僑居印尼。

二十一代祖永輝,系善昌次子。僑居印尼。

二十一代祖永鴻,系善昌三子。僑居印尼。

二十一代祖永强,系善昌四子。僑居印尼。

二十一代祖永興,系吉昌長子。僑居印尼三馬林達。

二十一代祖永豐,系吉昌次子。僑居印尼三馬林達。

二十一代祖永鐘,系吉昌三子。僑居印尼三馬林達。

二十一代祖永年,系碧昌長子,妣黄豔霞。生二子,長張紅,次張枚。一九三三年印尼出生,一九六〇年回國就讀廣西師範大學外語系,畢業後留校工作,外語系副教授。豔霞印尼歸僑,廣西師大外語系講師,致公黨桂林市委委員、桂林市政協委員。

二十一代祖永超,系碧昌次子,妣郭氏。福州醫院醫生。僑居印尼。

二十一代祖永文，系碧昌三子，妣陳氏。生二子，長黎輝，次黎煌。僑居印尼。

二十一代祖永元，系碧昌四子，妣蔣氏。生二子，長誠偉，次誠優。僑居印尼。

二十一代祖永德，系碧昌五子，妣黄氏。生一子黎强。僑居印尼。

二十一代祖永慶，系碧昌六子，妣李氏。僑居印尼。

二十一代祖永太，系碧昌七子。僑居印尼。

二十一代祖永嘉，系品昌長子。僑居印尼。

二十一代祖永青，系品昌次子。僑居印尼。

二十一代祖啟超，系全昌次子，妣簡素金。生一子瑞仁。僑居印尼。

二十一代祖啟潮，系晉昌長子。僑居緬甸。

二十一代祖啟榮，系晉昌次子。僑居緬甸。

二十一代祖啟順，系晉昌三子，僑居仰光。

二十一代祖啟俊，系晉昌四子。僑居仰光。

二十一代祖啟彬，系晉昌五子。僑居仰光。

二十一代祖發隆，系林會長子。僑居仰光。

二十一代祖欽貌王，系林華次子。僑居仰光。

二十一代祖忠民，系鶴籌長子。僑居緬甸仰光棉城經商。

二十一代祖忠振，系鶴籌次子。僑居緬甸仰光棉城經商。

二十一代祖忠興，系鶴籌三子。僑居緬甸仰光棉城經商。

二十一代祖興隆，系清旺之子。僑居緬甸棉城經商。

二十一代祖興高，系清文之子。僑居緬甸棉城。

二十一代祖新賜，系義旺之子。僑居緬甸棉城。

二十一代祖東元，系仲謙長子，妣蕭梅芳。生一子偉志。僑居印尼。

二十一代祖光元，系仲謙次子。印尼僑生。

二十一代祖春魁，系紹禎長子，妣李映雪。生一子翼飛，長女惠華，次女惠敏。僑居泰國經商。

二十一代湛元，系仲謙三子，妣丘雁，生一子偉隆。印尼僑生。

二十一代祖相源，系紹振長子，妣莊氏。生一子志登。僑居印尼。

二十一代祖相林，系紹振次子。僑居印尼。

二十一代祖相發，系紹振三子。僑居印尼。

二十一代祖智源，系松杜長子。生一子志賢。僑居印尼。

二十一代祖建源，系松杜次子。僑居印尼。

二十一代祖並源，系松杜三子。僑居印尼。

二十一代祖啟成，系浚川之子，妣陳氏。僑居印尼，留學美國加州大學經濟系。

二十一代祖嘉元，系濟川長子，妣張氏。僑居印尼三馬林達經商。

二十一代祖志元，系濟川次子，妣陳氏。僑居印尼三馬林達經商。

二十一代祖啟元，系濟川三子。僑居印尼三馬林達經商。

二十一代祖小元，系濟川四子。僑居印尼三馬林達經商。

二十一代祖啟智，系潮川長子，妣李氏。僑居印尼，留學美國加州大學建築工程系。

二十一代祖啟慶，系潮川三子，妣林氏。僑居印尼，留學美國加州大學建築工程系，系建築工程師。

二十一代祖啟聰,系潮川四子。僑居印尼,留學美國加州大學電氣工程科。

二十一代祖啟榮,系潮川五子。僑居印尼三馬林達經商。

二十一代祖啟淦,系潮川六子。僑居印尼三馬林達經商。

二十一代祖衛羣,系漢明之子。僑居印尼。

二十一代祖衛煌,系漢忠長子。僑居印尼。

二十一代祖衛豐,系漢忠次子。僑居印尼。

二十一代祖衛家,系漢忠三子。僑居印尼。

二十一代祖衛衛,系漢强之子。僑居印尼。

二十一代祖衛國,系漢昌長子。居香港。

二十一代祖衛龍,系漢昌次子。居香港。

二十一代祖衛利,系漢萬之子。僑居印尼。

二十一代祖衛團,系漢超長子。僑居印尼。

二十一代祖衛結,系漢超次子。僑居印尼。

二十一代祖衛理,系漢良次子。僑居印尼。

二十一代祖永固,系漢容之子。僑居印尼。

二十一代祖永雙,系漢財次子。僑居印尼。

二十一代祖永醒,系漢財三子。僑居印尼。

二十一代祖永龍,系漢録之子。僑居印尼。

二十一代祖永堅,系漢文之子。僑居印尼。

二十一代祖俊輝,系隆添之子。僑居印尼。

二十一代祖永安,系耀龍長子。僑居仰光。

二十一代祖永康,系耀龍次子。僑居仰光。

二十一代祖特别,系清溪長子。僑居泰國。

二十一代祖特撥,系清溪次子。僑居泰國。

二十一代祖特訕,系清溪三子。僑居泰國。

二十一代祖亞訕,系潮溪之子。僑居泰國。

二十一代祖亞艾,系潮溪之子。僑居泰國。

二十一代祖雄猜,系大弟之子。僑居泰國。

二十一代祖雪松,系濤武之子。印尼僑生。

二十一代祖漢星,系超美長子。僑居印尼。

二十一代祖福才,系超喜長子。僑居印尼。

二十一代祖福金,系超喜次子。僑居印尼。

二十一代祖福强,系超喜三子。僑居印尼。

二十一代祖福德,系超信長子。僑居印尼。

二十一代祖福明,系超信次子。僑居印尼。

二十一代祖福康,系超信三子。僑居印尼。

二十一代祖福山,系超慶之子。僑居印尼。

二十一代祖福平,系超亮之子。僑居印尼。

二十一代祖福先 系超和之子。僑居印尼。
二十一代祖文聖 系鴻山長子。僑居印尼。
二十一代祖文正 系鴻山次子。僑居印尼。
二十一代祖漢成 系添勇長子。僑居緬甸渺名。
二十一代祖漢忠 系添勇次子,僑居緬甸渺名。
二十一代祖瑞欽 系麟俊長子。僑居仰光。
二十一代祖文欽 系麟俊次子。僑居仰光。
二十一代祖瑞仁 系敢超之子。僑居仰光。

僑居地點	生活狀況	統計人數
英屬新加坡	經商	
英屬新埠頭	經商	
緬　甸	經商	
荷爪哇	經商	
暹　羅	經商	369
英屬蘇門答	經商	
荷屬婆羅洲	經商	
荷屬西里伯	經商	
法屬安南	經商	8
英屬賓城	經商	
印　度	經商	

(《[福建南靖]塔下德遠堂張氏族譜》 1990 年二修鉛印本)

南靖德遠堂張氏徙外邦名録

十七世祖輝慶,妣江孺人。生三子,長崇林,次崇容,三崇桂。壯年旅厦島開設萬興棧,對往來客商及海外歸僑厐蒙招待,人稱利。系增玉之第四子。

十七世祖洪慶,字礐勳,妣江孺人。生二子,長崇雍,次崇砠。生平爲鄰里調解和平,胞弟南洋發展,在家鄉於大墹建築大厦。系增立公之長子。

十七世祖善慶,字元勳,妣蘇孺人、陳孺人。生二子,長崇崧,次崇坡。於民元年捐獻田産增五世祖廣達公嘗業,復赴南洋,曾任星嘉坡商會長。熱心勸募獻金救國,蒙國府頒予一等三級嘉禾愛國獎章。系增立公之次子。生於清咸豐八年戊午,卒於一九一六年七月初一日,在星洲旅寓逝世,運回原籍安葬。當星洲移柩之日,江幹執紼者達萬余人,極生榮死哀之盛。

十七世祖長助,字福堂,號金開,妣蕭孺人、蔡孺人。生八房,長榮列,次榮裕,三榮善,四榮綿，五榮通，六榮疇，七榮耀，八榮風。幼居南洋泗水，後在萬加錫開創商號，成家立業。系立昌公之長子。

十七世祖順養，號際梁，妣吴孺人。生六房，長慶全，次慶火，三慶助，四慶選，五慶木，六慶宗。於光緒二十三年丁酉歲，恩授歲進士，欽加職銜分巡道，曾任荷屬嗎辰埠甲必丹。系桂龍公之第三子，生於同治十二年癸酉歲十二月十四日亥時。吴妣生未詳，卒於一九二〇年庚申十月十四日。

十七代祖順疇，字易清，號際田，妣黄氏、陳氏、陳氏。生五房，長慶漢，次慶璋，三慶茂，四慶要，五慶泰。系桂龍公之第十一子，生於光緒二十二年丙申歲十一月初七日辰時即民國元前十六年。黄妣茶周生於光緒二十二年丙申歲二月初九日巳時，終於民國，暫葬荷屬三馬林達埠公司山之原。陳氏娟周生於舊曆戊申十月十五日亥時。陳氏星周，生於舊曆乙卯十月廿四日亥時。長女玉英，次女華英，三女月英。自幼讀書，聰敏過人，年十九立志研究商業，游歷上海，轉赴南洋荷屬三馬林達開創隆興有限公司，勇儉努力奮鬥，發展基金雙百萬億，則屢中創設分行於马辰等。總行設在馬來亞星嘉坡十八溪唇，專營樹膠出入口，土産兼九八行，暨設輪船航備等營業，頗稱發達，曾先後任三馬林達中華商會會長，及新嘉坡中華總商會。

十七世祖順心，字本清，妣鄭孺人。生三房，長慶達，次慶昆，三慶光。公精技擊，於閩中及南洋羣島負有盛名，壯年奉父命於書洋鋪十駁橋，便利行人，甚得各方人士稱譽功德。

十七世祖居鵬。生三房，長萬祥，次萬翥，三萬輝。於民三十一年由緬甸回國，慷慨喜募公益事業，集腋成裘。系叔卿公之第三子。

十七世祖吉昌，妣江孺人。生四房，長萬程，次萬豐，三萬靈，四萬卿。承父在暹維持商業發展，督導子侄有方。系榮進公之次子。

十八世祖泰松，妣莊孺人。生三房，長有初，次善初，三能初。生平勤儉，待人以忠，南渡於三馬林達，年四十二得志，培子侄建屋置田修橋造路均有貢獻，任三馬林達中華學校理事長。

十八世祖獻光。生一房益盛。少壯經商暹京，一時尚稱發達，始思建設家鄉，而生意失敗，至年邁思鄉，然已悔之不及。系桂榮公之子，卒暹羅，妣番氏。

十八代祖榮汀，妣江孺人。生一房奕聚。於星嘉坡開設南慶商號，民二十五年發起家鄉建立標宸學校基金，貢獻鉅資墾植茶山，爲故鄉大壩前途福利事業慷慨如義，人皆敬之。系練開之長子。

（張温清總編《［福建南靖］塔下張氏族譜》 1949年香港灣仔永泰祥印刷公司鉛印本）

南靖德遠堂張氏徙外邦名録

十八代祖慶通，妣蘇孺人。生二房。於荷屬三馬林達曾任中華學校財政監學。系順安之第三子。

十八代祖慶衍，妣李孺人。生三房，長承淦，次承煒，三承錦。爲泗水僑商，創設新錦興號營業發達。系順振之長子。

十八代祖慶重，妣蔡孺人。省立龍溪第八中學畢業，曾任南洋泗水海産公會會長。系順振之第三子。

十八代祖萬齊，字靖中，妣蘇孺人。生二子，長良朝，次良華。於昆明發起中緬興業有限公司，又提倡家鄉建設農村勞資生産消費合作社，此舉利在地方公益事業，實堪欽佩。系居等之次子。

十八世祖成源，生一子增輝。待人以德，令郎增輝素性和平，醫德雙全，藥到病除，各界譽稱華陀復見，年四十三南渡萬加錫，開同濟藥行，名揚中外。系兆琪之長子。

十八世祖居鎮，字崇義。妣吴孺人，謚慈惠。生四房，長定輝，次慶輝，三照輝，四發輝。性剛直，創設源興店於本社，年四十南渡萬加錫，回國後致力墾植，又建議贈僑東公遺下各墳墓碑。民十六年重渡三馬林達。系兆玖之子，生於清同治二年癸亥歲五月初二日午時，卒於民十七年十二月初六日巳時，享壽六旬加六。妣生於清同治十一年壬申歲七月初八日辰時，卒於一九三七年正月廿六日卯時，享壽六旬加六。

十八世祖居志，妣葉孺人。生三房，長永輝，次遠輝，三昌輝。一生勤儉，青年時研究影相術，及壯技藝精良，前往暹羅謀生。系兆玠公之子。

十八世祖端生，妣蕭孺人。生三房，長鴻植，次鴻材，三鴻發。往暹。系木昌公之長子。

（張温清總編《[福建南靖]塔下張氏族譜》 1949年香港灣仔永泰祥印刷公司鉛印本）

南靖石橋張氏徙外邦世系名録

十八世祖考號爐興，謚德輝，生於同治。妣簡老孺人，生於同治己巳年（一八六九）八月十三日，卒於1921年十一月初一日申時。妣簡孺人生二子，長拱斗，次安斗。卒於一九〇〇年。因往南洋謀生，據言有番婆要與其成親，可慮家有前妻，不敢應允，想回家鄉與妻商量能得同意，始再重往，但番婆心存不良，認爲祖父不答應親事，便下毒手，做鋼頭於祖父身上，如此竟不幸身亡，於歸途船上屍沉大海，可悲也。祖父爲人忠厚善良，讀書之人，若不南往，據其老師所言，有秀才之望。祖母簡氏賢慧，生下二子二女，長子開斗，幼年夭折，祖父亡，時僅已二女，一子安斗。祖母當時考慮兒子少，家庭難以興旺，意將祖父在南洋有所積蓄帶回存款，再買一子名拱斗，是由叔祖佛興所生，大於安斗，故拱斗爲長，安斗爲次。長女名寬娘，大安斗二歲，嫁苦竹大舊德蘇德茂家爲孫媳，家庭富裕。幼女小安斗二歲，嫁長教天貝樓簡標爲妻，名慧娘。祖母簡老孺人葬凹頭坪。祖父有銀牌一塊，與祖母同葬。

十八世三子唐興張公，祖江老孺人，生子三，葬情坑山路唇。長子南斗公太娶妻簡氏，由家庭不睦，競私自南往緬甸仰光謀生，從去後與家很少通信，致使髮妻簡氏改嫁長教上寨。在仰娶妻室有二，生下男孩有二女兒五。大兒紹昌，次兒名紹春。南斗已於一九〇八年亡故。二子炳斗娶妻魏氏。炳半受梅林魏洪川欺騙，出賣徵兵，據説開赴龍巖便已身亡，後魏氏改嫁上奎洋白樓。三子庚斗好吃懶做，厭惡勞動，又兼賭，因父母已雙亡，家兄走，家嫂嫁，便無所靠，意出賣頂替紅勝之名去徵兵，從去後音訊全無，所以生死不明。

十九世祖考拱斗公，太祖妣簡老孺人，生子一紹堯，女二。拱斗生男育女後，由於賭，致使家庭生活困難，後兼妻身亡，無奈把幼小子放棄，交代其弟安斗换養，自己卻到南洋謀生，心想發達回家，但不知卻身亡在外。祖妣簡老孺人陽年卅一歲，生於公元一八九二年，卒於公元一九二二年。

（張雙魁編修《[福建南靖]書洋石橋張氏族譜》
清道光二十三年稿本 1945年張紹基重鈔）

南靖石橋張氏徙外邦開基祖世系名録

十九世長芬，葬黄丹茵，妣江氏在長芬逝世後，招接永定長流人詹柱爲夫。江氏卒葬橋仔頭，生二子，長新亮，次美亮。美亮早年往緬甸仰光經商。

二十世美亮，妻江氏，生子國清在家。在仰光生子國煌、國仁、國初、國家、國慶，及女兒桂雙、桂鳳、桂花，都在緬甸仰光。

十六世系十五世彦標之第四子，名失據。傳下一子初蝦。

十七世初蝦，葬於山崠地，妣葬在膠下窠。生二子，長酬興往緬甸經商，妣葬磜角崠，生三子，長專發，次鴻發，三呈發。其二、三兩子歿於緬甸，有後裔。

十九世均福，往緬甸謀生，被緬甸土匪殺害。妣系緬女，生二子，慶亮、桂亮。

十九世拱斗，佛興子，歿於南洋，妣簡氏葬暗坑山。生一子紹堯。

十九世南斗，妻簡氏。往仰光後續娶一妾生二子，長紹昌，次紹春。歿於仰光。

十九世琬斗，歿於緬甸。其妻生一子紹煌，在仰光金字塔任管理員。

二十世紹昌，妻緬女，生二子，長貎文，次貎貎。

二十世紹春，妻緬女，生子貎敏。

十八世鴻運，歿於南洋，妣江氏葬牛路埔，生一子兆仁。

十八世石運，歿於南洋，妣莊氏葬壟仔頭，生一子兆光。

十八世慶崇，往南洋。

十八世開進，妣氏生子郭標，往緬甸。

十九世懷標，萬松子。妻蘇氏，生二子，志文、志崇，都往緬甸。

十九世永標，妻江氏，往緬甸生子甘林。

十八世開富，葬箕箴山，妣余老孺人葬石頭壟。生三子，長榕生，次石托，三榕燦。

十九世榕燦，往印尼，妣番女。生二子，邦海、邦傑。

十九世長福，葬羅形窠。妣蘇孺人，葬在大斜，生一子尊石。

二十世尊石歿於泰國，葬在泰國，妣江氏葬在吊見山。

二十一世楓富，往南洋。妻生二子，可華、可榮。

十八世成玉，葬洋背窠，傳四子，長清武，次紹武，三書武，四長武。

十九世祖紹武，往緬甸經商，歿於緬甸。

十三世子雍，葬河坑山頭，妣簡氏葬壟仔，傳下三子，長以德，次以疇，三以全往南洋。

十四世以全往南洋。

十八世郭德，歿於印尼。妣江氏，生一子廷鏡。

十八世容德，歿於印尼。妣賴氏，生一子廷番。

十八世尊明，葬赤林崎，妣江氏葬村頭。生二子，長郭福歿於仰光，次坤泰早亡。

十八世成柳，往南洋經商。

十九世建宗，歿於緬甸仰光，妻簡氏翠蘭歿於仰光。生一子慶齡，居仰光。

十九世廷漢，往印尼。

二十世慶麟，建宗子，居仰光，娶妻蘇蓮華。生二子，長金才，次金發。女秀珍、秀鑾、秀琴、秀眉、秀金。

十九世昌喜，葬於卓坑，妣劉氏葬橋子下。傳六子，長樹揚，次對揚，三載揚，四坤揚，五齊揚,六高揚。

二十世對揚,葬溪背洋,妣蘇氏葬凹背。生五子,長修德、次修松,都死於仰光,三修爵、四欽容過繼苦竹母舅,五修侑。

二十世添安,往仰光。妻生四子,長志强賣給本村啟松爲子,次志山往山城挑貨回經崎嶺被土匪殺害,三四子全往仰光謀生。

二十世添居,往仰光。

十八世陽德,生於咸豐六年丁巳十一月二十八日,光緒十九年往南洋。

十五世德輝,字志光,諱仰峯,往南洋,妣李氏葬河坡腹,傳一子敏泰。

十六世阿球,往洋不回,繼子朝印中年而卒,葬在庵角田眉。

十九世重海,生於光緒十五年己丑五月二十四日,卒於一九四六年,享年五十八歲,葬在屋埸田面。妣江老孺人與公共葬。生三男,長尚祥,次尚彬,三鏡昌過繼母舅爲子。殁於仰光。

二十世尚祥,往仰光。

十五世義元即宜侵,葬在横針崠,妣江氏葬在公王角上穴。生五子,長抱郎,次增郎,三榮郎,四晃郎往仰光,五勤郎往仰光。

十七世祚平,又名輝昌,葬在坪面中穴,妣蘇老孺人葬在園仔角路下。又妣江老孺人葬在公王角左穴。生四子,長順登往仰光,次順永,三順杭,四順源。

二十一世應舉,妣簡氏,早年往緬甸謀生,曾在仰光機場工作,一九五三年曾寫信給昆藻叔。

十九世昆瞻,號德卯,過房亞老即瑞庸,早年旅緬,在仰光病故。妣江氏葬本村貴仔窠,生二男,長懋達,次樹達。又妣吴氏,卒葬上海市公墓羣,生二男,恩達、觀達。

二十世懋達,字伯志,過房大伯母,妣林文麗,生四男三女。長子澤宇,次女澤芳,三子澤華,四子澤夫,五子澤田,六子澤生,七女澤青。

二十一世澤宇,妻巧珍,生一女。

二十一世澤夫,妻生一女。

二十一世澤田,妻生雙胞胎女。

二十世恩達,字英森,號張建,妻生一女。

二十世觀達,居緬甸。

二十世樞達,早年旅緬。原配蘇亞冬,生一女秀娘,嫁梅林背壟。

十九世昆祚,字德光,號子雲,生於清光緒辛丑年正月初九日未時。青年時旅緬甸仰光謀生,在仰光逝世。妣江氏葬本社大塘嶺頭。生一女,名阿妹。

二十世欽達,旅緬甸謀生,妻氏生子居緬甸。

十九世昆景,諱德明,生於光緒十五年己丑歲二月二十日寅時,葬本村坪窠,妣江亞炳,生於光緒,卒葬坪窠。生三子,彬達、棣達、琰達。

二十世彬達,早年旅緬。

十九世昆祈,妣江氏、葉氏。旅緬甸。生三子,椿達、焕達、根達。

二十世椿達,在緬甸。

二十世焕達,在緬甸。

二十世根達,在緬甸。

十八世瑞珍,因母被長毛賊刺死,缺乳哺養,過房與山兜石印立嗣。妣簡氏生二男,長錫焕,次錫慶。生於清同治元年壬戌歲十二月廿四日戌時,過房山兜石印立嗣後,更名炳星,青年旅緬,卒於緬。

十九世秀禄,妣劉氏,傳三子,達明、達錦、達信。

二十世達明,往緬甸。

二十世達錦,往緬甸。

十九世九珍,妣李氏,共葬溪竹壩牛欄窠。生子坤宏居印尼,妻蘇氏。

二十世坤宏,妣氏生子薪文、政文居印尼,廣文過繼坤棟。

十九世祥泰,妣簡氏,生四子,長文源,次廣源,三坤源,四火源無傳。

二十世廣源,妣三妹,生子煌宏又名煌英。廣源夫婦及其子早年移居緬甸。

二十世坤源,妣氏生子銘番。坤源過房四房。銘番在緬甸故。

二十一世煌蔭,妻黄玉如。生二子,長星海,次星塔。煌蔭又名煌英,旅緬甸,後移居臺北内湖區。

十九世祥久,遷居緬甸。

十八世全善,妣江氏合葬羅背嶺頭。生英標。

十九世英標,妣蘭氏生書成、洲文,攜妻及次子洲文往緬甸開基。

十九世根園,葬烏石窠路面,妣闕氏葬烏石窠頭,生一男永奎。永奎生二男,永鴻、永山,移居仰光。

二十世開元,葬烏石窠,妣江孺人葬烏石窠。生二子,銘羣、銘番,往緬甸。

二十世慶淮,妣江氏,傳子鉦憲、松憲。

二十一才憲,妣氏生子超岐,居緬甸。

二十一鉦憲,妣劉氏,生子超選。又妻黄氏生子超虎、超輝,居緬甸。

十九世望炳,妣黄氏生二子,長慶熙又名道照居印尼,次子慶燕。

十九世順美,葬公尖鋒脚。妣魏氏,生子省達、賢達居緬甸,嵩達旅緬甸後回湖南省定居。

十八世啟亮,生子新貴。

十九世新貴,妣氏生二子,長建如,次建輝,俱往仰光。

十八世居裕,葬坑圳窠口。妣劉氏葬山崢凹,傳子仰春即榮耀,出嗣南歐,往印尼。次子仰雙。

十九世鴻織,妻居仰光。

十九世鴻林,居仰光。

十八世金桃,妣簡氏。傳二子,接福、鴻磊,往仰光。

十七世城宗,往緬甸仰光。

十七世恩章,往緬甸良崠,妣林氏。

十七世恩革,往仰光,娶緬甸女,生子四,長彩基,次彩亮,三彩日,四彩真,在緬甸經商。

十八世文陽,妻印尼番人,生三子,均在印尼。

十八世水炎,妻江氏,生三子,長南昌往仰光,次仁昌,三榮昌。

六世法武派下十九世鴻昌,出繼河坑金竹壩,居緬甸仰光。

十七世貴亮,葬在上園,妣林氏亞谷葬在背頭塘。傳三房,長永波,次漢波,三榮波。女保周居仰光。

十七世春水,妣林氏,夫妻排葬在德潤堂來龍左側旁。傳四房,順生、順錫、順森、順隆。

十七世祈亮,葬園墩,妣氏傳四子,長賜東,次賜遠,三賜金,四賜耿。

十八世永波,居緬甸土瓦,生子裕忠,女秀英。

十八世榮波,居緬甸土瓦,生一子一女。

十八世賜金,居緬甸仰光,妣翁、廖二氏。傳下九房,長啟民,次啟旺,三啟羣,女秀鳳,五啟照,六啟松,七啟春,八啟柏,九啟壽。

十八世順才,一九四七年往緬甸,妻江氏卒葬下坎頭公路面。養女簡帶容與石傳結婚,生下度平過繼爲孫子,繼承其園寨上向樓房一間直上共三間的財産。

十八世順海,歿於緬甸。

十八世順錫,葬在壟中堀,妣蘇氏亡於緬甸,傳二子,長奕民,次奕陛。

十八世順森,往緬甸仰光,曾任萬和隆有限公司經理、益源進口公司總經理、仰光福建同鄉會會長等職。

十九世啟旺,居緬甸。

十九世奕民,妻番人,傳一子仰高。

十九世奕陛,妻番人,傳一子仰僑。

十九世奕欽,妻李蓉英,夫妻在泰國經商。傳二子,長仰運,次仰勝,長女秀琴,次女秀梅。

二十世仰僑,緬甸經商。

二十世仰高,居緬甸,仰光大學法科專業畢業。

二十世仰福,往泰國。

二十世仰運,往泰國。

二十世仰勝,往泰國。

十五世進士爵魁,葬下千丈溜伯公角田面上。妣勤英胡氏葬於石礤背。生四子,長高蕩,次高殿往南洋,三高昂,四高耿。

十六世迎福,妣胡氏。往南洋,妣葬爾涷下。生二子,權祥、宜祥。

十六世高蕩,妣黄氏,往新加坡開鐵店新盛號,雙老歿於外,生子東洋。

十六世高殿,往洋,歿於南洋。

十六世秋秧,往南洋。

十六世秋成,往南洋。

十六世秋朋,往南洋。

十六世始泰,妣汪氏,居加錫礤。

十六世始源,妣陳氏,居加錫礤。

十六世始存,妣賴氏,居加錫礤。

十六世始屏,妣羅氏,居加錫礤。

十六世始横,妣何氏,居加錫礤。

十六世始康,妣吴氏,居加錫礤。

十六世始沐,妣謝氏,居加錫礤。

十六世始遂,妣賴氏,居加錫礤。

十六世始建,妣黄氏,居加錫礤。

十六世高健,葬於觀音坐蓮路下,妣曹氏歿於南洋。生三子,令祥、果祥、泰祥。

十六世高材,葬丹竹窠,生子振祥居南洋。

十七世國祥，往南洋巴領旁經商。

十七世振祥，妣鄭氏，生子光興，居南洋。

十七世富和，往南洋。

二十世蘭鳳，在緬甸毛禮宏泰號居住。一九三四年至一九三六年間有通訊。妻倩仔，改嫁長教筆仔尾。

十三世一化原葬蕉塔，後移葬南竹雙叉路下，妣李氏生三子，長光永繼堅公，光月、光恩與母同往臺灣。

十三世一倍，法盛三子，生於康熙十五年丙辰九月初二日子時，妣莊氏。生四子，光暢、光送、光進、光長，父子全家俱往臺灣斗六後莊住。

十四世光暢，生二子，觀從、觀聖。承一子觀望，往臺灣。

二十世太圓，往泰國，妣簡氏浮娘生一子天灶。

十九世克方，往緬甸仰光經商。妣生子慶喜、慶福。

二十世慶喜、慶福兄弟，遷居緬甸仰光。

十四世天省，葬在弄杉崎，坐乾向巽，妣葬大圳，坐丙向壬。生一子期撥。

十五世期撥，妣余氏雙葬於林窠，坐壬向丙。生三子，長維偉，次維遷，兩兄弟俱往仰光，三維國。

（《[福建南靖]石橋開基張念三郎公派下族譜》 1994年鉛印本）

平和馬堂張氏徙外國開基名録

十八世火將，林士嶽公，往海洋亡。長子金龍，次子清龍。

十八世公往海外亡，媽尚存。長子山羅，次子江科，三水果。

十七世仔段，邪人與何氏子，柒孫，弘齡支系，往洋，在馬來亞生四子。

十七世樹葉，阿水與林氏子，巖宗孫，士福派下，宣坑下樓，遷徙羅馬尼亞。

十七世阿騫，贊瑞子，東門房，出洋居印尼。子東翁，孫漢聰。

十七世俊來，省成子，東門房贊瑞派下，出洋新加坡。子越來。

十七世龍昇，仁仔子，弘仁派碗窯下樓系，出洋泰國。

十七世茂香，佛應子，舊樓房尖山系，住新加坡。

十七世肚阮、肚玉，秋楊子，永城三房陞孝系，徙新加坡。

十九世文聰、文友，馬四大列畢派下，居印尼丁宜佈。文友子振武、振發。

十九世馬四大列畢派佛壽，猴仔子，居印尼丁宜佈。子振誠、篤誠。振誠子清雲，孫輝明、輝能，住椰城。篤城子清遠、清龍、清江、清福、清往、清需，分居於椰城、棉蘭佈、蘇西等地。

十七世玉樹，杉子，朗孫，十二世福公支系，去泰國。

（《[福建平和]馬堂張氏族譜》 1996年鉛印本）

雲霄西林張氏徙外邦録

十七世劄公，生子吉、外、安。外生子緩、瞻、經。經往番。

十八世若茂，白秋公衍裔，銅陵大井頭房，子開鑑，鑑子行四，傳阿兔。阿兔傳生華，住新嘉坡，生六子。

（《[福建雲霄]西林張氏世系考》 1986年稿本）

（五）連　氏

長泰上党連氏往吧記録二則

十世發，子二，次子得，螟蛉往咬𠺕吧。

九世遷君長子嵩，往咬𠺕吧。

（《[福建長泰]上党連氏江都族譜》 世系一　全宗一至十一世　清宣統稿本）

長泰上党連氏徙外邦名録

八世振房明公派，桂本之公五子，往吕宋死，無嗣。

栻隱之公長子，生萬曆己丑年，往吕宋死。

八世繩房，秦，字伯敬，涵公次子。生萬曆癸丑年七月二十四日酉時，往吕宋死。娶林氏，無子。

八世繩房道今派，操，字伯克，鼎之公四子。生崇貞戊寅年十月十日未時，康熙丙子年八月十七日午時卒於臺灣，壽五十九，葬臺之岡山埔，坐卯向酉。娶劉氏，生一子曰熊，女二，長適林元灼户維公，次適葛尾梁惟德户基公。

（《[福建長泰]上党連氏江都族譜》生齒志之一　全宗一至八世生齒　清宣統稿本）

長泰連氏徙外邦二則

九世振房明公派，熺，奏平公長子。生萬曆庚戌年十一月三日子時，崇貞乙亥年七月廿六日卒於吕宋。

九世繩房道公派，飽，伯檠公五子。生康熙戊辰年七月十五日寅時，甲午年往交留吧，卒年二十七。

九世振房仲公派，尚，奏立公長子。生天啟乙丑年，戊子年往吕宋死。

（《[福建長泰]上党連氏江都族譜》生齒志之二　全宗九世　清宣統稿本）

長泰連氏徙吕宋三則

八世振房明公派，桂本之公五子，往吕宋死，無嗣。

栻，隱之公長子，生萬曆己丑年，往吕宋死。

八世繩房，秦，字伯敬公次子，生萬曆癸丑年七月二十四日酉時，往吕宋死，娶林氏無子。

（《[福建長泰]上党連氏江都族譜》生齒志之一　全宗一至八世生齒　清宣統稿本）

(六)李　氏

詔安秀篆大坪頭李氏往番邦記録

十四世祖字文頂,號極天李十七公,生於嘉慶二十三年戊寅七月十八日未時,享壽四十四歲,終於同治元年壬戌二月十九日戌時,葬在眾家山尾。妣游氏二娘,生於道光九年己丑月日時,享壽三十歲,終於咸豐九年己未八月念三日巳時,葬在下期號。生下一男名家稱,生於咸豐元年辛亥,月日時無稽,往番邦,回家三次後至六十歲再往而亡,享壽六十一歲,娶續一男明風爲後裔,卒於宣統三年辛亥十月廿七日吉時登仙。

十四世祖字文列,號光天李廿三公,生於道光十四年甲午九月十八日酉時,享壽四十四歲,終於同治十二年癸酉六月念八日午時,往番邦亡。

(《[福建詔安]秀篆大坪頭李氏家譜》　清光緒三十四年年稿本)

詔安青龍山李氏徙番邦名録

十五世諱茂惜李二公,姐游氏娘龍潭落虎坑樓學文之女,身生道光十三年癸巳三月初五日亥時,同治八年己巳十月日過番邦嘪叻死矣。

十四世諱宜壽,字培年李大公,姐葉氏二娘,隔背楊春樓葉鈕公之女,生一子一女,長男公福,次盛昌,在宜龍弟過繼來一半爲子,後日若有生子則還宜龍弟一子,可以承祖父之需。同治六年過番邦嘪叻,戊辰十一初五日死矣。

長女用娧,對在官坡下陽樓廖日文親家爲媳,身生嘉慶十二年丁卯十二月十七日丑時,卒於光緒六年庚辰正月十一未時,壽七十三歲。

(《[福建詔安]青龍山李氏源流》　1990 年鈔本)

漳州福河李氏徙外邦録

十九世賢,聖第五子,商於吧卒。

二十世盤,子三,長子聳,商於吕宋。

二十世堯,商於吕宋。

二十世基,顒長子,商於吧。

二十世和,子五,諧商於吧,薰早卒,吸商於暹邏,夾出家,圈吊頸亡。

二十世斌,子六,達庠生,鎮商於吧,湛商於吧,善早卒,極,泰庭出。

大潭墘質素,諱從,字道合,號質素,潛厚公三子也。九歲喪父,學業所術,雖其所短,人事極其周旋。向義好公,直言無隱,不論鄉鄰族戚,凡有所過,輒面斥其是非。惜乎不明,末年爲子孫所惑而發吕宋洋船,破家亡身,不幸一也。生於嘉靖八年己丑正月二十七日戌時,終於萬曆二十四年丙申十二月十八日辰時。配白石楊諱可化公女楊氏,生於萬曆四年丙子十月十八日寅時,生子一諱朝宇,女二。

大潭墘志遠,諱聯,字志遠,泉吾伯高公長子也。生於隆慶五年辛未九月初四日,終於萬曆二十一年癸巳五月初八日，婚而未娶，在吕宋而卒。

大潭墘志學，諱默，字志學，號明園，泉吾伯高公次子也。生於萬曆五年丁丑六月十八日亥時，往吕宋時遭兵變，終於萬曆三十一年癸卯九月日。配水頭蔡公文蔡氏，生於萬曆十年壬午二月十八日卯時，終於萬曆三十年壬寅。

大潭墘蕭君，諱松，字紹堅，號蕭君，道仰質們公次子也。生於嘉靖三十七年戊申五月十九日丑時，終於吕宋。配下南阪林諱道盛公次女，生於嘉靖二十三年甲寅十二月初四日辰時，生子二，長諱旋燦，次諱旋耀。

大潭墘紹養，諱思涵，字紹養，號衷純，道授朋野公長子也。生於萬曆六年戊寅正月初二日辰時，往吕宋，遭兵變以喪其軀，終於萬曆三十一年癸卯九月初六日，配東門田墘陳諱錦公女陳氏，生女一。

（《[福建漳州]福河李氏族譜》 乾隆四修稿本 1995年李阿山補注稿本）

東山李氏徙外邦記録三則

九世公諱有恆，未娶遠渡南洋，不知所終。

九世公諱樸，生長安南，向無通訊，未知細詳。

十世公諱長芳，自少往南洋，娶某氏，生子長夢麟。

（李猷明編纂《[福建東山]李氏家譜》1930年稿本）

（七）王　氏

南靖上寨王氏徙外邦記録二則

廷順公四房十七世乳名秋冬，書名明梅，妣簡氏老孺人，妣古氏老孺人。同治三年甲子五月十八日午時生，不幸於光緒二十二年丙申四月二十八日申时辭世，故亡在於番邦若開洲府，無回家。生男恒足四歲亡。又女子名番娘，葬在内苦竹山崎仔頂冷仔窠頭，本命生於道光二十八年戊申五月初七日辰時生，不幸於光緒二年丙子七月廿三日申時辭世，廿九歲。

十一世俊標之長子字光禄，號尚榮，名丙生，往於日本國，未有回家明之。

（王蔚然編纂《[福建南靖]長窖總上寨王氏族譜》 清光緒三十三年稿本）

漳州上苑王氏徙外邦記録

協，字元聲，號成宣，謚西江，位齋三子，縣學生，娶戴氏、鄭氏無出，繼娶林氏子三，長正心往吧早喪，次桃齡，三長生享壽六十歲。林氏八十歲與鄭氏及子生合葬寶岫院，戴氏葬東青山。

進維，緝次子，字士道，號以儀，誥封武冀都尉，以孫封贈寶實参將軍，娶林氏，子五，長朋，次昧，三國，四勇，五嫣。葬青浦墩内，分居厦門之始祖也。

相俊，昧長子，未娶歿於番邦，以四弟國佐三子吉宿承繼爲子。

三十世璉長子娶氏子一魁，因外出歿於番邦。

三十一世原，厚璉四子，娶氏子二，長知，次秀。公外出歿番邦，氏再適，秀隨母寄養郭家，知未娶卒葬南門外洪厝井山。

（《[福建漳州]上苑王氏譜系》清光緒十修稿本）

漳州埔美王氏徙外邦録

十六世楚，系揖次子，林氏出也。生於同治十二年癸酉年二月初二日巳時，出外去番邦。

十七世劄，見公之次子，陳氏出也。生於道光二十二年壬寅五月廿一日未時，卒光緒三年丁丑正月十日丑時，往吧城。

（《[福建漳州]埔美王氏族譜》　清咸豐稿本）

（八）吴　氏

平和後嗣司吴氏往番録一則

文乾公分派新，字鼎侯，生子沙往番。

（《[福建平和]後嗣吴氏族譜》　清乾隆五十一年稿本）

平和後嗣吴氏往番歿卒記録二則

十七世得窯，盞三子，鳶孫，往番卒。

庚生十七寵，往番卒。

十七世服，考子，談孫，往番。

（吴德潤纂修《[福建平和]後嗣吴氏族譜》　清乾隆二十三年稿本）

平和壺嗣吴氏徙居外邦名録

十七世水春，火炭次子，饌孫，往暹。

十七世佛樅，寵次子，學孫，往暹。

十七世佛聲，潤子，沾孫，往暹。

十九世欣茂、水林，准詰子，往暹。

金坑房國韜派下十八世赤，水仙子，怜孫，十二世家鑽派下，往泰國。

金坑房國韜系十九世古切，睨子，淺孫，十二世家鑽派下，往南洋。

金坑房國武直系十八世破古，海子，拜孫，重溥派下，往泰國。

金坑房國武直系十八世旺九，命祈子；安業，大倫子，俱籠孫，重洛派下，往泰國。

金坑房國武直系十七世玉香，天吻子，庵孫，重注派下，往泰國。

金坑房國略直系十七系玉鎗，福靈三子之長，舗孫，往南洋。

金坑房國略直系十七世明德，往泰國。

祐公支系十九世硯胡，三軍子，養孫，往番。

石鼓長房奕山次派欽遠系二十一世夢覺、夢修、夢孝、夢齡、夢亂、夢平，徽猷子，穿環孫，十五世江傳下，在泰國。

石鼓長房奕山次派欽遠系二十一世憲韜、憲紀、憲統、憲綱，徽章子，穿陽孫，十五世江傳下，在泰國。

石鼓長房奕山次派欽遠系二十世宜右、宜左，克約子，茂杞孫，照明曾孫，在泰國。

石鼓長房奕山次派欽遠系二十一世紹星，徽衍子；憲守、憲平徽音子，俱學濂孫，吹玄孫，在泰國。

石鼓房奕山派欽遠系二十一世有靖、有權、有修，海瑞子，允盛孫，在泰國。

石鼓房奕山派欽遠系二十一世友禄、友福、友勝、友敬、友恭，玉印子，吉慶孫，十五世伍傳下，在泰國。

石鼓房奕山派欽遠系二十一世海淞、海湧、海池、海清，水獺子，其甫孫，十五世伍傳下，在泰國。

石鼓房奕山次派欽遠系二十一世裕華、裕祥、裕德，錦秀子，千禄孫，月曾孫，在泰國。

石鼓長房奕山直系欽遠派下十八世雙咸，夷狄子，住泰國。

石鼓長房奕山次派欽遠系二十二世清其，來有子，綿覲孫，十五世其哲傳下，在泰國。

石鼓長房奕山次派欽遠系二十二世木有，樹城三子之長，綿安孫，聲敏曾孫，在泰國。

石鼓房螺坑支派彩達支系二十二世亞德，英裕二子之長，大夫孫，十五世其昌傳下，在泰國。

石鼓房螺坑派彩達支系二十二世思温，添裕二子之長，大夫孫，十五世其昌傳下，在泰國。

石鼓長房螺坑派彩達支系二十世廷清，聲子，玉孫，十五世其勳傳下，在南洋。

石鼓長房螺坑派彩達支系十七世新德，琢玉四子之長，瑞豐孫，往南洋。

石鼓次房次派彌香支系新田房二十世利貞，新章子，在泰國。

石鼓次房次派彌香系新田房二十世財濫，先地子，德貴孫，在新加坡。

石鼓次房次派彌香支系新田房二十一世河次三兄弟，水枝子，願土孫，住泰國。

石鼓次房次派彌香支系新田派二十一世金泰，水法子，厚存孫，住泰國。

石鼓次房次派彌香支系新田派二十一世慶成、慶煌、慶生、慶章、慶輝，金釵六子之五子，娘乾孫，住泰國。

石鼓次房國英支系十七世洛洄，茂林子，成宗孫，住泰國。

石鼓次房彌譽支系許坑房二十世亞番，老萏子，十六世敦惠傳下，往暹羅。

石鼓次房巽南支系許坑派二十世天成，金鐘二子之次，烏孫，往南洋。

石鼓次房巽南支系許坑派十九世松周，往南洋。

石鼓次房巽南支系許坑派二十世啟，天箎子，鏗孫，貞誠曾孫，往南洋。

石鼓次房巽南支系許坑派十九世淮泗、陶巖，業代子，沃心孫，往南洋。

石鼓次房巽南支系許坑派十九世拾太，浸子，柿孫，往南洋。

石鼓次房巽南支系許坑派十九世山中，鑽三子之長，柿孫，往南洋。

石鼓次房許坑派下二十世國華，宗容二子之長，水旺孫，十五世壘傳下，往泰國。

石鼓次房許坑派下二十世輪、朗、鑾、恩、風，安塘子，緑孫，十五世練傳下，住泰國。

石鼓次房許坑派下二十世金廣，大埔二子之次，深耕孫，住泰國。

（《[福建平和]壺嗣吴氏族譜》 1982年三修稿本）

南靖湧口吴氏徙外邦録

十六世摇，寬樸子，十二世純雅公支派十三世祖樸素公次子文勤之裔，往洋不返。

和惠公支派十四世祖惠厚公長子西江公之裔潮，謚水潮，生子十七世長三貢，次光烈，三咸宜往南洋爪亞國泗水安褥。

十六世川流，謚溶源，生長子名兵，次子名咸宜往南洋爪亞國，三子名陽往南洋泗水安褥。

和惠公支派十四世祖惠厚派下十五世良友公次子(十六世)名老，往南洋不回。

十六世廷摇公，系寬樸公之三子也，生於道光年間，往南洋不返，卒葬不知。妻名有娘，謚宜儉沈氏，生於咸豐三年癸丑十月廿七日丑時，卒於同治十年辛未十一月初七日酉時，無傳。

十六世祖水潮公，系西江公之長子也，生於嘉慶十五年庚午三月初六日吉時，卒於嘉慶二十五年庚辰六月十三日午時，享年十一歲不知，繼承子三人，長名三貢，次名光烈，三名咸宜往南洋泗水爪亞國。

十六世祖溶源公，即名川流，系西江公之三子也，生於嘉慶廿一年丙子九月初十日寅時，卒於同治元年壬戌十月廿五日寅時，享壽四十六歲。妻名月娘，謚移花李氏，生道光八年戊子十一月初八日戌時，卒於光緒三年丁丑七月廿三日酉時。生四子，長大兵，次出嗣子咸宜往南洋泗水，三安林，四開陽。

(吴撥賢鈔録《[福建南靖]湧口吴氏橋仔頭派家譜》 1937年稿本)

南靖壁溪吴氏徙外邦記録二則

十世顯祖考諱景，號金翼，字幼飛，系鄒之四子，配妣陳氏生一子，公往番邦故，氏改節。

九世顯祖考諱沖，系望顒祖之四子，往番邦無回。

(吴豐年編纂《[福建南靖]金山壁溪吴氏族譜》 清光緒三十四年二修稿本)

漳州西洋坪吴氏徙外邦名録

文獻二十餘歲往夷，住泗水末地名吧度安營理，在安娶妻蔡氏，生有二男，傳立唐山，長曰金水，次曰金山。

十四世應策，公行次，享壽七十四歲，生於道光二十二年壬寅十二月初四日寅時，卒於光緒年月日時。葬在漳西門外洋坪社後土名埒尾埔，坐癸向丁兼子午分金。配妣黄氏，乳名酙官，葬在漳西門外。繼妣黄氏，葬在漳西門外，生下三男，長朝觀，次崔友，三滄海。崔友未娶而亡。朝觀娶妣陳氏乳名崔官，生十二男，長淺水，次長流一歲適生母卒，三滄海往外洋泗域。

(吴清章編纂《[福建漳州]西洋坪吴氏族譜》 1920年稿本)

平和後時吴氏過番録

遜和分派崇國，子夢麒過番。

文乾分派沙，新子，往番。

十六世載振，捷老六子之五，國英孫，文福派下，往番。

十七世映嵩，過房，往番卒。

國之派寮，子椪碨，螟蛉，同治十年辛未往番。如去往番，如卒之。

饌，子龜，過番卒。

（《［福建平和］後時吴氏子安派族譜》　清乾隆五十一年稿本　光緒補録鈔本）

（九）梁　氏

唐荣吴江梁氏家譜世系

家之有譜，猶國之有史、郡之有志也。國無史則一代之勸懲不明。郡無志則一方之人物風土必至久而無稽，況家無譜而欲世系有證、昭穆必辨也難矣。故三代以上姓氏之譜藏於官，凡有世家者，太史掌之。三代而降，失其守，士大夫能有相與爲紀各存一譜也。夫琉球海外一方……

今吾王欽明天縱，純孝性成，以堯舜爲祖，述推文武，而憲章聽政之……始水木之有源本也，若無可溯，則使其流末愈久而遂惑，如延陵之祭秦伯祠，宗韜之拜子儀墳，固無免也。是孰責重焉？隨命國相法司建有司，令眾臣悉皆作譜，各輯二部，俱呈譜司，譜司參考之後，傳備上覽。一者藏於公，一者賜於家。從此昭穆親疎可以溯古知今，而孝友姻睦之風將……雖三代休雅之治何能過之。吾閩吴航江田人也，系宋南渡相臣梁克家之後。至明太祖握乾綱御宇内，文明之澤及於琉球，而琉球奉貢焉。琉球雖素尚淳樸之風，而未聞詩書禮樂之曲，故特賜閩人三十六姓，廣敷文教，以成守禮之邦。時吾宗奉聖旨遷於琉球，而三十六姓之中稱首云。適禮厚爲下地於唐榮，遂家吴江。考唐榮吴江，非中山舊名，蓋三十六自中華而榮，故曰唐榮。因梁氏由吴航始遷，故曰吴江，皆不忘其祖而稱也。雖然歷年已久，文獻無以足徵，唯環峯祖以下悉侍家有神主所祀，而以上之遠祖，不知是何名氏，訪之不及，而譜莫作也。一曰考至公載舊案内得有始祖諱添者，於洪武末自長樂而奉遷於琉球，數傳藩衍，湘祖等四十五公每有出使駕海，舊案如昨，開載甚明，而欲圓世次宗派亦不無世遠人湮之感。余憂之，及奉上命，出使中朝，時際開革之初，閩地滄桑，目聞鼙鼓，郊原禾黍，故老無存，有欲問其遺事而本由者矣，至余弟本寧以陪貳奉貢，鏞漢二見，游學中原，每囑其留心採訪，勿忘水源木本之思，幸遇碧山寺釋諱廷瑞者，余族叔也，備述前朝梁氏奉遷始末，且出祖譜爲據，始知以嵩公爲球陽一世之祖，在吴田已三十世矣。至天順四年受中朝之封官王府長史，而生仁，自仁居琉球而生傑，傑又生顯，顯即吾家所祀之環峯祖乃是也。而至嘉靖二十八年陞正議大夫焉。然考之案内，添公已系始遷之祖，而譜中無以足徵，又湘祖等諸公於案中指不能勝屈，而見於譜者，獨傑祖一人者何也，豈有二家遷於琉球而相與矛盾乎。曰不然，梁氏奉遷於琉球者，唯江田一祖，而別無他鄉，添公亦遷自樂邑，即又是江田人也，何有二家哉。但祖譜出自煨燼蠹蝕，兼之萬里隔海天各一方，若至本支派也何無明乎，雖然，千載之下擅動古人遺譜，即莫非誇張往哲自托於神明之胄，若一有不當，則獲戾之愆，攫發難數矣。故大書特書悉依祖譜所圖，而案中諸公不見於譜者，皆另留一圖以示存信開疑之意。意嘻，觀是譜者翼翼小心，忽然而生焉。予愧僻處海外，固陋無文，何敢任作譜事，但草創無人，則世系徒玆淪替。余忝大夫之列，亦與有責焉。爰依祖譜例，詳世次，圖世系，與子弟輩考成之。顔曰唐榮梁氏譜，附於祖譜之末。至於討論之、修飾之、潤色之，余老矣，將投簪解組,築天年,秉筆之事,是寄望後人也夫。

梁氏見於舊案中而祖譜無徵者録。

湘年奉使爲通事赴閩上復,康熙元年乙巳爲收買進貢貨物奉使爲通事到暹國,振康熙四年乙巳十二月十七日爲喪禮事,奉使爲通事史回。

正德三年戊辰二月十二日爲謝恩事,奉使爲長史,同通事。

長史求保,宜德九年甲寅八月十五日爲謝恩事,奉使爲長史,同通事李敬等入閩赴京。

正統二年丁巳三月二十三日爲朝貢事,奉使爲長史,同通事奉陳唐等入閩赴京。

正統三年戊午十月初四日爲慶賀事,奉使爲長史入閩赴京。

正統四年己未四月初九日爲慶賀事,奉使爲長史,同通事蔡讓等入閩赴京。

正統五年庚申十月十六日爲朝貢事,奉使爲長史,同使者楊佈明泰入閩赴京。

正統六年辛酉七月初六日爲朝貢事,奉使爲長史入閩赴京。

宣德九年甲寅八月十五日爲謝恩事,奉使爲通事,隨長史梁求保入閩赴京。

正統丙辰九月二十四日爲謝恩事,奉使爲通事,同通事鄭長等入閩赴京。

正統四年三月六日爲慶賀事,奉使爲通事,同使者由南結制到閩乞船。

通事德仲,正統七年壬戌九月三十日爲禮儀事,奉使爲通事到暹羅國。

正統元年丙辰十月一日爲禮儀事,奉使爲通事,同通事鄭智到暹羅國。

正統二年丁巳年八月十六日爲禮儀事,奉使爲通事,同正使步馬結制坐順字。

(《[琉球]中山唐榮員江梁氏家譜》 清康熙二十九年稿本)

(十)劉　氏

南靖珊圖劉氏往番録一則

十四世微卿公,乃綿存公長子,卒於番邦交瑠吧。妣莊氏乳名舜娘,謚静慈,葬在青屈坐南向北,生於康熙甲子年九月十日,卒於乾隆戊午。生下二子,長名是字榮士,次名欲字超士。

(《[福建南靖]和溪珊圖劉氏均保系族譜》 清光緒稿本)

南靖金山劉氏往番邦録一則

十四世微卿公,乃綿存祖長子,卒於番邦交瑠吧。妣莊氏諱舜娘,謚静慈,生於康熙甲子年九月十日,卒於乾隆戊午年五月廿九日,葬在泮徑社内堀坐南向北。生下二子,長是字榮士,次欲字超士。

(《[福建南靖]金山劉氏族譜》 清宣統三年稿本)

(十一)蔡　氏

龍溪護吉社蔡氏徙外邦開基祖名事

十三世祖諱鐸,字宜教,系子慎公子,配人林氏,子一春江往吕宋。

十三世祖糖傳,諱乾鏶,字宜時,號石莊,系吉山公長子,配人許氏,葬白嶺祖墳。子六,淳、潤、濠、汴、淶、湫。淳配石氏,潤配潘氏,俱卒,妻出無傳。濠配黄氏,汴配鍾氏,俱卒無傳。湫往番無回。女三,長適李,次適鍾,三適陳。

十三世祖諱應龍,字宜,吉溪公四子,配西門洪氏,子二,一往番。公有兄應麟配妣姚舉人小姐,又兄應鳳配進士張一棟小姐,又兄應龜配馬如龍小姐,俱無傳。

十四世祖長房次濬,盜賣祭租與唐家,又崇禎十五年又盜賣白嶺墳一穴與李玄葬墳傷祖,登時暴亡無傳,特書以戒後人,不許祀之。諱元濬字華石,系石莊公三子,配人黄氏,長兄淳配石氏,次兄潤配潘氏,四弟汴配鍾氏,五弟淶配氏生二子,廷桀、廷杞,俱無傳。湫系六弟往番無回。

十五世諱廷,字君郊,系玉山公三子,配孺人施氏,公生萬曆庚申年三月初七日酉時,卒康熙癸卯年九月十三日辰時,壽四十四,葬山尾,坐巽向乾。妣生崇禎壬申年八月二十日未時,再嫁,子三,光晏、光巖、光赫。晏往番卒,巖乞嶺兜蔡。

十五世祖諱廷杓,系尚臺公三子,配孺人侯氏。子四,光傑往巴卒,次弟及三龍置隨侯别適鼎尾邱。女二,長適鼎尾吴,次適林寨阮。

十六世祖諱光燃,配貞素。系萬山公之子,公生崇禎丙子年五月初十日,葬山尾祖山,坐乙向辛。妣生順治年十二月初五日戌時,子五,士地、士堂、士至、士哲、士新。女二,長適市尾游,次適浦口張。堂往吧卒。

十六世諱光慶,諡敦樸,系爾篤公次子,配孺人葉氏,公生順治丁亥年十一月十三日,卒康熙丁丑年六月初四日申時,壽五十一,葬牛頭山,坐巽向乾。妣生順治戊子年四月初十日卯時。子二,士址、士垢。女一適亨坑方。垢往番船中卒歿海。

十六世祖果傳,諱光爍,乳名禄,系廷案公長子,公生順治戊戌年三月初四日酉時。公次弟光虎,字伯輝,生康熙壬寅五月十九日午時,往望加錫卒,子士址。

十六世祖諱光炤,乳名泰,系心穀公嗣子,生於十一月十六日,葬咬𠺘吧。子二,士增、士添。妹夫李遇官回船去不知去向存否。

十七世諱士地,字坤生,乳名厚,系貞素長子,公生康熙己酉年十二月初九日亥時,卒雍正丙午年,子二,庚誦、庚該。公次第士堂字明侯,乳名助,生康熙癸丑年六月二十五日戌時,往吧娶吧婆,一女,卒吧。

十七世諱士哲,系貞素公四子,公生康熙甲子年十月初九日巳時,卒康熙年,生二子,庚耀、庚謁乳名曷。公又五弟士圻乳名連生,康熙壬申年正月十二日巳時往吧未詳。

十七世諱士璞,乳名博使,系成玉公長子,配人莊氏,公生康熙丁卯年,卒乾隆年,生二子,長乳名純往咬𠺘吧,次乳名鵬居在登科州。

十七世諱士增,系季容公長子,配周氏。公生康熙辛未年三月初三日,卒康熙年。子一汝鋐卒吧。公次弟士添同妹夫李遇官販洋往上海無回,諒必沉歿。

十七世諱達，系光煒公長子，子一魁。公系貢士，居咬𠺕吧，雍正九年回籍後仍往咬𠺕吧，公有次弟不知其詳。

(《[福建龍海]霞漳溪邑護吉社蔡氏族譜》 清光緒二十七年稿本)

唐榮中山蔡氏世系圖序

宇宙間木有本而水有源，故萬物本乎天，人本乎祖。自昔國之史，家之乘，日星河洛輿圖之載，並以志不忘，世爲孫子者，須知祖宗之所自始，創始之所從來，支派之所由分，此家譜之作不可無而世系之傳方可識也。中山僻處海隅，與余隔壤往來，覲京國使多俊秀聰穎可人，非他藩所及，余心竊異之。

今上御極七年，歲當納款，使至，念亭蔡公會予於春官署，一時言詞豐栽絢爛奪目，又國中之尤者樽笄之暇出系記以示余，展閲之始憬然曰，先生乃閩人也哉，身雖殊域邇源流若此，子孫萬億咸桑梓之苗。當代直以四海爲家耳。今國中有人，中山世世永抒誠以忠也。綏柔之意，不益深哉。考始遷祖升亭公，諱崇，年二十七，豐腮額廣風雅，福建泉郡人，鼎甲端明公六世孫，以太祖賜姓三十六居首，洪武二十五壬申年御授奉勒而往，數傳奕葉益蕃，公真能開國傳家也，敬書譜首以志不忘雲。

崇禎甲戌福建長樂榜眼陳全譔。

贈中山蔡先生臺號序

客有從海上來者，揖余言曰，家嚴蔡崇，系出閩泉郡，鼎甲端明公六代孫，以上皇賜姓如中山居首，敷文宣化匪渝，今有年矣。生四子，不肖瀼次之，是歲入貢，瀼以譯官麈尾，願乞翰史，大臣金玉一音以爲嚴重，余弗謝。按公諱崇，謚法曁，注義德業日升，曰崇夫公懷遠，綏文德已尊也，化教休明，德且隆也，令聞令望，下歆德高，子孫千億，祚符德伉。今公玄德日升，四者咸備，余因廣而進之，以爲公號曰升亭，海國列公其以余言爲然否。

正統二年歲次丁巳仲秋既望，翰林院講官江右胡廣拜譔。

修家譜序

家譜何爲而作也，欲著世系，辨昭穆，使祖宗功德永垂無窮而作也。然則譜之爲義大矣哉。中山從來習尚淳厚，國無史，家無譜，而使古人有功於國可傳於後者，歷年久遠，遂致其姓氏湮没而不彰焉。而爲其子孫者，雖欲考祖宗之功德，徒歎記載無傳述由也已。幸而遇今王聰明天縱，仁孝性成，於萬幾之暇，念效命諸臣勤勞可嘉，恐歲月已深致滅其功，爰命羣臣合修祖譜，永垂爲例。於是先父奉命纂修家譜，使祖宗世系序、昭穆辨、功德著也。然猶屬草創而未及悉詳，故予繼志述事，姑就其故牒而重修之，以釘二册，一則獻之譜司備考臣下功業，一則藏之家中使子孫知祖宗功德，甚盛事也。按蔡氏爲閩鼎族，代有偉人，至明初洪武壬申年，有系宋朝鼎甲端明公六代孫諱崇者，以太祖高皇帝賜吾先王察度三十六姓之一，始遷中山。中山之有蔡氏，於是乎始矣。而於今年代永久，其事蹟皆無可考，及數傳蕃衍，而蔡氏滿於東土，或爲官生，或擢通事，或進都通事，或授長史，或奉勅拜升大夫而奉使中國，遠涉驚濤，不無可觀之功，然此考之典籍散失之餘，問之父考，無存，之後僅得十一於千萬耳。如其中有諱瀚者，世人傳言嘗爲總理唐榮司，然亦無所考證，故不登譜焉。至於祖與父，則歷年未遠，其事視余祖倍加詳明也。予聞之祖父始見知於故法司鄭迵待以國士，屢蒙其惠，受逮鄭迵臨終時，王歎曰：爾死則掌貢典者之無人矣。迵對曰，王無慮焉，唐榮中有一個臣蔡堅者，乃是異人也。王用之，自是以掌貢典之事矣。以故迵没後擢堅爲總理，唐榮司委以貢典之事未久，而嗣王即位，益以才見知，屢奉使中國，理煩治劇，以蒙國恩。於戲，祖父之功德，光前裕後，永爲子孫之所賴也。今余奉王命，重修家譜，闕疑存信，開載詳明，晒如日星，從此丕顯丕承相傳不替，永蒙雨露之恩於無窮，且欲考祖宗之事者，庶乎不悲夫文獻之無徵矣。

時康熙二十九年歲次庚午秋吉旦，十一世孫炳謹識。

蔡氏前禁行樂圖緣由

明朝之世，我族氏一人入閩讀書，留數年，自寫行樂圖乙幅，寄送母氏，遂走而不知去處。母氏哀哭數載，貢使每入中華，用心探訪，竟無消息。幸有中華人告貢使曰：此人官在知府，探訪尤難。貢使回國細奏此事，國王深憫母氏之情，因貢使入京之便具奏附圖以聞，皇上勅命於府縣等處以圖訪求，果有知府乙員與圖相似者，附搭貢使遣回。知府到國猶有歸意，佯爲中華人不曾説球語，國王召他責曰：棄親取榮，孝耶？背君受富，義耶？知府感哭，忙以球話伏地謝罪，王赦其罪，母氏能奉孝養而終。知府年老臨終時有遺命云。後來子孫鴻亭公、聲亭公出使在中華，相議曰，我家不用行樂圖者，雖遺命所系，原非感孝之道，由是我族氏自明至清皆遵命不敢寫行樂圖。康熙二十二年勿寫行樂圖。則我等寫此圖何有不可，遂求行樂圖而回。

蔡氏夫人廟祀緣由

往昔琉球貢物，内有花佈，美豔絶倫，蔡夫人之所織。嗣後夫人奉命入京，舟至長樂而夫人亡，皇上勅建廟於長樂縣，題曰琉球蔡夫人之廟，屢有靈效，至今每月福建佈司發賜廟米幾斗，著爲定規。但人湮世遠，族氏某之女爲何事入京，共難稽考，然而女人之身永奉大邦尊敬者，誠系異事，故記以垂於後世焉。

（蔡炳編纂《[琉球]中山唐榮蔡氏家譜》 清康熙二十九年稿本　雍正鈔本）

唐榮蔡氏家譜序

百世而系序弗失者，譜紀之力也。一族而情意弗離者，禮俗之力也。是故君子有家之道，莫大乎明譜紀正禮俗焉。蓋夫族氏，其初兄弟也，兄弟其初一人之身也，而後支分派衍綿綿延延，至於無服。無服則易忘，則喜不慶憂不弔。喜不慶憂不弔，則至於相視如路人。一人之身分而至於如路人者，勢雖使然，實是譜紀不明，禮俗不正之所致也。故曰有家之道莫大乎明譜紀正禮俗焉。

竊惟吾家自忠惠襄公六世孫升亭公諱崇，奉旨入球以來至三百有餘年，科第蟬聯，簪纓世胄，大宗小宗各修譜牒，咸知其所出而系序弗失昭穆弗亂，則誠可謂譜紀之明矣。然而支分派衍至於無服者漸多，則至於相視如路人者，不可謂之無矣。嗚呼，後至之所與相視如路人者，自吾祖宗視之則均是子孫，固無親疎。均是子孫，固無親疎，則皆祖宗之貴體也。祖宗之遺體至於相視如路人，可乎？吾今反覆思之，悲歎如湧，願夫後世之觀吾譜者，油然以生忠孝之心，□然以興禮讓之風。上報國恩，下重祖宗，永守族氏親愛之俗，克保累世忠烈之業，是誠温之所深望也夫。

時皇清雍正七年歲次己酉仲夏穀旦，國師歷任法司十一世孫温謹識。

蔡氏祖源宗德總考

琉球歷隋唐宋元未嘗朝貢，當明朝洪武之初，中山王察度在位之時始通中華，奉表入貢。此時琉球文教未與，禮典未定。洪武二十五年，勑賜閩人三十六姓以敷文教，兼治禮典，察度王大喜，即令三十六姓自擇土宅以居之，號其地曰唐榮，俗皆呼久米村。至今唐榮子孫専任其業兼掌貢典。吾元祖諱崇，乃三十六姓之一也，三十六姓子孫至於明末，容貌衣服尚未改變。至於清朝而後改從國俗。

元祖諱崇，號升亭，行二，官爵勳業生卒年月封升等俱不傳，福建泉州府南安縣人，乃宋朝鼎甲端明殿大學士忠惠公諱襄字君謨六世孫也。洪武年間升亭公奉勑初到琉球受使，故我家譜紀以升亭公爲一世祖，而升亭公生二世諱讓，讓生三世諱璟，璟生四世諱實，實生五世諱遷，遷生六世諱瀚，瀚生七世諱朝器，朝器第三之弟諱朝輔，乃吾小宗也。蔡氏繁盛一譜雖紀，故以朝輔爲小宗另修譜牒。朝輔生八世諱奎，奎生九世諱綿，綿生十世諱鐸，鐸乃温之嚴父也。

吾家譜牒以諱崇爲元祖，而崇之所出止以忠惠公爲本源耳。明朝之間滄桑屢變，且本國與泉州阻海甚遠，而忠惠公所出無由稽考，康熙五十八年己亥，幸吾宗族海壇鎮左營中軍游府加一級諱添略字乾韜號偉亭護，封隨天使海徐二公來到本國，因而言曰，明朝洪武年間我宗族一員有奉勑入球者云云，曰是吾族氏皆往拜謁。偉亭大喜曰，我蔡家族氏，世多忠勳，聲著天下，汝等遠居海隔，愈慎愈勤，起孝起忠，勿墜蔡氏家聲，遂賜温蔡氏世紀一卷，内有爵譜及實録等忠惠公尊影一幅，我蔡氏之家有忠惠公尊影者，自此而始。洛陽橋全圖一幅。温百拜受之。始知忠惠公乃系南唐司空，用元公六世孫也。用元公生瑾，瑾生順，順生工部員外郎恭，恭生刑部侍郎琇，琇乃忠惠公之父也，母盧氏封仁壽郡太君。且考用元公所出，則有賜進士出身候選文林郎，居泉州，二十三世孫致遠嘗跋於譜末，曰吾家自叔度公肇基上蔡，上蔡國名，叔度公周文王第十四子封蔡爲蔡叔因氏焉，歷周秦漢唐以來人文繼起，世系縷折。至於有宋，科第蟬聯，簪纓世胄，傳至我忠惠公，以剛方正直之德行，仁義忠信之政，在朝則黨言侃侃以進賢退不肖爲己任。出知福州，則復塘田減丁税。知泉州，則建萬安橋以濟萬民。萬安橋今名洛陽橋，長三百七十四丈廣丈有五尺，蓋泉州距城二十里，有萬安渡深五丈餘，遠近往來駕舟渡海，風濤不時，覆溺無數，民甚畏焉。忠惠公禱天致書於海而潮果退，遂成此橋以濟萬民，即令詔勅立祠於橋西，春秋祀之。又植松七百餘株，清蔭庇道，至今琅琅可考，餘難畢述，其源深矣，其本厚矣，流長而枝茂，所謂積善必有餘慶云云。由此觀之，蔡氏本源遠出於西周，而今支派蔓延，散居於八方者，不可勝數。

蔡家不食龜鱣緣由

正統四年己未，二世諱讓爲慶賀事，奉使赴中華，船到中洋被颱風所壞，人多溺死，讓抱國簡浮在海浪間，萬無一生時，有一大龜忽來負讓，又有雙鱣左右扶之，讓抱著國簡以坐龜背任他走去，只見雲亂天昏，風猛浪怒，萬死一生，不知走向何處去，經二晝夜，忽然走到一所，讓就登岸，乃南京境内之地也。讓揖龜鱣而言曰，汝既救我，恩深難報，倘若我得全命歸國，則教我子孫永誓世世弗食汝肉。言罷龜鱣摇尾而去。讓手捧國簡，稟報官長，轉達禮部，由是禮部將讓奉使慶賀及被颱風覆舟並龜鱣救讓等由，詳細具題以奏。既而慶賀事畢，歸國復命。我蔡氏之家不敢食龜鱣者從此時而始矣。附正統三年戊午正月初二日，讓偶過那霸見市中有人將宰大龜,不忍視之,贖而放於海,蓋此其報也。

蔡家創建祠堂緣曰

二世諱讓,有一女名亞佳度,生於正統八年癸亥,及笄而嫁,孝以事舅姑,順以從其夫,未數載,其夫棄世,姓氏不得,時亞佳度年十七,守義寡居,終無嫁意,父母恤其少無子,將嫁之,亞佳度堅執不從,父母見其守義甚堅乃止。亞佳度每日紡績織紝以爲恒業,歷年蓄積,至於成化八年壬辰卜地於唐榮東北之間,自能捐資創建祠堂以奉蔡家神主,著爲定規。且亞佳度意想,宋朝忠惠公造萬安橋時有觀音顯聖而成此橋,至今海清國泰,而萬民得免乎風濤險阻者,此誠忠惠公之功德,而觀音靈𩃬之所系也。由是亞佳度又奉觀音於祠堂,而題曰清泰。亞佳度終於弘治六年癸丑十一月初六日,享年五十一,封阡不傳。夫祠堂有山林環圍,而圍地尤廣,誠系幽雅之境。亞佳度棄世以後,我家族氏更番輪流守之,至於崇禎年間紫金大夫諱堅喜友名親方以爲吾家族氏,皆登士籍,恐有守祠堂而不便於公務也,遂托友僧飛雪以守之,並約定山林園地所出之物悉備祠堂修葺之費,永爲定規。然則蔡氏祠堂之所創建者,誠系亞佳度貞烈之德矣,爲子孫者,亦當尊重祠堂永保先業爲最要焉。

萬曆天啟崇禎年間,九世紫金大夫諱堅號念亭,喜友名親,方當滄桑更易之際,獨受賢勞之重,舉國君臣懮慮甚深。時已皇帝降勑改定十年一貢,堅奉使入京,竭力盡心,奏定五年一貢。又當尚寧王薨,尚豐繼立,奈國疲財乏,不能請封,堅爲御物奉行,貯得銀兩全調封王之禮,又爲謝恩事奉使入京,奏定三年一貢,典規如舊。又奏允增貢船壹隻而爲二隻。又奉使入京奏允納税貿易,皆爲定規。除條件外功勞之可觀者甚多,不敢盡記,由是堅每奉使入京,尚豐王每月撰吉率領諸臣親詣,辨嵩識名,末吉權現宫爲堅許願,國事漸全而社稷安矣。

唐榮蔡姓世系圖:

十一世小宗諱温。

十二世女真吴瑞,翼,寅。

寅生生十三世女思龜樽,寅,宣,女真松金。

十四世女真松,女思户,佐,康,女真吴勞,寬,績,女真鶴,肅,鋑,懿,保,女真龜,女真鶴,佑。

懿生十五世女真牛,女思户,女真鶴,女武樽金,增,均,培,女真鍋,女松金,女真伊奴金。

(蔡温鈔録《[琉球]中山唐榮蔡氏家譜》 清雍正七年稿本)

(十二)楊 氏

雲霄弘農楊氏徙異邦録

八世日耀,行二,諱名坤,字日耀,號用六,進漳浦縣學,邑庠生,在雲守祖人也。生於康熙己巳年十月十六日酉時,卒於乾隆丙戌年五月廿二日巳時,吉穴葬在雲霄大番塚山土名烏成仔脚。生三子。長房諱肇,字振基,捐鄉飲大賓,漳浦縣學籍也。次房諱款,字德學,出祖在番邦吧城住,任番官哈必丹王也。三房諱堆,字德化,從軍伍出門往福州府,未得其詳也。

妣朱氏，諱名喜官，系是嶽陽村之女也，生於康熙丙子年九月二十七日戌時，卒於乾隆辛巳年三月廿二日寅時。與公合葬大番塚。

九世德學，行二，諱名款，字德學，出祖番邦吧城聖墓港開派，發積家資百萬，積寄雲霄家資數十萬修築祖祠墳墓，與胞兄振基建業田屋，贖回厝宅，在吧城任事番官，名任事哈必丹王家。生於雍正七年己酉十二月初八日卯時，卒於嘉慶十三年戊辰八月初五日子時，葬在吧城聖墓港邊，買地開鑿成墳，春秋祭掃，人丁甚多是也。長房諱名良，號夢弼，捐納太學生，文祠有名目，石碑有記。次房諱名緝，號開榮，字栢梧，捐納國子監太學生是也。

妣余氏、陳氏。余氏系是番邦人也，生於乾隆丙寅年二月廿八日卯時，卒於乾隆戊戌年十月十三日巳時。陳氏系是番邦人也，生年月日時不得其詳，卒於嘉慶二十四年己卯二月十六日辰時。

（楊席珍編纂《［福建雲霄］弘農楊氏家譜敘録》 清光緒八年稿本）

平和義路楊氏徙外邦名録

十六世祖諸侯，文卷公第三子，名豹，字諸侯。生於清光緒五年己卯，三十歲時，即光緒三十四年離鄉外出謀生。公頗有知識，能寫會算，在馬來西亞錫礦區任事。

妣葉氏，名紅柑。公去時已生下一子一女。子名洪字繡鴻，女名全娘。

諸侯公外出時，小女全娘方三歲，賣與法華酒斗林姓爲童養媳，後傳子林大圳，得銀三十兩，作爲路費。

（《［福建平和］義路楊氏宗譜》 1995年鉛印本）

平和義路楊氏徙外邦録

八十五世十八代祖泰國曼谷市越迪四角始祖敦鋼公長子友政，祖籍福建省平和縣秀峯鄉福塘村塘背科。生於清光緒壬午年正月廿二日午時，卒於一九五九年己亥七月六日，享年七十七。初葬曼谷是隆福建山莊，後移葬萬佛歲府晚縣福建山莊之原。前妣陳氏，諱金枝，父華籍，母越南籍，生一女玉琳，曾在國内厦門集美學校讀書，後在泰國與連金隊結婚，定居馬來西亞，從事教育事業，生子女數人。繼妣鄭氏諱吉，廣東省大埔縣和村人，生於清光緒壬寅年九月廿一日丑時，卒於一九九三年九月十九日申時，享年九十二，葬在泰國，生七子五女。男依次爲錦忠、錦華、錦達、錦木、錦利、錦添、錦順。女爲玉瑨、玉蓮、玉茵、玉來、玉良。其中錦木在廣州石油公司任總經理，高級經濟師，定居廣州市流花新街。

友政，文盲，自幼喪母，祖上世代佃農，窮無立錐，因父體弱，弟妹年幼，爲謀生計，於清光緒戊戌年遠離故鄉，漂洋過海，僑居泰國曼谷，初當苦力工，從事小販、工匠，居住在廢棄木屋，過著黑豆、淡菜、無肉食生活。在省食儉用中，除寄回唐山維持家庭生活外，尚有積蓄，經營茶葉，並與友人合夥辦銀莊，後創建福安堂於華人聚居區三聘街，後移越迪四角至今。

八十五世十八代祖泰國曼谷春杏，福塘村塘背科人。生於一九〇九年，卒於一九八〇年十月二十二日，享年七十一。配妻游氏，名阿習。生於一九一五年六月十五日。生二子，長延昌，次延林。主業福興昌中藥有限公司。

八十五世金德，福塘村塘背科人。生於一九二七年四月八日，與兄弟魁梧、魁提等，居泰國穀式裹越幹也那也貼士馬二路。

八十五世十八代瑞源，福塘村塘背科人，生於一九〇〇年，卒於一九五八年，享年五十九歲。妻朱川，泰國籍，生於一九〇五年，卒於一九八五年，享年八十一歲。夫妻在泰國曼谷吞武里府娘宫巷口噠叻建置十二間店面樓房，經營福生堂藥材行。生四子，長國璋居故鄉塘背科，次國平在泰國，三國良，四國華。二女，長金香，次金英。

八十五世十五代泰國檳埔村始祖夢熊，平和縣九峯鎮楊厝坪人，於一九二二年前往泰國，定居檳埔村，生二子，宗武、宗山。孫建民。現已傳四代。

八十五世十七代泰國憐榔港始祖輪，原籍平和縣九峯鎮楊厝坪。一九二六年前往泰國，定居憐榔港。生三子，長慶業，次慶輝，三慶章。

八十六世泰國曼谷市吔啦埠始祖積忠、蕫義，原籍平和縣九峯鎮下坪村。於一九三五至一九三七年前往泰國，定居曼谷市吔啦埠。主業隆和機器廠。積忠生三子，在泰國有秋棠、秋海，在祖國漳州市有秋炎。生四女，秋蓮、麗英、秋妹在泰國，秋容在平和小溪寶善適張成玉。蕫義生一子秋玩，二女麗梅、麗麗，都在泰國。

八十六世泰國越三飯水剥，原籍平和縣九峯鎮下坪村，於民國初前往泰國定居。生二子，長木清，次木光。三女，麗英、麗娟、麗容。居泰國越三飯太京吞府因吞坡讀路廊巷，門牌七四六三號。

八十五世十六代祖平和縣南勝鎮義路村諸侯，於清朝光緒年間離鄉渡海到馬來西亞謀生，在錫礦區任總管。有宗振、鋒仔來此謀生，輾轉於新加坡，定居印尼萬隆。

八十五世十九代平和縣秀峯鄉福塘村塘背科薛助，妻李氏，生三子，長鴻莊，次鴻源，三名不詳。在馬來西亞、新加坡、印尼從事種植業，裔孫百多人。

八十五世十七代平和縣秀峯鄉福塘村塘背科敦培，妣劉氏生五子，長順德，次友彬，三友安，四峇勿，都在印尼麻六甲。五本和在故鄉。

八十五世十八代日本神户市灘區汝南、正宗父子。祖籍平和縣南勝鎮義路村加者坑，在臺灣烏日鄉開基祖鼎元公派下裔孫從臺移居日本神户市灘區。生三子，長耀澤，次正宗，三義宗，發達興旺。正宗與在臺灣堂兄弟昌澤，曾於一九九一年回祖鄉義路村尋根認祖，捐資助建義路小學教學樓與修建保寧庵。

（《［福建平和］義路楊氏宗譜》 1995年鉛印本）

（十三）許　氏

漳州圭海許氏徙外邦録

次房善慶公派下榮春，妣吴氏合葬雲峯。子三，長廷選名待住暹羅，次廷族，三廷遴名珥。

汝標子十三世宗玶，字名誇，配張氏。誇卒吧番，權葬三寶壟。子建光、惓生、壬使。

十三世汝千三子出嗣，父汝明。子朝琳，字季琪，名壽，權葬柔佛。

儒學教諭大壯，字震生，子原鼎、原仲。仲住吧。

十三世良楫，住吧番，名略。

十世孕昌、孕乾，鼎子。昌子富，乾子石。俱住番邦。

（許朝瑛　許文焕編纂《［福建漳州］圭海許氏世譜》 清雍正八年刻本）

龍海鴻漸許氏徙外邦名録

政坦,元炎之次子,生於乾隆三十二年丁亥七月二十日時,卒於乾隆五十一年丙午六月二十五日子時,在咊唬巴亡,無嗣。

十七世長錚,子三,長次不明,三子淵。淵子玉環。玉環傳未仁壽。未仁壽傳老扶西。

十九世瑞益有三子,傳禮、傳排、闊嘴。傳禮生子源興。源興有二子,其麟、其章。其麟生一子毅典。其章子毅行。

曾祖父之墓葬於崎巷村南土名井仔河,坐西北向東南,又名坪。

十八世許淵生子瑞益,次子玉環。

十九世瑞益卒於四月十九日,墓葬於墓頂東路。娶妻李氏,卒於二月廿二日。妾張氏,卒於七月十四日。

二十世許傳禮,瑞益之長子,過房於玉環爲子,娶妻潘氏,卒十月十二日。由玉環帶往南洋菲律濱,一九一四年由菲回國與潘葉結婚,一九一五年生子許源興,同年四月初六日卒,葬於楓仔山坐北向南。許傳排,益之次,無婚配,卒於四月初七日。

廿一世許源興,傳禮之子,十八歲因逃壯丁前往馬來西亞仙本那,因英屬不能往菲律濱找叔祖父。興之女郭亞蕊結婚生二子,長子許其麟,又名嬰過,次子其章,又名亞嬰。

廿二世許其麟,源興之長子,生於一九五二年七月初六日,次子其章生於一九六五年四月廿四日。

廿三世許毅典,許其麟之子,生於一九七八年二月十九日。

(《[福建龍海]鴻漸許氏十八世許淵家譜》 清末稿本)

詔安南詔許氏徙外國開基祖名字世系

士寶衍派明德堂一〇二代十九世親藍派下二十二世木英,及其長兄之子阿光,僑居泰國。木英子汝明。

士寶衍派明德堂派下二十三世鴻池,居臺灣,長子乃琦居加拿大,次子乃璋居臺灣。

士寶明德堂派下,二十二世常元,子六,四子瑞英居馬來西亞。瑞子五,亦居馬來西亞。

士寶衍派明德堂派下,一〇五代二十二世其禄,吉成子,啟文孫,居馬來西亞,子世雄、世傑、世聰、世全、惠平,亦居馬來西亞。

士寶衍派明德堂派下,一〇五代二十一世吉泉,玩仔孫,居印尼,子乾梧居印尼。乾梧子五,保字輩,俱居印尼。

士寶衍派怡怡堂派下,一〇六代二十三世元興,東陽四子之長,十九世炳章派下,紅坑系,居南洋。

士寶衍派怡怡堂派下,一〇七代二十四世鎬周、興周、懷周,墨園六子之長、次、四子,十九世鴻章派下,紅坑系,居南洋。

士英衍派内鳳仁壽堂系,第一〇三代二十世有越,居新加坡;朝花,子天興居馬來西亞;朝仔,居馬來西亞;朝歪,子雲鵬居新加坡。

士英衍派内鳳仁壽堂系,第一〇三代二十世成加派下,二十二世紅記居新加坡,其子大旭、細旭居馬來西亞。

士英衍派内鳳系，一〇五代二十一世臭頭，子三，長三閩，次、三居泰國。

士英衍派内鳳，一〇三代二十世光順，仁壽堂系，居新加坡。

士英衍派内鳳，一〇三代二十世展寶、含罵，佛添長次子，仁壽堂系，居泰國。

士英衍派内鳳，一〇四代二十一世文龍、文虎等兄弟，仁壽堂系，永合子，佛印孫，均居馬來西亞。

士英衍派内鳳，一〇四代二十一世番來，加添子，仁壽堂系，居新加坡。

士英衍派内鳳，一〇五代二十二世隨喜兄弟，旭文子，長江孫，均居馬來西亞。

士英衍派内鳳，一〇五代二十二世慶喜兄弟，旭章子，長江孫，均居馬來西亞。

士英衍派内鳳下井公樂善堂系，長房次派，一〇五代二十二世紅興，潮仔子，居泰國。

士英衍派内鳳下井公樂善堂系，長房長派，一〇五代二十二世大成，泉仔子，乙和孫，居馬來西亞。

士英衍派内鳳下井公樂善堂系，六房次派，一〇四代二十一世玉印，武松子，居新加坡。

士英衍派内鳳下井公樂善堂系，五房派下，一〇四代二十一世金順，春墘子，居新加坡。

士英衍派内鳳下井公樂善堂系，大房長派，一〇二代十九世加寶，居泰國。

士英衍派内鳳下井公樂善堂系，三房長派，一〇三代二十世慶富、慶執，子清二三子，居泰國。

士英衍派内鳳下井公樂善堂系，次房四派，一〇四代二十一世培發，魚母次子，居馬來西亞。

士英衍派内鳳下井公樂善堂系，次房三派，一〇四代二十一世吉寧，青春子，居新加坡。

士英衍派外鳳一〇二代十九世順川、順標，俱居咪哩。

士英衍派外鳳村一〇二代十九世景山、景真、水成。景山、水成均居咪哩。

士英衍派外鳳村一〇三代二十世瑞江、瑞光。瑞江生子展文、展武居砂拉越。瑞光居砂拉越。

士英衍派外鳳村一〇三代二十世南水子革命，居咪哩。

士英衍派外鳳村一〇三代二十世江水，居砂拉越。

士英衍派外鳳村一〇三代二十世輝伯子騰江，居砂拉越。

士英衍派外鳳村一〇三代二十世天才子進宗，居砂拉越。

士英衍派外鳳村一〇三代二十世天於，居砂拉越。

士英衍派外鳳村一〇三代二十世金印，子桂竹居砂拉越。

士英衍派外鳳村一〇三代二十世成花子來波，居檳城。

士英衍派外鳳村一〇三代二十世松茂子英文、英武，均居新加坡。

士英衍派外鳳村一〇三代二十世龍神，子秋分生孫長江居砂拉越。

士英衍派外鳳村一〇三代二十世汰高，子海仔居咪哩。

士英衍派外鳳村一〇三代二十世其吉，居砂拉越。

士英衍派外鳳村狗蝦祖懷德堂，一〇三代二十世外鳳下七次子烏孑，生孫秀添居馬來西亞。

士英衍派外鳳村一〇五代廿十二世外鳳上七，生子鎮國。居新加坡。

士英衍派外鳳村一〇一代十八世軟果，居新加坡。

士英衍派外鳳村一〇二代十九世阿軟生子扁販，居馬來西亞。

士英衍派外鳳村一〇一代十八世水蛤,僑居馬來西亞。

士英衍派外鳳村一〇五代廿二世其來,生子三喝居泰國。

士英衍派外鳳村鳳崗祠派下,九十六代十三世標,進士,遷臺灣,後原配夫人攜子還鄉。後長子祝文之子振生居沙撈越,次子秀武居檳城。

士英衍派外鳳村一〇二代,十九世牛仔,子瑞龍,居砂拉越。

士英衍派外鳳村一〇三代,二十世槌仔,居砂拉越。

士英衍派外鳳村一〇二代,十九世啟汶,子玉藍居仁里。

士英衍派外鳳村一〇四代,廿一世加廳,子回秥,居新加坡。

士英衍派外鳳村一〇四代,廿一世開池,子廣春、廣福,均居新加坡。

士英衍派外鳳村一〇四代,廿一世細枝,子程方,居砂拉越。

士英衍派外鳳村一〇四代,廿一世成金之子漢竹,居峇株。

士英衍派外鳳村一〇四代,廿一世來居、來吉。來居子桂才,來吉子嬰和,均居砂拉越。

士英衍派外鳳村一〇四代,廿一世錦物,居檳城。

士英衍派外鳳村一〇四代,廿一世小目,子達才,居越砂拉。

士英衍派外鳳村一〇四代,廿一世救和,子元治,居砂拉越。

士英衍派外鳳村一〇三代,廿二世水啼、文王。水啼子清和,清和子平北,居砂拉越。文王子蛋仔,蛋仔子顏溪,居砂拉越。

士英衍派外鳳村一〇二代,十九世來成,子天居,天居子清潔,居砂拉越。

士英衍派外鳳村一〇四代,廿一世擯仔,子才春,居咪哩。

士英衍派外鳳村一〇四代,廿一世春枝,子明字,僑居峇株。

士英衍派外鳳村一〇四代,廿一世江風,子加興,居咪哩。

穀盛衍派渡頭房大厝内,十六世淑慎派下,一〇四代廿一世開林五子之三堪仔,居泰國。

穀盛衍派渡頭房大厝内,十六世淑慎派下,一〇四代廿一世開益之子永固,居馬來西亞。

穀盛衍渡頭房世恩堂長房派下,招春孫初發子麗興,一〇五代廿二世,字靖人,居新加坡。生五子,長喬、次松均居新加坡,三榕居澳大利亞,四柏、五榆居新加坡。

穀盛衍派渡頭房世恩堂長房派下,一〇五代二十二世麗,與子亞發居新加坡。

尚端衍派許寮村,九十七代十四世尚端衍派許寮次房潤,子五。長房派下第一〇七代二十四世雲發,約林三子之次,居臺灣。長房長派一〇五代二十二世茂己,東埔子,居泰國。長房長開次派第一百代十七世恩,號長添,儀次子,居泰國。長房次派九十九代十六世盛直系即一〇五代二十二世錦州、良川兄弟,居泰國。

尚端衍派芹山村良端次派興龍,一〇四代廿一世,長子漢波、次子漢雄均居泰國,三子頭仔。

尚端衍派芹山村良端長派報公子胖池,一〇四代二十一世,居越南。

尚端衍派溪東上營村一〇〇代十七世,崇德三房大江派下,一〇五代廿二世鹽旱,令子,居泰國,子多福居泰國。

尚端衍派溪東上營村,一〇〇代十七世,崇德三房大江派下慶美,一〇五代二十二世,居泰國。

尚端衍派溪東上營村,一〇〇代十七世,崇德三房大江派下德章之子來水,一〇六代二十三世,居泰國。

尚端衍派長埔村四角寨，九十七代十四世欣淑，曾孫一〇四代廿一世順泰，居泰國。

尚端衍派金溪碗窯房八十九代六世元和派下，克濟長子國棟一〇五代二十二世，居新加坡。

尚端衍派金溪碗窯房八十九代六世元和派下，一〇四代廿一世春裕子國慶，居泰國。

尚端衍派圓林頂寨九十九代十六世廷瑞長房，文通派下，一〇六代廿三世佚名，僑居泰國。

尚端衍派圓林頂寨九十九代十六世廷瑞次房，承上派下，佚名，居泰國。三子佚名，居泰國。

尚端衍派圓林頂寨九十九代十六世廷瑞四房，何庠派下，一〇五代二十二世，慶文居泰國。次粉之子元和子清溪居泰國。三、四房佚名，均居新加坡。

尚端衍派圓林村下寨英敏長房元淑，一〇四代廿一世，元淑次子成耀居泰國。

尚端衍派圓林村下寨英敏長房釵興長子，一〇六代廿三世秀祥，居泰國。

尚端衍派圓林村下寨英敏三房如意之子自元，一〇六代廿三世，居泰國。

尚端衍派圓林村下寨英敏三房有日，三子之長清水，一〇六代廿三世，居泰國。

尚端衍派圓林村下寨英敏三房順次子，一〇六代廿三世天克，居泰國。

尚端衍派江畝坑村北門派下懷純之子和原，一〇二代十九世。和原子長佚名居泰國，次佛壽又生子保盛、若林，均居泰國。

尚端衍派龜山長房洪壽孫一〇三代二十世開泰、開茂。開泰子炳榮，居新加坡。開茂子炳三，炳三子重時住香港。

尚端衍派龜山長房洪壽孫，一〇三代二十世明，子大淨、佬仔、細淨，均居印尼。

尚端衍派壽官祠次房鴻威六子之次，一〇六代二十三世景龍，居緬甸。

穀和衍派石樓村九十八代十五世光州長房，希明長孫幼枝子一〇四代廿一世孝仔，居南洋。

穀和衍派石樓村九十八代十五世光州次房大和，一〇四代廿一世福添，居泰國。

海德飛燕衍派汝波派下純爐三房一〇四代廿一世，逢元長子丕顯，居日里。

海德飛燕衍派汝波派下純爐長房一〇四代廿一世，逢田次子丕友，僑居印尼，其子萬盛、萬榮、萬全俱居印尼。

海德飛燕衍派莊上村錦池子一〇三代二十世連禹，居砂拉越。子五，次雙於居砂拉越。雙於子三，長天來，次天成，三和尚，俱居砂拉越。

海德飛燕衍派寧雅街，一〇二代十九世達德，子五，五子永波僑居印尼。

海德飛燕衍派寧雅街，一〇二代十九世潤喜，子三，長逢甘，次逢柿，三逢桔。逢柿、逢桔均居印尼。

海德飛燕衍派寧雅街，一〇二代十九世達德，子五。長子遠具子六，次楚卿、六步六僑居印尼。

海德飛燕衍派寧雅街，一〇四代二十一世偉乾，媽嬌四子之末，達德長派次房孫，居檳城。子五，長壯淩、次壯欽居芝加哥，三壯礪居吉隆玻，四壯端居檳城，五壯觀居芝加哥。

海福飛鳳衍派新安村，一〇五代二十二世再區，居新加坡。

海福飛鳳衍派新安村，一〇四代二十一世律官孫，長牽子成球、天球均居砂拉越。長牽次子閹雞子尖嘴居砂拉越。三子添興，子佚名，孫沈損，居新加坡。四子佚名，子加作，孫玉生，居砂拉越。五佚名，子瑤池，孫天彩，居砂拉越。

海福飛鳳衍派新安村，第一百代十七世惠庵派下春波子，第一〇五代二十二世丙茂、丁茂，均居砂越拉。

海福飛鳳衍派新安村，第九十九代十七世派下宜弟，子一〇四代二十一世桂山生子毓德，居砂拉越。

海福飛鳳衍派新安村，第九十九代十七世派下宜弟，子一〇四代二十一世如全、如鮑均居砂拉越。

海福飛鳳衍派新安村，一〇〇代十七世得時，謚敦睦派下子魁，一〇四代二十一世，長子振平居新加坡，次子振海居泰國曼谷。

海福飛鳳衍派秀才寮宫元祠萊脯祠四房，朝義子一〇四代二十一世金龍，字機智，居泰國。

海福飛鳳衍派秀才寮宫元祠萊脯祠四房，一〇四代二十一世庭生，子江順居泰國。

海福飛鳳衍派新春埔，一〇六代二十三世龍江，居泰國。

海福飛鳳衍派新春埔，一〇三代二十世水波之子太炎，居泰國。

海福飛鳳衍派新春埔，一〇四代二十一世振坤，居泰國。

海福飛鳳衍派新春埔，一〇五代二十二世金順子喜隨，居泰國。

海福飛鳳衍派新春埔，一〇五代二十二世大目子福隨、樂居、居隨，均居泰國。

海福飛鳳衍派新春埔，一〇五代二十二世宗焕子宗榮，居泰國。

海福飛鳳衍派新春埔，一〇五代二十二世汝淮，子紹武居泰國。

海福飛鳳衍派西路上營許厝寨，一〇三代二十世秋植，三子烏龜居泰國，烏龜長子阿耙居泰國。

海福飛鳳衍派茨徑，一〇〇代十七世果敏派下，一〇五代二十二世乘武子鏡生，居新加坡。

海福飛鳳衍派茨徑，一〇三代二十世朝坤，居泰國。

海福飛鳳衍派茨徑，一〇四代二十一世長江，居馬來西亞。

海福飛鳳衍派光緒堂，九十六代十三世派下，一〇四代二十一世水金長子養塘，居新加坡。

海福飛鳳衍派光緒堂，九十六代十三世派下，一〇四代二十一世福之子家添，居新加坡。

海福飛鳳衍派瞻依堂，一百代十七世喜，二、三、四子袋、赤狗、豬，居南洋。

海福飛鳳衍派瞻依堂，一百代十七世喜長派，一〇四代二十一世暗子次子桂茂，居南洋。

海福飛鳳衍派瞻依堂，一百代十七世派下狗，子一〇三代二十世文强、文德，均居印尼。

海福飛鳳衍派瞻依堂，一百代十七世川，號登榜，生子願、茄、仙，均居南洋。

海福飛鳳衍派瞻依堂，一百代十七世鼻，號登鼇，派下水敬之子，一〇四代二十一世金城、金福、金春、金生，均居馬來西亞。

海福飛鳳衍派金山派下貴次子一〇三代二十世木泰，居新加坡。

海福飛鳳衍派承志堂，九十六代十三世茂，字子季，號睦正，派下一〇三代二十世周之子榮華，居印尼日里。

海福飛鳳衍派承志堂，九十六代十三世茂，字子季，號睦正，派下一〇三代二十世爽之子水毛，號繼昌，居安南。

海福飛鳳衍派承志堂，九十六代十三世茂，字子季，號睦正，派下一〇三代二十世目之子祝今，居泰國。

海福飛鳳衍派承志堂，一百代十七世合派下水鐨子淮江，一〇三代二十世，居新加坡。

海福飛鳳衍派承志堂，一百代十七世合派下焕文，次子鼠，一〇四代二十一世，遷廣東潮安後居香港。

海福飛鳳衍派承志堂，九十八代十五世孝派下，一〇三代二十世基次子玉光，居南洋。

海福飛鳳衍派承志堂，九十八代十五世孝派下，一〇三代二十世鏡清、鏡瑩，鏡清子啟謨居馬來西亞。鏡瑩居緬甸，長子啟富又名以豐居美國。

海福飛鳳衍派承志堂，九十八代十五世孝派下，一〇二代十九世權定子清霖，生子俊國居新加坡，次子清海居泰國。

海福飛鳳衍派榕仔脚，九十一代八世賓山派下繼述堂，一〇六代廿三世炎仔子維、嘉兄弟，居新加坡。

海福飛鳳衍派繼述堂，第一百代十七世景輝派下，一〇四代二十一世奇達，居新加坡。

海福飛鳳衍派繼述堂，第一百代十七世景輝派下，一〇四代二十一世偉煌，居新加坡，子維潮第一〇五代二十二廿居臺灣。

海福飛鳳衍派繼述堂，第一百代十七世景輝派下國章次子兆希，居新加坡。

海福飛鳳衍派繼述堂，第一百代十七世景輝派下，一〇四代二十一世兆煌，居新加坡。

海福飛鳳衍派繼述堂，第一百代十七世景輝派下，一〇四代二十一世炳昭，居新加坡。

海福飛鳳衍派繼述堂，一百代十七世景純派下，第一〇四代二十一世成興、水爨，炳煌二三子，居泰國。

海福飛鳳衍派繼述堂，一百代十七世景純派下，第一〇五代二十二世玉生，清松子，居泰國。

海福飛鳳衍派繼述堂，九十九代十六世元仲派下，第一〇四代二十一世鏡清，居泰國，其子第一〇五代二十二世崇孔居臺灣。第一〇五代二十二世列偉，鏡清三子，居泰國。

海福飛鳳衍派繼述堂，九十九代十六世元仲派下，第一〇五代二十二世啟明，楚卿次子，居加拿大。

海福飛鳳衍派繼述堂，一百代十七世邦派下，仲子一〇四代二十一世福，居新加坡。

海福飛鳳衍派繼述堂，一百代十七世邦派下，球耳子一〇四代二十一世阿倉，居泰國。

海福飛鳳衍派繼述堂，九十九代十六世起甲四房派下，宗鎮子一〇四代鏡明，居菲律賓。

海福飛鳳衍派繼述堂，九十九代十六世起甲長房次派，天助長子一〇五代二十二世常桂，居馬來西亞。

海福飛鳳衍派繼述堂，一百代十七世邦四房派下，漢林四子振祥，一〇四代二十一世，居馬來西亞。

海福飛鳳衍派繼述堂，一百代十七世邦四房派下，漢林次子一〇四代二十一世亦徵，生七子，加俊、加發、加茂、加增、加文居新加坡。

海福飛鳳衍派繼述堂，一百代十七世大謨派下，一〇二代十九世紗帽山祖次房文水，字兆慶，號淡如，子六。三壬池字乃銘，居新加坡。壬池子五，次榮春居臺灣，三榮西、四榮宗、五榮壽居馬來西亞。文水四房壬江字乃鏞，居馬來西亞。

海福飛鳳衍派繼述堂，一百代十七世大謨派下，一〇三代二十世阿細，懷慶次子，子二，次振榮字培芬居馬來西亞。振榮子三，長延仁居馬來西亞，次延義居新加坡，三延禮居加拿大。

海福飛鳳衍派繼述堂，一百代十七世大謨次房，國子第一〇四代二十一世壬喜，居馬來西亞。

海福飛鳳衍派繼述堂，一百代十七世大謨三房，第一〇四代二十一世松溪子龍池，居南洋。

海福飛鳳衍派繼述堂，一百代十七世大謨三房，一〇二代十九世雙圈長房興長子繼祖之子，一〇五代二十二世添福，居新加坡。興次子繼池子子發，字秀常，居臺灣。子發子越雲居臺灣。

海福飛鳳衍派唐美祠派紹德堂派下，一〇五代二十二世耀金，居新加坡，子振榮居新加坡。

海福飛鳳衍派唐美祠派紹德堂派下，水連次子武孝，居馬來西亞，子德全居新加坡，德順居馬來西亞。

海福飛鳳衍派華表村，一〇三代二十世啟禹子成春，居新加坡。成春子六，財坤、財居、財通、財貴、英舜、英元，均居新加坡。

（《[福建漳州]南詔許氏家譜》 1995年鉛印本）

雲霄世阪許氏徙外邦名録

十三世諱已，字哲謀，儒士，士麒公第三子也。生五男二女，長名疊生三子，長霄次株三爛。往番亡。

十七世諱九蛤，雎第六子也，生五男，長泗桂，次老舜，三秋江，四秋亭，五桂芳，另冠軍，養一男泗壁往南洋。

十五世崎，生三男，長秒仔，次溪石，三壬如，往南洋亡。

（《[福建雲霄]世阪許氏族譜》 清光緒二修　鈔本）

龍海高陽許氏遷外國記録

仁振，保安十三世，徐翔二十二世，高陽九十六世。經試四子之次，如淤孫，往番邦。

日智，保安十一世，徐翔二十世，高陽九十四世。沛四子之長，逵孫，欽系。往番邦。

知母，徐翔二十七世，高陽一百零一世。石榴山邊登燦系石榴阪房。過南洋森裹蘭。

文獻，半園八世，徐翔二十七世，高陽一百零一世。巫猴三子之長，巫車孫，古雷古城半園房系。往南洋。

王花，半園八世，徐翔二十七世，高陽一百零一世。古雷古城徐翔祖半園房系。往南洋。

鵝格，馬坪二十世，高陽九十九世。石榴馬坪田源龜山系。往南洋。

添水，馬坪二十二世，高陽一百零一世。丁向五子之四，鵝格孫。石榴馬坪田源龜山系。居印尼。

於忠，圭海十八世，高陽一百世。官路社文德派下，前山文山系。往南洋開基。

清泉，樹仔子，圭海十九世，高陽一百零一世。前亭文山圭海派廷禎公系。往印尼。

咔加，烋慶子，海獅孫，保安二十一世，徐翔三十世，高陽一百零四世。赤湖寶安徐翔明卿派下萬選支系，過南洋。

（《[福建漳州]許氏族譜匯纂》 清宣統元年稿本）

(十四)鄭　氏

東山祥瑞堂鄭氏徙外國開基祖名録

七世二房遜河公衍派,長房考長馨公,諱祠,生道光十六年九月二十日末時,卒同治元年正月十五日卯時,南游新加坡葬不知處。妣柔順薛氏,諱滔娘,生道光丁酉年四月初十日巳時,卒咸豐庚申年九月初七日丑時,葬在青仔園上,坐戌向辰兼辛乙,丙戌丙辰分金,生一子傑出嗣。

七世二房遜河公衍派次房考長遠公,諱源,生道光癸卯廿三年三月十二日卯時,卒於同治癸酉十二年二月十九日巳時,公出外安南身故安南。

七世五房永康公衍派長房考長順公,諱烏毛,字德如。生道光乙巳年九月二十五日子時,卒於光緒壬辰年十月二十八日子時。葬前餘庵下流坎墓後。妣陳氏,諱於娘,生一女名巧適沙家,男裕旅南洋不知去處。陳氏生咸豐癸丑年,卒於一九二九年五月初九日卯時。考妣合葬。

七世五房式武公衍派次房考直樸公,諱琳,一男板,承嗣,生咸豐己未年十月初一日卯時。卒於新加坡,不娶室。

七世次房静侯公衍派長房考諱潘,生一男四川。妣陳氏,諱秀枝。四川居新加坡開祖,生於同治己巳年三月初三日子時,卒於光緒戊戌年二月初十日末時。

七世三房永洽公衍派次房考長光公,諱丙,生同治壬戌年七月十四日申時,卒光緒丁酉年三月二十三日辰時,卒於新加坡。妣沈氏出,諱益娘,生一子森殤。

七房三房永洽公衍派五房考長培公,諱火土,無娶。生於同治壬申年十二月十三日子時,卒於光緒壬寅年三月十一日寅時。葬新嘉坡福建塚大巴姚。

七世四房永祥公衍派次房考長瑶公,諱瑶池,生咸豐辛酉年吉月初八日,卒於光緒丁酉年三月初八日。妣陳氏,諱素娘,生同治甲子年八月十四日未時,卒於一九三二年七月十六日丑時。生二子,長文東,次文濤。文東外出南洋不知去向。

七世四房永洋公衍派四房考長聰早卒,諱雨松,生於同治丙寅年十月初二日寅時,卒於光緒辛卯年十月廿六日吉時,終於新加坡。承嗣男一本。

八世二房鏡澄衍派二房考石起,諱好,生於同治辛未年二月十三日申時,卒於宣統己酉年二月廿四二十丑時,旅南洋殁於新加坡。妣李氏,諱勤娘。朱氏月霞系苗媳早殤。勤娘生於光緒辛巳年十月初一日辰時,卒於一九一五年七月十三日亥時,葬小龍舌下坐丙向壬兼午子辛己辛亥分金。八世石起公卒時只三十八歲,無嗣,公胞姐張氏子名如結爲嗣,生三子一女,長名張,次名嶽,三名簿。長子張承嗣鄭家即諸傳是爲十世。

八世長房敬修衍派三房考紋三,諱君壬,生於光緒癸巳年三月十三日卯時,1933年卯時卒,葬在金黽脱殼山下坐向丁兼子午分金。妣陳氏,諱蕉,生二男一女,長男定欽往新加坡卒,次定芳,長女名紫娜適許家。又妣陳氏,諱花,生於光緒丁酉年十二月十六日酉時,一九二一年十一月初四日辰時卒,生一子二女,子定護,次女名紫藤適陳家,三女自幼下康美鄉林家。花娘葬金黽脱殼山下紋三公墓右。

八世長房長順衍派長房考諱裕,生一男茂森承嗣,南游新加坡身卒洋地。

(鄭伯俊等編纂《[福建東山]祥瑞堂鄭氏族譜》　清末稿本,後人補録本)

龍海鄱山鄭氏徙外邦名録

十世嗣貞，長子邑庠生彦昇，號阿爲霖；次子袁，男瑱。孫長莊厚文繼男朝過暹羅，生二番子。

十四世暹，宗六子之第三子，在暹。

十三世宗，疇二子之次，過繼三叔繼，生六子，長簡，次曇，三暹，四晦，五丹，六鉛。丹子長穹，次察，三灶。察、灶繼暹叔。

十一世畊，字元傑，立宋爲繼，男玭子六，琫、滾、講、巔、貝、邦。貝繼暹叔。

（《［福建龍海］鄱山鄭氏族譜》 1933年稿本）

平和鄭氏虎臣系徙外邦開基祖名録

長房顯祖考諱竹炮，字明響，謚敦讓，系季氣公之子。顯祖妣諱拈娘，謚後維，曾氏系高港人女，生下一子名水鵝。

公生於光緒七年辛巳九月初十日子時，旋往加拉旺生理，卒於一九二五年乙丑八月二十六日丑時，享壽四十五歲，葬在加拉旺。妣生於光緒十四年戊子二月十四日吉時，卒於一九一三年癸丑八月十二日辰時，享壽二十六歲，葬在吟頭坑仔田上。

次房顯祖考諱竹水，謚敦樸。顯祖妣諱附娘，謚後繯賴氏，系岱嶺人女，生下一子名新歹。公生於光緒十五年己丑八月初二日丑時，嗣往加拉旺經商，卒於一九二五年六月初十日辰時，享壽三十七歲，葬在加拉旺。妣生於光緒己丑年十月初二日卯時，妣卒於一九四六年四月二十五日巳時，享年五十八歲。

（鄭惠培編纂《［福建平和］鄭氏虎臣十世興容系族譜》 1935年稿本）

（十五）郭　氏

華安岱山郭氏元崇系往暹記録一則

龍入、龍見、龍響，雲借子，宗璜孫，俱往暹羅。

（郭用之編纂《［福建華安］岱山郭氏六世元崇系族譜》 清道光十八年三修稿本）

龍海流傳郭氏徙外邦名録

九世學科公派下，十一世啟祠公，應柏次子，卒於吧國。妣姓氏未詳，生於萬曆二十六年戊戌二月廿五日戌時，卒於順治五年戊子九月十二日卯時，壽五十一，墳墓無考，生男三，長曰士英，次曰士雄，三曰士傑。

十四世孫志道，名弼，行一，啟祠曾孫，際龍公之子也。生於康熙己巳年二月十六日亥時，卒於壬寅年正月十五日未時。在外國娶洪氏，名論官，生康熙二十八年二月二十九日戌時，卒於康熙庚寅年十一月十五日巳時。再娶甘氏生於癸酉年八月三十日酉時，卒於己巳六月廿九日未時，葬在金雞山。

（《[福建龍海]流傳郭氏族譜》 清末鈔本）

漳州郭氏以德派徙番邦記録一則

十三世列，志趙子，日隆孫，往番邦。

（《[福建漳州]郭氏族譜以德派》 清光緒三修鈔本 臺灣鉛字重印本）

華安岱山郭氏天民房系徙外邦開基祖名録

十三世祖振顯公，諱振，榮恭公三子。生於康熙十八年己未十一月初七日寅時，卒於乾隆八年癸亥二月十一日申時，葬本山松栢岐瑚。在吧娶妻生子進，往吧卒止。

十四世祖光鞍公，振贏公次子，生於康熙六十年辛丑二月初十日巳時，卒葬失記。生四子，長滑，次馬，三四名失記，俱往暹羅。嗣子二，長更，次蘇。

十六世祖雲借公，諱雲，黑璜公次子，生於乾隆三十七年壬辰十月初七日寅時，卒於乾隆五十一年丙午七月二十四日寅時，葬長嶺頂洋田邊坐北向南。妣大德吕氏活娘，生於乾隆三十六年辛卯六月初二日辰時，卒於道光六年丙戌四月二十一日未時，謚良慈，葬長嶺門前山坐申向寅兼庚甲。未婚夫死，别招生子歸郭者三，長入，次見，三響，俱往暹羅。

十七世龍入歸郭，爲借公長子，生於乾隆五十四年己酉八月十五日酉時。妣山溪尾鄒氏怕娘，生於嘉慶元年丙辰七月二十七日巳時，卒於嘉慶二十年乙亥十月初五日未時，葬長嶺赤皮瑚坐未向丑兼丁癸。

十七世龍見歸郭爲借公次子，生於嘉慶五年庚申。

十七世龍響歸郭爲借公三子，生於嘉慶十年乙丑四月初四日酉時。

十六世祖雲坪公，崖公三子，生於乾隆五十一年丙午四月十八日寅時，往吧卒於道光四年甲申閏七月十八日卯時，葬吧。配官古林氏和娘，生於乾隆五十四年己酉八月二十五日卯時，生子四：長瀨，次柔並主兄埭，三從出嗣熱水呼，四回出嗣安三乞。女質娘適汰内陳家。

十六世祖雲端公，崖公四子，生於乾隆五十三年戊申正月初十日亥時，往吧，卒於道光六年丙戌三月初二日巳時，謚必取，葬吧。妣沙建鄭氏盼娘，生於乾隆五十六年辛亥五月初五日酉時，卒於道光元年辛巳十一月二十一日戌時，謚淑英。生三子：長訖早亡，次嚴，三活出嗣堂兄話。女攘娘適草阪李家。

十五世祖宗來公，莊公長子，往咬瑠吧。妣都寮李氏玉娘，生於乾隆四十三年戊戌，卒於嘉慶十一年丙寅七月二十八日巳時，拾金寄礤尾硔。植子助。

十六世雲助，來公之子，生於嘉慶二十四年己卯十月初九日戌時。

（《[福建華安]昇平岱山郭氏天民公房系族譜》 清光緒三十四年稿本）

華安岱山郭氏天民房系徙外邦開基名録

天民公三房二，十四世祖光認公，洽公四子，生於乾隆二十四年己卯九月初一日巳時，往吧，卒於乾隆五十六年辛亥八月二十九日卯時，葬吧。嗣子曉。

天民公三房二，十四世祖光臺公，鼎公三子，生於康熙五十五年丙申五月十六日辰時。卒於乾隆十九年甲戌二月十七日子時，在吧亡。配漳城康氏白娘，别適登安鄒家，生子陶、止。又女珠娘適内溪蘇家。

天民公三房二，十四世祖光相公，董公次子，生於雍正八年庚戌正月二十九日戌時，卒於乾隆十九年甲戌二月十九日辰時，謚光美，往吧亡。妣内溪蘇氏愴娘，生於雍正八年庚戌正月十六日午時，卒於嘉慶十六年辛未正月初九日未時，謚義淑，葬崎畲坑坐未向丑兼坤艮。生子瓊，嗣子磵。

十四世祖光己，諱光邦，怙公次子，生於雍正十一年癸丑九月十八日戌時，往吧卒。嗣子典。

（《［福建華安］昇平岱山郭氏天民公房系族譜》　清光緒三十四年稿本）

華安岱山郭氏天民房系徙外邦開基祖名録

天民公三房三，十三世祖振璜公，諱振厚，映公次子，生於康熙二十六年丁卯八月二十七日亥時，卒於康熙年間五月十三日酉時，在吧亡葬吧。妣失記。生子鐘。

十五世祖宗克公，諱宗能，字必勝，一字爲仁，本公長子。生於雍正五年丁未六月十五日辰時，卒於乾隆四十八年癸卯五月初四日子時，葬苦竹畲口，坐乙向辛兼辰戌。妣長嶺康氏絲娘，生於乾隆四年己未十二月二十二日寅時，卒於乾隆四十三年戊戌八月十九日辰時，謚順德，葬深橋堋頭，坐辰向戌兼巽乾。次妣李氏，生於乾隆五十年乙巳九月二十日吉時，卒於道光三年癸未二月二十三日午時，葬仙姑庵隔，坐亥向巳兼乾巽。生二子，長晏説康氏出，次達李氏出往吧。

（《［福建華安］昇平岱山郭氏天民公房系族譜》　清光緒三十四年稿本）

臺北郭氏崇饱系向外國遷居録

東南亞地區

在臺之世系根源：祖父郭章景，父郭華乾，長子郭詩雅，長孫郭禮燁。

於國外新開基。南靖十九世，渡臺七世。在新嘉坡開基一世郭國正(Kuek Kok Ching)。

喬遷時期：一九二〇年前後。

先赴帛琉羣島 Palao 轉婆羅洲 Borneo，在此與當地廣東籍華僑小姐何清雲結婚，生下長子之後再轉馬來半島 Malay，馬來西亞，而後定居新嘉坡 Singapore。長子郭詩雅十三歲時回國留學，續住祖國爲磚廠大老闆，僑居地留有次子郭詩禮赴英國留學，回僑居地爲新嘉坡員警總監警政署長。四子郭詩富，五子郭詩貴，均赴英國留學回僑居地高就。

東北亞地區

在臺之世系根源：祖父郭章川，父郭閹毛，兄郭國鈞，弟郭國焕。

於國外新開基。南靖十九世、渡臺七世。在日本開基一世郭國汾改名爲武原文三郎。

喬遷時期：一九三六年，十八歲時赴日。

赴日留學,榮獲醫學博士,娶日人小姐,生三女。長女武原博美,次女武原德惠,三女武原文美。

在臺之世系根源:祖父郭華容,父郭國配,弟郭詩憲。

於國外新開基。南靖二十世,渡臺八世。在日本開基一世郭詩勳,改名爲賀來潤一郎。

喬遷時期:一九七一年。

長子郭禮璽,改名爲賀來禮璽。

在臺之世系根源:祖父郭閭毛,父郭國鈞。

於國外新開基。南靖二十世,渡臺八世。在日本開基一世郭詩誠。

在臺之世系根源:祖父郭華讓,父郭國荃。

於國外新開基。南靖二十世,渡臺八世。在日本開基一世郭詩詠。

喬遷時期:一九七三年四月五日清明節。

長子郭禮維。

美洲地區

在臺之世系根源:祖父郭章彬,父郭華道。兄郭國柱,郭國欽,郭國慶。

於國外新開基。南靖十九世,渡臺七世。在美國開基一世郭國榮(KWO—RONGKUO)。

在臺之世系根源:祖父郭國火,父郭詩奥,長兄郭禮謙,次兄郭禮哲。

於國外新開基。南靖二十一世,渡臺九世。在美國開基一世郭禮慶(LEE—CHINGKUO)。

喬遷時期:一九八二年二月廿六日。

夫人陳美蘭,與弟婦同姓同名,同樣陪夫君國外發展。長女郭席君(ANNE KUO),次女郭席儒(ANNA KUO)。

澳洲地區

在臺之世系根源:祖父郭國火,父郭詩奥,長兄郭禮謙,次兄郭禮哲。

於國外新開基。南靖二十一世,渡臺九世。在澳洲開基一世郭禮遜(GEORGE L. GUO)。

喬遷時期:一九七八年十二月廿九日。

夫人陳美蘭,與三嫂同姓同名,同樣陪夫君國外發展。長女郭遠芳(ANGELA GUO),長子郭傳誼(ALAN GUO)。

(郭詩連編修《[臺灣臺北]崇飽公派郭氏族譜》 1992年鉛印本)

(十六)邱　氏

南靖雙峯邱氏徙南洋記録

志廣公第四子七世永財公二十七郎,雙峯爲四世。媽賴氏瑞吉,生五男。長祖泰,妻張氏,移南洋。次祖秀,妻翁氏,移南洋。三祖富,妻林氏,移南洋。四文宗,妻李氏無嗣。五文榮,妻李氏坤裕。

（邱鵬補訂《[福建南靖]書洋雙峯河南郡邱氏族譜》 1935 年邱子琦鈔書本）

南靖雙峯邱氏去番一則

七世諱必大，齒大郎，乃祖蔭之長男也。號雙池，葬五寨後窠。妣賴氏坤瓊。生四男一女，長應鶚出居他鄉。次應翬。三應鳳，妻三和去番。四應鶉，嫁前山蔣養沖。

（《[福建南靖]下雙峯邱氏族譜》 1929 年稿本）

南靖雙峯邱氏向外國遷基祖名録

十六世叔考乳名水浪，號成波，謚良靜，即漢朝公之次男也。生道光癸未年七月廿九日巳时，葬在燕仔窠外崎坐南。

妣葉氏板娘，謚勤鞠，後遷葬在根竹徑魏厝小窠仔崎仔屋田上。生四男，長萬倚，次萬竪，三玉峯往吧城亡，四金坐葬九斗銀公崎田下。

十七世叔考乳名水曲，號呈振，謚毓超，即成文之長男。生同治乙丑年，享壽六十六歲，至庚午完刀反死在芹山松柏崎路邊，後扛屍返葬和尚墩嶺田脚坐西。妣葉氏冥娘，生同治丁卯，生一男名家修，往仰光身故。生三女，彩娘嫁東槐新寨，岡娘嫁塔下，錫娘嫁蘆溪。

十九世侄乳名忠信，諱志孚，號日周。生光緒甲辰年九月初四日子時，不幸痛於一九三一年五月卅早在仰光放雙槳船失落海中，書洋姊夫蕭鴿己生第四男，乳名兩全付爲子。

妻鄭氏藪娘，生宣統元年己酉。

（《[福建南靖]下雙峯邱氏族譜》 1929 年稿本後人補注本）

（十七）曾　氏

南靖高港曾氏徙外邦名録

曾愴，路永之長子，廷榜之孫，死在吧城。生二子，長名卦，次名天貴在吧，葬在赤欄崎畲交椅外墩仔。

曾天貴，愴之次子，路永之孫，在吧城。

曾玉琚，時元三子，行簡之孫，往番邦。

曾玉滄，時啟之子，行修之孫，名及，往番邦。

曾大鳴，玉璋之子，時昇之孫，乳名埒，往番邦。

（《[福建南靖]高港曾氏天水堂族譜》 清光緒四修稿本）

南靖豪山崇本堂曾氏徙南洋記録一則

十八世從長子生二子，公水畔往南洋早亡，生於同治丁卯年正月廿八日巳時。公水文生於五月十一日子時，往南洋早亡，嗣一子新倉，妣賴氏名菊娘改嫁大坪坑内。

（《［福建南靖］三團豪山崇本堂曾氏族譜》 清光緒稿本）

南靖高港曾氏徙外邦開基祖名録

十三世公繼宣六十一郎，名智，字哲人，院之四子，妣楊氏，生六子，長謔早亡，次然往臺，三標往吧，四巽，五淡，六意往臺。

祖太迎爵，名欃生，康熙辛未，至乾隆辛卯從子往臺卒。生六子，長琛字獻其，次璉早亡，三琳字宗君，四瑤往温州，五玭字非柳，六璞字非石。妣葬潮仔。

十七世，公躍周，名諏，字爰咨，葬磜仔後遷葬於石頭林頭鼓田面。妣葉氏八娘，名未詳，豐頭阪人，閨名八娘，葬磜仔下路上。生三子，長把，辛丑年往番邦，次揔續，三涼衣。

詩明言彬公派下十四世開列，公必堅，名銅，字天金，艾之三子，妣鄭氏，生四子，長森，次稛，三章，四觀照往吧。

詩明言彬派下十四世公維昌，名强，字宜弱，諱廷疇。命丁未，紡之五子，妣盧氏，在吧娶，生一子春榮，嗣一子六田。

喬仁三房我敬派下，公俊人二十九郎，名盼，圭之長子，往吧，妣張氏改適，生二子，炙、甜。

（曾康生鈔録《［福建南靖］高港曾氏家譜》 1931年稿本）

龍海曾氏均德系徙外邦開基祖名録

十六世九興，子華汀出住仰光。

二十世思業，子雨水、小高。小高出住南洋。

二十世金風，行足子，佛音孫，出南洋。

十九世大連，添福子，侍讀孫，出南洋。子三，柔芳、柔源、柔填。

十七世春土，子六，清泉、清江、清源、清誥、清松。源、誥、松三兄弟住南洋。

十八世江澤又名禄，子秋枝住仰光。

十八世福熾，又名老西。子宗英、宗番、宗庵、宗華。宗庵住印尼，子思仁、思水、思口。

十八世水生，字生，子春發、春盤、春鈞三兄弟均住印尼。發子四。盤子忍汗住印尼。鈞子五。

十七世井發，思友子，仰光龍山堂總理。

十九世行文，建成四子之次，出嗣菲律賓。

十九世芳義，臺錫子，住仰光。

二十世芳美，行泉子，住仰光。

十九世行河，子思居南洋。

十九世行雲，子元錣、元發俱居仰光。

二十世振法，行字長子，居仰光。

十九世巖生，臺瑞長子，居仰光，子二。

十九世行員，臺捍次子，居仰光。

二十一世福盛，思妗子，雙承，住仰光。

二十一世福太，思泉子，住印尼。

二十世恩泉乳名細九，雙承，居印尼。娶黄氏、高氏，子福太雙承居印尼，如金雙承，福原居印尼，福祥居印尼，福寧居印尼。

二十一世秧緊，思吉子，居仰光。

二十一世大禹，思第子，居仰光。

二十一世安仔，思水子，居仰光。

二十世同壽，名思樸，居南洋。

二十一世菜東，振南子，居南洋。

十八世臺條，華來長子，後代居南洋。

十九世行江，臺業四子之次，居印尼。

十九世行廬，日升五子之三，居南洋。

十九世聯福，臺寅子，住印尼，子梅生。

二十世思舌，行錢長子，居南洋。

二十一世來春、來田兄弟，水魚子，俱居南洋。

二十世同順派下在緬，同户派下在緬，海門派下在緬。同盛、同魁、思道、思章四人俱居緬。

二十一世繼晉，思康三子之末，居南洋。

二十世現來，住緬甸。

二十世秋雨，行彩四子之長，居仰光。

十九世行春，臺見五子之長，居仰光，子永康、永安。

十八世臺蒲，子行誥，居印尼。

十六世秋雨，子國正居印尼，子一躍强。

十八世臺益，子六，行用、行□、行隆、行和、行江、行壽。行用、行□俱住南洋。

十九世份仔，臺乞子，居南洋。

十九世行聰，臺博子，居仰光。

十八世臺洲，子行霖，居南洋。

十八世臺水，即安水，子美成、美興，俱住印尼。

二十世友厚，子慶術住仰光，子武忠、武正。

十九世細庚，子思忠，住仰光。

十六世和糍，降子，子大才住仰光。

十八世德元，子行美住仰光。

十九世錫頭，子文友、文龍，坤成出，思榮。友、龍居南洋。

十九世錦祥，子水池、仰生、仰德、仰仁。仰生、仰德、仰仁俱居仰光。

十八世昌久，子振針、振龍、振鳳、振虎。振龍、振鳳、振虎俱住仰光。

二十世思銘，住仰光，子三，繼美、德瑞、榮才。

十七世振泉，子臺領，字巷領，住仰光。臺標。臺黜住仰光。

二十世令長，字垣瑞，祥生次子，住仰光。

十九世祥金，字金西，臺澤四子之三，居仰光。

十八世臺興，住仰光。長子祥武字炎武仰光番官。孫令仰，字瑞仰。次子祥光，三子祥月。

十八世楊淑，振德六子之五，住南洋。

十八世繁氣,字和氣,振湾子,住仰光。

十八世繁光,字和光,振泱子,住仰光。

二十世清泉,祥奇四子之長,住南洋。

二十世恒瑞,名亞海,住仰光,子苑春住仰光。

十七世熊生,子深炎、紅嬰住仰光,紅嬰子清流、清港。

十七世江牝,子石獅,出仰光。孫銀汗,生子思廉、如廉、啟豐、思文。

十八世滯粥,天雨三子之末,出仰光。

十八世大獅,子五,建光、建頂、建文、建興、建龍。頂、文、龍三子出仰光。

十九世隆如,名發魚,武鉗三子之長,出仰光。

十八世大厘,任貴二子之長,名金成,出仰光。

十九世坑松,天送三子之長,出仰光。

十八世繁樫、繁波,百諧五子之次三,俱出仰光。

十七世百達,孔固子,出仰光,子水沫。

十九世行文、雙番,得錦四子之三四,出仰光。

十八世水謀、忠信、得信、志信,豔子。謀、忠俱出仰光。

二十世保全,出仰光。

十九世清泉,賓子,住仰光。

二十世龍山、龍溪,力四子之長次,居南洋。

十九世如宗,子水金、思芳、思同、思福。金、同、福俱住仰光。

二十世水土、水金,俱住仰光。水土子正源,水金子繼忠。

十七世進林,雙奉,子九賽住仰光。

十九世金鳳、金磅,良爵子,住仰光。

十九世燕清,子聯德、聯興、聯溶。興、溶住仰光。

十八世咸萬,子四,長金波住英國,次啟瑞,三金湧,四金盾,均住仰光。

十八世咸對,長子有金雙奉,住仰光。次子啟明子四,思士、士仁、士傑、士麗。仁、傑、麗俱住仰光。

二十世文郁,祈安三子之長,出緬甸。

十九世九仰,子福成、福元住仰光。

十九世長源,子思忠、思定住仰光。

十八世甘蔗,子成來、成禮住仰光。

二十世南江,住仰光。子五,繼華、繼仁、繼義、繼孝、繼賢,均住仰光。

(《[福建龍海]厚境曾氏均德派下族譜》 1985 年稿本)

平和古林曾氏過洋邦一則

七十三世時習,添匹子,茶根嗣子,五十世茂松公房系。過在洋邦,卒不知何處。

(《[福建平和]武城曾氏古林茂松公房譜》 1917 年稿本)

平和曾氏傳泳房徙外邦名録

傳泳房系七十一系泳長子紀潫，字長漢，號懷遠，道光壬午年往吧番。配張氏號端莊，生於乾隆甲寅年七月二十四日，於咸豐甲寅年八月十九日未時没葬，金礶附寄東家，生子四，承、佐、綬、蕙。

傳泳房系七十二派廣佐，諱廷佐，紀潫次子，生於嘉慶丙子年，於道光辛卯年往吧番。

（《[福建平和]武城曾氏重修族譜》 1925 年刻本）

平和曾氏易齋系徙外邦名録

十六世祖文山公，明德公長子也，諱文掌，字文山，謚博和，光緒辛卯年十月十七日子時出生於臺南，卒於一九五九年農曆五月二十六日子時，享壽六十九歲。元配王氏玉珠，一九〇五年乙巳農曆十一月十五日辰時生於泰國普吉，卒於一九七二年壬子農曆十一月初二日巳時。公媽合葬於霞坑四角樓後半山腰吉穴，坐辛向乙大字分金。公童年由臺灣回閩，十八歲父故，二十歲往南洋謀生旅居泰國普吉府嶙啷。一九三七年夏與妻王氏全家回國定居。有三男二女，長子昭財十二歲在泰病亡，次子昭丁二十歲移居臺北，三子昭貴，女素月居長婚後移居臺灣，小女素香居平和城關。

（《[福建平和]曾氏易齋派族譜》 1982 年鈔本）

平和武城曾氏徙外邦名録

七十一世紀暉，鐗次子，名德暉，字伯昭，號靜軒，例貢生，傳鐗房系。葬窠尾。配羅氏。繼娶詹氏，子四。三娶氏，子二。生子六囝，性、情、貌、字、寬、恭。三子貌，名廣貌、從貌，號真直，配朱氏，生子六囝，厚、博、安石、穩、含萬、悅天。安石、含萬没番。穩没臺。

七十二世廣深，紀章五子，名肇深，字紹亙，庠生，傳鐗房系。配葉氏。繼娶林氏，生子三囝，内、旭、玩。玩名成玩，没在番。

七十一世紀章，名德章，字伯明，號容齋，配林氏子六，繼娶葉氏子二。生子八囝，椒、梅、棬、樑、深、培、材、勉、增。勉名思勉，没在番邦。

七十一世紀嘉，鍘長子，傳鍘房系。名德嘉，號純一。撫子二囝，胖、體。胖名廣胖、玉胖，配朱氏，生子二囝，流、奇。流往番。體名廣體，又名體心，字紹安，號温和，配朱氏，生子五囝，學球外出，學芳没，學閣往番，學保夭，五仲没。

七十一世紀厥，鍘三子，傳鐗房系。名震淵，號匡直，國學生。配朱氏，生子三囝，昇、平、忠。平名廣平、平心，字仁正，在臺没，配朱氏，生子一歔，逢賞。

七十三世昭佑，勁長子，傳希房系，原名祖佑，榜名佑，字公助，優行廩生，壬辰年恩貢，生於道光乙未年九月二十一日，卒於光緒丙申年十月初十日酉時，葬打石坑内。配朱氏生於道光丙午年正月初四日辰時，卒於光緒己卯年五月初七日申時，葬石樓後山，子一。繼娶張氏，生於同治壬戌年三月初六日巳時，卒於光緒甲辰年十一月初六日未時，葬打石坑，子三。公生子四囝，桀、昌、元、新。生女一。次子昌，名憲昌，原名昌培，往番邦。

七十四世憲注，昭述長子，勁孫。傳希房系。原名蕃注，又名仁培，字少伯。自幼經商南洋,一九一三年被選華僑議員。生於同治甲戌年九月初九日,配劉氏生於同治甲戌年五月初一日酉時。繼娶董氏生於光緒年。撫子二囝,珍、琛。以琛嗣憲藕爲後。

琛,名慶琛,憲藕嗣長子,名智深,字光輝,南洋六年中華學校甲商畢業生。生於光緒丁未年十月十四日酉時。憲藕,昭述次子,字修亭,名文德,號節臣,光緒甲辰秦科入泮。民國充縣城議事會議員,縣商會會董,同安縣第八區私一高小學校校長、龍山高小女學校校長。生於光緒乙酉年三月二十九日。

七十三世昭章,廣熾子,紀坑孫。傳襯房系。原名祖章,字善良。生於道光庚寅年十月初七日申時,卒於光緒辛卯年十月二十八日子時。配李氏,生子三囝,釵、珠、簪。釵名憲釵,原名金釵,往番邦。

七十二廣壯,聲四子,傳若房派。名啟壯,號迪吉,配黄氏,生子四囝,鬱、釵、林、炳。釵名萬釵,炳名萬炳,往番。

七十二世廣疇,吹三子,傳繩房系。原名宗疇,又各春海,字添才,又號步訓、號元正。國學。生於道光丙戌年三月二十五辰時,卒於同治乙丑年十一月十九日卯時,葬塘仔尾。配朱氏,生於道光己丑年二月十三日亥時,卒於同治甲子年九月二十一日辰時,葬饒邑柏嵩坐巽兼巳。有子二囝、傑、俊。俊,原名祖俊,往番邦。

七十二世廣淡,萍長子,傳瑞房系。名淡丕,生於光緒己卯年,没在南洋。

(曾天爵等纂修《[福建平和]武城曾氏重修族譜》
湖南寧鄉曾氏南宗通譜總局福建平和支局　1925年刻本)

平和武城曾氏徙外邦録

七十一世紀暉,鐧次子,名德暉,字伯昭,號靜軒,例貢生,傳鐧房系,葬窠尾。配羅氏。繼娶詹氏,子四。三娶氏,子二。生子六囝,性、情、貌、字、寬、恭。三子貌,名廣貌、從貌,號真直,配朱氏,生子六囝,厚、恂、安石、穩、含萬、悦天。安石、含萬没番。穩没臺。

七十二世廣深,紀章五子,名肇深,字紹亙,庠生,傳鐧房系。配葉氏。繼娶林氏,生子三囝,内、旭、玩。玩名成玩,没在番。

七十一世紀章,名德章,字伯明,號容齋。配林氏子六。繼娶葉氏子二。生子八囝,椒、梅、棬、樑、深、培、材、勉、增。勉名思勉,没在番邦。

七十一世紀嘉,鍘長子,傳鍘房系。名德嘉,號純一。撫子二囝,胖、體。胖名廣胖、王胖,配朱氏,生子二囝,流、奇。流往番。體名廣體,又名體心,字紹安,號温和,配朱氏,生子五囝,學球外出,學芳没,學閣往番,學保夭,五仲没。

七十一世紀厥,鍘三子,傳鐧房系。名震淵,號匡直,國學生。配朱氏,生子三囝,陞、平、忠。平名廣平、平心,字仁正,在臺没,配朱氏,生子一囝,逢賞。忠名廣忠、忠心,配朱氏,生子二囝,辟往番。

(曾天爵等纂修《[福建平和]武城曾氏重修族譜》
湖南寧鄉曾氏南宗通譜總局福建平和支局　1925年刻本)

平和曾氏易齋系由外邦返遷記

平和開基二世易齋派下十五世祖明德公,字振邦,謚智坤,成江公三子也,武德騎尉。元配王氏，祖籍臺灣，無出，嗣長子文掌。二室吴氏，祖籍臺灣，生次子文伯，三子幼亡，四子文景二十四歲病故未娶。公生於咸豐癸丑年二月十二日未時，卒於宣統己酉年五月初六日巳時，原葬在栗只園口，統遷葬霞坑巖口公路下成江公墓後右側三合水會口，公媽三合葬吉穴，坐子向午兼癸丁分金。元配祖妣王氏謚慈恭，同治丙寅年生於臺灣，卒於一九四〇年。祖妣吴氏，謚慈儉，光緒丙子年三月二十二日生於臺灣，卒於一九五三年癸巳十二月二十七日酉時，公媽合葬。振邦公於光緒十四年戊子科武經中式十三名武舉人，授列義部前部先鋒，鎮守臺灣島，晚年奉調回閩督建漳厦鐵路，任紅花嶺千總，勤政清廉，武功出眾，曾受欽賜制度鴻才匾懸於石門樓家廟。

十六世祖文山公，明德公長子也，諱文掌，字文山，謚博和，光緒辛卯年十月十七日子時出生於臺南，卒於一九五九年農曆五月二十六日子時，享壽六十九歲。元配王氏玉珠，一九〇五年乙巳農曆十一月十五日辰時生於泰國普吉，卒於一九七二年壬子農曆十一月初二日巳時。公媽合葬於霞坑四角樓後半山腰吉穴，坐辛向乙大字分金。公童年由臺灣回閩，十八歲父故，二十歲往南洋謀生旅居泰國普吉府嶙唧。一九三七年夏與妻王氏全家回國定居。有三男二女，長子昭財十二歲在泰國病亡，次子昭丁二十歲移居臺北，三子昭貴，女素月居長婚後移居臺灣，小女素月移居平和城關。

（《［福建平和］曾氏易齋派族譜》 1932年抄本　後人補録本）

平和洋文田曾氏徙外邦録

七十一世紀帶，寵子，字東馨，行大郎，生於乾隆乙巳年五月十日未時，卒於道光辛卯年七月三十日酉時，葬圳頭瓏，巽山乾向。配游氏六娘，謚安能，生於嘉慶丁巳年正月二十一日酉時，卒於同治戊辰年五月初六日戌時，葬伯公凹，壬丙兼亥巳。生子六囝，惱、逆、爵、税、連、粽。七十三世粽，名廣粽，謚純思，行六郎，生於道光辛卯年二月初二日卯時，往外洋。

七十三世廣金，紀杉子，名金聲，字特地，行大郎，洋文田傳凰房系，生於道光癸卯年十一月初四日亥時，往外洋。配何氏二娘葬檬樹下。

七十二世廣執，轉子，名立執，字問經。洋文田傳秋房系。生於道光乙巳年二月二十五日午時，卒於光緒戊子年六月二十五日申時，葬治玉窩尾路上。配陳氏二娘，生子一囝，名河。河又名昭河，生於同治甲戌年五月十四日申時，往暹羅，配周氏大娘生於光緒辛巳年八月初六日寅時。

（曾天爵等纂修《［福建平和］洋文田曾氏族譜》 1925年刻本）

平和古林曾氏過洋邦一則

七十三世時習，添四子，茶根嗣子，五十世茂松公房系。過在洋邦，卒不知何處。

（《［福建平和］武城曾氏古林茂松房譜》 1917年稿本）

平和曾氏傳泳房系徙吧記録

傳泳房系七十一派泳長子紀潹，字長漢，號懷遠，道光壬午年往吧番。配張氏號端莊，生於乾隆甲寅年七月二十四日,於咸豐甲寅年八月十九日未時没葬,金礶附寄東家。生子四,承、佐、綬、蕙。

傅泳房系七十二派廣佐,諱廷佐,紀滐次子,諱廷佐,生於嘉慶丙子年,於道光辛卯年,往吧番。

(《[福建平和]武城曾氏重修族譜》 1925年刻本)

(十八)賴　氏

南靖梧宅羅山賴氏徙外邦開基祖名録

又記次房之長大園派溪沙房第六代應千公,系義毓公子,娶劉氏,生三子,曰喬,曰參,曰顔。參少有力而放恣,因明末爲兵,已死於永定縣。喬在溪沙,因癸巳之亂,亦死於海兵之手。而獨顔存焉。顔生三子,曰蘇,曰炳,曰泉。泉走咬𠺘吧。蘇生二子俱夭。獨炳寓臺灣加冬,無娶,有些少家資付族侄廉娶妻生子,以接後嗣。籲,次房之長,是亦微矣。夫今大園之厝香爐木主俱覆壓爲墟,不亦傷哉。延至嘉慶丁丑十一郎公派下孫等,念伯祖九郎公媽暨派下考妣失祀,爰是刻石定界立神道碑,每歲春祭以受永享。

第七代溪沙房應千三子宗顔公,字振德,娶氏生三子,曰蘇,曰炳,曰泉。泉往咬𠺘吧。蘇娶劉氏生三子,長保,次山,三是,俱殆亡。

應科公次子宗振,字肇熙,娶張氏,生二子,曰迢,曰瓊。迢往咬𠺘吧死,立弟之子檀以承宗祀。

第七代應榜公四子宗福,名賜伍,娶陳氏,生六子,曰紀,曰傑,曰訓,曰愛,曰佛,曰添,訓往咬𠺘吧,余俱往臺灣。公生於崇禎十年丁丑五月廿二,卒葬在下湧嶺頭路上。妣生於崇禎十一年戊午三月初八日午時,葬在梧宅暗坑。

第七代應德公次子名仁,娶莊氏,生三子,曰創,曰業,住臺灣,曰統往咬𠺘吧。

溪沙仔房第八代宗顡之子士蘇,娶劉氏,生三子,長士蘇,士炳、士泉住咬𠺘吧。

(《[福建南靖]梧宅羅山賴氏族譜》 清光緒三修稿本)

平和心田賴氏徙外邦名録

十二世長生之子圭桀,子如賓遷居臺灣。圭富子滄浪遷居咬𠺘吧。圭宗生子廳遷居臺灣。

十三世圭富公,名綰,又名瀚,乃景禄公裔,居大埕來繼,於清乾隆時往菲律賓咬留吧城,後被人謀殺,有一子名滄浪在菲。

十三世長生次子圭桀公,名冬,卒於菲律賓咬𠺘吧城。

(《[福建平和]心田賴氏淵源志》 1994年鉛印本)

平和國强賴氏徙外邦開基祖名録

九世五七,治五子之五,奔吕宋而亡。

翰，長生公三子，子一乃心田二房景禄公裔，居於大㟅來承繼名紹，紹子一滄浪，紹於乾隆間往吧城，後不知何人謀殺，有同居□□回唐，乃知其事。

十三世冬，長生次子，卒於咬𠺕吧。子一號如賓，娶連氏，生三子，長弁，次泮池，三俱全與翰公之子紹爲繼。如賓公先習儒業，後耕農，晚歲攜妻子渡臺灣淡水而卒，連氏改嫁，三子俱全隨養，在本地尚有女子内娘嫁田背張。

十三世圭富，長生三子，無娶，繼大㟅景文公裔名紹爲嗣，未娶，往番邦乃娶，生子名滄浪，則身被謀殺。

（《[福建平和]國强賴氏族譜》 清同治稿本）

南靖梧宅賴氏徙外邦名録

次房之長大園派溪沙房第六世應千，娶劉氏生三子，喬、參、顔。參明末爲兵死於永定。喬死於海兵之手。顔生三子，蘇、炳、泉。蘇生二子俱夭，泉走咬𠺕巴，炳遷臺灣加冬。

第七世應榜四子宗福，名賜，字賜伍，娶陳氏生六子，紀、傑、訓、愛、佛、添。訓往咬𠺕巴，余五兄弟俱往臺灣。

第七世應德次子名仁，娶莊氏生三子，創、業、統。次業往臺灣。三統往咬𠺕巴。

（《[福建南靖]梧宅賴氏族譜》 清道光抄本）

南靖葛竹賴氏出洋過番名録

十三世葛竹二郎公派下。大嶺水尾三房色公派下二十世古詠，大豬子，過番新加坡。

十二世英篤，輝泗長子，公葬打籠坑頭，妣邱氏葬雞籠山。生子三，必揚，必捷往番，必元。

十七世遠來，往番。

十八世順裕，居泰國。

十八世順調，居泰國，生子鳴鏘。

十八世順福，居泰國。

八世考十一郎西山公，世珍次子，葬在後河仔牛鼻垅，坐壬向丙分金。妣張氏三娘，葬在水溪埔，坐庚向甲。生三子。長子華山楓杵板房。次子勵峯居中村平樓平學房，共有塔永祖祠。三子愛山大洋厝祖祠後耕寮房出祖。華山裔孫，名叫高仔，據傳有一天天嶺廟仔树上鳥叫聲，高仔長山房你份要往香幫井理澗。長山捐安天嶺後耕寮，井里汶，四子華嶽出祖廣西、江西等地開基。五子華勝出祖未詳。

十五世姑媽葬大坑浦拔取狗針脚。相傳她武藝超羣，有一次她大哥即虎仔公與人比武致傷殘，她用雙手扶救回家，後出國，卒後寄一粒鈕扣回來，安葬在大坑埔拔取狗針脚寄金斗壙地作紀念，每逢清明節由四房孫打掃墓地。

十八世水濺公、溪仔公，傳過南洋，曾有回家鄉探親。

十七世遠方公，葬邊角，坐東北向西南。祖媽葬庵邊角，坐東北向西南，傳四子。站仔，綿仔，水濺，溪仔過南洋。

十世顯考六十八郎公，名長，謚貞義，大椿公之孫。生於康熙乙巳年八月初三日寅時，卒於壬子年十一月初八日申時，葬在蚝解山，形回身虎。昔有代弟炙痛爲妹焚，公卻欲逢此境也，無如門祚衰微,家事清淡,堪輿作醫生,彼時非僅醫生有令聞,堪輿亦精明。觀彼石頭鞍木柴梳金公親身所封建自可知矣。五十余歲方娶阮氏媽,連舉三子。長跳名純德。次趙名純正。三奔名純雅。惟跳居長,承公之業。跳傳子魏,在山城開舖聲名正大顯揚。後孫往吧,在家醫生失傳,余難盡述。及阮氏媽没,三子俱全孫十有六人送葬,意積善之家有餘慶正謂此也。來孫徵祥術志。妣阮氏名郁娘,生康熙乙卯年十一月初四日辰時,卒於乾隆丁卯年七月十五日戌時,葬本鄉土名大崎,又有瑩城壹穴在墳上頭。

十六世顯考樹瑞,又名瑞仔,出祖實列波咸水港,現新加坡新豐港。

十五世顯考允當,諱光國,字成材。生於道光二十年庚子十一月初三日辰時,卒於光緒丙子年十二月十九日辰時,葬在剪溪中崎横路上。妣鄭氏惜娘,生於道光二十二年壬寅八月初七日辰時,葬在黄東山坑底。長子名首唱,諱文超。次子石兢,諱文選。女名蔓官,適柿山曾五經爲妻。

石兢,出祖巴城井里文。印度尼西亚雅加達井里文。生三子。長坤和,次坤玉,三坤瑶。孫峯太、晉謙。

七世宗仁,妣莊氏,生子士業,住臺灣孝思堂。士統,住咬溜吧。

(《[福建南靖]葛竹賴氏族譜》 1999年稿本)

(十九)周　氏

唐榮周氏家譜世系

家譜何爲而作也,爲欲必正本始,必審同異而定昭穆,使祖宗功業永垂無窮而作也,然則譜之爲義大矣哉。今幸遇聖君設教孝悌之道於萬幾之暇,念有功諸臣勤勞可嘉,恐歷年久遠遂致滅其功業,爰命羣臣各修家譜,以永垂不朽。余雖拙陋無文,不足與傳述之事,然夫表章祖宗之功業以傳於後,是亦之责也。於是謹考我祖入唐榮之始,著爲家譜呈之譜司以備考實,且使後世子孫知祖宗功業,噫! 甚盛事也。

夫以先是明時國王奏請中國人三十六姓住居唐榮,以供貢使,歷年久遠,子姓凋謝,以故本國宦裔中拔其習熟漢語,精通學文者補之,俾無缺貢使之選。是以國盛自少習漢語,好學文,故入唐榮賜姓周氏,爲備貢使,而奉使中華,遠淩萬里之驚濤,或寓留京都殆及一載,或滯留榕城四五載,嗚呼,富其時日,夜諷誦每懷靡及之句,而一刻不能忘沐雨露之洪恩矣。誠是由其心知有君臣,不知客裏風霜之苦也。今吾奉王命修家譜傳之子孫,不敢忘水源木本之恩也。

唐榮周氏世系總圖:

元祖諱文鬱,生二世女真德,國盛,媳户,國俊。國俊生三世新命,新命子大猷,孫之佐。

康熙二十九年庚午仲秋吉旦愚孫新命謹識。

(周新命編纂《[琉球]中山唐榮周姓家譜》 清康熙二十九年稿本)

平和霞山周氏徙外邦一則

十世世昊,大健四子,萬興孫,均禄大長房派,生子道進、道邕。道邕生子蔡禄、二仔、三仔,俱去蕃邦。

（周維鼎 周維楨等纂修《[福建平和]周氏霞山世系譜》 清同治十年稿本）

（二十）莊 氏

南靖龜洋莊氏王政系徙外邦録

十五世朝堅公，乳名木生，字暢萌，易名朝堅，生於乾隆十四年己巳正月十四日丑時，卒於乾隆五十五年庚戌七月十五日丑時，享年四十二，在咬𠺕吧，幸得次子明容公送終。媽乳名娘易，名慎徽，生於乾隆十三年戊辰八月初六日辰時，卒於道光十三年癸巳十二月十五日，壽八十有六，生子五人，曰仙栽居長，曰仙顔居次，曰仙纘居三，曰新科居四，曰五卿居五。先生一女名曰詩娘，配梅壟魏家，至同治二年癸亥八月葬在蕉坑尾南門營坐癸向丁兼子午分金。

妣謝氏，生五子：長明篤，乳名仙栽，字因培，六月初二日忌辰，妣謝氏謚恭，子三，登孫，秉鑾，参田妣林氏。次明容，隨父往咬𠺕吧，乳名仙顔。三明緒，子光魯，妣氏後改嫁鄉頭，因公早故也。四明甲，乳名新科，易名搢榮。五明福，子大梗，字次楠，乙丑年被長髮執去進平縣，又五月初三日身故，年四十一歲，其妻謝氏後改嫁下窟盂社陳家。女一人居長名曰詩娘，配梅壟魏家。

十五世朝堅公，乳名木生，字暢萌，易名朝堅，温質祖第六子也。生於乾隆十四年己巳正月十四日丑時，卒於乾隆五十五年庚戌七月十五日丑時，享年四十有二，歸世在咬𠺕吧，次子明容公在前送終，至於光緒二十六年庚子十月，將木主貯藏金罐，初六甲辰日子時與妣同穴葬在奎洋山上土名下墳頂坐向己丑己未分金。妣謝氏乳名娘易，名慎薇，生於乾隆十三年戊辰八月初六日辰時，卒於道光十三年癸巳十二月十五日，享壽八十加六。生下五男一女，長女歸魏家住在梅壟蕉坑樓。女名詩娘。五男長男曰仙栽，次男曰仙顔，三男曰仙讚，曰仙新科居四，曰五卿居五。至於同治二年癸亥八月，祖妣棺柩復葬在蕉坑尾南門營坐癸向丁兼子午正針丙子丙午分金。越光緒廿六年庚子十月起遷貯藏金罐，初六日辰子時與公同穴葬在下壙頂，丑山未向己丑己未分金。

十六世搢榮，朝堅公第四子也。公爲人清順，秉直素性，志公向義。生於乾隆四十八年癸卯六月初二日巳時，卒於同治元年壬戌九月廿三日卯時，享壽八旬，葬在本里嶺頭坑大蘋嶺邊坐辛向乙。至光緒四年戊寅九月十八日辰時起攢，廿四日巳時安葬在本墳右邊，仍用辛乙向兼酉卯丁酉丁卯分金，坐胃五度向底四度。其墳池中之水放巽字而去，分金庚戌庚辰從仙媽祈杯爲准，漸住不能積。祖嫡妣謝氏，名祥娘，生於嘉慶五年庚申，卒於道光七年丁亥八月廿六日戌時，享年二十八歲。繼妣陳氏，名巧，易名淑善，生於嘉慶十二年丁卯二月初六日亥時，卒於同治四年乙丑四月十一日子時，享壽五十有九，葬在老虎嶺邊，至同治十年辛未十二月初六日起身將金貯藏金鐨改葬在必勞坑口田中水路脚，坐南向北。謝氏生一子曰大梗，過房。次子曰紫微，陳氏生，並生一女子名喚金娘，歸簡家住居下嶺。

十六世伯祖明容公，乳名仙顔，朝聖公次子也，生於乾隆三十三年戊子，至乾隆五十三年戊申隨父朝堅同往咬𠺕吧，後來未知如何。

（莊吉星編纂《[福建南靖]龜洋莊氏十一世王政系族譜》 清光緒六年稿本）

南靖龜洋莊氏徙外邦名録

十九世祖考把栽公，生於清咸豐八年戌午七月初十日卯時，卒於一九二二年壬戌七月初一日卯時，享壽六旬加五歲，葬於仰光竪磅坡盆社新塚地。第一位元配媽氏乳名迎官，謚素善，生於咸豐五年乙卯十二月初七日巳時，卒於一九三一年辛未十一月廿九日卯時，享壽七旬加七歲，葬在頭圳頭芳標祖媽墳下。生四子，長建松，次建輝，三建安，四建祥。二十世建松公，卒於仰光，情況不明。

二十世建輝，生一子豐瑞，卒於仰光。元配媽烏氏卒仰光。

二十世乳名開昌，生一子成與公系櫓市人，達吉公卒後接入，後過仰光卒。

（莊兆祥等鈔録《[福建南靖]龜洋莊氏族譜》 1963年稿本）

南靖梧宅莊氏徙南洋一則

培煥，土珠子，錫化孫，文燮系，往南洋。

（莊澄三編纂《[福建南靖]梧宅桃園莊氏圖譜》 清光緒甲午稿本）

南靖奎洋後坪莊氏徙外邦世系名録

檬林派下載弘，名轉，謚敦素，葬合溪口過溪，坐坤向辰兼未丑。妣盤氏，葬合溪口嶺脚，坐寅向申兼甲辰。共三子，其尾子往交琉巴無歸。載弘之子乘雲，有四子，振業名電往番邦無歸，振萬名龐，綿榮，季昭。振萬子可欽，名彪，字子敬，往四川成都府新都縣居住，今查土名獨河橋。綿榮子半天，名鶴，往臺，今查其後無傳。季昭子可饌、可鈔。

十一世載弘祖行録。載弘祖，諱汝順，謚敦素，乃應誦祖之長子。生於萬曆三十九年辛亥十月十七戌時，卒於康熙二十八年己巳十二月十八日辰時，享壽七十九，葬在合溪口，庚午十二月廿八日出葬，過崎頂坐坤向艮兼丁未丁丑分金。妣盤氏，原謚慈淑，與九世楊妣同，謹易以淑慈，生三子。長曰乘雲，其尾子往交琉巴無歸，葬在合溪口嶺脚坐寅向申兼甲庚分金。

十二世乘雲祖行録，乘雲，乳名龍，號則佰，謚讓達，乃載弘祖之長子也。公生於崇禎癸酉十二月十五亥時，卒於康熙十二年癸丑八月十八子時，享年四十一，葬在合溪口東坑圳上坐丁向癸兼亥巳分金。妣林氏，謚勤慈。生四子，長曰振業往番邦無歸，次曰振萬，三曰綿榮，四曰季昭。妣生於崇禎十五年壬午八月廿五未時，卒於雍正七年己酉十二月初一卯時，享壽八十八，葬在吊梘仔坐辰向戌兼乙辛分金。

十九世鎮西公，乳名金生，書名昇鈐，乃聖言公之第三子也。生於道光廿九年己酉正月初四申時，卒於番邦巴城茄老旺，在光緒二十年甲午十一月十六日辰時，享年四十六。妻謝氏，乳名諒官，生子一人，名曰潭水。女二人，長適永溪吴家，次配白葉林姓。

（莊贊元編纂《[福建南靖]奎洋後坪莊氏家譜》清宣統三年稿本）

平和巖嶺莊氏出洋録

十八世招才，出祖南洋。

十九世世達，啟煆子，海水孫，九世誠齊派下，居南洋，子秀梅居大坪。

（莊錦順編纂《［福建平和］巖嶺莊氏族譜》 1995 年鉛印本）

漳州錦繡莊氏古山系徙吧番録

萬鼇，廿九都滄里遷印尼。

汝善三房派下順然、順變，治宜子，往暹羅。

汝善三房派下聯範，士嘉子，往吧。

汝善四房派下毓洙，往番邦。

汝善四房派下應彰，丕英子，往番邦。子崇伴、崇隴、崇益、崇僎。

汝善四房派下邦庚，應標子，英聰孫，往番邦。

汝善四房派下應塾、應維，英瓊子，往番邦井里汶。

（《［福建漳州］錦繡莊氏古山派下世譜》 1992 年稿本）

漳州錦繡莊氏徙外邦名録

汝善公第三支志理派下，十世順然、順變，往暹羅。

汝善公第三支志理派下，十二世聯範，往吧。

汝善公第四支志熙派下，九世毓洙，往番邦。

汝善公第四支志熙派下，十世應彰、邦庚，往番邦。

汝善公第四支克全派下應塾，往番邦。

伯信公長房汝海派下才棟、才福，裔孫遷海外居不回。

（《［福建漳州］錦繡莊氏世譜》 1992 年稿本）

漳州錦繡莊氏徙外邦名録

汝善公第四支派，志熙克遜繹新世霄求派，毓洙，往番邦。

應彰入番邦。子崇益、崇僎。

丕拔系，英聰孫，應標子邦庚，往番邦。

丕衢系，英瓊子應塾往番邦，應維往井里汶。應任子邦覺，孫志逞、志達。

（《［福建漳州］錦繡莊氏公望系世譜》 1992 年稿本）

龍溪瑪洲莊氏向外國移民録

汝善第三支派下，漢卿傳下四世志理系，十世順然、順變，治宜三子之次末，林逸孫，俱往暹。

汝善第四支派下，漢卿傳下四世志熙系，九世毓洙，求派子，往番邦。

汝善第四支派下，漢卿傳下四世志熙系，八世應軫，英嚴子，丕略孫，往番邦。

汝善第四支派下，漢卿傳下四世志熙系，九世邦庚，應標子，英聰孫，往番邦。

汝善第四支派下，漢卿傳下四世志熙系，八世應塾，英沖次子，丕漸孫，往番邦。

汝善第四支派下，漢卿傳下四世志熙系，八世應維，英瓊二子之長，丕衢孫，往井里汶。

（《［福建］漳郡龍溪瑪洲莊氏世譜》 清光緒稿本）

華安岱山莊氏公望二房徙外國一則

必鎮派下國陶，名陶，一英次子，文垣孫，往吧不回。

（莊應景編纂《［福建華安］岱山寨青陽莊氏公望二房汰口系譜》 清乾隆十七年稿本）

（二十一）吕　氏

詔安秀篆河美吕氏往吧開基祖名録

紹塘長派德孫系十三世章法，王佐次子，往吧。

紹塘長派德孫系十四世而慈，章統四子之三，王臣孫，卒於吧。

紹塘次派德二系十四世而脾，章恩子，往吧。

槨三派德炫系十四世而劉，章飛五子之長，文斷孫，往吧。

槨三派德炫系十三世章講，文斷子，本璉孫，往吧。子而劄，孫經具、經求。

槨三派德炫系十四世而先，往吧。

極次派德佑系十四世而爽，章炙三子之次，文陞孫，卒於吧。子經松隨母居塘内。

四房根長派德熟系十四世而陰，章沛子，子五，長經仁、次經希卒於番，三經廣卒於吧，四經棍，五經潑卒於吧。經仁子世朝。經潑子世茂。經棍子世麟、世珍、世知。

四房根長派德熟系十三世章障，文巍子，往吧。

四房根長派德熟系十三世章五，往吧。

四房檀三派德晃系十四世而棕，章本子，文國孫，卒於吧。

四房乾次派德子系十三世章琛，文跳子，本願孫，往吧。

四房三派十三世章代，文春子，本田孫，往番邦。

四房質次派德孟系十三世章俊，文甲子，本陣孫，往吧。

四房三質三派德次系十四世而柳，章開子，往吧。

（《［福建詔安］秀篆河美吕氏譜系圖》 清光緒稿本）

南靖書洋吕氏徙外邦開基祖名録

十五代順彩公，妣蕭氏，生一子名慶棋，字純奕，往吧國，後往仰光無回。順彩公乳名花，字汝香。原命道光己丑年，年三十四歲，終於同治己巳正月初四日。妣蕭氏名信，原命道光甲午年十一月，年廿九歲卒。

十五代順盛公，妣蕭氏，生三子二女。長子名天機，字純錦，妻劉氏後改嫁。次子名明祥，字純禎，妻蕭氏生下五子。三子名章潭，字純沚，往仰光無回。順盛公，乳名豐然，字汝盈，原命生於道光癸卯年九月十四日，享壽六十三歲，卒於光緒乙巳年二月初四日。妣蕭氏名對，原命生於道光甲辰年十一月吉日，享壽七十七歲，卒於一九二〇年正月。

十六代貢生純發公，媽蕭氏、林氏孺人，傳下四子一女。長子南凹過房來名衍裘，諱紹箕，字紹卿。次子名衍煌，諱紹炳，字煒卿。三子名衍輝，諱紹光，字亮卿。四子名衍昌，諱紹明，字熾卿。蕭氏生下一子名衍煌，一女名來娘嫁後田蕭藝苑爲妻。林氏在吧城生下二子一女，子名衍輝名衍昌，女在吧進贅。

恩授歲進士諱純發，乳名慶長，字子余。原命生於道光廿二年壬寅四月初四日戌時生，享年四十九歲，卒於光緒庚寅年二月十七日申時，以疾終於正寢，上路處備豬羊迎柩出葬於領仔埔，坐坤向艮。至光緒辛丑年冬月起贅修金骸骨齊全，十一月十八日擇葬於雙堀岐乾旺公鳳水脚，壬丙兼亥巳。迨至一九一七年年冬月起贅，内骸骨損失，入土再遷於龍口庵仔山，坐辛向乙兼戌辰辛酉辛卯分金。

十六代純卷公，妣簡氏，生二子一女。長子名衍倫，字紹紀，往吧城，廿餘歲而亡。次子衍澤，字紹德，往仰光。女名蕉娘嫁於橋門。純卷公字綿興，生於道光丁未年四月初五亥時，享壽七十六歲，卒於一九二二年八月吉日，葬在軍頭殺嶺頭，後遷洋頭安葬。妣簡氏名瑕，生於戊午年，三十四歲生産病故，葬在梅仔坑。

（吕煒卿編修《[福建南靖]書洋吕氏族譜》 1924年稿本）

南靖書洋吕氏徙外邦名録

純發公在吧城娶一媽林氏，原命生於道光庚戌年，享壽七十三歲，卒於一九二二年冬月。孫鐘川在吧城送葬。林氏生下二子。長名衍輝，八歲回唐讀書，至十六歲再往吧城。次子名衍昌，八歲仝父回家讀書，至十九歲再往吧。女子名秫，在吧進交寅。純發公一生孝順，少承祖業，年廿餘歲遠適南洋吧城，時有母舅張新萬在吧城生理大利，蒙他照顧，後亦坐鋪經營，數年間積有千餘金，至卅歲回唐歸建置家業，越年再往吧，至乙亥卅四歲又旋梓，帶回重貲置業，並建築荆山樓。丙子又往，至庚辰亦歸家。辛巳秋再往吧，及至丙戌四十五歲，生理收拾回家，後尚存多金，以爲在吧庶母管理，意欲再往焉。因祖父在堂年已古稀，務宜奉養，未敢遠離，不料於一九五〇年西歸焉。

（吕煒卿編修《[福建南靖]書洋吕氏族譜》 1924年稿本　後人補録本）

南靖書洋吕氏徙吕宋記録一則

建遲次房心紀派下九世心紀，諱紫，名望泰，字心紀，生於萬曆卅一年癸卯十月初八日子時，往吕宋邦無回而卒。媽林氏。

（吕傳勝主編《[福建南靖]書洋田中吕厝龍潭樓吕氏族譜》 1996年鉛印）

龍溪杏林吕氏遷外國開基名録

長房以亥三派開恕系，十世德燦，祖根四子之三，惟麟孫，往吧。

次房紹塘長派德孫系，十三世章法，王佐二子之次，本孟孫。往吧。

次房紹塘長派德系系，十四世而慈，章統四子之三，王臣孫，本季系。卒於吧。

次房紹塘三派德三系，十四世而脾，章恩子，文聯孫。往吧。

梆三派德炫系，十四世而劉，章飛五子之長，文斷孫，本璉系。往吧。

梆三派德炫系，十三世章講，文斷三子之次，本璉孫。往吧。子而劄，章飛次子入繼。孫經具、經求。

極長派德黨系，十四世而光，章近四子之末，文廉孫，本縣系。往吧。

極次派德祐系，一四世而爽，章炙三子之次，文陞孫，本招系。卒於吧。子經松，隨母居塘内。

根長派德熟系，十四世而蔭，章沛子，文鍹孫，本士系。生子五。經仁。經希，卒於番，行二。經廣，卒於吧，行三。經棍。經潑，卒於吧，子世茂乞養。

根長派德熟系，十三世章五，文忍五子之末，本勸孫。往吧。

長房榴長派德潛系，十四世而辰，章騫四子之次，往吧。

長房思庵長派，十四世而梛，章漏子。有五子俱在吧國。繼子世鑄，經夜次子入繼。

長房思庵長派，十五世經篹，而梗五子之末，章光孫。往吧。

元芳次派子熹系，十五世經鐗，而泰子，端孫，往吧。子世鳳，寄養豐山母家。

元芳次派子熹系，十三世章江，岱子，卒於吧。以而亮次子經感入繼爲孫。

元芳次派子熹系，十四世而冰，章澎長子，嶽孫。卒於吧。子經龍，而心長子入繼，一名和尚。章澎四子而均，卒於吧。

四房檀三派德晃系，十四世而棕，章本子，文國孫，本陳系。卒於吧。

四房乾次派德小系，十三世章琛，文跳子，本願孫。往吧。

四房勳四派德妹系，十三世章代，文春子，本田孫。往番邦。

四房質次派德孟系，十三世章俊，文甲子，本陣孫。往吧。

四房質三派德次系，十四世而柳，章開子，文備孫。往吧。

四房質三派德次系，十三世章定，文珩子，本陶孫。往吧。

（吕鐵鉞編纂《［福建龍溪］杏林吕氏族譜》 清道光辛卯稿本）

（二十二）何　氏

漳州何氏往吧記録

金鈎三派棟，配賴氏，生子碩，來，賀，周住臺，迓葬臺，雍住吧。生康熙癸亥年十一月十七日未時，卒乾隆乙丑年二月初九日酉時，未葬。妣生康熙壬申年七月廿八日卯時，卒乾隆甲子年正月三十日酉時，葬澗洋樓後崙坪坐北向南。

温樸四房國恩長派速，劇八子之三，住咊瑠吧。

燕，子賓四子之長亶，住咬瑠吧。

種德五房世英次派齊，卒咊瑠巴，子松泊。

種德五房世英次派整，卒咊瑠巴。子强、鄒、芽俱住臺灣。

帥，字君元，三掌子。配羅氏，生子碩卒咊瑠吧。考葬庵後崛仔。氏葬牛路坐西向東。碩無娶,以堂兄添子藍繼嗣。

怙,配黄氏,生子想。考葬臺灣,妣葬下尾溪。

游,林安長子,配氏生子送、謙。送配氏生子冉葬臺灣,監,詠葬臺灣。

童,配林氏,生子全,鏄,天出嗣虹房,鏄出嗣功弟聽。考妣俱葬臺灣。全配陳氏,以胞弟轉子來繼嗣,葬臺灣。

讃,配羅氏,生子育、宗住臺。

進,未娶,以胞兄賓子彩繼嗣。生康熙丙午年六月十一日午時,卒康熙庚辰年五月十四日寅時,葬臺灣北路本廳莊番仔社坐西向東。

增,配余氏,生子錫、欽、鏵、鉀、錢,俱住臺灣。生康熙癸丑年十月二十日亥時,卒雍正戊申年五月初九日辰時,葬山后塘井仔堋坐東向西。氏生康熙癸亥年七月初一日丑時,康熙辛丑年八月十八日戌時,葬門口嶺大路下坐北向南。錫,配羅氏,生子灘,溉,沮出嗣功弟,卒葬臺灣。

域,配羅氏,生子鎰。生康熙辛亥年五月廿三日午時,卒乾隆辛酉年十二月初二日巳時,葬臺灣青埔竹仔脚。鎰未娶,以虎四房泗子元愛繼嗣,卒葬臺灣。

壇,配出生子鐺。生康熙乙卯八月廿三日吉時,卒雍正甲辰年七月廿五日寅時,葬臺灣淡水。

埒,未娶,以胞兄坡子錕繼嗣。生康熙丙辰年十一月廿三日卯時,卒康熙庚寅年六月初一日未時,與錕俱葬臺灣。

型,配張氏,生子鉌、合。鉌未嗣。生雍正己酉年三月十五日酉時,卒乾隆辛未年十二月初四日午時,葬臺灣。

南燦,字薰卿,名挺,有容次子,配出生子厭、壁,葬臺灣。生順治丙申年五月二十日申時,卒康熙丁亥年三月十五日卯時,葬大坑林芹塘鞍坐癸向丁。厭,配李氏,生子鏜、慶、元。生康熙丁丑年,葬臺灣北路。

享,配張氏,生子緩,博以胞弟經子水繼嗣。生康熙乙酉年七月廿四日申時,卒康熙庚子年七月十七日辰時,葬臺灣南路打狗仔山脚。氏生康熙丙戌年九月十三日吉時,卒乾隆丁巳年二月十二日酉時,葬掃帚岩坐南向北。

經,配出生子得、水、喜。生康熙辛酉年正月十五日午時,卒雍正癸丑年八月初八日未時,葬臺灣太子宫。

普,字季韓,毅園公三子,配石氏,生子龍,惠,步,萬,夫住臺。考生順治辛巳年八月廿三日辰時,卒康熙丁酉年八月十八日寅時,葬梅仔坪坐庚向甲。妣生順治己丑年十月初七日酉時,卒康熙戊戌(一七一八)年閏八月初八日酉時,葬梅仔坪坐庚向甲。

衍,配陳氏,生子鑑,閲,振出嗣胞弟肯,住臺。生康熙丁未八月廿三日寅時,卒康熙庚寅年九月三十日酉時。鑑生四子住臺。閲生五子名闕住臺。肯無娶,以胞兄衍子振爲嗣。

柱,配賴氏,繼娶賴氏生子日葬臺灣,衙,聖,穆,榮,佳。佳配林氏。

顯,字懷真,艾次子,配葉氏,生子偉,沃葬臺灣。考生順治庚寅年七月初七日戌時,卒康熙癸未年十一月十五日未時,葬桃仔坷坐艮向坤。妣生順治己丑年四月廿七日酉時,卒康熙乙丑年九月十三日巳時,葬黄竹坑坐庚向甲。

偉,配林氏,生子暖卒未嗣葬臺灣。繼娶陳氏,生子奪、兑。生康熙戊申年十月初十日,卒雍正五年十二月初三日酉時。氏生康熙辛亥年六月初一日申時,卒康熙戊戌年二月十七日酉時,葬山后塘坐巽向乾。

埒，配黄氏，生子東、員。員住臺。

彪，配氏生子喝住五都。生康熙戊寅年九月初四日戌時，卒乾隆辛酉年四月廿六日申時，葬臺灣南路碌毒坑内坐南向北。

默，練長子，配氏生子刊，項住臺，湖，戴。

昂，配李氏，生子萍。生康熙丙子年十一月十八日酉時，卒乾隆己巳年七月初二日辰時，葬在臺。氏生康熙丙戌年四月廿六日，卒雍正壬子年四月廿二日。

安，配曾氏，生子初住臺，政，川，蓮，梅。繼配氏出，生子振六。生康熙癸亥年十月十六日酉時，卒乾隆己未年五月二十日申時。氏生康熙壬申年五月廿五日午時，卒雍正己酉年閏七月十六日丑時，附葬客寮蜈蚣岩媽林氏墓右。

瓊，字德華，子鴻長子，配蔡氏，生子雅，藩，鎬葬臺灣。考生崇禎甲申年九月十一日巳時，卒康熙癸亥年七月初二日午時。妣生順治己丑年十月十四日戌時，考妣合葬深隴圳，坐辛向乙。

範，字從諒，有桂子，以堂兄嘉子賢繼嗣。考生康熙辛亥年九月廿五日辰時，卒康熙己亥年八月初五日未時，葬臺灣青埔。

天賜，配張氏，生子旦。生康熙庚子年六月初三日子時，卒乾隆庚午年二月二十日子時，葬咬留吧。

福成公派賓，字正宗，有燕公子，配氏生子尊，住球留吧。

迎，字榮祖，衷達四子，配賴氏，生子盧，森，齊在吧卒，整在吧卒，抄住臺，點。考生崇禎辛丑年十二月初五日亥時，卒雍正癸卯年十月十三日午時，葬烏石坑貓薯堋坐癸向丁。妣生崇禎辛巳年十二月初八日寅時，卒康熙庚寅年七月十二日未時，葬烏石坑苦竹尾，坐乾向巽。

棗，字團明，潤平公長子，配劉氏，生子尚，整，科，榜，黨住球流吧。考生崇禎丙子年八月初七日亥時，卒康熙壬申年十月二十日巳時，葬塘仔尾，坐辛向乙。妣生順治癸巳年四月初七日亥時，卒康熙甲申年十二月初一日午時，葬倉下，坐辛向乙。

認，唱五子，配黄氏，生子素未嗣，疊，千住咊瑠吧，福。考生崇禎戊戌年九月初二日卯時，卒乾隆戊辰年閏七月十四日亥時，葬員峯塚。

世英次派榜，字士，標養子，配葉氏，生子妍未嗣，語未嗣葬麻竹堋，嫖住咊瑠吧，個，罩，厚未嗣。

速，配江氏，生子住咊瑠吧冉郎。

眾，諱樂成，字繁生，配鄭氏生子溪住臺，當卒咊瑠吧，柴住臺，國。生順治庚子年五月廿八日酉時，卒康熙辛丑年十二月初六卯時，葬楊尾五葉林觀音獨坐，坐丙向壬。氏生康熙丁卯年四月廿五日卯時，卒雍正丁未年八月十二日未時，葬揚尾水尾山，坐丙向壬。

艮，名萬隆，配陳氏，生子看，膾，短往番，羣出嗣，萃。考生順治己亥年五月廿七日卯時，卒康熙壬辰年二月初五日寅時。妣生康熙辛亥年八月初七日寅時，卒雍正己酉年十月初五日亥時，合葬揚美石壁嶺大路頂，坐北向南。

點，配賴氏，生子英、擇。英配吴氏，生子斟。生康熙甲戌年九月廿八日丑時，卒乾隆庚申年八月二十日辰時，葬吧城。

纖，配賴氏，生子泰、疊、來、彖。

疊，配陳氏，生子蕩吧。生康熙庚辰正月廿二日酉時，卒雍正己酉年四月二十日午時，葬吧城。配陳氏節。

隆，配出，以胞兄子要繼嗣。生康熙壬辰年五月十二日子時，卒乾隆壬戌年五月十八日吉時，葬番邦。

分，字惠生，景沛長子，配張氏，生子燃、嫌、謬。考生康熙丁卯年十月初二寅時，卒雍正己酉年二月初十日戌時。謬無娶，以胞兄嫌子翼爲後，生康熙壬寅年二月廿七日丑時，卒乾隆甲子年六月十二日辰時，葬在吧地。

仰，配黄氏，生子掉、讒、才。生康熙庚申年十一月初九日辰時，卒雍正丁未年四月十九日申時，葬球留吧木加嶼。掉配張氏生子戰，農出嗣，水，雪。讒無娶，以掉子農繼嗣卒在臺。才配陳氏生子謹。

棟，配賴氏，生子碩，來，賀，周住臺，迓葬臺，雍住吧。生康熙癸亥年十一月十七日未時，卒乾隆乙丑年二月初九日酉時，未葬。妣生康熙壬申年七月廿八日卯時，卒乾隆甲子年正月三十日酉時，葬湖洋樓後崙坪，坐北向南。

（何子祥編纂《[福建漳州]漳泉何氏族譜》
清乾隆二十年刻本 1928年平和琯溪華英書社工藝石印部翻印）

（二十三）高 氏

漳州礤都高氏徙外邦名録

正，孟福子，千丈孫，販番。

十六世祖考諱億仔，謚成海，公卒於南洋印尼泗水檳榔嶼，四月十六日。祖妣卒於南洋印尼泗水。長子登福，次子登録，三子登壽，四子登全，五子登酉，六子登高。祖考祖妣建居南洋印尼泗水檳榔嶼島，後卒於南洋。

（高維檜纂修《[福建漳州]閩漳礤都高氏家譜》 清康熙十一年稿本）

平和大溪赤坑高氏徙外邦一則

十七世諱水漲，乃端雅公之次子也，往丹邦。

（《[福建平和]大溪赤坑高氏族譜》 清嘉慶編修 咸豐補録本）

龍海海澄高氏徙外邦記録

諱褒，字孺衷，錦泉之長子也，娶李氏，生子曰蔡。孺衷生於萬曆癸巳年，卒在番邦。

諱殿驊，字萃區，貞南之子也，娶王氏，生子曰寅。萃區生於萬曆乙未年，往番邦吕宋國，王氏别配。

（《[福建龍海]海澄卿山高氏族譜》 清宣統刻本）

海澄卿山高氏徙外邦名録

褒，字孺衷，錦泉之長子也。娶李氏，生子曰蔡。孺衷生於萬曆癸巳年卒在番邦。

殿騂，字萃區，貞南之子也。娶王氏，生子曰寅。萃區生於萬曆乙未年，往番邦吕宋國。王氏别配。

（《[福建龍海]海澄卿山高氏族譜》　清宣統刻本）

（二十四）蕭　氏

南靖書洋蕭氏士鼎系徙外邦名録

十三世正繁公，名森，字茂林，生於乾隆年二月十四日未時，卒於道光年正寢，其墳葬在臺灣趙雲莊大坑口樟樹仔脚，坐寅向申兼丙寅丙申分金，合葬林氏媽。曾氏媽祖閨名瑟。過繼一房藝樹，生於光緒九年癸未二月二十五日戌時，青春十九歲卒於寢疾終，出外在英屬加留日理南靖帝廟内，葬者不知。

庠生元在公，張氏傳下三大房，長房興文名藝苑。次房興德名藝樹。三房興源名藝水。

十七世興文名藝苑，生於光緒七年歲次辛巳正月廿三日子時受生。後往印尼。

十七世興德公，乳名藝樹，生於光緒九年歲次癸未二月廿五日戌時生，至光緒廿六年歲辛丑二月日出外去英國地方土名日理，青年十九歲，不幸於辛丑五月吉日吉時以病卒葬在日理。

（《[福建南靖]書洋蕭氏六世士鼎系族譜》　清光緒稿本）

南靖湧川蕭氏徙外邦一則

第八氏二房士澤公長子名老，娶陳氏，生二子養一女，長子名明，次子名徙，養女配吴宅賴家。公諱國樽，名老，字子年，謚寬和，生於康熙辛酉十月廿二日丑時，卒於康熙庚寅年，販番身故，葬在咬留吧。

第十代二房天熾長子名從，娶妻鄭氏，生一子名光鐵。公諱汝增，名從，字子雲，生於康熙五十八年己亥，至乾隆十年十一月潛往番，至乾隆十三年七月在番邦身故，鄭氏名應官改嫁。

（蕭勝明重修《[福建南靖]漳靖邑永豐里吴宅總湧川蕭氏世系總記》
清同治十二年二修稿本）

南靖上湧蕭氏徙外邦記録

四房六代繼鈺，往番邦無回。公名慶，公生於萬曆三十年壬寅正月三十日丑時。

（蕭鐘鴻編纂《[福建南靖]上湧蕭氏世系》　清光緒二十八年稿本）

南靖永豐里九甲蕭氏徙外邦名録

六代繼鈺公，往番邦無回。公名慶光，生於萬曆三十年壬寅正月三十日丑時。

八代國老公，陳孺人，生二子，長名明，次名徙。又一女配吴宅賴氏。公諱國樽，名老，字子年，謚寬和，生於康熙辛丑年十月廿二日丑時，卒於乾隆庚寅年，販番身故，葬在咬瑠吧坐向不詳。妣生於雍正甲辰年十月廿二日申時。

（蕭耀清編纂《[福建南靖]永豐里習五二圖發九甲蕭氏族譜》 1935 年三修稿本）

南靖湧山蕭氏徙番記録

六二房六代繼鈺公，往番邦無回。公名慶光，生於萬曆三十年壬寅正月三十日丑時。

七代士逞公，張孺人，生一女配劉家無後，往番邦中沉船，妣張氏後嫁去。

（蕭鐘鴻編《[福建南靖]金山湧山蕭氏族譜》
七世伯焊　清光緒二十八年稿本　1936 年蕭雞清鈔本）

南靖書洋蕭氏侃毅系徙外邦一則

十八世石泉，生於道光十七年丁酉，往番邦無回。

（《[福建南靖]書洋蕭氏十世侃毅系族譜》 清宣統稿本）

南靖書山車田蕭氏徙外邦名録

八世祖必嚴徙臺九世祖忠讓公傳下四房廷運公脈下，第十六世厚，光坤與劉敬第四子，住日本佐智市松原町新馬場四十二番地。

八世祖必嚴徙臺九世祖忠讓公傳下五房廷達公脈下，第十七世舜日，天助與黄省長子，日本東京帝國大學醫學院畢業，日據時應徵日本軍醫過南洋捐軀。

八世祖必嚴徙臺九世祖忠讓公傳下六房廷章公脈下，第十六世昌相，光清與詹玉長子，日據時出徵海外捐軀。

八世祖必贊徙臺九世祖五顯公傳下六房廷章公脈下，第十四世大順，妣劉氏滿，生子天福、光湍、光扁。十五世光扁，一九二二年出生，一九四一年十九歲日據海軍工員出海外捐軀。

八世祖必江公徙臺派下三房壽公脈下第十五世培堂，旗與王知子，日據時應徵軍醫過南洋殉職。

八世祖必球公徙臺脈下第十二世匏，生於一八五四年，配洪宇，生子大頭、藝。大頭日據時過南洋未詳。

八世祖必江公徙臺脈下第十六世寬叡，高雄醫學院畢業，日本九州大學醫學博士，居日本任小倉病院院長。

八世祖必江公徙臺脈下第十六世榮吉，師範大學數學系畢業，居美國華盛頓，曾任政府課員。

（《[臺灣]書山分支車田蕭氏族譜》 1982 年線裝本）

漳龍蕭氏徙外邦開基祖名録

十七世秉源，往洋。

十八世石聲、新鈴往洋。

十八世清尋，往洋。

廿一世傳芳、傳和往緬甸。

廿世瓊璞，往洋。

廿世錦源，往緬甸。

十五世吾城，往泗水。

十五世進成，往泗水。

十六世振仔，往南洋。

十七世永固、永見往荷屬印尼泗水。

十九世輔伍公，字隧訓，妻陳氏，往仰光。

十七世興忠公，妣簡氏尊居，往仰光。

十八世家僯公，妣簡氏；家茂公，往仰光。

十九世登閣，往印尼。

十九世耿仲、瑞賢，往洋。

十九世景冬，生四子，居仰光。

十八世三定，居印尼。

十八世四忍公，居印尼。

廿世永承，居印尼。

十九世輔水公，字勝源，妣張氏，繼蘇氏。出嗣高埕，居印尼。

十八世永鐘，過南洋印尼。

十八世棋輝，過南洋。

十七世千倉公，過南洋。

十八世建都，過南洋。

十九世輔根公，字鴻豐，去印尼。

十八世崇德，往南洋。

十八世家杏，字采壇，往南洋。

十八世華甲公，妣張玉容，往南洋。

十七世開印，往南洋。

文全系十六世迎禧公，妣印尼之女。

十七世東契公，居印尼，生三子二女，暨在印尼，女密娘招婿在印尼。

十六世話立公，往南洋。

十八世鳳南，居印尼。

十六世衍元，往南洋。

（《[福建漳州]河南衍派漳龍蕭氏族譜》 1999年鉛印本）

南靖金山順德堂蕭氏往番二則

十三世勝官公，妣許孺人。生四子，長臣，次三，三定，四赤。公乳名存，字定心，生於道光十八年戊戌八月初二日卯時，往番邦。妣許氏，名甚娘，生於道光十七年丁酉八月廿九日未時，卒於咸豐六年丙辰正月十一日酉時。

十四世必芳公，乳名友明，字高文，生道光二十四年甲辰十月廿二日午時，往番邦，卒於甲申年七月初五日午時。

（蕭迎祥編修《［福建南靖］金山上湧蕭氏順德堂家譜》 清光緒八年稿本）

臺灣車田蕭氏日據時從徵歿及居日美人名

八世祖必嚴徙臺九世忠讓公傳下四房廷運公脈下，第十六世存厚，光坤與劉敬第四子，住日本佐智市松原町新馬場四十二番地。

八世祖必嚴徙臺九世祖忠讓公傳下五房廷達公脈下，第十七世舜日，天助與黄省長子，日本東京帝國大學醫學院畢業，日據時應徵日本軍醫過南洋捐軀。

八世祖必嚴徙臺九世祖忠讓公傳下六房廷章公脈下，第十六世昌相，光清與詹玉長子，日據時出徵海外捐軀。

八世祖必讚徙臺九世祖五顯公傳下六房廷章公脈下，第十四世大順，妣劉蒲。生子天福、光湍、光扁。十五世光扁，一九二二年出生，一九四一年十九歲，日據海軍工員出海外捐軀。

八世祖必江公徙臺派下三房壽公脈下，第十五世培堂，旂與王知子，日據時應徵軍醫過南海殉職。

八世祖必球公徙臺脈下，第十二世匏，生於一八五四年，配洪宇，生子大頭、藝。大頭日據時過南洋未詳。

八世祖必江公徙臺脈下，第十六世寬叡，高雄醫學院畢業，日本九州大學醫學博士，居日本任小倉病院院長。

八世祖必江公徙臺脈下，第十六世榮吉，師範大學數學系畢業，居美國華盛頓，曾任政府課員。

（《［臺灣］書山分支車田蕭氏族譜》 1982年鉛印線裝本）

臺灣梅軒派蕭氏日據時從徵歿及居日本名録

廣東省潮州府嘉應州石扇堡孝雅鄉松源十九世俊拔公傳下二十四世蕭金璋，住日本大阪市平野區經商。

廣東省潮州府嘉應州松源十八世開魁公徙臺二十三世進玉，配張滿妹，洪郎與羅桂妹之子，日據時出徵海外生卒未詳。

廣東省潮州府嘉應州石窟都龍牙鄉松源十九世達梅派下徙臺二十四世蕭紹應，恩鄉之子，一九三一年出生，出嗣日人，日本拓殖大學畢業，住日本，日名岡本昭夫，配榮子。

廣東潮州府嘉應州焦嶺縣松源十五世仁剛公徙臺二十一世連登，石傳與朱喜妹子，生於一九一四年，配邱三妹，日據時出徵海外死亡。

廣東省潮州府大埔縣白侯鄉松源梅軒公傳下白侯二十一世，十五世元科公派系蕭天禄，錦奎與吕氏次子，住日本，生子松芳、東元。

廣東省潮州府大埔縣白侯鄉十四世榮標公徙臺世系，二十世金錢，火生與林銀妹子，住日本京都市中京區三條通小川角岡田商會，日名岡田守弘。

（林添福編《［臺灣廣東］松源肇基始祖梅軒公脈系蕭氏族譜》 1981年臺北鉛印線裝本）

(二十五)藍　氏

漳浦種玉堂藍氏徙外邦名録

十九世三房蕃公派下古羅鹽仔,旅居印尼萬隆。清龍,旅居印尼萬隆。

二十世惠增,子豐林、豐玉旅居印尼。

二十世有土,生子滄棠、鏗鏘,故之印尼泗水。

十九世玉蘆,子仙桃,住印尼經商。

十九世朱膠,子中國、發國,印尼經商。

二十世嬰有,針水子,過南洋。

十八世長綿,旅居泰國,子天祥、天眷。天眷生子德樅、德乞。

十八世振美,居泰國,生五子,生萬、生寶、生財、生利、生賀。

十八世繼美,居泰國。生三子,生淵、生福、生安。

十九世源仔,去緬甸仰光。

十九世欽池,僑居印尼。

十九世達水,僑居新加坡。

十九世馬仔,出洋。

二十一世慶生,出洋。

二十世永茂,住印尼。

二十一世天來,子克東,住印尼。

二十一世俊英,子四,忠輝、忠爭、忠金、忠枝,俱住印尼萬隆。

二十一世明其,住印尼,子榮金、榮豐。

二十三世玉文,住印尼。子四,啟心、啟亮、啟忠、啟元。啟元子全發、全泰、全智、全明。

二十三世烏術,住印尼,子四,左山、左順、左其、族民。洪偉爲左山之子。進福、進芳爲左其之子。

二十二世和在,住南洋,子水色,孫萬成、萬和。

二十二世長水,住南洋。

二十二世待輔,子四,介民住印尼,慶民住印尼,志民住印尼,全欽。介民子捷盛、捷華。慶民子捷德。志民子捷發。全欽子捷勝、捷平。

二十二世朝陽,金龍長子,住泰國。

十七世扁仔,居印尼。

十七世有仔,居印尼。

十七世平仔生四子,金鳳住印尼,堂水,甘堂住印尼,美仔。

二十世通元,住印尼,子四,良安、良兵、良生、良智。良智子捷祥、捷成。

二十世五經,居印尼。

二十世致富,住印尼,生子漢章。

二十世乙鶴,住印尼。子陽春。孫四,通樅、通義、通壽、通法。

二十世俊美,居印尼,子志勇,孫寶川、寶聰。寶聰子榮祺。

二十世玉樹，居印尼。

二十一世民權，居印尼。

二十世天龍，居印尼，子四，寶英、英俊、英明、英傑、英土。

十九世良善，居印尼。

十九世來成，居印尼。子利維、利輝、利民。

二十世水乞，居印尼，子五，良華、博華、龍華、競華、精華。

十八世金鳳，居印尼，子五，良吾，來吾，良才，良有，來有居印尼。

十九世銀模，居印尼。

十八世甘堂，居印尼，子碧山，碧江居印尼。

二十世芳玉，居印尼。

二十世晉水，居印尼。子瑞和居印尼，生三子，仁木，仁祥，仁智居印尼。

二十世晉水，居印尼，子瑞發居印尼。瑞發子錫美、錫明居印尼。

二十一世就西，居美國。

二十一世江山，居南洋。

二十一世福箭，居南洋。

二十二世利貞，水覺次子，居新加坡。

二十一世德光，子彰奇、彰傳、彰芳俱居印尼。

二十二世彰傳，居印尼，子哲琛、哲言。

二十二世彰傳，居印尼，子哲安、哲理、哲亮。

二十二世彰奇，居印尼，子哲行、哲弦。

二十二世利貞，居新加坡，子宇揚、宇鳴。

（《［福建漳浦］石椅種玉堂藍氏族譜》 1991年鉛印本）

（二十六）湯　氏

漳州中山湯氏徙外邦一則

列嶼子禄公之第三子梅叟公派下十六世永正，卒於三月三十日，妣陳氏卒於二月十四日，公排行二，在夷國無回，媽葬東官託應前之左右。

（《［福建漳州］中山湯氏族譜》 1992年鉛印本）

（二十七）沈　氏

詔安沈氏西沈系徙安南記録

二十七世楚玉，邑賓博訓子，剛毅孫。生子裕安、東海、金興、金隆、煌光。金興遷居安南國金塔轄下新闢地界住。

楚玉公，號賓善，光緒歲進士，配妣葉氏諱粒娘。先氏早卒，繼妣太孺人楊氏，廣饒鴻江望族仞峯公之孫女也。再妣副孺人王氏，安南國華僑，厦門人之女也。因公常往安南金塔經營魚湖之業所娶也。楚玉嗣一子長名東海，字福如，次金興，三名金陞，四煌光名錫明。

（《[福建詔安]沈氏族譜西沈派》 1981年稿本）

武安沈氏徙外邦名録

楓林派十四世日，連子，卒於暹羅。

大角派十四派海，添子，城孫，卒於暹羅。

下沈派十六世錢，聖四子之末，侯次房系，往吧。

庵尾進士派，十二世權，明末進士蓮玉與戴氏子，住番邦。

庵尾進士派，十五世長，漳子，歆孫，往吧。子按。

磚仔壁内派，十四世天武、天成，起聲子，肇延孫。天成諱貌郎，妣黄氏。天武諱奪帥，妣陳氏。俱往吧。

磚仔壁内派，十五世士科，天威三子之次，起聲孫，名泉，卒於吧城。

庵尾派十三世文昭，名成，妣陳氏，卒於吧國。

庵尾派十六世泵，往吧。

石埕派十三世韜，字燦夫，卒於吧。妣魏氏，又妣陳氏。子仙、亞。孫六。

十六世泉、柳，晚結長派，往吧。

十五世知、梗，江海子，恰孫，晚結三房系，往吧。

楓林派十六世河，天錫子，洪禮孫，往吧。

下庵派十五世萬，訖子，正宗孫，往吧。

下庵派十五世自，聖子，巽孫，往吧。

（《[福建長泰]武安錦山沈氏族譜》 清咸豐二修稿本）

平和吴興沈氏徙外邦記録

八世伯祖帝旺，情因山大窠直坑頭燒炭被虎傷，殯葬石子窠，坐乾亥，龍來辰山戌向。後遷出外石子窠頭，壬山丙向。妣李氏，葬石籃畬壩妹子崗，癸山丁向。生子來元，往番。

十三世聯興，字璠衍，八字甲子癸酉己卯乙亥，本命生於大清同治甲子年八月十一日亥時，因遷番年久無信。

（沈劍編纂《[福建平和]吴興沈氏族譜》 清光緒十年稿本）

詔安沈氏徙安南記録

二十七世楚玉，邑賓博訓子，剛毅孫。生子裕安、東海、金興、金隆、煌光。金興遷居安南國金塔轄下新闢地界住。

楚玉公號賓善，光緒歲進士，配妣葉氏諱粒娘。先氏早卒，繼妣太孺人楊氏，廣饒鴻江望族仞峯公之孫女也。再妣副孺人王氏，安南國華僑，厦門人之女也，因公常往安南金塔經營魚湖之業所娶也。公楚玉嗣一子長名東海字福如,次金興,三名金陞,四煌光名錫明。

(《[福建詔安]沈氏族譜西沈派》 1981年稿本)

(二十八)朱 氏

龍海鎮海朱氏徙外邦開基祖名録

二十一世添進名丁財,卒於庚寅八月初七日,葬在後頭埔,妣宋氏卒於庚寅九月初一日。生二子,長名玉印,出嗣林兜謝,往番邦。次名大目。生一女配御史橋藍。

二十一世諱才窩,出外卒在番邦,無傳。

二十一世諱朝,往外域,卒在番邦。妣氏後改嫁石獅,奉祀後出招隆教藍姓,無傳。

謙和祖次房,十七世祖伯辰,生正月初八日,卒十月十五日。諱昇,卒在外域大哖。妣番人。生二子,長名追,次名吝,俱回家,衣金礶葬在西巖院,坐東北向西南石白碑。

十八世祖諱吝,復往外域宋脚。

純嘏祖次房,十六世祖保和,諱哲,讀書人,享壽七十二歲,出外卒在吧城八佳浪,九月十四日。妣勤正林氏,金葬在車犁内。生三子,長名讀,次名照,三名詠。

十七世祖諱讀,往外域卒在吧裏。

十七世祖直夫,諱詠,往外域,十一月初八日卒在大哖。妣淑慎。享壽五十七歲,卒於八月廿五日,葬在崎蘋,坐西北向東南。生一子名諧,又二女,三娘配白坑蔡璉,次員娘配田中央王酣。

純嘏祖三房,十七世祖尼胡,諱潘,往外域,五月初六日卒在大哖。妣勤慧江氏,興古江暢令媛,生一子名帝早亡。繼妣陳氏,島美陳嶽令媛,生一子名致廣,又一女市娘配島美陳乞。

十六世祖瑞和,諱州封,庶出,往外域,卒於大哖。甚繼嗣。

十六世祖剛直,諱莉,庶出,往外域,卒在大哖。

十七世祖諱楷,卒在吧城。妣陳氏,生一子名斐。

十七世祖諱杖,往外域,卒在宋脚。

十六世祖醕睦,諱協後,往外域,卒在大哖。妣陳氏,島美人,生一子名漏,又一女替娘配名山黄謙。

十六世祖諱淮,卒在宋脚。妣楊氏,鄭橋人,生二子,長名度,次名冷。

十五世祖協通諱陞,卒在番邦。妣許氏,毛山人,螟一子名暹,生一女輝娘配小澳蔡興宗諱昇。

十五世祖侃直,諱懼,往外域,雍正九年三月初五日卒在六崑。妣端静陳氏,卒於九月廿一日葬在東嶽前塚山,坐寅向庚,生一子名番早亡,由繼嗣爲孫。

十七世樸禮,諱貴,卒於十月三十日,葬在石雞山后,坐壬向丙兼子午。妣高氏外洋人,路之子長發繼嗣。

十七世祖英秋,諱殿,卒於十二月初十日,葬在番邦丁居宜萬冬山内,享壽三十二歲。

十五世祖平甫,諱奇,鄉飲大賓四代兒孫。卒於十一月二十日,葬在外洋望月墓後,坐巽向乾兼辰戌。妣慎徽何氏,鎮海人,卒於三月十五日,葬在西巖院獅脚,坐子向午。生二子,長名清,次名專。又一女和娘配梅寮江潭。

十五世祖諱亨,妣林氏,烏石人,生六子,長名壯,次名柱,三名佐,四名法,五名勇,六名情。五子俱卒於番邦,惟勇一人在家,俱各無傳,只有長子壯生一女就娘配鎮海林天賜。

十六世祖靈回,諱專,讀書人,往外域,六月十七日卒於六崑。妣莊順王氏深塢人,卒於九月初九日,葬在西巖院塔仔內,坐坤向艮兼申寅,生一子名攀。

(朱陳鵬編纂《[福建龍海]鎮海朱氏族譜》 清光緒十六年稿本)

東山宅山朱氏徙星開基名録

新山后村赴新加坡定居者:

十四世志　十五世躍　十七世玉成　十八世玉旺　十八世寶金

十八世阿蛋　十八世金添　十六世春才　十六世文星　十六世永連

十七世尾愛　十七世清奇　茂吉　二十世清和　二十世清祥　十九世添德

十九世德同　十九世安吉　十七世保章　十八世進明　十八世丑仔

十九世阿福　十五世馬桂　十六世茂松　十八世金順　十七世德才

十八世龍生　二十世清吉　十九世長明　十八世鐵條　十八世貓鼠

十九世德廣　十九世開添　十八世賊古　十八世槌仔　十八世進江

十九世勝和　十六世文一　十七世國龍　十七世國英　十七世成寬

十七世阿裕　十九世林英桃　十九世冬菊　十七世福龍　十七世榮喜

十八世進發　十七世清奇　十六世春興

十七世石印,祖家親屬開興、成龍。

十七世阿土,祖家親屬愛珠。

十八世金龍,祖家親屬常由、順定。

十八世成金,祖家親屬嬌英、愛珠。

十八世章武、章文,祖家親屬秀龍。

十八世振坤,子阿順,過繼金龍爲子。

十七世和義,全家五人住馬來西亞,祖家親屬秀龍。

十六世,春母、成德、建成。

十七世,添壽、汝川、汝堅、文周、里順。

十八世,水加、成美、安民、振芳、粒武、海南、榮華、鹽榮。

十九世,玉坤、香來、三和、篤成、篤原、篤廉、啟明、鼠仔、全成、乙虎、來發、成發、紅妹、北和、英桂、德順、德軒、德發、德太。

二十世,成吉、成金、成和、成福。

宅里村居新加坡十六人:

十六世木順,十七世成春,十八世竹興,十八世竹枝,十七世成桂,十九世竹其,十八世木其,十八世竹茂,十七世成國,十八世木通,十八世永春,十八世元華,十八世福華,十八世和尚,十八世長泰,十八世金和

(《[福建東山]宅山朱氏志譜》 1995 年鉛印本)

平和朱氏徙外邦名録

考亭二十二世，南街十八世，南街大房三其鳳，移印尼。子清輝、順祥、清興、清發。

考亭二十三世，南街十九世良堤，朝海子，稱居泰國。子文東。

考亭二十二世，南街十九世吉昌，金印子，移泰國。

考亭二十四世，南街二十世阿陶，祖傳子，廉士孫，移居南洋。

考亭二十四世，南街二十世加木，高博子，涵江孫，移加里曼丹。

考亭二十五世，南街二十一世閫和，佛伴子，金鎔孫，移居泰國。

考亭二十三世，南街十九世英偉，武舉題橋長子，移居泰國。

考亭二十六世，南街二十二世，南街次房大亮挺，軼羣五子之四，文材孫，遷新加坡。

考亭二十四世，南街二十世再厚，傳銘子，誥孫，移居南洋。

考亭二十七世，南街二十三世智龍、智峯兄弟，韻鑫子，仁堪孫，移香港。

考亭二十六世，上坪十八世，上坪次子培系敬黎，石藏子，漢澤系，遷泰國。

考亭二十四世，上坪十六世則友，成龍三子之末，居南洋。

考亭二十七世，上坪十九世，上坪四房子珊系積金，勤徵子，聖瑞孫，柳派下，遷泰國。

考亭二十五世，上坪十七世欽臺，上坪四房子珊系，雲紫子，春木孫，遷泰國。

考亭二十七世，上坪十九世赤美，繼傳系，遷泰國。子術發，孫文中、文佘、文致。

（《[福建平和]朱氏族譜》 1999年印本）

平和朱氏向外國遷徙名録

孟琨公派下，二十世成層公，遷徙新加坡定居，繁衍生息。

世義公派下，二十世國興公，遷往南洋定居，繁衍生息。

孟崇公派下，十八世季公、馬公，遷徙泰國定居，繁衍生息。

十八世其鳳公，遷移印尼定居，繁衍生息。

孟廣公派下，十九世講仔、良堤公，遷徙泰國定居，繁衍生息。

二十世陳尚、文綽公，遷往南洋定居，繁衍生息。

明傑公派下，十八世采芹公，遷徙南洋定居，繁衍生息。

明俊公派下，十九世英偉公，遷徙南洋定居，繁衍生息。

二十世有松公，遷徙新加坡定居，繁衍生息。

二十一世堆金公，遷往泰國定居，繁衍生息。

孟俊公派下，十一世金賜公，遷徙泰國定居，繁衍生息。

二十世再厚公，遷往南洋定居，繁衍生息。

二十一世五霸公，遷徙南洋定居，繁衍生息。

孟監公派下，二十世有介公，遷徙新加坡定居，繁衍生息。

朱佛伴公，遷徙泰國定居，繁衍生息。

二十五世祖上坪世系十七世祖積金公，遷泰國定居，繁衍生息。

（《[福建平和]朱氏族譜》 1999年印本）

(二十九)簡　氏

南靖長教簡氏徙外邦開基祖名録

宗宜二房派十二世克贊,字汝輝,士理與蕭妣五子之次,往番邦,妣魏氏生子鬱。

十一世致生,質毅與葉氏七子之三,乳名奪,諱彦龢,謚靖敏公,妣張氏。生三子,長位公往吧城,次儉公出嗣,三夔公。

九世七房叔祖諱文縉,字獻彩,號炳然公,妣謚肆烈丁氏。生二子,長國甲,次國珙。一女嫁石橋張家。叔祖與妻恨氣,於大明崇禎十二年己卯二月二十日,往番邦吕宋國無回。祖妣壽五十七歲,葬在寨背赤西坑坐申。

十三世俊民公,名桀,謚敏直,妣吴氏。生四子,次名高公,少年往番邦無回。

(簡庭編纂《[福建南靖]長教范陽郡簡氏世代族譜》　清同治十二年二修稿本)

南靖長教簡氏徙外邦開基祖名録

十六世乳名丕軒公,早故,葬在打石窠。妣李氏名梅。繼一子名振業,妣蘇氏辛巳年生,葬在打石窠嶺坑頭,妣葬在火背山米斗銀。振業繼一子名保宗,乙丑年長髮拏去無回,娶張氏附葬於蘇氏墳頂左邊,繼一子名接雍,接公葬在蘇氏墳頂。丕軒公嘉慶庚辰年往三吧辰無回。

十六世乳名總已公,字厥勳,謚德意,生於乾隆庚戌年,壽七十六歲,即葬於南歐。祖妣蘇氏名彩系南溪人,生於嘉慶己未年,壽六十六歲。生五子。長應超,娶林氏,生一子名扶助,戊申生。超生於嘉慶戊寅年,少年往臺灣下港南投街置家,咸豐七年搬家回家,同治四年長髮擾鄉,父子二人被賊所拏無回。林氏因失子後改嫁。次子應林,妻夫故改嫁,庚辰生壽三十一歲,生一子名玉堦,庚戌生。三子應辰,生於道光乙酉,咸豐二年往番邦叻波,末及數年身故,繼胞侄建爲子。四子應秋出嗣作侄。五子應孚,娶余氏,生二子,長建,次英。孚字咸中,生於道光癸巳年。

十六世乳名啟元公,妣劉氏。公字長裕,諱炳文,謚順誠,生於嘉慶元年丙辰,壽八十五歲,葬在中心崎。妣劉氏,名罕,謚和順,系佳草芳人,生於嘉丁卯年,壽五十九歲,即葬山脚大路上。生七子,長天市娶莊氏生二子。次子天迎。四天從、六天寶皆幼故。三天貴出嗣作侄,往番邦。五天文,字仰觀,道光壬寅年生,二十四歲卒。七天山,生於道光辛亥年,同治四年長髮賊拏去無回。

十六世乳名啟楨公,生於嘉慶庚申年,卒於咸豐辛亥年正月廿九日,壽五十二歲,與江氏合葬在大壯頂坐乾。妣江氏,未過門卒,年十四歲,繼胞侄名天貴爲子。天貴娶莊氏、黄氏。莊氏生一女嫁下板寮劉家。黄氏生一子,名從正,往吧城,癸亥生。貴字國英,生於道光庚寅年,平生繪畫,咸豐二年往番邦吧城,乙卯年回家,娶莊氏,己未年往吧娶黄氏,系番官甲必丹黄清淵之妹。貴三十九歲故,卒葬在吧。

十六世乳名執奎公,妣莊氏。生四子。長子厥善娶莊氏,夫故改嫁,生一子名大本。善生於道光乙酉年,卒於同治四年乙丑,壽四十一歲,即葬於山脚大路上。次子厥鐘,生於道光年,咸豐壬子年往番邦吧城,同治己巳年回家,是年又再往吧城。三子厥富,出嗣坎下,改名昭麟,諱玉書，道光三十年進武生。四子厥貢出嗣官洋。

十六世乳名登渺公，儒士，妣林氏無育，又妣蘇氏名良，庚申生，壽六十五。公諱淩漢，謚純樸，生於乾隆年。生三子，長賛参早故，妻改嫁，生一子名文禮。次子賛哲，咸豐二年往番邦女人國，系被風漂至，咸豐九年來至吧城，未及數年身故，惜哉。三賛厥，同治四年被長髪拏去無回，娶氏名捌早故。

十七世報春，丹菊公與張氏六子之四，生於道光丙午年，同治七年戊辰正月初六日往番邦吧城，次年己巳娶妻施氏，庚午年生一子，壬申年身故，二十七歲，葬在吧，妻改嫁。

十六世乳名嫣謙公，諱德恭，乙酉生。妣莊氏，甲午生。生三子。長文銓，娶張氏，甲子生，生四子，長龍溪往番，次龍印，三龍珠。次子文瑞，娶番氏，生一子名破肚。三子文學。

十六世乳名福謙公，諱德輿，庚戌年生。娶劉氏，丙辰生，幼年十歲卒。公於光緒八年壬午往番邦吧城，至甲申身故，卒墓在吧。

十五世房叔祖乳名光鞍，字登祥，諱登俊，號艾軒，謚剛直公，儒士。妣江氏，名麵，謚江順、順惠，系高頭社人，生一子諱志泰早故，又繼胞侄逢泰爲雙爲子。叔祖生於乾隆四十六年辛丑六月，卒於嘉慶廿五年。因妻子皆喪，功名未遂，乃往番三吧哴，爲商數年，身故，壽近四十餘。卒葬在吧，骸骨不得回家，咸豐元年歲次辛亥，雙承逢泰在京奏旨，誥贈奉政大夫，祖妣誥贈宜人。道光廿年，蒙族又侄敬忠在三吧哴觀音亭，捐金蔭主祀於後殿中尊。祖妣江氏系永邑高頭社人國學生諱學源公之女，生員名來泰諱衢公之胞妹，國學生名振成公之胞姑，生於乾隆四十六年辛丑，終於嘉慶丁丑年五月廿日，壽三十七歲，即葬於虎皆山中崎，道光初年啟攢葬金礶於原穴，坐戌向辰兼辛乙。

十六世胞伯考乳名曉鴻，諱萬泰，字熙周公，妣莊氏系奎洋人，夫故未婚改嫁，立胞侄植槐爲雙承。胞大伯父生於嘉慶八年歲次癸亥八月廿九日辰時，道光甲申往番邦吧城爲商，至道光六年丙戌同四叔祖景武公回家，在船中得病，氣尚未絶，被舵舡丢於海中，傷哉。後因無骸回家，爲人子侄不安於心，至同治九年庚午，乃書銀碑一座，書其名字、生時日辰、年歲，藏於金礶，是年七月廿八日卯時進葬於小村石壁嶺頭對面雷打石石壁中，祖父正直公墳右外穴，坐坤向艮，兼申寅，用癸未癸丑分金，坐井三度，地曰獅形，又似蟾蜍虎。

（簡庭編纂《[福建南靖]長教范陽郡簡氏世代族譜》 清同治十二年二修稿本）

南靖長教簡氏徙外邦開基祖名字世系紀事

十三世日三公，庠生，誥贈奉政大夫，乳名省坤，字永觀，號省齋，謚純雅，附葬於其父南飛公墳内分金一同。妣莊氏無育。莊氏續妣生五子。元妣莊氏葬虎背山。繼妣莊氏葬小村筆架山，坐申兼坤丙申分金。

十五世登俊公，儒士，誥贈奉政大夫，乳名光鞍，字俊民，號義軒，往吧無回。妣江氏宜人，生一子志士早故，後繼胞侄進士逢泰爲子。

十六世逢泰，乳名慶平，字階甫，號星槎，公時十二歲蒙史學憲取進靖學七名，道光甲午蒙張學憲補增。乙未蒙張學憲補廩。丁酉蒙吴學憲選拔貢生，又蒙張倭二主考取中舉人第二名。戊戌科會試取中進士七十三名，殿試二甲二十三名，欽點工部主事，屯田濟吏司，後陞員外郎。公生於嘉慶乙亥年二月初十日亥時，官歲又是嘉慶丁丑年陽年五十一歲，特不幸於同治四年乙丑九月十四日髮賊擾陷漳城，公惟矢志忠貞，罵賊不輟，遂殉難，誠堪痛惜，後蒙恩賜旌表。

十六世儒士濟享,往吧城卒。

十二世書名克贊公,妣魏氏,生一子鬱。公乃士理公之次子也,乳名觀助,字汝萃,書名克贊,幼往番,被反未知存亡,無回。

十三世次羣公,元配李氏,生一子海。續配江氏。公乃克己公之次子也,乳名超,字次羣,公葬於竹倭山伯勞墘日上,坐庚向甲。妣李氏,葬於番邦三寶隴。江氏葬於伯勞墘田上坐庚向甲兼酉卯。

際泰公長房長派,十四世元浮公,妣邱氏。生四子一女。長子新有,次子石生,三子新昭,四子新定。一女名錐娘,配雙坑社大樓詹。公乃次羣公之子也,乳名海,字河伯,謚純樸。公生在番邦三寶壟,甫十歲隨其父回鄉,至公夫婦歸,世合葬潭頭甲公王壇角,坐戌向辰,兼乾巽用庚戌庚辰分金,於道辛丑年進葬築墳。

十五世永承公,乳名石繼,元配江氏,續配莊氏,生一子名培,一女嫁龜洋。永承乃如茂公之長子也,生於道光丙申年月日時,往呦叻吧卒,元配江氏生於道光。續配莊氏生於道光丁未年八月初二日子時。

十六世贊修,妻李氏銀娘。續配林氏卑姊。乳名正心,字齊其,乃貢生永儀公之第三子也。生於大清咸豐二年壬子歲四月初二日辰時。李氏閨名銀娘,謚安淑,生於同治十二年癸酉歲月日時,卒於光緒二十年甲午歲三月十七日酉時,迨乙未年十一月初五日引魂,初七晚作佛事,初八日未時合火積慶祠,酉時合火潭頭祠,葬於吧城文丁嗎莫管鑒光巫嘮田地公司之蔗園邊,名曰呀路利實鑾壟茄樹頭,坐西向東。

十六世贊心,配番氏。番氏乃是番人,無姓,生五子,長亨佳,次福佳,三佳出嗣與大五房,四成佳,五時佳。贊心乳名接意,字廷雅,乃永周瑞峯公之雙承子也,生於道光辛卯年六月初六日丑時,卒於光緒甲午年。

十六世贊完,妻魏氏,生三子,長振英,次振會,三振明。贊完乳名習全,字廷念,乃永豔公之次子也。生於道光辛卯年正月廿九日卯時,往吧呀吻,卒於光緒丙戌年。妻魏氏,閨名厚娘,生於道光己亥年正月初四日巳時。

十六世贊修,續配林氏,閨名卑姊,生於光緒二年丙子歲,時吧城文丁嗎莫鑒光巫嘮由地亞森社林永疇公之女也。

十七世必達,書名振邦,乃貢生贊華第三子也。生於同治壬申年十月初九日卯時,卒於仰光毛禮社葉德興店内,一九二五年三月初三日卯時,高壽五十三歲。丙寅年四月,振清往仰光帶骨骸回鄉,迨至癸酉葬大坑墩仔,坐乾向巽,兼丙辰丙戌分金。妻蕭氏,乃施洋大堀尾蕭雖翁之長女也,生於光緒癸未年二月十五日子時,甲寅年十月十三日子時不幸。

十七世振商,元配李氏,續配陳氏。繼胞侄學問爲子,又繼胞侄藏鐐爲子。振商乳名子宫,字並中,乃贊見公之長子也,青年奮志赴吧城,自娶元續兩配,營獲千金寄回置産,特不幸未經幾載終世吧城。振商生於大清道光十七年丁酉歲六月初八日午時,陽年三十四歲,卒於同治庚午年七月廿二日戌時。

十七世乳名作佳,際泰公次房次派。作佳書名振景,乃贊順之子也。生於咸豐己未年,至庚戌在吧城辭世,妻李氏卒於同治辛未年。

十七世乳名琴佳,妻蕭氏,生一子炳圖,一女嫁出後魏氏出。琴佳系贊家之子也,生於同治辛未年二月十四日申時,卒在吧城。

十七世松養,乃贊道之次子也,生於咸豐己未十一月十五日酉時,往吧而卒於光緒己丑年歸世,陽年卅一歲。

十七世子軒,書名爾霞,乃贊陽公之次子也。生於咸豐元年辛亥六月初一日巳時,往吧呀吻獲利而卒,後繼玉杯爲雙承子。

十八世慶螽,光緒壬辰十月初七日丑時生,書名朝宜,卒於一九一九年己未三月廿一日未時,身故在仰光暨磅亞滑呇社必忠店口。宜之子待庚申年三月初六日,引魂作佛事升祠。

(《[福建南靖]長教簡氏世系族譜》 清光緒三修稿本補録本)

南靖長教簡氏遜賓系徙外邦開基祖名録

十一世叔祖名勳,諱策祈,字有祈。妣張氏,生三子,刊、汀、炙。公葬在紫鄰坑頭,坐南向北。刊過番無回。

十五世觀損公,生於嘉慶丁丑年三月三十日酉時,卒於吧城,因風湧人身失落海中。

十六代茂專公,往仰光無回。

十六世倦生之四子茂德。配妻張氏,繼一子水仲。因中年往仰光無回,其妻張氏守節。水仲公生於光緒己卯年七月十九日午時,於一九四五年五月初四日,在當天引魂超生合火歸宗。張氏名彝,生於光緒壬午年九月初七日丑時。

十八世祖考名連科,諱登元,是章龍之長子也。生於光緒戊寅年八月初三日亥時,卒於一九四四年六月初四日午時,享壽六十七歲。葬於老洋水圳尾,坐甲向庚分金。妣莊氏,名金娘,生於光緒丁亥年十一月十三日丑時,無生,因公家庭生活困難過往南洋印尼謀生,再娶小妾,傳下四男二女,帶回故鄉給妣莊氏爲子。長子全洸,未出國前從外鄉過繼,長大成人後過往緬甸仰光謀生無回。次子全盛。三子全昌。尾子全春。全盛、全昌、全春是從印尼帶回的。妣莊氏卒於西元一九六二年,葬在嶺頭路。

(《[福建南靖]書洋楓林簡氏十二世遜賓派系譜》 清光緒四修稿本補録本)

南靖長教簡氏惟原系徙外邦名録

二世祖八房貴信公,妣林老夫人。公文武英烈,才力過人,時爲陶安參政,能共保全三郡。官名曰張班。揆爲南京户部主事陶安參政,奉旨爲王和番,後在番無回,敕封林氏夫人一品冠帶。幸在家時生有一子名旋。旋與母親林氏往外家居住,在竇林村傳二子,長曰惟切,次曰惟德。時鄉人稱爲王后,兄弟壽世,合葬在南靖土名梅仔溪義倉,後孫支回來楓樹坪創建祠宇,克昌厥後云。

十七世叔祖乳名慶貞,妣李氏,續娶莊氏,生甘棠,孫釀泉。次繼貞妣張氏,生二子,長慈帆,次慈欽幼故,孫溫厚往仰光身故。

(簡上浣編纂《[福建南靖]長教簡氏四世惟原系譜》 清光緒八年稿本)

南靖簡氏二世貴信明永樂和番及招魂歸葬記

宗八房二世,南京户部主事官章張班,諱貴信公,妣謚貞懿林夫人。生一子璿辨。公諱貴信,乃德潤公之第八子也。慨然有志,出居靖邑東門墨場,娶妣林氏,終生一子璿辨,即將妻送居外家，在靖橋南半卷，自往南京候選。既而由吏員出身，於洪武七年特授户部主事。至永樂十五年奉旨和番，功成榮歸，即夢於南京莫回，後招魂，與子璿辨合葬南靖寶林埔大蠏形分金。昔有傳聞，其側室生子居南京小西門外，未知果否。妣林氏，誥贈一品夫人，卒於橋南卷，葬在南靖西門外歸德里海仔溪尾山。

（《[福建南靖]長教簡氏世系族譜》 清光緒三修稿本補録本）

（三十）游　氏

詔安龍潭樓王游氏清末往安南一則

十五世諱文耀，監生名肇彩，生道光庚子年五月廿二日酉時。妣吕氏，生二男，鳳際出繼雙兄，鳳蕉。繼一男鳳禨，生一男象振往安南死。

（《[福建詔安]秀篆龍潭樓王游氏族譜》 清宣統稿本）

詔安游氏樂山念四系徙外邦開基祖名録

十四世名德，宗化公晚子。妣吕氏，生三子，火焰、木焰、金焰，三兄弟往番邦。

十五世來興，良發公長子，辛未生，妻吕氏。生玉書無傳，玉疆往番，石志，火旺往番。

十三世章慕，號辰來，是恩公次子，妣吕氏。生厚津夭，厚吕往臺灣，厚經往洋。

十八世木生，靜宜公五子。生於道光癸卯年九月初四酉時，往番邦，骨骸也無取回。妣李氏，生一女，一男鬱雲，節慈矢志勤儉，教子功成，生於道光乙巳年三月十三日丑時，卒於一九二四年五月初四，享壽八十歲。

十九世帝浮，字子天，活來公長子，卒在番邦，骨骸無回。妣李氏，生陳溪、陳健、陳海。

十七世祖興極，進甲公晚子，妣李氏，生天盛、芹信，往番。

十七世和興，啟鳳公之子，字協恭。妣李氏亡。繼妣吕氏，生盛養，盛做，盛良往番，盛豐。

十六世守送，君焕公長子，過番。

十五世武，正三公三子，過番。

十八世損奢，妻葉氏，先立水主，自生一子，往番邦。

十六世祖來，仁居公次子，字進得，生於丁卯十二月廿四日子時，卒於癸亥八月廿二日酉時。妻李氏，生子廷泮，往番邦。

十六世祖祖文，仁居公晚子，字得彩，生於乙亥十二月初二日辰時。妻曾氏大娘。再娶沈氏二娘，生於壬辰三月廿二日申時。生庭樣亡。廷旺丙辰生往番邦亡。公昌壬戌生。公强己巳生，過繼陳坑長房派長安叔婆做孫。公養甲戌生，往番。

（《[福建詔安]樂山念四派游氏族譜》 1989年稿本）

閩游二三郎系徙外邦名録

二三郎系，五七郎廣東泗坑游屋世系，十二世良、節，世强與洪氏三子之長次，萬才孫，往洋。

二三郎系,五七郎廣東揭陽屯埔世系,十一世繼想,全家遷泰國。孫文賢,生子金炎、金德、金源、金清、金良。

二三郎系,五七郎廣東揭陽屯埔世系,九世李勝,子五,長劉坤守祖,二、三、四、五子遷南洋。

二三郎系,五七郎廣東揭陽屯埔世系,九世呈厚往泰國。孫阿錦,子十一世林庚、,林增、林芳、林泉。

二三郎系,五七郎廣東揭陽屯埔世系,九世繼能去泰國。孫守道,五子之長十一世錫河。

二三郎系,五七郎廣東揭陽屯埔世系,九世九世五子之次茂長子,開用孫,茂長五子之四兩雪去泰國。兩順去外國。

(《[福建]閩游二三郎系大族譜》 1999 年鉛印本)

(三十一)施　氏

龍溪施氏世澤堂系徙外邦名録

蔭杓,字拱南,生七子二女,次子宏澤字香沱遷新加坡,五子周天字冬生遷新加坡。

十二世蔭樾,子十三世大珩字荷農,徙印尼望加錫。

十四世大全,蔭槐四子。彩鶯,蔭槐三女。均遷印尼。

十二世灼華、藻華,碩齋三四子。灼居印尼望加錫。藻居南洋。

十三世拱南次子宏澤,字香沱,遷新加坡。子一般遷新加坡,生一子四女,子令名,長女令嫻,次女令儀,三女令芬。均居新加坡。令名女於琳。

十三世拱南三子立言,字太生。生三女,一謙遷新加坡,一超遷新加坡,秀珍。

十三世拱南五子周天,遷新加坡。子二,炫、興。

(施調培編纂《[福建龍溪]世澤堂施氏世譜》 清光緒二十三年刻本)

(三十二)趙　氏

華安銀塘趙氏徙外邦名録

朝統派師法、師常卜居,今只有與吉孟魁俱往在吧。

上章舜傳派伯牣、伯品卜居,今多分散,孟高、孟照、由厚等遷馬岐,孟萃在臺灣,孟位兄弟在吧,皆各一所在,生有子。惟與六、與完、孟煖諸派留於此。

誕玉,乳名宜理,由典之子,娶氏現在吧國。

孟周派出崇德大繁派與靦,登岸,乳名絺,字揮夷,孟周長子,太學生,娶陳氏。生宜貪,宜丹,宜翰。公生康熙丙子年四月初七申時,卒乾隆辛酉年八月十四日,葬暹羅國。

師夏派出自脩悦道派光大,希黄,師夏之子,娶氏生與鈿、與鈺,俱往夷無回。下不録。公夫婦生師盈派出同上派。

希梓,師盈次子,娶氏生與恕、與時,在吧無回,下不録。公生卒無考。

希梓派出悅道光大派師盈,與時,乳名佳,希梓次子,娶氏生孟穹、孟聳,俱往吧。公夫婦生卒及葬無考。

天瑞,宜吟子,由昇孫,生吧國。

宜曜子順邊,順昭、順迎往吧。

順穆、順村,宜森子,由赫孫,俱生在吧。

孟瑾,乳名堂,子三,長由嬌卒於夷。次由佑止。三由祉在臺灣,子宜秝。

由陳,子五,長宜閃往巴卒。

與貴五子之次孟元,在巴。

與溟三子之次孟森,往夷。

與結往夷。子孟泰,孫由新、由相。

與舍三子之三孟魁,在巴,俱止。

與吉,希文子,師常孫,伯瞻曾孫,往吧。子孟。

由審三子之長宜擁,往柬埔寨。

與觀子孟位,在巴,子由薰。

孟攀在巴,子三。

學浹子與桂、與楓,往夷,没於海。與權。

希往夷。

德通孫宗振子學武、學參、學變。學變往夷。

德齡曾孫師鄒,子與順,往夷。

宗綱孫,希傍子與驥,生在巴國。

與尚孫,天造乞養子由兼,往巴。

孟梓孫由王,子宜燾往巴。孫順陳宜舜次子入繼,生德捋、德雄。

與鵬,出次房孝偉。子孟轉,乞養,往巴。

由成,一名情,子神奇,在巴生。

與胤子孟强在臺,孟文在巴。

由答子宜吕,往柬埔寨。

由英孫,宜志五子之次順海,往巴,子德甌、德酒。

由箴子宜玩早夭,宜孟往柬埔寨。

天德,血養,子自然、汪然,往柬埔寨。

孟炘三子之次由邦,往夷。

與極孫,孟灼二子之長由璚,往巴。子宜詣。孫順掇,順勇,順貴,順扳出繼宜瑶。

孟燈三子之次由字,在巴國。子宜意、宜誠、宜明。

孟明孫,由有三子之次宜强,往夷。

孟默孫,由秦四子之長宜八,往巴。

與從孫,孟建四子之長由柴,往夷。

孟約孫,由耀子宜吉,往柬埔寨。

孟統孫,由堅三子之次宜德,卒於夷。

與楷子孟政，隨母適後尹，往暹羅。

與振三子之次孟鐘，往巴，子由君。

孟聳，與時次子，娶吧女。氏生由英，在吧國。

（趙紫綬　趙鯤飛編纂《［福建華安］銀塘趙氏族譜》　清乾隆壬午年七修稿本）

（三十三）孫　氏

琉球唐榮孫氏家譜世系序

家譜之義大矣哉。家之有譜，猶國之有史也。本始必正，遠邇必明，同異必審，定昭穆，序長幼，彰往法來，皆賴乎譜。譜之義大矣哉。故崇孝之道，莫急於尊親，尊親莫大於合族，合族莫先於修譜。譜修然後本始正，遠邇明，同異審。譜修然後昭穆定，長幼序，往彰來法，而族始稱。粤由孫氏之先，原是日本京界之久稱石橋市右衛門入道，萬曆年間始遷琉，委實事中山。迨其孫中議大夫諱自昌，初入唐榮，賜姓孫氏焉。夫以自少習漢語，好學□譜，故遷唐榮爲備指南之職也。先是明時國王奏請中國三十六姓住居唐榮，以供貢使，洎乎歷年久遠，子姓凋謝，以故於本國宦裔中拔其習熟漢音，精通指南之藝者補之，俾無缺貢使之選。遷之者誰，奉王命也。於何年何月遷之，皇清順治二年春三月二十日也。遷之溯所自出者何，修族譜也，所譜本始必正，遠邇必明，同異必審也。所以定昭穆，序長幼，彰往法來也。修譜者誰，中議大夫諱自昌也。

康熙二十六年歲次丁卯仲春吉旦，唐榮通事程順則謹撰。

家譜之義誠大矣哉。必須審紀之，深護之，所以然者，後世子孫逐年蕃昌而記之益多矣。凡事功之可記者，隨有隨載，勿致徒歷歲月。若有延月歷歲，雖欲精繕之、審紀之，而有勢不可得者，爲子孫者，不可不敬矣。夫分別譜册者，從三世祖諱廷璽第四子有執始矣。務須慎重藏護，勿致輕忽。

皇清同治九年歲次庚午冬十有一月吉旦，七世孫中議大夫得才謹識。

唐榮孫姓世系圖：

元祖四世有執，諱良秀，三世宗廷公第四子。

五世女思户、惟孝、惟忠、惟仁、女真滿。

惟仁生六世光祚、女真牛、女真滿、女真蒲户、光宗、光業、光勳、光績、光裕。

光裕生七世得潤、得嘉、得善、得寶、女真嘉户、得禄、得功、得木、女思户、女真鶴、女真龜、女真牛、女武樽金、得明、得壽、得達、女真滿津、得則、女真吴勞。

得木生八世女真嘉户、女真伊奴、冠俊、女真龜、女真鶴、女思户、女真牛、冠英、女武樽金、冠羣。

（孫自昌編修《［琉球］中山唐榮孫氏家譜》　清康熙二十六年稿本）

(三十四)魏　氏

琉球唐榮魏氏家譜世系序

夫譜也者,一家之寶鑑也,是故修之光宗業,載之明系序,所以傳百世者,雖譜力之所系,實在於人心之所盡矣。若夫勤心力,篤親屬,尊禮情,立功業則喜憂與行。喜憂與行,則相見不忘。相見不忘,則一家爲一身。一家至於爲一身,則家道莫不備矣。若亦怠心力,薄親屬,失禮情,廢功業,則喜憂不興。喜憂不興,則相見如途人。相見如途人,則一家如吴越。一家爲吴越,則家道靡不振也。吾反復思之,皆出於祖宗一人之身,而支别派分,爲大宗,爲小宗,固無親疏,則是一氣之骨肉也。必當切木本水源之念而盡仁義忠孝之道矣。竊惟吾家自元祖安憲公以來,科第蟬聯,簪纓世胄,乃至於士哲始奉王命入唐榮,補十六姓之缺而賜魏氏。士哲頗居忠烈之班,深蒙聖恩,官陞紫金大夫,禄食知行埰地,誠裔孫無窮之榮光也。歷觀世家之盛衰,不勝之憂者五。一曰好酒致弊於譜,二曰好色致弊於譜,三曰耽財致弊於譜,四曰縱氣致弊於譜,五曰失言致弊於譜,若一在於身則紊譜亡家之基也,汝爲子孫者,慎之戒之。戰戰兢兢,能守斯文之意,克竭忠孝之道,上以報國恩,下以輔宗德,是吾之所厚望者也夫。

時皇清雍正八年庚戌冬十月穀旦,紫金大夫四世孫士哲謹書。

移唐榮元祖三世諱瑞麟,生四世女真牛、士哲。

(魏士哲編修《[琉球]中山唐榮魏姓家譜》　清雍正八年稿本)

南靖梅林光裕堂魏氏徙外邦開基名録

十九世焕鏞公,乳名維玉,妣莊氏。生三子。炳樹。炳焜居緬甸毛禮。炳英。

二十世乳名炳焜,字桃煌。妣莊氏,生三子,丹鳳幼亡,錦中,錦興。公乃焕錦之長子,生於一九一二年十一月廿一日丑時。妣莊氏,生於一九一二年九月初七日卯時。公在緬甸毛禮門牌三十八號。

(《[福建南靖]梅林北壟光裕堂魏氏族譜》　清光緒壬寅稿本　後人補録本)

南靖梅林魏氏徙外邦開基祖返還一則

十六世寶林公,生於乾隆四十七年壬寅三月廿七日辰時,嘉慶十五年庚午十二月十六日往安南。卒於壬申四月初一日,至六月十九日請道士招魂。抱滿弟桂林三男爲嗣。

(魏雨順編《[福建南靖]梅林魏氏鉅鹿堂族譜》　1937年鈔本)

漳州鉅鹿魏氏向境外遷居名録

二十一世監香,濟萬公派下,僑居印尼。

二十二世韞寧,濟萬公派下,僑居印尼。

二十二世韞宏,濟萬公派下,僑居印尼。

二十二世韞緒,濟萬公派下,僑居印尼。
二十二世韞爵,濟萬公派下,僑居印尼。
二十二世韞謙,濟萬公派下,僑居印尼。
二十二世韞昌,濟萬公派下,僑居印尼。
二十二世韞祥,濟萬公派下,僑居印尼。
十九世明乾,濟萬公派下,僑居印尼。
二十一世清香,濟萬公派下,僑居印尼。
二十世友華,濟萬公派下,僑居印尼。
二十世椿撥,元飛公派下,僑居印尼。
十九世儒水,元飛公派下,僑居印尼。
十八世友江,雄飛公派下,僑居印尼。
十九世德欽,雄飛公派下,僑居印尼,排華後遷臺灣。
十九世德芳,雄飛公派下,僑居印尼,後移居臺灣。
十九世德龍,雄飛公派下,僑居印尼,後移居臺灣。
十九世清元,雄飛公派下,僑居印尼,排華後遷臺灣。
十九世桐霞,雄飛公派下,僑居印尼,後移居臺灣。
十九世欽忠,雄飛公派下,僑居印尼,後移居臺灣。
十九世成基,聯飛公派下,僑居印尼。
二十世進昌,聯飛公派下,僑居印尼。
二十世進恩,聯飛公派下,僑居印尼。
二十世進慶,聯飛公派下,僑居印尼
二十世進傑,聯飛公派下,僑居印尼。
二十世進安,聯飛公派下,僑居印尼。
二十世永秋,宜正公派下,僑居印尼。
二十世永賴,宜正公派下,僑居印尼。
二十世永康,宜正公派下,僑居印尼。
二十世永禄,宜正公派下,僑居印尼。
二十世鏞華,宜正公派下,僑居印尼。
二十一世國銓,宜正公派下,僑居印尼。
二十一世國森,宜正公派下,僑居印尼。
二十一世國淋,宜正公派下,僑居印尼。
二十一世國鏗,宜正公派下,僑居印尼。
十九世春光,德隆公派下,僑居泰國,後回國。
二十世盛大,德隆公派下,僑居泰國。
二十世盛林,德隆公派下,僑居澳門。
二十世盛貴,德隆公派下,僑居澳門。
十九世如璋,德隆公派下,僑居印尼。
十九世玉輝,德隆公派下,僑居仰光。遷眷日本。
十九世啟成,德隆公派下,僑居仰光。

十八世炳立，良弼公派下，僑居印尼。
十八世海立，良弼公派下，僑居印尼。
十八世先立，良弼公派下，僑居印尼。
十九世漳德，良弼公派下，僑居印尼。
十九世馨德，良弼公派下，僑居印尼。
十九世金德，良弼公派下，僑居印尼。
十九世富德，良弼公派下，僑居印尼。
十九世拱德，良弼公派下，僑居印尼。
十九世添德，良弼公派下，僑居香港。
十九世霽崗，良弼公派下，僑居印尼。
二十世湖崗，良弼公派下，僑居印尼。
二十世權桂，良弼公派下，僑居印尼。
二十世標桂，良弼公派下，僑居印尼。
二十世椒桂，良弼公派下，僑居印尼。
十九世習義，良弼公派下，僑居印尼。居廣東農場。
十八世竣榮，良弼公派下，僑居新加坡。
十八世竣哲，良弼公派下，僑居新加坡。
十九世孟金，昌大公派下，僑居印尼。
二十世天和，昌大公派下，僑居印尼。
二十世天俞，昌大公派下，僑居印尼。
二十世天成，昌大公派下，僑居印尼。
二十世天惠，昌大公派下，僑居印尼。
二十世天恩，昌大公派下，僑居印尼。
二十一世厥昌，昌[illegible]公派下，僑居印尼。
二十一世寧昌，昌[illegible]公派下，僑居印尼。
十九世肇榮，以錦公派下，僑居印尼。
二十世崇招，以錦公派下，僑居印尼。
二十一世崇來，以錩公派下，僑居印尼。
二十一世崇貴，以錩公派下，僑居印尼。
二十一世崇成，以錩公派下，僑居印尼。
二十一世崇炎，以錩公派下，僑居印尼。
十九世肇發，以錦公派下，僑居印尼。
二十世濟督，以錦公派下，僑居印尼。
二十世濟華，以錦公派下，僑居印尼。
二十世濟煒，以錦公派下，僑居印尼。
十九世端年，以錦公派下，僑居印尼。
二十世成基，以錦公派下，僑居印尼。
二十世成美，以錦公派下，僑居印尼。
二十世成金，以錦公派下，僑居印尼。

二十世成瑋,以錦公派下,僑居印尼。

二十一世進傑,以錦公派下,僑居印尼。

二十一世進忠,以錦公派下,僑居印尼。

二十一世進恩,以錦公派下,僑居印尼。

二十一世進慶,以錦公派下,僑居印尼。

二十一世進昌,以錦公派下,僑居印尼。

十九世端益,以錦公派下,僑居印尼。

二十世松茂,以錦公派下,僑居印尼。

十九世端意,以錦公派下,僑居印尼。

二十世松華,以錦公派下,僑居印尼。

二十世松均,以錦公派下,僑居印尼。

二十世松禄,以錦公派下,僑居印尼。

二十世松山,以錦公派下,僑居印尼。

十九世瑞隆,以錦公派下,僑居印尼。

二十世成書,以錦公派下,僑居印尼。

二十世成珍,以錦公派下,僑居印尼。

二十世成金,以錦公派下,僑居印尼。

十九世連榮,舉人嗣昌公派下,僑居印尼。

十八世作禎,聯昌公派下,僑居印尼。

十八世庚福,宜正公派下,僑居印尼。

十九世壽松,宜正公派下,僑居印尼。

十九世貞松,宜正公派下,僑居印尼。

十九世堅松,宜正公派下,僑居印尼。

十九世友松,宜正公派下,僑居印尼。

二十世煒宏,宜正公派下,僑居印尼。

二十世正宏,宜正公派下,僑居印尼。

二十世仲宏,宜正公派下,僑居印尼。

二十世健宏,宜正公派下,僑居印尼。

二十世光宏,宜正公派下,僑居印尼。

二十世耀宏,宜正公派下,僑居印尼。

二十世雙林,宜正公派下,僑居三馬林達。

二十世高林,宜正公派下,僑居三馬林達。

十八世育方,宜正公派下,僑居緬甸仰光。

十八世王輝,宜正公派下,僑居緬甸仰光。

二十二世美玲,宜正公派下,僑居印尼。

二十二世美嬌,宜正公派下,僑居印尼。

十九世忠德,宜正公派下,僑居香港。

二十世劍輝,宜正公派下,僑居香港。

二十世國輝,宜正公派下,僑居香港。

二十世憲輝,宜正公派下,僑居香港。
二十二世順華,宜正公派下,僑居印尼。
二十三世順來,宜正公派下,僑居印尼。
二十三世俊謙,宜正公派下,僑居印尼。
二十三世俊利,宜正公派下,僑居印尼。
十九世楊照,十三世仲綸、季綸公派下,僑居印尼。
十九世友華,十三世仲綸、季綸公派下,僑居印尼。
二十世潤基,十三世仲綸、季綸公派下,僑居印尼。
二十世潤業,十三世仲綸、季綸公派下,僑居印尼。
二十世星英,十三世仲綸、季綸公派下,僑居印尼。
二十世星茂,十三世仲綸、季綸公派下,僑居印尼。
二十世星明,十三世仲綸、季綸公派下,僑居印尼。
二十世星福,十三世仲綸、季綸公派下,僑居印尼。
二十世星强,十三世仲綸、季綸公派下,僑居印尼。
十九世富璋,十三世仲綸、季綸公派下,僑居印尼。
二十世明山,十三世仲綸、季綸公派下,僑居印尼。
二十世明竇,十三世仲綸、季綸公派下,僑居印尼。
二十世明照,十三世仲綸、季綸公派下,僑居印尼。
二十世開周,留田詞旭公派下,僑居印尼。
二十一世成荷,留田詞旭公派下,僑居印尼。
二十一世成芬,留田詞旭公派下,僑居印尼。
二十世開萬,留田詞旭公派下,僑居印尼。
二十世相富,留田詞旭公派下,僑居泰國。
二十一世有川,留田詞旭公派下,僑居印尼。
二十一世有山,留田詞旭公派下,僑居印尼。
二十一世有進,留田詞旭公派下,僑居印尼。
二十一世有光,留田詞旭公派下,僑居印尼。
二十一世有中,留田詞旭公派下,僑居印尼。
二十一世振興,留田詞旭公派下,僑居印尼。
二十一世振文,留田詞旭公派下,僑居印尼。
二十一世振亮,留田詞旭公派下,僑居印尼。
二十一世振昌,留田詞旭公派下,僑居印尼。
二十一世振龍,留田詞旭公派下,僑居印尼。
二十一世振山,留田詞旭公派下,僑居印尼。
二十一世振川,留田詞旭公派下,僑居印尼。
二十一世振海,留田詞旭公派下,僑居印尼。
二十一世振輝,留田詞旭公派下,僑居印尼。
二十一世振沙,留田詞旭公派下,僑居印尼。
十九世德欽,雄飛公派下,僑居澳門。

十九世德芳，雄飛公派下，僑居澳門。
十九世坤太，孚山公派下，僑居緬甸。
十九世宜福，路山公派下，僑居緬甸。
十九世成勳，路山公派下，僑居南洋。
二十世定勝，路山公派下，僑居緬甸
二十世定仁，路山公派下，僑居緬甸。
二十世汝福，路山公派下，僑居印尼。
二十一世壽彬，路山公派下，僑居緬甸。
二十一世壽石，路山公派下，僑居緬甸。
二十一世壽虎，路山公派下，僑居緬甸。
二十一世壽錦，路山公派下，僑居緬甸。
二十二世水德，下黄儉正公派下，僑居日本。
二十三世應澗，下黄儉正公派下，僑居日本。
二十三世應昌，下黄儉正公派下，僑居日本。

（《[福建漳州]鉅鹿魏氏族譜》 2003 年印本）

（三十五）戴　氏

天寶墨溪戴氏徙外邦一則

二十五世際享祖，滚沃五子，乳名科官，應貢隨征，補廣南丹衛經歷，陞廣東雷州遂溪縣知縣，諱方遇，生於天啟元年辛酉八月十七日寅時，卒於康熙元年壬寅二月初一日卯時，年四十二歲。慈淑高氏，小名平官，生於天啟三年癸未四月廿八日寅時，卒於康熙二十二年癸亥正月廿四日未時，壽六十一歲，雍正己酉合葬於上青社，癸丁兼子午，用丙子丙午分金。生二子，長蝶官過洋有子在番邦，次坦官。

（戴希賢編纂《[福建漳州]天寶墨溪戴氏家譜》 清同治五年稿本）

（三十六）蔣　氏

華安大地蔣氏徙外邦開基祖名字世系

十九世清鋁，生子漳抱、漳火、漳湄、金茂。漳楣後裔在爪哇萬隆。金茂在爪哇。
二十世漳溢，在爪哇西郃埠。
清鑻，立繼一子名漳常，往吧，孫維熂。
清鋁，生四子，長漳抱往吧早世，次漳大，三漳湄，四金茂。
清鐯，生二子，長沸，次漢往吧早世。
長房成元公，立繼一子名漳常，往吧，自光緒丙子去。

五諱清錩，謚成秀，生於道光十七年丁酉九月十九巳時，同治四年乙丑往吧，至光緒十九年癸巳二月回梓，計在吧廿九年。在吧之時生一子名金茂。卒於光緒廿年甲午九月十六戌時，享壽五十八歲。娶李氏，謚純芳，諱德娘，安溪仙景人，生於道光十八年戊戌四月廿三日辰時，卒於咸豐十年庚申九月廿六子時，享壽二十三歲，生一子漳抱。

漳抱，謚生義，行長，生於咸豐十年庚申九月初十酉時，卒於光緒九年癸未二月廿七日未時，享壽廿四歲。丁丑年往吧，葬在吧中。立繼子長維懦，次維元。

二十世叔祖考諱漳溢，生於同治十三年甲戌，自十九歲往爪哇萬丹西壟經商，家財富有，在西壟開基建業，前亦曾寄資回家置業，惜被維准母子蕩盡，致其對家鄉絶情，在吧娶妻氏生子四人，長維興，次維振，三四名不詳。

廿一世叔考維柟，謚盛達，行三，生於光緒廿四年戊戌正月初十日卯時，卒於1919年九月十九日巳時，壽廿三歲，時乘輪經爪哇欲往住叔祖漳溢處，不幸在輪船中病逝在泊錠口，致葬屍於海内。

二十一世盛發，諱維柝，即吾父也，生三子，長水济早年往印尼，次時匯，三時哲。

（《［福建華安］宜招大地漁山蔣氏族譜》 1935年稿本）

華安大地蔣氏徙外域録

清錩公，謚成秀，生於清道光十七年丁酉九月十九日巳時，卒於光緒廿年甲午九月十六日戌時，享年五十八歲。同治四年乙丑旅吧，生一子金茂。公妣李純芳，諱德娘，安溪仙景人，生於道光十八年戊戌四月廿三日辰時，卒於咸豐十年庚申九月廿六日子时，享年二十三岁。生一子漳抱。

漳抱公，謚生義，生於咸豐十年庚申九月初十日酉時，卒於光緒九年癸未二月廿七日未時，享年二十四歲。葬在吧。立繼子二人，長維懦，次維元。

清錩公繼妣李丈娘，安溪陳地人，生於道光十七年丁酉十月初二卯時，卒於光緒二十四年戊戌五月廿三日子時，享年六十二歲。生二子，漳大，漳梱。

二十世祖漳津公，字學梁，謚生泰，生清同治三年甲子四月十七日，卒於光緒三十年甲辰十月初九日辰時，享年四十一歲。公墓在考塘厝外巖邊，坐午向子兼丁癸。

漳津公生平好學，讀書頗有造詣，曾赴科趕考，因族中發生官司案進行調解，誤了考期，學臺允許下科再試，又因身恙未能到場，被他人冒名頂替，家譜記載該冒名者爲蔣紹祖。之後漳津公無意功名，在家鄉開學授書，家中有頗多典籍藏書，一九一九年遭匪軍搶劫，書被焚盡。

祖妣林福寵，諱荷娘，仙都竹林坑人，生於清同治四年乙丑九月十一日酉時，卒於一九一四年五月廿三日，享年五十歲，墳墓在宮後坑大對侖，後又遷葬後坑大嶺坐丁向癸兼未丑，庚子庚午分金。漳津公生三子，長維析，次維槿，三維柟。

漳穴公，謚生通，生卒年歲失記，墓在宮後坑庫坑仔口田内壁。公妣黃連娘，招山人，墓在圓山尾内牛糞嶺。漳穴公生四子。長維檢早歿。次柴刀早歿。三維准生二子，其長房早歿，二房金澤承維成的房份。四維繩早歿。

漳溢公，生卒年歲失記，十九歲時往印尼爪哇島萬隆西壟經商，並在印尼開基建業，在印尼生四子，至今維興、維振等兄弟尚有往來。漳溢公享年九十多歲。

廿一世祖維析公，謚盛發，商號義隆，生於光緒十年甲申八月初六日酉時，卒於一九一九年十一月廿一日丑時，享年三十六歲，公墳在杞板坑坐壬向丙兼亥已。維析公善於持家勤儉，生前建盛德樓，傳世流芳。

公妣李燕娘，謚慈安，安溪莊灶人，生於光緒十三年丁亥九月十八日酉時，卒於光緒三十年甲辰六月廿二日寅時，享年十九歲，墓在宫後坑。

繼妣陳千娘，謚樸儉，高村人，生於光緒十年甲申八月十四日酉時，卒於公元一九六八年十二月三十日，享年八十五歲，墳在燕山尾與糞箕安之小格。

維槿公，謚盛朝，生於光緒十六年庚寅五月三十日申時，卒於一九一四年二月初五日卯時，享年二十五歲，墳在宫後坑虎兒安茶畲。

維柟公，謚盛達，生於光緒廿四年戊戌正月初十日卯時，卒於一九一九年九月十九日巳時，享年二十二歲。維柟公是在前往印尼爪哇島，在船上生病仙逝的，按航海俗，進行海葬。孀妣林福娘，謚慈儉，安溪西坑人，三十九歲卒，墓在涵内石寮外路邊，坐乾向巽兼亥巳。

廿二世時淬公，謚啟發，生於一九〇九年，卒於一九七四年二月。享年六十六歲。時淬公十六歲旅居印尼，卒後也葬在印尼，在印尼繼娶洪一妹，子孫興旺發達。

公妣湯絨娘，謚雅綿，雲山宫仔洋人，生於一九一二年七月二日，卒於一九七五年一月一日卯時，享年六十四歲。湯嫣未隨夫旅居印尼，在唐山有子承昆，家業興旺。

（《[福建華安]蔣氏宗譜》 2005年印本）

華安義昭蔣氏徙外邦祖名録

二十一世盛發，諱維柝，生三子，長水淬早年往印尼，次時匯，三時哲。

廿一世叔考諱維柟，謚盛達，行三，生於光緒廿四年戊戌正月初十卯時，卒於一九一九年庚申九月十九日已時，壽廿三歲。時乘船往爪哇，欲往住叔祖漳謚處，不幸在輪船中病逝在泊錠口致葬。

祖叔寄回相片，一九五七年舊曆元月廿一日未時仙逝，一九五七年三月十八日寄回祖父出殯時的照片二張。

二十世叔祖考諱漳溢，生於同治十三年甲戌，自十九歲往爪哇萬丹西壟經商，家財富有，在西壟開基建業，前亦曾寄資回家置業，惜被維准母子蕩盡，致其對家鄉絶情，在吧娶妻氏生子四人，長維興，次維振，三四未知。

漳抱謚生義，行長。生於咸豐十年庚申九月初十酉時，卒於光緒九年癸未二月廿七末時，享壽廿四歲。丁丑年往吧，葬在吧中。立繼子長維懦，次維元。

五胞叔繼娶李氏，安溪丹題人，諱文娘，生於道光十七年丁酉十月初二卯時，卒於光緒二十四年戊戌五月廿三日子時，生二子漳大，漳楣。

清錩，謚成秀，生於道光十七年丁酉九月十九日巳時同治四年往吧，至光緒十九年癸巳二月回梓，計在吧廿九年。在吧之時生一子名金茂。卒於光緒廿年甲午九月十六戌時，享壽五十八歲。娶李氏，謚純芳，諱德娘，安溪仙景人，生於道光十八年戊戌四月廿三日辰時。

長房成元公立繼一子，名漳常往吧，自光緒丙子去。

玉田公生四子。長諱怯，字孟謙，號遜願，生一子魁業名進稽譜可知。次諱卿，字孟恂，號秉初生二子稽譜可知。三諱参，字孟道，號贊兩，謚貞樸，生七子即吾祖也。四諱鸞，字孟殿，號棲梧，譜中有云殺人走出異邦，不知生死何時日。娶仙都林氏，謚賢順，葬在高村上山，與姪孫印同葬，生三子，長默弗嗣。

漳溢十九歲往吧，生二子，長維興，次維振。

清鑻立繼一子，名漳常，孫維旻，往吧。

清錩生四子，長漳抱往吧早世。

（《［福建華安］大地義昭蔣氏族譜》 清光緒稿本　後人補録本）

（三十七）董　氏

南靖磜頭董氏福元祠系徙吧一則

十四世秋華，字標桂，往吧。妻林氏，生男監周、清周。

（《［福建南靖］梅林磜頭董氏福元祠家譜》 1912年稿本）

南靖磜頭董氏徙吧録

長房二，十四世公蔭公，字元樹。妻莊氏，葬大坪。生三男，祖揚，祖寧去吧，祖喜。

長房二，十二世貞公，字孝友。妻嫁出。生二男，長蔭，次觀進去吧。

長房二，十三世觀進公，妻高氏，去吧城，生男應妹。

長房二，十四世天桂，字向華，諱映冕，往吧。妻洪氏，葬牛牯凸。生二男。

長房二，十三世發荆公，往吧海亡。妻宋氏，葬牛牯凸。生一男星華。

長房二，十四世秋華公，字標桂，往吧。妻林氏。生二男，監周、清周。

十八世啟源公，妻氏生三男，建傳，修傳往洋，茂傳。

十八世育源公，妻氏生五男，立傳，秉傳，曾傳往緬甸，觀傳，石滿。

（董英華纂修《［福建南靖］梅林磜頭董氏族譜》 1950年稿本）

（三十八）程　氏

唐榮程氏家譜淵源序

家譜者，譜其家之所自出也，匪獨有水源木本之思，抑且知父傳子，述之，故家之世系，國之恩波，咸於是永垂不朽焉，其義大矣哉。按琉球在閩海之東，自明洪武間膺封中山王，其時以初通中國，罔識語言文字，乃選閩中三十六人，教國之子弟，國王敬其人，宅土以居之，號其地曰唐榮，俾世世子孫使中朝。修貢典云，迄今四百年來，其間之草木凡幾變矣，屋廬凡幾更矣，非前盛而今衰，則此消而彼長，所謂三十六姓，大半凋殘，其所存者亦已無幾矣。王念其先世有功於國，不忍湮没無傳，爰以他姓承其宗祧，無非欲存三十六人之氏族，歷久不隳也。程氏蓋爲河南夫子之後焉，國相程復公，自饒遷閩，復入於海，枝分派衍，非一日矣。兹唐榮之傳，漸至弗嗣，遂以閩之真姓補之。自京阿波根，至先考諱泰祚，爲東土裔。至順治十三年四月十二日，奉王命同其從父志美始入唐榮。今之程,昔之虞也。此譜所由作者也,程氏譜成,獻之譜司,以備核實,將見賢王繼絶之恩,與先臣貽謀之善,均足千古矣。

明程氏始末考。永樂九年,中山王思紹令坤堪彌貢馬及方物,以其長史程複來見表,言長史王茂輔導有年,乞陞國相兼長史事,又言複本中國饒州人,輔臣祖察度四十余年不解於職,今年八十有一,乞令致士還饒。上從之,陞復琉球國相兼左長史,致士還饒,茂國相兼右長史,見海鹽鄭曉吾學編四夷考。其後有程安者,宣德六年奉使爲長史赴京。後有大夫程均文達者,天順間接待天使有名(見萬曆七年使琉球潘公八景記)。其後有程鵬者,正統間奉使爲通事,赴中國數次。又成化時爲正議大夫,上京十次。其後有程璉者,成化、弘治、正德間奉使赴中華十二次,三爲通事,四爲都通事,五爲正議大夫。又有火長程璋者,赴閩一次。又有程禧、程禄者,弘治、正德間奉使爲通事,入閩數次。其後又有通事程儀夥長程偉、程志學、程强進者,正德、嘉靖、萬曆間,奉使入閩,又到暹等國數次。今雖不可全考,而採姓氏所傳至今,姑録于此,以備便考。

康熙二十八年小春之吉景陽長子順則謹識。

(程順則編纂《[琉球]中山唐榮程氏家譜》 清康熙二十八年稿本)

(三十九)金　氏

琉球金氏淵源譜序

夫家譜者,譜其家之所自出也,不特有水源木本之思,抑亦知父作子述之故,家之世系,國之恩波,皆於是永乘不朽焉,其義大矣哉。按琉球自明初通中國,當其時,國人未諳中國言語文章,於是明太祖勅賜閩人三十六姓,令掌朝貢及國教典故。國王以賓禮待其人,悉聚族於唐榮,卜宅給俸,俾世世子孫使中朝,修貢典。迄今三百年來,累世國恩,可謂至深。爲子孫者,須知其所由來也。

考吾始祖,諱瑛,號庭光,原系浙江之人也,元未南游閩山,竟於閩省居住,未幾正逢鼎革,至洪武二十五年壬申,瑛公膺勅選,同三十六姓抵中山,子孫綿延滿於唐榮,遂爲球陽之喬木也。然而中山從來以無家譜,不得盡考祖宗之功德,是則所以仁人孝子不能無恨者也。今上天從大聖崇德報功,爰念先臣功業不顯於後世,令庶臣各修祖譜送譜司考核,臣世璵敬奉王命,編譜獻譜司以備考實。從此以後,吾家由來及祖宗功業永存譜中,國之恩波又蒙於無窮。謹書譜端以乘不朽云。

康熙二十九年庚午冬至之吉,愚裔世璵謹識。

(金世璵編纂《[琉球]中山唐榮金氏家譜》 康熙二十九年稿本)

(四十)阮　氏

琉球阮氏淵源譜序

家之有譜,與國之史、郡之志同不朽也,但修於子姓蕃衍之際時者難,而作於分枝啟緒之目者充不易，猶之觀水者必窮其源，樹木者必探其本源。與本之□不立，譜奚以作哉。阮氏之先爲晉望族，而南咸北籍，尤皆稱大小阮云。後有遷於閩漳州龍溪者，亦甚盛焉。先是，萬曆二十二年中山王使菊壽等納貢，迷途抵浙閩撫金中，承諱學曾者，以伏聞於朝，乃遣漳人阮國護送貢使返國，此阮氏初入中山之故也。嗣於二十八年王使長史蔡奎賫表請封，仍遣阮國同漳人毛國鼎送歸，此阮氏再入中山之由也。考之明洪武、永樂間，前後閩人教其國者三十六姓，世居唐榮，以備出使之選。其時相傳已久，子孫凋殘，王欲以阮國補諸姓之無傳者，於萬曆三十五年九月二十八日，題準以阮國、毛國鼎抵中山，賜宅唐榮，食埰地，是琉球國之有阮氏自國始。今王恭膺封世襲爵土，令諸陪臣各修家譜，以備核實，故阮氏譜成獻之譜司，俾知不忘水源木本之思，不特可以承家，抑且可以報國，阮氏從此不祧矣。

康熙二十八年己巳長至之吉，愚孫璋謹識。

阮毛二姓奉聖旨刭於斯邦，拜授官職，世禄於子孫，與先詣蔡梁金鄭林五姓子孫，同掌貢典，世居於唐榮，子孫讀書爲業，俟王命奏功。大清雍正四年丙午，深蒙國恩，七家子孫併其外稍水，拜紫金大夫者，子孫陞通事，時並賜若裹之子，自前陞通事者，許稱裹之子，賜黄冠者亦皆許稱裹之子，親云上永爲定規。

元祖始遷備考

禮部爲查循舊典壆培藩封事。該本部題主客清史司，案呈奉本部，送禮科抄出琉球國中山王尚寧奏稱，繩之斷者當續，國之虚者當培，琉球舊自奉朔之初，洪武、永樂間兩蒙聖祖隆恩，共賜閩人三十六姓入國，知書者列名大夫長史，以爲貢謝之司。慣海者，任以通事總管，以爲指南之備。蓋因才効職，而累世承休矣。不謂世久代更，人湮裔盡，僅餘六姓，仍染侏儰椎髻之習。天朝文字音語盡行盲昧外島，海洋針路常至舛迷，文移多至駁問，舟楫多致漂没，甚至貢期缺誤儀物差訛，而萬里螻誠不得少達於君父也。先是，萬曆二十二年，臣差菊壽等進貢，迷途入浙，被官兵擒獲屈斃邀功，余審系卑國貢使解，蒙福建撫臣金學曾，巽差漳人阮國護送回國。二十八年臣差長史蔡奎賫表請封，奎失歸路，呈請福建衙門，仍遣阮國並漳人毛國鼎送回卑國，臣咸感戴天恩無言可喻。續因乏人遵接天使，隨差阮國，給以都通事色目，渡海迎護，屢著勤勞，令以事竣，令彼列銜本國大夫，差送天使還閩。毛國鼎給以都通事差，同王舅毛鳳儀，正義大夫鄭道齊倖。

（阮璋編纂《［琉球］中山唐榮阮氏家譜》 清康熙二十八年稿本）

（四十一）紅　氏

琉球紅氏淵源譜序

宇宙間凡物各無不有本，而事皆無不始。故萬物本乎天，而人本乎祖。自背國已更家之譜，日星河洛與圖之載廿系昭穆，宗族之傳，並設以志，示不忘本始也。然我中山開國以來，崇尚淳龐，於譜諜之文，宗族之傳，蓋闕如也。故雖宦家世禄之人，遠不能考其始祖之由來，多致其姓氏湮没，而至不影乜。今王天縱聖德，仁孝性成，恐効命諸臣勞奏續者，歲月更移之後，姓氏湮没而無傳於後世，爰令諸臣各修家譜，送譜司考核，永著爲例。按紅氏之先，閩人也。蓋洪、永間遷中山，同三十六姓居唐榮，以備出使之選焉。然而歷年久遠，詳不能考其由來也。幸我祖諱英公，當天順成化之間，屢使於諸國，其姓名詳於典籍，故今以英公爲祖編譜，獻譜司以備考實。從此以後，則世系昭穆之序，支分派衍之條，悉備於家譜，而臣子功業永垂不朽矣。謹書譜端以示不忘本始云爾。

康熙二十九年歲次庚午嘉平吉旦，愚裔都通事自煥謹序。

唐榮紅氏世系總圖：

一世元祖諱英，二世諱錦，三世諱瑞，四世諱芝，五世諱文綵、文綬。

（紅自煥編纂《[琉球]中山唐榮紅氏家譜》　清康熙二十九年稿本）

（四十二）毛　氏

琉球毛氏淵源譜序

吾元祖擎臺，諱國鼎，乃福建漳州龍溪之人，聚族唐榮良有以矣。恭按兹國當洪武年間遣使入貢時，賜閩人三十六姓專掌貢典，兼輔政務，奈歷代已久，其裔僅餘六姓，殆缺貢使員役。先王尚寧深慮貢典非輕，遵洪武恩例，奏請閩人，由是萬曆年間毛阮二氏奉勅入球，王賜第宅於唐榮，至今百餘年，人文繼起，科第蟬聯，簪纓世胄，宗族已眾，是吾毛氏之所初入球之緣由也。吾竊思之，蓋族氏其初一人之子，一祖之孫也，而後支分派衍，綿綿延延，竟不免乎情意各離，家俗各異，而損本源之德矣。願爲孫子者深思，祖宗之業，能勵忠孝之風，上報國恩，下輔祖德，此誠吾所深望也。因記數言，以弁家譜云。

時乾隆十二年丁卯正月穀旦，五世愚孫維基頓首謹識。

元祖始遷備考

萬曆三十五年丁未十二月十三日，禮部回咨云：

禮部爲查循舊典懇培藩封事，該本部題主客清吏司，案呈奉本部，送禮科抄出，琉球國中山王尚寧奏稱，繩之斷者當續，國之虚者當培，琉球舊自奉朔之初，洪武、永樂間，兩蒙聖祖隆恩，共賜閩人三十六姓入國，知書者列名大夫長史，以爲貢謝之司；慣海者任以通事總管，以爲指南之備。蓋因才効職，而累世承休矣。不謂世久代更，人湮裔盡，僅餘六姓，仍染侏𠌯椎髻之習。天朝文字音語，盡行盲昧外島，海洋針路，常至舛迷，文移多至駁問，舟楫多致漂没，甚至貢期缺誤，儀物差訛，而萬里螻誠不得少達於君父也。先是萬曆二十二年，臣差菊壽等進貢，迷途入浙，被官兵擒獲，屈斃邀功，余審系卑國貢使解，蒙福建撫臣金學曾巽差漳人阮國護送回國。二十八年臣複差長史蔡奎齎表請封，奎失歸路，呈請福建衙門，仍遣阮國並漳人毛國鼎送回卑國，臣感戴天恩無言可喻。續因乏人遵接天使，隨差阮國，給以都通事色目，渡海迎護，屢著勤勞，令以事竣，令彼列銜本國大夫，差送天使還閩。毛國鼎給以都通事差，同王舅毛鳳儀、正議大夫鄭道齊俸。奏謝。竊惟卑國僻處海邦，自入貢受封之後，一切輔導禮儀，悉賴原賜三十六姓之裔。今世更代謝，遂至孤國不支，雖一撮琉球無足爲重，而聖祖隆恩茂典尤冀當續，理合懇請伏乞勅下禮部，查照洪永年間恩例，再賜撥三十六姓入球，仍將効勞差役，阮國、毛國鼎各照見色目，給以照身，令其跟隨，導引歸舟，俟有積勞，准照琉球藩佐一體陞敘，庶在國有佐理之需，入貢無衍危之患，皇仁永戴，祖澤無疆。臣子孫世守東藩有餘幸矣等因，到部送司查得，洪武二十五年中山王遣子入國學，以其國往來朝貢，賜閩人三十六姓善操舟者，其後奉表長大夫、長吏通事官司，皆三十六姓及學於國學者爲之。但事在開國，經久未見舉行，人世相傳諸姓皆代謝，良民必不樂行，奸徒或至攙入，似難俯從，相應題覆案呈到部，看得琉球國王嚮慕中華，勤修職貢，呈請華族以作指南，舊典可查，似應俯順。但善良之族重去其鄉，欲强中國以就外夷，必非民情之所樂從。若沿海奸民營謀投入，始貪貨賣之利，漸啟交搆之端，事情叵測，亦或有之。況開國特恩，原爲遣子入學，此典久曠，安得比例續行。且天朝乍遣未必免受約束，及以此累，該國處分未可知也。似宜相安無事，不必曲狥其請。其効勞差役阮國、毛國鼎，原奉本差，何乃逗遛他國，既充夷目，難給中國照身，姑念國王奏討，相應從便酌處。恭候命下，合無移咨該巡撫衙門並琉球國王，將阮國、毛國鼎即充賜姓，令其跟隨貢謝，導引歸舟，以外不必再行遣發，以滋煩擾等因，萬曆三十五年九月十五日，本部署部事左侍郎兼翰林院侍讀學士楊等具題。二十八日奉聖旨：是，欽此。欽遵爲照。三十六姓之請相應照應依題奉。欽依内事理不必續行，其阮國、毛國鼎發著該國而充導引朝貢之助，其原籍差徭已經移咨福建衙門豁免去後，擬合行文知會。爲此合咨貴國，煩爲查照本部題奉欽依諮文内事理，欽遵施行。須至咨者。

唐榮毛氏世系總圖：

毛國鼎生項良、文善、女真牛、宗德、文彩、文英、文哲。文善生女思玉、士龍、士達、士豐、女思玉、士弘、士順、士璉、士忠、士德。士豐生第五世如苞、如茂、如德、女真那武樽。

（毛維琪編纂《［琉球］中山唐榮毛氏家譜》 清乾隆十二年稿本）

（四十三）童　氏

華安高車童氏徙外邦録

三十六世沄公長子則，立三公派下，諱節，謚吉昌，生於咸豐辛酉年三月初七日午時，遷新嘉坡，居大碼頭媽祖宫前號開童錦山藥舖。

三十六世諱先耀，號輝煌，於一九二五年從漳州往新嘉坡，後遷馬來雪蘭俄甲洞。二次大戰後音訊斷絶。

（《［福建華安］高車慎德堂童氏宗譜略志》 1990年稿本）

（四十四）洪　氏

龍海鴻團洪氏徙外邦名録

十二世臣，鴻團社三房恪立次房留耕系，宏三子之長，質軒石溪派，往吧。

十九世廷傑，聿叟子。恪立次房留耕派下，質軒初昇系，往番邦名炳漢。

（《[福建龍海]石碼鎮内社鴻圖志》 2003 年版）

（四十五）饒　氏

平和大溪饒氏遷外國一則

十三世祖考饒二郎，諱名謙，謚宏吉。生光緒戊寅年，往南洋番邦。卒光緒戊申。妣游氏淑儉，生光緒甲申，早喪，卒辛亥，續侄娟嫖。

（《[福建平和]大溪饒氏家譜》 清光緒三十二年稿本　後人補注本）

（四十六）蘇　氏

南靖梅林磜頭蘇氏旅緬人名録

廿一世祖瑞德謚孟勤公，葬在北坑石碗坑。妣余婆太，葬在大山頭。生下二子。長曰茂隆。次曰茂應，説是過繼與瑞炳公爲子立房者，袛是少年時隨人客旅英屬馬來西亞，一去如泥牛入海。

十二世祖茂隆謚正傑公，葬在長圳下。盧婆太葬左山岡。妣張婆太，葬在田壟仔圳面。生下五子。長曰源長，妣盧氏，生下二子，長曰燦盛旅居緬甸，次曰煜盛住原籍。次曰朝長，妣李氏，生下三子，長曰庚盛，次曰祥盛，三曰森盛住原籍。庚盛、祥盛少年即已旅緬，等於移居緬甸。三曰泰長，弱冠亦已客旅緬甸，娶番婆生下三子，孫子多，均是混血種。家中只由張氏母親爲他螟蛉一子曰順盛爲之立房。四曰鑑長，十八歲時準頭生毒疔而喪生。五曰財長，妣林氏，生下一男一女，均幼年夭折，竟成絶嗣。

廿三世祖諱朝長公，葬在荒田壟寮仔岡頂。妣李氏諱滿娘婆太，生下三子。長曰庚盛，移居緬甸。次曰祥盛。三曰森盛。

（蘇庚盛編纂《[福建南靖]梅林磜頭蘇氏族譜》 1949 年聚福堂刻本）

（四十七）潘　氏

漳州筍江潘氏徙外邦名録

十六世錢三子在番不回。

（《[福建漳州]南州筍江潘氏族譜》 1992 年稿本）

（四十八）江　氏

平和大溪江氏徙南洋一則

十九世祖考金鏕長子娘蔭，號可成，妣成德張氏。公生於道光丁酉年四月廿五日巳時。婆生於道光庚子年九月初一日酉時。公葬擔者凹蝙蝠爬壁。婆葬天子嶺路面，坐亥向巳兼壬丙，辛亥辛巳分金。生二男。澤忠，澤煩出嗣南洋。

（《［福建平和］大溪鴻江族譜》 1997 年印本）

（四十九）韓　氏

天寶韓氏往外國遷徙名録

次房均海系十二世鐘麟派下，解之子娶柯氏，生四子，仰往吧，琠，照，奇。

次房均海系十世允三派下，允袠，乳名永，耀京次子，娶氏生泰老，往吧。

見山盼系，十一世奪派下，緝，諱迪舜，字維繹，外之子，娶黄氏生易傳廿三生壬午，仙皆之子嗣子耀，娶氏生加從、丁郎，往吧生。

十六世章誦，成容子，過番邦。

（《［福建漳州］天寶韓氏族譜》 1925 年手寫墨書稿本）

（五十）盧　氏

漳州盧氏通保系徙外邑名録

長房廷輔祖派下聯奕，往吧。

長房廷輔祖派下聯陞，往吧。

長房廷輔祖派下文山，往吧。

長房廷輔祖派下文鶴，往吧。

九世國慶，舜讓公之長子。去吕宋，卒於番邦。育三無嗣。

九世國寧，舜讓公之三子，名五，號泰如。生於萬曆癸卯年。去吕宋，卒在番邦。娶妣溪口謝習吾之女，生三男。長男名安，次男名緩，三男名猛。

九世閏論，舜祚公之次子，名四，號敬予。生於萬曆己卯年。娶妣南坑張氏，生五男二女。長名二，次名三，三名昆卒在吕宋，四名仲過繼國紀，五名惜。

九世國爵，王細公之長子，名槐，號錦園。生於萬曆癸酉年二月十五日卯時，卒於萬曆四十四年丙辰三月廿八日時。葬於甜竹凹。娶妣吴宅石王保之次女，名二姐，生於萬曆辛巳年七月初一日丑時。生三男，長男名質少亡，次男名新過番無蹟。

九世國茂，王細公之三子，號近塘。生於萬曆乙亥年十月初十日亥時，卒於崇禎。娶妣龍碌頭鄉艮峯之三女，生於萬曆乙酉年十月十九日日子時。生五男二女，長男名一，次男名德去吕宋，三男名謙，四男名然少亡，五男名滿。

十世洪謨，潤軒公之次子，號煌寰。生於萬曆乙酉年十月廿六日午時，卒於崇禎年。在吕宋娶妣半羅郭竹林之長女，生於萬曆丙戌年。生七男，長名招少亡，次名璉，三名進同父死於番，四名海，五名四，六名使少亡，七名願。一女嫁龜洋莊崇，於崇禎十五年十二月移去高州居住。

十世思宗，徵吾公之四子，號派若。生於萬曆三十四年丙午十月廿三日吉時。娶妣施洋大堀尾蕭附廷女。生一男名鋭。父卒於吕宋，母嫁，鋭伯在寰養焉。

十世思孟，華臺公六子，名六，號志軻。生於萬曆三十一年癸卯十一月十二日巳時。娶下嶺簡應聰之女。去吕宋，卒於番邦。

（盧如兼纂修《[福建漳州]盧氏通保系族譜》 清同治十二年五修稿本）

十三、漳州向國外移民開基祖序敘紀事

南洋華僑出資重修黄氏族譜記

嘗思建祠設祭，古禮昭垂，而立墓築墳，今世人咸知仰崇，蓋墳一則安妥祖骸，法至良，意至美也。溯江夏堂黄氏，自軒轅黄帝至今數千年，宗族蕃衍遍天下，所稱祖祠墳者何處有，第據族譜所載，峭山公已前述詳，故吾族人多尊峭山公爲始祖。峭山公生子二十一，分居閩楚贛粵等省，爲開族之祖者也。閩省邵武禾坪有峭公及夫人上官氏、吴氏、鄭氏之祠墓在焉。吾族人蒸嘗於斯者，久之又久矣。近因風雨漂摇，祠墓漸形剥落，故倡修之議始自邵武家人，而風聲所播各省，宗人皆力力贊成。現又承培松兄等公推厚培兄載同譜牒，親來南洋與各埠宗人接洽會商，勸募及興修各事宜，其辦法大意，南洋七州府則分爲七部份，每一部份召集宗人公舉臨時職員，負責任。芙蓉，七州府中之一也，即爲一部份也。爰於八月十一號一時假座礦務會館，召集宗人磋商辦法，隨公舉各員專司其事，舉定後囑余爲序，今思義不容辭，遂不揣愚陋序其事如前。伯叔兄弟有見聞較爲詳細者，幸進而教之，尤盼我最親愛的伯叔兄弟，本此水源木本之心，力任鳩工庇材之助，富者捐資，强者出力，務使祖宇堂冕，祖墳築固，而後將見光前自然裕後，敬祖更可貽孫，諸君勉之，其毋怠。

一九二三年六月廿九日，旅芙蓉東四會宗漢騰謹序。

又跋

南洋各地宗親速定印，俾人人有譜牒明世系。又二十年前曾有創立江夏公所維時，繼因宗人散居各地不易聯繫，故中止。昨厚培君來洋，假座會議，諸多爲難即缺憾之見端也。各幫宗親感此番會議之不便，公議聯合一氣，俟捐修峭山公祠墓項款竣事後，仍於星洲要衝續議籌辦江夏公所，結團體以聯中外，感情重本根以期枝葉榮茂，俾我宗人往來者，所至如歸，集易舉不亦善乎，誠急務也。然事非一手一足之列謀，豈一朝一夕之功，我僑洋父老兄弟不乏殷富大家，練達碩望，深望仗義繼起，進一簣以爲山，有志竟成，合眾擎而易舉，則由江夏公所而擴充爲江夏堂，尤光前裕後之大端也，是爲引。

僑居南洋衆派下公啟。

閩中桃源，粵東四會派下祖芬、漢勝盥手敬撰。

時一九二三年十二月一日。

又：竊以銘勳紀績嘉謨每載於史篇，穆族敬宗軼事克昭於譜牒。是以家之有譜亦猶國之有史也，可不重歟。吾黄氏宗譜自受姓之始，及遷閩之由，已有史也，可不重歟。吾黄氏宗譜自受姓之始，及遷閩之由，已有先我而言之者矣。惟我應公擇地鶴藪，日新月盛，葉茂枝繁，其散處於閩南各郡者比比皆是。自宋咸淳辛未、明萬曆戊戌、清康熙乙未、光緒己丑，經同宗先君子數次纂修大成譜，巨杆雖已詳明，細枝難免遺漏，一九一七年邵郡宗人發起重修祠墓之議，因經費不資，屢興屢輟，於是促道傳束裝南來，籍向同宗諸公勸募，冀襄盛舉。去秋至省得晤菊三將軍，以進行籌款之法，懇其贊助。蒙將軍鼎力提倡，並蒙介紹閩粵暨南洋我同宗，叨祖宗之靈皆踴耀樂輸，其奈工程巨，欲所莫能。

（黄厚培纂修《［福建］鶴藪禾坪黄氏世譜》 1923年五修刻本）

南靖德遠堂張氏族譜序

漢族發展，由北而南。閩粵客族，追溯原委，多由華北華中而來。張姓郡望向稱"清河"，清河漢郡名，轄今山東河北兩省間清河、武城、臨清等數縣。戰國時代，張儀出於魏；秦漢時代，張良出韓，亦均在華北。東漢以還，南方人物漸有所聞，其最著當推唐代九齡公，九齡公生於曲江，即今粵北韶關。元末，吾族由閩西寧化而至閩南平和小溪。奠居於南靖塔下鄉者，爲小一郎公妣華氏偕其幼子光昭，故老相傳華孺人原出客籍，故奠居塔下後常用客語，與平和小溪互異。華姓原出於春秋宋國，今河南省，亦中原民族，傳稱客籍，似屬可信。據譜所載，華孺人生在洪武年間，即明代開國初，自二世至五世六世，多屬單傳，人口不旺，至七八九世，始漸繁殖，由本鄉而拓至南歐大壩兩社。南歐社原有彭、戴等異姓，後竟無子遺，我歷代祖妣在此數十公里範圍内，載生載育，克勤克儉，形成三社一族，今雖年湮蹟晦，而先人遺澤至可念也。迄乎清代，一貫農耕，至乾隆、嘉慶年間漸多從商從學，或東渡臺灣以謀拓展。以愚所知，魄力最巨，成就最大者，當推南歐十四代贊廷公、十五代金拔公父子。贊廷公積學從商，商余事學，年七八十猶手抄大部圖書。金拔公畢生從學，得進士後，辭官而任漳州芝山書院院長，且聯絡鄰里本姓，共創曲江文會，每年召集同族學生，舉行會考，張姓文風由斯大盛，食澤受賜者甚多，實中其裔也。嗣後生齒復繁，遂有乘帆船而冒險南行者，其中歷盡艱辛成就偉業者，則有大壩十六代桂龍公、桂萬公兄弟，在英荷兩屬繁殖數百口。十七代大壩善慶公爲新嘉坡中華商會會長，煜開公任泗水中華商會會長，均以赤手成家，急公好義，著稱一時。順德公清光緒歷任廣東儋洲、四會、高明、從化等縣正堂，光復後任南靖、安溪等縣長，政績昭著。十八代南歐泰松公旅居荷屬三馬林達，方正篤厚，有長者風，異族信孚，同僑共敬。至塔下前輩往緬甸暹羅成就偉業者亦頗有其人，惟不知其詳耳。吾族祖先遺訓，不以作官從政爲能，且因百年在南邦發蹟者後先相望，聰明才智遂相率從商，旅居而繁殖各屬之人口，幾足與故里三社相埒焉。實中南渡廿年，獨與族人異趣，疲神役力於書室講臺間，讀史之餘，深感各姓族譜，足供全民族拓殖研究之參考，而姓氏之來源，則宜以現代史學眼光從事考證，或爲可信或屬無稽，庶乎可辯。當爪哇淪陷，匿居村落之數年間，曾發願企圖在此方面撰著一書，維南溟重光後，又以人事紛紜，非特無暇及此，即欲一見家譜，而離鄉萬里，亦不可得。比者，得舍間來信，欣悉故鄉有修譜委員會之組織，並附主任温清先生一函，先生乃桂龍公之子，今爲族中長輩，青年時期即以興學育才爲已任，堂構宏開，滿開桃李，愛鄉愛族，邑人共知，兹函囑實中爲譜作序，因就先人所孝，讀書所得，謹書梗概如上。此譜修成，使故里及南邦族人均得户存一編，知祖宗之所自，心儀百代，期無忝爾所生，則修輯印行，所願不虚矣！

黄帝紀元四六四六年即一九四八年四月二十五日，實中謹撰於泗水大公報社。

（張温清總編《［福建南靖］塔下張氏族譜》 1949年香港灣仔永泰祥印刷公司鉛印本）

南靖德遠堂張氏徙外邦開基祖系傳

十六世桂福，諱嘉禄，字壽康，妣游孺人。生三房，長順植，次順永，三順恩。誥授中憲大夫，生平濟貧救苦，兄弟有五，主持家務，得二弟南洋經商順利，首次建築大壩燕山樓，落成後又建築塔下裕德樓，時於清光緒五年（一八七九）己卯歲八月十六日興工，又於光緒十四年戊子歲與本族大壩當局人士創建塔下公王角水尾宫，即今改建塔下學校是也。又於光緒二十四年戊戌歲主持修築德遠堂祖廟，爲經理。又於光緒二十七年辛丑歲，追思上祖提倡上六穴三世祖妣募增祭嘗，以及經理九世祖宸公太嘗業，成績頗多，此爲公在日急公好義之史蹟也。公系景芳公之長子，享壽七十二歲。

十六世祖桂龍，諱嘉昌，字壽榮。妣藍夫人、馮夫人、蘇夫人、黄夫人。生十七房：長順安，次順成，三順養，四順懷，五順陶，六順仁，七順華，八順化，九順傳，十順良，十一順疇，十二順寬，十三順時，十四順金，十五順流，十六順道，十七順棧。於清光緒晉封資政大夫，榮封三代賞戴花翎。昆仲有五，公序次，幼志勤奮，早歲逕往廣東南雄經商，年二十奔走南洋荷屬嗎辰百芝蘭，創設益隆號。每思家鄉，致力家庭，寄款回家置田建屋。其時爲僑商中之巨擘，乃擴設分行益隆棧於英星嘉坡。三十八歲南回，攜鉅款與兄弟商劃，由長兄主持建築裕德樓，復赴南洋，至年五十之後，每一年春往冬回，關懷桑梓，好義樂施，常見修橋造路捐資助學，而追思上祖捐獻嘗業。民國前十六年丙申歲，親自建築衍慶樓，次年丁酉歲創建涼亭，先後七處。曰仁壽亭址檬樹下崠，景仰亭址南歐崠，惠風亭址赤坭炭，翼然亭址牛屎嶺，柔遠亭址小新崠，如春亭址平峯山，泰德亭址崎嶺崠，工竣，凡旅客行程，皆稱歇涼避雨至德。且聞公恤人貧苦，鄰有困難，緊急者，肯以銀米移借之用，各界人士每稱公是社會之福也。光緒二十六年庚子歲，於祖廟前竪石旗杆，次年辛丑歲擇四月爲公六旬加一壽慶，思鄉人遍苦饑，乃以糧撥賑德遠堂派每丁五升，復撥每户三斗。民國前四年戊申歲，又於廣州市創設益隆和號，繼於上海新開河即今民國路增設營業分行，宣統元年獨資砌祖廟前福廠地石坪，宣統三年辛亥歲五月，撥資賑濟德遠堂派每人一元統核塔下大壩南歐三社在鄉者三千人，是時每元值米一斗三升。嗣後又發廉價米，蓋公發達創業濟世善舉，爲世之念。

系景芳公之子，生於道光二十一年辛丑歲七月二十六日酉時，終於清宣統三年辛亥歲十二月二十日戌時，四代享壽七十一歲，停柩在裕德樓正廳，擇於一九一二年壬子歲二月二十一日，請漳州南山寺僧，汶水坑道士，開始治喪，設備廚房分爲天地元黄宇宙六處，每小餐計貳百桌用豬肉千貳斤，大餐桌不計，做神不計，做神隍懺。二十二日堂奠，蒙戚友宗族誼贈，辦豕羊七十七副。二十三日欗輛五副，兩日合計八十二副。又蒙戚友宗族及漳厦碼上海星嘉坡嗎辰等處商友致送挽聯壹百七十餘軸，子孫及姪在家者穿麻衣壹百三十人。是日扶柩迎葬移柩及戚友宗族穿白套五百餘人。名吹雙臺，響銃二十支，音樂鑼鼓，高燈涼傘，鳴鑼開道，由騎白馬者持全體整肅旗嚮導，二十四日迎火赴廟。治喪諸日，參觀者人山人海，出殯遇陰天，進葬時突出太陽拱照，送葬及至壙參觀約三千餘人。午餐每廚房二人至壙出菜。公葬於竹塔水井山，即今曲江市場後龍山右片地形。馮妣生卒未詳，於一九三六年遷葬於塔下檬樹下崠，地形坐椅觀天。藍妣生於同治七年戊辰歲十月初十子時。黄妣生於同治十二年癸酉歲八月初三日辰時即民國前三十九年，卒於星嘉坡一九四一年十二月十三日早四點即舊曆辛巳年十月二十五日寅時，享壽六十有九歲，暫葬星嘉坡武吉知馬路大巴窯二聯塚山之原，山明水秀，可稱牛眼吉地。

（張温清總編《[福建南靖]塔下張氏族譜》 1949 年香港灣仔永泰祥印刷公司鉛印本）

華僑張順良與南靖曲江市場

十七世祖順良，字温清，號際恭，妣江孺人、余孺人。生六房，長慶余，次慶賢，三慶中，四慶宏，五慶羣，六慶添。系柱龍公之第十子，生於光緒十九年癸巳歲九月十五日。江妣生於光緒十八年壬辰正月初十日亥時，終於一九二六年丙寅正月十四日戌時，享年三十五歲，葬於西圍口下片山畲内坤壬乙。余妣生於一九一二年壬子歲十二月初九。長女愛銀嫁羊古藍。次女愛齡又名翠玲，民二十二年新民小學華業，民二十六年集美師範畢業，後嫁平和轄小溪林仔角社又名拿亞甲社李明達。三女愛葉嫁南溪落飛壩蘇桃章，四女愛華，五女愛，六女愛倫，七女愛玉，八女愛佑。

余於民國前二年庚戌歲，隨父往洋，至星嘉坡荷屬嗎辰，本年九月隨父回國，旋承父命維持家務，至民二年十月十二日，興工建築順慶樓，八年己未一月創辦九思學校，私塾改良，是年四月又赴星嘉坡，至五月廿一日，偕慶九南堯回國，途經香港，由慶九姪介紹到南洋兄弟煙草公司廠，同時由該廠經理介紹參觀馬玉山糖果餅乾廠，下午乘輪赴廣州一游，次日由廣九鐵路搭車折返香港，乘輪船到厦，六月初七抵家鄉，每日與二三知己父老會談慶豐堂庵角築墟之事，因河坑宗親挑紙赴長教墟要捐紙，發起創建曲江市場，是年秋，逢超宏君南旋，聞趨良住宅，詢問虛實，答曰雖有言而未知能否……復問以父老意見如何，答曰拯表同情。自後連日與良縝密商劃進行。訂是年雙十節日於九思學校召開建墟會議事。工作一由良負責，結彩藉以紀念國慶，召集培英學生及地方紳士出席，一由宏君負責，請其私聘教員陳伯英先生繪市場建築圖，於開會時懸於會場，籍以引發眾觀志趣。是時果得父老熱烈贊成，乃擬函請秩如君返里協助，並訂農曆九月十一日在慶豐堂備酒召本姓大小十一社人士参議其事，又得到會人士一致贊成，即立籌備建築，定名曲江墟建築公司，集資招股建築，每股五元，即日討議地點，建築擇於竹塔松樹壩洋。其時到會熱心人士發表起工之日，大家自動喜贈工三日，嗣後請人擇日，涓於農曆十月廿六日興工，果見同族同宗喜贈工者，亦屬不少。開工後股金收至第三期停止收入，因數量少零星收不敷用，由建築財政員超宏君設法先行墊用。該墟地基均系田業，全市面積及廁所及内外公園地址，計用原有税穀實數九十一石三斗六升，除熱心歡喜依照公議待墟場成立後，照登記税額判定墟店墟寮每年收地基税。該墟建築時，尚乏地基湊成方圓，欲用南歐位榮公之蒸田大小七坵，同年十一月十五日，由建築公司副經理良在南歐公王前及下村洋石墊田合二段私田，與南歐位榮公裔輩對換，當時本族賢老由俊、迎、煥堂、揚烈、慶煌、超宏、秩如等在見，向位榮公裔孫房長登緒、有章、流泰、招嶽等立對换文約，各執一紙，約内敘明换與順良之田准順良建築墟場。落成於民九年九月二十九日開市。

當市場工程建築大半告竣時，良與超宏、秩如二君每日於塔曲往返之閒談間，良又提對家鄉教育事業亦當並進，乃可謂達到建設目的，宏、如二君頗表贊成，是以民九年一月創辦羣英、聚英兩校，舉良任羣英校長，是年二月二十四日開學上課，民十年創辦私立新民小學兼校長，同年公選任塔下區教育研究會會長，民十一年冬擇址建校於塔下西圍，民十三年四月十五日校舍落成，遷校。民十六年四月十五日提倡改建順昌樓圓樓，五月初一日興工，兼任經理。民廿一年提倡建立二世祖祭嘗，是年三月蒙南靖縣徐縣長贈毀家興學匾。民二十四年六月蒙福建省教育廳鄭廳長給予熱心教育獎匾。民三十年奉南靖縣政府委任塔下保國民學校校長。民三十一年倡議上六穴祖墓輪值祭六穴祖墳，俾裔孫輩每年登墳認識，以免如過去祭錯有之，無祭有之，此舉頗蒙智識父老贊同。民三十二年四月創辦塔下保民眾書報，所同年秋公選任首届保民代表。民三十三年奉南靖縣政府委任梅江鄉學董會主任，十月公選任籌備組織德遠堂獎學金委員會主任委員。民三十四年奉縣府委任塔下保國民學校校長，本年公推任梅江鄉塔下保調解委員會委員。民三十五年發起德遠堂張氏修譜委員會，任主任委員，兼編輯。民三十六年五月公推維持德遠堂嘗業保管委員會委員，同年任塔下保國民學校建校委員會委員。民三十七年公選任塔下示範國民學校教育基金保管委員，十二月公推任曲江市場產業保管委員會主任委員。

十七世祖順德，字繩清，號際昇。妣曾孺人、吴孺人、周孺人、江孺人。生十房，長慶熙，次慶九，三慶粤，四慶鷺，五慶琯，六慶溪，七慶可，八慶椿，九慶元，十慶聰。於清光緒二十五年己亥科戴學院科試取進縣學第二名，又歲試録取第三名補廩。幼年時即能熟讀四書五經等書，落筆成文，及長思想日新，文法挺秀，著作甚多，尤擅長詩聯。歷任廣東儋洲四會高明從化等縣縣正堂。民國初年曾任南靖、安溪縣縣長。一九一四年蒙黎大總統給予一等三級員警獎章。自棄官歸家省親，後於一九一九年南渡，在星加坡創辦萬山藥局，醫理精明，一九二〇年回國，鑒於平和小溪土地肥沃，乃宿志創建屋宇可園，同時又擴展同爐購地開闢種植，規模宏大，公文學之淵博更向自然界謀實業發展，堪爲後輩模範也。

（張温清總編《[福建南靖]塔下張氏族譜》 1949年香港灣仔永泰祥印刷公司鉛印本）

南靖上寨王氏僑産代管契

坎下溯源祠奉祀宗叔祖坐艮向坤兼丑未，丁丑丁未分金，批炤。

光緒十一年乙酉十一月初四日子時，進香火三社共廿八付主卅名批於前伯叔祖之物業等項再批。

立結合約同人，外媽簡氏，外孫簡協居愷兹，因王立英公私造樓仔乙座，址在冷水坑崠，坐北向南，又帶老店後菜園乙所，又帶英公私置池坑橋仔頭關帝會全股，又帶池坑公王二月初二會乙股業物等項，因立英公已故，配妻簡氏又年老，傳下孫子已經往外，查不知去向，並無房親照顧，老身衰弱，思出無奈，懇請列親傑右公同會，議所將王立英公建置物業託付外孫簡葉居、愷兹二人付掌，與王嶽父子無干，必親孫元珠回家轉付收税，永遠祀奉公媽，亦不得變賣。若元珠永無回家者，簡氏百年後喪費無資，原將託掌物業變賣微少以爲喪費。又議所剩物業許其外孫收税，奉公媽年節祭掃墳墓，亦不可缺失。此系媽親甘願，並收掌人外孫簡協居、愷兹。

乾隆壬辰年十一月　日立結合同人簡氏託付。

代筆人簡恭三

公人知見簡作民、光三、漢卿、子良、汝興、孚民、秀忠、其榮、熙元

在場人女婿簡用扁，房親王黎叔

簡恭三代批，王簡氏今有承王英公主坐落池坑公王二月初二會壹股賣於外孫協居、愷兹二人出價銀肆元伍角，此系外媽甘願發賣，後日子孫永不得反悔異言再炤

當日賣會之時知見人女婿秀廟

光緒甲辰年正月廿日在種德堂同公重抄於上手舊字物業批

當日正舊字壹紙即當公交付維柏叔祖收入存藏。

萬珊公之三子四滿顯十一世伯祖四滿公,號煜衡、俊標,生於辛未年九月十五日亥時,不幸卒於丁卯年,享壽五十七歲,葬在本鄉金生面山之處。俊標公元配妣賴氏孺人,原命生於辛巳年十二月十一日戌時,生下二男,光禄、光德,又二女嫁於施洋又龜洋社批明矣。

俊標之長男丙生,字光禄,號尚榮王公,往於日本國無回家矣。又次男進生,字光德,號起鳳。公之妻游氏早嫁别鄉之處。

(王蔚然編纂《[福建南靖]長窖總上寨王氏族譜》 清光緒三十三年稿本)

唐榮鄭氏家譜源流敘略

家之有譜,猶國之有史,所以昭信紀實,重本篤親,使後世子孫不敢忘祖考之所自出也。蓋支分派衍之間,系序易淆,歲月更移之後,功烈難顯,非筆之於譜,以垂後世,將數世以還茫然不知祖考所自出、事業所創始,或相視如秦越焉。故家譜之作於番衍之日者誠亟,而作於啟緒之時者尤不容緩也。

鄭氏之出於閩之長樂,明洪武二十五年以太祖皇帝賜三十六姓長史,諱義才,奉命始抵中山,宅唐榮,子孫綿延,迄今十二世,凡歷三百餘年也。其間祖宗姓名載在舊典,然我中山往往以無家譜不能盡考祖宗之功業,今幸所存者,膺選出使之一事而已矣,其他典禮多闕如也。今莫修家譜,不合族姓,必數傳之後系序混淆,且不知祖考所自、事業所創,竟至同源子姓相視如秦越焉。是則自然之勢也。蓋族姓之始,歡一然一父之也,久之而親者疏矣,又久之而疏者遠矣。故蘇洵之族譜引曰親盡無服,則途人也。一人之身分而至途人者,勢無如何也,幸其未至於途人也,使無至於途人也,使無至於忽忘焉可也。況今有王命,令世臣各修家譜,以考正世系,豈非教孝悌之也歟。職良謹溯祖考之所自出,詳考事業之所創始,以義才十世孫子廉爲宗編譜,上之譜司,以備核實。自此以後,子孫永承宗風,而式廓之雖亙千古,猶居一家。據圖見族,按譜稽功,事業爛然,系次雁序,譬諸黄河之水,千里九曲,穿龍門過石積,以達於海,其始固同源星宿也,猶吾子姓蕃衍至億萬,其始固同祖一人也。於戲,後之子孫讀斯譜也,油然而孝敬生,藹然而禮讓接。是所以昭信紀實,重本篤親,而我王至德鴻恩及於無窮者也夫。

康熙二十九年庚午長至之吉愚孫職良謹識。

唐榮鄭氏世系圖:

小宗諱子廉,九世義才子。十一世志善,女麻姑瑞,思善。思善生十二世女真宇志,職良,弼良,女麻姑瑞。職良生十三世儀,女真宇志,女真嘉度,女武多路,佑。儀生十四世女真姑瑞,大瑚。大瑚生十五世女真牛,女真滿,國楫,女真嘉度,國樞,女真蒲户,國鐸,女武樽金,女真龜,女真吴瑞。

(鄭職良編纂《[琉球]中山唐榮鄭氏家譜》 清康熙二十九年稿本)

唐榮曾氏家譜世系淵源略

家譜之義大矣哉，家之有譜猶國之有史也。本始必正，遠邇必明，同異必審。定昭穆，序長幼，彰往法來，皆賴乎譜，譜之義大矣哉。故崇孝之道莫急於尊親，尊親莫大於合族，合族莫先於修譜，修譜然後本始正，遠邇明，同異審。譜修然後昭穆定，長幼序，往彰來法，族始稱。粤由曾氏之族世居東土，爲中山纓介胄，迨正議大夫諱志美始遷居唐榮，以曾爲氏焉。夫志美固真氏京阿波根，實基之曾孫，具志官城，親云，上實常之長子也，曷爲遷榮乎爾，以志美博學多識，通漢語，擅文章也。遷書榮何事乎，自故明時，國王奏請中國人三十六姓住居唐榮，世禄以供貢使。洎乎歷年久遠，子姓凋零，以故於本國宦裔中拔其文學優著者，補俾無缺貢使之選，遷之者誰，奉王命也。於何年月遷之，大清順治十三年夏四月望前二日也。遷之遡所自出者何，修族譜也。所謂本始必正，遠邇必明，同異必審也。所以定昭穆，序長幼，彰往法來也。修譜者誰，正議大夫諱夔也。作序者誰，紫金大夫總理唐榮司蔡繹也。

唐榮曾氏世系圖：

小宗五世諱志美。六世夔。七世歷，因避諱改名信，女思玉。八世璜，女真吴勞，女真鶴金。九世訓，女真滿户 女真吴勞，讀，謙，讓。

（曾夔編修《[琉球]中山唐榮曾姓家譜》 清順治十三年稿本）

南靖書洋吕氏出南洋經商致富回唐造土樓紀事

八代列宇公，妣張氏，生二子，長子名心，往咬瑠吧無回，次子名甲。列宇公被賊扳累，囚在靖獄中，問成死罪，後自用藥酒毒死。

我祖順烈公，良善正直，處世端莊，仗義疎財，鄉鄰重望。一生之行爲，嘗攞余而言曰，公一生良心，自少讀書，至弱冠入於舉業，彼時一家廿餘口本榮祖派下同居，長至廿餘齡，叔侄分爨，祖上雖有淡薄田業，俱存公嘗，各人要立志辛勤，聊足以供衣食。越數年，曾祖秉性公西歸，公兄弟兩人，弟身柔弱，絶少耕作，家中致之清淡，遂棄儒而就商，經營三五載，資本少而利路微，以後兄弟又分居，時年四旬餘，商場之務輟止，轉爲教讀，在家設館，無如館穀薄爾。父少耕謀，是以遠適南洋，在吧城居商。年至五旬，遭髮匪擾亂，樓屋俱焚，家需什物一概傾空，髮匪方退，爾祖母張氏又仙歸，斯時也人心散亂，居於敝廬，食僅淡粥，但此時遭遇匪獨公等，則舉目皆是。然而幸也，天公眷佑，不久爾父寄回洋番，是以衣食不缺，稍慰衷懷。以下所寄無勝一年，築家室，置田園，什務紛紜皆經支理，花費不少。至耳順募建荆山樓，費用先爲理出，余老亦歸置業，凡寺觀庵廟，以及造橋修路來捐題，無不踴躍而出，社中委曲來相邀者亦出以調和，於是鄉鄰皆欽仰。至年邁古稀，曾孫輩出，一家十數口，家業雖未豐裕，聊足以供衣食之不缺。爾曹當其奮志勵行。公雖已逝，言猶在耳。余也硯田荒齋心腹空疏未能二奉教，故特書俚語記之。

光緒貳年丙子年，築荆山樓，叔侄同公議，將樓地建築新樓壹座，土下周圍並正廳樓門，共貳拾椆起基，連上三層，梯路在外。丙子六月廿三壬子日申時起工，董事汝南，費用銀項取出先用，樓間份下各連棚尾：

左壹汝南連尾棚，右壹若海連棚尾。

左貳汝南連尾棚，右貳汝盈連棚尾。

左三汝南連尾棚，右三汝季二間尾棚付汝南。

左四慶棋土下汝南，右四汝季連棚。

左五慶書連棚，右五汝盈連棚。

左六慶書二間尾棚汝南，右六汝盈連棚。

左七汝聖尾棚汝南後二間仍歸汝南，右七汝進連棚。

左八若海尾棚付汝南，右八汝進連棚。

左九若海尾棚付汝南，右九汝盈連棚。

公議杉料松板俱公取用。

又議所用銀項，各人所出之外倘有不足，就得樓間之人坐利每員定貼利粟伍升。

丁丑年八月廿六戊申日丑時入新樓。

築荆山樓薄序録明於左。岐山蕭燦英先生撰，時當在本處教讀。

我祖之卜宅於兹也，匪朝伊夕矣，蓋自乾隆年間因耕種於此，遂以爲家焉。其初積杯成基，暫構數椽而居。後因合衆多，逐增築而成高樓矣。不料於同治乙丑春間被髮逆侵境，樓宇護厝俱遭回禄，變爲灰燼，衆等星散居住，其間景況匪言可盡。迨至光緒丙子春間，幸兒慶長由吧綑栽旋梓，集衆議及，此樓乃先人創造之業，豈可輕棄用。是衆等簽舉於余，余因思及先人，雖才短亦何敢辭，因許諾而董理焉。基地依原而加增數丈。分金仍舊申寅兼庚甲用庚申庚寅。乃占於是年六月廿三壬子日申時興工，經始至丁丑秋月竟落成告竣，爰諏於八月廿六戊申日丑時入新樓居焉。此樓也，雖未敢自稱其華美，聊且苟完而爲後人留餘地步焉耳。樓成因顔其額曰荆山，並謹志數言，以弁其首。

光緒三年歲在丁丑仲秋吉旦汝南謹立。

起工至完竣出水，共費用英銀壹千餘圓。

其完欄面及棚板各人間數自理。

庚辰年正廳作覆程及砌大門費用貳拾餘兩。

碧峯居原因：

祖父順烈公於同治丙寅年間，建築壹廳兩間隨兩廊，前落作爲居家，後荆山樓完成入新樓居住，此居爲私軒訓蒙兼接客之所。光緒甲申年被大水傷壞，陸續創復。至壬辰再入水，石脚有傷，癸巳年冬月，煒手再築建，原坐北向南移易坐西朝東，壹廳四間，上下兩層，隨牆圍門樓，費用重銀貳百餘元。

（吕煒卿編修《[福建南靖]書洋吕氏族譜》 1924年稿本）

泰國許氏大宗祠

開基始祖：天正公、許申公、國璽公。

創建年代：佛曆二五一九年。

宗祠地址：泰國曼谷北欖府新城縣挽節區戍沙越路七二巷門牌六九之一號，郵政編號一〇一三〇。

宗祠電話：（六六二）四六二七一六五，四六三五一六七。

傳　　真:(六六二)四六三七七三二。

考我許氏始祖,原姓爲薑,胤自太嶽,與齊同宗。周武王封文叔公於許,遂以爲氏。四千餘年來,繁衍天下,先祖聞達,史不絶書,滁池洗耳,首著高潔之名。五經無雙,始創説文之學。型仁講讓,無慚月旦品評。助唐皇室,功績光輝國史。歷代人材輩出,不勝列舉矣。

我族先賢,梯航海外,遠渡南洋,始於南宋末期。衍吾泰國宗親,人口衆多,宗親相見,有如路人。佛曆二七〇五年,我族有識之士,幾經奔勞,成立泰國許氏宗親總會。是時泰華各姓已先成立宗親會,多爲本宗興建大宗祠,我會熱心族事遂楚理事長,亦領導熱心賢塾款購地,籌備興建許氏大宗祠,經填地完竣,旋即舉行奠基典禮。皆因三届任滿,遂楚理事長有意讓,未願續任,許氏大宗祠未能遂願興建。

遂楚宗長對於建祠之計,至爲關切,幾次探詢我族熱心族事俊彦,以俾繼承興建許氏大宗祠之計。當時鄙人推薦朝鎮宗長,遂楚理事長大表贊同,奈事與心違,未克如願。此所謂凡事之成,冥冥之間實有定數也。四届、五届理事雖亦才續積極籌畫建祠工作,仍未獲得順利進展。時至佛曆二五一九年,朝鎮宗長接任我會理事長之職。宗長初任時,即以身作則,撥鉅款一百二十萬銖,作爲興建宗祠經費,並另借一百八十萬銖,聲言如若不敷,則負責建至完成,甚雄偉魄力,耿耿赤誠,爲族爭光。全體理事既爲感動,出錢出力,紛紛響應。再經新聞轉載,聲勢浩盛,轟動泰華僑社,自此我會聲譽蒸蒸日上,舉族稱慶。

朝鎮宗長實不愧我族俊彦,謀略過人,大力革新,振興會務。對會内則創設會員子女獎助學金,對會外則協助當地政府及社會公益事業。兩次領導全體理事晉宫謁覲皇太后、泰皇陛下,呈獻箱樹汽車三輛,獲皇太后頒賜綸音嘉勉。榮獲皇上於皇宫賜見,並御賜我會紀念銀盾乙座,每位理事御賜紀念襟章一枚,另頒詔勉勵。

我會晉宫謁觀皇上獻車新聞,榮得國家電臺三日廣播,各電視臺加以放映,中泰文日報轉載,聲譽之隆,轟動全國。此皆朝鎮宗長領導有力,眼光如炬,深謀睿智,爲許氏大宗祠興建之先聲。當我許氏大宗祠興建喜訊傳播,即獲得舉族父老族親踴躍輸將。不及半載,興建宗祠之款已超過八百萬之額,成績斐然。

許氏大宗祠興建期間,苟非朝鎮宗長不辭辛勞,躬親監督,悉力以赴,任勞任怨,曷克臻此。而建祠工程顧問善親、英忠、光榮、寬武、教傑、宗凱諸宗長協同監督,貢獻尤多焉。正值許氏大宗祠興建之際,我族熱心碩彦漢彬宗長親身監視建設,慨然撥出一百二十萬銖鉅款,鼎力支持建祠,熱心爲族,義舉可風。朝鎮宗長至爲感動,當即召開理事會,議決謙讓抱爐禄位予漢彬宗長,以成全其報本思源之孝心,其令長公子健生宗親,更以其令尊翁名義,再撥款四十萬銖贊助建祠,先後合共一百六十萬銖。父賢孝,子亦趨,共同爲族爭光。而朝鎮宗長謙遜風度,榮譽聲名,由此益彰。經賴全體建祠委員同心籌謀,悉力以赴,尤以朝鎮宗長運籌有方,工程祇滿兩載,此構告成,猗歟盛哉。

兹觀大宗祠規模,堂構莊嚴,廡舍整齊,飛簷舞鳳,飾壁潛龍,勒石題詞,畫棟佳聯,成爲我族祭祖崇高之聖地。舉族昆季佳節聚首聯歡,弘揚我祖宗先德之幽光,表我旅泰裔孫之虔敬也。今許氏大宗祠落成,全族宗親,從此得序昭穆於一堂,永篤孝思,崇揚祖德,願我後昆,知所勖勉,再接再厉,爲族爭光,有所厚望焉。

泰國許氏大宗祠碑記

溯我許氏,本姓爲薑,源肇炎帝,胤自伯夷,周武王封文叔公姜信於許,遂以國爲氏。洎乎漢季，我祖商公與據公，乃先後分支南北兩派。北支爲唐代敬宗公後裔所傳，高陽錫山大統宗系。南支實北支之南來，爲永鎮南詔天正公所蕃衍，遍及閩粵。綿延逾三千年，歷代人才輩出，宗支彌盛，子孫遍佈海内外。稽考史籍，裔孫遠渡往爲難。爰有倡組泰國許氏宗親總會於曼谷。

（許嘉立編纂《［臺灣］許氏大宗族譜》 1999 年鉛印本）

平和曾氏古林茂松房徙外邦一則

七十三世時習，添四子，茶根嗣子，五十世茂松系，過在洋邦，卒不知何處。

（《［福建平和］武城曾氏古林茂松房譜》 1917 年稿本）

東山宅山朱氏徙外邦子裔爲祖祠重修出資名録

一九九三年一月發起募捐維修朱氏家廟，截至一九九五年三月一日，計樂捐新加坡幣 15968 元、臺幣 412000 元、人民幣 96700。現將各地裔孫樂捐芳名，勒入石碑者列下：

新加坡朱氏宗親五十二人喜捐坡幣 15968 元，人民幣 10000 元。其中：

海南 5000 元　亞福 1168 元　成金 1000 元　玉林 1000 元　亞傑 500 元
發華 500 元　榮德 500 元　愛忠 500 元　長壽 400 元　火土 500 元
孝發 500 元　坤精 300 元　漢楠 200 元　天文 200 元　加春 200 元
源傑 200 元　桂喜 200 元　新喜 200 元　松泉 200 元　順祥 200 元
汝堅 200 元　月昭 200 元　文金 100 元　九金 100 元　明泉 100 元
來福 100 元　光亮 100 元　榮理 100 元　榮順 100 元　柏光 100 元
雅良 100 元　亞木 100 元　德枝 100 元　進加 100 元　紹興 100 元
漢英 100 元　偉豪 100 元　慶來 100 元　木發 50 元　永發 50 元
耀東 50 元　耀坤 50 元　龍添 50 元　兩義 50 元　英成 50 元
春花 50 元　亞順 30 元　來興 20 元　亞裏 50 元

樂捐人民幣者：

德才 5000 元　安民 3000 元　瑞龍 2000 元

（《［福建東山］宅山朱氏志譜》 1995 年鉛印本）

南靖磜頭蘇氏旅緬抄譜敘

余當第二次世界大戰方酣這一年，一九四二年，正被困在英屬緬甸。仲秋爲緬甸雨季之期，這時的緬甸已經淪爲日軍所有八閲月矣。物質來源及交通均告断絶，匪亂四起，百業蕭條，爲商的无以營其生，余更是有家歸不得，真是閑得難耐，信手偶在從兄舊簿書籍堆里翻閲得族譜一册，展閲之，源遠流長，非家存素有者。家存只以苦竹開基始祖一世始。問之從兄曰，比昔年取之同宗何許人也，欲抄録之，後因時勢日非，歲月遷延，竟忘璧還。該譜只載至三世祖止，大概下已開支矣。以下凡廿代，當以吾譜而續之也。

憶我兒年，每當月明風清之夜，老輩相集階前，抽煙話桑麻，常聞其言曰，我們上祖是由某處遷來的。又者曰，又説另一某處也。實際根源不一，均茫不知實，由此測之，非著譜者不力，不肯追源探究，而繼録者確有疎忽懶惰承接也。現在一向隔膜的已瞭然明之矣。著譜先人尚要考適傳史鑑，索源探本，若爲後人作引根導源，我們安可當面差過，亟應而録之。尤其我們旅外之人，更應録以置之，因爲多數都由幼年暌隔家鄉，遠涉南洋，既少掃祖塋，亦生疎分支，每逢他邦談宗譜，大有不識了了。欲究之先輩，則山遥水遠，衹好望雲興歎之感。是故知源之心，不禁油然而生矣。所謂異域殊疆亦必望雲山而叨念，世遠年湮猶存撫風木而興思者，迨此之意歟。

經曰，考世系，知終始。余經細細推敲，惟惜此譜美中不足，有天圓之缺。其中自受姓以次便中斷謬錯，代多失傳。及至唐晉之間，又紊亂不清，寒暑代遷，居諸迭運，著譜者既非女媧，無力煉石以補殘缺。余不學無術，年幼識淺，更萬難爲力矣。徒使追溯之心，衹可望文興歎而已耳。惟其中遺失中斷，差節特舉以處處志之有者，借他譜而略續接之。至若其中因經過多方謄録未免有差錯之弊者，余則考之從史鑑删改而整理之。故當握筆繕録之際，五中殊有一種感想欲言，遂將感想及經過情形寫出，聊以志後而云焉。

福建永定金豐古竹鄉遷磜頭廿四代裔孫庚盛整理抄寫於緬甸旅次，時於公元一九四三年仲秋。

（蘇庚盛編纂《[福建南靖]梅林磜頭蘇氏族譜》 1942年稿本）

棉蘭江夏公族譜序

世系源流遠而可稽，賴有譜也。而作譜者必詳考其時，徵實其事，庶足以上見先祖之勳業，下貽後人之手澤也。我黄氏一族，系出軒轅黄帝，而受姓於顓頊帝之八世孫陸終公。公封於黄，居江夏，遂以國爲姓。唐時膺公遷於閩，四傳至峭山公，生廿一子，分居四方，厥後子孫蕃衍，簪纓相望，代有名人。於是黄河長江珠江三大流域之間，莫不有吾黄氏之宗祊，翹然爲天下一望族焉。

然而宗支分岐，興替不一，苟無族譜以志之，則行見後數典而忘其祖矣。雖追報之念綦切，又將烏從得詳見先人之勳績哉。斯譜也，創編於唐，繼修於宋，又補修於明清，重印於一九二三年。綜觀前後編制，體例嚴謹，世代源流有條不紊，繪圖系序一目瞭焉。凡支之所自出，派之所由分，源源本本。往史可稽，尊尊親親，其義尤明。固不願族人等閒視此也。一九二六年春，旅蘇門答臘島族人，在棉蘭組織江夏公所，經居留政府批准立案，正式成立。從此共處天南，宗誼益篤，乃趁斯機會翻印族譜數百部，以分贈族人。公所總理金宰、展驥二叔馳書屬余爲序。余以爲敦族誼於天涯，敘倫常於異域，固大有賴於斯譜以資觀感也。付印之日，爰謹書數語而爲之序。

一九二六年二月二十七日，龍巖派下嗣鶴敬序於日里華新學校

（《[臺灣]黄氏大族譜》 1982年臺灣鉛印本）

十四、漳州向國外移民開基祖返還歸葬記録

南靖德遠堂張氏從國外返還名録

十九代祖先音，系連鴻次子，妣江靜成，生一男汀開。早歲南行緬甸經商，晚年回國居漳州市。

十九代祖遠昌，系賜松長子，妣江全娘，生一子國彬。年十九往泰國任教，抗戰勝利後返國，途中被迫從軍經往上海、東北。年卅七參加東北、華北、華南等戰役，榮授紀念章三枚，曾任江西寧都軍分區教導隊文教排長，兼奮進報社通訊員，一九五二年解甲還鄉，任曲江學區校長。生於一九一一年，卒於一九六一年。江氏生於一九一二年，卒於一九六〇年，於一九八三年農曆十一月十九日合葬於湖洋窠鵝公鋸。

十九代祖君武一名瑞武，系呈宏次子。生三男，長旭秋，二旭明，三旭倫，一女旭蘇。少年南渡新加坡，一九三七年冬回國參加抗日，被選送空軍學校學習飛行，任轟炸大隊、空軍學校教官。建國後歷任中學教師、四川榮縣民革支部主委、榮縣政協常委、榮縣僑聯會主席等職。曾多次被評爲教育、僑務先進工作者。

十九代祖河源，系榮家長子，妣何健英。生一女語琮。生於越南，一九五七年回國就學於暨南大學，畢業後在廣州工作。

十九代祖維志，系友來長子。生子三房，長舉萬，次舉美，三舉安，長女秀蘭，次女秀金，三女秀娘。僑居印尼，一九六〇年回國。

十九代祖承扶，系慶鶴之子，妣江小峯。生三男，長源耀，次源進，三源森。一九三一年生於印尼三馬林達，後回國，曾任塔下小學校長。

十九代祖燦昌，系俊立六子，生一男翰福。青年時在泰國曼谷微有攢積而回國娶親，婚後一年病故。翰福系正昌長子過房立嗣。

十九代祖建銘，系賜祥之子，妣蕭彩周，生一男印臺。早年南渡緬甸，中年返鄉里。

十九代祖建宏，字實中，系汝祥之子，妣江和招、林淑招。生子二房，長蔚臺，次子方，長女學濟，次女學强，三女子端，四女子安。爲十五代殿試中式進士金拔之玄孫。一九〇四年出生。一九二四年畢業於永定縣中學，曾應聘西園新民小學等校任教三年。一九二八年出洋荷屬印尼。任萬隆、泗水華校中小學教員。一九三七年至一九六六年，擔任泗水《大公商報》總編緝長達二十八年。其間，還創辦《南僑日報》、《友誼報》。代表作有《子夜詩歌》、《聖母娘・魯迅・陳嘉庚》、《史話及其它》、《春秋經史》等。一生治學嚴謹，特别是對歷史唯物論哲學探討。對事物見解不被流俗所左右，更不爲惡勢力所屈服。抗日戰爭時，他對"安内攘外"投降路線深表氣憤，認爲這有違孫中山先生教導。初任《大公商報》總編時，有頭面人物隨帶表格請他加入國民黨，嚴詞作答："我願作没有黨籍的孫總理信徒"。一九四二年日軍南侵印尼，大肆逮捕華僑，四

處尋找《大公商報》總編輯。匿居東爪哇農村，過著清貧日子。這期間他寫下《子夜詩歌》等著作，迎接光明的到來。一九四五年八月，日本投降後，返回泗水，於一九四六年元月，與人合辦《南僑日報》，任總編。後複辦《大公商報》。一九五一年八月，印尼當局以"華僑左派分子"罪名，遭捕入獄一年又廿天。一九五三年秋，應中國國務院華僑事務委員會邀請回國參加國慶大典，後爲僑居國當局所阻未能成行。次年復應邀請回國觀光。一九五四年四月，"萬隆會議"期間，《大公商報》以頭版頭條登載堅決擁護周總理關於和平共處五項原則聲明的消息和社論，爲新中國的和平外交政策鳴鑼開道。一九六六年五月，印尼當局再次對進步華僑大搜捕，幸得中國駐印尼使館人員的保護下離開印尼安然回國。回國後被選聘爲福建省僑聯常委、顧問，同時安排爲福建省文史館館員。一九八六年二月廿一日因久病在山城寓所逝世，享年八十二歲。省市縣政協、統戰部、僑辦、僑聯及省文史館等三十五個單位和個人送花圈悼念，縣政協主席致悼詞。一九八六年十一月十八日，人民政協報用很大篇幅，以《華僑老報人張實中》爲題，登載其一生光輝歷程。

十九代宜爵，字可廷，系其祥長子，妣蘇坤蓮。生二男，長僚俊，次優俊字旭初，長女嫄英，次女嫄菊，三女嫄足。生於一八九五年，青年往緬甸仰光經商，一九四三年日本南進回國，途經雲南騰沖縣病故。一九四五年迎香火回宗祠。蘇妣一八九七年生，一九六九年秋卒，墓葬禾擔崎崠。僚俊過房宜璋立嗣。

十九代祖榮珠，系永山長子，妣江氏。生二男三女，長子炳剛，次子炳星，長女蘭鳳，次女春鳳，三女飛鳳。曾渡印尼萬鴉佬埠經商數十年，獲利而歸，兄弟和睦，行孝高堂。

十九代祖榮瑜，字國亮，系永山三子，妣蕭孺人。生一女新周。國民黨中央憲兵學校畢業，曾任憲兵連連長，憲兵隊隊長，中央海軍訓練團教官，北平保警總隊大隊副。一九四九年參加北平和平解放起義。新周生於印尼，大學畢業父病故後接管商店並發展丁香事業。

十九代祖啟海，系賜金三子，妣曾氏。一九六九年由仰光回國，江西撫州一中畢業後居香港。

二十代祖國寧，系榮千之子，妣巧珍。生二子，長健柱，次健浪，一女素芹。出生於印尼，因受排華，年十三歲隨父歸國定居於廣東華僑農場，後返鄉里。

二十代祖隆昌，系樹棣長子，妣楊惠芳。生二子，長永耀，次永明。一九二九年出生於印尼，一九三六年回國升學，就讀於僑育中學、厦門省立中學、中華中學，高中畢業。建國後參加福州業餘大學學習。歷任副區長、縣委幹事、辦公室主任。一九五六年調任福建省政府僑務辦公室科員、科長、副處長、省落實華僑政策辦公室主任、深圳福寶貿易公司董事長。一九八八年往香港任香港僑裕有限公司董事總經理。楊惠芳老孺人一九九〇年五月卒於福州，骨灰奉葬南歐故里。

二十代祖炳明，系榮耀三子，妣蔡素慈。生二女，長莉娜，次莉菲。印尼僑生，福建師範大學物理系本科函授畢業 歷任中學教師多年，妣歷任高中教師多年。

二十代祖炳成，系榮耀四子。印尼僑生，龍溪師範工作多年。

二十代祖炳輝，系榮耀五子，妣簡氏。生一子守宏。緬甸歸僑，曾在鄭州省糖煙酒公司任幹部多年。

二十代祖炳興，字智明，系榮璧長子，妣林孺人。生二子，長金柱，次天柱。系抗日前印尼歸僑，龍溪師範畢業，曾任小學教師，後在漳州制藥廠工作。

(《[福建南靖]塔下德遠堂張氏族譜》 1990年二修鉛印本)

南靖德遠堂張氏由南洋返還録

十六世祖立昌，字振文，妣蔡孺人、陳孺人。生八房，長長助，次長喜，三長春，四長眾，五長炎，六紹宗，七成宗，八成龍。恩賜州司馬，壯年南行泗水經商發展，曾與景乾、景恒、蒸業兄弟合創順源樓、會源樓，捐獻修唐屋唐家祠，爲紀念八世祖妣外家之舉。系景恒之長子，生於塔下順昌樓，生清道光十二年壬辰潤九月初一戌時，一九二一年辛酉卒荷屬泗水，享壽九旬。蔡妣生於道光二十八年戊申，壽六四歲。陳妣生於同治六年丁卯，卒泗水。

十六世祖南昌，字振揚，妣賴孺人。生六房，長長益，次長開，三接開，四長玉，五長發，六練發。恩授歲進士，壯志南渡，勤儉營業，得獲微利，昆伸四合建屋宇順源樓、會源樓。系景恒公之次子，生卒未詳，葬於平峯山竹塔岌頭。賴妣葬庵仔前。

（張温清總編《[福建南靖]塔下張氏族譜》 1949 年香港灣仔永泰祥印刷公司鉛印本）

南靖德遠堂張氏由外邦歸葬一則

十七世祖善慶，字元勳，妣蘇孺人、陳孺人。生二子，長崇崧，次崇坡。於民元年捐獻田産增五世祖廣達公嘗業，復赴南洋，曾任星嘉坡商會長。熱心勸募獻金救國，蒙國府頒予一等三級嘉禾愛國獎章。系增立公之次子。生於清咸豐八年戊午，卒於一九一六年七月初一日，在星洲旅寓逝世，運回原籍安葬。當星洲移柩之日，江幹執紼者達萬余人，極生榮死哀之盛。

十七世祖煜開，妣黄孺人。生五房，長永宏，次桂宏，三欽宏，四輝宏，五廣宏。發達於荷屬泗水遠記，一九一四年建築萬和樓，一九一八年創共和亭，一九二二年曲江市場對面計畫中學地址，一九二三年冬創建丁仔角灣石板橋，此橋闊廣大道。

（張温清總編《[福建南靖]塔下張氏族譜》 1949 年香港灣仔永泰祥印刷公司鉛印本）

南靖德遠堂張氏由外國返還録

十八世祖彩林，字克文，妣莊孺人。幼由緬甸隨父歸國，於民三十二年任滾公太經理，提倡滾公建灰墳，民三十三年選任塔下保長，民三十五年任修譜採訪員。系居立之子。

十八世祖萬齡，妣簡孺人。生四房，長松祚，次桂祚，三棣祚，四相祚。性和平，少代父持家，民十六年接任德遠堂經理，民二十六年南渡緬甸，辭棄經理，民三十二年回國，同年提倡滾公太築沙灰，民三十五年任修譜採訪員。系居由之長子，生於光緒十八年壬辰歲乙酉丙寅壬辰。妣生於光緒二十一年乙未歲潤五月初五申時。

（張温清總編《[福建南靖]塔下張氏族譜》 1949 年香港灣仔永泰祥印刷公司鉛印本）

南靖石橋張氏由外國返還歸葬録

十七世清恩,歿於仰光,骨灰葬於大音崠。妣江氏,生二子,長端福,仰光出生後回國,次善福,系家鄉繼母所生。

十九世建芬,歿於仰光,骨骸經財柱往仰光帶回,葬於橋仔頭。建芬之妻系緬女,其子尚在緬甸仰光。

十八世采興,葬山仔口,妣莊氏葬山仔口,生一子進發。

十九世進發,往緬甸仰光經商,病逝骨灰帶回本社石路背安葬。妣蘇氏葬山仔口。生二子,長奎亮,次漢亮。

十八世爐興,往南洋回國途中病故船上,抛屍於海,妣簡氏葬凹頭坪。生一子安斗。

十九世建芳,往仰光,娶緬女爲妻,回國後公妣相繼病亡,共穴葬黄丹茵,生子慶禄。

十九世建峯,居仰光,回國後歿於山城,葬浮山埔,後因爲政府徵用浮山埔遷墳,以致逾期骸骨散失,已裝製銀牌安葬,妻黄亞春生一子欽水,二女大玉、細玉。

十九世建泉,又名維清,高小畢業後過繼靖城王家,更名王張清。二十歲高中畢業後任南靖縣教育局科員,後南渡緬甸任華文教師,一九三四年回國投考福建省地方縣政人員訓練所區政班,結業歷任區長、科長、秘書等職。一九四六年任南靖縣參議會秘書兼海外華僑公會理事長。新中國成立後當選南靖縣第一次人民代表大會華僑代表、首届縣人民代表大會常委會常務委員。

二十世賡達,字耀西,昆龍長子,出胞兄昆貴爲嗣。

耀西畢業於福建省第八中學,赴緬甸仰光,歷任教員、校長及報館編輯。在緬甸參加國民黨,參加過旅緬華僑救國會第一次全緬代表大會。返國後歷任聯保主任、第三區區分部書記等職。曾任中醫師。一九六五年八月二十九日病逝。妣陳氏,緬甸結婚,死於緬甸,無傳。又妣蘇翠蓮,生二男,長其徵,次其定。

十九世新雲,渡洋到仰光,一九三〇年回國從軍。在仰光有妻。

十九世順美,葬公尖鋒脚。妣魏氏,生子省達、賢達居緬甸,嵩達旅緬甸後回湖南省定居。

十八世賜耿,居緬甸,妻蘇素容,在緬甸傳四子,長啟梁過房賜昌,次啟棟,三啟聲,四啟迪。賜耿香火附寄塔下德遠堂。

(《[福建南靖]石橋開基張念三郎公派下族譜》 1994年鉛印本)

平和上湖曾氏徙外邦開基祖返還歸葬記

紀字十五世祖明德公振邦,成江公三子也,武德騎尉。元配王氏,祖籍臺灣,嗣長子文掌。二室吴氏,祖籍臺灣,生次子文伯,四子文景二十四歲病故未娶,三子幼亡。公諱振邦,字明德,謚智神紀誥,享壽五十七歲,生於一八五三年清咸豐癸丑年二月十二日未時,卒於一九〇九年清宣統己酉年五月初六日巳時,原葬粟只園口,一九八八年冬重選吉地,遷葬霞坑巖口公路下成江公墓後右側,三合水會口,公嫣三合葬。四子文景公亦同時無立碑附葬於墓左側,吉穴坐子向午兼癸丁分金。祖元配王氏謚慈恭,享壽柒拾有五歲,生於臺灣,同治五年丙寅十一月廿八日子時生，卒於一九四〇年八月十五日酉時。祖妣吴氏謚慈儉，享壽七十有八歲，生於臺灣，光緒丙子年三月廿日生，卒於一九五三年癸巳十二月廿七日酉時，公媽合葬。

十五世明德公振邦於清光緒十四年戊子科武經中試十三名武舉人，授劉義部前部先鋒，鎮守臺灣島，晚年奉調回閩督建漳厦鐵路，勤政清廉，武功出衆。出任福建紅花嶺千總，受恩匾曰制變鴻才懸於石門樓家廟。

廣字十六世祖文山公，明德公長子也。公諱文掌，字文山，謚博和，享壽六十有九歲。公出生臺南，童年回閩，十八歲父故，廿歲往南洋謀生，旅居泰國普吉府嶙唧，娶王氏泰籍，一九三七年夏全家回國定居。有三男二女，長子昭財，十二歲在泰病亡。次子昭丁，廿歲移居臺北。三子昭貴。女素月居長婚後移居臺灣。小女素香移居城關。生於一八九一年清光緒辛卯年十月十七日子時，卒於一九五九年七月一日農曆五月廿六日子時。元配王氏玉珠，泰籍華裔，享壽六十有七歲，生於一九〇五年乙巳年農曆十一月十五日辰時，生於普吉，卒於一九七二年壬子年農曆十一月初二日巳時，塋墓公媽合葬於霞坑四角樓後半山腰吉穴，坐辛向乙大字分金，塋墓系一九八八年秋選擇吉地重建。

（《［福建平和］上湖曾氏石溪系族譜》　清同治二修稿本後人補録本）

南靖奎洋莊春苑出洋與回唐經歷紀

十九世春苑公行録

春苑公者，諱秀園，書昇鈖，光緒己丑年恩授鄉飲大賓，乃竭誠祖之長孫拔羣之長子也。生於道光廿五年乙巳正月初一日酉時，娶妻陳氏，生子二人。長曰萬鐘職守耕稼，次曰萬興，光緒己丑年爲大宗師取進靖學第肆名。公之爲人端嚴剛正，稟性聰明，自幼有志詩書，逢期課藝，師友每稱其能日進。時至弱冠時，縣府兩試屢拔前茅，當時皆以大器目之。是年因學憲到漳開考，忽轉念而欲客於他鄉，竟與簡表叔諸人，同往西洋以求利路，土名曰巴城茄荖旺是也。越一二年頗獲微利，在巴再納一妾生子一人。至丁丑以後，運不甚亨通，得而還失，在家報云，妻陳氏辭世，在巴一妾亦歸亡。噫，豈人事之使然，抑亦命途之多舛耳。越庚辰年，生理愈敗，不得已束裝就道望故里，而遄徵至回家時，計所得僅有百餘圓。後再納一側室，仍是姓陳，生子二人，一曰萬慶，一名萬賨四歲早故。生女一人未嫁娶而幼殤。緬想公之生平，不貪利，不求名，固可爲型方而訓俗，重大義矜細行，亦足爲教子而課孫。由在巴而回唐，父母俱全，兄弟無故，是亦一樂也。雖曰家不中貲，恬淡自適，衣食器用隨遇而安，厥後學習醫生脈理，十分精透醫道，亦九折肱，具救世濟人之念，取四方有道之財，人謂公之存心誠厚也，方期長享遐齡，壽登鶴算，不意竟於光緒廿一年乙未二月廿二日亥時登仙，享壽五十歲。原妻陳氏，諱來，謚温正，生於道光廿七年丁未七月廿六日卯時，自歸吾門，稟性温良，持躬端正，事姑敬謹，相夫和順，後追謚之曰温正，蓋亦恪肖生平而足見其婦道之純者，卒於光緒五年己卯七月十一日卯時，享年三十有三歲。

（莊贊元編纂《［福建南靖］奎洋後坪莊氏家譜》　清宣統三年稿本）

南靖書洋吕氏往來吧城歸根記

純發公在吧城娶一媽林氏，原命生於道光庚戌年，享壽七十三歲，卒於一九二二年冬月。孫鐘川在吧城送葬。林氏生下二子。長名衍輝，八歲回唐讀書，至十六歲再往吧城。次子名衍昌，八歲同父回家讀書，至十九歲再往吧。女子名秫，在吧進交寅。純發公一生孝順，少承祖業，年廿餘歲遠適南洋吧城，時有母舅張新萬在吧城生理大利，蒙他照顧，後亦坐鋪經營，數年間積有千餘金，至卅歲回唐歸建置家業，越年再往吧，至乙亥卅四歲又旋梓，帶回重貲置業，並建築荆山樓。丙子又往，至庚辰亦歸家。辛巳秋再往吧，及至丙戌四十五歲，生理收拾回家，後尚存多金，以爲在吧庶母管理，意欲再往焉。因祖父在堂年已古稀，務宜奉養，未敢遠離，不料於一九五〇年西歸焉。

（吕煒卿編修《[福建南靖]書洋吕氏族譜》 1924 年稿本　後人補録本）

南靖書洋内坑蕭氏徙外邦子裔返遷回梓記

十三世諱正勳，乳名替烈，字企周蕭公，原命生於道光癸卯年閏七月初二日卯時，年十六歲亡於咸豐戊午年九月二十日丑時，葬在葳後坑紙寮前。

傳下男名興棟，五歲父死後，羅身修爲，子諱大德，廿旬加歲往吧國，利不茫心，至老回唐，壽至陸拾歲。及後還金公長子長溪恩念伯父嗣續未繼，將收長子榮堆附爲接祀宗支。

十三世鄉大賓諱正萃公，乳名贊拔，字超羣，原命生於道光丁未年五月初六日子時，享壽六十三歲，卒於宣統元年己酉歲七月廿八日子時，光緒三年丁丑歲冬月，時當三十一歲，在唐家業微淡，與江氏相商，二子並長媳付江氏殷勤撫養，吾身立志渡吧謀利，在地號曰丹仔望，娶張氏爲妻，又有林氏爲妾，生下一男，遂成中外兩立，於光緒辛巳年且回唐，觀江氏撫養兒媳頗大，心甚足快，爰是住唐廿五天后往吧國，至光緒辛丑四月又回，娶張氏並林氏所生子之同歸。時江氏仙游，思念治家節儉，訓子義方，難忘其德，朝夕永存，時及是冬天氣凍寒，張氏並少子系外國所生者，地屬熱帶，難忍此寒，遂生再行之志，至翌年桂月吉日，同張氏及少子遂起程往吧，後至乙巳年四月再回唐山，住數月復行吧國。至己酉年四月回唐，因思老年將至，數往久遠，不敢再行。又因張氏少子在吧朝夕懸念，難忍久别之心，決意再行，豈料中道而止，七月二十六起程，星夜往船埸，廿七日至山城，不料途中得惡痧難救急症，子時登仙。在船同行有家金重、同順、錫甲數人，治理葬事，回報子孫，八月初二日下漳州迎香旋靈，帶骸回梓，寄大陂山田墘。

正萃公娶媽四位，初娶莊氏，未婚而故，未知何處，時當長髮亂後。貳娶江氏，生下二子，長玉釵，次玉鎮。叁娶張氏，在吧城有一女實能，張氏辛丑回唐，壬寅再往。四娶林氏，在吧生一子曰玉璣，辛丑回唐，壬寅再往。林氏少時廿旬餘歲在吧故。

十三世鄉大賓，媽江氏，乳名樹娘，譜系高頭謝厝坑安子，原命生於道光癸卯歲四月廿一日辰時，享壽五十六歲，卒於光緒廿四年戊戌十二月廿九日卯時，至己亥年元月初五日出葬在大陂山大路邊。傳下長男玉釵，次男玉鎮，三男玉璣。其長次系是親生，惟第三乃林氏媽所生。

十四世諱大德，乳名身脩，字慎旃，原命咸豐甲寅年，廿旬當壯之時游吧，利不茫心，至老回唐,年已耳順矣。迨1915年,壽陸拾貳歲卒於六月吉日吉時,葬在大陂坪外壩坐南向北。

十四世妣吕氏,乳名虧娘,原命生於光緒壬午年六月十六日卯時,在陽廿八歲,故於宣統元年己酉八月廿四日亥時,葬在莿後坑尾世玉祖墳邊左片,坐西向東。譜孫茶坑芳然之女子,傳下男子張。

(蕭仰書編《[福建南靖]書洋内坑蕭氏蘭陵族譜》 1980年崇寶堂稿本)

東山鴻關朱氏徙外邦開基祖返還回唐記

謙和祖次房十七世祖伯辰,生於正月初八日,卒於十月十五日。諱昇,卒在外域大哖。妣番人,生二子,長名追,次名吝,俱回家,衣金罐葬在西巖院坐東北向西南石白碑。

(朱陳鵬編修《[福建東山]鴻關朱氏族譜》 清光緒十六年稿本)

南靖長教簡氏徙吧子裔返唐卒葬記

叔祖生於乾隆五十五年庚戌七月十六日寅時,道光初年往番邦吧城爲商,至道光六年丙戌,同胞侄曉鴻回家,船中鴻得病而卒,公因悲傷太過亦得病,至廣東起船亦身故。幸有大雙坑鄉親邱長者同行,回家來言此事,傷哉。越三年,胞大兄光邦公,同邱長親往廣東負骸回家,葬於虎背山中心崎,坐戌向辰。祖妣莊氏,系奎洋小赤坑生員諱玉振公之孫女,即我曾祖妣六第之女光教公之胞姊,生於乾隆五十八年癸丑五月十二日子時,終同治四年乙丑十月十二日亥時,即葬於崩坑路邊。光緒元年乙亥清明日啟攢,寄金罐於山脚大路邊,坐亥兼壬。

十五世五房叔祖乳名鳳閣,字鳴岡,諱修五,謚和潤公,生員,誥贈奉政大夫。妣名湛,謚莊惠林氏,系倒林頭林士保之胞姑。生四子二女,長振家,次慶家,三法家,四保家。

(簡庭編纂《[福建南靖]長教范陽郡簡氏世代族譜》 清同治十二年二修稿本)

南洋華僑引魂歸唐山祖祠

十八世慶螽,光緒壬辰十月初七日丑時生,書名朝宜,卒於一九一九年己未三月廿一日未時,身故在仰光暨磅亞滑峇社必忠店口。宣之子待庚申年三月初六日,引魂作佛事升祠。

(《[福建南靖]長教簡氏世系族譜》 清光緒三修稿本)

南洋華僑簡氏歸葬唐山

十七世必達,書名振邦,乃貢生贊華第三子也。生於同治壬申年十月初九日卯時,卒於仰光毛禮社葉德興店内,一九二五年三月初三日卯時,高壽五十三歲。丙寅年四月,振清往仰光帶骨骸回鄉,迨至癸酉葬大坑墩仔,坐乾向巽,兼丙辰丙戌分金。妻蕭氏,乃施洋大堀尾蕭雖翁之長女也，生於光緒癸未年二月十五日子時，甲寅年十月十三日子時不幸。

（《[福建南靖]長教簡氏世系族譜》　清光緒三修稿本後人補録本）

南洋巫蠱術鋼頭害命與華僑銀牌歸葬

十八世祖考號爐興，謚德輝，生於同治。妣簡老孺人，生於同治己巳年（一八六九）八月十三日，卒於一九二一年十一月初一日申時。妣簡孺人生二子，長拱斗，次安斗。卒於一九〇〇年。因往南洋謀生，據言有番婆要與其成親，可慮家有前妻，不敢應允，想回家鄉與妻商量能得同意，始再重往，但番婆心存不良，認爲祖父不答應親事，便下毒手，做鋼頭於祖父身上，如此竟不幸身亡，於歸途船上屍沉大海，可悲也。祖父爲人忠厚善良，讀書之人，若不南往，據其老師所言，有秀才之望。祖母簡氏賢慧，生下二子二女，長子開斗，幼年夭折，祖父亡，時僅已二女，一子安斗。祖母當時考慮兒子少，家庭難以興旺，意將祖父在南洋有所積蓄帶回存款，再買一子名拱斗，是由叔祖佛興所生，大於安斗，故拱斗爲長，安斗爲次。長女名寬娘，大安斗二歲，嫁苦竹大舊德蘇德茂家爲孫媳，家庭富裕。幼女小安斗二歲，嫁長教天貝樓簡標爲妻，名慧娘。祖母簡老孺人葬凹頭坪。祖父有銀牌一塊，與祖母同葬。

（張雙魁編修《[福建南靖]書洋石橋張氏族譜》
清道光二十三年稿本　1945 年張紹基重鈔）